विमलकीर्तिनिर्देश

梵文『維摩経』翻訳語彙典

Japanese Translation of the Vimalakirti Sutra:
Sanskrit Terminology and Grammatical Analysis

उएकि मसतोसि

植 木 雅 俊

UEKI Masatoshi

法 藏 館

三枝充悳先生に捧ぐ

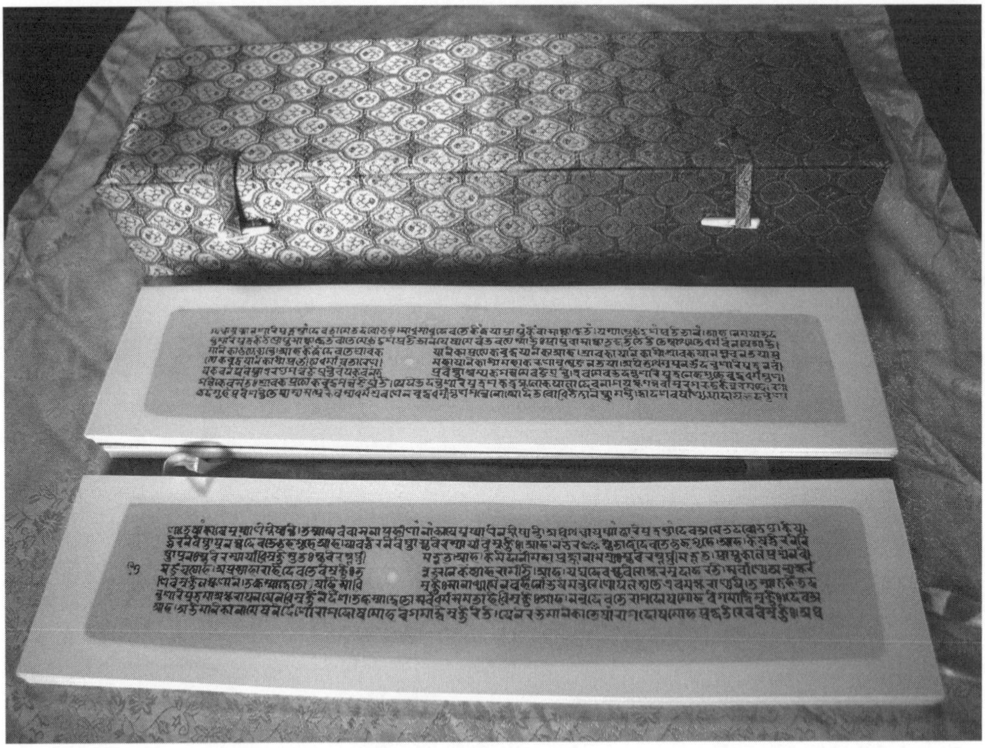

梵文写本影印版『維摩経』

序に代えて　一

国立民族学博物館名誉教授　**加藤九祚**

植木さん、このたびは『法華経』の現代語訳に続く『梵漢和対照・現代語訳　維摩経』の出版という大事業の完成、おめでとうございます。

植木さんのお仕事について『梵漢和対照・現代語訳　法華経』上巻（岩波書店）のカバーに次のような文章がありました。

> 「深い仏教理解に基づいて詳細な注解を付した画期的達成である。8年がかりの一点一画をも疎（おろそ）かにしない原典に忠実な訳業により、曖昧さを残さない読みやすいこなれた現代語訳がここに完成した」

これは一片の誇張もない真実を述べたものであると思います。と申しますのは、『法華経』の場合も、この『維摩経』の場合も、植木さんは、すべての単語の文法的意味を明確にして、それを“翻訳ノート”として記録しながら翻訳されているからです（編集部注＝その“翻訳ノート”の出版が本書である）。

しかし、実際には『法華経』にしても『維摩経』にしても、いわゆる“現代語訳”という域をはるかに超える圧倒的特徴をそなえています。それは次のようなことです。

各ページには、まず左側のページの上段にサンスクリットの原文があって、その下段に漢訳（大正新脩大蔵経）からの読み下し文があり、そして右側のページに植木さんによる現代語訳があります。梵・漢・和が対照されていることは、研究者にとって有り難く、大変に便利なものです。その本文に続いて、章末には膨大な訳注が続きます。私が気付いただけでも、第 1 章の注 123（本書では、注 36）は 4 頁にわたっておりますし、注 124（本書では、注 37）も 3 頁近くあります。それらの注釈は、大変に読みごたえがあるものです。

サンスクリットの原文が千鈞の重みを加えていることは言うまでもありませんが、植木さんの現代語訳がまた、外国語でもなく日本語とも言い難い一種独特の味わいがあって実に面白い。音楽的な響きすらあります。訳注の部分には、仏教のアジア伝来の初期に活躍した支謙や鳩摩羅什、あるいは『大唐西域記』を残した玄奘らの訳文が俎上（そじょう）にのぼり、植木さんとともに訳文を比較検討している気分になりながら読むことができます。

第 8 章§11 に出てくる

> 「これは**快いもの**、これは**不快なもの**ということ、これが二〔元的に対立するもの〕です。……**あらゆる快さ**を離れて……これが、不二〔の法門〕」に入ることです」

というサンスクリット語からの訳の太字の箇所が、それぞれ鳩摩羅什訳では「有為（うい）」「無為（むい）」「無数（むしゅ）」、支謙訳では「有数」「無数」「一切数」、玄奘訳では「有為」「無為」「二法」、チベット語訳では「快」「不快」「あらゆる数」というふうに、それぞれに微妙な違いを見せています。植木さんは、それらの違いを比較して、どれが原型で、それがどういう順番で、どのようにずれていったのか、そのプロセスまでも解明してくれていて、推理小説の謎解きを読んでいるかのような臨場感にあふれています。

また、植木さんの注釈には、知的興奮が充ち満ちています。植木さんが古代にもどったのか、あるいは古代の偉大な訳経者たちが現代に現われてきたのか、21 世紀の私たちもいわゆる時空を超えて仲間入りして訳文を一緒に比較検討しているような気分になります。そして、文字の持つ威力に圧倒されます。万年雪の高山のような玄奘も身近な人のように見えてきました。

私は、植木さんがこの仕事を通じて経典という人類の遺産に磨きをかけると同時に、過去の訳経者たちの偉業を讃えていると思います。それはあくまでも、仏典の偉大な著者と訳経者あっての植木さんのお仕事だからです。植木さんは今回の大事業によって、不朽の経典とそれをめぐる訳経者たちの永遠に輝ける星々の仲間に入られたと思います。心よりお喜び申し上げます。

次に植木さんのお仕事ぶりについて一言申し上げます。植木さんは、昼間は会社勤めで仕事をされ、この翻訳の仕事は、睡眠時間を削って深夜になされました。植木さんによると、午前三時に及ぶこともあったそうです。本を手に取ってご覧になればわかりますが、梵・漢・和を対照させた複雑なあの組み方は、印刷業者泣かせになるはずです。だから植木さんは、本書（『梵漢和対照・現代語訳　維摩経』）の各ページをすべて自分のコンピューターで版下を作製して出版社に渡されたとのことです。これは、植木さんのようなコンピューターの達人であっても、容易な仕事ではないと思います。それも、写本からのローマナイズ、すべての単語の文法的分析、現代語訳、索引づくり、校正まで、いわば一から十まですべてご自分でやられた。まさに大偉業です。

陰で支えた奥様・眞紀子さんの力も偉大だと思います。岩波書店のおかげも大きい。植木さんは、努力と明るい人柄によって、そのすべてを結集して、この金字塔を打ち立てられた。本日参集された皆様とともに今一度おめでとうと申し上げたい。

それでは、植木さんのご努力に乾杯！

序に代えて　二

鶴見大学女子短期大学部教授　中田直道

植木先生、『梵漢和対照・現代語訳　維摩経』の出版、本当におめでとうございます。ご家族、ご両親の皆様は、本書の完成のために大変なご苦労をなさったことと存じます。本当に宗教界のためにも、仏教学界のためにも喜ばしいことだと思います。

植木先生のことで、忘れることのできないことがあります。それは、かつてインドに一緒に行った石田保昭という人の消息がわからなくて、植木先生に電話して、ご存じないかと尋ねたことがありました。石田さんは、岩波新書の『インドで暮らす』という本を出されている人ですが、植木さんは、そのことを気にかけていてくれて、何も手がかりがないのに連絡先を突き止めて、私に連絡してくださったことがありました。植木先生という人は、そういう誠実な人で、私にとって中村先生のもとで共に学んだ仲間だと思っております。

東方研究会・東方学院ができてから、現在で 40 年くらいになりますでしょうか、その伝統についてお話したいと思います。

中村先生は、大学を卒業してから何年かが大事だということで奨学金とかを心配されて、大学院を出てからも、就職先やドクター論文の刊行についても学生を援助するという温かい気持ちを強く持っておられました。

東方学院での中村先生の講義は、仏教書、漢訳仏典のお経なんかを教材にされるときは、なるたけ元のインドの言葉のサンスクリット原典があれば、それを併せて使いながら講義をされました。

私が学生として東京大学にいたころは、学部のころも大学院のときも、演習で学生に当てて答えさせてギュウギュウ絞られましたが、東方学院では先生が一人で、われわれに当てることなく講義を進めておられました。サンスクリット語を学んでおられない一般の方々も参加されているものですから、中村先生が一人でたんたんと講義されるという形式でございました。

ところが、大学の授業では、漢訳だけのもの、それからチベット語、サンスクリット語、漢訳とそろっているものもありますが、中村先生が「何を教材にするか」とお聞きになるんです。すると、サンスクリット語なんか苦手な人がおりまして、サンスクリット語のないものを言うんです。学生としてはサンスクリットのないほうが楽なんです。すると中村先生は苦い顔をされていました。

中村先生の指導の仕方は、徹底してサンスクリットを押さえることを重視されていました。サンスクリットはインドの言葉でございまして、東大には宇井伯壽（うい はくじゅ）先生という大家がいらっしゃいました。私は、宇井先生の講義を聴いたことはありませんが、飲み会がございますと、宇井先生が出てこられまして、われわれ学生と一緒にお酒を飲みながら、いろいろ話をされるんです。「何々を研究します」なんていうと、「それは難しいよ」とおっしゃるんです。すると、本当にそれは難しくて四苦八苦するんです。

その宇井先生が、「東大でサンスクリットを必修科目にしたのはわしじゃ」とおっしゃるんです。「ギリシャ哲学をやるのに、ギリシャ語を知らなければできないだろう。だから、インド哲学をやるにはサンスクリット語を必修にしなければならないのだ」とおっしゃっていました。

サンスクリット語で合格点を取るのは大変に難しいことで、落第する人もいたわけです。そのサンスクリット重視のやり方が、中村先生にもそのまま引き継がれておりました。宇井先生のほかにも、辻直四郎先生はサンスクリット語の大家でいらっしゃいました。宇井先生は、「サンスクリット語が辻さんぐらいできる人はいないから、授業に出るように」とおっしゃられました。

宇井先生の方針というのは、そのようにサンスクリット語を重視するやり方でありました。宇井先生は、中村先生の恩師であられますが、そういうやり方が、東方学院での中村先生の講義にも現われておりました。

でありますから、植木先生も、サンスクリット語を重視される宇井先生、中村先生以来の伝統にのっとって、これまで勉強してこられたわけです。私は、東方学院で中村先生の講義を植木先生と席を並べて聞いておりました。植木先生は、いつも原稿を持ち歩いて、行く先々で時間を見つけては、考察し、執筆することを一所懸命にやっておられました。中村先生の講義が始まる前に、教室で植木さんのお仕事の途中経過をよく見せていただいたりしておりました。こんなに大事な原稿を持って歩いて、電車の網棚などに置き忘れたりしたらどうするんだろうと心配したりしておりました。

植木先生が、東方学院に通われるようになったのは、1990 年代の初めのころでしたが、サンスクリット語の初級を学ばれているころから、私によく質問されました。例えば、「このチャーリプトラ（chāriputra）は、シャーリプトラ（śāriputra）の誤りではないか？」と尋ねられたことがありました。それは、ś の音の前に t の字があるので、ś が ch に変化したものでした。これは、サンスクリット文法の最初に学ぶ連声法の規則ですが、そういう初歩的なことも、全く恥ずかしいことだと思わないで、何にでも疑問を抱き、わかるまで、納得するまで質問されるんです。

それから約 20 年たちました。植木先生は、中村先生を通じて宇井先生以来のサンスクリットを重視する伝統に浴して、『法華経』に続いて『維摩経』の翻訳という大事業を成し遂げられるまでになられた……と、しみじみと感慨にふけっております。

その“翻訳ノート”を拝見したことがありますが、「原文の一字一句をゆるがせにせず解明する」「サンスクリット原典は読んだら訳をつけておけ」という宇井先生と中村先生の伝統が、植木先生に継承されていることを喜んでいる次第であります。

注記＝これは、2011 年 9 月 2 日、東京・千代田区の学士会館で行なわれた、『梵漢和対照・現代語訳　維摩経』の出版記念会で加藤九祚先生（1922～2016 年）と、中田直道先生（1930 年～）が話されたことを転用させていただいた。

はしがき

本書は、1999年7月にチベットのポタラ宮殿で発見された『維摩経』のサンスクリット語写本を現代語訳する際に作成していた“翻訳ノート”を出版したものである。

翻訳に際しては、①正確を期す、②意訳・深読みをしない、③掛詞も見落とさないで訳出する、④曖昧さを残さない——の四つの原則を自らに課した。

そのために、まず作成したのが“翻訳ノート”であった。それは、サンスクリット原典の全文を一つのセンテンスごとに区切って、すべての単語について品詞を明らかにし、名詞であれば性・数・格、動詞であれば人称・数・態・時制など文法的なことを分析し、連声（れんじょう）の仕方、構文の詳細な分析を行ない、そのすべてを文法的特記事項のメモとともに書き残したものである。その文法的分析を踏まえた私の現代語訳が、サンスクリット本文と鳩摩羅什の漢訳書き下し文を対照させて各センテンスごとに並べてある。それを自分で“翻訳ノート”と呼んでいた。

この『維摩経』だけでなく、これに先立って『法華経』を現代語訳する時から、「自分の納得のいく訳を出しなさい」と温かく励まし、見守ってくださっていたのが筑波大学名誉教授の三枝充悳先生（1923～2010年）であった。各章の現代語訳が終わるたびに、“翻訳ノート”を印刷し、簡易製本しては三枝先生のご自宅に届け、現代語訳の進行状況を報告していた。最終的に、製本された“翻訳ノート”は『法華経』の場合、B5サイズで両面印刷して、厚さ20センチメートル以上、『維摩経』で10センチメートルほどの大部になった。

三枝先生は、それをご覧になって、

「ここまでやってあると、曖昧さがなくなりますね。出版社は、このサンスクリット原文と、植木さんの訳と、漢訳の部分だけを取り出して出版しようとするでしょう。出版社は嫌がるかもしれないけれども、この“翻訳ノート”は、いつか必ず出版して下さい。貴重な資料になります」

とおっしゃった。

こうして、『梵漢和対照・現代語訳　法華経』上・下巻（岩波書店）を2008年に、『梵漢和対照・現代語訳　維摩経』（同）は、三枝先生が亡くなられた翌年の2011年に出版することができた。三枝先生のおっしゃった通り、文法的な分析の部分はすべてカットされたが、それぞれ、毎日出版文化賞とパピルス賞を受賞することができた。それぞれ、2019年4月現在で12刷と、4刷に及んでいる。また、前者の現代語訳をさらに日本語らしく改めた拙訳『サンスクリット原典現代語訳　法華経』上・下巻（岩波書店）が、ＮＨＫ－Ｅテレ「100分de名著」（2018年4月放送）で“今月の名著”として取り上げられ、筆者が“指南役”を務めた。

その放送で、拙訳を朗読される女優の余貴美子さんの心に響く声を聞きながら、「思想の科学」編集代表であった室謙二さんから言われていた「耳で聞いただけで分かる現代語訳を！」という言葉を思い出し、さらにブラッシュアップして『サンスクリット版縮訳　法華経　現代語訳』（角川ソフィア文庫）を7月に出版した。

こうしたことが続く中、2018年の夏、三枝先生の“遺言”となった“翻訳ノート”の出版をそろそろ実現しなければ……と考えるようになった。ただ、三枝先生の「出版社は嫌がるかもしれないが……」という言葉が脳裏に浮かび、そう簡単には出版社はＯＫしないだろうな……、そんなことを考えていた。

ところが、9月1日、2日に東洋大学で行なわれた日本印度学仏教学会の大会に参加した。会場内に設けられた書籍の出張販売コーナーで本を見繕っていると、一人の男性が声をかけてきた。「植木さんですよね。京都の法藏館の今西智久と申します。ＮＨＫ－Ｅテレの『100分de名著』で『法華経』についての番組を拝見しました。『梵漢和対照・現代語訳　法華経』も読んでいます。うちから植木さんの本を出していただけませんか」

即座に“翻訳ノート”のことが頭に浮かび、概略を説明すると、今西さんの目の色が変わった。9月3日の朝、今西さんから「ぜひ、うちから出版を」という熱烈な思いのこもったメールが届いた。9月3日は、私が仏教学を学ぶことを決意した記念すべき日でもあった。

また、法藏館といえば、三枝先生が『三枝充悳著作集』全8巻（2004～05年）を刊行された出版社である。こうした一連のあまりにも出来過ぎた話に、三枝先生が見守り、導いてくださっているのかなと思わざるを得なかった。

話が急展開したことで、9月から12月末まで、4カ月がかりで、パソコンに保管されていた“翻訳ノート”（約1200頁）の全文に目を通し、誤字、脱字、勘違いなどのチェックを行なった。

それは、奇しくも『サンスクリット版全訳　維摩経　現代語訳』（角川ソフィア文庫）の7月出版へ向けての作業と同時進行となった。

本書がなったのは、何と言っても大正大学の綜合佛教研究所の学術調査団による原典写本の発見という快挙のおかげである。同研究所所長の高橋尚夫教授（当時）ほか、関係各位に感謝申し上げたい。

そのほか、多くの方々の理解と協力、応援があって上梓にこぎつけることができた。チベット語訳の翻訳の際には、その大半を東方研究会研究員であった佐々木一憲氏にご教示いただいた。和光大学名誉教授の前田耕作先生、国立民族学博物館名誉教授の加藤九祚先生と立川武蔵先生の2人、岩波書店の元編集部長の高村幸治氏、元イリノイ大学教授のムルハーン千栄子先生には、いろいろと貴重なアドバイスと、激励をいただいた。そして、神田で古書店・臥遊堂を営まれていた野村竜夫氏は、『維摩経』梵文写本影印版の入手方法が分からなかった筆者のために、労を惜しまずに入手方法を調べて取り寄せてくださった。

陰に陽に応援してくださった多くの方々に感謝申し上げたい。

また、「出版社は嫌がるだろう」と思っていた本書の出版を快く引き受けて、編集の労を取ってくださった今西智久氏に感謝する。

2019年4月17日

故ケネス・Ｋ・イナダ先生（ニューヨーク州立大学名誉教授）の告別式から八年目を迎えて

植木雅俊

目　次

序に代えて　一 …… 国立民族学博物館名誉教授　加藤九祚　iii
二 …… 鶴見大学女子短期大学部教授　中田直道　v

はしがき …… vii
凡　例 …… x

第1章：仏国土の完全な浄化という序（仏国品第一） …… 3
第1章　訳注 …… 106
第2章：考えも及ばない巧みなる方便（方便品第二） …… 119
第2章　訳注 …… 165
第3章：声聞と菩薩に見舞い派遣を問う（弟子品第三） …… 173
第3章　訳注 …… 309
第3章：声聞と菩薩に見舞い派遣を問う＝続き（菩薩品第四） …… 321
第3章＝続き　訳注 …… 414
第4章：病気の慰問（文殊師利問疾品第五） …… 423
第4章　訳注 …… 526
第5章："考えも及ばない"という解脱の顕現（不思議品第六） …… 541
第5章　訳注 …… 610
第6章：天　女（観衆生品第七） …… 623
第6章　訳注 …… 717
第7章：如来の家系（仏道品第八） …… 733
第7章　訳注 …… 802
第8章：不二の法門に入ること（入不二法門品第九） …… 815
第8章　訳注 …… 880
第9章：化作された〔菩薩による〕食べ物の請来（香積仏品第十） …… 897
第9章　訳注 …… 976
第10章：「尽きることと尽きないこと」という
名前の法の施し（菩薩行品第十一） …… 991
第10章　訳注 …… 1078
第11章："極めて楽しいところ"（妙喜）という世界の請来と
"不動であるもの"（阿閦）という如来との会見（見阿閦仏品第十二） …… 1093
第11章　訳注 …… 1151
第12章：結論と付嘱（法供養品第十三） …… 1159
第12章　訳注 …… 1221
第12章：結論と付嘱＝続き（嘱累品第十四） …… 1231
第12章＝続き　訳注 …… 1266

あとがき …… 1271

凡　例

BHS.：仏教混淆梵語

BHS. dic.：F. Edgerton, *Buddhist Hybrid Sanskrit Dictionary*, Yale Univ. Press, New Haven, 1953.

BHS. gram.：F. Edgerton, *Buddhist Hy-brid Sanskrit Grammar*, Yale Univ. Press, New Haven, 1953.

cf.：「参照せよ」を意味する。

Gk.：ギリシア語

(n)：第 n 類動詞（n＝1〜10）

Pāl.：パーリ語

Skt.：サンスクリット語

VKN.：『梵文維摩経——ポタラ宮所蔵写本に基づく校訂』、大正大学綜合佛教研究所梵語佛典研究会編、大正大学出版会; *VIMALAKĪRTINIRDEŚA.*

√：動詞の語根（root）

§：É. Lamotte, *L' Enseignement de Vimalakīrti* (Vmalakīrtinirdeśa), Louvin, 1962 の段落番号を踏襲し、鳩摩羅什訳の書き下し文にも付した。

≒：この記号の左に BHS.、右側に正規のサンスクリットの対応語を示す。

<：語の変化・由来・派生などを表す。（例：batême < bata ＋ ime は、bata と ime の連声したものが batême であることを意味する）。

（　）：言葉の言い換え

〔　〕：筆者による言葉の補足

〈　〉：『　』の中の会話

〜：複合語の中の省略部分

……：引用文の中略箇所

「基礎」：菅沼晃著『新・サンスクリットの基礎』（上・下）、平河出版社、1994、1997 年。

「シンタックス」：二宮陸雄著『サンスクリット語の構文と語法』、平河出版社、1989 年。

高崎校註『維摩経』：高崎直道・河村孝照校註『国訳大蔵経　維摩経・思益梵天所問経・首楞厳三昧経』、大蔵出版、東京、1993 年。

中公版：長尾雅人・丹治昭義訳『維摩経・首楞厳三昧経』、大乗仏典インド編 7 、中央公論社、東京、1974 年。

大正蔵：大正新脩大蔵経

辻文法：辻直四郎著『サンスクリット文法』、岩波全書、岩波書店、1974 年。

貝葉写本：『維摩経』梵文写本影印版

「パーリ語辞典」：水野弘元著『パーリ語辞典』、春秋社、1968 年。

「パーリ語文法」：水野弘元著『パーリ語文法』、山喜房仏書林、1955 年。

「梵和大辞典」：荻原雲来編『梵和大辞典』、講談社、1986 年。

モニエルの辞典：M. Monier-Williams, *A Sanskrit-English Dictionary*, Clarendon Press, Oxford, 1899.

Çikshāsamuccaya：Bendall, Cecil; *Çikshāsamuccaya*, Bibliotheca Buddhica I, St-Pétersbourg, 1897–1907 (Repr. Tokyo, 1977).

Teaching of Vimalakīrti：*The Teaching of Vimalakīrti*, from the French tr. with Introduction and Notes by Étienne Lamotte, rendered into English by Sara Boin, London: Routledge & Kegan Paul, Ltd., 1994.

梵文『維摩経』翻訳語彙典

Japanese Translation of the Vimalakirti Sutra:
Sanskrit Terminology and Grammatical Analysis

बुध्दक्षेत्रपरिशुद्धिनिदानपरिवर्तः प्रथमः

1

Buddha-Kṣetra-Pariśuddhi-Nidāna-Parivartaḥ Prathamaḥ

第 1 章

仏国土の完全な浄化という序

【仏国品第一】

1：Buddha-Kṣetra-Pariśuddhi-Nidāna-Parivartaḥ Prathamaḥ

第１章：仏国土の完全な浄化という序

【仏国品第一】

…………………………………………………………………………

buddha-kṣetra-pariśuddhi-nidāna-parivartaḥ < buddha-kṣetra-pariśuddhi-nidāna-parivartaḥ + (p) < buddha-kṣetra-pariśuddhi-nidāna-parivarta-：*m.*「仏国土の完全な浄化という序」の章。*sg. Nom.* 本や章のタイトルは主格で示される。

buddha-kṣetra-pariśuddhi-：*f.* 仏国土の完全な浄化。

buddha-kṣetra-：*n.* ブッダの国土。「仏国土」と漢訳。

buddha- < √budh (1) + -ta：*pp.* 目覚めた（人）。「覚者」と漢訳。「仏」「仏陀」と音写。

kṣetra-：*n.* 国土。

pariśuddhi- < pari-√śudh- (4) + -ti：*f.* 完全な浄化。「浄」「清浄」「円浄」「厳浄」と漢訳。

pari-√śudh- (4)：洗い清められる。無罪を証明する。

√śudh- (1)：清める。自らを清める。清浄になる。

√śudh- はⅠ類だが、pari-√śudh- はⅣ類の動詞であることに注意。

nidāna-parivarta- < nidāna-parivarta-：*m.*「序」の章。「序品」と漢訳。

nidāna-：*n.* 索。（馬の）綱。原因。動機。目的。起源。病原。理由を述べる序文。十二部経の一つ（因縁経）。「縁起」「発起」「因縁」「序」と漢訳。「尼陀那」と音写。

parivarta-：*m.* 章。「品」と漢訳。

prathamaḥ < prathama-：*adj.* 第一の。最も早い。元の。前の。首位にある。最も優れた。卓越した。最も前の（pra の最上級）。*m. sg. Nom.*

namaḥ sarva-[1]buddha-bodhisattvebhyaḥ[2] //

（梵漢和維摩経 *p.* 2, *l.* 1）

一切のブッダと菩薩たちに敬礼（帰命）いたします。

【漢訳相当箇所なし】

…………………………………………………………………………

namaḥ < namaḥ + (s) < namas-：*n.* 頭を下げること。敬礼。「帰命」と漢訳。「南無」と音写。*sg. Nom.* 為格とともに使用して、感嘆詞として用いられる。

sarva-buddha-bodhisattvebhyaḥ < sarva-buddha-bodhisattva-：*m.* 一切のブッダと菩薩。*pl. Dat.*

sarva-：*adj.* 一切の。すべての。

buddha- < √budh- (1) + -ta：*pp.* 目覚めた（人）。*m.* ブッダ。「覚者」と漢訳。「仏陀」「仏」と音写。

bodhisattva- < bodhi-sattva-：*m.* 覚りを求める人。「菩提薩埵」「菩薩」と音写。

bodhi- < √budh- (1) + -i：*m.f.* 覚り。「菩提」と音写。

sattva-：*m.*「衆生」「有情」と漢訳。

§1 evaṃ mayā śrutam /

（梵漢和維摩経 *p.* 2, *l.* 2）

§1 このように私は聞いた[3]。

【§1 是（か）くの如（ごと）く我、聞きき。】　（大正蔵、巻一四、五三七頁上）

…………………………………………………………………………

evaṃ：*adv.* このように。「是」「如是」と漢訳。

mayā < mad-：私。*1, sg. Ins.*

śrutam < śruta- < √śru- (5) + -ta：*pp.* 聞かれた。*n. sg. Nom.*
過去受動分詞が中性になっているのは、非人称的な用法である。cf.「シンタックス」*p.* 96.
サンスクリット語では、「AがBする」ということを「AによってBされた」というように、受動形を用いて表現することが多い。それは能動形を用いた時よりも行為者が具格によって明確に表わされて、「だれがやったのか」ということを強く打ち出せるからであろう。

ekasmin samaye bhagavān vaiśālyāṃ viharati sma / āmrapālī-vane mahatā bhikṣu-saṃghena sārdham aṣṭābhir bhikṣu-sahasraiḥ

(梵漢和維摩経 *p.* 2, *ll.* 2–4)

ある時、世尊は、ヴァイシャーリー〔という町〕にあるアームラパーリー〔という遊女〕[4] の所有する〔マンゴーの〕森で、八千人の男性出家者（比丘）からなる男性出家者の大集団（比丘僧伽）とともに過ごしておられた。

【一時、仏は毘耶離（びやり）の菴羅樹園（あんらじゅえん）に大比丘衆八千人と倶（とも）に在（いま）せり。】 （大正蔵、巻一四、五三七頁上）

………………………………………………………………

ekasmin < eka-：*基数詞,* 一。*adj.* ある。*m. sg. Loc.*
samaye < samaya-：*m.* 会合の場所。時間。好機。機会。*sg. Loc.*
bhagavān < bhagavat-：*m.* 尊い（人）。「世尊」と漢訳。「婆伽婆」「薄伽梵」と音写。*sg. Nom.*
vaiśālyāṃ < vaiśālī-：*f.* ヴァイシャーリー（Viśāla 国の王が建設した町の名前）。「毘舎離」「毘耶離」「吠舎離」と音写。*sg. Loc.*
viharati < vihara- < vi-√hṛ- (1)：快適に過ごす。享受する。楽しみのためにぶらぶら歩く。「住」と漢訳。*Pres. 3, sg. P.*
sma：*ind.* 実に。
現在形の動詞とともに用いて、過去の意味を表わす（歴史的現在）。過去のことを生々しく語るための表現方法である。ただし、現在の意味が保留される場合もある。

………………………………………………………………

āmrapālī-vane < āmrapālī-vana-：*n.* アームラパーリーの所有する森。*sg. Loc.*
āmrapālī- < āmra-pālī-：*f.* アームラパーリー。「菴羅女」と音写。
āmra-：*m.* マンゴー。檬果樹。「菴羅」「菴摩羅」「菴婆羅」「菴没羅」と音写。
pālī-：*f.* 女守護者。
vana-：*n.* 森。
mahatā < mahat-：*adj.* 大きな。偉大な。豊富な。たくさんの。重要な。卓越した。*m. sg. Ins.*
bhikṣu-saṃghena < bhikṣu-saṃgha-：*m.* 男性出家者の集団。「比丘僧伽」と音写。*sg. Ins.*
bhikṣu- < √bhikṣ- (1) + -u：*m.* 乞食者。男性出家者。「比丘」と音写。
saṃgha- < saṃ-gha-：*m.* 群れ。集団。僧団。「衆」「衆会」と漢訳。「僧伽」と音写。
sārdham < sa-ardha-：*adj.* 半分を伴った。*n. sg. Acc.*
対格の副詞的用法で、「～（具格）と共同で」「～と一緒に」「～とともに」。
aṣṭābhir < aṣṭābhiḥ + 有声音 < aṣṭan-：*基数詞,* 八。*n. pl. Ins.*
bhikṣu-sahasraiḥ < bhikṣu-sahasra-：*n.* 千人の男性出家者。*pl. Ins.*
sahasra-：*基数詞, n.* 千。

§2 sarvair arhadbhiḥ kṣīṇâsravair niḥkleśair vaśī-bhūtaiḥ suvimukta-cittaiḥ suvimukta-prajñ=air ājāneyair mahā-nāgaiḥ kṛta-kṛtyaiḥ kṛta-karaṇīyair apahṛta-bhārair anuprāpta-svakârthaiḥ parikṣīṇa-bhava-saṃyojanaiḥ samyag-ājñā-suvimukta-cittaiḥ sarva-ceto-vaśi-parama-pārami-prā=ptair

(梵漢和維摩経 *p.* 2, *ll.* 5–8)

§2 すべてが阿羅漢で、汚れ（漏）がなく、煩悩を断ち、自由自在で、心がよく解脱し、すっかり解脱した智慧を持っており、高貴な生まれであり、大いなる象であり、義務を果たし、なすべき仕事を成し遂げ、心労（重荷）を除き去り、自己の目的に到達し、生存との結びつきを滅ぼし尽くし、正しい智慧によってよく解脱した心を持ち、すべての心の自在という最高の完成に達していた。
【漢訳相当箇所なし】
……………………………………………………………………

sarvair < sarvaiḥ + 有声音 < sarva-：*adj.* すべての。*m. pl. Ins.*
arhadbhiḥ < arhadbhiḥ + (k) < arhat- + -bhiḥ < arhat-：*m.* 尊敬されるべき人。供養を受けるに値する人。「応供」と漢訳。「阿羅漢」と音写。*pl. Ins.*
この内連声については、cf.「基礎」*p.* 67.
kṣīṇâsravair < kṣīṇâsravaiḥ + 有声音 < kṣīṇâsrava- < kṣīṇa-āsrava-：*adj.* 尽きた漏を持つ。汚れ（漏）がない。*m. pl. Ins.*
kṣīṇa- < √kṣi- (5,9) + -na：*pp.* 減ぜる。失われた。尽きた。「盡」「已盡」「以滅」「断」と漢訳。
āsrava- < ā-√sru- (5) + -a-：*m.* 水門。流出するもの。「漏」「流」と漢訳。
niḥkleśair < niḥkleśaiḥ + 有声音 < niḥ-kleśa- = niṣ-kleśa-：*adj.* 「無惑」「離煩悩」「無煩悩」と漢訳。*m. pl. Ins.*
niṣ- < nis-：*adv.* 外へ。前へ。*pref.* 非～。～を欠いた。～のない。（次に来る語を強める）全く。
接頭辞、副詞などは複合語の前分となるとき、例外的な連声をすることがある。cf.「基礎」*p.* 62.
kleśa- < √kliś- (4) + -a：*m.* 苦痛。苦悩。心痛。「煩悩」「惑」「根本煩悩」と漢訳。
√kliś- (4)：悩ませる。困らせる。悩む。困る。
vaśī-bhūtaiḥ < vaśī-bhūtaiḥ + (s) < vaśī-bhūta- < vaśī-√bhū- (1) + -ta：*adj.* 服従した。従順な。謙遜な。「自在」と漢訳。*m. pl. Ins.*
vaśī- < vaśa- < √vaś- (3) + -a：*m.* 意志。願望。欲望。力。支配。権威。主権。
動詞 √bhū- (1), √as- (2), √kṛ- (8) の前分に名詞、形容詞がくる複合語では名詞、形容詞の末尾の a, ā, an は ī となり、i, u は ī, ū となり、ṛ は rī、それ以外はそのままとなる。cf.「基礎」*p.* 566.
√vaś- (3)：～を命令する。望む。主張する。
vaśaya- < √vaś- (3) + -aya：*Caus.* 支配下に収める。征服する。
suvimukta-cittaiḥ < suvimukta-cittaiḥ + (s) < su-vimukta-citta-：*adj.* すっかり解脱した心を持つ。心がすっかり解脱している。*m. pl. Ins.*
su：*adv.* よく。うまく。実に。非常に。
vimukta- < vi-√muc- (6) + -ta：*pp.* 束縛を解かれた。放たれた。
citta-：*n.* 心。思考。意思。知性。理性。「質多」と音写。
過去受動分詞が複合語の前分となって Bahuvrīhi Compound（所有複合語）の形容詞を作る。
suvimukta-prajñair < suvimukta-prajñaiḥ + 有声音 < su-vimukta-prajña-：*adj.* すっかり解脱した智慧を持っている。*m. pl. Ins.*
prajña- < prajñā-：*f.* 智慧。
複合語の後分となって長母音が短母音となった。cf.「基礎」*p.* 545.
ājāneyair < ājāneyaiḥ + 有声音 < ā-jāneya-：*adj.* 貴族の。良種の。しかるべき素性の。*m. pl. Ins.*
mahā-nāgaiḥ < mahā-nāgaiḥ + (k) < mahā-nāga-：*m.* 大いなる象。*pl. Ins.*
mahā- < mahat-：*adj.* 大きな。偉大な。豊富な。たくさんの。重要な。卓越した。
複合語の前分となるとき、mahat- は mahā- となる。cf.「基礎」*p.* 522.
nāga-：*m.* 龍。象。
kṛta-kṛtyaiḥ < kṛta-kṛtyaiḥ + (k) < kṛta-kṛtya-：*adj.* 義務をやり遂げた。目的を達成した。*m. pl. Ins.*
kṛta- < √kṛ- (8) + -ta：*pp.* なされた。作られた。行なわれた。成就された。得られた。
kṛtya- < √kṛ- (8) + -tya：*未受分,* なされるべき。*n.* 活動。作用。仕事。奉仕。目的。

i, j, ṛ で終わる語根を持ついくつかの動詞の未来受動分詞は、-ya の代わりに-tya を加えて作られる。cf.「基礎」*p.* 482.

kṛta-karaṇīyair < kṛta-karaṇīyaiḥ + 有声音 < kṛta-karaṇīya-：*adj.* 仕事を完成した。なすべきことをなした。*m. pl. Ins.*

karaṇīya- < √kṛ- (8) + -anīya：*未受分,* なされるべき。作られるべき。「所作」「所為」と漢訳。

apahṛta-bhārair < apahṛta-bhāraiḥ + 有声音 < apahṛta-bhāra-：*adj.* 取り去られた重荷を持つ。重荷を取り去った。心労を取り去った。「捨重擔」「棄諸重擔」と漢訳。*m. pl. Ins.*

apahṛta- < apa-√hṛ- (1) + -ta：*pp.* 取り去られた。運び去られた。

bhāra- < √bhṛ- (2) + -a：*m.* 積み荷。重荷。労働。辛苦。心労。軛。

√bhṛ- (2)：運ぶ。

anuprāpta-svakârthaiḥ < anuprāpta-svakârthaiḥ + (p) < anuprāpta-svaka-artha-：*adj.* 到達した自己の目的を持つ。自己の目的に到達した。*m. pl. Ins.*

anuprāpta- < anu-pra-√āp- (5) + -ta：*pp.* 到達した。来たれる。「至」「到」「到達」「獲得」と漢訳。

svaka-artha-：*m.* 自己の目的。「己利」「自利」と漢訳。

svaka- = sva-：*adj.* 自身の。私の。汝の。彼の。彼女の。我々の。君たちの。彼らの。*n.* 自分の所有物。財産。

artha-：*m.* 目的。利益。義。意味。

parikṣīṇa-bhava-saṃyojanaiḥ < parikṣīṇa-〜-saṃyojanaiḥ + (s) < parikṣīṇa-bhava-saṃyojana-：*adj.* 尽き果てた生存への結びつきを持つ。生存への結びつきが尽き果てた。「尽諸有結」「諸有結縛皆悉已尽」と漢訳。*m. pl. Ins.*

parikṣīṇa- < pari-√kṣi- (5,9) + -na：*pp.* やつれた。衰弱した。減じた。失われた。尽きた。

bhava-：*m.* 誕生。生起。起源。本源。存在。「有」「諸有」と漢訳。

saṃyojana- < sam-√yuj- (7) + -ana：*n.* 〜（具・処格）と結びつくこと。結合すること。〜（属格）の結合。「合」「結」「煩悩」「和合」「結使」と漢訳。

samyag-ājñā-suvimukta-cittaiḥ < samyag-〜-cittaiḥ + (s) < samyag-ājñā-suvimukta-citta-：*adj.* 正しい智慧によってよく解脱した心を持つ。正しい智慧によって心がよく解脱している。「正智解脱」「依正教心善解脱」と漢訳。*m. pl. Ins.*

samyag- < samyak- + 母音：*adv.* 正しく。正確に。真に。適当に。完全に。

これは副詞だが、しばしば形容詞的に使われる。

ājñā- < ā-√jñā- (9) + -ā：*f.* 命令。権威。「教」「教化」「聖教」「勧告」「智慧」と漢訳。

ā-√jñā- (9)：思う。注意する。覚る。了解する。考える。

sarva-ceto-vaśi-parama-pārami-prāptair < sarva-〜-prāptaiḥ + 有声音 < sarva-ceto-vaśi-parama-pārami-prāpta-：*adj.* すべての心の自在という最高の完成に達した。*m. pl. Ins.*

sarva-：*adj.* すべての。

ceto- < cetas- + 有声子音：*n.* 様子。光輝。自覚。智能。感官。心。精神。意志。

vaśi- < vaśin-：*adj.* 支配する。喜んで〜をする。自己を抑制する。「自在」「得自在」と漢訳。*m.* 〜（属格）の支配者。主。「自在者」と漢訳。

parama-：*最上級,* 最高の。主な。第一位の。至高の。最善の。

pārami- = pāramitā-：*f.* 完全な成就。〜の完成。「度」「到彼岸」と漢訳。「波羅蜜」と音写。

prāpta- < pra-√āp- (5) + -ta：*pp.* 到達せられたる。獲得せられたる。〜の心になった。

§3 dvātriṃśatā ca bodhi-sattva-sahasrair abhijñānâbhijñātaiḥ[5] sarvair mahâbhijñā-parikarma-niryātair buddhâdhiṣṭhānâdhiṣṭhitaiḥ saddharma-nagara-pālaiḥ saddharma-parigrāhakair mahā-siṃha-nāda-nādibhir daśa-dig-vighuṣṭa-śabdaiḥ sarva-sattvânadhyeṣita-kalyāṇa-mitrais tri-ratna-vaṃśânupacchettṛbhir[6] nihata-māra-pratyarthikaiḥ sarva-para-pravādy-anabhibhū=

taiḥ smṛti-samādhi-dhāraṇī-saṃpannaiḥ sarva-nivaraṇa-paryutthāna-vigatair anāvaraṇa-
vimokṣa-pratiṣṭhitair anācchedya-pratibhānair dāna-dama-niyama-saṃyama-śīla-kṣānti-vīrya-
dhyāna-prajñôpāya-niryātair anupalambhânutpattika-dharma-kṣānti-samanvāgatair avaivar=
tika-dharma-cakra-pravartakair alakṣaṇa-mudrā-mudritaiḥ sarva-sattvêndriya-jñāna-kuśalaiḥ
sarva-parṣad-anabhibhūta-vaiśāradya-vikrāmibhir mahā-puṇya-jñāna-saṃbhārôpacitair lakṣaṇ=
ânuvyañjana-samalaṃkṛta-kāyaiḥ parama-rūpa-dhāribhir apagata-bhūṣaṇair meru-śikharâ=
bhyudgata-yaśaḥ-kīrti-[7]samudgatair dṛḍha-vajrâdhyāśayâbhedya-buddha-dharma-prasāda-pra=
tilabdhair dharma-ratna-vikaraṇâmṛta-jala-saṃpravarṣakaiḥ sarva-sattva-ruta-ravita-svarâṅ=
ga-ghoṣa-viśuddha-svarair gambhīra-dharma-pratītyâvatārântânanta-dṛṣṭi-vāsanânusaṃdhi-
samucchinnair vigata-bhaya-siṃhôpama-nādibhis tulyâtulya-samatikrāntair [8] dharma-ratna-
prajñā-samudānīta-mahā-sārtha-vāhair ṛju-sūkṣma-mṛdu-durdṛśa-duranubodha-sarva-dharma-
kuśalair āgati-sattvâśaya-matim-anupraviṣṭa-jñāna-viṣayibhir asama-sama-buddha-jñānâbhi=
ṣekâbhiṣiktair daśa-bala-vaiśāradyâveṇika-buddha-dharmâdhyāśaya-gataiḥ sarvâpāya-durgati-
vinipātôtkṣipta-parikhaiḥ saṃcintya-[9]bhavagaty-upapatti-saṃdarśayitṛbhir mahā-vaidya-
rājaiḥ sarva-sattva-vinaya-vidhi-jñair yathârha-dharma-bhaiṣajya-prayoga-prayuktair ananta-
guṇâkara-samanvāgatair ananta-buddha-kṣetra-guṇa-vyūha-samalaṃkṛtair amogha-śravaṇa-
darśanair amogha-pada-vikramair aparimita-kalpa-koṭī-niyuta-śata-sahasra-guṇa-parikīrtanâ=
paryanta-guṇâughaiḥ /

(梵漢和維摩経 *p.* 2, *ll.* 9–18, *p.* 4, *ll.* 1–18)

§3　また、三万二千人の菩薩たちとも一緒であった。〔それらの菩薩たちは〕すべて、勝れた知でよく知られており、大いなる神通の修行を完成していて、ブッダの加護によって守護されていて、正しい教え（正法）という都城の守護者であり、正しい教えを護持するものであり、大いなる師子の咆哮のように響く声を持つものであり、十方に鳴り響く声を持つものであり、頼まれなくてもあらゆる衆生の善き友であり、〔仏・法・僧の〕三宝の系譜を絶やすことのない人であり、魔という怨敵を打ち破っていて、あらゆる反対論者に凌駕されることのない人であり、憶念と三昧（瞑想）とダーラニー（陀羅尼）を完成していて、あらゆる障害の発生を断っており、障害のない解脱に熟達していて、絶えることのない弁舌を持ち、布施、および自制・抑制・制御という〔三つの〕戒、忍耐、努力精進、禅定、智慧、方便を完成していて、〔何ものも〕得ることがなく、〔何ものも〕生ずることはないという真理を認める知（無生法忍）を具えており、後退することのない真理の車輪（法輪）を転じていて、無相という刻印が押されていて、あらゆる衆生の能力（機根）を知ることに熟練しており、すべての集会において凌駕されることなく、畏れることのない力を具えていて、卓越した福徳と知の集積を積み重ねており、〔三十二種類の勝れた〕相（三十二相）と、〔八十種類の〕副次的な身体的特徴（八十種好）によって見事に飾られた身体を持ち、最高に美しい姿を具え、装身具が不要であり、スメール山の頂上がそびえているように称讃と名声が際立っていて、堅固な金剛石のような高潔なる心は不壊で、仏法に対する浄信を得ており、法の宝石を散じ、甘露の雨を注いでいて、一切衆生の声や、軽率な声〔に通じ〕、素晴らしい音声、清らかな声を持つものであり、深遠な法によって悟入していて、有限か無限かという〔二元論的〕見解に住するつながりを断ち切っており、恐怖を滅し、師子のように声を響かせ、比較できるものと、比較できないものとを超越していて、宝石のように輝かしい法と智慧を集めた隊商の偉大な隊長であり、正しく、微細で、繊細で、見難く、知り難い一切の法（真理の教え）に精通していて、〔世界の〕生起と、衆生の意向や性向を熟知し、智慧を対象としており、〔他に〕等しいものの存在しないブッダの知に到る灌頂〔の儀式〕によって灌頂され、十種類の智慧の力（十力）や、〔説法における四つの〕畏れなきこと（四無畏）、他のものにはないブッダに具わる〔十八種類の特別の〕性質（十八不共仏法）、高潔なる心を得ており、あらゆる険難の悪しき境遇に堕する溝を放逐しており、意のままに生存の状態に誕生すること[10] を示し、偉大なる医者の王であり、あらゆる衆生を教化する方法を知っており、〔相手に応じて〕適切に法の薬を用いることに習熟していて、無限の徳を生み出す源を具えていて、ブッダの国土に具わる無量の功徳の荘厳によって見事に飾られていて、聞くことと、見ることに誤りがなく、足取りの勇猛ぶりは確実であり、計り知ることのできない幾百・千・コーティ・ニユタ[11] もの劫[12] にわたって〔以上のような菩薩たちに具わる〕徳を称讃しても、徳の流れは尽きることがないのだ。

【§3　菩薩三万二千あり。衆の知識る所にして、大智の本行を皆悉く成就し、諸仏の威神によりて建立せらる。法城を護らんが為に正法を受持し、能く師子吼して、名は十方に聞こゆ。衆人請わざれども、友として之を安んじ、三宝を紹隆して能く絶えざらしむ。魔・怨を降伏し、諸の外道を制し、悉く已に清浄にして永く蓋纏を離る。心は常に無礙の解脱に安住し、念・定・総持・弁才ありて断えず、布施・持戒・忍辱・精進・禅定・智慧、及び方便力の具足せざる無し。無所得、不起の法忍を逮し、已に能く随順して不退の輪を転ず。善く法相を解して衆生の根を知り、諸の大衆を蓋いて無所畏を得たり。功徳と智慧は以て其の心を修め、相好もて身を厳り、色像は第一なり。諸の世間の所有る飾好を捨つ。名称は高遠なること須弥を踰え、深信の堅固なること猶、金剛の若し。法宝は普く照らして、而も甘露を雨らす。衆の言音に於いて微妙第一なり。深く縁起に入りて諸の邪見を断じ、有無の二辺復た余習あること無し。法を演ずるに畏れ無きこと猶、師子の吼えるがごとく、其の講説する所は乃ち雷の震うが如し。量有ること無く、已に量を過ぎたり。衆の法宝を集むること海の導師の如く。諸法の深妙の義に了達し、善く衆生の往来する所趣、及び心の所行を知る。無等等なる仏の自在の慧、十力・無畏・十八不共に近づき、一切の諸悪趣の門を関閉して、而も五道に生じて以て其の身を現ず。大医王と為りて善く衆病を療し、病に応じて薬を与えて服行することを得せしむ。無量の功徳、皆成就し、無量の仏土、皆厳浄す。其の見聞する者にして益を蒙らざる無し。諸有る所作も亦唐捐ならず。是くの如く一切の功徳を皆悉く具足す。】　　　　（大正蔵、巻一四、五三七頁上）

………………………………………………………………………

dvātriṃśatā < dvātriṃśat-：*基数詞,* 三十二。*f. sg. Ins.*

　　triṃśat- (30), catvāriṃśat- (40), pañcāśat- (50) は、t- 語幹の名詞（*f. sg.*）の格変化に従う。cf.「基礎」*p.*235.

ca：*conj.* および。また。しかしながら。そして。〜と。なお。

bodhi-sattva-sahasrair < bodhi-〜-sahasraiḥ + 有声音 < bodhi-sattva-sahasra-：*n.* 千人の菩薩。*pl. Ins.*

　　bodhi-sattva-：*m.* 覚りを求める人。「菩提薩埵」「菩薩」と音写。

　　sahasra-：*基数詞,* 千。

abhijñānâbhijñātaiḥ < abhijñāna-abhijñāta-：*adj.* 神通で著名な。知によって知られた。*m. pl. Ins.*

　　abhijñāna- < abhi-jñāna-：*n.* 認識。記憶。「通」「神通」「神力」と漢訳。

　　abhi：*adv.* こちらへ。近く。〜のほうへ。〜まで。〜に対して。〜を越えて。〜のために。〜について。

　　jñāna- < √jñā- (9) + -ana：*n.* 知ること。知。智慧。

　　abhijñāta- < abhi-√jñā- (9) + -ta：*pp.* 知られた。著名なる。

sarvair < sarvaiḥ + 有声音 < sarva-：*adj.* すべての。*m. pl. Ins.*

mahâbhijñā-parikarma-niryātair < mahâbhijñā-〜-niryātaiḥ + 有声音 < mahā-abhijñā-parikar=ma-niryāta-：*adj.* 大いなる神通の修行によって完成されている。*m. pl. Ins.*

　　mahā- < mahat-：*adj.* 大きな。偉大な。豊富な。たくさんの。重要な。卓越した。

　　abhijñā- < abhi-√jñā- (9) + -ā：*f.* 記憶。思い出。「通」「神通」「神力」と漢訳。

　　parikarma- < parikarman-：*n.* 崇拝。身を飾り整えること。身に油を塗ること。浄化。「治」「修治」「修行」と漢訳。

　　niryāta- < nir-√yā- (2) + -ta：*pp.* 〜（奪格）から出てきた。〜現われた。〜（処格）を全く信頼した。「出離」「従…生」「已度」「成」「修成」と漢訳。

　　nir-yāta- ≒ nir-jāta- < nir-√jan- (1) + -ta：*pp.* 〜（処格）から生じた。〜（処格）出現した。BHS. dic. *p.* 303.

buddhâdhiṣṭhānâdhiṣṭhitaiḥ < buddha-adhiṣṭhāna-adhiṣṭhita-：*adj.* ブッダの加護によって守護されているもの。*m. pl. Ins.*

　　buddha- < √budh- (1) + -ta：*pp.* 目覚めた（人）。「覚者」と漢訳。「仏陀」「仏」と音写。

adhiṣṭhāna- < adhi-√sthā- (1) + -ana：*n.* 立脚点。立場。場所。住所。主権。権力。「神力」「神通」「威神力」「願力」「加護」「護念」「加持」「守護」「建立」と漢訳。

adhiṣṭhita- < adhi-√sthā- (1) + -ita：*pp.* 守護された。

adhi-√sthā- (1)：～（対格、処格）の上に立つ。足で踏む。住む。克服する。凌駕する。優位に立つ。導く。支配する。「加持」「示現」「守護」と漢訳。

saddharma-nagara-pālaiḥ < saddharma-nagara-pāla-：*m.* 正しい教えという都城の守護者。*pl. Ins.*

saddharma- < sat-dharma-：*m.* 正しい教え。「正法」と漢訳。

dharma-：*m.* 確定した秩序。慣例。習慣。法則。規則。義務。宗教。教説。性質。本質。属性。特質。事物。法。

nagara-：*n.* 町。市。都市。都城。「城」「城邑」「城郭」「国」「国城」と漢訳。

pāla-：*m.* 監視人。保護者。牧者。大地の守護者。王。主。

saddharma-parigrāhakair < saddharma-parigrāhakaiḥ + 有声音 < saddharma-parigrāhaka-：*adj.* 正しい教えを護持するもの。*m. pl. Ins.*

parigrāhaka- < pari-√grah- (9) + -aka：*adj.* 恩恵を受ける。「受」「摂受」「持」「護持」と漢訳。

mahā-siṃha-nāda-nādibhir < mahā-～-nādibhiḥ + 有声音 < mahā-siṃha-nāda-nādin-：*adj.* 大いなる師子の咆哮のように響く声を持つもの。*m. pl. Ins.*

mahā- < mahat-：*adj.* 大きな。偉大な。豊富な。たくさんの。重要な。卓越した。

siṃha-：*m.* ライオン。「獅子」「師子」と音写。

nāda- < √nad- (1) + -a：*m.* 叫び声。音響。いななき。

nādin- < √nad- (1) + -in：*adj.* 声高に響く。～のように響く。咆哮する。反響する。

daśa-dig-vighuṣṭa-śabdaiḥ < daśa-dig-vighuṣṭa-śabda-：*adj.* 十方に鳴り響く声を持つ。*m. pl. Ins.*

daśa-dig- < daśa-dik- + 有声子音 < daśa-diś-：*f.* 十方の。*sg. Nom.*

vighuṣṭa- < vi-√ghuṣ- (1) + -ta：*pp.* 宣言された。発表された。鳴り響く。「普聞」「広布」「演暢」と漢訳。

śabda-：*m.* 音。声。言葉。

sarva-sattvânadhyeṣita-kalyāṇa-mitrais < sarva-～-mitraiḥ + (t) < sarva-sattva-anadhyeṣita-kalyāṇa-mitra-：*adj.* あらゆる衆生にとっての頼まれてもいない善き友。頼まれなくてもあらゆる衆生の善き友である。*m. pl. Ins.*

sarva-：*adj.* すべての。

sattva-：*m.* 「衆生」「有情」と漢訳。

anadhyeṣita- < an-adhyeṣita-：*adj.* 頼まれていない。

adhyeṣita- < adhyeṣaya- + -ta- < adhi-√iṣ- (6) + -aya + -ta：*Caus. pp.* 頼まれた。「受請」「帰請」と漢訳。

adhyeṣaya- < adhi-√iṣ- (6) + -aya：*Caus.* 「発問」と漢訳。

adhi-√iṣ- (6)：求める。請う。命ずる。

kalyāṇa-mitra-：*m.* 善き友。真の友。「善友」「知識」「善知識」と漢訳。

kalyāṇa-：*adj.* 美しい。愛らしい。善い。徳ある。

mitra-：*m.* 友人。Āditya 神群の一つ。太陽。*n.* 契約（原義）。友誼。「知識」と漢訳。

tri-ratna-vaṃśânupacchettṛbhir < tri-ratna-vaṃśânupacchettṛbhiḥ + 有声音 < tri-ratna-vaṃśa-anupacchettṛ-：*m.* 三宝の系譜を絶やすことのない人。*pl. Ins.*

tri-ratna-：*n.* 「三宝」と漢訳。

vaṃśa-：*m.* 竹の茎。横梁。系譜（世代を竹の節に譬えた）。血統。種族。家族。

anupacchettṛ- < an-upacchettṛ-：*m.* 絶やすことのない人。

upacchettṛ- < upa-√chid- (7) + -tṛ：*m.* 切断する人。断ち切る人。絶やす人。

chettṛ- < √chid- (7) + -tṛ：*m.* 樵夫。破壊者。（疑いを）除く人。追放者。「断」「能断」「能除」と漢訳。

√chid- (7)：切る。切り落とす。引き離す。断つ。破壊する。

nihata-māra-pratyarthikaiḥ < nihata-māra-pratyarthika-：*adj.* 魔という怨敵を打ち破った。「降伏魔怨」と漢訳。*m. pl. Ins.*

この語は法華経の妙音品にも出てくる。

nihata- < ni-√han- (2) + -ta：*pp.* 投げつけられた。打ち落とされた。打倒された。「伏」「降伏」「破壊」「除滅」と漢訳。

māra- < √mṛ- (1) + -a：*m.* 死。殺害。誘惑者。悪魔。「障」「悪者」と漢訳。「悪魔」「邪魔」「魔」「摩羅」と音写。

pratyarthika- < prati-arthika-：*m.* 競争者。対抗者。敵。「怨」「怨対」「怨害」「怨憎」「怨敵」と漢訳。

sarva-para-pravādy-anabhibhūtaiḥ < sarva-para-pravādy-anabhibhūta-：*adj.* あらゆる反対論者に凌駕されることのない。*m. pl. Ins.*

sarva-：*adj.* 一切の。すべての。

para-pravādy- < para-pravādi- + 母音 < para-pravādin-：*m.* 邪教の師。反対の論争者。「外道」「異道」「異学」「異論」と漢訳。

anabhibhūta- < an-abhibhūta-：*adj.* 凌駕されない。敗れない。征服されない。

abhibhūta- < abhi-√bhū- (1) + -ta：*pp.* 凌駕された。敗れた。征服された。

smṛti-samādhi-dhāraṇī-saṃpannaiḥ < smṛti-samādhi-dhāraṇī-saṃpanna-：*adj.* 憶念と三昧（瞑想）とダーラニー（陀羅尼）を完成している。*m. pl. Ins.*

smṛti- < √smṛ- (1) + -ti：*f.* 記憶。想念。

samādhi- < sam-ādhi-：*m.* 深い瞑想。深い専心。「定」と漢訳。「三昧」と音写。

dhāraṇī-：*f.*（大乗仏教において）法を心に留めて忘れさせない能力。修行者を守護する能力がある章句のこと。「総持」と漢訳。「陀羅尼」と音写。

saṃpanna- < sam-√pad- (4) + -na：*pp.* 成就する。完成する。～に達する。～になる。～を結合する。～を得る。完全にそなわった。「成就」「成立」「円満」「具足」「遂行」「達成」と漢訳。

sarva-nivaraṇa-paryutthāna-vigatair < sarva-～-vigataiḥ + 有声音 < sarva-nivaraṇa-paryutthāna-vigata-：*adj.* あらゆる障害の発生を断っている。*m. pl. Ins.*

sarva-：*adj.* すべての。

nivaraṇa- < ni-varaṇa-：*n.* 障害。悩乱。苦悩。「蓋」「蓋障」「障礙」と漢訳。

paryutthāna- < pari-ud-√sthā- (1) + -ana：*n.* 立ち上がること。「起」「発起」と漢訳。

vigata- < vi-gata- < vi-√gam- (1) + -ta：*pp.* 散った。去った。消滅した。「離」「除」「棄」「遠離」「断除」と漢訳。

vi-：*suf.* 分離・欠如・分散を意味する接頭辞。別々に離れて。隔たって。遠くに。～なしに。

anāvaraṇa-vimokṣa-pratiṣṭhitair < anāvaraṇa-～-pratiṣṭhitaiḥ + 有声音 < anāvaraṇa-vimokṣa-pratiṣṭhita-：*adj.* 障害のない解脱に熟達している。*m. pl. Ins.*

anāvaraṇa- < an-āvaraṇa-：*n.* 覆いのないこと。障りのないこと。「無障」「不障」「無碍」と漢訳。

āvaraṇa- < ā-varaṇa- < ā-√vṛ- (1) + -ana：*n.* 遮断。壁。障。保護。被覆。

ā-√vṛ- (1)：覆う。隠す。包囲する。

vimokṣa-：*m.* 緩むこと。～からの解放。救済。「解脱」と漢訳。

pratiṣṭhita- < prati-√sthā- (1) + -ita：*pp.* ～（処格）に熟達した。～に立った。位置した。留まった。～に置かれた。確立した。

anācchedya-pratibhānair < anācchedya-pratibhānaiḥ + 有声音 < anācchedya-pratibhāna-：*adj.* 断たれるべきでない能弁を持つ。絶えることのない弁舌を持つ。*m. pl. Ins.*

anācchedya- < an-ācchedya-：*未受分,*「無断」「不断」「不断絶」「不壊」と漢訳。

ācchedya- < ā-√chid- (7) + -ya：*未受分,*「能断滅」と漢訳。

ā-√chid- (7)：切る。断つ。砕く。～（奪格）除く。取り去る。

pratibhāna- < prati-√bhā- (2) + -ana：*n.* 明白なこと。理解。能弁であること。「弁」「弁才」「巧弁」「弁説」「楽説」と漢訳。

dāna-dama-niyama-saṃyama-śīla-kṣānti-vīrya-dhyāna-prajñôpāya-niryātair < dāna-～-niryātaiḥ + 有声音 < dāna-dama-niyama-saṃyama-śīla-kṣānti-vīrya-dhyāna-prajñā-upāya-niryāta-：*adj.* 布施、および自制・抑制・制御という〔三つの〕戒、忍耐、努力精進、禅定、智慧、方便を完成している。*m. pl. Ins.*

dāna- < √dā- (3) + -ana：*n.* 与えること。施物。供物。

dama- < √dam- (4) + -a：*adj.* ～を馴らす。～を屈服せしめる。*m.* 自制。意志強固。

niyama- < ni-√yam- (1) + -a：*m.* 抑制。制限。

ni-√yam- (1)：（車を）とどめる。止め置く。～（処格）に固定する。縛る。固持する。（手綱を）引き締める。～（奪格）から抑制する。制御する。

√yam- (1)：支える。支持する。（馬などを）抑える。抑制する。阻止する。鎮める。

saṃyama- < sam-√yam- (1) + -a：*m.* 阻止。抑制。感覚の制御。自制。精神の集中。

sam-√yam- (1)：保持する。（手綱を）引き締める。抑止する。（馬を）御する。阻止する。

śīla-：*n.* 習慣。気質。性向。性格。よい行状。よい習慣。高尚な品性。道徳性。「戒」と漢訳。

kṣānti- < √kṣam- (1) + -ti：*f.* 堪えること。認めること。「忍」「忍辱」「堪忍」と漢訳。

√kṣam- (1)：忍耐する。堪える。忍ぶ。

vīrya-：*n.* 男らしさ。勇気。力。能力。英雄的な行為。「勤」「精進」「勇健」「勇猛」「強健」と漢訳。

dhyāna- < √dhyai- (1) + -ana：*n.* 静慮。「定」と漢訳。「禅」「禅定」と音写。

prajñā-：*f.* 智慧。

upāya- < upa-√i- (2) + -a：*m.* 接近。到着。手段。方策。「方便」と漢訳。

niryāta- < nir-√yā- (2) + -ta：*pp.* ～（奪格）から出てきた。～現われた。～（処格）を全く信頼した。「出離」「従…生」「已度」「成」「修成」と漢訳。

anupalambhânutpattika-dharma-kṣānti-samanvāgatair < anupalambhânutpattika-～-samanvāgataiḥ + 有声音 < anupalambha-anutpattika-dharma-kṣānti-samanvāgata-：*adj.* 〔何ものも〕得ることがなく、〔何ものも〕生ずることはないという真理を認める知（無生法忍）を具えている。*m. pl. Ins.*

anupalambha- < an-upalambha-：*m.* 「不得」「不取」「無得」「不可得」「無所得」と漢訳。

upalambha- < upa-√labh- (1) + -a：*m.* 達せしむること。経験させること。取得。観察。知覚。

upa-√labh- (1)：捕らえる。見出す。達する。得る。知覚する。経験する。学び知る。了解する。

anutpattika-dharma-kṣānti-：*f.* 〔何ものも〕生ずることはないという真理を認める知。「無生法忍」と漢訳。

anutpattika- < anutpatti-ka-：*adj.* 生ずることのない。「不生」「無生」と漢訳。

anutpatti- < an-utpatti-：*adj.* 生じない。*f.* 生じないこと。不生産。失敗。「不生」「無生」「不得生」と漢訳。

utpatti- < ud-√pad- (4) + -ti：*f.* 発生。出生。起原。富源。新生。再生。生産物。生産力。出づること。

ud-√pad- (4)：飛び上がる。生ずる。得られる。

dharma-kṣānti-：*f.* 真理を認めること。「法忍」と漢訳。

samanvāgata- < sam-anu-ā-√gam- (1) + -ta：*pp.* ～（具格）を伴った。～（具格）を具えた。

avaivartika-dharma-cakra-pravartakair < avaivartika-～-pravartakaiḥ + 有声音 < avaivartika-dharma-cakra-pravartaka-：*adj.* 後退することのない法輪を転じている。*m. pl. Ins.*

avaivartika- < a-vaivartika-：*adj.* 後退することのない。退転しない。「不退転」「不退」と漢

訳。

dharma-cakra-：*n.* 真理の車輪。「法輪」と漢訳。

pravartaka- < pra-√vṛt- (1) + -aka：*adj.* 前方へ転じさせる。動かす。

pra-√vṛt- (1)：動かされる。出発する。～（処格）に従事する。～（奪格）から生ずる。起こる。「流転」「随転」「運転」と漢訳。

√vṛt- (1)：転ずる。進む。

alakṣaṇa-mudrā-mudritaiḥ < alakṣaṇa-mudrā-mudritaiḥ + (s) < alakṣaṇa-mudrā-mudrita-：*adj.* 無相という印章を押印された。*m. pl. Ins.*

alakṣaṇa- < a-lakṣaṇa-：*n.* 凶兆。特徴のないこと。あらゆる相を超越していること。「非相」「無相」と漢訳。

lakṣaṇa-：*adj.* 指示する。標章の。しるしのある。特徴のある。属性のある。*n.* 標章。しるし。記号。特徴。属性。

mudrā-：*f.* 刻印付きの指環。封印。印章。表徴。

mudrita- < mudraya- + -ta < √mudraya- (名動詞) + -ta：*pp.* 印を押された。封じられた。印刷された。「印封」「封印」「所印」と漢訳。

sarva-sattvêndriya-jñāna-kuśalaiḥ < sarva-sattva-indriya-jñāna-kuśala-：*adj.* あらゆる衆生の能力（機根）を知ることに熟練している。*m. pl. Ins.*

sarva-：*adj.* 一切の。すべての。

sattva-：*m.* 「衆生」と漢訳。

indriya-：*n.* 活力。精力。感官。能力。「根」と漢訳。

jñāna- < √jñā- (9) + -ana：*n.* 知。智慧。

kuśala-：*adj.* 善き。正しき。～に熟練した。老練なる。経験ある。

sarva-parṣad-anabhibhūta-vaiśāradya-vikrāmibhir < sarva-～-vikrāmibhiḥ + 有声音 < sarva-parṣad-anabhibhūta-vaiśāradya-vikrāmin-：*adj.* すべての集会において凌駕されることなく、畏れることのない力を具えている。*m. pl. Ins.*

sarva-：*adj.* 一切の。すべての。

parṣad- = pari-ṣad-：*f.* 集会。聴衆。会議。「衆」「大衆」「衆会」「諸大衆」と漢訳。

anabhibhūta- < an-abhibhūta-：*adj.* 凌駕されない。敗れない。征服されない。

abhibhūta- < abhi-√bhū- (1) + -ta：*pp.* 凌駕された。敗れた。征服された。

vaiśāradya-：*n.* ～（処格）に関する経験。智力の明晰。誤りのないこと。「無畏」「無所畏」と漢訳。

vikrāmin- < vi-krāmin- < vi-√kram- (1) + -in：*adj.* 闊歩する。力を持った。「越」「遊歩」「力」「勢」「勇猛」と漢訳。

vi-√kram- (1)：歩む。進む。勇敢に攻撃する。～（対格）と戦う。

mahā-puṇya-jñāna-saṃbhārôpacitair < mahā-～-saṃbhārôpacitaiḥ + 有声音 < mahā-puṇya-jñāna-saṃbhāra-upacita-：*adj.* 卓越した福徳と知の集積を供給されている。*m. pl. Ins.*

mahā- < mahat-：*adj.* 大きな。偉大な。豊富な。たくさんの。重要な。卓越した。

puṇya-：*n.* 善。徳。善行。「福」「福徳」「福行」「功徳」と漢訳。

jñāna- < √jñā- (9) + -ana：*n.* 知ること。知識。真の知識。「智」「慧」「智慧」「知」「知見」と漢訳。「闍那」と音写。

saṃbhāra- < sam-√bhṛ- (1) + -a：*m.* 一緒に持ってくること。集めること。～に対する用意。家財道具。富。所有物。多数。量。堆積。「積集」と漢訳。

～- upacita-：*adj.* ～を積載された。～を供給された。

upacita- < upa-√ci- (5) + -ta：*pp.* 増加した。拡大された。増大させられた。

upa-√ci- (5)：積み上げる。集める。蓄積する。増す。強める。

lakṣaṇânuvyañjana-samalaṃkṛta-kāyaiḥ < lakṣaṇa-anuvyañjana-samalaṃkṛta-kāya-：*adj.* 〔三十二種類の勝れた〕相（三十二相）と、〔八十種類の〕副次的な身体的特徴（八十種好）によっ

て見事に飾られた身体を持つ。*m. pl. Ins.*

lakṣaṇa- < √lakṣ- (1) + -ana：*n.* 標章。しるし。記号。特徴。属性。「相」「色相」「相貌」と漢訳。

anuvyañjana- < anu-vyañjana-：*n.* 副次的なしるし。第二次的なしるし。（八十）種好。「種好」と漢訳。

vyañjana- < vi-añjana- < vi-√añj- (7) + -ana：*n.* 現わすこと。指示すること。象徴的表現。マーク。しるし。

vi-√añj- (7)：美しくする、顕示する。

√añj- (7)：～（対格）をもって身を飾る。表示する。

samalaṃkṛta- < sam-alam-√kṛ- (8) + -ta：*pp.* 見事に飾られた。「具」「荘厳」「周匝荘厳」「校飾厳整」「荘校厳飾」と漢訳。

sam-alam-√kṛ- (8)：飾る。装飾する。美しくする。

kāya-：*m.* 身体。集団。多数。集合。

parama-rūpa-dhāribhir < parama-～-dhāribhiḥ + 有声音 < parama-rūpa-dhārin-：*adj.* 最高に美しい姿を持つ。*m. pl. Ins.*

parama-：*最上級*, 最高の。主な。第一位の。至高の。最善の。

rūpa-：*n.* 形態。外観。色。形。美しい形。見目よいこと。

dhārin- < dhāraya- + -in < √dhṛ- (1) + -aya + -in：*adj.* 持する。着用する。有する。占有する。保管する。持続する。把持する。「具足」と漢訳。

dhāraya- < √dhṛ- (1) + -aya：*Caus.* 把持する。支える。担う。保持する。「受持」「憶持」「奉持」「憶持不忘」と漢訳。

apagata-bhūṣaṇair < apagata-bhūṣaṇaiḥ + 有声音 < apagata-bhūṣaṇa-：*adj.* 装身具が不要である。*m. pl. Ins.*

apagata- < apa-gata- < apa-√gam- (1) + -ta：*pp.* 去った。消滅した。「離」「遠離」「除」「滅」と漢訳。

bhūṣaṇa- < bhūṣaya- + -ana < √bhūṣ- (1) + -aya + -ana：*adj.* ～を飾る。～で飾られた。*m.* 飾り。装飾。「荘厳」「荘厳具」と漢訳。

bhūṣaya- < √bhūṣ- (1) + -aya：*Caus.* 飾る。装飾する。自身を飾る。

√bhūṣ- (1)：～（為格）のために働く。努力する。獲得しようと努める。

meru-śikharâbhyudgata-yaśaḥ-kīrti-samudgatair < meru-～-samudgataiḥ + 有声音 < meru-śikhara-abhyudgata-yaśaḥ-kīrti-samudgata-：*adj.* スメール山の頂上がそびえているように称讃と名声が現われている。*m. pl. Ins.*

meru-：*m.* スメール山。「妙高山」と漢訳。「弥楼」「須弥」「須弥山」と音写。

śikhara-：*adj.* とがった。*m.n.* 峰。（山の）頂上。

abhyudgata- < abhi-ud-√gam- (1) + -ta：*pp.* 昇った。広がった。「起」「出」「現出」「顕現」と漢訳。

yaśaḥ- < yaśas-：*n.* 美麗。威厳。令名。称讃。名声。栄誉。著名。「名聞」「美称」と漢訳。

kīrti-：*f.* 名声。名誉。「名」「好名」「名称」「名聞」と漢訳。

samudgata- < sam-ud-√gam- (1) + -ta：*pp.* 出で来たった。現われた。完全な知識に達した。～に優れた。

dṛḍha-vajrâdhyāśayâbhedya-buddha-dharma-prasāda-pratilabdhair < dṛḍha-～-pratilabdhaiḥ + 有声音 < dṛḍha-vajra-adhyāśaya-abhedya-buddha-dharma-prasāda-pratilabdha-：*adj.* 堅固な金剛石のような高潔なる心は不壊で、仏法に対する浄信を得ている。*m. pl. Ins.*

dṛḍha- < √dṛmh- (1) + -ta：*pp* 「堅固」「堅強」と漢訳。

vajra-：*m.n.* 雷電。金剛石。「金剛」「金剛杵」と漢訳。

adhyāśaya- < adhy-āśaya-：*m.* 意向。欲望。願望。傾向。高潔なる心。「所楽」「欲楽」「意楽」「至心」と漢訳。

āśaya- < ā-√śī- (2) + -a-：*m.* 休息所。場所。考え。意向。思想。「意楽」「楽欲」と漢訳。
abhedya- < a-bhedya-：*adj.* 誘惑されない。破壊されない。「不壊」と漢訳。
bhedya- < √bhid- (1) + -ya：*未受分,* 裂かれるべき。論破すべき・「可破」「可壊」と漢訳。
buddha-dharma-：*m.* 仏の教え。仏の特質。「仏法」と漢訳。
prasāda- < pra-sāda- < pra-√sad- (1) + -a：*m.* 清澄であること。輝かしいこと。明瞭。光輝。「浄」「清浄」「澄浄」「浄信」「正信」と漢訳。
pra-√sad- (1)：～（対格）の掌中に陥る。（心が）静まる。（意味などが）明瞭になる。満足する。「清」「楽」「浄」「信」「浄信」「安住」と漢訳。
pratilabdha- < prati-√labh- (1) + -ta：*pp.* 回復された。取り戻した。達した。得た。「獲得」「成就」と漢訳。

dharma-ratna-vikaraṇâmṛta-jala-saṃpravarṣakaih < dharma-ratna-vikaraṇa-amṛta-jala-saṃpra=varṣaka-：*adj.* 法の宝石を散じ、甘露の雨を注いでいる。*m. pl. Ins.*
dharma-：*m.* 確定した秩序。慣例。習慣。法則。規則。義務。宗教。教説。性質。本質。属性。特質。事物。法。
ratna-：*n.* 宝。宝石。
vikaraṇa- < vi-√kṛ- (8) + -ana：*adj.* 変化を生ずる。*n.* 変化。変形。「散」と漢訳。
amṛta- < a-mṛta-：*adj.* 死せるにあらざる。不死の。不滅の。「甘露」「不死」と漢訳。*n.* 不死。
jala-：*n.* 水。液体。「清水」「泉」と漢訳。
saṃpravarṣaka- < sam-pra-√vṛṣ- (1) + -aka：*adj.* 雨が降る。雨のように注ぐ。
varṣaka- < √vṛṣ- (1) + -aka：*adj.* 雨が降る。雨のように注ぐ。

sarva-sattva-ruta-ravita-svarâṅga-ghoṣa-viśuddha-svarair < sarva-～-svaraiḥ + 有声音 < sarva-sattva-ruta-ravita-svara-aṅga-ghoṣa-viśuddha-svara-：*adj.* 一切衆生の声や、軽率な声〔に通じ〕、素晴らしい音声や、清らかな声を持つ。*m. pl. Ins.*
sarva-sattva-：*m.* 「一切衆生」と漢訳。
ruta- < √ru- (2) +-ta：*pp.* 吠えた。*n.* 咆哮。金切り声。叫び。いななき。「声」「音声」「語言」と漢訳。
ravita-：*n.* 軽率。「卒暴音」と漢訳。
svara-：*m.* 音。響き。騒音。声。「音」「言」「語」「音声」と漢訳。
aṅga-：*n.* 肢。支分。部分。身体。要素。BHS. dic. に quality（質の良い、素晴らしい）の意味が挙げてある。
ghoṣa-：*m.* 騒音。音。響き。宣言。「音声」「語」と漢訳。
viśuddha- < vi-√śudh- (1) + -ta：*pp.* 清浄にされた。清らかな。
svara-：*m.* 音。響き。騒音。声。「音」「言」「語」「音声」と漢訳。
Gaṇḍavyūha では、ruta-ravita-ghoṣa-を「言音」「音声語言」と漢訳。

gambhīra-dharma-pratītyâvatārântânanta-dṛṣṭi-vāsanânusaṃdhi-samucchinnair < gambhīra-～-samucchinnaiḥ + 有声音 < gambhīra-dharma-pratītya-avatāra-anta-ananta-dṛṣṭi-vāsana-anusaṃdhi-samucchinna-：*adj.* 深遠な法によって悟入していて、有限か、無限かという見解に住するつながりを断ち切っている。*m. pl. Ins.*
gambhīra- = gabhīra-：*adj.* 「深い」「甚深」「深遠」と漢訳。
dharma-：*m.* 確定した秩序。慣例。習慣。法則。規則。義務。宗教。教説。性質。本質。属性。特質。事物。法。
pratītya- < prati-√i- (2) + -tya：*ind.* (*Ger.*) ～に縁って。～の理由によって。～に関して。～の故に。
avatāra- < ava-√tṝ- (1) + -a：*m.* 権化。顕示。（諸神の地上への）降下。欠点。「入」「令入」「趣入」と漢訳。
ava-√tṝ- (1)：下る。化現する。赴く。達する。到る。「入」と漢訳。
anta-：*m.* 端。縁辺。限界。終局。死。

ananta- < an-anta-：*adj.* 終わりなき。極限のない。無限の。
dṛṣṭi- < √dṛś- (1) + -ti：*f.* 見ること。視力。視覚。眼。一瞥。
vāsana- < vāsaya- + -ana < √vas- (1) + -aya + -ana：*n.* 住むこと。
vāsana- は、√vas- (2) の使役形、あるいは√vāsaya- (名動詞)からも作られるが、それぞれ「衣服、着物、箱」「香りをつけること、習気」を意味する。
anusaṃdhi-：*m.* 連絡。帰結。応用。「相続」と漢訳。
samucchinna- < sam-ud-√chid- (7) + -na：*pp.* ずたずたに引き裂かれた。根こそぎにされた。根絶された。失われた。

vigata-bhaya-siṃhôpama-nādibhis < vigata-～-nādibhiḥ + (t) < vigata-bhaya-siṃha-upama-nā=din-：*adj.* 恐怖を滅し、師子のように声を響かせる。*m. pl. Ins.*
vigata- < vi-√gam- (1) + -ta：*pp.* 「離」「除」「無」「已除」「除断」と漢訳。
bhaya- < √bhī- (1) + -a：*n.* ～（奪格、属格）についての恐れ。驚き。恐怖。心配。
siṃha-：*m.* ライオン。「獅子」「師子」と音写。
upama- < upa-√mā- (2,3) + -a：*adj.* ～に似ている。～のような。「如」「猶如」「同」と漢訳。
nādin- < √nad- (1) + -in：*adj.* 高声に響く。～のように響く。咆哮する。反響する。

tulyâtulya-samatikrāntair < tulyâtulya-samatikrāntaiḥ + 有声音 < tulyâtulya-samatikrānta-：*adj.* 比較できるものと、比較できないものを超越している。*m. pl. Ins.*
tulyâtulya- < tulya-atulya-：*adj.* 比較できるものと、比較できないものの。
tulya- < √tul- (10) + -ya：*adj.* 釣り合う。匹敵する。比較できる。似ている。等しい。同価値の。同一の。
atulya- < a-tulya-：*adj.* 釣り合わない。匹敵しない。比較できない。似ていない。等しくない。価値のない。同一でない。
samatikrānta- < sam-ati-√kram- (1) + -ta：*pp.* 「出」「超」「過」「超過」「超越」と漢訳。

dharma-ratna-prajñā-samudānīta-mahā-sārtha-vāhair < dharma-～-vāhaiḥ + 有声音 < dharma-ratna-prajñā-samudānīta-mahā-sārtha-vāha-：*adj.* 宝石のように輝かしい法と智慧を集めた偉大な隊商の隊長。*m. pl. Ins.*
dharma-ratna-：*n.* 宝石のように輝かしい法。
prajñā-：*f.* 「智慧」と漢訳。「般若」と音写。
samudānīta- < sam-ud-ā-√nī- (1) + -ta：*pp.* 集められた。得られた。成し遂げられた。
mahā- < mahat-：*adj.* 大きな。偉大な。豊富な。たくさんの。重要な。卓越した。
sārtha-vāha-：*m.* 隊商の隊長。首領。
sārtha- < sa-artha-：*adj.* 用事を帯びている。*m.* 旅をする商人の一群。隊商。
vāha- < √vah- (1) + -a：*adj.* 牽く。運ぶ。*m.* 運搬人。

ṛju-sūkṣma-mṛdu-durdṛśa-duranubodha-sarva-dharma-kuśalair < ṛju-～-kuśalaiḥ + 有声音 < ṛju-sūkṣma-mṛdu-durdṛśa-duranubodha-sarva-dharma-kuśala-：*adj.* 正しく、微細で、繊細で、見難く、知り難い、一切の法（真理の教え）に精通している。*m. pl. Ins.*
ṛju-：*adj.* 真っ直ぐな。正しい。正当な。正直な。「正」「直」「質直」「正真」と漢訳。
sūkṣma-：*adj.* 微妙な。微細な。小さい。鋭敏な。
mṛdu-：*adj.* 柔らかい。繊細な。柔軟な。しなやかな。温和な。優しい。微かな。
durdṛśa- < dus-√dṛś- (1) + -a：*adj.* 見難い。「難見」「難解」と漢訳。
duranubodha- < dur-anu-√budh- (4) + -a ：*adj.* 知り難い。「難解」「難入」「難悟」「難知」と漢訳。
sarva-：*adj.* 一切の。すべての。
dharma-：*m.* 確定した秩序。慣例。習慣。法則。規則。義務。宗教。教説。性質。本質。属性。特質。事物。法。
kuśala-：*adj.* 善き。正しき。有益な。～に熟練した。老練なる。経験ある。*n.* 好条件。幸福。繁栄。有益。

āgati-sattvâśaya-matim-anupraviṣṭa-jñāna-viṣayibhir < āgati-～-viṣayibhiḥ + 有声音 < āgati-sattva-āśaya-matim-anupraviṣṭa-jñāna-viṣayin-：*adj.* 〔世界の〕生起と、衆生の意向や性向を熟知し、智慧を対象とする。*m. pl. Ins.*

āgati-：*f.* 到着。帰還。起原。～に達すること。加わること。（世界の）生起。

sattva-：*m.* 「衆生」「有情」と漢訳。

āśaya- < ā-√śī- (2) + -a-：*m.* 休息所。場所。考え。意向。思想。「意楽」「楽欲」と漢訳。

matim-anupraviṣṭa-：*adj.* 性向を熟知した。

これは、前分が格変化したままのAluk複合語である。cf.「基礎」*p.* 524。

matim- < mati-：*f.* 敬虔な思想。祈禱。崇拝。～（為格、処格）に対する思考。性向。意見。観念。見解。信念。知覚。思想。*sg. Acc.*

anupraviṣṭa- < anu-pra-√viś- (6) + -ta：*pp.* 入った。浸透した。熟知した。「入」「入在」「随入」「已悟入」と漢訳。

anu-pra-√viś- (6)：～（対格、処格）の中に入る。～（対格）に浸透する。熟知する。徹底的に学ぶ。

jñāna-viṣayin-：*adj.* 智慧を対象とする。

jñāna- < √jñā- (9) + -ana：*n.* 知ること。知識。智慧。「闍那」と音写。

viṣayin- < viṣaya- + -in：*adj.* 感覚的快楽にふける。*m.* 享楽主義者。物質主義者。恋人。比較の対象。「境」「境界」「有境」と漢訳。

viṣaya-：*m.* 活動領域。範囲。感覚の対象（色声香味触の五境）。

asama-sama-buddha-jñānâbhiṣekâbhiṣiktair < asama-～-jñānâbhiṣekâbhiṣiktaiḥ + 有声音 < asama-sama-buddha-jñāna-abhiṣeka-abhiṣikta-：*adj.* 等しいものの存在しないブッダの知に到る灌頂〔の儀式〕によって灌頂された。*m. pl. Ins.*

asama-sama-：*adj.* 等しいもののない。無比の。「無等等」と漢訳。

asama- < a-sama-：*adj.* 不平等の。

sama-：*adj.* 平らな。滑らかな。水平の。～（具格、属格）に等しい。平等の。

buddha-jñāna-：*n.* ブッダの知。

buddha- < √budh- (1) + -ta：*pp.* 目覚めた（人）。*m.* 「覚者」と漢訳。「仏」「仏陀」と音写。

jñāna- < √jñā- (9) + -ana：*n.* 知ること。知識。智慧。「闍那」と音写。

abhiṣeka- < abhi-√sic- (6) + -a：*m.* 灌水。即位。灌頂用の水。水垢離。

abhiṣikta- < abhi-√sic- (6) + -ta：*pp.* 撒かれた。任命された。即位した。「灌」「灌頂」と漢訳。

√sic- (6)：～（処格）に注ぐ。放出する。注入する。ふりかける。灌水する。「灌頂」と漢訳。

daśa-bala-vaiśāradyâveṇika-buddha-dharmâdhyāśaya-gataiḥ < daśa-bala-vaiśāradya-āveṇika-buddha-dharma-adhyāśaya-gata-：*adj.* 十種類の力（十力）や、〔説法における四つの〕畏れなきこと（四無畏）、他のものにはないブッダに具わる〔十八種類の特別の〕性質（十八不共仏法）、高潔なる心を得ている。*m. pl. Ins.*

daśa-bala-：*n.* 十の力。「十力」と漢訳。

vaiśāradya-：*n.* ～（処格）に関する経験。智力の明晰。誤りのないこと。「無畏」「無所畏」と漢訳。

āveṇika-buddha-dharma-：*m.* 他のものにはないブッダに具わる〔特別の〕性質。「不共仏法」と漢訳。

āveṇika-：*adj.* 特別の。他と関係ない。独立の。「不共」と漢訳。

buddha-dharma-：*m.* 仏の教え。仏の特質。「仏法」と漢訳。

adhyāśaya- < adhy-āśaya-：*m.* 意向。欲望。願望。傾向。高潔なる心。「所楽」「欲楽」「意楽」「至心」と漢訳。

～-gata-：*adj.* ～に行った。～の欠如した。～のない。～に到達した。～を得た。

sarvâpāya-durgati-vinipātôtkṣipta-parikhaiḥ < sarva-apāya-durgati-vinipāta-utkṣipta-parikha-：

adj. あらゆる険難の悪しき境遇に堕する溝を放逐する。*m. pl. Ins.*

sarva-：*adj.* 一切の。すべての。

apāya-durgati-vinipāta-：*adj.* 「堕険悪趣」と漢訳。

apāya- < apa-√i- (2) + -a：*m.* 出発。遠ざかること。結末。終末。頽廃。傷害。危険。「険」「罪悪」「悪道」「悪趣」「悪処」と漢訳。

apa-√i- (2)：去る。離れる。消える。

durgati-：*f.* 悲惨。不運。貧窮。地獄。悪しき境遇。「悪道」「悪趣」「悪処」と漢訳。

vinipāta- < vi-ni-√pat- (1) + -a：*m.* 落下。崩壊。破滅。不幸。災害。「堕」「滅」「退失」「悪趣」と漢訳。

vi-ni-√pat- (1)：～（処格）に飛び降りる。～の上に下りる。～に陥る。襲う。攻める。「陥」と漢訳。

utkṣipta- < ud-√kṣip- (6) + ta：*pp.* 投げ上げられた。挙げられた。投げ出された。放逐された。

ud-√kṣip- (6)：投げ上げる。挙げる。置く。放棄する。放逐する。

parikha- < parikhā- < pari-√khan- (1) + -ā：*f.* 塹壕。堀。溝梁。「塹」「溝」「坑」と漢訳。

pari-√khan- (1)：掘る。掘り返す。貫く。穿つ。動揺させる。

過去受動分詞 utkṣipta- と、parikha- は所有複合語をなしていると考えるべきであろう。

saṃcintya-bhavagaty-upapatti-saṃdarśayitṛbhir < saṃcintya-～-saṃdarśayitṛbhiḥ + 有声音 < saṃcintya-bhavagaty-upapatti-saṃdarśayitṛ-：*adj.* 思い通りに生存の状態に出現することを示す。*m. pl. Ins.*

saṃcintya < sam-√cint- (10) + -ya：「故思」「如思」「以自在心」と漢訳。*Ger.*

saṃcintya- < sam-√cint- (10) + -ya：*未受分,* 考慮されるべき。～とみなされるべき。「故」「故思」「以自在心」と漢訳。

sam-√cint- (10)：熟慮する。思量する。考慮する。

bhavagaty-upapatti- < bhavagati-upapatti-：*f.* 「諸趣」「受生」と漢訳。

bhavagati- < bhava-gati-：*f.* 「有道」「有趣」と漢訳。

bhava- < √bhū- (1) + -a：*m.* 存在。生。現世の存在。世界。「有」「諸有」と漢訳。

gati- < √gam- (1) + -ti：*f.* 行くこと。道。進路。手段。方法。可能性。状態。「趣」「所帰趣」と漢訳。

upapatti- < upa-√pad- (4) + -ti：*f.* 出現。成功。結果。確立。起源。誕生。

saṃdarśayitṛ-：*adj.* 見させる。示す。指摘する。「示悟」と漢訳。

mahā-vaidya-rājaiḥ < mahā-vaidya-rāja-：*m.* 偉大なる医者の王。*pl. Ins.*

mahā- < mahat-：*adj.* 大きな。偉大な。豊富な。たくさんの。重要な。卓越した。

vaidya-：*m.* 医学に熟達した者。医者。

rāja- < rājan-：*m.* 王。rājan-は複合語の後分になると、rāja-となる。cf.「基礎」*p.* 522.

sarva-sattva-vinaya-vidhi-jñair < sarva-～-jñaiḥ + 有声音 < sarva-sattva-vinaya-vidhi-jña-：*adj.* あらゆる衆生を教化する方法を知っている。*m. pl. Ins.*

sarva-：*adj.* すべての。

sattva-：*m.* 「衆生」「有情」と漢訳。

vinaya- < vi-√nī- (1) + -a：：*m.* 指導。訓練。よい態度。礼儀正しさ。「律」と漢訳。「毘尼」「毘奈耶」と音写。

vi-√nī- (1)：案内する。教育する。「教化」「教導」「化」と漢訳。

vidhi-jña-：*adj.* 規則を知っている。方法を知っている。

vidhi- < vi-√dhā- (3) + -i：*m.* 訓示。命令。教戒。訓令。方法。順序。

jña < √jñā- (9) + -a：*adj.* ～（属格・処格）を知っている。知識がある。

yathârha-dharma-bhaiṣajya-prayoga-prayuktair < yathârha-～-prayuktaiḥ + 有声音 < yathârha-dharma-bhaiṣajya-prayoga-prayukta-：*adj.* 〔相手に応じて〕適切に法の薬を用い

ることに習熟している。*m. pl. Ins.*

yathârha- < yathā-arha-：*adj.* 功績に応じる。資格に応ずる。適切な。「如応」「応機」「如其所宜」と漢訳。

yathā：*関係副詞, 接続詞,* ～のように。あたかも～のように。～であるように。

arha-：*adj.* ～（対格）に相当する。権利を有する。当然～を受けるべき。適当な。～に適する。

dharma-bhaiṣajya-：*n.* 法という薬。

bhaiṣajya-：*n.* 薬物。

prayoga- < pra-√yuj- (7) + -a：*m.* 結合。（語の）添加。使用。適用。使用。（医薬の）使用。

prayukta- < pra-√yuj- (7) + -ta：*pp.* 軛でつながれた。使用された。利用された。「修」「勤修」「勤修習」「修習已終」と漢訳。

ananta-guṇâkara-samanvāgatair < ananta-～-samanvāgataiḥ + 有声音 < ananta-guṇa-ākara-samanvāgata-：*adj.* 無限の徳を生み出す源を具えた。*m. pl. Ins.*

ananta- < an-anta-：*adj.* 終わりなき。極限のない。無限の。

guṇa-ākara-：*m.* 徳を生み出す源。

guṇa-：*m.* 種類。構成。従属的要素。固有性。属性。善性。徳。

ākara-：*m.* 鉱山。源。

samanvāgata- < sam-anu-ā-√gam- (1) + -ta：*pp.* ～（具格）を伴った。～（具格）を具えた。

ananta-buddha-kṣetra-guṇa-vyūha-samalaṃkṛtair < ananta-～-samalaṃkṛtaiḥ + 有声音 < ananta-buddha-kṣetra-guṇa-vyūha-samalaṃkṛta-：*adj.* ブッダの国土に具わる無量の功徳の荘厳によって見事に飾られている。*m. pl. Ins.*

ananta- < an-anta-：*adj.* 終わりなき。極限のない。無限の。

buddha-kṣetra-：*n.* 仏の国土。「仏国土」と漢訳。

guṇa-：*m.* 種類。構成。従属的要素。固有性。属性。善性。徳。

vyūha- < vi-√ūh- (1) + -a：*m.* 配置。戦陣。集合。「厳」「荘厳」「厳飾」と漢訳。

samalaṃkṛta- < sam-alam-√kṛ- (8) + -ta：*pp.* 見事に飾られた。

amogha-śravaṇa-darśanair < amogha-～-darśanaiḥ + 有声音 < amogha-śravaṇa-darśana-：*adj.* 空しからざる聞くことと、見ることを具えている。聞くことと、見ることに誤りがない。*m. pl. Ins.*

amogha- < a-mogha-：*adj.* 空ならざる。誤らない。確実な。「不空」「不虚」と漢訳。

mogha- < √muh- (4) + -a：*adj.* むなしい。効果のない。無益な。「虚妄」と漢訳。

√muh- (4)：困惑する。途方にくれる。さまよう。誤る。「迷乱」「迷悶」「癡」と漢訳。

śravaṇa- < √śru- (5) + -ana：*n.* 聞くこと。学ぶこと。名声。「聴聞」と漢訳。

darśana- < √dṛś- (1) + -ana-：*n.* 凝視すること。見ること。知覚。悟性。内観。意見。認識。哲学的体系。～との会合。

amogha-pada-vikramair < amogha-pada-vikramaiḥ + 有声音 < amogha-pada-vikrama-：*adj.* 確実な足取りの勇猛ぶりを持つ。足取りの勇猛ぶりは確実である。*m. pl. Ins.*

amogha- < a-mogha-：*adj.* 空ならざる。誤らない。確実な。「不空」「不虚」と漢訳。

pada-：*n.* 一歩。足取り。足跡。足。語。「歩」「跡」「句」と漢訳。

vikrama- < vi-√kram- (1) + -a：*m.* 闊歩。歩行。動作。足取り。歩調。「行」「遊行」「奮迅」「勇猛」と漢訳。

aparimita-kalpa-koṭī-niyuta-śata-sahasra-guṇa-parikīrtanâparyanta-guṇâughaiḥ < aparimita-kalpa-koṭī-niyuta-śata-sahasra-guṇa-parikīrtana-aparyanta-guṇa-ogha-：*adj.* 計り知ることのできない幾百・千・コーティ・ニユタもの劫にわたって徳を称讃しても、徳の流れは尽きることがない。*m. pl. Ins.*

aparimita- < a-pari-√mā- (2,3) + -ta：*pp.* 完全に測量されなかった。

kalpa-：*m.* 宇宙論的時間。「劫」「劫波」と音写。

koṭī- = koṭi-：*f.* 憶。兆。京。

niyuta-：*基数詞,* 百万。「万」「百万」「兆」と漢訳。「尼由多」と漢訳。
śata-：*基数詞, n.* 百。
sahasra-：*基数詞, n.* 千。
guṇa-：*m.* 種類。構成。従属的要素。固有性。属性。善性。徳。
parikīrtana- < pari-√kīrt- (10) + -ana：*n.* 声高に宣言すること。公表。名づけること。呼ぶこと。話すこと。「称讃」「名称」と漢訳。
pari-√kīrt- (10)：広く布告する。宣言する。提示する。公布する。称讃する。明言する。
√kīrt- (10) = √kīrtaya- (名動詞)：陳述する。記載する。言う。名づける。提示する。宣言する。称讃する。
aparyanta- < a-paryanta-：*adj.* 無限の。〜で終わらない。「無量」「無辺」「無際」「無尽」と漢訳。
paryanta- < pari-anta-：*adj.* 境。境界。裾。限界。端。終。
guṇa-：*m.* 種類。構成。従属的要素。固有性。属性。善性。徳。
ogha-：*m.* 流れ。奔流。多数。多量。集団。堆積。「水流」「瀑」「暴流」と漢訳。

§4 tad yathā sama-darśinā ca nāma bodhi-sattvena mahā-sattvena sama-viṣama-darśinā ca samādhi-vikurvaṇa-rājena ca dharmêśvareṇa ca dharma-ketunā ca prabhā-ketunā ca prabhā-vyūhena ca mahā-vyūhena ca ratna-kūṭena ca pratibhāna-kūṭena ca ratna-mudrā-hastena ca nityôtkṣipta-hastena ca nitya-nikṣipta-hastena[13] ca nityôtkaṇṭhitena ca nitya-prahasita-pra=muditêndriyeṇa ca prāmodya-rājena ca deva-rājena ca praṇidhi-prayāta-prāptena ca prati=saṃvit-praṇāda-prāptena ca gagana-gañjena ca ratnôlkā-dhāriṇā ca ratna-vīreṇa ca ratna-śriyā ca ratna-nandinā ca indra-jālinā ca jālinī-prabheṇa ca anārambaṇa-dhyāyinā ca prajñā-kūṭ=ena ca ratna-jahena[14] ca māra-pramardinā ca vidyud-devena ca vikurvaṇa-rājena ca lakṣaṇa-kūṭena ca lakṣaṇa-kūṭa-[15]samatikrāntena ca siṃha-ghoṣâbhigarjita-svareṇa ca śaila-śikhara-saṃghaṭṭana-rājena ca gandha-hastinā ca gava-gandha-hastinā[16] ca satatôdyuktena ca anikṣip=ta-dhureṇa ca su-matinā ca su-jātena ca padma-śrī-garbheṇa ca padma-vyūhena ca avalokitêśva=reṇa ca mahā-sthāma-prāptena ca brahma-jālinā ca ratna-yaṣṭinā ca māra-jitena ca kṣetrâlaṃkṛ=tena ca maṇi-ratna-cchatreṇa ca suvarṇa-cūḍena ca maṇi-cūḍena ca maitreyeṇa ca mañjuśriyā ca kumāra-bhūtena bodhi-sattvena mahā-sattvenâivaṃ-pramukhair dvātriṃśatā bodhi-sattva-saha=sraiḥ /

(梵漢和維摩経 *p.* 6, *ll.* 1–18)

§4 すなわち、“平等に見るもの”という名前の偉大な人である菩薩や、“平等かつ不平等に見るもの”“三昧において神力が自在な王”“法を支配する王”“法の旗を持つもの”“光明の旗を持つもの”“光明で荘厳されているもの”“大いなる荘厳を持つもの”“宝石の集積を持つもの”“雄弁の才能が集積しているもの”“宝石製の印章を手に持つもの”“常に手を挙げているもの”“常に手を下げているもの”“常に憂えているもの”“常に感覚器官が輝き喜んでいるもの”“大歓喜の王”“神々の王”“請願に赴き到達しているもの”“滞ることのない弁舌の叫びを獲得しているもの”“天空の宝庫”“宝石のかがり火を有するもの”“宝石の英雄”“宝石の光輝を持つもの”“宝石を喜ぶもの”“インドラ神（帝釈天）の網を持つもの”“網から光を放つもの”“対境のない禅定に入っているもの”“智慧の集積を持つもの”“宝石を喜捨するもの”[17]“悪魔を粉砕するもの”“閃光を発する神”“神力が自在な王”“特徴の集積を持つもの”“特徴の集積を超越しているもの”“師子の咆哮のように轟きわたる声を持つもの”“山の頂上を打ち砕く王”“芳香ある象”“芳香ある牛のよう〔に偉大〕な象”[18]“常に奮励するもの”“重荷を下ろすことのないもの”“勝れた知性を持つもの”“よき生まれのもの”“紅蓮華のように美しい胎蔵を持つもの”“紅蓮華によって荘厳されているもの”“自在に観るもの”（観世音）、“大いなる勢力をかち得たもの”（得大勢）、“ブラフマー神の網を持つもの”“宝石の杖を持つもの”“悪魔に打ち勝ったもの”“国土を荘厳するもの”“宝玉でできた日傘（傘蓋）を持つもの”“金色に輝く髻を持つもの”“宝石のような髻（もとどり）を持つもつもの”[19]、マイトレーヤ（弥勒（みろく））や、マンジュシリー（文殊師利（もんじゅしり））法王子という偉大な人である菩薩——このような者たちをはじめとする三万二千人の菩薩たちである。
【§4　其の名を等観菩薩、不等観菩薩、等不等観菩薩、定自在王菩薩、法自在王菩薩、法相菩薩、光相菩薩、光厳菩薩、大厳菩薩、宝積菩薩、弁積菩薩、宝手菩薩、宝印手菩薩、常挙手菩薩、常下手菩薩、常惨菩薩、喜根菩薩、喜王菩薩、弁音菩薩、虚空蔵菩薩、執宝炬菩薩、宝勇菩薩、宝見菩薩、帝網菩薩、明網菩薩、無縁観菩薩、慧積菩薩、宝勝菩薩、天王菩薩、壊魔菩薩、電徳菩薩、自在王菩薩、功徳相厳菩薩、師子吼菩薩、雷音菩薩、山相撃音菩薩、香象菩薩、白香象菩薩、常精進菩薩、不休息菩薩、妙生菩薩、華厳菩薩、観世音菩薩、得大勢菩薩、梵網菩薩、宝杖菩薩、無勝菩薩、厳土菩薩、金髻菩薩、珠髻菩薩、弥勒菩薩、文殊師利法王子菩薩と曰う。是くの如き等の三万二千人なり。】

（大正蔵、巻一四、五三七頁中）

……………………………………………………………………………

tad yathā：それは次の通り。すなわち。例えば。

sama-darśinā < sama-darśin-：*adj.* ～（処格）を公平に見る。偏りなく考慮する。「平等観」と漢訳。*m. sg. Ins.*

　sama-：*adj.* 平らな。滑らかな。水平の。～（具格、属格）と等しい。平等の。

　darśin- < √dṛś- (1) + -in：*adj.* 見る。見なす。注意する。知る。理解する。

ca：*conj.* および。また。しかしながら。そして。～と。なお。

nāma：*adv.* ～という名前の。実に。確かに。もちろん。おそらく。そもそも。

bodhi-sattvena < bodhi-sattva-：*m.* 覚りを求める人。「菩薩」と音写。*sg. Ins.*

mahā-sattvena < mahā-sattva-：*m.* 偉大な人。「大士」と漢訳。「摩訶薩」と音写。*sg. Ins.*

sama-viṣama-darśinā < sama-viṣama-darśin-：*adj.* 平等かつ不平等に見る。*m. sg. Ins.*

　sama-：*adj.* 平らな。滑らかな。水平の。～（具格、属格）と等しい。平等の。

　viṣama- < vi-sama-：*adj.* 平坦でない。粗い。不等の。不規則の。奇数の。「不平等」

　darśin- < √dṛś- (1) + -in：*adj.* 見る。見なす。注意する。知る。理解する。

samādhi-vikurvaṇa-rājena < samādhi-vikurvaṇa-rāja-：*m.* 三昧において神力が自在な王。*sg. Ins.*

　samādhi- < sam-ādhi- < sam-ā-√dhā- (3) + -i：*m.* 組み合わせること。深い瞑想。深い専心。「定」と漢訳。「三昧」と音写。

　vikurvaṇa-：*n.* 「神通」「神変」「変化」「神力」「神力自在」「自在力」と漢訳。

　rāja- < rājan-：*m.* 王。

dharmêśvareṇa < dharma-īśvara-：*adj.* 法を支配する王。*m. sg. Ins.*

　dharma-：*m.* 確定した秩序。慣例。習慣。法則。規則。義務。宗教。教説。性質。本質。属性。特質。事物。法。

　īśvara-：*adj.* ～（処格）し得る。～する能力がある。*m.* ～の所有者。支配者。主。王。「自在」「自在天」と漢訳。

dharma-ketunā < dharma-ketu-：*adj.* 法の旗を持つ。「法幢」と漢訳 *m. sg. Ins.*

　ketu-：*m.* 光。光明。光輝。形。姿。旗。流星。彗星。「幢」と漢訳。

prabhā-ketunā < prabhā-ketu-：*adj.* 光明の旗を持つ。「光幢」と漢訳 *m. sg. Ins.*

　prabhā-：*f.* 輝き出ること。光輝。光。「光明」「放光」と漢訳。

prabhā-vyūhena < prabhā-vyūha-：*adj.* 光明の荘厳を持つ。光明で荘厳されている。「光厳」と漢訳。*m. sg. Ins.*

　vyūha-：*m.* 配置。戦陣。集合。「厳」「荘厳」「厳飾」と漢訳。

mahā-vyūhena < mahā-vyūha-：*adj.* 大いなる荘厳を持つ。*m. sg. Ins.*

ratna-kūṭena < ratna-kūṭa-：*adj.* 宝石の集積を持つ。「宝積」「宝峯」「宝集」と漢訳。*m. sg. Ins.*

　kūṭa-：*m.n.* 峯。頂。堆積。群集。「積」「聚」「集」「積集」と漢訳。

pratibhāna-kūṭena < pratibhāna-kūṭa-：*adj.* 雄弁の才能の集積を持つ。雄弁の才能が集積している。「弁積」「弁才集」と漢訳。*m. sg. Ins.*

　pratibhāna- < prati-√bhā- (2) + -ana：*n.* 明白なこと。理解。能弁であること。「弁」「弁才」「巧弁」「弁説」「楽説」と漢訳。

ratna-mudrā-hastena < ratna-mudrā-hasta-：*adj.* 宝石製の印章を手に持つ。「宝印手」と漢訳。*m. sg. Ins.*

mudrā-：*f.* 刻印付きの指環。封印。印章。表徴。

hasta-：*m.* 手。

nityôtkṣipta-hastena < nitya-utkṣipta-hasta-：*adj.* 常に挙げられた手を持つ。常に手を挙げている。「常挙手」と漢訳。*m. sg. Ins.*

nitya-：*adj.* 生得の。永久の。不易の。常の。

utkṣipta- < ud-√kṣip- (6) + ta：*pp.* 投げ上げられた。挙げられた。投げ出された。放逐された。

hasta-：*m.* 手。

nitya-nikṣipta-hastena < nitya-nikṣipta-hasta-：*adj.* 常に下げられた手を持つ。常に手を下げている。「常下手」と漢訳。*m. sg. Ins.*

nitya-：*adj.* 生得の。永久の。不易の。常の。

nikṣipta- < ni-√kṣip- (6) + -ta：*pp.* 投げ上げられた。投げ下ろされた。棄てられた。

hasta-：*m.* 手。

nityôtkaṇṭhitena < nitya-utkaṇṭhita-：*adj.* 常に憂愁を持つ。常に憂えている。*m. sg. Ins.*

nitya-：*adj.* 生得の。永久の。不易の。常の。

utkaṇṭhita- < ud-√kaṇṭhaya- (名動詞) + -ta：*pp.* 首をもたげた。～を憧憬した。後悔した。～を悲しむ。「憂愁」と漢訳。

kaṇṭha-：*m.* 首頸。喉。

nitya-prahasita-pramuditêndriyeṇa < nitya-prahasita-pramudita-indriya-：*adj.* 常に輝き喜んでいる感覚器官を持つ。常に感覚器官が輝き喜んでいる。*m. sg. Ins.*

nitya-：*adj.* 生得の。永久の。不易の。常の。

prahasita- < pra-√has- (1) + -ita：*pp.* 笑っている。きらめいている。輝いている。*n.* 笑い出すこと。爆笑。「微笑」と漢訳。

pra-√has- (1)：笑い出す。～を笑う。嘲笑する。

pramudita- < pra-√mud- (1) + -ita：*pp.* 狂喜した。喜んだ。

indriya-：*n.* 活力。能力。精力。感官。感覚。「根」と漢訳。

prāmodya-rājena < prāmodya-rāja-：*m.* 大歓喜の王。*sg. Ins.*

prāmodya- < pramoda- + -ya：*n.* 狂喜。歓喜。喜び。幸福。

pramoda- < pra-√mud- (1) + -a：*m.* 喜悦。大なる喜悦。「歓喜」と漢訳。

pra-√mud- (1)：陽気になる。喜ぶ。非常に喜ぶ。「生歓喜」「心常歓喜」と漢訳。

√mud- (1)：喜ぶ。楽しむ。「喜」「受快楽」「受喜楽」と漢訳。

deva-rājena < deva-rāja-：*m.* 神々の王。「天王」と漢訳。*sg. Ins.*

praṇidhi-prayāta-prāptena < praṇidhi-prayāta-prāpta-：*adj.* 請願に赴き到達している。*m. sg. Ins.*

praṇidhi- < pra-ni-√dhā- (3) + -i：*m.* 密使を派遣すること。念願。請願。密使。「願」「誓願」「大願」と漢訳。

prayāta- < pra-√yā- (2) + -ta：*pp.* 進んだ。行った。飛んだ。～に赴いた。死んだ。経過した。「行」「堕」「墜」「堕墜」と漢訳。

prāpta- < pra-āpta- < pra-√āp- (5) + -ta：*pp.* 到達せられたる。獲得せられたる。～の心になった。

pratisaṃvit-praṇāda-prāptena < pratisaṃvit-praṇāda-prāpta-：*adj.* 滞ることのない弁舌の叫びを獲得している。*m. sg. Ins.*

pratisaṃvit- < pratisaṃvid-：*f.* 特別の知識。「弁」「弁才」「無礙解」「無礙弁」と漢訳。

praṇāda- < pra-√nad- (1) + -a：*m.* 大音響。叫び。

pra-√nad- (1)：響き始める。吼え始める。

prāpta- < pra-āpta- < pra-√āp- (5) + -ta：*pp.* 到達せられたる。獲得せられたる。～の心にな

った。

gagana-gañjena < gagana-gañja-：*m.* 天空の宝庫。「虚空蔵」と漢訳。*sg. Ins.*

gagana- ＝ gagaṇa-：*m.* 天空。「空」「虚空」と漢訳。

gañja-：*m.n.* 宝庫。

ratnôlkā-dhāriṇā < ratna-ulkā-dhāriṇ-：*adj.* 宝石のかがり火を有する。*m. sg. Ins.*

ratna-：*n.* 宝。宝石。

ulkā-：*f.* 星。流星。松明。かがり火。「炬」と漢訳。

dhārin- < dhāraya- + -in < √dhṛ- (4) + -aya + -in：*adj.* 持する。着用する。有する。占有する。保管する。持続する。把持する。「具足」と漢訳。

ratna-vīreṇa < ratna-vīra-：*m.* 宝石の英雄。*sg. Ins.*

vīra-：*m.* 英雄。「勇健」「勇猛」「雄猛」と漢訳。

ratna-śriyā < ratna-śrī-：*adj.* 宝石の光輝を持つ。「宝火」と漢訳。*m. sg. Ins.*

「梵和大辞典」ではこれを女性名詞としているが、Mañjuśrī- と同様、男性名詞でいいのではないか。

śrī-：*f.* 光輝。美。繁栄。幸運。富。「吉祥」「妙相」と漢訳。

īで終わる語根を後分とする複合語の格変化は、cf.「基礎」*p.* 109.

ratna-nandinā < ratna-nandin-：*adj.* 宝石を喜ぶ。*m. sg. Ins.*

nandin- < √nand- (1) + -in：*adj.* ～に興ずる。～を喜ばせる。「喜」「有喜」「有愛」と漢訳。

√nand- (1)：喜ぶ。～を楽しむ。～（具格、奪格）に興ずる。

indra-jālinā < indra-jālin-：*adj.* インドラ神（帝釈天）の網を持つ。*m. sg. Ins.*

indra-jāla-：*n.* インドラ神の網。「帝網」と漢訳。「因陀羅網」と音写。

indra-：*m.* インドラ神。～の王。「帝釈天」「王」「主」「帝」「帝王」と漢訳。

jālin- < jāla- + -in：*adj.* ～に仮装した。網を持つ。「網縵」と漢訳。

jāla-：*n.* 網。頭髪の網。鎖帷子。格子。「網」「羅網」「網縵」と漢訳。

jālinī-prabheṇa < jālinī-prabha-：*adj.* 網からの放光を持つ。網から光を放つ。「網光」「網明」と漢訳。*m. sg. Ins.*

jālinī- < jālin-：*adj.* 網を持つ。*m. sg. Nom.*

jālinī-：*f.* 「網」「羅網」と漢訳。

prabha- < prabhā-：*f.* 輝き出ること。光輝。光。「光明」「放光」と漢訳。

anārambaṇa-dhyāyinā < anārambaṇa-dhyāyin-：*adj.* 対境のない禅定に入っている。*m. sg. Ins.*

anārambaṇa- < an-ārambaṇa- ＝ an-ālambaṇa-：*adj.* 支持のない。対境のない。「無縁」「無所縁」「無境」「無境界」と漢訳。

ārambaṇa-：*n.* 支持。依所。柵。「因」「所因」「縁」「因縁」と漢訳。

ālambaṇa-：*n.* ～によりかかること。～を支持すること。把持。支持。

dhyāyin- < √dhyai- (1) + -in：*adj.* 瞑想にふけっている。

prajñā-kūṭena < prajñā-kūṭa-：*m.* 智慧の集積を持つもの。「智積」と漢訳。*sg. Ins.*

prajñā-：*f.* 「智慧」と漢訳。

kūṭa-：*m.n.* 峰。頂。堆積。「峯」「山」と漢訳。

ratna-jahena < ratna-jaha-：*m.* 宝石を喜捨するもの。*m. sg. Ins.*

～-jaha-：*adj.* 「棄」「捨」「離」「無」と漢訳。

māra-pramardinā < māra-pramardin-：*adj.* 悪魔を粉砕する。*m. sg. Ins.*

māra- < √mṛ- (1) + -a：*m.* 死。殺害。誘惑者。悪魔。「障」「悪者」と漢訳。「悪魔」「邪魔」「魔」「摩羅」と音写。

pramardin- < pra-√mṛd- (9) + -in：*adj.* ～を粉砕する。破壊する。

pra-√mṛd- (9)：踏みつける。粉砕する。荒廃させる。破壊する。

vidyud-devena < vidyud-deva-：*m.* 閃光を発する神。*sg. Ins.*

vidyud- < vidyut- + 有声子音：*adj.* 閃光を発する。*f.* 閃光を発する武器。電光。

vi-√dyut- (1)：照らし出す。輝く。閃く。明るくする。
deva-：*m.* 天上の者。神格者。神。神聖な者。「天」と漢訳。
vikurvaṇa-rājena < vikurvaṇa-rāja-：*m.* 神力が自在な王。*sg. Ins.*
vikurvaṇa-：*n.* 「神通」「神変」「変化」「神力」「神力自在」「自在力」と漢訳。
lakṣaṇa-kūṭena < lakṣaṇa-kūṭa-：*adj.* 特徴の集積を持つ。*m. sg. Ins.*
lakṣaṇa-：*adj.* 〜によって特色づけられた。*n.* しるし。記号。特徴。
kūṭa-：*m.n.* 峯。頂。堆積。群集。「積」「聚」「集」「積集」と漢訳。
lakṣaṇa-kūṭa-samatikrāntena < lakṣaṇa-kūṭa-samatikrānta-：*adj.* 特徴の集積を超越している。*m. sg. Ins.*
lakṣaṇa-kūṭa-：*adj.* 特徴の集積を持つ。
samatikrānta- < sam-ati-√kram- (1) + -ta：*pp.* 「出」「超」「過」「超過」「超越」と漢訳。
siṃha-ghoṣâbhigarjita-svareṇa < siṃha-ghoṣa-abhigarjita-svara-：*adj.* 師子の咆哮のように轟きわたる声を持つ。*m. sg. Ins.*
siṃha-：*m.* ライオン。「獅子」「師子」と音写。
ghoṣa-：*m.* 騒音。（動物の）鳴き声。音。響き。声。「音声」「妙音」「吼」と漢訳。
abhigarjita- < abhi-√garj- (1) + -ita：*pp.* 響いた。吼えた。「吼」「哮吼」と漢訳。*n.* 猛しい吼え声。喧騒。
abhi-√garj- (1)：吼える。轟く。
svara-：*m.* 音。響き。騒音。声。
śaila-śikhara-saṃghaṭṭana-rājena < śaila-śikhara-saṃghaṭṭana-rāja-：*m.* 山の頂上を打ち砕く王。*sg. Ins.*
śaila-：*m.* 岩。山。岡。
śikhara-：*adj.* とがった。*m.n.* 峰。（山の）頂上。（樹木の）頂き。櫓。
saṃghaṭṭana- < sam-√ghaṭṭ- (1) + -ana：*n.* 軋轢。衝突。摩擦。連合。「相撃」と漢訳。
sam-√ghaṭṭ- (1)：砕く。
rāja- < rājan-：*m.* 王。rājan-は複合語の後分になると、rāja-となる。cf.「基礎」*p.* 522.
gandha-hastinā < gandha-hastin-：*m.* 芳香ある象。*sg. Ins.*
gandha-：*m.n.* 香。芳香。香気。薫香。
hastin- < hasta- + -in：*adj.* 手を有する。*m.* 手（鼻）を有する動物。象（を意味する最古の単語）。
gava-gandha-hastinā < gava-gandha-hastin-：*adj.* 芳香ある牛のよう〔に偉大〕な象。*m. sg. Ins.*
gava-：*m.* 牛。
gandha-：*m.n.* 香。芳香。香気。薫香。
hastin- < hasta- + -in：*adj.* 手を有する。*m.* 手（鼻）を有する動物。象（を意味する最古の単語）。
satatôdyuktena < satata-udyukta-：*adj.* 常に奮励する。「常精進」と漢訳。*m. sg. Ins.*
satata- < sa-tata-：*adj.* 継続されている。絶えざる。不断の。「常」「恒」「無間」と漢訳。
tata- < √tan- (8) + -ta：*pp.* 広げられた。続けられた。
√tan- (8)：拡張する。伸ばす。続く。
udyukta- < ud-√yuj- (7) + -ta：*pp.* 〜（為・処格）のために準備した。用意した。熱心な。勤勉な。奮励する。
anikṣipta-dhureṇa < anikṣipta-dhura-：*adj.* 荷物を下ろすことのない（者）。「不休息」と漢訳。*m. sg. Ins.*
anikṣipta- < a-nikṣipta-：*adj.* 下ろされない。棄てられない。拒絶されない。
nikṣipta- < ni-√kṣip- (6) + -ta：*pp.* 投げ上げられた。投げ下ろされた。棄てられた。
dhura-：*m.* 軛。載荷。
su-matinā < su-mati-：*adj.* 勝れた知性を持つ。*m. sg. Ins.*

su：*adv.* よく。うまく。実に。正しく。非常に。十分に。

mati-：*f.* 思考。意見。信念。思想。理解。知性。機知。

su-jātena < su-jāta-：*adj.* よき生まれの。高貴の生まれの。*m. sg. Ins.*

jāta- < √jan- (1) + -ta：*pp.* 生まれた。

padma-śrī-garbheṇa < padma-śrī-garbha-：*adj.* 紅蓮華のように美しい胎蔵を持つ。*m. sg. Ins.*

padmaśrī- < padma-śrī-：*adj.* 紅蓮華のような光輝を持つ。紅蓮華のように美しい。「華徳」と漢訳。

padma-：*m.n.* 紅蓮華。「波頭摩」「鉢特摩」「鉢頭摩」と音写。

śrī-：*f.* 光輝。美。繁栄。幸運。富。「吉祥」「妙相」と漢訳。

garbha-：*m.* 子宮。胎児。「胎」「蔵」「胎蔵」と漢訳。

padma-vyūhena < padma-vyūha-：*adj.* 紅蓮華による荘厳を持つ。紅蓮華によって荘厳されている。*m. sg. Ins.*

vyūha- < vi-√ūh- (1) + -a：*m.* 配置。戦陣。集合。「厳」「荘厳」「厳飾」と漢訳。

avalokitêśvareṇa < avalokita-īśvara-：*m.* 観察の自在な者。自在に観るもの。「観世音」「観自在」と漢訳。*sg. Ins.*

avalokita- < avalokaya- + -ta- < ava-√lok- (1) + -aya + -ta：*Caus. pp.* 見られた。注視された。観察された。「見」「所見」「観見」「瞻仰」「所観察」と漢訳。

avalokaya- < ava-√lok- (1) + -aya：*Caus.* 見る。注視する。観察する。「観」「観察」よ音写。

īśvara-：*adj.* ～（処格）し得る。～する能力がある。～が自在である。*m.* ～（属格、処格）の所有者。支配者。主。王。「自在」「主宰」「自在天」と漢訳。

mahā-sthāma-prāptena < mahā-sthāma-prāpta-：*m.* 大いなる勢力をかち得た人。鳩摩羅什は「得大勢」、康僧鎧は「大勢至」と漢訳。*sg. Ins.*

mahā- < mahat-：*adj.* 大きな。偉大な。豊富な。たくさんの。重要な。卓越した。

sthāma- < sthāman-：*n.* 力。勢力。

複合語の前分となるとき、-an, -in で終わる名詞は -n が脱落する。cf.「基礎」*p.* 522.

prāpta- < pra-√āp- (5) + -ta：*pp.* 得られた。かち得た。

brahma-jālinā < brahma-jālin-：*adj.* ブラフマー神の網を持つ。*m. sg. Ins.*

brahma- < brahman-：*m.* ブラフマー神。

jālin- < jāla- + -in：*adj.* ～に仮装した。網を持つ。「網縵」と漢訳。

ratna-yaṣṭinā < ratna-yaṣṭi-：*adj.* 宝石の杖を持つ。*m. sg. Ins.*

yaṣṭi-：*f.* 杖。棒。棍棒。太い棒。旗ざお。止まり木。幹。小枝。真珠の首飾り。

māra-jitena < māra-jita-：*adj.* 悪魔に打ち勝った。悪魔によって征服された。*m. sg. Ins.*

māra- < √mṛ- (1) + -a：*m.* 死。殺害。誘惑者。悪魔。「障」「悪者」と漢訳。「悪魔」「邪魔」「魔」「摩羅」と音写。

jita- < √ji- (1) + -ta：*pp.* 勝った。征服された。

kṣetrâlaṃkṛtena < kṣetra-alaṃkṛta-：*adj.* 国土を荘厳する。*m. sg. Ins.*

kṣetra-：*n.* 国土。

alaṃkṛta- < alam-√kṛ- (8) + -ta：*pp.* 飾られた。「荘厳」「厳飾」と漢訳。

maṇi-ratna-cchatreṇa < maṇi-ratna-chatra-：*adj.* 宝玉でできた日傘（傘蓋）を持つ。*m. sg. Ins.*

maṇi-ratna-：*n.* 宝石。「宝」「宝珠」「宝玉」「如意宝」と漢訳。

maṇi-：*m.* 真珠。珠玉。宝石。「意珠」「如意宝珠」と漢訳。「摩尼」「摩尼珠」と音写。

ratna-：*n.* 宝石。財宝。

chatra- < √chad- (1) + -tra：*n.* 覆うもの。日傘（王位の標章の一つ）。「傘」「蓋」「傘蓋」と漢訳。

suvarṇa-cūḍena < suvarṇa-cūḍa-：*adj.* 金色に輝く髻を持つ。*m. sg. Ins.*

suvarṇa- < su-varṇa-：*adj.* よい色を持つ。金色に輝く。金でできた。

cūḍa- < cūḍā-：*f.* 頭頂の髪。頂上。「髻」と漢訳。

maṇi-cūḍena < maṇi-cūḍa-：*adj.* 宝石のような髻を持つ。「宝髻」と漢訳。*m. sg. Ins.*
　　maṇi-：*m.* 真珠。珠玉。宝石。「意珠」「如意宝珠」と漢訳。「摩尼」「摩尼珠」と音写。
　　cūḍa- < cūḍā-：*f.* 頭頂の髪。頂上。「髻」と漢訳。
maitreyeṇa < maitreya-：*m.* マイトレーヤ。「慈氏」と漢訳。「弥勒」と音写。*sg. Ins.*
mañjuśriyā < mañjuśrī-：*m.* マンジュシリー。「文殊」「文殊師利」と音写。*sg. Ins.*
kumāra-bhūtena < kumāra-bhūta-：*adj.* 王子であった。「童子」「童真」「法王子」と漢訳。*m. sg. Ins.*
bodhi-sattvena < bodhi-sattva-：*m.* 覚りを求める人。「菩薩」と音写。*sg. Ins.*
mahā-sattvenâivaṃ-pramukhair < mahā-sattvena + evaṃ-pramukhair
　　mahā-sattvena < mahā-sattva-：*m.* 偉大な人。「大士」と漢訳。「摩訶薩」と音写。*sg. Ins.*
　　evaṃ-pramukhair < evaṃ-pramukhaiḥ + 有声音 < evam-pramukha-：*adj.* このような者を先導とする。「如是為上首」と漢訳。*n. pl. Ins.*
　　evam：*adv.* このような。
　　pramukha- < pra-mukha-：*adj.* ～に続いた。～等の。～（対格）の方に顔を向けた。最も前の。最初の。主要な。卓越した。「首」「上首」と漢訳。
dvātriṃśatā < dvātriṃśat-：*基数詞,* 三十二。*f. sg. Ins.*
bodhi-sattva-sahasraiḥ < bodhisattva-sahasra-：*n.* 千人の菩薩。*pl. Ins.*

§5　daśabhiś ca brahma-sahasrair jaṭi-brahma-pramukhair anekāc catur-mahā-dvīpakāl loka-dhātor[20] abhyāgatair bhagavato darśanāya vandanāya paryupāsanāya[21] dharma-śravaṇāya ca /

（梵漢和維摩経 *p.* 6, *ll.* 19–21）

§5　結髪したブラフマー神〔、すなわちシキン（尸棄）梵天〕をはじめとする一万人のブラフマー神たちが、世尊にお会いし、挨拶し、お仕えし、法（真理の教え）をお聞きするために、多くの世界の四つの大陸（四大洲）から[22] やって来ていた。
【§5　復（また）、万の梵天王・尸棄（しき）等有り。余の四天下より仏所に来詣して而（しか）も法を聴く。】

（大正蔵、巻一四、五三七頁中）

…………………………………………………………………………

daśabhiś < daśabhiḥ + (c) < daśan-：*基数詞,* 十。*n. pl. Ins.*
ca：*conj.* および。また。しかしながら。そして。～と。なお。
brahma-sahasrair < brahma-sahasraiḥ + 有声音 < brahma-sahasra-：*n.* 千人のブラフマー神。*pl. Ins.*
jaṭi-brahma-pramukhair < jaṭi-brahma-pramukhaiḥ + 有声音 < jaṭi-brahma-pramukha-：*adj.* 結髪したブラフマー神〔、すなわちシキン梵天〕をはじめとする。*n. pl. Ins.*
　　jaṭi-brahma-：*m.* 結髪したブラフマー神〔、すなわちシキン梵天〕。
　　śikhin-（śikhā- + -in）も、「髪の房（śikhā-）を持っている」という意味で「持髻」「螺髻」と漢訳されている。
　　jaṭi- < jaṭin- < jaṭā- + -in：*adj.* 結髪している。*m.* 苦行者。敬虔なる乞食者。
　　brahma- < brahman-：*m.* ブラフマー神。
　　pramukha- < pra-mukha-：*adj.* ～に続いた。～等の。～（対格）の方に顔を向けた。最も前の。最初の。主要な。卓越した。「首」「上首」と漢訳。
anekāc < anekāt + (c) < aneka- < an-eka-：*adj.* 一以上の。種々の。「非一」「諸」「衆」と漢訳。*m.n. sg. Abl.*
　　eka-：*基数詞,* 一。*adj.* ある。
catur-mahā-dvīpakāl < catur-mahā-dvīpakāt + (l) < catur-mahā-dvīpaka-：*m.n.* 四つの大陸（四大洲）。*sg. Abl.*
　　catur-：*基数詞,* 四。
　　mahā- < mahat-：*adj.* 大きな。偉大な。豊富な。たくさんの。重要な。卓越した。

複合語の前分となるとき、mahat- は mahā- となる。cf.「基礎」*p.* 522.
dvīpaka- = dvīpa-：*m.n.* （川の中の）砂洲。島。大陸。(dvi-apa, 両側に水のある)。
loka-dhātor < loka-dhātoḥ + 有声音 < loka-dhātu-：*m.* 「世界」と漢訳。*sg. Abl.*
loka-：*m.* 空間。余地。場所。国。世界。世間。
dhātu-：*m.* 層。成分。要素。素質。性質。語根。「界」と漢訳。
abhyāgatair < abhyāgataiḥ + 有声音 < abhyāgata- < abhi-ā-√gam- (1) + -ta：*pp.* 達した。来たれる。*m.* 訪問者。招かざる客。客。「来」「来至」と漢訳。*m. pl. Ins.*
bhagavato < bhagavataḥ + 有声子音 < bhagavat-：*m.* 尊い（人）。「世尊」と漢訳。「婆伽婆」「薄伽梵」と音写。*sg. Gen.*
darśanāya < darśana- < √dṛś- (1) + -ana-：*n.* 凝視すること。見ること。知覚。悟性。内観。意見。認識。哲学的体系。～との会合。*sg. Dat.*
vandanāya < vandana- < √vand- (1) + -ana：*n.* 賞讃。恭しい挨拶。敬礼。尊敬。*sg. Dat.*
paryupāsanāya < paryupāsana- < pari-upa-√ās- (2) + -ana：*n.* 取り囲んで坐ること。慇懃な態度。愛想のよいこと。尊敬すること。「供養」「親近」「恭敬」と漢訳。*sg. Dat.*
pari-upa-√ās- (2)：周囲に座す。囲む。尊敬する。仕える。
dharma-śravaṇāya < dharma-śravaṇa-：*n.* 法の名声。法の聴聞。「聴法」と漢訳。*sg. Dat.*
dharma-：*m.* 法則。規則。教説。本質。事物。「法」と漢訳。
śravaṇa- < √śru- (5) + -ana：*n.* 聞くこと。学ぶこと。名声。「聞」「聴」「聴受」「聴聞」と漢訳。
ca：*conj.* および。また。しかしながら。そして。～と。なお。

te tatrâiva parṣadi saṃnipatitāḥ /
(梵漢和維摩経 *p.* 6, *ll.* 21–22)

それら〔のブラフマー神たち〕は、まさにその集会の中に集まっていた。
【漢訳相当箇所なし】

……………………………………………………………………………

te < tad-：それ。*m. pl. Nom.*
tatrâiva < tatra + eva
tatra：*adv.* そこに。そこへ。かしこに。その時に。その場合に。
eva：*adv.* さように。このように。まさに。実に。ただ。全くこのように。
parṣadi < parṣad- = pari-ṣad-：*f.* 集会。聴衆。会議。「衆」「大衆」「衆会」「諸大衆」と漢訳。*sg. Loc.*
格変化については、cf.「基礎」*p.* 119.
saṃnipatitāḥ < saṃnipatita- < sam-ni-√pat- (1) + -ita：*pp.* 遭遇・集合した。寄り集まった。*m. pl. Nom.*

dvādaśa ca śakra-sahasrāṇy anyânyebhyaś catur-mahā-dvīpakebhyo 'bhyāgatāni tatrâiva parṣadi saṃnipatitāny abhūvan /
(梵漢和維摩経 *p.* 6, *ll.* 22–23)

また、一万二千人のシャクラ神（帝釈天）が、他の四つの大陸（四大洲）のそれぞれからやって来て、まさにその集会に集まっていた。
【復、万二千の天帝有り。亦（また）、余の四天下より来たりて会坐（えざ）に在り。】
（大正蔵、巻一四、五三七頁中）

……………………………………………………………………………

dvādaśa < dvādaśan-：*基数詞,* 十二。*n. pl. Nom.*
ca：*conj.* および。また。しかしながら。そして。～と。なお。
śakra-sahasrāṇy < śakra-sahasrāṇi + 母音 < śakra-sahasra-：*n.* 千人のシャクラ神（帝釈）。*pl. Nom.*
śakra-：*m.* シャクラ。「帝釈」と漢訳。

anyânyebhyaś < anyânyebhyaḥ + (c) < anyânya- < anya-anya-：*adj.* 他のそれぞれの。「別別」「各各」「種種」と漢訳。*m.n. pl. Abl.*

anya-：*adj.* 他の。「余」と漢訳。

catur-mahā-dvīpakebhyo 'bhyāgatāni < catur-mahā-dvīpakebhyaḥ + abhyāgatāni

catur-mahā-dvīpakebhyaḥ < catur-mahā-dvīpaka-：*m.n.* 四つの大陸（四大洲）。*pl. Abl.*

abhyāgatāni < abhyāgata- < abhi-ā-√gam- (1) + -ta：*pp.* 達した。*n. pl. Nom.*

tatrâiva < tatra + eva

tatra：*adv.* そこに。そこへ。かしこに。その時に。その場合に。

eva：*adv.* さように。このように。まさに。実に。ただ。全くこのように。

parṣadi < parṣad- = pari-ṣad-：*f.* 集会。聴衆。会議。「衆」「大衆」「衆会」「諸大衆」と漢訳。*sg. Loc.* 格変化については、cf.「基礎」*p.* 119.

saṃnipatitāny < saṃnipatitāni + 母音 < saṃnipatita- < sam-ni-√pat- (1) + -ita：*pp.* 遭遇・集合した。寄り集まった。*n. pl. Nom.*

abhūvan < √bhū- (1)：出現する。なる。生ずる。*root-Aor. 3, pl. P.*

> tathânye 'pi[23] mahêśâkhya-mahêśâkhyāḥ śakra-brahma-loka-pāla-deva-nāga-yakṣa-gandharvâ=sura-garuḍa-kinnara-mahoragās tatrâiva parṣadi saṃnipatitā abhūvan saṃniṣaṇṇāḥ /
> （梵漢和維摩経 *p.* 8, *ll.* 1–3）

同様に、まさにその集会には、偉大な主と称されるそれぞれ他のインドラ神（帝釈天）、ブラフマー神（梵天）、世界の保護者〔である四天王〕、神々、龍、ヤクシャ（夜叉）、ガンダルヴァ（乾闥婆）、アスラ（阿修羅）、ガルダ（迦楼羅）、キンナラ（緊那羅）、マホーラガ（摩睺羅伽）たちもまた集まっていて、一緒に坐っていた。

【並びに余の大威力の諸天・龍神・夜叉・乾闥婆・阿修羅・迦楼羅・緊那羅・摩睺羅伽等、悉く会坐に来たる。】（大正蔵、巻一四、五三七頁中）

…………………………………………………………………………

tathânye 'pi < tathā + anye + api

tathā：*adv.* そのように。同様な方法で。同様に。

anye < anya-：*adj.* 他の。*m. pl. Nom.*

api：*adv.* また。さえも。されど。なお。

mahêśâkhya-mahêśâkhyāḥ < mahêśâkhya-mahêśâkhyāḥ + (ś) < mahêśâkhya-mahêśâkhya-：*adj.* 偉大な主と称せられるそれぞれの。「大大勢」「大自在」「大自在者」「大自在称」「称大自在」と漢訳。*m. pl. Nom.*

mahêśâkhya- < mahêśa-ākhya-：*adj.* 偉大な主と称せられる。高貴な。宏大な。立派な。

mahêśa- < mahā-īśa-：*m.* 偉大な主。神。

īśa-：*adj.* ～（属格）を処理し得る。～（属格）の資格のある。～（不定詞）することの可能な。*m.* 所有者。主。支配者。～（属格）の主。

ākhya- < ā-√khyā- (2) + -a：*adj.* 「名」「称」と漢訳。

śakra-brahma-loka-pāla-deva-nāga-yakṣa-gandharvâsura-garuḍa-kinnara-mahoragās < śakra-brahma-～-mahoragāḥ + (t) < śakra-brahma-loka-pāla-deva-nāga-yakṣa-gandharva-asura-garuḍa-kinnara-mahoraga-：*m.* インドラ神（帝釈天）、ブラフマー神（梵天）、世界の保護者〔である四天王〕、神々、龍、ヤクシャ（夜叉）、ガンダルヴァ（乾闥婆）、アスラ（阿修羅）、ガルダ（迦楼羅）、キンナラ（緊那羅）、マホーラガ（摩睺羅加）。*pl. Nom.*

śakra-：*m.* インドラ神。「釈」「帝釈」「天帝釈」と音写。

brahma- < brahman-：*m.* ブラフマー神。「梵天」と漢訳。

loka-pāla-：*m.* 世界の保護者。人民の守護者。王。「護世」「護世者」「護世王」「〔四〕天王」と漢訳。

pāla-：*m.* 監視人。保護者。大地の守護者。主。王。

deva-：*m.* 神。「天」と漢訳。
nāga-：*m.* 龍。象。
yakṣa-：*m.* ヤクシャ。「夜叉」「薬叉」と音写。
gandharva-：*m.* ガンダルヴァ。（Indra 神の天に住する）天上の音楽師。「楽師」「楽人」と漢訳。「乾闥婆」と音写。
asura-：*m.* アスラ。心霊。天帝。「阿修羅」と音写。
garuḍa-：*m.* ガルダ（伝説上の鳥）。「金翅鳥」と漢訳。「迦楼羅」と音写。
kinnara- ≒ kiṃnara-：*m.* 「人非人」と漢訳。「緊那羅」と音写。半人半獣で Kubera 神に仕えるとされる。
mahoraga- < mahā-uraga-：*m.* 大蛇。「大腹行」と漢訳。「摩睺羅加」と音写。
uraga- < ura-ga：*m.* 蛇（胸にて行くもの）。「腹行」「龍」と漢訳。
ura- = uras-：*n.* 胸。
ga- < √gam- (1) + -a：*adj.* 行く。

tatrâiva < tatra + eva
tatra：*adv.* そこに。そこへ。かしこに。その時に。その場合に。
eva：*adv.* さように。このように。まさに。実に。ただ。全くこのように。

parṣadi < parṣad- = pari-ṣad-：*f.* 集会。聴衆。会議。「衆」「大衆」「衆会」「諸大衆」と漢訳。*sg. Loc.* 格変化については、cf.「基礎」*p.* 119.

saṃnipatitā < saṃnipatitāḥ + 有声音 < saṃnipatita- < sam-ni-√pat- (1) + -ita：*pp.* 遭遇・集合した。寄り集まった。*m. pl. Nom.*

abhūvan < √bhū- (1)：出現する。なる。生ずる。*root-Aor. 3, pl. P.*

saṃniṣaṇṇāḥ < saṃniṣaṇṇa- < sam-ni-√sad- (1) + -na：*pp.* 一緒に坐った。*m. pl. Nom.* √sad- (1) の過去受動分詞は、satta-（坐っている）, sanna-（置かれた、横たわっている、死んだ）の二通りある。

tathā catasraḥ parṣado bhikṣu-bhikṣuny-upāsakôpāsikāś côpasaṃkrāntā abhūvan /
（梵漢和維摩経 *p.* 8, *ll.* 3–4）

同様に、男性出家者（比丘）・女性出家者（比丘尼）・男性在家信者（優婆塞）・女性在家信者（優婆夷）たちの四衆たちが、到達していた。
【諸の比丘・比丘尼・優婆塞・優婆夷も俱に会坐に来たる。】　（大正蔵、巻一四、五三七頁中）

tathā：*adv.* そのように。同様な方法で。同様に。

catasraḥ < catur-：*基数詞,* 四。*f. pl. Nom.*

parṣado < parṣadaḥ + 有声子音 < parṣad- = pari-ṣad-：*f.* 集会。聴衆。会議。「衆」「大衆」「衆会」「諸大衆」と漢訳。*pl. Nom.* 格変化は、cf.「基礎」*p.* 119.

bhikṣu-bhikṣuny-upāsakôpāsikāś < bhikṣu-bhikṣuny-upāsakôpāsikāḥ + (c) < bhikṣu-bhikṣunī-upāsaka-upāsikā-：*f.* 男性出家者・女性出家者・男性在家信者・女性在家信者。「比丘・比丘尼・優婆塞・優婆夷」と音写。*pl. Nom.*

côpasaṃkrāntā < ca + upasaṃkrāntā
ca：*conj.* および。また。しかしながら。そして。〜と。なお。
upasaṃkrāntā < upasaṃkrāntāḥ + 有声音 < upasaṃkrānta- < upa-sam-√kram- (1) + -ta：*pp.* 〜に推移した。近づいた。「到達」と漢訳。*m. pl. Nom.*

abhūvan < √bhū- (1)：出現する。なる。生ずる。*root-Aor. 3, pl. P.*

§6　tatra bhagavān aneka-śata-sahasrayā parṣadā parivṛtaḥ puraskṛto dharmaṃ deśayati sma /
（梵漢和維摩経 *p.* 8, *ll.* 5–6）

§6　その時、世尊は、幾百・千もの多くの聴衆に囲まれ、尊敬されて、法（真理の教え）を説かれた。

【§6　彼の時、仏は無量百千の衆の与に恭敬し囲遶せられて、為に法を説きたまう。】
（大正蔵、巻一四、五三七頁中）

………………………………………………………………

tatra：*adv.* そこに。そこへ。かしこに。その時に。その場合に。

bhagavān < bhagavat-：*m.* 尊い（人）。「世尊」と漢訳。「婆伽婆」「薄伽梵」と音写。*sg. Nom.*

aneka-śata-sahasrayā < aneka-śata-sahasrā- < aneka-śata-sahasra-：*adj.* 幾百・千もの多くの。*f. sg. Ins.*

parṣadā < parṣad- = pari-ṣad-：*f.* 集会。聴衆。会議。「衆」「大衆」「衆会」「諸大衆」と漢訳。*sg.Ins.* 格変化については、cf.「基礎」*p.* 119.

parivṛtaḥ < parivṛtaḥ + (p) < parivṛta- < pari-√vṛ- (1) + -ta：*pp.* ～に覆われた。～に包囲された。～に伴われた。*m. sg. Nom.*

√vṛ- (1)：覆う。隠す。包む。囲む。包囲する。

puraskṛto < puras-kṛtaḥ + 有声子音 < puras-kṛta- < puras-√kṛ- (8) + -ta：*pp.* 前に置かれた。尊敬された。～に先行された。～に伴われた。～で占められた。*m. sg. Nom.*

dharmaṃ < dharma-：*m.* 確定した秩序。慣例。習慣。法則。規則。義務。宗教。教説。性質。本質。属性。特質。事物。法。*sg. Acc.*

deśayati < deśaya- < √diś- (6) + -aya：*Caus.* 示す。導く。説明する。教える。「宣説」「演説」「説法」「教示」と漢訳。*Pres. 3, sg. P.*

sma：*ind.* 実に。sma は現在形とともに用いられて、過去の意味を表わす（歴史的現在）。

> sumerur iva parvata-rājaḥ sāgara-madhyād abhyudgataḥ sarva-parṣadam abhibhūya bhāsate tapati virocate śrī-garbhe siṃhâsane niṣaṇṇaḥ /
>
> （梵漢和維摩経 *p.* 8, *ll.* 6–8）

山の王であるスメール山（須弥山）が大海の真ん中から屹立しているように、〔世尊は〕すべての聴衆に向かって、光り輝き、熱を発し、まばゆく輝いて、美しい胎蔵にある師子座に坐っておられた。
【譬えば須弥山王の大海より顕われたるが如く、衆宝の師子の座に安処したまいて、一切諸の来たれる大衆を蔽いたまえり。】
（大正蔵、巻一四、五三七頁中）

………………………………………………………………

sumerur < sumeruḥ + 有声音 < sumeru- < su-meru-：*m.* スメール山。「妙高山」と漢訳。「須弥」「須弥楼」「蘇迷盧」と音写。*sg. Nom.*

iva：*adv.* ～のように。

parvata-rājaḥ < parvata-rājaḥ + (s) < parvata-rāja-：*m.* 山の王。*sg. Nom.*

sāgara-madhyād < sāgara-madhyāt + 母音 < sāgara-madhya-：*n.* 大海の真ん中。*sg. Abl.*

sāgara-：*m.* 大海。海。「娑揭羅」「娑伽羅」と音写。

madhya-：*adj.* 中の。中央の。中ぐらいの。中間の。*n.* 中間。中央。内側。内部。

abhyudgataḥ < abhyudgataḥ + (s) < abhyudgata- < abhi-ud-√gam- (1) + -ta：*pp.* 昇った。広がった。「起」「出」「現出」「顕現」と漢訳。*m. sg. Nom.*

sarva-parṣadam < sarva-parṣad-：*f.* すべての聴衆。*sg. Acc.*

parṣad- = pari-ṣad-：*f.* 集会。聴衆。会議。「衆」「大衆」「衆会」「諸大衆」と漢訳。格変化については、cf.「基礎」*p.* 119.

abhibhūya < abhi-√bhū- (1) + -ya：勝る。卓越する。打ち勝つ。襲う。～（対格）を支配する。～（対格）に向かう。*Ger.*

bhāsate < bhāsa- < √bhās- (1)：光る。輝く。心に浮かぶ。明らかになる。理解される。*Pres. 3, sg. A.*

tapati < tapa- < √tap- (1)：熱する。炒る。焼く。（肉体を）苦しませる。苦行する。「熱悩」と漢訳。*Pres. 3, sg. P.*

virocate < viroca- < vi-√ruc- (1)：輝き出る。光る。眼に見える。まばゆく輝く。*Pres. 3, sg. A.*

√ruc- (1)：輝く。光る。～を好む。美しく見える。

√ruc- (4)：喜ぶ。

bhāsate tapati virocate は、法華経化城喩品に類似表現あり。

śrī-garbhe < śrī-garbha-：*m.* 美しい胎蔵。*sg. Loc.*

śrī-：*f.* 光輝。美。繁栄。幸運。富。「吉祥」「妙相」と漢訳。

garbha-：*m.* 子宮。胎児。「胎」「蔵」「胎蔵」と漢訳。

siṃhâsane < siṃha-āsana-：*n.* 獅子のように立派な人のための座席。「師子座」と漢訳。*sg. Loc.*

siṃha-：*m.* ライオン。「獅子」「師子」と音写。

āsana- < √ās- (2) + -ana：*n.* 坐すること。端座の姿勢、休止すること。居住すること。「座」「席」「位置」と漢訳。

niṣaṇṇaḥ < niṣaṇṇa- < ni-√sad- (1) + -na：*pp.* ～（処格）の上に坐っている。横たわっている。*m. sg. Nom.*

§7 atha ratnâkaro bodhi-sattvo licchavi-kumāraḥ sārdhaṃ pañca-mātrair licchavi-kumāra-śataiḥ sapta-ratna-mayāni cchatrāṇi gṛhītvā vaiśālyāṃ mahā-nagaryāṃ niṣkramya yenâmrapālī-vanaṃ yena ca bhagavāṃs tenôpasaṃkrāmat[24] /

(梵漢和維摩経 *p.* 8, *ll.* 9–12)

§7 その時、リッチャヴィ族の若者でラトナーカラ（宝積）という菩薩が、五百人のリッチャヴィ族の若者たちと一緒に、〔それぞれが〕七宝で造られた日傘（傘蓋）を持ってヴァイシャーリーの大都城を出て、アームラパーリー〔という遊女〕の園林のあるところ、さらには世尊のおられるところ、そこへ近づいて行った。

【§7 爾(そ)の時、毘耶離(びやり)城に長者の子有り。名づけて毀禁(きごん)と曰(い)う。五百の長者の子と倶(とも)に、七宝の蓋を持ちて仏所に来詣し、】 （大正蔵、巻一四、五三七頁中）

……………………………………………………………………

atha：*adv.* その時。その場合。さて。それ故。しかれば。しかしながら。しかも。

ratnâkaro < ratnâkaraḥ + 有声子音 < ratnâkara- < ratna-ākara-：*m.* 宝石の鉱山。「宝蔵」「宝積」と漢訳。*sg. Nom.*

ākara-：*m.* 鉱山。源。

bodhi-sattvo < bodhi-sattvaḥ + 有声子音 < bodhisattva-：*m.* 覚りを求める人。「菩薩」と音写。*sg. Nom.*

licchavi-kumāraḥ < licchavi-kumāraḥ + (s) < licchavi-kumāra-：*m.* リッチャヴィ族の若者。「梨車毘童子」と音写。*sg. Nom.*

licchavi-：*m.* リッチャヴィ族。「梨車毘」「栗車毘」と音写。

kumāra-：*m.* （初生）児。少年。青年。瞳。

sārdhaṃ < sa-ardha-：*adj.* 半分を伴った。*n. sg. Acc.* 対格の副詞的用法で「～（具格）と一緒に」を意味する。

pañca-mātrair < pañca-mātraiḥ + 有声音 < pañca-mātra-：*n.* 五つだけの量。*pl. Ins.*

pañca- < pañcan-：*基数詞,* 五。

mātra- < √mā- (2,3) + -tra：*n.* ～だけの量／大きさ／高さ／深さ／長さ。分量。総額。

licchavi-kumāra-śataiḥ < licchavi-kumāra-śataiḥ + (s) < licchavi-kumāra-śata-：*n.* 百人のリッチャヴィ族の若者。*pl. Ins.*

sapta-ratna-mayāni cchatrāṇi < sapta-ratna-mayāni + chatrāṇi

sapta-ratna-mayāni < sapta-ratna-maya-：*adj.* 七つの宝で作られた。*n. pl. Acc.*

sapta-ratna-：*n.* 「七宝」と漢訳。

maya-：*adj.* 形成された。造られた。～からなる。「所成」「所合成」「造」「造作」と漢訳。

chatrāṇi < chatra- < √chad- (1) + -tra：*n.* 覆うもの。日傘（王位の標章の一つ）。「傘」「蓋」「傘蓋」と漢訳。*n. pl. Acc.*

gṛhītvā < √grah- (9) + -itvā：つかむ。取る。受け取る。*Ger.*
vaiśālyāṃ < vaiśālī-：*f.* ヴァイシャーリー（Viśāla 国の王が建設した町の名前）。「毘舎離」「毘耶離」「吠舎離」と音写。*sg. Loc.*
mahā-nagaryāṃ < mahā-nagarī-：*f.* 大きな都城。*sg. Loc.*
　mahā- < mahat-：*adj.* 大きな。偉大な。豊富な。たくさんの。重要な。卓越した。
　nagarī- < nagara- + -ī：*f.* 町。市。都市。都城。「城」と漢訳。
　nagara-：*n.* 町。市。都市。都城。「城」「城邑」「邑」「城郭」「聚落」「国」と漢訳。
niṣkramya < nis-√kram- (1) + -ya：～（奪格）から出て行く。～より去る。出発する。出家する。*Ger.*
yenâmrapālī-vanaṃ < yena + āmrapālī-vanaṃ
　yena < yad-：*関係代名詞, n. sg. Ins.*
　yena ～ tena …：～であるところ、そこでは…である。
　āmrapālī-vanaṃ < āmrapālī-vana-：*n.* アームラパーリーの園林。*sg. Nom.*
　āmrapālī-：*f.* アームラパーリー。「菴羅女」と音写。
　vana-：*n.* 森。
yena < yad-：*関係代名詞, n. sg. Ins.*
ca：*conj.* および。また。しかしながら。そして。～と。なお。
bhagavāṃs < bhagavān + (t) < bhagavat-：*m.* 尊い（人）。「世尊」と漢訳。「婆伽婆」「薄伽梵」と音写。*sg. Nom.*
tenôpasaṃkrāmat < tena + upasaṃkrāmat
　tena < tad-：それ。*n. sg. Ins.*
　upasaṃkrāmat ≒ upasamakrāmat < upasam-akrāmat < upasam-krāma- < upa-sam-√kram- (1)：近づく。*Impf. 3, sg. P.* BHS. gram. 32-3.

> upasaṃkramya bhagavataḥ pādau śirasā vanditvā bhagavantaṃ sapta-kṛtvaḥ pradakṣiṇī-kṛtya yathā parigṛhītais taiś chatrair bhagavantam abhicchādayati sma /
> （梵漢和維摩経 *p.* 8, *ll.* 12–14）

近づいてから、世尊の両足を頭〔におしいただくこと〕によって敬意を表して後に、世尊〔の周り〕を右回りに七度回って〔礼拝し〕、その結果、それらの持参した日傘（傘蓋）で世尊を覆った。
【頭面もて足（みあし）を礼し、各、其（そ）の蓋を以（もっ）て、共に仏に供養したてまつる。】
（大正蔵、巻一四、五三七頁中）

……………………………………………………………………

upasaṃkramya < upa-sam-√kram- (1) + -ya：近づく。*Ger.*
bhagavataḥ < bhagavataḥ + (p) < bhagavat-：*m.* 尊い（人）。「世尊」と漢訳。*sg. Gen.*
pādau < pāda-：*m.* 足。*du. Acc.*
śirasā < śiras-：*n.* 頭。頂上。峰。*sg. Ins.*
vanditvā < √vand- (1) + -itvā：恭しく挨拶する。～に敬意を表する。*Ger.*
　pādau śirasā √vand- (1)：両足を頭〔におしいただくこと〕によって敬意を表する。「頭面礼足」と漢訳。
bhagavantaṃ < bhagavat-：*m.* 尊い（人）。「世尊」と漢訳。「婆伽婆」「薄伽梵」と音写。*sg. Acc.*
sapta-kṛtvaḥ < sapta-kṛtvaḥ + (p) < sapta-kṛtvas：*adv.* 七回。
　kṛtvas：*adv.* ～倍。回。
pradakṣiṇī-kṛtya < pradakṣiṇī-√kṛ- (8) + -tya：右側を～に向ける。左から右に～（対格）を回る。*Ger.*
　pradakṣiṇī- < pradakṣiṇa- < pra-dakṣiṇa-：*adj.*（太陽と同じ方向）右に動く。右側に立った。兆しのよい。栄える。右側を～に向ける。
　動詞 √bhū- (1), √as- (2), √kṛ- (8) の前分に名詞、形容詞がくる複合語では名詞、形容詞の末尾の a, ā, an は ī となり、i, u は ī, ū となり、ṛ は rī、それ以外はそのままとなる。cf.「基礎」*p.* 566.

pra-dakṣiṇaṃ √kṛ- (8)：（尊敬の意思表示として）右側を～（対格）へ向ける。「右旋」「右遶」と漢訳。

yathā：*conj.* ～のように。あたかも～のように。～と（that）。その結果。

yathā は、結果や目的を示し、tathā を伴うこともある。cf.「シンタックス」*p.* 133.

parigṛhītais < parigṛhītaiḥ + (t) < parigṛhīta- < pari-√grah- (9) + -ita ：*pp.* ～と結合された。従われた。囲まれた。捕らえられた。つかまれた。*n. pl. Ins.*

taiś < taiḥ + (ch) < tad-：それ。*n. pl. Ins.*

chatrair < chatraiḥ + 有声音 < chatra- < √chad- (1) + -tra：*n.* 覆うもの。日傘（王位の標章の一つ）。「傘」「蓋」「傘蓋」と漢訳。*pl. Ins.*

bhagavantam < bhagavat-：*m.* 尊い（人）。「世尊」と漢訳。「婆伽婆」「薄伽梵」と音写。*sg. Acc.*

abhicchādayati < abhicchādaya- < abhi-√chad- (1) + -aya：*Caus.* 覆う。*3, sg. P.*

sma：*ind.* 実に。sma は現在形とともに用いられて、過去の意味を表わす（歴史的現在）。

abhicchādyâikânte sthito 'bhūt /

（梵漢和維摩経 *p.* 8, *ll.* 14–15)

〔世尊を日傘で〕覆ってから、一隅に立った。

【漢訳相当箇所なし】

………………………………………………………………………

abhicchādyâikânte < abhicchādya + ekânte

abhicchādya < abhicchādaya- + -ya < abhi-√chad- (1) + -aya + -ya：*Caus.* 覆う。*Ger.*

X類動詞、および使役動詞からの ya 絶対分詞の作り方は、-aya を省いて -ya を加える。cf.「基礎」*p.* 489.

ekânte < eka-anta-：*m.* 寂静処。人里離れた所。「一処」「一面」と漢訳。*sg. Loc.*

sthito 'bhūt < sthitaḥ + abhūt

sthitaḥ < √sthā- (1) + -ita：*pp.* 立った。住していた。留まっていた。*m. sg. Nom.*

abhūt < √bhū- (1)：なる。生ずる。*root-Aor. 3, sg. P.*

§8 samanantara-niḥsṛṣṭāni[25] ca tāni ratna-cchatrāṇy atha tāvad eva buddhânubhāvenâikaṃ mahā-ratna-cchatraṃ saṃsthitam /

（梵漢和維摩経 *p.* 8, *ll.* 16–17)

§8 それらの宝石でできた〔五百の〕日傘（傘蓋）を〔世尊に〕差し上げるとすぐ、まず直ちにブッダの神力によって〔それらの日傘は〕大いなる宝石でできた一つの日傘〔となって、それ〕が立った。

【§8 仏の威神もて諸の宝蓋を合して一蓋と成して、】（大正蔵、巻一四、五三七頁中）

………………………………………………………………………

samanantara-niḥsṛṣṭāni < samanantara-niḥsṛṣṭa-：*adj.* 与えられるとすぐの。*n. pl. Nom.*

samanantara- < sam-an-antara-：*adj.* 間隙のない。直接に引き続いた。

niḥsṛṣṭa- < niḥ-√sṛj- (6) + -ta：*pp.* 注がれた。流れるままにされた。～（奪格）から解放された。自由にされた。取り除かれた。与えられた。

niḥ-√sṛj- (6)：注ぐ。流れるままにする。～（奪格）から解放する。自由にする。取り除く。

√sṛj- (6)：発射する。飛ばす。投げる。出す。注ぐ。授ける。与える。

ca：*conj.* および。また。しかしながら。そして。～と。なお。

tāni < tad-：それ。*n. pl. Nom.*

ratna-cchatrāṇy < ratna-cchatrāṇi + 母音 < ratna-chatra-：*adj.* 宝石でできた日傘（傘蓋）。*n. pl. Nom.*

atha：*adv.* その時。その場合。さて。それ故。しかれば。しかしながら。

tāvad < tāvat + 母音：*adv.* それほどに。その間。まず第一に。ただ単に。
eva：*adv.* さように。このように。まさに。実に。ただ。全くこのように。
buddhânubhāvenâikaṃ < buddhânubhāvena + ekaṃ
　　buddhânubhāvena < buddhânubhāva- < buddha-anubhāva-：*m.* ブッダの神力。*sg. Ins.*
　　anubhāva- < anu-√bhū- (1) + -a：*m.* 享受。力。品位。「勢」「力勢」「神力」「威神」「威神力」「威徳」「威力」と漢訳。
　　ekaṃ < eka-：*基数詞,* 一。*n. sg. Nom.*
mahā-ratna-cchatraṃ < mahā-ratna-chatra-：*n.* 大いなる宝石の日傘（傘蓋）。*sg. Nom.*
saṃsthitam < saṃsthita- < sam-√sthā- (1) + -ita：*pp.* 立っている。坐っている。横たわっている。落ち着いている。「安住」と漢訳。*n. sg. Nom.*

> tena ca mahā-ratna-cchatreṇâyaṃ tri-sāhasra-mahā-sāhasro loka-dhātuḥ sarvaḥ saṃchāditaḥ saṃdṛśyate sma /
>
> （梵漢和維摩経 *p.* 8, *ll.* 17–19）

そして、その大いなる宝石でできた〔一つの〕日傘（傘蓋）によって、この三千大千世界のすべてが覆いつくされるのが見られた。
【遍く三千大千世界を覆い、】　（大正蔵、巻一四、五三七頁中）

tena < tad-：それ。*m. sg. Ins.*
ca：*conj.* そして。～と。
mahā-ratna-cchatreṇâyaṃ < mahā-ratna-cchatreṇa + ayaṃ
　　mahā-ratna-cchatreṇa < mahā-ratna-chatra-：*n.* 大いなる宝石の日傘（傘蓋）。*sg. Ins.*
　　mahā- < mahat-：*adj.* 大きな。偉大な。豊富な。たくさんの。重要な。卓越した。
　　ratna-：*n.* 宝。宝石。
　　chatra- < √chad- (1) + -tra：*n.* 覆うもの。日傘（王位の標章の一つ）。「傘」「蓋」「傘蓋」と漢訳。
　　ayaṃ < idam-：これ。この。*m. sg. Nom.*
tri-sāhasra-mahā-sāhasro < tri-sāhasra-mahā-sāhasraḥ + 有声子音 < tri-sāhasra-mahā-sāhasra-：*adj.* 「三千大千」と漢訳。*m. sg. Nom.*
loka-dhātuḥ < loka-dhātuḥ + (s) < loka-dhātu-：*m.* 「世界」と漢訳。*sg. Nom.*
sarvaḥ < sarvaḥ + (s) < sarva-：*adj.* すべての。*m. sg. Nom.*
saṃchāditaḥ < saṃchāditaḥ + (s) < saṃchādita- < saṃchādaya- + -ta < sam-√chad- (1) + -aya + -ta：*Caus. pp.* 包まれた。覆われた。隠された。*m. sg. Nom.*
saṃdṛśyate < saṃdṛśya- < sam-√dṛś- (1) + -ya：*Pass.* ～（具格）とともに現われる。観察される。*3, sg. A.*
sma：*ind.* 実に。sma は現在形とともに用いられて、過去の意味を表わす（歴史的現在）。

> yaś câsmiṃs[26] tri-sāhasra-mahā-sāhasre loka-dhātāv āyāma-vistāraḥ sa tasmin mahā-ratna-cchatre saṃdṛśyate sma /
>
> （梵漢和維摩経 *p.* 8, *ll.* 19–20）

そして、この三千大千世界の中にあるところの広さと大きさ、それも、その大いなる宝石でできた〔一つの〕日傘（傘蓋）の中にあるのが見られた。
【而も此の世界の広長の相は悉く中に於いて現ず。】　（大正蔵、巻一四、五三七頁中）

yaś < yaḥ + (c) < yad-：*関係代名詞, m. sg. Nom.*
câsmiṃs < ca + asmiṃs
　　asmiṃs < asmin + (t) < idam-：これ。*m. sg. Loc.*

tri-sāhasra-mahā-sāhasre < tri-sāhasra-mahā-sāhasra-：*adj.*「三千大千」と漢訳。*m. sg. Loc.*
loka-dhātāv < loka-dhātau + 母音 < loka-dhātu-：*m.* 世界。世間。国。国土。*sg. Loc.*
āyāma-vistāraḥ < āyāma-vistāraḥ + (s) < āyāma-vistāra-：*m.* 広さと大きさ。*sg. Nom.*

　　āyāma- < ā-yāma-：*m.* 延長。広さ。長さ。「縦廣」と漢訳。
　　vistāra- < vi-stāra-：*m.* 拡張。広さ。拡大。詳細。
　　以上は、処格と主格の名詞文をなしている。

sa < saḥ < tad-：それ。*m. sg. Nom.*
tasmin < tad-：それ。*n. sg. Loc.*
mahā-ratna-cchatre < mahā-ratna-chatra-：*n.* 大いなる宝石の日傘（傘蓋）。*sg. Loc.*

　　以上は、処格と主格の名詞文をなしている。

saṃdṛśyate < saṃdṛśya- < sam-√dṛś- (1) + -ya：*Pass.* ～（具格）とともに現われる。観察される。*3, sg. A.*
sma：*ind.* 実に。sma は現在形とともに用いられて、過去の意味を表わす（歴史的現在）。

> ye cêha tri-sāhasra-mahā-sāhasre loka-dhātau sumeravo mahā-parvata-rājā himavan-mucilinda-mahā-mucilinda-gandha-mādana-ratna-parvatā vā cakravāḍa-mahā-cakravāḍās te 'pi sarve tasm=inn evâika-mahā-ratna-cchatre saṃdṛśyante sma /
>
> (梵漢和維摩経 *p.* 8, *ll.* 20–24)

また、この三千大千世界の中にあるところの偉大な山の王であるスメールの山々や、雪山（ヒマラヤ山脈）、ムチリンダ山（目真隣陀山）、大ムチリンダ山、ガンダ・マーダナ山（香山）、ラトナ山（宝山）、あるいはチャクラヴァーダ山（鉄囲山）、大チャクラヴァーダ山の山々、それらのすべてもまた、まさにその大いなる宝石でできた一つの日傘（傘蓋）の中にあるのが見られた。
【又、此の三千大千世界の諸の須弥山・雪山・目真隣陀山・摩訶目真隣陀山・香山・宝山・金山・黒山・鉄囲山・大鉄囲山・】　（大正蔵、巻一四、五三七頁中）

………………………………………………………………………

ye < yad-：*関係代名詞, m. pl. Nom.*
cêha < ca + iha

　　ca：*conj.* そして。～と。
　　iha：*adv.* ここに。今。この世に。地上に。「此」「於此」「世」「此世」と漢訳。

tri-sāhasra-mahā-sāhasre < tri-sāhasra-mahā-sāhasra-：*adj.*「三千大千」と漢訳。*m. sg. Loc.*
loka-dhātau < loka-dhātu-：*m.* 世界。世間。国。国土。*sg. Loc.*
sumeravo < sumeravaḥ + 有声子音 < sumeru-：*m.* スメール山。「須弥山」と音写。*pl. Nom.*
mahā-parvata-rājā < mahā-parvata-rājāḥ + 有声音 < mahā-parvata-rāja-：*m.* 偉大な山の王。*pl. Nom.*
himavan-mucilinda-mahā-mucilinda-gandha-mādana-ratna-parvatā < himavan-～parvatāḥ + 有声音 < himavan-mucilinda-mahā-mucilinda-gandha-mādana-ratna-parvata-：*m.* 雪山（ヒマラヤ山脈）、ムチリンダ山、大ムチリンダ山、ガンダ・マーダナ山（香山）、ラトナ山（宝山）。*pl. Nom.*

　　himavan- < himavat- + (m) < hima-vat-：*m.* 雪山（雪を持つもの）。特にヒマラヤ山脈。
　　hima-：*n.* 雪。
　　mucilinda-：*m.* ムチリンダ山。
　　mahā-mucilinda-：*m.* 大ムチリンダ山。
　　gandha-mādana-：*m.* ガンダ・マーダナ山。芳香（ある森林を有する山脈の名）。「香山」「香酔山」と漢訳。
　　gandha-：*m.n.* 香。芳香。香気。薫香。
　　mādana-：*adj.* 酔わせる。
　　ratna-parvata-：*m.* ラトナ山。宝石の山（＝倉庫）。宝石の山。「宝山」と漢訳。

vā：*ind.* ～か。または。たとえ～であっても。
cakravāḍa-mahā-cakravāḍās < cakravāḍa-mahā-cakravāḍāḥ + (t) < cakravāḍa-mahā-cakravāḍa-：
　m. チャクラヴァーダ山（鉄囲山）と大チャクラヴァーダ山（大鉄囲山）。*pl. Nom.*
　以上は、処格と主格の名詞文をなしている。
te 'pi < te + api
　te < tad-：それ。*m. pl. Nom.*
　api：*adv.* また。さえも。されど。同様に。
sarve < sarva-：*adj.* すべての。*m. pl. Nom.* 格変化は、cf.「基礎」*p.* 218.
tasminn < tasmin + 母音 < tad-：それ。*n. sg. Loc.*
evâika-mahā-ratna-cchatre < eva + eka-mahā-ratna-cchatre
　eva：*adv.* さように。このように。まさに。実に。ただ。全くこのように。
　eka-mahā-ratna-cchatre < eka-mahā-ratna-chatra-：*n.* 一つの大いなる宝石の日傘（傘蓋）。
　sg. Loc.
saṃdṛśyante < saṃdṛśya- < sam-√dṛś- (1) + -ya：*Pass.* ～（具格）とともに現われる。観察される。
　3, pl. A.
sma：*ind.* 実に。sma は現在形とともに用いられて、過去の意味を表わす（歴史的現在）。

> ye 'pîha tri-sāhasra-mahā-sāhasre loka-dhātau mahā-samudrā vā saras-taḍāgāni vā nadī-kunadyaḥ sravantyo vā pravahanti tā api sarvās tasminn evâika-mahā-ratna-cchatre saṃdṛśyante sma /
> (梵漢和維摩経 *p.* 10, *ll.* 1–3)

この三千大千世界の中にあるところの大海、あるいは池や、湖、大河や小河、あるいは川、それらのすべてもまた、まさにその大いなる宝石でできた一つの日傘（傘蓋）の中にあるのが見られた。
【大海・江河・川流・泉源、】　（大正蔵、巻一四、五三七頁下）
…………………………………………………………………………

ye 'pîha < ye + api + iha
　ye < yad-：*関係代名詞, m. pl. Nom.*
　api：*adv.* また。さえも。されど。なお。
　iha：*adv.* ここに。今。この世に。地上に。
tri-sāhasra-mahā-sāhasre < tri-sāhasra-mahā-sāhasra-：*adj.*「三千大千」と漢訳。*m. sg. Loc.*
loka-dhātau < loka-dhātu-：*m.* 世界。世間。国。国土。*sg. Loc.*
mahā-samudrā < mahā-samudrāḥ + 有声音 < mahā-samudra-：*m.* 大海。*pl. Nom.*
　samudra- < sam-udra-：*m.* 水の集まり。海。大洋。
vā：*ind.* ～か。または。たとえ～であっても。
saras-taḍāgāni < saras-taḍāga-：*n.* 池と湖。*pl. Nom.*
　saras- < √sṛ- (1) + -as：*n.* 水桶。池。湖。
　taḍāga-：*n.* 池。湖。
vā：*ind.* ～か。または。たとえ～であっても。
nadī-kunadyaḥ < nadī-kunadyaḥ + (s) < nadī-kunadī-　：*f.* 大河と小河。*pl. Nom.*
　nadī-：*f.* 河。流水。
　kunadī- < ku-nadī-：*f.* 小河。
sravantyo < sravantyaḥ + 有声子音 < sravantī- < sravat- + -ī：*f.* 流れる水。川。*pl. Nom.*
　sravat- < srava- + -t < √sru- (1) + -t：～（奪格）から流れる。流す。*P. 現在分詞.*
vā：*ind.* ～か。または。たとえ～であっても。
pravahanti < pravaha- < pra-√vah- (1)：持ち出す。（車を）引く。洗い流す。漂わせる。流れ行く。
　（風が）吹く。*Pres. 3, pl.P.*
tā < tāḥ + 有声音　< tad-：それ。*f. pl. Nom.*
api：*adv.* また。さえも。されど。同様に。

sarvās < sarvāḥ + (t) < sarva-：*adj.* 一切の。すべての。*f. pl. Nom.*
tasminn < tasmin + 母音 < tad-：それ。*n. sg. Loc.*
evâika-mahā-ratna-cchatre < eva + eka-mahā-ratna-cchatre
　eka-mahā-ratna-cchatre < eka-mahā-ratna-chatra-：*n.* 一つの大いなる宝石の日傘（傘蓋）。*sg. Loc.*
saṃdṛśyante < saṃdṛśya- < sam-√dṛś- (1) + -ya：*Pass.* 〜（具格）とともに現われる。観察される。*3, pl. A.*
sma：*ind.* 実に。sma は現在形とともに用いられて、過去の意味を表わす（歴史的現在）。

> yāny apîha tri-sāhasra-mahā-sāhasre loka-dhātau sūryā-candramasāṃ vimānāni tārā-rūpāṇi vā deva-bhavanāni vā nāga-bhavanāni vā yakṣa-bhavanāni vā gandharvâsura-garuḍa-kinnara-mahoraga-bhavanāni vā cātur-mahā-rāja-bhavanāni vā grāma-nagara-nigama-rāṣṭra-rāja-dhānyo vā tāny api sarvāṇi tasminn evâika-mahā-ratna-cchatre saṃdṛśyante sma /
> 　　　　　　　　　　　　　　　　　　　　　　　　　　（梵漢和維摩経 *p.* 10, *ll.* 3–8）

この三千大千世界の中にあるところの太陽と月の宮殿、あるいは星の光、神々の宮殿、龍の宮殿、ヤクシャの宮殿、あるいはガンダルヴァ、アスラ、ガルダ、キンナラ、マホーラガの宮殿、あるいは四大王（四天王）の宮殿、あるいは村や、町、城市、王国、王城など、それらのすべてもまた、まさにその大いなる宝石でできた一つの日傘（傘蓋）の中にあるのが見られた。
【及び日・月・星辰・天宮・龍宮・諸尊の神宮・悉く宝蓋（ほうがい）の中に現ず。】
（大正蔵、巻一四、五三七頁下）

……………………………………………………………………

yāny < yāni + 母音：*関係代名詞, n. pl. Nom.*
apîha < api + iha
　api：*adv.* また。さえも。されど。なお。
　iha：*adv.* ここに。今。この世に。地上に。
tri-sāhasra-mahā-sāhasre < tri-sāhasra-mahā-sāhasra-：*adj.*「三千大千」と漢訳。*m. sg. Loc.*
loka-dhātau < loka-dhātu-：*m.* 世界。世間。国。国土。*sg. Loc.*
sūryā-candramasāṃ < sūryā-candramas-：*m.* 太陽と月。*pl. Gen.*
　sūryā-：*f.* 太陽の娘。
　candramas- < candra-mas-：*m.* 月。「月天子」と漢訳。
vimānāni < vimāna- < vi-māna-：*n.* 天上の戦車。空中の車。（七階の）宮殿。「楼閣」と漢訳。*pl. Nom.*
tārā-rūpāṇi < tārā-rūpa-：*n.* 星の光。「星辰」と漢訳。*pl. Nom.*
　tārakā-rūpa-：*n.* 星の光。cf.「パーリ語辞典」*p.* 118.
　tārā-：*f.* 星。恒星。瞳孔。
　rūpa-：*n.* 形態。外観。色。形。美しい形。見目よいこと。
deva-bhavanāni < deva-bhavana-：*n.* 神々の宮殿。*pl. Nom.*
　deva- < √div- (4) + -a：*m.* 神。「天」と漢訳。
　bhavana-：*n.* 家。住所。邸宅。宮殿。神殿。「天宮」「王宮」と漢訳。
nāga-bhavanāni < nāga-bhavana-：*n.* 龍の宮殿。「龍宮」と漢訳。*pl. Nom.*
　nāga-：*m.* 龍。象。
yakṣa-bhavanāni < yakṣa-bhavana-：*n.* ヤクシャの宮殿。*pl. Nom.*
　yakṣa-：*m.* ヤクシャ。「夜叉」「薬叉」と音写。
gandharvâsura-garuḍa-kinnara-mahoraga-bhavanāni < gandharva-asura-garuḍa-kinnara-mahoraga-bhavana-：*n.* ガンダルヴァ、アスラ、ガルダ、キンナラ、マホーラガの宮殿。*pl. Nom.*
　gandharva-：*m.* ガンダルヴァ。（Indra 神の天に住する）天上の音楽師。「楽師」「楽人」と漢訳。「乾闥婆」と音写。
　asura-：*m.* アスラ。心霊。天帝。「阿修羅」と音写。

garuḍa-：*m.* ガルダ（伝説上の鳥）。「金翅鳥」と漢訳。「迦楼羅」と音写。
kinnara-：*m.* 「人非人」と漢訳。「緊那羅」と音写。半人半獣であって Kubera 神に仕えるとされる。
mahoraga- < mahā-uraga-：*m.* 大蛇。「大腹行」と漢訳。「摩睺羅加」と音写。
cātur-mahā-rāja-bhavanāni < cātur-mahā-rāja-bhavana-：*n.* 四大王の宮殿。*pl. Nom.*
cātur-mahā-rāja-：*m.* 四大王。
grāma-nagara-nigama-rāṣṭra-rāja-dhānyo < grāma-nagara-nigama-rāṣṭra-rāja-dhānyaḥ + 有声子音 < grāma-nagara-nigama-rāṣṭra-rāja-dhānī-：*f.* 村や、町、城市、王国、王城。*pl. Nom.*
grāma-：*m.* 居住地。村落。社会。群集。集団。「里」「村」と漢訳。
nagara-：*n.* 町。市。都市。都城。「城」「城邑」「邑」「城郭」「聚落」「国」と漢訳。
nigama-：*m.* 町。市場。「邑」「城」「聚落」と漢訳。
rāṣṭra-：*n.* 王国。領域。国土。国民。人民。
rājadhānī- < rāja-dhānī-：*f.* 王の居所。首府。「王都」「王京都」「王城」「城」「王処」と漢訳。
vā：*ind.* ～か。または。たとえ～であっても。
tāny < tāni + 母音 < tad-：それ。*n. pl. Nom.*
男性・女性・中性の名詞が並列しているとき、全体を受ける代名詞は中性となる。
api：*adv.* また。さえも。されど。同様に。
sarvāṇi < sarva-：*adj.* すべての。*n. pl. Nom.*
tasminn < tasmin + 母音 < tad-：それ。*n. sg. Loc.*
evâika-mahā-ratna-cchatre < eva + eka-mahā-ratna-cchatre
eka-mahā-ratna-cchatre < eka-mahā-ratna-cchatra-：*n.* 一つの大いなる宝石の日傘（傘蓋）。*sg. Loc.*
saṃdṛśyante < saṃdṛśya- < sam-√dṛś- (1) + -ya：*Pass.* ～（具格）とともに現われる。観察される。*3, pl. A.*
sam-√dṛś- (1)：注目する。認める。眺める。熟考する。
sma：*ind.* 実に。sma は現在形とともに用いられて、過去の意味を表わす（歴史的現在）。

> yâpi ca daśa-diśi loke buddhānāṃ bhagavatāṃ dharma-deśanā pravartate sâpi tasmād evâika-mahā-ratna-cchatrān niścarantī śrūyate sma /
> （梵漢和維摩経 *p.* 10, *ll.* 8–10）

そして、十方の世界において繰り広げられているところの世尊であるブッダたちの説法、その〔説法〕もまた、まさにその大いなる宝石でできた一つの日傘（傘蓋）から〔漏れ〕出てくるのが聞かれた。
【又、十方の諸仏と諸仏の説法も亦、宝蓋の中に現じたり。】（大正蔵、巻一四、五三七頁下）

…………………………………………………………………………

yâpi < yā + api
yā < yad-：*関係代名詞, f. sg. Nom.*
api：*adv.* また。さえも。されど。同様に。
ca：*conj.* そして。～と。
daśa-diśi < daśa-diś-：*f.* 十方。*sg. Loc.* 格変化は、cf.「基礎」*p.* 127.
loke < loka-：*m.* 空間。余地。場所。国。世界。世間。*sg. Loc.*
buddhānāṃ < buddha- < √budh- (1) + -ta：*pp.* 目覚めた。*m.* ブッダ。「覚者」と漢訳。「仏陀」と音写。*m. pl. Gen.*
bhagavatāṃ < bhagavat-：*m.* 尊い（人）。「世尊」と漢訳。「婆伽婆」「薄伽梵」と音写。*pl. Gen.*
dharma-deśanā < dharma-deśanā-：*f.* 法の教授。説教。「説」「説法」と漢訳。*sg. Nom.*
deśanā- < √diś- (6) + -anā：*f.* 指示。教授。教義。「説」「所説」「言説」「説法」「宣説」「演説」と漢訳。
pravartate < pravarta- < pra-√vṛt- (1)：動かされる。出発する。～（処格）に従事する。～（奪格）

から生ずる。起こる。着手する。〜し始める。*Pres. 3, sg. A.*

sâpi < sā + api

sā < tad-：それ。*f. sg. Nom.*

api：*adv.* また。さえも。されど。同様に。

tasmād < tasmāt + 母音 < tad-：それ。*n. sg. Abl.*

evâika-mahā-ratna-cchatrān < eva + eka-mahā-ratna-cchatrān

eva：*adv.* さように。このように。まさに。実に。ただ。全くこのように。

eka-mahā-ratna-cchatrān < eka-mahā-ratna-cchatrāt + (n) < eka-mahā-ratna-chatra-：*n.* 一つの大いなる宝石の日傘（傘蓋）。*sg. Abl.*

niścarantī < niścarantī- < niścarat- < niścara- + -t < nis-√car (1) + -t：出る。現われる。進む。「出」「放」「発」と漢訳。*P. 現在分詞, f. sg. Nom.*

śrūyate < śrūya- < √śru- (5) + -ya：*Pass.* 聞かれる。*3, sg. A.*

sma：*ind.* 実に。sma は現在形とともに用いられて、過去の意味を表わす（歴史的現在）。

§9 tatra sā sarvā parṣad āścarya-prāptā bhagavato 'ntikād idam evaṃ-rūpaṃ mahā-prātihāryaṃ dṛṣṭvā tuṣṭôdagrâttamanāḥ pramuditā prīti-saumanasya-jātā tathāgataṃ namasyatī sthitânimiṣaṃ prekṣamāṇā[27] /

(梵漢和維摩経 *p.* 10, *ll.* 11–13)

§9 そこで、そのすべての聴衆は、世尊のそばでこのようなこの大いなる奇跡（神変）を見て、不思議な思いにとらわれ、満足し、〔心が〕高揚し、狂喜し、愉悦し、喜悦と歓喜を生じ、如来に対して敬意を表しつつ、瞬きもせずに見つめたままで立っていた。

【§9 爾の時、一切の大衆は、仏の神力を覩て、未曾有なりと歎じ、合掌して仏を礼し、尊顔を瞻仰し目暫らくも捨てず。】（大正蔵、巻一四、五三七頁下）

………………………………………………………………………

tatra：*adv.* そこに。そこへ。かしこに。その時に。その場合に。

sā < tad-：それ。*f. sg. Nom.*

sarvā < sarva-：*adj.* すべての。あらゆる。*f. sg. Nom.*

parṣad < parṣat + 母音 < parṣat- = pari-ṣad-：*f.* 集会。聴衆。会議。「衆」「大衆」「衆会」「諸大衆」と漢訳。*sg. Nom.* 格変化は、cf.「基礎」*p.* 119.

āścarya-prāptā < āścarya-prāptā- < āścarya-prāpta-：*adj.* 不思議な思いにとらわれた。*f. sg. Nom.*

bhagavato 'ntikād < bhagavataḥ + antikād

bhagavataḥ < bhagavat-：*m.* 尊い（人）。「世尊」と漢訳。「婆伽婆」「薄伽梵」と音写。*sg. Gen.*

antikād < antikāt + 有声子音：*adv.* 〜（属格）の近隣で。現前で。そばで。

antika-の中性・単数・奪格の副詞的用法。属格を受けることに注意。

idam < idam-：これ。*n. sg. Acc.*

evaṃ-rūpaṃ < evaṃ-rūpa-：*adj.* このような形の。*n. sg. Acc.*

mahā-prātihāryaṃ < mahā-prātihārya-：*n.* 大いなる奇跡（神変）。*sg. Acc.*

prātihārya-：*n.* 奇跡。「変化」「神変」「神通」「神力」と漢訳。

dṛṣṭvā < √dṛś- (1) + -tvā：見る。*Ger.*

tuṣṭôdagrâttamanāḥ < tuṣṭā + udagrā + āttamanāḥ

tuṣṭā < tuṣṭa- < √tuṣ- (4) + -ta：*pp.* 満足した。満足せしめられた。*f. sg. Nom.*

udagrā < udagra- < ud-agra-：*adj.* 激昂した。高揚した。*f. sg. Nom.*

āttamanāḥ < āttamanas- < ātta-manas- ≒ āpta-manas-：*adj.* 狂喜せしめられたる。満たされた心を持つ。*f. sg. Nom.*

pramuditā < pramuditā- < pramudita- < pra-√mud- (1) + -ita：*pp.* 狂喜した。喜んだ。*f. sg. Nom.*

prīti-saumanasya-jātā < prīti-saumanasya-jātā- < prīti-saumanasya-jāta-：*adj.* 喜悦と歓喜を生じた。*f. sg. Nom.*

prīti-：*f.* 喜悦。
saumanasya- < sau-manasya-：*n.* 喜び。
sau は、su の強音化したもの。
jāta- < √jan- (1) + -ta：*pp.* 生まれた。生じた。
過去受動分詞の語尾 -ta を付加するときに an が ā になった。cf.「基礎」*p.* 472.
tathāgataṃ < tathāgata-：*m.* 「如来」と漢訳。*sg. Acc.*
namasyatī < namasyatī- < namasyat- < namasya- + -t < √namasya- (名動詞) + -t：～に帰命する。～に敬礼する。敬意を表する。*A. 現在分詞, f. sg. Nom.*
sthitânimiṣaṃ < sthitā + animiṣaṃ
sthitā < sthitā- < sthita- < √sthā- (1) + -ita：*pp.* 立った。住していた。留まっていた。*f. sg. Nom.*
animiṣaṃ < animiṣa- < a-nimiṣa-：*adj.* 目を閉じない。瞬きしない。覚めた。「不瞬」「直視不瞬」「瞻視」と漢訳。*n. sg. Acc.* 対格の副詞的用法。
nimiṣa- < ni-miṣa- < ni-√miṣ- (6) + -a：*n.* 瞬き。瞬きすること。
ni-√miṣ- (6)：目を閉じる。（目が）ふさがる。
√miṣ- (6)：目を開く。瞬く。
prekṣamāṇā < prekṣamāṇā- < prekṣamāṇa- < prekṣa- + -māṇa < pra-√īkṣ- (1) + -māṇa：～を見る。眺める。「見」「瞻仰」と漢訳。*A. 現在分詞, f. sg. Nom.*
√īkṣ- (1)：見る。眺める。注視する。見なす。予想する。期待する。～（為格）に予言する。

§10 atha khalu ratnâkaro licchavi-kumāro bhagavato 'ntikād idam evaṃ-rūpaṃ mahā-prāti=hāryaṃ dṛṣṭvâikâṃsam uttarâsaṅgaṃ kṛtvā dakṣiṇaṃ jānu-maṇḍalaṃ pṛthivyāṃ pratiṣṭhāpya yena bhagavāṃs tenâñjaliṃ praṇamya bhagavantaṃ gāthābhir abhyaṣṭāvīt //
（梵漢和維摩経 *p.* 10, *ll.* 14–17）

§10 その時、ラトナーカラというリッチャヴィ族の若者は、世尊のそばでこのようなこの大いなる奇跡（神変）を見て、上衣を〔左肩を残して右側の〕一方の肩だけ〔露(あらわ)〕にして、右の膝頭を地面につけて、世尊のおられるところ、そこに〔向かって〕合掌して敬礼し、詩句（偈）によって世尊を称讃した。
【§10 是(ここ)に於(お)いて、長者の子宝積(ほうしゃく)は、即ち仏前に於いて偈(げ)を以(もつ)て頌(とな)えて曰(いわ)く、】
（大正蔵、巻一四、五三七頁下）

……………………………………………………………………

atha：*adv.* その時。その場合。さて。それ故。しかれば。しかしながら。しかも。
khalu：*ind.* 実に。確かに。しかも。さて。そこで。
ratnâkaro < ratnâkaraḥ + 有声子音 < ratnâkara- < ratna-ākara-：*m.* 宝石の鉱山。「宝蔵」「宝積」と漢訳。*sg. Nom.*
licchavi-kumāro < licchavi-kumāraḥ + 有声子音 < licchavi-kumāra-：*m.* リッチャヴィ族の若者。「梨車毘童子」と音写。*sg. Nom.*
bhagavato 'ntikād < bhagavataḥ + antikād
bhagavataḥ < bhagavat-：*m.* 尊い（人）。「世尊」と漢訳。「婆伽婆」「薄伽梵」と音写。*sg. Gen.*
antikād < antikāt + 母音：*adv.* ～（属格）の近隣で。現前で。そばで。
antika- の中性・単数・奪格の副詞的用法。属格を受けることに注意。
idam < idam-：これ。*n. sg. Acc.*
evaṃ-rūpaṃ < evaṃ-rūpa-：*adj.* このような形の。*n. sg. Acc.*
mahā-prātihāryaṃ < mahā-prātihārya-：*n.* 大いなる奇跡（神変）。*sg. Acc.*
dṛṣṭvâikâṃsam < dṛṣṭvā + ekâṃsam
dṛṣṭvā < √dṛś- (1) + -tvā：見る。*Ger.*
ekâṃsam < eka-aṃsa-：*m.* 一方の肩。*sg. Acc.*

aṃsa-：*m.* 肩。

uttarâsaṅgaṃ < uttara-āsaṅga-：*m.* 上衣。外衣。被覆。「鬱多羅僧」と漢訳。*sg. Acc.*

uttara- < ud-tara-：*比較級,* より上の。より後の。北の。*n.* 表面。覆い。

āsaṅga- < ā-saṅga-：*m.* 「耽著」「沈溺」と漢訳。

ekâṃsam uttarâsaṅgaṃ √kṛ- (8)：「偏袒右肩」と漢訳。

kṛtvā < √kṛ- (8) + -tvā：作る。なす。*Ger.*

dakṣiṇaṃ < dakṣiṇa-：*adj.* 南の。右の。*n. sg. Acc.*

jānu-maṇḍalaṃ < jānu-maṇḍala-：*n.* 膝の円いところ。膝頭。膝蓋骨。「膝輪」と漢訳。*sg. Acc.*

jānu-：*n.* 膝。

maṇḍala-：*adj.* 丸い。円形の。*m.n.* 団体。集合。群衆。群れ。地域。領域。国土。

pṛthivyāṃ < pṛthivī-：*f.* （広い）大地。地界。（神格化した）大地。国土。*sg. Loc.*

pratiṣṭhāpya < pratiṣṭhāpaya- + -ya < prati-√sthā- (1) + -paya- + -ya：*Caus.* 下に置く。～の上に置く。*Ger.*

yena < yad-：*関係代名詞, n. sg. Ins.*

yena ～ tena … ＝ yatra ～ tatra …：～であるところ、そこで…。

bhagavāṃs < bhagavān + (t) < bhagavat-：*m.* 尊い（人）。「世尊」と漢訳。「婆伽婆」「薄伽梵」と音写。*sg. Nom.*

tenâñjaliṃ < tena + añjaliṃ

tena < tad-：それ。*n. sg. Ins.*

añjaliṃ < añjali-：*m.* 合掌（ < √añj-）。*sg. Acc.*

praṇamya < pra-√nam- (1) + -ya：～に頭を下げる、～の前に敬意を表する。*Ger.*

añjaliṃ pra-√nam- (1)：合掌して敬礼する。「合掌一心」「恭敬合掌」「合掌恭敬」「合掌向仏」などと漢訳。

bhagavantaṃ < bhagavat-：*m.* 尊い（人）。「世尊」と漢訳。「婆伽婆」「薄伽梵」と音写。*sg. Acc.*

gāthābhir < gāthābhiḥ + 有声音 < gāthā-：*f.* 詩句。「偈頌」と漢訳。「迦陀」と音写。*pl. Ins.*

abhyaṣṭāvīt < abhyaṣṭāviṣ- < abhi-√stu- (1) + -iṣ：称讃する。*iṣ-Aor. 3, sg. P.*

> śubha-śuddha-kamala-vara-patra-viśāla-netra śuddhâśayā śamatha-pāramitâgra-prāpta /
> śubha-karma-saṃcaya viśāla-guṇâprameya vandāmi tvāṃ[28] śramaṇa śānti-patha-praṇetum // 1 //
> （梵漢和維摩経 *p.* 10, *ll.* 18–21）

美しく清らかな青スイレンの花弁のように最も勝れた大きな眼[29]を持ち、清らかな意向を持ち、〔心の〕寂滅（止）によって最高の完成に達しておられ、立派な行ないを積み重ねていて、量り知ることのできない広大な徳を持ち、〔人々を〕心の寂静の道へと導く沙門であるあなたに、私は敬意を表します。（1）

【目は浄くして脩（なが）く広きこと青蓮の如く、心は浄くして已（すで）に諸の禅定（ぜんじょう）を度し、久しく浄業を積みて、称（たた）え無量なり。衆を導くに寂（じゃく）を以（もっ）てす。故に稽首（けいしゅ）したてまつる。】（大正蔵、巻一四、五三七頁下）

……………………………………………………………………………

śubha-śuddha-kamala-vara-patra-viśāla-netra ≒ śubha-śuddha-kamala-vara-patra-viśāla-netram < śubha-śuddha-kamala-vara-patra-viśāla-netra-：*adj.* 美しく清らかな青スイレンの花弁のように最も優れた大きな眼を持つ。*m. sg. Acc.* BHS. gram. 8-31.

śubha-：*adj.* 美麗な。美しい。立派な。吉祥な。有徳の。*n.* 魅力。安寧。繁栄。善行。有徳の行為。

śuddha- < √śudh- (1) + -ta：*pp.* 清潔な。明瞭な。汚点のない。清らかな。清められた。

kamala- ＝ utpala-：*m.n.* 青スイレン。「青蓮」「青蓮華」と漢訳。「迦摩羅」と音写。

vara-：*adj.* 最善の。最も精選された。最も勝れた。最も美しい。「妙」「上妙」「最妙」「第一」「最上」「最勝」などと漢訳。

patra- ＝ pattra-：*n.* 葉。花弁。翼。

viśāla-：*adj.* 広大な。広々として。幅広い。大きい。偉大な。強力な。著名な。
netra- < √nī- (1) + -tra：*m.* 指導者。案内者。*n.* 案内。眼。
śuddhâśayā ≒ śuddhâśayam < śuddha-āśaya-：*adj.* 清らかな意向を持つ。*m. sg. Acc.* BHS. gram. 8-38.
āśaya- < ā-√śī- (2) + -a：*m.* 休息所。場所。考え。意向。思想。「意楽」「楽欲」と漢訳。
ā-√śī- (2)：～（対格、処格）に横たわる。
śamatha-pāramitâgra-prāpta ≒ śamatha-pāramitâgra-prāptam < śamatha-pāramitā-agra-prāpta-：*adj.* 〔心の〕寂滅によって最高の完成に達している。*m. sg. Acc.* BHS. gram. 8-31.
śamatha-：*m.* 「止」「寂止」「寂滅」「消滅」「定心」「禅定」と漢訳。「奢摩他」「舎摩他」と音写。
pāramitā-：*f.* 完成。「度」「到彼岸」と漢訳。「波羅蜜」「波羅蜜多」と音写。
agra-：*adj.* 尖端の。頂点の。*n.* 前部。始め。点。尖端。頂点。「最上」「最極」「最勝」「高」と漢訳。
prāpta- < pra-√āp- (5) + -ta：*pp.* 得られた。かち得た。達した。
śubha-karma-saṃcaya ≒ śubha-karma-saṃcayam < śubha-karma-saṃcaya-：*adj.* 立派な行ないの蓄積を持つ。立派な行ないを積み重ねている。*m. sg. Acc.* BHS. gram. 8-31.
śubha-：*adj.* 美麗な。美しい。立派な。吉祥な。有徳の。*n.* 魅力。安寧。繁栄。善行。有徳の行為。
karma- < karman-：*n.* 行為。作業。作用。職業。結果。運命。
saṃcaya- < sam-√ci- (5) + -a-：*m.* 蓄積。たくわえ。貯蓄。富。量。集合。「集」「聚」「積聚」「積集」と漢訳。
sam-√ci- (5)：積み重ねる。集める。蓄積する。「増長」「積集」と漢訳。
viśāla-guṇâprameya ≒ viśāla-guṇâprameyam < viśāla-guṇa-aprameya-：*adj.* 広大な徳は量り知ることができない。量り知ることのできない広大な徳を持つ。*m. sg. Acc.* BHS. gram. 8-31.
viśāla-：*adj.* 広大な。広々として。幅広い。大きい。偉大な。強力な。著名な。
guṇa-：*m.* 種類。構成。従属的要素。固有性。属性。善性。徳。
aprameya- < a- + pra-√mā- (2,3) + -ya：*未受分,* 無量の。無限の。無辺の。
vandāmi < vanda- < √vand- (1)：恭しく挨拶する。～に敬意を表する。*Pres. 1, sg. P.*
tvāṃ < tvad-：あなた。*2, sg. Acc.*
śramaṇa ≒ śramaṇam < śramaṇa-：*m.* 苦行者。遊行僧。「沙門」「沙弥」「桑門」と音写。*m. sg. Acc.* BHS. gram. 8-31.
śānti-patha-praṇetum：*不定詞,* 心の寂静の道へ導くこと。
不定詞は、名詞を修飾して目的・狙いを示す。cf.「シンタックス」*p.* 109.
śānti- < √śam- (4) + -ti：*f.* 心の静穏。心の平和。「寂」「寂滅」「寂静」と漢訳。
patha-：*m.* ～の路。小路。道。「道路」「経路」と漢訳。
praṇetum < pra-√nī- (1) + -tum：*不定詞,* 導くこと。
pra-√nī- (1)：前へ導く。導く。「啓導」「開化」と漢訳。

paśyâtha rddhi[30] puruṣa-rṣabha-nāyakasya saṃdṛśyate sugata-kṣetra-vara-prakāśaḥ /
amṛtaṃ-gamā ca vara-dharma-kathā udārā sā sarva śrūyati ito gagana-talātaḥ // 2 //
（梵漢和維摩経 *p.* 10, *ll.* 22–25）

さて、牡牛のように最も勝れた人である指導者の神力を見て後、人格を完成された人（善逝）の国土の最も勝れた出現が観察され、名高く不死へと赴く最も勝れた法（真理の教え）の話、そのすべてが、その天空から聞かれました。（２）
【既に大聖の神変を以(もっ)て普く十方無量の土を現じたまうを見、其(そ)の中に諸仏の法を演説したまうを是(ここ)に於いて一切悉く見聞せり。】（大正蔵、巻一四、五三七頁下）
……………………………………………………………………

paśyâtha ṛddhi < paśya + atha + ṛddhi

paśya < √paś- (4) + -ya ≒ dṛṣṭvā < dṛś- (1) + -tvā：見る。*Ger.* BHS. gram. *p.* 220.

atha：*adv.* その時。すると。さらに。しかし。さて。

ṛddhi ≒ ṛddhim < ṛddhi-：*f.* 繁栄。安寧。好運。超自然力。「神通」「神力」「神変」と漢訳。*f. sg. Acc.* BHS. gram. 10-50.

puruṣa-ṛṣabha-nāyakasya < puruṣa-ṛṣabha-nāyaka-：*m.* 牡牛のように最も勝れた人である指導者。*sg. Gen.*

puruṣa-ṛṣabha- < puruṣa- + ṛṣabha-：*m.* 牡牛のように最も勝れた人。

これは、サンスクリットの文法書に必ず出てくる譬喩の同格限定複合語（Karmadhāraya, 持業釈）である。cf.「基礎」*p.* 540.

puruṣa-：*m.* 人。人間。侍者。「男子」「男」「丈夫」と漢訳。

ṛṣabha-：*m.* 牡牛。

nāyaka- < √nī- (1) + -aka：*m.* 案内者。指導者。「導師」と漢訳。

√nī- (1)：指導する。案内する。導く。

saṃdṛśyate < saṃdṛśya- < sam-√dṛś- (1) + -ya：*Pass.* ～（具格）とともに現われる。観察される。*3, sg. A.*

sugata-kṣetra-vara-prakāśaḥ < sugata-kṣetra-vara-prakāśa-：*m.* 人格を完成された人（善逝）の国土の最も勝れた出現。*sg. Nom.*

sugata- < su-gata-：*m.* 人格を完成した（人）。「善逝」（仏の別称）と漢訳。

kṣetra-：*n.* 国土。

vara-：*adj.* 最善の。最も精選された。最も勝れた。最も美しい。「妙」「上妙」「最妙」「第一」「最上」「最勝」などと漢訳。

prakāśa- < pra-√kāś- (1) + -a：*adj.* 輝く。照らす。清澄の。明瞭な。顕れた。*m.* 光沢。壮麗。光。解説。顕示。栄光。名声。展覧。出現。

amṛtaṃ-gamā < amṛtaṃ-gamā- < amṛtaṃ-gama-：*adj.* 不死へと赴く。*f. sg. Nom.*

amṛtaṃ < amṛta- < a-mṛta-：*adj.* 死んでいない。不死の。不滅の。美しい。*n. sg. Acc.*

前分に格変化したままの形が用いられる複合語を Aluk と言う。cf.「基礎」*p.* 524.

mṛta- < √mṛ- (1) + -ta：*pp.* 死んだ。

gama- < √gam- (1) + -a：*adj.* ～に行く。～に動く。

ca：*conj.* および。また。しかしながら。そして。～と。なお。

vara-dharma-kathā < vara-dharma-kathā-：*f.* 最も勝れた法についての話。*sg. Nom.*

vara-：*adj.* 最善の。最も精選された。最も勝れた。最も美しい。「妙」「上妙」「最妙」「第一」「最上」「最勝」などと漢訳。

dharma-：*m.* 確定した秩序。慣例。習慣。法則。規則。義務。宗教。教説。性質。本質。属性。特質。事物。法。

kathā-：*f.* ～についての会話。談話。物語。議論。「言」「語言」「言辞」「論説」と漢訳。

udārā < udārā- < udāra-：*adj.* 鼓舞する。高揚した。高い。多量の。名高い。勝れた。*f. sg. Nom.*

sā < tad-：それ。*f. sg. Nom.*

sarva ≒ sarvā < sarva-：*adj.* すべての。あらゆる。*f. sg. Nom.* BHS. gram. 9-8.

śrūyati < śrūya- < √śru- (5) + -ya：*Pass.* 聞かれる。*3, sg. P.*

ito < itas + 有声子音：*adv.* これより。ここから。この世から。ここに。地上に。この故に。（idam- の *n. sg. Abl.*）

gagana-talātaḥ ≒ gagana-talataḥ < gagana-talatas < gagana-tala-：*n.* 蒼穹。「虚空」と漢訳。*sg. Abl.* BHS. gram. 8-50.

gagana-：*m.* 天空。「空」「虚空」と漢訳。

tala-：*m.n.* 表面。平面。（家の）平屋根。

dharmeṇa te jitam idaṃ vara-dharma-rājyaṃ dharmaṃ dhanaṃ ca dadase jagato jitâre / dharma-prabheda-kuśalaṃ paramârtha-darśin dharmêśvaraṃ śirasi vandami dharma-rājam //3// (梵漢和維摩経 *p.* 12, *ll.* 1–4)

あなたは、この最も勝れた法の王国を法によって征服しておられる。そして、敵軍を征服した人であるあなたは、法という財産をすべての生き物に与えられます。最高の真理を教示する人よ、法の分類に熟練し、法において自在な人である法の王〔であるあなた〕に対して、私は、頭に〔両足をおしいただいて〕敬意を表します。（３）

【法王の法力は群生（ぐんじょう）に超え、常に法の財を以（もっ）て一切に施す。能（よ）善く諸法の相を分別して、第一義に於いて動ぜず。已に諸法に於いて自在を得たり、是の故に此の法王に稽首したてまつる。】

（大正蔵、巻一四、五三七頁下）

……………………………………………………………………

dharmeṇa < dharma-：*m.* 確定した秩序。慣例。習慣。法則。規則。義務。宗教。教説。性質。本質。属性。特質。事物。法。*sg. Ins.*

te < tvad-：あなた。*2, sg. Gen.* 過去受動分詞 jitam の動作主を示す属格。

jitam < jita- < √ji- (1) + -ta：*pp.* 征服された。征服した。勝った。*n. sg. Nom.*

idaṃ < idam-：これ。*n. sg. Nom.*

vara-dharma-rājyaṃ < vara-dharma-rājya-：*n.* 最も勝れた法の王国。*sg. Nom.*

vara-：*adj.* 最善の。最も精選された。最も勝れた。最も美しい。「妙」「上妙」「最妙」「第一」「最上」「最勝」などと漢訳。

dharma-：*m.* 確定した秩序。慣例。習慣。法則。規則。義務。宗教。教説。性質。本質。属性。特質。事物。法。

rājya- < √rāj- (1) + -ya：*adj.* 王室の。*n.* ～（処格）に対する主権。～の主権。統治国。王国。領土。

dharmaṃ < dharma-：*m.* 確定した秩序。慣例。習慣。法則。規則。義務。宗教。教説。性質。本質。属性。特質。事物。法。*sg. Acc.*

dhanaṃ < dhana-：*n.* 財産。富。財宝。*sg. Acc.*

ca：*conj.* および。また。しかしながら。そして。～と。なお。

dadase ≒ datse < dad- < √dā- (3)：与える。*Pres. 2, sg. A.* BHS. gram. *p.* 215.

jagato < jagataḥ + 有声子音 < jagat- < jaga- + -t < √gā- (3) + -t：*adj.*（*P.* 現在分詞）動いている。生気ある。生きている。*n.* すべての動くもの。動物。人。世界。この世。「世間」「世界」「衆生」「群生」と漢訳。*m. pl. Acc.*

jitâre ≒ jitâraḥ < jitâra- < jita-āra-：*adj.* 敵軍を征服した。*m. sg. Nom.* BHS. gram. 8-25.

āra-：*n.* 敵軍。

dharma-prabheda-kuśalaṃ < dharma-prabheda-kuśala-：*adj.* 法の分類に熟練している。*m. sg. Acc.*

dharma-：*m.* 確定した秩序。慣例。習慣。法則。規則。義務。宗教。教説。性質。本質。属性。特質。事物。法。

prabheda- < pra-√bhid- (1) + -a：*m.* 断ち割ること。貫通すること。区分。分離。差別。差異。種。類。「差別」「分類」と漢訳。

pra-√bhid- (1)：裂く。割る。貫く。分解する。分解する。識別する。区別する。

kuśala-：*adj.* 善き。正しき。有益な。～に熟練した。老練なる。経験ある。*n.* 好条件。幸福。繁栄。有益。

paramârtha-darśin < paramârtha-darśin-：*adj.* 最高の真理を教示する。*m. sg. Voc.*

paramârtha- < parama-artha-：*m.* 最高の真理。「勝義」「最勝義」「第一義」「真諦」「勝義諦」と漢訳。

parama-：*最上級,* 最高の。主な。第一位の。至高の。最善の。

artha-：*m.* 意味。仕事。利。利得。利益。財産。「義」「道理」と漢訳。

darśin- < √dṛś- (1) + -in：*adj.* 見る。注意する。見なす。～に見える。示す。教える。

dharmêśvaraṃ < dharmêśvara- < dharma-īśvara-：*m.* 法において自在である。*sg. Acc.*
　　īśvara-：*adj.* ～（処格）し得る。～する能力がある。～が自在である。*m.* ～（属格、処格）の所有者。支配者。主。王。「自在」「主宰」「自在天」と漢訳。
śirasi < śiras-：*n.* 頭。頂上。峰。*sg. Loc.*
vandami ≒ vandāmi < vanda- < √vand- (1)：称讃する。讃嘆する。恭しく挨拶する。～（対格）に敬意を表する。*Pres. 1, sg. P.* BHS. gram. 3-31.
dharma-rājam < dharma-rāja-：*m.* 法の王。*sg. Acc.*

na ca nāma asti na ca nâsti giraṃ prabhāṣi hetuṃ pratītya imi saṃbhavi sarva-dharmāḥ /
nâivâtra ātmana ca kāraku vedako vā na ca karmu naśyati śubhaṃ aśubhaṃ ca kiṃcit //4//
（梵漢和維摩経 *p.* 12, *ll.* 5–8）

〔あなたは、次の〕言葉を告げられました。「実に、〔ものごとは、〕存在することもなく、また、存在しないこともない。これらのあらゆるものごと（一切法）は、原因に縁って生ずるのである。ここにおいては、実に自我もなく、行為者も、あるいは知覚者もない。善い行為も、悪しき〔行為〕も決して滅することはない」と。（4）
【法は有ならず、亦無ならず。因縁を以ての故に諸法生ず。我無く、造無く、受者も無し。善悪の業も亦亡びずと説きたまう。】（大正蔵、巻一四、五三七頁下）
………………………………………………………………………

na ca nāma asti：実に存在しない。
　　na：*ind.* ～でない。～にあらず。
　　ca：*conj.* および。また。しかしながら。そして。～と。なお。
　　nāma：*adv.* ～という名前の。実に。確かに。もちろん。おそらく。そもそも。
　　これは、次の名詞として、主語であるとも考えられるが、以下に sarvadharmāḥ が生ずるとあるので、それを主語と考えたほうがいいであろう。
　　nāma < nāman-：*n.* 名前。標識。性質。*sg. Nom.*
　　asti < as- < √as- (2)：ある。*Pres. 3, sg. P.*
na ca nâsti：存在しないのでもない。
　　na：*ind.* ～でない。～にあらず。
　　ca：*conj.* および。また。しかしながら。そして。～と。なお。
　　nâsti < na + asti
　　asti < as- < √as- (2)：ある。*Pres. 3, sg. P.*
giraṃ ≒ girāṃ < girā- ≒ gir-：*f.* 呼ぶ声。語。声。言語。言辞。称讃。讃歌。*sg. Acc.*
　　girā- はパーリ語で、サンスクリットでは gir-という。cf.「パーリ語辞典」*p.* 100; BHS. dic. *p.* 211.
prabhāṣi ≒ prabhāṣeḥ < prabhāṣa- < pra-√bhāṣ- (1)：宣言する。告げる。言明する。言う。話す。説明する。*Opt. 2, sg. P.* BHS. gram. *p.* 223; 29-11.
hetuṃ < hetu-：*m.* 理由。原因。因。*sg. Acc.*
pratītya < prati-√i- (2) + -tya：*ind.* (*Ger.*) ～に縁って。～の理由によって。～に関して。～の故に。
imi ≒ ime < idam-：これ。*m. pl. Nom.* BHS. gram. 21-85.
saṃbhavi ≒ ??? < saṃbhava- < sam-√bhū- (1)：～と会合する。～と出会う。～と合体する。集合する。起こる。生じる。*Aor. 3, pl. P.* BHS. gram. 32-17; *p.* 223 には願望法として挙げてある。
sarva-dharmāḥ < sarva-dharma-：*m.* あらゆる存在。あらゆるものごと。「一切法」「諸法」と漢訳。*pl. Nom.*
nâivâtra < na + eva + atra
　　na：*ind.* ～でない。～にあらず。
　　eva：*adv.* さように。このように。まさに。実に。ただ。全くこのように。
　　atra：*adv.* ここ。かしこ。この場合に。この点について。その際。その時。

ātmana ≒ ātmā < ātman-：*m.* 気息。霊魂。自身。本質。本性。我。*sg. Nom.* BHS. gram. 17-25.
ca：*conj.* および。また。しかしながら。そして。〜と。なお。
kāraku ≒ kārakaḥ < kāraka- < √kṛ- (8) + -aka：*adj.* 〜をなす。作る。生ずる。*m.* 作者。製作者。
行為者。「作者」「能作者」と漢訳。*sg. Nom.* BHS. gram. 8-20.
vedako < vedakaḥ + 有声子音 < vedaka- < √vid- (1) + -aka：*adj.* 知らしめる。意識させる。「受者」
「知者」「覚者」「明了者」と漢訳。*m. sg. Nom.*
vā：*ind.* 〜か。または。たとえ〜であっても。
na：*ind.* 〜でない。〜にあらず。
ca：*conj.* および。また。しかしながら。そして。〜と。なお。
karmu ≒ karma < karman-：*n.* 行為。「業」と漢訳。*sg. Nom.*
BHS. gram. には an 語幹の男性名詞の場合を挙げるのみで、an 語幹の中性名詞の場合についての言及なし。ここは、中性・単数・主格であるべき。
naśyati < naśya- < √naś- (4)：失われる。滅する。没する。消える。去る。逃げる。「壊滅」「破壊」
と漢訳。*Pres. 3, sg. P.*
śubhaṃ < śubha- < √śubh- (1) + -a：*adj.* 美麗な。美しい。有能な。正しい。幸運な。純粋な。「浄」
「清浄」と漢訳。*n. sg. Nom.*
aśubhaṃ < aśubha- < a-śubha-：*adj.* 醜い。厭うべき。悪しき。不快な。不正な。不純な。*n. sg. Nom.*
ca：*conj.* および。また。しかしながら。そして。〜と。なお。
kiṃcit < kim-cit-：だれか。だれかある人。何か。何かあるもの。*n. sg. Nom.*
na kiṃ-cit-：決して〜ない。

> māras tvayâstu vijitas sabalā munîndra[31] prāptā śivā amṛta-śānta-varâgra-bodhiḥ /
> yasminn avedita na citta-manaḥ-pracārā sarva-kutīrthika-gaṇāś ca na yānti gāham // 5 //
> (梵漢和維摩経 *p.* 12, *ll.* 9–12)

力のある賢者の中の王よ、あなたは、悪魔を打ち負かして遺棄し、至福で、甘露のように和らいでいる最も勝れた最高の覚りを獲得された。そこにおいて、〔あなたは〕感受することもなく、心と意が彷徨い出づることもない。そして、あらゆる〔仏教以外を信仰する〕悪しき外道たちの群衆は、〔その〕深淵に到達することはないのである。（5）
【始め仏樹に在(いま)して、力もて魔を降(くだ)し、甘露(かんろ)の滅を得て覚道を成じ、已に心意無く、受行無くして、而も悉く諸の外道を摧伏(さいふく)したもう。】（大正蔵、巻一四、五三七頁下）
………………………………………………………………

māras < māraḥ + (t) < māra- < √mṛ- (1) + -a：*m.* 死。殺害。誘惑者。悪魔。「障」「悪者」と漢訳。
「悪魔」「邪魔」「魔」「摩羅」と音写。*sg. Nom.*
tvayâstu < tvayā + astu
tvayā < tvad-：あなた。*2, sg. Ins.*
astu ≒ astaḥ < asta- < √as- (4) + -ta：*pp.* 投げられた。射られた。放棄された。遺棄された。*m. sg. Nom.* BHS. gram. 8-20.
vijitas ≒ vijitaḥ < vijita- < vi-√ji- (1) + -ta：*pp.* 征服された。打ち勝った。打ち負かせた。獲得された。*m. sg. Nom.* BHS. gram. 16-12.
sabalā ≒ sabala < sabala- < sa-bala-：*adj.* 力のある。勢力のある。*m. sg. Voc.* BHS. gram. 8-27.
munîndra < munîndra- < muni-indra-：*m.* 大賢。賢者の中の王。*sg. Voc.*
muni-：*m.* 賢人。「仙人」「尊」と漢訳。「牟尼」と音写。
indra-：*m* インドラ神。〜の王。「帝釈天」「王」「主」「帝」「帝王」と漢訳。
prāptā < prāptā- < prāpta- < pra-√āp- (5) + -ta：*pp.* 達せられた。獲得された。*f. sg. Nom.*
śivā < śivā- < śiva-：*adj.* 親切な。好意のある。吉祥な。繁栄する。幸福な。*n.* 繁栄。安寧。至福。
f. sg. Nom.
amṛta-śānta-varâgra-bodhiḥ < amṛta-śānta-vara-agra-bodhi-：*f.* 甘露のように和らいでいる最も勝

れた最高の覚り。*sg. Nom.*

amṛta- < a- + √mṛ- (1) + -ta：*pp.* 死なない。死んでいない。不死の。不滅の。「不死」「甘露」と漢訳。

mṛta- < √mṛ- (1) + -ta：*pp.* 死んだ。去った。

śānta- < √śam-(4) + -ta：*pp.* なだめられた。平静にされた。静穏な。和らいだ。

vara-：*adj.* 最善の。最も精選された。最も勝れた。最も美しい。「妙」「上妙」「最妙」「第一」「最上」「最勝」などと漢訳。

agra-：*adj.* 尖端の。頂点の。*n.* 前部。始め。点。尖端。頂点。「最上」「最極」「最勝」などと漢訳。

bodhi- < √budh- (1) + -i：*f.* 覚り。「菩提」と漢訳。

yasminn < yasmin + 母音 < yad-：*関係代名詞, m.n. sg. Loc.*

avedita ≒ aveditaḥ < avedita- < a-vedita-：*adj.* 感受されない。*m. sg. Nom.* BHS. gram. 8-22.

vedita- < vedaya- + -ta < √vid- (1) + -aya + -ta：*Caus. pp.* 知らせられた。伝えられた。宣言された。通知された。告げられた。説かれた。*n.* 感覚。感受。「受」「境」と漢訳。

na：*ind.* ～でない。～にあらず。

citta-manaḥ-pracārā ≒ citta-manaḥ-pracāraḥ < citta-manas-pracāra-：*adj.* 心と意が彷徨い出づる。*m. sg. Nom.* BHS. gram. 8-24.

citta-：*n.* 心。思考。意思。知性。理性。「質多」と音写。

manas- < √man- (1) + -as：*n.* 心。理解力。知力。精神。心情。思考。「意」と漢訳。

pracāra- < pra-√car- (1) + -a：*m.* 散歩。歩き回ること。～を追求すること。姿を現わすこと。明示。出現。

pra-√car- (1)：出る。起こる。現われる。彷徨する。

sarva-kutīrthika-gaṇāś < sarva-kutīrthika-gaṇāḥ + (c) < sarva-kutīrthika-gaṇa-：*m.* あらゆる〔仏教以外を信仰する〕悪しき外道たちの群衆。*pl. Nom.*

sarva-：*adj.* すべての。

kutīrthika- < ku-tīrthika- = ku-tīrthaka-：*m.* 〔仏教以外を信仰する〕悪しき外道。

ku-：*pref.* 悪しき。無意義の。

tīrthika-：*m.* 自宗以外の宗旨を信仰する者。「外道」と漢訳。

gaṇa-：*m.* 群衆。大衆。社会。連合。集団。

ca：*conj.* および。また。しかしながら。そして。～と。なお。

na：*ind.* ～でない。～にあらず。

yānti < yā- < √yā- (2)：動く。行く。歩く。赴く。出立する。～に至る。到達する。*Pres. 3, pl. P.*

gāham < gāha- < √gāh- (1) + -a：*m.* 深み。内部。奥深い幽処。*sg. Acc.*

√gāh- (1)：飛び込む。潜る。沐浴する。

> cakraṃ ca te tri-parivarti bahu-prakāraṃ prāvartitaṃ praśamanaṃ prakṛtī-viśuddham /
> pratyakṣa deva-manujâdbhuta-dharma-rājā ratnāni trīṇi upadarśita tatra kāle // 6 //
> (梵漢和維摩経 *p.* 12, *ll.* 13–16)

そして、あなたは、静穏で本性が清浄である多くの種類の〔真理の〕車輪（法輪）を、三たびにわたって回転させられました。その時、神々や人間たちが驚嘆すべき法の王は、〔仏・法・僧の〕三つの宝を明瞭に示されました。（6）

【三たび法輪を大千に転じ、其の輪は本来、常に清浄なり。天と人とは道を得て、此れを証と為し、三宝是に於いて世間に現ず。】（大正蔵、巻一四、五三七頁下）

………………………………………………………………………

cakraṃ < cakra-：*n.* 車輪。ろくろ。円盤。*sg. Nom.*

ca：*conj.* および。また。しかしながら。そして。～と。なお。

te < tvad-：あなた。*2, sg. Gen.* 過去受動分詞 prāvartitaṃの動作主を示す属格。

tri-parivarti < tri-parivartin- < tri-parivarta- + -in：*adj.* 三たび回転する。*n. sg. Nom.*
　tri-parivarta-：*m.* 三度の回転。「三転」と漢訳。
　parivarta- < pari-√vṛt- (1) + -a：*m.* 回転。変化。場所。（書物の）章。
bahu-prakāraṃ < bahu-prakāra-：*adj.* 多くの種類の。*n. sg. Nom.*
　bahu-：*adj.* 多くの。
　prakāra- < pra-kāra-：*m.* 種。類。族。方法。手段。「種」「類」「品」「品類」「種類」と漢訳。
prāvartitaṃ < prāvartita- < prāvartaya- + -ta < pra-ā-√vṛt- (1) + -aya + -ta：*Caus. pp.* 回転させられた。*n. sg. Nom.*
praśamanaṃ < praśamana- < pra-√śam- (4) + -ana：*adj.* 静穏にする。平静にする。鎮める。*n.* 静穏にすること。鎮定。緩和。癒すこと。*n. sg. Nom.*
prakṛtī-viśuddham ≒ prakṛti-viśuddham < prakṛti-viśuddha-：*adj.* 本性が清らかである。「本性浄」と漢訳。*n. sg. Nom.*
　prakṛti-：*f.* 本来の状態。自然の状態。性質。自然。（自然の）始原的構成要素。
　viśuddha- < vi-√śudh- (4) + -ta：*pp.* 清浄にされた。清らかな。
　√śudh- はⅠ類だが、vi-√śudh- はⅣ類の動詞であることに注意。
pratyakṣa ≒ pratyakṣam < praty-akṣa- < prati-akṣa-：*adj.* 眼前にある。一目瞭然の。見える。明瞭な。明白な。顕著な。直接の。「現」「現前」「現証」と漢訳。*n. sg. Acc.* BHS. gram. 8-31. 対格の副詞的用法。
deva-manujâdbhuta-dharma-rājā ≒ deva-manujâdbhuta-dharma-rājaiḥ < deva-manuja-adbhuta-dharma-rāja-：*adj.* 神々や人間たちが驚嘆すべき法の王。*m. sg. Ins.* BHS. gram. 8-42.
　deva- < √div- (4) + -a：*m.* 神。「天」と漢訳。
　manuja- < manu-ja-：*adj.* マヌより生まれた。人。人間。
　adbhuta-：*adj.* 稀有な。驚嘆すべき。奇特な。「未曾有」と漢訳。
　dharma-rāja-：*m.* 法の王。
ratnāni < ratna-：*n.* 宝石。財宝。*pl. Nom.*
trīṇi < tri-：*基数詞,* 三。*n. pl. Nom.*
upadarśita ≒ upadarśitāni < upadarśita- < upadarśaya- + -ta < upa-√dṛś- (1) -aya + -ta：*Caus. pp.* 現わされた。示された。知覚された。「顕示」と漢訳。*n. pl. Nom.* BHS. gram. 8-101.
tatra：*adv.* そこに。そこへ。かしこに。その時に。その場合に。
kāle < kāla-：*m.* 正しい時。時。機会。時間。*sg. Loc.*

> ye tubhya dharma-ratanena vinīta samyak teṣām akalpana punaḥ satate[32] praśāntā /
> vaidyôttamaṃ maraṇa-jāti-jarânta-kāriṃ[33] śirasā nato 'smi guṇa-sāgaram aprameyam // 7 //
> （梵漢和維摩経 *p.* 12, *ll.* 17–20）

あなたが、宝石のように輝かしい法によって正しく導かれるところの人たち、それらの人たちは、〔妄りに〕分別することなく、さらには常に〔心が〕静穏になりました。死と生と老〔と病の四つの苦しみ〕を終わりになす医者の中で最上の人であり、大海のように無量の徳質を持つ〔あなた〕に、私は〔あなたの両足を〕頭〔におしいただくこと〕によって敬礼いたします。（7）
【斯の妙法を以て群生を済う。一たび受けて退かず、常に寂然たり。老病死を度す大医王よ、当に法海、徳の無辺なるに礼すべし。】（大正蔵、巻一四、五三七頁下）

ye < yad-：*関係代名詞, m. pl. Nom.*
tubhya ≒ tubhyam < tvad-：あなた。*2, sg. Gen.* BHS. gram. 20-63.
　過去受動分詞 vinīta（≒ vinītāḥ）の動作主を示す属格。
dharma-ratanena < dharma-ratana- ≒ dharma-ratna-：*n.* 宝石のように輝かしい法。*sg. Ins.*
　dharma-：*m.* 確定した秩序。慣例。習慣。法則。規則。義務。宗教。教説。性質。本質。属性。特質。事物。法。

ratana- ≒ ratna-：*n.* 宝石。財宝。BHS. gram. 3-7, 3-99.

vinīta ≒ vinītāḥ < vinīta- < vi-√nī- (1) + -ta :*pp.* 案内された。教育された。*m. pl. Nom.* BHS. gram. 8-79.

vi-√nī- (1)：案内する。教育する。「開化」「教化」「教導」と漢訳。

√nī- (1)：指導する。案内する。導く。～（為格・処格）へ導く

samyak：*adv.* 正しく。正確に。真に。適当に。完全に。

teṣām < tad-：それ。*m. pl. Gen.*

過去受動分詞 praśāntā（≒ praśāntam）の動作主を示す属格。

akalpana ≒ akalpanam < akalpana- < a-kalpana-：*adj.*「離分別」と漢訳。*n. sg. Acc.* BHS. gram. 8-31.

kalpana-：*n.* 案出すること。詩の構想。切断。「想」「能分別」と漢訳。

punaḥ < punaḥ + (s) < punar：*adv.* 再び。新たに。さらに。なお。しかしながら。

satate < satata- < sa-tata-：*adj.* 継続されている。絶えざる。不断の。「常」「恒」「無間」と漢訳。*n. sg. Loc.*

処格は、情況や時を示す副詞の働きをする。

praśāntā ≒ praśāntam < praśānta- < pra-√śam- (4) + -ta：*pp.* 静穏になった。消滅した。和らいだ。やんだ。消え失せた。*n. sg. Nom.* BHS. gram. 8-38.

過去受動分詞の中性単数を用いた非人称の用法。

vaidyôttamaṃ < vaidya-uttama-：*adj.* 医者の中で最上である。*m. sg. Acc.*

vaidya-：*m.* 医学に熟達した者。医者。

uttama- < ud-tama-：*最上級,* 最上の。

maraṇa-jāti-jarânta-kāriṃ < maraṇa-jāti-jarā-anta-kārin-：*adj.* 死と生と老〔と病の四苦〕を終わりになす。*m. sg. Acc.* BHS. gram. 10-43.

maraṇa- < √mṛ- (1) + -ana：*n.* 死ぬこと。死。命終。

jāti- < √jan- (1) + -ti：*f.* 誕生。出生。生まれ。

jarā- < √jṝ- (1) + -ā：*f.* 消耗すること。年老いること。老齢。

anta-kārin-：*adj.* 終わりになす。

kārin-：*adj.* ～をなす。

śirasā < śiras-：*n.* 頭。頂上。峰。*sg. Ins.*

nato 'smi < nataḥ + asmi

nataḥ < nata- < √nam- (1) + -ta：*pp.* 屈した。曲がった。ゆがんだ。～（対格、属格）にお辞儀した。*m. sg. Nom.*

asmi < as- < √as- (2)：ある。*Pres. 1, sg. P.*

guṇa-sāgaram < guṇa-sāgara-：*adj.* 大海のような徳質を持つ。*m. sg. Acc.*

guṇa-：*m.* 種類。構成。従属的要素。固有性。属性。善性。徳。

sāgara-：*m.* 大海。海。「娑揭羅」「娑伽羅」と音写。

aprameyam < a-prameya- < a- + pra-√mā (2) + -ya：*未受分,* 量るべきでない。無量の。無限の。「無量」「無辺」「不可量」と漢訳。*m. sg. Acc.*

satkāra-satkṛta na vedhasi meru-kalpa duḥśīla-śīlavati tulya-gatâdhi-maitrī /
gagana-prakāśa-manase samatā-vihārī ko nāma sattva-ratanesmi[34] na kuryu pūjām // 8 //
（梵漢和維摩経 *p.* 12, *ll.* 21–24）

〔あなたは、〕メール山（須弥山）のよう〔に不動〕であって優遇や歓待によっても動揺することはありません。破戒の者と持戒の者に対しても平等で憂いのない慈しみの心を持ち、天空のように輝かしい心を持ち、平等であることを楽しんでいる宝石のような人〔であるあなた〕に対して、いったいだれが尊敬しないことがありましょうか。（8）

【毀誉（きよ）に動ぜざること須弥の如く、善と不善とに於いて等しく慈しみを以（もっ）てす。心行の平等なること虚（こ）

空の如く、孰か人宝を聞きて敬承せざらん。今、世尊に此の微蓋を奉る。中に於いて我が三千界と諸天・龍神の居る所の宮と、乾闥婆等及び夜叉とを現ず。悉く世間の諸の所有を見て、十力、哀れみて是の化変を現じ、衆は希有なるを覩て、皆、仏を歎ず。今、我れ三界の尊に稽首したてまつる[35]。】

（大正蔵、巻一四、五三七頁下）

…………………………………………………………………………

satkāra-satkṛta ≒ satkāra-satkṛtena < satkāra-satkṛta-：*n.* 優遇や歓待。*sg. Ins.* BHS. gram. 8-43.

satkāra- < sat-√kṛ- (8) + -a：*m.* 親切な待遇。優遇。（王の）称讃。好意。

satkṛta- < sat-√kṛ- (8) + -ta：*pp.* 尊敬された。優遇された。*n.* 名誉ある歓待。

sat-√kṛ- (8)：整理する。準備する。飾る。装飾する。尊重する。優遇を受ける。優遇する。

na：*ind.* ～でない。～にあらず。

vedhasi ≒ vyadhasi < vyadha- < √vyadh- (4)：震える。身震いする。おののく。揺れ動く。*Pres. 2, sg. P.* BHS. gram. *p.* 232; BHS. dic. *p.* 514.

meru-kalpa ≒ meru-kalpam < meru-kalpa-：*adj.* メール山のような。*m.*「須弥相」と音写。*n. sg. Acc.* BHS. gram. 8-31. 対格の副詞的用法。

meru-：*m.* メール山。「妙高山」と漢訳。「弥楼」「須弥山」と音写。Jambū-dvīpa の中央に有るとされる伝説上の黄金の山の名前。

kalpa-：*adj.* 実行し得る。可能な。～のような。

duḥśīla-śīlavati < duḥśīla-śīlavat-：*adj.* 破戒の者と持戒の者。*n. sg. Loc.*

duḥśīla- < duḥ-śīla-：*adj.* 悪しき習慣／性質を有する。邪悪の。悪い行状の。破戒の。「破戒」「毀戒」「破戒者」と漢訳。

duḥ- < dus-：*pref.* 悪い。誤った。～しにくい。悪く。かろうじて。

śīla-：*n.* 習慣。気質。性向。性格。よい行状。よい習慣。高尚な品性。道徳性。「戒」と漢訳。

śīlavat- < śīla-vat-：*adj.* 戒を持つ。

-vat：*suf.* ～を持つ。所有する。

tulya-gatâdhi-maitrī ≒tulya-gatâdhi-maitriyām < tulya-gatâdhi-maitrī-：*adj.* 平等で憂いのない慈しみの心を持っている。*n. sg. Loc.* BHS. gram.10-68.

tulya- < √tul- (10) + -ya：*adj.* 釣り合う。匹敵する。似ている。等しい。同価値の。「平等」と漢訳。

√tul- (10)：秤にかける。熟考する。～（具格）と比較する。～と同等にする。～（対格）と釣り合わせる。～に匹敵する。

gatâdhi- < gata-ādhi-：*adj.* 憂慮を去った。心配のない。幸福な。

gata-：*adj.* ～（対格、処格）に行った。～に陥った。経過した。～に到達した。～を得た。

ādhi-：*adj.* 思想。懸念。配慮。切望。苦悩。

maitrī-：*f.* 好意。友情。親交。「慈」「慈念」と漢訳。

gagana-prakāśa-manase ≒ gagana-prakāśa-manasi < gagana-prakāśa-manas-：*adj.* 天空のように輝かしい心を持つ。*n. sg. Loc.* BHS. gram.16-8.

gagana- ＝ gagaṇa-：*m.* 天空。「空」「虚空」と漢訳。

prakāśa- < pra-√kāś- (1) + -a：*adj.* 輝く。照らす。明瞭な。見えた。～によって生じた。～（具格）によってよく一般に知られた。～のように見える。「光」「明」「照」「如」「猶」「猶如」と漢訳。

pra-√kāś- (1)：現われる。明らかになる。輝く。

manas- < √man- (1) + -as：*n.* 心。理解力。精神。思想。熟慮。思考。

samatā-vihārī ≒ samatā-vihārinini < samatā-vihārin-：*adj.* 平等であることを楽しんでいる。*n. sg. Loc.* BHS. gram. 10-68.

samatā- < sama- + -tā：*f.* ～（具格、属格）との平等性・同一性。平等であること。公平であること。

vihārin- < vi-√hṛ- (1) + -in：*adj.* ～を歩き回る。動き回る。～（処格）まで広がった。～に

依存する。～を楽しんでいる。～を享受する。～を喜ぶ。「住」「居」「安住」と漢訳。
ko < kaḥ + 有声子音 < kim-：*疑問代名詞,* だれ。何。どんな。どれ。*m. sg. Nom.*
nāma：*adv.* ～という名前の。実に。確かに。もちろん。おそらく。そもそも。
kiṃ nāma：いったいどうして。いったいどのような。
sattva-ratanesmi ≒ sattva-ratane < sattva-ratana-：*n.* 宝石のような人。*sg. Loc.* BHS. gram. 8-70.
sattva-：*m.* 「衆生」「有情」と漢訳。
ratana- ≒ ratna-：*n.* 宝石。財宝。BHS. gram. 3-7, 3-99.
na：*ind.* ～でない。～にあらず。
kuryu ≒ kuryāt < kur- < √kṛ- (8)：なす。作る。*Opt. 3, sg. P.* BHS. gram. には、願望法の kurya を挙げているが、このケースは挙げていない。
√kṛ- (8) の現在・弱語幹は、kuru- であるが、m, v, y で始まる語尾が付くときには kur- となる。cf.「基礎」*p.* 318.
pūjām < pūjā-：*f.* 尊敬。敬意。崇拝。供養。*sg. Acc.*

samāgatā te janatā mahā-mune mukhaṃ udīkṣanti prasanna-mānasā /
sarve ca paśyanti jinaṃ purastāj jinasya āveṇika-buddha-lakṣaṇam // 9 //
(梵漢和維摩経 *p.* 14, *ll.* 1–4)

偉大なる聖者よ、〔ここに〕集合した人々は、澄み切った心をもって、あなたの顔を仰ぎ見ています。しかも、すべて〔の人々〕は、〔自分たちの〕面前で、勝利者を見ています。勝利者〔であるあなた〕には、他のものにはないブッダ〔に特有〕の特徴が具わっています[36]。（9）
【大聖法王は、衆の帰する所なり。浄心もて、仏を観じて欣(よろこ)ばざるは靡(な)し。各、世尊の其の前に在すを見る。斯(こ)れ則ち神力不共(ふぐう)の法なり。】（大正蔵、巻一四、五三七頁下）
………………………………………………………………………

samāgatā ≒ samāgatāḥ < samāgatā- < samāgata- < sam-ā-√gam- (1) + -ta：*pp.* ～とともに来た。～（具格）と合同された。～と共に集合した。「来」「来集」「来会」と漢訳。*f. pl. Nom.* BHS. gram.9-82.
te < tvad-：あなた。*2, sg. Gen.*
janatā < janatāḥ + 有声音 < janatā-：*f.* 群集。人々の集まり。社会。人民。「衆」「衆生」「民衆」と漢訳。*pl. Nom.*
mahā-mune < mahā-muni-：*m.* 偉大なる聖者。「大聖」と漢訳。「大牟尼」と音写。*sg. Voc.*
mukhaṃ < mukha-：*n.* 顔。口。*sg. Acc.*
udīkṣanti < udīkṣa- < ud-√īkṣ- (1)：～を仰ぐ。眺める。見守る。待つ。期待する。*Pres. 3, pl. P.*
prasanna-mānasā ≒ prasanna-mānasena < prasanna-mānasa-：*n.* 澄み切った心。平静な心。*sg. Ins.* BHS. gram. 8-42.
prasanna- < pra-√sad- (1) + -na：*pp.* 明瞭な。輝く。明晰な。「浄」「清浄」「澄浄」「浄信」と漢訳。
pra-√sad- (1)：輝く。（心が）静まる。明瞭になる。
√sad- (1)：坐る。
mānasa- < manas- + -a：*adj.* 心に関する。心から生ずる。心の。精神の。意中に抱いた。*n.* 心的機能。心。心臓。
sarve ≒ sarvāḥ < sarvā- < sarva-：*adj.* すべての。*f. pl. Nom.* BHS. Gram. 9-94. 格変化は、cf.「基礎」*p.* 218.
ca：*conj.* および。また。しかしながら。そして。～と。なお。
paśyanti < paśya- < √paś- (4)：見る。見なす。考察する。思量する。*Pres. 3, pl. P.*
jinaṃ < jina-：*m.* 勝利者。仏陀。Jina 教の聖者。「耆那」と音写。*sg. Acc.*
purastāj < purastāt + (j)：*adv.* 前方に。前に。先に。面前で。東方で。東方から。以前に。「現前」

「在前」「於前」「対面」と漢訳。

jinasya < jina-：*m.* 勝利者。仏陀。Jina 教の聖者。「耆那」と音写。*sg. Gen.*

āveṇika-buddha-lakṣaṇam < āveṇika-buddha-lakṣaṇa-：*n.* 他のものにはないブッダの特徴。*sg. Nom.*

āveṇika-：*adj.* 特別の。他と関係のない。独立の。「不共」と漢訳。

buddha- < √budh- (1) + -ta：*pp.* 目覚めた（人）。*m.* ブッダ。「覚者」と漢訳。「仏陀」「仏」と音写。

lakṣaṇa- < √lakṣ- (1) + -ana：*n.* 標章。しるし。記号。特徴。属性。「相」「色相」「相貌」と漢訳。

> ekāṃ ca vācaṃ bhagavān pramuñcase nānā-rutaṃ ca pariṣad vijānati /
> yathā-svakaṃ cârtha vijānate jano jinasya āveṇika-buddha-lakṣaṇam // 10 //
> （梵漢和維摩経 *p.* 14, *ll.* 5–8）

世尊〔であるあなた〕は、〔ただ〕一つの言葉（一音）を発せられます。しかしながら、〔それを聞いた〕聴衆は、〔それを〕種々の〔発せられた〕声として〔各自に〕了解します。また人は、各自〔の能力のまま〕に、意味を理解します。〔このように〕勝利者には、他のものにはないブッダ〔に特有〕の特徴が具わっています[37]。（10）

【仏は一音を以て法を演説したもうに、衆生は類に随いて各、解することを得、皆、『世尊は其の語を同じくしたもう』と謂う。斯れ則ち神力不共の法なり。仏は一音を以て法を演説したもうに、衆生は各各解する所に随いて、普く受行することを得て、其の利を獲。斯れ則ち神力不共の法なり。】

（大正蔵、巻一四、五三八頁上）

………………………………………………………………………

ekāṃ < ekā- < eka-：*基数詞,* 一つ。*f. sg. Acc.*

ca：*conj.* および。また。しかしながら。そして。〜と。なお。

vācaṃ < vāc-：*f.* 言葉。*sg. Acc.* 格変化は、cf.「基礎」*p.* 121.

bhagavān < bhagavat-：*m.* 尊い（人）。「世尊」と漢訳。「婆伽婆」「薄伽梵」と音写。*sg. Nom.*

pramuñcase < pramuñca- < pra-√muc- (6)：〜（奪格）から解放する。緩める。解く。発する。放つ。*Pres. 2, sg. A.*

nānā-rutaṃ < nānā-ruta-：*n.* 種々の音声。*sg. Acc.*

nānā：*adv.* さまざまに。種々に。

ruta- < √ru- (2,4) + -ta：*pp.* 〜の叫びで反響する。*n.* 咆哮。金切り声。叫び。いななき。「音声」「語言」「言説」と漢訳。

√ru- (2,4)：ほえる。うなる。金切り声を発する。声高に叫ぶ。

ca：*conj.* および。また。しかしながら。そして。〜と。なお。

pariṣad < pari-ṣad-：*f.* 集会。聴衆。会議。「衆」「大衆」「衆会」「諸大衆」と漢訳。*sg. Nom.* 格変化については、cf.「基礎」*p.* 119 の agni-math-を参考に。

vijānati ≒ vijānāti < vijānā- < vi-√jñā- (9)：区別する。識別する。了解する。*Pres. 3, sg. P.* BHS. gram. *p.* 213.

yathā-svakaṃ < yathā-svaka- = yathā-sva-：*adj.* 各自の。各人別々の。各独自の方法による。*n. sg. Acc.* 対格の副詞的用法。

yathā：*conj.* あたかも〜であるかのように。

svaka- = sva-：*adj.* 自分の。

cârtha < ca + artha

artha ≒ artham < artha-：*m.* 意味。仕事。利。利得。利益。財産。「義」「道理」と漢訳。*sg. Acc.* BHS. gram. 8-31.

vijānate ≒ vijānāte < vijānā- < vi-√jñā- (9)：区別する。識別する。了解する。*Pres. 3, sg. A.* BHS. gram. *p.* 213.

jano < janaḥ + 有声子音 < jana- < √jan- (1) + -a：*m.* 生物。人。個人。「人」「仁」「男女」「衆」「衆生」「有情」と漢訳。*sg. Nom.*

jinasya < jina-：*m.* 勝利者。仏陀。Jina 教の聖者。「耆那」と音写。*sg. Gen.*

āveṇika-buddha-lakṣaṇam < āveṇika-buddha-lakṣaṇa-：*n.* 他のものにはないブッダの特徴。*sg. Nom.*

jinasya 以下は、属格と主格の名詞文となっている。

ekāya vācāya udīritāya vāsesi eke apare nivedesi[38] /
ākāṅkṣatāṃ kāṅkṣa śamesi nāyako[39] jinasya āveṇika-buddha-lakṣaṇam // 11 //
(梵漢和維摩経 *p.* 14, *ll.* 9–12)

指導者〔であるあなた〕は、語られた一つの言葉によって、ある人たちを輝かせ、他の人たちに告げ知らせ[40]、〔彼らが〕追い求めている疑惑を鎮められます。〔このように、〕勝利者には、他のものにはないブッダの特徴が具わっています。 (11)

【仏は一音を以て法を演説したもうに、或いは恐畏有り、或いは歓喜す。或いは厭離を生じ、或いは疑を断ず。斯れ則ち神力不共の法なり。】 (大正蔵、巻一四、五三八頁上)

……………………………………………………………………

ekāya ≒ ekayā < ekā- < eka-：*基数詞,* 一。*f. sg. Ins.* cf.「パーリ語辞典」*p.* 333.

vācāya ≒ vācayā < vācā- ≒ vāc-：*f.* 言語。声。音。言説。*sg. Ins.*

vācā- はパーリ語であり、vācāya はその *f. sg. Ins.Abl.Dat.Gen.* である。その格変化は cf.「パーリ語辞典」*p.* 333. サンスクリット語の vāc- の格変化は cf.「基礎」*p.* 121.

udīritāya ≒ udīritayā < udīritā- < udīrita- < udīraya- + -ta < ud-√īr- (2) + -aya + -ta：*Caus. pp.* 立ち上がらせられた。奮起させられた。活気付けられた。増進させられた。言わせられた。述べられた。*f. sg. Ins.* cf.「パーリ語辞典」*p.* 333.

vāsesi ≒ vāsayasi < vāsaya- < √vas- (4) + -aya：*Caus.* 輝かせる。*2, sg. P.*

パーリでは使役語幹は、動詞語根に-e, -aya, -pe, -paya, -āpaya をつけて作る。cf.「パーリ語辞典」*p.* 364.

√vas- (4)：明るくなる。輝く。

√vas- (2)：着ける。着る。

√vas- (1)：留まる。休止する。滞在する。

eke ≒ ekān < eka-：*基数詞,* 一。*m. pl. Acc.* cf.「パーリ語辞典」*p.* 347.

eka- の複数形は、「若干の」「いくつかの」を意味する。

apare < apara-：*adj.* 後方の。後の。西方の。他の。*m. pl. Acc.* BHS. gram. 8-95.

nivedesi ≒ nivedayasi < nivedaya- < ni-√vid- (1) + -aya：*Caus.* ～（為格、属格、処格）に知らせる。伝える。告知する。告げる。*2, sg. P.* cf.「パーリ語辞典」*p.* 364.

ni-√vid- (1)：知らせる。～に話す。

ākāṅkṣatāṃ < ākāṅkṣatā- < ākāṅkṣa- + -tā：*f.* 願っていること。*sg. Acc.*

ākāṅkṣatāṃ ≒ ākāṅkṣatīṃ < ākāṅkṣantī- < ākāṅkṣat- < ākāṅkṣa- + -t < ā-√kāṅkṣ- (1) + -t：*現在分詞,* 願っている。探求している。*f. sg. Acc.* BHS. gram. 18-48.

ākāṅkṣa- < ā-√kāṅkṣ- (1) + -a：*adj.* 願う。

ā-√kāṅkṣ- (1)：願う。欲する。探求する。～（対格）を待つ。

kāṅkṣa ≒ kāṅkṣām < kāṅkṣā- < √kāṅkṣ- (1) + -ā：*f.* 欲望。欲求。願望。「疑」「疑惑」「疑悔」「狐疑」「惑」と漢訳。*sg. Acc.* BHS. gram. 9-19.

√kāṅkṣ- (1)：願う。渇望する。希求する。～（対格）を期待する。

śamesi ≒ śamayasi < śamaya- < √śam- (4) + -aya：*Caus.* 鎮める。静穏にする。やわらげる。終える。打ち勝つ。鎮圧する。*2, sg. P.* cf.「パーリ語辞典」*p.* 364.

nāyako < nāyakaḥ + 有声子音 < nāyaka- < √nī- (1) + -aka：*m.* 案内者。指導者。「導師」と漢訳。*sg. Nom.*

√nī- (1)：指導する。案内する。導く。
jinasya < jina-：*m.* 勝利者。仏陀。Jina 教の聖者。「耆那」と音写。*sg. Gen.*
āveṇika-buddha-lakṣaṇam < āveṇika-buddha-lakṣaṇa-：*n.* 他のものにはないブッダの特徴。*sg. Nom.*
jinasya 以下は、属格と主格の名詞文となっている。

> vandāmi tvāṃ daśa-bala satya-vikramaṃ vandāmi tvām abhaya-gataṃ viśāradam /
> dharmeṣu āveṇika-niścayaṃ gataṃ vandāmi tvāṃ sarva-jagat-praṇāyakam //12//
> （梵漢和維摩経 *p.* 14, *ll.* 13–16）

十種の〔智慧の〕力（十力）を具え、真実の勇敢さを持つあなたに、私は敬礼いたします。恐怖心のない状態に達し、畏れることのないあなたに、私は敬礼いたします。〔十八の〕徳性（法）において、他のものにはない〔特徴を具えている〕ことが確実になっていて、あらゆる人々を導く人であるあなたに、私は敬礼いたします。（12）

【十力、大精進あるに稽首したてまつる。已に無所畏を得たまえるに稽首したてまつる。不共の法に住したまえるに稽首したてまつる。一切の大導師に稽首したてまつる。】

（大正蔵、巻一四、五三八頁上）

…………………………………………………………………………

vandāmi < vanda- < √vand- (1)：恭しく挨拶する。～に敬意を表する。*Pres. 1, sg. P.*
tvāṃ < tvam-：あなた。*2, sg. Acc.*
daśa-bala ≒ daśa-balam < daśa-bala-：*adj.* 十の力を持つ。「十力」と漢訳。*m. sg. Acc.* BHS. gram. 8-31.
daśa- < daśan-：*基数詞,* 十。
bala-：*n.* 力。能力。体力。活力。軍隊。
satya-vikramaṃ < satya-vikrama-：*adj.* 真に勇敢な。*m. sg. Acc.*
satya-：*adj.* 実際の。真実の。誠実な。*n.* 真実。「真」「実」「諦」「真諦」と漢訳。
vikrama- < vi-√kram- (1) + -a：*m.* 闊歩。歩行。動作。足取り。歩調。武勇。勇猛。
vandāmi < vanda- < √vand- (1)：恭しく挨拶する。～に敬意を表する。*Pres. 1, sg. P.*
tvām < tvam-：あなた。*2, sg. Acc.*
abhaya-gataṃ < abhaya-gata-：*adj.* 畏れなき状態に達した。*m. sg. Acc.*
abhaya- < a-bhaya-：*adj.* 畏れなき。安全な。確実な。*n.* 無畏。
bhaya-：*n.* ～（奪格、属格）についての恐れ。驚き。恐怖。心配。
～-gata-：*adj.* ～に行った。～の欠如した。～のない。～に到達した。
viśāradam < viśārada- < vi-śārada-：*adj.* ～に経験のある。～に熟練した。上達した。熟知した。「無畏」「無所畏」と漢訳。*m. sg. Acc.*
dharmeṣu < dharma-：*m.* 「法」と漢訳。*pl. Loc.*
āveṇika-niścayaṃ < āveṇika-niścaya-：*adj.* 他のものにはない〔特徴を具えている〕ことが確実である。*m. sg. Acc.*
āveṇika-：*adj.* 特別の。他と関係のない。独立の。「不共」と漢訳。
niścaya- < niś-caya-：*m.* 確認。確信。正確な知識。確実。決定した意見。確定した目的。決定。決心。決断。
gataṃ < gata-：*pp.* ～に行った。～の欠如した。～のない。～に到達した。*m. sg. Acc.*
vandāmi < vanda- < √vand- (1)：恭しく挨拶する。～に敬意を表する。*Pres. 1, sg. P.*
tvāṃ < tvam-：あなた。*2, sg. Acc.*
sarva-jagat-praṇāyakam < sarva-jagat-praṇāyaka-：*m.* あらゆる人々を導く人。*sg. Acc.*
sarva-：*adj.* 一切の。すべての。
jagat- < √gā- (3) + -t：*P. 現在分詞,* 動ける。生気ある。*n.* すべての動くもの。人。世界。大地。「世間」「衆生」「群生」と漢訳。

praṇāyaka- < pra-√nī- (1) + -aka：*m.* （軍隊の）指揮者。「将導」「導師」と漢訳。
pra-√nī- (1)：前へ導く。導く。「啓導」「開化」と漢訳。

vandāmi saṃyojana-bandhana-cchidaṃ vandāmi tvāṃ pāra-gataṃ sthale sthitam /
vandāmi khinnasya janasya tārakaṃ vandāmi saṃsāra-gatāv aniśritam // 13 //
（梵漢和維摩経 *p.* 14, *ll.* 17–20）

〔煩悩と〕結びついた束縛を断ち切っている〔あなた〕に、私は敬礼いたします。〔煩悩の此岸から〕向こう岸に達し、〔菩提の〕大地に立っておられるあなたに、私は敬礼いたします。苦しんでいる人の救済者〔であるあなた〕に、私は敬礼いたします。生存領域の循環（輪廻）という在り方に依存しておられない〔あなた〕に、私は敬礼いたします。（13）

【能(よ)く衆(もろもろ)の結縛を断じたまえるに稽首したてまつる。已に彼岸に到りたまえるに稽首したてまつる。能く諸の世間を度(ど)したまえるに稽首したてまつる。永く生死(しょうじ)の道を離れたまえるに稽首したてまつる。】
（大正蔵、巻一四、五三八頁上）

………………………………………………………………

vandāmi < vanda- < √vand- (1)：恭しく挨拶する。～に敬意を表する。*Pres. 1, sg. P.*
saṃyojana-bandhana-cchidaṃ < saṃyojana-bandhana-chida-：*adj.* 〔煩悩と〕結びついた束縛を断ち切っている。*m. sg. Acc.*
saṃyojana- < saṃ-√yuj- (7) + -ana：*n.* ～（具・処格）と結びつくこと。結合すること。～（属格）の結合。「合」「結」「煩悩」「和合」「結使」と漢訳。
bandhana- < √bandh- (9) + -ana：*adj.* 縛る。魅惑する。*n.* 縛ること。結ぶこと。束縛。綱。縄。「繋縛」「帯」と漢訳。
chida- < √chid- (7) + -a：*adj.* 切る。破壊する。破る。
√chid- (7)：切る。
vandāmi < vanda- < √vand- (1)：恭しく挨拶する。～に敬意を表する。*Pres. 1, sg. P.*
tvāṃ < tvam-：あなた。*2, sg. Acc.*
pāra-gataṃ < pāra-gata-：*adj.* ～（属格）の対岸に達した。無事に渡った。「度」「度彼岸」「到彼岸」「究竟彼岸」と漢訳。*m. sg. Acc.*
sthale < sthala-：*m.* 章。節。*n.* 高地。高み。隆起。大地。陸地。*sg. Loc.*
sthitam < sthita- < √sthā- (1) + -ita：*pp.* 立った。住していた。留まっていた。*m. sg. Acc.*
vandāmi < vanda- < √vand- (1)：恭しく挨拶する。～に敬意を表する。*Pres. 1, sg. P.*
khinnasya < khinna- < √khid- (6) + -na：*pp.* 圧しつけられた。苦しめられた。疲れた。元気のない。不安な。*m. sg. Gen.*
janasya < jana- < √jan- (1) + -a：*m.* 生物。人。個人。「人」「仁」「男女」「衆」「衆生」「有情」と漢訳。*sg. Gen.*
tārakaṃ < tāraka- < √tṝ- (1) + -aka：*adj.* 横切って進む。救う。*m.* 「令脱」「能度者」「救度者」と漢訳。*sg. Acc.*
vandāmi < vanda- < √vand- (1)：恭しく挨拶する。～に敬意を表する。*Pres. 1, sg. P.*
saṃsāra-gatāv < saṃsāra-gatau + 母音 < saṃsāra-gati-：*f.* 生存領域の循環（輪廻）という在り方。*sg. Loc.*
saṃsāra- < sam-√sṛ- (1) + -a：*m.* 生存領域の循環。（生の）不断の連続。現世の生存。「輪廻」と漢訳。
sam-√sṛ- (1)：歩き回る。徘徊する。
√sṛ- (1)：速く走る。流れる。
gati- < √gam- (1) + -ti：*f.* 行くこと。進路。状態。「趣」「所趣」「所帰趣」と漢訳。
aniśritam < aniśrita- < a-niśrita-：*adj.* ～に頼っていない。依存しない。*m. sg. Acc.*
niśrita- < ni-√śri- (1) + -ta：*pp.* ～に頼った。依った。「依」「有依」「依止」「所依」と漢訳。

sattvair samādhāna-gataṃ gatī-gataṃ gatīṣu sarvāsu vimukta-mānasam /
jale-ruhaṃ vā salile na lipyate[41] niṣevitā te muni-padma śūnyatā // 14 //
（梵漢和維摩経 *p.* 14, *ll.* 21–24）

衆生たちとともに〔あなたは〕[42]、深い瞑想に入っていて、すべての生存領域において心の束縛を解き放つことに通達しておられます。水の中に生ずるもの〔である蓮〕が、水の中で汚されることがないように、紅蓮華のように勝れた聖者であるあなたは、空の本性に住しておられます。（14）

【悉く衆生の来去の相を知り、善く諸法に於いて解脱を得。世間に著せざること蓮華の如く、常に善く空寂の行に入る。】（大正蔵、巻一四、五三八頁上）

…………………………………………………………………………

sattvair < sattvaiḥ + 有声音 < sattva-：*m.* 「衆生」「有情」と漢訳。*pl. Ins.*

samādhāna-gataṃ ≒ samādhāna-gataḥ < samādhāna-gata-：*adj.* 深い瞑想に入っている。*m. sg. Nom.* BHS. gram.8-26.

samādhāna- < sam-ā-√dhā- (3) + -ana：*n.* 調整。解決。決定。和解。釈明。論証。精神集中。深い瞑想。専心。

sam-ā-√dhā- (3)：～（処格）に定める。（意を）集中する。祈りに専念する。（思慮を）抱く。～（対格）に専心する。

～-gata-：*adj.* ～に行った。～の中にある。～の欠如した。～のない。～に到達した。

gatī-gataṃ ≒ gatiṃ-gataṃ ≒ gatiṃ-gataḥ < gatiṃ-gata-：*adj.* 理解した。了解した。「通達」「通暁」と漢訳。*m. sg. Nom.* BHS. dic. *p.* 209, BHS. gram. 8-26.

gatīṣu ≒ gatiṣu < gati- < √gam- (1) + -ti：*f.* 行くこと。進路。状態。「趣」「所趣」「所帰趣」と漢訳。*pl. Loc.* BHS. gram. 10-208.

sarvāsu < sarva-：*adj.* すべての。一切の。*f. pl. Loc.*

vimukta-mānasam < vimukta-mānasa-：*adj.* 束縛を解かれた心を持つ。心の束縛が解き放たれている。*n. sg. Acc.*

vimukta- < vi-√muc- (6) + -ta：*pp.* 束縛を解かれた。放たれた。～から釈放された。緩められた。

mānasa- < manas- + -a：*adj.* 心に関する。心から生ずる。心の。精神の。意中に抱いた。*n.* 心的機能。心。心臓。

jale-ruhaṃ < jale-ruha-：*adj.* 水の中に生ずる（もの蓮）。*n. sg. Nom.*

jale- < jala-：*n.* 水。液体。*sg. Loc.*

ruha- < √ruh- (1) + -a：*adj.* ～の中に生ずる。～の上に生長する。

√ruh- (1)：芽を出す。成長する。生ずる。

vā ≒ iva：*adv.* ～のように。～のごとく。いわば。あたかも。BHS. gram. 3-6, 3-27.

salile < salila-：*adj.* 波立つ。流れる。動揺常なき。*n.* 大波。洪水。水。雨。*n. sg. Loc.*

na：*ind.* ～でない。～にあらず。

lipyate < lipya- < √lip- (6) + -ya：*Pass.* 汚される。染められる。*3, sg. A.*

niṣevitā < niṣevitā- < niṣevita- < ni-√sev- (1) + -ita：*pp.* 住した。しばしば通った。仕えた。実践した。「作」「習」「修」「修習」と漢訳。*f. sg. Nom.*

√sev- (1)：近くにいる／留まる／滞在する／住む。～に仕える／奉仕する。～を尊敬する。

te ≒ tvayā < tvad-：あなた。*2, sg. Ins.* BHS. Gram. 20-63.

muni-padma ≒ muni-padmena < muni-padma-：*m.* 紅蓮華のように勝れた聖者。*sg. Ins.* BHS. gram. 8-43.

これは譬喩の同格限定複合語（Karma-dhāraya）。

muni-：*m.* 賢人。霊感を得た人。予言者。隠者。「牟尼」と音写。

padma-：*m.n.* 紅蓮華。「波頭摩」「鉢特摩」「鉢頭摩」と音写。

śūnyatā < śūnyatā- < śūnya-tā-：*f.* 空虚。～の欠如。空。無。「空性」と漢訳。*sg. Nom.*

vibhāvitā[43] sarva-nimitta sarvaśo na te kahiṃcit praṇidhāna vidyate /
acintiyaṃ buddha-mahânubhāvaṃ vande 'ham ākāśa-samaṃ aniśritam //15//
(梵漢和維摩経 *p.* 16, *ll.* 1–4)

〔あなたは、〕あらゆる〔ものごとの〕表面的な特徴（相）を徹底的に観察し〔遠離し〕ておられ、あなたのどこにも決して願い求めるということは見出されません。ブッダの偉大なる威徳は、考えも及ばないものであって、〔なにものにも〕依存することのない虚空に等しい人〔であるあなた〕に私は敬礼いたします。 (15)

【諸法の相に達して罣礙無く、空の如く所依無きに稽首したてまつる。】
（大正蔵、巻一四、五三八頁上）

……………………………………………………………………

vibhāvitā ≒ vibhāvitam < vibhāvita- < vibhāvaya- + -ta < vi-√bhū- (1) + -aya + -ta：*Caus. pp.* 出現させられた。明示された。～がない。～を欠いた。「観」「知」「観察」「離」「遠離」「滅除」「滅尽」と漢訳。*n. sg. Nom.* BHS. gram. 8-38.

vibhāvaya- < vi-√bhū- (1) + -aya：*Caus.* 現われさせる。明示する。開示する。外観を呈する。装う。知覚する。発見する。探知する。考慮する。立証する。確定する。

vi-√bhū- (1)：明白となる。発生する。現われる。～（対格、為格）に匹敵する。～にとって十分である。

sarva-nimitta ≒ sarva-nimittam < sarva-nimitta-：*n.* あらゆる〔ものごとの〕表面的な特徴（相）。*sg. Nom.* BHS. gram. 8-31.

sarva-：*adj.* すべての。

nimitta-：*n.* 目的。目標。記号。象徴。前兆。原因。「相」「瑞相」「相貌」「因」と漢訳。

sarvaśo < sarvaśas + 有声子音 < sarva-śas：*adv.* 全く。完全に。徹底的に。普遍的に。常に。あらゆる点において。

na：*ind.* ～でない。～にあらず。

te < tvad-：あなた。*2, sg. Gen.*

kahiṃcit ≒ kasmiṃś-cit < kiṃ-cid-：*不定代名詞,* 誰かある人。何かあるもの。*m. sg. Loc.* BHS. gram. 21-46.

praṇidhāna ≒ praṇidhānam < praṇidhāna- < pra-ṇi-√dhā- (3) + -ana：*n.* 適用。使用。勉強。勤勉。「熱望」「誓願」と漢訳。*sg. Nom.* BHS. gram. 8-31.

vidyate < vidya- < √vid- (6) + -ya：*Pass.* 見いだされる。存在する。ある。*3, sg. A.*

acintiyaṃ ≒ acintyaṃ < acintya- < a-cintya-：*未受分,* 思議すべからざる。考えるべきでない。*n. sg. Nom.* BHS. gram. 3-103.

cintya- < √cint- (10) + -ya：*未受分,* 考えられるべき。考察すべき。

X類動詞と使役の未来受動分詞は、現在語幹／使役語幹の末尾の -ayaは -yaの前で省かれる。cf.「基礎」*p.* 489.

buddha-mahânubhāvaṃ < buddha-mahā-anubhāva-：*m.* ブッダの偉大なる威徳。*n. sg. Nom.*

buddha- < √budh- (1) + -ta：*pp.* 目覚めた（人）。*m.* ブッダ。「覚者」と漢訳。「仏陀」「仏」と音写。

mahā- < mahat-：*adj.* 大きな。偉大な。豊富な。たくさんの。重要な。卓越した。

anubhāva- < anu-√bhū- (1) + -a：*m.* 享受。力。品位。「勢」「力勢」「神力」「威神」「威神力」「威徳」「威力」と漢訳。

vande 'ham < vande + aham

vande ≒ vandai < vanda- < √vand- (1)：恭しく挨拶する。～に敬意を表する。*Imp. 1, sg. A.*
一人称の命令形は、勧告・願望を意味する。

aham < mad-：私。*1, sg. Nom.*

ākāśa-samaṃ < ākāśa-sama-：*adj.* 虚空に等しい。*m. sg. Acc.*

ākāśa-：*m.n.* 虚空。蒼穹。「虚」「空」「虚空」「空界」と漢訳。

〜-sama-：*adj.* 〜に等しい。同等の。平らな。
aniśritam < aniśrita- < a-niśrita-：*adj.* 〜に頼っていない。依存しない。*m. sg. Acc.*

§11 atha ratnâkaro licchavi-kumāro bhagavantam ābhir gāthābhir abhiṣṭutya bhagavantam etad avocat / imāni bhagavan pañca-mātrāṇi licchavi-kumāra-śatāni sarvāṇy anuttarāyāṃ samyak-saṃbodhau saṃprasthitāni / (梵漢和維摩経 *p.* 16, *ll.* 5–8)

§11 その時、リッチャヴィ族の若者ラトナーカラ（宝積）は、これらの詩句（偈）によって世尊を讃嘆した後、世尊にこのように申し上げた。
「世尊よ、これらの五百人のリッチャヴィ族の若者たちは、すべてこの上ない正しく完全な覚り（阿耨多羅三藐三菩提）へと出で立っています。
【§11 爾の時、長者の子宝積は、此の偈を説き已りて、仏に白して言さく、「世尊よ、是の五百の長者の子は皆、已に阿耨多羅三藐三菩提に心を発し、】 （大正蔵、巻一四、五三八頁上）

………………………………………………………………………………

atha：*adv.* その時。その場合。さて。それ故。しかれば。しかしながら。しかも。
ratnâkaro < ratnâkaraḥ + 有声子音 < ratnâkara- < ratna-ākara-：*m.* 宝石の鉱山。「宝蔵」「宝積」と漢訳。*sg. Nom.*
ākara-：*m.* 鉱山。源。
licchavi-kumāro < licchavi-kumāraḥ + 有声子音 < licchavi-kumāra-：*m.* リッチャヴィ族の若者。「梨車毘童子」と音写。*sg. Nom.*
bhagavantam < bhagavat-：*m.* 尊い（人）。「世尊」と漢訳。「婆伽婆」「薄伽梵」と音写。*sg. Acc.*
ābhir < ābhiḥ + 有声音 < idam-：これ。*f. pl. Ins.*
gāthābhir < gāthābhiḥ + 有声音 < gāthā-：*f.* 詩句。「偈頌」と漢訳。「迦陀」と音写。*pl. Ins.*
abhiṣṭutya < abhi-√stu- (1) + -tya：賞讃する。讃嘆する。*Ger.*
<u>動詞に接頭辞のつく場合、絶対分詞は、-ya をつけるが、語根が短母音で終わるときには-tya をつける。</u>
bhagavantam < bhagavat-：*m.* 尊い（人）。「世尊」と漢訳。「婆伽婆」「薄伽梵」と音写。*sg. Acc.*
etad < etat + 母音 < etad-：これ。*n. sg. Acc.* <u>対格の副詞的用法で「このように」の意味。</u>
avocat < avoca- < a- + va-+ uc- + -a < √vac- (2)：言う。話す。告げる。*重複 Aor. 3, sg. P.*
<u>重複アオリストについては、cf.「基礎」*p.* 334.</u>

………………………………………………………………………………

imāni < idam-：これ。*n. pl. Nom.*
bhagavan < bhagavat-：*m.* 尊い人。「世尊」と漢訳。「婆伽婆」「薄伽梵」と音写。*sg. Voc.*
pañca-mātrāṇi < pañca-mātra-：*n.* 五つの量。*pl. Nom.*
licchavi-kumāra-śatāni < licchavi-kumāra-śata-：*n.* 百人のリッチャヴィ族の若者。*pl. Nom.*
licchavi-kumāra-：*m.* リッチャヴィ族の若者。「梨車毘童子」と音写。
śata-：*基数詞, n.* 百。
sarvāṇy < sarvāṇi + 母音 < sarva-：*adj.* すべての。*n. pl. Nom.*
anuttarāyāṃ < anuttarā- < anuttara- < an-ud-tara-：*比較級,* この上ない。「無上」と漢訳。「阿耨多羅」と音写。*f. sg. Loc.*
samyak-saṃbodhau < samyak-saṃbodhi-：*f.* 正しく完全な覚り。*sg. Loc.*
saṃprasthitāni < saṃprasthita- < sam-pra-√sthā- (1) + -ita：*pp.* 〜に向かって出かけた。出発した。*n. pl. Nom.*

tāni cêmāni buddha-kṣetra-pariśuddhiṃ pariprcchanti katamā bodhi-sattvānāṃ buddha-kṣetra-pariśuddhir iti / (梵漢和維摩経 *p.* 16, *ll.* 8–9)

「しかも、それら〔の若者たち〕は、ブッダの国土の完全な浄化について尋ねています。『菩薩たちに

とって、ブッダの国土の完全な浄化とはどのようなことなのか』と。
【「仏国土の清浄を得ることを聞かんと願えり、】　　　　　　　　（大正蔵、巻一四、五三八頁上）

……………………………………………………………………

tāni < tad-：それ。*n. pl. Nom.*
cêmāni < ca + imāni
　　imāni < idam-：これ。*n. pl. Nom.*
buddha-kṣetra-pariśuddhiṃ < buddhakṣetra-pariśuddhi-：*f.* 仏国土の完全な浄化。*sg. Acc.*
paripṛcchanti < paripṛccha- < pari-√prach- (6)：～（対格）を～（対格、属格）について問う。「問」「諮問」「問訊」と漢訳。*Pres. 3, pl. P.*
katamā < katamā- < katama-：*疑問代名詞,*（多くの中の）だれか。何か。「何」「如何」「何者」「何等」と漢訳。*f. sg. Nom.*
bodhi-sattvānāṃ < bodhi-sattva-：*m.* 覚りを求める人。「菩薩」と音写。*pl. Gen.*
buddha-kṣetra-pariśuddhir < buddha-kṣetra-pariśuddhiḥ + 母音 < buddha-kṣetra-pariśuddhi-：*f.* 仏国土の完全な浄化。*sg. Nom.*
iti：*adv.* ～と。以上のように。「如是」と漢訳。

> tat sādhu bhagavān[44] deśayatu tathāgato 'mīṣāṃ bodhi-sattvānāṃ buddha-kṣetra-pariśuddhim /
> （梵漢和維摩経 *p.* 16, *ll.* 9–10）

「従って、世尊である如来は、それらの菩薩たちにとっての、ブッダの国土の完全な浄化についてどうか説き示してください」
【「唯願わくは、世尊、諸の菩薩の土を浄むるの行を説きたまえ」と。】
（大正蔵、巻一四、五三八頁上）

……………………………………………………………………

tat < tad-：それ。*n. sg. Acc.*
　　代名詞の中性・対格／具格／奪格は、連結助詞として用いられ、「そこで」「従って」「このため」を意味する。
sādhu < sādhu- < √sādh- (1) + -u ：*adj.* まっすぐな。気だてのよい。高貴な有徳な。善良な。*m.* 有徳の人。尊敬すべき人。聖人。聖仙。*n.* よいこと。正しいこと。本当のこと。親切。慈善。*n. sg. Acc.*
bhagavān < bhagavat-：*m.* 尊い（人）。世尊。「婆伽婆」「薄伽梵」と音写。*sg. Nom.*
deśayatu < deśaya- < √diś- (6) + -aya：*Caus.* 示す。導く。説明する。教える。*Impv. 3, sg. P.*
tathāgato 'mīṣāṃ < tathāgataḥ + amīṣāṃ
　　tathāgataḥ < tathāgata-：*m.* 「如来」「如去」と漢訳。「多陀阿伽度」と音写。*sg. Nom.*
　　amīṣāṃ < adas-：それ。その。あれ。あの。*m. pl. Gen.*
bodhi-sattvānāṃ < bodhi-sattva-：*m.* 覚りを求める人。「菩薩」と音写。*pl. Gen.*
buddha-kṣetra-pariśuddhim < buddha-kṣetra-pariśuddhi-：*f.* 仏国土の完全な浄化。*sg. Acc.*
　　buddha-kṣetra-：*n.* ブッダの国土。「仏国土」と漢訳。
　　pariśuddhi- < pari-√śudh- (4) + -ti：*f.* 完全な浄化。「浄」「清浄」「円浄」「厳浄」と漢訳。

> evam ukte bhagavān ratnâkarāya licchavi-kumārāya sādhu-kāram adāt / sādhu sādhu kumāra /
> （梵漢和維摩経 *p.* 16, *ll.* 11–12）

〔ラトナーカラ（宝積）から〕このように言われて、世尊は、リッチャヴィ族の若者ラトナーカラに感嘆の言葉を発された。
「素晴らしいことです。素晴らしいことです。若者よ。
【仏は言まわく、「善きかな、宝積よ、】　　　　　　　　（大正蔵、巻一四、五三八頁上）

……………………………………………………………………

evam：*adv.* このように。
ukte < ukta- < √vac- (2) + -ta：*pp.* 言われた。*n. sg. Loc.*
過去（または未来）受動分詞が非人称的に用いられる時や、evam、tathā などの不変化辞を伴うときは、絶対処格の主語は省略されることがある。cf.「シンタックス」*p.* 102.
その時、過去分詞は中性になる。
bhagavān < bhagavat-：*m.* 尊い（人）。「世尊」と漢訳。「婆伽婆」「薄伽梵」と音写。*sg. Nom.*
ratnâkarāya < ratnâkara- < ratna-ākara-：*m.* 宝石の鉱山。「宝蔵」「宝積」と漢訳。*sg. Dat.*
licchavi-kumārāya < licchavi-kumāra-：*m.* リッチャヴィ族の若者。「梨車毘童子」と音写。*sg. Dat.*
sādhu-kāram < sādhu-kāra-：*m.* sādhu（よろしい、でかした、よくぞやった）という感嘆詞。讃歎の言葉。*sg. Acc.*
adāt < √dā- (3)：与える。贈る。告げる。（祝福を）述べる。（真理を）語る。（言葉を）発する。*root-Aor. 3, sg. P.*

………………………………………………………………………

sādhu：*感嘆詞,* よくやった。でかした。よろしい。「善哉」と漢訳。
sādhu sādhu と繰り返して感嘆詞として使われる。
sādhu- < √sādh- (1) + -u ：*adj.* まっすぐな。気だてのよい。高貴な。有徳な。善良な。*m.* 有徳の人。尊敬すべき人。聖人。聖仙。
√sādh- (1)：目標に達する。目的を達成する。真っ直ぐに導く。完了する。
kumāra < kumāra-：*m.* （初生）児。少年。青年。瞳。*sg. Voc.*

sādhu khalu punas tvaṃ kumāra yas tvaṃ buddha-kṣetra-pariśuddhim ārabhya tathāgataṃ paripṛcchasi /
(梵漢和維摩経 *p.* 16, *ll.* 12–13)

「しかしながら、若者よ、如来にブッダの国土の浄化について尋ねたところのあなた、あなたは、実に素晴らしい。
【「乃(すなわ)ち能(よ)く諸の菩薩の為に、如来に土を浄むるの行を問うとは。】（大正蔵、巻一四、五三八頁上）

………………………………………………………………………

sādhu < sādhu- < √sādh- (1) + -u ：*adj.* まっすぐな。気だてのよい。高貴な有徳な。善良な。*m.* 有徳の人。尊敬すべき人。聖人。聖仙。*n.* よいこと。正しいこと。本当のこと。親切。慈善。*n. sg. Nom.*
√sādh- (1)：目標に達する。目的を達成する。真っ直ぐに導く。完了する。
khalu：*ind.* 実に。確かに。しかも。さて。そこで。
punas：*adv.* 再び。新たに。さらに。なお。しかしながら。
tvaṃ < tvad-：あなた。*2, sg. Nom.*
kumāra < kumāra-：*m.* （初生）児。少年。青年。瞳。*sg. Voc.*
yas < yaḥ + (t) < yad-：*関係代名詞, m. sg. Nom.*
tvaṃ < tvad-：あなた。*2, sg. Nom.*
buddha-kṣetra-pariśuddhim < buddha-kṣetra-pariśuddhi-：*f.* 仏国土の完全な浄化。*sg. Acc.*
ārabhya < ā-√rabh- (1) + -ya：*ind.* (*Ger.*) ～（対格）より始めて。～（対格）以来。～（対格）について。
ā-√rabh- (1)：つかまえる。占有する。達する。
tathāgataṃ < tathāgata-：*m.* 「如来」と漢訳。*sg. Acc.*
paripṛcchasi < paripṛccha- < pari-√prach- (6)：～（対格）を～（対格、属格）について問う。「問」「諮問」「問訊」と漢訳。*Pres. 2, sg. P.*

tena hi kumāra śṛṇu sādhu ca suṣṭhu ca manasikuru /
(梵漢和維摩経 *p.* 16, *ll.* 13–14)

「実にそれゆえに、若者よ、〔あなたは〕明らかによく聞いて、熟慮するがよい。
【「諦かに聴け。諦かに聴きて、善く之を思念せよ。】　　　　（大正蔵、巻一四、五三八頁上）

……………………………………………………………………

tena：*adv.* そこに。そのように。そのゆえに。「如是」「是故」と漢訳。（＜tad-：それ。*n. sg. Ins.*）
hi：*ind.* 真に。確かに。実に。
kumāra < kumāra-：*m.*（初生）児。少年。青年。瞳。*sg. Voc.*
śṛṇu < śṛṇu- < √śru- (5)：聞く。～（具格、奪格、属格）から～（対格）ということを聞く。～（あること：対格、人：属格）に傾聴する。注意する。*Impv. 2, sg. P.*
sādhu < sādhu- < √sādh- (1) + -u：*adj.* まっすぐな。正しい。気だてのよい。高貴な有徳な。善良な。*m.* 有徳の人。尊敬すべき人。聖人。聖仙。*n.* よいこと。正しいこと。本当のこと。親切。慈善。*n. sg. Acc.*
ca：*conj.* および。また。しかしながら。そして。～と。なお。
suṣṭhu：*adv.* 適切に。うまく。甚だしく。「善」「諦」と漢訳。
manasikuru < manasikuru- < manasi-√kṛ- (8)：記憶する。熟慮する。「念」「思念」「憶念」「作念」「思惟」と漢訳。*Impv. 2, sg. P.*
　manas-√kṛ- (8)：決心する。決意する。心を～に固定する。

bhāṣiṣye 'haṃ te yathā bodhi-sattvānāṃ buddha-kṣetra-pariśuddhim ārabhya /
（梵漢和維摩経 *p.* 16, *ll.* 14–15）

「菩薩たちにとってのブッダの国土の浄化について、私は、あなたのために説こう」
【「当に汝が為に説くべし」と。】　　　　（大正蔵、巻一四、五三八頁上）

……………………………………………………………………

bhāṣiṣye 'haṃ < bhāṣiṣye + ahaṃ
　bhāṣiṣye < bhāṣiṣya- < √bhāṣ- (1) + -iṣya：話し掛ける。言う。告げる。*Fut. 1, sg. A.*
　未来形は意図を表わすことがある。cf.「シンタックス」*p.* 90.
　ahaṃ < mad-：私。*1, sg. Nom.*
te < tvad-：あなた。*2, sg. Dat.*
　為格は、「与える」「示す」「語る」などの動詞と用いて、関心や行為の帰属する対象を示す。
yathā：*conj.* ～のように。あたかも～のように。～と（that）。
　ここは、英語の that（～ということ）に相当する用法だが、「～についてということを」とすると、くどくなるので、訳は「～について」ですませた。
bodhi-sattvānāṃ < bodhi-sattva-：*m.* 覚りを求める人。「菩薩」と音写。*pl. Gen.*
buddha-kṣetra-pariśuddhim < buddha-kṣetra-pariśuddhi-：*f.* 仏国土の完全な浄化。*sg. Acc.*
　pariśuddhi- < pari-√śudh- (4) + -ti：*f.* 完全な浄化。「浄」「清浄」「円浄」「厳浄」と漢訳。
ārabhya < ā-√rabh- (1) + -ya：*ind.* (*Ger.*) ～（対格）より始めて。～（対格）以来。～（対格）について。

sādhu bhagavan iti ratnâkaro licchavi-kumāras tāni ca pañca-mātrāṇi licchavi-kumāra-śatāni bhagavataḥ pratyaśrauṣuḥ /
（梵漢和維摩経 *p.* 16, *ll.* 16–17）

「世尊よ、素晴らしいことです」
と〔言って〕、リッチャヴィ族の若者ラトナーカラ（宝積）と、それらの五百人のリッチャヴィ族の若者たちは、世尊に耳を傾けた。
【是に於いて、宝積及び五百の長者の子は教えを受けて聴きぬ。】　　（大正蔵、巻一四、五三八頁上）

……………………………………………………………………

sādhu < sādhu- < √sādh- (1) + -u：*adj.* まっすぐな。気だてのよい。高貴な有徳な。善良な。*m.* 有徳の人。尊敬すべき人。聖人。聖仙。*n.* よいこと。正しいこと。本当のこと。親切。慈善。

n. sg. Nom.
bhagavan < bhagavat-：*m.* 尊い人。「世尊」と漢訳。「婆伽婆」「薄伽梵」と音写。*sg. Voc.*
iti：*adv.* 〜と。以上のように。「如是」と漢訳。
ratnâkaro < ratnâkaraḥ + 有声子音 < ratnâkara- < ratna-ākara-：*m.* 宝石の鉱山。「宝蔵」「宝積」と漢訳。*sg. Nom.*
licchavi-kumāras < licchavi-kumāraḥ + (t) < licchavi-kumāra-：*m.* リッチャヴィ族の若者。「梨車毘童子」と音写。*sg. Nom.*
tāni < tad-：それ。*n. pl. Nom.*
ca：*conj.* および。また。しかしながら。そして。〜と。なお。
pañca-mātrāṇi < pañca-mātra-：*n.* 五つの量。*pl. Nom.*
　pañca- < pañcan-：*基数詞,* 五。
　mātra- < √mā- (2,3) + -tra：*n.* 〜だけの量。量。大きさ。
licchavi-kumāra-śatāni < licchavi-kumāra-śata-：*n.* 百人のリッチャヴィ族の若者。*pl. Nom.*
bhagavataḥ < bhagavataḥ + (p) < bhagavat-：*m.* 尊い（人）。「世尊」と漢訳。*sg. Gen.*
pratyaśrauṣuḥ < prati-aśrauṣuḥ < prati-√śru - (5)：傾聴する。耳を傾ける。*s-Aor. 3, pl. P.*
　prati：*adv.* 〜に対して。反対して。返して。返報として。各の。〜に対して。
　aśrauṣuḥ < √śru - (5)：〜（具格、奪格、属格）から聞く。*s-Aor. 3, pl. P.*

bhagavāṃs teṣām etad avocat //
（梵漢和維摩経 *p.* 16, *l.* 18）

世尊は、それら〔の若者たち〕にこのようにおっしゃられた。
【仏は言(のた)まわく。】　（大正蔵、巻一四、五三八頁上）
……………………………………………………………………

bhagavāṃs < bhagavān + (t) < bhagavat-：*m.* 尊い（人）。「世尊」と漢訳。「婆伽婆」「薄伽梵」と音写。*sg. Nom.*
teṣām < tad-：それ。*m. pl. Gen.*
etad < etat + 母音 < etad-：これ。*n. sg. Acc.* 対格の副詞的用法で「このように」の意味。
avocat < avoca- < a- + va-+ uc- + -a < √vac- (2)：言う。話す。告げる。*重複 Aor. 3, sg. P.*

§12　sattva-kṣetraṃ kula-putra bodhi-sattvasya [buddha-kṣetram /　tat kasya][45] hetoḥ /
（梵漢和維摩経 *p.* 16, *ll.* 19–20）

§12　「良家の息子（善男子）よ、衆生という国土が、菩薩にとってのブッダの国土なのである。それは、どんな理由によってか？。
【§12　「宝積よ、衆生の類は是れ、菩薩の仏土なり。所以(ゆえん)は何(いか)んとなれば、】
（大正蔵、巻一四、五三八頁中）
……………………………………………………………………

sattva-kṣetraṃ < sattva-kṣetra-：*n.* 衆生という国土。*sg. Nom.*
　sattva-：*m.* 「衆生」「有情」と漢訳。
　kṣetra-：*n.* 国土。
kula-putra < kula-putra-：*m.* 良家の息子。「善男子」と漢訳。*sg. Voc.*
　putra-：*m.* 息子。
bodhi-sattvasya < bodhi-sattva-：*m.* 覚りを求める人。「菩提薩埵」「菩薩」と音写。*sg. Gen.*
buddha-kṣetram < buddha-kṣetra-：*n.* 仏の国土。「仏国土」と漢訳。*sg. Nom.*
……………………………………………………………………

tat < tad-：それ。*n. sg. Nom.*
kasya < kim-：*疑問詞,* だれ。何。どんな。どの。*m. sg. Gen.*
hetoḥ < hetu-：*m.* 理由。原因。因。*sg. Gen.*

属格の副詞的用法で、「～の理由によって」「～の原因で」。cf.「基礎」*p.* 497.

yāvantaṃ bodhi-sattvaḥ sattveṣûpacayaṃ karoti tāvad buddha-kṣetraṃ parigṛhṇāti /
(梵漢和維摩経 *p.* 16,*ll.* 20–21)

「衆生〔という国土〕において、菩薩が繁栄をもたらす限り、その限り〔菩薩はそこを〕ブッダの国土と把握するのである。

【「菩薩は所化の衆生に随いて仏土を取る。】　　　　（大正蔵、巻一四、五三八頁上）

…………………………………………………………………………

yāvantaṃ < yāvat-：*関係形容詞*, ～ほど大きい／多くの／長い。*m. sg. Acc.*

yāvat- ～ tāvat- …：～である限り、その限り…。

bodhi-sattvaḥ < bodhi-sattvaḥ + (s) < bodhi-sattva-：*m.* 覚りを求める人。「菩薩」「菩提薩埵」と音写。*sg. Nom.*

sattveṣûpacayaṃ < sattveṣu + upacayaṃ

sattveṣu < sattva-：*m.* 「衆生」「有情」と漢訳。*pl. Loc.*

upacayaṃ < upacaya- < upa-caya- < upa-√ci- (5) + -a：*m.* 集積。量。増加。過剰。清澄。繁栄。*sg. Acc.*

upa-√ci- (5)：積み上げる。集める。蓄積する。増す。強める。

karoti < karo- < √kṛ- (8)：作る。なす。*Pres. 3, sg. P.*

tāvad < tāvat + 有声子音 < tāvat-：*adj.* それほど大きい／多くの／長い。*n. sg. Acc.*

buddha-kṣetraṃ < buddha-kṣetra-：*n.* 仏の国土。「仏国土」と漢訳。*sg. Acc.*

parigṛhṇāti < parigṛhṇā- < pari-√grah- (9)：獲得する。抱く。つかむ。得る。確保する。*Pres. 3, sg. P.*

yādṛśaḥ sattvānāṃ vinayo bhavati tādṛśaṃ buddha-kṣetraṃ parigṛhṇāti /
(梵漢和維摩経 *p.* 16, *ll.* 21–22)

「衆生たちにどのような教導があるのか、それによって〔そこを〕ブッダの国土と把握するのである。

【調伏する所の衆生に随いて仏土を取る】　　　　（大正蔵、巻一四、五三八頁上）

…………………………………………………………………………

yādṛśaḥ < yādṛśa- < yad- + dṛśa-：*adj.* このような種類・性質の。*m. sg. Nom.*

sattvānāṃ < sattva-：*m.* 「衆生」「有情」と漢訳。*pl. Gen.*

vinayo < vinayaḥ + 有声子音 < vinaya- < vi-√nī- (1) + -a：*m.* 指導。訓練。よい態度。礼儀正しさ。「律」と漢訳。「毘尼」「毘奈耶」と音写。*sg. Nom.*

vi-√nī- (1)：案内する。教育する。「教化」「教導」「化」と漢訳。

bhavati < bhava- < √bhū- (1)：なる。～である。*Pres. 3, sg. P.*

tādṛśaṃ < tādṛśa-：*adj.* このような。「如是」と漢訳。*m. sg. Acc.*

buddha-kṣetraṃ < buddha-kṣetra-：*n.* 仏の国土。「仏国土」と漢訳。*sg. Acc.*

parigṛhṇāti < parigṛhṇā- < pari-√grah- (9)：獲得する。抱く。つかむ。得る。確保する。*Pres. 3, sg. P.*

yādṛśena buddha-kṣetrâvatāreṇa sattvā buddha-jñānam avataranti tādṛśaṃ buddha-kṣetraṃ parigṛhṇāti /
(梵漢和維摩経 *p.* 16, *ll.* 22–23)

「どのようなブッダの国土に入ることで、衆生たちは、ブッダの智慧に悟入するのか、それによって〔そこを〕ブッダの国土と把握するのである。

【諸の衆生の応に何れの国を以て仏の智慧に入るべきかに随いて仏土を取る。】
（大正蔵、巻一四、五三八頁上）

……………………………………………………………………

yādṛśena < yādṛśa- < yad- + dṛśa- ： *adj.* このような種類・性質の。*m. sg. Ins.*
buddha-kṣetrâvatāreṇa < buddha-kṣetra-avatāra- ： *m.* ブッダの国土に入ること。*sg. Ins.*
　　avatāra- < ava-tāra- < ava-√tṝ- (1) + -a：*m.* 権化。顕示。（諸神の地上への）降下。「入」「令入」「趣入」と漢訳。
sattvā < sattvāḥ + 有声音 < sattva- ： *m.* 「衆生」「有情」と漢訳。*pl. Nom.*
buddha-jñānam < buddha-jñāna- ： *n.* ブッダの知。*sg. Acc.*
avataranti < avatara- < ava-√tṝ- (1)：～へ下る。化現する。顕現する。赴く。達する。「下来」「入」「能入」「趣入」「悟入」「通達」と漢訳。*Pres. 3, pl. P.*
tādṛśaṃ < tādṛśa- ： *adj.* このような。「如是」と漢訳。*m. sg. Acc.*
buddha-kṣetraṃ < buddha-kṣetra- ： *n.* 仏の国土。「仏国土」と漢訳。*sg. Acc.*
parigṛhṇāti < parigṛhṇā- < pari-√grah- (9)：獲得する。抱く。つかむ。得る。確保する。*Pres. 3, sg. P.*

yādṛśena buddha-kṣetrâvatāreṇa sattvānām āryâkārāṇîndriyāṇy utpadyante tādṛśaṃ buddha-kṣetraṃ parigṛhṇāti /
（梵漢和維摩経 *p.* 18, *ll.* 1–2）

「どのようなブッダの国土に入ることで、衆生たちに高貴な相と能力が生じるのか、それによって〔そこを〕ブッダの国土と把握するのである。
【「諸の衆生の応に何れの国を以(もっ)て菩薩の根を起こすべきかに随いて仏土を取る。】
（大正蔵、巻一四、五三八頁上）

……………………………………………………………………

yādṛśena < yādṛśa- < yad- + dṛśa- ： *adj.* このような種類・性質の。*m. sg. Ins.*
buddha-kṣetrâvatāreṇa < buddha-kṣetra-avatāra- ： *m.* ブッダの国土に入ること。*sg. Ins.*
sattvānām < sattva- ： *m.* 「衆生」「有情」と漢訳。*pl. Gen.*
āryâkārāṇîndriyāṇy < āryâkārāṇi + indriyāṇy
　　āryâkārāṇi < āryâkāra- < ārya-ākāra- ： *adj.* 高貴な姿を持つ。高貴な相の。聖なる。*n. pl. Nom.*
　　ārya- ： *adj.* 高貴な。聖なる。
　　ākāra- ： *m.* 構造。形状。姿。外観。表現。情緒の外に現われた相。「根性」「相貌」「相」「種類」と漢訳。
　　indriyāṇy < indriya- ： *n.* 活力。精力。感官。能力。「根」と漢訳。*pl. Nom.*
utpadyante < utpadya- < ud-√pad- (4)：飛び上がる。上る。生ずる。得られる。～（奪格）から生まれる。～となる。起こる。現われる。始まる。*Pres. 3, pl. A.*
tādṛśaṃ < tādṛśa- ： *adj.* このような。「如是」と漢訳。*m. sg. Acc.*
buddha-kṣetraṃ < buddha-kṣetra- ： *n.* 仏の国土。「仏国土」と漢訳。*sg. Acc.*
parigṛhṇāti < parigṛhṇā- < pari-√grah- (9)：獲得する。抱く。つかむ。得る。確保する。*Pres. 3, sg. P.*

tat kasya hetoḥ /
（梵漢和維摩経 *p.* 16, *ll.* 2）

「それは、どんな理由によってか？。
【「所以(ゆえん)は何(いか)んとなれば、】　　（大正蔵、巻一四、五三八頁上）

……………………………………………………………………

tat < tad- ：それ。*n. sg. Nom.*
kasya < kim- ：*疑問詞,* だれ。何。どんな。どの。*m. sg. Gen.*
hetoḥ < hetu- ： *m.* 理由。原因。因。*sg. Gen.*
　　属格の副詞的用法で、「～の理由によって」「～の原因で」。cf.「基礎」*p.* 497.

sattvârtha-nirjātaṃ hi kula-putra bodhi-sattvānāṃ buddha-kṣetram /
(梵漢和維摩経 *p.* 16, *ll.* 2–3)

「良家の息子よ、実に衆生に利益を生み出すことこそが、菩薩にとってのブッダの国土であるからだ。
【「菩薩の浄国を取るは皆、諸の衆生を饒益せんが為の故なり。】　（大正蔵、巻一四、五三八頁上）

……………………………………………………………………

sattvârtha-nirjātaṃ < sattva-artha-nirjāta-：*adj.* 衆生の利益を生み出す。*n. sg. Nom.*
　sattva-：*m.* 「衆生」「有情」と漢訳。
　artha-：*m.* 意味。仕事。利。利得。利益。財産。「義」「道理」と漢訳。
　nirjāta- < nis-√jan- (1) + -ta：*pp.* 出で来たった。出現した。
hi：*ind.* 真に。確かに。実に。
kula-putra < kula-putra-：*m.* 良家の息子。「善男子」と漢訳。*sg. Voc.*
bodhi-sattvānāṃ < bodhi-sattva-：*m.* 覚りを求める人。「菩薩」と音写。*pl. Gen.*
buddha-kṣetram < buddha-kṣetra-：*n.* 仏の国土。「仏国土」と漢訳。*sg. Nom.*

tad yathā ratnâkara yādṛśam icched ākāśaṃ māpayituṃ tādṛśaṃ māpayeta na câkāśaṃ śakyate māpayituṃ nâpy alaṃkartum /
(梵漢和維摩経 *p.* 18, *ll.* 3–5)

「ラトナーカラ（宝積）よ、それは、あたかも虚空を建立することを願って、そのような〔虚空〕を建立するとしても、〔実際に〕虚空を建立することも、また〔それを〕飾り立てることもできないようなものである。
【譬えば人有りて空地に宮室を造立せんと欲すれば、意に随いて無礙なるも、若し虚空に於いてせば、終に成ずること能わざるが如し。】　（大正蔵、巻一四、五三八頁上）

……………………………………………………………………

tad yathā：それは次の通り。すなわち。例えば。
ratnâkara < ratnâkara- < ratna-ākara-：*m.* 宝石の鉱山。「宝蔵」「宝積」と漢訳。*sg. Voc.*
yādṛśam < yādṛśa- < yad- + dṛśa-：*adj.* このような種類・性質の。*m.n. sg. Acc.*
icched < icchet + 母音 < iccha- < √iṣ- (6)：欲する。願う。希望する。*Opt. 3, sg. P.*
ākāśaṃ < ākāśa-：*m.n.* 虚空。蒼穹。「虚」「空」「虚空」「空界」と漢訳。*sg. Acc.*
māpayituṃ < māpaya- + -itum < √mā- (2,3) + -paya + -itum：*Caus.* *不定詞,* 量らせること。区分すること。建てさせること。建立すること。
tādṛśaṃ < tādṛśa-：*adj.* このような。「如是」と漢訳。*m.n. sg. Acc.*
māpayeta < māpaya- < √mā- (2,3) + -paya：*Caus.* 量らせる。区分する。建てさせる。建立する。*Opt. 3, sg. A.*
na：*ind.* ～でない。～にあらず。
câkāśaṃ < ca + ākāśaṃ
　ākāśaṃ < ākāśa-：*m.n.* 虚空。蒼穹。「虚」「空」「虚空」「空界」と漢訳。*sg. Acc.*
śakyate < śakya- < √śak- (5) + -ya：*Pass.*～（不定詞）が…（具格）によってされることができる。*3, sg. A.*
　不定詞は、√śak- (5)とともに用いて「～できる」を表わす。cf.「シンタックス」*p.* 112.
　不定詞には、受動形はなく、受動の表現には不定詞を支配する動詞のほうを受動形にする。例：tat kartuṃ śakyate / それはなされることができる（それをなすことができる）。cf.「シンタックス」*p.* 112.
māpayituṃ < māpaya- + -itum < √mā- (2,3) + -paya + -itum：*Caus.* *不定詞,* 量らせること。区分すること。建てさせること。建立すること。
nâpy < na + apy
alaṃkartum < alam-√kṛ- (8) + -tum：*不定詞,* 飾ること。

alam-√kṛ- (8)：飾る。「荘厳」「厳飾」と漢訳。

evam eva ratnâkara ākāśa-samān sarva-dharmāñ jñātvā yādṛśam icched bodhi-sattvaḥ sattva-paripākāya buddha-kṣetraṃ māpayituṃ tādṛśaṃ buddha-kṣetraṃ māpayati na ca buddha-kṣetrâ-kāśatā śakyaṃ māpayituṃ nâpy alaṃkartum /

(梵漢和維摩経 *p.* 18, *ll.* 5–8)

「まさにこのように、ラトナーカラ（宝積）よ、あらゆるものごと（諸法）は虚空に等しいと知った上で、衆生を成熟させるために、菩薩は、このようなブッダの国土を建立することを願って、そのような〔願いどおりの〕ブッダの国土を建立するのである。けれども、ブッダの国土が虚空のようであるということは、〔衆生を離れてそれを〕建立することもできないし、また飾り立てることもできないのだ。

【「菩薩も是くの如し。衆生を成就せんが為の故に、仏国を取らんと願う。仏国を取らんと願うは空に於いてには非ざるなり。】　　（大正蔵、巻一四、五三八頁上）

…………………………………………………………………………

evam：*adv.* このように。

eva：*adv.* さように。このように。まさに。実に。ただ。全くこのように。

ratnâkara < ratnâkara- < ratna-ākara-：*m.* 宝石の鉱山。「宝蔵」「宝積」と漢訳。*sg. Voc.*

ākāśa-samān < ākāśa-sama-：*adj.* 虚空に等しい。*m. pl. Acc.*

sarva-dharmāñ < sarva-dharmān + (j) < sarva-dharma-：*m.* あらゆる存在。あらゆるものごと。「一切法」「諸法」と漢訳。*pl. Acc.*

以上の対格は、jñātvā（知る）の“目的語”を示す叙述的対格（Predicative Accusative）である。

jñātvā < √jñā- (9) + -tvā：知る。*Ger.*

yādṛśam < yādṛśa- < yad- + dṛśa-：*adj.* このような種類・性質の。*n. sg. Acc.*

icched < icchet + 有声子音 < iccha- < √iṣ- (6)：欲する。願う。希望する。*Opt. 3, sg. P.*

bodhi-sattvaḥ < bodhisattva-：*m.* 覚りを求める人。「菩薩」と音写。*sg. Nom.*

sattva-paripākāya < sattva-paripāka-：*m.* 衆生の成熟。衆生を成熟させること。*sg. Dat.*

paripāka- < pari-√pac- (1) + -a：*m.* 十分に煮られること。消化。熟すること。成熟。完全。

buddha-kṣetraṃ < buddha-kṣetra-：*n.* 仏の国土。「仏国土」と漢訳。*sg. Acc.*

māpayituṃ < māpaya- + -itum < √mā- (2,3) + -paya + -itum：*Caus.* *不定詞,* 量らせること。区分すること。建てさせること。建立すること。

tādṛśaṃ < tādṛśa-：*adj.* このような。「如是」と漢訳。*n. sg. Acc.*

buddha-kṣetraṃ < buddha-kṣetra-：*n.* 仏の国土。「仏国土」と漢訳。*sg. Acc.*

māpayati < māpaya- < √mā- (2,3) + -paya：*Caus.* 量らせる。区分する。建てさせる。建立する。*3, sg. P.*

na：*ind.* 〜でない。〜にあらず。

ca：*conj.* および。また。しかしながら。そして。〜と。なお。

buddha-kṣetrâkāśatā < buddha-kṣetra-ākāśatā-：*f.* ブッダの国土が虚空のようであること。*sg. Nom.*

ākāśatā- < ākāśa- + -tā：*f.* 虚空であること。

śakyaṃ < śakya- < √śak- (5) + -ya：*未受分,* 可能な。実行できる。*n. sg. Nom.*

未来受動分詞 śakya-は、主語と性・数・格を一致させるか、中性（不変化）の śakyam として主格または具格の行為者名詞とともに用いられる。cf.「シンタックス」*p.* 112.

未来受動分詞の行為者は、具格、または属格で示される。cf.「シンタックス」*p.* 104.

māpayituṃ < māpaya- + -itum < √mā- (2,3) + -paya + -itum：*Caus.* *不定詞,* 量らせること。区分すること。建てさせること。建立すること。

nâpy < na + api

api：*adv.* また。さえも。されど。同様に。

alaṃkartum < alam-√kṛ- (8) + -tum：*不定詞,* 飾ること。

§13 api ca ratnâkarâśaya-kṣetraṃ bodhi-sattvasya buddha-kṣetraṃ tasya bodhi-prāptasyâ-śaṭhā amāyāvinaḥ sattvā buddha-kṣetra upapadyante /

(梵漢和維摩経 *p.* 18, *ll.* 9–11)

§13 「しかしながら、ラトナーカラ（宝積）よ、〔衆生の〕意向という国土が菩薩にとってのブッダの国土なのである。その〔菩薩〕が覚りに達して後、〔その〕ブッダの国土には、狡猾でなく、欺瞞のない衆生たちが生まれてくるのだ。

【§13 「宝積よ、当に知るべし。直心は是れ菩薩の浄土なり。菩薩の成仏する時、諂わざる衆生は其の国に来生す。】 （大正蔵、巻一四、五三八頁上）

……………………………………………………………………

api：*adv.* また。さえも。されど。同様に。

ca：*conj.* および。また。しかしながら。そして。～と。なお。

ratnâkarâśaya-kṣetraṃ < ratnâkara + āśaya-kṣetraṃ

ratnâkara < ratnâkara- < ratna-ākara-：*m.* 宝石の鉱山。「宝蔵」「宝積」と漢訳。*sg. Voc.*

āśaya-kṣetraṃ < āśaya-kṣetra-：*n.* 意向という国土。*sg. Nom.*

āśaya- < ā-√śī- (2) + -a-：*m.* 休息所。場所。考え。意向。思想。「意楽」「楽欲」と漢訳。

bodhi-sattvasya < bodhi-sattva-：*m.* 覚りを求める人。「菩提薩埵」「菩薩」と音写。*sg. Gen.*

buddha-kṣetraṃ < buddha-kṣetra-：*n.* 仏の国土。「仏国土」と漢訳。*sg. Nom.*

tasya < tad-：それ。*m. sg. Gen.*

bodhi-prāptasyâśaṭhā < bodhi-prāptasya + aśaṭhā

bodhi-prāptasya < bodhi-prāpta-：*pp.* 覚りに達した。*m. sg. Gen.*

以上の二つの属格は、絶対節をなしている。

bodhi- < √budh- (1) + -i：*m.f.* 覚り。「菩提」と音写。

prāpta- < pra-√āp- (5) + -ta：*pp.* 到達せられたる。獲得せられたる。～の心になった。

aśaṭhā < aśaṭhāḥ + 有声音 < aśaṭha- < a-śaṭha-：*adj.* 偽りのない。狡猾でない。信ずべき。「無諂」「不詐諂」「無諂曲」と漢訳。*m. pl. Nom.*

śaṭha-：*adj.* 虚偽の。詐欺の。不信義の。悪意のある。*m.* 悪漢。ペテン師。

amāyāvinaḥ < amāyāvinaḥ + (s) < amāyāvin- < a-māyāvin-：*adj.* 幻術を用いない。欺瞞のない。「無奸」と漢訳。*m. pl. Nom.*

māyāvin- < māyā- + -vin：*adj.* 詐欺的な。悪だくみの多い。偽りの。幻影の。

māyā-：*f.* 術。不可思議の力。策略。計略。狡計。詐欺。手品。妖術。幻影。幻想。

sattvā < sattvāḥ + 有声音 < sattva-：*m.* 「衆生」「有情」と漢訳。*pl. Nom.*

buddha-kṣetra < buddha-kṣetre + a 以外の母音 < buddha-kṣetra-：*n.* 仏の国土。「仏国土」と漢訳。*sg. Loc.*

upapadyante < upapadya- < upa-√pad- (4)：～に来る。～の許へ行く。～に弟子入りする。～に到達する。起こる。生ずる。現われる。「受生」「下生入」と漢訳。*Pres. 3, pl. A.*

adhyāśaya-kṣetraṃ kula-putra bodhi-sattvasya [buddha-kṣetraṃ][46] tasya bodhi-prāptasya sarva-kuśala-saṃbhārôpacitāḥ sattvā buddha-kṣetre saṃbhavanti /

(梵漢和維摩経 *p.* 18, *ll.* 11–13)

「良家の息子よ、高潔な心という国土が菩薩にとってのブッダの国土なのである。その〔菩薩〕が覚りに達して後、〔その〕ブッダの国土には、あらゆる善〔根〕を集め、増大させた衆生たちが生まれてくるのだ。

【「深心は是れ菩薩の浄土なり。菩薩の成仏する時、功徳を具足する衆生は其の国に来生す。】

（大正蔵、巻一四、五三八頁中）

……………………………………………………………………

adhyāśaya-kṣetraṃ < adhyāśaya-kṣetra-：：*n.* 高潔な心という国土。*sg. Nom.*

adhyāśaya- < adhi-āśaya-：*m.* 意向。欲望。願望。傾向。高潔な心。
adhi：*adv.* 上に。上方に。大いに。
āśaya- < ā-√śī- (2) + -a：*m.* 休息所。場所。考え。意向。思想。「意楽」「楽欲」と漢訳。
kula-putra < kula-putra-：*m.* 良家の息子。「善男子」と漢訳。*sg. Voc.*
bodhi-sattvasya < bodhi-sattva-：*m.* 覚りを求める人。「菩提薩埵」「菩薩」と音写。*sg. Gen.*
buddha-kṣetraṃ < buddha-kṣetra-：*n.* 仏の国土。「仏国土」と漢訳。*sg. Nom.*
tasya < tad-：それ。*m. sg. Gen.*
bodhi-prāptasya < bodhi-prāpta-：*pp.* 覚りに達した。*m. sg. Gen.*
以上の二つの属格は、絶対節をなしている。
sarva-kuśala-saṃbhārôpacitāḥ < sarva-kuśala-saṃbhārôpacitāḥ + (s) < sarva-kuśala-saṃbhāra-upacita-：*adj.* あらゆる善〔根〕を集め、増大させた。*m. pl. Nom.*
sarva-：*adj.* すべての。
kuśala-：*adj.* 善き。正しき。～に熟練した。老練なる。経験ある。*m.* 好条件。幸福。繁栄。「善」「善利」と漢訳。
saṃbhāra- < sam-√bhṛ- (2) + -a：*m.* 一緒に持ってくること。集めること。家財道具。富。所有物。多数。量。堆積。
sam-√bhṛ- (2)：かき集める。集める。用意する。
upacita- < upa-√ci- (5) + -ta：*pp.* 増加した。拡大された。増大させられた。
sattvā < sattvāḥ + 有声音 < sattva-：*m.* 「衆生」「有情」と漢訳。*pl. Nom.*
buddha-kṣetre < buddha-kṣetra-：*n.* 仏の国土。「仏国土」と漢訳。*sg. Loc.*
saṃbhavanti < saṃbhava- < sam-√bhū- (1)：～（具格、処格）と会合する。～と出会う。～と合体する。集合する。起こる。生じる。存在する、ある。*Pres, 3, pl. P.*

prayoga-kṣetraṃ bodhi-sattvasya buddha-kṣetraṃ tasya bodhi-prāptasya sarva-kuśala-dharmô=pasthitāḥ sattvās tatra buddha-kṣetra upapadyante /
（梵漢和維摩経 *p.* 18, *ll.* 13–15）

「修行という国土が菩薩にとってのブッダの国土なのである。その〔菩薩〕が覚りに達して後、そのブッダの国土には、あらゆる善き法に立脚した衆生たちが生まれてくるのだ。
【漢訳相当箇所なし】
……………………………………………………………………

prayoga-kṣetraṃ < prayoga-kṣetra-：*n.* 修行という国土。*sg. Nom.*
prayoga- < pra-√yuj- (7) + -a：*m.* 結合。利子を取って貸すこと。「修行」と漢訳。
pra-√yuj- (7)：軛をつける。（精神を）傾注する。
bodhi-sattvasya < bodhi-sattva-：*m.* 覚りを求める人。「菩提薩埵」「菩薩」と音写。*sg. Gen.*
buddha-kṣetraṃ < buddha-kṣetra-：*n.* 仏の国土。「仏国土」と漢訳。*sg. Nom.*
tasya < tad-：それ。*m. sg. Gen.*
bodhi-prāptasya < bodhi-prāpta-：*pp.* 覚りに達した。*m. sg. Gen.*
以上の二つの属格は、絶対節をなしている。
sarva-kuśala-dharmôpasthitāḥ < sarva-kuśala-dharmôpasthitāḥ + (s) < sarva-kuśala-dharma-upasthita-：*adj.* あらゆる善き法に立脚した。*m. pl. Nom.*
sarva-：*adj.* 一切の。すべての。
kuśala-dharma-：*m.* 「善法」と漢訳。
kuśala-：*adj.* 善き。正しき。～に熟練した。老練なる。経験ある。*m.* 好条件。幸福。繁栄。「善」「善利」と漢訳。
dharma-：*m.* 法則。規則。教説。本質。事物。「法」と漢訳。
upasthita- < upa-√sthā- (1) + -ita：*pp.* 近くに立った。～にかしづかれた。～に仕えられた。
sattvās < sattvāḥ + (t) < sattva-：*m.* 「衆生」「有情」と漢訳。*pl. Nom.*

tatra：*adv.* そこに。そこへ。かしこに。その時に。その場合に。
buddha-kṣetra < buddha-kṣetre + a 以外の母音 < buddha-kṣetra-：*n.* 仏の国土。「仏国土」と漢訳。
sg. Loc.
upapadyante < upapadya- < upa-√pad- (4)：～に来る。～の許へ行く。～に弟子入りする。～に到達する。起こる。生ずる。現われる。「受生」「下生入」と漢訳。*Pres. 3, pl. A.*

> udāro bodhi-sattvasya bodhi-cittôtpādo buddha-kṣetraṃ tasya bodhi-prāptasya mahā-yāna-saṃ=prasthitāḥ sattvās tatra buddha-kṣetre saṃbhavanti /
> (梵漢和維摩経 *p.* 18, *ll.* 15–17)

「覚り（菩提）を求める高揚した心を発すことが、菩薩にとってのブッダの国土なのである。その〔菩薩〕が覚りに達して後、そのブッダの国土には、大いなる乗り物（大乗）によって出で立った衆生たちが生まれてくるのだ。
【「菩提心は是れ菩薩の浄土なり。菩薩の成仏する時、大乗の衆生は其の国に来生す。】
（大正蔵、巻一四、五三八頁中）

………………………………………………………………………………

udāro < udāraḥ + 有声子音 < udāra-：*adj.* 鼓舞する。高揚した。高い。多量の。名高い。勝れた。*m. sg. Nom.*
bodhi-sattvasya < bodhi-sattva-：*m.* 覚りを求める人。「菩提薩埵」「菩薩」と音写。*sg. Gen.*
bodhi-cittôtpādo < bodhi-cittôtpādaḥ + 有声子音 < bodhi-citta-utpāda-：*m.* 覚り（菩提）を求める心を発すこと。*sg. Nom.*
bodhi-citta-：*n.* 覚り（菩提）を求める心。「菩提心」「覚心」と漢訳。
utpāda- < ud-√pad- (4) + -a：*m.* 出すこと。生ずること。産出。出生。
ud-√pad- (4)：飛び上がる。上る。生ずる。得られる。～から生まれる。起こる。現われる。
buddha-kṣetraṃ < buddha-kṣetra-：*n.* 仏の国土。「仏国土」と漢訳。*sg. Nom.*
tasya < tad-：それ。*m. sg. Gen.*
bodhi-prāptasya < bodhi-prāpta-：*pp.* 覚りに達した。*m. sg. Gen.*
以上の二つの属格は、絶対節をなしている。
mahā-yāna-saṃprasthitāḥ < mahā-yāna-saṃprasthitāḥ + (s) < mahā-yāna-saṃprasthita-：*adj.* 大いなる乗り物（大乗）によって出で立った。*m. pl. Nom.*
mahā-yāna-：*n.* 大いなる乗り物。「大乗」と漢訳。
saṃprasthita- < saṃ-pra-√sthā- (1) + -ita：*pp.* ～に向かって出かけた。出発した。
sattvās < sattvāḥ + (t) < sattva-：*m.* 「衆生」「有情」と漢訳。*pl. Nom.*
tatra：*adv.* そこに。そこへ。かしこに。その時に。その場合に。
buddha-kṣetre < buddha-kṣetra-：*n.* 仏の国土。「仏国土」と漢訳。*sg. Loc.*
saṃbhavanti < saṃbhava- < sam-√bhū- (1)：～（具格、処格）と会合する。～と出会う。～と合体する。集合する。起こる。生じる。存在する、ある。*Pres, 3, pl. P.*

> dāna-kṣetraṃ bodhi-sattvasya buddha-kṣetraṃ tasya bodhi-prāptasya sarva-parityāginaḥ sattvās tatra buddha-kṣetre saṃbhavanti /
> (梵漢和維摩経 *p.* 18, *ll.* 17–19)

「布施という国土が、菩薩にとってのブッダの国土なのである。その〔菩薩〕が覚りに達して後、そのブッダの国土には、あらゆるものを喜捨する衆生たちが生まれてくるのだ。
【「布施は是れ菩薩の浄土なり。菩薩の成仏する時、一切の能く捨てる衆生は其の国に来生す。】
（大正蔵、巻一四、五三八頁中）

………………………………………………………………………………

dāna-kṣetraṃ < dāna-kṣetra-：*n.* 布施という国土。*sg. Nom.*
dāna- < √dā- (3) + -ana：*n.* 与えること。供物を捧げること。施物。供物。「施」「布施」「供

養」と漢訳。
bodhi-sattvasya < bodhi-sattva-：*m.* 覚りを求める人。「菩提薩埵」「菩薩」と音写。*sg. Gen.*
buddha-kṣetraṃ < buddha-kṣetra-：*n.* 仏の国土。「仏国土」と漢訳。*sg. Nom.*
tasya < tad-：それ。*m. sg. Gen.*
bodhi-prāptasya < bodhi-prāpta-：*pp.* 覚りに達した。*m. sg. Gen.*
以上の二つの属格は、絶対節をなしている。
sarva-parityāginaḥ < sarva-parityāginaḥ + (s) < sarva-parityāgin-：*adj.* あらゆるものを喜捨する。*m. pl. Nom.*
sarva-：*adj.* すべての。
parityāgin- < pari-√tyaj- (1) + -in：*adj.* 見放す。～を断念する。放棄する。
pari-√tyaj- (1)：棄てる。手放す。断念する。放棄する。
sattvās < sattvāḥ + (t) < sattva-：*m.* 「衆生」「有情」と漢訳。*pl. Nom.*
tatra：*adv.* そこに。そこへ。かしこに。その時に。その場合に。
buddha-kṣetre < buddha-kṣetra-：*n.* 仏の国土。「仏国土」と漢訳。*sg. Loc.*
saṃbhavanti < saṃbhava- < sam-√bhū- (1)：～（具格、処格）と会合する。～と出会う。～と合体する。集合する。起こる。生じる。存在する、ある。*Pres, 3, pl. P.*

śīla-kṣetraṃ bodhi-sattvasya buddha-kṣetraṃ tasya bodhi-prāptasya sarvâbhiprāya-saṃpannā daśa-kuśala-karma-patha-saṃrakṣakāḥ sattvās tatra buddha-kṣetre saṃbhavanti /
（梵漢和維摩経 *p.* 18, *ll.* 19–21）

「善い行状（戒）という国土が、菩薩にとってのブッダの国土なのである。その〔菩薩〕が覚りに達して後、そのブッダの国土には、あらゆる願望を成就していて、十種類の善き行ないの道（十善業道）[47] を遵守する衆生たちが生まれてくるのだ。
【「持戒（じかい）は是れ菩薩の浄土なり。菩薩の成仏する時、十善道を行じて願を満たす衆生は其の国に来生す。】（大正蔵、巻一四、五三八頁中）

……………………………………………………………………

śīla-kṣetraṃ < śīla-kṣetra-：*n.* 善い行状（戒）という国土。*sg. Nom.*
śīla-：*n.* 習慣。気質。性向。性格。よい行状。よい習慣。高尚な品性。道徳性。「戒」と漢訳。
bodhi-sattvasya < bodhi-sattva-：*m.* 覚りを求める人。「菩提薩埵」「菩薩」と音写。*sg. Gen.*
buddha-kṣetraṃ < buddha-kṣetra-：*n.* 仏の国土。「仏国土」と漢訳。*sg. Nom.*
tasya < tad-：それ。*m. sg. Gen.*
bodhi-prāptasya < bodhi-prāpta-：*pp.* 覚りに達した。*m. sg. Gen.*
以上の二つの属格は、絶対節をなしている。
sarvâbhiprāya-saṃpannā < sarvâbhiprāya-saṃpannāḥ + 有声音 < sarva-abhiprāya-saṃpanna-：*adj.* あらゆる願望を成就した。*m. pl. Nom.*
sarva-：*adj.* すべての。
abhiprāya-：*m.* 目的。志向。願望。意見。意義。観察。
saṃpanna- < sam-√pad- (4) + -na：*pp.* 成就する。完成する。～に達する。～になる。～を結合する。～を得る。完全にそなわった。「成就」「成立」「円満」「具足」「遂行」「達成」と漢訳。
daśa-kuśala-karma-patha-saṃrakṣakāḥ < daśa-kuśala-karma-patha-saṃrakṣakāḥ + (s) < daśa-kuśala-karma-patha-saṃrakṣaka-：*adj.* 十種類の善き行ないへの道（十善業道）を遵守する。*m. pl. Nom.*
daśa-kuśala-karma-patha-：*m.* 十種類の善き行ないの道。「十善業道」と漢訳。
daśa- < daśan-：*基数詞,* 十。
kuśala-：*adj.* 善き。正しき。有益な。～に熟練した。老練なる。経験ある。*n.* 好条件。幸福。繁栄。有益。

karma- < karman- ：*n.* 行為。作業。作用。職業。結果。運命。「業」と漢訳。

patha- ：*m.* ～の道。

saṃrakṣaka- < sam-√rakṣ- (1) + -aka ：*adj.* 守護する。

sam-√rakṣ- (1)：防護する。保護する。保存する。救護する。保守する。

sattvās < sattvāḥ + (t) < sattva- ：*m.* 「衆生」「有情」と漢訳。*pl. Nom.*

tatra ：*adv.* そこに。そこへ。かしこに。その時に。その場合に。

buddha-kṣetre < buddha-kṣetra- ：*n.* 仏の国土。「仏国土」と漢訳。*sg. Loc.*

saṃbhavanti < saṃbhava- < sam-√bhū- (1)：～（具格、処格）と会合する。～と出会う。～と合体する。集合する。起こる。生じる。存在する、ある。*Pres, 3, pl. P.*

---

 kṣānti-kṣetraṃ kula-putra bodhi-sattvasya buddha-kṣetraṃ tasya bodhi-prāptasya dvātriṃśal-lakśaṇâlaṃkṛtāḥ kṣānti-dama-śamatha-pārami-prāptāḥ sattvā buddha-kṣetre saṃbhavanti /

（梵漢和維摩経　*p.* 20, *ll.* 1–3）

「良家の息子よ、忍耐（忍辱）という国土が、菩薩にとってのブッダの国土なのである。その〔菩薩〕が覚りに達して後、〔その〕ブッダの国土には、三十二種類の身体的特徴（三十二相）で荘厳され、忍耐と自制と心の寂静（止）の完成に到った衆生たちが生まれてくるのだ。

【「忍辱は是れ菩薩の浄土なり。菩薩の成仏する時、三十二相もて荘厳する衆生は其の国に来生す。】

（大正蔵、巻一四、五三八頁中）

･･･

kṣānti-kṣetraṃ < kṣānti-kṣetra- ：*n.* 忍耐という国土。*sg. Nom.*

kṣānti- < √kṣam- (1) + -ti ：*f.* 堪えること。認めること。「忍」「忍辱」「堪忍」と漢訳。

√kṣam- (1)：忍耐する。堪える。忍ぶ。

kula-putra < kula-putra- ：*m.* 良家の息子。「善男子」と漢訳。*sg. Voc.*

bodhi-sattvasya < bodhi-sattva- ：*m.* 覚りを求める人。「菩提薩埵」「菩薩」と音写。*sg. Gen.*

buddha-kṣetraṃ < buddha-kṣetra- ：*n.* 仏の国土。「仏国土」と漢訳。*sg. Nom.*

tasya < tad- ：それ。*m. sg. Gen.*

bodhi-prāptasya < bodhi-prāpta- ：*pp.* 覚りに達した。*m. sg. Gen.*

　　　以上の二つの属格は、絶対節をなしている。

dvātriṃśal-lakśaṇâlaṃkṛtāḥ < dvātriṃśal-lakśaṇâlaṃkṛtāḥ + (k) < dvātriṃśal-lakśaṇa-alaṃkṛta- ：*adj.* 三十二種類の身体的特徴（三十二相）で荘厳された。*m. pl. Nom.*

dvātriṃśal-lakśaṇa- < dvātriṃśat-lakśaṇa- ：*n.* 三十二の身体的特徴。「三十二相」と漢訳。

dvātriṃśat- ：*基数詞,* 三十二。

lakśaṇa- < √lakṣ- (1) + -ana ：*n.* 標章。しるし。記号。特徴。属性。「相」「色相」「相貌」と漢訳。

alaṃkṛta- < alam-√kṛ- (8) + -ta ：*pp.* 飾られた。「荘厳」「厳飾」と漢訳。

kṣānti-dama-śamatha-pārami-prāptāḥ < kṣānti-dama-śamatha-pārami-prāptāḥ + (s) < kṣānti-dama-śamatha-pārami-prāpta- ：*adj.* 忍耐と自制と心の寂静（止）の完成に到った。*m. pl. Nom.*

kṣānti- < √kṣam- (1) + -ti ：*f.* 堪えること。認めること。「忍」「忍辱」「堪忍」と漢訳。

dama- < √dam- (4) + -a ：*adj.* ～を馴らす。～を屈服せしめる。*m.* 自制。意志堅固。「調伏」「調順」と漢訳。

śamatha- ：*n.* 心の静穏。「止」「寂止」「寂滅」と漢訳。「奢摩他」「舎摩他」と音写。

pārami- < pāramī- ：*f.* 完成。円満。

prāpta- < pra-√āp- (5) + -ta ：*pp.* 達せられた。獲得された。

sattvā < sattvāḥ + 有声音 < sattva- ：*m.* 「衆生」「有情」と漢訳。*pl. Nom.*

buddha-kṣetre < buddha-kṣetra- ：*n.* 仏の国土。「仏国土」と漢訳。*sg. Loc.*

saṃbhavanti < saṃbhava- < sam-√bhū- (1)：～（具格、処格）と会合する。～と出会う。～と合体する。集合する。起こる。生じる。存在する、ある。*Pres. 3, pl. P.*

vīrya-kṣetraṃ bodhi-sattvasya buddha-kṣetraṃ tasya bodhi-prāptasya sarva-kuśala-paryeṣṭiṣv ārabdha-vīryāḥ[48] sattvā buddha-kṣetre saṃbhavanti /
（梵漢和維摩経 *p.* 20, *ll.* 3–5）

「努力精進という国土が、菩薩にとってのブッダの国土なのである。その〔菩薩〕が覚りに達して後、〔その〕ブッダの国土には、あらゆる善〔行〕を求めることにおいて努力精進を獲得した衆生たちが生まれてくるのだ。

【「精進は是れ菩薩の浄土なり。菩薩の成仏する時、一切の功徳を勤修する衆生は其の国に来生す。】

（大正蔵、巻一四、五三八頁中）

……………………………………………………………………

vīrya-kṣetraṃ < vīrya-kṣetra-：*n.* 努力精進という国土。*sg. Nom.*

vīrya-：*n.* 男らしさ。勇気。力。能力。英雄的な行為。「勤」「精進」「勇健」「勇猛」「強健」と漢訳。

bodhi-sattvasya < bodhi-sattva-：*m.* 覚りを求める人。「菩提薩埵」「菩薩」と音写。*sg. Gen.*

buddha-kṣetraṃ < buddha-kṣetra-：*n.* 仏の国土。「仏国土」と漢訳。*sg. Nom.*

tasya < tad-：それ。*m. sg. Gen.*

bodhi-prāptasya < bodhi-prāpta-：*pp.* 覚りに達した。*m. sg. Gen.*

以上の二つの属格は、絶対節をなしている。

sarva-kuśala-paryeṣṭiṣv < sarva-kuśala-paryeṣṭiṣu + 母音 < sarva-kuśala-paryeṣṭi-：*f.* あらゆる善〔行〕を求めること。*pl. Loc.*

sarva-：*adj.* 一切の。すべての。

kuśala-：*adj.* 善き。正しき。有益な。～に熟練した。老練なる。経験ある。*n.* 好条件。幸福。繁栄。有益。

paryeṣṭi- < pari-ā-√iṣ- (6) + -ti：*f.* ～を求めること。探求すること。

pari-ā-√iṣ- (6)：「求」「尋求」「追求」「志求」と漢訳。

ārabdha-vīryāḥ < ārabdha-vīryāḥ + (s) < ārabdha-vīrya-：*adj.* 努力精進を獲得した。勇気を獲得した。*m. pl. Nom.*

ārabdha- < ā-√rabh- (1) + -ta：*pp.* つかまえられた。占有された。達した。「発趣」「勤」「勇猛」と漢訳。

sattvā < sattvāḥ + 有声音 < sattva-：*m.* 「衆生」「有情」と漢訳。*pl. Nom.*

buddha-kṣetre < buddha-kṣetra-：*n.* 仏の国土。「仏国土」と漢訳。*sg. Loc.*

saṃbhavanti < saṃbhava- < sam-√bhū- (1)：～（具格、処格）と会合する。～と出会う。～と合体する。集合する。起こる。生じる。存在する、ある。*Pres, 3, pl. P.*

dhyāna-kṣetraṃ bodhi-sattvasya buddha-kṣetraṃ tasya bodhi-prāptasya smṛti-saṃprajanya-samāhitāḥ sattvā buddha-kṣetre saṃbhavanti /
（梵漢和維摩経 *p.* 20, *ll.* 5–7）

「禅定という国土が、菩薩にとってのブッダの国土なのである。その〔菩薩〕が覚りに達して後、〔その〕ブッダの国土には、〔正しく〕憶念することと正しい智慧によって心を集中している衆生たちが生まれてくるのだ。

【「禅定は是れ菩薩の浄土なり。菩薩の成仏する時、心を摂めて乱れざる衆生は其の国に来生す。】

（大正蔵、巻一四、五三八頁中）

……………………………………………………………………

dhyāna-kṣetraṃ < dhyāna-kṣetra-：*n.* 禅定という国土。*sg. Nom.*

dhyāna- < √dhyai- (1) + -ana：*n.* 静慮。「定」と漢訳。「禅」「禅定」と音写。

bodhi-sattvasya < bodhi-sattva-：*m.* 覚りを求める人。「菩提薩埵」「菩薩」と音写。*sg. Gen.*

buddha-kṣetraṃ < buddha-kṣetra-：*n.* 仏の国土。「仏国土」と漢訳。*sg. Nom.*

tasya < tad-：それ。*m. sg. Gen.*

bodhiprāptasya < bodhiprāpta- < bodhi-prāpta-：*pp.* 覚りに達した。*m. sg. Gen.*

以上の二つの属格は、絶対節をなしている。

smṛti-saṃprajanya-samāhitāḥ < smṛti-saṃprajanya-samāhitāḥ + (s) < smṛti-saṃprajanya-samā=hita-：*adj.* 〔正しく〕憶念することと正しい智慧によって心を集中している。*m. pl. Nom.*

smṛti-：*f.* 記憶。想念。

saṃprajanya-：*n.* 「智」「正智」と漢訳。

samāhita- < sam-ā-√dhā- (3) + -ta：*pp.* 結合した。心を集中した。「心住一境」「得三昧」と漢訳。

sattvā < sattvāḥ + 有声音 < sattva-：*m.* 「衆生」「有情」と漢訳。*pl. Nom.*

buddha-kṣetre < buddha-kṣetra-：*n.* 仏の国土。「仏国土」と漢訳。*sg. Loc.*

saṃbhavanti < saṃbhava- < sam-√bhū- (1)：～（具格、処格）と会合する。～と出会う。～と合体する。集合する。起こる。生じる。存在する、ある。*Pres, 3, pl. P.*

> prajñā-kṣetraṃ bodhi-sattvasya buddha-kṣetraṃ tasya bodhi-prāptasya samyaktva-niyatāḥ sattvā buddha-kṣetre saṃbhavanti /
>
> (梵漢和維摩経 *p.* 20, *ll.* 7–9)

「智慧という国土が、菩薩にとってのブッダの国土なのである。その〔菩薩〕が覚りに達して後、〔その〕ブッダの国土には、正しい在り方が確定した衆生たち（正定聚）が生まれてくるのだ。

【「智慧は是れ菩薩の浄土なり。菩薩の成仏する時、正定の衆生は其の国に来生す。】

（大正蔵、巻一四、五三八頁中）

………………………………………………………………………

prajñā-kṣetraṃ < prajñā-kṣetra-：*n.* 智慧という国土。*sg. Nom.*

prajñā-：*f.* 「智慧」と漢訳。「般若」と音写。

bodhi-sattvasya < bodhi-sattva-：*m.* 覚りを求める人。「菩提薩埵」「菩薩」と音写。*sg. Gen.*

buddha-kṣetraṃ < buddha-kṣetra-：*n.* 仏の国土。「仏国土」と漢訳。*sg. Nom.*

tasya < tad-：それ。*m. sg. Gen.*

bodhi-prāptasya < bodhiprāpta- < bodhi-prāpta-：*pp.* 覚りに達した。*m. sg. Gen.*

以上の二つの属格は、絶対節をなしている。

samyaktva-niyatāḥ < samyaktva-niyatāḥ + (s) < samyaktva-niyata-：*adj.* 正しい在り方が確定した。「正定」と漢訳。*m. pl. Nom.*

samyaktva- < samyak-tva-：*n.* 完全性。正しさ。正しい在り方。

niyata- < ni-√yam- (1) + -ta：*pp.* 確定された。決定された。「定」「決定」「必定」と漢訳。

sattvā < sattvāḥ + 有声音 < sattva-：*m.* 「衆生」「有情」と漢訳。*pl. Nom.*

buddha-kṣetre < buddha-kṣetra-：*n.* 仏の国土。「仏国土」と漢訳。*sg. Loc.*

saṃbhavanti < saṃbhava- < sam-√bhū- (1)：～（具格、処格）と会合する。～と出会う。～と合体する。集合する。起こる。生じる。存在する、ある。*Pres, 3, pl. P.*

> catvāry apramāṇāni ca bodhi-sattvasya buddha-kṣetraṃ tasya bodhi-prāptasya maitrī-karuṇā-muditôpekṣā-vihāriṇaḥ sattvā buddha-kṣetre saṃbhavanti /
>
> (梵漢和維摩経 *p.* 20, *ll.* 9–11)

「そして、〔慈・悲・喜・捨の〕四つが無量であること（四無量心）[49] が、菩薩にとってのブッダの国土なのである。その〔菩薩〕が覚りに達して後、〔その〕ブッダの国土には、慈しみ（慈）、憐れみ（悲）、喜び（喜）、〔偏りのない〕平等観（捨）に住している衆生たちが生まれてくるのだ。

【「四無量心は是れ菩薩の浄土なり。菩薩の成仏する時、慈・悲・喜・捨を成就せる衆生は其の国に来生す。】

（大正蔵、巻一四、五三八頁中）

………………………………………………………………………

catvāry < catvāri ＋ 母音 < catur-：*基数詞,* 四。*n. pl. Nom.*

apramāṇāni < apramāṇa- < a-pra-√mā- (2,3) + -ana：*adj.* 評価できない。「不可度量」と漢訳。*n.*「無量」と漢訳。*n. pl. Nom.*

ca：*conj.* および。また。しかしながら。そして。〜と。なお。

bodhi-sattvasya < bodhi-sattva-：*m.* 覚りを求める人。「菩提薩埵」「菩薩」と音写。*sg. Gen.*

buddha-kṣetraṃ < buddha-kṣetra-：*n.* 仏の国土。「仏国土」と漢訳。*sg. Nom.*

tasya < tad-：それ。*m. sg. Gen.*

bodhi-prāptasya < bodhi-prāpta-：*pp.* 覚りに達した。*m. sg. Gen.*

　以上の二つの属格は、絶対節をなしている。

maitrī-karuṇā-muditôpekṣā-vihāriṇaḥ < maitrī-karuṇā-muditôpekṣā-vihāriṇaḥ + (s) < maitrī-karuṇā-muditā-upekṣā-vihārin-：*adj.* 慈しみ（慈）、憐れみ（悲）、喜び（喜）、平等観（捨）〔からなる四梵住〕に住している。*m. pl. Nom.*

　maitrī-：*f.* 好意。友情。親交。「慈」「慈念」と漢訳。

　karuṇā-：*f.* 哀憐。同情。「悲」「大悲」「慈悲」「悲心」「慈心」と漢訳。

　muditā-：*f.* 歓喜。

　√mud- (1)：喜ばしい。喜ぶ。

　upekṣā-：*f.* 看過。無頓着。怠慢。平等観。「捨」と漢訳。

　以上の四つを catvāro brahma-vihārāḥ（四梵住＝慈・悲・喜・捨）という。

　vihārin- < vi-√hṛ- (1) + -in：*adj.* 〜の中／上を歩き回る。動き回る。〜（処格）まで広がった。〜に依存する。〜を楽しんでいる。享受する。〜を喜ぶ。「住」「居」「安住」と漢訳。

　vi-√hṛ- (1)：時間を費やす。愉快に過ごす。享受する。楽しみのためにぶらぶら歩く。散歩する。「在」「住」「安住」「安立」「行」「遊」「遊行」と漢訳。

sattvā < sattvāḥ ＋ 有声音 < sattva-：*m.*「衆生」「有情」と漢訳。*pl. Nom.*

buddha-kṣetre < buddha-kṣetra-：*n.* 仏の国土。「仏国土」と漢訳。*sg. Loc.*

saṃbhavanti < saṃbhava- < sam-√bhū- (1)：〜（具格、処格）と会合する。〜と出会う。〜と合体する。集合する。起こる。生じる。存在する、ある。*Pres, 3, pl. P.*

> catvāri saṃgraha-vastūni kula-putra bodhi-sattvasya buddha-kṣetraṃ tasya bodhi-prāptasya sarva-vimukti-saṃgṛhītāḥ sattvā buddha-kṣetre saṃbhavanti /
>
> （梵漢和維摩経 *p.* 20, *ll.* 11–13）

「良家の息子（善男子）よ、〔布施・愛語・利行・同事からなる〕人々を包容して救う四つのことがら（四摂法）[50] が、菩薩にとってのブッダの国土なのである。その〔菩薩〕が覚りに達して後、〔その〕ブッダの国土には、あらゆる解脱を具えている衆生たちが生まれてくるのだ。

【「四摂法（ししょうほう）は是れ菩薩の浄土なり。菩薩の成仏する時、解脱に接する所の衆生は其の国に来生す。】

（大正蔵、巻一四、五三八頁中）

……………………………………………………………………

catvāri saṃgraha-vastūni：人々を包容して救う四つのことがら。「四摂事」と漢訳。

　catvāri < catur-：*基数詞,* 四。*n. pl. Nom.*

　saṃgraha-vastūni < saṃgraha-vastu-：*n.* 把握する事柄。包容することがら。*pl. Nom.*

　saṃgraha- < sam-√grah- (9) + -a：*m.* 捕獲。つかむこと。保護。包含。

　vastu-：*n.* 物質。価値ある事物。〜の対象。事柄。事情。

kula-putra < kula-putra-：*m.* 良家の息子。「善男子」と漢訳。*sg. Voc.*

bodhi-sattvasya < bodhi-sattva-：*m.* 覚りを求める人。「菩提薩埵」「菩薩」と音写。*sg. Gen.*

buddha-kṣetraṃ < buddha-kṣetra-：*n.* 仏の国土。「仏国土」と漢訳。*sg. Nom.*

tasya < tad-：それ。*m. sg. Gen.*

bodhi-prāptasya < bodhi-prāpta-：*pp.* 覚りに達した。*m. sg. Gen.*

　以上の二つの属格は、絶対節をなしている。

sarva-vimukti-saṃgṛhītāḥ < sarva-vimukti-saṃgṛhīta-：*adj.* あらゆる解脱を具えている。*m. pl. Nom.*

sarva-：*adj.* 一切の。すべての。

vimukti- < vi-√muc- (6) + -ti：*f.* 最終的な解脱。分離。解放すること。

saṃgṛhīta- < sam-√grah- (9) + -ita：*pp.* 取られた。～を有する。～を携えた。～を保った。～を持った。

sattvā < sattvāḥ + 有声音 < sattva-：*m.* 「衆生」「有情」と漢訳。*pl. Nom.*

buddha-kṣetre < buddha-kṣetra-：*n.* 仏の国土。「仏国土」と漢訳。*sg. Loc.*

saṃbhavanti < saṃbhava- < sam-√bhū- (1)：～（具格、処格）と会合する。～と出会う。～と合体する。集合する。起こる。生じる。存在する、ある。*Pres, 3, pl. P.*

upāya-kauśalyaṃ bodhi-sattvasya buddha-kṣetraṃ tasya bodhi-prāptasya sarvôpāya-mīmāṃsā-kuśalāḥ sattvā buddha-kṣetre saṃbhavanti /
(梵漢和維摩経 *p.* 20, *ll.* 13–15)

「巧みなる方便が、菩薩にとってのブッダの国土なのである。その〔菩薩〕が覚りに達して後、〔その〕ブッダの国土には、あらゆる方便と、熟慮に巧みな衆生たちが生まれてくるのだ。

【「方便(ほうべん)は是れ菩薩の浄土なり。菩薩の成仏する時、一切の法に於いて方便無礙(むげ)なる衆生は其の国に来生す。】 （大正蔵、巻一四、五三八頁中）

……………………………………………………………………

upāya-kauśalyaṃ < upāya-kauśalya-：*n.* 巧みなる方便。「善巧方便」と漢訳。*sg. Nom.*

upāya- < upa-√i- (2) + -a：*m.* 接近。到着。手段。方策。「方便」と漢訳。

kauśalya- ＝ kauśala-：*n.* 幸福。幸運。繁栄。賢明。「善」「善巧」と漢訳。

bodhi-sattvasya < bodhi-sattva-：*m.* 覚りを求める人。「菩提薩埵」「菩薩」と音写。*sg. Gen.*

buddha-kṣetraṃ < buddha-kṣetra-：*n.* 仏の国土。「仏国土」と漢訳。*sg. Nom.*

tasya < tad-：それ。*m. sg. Gen.*

bodhi-prāptasya < bodhi-prāpta-：*pp.* 覚りに達した。*m. sg. Gen.*

以上の二つの属格は、絶対節をなしている。

sarvôpāya-mīmāṃsā-kuśalāḥ < sarvôpāya-mīmāṃsā-kuśalāḥ + (s) < sarva-upāya-mīmāṃsā-kuśala-：*adj.* あらゆる方便と、熟慮に巧みである。*m. pl. Nom.*

sarva-：*adj.* 一切の。すべての。

upāya- < upa-√i- (2) + -a：*m.* 接近。到着。手段。方策。「方便」と漢訳。

mīmāṃsā-：*f.* 深い反省。熟考。吟味。論究。見解。「思惟」「思量」「観察」

kuśala-：*adj.* 善き。正しき。～に熟練した。老練なる。経験ある。

sattvā < sattvāḥ + 有声音 < sattva-：*m.* 「衆生」「有情」と漢訳。*pl. Nom.*

buddha-kṣetre < buddha-kṣetra-：*n.* 仏の国土。「仏国土」と漢訳。*sg. Loc.*

saṃbhavanti < saṃbhava- < sam-√bhū- (1)：～（具格、処格）と会合する。～と出会う。～と合体する。集合する。起こる。生じる。存在する、ある。*Pres, 3, pl. P.*

saptatriṃśad-bodhi-pakṣā dharmā bodhi-sattvasya buddha-kṣetraṃ tasya bodhi-prāptasya sam=yak-smṛty-upasthāna-samyak-prahāṇa-ṛddhi-pādêndriya-bala-bodhyaṅga-mārga-vidhi-jñāḥ sattvā buddha-kṣetre saṃbhavanti /
(梵漢和維摩経 *p.* 20, *ll.* 15–18)

「覚りを助ける三十七項目の〔修行〕法（三十七助道法）[51] が、菩薩にとってのブッダの国土なのである。その〔菩薩〕が覚りに達して後、〔その〕ブッダの国土には、〔四つの〕正しい思念に立つこと（四念処）[52]、〔四つの〕正しく〔悪を〕断ち〔善を生ずる〕努力（四正勤）[53]、〔四つの〕神通を得るための基礎（四神足）[54]、〔覚りを得るための五つの〕能力（五根）[55]、〔覚りに到らせる五つの〕力（五力）[56]、〔七つの〕覚りに導く要素（七覚支）[57]、〔覚りに到るための八つの〕道（八正道）[58] の

実行について知っている衆生たちが生まれてくるのだ。
【「三十七道品は是れ菩薩の浄土なり。菩薩の成仏する時、念処・正勤・神足・根・力・覚・道の衆生は其の国に来生す。】（大正蔵、巻一四、五三八頁中）

………………………………………………………………………………

saptatriṃśad-bodhi-pakṣā < saptatriṃśad-bodhi-pakṣāḥ ＋ 有声音 < saptatriṃśad-bodhi-pakṣa-：*adj.* 覚りを助ける三十七の。*m. pl. Nom.*

saptatriṃśad- < saptatriṃśat- ＋ 有声子音：*基数詞*, 三十七。

bodhi-pakṣa-：*m.* 「覚分」「助道」「道品」と漢訳。

bodhi-pakṣika-：*adj.* 菩提に属する。

pakṣa-：*n.* 翼。側面。

dharmā < dharmāḥ ＋ 有声音 < dharma-：*m.* 教説。真理。「法」と漢訳。*pl. Nom.*

saptatriṃśataḥ bodhi-pakṣikāḥ dharmāḥ：覚りに到るための三十七の法。「三十七品助道法」と漢訳。

bodhi-sattvasya < bodhi-sattva-：*m.* 覚りを求める人。「菩提薩埵」「菩薩」と音写。*sg. Gen.*

buddha-kṣetraṃ < buddha-kṣetra-：*n.* 仏の国土。「仏国土」と漢訳。*sg. Nom.*

tasya < tad-：それ。*m. sg. Gen.*

bodhi-prāptasya < bodhi-prāpta-：*pp.* 覚りに達した。*m. sg. Gen.*

以上の二つの属格は、絶対節をなしている。

samyak-smṛty-upasthāna-samyak-prahāṇa-rddhi-pādêndriya-bala-bodhyaṅga-mārga-vidhi-jñāḥ < samyak-～-mārga-vidhi-jñāḥ ＋ (s) < samyak-smṛti-upasthāna-samyak-prahāṇa-ṛddhi-pāda-indriya-bala-bodhyaṅga-mārga-vidhi-jña-：*adj.* 〔四つの〕正しい思念に立つこと（四念処）、〔四つの〕正しく〔悪を〕断ち〔善を生ずる〕努力（四正勤）、〔四つの〕神通を得るための基礎（四神足）、〔覚りを得るための五つの〕能力（五根）、〔覚りに到らせる五つの〕力（五力）、覚りに導く〔七つの〕要素（七覚支）、〔覚りに到るための八つの〕道（八正道）の実行について知っている。*m. pl. Nom.*

samyak-smṛti-upasthāna-：*f.* 正しい思念に立つこと。「正念」「正慮」と漢訳。

samyak-：*adv.* 正しく。正確に。真に。適当に。完全に。

これは副詞だが、しばしば形容詞的に使われる。

smṛti- < √smṛ- (1) ＋ -ti：*f.* 記憶。想念。

upasthāna- < upa-√sthā- (1) ＋ -ana：*n.* ～に立つこと。出席。接近。参列。奉仕。敬礼。

upa-√sthā- (1)：近くに立つ。近くに身を置く。～のもとに立つ。かしずく。～に仕える。

samyak-prahāṇa- < samyak-prahāṇa-：*n.* 正しく〔悪を〕断ち〔善を生ずる〕努力。「意断」「正勤」と漢訳。

prahāṇa- < pra-√hā- (3) ＋ -ana：*n.* 抽象作用。思索。思弁。放棄。回避。「断」「断除」「断尽」「断滅」と漢訳。

pra-√hā- (3)：去る。見捨てる。断念する。放棄する。「捨」「滅」「断」と漢訳。

ṛddhi-pāda-：*m.* 神通を得るための基礎。「神足」「如意足」と漢訳。

ṛddhi-：*f.* 繁栄。安寧。好運。超自然力。「神通」「神力」「神変」と漢訳。

pāda-：*m.* （人や動物の）足。支柱。

indriya-：*n.* 活力。能力。精力。感官。感覚。「根」と漢訳。

bala-：*n.* 力。能力。体力。活力。軍隊。

bodhyaṅga- < bodhi-aṅga-：*n.* 覚りに導く〔七つの〕要素（七覚支）。

aṅga-：*n.* 肢。支分。部分。身体。要素。

mārga-：*m.* 小道（野獣の通った跡 < mṛga-）。道。道路。～に到る道。正道。正しい道。～する手段／方法。

vidhi-jña-：*adj.* ～実行について知っている。

vidhi-：*m.* 訓示。命令。教戒。訓令。規則。方法。順序。様式。実行。

jña- < √jñā- (9) + -a：*adj.* ～（属格・処格）を知っている。知識がある。

sattvā < sattvāḥ + 有声音 < sattva-：*m.* 「衆生」「有情」と漢訳。*pl. Nom.*

buddha-kṣetre < buddha-kṣetra-：*n.* 仏の国土。「仏国土」と漢訳。*sg. Loc.*

saṃbhavanti < saṃbhava- < sam-√bhū- (1)：～（具格、処格）と会合する。～と出会う。～と合体する。集合する。起こる。生じる。存在する、ある。*Pres, 3, pl. P.*

> pariṇāmanā-cittaṃ bodhi-sattvasya buddha-kṣetraṃ tasya bodhi-prāptasya sarva-guṇâlaṃkāraṃ buddha-kṣetraṃ dṛśyate /
>
> （梵漢和維摩経 *p.* 22, *ll.* 1–2）

「〔自らの功徳を他者に振り向ける〕廻向の心が、菩薩にとってのブッダの国土なのである。その〔菩薩〕が覚りに達して後、あらゆる功徳で荘厳されたブッダの国土が出現するのだ。

【「廻向心は是れ菩薩の浄土なり。菩薩の成仏する時、一切の功徳を具足する国土を得。】

（大正蔵、巻一四、五三八頁中）

………………………………………………………………………

pariṇāmanā-cittaṃ < pariṇāmanā-citta-：*n.* 〔自らの功徳を他者に振り向ける〕廻向の心。*sg. Nom.*

pariṇāmanā- < pari-√nam- (1) + -anā：*f.* 「廻向」と漢訳。

pari-√nam- (1)：曲がる。脇を向く。～（具格）に変わる。～に転ずる。発達する。成熟する。「変現」「転変」「廻向」と漢訳。

√nam- (1)：～（対格・為格・属格）に向かってかがむ。お辞儀をする。～に屈する。

citta-：*n.* 心。思考。意思。知性。理性。「質多」と音写。

bodhi-sattvasya < bodhi-sattva-：*m.* 覚りを求める人。「菩提薩埵」「菩薩」と音写。*sg. Gen.*

buddha-kṣetraṃ < buddha-kṣetra-：*n.* 仏の国土。「仏国土」と漢訳。*sg. Nom.*

tasya < tad-：それ。*m. sg. Gen.*

bodhi-prāptasya < bodhi-prāpta-：*pp.* 覚りに達した。*m. sg. Gen.*

以上の二つの属格は、絶対節をなしている。

sarva-guṇâlaṃkāraṃ < sarva-guṇa-alaṃkāra-：*adj.* あらゆる功徳で荘厳された。*n. sg. Nom.*

sarva-：*adj.* 一切の。すべての。

guṇa-：*m.* 種類。構成。従属的要素。固有性。属性。善性。徳。

alaṃkāra- < alam-√kṛ- (8) + -a：*m.* 装飾。装飾物。装身具。修辞。「荘厳」「厳飾」と漢訳。

buddha-kṣetraṃ < buddha-kṣetra-：*n.* 仏の国土。「仏国土」と漢訳。*sg. Nom.*

dṛśyate < dṛśya- < √dṛś- (1) + -ya：*Pass.* 見られる。見える。～として現われる。「現」「現前」と漢訳。*3, sg. A.*

> aṣṭâkṣaṇa-praśama-deśanā kula-putra bodhi-sattvasya buddha-kṣetraṃ tasya bodhi-prāptasya sarvâpāya-samucchinnam aṣṭâkṣaṇa-vigataṃ buddha-kṣetraṃ saṃbhavati[59] /
>
> （梵漢和維摩経 *p.* 22, *ll.* 2–5）

「良家の息子よ、〔仏法の聴聞を妨げる生まれ方としての〕八つの不遇（八難）[60] を滅除するための教示が、菩薩にとってのブッダの国土なのである。その〔菩薩〕が覚りに達して後、あらゆる悪しき境遇（悪趣）を根絶し、八つの不遇を断ち切ったブッダの国土が出現するのだ。

【「八難を除くことを説くは是れ菩薩の浄土なり。菩薩の成仏する時、国土に三悪八難有ること無し。】

（大正蔵、巻一四、五三八頁中）

………………………………………………………………………

aṣṭâkṣaṇa-praśama-deśanā < aṣṭâkṣaṇa-praśama-deśanā-：*f.* 八つの不遇を滅除するための教示。*sg. Nom.*

aṣṭâkṣaṇa- < aṣṭa-akṣaṇa-：*m.* 〔仏法の聴聞を妨げる生まれ方としての〕八つの不遇（八難）。

aṣṭa- < aṣṭan-：*基数詞*, 八。

akṣaṇa- < a-kṣaṇa-：*m.* 不遇。不運。災難。不幸。

praśama- < pra-√śam- (4) + -a：*m.* 平静にすること。鎮定。停止。軽減。（障害・苦痛など
　の）除去。「滅除」「寂滅」と漢訳。

deśanā- < √diś- (6) + -anā：*f.* 教え。指示。教授。教義。

kula-putra < kula-putra-：*m.* 良家の息子。「善男子」と漢訳。*sg. Voc.*

bodhi-sattvasya < bodhi-sattva-：*m.* 覚りを求める人。「菩提薩埵」「菩薩」と音写。*sg. Gen.*

buddha-kṣetraṃ < buddha-kṣetra-：*n.* 仏の国土。「仏国土」と漢訳。*sg. Nom.*

tasya < tad-：それ。*m. sg. Gen.*

bodhi-prāptasya < bodhi-prāpta-：*pp.* 覚りに達した。*m. sg. Gen.*

　　以上の二つの属格は、絶対節をなしている。

sarvâpāya-samucchinnam < sarva-apāya-samucchinna-：*adj.* あらゆる悪趣を根絶した。*n. sg.*
　Nom.

　sarva-：*adj.* 一切の。すべての。

　apāya- < apa-√i- (2) + -a：*m.* 出発。遠ざかること。結末。終末。頽廃。傷害。損失。「険」
　　「罪悪」「悪道」「悪趣」「悪処」と漢訳。

　samucchinna- < sam-ud-√chid- (7) + -na：*pp.* 根絶された。全く破壊された。

aṣṭâkṣaṇa-vigataṃ < aṣṭa-akṣaṇa-vigata-：*adj.* 八つの不遇を断ち切った。*n. sg. Nom.*

　vigata- < vi-gata- < vi-√gam- (1) + -ta：*pp.* 散った。去った。消滅した。「離」「除」「棄」「遠
　　離」「断除」と漢訳。

buddha-kṣetraṃ < buddha-kṣetra-：*n.* 仏の国土。「仏国土」と漢訳。*sg. Nom.*

saṃbhavati < saṃbhava- < sam-√bhū- (1)：〜（具格、処格）と会合する。〜と出会う。〜と合体
　する。集合する。起こる。生じる。存在する、ある。*Pres, 3, sg. P.*

---

svayaṃ śikṣā-padeṣu vartamānā parâpatty-acodanatā bodhi-sattvasya buddha-kṣetraṃ tasya
bodhi-prāptasyâpatti-śabdo 'pi buddha-kṣetre na saṃbhavati /

（梵漢和維摩経 *p.* 22, *ll.* 5–7）

「自ら教戒の文句を実行しつつ、他者の過失を譏らないことが、菩薩にとってのブッダの国土なので
ある。その〔菩薩〕が覚りに達して後、ブッダの国土には、過失という言葉でさえも存在しないので
ある。
【「自ら戒行を守り、彼の闕を譏らざるは是れ菩薩の浄土なり。菩薩の成仏する時、国土に犯禁の名
有ること無し。】　　　　　　　　　　　　　　　　　　　　　（大正蔵、巻一四、五三八頁中）

・・・

svayaṃ：*adv.* 自身。ひとりでに。自ら進んで。自発的に。

śikṣā-padeṣu < śikṣā-pada-：*n.* 教戒の文句。道徳の教訓。*pl. Loc.*

　śikṣā- < √śikṣ- (1) + -ā：*f.* 〜の知識。技術。熟達。教授。教課。教訓。

　pada-：*n.* 一歩。足取り。足跡。足場。場所。立場。「句」「文句」「章句」と漢訳。

vartamānā < vartamāna- < varta- + -māna < √vṛt- (1) + -māna：転ずる。回転する。転がる。〜（処
　格）に住する。滞在する。依存する。従事する。〜に向かって行動する。実行する。*A. 現在
　分詞, f. sg. Nom.*

parâpatty-acodanatā < para-āpatti-acodanatā-：*f.* 他人の過失を譏らないこと。*sg. Nom.*

　para-：*m.* 後裔。他人。

　āpatti- < ā-√pad- (4) + -ti <：*f.* 出来事。招くこと。不運。困窮。「罪」「罪過」「違反」「所犯
　　過失」と漢訳。

　acodanatā- < acodana- + -tā：*f.* 譏らないこと。諌めないこと。

　acodana- < a-codana-：*adj.* 譏らない。諌めない。

　codana- < √cud- (1) + -ana：*n.* 激励。招待。指示。命令。規定。「諌」と漢訳。

　√cud- (1)：励ます。促す。急がせる。「譏」「争」「作難」「訶責」と漢訳。

bodhi-sattvasya < bodhi-sattva-：*m.* 覚りを求める人。「菩提薩埵」「菩薩」と音写。*sg. Gen.*

buddha-kṣetraṃ < buddha-kṣetra-：*n.* 仏の国土。「仏国土」と漢訳。*sg. Nom.*
tasya < tad-：それ。*m. sg. Gen.*
bodhi-prāptasyâpatti-śabdo 'pi < bodhi-prāptasya + āpatti-śabdaḥ + api
　　bodhi-prāptasya < bodhi-prāpta-：*pp.* 覚りに達した。*m. sg. Gen.*
　　以上の二つの属格は、絶対節をなしている。
　　āpatti-śabdaḥ < āpatti-śabda-：*m.* 過失という言葉。*sg. Nom.*
　　śabda-：*m.* 音。声。言葉。
　　api：*adv.* また。さえも。されど。同様に。
buddha-kṣetre < buddha-kṣetra-：*n.* 仏の国土。「仏国土」と漢訳。*sg. Loc.*
na：*ind.* ～でない。～にあらず。
saṃbhavati < saṃbhava- < sam-√bhū- (1)：～（具格、処格）と会合する。～と出会う。～と合体する。集合する。起こる。生じる。存在する、ある。*Pres, 3, sg. P.*

> daśa-kuśala-karma-patha-pariśuddhiḥ kula-putra bodhi-sattvasya buddha-kṣetraṃ tasya bodhi-prāptasya niyatâyuṣo mahā-bhogā brahma-cāriṇaḥ satyânuparivartinyā vācâlaṃkṛtā madhura-vacanā abhinna-parṣado bhinna-saṃdhāna-kuśalā[61] īrṣyā-vigatā avyāpanna-cittāḥ samyag-dṛṣṭi-samanvāgatāḥ sattvā buddha-kṣetre saṃbhavanti /
>
> （梵漢和維摩経 *p.* 22, *ll.* 7–11）

「良家の息子よ、〔身体（身）と言葉（口）と心（意）による〕十種の善い行ないの道（十善業道）を完全に浄化することが、菩薩にとってのブッダの国土なのである。その〔菩薩〕が覚りに達して後、〔その〕ブッダの国土には、寿命を全うし、大いなる財産を持ち、純潔の行ない（梵行）を遵守し、真実に則った言葉で身を飾り、好ましい言葉を語り、眷族が断絶することのない、争いごとを和解させるのに巧みで、嫉妬することがなく、憎悪の心を持たず、正しく見ること（正見）を具えた衆生たちが生まれてくるのだ。
【「十善は是れ菩薩の浄土なり。菩薩の成仏する時、命、中に夭せず、大富にして、梵行し、言う所は誠諦にして、常に軟語を以てし、眷族離れず、善く諍訟を和し、言は必ず饒益し、嫉まず、恚らず、正見の衆生、其の国に来生す。】　（大正蔵、巻一四、五三八頁中）

daśa-kuśala-karma-patha-pariśuddhiḥ < daśa-kuśala-karma-patha-pariśuddhiḥ + (k) <
　　daśa-kuśala-karma-patha-pariśuddhi-：*f.* 〔身体・言葉・心による〕十種の善い行ないの道（十善業道）を完全に浄化すること。*sg. Nom.*
　　daśa- < daśan-：*基数詞,* 十。
　　kuśala-karma-：*n.* 善い行ない。「善業」と漢訳。
　　kuśala-：*adj.* 善き。正しき。有益な。～に熟練した。老練なる。経験ある。*n.* 好条件。幸福。繁栄。有益。
　　karma- < karman-：*n.* 行為。作業。作用。職業。結果。運命。
　　patha-：*m.* ～の路。小路。道。「道路」「経路」と漢訳。
　　pariśuddhi- < pari-√śudh- (4) + -ti：*f.* 完全な浄化。「浄」「清浄」「円浄」「厳浄」と漢訳。
kula-putra < kula-putra-：*m.* 良家の息子。「善男子」と漢訳。*sg. Voc.*
bodhi-sattvasya < bodhi-sattva-：*m.* 覚りを求める人。「菩提薩埵」「菩薩」と音写。*sg. Gen.*
buddha-kṣetraṃ < buddha-kṣetra-：*n.* 仏の国土。「仏国土」と漢訳。*sg. Nom.*
tasya < tad-：それ。*m. sg. Gen.*
bodhi-prāptasya < bodhi-prāpta-：*pp.* 覚りに達した。*m. sg. Gen.*
　　以上の二つの属格は、絶対節をなしている。
niyatâyuṣo < niyatâyuṣaḥ + 有声子音 < niyata-āyus-：*adj.* 確定された寿命を持つ。寿命の確定した。寿命を全うする。*m. pl. Nom.*
　　niyata- < ni-√yam- (1) + -ta：*pp.* ～（処格）に結ばれた。～と結合された。抑止された。確

定された。確立された。

āyus-：*n.* 生命。寿命。寿。命。

mahā-bhogā < mahā-bhogāḥ + 有声音 < mahā-bhoga-：*adj.* 大いなる財産を持つ。*m. pl. Nom.*

mahā- < mahat-：*adj.* 大きな。偉大な。豊富な。たくさんの。重要な。卓越した。

bhoga- < √bhuj- (7) + -a：*m.* 食うこと。享受すること。享受。利益。財産。収益。「受用」「財」「財物」「資財」「資糧」「資生」と漢訳。

brahma-cāriṇaḥ < brahma-cāriṇaḥ + (s) < brahma-cārin-：*adj.* 純潔の行ない（梵行）を遵守する。*m. pl. Nom.*

brahma- < brahman-：*m.* ブラフマー神。

cārin- < √car- (1) + -in：*adj.* 動き得る。～の中に動く／行く／徘徊する／住する／生活する／行動する・遂行する。「行」「行者」「修」「修行」と漢訳。

brahma-caryā-：*n.* 純潔な行ない。禁欲。浄行。「梵行」「浄行」と漢訳。

satyânuparivartinyā < satya-anuparivartin-：*adj.* 真実に従う。*f. sg. Ins.*

satya-：*adj.* 実際の。真実の。誠実な。*n.* 真実。「真」「実」「諦」「真諦」と漢訳。

anuparivartin- < anu-pari-√vṛt- (1) + -in：*adj.* ～の後ろに従う。「随転」「随変」「随行」「随順」と漢訳。

vācâlaṃkṛtā < vācā + alaṃkṛtā

vācā < vāc-：*f.* 言葉。*sg. Ins.* 格変化は、cf.「基礎」*p.* 121.

alaṃkṛtā < alaṃkṛtāḥ + 有声音 < alaṃkṛta- < alam-√kṛ- (8) + -ta：*pp.* 飾られた。「荘厳」「厳飾」と漢訳。*m. pl. Nom.*

madhura-vacanā < madhura-vacanāḥ + 有声音 < madhura-vacana-：*adj.* 好ましい言葉を持つ。好ましい言葉を語る。*m. pl. Nom.*

madhura-：*adj.* 甘い。魅力のある。好ましい。「甘」「甘美」「妙」と漢訳。*n.* 「蜜」「石蜜漿」と漢訳。

vacana- < √vac- (2) + -ana：*adj.* 語る。雄弁な。発音された。*n.* 語ること。発音。発言。発言。話。語。

√vac- (2)：言う。話す。告げる。

abhinna-parṣado < abhinna-parṣadaḥ + 有声子音 < abhinna-parṣad-：*adj.* 断絶のない眷属を持つ。眷属が断絶することのない。*m. pl. Nom.*

abhinna- < a-bhinna-：*adj.* 貫かれない。害せられない。破られない。妨げられない。分かたれない。断絶されない。不和にされない。

bhinna- < √bhid- (1) + -na：*pp.* 破られた。砕かれた。破戒された。分割された。分離された。不和にされた。

parṣad- = pari-ṣad-：*f.* 集会。聴衆。会議。「衆」「大衆」「衆会」「諸大衆」「眷属」と漢訳。格変化については、cf.「基礎」*p.* 119.

bhinna-saṃdhāna-kuśalā < bhinna-saṃdhāna-kuśalāḥ + 有声音 < bhinna-saṃdhāna-kuśala-：*adj.* 争いごとを和解させるのに巧みである。*m. pl. Nom.*

bhinna- < √bhid- (1) + -na：*pp.* 破られた。砕かれた。破戒された。分割された。分離された。不和にされた。「破」「壊」「離散」「闘諍」と漢訳。

saṃdhāna- < sam-√dhā- (3) + -ana：*adj.* 結び合わせる。*n.* 結び合わせること。集めること。～との和解。

kuśala-：*adj.* 善き。正しき。～に熟練した。老練なる。経験ある。

īrṣyā-vigatā < īrṣyā-vigatāḥ + 有声音 < īrṣyā-vigata-：*adj.* 嫉妬することがない。*m. pl. Nom.*

īrṣyā- < √īrṣy- (1) + -ā：*f.* 羨望。嫉妬。

√īrṣy- (1)：嫉む。羨む。「嫉妬」と漢訳。

vigata- < vi-gata- < vi-√gam- (1) + -ta：*pp.* 散った。去った。消滅した。「離」「除」「棄」「遠離」「断除」と漢訳。

avyāpanna-cittāḥ < avyāpanna-cittāḥ + (s) < a-vyāpanna-citta-：*adj.* 悪しき心を持たない。憎悪の心を持たない。「無瞋恨」「離瞋恚」「離瞋害心」と漢訳。*m. pl. Nom.*

vyāpanna-citta-：*adj.* 悪しき心を持つ。

vyāpanna- < vi-ā-√pad- (4) + -na：*pp.* 乱された。害われた。滅ぼされた。死んだ。「瞋恚」「瞋」「瞋害」「悩害」と漢訳。

citta-：*n.* 心。思考。意思。知性。理性。「質多」と音写。

samyag-dṛṣṭi-samanvāgatāḥ < samyag-dṛṣṭi-samanvāgatāḥ + (s) < samyag-dṛṣṭi-samanvāgata-：*adj.* 正しく見ること（正見）を具えた。*m. pl. Nom.*

samyag-dṛṣṭi- < samyak-dṛṣṭi-：*f.* 正しく見ること。「正見」と漢訳。

samyak-：*adv.* 正しく。正確に。真に。適当に。全く。完全に。「正等」と漢訳。「三藐」と音写。

dṛṣṭi- < √dṛś- (1) + -ti：*f.* 見ること。視力。視覚。眼。一瞥。

samanvāgata- < sam-anu-ā-√gam- (1) + -ta：*pp.* ～を伴った。～を具えた。

sattvā < sattvāḥ + 有声音 < sattva-：*m.* 「衆生」「有情」と漢訳。*pl. Nom.*

buddha-kṣetre < buddha-kṣetra-：*n.* 仏の国土。「仏国土」と漢訳。*sg. Loc.*

saṃbhavanti < saṃbhava- < sam-√bhū- (1)：～（具格、処格）と会合する。～と出会う。～と合体する。集合する。起こる。生じる。存在する、ある。*Pres, 3, pl. P.*

§14 iti hi kula-putra yāvanto bodhi-sattvasya prayogās tāvanta āśayāḥ /

(梵漢和維摩経 *p.* 22, *ll.* 12–13)

§14 「良家の息子よ、実に以上のように、菩薩に修行がある限り、その限り意向があるのである。

【§14 「是くの如く、宝積よ、菩薩は其の直心に随いて、則ち能く行を発し、】

（大正蔵、巻一四、五三八頁中）

……………………………………………………………………

iti：*adv.* ～と。以上のように。「如是」と漢訳。

hi：*ind.* 真に。確かに。実に。

kula-putra < kula-putra-：*m.* 良家の息子。「善男子」と漢訳。*sg. Voc.*

yāvanto < yāvantaḥ + 半母音 < yāvat-：*関係形容詞,* ～ほど大きい／多くの／長い。*m. pl. Nom.*

yāvat- ～ tāvat- …：～である限り、その限り…。

bodhi-sattvasya < bodhi-sattva-：*m.* 覚りを求める人。「菩提薩埵」「菩薩」と音写。*sg. Gen.*

prayogās < prayogāḥ + (t) < prayoga- < pra-√yuj- (7) + -a：*m.* 結合。（語の）添加。使用。適用。使用。（医薬の）使用。「修行」と漢訳。*pl. Nom.*

主格と属格の名詞文をなしている。

tāvanta < tāvantaḥ + a 以外の母音 < tāvat-：*adj.* それほど大きい／多くの／長い。*m. pl. Nom.*

āśayāḥ < āśaya- < ā-√śī- (2) + -a-：*m.* 休息所。場所。考え。意向。思想。「意楽」「楽欲」と漢訳。*m. pl. Nom.*

yāvanta āśayās tāvanto 'dhyāśayāḥ /

(梵漢和維摩経 *p.* 22, *l.* 13)

「意向がある限り、その限り高潔な心があり、

【「其の行を発すに随いて、則ち深心を得、】（大正蔵、巻一四、五三八頁中）

……………………………………………………………………

yāvanta < yāvantaḥ + a 以外の母音 < yāvat-：*関係形容詞,* ～ほど大きい／多くの／長い。*m. pl. Nom.*

āśayās < āśayāḥ + (t) < āśaya- < ā-√śī- (2) + -a-：*m.* 休息所。場所。考え。意向。思想。「意楽」「楽欲」と漢訳。*m. pl. Nom.*

tāvanto 'dhyāśayāḥ < tāvantaḥ + adhyāśayāḥ

tāvantaḥ < tāvat-：*adj.* それほど大きい／多くの／長い。*m. pl. Nom.*
adhyāśayāḥ < adhyāśaya- < adhy-āśaya-：*m.* 意向。欲望。願望。傾向。高潔なる心。「所楽」「欲楽」「意楽」「至心」と漢訳。*pl. Nom.*

yāvanto 'dhyāśayās tāvatyo[62] nidhyaptayaḥ / (梵漢和維摩経 *p.* 22, *ll.* 13–14)

「高潔な心がある限り、その限り洞察があり、
【「其の深心に随いて、則ち意調伏す、」】（大正蔵、巻一四、五三八頁中）

……………………………………………………………………………

yāvanto 'dhyāśayās < yāvantaḥ + adhyāśayās
yāvantaḥ < yāvat-：*関係形容詞*, ～ほど大きい／多くの／長い。*m. pl. Nom.*
adhyāśayās < adhyāśayāḥ + (t) < adhyāśaya- < adhy-āśaya-：*m.* 意向。欲望。願望。傾向。高潔なる心。「所楽」「欲楽」「意楽」「至心」と漢訳。*pl. Nom.*
tāvatyo < tāvatyaḥ + 有声子音 < tāvatī- < tāvat-：*adj.* それほど大きい／多くの／長い。*f. pl. Nom.*
nidhyaptayaḥ < nidhyapti- < ni-dhyapti-：*f.* 洞察。「観」「能観」「観察」「思惟」「正思惟」「実想」「諦察」「善分別」と漢訳。*pl. Nom.*

yāvatyo[63] nidhyaptayas tāvatyaḥ[64] pratipattayaḥ / (梵漢和維摩経 *p.* 22, *l.* 14)

「洞察がある限り、その限り善行があり、
【「意の調伏するに随いて、則ち説の如く行じ、」】（大正蔵、巻一四、五三八頁中）

……………………………………………………………………………

yāvatyo < yāvatyaḥ + 有声子音 < yāvatī < yāvat-：*関係形容詞*, ～ほど大きい／多くの／長い。*f. pl. Nom.*
nidhyaptayas < nidhyaptayaḥ + (t) < nidhyapti- < ni-dhyapti-：*f.* 洞察。「観」「能観」「観察」「思惟」「正思惟」「実想」「諦察」「善分別」と漢訳。*pl. Nom.*
tāvatyaḥ < tāvatyaḥ + (p) < tāvatī- < tāvat-：*adj.* それほど大きい／多くの／長い。*f. pl. Nom.*
pratipattayaḥ < pratipatti- < prati-√pad- (4) + -ti：*f.* 獲得。取得。知覚。会得。理解。観察。認識。引き起こすこと。～（属格、処格）における計画。手続き。行動。行為。「行」「修行」「所作」「善行」と漢訳。*pl. Nom.*

yāvatyaḥ pratipattayas tāvatyaḥ pariṇāmanāḥ / (梵漢和維摩経 *p.* 22, *ll.* 14–15)

「善行がある限り、その限り廻向があり、
【「説の如く行ずるに随いて、則ち能く廻向す。」】（大正蔵、巻一四、五三八頁中）

……………………………………………………………………………

yāvatyaḥ < yāvatyaḥ + (p) < yāvatī < yāvat-：*関係形容詞*, ～ほど大きい／多くの／長い。*f. pl. Nom.*
pratipattayas < pratipattayaḥ + (t) < pratipatti- < prati-√pad- (4) + -ti：*f.* 獲得。取得。知覚。会得。理解。観察。認識。引き起こすこと。～（属格、処格）における計画。手続き。行動。行為。「行」「修行」「所作」「善行」と漢訳。*pl. Nom.*
tāvatyaḥ < tāvatī- < tāvat-：*adj.* それほど大きい／多くの／長い。*f. pl. Nom.*
pariṇāmanāḥ < pariṇāmanā- < pari-√nam- (1) + -anā：*f.*「廻向」と漢訳。*pl. Nom.*

yāvatyaḥ pariṇāmanās tāvanta upāyāḥ [/ yāvanta upāyās][65] tāvatyaḥ kṣetra-pariśuddhayaḥ / (梵漢和維摩経 *p.* 22, *ll.* 15–17)

「廻向がある限り、その限り方便があり、〔方便がある限り、〕その限り国土の完全な浄化があり[66]、

【「其の廻向に随いて、則ち方便有り、其の方便に随いて、則ち衆生を成就す。衆生を成就するに随いて、則ち仏土浄し】　（大正蔵、巻一四、五三八頁中）

……………………………………………………………………

yāvatyaḥ < yāvatyaḥ + (p) < yāvatī < yāvat-：*関係形容詞*, ～ほど大きい／多くの／長い。*f. pl. Nom.*
pariṇāmanās < pariṇāmanāḥ + (t) < pariṇāmanā- < pari-√nam- (1) + -anā：*f.* 「廻向」と漢訳。*pl. Nom.*
tāvanta < tāvantaḥ + a 以外の母音 < tāvat-：*adj.* それほど大きい／多くの／長い。*m. pl. Nom.*
upāyāḥ < upāya- < upa-√i- (2) + -a：*m.* 接近。到着。手段。方策。「方便」と漢訳。*pl. Nom.*

……………………………………………………………………

yāvanta < yāvantaḥ + a 以外の母音 < yāvat-：*関係形容詞*, ～ほど大きい／多くの／長い。*m. pl. Nom.*
upāyās < upāyāḥ + (t) < upāya- < upa-√i- (2) + -a：*m.* 接近。到着。手段。方策。「方便」と漢訳。*pl. Nom.*
tāvatyaḥ < tāvatyaḥ + (k) < tāvatī- < tāvat-：*adj.* それほど大きい／多くの／長い。*f. pl. Nom.*
kṣetra-pariśuddhayaḥ < kṣetra-pariśuddhi-：*f.* 国土の完全な浄化。*pl. Nom.*

> yādṛśī kṣetra-pariśuddhis tādṛśī sattva-pariśuddhiḥ /
> （梵漢和維摩経 *p.* 22, *l.* 17）

「国土の完全な浄化があるように、そのように衆生の完全な浄化があり、
【「仏土の浄きに随いて、則ち説法浄し、】　（大正蔵、巻一四、五三八頁下）

……………………………………………………………………

yādṛśī < yādṛśī- < yādṛśa- < yad- + dṛśa-：*adj.* このような種類・性質の。*f. sg. Nom.*
kṣetra-pariśuddhis < kṣetra-pariśuddhiḥ + (t) < kṣetra-pariśuddhi-：*f.* 国土の完全な浄化。*sg. Nom.*
tādṛśī < tādṛśī- < tādṛśa- < tad- + dṛśa-：*adj.* そのような種類・性質の。*f. sg. Nom.*
sattva-pariśuddhiḥ < sattva-pariśuddhi-：*f.* 衆生の完全な浄化。*sg. Nom.*

> yādṛśī sattva-pariśuddhis tādṛśī jñāna-pariśuddhiḥ /
> （梵漢和維摩経 *p.* 22, *ll.* 17–18）

「衆生の完全な浄化があるように、そのように智慧の完全な浄化があり、
【「説法の浄きに随いて、則ち智慧浄し。】　（大正蔵、巻一四、五三八頁下）

……………………………………………………………………

yādṛśī < yādṛśī- < yādṛśa- < yad- + dṛśa-：*adj.* このような種類・性質の。*f. sg. Nom.*
sattva-pariśuddhis < sattva-pariśuddhiḥ + (t) < sattva-pariśuddhi-：*f.* 衆生の完全な浄化。*sg. Nom.*
tādṛśī < tādṛśī- < tādṛśa- < tad- + dṛśa-：*adj.* そのような種類・性質の。*f. sg. Nom.*
jñāna-pariśuddhiḥ < jñāna-pariśuddhi-：*f.* 智慧の完全な浄化。*sg. Nom.*
　　jñāna- < √jñā- (9) + -ana：*n.* 知。智慧。

> yādṛśī jñāna-pariśuddhis tādṛśī deśanā-pariśuddhiḥ /
> （梵漢和維摩経 *p.* 22, *ll.* 18–19）

「智慧の完全な浄化があるように、そのように説法の完全な浄化があり、
【「智慧の浄きに随いて、則ち其の心浄し、】　（大正蔵、巻一四、五三八頁下）

……………………………………………………………………

yādṛśī < yādṛśī- < yādṛśa- < yad- + dṛśa-：*adj.* このような種類・性質の。*f. sg. Nom.*
jñāna-pariśuddhis < jñāna-pariśuddhiḥ + (t) < jñāna-pariśuddhi-：*f.* 智慧の完全な浄化。*sg. Nom.*
tādṛśī < tādṛśī- < tādṛśa- < tad- + dṛśa-：*adj.* そのような種類・性質の。*f. sg. Nom.*
deśanā-pariśuddhiḥ < deśanā-pariśuddhi-：*f.* 説法の完全な浄化。*sg. Nom.*

deśanā- < √diś- (6) + -anā：*f.* 指示。教授。教義。「説」「所説」「言説」「説法」「宣説」「演説」と漢訳。

yādṛśī deśanā-pariśuddhis tādṛśī jñāna-pratipatti-pariśuddhiḥ / (梵漢和維摩経 *p.* 22, *ll.* 19–20)

「説法の完全な浄化があるように、そのように智慧と修行の完全な浄化があり、
【「其の心の浄きに随いて、則ち一切の功徳浄し。】（大正蔵、巻一四、五三八頁下）

……………………………………………………………………

yādṛśī < yādṛśī- < yādṛśa- < yad- + dṛśa-：*adj.* このような種類・性質の。*f. sg. Nom.*
deśanā-pariśuddhis < deśanā-pariśuddhiḥ + (t) < deśanā-pariśuddhi-：*f.* 説法の完全な浄化。*sg. Nom.*
tādṛśī < tādṛśī- < tādṛśa- < tad- + dṛśa-：*adj.* そのような種類・性質の。*f. sg. Nom.*
jñāna-pratipatti-pariśuddhiḥ < jñāna-pratipatti-pariśuddhi-：*f.* 智慧と修行の完全な浄化。*sg. Nom.*

yādṛśī jñāna-pratipatti-pariṣuddhis tādṛśī sva-citta-pariśuddhiḥ / (梵漢和維摩経 *p.* 22, *ll.* 20–21)

「智慧と修行の完全な浄化があるように、そのように自己の心の完全な浄化があるのだ[67]。
【漢訳相当箇所なし】

……………………………………………………………………

yādṛśī < yādṛśī- < yādṛśa- < yad- + dṛśa-：*adj.* このような種類・性質の。*f. sg. Nom.*
jñāna-pratipatti-pariṣuddhis < jñāna-pratipatti-pariśuddhiḥ + (t) < jñāna-pratipatti-pariśuddhi-：*f.* 智慧と修行の完全な浄化。*sg. Nom.*
tādṛśī < tādṛśī- < tādṛśa- < tad- + dṛśa-：*adj.* そのような種類・性質の。*f. sg. Nom.*
sva-citta-pariśuddhiḥ < sva-citta-pariśuddhi-：*f.* 自己の心の完全な浄化。*sg. Nom.*
sva-：*adj.* 自身の。私の。*m.n.* 自分自身。
citta- < √cit- (1) + -ta：*n.* 注意。思考。思想。精神。心。知性。「識」「心」「意」と漢訳。「質多」と音写。

tasmāt tarhi kula-putra buddha-kṣetraṃ pariśodhayitu-kāmena bodhi-sattvena sva-citta-pariśodhane yatnaḥ karaṇīyaḥ / (梵漢和維摩経 *p.* 22, *ll.* 21–22)

「それ故に、良家の息子よ、ブッダの国土を浄化することを欲する菩薩は、自己の心の浄化において努力をなすべきである。
【「是の故に、宝積よ、若し菩薩にして浄土を得んと欲せば、当（まさ）に其の心を浄むべし。】
（大正蔵、巻一四、五三八頁下）

……………………………………………………………………

tasmāt < tad-：それ。*m. sg. Abl.*
tarhi：*adv.* その時において。然る時に。そこで。その場合に。
kula-putra < kula-putra-：*m.* 良家の息子。「善男子」と漢訳。*sg. Voc.*
buddha-kṣetraṃ < buddha-kṣetra-：*n.* 仏の国土。「仏国土」と漢訳。*sg. Acc.*
pariśodhayitu-kāmena < pariśodhayitu-kāma-：*adj.* 浄化することを欲する。*m. sg. Ins.*
pariśodhayitu- < pariśodhayitum < pariśodhaya- + -itum < pari-√śudh- (4) + -aya + -itum：*Caus.* *不定詞,* 浄化すること。清潔にすること。
pariśodhaya- < pari-√śudh- (4) + -aya：*Caus.* 浄化する。
pari-√śudh- (4)：洗い清められる。
√śudh- はⅠ類動詞だが、pari-√śudh- はⅣ類動詞である。

kāma-：*m.* 快楽。愛着。～（為・属・処格）に対する願望・欲望。
bodhi-sattvena < bodhi-sattva-：*m.* 覚りを求める人。「菩薩」と音写。*sg. Ins.*
sva-citta-pariśodhane < svacitta-pariśodhana-：*n.* 自己の心の浄化。*sg. Loc.*
svacitta- < sva-citta-：*n.* 自己の心。
pariśodhana- < pariśodhaya- + -ana < pari-√śudh- (4) + -aya + -ana：*n.* 浄化すること。
yatnaḥ < yatna-：*m.* 意欲。願望。努力。尽力。苦労。骨折り。*sg. Nom.*
karaṇīyaḥ < karaṇīya- < √kṛ- (8) + -aṇīya：*未受分,* なされるべき。作られるべき。「所作」「所為」と漢訳。*n.* 仕事。職業。*m. sg. Nom.*　この未来受動分詞については、cf.「基礎」*p.* 479.

tat kasya hetoḥ /
(梵漢和維摩経 *p.* 22, *l.* 22)

「それは、どんな理由によってか？。
【漢訳相当箇所なし】
………………………………………………………………………………

tat < tad-：それ。*n. sg. Nom.*
kasya < kim-：*疑問詞,* だれ。何。どんな。どの。*m. sg. Gen.*
hetoḥ < hetu-：*m.* 理由。原因。因。*sg. Gen.*
属格の副詞的用法で、「～の理由によって」「～の原因で」。cf.「基礎」*p.* 497.

yādṛśī bodhi-sattvasya citta-pariśuddhis tādṛśī buddha-kṣetra-pariṣuddhiḥ saṃbhavati /
(梵漢和維摩経 *p.* 24, *ll.* 1–2)

「菩薩に心の完全な浄化があるように、そのようにブッダの国土の完全な浄化があるからである。
【「其の心の浄きに随いて、則ち仏土浄し」と。】　（大正蔵、巻一四、五三八頁下）
………………………………………………………………………………

yādṛśī < yādṛśī- < yādṛśa- < yad- + dṛśa-：*adj.* このような種類・性質の。*f. sg. Nom.*
yādṛśa-　～　tādṛśa-　…：どのような～であれ、そのような…が。
bodhi-sattvasya < bodhi-sattva-：*m.* 覚りを求める人。「菩提薩埵」「菩薩」と音写。*sg. Gen.*
citta-pariśuddhis < citta-pariśuddhiḥ + (t) < citta-pariśuddhi-：*f.* 心の完全な浄化。*sg. Nom.*
以上は、属格と主格の名詞文をなしている。
tādṛśī < tādṛśī- < tādṛśa- < tad- + dṛśa-：*adj.* そのような種類・性質の。*f. sg. Nom.*
buddha-kṣetra-pariṣuddhiḥ < buddha-kṣetra-pariśuddhi-：*f.* ブッダの国土の完全な浄化。*sg. Nom.*
saṃbhavati < saṃbhava- < sam-√bhū- (1)：～（具格、処格）と会合する。～と出会う。～と合体する。集合する。起こる。生じる。存在する、ある。*Pres, 3, sg. P.*

§15　atha buddhânubhāvenâyuṣmataḥ śāriputrasyâitad abhavat /　yadi yādṛśī citta-pariśuddhis tādṛśī bodhi-sattvasya buddha-kṣetra-pariṣuddhiḥ saṃbhavati tan mâhâiva bhagavataḥ śākyamuner bodhi-sattva-caryāṃ carataś cittam apariśuddhaṃ yenêdaṃ buddha-kṣetram evam apariśuddhaṃ saṃdṛśyate /
(梵漢和維摩経 *p.* 24, *ll.* 3–7)

§15　その時、ブッダの威神力によって、尊者シャーリプトラ〔の心〕にこの〔思い〕が生じた。

「もしも、心の完全なる浄化があるように、そのようにブッダの国土の完全なる浄化が菩薩にあるのならば、その場合、シャーキャムニ世尊は菩薩としての修行（菩薩道）を行なったのだから、心が清らかでないと、実に言ってはならない〔ことになる〕。それなのに、このブッダの国土が、このように完全には浄化されていないのが観察される」
【§15　爾の時、舎利弗は仏の威神を承けて是の念を作せり。「若し菩薩の心浄ければ則ち仏土浄しとせば、我が世尊、本、菩薩為りし時、意は豈浄からざらんや。而も是の仏土は浄からざること此くの

若きや」と。】　　（大正蔵、巻一四、五三八頁下）

……………………………………………………………………

atha：*adv.* その時。その場合。さて。それ故。しかれば。しかしながら。しかも。

buddhânubhāvenâyuṣmataḥ < buddhânubhāvena + āyuṣmataḥ

buddhânubhāvena < buddha-anubhāva-：*m.* ブッダの威神力。*sg. Ins.*

anubhāva- < anu-√bhū- (1) + -a：*m.* 享受。力。品位。「勢」「力勢」「神力」「威神」「威神力」「威徳」「威力」と漢訳。

anu-√bhū- (1)：囲む。経験する。享受する。知覚する。経験する。学ぶ。理解する。「領納」「忍受」と漢訳。

āyuṣmataḥ < āyuṣmataḥ + (ś) < āyuṣmat- < āyus- + -mat：*m.* 長寿の。健康の。「尊者」「長老」「具寿」と漢訳。*sg. Gen.*

āyus-：*n.* 生命。寿命。寿。命。

śāriputrasyâitad < śāriputrasya + etad

śāriputrasya < śāriputra- < śāri-putra-：*m.* シャーリプトラ（シャーリーの息子）。「身子」と漢訳。「舎利弗」と音写。*sg. Gen.*

etad < etat + 母音 < etad-：これ。*n. sg. Nom.*

abhavat < bhava- < √bhū- (1)：なる。生ずる。出現する。～（属格）の分担となる。～（属格）のものとなる。*Impf. 3, sg. P.*

……………………………………………………………………

yadi：*conj.* もし～ならば。

yadi ～ tat …：もし～ならば、その場合…。cf.「シンタックス」*p.* 139.

yadi だけで、「たとえ～でも」の意を示すことがある。cf.「シンタックス」*p.* 140.

yādṛśī < yādṛśī- < yādṛśa- < yad- + dṛśa-：*adj.* このような種類・性質の。*f. sg. Nom.*

citta-pariśuddhis < citta-pariśuddhiḥ + (t) < citta-pariśuddhi-：*f.* 心の完全な浄化。*sg. Nom.*

tādṛśī < tādṛśī- < tādṛśa- < tad- + dṛśa-：*adj.* そのような種類・性質の。*f. sg. Nom.*

bodhi-sattvasya < bodhi-sattva-：*m.* 覚りを求める人。「菩提薩埵」「菩薩」と音写。*sg. Gen.*

buddha-kṣetra-pariṣuddhiḥ < buddha-kṣetra-pariśuddhi-：*f.* 仏国土の完全な浄化。*sg. Nom.*

saṃbhavati < saṃbhava- < sam-√bhū- (1)：～（具格、処格）と会合する。～と出会う。～と合体する。集合する。起こる。生じる。存在する、ある。*Pres, 3, sg. P.*

tan < tat + (m) < tad-：それ。*n. sg. Acc.*

yadi ～ tat …：もし～ならば、その場合…。cf.「シンタックス」*p.* 139.

mâhâiva < mā + āha + eva

mā：*adv.* ～なかれ。～なからんことを。～しないように。願わくは～ないように。

mā は、オーグメントを欠いた過去形や、アオリストとともに用いられて"禁止"を意味するが、このほか願望法や命令法、さらには未来形や現在形とさえ用いられることもある。cf.「辻文法」*pp.* 256, 294–296. ここでは、完了態とともに用いられている。

āha < √ah-：話す。言う。*Perf. 3, sg. P.* cf.「基礎」*p.* 376.

eva：*adv.* さように。このように。まさに。実に。ただ。全くこのように。

bhagavataḥ < bhagavataḥ + (p) < bhagavat-：*m.* 尊い（人）。「世尊」と漢訳。*sg. Gen.*

śākyamuner < śākyamuneḥ + 有声音 < śākyamuni- < śākya-muni-：*m.* シャーキャムニ。シャーキャ族出身の聖者。「釈迦牟尼」と音写。*sg. Gen.*

śākya-：*m.* シャーキャ族。

muni-：*m.* 賢人。霊感を得た人。予言者。隠者。「牟尼」と音写。

bodhi-sattva-caryāṃ < bodhi-sattva-caryā-：*f.* 菩薩としての修行。「菩薩行」「菩薩道」と漢訳。*sg. Acc.*

caryā- < √car- (1) + -yā：*f.* 徘徊すること。行為。所行。行。

carataś < carataḥ + (c) < carat- < cara- + -t < √car- (1) + -t：動く。行く。歩む。徘徊する。遂行す

る。実行する。*現在分詞, m. sg. Gen.*

bhagavataḥ 以下は、名詞と分詞の属格で絶対節をなしている。

cittam < citta- < √cit- (1) + -ta：*n. (pp.)* 注意。思考。思想。目的。意志。精神。心。知性。理性。識。心。意。質多。*sg. Acc.*

apariśuddhaṃ < apariśuddha- < a-pariśuddha-：*pp.* 完全な浄化でない。*n. sg. Acc.*

以上の二つの対格は、叙述的対格（Predicative Accusative）で āha の目的語になっている。

yenêdaṃ < yena + idaṃ

yena：*adv.* それによって。その結果。そこに。その方法で。その理由で。その故に。なんとなれば。

idaṃ < idam-：これ。*n. sg. Nom.*

buddha-kṣetram < buddha-kṣetra-：*n.* 仏の国土。「仏国土」と漢訳。*sg. Nom.*

evam：*adv.* このように。

apariśuddhaṃ < apariśuddha- < a-pariśuddha-：*pp.* 完全な浄化でない。*n. sg. Nom.*

saṃdṛśyate < saṃdṛśya- < sam-√dṛś- (1) + -ya：*Pass.* 〜（具格）とともに現われる。観察される。*3, sg. A.*

> atha khalu bhagavān āyuṣmataḥ śāriputrasya cetasâiva cetaḥ-parivitarkam ājñāyâyuṣmant=aṃ śāriputram etad avocat / tat kiṃ manyase śāriputra mâhâiva sūryā-candramasāv apari=śuddhau yaj jāty-andho na paśyati /
>
> （梵漢和維摩経 *p.* 24, *ll.* 8–11）

そこで、世尊は、尊者シャーリプトラの心の思いを心で知って、尊者シャーリプトラにこのようにおっしゃられた。

「あなたは、それを何と考えるか？　シャーリプトラよ、実に太陽と月は清らかではないと言うべきではないのだ。生まれつき盲目である人は、そのことを見ることがないのだ」

【仏、其の念を知りたまいて、即（すなわ）ち之（これ）に告げて言（のたま）わく、「意に於いて云何（いかん）。日月豈（あに）浄からざるや。而も盲者は見ず」】　（大正蔵、巻一四、五三八頁下）

……………………………………………………………………

atha：*adv.* その時。その場合。さて。それ故。しかれば。しかしながら。しかも。

khalu：*ind.* 実に。確かに。しかも。さて。そこで。

bhagavān < bhagavat-：*m.* 尊い（人）。「世尊」と漢訳。「婆伽婆」「薄伽梵」と音写。*sg. Nom.*

āyuṣmataḥ < āyuṣmat- < āyus- + -mat：*m.* 長寿の。健康の。「尊者」「長老」「具寿」と漢訳。*sg. Gen.*

śāriputrasya < śāriputra- < śāri-putra-：*m.* シャーリプトラ（シャーリーの息子）。「身子」と漢訳。「舎利弗」と音写。*sg. Gen.*

cetasâiva < cetasā + eva

cetasā < cetas-：*n.* 自覚。感官。心。精神。意志。*sg. Ins.*

eva：*adv.* さように。このように。まさに。実に。ただ。全くこのように。

cetaḥ-parivitarkam < cetaḥ-parivitarka-：*m.* 心の思い。「念」「心所念」「心所黙念」と漢訳。*sg. Acc.*

cetaḥ- < cetas-：*n.* 自覚。感官。心。精神。意志。

parivitarka-：*m.* 反省。静思。思想。思考。「思惟」「所念」と漢訳。

ājñāyâyuṣmantaṃ < ājñāya + āyuṣmantaṃ

ājñāya < ā-√jñā- (9) + -ya：知る。*Ger.*

āyuṣmantaṃ < āyuṣmat- < āyuṣ-mat-：*m.* 「尊者」「長老」と漢訳。*sg. Acc.*

śāriputram < śāriputra- < śāri-putra-：*m.* シャーリプトラ（シャーリーの息子）。「身子」と漢訳。「舎利弗」と音写。*sg. Acc.*

etad < etat + 母音 < etad-：これ。*n. sg. Acc.* 対格の副詞的用法で「このように」の意味。

avocat < avoca- < a- + va-+ uc- + -a < √vac- (2)：言う。話す。告げる。*重複 Aor. 3, sg. P.*

……………………………………………………………………

tat < tad-：それ。*n. sg. Acc.*
kiṃ < kim-：*疑問代名詞,* だれ。何。どんな。どれ。*n. sg. Acc.*
manyase < manya- < √man- (4)：考える。*Pres. 2, sg. A.*
śāriputra < śāriputra- < śāri-putra-：*m.* シャーリプトラ（シャーリーの息子)。「身子」と漢訳。「舎利弗」と音写。*sg. Voc.*
mâhâiva < mā + āha + eva
　mā：*adv.* ～なかれ。～なからんことを。～しないように。願わくは～ないように。
　mā は、オーグメントを欠いた過去形や、アオリストとともに用いられて“禁止”を意味するが、このほか願望法や命令法、さらには未来形や現在形とさえ用いられることもある。cf.「辻文法」*pp.* 256, 294–296. ここでは、完了態とともに用いられている。
　āha < √ah-：話す。言う。*Perf. 3, sg. P.* cf.「基礎」*p.* 376.
　eva：*adv.* さように。このように。まさに。実に。ただ。全くこのように。
sūryā-candramasāv < sūryā-candramasau + 母音 < sūryā-candramas-：*adj.* 太陽と月の。*m. du. Acc.* 格変化は、「基礎」*p.*143。
apariśuddhau < apariśuddha- < a-pariśuddha-：*pp.* 完全な浄化でない。*m. du. Acc.*
　以上の二つの対格は、叙述的対格で、āha の目的語になっている。
yaj < yat + (j) < yad-：*関係代名詞, n. sg. Acc.*
jāty-andho < jāty-andhaḥ + 有声子音 < jāti-andha-：*adj.* うまれつき盲目の。「生盲」と漢訳。*m. sg. Nom.*
　jāti- < √jan- (1) + -ti：*f.* 誕生。出生。生まれ。
　andha-：*adj.* 盲目の。朦朧とした。真っ暗の。
na：*ind.* ～でない。～にあらず。
paśyati < paśya- < √paś- (4)：見る。眺める。観察する。凝視する。*Pres. 3, sg. P.*

āha / no hîdaṃ bhagavan jāty-andhâparādha eṣa na sūrya-candramasoḥ / （梵漢和維摩経 *p.* 24, *ll.* 12–13）

〔シャーリプトラが〕言った。
「世尊よ、これは、そうではありません。これは、生まれつき盲目である人の過失であって、太陽と月に〔過失が〕あるのではありません。
【対(こた)えて曰く、「不(いな)なり。世尊よ、是れ盲者の過(とが)にして、日月の咎(とが)に非ず」】
（大正蔵、巻一四、五三八頁下）

……………………………………………………………………

āha < √ah-：話す。言う。*Perf. 3, sg. P.* cf.「基礎」*p.* 376.
　√ah-は不完全動詞であり、完了形は āttha (*2, sg. P.*), āha (*3, sg. P.*), āhathuḥ (*2, du. P.*), āhatuḥ (*3, du. P.*), āhuḥ (*3, pl. P.*)の形しかない。cf.「基礎」*p.* 376.
no hîdaṃ：「不也」「此不是」「此非耶不是」と漢訳。
　no < na-u：*ind.* ～もまた…ない。
　hîdaṃ < hi + idaṃ
　hi：*ind.* 真に。確かに。実に。
　idaṃ < idam-：これ。*n. sg. Nom.*
bhagavan < bhagavat-：*m.* 尊い人。「世尊」と漢訳。「婆伽婆」「薄伽梵」と音写。*sg. Voc.*
jāty-andhâparādha < jāty-andhâparādhaḥ + a 以外の母音 < jāty-andha-aparādha-：*m.* 生まれつき盲目である人の罪。*sg. Nom.*
　jāty-andha- < jāti-andha-：*adj.* 生まれつき盲目の。「生盲」と漢訳。
　aparādha- < apa-√rādh- (1) + -a：*m.* 犯罪。反則。違法。加害。「過」「過失」「罪」「咎」と漢訳。
　apa-√rādh- (1)：的に当たらない。有罪である。～（処格）を犯す。～（属格）を害する。害する。違反する。

√rādh- (1)：成功する。繁栄する。幸福である。成就する。達成する。

eṣa < eṣaḥ < etad-：これ。*m. sg. Nom.*

na：*ind.* ～でない。～にあらず。

sūrya-candramasoḥ < sūrya-candramas-：*m.* 太陽と月。*du. Gen.Loc.*

主格のeṣaとともに名詞文をなしているが、これは属格でも処格でも、いずれでもかまわない。

sūrya-：*m.* 太陽。

candramas- < candra-mas-：*m.* 月。月神。「月天子」と漢訳。

candra-：*adj.* 光る。輝く。*m.* 月。月神。

> āha / evam eva śāriputra sattvānām ajñānâparādha eṣa yat[68] tathāgatasya buddha-kṣetra-guṇâlaṃkāra-vyūhaṃ kecit sattvā na paśyanti na tatra tathāgatasyâparādhaḥ /
> (梵漢和維摩経 *p.* 24, *ll.* 14–16)

〔世尊が〕言われた。

「シャーリプトラよ、まさにこのように、如来にとってブッダの国土が功徳の飾りで荘厳されているのを、衆生のだれも決して見ることはないということ、これは衆生たちの無知による過失である。その場合、過失は如来にあるのではないのだ。

【「舎利弗よ、衆生の罪なり。故に如来の仏土の厳浄（ごんじょう）なるを見ざるも、如来の咎（とが）には非ず。】

（大正蔵、巻一四、五三八頁下）

………………………………………………………………………

āha < √ah-：話す。言う。*Perf. 3, sg. P.* cf.「基礎」*p.* 376.

evam：*adv.* このように。

eva：*adv.* さように。このように。まさに。実に。ただ。全くこのように。

śāriputra < śāriputra- < śāri-putra-：*m.* シャーリプトラ（シャーリーの息子）。「身子」と漢訳。「舎利弗」と音写。*sg. Voc.*

sattvānām < sattva-：*m.* 「衆生」「有情」と漢訳。*pl. Gen.*

ajñānâparādha < ajñānâparādhaḥ + a 以外の母音 < ajñāna-aparādha-：*m.* 無知による罪。*sg. Nom.*

ajñāna- < a-jñāna-：*n.* 無知・不注意。無智。「癡」「愚癡」と漢訳。

jñāna- < √jñā- (9) + -ana：*n.* 知ること。知識。智慧。「闍那」と音写。

aparādha- < apa-√rādh- (1) + -a：*m.* 犯罪。反則。違法。加害。「過」「過失」「罪」「咎」と漢訳。

eṣa < eṣaḥ < etad-：これ。*m. sg. Nom.*

yat：*conj.* ～ということ（＝ that）。

tathāgatasya < tathāgata-：*m.* 「如来」と漢訳。*sg. Gen.*

buddha-kṣetra-guṇâlaṃkāra-vyūhaṃ < buddha-kṣetra-guṇa-alaṃkāra-vyūha-：*adj.* ブッダの国土が功徳の飾りで荘厳されている。*m. sg. Acc.*

buddha-kṣetra-：*n.* ブッダの国土。「仏国土」と漢訳。

guṇa-：*m.* 種類。構成。従属的要素。固有性。属性。善性。徳。

alaṃkāra- < alam-√kṛ- (8) + -a：*m.* 装飾。装飾物。装身具。修辞。「荘厳」「厳飾」と漢訳。

vyūha- < vi-√ūh- (1) + -a：*m.* 配置。戦陣。集合。「厳」「荘厳」「厳飾」と漢訳。

kecit < kiṃ-cit-：*不定代名詞,* *だれかある人。* 何かあるもの。*m. pl. Nom.*

sattvā < sattvāḥ + 有声音 < sattva-：*m.* 「衆生」「有情」と漢訳。*pl. Nom.*

na：*ind.* ～でない。～にあらず。

paśyanti < paśya- < √paś- (4)：見る。見なす。考察する。思量する。*Pres. 3, pl. P.*

na：*ind.* ～でない。～にあらず。

tatra：*adv.* そこに。そこへ。かしこに。その時に。その場合に。

tathāgatasyâparādhaḥ < tathāgatasya + aparādhaḥ

tathāgatasya < tathāgata-：*m.* 「如来」と漢訳。*sg. Gen.*
aparādhaḥ < aparādha- < apa-√rādh- (1) + -a：*m.* 犯罪。反則。違法。加害。「過」「過失」「罪」「咎」と漢訳。*sg. Nom.*
以上の二語は属格と主格の名詞文をなしている。

pariśuddhaṃ hi śāriputra tathāgatasya buddha-kṣetraṃ yūyaṃ punar idaṃ na paśyatha /
(梵漢和維摩経 *p.* 24, *ll.* 16–17)

「シャーリプトラよ、如来にとってブッダの国土は実に完全に浄化されている。しかしながら、あなたたちは、そのことを見ることはないのだ」
【「舎利弗よ、我が此の土は浄けれども而も汝は見ざるなり」と。】（大正蔵、巻一四、五三八頁下）

pariśuddhaṃ < pariśuddha- < pari-√śudh- (4) + -ta ：*pp.* 完全に浄化された。清められた。*n. sg. Nom.*
√śudh-はⅠ類だが、pari-√śudh-はⅣ類の動詞であることに注意。
hi：*ind.* 真に。確かに。実に。
śāriputra < śāriputra- < śāri-putra-：*m.* シャーリプトラ（シャーリーの息子）。「身子」と漢訳。「舎利弗」と音写。*sg. Voc.*
tathāgatasya < tathāgata-：*m.* 「如来」と漢訳。*sg. Gen.*
buddha-kṣetraṃ < buddha-kṣetra-：*n.* 仏の国土。「仏国土」と漢訳。*sg. Nom.*
yūyaṃ < yuṣmad-：あなたたち。*2, pl. Nom.*
punar：*adv.* 再び。さらに。なお。しかしながら。
idaṃ < idam-：これ。*n. sg. Acc.*
na：*ind.* ～でない。～にあらず。
paśyatha < paśya- < √paś- (4)：見る。見なす。考察する。思量する。*Pres. 2, pl. P.*

§16　atha khalu jaṭī brahmā sthaviraṃ śāriputram etad avocat /　mā bhadanta-śāriputra tathāgatasyâpariśuddhaṃ buddha-kṣetram[69] idaṃ vyāhārṣīt /
(梵漢和維摩経 *p.* 24, *ll.* 18–20)

§16　その時、結髪したブラフマー神〔、すなわちシキン梵天〕が、大徳シャーリプトラにこのように言った。
「尊者シャーリプトラよ、如来にとってのこのブッダの国土が清らかではないなどと言ってはなりません。
【§16　爾(そ)の時、螺髻梵王(らけいぼんのう)は舎利弗に語れり。「是の意を作(な)す勿(なか)れ。此の仏土を謂(い)いて以(もっ)て不浄と為(な)すと。】（大正蔵、巻一四、五三八頁下）

atha：*adv.* その時。その場合。さて。それ故。しかれば。しかしながら。しかも。
khalu：*ind.* 実に。確かに。しかも。さて。そこで。
jaṭī < jaṭin- < jaṭā- + -in：*adj.* 結髪している。*m.* 苦行者。*sg. Nom.*
jaṭā-：*f.* 弁髪。結髪。
brahmā < brahman-：*m.* ブラフマー神。「梵」「梵天」「梵王」と音写。*sg. Nom.*
sthaviraṃ < sthavira-：*adj.* 広い。厚い。頑丈な。威力ある。老いた。尊敬すべき。「大徳」「尊者」と漢訳。*m. sg. Acc.*
śāriputram < śāriputra- < śāri-putra-：*m.* シャーリプトラ（シャーリーの息子）。「身子」と漢訳。「舎利弗」と音写。*sg. Acc.*
etad < etat + 母音 < etad-：これ。*n. sg. Acc.* 対格の副詞的用法で「このように」の意味。
avocat < avoca- < a- + va-+ uc- + -a < √vac- (2)：言う。話す。告げる。*重複 Aor. 3, sg. P.*

mā：*adv.* ～なかれ。～なからんことを。～しないように。願わくは～ないように。
　mā は、オーグメントを欠いた過去形や、アオリストとともに用いられて“禁止”を意味するが、このほか願望法や命令法、さらには未来形や現在形とさえ用いられることもある。cf.「辻文法」*pp.* 256, 294–296.

bhadanta-śāriputra < bhadanta-śāriputra-：*m.* 尊者シャーリプトラ。*sg. Voc.*
　bhadanta-：*m.*（仏教、またはジャイナ教の出家者の敬称）。「大徳」「尊」「尊者」「世尊」「真正」と漢訳。
　śāriputra- < śāri-putra-：*m.* シャーリプトラ（シャーリーの息子）。「身子」と漢訳。「舎利弗」と音写。

tathāgatasyâpariśuddhaṃ < tathāgatasya + apariśuddhaṃ
　tathāgatasya < tathāgata-：*m.*「如来」と漢訳。*sg. Gen.*
　apariśuddhaṃ < apariśuddha- < a-pariśuddha-：*pp.* 完全な浄化でない。*n. sg. Acc.*

buddha-kṣetram < buddha-kṣetra-：*n.* 仏の国土。「仏国土」と漢訳。*sg. Acc.*

idaṃ < idam-：これ。*n. sg. Acc.*
　以上の対格は、叙述的対格で vyāhārṣīt（≒ avyāhārṣīt）の目的語になっている。

vyāhārṣīt ≒ avyāhārṣīt < avyāhārs- < vi-ā-√hṛ- (1) + -s：発音する。発言する。話す。*s-Aor. 3, sg. P.*
　mā とオーグメントの a がないアオリストで禁止を意味する。

pariśuddhaṃ hi bhadanta-śāriputra bhagavato buddha-kṣetram / （梵漢和維摩経 *p.* 24, *l.* 20）

「尊者シャーリプトラよ、世尊にとってのブッダの国土は、実に完全に浄化されているのである。
【「所以は何んとなれば、我、釈迦牟尼仏の土を見るに、清浄なること、】
（大正蔵、巻一四、五三八頁下）
………………………………………………………………………

pariśuddhaṃ < pariśuddha- < pari-√śudh- (4) + -ta：*pp.* 完全に浄化された。清められた。*n. sg. Nom.*

hi：*ind.* 真に。確かに。実に。

bhadanta-śāriputra < bhadanta-śāriputra-：*m.* 尊者シャーリプトラ。*sg. Voc.*

bhagavato < bhagavataḥ + 有声子音 < bhagavat-：*m.* 尊い（人）。「世尊」と漢訳。「婆伽婆」「薄伽梵」と音写。*sg. Gen.*

buddha-kṣetram < buddha-kṣetra-：*n.* 仏の国土。「仏国土」と漢訳。*sg. Nom.*

tad yathâpi nāma śāriputra vaśa-vartināṃ devānāṃ bhavana-vyūhāḥ / （梵漢和維摩経 *p.* 26, *l.* 1）

「シャーリプトラよ、それは、あたかも他化自在天〔の神々〕にとっての宮殿の荘厳のようなものである。
【「譬えば自在天宮の如し」と。】　（大正蔵、巻一四、五三八頁下）
………………………………………………………………………

tad yathâpi nāma < tad yathā + api nāma：あたかも～であるかのように。それは、あたかも～のようなものである。

śāriputra < śāriputra- < śāri-putra-：*m.* シャーリプトラ（シャーリーの息子）。「身子」と漢訳。「舎利弗」と音写。*sg. Voc.*

vaśa-vartināṃ < vaśa-vartin-：*adj.* ～（属格）の支配下にある。～に服従する。～を支配する。統治する。「自在天」「他化自在」と漢訳。*m. pl. Gen.*
　vaśa- < √vaś- (3) + -a：*m.* 意志。願望。欲望。力。支配。権威。*adj.* ～の支配下にある。～に従う。～に征服された。
　√vaś- (3)：～を欲する。～を命令する。望む。切望する。

vartin-< √vṛt- (1) + -in：*adj.* ～に滞在している。～に留まる。～を実行する。～に従事する。
√vṛt- (1)：転ずる。回転する。進む。
devānāṃ < deva- < √div- (4) + -a：*m.* 神。「天」と漢訳。*pl. Gen.*
bhavana-vyūhāḥ < bhavana-vyūha-：*m.* 宮殿の荘厳。*pl. Nom.*
bhavana-：*n.* 家。住所。邸宅。宮殿。神殿。「天宮」「王宮」と漢訳。
vyūha- < vi-√ūh- (1) + -a：*m.* 配置。戦陣。集合。「厳」「荘厳」「厳飾」と漢訳

īdṛśān vayaṃ buddha-kṣetra-guṇa-vyūhān bhagavataḥ śākyamuneḥ paśyāmaḥ /
(梵漢和維摩経 *p.* 26, *ll.* 2–3)

「私たちは、シャーキャムニ世尊にとってのブッダの国土の功徳〔の飾り〕による荘厳を、このようなものと見なしております」
【漢訳相当箇所なし】
………………………………………………………………………
īdṛśān < īdṛśa- = īdṛś-：*adj.* このような状態の。このような場合の。*m. pl. Acc.*
vayaṃ < asmad-：われわれ。*1, pl. Nom.*
buddha-kṣetra-guṇa-vyūhān < buddha-kṣetra-guṇa-vyūha-：*m.* ブッダの国土の功徳〔の飾り〕による荘厳。*pl. Acc.*
bhagavataḥ < bhagavataḥ + (ś) < bhagavat-：*m.* 尊い（人）。「世尊」と漢訳。*sg. Gen.*
śākyamuneḥ < śākyamuneḥ + (p) < śākyamuni- < śākya-muni-：*m.* シャーキャムニ。シャーキャ族出身の聖者。「釈迦牟尼」と音写。*sg. Gen.*
paśyāmaḥ < paśya- < √paś- (4)：見る。見なす。考察する。思量する。*Pres. 1, pl. P.*

atha khalu sthaviraḥ śāriputro jaṭinaṃ brahmāṇam etad avocat / vayaṃ punar brahmann imāṃ mahā-pṛthivīm utkūla-nikūlāṃ kaṇṭaka-prapāta-giri-śekhara-śvabhra-gūthôḍigalla-pratipūrṇām[70] paśyāmaḥ /
(梵漢和維摩経 *p.* 26, *ll.* 4–6)

そこで、大徳シャーリプトラは、結髪したブラフマー神〔、すなわちシキン梵天〕にこのように言った。
「しかしながら、ブラフマー神よ、私たちは、この大いなる大地がでこぼこしていて、いばらや、断崖、山、山頂、深い溝、糞尿などの汚物で満たされているのを見ます」
【舎利弗言わく、「我、此の土を見るに、丘陵・杭坎・荊蕀・沙礫・土石・諸山に穢悪充満す」と。】
（大正蔵、巻一四、五三八頁下）
………………………………………………………………………
atha：*adv.* その時。その場合。さて。それ故。しかれば。しかしながら。しかも。
khalu：*ind.* 実に。確かに。しかも。さて。そこで。
sthaviraḥ < sthaviraḥ + (ś) < sthavira-：*adj.* 広い。厚い。頑丈な。威力ある。老いた。尊敬すべき。「大徳」「尊者」と漢訳。*m. sg. Nom.*
śāriputro < śāriputraḥ + 有声子音 < śāriputra- < śāri-putra-：*m.* シャーリプトラ（シャーリーの息子)。「身子」と漢訳。「舎利弗」と音写。*sg. Nom.*
jaṭinaṃ < jaṭin- < jaṭā- + -in：*adj.* 結髪している。*m.* 苦行者。敬虔なる乞食者。*sg. Acc.*
brahmāṇam < brahman-：*m.* ブラフマー神。「梵」「梵天」「梵王」と音写。*sg. Acc.*
etad < etat + 母音 < etad-：これ。*n. sg. Acc.* 対格の副詞的用法で「このように」の意味。
avocat < avoca- < a- + va-+ uc- + -a < √vac- (2)：言う。話す。告げる。*重複 Aor. 3, sg. P.*
………………………………………………………………………
vayaṃ < asmad-：われわれ。*1, pl. Nom.*
punar：*adv.* 再び。新たに。さらに。なお。しかしながら。
brahmann < brahman + 母音 < brahman-：*m.* ブラフマー神。「梵」「梵天」「梵王」と音写。*sg. Voc.*

imāṃ < idam-：これ。*f. sg. Acc.*
mahā-pṛthivīm < mahā-pṛthivī-：*f.* 大いなる大地。*sg. Acc.*
　　mahā- < mahat-：*adj.* 大きな。偉大な。豊富な。たくさんの。重要な。卓越した。
　　pṛthivī-：*f.* 地面。（広い）大地。国土。
utkūla-nikūlāṃ < utkūla-nikūlā- < utkūla-nikūla-：*adj.*（山を）上り下りする。「高下」と漢訳。*f. sg. Acc.*
　　utkūla- < ut-kūla-：*adj.* 岸に溢れる。
　　kūla-：傾斜。小山。岸。堤防
　　nikūla- < ni-kūla-：*adj.*（山の）下り坂の。
kaṇṭaka-prapāta-giri-śekhara-śvabhra-gūthôḍigalla-pratipūrṇāṃ < kaṇṭaka-prapāta-giri-śekhara-śvabhra-gūthôḍigalla-pratipūrṇā- < kaṇṭaka-prapāta-giri-śekhara-śvabhra-gūthôḍigalla-pratipūrṇa-：*adj.* いばらや、断崖、山、山頂、深い溝、糞尿などの汚物で満たされている。*f. sg. Acc.*
　　kaṇṭaka-：*m.* いばら。魚の骨。「棘」「刺」「荊」「荊棘」「棘刺」と漢訳。
　　prapāta- < pra-√pat- (1) + -a：*m.* 前方に飛ぶこと。〜に落ちること。急な下り坂。断崖。
　　pra-√pat- (1)：飛び去る。飛行する。落ちる。入る。飛び降りる。
　　giri-：*m.* 重きもの。山。岳。岩。山岳。
　　śekhara-：*m.* 山頂。
　　śvabhra-：*m.n.* 深い割れ目。穴。坑。「溝」「峻険」と漢訳。
　　gūthôḍigalla- < gūtha-uḍigalla-：*m.* 糞尿などの汚物。
　　gūtha-：*n.* 大便。糞。
　　uḍigalla- = oḍigalla-：*m.*「不浄」と漢訳。
　　pratipūrṇa- < prati-√pṛ- (3, 6) + -na：*pp.* 満ちた（月にも用いる）。〜（具格）で満たされた。〜で満ちた。満足した。
　　pūrṇa- < √pṛ- (3, 6) + -na：*pp.* 満たされた。満ちた。成就した。充足された。
　　imāṃ 以下は、paśyāmaḥ（見る）の“目的語”として叙述的対格（Predicative Accusative）になっている。
paśyāmaḥ < paśya- < √paś- (4)：見る。見なす。考察する。思量する。*Pres. 1, pl. P.*

> jaṭī brahmâha / nūnaṃ bhadanta-śāriputrasyôtkūla-nikūlaṃ cittam apariśuddha-buddha-jñānâśayaṃ yenêdṛśaṃ buddha-kṣetraṃ paśyasi /
>
> （梵漢和維摩経 *p.* 26, *ll.* 7–9）

　結髪したブラフマー神〔、すなわちシキン梵天〕が言った。
「尊者シャーリプトラには、でこぼこした心があり、ブッダの智慧に対する清らかでない意向が確かにある。それによって、あなたには、ブッダの国土がそのように見えるのです。
【螺髻梵(らけいぼん)言わく、「仁者(なんじ)は心に高下有りて仏慧に依らざるが故に、此の土を見て不浄と為すのみ。】
（大正蔵、巻一四、五三八頁下）

…………………………………………………………………………

jaṭī < jaṭin- < jaṭā- + -in：*adj.* 結髪している。*m.* 苦行者。*sg. Nom.*
brahmâha < brahmā + āha
　　brahmā < brahman-：*m.* ブラフマー神。「梵」「梵天」「梵王」と音写。*sg. Nom.*
　　āha < √ah-：話す。言う。*Perf. 3, sg. P.* cf.「基礎」*p.* 376.

…………………………………………………………………………

nūnaṃ：*adv.* 今。正に。目下。直ちに。今後。そこで。故に。確かに。間違いなく。
bhadanta-śāriputrasyôtkūla-nikūlaṃ < bhadanta-śāriputrasya + utkūla-nikūlaṃ
　　bhadanta-śāriputrasya < bhadanta-śāriputra-：*m.* 尊者シャーリプトラ。*sg. Gen.*
　　utkūla-nikūlaṃ < utkūla-nikūla-：*adj.*（山を）上り下りする。「高下」と漢訳。*n. sg. Nom.*

cittam < citta- < √cit- (1) + -ta：*n.* (*pp.*) 注意。思考。思想。目的。意志。精神。心。知性。理性。識。心。意。質多。*sg. Nom.*

apariśuddha-buddha-jñānâśayaṃ < apariśuddha-buddha-jñāna-āśaya-：*adj.* 浄化されていないブッダの智慧に対する意向を持つ。ブッダの智慧に対する意向が清らかでない。*n. sg. Nom.*

apariśuddha- < a-pariśuddha-：*pp.* 完全な浄化でない。完全には清められていない。

buddha-jñāna-：*n.* ブッダの智慧。

āśaya- < ā-√śī- (2) + -a-：*m.* 休息所。場所。考え。意向。思想。「意楽」「楽欲」と漢訳。

以上は、主格と属格の名詞文。

yenêdṛśaṃ < yena + īdṛśaṃ

yena：*adv.* それによって。その結果。

īdṛśaṃ < īdṛśa- = īdṛś-：*adj.* このような状態の。このような場合の。*n. sg. Acc.*

buddha-kṣetraṃ < buddha-kṣetra-：*n.* 仏の国土。「仏国土」と漢訳。*sg. Acc.*

paśyasi < paśya- < √paś- (4)：見る。見なす。考察する。思量する。*Pres. 2, sg. P.*

ye punas te bhadanta-śāriputra bodhi-sattvāḥ sarva-sattva-sama-cittāḥ pariśuddha-buddha-jñānâśayās ta idaṃ[71] buddha-kṣetraṃ pariśuddhaṃ paśyanti /

(梵漢和維摩経 *p.* 26, *ll.* 9–11)

「しかしながら、尊者シャーリプトラよ、一切衆生に対して平等の心を持ち、ブッダの智慧に対する意向が完全に清められているところのそれらの菩薩たち、それら〔の菩薩たち〕は、このブッダの国土が完全に浄化されているのを見るのです」

【「舎利弗よ、菩薩は一切衆生に於いて、悉く皆平等にして、深心清浄なり。仏の智慧に依れば、則ち能く此の仏土の清浄なるを見るなり」】　（大正蔵、巻一四、五三八頁下）

………………………………………………………………………

ye < yad-：*関係代名詞, m. pl. Nom.*

punas：*adv.* 再び。新たに。さらに。なお。しかしながら。

te < tad-：それ。*m. pl. Nom.*

bhadanta-śāriputra < bhadanta-śāriputra-：*m.* 尊者シャーリプトラ。*sg. Voc.*

bodhi-sattvāḥ < bodhi-sattvāḥ + (s) < bodhi-sattva-：*m.* 覚りを求める人。「菩薩」と音写。*pl. Nom.*

sarva-sattva-sama-cittāḥ < sarva-sattva-sama-cittāḥ + (p) < sarva-sattva-sama-citta-：*adj.* 一切衆生に対して平等の心を持つ。*m. pl. Nom.*

sarva-：*adj.* 一切の。すべての。

sattva-：*m.* 「衆生」「有情」と漢訳。

sama-：*adj.* 平らな。～（具格、属格）と等しい。平等な。

citta-：*n.* 心。思考。意思。知性。理性。「質多」と音写。

pariśuddha-buddha-jñānâśayās < pariśuddha-buddha-jñānâśayāḥ + (t) < pariśuddha-buddha-jñāna-āśaya-：*adj.* 完全に浄化されたブッダの智慧に対する意向を持つ。ブッダの智慧に対する意向が完全に清められている。*m. pl. Nom.*

ta < te + a 以外の母音 < tad-：それ。*m. pl. Nom.*

idaṃ < idam-：これ。*n. sg. Acc.*

buddha-kṣetraṃ < buddha-kṣetra-：*n.* 仏の国土。「仏国土」と漢訳。*sg. Acc.*

pariśuddhaṃ < pariśuddha- < pari-√śudh- (4) + -ta ：*pp.* 完全に浄化された。清められた。*n. sg. Acc.*

paśyanti < paśya- < √paś- (4)：見る。見なす。考察する。思量する。*Pres. 3, pl. P.*

§17 atha bhagavān pādâṅguṣṭhena imaṃ tri-sāhasra-mahā-sāhasraṃ loka-dhātuṃ parāhanti sma /

(梵漢和維摩経 *p.* 26, *ll.* 12–13)

§17　その時、世尊は、足の親指でこの三千大千世界を押された。
【§17　是に於いて仏は足の指を以て地を按したまえり。】　　　　　（大正蔵、巻一四、五三八頁下）

atha：*adv.* その時。その場合。さて。それ故。しかれば。しかしながら。しかも。
bhagavān < bhagavat-：*m.* 尊い（人）。「世尊」と漢訳。「婆伽婆」「薄伽梵」と音写。*sg. Nom.*
pādâṅguṣṭhena < pādâṅguṣṭha- < pāda-aṅguṣṭha-：*m.* 足の親指。*sg. Ins.*
　　pāda-：*m.* 足。
　　aṅguṣṭha- < aṅgu-ṣṭha-：*m.* 親指。親指の幅（の長さ）。足の親指。
imaṃ < idam-：これ。*m. sg. Acc.*
tri-sāhasra-mahā-sāhasraṃ < tri-sāhasra-mahā-sāhasra-：*adj.* 「三千大千」と漢訳。*m. sg. Acc.*
loka-dhātuṃ < loka-dhātu-：*m.* 「世界」と漢訳。*sg. Acc.*
parāhanti < parāha- < parā-√han- (2)：投げ捨てる。顚覆する。切り取る。「撃」「按」と漢訳。*Pres. 3, pl. P.*
sma：*ind.* 実に。sma は現在形とともに用いられて、過去の意味を表わす（歴史的現在）。

atha khalu tasmin samaye 'yaṃ tri-sāhasra-mahā-sāhasro loka-dhātur aneka-ratna-śata-sahasra-saṃcito 'neka-ratna-śata-sahasra-pratyarpitaḥ saṃsthito 'bhūt /
（梵漢和維摩経 *p.* 26, *ll.* 13–15）

すると、その時、幾百・千もの多くの宝で満たされ、幾百・千もの多くの宝で荘厳されたこの三千大千世界が一緒に立ち現われた。
【即時に三千大千世界は若干百千の珍宝もて厳飾すること、】　　　　（大正蔵、巻一四、五三八頁下）

atha：*adv.* その時。その場合。さて。それ故。しかれば。しかしながら。しかも。
khalu：*ind.* 実に。確かに。しかも。さて。そこで。
tasmin < tad-：それ。*m. sg. Loc.*
samaye 'yaṃ < samaye + ayaṃ
　　samaye < samaya-：*m.* 会合の場所。時間。好機。機会。*sg. Loc.*
　　ayaṃ < idam-：これ。この。*m. sg. Nom.*
tri-sāhasra-mahā-sāhasro < tri-sāhasra-mahā-sāhasraḥ + 有声子音 < tri-sāhasra-mahā-sāhasra-：*adj.* 「三千大千」と漢訳。*m. sg. Nom.*
loka-dhātur < loka-dhātuḥ + 有声音 < loka-dhātu-：*m.* 「世界」と漢訳。*sg. Nom.*
aneka-ratna-śata-sahasra-saṃcito 'neka-ratna-śata-sahasra-pratyarpitaḥ < aneka-ratna-śata-sahasra-saṃcitaḥ + aneka-ratna-śata-sahasra-pratyarpitaḥ
　　aneka-ratna-śata-sahasra-saṃcitaḥ < aneka-ratna-śata-sahasra-saṃcita-：*adj.* 幾百・千もの多くの宝で満たされた。*m. sg. Nom.*
　　aneka- < an-eka-：*adj.* 一以上の。種々の。「非一」「諸」「衆」と漢訳。
　　ratna-：*n.* 宝石。財宝。
　　śata-：*基数詞, n.* 百。
　　sahasra-：*基数詞, n.* 千。
　　saṃcita- < sam-√ci- (5) + -ta：*pp.* 集められた。積み上げられた。〜で満たされた。「集」「聚」「積」「集成」「聚集」と漢訳。
　　aneka-ratna-śata-sahasra-pratyarpitaḥ < aneka-ratna-śata-sahasra-pratyarpitaḥ + (s) < aneka-ratna-śata-sahasra-pratyarpita-：*adj.* 幾百・千もの多くの宝で荘厳された。*m. sg. Nom.*
　　pratyarpita- < pratyarpaya- + -ta < prati-√ṛ- (6) + -paya + -ta-：*pp.* 「間錯荘厳」と漢訳。
　　arpaya- < √ṛ- (6) + -paya：*Caus.* 投ずる。投げる。〜に置く。据える。
　　√ṛ- (6)：動かす。動揺させる。達する。得る。取る。獲得する。

saṃsthito 'bhūt < saṃsthitaḥ + abhūt

saṃsthitaḥ < saṃsthita- < sam-√sthā- (1) + -ita：*pp.* 一緒に相接近して立った。立っている。坐っている。横たわっている。落ち着いている。「安住」と漢訳。*m. sg. Nom.*

sam-√sthā- (1)：一緒に相接近して立つ。～（処格）の近くに来る。静止する。留まる。～（処格）に立つ。住む。「住」「生」「起」「居」と漢訳。

abhūt < √bhū- (1)：なる。*root-Aor. 3, sg. P.*

tad yathâpi nāma ratna-vyūhasya tathāgatasyânanta-guṇa-ratna-vyūho loka-dhātus tādṛśo 'yaṃ loka-dhātuḥ saṃdṛśyate sma /

（梵漢和維摩経 *p.* 26, *ll.* 15–17）

それは、あたかも"宝による荘厳"という如来の世界が、無限の功徳の宝で荘厳されているような、そのようなこの世界が出現した。

【譬えば宝荘厳仏の無量の功徳宝荘厳土の如し。】　　（大正蔵、巻一四、五三八頁下）

……………………………………………………………………

tad yathâpi nāma < tad yathā + api nāma：あたかも～であるかのように。

ratna-vyūhasya < ratna-vyūha-：*m.* 宝による荘厳。「宝荘厳」と漢訳。*sg. Gen.*

tathāgatasyânanta-guṇa-ratna-vyūho < tathāgatasya + ananta-guṇa-ratna-vyūho

tathāgatasya < tathāgata-：*m.* 「如来」と漢訳。*sg. Gen.*

ananta-guṇa-ratna-vyūho < ananta-guṇa-ratna-vyūhaḥ + 有声子音 < ananta-guṇa-ratna-vyūha-：*adj.* 無限の功徳の宝で荘厳されている。*m. sg. Nom.*

ananta- < an-anta-：*adj.* 終わりなき。極限のない。無限の。

guṇa-：*m.* 種類。構成。従属的要素。固有性。属性。善性。徳。

ratna-：*n.* 宝。宝石。

vyūha-：*m.* 配置。戦陣。集合。「厳」「荘厳」「厳飾」と漢訳。

loka-dhātus < loka-dhātuḥ + (t) < loka-dhātu-：*m.* 「世界」と漢訳。*sg. Nom.*

tādṛśo 'yaṃ < tādṛśaḥ + ayaṃ

tādṛśaḥ < tādṛśa-：*adj.* このような。「如是」と漢訳。*m. sg. Nom.*

ayaṃ < idam-：これ。この。*m. sg. Nom.*

loka-dhātuḥ < loka-dhātu-：*m.* 「世界」と漢訳。*sg. Nom.*

saṃdṛśyate < saṃdṛśya- < sam-√dṛś- (1) + -ya：*Pass.* ～（具格）とともに現われる。観察される。*3, sg. A.*

sma：*ind.* 実に。sma は現在形とともに用いられて、過去の意味を表わす（歴史的現在）。

tatra sā sarvāvatī parṣad āścarya-prāptā ratna-padma-niṣaṇṇam ātmānaṃ saṃjānīte sma /

（梵漢和維摩経 *p.* 26, *ll.* 17–18）

すると、その聴衆のすべては、稀有なる思いを抱き、自分自身が宝石の紅蓮華の上に坐っているのに気づいた。

【一切の大衆は未曾有なりと歎ず。而も皆自ら宝蓮華に坐するを見る。】

（大正蔵、巻一四、五三八頁下）

……………………………………………………………………

tatra：*adv.* そこに。そこへ。かしこに。その時に。その場合に。

sā < tad-：それ。*f. sg. Nom.*

sarvāvatī < sarvāvatī- < sarvāvat-：*adj.* 「普」「一切」「一切悉」と漢訳。*f. sg. Nom.*

parṣad < parṣat + 母音 < parṣat- = pari-ṣad-：*f.* 集会。聴衆。会議。「衆」「大衆」「衆会」「諸大衆」と漢訳。*sg. Nom.* 格変化は、cf.「基礎」*p.* 119.

āścarya-prāptā < āścarya-prāptā- < āścarya-prāpta-：*adj.* 不思議な思いにとらわれた。*f. sg. Nom.*

ratna-padma-niṣaṇṇam < ratna-padma-niṣaṇṇa-：*adj.* 宝石の紅蓮華の上に坐っている。*m. sg. Acc.*

ratna-：*n.* 宝。宝石。

padma-：*m.n.* 紅蓮華。「波頭摩」「鉢特摩」「鉢頭摩」と音写。

niṣaṇṇa- < ni-√sad- (1) + -na：*pp.* ～（処格）の上に坐っている。横たわっている。

ātmānaṃ < ātman-：*m.* 自我。自分。*sg. Acc.*

再帰代名詞の代わりに用いるときは、全人称に用いられ、両数、複数の場合も、中性、女性の場合も、常に男性・単数形で用いられる。cf.「シンタックス」*p.* 20.

saṃjānīte < saṃ-jānī- <saṃ-√jñā- (9)：～に同意する。～と同意見を有する。認める。知る。了解する。*Pres. 3, sg. A.*

IX類動詞については、「基礎」*p.* 319 以下を参照。

sma：*ind.* 実に。sma は現在形とともに用いられて、過去の意味を表わす（歴史的現在）。

> §18　tatra bhagavān āyuṣmantaṃ śāriputram āmantrayate sma /　paśyasi tvaṃ śāriputrêmān buddha-kṣetra-guṇa-vyūhān /
>
> （梵漢和維摩経 *p.* 26, *ll.* 19–20）

§18　そこで、世尊は、尊者シャーリプトラにおっしゃられた。

「シャーリプトラよ、あなたは、これらのブッダの国土に具わる功徳の荘厳を見ているであろう」

【§18　仏は舎利弗に告げたまわく、「汝は且く是の仏土の厳浄なるを観るや」と。】

（大正蔵、巻一四、五三八頁下）

……………………………………………………………………………

tatra：*adv.* そこに。そこへ。かしこに。その時に。その場合に。

bhagavān < bhagavat-：*m.* 尊い（人）。「世尊」と漢訳。「婆伽婆」「薄伽梵」と音写。*sg. Nom.*

āyuṣmantaṃ < āyuṣmat- < āyuṣ-mat-：*m.*「尊者」「長老」と漢訳。*sg. Acc.*

śāriputram < śāriputra- < śāri-putra-：*m.* シャーリプトラ（シャーリーの息子）。「身子」と漢訳。「舎利弗」と音写。*sg. Acc.*

āmantrayate < ā-mantraya- < ā-√mantraya-（名動詞）：語りかける。*Pres. 3, sg. A.*

√mantraya-（名動詞）< mantra- + -ya：話す。語る。言う。呪文を唱える。

mantra-：*m.* 思想。祈り。讃歌。祝詞。聖典の文句。呪文。「言」「言語」「言辞」と漢訳。

名詞起源動詞（Denominative）。cf.「基礎」*p.* 449.

sma：*ind.* 実に。sma は現在形とともに用いられて、過去の意味を表わす（歴史的現在）。

……………………………………………………………………………

paśyasi < paśya- < √paś- (4)：見る。見なす。考察する。思量する。*Pres. 2, sg. P.*

tvaṃ < tvad-：あなた。*2, sg. Nom.*

śāriputrêmān < śāriputra + imān

śāriputra < śāriputra- < śāri-putra-：*m.* シャーリプトラ（シャーリーの息子）。「身子」と漢訳。「舎利弗」と音写。*sg. Voc.*

imān < idam-：これ。*m. pl. Acc.*

buddha-kṣetra-guṇa-vyūhān < buddha-kṣetra-guṇa-vyūha-：*m.* ブッダの国土に具わる功徳の荘厳。*pl. Acc.*

> āha /　paśyāmi bhagavan adṛṣṭâśruta-pūrvā ime vyūhāḥ saṃdṛśyante /
>
> （梵漢和維摩経 *p.* 26, *l.* 21）

〔シャーリプトラが〕言った。

「世尊よ、私は見ております。過去に見たことも、聞いたこともないこれらの荘厳が観察されます」

【舎利弗言わく、「唯、然り、世尊よ、本より見ざる所、本より聞かざる所なり。今、仏国土の厳浄、悉く現われり」】

（大正蔵、巻一四、五三八頁下）

……………………………………………………………………………

āha < √ah-：話す。言う。*Perf. 3, sg. P.* cf.「基礎」*p.* 376.

paśyāmi < paśya- < √paś- (4)：見る。見なす。考察する。思量する。*Pres. 1, sg. P.*
bhagavan < bhagavat-：*m.* 尊い人。「世尊」と漢訳。「婆伽婆」「薄伽梵」と音写。*sg. Voc.*
adṛṣṭâśruta-pūrvā < adṛṣṭâśruta-pūrvāḥ + 有声音 < adṛṣṭa-aśruta-pūrva-：*adj.* 過去に見たことも、聞いたこともない。*m. pl. Nom.*
　　adṣśṭa- < a-dṣśṭa-：*adj.* 見られなかった。
　　dṛṣṭa- < √dṛś- (1) + -ta：*pp.* 見られた。
　　aśruta- < a-śruta-：*adj.* 聞かれなかった。
　　śruta- < √śru- (5) + -ta：*pp.* 聞かれた。学ばれた。
　　pūrva-：*adj.* 前にある。前の。東の。東にある。先行する。先の。以前の。昔の。
ime < idam-：これ。*m. pl. Nom.*
vyūhāḥ < vyūhāḥ + (s) < vyūha- < vi-√ūh- (1) + -a：*m.* 交替。置き換え。分配。配置。「荘厳」「厳飾」と漢訳。*pl. Nom.*
saṃdṛśyante < saṃdṛśya- < sam-√dṛś- (1) + -ya：*Pass.* ～（具格）とともに現われる。観察される。*3, pl. A.*

> āha / īdṛśaṃ mama śāriputra sadā buddha-kṣetram /
> （梵漢和維摩経 *p.* 28, *l.* 1）

〔世尊が〕おっしゃられた。
「シャーリプトラよ、私のブッダの国土は常にこのようである。
【仏は舎利弗に告げたまわく、「我が仏国土の常に浄きこと此くの若し。】
（大正蔵、巻一四、五三八頁下）

……………………………………………………………………

āha < √ah-：話す。言う。*Perf. 3, sg. P.* cf.「基礎」*p.* 376.
īdṛśaṃ < īdṛśa- ＝ īdṛś-：*adj.* このような状態の。このような場合の。*n. sg. Nom.*
mama < mad-：私。*2, sg. Gen.*
śāriputra < śāriputra- < śāri-putra-：*m.* シャーリプトラ（シャーリーの息子）。「身子」と漢訳。「舎利弗」と音写。*sg. Voc.*
sadā：*adv.* 常に。
buddha-kṣetram < buddha-kṣetra-：*n.* 仏の国土。「仏国土」と漢訳。*sg. Nom.*

> hīna-sattva-paripākāya tu tathāgata evaṃ bahu-doṣa-duṣṭaṃ buddha-kṣetram upadarśayati /
> （梵漢和維摩経 *p.* 26, *ll.* 1–3）

「しかしながら、下劣な衆生を成熟させるために、如来は、ブッダの国土がこのように多くの欠陥によって汚されているかのように見せるのである。
【「斯の下劣の人を度せんと欲するが為の故に、是の衆悪不浄の土を示すのみ。】
（大正蔵、巻一四、五三八頁下）

……………………………………………………………………

hīna-sattva-paripākāya < hīna-sattva-paripāka-：*m.* 下劣な衆生の成熟。*sg. Dat.*
　　hīna- < √hā- (3) + -na：*pp.* 劣っている。見捨てられた。卑しい。貧弱な。
　　sattva-：*m.* 「衆生」「有情」と漢訳。
　　paripāka- < pari-√pac- (1) + -a：*m.* 十分に煮られること。消化。熟すること。成熟。完全。
tu：*ind.* しかし。しこうして。しかるに。しかも。
tathāgata < tathāgataḥ + a 以外の母音 < tathāgata-：*m.* 「如来」と漢訳。*sg. Nom.*
evaṃ：*adv.* このように。
bahu-doṣa-duṣṭaṃ < bahu-doṣa-duṣṭa-：*pp.* 多くの欠陥によって汚されている。*n. sg. Acc.*
　　bahu-：*adj.* 豊富な。多量の。多数の。
　　doṣa- < √duṣ- (4) + -a：*m.n.* 欠陥。欠点。短所。汚点。過失。

duṣṭa- < √duṣ- (4) + -ta：*pp.* 汚された。悪しくせられた。腐敗せられたる。堕落せる。悪意ある。邪悪の。

buddha-kṣetram < buddha-kṣetra-：*n.* 仏の国土。「仏国土」と漢訳。*sg. Acc.*

以上の対格は、upadarśayati 見せる）の"目的語"を示す叙述的対格（Predicative Accusative）である。

upadarśayati < upa-darśaya- < upa-√dṛś- (1) + -aya：*Caus.* 示す。説明する。解説する。*3, sg. P.*

> tad yathā śāriputra deva-putrāṇām eka-pātryāṃ bhuñjānānāṃ yathā puṇyôpacaya-viśeṣeṇa sudhā-deva-bhojanam upasthitam[72] evam eva śāriputra eka-buddha-kṣetrôpapannā yathā-citta-pariśuddhyā sattvā buddhānāṃ buddha-kṣetra-guṇa-vyūhān paśyanti /
>
> （梵漢和維摩経 *p.* 28, *ll.* 3–6）

「例えば、シャーリプトラよ、神々の子（天子）たちが同一の皿で食事をしていても、〔これまでに積んだ〕福徳の集積の違いによって、神々の飲み物や、神々の食べ物が〔異なって〕準備されるように、まさにそのように、シャーリプトラよ、衆生たちは、同一のブッダの国土に生まれていても、心の完全なる浄化〔の有無〕によって、ブッダたちにとってのブッダの国土に具わる功徳の荘厳〔の有無〕を見るのである」

【「譬えば諸天は宝器を共にして食するも、其の福徳に随いて飯(いい)の色に異有るが如し。是くの如く舎利弗よ、若し人の心浄ければ、便ち此の土の功徳荘厳を見ん」と。】　（大正蔵、巻一四、五三八頁下）

……………………………………………………………………………

tad yathā：それは次の通り。すなわち。例えば。

śāriputra < śāriputra- < śāri-putra-：*m.* シャーリプトラ（シャーリーの息子）。「身子」と漢訳。「舎利弗」と音写。*sg. Voc.*

deva-putrāṇām < deva-putra-：*m.* 神々の子。「天子」と漢訳。*pl. Gen.*

eka-pātryāṃ < eka-pātrī-：*f.* 同一の容器。*sg. Loc.*

eka-：*基数詞,* 一。*adj.* 同一の。共通の。

pātrī-：*f.* 容器。皿。壺。「鉢」と漢訳。

bhuñjānānāṃ < bhuñjāna- < bhuñja- + -āna < √bhuj- (7) + -āna：食事をする。食う。享受する。*A.* *現分, m. pl. Gen.*

以上の属格は絶対節をなしている。

yathā：*conj.* ～のように。あたかも～のように。～と（that）。

puṇyôpacaya-viśeṣeṇa < puṇya-upacaya-viśeṣa-：*m.* 福徳の集積の差異。*sg. Ins.*

puṇya-：*adj.* 吉兆の。幸先のよい。幸運な。美しい。快い。有徳の。*n.* 善。徳。善行。「福」「福徳」「福行」「功徳」と漢訳。

upacaya- < upa-√ci- (5) + -a：*m.* 集積。量。増加。過剰。成長。繁栄。

upa-√ci- (5)：積み上げる。集める。蓄積する。

viśeṣa- < vi-√śiṣ- (7) + -a：*m.* ～の間の差異。特徴的な差異。特異性。特別の性質。卓越。優秀。

vi-√śiṣ- (7)：区別する。特殊化する。

sudhā-deva-bhojanam < sudhā-deva-bhojana-：*n.* 神々の飲み物や、神々の食べ物。*sg. Nom.*

sudhā-：*f.* 良い飲み物。神々の飲み物。甘露。「妙食」「天甘露食」と漢訳。「須陀飯」と音写。

deva- < √div- (4) + -a：*m.* 神。「天」と漢訳。

bhojana- < √bhuj- (7) + -ana：*n.* 享受すること。食べること。食事。食べ物。

upasthitam < upasthita- < upa-√sthā- (1) + -ta：*pp.* 近くに立った。近くに身を置いた。近づいた。現われた。～（具格）によってかしずかれた。仕えられた。用意された。*n. sg. Nom.*

evam：*adv.* このように。

eva：*adv.* さように。このように。まさに。実に。ただ。全くこのように。

śāriputra < śāriputra- < śāri-putra-：*m.* シャーリプトラ（シャーリーの息子）。「身子」と漢訳。「舎

利弗」と音写。*sg. Voc.*

eka-buddha-kṣetrôpapannā < eka-buddha-kṣetrôpapannāḥ + 有声音 < eka-buddha-kṣetra-upa=panna-：*adj.* 同一のブッダの国土に生まれている。*m. pl. Nom.*

eka-：*基数詞,* 一。*adj.* 同一の。共通の。

buddha-kṣetra-：*n.* 仏の国土。「仏国土」と漢訳。

upapanna- < upa-√pad- (4) + -na：*pp.* ～（対格、処格）に来た。～に到達する。生ずる。現われる。「生」「往生」「受生」と漢訳。

yathā-citta-pariśuddhyā < yathā-citta-pariśuddhi-：*adj.* 心の完全な浄化に応じた。*f. sg. Ins.*

yathā：*conj.* ～のように。あたかも～のように。～と（that）。

citta-pariśuddhi-：*f.* 心の完全な浄化。

citta-：*n.* 心。思考。意思。知性。理性。「質多」と音写。

pariśuddhi- < pari-√śudh- (4) + -ti：*f.* 完全な浄化。「浄」「清浄」「円浄」「厳浄」と漢訳。

sattvā < sattvāḥ + 有声音 < sattva-：*m.* 「衆生」「有情」と漢訳。*pl. Nom.*

buddhānāṃ < buddha- < √budh- (1) + -ta：*pp.* 目覚めた。*m.* ブッダ。「覚者」と漢訳。「仏陀」と音写。*m. pl. Gen.*

buddha-kṣetra-guṇa-vyūhān < buddha-kṣetra-guṇa-vyūha-：*m.* ブッダの国土に具わる功徳の荘厳。*pl. Acc.*

paśyanti < paśya- < √paś- (4)：見る。見なす。考察する。思量する。*Pres. 3, pl. P.*

> §19 asmin khalu punar buddha-kṣetra-guṇa-vyūhâlaṃkāre saṃdṛśyamāne[73] caturaśīteḥ prāṇi-sahasrāṇām anuttarāyāṃ samyak-saṃbodhau cittāny utpannāni / yāni ca tāni ratnâkareṇa licchavi-kumāreṇa sārdhaṃ pañca licchavi-kumāra-śatāny āgatāni teśām apy ānulomikyāḥ kṣānteḥ pratilambho 'bhūt /
>
> （梵漢和維摩経 *p.* 28, *ll.* 7–11）

§19 すると、このブッダの国土に具わる功徳の荘厳と装飾が現われ、八万四千もの生命あるものたちは、この上ない正しく完全な覚りに向けて心を発した。リッチャヴィ族の若者ラトナーカラ（宝積）とともに、やって来たところのそれらの五百人のリッチャヴィ族の若者たち、それら〔の若者たち〕には、随順して〔真理を〕認める知（随順忍）[74] の獲得があった。

【§19 当に仏の此の国土の厳浄を現じたまう時、宝積の将いる所の五百の長者の子は、皆無生法忍を得、八万四千の人は、皆阿耨多羅三藐三菩提に心を発せり。】 （大正蔵、巻一四、五三八頁下）

………………………………………………………………………

asmin < idam-：これ。*m. sg. Loc.*

khalu：*ind.* 実に。確かに。しかも。さて。そこで。

punar：*adv.* 再び。新たに。さらに。なお。しかしながら。

buddha-kṣetra-guṇa-vyūhâlaṃkāre < buddha-kṣetra-guṇa-vyūha-alaṃkāra-：*m.* ブッダの国土に具わる功徳の荘厳と装飾。 *sg. Loc.*

alaṃkāra- < alam-√kṛ- (8) + -a：*m.* 装飾。装飾物。装身具。修辞。「荘厳」「厳飾」と漢訳。

saṃdṛśyamāne < saṃdṛśyamāna- < saṃdṛśya- + -māna < sam-√dṛś- (1) + -ya + -māna：*Pass.* ともに現われる。観察される。現われる。*A. 現在分詞, m. sg. Loc.*

以上の処格は絶対節をなしている。

caturaśīteḥ < caturaśīti-：*基数詞,* 八十四。*f. sg. Gen.*

prāṇi-sahasrāṇām < prāṇi-sahasra-：*n.* 幾千もの生命あるもの。*pl. Gen.*

以上の属格は、過去受動分詞の動作主を示している。

prāṇi- < prāṇin- < prāṇa- + -in：*m.* 生物。動物。人間。*adj.* 呼吸している。生きている。

sahasra-：*基数詞,* 千。

anuttarāyāṃ < anuttarā- < anuttara- < an-ud-tara-：*比較級,* この上ない。「無上」と漢訳。「阿耨多羅」と音写。*f. sg. Loc.*

samyak-saṃbodhau < samyak-saṃbodhi-：*f.* 正しく完全な覚り。*sg. Loc.*
cittāny < cittāni + 母音 < citta-：*n.* 心。思考。意思。知性。理性。「質多」と音写。*pl. Nom.*
utpannāni < utpanna- < ud-√pad- (4) + -na：*pp.* ～（処格）から生まれた。生じた。「已生」「出現」「生起」と漢訳。*n. pl. Nom.*

……………………………………………………………………

yāni < yad-：*関係代名詞, n. pl. Nom.*
ca：*conj.* および。また。しかしながら。そして。～と。なお。
tāni < tad-：それ。*n. pl. Nom.*
ratnâkareṇa < ratnâkara- < ratnâkara-：*m.* 宝石の鉱山。「宝蔵」「宝積」と漢訳。*sg. Ins.*
licchavi-kumāreṇa < licchavi-kumāra-：*m.* リッチャヴィ族の若者。「梨車毘童子」と音写。*sg. Ins.*
　licchavi-：*m.* リッチャヴィ族。「梨車毘」「栗車毘」と音写。
　kumāra-：*m.* （初生）児。少年。青年。瞳。
sārdhaṃ < sa-ardha-：*adj.* 半分を伴った。*n. sg. Acc.*
pañca < pañca-：*基数詞,* 五。*n. pl. Nom.*
licchavi-kumāra-śatāny < licchavi-kumāra-śatāni + 母音 < licchavi-kumāra-śata-：*n.* 百人のリッチャヴィ族の若者。「梨車毘童子」と音写。*pl. Nom.*
āgatāni < āgata- < ā-√gam- (1) + -ta：*pp.* 来た。*n. pl. Nom.*
teśām < tad-：それ。*m. pl. Gen.*
apy < api + 母音：*adv.* また。されど。
ānulomikyāḥ < ānulomikyāḥ + (k) < ānulomikī- < ānulomika- < anuloma- + -ika：*adj.* 毛並みに従った。自然の。規則的な。順当な。一致した。「隋」「随順」「柔順」と漢訳。*f. sg. Gen.*
　anuloma- < anu-loma-：*adj.* 毛並みに従う。順当な方向にある。「随」「順」「随順」と漢訳。
　anu：*adv.* 後に。しかる時に。また。～の方へ。越えて。～の後に。従って。～のために。～に関して。
　loma- < loman-：*n.* （roman-の後世の形）。人、または動物の身体の毛（一般に頭髪、鬚、たてがみ、尾を除く）。
kṣānteḥ < kṣānteḥ + (p) < kṣānti- < √kṣam- (1) + -ti：*f.* 堪えること。認めること。「忍」「忍辱」「堪忍」と漢訳。*sg. Gen.*
　√kṣam- (1)：忍耐する。堪える。忍ぶ。
pratilambho 'bhūt < pratilambhaḥ + abhūt
　pratilambhaḥ < pratilambha- < prati-√labh- (1) + -a：*m.* 獲得。取得。回復。会得。*sg. Nom.*
　abhūt < √bhū- (1)：なる。*root-Aor. 3, sg. P.*

§20　atha bhagavān punar eva tām ṛddhiṃ pratisaṃharati sma /
（梵漢和維摩経 *p.* 28, *l.* 12）

§20　そこで、世尊は、再びその神通をもとに戻された。
【§20　仏は神足を摂めたまえば、】　（大正蔵、巻一四、五三九頁上）

……………………………………………………………………

atha：*adv.* その時。その場合。さて。それ故。しかれば。しかしながら。しかも。
bhagavān < bhagavat-：*m.* 尊い（人）。「世尊」と漢訳。「婆伽婆」「薄伽梵」と音写。*sg. Nom.*
punar：*adv.* 再び。新たに。さらに。なお。しかしながら。
eva：*adv.* さように。このように。まさに。実に。ただ。全くこのように。
tām < tad-：それ。*f. sg. Acc.*
ṛddhiṃ < ṛddhi-：*f.* 繁栄。安寧。好運。超自然力。「神通」「神力」「神変」と漢訳。*sg. Acc.*
pratisaṃharati < pratisaṃhara- < prati-sam-√hṛ- (1)：「拘検」「摂」と漢訳。*Pres. 3, sg. P.*
　sam-√hṛ- (1)：一緒にする。集める。寄せ集める。取り戻す。撤収する。
sma：*ind.* 実に。smaは現在形とともに用いられて、過去の意味を表わす（歴史的現在）。

> tataḥ punar evêdaṃ buddha-kṣetraṃ tat-sva-bhāvam eva saṃvṛtaṃ tatra śrāvaka-yānikānāṃ deva-manuṣyāṇām anityā batême[75] sarva-saṃskārā iti viditvā dvātriṃśatā prāṇi-sahasrāṇāṃ vira=jo-vigata-malaṃ dharmeṣu dharma-cakṣur viśuddham /
>
> (梵漢和維摩経 *p.* 28, *ll.* 12–16)

そこで、再びこのブッダの国土が、その元の状態に戻された。その時、「ああ、何ということか。これらの作り出されたもの（諸行）はすべて無常なのだ」と知って、声聞のための乗り物（声聞乗）に属する神々や人間たちの三万二千の生命あるものたちは、あらゆるものごとにおいて純粋で、無垢な真理を見る眼（法眼）を清めたのである。

【是に於いて、世界は還た復すること故の如し。声聞乗を求むる三万二千の天及び人は、有為の法は皆悉く無常なりと知りて、塵を遠ざけ、埃を離れて、法眼浄を得。】（大正蔵、巻一四、五三九頁上）

……………………………………………………………………

tataḥ < tataḥ + (p) < tatas：*adv.* それより。そこに。かなたに。そのうえ。

punar：*adv.* 再び。新たに。さらに。なお。しかしながら。

evêdaṃ < eva + idaṃ

eva：*adv.* さように。このように。まさに。実に。ただ。全くこのように。

idaṃ < idam-：これ。*n. sg. Nom.*

buddha-kṣetraṃ < buddha-kṣetra-：*n.* 仏の国土。「仏国土」と漢訳。*sg. Nom.*

tat-sva-bhāvam < tat-sva-bhāva-：*m.* それの固有の在り方。それの生まれつきの性質。その本性。*n. sg. Nom.*

sva-bhāva-：*m.* 固有の在り方。生まれつきの性質。本性。「自性」と漢訳。

eva：*adv.* さように。このように。まさに。実に。ただ。全くこのように。

saṃvṛtaṃ < saṃvṛta- < sam-√vṛ- (1) + -ta：～に包まれた。～で覆われた。～の中に包まれた。隠された。片付けられた。*n. sg. Nom.*

tatra：*adv.* そこに。そこへ。かしこに。その時に。その場合に。

śrāvaka-yānikānāṃ < śrāvaka-yānika- < śrāvaka-yāna- + -ika：*adj.* 声聞のための乗り物に属する（信ずる）。*m. pl. Nom.*

śrāvaka-yāna-：*n.* 声聞のための乗り物。「声聞乗」と漢訳。

śrāvaka- < √śru- (5) + -aka：*m.* 声を聞く人。弟子。「声聞」「学士」「賢聖」「小乗人」と漢訳。

yāna- < √yā- (2) + -ana：*n.* 行くこと。歩くこと。乗っていくこと。乗り物。

-ika は、①所属、関係、産物、②乗る人、信ずる人、関係する人、③所有、④一群のもの——などの意味を表わす Taddhita 接尾辞。cf.「基礎」*p.* 588.

deva-manuṣyāṇām < deva-manuṣya-：*m.* 神々と人間。*pl. Gen.*

manuṣya-：*m.* 人間。男。

数えられるものは、基数詞と同格、または属格となる。cf.「シンタックス」*p.* 34.

anityā < anityāḥ + 有声音 < anitya- < a-nitya-：*ajd.* 無常な。一時的な。常恒でない。*m. pl. Nom.*

batême < bata + ime

bata：*間投詞,* ああ、何と～でしょう。

ime < idam-：これ。*m. pl. Nom.*

sarva-saṃskārā < sarva-saṃskārāḥ + 有声音 < sarva-saṃskāra-：*m.* すべての形成されたもの。〔実際には存在しないものを、あるかのごとく〕作り出すすべての心の働き。*pl. Nom.*

sarva-：*adj.* 一切の。すべての。

saṃskāra- < sam-s-√kṛ- (8) + -a：*m.* 準備。仕上げ。浄化すること。飾りつけ。〔実際には存在しないものを、あるかのごとく〕作り出す心の働き。「行」「諸行」「行陰」「業行」「所作」と漢訳。

sam-s-√kṛ- (8)：合同する。結合する。浄める。飾る。

iti：*adv.* ～と。以上のように。「如是」と漢訳。
viditvā < √vid- (1,2) + -itvā：知る。*Ger.*
dvātriṃśatā < dvātriṃśat-：*基数詞,* 三十二。*f. sg. Ins.*
　過去受動分詞 viśuddham の動作主としての具格。
prāṇi-sahasrāṇāṃ < prāṇi-sahasra-：*n.* 幾千もの生命あるもの。*pl. Gen.*
　数えられるものは、基数詞と同格、または属格となる。cf.「シンタックス」*p.* 34.
virajo-vigata-malaṃ < virajas-vigata-mala-：：*adj.* 純粋で無垢な。*n. sg. Nom.*
　virajas- ＝ viraja- < vi-raja- ＝ vigata-raja-：*adj.* 塵埃のない。清潔な。純粋な。「浄」「離埃」「遠塵」「無垢」「無塵」と漢訳。
　vigatamala- < vigata-mala- ＝ vi-mala-：*ajd.* 汚点のない。「無垢」「離埃」と漢訳。
　vigata- < vi-gata- < vi-√gam- (1) + -ta：*pp.* 散った。去った。消滅した。「離」「除」「棄」「遠離」「断除」と漢訳。
　mala-：*n.* 汚物。埃。不浄。
dharmeṣu < dharma-：*m.*「法」と漢訳。*pl. Loc.*
dharma-cakṣur < dharma-cakṣuḥ + 有声音 < dharma-cakṣus-：*adj.* 法を見る。正義を見る。*n.* 法を見る眼。真理を見る眼。「法眼」と漢訳。*sg. Nom.*
viśuddham < viśuddha- < vi-√śudh- (1) + -ta：*pp.* 清浄にされた。清らかな。*n. sg. Nom.*

> aṣṭānāṃ ca bhikṣu-sahasrāṇām anupādāyâsravebhyaś cittāni vimuktāni /
> (梵漢和維摩経 *p.* 28, *ll.* 16–17)

そして、八千人の男性出家者たちの心は、諸々の汚れ（漏）から自由になって、〔束縛から〕解放された。
【八千の比丘は諸法を受けずして、漏尽き意解しぬ。】　　　　（大正蔵、巻一四、五三九頁上）
……………………………………………………………………

aṣṭānāṃ < aṣṭan-：*基数詞,* 八。*f. pl. Gen.*
ca：*conj.* および。また。しかしながら。そして。～と。なお。
bhikṣu-sahasrāṇām < bhikṣu-sahasra-：*n.* 幾千もの男性出家者たち。*pl. Gen.*
anupādāyâsravebhyaś < anupādāya + āsravebhyaś
　anupādāya < an-upādāya-：〔流転界より〕自由になって。「盡」「不受」と漢訳。*Ger.*
　upādāya- < upa-ā-√dā- (3) + -ya：受け終わって。*Ger.*
　upa-ā-√dā- (3)：受ける。得る。獲得する。
　āsravebhyaś < āsravebhyaḥ + (c) < āsrava- < ā-√sru- (5) + -a-：*m.* 水門。流出するもの。「漏」「流」と漢訳。*pl. Abl.*
cittāni < citta-：*n.* 心。思考。意思。知性。理性。「質多」と音写。*pl. Nom.*
vimuktāni < vimukta- < vi-√muc- (6) + -ta：*pp.* 束縛を解かれた。放たれた。*n. pl. Nom.*

> caturaśīteś ca prāṇi-sahasrāṇāṃ udāra-buddha-dharmâdhimuktānāṃ viṭhapana-pratyupasthāna-lakṣaṇāḥ sarva-dharmā iti viditvânuttarāyāṃ[76] samyak-saṃbodhau cittāny utpannāni //
> (梵漢和維摩経 *p.* 28, *ll.* 17–19)

八万四千の生命あるものたちは、勝れたブッダの真理の教え（仏法）に対して信順の志を抱いて後、あらゆるものごと（一切法）は、妄想によって現われた特徴（相）を持つものであると知って、この上ない正しく完全な覚りに向けて心を発した。
【漢訳相当箇所なし】
……………………………………………………………………

caturaśīteś < caturaśīteḥ + (c) < caturaśīti-：*基数詞,* 八十四。*f. sg. Gen.*
ca：*conj.* および。また。しかしながら。そして。～と。なお。
prāṇi-sahasrāṇām < prāṇi-sahasra-：*n.* 幾千もの生命あるもの。*pl. Gen.*

udāra-buddha-dharmâdhimuktānāṃ < udāra-buddha-dharma-adhimukta-：*adj.* 勝れたブッダの真理の教え（仏法）に対して信順の志を抱く。*n. pl. Gen.*
以上の属格は絶対節をなしている。
udāra-：*adj.* 鼓舞する。高揚した。高い。多量の。名高い。勝れた。
buddha-dharma-：*m.* 仏の教え。ブッダの在り方。仏の特質。「仏法」と漢訳。
adhimukta- < adhi-√muc- (6) + -ta：*pp.* 信用せる。確信せる。熱中した。献身した。
√muc- (6)：放つ。解放する。発する。発言する。

viṭhapana-pratyupasthāna-lakṣaṇāḥ < viṭhapana-pratyupasthāna-lakṣaṇāḥ + (s) < viṭhapana-pratyupasthāna-lakṣaṇa-：*adj.* 妄想によって現われた特徴（相）を持つ。*m. pl. Nom.*
viṭhapana- < vi-ṭhapana-：*n.* 〔錯覚した〕固着。設定。「積集」「変現」「妄想」と漢訳。
pratyupasthāna- < prati-upa-√sthā- (1) + -ana：*n.* 接近。切迫。「現」「現前」「現在住」「現在前」「生」と漢訳。
lakṣaṇa- < √lakṣ- (1) + -ana：*n.* 標章。しるし。記号。特徴。属性。「相」「色相」「相貌」と漢訳。

sarva-dharmā < sarva-dharmāḥ + 有声音 < sarva-dharma-：*m.* あらゆる存在。あらゆるものごと。「一切法」「諸法」と漢訳。*pl. Nom.*

iti：*adv.* ～と。以上のように。「如是」と漢訳。

viditvânuttarāyāṃ < viditvā + anuttarāyāṃ
viditvā < √vid- (1,2) + -itvā：知る。*Ger.*
anuttarāyāṃ < anuttarā- < anuttara- < an-ud-tara-：*比較級,* この上ない。「無上」と漢訳。*f. sg. Loc.*

samyak-saṃbodhau < samyak-saṃbodhi-：*f.* 正しく完全な覚り。*sg. Loc.*

cittāny < cittāni + 母音 < citta-：*n.* 心。思考。意思。知性。理性。「質多」と音写。*pl. Nom.*

utpannāni < utpanna- < ud-√pad- (4) + -na：*pp.* ～（処格）から生まれた。生じた。「已生」「出現」「生起」と漢訳。*n. pl. Nom.*

> buddha-kṣetra-pariśuddhi-nidāna-parivartaḥ prathamaḥ //
> （梵漢和維摩経 *p.* 28, *l.* 20）

〔以上が〕「ブッダの国土の完全な浄化という序」の章という〔名前の〕第一である。
【漢訳相当箇所なし】

…………………………………………………………………………

buddha-kṣetra-pariśuddhi-nidāna-parivartaḥ < buddha-kṣetra-pariśuddhi-nidāna-parivarta-：*m.* ブッダの国土の完全な浄化という序の章。*sg. Nom.*
buddha-kṣetra-pariśuddhi-：*f.* ブッダの国土の完全な浄化。*sg. Nom.*
nidāna-parivarta-：*m.* 「序」の章。「序品」と漢訳。

prathamaḥ < prathama-：*adj.* 第一の。最も早い。元の。前の。首位にある。最も優れた。卓越した。最も前の（pra の最上級）。*m. sg. Nom.*

第1章　訳注

---

[1] sarva- は、貝葉写本では sarvva- となっている。写本では子音が一つでいいところを二つにしたりすることがしばしば見られるが、以下、すべて断りなく訂正する。

[2] bodhisattvebhyaḥ（< bodhi-sattva-）は、貝葉写本ではすべて bodhisatvebhyaḥ（< bodhi-satva-）と sattva- の部分で t が一つ少なくなっている。それは、sattva- の複合語の場合も、単独で sattva- が用いられる場合も同じである。写本では、子音が二つのところを一つにしているところがしばしば見られるが、以下、すべて断りなく訂正する。

[3] この文は仏典結集の際、釈尊が語ったことをアーナンダが「このように私は聞きました」と前置きして誦んじたという形式にならったものである。従って、「私」（mayā）とは本来、アーナンダのことである。しかし、ここではアーナンダとは異なり、この『維摩経』を編纂した人（たち）であり、かつまたこの『維摩経』を人前で語って聞かせる時の暗誦者と聴衆であるように仕組まれている。

[4] アームラパーリーは、商業都市ヴァイシャーリー（vaiśālī, 毘耶離国）の遊女であった。「アームラパーリー」（āmrapālī）はサンスクリット語であり、パーリ語で「アンバパーリー」（ambapālī）といい、「菴摩羅婆利」「菴羅婆利」「菴羅女」「菴婆波利」などと音写される。「アームラ」（アンバ）とは、果物のマンゴーのことで、彼女が生まれてすぐにヴァイシャーリー城外のマンゴー林に捨てられていたので、この名を得たと言われている。美貌の故に遊女となり、その子のカウンディヌヤ（kauṇḍinya）によって出家し、尼となったと言われる。マガダ国の王・ビンビサーラ（bimbisāra, 頻婆娑羅）との間に生まれたのがジーヴァカ（jīvaka, 耆婆）であると言われているが、異説もある。釈尊に精舎を寄進したとされているが、中村元博士は、サンスクリット本・チベット本・有部本に、その話が見られないので、後世の創作・付加であって、「土地所有の欲望を起こした僧侶たちの考えたこと」と推測されている。詳細は、

中村元訳『ブッダ最後の旅』、岩波文庫、岩波書店、*p.* 54 以下参照。

中村元著『仏弟子の生涯』、中村元選集決定版、第 13 巻、春秋社、*p.* 495 以下参照。

植木雅俊著『差別の超克――原始仏教と法華経の人間観』、講談社学術文庫、*p.* 83 参照。

[5] abhijñānâbhijñātaiḥ は、貝葉写本では abhijñātâbhijñātaiḥ となっている。貝葉写本でしばしば見られる n と t の間の誤記であろう。

[6] tri-ratna-vaṃś**ânupacchettṛbhir**（tri-ratna-vaṃś**ânupacchettṛbhiḥ** < tri-ratna-vaṃśa-**anupacchettṛ**-）は、貝葉写本と VKN. では triratnavaṃś**ānupacchetṛbhiḥ**（< tri-ratna-vaṃśa-**anupacchetṛ**-）となっているが、筆者は改めた。第 12 章§11 においては、貝葉写本も筆者の考えと同様に saddharma-vaṃś**ânupacchettṝṇām**（< saddharma-vaṃśa-**anupacchettṛ**-）となっている。

[7] kīrti- は、貝葉写本ではすべて kīrtti- と t が一つ多くなっている。それは、この維摩経の主人公の名前である vimalakīrti-（< vimala-kīrti-）として用いられる場合も同じである。本書では、以下、すべて断りなく kīrti- と改めている。

[8] tulyâtulya-samatikrāntair（< tulya-atulya-samatikrāntaiḥ, 比較できるものと、比較できないものを超越していて）は、貝葉写本では antalyātulyasamatikrāntaiḥ となっているが、次のチベット語訳を参考に改めた。

mtshungs pa dang mi mtshung pa'i chos las yan dag par 'das pa（等しいものと、等しくないものからよく離れて）

[9] saṃcintya-（思い通りに）は、貝葉写本では acintya-（考えられざる）となっているが、チベット語訳では bsams bzhin du（想像したように）となっているので改めた。

[10] 筆者が「**意のままに**生存の状態に**誕生すること**」と訳した箇所の原文は次の通り。

saṃcintya-bhavagaty-**upapatti**-

この中の絶対分詞 saṃcintya（意のままに）と upapatti-（誕生）の複合語 saṃcintyôpapatti-（意のままの誕生）は、本書では第 3 章§71 と第 10 章§17 にも登場し、saṃcintya と jāti-（誕生）の複合語 saṃcintya-jāti-（意のままの誕生）が第 7 章第 13 偈に出てくる。bhava-（存在）の語を加えた saṃcintya-bhavôpapatti-（存在〔有〕の世界への意のままの誕生）も第 4 章§20 に見られるなど、『維摩経』では saṃcintya と「誕生」を意味する語の複合語が頻出している。

[11] 基数詞は、ダシャン（daśan-, 十）、シャタ（śata-, 百）、サハスラ（sahasra-, 千）など日常的によく使われる数の場合、インドの各学派でその意味が異なることはないが、非日常的な大きな数の場合は、各学派でその意味する数が異なっている。例えば、koṭī-（＝ koṭi-）は「億」「兆」「京」、niyuta- は「万」「百万」「兆」、nayuta- は「万」「十万」「千億」と、学派によって異なっている。従って、これらの巨大数については、以下「コーティ」「ニユタ」「ナユタ」とカタカナで表記する。

---

12 「劫」は、サンスクリット語の「カルパ」（kalpa）を音写した「劫波」の略で、天文学的な時間の長さを意味する。『雑阿含経』巻三四によると、縦、横、高さがそれぞれ１由旬（約 15km）の鉄城の中に芥子の実をいっぱいにし、100 年に１度、１粒ずつ取り去ったとして、すべての芥子の実がなくなるまでの時間の長さよりも長い時間であるとされる（芥子劫）。あるいは、四方が１由旬の大きさの岩の塊があって、カーシー（ベナレス）産の織物で 100 年に１度払ったとして、その岩塊が完全に摩り減ってなくなるまでの時間の長さよりも長い時間とされる（磐石劫）。極めてインド的な計算法だが、量り知れない時間の長さを言ったものである。

拙著『ほんとうの法華経』、ちくま新書、*p.* 310 を参照。

13 nitya-**nikṣipta**-hastena（< nitya-**nikṣipta**-hasta-）は、貝葉写本と VKN. では nity**otpalakṛta**hastena（< nitya-**utpala-kṛta**-hasta-）となっている。これは、nitya-（常に）、**utpala-**（**青スイレン**）、**kṛta-**（**作られた**）hasta（手）の複合語であるが、このままでは、「常に**青スイレンで作られた**手を持つ」という意味になる。

ところが、チベット語訳、およびその現代語訳である中公版、および漢訳は次の通り。

rtag tu lag brkyang（常に手を**差し伸べ**）

「つねに手を**延ばした**」（中公版、*p.* 10）

「常**下**手」（支謙訳、鳩摩羅什訳、玄奘訳）

いずれにも、utpala- に対応する語は見られない。これらの訳を考慮すると、utpalakṛta- は、ni-kṣipta-（下げられた）の誤りと考えられるので、筆者は改めた。これは、直前の ut-kṣipta-（挙げられた）にも対応している。

14 ratna-**jahena**（< ratna-**jaha-**）は、貝葉写本では ratna-**jāhena**（< ratna-**jāha-**）となっているが、注 17 に述べる理由で改めた。

15 kūṭa- は貝葉写本の表記だが、VKN. で kūta- となっているのは誤植であろう。

16 gava-gandha-hastinā（< gava-gandha-hastin-）は、貝葉写本と VKN. では gaja-gandha-hastinā となっているが、注 18 に述べる理由で改めた。

17 筆者が「宝石を喜捨するもの」と訳した箇所は、貝葉写本では ratna-**jāhena**（< ratna-**jāha-**）となっている。ここで、jāha- は意味をなさない。チベット語訳は rin cen gtong（宝玉を捨てる）となっている。従って、jaha-（棄てる、離れる）に改めた。その結果、ratna-**jahena**（< ratna-**jaha-**）となり、「宝石を喜捨するもの」といった意味になる。ところが、チベット語訳からの現代語訳である中公版が、「宝が与えられた」（中公版、*p.* 10）になっているのはなぜであろうか。

また、鳩摩羅什訳では「宝勝」となっていて、貝葉写本とチベット語訳とはかけ離れている。鳩摩羅什の用いたテキストは、「克服する」「圧倒する」という意味の動詞 √jyā- (9) の過去受動分詞 jīta- を用いた ratna-jītena（< ratna-jīta-）、あるいは「勝つ」という意味の動詞 √ji- (1) の過去受動分詞 jita- を用いた ratna-jitena（< ratna-jita-）となっていたのかもしれない。

18 筆者が「芳香ある牛のよう〔に偉大〕な象」と訳した箇所の原文は、貝葉写本と VKN. では gaja-gandha-hastinā（< gaja-gandha-hastin-）となっている。これは、gaja-（象）と、gandha-（芳香）、そして hastin-（象）の複合語で、一つの複合語に「象」を意味する語が二つも入っていて不自然である。

チベット語訳、およびその現代語訳である中公版、そして漢訳は次の通り。

spos kyi ba glang glang po che（芳香ある牛象）

「香りのある牛象」（中公版、*p.* 10）

「白香象」（鳩摩羅什訳）

「大香象」（玄奘訳）

チベット語訳の ba glang が牛、glang po che が象であり、gaja- は gava-（牛）だった可能性が出てくる。従って、筆者は gava-gandha-hastinā（< gava-gandha-hastin-）に改めた。その場合、gava-（牛）と gandha-（芳香）、hastin-（象）の複合語として「芳香ある牛のような象」と解釈することができる。さらに、「牛」が偉大さを象徴すると考えて「芳香ある牛のよう〔に偉大〕な象」とすると、玄奘訳も出てくる。鳩摩羅什訳の「白」に注目すると、gaja- は gaura- となっていたのかもしれない。

19 筆者が「宝石のような髻を持つもの」と訳した箇所の原文は、maṇi-cūḍena（< maṇi-cūḍa-）となっている。『法華経』の安楽行品（植木訳『梵漢和対照・現代語訳　法華経』下巻、*p.* 150）に cūḍā-maṇi-（髻の中の宝石）という表現が出てくるが、語順の違いに注意しなければならない。中公版は、「髻にマニ珠のある」と訳しているが、これは『法華経』の cūḍā-maṇi- の場合の訳であり、maṇi-cūḍa- の場合には当てはまらない。漢訳の「珠髻」（鳩摩羅什訳、玄奘訳）は、あえて書き下せば「珠の髻」で、これは「花の都」、すなわち「花のような都」に対応するもので、「珠のような髻」という意味である。

20 loka-dhātu- は、『法華経』では女性名詞として用いられることがあったが、『維摩経』では本来の男性名詞として用いられている。

21 darśanāya vandanāya paryupāsanāya は、VKN. では darśanāyai vandanāyai paryupāsanāyai とすべて女性名詞の為格の形になっている。筆者は、直後にある dharmaśravaṇāya を考慮して、中性名詞 darśana-, vandana-, paryupāsana- の為格にそろえた。

22 筆者が「多くの世界の四つの大陸（四大州）から」と訳した箇所の原文は、次のようになっている。

anekāc catur-mahā-dvīpakāl

チベット語訳、およびその現代語訳である中公版は次のようになっている。

gling chen po bzhi pa'i 'jig rten gyi khams mya ngan med pa（四大州なるアショーカ〔憂いなき〕世界から）

「アショーカ（無憂）世界の四大州から」（中公版、*p.* 11）

チベット語の mya ngan med pa がサンスクリットの aśoka- にあたる。mya ngan が śoka-（憂い）に、med pa が「～がないこと」に対応している。漢訳は、次の通り。

「四方の境界より」（支謙訳）

「余の四天下より」（鳩摩羅什訳）

「無憂の四大洲の界より」（玄奘訳）

以上のことから、貝葉写本の anekāc（< anekāt < aneka-, 多くの）は、玄奘訳とチベット語訳の底本では aśokāc（< aśokāt < aśoka-, アショーカ）となっていたと考えられる。

23 tathânye 'pi（< tathā + anye + api）は、貝葉写本で tathânyo pi（< tathā + anyaḥ + api）となっている。貝葉写本の anyaḥ は単数だが、ここは四天王をはじめ梵天、帝釈などの名前が列挙されており、複数形の anye でなければならない。

24 upasaṃkrāmat は、BHS. でしばしば見られる形で、upasamakrāmat（< upasam-akrāmat）のことであり、「近づく」を意味する upa-sam-√kram- (1) の過去・三人称・単数・為他言である。cf. BHS. gram. 32-3.

25 **samanantara**-niḥsṛṣṭāni（< **samanantara**-niḥsṛṣṭa-）は、貝葉写本の表記であるが VKN. は **samantara**-niḥsṛṣṭāni（< **samantara**-niḥsṛṣṭa-）と改めている。けれども、samantara- では意味をなさない。ここは、過去受動分詞とともに用いて、「～するや否や」を意味する samanantara- であるべきだ。従って、筆者は貝葉写本のままにした。

26 yaś câsmiṃs（< yaḥ + ca + asmiṃs）は、貝葉写本では yathâsmiṃs（< yathā + asmiṃs）となっている。後続する文章に yathā（～が…であるように）に対応する tathā（そのように）が見られず、むしろ男性・単数・主格の相関詞 sa（< tad-, それ）がある。従って、yathā ではなく、関係代名詞 yaḥ であったほうがよい。asmiṃs の頭を長母音にするために ca（そして）を挟んだことで、yaḥ が yaś になった。

27 sthitânimiṣaṃ prekṣamāṇā（< sthitā + animiṣaṃ prekṣamāṇā）は、貝葉写本では sthitā animiṣaṃ prekṣamāṇāḥ（< sthitāḥ + animiṣaṃ prekṣamāṇāḥ）となっている。sthitā（< sthitāḥ）と aprekṣamāṇāḥ は女性・複数・主格だが、主語の sā sarvā parṣad（そのすべての聴衆）が、女性・単数・主格となっているのに合わせて sthitā と prekṣamāṇā とするべきである。

28 tvāṃ は、貝葉写本では tvā となっている。BHS. としては、このままの形も許されるが、第 12、13 偈に合わせてある。

29 インドで美しい眼を「青い蓮華」に譬えることは、しばしば行なわれることだが、中公版『法華経』II（*p.* 211）では青い蓮華の「葉」に譬えたものとして訳されている。『維摩経』のこの「美しく清らかな青スイレンの花弁のように最も勝れた大きな眼」（śubha-śuddha-kamala-vara-patra-viśāla-netra）という表現から考えても、青蓮華の「葉」ではなく、「花弁」（patra-）に譬えられていると考えるべきであろう。植木訳『梵漢和対照・現代語訳　法華経』下巻、*pp.* 490–491 参照。

30 rddhi（< 母音 + ṛddhi）は、VKN. では ṛddhi となっている。これは、貝葉写本の ṛddhiṃ を改めたものだが、筆者は連声の規則に則ってさらに改めた。

31 sabalā munîndra は、貝葉写本と VKN.では sabalo munîndraḥ となっている。ところが、この二語は、主格であり、「A（主格）+ B（具格）+ C（主格）」、すなわち「A が B によって C された」（B が A を C した）を意味するこの構文には、いずれもそぐわない。これは、tvayā（tvad, あなた）と同じく具格であるか、呼格を取るしかない。前者の場合は、音節数に変化をきたしてしまい、偈（詩句）の形式を壊すので、呼格とするしかない。sabalo の末尾が長母音であることを考慮して、BHS. の男性・単数・呼格 sabalā とし、munîndraḥ を munîndra に置き換えた。

32 punaḥ satate（さらには常に）は、貝葉写本では punar madate となっている。madate は、「喜ぶ」という動詞 √mad- (1) の現在・三人称・単数・為自言だが、この後にある praśāntā（≒ praśāntam < praśānta-, 静穏に

なった）という過去受動分詞の中性・単数・主格との関係が不明である。madate に対応する箇所が、三つの漢訳すべてにおいて「常に」となっていることから、satate（常に）の誤記であると推測される。貝葉写本で s と m の書体が似ていることも一因であろう。

[33] maraṇa-jāti-jarânta-kāriṃ（< maraṇa-jāti-jarā-anta-kāriṃ）は、貝葉写本では maraṇa-jāti-jarā-tu-kāriṃ となっているが、VKN. によって改められた。初めの三語は、四つの苦しみとされるものから病を除いた maraṇa-（死）、jāti-（生）、jarā-（老）であることがわかる。ところが kāriṃ（< kārin-）が「～を…になす」という形容詞であることは分かるが、tu-kāriṃ となったときの意味が不明である。漢訳は、「老死畏を度す」（支謙訳）、「老病死を度す」（鳩摩羅什訳）、「生老死を度す」（玄奘訳）となっていて、すべて「度す」、すなわち「迷いから覚りへと渡す」という意味になっている。すなわち maraṇa-（死）、jāti-（生）、jarā-（老）の苦しみを「終わりになす」ということである。従って、anta-（終わり）と kārin-（～を…になす）を複合語にした anta-kārin-（～を終わりになす）という語が推測される。

[34] sattva-ratanesmi は、貝葉写本では次のようになっている。

①satvaratanesmi（≒ satva-ratane）

satva-ratane は、正規のサンスクリットでは sattva-ratne と書く。これは、sattva-（衆生）と ratna-（宝石）の複合語 sattva-ratna- の中性・単数・処格であり「宝石のような人に対して」を意味する。

ところが、VKN. は敢えて①を次のように二語に分けている。

②satvaratane 'smi（< satva-ratane + asmi）

asmi は、代名詞 idam-（これ）の中性・単数・処格 asmin の BHS. の形である。従って、②は「この宝石のような人に対して」という意味になる。

①と②は、「この」があるのか、ないのかの違いに過ぎず、どちらでもかまわない。筆者は、貝葉写本のままにしておく。

[35] 鳩摩羅什訳の次の偈は、貝葉写本とチベット語訳に相当箇所が存在していない。

「今、世尊に此の微蓋を奉る。中に於いて我が三千界と諸天・龍神の居る所の宮と、乾闥婆等及び夜叉とを現ず。悉く世間の諸の所有を見て、十力、哀れみて是の化変を現じ、衆は希有なるを観て、皆、仏を歎ず。今、我れ三界の尊に稽首したてまつる」

これに相当する偈は、支謙訳と玄奘訳のいずれにも次のように存在する。

「今、能仁に此の慈蓋を奉る。中に於いて我が三千世と諸天・龍神の居る所の宮と、犍沓和等及び閲叉とを現ず。世間の諸の所有を知るを以て、十力、哀れみて是の変化を現じ、衆は希有なるを観て、皆、仏を歎ず。極尊の大智を現じたもうに稽首したてまつる」（支謙訳）

「斯の微蓋を以て世尊に奉る。中に於いて普く三千界と諸天・龍神の宮殿等を現ず。故に智見の功徳身を礼し、十力、神変を世間に示す。一切皆、光影の如く等し。衆は驚歎・未曾有なるを観る。故に十力の大智見を礼す」（玄奘訳）

[36] この第９偈は、六つの要素に区切ることができるが、それは二通り可能である。まず、第一は次の通りである。

①mahā-mune（偉大なる聖者よ、）

②prasanna-mānasā（澄み切った心をもって、）

③samāgatā te janatā... mukhaṃ udīkṣanti（〔ここに〕集合した人々は、……あなたの顔を仰ぎ見ています。）

④sarve ca paśyanti jinaṃ（しかも、すべて〔の人々〕は、勝利者を見ています。）

⑤purastāj（〔自分たちの／勝利者の〕面前で、）

⑥jinasya āveṇika-buddha-lakṣaṇam（勝利者〔であるあなた〕には、他のものにはないブッダ〔に特有〕の特徴が具わっています。）

この場合は、①②③と、④⑤と、⑥の独立した三つの文章からなっている。①の mahā-mune は、男性名詞 mahā-muni-（偉大なる聖者）の単数・呼格で、呼び掛けの言葉であり、②の prasanna-mānasā（≒ prasanna-mānasena）は、BHS. で中性名詞 prasanna-mānasa-（澄み切った心）の単数・具格で、副詞的な用法である。①②③の文章で骨格をなしているのは、③である。③の samāgatā（≒ samāgatāḥ）は、「集まってくる」という意味の動詞 sam-ā-√gam- (1) の過去受動分詞 samāgata- の女性・複数・主格で、女性名詞 janatā-（人々の集まり）の複数・主格 janatā（< janatāḥ）とともに、主語の役割を果たしている。動詞は、「仰ぎ見る」という意味の ud-√īkṣ- (1) の現在・三人称・複数 udīkṣanti である。そして、その目的語が te... mukhaṃ（あなたの顔を）である。

④は、主語の sarve（すべて〔の人々〕が）と、動詞の paśyanti（見ている）、目的語の jinaṃ（勝利者を）からなり、④⑤の文章の骨格となっている。

⑤の purastāj（< purastāt）は、属格の名詞とともに用いて、「～（属格）の面前で」を意味する。ここは、⑥の冒頭にある属格 jinasya が掛詞として用いられていると考えて「〔勝利者の〕面前で」と訳してもいいし、集合したすべての人々の面前だと考えて「〔自分たちの〕面前で」と、どちらで訳してもかまわないところである。鳩摩羅什訳は、後者を採っているようだ。

⑥は、属格の jinasya と、主格の āveṇika-buddha-lakṣaṇam の名詞文として独立した文章をなしていて、第 10 偈、11 偈でもそっくり同じフレーズが決まり文句として繰り返されている。その「勝利者には、他のものにはないブッダ〔に特有〕の特徴が具わっています」という意味からすると、この第 9 偈に、「ブッダ〔に特有〕の特徴」が何か説かれているのかと思われるが、この偈は「人々は、あなたの顔を仰ぎ見ています」「すべて〔の人々〕は、〔自分たちの／勝利者の〕面前で、勝利者を見ています」としか言っておらず、「ブッダ特有の特徴」らしきものは見当たらない。

ところが、チベット語訳からの現代語訳である中公版（*p.* 15）では、ここに「ブッダ特有の特徴」が説かれているとする。その訳を④⑤⑥のサンスクリット原文に対応させると、次のようになる。ただし、⑧の「〔すべての者は、〕」という部分は筆者が補った。

⑦sarve ca paśyanti（〔すべての者は、〕思う）

⑧jinaṃ purastāj（勝利者は自分の前において**であるかのように**）

⑨jinasya āveṇika-buddha-lakṣaṇam（**これが**勝利者にのみ見られる、仏陀に特有な相なのである）

この訳では、⑦⑧が「仏陀に特有な相」であることになる。⑦⑧が、日本語として全くこなれていないことはさておき、⑦（あるいは④）の「見る」という意味の動詞 paśyanti を中公版では「思う」と訳していることが気にかかる。「思う」と訳したことに伴って、⑦⑧をＳＶＯＣ（ＳはＯをＣであると思う）の構文と考え、⑧をＯ（目的語）とＣ（補語）として、「思う」ことの内容とされたようだ。対格の jinaṃ（勝利者を）をＯとするのは問題ないが、副詞の purastāj（< purastāt, 面前で／面前において）をＣ（補語）とするのは、無理というものである。それにもかかわらず、中公版は、その二語を「勝利者は自分の前において**であるかのように**」と訳された。けれども、「～であるかのように」という意味は、⑧からは出てこない。しかも、日本語としてもおかしい。

⑦の paśyanti（見る）を「思う」と訳されたのは、チベット語訳がそうなっていたのかと思わせるが、チベット語訳は rang gi mdun gnas mthon（自らの面前で見る）であり、「思う」とはなっていない。「見る」とした場合は、客観的事実を見ていることになるが、「思う」としたのでは、その内容は、極めて主観的なものになってしまう。各人に何か主観的な思いを抱かせる“働き”のようなものを想定して、そこに「仏陀に特有な相」を結び付けようとする意図的な翻訳のように見えてくる。中公版では、⑨の訳の冒頭に「これが」を立てているが、それに当たる語は、貝葉写本にはない。それにもかかわらず、⑦⑧を「これ」に相当する内容にするために、以上の訳し方をされた、あるいは逆に、「これ」に対応するように⑦⑧の訳し方をされたとしか思えない。

中公版の訳者、長尾雅人博士は、自らの訳について講義された岩波セミナーブックス『「維摩経」を読む』（岩波書店、1986 年）において次のように語られている。

「第九偈で、勝利者が、つまり仏陀が自分の前においてであるかのように思う、というのは、これは一つのたいへん宗教的な境地です。大勢を相手にして仏陀は話をしておられる。その仏陀のお話しが、自分だけに向って話をされている、というふうに思う。自分の前においでになるというのは、自分だけを相手にして話をしておられるのだという、そういう感じを抱くということです」（*pp.* 68–69）

これは、単純に「すべての人々が、自分たちの面前に勝利者を見ている」と言っているだけの文章を、「思う」という動詞にすり替えて、「たいへん宗教的な境地」として深読みしているとしか思えない。アイドル歌手のコンサートで、観客が「私だけのアイドル」と思って聞いているのと大して変わらない。中公版は、何としても「勝利者が〔マンツーマンで〕自分の前にいる」と人々に思わせることを「ブッダに特有の相」にしたいようで、そのために文法を無視して強引に解釈しているように思える。

⑧は、Ｏ（目的語）とＣ（補語）であるよりも、名詞文と考えたほうがいいであろう。すなわち、主格の jinaḥ（勝利者は）と、場所を示す副詞の purastāj（< purastāt, 面前で／面前において）からなる主格と処格の名詞文が、paśyanti（見る）の“目的語”となったので、jinaḥ が叙述的対格（Predicative Accusative）の jinaṃ になったと考えるのである。その場合、⑦⑧は、次のように訳すことができる。

⑩「しかも、すべて〔の人々〕は、勝利者が〔自分たちの〕面前にいらっしゃるのを見ています。」

この部分を鳩摩羅什は、「各見世尊在其前」と漢訳し、玄奘はそっくりそれを踏襲している（支謙訳に第 9 偈の対応箇所なし）。これは、次のように書き下される。

「各、世尊の其の前に在すを見る」（鳩摩羅什訳、玄奘訳）

すなわち、「各々は、世尊が其の前に在すのを見る」ということで、⑩と同趣旨である。

以上の分析から、①～⑤の訳は、

「人々は、澄み切った心をもって、あなたの顔を仰ぎ見ています。しかも、すべて〔の人々〕は、勝利者が〔自分たちの〕面前にいらっしゃるのを見ています」

となる。これを次の筆者の訳と比べても、観点の違いだけで趣旨は同じである。

「人々は、澄み切った心をもって、あなたの顔を仰ぎ見ています。しかも、すべて〔の人々〕は、〔自分たちの〕面前で、勝利者を見ています」

いずれにおいても、「ブッダに特有の相」らしきものは見られない。従って、⑥では、

「勝利者には、他のものにはないブッダ〔に特有〕の特徴が具わっています」

とだけ結論されていた。

次に、④⑤⑥の別の区切り方も見ておこう。視点を変えて⑥の jinasya を④と関係付けて、⑥を名詞文とは見なさないで、次のように区切ることも可能である。

④' sarve ca paśyanti（しかも、すべて〔の人々〕は、……見ています）

⑤' purastāj jinasya（勝利者〔であるブッダ〕の面前で、）

⑥' jinaṃ... āveṇika-buddha-lakṣaṇam（他のものにはないブッダ〔に特有〕の特徴を具えておられる勝利者を）

⑤' の purastāj (< purastāt) は、「～の面前で」という意味の副詞だが、属格の jinasya（勝利者の）とともに「勝利者の面前で」を意味している。④' は主語の sarve（すべて〔の人々〕が）と動詞 paśyanti（見ている）からなり、文章の骨格となっている。その目的語は⑥' である。⑥' の jinaṃ は、男性名詞 jina-（勝利者）の単数・対格で、中性・単数・対格の形容詞 āveṇika-buddha-lakṣaṇam（他のものにはないブッダの特徴を具えている）によって修飾されている。従って、④' ⑤' ⑥' は次のように訳される。

「しかも、すべて〔の人々〕は、勝利者〔であるブッダ〕の面前で、他のものにはないブッダ〔に特有〕の特徴を具えておられる勝利者を見ています」

⑥' を paśyanti（見る）の目的語として叙述的対格と見なせば、これは次のようにも訳すことができる。

「しかも、すべて〔の人々〕は、勝利者〔であるブッダ〕の面前で、勝利者が他のものにはないブッダ〔に特有〕の特徴を具えておられるのを見ています」

こうなると、第9偈には「ブッダ〔に特有〕の特徴」という名前を挙げただけで、「ブッダ〔に特有〕の特徴」の内容には、全く触れられていないことになる。

けれども、⑥の jinasya āveṇika-buddha-lakṣaṇam（勝利者には、他のものにはないブッダ〔に特有〕の特徴が具わっています）という一句は、第10、11偈でもそっくりそのまま独立した文章として繰り返されており、āveṇika-buddha-lakṣaṇam を主格と考えて、主格と属格の名詞文として区切った⑥の訳を採用した。ただ、「ブッダ〔に特有〕の特徴」は第10、11偈で具体的に触れられていると考えた。

ところが、鳩摩羅什の訳、およびそれを踏襲した玄奘訳では、

「斯れ則ち神力不共の法なり」（鳩摩羅什訳、玄奘訳）

と、「斯れ」が入った文章になっている。それは、中公版と同じである。そうなると、第9偈に神力不共の法、あるいはブッダに特有の相が説かれていることになる。そこで、漢訳の全文を見直してみよう。

「大聖法王は、衆の帰する所なり。浄心もて、仏を観じて欣ばざるは靡し。各、世尊の其の前に在すを見る。斯れ則ち神力不共の法なり」（鳩摩羅什訳）

「衆会は大牟尼を瞻仰し、心に清浄の信を生ぜざること靡し。斯れ則ち神力不共の法なり」（玄奘訳）

これは、貝葉写本とは随分と異なっている。ここでは、「仏を見た人を必ず歓喜させること」（鳩摩羅什訳）、あるいは「清浄の信を生じさせること」が「ブッダに特有の相」だということになる。貝葉写本では、「人々は、澄み切った心をもって、ブッダの顔を仰ぎ見ている」「すべての人々は、勝利者が自分たちの面前にいるのを見ている」、あるいは「自分たちの面前で、勝利者を見ている」という文章でしかなかったのに、中公版で「人々は、仏陀が自分の前だけにいるように思う。これが仏陀特有の相である」と訳され、鳩摩羅什訳と玄奘訳によって「不共の相」とされた感がある。

37 この第10偈は、次の四つの要素からなる。

①ekāṃ ca vācaṃ bhagavān pramuñcase（世尊〔であるあなた〕は、〔ただ〕一つの言葉を発せられます。）

②nānā-rutaṃ ca pariṣad vijānati（しかしながら、〔それを聞いた〕聴衆は、〔それを〕種々の〔発せられた〕声として〔各自に〕了解します。）

③yathā-svakaṃ cârtha vijānate jano（また人は、各自〔の能力のまま〕に、意味を理解します。）

④jinasya āveṇika-buddha-lakṣaṇam（〔このように〕勝利者には、他のものにはないブッダの特徴が具わっ

ています。）

これに対応させて、チベット語訳からの現代語訳である中公版の訳（*p.* 15）を挙げると次のようになる。

⑤「世尊によって一語が語られたにすぎないときにも、」

⑥「集まった人々はおのおのがその語を（自分の**方言として**）別々に理解することができ、」

⑦「自分の（納得する）意味に従って理解する。」

⑧「これが勝利者にのみ見られる、仏陀に特有な相なのである。」

②は、ＳＶＯＣの構文として理解される。Ｓ（主語）が pariṣad（聴衆は）、Ｖ（動詞）が vijānati（～を～として了解する）、Ｏ（目的語）が①の vācaṃ（言葉を）で（②では省略されている）、Ｃ（補語）が nānā-rutaṃ（種々の声）である。③の冒頭の yathā-svakaṃ（各自に）は、②にもかかっていると考えられる。

②の中の nānā-rutaṃ（< nānā-ruta-）は、nānā-（種々の）と ruta-（声、言葉）の複合語であり、「種々の声」と訳される。ruta- が、「（声を）発する」という意味の動詞 √ru- (2) の過去受動分詞でもあることを考えれば、「種々の〔発せられた〕声」とすることができる。中公版の「その語を別々に」という訳は無理がある。

③は、ＳＶＯの構文をなしている。Ｓ（主語）は jano（< janaḥ < jana-, 人）で、Ｖ（動詞）は vijānate（理解する）、Ｏ（目的語）は artha（≒ artham, 意味を）である。yathā-svakaṃ（< yathā-svaka-）は、yathā-（～に応じて）と svaka-（自分の）の複合語の対格で、対格の副詞的用法で「各人別々に」「各々独自の方法で」「各自に」といった意味になる。中公版の⑦には、副詞句の yathā-svakaṃと目的語の artha とを一体にして「自分の（納得する）意味に従って」と訳すという無理がある。

長尾雅人博士は、この偈を訳すに当たり、世尊の一語をそれぞれの理解する方言として聞いていることが「仏陀に特有な相」だと強調しておられる。それは、第 9 偈で、ブッダが聴衆一人ひとりの自分の眼前にいると思わせ、「自分だけに向って話をされている」と思わせることと同じであると、長尾博士は『維摩経を読む』（岩波書店、*pp.* 68–72）で講義されている。ところが、中公版の第 9 偈の訳し方には無理があったことは、既に第 9 偈の注 36 で述べた通りである。

この第 10 偈は、これまで「一音（いっとん）説法」と言われてきたところである。ブッダは、種々のことを説かれたのではなく、ただ一つのことを説かれたけれども、聞く側がそれぞれの能力に応じて理解したにすぎないということである。

ところが長尾博士は、ここでブッダによって語られた「一語」をそれぞれの聴衆が「それぞれの方言」として聞いていることと強調している。そのように訳したことに関して、『維摩経を読む』の中で、ＮＨＫの朝の連続テレビ小説「おしん」（1983 年 4 月～1984 年 3 月放送）で佐賀弁が用いられたことを例として次のようなことを話されている。

「佐賀弁を使って全国に放送していても、その佐賀弁がそのままで理解が出来るわけです。（中略）それと同じように、サンスクリットで話される、あるいはパーリ語で話される。あるいはマガダ語で話される、何で話されたか知らないけれども、自分に向って自分がわかるように話をして下さっている、というふうに理解をするということ、それが仏陀の非常にすぐれた徳であるというのです」（*p.* 69）

佐賀弁が全国で理解されたのは、全国放送なので理解できる範囲内の佐賀弁にとどめたからである。もしも、手加減しなければ理解できないことも出てくるだろうし、佐賀弁ではなく、言葉の難解さで隠密の潜入をも阻んだ鹿児島弁であっても、同じことを言われるだろうかという素朴な疑問が残る。ここは、そんなに方言にこだわらなければならないところなのだろうか。①②③の文章をそれぞれ要約すると、

①'「世尊が声を発する」

②'「聴衆は、それを種々の声として各自に理解する」

③'「そして、各自に意味を理解する」

となる。ここでは、「自分だけに向って話をされている」ということも、方言がどうのこうのということも何も言われていない。最終的に、「各自に意味を理解する」ということを言っているのであって、長尾博士がこだわっておられる方言のことは、そうであってもいいし、そうでなくてもいいし、それほどこだわる必要のないことである。

筆者は、長尾氏がこのようなことに、どうしてこだわられるのか疑問であったが、玄奘が漢訳した『大毘婆沙論（だいびばしゃろん）』巻七九の次の記述を目にして納得した。

⑨「仏は一音（いっとん）を以（もっ）て法を演説したもうに、衆生は類に随いて各、解することを得、皆、『世尊は其（そ）の語を同じくして、**独り我が為（ため）に種種の義を説けり**』と謂（おも）う」

『大毘婆沙論』では、この一節について、次のような解説が展開されている。

⑩「一音とは謂（い）わく梵音（ぼんのん）なり。もし至那（しな）人来りて会座（えざ）に在れば、仏は為（ため）に至那の音義を説くと謂（おも）えり。是（か）く

の如く、磔迦・葉筏那・達剌陀・末畷婆・佉沙・覩貨羅・博喝羅等の人来りて会座に在れば、各各、『仏は独り我が為に、自国の音義を説く』と謂い、聞き已りて類に随いて各領解を得たり」（大正蔵、巻二七、四一〇頁上）

これは、中国人や、サカ人、ギリシア人、ドラヴィダ人、マーラヴァ人、カシュガル人、トカラ人、ソグディアナ人たちがインドに来訪するようになった時代の状況について述べたものである。それぞれの言語が異なっていても、意が通じたことを「一音」という考え方に当てはめて説明しようとしたものであろう。仏陀が語ったように書かれているが、もちろん釈尊在世のことであるはずがない。

ちなみに「一音」について触れた⑨は、この『維摩経』に基づいていることは明らかであろう。これに対応する箇所を鳩摩羅什訳から引用すると、次の通りである。

⑪「仏は一音を以て法を演説したもうに、衆生は類に随いて各、解することを得、皆、『世尊は其の語を同じくしたもう』と謂う」（鳩摩羅什訳）

玄奘訳『説無垢称経』では、鳩摩羅什のこの訳がそっくり踏襲されている。『維摩経』の後に成立した『大毘婆沙論』では⑪に「独り我が為に種種の義を説けり」という一節が挿入されている（それは玄奘訳の『説無垢称経』にもない）。長尾博士の第 9 偈の解釈の仕方も、この挿入部分に影響されていたといえるし、「方言」からの解釈も⑩に起因していたのであろう。それは、『維摩経』自体ではなく、『大毘婆沙論』からの深読みでしかないのではないか。

[38] nivedesi は、貝葉写本では nivivyasi となっているが、VKN. によって「知らせる」という意味の動詞 ni-√vid-(1) の受動・二人称・単数・為他言の nividyasi に改められている。しかし、ここに受動態があってはならない。しかも、受動態は為自言の活用をするのであって、為他言はありえない。これは、この偈に用いられている vāsesi（≒ vāsayasi）、および śamesi（≒ śamayasi）に合わせて、BHS. の使役・二人称・単数・為他言にすべきだと考えて筆者は nivedesi（≒ nivedayasi）に改めた。

[39] ākāṅkṣatāṃ kāṅkṣa śamesi nāyako は、貝葉写本では ākāṃkṣatāṃ kāṃkṣa gamesi nāyakaḥ となっている。śamesi（≒ śamayasi, あなたは鎮める）は、貝葉写本では gamesi（≒ gamayasi, あなたは行かせる）となっている。この箇所は、チベット語訳では rab tu zhi mdzad de となっていて、rab tu zhi が「寂静」、mdzad が「作る」「する」の敬語表現なので、「お鎮めになる」を意味している。従って śamesi が適切であろう。

[40] 筆者が「ある人たちを輝かせ、他の人たちに告げ知らせ」と訳した箇所の原文は次の通り。

①**vāsesi** eke（ある人たちを**輝かせ**、）

②apare **nivedesi**（他の人たちに**告げ知らせ**）

①の eke は正規のサンスクリットでは ekān のことで（「パーリ語辞典」*p.* 347 参照）、これは、基数詞 eka-（一）の男性・複数・対格で、「ある人たちを」を意味している。それに対して、②の apare は apara-（他の）の男性・複数・対格で、「他の人たちを」を意味している。こうして①と②は対句になっている。その対の内容は、vāsesi と nivedesi である。①の vāsesi は「輝く」という意味の動詞√vas-(4) の使役・二人称・単数 vāsayasi の BHS. の形である。従って、「輝かせる」という意味になる。②の nivedesi は「知らせる」という意味の動詞 ni-√vid-(2) の使役・二人称・単数 nivedayasi の BHS. の形で、「告げ知らせる」という意味になる。

ところが、チベット語訳、およびその現代語訳である中公版の訳、並びに漢訳（支謙訳に対応箇所なし）を①と②に対応させると。次のようになっている。

kha cig bag chags bsgos zhing kha cig rtogs par byas（ある者を汚れに染め、ある者を覚らせる）

「ある者は**汚れに染まり**、ある者は**覚りを得**」（中公版、*p.* 15）

「或いは恐畏有り、或いは歓喜す」（鳩摩羅什訳、玄奘訳）

①の「輝かせる」に対応する、チベット語訳の「汚れに染め」、漢訳の「恐畏有り」は、ブッダの特徴としては、そぐわないものである。筆者は、「輝かせる」という表現が、ここでは適切だと考える。チベット語訳の底本は、dūṣeti（≒ dūṣayati, 汚す）とでもなっていたのであろうか？

[41] lipyate は、貝葉写本と VKN. で √lip-(6) の受動・現在・二人称・単数の lipyase となっているが、この動詞の主語は、鳩摩羅什訳を見ても jale-ruhaṃ（水の中に生ずる〔蓮〕）と考えたほうがよく、動詞は三人称でなければならない。従って、筆者は受動・三人称・単数・為自言の lipyate に改めた。

[42] 「衆生たちとともに〔あなたは〕」と筆者が訳した箇所は男性・複数・具格の sattvair（≒ sattvaiḥ）を随伴の意味で訳したものだが、これを過去受動分詞の動作主と考えれば、「衆生たちは、深い瞑想に入っていて、すべての生存領域において心の束縛を解き放つことに通達しています」という訳になる。しかし、ここは衆生のことではなく、「あなた」のことを述べる箇所なので、採用しない。

[43] vibhāvitā は、貝葉写本では vibhāvitāḥ となっている。これは、vi-√bhū-(1) の使役の過去受動分詞 vibhāvita-

が格変化したものである。その性・数・格はBHS. で中性・単数・主格の sarva-nimitta（≒ sarva-nimittam）と一致しなければならない。ところが、BHS. には -āḥ という格語尾を持つ中性・単数・主格は見当たらず、あるのは -ā という格語尾である。これにより、vibhāvitā（≒ vibhāvitam）という形になる。

44 bhagavān（主格）は、貝葉写本の表記だが、VKN. では bhagavan（呼格）に改めている。ところが、ここと同じ一節が『法華経』薬王品に tat sādhu bhagavān deśayatu tathāgato（植木訳『梵漢和対照・現代語訳　法華経』下巻、*p.* 420, *ll.* 6–7）とあることを考慮しても、これは改める必要はなく、筆者は貝葉写本のままにした。

45 bodhi-sattvasya の次の[　]内の buddha-kṣetram / tat kasya は、貝葉写本に欠落しているが、チベット語訳、およびその現代語訳である中公版、さらに漢訳が次のようになっていることに対応している。

　byang chub sems dpa'i sang rgyas kyi shing ngo //　deci'i phyil（菩薩にとってのブッダの国土である。それは、なぜなら）

　「菩薩の仏国土なのである。それはなぜか」（中公版、*p.* 17）

　「菩薩の仏国なり。所以は何ん」（支謙訳）

　「菩薩の仏土なり。所以は何ん」（鳩摩羅什訳）

　「菩薩の厳浄の仏土なり。所以は何ん」（玄奘訳）

46 [　]内の buddha-kṣetram は、貝葉写本に欠落しているが、鳩摩羅什訳に「浄土」、玄奘訳に「厳浄の仏土」とあることから補った。

47 「十善業道」（daśa-kuśala-karma-pathāḥ）とは、十種の善い行ないのこと。①殺生、②偸盗、③邪婬、④妄語（うそをつくこと）、⑤両舌、⑥悪口、⑦綺語、⑧貪欲、⑨瞋恚（憎み怒ること）、⑩邪見――からなる「十悪」の反対の行ない。身口意の三業に分けると、①から③が「身」、④から⑦が「口」、⑧から⑩が「意」に関するものである。

48 ārabdha-vīryāḥ（努力精進を獲得した）は、貝葉写本では ārartha-vīryāḥ となっているが、ārartha は意味不明である。漢訳に「一切の功徳を勤修する」（鳩摩羅什訳）、「善く勇猛精進する」（玄奘訳）とあり、ārartha の部分には、「勤」「勇猛」と漢訳された動詞 ā-√rabh- (1) の過去受動分詞 ārabdha- があったと推測される。

49 「四無量心」（catvāry apramāṇāni）とは、四つの量り知れない利他の心。慈しみ（慈）、憐れみ（悲）、他者の幸福を喜ぶこと（喜）、差別・偏見を捨てて平等に観ること（捨）が無量であること。「四梵住」とも言う。

50 「四摂法」（catvāri saṃgraha-vastūni）は、「四摂事」とも言う。人々を引きつけて救うための四つのことがらで、①布施（真理の教えを説いたり〔法施〕、物を施し与えること〔財施〕）、②愛語（思いやりのある言葉をかけること）、③利行（他者のために行なうこと）、④同事（協同して行なうこと）。

51 「三十七助道法」（saptatriṃśad-bodhi-pakṣā dharmāḥ）は、覚りを得ることを助ける三十七の修行方法で、四念処、四正勤、四神足、五根、五力、七覚支、八正道のこと。

52 「四念処」（catvāri smṛty-upasthānāni）とは、①身体（身）が不浄であることを観察し、②感受（受）の苦なることを観察し、③心の無常なることを観察し、④法の無我なることを観察すること。

53 「四正勤」（catvāri samyak-prahāṇāni）とは、①既に起きている悪は断つように、②未だ起きていない悪は生じないように、③未だ起きていない善は起きるように、④既に起きている善はさらに増大するように努力すること。

54 「四神足」（catur-ṛddhi-pādāḥ）とは、神通を得るための四つの勝れた禅定。①欲神足（勝れた禅定を得ようと欲すること）、②勤神足（勝れた禅定を得ようと努力すること）、③心神足（勝れた禅定を得ようと思念すること）、④観神足（勝れた禅定を得ようと思惟観察すること）。

55 「五根」（pañca-indriyāni）とは、覚りに向かわせるための五つの能力のことで、①信根、②精進根、③念根、④定根、⑤慧根のこと。

56 「五力」（pañca balāni）とは、能力としての「五根」が具体的な力となって顕在化したもの。

57 「七覚支」（sapta-bodhy-aṅgāni）とは、覚りに導く七つの要素のことで、①択法覚支（真実の教えを選び取り、偽りの教えを捨てること）、②精進覚支（ひたすら努力すること）、③喜覚支（真実の教えの実践を喜ぶこと）、④軽安覚支（心身を軽やかにすること）、⑤捨覚支（対象に対する執着を捨てること）、⑥定覚支（心を集中して散乱しないこと）、⑦念覚支（念じ続けること）のこと。

58 「八正道」（āryâṣṭâṅgo mārgaḥ）とは、覚りを得るための八つの道のことで、①正見（正しく見ること）、②正思（正しく考えること）、③正語（正しく言葉を用いること）、④正業（正しく振る舞うこと）、⑤正命（正しく生活すること）、⑥正精進（正しく努力すること）、⑦正念（正しく思念すること）、⑧正定（正しく精神統一すること）のこと。

59 saṃbhavati は、貝葉写本では sambhavati となっている。ṃ と m との違いはあるが、現在・三人称・単数である。ところが、VKN. では現在・三人称・複数の saṃbhavanti と改めている。この動詞に対する主語が中性・単数・主格の buddha-kṣetram なので、これは現在・三人称・単数とするべきであり、筆者は貝葉写本の形を採用した。これまで繰り返して複数形の saṃbhavanti が出てきたので、惰性で誤ったのであろうか。

60 八難（aṣṭâkṣaṇa-）は、仏法を聞くことを妨げる生まれ方のことで、①地獄、②餓鬼、③畜生の三悪道に生まれること、④北クル洲、⑤長寿天に生まれること、⑥感覚器官に障害があること、⑦世俗の智慧（あるいは邪見）に長けていること、⑧仏の出現以前、あるいは入滅後に生まれること――の八つからなる。

①、②、③は、苦しみに苛まれて法を求めようとしないことになり、④、⑤が楽に安住して法を求めようとしないという結果をもたらす。

61 bhinna-saṃdhāna-kuśalā（争いごとを和解させるのに巧みで）は、貝葉写本では bhinna-satvāna-kuśalā となっている。これは、bhinna-（闘諍）、satvāna-、kuśalā（巧みな）の複合語のようだが、satvāna- は、sattva-（衆生）という語に似ているが、これらの語からなる複合語の意味が不明である。鳩摩羅什訳を見ると、「善く諍訟を和し」とあり、satvāna- は saṃdhāna-（和解、和平条約の締結）であったのであろう。

62 tāvatyo（< tāvatyaḥ ＋ 有声子音）は、VKN. では tāvantyo（< tāvantyaḥ ＋ 有声子音）となっている。ところが、このような語尾を持つ格は見当たらない。これは、女性名詞 nidhyapti- の複数・主格 nidhyaptayaḥ との関係を考えても、tāvat- の女性形 tāvatī- の複数・主格でなければならない。それは、tāvatyaḥ である。貝葉写本では、tāvatyo（< tāvatyaḥ）となっているが、VKN. はローマナイズの際に n を入れたようだ。ところが、それは必要のない措置である。この前後に、yāvat- と tāvat- の男性・複数・主格 yāvanto（< yāvantaḥ）と tāvanto（< tāvantaḥ）があり、ここに n が入っていることで、yāvat- と tāvat- の女性形をそれぞれ yāvantī- と tāvantī- だと勘違いされたのであろうか。

63 yāvatyo（< yāvatyaḥ）は、VKN. では yāvantyo（< yāvantyaḥ）と n が入っているが、貝葉写本では入っていない。ここでは、前の注と同じ理由で必要ないので、筆者は貝葉写本と同様に n を入れない。

64 tāvatyaḥ は、貝葉写本も、VKN. もいずれも tāvantyaḥ となっているが、二つ前の注と同じ理由で n を取った。

65 [/ yāvanta upāyās]は、貝葉写本では欠落しているが、次の注で述べる理由から筆者は補った。

66 筆者が「廻向がある限り、その限り方便があり、〔方便がある限り、〕その限り国土の完全な浄化があり」と訳した箇所は、貝葉写本では、次のようになっている。

①yāvantyaḥ pariṇāmanāḥ tāvanta upāyās tāvantyaḥ kṣetra-pariśuddhayaḥ /（廻向がある限り、その限り方便があり、その限り国土の完全な浄化があり、）

この前後の文章が、

「Ａがある限り、その限りＢがあり、Ｂがある限り、その限りＣがあり、……」

という構造になっていることを考えると、①には「方便がある限り」という一節が抜けていることが分かる。こうして、抜けの部分を[ ] 内に補い、①は次のように改められる。

yāvatyaḥ pariṇāmanās tāvanta upāyāḥ [/ yāvanta upāyās] tāvatyaḥ kṣetra-pariśuddhayaḥ /

67 §14 に展開される連鎖を、他の訳と比較しつつ**【表】**にすると、次のようになる（それぞれ縦方向に連鎖している）。

貝葉写本	チベット語訳	鳩摩羅什訳	玄奘訳	支謙訳
	発心		発菩提心	
修行				
意向	まっすぐな意欲	直心	純浄意楽	
	修行	発行	妙善加行	行
高潔な心	深い決意	深心	増上意楽	名誉
洞察	洞察	意調伏	止息	善処
善行	行なうこと	如説行	発起	福
廻向	廻向	廻向	廻向	徳
			寂静	
方便	方便	方便		善権
国土の浄化	国土の浄化	成就衆生	清浄有情	仏国浄
衆生の浄化	衆生の浄化	仏土浄	厳浄仏土	人物浄
智慧の浄化	知の浄化			浄智

説法の浄化	**説法の浄化**	**説法浄**	**清浄法教**	**浄教**
			清浄妙福	
智慧と修行の浄化	**知の完遂**	**智慧浄**	**清浄妙慧**	
			清浄妙智	
			清浄妙行	
自己の心の浄化	**自己の心の浄化**	**心浄**	**清浄自心**	**清浄**
		一切功徳浄	清浄諸妙功徳	

（太字は他と共通していると見られるもの）

この表を見て、まず第一に言えることは、支謙訳が他の訳と大きく異なっていることである。他と共通するものを、挙げれば「行」「善権」（善巧方便の異訳）、「仏国浄」「人物浄」「浄智」「浄教」「清浄」だけである。「名誉」「善処」「福」「徳」といった項目は、他と全く異なっている。チベット語訳と玄奘訳が、「発心」（発菩提心）から出発している点が共通しているが、貝葉写本のみが「修行」から始まっている。大乗仏教で重要な概念である「方便」の項目が玄奘訳のみに見られない。その代わりであろうか、他には見られない「寂静」が入っている。貝葉写本、チベット語訳、支謙訳が、「国土の浄化」から「衆生の浄化」の順であるのに対して、鳩摩羅什訳と玄奘訳では逆の順になっている。また最後のほうで、貝葉写本が「智慧と修行の浄化」、チベット語訳が「知の完遂」、鳩摩羅什訳が「智慧浄」となっているのに対して、玄奘訳はさらに詳しくなっていて、「清浄妙福」「清浄妙慧」「清浄妙智」「清浄妙行」と増幅されている。最後、あるいはその一つ前は、すべて「自己の心の浄化」を挙げているが、鳩摩羅什訳と玄奘訳のみが「功徳」の清浄を最後に挙げている。

68 yat は、貝葉写本と VKN. では yas（< yaḥ）となっている。しかし、ここに男性・単数・主格の関係代名詞がある必然性が不明である。筆者は、英語の that（〜ということ）に相当する yat に改めた。

69 buddha-kṣetram は、貝葉写本では buddha-kṣetraṃm となっている。書写の際に、kṣetraṃ と書いて、次に母音がくるので語尾の ṃ は m になるべきことに気づいて m を書き足したが、ṃ を消し忘れたのであろう。

70 〜-**gūthôḍigalla**-pratipūrṇāṃ（糞尿などの汚物で満たされている）は、貝葉写本では〜-**gūthôḍika-varṇṇa**-pratipūrṇṇāṃ となっている。pratipūrṇṇāṃ は「満たされている」を意味するが、gūthoḍikavarṇṇa-（gūtha-uḍika-varṇṇa-）は意味不明である。三つの漢訳を見ると、すべて「穢悪充満」とあり、これは「穢悪」と漢訳される語に改めるべきである。『法華経』妙音品に、そっくり同じ「穢悪充満」という語が用いられていた。そのサンスクリット語は gūthôḍilla-paripūrṇā（植木訳『梵漢和対照・現代語訳　法華経』下巻、*p.* 466）で、「穢悪」に相当するのは gūthôḍilla-（< gūtha-uḍilla-）である。これをそのまま用いても構わないが、これが俗語であることを考えれば、正規のサンスクリットの gūthôḍigalla-（< gūtha-uḍigalla-, 糞尿などの汚物）を用いた方がいい。以上の考えから、貝葉写本の表記を改めた。

71 idaṃ は、貝葉写本と VKN. では imaṃ となっているが、これは男性・単数・対格であり、次の中性・単数・対格の buddha-kṣetraṃ を修飾する語としては、性が一致していない。筆者は、性をそろえるために中性の idaṃ に改めた。

72 sudhā-deva-bhojanam upasthitam は、貝葉写本では sudhā-deva-bhojanam upatiṣṭhato となっているが、VKN. はそれを sudhādevabhojanam upatiṣṭhataḥ と改めている。しかし、いずれの場合であれ、このままでは意味をなさない。

upatiṣṭhato も upatiṣṭhataḥ も、「用意する」「かしずく」という意味の動詞 upa-√sthā-（1）の現在・三人称・両数・為他言、あるいは現在分詞 upatiṣṭhat- の男性・単数・奪格／属格、あるいは男性・複数・対格である。ここに現在・三人称・両数の動詞、あるいは奪格、属格、対格の現在分詞が来る必然性が説明できない。

従って、このままでは意味が通じない。改めるべきである。ここで「神々の子たち」との関係を考えると、これは過去受動分詞であるほうがいい。よって、男性・複数・主格の upasthitāḥ（upa-√sthā-の過去受動分詞）と改める。それに伴い、かしづく手段として sudhā-deva-bhojanam を中性・単数・具格の sudhā-deva-bhojanena とすれば、「〔神々の子達は〕神々の飲み物や神々の食べ物によってかしづかれた」となる。

もう一つの解決策は、sudhā-deva-bhojanam を中性・単数・主格と考えて、過去受動分詞を中性・単数・主格の upaṣṭhitam と改めることである。

いずれでもかまわないが、筆者は、後者を採用して訳しておく。

73 saṃdṛśyamāne は、貝葉写本と VKN. では saṃdarśyamāne となっているが、それは受身形の saṃdṛśyamāne の書き間違いではないか。

74 筆者が、「随順して〔真理を〕認める知（随順忍）」と訳した箇所は、原文では ānulomikyāḥ kṣānteḥ となっている。ānulomikyāḥ は、形容詞 ānulomikī-（随順している）の女性・単数・属格の形であり、kṣānteḥ は、女性名詞 kṣānti-（認めること）の単数・属格である。これを翻訳するに当たっては、これと類似した第 12 章§13 の表現を考慮しなければならない。それは、ānulomikīṃ dharma-kṣāntiṃ という一節である。ānulomikīṃ は、形容詞 ānulomikī-（随順している）の女性・単数・対格の形であり、dharma-kṣāntiṃ は、dharma-（真理）と kṣānti-（認めること）の複合語の女性・単数・対格である。格が異なり、dharma-（真理）という語の有無の違いはあるものの、ānulomikī- と kṣānti- が用いられている点は共通している。

第１章§19 と、第３章§20、第 12 章§13 の対応箇所を貝葉写本、チベット語訳、およびその現代語訳である中公版、そして三つの漢訳で対照させると次の【表】になる。

	第１章§19	第３章§20	第 12 章§13
貝葉写本	ānulomikyāḥ kṣānteḥ	ānulomikyāḥ kṣānteḥ	ānulomikīṃ dharma-kṣāntiṃ
筆者の訳	随順して〔真理を〕認める知（随順忍）	随順して〔真理を〕認める知（随順忍）	随順して真理を認める知（随順忍）
チベット語訳	rjes su 'thun pa'i bzod pa（随順する忍）	rjes su 'thun pa'i bzod pa（随順する忍）	thos pa dang rjes su 'thun pa'i chos kyi bzod pa（聞くことに随順する法の忍）
中公版	真理に随順するという知（中公版、*p*. 24）	真理に随順するという知（随順忍）（中公版、*p*. 41）	真理に随うという知（随順忍）（中公版、*p*. 174）
支謙訳	柔順法忍	——	順忍
鳩摩羅什訳	無生法忍	——	柔順忍
玄奘訳	無生法忍	順法忍	順法忍

この表から言えることは、まず貝葉写本では dharma-（真理、法）という語は、第１章、第３章になくて、第 12 章にあるということだ。ところが、支謙訳と鳩摩羅什訳では、その関係は逆になっていて、第１章のほうに「法」があって、第 12 章には存在しない。チベット語訳では dharma に対応する chos（法）という語が、第１章、第３章になくて、第 12 章にあるということは貝葉写本と同様である。ところが、チベット語訳からの現代語訳である中公版は、すべてに「真理に」という語を入れている。これは、すべての場合に「法」を入れている玄奘訳を参考にされたのであろうが、第１章、第３章の場合は、筆者のように〔 〕内に入れるべきであろう。

また、チベット語訳には、他と異なる点がある。それは、第 12 章の表記の冒頭に thos pa dang（聞くことに）が入っていることだ。

次に、鳩摩羅什訳と玄奘訳の場合は、他の訳とは大きな違いが見られる。その両訳では、第１章のほうが「無生法忍（むしょうほうにん）」となっている。両者の底本は ānulomikyāḥ kṣānteḥ、または ānulomikīṃ dharma-kṣāntiṃ ではなく、anutpattikī-（無生）と dharma-kṣānti-（法忍）からなる語の変化形になっていたのであろう。これは、ānulomikī- を anutpattikī- と誤写したものであったと考えられる。第 12 章のほうは、dharma という語が鳩摩羅什訳では欠落し、玄奘訳では入っていたということができる。

以上のように、それぞれの訳にはいくつかの異同が見られるが、「法」（dharma, 真理）という語がすべてに含まれている玄奘訳の底本が最も原型を留めていて、それがそれぞれに変化したものと考えることができよう。従って、筆者は〔 〕内に dharma の意味を生かして、「真理を」という語を補った。

75 batême（< bata + ime）は、貝葉写本では vatême（< vata + ime）となっているが、VKN. は bata ime と改めている。vata も bata も、同じ意味で用いられるので、改める必要はないが、bata が一般的なので VKN. は bata ime と改めたのであろう。筆者は、連声を考えて batême とした。

76 viditvânuttarāyāṃ（< viditvā + anuttarāyāṃ）は、貝葉写本では viditvânuttarāsyāṃ（< viditvā + anuttarā-syāṃ）となっているが、VKN. によって viditvānuttarasyāṃ（< viditvā + anuttarasyāṃ）と改められた。ところが、これは女性・単数・処格の samyak-saṃbodhau を修飾するもので、anuttara- の女性・単数・処格の anuttarāyāṃ でなければならず、筆者は改めた。

अचिन्त्योपायकौशल्यपरिवर्तो नाम द्वितीयः

2

AcintyÔpāya-Kauśalya-Parivarto Nāma Dvitīyaḥ

第 2 章

考えも及ばない巧みなる方便

【方便品第二】

2：AcintyÔpāya-Kauśalya-Parivarto Nāma Dvitīyaḥ //

第2章：考えも及ばない巧みなる方便

【方便品第二】

……………………………………………………………………

acintyôpāya-kauśalya-parivarto < acintyôpāya-kauśalya-parivartaḥ + 有声子音 < acintya-upāya-kauśalya-parivarta-：*m.* 「考えも及ばない巧みなる方便」の章。*sg. Nom.*

acintya- < a- + √cint- (10) + -ya：*未受分,* 思議すべからざる。考えるべきでない。

upāya-kauśalya-：*n.* 巧みなる方便。「善巧方便」と漢訳。

upāya- < upa-√i- (2) + -a：*m.* 接近。到着。手段。方策。「方便」と漢訳。

kauśalya- = kauśala-：*n.* 幸福。幸運。繁栄。賢明。「善」「善巧」と漢訳。

parivarta- < pari-√vṛt- (1) + -a：*m.* 章。「品」と漢訳。

nāma：*adv.* ～という名前の。実に。確かに。もちろん。おそらく。そもそも。

dvitīyaḥ < dvitīya-：*序数詞,* 第二の。*m. sg. Nom.*

> §1 tena khalu punaḥ samayena vaiśālyāṃ mahā-nagaryāṃ vimalakīrtir nāma licchaviḥ prati=vasati sma /
>
> (梵漢和維摩経 *p.* 56, *ll.* 1–2)

§1 その時、さらに、ヴァイシャーリーという大都城にリッチャヴィ族のヴィマラキールティ（維摩詰）という名前の人が住んでいた。

【§1 爾(そ)の時、毘耶離(びやり)大城中に長者有り。維摩詰(ゆいまきつ)と名づく。】 （大正蔵、巻一四、五三九頁上）

……………………………………………………………………

tena < tad-：それ。*m. sg. Ins.*

khalu：*ind.* 実に。確かに。しかも。さて。そこで。

punaḥ < punaḥ + (s) < punar：*adv.* 再び。新たに。さらに。なお。しかしながら。

samayena < samaya-：*m.* 会合の場所。時間。好機。機会。*sg. Ins.*

tena samayena：その情況で。「其会」「爾時」と漢訳。

vaiśālyāṃ < vaiśālī-：*f.* ヴァイシャーリー（Viśāla国の王が建設した町の名前）。「毘舎離」「毘耶離」「吠舎離」と音写。*sg. Loc.*

mahā-nagaryāṃ < mahā-nagarī-：*f.* 大都城。*sg. Loc.*

mahā- < mahat-：*adj.* 大きな。高貴な。

nagarī-：*f.* 都城。町。市。都市。首都。

vimalakīrtir < vimalakīrtiḥ + 有声音 < vimalakīrti- < vimala-kīrti-：*m.* ヴィマラキールティ。汚れのない名声を持つ（もの）。「維摩詰」「維摩」と音写。「浄名」「無垢称」と漢訳。*sg. Nom.*

vimala- < vi-mala- = vi-gata-mala-：*adj.* 汚点のない。明らかな。輝く。純粋な。「浄」「無垢」と漢訳。

前分が接頭辞を伴う過去受動分詞の場合、接頭辞のみを残して過去受動分詞が省略されることがある。cf.「基礎」*p.* 551.

kīrti-：*f.* 陳述。名声。名誉。

nāma：*adv.* ～という名前の。実に。確かに。もちろん。おそらく。そもそも。

licchaviḥ < licchavi-：*m.* リッチャヴィ族。「梨車毘」「栗車毘」と音写。*sg. Nom.*

prativasati < prativasa- < prati-√vas- (1)：住む。*Pres. 3, sg. P.*

sma：*ind.* 実に。

現在形の動詞とともに用いて、過去の意味を表我々す（歴史的現在）。過去のことを生々しく語るための表現方法である。ただし、現在の意味が保留される場合もある。

pūrva-jina-kṛtâdhikāro 'varopita-kuśala-mūlo bahu-buddha-paryupāsitaḥ pratilabdha-kṣāntiko
labdha-pratibhāno mahâbhijñā-vikrīḍito dhāraṇī-pratilabdho vaiśāradya-prāpto nihata-māra-pra=
tyarthiko[1] gambhīra-dharma-naya-supraviṣṭaḥ prajñā-pāramitā-nirjāta upāya-kauśalya-gatiṃ=
gataḥ pratibhāna-samanvāgataḥ sattvâśaya-carita-kuśala indriya-parâpara-jñāna-niryāto yathā-
pratyarha-dharma-deśakaḥ kṛta-niścayaḥ kṛta-śrama iha mahā-yāne suparīkṣita-karma-kārī bu=
ddhêryā-patha-pratiṣṭhitaḥ sāgara-vara-buddhy-anupraviṣṭaḥ sarva-buddha-stuta-stomita-pra=
śaṃsitaḥ sarva-śakra-brahma-lokapāla-namaskṛtaḥ sa sattva-paripākāyôpāya-kauśalyena vaiśā=
lyāṃ mahā-nagaryāṃ prativasati sma /

(梵漢和維摩経 *p.* 56, *ll.* 2–11)

その人は、過去に勝利者〔であるブッダ〕のもとで精励し、善根を植え、多くのブッダを崇敬し、忍耐を獲得しており、雄弁さを獲得していて、大いなる神通を自在に用い、ダーラニー（陀羅尼）を獲得し、畏れなきものとなり、魔という怨敵を打ち破っていて、深遠な法に導くことによく通じていて、智慧の完成（般若波羅蜜）から生まれたものであり[2]、巧みなる方便に通達しており、雄弁さを具えており、衆生の意向と行ないを熟知していて、〔衆生の〕能力の高低を知ることが完成されていて、それぞれ〔の衆生〕に適切な法を説くものであり、この大いなる乗り物（大乗）において確信を持って精励し、じっくり考えて行為をなし、ブッダ〔と同じ〕行状に立っていて、大海のように〔広くて深い〕最も勝れた覚りに入っており、あらゆるブッダたちに褒め称えられ、讃嘆され、称讃されていて、すべてのインドラ神（帝釈天）、ブラフマー神（梵天）、世界の保護者〔である四天王〕たちに敬礼されていて、衆生を成熟させるために、巧みなる方便によってヴァイシャーリーの大都城に住んでいた。

【已曾、無量の諸仏を供養して深く善の本を植え、無生忍を得て、弁才無礙なり。神通に遊戯し、諸の総持を逮して無所畏を獲、魔の労怨を降す。深法の門に入り、智度を善くし、方便に通達し、大願成就す。衆生の心の所趣を明了にし、又、能く諸根の利鈍を分別す。久しく仏道に於いて心已に純淑にして、大乗に決定す。諸有る所作は能く善く思量せられ、仏の威儀に住して、心の大なること大海の如し。諸仏は咨嗟し、弟子・釈・梵・世主に敬せらる。人を度さんと欲するが故に、善方便を以て、毘耶離に居す。】　（大正蔵、巻一四、五三九頁上）

……………………………………………………………………

pūrva-jina-kṛtâdhikāro 'varopita-kuśala-mūlo < pūrva-jina-kṛtâdhikāraḥ + avaropita-kuśala-mūlo

pūrva-jina-kṛtâdhikāraḥ < pūrva-jina-kṛta-adhikāra-：*adj.* 過去の勝利者のもとでなした努力を持つ（もの）。過去の勝利者のもとで努力をなした（もの）。*m. sg. Nom.*

pūrva-：*adj.* 前にある。前の。東の。東にある。先行する。先の。以前の。昔の。

jina-：*m.* 勝利者。仏陀。Jina 教の聖者。「耆那」と音写。

kṛta- < √kṛ- (8) + -ta：*pp.* なされた。

adhikāra- < adhi-kāra- < adhi-√kṛ- (8) + -a：*m.* 支配。統治。～（処格）に対する努力・尽力。

avaropita-kuśala-mūlo < avaropita-kuśala-mūlaḥ + 有声子音 < avaropita-kuśala-mūla-：*adj.* 植えられた善根を持つ。善根を植えられた。*m. sg. Nom.*

avaropita- < ava-ropaya- + -ta < ava-√ruh- (1) + -aya + -ta：*Caus. pp.* ～を奪われた。軽減せられた。喪失した。下された。「種」「所種」「植」と漢訳。

√ruh- (1)：芽を出す。生長する。発育する。

kuśala-mūla-：*n.* 「善根」と漢訳。

kuśala-：*adj.* 善き。正しき。～に熟練した。老練なる。経験ある。

mūla-：*n.* 根。付け根。基底。起原。本源。

bahu-buddha-paryupāsitaḥ < bahu-buddha-paryupāsita-：*adj.* 多くのブッダを恭敬した。*m. sg. Nom.*

pratilabdha-kṣāntiko < pratilabdha-kṣāntikaḥ + 有声子音 < pratilabdha-kṣāntika-：*adj.* 獲得した

忍耐をもつ。忍耐を獲得している。*m. sg. Nom.*

pratilabdha- < prati-√labh- (1) + -ta：*pp.* 回復した。取り戻した。達した。得た。「獲得」「成就」と漢訳。

kṣāntika- < kṣānti-ka-：*adj.* 「忍」と漢訳。

kṣānti- < √kṣam- (1) + -ti：*f.* 堪えること。認めること。「忍」「忍辱」「堪忍」と漢訳。

√kṣam- (1)：忍耐する。堪える。忍ぶ。

labdha-pratibhāno < labdha-pratibhānaḥ + 有声子音 < labdha-pratibhāna-：*adj.* 獲得された雄弁を持つ。雄弁さを獲得している。*m. sg. Nom.*

labdha- < √labh- (1) + -ta ：*pp.* 得られた。獲得された。

pratibhāna- < prati-√bhā- (2) + -ana：*n.* 明白なこと。理解。能弁であること。「弁」「弁才」「巧弁」「弁説」「楽説」と漢訳。

mahâbhijñā-vikrīḍito < mahâbhijñā-vikrīḍitaḥ + 有声子音 < mahā-ahijñā-vikrīḍita-：*adj.* 大いなる神通を自在に用いる。*m. sg. Nom.*

mahā- < mahat-：*adj.* 大きな。高貴な。

ahijñā- < ahi-√jñā- (9) + -ā：*f.* 記憶。思い出。「通」「神通」「神力」と漢訳。

vikrīḍita- < vi-√krīḍ- (1) + -ita：*pp.* 遊んだ。戯れた。*n.* 遊戯。運動。子どもの遊び。最も容易になされた行為。

dhāraṇī-pratilabdho < dhāraṇī-pratilabdhaḥ + 有声子音 < dhāraṇī-pratilabdha-：*adj.* ダーラニー（陀羅尼）を獲得している。*m. sg. Nom.*

dhāraṇī-：*f.* （大乗仏教において）法を心に留めて忘れさせない能力。修行者を守護する能力がある章句のこと。「総持」と漢訳。「陀羅尼」と音写。

pratilabdha- < prati-√labh- (1) + -ta：*pp.* 回復した。取り戻した。達した。得た。「獲得」「成就」と漢訳。

vaiśāradya-prāpto < vaiśāradya-prāptaḥ + 有声子音 < vaiśāradya-prāpta-：*adj.* 畏れなきものとなった。*m. sg. Nom.*

vaiśāradya-：*n.* ～（処格）に関する経験。智力の明晰。誤りのないこと。「無畏」「無所畏」と漢訳。

prāpta- < pra-āpta- < pra-√āp- (5) + -ta：*pp.* 達せられた。獲得された。

nihata-māra-pratyarthiko < nihata-māra-pratyarthikaḥ + 有声子音 < nihata-māra-pratyarthika-：*adj.* 魔という怨敵を打ち破った。「降伏魔怨」と漢訳。*m. sg. Nom.*

nihata- < ni-√han- (2) + -ta：*pp.* 投げつけられた。打ち落とされた。打倒された。「伏」「降伏」「破壊」「除滅」と漢訳。

māra- < √mṛ- (1) + -a：*m.* 死。殺害。誘惑者。悪魔。「障」「悪者」と漢訳。「悪魔」「邪魔」「魔」「摩羅」と音写。

pratyarthika- < prati-arthika-：*m.* 競争者。対抗者。敵。「怨」「怨対」「怨害」「怨憎」「怨敵」と漢訳。

gambhīra-dharma-naya-supraviṣṭaḥ < gambhīra-dharma-naya-supraviṣṭa-：*adj.* 深遠な法に導くことによく通じている。*m. sg. Nom.*

gambhīra- = gabhīra-：*adj.* 底の知れない。測り難い。深い。深い音の。「深」「甚深」「深遠」「深妙」と漢訳。

dharma-：*m.* 確定した秩序。慣例。習慣。法則。規則。義務。宗教。教説。性質。本質。属性。特質。事物。法。

naya- < √nī- (1) + -a：*m.* ～に導くこと。世間智。世俗の知識。原理。方法。「道理」と漢訳。

√nī- (1)：指導する。案内する。導く。

supraviṣṭa- < su-praviṣṭa-：*adj.* ～によく入っている。

praviṣṭa- < pra-√viś- (6) + -ta：*pp.* ～（処格）に入った。入られた。～に存する。「悟入」と漢訳。

prajñā-pāramitā-nirjāta < prajñā-pāramitā-nirjātaḥ + a 以外の母音 < prajñā-pāramitā-nirjāta-：*adj.* 智慧の完成から生まれた。*m. sg. Nom.*

prajñā-：*f.* 「智慧」と漢訳。「般若」と音写。

pāramitā-：*f.* 完全な成就。～の完成。「度」「到彼岸」と漢訳。「波羅蜜」と音写。

nirjāta- < nir-√jan- (1) + -ta：*pp.* ～（処格）から生じた。～（処格）に出現した。

upāya-kauśalya-gatiṃgataḥ < upāya-kauśalya-gatiṃgataḥ + (p) < upāya-kauśalya-gatiṃgata-：*adj.* 巧みなる方便に通達している。*m. sg. Nom.*

upāya-kauśalya-：*n.* 巧みなる方便。「善巧方便」と漢訳。

gatiṃgata-：*adj.* 理解した。了解した。「通達」「通暁」と漢訳。

pratibhāna-samanvāgataḥ < pratibhāna-samanvāgata-：*adj.* 雄弁さを具えている。*m. sg. Nom.*

pratibhāna- < prati-√bhā- (2) + -ana：*n.* 明白なこと。理解。能弁であること。「弁」「弁才」「巧弁」「弁説」「楽説」と漢訳。

samanvāgata- < sam-anu-ā-√gam- (1) + -ta：*pp.* ～（具格）を伴った。～（具格）を具えた。

sattvâśaya-carita-kuśala < sattvâśaya-carita-kuśalaḥ + a 以外の母音 < sattva-āśaya-carita-kuśala- <：*adj.* 衆生の意向と行ないを熟知している。*m. sg. Nom.*

sattva-：*m.* 「衆生」「有情」と漢訳。

āśaya- < ā-√śī- (2) + -ya-：*m.* 休息所。場所。考え。意向。思想。「意楽」「楽欲」と漢訳。

carita- < √car- (1) + -ita：*pp.* 行った。行なわれた。「行」「遊行」「修行」「奉行」と漢訳。

kuśala-：*adj.* 善き。正しき。有益な。～に熟練した。老練なる。経験ある。*n.* 好条件。幸福。繁栄。有益。

indriya-parâpara-jñāna-niryāto < indriya-parâpara-jñāna-niryātaḥ + 半母音 < indriya-parâpara-jñāna-niryāta-：*adj.* 〔衆生の〕能力の高低を知ることが完成されている。*m. sg. Nom.*

indriya-：*n.* 活力。精力。感官。能力。「根」と漢訳。

parâpara- < para-apara-：*n.* 遠近。前後。高低。善悪。「上下」「勝劣」「利鈍」と漢訳。

jñāna- < √jñā- (9) + -ana：*n.* 知。智慧。

niryāta- < nir-√yā- (2) + -ta：*pp.* ～（奪格）から出てきた。～現われた。～（処格）を全く信頼した。「出離」「従…生」「已度」「成」「修成」と漢訳。

yathā-pratyarha-dharma-deśakaḥ < yathā-pratyarha-dharma-deśaka-：*adj.* それぞれ〔の衆生〕に適切な法を説く。*m. sg. Nom.*

yathā-pratyarha-：*adj.* 「如応」「如各各相応」と漢訳。

pratyarha-：辞典になく、意味不明。

dharma-deśaka-：*m.* 法の教師。「説法」と漢訳。

kṛta-niścayaḥ < kṛta-niścaya-：*adj.* なされた確信を持つ。確信を持っている。*m. sg. Nom.*

kṛta- < √kṛ- (8) + -ta：*pp.* なされた。作られた。

niścaya- < niś-caya-：*m.* 確認。確信。正確な知識。確実。決定した意見。確定した目的。決定。決心。決断。

kṛta-śrama < kṛta-śramaḥ + a 以外の母音 < kṛta-śrama-：*adj.* 困難を経験している。大きな努力をなした。～（処格）を熱心に行なった。～に精励する。*m. sg. Nom.*

śrama- < √śram- (4) + -a：*m.* 倦怠。疲労。努力。練習。

iha：*adv.* ここに。今。この世に。地上に。「此」「於此」「世」「此世」と漢訳。

mahā-yāne < mahā-yāna-：*n.* 偉大な乗り物。「大乗」と漢訳。*sg. Loc.*

suparīkṣita-karma-kārī < suparīkṣita-karma-kārin-：*adj.* じっくり考えて行為をなす。*m. sg. Nom.*

suparīkṣita- < su-parīkṣita-：*adj.* 念入りに検査された。「極善思」と漢訳。

parīkṣita- < parīkṣaya- + -ta < pari-√īkṣ- (1) + -aya + -ta：*Caus. pp.* 審査された。試みられた。試験された。

karma- < karman-：*n.* 行為。作業。作用。職業。「業」と漢訳。

kārin- < √kṛ- (8) + -in：*adj.* ～を作る。なす。生ずる。動作する。

buddhêryā-patha-pratiṣṭhitaḥ < buddha-īryā-patha-pratiṣṭhita-：*adj.* ブッダ〔と同じ〕行状に立っている。*m. sg. Nom.*

buddha- < √budh- (1) + -ta：*pp.* 目覚めた（人）。*m.*「覚者」と漢訳。「仏」「仏陀」と音写。

īryā-patha-：*m.* 行儀。正しい行状。男性出家者の遵守すべき規定。「儀」「威儀」「威儀道」と漢訳。

īryā- < √īr- + -yā：*f.* 行動。姿勢。行状。行為。

patha-：*m.* ～の道。

pratiṣṭhita- < prati-√sthā- (1) + -ita：*pp.* ～（処格）に熟達した。～に立った。位置した。留まった。～に置かれた。確立した。

sāgara-vara-buddhy-anupraviṣṭaḥ < sāgara-vara-buddhi-anupraviṣṭa-：*adj.* 大海のように〔広くて深い〕最も勝れた覚りに入っている。*m. sg. Nom.*

sāgara-：*m.* 大海。海。「娑揭羅」「娑伽羅」と音写。

vara-：*adj.* 最善の。最も精選された。最も勝れた。最も美しい。「妙」「上妙」「最妙」「第一」「最上」「最勝」などと漢訳。

buddhi- < √budh- (1) + -ti：*f.* 理解力。見解。知能。理性。知性。

anupraviṣṭa- < anu-pra-√viś- (6) + -ta：*pp.* ～（対格、処格）に入った。～（対格）に浸透する。～を熟知する。徹底的に学ぶ。「入」「入在」「随入」「已悟入」と漢訳。

sarva-buddha-stuta-stomita-praśaṃsitaḥ < sarva-buddha-stuta-stomita-praśaṃsita-：*adj.* あらゆるブッダに褒め称えられ、讃嘆され、称讃されている。*m. sg. Nom.*

sarva-：*adj.* 一切の。すべての。

buddha- < √budh- (1) + -ta：*pp.* 目覚めた（人）。*m.*「覚者」と漢訳。「仏」「仏陀」と音写。

stuta- < √stu- (1) + -ta：*pp.* 称讃された。讃美された。褒め称えられた。

stomita-：*m.* 称讃。讃嘆。「敬」

praśaṃsita- < praśaṃsaya- + -ta < pra-√śaṃs- (1) + -aya + -ta：*Caus. pp.* 称讃された。推賞された。「所歎」「讃歎」と漢訳。

sarva-śakra-brahma-lokapāla-namaskṛtaḥ < sarva-śakra-brahma-lokapāla-namaskṛta-：*adj.* すべてのインドラ神（帝釈天）、ブラフマー神（梵天）、世界の保護者〔である四天王〕たちに敬礼される。*m. sg. Nom.*

sarva-：*adj.* 一切の。すべての。

śakra-：*m.* インドラ神。「釈」「帝釈」「天帝釈」と音写。

brahma- < brahman-：*m.* ブラフマー神。「梵天」と漢訳。

lokapāla- < loka-pāla-：*m.* 世界の守護者（マヌ法典には四方八方に守護神が想定されている）。人民の守護者。

loka-：*m.* 空間。余地。場所。国。世界。世間。

pāla-：*m.* 監視人。保護者。

namaskṛta- < namas-√kṛ- (8) +-ta：*pp.* 敬礼された。

namas-√kṛ- (8)：～（対格・為格・処格）に"namas"と言う。～に敬意を表す。敬礼する。

sa < saḥ < tad-：それ。*m. sg. Nom.*

sattva-paripākāyôpāya-kauśalyena < sattva-paripākāya + upāya-kauśalyena

sattva-paripākāya < sattva-paripāka-：*m.* 衆生の成熟。*sg. Dat.*

sattva-：*m.*「衆生」「有情」と漢訳。

paripāka- < pari-√pac- (1) + -a：*m.* 十分に煮られること。消化。熟すること。成熟。完全。

upāya-kauśalyena < upāya-kauśalya-：*n.* 巧みなる方便。「善巧方便」と漢訳。*sg. Ins.*

vaiśālyāṃ < vaiśālī-：*f.* ヴァイシャーリー（Viśāla国の王が建設した町の名前）。「毘舎離」「毘耶離」「吠舎離」と音写。*sg. Loc.*

mahā-nagaryāṃ < mahā-nagarī-：*f.* 大都城。*sg. Loc.*

prativasati < prativasa- < prati-√vas- (1)：住む。*3, sg. P.*

sma：*ind.* 実に。現在形の動詞とともに用いて、過去の意味を表わす（歴史的現在）。

§2　akṣaya-bhogo daridrânātha-sattva-saṃgrahāya / （梵漢和維摩経 *p.* 56, *l.* 12）

§2　貧しく身寄りのない衆生を保護するために、尽きることのない財産を所有している。
【§2　資材は無量にして、諸の貧民を摂め、】　（大正蔵、巻一四、五三九頁上）

……………………………………………………………………

akṣaya-bhogo < akṣaya-bhogaḥ + 有声子音 < akṣaya-bhoga-：*adj.* 尽きることのない財産を持つ。*m. sg. Nom.*

akṣaya-< a-kṣaya-：*adj.* 不滅の。「不盡」「無盡」と漢訳。

kṣaya- < √kṣi- (5,9) + -a：*m.* 減少。価値低減。衰微。喪失。破戒。終末。

bhoga- < √bhuj- (7) + -a：*m.* 食うこと。享受すること。享受。享楽。利益。財産。収益。「受用」「財」「財物」「資財」「資糧」「資生」と漢訳。

daridrânātha-sattva-saṃgrahāya < daridra-anātha-sattva-saṃgraha-：*m.* 貧しく身寄りのない衆生の保護。*sg. Dat.*

daridra-：*adj.* ～（具格）を欠いている。貧しい。「貧」「貧窮」「貧乏」「貧賎」と漢訳。

anātha- < a-nātha-：*adj.* 保護なき。寄る辺なき。父なき。

nātha-：*m.* 保護者。擁護者。

sattva-：*m.* 「衆生」「有情」と漢訳。

saṃgraha- < sam-√grah- (9) + -a：*m.* 捕獲。つかむこと。保護。包含。

pariśuddha-śīlo duḥśīla-saṃgrahāya / （梵漢和維摩経 *p.* 56, *ll.* 12–13）

破戒の者を保護するために、〔その人の〕戒は完全に浄化されている。
【戒を奉じ、清浄にして、諸の毀禁（きごん）を摂む。】　（大正蔵、巻一四、五三九頁上）

……………………………………………………………………

pariśuddha-śīlo < pariśuddha-śīlaḥ + 有声子音 < pariśuddha-śīla-：*adj.* 完全に浄化された戒を持つ。戒が完全に浄化されている。*m. sg. Nom.*

pariśuddha- < pari-√śudh- (4) + -ta　：*pp.* 完全に浄化された。清められた。

śīla-：*n.* 習慣。気質。性向。性格。よい行状。よい習慣。高尚な品性。道徳性。「戒」と漢訳。

duḥśīla-saṃgrahāya < duḥśīla-saṃgraha-：*m.* 破戒の者の保護。*sg. Dat.*

duḥśīla- < duḥ-śīla-：*adj.* 悪しき習慣を有する。悪しき性質を有する。邪悪の。「破戒」「破戒者」と漢訳。

saṃgraha- < sam-√grah- (9) + -a：*m.* 捕獲。つかむこと。保護。包含。

kṣama-dama-prāpto duṣṭa-praduṣṭa-vyāpanna-krudha-cittānāṃ sattvānāṃ saṃgrahāya / （梵漢和維摩経 *p.* 56, *ll.* 13–14）

悪意と邪悪で乱された憤怒の心を持つ衆生たちを保護するために、忍耐と自己抑制を獲得している。
【忍調行を以（もっ）て諸の恚怒（いぬ）を摂め、】　（大正蔵、巻一四、五三九頁上）

……………………………………………………………………

kṣama-dama-prāpto < kṣama-dama-prāptaḥ + 有声子音 < kṣama-dama-prāpta-：*adj.* 忍耐と自己抑制を獲得している。*m. sg. Nom.*

kṣama- < √kṣam- (1) + a：*adj.* 辛抱強い。忍耐する。堪える。忍ぶ。「忍辱」「堪忍」と漢訳。

dama- < √dam- (4) + -a：*adj.* ～を馴らす。～を屈服せしめる。到達せられたる。獲得せられたる。～の心になった。*m.* 自己抑制。意志強固。「調伏」「調順」と漢訳。

prāpta- < pra-√āp- (5) + -ta：*pp.* 得られた。かち得た。達した。

duṣṭa-praduṣṭa-vyāpanna-krudha-cittānāṃ < duṣṭa-praduṣṭa-vyāpanna-krudha-citta- : *adj.* 悪意と邪悪で乱された憤怒の心を持つ。*m. pl. Gen.*

duṣṭa- < √duṣ- (4) + -ta : *pp.* 汚された。悪くされた。腐敗した。堕落した。悪意ある。悪しき。邪悪の。「悪」「悪性」「極悪」と漢訳。

praduṣṭa- < pra-√duṣ- (4) + -ta : *pp.* 邪悪なる。罪深い。

vyāpanna- < vi-ā-√pad- (4) + -na : *pp.* 乱された。害われた。滅ぼされた。死んだ。

krudha- < √krudh- (4) + -a : *adj.* ～（為格、属格、処格）に対して怒る。「憤怒」「瞋恨」と漢訳。

citta- : *n.* 心。思考。意思。知性。理性。「質多」と音写。

sattvānāṃ < sattva- : *m.* 衆生。*pl. Gen.*

saṃgrahāya < saṃgraha- < sam-√grah- (9) + -a : *m.* 捕獲。つかむこと。保護。包含。*sg. Dat.*

uttapta-vīryaḥ kusīdānāṃ sattvānāṃ saṃgrahāya /

（梵漢和維摩経 *p.* 56, *ll.* 14–15）

怠惰な衆生たちを保護するために、燃え上がる〔ほどの〕努力精進を有している。

【大精進を以て諸の懈怠を摂む。】　（大正蔵、巻一四、五三九頁上）

uttapta-vīryaḥ < uttapta-vīryaḥ + (k) < uttapta-vīrya- : *adj.* 燃え上がる努力精進を有する。*m. sg. Nom.*

uttapta- < ud-√tap- (1) + -ta : *pp.* 熱せられた。灼熱した。燃え上がった。苦痛に満たされた。

vīrya- : *n.* 男らしさ。勇気。力。能力。英雄的な行為。「勤」「精進」「勇健」「勇猛」「強健」と漢訳。

kusīdānāṃ < kusīda- : *adj.* 不活発な。怠惰な。「懈怠」と漢訳。*m. pl. Gen.*

sattvānāṃ < sattva- : *m.* 衆生。*pl. Gen.*

saṃgrahāya < saṃgraha- < sam-√grah- (9) + -a : *m.* 捕獲。つかむこと。保護。包含。*sg. Dat.*

dhyāna-smṛti-samādhi-sthito vibhrānta-cittānāṃ sattvānāṃ saṃgrahāya /

（梵漢和維摩経 *p.* 56, *ll.* 15–16）

心が困惑している衆生たちを保護するために、禅定と憶念と三昧（瞑想）に住している。

【一心禅寂にして諸の乱意を摂め、】　（大正蔵、巻一四、五三九頁上）

dhyāna-smṛti-samādhi-sthito < dhyāna-smṛti-samādhi-sthitaḥ + 有声子音 < dhyāna-smṛti-samādhi-sthita- < : *adj.* 禅定と憶念と三昧（瞑想）に住している。*m. sg. Nom.*

dhyāna- < √dhyai- (1) + -ana : *n.* 静慮。「定」と漢訳。「禅」「禅定」と音写。

smṛti- : *f.* 記憶。想念。

samādhi- < sam-ādhi- : *m.* 深い瞑想。深い専心。「定」と漢訳。「三昧」と音写。

sthita- < √sthā- (1) + -ita : *pp.* 立った。住していた。留まっていた。

vibhrānta-cittānāṃ < vibhrānta-citta- : *adj.* 困惑した心を持つ。心が困惑している。*m. pl. Gen.*

vibhrānta- < vi-√bhram- (1) + -ta : *pp.* 動き回る。回転する。広く広まった。混乱した。困惑した。「迷乱」「迷惑」と漢訳。

vi-√bhram- (1) : 徘徊する。さすらう。飛び回る。震える。混乱している。

citta- : *n.* 心。思考。意思。知性。理性。「質多」と音写。

sattvānāṃ < sattva- : *m.* 衆生。*pl. Gen.*

saṃgrahāya < saṃgraha- < sam-√grah- (9) + -a : *m.* 捕獲。つかむこと。保護。包含。*sg. Dat.*

prajñā-niścaya-prāpto duḥprajñānāṃ sattvānāṃ saṃgrahāya /

(梵漢和維摩経 *p.* 56, *l.* 16)

無智の衆生たちを保護するために、確実な智慧を獲得している。
【決定の慧を以て諸の無智を摂む。】　（大正蔵、巻一四、五三九頁上）

……………………………………………………………………

prajñā-niścaya-prāpto < prajñā-niścaya-prāptaḥ + 有声子音 < prajñā-niścaya-prāpta- : *adj.* 確実な智慧を獲得している。*m. sg. Nom.*

prajñā- : *f.* 「智慧」と漢訳。「般若」と音写。

niścaya- < niś-caya- : *m.* 確認。確信。正確な知識。確実。決定した意見。確定した目的。決定。決心。決断。

prāpta- < pra-√āp- (5) + -ta : *pp.* 到達せられたる。獲得せられたる。〜の心になった。

duḥprajñānāṃ < duḥprajñā- < duḥ-prajñā- : *adj.* 愚かなる。無智な。「悪慧」「劣慧」「悪慧者」「愚癡之人」と漢訳。*m. pl. Gen.*

duḥ-, duṣ-, dur- は、「悪しき」「〜難き」「困難な」「無〜」「不〜」「離〜」を意味する接頭辞。

sattvānāṃ < sattva- : *m.* 衆生。*pl. Gen.*

saṃgrahāya < saṃgraha- < sam-√grah- (9) + -a : *m.* 捕獲。つかむこと。保護。包含。*sg. Dat.*

§3　avadāta-vastra-dhārī śramaṇêryā-patha-saṃpannaḥ /
(梵漢和維摩経 *p.* 58, *l.* 1)

§3　白い衣を着てい〔る在家者であり〕ながら、〔出家した修行者である〕沙門の行状を完全に具えている。
【§3　白衣為りと雖も、沙門の清浄なる律行を奉持し、】　（大正蔵、巻一四、五三九頁上）

……………………………………………………………………

avadāta-vastra-dhārī < avadāta-vastra-dhārin- : *adj.* 白い衣を着用した。*m. sg. Nom.*

avadāta- < ava-√dā- (4) + -ta : *pp.* 純白の。清められた。清い。優れた。純粋な。

vastra- : *n.* 着物。衣服。布。

dhārin- < √dhṛ- (1) + -in : *adj.* 〜を持する。着用する。有する。占有する。保管する。持続する。記憶する。保護する。「持」「具」「具足」と漢訳。

śramaṇêryā-patha-saṃpannaḥ < śramaṇa-īryā-patha-saṃpanna- : *adj.* 沙門の行状を完全に具えている。*m. sg. Nom.*

śramaṇa- < √śram- (4) + -ana : *m.* 苦行者。遊行僧。（仏教、またはジャイナ教の）修行者。「沙門」「沙弥」「桑門」と音写。

√śram- (4) : 〜（不定詞）に倦きる。努力する。苦行する。

īryā-patha- : *m.* 行儀。正しい行状。男性出家者の遵守すべき規定。「儀」「威儀」「威儀道」と漢訳。

īryā- < √īr- + -yā : *f.* 行動。姿勢。行状。行為。

patha- : *m.* 〜の道。

saṃpanna- < sam-√pad- (4) + -na : *pp.* 成就する。完成する。〜に達する。〜になる。〜を結合する。〜を得る。完全にそなわった。「成就」「成立」「円満」「具足」「遂行」「達成」と漢訳。

gṛha-vāsa-sthitaḥ kāma-dhātu-rūpa-dhātv-ārūpya-dhātv-asaṃsṛṣṭaḥ[3] /
(梵漢和維摩経 *p.* 58, *ll.* 1–2)

在家〔として家庭生活〕に留まっているけれども、欲望の支配する世界（欲界）や、〔欲界の汚れを離れた清らかな〕物質からなる世界（色界）、物質を超越した〔純粋に精神的な〕世界（無色界）〔からなる三界〕と〔執着によって〕結びつくことはない。
【居家に処すと雖も三界に著せず。】　（大正蔵、巻一四、五三九頁上）

……………………………………………………………………

gṛha-vāsa-sthitaḥ < gṛha-vāsa-sthitaḥ + (k) < gṛha-vāsa-sthita-：*adj.* 在家（家庭生活）に留まっている。*m. sg. Nom.*

gṛha-vāsa- < gṛha-vāsa-：*m.* 家庭生活。家長期。「在家」「居家」と漢訳。

sthita- < √sthā- (1) + -ita：*pp.* 立った。住していた。留まっていた。

kāma-dhātu-rūpa-dhātv-ārūpya-dhātv-asaṃsṛṣṭaḥ < kāma-dhātu-rūpa-dhātu-ārūpya-dhātu-asaṃ=sṛṣṭa-：*adj.* 欲界・色界・無色界に結ばれていない。*m. sg. Nom.*

kāma-dhātu-：*m.* 欲望の支配する世界。「欲界」と漢訳。

kāma-：*m.* ～に対する願望。欲望。愛。愛着。愛欲。淫欲。

dhātu-：*m.* 層。成分。要素。素質。性質。語根。「界」と漢訳。

rūpa-dhātu-：*m.* 〔欲界の汚れを離れた清らかな〕物質からなる世界。「色界」と漢訳。

rūpa-：*n.* 形態。外観。色。形。美しい形。見目よいこと。

ārūpya-dhātu-：*m.* 物質を超越した純粋に精神的な世界。「無色界」と漢訳。

ārūpya-：*m.* 「無色」と漢訳。

asaṃsṛṣṭa- < a-saṃsṛṣṭa-：*adj.* ～と結合されていない。結ばれていない。

saṃsṛṣṭa- < sam-√sṛj- (6) + -ta：*pp.* ～と結合された。結ばれた。

sam-√sṛj- (6)：結合する。接触する。

bhāryā-putra-dāsāṃś[4] ca saṃdarśayati[5] sadā ca brahma-cārī /

（梵漢和維摩経 *p.* 58, *ll.* 2–3）

妻や息子、召使いたち〔がいること〕を示しているけれども、常に純潔の行ない（梵行）を実行している。

【妻子有ることを示すも常に梵行（ぼんぎょう）を修（しゅ）し、】（大正蔵、巻一四、五三九頁上）

……………………………………………………………………

bhāryā-putra-dāsāṃś < bhāryā-putra-dāsān + (c) < bhāryā-putra-dāsa-：*m.* 妻や息子、召使い。*pl. Acc.*

bhāryā-：*f.* 妻。

putra-：*m.* 息子。

dāsa-：*m.* 奴隷。召使い。

ca：*conj.* および。また。しかしながら。そして。～と。なお。

saṃdarśayati < saṃdarśaya- < sam-√dṛś- (1) + -aya：*Caus.* 示す。顕わす。明示する。*3, sg. P.*

sadā：*adv.* 常に。

ca：*conj.* および。また。しかしながら。そして。～と。なお。

brahma-cārī < brahma-cārin-：*adj.* 純潔の行ないを実行している。「梵行」と音写。*m. sg. Nom.*

brahma- < brahman-：*m.* ブラフマー神。

cārin- < √car- (1) + -in：*adj.* 動き得る。～の中に動く。行く。住する。生活する。行動する。遂行する。

parivāra-parivṛtaś ca bhavati sadā ca viveka-cārī /

（梵漢和維摩経 *p.* 58, *ll.* 3–4）

侍者たちに取り囲まれていても、常に遠離して〔寂然として〕住している

【眷属（けんぞく）有ることを現ずるも常に遠離（おんり）を楽（ねが）う。】（大正蔵、巻一四、五三九頁上）

……………………………………………………………………

parivāra-parivṛtaś < parivāra-parivṛtaḥ + (c) < parivāra-parivṛta-：*adj.* 侍者たちに取り囲まれた。*m. sg. Nom.*

parivāra- < pari-√vṛ- (1) + -a：*adj.* ～に取り囲まれた。*m.* 侍者。随行者。従者。「眷属」「伴」と漢訳。

parivṛta- < pari-√vṛ- (1) + -ta：*pp.* 覆われた。取り囲まれた。包囲された。

pari-√vṛ- (1)：覆う。取り囲む。包囲する。
ca：*conj.* および。また。しかしながら。そして。〜と。なお。
bhavati < bhava- < √bhū- (1)：なる。*Pres. 3, sg. P.*
sadā：*adv.* 常に。
ca：*conj.* および。また。しかしながら。そして。〜と。なお。
viveka-cārī < viveka-cārin-：*adj.* 寂然として住する。「遠離行」と漢訳。
viveka- < vi-√vic- (7) + -a：*m.* 区別。差別。調査。論議。批判。識別。判断。「離」「遠離」「厭離」「寂静」「永離」と漢訳。
vi-√vic- (7)：〜（奪格）から篩い分ける。分離する。区別する。識別する。見分ける。熟慮する。研究する。
cārin- < √car- (1) + -in：*adj.* 動き得る。〜の中に動く。行く。住する。生活する。行動する。遂行する。

> ābharaṇa-vibhūṣitaś ca saṃdṛśyate sadā ca lakṣaṇa-paricchannaḥ[6] /
> （梵漢和維摩経 *p.* 58, *ll.* 4–5）

装身具で飾られているのが観察されるけれども、常に〔ブッダや転輪聖王が具える〕身体的な特徴でおおわれている。
【宝飾を服すと雖も、而も相好を以て身を厳る。】　（大正蔵、巻一四、五三九頁上）

ābharaṇa-vibhūṣitaś < ābharaṇa-vibhūṣitaḥ + (c) < ābharaṇa-vibhūṣita-：*adj.* 装身具で飾られた。*m. sg. Nom.*
ābharaṇa-：*n.* 装飾。装身具。「厳」「荘厳」と漢訳。
vibhūṣita- < vibhūṣaya- + -ta- < vi-√bhūṣ- (1) + -aya + -ta：*Caus. pp.* 飾られた。
ca：*conj.* および。また。しかしながら。そして。〜と。なお。
saṃdṛśyate < saṃdṛśya- < sam-√dṛś- (1) + -ya：*Pass.* 現われる。観察される。*3, sg. A.*
sadā：*adv.* 常に。
ca：*conj.* および。また。しかしながら。そして。〜と。なお。
lakṣaṇa-paricchannaḥ < lakṣaṇa-paricchanna-：*adj.* 身体的特徴（相）で覆われている。*m. sg. Nom.*
lakṣaṇa- < √lakṣ- (1) + -ana：*n.* 標章。しるし。記号。特徴。属性。「相」「色相」「相貌」と漢訳。
paricchanna- < pari-√chad- + -na：*pp.* 覆われた。〜に変装した。

> annapāna-bhojana-jīvaḥ saṃdṛśyate sadā ca dhyānâhāraḥ[7] /
> （梵漢和維摩経 *p.* 58, *ll.* 5–6）

飲食物をとることで生きているように観察されるけれども、常に禅定〔の喜び〕という食べ物（禅悦食）〔によって生きているの〕である。
【復た飲食を服すと雖も、而も禅悦を以て味と為す。】　（大正蔵、巻一四、五三九頁上）

annapāna-bhojana-jīvaḥ < annapāna-bhojana-jīvaḥ + (s) < annapāna-bhojana-jīva-：*adj.* 飲食物をとることで生きている。*m. sg. Nom.*
annapāna-：*n.* 飲食物。
bhojana- < √bhuj- (7) + -ana：*n.* 享受すること。食べること。食事。食べ物。
jīva- < √jīv- (1) + -a：*adj.* 存在する。〜によって生活する。生きる。
saṃdṛśyate < saṃdṛśya- < sam-√dṛś- (1) + -ya：*Pass.* 現われる。観察される。*3, sg. A.*
sadā：*adv.* 常に。
ca：*conj.* および。また。しかしながら。そして。〜と。なお。
dhyānâhāraḥ < dhyāna-āhāra-：*adj.* 禅定〔の喜び〕という食べ物（禅悦食）。*m. sg. Nom.*

dhyāna- < √dhyai- (1) + -ana：*n.* 静慮。「定」と漢訳。「禅」「禅定」と音写。

āhāra- < ā-hāra- < ā-√hṛ- (1) + -a：*adj.* もたらす。得せしめる。*m.* もたらすこと。得せしめること。（複合語の前分となって）食物。糧。

ā-√hṛ- (1)：持ってくる。取ってくる。授与する。受け取る。摂取する。食べる。

> sarva-dyūta-kara-śālāsu[8] ca saṃdṛśyate dyūta-krīḍā-sakta-cittāṃś ca sattvān paripācayati sadā câpramāda-cārī /
>
> （梵漢和維摩経 *p.* 58, *ll.* 6–7）

しかも、賭博を行なうあらゆる家に現われるけれども、心が賭博や遊びに夢中になっている衆生たちを成熟させ、常に注意深く行動している。

【若し博奕(ばくえき)、戯処(げしょ)に至れば、輙(すなわ)ち以(もっ)て人を度す。】　　（大正蔵、巻一四、五三九頁上）

……………………………………………………………………

sarva-dyūta-kara-śālāsu < sarva-dyūta-kara-śālā-：*f.* 賭博を行なうすべての家。*pl. Loc.*

sarva-：*adj.* 一切の。すべての。

dyūta-kara-：*m.* 賭博者。

dyūta-：*n.* ～（処格）を賭けての遊び。賭博。

kara- < √kṛ- (8) + -a：*adj.* 行なう。なす。惹起する。生ずる。「発」「作」「能作」「所作」と漢訳。*m.* なすこと。作ること。

śālā-：*f.* 小屋。家屋。部屋。家。

ca：*conj.* および。また。しかしながら。そして。～と。なお。

saṃdṛśyate < saṃdṛśya- < sam-√dṛś- (1) + -ya：*Pass.* 現われる。観察される。*3, sg. A.*

dyūta-krīḍā-sakta-cittāṃś < dyūta-krīḍā-sakta-cittān + (c) < dyūta-krīḍā-sakta-citta-：*pp.* 賭博や遊びに夢中になっている心を持つ。心が賭博の遊びに夢中になっている。*m. pl. Acc.*

dyūta-：*n.* ～（処格）を賭けての遊び。賭博。

krīḍā- < √krīḍ- (1) + -ā：*f.* 遊び。遊戯。競技。

sakta- < √sañj- (1) + -ta：*pp.* ～にしがみつく。執着する。固執する。～に溺れた。～に夢中である。

citta-：*n.* 心。思考。意思。知性。理性。「質多」と音写。

ca：*conj.* および。また。しかしながら。そして。～と。なお。

sattvān < sattva-：*m.* 衆生。*pl. Acc.*

paripācayati < paripācaya- < pari-√pac- (1) + -aya：*Caus.* 料理させる。完成させる。成熟させる。*3, sg. P.*

sadā：*adv.* 常に。

câpramāda-cārī < ca + apramāda-cārī

apramāda-cārī < apramāda-cārin- < a-pramāda-cārin-：*adj.* 注意深く行動する。*m. sg. Nom.*

apramāda- < a-pramāda-：*adj.* 懇切な。注意深い。「不放逸」と漢訳。

pramāda- < pra-√mad- (1) + -a <：*m.* 酔い。狂気。誤謬。～に関する不注意。「放逸」と漢訳。

pra-√mad- (1)：喜ぶ。～（奪格、処格）について不注意である。～に無頓着である。～に怠慢である。

cārin- < √car- (1) + -in：*adj.* 動き得る。～の中に動く。行く。住する。生活する。行動する。遂行する。

> sarva-pāṣaṇḍa-pratyeṣakaś ca buddhe câbhedyâśayaḥ /
>
> （梵漢和維摩経 *p.* 58, *ll.* 7–8）

すべての異教を受け入れるけれども、ブッダに対する意向が惑乱させられることはない。

【諸の異道を受けても正信を毀(やぶ)らず。】　　（大正蔵、巻一四、五三九頁上）

……………………………………………………………………

sarva-pāṣaṇḍa-pratyeṣakaś < sarva-pāṣaṇḍa-pratyeṣakaḥ + (c) < sarva-pāṣaṇḍa-pratyeṣaka- : *adj.* すべての異教を受け入れる。*m. sg. Nom.*

sarva- : *adj.* 一切の。すべての。

pāṣaṇḍa- : *adj.* 異教の。異端の。*m.* 異教徒。異端者。

pratyeṣaka- < prati-ā-√iṣ- (6) + -aka : *adj.* 「受」「能受者」「能信受」と漢訳。

prati-ā-√iṣ- (6) :「受」「受領」と漢訳。

ca : *conj.* および。また。しかしながら。そして。～と。なお。

buddhe < buddha- : < √budh- (1) + -ta : *pp.* 目覚めた（人）。*m.* ブッダ。「覚者」と漢訳。「仏陀」「仏」と音写。*m. sg. Loc.*

câbhedyâśayaḥ < ca + abhedyâśayaḥ

abhedyâśayaḥ < abhedya-āśaya- : *adj.* 惑乱させられるべきでない意向を持つ。意向が惑乱させられることがない。*m. sg. Nom.*

abhedya- < a-bhedya- : *adj.* 誘惑されるべきでない。分割されるべきでない。破壊されるべきでない。惑乱させられるべきでない。

bhedya- < √bhid- (1) + -ya : *未受分,* 裂かれるべきである。論破すべき。

āśaya- < ā-√śī- (2) + -ya- : *m.* 休息所。場所。考え。意向。思想。「意楽」「欲」と漢訳。

√śī- (2) : 横たわる。寄りかかる。休む。

> sarva-laukika-lokôttara-śāstra-vidhi-jñaś ca sadā ca dharmârāma-rati-rataḥ /
> （梵漢和維摩経 *p.* 58, *ll.* 8–9）

世俗的であれ、超世俗的であれ、あらゆる聖典や儀式について知っているけれども、常に〔ブッダの説かれた〕真理の教え（法）の園林で歓喜に浸っている。

【世典を明かすと雖（いえど）も、常に仏法を楽しむ。】　（大正蔵、巻一四、五三九頁上）

……………………………………………………………………

sarva-laukika-lokôttara-śāstra-vidhi-jñaś < sarva-laukika-lokôttara-śāstra-vidhi-jñaḥ + (c) < sarva-laukika-lokôttara-śāstra-vidhi-jña- : *adj.* 世俗的であれ、超世俗的であれ、あらゆる聖典や儀式について知っている。*m. sg. Nom.*

sarva- : *adj.* 一切の。すべての。

laukika- : *adj.* 日常生活に関する。普通の。通常の。日常の。世俗的な。「世」「世俗」「凡俗」と漢訳。

lokôttara- < loka-uttara- : *adj.* 超世俗的な。異常な。通常でない。「出世間」「出世」「超出世間」と漢訳。

loka- : *m.* 空間。余地。場所。国。世界。世間。

uttara- < ud-tara- : *比較級,* より上の。より後の。北の。*n.* 表面。覆い。

śāstra- < √śas- (2) + -tra : *n.* 教訓。規則。学理。綱要。聖典。「典籍」と漢訳。

vidhi- : *m.* 訓示。命令。教戒。訓令。規則。儀式。祭典。

jña- < √jñā- (9) + a : *adj.* ～を知っている。

ca : *conj.* および。また。しかしながら。そして。～と。なお。

sadā : *adv.* 常に。

ca : *conj.* および。また。しかしながら。そして。～と。なお。

dharmârāma-rati-rataḥ < dharma-ārāma-rati-rata- : *adj.* 真理の教え（法）の園林で歓喜に浸っている。*m. sg. Nom.*

dharma- : *m.* 確定した秩序。慣例。習慣。法則。規則。義務。宗教。教説。性質。本質。属性。特質。事物。法。

ārāma- : *m.* 歓喜。快楽。庭園。果樹園。「喜」「楽」「苑」「園」「園林」「共喜園」と漢訳。

rati- < √ram- (1) + -ti : *f.* 休息。快楽。満足。「楽」「愛楽」「歓喜」と漢訳。

rata- < √ram- (1) + -ta：*pp.* 喜んだ。満足した。～を喜んだ。～に耽った。「楽」「可楽」と漢訳。

sarva-saṃgaṇikāsu ca saṃdṛśyate sarvatra câgra-pūjitaḥ /
（梵漢和維摩経 *p.* 58, *ll.* 9–10）

あらゆる群衆の中に現われるけれども、あらゆる場合に、最上の尊敬をもって迎えられる。
【一切に敬われて、供養中の最たるものと為る。】　（大正蔵、巻一四、五三九頁上）

……………………………………………………………………

sarva-saṃgaṇikāsu < sarva-saṃgaṇikā-：*f.* あらゆる群衆。*pl. Loc.*
　sarva-：*adj.* 一切の。すべての。
　saṃgaṇikā- < ：*f.* 社会。連合。群衆。
ca：*conj.* および。また。しかしながら。そして。～と。なお。
saṃdṛśyate < saṃdṛśya- < sam-√dṛś- (1) + -ya：*Pass.* 現われる。観察される。*3, sg. A.*
sarvatra < sarva-tra：*adv.* すべての点において。すべての場合に。
câgra-pūjitaḥ < ca + agra-pūjitaḥ
　agra-pūjitaḥ < agra-pūjita-：*adj.* 最上の尊敬を受けている。*m. sg. Nom.*
　agra-：*adj.* 尖端の。頂点の。*n.* 尖端。頂点。「最上」「最勝」「第一」と漢訳。
　pūjita- < pūjaya- + -ta < √pūj- (10) + -ta：*pp.* 貴ばれた。崇敬された。尊敬をもって迎えられた。ねんごろにもてなされた。「供養」と漢訳。

§4　dharma-vādī ca vṛddha-madhya-dahra-sahāyakaś ca lokânuvartanāya /
（梵漢和維摩経 *p.* 58, *ll.* 11–12）

§4　世間〔の人々〕を満足させるために、真理の教え（法）について語るものであり、高齢の人や、中間〔の年齢〕の人、若年の人たちの同伴者である。
【§4　正法を執持して諸の長幼を摂め、】　（大正蔵、巻一四、五三九頁上）

……………………………………………………………………

dharma-vādī < dharma-vādin-：*adj.* 法／道徳に関して談論する。「法語」「順法語」「随法語」「説法者」「説正法」と漢訳。*m. sg. Nom.*
　dharma-：*m.* 確定した秩序。慣例。習慣。法則。規則。義務。宗教。教説。性質。本質。属性。特質。事物。法。
　vādin- < √vad- (1) + -in：*adj.* 言う。話す。談論する。～に関して話す。～を公にする。*m.* 話者。～の師。学説の提唱者。信奉者。論争者。「論者」「論師」と漢訳。
ca：*conj.* および。また。しかしながら。そして。～と。なお。
vṛddha-madhya-dahra-sahāyakaś < vṛddha-madhya-dahra-sahāyakaḥ + (c) < vṛddha-madhya-dahra-sahāyaka-：*adj.* 高齢の人や、中間の人、若年の人たちの同伴者。*m. sg. Nom.*
　vṛddha- < √vṛdh- (1) + -ta：*pp.* 成熟した。十分に成長した。年をとった。老年の。年長の。*m.* 老人。
　madhya-：*n.* 中間。中央。内部。
　dahra- ＝ dahara-：*adj.* 小なる。希薄な。薄い。若年の。*m.* 若者。小児。「少年」と漢訳。
　sahāyaka- < saha-ayaka < saha-√i- (2) + -aka：*m.* 「伴」「朋友」「同行者」「伴侶」「同学者」と漢訳。
ca：*conj.* および。また。しかしながら。そして。～と。なお。
lokânuvartanāya < loka-anuvartana-：*n.* 世間への順応。世間〔の人々〕を満足させること。*sg. Dat.*
　loka-：*m.* 空間。余地。場所。国。世界。世間。
　anuvartana- < anu-√vṛt- (1) + -ana：*n.* 継続。応諾。従順。従うこと。意志に沿うこと。満足させること。「随順」「随従」と漢訳。
　anu-√vṛt- (1)：～の後を転がる。従う。追う。意志に沿う。満足させる。

sarva-vyavahārôdyuktaś ca na ca lābha-bhogâbhilāṣī /   (梵漢和維摩経 *p.* 58, *l.* 12)

あらゆる商取引に熱心であるけれども、得られた〔富〕を〔自分だけで〕享受することを願うことはない[9]。
【一切の治生諧偶(かいぐう)して、俗利を獲(う)ると雖(いえど)も、以(もっ)て喜悦せず。】　　（大正蔵、巻一四、五三九頁上）

……………………………………………………………………

sarva-vyavahārôdyuktaś < sarva-vyavahārôdyuktaḥ + (c) < sarva-vyavahāra-udyukta-：*adj.* あらゆる商取引に熱心な。*m. sg. Nom.*

sarva-：*adj.* 一切の。すべての。

vyavahāra- < vi-ava-√hṛ- (1) + -a：*m.* 振る舞い。行動。業務。仕事。交易。取引。「事業」と漢訳。

udyukta- < ud-√yuj- (7) + -ta：*pp.* 熱心な。勤勉な。奮励する。

ca：*conj.* および。また。しかしながら。そして。～と。なお。

na：*ind.* ～でない。～にあらず。

ca：*conj.* および。また。しかしながら。そして。～と。なお。

lābha-bhogâbhilāṣī < lābha-bhoga-abhilāṣin-：*adj.* 得られたものを享受することを願っている。

lābha- < √labh- (1) + -a：*m.* 発見。獲得。取得。得られたもの。理解。

√labh- (1)：捕える。遭遇する。看取する。取得する。獲得する。

bhoga- < √bhuj- (7) + -a：*m.* 食うこと。享受すること。享受。利益。財産。収益。「受用」「財」「財物」「資財」「資糧」「資生」と漢訳。

abhilāṣin- < abhi-√lāṣ- (1) + -in：*adj.* ～（処格）を欲する。

abhi-√lāṣ- (1)：～（対格）を願う。～（不定詞）することを切望する。

sarva-catvara-śṛṅgāṭakeṣu ca saṃdṛśyate[10] sarva-sattva-vainayikatāyai /   (梵漢和維摩経 *p.* 58, *ll.* 12–13)

また、あらゆる衆生を化導するために、あらゆる十字路や、三叉路に現われる。
【諸の四衢(しく)に遊びては衆生を饒益(にょうやく)し、】　　（大正蔵、巻一四、五三九頁上）

……………………………………………………………………

sarva-catvara-śṛṅgāṭakeṣu < sarva-catvara-śṛṅgāṭaka-：*m.n.* あらゆる十字路や、三叉路。*sg. Loc.*

sarva-：*adj.* 一切の。すべての。

catvara-：*m.n.* 四角形。十字路。「四衢」「四衢道」と漢訳。

śṛṅgāṭaka- < śṛṅgāṭa-ka-：*m.n.* 三角形。三叉路。数条（または四条）の道の交錯する場所。「四街道」と漢訳。

śṛṅgāṭa-：*m.n.* 三角形。三角形をした場所。

ca：*conj.* および。また。しかしながら。そして。～と。なお。

saṃdṛśyate < saṃdṛśya- < sam-√dṛś- (1) + -ya：*Pass.* 現われる。観察される。*3, sg. A.*

sarva-sattva-vainayikatāyai < sarva-sattva-vainayikatā-：*f.* あらゆる衆生を化導すること。*sg. Dat.*

sarva-：*adj.* 一切の。すべての。

sattva-：*m.* 「衆生」と漢訳。

vainayikatā- < vainayika-tā-：*f.* 導くこと。教化すること。化導すること。

vainayika- < vinaya- + -ika：*adj.* 道徳的行動に関する。訓練ある。導く。「調伏」「可度者」「所応化」「所教化」「所化度」と漢訳。

vinaya- < vi-√nī- (1) + -a：*m.* 指導。訓練。よい態度。礼儀正しさ。「律」と漢訳。「毘尼」「毘奈耶」と音写。

vi-√nī- (1)：案内する。教育する。「教化」「教導」「化」と漢訳。

rāja-kāryânupraviṣṭaś ca sattvârakṣāyai /
(梵漢和維摩経 *p.* 58, *ll.* 13–14)

さらには、衆生を守るために、王のなすべきこと〔である政治〕にかかわっている。
【治政（じしょう）の法に入りては一切を救（く）護す。】　　　　（大正蔵、巻一四、五三九頁上）
………………………………………………………………………

rāja-kāryânupraviṣṭaś < rāja-kāryânupraviṣṭaḥ + (c) < rāja-kārya-anupraviṣṭa-：*adj.* 王のなすべきこと〔である政治〕にかかわっている。*m. sg. Nom.*

rāja-kārya-：*n.* 王のなすべきこと〔である政治〕。王の務め。国事。政治。

rāja- < rājan-：*m.* 王。rājan-は複合語の後分になると、rāja-となる。cf.「基礎」*p.* 522.

kārya- < √kṛ- (8) + -ya：*未受分,* なされるべき。作られるべき。遂行されるべき。*n.* 企図。目的。義務。事務。奉仕。

anupraviṣṭa- < anu-pra-√viś- (6) + -ta：*pp.* ～（対格、処格）に入った。～に加わった。「入」「入在」「随入」「已悟入」と漢訳。

anu-pra-√viś- (6)：～（対格、処格）に入る。～（対格）に浸透する。～を熟知する。徹底的に学ぶ。

√viś- (6)：～に入る。（軍隊に）加わる。

ca：*conj.* および。また。しかしながら。そして。～と。なお。

sattvârakṣāyai < sattvârakṣā- < sattva-ārakṣā-：*f.* 衆生の保護。衆生を守ること。*sg. Dat.*

sattva-：*m.* 「衆生」と漢訳。

ārakṣā- < ā-√rakṣ- (1) + -ā：*f.* 保護。防御。「護」「守護」「擁護」「救護」と漢訳。

ā-√rakṣ- (1)：～（奪格）から守護する。防護する。

√rakṣ- (1)：防護する。保護する。世話をする。救護する。遵奉する。

sarva-dharma-śravaṇa-sāṃkathyeṣu[11] ca saṃdṛśyate hīna-yāna-vicchandanāya mahā-yāne samā=dāpanatayā /
(梵漢和維摩経 *p.* 58, *ll.* 14–15)

大いなる乗り物（大乗）において教化することによって、貧弱な乗り物（小乗）を捨てさせるために、法（真理の教え）についての聴聞や、講説の〔行なわれる〕すべて〔の場所〕に現われる。
【講論処に入りては導くに大乗を以（もっ）てし、】　　　　（大正蔵、巻一四、五三九頁上）
………………………………………………………………………

sarva-dharma-śravaṇa-sāṃkathyeṣu < sarva-dharma-śravaṇa-sāṃkathya-：*n.* 法（真理の教え）についての聴聞や、講説のすべて。*pl. Loc.*

sarva-：*adj.* 一切の。すべての。

dharma-śravaṇa-：*n.* 法を聞くこと。「聴法」と漢訳。

dharma-：*m.* 確定した秩序。慣例。習慣。法則。規則。義務。宗教。教説。性質。本質。属性。特質。事物。法。

śravaṇa- < √śru- (5) + -ana：*n.* 聞くこと。学ぶこと。名声。評判。

sāṃkathya-：*n.* 話。対話。会話。「説」「講」「講論」と漢訳。

ca：*conj.* および。また。しかしながら。そして。～と。なお。

saṃdṛśyate < saṃdṛśya- < sam-√dṛś- (1) + -ya：*Pass.* 現われる。観察される。*3, sg. A.*

hīna-yāna-vicchandanāya < hīna-yāna-vicchandana-：*n.* 劣った乗り物（小乗）を捨てさせること。*sg. Dat.*

hīna-yāna-：*n.* 劣った乗り物。貧弱な乗り物。「小乗」と漢訳。

hīna- < √hā- (3) + -na：*pp.* 劣った。見捨てられた。低い。低次の。卑しい。貧弱な。小さな。欠陥のある。不足している。

√hā- (3)：捨て去る。置き去りにする。捨てる。見捨てる。

vicchandana- < vicchandaya- + -ana < vi-√chad- (10) + -aya + -ana：*n.* 捨てさせること。

vicchandaya- < vi-√chad- (10) + -aya：*Caus.*「令棄捨」「令永断」と漢訳。
mahā-yāne < mahā-yāna-：*n.* 大いなる乗り物。「大乗」と漢訳。「摩訶衍」と音写。*sg. Loc.*
samādāpanatayā < samādāpanatā- < samādāpana-tā-：*f.* 教化すること。*sg. Ins.*
samādāpana- < samādāpaya- + -ana < sam-ā-√dā- (3) + -paya + -ana：*n.*「勧」「勧修」「勧導」「勧学」「勧発」「教化」「教導」「令勧修」と漢訳。
samādāpaya- < sam-ā-√dā- (3) + -paya：*Caus.* 取らせる。勧める。喚起する。「教」「教化」「教令」「教導」「勧導」「勧化」と漢訳。
sam-ā-√dā- (3)：与える。贈る。受ける。受領する。

sarva-lipiśālāsu côpasaṃkrāmati dāraka-paripācanāya / (梵漢和維摩経 *p.* 58, *ll.* 15–16)

子どもたちを教化するために、すべての学校へと赴く。
【諸の学堂に入りては童蒙を誘開す。】　（大正蔵、巻一四、五三九頁上）
………………………………………………………………………

sarva-lipiśālāsu < sarva-lipiśālā-：*f.* すべての学校。*pl. Loc.*
sarva-：*adj.* 一切の。すべての。
lipiśālā- < lipi-śālā-：*f.* 習字学校。「学堂」「学堂処」「学房」「書堂」と漢訳。
lipi- < √lip- (6) + -i：*f.* 塗ること。油を塗ること。書くこと。筆記すること。
śālā-：*f.* 小屋。家屋。部屋。家。
côpasaṃkrāmati < ca + upasaṃkrāmati
upasaṃkrāmati < upasam-krāma- < upa-sam-√kram- (1)：近づく。行く。*Pres. 3, sg. P.*
dāraka-paripācanāya < dāraka-paripācana-：*n.* 子どもたちの教化。*sg. Dat.*
dāraka-：*m.* 男児。子息。「小児」「童子」「童男」と漢訳。
paripācana- < paripācaya- + -ana < pari-√pac- (1) + -aya + -ana：*n.* 完成させること。成熟させること。「教化」と漢訳。

sarva-gaṇikā-kulāni ca praviśati kāma-doṣa-saṃdarśanāya / (梵漢和維摩経 *p.* 58, *ll.* 16–17)

愛欲の過ちを示すために、あらゆる娼婦の館にも入っていく。
【諸の婬舎に入りては欲の過ちを示し、】　（大正蔵、巻一四、五三九頁上）
………………………………………………………………………

sarva-gaṇikā-kulāni < sarva-gaṇikā-kula-：*n.* あらゆる娼婦の館。*sg. Acc.*
sarva-：*adj.* 一切の。すべての。
gaṇikā-kula-：*n.* 娼婦の館。
gaṇikā-：*f.* 娼婦。「婬女」と漢訳。
kula-：*n.* 種姓。種族。家族。高貴の家系。住所。家。住宅。
ca：*conj.* および。また。しかしながら。そして。〜と。なお。
praviśati < praviśa- < pra-√viś- (6)：入る。（家に）入る。*Pres. 3, sg. P.*
kāma-doṣa-saṃdarśanāya < kāma-doṣa-saṃdarśana-：*n.* 愛欲の過ちを示すこと。*sg. Dat.*
kāma-：*m.* 〜に対する願望。欲望。愛。愛着。愛欲。淫欲。
doṣa-：*m.* 欠陥。欠点。短所。悪い状態。罪業。罪悪。
saṃdarśana- < saṃdarśaya- + -ana：*n.* 示すこと。明示すること。
saṃdarśaya- < sam-√dṛś- (1) + -aya：*Caus.* 示す。顕わす。明示する。

sarva-kallavāla-gṛhāṇi ca praviśati smṛti-saṃprajanyôpasthāpanāya / (梵漢和維摩経 *p.* 58, *ll.* 17–18)

取り戻されるべき〔本来の〕想念に立たせるために、すべての酒を売る館にも入っていく。
【諸の酒肆に入りては能く其の志を立つ。】　　　　　　　　（大正蔵、巻一四、五三九頁上）
………………………………………………………………………

sarva-kallavāla-gṛhāṇi < sarva-kallavāla-gṛha-：*n.* すべての酒を売る家。*pl. Acc.*

　　sarva-：*adj.* 一切の。すべての。

　　kallavāla- ≒ kalyapāla- < kalya-pāla-：*n.* 「売酒」と漢訳。

　　kalya-：*n.* 健康。黎明。興奮性の飲料。

　　pāla-：*m.* 監視人。保護者。

　　gṛha-：*n.* 家。住居。「舎」「宅」「舎宅」と漢訳。

ca：*conj.* および。また。しかしながら。そして。～と。なお。

praviśati < praviśa- < pra-√viś- (6)：入る。（家に）入る。*Pres. 3, sg. P.*

smṛti-saṃprajanyôpasthāpanāya < smṛti-saṃprajanya-upasthāpana-：*n.* 再生されるべき想念に立たせること。取り戻されるべき想念に立たせること。*sg. Dat.*

　　smṛti- < √smṛ- (1) + -ti：*f.* 記憶。想念。

　　saṃprajanya- < sam-pra-√jan- + -ya：*未受分,* ～（奪格）より発生されるべき。現われるべき。再生されるべき。「智」「正智」と漢訳。

　　upasthāpana- < upasthāpaya- + -ana < upa-√sthā- (1) + -paya + -ana-：*n.* ～に立たせること。

　　upasthāpaya- < upa-√sthā- (1) + -paya：*Caus.* 身を置かせる。（庇護）のもとに立たせる。近づかせる。

§5　śreṣṭhiṣu ca śreṣṭhi-saṃmataḥ śreṣṭha-dharmârocanatāyai /
（梵漢和維摩経 *p.* 60, *l.* 1）

§5　最も勝れた法を説くために、商人組合の長たちの中で、〔最高の〕商人組合の長として尊敬されている。
【§5　若し長者に在りては長者中の尊として為に勝法を説き、】　　　（大正蔵、巻一四、五三九頁上）
………………………………………………………………………

śreṣṭhiṣu < śreṣṭhin-：*m.* 卓越した人。高位の人。権威者。高名な職人。商人組合の長。「長者」「大富」「商主」と漢訳。*pl. Loc.*

ca：*conj.* および。また。しかしながら。そして。～と。なお。

śreṣṭhi-saṃmataḥ < śreṣṭhi-saṃmataḥ + (ś) < śreṣṭhi-saṃmata-：*adj.* 商人組合の長として尊敬されている。*m. sg. Nom.*

　　śreṣṭhi- < śreṣṭhin-：*m.* 卓越した人。高位の人。権威者。高名な職人。商人組合の長。「長者」「大富」「商主」と漢訳。

　　saṃmata- < sam-√man- (1) + -ta：*pp.* ～（属格）によって尊重された。尊敬された。～として是認された。

　　sam-√man- (1)：考える。～という意見である。～（対格）を…（対格）と見なす。尊重する。尊敬する。

śreṣṭha-dharmârocanatāyai < śreṣṭha-dharma-ārocanatā-：*f.* 最も勝れた法を説くこと。*sg. Dat.*

　　śreṣṭha- < śrīmat- + -iṣṭha：*最上級,* ～（属格、処格）の中でもっとも美しい／最良の／もっとも勝れた／最高の。「上」「妙」「勝」「殊勝」「殊妙」「最上」「最勝」「最妙」「最尊」と漢訳。*n.* 最上なもの。

　　dharma-：*m.* 確定した秩序。慣例。習慣。法則。規則。義務。宗教。教説。性質。本質。属性。特質。事物。法。

　　ārocanatā- < ārocana-tā-：*f.* 語ること。話すこと。告げること。説くこと。

　　ārocana- < ārocaya- + -ana < ā-√ruc- (1) + -aya + -ana：*n.* 語ること。話すこと。告げること。説くこと。「説」と漢訳。

ārocaya- < ā-√ruc- (1) + -aya : *Caus.* 語る。話す。告げる。説く。

gṛha-patiṣu ca gṛha-pati-saṃmataḥ sarva-grāhôdgraha-paricchedāya /
(梵漢和維摩経 *p.* 60, *ll.* 1–2)

所有に対するあらゆる貪著を断ち切るために、資産家たちの中で、〔最高の〕資産家として尊敬されている。

【若し居士に在りては居士中の尊として其の貪著を断じ、】　（大正蔵、巻一四、五三九頁中）

gṛha-patiṣu < gṛha-pati-：*m* 資産家。「家長」「居士」「長者」「在家」と漢訳。*pl. Loc.*

gṛha-：*n.* 家。住居。「舎」「宅」「舎宅」と漢訳。

pati-：*m.* 持ち主。主。長。王。支配者。

ca：*conj.* および。また。しかしながら。そして。～と。なお。

gṛha-pati-saṃmataḥ < gṛha-pati-saṃmataḥ + (s) < gṛha-pati-saṃmata-：*adj.* 資産家として尊敬されている。*m. sg. Nom.*

sarva-grāhôdgraha-paricchedāya < sarva-grāha-udgraha-pariccheda-：*m.* 所有に対するすべての貪著を断ち切ること。*sg. Dat.*

sarva-：*adj.* 一切の。すべての。

grāha- < √grah- (9) + -a：*adj.* 捉える。取る。受ける。*m.* 言及すること。「執」「著」「執著」と漢訳。

udgraha- < ud-√grah- (9) + -a：*m.* 「取」「受」「貪著」と漢訳。

ud-√grah- (9)：起こす。上げる。保存する。許す。是認する。会得する。「受持」「摂受」「領受」と漢訳。

pariccheda- < pari-√chid- (7) + -a : *m.* 分離。正確な識別。健全な判断。洞察。思慮。「分別」「識別」と漢訳。

pari-√chid- (7)：両側を断ち切る。切り刻む。根絶する。「分別」「識分別」と漢訳。

kṣatriyeṣu ca kṣatriya-saṃmataḥ kṣānti-sauratya-bala-pratiṣṭhāpanāya /
(梵漢和維摩経 *p.* 60, *ll.* 2–3)

忍耐と柔和の力を確立させるために、クシャトリヤ（武士）たちの中で、〔最高の〕クシャトリヤとして尊敬されている。

【若し刹利に在りては刹利中の尊として教うるに忍辱を以てし、】　（大正蔵、巻一四、五三九頁中）

kṣatriyeṣu < kṣatriya-：*adj.* 支配する。*m.* クシャトリヤ。支配者。武士階級の所属者。「刹利」「刹帝利」と音写。*pl. Loc.*

ca：*conj.* および。また。しかしながら。そして。～と。なお。

kṣatriya-saṃmataḥ < kṣatriya-saṃmataḥ + (k) < kṣatriya-saṃmata-：*adj.* クシャトリヤとして尊敬されている。*m. sg. Nom.*

kṣānti-sauratya-bala-pratiṣṭhāpanāya < kṣānti-sauratya-bala-pratiṣṭhāpana-：*n.* 忍耐と柔和の力の確立。*sg. Dat.*

kṣānti- < √kṣam- (1) + -ti：*f.* 堪えること。認めること。「忍」「忍辱」「堪忍」と漢訳。

sauratya-：*n.* 喜び。（複合語の後分として）～に対する喜び。「楽」「安楽」「柔和」と漢訳。

bala-：*n.* 力。能力。体力。活力。軍隊。

pratiṣṭhāpana- < pratiṣṭhāpaya- + -ana < prati-√sthā- (1) + -paya + -ana : *n.* 像の建設。確立。確証。「令安立」「令安住」「建立」と漢訳。

brāhmaṇeṣu ca brāhmaṇa-saṃmato māna-mada-darpa-nirghātanāya /

（梵漢和維摩経 *p.* 60, *ll.* 3–4）

高慢、思い上がり、尊大さを追い出すために、バラモン（婆羅門）たちの中で、〔最高の〕バラモンとして尊敬されている。
【若し婆羅門(ばらもん)に在りては婆羅門中の尊として其の我慢(がまん)を除き、】　（大正蔵、巻一四、五三九頁中）
……………………………………………………………………………

brāhmaṇeṣu < brāhmaṇa-：*m.* バラモン。ヴェーダに通じた人。神学者。祭官。「婆羅門」「梵志」と音写。*pl. Loc.*
ca：*conj.* および。また。しかしながら。そして。〜と。なお。
brāhmaṇa-saṃmato < brāhmaṇa-saṃmataḥ + 有声子音 < brāhmaṇa-saṃmata-：*adj.* バラモンとして尊敬されている。*m. sg. Nom.*
māna-mada-darpa-nirghātanāya < māna-mada-darpa-nirghātana-：*n.* 高慢、思い上がり、厚顔を追い出すこと。*sg. Dat.*
māna- < √man- (1) + -a：*m.* 意見。観念。意志。自己を高く評価すること。自己をたのむこと。自負。高慢。
mada- < √mad- (1) + -a：*m.* 快活。爽快な気分。恍惚。酩酊。〜に対する熱情。放縦。情欲。〜（属格）についての自負。傲慢。厚顔。自尊。
darpa-：*m.* 粗野。放縦。厚顔。尊大。傲慢。
nirghātana- < nir-√ghātaya- (名動) + -ana：*n.* 追い出すこと。
nir-√ghātaya- (名動)：引き出す。追い出す。破壊させる。殺させる。殺す。
√ghātaya- (名動)：殺す。破壊する。殺させる。「殺害」と漢訳。

āmātyeṣu câmātya-saṃmataḥ sarva-rāja-kārya-saha-dharma-niyojanāya / （梵漢和維摩経 *p.* 60, *ll.* 4–5）

すべての王のなすべきこと〔である政治〕を法にかなったものに導くために、大臣たちの中で、〔最高の〕大臣として尊敬されている。
【若し大臣に在りては大臣中の尊として教ふるに正法を以(もっ)てし、】　（大正蔵、巻一四、五三九頁中）
……………………………………………………………………………

āmātyeṣu < āmātya- = amātya-：*m.* 家人。親類。大臣。*pl. Loc.*
câmātya-saṃmataḥ < ca + amātya-saṃmataḥ
amātya-saṃmataḥ < amātya-saṃmataḥ + (s) < amātya-saṃmata-：*adj.* 大臣として尊敬されている。*m. sg. Nom.*
sarva-rāja-kārya-saha-dharma-niyojanāya < sarva-rāja-kārya-saha-dharma-niyojana-：*n.* すべての王のなすべきこと〔である政治〕を法にかなったものに導くこと。*sg. Dat.*
sarva-：*adj.* 一切の。すべての。
rāja-kārya-：*n.* 王のなすべきこと〔である政治〕。王の務め。国事。政治。
rāja- < rājan-：*m.* 王。rājan-は複合語の後分になると、rāja-となる。cf.「基礎」*p.* 522.
kārya- < √kṛ- (8) + -ya：*未受分,* なされるべき。作られるべき。遂行されるべき。*n.* 企図。目的。義務。事務。奉仕。
saha-dharma-：*adj.* 「如法」と漢訳。
saha：*adv.* 共通に。共同で。一緒に。同時に。
niyojana- < ni-√yuj- (7) + -ana：*n.* 縛り上げること。束縛。導くこと。
ni-√yuj- (7)：繋ぐ。縛る。〜に結合させる。〜（処格）に置く。〜に導く。

kumāreṣu ca kumāra-saṃmato rāja-bhogâiśvaryâbhilāṣa-vinivartanāya / （梵漢和維摩経 *p.* 60, *ll.* 5–6）

王としての享楽や地位に対する執着を断ち切るために、王子たちの中において、〔最高の〕王子とし

て尊敬されている。
【若し王子に在りては王子中の尊として示すに忠孝を以(もっ)てし、】　　　（大正蔵、巻一四、五三九頁中）
……………………………………………………………………………

kumāreṣu < kumāra-：*m.*（初生）児。少年。青年。瞳。*pl. Loc.*
ca：*conj.* および。また。しかしながら。そして。〜と。なお。
kumāra-saṃmato < kumāra-saṃmataḥ + 有声子音 < kumāra-saṃmata-：*adj.* 王子として尊敬されている。*m. sg. Nom.*
rāja-bhogâiśvaryâbhilāṣa-vinivartanāya < rāja-bhoga-aiśvarya-abhilāṣa-vinivartana-：*n.* 王の享楽や地位に執着することを断ち切ること。*sg. Dat.*
　rāja- < rājan-：*m.* 王。rājan-は複合語の後分になると、rāja-となる。cf.「基礎」*p.* 522.
　bhoga- < √bhuj- (7) + -a：*m.* 食うこと。享受すること。享受。享楽。利益。財産。収益。「受用」「財」「財物」「資財」「資糧」「資生」と漢訳。
　aiśvarya-：*n.* 大王の地位。王たること。至上の主権。〜（属格、処格）の支配。王領。
　abhilāṣa- < abhi-√laṣ- (1) + -a：*m.* 〜（処格）に対する欲望。願望。貪欲。愛情。「取著」「執著」「貪著」と漢訳。
　vinivartana- < vi-ni-√vṛt- (1) + -ana：*n.* 帰還。中止。「息」「滅」「断」「除」「捨」「除断」「令離」と漢訳。
　vi-ni-√vṛt- (1)：戻る。帰る。〜（奪格）をやめる。断念する。退く。去る。

antaḥ-pureṣu ca kāñcukīya-saṃmataḥ strī-kumārikā-paripācanāya /
（梵漢和維摩経 *p.* 60, *ll.* 6–7）

婦人や少女を教化するために、後宮〔の女性たち〕の中において、〔最高の〕宦官であるかのように尊敬されている[12]。
【若し内官に在りては内官中の尊として政宮の女を化し、】　　　（大正蔵、巻一四、五三九頁中）
……………………………………………………………………………

antaḥ-pureṣu < antaḥ-pura-：*n.* 王城。後宮。婦人の部屋。（複数で）王の后妃。女官。*pl. Loc.*
ca：*conj.* および。また。しかしながら。そして。〜と。なお。
kāñcukīya-saṃmataḥ < kāñcukīya-saṃmata-：*adj.* 宦官として尊敬されている。*m. sg. Nom.*
　kāñcukīya- ≒ kañcukīya-：*m.*「内人」「侍者」と漢訳。
　BHS. dic. *p.* 176 には attendant in a harem と eunuch（宦官）とある。
strī-kumārikā-paripācanāya < strī-kumārikā-paripācana-：*n.* 婦人や少女を教化すること。*sg. Dat.*
　strī-：*f.* 婦人。女。妻。
　kumārikā- < kumāra- + -ikā：*f.* 少女。処女。
　paripācana- < paripācaya- + -ana < pari-√pac- (1) + -aya + -ana：*n.* 完成させること。成熟させること。「教化」と漢訳。

§6　prākṛta-janânuvartakaś ca sāmānya-puṇya-viśiṣṭâdhyālambanāya /
（梵漢和維摩経 *p.* 60, *ll.* 8–9）

§6　平凡な善行が勝れているということを会得させるために、普通の人々に随順〔して生活〕する。
【§6　若し庶民に在りては、庶民中の尊として福力を興さしめ、】　（大正蔵、巻一四、五三九頁中）
……………………………………………………………………………

prākṛta-janânuvartakaś < prākṛta-janânuvartakaḥ + (c) < prākṛta-jana-anuvartaka-：*adj.* 賤しい〔とされる〕身分の人々に順応する。普通の人々に随順する。*m. sg. Nom.*
　prākṛta-：*adj.* 根本物質（prakṛti）と関連する。自然の。原初の。普通の。平凡な。低い。賤しい。プラークリット語（中期インド・アリアン語）的な。*m.* 賤しい人。*n.* プラークリット語。
　jana- < √jan- (1) + -a：*m.* 生物。人。個人。「人」「仁」「男女」「衆」「衆生」「有情」と漢訳。

anuvartaka- < anu-√vṛt- (1) + -aka : *adj.* 「起」「随入」「随順」「随転」と漢訳。
anu-√vṛt- (1)：〜の後を転がる。従う。追う。意志に沿う。満足させる。
ca：*conj.* および。また。しかしながら。そして。〜と。なお。
sāmānya-puṇya-viśiṣṭâdhyālambanāya < sāmānya-puṇya-viśiṣṭa-adhyālambana-：*n.* 平凡な善行が勝れているということを会得させること。*sg. Dat.*
sāmānya-：*adj.* 等しい。同様の。似た。〜と共通の。共有の。普遍的な。一般的な。普通の。平凡な。
puṇya-：*adj.* 吉兆の。幸先のよい。幸運な。美しい。快い。有徳の。*n.* 善。徳。善行。「福」「福徳」「福行」「功徳」と漢訳。
viśiṣṭa- < vi-√śiṣ- (7) + -ta：*pp.* 区別された。異なった。特殊な。勝れた。卓越した。「別」「異」「最殊勝」「第一」「勝妙」と漢訳。
√śiṣ- (7)：残す。残る。
adhyālambana- < adhyālambaya- + -ana < adhi-ā-√lamb- (1) + -aya + -ana：*n.* 「縁」「得」「欲得」「逮得」「求」「観」「余思」「思念」と漢訳。
adhyālambaya- < adhi-ā-√lamb- (1) + -aya：*Caus.* 取らせる。会得させる。
adhi-ā-√lamb- (1)：「取る」「採取」「接」と漢訳。

śakreṣu ca śakra-saṃmata aiśvaryânityatva-saṃdarśanāya / brahmasu ca brahma-saṃmato viśeṣa-jñāna-saṃdarśanāya /
（梵漢和維摩経 *p.* 60, *ll.* 9–10）

帝王の地位が無常であることを示すために[13]、〔神々の帝王である〕シャクラ神（帝釈天）たちの中で、〔最高の〕シャクラ神として尊敬されている。卓越した知が具わっていることを示すために、ブラフマー神（梵天）たちの中で、〔最高の〕ブラフマー神として尊敬されている。
【若し梵天に在りては梵天中の尊として誨うるに勝慧を以てし、若し帝釈に在りては帝釈中の尊として無常を示現し、】（大正蔵、巻一四、五三九頁中）

……………………………………………………………………………

śakreṣu < śakra-：*m.* シャクラ。「帝釈」と漢訳。*pl. Loc.*
ca：*conj.* および。また。しかしながら。そして。〜と。なお。
śakra-saṃmata < śakra-saṃmataḥ + a 以外の母音 < śakra-saṃmata-：*adj.* シャクラ神として尊敬されている。*m. sg. Nom.*
aiśvaryânityatva-saṃdarśanāya < aiśvarya-anityatva-saṃdarśana-：*n.* 帝王の地位の無常を示すこと。*sg. Dat.*
aiśvarya-：*n.* 大王の地位。王たること。至上の主権。〜（属格、処格）の支配。王領。
anityatva- < a-nityatva-：*n.* 無常。不確実。不定。「無常性」と漢訳。
nityatva- < nitya-tva-：*n.* 恒久性。永遠性。
anitya- < a-nitya-：*adj.* 無常なる。一時的な。恒常的でない。不確実の。
nitya-：*adj.* 生得の。永久の。不易の。常の。
saṃdarśana- < saṃdarśaya- + -ana：*n.* 示すこと。明示すること。

……………………………………………………………………………

brahmasu < brahman-：*m.* ブラフマー神。「梵天」と漢訳。*pl. Loc.*
ca：*conj.* および。また。しかしながら。そして。〜と。なお。
brahma-saṃmato < brahma-saṃmataḥ + 有声子音 < brahma-saṃmata-：*adj.* ブラフマー神として尊敬されている。*m. sg. Nom.*
viśeṣa-jñāna-saṃdarśanāya < viśeṣa-jñāna-saṃdarśana-：*n.* 卓越した知を具えていることを示すこと。*sg. Dat.*
viśeṣa- < vi-√śiṣ- (7) + -a：*m.* 〜の間の差異。特徴的な差異。特異性。特別の性質。卓越。優秀。

vi-√śiṣ- (7)：区別する。特殊化する。
jñāna- < √jñā- (9) + -ana：*n.* 知ること。知識。智慧。「闍那」と音写。
saṃdarśana- < saṃdarśaya- + -ana：*n.* 示すこと。明示すること。

loka-pāleṣu ca lokapāla-saṃmataḥ sarva-sattva-paripālanāya[14] /
(梵漢和維摩経 *p.* 60, *ll.* 10–11)

あらゆる衆生を保護するために、世界の保護者〔である四天王〕たちの中で、〔最高の〕世界の保護者として尊敬されている。
【若し護世に在りては護世中の尊として諸の衆生を護る】　（大正蔵、巻一四、五三九頁中）
……………………………………………………………………

loka-pāleṣu < loka-pāla-：*m.* 世界の保護者〔である四天王〕。大地の守護者。主。王。*pl. Loc.*
pāla-：*m.* 監視人。保護者。大地の守護者。主。王。
ca：*conj.* および。また。しかしながら。そして。〜と。なお。
lokapāla-saṃmataḥ < lokapāla-saṃmataḥ + (s) < lokapāla-saṃmata-：*adj.* 世界の保護者〔である四天王〕として尊敬されている。*m. sg. Nom.*
sarva-sattva-paripālanāya < sarva-sattva-paripālana-：*m.* あらゆる衆生たちの保護。*sg. Dat.*
sarva-：*adj.* 一切の。すべての。
sattva-：*m.* 「衆生」「有情」と漢訳。
paripālana- < pari-√pālaya- (名動詞) + -ana：*m.* 保護。保持。養育。
pari-√pālaya- (名動詞)：〜（奪格）から保護する。擁護する。尊敬する。支える。

iti hi vimalakīrtir licchavir evam apramāṇôpāya-kauśala-jñāna-samanvāgato vaiśālyāṃ mahānagaryāṃ prativasati sma /
(梵漢和維摩経 *p.* 60, *ll.* 12–13)

実に、以上のように、リッチャヴィ族のヴィマラキールティ（維摩詰）は、このように巧みなる方便を用いる無量の知を具えていて、ヴァイシャーリーという大都城に住んでいた。
【長者維摩詰は是くの如き等の無量の方便を以て、衆生を饒益す。】（大正蔵、巻一四、五三九頁中）
……………………………………………………………………

iti：*adv.* 〜と。以上のように。「如是」と漢訳。
hi：*ind.* 真に。確かに。実に。
vimalakīrtir < vimalakīrtiḥ + 有声音 < vimalakīrti- < vimala-kīrti-：*m.* ヴィマラキールティ。汚れのない名声を持つ（もの）。「維摩詰」「維摩」と音写。「浄名」「無垢称」と漢訳。*sg. Nom.*
licchavir < licchaviḥ + 有声音 < licchavi-：*m.* リッチャヴィ族。「梨車毘」「栗車毘」と音写。*sg. Nom.*
evam：*adv.* このように。
apramāṇôpāya-kauśala-jñāna-samanvāgato < apramāṇôpāya-kauśala-jñāna-samanvāgataḥ + 有声子音 < apramāṇa-upāya-kauśala-jñāna-samanvāgata-：*adj.* 方便が巧みな無量の知を具えている。*m. sg. Nom.*
apramāṇa- < a-pra-√mā- (2,3) + -ana：*adj.* 評価できない。「不可度量」と漢訳。
upāya-kauśala-：*adj.* 方便が巧みな。「巧方便」「善方便」「方便善巧」と漢訳。
upāya- < upa-√i- (2) + -a：*m.* 接近。到着。手段。方策。「方便」と漢訳。
kauśala- = kauśalya-：*n.* 幸福。幸運。繁栄。賢明。「善」「善巧」と漢訳。
jñāna- < √jñā- (9) + -ana：*n.* 知ること。知識。智慧。「闍那」と音写。
samanvāgata- < sam-anu-ā-√gam- (1) + -ta：*pp.* 〜（具格）を伴った。〜（具格）を具えた。
vaiśālyāṃ < vaiśālī-：*f.* ヴァイシャーリー（Viśāla 国の王が建設した町の名前）。「毘舎離」「毘耶離」「吠舎離」と音写。*sg. Loc.*
mahā-nagaryāṃ < mahā-nagarī-：*f.* 大都城。*sg. Loc.*
prativasati < prativasa- < prati-√vas- (1)：住む。*Pres. 3, sg. P.*

sma：*ind.* 実に。

§7　sa upāya-kauśalyena glānam ātmānam upadarśayati sma /
（梵漢和維摩経 *p.* 60, *l.* 14）

§7　その〔ヴィマラキールティ〕は、巧みなる方便によって自分自身に病を現じた。
【§7　其れは方便を以て身に疾有るを現ず。】　　（大正蔵、巻一四、五三九頁中）

……………………………………………………………………

sa < saḥ < tad-：それ。*m. sg. Nom.*
upāya-kauśalyena < upāya-kauśalya-：*n.* 巧みなる方便。巧みなる手立て。「善巧方便」と漢訳。*sg. Ins.*
glānam < glāna- < √glai- (1) + -na：*pp.* 疲弊した。衰弱した。*n.* 倦怠。衰弱。減退。病気。*sg. Acc.*
ātmānam < ātman-：*m.* 自己。*sg. Acc.*
upadarśayati < upadarśaya- < upa-√dṛś- (1) + -aya：*Caus.* 示す。現わす。*3, sg. P.*
sma：*ind.* 実に。

tasya glānasya vaiśālyāṃ mahā-nagaryāṃ rāja-rājamahāmatrâmātya-kumāra-pāriṣadyā brāhmaṇa-gṛha-patayaḥ śreṣṭhi-naigama-jānapadās tad-anyāni ca bahūni prāṇi-sahasrāṇi glāna-paripṛcchakāny upasaṃkrāmanti sma /
（梵漢和維摩経 *p.* 60, *ll.* 14–17）

その人が病気になって、ヴァイシャーリーという大都城の王や、大臣、宰官、王子たちと、眷属、バラモン（婆羅門）と資産家（居士）たち、商人組合の長、市民、臣民、またその他の幾千もの多くの病気見舞いの人々がやって来た。
【其の疾を以ての故に、国王、大臣、長者、居士、婆羅門等、及び諸の王子、並びに余の官属、無数千人は皆往きて問疾す。】　　（大正蔵、巻一四、五三九頁中）

……………………………………………………………………

tasya < tad-：それ。*m. sg. Gen.*
glānasya < glāna- < √glai- (1) + -na：*pp.* 疲弊した。衰弱した。*n.* 倦怠。衰弱。減退。病気。*sg. Gen.*
以上の属格は、絶対節をなしている。
vaiśālyāṃ < vaiśālī-：*f.* ヴァイシャーリー（Viśāla 国の王が建設した町の名前）。「毘舎離」「毘耶離」「吠舎離」と音写。*sg. Loc.*
mahā-nagaryāṃ < mahā-nagarī-：*f.* 大都城。*sg. Loc.*
rāja-rājamahāmatrâmātya-kumāra-pāriṣadyā < rāja-rājamahāmatrâmātya-kumāra-pāriṣadyāḥ +有声音 < rāja-rājamahāmatra-amātya-kumāra-pāriṣadya-：*m.* 王や、大臣、宰官、王子たちと眷属。*pl. Nom.*
　rāja- < rājan-：*m.* 王。rājan-は複合語の後分になると、rāja-となる。cf.「基礎」*p.* 522.
　rājamahāmatra- < rāja-mahāmatra-：*m.* 「大臣」「王臣」と漢訳。
　mahāmatra- < mahā-matra-：*adj.* 大量の。～の中で最大の。*m.* 高位の人。高官。臣。宰相。
　rāja-mātra-：*adj.* 王の権威を持つ（人）。「大臣」と漢訳。
　mātra-：*n.* ～だけの量。～に外ならないもの。
　amātya-：*m.* 家人。親類。大臣。「宰官」と漢訳。
　kumāra-：*m.* （初生）児。少年。青年。瞳。
　pāriṣadya- < pariṣad- + -ya：*m.* 会員。集会に参加する人。観覧人。「衆」「眷属」「臣」と漢訳。
brāhmaṇa-gṛha-patayaḥ < brāhmaṇa-gṛha-patayaḥ + (ś) < brāhmaṇa-gṛha-pati-：*m* バラモン（婆羅門）と資産家（居士）。*pl. Nom.*
　brāhmaṇa-：*m.* ヴェーダに通じた人。神学者。祭官。「婆羅門」「梵志」と音写。
　gṛhapati- < gṛha-pati：*m.* 資産家。「家長」「居士」「長者」「在家」と漢訳。

gṛha-：*n.* 家。住居。「舎」「宅」「舎宅」と漢訳。

pati-：*m.* 持ち主。主。長。王。支配者。

śreṣṭhi-naigama-jānapadās < śreṣṭhi-naigama-jānapadāḥ + (t) < śreṣṭhi-naigama-jānapada-：*m.* 商人組合の長や、市民、臣民。*pl. Nom.*

śreṣṭhi- < śreṣṭhin-：*m.* 卓越した人。高位の人。権威者。高名な職人。商人組合の長。「長者」「大富」「商主」と漢訳。

naigama-：*m.* 市民。

jānapada- < jāna-pada-：*adj.* 田舎に住する。*m.* 田舎者。臣民。

tad-anyāni < tad-anya-：*adj.* その他の。*n. pl. Nom.*

ca：*conj.* および。また。しかしながら。そして。～と。なお。

bahūni < bahu-：*adj.* 多くの。*n. pl. Acc.*

prāṇi-sahasrāṇi < prāṇi-sahasra-：*n.* 幾千もの生命あるもの。*pl. Nom.*

prāṇi- < prāṇin- < prāṇa- + -in：*m.* 生物。動物。人間。*adj.* 呼吸している。生きている。生命あるもの。

sahasra-：*基数詞, n.* 千。

glāna-paripṛcchakāny < glāna-paripṛcchakāni + 母音 < glāna-paripṛcchaka-：*adj.* 病気見舞いの。「問病」と漢訳。*n. pl. Nom.*

paripṛcchaka- < pari-√prach- (6) + -aka：*adj.* 「諮問」と漢訳。*m.* 質問者。

pari-√prach- (6)：～（対格）を～（対格、属格）について問う。「問」「諮問」「問訊」と漢訳。

upasaṃkrāmanti < upasaṃkrāma- < upa-sam-√kram- (1)：近づく。*Pres. 3, pl. P.*

sma：*ind.* 実に。

§8 teṣām upasaṃkrāntānāṃ vimalakīrtir licchavir[15] imam eva cātur-mahābhautikaṃ kāyam ārabhya dharmaṃ deśayati sma /

（梵漢和維摩経 *p.* 60, *l.* 18, *p.* 62, *l.* 1）

§8 リッチャヴィ族のヴィマラキールティ（維摩詰）は、やって来たそれらの人々に対して、実に〔地・水・火・風の〕四大元素からなるこの身体についての法（真理の教え）を説いた。

【§8 其の往く者には、維摩詰、因みに身の疾を以て広く為に法を説く。】

（大正蔵、巻一四、五三九頁中）

……………………………………………………………………

teṣām < tad-：それ。*m. pl. Gen.*

upasaṃkrāntānāṃ < upasaṃkrānta- < upa-sam-√kram- (1) + -ta：*pp.* ～に推移した。近づいた。「到達」と漢訳。*m. pl. Gen.* 以上の属格は為格的な用法。

vimalakīrtir < vimalakīrtiḥ + 有声音 < vimalakīrti- < vimala-kīrti-：*m.* ヴィマラキールティ。汚れのない名声を持つ（もの）。「維摩詰」「維摩」と音写。「浄名」「無垢称」と漢訳。*sg. Nom.*

licchavir < licchaviḥ + 有声音 < licchavi-：*m.* リッチャヴィ族。「梨車毘」「栗車毘」と音写。*sg. Nom.*

imam < idam-：これ。*m. sg. Acc.*

eva：*adv.* さように。このように。まさに。実に。ただ。全くこのように。

cātur-mahā-bhautikaṃ < cātur-mahā-bhautika-：*adj.* 四大元素からなる。*m. sg. Acc.*

cātur- = catur-：*基数詞,* 四。

mahābhautika- < mahā-bhautika- < mahā-bhūta- + -ika：*adj.* 〔地・水・火・風の〕粗大元素からなる。

mahā-bhūta-：*adj.* 大きい。*m.* 大きな生物。*n.* 〔地・水・火・風・空の〕粗大元素。

mahā- < mahat-：*adj.* 偉大な。高貴な。

bhautika- < bhūta- + -ika：*adj.* 生物（bhūta-）に関する。粗大な元素（mahā-bhūta-）からなる。自然界の。物質界の。

kāyam < kāya-：*m.* 身体。集団。多数。集合。*sg. Acc.*
ārabhya < ā-√rabh- (1) + -ya：*ind.* (*Ger.*) 〜（対格）より始めて。〜（対格）以来。〜（対格）について。
dharmaṃ < dharma-：*m.* 確定した秩序。慣例。習慣。法則。規則。義務。宗教。教説。性質。本質。属性。特質。事物。法。*sg. Acc.*
deśayati < deśaya- < √diś- (6) + -aya：*Caus.* 示す。導く。説明する。教える。「宣説」「演説」「説法」「教示」と漢訳。*Pres. 3, sg. P.*
sma：*ind.* 実に。

> evam anityo 'yaṃ mārṣāḥ kāya evam adhruva evam anāśvāsika[16] evaṃ durbala evam asāra evaṃ jarjara evam itvara evaṃ duḥkha evam ābādhika evaṃ vipariṇāma-dharmy[17] evaṃ bahu-roga-bhājano 'yaṃ mārṣāḥ kāyaḥ /
>
> （梵漢和維摩経 *p.* 62, *ll.* 1–5）

「皆さん、この身体は、このように無常であり、このように堅固なものではなく、このように頼りにならないものであり、このように力が弱く、このように堅牢であることなく、このように老衰していて、このように貧弱なもので、このように苦なるものであり、このように苦悩に満ちたものであり、このように変化する性質を持ち、このように多くの病気の入れ物であり、皆さん、これが身体なのである。

【「諸の仁者よ、是の身は無常なり。無強、無力、無堅なり。速朽の法にして信ずる可からざるなり。苦と為り、悩と為り、衆（しゅびょう）病の集まる所なり。】　（大正蔵、巻一四、五三九頁中）

………………………………………………………………

evam：*adv.* このように。
anityo 'yaṃ < anityaḥ + ayaṃ
anityaḥ < anitya- < a-nitya-：*adj.* 無常なる。一時的な。恒常的でない。不確実の。*m. sg. Nom.*
ayaṃ < idam-：これ。この。*m. sg. Nom.*
mārṣāḥ < mārṣāḥ + (k) < mārṣa-：*m.* 立派な人。「仁者」「賢者」「友」と漢訳。*pl. Voc.*
呼びかけの言葉として用いられ、「皆さん」（「諸友」「諸子」と漢訳）を意味する。
kāya < kāyaḥ + a 以外の母音 < kāya-：*m.* 身体。集団。多数。集合。*sg. Nom.*
evam：*adv.* このように。
adhruva < adhruvaḥ + a 以外の母音 < adhruva- < a-dhruva-：*adj.* 堅固でない。無常の。不確実な。*m. sg. Nom.*
dhruva-：*adj.* 決心の堅い。安定した。固定した。不易の。
evam：*adv.* このように。
anāśvāsika < anāśvāsikaḥ + a 以外の母音 < anāśvāsika- < an-āśvāsika-：*adj.* 頼りにならない。慰安を与えない。勇気を沮喪させる。安穏でない。*m. sg. Nom.*
āśvāsika- < ā-√śvas- (2) + -ika：*adj.* 「安穏」「安息」と漢訳。
ā-√śvas- (2)：息を吹き返す。生き返る。回復する。勇気を起こす。〜（処格）を信頼する。
evaṃ：*adv.* このように。
durbala < durbalaḥ + a 以外の母音 < durbala- < dur-bala-：*adj.* 力ない。弱い。繊細な。薄弱な。虚弱な。不安定な。*m. sg. Nom.*
evam：*adv.* このように。
asāra < asāraḥ + a 以外の母音 < asāra- < a-sāra-：*adj.* 適しない。価値のない。力ない。不利な。「不実」「不堅」「無有堅牢」と漢訳。*m.n.* 不適当。無価値。*m. sg. Nom.*
sāra-：*m.* 核。芯。力。精力。エネルギー。固さ。堅固。価値。財産。真髄。実体。*adj.* 堅い。しっかりした。強い。価値のある。
evaṃ：*adv.* このように。
jarjara < jarjaraḥ + a 以外の母音 < jarjara-：*adj.* 衰えた。老衰した。もろい。裂けた。破れた。砕

けた。*m. sg. Nom.*

evam：*adv.* このように。

itvara < itvaraḥ + a 以外の母音 < itvara-：*adj.* 行く。動く。小さい。劣った。貧弱な。頼りがいのない。卑しい。*m. sg. Nom.*

evaṃ：*adv.* このように。

duḥkha < duḥkhaḥ + a 以外の母音 < duḥkha- < duḥ-kha-：*adj.* 不愉快な。艱難に満ちた。憐れな。*n.* 苦痛。艱難。悲惨。受苦。「苦」「苦」「苦悩」「憂苦」と漢訳。*m. sg. Nom.*

evam：*adv.* このように。

ābādhika < ābādhikaḥ + a 以外の母音 < ābādhika- < ā-√bādh- (1) + -ika：*adj.* 「苦」「所苦」と漢訳。*m. sg. Nom.*

ābādha- < ā-√bādh- (1) + -a：*m.* 圧。苦悩。苦痛。危険。「病」「病毒」「病悩」「憂悩」と漢訳。

ā-√bādh- (1)：悩ます。苦しめる。

evaṃ：*adv.* このように。

vipariṇāma-dharmy < vipariṇāma-dharmī + 母音 < vipariṇāma-dharmin-：*adj.* 変化する性質を持つ。「有変異法」と漢訳。*m. sg. Nom.*

vipariṇāma- < vi-pari-√nam- (1) + -a：*m.* 変形。変化。交換。成熟すること。「壊」「失」「変易」「変壊」「変異」と漢訳。

dharmin- < dharma- + -in：*adj.* 法に従った。自己の本務を知る。有徳の。特性を持つ。～の性質を持つ。

evaṃ：*adv.* このように。

bahu-roga-bhājano 'yaṃ < bahu-roga-bhājanaḥ + ayaṃ

bahu-roga-bhājanaḥ < bahu-roga-bhājana-：*adj.* 多くの病気の入れ物である。*m. sg. Nom.*

bahu-：*adj.* 多くの。

roga- < √ruj- (6) + -a：*m.* 病気。病弱。疾病。

bhājana-：*n.* 容器。皿。壺。～（属格）を入れるもの。～の貯蔵所。*adj.* ～にあずかる。～に関する。～に属する。

ayaṃ < idam-：これ。この。*m. sg. Nom.*

mārṣāḥ < mārṣāḥ + (k) < mārṣa-：*m.* 立派な人。「仁者」「賢者」「友」と漢訳。*pl. Voc.*

呼びかけの言葉として用いられ、「皆さん」（「諸友」「諸子」と漢訳）を意味する。

kāyaḥ < kāya-：*m.* 身体。集団。多数。集合。*sg. Nom.*

tatra paṇḍitena niśrayo na kartavyaḥ /

(梵漢和維摩経 *p.* 62, *l.* 5)

「賢い人は、その〔身体〕を頼みとするべきではない。

【「諸の仁者よ、此くの如く、身は明智者の怙まざる所なり。】　（大正蔵、巻一四、五三九頁中）

………………………………………………………………………

tatra：*adv.* そこに。そこへ。かしこに。その時に。その場合に。

paṇḍitena < paṇḍita-：*adj.* 学問のある。賢い。怜悧な。教養ある。～に巧みな。*m.* 学者。学問のある人。賢い人。*sg. Ins.*

niśrayo < niśrayaḥ + 有声子音 < niśraya- < ni-√śri- (1) + -a：*m.* 拠り所。頼み。*sg. Nom.*

na：*ind.* ～でない。～にあらず。

kartavyaḥ < kartavya- < √kṛ- (8) + -tavya：*未受分,* 作られるべき。なされるべき。*m. sg. Nom.*

§9　phena-piṇḍôpamo 'yaṃ mārṣāḥ kāyo 'parimardana-kṣamaḥ /

(梵漢和維摩経 *p.* 62, *l.* 6)

§9　「皆さん、この身体は、泡沫の塊のようなものであり、撫でさすることに耐えられない[18]。

【§9　「是の身は聚沫の如し。撮摩す可からず。】　（大正蔵、巻一四、五三九頁中）

phena-piṇḍôpamo 'yaṃ < phena-piṇḍôpamaḥ + ayaṃ
phena-piṇḍôpamaḥ < phena-piṇḍa-upama-：*adj.* 泡沫の塊のような。*m. sg. Nom.*
phena-piṇḍa-：*m.* 「水上泡」と漢訳。
phena-：*m.* 泡。泡沫。
piṇḍa-：*m.* 丸い塊り。球。
upama- < upa-ma- < upa-√mā- (2,3) + -a：*adj.* ～に似た。～のような。「如」「同」と漢訳。
ayaṃ < idam-：これ。*m. sg. Nom.*
mārṣāḥ < mārṣāḥ + (k) < mārṣa-：*m.* 立派な人。「仁者」「賢者」「友」と漢訳。*pl. Voc.*
呼びかけの言葉として用いられ、「皆さん」（「諸友」「諸子」と漢訳）を意味する。
kāyo 'parimardana-kṣamaḥ < kāyaḥ + aparimardana-kṣamaḥ
kāyaḥ < kāya-：*m.* 身体。集団。多数。集合。*sg. Nom.*
aparimardana-kṣamaḥ < a-parimardana-kṣama-：*adj.* 撫でさすることに耐えられない。*m. sg. Nom.*
parimardana- < pari-√mṛd- (9) + -ana：*m.* 撫でること。さすること。凌駕すること。
parimarda- < pari-√mṛd- (9) + -a：*m.* すり減らすこと。消耗。（敵の）絶滅。
pari-√mṛd- (9)：踏みつける。擦る。撫でる。凌駕する。
kṣama-：*adj.* 辛抱強い。～を忍耐する。

budbudôpamo 'yaṃ kāyo 'cira-sthitikaḥ /
（梵漢和維摩経 *p.* 62, *l.* 7）

「この身体は、泡のようなものであり、永く存続することはない。
【「是の身は、泡の如し、久しく立つことを得ず。】　（大正蔵、巻一四、五三九頁中）

budbudôpamo 'yaṃ < budbudôpamaḥ + ayaṃ
budbudôpamaḥ < budbuda-upama-：*adj.* 泡のような。*m. sg. Nom.*
budbuda-：*m.* 泡（無常の象徴）。受胎後五日を経た胎児。「泡」「水泡」「水沫」と漢訳。
upama- < upa-ma- < upa-√mā- (2,3) + -a：*adj.* ～に似た。～のような。「如」「同」と漢訳。
ayaṃ < idam-：これ。*m. sg. Nom.*
kāyo 'cira-sthitikaḥ < kāyaḥ + acira-sthitikaḥ
kāyaḥ < kāya-：*m.* 身体。集団。多数。集合。*sg. Nom.*
acira-sthitikaḥ < a-cira-sthitika-：*adj.* 永く存続することはない。*m. sg. Nom.*
cira-sthitika- < cira-sthita- + -ika：*adj.* 「久住」「永住」「長久住」と漢訳。
cira-：*adj.* 長い（時）。長く存在する。昔の。「久」「久遠」と漢訳。
sthita- < √sthā- (1) + -ita：*pp.* 立つ。住する。とどまる。存在し続ける。

marīcy-upamo 'yaṃ kāyaḥ kleśa-tṛṣṇā-saṃbhūtaḥ /
（梵漢和維摩経 *p.* 62, *ll.* 7–8）

「この身体は、陽炎のようなものであり、煩悩の渇愛から生じているのだ。
【「是の身は炎の如し、渇愛より生ず。】　（大正蔵、巻一四、五三九頁中）

marīcy-upamo 'yaṃ < marīcy-upamaḥ + ayaṃ
marīcy-upamaḥ < marīci-upama-：*adj.* 陽炎のような。*m. sg. Nom.*
marīci-：*f.* （大気中に浮遊する）輝く微塵。光線。「光」「陽炎」と漢訳。
ayaṃ < idam-：これ。この。*m. sg. Nom.*
kāyaḥ < kāya-：*m.* 身体。集団。多数。集合。*sg. Nom.*

kleśa-tṛṣṇā-saṃbhūtaḥ < kleśa-tṛṣṇā-saṃbhūta-：*adj.* 煩悩の渇愛から生じた。*m. sg. Nom.*

kleśa- < √kliś- (4) + -a：*m.* 苦痛。苦悩。心痛。「煩悩」「惑」「根本煩悩」と漢訳。

tṛṣṇā-：*f.* 渇。欲望。貪欲。淫欲。「渇乏」「渇愛」「愛欲」と漢訳。

saṃbhūta- < sam-√bhū- (1) + -ta：*pp.* ～（奪格）から起こった。～から生じた。

sam-√bhū- (1)：出会う。集合する。起こる。生まれる。「生」「生長」「起」「出」と漢訳。

kadalī-skandhôpamo 'yaṃ kāyo 'sārakatvāt /

(梵漢和維摩経 *p.* 62, *l.* 8)

「この身体は、中に堅固なものがないことから、バナナ（芭蕉）の茎のようなものである。

【「是の身は芭蕉の如し、中に堅有ること無し。】　（大正蔵、巻一四、五三九頁中）

………………………………………………………………………

kadalī-skandhôpamo 'yaṃ < kadalī-skandhôpamaḥ + ayaṃ

kadalī-skandhôpamaḥ < kadalī-skandha-upama-：*adj.* 芭蕉の茎のような。*m. sg. Nom.*

kadalī-：*f.* 芭蕉。

skandha-：*m.* （木の）幹。量。集合。集合体。「茎」「蘊」「陰」「聚」と漢訳。

ayaṃ < idam-：これ。この。*m. sg. Nom.*

kāyo 'sārakatvāt < kāyaḥ + asārakatvāt

kāyaḥ < kāya-：*m.* 身体。集団。多数。集合。*sg. Nom.*

asārakatvāt < asārakatva- < asāraka- + -tva：*n.* 中に堅固なものがないこと。*sg. Abl.*

asāraka- < a-sāra-ka-：*adj.* 「非堅」「不堅固」「無有堅固」「無堅実」「無有実」「無堅牢相」と漢訳。

asāra- < a-sāra-：*adj.* 適しない。価値のない。力ない。不利な。「不実」「不堅」「無有堅牢」と漢訳。*m.n.* 不適当。無価値。

sāraka- < sāra-ka-：*adj.* ～で満ちた。「堅固」と漢訳。

sāra-：*m.* 核。芯。力。精力。エネルギー。固さ。堅固。価値。財産。真髄。実体。*adj.* 堅い。しっかりした。強い。価値のある。

yantra-bhūto batâyaṃ kāyo 'sthi-snāyu-vinibaddhaḥ /

(梵漢和維摩経 *p.* 62, *ll.* 8–9)

「ああ、何ということか。この身体は、機械〔のようなもの〕であって、骨が筋肉でつながれている。

【漢訳相当箇所なし】

………………………………………………………………………

yantra-bhūto < yantra-bhūtaḥ + 有声子音 < yantra-bhūta-：*adj.* 機械である。*m. sg. Nom.*

yantra-：*n.* 保持する手段。支柱。革の紐。器具。装置。機械の仕掛け。機械。

bhūta- < √bhū- (1) + -ta：*pp.* ～となった。存在する。～である。*m.* 「有情」「衆生」と漢訳。*n.* 過去。事実。現実。「真」「真実」「誠諦」と漢訳。

bhūta-は名詞と複合語となって、形容詞を作る。

batâyaṃ < bata + ayaṃ

bata：*間投詞,* ああ、何と～でしょう。

ayaṃ < idam-：これ。この。*m. sg. Nom.*

kāyo 'sthi-snāyu-vinibaddhaḥ < kāyaḥ + asthi-snāyu-vinibaddhaḥ

kāyaḥ < kāya-：*m.* 身体。集団。多数。集合。*sg. Nom.*

asthi-snāyu-vinibaddhaḥ < asthi-snāyu-vinibaddha-：*adj.* 骨が筋肉でつながれた。*m. sg. Nom.*

asthi-：*n.* 骨。核。「白骨」「骸骨」と漢訳。

snāyu-：*n.* 筋。筋肉。腱。

vinibaddha- < vi-ni-√bandh- (9) + -ta：*pp.* 両側に固定された。束縛された。「所繋」「繋縛」

「連持」「纏」と漢訳。

māyôpamo 'yaṃ kāyo viparyāsa-saṃbhūtaḥ /
（梵漢和維摩経 *p.* 62, *ll.* 9–10）

「この身体は、幻のようなもので、顛倒〔した誤った考え〕によって生じている。
【「是の身は幻の如し、顛倒より起こる】　　　　（大正蔵、巻一四、五三九頁中）
……………………………………………………………………

māyôpamo 'yaṃ < māyôpamaḥ + ayaṃ
　　māyôpamaḥ < māyā-upama-：*adj.* 幻に等しい。幻のような。*m. sg. Nom.*
　　māyā-：*f.* 術。不可思議の力。幻像。幻想。幻影。「幻化」と漢訳。
　　ayaṃ < idam-：これ。この。*m. sg. Nom.*
kāyo < kāyaḥ + 有声子音 < kāya-：*m.* 身体。集団。多数。集合。*sg. Nom.*
viparyāsa-saṃbhūtaḥ < viparyāsa-saṃbhūta-：*adj.* 顛倒〔した誤った考え〕によって生じた。*m. sg. Nom.*
　　viparyāsa- < vi-pari-√as- (4) + -a：*m.* （馬車の）顚覆。顛倒。変化。～の逆。誤った考え。誤謬。
　　vi-pari-√as- (4)：顛倒する。逆にする。覆す。
　　saṃbhūta- < sam-√bhū- (1) + -ta：*pp.* ～（奪格）から起こった。～から生じた。

svapnôpamo 'yaṃ kāyo vitatha-darśanaḥ /
（梵漢和維摩経 *p.* 62, *l.* 11）

「この身体は、夢のようなものであって、虚妄を見ているのだ。
【「是の身は夢の如し、虚妄の見為り。】　　　　（大正蔵、巻一四、五三九頁中）
……………………………………………………………………

svapnôpamo 'yaṃ < svapnôpamaḥ + ayaṃ
　　svapnôpamaḥ < svapnôpama- < svapna-upama-：*adj.* 夢のような。*m. sg. Nom.*
　　svapna-：*m.* 眠り。夢。眠気。眠りに耽ること。
　　ayaṃ < idam-：これ。この。*m. sg. Nom.*
kāyo < kāyaḥ + 有声子音 < kāya-：*m.* 身体。集団。多数。集合。*sg. Nom.*
vitatha-darśanaḥ < vitatha-darśana-：*adj.* 虚妄を見る。「悪邪見」と漢訳。*m. sg. Nom.*
　　vitatha- < vi-tatha-：*adj.* 不真実の。虚妄の。無益の。空しい。「不如」「不実」「錯謬」「顛倒」「不真実」と漢訳。
　　darśana- < √dṛś- (1) + -ana-：*adj.* ～を見る。眺める。知る。示す。教える。*n.* 凝視すること。見ること。知覚。悟性。内観。意見。認識。哲学的体系。

pratibhāsôpamo 'yaṃ kāyaḥ pūrva-karma-pratibhāsatayā saṃdṛśyate /
（梵漢和維摩経 *p.* 62, *ll.* 11–12）

「この身体は、影のようなものであって、過去世の行ない（宿業）〔の結果〕の顕現によって現われているのだ。
【「是の身は影の如し、業縁より現ず。】　　　　（大正蔵、巻一四、五三九頁中）
……………………………………………………………………

pratibhāsôpamo 'yaṃ < pratibhāsôpamaḥ + ayaṃ
　　pratibhāsôpamaḥ < pratibhāsa-upama-：*adj.* 影のような。*m. sg. Nom.*
　　pratibhāsa- < prati-√bhās- (1) + -a：*m.* 顕現すること。外観。思想の生起。妄想。「影」「光影」「影現」「影像」「幻影」と漢訳。
　　prati-√bhās- (1)：～のように自己を示す。～のように見える。

ayaṃ < idam-：これ。この。*m. sg. Nom.*
kāyaḥ < kāya-：*m.* 身体。集団。多数。集合。*sg. Nom.*
pūrva-karma-pratibhāsatayā < pūrva-karma-pratibhāsatā-：*f.* 前世の行ない（宿業）〔の結果〕の顕現。*sg. Ins.*
pūrva-karma-：*n.* 前世の行ない（宿業）。
pūrva-：*adj.* 前にある。前の。東の。東にある。先行する。先の。以前の。昔の。
karma- < karman-：*n.* 行ない。「業」と漢訳。
pratibhāsatā- < pratibhāsa- + -tā：*f.* 顕現すること。「似顕現」と漢訳。
saṃdṛśyate < saṃdṛśya- < sam-√dṛś- (1) + -ya：*Pass.* 現われる。観察される。*3, sg. A.*

pratiśrutkôpamo 'yaṃ kāyaḥ pratyayâdhīnatvāt /
(梵漢和維摩経 *p.* 62, *ll.* 12–13)

「この身体は、〔諸の〕因縁に依存して〔成り立って〕いるから、反響のようなものである。
【「是の身は響（こだま）の如し、諸の因縁に属す。】　（大正蔵、巻一四、五三九頁中）
……………………………………………………………………

pratiśrutkôpamo 'yaṃ < pratiśrutkôpamaḥ + ayaṃ
pratiśrutkôpamaḥ < pratiśrutkā-upama-：*adj.* 反響のような。*m. sg. Nom.*
pratiśrutkā- < pratiśrut-kā-：*f.* 反響。「響」「音響」「山中呼声」「谷響」と漢訳。
pratiśrut- < prati-√śru- (5) + -t：*f.* 反響。返答。約束。
prati-√śru- (5)：傾聴する。耳を傾ける。約束する。
ayaṃ < idam-：これ。この。*m. sg. Nom.*
kāyaḥ < kāya-：*m.* 身体。集団。多数。集合。*sg. Nom.*
pratyayâdhīnatvāt < pratyaya-adhīnatva-：*n.* 因縁への従属。*sg. Abl.*
pratyaya- < prati-aya- < prati-√i- (2) + -a：*m.* ～に行く／向かう／頼ること。～への信頼。信念。信仰。確信。説明。概念。想念。原因。「因縁」「信」と漢訳。
adhīnatva- < adhīna- + -tva：*n.* 従属。
adhīna- < adhi-īna-：*adj.* 横たわる。～に従う。～に頼る。「依」「依止」「依託」「依属」「随順」と漢訳。

meghôpamo 'yaṃ kāyaś cittâkula-[19]vigama-lakṣaṇaḥ /
(梵漢和維摩経 *p.* 62, *ll.* 13–14)

「この身体は、雲のようなものであって、心が混乱し、分散する性質があるのだ。
【「是の身は浮雲の如し、須臾（しゅゆ）にして変滅す。】　（大正蔵、巻一四、五三九頁中）
……………………………………………………………………

meghôpamo 'yaṃ < meghôpamaḥ + ayaṃ
meghôpamaḥ < megha-upama-：*adj.* 雲のような。*m. sg. Nom.*
megha-：*m.* 雲。
ayaṃ < idam-：これ。この。*m. sg. Nom.*
kāyaś < kāyaḥ + (c) < kāya-：*m.* 身体。集団。多数。集合。*sg. Nom.*
cittâkula-vigama-lakṣaṇaḥ < citta-ākula-vigama-lakṣaṇa-：*adj.* 心が混乱し、分散する性質を有する。*m. sg. Nom.*
citta-：*n.* 心。思考。意思。知性。理性。「質多」と音写。
ākula- < ā-kula-：*adj.* 混乱した。困惑した。「乱」「雑乱」「動乱」と漢訳。
vigama- < vi-√gam- (1) + -a：*m.* 出発。消滅。休止。不在。欠乏。回避。「離」「断」「分散」「除去」と漢訳。
vi-√gam- (1)：追い散らす。去る。出発する。消える。過ぎ去る。分裂する。
lakṣaṇa-：*adj.* 指示する。標章の。しるしのある。特徴のある。属性のある。*n.* 標章。しるし。記号。特徴。属性。

vidyut-sadṛśo 'yaṃ kāyaḥ kṣaṇa-bhaṅga-yukto 'navasthitaḥ /
(梵漢和維摩経 *p.* 62, *l.* 14)

「この身体は、〔稲光の〕閃光のようなものであって、瞬間ごとに壊滅すること（刹那滅）に余念がなく、留まることがないのだ。

【「是の身は電(いなずま)の如し、念念に住(とどま)らず。】　　（大正蔵、巻一四、五三九頁中）

……………………………………………………………………

vidyut-sadṛśo 'yaṃ < vidyut-sadṛśaḥ + ayaṃ

vidyut-sadṛśaḥ < vidyut-sadṛśa-：*adj.* 〔稲光の〕閃光のような。*m. sg. Nom.*

vidyut-：*adj.* 閃光を発する。*f.* 閃く武器。電光。「電光」「電焔」と漢訳。

vi-√dyut- (1)：閃く。輝く。光る。

sadṛśa- < sa-dṛśa-：*adj.* ～に似た。～のような。「如」「相似」と漢訳。

dṛśa- < √dṛś- (1) + -a：*m.* ～の眺め。見かけ。様子。「如」と漢訳。

ayaṃ < idam-：これ。この。*m. sg. Nom.*

kāyaḥ < kāyaḥ + (k) < kāya-：*m.* 身体。集団。多数。集合。*sg. Nom.*

kṣaṇa-bhaṅga-yukto 'navasthitaḥ < kṣaṇa-bhaṅga-yuktaḥ + anavasthitaḥ

kṣaṇa-bhaṅga-yuktaḥ < kṣaṇa-bhaṅga-yukta-：*adj.* 瞬間ごとに壊滅することに余念のない。*m. sg. Nom.*

kṣaṇa-bhaṅga-：*m.* 不断に進行する事物の破壊。不断の交替。「念不住」「刹那滅」「刹那壊」と漢訳。

kṣaṇa-：*m.* 瞬間。機会。愉快な瞬間。「須臾」「念」と漢訳。「刹那」と音写。

bhaṅga- < √bhañj- (7) + -a：*adj.* 破る。*m.* 破ること。打倒すること。摘み取ること。脱落すること。分離。分解。没落。壊滅。滅亡。

√bhañj- (7)：破る。砕く。粉砕する。解体する。分解する。破壊する。

yukta- < √yuj- (7) + -ta：*pp.* 軛につながれた。～（処格）に従事した。専心した。熱中した。専念した。～に余念のない。

anavasthitaḥ < anavasthita- < an-avasthita-：*adj.* 確乎としていない。動揺する。寄る辺なき。留まることのない。「不住」と漢訳。*m. sg. Nom.*

avasthita- < ava-√sthā- (1) + -ita：*pp.* 置かれた。配置された。～の状態にあり続ける。～に従事している。

asvāmiko 'yaṃ kāyo nānā-pratyaya-saṃbhūtaḥ /
(梵漢和維摩経 *p.* 62, *ll.* 14–15)

「この身体は、主宰者のないものであって、さまざまな因縁によって生じている。

【「是の身は主無きこと、】　　（大正蔵、巻一四、五三九頁中）

……………………………………………………………………

asvāmiko 'yaṃ < asvāmikaḥ + ayaṃ

asvāmikaḥ < asvāmika- < a-svāmika-：*adj.* 所有者なき。所有されない。「無主」「無主宰」「無有主宰」「無所属」と漢訳。*m. sg. Nom.*

svāmika-：*adj.* ～の主人／所有者／支配者の。「主宰」と漢訳。

ayaṃ < idam-：これ。この。*m. sg. Nom.*

kāyo < kāyaḥ + 有声子音 < kāya-：*m.* 身体。集団。多数。集合。*sg. Nom.*

nānā-pratyaya-saṃbhūtaḥ < nānā-pratyaya-saṃbhūta-：*adj.* さまざまな因縁によって生じた。*m. sg. Nom.*

nānā-：*adv.* さまざまに。種々に。

pratyaya- < prati-aya- < prati-√i- (2) + -a：*m.* ～に行く／向かう／頼ること。～への信頼。

信念。信仰。確信。説明。概念。想念。原因。「因縁」「信」と漢訳。
saṃbhūta- < sam-√bhū- (1) + -ta：*pp.* ～（奪格）から起こった。～から生じた。

§10 nirvyāpāro 'yaṃ kāyaḥ pṛthivī-sadṛśaḥ / (梵漢和維摩経 *p.* 62, *l.* 16)

§10 「この身体は、大地のように作用のないものである。
【§10 「地の如しと為す。】 （大正蔵、巻一四、五三九頁中）

………………………………………………………………………

nirvyāpāro 'yaṃ < nirvyāpāraḥ + ayaṃ
nirvyāpāraḥ < nirvyāpāra- < nir-vyāpāra-：*adj.* 忙しくない。閑散とした。無活動の。怠惰な。「不生」「無作者」「無事」「無用」「無分別」と漢訳。*m. sg. Nom.*
vyāpāra- < vi-ā-√pṛ- (5) + -a：*m.* 就業。仕事。用務。事業。行動。作業。機能。尽力。努力。「効能」「作用」と漢訳。
ayaṃ < idam-：これ。この。*m. sg. Nom.*
kāyaḥ < kāya-：*m.* 身体。集団。多数。集合。*sg. Nom.*
pṛthivī-sadṛśaḥ < pṛthivī-sadṛśa-：*adj.* 大地のような。*m. sg. Nom.*
pṛthivī-：*f.* （広い）大地。領域。地面。
sadṛśa- < sa-dṛśa-：*adj.* ～に似た。～のような。「如」「相似」と漢訳。

anātmo 'yaṃ kāyo 'p-sadṛśaḥ / nirjīvo 'yaṃ kāyas tejaḥ-sadṛśaḥ / niṣpudgalo 'yaṃ kāyo vāyu-sadṛśaḥ / niḥsvabhāvo 'yaṃ kāya ākāśa-sadṛśaḥ / (梵漢和維摩経 *p.* 62, *ll.* 16–18)

「この身体は、水のようなものであって、無我である。この身体は、火のようなものであって、寿命がない。この身体は、風のようなものであって、個我がない。この身体は、虚空のようなものであって、固有の性質（自性）がない。
【「是の身は我無きこと火の如しと為す。是の身は寿無きこと風の如しと為す。是の身は人無きこと水の如しと為す。】 （大正蔵、巻一四、五三九頁中）

………………………………………………………………………

anātmo 'yaṃ < anātmaḥ + ayaṃ
anātmaḥ < anātma- < an-ātma-：*adj.* 真実ならざる。無我の。*m. sg. Nom.*
ayaṃ < idam-：これ。この。*m. sg. Nom.*
kāyo 'p-sadṛśaḥ < kāyaḥ + ap-sadṛśaḥ
kāyaḥ < kāya-：*m.* 身体。集団。多数。集合。*sg. Nom.*
ap-sadṛśaḥ < ap-sadṛśa-：*adj.* 水のような。*m. sg. Nom.*
ap-：*f.* 水。

………………………………………………………………………

nirjīvo 'yaṃ < nirjīvaḥ + ayaṃ
nirjīvaḥ < nirjīva- < nir-jīva-：*adj.* 生命のない。死んだ。「無寿」「無寿者」「無命者」と漢訳。*m. sg. Nom.*
jīva-：*adj.* 存在する。生活する。生きている。*m.n.* 生命の本源。生命の息。生物。生命。「命者」と漢訳。
ayaṃ < idam-：これ。この。*m. sg. Nom.*
kāyas < kāyaḥ + (t) < kāya-：*m.* 身体。集団。多数。集合。*sg. Nom.*
tejaḥ-sadṛśaḥ < tejas-sadṛśa-：*adj.* 火のような。*m. sg. Nom.*
tejas-：*n.* 鋭いこと。熱。火。輝く焰。光明。

………………………………………………………………………

niṣpudgalo 'yaṃ < niṣpudgalaḥ + ayaṃ

niṣpudgalaḥ < niṣpudgala- < niṣ-pudgala-：*adj.* 精神のない。人格のない。個我のない。*m. sg. Nom.*
pudgala-：*adj.* 美しい。*m.* 身体。物質。我。霊魂。個人。個我。「補特伽羅」と音写。
ayaṃ < idam-：これ。この。*m. sg. Nom.*
kāyo < kāyaḥ + 有声子音 < kāya-：*m.* 身体。集団。多数。集合。*sg. Nom.*
vāyu-sadṛśaḥ < vāyu-sadṛśa-：*adj.* 風のような。*m. sg. Nom.*
vāyu-：*m.* 風。空気（五大の一つ）。風の神（Marut 神群）。

……………………………………………………………………

niḥsvabhāvo 'yaṃ < niḥsvabhāvaḥ + ayaṃ
niḥsvabhāvaḥ < niḥsvabhāva- < niḥ-svabhāva-：*m.* 困窮。貧乏。*adj.* 自性のない。特性のない。特徴を欠いた。「無自性」「離自性」と漢訳。*m. sg. Nom.*
svabhāva- < sva-bhāva-：*m.* 固有の在り方。生まれつきの性質。本性。「性」「相」「体」「自性」「定相」「自体」「実体」と漢訳。
ayaṃ < idam-：これ。この。*m. sg. Nom.*
kāya < kāyaḥ + a 以外の母音 < kāya-：*m.* 身体。集団。多数。集合。*sg. Nom.*
ākāśa-sadṛśaḥ < ākāśa-sadṛśa-：*adj.* 虚空のような。*m. sg. Nom.*
ākāśa-：*m.n.* 虚空。蒼穹。「虚」「空」「虚空」「空界」と漢訳。

§11　asaṃbhūto 'yaṃ kāyo mahā-bhūtānām ālayaḥ /
（梵漢和維摩経 *p.* 62, *l.* 19）

§11　「この身体は、実在しないものであって、〔地・水・火・風の四〕大元素からなる住居である。
【§11　「是の身は実ならずして四大を家と為す。】　（大正蔵、巻一四、五三九頁中）

……………………………………………………………………

asaṃbhūto 'yaṃ < asaṃbhūtaḥ + ayaṃ
asaṃbhūtaḥ < asaṃbhūta- < a-saṃbhūta-：*adj.* 現存しない。架空の。「無有実」「無生」「不生」と漢訳。*m. sg. Nom.*
saṃbhūta- < sam-√bhū- (1) + -ta：*pp.* ～（奪格）から起こった。～から生じた。
ayaṃ < idam-：これ。この。*m. sg. Nom.*
kāyo < kāyaḥ + 有声子音 < kāya-：*m.* 身体。集団。多数。集合。*sg. Nom.*
mahā-bhūtānām < mahā-bhūta-：*adj.* 大きい。*m.* 大きな生物。*n.* 〔地・水・火・風・空の〕粗大元素。*n. pl. Gen.* 材料、構成要素を示す属格。
ālayaḥ < ālaya- < ā-√lī- (4) + -a：*m.* 住居。家宅。座。*sg. Nom.*

śūnyo 'yaṃ kāya ātmâtmīya-vigataḥ /
（梵漢和維摩経 *p.* 62, *ll.* 19–20）

「この身体は空であって、我れも、我がもの（我所）もないのである。
【「是の身は空為り、我、我所を離る。】　（大正蔵、巻一四、五三九頁中）

……………………………………………………………………

śūnyo 'yaṃ < śūnyaḥ + ayaṃ
śūnyaḥ < śūnya-：*adj.* からの。空虚な。住む者のない。うつろな。欠けている。～のない。空しい。*n.* 空虚な場所。孤独。空虚。*m. sg. Nom.*
ayaṃ < idam-：これ。この。*m. sg. Nom.*
kāya < kāyaḥ + a 以外の母音 < kāya-：*m.* 身体。集団。多数。集合。*sg. Nom.*
ātmâtmīya-vigataḥ < ātma-ātmīya-vigata-：*adj.* 我れも、我がもの（我所）もない。*m. sg. Nom.*
ātma- < ātman-：*m.* 自己。自分。
an, in で終わる語は、複合語の前分となる時、n が脱落する。
ātmīya-：*adj.* 自分自身の。「我所」と漢訳。

vigata- < vi-√gam- (1) + -ta：*pp.* 散った。去った。消滅した。「離」「除」「棄」「遠離」「断除」と漢訳。

jaḍo 'yaṃ kāyas tṛṇa-kāṣṭha-kuḍya-loṣṭa-pratibhāsa-sadṛśaḥ /
(梵漢和維摩経 *p.* 64, *l.* 1)

「この身体は、草や、木や、壁、土塊、影のようなものであって、無感覚なものである。
【「是の身は知無きこと草木瓦礫の如し。】　（大正蔵、巻一四、五三九頁中）

jaḍo 'yaṃ < jaḍaḥ + ayaṃ
jaḍaḥ < jaḍa-：*adj.* 寒い。冷たい。硬直した。感覚を失った。鈍感な。愚鈍な。*m. sg. Nom.*
ayaṃ < idam-：これ。この。*m. sg. Nom.*
kāyas < kāyaḥ + (t) < kāya-：*m.* 身体。集団。多数。集合。*sg. Nom.*
tṛṇa-kāṣṭha-kuḍya-loṣṭa-pratibhāsa-sadṛśaḥ < tṛṇa-kāṣṭha-kuḍya-loṣṭa-pratibhāsa-sadṛśa-：*adj.* 草や、木や、壁、土塊、影のような。*m. sg. Nom.*
tṛṇa-：*n.* 草。植物。藁。単なる無駄事。
kāṣṭha-：*n.* 木（片）。杖。丸太。材木。
kuḍya-：*n.* 壁。
loṣṭa-：*m.* 土塊。土くれ。
pratibhāsa- < prati-√bhās- (1) + -a：*m.* 顕現すること。外観。思想の生起。妄想。「影」「光影」「影現」「影像」「幻影」と漢訳。

niśceṣṭo 'yaṃ kāyo vāta-yantra-yukto vartate /
(梵漢和維摩経 *p.* 64, *ll.* 1–2)

「この身体は、〔自分で〕動くことのないものであって、風で動く装置につながれたもの[20] として存在している。
【「是の身は作無くして風力の転ずる所なり。】　（大正蔵、巻一四、五三九頁中）

niśceṣṭo 'yaṃ < niśceṣṭaḥ + ayaṃ
niśceṣṭaḥ < niśceṣṭa- < niś-ceṣṭa-：*adj.* 活動しない。不動の。無能の。「無作」「無作者」「無造作」「無有覚知」と漢訳。*m. sg. Nom.*
ceṣṭa-：*m.* 運動。身振り。活動。行為。
ayaṃ < idam-：これ。この。*m. sg. Nom.*
kāyo < kāyaḥ + 有声子音 < kāya-：*m.* 身体。集団。多数。集合。*sg. Nom.*
vāta-yantra-yukto < vāta-yantra-yuktaḥ + 有声子音 < vāta-yantra-yukta-：*adj.* 風で動く装置につながれた。*m. sg. Nom.*
vāta- < √vā- (2) + -ta：*pp.* 吹いた。*m.* 風。風神。空気。
yantra-：*n.* 保持する手段。支柱。革の紐。器具。装置。機械の仕掛け。機械。
yukta- < √yuj- (7) + -ta：*pp.* 軛につながれた。〜（処格）に従事した。専心した。熱中した。専念した。〜に余念のない。
vartate < varta- < √vṛt- (1)：転ずる。進む。止まる。住する。存在する。〜に従事する。*Pres. 3, sg. A.*

rikto 'yaṃ kāyo 'śuci-pūti-saṃcayaḥ /
(梵漢和維摩経 *p.* 64, *ll.* 2–3)

「この身体は、無益なものであって、きたなくて、〔膿などの〕悪臭を発するものが蓄えられている。
【「是の身は不浄にして穢悪充満す。】　（大正蔵、巻一四、五三九頁中）

rikto 'yaṃ < riktaḥ + ayaṃ

riktaḥ < rikta- < √ric- (7,4) + -ta : *pp.* 空っぽの。空虚な。露出した（腕）。困窮した。貧しい。無益な。価値のない。～を欠いた。

√ric- (7,4) : 空虚にする。取り除く。解放する。放免する。

ayaṃ < idam-：これ。この。*m. sg. Nom.*

kāyo 'śuci-pūti-saṃcayaḥ < kāyaḥ + aśuci-pūti-saṃcayaḥ

kāyaḥ < kāya-：*m.* 身体。集団。多数。集合。*sg. Nom.*

aśuci-pūti-saṃcayaḥ < aśuci-pūti-saṃcaya- : *adj.* きたなくて、〔膿などの〕悪臭を発するものが蓄えられている。

aśuci- < a-śuci- : *adj.* 不純な。「穢」「不浄」「不清浄」と漢訳。

śuci- : *adj.* 輝く。明るい。清い。純粋な。汚れのない。罪のない。

pūti- : *adj.* 悪臭を発する。腐敗した。*m.* 膿。膿汁。

saṃcaya- < sam-√ci- (5) + -a : *m.* 蓄積。たくわえ。貯蓄。集合。集めること。集合すること。

sam-√ci- (5)：積み重ねる。集める。蓄積する。

tuccho 'yaṃ kāya ucchādana-parimardana-vikiraṇa-vidhvaṃsana-dharmā /
（梵漢和維摩経 *p.* 64, *ll.* 3–4）

「この身体は、空しいものであって、香油を擦りこんだり、撫でさすったり、散布したりしても、摩滅する性質を持っている。

【「是の身は虚偽為り、仮に澡浴衣食を以てすと雖も、必ず磨滅に帰す。】
（大正蔵、巻一四、五三九頁中）

tuccho 'yaṃ < tucchaḥ + ayaṃ

tucchaḥ < tuccha- : *adj.* 空虚な。欠けた。空しい。無用の。些少な。小さい。

ayaṃ < idam-：これ。この。*m. sg. Nom.*

kāya < kāyaḥ + a 以外の母音 < kāya-：*m.* 身体。集団。多数。集合。*sg. Nom.*

ucchādana-parimardana-vikiraṇa-vidhvaṃsana-dharmā < ucchādana-parimardana-vikiraṇa-vidhvaṃsana-dharman- : *adj.* 香油を擦りこんだり、撫でさすったり、散布したりしても瓦解する性質を持つ。*m. sg. Nom.*

ucchādana- < ucchādaya- + -ana < ud-√chad- (1) + -aya + -ana : *n.* 香油などを身体に擦り込むこと。

ucchādaya- < ud-√chad- (1) + -aya : *Caus.* 覆う（覆うようにして）拡げる。隠す。護る。

parimardana- < pari-√mṛd- (9) + -ana：*m.* 撫でること。さすること。凌駕すること。

parimarda- < pari-√mṛd- (9) + -a：*m.* すり減らすこと。消耗。（敵の）絶滅。

vikiraṇa- < vi-√kṝ- (6) + -ana : *n.* 撒くこと。散布すること。

vidhvaṃsana- < vi-√dhvaṃs- (1) + -ana : *adj.* 滅ぼす。破壊する。*n.* 破壊。

vi-√dhvaṃs- (1)：散らす。

√dhvaṃs- (1)：崩壊する。瓦解する。滅ぶ。去る。離れる。

dharman- : *m.* 保持者。支持者。*n.* 支持。定められた秩序。法。慣習。風俗。（事物の如実の）法則。特性。本質。

upadruto 'yaṃ kāyaś catur-uttaraiś caturbhī roga-śataiḥ /
（梵漢和維摩経 *p.* 64, *l.* 4）

「この身体は、四百に四多い〔、すなわち四百四の〕病気[21] によって悩まされる。

【「是の身は災為り、百一の病悩あり。】　（大正蔵、巻一四、五三九頁中）

upadruto 'yaṃ < upadrutaḥ + ayaṃ

upadrutaḥ < upadruta- < upa-√dru- (1) + -ta：*pp.* ～によって攻撃された。襲われた。苦しめられた。（病気に）悩まされた。「被害」「悩害」「逼」「逼迫」「逼悩」と漢訳。***m. sg. Nom.***

upa-√dru- (1)：*pp.* ～の方に急ぐ。襲う。攻撃する。

ayaṃ < idam-：これ。この。***m. sg. Nom.***

kāyaś < kāyaḥ + (c) < kāya-：*m.* 身体。集団。多数。集合。*sg. Nom.*

catur-uttaraiś < catur-uttaraiḥ + (c) < catur-uttara-：*adj.* 四だけ超過している。***n. pl. Ins.***

uttara- < ud-tara-：*比較級,* より上の。より高い。左の。北の。～だけ超過している。

caturbhī < caturbhiḥ + (r) < catur-：*基数詞,* 四。***n. pl. Ins.***

この連声は、cf.「基礎」*p.* 60.

roga-śataiḥ < roga-śata-：*n.* 幾百もの病気。*pl. Ins.*

roga- < √ruj- (6) + -a：*m.* 病気。病弱。疾病。

śata-：*基数詞, n.* 百。

jīrṇôdapāna-sadṛśo 'yaṃ kāyaḥ sadā jarâbhibhūtaḥ /

（梵漢和維摩経 *p.* 64, *ll.* 4–5）

「この身体は、古びた井戸のようなものであり、常に年老いることに打ち負かされている。

【「是の身は丘井の如し、老の為に逼めらる。】（大正蔵、巻一四、五三九頁中）

………………………………………………………………………

jīrṇôdapāna-sadṛśo 'yaṃ < jīrṇôdapāna-sadṛśaḥ + ayaṃ

jīrṇôdapāna-sadṛśaḥ < jīrṇa-udapāna-sadṛśa-：*adj.* 古びた井戸のような。***m. sg. Nom.***

jīrṇa- < √jṝ- (1) + -na：*pp.* 老いたる。萎れた。老朽化した。

udapāna- < uda-pāna-：*m.n.* 井。泉。

sadṛśa- < sa-dṛśa-：*adj.* ～に似た。～のような。「如」「相似」と漢訳。

ayaṃ < idam-：これ。この。***m. sg. Nom.***

kāyaḥ < kāya-：*m.* 身体。集団。多数。集合。*sg. Nom.*

sadā：*adv.* 常に。

jarâbhibhūtaḥ < jarā-ahibhūta-：*adj.* 年老いることに打ち負かされている。***m. sg. Nom.***

jarā- < √jṝ- (1) + -ā：*f.* 消耗すること。年老いること。老齢。

ahibhūta- < ahi-√bhū- (1) + -ta：*pp.* 凌駕された。敗れた。征服された。貶せられた。

ahi-√bhū- (1)：優る。卓越する。優秀である。勝利者である。打ち勝つ。克服する。襲う。攻撃する。支配する。～に優越する。

paryanta-sthāyī batâyaṃ kāyo maraṇa-paryavasānaḥ /

（梵漢和維摩経 *p.* 64, *ll.* 5–6）

「ああ、何ということか。この身体は、〔常に〕終焉に接しているのであり、死を結末とするものである。

【「是の身は定め無し、要らず当に死すべきもの為り。】（大正蔵、巻一四、五三九頁中）

………………………………………………………………………

paryanta-sthāyī < paryanta-sthāyin-：*adj.* 終端に接している。***m. sg. Nom.***

paryanta-：*m.* 境。境界。限界。端。終わり。「辺」「際」「辺際」「究竟」と漢訳。

sthāyin- < √sthā- (1) + -in-：*adj.* 静止している。留まっている。滞在している。居住している。「住」と漢訳。

batâyaṃ < bata + ayaṃ

bata：*間投詞,* ああ、何と～でしょう。

ayaṃ < idam-：これ。この。***m. sg. Nom.***

kāyo < kāyaḥ + 有声子音 < kāya-：*m.* 身体。集団。多数。集合。*sg. Nom.*

maraṇa-paryavasānaḥ < maraṇa-paryavasāna-：*adj.* 死を結末とする。*m. sg. Nom.*

　　maraṇa- < √mṛ- (1) + -ana：*n.* 死ぬこと。死。命終。

　　paryavasāna- < pari-ava-√sā- (4) + -ana：*n.* 完結。結末。～（処格）に達すること。「終」「後」「最後」「究竟」と漢訳。

　　pari-ava-√sā- (4)：最終的結果となる。～（処格）に終わる。～に帰する。

---

vadhakâśīviṣa-śūnya-grāmôpamo 'yaṃ kāyaḥ skandha-dhātv-āyatana-parigṛhītaḥ /

（梵漢和維摩経 *p.* 64, *ll.* 6–7）

「この身体は、死刑執行人や、毒蛇〔のようなものであり、また〕、〔空にして〕住むもののない村のようなものであって、〔五〕陰（五蘊）、〔十八〕界、〔十二〕入[22]の結合〔によって構成されたもの〕である。

【「是の身は毒蛇の如く、怨賊の如く、空聚の如し。陰・界・諸入の共に合成する所なり。】

（大正蔵、巻一四、五三九頁中）

……………………………………………………………………

vadhakâśīviṣa-śūnya-grāmôpamo 'yaṃ < vadhakâśīviṣa-śūnya-grāmôpamaḥ + ayaṃ

　　vadhakâśīviṣa-śūnya-grāmôpamaḥ < vadhaka-āśīviṣa-śūnya-grāma-upama-：*adj.* 死刑執行人や、毒蛇〔のような、また〕、住むもののない村のような。*m. sg. Nom.*

　　vadhaka- < √vadh- (1) + -aka：*m.* 殺戮者。死刑執行人。「屠殺」「屠人」と漢訳。

　　vadha- < √vadh- (1) + -a：*m.* 破壊者。殺害者。～による殺害。殺戮。殺人。死刑。

　　√vadh- (1)：打つ。斬る。殺す。打ち破る。滅ぼす。

　　āśīviṣa- < āśī-viṣa-：*m.* 毒蛇。蛇。

　　śūnya-：*adj.* からの。住むもののない。欠いている。～のない。存在しない。空虚な。*n.* 空虚。中空。非存在。「空」と漢訳。

　　grāma-：*m.* 居住地。村落。「里」「村」「村落」「村邑」と漢訳。

　　upama- < upa-ma- < upa-√mā- (2,3) + -a：*adj.* ～に似た。～のような。「如」「同」と漢訳。

　　ayaṃ < idam-：これ。この。*m. sg. Nom.*

kāyaḥ < kāya-：*m.* 身体。集団。多数。集合。*sg. Nom.*

skandha-dhātv-āyatana-parigṛhītaḥ < skandha-dhātu-āyatana-parigṛhīta-：*adj.* 〔五〕陰（五蘊）、〔十八〕界、〔十二〕入が結合している。*m. sg. Nom.*

　　skandha-：*m.* （木の）幹。区分。部分。集合。

　　dhātu-：*m.* 層。成分。要素。身体の根本要素。「界」「身界」「世界」「種性」と漢訳。

　　āyatana- < ā-yatana- < ā-√yat- (1) + -ana：*n.* 入ること。処。住所。領域。聖域。感覚の領域。感官。「処」「入」と漢訳。

　　ā-√yat- (1)：～（処格）に入る。住む。

　　parigṛhīta- < pari-√grah- (9) + -ita ：*pp.* ～と結合された。従われた。囲まれた。

---

tatra yuṣmābhir evaṃrūpe kāye nirvid-virāga utpādayitavyas tathāgata-kāye ca spṛhôtpādayitavyā /

（梵漢和維摩経 *p.* 64, *ll.* 8–9）

「そこで、あなたたちは、このような身体に対して、失望と無関心を生ずるべきである。そして、如来の身体に対して熱望〔する思い〕を生ずるべきである。

【「諸の仁者よ、此れは患厭す可く、当に仏身を楽うべし。】　　（大正蔵、巻一四、五三九頁中）

……………………………………………………………………

tatra：*adv.* そこに。そこへ。かしこに。その時に。その場合に。

yuṣmābhir < yuṣmābhiḥ + 有声音 < yuṣmad-：あなた。*2, pl. Ins.*

evaṃrūpe < evaṃrūpa- < evaṃ-rūpa-：*adj.* このような形の。このような種類の。*m. sg. Loc.*

kāye < kāya-：*m.* 身体。集団。多数。集合。*sg. Loc.*

nirvid-virāga < nirvid-virāgaḥ + a 以外の母音 < nirvid-virāga- : *adj.* 失望と無関心。*m. sg. Nom.*

nirvid- : *f.* 絶望。失望。臆病。「厭」「厭離」「厭捨」「遠離」と漢訳。

virāga- < vi-rāga- = vigata-rāga- : *adj.* 貪りを離れた。*m.* ～（人）を嫌うこと。～（物）に無関心なこと。

utpādayitavyas < utpādayitavyaḥ + (t) < utpādayitavya- < utpādaya- + -itavya < ud-√pad- (4) + -aya + -itavya : *Caus.* 未受分, 生産されるべき。得られるべき。*m. sg. Nom.*

utpādaya- < ud-√pad- (4) + -aya : *Caus.* 起こす。産む。生じる。生じさせる。構成する。獲得する。

tathāgata-kāye < tathāgata-kāya- : *m.* 如来の身体。*sg. Loc.*

ca : *conj.* および。また。しかしながら。そして。～と。なお。

spṛhôtpādayitavyā < spṛhā + utpādayitavyā

spṛhā < spṛhā- < √spṛh- + -ā : *f.* 熱烈な願望。切望。～を喜ぶこと。*sg. Nom.*

√spṛh- : ～（対格、為格、属格）を熱望する。渇望する。

utpādayitavyā < utpādayitavyā- < utpādayitavya- < utpādaya- + -itavya < ud-√pad- (4) + -aya + -itavya : *Caus.* 未受分, 生産されるべき。得られるべき。*f. sg. Nom.*

> §12 dharma-kāyo hi mārṣās tathāgata-kāyo dāna-nirjātaḥ śīla-nirjātaḥ samādhi-nirjātaḥ prajñā-nirjāto vimukti-nirjāto vimukti-jñāna-darśana-nirjātaḥ /
>
> (梵漢和維摩経 *p.* 64, *ll.* 10–12)

§12 「皆さん、如来の身体は、実に法の集合体（法身）[23] であり、布施〔をすること〕から生じ、戒〔を持つこと〕から生じ、三昧から生じ、智慧から生じ、解脱から生じ、解脱したことを自覚する知見（解脱知見）から生じるのだ。

【§12 「所以は何んとなれば、仏身は即ち法身なり。無量の功徳と智慧より生じ、戒・定・慧・解脱・解脱知見より生じ、】 （大正蔵、巻一四、五三九頁下）

………………………………………………………………………

dharma-kāyo < dharma-kāyaḥ + 有声子音 < dharma-kāya- : *m.* 法の身体。「法身」と漢訳。*sg. Nom.*

hi : *ind.* 真に。確かに。実に。

mārṣās < mārṣāḥ + (t) < mārṣa- : *m.* 立派な人。「仁者」「賢者」「友」と漢訳。*pl. Voc.*

呼びかけの言葉として用いられ、「皆さん」（「諸友」「諸子」と漢訳）を意味する。

tathāgata-kāyo < tathāgata-kāyaḥ + 有声子音 < tathāgata-kāya- : *m.* 如来の身体。*sg. Nom.*

dāna-nirjātaḥ < dāna-nirjāta- : *adj.* 布施から生じた。*m. sg. Nom.*

dāna- < √dā- (3) + -ana : *n.* 与えること。供物を捧げること。施物。供物。「施」「布施」「供養」と漢訳。

nirjāta- < nir-√jan- (1) + -ta : *pp.* ～（処格）から生じた。～（処格）に出現した。

śīla-nirjātaḥ < śīla-nirjāta- : *adj.* 戒〔を持つこと〕から生じた。*m. sg. Nom.*

śīla- : *n.* 習慣。気質。性向。性格。よい行状。よい習慣。高尚な品性。道徳性。「戒」と漢訳。

samādhi-nirjātaḥ < samādhi-nirjāta- : *adj.* 三昧から生じた。*m. sg. Nom.*

samādhi- < sam-ādhi- < sam-ā-√dhā- (3) + -i : *m.* 組み合わせること。深い瞑想。深い専心。「定」と漢訳。「三昧」と音写。

prajñā-nirjāto < prajñā-nirjātaḥ + 有声子音 < prajñā-nirjāta- : *adj.* 智慧から生じた。*m. sg. Nom.*

prajñā- < pra-jñā- : *f.* 智慧。

vimukti-nirjāto < vimukti-nirjātaḥ + 有声子音 < vimukti-nirjāta- : *adj.* 解脱から生じた。*m. sg. Nom.*

vimukti- < vi-√muc- (6) + -ti : *f.* 最終的な解脱。分離。解放すること。

vimukti-jñāna-darśana-nirjātaḥ < vimukti-jñāna-darśana-nirjāta- : *adj.* 解脱したことを自覚する知見（解脱知見）から生じた。*m. sg. Nom.*

vimukti-jñāna-darśana- : *n.* 解脱したことを自覚する知見。「解脱知見」と漢訳。

vimukti- < vi-√muc- (6) + -ti：*f.* 最終的な解脱。分離。解放すること。
jñāna- < √jñā- (9) + -ana：*n.* 知。智慧。
darśana- < √dṛś- (1) + -ana-：*n.* 凝視すること。見ること。知覚。悟性。内観。意見。認識。哲学的体系。～との会合。
nirjāta- < nir-√jan- (1) + -ta：*pp.* ～（処格）から生じた。～（処格）に出現した。

maitrī-karuṇā-muditôpekṣā-nirjātaḥ /
（梵漢和維摩経 *p.* 64, *l.* 12）

「慈しみ（慈）、憐れみ（悲）、喜び（喜）、〔偏りのない〕平等観（捨）〔からなる四無量心〕から生じるのだ。
【「慈・悲・喜・捨より生じ、】　（大正蔵、巻一四、五三九頁下）

maitrī-karuṇā-muditôpekṣā-nirjātaḥ < maitrī-karuṇā-muditā-upekṣā-nirjāta-：*adj.* 慈しみ（慈）、憐れみ（悲）、喜び（喜）、平等観（捨）〔からなる四無量心〕から生じた。*m. sg. Nom.*
maitrī-：*f.* 好意。友情。親交。「慈」「慈念」と漢訳。
karuṇā-：*f.* 哀憐。同情。「悲」「悲心」「慈悲」と漢訳。
muditā-：*f.* 喜び。「喜心」「歓喜」と漢訳。
mudita- < √mud- (1) + -ita：*pp.* ～（具格）で嬉しい。
√mud- (1)：～（具格・処格）で陽気である。喜ぶ。楽しむ。
upekṣā-：*f.* 看過。無頓着。怠慢。平等観。「捨」と漢訳。
以上の四つを catvāro brahma-vihārāḥ（四梵住＝慈悲喜捨）という。cf. KN. *p.* 142, *l.* 11.
nirjāta- < nir-√jan- (1) + -ta：*pp.* ～（処格）から生じた。～（処格）に出現した。

dāna-dama-saṃyama-nirjātaḥ kṣānti-sauratya-nirjāto dṛḍha-vīrya-kuśala-mūla-nirjāto dhyāna-vimokṣa-samādhi-samāpatti-nirjātaḥ śruta-prajñôpāya-nirjātaḥ /
（梵漢和維摩経 *p.* 64, *ll.* 12–14）

「布施すること、自己抑制、精神の集中から生じ、忍耐と柔和から生じ、堅固に努力精進した善根から生じ、禅定、解脱、三昧、等至[24] から生じ、〔聞くことによって〕学ばれた智慧と方便から生じるのだ。
【「布施・持戒・忍辱柔和・勤行精進・禅定・解脱・三昧・多聞の智慧の諸波羅蜜より生ず。方便より生じ、】　（大正蔵、巻一四、五三九頁下）

dāna-dama-saṃyama-nirjātaḥ < dāna-dama-saṃyama-nirjāta-：*adj.* 布施すること、自己抑制、精神の集中から生じた。*m. sg. Nom.*
dāna- < √dā- (3) + -ana：*n.* 与えること。供物を捧げること。施物。供物。「施」「布施」「供養」と漢訳。
dama- < √dam- (4) + -a：*adj.* ～を馴らす。～を屈服せしめる。*m.* 自己抑制。意志強固。「調伏」「調順」と漢訳。
saṃyama-：*m.* 阻止。抑制。感覚の制御。自制。束縛すること。精神の集中。努力。
nirjāta- < nir-√jan- (1) + -ta：*pp.* ～（処格）から生じた。～（処格）に出現した。
kṣānti-sauratya-nirjāto < kṣānti-sauratya-nirjātaḥ + 有声子音 < kṣānti-sauratya-nirjāta-：*adj.* 忍耐と柔和から生じた。*m. sg. Nom.*
kṣānti- < √kṣam- (1) + -ti：*f.* 堪えること。認めること。寛容。忍耐。「忍」「忍辱」「堪忍」と漢訳。
sauratya-：*n.* 喜び。（複合語の後分として）～に対する喜び。「楽」「安楽」「柔和」と漢訳。
nirjāta- < nir-√jan- (1) + -ta：*pp.* ～（処格）から生じた。～（処格）に出現した。
dṛḍha-vīrya-kuśala-mūla-nirjāto < dṛḍha-vīrya-kuśala-mūla-nirjātaḥ + 有声子音 < dṛḍha-vīrya-ku=

śala-mūla-nirjāta-：*adj.* 堅固に努力精進した善根から生じた。*m. sg. Nom.*

dṛḍha- < √dṛmh- (1) + -ta：*pp.* 「堅固」「堅強」と漢訳。

vīrya-：*n.* 男らしさ。勇気。力。能力。英雄的な行為。「勤」「精進」「勇健」「勇猛」「強健」と漢訳。

kuśala-mūla-：*n.* 善根。

nirjāta- < nir-√jan- (1) + -ta：*pp.* ～（処格）から生じた。～（処格）に出現した。

dhyāna-vimokṣa-samādhi-samāpatti-nirjātaḥ < dhyāna-～-samāpatti-nirjātaḥ + (ś) < dhyāna-vimokṣa-samādhi-samāpatti-nirjāta-：*adj.* 禅定、解脱、三昧、等至から生じた。*m. sg. Nom.*

dhyāna- < √dhyai- (1) + -ana：*n.* 静慮。「定」と漢訳。「禅」「禅定」と音写。

vimokṣa-：*m.* 緩むこと。～からの解放。救済。「解脱」と漢訳。

samādhi- < sam-ādhi- < sam-ā-√dhā- (3) + -i：*m.* 組み合わせること。深い瞑想。深い専心。「定」と漢訳。「三昧」と音写。

samāpatti- < sam-ā-√pad- (4) + -ti：*f.* 遭遇すること。会うこと。～の達成。「等至」と漢訳。

nirjāta- < nir-√jan- (1) + -ta：*pp.* ～（処格）から生じた。～（処格）に出現した。

śruta-prajñôpāya-nirjātaḥ < śruta-prajñā-upāya-nirjāta-：*adj.* 〔聞くことによって〕学ばれた智慧と方便から生じた。*m. sg. Nom.*

śruta- < √śru- (5) + -ta：*pp.* 聞かれた。〔聞くことによって〕学ばれた。聞かれた。教示。*n.* 聞かれたこと。学ばれたこと。伝承。学問。聞くこと。教示。

prajñā- < pra-jñā-：*f.* 智慧。

upāya- < upa-√i- (2) + -a-：*m.* 接近。到着。手段。方策。「方便」と漢訳。

nirjāta- < nir-√jan- (1) + -ta：*pp.* ～（処格）から生じた。～（処格）に出現した。

saptatriṃśad-bodhipakṣya-nirjātaḥ śamatha-vidarśanā-nirjāto daśa-bala-nirjātaś catur-vaiśāradya-nirjātaḥ /

（梵漢和維摩経 *p.* 64, *ll.* 14–16）

「覚りを助ける三十七〔の修行法〕（三十七助道品）から生じ、〔禅定による〕心の静止（止）と観察（観）から生じ、〔仏に特有の〕十種の〔智慧の〕力（十力）から生じ、〔教えを説く際の〕四つの畏れなきこと（四無所畏）から生じる。

【「六通より生じ、三明より生じ、三十七道品より生じ、止・観より生じ、十力・四無所畏・】

（大正蔵、巻一四、五三九頁下）

………………………………………………………………

saptatriṃśad-bodhipakṣya-nirjātaḥ < saptatriṃśad-bodhipakṣya-nirjātaḥ + (ś) < saptatriṃśad-bodhi-pakṣya-nirjāta-：*adj.* 覚りを助ける三十七〔の修行法〕から生じた。*m. sg. Nom.*

saptatriṃśad-bodhi-pakṣya-：*adj.* 覚りを助ける三十七の修行法。「三十七品助道」「三十七道品」と漢訳。

saptatriṃśad- < saptatriṃśat- + 有声子音：*基数詞,* 三十七。

bodhi-pakṣya-：*adj.* 覚りを助ける。「道分」「覚分」「助道」「助道品法」「道品」と漢訳。「菩提分」と音写。

bodhi- < budh- (1) + -i：*f.* 覚り。「菩提」と音写。

pakṣya-：*adj.* ～に味方する。「品」「分」と漢訳。

nirjāta- < nir-√jan- (1) + -ta：*pp.* ～（処格）から生じた。～（処格）に出現した。

śamatha-vidarśanā-nirjāto < śamatha-vidarśanā-nirjātaḥ + 有声子音 < śamatha-vidarśanā-nirjāta-：*adj.* 〔禅定による〕心の静止（止）と観察（観）から生じた。*m. sg. Nom.*

śamatha-：*m.* 〔禅定による〕心の静止。「止」「寂止」「寂滅」と漢訳。「奢摩他」「舎摩他」と音写。

vidarśanā- < vi-√dṛś- (1) + -anā-：*f.* 「慧」「見」「観」「示現」と漢訳。

nirjāta- < nir-√jan- (1) + -ta：*pp.* ～（処格）から生じた。～（処格）に出現した。

daśa-bala-nirjātaś < daśa-bala-nirjātaḥ + (c) < daśa-bala-nirjāta-：*adj.* 〔仏に特有の〕十種の〔智慧の〕力から生じた。*m. sg. Nom.*

daśa- < daśan-：*基数詞,* 十。

bala-：*n.* 力。能力。体力。活力。軍隊。

nirjāta- < nir-√jan- (1) + -ta：*pp.* ～（処格）から生じた。～（処格）に出現した。

catur-vaiśāradya-nirjātaḥ < catur-vaiśāradya-nirjāta-：*adj.* 〔教えを説く際の〕四つの畏れなきこと（四無畏）から生じた。*m. sg. Nom.*

catur-：*基数詞,* 四。

vaiśāradya-：*n.* ～（処格）に関する経験。智力の明晰。誤りのないこと。「無畏」「無所畏」と漢訳。

nirjāta- < nir-√jan- (1) + -ta：*pp.* ～（処格）から生じた。～（処格）に出現した。

aṣṭādaśâveṇika-buddha-dharma-nirjātaḥ sarva-pāramitā-nirjātaḥ /
（梵漢和維摩経 *p.* 64, *ll.* 16–17）

「ブッダに具わる十八種類の特別の性質（十八不共仏法）から生じ、〔布施、持戒、忍辱、精進、禅定、智慧の〕すべての完成（波羅蜜）から生じるのだ[25]。

【「十八不共法（ふぐうほう）より生じ、】（大正蔵、巻一四、五三九頁下）

……………………………………………………………………

aṣṭādaśâveṇika-buddha-dharma-nirjātaḥ < aṣṭādaśa-āveṇika-buddha-dharma-nirjāta-：*adj.* ブッダに具わる十八種類の特別の性質（十八不共仏法）から生じた。*m. sg. Nom.*

aṣṭādaśa- < aṣṭādaśan-：*基数詞,* 十八。

āveṇika-：*adj.* 特別の。他と関係ない。独立の。「不共」と漢訳。

buddha-dharma-：*m.* ブッダの特質。

nirjāta- < nir-√jan- (1) + -ta：*pp.* ～（処格）から生じた。～（処格）に出現した。

sarva-pāramitā-nirjātaḥ < sarva-pāramitā-nirjāta-：*adj.* すべての完成（波羅蜜）から生じた。*m. sg. Nom.*

sarva-：*adj.* 一切の。すべての。

pāramitā-：*f.* 完成。「度」「到彼岸」と漢訳。「波羅蜜」「波羅蜜多」と音写。

nirjāta- < nir-√jan- (1) + -ta：*pp.* ～（処格）から生じた。～（処格）に出現した。

abhijñā-vidyā-nirjātaḥ sarvâkuśala-dharma-[26]prahāṇe nirjātaḥ[27] sarva-kuśala-dharma-parigraha-nirjātaḥ satya-nirjāto[28] bhūta-nirjāto 'pramāda-nirjātaḥ /
（梵漢和維摩経 *p.* 66, *ll.* 1–3）

「〔六種の〕神通（六通）と、〔三種の〕明知（三明）から生じ、あらゆる悪の本質を断ち切ることから生じ、あらゆる善の本質を獲得することから生じ、真理から生じ、真実から生じ、注意深さ（不放逸）から生じるのだ。

【「一切の不善の法を断じ、一切の善法を集むるより生じ、真実より生じ、不放逸（ふほういつ）より生ず。】

（大正蔵、巻一四、五三九頁下）

……………………………………………………………………

abhijñā-vidyā-nirjātaḥ < abhijñā-vidyā-nirjāta-：*adj.* 〔六種の〕神通（六通）と、〔三種の〕明知（三明）から生じた。*m. sg. Nom.*

abhijñā- < abhi-√jñā- (9) + -ā：*f.* 記憶。思い出。「通」「神通」「慧」「神力」と漢訳。

vidyā- < √vid- (2) + -yā：*f.* 知識。学識。学問。「明」と漢訳。

nirjāta- < nir-√jan- (1) + -ta：*pp.* ～（処格）から生じた。～（処格）に出現した。

sarvâkuśala-dharma-prahāṇe < sarva-akuśala-dharma-prahāṇa-：*adj.* あらゆる悪の本質を断ち切っている。*m. sg. Loc.*

sarva-：*adj.* 一切の。すべての。

akuśala- < a-kuśala-：*adj.* 有害の。不幸の。「悪」「不善」と漢訳。
kuśala-：*adj.* 善き。正しき。有益な。～に熟練した。老練なる。経験ある。*n.* 好条件。幸福。繁栄。有益。
dharma-：*m.* 確定した秩序。慣例。習慣。法則。規則。義務。宗教。教説。性質。本質。属性。特質。事物。法。
prahāṇa- < pra-√hā- (3) + -ana：*n.* 放棄。回避。「断」「断除」「断尽」「厭離」「遠離」と漢訳。
pra-√hā- (3)：去る。見捨てる。断念する。放棄する。
√hā- (3)：捨て去る。置き去りにする。捨てる。断念する。

nirjātaḥ < nirjāta- < nir-√jan- (1) + -ta：*pp.* ～（処格）から生じた。～（処格）に出現した。*m. sg. Nom.*

sarva-kuśala-dharma-parigraha-nirjātaḥ < sarva-kuśala-dharma-parigraha-nirjātaḥ + (s) < sarva-kuśala-dharma-parigraha-nirjāta-：*adj.* あらゆる善の本質の獲得から生じた。*m. sg. Nom.*
sarva-：*adj.* 一切の。すべての。
kuśala-：*adj.* 善き。正しき。有益な。～に熟練した。老練なる。経験ある。*n.* 好条件。幸福。繁栄。有益。
dharma-：*m.* 確定した秩序。慣例。習慣。法則。規則。義務。宗教。教説。性質。本質。属性。特質。事物。法。
parigraha- < pari-√grah- (9) + -a：*m.* 抱擁。包含。取得。把握。受納。受領。獲得。所有。「護念」と漢訳。
nirjāta- < nir-√jan- (1) + -ta：*pp.* ～（処格）から生じた。～（処格）に出現した。

satya-nirjāto < satya-nirjātaḥ + 有声子音 < satya-nirjāta-：*adj.* 真理から生じた。*m. sg. Nom.*
satya-：*adj.* 実際の。真実の。誠実な。「真」「実」「諦」「真実」「真諦」と漢訳。

bhūta-nirjāto 'pramāda-nirjātaḥ < bhūta-nirjātaḥ + apramāda-nirjātaḥ
bhūta-nirjātaḥ < bhūta-nirjāta-：*adj.* 真実から生じた。*m. sg. Nom.*
bhūta-：*n.* 事実。現実。真実。*sg. Nom.*
apramāda-nirjātaḥ < apramāda-nirjāta-：*adj.* 注意深さ（不放逸）から生じた。*m. sg. Nom.*
apramāda- < a-pramāda-：*adj.* 懇切なる。注意深い。「不放逸」「離放逸」と漢訳。
pramāda- < pra-māda- < pra-√mad- (1) + -a：*m.* 酔い。狂気。誤謬。～に関する不注意。怠慢。「放逸」と漢訳。
nirjāta- < nir-√jan- (1) + -ta：*pp.* ～（処格）から生じた。～（処格）に出現した。

apramāṇa-śubha-karma-nirjāto mārṣās tathāgata-kāyas tatra yuṣmābhiḥ spṛhā kartavyā /
(梵漢和維摩経 *p.* 66, *ll.* 3–4)

「皆さん、如来の身体は、数えることもできないほどの立派な行ない（業）から生じる[29] のであり、あなたたちは、その〔如来の身体〕に対して熱望〔する思い〕を生ずるべきである。
【是くの如き無量の清浄法より、如来身を生ずるなり。】　（大正蔵、巻一四、五三九頁下）
……………………………………………………………………………

apramāṇa-śubha-karma-nirjāto < apramāṇa-śubha-karma-nirjātaḥ + 有声子音 < apramāṇa-śubha-karma-nirjāta-：*adj.* 数えることもできないほどの立派な行ない（業）から生じた。*m. sg. Nom.*
apramāṇa- < a-pra-√mā- (2, 3) + -ana：*adj.* 評価できない。「不可度量」と漢訳。
śubha-：*adj.* 美麗な。美しい。立派な。吉祥な。有徳の。*n.* 魅力。安寧。繁栄。善行。有徳の行為。
karma- < karman-：*n.* 行為。作業。作用。職業。「業」と漢訳。
nirjāta- < nir-√jan- (1) + -ta：*pp.* ～（処格）から生じた。～（処格）に出現した。

mārṣās < mārṣāḥ + (t) < mārṣa-：*m.* 立派な人。「仁者」「賢者」「友」と漢訳。*pl. Voc.*

呼びかけの言葉として用いられ、「皆さん」（「諸友」「諸子」と漢訳）を意味する。
tathāgata-kāyas < tathāgata-kāyaḥ + (t) < tathāgata-kāya-：*m.* 如来の身体。*sg. Nom.*
tatra：*adv.* そこに。そこへ。かしこに。その時に。その場合に。
yuṣmābhiḥ < yuṣmābhiḥ + (s) < yuṣmad-：あなた。*2, pl. Ins.*
spṛhā < √spṛh- + -ā：*f.* 熱烈な願望。切望。～を喜ぶこと。*sg. Nom.*
kartavyā < kartavyā- < kartavya- < √kṛ- (8) + -tavya：*未受分,* 作られるべき。なされるべき。*f. sg. Nom.*

> sarva-sattvānāṃ ca sarva-kleśa-vyādhi-prahāṇāyânuttarāyāṃ samyak-saṃbodhau cittāny utpāda=yitavyāni /
>
> （梵漢和維摩経 *p.* 66, *ll.* 4–5）

「だから、あらゆる衆生たちのあらゆる煩悩と病気の断絶のために、この上ない正しく完全な覚り（阿耨多羅三藐三菩提）へ向けて心を発すべきである」
【「諸の仁者よ、仏身を得て一切の衆生の病を断ぜんと欲せば、当に阿耨多羅三藐三菩提に心を発すべし」と。】（大正蔵、巻一四、五三九頁下）

…………………………………………………………………………

sarva-sattvānāṃ < sarva-sattva-：*m.* あらゆる衆生。*pl. Gen.*
ca：*conj.* そして。また。～と。
sarva-kleśa-vyādhi-prahāṇāyânuttarāyāṃ < sarva-kleśa-vyādhi-prahāṇāya + anuttarāyāṃ
　sarva-kleśa-vyādhi-prahāṇāya < sarva-kleśa-vyādhi-prahāṇa-：*n.* あらゆる煩悩と病気の断絶。*sg. Dat.*
　sarva-：*adj.* 一切の。すべての。
　kleśa- < √kliś- (4) + -a：*m.* 苦痛。苦悩。心痛。「煩悩」「惑」「根本煩悩」と漢訳。
　√kliś- (4)：悩ませる。困らせる。悩む。困る。
　vyādhi- < vy-ādhi-：*m.* 疾患。疾病。病気。
　prahāṇa- < pra-√hā- (3) + -ana：*n.* 放棄。回避。「断」「断除」「断尽」「厭離」「遠離」と漢訳。
　anuttarāyāṃ < anuttara- < an-ud-tara-：*比較級,* この上ない。「無上」と漢訳。*f. sg. Loc.*
samyak-saṃbodhau < samyak-saṃbodhi-：*f.* 正しく完全な覚り。「正覚」「正等正覚」「正等菩提」と漢訳。「三藐三菩提」と音写。*sg. Loc.* 目的地や目標を示す処格。
cittāny < cittāni + 母音 < citta-：*n.* 心。思考。意思。知性。理性。「質多」と音写。*pl. Nom.*
utpādayitavyāni < utpādayitavya- < utpādaya- + -itavya < ud-√pad- (4) + -aya + -itavya：*Caus. 未受分,* 起こされるべき。生じられるべき。獲得されるべき。*n. pl. Nom.*
　utpādaya- < ud-√pad- (4) + -aya：*Caus.* 起こす。産む。生じる。生じさせる。構成する。獲得する。

> §13　evaṃ vimalakīrtir licchavis tathā saṃnipatitānāṃ teṣāṃ glāna-paripṛcchakānāṃ tathā tathā dharmaṃ deśayati yad bahūni sattva-śata-sahasrāṇy anuttarāyāṃ samyak-saṃbodhau cittāny utpādayati //
>
> （梵漢和維摩経 *p.* 66, *ll.* 6–7）

§13　このように、リッチャヴィ族のヴィマラキールティは、集まってきたそれらの病気見舞いの人たちに、それぞれの場合に応じて法（真理の教え）を説いた。その結果、幾百・千もの多くの衆生たちは、この上ない正しく完全な覚り（阿耨多羅三藐三菩提）へ向けて心を発した。
【§13　是くの如く、長者維摩詰は、諸の問疾者の為に、応ずる如くに法を説き、無数千人をして皆、阿耨多羅三藐三菩提に心を発さしめたり。】（大正蔵、巻一四、五三九頁下）

…………………………………………………………………………

evaṃ：*adv.* このように。「是」「如是」と漢訳。
vimalakīrtir < vimalakīrtiḥ + 有声音 < vimalakīrti- < vimala-kīrti-：*m.* ヴィマラキールティ。汚

れのない名声を持つ（もの）。「維摩詰」「維摩」と音写。「浄名」「無垢称」と漢訳。*sg. Nom.*
licchavis < licchaviḥ + (t) < licchavi-：*m.* リッチャヴィ族。「梨車毘」「栗車毘」と音写。*sg. Nom.*
tathā：*adv.* そのように。同様な方法で。同様に。
saṃnipatitānāṃ < saṃnipatita- < sam-ni-√pat- (1) + -ita：*pp.* 遭遇・集合した。寄り集まった。*m. pl. Gen.*
teṣāṃ < tad-：それ。*m. pl. Gen.*
glāna-paripṛcchakānāṃ < glāna-paripṛcchaka-：*adj.* 病気見舞いの。「問病」と漢訳。*m. pl. Gen.*
tathā tathā：「そのように」の繰り返しで、「それぞれのように」。
tathā：*adv.* そのように。同様な方法で。同様に。
dharmaṃ < dharma-：*m.* 確定した秩序。慣例。習慣。法則。規則。義務。宗教。教説。性質。本質。属性。特質。事物。法。*sg. Acc.*
deśayati < deśaya- < √diś- (6) + -aya：*Caus.* 示す。導く。説明する。教える。宣説する。*3, sg. P.*
yad：*conj.* 〜する時。〜である時。そういうわけで。そのために。〜する時。もしも〜ならば。cf.「梵和大辞典」*p.* 1082.
bahūni < bahu-：*adj.* 豊富な。多量の。多数の。*n. pl. Nom.*
sattva-śata-sahasrāṇy < sattva-śata-sahasrāṇi + 母音 < sattva-śata-sahasra-：*n.* 幾百・千もの衆生。*pl. Nom.*
anuttarāyāṃ < anuttara- < an-ud-tara-：*比較級,* この上ない。「無上」と漢訳。*f. sg. Loc.*
samyaks-aṃbodhau < samyak-saṃbodhi-：*f.* 正しく完全な覚り。「正覚」「正等正覚」「正等菩提」と漢訳。「三藐三菩提」と音写。*sg. Loc.*
cittāny < cittāni + 母音 < citta-：*n.* 心。思考。意思。知性。理性。「質多」と音写。*pl. Acc.*
utpādayati < utpādaya- < ud-√pad- (4) + -aya：*Caus.* 起こす。産む。生じる。生じさせる。構成する。獲得する。*3, sg. P.*

Acintyôpāya-Kauśalya-Parivarto nāma dvitīyaḥ //
(梵漢和維摩経 *p.* 66, *l.* 8)

〔以上が〕「考えも及ばない巧みなる方便」の章という名前の第二である。
【漢訳相当箇所なし】

....

acintyôpāya-kauśalya-parivarto < acintyôpāya-kauśalya-parivartaḥ + 有声子音 < acintya-upāya-kauśalya-parivarta-：*m.* 考えも及ばない巧みなる方便の章。*sg. Nom.*
acintya- < a- + √cint- (10) + -ya：*未受分,* 思議すべからざる、考えるべきでない。
upāya-kauśalya-：*n.* 巧みなる方便。「善巧方便」と漢訳。
upāya- < upa-√i- (2) + -a：*m.* 接近。到着。手段。方策。「方便」と漢訳。
kauśalya- = kauśala-：*n.* 幸福。幸運。繁栄。賢明。「善」「善巧」と漢訳。
parivarta- < pari-√vṛt- (1) + -a：*m.* 章。「品」と漢訳。
nāma：*adv.* 〜という名前の。実に。確かに。もちろん。おそらく。そもそも。
dvitīyaḥ < dvitīya-：*序数詞,* 第二の。*m. sg. Nom.*

第２章　訳注

[1] nihata-**māra**-pratyarthiko（< nihata-**māra**-pratyarthikaḥ, **魔**という怨敵を打ち破った）は、貝葉写本では nihata-**māna**-pratyarthiko（< nihata-**māna**-pratyarthikaḥ, **慢心**という怨敵を打ち破った）となっているが、漢訳に「魔の労怨を降す」（支謙訳、鳩摩羅什訳）、「魔の怨力を摧く」（玄奘訳）とあるので改めた。

[2] 筆者が、「智慧の完成（般若波羅蜜）から生まれたものであり」と訳した箇所の原文は、prajñā-pāramitā-nirjāta（< prajñā-pāramitā-nirjātaḥ < prajñā-pāramitā-nirjāta-）となっている。これは、prajñā-（智慧）、pāramitā-（完成）、nirjāta-（～から生じた）からなる複合語で、筆者の訳となる。対応する箇所のチベット語、およびその現代語訳である中公版、さらには漢訳は次の通りである。

shes rab kyi pha rol tu phyin pa las nges par byung ba（智慧波羅蜜から生じた者である）

「般若（＝知恵）のパーラミターによって完成した者であり」（中公版、*p.* 25）

「智度に於いて極まり無し」（支謙訳）

「智度を善くし」（鳩摩羅什訳、玄奘訳）

貝葉写本とチベット語訳とは一致している。チベット語の las は奪格助詞であり、「智慧の完成（般若波羅蜜）から」と訳すべきだが、中公版の「パーラミターによって」という訳はどのようにしてそうなったのか。

[3] **kāma**-**dhātu**-rūpa-**dhātv**-ārūpya-**dhātv-asaṃsṛṣṭaḥ** は、貝葉写本では **kādhātu**-rūpa-**dhātu**-ārūpya-**dhātu**-**saṃsṛṣṭo** となっている。ここは、欲界（kāma-dhātu-）、色界（rūpa-dhātu-）、無色界（ārūpya-dhātu-）という三界の名前を列挙したところであり、**kādhātu**-は kāma-dhātu- の誤りで、saṃsṛṣṭa-（～と結合された、結ばれた）は、漢訳の「三界に著せず」（鳩摩羅什訳、玄奘訳）から考えても、その否定形の asaṃsṛṣṭa-（～と結合されていない）であるべきであろう。

[4] bhāryā-putra-**dāsāṃś**（< bhāryā-putra-**dāsa**-）は、貝葉写本と VKN. では bhāryā-putra-**dārāṃś**（< bhāryā-putra-**dāra**-）となっているが、これは bhāryā-（妻）、putra-（息子）、dāra-（妻）の複合語である。これでは、「妻」が二回出てくることになる。三番目の語が、チベット語訳で slas rnams kyang（召使いたち）となっていることを考慮して、筆者は dāra- を dāsa-（召使い）に改めた。

チベット語訳、およびその現代語訳である中公版、そして漢訳は次の通りである。

bu dang / chung ma dang / slas rnams kyang（息子と妻と召使いたち）

「子供や妻や**召使いたち**」（中公版、*p.* 26）

「妻子婦」（支謙訳）

「妻子」（鳩摩羅什訳、玄奘訳）

貝葉写本と支謙訳が同じで、筆者による改訂がチベット語訳と同じで、鳩摩羅什訳、およびそれを踏襲した玄奘訳は召使いについての記述が存在しない。

[5] saṃdarśayati（示す）は貝葉写本の表記のままである。VKN. は、貝葉写本では saṃdṛśyate（見られる）となっていると注に記しているが、貝葉写本では明確に saṃdarśayati となっている。これは VKN. の勘違いであろう。

[6] lakṣaṇa-paricchannaḥ（< lakṣaṇa-paricchanna-）は、貝葉写本と VKN. では lakṣaṇaparicchinnaḥ（< lakṣaṇa-paricchinna-）となっている。VKN. の場合、lakṣaṇa-が「（身体的）特徴」「属性」「相」で、paricchinna- が「切られた」「決定された」で、「（身体的）特徴によって切られた」「（身体的）特徴によって決定された」となり、落ち着きが悪い。

それに対して、チベット語訳、およびその現代語訳である中公版、漢訳は次の通り。

rtag tu mthsan dang ldan pa（常に相好を具えており）

「相好をもっていつも身を飾り」（中公版、*p.* 26）

「相好を以て身を厳る」（鳩摩羅什訳）

「相好を以て其の身を荘厳す」（玄奘訳）

チベット語訳の dang ldan pa は英語の with に相当し、「切断」とは無縁である。これらの訳から paricchinna-（切られた）は paricchanna-（覆う、変装する）であったことが推測されるので、筆者は改めた。

[7] dhyānâhāraḥ（< dhyāna-āhāraḥ）は、貝葉写本で vyānâhāraḥ か dhyānâhāraḥ かの判別が困難だが、『法華経』に出てくる dhyāna-prīty-āhāra（植木訳『梵漢和対照・現代語訳　法華経』上巻、*pp.* 550–551）のことであろう。それは、「禅定の喜びという食べ物（禅悦食）」と訳される。

[8] sarva-**dyūta**-**kara**-śālāsu は、貝葉写本のままの表記である。VKN. の脚注に「貝葉写本では sarva**ghūtakara**=śālāsu となっている」とあるのは勘違いであろう。

[9] ここには、仏教の経済思想が反映されている。仏教の経済思想については、中村元著『仏典のことば』（岩波現

代文庫）の第一章「経済的行為の意義——仏教と経済倫理」に詳しい。中村博士は、そこにおいて「原始仏教では、富の蓄積を説きながら、その財富をあまねく人びとに享受せしめよと説く」（*p.* 89）と述べている。

10 saṃdṛśyate（受動・現在・三人称・単数）は、貝葉写本では saṃdṛśyante（受動・現在・三人称・複数）となっているが、ここは、前後の文章と同様、単数であるべきである。

11 sarva-dharma-**śravaṇa**-sāṃkathyeṣu は、貝葉写本では sarva-dharma-**śramaṇa**-sāṃkathyeṣu となっている。śravaṇa-（聞くこと）と śramaṇa-（沙門）では大違いである。

12 筆者が、「宦官であるかのように尊敬されている」と訳した箇所の原文は、kāñcukīya-saṃmataḥ（< kāñcukīya-saṃmata-）となっている。これは、kāñcukīya-（宦官）と saṃmata-（尊敬された）の複合語である。この複合語は、次のような訳が可能である。

①「宦官として尊敬されている」

②「宦官たちによって尊敬されている」

チベット語訳、およびその現代語訳である中公版、さらに漢訳では次のように訳されている。

nyung rum du kun gyis bkur ba（宦官として皆から敬われる）

「宦官としてみなに敬われる」（中公版、*p.* 27）

「能く雅楽を為して」（支謙訳）

「内官中の尊として」（鳩摩羅什訳、玄奘訳）

漢訳は、支謙訳のみが全く異なっているが、鳩摩羅什訳と玄奘訳は一致している。チベット語訳は、①を採っている。

まず初めに、②のほうから検討してみよう。

前半が名詞Ａで、後半が過去受動分詞Ｂの複合語は、一般に②のように、Ａを具格の意味に取って、

③「ＡによってＢされている」

と訳される。

§5と§6では、このＡに相当する語として śreṣṭhi-（商人組合の長）、gṛha-pati-（資産家）、kṣatriya-（クシャトリヤ）、brāhmaṇa-（バラモン）、āmātya-（大臣）、kumāra-（王子）、śakra-（シャクラ神）、brahma-（ブラフマー神）、loka-pāla-（世界の保護者〔である四天王〕）というそれぞれの名詞と、過去受動分詞 saṃmata-（尊敬された）との複合語が登場する。

その複合語を③の意味で解釈した場合、これらの人たちについて、

「ヴィマラキールティが、《あることや、ある人たち》を教化するために、《それと関係する人たち》の中で、《その関係する人たち》によって尊敬されている」

といった構造の文章が羅列される。

例えば、「商人組合の長」の場合は、次のような訳になる。

「最も勝れた法を説くために、**商人組合の長たちの中で、商人組合の長たちによって**尊敬されている」

以下、「商人組合の長」の部分を「資産家」「クシャトリヤ」……と順に置き換えればいい。そこにおいて、「〜たちの中で」と「〜たちによって」の「〜」の部分はいずれの場合も同じものになっている。

ところが、ここの文章だけは、それが同じではない。教化する相手が「婦人や少女」であり、「後宮〔の女性〕たちの中で」と「宦官たちによって尊敬されている」となって食い違っている。これでは、教化する相手や、ヴィマラキールティを取り囲んでいる人たち、そして尊敬している人たちが、すべて別々になってしまうことになる。

これは、元にもどって、③、あるいは②で訳したことに伴う矛盾であろう。そこで、①のように「〜として尊敬されている」と訳してみることにしよう。その場合、「商人組合の長」の場合は、次のようになる。

「最も勝れた法を説くために、**商人組合の長たちの中で、〔最高の〕商人組合の長として尊敬されている**」

以下、「商人組合の長」を「資産家」「クシャトリヤ」……と順に置き換えれば、いずれもうまく収まる。ところが、「後宮の女性」の場合は、

「後宮〔の女性〕たちの中で、〔最高の〕後宮〔の女性〕として尊敬されている」

となり、ヴィマラキールティが男性であることと矛盾する。そのために、後宮の中に入ることが許されている男性である宦官に改めて、「〔最高の〕宦官として尊敬されている」とするべきであろう。

ただし、本章の§3では、ヴィマラキールティには妻も子もいたと記されているので、本当の宦官だったというわけではない。後宮の中に入っていっても何の問題も起こさない「宦官のような存在」という意味であろう。

従って、筆者は、ヴィマラキールティが「宦官であるかのように尊敬されている」と訳すことにした。

13 筆者が「帝王の地位が無常であることを示すために」と訳した箇所は、原文では aiśvaryânityatva-saṃdar=

śanāya（< aiśvarya-anityatva-saṃdarśana-）となっている。これは、aiśvarya-（帝王の地位）、anityatva-（無常であること）、saṃdarśana-（示すこと）の複合語の為格で、筆者の訳となる。

ところが、チベット語訳、およびその現代語訳である中公版では次のように訳されている。

dbang phyug gi bdag por bstan pa'i phyir（力の支配者であると知らしめんがため）

「自在力を支配する者であることを示すためには」（中公版、*p.* 27）

VKN. は、チベット語訳から anityatva が adhipatitva（支配者であること）であったことも考えられると指摘している。

漢訳は、次のようにいずれも「無常」という語が入っている。

「自在者と為りて無常を示現し」（支謙訳）

「帝釈中の尊として無常を示現し」（鳩摩羅什訳）

「帝釈中の尊として自在にして悉く皆無常を示現し」（玄奘訳）

14 sarva-sattva-paripālanāya（あらゆる衆生を保護するために）は、貝葉写本の表記である。VKN. では、チベット語訳に、

sems can thams cad yongs su smin par bya ba'i phyir（一切衆生は調熟されるべきであるから）

とあるので、paripākanāya と推定されると指摘しているが、paripākanāya は、paripācanāya（成熟させるために）の誤りではないか？　それにしても、ここは「成熟させるために」よりも、「保護するために」（paripālanāya < paripālana- < pari-√pālaya-（名動詞）+ -ana）のほうが、「世界の保護者」（loka-pāla-）との間に「保護」を意味する動詞の √pālaya-（名動詞）との縁語関係が保たれている。従って、筆者は写本のままにした。

15 VKN. では、ここで文章を区切っているが、述語がない文章になってしまうので、筆者はつなげた。それに伴い、licchaviḥ の語尾 ḥ を r に変えた。

16 anāśvāsika（< anāśvāsikaḥ + a 以外の母音）は、貝葉写本では anāsvāsikāḥ、VKN. では anāsvāsikaḥ となっている。貝葉写本の男性・複数・主格の形を VKN. は男性・単数・主格の形に改めている。しかし、貝葉写本と VKN. のいずれの場合も意味が通じないので、筆者は改めた。

17 vipariṇāma-**dharmy**（< vipariṇāma-**dharmī** + 母音 < vipariṇāma-dharmin-）は、貝葉写本と VKN. では vipariṇāma-**dharmā** となっているが、これまで男性・単数・主格が列挙されていたのに、突然ここで女性・単数・主格が出てくるのは、納得できない。これは、「有変異法」と漢訳されてきた vipariṇāma-dharmin- の男性・単数・主格 vipariṇāmadharmī であるべきで、さらに連声を考慮して筆者は改めた。

18 この文章の原文は、次の二つの要素からなっている。

①phena-piṇḍôpamo 'yaṃ... kāyo（この身体は、泡沫の塊のようなものであり、）

② 'parimardana-kṣamaḥ（撫でさすることに耐えられない）

②の中の 'parimardana-kṣamaḥ（< aparimardana-kṣamaḥ）は、a-parimardana-kṣama- の男性・単数・主格である。parimardana- は、「撫でる」という意味の動詞 pari-√mṛd-（9）に中性名詞を作る語尾 -ana をつけたもので、「撫でさすること」を意味する。kṣama- は「耐える」という意味の形容詞である。これに、否定を意味する接頭辞 a を加味すると、②の筆者の訳「撫でさすることに耐えられない」となる。

ところが、チベット語訳、およびその現代語訳である中公版、そして漢訳は次のようになっている。

③lus di ni bcang mi bzod pa te / dbu ba rdos pa lta bu'o /（この身は持続に耐えないものであって、〔それは〕泡沫の如くである）

「この肉体は切りきざみえないものであって、泡のかたまりのようなものである」（中公版、*p.* 29）

「是の身は聚沫（じゅまつ）の如し。澡浴もて強（し）いて忍ぶ」（支謙訳）

「是の身は聚沫の如し。撮摩（さつま）す可からず」（鳩摩羅什訳、玄奘訳）

貝葉写本と共通しているのは、鳩摩羅什訳と、それを踏襲している玄奘訳である。支謙訳は他と全く異なっている。チベット語訳も他と異なっているが、その現代語訳であるはずの中公版は、チベット語訳とも異なっている。

③のチベット語訳で aparimardana-kṣamaḥ（撫でさすることに耐えられない）に対応しているのは、bcang mi bzod pa（持続に耐えない）である。bcang は、サンスクリットの「保持する」という意味の √dhṛ-（1）に対応している。そこから中公版の「切り刻みえない」という訳は出てこない。佐々木一憲氏によると、チベット文字では ng と d が形が似ているので、版木ではよく見間違えることがある。チベット語訳の写本において、bcang と読んだ人と、bcad と読んだ人がいたのかもしれない。bcad は「切る」「断つ」という意味なので、中公版の訳が導かれる。

貝葉写本では、本章の§11 にも parimardana- という語が出てくる。そこでは、中公版も「こすったりしても」

(中公版、*p.* 30) と訳されていて、ここの筆者の訳と同じである。その中公版の訳は、チベット語の mnye ba からの訳であるが、それは bcang とも bcad とも似ても似つかぬ形である。

支謙訳が異なっているのは、§11 の次の文章と混乱しているのかもしれない。

tuccho 'yaṃ kāya ucchādana-parimardana-vikiraṇa-vidhvaṃsana-dharmā (この身体は、空しいものであって、香油を擦りこんだり、撫でさすったり、散布したりしても、摩滅する性質を持っている)

「是の身は虚偽為り、仮に澡浴衣食を以てすと雖も、必ず磨滅に帰す」

19 **cittâkula-** (< citta-**ākula**-, 心が混乱している) は、貝葉写本では **cittâkuśala-** (< citta-**akuśala**-, 心に悪のある) となっているが、漢訳では次のようになっているので改めた。

「意に静相無し」(支謙訳)

「須臾にして変滅す」(鳩摩羅什訳、玄奘訳)

20 筆者が「風で動く装置につながれたもの」と訳した箇所の原文は vāta-yantra-yukto (< vāta-yantra-yukta-) となっている。これは、vāta- (風)、yantra- (装置)、yukta- (つながれた) の複合語で、筆者の訳となる。

ところが、チベット語訳は次のようになっている。

rlung gi'khrul 'khor dang ldan pa

dang ldan pa は「〜を備えた」「〜と一緒になった」という意味である。'khrul 'khor は「ヨーガの体操」を意味するが、ここには全く不自然な言葉である。辞典には 'phrul 'khor のよくある誤記とあり、'phrul 'khor はサンスクリットの yantra (機械、装置) の訳語である。その誤記を訂正すると次のようになる。

rlung gi'phrul 'khor dang ldan pa (風の機械〔風車〕と一緒になったもの)

チベット語訳からの現代語訳である中公版、そして漢訳は次の通り。

「風車のようなもの」(中公版、*p.* 30)

「但、巧みに風と合す」(支謙訳)

「風力の転ずる所なり」(鳩摩羅什訳、玄奘訳)

貝葉写本とチベット語訳、そして漢訳は、「風力を原動力として動くもの」ということであろう。ところが、中公版では、原動力そのものとして訳されている。

21 「四百四の病気」は、漢訳では「百一の病悩」と数が四分の一になっている。四百四病は、人体を構成するとされる地・水・火・風の四大元素の各元素の不順によってそれぞれの元素について百一の病があるとするので、「四百四」となる。漢訳の「百一」は、一つの元素についての数といえよう。

22 筆者が「〔五〕陰 (五蘊)、〔十八〕界、〔十二〕入」と訳した箇所は、原文では、skandha-dhātv-āyatana-である。中公版は「(五つの) 蘊や (六つの) 界や (十二の) 処」としているが、これは、「陰界入」と訳され、それぞれの数は、五陰 (五蘊)、十二入 (十二処)、十八界とされる。

五陰は、人の肉体と精神を五つの集まりとしてとらえたもので、色 (身体)・受 (感受作用)・想 (表象作用)・行 (意志作用)・識 (認識作用) からなる。

十二入は、知覚を生じる十二の場、すなわち眼・耳・鼻・舌・身・意の六つの感覚器官 (六根) と色・声・香・味・触・法の六つの対境 (六境) のことである。

十八界は、この十二入に、眼識・耳識・鼻識・舌識・身識・意識の六つの認識作用 (六識) を合わせたものである。

仏教では、認識を六根 (感官)、六境 (客観)、六識 (主観) の三者の和合によって成立すると考えた。

23 筆者が「法の集合体」と現代語訳したのは、dharma-kāya のことである。これは、鳩摩羅什によって「法身」と漢訳された。dharma-kāya は、dharma (法) と kāya (集まり) の複合語で、当初は「法の集まり」という意味で用いられていた。

例えば、『マッジマ・ニカーヤ』(vol. I, p. 426 f) のアショーカ王伝説で、釈尊滅後約 100 年頃のアショーカ王の時代 (紀元前 3 世紀) の出家者が「世尊の dharma-kāya (法の集まり) を見ることはできるが、rūpa-kāya (肉体としての身体) を見ることはできない」と語ったところがある。

また、紀元前 2 世紀ごろに成立したとされる『ミリンダ王の問い』(*Milinda-Pañha*, 第 1 編・第 5 章・第 10) で、ギリシア人の王ミリンダが、亡くなった釈尊について「尊者ナーガセーナよ、『ここにいる』とか、『そこにいる』とかと言って、ブッダを示すことができますか?」と尋ねた。それに対して尊者ナーガセーナは、「既に入滅された世尊を、『ここにいる』とか、『そこにいる』とかと言って、示すことはできません。けれども、世尊を dharma-kāya (法の集まり) によって示すことはできます。なぜかと言えば、法 (dharma) は世尊によって説き示されたものであるからです」と答えた。亡くなった釈尊の個体はどこにも存在しない。けれどもブッダをブッダたらしめたのは「法」であるから、「法」が存在し、「人」の生き方に体現されているところにブッダは存在していると言うのだ。

ここには、如来の常住性を教法のうちに認める思想がうかがえる。それは、『法華経』法師品（ほっしほん）の「この経には、如来の身体がまさに一揃いの全体をなして存在している」（植木訳『サンスクリット版縮訳　法華経　現代語訳』*p.* 183）という表現と軌を一にしている。

この『維摩経』でも、本章§12には、如来（ブッダ）の身体は、智慧、解脱、四無量心（慈・悲・喜・捨）、三十七助道法、四無畏、十八不共法、六波羅蜜などから生じるものだと論じられている。これは、あくまでも人間が上記の智慧、解脱、四無量心、三十七助道法、四無畏、十八不共法、六波羅蜜などの「法」を体現したものとして、如来の身体があるということだ。

以上のところでは、仏教本来の「人（にん）」と「法（ほう）」の関係が維持されている。「人」とは具体的な人格的側面、「法」とは普遍的な真理の側面を捉えたものである。これは、人間と普遍的真理との関係を捉える仏教独自のものの見方だと言えよう。

この観点で世の中の宗教を見てみよう。「人」を強調する宗教は、特定の人物が偉大であることを強調する。駄目な存在である我々は、その偉大な人物に頼る、すがるということになる。ここから平等思想を導き出すのは困難である。

それに対して「法」を強調する宗教は、普遍性や平等性が出てくる。しかし、「法」のみでは抽象的な理想論となって、現実が伴わないことにもなりやすい。

仏教において、「人」と「法」は一体であるべきだと説かれた。「法」は宙に浮いた状態では意味をなさないが、一人ひとりの生き方に具現されてはじめて価値を生ずる。

原始仏典に「私（釈尊＝人）を見るものは法を見る。法を見るものは私を見る」（『サンユッタ・ニカーヤ』）とあるように、その「法」を覚ったことで釈尊という「人」はブッダ（目覚めた人）となった。釈尊をブッダたらしめたのは、「法」であった。その「法」は、釈尊が発明したものでもなく、釈尊の専有物でもない。あらゆる人に平等に開かれている。その「法」を「人」に体現して、「真の自己」に目覚めることが仏教の目指したことであった。

釈尊の“遺言”ともいえる言葉が原始仏典の『大パリニッバーナ経』にある。死期が近くなった釈尊を見て不安になったアーナンダ（阿難）が、これから何／誰を頼りにすればいいのかと問うたのに対して釈尊が語った言葉だ。それは、「今でも」「私の死後にでも」「誰でも」と前置きし、「自らをたよりとして、他人をたよりとせず、法をよりどころとして、他のものによることなかれ」というものだ。前半部が「自帰依（じきえ）」、後半部が「法帰依（ほうきえ）」と称されている。覚りを得るというのは、「真の自己」に目覚めることであり、「法」に目覚めることである。そこに「最高の境地が開ける」と釈尊は語っていた。ここの「自ら」は「人」に相当する。「誰でも」ということは、「釈尊」という「人」だけでなく、あらゆる人の「自己」という「人」に「法」を体現することによって「最高の境地が開ける」と語っていたのだ。

釈尊という歴史的人物の生き方に反映され、体現されることによって、普遍的な「法」が具体化された。釈尊という人格に具現されたその「法」が言語化されて「経（きょう）」となった。その「経」を通して釈尊に体現された「法」が、「人」としての我々の生き方に体現される。「法」を覚れば、誰人もブッダ（目覚めた人）である。ここに「法の下（もと）の平等」が実現される。

〈釈尊〉と〈経〉だけでなく、〈我々〉も「人」と「法」が一体化したものとなることで、〈釈尊〉と〈経〉と〈我々〉の三者が横並びとなる。そこに絶対者が介在する余地はない。『法華経』に「我が如く等しくして異なること無けん」とあるのはその謂（いい）であろう。普遍性と具体性、さらには平等性を兼ね具えさせるのが「人と法の一体化」ということだったのだ。

ところが、「集まり」を意味する kāya には、「身体」という意味もある。後世になると、「法そのものを身体とするもの」という意味の「法身」とされ、さらにこれに「如来」「仏」という語をつけて、「法身如来」「法身仏」という言葉が用いられるようになった。ここで仏教は、本来の思想からのズレを生ずることになった。

原始仏典を見ても、釈尊は「私は人間として生まれ、人間として成長し、人間としてブッダとなることを得た」（『増一阿含経』第二八巻、大正蔵、巻二、七〇五頁下）と語っていた。ところが、釈尊滅後の教団は権威主義化（小乗仏教化）し、釈尊を人間離れしたものに神格化する。そうした傾向が、人間を超越した「法身如来」「法身仏」という考えを生み出す下地を作り出していたと言えよう。

「法身如来」「法身仏」は、「法」（真理）そのものを身体とするもので、宇宙大で永遠の如来を意味した。こうして、我が身に体現すべきものとしてあった普遍的真理としての「法」が、人格化されてしまい、人間からかけ離れて、崇め、頼るべき対象となってしまった。

その法身如来は、我々の現実世界とはかけ離れた存在であり、一神教的絶対者（人格神）と類似した構造になる。そうなると、仏教の「人」と「法」の関係が崩れてしまう。『維摩経』や『涅槃経』で強調されていた「依法不依人」（法に依って人に依らざれ）という戒めとも逆行することになる。

仏教では人間からかけ離れた絶対者的存在を立てなかった。中村元博士は、「西洋の絶対者（＝神）は人間から断絶しているが、仏教において絶対者（＝仏）は人間の内に存し、人間そのものである」（『原始仏教の社会思想』*p.* 261）と言われた。決して個々の人間から一歩も離れることはない。仏教は、人間を原点に見すえた人間主義であり、人間を"真の自己"（人）と「法」に目覚めさせるものであったのだ。

その一神教的絶対者は、我々人間とはかけ離れている。そこに両者をつなぐ仲介者が立てられる。こうなると、その仲介者は特権階級になる。絶対者として天の国にいるゴッド（神）の言葉を預かる存在として、フランスのルイ 14 世らが唱えた王権神授説のように特権階級を生み出し、差別や支配の思想になりかねない。仏教は、そのような絶対者や、特権階級を必要とせず、「人」と「法」の関係として、あらゆる人が横並びとなる平等思想を説いていたことを知るべきである。「法」を介して、釈尊と我々が直結するものなのだ。

釈尊滅後、時を経るに従って、こうした一神教的絶対者のような如来を導入する傾向が顕著になってくる。それに対して、『法華経』は、"歴史上の人物である釈尊"のブッダとしての永遠性を強調して、その流れに歯止めをかけようとしたようだ。久遠実成の釈尊とは、現実世界にかかわり続けるブッダ（歴史的人物）であった。決して、久遠仏が宇宙の背後にいて、その化身として釈尊が仮の姿で現実世界に現われてきたというのではない。

この寿量品で釈尊は、ブッダとしての永遠性を強調するとともに、「菩薩としての修行を今なお未だに完成させていない」とも語っている。常にブッダとして娑婆世界にあり続けると同時に、永遠の菩薩道に専念しているという。

宇宙の背後など、人間とかけ離れたところではなく、あくまでも娑婆世界にかかわり続ける。人間として、人間の中にあって、人間に語りかけ、永遠に菩薩行を貫く存在としてある。

『法華経』法師品の法師としての菩薩も、「衆生を憐れむために、このジャンブー洲（閻浮提）の人間の中に再び生まれてきた」「ブッダの国土への勝れた誕生も自発的に放棄して、衆生の幸福と、憐れみのために、この法門を顕示する」ということが強調された。

『法華経』薬草喩品でも、「如来は〔中略〕世間に出現して、世間のすべての人々を声をもって覚らせるのである」ともあった。

あくまでも人間として生まれ、人間対人間の関係性の中で言葉（対話）によって救済する在り方を貫くブッダなのだ。仏に成ることがゴールなのではなく、人間の真っただ中で善行を貫くことが目的であり、菩薩行は手段でもあり目的でもあった。

この『維摩経』だけでなく、『法華経』においても、五十六億七千万年後に釈尊に取って代わるとして考え出されたマイトレーヤ（弥勒）菩薩に対して、皮肉を込めた扱いがなされている。釈尊の入滅後、イランのミトラ（mitra）神がマイトレーヤ（maitreya, 弥勒）菩薩となるなど、外来の神格が仏・菩薩として仏教に取り込まれることもあった。それに伴い、西洋の一神教的絶対者のような永遠だが抽象的な如来（法身仏）が考え出され、本来の仏教の人間観・ブッダ観とは異なるものになる傾向が出てきた。このような傾向の中で、毘盧遮那仏などの法身仏が相次いで考え出されるようになった。法身仏という存在は、本来の仏教とは矛盾するものであったといえよう。

dharma-kāya という言葉をめぐって、人間からかけ離れた存在とする動きが起こり、人間とかけ離れたものにしてはならないとする闘いの歴史があったことをここに指摘しておきたい。

24 「等至」は、samāpatti-の訳で、心身が平等で安らかな状態のこと。

25 「すべての完成（波羅蜜）から生じるのだ」（sarva-pāramitā-nirjātaḥ）に対応する箇所は、漢訳のすべてになくて、チベット語訳にあるのみである。それは、中公版で「あらゆるパーラミターから生じ」（中公版、*p.* 31）と現代語訳されている。

26 sarvâkuśala-dharma-（あらゆる悪の本質〔法〕）は、貝葉写本では sarvâkuśala-karma-（あらゆる悪の行ない〔業〕）となっているが、次の漢訳、

　「一切の悪法」（支謙訳）

　「一切の不善の法」（鳩摩羅什訳、玄奘訳）

から考えても sarva-, akuśala-, dharma-の複合語であったことが分かる。

27 sarvâkuśala-dharma-prahāṇe nirjātaḥ の中の prahāṇe は、貝葉写本と VKN. では為格の prahāṇāya となっているが、その次にくる単語 nirjātaḥ が「〜（処格）から生じた」というように、処格を受けるので、ここは処格にすべきだと考え、筆者は改めた。

あるいは、他のすべてが nirjātaḥ と複合語になっていることを考えれば、sarvâkuśala-dharma-prahāṇa-nirjātaḥ としたほうがいいのかもしれない。

---

28 satya-nirjāto（< satya-nirjātaḥ < satya-nirjāta-, 真理から生じた）は、貝葉写本では satva-nirjāto（衆生から生じた）となっているが、鳩摩羅什訳の「真実より生じ」を考慮して改めた。

29「如来の身体は、数えることもできないほどの立派な行ない（業）から生じる」ということが、『維摩経』における dharma-kāya の意味することである。「数えることもできないほどの立派な行ない」として、本章 § 12 では、智慧、解脱、四無量心（慈・悲・喜・捨）、三十七助道法、四無畏、十八不共法、六波羅蜜などの「法」が取り上げられてきて、それらを実践し、体現していることそれ自体が「法の集合体」ということだ。鳩摩羅什は、ここを「是く の如き無量の清浄法より、如来身を生ずるなり」と漢訳した。

श्रावकबोधिसत्त्वविसर्जनप्रश्नो नाम तृतीयः परिवर्तः

3

Śrāvaka-Bodhisattva-Visarjana-Praśno
Nāma Tṛtīyaḥ Parivartaḥ

第 3 章

声聞と菩薩に見舞い派遣を問う

【弟子品第三】

3：Śrāvaka-Bodhisattva-Visarjana-Praśno Nāma Tṛtīyaḥ Parivartaḥ //

第３章：声聞と菩薩に見舞い派遣を問う

【弟子品第三】

………………………………………………………………………………

śrāvaka-bodhi-sattva-visarjana-praśno < śrāvaka-bodhi-sattva-visarjana-praśnaḥ + 有声子音 <
śrāvaka-bodhi-sattva-visarjana-praśna-：*m.* 声聞たちと菩薩たちの派遣と質問。*sg. Nom.*
śrāvaka- < √śru- (5) + -aka-：*m.* 声を聞く人。弟子。「声聞」と漢訳。
bodhi-sattva-：*m.* 覚りを求める人。「菩提薩埵」「菩薩」と音写。
visarjana- < vi-√sṛj- (6) + -ana : *n.* 停止。終わり。除去。創造すること。放棄。遺棄。流出。放出。派遣。追い払うこと。授けること。与えること。
vi-√sṛj- (6)：発射する。投げつける。流れさせる。出す。流す。解放する。追い出す。（使者を）派遣する。行かせる。
praśna-：*m.* 質問。問い合わせ。～について尋ねること。論議の題目。論点。

nāma：*adv.* ～という名前の。

tṛtīyaḥ < tṛtīya-：*序数詞,* 第三の。*m. sg. Nom.*

parivartaḥ < parivarta-：*m.* 章。「品」と漢訳。*sg. Nom.*

§1 atha vimalakīrter licchaver etad abhavat / ahaṃ ca glāna ābādhiko mañca-samārūḍho na ca māṃ tathāgato 'rhan samyak-saṃbuddhaḥ samanvāharati na ca me glāna-paripṛcchakaṃ kaṃcit preṣayaty anukampām upādāya / （梵漢和維摩経 *p.* 78, *ll.* 1–4）

§1 その時、リッチャヴィ族のヴィマラキールティ〔の心〕にこの〔思い〕が生じた。

「私は、病になって苦しみ、寝台に臥している。けれども、正しく完全に覚られた尊敬されるべき如来は、私のことを知ることもなく、哀れみの故に、私の病気の見舞いに誰かある人を遣（よこ）されることもないのだろうか？」

【§1 爾（そ）の時、長者維摩詰（ゆいまきつ）自ら念（おも）えり。「疾（や）みて床に寝（い）ぬ。世尊の大慈、寧（な）んぞ愍（あわれ）みを垂れたまわざらんや」と。】（大正蔵、巻一四、五三九頁下）

………………………………………………………………………………

atha：*adv.* その時。その場合。さて。それ故。しかれば。しかしながら。

vimalakīrter < vimalakīrteḥ + 有声音 < vimalakīrti- < vimala-kīrti-：*m.* ヴィマラキールティ。汚れのない名声を持つ（もの）。「維摩詰」「維摩」と音写。「浄名」「無垢称」と漢訳。*sg. Gen.*
vimala- < vi-mala- ＝ vi-gata-mala-：*adj.* 汚点のない。明らかな。輝く。純粋な。「浄」「無垢」と漢訳。
前分が接頭辞を伴う過去受動分詞の場合、接頭辞のみを残して過去受動分詞が省略されることがある。cf.「基礎」*p.* 551.
kīrti-：*f.* 名声。名誉。「名」「好名」「名称」「名聞」と漢訳。

licchaver < licchaveḥ + 有声音 < licchavi-：*m.* リッチャヴィ。「離車子」「栗姑毘」と音写。*sg. Gen.*

etad < etat + 母音 < etad-：これ。*n. sg. Nom.*

abhavat < bhava- < √bhū- (1)：なる。生ずる。出現する。～（属格）の分担となる。～（属格）のものとなる。*Impf. 3, sg. P.*

………………………………………………………………………………

ahaṃ < mad-：私。*1, sg. Nom.*

ca : *conj.* および。また。しかしながら。そして。～と。なお。

glāna < glānaḥ + a 以外の母音 < glāna- < √glai- (1) + -na：*pp.* 嫌悪した。疲れた。消耗した。「得

病」「有疾」「疾病者」と漢訳。*n.* 倦怠。衰弱。病気。*m. sg. Nom.*

√glai- (1)：嫌う。厭う。弛緩する。疲弊する。疲労する。衰弱する。

ābādhiko < ābādhikaḥ + 有声子音 < ābādhika- < ābādha- + -ika-：*adj.* 病んでいる。「苦」「所苦」「困厄」と漢訳。*m. sg. Nom.*

ābādha-：*m.* 圧。苦悩。苦痛。危険。「病」「病悩」「憂悩」と漢訳。

mañca-samārūḍho < mañca-samārūḍhaḥ + 有声子音 < mañca-samārūḍha-：*pp.* 寝台に乗った。*m. sg. Nom.*

mañca-：*m.* （円柱上の）舞台。（宮殿の上の）テラス。桟敷。高い壇。王座。臥床。台座。寝台。

samārūḍha- < sam-ā-√ruh- (1) + -ta-：*pp.* 上られた。～に入った。「入」「乗」「在」「安住」「居」と漢訳。

sam-ā-√ruh- (1)：～（対格、処格）に上る。～に入る。

na：*ind.* ～でない。～にあらず。

ca：*conj.* および。また。しかしながら。そして。～と。なお。

māṃ < mad-：私。*1, sg. Acc.*

tathāgato 'rhan < tathāgataḥ + arhan

tathāgataḥ < tathāgata-：*m.* このように行った（人）。このように来た（人）。「如来」「如去」と漢訳。「多陀阿伽度」と音写。*sg. Nom.*

arhan < arhat-：*m.* 尊敬されるべき人。「応供」と漢訳。「阿羅漢」と音写。*sg. Nom.*

samyak-saṃbuddhaḥ < samyak-saṃbuddhaḥ + (s) < samyak-saṃbuddha-：*adj.* 正しく完全に覚られた（人）。「正等覚」「正等正覚」などと漢訳。「三藐三仏陀」と音写。*m. sg. Nom.*

samanvāharati < samanvāhara- < sam-anu-ā-√hṛ- (1)：「知」「念」「観察」「正念」「存念」「思惟」「護念」と漢訳。*Pres. 3, sg. P.*

na：*ind.* ～でない。～にあらず。

ca：*conj.* および。また。しかしながら。そして。～と。なお。

me < mad-：私。*2. sg. Gen.*

glāna-paripṛcchakaṃ < glāna-paripṛcchaka-：*m.* 病についての質問（者）。「問病」と漢訳。*sg. Acc.*

glāna- < √glai- (1) + -na：*pp.* 嫌悪した。疲れた。消耗した。「得病」「有疾」「疾病者」と漢訳。*n.* 倦怠。衰弱。病気。

paripṛcchaka- < pari-√prach- (6) + -aka：*adj.* 「諮問」「請問（聴受）」「聴者」と漢訳。*m.* 「質問者」と漢訳。

pari-√prach- (6)：問う。尋ねる。

kaṃcit < kiṃ-cit-：*不定代名詞,* 何かあるもの／こと。だれかある人。*m. sg. Acc.*

preṣayaty < preṣayati + 母音 < preṣaya- < pra-√iṣ- (1) + -aya：*Caus.* 投げつける。投げる。遣わす。派遣する。去らせる。放逐する。解任する。*Pres. 3, sg. P.*

pra-√iṣ- (1)：促す。励ます。遣わす。派遣する。

√iṣ- (1)：速やかに動かす。発射する。駆逐する。邁進する。

√iṣ- (6)：捜索する。願う。欲する。

anukampām < anukampā- < anu-√kamp- (1) + -ā：*f.* ～（属格、対格）に対する憐愍。同情。「悲」「愍」「哀愍」と漢訳。*sg. Acc.*

anu-√kamp- (1)：～（対格、処格）に同情する。

√kamp- (1)：震える。

upādāya < upa-ā-√dā- (3) + -ya：*ind.* ～（対格）の故に。～のために。～に比して。～に関して。

upa-ā-√dā- (3)：受ける。得る。獲得する。取る。取り去る。

§2　samanvāhṛtaś ca bhagavatā vimalakīrtir licchaviḥ /

（梵漢和維摩経 *p.* 78, *l.* 5）

§2　すると、世尊は、リッチャヴィ族のヴィマラキールティの〔考えている〕ことを察知された。
【§2　仏は其の意を知ろしめして、】　　　　　　　　　　　　　　（大正蔵、巻一四、五三九頁下）

……………………………………………………………………

samanvāhṛtaś < samanvāhṛtaḥ + (c) < samanvāhṛta- < sam-anu-ā-√hṛ- (1) + -ta：*pp.*「護念」「憶念」「常念」「観察」と漢訳。*m. sg. Nom.*
　sam-anu-ā-√hṛ- (1)：「知」「念」「観察」「正念」「存念」「思惟」「護念」と漢訳。
ca：*conj.* および。また。しかしながら。そして。〜と。なお。
bhagavatā < bhagavat-：*m.* 尊い（人）。「世尊」と漢訳。「婆伽婆」「薄伽梵」と音写。*sg. Ins.*
vimalakīrtir < vimalakīrtiḥ + 有声音 < vimalakīrti- < vimala-kīrti-：*m.* ヴィマラキールティ。汚れのない名声を持つ（もの）。「維摩詰」「維摩」と音写。「浄名」「無垢称」と漢訳。*sg. Nom.*
licchaviḥ < licchavi-：*m.* リッチャヴィ。「離車子」「栗姑毘」と音写。*sg. Nom.*

atha bhagavān āyuṣmantaṃ[1] śāriputram āmantrayate sma / gaccha tvaṃ śāriputra vimala=kīrter licchaver glāna-paripṛcchakaḥ /
（梵漢和維摩経 *p.* 78, *ll.* 5–7）

そこで、世尊は、尊者シャーリプトラ（舎利弗）におっしゃられた。
「シャーリプトラよ、あなたは、リッチャヴィ族のヴィマラキールティの病気の見舞いに行くがよい」[2]
【即ち舎利弗に告げたまわく、「汝、維摩詰に行詣して疾を問え」】（大正蔵、巻一四、五三九頁下）

……………………………………………………………………

atha：*adv.* その時。その場合。さて。それ故。しかれば。しかしながら。
bhagavān < bhagavat-：*m.* 尊い（人）。世尊。「婆伽婆」「薄伽梵」と音写。*sg. Nom.*
āyuṣmantaṃ < āyuṣmat- < āyus- + -mat-：*m.* 長寿の。健康の。「尊者」「長老」「具寿」と漢訳。*sg. Acc.*
　連声については、cf.「基礎」*p.* 57.
　āyus-：*n.* 生命。寿命。寿。命。
śāriputram < śāriputra-：*m.* シャーリプトラ（シャーリーの息子）。「身子」と漢訳。「舎利弗」と音写。*sg. Acc.*
āmantrayate < āmantraya- < ā-√mantraya- (名動詞)：語りかける。「告」「告言」「白言」と漢訳。
　Pres. 3, sg. A.
　√mantraya- (名動詞) < mantra- + -ya：話す。語る。言う。呪文を唱える。
　mantra-：*m.* 思想。祈り。讃歌。祝詞。聖典の文句。呪文。「言」「言語」「言辞」と漢訳。
　名詞起源動詞（Denominative）については、cf.「基礎」*p.* 449.
sma：*ind.* 実に。
　現在形の動詞とともに用いて、過去の意味を表わす（歴史的現在）。過去のことを生々しく語るための表現方法である。ただし、現在の意味が保留される場合もある。

……………………………………………………………………

gaccha < gaccha- < √gam- (1)：行く。経過する。〜（対格、為格、処格）に赴く。近づく。達する。
　Impv. 2, sg. P.
tvaṃ < tvad-：あなた。*2, sg. Nom.*
śāriputra < śāriputra-：*m.* シャーリプトラ（シャーリーの息子）。「身子」と漢訳。「舎利弗」と音写。
　sg. Voc.
vimalakīrter < vimalakīrteḥ + 有声音 < vimalakīrti- < vimala-kīrti-：*m.* ヴィマラキールティ。汚れのない名声を持つ（もの）。「維摩詰」「維摩」と音写。「浄名」「無垢称」と漢訳。*sg. Gen.*
licchaver < licchaveḥ + 有声音 < licchavi-：*m.* リッチャヴィ。「離車子」「栗姑毘」と音写。*sg. Gen.*
glāna-paripṛcchakaḥ < glāna-paripṛcchaka-：*m.* 病についての質問（者）。「問病」と漢訳。*sg. Nom.*

evam ukta āyuṣmāñ śāriputro bhagavantam etad avocat / nâhaṃ bhagavann utsahe vimalakīrter licchaver glāna-paripṛcchako gantum /

(梵漢和維摩経 *p.* 78, *ll.* 8–9)

〔世尊から〕このように言われて、尊者シャーリプトラは、世尊にこのように言った。
「世尊よ、私は、リッチャヴィ族のヴィマラキールティの病気見舞いに行くことに耐えられません。
【舎利弗、仏に白して言さく、「世尊よ、我、彼に詣りて疾を問うに堪任せず。】

（大正蔵、巻一四、五三九頁下）

……………………………………………………………………………

evam：*adv.* このように。「是」「如是」と漢訳。
ukta < ukte + a 以外の母音 < ukta- < √vac- (3) + -ta：*pp.* 言われた。*m. sg. Loc.*
これは絶対処格である。
āyuṣmāñ < āyuṣmān + (ś) < āyuṣmat-：尊者。*adj.* 「長老」と漢訳。*m. sg. Nom.*
śāriputro < śāriputraḥ + 有声子音 < śāriputra-：*m.* シャーリプトラ。シャーリーの息子。「舎利弗」「舎利子」と音写。「身子」と漢訳。*sg. Nom.*
bhagavantam < bhagavat-：*m.* 尊い（人）。「世尊」と漢訳。「婆伽婆」「薄伽梵」と音写。*sg. Acc.*
etad < etat + 母音 < etad-：これ。*n. sg. Acc.* 対格の副詞的用法で「このように」の意味。
avocat < avoca- < a- + va-+ uc- + -a < √vac- (2)：言う。話す。告げる。*重複 Aor. 3, sg. P.*

……………………………………………………………………………

nâhaṃ < na + ahaṃ
na：*ind.* 〜でない。〜にあらず。
ahaṃ < mad-：私。*1, sg. Nom.*
bhagavann < bhagavan + 母音 < bhagavat-：*m.* 尊い（人）。「世尊」と漢訳。「婆伽婆」「薄伽梵」と音写。*sg. Voc.*
utsahe < utsaha- < ud-√sah- (1)：こらえる。耐える。〜（不定詞）することができる。〜する能力がある。*Pres. 1, sg. A.*
√sah- (1)：（敵を）征服する。（逆境に）耐える。忍ぶ。「堪忍」と漢訳。
vimalakīrter < vimalakīrteḥ + 有声音 < vimalakīrti- < vimala-kīrti-：*m.* ヴィマラキールティ。汚れのない名声を持つ（もの）。「維摩詰」「維摩」と音写。「浄名」「無垢称」と漢訳。*sg. Gen.*
licchaver < licchaveḥ + 有声音 < licchavi-：*m.* リッチャヴィ。「離車子」「栗姑毘」と音写。*sg. Gen.*
glāna-paripṛcchako < glāna-paripṛcchakaḥ + 有声子音 < glāna-paripṛcchaka-：*m.* 病についての質問（者）。「問病」と漢訳。*sg. Nom.*
gantum < √gam- (1) + -tum：*不定詞,* 行くこと。

tat kasya hetoḥ /

(梵漢和維摩経 *p.* 78, *l.* 10)

「それは、どんな理由によってでしょうか？
【「所以は何んとなれば、】 （大正蔵、巻一四、五三九頁下）

……………………………………………………………………………

tat < tad-：それ。*n. sg. Nom.*
kasya < kim-：*疑問詞,* だれ。何。どんな。どの。*m. sg. Gen.*
hetoḥ < hetu-：*m.* 理由。原因。因。*sg. Gen.*
属格の副詞的用法で、「〜の理由によって」「〜の原因で」。cf.「基礎」*p.* 497.

abhijānāmy ahaṃ bhagavann ekasmin samaye 'nyatamasmin vṛkṣa-mūle pratisaṃlīno 'bhūvam /

(梵漢和維摩経 *p.* 78, *ll.* 11–12)

「世尊よ、私は、思い出します。ある時、私は、〔多くの木々の中の〕とある木の根もとで独居して沈思黙考していました。
【「憶念するに、我、昔曾て林中に於いて、樹下に宴坐せり。】 （大正蔵、巻一四、五三九頁下）

abhijānāmy < abhijānāmi + 母音 < abhijānā- < abhi-√jñā- (9)：了解する。悟る。知る。～（対格）を…（対格）と認める。記憶する。*Pres. 1, sg. P.*
ahaṃ < mad-：私。*1, sg. Nom.*
bhagavann < bhagavan + 母音 < bhagavat-：*m.* 尊い（人）。「世尊」と漢訳。「婆伽婆」「薄伽梵」と音写。*sg. Voc.*
ekasmin < eka-：*基数詞,* 一。*adj.* ある。*m. sg. Loc.*
samaye 'nyatamasmin < samaye + anyatamasmin
　samaye < samaya-：*m.* 会合の場所。時間。好機。機会。*sg. Loc.*
　anyatamasmin < anyatama- < anya-tama-：*最上級,* 多く（三つ以上）の中の一つ。*n. sg. Loc.*
vṛkṣa-mūle < vṛkṣa-mūla-：*n.* 木の根もと。*sg. Loc.*
　vṛkṣa-：*m.* 木。植物。目に見える花と果実を有する木。
　mūla-：*n.* 根。付け根。基底。起原。本源。
pratisaṃlīno 'bhūvam < pratisaṃlīnaḥ + abhūvam
　pratisaṃlīnaḥ < pratisaṃlīna- < prati-sam-√lī- (4) + -na：*pp.* 閉じられた。退居した。静思する。離れた。静思のために退く。独居して沈思黙考する。「住於静室」「寂然禅定」と漢訳。*m. sg. Nom.*
　sam-√lī- (4)：～（処格）に入る。隠れる。潜む。
　√lī- (4)：～（処格）に留まる。定住する。隠れる。
　abhūvam < √bhū- (1)：出現する。なる。生ずる。*root-Aor. 1, sg. P.*

> vimalakīrtiś ca licchavir yena tad vṛkṣa-mūlaṃ tenôpasaṃkramya māṃ etad avocat /
> （梵漢和維摩経 *p.* 78, *ll.* 12–13）

「すると、リッチャヴィ族のヴィマラキールティが、その木の根もとのあるところ、そこへ近づいてきて、私にこのように言いました。
【「時に維摩詰来たりて、我に謂いて言わく。】　（大正蔵、巻一四、五三九頁下）

vimalakīrtiś < vimalakīrtiḥ + (c) < vimalakīrti- < vimala-kīrti-：*m.* ヴィマラキールティ。汚れのない名声を持つ（もの）。「維摩詰」「維摩」と音写。「浄名」「無垢称」と漢訳。*sg. Nom.*
ca：*conj.* および。また。しかしながら。そして。～と。なお。
licchavir < licchaviḥ + 有声音 < licchavi-：*m.* リッチャヴィ。「離車子」「栗姑毘」と音写。*sg. Nom.*
yena < yad-：*関係代名詞, n. sg. Ins.*
　yena ～ tena … = yatra ～ tatra …：～であるところ、そこで…。
tad < tat + 有声子音 < tad-：それ。*n. sg. Nom.*
vṛkṣa-mūlaṃ < vṛkṣa-mūla-：*n.* 木の根もと。*sg. Nom.*
tenôpasaṃkramya < tena + upasaṃkramya
　tena < tad-：それ。*n. sg. Ins.*
　upasaṃkramya < upa-sam-√kram- (1) + -ya：近づく。*Ger.*
māṃ < mad-：私。*1, sg. Acc.*
etad < etat + 母音 < etad-：これ。*n. sg. Acc.* 対格の副詞的用法で「このように」の意味。
avocat < avoca- < a- + va-+ uc- + -a < √vac- (2)：言う。話す。告げる。*重複Aor. 3, sg. P.*

> §3　na bhadanta-śāriputrâivaṃ pratisaṃlayanaṃ saṃlātavyaṃ yathā tvaṃ pratisaṃlīnaḥ /
> （梵漢和維摩経 *p.* 78, *ll.* 14–15）

§3　「『尊者シャーリプトラよ、あなたが独居して沈思黙考しているような、そのようなやり方で沈思黙考することを企てるべきではない。
【§3　「『唯、舎利弗よ、必ずしも是の坐は宴坐と為さざるなり。】　（大正蔵、巻一四、五三九頁下）

na：*ind.* ～でない。～にあらず。

bhadanta-śāriputrâivaṃ < bhadanta-śāriputra + evaṃ

bhadanta-śāriputra < bhadanta-śāriputra-：*m.* 尊者シャーリプトラ。*sg. Voc.*

bhadanta-：*m.* （仏教、またはジャイナ教の出家者の敬称)。「大徳」「尊」「尊者」「世尊」と漢訳。

śāriputra- < śāri-putra-：*m.* シャーリプトラ（シャーリーの息子)。「身子」と漢訳。「舎利弗」と音写。

evaṃ：*adv.* このように。「是」「如是」と漢訳。

pratisaṃlayanaṃ < pratisaṃlayana- < prati-sam-√lī- (4) + -ana：*n.* 一定の場所に退くこと。完全に没頭すること。静思のために退くこと。独居して沈思黙考すること。*sg. Nom.*

prati-sam-√lī- (4)：静思のために退く。独居して沈思黙考する。

saṃlātavyaṃ < saṃlātavyaṃ < sam-√lā- (2) + -tavyam：*未受分,* 企てられるべき。*n. sg. Nom.*

√lā- (2)：掴む。取る。企てる。

yathā：*関係副詞, 接続詞,* ～のように。あたかも～のように。～であるように。

tvaṃ < tvad-：あなた。*2, sg. Nom.*

pratisaṃlīnaḥ < pratisaṃlīna- < prati-sam-√lī- (4) + -na：*pp.* 閉じられた。退居した。孤独になった。静思する。離れた。静思のために退いた。独居して沈思黙考する。「住於静室」「寂然禅定」と漢訳。*m. sg. Nom.*

api tu tathā pratisaṃleyaś[3] ca yathā traidhātuke na kāyaś cittaṃ vā saṃdṛśyate /
（梵漢和維摩経 *p.* 78, *ll.* 15–16）

「『しかるに、三界において身体も、あるいは心も現ずることがないように、そのように〔あなたは〕沈思黙考するべきである。

【「『夫れ宴坐は三界に於いて身と意を現わさざる、是れを宴坐と為す。】
（大正蔵、巻一四、五三九頁下）

api：*adv.* また。さえも。されど。同様に。

tu：*ind.* しかし。しこうして。しかるに。しかも。

tathā：*adv.* そのように。同様な方法で。同様に。

pratisaṃleyaś < pratisaṃleyaḥ + (c) < pratisaṃleya- < prati-sam-√lī- (4) + -ya：*未受分,* 独居して沈思黙考されるべき。*m. sg. Nom.*

ca：*conj.* および。また。しかしながら。そして。～と。なお。

yathā：*関係副詞, 接続詞,* ～のように。あたかも～のように。～であるように。

traidhātuke < traidhātuka- < tri-dhātu- + -ka：*adj.* 三界に関する。*m. sg. Loc.*

-ka は、関係性、属性を意味する語を作る接尾辞。

na：*ind.* ～でない。～にあらず。

kāyaś < kāyaḥ + (c) < kāya-：*m.* 身体。集団。多数。集合。*sg. Nom.*

cittaṃ < citta-：*n.* 心。思考。意思。知性。理性。「質多」と音写。*sg. Nom.*

vā：*ind.* ～か。または。たとえ～であっても。

saṃdṛśyate < saṃdṛśya- < sam-√dṛś- (1) + -ya：*Pass.* ～（具格）とともに現われる。観察される。*3, sg. A.*

tathā pratisaṃleyaś ca yathā nirodhāc ca na vyuttiṣṭhasi sarvêryā-patheṣu ca saṃdṛśyase /
（梵漢和維摩経 *p.* 78, *ll.* 16–17）

「『滅尽〔定〕から背を向けずに、〔行・住・坐・臥の四つからなる〕すべての威儀において現ずるように、そのように〔あなたは〕沈思黙考するべきである。

【「『滅定より起たずして而も諸の威儀を現ずる、是れを宴坐と為す。】

（大正蔵、巻一四、五三九頁下）

………………………………………………………………………

tathā：*adv.* そのように。同様な方法で。同様に。

pratisaṃleyaś < pratisaṃleyaḥ + (c) < pratisaṃleya- < prati-sam-√lī- (4) + -ya：*未受分,* 独居して沈思黙考されるべき。*m. sg. Nom.*

ca：*conj.* および。また。しかしながら。そして。～と。なお。

yathā：*関係副詞, 接続詞,* ～のように。あたかも～のように。～であるように。

nirodhāc < nirodhāt + (c) < nirodha-：*m.* 抑圧。征服。破壊。「滅」「滅度」「寂滅」と漢訳。*sg. Abl.*

ca：*conj.* および。また。しかしながら。そして。～と。なお。

na：*ind.* ～でない。～にあらず。

vyuttiṣṭhasi < vyuttiṣṭha- < vi-ud-√sthā- (1)：～（奪格）から背を向ける。～を捨てる。*Pres. 2, sg. P.*

sarvêryā-patheṣu < sarva-īryā-patha-：*m.* 〔行・住・坐・臥の〕すべての〔四〕威儀。*pl. Loc.*

sarva-：*adj.* 一切の。すべての。

īryā-patha-：*m.* 行儀。正しい行状。比丘の遵守すべき規定。

īryā- < √īr- (2) + -yā-：*f.* 行動。姿勢・行状。行為。「威儀」「律儀」と漢訳。

patha-：*m.* ～の路。小路。道。「道路」「経路」と漢訳。

ca：*conj.* および。また。しかしながら。そして。～と。なお。

saṃdṛśyase < saṃdṛśya- < sam-√dṛś- (1) + -ya：*Pass.* ～（具格）とともに現われる。観察される。*2, sg. A.*

> tathā pratisaṃleyaś ca yathā prāpti-lakṣaṇaṃ ca na vijahāsi pṛthag-jana-lakṣaṇeṣu ca saṃdṛśya=se /
>
> （梵漢和維摩経 *p.* 80, *ll.* 1–2）

「『〔覚りを〕達成したという特徴を棄てることなく、凡人の諸々の特徴において現ずるように、そのように〔あなたは〕沈思黙考するべきである。

【「『道法を捨てずして而も凡夫の事を現ずる、是れを宴坐と為す。】（大正蔵、巻一四、五三九頁下）

………………………………………………………………………

tathā：*adv.* そのように。同様な方法で。同様に。

pratisaṃleyaś < pratisaṃleyaḥ + (c) < pratisaṃleya- < prati-sam-√lī- (4) + -ya：*未受分,* 独居して沈思黙考されるべき。*m. sg. Nom.*

ca：*conj.* および。また。しかしながら。そして。～と。なお。

yathā：*関係副詞, 接続詞,* ～のように。あたかも～のように。～であるように。

prāpti-lakṣaṇaṃ < prāpti-lakṣaṇa-：*n.* 証得の特徴。*sg. Acc.*

prāpti- < pra-√āp- (1) + -ti：*f.* 到来。到達する領域。範囲。～への到着。達成。獲得。「証得」と漢訳。

lakṣaṇa- < √lakṣ- (1) + -ana：*n.* 標章。しるし。記号。特徴。属性。「相」「色相」「相貌」と漢訳。

ca：*conj.* および。また。しかしながら。そして。～と。なお。

na：*ind.* ～でない。～にあらず。

vijahāsi < vijahā- < vi-√hā- (3)：置き去りにする。棄てる。断念する。立ち退く。あきらめる。放棄する。除去する。失う。～（奪格）をやめる。*Pres. 2, sg. P.*

pṛthag-jana-lakṣaṇeṣu < pṛthag-jana-lakṣaṇa-：*n.* 凡人の特徴。*pl. Loc.*

pṛthag-jana-：*m.* 低い階級の人。民衆。「凡夫」「凡人」と漢訳。

pṛthag < pṛthak + 有声子音：*adv.* 離れて。別々に。各自に。

jana-：*m.* 生物。人。

ca：*conj.* および。また。しかしながら。そして。〜と。なお。
saṃdṛśyase < saṃdṛśya- < sam-√dṛś- (1) + -ya：*Pass.* 〜（具格）とともに現われる。観察される。
　　2, sg. A.

tathā pratisaṃleyaś ca yathā te na câdhyātmaṃ cittam avasthitaṃ bhaven na bahirdhôpavica=ret /
（梵漢和維摩経 *p.* 80, *ll.* 2–3)

「『あなたの心が、自分〔の中〕にあるのでもなく、〔自分を〕離れて活動しているのでもないように、そのように〔あなたは〕沈思黙考するべきである。
【「『心、内に住せず、亦（また）外に在らざる、是れを宴坐と為す。】　　（大正蔵、巻一四、五三九頁下）
……………………………………………………………………

tathā：*adv.* そのように。同様な方法で。同様に。
pratisaṃleyaś < pratisaṃleyaḥ + (c) < pratisaṃleya- < prati-sam-√lī- (4) + -ya：*未受分*, 独居して
　　沈思黙考されるべき。*m. sg. Nom.*
ca：*conj.* および。また。しかしながら。そして。〜と。なお。
yathā：*関係副詞*, *接続詞*, 〜のように。あたかも〜のように。〜であるように。
te < tvad-：あなた。*2, sg. Gen.*
na：*ind.* 〜でない。〜にあらず。
câdhyātmaṃ < ca + adhyātmaṃ
　　adhyātmaṃ < adhyātma- < adhi-ātma-：*adj.* 自己の。自己に特有な。*n. sg. Acc.*
cittam < citta-：*n.* 心。思考。意思。知性。理性。「質多」と音写。*sg. Nom.*
avasthitaṃ < avasthita- < ava-√sthā- (1) + -ita：*pp.* 置かれた。配置された。〜の状態にあり続け
　　る。〜に従事している。*n. sg. Nom.*
bhaven < bhavet + (n) < bhava- < √bhū- (1)：なる。在る。〜である。*Opt. 3, sg. P.*
na：*ind.* 〜でない。〜にあらず。
bahirdhôpavicaret < bahirdhā + upavicaret
　　bahirdhā < bahir-dhā：*adv.* 〜（奪格）の外側に。〜を離れて。
　　bahir- < bahis：*adv.* （家、町、国などの）外側に。戸外に。
　　dhā < √dhā- (3) + -ā ：*adj.* 置く。
　　upavicaret < upavicara- < upa-vi-√car- (1)：「遊行」「分別」と漢訳。*Opt. 3, sg. P.*
　　upa-√car- (1)：近づく。仕える。尊敬する。企てる。なす。
　　vi-√car- (1)：諸方に動く。広がる。普及する。活発に動く。出発する。徘徊する。彷徨する。

tathā pratisaṃleyaś ca yathā sarva-dṛṣṭi-gatebhyaś ca na calasi saptatriṃśatsu ca bodhi-pakṣyeṣu dharmeṣu saṃdṛśyase /
（梵漢和維摩経 *p.* 80, *ll.* 3–5)

「『あらゆる〔誤った〕見解（邪見）に行き着くことを避けることなく、覚りを助ける三十七の〔修行〕法において現ずるように、そのように〔あなたは〕沈思黙考するべきである。
【「『諸見に於いて動ぜずして三十七品を修行する、是れを宴坐と為す。】
（大正蔵、巻一四、五三九頁下）
……………………………………………………………………

tathā：*adv.* そのように。同様な方法で。同様に。
　　tathā 〜 yathā …：そのように〜、その結果…。cf.「シンタックス」*p.* 288.
pratisaṃleyaś < pratisaṃleyaḥ + (c) < pratisaṃleya- < prati-sam-√lī- (4) + -ya：*未受分*, 独居して
　　沈思黙考されるべき。*m. sg. Nom.*
ca：*conj.* および。また。しかしながら。そして。〜と。なお。
yathā：*関係副詞*, *接続詞*, 〜のように。あたかも〜のように。〜であるように。

sarva-dṛṣṭi-gatebhyaś < sarva-dṛṣṭi-gatebhyaḥ + (c) < sarva-dṛṣṭi-gata-：*adj.* あらゆる〔誤った〕見解（邪見）に行き着く。*m. pl. Abl.*

sarva-：*adj.* 一切の。すべての。

dṛṣṭi-gata-：*adj.* 「見成」「見相」「成見」「邪見」「悪見」と漢訳。

dṛṣṭi- < √dṛś- (1) + -ti：*f.* 見ること。視力。見なすこと。意見。（誤った）見解。「見」「閲」「邪見」「妄見」と漢訳。

～-gata-：*adj.* ～に行った／来た。～に陥った。～に於ける。～の中にある。～に含まれた。～に関する。～に出立した。～より造られた。～に到達した。～を得た。

ca：*conj.* および。また。しかしながら。そして。～と。なお。

na：*ind.* ～でない。～にあらず。

calasi < cala- < √cal- (1)：動く。揺れ動く。揺れる。震う。～（奪格）から逸れる。「動」「動揺」「震動」と漢訳。*Pres. 2, sg. P.*

saptatriṃśatsu < saptatriṃśat-：*基数詞,* 三十七。*m. pl. Loc.*

ca：*conj.* および。また。しかしながら。そして。～と。なお。

bodhi-pakṣyeṣu < bodhi-pakṣya-：*adj.* 覚りを助ける。*m. pl. Loc.*

bodhi- < budh- (1) + -i：*f.* 覚り。「菩提」と音写。

pakṣya-：*adj.* ～に味方する。「品」「分」と漢訳。

saptatriṃśad-bodhipakṣya-：*adj.* 三十七の覚りを助ける。

dharmeṣu < dharma-：*m.* 確定した秩序。慣例。習慣。法則。規則。義務。宗教。教説。性質。本質。属性。特質。事物。法。*pl. Loc.*

saṃdṛśyase < saṃdṛśya- < sam-√dṛś- (1) + -ya：*Pass.* ～（具格）とともに現われる。観察される。*2, sg. A.*

tathā pratisaṃleyaś ca yathā saṃsārâvacarāṃś ca kleśān na prajahāsi nirvāṇa-samavasaraṇaś ca bhavasi / (梵漢和維摩経 *p.* 80, *ll.* 5–6)

「『〔六道における〕生存の循環（輪廻）に繫がれている煩悩を断ち切ることなく、涅槃に入るように、そのように〔あなたは〕沈思黙考するべきである。

【「『煩悩を断たずして涅槃に入る、是れを宴坐と為す。】　　（大正蔵、巻一四、五三九頁下）

……………………………………………………………………

tathā：*adv.* そのように。同様な方法で。同様に。

pratisaṃleyaś < pratisaṃleyaḥ + (c) < pratisaṃleya- < prati-sam-√lī- (4) + -ya：*未受分,* 独居して沈思黙考されるべき。*m. sg. Nom.*

ca：*conj.* および。また。しかしながら。そして。～と。なお。

yathā：*関係副詞, 接続詞,* ～のように。あたかも～のように。～であるように。

saṃsārâvacarāṃś < saṃsārâvacarān + (c) < saṃsāra-avacara-：*adj.* 生存の循環（輪廻）に住する。生存の循環（輪廻）に繫がれている。*m. pl. Acc.*

saṃsāra- < sam-√sṛ- (1) + -a：*m.* 生存の循環。（生の）不断の連続。現世の生存。「輪廻」と漢訳。

sam-√sṛ- (1)：歩き回る。徘徊する。

√sṛ- (1)：速く走る。流れる。

avacara- < ava-√car- (1) + -a：*adj.* ～に住する。～と住する。～の中で動く。「繫」と漢訳。*m.* 領域。範囲。

ca：*conj.* および。また。しかしながら。そして。～と。なお。

kleśān < kleśa- < √kliś- (4) + -a：*m.* 苦痛。苦悩。心痛。「煩悩」「惑」「根本煩悩」と漢訳。*pl. Acc.*

√kliś- (4)：悩ませる。困らせる。悩む。困る。

na：*ind.* ～でない。～にあらず。

prajahāsi < prajahā- < pra-√hā- (3)：去る。見棄てる。断念する。放棄する。「捨」「離」「滅尽」「断滅」と漢訳。*Pres. 2, sg. P.*

nirvāṇa-samavasaraṇaś < nirvāṇa-samavasaraṇaḥ + (c) < nirvāṇa-samavasaraṇa-：*m.* 涅槃に入ること。*sg. Nom.*

nirvāṇa- < nir-√vā- (2, 4) + -na：*pp.* 吹き消された。生命の光の消えた。絶対の至福を享受した。*n.* 消滅。生の焔の消滅すること。絶対との一致。完全な満足。寂滅。安穏。「滅」「滅度」「寂滅」「安穏」と漢訳。「涅槃」「泥洹」と音写。

samavasaraṇa- < sam-ava-√sṛ- (1) + -ana：*n.* 入ること。会うこと。集合すること。集会。

sam-ava-√sṛ- (1)：「入」「普入」「悉入」「入中」「趣入」「遍入」「普遍趣入」と漢訳。

ca：*conj.* および。また。しかしながら。そして。～と。なお。

bhavasi < bhava- < √bhū- (1)：なる。*Pres. 2, sg. P.*

ye bhadanta-śāriputrâivaṃ pratisaṃlayanaṃ pratisaṃlīyante teṣāṃ bhagavān pratisaṃlayanam anujānāti /

(梵漢和維摩経 *p.* 80, *ll.* 6–8)

「『尊者シャーリプトラよ、このように独居して沈思黙考を行なうところの人たち、それらの人たちの沈思黙考を、世尊は認可されるのである』と。

【「『若し能く是くの如く坐せば、仏の印可したもう所なり』と。】　(大正蔵、巻一四、五三九頁下)

ye < yad-：*関係代名詞, m. pl. Nom.*

bhadanta-śāriputrâivaṃ < bhadanta-śāriputra + evaṃ

bhadanta-śāriputra < bhadanta-śāriputra-：*m.* 尊者シャーリプトラ。*sg. Voc.*

evaṃ：*adv.* このように。「是」「如是」と漢訳。

pratisaṃlayanaṃ < pratisaṃlayana- < prati-sam-√lī- (4) + -ana：*n.* 一定の場所に退くこと。完全に没頭すること。静思のために退くこと。独居して沈思黙考すること。*sg. Acc.*

pratisaṃlīyante < pratisaṃlīya- < prati-sam-√lī- (4)：静思のために退く。独居して沈思黙考する。*Pres. 3, pl. A.*

この二語は、「寝を寝」「歌を歌う」「dream a dream」のように同族目的語（cognate object）を取る動詞である。サンスクリット文献で多数見られるが（中村元著『インド人の思惟方法』、*p.* 40 を参照)、『維摩経』でも同じ。

teṣāṃ < tad-：それ。*m. pl. Gen.*

bhagavān < bhagavat-：*m.* 尊い（人)。世尊。「婆伽婆」「薄伽梵」と音写。*sg. Nom.*

pratisaṃlayanam < pratisaṃlayana- < prati-sam-√lī- (4) + -ana：*n.* 一定の場所に退くこと。完全に没頭すること。静思のために退くこと。独居して沈思黙考すること。*sg. Acc.*

anujānāti < anujānā- < anu-√jñā- (9)：承諾する。約束する。認可する。許す。従う。～（人＝属格）を宥す。～（対格）を正しいとする。*Pres. 3, sg. P.*

§4　so 'haṃ bhagavann etāṃ śrutvā tūṣṇīm evâbhūvam /

(梵漢和維摩経 *p.* 80, *l.* 9)

§4　「世尊よ、その私は、この〔言葉〕を聞いて、ただ黙り込んでしまいました。

【§4　「時に我、世尊よ、是の語を説くを聞き、黙然として止み、】（大正蔵、巻一四、五三九頁下）

so 'haṃ < saḥ + ahaṃ

saḥ < tad-：それ。*m. sg. Nom.*

ahaṃ < mad-：私。*1, sg. Nom.*

bhagavann < bhagavan + 母音 < bhagavat-：*m.* 尊い（人)。「世尊」と漢訳。「婆伽婆」「薄伽梵」と音写。*sg. Voc.*

etāṃ < etad-：これ。*f. sg. Acc.*
śrutvā < √śru- (5) + -tvā：～（具格、奪格、属格）から聞く。*Ger.*
tūṣṇīm：*adv.* 沈黙して。黙して。「黙然」「不語」「黙然無語」と漢訳。
　　tūṣṇīm √bhū- (1)：「黙然而住」と漢訳。
evâbhūvam < eva + abhūvam
　　eva：*adv.* さように。このように。まさに。実に。ただ。全くこのように。
　　abhūvam < √bhū- (1)：出現する。なる。生ずる。*root-Aor. 1, sg. P.*

na[4] tasya śaknomy uttare prativacanaṃ dātum /
（梵漢和維摩経 *p.* 80, *ll.* 9–10）

「私は、それ以後、それに対して返答をすることができませんでした。
【「報(こたえ)を加うること能(あた)わざりき。】　（大正蔵、巻一四、五三九頁下）
………………………………………………………………………

na：*ind.* ～でない。～にあらず。
tasya < tad-：それ。*m. sg. Gen.*
śaknomy < śaknomi + 母音 < śakno- < √śak- (5)：～することができる。する能力を有する。する力を持つ。*Pres. 1, sg. P.*
uttare < uttara- < ud-tara-：*比較級,* より上の。より高い。左の。北の。後方の。以後の。*n. sg. Loc.* 処格の副詞的用法。
prativacanaṃ < prativacana- < prati-√vac- (2) + -ana：*n.* ～（属格）に対する返事。～への応答。*sg. Acc.*
　　prati-√vac- (2)：～（対格）に…（対格）を答える。返事する。返答する。
　　√vac- (2)：言う。話す。告げる。
dātum < √dā- (3) + -tum：*不定詞,* 与えること。
　　不定詞は、√śak-とともに用いて「～できる」を表わす。cf.「シンタックス」*p.* 112.
　　不定詞には、受動形はなく、受動の表現には不定詞を支配する動詞のほうを受動形にする。例：tat kartuṃ śakyate / それはなされることができる（それをなすことができる）。cf.「シンタックス」*p.* 112.

tan nâham utsahe tasya kula-putrasya glāna-paripṛcchako gantum /
（梵漢和維摩経 *p.* 80, *ll.* 10–11）

「それ故に、私は、その良家の息子の病気見舞いに行くことに耐えられません」
【「故に我、彼(かしこ)に詣(いた)りて疾を問うに任(た)えず」と。】　（大正蔵、巻一四、五三九頁下）
………………………………………………………………………

tan < tat + (n) < tad-：*adv.* それ故に。そこに。その時。
nâham < na + aham
　　aham < mad-：私。*1, sg. Nom.*
utsahe < utsaha- < ud-√sah- (1)：こらえる。耐える。～（不定詞）することができる。～する能力がある。*Pres. 1, sg. A.*
tasya < tad-：それ。*m. sg. Gen.*
kula-putrasya < kula-putra-：*m.* 良家の息子。「善男子」と漢訳。*sg. Gen.*
glāna-paripṛcchako < glāna-paripṛcchakaḥ + 有声子音 < glāna-paripṛcchaka-：*m.* 病についての質問（者）。「問病」と漢訳。*sg. Nom*
gantum < √gam- (1) + -tum：*不定詞,* 行くこと。

§5　tatra bhagavān āyuṣmantaṃ mahā-maudgalyāyanam āmantrayate sma /　gaccha tvaṃ maudgalyāyana vimalakīrter licchaver glāna-paripṛcchakaḥ /

(梵漢和維摩経 *p.* 80, *ll.* 12–14)

§5　そこで、世尊は尊者マハー・マウドガリヤーヤナ（大目犍連）におっしゃられた。

「マウドガリヤーヤナよ、あなたは、リッチャヴィ族のヴィマラキールティの病気見舞いに行くがよい」

【§5　仏は大目犍連に告げたまえり。「汝、維摩詰に行詣して、疾を問え」】

（大正蔵、巻一四、五三九頁下）

…………………………………………………………………

tatra：*adv.* そこに。そこへ。かしこに。その時に。その場合に。

bhagavān < bhagavat-：*m.* 尊い（人）。世尊。「婆伽婆」「薄伽梵」と音写。*sg. Nom.*

āyuṣmantaṃ < āyuṣmat- < āyus- + -mat-：*m.* 長寿の。健康の。「尊者」「長老」「具寿」と漢訳。*sg. Acc.*

mahā-maudgalyāyanam < mahā-maudgalyāyana-：*m.* マハー・マウドガリヤーヤナ。「大目犍連」と音写。*sg. Acc.*

āmantrayate < āmantraya- < ā-√mantraya- (名動詞)：語りかける。「告」「告言」「白言」と漢訳。*Pres. 3, sg. A.*

sma：*ind.* 実に。現在形の動詞とともに用いて、過去の意味を表わす（歴史的現在）。

…………………………………………………………………

gaccha < gaccha- < √gam- (1)：行く。経過する。～（対格、為格、処格）に赴く。近づく。達する。*Impv. 2, sg. P.*

tvaṃ < tvad-：あなた。*2, sg. Nom.*

maudgalyāyana < maudgalyāyana-：*m.* マウドガリヤーヤナ。「目犍連」と音写。*sg. Voc.*

vimalakīrter < vimalakīrteḥ + 有声音 < vimalakīrti- < vimala-kīrti-：*m.* ヴィマラキールティ。汚れのない名声を持つ（もの）。「維摩詰」「維摩」と音写。「浄名」「無垢称」と漢訳。*sg. Gen.*

licchaver < licchaveḥ + 有声音 < licchavi-：*m.* リッチャヴィ。「離車子」「栗姑毘」と音写。*sg. Gen.*

glāna-paripṛcchakaḥ < glāna-paripṛcchaka-：*m.* 病についての質問（者）。「問病」と漢訳。*sg. Nom.*

maudgalyāyano 'py āha /　nâhaṃ bhagavann utsahe tasya sat-puruṣasya glāna-paripṛcchako gantum /

(梵漢和維摩経 *p.* 80, *ll.* 15–16)

マウドガリヤーヤナもまた、言った。

「世尊よ、私は、その善き人（善士）の病気見舞いに行くことに耐えられません。

【目連、仏に白して言さく、「世尊よ、我、彼に詣りて疾を問うに堪任せず。】

（大正蔵、巻一四、五三九頁下）

…………………………………………………………………

maudgalyāyano 'py < maudgalyāyanaḥ + apy

　maudgalyāyanaḥ < maudgalyāyana-：*m.* マウドガリヤーヤナ。「目犍連」と音写。*sg. Nom.*

　apy < api + 母音：*adv.* また。さえも。されど。なお。

āha < √ah-：言う。*Perf. 3, sg. P.*

…………………………………………………………………

nâhaṃ < na + ahaṃ

　na：*ind.* ～でない。～にあらず。

　ahaṃ < mad-：私。*1, sg. Nom.*

bhagavann < bhagavan + 母音 < bhagavat-：*m.* 尊い（人）。「世尊」と漢訳。「婆伽婆」「薄伽梵」と音写。*sg. Voc.*

utsahe < utsaha- < ud-√sah- (1)：こらえる。耐える。～（不定詞）することができる。～する能力がある。*Pres. 1, sg. A.*

tasya < tad-：それ。*m. sg. Gen.*

sat-puruṣasya < sat-puruṣa-：*m.* 善き人。「善士」と漢訳。*sg. Gen.*

glāna-paripṛcchako < glāna-paripṛcchakaḥ + 有声子音 < glāna-paripṛcchaka-：*m.* 病についての質問（者）。「問病」と漢訳。*sg. Nom*
gantum < √gam- (1) + -tum：*不定詞,* 行くこと。

tat kasya hetoḥ /
(梵漢和維摩経 *p.* 80, *l.* 16)

「それは、どんな理由によってでしょうか？
【「所以は何んとなれば、】（大正蔵、巻一四、五三九頁下）
………………………………………………………………………

tat < tad-：それ。*n. sg. Nom.*
kasya < kim-：*疑問詞,* だれ。何。どんな。どの。*m. sg. Gen.*
hetoḥ < hetu-：*m.* 理由。原因。因。*sg. Gen.*
属格の副詞的用法で、「～の理由によって」「～の原因で」。cf.「基礎」*p.* 497.

abhijānāmy ahaṃ bhagavann ekasmin samaye vaiśālyāṃ mahā-nagaryām anyatamasmin vīthī-mukhe gṛha-patibhyo dharmaṃ deśayāmi /
(梵漢和維摩経 *p.* 80, *ll.* 16–18)

「世尊よ、私は、思い出します。ある時、ヴァイシャーリーという大都城のとある門のところで[5]、私は資産家（居士）たちのために法を説いていました。
【「憶念するに、我、昔、毘耶離大城に入りて、里巷中に於いて諸の居士の為に法を説けり。】
（大正蔵、巻一四、五四〇頁上）
………………………………………………………………………

abhijānāmy < abhijānāmi + 母音 < abhijānā- < abhi-√jñā- (9)：了解する。悟る。知る。～（対格）を…（対格）と認める。記憶する。*Pres. 1, sg. P.*
ahaṃ < mad-：私。*1, sg. Nom.*
bhagavann < bhagavan + 母音 < bhagavat-：*m.* 尊い（人）。「世尊」と漢訳。「婆伽婆」「薄伽梵」と音写。*sg. Voc.*
ekasmin < eka-：*基数詞,* 一。*adj.* ある。*m. sg. Loc.*
samaye < samaya-：*m.* 会合の場所。時間。好機。機会。*sg. Loc.*
vaiśālyāṃ < vaiśālī-：*f.* ヴァイシャーリー（Viśāla 国の王が建設した町の名前）。「毘舎離」「毘耶離」「吠舎離」と音写。*sg. Loc.*
mahā-nagaryām < mahā-nagarī-：*f.* 大都市。*sg. Loc.*
anyatamasmin < anyatama- < anya-tama-：*最上級,* 多く（三つ以上）の中の一つ。*n. sg. Loc.*
vīthī-mukhe < vīthī-mukha-：*n.* 都市への門。*sg. Loc.*
vīthī- = vīthi-：*f.* 列。路。街。（店の）並び。市場通り。
mukha-：*n.* 顔。～の口。入口。「口」「面」「門」と漢訳。
gṛha-patibhyo < gṛha-patibhyaḥ + 有声子音 < gṛha-pati-：*m.* 資産家。「家長」「居士」「長者」「在家」と漢訳。*pl. Dat.*
dharmaṃ < dharma-：*m.* 教説。真理。「法」と漢訳。*sg. Acc.*
deśayāmi < deśaya- < √diś- (6) + -aya：*Caus.* 示す。導く。説明する。教える。宣説する。*1, sg. P.*

tatra māṃ vimalakīrtir licchavir upasaṃkramyâivam[6] āha /
(梵漢和維摩経 *p.* 80, *ll.* 18–19)

「すると、リッチャヴィ族のヴィマラキールティが、私に近づいてから、このように言いました。
【「時に維摩詰来たりて我に謂いて言く。】（大正蔵、巻一四、五四〇頁上）
………………………………………………………………………

tatra：*adv.* そこに。そこへ。かしこに。その時に。その場合に。
māṃ < mad-：私。*1, sg. Acc.*
vimalakīrtir < vimalakīrtiḥ + 有声音 < vimalakīrti- < vimala-kīrti-：*m.* ヴィマラキールティ。汚れのない名声を持つ（もの）。「維摩詰」「維摩」と音写。「浄名」「無垢称」と漢訳。*sg. Nom.*
licchavir < licchaviḥ + 有声音 < licchavi-：*m.* リッチャヴィ。「離車子」「栗姑毘」と音写。*sg. Nom.*
upasaṃkramyâivam < upasaṃkramya + evam
　upasaṃkramya < upa-sam-√kram- (1) + -ya：近づく。*Ger.*
　evam：*adv.* このように。「是」「如是」と漢訳。
āha < √ah-：言う。*Perf. 3, sg. P.*

§6 na bhadanta-maudgalyāyana gṛhibhyo 'vadāta-vasanebhya evaṃ dharmo deśayitavyo yathā bhadanto deśayati /
(梵漢和維摩経 *p.* 80, *ll.* 20–21)

§6 「『尊者〔マハー・〕マウドガリヤーヤナ（大目犍連）よ、尊者が説いているような、そのようなやり方で白い衣服を着ている〔在家の〕家長に対して、法（真理の教え）を説くべきではない。
【§6 「『唯（いい）、大目連よ、白衣（びゃくえ）の居士（こじ）の為に法を説くは、当（まさ）に仁者（なんじ）の所説の如くすべからず。】
（大正蔵、巻一四、五四〇頁上）

………………………………………………………………………

na：*ind.* ～でない。～にあらず。
bhadanta-maudgalyāyana < bhadanta-maudgalyāyana-：*m.* 尊者〔マハー・〕マウドガリヤーヤナ。*sg. Voc.*
　maudgalyāyana-：*m.* 〔マハー・〕マウドガリヤーヤナ。「目犍連」と音写。
gṛhibhyo 'vadāta-vasanebhya < gṛhibhyaḥ + avadāta-vasanebhya
　gṛhibhyaḥ < gṛhi-：*m.* 家長。「白衣」と漢訳。*pl. Dat.*
　avadāta-vasanebhya < avadāta-vasanebhyaḥ + a 以外の母音 < avadāta-vasana-：*adj.* 白い衣服を着ている。在家の。「白衣」と漢訳。*m. pl. Dat.*
　avadāta- < ava-√dā- (4) + -ta：*pp.* 純粋なる。清浄なる。白い。純白の。明らかな。
　vasana-：*n.* 着物。衣服。衣類。
evaṃ：*adv.* このように。「是」「如是」と漢訳。
dharmo < dharmaḥ + 有声子音 < dharma-：*m.* 真理。教え。「法」と漢訳。*sg. Nom.*
deśayitavyo < deśayitavyaḥ + 半母音 < deśayitavya- < deśaya- + -itavya < √diś- (6) + -aya + -itavya：*Caus.* *未受分,* 示されるべき。導かれるべき。説明されるべき。教えられるべき。*m. sg. Nom.*
yathā：*関係副詞, 接続詞,* ～のように。あたかも～のように。～であるように。
　yathā ～ evam …：～のように、そのように…。
bhadanto < bhadantaḥ + 有声子音 < bhadanta-：*m.* （仏教、またはジャイナ教の出家者の敬称）。「大徳」「尊」「尊者」「世尊」と漢訳。*sg. Nom.*
deśayati < deśaya- < √diś- (6) + -aya：*Caus.* 示す。導く。説明する。教える。宣説する。*3, sg. P.*

api tu tathā bhadanta-maudgalyāyana dharmo deśayitavyo yathâiva sa dharmaḥ /
(梵漢和維摩経 *p.* 80, *ll.* 21–22)

「『しかるに、尊者〔マハー・〕マウドガリヤーヤナよ、法は、まさにその法のままに説かれるべきなのだ。
【「『夫（そ）れ説法は、当（まさ）に如法に説くべし。】　（大正蔵、巻一四、五四〇頁上）

………………………………………………………………………

api：*adv.* また。さえも。されど。同様に。
tu：*ind.* しかし。しこうして。しかるに。しかも。

tathā：*adv.* そのように。同様な方法で。同様に。

bhadanta-maudgalyāyana < bhadanta-maudgalyāyana-：*m.* 尊者〔マハー・〕マウドガリヤーヤナ。
sg. Voc.

dharmo < dharmaḥ + 有声子音 < dharma-：*m.* 真理。教え。「法」と漢訳。*sg. Nom.*

deśayitavyo < deśayitavyaḥ + 半母音 < deśayitavya- < deśaya- + -itavya < √diś- (6) + -aya + -itavya：*Caus. 未受分,* 示されるべき。導かれるべき。説明されるべき。教えられるべき。
m. sg. Nom.

yathâiva < yathā + eva
yathā：*conj.* ～のように。あたかも～のように。～と（that）。
eva：*adv.* さように。このように。まさに。実に。ただ。全くこのように。

sa < saḥ < tad-：それ。*m. sg. Nom.*

dharmaḥ < dharma-：*m.* 真理。教え。「法」と漢訳。*sg. Nom.*

dharmo hi bhadanta-maudgalyāyanâsattvaḥ sattva-rajo-vigato nairātmyo rāga-rajo-vigato nirjīvo jāti-cyuti-vigato niṣpudgalaḥ pūrvântâparânta-paricchinnaḥ[7] śānta upaśānta-lakṣaṇo vi=
rāgo ’nārambaṇa-gatiko ’nakṣaraḥ sarva-vākya-cchedo ’nudāhāraḥ sarvôrmi-vigataḥ sarvatrânu=
gata ākāśa-sama-sadṛśo ’varṇa-liṅga-saṃsthānaḥ sarva-pracāra-vigato ’mamo mama-kāra-viga=
to ’vijñaptiś citta-mano-vijñāna-vigato ’sadṛśo niṣpratipakṣatvād dhetu-vilakṣaṇaḥ pratyayâsamā=
ropo dharma-dhātu-samavasaraṇaḥ sarva-dharma-samāhitas tathatânugato ’nanugamana-yoge=
na bhūtakoṭi-pratiṣṭhito ’tyantâcalitatvād acalitaḥ ṣaḍ-viṣayâniśritatvān na kvacid gamanâgama=
no ’navasthitatvāc chūnyatā-samāhita ānimitta-prabhāvito ’praṇihita-lakṣaṇa ūhâpoha-vigato ’nutkṣepo ’prakṣepa utpāda-bhaṅga-vigato ’nālayaś cakṣuḥ-śrotra-ghrāṇa-jihvā-kāya-manaḥ-patha-samatikrānto ’nunnato ’navanataḥ sthito ’neñjyaṃ prāptaḥ sarva-pracāra-vigataḥ /
（梵漢和維摩経 *p.* 80, *ll.* 22–24, *p.* 82, *ll.* 1–12）

「『尊者〔マハー・〕マウドガリヤーヤナよ、実に法は、衆生でないものであり、衆生の塵芥を離れたものである。〔法は〕我のないものであり、愛欲の塵芥を除き去ったものである。生命のないものであり、生まれたり死んだりすることを離れている。〔生存の循環（輪廻）の主体としての〕個我がなく、過去の際と未来の際とも分断されている。〔法は〕寂静であり、諸相が消滅している。欲望を離れていて、対境に依存することがない。〔法は〕文字〔で表現されること〕のないものであり、言葉によるあらゆる表現を断たれているのである。説かれることがなく、〔人生に襲ってくる飢・渇・寒・暑・貧・迷の六つの苦悩の〕あらゆる波を離れている[8]。あらゆるものに行きわたっていて、虚空に等しいものである。色や特徴、形態がなく、いかなる〔形での〕顕在化も離れている。〔法は〕無我であり、〔何かを〕我がものとすることを離れている。認識・判断することがなく、心と意や、識別〔する働き〕を離れている。比較相対することがないので、等しいもの〔として比べること〕がない。原因としての特徴を欠いていて、縁が帰属するものもない。〔法は〕真理の世界（法界）に入っていて、あらゆるものごと（一切法）と結ばれている[9]。随順しないという合一によって、あるがままの真理（真如）と一致している。完全に不動であることから、真実の極限に達している。六つの感覚器官（六根）の対象に依存しないことから、動ずることがない。留まることのないことから、どこかあるところへ行くことも来ることもないのだ。実体がないこと（空性）に基づき、特徴がないこと（無相）を顕示していて、欲望を離れていること（無願）を特徴としている。推論も否定も離れている。投げ上げることもなく、下に置くこともない[10]。生ずることも、滅することも離れている。〔自己の根底に執着すべき〕拠り所（アーラヤ）がなく、眼・耳・鼻・舌・身・意の〔行く〕道を超越している。高められることもなく、低められることもない。安住して、不動に達していて、いかなる〔形での〕顕在化も離れている。

【「『法に衆生無し、衆生の垢を離るるが故なり。法に我有ること無し、我の垢を離るるが故なり。法に寿命無し、生死を離るるが故なり。法に人有ること無し、前後の際を断ぜるが故なり。法は常に寂然たり、諸相を滅するが故なり。法は相を離る、所縁無きが故なり。法に名字無し、言語断ぜるが故なり。法に説有ること無し、覚観を離るるが故なり。法に形相無し、虚空の如くなるが故なり。法に戯論無し、畢竟空なるが故なり。法に我所無し、我所を離るるが故なり。法に分別無し、諸識を離るるが故なり。法に比有ること無し、相待無きが故なり。法は因に属さず、縁に在らざるが故なり。法は法性に同ず、諸法に入るが故なり。法は如に随う、随う所無きが故なり。法は実際に住す、諸辺に動ぜざるが故なり。法に動揺無し、六塵に依らざるが故なり。法に去来無し、常に住せざるが故なり。法は空に順い、無相に随い、無作に応ず。法は好醜を離れ、法に増損無く、法に生滅無く、法に帰する所無し。法は眼・耳・鼻・舌・身・心を過ぐ。法に高下無く、法は常住にして不動なり。法は一切の観行を離る。】　　　　　　　　　　（大正蔵、巻一四、五四〇頁上）

……………………………………………………………………

dharmo < dharmaḥ + 有声子音 < dharma-：*m.* 真理。教え。「法」と漢訳。*sg. Nom.*

hi：*ind.* 真に。確かに。実に。

bhadanta-maudgalyāyanâsattvaḥ < bhadanta-maudgalyāyana + asattvaḥ

bhadanta-maudgalyāyana < bhadanta-maudgalyāyana-：*m.* 尊者マハー・マウドガリヤーヤナ。*sg. Voc.*

asattvaḥ < asattva- < a-sattva-：*n.* 非実在。不存在。*adj.* 衆生でない。「無衆生」「非有情」「非衆生」と漢訳。*m. sg. Nom.*

sattva-rajo-vigato < sattva-rajo-vigataḥ + 有声子音 < sattva-rajas-vigata-：*adj.* 衆生の塵芥を除き去った。*m. sg. Nom.*

sattva-：*m.* 「衆生」「有情」と漢訳。

rajas-：*n.* 塵。塵の粒子。花粉。「微塵」「塵」「塵芥」と漢訳。

raja-も同じ意味だが、これは男性名詞。

vigata- < vi-√gam- (1) + -ta：*pp.* 「離」「除」「無」「已除」「除断」と漢訳。

nairātmyo < nairātmyaḥ + 有声子音 < nairātmya-：*adj.* 無我の。*m. sg. Nom.*

rāga-rajo-vigato < rāga-rajo-vigataḥ + 有声子音 < rāga-rajas-vigata-：*adj.* 愛欲の塵芥を除き去った。*m. sg. Nom.*

rāga- < √raj- (4) + -a：*m.* 染めること。赤いこと。情熱。激しい欲望。愛情。「貪愛」「愛欲」と漢訳。

nirjīvo < nirjīvaḥ + 有声子音 < nirjīva- < nir-jīva-：*adj.* 生命のない。死んだ。「無寿」「無命者」と漢訳。*m. sg. Nom.*

jāti-cyuti-vigato < jāti-cyuti-vigataḥ + 有声子音 < jāti-cyuti-vigata-：*adj.* 生まれと死を離れている。*m. sg. Nom.*

jāti- < √jan- (1) + -ti：*f.* 誕生。産出。起源。生まれながらの位置・種姓。血統。出生。

cyuti- < √cyu- (1) + -ti：*f.* ～より出発すること。～から出ること。死。「命終」と漢訳。

niṣpudgalaḥ < niṣpudgalaḥ + (p) < niṣpudgala- < niṣ-pudgala-：*adj.* 精神のない。人格のない。個我のない。*m. sg. Nom.*

pudgala-：*adj.* 美しい。*m.* 身体。物質。我。霊魂。個人。個我。「補特伽羅」と音写。

pūrvântâparânta-paricchinnaḥ < pūrvântâparânta-paricchinnaḥ + (ś) < pūrvânta-aparânta-paricchinna-：*adj.* 過去の極限と未来の極限に分断された。*m. sg. Nom.*

pūrvânta- < pūrva-anta-：*m.* 先行する語の語尾。予想。「前際」「先際」「過去」「過去世」「先世」と漢訳。

pūrva-：*adj.* 前に。以前に。昔。

anta-：*m.* 端。限界。極限。

aparânta- < apara-anta-：*adj.* 極西に住する。*m.* 終末。死。「末」「当来」「未来」「後際」「未来際」「未来世」と漢訳。

paricchinna- < pari-√chid- (7) + -na：*pp.* 切断された。分かたれた。限られた。分断された。

śānta < śāntaḥ + a 以外の母音 < śānta- < √śam-(4) + -ta：*pp.* なだめられた。平静にされた。静穏な。和らいだ。*m. sg. Nom.*

upaśānta-lakṣaṇo < upaśānta-lakṣaṇaḥ + 有声子音 < upaśānta-lakṣaṇa-：*adj.* 消滅させせられた諸相を持つ。諸相が消滅している。*m. sg. Nom.*

upaśānta- < upa-√śam-(4) + -ta：*pp.* 鎮められた。消滅させせられた。和らげられた。

lakṣaṇa- < √lakṣ- (1) + -ana：*n.* 標章。しるし。記号。特徴。属性。「相」「色相」「相貌」と漢訳。

virāgo 'nārambaṇa-gatiko 'nakṣaraḥ < virāgaḥ + anārambaṇa-gatikaḥ + anakṣaraḥ

virāgaḥ < virāga- < vi-rāga-：*adj.* = vigata-rāga-：*adj.* 欲望を離れた。*m. sg. Nom.*

rāga- < √raj- (4) + -a：*m.* 赤いこと。～（処格）に対する激しい欲望。愛。愛情。「貪愛」「貪欲」「愛欲」「愛染」と漢訳。

anārambaṇa-gatikaḥ < an-ārambaṇa-gatika-：*adj.* 対境に依存することがない。*m. sg. Nom.*

ārambaṇa- < ā-rambaṇa-：*n.* 支持。依所。「因」「所因」「縁」「所縁」「因縁」と漢訳。

gatika-：*m.* 頼ること。頼り。頼みとするもの。

anakṣaraḥ < anakṣara- < an-akṣara-：*adj.* 無音の。沈黙の。文字〔で表現されること〕のない。「非字」「非文字」「無名字」「離文字」と漢訳。*m. sg. Nom.*

akṣara- < a-kṣara-：*adj.* 不壊の。「無窮尽」「無尽」と漢訳。*n.* 語。綴り。聖字 om。声。字。文書。

sarva-vākya-cchedo 'nudāhāraḥ < sarva-vākya-cchedaḥ + anudāhāraḥ

sarva-vākya-cchedaḥ < sarva-vākya-ccheda- < sarva-vākya-cheda-：*adj.* あらゆる言葉による表現を断たれている。*m. sg. Nom.*

sarva-：*adj.* 一切の。すべての。

vākya- < √vac- (3) + -ya：*n.* 発声。発言。言葉。表現法。

cheda- < √chid- (7) + -a：*m.* ～を切り倒す人。切断したもの。断片。薄片。切り口。～（属格）を切る。断ち切る。分離。殲滅。消散。中断。停止。不足。欠乏。～の限界。

anudāhāraḥ < anudāhāra- < an-udāhāra-：*adj.* 説かれることがない。*m. sg. Nom.*

udāhāra- < ud-āhāra- < ud-ā-√hṛ- (1) + -a：*m.* 例証。談話の開始。「音」「説」「宣説」「演説」「説法」と漢訳。

ud-ā-√hṛ- (1)：頂上に置く。挙げる。引用する。発言する。詳しく語る。名前を挙げて言及する。

sarvôrmi-vigataḥ < sarvôrmi-vigata- < sarva-ūrmi-vigata-：*adj.* 〔人生に襲ってくる飢・渇・寒・暑・貧・迷の六つの苦悩の〕あらゆる波を離れている。*m. sg. Nom.*

sarva-：*adj.* 一切の。すべての。

ūrmi-：*m. f.* 波。大濤。（荒い）海。人生に襲ってくる〔飢・渇・寒・暑・貧・迷の六つの苦悩の〕波。「波浪」「水浪」「湧波」「流」と漢訳。

vigata- < vi-√gam- (1) + -ta：*pp.* 「離」「除」「無」「已除」「除断」と漢訳。

sarvatrânugata < sarvatrânugataḥ + a 以外の母音 < sarvatra-anugata-：*adj.* あらゆるものに行きわたっている。「普遍」「遍行」「周遍」「遍至一切」「遍至一切処」と漢訳。*m. sg. Nom.*

sarvatra- < sarva-tra：*adv.* すべての点において。すべての場合に。

anugata- < anu-√gam- (1) + -ta：*pp.* ～に一致した。～に従った。模倣した。～に支配された。「随」「随順」と漢訳。

anu-√gam- (1)：従う。伴う。追う。近づく。達する。

ākāśa-sama-sadṛśo 'varṇa-liṅga-saṃsthānaḥ < ākāśa-sama-sadṛśaḥ + avarṇa-liṅga-saṃsthānaḥ

ākāśa-sama-sadṛśaḥ < ākāśa-sama-sadṛśa-：*adj.* 虚空に等しい。*m. sg. Nom.*

ākāśa-：*m.n.* 虚空。蒼穹。「露地」「虚」「空」「虚空」「空界」「空地」と漢訳。

sama-：*adj.* 平らな。～（具格、属格）と等しい。

sadṛśa- < sa-dṛśa-：*adj.* ～に似た。～のような。「如」「相似」と漢訳。

dṛśa- < √dṛś- (1) + -a：*m.* ～の眺め。見かけ。様子。「如」と漢訳。

avarṇa-liṅga-saṃsthānaḥ < avarṇa-liṅga-saṃsthānaḥ + (s) < a-varṇa-liṅga-saṃsthāna-：*adj.*

色や特徴、形態がない。*m. sg. Nom.*
varṇa-：*m.* 色。種姓。称讃。
liṅga-：*n.* 印。記号。標識。象徴。特徴。「相」「形相」と漢訳。
saṃsthāna- < sam-√sthā- (1) + na：*n.* 地位。状態。生存。生活。形。形態。外観。状況。「相」「貌」「形相」と漢訳。

sarva-pracāra-vigato 'mamo < sarva-pracāra-vigataḥ + amamo
sarva-pracāra-vigataḥ < sarva-pracāra-vigata-：*adj.* いかなる〔形での〕顕在化も離れている。*m. sg. Nom.*
pracāra- < pra-√car- (1) + -a：*m.* 散歩。歩き回ること。～を追求すること。姿を現わすこと。明示。出現。
pra-√car- (1)：出る。起こる。現われる。彷徨する。～（対格）に到達する。進む。行なう。「流布」「広行流布」「広宣流布」と漢訳。
amamo < amamaḥ + 有声子音 < amama- < a-mama-：*adj.* 自覚を欠いている。世間の執着なき。～に頓着しない。「無主」「無我」「非主宰」「非我所」と漢訳。*m. sg. Nom.*
mama-：mad-（私）の属格で、「我がもの」「我」「我所」と漢訳。

mama-kāra-vigato 'vijñaptiś < mama-kāra-vigataḥ + avijñaptiś
mama-kāra-vigataḥ < mama-kāra-vigata-：*adj.* 〔何かを〕我がものとすることを離れている。*m. sg. Nom.*
mama-kāra-：*adj.* 我がものとする。*m.* ～（処格）に対する執着。「我所」「執我」と漢訳。
kāra- < √kṛ- (8) + -a：*adj.* 作る。なす。生ずる。*m.* 作者。なすこと。動作。
avijñaptiś < avijñaptiḥ + (c) < avijñapti- < a-vijñapti-：*adj.* 認識・判断することがない。*m. sg. Nom.*
vijñapti- < vi-jñapti-：*f.* 話しかけ。「示現」「顕現」「顕示」「表示」「仮設」「識」「意識」「唯識」と漢訳。

citta-mano-vijñāna-vigato 'sadṛśo < citta-mano-vijñāna-vigataḥ + asadṛśo
citta-mano-vijñāna-vigataḥ < citta-manas-vijñāna-vigata-：*adj.* 心と意や、識別〔する働き〕を離れている。*m. sg. Nom.*
citta-：*n.* 心。思考。意思。知性。理性。「質多」と音写。
manas- < √man- (1) + -as：*n.* 心。理解力。精神。思想。熟慮。思考。
vijñāna- < vi-√jñā- (9) + -ana：*n.* 識別。〔自他彼此などと相対的に〕区別して識ること。「了別」と漢訳。
asadṛśo < asadṛśaḥ + 有声子音 < asadṛśa- < a-sadṛśa-：*adj.* 等しくない。同様でない。相似しない。等しいものがない。*m. sg. Nom.*
sadṛśa- < sa-dṛśa-：*adj.* ～に似た。～のような。「如」「相似」と漢訳。

niṣpratipakṣatvād dhetu-vilakṣaṇaḥ < niṣpratipakṣatvāt + hetu-vilakṣaṇaḥ
niṣpratipakṣatvāt < niṣpratipakṣatva- < niṣpratipakṣa-tva-：*n.* 対立するものがないこと。*sg. Abl.*
niṣpratipakṣa- < niṣ-pratipakṣa-：*adj.* 反対者をもたない。敵をもたない。
pratipakṣa- < prati-pakṣa-：*m.* 反対の側。反対。反対党。対立者。敵。～における競争者。*adj.* ～に反対する。対抗する。
pakṣas-：*n.* 翼。側面。
hetu-vilakṣaṇaḥ < hetu-vilakṣaṇa-：*adj.* 原因の特徴がない。原因としての特徴を欠いている。*m. sg. Nom.*
hetu-：*m.* 理由。原因。因。
vilakṣaṇa- < vi-lakṣaṇa-：*adj.* 性格の異なった。さまざまな。～と異なった。種々の。多様な。特徴のない。
lakṣaṇa- < √lakṣ- (1) + -ana：*n.* 標章。しるし。記号。特徴。属性。「相」「色相」「相貌」と

漢訳。

pratyayâsamāropo < pratyayâsamāropaḥ + 有声子音 < pratyaya-asamāropa-：*adj.* 縁が帰属するものがない。*m. sg. Nom.*

pratyaya- < prati-√i- (2) + -a：*m.* 〜に行くこと。頼ること。確定。原因。「因」「縁」「因縁」「縁起」と漢訳。

asamāropa- < a-samāropa-：*adj.* 帰属することがない。

samāropa- < sam-ā-√ruh- (1) + -a：*m.* 〜（処格）の中に置くこと。〜に移動させること。帰属させること。

sam-ā-√ruh- (1)：〜に上る。始める。企てる。〜と同等になる。「上」と漢訳。

√ruh- (1)：上る。登る。芽を出す。生長する。生ずる。発育する。繁茂する。増大する。

dharma-dhātu-samavasaraṇaḥ < dharma-dhātu-samavasaraṇaḥ + (s) < dharma-dhātu-samava=saraṇa-：*adj.* 真理の世界（法界）に入っている。*n.* 真理の世界（法界）に入ること。*m. sg. Nom.*

dharma-dhātu-：*m.* 事物の根源。真理の世界。存在の要素。「法界」と漢訳。

dharma-：*m.* 確定した秩序。慣例。習慣。法則。規則。義務。宗教。教説。性質。本質。属性。特質。事物。法。

dhātu-：*m.* 層。成分。要素。身体の根本要素。「界」「身界」「世界」「種性」と漢訳。

samavasaraṇa- < sam-ava-√sṛ- (1) + -ana：*n.* 入ること。会うこと。集合すること。集会。

sam-ava-√sṛ- (1)：「入」「普入」「悉入」「入中」「趣入」「遍入」「普遍趣入」と漢訳。

sarva-dharma-samāhitas < sarva-dharma-samāhitaḥ + (t) < sarva-dharma-samāhita-：*adj.* あらゆるものごと（一切法）と結ばれている。あらゆるものごとに心を集中している。*m. sg. Nom.*

samāhita- < sam-ā-√dhā- (3) + -ta：*pp.* 〜（具格）と結ばれた。心を集中した。「定」「定心」「寂静」と漢訳。

sam-ā-√dhā- (3)：〜（処格）に心を定める。集中する。祈りを定める。

tathatânugato 'nanugamana-yogena < tathatânugataḥ + ananugamana-yogena

tathatânugataḥ < tathatā-anugata-：*adj.* あるがままの真理（真如）と一致している。*m. sg. Nom.*

tathatā- < tathā + -tā-：*f.* そのようであること。あるがままの真理。「真如」「如実」「実際」と漢訳。

anugata- < anu-√gam- (1) + -ta：*pp.* 〜に一致した。〜に従った。模倣した。〜に支配された。「随」「随順」と漢訳。

anu-√gam- (1)：従う。伴う。追う。近づく。達する。

ananugamana-yogena < ananugamana-yoga-：*m.* 随順しないという合一。*sg. Ins.*

ananugamana- < an-anugamana-：*adj.* 随順しない。

anugamana- < anu-√gam- (1) + -ana：*n.* 「随順」「随入」と漢訳。

yoga- < √yuj- (7) + -a：*m.* 軛をつけること。結合。合一。心の統一。瞑想。奮励。

√yuj- (7)：（馬を）つなぐ。軛をつける。精神を集中する。

bhūtakoṭi-pratiṣṭhito 'tyantâcalitatvād < bhūtakoṭi-pratiṣṭhitaḥ + atyantâcalitatvād

bhūtakoṭi-pratiṣṭhitaḥ < bhūtakoṭi-pratiṣṭhita-：*adj.* 真実の極限にまで達している。*m. sg. Nom.*

bhūtakoṭi- < bhūta-koṭi-：*f.* 存在の極点。真実の極限。「実際」「真実際」「本際」と漢訳。

bhūta- < √bhū- (1) + -ta：*pp.* 〜となった。あった。過去の。存在する。〜である。真実の。*n.* 事実。現実。「真」「真実」「誠諦」と漢訳。

koṭi-：*f.* 湾曲した先端。尖端。極端。高さ。最高度。優秀。

koṭi-：*基数詞,* コーティ。千万億。万億。百千。十万。

pratiṣṭhita- < prati-√sthā- (1) + -ita：*pp.* 有名な。著名な。〜（処格）に熟達した。〜に立った。位置した。留まった。〜に置かれた。確立した。

atyantâcalitatvād < atyantâcalitatvāt + 母音 < atyantâcalitatva- < atyanta-acalitatva-：*n.* 完全に不動であること。*sg. Abl.*

atyanta- < ati-anta-：*adj.* 終わりまで続く。継続する。無限の。完全な。「極」「最極」「畢竟」「究竟」と漢訳。

acalitatva- < acalita-tva-：*n.* 不動であること。

acalita- < a-calita-：*adj.* 不動の。

calita- < √cal- (1) + -ita：*pp.* 震動した。不安定な。動いた。出発した。

acalitaḥ < acalitaḥ + (ṣ) < acalita- < a-calita-：*adj.* 不動の。*m. sg. Nom.*

ṣaḍ-viṣayâniśritatvān < ṣaḍ-viṣayâniśritatvāt + (n) < ṣaḍ-viṣayâniśritatva- < ṣaṭ-viṣaya-aniśrita=tva-：*n.* 六つの感覚器官（六根）の対象に依存しないこと。*sg. Abl.*

ṣaṭ-：*基数詞,* 六。

viṣaya-：*m.* 活動領域。（目、耳、心などの）届く範囲。感覚の対象。感覚器官の快楽。世俗的関心事。

aniśritatva- < aniśrita-tva-：*n.* 依存しないこと。

aniśrita- < a-niśrita-：*adj.* ～に頼らない。依存しない。

niśrita- < ni-√śri- (1) + -ta：*pp.* ～に頼った。依った。「依」「有依」「依止」「所依」と漢訳。

na：*ind.* ～でない。～にあらず。

kvacid：*不定副詞,* どこかあるところ。

gamanâgamano 'navasthitatvāc chūnyatā-samāhita < gamanâgamanaḥ + anavasthitatvāt + śūnyatā-samāhita

gamanâgamanaḥ < gamana-āgamana-：*adj.* 行くことと来ることの。「往来」「去来」「来往」と漢訳。*m. sg. Nom.*

gamana- < √gam- (1) + -ana：*n.* 行くこと。

āgamana- < ā-√gam- (1) + -ana：*n.* 来ること。

anavasthitatvāt < anavasthitatva- < anavasthita-tva-：*n.* 留まることのないこと。*sg. Abl.*

anavasthita- < an-avasthita-：*adj.* 確乎としていない。動揺する。寄る辺なき。留まることのない。

avasthita- < avasthita < ava-√sthā- (1) + -ita：*pp.* 置かれた。配置された。～の状態にあり続ける。～に従事している。

śūnyatā-samāhita < śūnyatā-samāhitaḥ + a 以外の母音 < śūnyatā-samāhita-：*adj.* 実体がないこと（空性）と結ばれている。空なることに心を集中している。*m. sg. Nom.*

śūnyatā- < śūnya- + -tā：*f.* 空虚。孤独。実体がないこと。うつろなこと。～の欠如。「空」「空性」「虚空」「空義」「空相」と漢訳。

śūnya-：*adj.* からの。空虚な。住む者のない。うつろな。欠けている。～のない。空しい。*n.* 空虚な場所。孤独。空虚。

samāhita- < sam-ā-√dhā- (3) + -ta：*pp.* ～（具格）と結ばれた。心を集中した。「定」「定心」「寂静」と漢訳。

ānimitta-prabhāvito 'praṇihita-lakṣaṇa < ānimitta-prabhāvitaḥ + apraṇihita-lakṣaṇaḥ + a 以外の母音

ānimitta-prabhāvitaḥ < ānimitta-prabhāvita-：*adj.* 特徴がないこと（無相）を顕示している。*m. sg. Nom.*

ānimitta-：*adj.* 「無相」と漢訳。*n.* 「無相」と漢訳。

animitta- < a-nimitta-：*n.* 不確実。無根拠。無原因。「無相」と漢訳。*adj.* 不確実な。根底なき。

nimitta-：*n.* 目的。記号。象徴。前兆。理由。手段。「瑞相」と漢訳。

prabhāvita- < prabhāvaya- + -ta < pra-√bhū- (1) + -aya + -ta：*Caus. pp.* 有力となった。力の強い。「所顕」「所顕示」「所顕現」と漢訳。

apraṇihita-lakṣaṇaḥ < apraṇihita-lakṣaṇa-：*adj.* 欲望を離れていること（無願）を特徴としている。*m. sg. Nom.*

apraṇihita- < a-praṇihita-：*adj.* 欲望を離脱した。「無願」と漢訳。

praṇihita- < pra-ni-√dhā- (3) + -ta：*pp.* 下に置かれた。〜（為格）に引き渡された。〜（対格）に専念した。「願」「発願」「発誓」と漢訳。

lakṣaṇa- < √lakṣ- (1) + -ana：*n.* 標章。しるし。記号。特徴。属性。「相」「色相」「相貌」と漢訳。

ūhâpoha-vigato 'nutkṣepo 'prakṣepa < ūhâpoha-vigataḥ + anutkṣepaḥ + aprakṣepaḥ + a 以外の母音

ūhâpoha-vigataḥ < ūha-apoha-vigata-：*adj.* 推論も否定も離れている。*m. sg. Nom.*

ūha- < √ūh- (1) + -a：*m.* 熟慮。推論。思量。

√ūh- (1)：注視する。観察する。推察する。想像する。推論する。会得する。

apoha- < apa-ūha- < apa-√ūh- (1) + -a：*m.* 放逐。除去。退去。否定。推論。議論。

apa-√ūh- (1)：除去する。放免する。〜（対格）に追従する。断念する。避ける。否定する。

anutkṣepaḥ < an-utkṣepa-：*adj.* 投げ上げることがない。*m. sg. Nom.*

utkṣepa- < ud-√kṣip- (6) + -a：*m.* 投げ上げること。挙げること。放棄すること。投げ出すこと。送ること。吐くこと。

ud-√kṣip- (6)：投げ上げる。挙げる。立つ。置く。投げ去る。放棄する。放逐する。

aprakṣepaḥ < aprakṣepa- < a-prakṣepa-：*adj.* 下に置くことがない。*m. sg. Nom.*

prakṣepa- < pra-√kṣip- (6) + -a：*m.* 投げること。投擲。

pra-√kṣip- (6)：〜に擲つ。投げる。〜へ置く。前に置く。下ろす。

utpāda-bhaṅga-vigato 'nālayaś < utpāda-bhaṅga-vigataḥ + anālayaś

utpāda-bhaṅga-vigataḥ < utpāda-bhaṅga-vigata-：*adj.* 生ずることも、滅することも離れている。*m. sg. Nom.*

utpāda- < utpāda- < ud-√pad- (4) + -a：*m.* 生ずること。生み出すこと。産出。出生。「出」「生起」「出現」と漢訳。

bhaṅga- < √bhañj- (7) + -a：*adj.* 破る。*m.* 破ること。打倒すること。分離。分解。没落。壊滅。滅亡。

vigata- < vi-gata- < vi-√gam- (1) + -ta：*pp.* 「離」「除」「無」「已除」「除断」と漢訳。

anālayaś < anālayaḥ + (c) < anālaya- < an-ālaya-：*adj.* 拠り所がない。「無依」「無所依」「無依処」「無帰処」「無住所」と漢訳。*m. sg. Nom.*

ālaya- < ā-√lī- (4) + -a：*m.* 住居。家宅。座。

cakṣuḥ-śrotra-ghrāṇa-jihvā-kāya-manaḥ-patha-samatikrānto 'nunnato 'navanataḥ < cakṣuḥ-śrotra-ghrāṇa-jihvā-kāya-manaḥ-patha-samatikrāntaḥ + anunnataḥ + anavanataḥ

cakṣuḥ-śrotra-ghrāṇa-jihvā-kāya-manaḥ-patha-samatikrāntaḥ < cakṣuḥ-śrotra-ghrāṇa-jihvā-kāya-manaḥ-patha-samatikrānta-：*adj.* 眼・耳・鼻・舌・身・意の〔行く〕道を超越している。*m. sg. Nom.*

cakṣuḥ- < cakṣus- + (ś) < √cakṣ- (2) + -us：*n.* 眼。視界。視力。

śrotra- < √śru- (5) + -tra：*n.* 耳。聞くこと。

ghrāṇa- < √ghrā- (1) + -ana：*n.* 嗅ぐこと。鼻。

jihvā-：*f.* 舌。

kāya-：*m.* 身体。集団。多数。集合。「身」「体」「軀」「聚」「衆」と漢訳。

manaḥ- < manas- + (p) < √man- (1) + -as：*n.* 心。理解力。知力。精神。心情。思考。「意」と漢訳。

patha-：*m.* 〜の路。小路。道。「道路」「経路」と漢訳。

samatikrānta- < sam-ati-√kram- (1) + -ta：*pp.* 「出」「超」「過」「超過」「超越」と漢訳。

anunnataḥ < anunnata- < an-unnata-：*adj.* 高められることのない。*m. sg. Nom.*

unnata- < ud-√nam- (1) + -ta：*pp.* 上げられた。高められた。直立した。

anavanataḥ < anavanata- < an-avanata-：*adj.* 低くされることのない。

avanata- < ava-√nam- (1) +-ta：*pp.* 身を屈めた。低くされた。下げられた。

sthito 'neñjyaṃ < sthitaḥ + aneñjyaṃ

sthitaḥ < sthita- < √sthā- (1) + -ita：*pp.* 立った。住していた。留まっていた。***m. sg. Nom.***

aneñjyaṃ < aneñjya- < an-eñjya-：*adj.* 動かされるべきでない。「不動」と漢訳。*n. sg. Acc.*

eñjya- < √iñj- (1) + -ya：*未受分,* 動かされるべき。「動」と漢訳。

√iñj- (1) ＝ √iñg- (1) ＝ √iṅg- (1)：動く。「動」と漢訳。

prāptaḥ < prāpta- < pra-√āp- (5) + -ta：*pp.* 得られた。かち得た。到達せられたる。獲得せられたる。〜の心になった。*m. sg. Nom.*

sarva-pracāra-vigataḥ < sarva-pracāra-vigata-：*adj.* いかなる〔形での〕顕在化も離れている。*m. sg. Nom.*

pracāra- < pra-√car- (1) + -a：*m.* 散歩。歩き回ること。〜を追求すること。姿を現わすこと。明示。出現。

> §7 īdṛśasya bhadanta-mahā-maudgalyāyana dharmasya kīdṛśī deśanā /
>
> (梵漢和維摩経 *p.* 82, *l.* 13)

§7 「『尊者マハー・マウドガリヤーヤナよ、このような法にとって、説くということが何の役に立つのか。

【§7 「『唯、大目連よ、法相は是くの如し。豈説く可けんや。】 （大正蔵、巻一四、五四〇頁上）

……………………………………………………………………

īdṛśasya < īdṛśa- ＝ īdṛś-：*adj.* このような状態の。このような場合の。*m. sg. Gen.*

bhadanta-mahā-maudgalyāyana < bhadanta-mahā-maudgalyāyana-：*m.* 尊者マハー・マウドガリヤーヤナ。*sg. Voc.*

mahā-maudgalyāyana-：*m.* マハー・マウドガリヤーヤナ。「大目犍連」と音写。

dharmasya < dharma-：*m.* 教え。法。真理。*sg. Gen.*

kīdṛśī < kīdṛśī- < kīdṛśa- ＝ kīdṛś-：*adj.* どのような種類の。何に似ている。何の役に立つ（＝無用の）*f. sg. Nom.*

deśanā < deśanā- < √diś- (6) + -anā：*f.* 指示。教授。教義。「説」「所説」「言説」「説法」「宣説」「演説」と漢訳。*sg. Nom.*

> dharma-deśanêti bhadanta-mahā-maudgalyāyana samāropa-padam etat / ye 'pi śṛṇvanti te 'pi samāropeṇâiva śṛṇvanti / yatra bhadanta-maudgalyāyana asamāropa-padaṃ na tatra deśyate na śrūyate na vijñāyate /
>
> (梵漢和維摩経 *p.* 82, *ll.* 14–15, *p.* 84, *l.* 1–2)

「『尊者マハー・マウドガリヤーヤナよ、説法ということ、それは言葉を増大していることである。〔それを〕聞くところの人たち、それらの人たちもまた、まさに〔言葉を〕増大することによって聞いているのである。尊者〔マハー・〕マウドガリヤーヤナよ、増大する言葉が存在しないところ、そこにおいて、〔法は〕説かれることもなく、聞かれることもなく、知られることもないのだ。

【「『夫れ説法は説無く示無し。其の法を聴く者は聞無く得無し。】 （大正蔵、巻一四、五四〇頁上）

……………………………………………………………………

dharma-deśanêti < dharma-deśanā + iti

dharma-deśanā-：*f.* 法の教授。説教。「説」「説法」と漢訳。*sg. Nom.*

iti：*adv.* 〜と。〜ということを。以上のように。〜と考えて。「如是」と漢訳。

bhadanta-mahā-maudgalyāyana < bhadanta-mahā-maudgalyāyana-：*m.* 尊者マハー・マウドガリヤーヤナ。*sg. Voc.*

samāropa-padam < samāropa-pada-：*n.* 増大する言葉。*sg. Nom.*

samāropa- < sam-ā-√ruh- (1) + -a：*m.* 〜（処格）の中に置くこと。〜に移動させること。

帰属させること。増大させること。

sam-ā-√ruh- (1)：～に上る。始める。企てる。～と同等になる。増大する。「上」と漢訳。

√ruh- (1)：上る。登る。芽を出す。生長する。生ずる。発育する。繁茂する。増大する。

pada-：*n.* 一歩。足跡。足。語。足場。立場。位置。地位。「歩」「跡」「句」と漢訳。

etat < etad-：これ。*n. sg. Nom.*

……………………………………………………………………………

ye 'pi < ye + api

ye < yad-：*関係代名詞, m. pl. Nom.*

api：*adv.* また。さえも。されど。同様に。

śṛṇvanti < śṛṇu- < śru- (5)：聞く。*Pres. 3, pl. P.*

te 'pi < te + api

te < tad-：それ。*m. pl. Nom.*

samāropeṇâiva < samāropeṇa + eva

samāropeṇa < samāropa- < sam-ā-√ruh- (1) + -a：*m.* ～（処格）の中に置くこと。～に移動させること。帰属させること。増大させること。*sg. Ins.*

eva：*adv.* さように。このように。まさに。実に。ただ。全くこのように。

śṛṇvanti < śṛṇu- < śru- (5)：聞く。*Pres. 3, pl. P.*

……………………………………………………………………………

yatra：*adv.* そこに。その場所に。その場合に。もし～ならば。その時。

bhadanta-maudgalyāyana < bhadanta-maudgalyāyana-：*m.* 尊者マハー・マウドガリヤーヤナ。*sg. Voc.*

asamāropa-padaṃ < a-samāropa-pada-：*adj.* 増大する言葉が存在しない。*n. sg. Nom.*

na：*ind.* ～でない。～にあらず。

tatra：*adv.* そこに。そこへ。かしこに。その時に。その場合に。

deśyate < deśya- < deśaya- + -ya < √diś- (6) + -aya + -ya：*Caus. Pass.* 指示される。示される。説かれる。*3, sg. A.*

使役活用語幹の受動活用語幹は、-aya をはずして-ya をつける。cf.「基礎」*p.* 399.

na：*ind.* ～でない。～にあらず。

śrūyate < śrūya- < √śru- (5) + -ya：*Pass.* ～（対格）について～（奪格、属格）から聞かれる。学ばれる。*3, sg. A.*

受動活用語幹を作る接尾辞 -ya をつけるとき、動詞語根の末尾の i, u は、ī, ū となる。cf.「基礎」*p.* 400.

na：*ind.* ～でない。～にあらず。

vijñāyate < vijñāya- < vi-√jñā- (9) + -ya *Pass.* 識別される。了解される。知られる。認められる。規定される。*3, sg. A.*

tad yathā māyā-puruṣo māyā-puruṣebhyo dharmaṃ deśayati /
（梵漢和維摩経 *p.* 84, *ll.* 2–3）

「『それは、あたかも幻術によって作り出された人が、幻術によって作り出された人たち[11] のために法を説くようなものである。

【「『譬えば幻士の幻人の為に説法するが如し。】　　（大正蔵、巻一四、五四〇頁上）

……………………………………………………………………………

tad yathā：それは次のようなものである。例えば次のようなものである。「如」「如此」「譬如」と漢訳。

tad < tat + 母音 < tad-：それ。*n. sg. Nom.*

yathā：*関係副詞, 接続詞,* ～のように。あたかも～のように。～であるように。

māyā-puruṣo < māyā-puruṣaḥ + 有声子音 < māyā-puruṣa-：*m.* 「幻士」「幻人」「幻化人」「幻化人」

と漢訳。*m. sg. Nom.*

māyā-：*f.* 術。不可思議の力。幻像。幻想。幻影。「幻化」と漢訳。

puruṣa-：*m.* 人。人間。侍者。「男子」「男」「丈夫」と漢訳。

māyā-puruṣebhyo < māyā-puruṣebhyaḥ + 有声子音 < māyā-puruṣa-：*m.* 「幻士」「幻人」「幻化人」「幻化人」と漢訳。*m. pl. Dat.*

dharmaṃ < dharma-：*m.* 教説。真理。「法」と漢訳。*sg. Acc.*

deśayati < deśaya- < √diś- (6) + -aya：*Caus.* 示す。導く。説明する。教える。宣説する。*3, sg. P.*

> §8　evaṃ hi cittâvasthānena dharmo deśayitavyaḥ /
>
> （梵漢和維摩経 *p.* 84, *l.* 4）

§8　「『まさにこのように心を定めることによって、法は説かれるべきである。

【§8　「『当に是の意を建てて、説法を為すべし。】　（大正蔵、巻一四、五四〇頁上）

…………………………………………………………………………

evaṃ：*adv.* このように。「是」「如是」と漢訳。

hi：*ind.* 真に。確かに。実に。

cittâvasthānena < citta-avasthāna-：*n.* 心が定まること。*sg. Ins.*

citta-：*n.* 心。思考。意思。知性。理性。「質多」と音写。

avasthāna- < ava-√sthā- (1) + -ana：*n.* 出現。地位。位置。居住。留まること。静止すること。「位」「住」「処」「住処」「安立」と漢訳。

dharmo < dharmaḥ + 有声子音 < dharma-：*m.* 真理。教え。「法」と漢訳。*sg. Nom.*

deśayitavyaḥ < deśayitavya- < deśaya- + -itavya < √diś- (6) + -aya + -itavya：*Caus.* *未受分,* 示されるべき。導かれるべき。説明されるべき。教えられるべき。宣説されるべき。*m. sg. Nom.*

> sattvêndriya-kuśalena ca te bhāṣitavyaṃ[12] sudṛṣṭa-prajñā-darśanena mahā-karuṇā-mukhībhūte=na mahā-yāna-saṃvarṇakena buddhī-kṛta-jñena[13] śuddhâśayena dharma-nirukti-vidhi-jñena tri-ratna-vaṃśânupacchedāya ca te dharmo deśayitavyaḥ /
>
> （梵漢和維摩経 *p.* 84, *ll.* 4–8）

「『また、衆生の能力の善し〔あし〕によって、あなたは〔法を〕説くべきである。鋭敏な視力を持った智慧で見ることによって、大いなる憐れみの心を具えた顔になって、大いなる乗り物（大乗）を称讃することによって、ブッダから受けた恩を知ることによって、意向が清らかであることによって、法の語源的説明についての規則を知っていることによって、〔仏・法・僧の〕三宝の系譜を断絶させないために、あなたは法を説くべきである』。

【「『当に衆生の根に利鈍有ることを了じ、善く知見に於いて罣礙する所無く、大悲心を以て大乗を讃え、仏恩に報ぜんと念いて、三宝を断ぜず、然る後に法を説くべし』と。】

（大正蔵、巻一四、五四〇頁上）

…………………………………………………………………………

sattvêndriya-kuśalena < sattva-indriya-kuśala-：*n.* 衆生の能力の善し〔あし〕。*sg. Ins.*

sattva-：*m.* 「衆生」と漢訳。

indriya-：*n.* 活力。精力。感官。能力。「根」と漢訳。

kuśala-：*adj.* 善き。正しき。〜に熟練した。*n.* 好条件。正等の順序。熟練。

ca：*conj.* および。また。しかしながら。そして。〜と。なお。

te < tvad-：あなた。*2, sg. Gen.*

bhāṣitavyaṃ < bhāṣitavya- < √bhāṣ- (1) + -itavya：*未受分,* 話し掛けられるべき。言われるべき。告げられるべき。説かれるべき。*n. sg. Nom.*

sudṛṣṭa-prajñā-darśanena < sudṛṣṭa-prajñā-darśana-：*n.* 鋭敏な視力を持った智慧で見ること。*sg. Ins.*

sudṛṣṭa- < su-dṛṣṭa-：*adj.* 鋭敏な視力を持った。「善見」「善知」と漢訳。

dṛṣṭa- < √dṛś- (1) + -ta：*pp.* 見られた。

prajñā-：*f.* 智慧。

darśana- < √dṛś- (1) + -ana-：*n.* 凝視すること。見ること。知覚。悟性。内観。意見。認識。哲学的体系。～との会合。

mahā-karuṇā-mukhī-bhūtena < mahā-karuṇā-mukhī-bhūta-：*adj.* 大いなる憐れみの心を具えた顔になった。*n. sg. Ins.*

mahā- < mahat-：*adj.* 偉大な。高貴な。

karuṇā-：*f.* 哀憐。同情。「悲」「大悲」「慈悲」「悲心」「慈心」と漢訳。

mukhī-bhūta- < mukhī-√bhū- (1) + -ta：*pp.* 顔になった。

mukhī- < mukha-：*n.* 顔。口。

<u>動詞 √bhū- (1), √as- (2), √kṛ- (8) の前分に名詞、形容詞がくる複合語では名詞、形容詞の末尾の a, ā, an は ī となり、i, u は ī, ū となり、ṛ は rī、それ以外はそのままとなる。cf.「基礎」*p.* 566.</u>

mahā-yāna-saṃvarṇakena < mahā-yāna-saṃvarṇaka-：*adj.* 大乗を称讃する。*n. sg. Ins.*

mahā-yāna-：*n.* 大いなる乗り物。「大乗」と漢訳。「摩訶衍」と音写。

saṃvarṇaka- < sam-√varṇaya- (名動詞) + -aka-：*adj.* 説く。告げる。称讃する。

sam-√varṇaya- (名動詞)：説く。告げる。称讃する。

buddhī-kṛta-jñena < buddhī-kṛta-jña-：*adj.* ブッダによってなされた恩を知っている。*n. sg. Ins.*

buddhī- < buddha- < √budh- (1) + -ta：*pp.* 目覚めた（人）。*m.*「覚者」と漢訳。「仏」「仏陀」と音写。

<u>動詞 √bhū- (1), √as- (2), √kṛ- (8) の前分に名詞、形容詞がくる複合語では名詞、形容詞の末尾の a, ā, an は ī となり、i, u は ī, ū となり、ṛ は rī、それ以外はそのままとなる。cf.「基礎」*p.* 566.</u>

kṛta-jña-：*adj.* 恩義を認める。恩に感ずる。感謝する。正しきを知る。「知恩」と漢訳。

kṛta- < √kṛ- (8) + -ta：*pp.* 造られた。なされた。

jña- < √jñā- (9) + -a：*adj.* ～（属格・処格）を知っている。知識がある。

śuddhâśayena < śuddha-āśaya-：*adj.* 清められた意向を持つ。意向の清らかである。*n. sg. Ins.*

śuddha- < √śudh- (1) + -ta：*pp.* 清められた。

āśaya-：*m.* 休息所。座。場所。住処。意向。考え方。

dharma-nirukti-vidhi-jñena < dharma-nirukti-vidhi-jña-：*adj.* 法の語源的説明についての規則を知っている。*n. sg. Ins.*

dharma-：*m.* 確定した秩序。慣例。習慣。法則。規則。義務。宗教。教説。性質。本質。属性。特質。事物。法。

nirukti- < nir-ukti- < nir-√vac- (2) + -ti：*f.* 語源的説明。「言」「詞」「言詞」「言説」「訓詞」「名字」「文辞」「訓釈」「釈詞」「釈名」と漢訳。

vidhi-jña-：*adj.* 規則を知っている。

vidhi-：*m.* 訓示。命令。教戒。規則。

tri-ratna-vaṃśânupacchedāya < tri-ratna-vaṃśa-anupaccheda-：*m.*〔仏・法・僧の〕三宝の系譜の不断絶。*sg. Dat.*

tri-ratna-：*n.*〔仏・法・僧の〕三宝。

vaṃśa-：*m.* 竹の茎。あし笛。笛。（世代を竹の節に例えて）系統。血統。種族。家族。「竹」「竹林」「笛」「種性」「族姓」と漢訳。

anupaccheda- < an-upaccheda-：*m.* 不断絶。

upaccheda- < upa-√chid- (7) + -a：*m.*「断」「断絶」「断尽」と漢訳。

upa-：*pref.* 上に。ここに。辺り。近く。さらにまた。～の方へ。～に近く。

√chid- (7)：切る。切り倒す。切断する。

ca：*conj.* および。また。しかしながら。そして。～と。なお。

te < tvad-：あなた。*2, sg. Gen.*
dharmo < dharmaḥ + 有声子音 < dharma-：*m.* 真理。教え。「法」と漢訳。*sg. Nom.*
deśayitavyaḥ < deśayitavya- < deśaya- + -itavya < √diś- (6) + -aya + -itavya：*Caus.* *未受分,* 示されるべき。導かれるべき。説明されるべき。教えられるべき。*m. sg. Nom.*

> §9 tena bhagavan tathā tathā dharmo deśito yathā tato gṛha-pati-parṣado 'ṣṭānāṃ gṛha-pati-śatā=nām anuttarāyāṃ samyak-saṃbodhau cittāny utpannāni /
>
> (梵漢和維摩経 *p.* 84, *ll.* 9–11)

§9 「世尊よ、その〔維摩詰〕は、そのように法を説きました。その結果、この資産家の聴衆〔の中〕から八百もの資産家たちが、この上ない正しく完全な覚りに向けて心を発しました。
【§9 「維摩詰の是の法を説きし時、八百の居士は阿耨多羅三藐三菩提に心を発せり。】
(大正蔵、巻一四、五四〇頁上)

……………………………………………………………………

tena < tad-：それ。*m. sg. Ins.*
bhagavan < bhagavat-：*m.* 尊い（人）。「世尊」と漢訳。「婆伽婆」「薄伽梵」と音写。*sg. Voc.*
tathā tathā：「そのように」の繰り返しで、「それぞれのように」。
tathā：*adv.* そのように。同様な方法で。同様に。
tathā ～ yathā …：そのように～、その結果…。cf.「シンタックス」*p.* 288.
dharmo < dharmaḥ + 有声子音 < dharma-：*m.* 真理。教え。「法」と漢訳。*sg. Nom.*
deśito < deśitaḥ + 有声子音 < deśita- < deśaya- + -ta < √diś- (6) + aya + -ta：*Caus. pp.* 示された。導かれた。説明された。教えられた。宣説された。*m. sg. Nom.*
yathā：*関係副詞, 接続詞,* ～のように。あたかも～のように。～であるように。～するや否や。
tato < tatas + 有声子音：*adv.* それより。そこに。そこにおいて。ゆえに。
gṛha-pati-parṣado 'ṣṭānāṃ < gṛha-pati-parṣadaḥ + aṣṭānāṃ
gṛha-pati-parṣadaḥ < gṛha-pati-parṣad-：*f.* 資産家の聴衆。*sg. Abl.*
格変化については、cf.「基礎」*p.* 119 の agni-math- を参考に。
gṛha-pati-：*m* 資産家。「家長」「居士」「長者」「在家」と漢訳。
parṣad- = pari-ṣad-：*f.* 集会。聴衆。会議。「衆」「大衆」「衆会」「諸大衆」と漢訳。
aṣṭānāṃ < aṣṭan-：*基数詞,* 八。*n. pl. Gen.*
gṛha-pati-śatānām < gṛha-pati-śata-：*n.* 百もの資産家（居士）。*pl. Gen.*
以上の二つの属格は、過去受動分詞 utpannāni の動作主を示している。
anuttarāyāṃ < anuttarā- < anuttara- < an-ud-tara-：*比較級,* この上ない。「無上」と漢訳。*f. sg. Loc.*
samyak-saṃbodhau < samyak-saṃbodhi-：*f.* 正しく完全な覚り。「正覚」「正等正覚」「正等菩提」と漢訳。「三藐三菩提」と音写。*sg. Loc.* 目的地や目標を示す処格。
cittāny < cittāni + 母音 < citta-：*n.* 心。思考。意思。知性。理性。「質多」と音写。*pl. Nom.*
utpannāni < utpanna- < ud-√pad- (4) + -na：*pp.* ～（処格）から生まれた。生じた。「已生」「出現」「生起」と漢訳。*n. pl. Nom.*

> ahaṃ ca[14] niṣpratibhāno 'bhūvam[15] /
>
> (梵漢和維摩経 *p.* 84, *l.* 11)

「そして、私は黙り込んでしまいました。
【「我に此の弁無し。】 (大正蔵、巻一四、五四〇頁上)

……………………………………………………………………

ahaṃ < mad-：私。*1, sg. Nom.*
ca：*conj.* および。また。しかしながら。そして。～と。なお。
niṣpratibhāno 'bhūvam < niṣpratibhānaḥ + abhūvam
niṣpratibhānaḥ < nis-pratibhāna-：*adj.* 臆病な。心の平静を欠いている。能弁ではない。「無

弁才」と漢訳。*m. sg. Nom.*

pratibhāna- < prati-√bhā- (2) + -ana：*n.* 明白なこと。理解。能弁であること。「弁」「弁才」「巧弁」「弁説」「楽説」と漢訳。

abhūvam < √bhū- (1)：出現する。なる。生ずる。*root-Aor. 1, sg. P.*

> tan nâhaṃ bhagavann utsahe tasya sat-puruṣasya glāna-paripṛcchako gantum /
> （梵漢和維摩経 *p.* 84, *ll.* 11–12）

「それゆえに、世尊よ、私は、その善き人（善士）の病気見舞いに行くことに耐えられません」

【「是の故に、彼（かしこ）に詣（いた）りて疾（やまい）を問うに任（た）えず」と。】（大正蔵、巻一四、五四〇頁上）

…………………………………………………………………………

tan < tat + (n) < tad-：それ。*n. sg. Acc.*

代名詞の中性・対格／具格／奪格は、連結助詞として用いられ、「そこで」「従って」「このため」を意味する。

nâhaṃ < na + ahaṃ

na：*ind.* ～でない。～にあらず。

ahaṃ < mad-：私。*1, sg. Nom.*

bhagavann < bhagavan + 母音 < bhagavat-：*m.* 尊い（人）。「世尊」と漢訳。「婆伽婆」「薄伽梵」と音写。*sg. Voc.*

utsahe < utsaha- < ud-√sah- (1)：こらえる。耐える。～（不定詞）することができる。～する能力がある。*Pres. 1, sg. A.*

tasya < tad-：それ。*m. sg. Gen.*

sat-puruṣasya < sat-puruṣa-：*m.* 善き人。「善士」と漢訳。*sg. Gen.*

glāna-paripṛcchako < glāna-paripṛcchakaḥ + 有声子音 < glāna-paripṛcchaka-：*m.* 病についての質問（者）。「問病」と漢訳。*sg. Nom*

gantum < √gam- (1) + -tum：*不定詞,* 行くこと。

> §10　tatra bhagavān āyuṣmantaṃ mahā-kāśyapam āmantrayate sma /　gaccha tvaṃ mahā-kāśyapa vimalakīrter licchaver glāna-paripṛcchakaḥ /
> （梵漢和維摩経 *p.* 84, *ll.* 13–14）

§10　そこで、世尊は、尊者マハー・カーシャパにおっしゃられた。

「マハー・カーシャパよ、あなたは、リッチャヴィ族のヴィマラキールティの病気見舞いに行くがよい。

【§10　仏、大迦葉（だいかしょう）に告げたまえり。「汝、維摩詰（ゆいまきつ）に行詣して、疾を問え」と。】

（大正蔵、巻一四、五四〇頁上）

…………………………………………………………………………

tatra：*adv.* そこに。そこへ。かしこに。その時に。その場合に。

bhagavān < bhagavat-：*m.* 尊い（人）。世尊。「婆伽婆」「薄伽梵」と音写。*sg. Nom.*

āyuṣmantaṃ < āyuṣmat- < āyus- + -mat-：*m.* 長寿の。健康の。「尊者」「長老」「具寿」と漢訳。*sg. Acc.*

mahā-kāśyapam < mahā-kāśyapa-：*m.* マハー・カーシャパ。「大迦葉」と漢訳。*sg. Acc.*

āmantrayate < āmantraya- < ā-√mantraya- (名動詞)：語りかける。「告」「告言」「白言」と漢訳。*Pres. 3, sg. A.*

sma：*ind.* 実に。

現在形の動詞とともに用いて、過去の意味を表わす（歴史的現在）。過去のことを生々しく語るための表現方法である。ただし、現在の意味が保留される場合もある。

…………………………………………………………………………

gaccha < gaccha- < √gam- (1)：行く。経過する。～（対格、為格、処格）に赴く。近づく。達する。*Impv. 2, sg. P.*

tvaṃ < tvad-：あなた。*2, sg. Nom.*
mahā-kāśyapa < mahā-kāśyapa-：*m.* マハー・カーシャパ。「大迦葉」と漢訳。*sg. Voc.*
vimalakīrter < vimalakīrteḥ + 有声音 < vimalakīrti- < vimala-kīrti-：*m.* ヴィマラキールティ。汚れのない名声を持つ（もの）。「維摩詰」「維摩」と音写。「浄名」「無垢称」と漢訳。*sg. Gen.*
licchaver < licchaveḥ + 有声音 < licchavi-：*m.* リッチャヴィ。「離車子」「栗姑毘」と音写。*sg. Gen.*
glāna-paripṛcchakaḥ < glāna-paripṛcchaka-：*m.* 病についての質問（者）。「問病」と漢訳。*sg. Nom.*

> mahā-kāśyapo 'py āha / nâhaṃ bhagavann utsahe tasya sat-puruṣasya glāna-paripṛcchako gantum /
>
> （梵漢和維摩経 *p.* 84, *ll.* 15–16）

マハー・カーシャパもまた、言った。
「世尊よ、私は、その善き人（善士）の病気見舞いに行くことに耐えられません。
【迦葉、仏に白(もう)して言(もう)さく、「世尊よ、我、彼(かしこ)に詣(いた)りて疾(やまい)を問うに堪任せず。】
（大正蔵、巻一四、五四〇頁上）

……………………………………………………………………

mahā-kāśyapo 'py < mahā-kāśyapaḥ + apy
mahā-kāśyapaḥ < mahā-kāśyapa-：*m.* マハー・カーシャパ。「大迦葉」と漢訳。*sg. Nom.*
apy < api + 母音：*adv.* また。さえも。されど。なお。
āha < √ah-：言う。*Perf. 3, sg. P.*

……………………………………………………………………

nâhaṃ < na + ahaṃ
na：*ind.* ～でない。～にあらず。
ahaṃ < mad-：私。*1, sg. Nom.*
bhagavann < bhagavan + 母音 < bhagavat-：*m.* 尊い（人）。「世尊」と漢訳。「婆伽婆」「薄伽梵」と音写。*sg. Voc.*
utsahe < utsaha- < ud-√sah- (1)：こらえる。耐える。～（不定詞）することができる。～する能力がある。*Pres. 1, sg. A.*
tasya < tad-：それ。*m. sg. Gen.*
sat-puruṣasya < sat-puruṣa-：*m.* 善き人。「善士」と漢訳。*sg. Gen.*
glāna-paripṛcchako < glāna-paripṛcchakaḥ + 有声子音 < glāna-paripṛcchaka-：*m.* 病についての質問（者）。「問病」と漢訳。*sg. Nom.*
gantum < √gam- (1) + -tum：*不定詞,* 行くこと。

> tat kasmād dhetoḥ /
>
> （梵漢和維摩経 *p.* 84, *l.* 16）

「それは、どんな理由からでしょうか。
【「所以(ゆえん)は何(いか)んとなれば、】　（大正蔵、巻一四、五四〇頁上）

……………………………………………………………………

tat < tad-：それ。*n. sg. Nom.*
kasmād dhetoḥ < kasmāt + hetoḥ
連声法は、cf.「基礎」*p.* 63.
kasmāt < kim-：*疑問詞,* だれ。何。どんな。どの。*m. sg. Abl.*
hetoḥ < hetu-：*m.* 理由。原因。因。*sg. Abl.*
奪格は、動機、原因、理由を表わす。cf.「シンタックス」*p.* 58.

> abhijānāmy ahaṃ bhagavan [ekasmin samaye][16] daridra-vīthyāṃ piṇḍāya carāmi /

(梵漢和維摩経 *p.* 84, *ll.* 16–17)

「世尊よ、私は、思い出します。〔ある時、〕私は、食べ物〔を乞う〕ために貧民街に行きました。
【「憶念するに、我、昔、貧里に於いて乞を行ぜり。】　　　　　　　　（大正蔵、巻一四、五四〇頁上）

…………………………………………………………………………

abhijānāmy < abhijānāmi + 母音 < abhijānā- < abhi-√jñā- (9)：了解する。悟る。知る。～（対格）を…（対格）と認める。記憶する。*Pres. 1, sg. P.*

ahaṃ < mad-：私。*1, sg. Nom.*

bhagavan < bhagavat-：*m.* 尊い（人）。「世尊」と漢訳。「婆伽婆」「薄伽梵」と音写。*sg. Voc.*

ekasmin < eka-：*基数詞,* 一。*adj.* ある。*m. sg. Loc.*

samaye < samaya-：*m.* 会合の場所。時間。好機。機会。*sg. Loc.*

daridra-vīthyāṃ < daridra-vīthī-：*f.* 貧民街。*sg. Loc.*

　daridra-：*adj.* ～（具格）を欠いている。貧しい。「貧」「貧窮」「貧乏」「貧賤」と漢訳。

　vīthī- ＝ vīthi-：*f.* 列。路。街。（店の）並び。市場通り。

piṇḍāya < piṇḍa-：*m.* 丸い塊り。（食べ物の）一口。食べ物。（祖霊に供える）団子。*sg. Dat.*

carāmi < cara- < √car- (1)：行く。歩む。遂行する。実行する。*Pres. 1, sg. P.*

tatra māṃ vimalakīrtir licchavir upasaṃkramyâivam āha /

(梵漢和維摩経 *p.* 84, *ll.* 17–18)

「そこで、リッチャヴィ族のヴィマラキールティが私に近づいてきて、このように言いました。
【「時に維摩詰来たりて我に謂いて言く。】　　　　　　　　（大正蔵、巻一四、五四〇頁上）

…………………………………………………………………………

tatra：*adv.* そこに。そこへ。かしこに。その時に。その場合に。

māṃ < mad-：私。*1, sg. Acc.*

vimalakīrtir < vimalakīrtiḥ + 有声音 < vimalakīrti- < vimala-kīrti-：*m.* ヴィマラキールティ。汚れのない名声を持つ（もの）。「維摩詰」「維摩」と音写。「浄名」「無垢称」と漢訳。*sg. Nom.*

licchavir < licchaviḥ + 有声音 < licchavi-：*m.* リッチャヴィ。「離車子」「栗姑毘」と音写。*sg. Nom.*

upasaṃkramyâivam < upasaṃkramya + evam

　upasaṃkramya < upa-sam-√kram- (1) + -ya：近づく。*Ger.*

　evam：*adv.* このように。「是」「如是」と漢訳。

āha < √ah-：言う。*Perf. 3, sg. P.*

§11 prādeśikī bhadanta-mahā-kāśyapasya karuṇā-maitrī yan mahā-kulāny utsṛjya daridra-kulāny upasaṃkrāmasi /

(梵漢和維摩経 *p.* 84, *ll.* 19–20)

§11　「『あなたは、高貴な家系の家を放棄して、貧しい家系の家〔だけ〕に〔食べ物を乞うために〕近づくのだから、尊者マハー・カーシャパの憐れみ（悲）と慈しみ（慈）は、偏っているのだ。
【§11　「『唯、大迦葉は慈悲心有るも而も普きこと能わず。豪富を捨てて貧に従うて乞えり。】
（大正蔵、巻一四、五四〇頁上）

…………………………………………………………………………

prādeśikī < prādeśikī- < prādeśika- < pradeśa- + -ika：*adj.* 先例を持つ。地方の。限られた。限られた区域の。偏っている。「小」「少分」「一方」「一処」「狭劣」と漢訳。*f. sg. Nom.*

　pradeśa- < pra-deśa- < pra-√diś- (6) + -a：*m.* 呼称。言及。明示。例。地点。場所。

bhadanta-mahā-kāśyapasya < bhadanta-mahā-kāśyapa-：*m.* 尊者マハー・カーシャパ。*sg. Gen.*

　bhadanta-：*m.* （仏教、またはジャイナ教の出家者の敬称）。「大徳」「尊」「尊者」「世尊」「真正」と漢訳。

　mahākāśyapa-：*m.* マハー・カーシャパ。「大迦葉」と漢訳。

karuṇā-maitrī < karuṇā-maitrī-：*f.* 同情と慈しみ。「慈悲」と漢訳。*sg. Nom.*
karuṇā-：*f.* 哀憐。同情。「悲」「大悲」「慈悲」「悲心」「慈心」と漢訳。
maitrī-：*f.* ～（処格）に対する好意。友情。親交。好意。「慈」「慈愍」「慈念」「慈心」と漢訳。
yan < yat + (m) < yad-：*関係代名詞, n. sg. Nom.*
接続詞の働きで「～の故に」
mahā-kulāny < mahā-kulāni + 母音 < mahā-kula-：*n.* 著名な家族。高貴な家族。*adj.* 高貴な家族に属する。*pl. Acc.*
kula-：*n.* 種姓。種族。家族。高貴の家系。
utsṛjya < ud-√sṛj- (6) + -ya：放つ。さまよわせる。投げる。投げ捨てる。捨てる。放棄する。*Ger.*
daridra-kulāny < daridra-kulāni + 母音 < daridra-kula-：*n.* 貧しい家族。「貧家」と漢訳。*adj.* 貧しい家族に属する。*pl. Acc.*
daridra-：*adj.* ～（具格）を欠いている。貧しい。「貧」「貧窮」「貧乏」「貧賎」と漢訳。
upasaṃkrāmasi < upasaṃkrāma- < upa-sam-√kram- (1)：近づく。*Pres. 2, sg. P.*

api tu bhadanta-mahā-kāśyapa dharma-samatā-pratiṣṭhitena te bhavitavyam / (梵漢和維摩経 *p.* 84, *ll.* 20–21)

「『しかるに、尊者マハー・カーシャパよ、あなたは、あらゆるものごとの平等性に立脚するべきである。
【「『迦葉よ、平等法に住して、】　（大正蔵、巻一四、五四〇頁上）
………………………………………………………………

api：*adv.* また。さえも。されど。同様に。
tu：*ind.* しかし。しこうして。しかるに。しかも。
bhadanta-mahā-kāśyapa < bhadanta-mahā-kāśyapa-：*m.* 尊者マハー・カーシャパ。*sg. Voc.*
dharma-samatā-pratiṣṭhitena < dharma-samatā-pratiṣṭhita-：*adj.* あらゆるものごとが平等であることに立脚している。*n. sg. Ins.*
dharma-samatā-：*f.* あらゆるものごとが平等であること。「法等」「法平等」「法平等性」「於一切法得平等解」と漢訳。
pratiṣṭhita- < prati-√sthā- (1) + -ita：*pp.* 有名な。著名な。～（処格）に熟達した。～に立った。位置した。留まった。～に置かれた。確立した。
「ある」「なる」などの動詞が非人称受動態のとき、主語と名詞補語は具格となる。cf.「シンタックス」*p.* 45.
te < tvad-：あなた。*2,. sg. Gen.*
未来受動分詞が非人称的に用いられるときは、中性単数の形となり、動作主は具格、あるいは属格となる。cf.「シンタックス」*p.* 45.
bhavitavyam < bhavitavya- < √bhū- (1) + -itavya：*未受分,* 生じられるべき。～になられるべき。発生されるべき。出現されるべき。存在されるべき。起こるべき。あるべき。*n. sg. Nom.*
√bhū- (1)：生ずる。～になる。発生する。出現する。存在する。生存する。

sarvadā sarva-sattva-samanvāhāreṇa piṇḍa-pātaḥ paryeṣṭavyaḥ / (梵漢和維摩経 *p.* 84, *ll.* 21–22)

「『常に一切衆生を念じつつ、施食を求めるべきである。
【「『次(ついで)に応じて乞食(こつじき)を行ずべし。】　（大正蔵、巻一四、五四〇頁上）
………………………………………………………………

sarvadā：*adv.* 常時。常に。永久に。
sarva-sattva-samanvāhāreṇa < sarva-sattva-samanvāhāra-：*m.* 一切衆生を念ずること。*sg. Ins.*
sarva-sattva-：*m.* 「一切衆生」と漢訳。

samanvāhāra- < sam-anu-ā-√hṛ- (1) + -a：*m.* 「念」「憶」「憶念」「作意」

sam-anu-ā-√hṛ- (1)：「知」「念」「観察」「正念」「存念」「思惟」「護念」と漢訳。

piṇḍa-pātaḥ < piṇḍa-pāta-：*m.* 布施をすること。施食をすること。乞食で鉢の中に受け取った食べ物。*sg. Nom.*

piṇḍa-：*m.* 丸い塊り。（食べ物の）一口。食べ物。（祖霊に供える）団子。

pāta- < √pat- (1) + -a：*m.* 飛び方。飛翔。～（処格）に身を投ずること。落ちること。投ずること。～から落ちること。～に落ちること。

paryeṣṭavyaḥ < paryeṣṭavya- < pari-ā-√iṣ- (6) + -tavya：*未受分,* 求められるべき。*m. sg. Nom.* paryeṣitavya- とも書かれる。

pari-ā-√iṣ- (6)：「求」「尋求」「追求」「志求」と漢訳。

ā-√iṣ- (6)：求める。

√iṣ- (6)：捜す。欲する。願う。期待する。求める。

> anāhāreṇa câhāraḥ paryeṣṭavyaḥ /
>
> （梵漢和維摩経 *p.* 86, *l.* 1）

「『〔食べ物を〕受け取ることは、受け取らないことによって求められるべきである[17]。

【「『不食の為の故に応に乞食を行ずべし。】（大正蔵、巻一四、五四〇頁中）

……………………………………………………………………

anāhāreṇa < anāhāra- < an-āhāra-：*m.* 受け取らないこと。*sg. Ins.*

câhāraḥ < ca + āhāraḥ

āhāraḥ < āhāra- < ā-hāra- < ā-√hṛ- (1) + -a：*adj.* もたらす。得せしめる。*m.* もたらすこと。得せしめること。受け取ること。（複合語の前分となって）食物。糧。*m. sg. Nom.*

ā-√hṛ- (1)：持ってくる。取ってくる。授与する。受け取る。摂取する。食べる。

paryeṣṭavyaḥ < paryeṣṭavya- < pari-ā-√iṣ- (6) + -tavya：*未受分,* 求められるべき。*m. sg. Nom.*

> para-piṇḍa-grāhâpanayāya ca te piṇḍāya caritavyam /
>
> （梵漢和維摩経 *p.* 86, *ll.* 1–2）

「『あなたは、他人の食べ物に対する執着を離れるため[18]、食べ物を求めて〔乞食を〕実行するべきである。

【「『和合相を壊さんが為の故に応に揣食を取るべし。不受の為の故に応に彼の食を受くべし。】

（大正蔵、巻一四、五四〇頁中）

……………………………………………………………………

para-piṇḍa-grāhâpanayāya < para-piṇḍa-grāha-apanaya-：*m.* 他人の食べ物に対する執着を離れること。*sg. Dat.*

para-piṇḍa-：*n.* 他人の食べ物。

para-：*m.* 他人。

grāha- < √grah- (9) + -a：*adj.* とらえる。取る。受ける。「執」「著」「執著」と漢訳。

apanaya- < apa-√nī- (1) + a：*m.* 除去。拒否。排外。「離」「令離」「遠離」と漢訳。

ca：*conj.* および。また。しかしながら。そして。～と。なお。

te < tvad-：あなた。*2, sg. Gen.*

piṇḍāya < piṇḍa-：*m.* 丸い塊り。（食べ物の）一口。食べ物。（祖霊に供える）団子。*sg. Dat.*

caritavyam < caritavya- < √car- (1) + -itavya：*未受分,* 行かれるべき。歩まれるべき。遂行されるべき。実行されるべき。*m. sg. Nom.*

> śūnya-grāmâdhiṣṭhitena ca grāmaḥ praveṣṭavyaḥ[19] /
>
> （梵漢和維摩経 *p.* 86, *l.* 2）

「『〔食べ物を乞う時は、〕村にはだれも住んでいない（空）と念じつつ村に入るべきである。
【「『空聚想を以て聚落に入れ。】　　　　　　　　　　　　（大正蔵、巻一四、五四〇頁中）

…………………………………………………………………………

śūnya-grāmâdhiṣṭhitena < śūnya-grāma-adhiṣṭhita-：*adj.* 村にはだれも住んでいないと念じる。*n. sg. Ins.*

　śūnya-：*adj.* からの。住むもののない。欠いている。～のない。存在しない。空虚な。*n.* 空虚。中空。非存在。「空」と漢訳。

　grāma-：*m.* 居住地。村落。「里」「村」「村落」「村邑」と漢訳。

　adhiṣṭhita- < adhi-√sthā- (1) + -ita：*pp.* ～の上に立っている。統治された。管理された。守られた。「所護」「守護」「所加持」「所加護」「所護念」と漢訳。

ca：*conj.* および。また。しかしながら。そして。～と。なお。

grāmaḥ < grāma-：*m.* 居住地。村落。「里」「村」「村落」「村邑」と漢訳。*sg. Nom.*

praveṣṭavyaḥ < praveṣṭavya- < pra-√viś- (6) + -itavya：*未受分,* 入られるべきである。*m. sg. Nom.*

nara-nārī-paripākāya ca te nagaraṃ praveṣṭavyam /
（梵漢和維摩経 *p.* 86, *ll.* 2–3）

「『男性と女性を〔覚りへ向けて〕成熟させるために、あなたは町に入るべきである。
【漢訳相当箇所なし】

…………………………………………………………………………

nara-nārī-paripākāya < nara-nārī-paripāka-：*m.* 男性と女性の〔覚りへの〕成熟。*sg. Dat.*

　nara-：*m.* 人。男。

　nārī-：*f.* 女。女性。妻。

　paripāka- < pari-√pac- (1) + -a：*m.* 十分煮られること。消化。熟すること。成熟。

ca：*conj.* および。また。しかしながら。そして。～と。なお。

te < tvad-：あなた。*2, sg. Gen.*

nagaraṃ < nagara-：*n.* 町。市。都市。都城。「城」「城邑」「城郭」「国」「国城」と漢訳。*sg. Nom.*

praveṣṭavyam < praveṣṭavya- < pra-√viś- (6) + -itavya：*未受分,* 入られるべきである。*n. sg. Nom.*

buddha-kula-kulīnena ca te kulāny upasaṃkramitavyāni /
（梵漢和維摩経 *p.* 86, *ll.* 3–4）

「『〔この家は、〕ブッダの高貴な家系に属している〔と念ずる〕ことによって、あなたは家々に近づくべきである[20]。
【漢訳相当箇所なし】

…………………………………………………………………………

buddha-kula-kulīnena < buddha-kula-kulīna-：*adj.* ブッダの高貴な家系に属している。*n. sg. Ins.*

　buddha- < √budh- (1) + -ta：*pp.* 目覚めた（人）。*m.* 「覚者」と漢訳。「仏」「仏陀」と音写。

　kula-：*n.* 種姓。種族。家族。高貴の家系。

　kulīna-：*adj.* （種族や、性質の）貴い。～の種族に属する。家族に属する。

ca：*conj.* および。また。しかしながら。そして。～と。なお。

te < tvad-：あなた。*2, sg. Gen.*

kulāny < kulāni + 母音 < kula-：*n.* 種姓。種族。家族。高貴の家系。*pl. Nom.*

upasaṃkramitavyāni < upasaṃkramitavya- < upa-sam-√kram- (1) + -itavya：*未受分,* 近づかれるべき。*n. pl. Nom.*

§12　apratigrahaṇatayā ca piṇḍa-pātaḥ pratigrāhyaḥ /
（梵漢和維摩経 *p.* 86, *l.* 5）

§12　「『施食は、受けないことによって[21] 受けるべきである。
【漢訳相当箇所なし】
……………………………………………………………………………

apratigrahaṇatayā < apratigrahaṇatā- < a-pratigrahaṇa-tā-：*f.* 受けないこと。*sg. Ins.*
　　pratigrahaṇa- < prati-√grah- (9) + -ana：*adj.* 受ける。*n.* 受け入れること。受納すること。（施物の）受領。「摂受」と漢訳。
　　prati-√grah- (9)：上げる。摂取する。食う。飲む。占有する。受ける。嘉納する。
ca：*conj.* および。また。しかしながら。そして。〜と。なお。
piṇḍa-pātaḥ < piṇḍa-pāta-：*m.* 布施をすること。施食をすること。乞食で鉢の中に受け取った食べ物。*sg. Nom.*
pratigrāhyaḥ < pratigrāhya- < prati-√grah- (9) + -ya：*未受分,* 受けられるべき。*m. sg. Nom.*

jāty-andha-samatayā ca rūpāṇi draṣṭavyāni / （梵漢和維摩経 *p.* 86, *ll.* 5–6）

「『色・形は、生まれつきの盲目と等しいことによって見られるべきである。
【§12　「『見る所の色(しき)をば盲と等しくし、】　（大正蔵、巻一四、五四〇頁中）
……………………………………………………………………………

jāty-andha-samatayā < jāty-andha-samatā-：*f.* 生まれつき盲目と等しいこと。*sg. Ins.*
　　jāty-andha- < jāti-andha-：*adj.* 生まれつき盲目の。「生盲」と漢訳。
　　jāti- < √jan- (1) + -ti：*f.* 誕生。出生。生まれ。
　　andha-：*adj.* 盲目の。朦朧とした。真っ暗の。
　　samatā- < sama- + -tā：*f.* 〜（具格、属格）との平等性・同一性。平等であること。公平であること。
ca：*conj.* および。また。しかしながら。そして。〜と。なお。
rūpāṇi < rūpa-：*n.* 形態。外観。色。形。美しい形。見目よいこと。*pl. Nom.*
draṣṭavyāni < draṣṭavya- < √dṛś- (1) + -iṭavya：*未受分,* 見られるべきである。*n. pl. Nom.*

pratiśrutkôpamatayā[22] ca śabdāḥ śrotavyāḥ / （梵漢和維摩経 *p.* 86, *ll.* 6–7）

「『諸の音声は、反響に似ていることによって聞かれるべきである。
【「『聞く所の声をば響きと等しくし、】　（大正蔵、巻一四、五四〇頁中）
……………………………………………………………………………

pratiśrutkôpamatayā < pratiśrutkā-upamatā-：*f.* 反響に似ていること。*sg. Ins.*
　　pratiśrutkā- < pratiśrut-kā-：*f.* 反響。「響」「音響」「山中呼声」「谷響」と漢訳。
　　pratiśrut- < prati-√śru- (5) + -t：*f.* 反響。返答。約束。
　　prati-√śru- (5)：傾聴する。耳を傾ける。約束する。
　　upamatā- < upama-tā-：*f.* 似ていること。
　　upama- < upa-ma- < upa-√mā- (2, 3) + -a：*adj.* 〜に似た、〜のような。「如」「同」と漢訳。
ca：*conj.* および。また。しかしながら。そして。〜と。なお。
śabdāḥ < śabdāḥ + (ś) < śabda-：*m.* 音。声。言葉。*pl. Nom.*
śrotavyāḥ < śrotavya- < √śru- (5) + -tavya：*未受分,* 聞かれるべき。*m. pl. Nom.*

vāta-samatayā ca gandhā ghrātavyāḥ / （梵漢和維摩経 *p.* 86, *l.* 7）

「『諸の香りは、風に似ていることによって嗅がれるべきである。
【「『嗅ぐ所の香をば風と等しくし、】　（大正蔵、巻一四、五四〇頁中）

……………………………………………………………………

vāta-samatayā < vāta-samatā-：*f.* 風に似ていること。*sg. Ins.*

vāta- < √vā- (2) + -ta：*pp.* 吹いた。*m.* 風。風神。空気。

ca：*conj.* および。また。しかしながら。そして。〜と。なお。

gandhā < gandhāḥ + 有声音 < gandha-：*m.* 香。芳香。香気。薫香。*pl. Nom.*

ghrātavyāḥ < ghrātavya- < √ghrā- (1) + -tavya：*未受分,* 嗅がれるべき。*m. pl. Nom.*

avijñaptito rasā āsvādayitavyāḥ[23] /

(梵漢和維摩経 *p.* 86, *ll.* 7–8)

「『諸の味は、認識・判断しないことで賞味されるべきである。

【「『食する所の味をば分別せず、】　(大正蔵、巻一四、五四〇頁中)

……………………………………………………………………

avijñaptito < avijñaptitas + 有声子音 < avijñapti-tas < a-vijñapti-：*f.* 認識・判断しないこと。「無表示」「了別」「不可分別」「不可覚相」と漢訳。*sg. Abl.*

vijñapti-：*f.* 識別。「了別」「建立」「仮名」「仮設」と漢訳。

接尾辞 -tas はすべての語幹から単数・奪格を作り、副詞としてよく用いられる。

rasā < rasāḥ + 有声音 < rasa-：*m.* 味。*pl. Nom.*

āsvādayitavyāḥ < āsvādayitavya- < āsvādaya- + -itavya < ā-√svād- (1) + -aya + -itavya：*Caus.* *未受分,* 味わわれるべき。*m.* 味。*pl. Nom.*

ā-svādaya- < ā-√svād- (1) + -aya：*Caus.* 味わう。楽しむ。賞味する。「取」「著」「味」「愛楽」「味著」と漢訳。

jñānâsparśanatayā ca sparśāḥ spraṣṭavyāḥ /

(梵漢和維摩経 *p.* 86, *l.* 8)

「『諸の接触は、接触なく知ることによって接触されるべきである。

【「『諸の触を受くること智証の如くし、】　(大正蔵、巻一四、五四〇頁中)

……………………………………………………………………

jñānâsparśanatayā < jñānâsparśanatā- < jñāna-asparśanatā-：*f.* 接触することなく知ること。*sg. Ins.*

jñāna- < √jñā- (9) + -ana：*n.* 知ること。知識。智慧。「闍那」と音写。

asparśanatā- < asparśana-tā-：*f.* 接触なきこと。

asparśana- < a-sparśana-：*n.* 接触なきこと。接触の回避。

sparśana- < √spṛś- (6) + -ana：*m.* 接触すること。

√spṛś- (6)：〜（対格）に触れる。〜（処格）に手を置く。なでる。

ca：*conj.* および。また。しかしながら。そして。〜と。なお。

sparśāḥ < sparśāḥ + (s) < sparśa- < √spṛś- (6) + -a：*m.* 接触。感触。「触」と漢訳。*pl. Nom.*

spraṣṭavyāḥ < spraṣṭavya- < √spṛś- (6) + -tavya：*未受分,* 触れられるべき。なでられるべき。*m. pl. Nom.*

māyā-puruṣa-vijñaptyā[24] ca dharmā vijñātavyāḥ /

(梵漢和維摩経 *p.* 86, *ll.* 8–9)

「『〔あらゆる〕ものごと（諸法）は、幻術によって作り出された人の認識・判断によって〔なされるように〕認識されるべきである。

【「『諸法を知ること幻相の如くせよ。】　(大正蔵、巻一四、五四〇頁中)

……………………………………………………………………

māyā-puruṣa-vijñaptyā < māyā-puruṣa-vijñapti-：*f.* 幻術によって作り出された人の認識・判断。*sg. Ins.*

māyā-puruṣa-：*m.* 幻術によって作り出された人。「幻士」「幻人」「幻化人」「幻化人」と漢訳。
vijñapti-：*f.* 話しかけ。「示現」「顕現」「顕示」「表示」「了別」「施設」「仮設」「識」「意識」「唯識」と漢訳。
ca：*conj.* および。また。しかしながら。そして。〜と。なお。
dharmā < dharmāḥ + 有声音 < dharma-：*m.* 確定した秩序。慣例。習慣。法則。規則。義務。宗教。教説。性質。本質。属性。特質。事物。法。*pl. Nom.*
vijñātavyāḥ < vijñātavya- < vi-√jñā- (9) + -tavya-：*未受分,* 知られるべき。認識されるべき。〜と見なされるべき。*m. pl. Nom.*

> yad asva-bhāvam apara-bhāvaṃ ca tad anujjvalitam[25] /
> （梵漢和維摩経 *p.* 86, *ll.* 9–10）

「『自己に固有の本性（自性）がなく、また他者に固有の本性（他性）がないところのもの、それは〔自ずから〕燃え上がることはない[26]。
【「『自性無く他性無きは、本より自ずから然えず。】（大正蔵、巻一四、五四〇頁中）
……………………………………………………………………

yad < yat + 母音 < yad-：*関係代名詞, n. sg. Nom.*
asva-bhāvam < a-sva-bhāva-：*adj.* 自己に固有の本性のない。「無自性」と漢訳。*n. sg. Nom.*
sva-bhāva-：*m.* 〔自己に〕固有の在り方。生まれつきの性質。本性。「自性」と漢訳。
sva-：*adj.* 自身の。私の。汝の。彼の。彼女の。我々の。君たちの。彼らの。
bhāva- < √bhū- (1) + -a：*m.* 生成すること。在ること。存在。真実。在り方。性質。実在。
apara-bhāvaṃ < a-para-bhāva-：*adj.* 他人に固有の本性のない。*n. sg. Nom.*
para-bhāva-：*m.* 「他性」「他処」「他体」「余法性」と漢訳。
para-：*m.* 他人。
ca：*conj.* および。また。しかしながら。そして。〜と。なお。
tad < tat + 母音 < tad-：それ。*n. sg. Nom.*
anujjvalitam < anujjvalita- < an-ujjvalita-：*adj.* 燃え上がることのない。*n. sg. Nom.*
ujjvalita- < ud-√jval- (1) + -ita-：*pp.* 燃え上がった。

> yad anujjvalitaṃ tan na śāmyati /
> （梵漢和維摩経 *p.* 86, *l.* 10）

「『燃え上がることのないところのもの、それは消滅することはない。
【「『今も則ち滅すること無し。】（大正蔵、巻一四、五四〇頁中）
……………………………………………………………………

yad < yat + 母音 < yad-：*関係代名詞, n. sg. Nom.*
anujjvalitaṃ < anujjvalita- < an-ujjvalita-：*adj.* 燃え上がることのない。*n. sg. Nom.*
tan < tat + (n) < tad-：それ。*n. sg. Nom.*
na：*ind.* 〜でない。〜にあらず。
śāmyati < śāmya- < √śam- (4)：静穏である。平穏である。和らぐ。やむ。絶滅する。*Pres. 3, sg. P.*

> §13　yadi sthaviro mahā-kāśyapo 'ṣṭau na[27] mithyātvāni samatikrāmet aṣṭau ca vimokṣān samāpadyeta mithyā-samatayā ca samyaktva-samatām avataret ekena ca piṇḍa-pātena sarva-sattvān pratipādayet sarva-buddhān sarvâryāṃś ca pratipādya paścād ātmanā paribhuñjīta tathā ca paribhuñjīta yathā na sakleśo[28] na vigata-kleśaḥ paribhuñjīta na samāhito na vyutthito na saṃsāra-sthito na nirvāṇa-sthitaḥ paribhuñjīta /
> （梵漢和維摩経 *p.* 86, *ll.* 11–16）

§13　「『もしも、大徳マハー・カーシャパが、〔八正道の反対である〕八つの誤り（八邪法）を離れることなく、八つの解脱に入り、誤りの平等性によって正しい在り方の平等性に入り、〔たった〕一つの施食であらゆる衆生たちに施しをなし、すべてのブッダたちと、すべての聖者たちに捧げて、その後に自分で食べるとしよう。そのように食べるなら、その結果、汚れているのでもなく、汚れを離れているのでもなく食べるのである。精神集中しているのでもなく、〔そこから〕出ているのでもなく、生存の循環（輪廻）の中に留まることもなく、涅槃の中に留まることもなく食べるのである。

【§13　「『迦葉よ、若し能く八邪を捨てずして八解脱に入り、邪相を以て正法に入り、一食を以て一切に施して諸仏及び衆の賢聖に供養し、然る後に食す可し。是くの如く食する者は、煩悩有るに非ず、煩悩を離るるに非ず。定意に入るに非ず、定意より起つに非ず、世間に住するに非ず、涅槃に住するに非ず。】　（大正蔵、巻一四、五四〇頁中）

……………………………………………………………………

yadi：*conj.* もし～ならば。

sthaviro < sthaviraḥ + 有声子音 < sthavira-：*adj.* 老いた。尊敬すべき。「大徳」「尊者」「上座」「長老」と漢訳。*m. sg. Nom.*

mahā-kāśyapo 'ṣṭau < mahā-kāśyapaḥ + aṣṭau

　mahā-kāśyapaḥ < mahā-kāśyapa-：*m.* マハー・カーシャパ。「大迦葉」と漢訳。*sg. Nom.*

　aṣṭau < aṣṭan-：*基数詞,* 八。*n. pl. Acc.*

na：*ind.* ～でない。～にあらず。

mithyātvāni < mithyātva- < mithyā-tva-：*n.* 虚妄。不真実。*pl. Acc.*

　mithyā：*adv.* 不法に。不正に。偽って。不正直に。欺いて。真実ではなく。外見のみで。

samatikrāmet < samatikrāma- < sam-ati-√kram- (1)：「越」「超」「過」「超過」「捨」「離」「悉遠離」と漢訳。*Opt. 3, sg. P.*

aṣṭau < aṣṭan-：*基数詞,* 八。*m. pl. Acc.*

ca：*conj.* および。また。しかしながら。そして。～と。なお。

vimokṣān < vimokṣa-：*m.* 緩むこと。～からの解放。救済。「解脱」と漢訳。*pl. Acc.*

samāpadyeta < samāpadya- < sam-ā-√pad- (4)：襲う。（ある状態に）陥る。～を経験する。生ずる。起こる。「入」「現入」と漢訳。*Opt. 3, sg. A.*

mithyā-samatayā < mithyā-samatā-：*f.* 誤りの平等性。*sg. Ins.*

　samatā- < sama- + -tā：*f.* ～（具格、属格）との平等性・同一性。平等であること。公平であること。

ca：*conj.* および。また。しかしながら。そして。～と。なお。

samyaktva-samatām < samyaktva-samatā-：*f.* 正しい在り方の平等性。*sg. Acc.*

　samyaktva- < samyak-tva-：*n.* 正しさ。正しい在り方。

　samyak-：*adv.* 正しく。正確に。真に。適当に。完全に。

avataret < avatara- < ava-√tṝ- (1)：～（対格、処格）へ下る。～（奪格）から下る。（地へ）降る。化現する。顕現する。自身を示す。赴く。達する。*Opt. 3, sg. P.*

ekena < eka-：*基数詞,* 一。*m. sg. Ins.*

ca：*conj.* および。また。しかしながら。そして。～と。なお。

piṇḍa-pātena < piṇḍa-pāta-：*m.* 布施をすること。施食をすること。乞食で鉢の中に受け取った食べ物。*sg. Ins.*

sarva-sattvān < sarva-sattva-：*m.* すべての衆生。「一切衆生」と漢訳。*pl. Acc.*

pratipādayet < pratipādaya- < prati-√pad- (4) + -aya：*Caus.* ～（対格）へ導く。得る。～（対格）を～（対格）賦与する。～（為格、属格、処格）に与える。渡す。*Opt. 3, sg. P.*

sarva-buddhān < sarva-buddha-：*m.* すべてのブッダ。*pl. Acc.*

sarvâryāṃś < sarvâryān + (c) < sarvârya- < sarva-ārya-：*m.* すべての聖者。*pl. Acc.*

ca：*conj.* および。また。しかしながら。そして。～と。なお。

pratipādya < pratipādaya- + -ya < prati-√pad- (4) + -aya + -ya：*Caus.* ～（対格）へ導く。得る。～（対格）を～（対格）賦与する。～（為格、属格、処格）に与える。渡す。*Ger.*

Ｘ類動詞の語根、および使役動詞から ya- 絶対分詞を作るとき、その現在語幹において接尾辞 aya の前の音節が韻律上長い場合は、-aya を省いて -ya をつける。cf.「基礎」*p.* 489.

paścād < paścāt ＋ 母音：*adv.* 背後に。後方に。後に。後方へ。西方から。西方へ。今後。その後。奪格の副詞的用法。

paścāt < paśca-：*adj.* 後の。*n. sg. Abl.*

ātmanā < ātman-：*m.* 自分。自我。霊魂。生命。本質。本性。身体。*sg. Ins.* 具格の副詞的用法。

paribhuñjīta < paribhuñj- < pari-√bhuj- (7)：食う。食い尽くす。消費する。享受する。用いる。*Opt. 3, sg. A.* 活用は、cf.「基礎」*p.* 314.

√bhuj- の現在語根はⅠ類とⅦ類で次のように異なるので注意を。

bhunaj-(強語幹)、bhuñj-(弱語幹) < √bhuj- (7)

bhoja- < √bhuj- (1)

tathā：*adv.* そのように。同様な方法で。同様に。

tathā ～ yathā …：そのように～、その結果…。cf.「シンタックス」*p.* 288.

ca：*conj.* および。また。しかしながら。そして。～と。なお。

paribhuñjīta < paribhuñj- < pari-√bhuj- (7)：食う。食い尽くす。消費する。享受する。用いる。*Opt. 3, sg. A.*

yathā：*関係副詞, 接続詞,* ～のように。あたかも～のように。～であるように。

na：*ind.* ～でない。～にあらず。

sakleśo < sakleśaḥ ＋ 有声子音 < sakleśa- < sa-kleśa-：*adj.* 汚れに伴われた。*m. sg. Nom.*

sa：結合・共有・類似・同等の意味を表わす接頭辞。

kleśa- < √kliś- (4) + -a：*m.* 苦痛。苦悩。心痛。「煩悩」「惑」「根本煩悩」と漢訳。

√kliś- (4)：悩ます。苦しませる。困らせる。煩わす。

na：*ind.* ～でない。～にあらず。

vigata-kleśaḥ < vigata-kleśaḥ + (p) < vigata-kleśa-：*adj.* 汚れを離れている。*m. sg. Nom.*

vigata- < vi-gata- < vi-√gam- (1) + -ta：*pp.* 「離」「除」「無」「已除」「除断」と漢訳。

paribhuñjīta < paribhuñj- < pari-√bhuj- (7)：食う。食い尽くす。消費する。享受する。用いる。*Opt. 3, sg. A.*

na：*ind.* ～でない。～にあらず。

samāhito < samāhitaḥ ＋ 有声子音 < samāhita- < sam-ā-√dhā- (3) + -ta：*pp.* ～（具格）と結ばれた。心を集中した。「定」「定心」「寂静」と漢訳。*m. sg. Nom.*

sam-ā-√dhā- (3)：～（処格）に心を定める。集中する。祈りを定める。

na：*ind.* ～でない。～にあらず。

vyutthito < vyutthitaḥ ＋ 有声子音 < vyutthita- < vi-ud-√sthā- (1) + -ita：*pp.* ～（奪格）から背を向ける。～を捨てる。「出」「起」と漢訳。*m. sg. Nom.*

√sthā- (1)と、「支える」という意味の√stambh- (9) は、接頭辞 ud-の後では語頭の s が脱落する。cf.「基礎」*p.* 64.

na：*ind.* ～でない。～にあらず。

saṃsāra-sthito < saṃsāra-sthitaḥ ＋ 有声子音 < saṃsāra-sthita-：*adj.* 生存の循環（輪廻）の中に留まっている。*m. sg. Nom.*

saṃsāra- < sam-√sṛ- (1) + -a：*m.* 生存の循環。（生の）不断の連続。現世の生存。「輪廻」と漢訳。

sthita- < √sthā- (1) + -ita：*pp.* 立った。住していた。留まっていた。

na：*ind.* ～でない。～にあらず。

nirvāṇa-sthitaḥ < nirvāṇa-sthitaḥ + (p) < nirvāṇa-sthita-：*adj.* 涅槃の中に留まっている。*m. sg. Nom.*

nirvāṇa- < nir-√vā- (2, 4) + -na：*pp.* 吹き消された。*n.* 消滅。生の焔の消滅。完全な満足。「寂滅」「安穏」「寂静」と漢訳。「涅槃」「泥洹（ないおん）」と音写。

paribhuñjīta < paribhuñj- < pari-√bhuj- (7)：食う。食い尽くす。消費する。享受する。用いる。*Opt. 3, sg. A.*

ye ca bhadantāya piṇḍa-pātaṃ dadati te teṣāṃ nâlpa-phalaṃ na mahā-phalaṃ bhaven na ca hānāya na viśeṣāya gacched buddha-gati-samavasaraṇāya ca bhaveta na śrāvaka-gati-samava=saraṇāya / (梵漢和維摩経 *p.* 86, *ll.* 16–19)

「『尊者であるあなたのために施食を捧げるところの人たち、それらの人たちには小さな果報もなければ、大きな果報もないであろう。失うこともなく、増益になることもないであろう。〔それが〕ブッダの進まれた道に分け入ることになるのであって、声聞の進む道に分け入ることになるのではないのだ。

【「『其の施（せ）有る者も大福無く小福無く、益とも為さず、損とも為さず。是れを正しく仏道に入り、声（しょう）聞（もん）に依らずと為す。】　（大正蔵、巻一四、五四〇頁中）

……………………………………………………………………

ye < yad-：*関係代名詞, m. pl. Nom.*
ca：*conj.* および。また。しかしながら。そして。～と。なお。
bhadantāya < bhadanta- < bhadanta-：*m.*（仏教、またはジャイナ教の出家者の敬称）。「大徳」「尊」「尊者」「世尊」と漢訳。*sg. Dat.*
piṇḍa-pātaṃ < piṇḍa-pāta-：*m.* 布施をすること。施食をすること。乞食で鉢の中に受け取った食べ物。*sg. Acc.*
dadati < dad- < √dā- (3)：与える。*Pres. 3, pl. P.*
te < tvad-：あなた。*2, sg. Dat.*
teṣāṃ < tad-：それ。*m. pl. Gen.*
nâlpa-phalaṃ < na + alpa-phalaṃ
　　alpa-phalaṃ < alpa-phala-：*n.* 小さな果報。*sg. Nom.*
　　alpa-：*adj.* 小さい。少ない。短い。乏しい。弱い。
　　phala-：*n.* 実。果実。結果。報い。
na：*ind.* ～でない。～にあらず。
mahā-phalaṃ < mahā-phala-：*n.* 大きな果報。*sg. Nom.*
bhaven < bhavet + (n) < bhava- < √bhū- (1)：なる。在る。～である。*Opt. 3, sg. P.*
na：*ind.* ～でない。～にあらず。
ca：*conj.* および。また。しかしながら。そして。～と。なお。
hānāya < hāna- < √hā- (3) + -ana：*n.* 捨て去ること。失うこと。断念。放棄。欠乏。*sg. Dat.*
　　√gam- (1) + ～（対格、為格、処格）：～に赴く。
na：*ind.* ～でない。～にあらず。
viśeṣāya < viśeṣa- < vi-√śiṣ- (7) + -a：*m.* ～の間の差異。特徴的な差異。特異性。特別の性質。卓越。優秀。「増益」と漢訳。*sg. Dat.*
gacched < gacchet + 有声子音 < gaccha- < √gam- (1)：来る。～（対格、為格、処格）に赴く。～に達する。～を得る。*Opt. 3, sg. P.*
buddha-gati-samavasaraṇāya < buddha-gati-samavasaraṇa-：*f.* ブッダの進まれた道に分け入ること。*sg. Dat.*
　　√bhū- (1) + ～（為格）：～に導く。～に資する。
　　buddha-gati-：*f.* ブッダの進まれた道。
　　gati- < √gam- (1) + -ti：*f.* 行くこと。道。進路。手段。方法。可能性。状態。「趣」「所帰趣」と漢訳。
　　samavasaraṇa- < sam-ava-√sṛ- (1) + -ana：*n.* 入ること。会うこと。集合すること。集会。
ca：*conj.* および。また。しかしながら。そして。～と。なお。

bhaveta < bhava- < √bhū- (1)：なる。在る。～である。*Opt. 3, sg. A.*
na：*ind.* ～でない。～にあらず。
śrāvaka-gati-samavasaraṇāya < śrāvaka-gati-samavasaraṇa-：*f.* 声聞の進む道に分け入ること。*sg. Dat.*
　　śrāvaka-gati-：*f.* 声聞の進む道。

evaṃ sthaviro mahā-kāśyapo 'moghaṃ rāṣṭra-piṇḍaṃ paribhuñjīta /
（梵漢和維摩経 *p.* 86, *ll.* 19–20）

「『このように、大徳マハー・カーシャパは、国土から得られた食べ物を有効に食べるべきである』。
【「『迦葉よ、若し是くの如く食せば、空しからずして人の施を食すと為すなり』と。】
（大正蔵、巻一四、五四〇頁中）
……………………………………………………………………

evaṃ：*adv.* このように。「是」「如是」と漢訳。
sthaviro < sthaviraḥ + 有声子音 < sthavira-：*adj.* 老いた。尊敬すべき。「大徳」「尊者」「上座」「長老」と漢訳。*m. sg. Nom.*
mahā-kāśyapo 'moghaṃ < mahā-kāśyapaḥ + amoghaṃ
　　mahā-kāśyapaḥ < mahā-kāśyapa-：*m.* マハー・カーシャパ。「大迦葉」と漢訳。*sg. Nom.*
　　amoghaṃ < amogha- < a-mogha-：*adj.* 空ならざる。誤らない。有益な。確実な。「不空」「不虚」と漢訳。*m. sg. Acc.*
　　mogha- < √muh- (4) + -a：*adj.* むなしい。効果のない。無益な。「虚妄」と漢訳。
　　√muh- (4)：困惑する。途方にくれる。さまよう。誤る。「迷乱」「迷悶」「癡」と漢訳。
rāṣṭra-piṇḍaṃ < rāṣṭra-piṇḍa-：*m.* 国土から得られた食べ物。「国土施食」と漢訳。*sg. Acc.*
　　rāṣṭra-：*n.* 王国。国土。
paribhuñjīta < paribhuñj- < pari-√bhuj- (7)：食う。食い尽くす。消費する。享受する。用いる。*Opt. 3, sg. A.*
　　願望法は、勧告・教訓・許可・要請の意味を示す。cf.「シンタックス」*p.* 120.

§14　so 'haṃ bhagavann imaṃ dharma-nirdeśaṃ śrutvâścarya-prāptaḥ sarva-bodhi-sattvān namasyāmi /
（梵漢和維摩経 *p.* 88, *ll.* 1–2）

§14　「世尊よ、その私は、法についてのこの詳述を聞いて、不思議な思いにとらわれ、私は、すべての菩薩たちに敬礼しました。
【§14　「時に我、世尊よ、是の語を説くを聞きて、未曾有を得たり。即ち一切の菩薩に於いて深く敬心を起こし、復、是の念を作せり。】
（大正蔵、巻一四、五四〇頁中）
……………………………………………………………………

so 'haṃ < saḥ + ahaṃ
　　saḥ < tad-：それ。*m. sg. Nom.*
　　ahaṃ < mad-：私。*1, sg. Nom.*
bhagavann < bhagavan + 母音 < bhagavat-：*m.* 尊い（人）。「世尊」と漢訳。「婆伽婆」「薄伽梵」と音写。*sg. Voc.*
imaṃ < idam-：これ。*m. sg. Acc.*
dharma-nirdeśaṃ < dharma-nirdeśa-：*m.* 法についての詳述。「説法」と漢訳。*sg. Acc.*
　　nirdeśa- < nir-√diś- (6) + -a：*m.* 命令。指示。記述。表明。詳述。「説」「所説」「説法」「釈」「釈説」「広釈」「分別演説」と漢訳。
śrutvâścarya-prāptaḥ < śrutvā + āścarya-prāptaḥ
　　śrutvā < √śru- (5) + -tvā：～（具格、奪格、属格）から聞く。*Ger.*
　　āścarya-prāptaḥ < āścarya-prāpta-：*adj.* 奇異なる思いに囚われた。不思議なる思いに囚われ

た。*m. sg. Nom.*

sarva-bodhi-sattvān < sarva-bodhi-sattva-：*m.* すべての菩薩。*pl. Acc.*

namasyāmi < namasya- < √namasya-（名動）：～（対格）に帰命する。敬礼する。敬意を表する。崇める。*Pres. 1, sg. P.*

gṛhiṇo 'pi nāmâivaṃ-rūpaṃ pratibhānaṃ ko 'nuttarāyāṃ samyak-saṃbodhau cittaṃ nôtpādayet /
（梵漢和維摩経 *p.* 88, *ll.* 2–3）

「在家の人でさえも、実にこのような雄弁さを具えている。〔その説法を聞いて〕だれが、この上ない正しく完全な覚り（阿耨多羅三藐三菩提）へ向けて心を発さないであろうか。

【「斯れ、家名有りて、弁才・智慧は乃ち能く是くの如し。其れ誰か此れを聞きて阿耨多羅三藐三菩提に心を発さざらん。】
（大正蔵、巻一四、五四〇頁中）

……………………………………………………………………

gṛhiṇo 'pi < gṛhiṇaḥ + api

gṛhiṇaḥ < gṛhin- < √grah- (9) + -in：*adj.* 家を所有する。家に住する。「在家」と漢訳。*m.* 家長。「在家人」「在家者」「居家」と漢訳。*m. sg. Gen.*

api：*adv.* また。さえも。されど。なお。

nāmâivaṃ-rūpaṃ < nāma + evaṃ-rūpaṃ

nāma：*adv.* ～という名前の。実に。確かに。もちろん。おそらく。そもそも。

evaṃ-rūpaṃ < evaṃ-rūpa-：*adj.* このような形の。*n. sg. Nom.*

pratibhānaṃ < pratibhāna- < prati-√bhā- (2) + -ana：*n.* 明白なこと。理解。能弁であること。「弁」「弁才」「巧弁」「弁説」「楽説」と漢訳。*sg. Nom.*

以上は、属格と主格の名詞文をなしている。

ko 'nuttarāyāṃ < kaḥ + anuttarāyāṃ

kaḥ < kim-：*疑問代名詞,* だれ。何。どんな。どれ。*m. sg. Nom.*

anuttarāyāṃ < anuttarā- < anuttara- < an-ud-tara-：*比較級,* この上ない。「無上」と漢訳。*f. sg. Loc.*

samyak-saṃbodhau < samyak-saṃbodhi-：*f.* 正しく完全な覚り。「正覚」「正等正覚」「正等菩提」と漢訳。「三藐三菩提」と音写。*sg. Loc.* 目的地や目標を示す処格。

cittaṃ < citta-：*n.* 心。思考。意思。知性。理性。「質多」と音写。*sg. Acc.*

nôtpādayet < na + utpādayet

utpādayet < utpādaya- < ud-√pad- (4) + -aya：*Caus.* 起こす。生じる。*Opt. 3, sg. P.*

tataḥ prabhṛti me na kaś-cit sattvaḥ śrāvaka-yāne pratyeka-buddha-yāne vā samādāpita-pūrvo 'nyatra mahā-yānāt /
（梵漢和維摩経 *p.* 88, *ll.* 3–5）

「それ以来、私は、大いなる乗り物（大乗）を除いて、声聞のための乗り物（声聞乗）、あるいは独覚に到るための乗り物（独覚乗）へと衆生をあらかじめ教化することは決してありませんでした。

【「我、是れより来、復人に勧むるに声聞・辟支仏行を以てせず。】
（大正蔵、巻一四、五四〇頁中）

……………………………………………………………………

tataḥ prabhṛti：それ以来。それからこの方。

tataḥ < tatas + (p)：*adv.* それより。そこに。そこにおいて。ゆえに。(tad- の奪格)。

prabhṛti：*adv.* （～tas の形の副詞、時を表わす副詞の後に来て）～以来。～からこの方。

me < mad-：私。*2. sg. Gen.*

na：*ind.* ～でない。～にあらず。

kaś-cit < kiṃ-cit-：*不定代名詞,* 何かあるもの／こと。だれかある人。*m. sg. Nom.*

na kiṃ-cit- ～：決して～ない。

sattvaḥ < sattva-：*m.* 「衆生」「有情」と漢訳。*sg. Nom.*
śrāvaka-yāne < śrāvaka-yāna-：*n.* 声聞のための乗り物。「声聞乗」と漢訳。*sg. Loc.*
pratyeka-buddha-yāne < pratyeka-buddha-yāna-：*n.* 独覚に到るための乗り物。「独覚乗」と漢訳。*sg. Loc.*
vā：*ind.* 〜か。または。たとえ〜であっても。
samādāpita-pūrvo 'nyatra < samādāpita-pūrvaḥ + anyatra
　samādāpita-pūrvaḥ < samādāpita-pūrva-：*adj.* あらかじめ教化された。*m. sg. Nom.*
　samādāpita- < samādāpaya- + -ta < sam-ā-√dā- (3) + -paya + -ta：*Caus. pp.* 取らせられた。勧められた。喚起された。鼓舞された。「教化」「教」と漢訳。
　pūrva-：（過去受動分詞の後ろにあって）あらかじめ。前に。
　anyatra：*adv.* 〜（奪格）を除いて。他方において。よそにおいて。
mahā-yānāt < mahā-yāna-：*n.* 大いなる乗り物。「大乗」と漢訳。「摩訶衍」と音写。*sg. Abl.*

> tan nâhaṃ bhagavann utsahe tasya kula-putrasya glāna-paripṛcchako gantum /
> （梵漢和維摩経 *p.* 88, *ll.* 5–6）

「それ故に、世尊よ、私は、その良家の息子（善男子）の病気見舞いに行くことに耐えられません」
【「是の故に、彼に詣りて疾を問うに任えず」と。】（大正蔵、巻一四、五四〇頁中）
………………………………………………………………………

tan < tat + (n) < tad-：それ。*n. sg. Acc.*
　代名詞の中性・対格の接続詞への転用で、「そこで」「従って」「それゆえ」を意味する。
nâhaṃ < na + ahaṃ
　na：*ind.* 〜でない。〜にあらず。
　ahaṃ < mad-：私。*1, sg. Nom.*
bhagavann < bhagavan + 母音 < bhagavat-：*m.* 尊い（人）。「世尊」と漢訳。「婆伽婆」「薄伽梵」と音写。*sg. Voc.*
utsahe < utsaha- < ud-√sah- (1)：こらえる。耐える。〜（不定詞）することができる。〜する能力がある。*Pres. 1, sg. A.*
tasya < tad-：それ。*m. sg. Gen.*
kula-putrasya < kula-putra-：*m.* 良家の息子。「善男子」と漢訳。*sg. Gen.*
glāna-paripṛcchako < glāna-paripṛcchakaḥ + 有声子音 < glāna-paripṛcchaka-：*m.* 病についての質問（者）。「問病」と漢訳。*sg. Nom.*
gantum < √gam- (1) + -tum：*不定詞,* 行くこと。

> §15　tatra bhagavān āyuṣmantaṃ subhūtim āmantrayate sma /　gaccha tvaṃ subhūte vimalakīrter licchaver glāna-paripṛcchakaḥ /
> （梵漢和維摩経 *p.* 88, *ll.* 7–8）

§15　そこで、世尊は、尊者スブーティ（須菩提）におっしゃられた。
「スブーティよ、あなたは、リッチャヴィ族のヴィマラキールティの病気見舞いに行くがよい」
【§15　仏、須菩提に告げたまえり。「汝、維摩詰に行詣して疾を問え」】
（大正蔵、巻一四、五四〇頁中）
………………………………………………………………………

tatra：*adv.* そこに。そこへ。かしこに。その時に。その場合に。
bhagavān < bhagavat-：*m.* 尊い（人）。世尊。「婆伽婆」「薄伽梵」と音写。*sg. Nom.*
āyuṣmantaṃ < āyuṣmat- < āyus- + -mat-：*m.* 長寿の。健康の。「尊者」「長老」「具寿」と漢訳。*sg. Acc.*
subhūtim < subhūti-：*m.* スブーティ。「須菩提」と音写。*sg. Acc.*
āmantrayate < āmantraya- < ā-√mantraya- (名動詞)：語りかける。「告」「告言」「白言」と漢訳。*Pres. 3, sg. A.*

sma　: *ind.* 実に。
現在形の動詞とともに用いて、過去の意味を表わす（歴史的現在）。過去のことを生々しく語るための表現方法である。ただし、現在の意味が保留される場合もある。

………………………………………………………………

gaccha < gaccha- < √gam- (1) : 行く。経過する。〜（対格、為格、処格）に赴く。近づく。達する。 *Impv. 2, sg. P.*
tvaṃ < tvad- : あなた。*2, sg. Nom.*
subhūte < subhūti- : *m.* スブーティ。「須菩提」と音写。*sg. Voc.*
vimalakīrter < vimalakīrteḥ + 有声音 < vimalakīrti- < vimala-kīrti- : *m.* ヴィマラキールティ。汚れのない名声を持つ（もの）。「維摩詰」「維摩」と音写。「浄名」「無垢称」と漢訳。*sg. Gen.*
licchaver < licchaveḥ + 有声音 < licchavi- : *m.* リッチャヴィ。「離車子」「栗姑毘」と音写。*sg. Gen.*
glāna-paripṛcchakaḥ < glāna-paripṛcchaka- : *m.* 病についての質問（者）。「問病」と漢訳。*sg. Nom.*

> subhūtir apy āha / nâhaṃ bhagavann utsahe tasya sat-puruṣasya glāna-paripṛcchako gantum /
>
> （梵漢和維摩経 *p.* 88, *ll.* 9–10）

スブーティもまた、言った。
「世尊よ、私は、その善き人（善士）の病気見舞いに行くことに耐えられません。
【須菩提、仏に白して言さく、「世尊よ、我、彼に詣りて疾を問うに堪任せず。】
（大正蔵、巻一四、五四〇頁中）

………………………………………………………………

subhūtir < subhūtiḥ + 有声音 < subhūti- : *m.* スブーティ。「須菩提」と音写。*sg. Nom.*
apy < api + 母音 : *adv.* また。さえも。されど。なお。
āha < √ah- : 言う。*Perf. 3, sg. P.*

………………………………………………………………

nâhaṃ < na + ahaṃ
na : *ind.* 〜でない。〜にあらず。
ahaṃ < mad- : 私。*1, sg. Nom.*
bhagavann < bhagavan + 母音 < bhagavat- : *m.* 尊い（人）。「世尊」と漢訳。「婆伽婆」「薄伽梵」と音写。*sg. Voc.*
utsahe < utsaha- < ud-√sah- (1) : こらえる。耐える。〜（不定詞）することができる。〜する能力がある。*Pres. 1, sg. A.*
tasya < tad- : それ。*m. sg. Gen.*
sat-puruṣasya < sat-puruṣa- : *m.* 善き人。「善士」と漢訳。*sg. Gen.*
glāna-paripṛcchako < glāna-paripṛcchakaḥ + 有声子音 < glāna-paripṛcchaka- : *m.* 病についての質問（者）。「問病」と漢訳。*sg. Nom.*
gantum < √gam- (1) + -tum : *不定詞,* 行くこと。

> tat kasya hetoḥ /
>
> （梵漢和維摩経 *p.* 88, *l.* 10）

「それは、どんな理由によってでしょうか？
【「所以は何んとなれば、】　（大正蔵、巻一四、五四〇頁中）

………………………………………………………………

tat < tad- : それ。*n. sg. Nom.*
kasya < kim- : *疑問詞,* だれ。何。どんな。どの。*m. sg. Gen.*
hetoḥ < hetu- : *m.* 理由。原因。因。*sg. Gen.*
属格の副詞的用法で、「〜の理由によって」「〜の原因で」。cf.「基礎」*p.* 497.

abhijānāmy ahaṃ bhagavan / ekasmin samaye vaiśālyāṃ mahā-nagaryāṃ piṇḍāya carāmi vimalakīrter licchaver niveśanaṃ piṇḍāya praviṣṭaḥ /
(梵漢和維摩経 *p.* 88, *ll.* 11–12)

「世尊よ、私は、思い出します。ある時、私は、ヴァイシャーリという大都城に食べ物〔を乞う〕ために行き、リッチャヴィ族のヴィマラキールティの邸宅に食べ物〔を乞う〕ために入りました。
【「憶念するに我、昔、其の舎に入り、従いて食を乞えり。】　　　　（大正蔵、巻一四、五四〇頁中）

…………………………………………

abhijānāmy < abhijānāmi + 母音 < abhijānā- < abhi-√jñā- (9)：了解する。悟る。知る。～（対格）を…（対格）と認める。記憶する。*Pres. 1, sg. P.*
ahaṃ < mad-：私。*1, sg. Nom.*
bhagavan < bhagavat-：*m.* 尊い（人）。「世尊」と漢訳。「婆伽婆」「薄伽梵」と音写。*sg. Voc.*

…………………………………………

ekasmin < eka-：*基数詞,* 一。*adj.* ある。*m. sg. Loc.*
samaye < samaya-：*m.* 会合の場所。時間。好機。機会。*sg. Loc.*
vaiśālyāṃ < vaiśālī-：*f.* ヴァイシャーリー（Viśāla 国の王が建設した町の名前）。「毘舎離」「毘耶離」「吠舎離」と音写。*sg. Loc.*
mahā-nagaryāṃ < mahā-nagarī-：*f.* 大都市。*sg. Loc.*
piṇḍāya < piṇḍa-：*m.* 丸い塊り。（食べ物の）一口。食べ物。（祖霊に供える）団子。*sg. Dat.*
carāmi < cara- < √car- (1)：行く。歩む。遂行する。実行する。*Pres. 1, sg. P.*
vimalakīrter < vimalakīrteḥ + 有声音 < vimalakīrti- < vimala-kīrti-：*m.* ヴィマラキールティ。汚れのない名声を持つ（もの）。「維摩詰」「維摩」と音写。「浄名」「無垢称」と漢訳。*sg. Gen.*
licchaver < licchaveḥ + 有声音 < licchavi-：*m.* リッチャヴィ。「離車子」「栗姑毘」と音写。*sg. Gen.*
niveśanaṃ < niveśana- < ni-√viś- (6) + -ana：*adj.* ～に入る。休息させる。*n.* 入ること。導き入れること。宿営させること。休息所。寝床。家庭。住み家。住居。*n. sg. Acc.*
piṇḍāya < piṇḍa-：*m.* 丸い塊り。（食べ物の）一口。食べ物。（祖霊に供える）団子。*sg. Dat.*
praviṣṭaḥ < praviṣṭa- < pra-√viś- (6) + -ta：*pp.* 入った。近づいた。*m. sg. Nom.*
　pra-√viś- (6)：入る。近づく。誘い込む。導入する。

tasya me vimalakīrtir licchaviḥ pātraṃ gṛhītvā praṇītena bhojanena pratipūryâivam āha /
(梵漢和維摩経 *p.* 88, *ll.* 13–14)

「リッチャヴィ族のヴィマラキールティは、その私の鉢を取って、卓越した食べ物で満たしてから、このように言いました。
【「時に維摩詰、我が鉢を取り、飯を盛満して我に謂いて言く。】　　　　（大正蔵、巻一四、五四〇頁中）

…………………………………………

tasya < tad-：それ。*m. sg. Gen.*
me < mad-：私。*2. sg. Gen.*
vimalakīrtir < vimalakīrtiḥ + 有声音 < vimalakīrti- < vimala-kīrti-：*m.* ヴィマラキールティ。汚れのない名声を持つ（もの）。「維摩詰」「維摩」と音写。「浄名」「無垢称」と漢訳。*sg. Nom.*
licchaviḥ < licchaviḥ + (p) < licchavi-：*m.* リッチャヴィ。「離車子」「栗姑毘」と音写。*sg. Nom.*
pātraṃ < pātra- < √pā- (1,2) + -tra：*n.* （飲用の）容器。鉢。盃。*sg. Acc.*
　√pā- (1,2)：飲む。吸う。すする。
gṛhītvā < √grah- (9) + -itvā：つかむ。取る。受け取る。*Ger.*
praṇītena < praṇīta- < pra-√ṇī- (1) + -ta：*pp.* 卓越した。優秀な。「妙」「最妙」「上妙」「美妙」「勝妙」と漢訳。*n. sg. Ins.*
　pra-√ṇī- (1)：前へ導く。
　√ṇī- (1)：導く。案内する。

bhojanena < bhojana- < √bhuj- (7) + -ana：*n.* 享受すること。食べること。食事。食べ物。*sg. Ins.*
pratipūryâivam < pratipūrya + evam
　pratipūrya < prati-√pṛ- (3,6) + -ya：満たす。*Ger.*
　evam：*adv.* このように。「是」「如是」と漢訳。
āha < √ah-：言う。*Perf. 3, sg. P.*

§16　sacet tvaṃ bhadanta-subhūta āmiṣa-samatayā sarva-dharma-samatām anugataḥ sarva-dharma-samatayā ca buddha-dharma-samatām anugata eva tvam imaṃ piṇḍa-pātaṃ pratigṛhṇīṣva /
(梵漢和維摩経 *p.* 88, *ll.* 15–17)

§16　「『尊者スブーティよ、もしもあなたが、食の平等性によってあらゆるものごと（一切法）の平等性に通達し、さらにあらゆるものごと（一切法）の平等性によってブッダの在り方の平等性に通達する[29]のであれば、あなたはこの施食を受け取るがよい。
【§16　「『唯、須菩提よ、若し能く食に於いて等しければ諸法も亦等し、諸法等しければ食に於いても亦等しと、是くの如くして乞を行ずるならば、乃ち食を取る可し。】
（大正蔵、巻一四、五四〇頁中）

……………………………………………………………………

sacet：*conj.* もし～ならば。「若」「設」「仮令」「仮使」と漢訳。
tvaṃ < tvad-：あなた。*2, sg. Nom.*
bhadanta-subhūta < bhadanta-subhūte + a 以外の母音 < bhadanta-subhūti-：*m.* 尊者スブーティ。*sg. Voc.*
āmiṣa-samatayā < āmiṣa-samatā-：*f.* 食の平等性。*sg. Ins.*
　āmiṣa-：*n.* 肉。餌物。美味。快楽の対象。希望。欲望。貪欲。「飲食」「食」と漢訳。
　samatā- < sama- + -tā：*f.* ～（具格、属格）との平等性・同一性。平等であること。公平であること。
sarva-dharma-samatām < sarva-dharma-samatā-：*f.* あらゆるものごと（一切法）の平等性。*sg. Acc.*
anugataḥ < anugataḥ + (s) < anugata- < anu-√gam- (1) + -ta：*pp.* 従った。伴った。近づいた。訪れた。達した。「随」「順」「随順」「随行」「随入」と漢訳。*m. sg. Nom.*
sarva-dharma-samatayā < sarva-dharma-samatā-：*f.* あらゆるものごと（一切法）の平等性。*sg. Ins.*
ca：*conj.* および。また。しかしながら。そして。～と。なお。
buddha-dharma-samatām < buddha-dharma-samatā-：*f.* ブッダの在り方の平等性。*sg. Acc.*
anugata < anugataḥ + a 以外の母音 < anugata- < anu-√gam- (1) + -ta：*pp.* 従った。伴った。近づいた。訪れた。達した。「随」「順」「随順」「随行」「随入」と漢訳。*m. sg. Nom.*
eva：*adv.* さように。このように。まさに。実に。ただ。全くこのように。
tvam < tvad-：あなた。*2, sg. Nom.*
imaṃ < idam-：これ。*m. sg. Acc.*
piṇḍa-pātaṃ < piṇḍa-pāta-：*m.* 布施をすること。施食をすること。乞食で鉢の中に受け取った食べ物。*sg. Acc.*
pratigṛhṇīṣva < pratigṛhṇī- < prati-√grah- (9)：上げる。摂取する。食う。飲む。占有する。受ける。嘉納する。*Impv. 2, sg. A.*
　願望法は、勧告・教訓・許可・要請の意味を示す。cf.「シンタックス」*p.* 120.

sacet tvaṃ bhadanta-subhūte na rāga-doṣa-moha-[30]prahīṇo na ca taiḥ sārdhaṃ saṃvasasi /
(梵漢和維摩経 *p.* 88, *ll.* 17–19)

「『尊者スブーティよ、もしもあなたが、貪愛、憎悪、迷妄〔、すなわち貪欲・瞋恚・愚癡の三毒〕を打ち破ることなく、しかもそれら〔の三毒〕と一緒にあることもないならば、
【「『若し須菩提よ、婬・怒・癡を断たず、亦与倶にせず、】　（大正蔵、巻一四、五四〇頁中）

……………………………………………………………………

sacet：*conj.* もし～ならば。「若」「設」「仮令」「仮使」と漢訳。

tvaṃ < tvad-：あなた。*2, sg. Nom.*

bhadanta-subhūte < bhadanta-subhūti-：*m.* 尊者スブーティ。*sg. Voc.*

na：*ind.* ～でない。～にあらず。

rāga-doṣa-moha-prahīṇo < rāga-doṣa-moha-prahīṇaḥ + 有声子音 < rāga-doṣa-moha-prahīṇa-：*adj.* 貪愛、憎悪、迷妄〔、すなわち貪欲・瞋恚・愚癡の三毒〕を打ち破った。*m. sg. Nom.*

rāga- < √raj- (4) + -a：*m.* 染めること。赤いこと。情熱。激しい欲望。愛情。「貪愛」「愛欲」と漢訳。

doṣa- ≒ dveṣa-：*m.* 憎悪。「瞋恚」「憎」「憎忿」と漢訳。

doṣa-には、*m.*「欠陥」「欠点」「短所」「過失」といった意味もあるが、ここではSkt. のdveṣa-（Pāl.でdosa-）の俗語形である。

moha- < √muh- (4) + -a：*m.* 意識の喪失。当惑。惑溺。（真理の洞察を妨げる）心の迷妄。「癡」「癡妄」「愚」「愚癡」「無明」と漢訳。

prahīṇa- < pra-√hā- (3) + -na：*pp.* 投げ捨てられた。～が消えた。「断」「已断」「已滅」「滅尽」「除滅」「離」「遠離」と漢訳。

na：*ind.* ～でない。～にあらず。

ca：*conj.* および。また。しかしながら。そして。～と。なお。

taiḥ < taiḥ + (s) < tad-：それ。*m. pl. Ins.*

sārdhaṃ < sa-ardha-：*adj.* 半分を伴った。*n. sg. Acc.*

対格の副詞的用法で、「～（具格）と共同で」「～と一緒に」「～とともに」。

saṃvasasi < saṃvasa- < sam-√vas- (1)：一緒に住む。～（具格）と暮らす。同居する。「共宿」と漢訳。*Pres. 2, sg. P.*

> saced evam asy avikopya sat-kāyam ekâyanaṃ mārgam anugataḥ /
> （梵漢和維摩経 *p.* 88, *ll.* 19–20）

「『もしもあなたが、このように、存在する身体〔という誤った見解（有身見）〕を打ち壊さないで、一つのものに向かっていく道に入るならば、

【「『身を壊せずして而も一相に随い、】　（大正蔵、巻一四、五四〇頁中）

……………………………………………………………………

saced < sacet + 母音：*conj.* もし～ならば。「若」「設」「仮令」「仮使」と漢訳。

evam：*adv.* このように。「是」「如是」と漢訳。

asy < asi < as- < √as- (2)：ある。*Pres. 2, sg. P.*

これは、文末にある過去受動分詞anugataḥにかかって、定動詞のように用いる働きをしているのであろう。

avikopya < a-vikopya：*Ger.* 壊さないで。

vikopya < vikopaya- + -ya < vi-√kup- (4) + -aya + -ya：*Caus.* 擾す。「怒」「壊」「違逆」と漢訳。*Ger.*

X類動詞の語根、および使役動詞からya絶対分詞を作るとき、その現在語幹において接尾辞ayaの前の音節が韻律上長い場合は、-ayaを省いて -yaをつける。cf.「基礎」*p.* 489.

avikopyaは、vi-√kup- (4) の未来受動分詞に否定の接頭辞aをつけたものと考えることもできるが、格変化していないようなので、それは却下されよう。

vikopaya- < vi-√kup- (4) + -aya：*Caus.* 擾す。「怒」「壊」「違逆」と漢訳。

√kup- (4)：激する。怒る。～（為格、属格）を怒る。～（為格）と闘う。

sat-kāyam < sat-kāya-：*m.* 存在している身体。固体。「有身」「身見」と漢訳。*sg. Acc.*

ekâyanaṃ < ekâyana- < eka-ayana-：*adj.* 一つのものに向かっていく。*n.* 一人しか通れない狭い道。会合処。結合の中心。一致。合一。*m. sg. Acc.*

eka-：*基数詞*, 一。

ayana- < √i- (2) + -ana：*adj.* 行く。来る。*n.* 歩行。道。進路。

mārgam < mārga-：*m.* 小道。道。道路。～に到る道。*sg. Acc.*

anugataḥ < anugata- < anu-√gam- (1) + -ta：*pp.* 従った。伴った。近づいた。訪れた。達した。「随」「順」「随順」「随行」「随入」と漢訳。*m. sg. Nom.*

na ca te 'vidyā bhava-tṛṣṇā ca samudghātitā vidyā-vimuktī ca utpādite[31] /
(梵漢和維摩経 *p.* 88, *ll.* 20–21)

「『しかも、あなたが、無知（無明）と存在への愛着（有愛）を根絶することなく、知と解脱を生じるならば[32]、

【「『癡愛を滅せずして明・脱を起こし、】 (大正蔵、巻一四、五四〇頁中)

………………………………………………………………………

na：*ind.* ～でない。～にあらず。

ca：*conj.* および。また。しかしながら。そして。～と。なお。

te 'vidyā < te + avidyā

te < tvad-：あなた。*2, sg. Gen.*

avidyā < avidyā- < a-vidyā- < a- + √vid- (2) + -yā：*f.* 無知。「癡」「愚癡」「無明」と漢訳。*sg. Nom.*

bhava-tṛṣṇā < bhava-tṛṣṇā-：*f.* 存在への愛着。「有愛」と漢訳。*sg. Nom.*

bhava- < √bhū- (1) + -a：*m.* 誕生。生起。起原。本源。存在。生。～となること。「有」と漢訳。

tṛṣṇā-：*f.* 渇。欲望。貪欲。淫欲。「渇愛」「愛染」「愛欲」と漢訳。

ca：*conj.* および。また。しかしながら。そして。～と。なお。

samudghātitā < samudghātitā- < samudghātita- < samudghātaya- + -ta < sam-ud-√ghātaya- (名動) + -ta：*pp.* 除去された。破壊された。根絶された。「抜除」「壊」「滅」「除滅」「断除」「遠離」と漢訳。*f. sg. Nom.*

√ghātaya- (名動)：殺す。破壊する。殺させる。

vidyā-vimuktī < vidyā-vimukti-：*f.* 知と解脱。*du. Nom.*

vidyā- < √vid- (2) + -yā：*f.* 知識。学識。学問。「明」と漢訳。

vimukti- < vi-√muc- (6) + -ti：*f.* 最終的な解脱。分離。解放すること。

ca：*conj.* および。また。しかしながら。そして。～と。なお。

utpādite < utpāditā- < utpādita- < utpādaya- + -ta < ud-√pad- (4) + -aya + -ta：*Caus. pp.* 起こされた。産まれた。生じられた。生じさせられた。*f. du. Nom.*

ānantarya-samatayā ca te samādhi-vimuktiḥ /
(梵漢和維摩経 *p.* 88, *l.* 21)

「『〔無間の〕逆罪の平等性〔を覚知すること〕によって、あなたに三昧と解脱があるならば、

【「『五逆相を以て而も解脱を得、】 (大正蔵、巻一四、五四〇頁中)

………………………………………………………………………

ānantarya-samatayā < ānantarya-samatā-：*f.* 逆罪の平等性。*sg. Ins.*

ānantarya- < anantara- + -ya：*adj.* 直接の連続。間断のないこと。容赦しがたい罪。「無間」「次第」「次第相続」「逆罪」と漢訳。

anantara- < an-antara-：*adj.* 中間のない。直接続いた。「無間」と漢訳。

antara-：*adj.* 内部の。*n.* 内部。中間。距離。特徴。

samatā- < sama- + -tā：*f.* ～（具格、属格）との平等性・同一性。平等であること。公平であること。

ca：*conj.* および。また。しかしながら。そして。～と。なお。

te < tvad-：あなた。*2, sg. Gen.*
samādhi-vimuktiḥ < samādhi-vimukti-：*f.* 三昧と解脱。*sg. Nom.*
samādhi- < sam-ādhi-：*m.* 組み合わせること。結合。～に熱中していること。最高我への深い瞑想。「定」「等持」と漢訳。「三昧」と音写。
vimukti- < vi-√muc- (6) + -ti：*f.* 最終的な解脱。分離。解放すること。
te 以下は、属格と主格の名詞文をなしている。

na câsi mukto na baddhaḥ /[33]
（梵漢和維摩経 *p.* 88, *ll.* 21–22）

「『あなたが解脱するのでもなく、束縛されるのでもないならば、
【「『亦解かず縛らず、】（大正蔵、巻一四、五四〇頁中）

na：*ind.* ～でない。～にあらず。
câsi < ca + asi
asi < as- < √as- (2)：ある。*Pres. 2, sg. P.*
これは、以下の過去受動分詞 mukto と baddhaḥ にかかって、定動詞のように用いる働きをしている。
mukto < muktaḥ + 有声子音 < mukta- < √muc- (6) + -ta：*pp.* 解放された。束縛を解く。「解」「脱」「解脱」「得解脱者」と漢訳。*m. sg. Nom.*
na：*ind.* ～でない。～にあらず。
baddhaḥ < baddha- < √bandh- (9) + -ta：*pp.* ～に縛られた。束縛された。*m. sg. Nom.*

na ca te catvāry ārya-satyāni dṛṣṭāni na ca na dṛṣṭa-satyaḥ /
（梵漢和維摩経 *p.* 90, *l.* 1）

「『また、あなたが、四つの聖なる真理（四聖諦）を見るのでもなく、〔四つの聖なる〕真理を見ないのでもないならば、
【「『四諦を見ず諦を見ざるにも非ず、】（大正蔵、巻一四、五四〇頁中）

na：*ind.* ～でない。～にあらず。
ca：*conj.* および。また。しかしながら。そして。～と。なお。
te < tvad-：あなた。*2, sg. Gen.*
catvāry < catvāri + 母音 < catur-：*基数詞,* 四. *n. pl. Nom.*
ārya-satyāni < ārya-satya-：*n.* 〔四つの〕聖なる真理。*pl. Nom.*
ārya-：*adj.* 高貴な。聖なる。
satya-：*adj.* 実際の。真実の。誠実な。*n.* 真実。「真」「実」「諦」「真諦」と漢訳。
dṛṣṭāni < dṛṣṭa- < √dṛś- (1) + -ta：*pp.* 見られた。*n. pl. Nom.*
na：*ind.* ～でない。～にあらず。
ca：*conj.* および。また。しかしながら。そして。～と。なお。
na：*ind.* ～でない。～にあらず。
dṛṣṭa-satyaḥ < dṛṣṭa-satya-：*adj.* 見られた真理をもつ。真理を見ている。*m. sg. Nom.*

na prāpta-phalo na pṛthag-jana-samavasaraṇaḥ[34] /
（梵漢和維摩経 *p.* 90, *ll.* 1–2）

「『果を獲得して〔聖者となって〕いるのでもなく、凡人〔の部類〕に入ることもなく、
【「『果を得るに非ず果を得ざるにも非ず、凡夫に非ず凡夫法を離るるに非ず、】
（大正蔵、巻一四、五四〇頁中）

na：*ind.* ～でない。～にあらず。

prāpta-phalo < prāpta-phalaḥ + 有声子音 < prāpta-phala-：*adj.* 獲得した果をもつ。果を獲得している。*m. sg. Nom.*

　prāpta- < pra-√ āp- (5) + -ta：*pp.* 到達せられたる。獲得せられたる。～の心になった。

　phala-：*n.* 実。果実。結果。

na：*ind.* ～でない。～にあらず。

pṛthag-jana-samavasaraṇaḥ < pṛthag-jana-samavasaraṇa-：*adj.* 凡人〔の部類〕に入ること。*m. sg. Nom.*

　pṛthag-jana-：*m.* 低い階級の人。民衆。「凡夫」「凡人」と漢訳。

　samavasaraṇa- < sam-ava-√ sṛ- (1) +-ana：*n.* 入ること。会うこと。集合すること。集会。「入」「達」「現」「摂」「通達」「摂取」「普入」「遍住」と漢訳。

> na câsy āryo nânāryaḥ /
>
> (梵漢和維摩経 *p.* 90, *l.* 2)

「『聖者でもなく、聖者でないのでもないならば、

【「『聖人に非ず聖人ならざるに非ず、】　（大正蔵、巻一四、五四〇頁中）

na：*ind.* ～でない。～にあらず。

câsy < ca + asy

　asy < asi + 母音 < as- < √ as- (2)：ある。*Pres. 2, sg. P.*

āryo < āryaḥ + 有声子音 < ārya-：*adj.* 尊敬すべき。高貴なる。聖なる。「貴」「聖」と漢訳。*m.* 聖なる人。「聖人」「聖者」「賢聖」と漢訳。*m. sg. Nom.*

nânāryaḥ < na + anāryaḥ

　anāryaḥ < anārya- < an-ārya-：*adj.* 賤劣な。「愚」「可悪賤」と漢訳。*m.* 聖なる人でない。「非聖人」と漢訳。*sg. Nom.*

> na sarva-dharma-samanvāgataś ca sarva-dharma-samadhigataś ca /
>
> (梵漢和維摩経 *p.* 90, *ll.* 2–3)

「『あらゆる法を具えていることと、あらゆる法に近づいていることの、いずれでもないならば、〔あなたはこの施食を受け取るがよい〕。

【「『一切法を成就すと雖も、而も諸法の相を離るれば、乃ち食を取る可し。】

（大正蔵、巻一四、五四〇頁中）

na：*ind.* ～でない。～にあらず。

　<u>na A ca B ca：A と B のいずれでもない。</u>

sarva-dharma-samanvāgataś < sarva-～-samanvāgataḥ + (c) < sarva-dharma-samanvāgata-：*adj.* あらゆる法を具えている。*m. sg. Nom.*

　sarva-dharma-：*m.* あらゆる存在。あらゆるものごと。「一切法」「諸法」と漢訳。

　samanvāgata- < sam-anu-ā-√ gam- (1) + -ta：*pp.* ～（具格）を伴った。～（具格）を具えた。

ca：*conj.* および。また。しかしながら。そして。～と。なお。

sarva-dharma-samadhigataś < sarva-～-samadhigataḥ + (c) < sarva-dharma-samadhigata-：*adj.* あらゆる法に近づいている。*m. sg. Nom.*

　samadhigata- < sam-adhi-√ gam- (1) + -ta：近づいた。

　sam-adhi-√ gam- (1)：共に行く。近づく。獲得する。入手する。学ぶ。研究する。

ca：*conj.* および。また。しかしながら。そして。～と。なお。

§17　na ca te śāstā dṛṣṭo na dharmaḥ śruto na saṃghaḥ paryupāsitaḥ /
（梵漢和維摩経 *p.* 90, *l.* 4）

§17　「『〔もしも、〕あなたが師〔であるブッダ〕を見ることもなく、法を聞くこともなく、教団（僧伽）に親近することもなく、
【§17　「『若し須菩提よ、仏を見ず法を聞かず、】　（大正蔵、巻一四、五四〇頁中）

………………………………………………………………………

na：*ind.* ～でない。～にあらず。
ca：*conj.* および。また。しかしながら。そして。～と。なお。
te < tvad-：あなた。*2, sg. Gen.*
śāstā < śāstṛ- < √śās- (2) + -tṛ：*m.* 罰する人。教師。教訓者。天人師（仏の別称）。*sg. Nom.*
　√śās- (2)：矯正する。懲らす。罰する。統制する。（法を）執行する。支配する。統治する。教訓する。教える。
dṛṣṭo < dṛṣṭaḥ + 有声子音 < dṛṣṭa- < √dṛś- (1) + -ta：*pp.* 見られた。*m. sg. Nom.*
na：*ind.* ～でない。～にあらず。
dharmaḥ < dharma-：*m.* 真理。教え。「法」と漢訳。*sg. Nom.*
śruto < śrutaḥ + 有声子音 < śruta- < √śru- (5) + -ta：*pp.* 聞かれた。学ばれた。*m. sg. Nom.*
na：*ind.* ～でない。～にあらず。
saṃghaḥ < saṃ-gha-：*m.* 群れ。集団。僧団。「衆」「衆会」と漢訳。「僧伽」と音写。*sg. Nom.*
paryupāsitaḥ < paryupāsita- < paryupāsaya- + -ta < pari-upa-√ās- (2) + -aya + -ta：*Caus. pp.* 参加された。目撃された。崇拝された。崇敬された。「親近」「恭敬供養」と漢訳。*m. sg. Nom.*
　pari-upa-√ās- (2)：周囲に坐す。囲む。～（対格）へ坐す。加入する。尊敬する。崇める。

ye ca te ṣaṭ śāstāras tad yathā pūraṇaḥ kāśyapo maskarī gośālīputraḥ saṃjayo vairāṣṭrikaputraḥ kakudaḥ kātyāyano 'jitaḥ keśakambalo nirgrantho jñātiputras te ca bhadantasya śāstāras tāṃś ca niśritya pravrajito yad gāminas[35] te ṣaṭ śāstāras tad gāmy[36] evârya-subhūtiḥ
（梵漢和維摩経 *p.* 90, *ll.* 5–8）

「『それらの六師〔外道〕であるところのものたち――すなわち、プーラナ・カーシャパ（富蘭那迦葉）、マスカリン・ゴーシャーリープトラ（末伽梨拘賒梨子）、サンジャヤ・ヴァイラーシュトゥリカプトラ（刪闍夜毘羅胝子）、カクダ・カーティヤーヤナ（迦羅鳩馱迦旃延）、アジタ・ケーシャカンバラ（阿耆多翅舍欽婆羅）、ニルグランタ・ジュニャーティプトラ（尼犍陀若提子）――それら〔の六師外道たち〕が、尊者〔スブーティ〕にとっての師たちであり、それら〔の六師外道たち〕を頼って出家し、どこであれ、それらの六師〔外道たち〕が行くところ、そこに聖者スブーティも行くならば、〔あなたはこの施食を受け取るがよい〕。
【「『彼の外道の六師、富蘭那迦葉、末伽梨拘賒梨子、刪闍夜毘羅胝子、阿耆多翅舍欽婆羅、迦羅鳩馱迦旃延、尼犍陀若提子等、是れ汝の師にして、其れに因りて出家し、彼の師の堕する所に汝も亦、随い堕するならば、乃ち食を取る可し。】　（大正蔵、巻一四、五四〇頁下）

………………………………………………………………………

ye < yad-：*関係代名詞, m. pl. Nom.*
ca：*conj.* および。また。しかしながら。そして。～と。なお。
te < tad-：それ。*m. pl. Nom.*
ṣaṭ < ṣaṣ-：*基数詞,* 六。*m. pl. Nom.*
śāstāras < śāstāraḥ + (t) < śāstṛ- < √śās- (2) + -tṛ：*m.* 罰する人。教師。教訓者。天人師（仏の別称）。*pl. Nom.*
tad yathā：それは次のようなものである。例えば次のようなものである。「如」「如此」「譬如」と漢訳。
pūraṇaḥ < pūraṇaḥ + (k) < pūraṇa- < √pṛ- (3, 6) + -ana：*adj.* 満たす。かなえる。満足させる。「円満」と漢訳。プーラナ（富蘭那）。*m. sg. Nom.*

kāśyapo < kāśyapaḥ + 有声子音 < kāśyapa-：*m.* カーシャパ。「迦葉」と音写。*sg. Nom.*

maskarī < maskarin- < maskara- + -in：*m.*（竹を持つ人）。乞食僧。マスカリン。「末伽梨」と音写。*sg. Nom.*

maskara-：竹。

gośālīputraḥ < gośālīputra-：*m.* ゴーシャーリープトラ。「拘賒梨子」と音写。*sg. Nom.*

saṃjayo < saṃjayaḥ + 有声子音 < saṃjaya-：*m.* サンジャヤ。「刪闍夜」と音写。*sg. Nom.*

vairāṣṭrikaputraḥ < vairāṣṭrikaputra-：*m.* ヴァイラーシュトゥリカプトラ。「毘羅胝子」と音写。*sg. Nom.*

kakudaḥ < kakuda-：*m.* カクダ。「迦羅鳩駄」と音写。*sg. Nom.*

kātyāyano 'jitaḥ < kātyāyanaḥ + ajitaḥ

kātyāyanaḥ < kātyāyana-：*m.* カーティヤーヤナ。「迦旃延」と音写。*sg. Nom.*

ajitaḥ < ajitaḥ + (k) < ajita-：*m.* アジタ。「阿耆多」と音写。*sg. Nom.*

keśakambalo < keśakambalaḥ + 有声子音 < keśakambala-：*m.* ケーシャカンバラ。「翅舎欽婆羅」と音写。*sg. Nom.*

nirgrantho < nirgranthaḥ + 有声子音 < nirgrantha-：*m.* ニルグランタ。「尼犍陀」と音写。*sg. Nom.*

jñātiputras < jñātiputraḥ + (t) < jñātiputra-：*m.* ジュニャーティプトラ。「若提子」と音写。*sg. Nom.*

te < tad-：それ。*m. pl. Nom.*

ca：*conj.* および。また。しかしながら。そして。〜と。なお。

bhadantasya < bhadanta-：*m.*（仏教、またはジャイナ教の出家者の敬称）。「大徳」「尊」「尊者」「世尊」と漢訳。*sg. Gen.*

śāstāras < śāstāraḥ + (t) < śāstṛ- < √śās- (2) + -tṛ：*m.* 罰する人。教師。教訓者。天人師（仏の別称）。*pl. Nom.*

tāṃś < tān + (c) < tad-：それ。*m. pl. Acc.*

ca：*conj.* および。また。しかしながら。そして。〜と。なお。

niśritya < ni-√śri- (1) + -tya：〜に依る。頼る。*Ger.*

√śri- (1)：〜（処格）にもたせかける。〜に横たえる。寄りかかる。〜（対格、処格）を頼りにする。

pravrajito < pravrajitaḥ + 有声子音 < pravrajita- < pra-√vraj- (1) + -ita：*pp.* 去った。〜（対格）へ出立した。出家した。（第四生活期の遊行、または第三生活期の林棲のために）家を出た。*m. sg. Nom.*

√vraj- (1)：行く。歩む。旅行する。出発する。（ある状態に）なる。

yad < yat + 有声子音：*関係代名詞, n. sg. Acc.*

gāminas < gāminaḥ + (t) < gāmin- < √gam- (1) + -in：*adj.* 〜に行く。*m. pl. Nom.*

te < tad-：それ。*m. pl. Nom.*

ṣaṭ < ṣaṣ-：*基数詞,* 六。*m. pl. Nom.*

śāstāras < śāstāraḥ + (t) < śāstṛ- < √śās- (2) + -tṛ：*m.* 罰する人。教師。教訓者。天人師（仏の別称）。*pl. Nom.*

tad < tat +母音 < tad-：それ。*n. sg. Acc.*

gāmy < gāmī + 母音 < gāmin- < √gam- (1) + -in：*adj.* 〜に行く。*m. sg. Nom.*

evârya-subhūtiḥ < eva + ārya-subhūtiḥ

eva：*adv.* さように。このように。まさに。実に。ただ。全くこのように。

ārya-subhūtiḥ < ārya-subhūti-：*m.* 聖者スブーティ。*sg. Nom.*

§18 sarva-dṛṣṭi-gateṣu câryamann antar-gato na cânta-madhya-prāpto 'ṣṭâkṣaṇa-samavasaraṇaś câsi na câsi lakṣaṇam anuprāptaḥ saṃkleśena câsi samo 'vyavadānam adhigato yā ca sarva-sattvānām araṇā sā bhadantasyâpy araṇā na ca tvayā dakṣiṇā viśodhyate ye ca bhadantāya piṇḍa-pātaṃ dadati tāṃś ca vinipātayasi sarva-māraiś ca te sārdham eka-hastaḥ kṛtaḥ sarva-kleśāś ca te sahāyā yat-svabhāvāś ca kleśās tat-svabhāvo[37] bhadantaḥ sarva-sattveṣu te vadhaka-cittaṃ pratyupasthitaṃ sarva-buddhāś ca te 'bhyākhyātāḥ sarva-buddha-dharmāṃś ca pratikrośasi na câsi saṃgha-pratisaraṇo na ca jātu[38] parinirvāsyasi /

（梵漢和維摩経 *p.* 90, *ll.* 9–17）

§18　「『友よ、〔あなたは、〕すべての〔誤った〕見解に陥っていて、〔両〕極端と中道〔についての正しい見解〕に達していない。しかも、あなたは〔仏法の聴聞を妨げる生まれとしての〕八つの不遇（八難）に陥っていて、幸運な瑞相を得ていない。あなたは、煩悩と等しく、汚れを得ている。すべての衆生に争わないことが具わっているならば、その争わないことは尊者〔スブーティ〕にもまた具わっているのだ。あなたによって、布施は浄化されることはない。尊者〔スブーティ〕に施食を施すところの人たち、それらの人たちを、あなたは〔悪道に〕陥らせるであろう。あなたは、すべての悪魔とともに手を一つになしていて、すべての煩悩があなたの同伴者たちである。諸の煩悩はそのような本性を持っており、尊者〔スブーティ〕はその本性を持っているのだ。あらゆる衆生に対して、あなたには殺人者の心が現われている。あなたは、すべてのブッダたち（仏）を非難しているし、すべてのブッダの教え（法）を非難し、あなたは、教団（僧）に対して随順することはない。従って、あなたは決して完全なる涅槃に入ることはないであろう。

【§18　「『若し須菩提よ、諸の邪見に入りて彼岸に到らず、八難に住して難無きを得ず、煩悩に同じて清浄法を離るれば、汝は無諍三昧（むじょうさんまい）を得、一切衆生も亦、是の定（じょう）を得ん。其の汝に施す者は福田（ふくでん）と名づけず、汝を供養する者は三悪道に堕せん。衆魔と一手を共にして諸の労侶と作ることを為さば、汝は衆魔及び諸塵労と等しくして、異なること有ること無けん。一切衆生に於いて怨心有り、諸仏を謗（こぼ）じ、法を毀ち、衆数（しゅしゅ）に入らず、終（つい）に滅度を得ざらん。】　（大正蔵、巻一四、五四〇頁下）

…………………………………………………………………………

sarva-dṛṣṭi-gateṣu < sarva-dṛṣṭi-gata-：*adj.* すべての〔誤った〕見解に陥っている。*m. pl. Loc.*

sarva-：*adj.* 一切の。すべての。

dṛṣṭi-gata-：*adj.* 〔誤った〕見解に陥っている。「見成」「見相」「成見」「邪見」「悪見」と漢訳。

dṛṣṭi- < √dṛś- (1) + -ti：*f.* 見ること。視力。見なすこと。意見。（誤った）見解。

～-gata-：*adj.* ～に行った／来た。～に陥った。～に於ける。～の中にある。～に含まれた。～に関する。～に出立した。～より造られた。～に到達した。～を得た。

gata- < √gam- (1) + -ta：*pp.* 行った。～に到達した。～を得た。

câryaman < ca + aryaman

aryaman < aryaman- < arya-man-：*m.* 親友。仲間。*sg. Voc.*

arya-：*m.* 主人。君主。「民」「尊者」と漢訳。

antar-gato < antar-gataḥ + 有声子音 < antar-gata-：*adj.* 中に行った。入った。～に陥っている。内方の。内部の。隠れた。～の中にある。*m. sg. Nom.*

antar：*adv.* 内に。内部に。

～-gata-：*adj.* ～に行った／来た。～に陥った。～に於ける。～の中にある。～に含まれた。～に関する。～に出立した。～より造られた。～に到達した。～を得た。

na：*ind.* ～でない。～にあらず。

cânta-madhya-prāpto 'ṣṭâkṣaṇa-samavasaraṇaś < ca + anta-madhya-prāptaḥ + aṣṭâkṣaṇa-samava=saraṇaś

ca：*conj.* および。また。しかしながら。そして。～と。なお。

anta-madhya-prāptaḥ < anta-madhya-prāpta-：*adj.* 極端と中道〔の正しい見解〕に達している。*m. sg. Nom.*

anta-：*m.* 端。限界。極限。

madhya-：*adj.* 中の。中央の。中ぐらいの。中間の。中道の。

prāpta- < pra-√āp- (5) + -ta：*pp.* 到達せられたる。獲得せられたる。～の心になった。

aṣṭâkṣaṇa-samavasaraṇaś < aṣṭâkṣaṇa-samavasaraṇaḥ + (c) < aṣṭa-akṣaṇa-samavasaraṇa-：

adj. 〔仏法の聴聞を妨げる生まれとしての〕八つの不遇（八難）に陥っている。*m. sg. Nom.*
aṣṭa- < aṣṭan-：*基数詞,* 八。
akṣaṇa- < a-kṣaṇa-：*m.* 不遇。不運。災難。不幸。
samavasaraṇa- < sam-ava-√sṛ- (1) + -ana：*n.* 入ること。会うこと。集合すること。集会。

câsi < ca + asi
asi < as- < √as- (2)：ある。*Pres. 2, sg. P.*

na：*ind.* ～でない。～にあらず。

câsi < ca + asi
asi < as- < √as- (2)：ある。*Pres. 2, sg. P.*

lakṣaṇam < √lakṣ- (1) + -ana：*n.* 標章。しるし。記号。特徴。属性。幸運な相。吉兆。瑞兆。「相」「色相」「相貌」と漢訳。*sg. Acc.*

anuprāptaḥ < anuprāpta- < anu-pra-√āp- (5) + -ta：*pp.* 到達した。来たれる。「至」「到」「到達」「獲得」と漢訳。*m. sg. Nom.*

saṃkleśena < saṃkleśa- < sam-√kliś- (4,9) + -a：*m.* 苦痛。苦悩。「染」「垢」「穢」「染汚」「惑傷」「煩悩」と漢訳。*sg. Ins.*
sam-√kliś- (4,9)：絞る。苦しませる。悩ます。
√kliś- (4,9)：悩ます。苦しませる。困らせる。煩わす。

câsi < ca + asi
asi < as- < √as- (2)：ある。*Pres. 2, sg. P.*

samo 'vyavadānam < samaḥ + avyavadānam
samaḥ < sama-：*adj.* 平らな。～（具格、属格）と等しい。*m. sg. Nom.*
avyavadānam < avyavadāna- < a-vyavadāna-：*adj.* 清浄でない。*n.* 汚れ。不浄。「染」と漢訳。*n. sg. Acc.*
vyavadāna- < vi-ava-√dā- (4) + -ana：*n.* 浄化。「浄」「清浄」と漢訳。
√dā- (4) ＝ √dai- (4)：清める。(現在語幹はなし)
√dā- (1)：切る。
√dā- (3)：与える。

adhigato < adhigataḥ + 半母音 < adhigata- < adhi-√gam- (1) + -ta：*pp.* 得られた。過ぎた。*m. sg. Nom.*

yā < yad-：*関係代名詞, f. sg. Nom.*

ca：*conj.* および。また。しかしながら。そして。～と。なお。

sarva-sattvānām < sarva-sattva-：*m.* すべての衆生。「一切衆生」と漢訳。*pl. Gen.*

araṇā < araṇā- < araṇa- < a-raṇa-：*adj.* 戦うことのない。争うことのない。「無煩」「無煩悩」「無諍」「去除闘諍」と漢訳。*f. sg. Nom.*
araṇā < araṇā-：*f.* 戦わないこと。争わないこと。「無煩」「無煩悩」「無諍」「去除闘諍」と漢訳。*sg. Nom.*
raṇa- < √ran- (1) + -a：*m.* （闘いの）喜悦。闘争。戦争。合戦。～のための戦い。
√ran- (1)：～（処格、対格）を喜ぶ。満足する。「諍競」と漢訳

sā < tad-：それ。*f. sg. Nom.*

bhadantasyâpy < bhadantasya + apy
bhadantasya < bhadanta-：*m.* （仏教、またはジャイナ教の出家者の敬称）。「大徳」「尊」「尊者」「世尊」「真正」と漢訳。*sg. Gen.*
apy < api + 母音：*adv.* また。さえも。されど。なお。

araṇā < araṇā-：*f.* 戦わないこと。争わないこと。「無煩」「無煩悩」「無諍」「去除闘諍」と漢訳。*sg. Nom.*
sā 以下は、主格と属格の名詞文。

na：*ind.* ～でない。～にあらず。

ca：*conj.* および。また。しかしながら。そして。～と。なお。
tvayā < tvad-：あなた。*2, sg. Ins.*
dakṣiṇā < dakṣiṇā-：*f.* 「布施」「福田」と漢訳。*sg. Nom.*
　　次と同じ形だが、意味は異なる。
　　dakṣiṇā < dakṣiṇā- < dakṣiṇa-：*adj.* 南の。右の。*f. sg. Nom.*
viśodhyate < viśodhya- < viśodhaya- + -ya < vi-√śudh- (4) + -aya + -ya : *Caus. Pass.* 清浄にされる。*3, sg. A.*
　　viśodhaya- < vi-√śudh- (4) + -aya：*Caus.* 清浄にする。
　　√śudh- は、Ⅰ類だが、vi-√śudh- はⅣ類であることに注意。
ye < yad-：*関係代名詞, m. pl. Nom.*
ca：*conj.* および。また。しかしながら。そして。～と。なお。
bhadantāya < bhadanta-：*m.* （仏教、またはジャイナ教の出家者の敬称）。「大徳」「尊」「尊者」「世尊」と漢訳。*sg. Dat.*
piṇḍa-pātaṃ < piṇḍa-pāta-：*m.* 布施をすること。施食をすること。乞食で鉢の中に受け取った食べ物。*sg. Acc.*
dadati < dad- < √dā- (3)：与える。施す。贈る。*Pres. 3, pl. P*
tāṃś < tān + (c) < tad-：それ。*m. pl. Acc.*
ca：*conj.* および。また。しかしながら。そして。～と。なお。
vinipātayasi < vinipātaya- < vi-ni-√pat- (1) + -aya : *Caus.* 投げ下ろす。飛び降りさせる。～（処格）に陥らせる。*2, sg. P.*
sarva-māraiś < sarva-māraiḥ + (c) < sarva-māra-：*m.* すべての魔。*pl. Ins.*
　　māra- < √mṛ- (1) + -a：*m.* 死。殺害。誘惑者。悪魔。「障」「悪者」と漢訳。「悪魔」「邪魔」「魔」「摩羅」と音写。
ca：*conj.* および。また。しかしながら。そして。～と。なお。
te < tvad-：あなた。*2, sg. Gen.*
sārdham < sa-ardha-：*adj.* 半分を伴った。*n. sg. Acc.*
　　対格の副詞的用法で、「～（具格）と共同で」「～と一緒に」「～とともに」。
eka-hastaḥ < eka-hastaḥ + (k) < eka-hasta-：*adj.* 一つの手。*m. sg. Nom.*
kṛtaḥ < kṛta- < √kṛ- (8) + -ta：*pp.* なされた。作られた。*m. sg. Nom.*
sarva-kleśāś < sarva-kleśāḥ + (c) < sarva-kleśa-：*m.* あらゆる煩悩。*sg. Nom.*
　　kleśa- < √kliś- (4) + -a：*m.* 苦痛。苦悩。心痛。「煩悩」「惑」「根本煩悩」と漢訳。
ca：*conj.* および。また。しかしながら。そして。～と。なお。
te < tvad-：あなた。*2, sg. Gen.*
sahāyā < sahāyāḥ + 有声音 < sahāya- < saha-aya- < saha-√i- (2) + -a：*m.* ～（処格）の仲間。同僚。*adj.* ～を仲間として有する。「伴」「眷属」「親友」「朋党」「同伴」「同行者」「伴侶」「同学者」と漢訳。*m. pl. Nom.*
yat-svabhāvāś < yat-svabhāvāḥ + (c) < yat-svabhāva-：*adj.* そのような性質を持つ。「如是性」と漢訳。*m. pl. Nom.*
ca：*conj.* および。また。しかしながら。そして。～と。なお。
kleśās < kleśāḥ + (t) < kleśa- < √kliś- (4) + -a：*m.* 苦痛。苦悩。心痛。「煩悩」「惑」「根本煩悩」と漢訳。*pl. Nom.*
tat-svabhāvo < tat-svabhāvaḥ + 有声子音 < tat-svabhāva-：*adj.* その性質を持つ。「如是性」と漢訳。*m. sg. Nom.*
bhadantaḥ < bhadanta-：*m.* （仏教、またはジャイナ教の出家者の敬称）。「大徳」「尊」「尊者」「世尊」と漢訳。*sg. Nom.*
sarva-sattveṣu < sarva-sattva-：*m.* すべての衆生。「一切衆生」と漢訳。*pl. Loc.*
te < tvad-：あなた。*2, sg. Gen.*

vadhaka-cittaṃ < vadhaka-citta-：*n.* 殺人者の心。*sg. Nom.*
　vadhaka- < √vadh- (1) + -aka：*m.* 殺人者。死刑執行人。「殺」「殺者」と漢訳。
　√vadh- (1)：打つ。斬る。殺す。打ち破る。滅ぼす。
　citta-：*n.* 心。思考。意思。知性。理性。「質多」と音写。
pratyupasthitaṃ < pratyupasthita- < prati-upa-√sthā- (1) + -ita：*pp.* 〜（人：対格）のもとへ近づく。来た。到来した。（追憶に）現われた。「現」「現前」「現在前」「出」「出現」と漢訳。*n. sg. Nom.*
　prati-upa-√sthā- (1)：〜に向かって身を置く。
sarva-buddhāś < sarva-buddhāḥ + (c) < sarva-buddha-：*m.* すべてのブッダ。*pl. Nom.*
ca：*conj.* および。また。しかしながら。そして。〜と。なお。
te 'bhyākhyātāḥ < te + abhyākhyātāḥ
　te < tvad-：あなた。*2, sg. Gen.*
　abhyākhyātāḥ < abhyākhyāta- < abhi-ā-√khyā- (2) + -ta：*pp.* 不正な方法で責めを負わせられた。不正に非難された。誹謗された。*m. pl. Nom.*
　abhi-ā-√khyā- (2)：不正に非難する。「毀謗」と漢訳。
sarva-buddha-dharmāṃś < sarva-buddha-dharmān + (c) < sarva-buddha-dharma-：*m.* すべてのブッダの教え。*pl. Acc.*
ca：*conj.* および。また。しかしながら。そして。〜と。なお。
pratikrośasi < pratikrośa- < prati-√kruś- (1)：謗る。「謗」「毀」「毀謗」と漢訳。*Pres. 2, sg. P.*
na：*ind.* 〜でない。〜にあらず。
câsi < ca + asi
　asi < as- < √as- (2)：ある。*Pres. 2, sg. P.*
saṃgha-pratisarano < saṃgha-pratisaraṇaḥ + 有声子音 < saṃgha-pratisaraṇa-：*adj.* 教団に随順する。*m. sg. Nom.*
　saṃgha- < saṃ-gha-：*m.* 群れ。集団。僧団。「衆」「衆会」と漢訳。「僧伽」と音写。
　pratisaraṇa- < prati-√sṛ- (1) + -ana：*adj.* 〜に頼っている。〜に準拠する。「依」「依止」「作所依怙」「随順」
　prati-√sṛ- (1)：戻る。「随」「依」と漢訳。
na：*ind.* 〜でない。〜にあらず。
ca：*conj.* および。また。しかしながら。そして。〜と。なお。
jātu：*adv.* 全然。確かに。少なくとも。
　na jātu 〜：少なくとも〜ない。決して〜ない。
parinirvāsyasi < parinirvāsya- < pari-nir-√vā- (2, 4) + -sya：完全に吹き消す。完全に涅槃する。*Fut. 2, sg. P.*

evaṃ tvam imaṃ[39] piṇḍa-pātaṃ pratigṛhāṇa[40] /
(梵漢和維摩経 *p.* 92, *l.* 1)

「『あなたが、そのようであるならば、この施食を受け取るがよい』。
【「『汝、若し是くの如くんば乃ち食を取る可し』と。】　（大正蔵、巻一四、五四〇頁下）

………………………………………………………………

evaṃ：*adv.* このように。「是」「如是」と漢訳。
tvam < tvad-：あなた。*2, sg. Nom.*
imaṃ < idam-：これ。*m. sg. Acc.*
piṇḍa-pātaṃ < piṇḍa-pāta-：*m.* 布施をすること。施食をすること。乞食で鉢の中に受け取った食べ物。*sg. Acc.*
pratigṛhāṇa < pratigṛhṇā-, pratigṛhṇī- < prati-√grah- (9)：上げる。摂取する。食う。飲む。占有する。受ける。嘉納する。*Impv. 2, sg. P.*

§19 tasya me bhagavann imaṃ dharma-nirdeśaṃ śrutvândha-kāra-prāptā diśo 'bhūvan tat kim asmai nirdiśāmi kathaṃ ca pratipadya iti /

（梵漢和維摩経 *p.* 92, *ll.* 2–3）

§19 「世尊よ、この私のためのこの法についての詳述を聞いて、〔十〕方が真っ暗になりました。『そこで、私はこの〔ヴィマラキールティ〕に何を言えばいいのでしょうか。また、私はどのように答えればいいのでしょうか』と。

【§19 「時に我、世尊よ、此の語を聞きて茫然として是れ何の言なるやを識らず、何を以て答うるやを知らず。】 （大正蔵、巻一四、五四〇頁下）

…………………………………………………………………………

tasya < tad-：それ。*m. sg. Gen.*

me < mad-：私。*2. sg. Gen.*

bhagavann < bhagavan ＋ 母音 < bhagavat-：*m.* 尊い（人）。「世尊」と漢訳。「婆伽婆」「薄伽梵」と音写。*sg. Voc.*

imaṃ < idam-：これ。*m. sg. Acc.*

dharma-nirdeśaṃ < dharma-nirdeśa-：*m.* 法についての詳述。*sg. Acc.*

śrutvândha-kāra-prāptā < śrutvā + andha-kāra-prāptā

　śrutvā < √śru- (5) + -tvā：～（具格、奪格、属格）から聞く。*Ger.*

　andha-kāra-prāptā < andha-kāra-prāptāḥ ＋ 有声音 < andha-kāra-prāpta-：*adj.* 暗黒になっている。*m. pl. Nom.*

　andha-kāra-：*adj.* 暗い。*m.n.* 暗黒。「冥」「闇」「闇冥」と漢訳。

　andha- *adj.* 盲目の。朦朧とした。

　kāra- < √kṛ- (8) + -a：*adj.* 作る。なす。生ずる。*m.* 作者。なすこと。動作。

　prāpta- < pra-√āp- (5) + -ta：*pp.* 得られた。かち得た。達した。

diśo 'bhūvan < diśaḥ + abhūvan

　diśaḥ < diś-：*f.* 方角。方向。*pl. Nom.* 格変化は、cf.「基礎」*p.* 127.

　abhūvan < √bhū- (1)：出現する。なる。生ずる。*root-Aor. 3, pl. P.*

tat < tad-：それ。*n. sg. Acc.*

　代名詞の中性・対格の接続詞への転用で、「そこで」「従って」「それゆえ」を意味する。

kim < kim-：*疑問代名詞,* だれ。何。どんな。どれ。*n. sg. Acc.*

asmai < idam-：これ。*m. sg. Dat.*

nirdiśāmi < nirdiśa- < nir-√diś- (6)：指示する。決定する。宣言する。「説」「作説」「称讃」「答」と漢訳。*Pres. 1, sg. P.*

　現在形は、直ちに行動すべき勧告や、意志、疑問を示すことがある。cf.「シンタックス」*p.* 83.

kathaṃ：*adv.* いかにして。いずこより。何故に。

ca：*conj.* および。また。しかしながら。そして。～と。なお。

pratipadya < pratipadye ＋ a 以外の母音 < pratipadya- < prati-√pad- (4)：入る。～（対格）へ行く。～（対格）に陥る。獲得する。受け入れる。話し始める。答える。*Pres. 1, sg. A.*

iti：*adv.* ～と。以上のように。「如是」と漢訳。

so 'ham tat pātram utsṛjya tato gṛhān niṣkramiṣyāmîti /

（梵漢和維摩経 *p.* 92, *l.* 4）

「その私は、その鉢を置き去りにして、その家から出て行こうとしました。

【「便ち鉢を置いて其の舎を出でんと欲せり。】 （大正蔵、巻一四、五四〇頁下）

…………………………………………………………………………

so 'ham < saḥ + aham

　saḥ < tad-：それ。*m. sg. Nom.*

aham < mad-：私。*1, sg. Nom.*
tat < tad-：それ。*n. sg. Acc.*
pātram < pātra- < √pā- (1,2) + -tra：*n.*（飲用の）容器。鉢。盃。*sg. Acc.*
√pā- (1,2)：飲む。吸う。すする。
utsṛjya < ud-√sṛj- (6) + -ya：放つ。さまよわせる。投げる。投げ捨てる。捨てる。放棄する。*Ger.*
tato < tatas + 有声子音：*adv.* それより。そこに。そこにおいて。ゆえに。
gṛhān < gṛhāt + (n) < gṛha-：*n.* 家。住居。「舎」「宅」「舎宅」と漢訳。*sg. Abl.*
niṣkramiṣyāmîti < niṣkramiṣyāmi + iti
niṣkramiṣyāmi < niṣkramiṣya- < nis-√kram- (1) + -iṣya：～（奪格）から出て行く。～より去る。出発する。出家する。*Fut. 1, sg. P.*
iti：*adv.* ～と。以上のように。「如是」と漢訳。

vimalakīrtir licchavir mām evam āha / mā bhadanta-subhūte 'kṣarebhya uttrasīḥ pratigṛhāṇêdaṃ pātram /
（梵漢和維摩経 *p.* 92, *ll.* 5–6）

「〔すると、〕リッチャヴィ族のヴィマラキールティが、私にこのように言いました。
『尊者スブーティよ、〔私の〕言葉を恐れないで、この鉢を受け取るがよい。
【「維摩詰(ゆいまきつ)言わく、『唯(いい)、須菩提よ、鉢を取るに懼(おそ)るること勿(なか)れ。】　（大正蔵、巻一四、五四〇頁下）
……………………………………………………………………

vimalakīrtir < vimalakīrtiḥ + 有声音 < vimalakīrti- < vimala-kīrti-：*m.* ヴィマラキールティ。汚れのない名声を持つ（もの）。「維摩詰」「維摩」と音写。「浄名」「無垢称」と漢訳。*sg. Nom.*
licchavir < licchaviḥ + 有声音 < licchavi-：*m.* リッチャヴィ。「離車子」「栗姑毘」と音写。*sg. Nom.*
mām < mad-：私。*1, sg. Acc.*
evam：*adv.* このように。「是」「如是」と漢訳。
āha < √ah-：言う。*Perf. 3, sg. P.*
……………………………………………………………………

mā：*adv.* ～なかれ。～なからんことを。～しないように。願わくは～ないように。
mā は、オーグメントを欠いた過去形や、アオリストとともに用いられて"禁止"を意味するが、このほか願望法や命令法、さらには未来形や現在形とさえ用いられることもある。cf.「辻文法」*pp.* 256, 294–296.
bhadanta-subhūte 'kṣarebhya < bhadanta-subhūte + akṣarebhya
bhadanta-subhūte < bhadanta-subhūti-：*m.* 尊者スブーティ。*sg. Voc.*
akṣarebhya < akṣara- < a-kṣara-：*adj.* 不壊の。「無窮尽」「無尽」と漢訳。*n.* 語。綴り。聖字 om。声。字。文書。*n. pl. Abl.*
uttrasīḥ < ud-atrasīḥ < ud-√tras- (1)：驚く。驚かす。恐れる。「驚怖」「生恐怖」「畏」「怖畏」と漢訳。*iṣ-Aor. 2, sg. P.* オーグメントを欠いたアオリスト。
√tras- (1)：～（具格、奪格、属格）に対して慄う。～を恐れる。驚愕する。
pratigṛhāṇêdaṃ < pratigṛhāṇa + idaṃ
pratigṛhāṇa < pratigṛhṇā-, pratigṛhṇī- < prati-√grah- (9)：上げる。摂取する。食う。飲む。占有する。受ける。嘉納する。*Impv. 2, sg. P.*
idaṃ < idam-：これ。*n. sg. Acc.*
pātram < pātra- < √pā- (1,2) + -tra：*n.*（飲用の）容器。鉢。盃。*sg. Acc.*

tat kim manyase bhadanta-subhūte yadi tathāgata-nirmita evam ucyeta kaścit[41] sa uttraset /
（梵漢和維摩経 *p.* 92, *ll.* 6–7）

「『尊者スブーティよ、あなたは、それをどう考えるか。もしも、如来によって〔人が〕化作されて後、だれかある人が、〔化作された人から〕このように言われるとしたら、その人は恐ろしく思うだろうか[42]。
【「『意に於いて云何。如来の作る所の化人、若し是の事を以て詰らんに、寧んぞ懼るること有るや不や』と。】　（大正蔵、巻一四、五四〇頁下）

………………………………………………………………………

tat < tad-：それ。*n. sg. Acc.*
kim < kim-：*疑問代名詞,* だれ。何。どんな。どれ。*n. sg. Acc.*
manyase < manya- < √man- (4)：考える。信ずる。～であると思う。考慮する。*Pres. 2, sg.*
　√man-は、一般にはⅠ類だが、まれにⅣ類としても用いられる。
bhadanta-subhūte < bhadanta-subhūti-：*m.* 尊者スブーティ。*sg. Voc.*
yadi：*conj.* もし～ならば。
tathāgata-nirmita < tathāgata-nirmite + a 以外の母音 < tathāgata-nirmita-：*adj.* 如来によって化作された。*m. sg. Loc.*
　この処格は、絶対節をなしている。
　nirmita- < nir-√mā- (2,3) + -ta：*pp.* ～から作られた。～（具・属格）から産出された。形成された。「化作」「現化現」「化生」と漢訳。
evam：*adv.* このように。「是」「如是」と漢訳。
ucyeta < ucya- < √vac- (2) + -ya：*Pass.* 言われる。*Opt. 3, sg. A.*
kaścit < kiṃ-cit：*不定代名詞,* だれかある人。何かあるもの。*m. sg. Nom.*
sa < saḥ < tad-：それ。*m. sg. Nom.*
uttraset < uttrasa- < ud-√tras- (1)：驚く。驚かす。～（具格、奪格、属格）に対して恐れる。「驚怖」「生恐怖」「畏」「怖畏」と漢訳。*Opt. 3, sg. P.*

> so 'ham avocam /　no hîdaṃ kula-putra /
> （梵漢和維摩経 *p.* 92, *l.* 8）

「その私は、言いました。
『良家の息子よ、実にこれは、そうではありません』と。
【「我、言わく、『不なり』。】　（大正蔵、巻一四、五四〇頁下）

………………………………………………………………………

so 'ham < saḥ + aham
　saḥ < tad-：それ。*m. sg. Nom.*
　aham < mad-：私。*1, sg. Nom.*
avocam < avoca- < a- + va-+ uc- + -a < √vac- (2)：言う。話す。告げる。*重複 Aor. 1, sg. P.*

………………………………………………………………………

no < na-u：*ind.* もまた～ない。
hîdaṃ < hi + idaṃ
　hi：*ind.* 真に。確かに。実に。
　idaṃ < idam-：これ。*n. sg. Nom.*
kula-putra < kula-putra-：*m.* 良家の息子。「善男子」と漢訳。*sg. Voc.*

> sa māṃ evam āha /　nirmita-māyā-sva-bhāvebhyo bhadanta-subhūte sarva-dharmebhyo nôttras=itavyam /
> （梵漢和維摩経 *p.* 92, *ll.* 9–10）

「その〔ヴィマラキールティ〕が、私にこのように言いました。
『尊者スブーティよ、化作された幻影の本性を持つあらゆるものごと（一切諸法）に対して恐れるべきではない。
【「維摩詰言わく、『一切諸法は幻化相の如し。汝、今、応に懼るる所有るべからず。】
（大正蔵、巻一四、五四〇頁下）

……………………………………………………………………

sa < saḥ < tad-：それ。*m. sg. Nom.*
mām < mad-：私。*1, sg. Acc.*
evam：*adv.* このように。「是」「如是」と漢訳。
āha < √ah-：言う。*Perf. 3, sg. P.*

……………………………………………………………………

nirmita-māyā-sva-bhāvebhyo < nirmita-māyā-sva-bhāvebhyaḥ + 有声子音 < nirmita-māyā-sva-bhāva-：*adj.* 化作された幻影に固有の本性を持つ。*pl. Abl.*
　nirmita- < nir-√mā- (2,3) + -ta：*pp.* ～から作られた。～（具・属格）から産出された。形成された。「化作」「現化現」「化生」と漢訳。
　māyā-：*f.* 術。不可思議の力。幻像。幻想。幻影。「幻化」と漢訳。
　sva-bhāva-：*m.* 固有の在り方。生まれつきの性質。本性。「自性」と漢訳。
bhadanta-subhūte < bhadanta-subhūti-：*m.* 尊者スブーティ。*sg. Voc.*
sarva-dharmebhyo < sarva-dharmebhyaḥ + 有声子音 < sarva-dharma-：*m.* あらゆる事物。すべての法。あらゆる存在。あらゆるものごと。「一切法」「諸法」と漢訳。*pl. Abl.*
nôttrasitavyam < na + uttrasitavyam
　uttrasitavyam < uttrasitavya- < ud-√tras- (1) + -itavya：*未受分,* 驚かれるべき。驚かされるべき。～（具格、奪格、属格）に対して恐れられるべき。「驚怖」「生恐怖」「畏」「怖畏」と漢訳。*n. sg. Nom.* 非人称的用法として中性になっている。

> tat kasmād dhetoḥ /
>
> （梵漢和維摩経 *p.* 92, *l.* 10）

「それは、どんな理由からか。
【「所以(ゆえん)は何(いか)んとなれば、】　（大正蔵、巻一四、五四〇頁下）

……………………………………………………………………

tat < tad-：それ。*n. sg. Nom.*
kasmād dhetoḥ < kasmāt + hetoḥ
　連声法は、cf.「基礎」*p.* 63.
　kasmāt < kim-：*疑問詞,* だれ。何。どんな。どの。*m. sg. Abl.*
　hetoḥ < hetu-：*m.* 理由。原因。因。*sg. Abl.*
　奪格は、動機、原因、理由を表わす。cf.「シンタックス」*p.* 58.

> sarvāṇi hi tāni vacanāni tat-sva-bhāvāny evaṃ paṇḍitā akṣareṣu na sajanti[43] na tebhya uttrasya=nti /
>
> （梵漢和維摩経 *p.* 92, *ll.* 10–12）

「『それらの言説は、実にすべてが、このように〔幻のような〕そのような性質を持つものであり、賢い人たちは、文字に執着することなく、それらを恐れることもないからだ。
【「『一切の言説も是の相を離れず、智者に至りては、文字(もんじ)に著(じゃく)せざるが故に懼(おそ)るる所無し。】
（大正蔵、巻一四、五四〇頁下）

……………………………………………………………………

sarvāṇi < sarva-：*adj.* すべての。*n. pl. Nom.*
hi：*ind.* 真に。確かに。実に。
tāni < tad-：それ。*n. pl. Nom.*
vacanāni < vacana- < √vac- (2) + -ana：*adj.* 語る。雄弁な。*n.* 語ること。発音。発言。話。語。「言語」「言説」と漢訳。*n. pl. Nom.*
tat-sva-bhāvāny < tat-sva-bhāvāni + 母音 < tat-sva-bhāva-：*adj.* その性質を持つ。「如是性」と漢訳。*n. pl. Nom.*

evaṃ：*adv.* このように。「是」「如是」と漢訳。
paṇḍitā < paṇḍitāḥ + 有声音 < paṇḍita-：*adj.* 学問のある。賢い。怜悧な。教養ある。～に巧みな。
m. 学者。学問のある人。賢い人。*m. pl. Nom.*
akṣareṣu < akṣara- < a-kṣara-：*adj.* 不壊の。「無窮尽」「無尽」と漢訳。*n.* 語。綴り。聖字 om。声。字。文書。*n. pl. Loc.*
na：*ind.* ～でない。～にあらず。
sajanti < saja- < √saj- (1) ＝ √sañj- (1)：付着する。～に愛着する。～（処格）に執着する。*Pres. 3, pl. P.*
na：*ind.* ～でない。～にあらず。
tebhya < tebhyaḥ + a 以外の母音 < tad-：それ。*m. pl. Abl.*
uttrasyanti < uttrasya- < ud-√tras- (4)：～（具格、奪格、属格）に対して慄う。～を恐れる。驚愕する。*Pres. 3, pl. P.*
本書で√tras- は、Ⅰ類とⅣ類の両方が用いられている。

tat kasmād dhetoḥ /
（梵漢和維摩経 *p.* 92, *l.* 12）

「『それは、どんな理由からか。
【「『何を以ての故に。】　　（大正蔵、巻一四、五四〇頁下）

……………………………………………………………………

tat < tad-：それ。*n. sg. Nom.*
kasmād dhetoḥ < kasmāt + hetoḥ
連声法は、cf.「基礎」*p.* 63.
kasmāt < kim-：*疑問詞*, だれ。何。どんな。どの。*m. sg. Abl.*
hetoḥ < hetu-：*m.* 理由。原因。因。*sg. Abl.*
奪格は、動機、原因、理由を表わす。cf.「シンタックス」*p.* 58.

sarvāṇi tāny akṣarāṇy anakṣarāṇi sthāpayitvā vimuktiṃ vimukti-lakṣaṇāś ca sarva-dharmāḥ /
（梵漢和維摩経 *p.* 92, *ll.* 12–13）

「『それらの文字は、すべて文字〔の自性〕を離れたものである。解脱を確立して後、あらゆるものごとは〔文字の自性を離れた〕解脱の相を持つのだ[44]。
【「『文字は性を離る。文字有ること無し。是れ則ち解脱なり。解脱の相は則ち諸法なり』と。】
（大正蔵、巻一四、五四〇頁下）

……………………………………………………………………

sarvāṇi < sarva-：*adj.* すべての。*n. pl. Nom.*
tāny < tāni + 母音 < tad-：それ。*n. pl. Nom.*
akṣarāṇy < akṣarāṇi + 母音 < akṣara- < a-kṣara-：*adj.* 不壊の。「無窮尽」「無尽」と漢訳。*n.* 語。綴り。聖字 om。声。字。文書。*n. pl. Nom.*
anakṣarāṇi < anakṣara- < an-akṣara-：*adj.* 無音の。沈黙の。文字〔で表現されること〕のない。「非字」「非文字」「無名字」「離文字」と漢訳。*n. sg. Nom.*
sthāpayitvā < sthāpaya- + -itvā < √sthā- (1) + -paya + -itvā：*Caus.* 立たしめる。任命する。静止させる。止める。阻む。抑止する。除く *Ger.*
sthāpaya- < √sthā- (1) + -paya：*Caus.* 静止させる。とめる。阻む。抑止する。据える。配置する。保持する。確立する。樹立する。決定する。
sthāpayitvā は、「～を除いて」という意味を持つように、絶対分詞は前置詞の働きとして用いられることもある。ただし、ここは「確立して後」という絶対分詞として用いられている。
vimuktiṃ < vimukti- < vi-√muc- (6) + -ti：*f.* 最終的な解脱。分離。解放すること。*sg. Acc.*
vimukti-lakṣaṇāś < vimukti-lakṣaṇāḥ + (c) < vimukti-lakṣaṇa-：*n.* 解脱の相。*Adj.* 解脱の相を持つ。

「解脱相」と漢訳。*m. pl. Nom.*
ca：*conj.* および。また。しかしながら。そして。～と。なお。
sarva-dharmāḥ < sarva-dharma-：*m.* あらゆる存在。あらゆるものごと。「一切法」「諸法」と漢訳。*pl. Nom.*

§20 iha nirdeśe nirdiśyamāne dvayor deva-putra-śatayor virajo vigata-malaṃ dharmeṣu dharma-cakṣur viśuddhaṃ pañcānāṃ ca deva-putra-śatānām ānulomikyāḥ kṣānteḥ pratilambho 'bhūt / (梵漢和維摩経 *p.* 92, *ll.* 14–16)

§20 「この説法がなされている時、二百人の神々の子（天子）たちの、ものごと（諸法）に対する真理を見る眼（法眼）が汚れのない無垢なものに清められました。さらに、五百人の神々の子（天子）たちに、随順して〔真理を〕認める知（随順忍）[45] の獲得がありました。
【§20 「維摩詰、是の法を説く時、二百の天子、法眼浄を得たり。】（大正蔵、巻一四、五四〇頁下）
……………………………………………………………………

iha：*adv.* ここに。今。この世に。地上に。
nirdeśe < nirdeśa- < nir-√diś- (6) + -a：*m.* 命令。指示。記述。「説」「所説」「説法」と漢訳。*sg. Loc.*
nirdiśyamāne < nirdiśyamāna- < nirdiśya- + -māna < nis-√diś- (6) + -ya + -māna：*Pass.* 支持される。決定される。宣言される。*A. 現在分詞, m. sg. Loc.*
以上の処格は、絶対節をなしている。
dvayor < dvayoḥ + 有声音 < dvi-：*基数詞,* 二。*n. du. Gen.*
deva-putra-śatayor < deva-putra-śatayoḥ + 有声音 < deva-putra-śata-：*n.* 百の神々の子。*du. Gen.*
deva-putra-：*m.* 神の子。「天子」と漢訳。
śata-：*基数詞, n.* 百。
virajo < virajaḥ + 有声子音 < virajas- < vi-rajas- = vi-gata-rajas-：*adj.* 塵埃のない。清潔な。「浄」「離垢」「無穢」と漢訳。*n. sg. Nom.*
rajas-：*n.* 空。空気。大気。塵。塵の粒子。花粉。
raja-：*m.* 塵。花粉。「微塵」と漢訳。
vigata-malaṃ < vigata-mala-：*adj.* 汚点のない。明らかな。輝く。純粋な。「浄」「無垢」と漢訳。*n. sg. Nom.*
vigata- < vi-√gam- (1) + -ta：*pp.* 「離」「除」「無」「已除」「除断」と漢訳。
mala-：*n.* 汚物。埃。不浄。
dharmeṣu < dharma-：*m.* 確定した秩序。慣例。習慣。法則。規則。義務。宗教。教説。性質。本質。属性。特質。事物。法。*pl. Loc.*
dharma-cakṣur < dharma-cakṣuḥ + 有声音 < dharma-cakṣus-：*adj.* 法を見る。正義を見る。*n.* 法を見る眼。真理を見る眼。「法眼」と漢訳。*n. sg. Nom.*
viśuddhaṃ < viśuddha- < vi-√śudh- (4) + -ta：*pp.* 清浄にされた。清らかな。*n. sg. Nom.*
pañcānāṃ < pañcan-：*基数詞,* 五。*n. pl. Gen.*
ca：*conj.* および。また。しかしながら。そして。～と。なお。
deva-putra-śatānām < deva-putra-śata-：*n.* 百の神々の子。*pl. Gen.*
ānulomikyāḥ < ānulomikyāḥ + (k) < ānulomikī- < ānulomika- < anuloma- + -ika：*adj.* 毛並みに従った。自然の。規則的な。順当な。一致した。*f. sg. Gen.*
anuloma- < anu-loma-：*adj.* 毛並みに従う。順当な方向にある。「随」「順」「随順」と漢訳。
anu：*adv.* 後に。しかる時に。また。～の方へ。越えて。～の後に。従って。～のために。～に関して。
loma- < loman-：*n.* (roman-の後世の形)。人、または動物の身体の毛（一般に頭髪、鬚、たてがみ、尾を除く）。
kṣānteḥ < kṣānteḥ + (p) < kṣānti- < √kṣam- (1) + -ti：*f.* 堪えること。認めること。「忍」「忍辱」「堪忍」と漢訳。*sg. Gen.*

√kṣam- (1)：忍耐する。堪える。忍ぶ。
ānulomikī kṣāntiḥ：〔真理に〕随順することを認める知。「随順忍」と漢訳。

pratilambho 'bhūt < pratilambhaḥ + abhūt
pratilambhaḥ < pratilambha- < prati-√labh- (1) + -a：*m.* 獲得。取得。～の回復。*sg. Nom.*
abhūt < √bhū- (1)：なる。*root-Aor. 3, sg. P.*

> ahaṃ ca niṣpratibhāno 'bhūvaṃ na câsya śaknomy[46] uttare prativacanaṃ dātum /
> (梵漢和維摩経 *p.* 92, *ll.* 16–17)

「そして、私は黙り込んでしまいました。私は、それ以後、この〔ヴィマラキールティ〕に対して返答をすることができませんでした。
【漢訳相当箇所なし】

………………………………………………………………………

ahaṃ < mad-：私。*1, sg. Nom.*
ca：*conj.* および。また。しかしながら。そして。～と。なお。
niṣpratibhāno 'bhūvaṃ < niṣpratibhānaḥ + abhūvaṃ
niṣpratibhānaḥ < niṣpratibhāna- < nis-pratibhāna-：*adj.* 臆病な。心の平静を欠いている。能弁ではない。「無弁才」と漢訳。*m. sg. Nom.*
abhūvaṃ < √bhū- (1)：出現する。なる。生ずる。*root-Aor. 1, sg. P.*
na：*ind.* ～でない。～にあらず。
câsya < ca + asya
asya < idam-：これ。*m. sg. Gen.*
śaknomy < śaknomi + 母音 < śakno- < √śak- (5) ：～することができる。する能力を有する。する力を持つ。*Pres. 1, sg. P.*
uttare < uttara- < ud-tara-：*比較級,* より上の。より高い。左の。北の。後方の。以後の。*n. sg. Loc.* 処格の副詞的用法。
prativacanaṃ < prativacana- < prati-√vac- (2) + -ana：*n.* ～（属格）に対する返事。～への応答。*sg. Acc.*
dātum < √dā- (3) + -tum：*不定詞,* 与えること。

> tan nâham utsahe tasya sat-puruṣasya glāna-paripṛcchako gantum /
> (梵漢和維摩経 *p.* 92, *ll.* 17–18)

「それゆえに、私は、その善き人（善士）の病気見舞いに行くことに耐えられません」
【「故に我、彼(かしこ)に詣(いた)りて疾(やまい)を問うに任(た)えず」と。】　（大正蔵、巻一四、五四〇頁下）

………………………………………………………………………

tan < tat + (n) < tad-：それ。*n. sg. Acc.*
代名詞の中性・対格／具格／奪格は、連結助詞として用いられ、「そこで」「従って」「このため」を意味する。
nâham < na + aham
aham < mad-：私。*1, sg. Nom.*
utsahe < utsaha- < ud-√sah- (1)：こらえる。耐える。～（不定詞）することができる。～する能力がある。*Pres. 1, sg. A.*
tasya < tad-：それ。*m. sg. Gen.*
sat-puruṣasya < sat-puruṣa-：*m.* 善き人。「善士」と漢訳。*sg. Gen.*
glāna-paripṛcchako < glāna-paripṛcchakaḥ + 有声子音 < glāna-paripṛcchaka-：*m.* 病についての質問（者）。「問病」と漢訳。*sg. Nom.*
gantum < √gam- (1) + -tum：*不定詞,* 行くこと。

> §21　atha khalu bhagavān āyuṣmantaṃ pūrṇaṃ maitrāyaṇīputram āmantrayate sma /　gaccha tvaṃ pūrṇa vimalakīrter licchaver glāna-paripr̥cchakaḥ /
>
> (梵漢和維摩経 *p.* 94, *ll.* 1–3)

§21　そこで、世尊は、尊者プールナ・マイトラーヤニープトラ（富楼那彌多羅尼子）におっしゃられた。

「プールナよ、あなたは、リッチャヴィ族のヴィマラキールティの病気見舞いに行くがよい。

【§21　仏は富楼那弥多羅尼子に告げたまえり。「汝、維摩詰に行詣して疾を問え」】

（大正蔵、巻一四、五四〇頁下）

……………………………………………………………………

atha：*adv.* その時。その場合。さて。それ故。しかれば。しかしながら。

khalu：*ind.* 実に。確かに。しかも。さて。そこで。

bhagavān < bhagavat-：*m.* 尊い（人）。世尊。「婆伽婆」「薄伽梵」と音写。*sg. Nom.*

āyuṣmantaṃ < āyuṣmat- < āyus- + -mat-：*m.* 長寿の。健康の。「尊者」「長老」「具寿」と漢訳。*sg. Acc.*

pūrṇaṃ < pūrṇa-：*m.* プールナ。「富楼那」と漢訳。*sg. Acc.*

　　pūrṇa- < √pr̥- (3, 6) + -na：*pp.* 満たされた。満ちた。成就した。充足された。完全な。

maitrāyaṇīputram < maitrāyaṇīputra- < maitrāyaṇī-putra-：*m.* マイトラーヤニープトラ（マイトラーヤニーの息子）。「富楼那彌多羅尼子」と音写。*sg. Acc.*

āmantrayate < āmantraya- < ā-√mantraya- (名動詞)：語りかける。「告」「告言」「白言」と漢訳。*Pres. 3, sg. A.*

sma：*ind.* 実に。現在形の動詞とともに用いて、過去の意味を表わす（歴史的現在）。

……………………………………………………………………

gaccha < gaccha- < √gam- (1)：行く。経過する。～（対格、為格、処格）に赴く。近づく。達する。*Impv. 2, sg. P.*

tvaṃ < tvad-：あなた。*2, sg. Nom.*

pūrṇa < pūrṇa-：*m.* プールナ。「富楼那」と漢訳。*sg. Voc.*

vimalakīrter < vimalakīrteḥ + 有声音 < vimalakīrti- < vimala-kīrti-：*m.* ヴィマラキールティ。汚れのない名声を持つ（もの）。「維摩詰」「維摩」と音写。「浄名」「無垢称」と漢訳。*sg. Gen.*

licchaver < licchaveḥ + 有声音 < licchavi-：*m.* リッチャヴィ。「離車子」「栗姑毘」と音写。*sg. Gen.*

glāna-paripr̥cchakaḥ < glāna-paripr̥cchaka-：*m.* 病についての質問（者）。「問病」と漢訳。*sg. Nom.*

> pūrṇo 'py āha /　nâhaṃ bhagavann utsahe tasya sat-puruṣasya glāna-paripr̥cchako gantum /
>
> (梵漢和維摩経 *p.* 94, *ll.* 4–5)

プールナもまた、言った。

「世尊よ、私は、その善き人（善士）の病気見舞いに行くことに耐えられません。

【富楼那、仏に白して言さく、「世尊よ、我は彼に詣りて疾を問うに堪任せず。】

（大正蔵、巻一四、五四〇頁下）

……………………………………………………………………

pūrṇo 'py < pūrṇaḥ + apy

　　pūrṇaḥ < pūrṇa-：*m.* プールナ。「富楼那」と漢訳。*sg. Nom.*

　　apy < api + 母音：*adv.* また。さえも。されど。なお。

āha < √ah-：言う。*Perf. 3, sg. P.*

……………………………………………………………………

nâhaṃ < na + ahaṃ

　　na：*ind.* ～でない。～にあらず。

　　ahaṃ < mad-：私。*1, sg. Nom.*

bhagavann < bhagavan+ 母音 < bhagavat-：*m.* 尊い（人）。「世尊」と漢訳。「婆伽婆」「薄伽梵」と音写。*sg. Voc.*

utsahe < utsaha- < ud-√sah- (1)：こらえる。耐える。～（不定詞）することができる。～する能力がある。*Pres. 1, sg. A.*
tasya < tad-：それ。*m. sg. Gen.*
sat-puruṣasya < sat-puruṣa-：*m.* 善き人。「善士」と漢訳。*sg. Gen.*
glāna-paripṛcchako < glāna-paripṛcchakaḥ + 有声子音 < glāna-paripṛcchaka-：*m.* 病についての質問（者）。「問病」と漢訳。*sg. Nom.*
gantum < √gam- (1) + -tum：*不定詞,* 行くこと。

tat kasmād dhetoḥ /

（梵漢和維摩経 *p.* 94, *l.* 5）

「それは、どんな理由からでしょうか。
【「所以(ゆえん)は何(いか)んとなれば、】（大正蔵、巻一四、五四〇頁下）

……………………………………………………………………

tat < tad-：それ。*n. sg. Nom.*
kasmād dhetoḥ < kasmāt + hetoḥ
連声法は、cf.「基礎」*p.* 63.
kasmāt < kim-：*疑問詞,* だれ。何。どんな。どの。*m. sg. Abl.*
hetoḥ < hetu-：*m.* 理由。原因。因。*sg. Abl.*
奪格は、動機、原因、理由を表わす。cf.「シンタックス」*p.* 58.

abhijānāmy ahaṃ bhagavan / ekasmin samaye vanasyânyatamasmin pṛthivī-pradeśa ādi-karmikāṇāṃ bhikṣūṇāṃ dharmaṃ deśayāmi /

（梵漢和維摩経 *p.* 94, *ll.* 6–7）

「世尊よ、私は、思い出します。ある時、森の中のとある場所で新学の男性出家者（比丘）たちのために、私は法（真理の教え）を説いていました。
【「憶念するに、我、昔、大林中に於いて一樹の下に在りて、諸の新学の比丘の為に法を説けり。】
（大正蔵、巻一四、五四〇頁下）

……………………………………………………………………

abhijānāmy < abhijānāmi + 母音 < abhijānā- < abhi-√jñā- (9)：了解する。悟る。知る。～（対格）を…（対格）と認める。記憶する。*Pres. 1, sg. P.*
ahaṃ < mad-：私。*1, sg. Nom.*
bhagavan < bhagavat-：*m.* 尊い（人）。「世尊」と漢訳。「婆伽婆」「薄伽梵」と音写。*sg. Voc.*

……………………………………………………………………

ekasmin < eka-：*基数詞,* 一。*adj.* ある。*m. sg. Loc.*
samaye < samaya-：*m.* 会合の場所。時間。好機。機会。*sg. Loc.*
vanasyânyatamasmin < vanasya + anyatamasmin
vanasya < vana-：*n.* 森。*sg. Gen.*
anyatamasmin < anyatama- < anya-tama-：*最上級,* 多く（三つ以上）の中の一つ。*n. sg. Loc.*
pṛthivī-pradeśa < pṛthivī-pradeśe + a 以外の母音 < pṛthivī-pradeśa-：*m.* 大地における場所。「処」「方処」「地方」「国土」と漢訳。*sg. Loc.*
ādi-karmikāṇāṃ < ādi-karmika-：*m.* 初心者。新学者。「初学」「初学者」「初発心」「新発意」と漢訳。*pl. Gen.*
bhikṣūṇāṃ < bhikṣu- < √bhikṣ- (1) + -u：*m.* 乞食者。「比丘」と音写。*pl. Gen.*
dharmaṃ < dharma-：*m.* 教説。真理。「法」と漢訳。*sg. Acc.*
deśayāmi < deśaya- < √diś- (6) + -aya：*Caus.* 示す。導く。説明する。教える。宣説する。*1, sg. P.*

tatra vimalakīrtir licchavir upasaṃkramya mām evam āha /

(梵漢和維摩経 *p.* 94, *l.* 8)

「そこへ、リッチャヴィ族のヴィマラキールティが近づき、このように私に言いました。
【「時に維摩詰来たりて我に謂いて言く、】　　（大正蔵、巻一四、五四〇頁下）

……………………………………………………………………

tatra：*adv.* そこに。そこへ。かしこに。その時に。その場合に。
vimalakīrtir < vimalakīrtiḥ + 有声音 < vimalakīrti- < vimala-kīrti-：*m.* ヴィマラキールティ。汚れのない名声を持つ（もの）。「維摩詰」「維摩」と音写。「浄名」「無垢称」と漢訳。*sg. Nom.*
licchavir < licchaviḥ + 有声音 < licchavi-：*m.* リッチャヴィ。「離車子」「栗姑毘」と音写。*sg. Nom.*
upasaṃkramya < upa-sam-√kram- (1) + -ya：近づく。*Ger.*
mām < mad-：私。*1, sg. Acc.*
evam：*adv.* このように。「是」「如是」と漢訳。
āha < √ah-：言う。*Perf. 3, sg. P.*

§22　samāpadya bhadanta-pūrṇâiteṣāṃ bhikṣūṇāṃ cittaṃ vyavalokya dharmaṃ deśaya /
(梵漢和維摩経 *p.* 94, *ll.* 9–10)

§22　「『尊者プールナよ、〔禅定に〕入って後、これらの男性出家者たちの心を観察してから、法を説くがよい。
【§22　「『唯、富楼那よ、先ず当に定に入りて、此の人心を観じ、然る後に法を説くべし。】
（大正蔵、巻一四、五四〇頁下）

……………………………………………………………………

samāpadya < sam-ā-√pad- (4) + -ya：襲う。（ある状態に）陥る。～を経験する。生ずる。起こる。「入」「現入」「入定」と漢訳。*Ger.*
この属格は、絶対節をなしている。
bhadanta-pūrṇâiteṣāṃ < bhadanta-pūrṇa + eteṣāṃ
bhadanta-pūrṇa < bhadanta-pūrṇa-：*m.* 尊者プールナ。「富楼那」と漢訳。*sg. Voc.*
eteṣāṃ < etad-：これ。*m. pl. Gen.*
bhikṣūṇāṃ < bhikṣu- < √bhikṣ- (1) + -u：*m.* 乞食者。「比丘」と音写。*pl. Gen.*
cittaṃ < citta-：*n.* 心。思考。意思。知性。理性。「質多」と音写。*sg. Acc.*
vyavalokya < vyavalokaya- + -ya < vi-ava-√lok- (1) + -aya + -ya：*Caus.* 見る。見上げる。～を見つめる。眺める。注視する。「観」「観察」「諦観」と漢訳。*Ger.*
dharmaṃ < dharma-：*m.* 教説。真理。「法」と漢訳。*sg. Acc.*
deśaya < deśaya- < √diś- (6) + -aya：*Caus.* 示す。導く。説明する。教える。宣説する。*Impv. 2, sg. P.*

mā mahā-ratna-bhājaneṣu prati kulmāṣān prākṣaipsīḥ /
(梵漢和維摩経 *p.* 94, *ll.* 10–11)

「『宝石でできた卓越した器に、粗末な食べ物を入れてはならない。
【「『穢食を以て宝器に置くこと無かれ。】　　（大正蔵、巻一四、五四〇頁下）

……………………………………………………………………

mā：*adv.* ～なかれ。～なからんことを。～しないように。願わくは～ないように。
mā は、オーグメントを欠いた過去形や、アオリストとともに用いられて“禁止”を意味するが、このほか願望法や命令法、さらには未来形や現在形とさえ用いられることもある。cf.「辻文法」*pp.* 256, 294–296.
mahā-ratna-bhājaneṣu < mahā-ratna-bhājana-：*n.* 宝石作りの卓越した器。*pl. Loc.*
mahā- < mahat-：*adj.* 大きな。偉大な。豊富な。たくさんの。重要な。卓越した。
ratna-：*n.* 宝。宝石。

bhājana-：*n.* 容器。皿。壺。～を入れるもの。「鉢」「器」「（法）器」「器（世間）」と漢訳。
prati：*adv.* ～に対して。反対して。返して。返報として。各々の。*前置詞,* ～（対格）に対して。～の方へ。～の上に。～の方向に。～の前に。眼前に。～に近く。
kulmāṣān < kulmāṣa-：*m.* 酸っぱい粥。下等の穀物。粗末な食べ物。*pl. Acc.*
prākṣaipsīḥ < pra-ā-kṣaips- < pra-ā-akṣaips- < pra-ā-√kṣip- (6) + -s：置く。入れる。*s-Aor. 2, sg. P.*
pra-√kṣip- (6)：～（処格）に擲つ。～に投げる。～へ置く。下ろす。
ā-√kṣip- (6)：～（処格）に投げかける。～（為格）に投げつける。運び去る。～（処格）に入れる。

jānīṣva tāvat kim-āśayā ete bhikṣava iti /   （梵漢和維摩経 *p.* 94, *l.* 11）

「『先ず第一に、これらの男性出家者たちが、どのような意向をもっているかということを知るがよい。
【「『当(まさ)に是の比丘の心の念ずる所を知るべし。】　　（大正蔵、巻一四、五四〇頁下）
……………………………………………………………………

jānīṣva < jānī- < √jñā- (9)：知る。*Impv. 2, sg. A.*
tāvat：*adv.* それほどに。その間。まず第一に。ただ単に。
kim-āśayā < kim-āśayāḥ + 有声音 < kim-āśaya-：*adj.* いかなる意向を有する。*m. pl. Nom.*
āśaya-：*m.* 休息所。座。場所。住処。意向。考え方。
ete < etad-：これ。*m. pl. Nom.*
bhikṣava < bhikṣavaḥ + a 以外の母音 < bhikṣu- < √bhikṣ- (1) + -u：*m.* 乞食者。「比丘」と音写。*pl. Nom.*
iti：*adv.* ～と。以上のように。「如是」と漢訳。

mā vaidūrya-ratnaṃ kācamaṇikaiḥ samānīkārṣīḥ /   （梵漢和維摩経 *p.* 94, *ll.* 11–12）

「『琉璃という宝石をガラス玉[47]と同じにしてはなりません。
【「『琉璃(るり)を以(もっ)て彼の水精(すいしょう)に同ずること無かれ。】　　（大正蔵、巻一四、五四〇頁下）
……………………………………………………………………

mā：*adv.* ～なかれ。～なからんことを。～しないように。願わくは～ないように。
vaidūrya-ratnaṃ < vaidūrya-ratna-：*n.* 琉璃という宝石。*sg. Acc.*
vaidūrya-　=　vaiḍūrya-：*n.* 「琉璃」「毘琉璃」と音写。
ratna-：*n.* 宝石。
kācamaṇikaiḥ < kācamaṇikaiḥ + (s) < kācamaṇika- < kācamaṇi-ka-：*m.* 水晶。ガラス玉。*pl. Ins.*
kācamaṇi- < kāca-maṇi-：*m.* 水晶。ガラス。
kāca-：*m.* ガラス。硝子。琉璃。
maṇi-：*m.* 真珠。珠玉。宝石。「宝珠」と漢訳。
samānīkārṣīḥ < samānī-kārṣ- < samāna-akārṣ- < samāna- + √kṛ- (8) + -s：全く同じにする。*s-Aor. 2, sg. P.*
samāna-：*adj.* 全く同じ。同一の。
√kṛ- (8)：作る。なす。
動詞 √bhū- (1), √as- (2), √kṛ- (8) の前分に名詞、形容詞がくる複合語では名詞、形容詞の末尾の a, ā, an は ī となり、i, u は ī, ū となり、ṛ は rī、それ以外はそのままとなる。cf.「基礎」*p.* 566.

mā bhadanta-pūrṇâpratyavekṣya sattvêndriyeṣu prādeśikêndriyatvam upasaṃhārṣīḥ /   （梵漢和維摩経 *p.* 94, *ll.* 12–13）

「『尊者プールナよ、衆生の能力（機根）を観察しないで、〔勝れた能力を持つ人を〕狭小な能力を持つことに抑え込んではならない。

【「『汝は衆生の根源を知ること能わず。発起するに小乗の法を以てするを得ること無かれ。】

（大正蔵、巻一四、五四〇頁下）

……………………………………………………………………

mā：*adv.* ～なかれ。～なからんことを。～しないように。願わくは～ないように。

bhadanta-pūrṇâpratyavekṣya < bhadanta-pūrṇa + apratyavekṣya

bhadanta-pūrṇa < bhadanta-pūrṇa-：*m.* 尊者プールナ。「富楼那」と漢訳。*sg. Voc.*

apratyavekṣya < a-pratyavekṣya：調査しないで。検査しないで。尋ねないで。観察しないで。*Ger.*

pratyavekṣya < prati-ava-√īkṣ- (1) + -ya：～（対格、処格）を調査する。検査する。尋ねる。「視」「観」「観察」「視察」と漢訳。*Ger.*

sattvêndriyeṣu < sattva-indriya-：*n.* 衆生の能力。*pl. Loc.*

indriya-：*n.* 活力。精力。感官。能力。「根」と漢訳。

prādeśikêndriyatvam < prādeśikêndriyatva- < prādeśikêndriya-tva-：*n.* 狭小な能力を持つこと。*sg. Acc.*

prādeśikêndriya- < prādeśika-indriya-：*adj.* 狭小な能力を持つ。

prādeśika- < pradeśa- + -ika：*adj.* 先例を持つ。地方の。限られた。限られた区域の。偏っている。「小」「少分」「一方」「一処」「狭劣」と漢訳。

upasaṃhārṣīḥ < upasaṃhārṣ- < upa-sam-√hṛ- (1) + -s：簡潔にまとめる。要約する。（武器を）収める。～（処格）から（影を）取り上げる。抑止する。停止する。抑制する。撤収する。破壊する。「与」「授与」「起」「施与」と漢訳。*s-Aor. 2, sg. P.*

mâkṣatatāṃ[48] kṣiṇuṣva /   (梵漢和維摩経 *p.* 94, *l.* 13)

「『傷のない状態に傷をつけてはならない[49]。

【「『彼は自ずから瘡無し、之を傷つけること勿れ。】　　（大正蔵、巻一四、五四一頁上）

……………………………………………………………………

mâkṣatatāṃ < mā + akṣatatāṃ

mā：*adv.* ～なかれ。～なからんことを。～しないように。願わくは～ないように。

akṣatatāṃ < akṣatatā- < akṣata-tā-：*f.* 傷のないこと。傷つけられないこと。害せられないこと。*sg. Acc.*

akṣata- < a-kṣata-：*adj.* 傷つけられない。害せられない。*f. sg. Acc.*

kṣata- < √kṣan- (8) + -ta：*pp.* 傷つけられた。破られた。害された。破壊された。犯された。

√kṣan- (8)：傷つく。害する。破る。

kṣiṇuṣva < kṣiṇu- < √kṣi- (5)：破壊する。滅ぼす。～（対格）を終わらせる。傷つける。殺す。圧迫する。*Impv. 2, sg. A.*

mā mahā-mārgam avatartu-kāmān kṣudra-rathyāṃ praveśaya /   (梵漢和維摩経 *p.* 94, *ll.* 13–14)

「『大いなる道に赴くことを願っている人たちを、小さな道[50] に導いてはならない。

【「『大道を行かんと欲するに、小径を示すこと莫かれ。】　　（大正蔵、巻一四、五四一頁上）

……………………………………………………………………

mā：*adv.* ～なかれ。～なからんことを。～しないように。願わくは～ないように。

mahā-mārgam < mahā-mārga-：*m.* 大いなる道。*sg. Acc.*

mārga-：*m.* 小道。道。道路。～に到る道。

avatartu-kāmān < avatartu-kāma-：*adj.* 赴くことを願っている。*m. pl. Acc.*

avatartu- < avatartum < ava-√tṝ- (1) + -tum：*不定詞*, 赴くこと。達すること。

ava-√tṝ- (1)：～（対格、処格）へ下る。～（奪格）より下る。化現する。顕現する。赴く。達する。到る。「趣入」「悟入」と漢訳。

kāma-：*m.* 快楽。愛着。～（為・属・処格）に対する願望・欲望。

不定詞の語尾 -tum の m が脱落して kāma- や manas- と所有複合語を作り、「～したがっている」「～するつもり」という意味になる。

kṣudra-rathyāṃ < kṣudra-rathyā-：*f.* 小さな道。*sg. Acc.*

kṣudra-：*adj.* 小さい。極めて小さい。低い。卑しい。

rathyā-：*f.* 車道。大道。

praveśaya < praveśaya- < pra-√viś- (6) + -aya：*Caus.* ～（対格、処格）に入らせる。連れてくる。～に導く。案内する。*Impv. 2, sg. P.*

mā mahā-sāgaraṃ goṣ-pade praveśaya[51] /

（梵漢和維摩経 *p.* 94, *ll.* 14–15）

「『大海〔の水〕を牛の足跡に入れてはならない。

【「『大海を以て牛跡に内るること無かれ。】　　（大正蔵、巻一四、五四一頁上）

mā：*adv.* ～なかれ。～なからんことを。～しないように。願わくは～ないように。

mahā-sāgaraṃ < mahā-sāgara-：*m.* 大海。*sg. Acc.*

sāgara-：*m.* 大海。海。「娑揭羅」「娑伽羅」と音写。

goṣ-pade < goṣ-pada-：*n.* 牛の足跡。「牛跡」と漢訳。*sg. Loc.*

goṣ- < go-：*m.* 牡牛。牛乳。*f.* 牝牛。

pada-：*n.* 一歩。足取り。足跡。足場。場所。立場。

praveśaya < praveśaya- < pra-√viś- (6) + -aya：*Caus.* ～（対格、処格）に入らせる。連れてくる。～に導く。案内する。*Impv. 2, sg. P.*

mā sūrya-prabhāṃ khadyotakair nirvartaya /

（梵漢和維摩経 *p.* 94, *ll.* 15–16）

「『太陽の光を蛍の光で生じさせ〔ようとし〕てはならない。

【「『日光を以て彼の蛍火に等しくすること無かれ。】　　（大正蔵、巻一四、五四一頁上）

mā：*adv.* ～なかれ。～なからんことを。～しないように。願わくは～ないように。

sūrya-prabhāṃ < sūrya-prabhā-：*f.* 太陽の光明。*sg. Acc.*

sūrya-：*m.* 太陽。

prabhā-：*f.* 輝き出ること。光輝。光。「光明」「放光」と漢訳。

khadyotakair < khadyotakaiḥ + 有声音 < khadyotaka- < khadyota-ka-：*m.* 蛍。蛍の光。「蛍火」「発光虫」と漢訳。*pl. Ins.*

khadyota- < kha-dyota-：*m.* 蛍。発光虫。「蛍火」「蛍光」「虚空明」と漢訳。

kha-：*n.* 空虚なる所。穴。孔。空気。天空。虚空。

dyota-：*m.* 光。光輝。

nirvartaya < nirvartaya- < nir-√vṛt- (1) + -aya：*Caus.* 生じさせる。起きさせる。完成する。成就する。遂行する。*Impv. 2, sg. P.*

mā siṃha-nāda-saṃprasthitān sṛgāla-nāde niyojaya /

（梵漢和維摩経 *p.* 94, *l.* 16）

「『師子の雄叫びを発するものたちを、ジャッカル（野干）の鳴き声〔を発するものたち〕の中に引き込んではならない。
【漢訳相当箇所なし】

………………………………………………………………………

mā：*adv.* ～なかれ。～なからんことを。～しないように。願わくは～ないように。
siṃha-nāda-saṃprasthitān < siṃha-nāda-saṃprasthita-：*adj.* 師子の叫び声を発する。*m. pl. Acc.*
　　siṃha-nāda-：*m.* 獅子の叫び声。「師子吼」と漢訳。
　　siṃha-：*m.* ライオン。「師子」「獅子」と音写。
　　nāda- < √nad- (1) + -a：*m.* 叫び声。音響。いななき。
　　saṃprasthita- < sam-pra-√sthā- (1) + -ita ：*pp.* ～に向かって出かけた。出発した。「作」「発」と漢訳。
sṛgāla-nāde < sṛgāla-nāda-：*m.* ジャッカルの鳴き声。*sg. Loc.*
　　sṛgāla- ≒ śṛgāla-：*m.* ジャッカル。「野干」「狗犬」と漢訳。
niyojaya < niyojaya- < ni-√yuj- (7) + -aya：*Caus.* ～（処格）に軛で繋ぐ。～（処格）に付着する。固定する。～（処格）に置く。～に心を傾ける。～（処格）に引き込む。*Impv. 2, sg. P.*

api bhadanta-pūrṇa sarve hy ete bhikṣavo[52] mahā-yāna-saṃprasthitā muṣita-bodhi-cittāḥ[53] /
（梵漢和維摩経 *p.* 94, *ll.* 16–18）

「『尊者プールナよ、実にこれらの男性出家者たちのすべては、〔かつて〕大いなる乗り物によって出で立ったものたちであるが、〔今は〕覚りを求める心を忘れ去ってしまっているのだ。
【「『富楼那よ、此の比丘は久しく大乗心を発すも、中ごろ此の意を忘るるのみ。】
（大正蔵、巻一四、五四一頁上）

………………………………………………………………………

api：*adv.* また。さえも。されど。同様に。
bhadanta-pūrṇa < bhadanta-pūrṇa-：*m.* 尊者プールナ。「富楼那」と漢訳。*sg. Voc.*
sarve < sarva-：*adj.* 一切の。すべての。*m. pl. Nom.*
hy < hi + 母音：*ind.* 真に。確かに。実に。
ete < etad-：これ。*m. pl. Nom.*
bhikṣavo < bhikṣavaḥ + 有声子音 < bhikṣu- < √bhikṣ- (1) + -u：*m.* 乞食者。「比丘」と音写。*pl. Nom.*
mahā-yāna-saṃprasthitā < mahā-yāna-saṃprasthitāḥ + 有声音 < mahā-yāna-saṃprasthita-：*adj.* 大いなる乗り物（大乗）によって出で立った。*m. pl. Nom.*
　　mahā-yāna-：*n.* 大いなる乗り物。「大乗」と漢訳。「摩訶衍」と音写。
　　saṃprasthita- < sam-pra-√sthā- (1) + -ita ：*pp.* ～に向かって出かけた。出発した。「作」「発」と漢訳。
muṣita-bodhi-cittāḥ < muṣita-bodhi-citta-：*adj.* 忘れ去った菩提心を持つ。覚りを求める心（菩提心）を忘れ去ってしまった。*m. pl. Nom.*
　　muṣita- < √muṣ- (1) + -ita：*pp.* ～（対格）を盗まれた。略奪された。強奪された。除去された。盲目にされた。暗くされた。魂を奪われた。欺かれた。
　　bodhi-citta-：*n.* 覚りを求める心（菩提心）。「菩提心」「覚心」と漢訳。

teṣāṃ bhadanta-pūrṇa mā śrāvaka-yānam upadarśaya /
（梵漢和維摩経 *p.* 94, *ll.* 18–19）

「『尊者プールナよ、それら〔の男性出家者たち〕のために、声聞のための乗り物（声聞乗）を説いてはならない。
【「『如何が小乗法を以（もっ）て之を教導せんや。】　（大正蔵、巻一四、五四一頁上）

………………………………………………………………………

teṣāṃ < tad-：それ。*m. pl. Gen.*
bhadanta-pūrṇa < bhadanta-pūrṇa-：*m.* 尊者プールナ。「富楼那」と漢訳。*sg. Voc.*

mā：*adv.* ～なかれ。～なからんことを。～しないように。願わくは～ないように。
śrāvaka-yānam < śrāvaka-yāna-：*n.* 声聞のための乗り物。「声聞乗」と漢訳。*sg. Acc.*
　　yāna- < √yā- (2) + -ana：*n.* 行くこと。歩くこと。乗っていくこと。乗り物。
upadarśaya < upadarśaya- < upa-√dṛś- (1) + -aya：*Caus.* 示す。説明する。解説する。*Impv. 2, sg. P.*

kaṣṭaṃ hi śrāvaka-yānam /
（梵漢和維摩経 *p.* 94, *l.* 19）

「『声聞のための乗り物（声聞乗）は、実に悪しきものである。
【漢訳相当箇所なし】
……………………………………………………………………

kaṣṭaṃ < kaṣṭa-：*pp.* 悪しき。思い。厳しい。苦痛ある。悲惨な。強制された。不自然の。有害な。危険な。「難」と漢訳。*n.* 悪。不幸。非運。苦痛。困難。憂愁。悲惨。不安。「濁」「憂悩」と漢訳。*n. sg. Nom.*
hi：*ind.* 真に。確かに。実に。
śrāvaka-yānam < śrāvaka-yāna-：*n.* 声聞のための乗り物。「声聞乗」と漢訳。*sg. Nom.*

jāty-andhā[54] iva me śrāvakāḥ pratibhānti sattvêndriya-vimātratā-jñāne /
（梵漢和維摩経 *p.* 94, *ll.* 19–20）

「『私には、衆生の能力が種々であると知ることにおいて、声聞たちは生まれつきの盲目であるように見えるのだ』。
【「『我、小乗を観るに、智慧の微浅なること猶、盲人の如し。一切衆生の根の利鈍を分別すること能わず』と。】
（大正蔵、巻一四、五四一頁上）
……………………………………………………………………

jāty-andhā < jāty-andhāḥ + 有声音 < jāty-andha- < jāti-andha-：*adj.* うまれつき盲目の。「生盲」と漢訳。*m. pl. Nom.*
　　jāti- < √jan- (1) + -ti：*f.* 誕生。出生。生まれ。
　　andha-：*adj.* 盲目の。朦朧とした。真っ暗の。
iva：*adv.* ～のように。～のごとく。いわば。あたかも。
me < mad-：私。*2. sg. Gen.*
śrāvakāḥ < śrāvakāḥ + (p) < śrāvaka- < √śru- (5) + -aka：*m.* 声を聞く人。聴聞者。門弟。弟子。「声聞」と漢訳。*pl. Nom.*
pratibhānti < pratibhā- < prati-√bhā- (2)：～の上に光る。照らす。自己を示す。明らかになる。心に現われる。理解される。「説」「能説」「弁説」「弁才」と漢訳。*Pres. 3, pl. P.*
　　prati-√bhā- (2) + ～（属格）+ iva …：～（属格）に…のように見える。
　　√bhā- (2)：光る。輝く。自己を示す。見える。現われる。～と思われる。
sattvêndriya-vimātratā-jñāne < sattva-indriya-vimātratā-jñāna-：*n.* 衆生の能力が種々であると知ること。*sg. Loc.*
　　理由を示す処格の用法。
　　sattva-indriya-：*n.* 衆生の能力。
　　vimātratā- < vimātra-tā-：*f.* 「種々」「差別」「不同」「種々不同」「種々差別」と漢訳。
　　vimātra- < vi-mātra-：*adj.* 種々の。
　　mātra- < √mā- (2,3) + -tra：*n.* ～だけの量／大きさ／高さ／深さ／長さ。分量。総額。
　　jñāna- < √jñā- (9) + -ana：*n.* 知ること。知識。智慧。「闍那」と音写。

§23　atha vimalakīrtir licchavis tasyāṃ velāyāṃ tathā-rūpaṃ samādhiṃ samāpadyate sma /

（梵漢和維摩経 *p.* 94, *ll.* 21–22）

§23　「するとその時、リッチャヴィ族のヴィマラキールティは、そのような三昧に入りました。
【§23　「時に維摩詰は即ち三昧に入り、】　（大正蔵、巻一四、五四一頁上）

…………………………………………………………………………

atha：*adv.* その時。その場合。さて。それ故。しかれば。しかしながら。
vimalakīrtir < vimalakīrtiḥ + 有声音 < vimalakīrti- < vimala-kīrti-：*m.* ヴィマラキールティ。汚れのない名声を持つ（もの)。「維摩詰」「維摩」と音写。「浄名」「無垢称」と漢訳。*sg. Nom.*
licchavis < licchaviḥ + (t) < licchavi-：*m.* リッチャヴィ。「離車子」「栗姑毘」と音写。*sg. Nom.*
tasyāṃ < tad-：それ。*f. sg. Loc.*
velāyāṃ < velā-：*f.* 機会。（日中の）時間。*sg. Loc.*
tathā-rūpaṃ < tathā-rūpa-：*adj.* そのように形成された。そのような概観の。「如是」と漢訳。*m. sg. Acc.*
samādhiṃ < samādhi- < sam-ādhi-：*m.* 深い瞑想。深い専心。「定」と漢訳。「三昧」と音写。*sg. Acc.*
samāpadyate < samāpadya- < sam-ā-√pad- (4)：襲う。（ある状態に）陥る。〜を経験する。生ずる。起こる。「入」「現入」と漢訳。*Pres. 3, sg. A.*
sma：*ind.* 実に。sma は現在形とともに用いられて、過去の意味を表わす（歴史的現在)。

yathā te bhikṣavo 'neka-vidhaṃ pūrve-nivāsam anusmaranti sma /
（梵漢和維摩経 *p.* 96, *l.* 1）

「その結果、それらの男性出家者たちは、多くの種類の過去の生存を思い出した。
【「此の比丘をして自ら宿命を識らしめり。】　（大正蔵、巻一四、五四一頁上）

…………………………………………………………………………

yathā：*関係副詞, 接続詞,* 〜のように。あたかも〜のように。〜であるように。その結果。
te < tad-：それ。*m. pl. Nom.*
bhikṣavo 'neka-vidhaṃ < bhikṣavaḥ + aneka-vidhaṃ
　bhikṣavaḥ < bhikṣu- < √bhikṣ- (1) + -u：*m.* 乞食者。「比丘」と音写。*pl. Nom.*
　aneka-vidhaṃ < aneka-vidha-：*adj.* 多くの種類の。*m. sg. Acc.*
　aneka- < an-eka-：*adj.* 一以上の。種々の。「非一」「諸」「衆」と漢訳。
　vidha-：*m.* 種。類。様式。
pūrve-nivāsam < pūrve-nivāsa- = pūrva-nivāsa-：*m.* 過去の生存。「宿住」「宿命」「宿世」と漢訳。*sg. Acc.*
　pūrva-：*adj.* 前にある。前の。東の。東にある。先行する。先の。以前の。昔の。
　nivāsa- < ni-√vas-(1) + -a：*m.* 止住。夜を過ごすこと。滞在。宿営。住所。居所。
anusmaranti < anusmara- < anu-√smṛ- (1)：記憶する。思い出す。告白する。*Pres. 3, pl. P.*
sma：*ind.* 実に。sma は現在形とともに用いられて、過去の意味を表わす（歴史的現在)。

te pañca-buddha-śata-paryupāsita-kuśala-mūlāḥ samyak-saṃbodhaye teṣāṃ tad bodhi-cittam āmukhī-bhūtam /
（梵漢和維摩経 *p.* 96, *ll.* 1–3）

「それら〔の男性出家者たち〕は、正しく完全な覚りの〔獲得の〕ために五百人のブッダたちを崇敬して善根を積んでおり、それら〔の男性出家者たち〕に、その覚りを求める心（菩提心）が現前しました。
【「曾て五百の仏所に於いて衆の徳本を植え、阿耨多羅三藐三菩提に廻向せりと。即時に豁然として還た本の心を得たり。】　（大正蔵、巻一四、五四一頁上）

…………………………………………………………………………

te < tad-：それ。*m. pl. Nom.*

pañca-buddha-śata-paryupāsita-kuśala-mūlāḥ < pañca-buddha-śata-paryupāsita-kuśala-mūlāḥ + (s) < pañca-buddha-śata-paryupāsita-kuśala-mūla-：*adj.* 五百人のブッダたちを崇敬した善根を持つ。*m. pl. Nom.*

pañca-：*基数詞,* 五。

buddha- < √budh- (1) + -ta：*pp.* 目覚めた。*m.* ブッダ。「覚者」と漢訳。「仏陀」と音写。

śata-：*基数詞, n.* 百。

paryupāsita- < pari-upa-ā-√sā- (4) + -ta：*pp.* 崇拝された。崇敬された。「親近」「供養」「親近供養」と漢訳。

kuśala-mūla-：*n.* 「善根」と漢訳。

samyak-saṃbodhaye < samyaksaṃbodhi- < samyak-saṃbodhi-：*f.* 正しく完全な覚り。「正覚」「正等正覚」「正等菩提」と漢訳。「三藐三菩提」と音写。*sg. Dat.*

teṣāṃ < tad-：それ。*m. pl. Gen.*

tad < tat + 有声子音 < tad-：それ。*n. sg. Nom.*

bodhi-cittam < bodhi-citta-：*n.* 覚りを求める心（菩提心）。「菩提心」「覚心」と漢訳。*sg. Nom.*

āmukhī-bhūtam < āmukhī-bhūta- < āmukhī-√bhū- (1) + -ta：*pp.* 「現入」「得入」「現前」と漢訳。*n. sg. Nom.*

āmukhī-√bhū- (1)：明白となる。「在前」「現前」「現在前」「住現在前」「現観」と漢訳。

āmukhī- < āmukha- < ā-mukha-：*n.* 序言。*adj.* 前面に在る。眼前に在る。「現前」「現在前」と漢訳。

動詞 √bhū- (1), √as- (2), √kṛ- (8) の前分に名詞、形容詞がくる複合語では名詞、形容詞の末尾の a, ā, an は īとなり、i, u は ī, ūとなり、ṛ は rī、それ以外はそのままとなる。cf.「基礎」*p.* 566.

mukha-：*n.* 顔。口。あご。嘴。出入口。尖端。

te tasya sat-puruṣasya pādau śirobhiḥ praṇamya tatrâiva niṣaṇṇāḥ prâñjalayo bhūtvā teṣāṃ tādṛśī dharma-deśanā kṛtā yathâvaivartikāḥ saṃvṛttā anuttarāyāṃ[55] samyak-saṃbodhau /

（梵漢和維摩経 *p.* 96, *ll.* 3–6）

「それら〔の男性出家者たち〕が、その善き人（善士）の両足を頭〔におしいただくこと〕によって敬礼してから、まさにそこに坐り、合掌して後、〔それらの男性出家者たちが〕退転することなく、この上ない正しく完全な覚りへと到達するように、〔その善き人は、〕それら〔の男性出家者たち〕のために、このような説法をなしました。

【「是(ここ)に於いて諸の比丘は稽首(けいしゅ)して維摩詰(ゆいまきつ)の足に礼(らい)せり。時に維摩詰は因(ちな)みに為に法を説き、阿耨多羅(あのくたら)三藐三菩提(さんみゃくさんぼだい)に於いて、復、退転せざらしむ。】（大正蔵、巻一四、五四一頁上）

……………………………………………………………………………

te < tad-：それ。*m. pl. Nom.*

tasya < tad-：それ。*m. sg. Gen.*

sat-puruṣasya < sat-puruṣa-：*m.* 善き人。「善士」と漢訳。*sg. Gen.*

pādau < pāda-：*m.* 足。*du. Acc.*

śirobhiḥ < śiras-：*n.* 頭。*pl. Ins.*

praṇamya < pra-√nam- (1) + -ya：～に頭を下げる、～の前に敬意を表する。*Ger.*

tatrâiva < tatra + eva

tatra：*adv.* そこに。そこへ。かしこに。その時に。その場合に。

eva：*adv.* さように。このように。まさに。実に。ただ。全くこのように。

niṣaṇṇāḥ < niṣaṇṇa- < ni-√sad- (1) + -na：*pp.* ～（処格）の上に坐っている。横たわっている。*m. pl. Nom.*

prâñjalayo < prâñjalayaḥ + 有声子音 < pra-añjali-：*adj.* （尊敬、謙遜のしるしとして）手を合わせ差し伸べる。「合掌」と漢訳。*m. pl. Nom.*

pra-añjalim √nam- (1)：「合掌恭敬」と漢訳。
bhūtvā < √bhū- (1) + -tvā：なる。～（対格）に達する。～（対格）の状態に入る。*Ger.*
teṣāṃ < tad-：それ。*m. pl. Gen.*
tādṛśī < tādṛśī- < tādṛśa-：*adj.* かかる。同種の。「如是」と漢訳。*f. sg. Nom.*
dharma-deśanā < dharma-deśanā-：*f.* 法の教授。説教。「説」「説法」と漢訳。*sg. Nom.*
kṛtā < kṛtā- < kṛta- < √kṛ- (8) + -ta：*pp.* 作られた。なされた。生じられた。成就された。*f. sg. Nom.*
yathâvaivartikāḥ < yathā + avaivartikāḥ
yathā：*関係副詞, 接続詞,* ～のように。あたかも～のように。～であるように。
avaivartikāḥ < avaivartika- < a- + vi-√vṛt-(1) + -ika：*adj.* 後退することのない。退転しない。「不退」「不退転」と漢訳。「阿惟越致」「阿鞞跋致」と音写。*m. pl. Nom.*
saṃvṛttā < saṃvṛttāḥ + 有声音 < saṃvṛtta- < sam-√vṛt- (1) + -ta：*pp.* 到着した。～になった。*m. pl. Nom.*
anuttarāyāṃ < anuttarā- < anuttara- < an-ud-tara-：*f.* この上ない。「無上」と漢訳。*sg. Loc.*
samyak-saṃbodhau < samyak-saṃbodhi-：*f.* 正しく完全な覚り。「正覚」「正等正覚」「正等菩提」と漢訳。「三藐三菩提」と音写。*sg. Loc.* 目的地や目標を示す処格。

§24 [56] tan[57] nâhaṃ bhagavann utsahe tasya sat-puruṣasya glāna-paripṛcchako gantum /
(梵漢和維摩経 *p.* 96, *ll.* 7–8)

§24 「それゆえに、世尊よ、私は、その善き人（善士）の病気見舞いに行くことに耐えられません」
【§24 「我念うに、声聞は人根を観ぜず、説法に応わしからず。是の故に彼に詣りて疾を問うに任えず」と。】
(大正蔵、巻一四、五四一頁上)
……………………………………………………………………

tan < tat + (n) < tad-：それ。*n. sg. Acc.*
代名詞の中性・対格／具格／奪格は、連結助詞として用いられ、「そこで」「従って」「このため」を意味する。
nâhaṃ < na + ahaṃ
na：*ind.* ～でない。～にあらず。
ahaṃ < mad-：私。*1, sg. Nom.*
bhagavann < bhagavan + 母音 < bhagavat-：*m.* 尊い（人）。「世尊」と漢訳。「婆伽婆」「薄伽梵」と音写。*sg. Voc.*
utsahe < utsaha- < ud-√sah- (1)：こらえる。耐える。～（不定詞）することができる。～する能力がある。*Pres. 1, sg. A.*
tasya < tad-：それ。*m. sg. Gen.*
sat-puruṣasya < sat-puruṣa-：*m.* 善き人。「善士」と漢訳。*sg. Gen.*
glāna-paripṛcchako < glāna-paripṛcchakaḥ + 有声子音 < glāna-paripṛcchaka-：*m.* 病についての質問（者）。「問病」と漢訳。*sg. Nom.*
gantum < √gam- (1) + -tum：*不定詞,* 行くこと。

§25 tatra bhagavān āyuṣmantaṃ kātyāyanam āmantrayate sma / gaccha tvaṃ kātyāyana vimalakīrter licchaver glāna-paripṛcchakaḥ /
(梵漢和維摩経 *p.* 96, *ll.* 9–10)

§25 そこで、世尊は、尊者カーティヤーヤナ（迦旃延）におっしゃられた。
「カーティヤーヤナよ、あなたは、リッチャヴィ族のヴィマラキールティの病気見舞いに行くがよい」
【§25 仏は摩訶迦旃延に告げたまえり。「汝、維摩詰に行詣して疾を問え」と。】
(大正蔵、巻一四、五四一頁上)
……………………………………………………………………

tatra：*adv.* そこに。そこへ。かしこに。その時に。その場合に。
bhagavān < bhagavat-：*m.* 尊い（人）。世尊。「婆伽婆」「薄伽梵」と音写。*sg. Nom.*
āyuṣmantaṃ < āyuṣmat- < āyus- + -mat-：*m.* 長寿の。健康の。「尊者」「長老」「具寿」と漢訳。*sg. Acc.*
kātyāyanam < kātyāyana-：*m.* カーティヤーヤナ。「迦旃延」と音写。*sg. Acc.*
āmantrayate < āmantraya- < ā-√mantraya-（名動詞）：語りかける。「告」「告言」「白言」と漢訳。
Pres. 3, sg. A.
sma：*ind.* 実に。sma は現在形とともに用いられて、過去の意味を表わす（歴史的現在）。

…………………………………………………………………………

gaccha < gaccha- < √gam- (1)：行く。経過する。～（対格、為格、処格）に赴く。近づく。達する。
Impv. 2, sg. P.
tvaṃ < tvad-：あなた。*2, sg. Nom.*
kātyāyana < kātyāyana-：*m.* カーティヤーヤナ。「迦旃延」と音写。*sg. Voc.*
vimalakīrter < vimalakīrteḥ + 有声音 < vimalakīrti- < vimala-kīrti-：*m.* ヴィマラキールティ。汚れのない名声を持つ（もの）。「維摩詰」「維摩」と音写。「浄名」「無垢称」と漢訳。*sg. Gen.*
licchaver < licchaveḥ + 有声音 < licchavi-：*m.* リッチャヴィ。「離車子」「栗姑毘」と音写。*sg. Gen.*
glāna-paripṛcchakaḥ < glāna-paripṛcchaka-：*m.* 病についての質問（者）。「問病」と漢訳。*sg. Nom.*

kātyāyano 'py āha /　nâhaṃ bhagavann utsahe tasya sat-puruṣasya glāna-paripṛcchako gantum /
（梵漢和維摩経 *p.* 94, *ll.* 11–12）

カーティヤーヤナもまた、言った。
「世尊よ、私は、その善き人（善士）の病気見舞いに行くことに耐えられません。
【迦旃延は仏に白して言さく、「世尊よ、我、彼に詣りて疾を問うに堪任せず。】
（大正蔵、巻一四、五四一頁上）

…………………………………………………………………………

kātyāyano 'py < kātyāyanaḥ + apy
kātyāyanaḥ < kātyāyana-：*m.* カーティヤーヤナ。「迦旃延」と音写。*sg. Nom.*
apy < api + 母音：*adv.* また。されど。
āha < √ah-：言う。*Perf. 3, sg. P.*

…………………………………………………………………………

nâhaṃ < na + ahaṃ
na：*ind.* ～でない。～にあらず。
ahaṃ < mad-：私。*1, sg. Nom.*
bhagavann < bhagavan + 母音 < bhagavat-：*m.* 尊い（人）。「世尊」と漢訳。「婆伽婆」「薄伽梵」と音写。*sg. Voc.*
utsahe < utsaha- < ud-√sah- (1)：こらえる。耐える。～（不定詞）することができる。～する能力がある。*Pres. 1, sg. A.*
tasya < tad-：それ。*m. sg. Gen.*
sat-puruṣasya < sat-puruṣa-：*m.* 善き人。「善士」と漢訳。*sg. Gen.*
glāna-paripṛcchako < glāna-paripṛcchakaḥ + 有声子音 < glāna-paripṛcchaka-：*m.* 病についての質問（者）。「問病」と漢訳。*sg. Nom.*
gantum < √gam- (1) + -tum：*不定詞,* 行くこと。

tat kasmād dhetoḥ /
（梵漢和維摩経 *p.* 96, *l.* 12）

「それは、どんな理由からでしょうか。
【「所以は何んとなれば、】　（大正蔵、巻一四、五四一頁上）

…………………………………………………………………………

tat < tad-：それ。*n. sg. Nom.*
kasmād dhetoḥ < kasmāt + hetoḥ
　　連声法は、cf.「基礎」*p.* 63.
　　kasmāt < kim-：*疑問詞,* だれ。何。どんな。どの。*m. sg. Abl.*
　　hetoḥ < hetu-：*m.* 理由。原因。因。*sg. Abl.*
　　奪格は、動機、原因、理由を表わす。cf.「シンタックス」*p.* 58.

> abhijānāmy ahaṃ bhagavan / [ekasmin samaye][58] bhagavatā saṃkṣiptena bhikṣūṇām avavādo dattaḥ /
>
> (梵漢和維摩経 *p.* 96, *ll.* 12–14)

「世尊よ、私は、思い出します。〔ある時、〕世尊は、男性出家者たちのために簡潔明瞭に教えを説かれました。
【「憶念するに、昔、仏は諸比丘の為に略して法要を説きたまい、】　（大正蔵、巻一四、五四一頁上）

…………………………………………………………………………

abhijānāmy < abhijānāmi + 母音 < abhijānā- < abhi-√jñā- (9)：了解する。悟る。知る。～（対格）を…（対格）と認める。記憶する。*Pres. 1, sg. P.*
ahaṃ < mad-：私。*1, sg. Nom.*
bhagavan < bhagavat-：*m.* 尊い（人）。「世尊」と漢訳。「婆伽婆」「薄伽梵」と音写。*sg. Voc.*

…………………………………………………………………………

ekasmin < eka-：*基数詞,* 一。*adj.* ある。*m. sg. Loc.*
samaye < samaya-：*m.* 会合の場所。時間。好機。機会。*sg. Loc.*
bhagavatā < bhagavat-：*m.* 尊い（人）。「世尊」と漢訳。「婆伽婆」「薄伽梵」と音写。*sg. Ins.*
saṃkṣiptena < saṃkṣipta- < sam-√kṣip- (6) + -ta：*pp.* 縮められた。凝結した。狭い。短い。簡明な。*m. sg. Ins.* 具格の副詞的用法。
bhikṣūṇām < bhikṣu- < √bhikṣ- (1) + -u：*m.* 乞食者。「比丘」と音写。*pl. Gen.*
avavādo < avavādaḥ + 有声子音 < avavāda- < ava-vāda- < ava-√vad- (1) + -a：*m.* 命令。教示。教え。*sg. Nom.*
dattaḥ < datta- < √dā- (3) + -ta：*pp.* 与えられた。*m. sg. Nom.*

> teṣāṃ sūtra-pada-viniścayāya dharmaṃ deśayāmi yad idam anityârthaṃ duḥkhârtham anātmârthaṃ śāntârtham /
>
> (梵漢和維摩経 *p.* 96, *ll.* 14–15)

「〔その後、〕それら〔男性出家者たち〕のために、私は、経の文句を敷衍するため、真理の教え（法）、すなわち無常の意味、苦の意味、非我の意味、寂滅の意味について説きました。
【「我は即ち後に於いて其の義を敷衍せり。謂く、無常義、苦義、空義、無我義、寂滅義なり。】
（大正蔵、巻一四、五四一頁上）

…………………………………………………………………………

teṣāṃ < tad-：それ。*m. pl. Gen.*
sūtra-pada-viniścayāya < sūtra-pada-viniścaya-：*m.* 経の文句の敷衍。*sg. Dat.*
　　sūtra-：*n.* 経。
　　pada-：*n.* 一歩。足跡。足。語。四半偈。足場。立場。位置。地位。「歩」「跡」「句」「文句」と漢訳。
　　viniścaya- < vi-niścaya-：*m.* ～に関する確定した意見。定まった法則。確固たる決意。「決定」「決断」「論議」と漢訳。
dharmaṃ < dharma-：*m.* 教説。真理。「法」と漢訳。*sg. Acc.*
deśayāmi < deśaya- < √diś- (6) + -aya：*Caus.* 示す。導く。説明する。教える。宣説する。*1, sg. P.*
yad idam：すなわち。

yad < yat + 母音 < yad-：*関係代名詞,* ～ということ（＝that）。*n. sg. Nom.*
idam < idam-：これ。*n. sg. Nom.*
anityârthaṃ < anityârtha- < anitya-artha-：*m.* 無常の意味。*sg. Acc.*
anitya- < a-nitya-：*adj.* 無常なる。一時的な。恒常ならざる。
nitya-：*adj.* 生得の。永久の。不易の。常の。
artha-：*m.* 意味。仕事。利。利得。利益。財産。「義」「道理」と漢訳。
duḥkhârtham < duḥkhârtha- < duḥkha-artha-：*m.* 苦の意味。*sg. Acc.*
duḥkha- < duḥ-kha-：*adj.* 不愉快な。艱難に満ちた。憐れな。*n.* 苦痛。艱難。悲惨。受苦。「苦」「苦」「苦悩」「憂苦」と漢訳。
anātmârthaṃ < anātmârtha- < anātma-artha-：*m.* 非我の意味。*sg. Acc.*
anātma- < anātman- < an-ātman-：*m.* 「無我」「非我」と漢訳。
śāntârtham < śāntârtha- < śānta-artha-：*m.* 寂滅の意味。*sg. Acc.*
śānta- < √śam-(4) + -ta：*pp.* なだめられた。平静にされた。静穏な。和らいだ。

tatra vimalakīrtir licchavir upasaṃkramya mām evam āha / （梵漢和維摩経 *p.* 96, *ll.* 15–16）

「そこへ、リッチャヴィ族のヴィマラキールティが近づいてきて、私にこのように言いました。
【「時に維摩詰(ゆいまきつ)来たりて我に謂いて言わく、】（大正蔵、巻一四、五四一頁上）
……………………………………………………………………………

tatra：*adv.* そこに。そこへ。かしこに。その時に。その場合に。
vimalakīrtir < vimalakīrtiḥ + 有声音 < vimalakīrti- < vimala-kīrti-：*m.* ヴィマラキールティ。汚れのない名声を持つ（もの）。「維摩詰」「維摩」と音写。「浄名」「無垢称」と漢訳。*sg. Nom.*
licchavir < licchaviḥ + 有声音 < licchavi-：*m.* リッチャヴィ。「離車子」「栗姑毘」と音写。*sg. Nom.*
upasaṃkramya < upa-sam-√kram- (1) + -ya：近づく。*Ger.*
mām < mad-：私。*1, sg. Acc.*
evam：*adv.* このように。「是」「如是」と漢訳。
āha < √ah-：言う。*Perf. 3, sg. P.*

§26　mā bhadanta-kātyāyana sapracārām utpāda-bhaṅga-yuktāṃ dharmatāṃ nirdiśa / （梵漢和維摩経 *p.* 96, *ll.* 17–18）

§26　「『尊者カーティヤーヤナよ、法の本性（法性）を〔心の〕働きを伴っているもの、〔すなわち〕生ずることと、滅することに結びついたものとして説いてはならない。
【§26　「『唯(いい)、迦旃延よ、生滅の心行を以(もっ)て実相法を説く無かれ。】（大正蔵、巻一四、五四一頁上）
……………………………………………………………………………

mā：*adv.* ～なかれ。～なからんことを。～しないように。願わくは～ないように。
bhadanta-kātyāyana < bhadanta-kātyāyana-：*m.* 尊者カーティヤーヤナ。*sg. Voc.*
sapracārām < sapracārā- < sa-pracāra-：*adj.* 〔心の〕働きを伴っている。行相を伴っている。*f. sg. Acc.*
sa-：*pref.* ～を含む。～に伴われた。～を所有する。～と一緒に。結合・共有・類似を表わす接頭辞。
pracāra- < pra-√car- (1) + -a：*m.* 散歩。歩き回ること。～を追求すること。姿を現わすこと。明示。出現。適用。使用。行為。行状。「行」「行相」「相行」と漢訳。
pra-√car- (1)：出る。起こる。現われる。彷徨する。～（対格）に到達する。始める。遂行する。進む。
utpāda-bhaṅga-yuktāṃ < utpāda-bhaṅga-yuktā- < utpāda-bhaṅga-yukta-：*adj.* 生ずることと、滅することに結びついた。*f. sg. Acc.*
utpāda- < ud-√pad- (4) + -a：*m.* 生ずること。生み出すこと。産出。出生。「生」「起」「出」

「生起」「出現」と漢訳。

bhaṅga- < √bhañj- (7) + -a：*adj.* 破る。*m.* 破ること。打倒すること。分離。分解。没落。壊滅。滅亡。

yukta- < √yuj- (7) + -ta：*pp.* 軛につながれた。～（処格）に従事した。専心した。熱中した。専念した。結合された。

dharmatāṃ < dharmatā- < dharma-tā-：*f.* 法の本性。*sg. Acc.*

nirdiśa < nirdiśa- < nir-√diś- (6)：指示する。決定する。宣言する。「説」「作説」「称讃」「答」と漢訳。*Impv. 2, sg. P.*

yo bhadanta-mahā-kātyāyanâtyantatayā na jāto na janiṣyati nôtpanno na niruddho na nirotsyate 'yam anityârthaḥ /

(梵漢和維摩経 *p.* 96, *ll.* 18–19)

「『尊者マハー・カーティヤーヤナよ、要するに、〔過去にも〕生じたことなく、〔未来にも〕生じることなく、〔現在に〕存在していることもなく、〔過去に〕滅したこともなく、〔未来に〕滅することもないこと、これが無常の意味である。

【「『迦旃延よ、諸法は畢竟、不生不滅なる、是れ無常の義なり。】　（大正蔵、巻一四、五四一頁上）

………………………………………………………………………

yo < yaḥ + 有声子音 < yad-：*関係代名詞, m. sg. Nom.*

bhadanta-mahā-kātyāyanâtyantatayā < bhadanta-mahā-kātyāyana + atyantatayā

bhadanta-mahā-kātyāyana < bhadanta-mahā-kātyāyana-：*m.* 尊者マハー・カーティヤーヤナ。*sg. Voc.*

atyantatayā < atyantatā- < atyanta-tā-：*f.* 「都」「畢竟」と漢訳。*sg. Ins.* 具格の副詞的用法で「畢竟するに」「結局」「つまるところ」「要するに」を意味する。

atyanta- < ati-anta-：*adj.* 終わりまで続く。継続する。断絶しない。無限の。完全な。「極」「最極」「畢竟」「究竟」と漢訳。

na：*ind.* ～でない。～にあらず。

jāto < jātaḥ + 有声子音 < jāta- < √jan- (1) + -ta：*pp.* 生まれた。生じた。出現した。*m. sg. Nom.*

na：*ind.* ～でない。～にあらず。

janiṣyati < janiṣya- < √jan- (1) +-iṣya：生む。発生させる。生まれる。生ずる。*Fut. 3, sg. P.*

nôtpanno < na + utpanno

utpanno < utpannaḥ + 有声子音 < utpanna- < ud-√pad- (4) + -na：*pp.* ～（処格）から生まれた。生じた。存在している。「已生」「出現」「生起」と漢訳。*m. sg. Nom.*

na：*ind.* ～でない。～にあらず。

niruddho < niruddhaḥ + 有声子音 < niruddha- < ni-√rudh- (7) + -ta：*pp.* （手に）握られた。覆われた。隠された。「滅」「已滅」「滅已」「断」「断尽」と漢訳。*m. sg. Nom.*

na：*ind.* ～でない。～にあらず。

nirotsyate 'yam < nirotsyate + ayam

nirotsyate < nirotsya- < ni-√rudh- (7) + -sya：はばむ。とめる。妨害する。抑制する。封鎖する。（道を）ふさぐ。包囲する。閉じ込める。消滅させる。「滅」と漢訳。*Fut. 3, sg. A.*

ayam < idam-：これ。*m. sg. Nom.*

anityârthaḥ < anityârtha- < anitya-artha-：*m.* 無常の意味。*sg. Nom.*

[yat][59] pañcānāṃ skandhānāṃ śūnyatânugamânutpādânirodhârtho 'yaṃ duḥkhârthaḥ /

(梵漢和維摩経 *p.* 96, *ll.* 20–21)

「『〔色・受・想・行・識の〕五つの集まり（五陰）には、空の本性に随順して、生じることもなく、滅することもないという意味があるということ、これが苦の意味である。

【「『五受陰は洞達すれば空にして所起無き、是れ苦の義なり。諸法は究竟して所有無き、是れ空の義

なり。】　　　　　　　　　　　　　　　　（大正蔵、巻一四、五四一頁上）

……………………………………………………………………

yat < yad-：*関係代名詞, n. sg. Nom.*

　yat 〜 ayam …：〜ということ、これが……。

pañcānāṃ < pañca-：*基数詞,* 五。*m. pl. Gen.*

skandhānāṃ < skandha-：*m.* （木の）幹。区分。部分。集合。*pl. Gen.*

śūnyatânugamânutpādânirodhârtho 'yaṃ < śūnyatânugamânutpādânirodhârthaḥ + ayaṃ

　śūnyatânugamânutpādânirodhârthaḥ < śūnyatânugamânutpādânirodhârtha- < śūnyatā-anugama-anutpāda-anirodha-artha-：*m.* 空の本性に随順して、生じることもなく、滅することもないという意味。*sg. Nom.*

　śūnyatā- < śūnya- + -tā：*f.* 空虚。孤独。実体がないこと。うつろなこと。〜の欠如。「空」「空性」「虚空」「空義」「空相」と漢訳。

　anugama- < anu-√gam- (1) +-a：*m.* 随うこと。「随」「順」「随順」「随知」「解知」「了知」「解了」「随順悟解」と漢訳。

　anu-√gam- (1)：従う。追う。伴う。近づく。達する。

　anutpāda- < an-utpāda-：*m.* 生じないこと。出現しないこと。

　utpāda- < utpāda- < ud-√pad- (4) + -a：*m.* 生ずること。生み出すこと。産出。出生。「出」「生起」「出現」と漢訳。

　anirodha- < a-nirodha-：*m.* 滅しないこと。「不滅」と漢訳。

　nirodha-：*m.* 抑圧。征服。破壊。「滅」「滅度」「寂滅」と漢訳。

　artha-：*m.* 意味。仕事。利。利得。利益。財産。「義」「道理」と漢訳。

　ayaṃ < idam-：これ。*m. sg. Nom.*

duḥkhârthaḥ < duḥkhârtha- < duḥkha-artha-：*m.* 苦の意味。*sg. Nom.*

yad[60] ātmânātmayor advayatvam ayam anātmârthaḥ /

（梵漢和維摩経 *p.* 98, *l.* 1）

「『我と無我に具わるところの不二ということ、これが無我の意味である。

【「『我と無我とに於いて而も不二なる、是れ無我の義なり。】　　　　（大正蔵、巻一四、五四一頁上）

……………………………………………………………………

yad < yat + 母音 < yad-：*関係代名詞, n. sg. Nom.*

ātmânātmayor < ātmânātmayoḥ + 有声音 < ātmânātma- < ātma-anātma-：*m.* 我と無我。*du. Gen. Loc.*

　ātma- < ātman-：*m.* 自分。自我。霊魂。生命。本質。本性。身体。

　anātma- < anātman- < an-ātman-：*m.* 「無我」「非我」と漢訳。

advayatvam < advayatva- < advaya-tva-：*n.* 不二であること。単一。統一。*sg. Nom.*

　以上は、属格/処格と主格の名詞文をなしている。

　advaya- < a-dvaya-：*adj.* 二種ならざる。単一の。「不二」「無二」と漢訳。

　dvaya- < dvi- + -a：*adj.* 二重の。二種類の。対の。*n.* 一対。両者。二つの事物。

ayam < idam-：これ。*m. sg. Nom.*

anātmârthaḥ < anātmârtha- < anātma-artha-：*m.* 無我の意味。*sg. Nom.*

yad asvabhāvam aparabhāvaṃ[61] tad anujjvalitaṃ[62] yad anujjvalitaṃ na tac chāmyati yad nâtyantôpaśamo[63] 'yaṃ śāntârthaḥ /[64]

（梵漢和維摩経 *p.* 98, *ll.* 1–3）

「『自性もなく、また他性もないところのもの、それは〔自ずから〕燃え上がることはない。燃え上がることのないところのもの、それは寂滅することはない。完全に寂滅していないということ、これが寂滅の意味である』と。

【「『法は本より然えず、今も則ち滅すること無き、是れ寂滅の義なり』と。】
（大正蔵、巻一四、五四一頁上）

……………………………………………………………………

yad < yat + 母音 < yad-：*関係代名詞, n. sg. Nom.*
asvabhāvam < asvabhāva- < a-sva-bhāva-：*adj.* 自己に固有の本性のない。*n. sg. Nom.*
aparabhāvaṃ < aparabhāva- < a-para-bhāva-：*dj.* 他人に固有の本性のない。*n. sg. Nom.*
tad < tat + 母音 < tad-：それ。*n. sg. Nom.*
anujjvalitaṃ < anujjvalita- < an-ujjvalita-：*adj.* 燃え上がることのない。*n. sg. Nom.*
yad < yat + 母音 < yad-：*関係代名詞, n. sg. Nom.*
anujjvalitaṃ < anujjvalita- < an-ujjvalita-：*adj.* 燃え上がることのない。*n. sg. Nom.*
na：*ind.* 〜でない。〜にあらず。
tac chāmyati < tat + śāmyati
  tat < tad-：それ。*n. sg. Nom.*
  śāmyati < śāmya- < √śam- (4)：静穏である。平穏である。なだめられる。和らぐ。やむ。絶滅する。
yad < yat + 有声子音：〜ということ（＝ that）。
nâtyantôpaśamo 'yaṃ < na + atyantôpaśamaḥ + ayaṃ
  na：*ind.* 〜でない。〜にあらず。
  atyantôpaśamaḥ < atyantôpaśama- < atyanta-upaśama-：*adj.* 完全に寂滅している。「永寂滅」と漢訳。*m. sg. Nom.*
  atyanta- < ati-anta-：*adj.* 終わりまで続く。継続する。断絶しない。無限の。完全な。「極」「最極」「畢竟」「究竟」と漢訳。
  upaśama- < upa-√śam- (4) + -a：*m.* 停止。減退。終息。静寂。「息」「止」「滅」「息滅」「寂」「寂滅」「寂静」と漢訳。
  upa-√śam- (4)：静かになる。平穏になる。消滅する。和らぐ。やむ。
  ayaṃ < idam-：これ。*m. sg. Nom.*
śāntârthaḥ < śāntârtha- < śānta-artha-：*m.* 寂滅の意味。*sg. Nom.*
  śānta- < √śam-(4) + -ta：*pp.* なだめられた。平静にされた。静穏な。和らいだ。

> §27 asmin khalu punar nirdeśe nirdiśyamāne teṣāṃ bhikṣūṇām anupādāyâsravebhyaś cittāni vimuktāni /
> （梵漢和維摩経 *p.* 98, *ll.* 4–5）

§27 「さて、この教えが説かれている間に、それらの男性出家者たちの心は、漏れいづる〔煩悩〕から自由になって、解脱しました。
【§27 「是の法を説きし時、彼の諸の比丘は心に解脱を得たりき。】（大正蔵、巻一四、五四一頁上）

……………………………………………………………………

asmin < idam-：これ。*m. sg. Loc.*
khalu：*ind.* 実に。確かに。しかも。さて。そこで。
punar：*adv.* 再び。新たに。さらに。なお。しかしながら。
nirdeśe < nirdeśa- < nir-√diś- (6) + -a：*m.* 命令。指示。記述。「説」「所説」「説法」と漢訳。*sg. Loc.*
nirdiśyamāne < nirdiśyamāna- < nirdiśya- + -māna < nis-√diś- (6) + -ya + -māna：*Pass.* 支持される。決定される。宣言される。*現在分詞, m. sg. Loc.*
  以上の処格は、絶対節をなしている。
teṣāṃ < tad-：それ。*m. pl. Gen.*
bhikṣūṇām < bhikṣu- < √bhikṣ- (1) + -u：*m.* 乞食者。「比丘」と音写。*pl. Gen.*
anupādāyâsravebhyaś < anupādāya + āsravebhyaś
  anupādāya < an-upādāya：*Ger.* （流転界から）自由になって。「尽」「不受」と漢訳。

upādāya < upa-ā-√dā- (3) + -ya：受ける。得る。獲得する。取り去る。*Ger.*

āsravebhyaś < āsravebhyaḥ + (c) < āsrava- < ā-√sru- (1) + -a：*m.* 水門。流出するもの。煩悩。「漏」「流」と漢訳。*sg. Abl.*

cittāni < citta-：*n.* 心。思考。意思。知性。理性。「質多」と音写。*pl. Nom.*

vimuktāni < vimukta- < vi-√muc- (6) + -ta：*pp.* はずす。ゆるめる。解く。自由にされる。*n. pl. Nom.*

tan nâhaṃ[65] bhagavann utsahe tasya sat-puruṣasya glāna-paripṛcchako gantum /

（梵漢和維摩経 *p.* 98, *ll.* 5–6）

「それゆえに、世尊よ、私は、その善き人（善士）の病気見舞いに行くことに耐えられません」

【「故に我、彼（かしこ）に詣（いた）りて疾（やまい）を問うに任（た）えず」と。】（大正蔵、巻一四、五四一頁上）

……………………………………………………………………

tan < tat + (n) < tad-：それ。*n. sg. Acc.*

代名詞の中性・対格／具格／奪格は、連結助詞として用いられ、「そこで」「従って」「このため」を意味する。

nâhaṃ < na + ahaṃ

na：*ind.* ～でない。～にあらず。

ahaṃ < mad-：私。*1, sg. Nom.*

bhagavann < bhagavan + 母音 < bhagavat-：*m.* 尊い（人）。「世尊」と漢訳。「婆伽婆」「薄伽梵」と音写。*sg. Voc.*

utsahe < utsaha- < ud-√sah- (1)：こらえる。耐える。～（不定詞）することができる。～する能力がある。*Pres. 1, sg. A.*

tasya < tad-：それ。*m. sg. Gen.*

sat-puruṣasya < sat-puruṣa-：*m.* 善き人。「善士」と漢訳。*sg. Gen.*

glāna-paripṛcchako < glāna-paripṛcchakaḥ + 有声子音 < glāna-paripṛcchaka-：*m.* 病についての質問（者）。「問病」と漢訳。*sg. Nom.*

gantum < √gam- (1) + -tum：*不定詞,* 行くこと。

§28 tatra bhagavān āyuṣmantam aniruddham āmantrayate sma / gaccha tvam aniruddha vimalakīrter licchaver glāna-paripṛcchakaḥ /

（梵漢和維摩経 *p.* 98, *ll.* 7–8）

§28 そこで、世尊は、尊者アニルッダ（阿那律）におっしゃられた。

「アニルッダよ、あなたは、リッチャヴィ族のヴィマラキールティの病気見舞いに行くがよい」

【§28 仏は阿那律（あなりつ）に告げたまえり。「汝、維摩詰（ゆいまきつ）に行詣（ぎょうけい）して疾（やまい）を問え」と。】

（大正蔵、巻一四、五四一頁上）

……………………………………………………………………

tatra：*adv.* そこに。そこへ。かしこに。その時に。その場合に。

bhagavān < bhagavat-：*m.* 尊い（人）。世尊。「婆伽婆」「薄伽梵」と音写。*sg. Nom.*

āyuṣmantam < āyuṣmat- < āyus- + -mat-：*m.* 長寿の。健康の。「尊者」「長老」「具寿」と漢訳。*sg. Acc.*

aniruddham < aniruddha-：*m.* アニルッダ。「阿那律」と漢訳。*sg. Acc.*

āmantrayate < āmantraya- < ā-√mantraya- (名動詞)：語りかける。「告」「告言」「白言」と漢訳。*Pres. 3, sg. A.*

sma：*ind.* 実に。sma は現在形とともに用いられて、過去の意味を表わす（歴史的現在）。

……………………………………………………………………

gaccha < gaccha- < √gam- (1)：行く。経過する。～（対格、為格、処格）に赴く。近づく。達する。*Impv. 2, sg. P.*

tvam < tvad-：あなた。*2, sg. Nom.*

aniruddha < aniruddha-：*m.* アニルッダ。「阿那律」と漢訳。*sg. Voc.*
vimalakīrter < vimalakīrteḥ + 有声音 < vimalakīrti- < vimala-kīrti-：*m.* ヴィマラキールティ。汚れのない名声を持つ（もの）。「維摩詰」「維摩」と音写。「浄名」「無垢称」と漢訳。*sg. Gen.*
licchaver < licchaveḥ + 有声音 < licchavi-：*m.* リッチャヴィ。「離車子」「栗姑毘」と音写。*sg. Gen.*
glāna-paripṛcchakaḥ < glāna-paripṛcchaka-：*m.* 病についての質問（者）。「問病」と漢訳。*sg. Nom.*

aniruddho 'py āha / nâhaṃ bhagavann utsahe tasya sat-puruṣasya glāna-paripṛcchako gantum /
（梵漢和維摩経 *p.* 98, *ll.* 9–10）

アニルッダもまた、言った。
「世尊よ、私は、その善き人（善士）の病気見舞いに行くことに耐えられません。
【阿那律、仏に白して言さく、「世尊よ、我、彼に詣りて疾を問うに堪任せず。】
（大正蔵、巻一四、五四一頁上）

……………………………………………………………

aniruddho 'py < aniruddhaḥ + apy
aniruddhaḥ < aniruddha-：*m.* アニルッダ。「阿那律」と漢訳。*sg. Nom.*
apy < api + 母音：*adv.* また。されど。
āha < √ah-：言う。*Perf. 3, sg. P.*

……………………………………………………………

nâhaṃ < na + ahaṃ
na：*ind.* 〜でない。〜にあらず。
ahaṃ < mad-：私。*1, sg. Nom.*
bhagavann < bhagavan + 母音 < bhagavat-：*m.* 尊い（人）。「世尊」と漢訳。「婆伽婆」「薄伽梵」と音写。*sg. Voc.*
utsahe < utsaha- < ud-√sah- (1)：こらえる。耐える。〜（不定詞）することができる。〜する能力がある。*Pres. 1, sg. A.*
tasya < tad-：それ。*m. sg. Gen.*
sat-puruṣasya < sat-puruṣa-：*m.* 善き人。「善士」と漢訳。*sg. Gen.*
glāna-paripṛcchako < glāna-paripṛcchakaḥ + 有声子音 < glāna-paripṛcchaka-：*m.* 病についての質問（者）。「問病」と漢訳。*sg. Nom.*
gantum < √gam- (1) + -tum：*不定詞,* 行くこと。

tat kasmād dhetoḥ /
（梵漢和維摩経 *p.* 98, *l.* 10）

「それは、どんな理由からでしょうか。
【「所以は何んとなれば、】（大正蔵、巻一四、五四一頁上）

……………………………………………………………

tat < tad-：それ。*n. sg. Nom.*
kasmād dhetoḥ < kasmāt + hetoḥ
連声法は、cf.「基礎」*p.* 63.
kasmāt < kim-：*疑問詞,* だれ。何。どんな。どの。*m. sg. Abl.*
hetoḥ < hetu-：*m.* 理由。原因。因。*sg. Abl.*
奪格は、動機、原因、理由を表わす。cf.「シンタックス」*p.* 58.

§29 abhijānāmy[66] ahaṃ bhagavan / [ekasmin samaye][67] anyatamasmiṃś caṅkrame caṅkram=āmi /

(梵漢和維摩経 *p.* 98, *ll.* 11–12)

§29 「世尊よ、私は、思い出します。〔ある時〕私は、とある経行の場所でそぞろ歩きしていました。

【§29 「憶念するに、我、昔、一処に於いて経行せり。】 （大正蔵、巻一四、五四一頁上）

………………………………………………………………

abhijānāmy < abhijānāmi + 母音 < abhijānā- < abhi-√jñā- (9)：了解する。悟る。知る。～（対格）を…（対格）と認める。記憶する。*Pres. 1, sg. P.*

ahaṃ < mad-：私。*1, sg. Nom.*

bhagavan < bhagavat-：*m.* 尊い（人）。「世尊」と漢訳。「婆伽婆」「薄伽梵」と音写。*sg. Voc.*

………………………………………………………………

ekasmin < eka-：*基数詞,* 一。*adj.* ある。*m. sg. Loc.*

samaye < samaya-：*m.* 会合の場所。時間。好機。機会。*sg. Loc.*

anyatamasmiṃś < anyatamasmin + (c) < anyatama- < anya-tama-：*最上級,* 多く（三つ以上）の中の一つ。*n. sg. Loc.*

caṅkrame < caṅkrama-：*m.* 歩行。逍遥。散歩。歩行の場所。「行」「経行」「経行所」「経行処」と漢訳。*sg. Loc.*

caṅkramāmi < caṅkrama- < √kram- (1)：*強意,* 歩む。闊歩する。～に行く。近づく。「行」「遊行」と漢訳。*Pres. 1, sg. P.*

tatra[68] śubha-vyūho nāma brahmā daśabhir brahma-sahasraiḥ sārdhaṃ taṃ pradeśam avabhāsya yenâhaṃ tenôpasaṃkramya mama pādau śirasâbhivandyâikânte sthitvā mām etad avocat /[69] kiyad āyuṣmān aniruddho divyena cakṣuṣā paśyati /

(梵漢和維摩経 *p.* 98, *ll.* 12–15)

「そこへ、“美麗に荘厳されたもの”（厳浄）という名前のブラフマー神が、一万人のブラフマー神たちと一緒に、その場所を輝かせながら、私のいるところ、そこへと近づいて、私の両足を頭〔におしいただくこと〕によって敬意を表し、一隅に立って、私にこのように言いました。

『尊者アニルッダは、神のごとき眼（天眼）によってどれほど遠くまで見えるのか』と。

【「時に梵王あり、名づけて厳浄と曰う。万の梵たちと俱に、浄光明を放ちて我が所に来詣し、稽首して礼を作し、我に問うて言わく、『幾何ぞ、阿那律の天眼の見る所は』と。】

（大正蔵、巻一四、五四一頁上）

………………………………………………………………

tatra：*adv.* そこに。そこへ。かしこに。その時に。その場合に。

śubha-vyūho < śubha-vyūhaḥ + 有声子音 < śubha-vyūha-：*adj.* 美麗に荘厳された。「厳浄」と漢訳。*m. sg. Nom.*

śubha-：*adj.* 美麗な。美しい。立派な。吉祥な。有徳の。*n.* 魅力。安寧。繁栄。善行。有徳の行為。

vyūha- < vi-√ūh- (1) + -a：*m.* 交替。置き換え。分配。配置。「荘厳」「厳飾」と漢訳。

nāma：*adv.* ～という名前の。

brahmā < brahman- = brahma-：*m.* ブラフマー神。「梵」「梵天」「梵王」と音写。*sg. Nom.*

daśabhir < daśabhiḥ + 有声音 < daśan-：*基数詞,* 十。*n. pl. Ins.*

brahma-sahasraiḥ < brahma-sahasraiḥ + (s) < brahma-sahasra-：*n.* 千人のブラフマー神。*pl. Ins.*

sārdhaṃ < sa-ardha-：*adj.* 半分を伴った。*n. sg. Acc.*

対格の副詞的用法で、「～（具格）と共同で」「～と一緒に」「～とともに」。

taṃ < tad-：それ。*m. sg. Acc.*

pradeśam < pradeśa- < pra-deśa- < pra-√diś- (6) + -a：*m.* 呼称。言及。明示。例。地点。場所。*sg. Acc.*

avabhāsya < ava-√bhās- (1) + -ya：光る。～のように明白となる。見える。「普照」「遍照」と漢訳。*Ger.*

yenâhaṃ < yena + ahaṃ

yena < yad-：*関係代名詞, n. sg. Ins.*

yena ～ tena … ＝ yatra ～ tatra …：～であるところ、そこで…。

ahaṃ < mad-：私。*1, sg. Nom.*

tenôpasaṃkramya < tena + upasaṃkramya

tena < tad-：それ。*n. sg. Ins.*

upasaṃkramya < upa-sam-√kram- (1) + -ya：近づく。*Ger.*

mama < mad-：私。*1, sg. Gen.*

pādau < pad-：*m.* 足。*du. Acc.* 格変化は、cf.「基礎」*p.* 120.

pādau < pāda-：*m.* 足。*du. Acc.* でもあり得る。

śirasâbhivandyâikânte < śirasā + abhivandya + ekânte

śirasā < śiras-：*n.* 頭。頂上。峰。*sg. Ins.*

abhivandya < abhi-√vand- (1) + -ya：恭しく挨拶する。～に敬意を表する。～を尊敬する。*Ger.*

ekânte < ekânta- < eka-anta-：*n.* 寂静処。人里離れた所。「一処」「一辺」と漢訳。*sg. Loc.*

sthitvā < √sthā- (1) + -itvā：立つ。住する。*Ger.*

mām < mad-：私。*1, sg. Acc.*

etad < etat + 母音 < etad-：これ。*n. sg. Acc.* 対格の副詞的用法で「このように」の意味。

avocat < avoca- < a- + va-+ uc- + -a < √vac- (2)：言う。話す。告げる。*重複 Aor. 3, sg. P.*

……………………………………………………………………………

kiyad < kiyat + 母音 < kiyat-：*adj.* どれほどの。どれほど大きな。どれほど遠い。どれほど長い。いかなる価値の。*n. sg. Acc.*

āyuṣmān < āyuṣmat-：*adj.* 「長老」「尊者」「具寿」と漢訳。*m. sg. Nom.*

aniruddho < aniruddhaḥ + 有声子音 < aniruddha-：*m.* アニルッダ。「阿那律」と漢訳。*sg. Nom.*

divyena < divya-：*adj.* 天上の。天界の。「天」「天上」と漢訳。*n. sg. Ins.*

cakṣuṣā < cakṣus- < √cakṣ- (2) + -us：*n.* 眼。視界。視力。*sg. Ins.*

paśyati < paśya- < √paś- (4)：見る。見なす。考察する。思量する。*Pres. 3, sg. P.*

> tam enam aham etad avocam / ahaṃ mārṣêmaṃ triṃ sāhasra-mahā-sāhasraṃ loka-dhātuṃ bhagavataḥ śākyamuner buddha-kṣetraṃ tad yathâpi nāma kara-tale nyastam āmalaka-phalam evaṃ paśyāmi /
>
> (梵漢和維摩経 *p.* 98, *ll.* 16–18)

「その〔ブラフマー神〕に、私はこのように言いました。

『友よ、あたかも手の平の中に置かれたマンゴーの果実を〔見る〕ように、このように私は、シャーキャムニ世尊のブッダの国土であるこの三千大千世界を見ています』

【「我、即ち答えて言わく、『仁者(なんじ)よ、吾(われ)、此の釈迦牟尼仏土たる三千大千世界を見るに、掌中の菴摩勒(あんまろ)果(か)を観るが如し』と。】　（大正蔵、巻一四、五四一頁上）

……………………………………………………………………………

tam < tad-：それ。*m. sg. Acc.*

enam < enad-：それ。*m. sg. Acc.*

aham < mad-：私。*1, sg. Nom.*

etad < etat + 母音 < etad-：これ。*n. sg. Acc.* 対格の副詞的用法で「このように」の意味。

avocam < avoca- < a- + va-+ uc- + -a < √vac- (2)：言う。話す。告げる。*重複 Aor. 1, sg. P.*

……………………………………………………………………………

ahaṃ < mad-：私。*1, sg. Nom.*

mārṣêmaṃ < mārṣa + imaṃ

mārṣa < mārṣa-：*m.* 立派な人。「仁者」「賢者」「友」と漢訳。sg. *Voc.*

呼びかけの言葉として用いられ、「皆さん」（「諸友」「諸子」と漢訳）を意味する。
imaṃ < idam-：これ。*m. sg. Acc.*
triṃ < tri-：*基数詞,* 三。*m. sg. Acc.*
sāhasra-mahā-sāhasraṃ < sāhasra-mahā-sāhasra-：*adj.* 「千大千」と漢訳。*m. sg. Acc.*
sāhasra-：*adj.* 千からなる。
mahā- < mahat-：*adj.* 大きな。偉大な。豊富な。たくさんの。重要な。卓越した。
複合語の前分となるとき、mahat- は mahā- となる。cf.「基礎」*p.* 522.
loka-dhātuṃ < loka-dhātu-：*m.* 世界。*sg. Acc.*
bhagavataḥ < bhagavataḥ + (ś) < bhagavat-：*m.* 尊い（人）。「世尊」と漢訳。「婆伽婆」「薄伽梵」と音写。*sg. Gen.*
śākyamuner < śākyamuneḥ + 有声音 < śākyamuni- < śākya-muni-：*m.* シャーキャムニ。シャーキャ族出身の聖者。「釈迦牟尼」と音写。*sg. Gen.*
buddha-kṣetraṃ < buddha-kṣetra-：*n.* 仏の国土。「仏国土」と漢訳。*sg. Acc.*
tad yathâpi nāma < tad yathā + api nāma：あたかも～であるかのように。
kara-tale < kara-tala-：*n.* 手掌。*sg. Loc.*
nyastam < nyasta- < ni-√as- (4) + -ta：*pp.* 投下された。置かれた。保管された。
ni-√as- (4)：投げる。下に置く。～（処格）の上／中に置く。
āmalaka-phalam < āmalaka-phala-：*n.* マンゴーの果実。*sg. Acc.*
āmalaka-：*m.* マンゴーの樹。「菴摩勒」「菴羅」と漢訳。*n.* マンゴーの果実。
āmra：*m.* マンゴー。「菴摩羅」「菴婆羅」「菴没羅」「菴羅」と漢訳。
phala-：*n.* 果。果実。結果。
evaṃ：*adv.* このように。「是」「如是」と漢訳。
paśyāmi < paśya- < √paś- (4)：見る。*Pres. 1, sg. P.*

§30　iyaṃ ca kathā pravṛttā vimalakīrtiś ca licchavis taṃ pradeśam upasaṃkrāmat /
（梵漢和維摩経 *p.* 98, *ll.* 19–20）

§30　「この話をなし終えると、リッチャヴィ族のヴィマラキールティが、その場所へ近づいてきました。

【§30　「時に維摩詰(ゆいまきつ)来たりて、】　（大正蔵、巻一四、五四一頁上）

iyaṃ < idam-：これ。*f. sg. Nom.*
ca：*conj.* および。また。しかしながら。そして。～と。なお。
kathā < kathā-：*f.* 会話。談話。物語。議論。*sg. Nom.*
pravṛttā < pravṛttā- < pravṛtta- < pra-√vṛt- (1) + -ta：*pp.* 転じられた。産出された。生じた。起こった。*f. sg. Nom.*
vimalakīrtiś < vimalakīrtiḥ + (c) < vimalakīrti- < vimala-kīrti-：*m.* ヴィマラキールティ。汚れのない名声を持つ（もの）。「維摩詰」「維摩」と音写。「浄名」「無垢称」と漢訳。*sg. Nom.*
ca：*conj.* および。また。しかしながら。そして。～と。なお。
licchavis < licchaviḥ + (t) < licchavi-：*m.* リッチャヴィ。「離車子」「栗姑毘」と音写。*sg. Nom.*
taṃ < tad-：それ。*m. sg. Acc.*
pradeśam < pradeśa- < pra-deśa- < pra-√diś- (6) + -a：*m.* 呼称。言及。明示。例。地点。場所。*sg. Acc.*
upasaṃkrāmat ≒ upasamakrāmat < upasam-akrāmat < upasam-krāma- < upa-sam-√kram- (1)：近づく。*Impf. 3, sg. P.* BHS. gram. 32-3.

upasaṃkramya mama pādau śirasā vanditvâivam āha /　kim bhadantâniruddha divyaṃ cakṣur abhisaṃskāra-lakṣaṇam utânabhisaṃskāra-lakṣaṇam /

(梵漢和維摩経 *p.* 98, *ll.* 20–22)

「近づいてから、私の両足を頭〔におしいただくこと〕によって敬意を表し、このように言いました。

『尊者アニルッダよ、神のごとき眼（天眼）は、形成される性質を持つのか、あるいは形成されることのない性質を持つのか。

【「我に謂いて言わく、『唯、阿那律よ、天眼の所見を作相と為すや。作相無しや。】

(大正蔵、巻一四、五四一頁上)

……………………………………………………………………

upasaṃkramya < upa-sam-√kram- (1) + -ya：近づく。*Ger.*

mama < mad-：私。*1, sg. Gen.*

pādau < pad-：*m.* 足。*du. Acc.* 格変化は、cf.「基礎」*p.* 120.

śirasā < śiras-：*n.* 頭。頂上。峰。*sg. Ins.*

vanditvâivam < vanditvā + evam

vanditvā < √vand- (1) + -itvā：恭しく挨拶する。〜に敬意を表する。*Ger.*

evam：*adv.* このように。「是」「如是」と漢訳。

āha < √ah-：言う。*Perf. 3, sg. P.*

……………………………………………………………………

kim < kim-：*疑問代名詞,* だれ。何。どんな。どれ。*n. sg. Nom.*

ここでは、単に疑問文であることを示している。

bhadantâniruddha < bhadantâniruddha- < bhadanta-aniruddha-：*m.* 尊者アニルッダ。*sg. Voc.*

divyaṃ < divya-：*adj.* 天上の。天界の。「天」「天上」と漢訳。*n. sg. Nom.*

cakṣur < cakṣuḥ + 有声音 < cakṣus- + (ś) < √cakṣ- (2) + -us：*n.* 眼。視界。視力。*sg. Nom.*

abhisaṃskāra-lakṣaṇam < abhisaṃskāra-lakṣaṇa-：*adj.* 形成される性質を持つ。*n. sg. Nom.*

abhisaṃskāra- < abhi-sam-s-√kṛ- (8) + -a：*m.* 製作。用意。形成。発生。概念。思想。観念。心作用。「作」「造作」「作行」「作成」「所作」「行」「所行」「諸行」と漢訳。

lakṣaṇa- < √lakṣ- (1) + -ana：*n.* 標章。しるし。記号。特徴。属性。「相」「色相」「相貌」と漢訳。

utânabhisaṃskāra-lakṣaṇam < uta + anabhisaṃskāra-lakṣaṇam

uta：*ind.* しかして。また。〜さへ。あるいは。

anabhisaṃskāra-lakṣaṇam < an-abhisaṃskāra-lakṣaṇa-：*adj.* 形成されることのない性質を持つ。*n. sg. Nom.*

[yady abhisaṃskāra-lakṣaṇaṃ][70] tad bāhyaiḥ pañcâbhijñaiḥ samam[71] athânabhisaṃskāra-lakṣa=ṇam[72] anabhisaṃskāro 'saṃskṛtas tena na śakyaṃ draṣṭum /

(梵漢和維摩経 *p.* 100, *ll.* 1–3)

「『その〔神のごとき眼（天眼）〕が〔もしも、形成される性質を持つならば〕、〔それは、仏教以外の〕外道の五つの神通力（五通）と同じである。しかも、形成される性質を持つことがないならば、形成されないということは無為ということであり、従って、〔その神のごとき眼で〕見ることはできないのだ。

【「『仮使、作相なれば則ち外道の五通と等し。若し作相無ければ即ち是れ無為なり。見有るに応ぜず』と。】

(大正蔵、巻一四、五四一頁上)

……………………………………………………………………

yady < yadi + 母音：*conj.* もし〜ならば。

abhisaṃskāra-lakṣaṇaṃ < abhisaṃskāra-lakṣaṇa-：*adj.* 形成される性質を持つ。*n. sg. Nom.*

tad < tat + 有声子音 < tad-：それ。*n. sg. Nom.*

bāhyaiḥ < bāhyaiḥ + (p) < bāhya-：*adj.* 外側にある。外の。外部の。他国の。共同社会から除外された。外道の。*n. pl. Ins.*

pañcâbhijñaiḥ < pañcâbhijñaiḥ + (s) < pañcâbhijña- < pañca-abhijña-：*adj.* 五つの神通の。「五通」

と漢訳。*n. pl. Ins.*

abhijña- < abhijñā- < abhi-√jñā- (9) + -ā：*f.* 記憶。思い出。「通」「神通」「慧」「神力」と漢訳。複合語の後分となって短母音となった。

samam < sama-：*adj.* 平らな。滑らかな。水平の。～（具格、属格）と等しい。平等の。*n. sg. Nom.*

athânabhisaṃskāra-lakṣaṇam < atha + anabhisaṃskāra-lakṣaṇam

atha：*adv.* その時。その場合。さて。それ故。しかれば。しかしながら。しかも。

anabhisaṃskāra-lakṣaṇam < an-abhisaṃskāra-lakṣaṇa-：*adj.* 形成されることのない性質を持つ。*n. sg. Nom.*

anabhisaṃskāro 'saṃskṛtas < anabhisaṃskāraḥ + asaṃskṛtas

anabhisaṃskāraḥ < anabhisaṃskāra- < an-abhisaṃskāra-：*adj.* 形成されることのない。*m. sg. Nom.*

asaṃskṛtas < asaṃskṛtaḥ + (t) < asaṃskṛta- < a-saṃskṛta-：*adj.* 装備されない。装飾されていない。「無為」と漢訳。*m. sg. Nom.*

tena < tad-：それ。*n. sg. Ins.*

代名詞の中性・対格／具格／奪格は、連結助詞として用いられ、「そこで」「従って」「このため」を意味する。

na：*ind.* ～でない。～にあらず。

śakyaṃ < śakya- < √śak- (5) + -ya：*未受分,* ～（不定詞）が可能な。実行できる。*n. sg. Nom.*

śakyam は、非人称的に異なる性・数の主語と共に用いられる。

draṣṭum < √dṛś- (1) + -tum：*不定詞,* 見ること。

tat kathaṃ sthaviraḥ paśyati / （梵漢和維摩経 *p.* 100, *l.* 3）

「『それなのに、大徳は、どのようにして見るのか』

【漢訳相当箇所なし】

……………………………………………………………………

tat < tad-：それ。*n. sg. Acc.*

代名詞の中性・対格／具格／奪格は、連結助詞として用いられ、「そこで」「従って」「このため」を意味する。

kathaṃ：*adv.* いかにして。いずこより。何故に。

sthaviraḥ < sthaviraḥ + (p) < sthavira-：*adj.* 老いた。尊敬すべき。「大徳」「尊者」「上座」「長老」と漢訳。*m. sg. Nom.*

paśyati < paśya- < √paś- (4)：見る。見なす。考察する。思量する。*Pres. 3, sg. P.*

so 'haṃ tūṣṇīm abhūvam / （梵漢和維摩経 *p.* 100, *l.* 4）

「その私は、黙り込んでしまいました。

【「世尊よ、我、時に黙然（もくねん）たり。】　（大正蔵、巻一四、五四一頁上）

……………………………………………………………………

so 'haṃ < saḥ + ahaṃ

saḥ < tad-：それ。*m. sg. Nom.*

ahaṃ < mad-：私。*1, sg. Nom.*

tūṣṇīm：*adv.* 沈黙して。黙して。「黙然」「不語」「黙然無語」と漢訳。

tūṣṇīm √bhū- (1)：「黙然而住」と漢訳。

abhūvam < √bhū- (1)：出現する。なる。生ずる。*root-Aor. 1, sg. P.*

§31 sa ca brahmā tasya sat-puruṣasyêmaṃ nirdeśaṃ śrutvâścarya-prāptas taṃ namaskṛtyâitad

avocat / ke loke divya-cakṣuṣaḥ /

(梵漢和維摩経 *p.* 100, *ll.* 5–6)

§31 「そして、そのブラフマー神は、その善き人（善士）〔であるヴィマラキールティ〕のこの説法を聞いて、不思議な思いにとらわれ、その〔善き人〕に敬礼し、このように言いました。

『世間において、だれが神のような眼を持つ人たちであろうか』

【§31 「彼の諸梵、其の言を聞きて、未曾有なることを得たり。即ち為に礼を作して問うて曰く、『世に孰れか真の天眼を有する者ぞ』と。】 （大正蔵、巻一四、五四一頁上）

……………………………………………………………………

sa < saḥ < tad-：それ。*m. sg. Nom.*

ca：*conj.* および。また。しかしながら。そして。～と。なお。

brahmā < brahman- = brahma-：*m.* ブラフマー神。「梵」「梵天」「梵王」と音写。*sg. Nom.*

tasya < tad-：それ。*m. sg. Gen.*

sat-puruṣasyêmaṃ < sat-puruṣasya + imaṃ

sat-puruṣasya < sat-puruṣa-：*m.* 善き人。「善士」と漢訳。*sg. Gen.*

imaṃ < idam-：これ。*m. sg. Acc.*

nirdeśaṃ < nirdeśa- < nir-√diś- (6) + -a：*m.* 命令。指示。記述。「説」「所説」「説法」と漢訳。*sg. Acc.*

śrutvâścarya-prāptas < śrutvā + āścarya-prāptas

śrutvā < √śru- (5) + -tvā：～（具格、奪格、属格）から聞く。*Ger.*

āścarya-prāptas < āścarya-prāptaḥ + (t) < āścarya-prāpta-：*adj.* 奇異なる思いに囚われた。不思議なる思いに囚われた。*m. sg. Nom.*

taṃ < tad-：それ。*m. sg. Acc.*

namaskṛtyâitad < namaskṛtya + etad

namaskṛtya < namas-√kṛ- (8) + -tya：～（対格・為格・処格）に"namas"と言う。～に敬意を表す。敬礼する。*Ger.*

etad < etat + 母音 < etad-：これ。*n. sg. Acc.* 対格の副詞的用法で「このように」の意味。

avocat < avoca- < a- + va-+ uc- + -a < √vac- (2)：言う。話す。告げる。*重複 Aor. 3, sg. P.*

……………………………………………………………………

ke < kim-：*疑問代名詞,* だれ。何。どんな。どれ。*m. pl. Nom.*

loke < loka-：*m.* 空間。余地。場所。国。世界。世間。*sg. Loc.*

divya-cakṣuṣaḥ < divya-cakṣus-：*adj.* 神のごとき眼（天眼）を持つ。*m. pl. Nom.*

āha / buddhā bhagavanto loke divya-cakṣuṣo ye samāhitâvasthāṃ ca na vijahati sarva-buddha-kṣetrāṇi ca paśyanti /

(梵漢和維摩経 *p.* 100, *ll.* 7–8)

「〔ヴィマラキールティが〕言いました。

『世間において、禅定に入っている状態を断つことのないところの世尊であるブッダたちは、神のような眼（天眼）を持つ人たちであり、あらゆるブッダの国土を見ておられるのだ。

【「維摩詰言わく、『仏、世尊有りて、真の天眼を得たまえり。常に三昧に在りて、悉く諸の仏国を見るに、】 （大正蔵、巻一四、五四一頁上）

……………………………………………………………………

āha < √ah-：言う。*Perf. 3, sg. P.*

……………………………………………………………………

buddhā < buddhāḥ + 有声音 < buddha- < √budh- (1) + -ta：*pp.* 目覚めた（人）。*m.* ブッダ。「覚者」と漢訳。「仏陀」「仏」と音写。*m. pl. Nom.*

bhagavanto < bhagavantaḥ + 有声子音 < bhagavat-：*m.* 尊い（人）。「世尊」と漢訳。「婆伽婆」「薄伽梵」と音写。*pl. Nom.*

loke < loka-：*m.* 空間。余地。場所。国。世界。世間。*sg. Loc.*

divya-cakṣuṣo < divya-cakṣuṣaḥ + 有声子音 < divya-cakṣus-：*adj.* 神のごとき眼（天眼）を持つ。*m. pl. Nom.*
ye < yad-：*関係代名詞, m. pl. Nom.*
samāhitâvasthāṃ < samāhitâvasthā- < samāhita-avasthā-：*f.* 禅定に入っている状態。*sg. Acc.*
　samāhita- < sam-ā-√dhā- (3) + -ta：*pp.* ～（具格）と結ばれた。心を集中した。「定」「定心」「寂静」と漢訳。
　sam-ā-√dhā- (3)：～（処格）に心を定める。集中する。祈りを定める。
　avasthā- < ava-√sthā- (1) + -ā：*f.* 安定。状態。地位。場合。「住」「所住」と漢訳。
ca：*conj.* および。また。しかしながら。そして。～と。なお。
na：*ind.* ～でない。～にあらず。
vijahati < vijaha- < vi-√hā- (3)：置き去りにする。棄てる。断念する。立ち退く。あきらめる。放棄する。～を除去する。*Pres. 3, sg. P.*
sarva-buddha-kṣetrāṇi < sarva-buddha-kṣetra-：*n.* すべてのブッダの国土。*pl. Acc.*
ca：*conj.* および。また。しかしながら。そして。～と。なお。
paśyanti < paśya- < √paś- (4)：見る。*Pres. 3, pl. P.*

na ca dvaya-prabhāvitāḥ /
（梵漢和維摩経 *p.* 100, *ll.* 8–9）

「『また、〔対立的な〕二元論が有力となることはない』と。
【「『二相を以てせず』と。】（大正蔵、巻一四、五四一頁上）
……………………………………………………………………

na：*ind.* ～でない。～にあらず。
ca：*conj.* および。また。しかしながら。そして。～と。なお。
dvaya-prabhāvitāḥ < dvaya-prabhāvita-：*adj.* 二元論が有力となっている。
　dvaya- < dvi- + -a：*adj.* 二重の。二種類の。対の。*n.* 一対。両者。二つの事物。
　prabhāvita- < prabhāvaya- + -ta < pra-√bhū- (1) + -aya + -ta：*pp.* 有力となった。
　prabhāvaya- < pra-√bhū- (1) + -aya：*Caus.* 増す。広める。栄えさせる。有力ならしめる。「現」「顕現」と漢訳。

§32　atha sa brahmêmaṃ nirdeśaṃ śrutvā daśa-sahasra-parivāro[73] 'dhyāśayenânuttarāyāṃ samyak-saṃbodhau cittam utpādayati sma /
（梵漢和維摩経 *p.* 100, *ll.* 10–11）

§32　「すると、そのブラフマー神と一万の侍者たちは、この説法を聞いて、高潔な心によってこの上ない正しく完全な覚りへ向けて心を発しました。
【§32　「是に於いて厳浄梵王、及び其の眷属の五百の梵天は皆、阿耨多羅三藐三菩提に心を発し、】
（大正蔵、巻一四、五四一頁上）
……………………………………………………………………

atha：*adv.* その時。その場合。さて。それ故。しかれば。しかしながら。
sa < saḥ < tad-：それ。*m. sg. Nom.*
brahmêmaṃ < brahmā + imaṃ
　brahmā < brahman- = brahma-：*m.* ブラフマー神。「梵」「梵天」「梵王」と音写。*sg. Nom.*
　imaṃ < idam-：これ。*m. sg. Acc.*
nirdeśaṃ < nirdeśa- < nir-√diś- (6) + -a：*m.* 命令。指示。記述。「説」「所説」「説法」と漢訳。*sg. Acc.*
śrutvā < √śru- (5) + -tvā：～（具格、奪格、属格）から聞く。*Ger.*
daśa-sahasra-parivāro 'dhyāśayenânuttarāyāṃ < daśa-sahasra-parivāraḥ + adhyāśayena + anuttarāyāṃ
　daśa-sahasra-parivāraḥ < daśa-sahasra-parivāra-：*m.* 一万の侍者。*sg. Nom.*

daśa- < daśan-：*基数詞,* 十。
sahasra-：*基数詞, n.* 千。
parivāra- < pari-√vṛ- (1) + -a：*adj.* ～に取り囲まれた。*m.* 侍者。随行者。従者。「眷属」「伴」と漢訳。
pari-√vṛ- (1)：覆う。取り囲む。包囲する。
√vṛ- (1)：覆う。隠す。包む。囲む。包囲する。
adhyāśayena < adhyāśaya- < adhi-āśaya-：*m.* 意向。欲望。願望。傾向。高潔な心。*sg. Ins.*
anuttarāyāṃ < anuttarā- < anuttara- < an-ud-tara-：*比較級,* この上ない。「無上」と漢訳。*f. sg. Loc.*

samyak-saṃbodhau < samyak-saṃbodhi-：*f.* 正しく完全な覚り。「正覚」「正等正覚」「正等菩提」と漢訳。「三藐三菩提」と音写。*sg. Loc.* 目的地や目標を示す処格。
cittam < citta-：*n.* 心。思考。意思。知性。理性。「質多」と音写。*sg. Acc.*
utpādayati < utpādaya- < ud-√pad- (4) + -aya：*Caus.* 起こす。生じる。*3, sg. P.*
sma：*ind.* 実に。smaは現在形とともに用いられて、過去の意味を表わす（歴史的現在）。

sa māṃ vanditvā taṃ ca sat-puruṣam abhivādya tatrâivântarhitaḥ /   （梵漢和維摩経 *p.* 100, *ll.* 11–12）

「その〔ブラフマー神〕は、私と、その善き人（善士）に敬礼し、挨拶して、まさにそこで消え去りました。
【「維摩詰(ゆいまきつ)の足を礼(らい)し已(おわ)りて、忽然(こつねん)として現われず。】（大正蔵、巻一四、五四一頁上）
……………………………………………………………………

sa < saḥ < tad-：それ。*m. sg. Nom.*
māṃ < mad-：私。*1, sg. Acc.*
vanditvā < √vand- (1) + -itvā：恭しく挨拶する。～に敬意を表する。*Ger.*
taṃ < tad-：それ。*m. sg. Acc.*
ca：*conj.* および。また。しかしながら。そして。～と。なお。
sat-puruṣam < sat-puruṣa-：*m.* 善き人。「善士」と漢訳。*sg. Acc.*
abhivādya < abhivādaya- + -ya < abhi-√vad- (1) + -aya + -ya：*Caus.* 言葉をかける。挨拶する。うやうやしく挨拶する。*Ger.*
abhivādyaは、「梵和大辞典」*p.* 109で「敬礼に値する」「恭敬されるべき」という意味の未来受動分詞とされている。もしも、そうであるのなら、abhi-√vad-（1）から作られたことになるが、これには「挨拶する」という意味で、「敬礼する」「恭敬する」という意味はない。また、これが未来受動分詞であるのなら、格変化が伴うはずだが、ここでは格変化していない。これは、未来受動分詞ではなく、abhi-√vad-（1）の使役形abhivādaya-（挨拶する）に -yaをつけて作られる絶対分詞と考えるべきである。その際、ayaは省かれる。cf.「基礎」*p.* 489.
abhi-√vad- (1)：話しかける。挨拶する。
tatrâivântarhitaḥ < tatra + eva + antarhitaḥ
tatra：*adv.* そこに。そこへ。かしこに。その時に。その場合に。
eva：*adv.* さように。このように。まさに。実に。ただ。全くこのように。
antarhitaḥ < antarhita- < antar-√dhā- (3) + -ta：*adj.* 消滅した。*m. sg. Nom.*

ahaṃ ca niṣpratibhāno 'bhūvam /   （梵漢和維摩経 *p.* 100, *ll.* 12–13）

「そして、私は黙り込んでしまいました。
【漢訳相当箇所なし】
……………………………………………………………………

ahaṃ < mad-：私。*1, sg. Nom.*

ca：*conj.* および。また。しかしながら。そして。〜と。なお。

nispratibhāno 'bhūvam < niṣpratibhānaḥ + abhūvam

niṣpratibhānaḥ < niṣpratibhāna- < nis-pratibhāna-：*adj.* 臆病な。心の平静を欠いている。能弁ではない。「無弁才」と漢訳。*m. sg. Nom.*

abhūvam < √bhū- (1)：出現する。なる。生ずる。*root-Aor. 1, sg. P.*

> tan nâham utsahe tasya sat-puruṣasya glāna-paripṛcchako gantum /
> (梵漢和維摩経 *p.* 100, *ll.* 13–14)

「それ故に、私は、その善き人（善士）の病気見舞いに行くことに耐えられません」

【「故に我、彼（かしこ）に詣（いた）りて疾（やまい）を問うに任（た）えず」と。】（大正蔵、巻一四、五四一頁上）

tan < tat + (n) < tad-：それ。*n. sg. Acc.*

代名詞の中性・対格／具格／奪格は、連結助詞として用いられ、「そこで」「従って」「このため」を意味する。

nâham < na + aham

aham < mad-：私。*1, sg. Nom.*

utsahe < utsaha- < ud-√sah- (1)：こらえる。耐える。〜（不定詞）することができる。〜する能力がある。*Pres. 1, sg. A.*

tasya < tad-：それ。*m. sg. Gen.*

sat-puruṣasya < sat-puruṣa-：*m.* 善き人。「善士」と漢訳。*sg. Gen.*

glāna-paripṛcchako < glāna-paripṛcchakaḥ + 有声子音 < glāna-paripṛcchaka-：*m.* 病についての質問（者）。「問病」と漢訳。*sg. Nom.*

gantum < √gam- (1) + -tum：*不定詞,* 行くこと。

> §33　tatra bhagavān āyuṣmantam upālim āmantrayate sma /　gaccha tvam upāle vimalakīrter licchaver glāna-paripṛcchakaḥ /
> (梵漢和維摩経 *p.* 100, *ll.* 15–16)

§33　そこで、世尊は、尊者ウパーリにおっしゃられた。

「ウパーリよ、あなたは、リッチャヴィ族のヴィマラキールティの病気見舞いに行くがよい」

【§33　仏は優波離（うばり）に告げたまえり。「汝、維摩詰（ゆいまきつ）に行詣（ぎょうけい）して疾（やまい）を問え」と。】

（大正蔵、巻一四、五四一頁中）

tatra：*adv.* そこに。そこへ。かしこに。その時に。その場合に。

bhagavān < bhagavat-：*m.* 尊い（人）。世尊。「婆伽婆」「薄伽梵」と音写。*sg. Nom.*

āyuṣmantam < āyuṣmat- < āyus- + -mat-：*m.* 長寿の。健康の。「尊者」「長老」「具寿」と漢訳。*sg. Acc.*

upālim < upāli-：*m.* ウパーリ。「優波離」と漢訳。*sg. Acc.*

āmantrayate < āmantraya- < ā-√mantraya- (名動詞)：語りかける。「告」「告言」「白言」と漢訳。*Pres. 3, sg. A.*

sma：*ind.* 実に。sma は現在形とともに用いられて、過去の意味を表わす（歴史的現在）。

gaccha < gaccha- < √gam- (1)：行く。経過する。〜（対格、為格、処格）に赴く。近づく。達する。*Impv. 2, sg. P.*

tvam < tvad-：あなた。*2, sg. Nom.*

upāle < upāli-：*m.* ウパーリ。「優波離」と漢訳。*sg. Voc.*

vimalakīrter < vimalakīrteḥ + 有声音 < vimalakīrti- < vimala-kīrti-：*m.* ヴィマラキールティ。汚れのない名声を持つ（もの）。「維摩詰」「維摩」と音写。「浄名」「無垢称」と漢訳。*sg. Gen.*

licchaver < licchaveḥ + 有声音 < licchavi-：*m.* リッチャヴィ。「離車子」「栗姑毘」と音写。*sg. Gen.*
glāna-paripṛcchakaḥ < glāna-paripṛcchaka-：*m.* 病についての質問（者）。「問病」と漢訳。*sg. Nom.*

upālir apy āha /　nâhaṃ bhagavann utsahe tasya sat-puruṣasya glāna-paripṛcchako gantum /
(梵漢和維摩経 *p.* 100, *ll.* 17–18)

ウパーリもまた、言った。
「世尊よ、私は、その善き人（善士）の病気見舞いに行くことに耐えられません。
【優波離は仏に白して言さく、「世尊よ、我、彼に詣りて疾を問うに堪任せず。】
（大正蔵、巻一四、五四一頁中）

upālir < upāliḥ + 有声音 < upāli-：*m.* ウパーリ。「優波離」と音写。*sg. Nom.*
apy < api + 母音：*adv.* また。さえも。されど。なお。
āha < √ah-：言う。*Perf. 3, sg. P.*

nâhaṃ < na + ahaṃ
　na：*ind.* ～でない。～にあらず。
　ahaṃ < mad-：私。*1, sg. Nom.*
bhagavann < bhagavan + 母音 < bhagavat-：*m.* 尊い（人）。「世尊」と漢訳。「婆伽婆」「薄伽梵」と音写。*sg. Voc.*
utsahe < utsaha- < ud-√sah- (1)：こらえる。耐える。～（不定詞）することができる。～する能力がある。*Pres. 1, sg. A.*
tasya < tad-：それ。*m. sg. Gen.*
sat-puruṣasya < sat-puruṣa-：*m.* 善き人。「善士」と漢訳。*sg. Gen.*
glāna-paripṛcchako < glāna-paripṛcchakaḥ + 有声子音 < glāna-paripṛcchaka-：*m.* 病についての質問（者）。「問病」と漢訳。*sg. Nom.*
gantum < √gam- (1) + -tum：*不定詞,* 行くこと。

tat kasmād dhetoḥ /
(梵漢和維摩経 *p.* 100, *l.* 18)

「それは、どんな理由からでしょうか。
【「所以は何んとなれば、】　（大正蔵、巻一四、五四一頁中）

tat < tad-：それ。*n. sg. Nom.*
kasmād dhetoḥ < kasmāt + hetoḥ
　連声法は、cf.「基礎」*p.* 63.
　kasmāt < kim-：*疑問詞,* だれ。何。どんな。どの。*m. sg. Abl.*
　hetoḥ < hetu-：*m.* 理由。原因。因。*sg. Abl.*
　奪格は、動機、原因、理由を表わす。cf.「シンタックス」*p.* 58.

abhijānāmy ahaṃ bhagavann [ekasmin samaye] [74] anyatamau dvau bhikṣū āpattim āpannau tau bhagavataḥ paryapatrapamāṇau bhagavantaṃ nôpasaṃkrāmataḥ /
(梵漢和維摩経 *p.* 100, *ll.* 18–20)

「世尊よ、私は、思い出します。〔ある時、〕二人のある男性出家者たちが罪に陥り、その二人は世尊に対して恥じ入りつつ、世尊に近づくことができませんでした。
【「憶念するに、昔、二比丘有り。律行を犯して、以て恥と為し、敢えて仏に問わず、】
（大正蔵、巻一四、五四一頁中）

…………………………………………………………………………

abhijānāmy < abhijānāmi + 母音 < abhijānā- < abhi-√jñā- (9)：了解する。悟る。知る。～（対格）を…（対格）と認める。記憶する。*Pres. 1, sg. P.*

ahaṃ < mad-：私。*1, sg. Nom.*

bhagavann < bhagavan + 母音 < bhagavat-：*m.* 尊い（人）。「世尊」と漢訳。「婆伽婆」「薄伽梵」と音写。*sg. Voc.*

ekasmin < eka-：*基数詞,* 一。*adj.* ある。*m. sg. Loc.*

samaye < samaya-：*m.* 会合の場所。時間。好機。機会。*sg. Loc.*

anyatamau < anyatama- < anya-tama-：*最上級,* 多く（三つ以上）の中の二つ。*m. du. Nom.*

dvau < dvi-：*基数詞,* 二。*m. du. Nom.*

bhikṣū < bhikṣu- < √bhikṣ- (1) + -u：*m.* 乞食者。「比丘」と音写。*du. Nom.*

āpattim < āpatti- < ā-√pad- (4) + -ti：*f.* 出来事。招くこと。不運。困窮。「罪」「有罪」「罪過」「犯罪」「落堕」と漢訳。*sg. Acc.*

ā-√pat- (1)：～（対格）へ飛ぶ。突進する。～（対格、処格）の上に落ちる。不意に起こる。突発する。～（属格）に出会う。～に起こる。

āpannau < āpanna- < ā-√pad- (4) + -na：*pp.* ～（対格）に入った。陥った。不運な。苦悩せる。悲惨な。*m. du. Nom.*

ā-√pad- (4)：近づく。入る。～（対格）に赴く。ある状態（対格）に達する。～に陥る。不幸に陥る。

tau < tad-：それ。*m. du. Nom.*

bhagavataḥ < bhagavataḥ + (p) < bhagavat-：*m.* 尊い（人）。「世尊」と漢訳。「婆伽婆」「薄伽梵」と音写。*sg. Gen.*

paryapatrapamāṇau < paryapatrapamāṇa- < paryapatrapa- + -māṇa < pari-apa-√trap- (1) + -māna：恥じ入る。*現在分詞, m. du. Nom.*

pari-：*adv.* 周囲に。十分に。全く。もっぱら。

apa-√trap- (1)：顔を背ける。当惑する。恥じる。

√trap- (1)：当惑せしめる。はずかしめられる。

bhagavantaṃ < bhagavat-：*m.* 尊い（人）。「世尊」と漢訳。「婆伽婆」「薄伽梵」と音写。*sg. Acc.*

nôpasaṃkrāmataḥ < na + upasaṃkrāmataḥ

upasaṃkrāmataḥ < upasaṃkrāma- < upa-sam-√kram- (1)：近づく。*Pres. 3, du. P.*

tau yenâhaṃ tenôpasaṃkrāntāv upasaṃkramya[75] mām etad avocatām / （梵漢和維摩経 *p.* 100, *ll.* 20–21）

「その二人は、私のいるところ、そこへ近づいてまいりました。近づいてから、私にこのように言いました。

【「来たりて我に問うて言わく、】（大正蔵、巻一四、五四一頁中）

…………………………………………………………………………

tau < tad-：それ。*m. du. Nom.*

yenâhaṃ < yena + ahaṃ

yena < yad-：*関係代名詞, n. sg. Ins.*

yena ～ tena … = yatra ～ tatra …：～であるところ、そこで…。

ahaṃ < mad-：私。*1, sg. Nom.*

tenôpasaṃkrāntāv < tena + upasaṃkrāntāv

tena < tad-：それ。*n. sg. Ins.*

upasaṃkrāntāv < upasaṃkrāntau + 母音 < upasaṃkrānta- < upa-sam-√kram- (1) + -ta：*pp.* 近づいた。*m. du. Nom.*

upasaṃkramya < upa-sam-√kram- (1) + -ya：近づく。*Ger.*

mām < mad-：私。*1, sg. Acc.*

etad < etat + 母音 < etad-：これ。*n. sg. Acc.* 対格の副詞的用法で「このように」の意味。

avocatām < avoca- < a- + va-+ uc- + -a < √vac- (2)：言う。話す。告げる。*重複アオリスト, 3, du. P.* 重複アオリストについては、cf.「基礎」*p.* 334.

āvām bhadantôpāla āpattim āpannau tāv āvāṃ paryapatrapamāṇau bhagavantam upasaṃkramitum nôtsahāvahe /
(梵漢和維摩経 *p.* 100, *ll.* 21–22, *p.* 102, *l.* 1)

「『尊者ウパーリよ、私たち二人は、罪に陥ってしまいました。その私たち二人は、恥じ入っていて、世尊に近づくことができません。

【「『唯、優波離よ、我等は律を犯せり。誠に以て恥と為す。敢えて仏に問わず。】
(大正蔵、巻一四、五四一頁中)

…………………………………………………………………………

āvām < ava-：私。*1, du. Nom.*

bhadantôpāla < bhadantôpāle + a 以外の母音 < bhadantôpāli- < bhadanta-upāli-：*m.* 尊者ウパーリ。*sg. Voc.*

āpattim < āpatti- < ā-√pad- (4) + -ti：*f.* 出来事。招くこと。不運。困窮。「罪」「有罪」「罪過」「犯罪」「落堕」と漢訳。*sg. Acc.*

āpannau < āpanna- < ā-√pad- (4) + -na：*pp.* ～（対格）に入った。陥った。不運な。苦悩せる。悲惨な。*m. du. Nom.*

tāv < tau + 母音 < tad-：それ。*m. du. Nom.*

āvāṃ < ava-：私。*1, du. Nom.*

paryapatrapamāṇau < paryapatrapamāṇa- < paryapatrapa- + -māṇa < pari-apa-√trap- (1) + -māna：恥じ入る。*A.* *現在分詞, m. du. Nom.*

bhagavantam < bhagavat-：*m.* 尊い（人）。「世尊」と漢訳。「婆伽婆」「薄伽梵」と音写。*sg. Acc.*

upasaṃkramituṃ < upa-sam-√kram- (1) + -itum：*不定詞,* 近づくこと。

nôtsahāvahe < na + utsahāvahe

utsahāvahe < utsaha- < ud-√sah- (1)：こらえる。耐える。～することができる。遂行しうる。*Pres. 1, du. A.*

utsāhayâyuṣmann[76] upāle vinodayasvâvayoḥ kaukṛtyaṃ vyutthāpayasvâvām āpatteḥ[77] /
(梵漢和維摩経 *p.* 102, *ll.* 2–3)

「『〔それ故に、〕尊者ウパーリよ、激励して私たち二人の後悔を断ち、私たち二人を罪から抜け出させてください』と。

【「『願わくは疑悔を解きて斯の咎を免るることを得ん』と。】　(大正蔵、巻一四、五四一頁中)

…………………………………………………………………………

utsāhayâyuṣmann < utsāhaya + āyuṣmann

utsāhaya < utsāhaya- < ud-√sah- (1) + -aya：*Caus.* ～を励ます。促す。勧める。刺激する。扇動する。*Impv. 2, sg. P.*

āyuṣmann < āyuṣman + 母音 < āyuṣmat- < āyus- + -mat：*m.* 長寿の。健康の。「尊者」「長老」「具寿」と漢訳。*sg. Voc.*

upāle < upāli-：*m.* ウパーリ。「優波離」と漢訳。*sg. Loc.*

vinodayasvâvayoḥ < vinodayasva + avayoḥ

vinodayasva < vinodaya- < vi-√nud- (6) + -aya：*Caus.* （時を）過ごす。活気を与える。慰める。駆逐させる。取り除かせる。「断」「捨」「除滅」と漢訳。*Impv. 2, sg. A.*

vi-√nud- (6)：散り散りに追い払う。駆逐する。取り除く。

avayoḥ < ava-：私。*1, du. Gen.*

kaukṛtyaṃ < kaukṛtya-：*n.* 醜行。悪事。後悔。*sg. Acc.*

vyutthāpayasvâvām < vyutthāpayasva + āvām

　　vyutthāpayasva < vyutthāpaya- < vi-ud-√sthā- (1) + -paya：*Caus.* ～（奪格）から背を向けさせる。～を捨てさせる。*Impv. 2, sg. A.*

　　vi-ud-√sthā- (1)：～（奪格）から背を向ける。～を捨てる。

　　āvām < ava-：私。*1, du. Acc.*

āpatteḥ < āpatti- < ā-√pad- (4) + -ti：*f.* 出来事。招くこと。不運。困窮。「罪」「有罪」「罪過」「犯罪」「落堕」と漢訳。*sg. Abl.*

§34　so 'haṃ bhagavaṃs tau bhikṣū dharmyayā kathayā saṃdarśayāmi /
（梵漢和維摩経 *p.* 102, *ll.* 4–5）

§34　「世尊よ、その私は、それらの二人の男性出家者たちに、法にかなった話によって説き示しました。

【§34　「我、即ち其の為に如法に解説せり。】　（大正蔵、巻一四、五四一頁中）

……………………………………………………………………

so 'haṃ < saḥ + ahaṃ

　　saḥ < tad-：それ。*m. sg. Nom.*

　　ahaṃ < mad-：私。*1, sg. Nom.*

bhagavaṃs < bhagavan + (t) < bhagavat-：*m.* 尊い（人）。「世尊」と漢訳。「婆伽婆」「薄伽梵」と音写。*sg. Voc.*

tau < tad-：それ。*m. du. Acc.*

bhikṣū < bhikṣu- < √bhikṣ- (1) + -u：*m.* 乞食者。「比丘」と音写。*du. Acc.*

dharmyayā < dharmyā- < dharmya-：*adj.* 合法の。適法の。習慣的な。正当な。法にかなった。*f. sg. Ins.*

kathayā < kathā- < √kathaya- (名動詞) + -ā：*f.* 会話。談話。物語。議論。陳述。*sg. Ins.*

saṃdarśayāmi < saṃdarśaya- < sam-√dṛś- (1) + -aya：*Caus.* 示す。顕わす。明示する。*Pres. 1, sg. P.*

　vimalakīrtiś ca licchavis taṃ pradeśam anuprāptaḥ sa mām etad avocat /　mā bhadantôpālê=
tau bhikṣū āgāḍhī-kārṣīr vinodayânayor āpattiṃ mâvilīkārṣīḥ /
（梵漢和維摩経 *p.* 102, *ll.* 6–8）

「すると、リッチャヴィ族のヴィマラキールティが、その場所にやって来ました。その〔ヴィマラキールティ〕が私にこのように言いました。

『尊者ウパーリよ、この二人の男性出家者を緊縛してはならない。この二人の罪を断つべきであり、〔その罪をさらに〕汚してはならない。

【「時に維摩詰来たりて我に謂いて言わく、『唯、優波離よ、重ねて此の二比丘の罪を増すこと無かれ。当に直ちに除滅すべし。其の心を擾すこと勿れ。】　（大正蔵、巻一四、五四一頁中）

……………………………………………………………………

vimalakīrtiś < vimalakīrtiḥ + (c) < vimalakīrti- < vimala-kīrti-：*m.* ヴィマラキールティ。汚れのない名声を持つ（もの）。「維摩詰」「維摩」と音写。「浄名」「無垢称」と漢訳。*sg. Nom.*

ca：*conj.* および。また。しかしながら。そして。～と。なお。

licchavis < licchaviḥ + (t) < licchavi-：*m.* リッチャヴィ。「離車子」「栗姑毘」と音写。*sg. Nom.*

taṃ < tad-：それ。*m. sg. Acc.*

pradeśam < pradeśa- < pra-deśa- < pra-√diś- (6) + -a：*m.* 呼称。言及。明示。例。地点。場所。*sg. Acc.*

anuprāptaḥ < anuprāptaḥ + (s) < anuprāpta- < anu-pra-√āp- (5) + -ta：*pp.* 到達した。来たれる。「至」「到」「到達」「獲得」と漢訳。*m. sg. Nom.*

sa < saḥ < tad-：それ。*m. sg. Nom.*
mām < mad-：私。*1, sg. Acc.*
etad < etat + 母音 < etad-：これ。*n. sg. Acc.* 対格の副詞的用法で「このように」の意味。
avocat < avoca- < a- + va-+ uc- + -a < √vac- (2)：言う。話す。告げる。*重複 Aor. 3, sg. P.*

…………………………………………………………………………

mā：*adv.* ～なかれ。～なからんことを。～しないように。願わくは～ないように。
　mā は、オーグメントを欠いた過去形や、アオリストとともに用いられて“禁止”を意味するが、このほか願望法や命令法、さらには未来形や現在形とさえ用いられることもある。cf.「辻文法」*pp.* 256, 294–296.
bhadantôpālêtau < bhadantôpāle + etau
　bhadantôpāle < bhadantôpāli- < bhadanta-upāli-：*m.* 尊者ウパーリ。*sg. Voc.*
　etau < etad-：これ。*m. du. Acc.*
bhikṣū < bhikṣu- < √bhikṣ- (1) + -u：*m.* 乞食者。「比丘」と音写。*du. Acc.*
āgāḍhī-kārṣīr < āgāḍhī-kārṣīḥ + 有声音 < āgāḍhī-kārs- < āgāḍhī-akārs- < āgāḍhī-√kṛ- (8) + -s：「令緊」「作硬」と漢訳。*s-Aor. 2, sg. P.*
　āgāḍhī- < āgāḍha- < ā-gāḍha-：*m.* 「底」「源底」と漢訳。
　動詞 √bhū- (1), √as- (2), √kṛ- (8) の前分に名詞、形容詞がくる複合語では名詞、形容詞の末尾の a, ā, an は ī となり、i, u は ī, ū となり、ṛ は rī、それ以外はそのままとなる。cf.「基礎」*p.* 566.
vinodayânayor < vinodaya + anayor
　vinodaya < vinodaya- < vi-√nud- (6) + -aya：*Caus.* （時を）過ごす。活気を与える。慰める。駆逐させる。取り除かせる。「断」「捨」「除滅」*Impv. 2, sg. P.*
　vi-√nud- (6)：散り散りに追い払う。駆逐する。取り除く。
　anayor < anayoḥ + 有声音 < idam-：これ。*m. du. Gen.*
āpattiṃ < āpatti- < ā-√pad- (4) + -ti：*f.* 出来事。招くこと。不運。困窮。「罪」「有罪」「罪過」「犯罪」「落堕」と漢訳。*sg. Acc.*
mâvilīkārṣīḥ < mā + āvilīkārṣīḥ
　mā：*adv.* ～なかれ。～なからんことを。～しないように。願わくは～ないように。
　āvilīkārṣīḥ < āvilī-kārs- < āvilī-akārs- < āvilī-√kṛ- (8) + -s：汚す。染まらせる。*s-Aor. 2, sg. P.*
　āvilī- < āvila-：*adj.* 濁っている。不明瞭な。～に染まっている。～と混じった。「雑」「染」「濁」「濁染」「垢穢」と漢訳。
　動詞 √bhū- (1), √as- (2), √kṛ- (8) の前分に名詞、形容詞がくる複合語では名詞、形容詞の末尾の a, ā, an は ī となり、i, u は ī, ū となり、ṛ は rī、それ以外はそのままとなる。cf.「基礎」*p.* 566.

> na hi bhadantôpāla āpattir adhyātma-pratiṣṭhitā na bahirdhā-saṃkrāntā nôbhayam antareṇô=palabhyate / tat kasmād dhetoḥ /
>
> (梵漢和維摩経 *p.* 102, *ll.* 8–9)

「『尊者ウパーリよ、罪は自己の内にあるのでもなく、外側にあるのでもなく、〔その〕両方のほかに認められるのでもないのだ。それは、どんな理由からか。
【「『所以(ゆえん)は何(いか)んとなれば、彼の罪性は内に在らず、外に在らず、中間(ちゅうげん)に在らず。】
（大正蔵、巻一四、五四一頁中）

…………………………………………………………………………

na：*ind.* ～でない。～にあらず。
hi：*ind.* 真に。確かに。実に。
bhadantôpāla < bhadantôpāle + a 以外の母音 < bhadantôpāli- < bhadanta-upāli-：*m.* 尊者ウパーリ。*sg. Voc.*

āpattir < āpattiḥ + 有声音 < āpatti- < ā-√pad- (4) + -ti：*f.* 出来事。招くこと。不運。困窮。「罪」「有罪」「罪過」「犯罪」「落堕」と漢訳。*sg. Nom.*

adhyātma-pratiṣṭhitā < adhyātma-pratiṣṭhitāḥ + 有声音 < adhyātma-pratiṣṭhitā- < adhyātma-pratiṣṭhita-：*adj.* 自己の中にある。*f. sg. Nom.*

adhyātma- < adhi-ātma-：*adj.* 自己の。自己に特有な。

pratiṣṭhita- < prati-√sthā- (1) + -ita：*pp.* 〜（処格）の上に立っている。配置された。坐った。留まる。確立した。定住した。「安立」と漢訳。

na：*ind.* 〜でない。〜にあらず。

bahirdhā-saṃkrāntā < bahirdhā-saṃkrāntā- < bahirdhā-saṃkrānta-：*adj.* 外側にある。*f. sg. Nom.*

bahirdhā：*adv.* 〜（奪格）の外側に。〜から離れて。「外」と漢訳。

saṃkrānta- < sam-√kram- (1) + -ta：*pp.* 〜（奪格）より移された。集合した。「至」「去」「遷」と漢訳。

sam-√kram- (1)：集合する。結合する。近づく。現われる。〜に行く。入る。〜（奪格）より〜（処格、対格）に至る。

nôbhayam < na + ubhayam

ubhayam < ubhaya-：*adj.* 両方の。「二」「二種」と漢訳。*n. sg. Acc.*

antareṇôpalabhyate < antareṇa + upalabhyate

antareṇa < antara-：*adj.* 近い。親しい。内部の。他の。*n.* 内部。中間。距離。入り口。時間。機会。差異。*n. sg. Ins.* 具格の副詞的用法で、「〜（対格）の中間に」「〜の内に」「〜の間」「〜の後に」「〜なしに」「〜の他に」を意味する。

upalabhyate < upalabhya- < upa-√labh- (1) + -ya：*Pass.* 得られる。〜と認められる。*Pres. 3, sg. A.*

na upa-√labh- (1) 〜：〜と知られない。理解されない。

…………………………………………………………………………

tat < tad-：それ。*n. sg. Nom.*

kasmād dhetoḥ < kasmāt + hetoḥ

連声法は、cf.「基礎」*p.* 63.

kasmāt < kim-：*疑問詞,* だれ。何。どんな。どの。*m. sg. Abl.*

hetoḥ < hetu-：*m.* 理由。原因。因。*sg. Abl.*

奪格は、動機、原因、理由を表わす。cf.「シンタックス」*p.* 58.

> uktaṃ hi bhagavatā "citta-saṃkleśāt sattvāḥ saṃkliśyante citta-vyavadānād viśudhyante"[78] /
> （梵漢和維摩経 *p.* 102, *ll.* 10–11）

「『世尊がまさに言われた。〈心の汚れから衆生たちは汚され、心の浄化から〔衆生たちは〕清められる〉と。

【「『仏の所説の如し。心垢(けが)るるが故に衆生垢る。心浄(きよ)きが故に衆生浄し、と。】

（大正蔵、巻一四、五四一頁中）

…………………………………………………………………………

uktaṃ < ukta- < √vac- (2) + -ta：*pp.* 言われた。*n. sg. Nom.*

過去受動分詞が中性になっているのは、非人称的な用法である。cf.「シンタックス」*p.* 96.

hi：*ind.* 真に。確かに。実に。

bhagavatā < bhagavat-：*m.* 尊い（人）。「世尊」と漢訳。「婆伽婆」「薄伽梵」と音写。*sg. Ins.*

citta-saṃkleśāt < citta-saṃkleśa-：*m.* 心の汚れ。*sg. Abl.*

citta-：*n.* 心。思考。意思。知性。理性。「質多」と音写。

saṃkleśa- < sam-√kliś- (4) + -a：*m.* 苦痛。苦悩。「染」「垢」「穢」「雑」「染汚」「有垢」「不浄」「悩乱」と漢訳。

sattvāḥ < sattvāḥ + (s) < sattva-：*m.* 衆生。*pl. Nom.*

saṃkliśyante < saṃkliśya- < sam-√kliś- (4) + -ya：*Pass.* 汚される。*Pres. 3, pl. A.*
citta-vyavadānād < citta-vyavadānāt + 有声子音 < citta-vyavadāna-：*n.* 心の浄化。*sg. Abl.*
    vyavadāna- < vi-ava-√dā- (4) + -ana：*n.* 浄化。「浄」「清浄」と漢訳。
    √dā- (4) ＝ √dai- (4)：清める。（現在語幹はなし）
    √dā- (1)：切る。
    √dā- (3)：与える。
viśudhyante < viśudhya- < vi-√śudh- (4) + -ya：*Pass.* 清められる。*3, pl. A.*

cittaṃ ca bhadantôpāle nâdhyātma-pratiṣṭhitaṃ na bahirdhā nôbhayam antareṇôpalabhyate /
(梵漢和維摩経 *p.* 102, *ll.* 11–12)

「『尊者ウパーリよ、心は自己の内にあるのでもなく、外側にあるのでもなく、〔その〕両方のほかに認められるのでもないのだ。
【「『心も亦、内に在らず、外に在らず、中間に在らず。】　　（大正蔵、巻一四、五四一頁中）
……………………………………………………………………

cittaṃ < citta-：*n.* 心。思考。意思。知性。理性。「質多」と音写。*sg. Nom.*
ca：*conj.* および。また。しかしながら。そして。〜と。なお。
bhadantôpāle < bhadantôpāli- < bhadanta-upāli-：*m.* 尊者ウパーリ。*sg. Voc.*
    bhadanta-：*m.*（仏教、またはジャイナ教の出家者の敬称）。「大徳」「尊」「尊者」「世尊」「真正」と漢訳。
    upāli-：*m.* ウパーリ。「優波離」「優婆離」と音写。
nâdhyātma-pratiṣṭhitaṃ < na + adhyātma-pratiṣṭhitaṃ
    adhyātma-pratiṣṭhitaṃ < adhyātma-pratiṣṭhita-：*adj.* 自己の中にある。*n. sg. Nom.*
na：*ind.* 〜でない。〜にあらず。
bahirdhā：*adv.* 〜（奪格）の外側に。〜から離れて。「外」と漢訳。
nôbhayam < na + ubhayam
    ubhayam < ubhaya-：*adj.* 両方の。「二」「二種」と漢訳。*n. sg. Acc.*
antareṇôpalabhyate < antareṇa + upalabhyate
    antareṇa < antara-：*adj.* 近い。親しい。内部の。他の。*n.* 内部。中間。距離。入り口。時間。機会。差異。*n. sg. Nom.* 具格の副詞的用法で、「〜（対格）の中間に」「〜の内に」「〜の間」「〜の後に」「〜なしに」「〜の他に」を意味する。
    upalabhyate < upalabhya- < upa-√labh- (1) + -ya：*Pass.* 得られる。〜と認められる。*3, sg. A.*
    na upa-√labh- (1) 〜：〜と知られない。理解されない。

yathā cittaṃ tathâpattir yathâpattis tathā sarva-dharmās tathatāṃ na vyativartante /
(梵漢和維摩経 *p.* 102, *ll.* 12–13)

「『心がそうであるように、罪もそのようである。罪がそうであるように、あらゆるものごと（一切法）もそのようである。あるがままの真実（真如）を超えることはないのだ。
【「『其の心の然るが如く、罪垢も亦然り。諸法も亦然り。如を出でず。】
（大正蔵、巻一四、五四一頁中）
……………………………………………………………………

yathā：*関係副詞, 接続詞,* 〜のように。あたかも〜のように。〜であるように。
    yathā 〜 tathā …：あたかも〜のように、そのように…である。
cittaṃ < citta-：*n.* 心。思考。意思。知性。理性。「質多」と音写。*sg. Nom.*
tathâpattir < tathâpattiḥ + 有声音 < tathā + āpattiḥ
    tathā：*adv.* そのように。また。同様に。
    āpattiḥ < āpatti- < ā-√pad- (4) + -ti：*f.* 出来事。招くこと。不運。困窮。「罪」「有罪」「罪過」

「犯罪」「落堕」と漢訳。*sg. Nom.*

yathâpattis < yathā + āpattis

　yathā：*関係副詞, 接続詞,* ～のように。あたかも～のように。～であるように。

　āpattis < āpattiḥ + (t) < āpatti- < ā-√pad- (4) + -ti：*f.* 出来事。招くこと。不運。困窮。「罪」「有罪」「罪過」「犯罪」「落堕」と漢訳。*sg. Nom.*

tathā：*adv.* そのように。同様な方法で。同様に。

sarva-dharmās < sarva-dharmāḥ + (t) < sarva-dharma-：*m.* あらゆる事物。すべての法。あらゆる存在。あらゆるものごと。「一切法」「諸法」と漢訳。*pl. Nom.*

tathatāṃ < tathatā- < tathā + -tā：*f.* あるがままの真実。「真如」「如実」「真理」「実際」と漢訳。*sg. Acc.*

na：*ind.* ～でない。～にあらず。

vyativartante < vyativarta- < vi-ati-√vṛt- (2)：横切る。～を克服する。「超越」と漢訳。*Pres. 3, pl. A.*

> yā bhadantôpāle cittasya prakṛtir yayā citta-prakṛtyā[79] bhadantasya cittaṃ vimuktaṃ kiṃ jātu sā citta-prakṛtiḥ saṃkliṣṭā /
>
> （梵漢和維摩経 *p.* 102, *ll.* 13–15）

「『尊者ウパーリよ、心に具わるところの本性、尊者の心を解脱させるところの心の本性、その心の本性は、少なくとも汚されたことがあるのか』

【「『如し優波離よ、心相を以て解脱を得ん時、寧んぞ垢有るや不や』と。】

（大正蔵、巻一四、五四一頁中）

……………………………………………………………………

yā < yad-：*関係代名詞, f. sg. Nom.*

bhadantôpāle < bhadantôpāli- < bhadanta-upāli-：*m.* 尊者ウパーリ。*sg. Voc.*

cittasya < citta-：*n.* 心。思考。意思。知性。理性。「質多」と音写。*sg. Gen.*

prakṛtir < prakṛtiḥ + 有声音 < prakṛti-：*f.* 本来の状態。自然の状態。性質。自然。（自然の）始原的構成要素。*sg. Nom.*

　以上は、属格と主格の名詞文と考えることができる。

yayā < yad-：*関係代名詞, f. sg. Ins.*

citta-prakṛtyā < citta-prakṛti- < citta-prakṛti-：*f.* 心の本性。*sg. Ins.*

　prakṛti-：*f.* 本来の状態。自然の状態。性質。自然。（自然の）始原的構成要素。

bhadantasya < bhadanta-：*m.* （仏教、またはジャイナ教の出家者の敬称）。「大徳」「尊」「尊者」「世尊」と漢訳。*sg. Gen.*

cittaṃ < citta-：*n.* 心。思考。意思。知性。理性。「質多」と音写。*sg. Nom.*

vimuktaṃ < vimukta- < vi-√muc- (6) + -ta：*pp.* はずす。ゆるめる。解く。自由にされる。*n. sg. Nom.*

kiṃ < kim-：*疑問代名詞,* だれ。何。どんな。どの。*n. sg. Nom.*

　疑問文であることを示している。

jātu　：*adv.* 全然。確かに。少なくとも。

sā < tad-：それ。*f. sg. Nom.*

citta-prakṛtiḥ < citta-prakṛtiḥ + (s) < citta-prakṛti-：*f.* 心の本性。*sg. Nom.*

　prakṛti-：*f.* 本来の状態。自然の状態。性質。自然。（自然の）始原的構成要素。

saṃkliṣṭā < saṃkliṣṭā- < saṃkliṣṭa- < sam-√kliś- (9) + -ta：*pp.* 悩まされた。困難に縛られた。「汚」「染」「穢」「穢濁」「垢穢」と漢訳。*f. sg. Nom.*

　sam-√kliś- (9)：絞る。苦しませる。悩ます。

　√kliś- (9)：悩ます。苦しませる。困らせる。煩わす。

> āha[80] /　no hîdaṃ /

(梵漢和維摩経 *p.* 102, *l.* 16)

「〔私、ウパーリは〕言いました。
『このようなことは、ありません』
【「我は言えり、『不(いな)なり』。】　　　（大正蔵、巻一四、五四一頁中）

āha < √ah-：言う。*Perf. 3, sg. P.*
no < na-u：*ind.* もまた〜ない。
hîdaṃ < hi + idaṃ
　　hi：*ind.* 真に。確かに。実に。
　　idaṃ < idam-：これ。*n. sg. Nom.*

āha / tat-prakṛtikāni bhadantôpāle sarva-sattvānāṃ cittāni /
(梵漢和維摩経 *p.* 102, *l.* 17)

「〔ヴィマラキールティが〕言いました。
『尊者ウパーリよ、すべての衆生たちの心は、その〔汚されることのない〕本性を持っている。
【「維摩詰(ゆいまきつ)は言えり。『一切衆生の心相に垢(けがれ)無きことも亦(ま)復(た)是くの如し。】
（大正蔵、巻一四、五四一頁中）

āha < √ah-：言う。*Perf. 3, sg. P.*

tat-prakṛtikāni < tat-prakṛtika- = tat-prakṛti-：*adj.* それを本性として持つ。*n. pl. Nom.*
　　prakṛtika-：*adj.* 「性」と漢訳。
bhadantôpāle < bhadantôpāli- < bhadanta-upāli-：*m.* 尊者ウパーリ。*sg. Voc.*
sarva-sattvānāṃ < sarva-sattva-：*m.* すべての衆生。「一切衆生」と漢訳。*pl. Gen.*
cittāni < citta-：*n.* 心。思考。意思。知性。理性。「質多」と音写。*pl. Nom.*

§35　saṃkalpo bhadantôpāle kleśo 'kalpâvikalpā ca prakṛtiḥ /
(梵漢和維摩経 *p.* 102, *l.* 18)

§35　「『尊者ウパーリよ、妄想は汚れであり、分別がなく、妄想のないことが〔心の〕本性である。
【§35　「『唯(いい)、優波離よ、妄想は是れ垢なり。妄想無きは是れ浄なり。】
（大正蔵、巻一四、五四一頁中）

saṃkalpo < saṃkalpaḥ + 有声子音 < saṃ-kalpa-：*m.* 意志。決心。目的。はっきりとした意図。「願」「志」「念」「思惟」「分別」「想念」「憶想分別」「所願」「大願」と漢訳。*sg. Nom.*
bhadantôpāle < bhadantôpāli- < bhadanta-upāli-：*m.* 尊者ウパーリ。*sg. Voc.*
kleśo 'kalpâvikalpā < kleśaḥ + akalpâvikalpā
　　kleśaḥ < kleśa- < √kliś- (4) + -a：*m.* 苦痛。苦悩。心痛。「煩悩」「惑」「根本煩悩」と漢訳。*sg. Nom.*
　　akalpâvikalpā < akalpâvikalpā- < akalpa-avikalpa-：*adj.* 分別がなく、妄想がない。*f. sg. Nom.*
　　akalpa- < a-kalpa-：*adj.* 妄想のない。「無分別」「非分別」と漢訳。
　　avikalpa- < a-vikalpa-：*adj.* 区別しない。永く熟慮しない。「無分別」「無差別」「不妄想」「不生妄想」と漢訳。
ca：*conj.* および。また。しかしながら。そして。〜と。なお。
prakṛtiḥ < prakṛti-：*f.* 本来の状態。自然の状態。性質。自然。（自然の）始原的構成要素。*sg. Nom.*

viparyāsaḥ saṃkleśo 'viparyastā ca prakṛtiḥ /
（梵漢和維摩経 *p.* 102, *l.* 19）

「『顛倒は汚れであり、顛倒していないことが〔心の〕本性なのである。
【「『顛倒は是れ垢なり。顛倒無きは是れ浄なり。】　　（大正蔵、巻一四、五四一頁中）

viparyāsaḥ < viparyāsaḥ + (s) < viparyāsa- < vi-pari-√as- (4) + -a：*m.* （馬車の）顛覆。顛倒。誤った考え。誤謬。*sg. Nom.*
　vi-pari-√as- (4)：顛倒する・逆にする。覆す。
saṃkleśo 'viparyastā < saṃkleśaḥ + aviparyastā
　saṃkleśaḥ < saṃkleśa- < sam-√kliś- (4) + -a：*m.* 苦痛。苦悩。「染」「垢」「穢」「染汚」「惑傷」「煩悩」と漢訳。*sg. Nom.*
　aviparyastā < aviparyastā- < aviparyasta- < a-viparyasta-：*adj.* 顛倒されていない。*f. sg. Nom.*
　viparyasta- < vi-pari-√as- (4) + -ta：*pp.* 顛倒された。逆にされた。覆された。
ca：*conj.* および。また。しかしながら。そして。〜と。なお。
prakṛtiḥ < prakṛti-：*f.* 本来の状態。自然の状態。性質。自然。（自然の）始原的構成要素。*sg. Nom.*

ātma-samāropaḥ saṃkleśo nairātmyā ca prakṛtiḥ /
（梵漢和維摩経 *p.* 102, *ll.* 19–20）

「『〔自我が有ると考えて、ものごとに〕自我を帰属させることは汚れである。〔ものごとに〕自我は〔帰属してい〕ないことが本性なのである。
【「『我を取るは是れ垢なり。我を取らざるは是れ浄なり。】　　（大正蔵、巻一四、五四一頁中）

ātma-samāropaḥ < ātma-samāropaḥ + (s) < ātma-samāropa-：*m.* 自我を帰属させること。*sg. Nom.*
　ātma- < ātman-：*m.* 自分。自我。霊魂。生命。本質。本性。身体。
　samāropa- < sam-ā-√ruh- (1) + -a：*m.* 〜（処格）の中に置くこと。帰属させること。「立」「建立」と漢訳。
　sam-ā-√ruh- (1)：〜（対格、処格）に上る。〜（対格）に登る。〜に入る。
saṃkleśo < saṃkleśaḥ + 有声子音 < saṃkleśa- < sam-√kliś- (4) + -a：*m.* 苦痛。苦悩。「染」「垢」「穢」「染汚」「惑傷」「煩悩」と漢訳。*sg. Nom.*
nairātmyā < nairātmyā- < nairātmya- < nirātman- + -ya：*adj.* 無我の。無我の教えの。*f. sg. Nom.*
ca：*conj.* および。また。しかしながら。そして。〜と。なお。
prakṛtiḥ < prakṛti-：*f.* 本来の状態。自然の状態。性質。自然。（自然の）始原的構成要素。*f. sg. Nom.*

utpanna-bhagnânavasthitā bhadantôpāle sarva-dharmā māyā-megha-vidyut-sadṛśāḥ /
（梵漢和維摩経 *p.* 102, *ll.* 20–21）

「『尊者ウパーリよ、あらゆるものごと（一切法）は、生じては滅するもので、存続し続けることはない。幻や、雲、〔稲光の〕閃光のようなものである。
【「『優波離よ、一切法は生滅して住まらず。幻の如く、電の如く、】（大正蔵、巻一四、五四一頁中）

utpanna-bhagnânavasthitā < utpanna-bhagnânavasthitāḥ + 有声音 < utpanna-bhagna-anavasthita-：*adj.* 生じては滅するもので、存続し続けることはない。*m. pl. Nom.*
　utpanna- < ud-√pad- (4) + -na：*pp.* 〜（処格）から生まれた。生じた。「已生」「出現」「生起」と漢訳。
　bhagna- < √bhañj- (7) + -na：*pp.* 破られた。破壊された。
　√bhañj- (7)：破る。砕く。粉砕する。裂く。破壊する。

anavasthita- < an-avasthita-：*adj.* ～の状態にあり続けない。

avasthita- < ava-√sthā- (1) + -ita：*pp.* 置かれた。配置された。～の状態にあり続ける。～に従事している。

bhadantôpāle < bhadantôpāli- < bhadanta-upāli-：*m.* 尊者ウパーリ。*sg. Voc.*

sarva-dharmā < sarva-dharmāḥ + 有声音 < sarva-dharma-：*m.* あらゆるものごと。「諸法」と漢訳。*pl. Nom.*

māyā-megha-vidyut-sadṛśāḥ < māyā-megha-vidyut-sadṛśa-：*adj.* 幻や、雲、稲光のような。*m. pl. Nom.*

māyā-：*f.* 術。不可思議の力。幻像。幻想。幻影。「幻化」と漢訳。

megha-：*m.* 雲。

vidyut-：*adj.* 閃光を発する。*f.* 閃光を発する武器。電光。

sadṛśa- < sa-dṛśa-：*adj.* ～に似た。～のような。「如」「相似」と漢訳。

nirapekṣāḥ sarva-dharmāḥ kṣaṇam api nâvatiṣṭhante /

(梵漢和維摩経 *p.* 104, *l.* 1)

「『あらゆるものごと（諸法）は、〔他を〕待つことなく〔生滅して〕、瞬時も留まることはない。

【「『諸法は相い待たず、乃至、一念も住まらず。】　(大正蔵、巻一四、五四一頁中)

……………………………………………………………………

nirapekṣāḥ < nirapekṣāḥ + (s) < nirapekṣa- < nir-apekṣa-：*adj.* ～（処格）を顧慮しない。無関心な。期待しない。*m. pl. Nom.*

apekṣā- < apa-√īkṣ- (1) + -ā：*f.* 見回すこと。注意。思考。顧慮。期待。

apa-√īkṣ- (1)：看過する。～（対格）を志す。～を顧慮する。～を期待する。～を重視する。～を待つ。

sarva-dharmāḥ < sarva-dharmāḥ + (k) < sarva-dharma-：*m.* あらゆるものごと。「諸法」と漢訳。*pl. Nom.*

kṣaṇam < kṣaṇa-：*m.* 瞬間。「須臾」「念」と漢訳。「刹那」と音写。*sg. Acc.*

api：*adv.* また。さえも。されど。同様に。

nâvatiṣṭhante < na + avatiṣṭhante

avatiṣṭhante < avatiṣṭha- < ava-√sthā- (1)：～の状態にあり続ける。～（処格）にとどまる。*Pres. 3, pl. A.*

svapna-marīci-sadṛśāḥ sarva-dharmā vitatha-darśanāḥ /

(梵漢和維摩経 *p.* 104, *ll.* 1–2)

「『あらゆるものごとは、夢や陽炎のようなものであり、真実でないものを見ているのだ。

【「『諸法は皆、妄見なり。夢の如く、炎の如く、】　(大正蔵、巻一四、五四一頁中)

……………………………………………………………………

svapna-marīci-sadṛśāḥ < svapna-marīci-sadṛśāḥ + (s) < svapna-marīci-sadṛśa-：*adj.* 夢や陽炎のような。*m. pl. Nom.*

svapna-：*m.* 眠り。夢。眠気。眠りに耽ること。

marīci-：*f.* 陽炎。

sadṛśa- < sa-dṛśa-：*adj.* ～に似た。～のような。「如」「相似」と漢訳。

sarva-dharmā < sarva-dharmāḥ + 有声音 < sarva-dharma-：*m.* あらゆるものごと。「諸法」と漢訳。*pl. Nom.*

vitatha-darśanāḥ < vitatha-darśana-：*adj.* 不真実を見ることを持つ。真実でないものを見ている。*m. pl. Nom.*

vitatha- < vi-tatha-：*adj.* 不真実の。虚妄の。無益の。

tatha- < tathā：*adv.* そのように。同様な方法で。同様に。

darśana-< √dṛś- (1) + -ana-：*n.* 凝視すること。見ること。知覚。悟性。内観。意見。認識。哲学的体系。～との会合。

daka-candra-pratibimba-sadṛśāḥ sarva-dharmāś citta-parikalpenôtpadyante /
(梵漢和維摩経 *p.* 104, *ll.* 2–3)

「『あらゆるものごとは、水に映った月、〔鏡に映った〕像のようなものであり、心の虚妄分別によって生じているのである。
【「『水中の月の如く、鏡中の像の如く、妄想を以て生ず。】　　　　（大正蔵、巻一四、五四一頁中）
……………………………………………………………………

daka-candra-pratibimba-sadṛśāḥ < daka-candra-pratibimba-sadṛśāḥ + (s) < daka-candra-pratibimba-sadṛśa-：*adj.* 水に映った月、〔鏡に映った〕像のような。*m. pl. Nom.*
daka-candra-：*m.* 「水中月」と漢訳。
daka- = udaka-：*n.* 水。
candra-：*m.* 月。「月天」と漢訳。
pratibimba- < prati-bimba-：*n.* 映像。反映。陰影。肖像。「鏡像」「鏡中像」と漢訳。
sadṛśa- < sa-dṛśa-：*adj.* ～に似た。～のような。「如」「相似」と漢訳。
sarva-dharmāś < sarva-dharmāḥ + (c) < sarva-dharma-：*m.* あらゆるものごと。「諸法」と漢訳。*pl. Nom.*
citta-parikalpenôtpadyante < citta-parikalpena + utpadyante
citta-parikalpena < citta-parikalpa-：*m.* 心の虚妄分別。*sg. Ins.*
parikalpa- < pari-√kḷp- (1) + -a：*m.* 迷妄。「分別」「計度」「妄想」「虚妄分別」と漢訳。
utpadyante < utpadya- < ud-√pad- (4)：生ずる。生み出す。産出。出生。「生」「起」「出」「生起」「出現」と漢訳。*Pres. 3, pl. A.*

ye tv evaṃ jānanti te vinaya-dharā ity ucyante /
(梵漢和維摩経 *p.* 104, *ll.* 3–4)

「『しかるに、このように知るところの人たち、それらの人たちが戒律を保持するもの（持律者）と言われるのだ。
【「『其れ此れを知る者は、是れを律を奉ずるものと名づく。】　　　　（大正蔵、巻一四、五四一頁中）
……………………………………………………………………

ye < yad-：*関係代名詞, m. pl. Nom.*
tv < tu + 母音：*ind.* しかし。しかして。「然」「而」「復」「若」「唯」と漢訳。
evaṃ：*adv.* このように。「是」「如是」と漢訳。
jānanti < jāna- < √jñā- (9)：知る。*Pres. 3, pl. P.*
te < tad-：それ。*m. pl. Nom.*
vinaya-dharā < vinaya-dharāḥ + 有声音 < vinaya-dhara-：*adj.* 律（毘奈耶）を保持する。「持律」と漢訳。*m. pl. Nom.*
vinaya- < vi√-nī- (1) + -a：*adj.* 除去する。*m.* 除去。指導。訓練。教授。よい態度。礼儀正しさ。律。「毘尼」「毘奈耶」と音写。
vi√-nī- (1)：案内する。教育する。「教化」「教導」と漢訳。
dhara- < √dhṛ- (6) + -a：*adj.* 担う。保持する。持続する。記憶する。「受持」と漢訳。
ity < iti + 母音：*adv.* ～と。以上のように。「如是」と漢訳。
ucyante < ucya- < √vac- (2) + -ya：*Pass.* ～と言われる。～と呼ばれる。*3, pl. A.*

ya evaṃ vinītās te suvinītāḥ /
(梵漢和維摩経 *p.* 104, *l.* 4)

「『このように教導されているところの人たち、それらの人たちがよく教導された人たちなのである』
【「『其れ此れを知る者は、是れを善く解するものと名づく』と。】　（大正蔵、巻一四、五四一頁中）

……………………………………………………………………

ya < ye + a 以外の母音 < yad-：*関係代名詞, m. pl. Nom.*
evaṃ：*adv.* このように。「是」「如是」と漢訳。
vinītās < vinītāḥ + (t) < vinīta- < vi-√nī- (1) + -ta：*pp.* 教育された。訓練された。教導された。「化」「調伏」「降伏」「教化」「所化」「教導」と漢訳。*m. pl. Nom.*
te < tad-：それ。*m. pl. Nom.*
suvinītāḥ < suvinīta- < su-vinīta-：*adj.* よく教導された。*m. pl. Nom.*

§36　atha tau bhikṣū etad avocatām /　prajñā-dharo vinaya-dharo 'yam upāsakaḥ / (梵漢和維摩経 *p.* 104, *ll.* 5–6)

§36　「その時、それらの二人の男性出家者たちは、このように言いました。
『この男性在家信者（優婆塞）[81] は、智慧を具え、戒律を保持するもの（持律者）である。
【§36　「是に於いて二比丘言わく、『上智なる哉、】　（大正蔵、巻一四、五四一頁中）

……………………………………………………………………

atha：*adv.* その時。その場合。さて。それ故。しかれば。しかしながら。
tau < tad-：それ。*m. du. Nom.*
bhikṣū < bhikṣu- < √bhikṣ- (1) + -u：*m.* 乞食者。「比丘」と音写。*du. Nom.*
etad < etat + 母音 < etad-：これ。*n. sg. Acc.* 対格の副詞的用法で「このように」の意味。
avocatām < avoca- < a- + va-+ uc- + -a < √vac- (2)：言う。話す。告げる。*重複 Aor. 3, du. P.* 重複アオリストについては、cf.「基礎」*p.* 334.

……………………………………………………………………

prajñā-dharo < prajñā-dharaḥ + 有声子音 < prajñā-dhara-：*adj.* 智慧を保持する。*m. sg. Nom.*
vinaya-dharo 'yam < vinaya-dharaḥ + ayam
　vinaya-dharaḥ < vinaya-dhara-：*adj.* 律（毘奈耶）を保持する。「持律」と漢訳。*m. sg. Nom.*
　ayam < idam-：これ。*m. sg. Nom.*
upāsakaḥ < upāsaka- < upa-√ās- (2) + -aka：*m.* 男性在家信者。「優婆塞」と音写。*m. sg. Nom.*

na tv ayaṃ bhadantôpālir yo bhagavatā vinaya-dharāṇām agro nirdiṣṭaḥ. / (梵漢和維摩経 *p.* 104, *ll.* 6–7)

「『しかるに、世尊が持律者の中の第一と決定されたところの尊者ウパーリは、こうではありません』と。
【「『是れ優波離の及ぶ能わざる所なり。持律の上なるものにして而も説く能わず』と。】
（大正蔵、巻一四、五四一頁中）

……………………………………………………………………

na：*ind.* ～でない。～にあらず。
tv < tu + 母音：*ind.* しかし。しかして。「然」「而」「復」「若」「唯」と漢訳。
ayaṃ < idam-：これ。この。*m. sg. Nom.*
bhadantôpālir < bhadantôpāliḥ + 有声音 < bhadantôpāli- < bhadanta-upāli-：*m.* 尊者ウパーリ。*sg. Nom.*
yo < yaḥ + 有声子音 < yad-：*関係代名詞, m. sg. Nom.*
bhagavatā < bhagavat-：*m.* 尊い（人）。「世尊」と漢訳。「婆伽婆」「薄伽梵」と音写。*sg. Ins.*
vinaya-dharāṇām < vinaya-dhara-：*adj.* 律（毘奈耶）を保持する。「持律」と漢訳。*m. pl. Gen.* 部分に対する全体を示す属格。
agro < agraḥ + 有声子音 < agra-：*adj.* 尖端の。頂点の。*n.* 尖端。頂点。「最上」「最勝」「第一」と漢訳。*m. sg. Nom.*

nirdiṣṭaḥ < nirdiṣṭa- < nir-√diś- (6) + -ta：*pp.* 指示された。決定された。宣言された。予言された。命じられた。*m. sg. Nom.*

tāv aham evaṃ vadāmi / mā bhikṣv atra gṛha-pati-saṃjñām utpādayatām /
（梵漢和維摩経 *p.* 104, *ll.* 8–9）

「私は、それらの二人にこのように言いました。
『二人の比丘たちよ、この〔ヴィマラキールティ〕に対して、〔単なる在家の〕資産家（居士）という思いを生じてはならない。
【我(われ)、即ち答えて言えり。】（大正蔵、巻一四、五四一頁下）

……………………………………………………………………………

tāv < tau + 母音 < tad-：それ。*m. du. Acc.*
aham < mad-：私。*1, sg. Nom.*
evaṃ：*adv.* このように。「是」「如是」と漢訳。
vadāmi < vada- < √vad- (1)：語る。告げる。*Pres. 1, sg. P.*

……………………………………………………………………………

mā：*adv.* 〜なかれ。〜なからんことを。〜しないように。願わくは〜ないように。
bhikṣv < bhikṣū + 母音 < bhikṣu- < √bhikṣ- (1) + -u：*m.* 乞食者。「比丘」と音写。*du. Voc.*
atra：*adv.* ここ。かしこ。この場合。この際。(idam-の処格)
gṛha-pati-saṃjñām < gṛha-pati-saṃjñā-：*f.* 資産家（居士）という思い。*sg. Acc.*
　gṛha-pati：*m.* 資産家。「家長」「居士」「長者」「在家」と漢訳。
　gṛha-：*n.* 家。住居。「舎」「宅」「舎宅」と漢訳。
　pati-：*m.* 持ち主。主。長。王。支配者。
　saṃjñā- < sam-√jñā- (9) + -ā：*f.* 一致。理解。意識。
utpādayatām < utpādaya- < ud-√pad- (4) + -aya：*Caus.* 起こす。生じる。*Impv. 3, du. P.*

tat kasmād dhetoḥ /
（梵漢和維摩経 *p.* 104, *l.* 9）

「『それは、どんな理由からか。
【漢訳相当箇所なし】

……………………………………………………………………………

tat < tad-：それ。*n. sg. Nom.*
kasmād dhetoḥ < kasmāt + hetoḥ
　連声法は、cf.「基礎」*p.* 63.
　kasmāt < kim-：*疑問詞,* だれ。何。どんな。どの。*m. sg. Abl.*
　hetoḥ < hetu-：*m.* 理由。原因。因。*sg. Abl.*
　奪格は、動機、原因、理由を表わす。cf.「シンタックス」*p.* 58.

tathāgataṃ sthāpayitvā nâsti kaścic chrāvako vā bodhi-sattvo vā ya etasya pratibhānam ācchindyāt /
（梵漢和維摩経 *p.* 104, *ll.* 9–10）

「『声聞であれ、菩薩であれ、この人の雄弁をさえぎるところの人は、如来を除いて、だれもいないのだ。
【「『如来を捨(お)いてより、未だ声聞及び菩薩にして能(よ)く其(そ)の楽説(ぎょうせつ)の弁を制し、】
（大正蔵、巻一四、五四一頁下）

……………………………………………………………………………

tathāgataṃ < tathāgata-：*m.* このように行った（人）。このように来た（人）。「如来」「如去」と漢

訳。「多陀阿伽度」と音写。*sg. Acc.*

sthāpayitvā < sthāpaya + -itvā < √sthā- (1) + -paya- + -itvā：*Caus.* 立たしめる。任命する。静止させる。止める。阻む。抑止する。除く *Ger.*

nâsti < na + asti

na：*ind.* ～でない。～にあらず。

asti < as- < √as- (2)：ある。*Pres. 3, sg. P.*

kaścic chrāvako < kaścit + śrāvako

kaścit < kiṃ-cit-：だれかある人。*m. sg. Nom.*

śrāvako < śrāvakaḥ + 有声子音 < śrāvaka- < √śru- (5) + -aka：*m.* 声を聞く人。聴聞者。門弟。弟子。「声聞」と漢訳。*sg. Nom.*

vā：*ind.* ～か。または。たとえ～であっても。

bodhi-sattvo < bodhi-sattvaḥ + 有声子音 < bodhi-sattva-：*m.* 覚りを求める人。「菩薩」と音写。*sg. Nom.*

vā：*ind.* ～か。または。たとえ～であっても。

ya < yaḥ + a 以外の母音 < yad-：*関係代名詞, m. sg. Nom.*

etasya < etad-：これ。*m. sg. Gen.*

pratibhānam < pratibhāna- < prati-√bhā- (2) + -ana：*n.* 明白なこと。理解。能弁であること。「弁」「弁才」「巧弁」「弁説」「楽説」と漢訳。*sg. Acc.*

ācchindyāt < ācchind- < ā-√chid- (7)：切る。取り去る。遮る。中断する。*Opt. 3, sg. P.*

tādṛśa etasya prajñâlokaḥ /

(梵漢和維摩経 *p.* 104, *ll.* 10–11)

「『この〔ヴィマラキールティ〕の智慧の光明はこのようなものである』

【「『其の智慧の明達なること、此くの若く為るもの有らざるなり』】（大正蔵、巻一四、五四一頁下）

…………………………………………………………………………

tādṛśa < tādṛśaḥ + a 以外の母音 < tādṛśa-：*adj.* かかる。同種の。「如是」と漢訳。*m. sg. Nom.*

etasya < etad-：これ。*m. sg. Gen.*

prajñâlokaḥ < prajñâloka- < prajñā-āloka-：*adj.* 「慧光明」「智光明」と漢訳。*m. sg. Nom.*

āloka-：*m.* 見ること。注視。光。光輝。～（属格）の光景。

§37 atha tau bhikṣū vinīta-kaukṛtyāv adhyāśayena tatrâivânuttarāyāṃ samyak-saṃbodhau cittam utpāditavantau taṃ ca sat-puruṣam abhivandyâivam āhatuḥ / sarva-sattvā īdṛśasya pratibhānasya lābhino bhavantu /

(梵漢和維摩経 *p.* 104, *ll.* 12–15)

§37 「すると、それらの二人の男性出家者たちは、後悔〔の念〕を調伏し、高潔な心でまさにそのこの上ない正しく完全な覚り（阿耨多羅三藐三菩提）へ向けて心を発しました。そして、その善き人（善士）に敬意を表して、このように言いました。

『あらゆる衆生たちが、このような雄弁の獲得者となりますように』

【§37 「時に二比丘、疑悔即ち除き、阿耨多羅三藐三菩提に心を発し、是の願を作して言わく、『一切衆生をして皆、是の弁を得しめんことを』と。】（大正蔵、巻一四、五四一頁下）

…………………………………………………………………………

atha：*adv.* その時。その場合。さて。それ故。しかれば。しかしながら。

tau < tad-：それ。*m. du. Nom.*

bhikṣū < bhikṣu- < √bhikṣ- (1) + -u：*m.* 乞食者。「比丘」と音写。*du. Nom.*

vinīta-kaukṛtyāv < vinīta-kaukṛtyau + 母音 < vinīta-kaukṛtya-：*adj.* 調伏された後悔を持つ。後悔が調伏されている。*m. du. Nom.*

vinīta- < vi-√nī- (1) + -a：*pp.* 教育された。訓練された。教導された。調伏された。「化」「調

伏」「降伏」「教化」「所化」「教導」と漢訳。
kaukṛtya-：*n.* 醜行。悪事。後悔。
adhyāśayena < adhyāśaya- < adhi-āśaya-：*m.* 意向。欲望。願望。傾向。高潔な心。*sg. Ins.*
tatrâivânuttarāyāṃ < tatra + eva + anuttarāyāṃ
tatra：*adv.* そこに。そこへ。かしこに。その時に。その場合に。
eva：*adv.* さように。このように。まさに。実に。ただ。全くこのように。
anuttarāyāṃ < anuttarā- < anuttara- < an-ud-tara-：*比較級,* この上ない。「無上」と漢訳。*f. sg. Loc.*
samyak-saṃbodhau < samyak-saṃbodhi-：*f.* 正しく完全な覚り。「正覚」「正等正覚」「正等菩提」と漢訳。「三藐三菩提」と音写。*sg. Loc.* 目的地や目標を示す処格。
cittam < citta-：*n.* 心。思考。意思。知性。理性。「質多」と音写。*sg. Acc.*
utpāditavantau < utpāditavat- < utpādita- + -vat：*過能分,* 起こした。生じた。*m. du. Nom.*
utpādita- < utpādaya- + -ta < ud-√pad- (4) + -aya + -ta：*Caus. pp.* 起こされた。生じられた。
utpādaya- < ud-√pad- (4) + -aya：*Caus.* 起こす。生じる。
taṃ < tad-：それ。*m. sg. Acc.*
ca：*conj.* および。また。しかしながら。そして。～と。なお。
sat-puruṣam < sat-puruṣa-：*m.* 善き人。「善士」と漢訳。*sg. Acc.*
abhivandyâivam < abhivandya + evam
abhivandya < abhi-√vand- (1) + -ya：恭しく挨拶する。～に敬意を表する。～を尊敬する。*Ger.*
evam：*adv.* このように。「是」「如是」と漢訳。
āhatuḥ < √ah-：言う。*Perf. 3, du. P.*
√ah-は不完全動詞であり、完了形は āttha (*2, sg. P.*), āha (*3, sg. P.*), āhathuḥ (*2, du. P.*), āhatuḥ (*3, du. P.*), āhuḥ (*3, pl. P.*)の形しかない。cf.「基礎」*p.* 376.
直接法過去（Imperfect）が話者の直接目撃した過去を、アオリストが今日あったことを述べるのに対して、完了（Perfect）は、話者が直接目撃していないことを述べる時に用いられる。だから、「言う」ということを話者本人が、経験してもいないのに、「私が言った」と表現することは矛盾する。従って、√ah-の完了の一人称は存在しない。

…………………………………………………………………………

sarva-sattvā < sarva-sattvāḥ + 有声音 < sarva-sattva-：*m.* すべての衆生。「一切衆生」と漢訳。*pl. Nom.*
īdṛśasya < īdṛśa- = īdṛś-：*adj.* このような状態の。このような場合の。*m. sg. Gen.*
pratibhānasya < prati-√bhā- (2) + -ana：*n.* 明白なこと。理解。能弁であること。「弁」「弁才」「巧弁」「弁説」「楽説」と漢訳。*sg. Gen.*
lābhino < lābhinaḥ + 有声子音 < lābhin- < √labh- (1) + -in：*adj.* ～（対格、まれに属格）を得た（もの）。獲得した（もの）。理解した（もの）。～を得ている（もの）。「得者」と漢訳。*m. pl. Nom.*
所有の意味を表わす名詞、形容詞をつくる接尾辞 -in については、cf.「基礎」*p.* 589.
属格支配の動詞に由来する形容詞は、属格とともに用いる。cf.「シンタックス」*p.* 67.
bhavantu < bhava- < √bhū- (1)：なる。ある。*Impv. 3, pl. P.*

tan nâham utsahe tasya sat-puruṣasya glāna-paripṛcchako gantum / （梵漢和維摩経 *p.* 104, *ll.* 15–16）

「それ故に、私は、その善き人（善士）の病気見舞いに行くことに耐えられません」
【「故に我、彼(かしこ)に詣(いた)りて疾(やまい)を問うに任(た)えず」と。】（大正蔵、巻一四、五四一頁下）

…………………………………………………………………………

tan < tat + (n) < tad-：それ。*n. sg. Acc.*
代名詞の中性・対格／具格／奪格は、連結助詞として用いられ、「そこで」「従って」「このため」を意味する。

nâham < na + aham

aham < mad-：私。*1, sg. Nom.*

utsahe < utsaha- < ud-√sah- (1)：こらえる。耐える。～（不定詞）することができる。～する能力がある。*Pres. 1, sg. A.*

tasya < tad-：それ。*m. sg. Gen.*

sat-puruṣasya < sat-puruṣa-：*m.* 善き人。「善士」と漢訳。*sg. Gen.*

glāna-paripṛcchako < glāna-paripṛcchakaḥ + 有声子音 < glāna-paripṛcchaka-：*m.* 病についての質問（者）。「問病」と漢訳。*sg. Nom.*

gantum < √gam- (1) + -tum：*不定詞,* 行くこと。

> §38　tatra bhagavān āyuṣmantaṃ rāhulam āmantrayate sma /　gaccha tvaṃ rāhula vimalakīrter licchaver glāna-paripṛcchakaḥ /
>
> （梵漢和維摩経 *p.* 104, *ll.* 17–18）

§38　そこで、世尊は、尊者ラーフラ（羅睺羅）におっしゃられた。

「ラーフラよ、あなたは、リッチャヴィ族のヴィマラキールティの病気見舞いに行くがよい」

【§38　仏は羅睺羅に告げたまえり。「汝、維摩詰に行詣して疾を問え」】

（大正蔵、巻一四、五四一頁下）

……………………………………………………………………

tatra：*adv.* そこに。そこへ。かしこに。その時に。その場合に。

bhagavān < bhagavat-：*m.* 尊い（人）。世尊。「婆伽婆」「薄伽梵」と音写。*sg. Nom.*

āyuṣmantaṃ < āyuṣmat- < āyus- + -mat-：*m.* 長寿の。健康の。「尊者」「長老」「具寿」と漢訳。*sg. Acc.*

rāhulam < rāhula-：*m.* ラーフラ。「羅睺羅」と音写。*sg. Acc.*

āmantrayate < āmantraya- < ā-√mantraya- (名動詞)：語りかける。「告」「告言」「白言」と漢訳。*Pres. 3, sg. A.*

sma：*ind.* 実に。smaは現在形とともに用いられて、過去の意味を表わす（歴史的現在）。

……………………………………………………………………

gaccha < gaccha- < √gam- (1)：行く。経過する。～（対格、為格、処格）に赴く。近づく。達する。*Impv. 2, sg. P.*

tvaṃ < tvad-：あなた。*2, sg. Nom.*

rāhula < rāhula-：*m.* ラーフラ。「羅睺羅」と音写。*sg. Voc.*

vimalakīrter < vimalakīrteḥ + 有声音 < vimalakīrti- < vimala-kīrti-：*m.* ヴィマラキールティ。汚れのない名声を持つ（もの）。「維摩詰」「維摩」と音写。「浄名」「無垢称」と漢訳。*sg. Gen.*

licchaver < licchaveḥ + 有声音 < licchavi-：*m.* リッチャヴィ。「離車子」「栗姑毘」と音写。*sg. Gen.*

glāna-paripṛcchakaḥ < glāna-paripṛcchaka-：*m.* 病についての質問（者）。「問病」と漢訳。*sg. Nom.*

> rāhulo 'py āha /　nâhaṃ bhagavann utsahe tasya sat-puruṣasya glāna-paripṛcchako gantum /
>
> （梵漢和維摩経 *p.* 104, *ll.* 19–20）

ラーフラもまた、言った。

「世尊よ、私は、その善き人（善士）の病気見舞いに行くことに耐えられません。

【羅睺羅は仏に白して言さく、「世尊よ、我、彼に詣りて疾を問うに堪任せず。】

（大正蔵、巻一四、五四一頁下）

……………………………………………………………………

rāhulo 'py < rāhulaḥ + apy

rāhulaḥ < rāhula-：*m.* ラーフラ。「羅睺羅」と音写。*sg. Nom.*

apy < api + 母音：*adv.* また。されど。

āha < √ah-：言う。*Perf. 3, sg. P.*

……………………………………………………………………

nâhaṃ < na + ahaṃ

na：*ind.* ～でない。～にあらず。

ahaṃ < mad-：私。*1, sg. Nom.*

bhagavann < bhagavan + 母音 < bhagavat-：*m.* 尊い（人）。「世尊」と漢訳。「婆伽婆」「薄伽梵」と音写。*sg. Voc.*

utsahe < utsaha- < ud-√sah- (1)：こらえる。耐える。～（不定詞）することができる。～する能力がある。*Pres. 1, sg. A.*

tasya < tad-：それ。*m. sg. Gen.*

sat-puruṣasya < sat-puruṣa-：*m.* 善き人。「善士」と漢訳。*sg. Gen.*

glāna-paripṛcchako < glāna-paripṛcchakaḥ + 有声子音 < glāna-paripṛcchaka-：*m.* 病についての質問（者）。「問病」と漢訳。*sg. Nom.*

gantum < √gam- (1) + -tum：*不定詞,* 行くこと。

tat kasmād dhetoḥ /

（梵漢和維摩経 *p.* 104, *l.* 20）

「それは、どんな理由からでしょうか。

【「所以は何んとなれば、】（大正蔵、巻一四、五四一頁下）

……………………………………………………………………

tat < tad-：それ。*n. sg. Nom.*

kasmād dhetoḥ < kasmāt + hetoḥ

連声法は、cf.「基礎」*p.* 63.

kasmāt < kim-：*疑問詞,* だれ。何。どんな。どの。*m. sg. Abl.*

hetoḥ < hetu-：*m.* 理由。原因。因。*sg. Abl.*

奪格は、動機、原因、理由を表わす。cf.「シンタックス」*p.* 58.

abhijānāmy ahaṃ bhagavann ekasmin samaye saṃbahulā licchavi-kumārakā yenâhaṃ tenôpasaṃkramya māṃ etad avocan / tvaṃ rāhula tasya bhagavataḥ putraś cakra-varti-rājyam utsṛjya pravrajitas tatra ke te pravrajyāyā guṇânuśaṃsāḥ /

（梵漢和維摩経 *p.* 106, *ll.* 1–4）

「世尊よ、私は、思い出します。ある時、多くのリッチャヴィ族の若者たちが、私のいるところ、そこへと近づいて、私にこのように言いました。

『ラーフラよ、あなたは、その世尊の〔実の〕息子であります。〔あなたも、普遍的帝王である〕転輪聖王の王国を捨てて、出家されました。そこにおいて、あなたが出家したことの功徳と称讃はどのようなものでしょうか』

【「憶念するに、昔時、毘耶離の諸の長者子、我が所に来詣して稽首して礼を作して、我に問うて言わく、『唯、羅睺羅よ、汝は仏の子なり。転輪王の位を捨て、出家して道を為す。其れ出家せば何等の利か有らん』と。】（大正蔵、巻一四、五四一頁下）

……………………………………………………………………

abhijānāmy < abhijānāmi + 母音 < abhijānā- < abhi-√jñā- (9)：了解する。悟る。知る。～（対格）を…（対格）と認める。記憶する。*Pres. 1, sg. P.*

ahaṃ < mad-：私。*1, sg. Nom.*

bhagavann < bhagavan + 母音 < bhagavat-：*m.* 尊い（人）。「世尊」と漢訳。「婆伽婆」「薄伽梵」と音写。*sg. Voc.*

ekasmin < eka-：*基数詞,* 一。*adj.* ある。*m. sg. Loc.*

samaye < samaya-：*m.* 会合の場所。時間。好機。機会。*sg. Loc.*

saṃbahulā < saṃbahulāḥ + 有声音 < saṃbahula- < sam-bahula-：*adj.* 「衆多」「最多」「無量」と

漢訳。*m. pl. Nom.*

bahula-：*adj.* 厚い。密集した。濃い。幅広い。範囲の広い。大きい。豊富な。おびただしい。数多い。多い。～（具格）に富んだ。～に満ちた。

licchavi-kumārakā < licchavi-kumārakāḥ + 有声音 < licchavi-kumāraka-：*m.* リッチャヴィ族の若者。「梨車毘童子」と音写。*pl. Nom.*

kumāraka- < kumāra-ka- ＝ kumāra-：*m.* （初生）児。少年。青年。瞳。

yenâhaṃ < yena + ahaṃ

yena < yad-：*関係代名詞, n. sg. Ins.*

yena ～ tena … ＝ yatra ～ tatra …：～であるところ、そこで…。

ahaṃ < mad-：私。*1, sg. Nom.*

tenôpasaṃkramya < tena + upasaṃkramya

tena < tad-：それ。*n. sg. Ins.*

upasaṃkramya < upa-sam-√kram- (1) + -ya：近づく。*Ger.*

mām < mad-：私。*1, sg. Acc.*

etad < etat + 母音 < etad-：これ。*n. sg. Acc.* 対格の副詞的用法で「このように」の意味。

avocan < avoca- < a- + va-+ uc- + -a < √vac- (2)：言う。話す。告げる。*重複 Aor. 3, pl. P.*

重複アオリストについては、cf.「基礎」*p.* 334.

……………………………………………………………………

tvaṃ < tvad-：あなた。*2, sg. Nom.*

rāhula < rāhula-：*m.* ラーフラ。「羅睺羅」と音写。*sg. Voc.*

tasya < tad-：それ。*m. sg. Gen.*

bhagavataḥ < bhagavat-：*m.* 尊い（人）。「世尊」と漢訳。「婆伽婆」「薄伽梵」と音写。*sg. Gen.*

putraś < putraḥ + (c) < putra-：*m.* 息子。*sg. Nom.*

cakra-varti-rājyam < cakra-varti-rājya-：*n.* 転輪聖王の王国。*sg. Acc.*

cakra-varti- < cakra-vartin-：*adj.* 車輪を回転させる。*m.* 主権の車輪を操る人。世界の主権者。「輪王」「転輪王」「転輪聖王」と漢訳。

rājya- < √rāj- (1) + -ya：*adj.* 王室の。*n.* ～（処格）に対する主権。～の主権。統治国。王国。領土。

utsṛjya < ud-√sṛj- (6) + -ya：放つ。さまよわせる。投げる。投げ捨てる。捨てる。放棄する。*Ger.*

pravrajitas < pravrajitaḥ + (t) < pravrajita- < pra-√vraj- (1) + -ita：*pp.* 去った。～（対格）へ出立した。出家した。*m. sg. Nom.*

tatra：*adv.* そこに。そこへ。かしこに。その時に。その場合に。

ke < kim-：*疑問代名詞,* だれ。何。どんな。どれ。*m. pl. Nom.*

te < tvad-：あなた。*2, sg. Gen.*

pravrajyāyā < pravrajyāyāḥ + 有声音 < pravrajyā-：*f.* 出家すること。*sg. Gen.*

guṇânuśaṃsāḥ < guṇânuśaṃsa- < guṇa-anuśaṃsa-：*m.* 功徳と称讃。*pl. Nom.*

anuśaṃsa- < anu-√śaṃs- (1) + -a：*m.* 称讃。

anuśaṃsā- < anu-√śaṃs- (1) + -ā：*f.* 称讃。

「梵和大辞典」にはこの語を「福利又は功徳をあらしめること」としているが、疑問である。

anu-√śaṃs- (1)：読誦する。称讃する。

√śaṃs- (1)：読誦する。称讃する。激賞する。報告する。告げる。

> teṣām ahaṃ yathā-rūpaṃ pravrajyāyā guṇânuśaṃsā nirdiśāmi vimalakīrtir licchavir yenâhaṃ tenôpasaṃkrāntaḥ / sa māṃ abhivandyâitad avocat /
>
> （梵漢和維摩経 *p.* 106, *ll.* 5–7）

「私が、それら〔のリッチャヴィ族の若者たち〕に、出家することの功徳と称讃について順当に説いていると、私のいるところ、そこへリッチャヴィ族のヴィマラキールティが、近づいてきました。

その〔ヴィマラキールティ〕が、私に敬意を表して後に、このように言いました。
【「我は即ち如法に為に出家の功徳の利を説けり。時に維摩詰来たりて我に謂いて言わく、】
（大正蔵、巻一四、五四一頁下）

……………………………………………………………………………

teṣām < tad-：それ。*m. pl. Gen.*
ahaṃ < mad-：私。*1, sg. Nom.*
yathā-rūpaṃ < yathā-rūpa-：*adj.* いかなる形態を持つ。相応する外見を持つ。非常に美しい。非常に大きな。*n. sg. Acc.*
　対格の副詞的用法で、「適当に」「正しく」「順当に」「外見に従って」を意味する。
pravrajyāyā < pravrajyāyāḥ + 有声音 < pravrajyā-：*f.* 出家すること。*sg. Gen.*
guṇânuśaṃsā < guṇânuśaṃsāḥ + 有声音 < guṇânuśaṃsa- < guṇa-anuśaṃsa-：*f.* 功徳と称讃。*pl. Acc.*
nirdiśāmi < nirdiśa- < nir-√diś- (6)：指示する。決定する。宣言する。「説」「作説」「称讃」「答」と漢訳。*Pres. 1, sg. P.*
vimalakīrtir < vimalakīrtiḥ + 有声音 < vimalakīrti- < vimalakīrti- < vimala-kīrti-：*m.* ヴィマラキールティ。汚れのない名声を持つ（もの）。「維摩詰」「維摩」と音写。「浄名」「無垢称」と漢訳。*sg. Nom.*
licchavir < licchaviḥ + 有声音 < licchavi-：*m.* リッチャヴィ。「離車子」「栗姑毘」と音写。*sg. Nom.*
yenâhaṃ < yena + ahaṃ
　yena < yad-：*関係代名詞, n. sg. Ins.*
　yena 〜 tena … = yatra 〜 tatra …：〜であるところ、そこで…。
　ahaṃ < mad-：私。*1, sg. Nom.*
tenôpasaṃkrāntaḥ < tena + upasaṃkrāntaḥ
　tena < tad-：それ。*n. sg. Ins.*
　upasaṃkrāntaḥ < upasaṃkrānta- < upa-sam-√kram- (1) + -ta：*pp.* 近づいた。*m. sg. Nom.*

……………………………………………………………………………

sa < saḥ < tad-：それ。*m. sg. Nom.*
mām < mad-：私。*1, sg. Acc.*
abhivandyâitad < abhivandya + etad
　abhivandya < abhi-√vand- (1) + -ya：恭しく挨拶する。〜に敬意を表する。〜を尊敬する。*Ger.*
　etad < etat + 母音 < etad-：これ。*n. sg. Acc.* 対格の副詞的用法で「このように」の意味。
avocat < avoca- < a- + va-+ uc- + -a < √vac- (2)：言う。話す。告げる。*重複 Aor. 3, sg. P.*

§39　na bhadanta-rāhula evaṃ pravrajyāyā guṇânuśaṃsā nirdeṣṭavyā yathā tvaṃ nirdiśasi / （梵漢和維摩経 *p.* 106, *ll.* 8–9）

§39　「『尊者ラーフラよ、出家することの功徳と称讃を、あなたが説いているような、そのようなやり方で説くべきではない。
【§39　「『唯、羅睺羅よ、応に出家の功徳の利を説くべからず、】　（大正蔵、巻一四、五四一頁下）

……………………………………………………………………………

na：*ind.* 〜でない。〜にあらず。
bhadanta-rāhula < bhadanta-rāhula-：*m.* 尊者ラーフラ。*sg. Voc.*
evaṃ：*adv.* このように。「是」「如是」と漢訳。
pravrajyāyā < pravrajyāyāḥ + 有声音 < pravrajyā-：*f.* 出家すること。*sg. Gen.*
guṇânuśaṃsā < guṇânuśaṃsāḥ + 有声音 < guṇânuśaṃsa- < guṇa-anuśaṃsa-：*m.* 功徳と称讃。*pl. Nom.*
　anuśaṃsa- < anu-√śaṃs- (1) + -a：*m.* 称讃。

anuśaṃsā- < anu-√śaṃs- (1) + -ā：*f.* 称讃。

nirdeṣṭavyā < nirdeṣṭavyāḥ + 有声音 < nirdeṣṭavya- < nir-√diś- (6) + -tavya：*未受分*, 指示されるべき。宣言されるべき。説かれるべき。「作説」「称讃」「答」と漢訳。*m. pl. Nom.*

yathā：*関係副詞*, *接続詞*, ～のように。あたかも～のように。～であるように。

yathā ～ evam …：～のように、そのように…。

tvaṃ < tvad-：あなた。*2, sg. Nom.*

nirdiśasi < nirdiśa- < nir-√diś- (6)：指示する。決定する。宣言する。「説」「作説」「称讃」「答」と漢訳。*Pres. 2, sg. P.*

---

tat kasmād dhetoḥ /

(梵漢和維摩経 *p.* 106, *l.* 9)

「『それは、どんな理由からか。

【「『所以(ゆえん)は何(いか)んとなれば、】　(大正蔵、巻一四、五四一頁下)

……………………………………………………………………………

tat < tad-：それ。*n. sg. Nom.*

kasmād dhetoḥ < kasmāt + hetoḥ

連声法は、cf.「基礎」*p.* 63.

kasmāt < kim-：*疑問詞*, だれ。何。どんな。どの。*m. sg. Abl.*

hetoḥ < hetu-：*m.* 理由。原因。因。*sg. Abl.*

奪格は、動機、原因、理由を表わす。cf.「シンタックス」*p.* 58.

---

nirguṇā niranuśaṃsā hi pravrajyā /

(梵漢和維摩経 *p.* 106, *ll.* 9–10)

「『功徳のないこと、称讃のないことこそが、出家することなのだ。

【「『利無く功徳無き、是れを出家と為(な)す。】　(大正蔵、巻一四、五四一頁下)

……………………………………………………………………………

nirguṇā < nirguṇā- < nirguṇa- < nir-guṇa-：*adj.* 属性のない。徳の欠けた。功徳のない。*f. sg. Nom.*

niranuśaṃsā < niranuśaṃsā- < niranuśaṃsa- < nir-anuśaṃsa-：*adj.* 称讃のない。*f. sg. Nom.*

hi：*ind.* 真に。確かに。実に。

pravrajyā < pravrajyā-：*f.* 出家すること。*sg. Nom.*

---

yatra bhadanta-rāhula saṃskṛta-pravṛttis tatra guṇânuśaṃsā /

(梵漢和維摩経 *p.* 106, *l.* 10)

「『尊者ラーフラよ、有為による顕現のあるところ、そこには功徳と称讃があろう。

【「『有為(うい)の法は利有り功徳有りと説く可し。】　(大正蔵、巻一四、五四一頁下)

……………………………………………………………………………

yatra：*adv.* そこに。その場所に。その場合に。もし～ならば。その時。

yatra ～ tatra …：～であるところ、そこに…。

bhadanta-rāhula < bhadanta-rāhula-：*m.* 尊者ラーフラ。*sg. Voc.*

saṃskṛta-pravṛttis < saṃskṛta-pravṛttiḥ + (t) < saṃskṛta-pravṛtti-：*f.* 有為による顕現。*sg. Nom.*

saṃskṛta- < sam-s-√kṛ- (8) + -ta：*pp.* 準備された。「有為」と漢訳。

pravṛtti- < pra-√vṛt- (1) + -ti：*f.* 前進。顕現。産出。生起。起源。機能。

tatra：*adv.* そこに。そこへ。かしこに。その時に。その場合に。

guṇânuśaṃsā < guṇânuśaṃsā- < guṇa-anuśaṃsā-：*f.* 功徳と称讃。*sg. Nom.*

---

pravrajyā câsaṃskṛtâsaṃskṛte ca na guṇā nânuśaṃsā[82] /

（梵漢和維摩経 *p.* 106, *l.* 11）

「『出家することは無為〔になること〕であり、無為には功徳もなければ称讃もないのだ。
【「『夫れ出家は無為法為り、無為法の中には利無く功徳無し。】　（大正蔵、巻一四、五四一頁下）

……………………………………………………………………

pravrajyā < pravrajyā-：*f.* 出家すること。*sg. Nom.*
câsaṃskṛtâsaṃskṛte < ca + asaṃskṛtā + asaṃskṛte
　asaṃskṛtā < asaṃskṛtā- < asaṃskṛta- < a-saṃskṛta-：*adj.* 装備されない。装飾されていない。「無為」と漢訳。*f. sg. Nom.*
　asaṃskṛte < asaṃskṛta- < a-saṃskṛta-：*adj.* 装備されない。装飾されていない。「無為」と漢訳。*n. sg. Loc.*
ca：*conj.* および。また。しかしながら。そして。〜と。なお。
na：*ind.* 〜でない。〜にあらず。
guṇā < guṇāḥ + 有声子音 < guṇa-：*m.* 種類。構成。従属的要素。固有性。属性。善性。徳。*pl. Nom.*
nânuśaṃsā < na + anuśaṃsā
　anuśaṃsā < anuśaṃsā- < anu-√śaṃs- (1) + -ā：*f.* 称讃。*sg. Nom.*
　asaṃskṛte 以下は、処格と主格の名詞文をなしている。

pravrajyā bhadanta-rāhulârūpiṇī rūpa-vigatā panthā[83] nirvāṇasya praśaṃsitā paṇḍitaiḥ parigṛhītâryaiḥ parājayaḥ sarva-mārāṇām pañca-gaty-uttāraṇī pañca-cakṣu-viśodhanī pañca-bala-pratilambhā pañcêndriya-pratiṣṭhā pareṣām anupaghātaḥ pāpa-dharmâsaṃsṛṣṭā paratīrthya-pramardanī prajñapti-samatikrāntā paṅke saṃkramo 'mamā mama-kāra-vigatâparigrahânupādānânākulâkula-prahīṇā sva-citta-darśanī[84] para-citta-saṃrakṣaṇī śamathânukūlā sarvato 'navadyā /
（梵漢和維摩経 *p.* 106, *ll.* 11–18）

「『尊者ラーフラよ、出家ということは、〔物質的な〕形のないものであり、形を離れたものである[85]。安らぎ（涅槃）への道であり、賢い人たちの称讃するものであり、聖者たちの受け入れるものであり、すべての悪魔を征服するものであり、〔地獄・餓鬼・畜生・人・天からなる〕五種類の生存領域（五趣）から救済するものであり、五種類の眼（五眼）[86] を清めるものであり、五種類の力（五力）の獲得をもたらすものであり、五種類の感覚器官（五根）の拠り所であり、他人を害することがなく、悪い法と混じり合うことのないものであり、〔仏教以外の〕外道を打ち破るものであり、言葉によって概念を設定すること（仮名）を超越するものであり、泥沼における橋であり、世間的な執着がなく、我がものという執着を離れていて、受納することがなく、執着を離れていて、混乱がなく、混乱を断ち切っていて、自分の心を凝視し、他者の心を守っていて、〔禅定による〕心の静止に随順しており、あらゆる面において非難されるべきではないものだ。
【「『羅睺羅よ、出家は彼無く此れ無く、亦中間無し。六十二見を離れて涅槃に処す。智者の受くる所、聖の所行の処なり。衆魔を降伏し、五道を度し、五眼を浄め、五力を得、五根を立つ。彼を悩まさず、衆の雑悪を離れ、諸の外道を摧く。仮名を超越して淤泥を出づ。繋著無く、我所無し、所受無く、擾乱無く、内に喜びを懐きて、彼の意を護る。禅定に随いて衆の過を離る。】
（大正蔵、巻一四、五四一頁下）

……………………………………………………………………

pravrajyā < pravrajyā-：*f.* 出家すること。*sg. Nom.*
bhadanta-rāhulârūpiṇī < bhadanta-rāhula + arūpiṇī
　bhadanta-rāhula < bhadanta-rāhula-：*m.* 尊者ラーフラ。*sg. Voc.*
　arūpiṇī < arūpiṇī- < arūpin- < a-rūpin-：*adj.* 形のない。実質なき。「無形」「無色」「無色相」と漢訳。*f. sg. Nom.*
　rūpin- < rūpa- + -in：*adj.* 形ある。形をとった。具現された。有形の。化身の。
rūpa-vigatā < rūpa-vigatā- < rūpa-vigata-：*adj.* 形を離れた。*f. sg. Nom.*
　vigata- < vi-√gam- (1) + -ta：*pp.* 「離」「除」「無」「已除」「除断」と漢訳。

panthā < panthāḥ + 有声音 < path-：*m.* 道。*sg. Nom.* 格変化は、cf.「基礎」*p.* 174.

nirvāṇasya < nirvāṇa- < nir-√vā- (2, 4) + -na：*pp.* 吹き消された。*n.* 消滅。生の焔の消滅。完全な満足。「寂滅」「安穏」「寂静」と漢訳。「涅槃」「泥洹」と音写。*sg. Gen.*

praśaṃsitā < praśaṃsitā- < praśaṃsita- < pra-√śaṃs- (1) + -ita：*pp.* 称讃された。推賞された。「所歎」「讃歎」と漢訳。*f. sg. Nom.*

√śaṃs- (1)の過去受動分詞には次の二つがある。

śaṃsita- < √śaṃs- (1) + -ita：*pp.* 称讃された。

śasta- < √śaṃs- (1) + -ta：*pp.* 読誦された。称讃された。

paṇḍitaiḥ < paṇḍita-：*adj.* 学問のある。賢い。怜悧な。教養ある。～に巧みな。*m.* 学者。学問のある人。賢い人。*m. pl. Ins.*

parigṛhītâryaiḥ < parigṛhītā + āryaiḥ

parigṛhītā < parigṛhītā- < parigṛhīta- < pari-√grah- (9) + -ita：*pp.* ～（具格）と結合された。囲まれた。包まれた。捕らえられた。受け入れられた。採用された。許された。*f. sg. Nom.*

āryaiḥ < ārya-：*adj.* 尊敬すべき。高貴なる。聖なる。*m.* 聖者。「貴」「聖」と漢訳。*m. sg. Ins.*

parājayaḥ < parājaya- < parā-√ji- (1) + -a：*m.* ～（奪格）の喪失。損失。敗北。敗訴。～（属格）の鎮圧。征服。*sg. Nom.*

parā-√ji- (1)：打ち勝つ。征服する。打ち負かす。失う。奪われる。敗れる。

sarva-mārāṇām < sarva-māra-：*m.* すべての悪魔。*pl. Gen.*

māra- < √mṛ- (1) + -a：*adj.* 殺す。*m.* 死。殺害。誘惑者。「魔」「悪魔」「魔羅」と音写。

pañca-gaty-uttāraṇī < pañca-gaty-uttāraṇī- < pañca-gati-uttāraṇa-：*adj.* 五種の生存領域（五趣）から救済する。*f. sg. Nom.*

pañca-gati-：*f.* 「五趣」と漢訳。

pañca- < pañcan-：*基数詞,* 五。

gati- < √gam- (1) + -ti：*f.* 行くこと。進路。状態。「趣」「所趣」「所帰趣」と漢訳。

uttāraṇa- < ud-√tṝ- (1) + -ana：*adj.* 横切る。救助する。済度する。*n.* 救助。済度。上陸すること。

pañca-cakṣu-viśodhanī < pañca-cakṣu-viśodhanī- < pañca-cakṣu-viśodhana-：*adj.* 五種の眼（五眼）を清める。*f. sg. Nom.*

cakṣu-：*m.* 目。眼。

cakṣus-：*n.* 目。眼。視界。視力。

viśodhana- < viśodhaya- + -ana < vi-√śudh- (4) + -aya + -ana：*adj.* 清める。*n.* 清めること。

pañca-bala-pratilambhā < pañca-bala-pratilambhā- < pañca-bala-pratilambha-：*adj.* 五種の力（五力）の獲得をもたらす。*f. sg. Nom.*

bala-：*n.* 力。能力。体力。活力。

pratilambha- < prati-√labh- (1) + -a：*m.* 獲得。取得。～の回復。会得。

prati-√labh- (1)：回復する。取り戻す。達する。得る。

pañcêndriya-pratiṣṭhā < pañca-indriya-pratiṣṭhā-：*f.* 五種の感覚器官（五根）の拠り所。*sg. Nom.*

indriya-：*n.* 能力。感覚器官。「根」と音写。

pratiṣṭhā- < prati-√sthā- (1) + -ā：*f.* 立ち止まっていること。停止。静止。地位。位置。基礎。支持。「依止」「依処」と漢訳。

pratiṣṭha- < prati-√sthā- (1) + -a：*adj.* 堅固な。「住」「安住」と漢訳。

prati-√sthā- (1)：立つ。住む。しっかりと立つ。～（処格）の上に基礎を置く。安んずる。確立されている。「安住」「住」と漢訳。

pareṣām < para-：*m.* 他人。*pl. Gen.*

anupaghātaḥ < anupaghāta- < an-upaghāta-：*m.* 「無損」「未被害」「不破戒」「所不能害」と漢訳。*sg. Nom.*

upaghāta- < upa-√ghātaya- (名動詞) + -a：*m.* 打撃。損傷。損害。侵害。「悩」「憂悩」と漢

訳。

pāpa-dharmâsaṃsṛṣṭā < pāpa-dharmâsaṃsṛṣṭā- < pāpa-dharma-asaṃsṛṣṭa-：*pp.* 悪い法と混じり合うことのない。*f. sg. Nom.*

pāpa-：*adj.* 悪い。よこしまな。罪深い。

dharma-：*m.* 確定した秩序。慣例。習慣。法則。規則。義務。宗教。教説。性質。本質。属性。特質。事物。法。

asaṃsṛṣṭa- < a-saṃsṛṣṭa-：*pp.* 結ばれていない。混ぜられていない。

saṃsṛṣṭa- < sam-√sṛj- (6) + -ta：*pp.* 結ばれた。結合された。～（具格）と混合した。混ぜられた。

paratīrthya-pramardanī < paratīrthya-pramardanī- < paratīrthya-pramardana- *adj.* 〔仏教以外の〕外道を説き伏せる。外道を粉砕する。*f. sg. Nom.*

paratīrthya- < para-tīrthya-：*m.* 「外道」と漢訳。

pramardana- < pra-√mṛd- (9) + -ana：*adj.* ～（属格）を粉砕する。破壊する。絶滅させる。

pra-√mṛd- (9)：踏みつける。粉砕する。非常に苦しめる。荒廃させる。破壊する。

prajñapti-samatikrāntā < prajñapti-samatikrāntā- < prajñapti-samatikrānta-：*adj.* 言葉によって概念を設定することを超越している。*f. sg. Nom.*

prajñapti-：*f.* 教訓。報知。知らせること。言葉による表示。「仮」「仮立」「仮施設」「虚仮」「仮名」と漢訳。

samatikrānta- < sam-ati-√kram- (1) + -ta：*pp.* 「出」「超」「過」「超過」「超越」と漢訳。

paṅke < paṅka-：*m.n.* 泥。ぬかるみ。泥沼。沼地。*sg. Loc.*

saṃkramo 'mamā < saṃkramaḥ + amamā

saṃkramaḥ < saṃkrama- < sam-√kram- (1) + -a：*m.* 一緒に行くこと。進路。進歩。橋。階段。*sg. Nom.*

amamā < amamā- < amama- < a-mama-：*adj.* 自覚を欠いている。世間の執着／欲望がない。～に頓着しない。*f. sg. Nom.*

mama-：「我」「我所」と漢訳。

mama-kāra-vigatâparigrahânupādānânākulâkula-prahīṇā < mama-kāra-vigatā + aparigrahā + anupādānā + anākulā + ākula-prahīṇā

mama-kāra-vigatā < mama-kāra-vigatā- < mama-kāra-vigata-：*adj.* 我がものという執着を離れている。*f. sg. Nom.*

mama-kāra-：*m.* （私のものとする）。～（処格）に対する執着。

kāra- < √kṛ- (8) + -a：*adj.* 作る。なす。生ずる。形成する。遂行する。*m.* 作者。製作者。なすこと。

vigata- < vi-√gam- (1) + -ta：*pp.* 「離」「除」「無」「已除」「除断」と漢訳。

aparigrahā < aparigrahā- < a-parigraha-：*adj.* 貧乏な。受納することがない。「無所属」と漢訳。*m.* 包含しないこと。受けないこと。剝奪。欠乏。貧窮。*adj.* 貧乏な。受納することがない。「無所属」と漢訳。*f. sg. Nom.*

parigraha- < pari-√grah- (9) + -a：*m.* 包容。包含。取得。把握。受納。獲得。所有。

anupādānā < anupādānā- < anupādāna- < an-upādāna-：*adj.* 執着を離れている。「不取」「無取」「無取執」「離垢」「離著」と漢訳。*f. sg. Nom.*

upādāna- < upa-ā-√dā- (3) + -ana：*n.* 取得。捕獲。会得。「取著」と漢訳。

anākulā < anākulā- < an-ākula-：*adj.* 混乱していない。困惑していない。*f. sg. Nom.*

ākula-：*adj.* 混乱した。困惑した。

ākula-prahīṇā < ākula-prahīṇā- < ākula-prahīṇa-：*pp.* 混乱を断ち切っている。*f. sg. Nom.*

prahīṇa- < pra-√hā- (3) + -na：*pp.* 「断」「已断」「滅」「已滅」「滅尽」と漢訳。

sva-citta-darśanī < sva-citta-darśanī- < sva-citta-darśana-：*adj.* 自分の心を凝視している。*f. sg. Nom.*

darśana- < √dṛś- (1) + -ana-：*n.* 凝視すること。見ること。知覚。悟性。内観。意見。認識。哲学的体系。～との会合。

para-citta-saṃrakṣaṇī < para-citta-saṃrakṣaṇī- < para-citta-saṃrakṣaṇa-：*adj.* 他者の心を守っている。*f. sg. Nom.*

saṃrakṣaṇa- < sam-√rakṣ- (1) + -ana：*n.* ～（属格）の保護。～からの保護。

śamathânukūlā < śamathânukūlā- < śamatha-anukūla-：*adj.* 〔禅定による〕心の静止に随順している。*f. sg. Nom.*

śamatha-：*m.* 〔禅定による〕心の静止。「止」「寂止」「寂滅」と漢訳。「奢摩他」「舍摩他」と音写。

anukūla- < anu-kūla-：*adj.* 岸のほうへ。～に面した。適当な。「随順」「順応」と漢訳。

sarvato 'navadyā < sarvataḥ + anavadyā

sarvataḥ < sarvatas：*adv.* すべての面から。各方向に。至る所に。全く。完全に。

anavadyā < anavadyā- < an-avadya-：*未受分,* （称讃に値せざるに非ざる）。無難な。申し分のない。「無罪」「無過」「無呵責」「無諸過失」と漢訳。*f. sg. Nom.*

avadya- < a-vadya：*未受分,* 非難すべき。悪しき。*n.* 過失。罵詈。非難。不名誉。

iyam ucyate pravrajyā /　ya evaṃ pravrajitās te supravrajitāḥ /
（梵漢和維摩経 *p.* 106, *ll.* 18–19）

「『これが、出家と言われるのだ。このように出家するところの人たち、それらの人たち〔こそ〕が立派に出家した人なのである。

【「『若し能く是くの如くんば、是れ真の出家なり』。】　（大正蔵、巻一四、五四一頁下）

……………………………………………………………………………

iyam < idam-：これ。*f. sg. Nom.*

ucyate < ucya- < √vac- (2) + -ya：*Pass.* ～と言われる。～と呼ばれる。*3, sg. A.*

pravrajyā < pravrajyā-：*f.* 出家すること。*sg. Nom.*

……………………………………………………………………………

ya < ye + a 以外の母音 < yad-：*関係代名詞, m. pl. Nom.*

evaṃ：*adv.* このように。「是」「如是」と漢訳。

pravrajitās < pravrajitāḥ + (t) < pravrajita- < pra-√vraj- (1) + -ita：*pp.* 去った。～（対格）へ出立した。出家した。（第四生活期の遊行、または第三生活期の林棲のために）家を出た。*m. pl. Nom.*

te < tad-：それ。*m. pl. Nom.*

supravrajitāḥ < supravrajita- < su-pravrajita-：*pp.* 立派に出家した。*m. pl. Nom.*

§40　pravrajata[87] yūyaṃ kumārakāḥ svākhyāte dharma-vinaye /
（梵漢和維摩経 *p.* 108, *l.* 1）

§40　「『若者たちよ、あなたたちは、よく説かれた法（真理の教え）と律（出家者の守るべき規則）のもとで出家するがよい。

【§40　「是に於いて維摩詰、諸の長者の子に語れり。『汝等、正法の中に於いて、宜しく共に出家すべし。】　（大正蔵、巻一四、五四一頁下）

……………………………………………………………………………

pravrajata < pravraja- < pra-√vraj- (1)：出家する。*Impv. 2, pl. P.*

yūyaṃ < yuṣmad-：あなたたち。*2, pl. Nom.*

kumārakāḥ < kumāraka- < kumāra-ka- ＝ kumāra-：*m.* （初生）児。少年。青年。瞳。*m. pl. Voc.*

svākhyāte < svākhyāta- < su-ākhyāta-：*adj.* よく説かれた。「善説」と漢訳。*m. sg. Loc.*

ākhyāta- < ā-√khyā- (2) + -ta：*pp.* 言われた。語られた。言明された。

dharma-vinaye < dharma-vinaya-：*m.* 法と律。*sg. Loc.*

durlabho hi buddhôtpādo durlabhā kṣaṇa-saṃpad durlabho manuṣya-pratilambhaḥ / （梵漢和維摩経 *p.* 108, *ll.* 1–3）

「『ブッダの出現は、実に得がたいのである。〔ブッダと出会う〕恵まれた境遇を得ることは得がたいし[88]、人間〔の身体〕の獲得は得がたいのだ』と。
【「『所以は何んとなれば、仏は世に値い難し』と。】　　　　　　　（大正蔵、巻一四、五四一頁下）
………………………………………………………………………

durlabho < durlabhaḥ + 有声子音 < durlabha-：*adj.* 得難き。会い難き。希なる。*m. sg. Nom.*
hi：*ind.* 真に。確かに。実に。
buddhôtpādo < buddhôtpādaḥ + 有声子音 < buddhôtpāda- < buddha-utpāda-：*m.* ブッダの出現。*sg. Nom.*
　utpāda- < ud-√pad- (4) + -a：*m.* 出だすこと。産出。出生。「生」「起」「出」「興」「出世」「出現」と漢訳。
durlabhā < durlabhā- < durlabha-：*adj.* 得難き。会い難き。希なる。*f. sg. Nom.*
kṣaṇa-saṃpad < kṣaṇa-saṃpat + 有声子音 < kṣaṇa-saṃpad-：*f.* 愉快な瞬間を得ること。恵まれた境遇を得ること。「具足有暇」と漢訳。「刹那具足」と音写。*sg. Nom.*
　kṣaṇa-：*m.* 瞬間。愉快な瞬間。「須臾」「念」と漢訳。「刹那」と音写。
　saṃpad-：*f.* 合致。成功。成就。遂行。達成。運命。幸運。繁栄。
　sam-√pad- (4)：～（為格、属格）に起こる。成就する。完成する。成功する。繁栄する。～（対格）に達する。得る。
durlabho < durlabhaḥ + 有声子音 < durlabha-：*adj.* 得難き。会い難き。希なる。*m. sg. Nom.*
manuṣya-pratilambhaḥ < manuṣya-pratilambha-：*m.* 人間〔の身体〕の取得。*sg. Nom.*
　manuṣya-：*m.* 人間。男。
　pratilambha- < prati-√labh- (1) + -a：*m.* 獲得。取得。～の回復。

te kumārakā evam āhuḥ / śrutam asmābhir gṛha-pate na tathāgato 'navasṛṣṭaṃ mātā-pitṛbhyāṃ pravrājayatîti / （梵漢和維摩経 *p.* 108, *ll.* 4–5）

「〔すると、〕それらの若者たちは、このように言いました。『資産家よ、私たちは聞きました。如来は、母と父[89]が許さなかった人を出家させられなかった』と。
【諸の長者の子たち言わく、『居士よ、我は仏の言を聞けり。父母聴さざれば、出家することを得ざれ』と。】　　　　　　　（大正蔵、巻一四、五四一頁下）
………………………………………………………………………

te < tad-：それ。*m. pl. Nom.*
kumārakā < kumārakāḥ + 有声音 < kumāraka- < kumāra-ka- ＝ kumāra-：*m.* （初生）児。少年。青年。瞳。*m. pl. Nom.*
evam：*adv.* このように。「是」「如是」と漢訳。
āhuḥ < √ah-：言う。*Perf. 3, pl. P.*
………………………………………………………………………

śrutam < śruta- < √śru- (5) + -ta：*pp.* 聞かれた。学ばれた。*n. sg. Nom.*
asmābhir < asmābhiḥ + 有声音 < asmad-：われわれ。*1, pl. Ins.*
gṛha-pate < gṛha-pati-：*m.* 資産家。「家長」「居士」「長者」「在家」と漢訳。*sg. Voc.*
na：*ind.* ～でない。～にあらず。
tathāgato 'navasṛṣṭaṃ < tathāgataḥ + anavasṛṣṭaṃ
　tathāgataḥ < tathāgata-：*m.* このように行った（人）。このように来た（人）。「如来」「如去」と漢訳。「多陀阿伽度」と音写。*sg. Nom.*
　anavasṛṣṭaṃ < anavasṛṣṭa- < an-avasṛṣṭa-：*pp.* 許されなかった。*m. sg. Acc.*
　avasṛṣṭa- < ava-√sṛj- (6) + -ta：*pp.* 投げられた。放たれた。退かれた。捨てられた。放棄さ

　れた。あきらめられた。赦された。
mātā-pitṛbhyām < mātā-pitṛ- : *m.* 母と父。*du. Ins.*
　過去受動分詞 anavasṛṣṭa-の動作主を示す具格。
pravrājayatîti < pravrājayati + iti
　pravrājayati < pravrājaya- < pra-√vraj- (1) + -aya : *Caus.* 出家させる。*3, sg. P.*
　iti：*adv.* ～と。～ということを。以上のように。～と考えて。「如是」と漢訳。

> sa tān āha / utpādayata yūyaṃ kumārakāḥ anuttarāyāṃ samyak-saṃbodhau cittaṃ pratipattyā ca saṃpādayata sâiva yuṣmākaṃ bhaviṣyati pravrajyā sôpasaṃpat /
> (梵漢和維摩経 *p.* 108, *ll.* 6–8)

「その〔資産家〕は、それら〔の若者たち〕に言いました。
『若者たちよ、あなたたちは、この上ない正しく完全な覚りに向けて心を発し、修行によって完成するがよい。あなたたちにとって、それこそが出家することであり、それが具足戒を受けること（受戒）であろう』
【「維摩詰言わく、『然り。汝等、便ち阿耨多羅三藐三菩提に心を発せば、是れ即ち出家なり。是れ即ち具足なり』と。】　（大正蔵、巻一四、五四一頁下）
……………………………………………………………………

sa < saḥ < tad-：それ。*m. sg. Nom.*
tān < tad-：それ。*m. pl. Acc.*
āha < √ah-：言う。*Perf. 3, sg. P.*
……………………………………………………………………

utpādayata < utpādaya- < ud-√pad- (4) + -aya：*Caus.* 起こす。生じる。*Impv. 2, pl. P.*
yūyaṃ < yuṣmad-：あなたたち。*2, pl. Nom.*
kumārakāḥ < kumāraka- < kumāra-ka- = kumāra-：*m.* （初生）児。少年。青年。瞳。*m. pl. Voc.*
anuttarāyāṃ < anuttarā- < anuttara- < an-ud-tara-：*比較級,* この上ない。「無上」と漢訳。*f. sg. Loc.*
samyak-saṃbodhau < samyak-saṃbodhi-：*f.* 正しく完全な覚り。「正覚」「正等正覚」「正等菩提」
　と漢訳。「三藐三菩提」と音写。*sg. Loc.* 目的地や目標を示す処格。
cittaṃ < citta-：*n.* 心。思考。意思。知性。理性。「質多」と音写。*sg. Acc.*
pratipattyā < pratipatti-：*f.* 獲得。知覚。理解。見解。行動。行為。「修行」と漢訳。*sg. Ins.*
ca：*conj.* および。また。しかしながら。そして。～と。なお。
saṃpādayata < saṃpādaya- < sam-√pad- (4) + -aya：*Caus.* ～（為格、属格）に運ぶ。生ずる。完
　成する。到達する。*Impv. 2, pl. P.*
sâiva < sā + eva
　sā < tad-：それ。*f. sg. Nom.*
　eva：*adv.* さように。このように。まさに。実に。ただ。全くこのように。
yuṣmākaṃ < yuṣmad-：あなたたち。*2, pl. Gen.*
bhaviṣyati < bhaviṣya- < √bhū- (1) + -iṣya：生ずる。～になる。*Fut. 3, sg. P.*
pravrajyā < pravrajyā-：*f.* 出家すること。*sg. Nom.*
sôpasaṃpat < sā + upasaṃpat
　sā < tad-：それ。*f. sg. Nom.*
　upasaṃpat < upasaṃpad- = upasaṃpadā-：*f.* 具足戒を受ける儀式。公認の出家者としての
　資格を認めること。「受戒」「受具足」と漢訳。*sg. Nom.*

> §41 tatra dvātriṃśatā licchavi-kumārair anuttarāyāṃ samyak-saṃbodhau cittāny utpāditāni /
> (梵漢和維摩経 *p.* 108, *ll.* 9–10)

§41 「その時、三十二人[90] のリッチャヴィ族の若者たちが、この上ない正しく完全な覚りに向けて心を発しました。

【§41　「爾の時、三十二の長者の子たちは、皆、阿耨多羅三藐三菩提に心を発せり。】
（大正蔵、巻一四、五四一頁下）

…………………………………………………………………………

tatra：*adv.* そこに。そこへ。かしこに。その時に。その場合に。
dvātriṃśatā < dvātriṃśat-：*基数詞,* 三十二。*m. sg. Ins.*
licchavi-kumārair < licchavi-kumāraiḥ ＋ 有声音 < licchavi-kumāra-：*m.* リッチャヴィ族の若者。
　「梨車毘童子」と音写。*pl. Ins.*
anuttarāyāṃ < anuttarā- < anuttara- < an-ud-tara-：*比較級,* この上ない。「無上」と漢訳。*f. sg. Loc.*
samyak-saṃbodhau < samyak-saṃbodhi-：*f.* 正しく完全な覚り。「正覚」「正等正覚」「正等菩提」
　と漢訳。「三藐三菩提」と音写。*sg. Loc.* 目的地や目標を示す処格。
cittāny < cittāni ＋ 母音 < citta-：*n.* 心。思考。意思。知性。理性。「質多」と音写。*pl. Nom.*
utpāditāni < utpādita- < utpādaya- ＋ -ta < ud-√pad- (4) ＋ -aya ＋ -ta：*Caus. pp.* 起こされた。生じ
　られた。*n. pl. Nom.*

tan nâhaṃ bhagavann utsahe tasya sat-puruṣasya glāna-paripṛcchako gantum /
（梵漢和維摩経 *p.* 108, *ll.* 10–11）

「それゆえに、世尊よ、私は、その善き人（善士）の病気見舞いに行くことに耐えられません」
【「故に我、彼に詣りて疾を問うに任えず」と。】　（大正蔵、巻一四、五四一頁下）

…………………………………………………………………………

tan < tat ＋ (n) < tad-：それ。*n. sg. Acc.*
　代名詞の中性・対格／具格／奪格は、連結助詞として用いられ、「そこで」「従って」「このため」を意味する。
nâhaṃ < na ＋ ahaṃ
　na：*ind.* 〜でない。〜にあらず。
　ahaṃ < mad-：私。*1, sg. Nom.*
bhagavann < bhagavan ＋ 母音 < bhagavat-：*m.* 尊い（人）。「世尊」と漢訳。「婆伽婆」「薄伽梵」
　と音写。*sg. Voc.*
utsahe < utsaha- < ud-√sah- (1)：こらえる。耐える。〜（不定詞）することができる。〜する能力
　がある。*Pres. 1, sg. A.*
tasya < tad-：それ。*m. sg. Gen.*
sat-puruṣasya < sat-puruṣa-：*m.* 善き人。「善士」と漢訳。*sg. Gen.*
glāna-paripṛcchako < glāna-paripṛcchakaḥ ＋ 有声子音 < glāna-paripṛcchaka-：*m.* 病についての質
　問（者）。「問病」と漢訳。*sg. Nom.*
gantum < √gam- (1) ＋ -tum：*不定詞,* 行くこと。

§42　tatra bhagavān āyuṣmantam ānandam āmantrayate sma /　gaccha tvam ānanda vimalakīrter licchaver glāna-paripṛcchakaḥ /
（梵漢和維摩経 *p.* 108, *ll.* 12–13）

§42　そこで、世尊は、尊者アーナンダ（阿難）におっしゃられた。
　「アーナンダよ、あなたは、リッチャヴィ族のヴィマラキールティの病気見舞いに行くがよい」
【§42　仏は阿難に告げたまえり。「汝、維摩詰に行詣して疾を問え」と。】
（大正蔵、巻一四、五四二頁上）

…………………………………………………………………………

tatra：*adv.* そこに。そこへ。かしこに。その時に。その場合に。
bhagavān < bhagavat-：*m.* 尊い（人）。世尊。「婆伽婆」「薄伽梵」と音写。*sg. Nom.*
āyuṣmantam < āyuṣmat- < āyus- ＋ -mat-：*m.* 長寿の。健康の。「尊者」「長老」「具寿」と漢訳。*sg. Acc.*

ānandam < ānanda-：*m.* アーナンダ。「阿難」と音写。*sg. Acc.*
āmantrayate < āmantraya- < ā-√mantraya- (名動詞)：語りかける。「告」「告言」「白言」と漢訳。
　Pres. 3, sg. A.
sma：*ind.* 実に。smaは現在形とともに用いられて、過去の意味を表わす（歴史的現在）。

……………………………………………………………………

gaccha < gaccha- < √gam- (1)：行く。経過する。～（対格、為格、処格）に赴く。近づく。達する。
　Impv. 2, sg. P.
tvam < tvad-：あなた。*2, sg. Nom.*
ānanda < ānanda-：*m.* アーナンダ。「阿難」と音写。*sg. Voc.*
vimalakīrter < vimalakīrteḥ + 有声音 < vimalakīrti- < vimala-kīrti-：*m.* ヴィマラキールティ。汚
　れのない名声を持つ（もの）。「維摩詰」「維摩」と音写。「浄名」「無垢称」と漢訳。*sg. Gen.*
licchaver < licchaveḥ + 有声音 < licchavi-：*m.* リッチャヴィ。「離車子」「栗姑毘」と音写。*sg. Gen.*
glāna-paripṛcchakaḥ < glāna-paripṛcchaka-：*m.* 病についての質問（者）。「問病」と漢訳。*sg. Nom.*

> ānanda āha /　nâhaṃ bhagavann utsahe tasya sat-puruṣasya glāna-paripṛcchako gantum /
> (梵漢和維摩経 *p.* 108, *ll.* 14–15)

アーナンダが言った。
「世尊よ、私は、その善き人（善士）の病気見舞いに行くことに耐えられません。
【阿難は仏に白して言さく、「世尊よ、我、彼に詣りて疾を問うに堪任せず。】
（大正蔵、巻一四、五四二頁上）

……………………………………………………………………

ānanda < ānandaḥ + a以外の母音 < ānanda-：*m.* アーナンダ。「阿難」と音写。*sg. Nom.*
āha < √ah-：言う。*Perf. 3, sg. P.*

……………………………………………………………………

nâhaṃ < na + ahaṃ
　na：*ind.* ～でない。～にあらず。
　ahaṃ < mad-：私。*1, sg. Nom.*
bhagavann < bhagavan + 母音 < bhagavat-：*m.* 尊い（人）。「世尊」と漢訳。「婆伽婆」「薄伽梵」
　と音写。*sg. Voc.*
utsahe < utsaha- < ud-√sah- (1)：こらえる。耐える。～（不定詞）することができる。～する能力
　がある。*Pres. 1, sg. A.*
tasya < tad-：それ。*m. sg. Gen.*
sat-puruṣasya < sat-puruṣa-：*m.* 善き人。「善士」と漢訳。*sg. Gen.*
glāna-paripṛcchako < glāna-paripṛcchakaḥ + 有声子音 < glāna-paripṛcchaka-：*m.* 病についての質
　問（者）。「問病」と漢訳。*sg. Nom.*
gantum < √gam- (1) + -tum：*不定詞,* 行くこと。

> tat kasmād dhetoḥ /
> (梵漢和維摩経 *p.* 108, *l.* 15)

「それは、どんな理由からでしょうか。
【「所以は何んとなれば、】（大正蔵、巻一四、五四二頁上）

……………………………………………………………………

tat < tad-：それ。*n. sg. Nom.*
kasmād dhetoḥ < kasmāt + hetoḥ
　連声法は、cf.「基礎」*p.* 63.
　kasmāt < kim-：*疑問詞,* だれ。何。どんな。どの。*m. sg. Abl.*
　hetoḥ < hetu-：*m.* 理由。原因。因。*sg. Abl.*

奪格は、動機、原因、理由を表わす。cf.「シンタックス」*p.* 58.

abhijānāmy ahaṃ bhagavann ekasmin samaye bhagavataḥ kāyasya kaścid evâbādhaḥ /
（梵漢和維摩経 *p.* 108, *ll.* 15–16）

「世尊よ、私は、思い出します。ある時、世尊の身体に何かある病がありました。
【「憶念するに、昔時、世尊の身に小しく疾有りき。】　（大正蔵、巻一四、五四二頁上）

abhijānāmy < abhijānāmi + 母音 < abhijānā- < abhi-√jñā- (9)：了解する。悟る。知る。～（対格）を…（対格）と認める。記憶する。*Pres. 1, sg. P.*

ahaṃ < mad-：私。*1, sg. Nom.*

bhagavann < bhagavan + 母音 < bhagavat-：*m.* 尊い（人）。「世尊」と漢訳。「婆伽婆」「薄伽梵」と音写。*sg. Voc.*

ekasmin < eka-：*基数詞,* 一。*adj.* ある。*m. sg. Loc.*

samaye < samaya-：*m.* 会合の場所。時間。好機。機会。*sg. Loc.*

bhagavataḥ < bhagavat-：*m.* 尊い（人）。「世尊」と漢訳。「婆伽婆」「薄伽梵」と音写。*sg. Gen.*

kāyasya < kāya-：*m.* 身体。集団。多数。集合。*sg. Gen.*

kaścid < kaś-cit + 母音 < kiṃ-cit-：*不定代名詞,* 何かあるもの。だれかある人。*m. sg. Nom.*

evâbādhaḥ < eva + ābādhaḥ

eva：*adv.* さように。このように。まさに。実に。ただ。全くこのように。

ābādhaḥ < ābādha- < ā-bādha- < ā-√bādh- (1) + -a：*m.* 苦悩。危険。「病悩」「憂悩」「憂愁」と漢訳。*sg. Nom.*

bhagavataḥ 以下は、属格と主格の名詞文である。

tatra ca kṣīreṇa kṛtyam āsīt /
（梵漢和維摩経 *p.* 108, *ll.* 16–17）

「それで、牛乳を必要としていました。
【「当に牛乳を用うべし。】　（大正蔵、巻一四、五四二頁上）

tatra：*adv.* そこに。そこへ。かしこに。その時に。その場合に。

ca：*conj.* および。また。しかしながら。そして。～と。なお。

kṣīreṇa < kṣīra-：*n.* 乳。濃くした乳。「白乳」と漢訳。*sg. Ins.*

kṛtyam < kṛtya- < √kṛ- (8) + -tya：*未受分,* なされるべき。*n.* 活動。作用。仕事。奉仕。目的。*n. sg. Nom.*

kṛtyam + ～（具格）：〔ある人が、〕～を必要としている。～を欲している。

i, j, ṛ で終わる語根を持ついくつかの動詞の未来受動分詞は、-ya の代わりに -tya を加えて作られる。cf.「基礎」*p.* 482.

āsīt < as- < √as- (2)：ある。存在する。起こる。*Impf. 3, sg. P.*

so 'ham anyatamasmin brāhmaṇa-mahā-śālasya dvāra-mūle[91] pātraṃ gṛhītvā sthitaḥ /
（梵漢和維摩経 *p.* 108, *ll.* 17–18）

「その私は、とあるバラモン（婆羅門）の大きな家の門〔柱〕の根もとに、鉢を持って立っていました。
【「我、即ち鉢を持ちて大婆羅門の家に詣り、門の下に立てり。】　（大正蔵、巻一四、五四二頁上）

so 'ham < saḥ + aham

saḥ < tad-：それ。*m. sg. Nom.*

aham < mad-：私。*1, sg. Nom.*
anyatamasmin < anyatama- < anya-tama-：*最上級,* 多く（三つ以上）の中の一つ。*n. sg. Loc.*
brāhmaṇa-mahā-śālasya < brāhmaṇa-mahā-śāla-：*n.* バラモン（婆羅門）の大きな家。*sg. Gen.*
　　brāhmaṇa-：*m.* ヴェーダに通じた人。神学者。祭官。「婆羅門」「梵志」と音写。
　　mahā- < mahat-：*adj.* 大きな。偉大な。豊富な。たくさんの。重要な。卓越した。
　　śāla-：*n.* 小屋。家屋。家。
dvāra-mūle < dvāra-mūla-：*n.* 「門側」と漢訳。*Acc.*
　　dvāra-：*n.* 戸。門。戸口。入口。～への道。～に達する手段。
　　mūla-：*n.* 根。付け根。基底。起原。本源。
pātraṃ < pātra- < √pā- (1,2) + -tra：*n.* （飲用の）容器。鉢。盃。*sg. Acc.*
gṛhītvā < √grah- (9) + -itvā：つかむ。取る。受け取る。*Ger.*
sthitaḥ < sthita- < √sthā- (1) + -ita：*pp.* 立った。住していた。留まっていた。*m. sg. Nom.*

> vimalakīrtir licchavis taṃ pradeśam anuprāptaḥ /
> （梵漢和維摩経 *p.* 108, *l.* 18）

「〔すると、〕リッチャヴィ族のヴィマラキールティが、その場所へやって来ました。
【「時に維摩詰来たりて】　（大正蔵、巻一四、五四二頁上）

vimalakīrtir < vimalakīrtiḥ + 有声音 < vimala-kīrti-：*m.* ヴィマラキールティ。汚れのない名声を持つ（もの）。「維摩詰」「維摩」と音写。「浄名」「無垢称」と漢訳。*sg. Nom.*
licchavis < licchaviḥ + (t) < licchavi-：*m.* リッチャヴィ。「離車子」「栗姑毘」と音写。*sg. Nom.*
taṃ < tad-：それ。*m. sg. Acc.*
pradeśam < pradeśa- < pra-deśa- < pra-√diś- (6) + -a：*m.* 呼称。言及。明示。例。地点。場所。*sg. Acc.*
anuprāptaḥ < anuprāpta- < anu-pra-√āp- (5) + -ta：*pp.* 到達した。来たれる。「至」「到」「到達」「獲得」と漢訳。*m. sg. Nom.*

> sa māṃ vanditvâivam āha /
> （梵漢和維摩経 *p.* 108, *l.* 19）

「その〔ヴィマラキールティ〕は、私に敬意を表して後、このように言いました。
【「我に謂いて言わく、】　（大正蔵、巻一四、五四二頁上）

sa < saḥ < tad-：それ。*m. sg. Nom.*
māṃ < mad-：私。*1, sg. Acc.*
vanditvâivam < vanditvā + evam
　　vanditvā < √vand- (1) + -itvā：恭しく挨拶する。～に敬意を表する。*Ger.*
　　evam：*adv.* このように。「是」「如是」と漢訳。
āha < √ah-：言う。*Perf. 3, sg. P.*

> §43　kiṃ bhadantânanda kālyam eva pātram ādāyâsmin gṛha-dvāra-samīpe tiṣṭhasi /
> （梵漢和維摩経 *p.* 108, *ll.* 20–21）

§43　「『尊者アーナンダよ、あなたはどうしてこんな早朝に鉢を持って、この家の門の前に立っているのだ』
【§43　「『唯、阿難よ、何為れぞ晨朝に鉢を持ちて此に住するや』と。】
（大正蔵、巻一四、五四二頁上）

kiṃ < kim-：*疑問代名詞,* だれ。何。どんな。どの。*n. sg. Acc.*
bhadantânanda < bhadanta-ānanda-：*m.* 尊者アーナンダ。「阿難」と音写。*sg. Voc.*
kālyam < kālya-：*n.* 黎明。日の出。*sg. Acc.* 対格の副詞的用法。
eva：*adv.* さように。このように。まさに。実に。ただ。全くこのように。
pātram < pātra- < √pā- (1,2) + -tra：*n.* （飲用の）容器。鉢。盃。*sg. Acc.*
ādāyâsmin < ādāya + asmin
  ādāya < ā-√dā- (3) + -ya：取る。受け取る。獲得する。～（奪格）から奪い取る。*Ger.*
  asmin < idam-：これ。*m. sg. Loc.*
gṛha-dvāra-samīpe < gṛha-dvāra-samīpa-：*n.* 家の門の前。*sg. Loc.*
  gṛha-：*n.* 家。住居。「舎」「宅」「舎宅」と漢訳。
  dvāra-：*n.* 戸。門。戸口。入口。～への道。～に達する手段。
  samīpa-：*adj.* 近い。手近の。隣接している。接近した。*n.* 近隣。接近。面前。切迫。
tiṣṭhasi < tiṣṭha- < √sthā-：立つ。*Pres. 2, sg. P.*

tam enam aham etad avocam / bhagavato gṛhapate kāyasya kaścid evâbādhaḥ /
（梵漢和維摩経 *p.* 110, *ll.* 1–2）

「その〔ヴィマラキールティ〕に、私はこのように言いました。
『資産家よ、世尊の身体に何かある病があります。
【「我、言わく、『居士よ、世尊の身に小しく疾有り。】　（大正蔵、巻一四、五四二頁上）

……………………………………………………………………

tam < tad-：それ。*m. sg. Acc.*
enam < enad-：それ。*m. sg. Acc.*
aham < mad-：私。*1, sg. Nom.*
etad < etat + 母音 < etad-：これ。*n. sg. Acc.* 対格の副詞的用法で「このように」の意味。
avocam < avoca- < a- + va-+ uc- + -a < √vac- (2)：言う。話す。告げる。*重複 Aor. 1, sg. P.*

……………………………………………………………………

bhagavato < bhagavataḥ + 有声子音 < bhagavat-：*m.* 尊い（人）。「世尊」と漢訳。「婆伽婆」「薄伽梵」と音写。*sg. Gen.*
gṛhapate < gṛhapati- < gṛha-pati-：*m.* 資産家。「家長」「居士」「長者」「在家」と漢訳。*sg. Voc.*
kāyasya < kāya-：*m.* 身体。集団。多数。集合。*sg. Gen.*
kaścid < kaś-cit + 母音 < kiṃ-cit-：*不定代名詞,* 何かあるもの。だれかある人。*m. sg. Nom.*
evâbādhaḥ < eva + ābādhaḥ
  eva：*adv.* さように。このように。まさに。実に。ただ。全くこのように。
  ābādhaḥ < ābādha- < ā-bādha- < ā-√bādh- (1) + -a：*m.* 苦悩。危険。「病悩」「憂悩」「憂愁」と漢訳。*sg. Nom.*
  bhagavataḥ 以下は、属格と主格の名詞文である。

tatra ca kṣīreṇa kṛtyaṃ tat paryeṣāmi /
（梵漢和維摩経 *p.* 110, *l.* 2）

「『それで、牛乳を必要としていて、私はそれを求めています』。
【「『当に牛乳を用うべし。故に来たりて此に至れり』と。】　（大正蔵、巻一四、五四二頁上）

……………………………………………………………………

tatra：*adv.* そこに。そこへ。かしこに。その時に。その場合に。
ca：*conj.* および。また。しかしながら。そして。～と。なお。
kṣīreṇa < kṣīra-：*n.* 乳。濃くした乳。「白乳」と漢訳。*sg. Ins.*
kṛtyam < kṛtya- < √kṛ- (8) + -tya：*未受分,* なされるべき。*n.* 活動。作用。仕事。奉仕。目的。*n. sg. Nom.*

kṛtyam + ～（具格）：〔ある人が、〕～を必要としている。～を欲している。
i, j, ṛ で終わる語根を持ついくつかの動詞の未来受動分詞は、-ya の代わりに-tya を加えて作られる。cf.「基礎」*p.* 482.
tat < tad-：それ。*n. sg. Acc.*
paryeṣāmi < paryeṣa- < pari-ā-√iṣ- (6)：「求」「尋求」「追求」「志求」と漢訳。*Pres. 1, sg. P.*

sa mām evam āha / alaṃ bhadantânanda mâivaṃ vocaḥ / （梵漢和維摩経 *p.* 110, *l.* 3）

「その〔ヴィマラキールティ〕は、私にこのように言いました。
『尊者アーナンダよ、まったくそのように言ってはならない。
【「維摩詰言わく、『止みね、止みね、阿難よ、是の語を作すこと莫かれ。】
（大正蔵、巻一四、五四二頁上）

……………………………………………………………………

sa < saḥ < tad-：それ。*m. sg. Nom.*
mām < mad-：私。*1, sg. Acc.*
evam：*adv.* このように。「是」「如是」と漢訳。
āha < √ah-：言う。*Perf. 3, sg. P.*

……………………………………………………………………

alaṃ：*adv.* 十分に。全く。豊富に。適当に。〔不定詞、または不変分詞とともに用いて〕やめよ。～することなかれ。
bhadantânanda < bhadanta-ānanda-：*m.* 尊者アーナンダ。「阿難」と音写。*sg. Voc.*
mâivaṃ < mā + evaṃ
mā：*adv.* 十分に。全く。豊富に。適当に。〔不定詞、または不変分詞とともに用いて〕やめよ。～することなかれ。
mā は、オーグメントを欠いた過去形や、アオリストとともに用いられて"禁止"を意味するが、このほか願望法や命令法、さらには未来形や現在形とさえ用いられることもある。cf.「辻文法」*pp.* 256, 294–296.
evaṃ：*adv.* このように。「是」「如是」と漢訳。
vocaḥ < avocaḥ < avoca- < a- + va-+ uc- + -a < √vac- (2)：言う。話す。告げる。*重複 Aor. 2, sg. P.*

vajra-saṃhanano[92] hi bhadantânanda tathāgata-kāyaḥ sarvâkuśala-vāsanā-prahīṇaḥ sarva-mahâujaska-kuśala-dharma-samanvāgataḥ / （梵漢和維摩経 *p.* 110, *ll.* 3–5）

「『尊者アーナンダよ、如来の身体は、実にダイアモンド（金剛石）のように堅固なものである。あらゆる悪しき観念を打ち破っておられ、あらゆる大いなる福徳と、正しい法を具えておられるのだ。
【「『如来の身は金剛の体なり。諸悪已に断ち、衆善普く会す。】　（大正蔵、巻一四、五四二頁上）

……………………………………………………………………

vajra-saṃhanano < vajra-saṃhananaḥ + 有声子音 < vajra-saṃhanana-：*adj.* ダイアモンドのように堅固な。*m. sg. Nom.*
vajra-：*m.n.* 雷電。金剛石。「金剛」「金剛杵」と漢訳。
saṃhanana- < sam-√han- (2) + -ana：*adj.* 緻密な。堅固な。*n.* 緻密。壮健。堅固。
sam-√han- (2)：（両手を）一緒に置く。（両手を）合わせる。（両眼を）閉じる。固くなる。
hi：*ind.* 真に。確かに。実に。
bhadantânanda < bhadanta-ānanda-：*m.* 尊者アーナンダ。「阿難」と音写。*sg. Voc.*
tathāgata-kāyaḥ < tathāgata-kāya-：*m.* 如来の身体。*sg. Nom.*
sarvâkuśala-vāsanā-prahīṇaḥ < sarva-akuśala-vāsanā-prahīṇa-：*adj.* あらゆる悪しき観念を打ち破っている。*m. sg. Nom.*

sarva-：*adj.* 一切の。すべての。
akuśala-< a-kuśala-：*adj.* 悪い。正しくない。
vāsanā- < √vas- (1) + -anā：*f.* ～（処格）についての考え。～に対する願望。（心中に）宿って（残された）印象。意見。観念。謬見。「薫」「薫習」「習」「習気」
prahīṇa- < pra-√hā- (3) + -na：*pp.* 打たれた。たたかれた。打ち砕かれた。粉々にされた。殺害された。

sarva-mahâujaska-kuśala-dharma-samanvāgataḥ < sarva-mahā-ojaska-kuśala-dharma-samanvā=gata-：*adj.* あらゆる大いなる福徳と、正しい法を具えている。*m. sg. Nom.*
sarva-：*adj.* 一切の。すべての。
mahā- < mahat-：*adj.* 偉大な。高貴な。
ojaska-：*adj.* 「福徳」と漢訳。
kuśala-：*adj.* 善き。正しき。有益な。～に熟練した。老練なる。経験ある。*n.* 好条件。幸福。繁栄。有益。
dharma-：*m.* 確定した秩序。慣例。習慣。法則。規則。義務。宗教。教説。性質。本質。属性。特質。事物。法。
samanvāgata- < sam-anu-ā-√gam- (1) + -ta：*pp.* ～（具格）を伴った。～（具格）を具えた。

kutas tasya vyādhiḥ kuta upadravaḥ /
（梵漢和維摩経 *p.* 110, *ll.* 5–6）

「『その〔世尊の身体〕に何ゆえに病があろうか、何ゆえに苦悩があろうか。
【「『当に何の疾か有るべき。当に何の悩みか有るべき。】　（大正蔵、巻一四、五四二頁上）

kutas：*adv.* だれより。どこより。いずこへ。何ゆえに。
tasya < tad-：それ。*m. sg. Gen.*
vyādhiḥ < vyādhi- < vy-ādhi-：*m.* 疾患。疾病。病気。*sg. Nom.*
kuta < kutas + a 以外の母音：*adv.* だれより。どこより。いずこへ。何ゆえに。
upadravaḥ < upadrava- < upa-√dru- (1) + -a：*m.* 不運。事故。艱難。困苦。天災。禍。不幸。病弱。
以上は、属格と主格の名詞文をなしている。

§44　tūṣṇīṃ-bhūto bhadantânanda gaccha /
（梵漢和維摩経 *p.* 110, *l.* 7）

§44「『尊者アーナンダよ、何も言わずに立ち去るがよい。
【§44　「『黙して往け。】　（大正蔵、巻一四、五四二頁上）

tūṣṇīṃ-bhūto < tūṣṇīṃ-bhūtaḥ + 有声子音 < tūṣṇīṃ-bhūta-：*adj.* 沈黙した。*m. sg. Nom.*
tūṣṇīm：*adv.* 沈黙して。黙して。「黙然」「不語」「黙然無語」と漢訳。
tūṣṇīm √bhū- (1)：「黙然而住」と漢訳。
bhadantânanda < bhadanta-ānanda-：*m.* 尊者アーナンダ。「阿難」と音写。*sg. Voc.*
gaccha < gaccha- < √gam- (1)：行く。経過する。～（対格、為格、処格）に赴く。近づく。達する。*Impv. 2, sg. P.*

mā bhagavantam abhyācakṣva /
（梵漢和維摩経 *p.* 110, *ll.* 7–8）

「『世尊を〔そのように〕謗ってはならない。
【「『阿難よ、如来を謗ること勿れ。】　（大正蔵、巻一四、五四二頁上）

mā：*adv.* ～なかれ。～なからんことを。～しないように。願わくは～ないように。
bhagavantam < bhagavat-：*m.* 尊い（人）。「世尊」と漢訳。「婆伽婆」「薄伽梵」と音写。*sg. Acc.*
abhyācakṣva < abhyācakṣ- < abhi-ā-√cakṣ- (2)：眺める。話す。「謗」と漢訳。*Impv. 2, sg. A.*
√cakṣ- (2)：現われる。見る。注目する。凝視する。告げる。語る。言う。

mā kasya-cid bhūya evaṃ vocaḥ /
(梵漢和維摩経 *p.* 110, *l.* 8)

「『さらにまた、そのように〔他の〕だれかある人に語ってはならない。
【「『異人をして此の麁言を聞かしむること莫れ。】　(大正蔵、巻一四、五四二頁上)
……………………………………………………………………

mā：*adv.* ～なかれ。～なからんことを。～しないように。願わくは～ないように。
kasya-cid < kasya-cit + 有声子音 < kiṃ-cit-：何か。何かあるもの。*m. sg. Gen.*
bhūya < bhūyas + a 以外の母音：*比較級,* ～（奪格）より以上の。～より多い。～より大きな。*adv.* 一層多く。もっと多く。その上に。なおまた。さらに。
evaṃ：*adv.* このように。「是」「如是」と漢訳。
vocaḥ < avocaḥ < avoca- < a- + va-+ uc- + -a < √vac- (2)：言う。話す。告げる。*重複 Aor. 2, sg. P.*

mā mahâujaskā deva-putrā anya-buddha-kṣetra-saṃnipatitāś ca bodhi-sattvāḥ śroṣyanti /
(梵漢和維摩経 *p.* 110, *ll.* 8–9)

「『大いなる福徳を具えた神々の子（天子）たちや、他のブッダの国土から集まってきている菩薩たちが、聞くことがないように。
【「『大威徳の諸天、及び他方の浄土より諸来の菩薩をして斯の語を聞くことを得せしむること無かれ。】　(大正蔵、巻一四、五四二頁上)
……………………………………………………………………

mā：*adv.* ～なかれ。～なからんことを。～しないように。願わくは～ないように。
mā は、オーグメントを欠いた過去形や、アオリストとともに用いられて“禁止”を意味するが、このほか願望法や命令法、さらには未来形や現在形とさえ用いられることもある。cf.「辻文法」*pp.* 256, 294–296.
mahâujaskā < mahâujaskāḥ + 有声音 < mahā-ojaska-：*adj.* 大いなる福徳を具えた。*m. pl. Nom.*
mahā- < mahat-：*adj.* 偉大な。高貴な。
ojaska-：*adj.* 「福徳」と漢訳。
deva-putrā < deva-putrāḥ + 有声音 < deva-putra-：*m.* 神の子。「天子」と漢訳。*pl. Nom.*
anya-buddha-kṣetra-saṃnipatitāś < anya-buddha-kṣetra-saṃnipatitāḥ + (c) < anya-buddha-kṣetra-saṃnipatita-：*adj.* 他のブッダの国土から集まってきている。*m. pl. Nom.*
anya-：*adj.* 他の。
buddha-kṣetra-：*n.* 仏の国土。「仏国土」と漢訳。
saṃnipatita- < sam-ni-√pat- (1) + -ita：*pp.* 遭遇・集合した。寄り集まった。
ca：*conj.* および。また。しかしながら。そして。～と。なお。
bodhi-sattvāḥ < bodhi-sattva-：*m.* 覚りを求める人。「菩薩」と音写。*pl. Nom.*
śroṣyanti < śroṣya- < √śru- (5) + -sya：～（具格、奪格、属格）から聞く。*Fut. 3, pl. P.*

rājñas tāvad bhadantânanda cakra-vartina itvara-kuśala-mūla-samanvāgatasya vyādhir na saṃvidyate /
(梵漢和維摩経 *p.* 110, *ll.* 9–11)

「『尊者アーナンダよ、わずかな善根を具えているだけの転輪聖王にも、病は見られないのだ。
【「『阿難よ、転輪聖王は少福を以ての故に、尚、病無きを得たり。】(大正蔵、巻一四、五四二頁上)

…………………………………………………………………………

rājñas < rājñaḥ + (t) < rājan-：*m.* 王。*sg. Gen.*

tāvad < tāvat + 有声子音：*adv.* それほど。この程度までに。このように。それほど多く。その時の間。その時。先ず第一に。最初に。

bhadantânanda < bhadanta-ānanda-：*m.* 尊者アーナンダ。「阿難」と音写。*sg. Voc.*

cakra-vartina < cakra-vartinaḥ + a 以外の母音 < cakra-vartin-：*adj.* 車輪を回転する。*m.* 主権の車輪の主。「転輪」「輪王」「転輪王」「転輪聖王」と漢訳。*m. sg. Gen.*

itvara-kuśala-mūla-samanvāgatasya < itvara-kuśala-mūla-samanvāgata-：*adj.* わずかな善根を具えている。*m. sg. Gen.*

itvara-：*adj.* 行く。動く。小さい。劣った。貧弱な。頼りにならない。卑しい。

kuśala-mūla-：*n.*「善根」と漢訳。

samanvāgata- < sam-anu-ā-√gam- (1) + -ta：*pp.* ～（具格）を伴った。～（具格）を具えた。

vyādhir < vyādhiḥ + 有声音< vyādhi- < vy-ādhi-：*m.* 疾患。疾病。病気。*sg. Nom.*

na：*ind.* ～でない。～にあらず。

saṃvidyate < saṃvidya- < sam-√vid- (6) + -ya：*Pass* 見いだされる。存在する。*3, sg. A.*

kutas tasya bhagavato 'pramāṇa-kuśala-samanvāgatasya vyādhir bhaviṣyati /
（梵漢和維摩経 *p.* 110, *ll.* 11–12）

「『〔ましてや、〕無量の善〔根〕を具えておられるその世尊に、どうして病があるだろうか。

【「『豈に況や、如来なる無量の福会し、普く勝れる者においてをや。】

（大正蔵、巻一四、五四二頁上）

…………………………………………………………………………

kutas：*adv.* だれより。どこより。いずこへ。何ゆえに。

tasya < tad-：それ。*m. sg. Gen.*

bhagavato 'pramāṇa-kuśala-samanvāgatasya < bhagavataḥ + apramāṇa-kuśala-samanvāgatasya

bhagavataḥ < bhagavat-：*m.* 尊い（人）。「世尊」と漢訳。「婆伽婆」「薄伽梵」と音写。*sg. Gen.*

apramāṇa-kuśala-samanvāgatasya < apramāṇa-kuśala-samanvāgata-*adj.* 無量の善〔根〕を具えている。*m. sg. Gen.*

apramāṇa- < a-pra-√mā- (2,3) + -ana：*adj.* 評価できない。「不可度量」と漢訳。

kuśala-：*adj.* 善き。正しき。～に熟練した。*n.* 好条件。正等の順序。熟練。

samanvāgata- < sam-anu-ā-√gam- (1) + -ta：*pp.* ～（具格）を伴った。～（具格）を具えた。

vyādhir < vyādhiḥ + 有声音 < vyādhi- < vy-ādhi-：*m.* 疾患。疾病。病気。*sg. Nom.*

bhaviṣyati < bhaviṣya- < √bhū- (1) + -iṣya：生ずる、～になる。*Fut. 3, sg. P.*

nêdaṃ sthānaṃ vidyate /
（梵漢和維摩経 *p.* 110, *l.* 12）

「『この状態は見出されないのだ。

【漢訳相当箇所なし】

…………………………………………………………………………

nêdaṃ < na + idaṃ

idaṃ < idam-：これ。*n. sg. Nom.*

sthānaṃ < sthāna- < √sthā- (1) + -ana：*n.* 立つこと。状態。地位。身分。住居。地点。*sg. Nom.*

vidyate < vidya- < √vid- (6) + -ya：*Pass.* 見いだされる。存在する。ある。*3, sg. A.*

√vid- (2)：知る。

√vid- (6)：見いだす。

gaccha gaccha bhadantânanda /

(梵漢和維摩経 *p.* 110, *ll.* 12–13)

「『尊者アーナンダよ、行け。行くがよい。
【「『行け、阿難よ。】　　（大正蔵、巻一四、五四二頁上）

…………………………………………………………………………

gaccha < gaccha- < √gam- (1)：行く。経過する。～（対格、為格、処格）に赴く。近づく。達する。
　Impv. 2, sg. P.
gaccha < gaccha- < √gam- (1)：行く。経過する。～（対格、為格、処格）に赴く。近づく。達する。
　Impv. 2, sg. P.
bhadantânanda < bhadanta-ānanda-：*m.* 尊者アーナンダ。「阿難」と音写。*sg. Voc.*

mā mām adhyapatrāpaya mā anya-tīrthika-caraka-parivrājaka-nirgranthâjīvakāḥ[93] śroṣyanti mā teṣām evaṃ bhaviṣyati /
(梵漢和維摩経 *p.* 110, *ll.* 13–14)

「『私に恥をかかせるでない。〔仏教〕以外の外道である、逍遥するバラモンの弟子、遊行者、ニルグランタ教徒（ジャイナ教徒）、アージーヴァカ教徒たちが、聞くことがないように。それら〔の外道のものたち〕に、このような〔思い〕が生じることがないように。
【「『我等をして斯の恥を受けしむること勿れ。外道、梵志、若し此の語を聞かば、当に是の念を作すべし。】　　（大正蔵、巻一四、五四二頁上）

…………………………………………………………………………

mā：*adv.* ～なかれ。～なからんことを。～しないように。願わくは～ないように。
mām < mad-：私。*1, sg. Acc.*
adhyapatrāpaya < adhyapatrāpaya- < adhi-apa-√trap- (1) + -aya：*Caus.* ～当惑させる。はずかしめる。*Impv. 2, sg. P.*
　trāpaya- < √trap- (1) + -aya：*Caus.* 当惑させる。はずかしめる。
mā：*adv.* ～なかれ。～なからんことを。～しないように。願わくは～ないように。
anya-tīrthika-caraka-parivrājaka-nirgranthâjīvakāḥ < anya-tīrthika-caraka-parivrājaka-nirgran=tha-ājīvaka-：*m.* 〔仏教〕以外の外道である、逍遥するバラモンの弟子、遊行者、ニルグランタ教徒（ジャイナ教徒）、アージーヴァカ教徒たち。*pl. Nom.*
　anya-：*adj.* 他の。
　tīrthika-：*m.* 自宗以外の宗旨を信仰する者。「外道」と漢訳。
　caraka-：*m.* 流浪者。逍遥するバラモンの弟子。間諜。
　parivrājaka-：*m.* 遊行者。「出家外道」「梵志」と漢訳。
　nirgrantha-：ニルグランタ教徒（ジャイナ教徒）。「尼乾」と音写。
　ājīvaka-：*m.* アージーヴァカ教徒。
śroṣyanti < śroṣya- < √śru- (5) + -sya：～（具格、奪格、属格）から聞く。*Fut. 3, pl. P.*
mā：*adv.* ～なかれ。～なからんことを。～しないように。願わくは～ないように。
teṣām < tad-：それ。*m. pl. Gen.* 所有の主体を示す属格。
evaṃ：*adv.* このように。「是」「如是」と漢訳。
bhaviṣyati < bhaviṣya- < √bhū- (1) + -iṣya：生ずる。～になる。*Fut. 3, sg. P.*

kīdṛśo batâyam eṣāṃ śāstā yaḥ svayam[94] eva tāvad ātmānaṃ glānaṃ na śaknoti paritrātuṃ kutaḥ punar glānānāṃ sattvānāṃ trāṇaṃ bhaviṣyati /
(梵漢和維摩経 *p.* 110, *ll.* 15–16)

「『〈ああ、何ということか。このように、実に自分で自分の病気を救うこともできないところの、これらの人たちのこの師匠は何なのだろうか。それなのに、衆生たちの病気からの救済がどうしてあるだろうか〉

【「『〈何ぞ名づけて師と為すや。自ら疾みて救うこと能わずして、而も能く諸の疾を救わんや〉と。】
（大正蔵、巻一四、五四二頁上）

……………………………………………………………………………

kīdṛśo < kīdṛśaḥ + 有声子音 < kīdṛśa- < ki- + dṛśa-：*疑問形容詞,* どのような種類の。どのような。*m. sg. Nom.*

batâyam < bata + ayam

bata：*間投詞,* ああ、何と〜でしょう。

ayam < idam-：これ。*m. sg. Nom.*

eṣāṃ < etad-：これ。*m. pl. Gen.*

śāstā < śāstṛ- < √śās- (2) + -tṛ：*m.* 罰する人。教師。教訓者。天人師（仏の別称）。*sg. Nom.*

yaḥ < yad-：*関係代名詞, m. sg. Nom.*

svayam：*adv.* 自身。ひとりでに。自ら進んで。自発的に。「自」「自身」「自然」「随自」と漢訳。

eva：*adv.* さように。このように。まさに。実に。ただ。全くこのように。

tāvad < tāvat + 母音：*adv.* それほど。この程度までに。このように。それほど多く。その時の間。その時。先ず第一に。最初に。

ātmānaṃ < ātman-：*m.* 自我。自分。*sg. Acc.*

glānaṃ < glāna- < √glai- (1) + -na：*pp.* 疲弊した。衰弱した。*n.* 倦怠。衰弱。減退。病気。*sg. Acc.*

na：*ind.* 〜でない。〜にあらず。

śaknoti < śakno- < √śak- (5)：実行され得る。*Pres. 3, sg. P.*

paritrātum < pari-√trā- (2) + -tum：*不定詞,* 〜（奪格、属格）から救済すること。保護すること。「済抜」「救護」と漢訳。

kutaḥ < kutas：*adv.* だれより。どこより。いずこへ。何ゆえに。

punar：*adv.* 再び。新たに。さらに。なお。しかしながら。

glānānāṃ < glāna- < √glai- (1) + -na：*pp.* 疲弊した。衰弱した。*n.* 倦怠。衰弱。減退。病気。*m. pl. Gen.*

sattvānāṃ < sattva-：*m.* 「衆生」と漢訳。*pl. Gen.*

trāṇaṃ < trāṇa- < √trā- (2) + -ana：*n.* 〜（奪格、属格）からの救済。保護。防護。救助。*sg. Nom.*

bhaviṣyati < bhaviṣya- < √bhū- (1) + -iṣya：生ずる。〜になる。*Fut. 3, sg. P.*

tataḥ pracchannaṃ bhadantânanda gaccha śīghram /
（梵漢和維摩経 *p.* 110, *l.* 17）

「『故に、尊者アーナンダよ、こっそりと、速やかに立ち去るがよい。
【「『仁よ、密かに速やかに去る可し。】　（大正蔵、巻一四、五四二頁上）

……………………………………………………………………………

tataḥ < tatas + (p)：*adv.* それより。そこに。そこにおいて。ゆえに。（tad- の奪格）。

pracchannaṃ < pracchanna- < pra-chad- (1) + -na：*pp.* 隠された。秘密にされた。「覆蔵」「蔵隠」「隠身」と漢訳。*n. sg. Acc.* 対格の副詞的用法。

bhadantânanda < bhadanta-ānanda-：*m.* 尊者アーナンダ。「阿難」と音写。*sg. Voc.*

gaccha < gaccha- < √gam- (1)：行く。経過する。〜（対格、為格、処格）に赴く。近づく。達する。*Impv. 2, sg. P.*

śīghram < śīghra-：*adj.* すばやい。敏速な。迅速な。*n. sg. Acc.* 対格の副詞的用法。

mā kaścic chṛṇuyāt /
（梵漢和維摩経 *p.* 110, *l.* 17）

「『だれかが聞くことがないように。
【「『人をして聞かしむること勿れ。】　（大正蔵、巻一四、五四二頁上）

……………………………………………………………………………

mā：*adv.* ～なかれ。～なからんことを。～しないように。願わくは～ないように。
kaścic chṛṇuyāt < kaścit + śṛṇuyāt
　　kaścit < kiṃ-cit-：だれかある人。*m. sg. Nom.*
　　śṛṇuyāt < śṛṇu- < √śru- (5)：聞く。*Opt. 3, sg. P.*

§45　api tu bhadantânanda dharma-kāyās tathāgatā nâmiṣa-kāyāḥ /
(梵漢和維摩経 *p.* 110, *l.* 18)

§45　「『しかるに、尊者アーナンダよ、如来たちは、真理によって身体を生じたもの（法身）であり、食べ物によって身体を維持するもの（飲食身）ではないのだ。
【§45　「『当に知るべし、阿難よ、諸の如来の身は即ち是れ法身なり。思欲身に非ず。】
（大正蔵、巻一四、五四二頁上）

……………………………………………………………………

api：*adv.* また。さえも。されど。同様に。
tu：*ind.* しかし。しこうして。しかるに。しかも。
bhadantânanda < bhadanta-ānanda-：*m.* 尊者アーナンダ。「阿難」と音写。*sg. Voc.*
dharma-kāyās < dharma-kāyāḥ + (t) < dharma-kāya-：*adj.* 真理を身体とする。*m.* 真理によって身体を生じたもの。真理を身体とするもの。「法身」と漢訳。*m. pl. Nom.*
tathāgatā < tathāgatāḥ + 有声音 < tathāgata-：*m.* このように行った（人）。このように来た（人）。「如来」「如去」と漢訳。「多陀阿伽度」と音写。*pl. Nom.*
nâmiṣa-kāyāḥ < na + āmiṣa-kāyāḥ
　　āmiṣa-kāyāḥ < āmiṣa-kāya-：*adj.* 食べ物によって身体を維持する。*m.* 食べ物によって身体を維持するもの。「飲食身」「雑食身」と漢訳。*m. pl. Nom.*
　　āmiṣa-：*n.* 肉。餌物。美味。
　　kāya-：*m.* 身体。集団。多数。集合。

lokôttara-kāyās tathāgatāḥ sarva-loka-dharma-samatikrāntāḥ /
(梵漢和維摩経 *p.* 110, *l.* 19)

「『如来たちは、超世間的な身体を持ち、あらゆる世間の在り方を超越しているのだ。
【「『仏は世尊と為りて、三界を過ぎたまう。】　（大正蔵、巻一四、五四二頁上）

……………………………………………………………………

lokôttara-kāyās < lokôttara-kāyāḥ + (t) < lokôttara-kāya-：*adj.* 超世間的な身体を持つ。*m. pl. Nom.*
　　lokôttara- < loka-uttara-：*adj.* 超世間的な。
tathāgatāḥ < tathāgatāḥ + (s) < tathāgata-：*m.* このように行った（人）。このように来た（人）。「如来」「如去」と漢訳。「多陀阿伽度」と音写。*pl. Nom.*
sarva-loka-dharma-samatikrāntāḥ < sarva-loka-dharma-samatikrānta-：*adj.* あらゆる世間の在り方を超越している。*m. pl. Nom.*
　　dharma：*m.* 真理。教理。教え。在り方。「法」と漢訳。
　　samatikrānta- < sam-ati-√kram- (1) + -ta：*pp.* 「出」「超」「過」「超過」「超越」と漢訳。

anābādhas[95] tathāgatasya kāyaḥ sarva-āsrava-vinivṛttaḥ[96] /
(梵漢和維摩経 *p.* 112, *l.* 1)

「『如来の身体は、苦痛がなく、あらゆる煩悩（漏）が取り除かれているのである。
【「『仏身は無漏にして、諸の漏已に尽きたり。】　（大正蔵、巻一四、五四二頁上）

……………………………………………………………………

anābādhas < anābādhaḥ + (t) < anābādha- < an-ābādha-：*adj.* 妨げられない。困難のない。苦痛のない。*m. sg. Nom.*

ābādha-：*m.* 圧。苦悩。苦痛。危険。「病」「病悩」「憂悩」と漢訳。

tathāgatasya < tathāgata-：*m.* このように行った（人）。このように来た（人）。「如来」「如去」と漢訳。「多陀阿伽度」と音写。*sg. Gen.*

kāyaḥ < kāya-：*m.* 身体。集団。多数。集合。*sg. Nom.*

sarva-āsrava-vinivṛttaḥ < sarva-āsrava-vinivṛtta-：*adj.* あらゆる煩悩（漏）を取り除いている。*m. sg. Nom.*

sarva-：*adj.* 一切の。すべての。

āsrava- < ā-√sru- (1) + -a：*m.* 水門。流出するもの。煩悩。「漏」「流」と漢訳。

vinivṛtta- < vi-ni-√vṛt- (1) + -ta：*pp.* 戻された。帰った。～（奪格）から顔をそむけた。～から脱した。捨てた。「捨」「離」「遠離」「捨離」と漢訳。

asaṃskṛtas tathāgatasya kāyaḥ sarva-saṃkhyā-vigataḥ[97] /
(梵漢和維摩経 *p.* 112, *ll.* 1–2)

「『如来の身体は、無為であって、あらゆる計算を離れているのだ。

【「『仏身は無為にして諸の数に堕せず。】　（大正蔵、巻一四、五四二頁上）

……………………………………………………………………

asaṃskṛtas < asaṃskṛtaḥ + (t) < asaṃskṛta- < a-saṃskṛta-：*adj.* 装備されない。装飾されていない。「無為」と漢訳。*m. sg. Nom.*

tathāgatasya < tathāgata-：*m.* このように行った（人）。このように来た（人）。「如来」「如去」と漢訳。「多陀阿伽度」と音写。*sg. Gen.*

kāyaḥ < kāya-：*m.* 身体。集団。多数。集合。*sg. Nom.*

sarva-saṃkhyā-vigataḥ < sarva-saṃkhyā-vigata-：*adj.* あらゆる計算を離れている。*m. sg. Nom.*

sarva-：*adj.* 一切の。すべての。

saṃkhyā- < sam-√khyā- (2) +-ā：*f.* 数。数字。数えること。計算。

vigata- < vi-√gam- (1) + -ta：*pp.* 「離」「除」「無」「已除」「除断」と漢訳。

tasya bhadanto vyādhim icchatîty ayuktam asadṛśam /
(梵漢和維摩経 *p.* 112, *ll.* 2–3)

「『尊者〔アーナンダ〕が、その〔如来〕に病があると考えるということは[98]、不適切なことであり、ふさわしくないことである』

【「『此くの如きの身に当に何の疾か有るべき。当に何の悩みか有るべき』と。】
（大正蔵、巻一四、五四二頁上）

……………………………………………………………………

tasya < tad-：それ。*m. sg. Gen.*

bhadanto < bhadantaḥ + 有声子音 < bhadanta-：*m.* （仏教、またはジャイナ教の出家者の敬称）。「大徳」「尊」「尊者」「世尊」と漢訳。*sg. Nom.*

vyādhim < vyādhi- < vy-ādhi-：*m.* 疾患。疾病。病気。*sg. Acc.*

icchatîty < icchati + ity

icchati < iccha- < √iṣ- (6)：～（為格）を欲する。願う。希望する。～（対格）を～（対格）と考える。*Pres. 3, sg. P.*

ity < iti + 母音：*adv.* ～と。以上のように。「如是」と漢訳。

ayuktam < ayukta- < a-yukta-：*adj.* 繋がれていない。結合されてない。～（処格）に付着されてない。不注意な。不適当な。ふさわしくない。*n. sg. Nom.*

asadṛśam < asadṛśa- < a-sadṛśa-：*adj.* 等しくない。同様でない。相応しくない。*n. sg. Nom.*

§46　tasya me bhagavan mahad-apatrāpyaṃ jātam /

（梵漢和維摩経 *p.* 112, *l.* 4）

§46　「世尊よ、その私に大きな恥じ入る思いが生じました。
【§46　「時に我、世尊よ、実に慚愧を懐けり。】　（大正蔵、巻一四、五四二頁上）

………………………………………………………………………

tasya < tad-：それ。*m. sg. Gen.*
me < mad-：私。*2. sg. Gen.*
bhagavan < bhagavat-：*m.* 尊い（人）。「世尊」と漢訳。「婆伽婆」「薄伽梵」と音写。*sg. Voc.*
mahad-apatrāpyaṃ < mahad-apatrāpya-：*n.* 大きな恥。*sg. Nom.*
　mahad- < mahat- + (a)：*adj.* 大きな。偉大な。豊富な。たくさんの。重要な。卓越した。
　apatrāpya- < apa-√trap- (1) + -ya：*未受分,* 恥じるべき。*n.* 「愧」「羞恥」と漢訳。
　apa-√trap- (1)：顔を背ける。当惑する。恥じる。
jātam < jāta- < √jan- (1) + -ta：*pp.* 生まれた。生じた。出現した。*n. sg. Nom.*

mā me bhagavato 'ntikād duḥśrutaṃ durgṛhītam vā kṛtam iti /
（梵漢和維摩経 *p.* 112, *ll.* 4–5）

「『私は、世尊のそばで誤って聞くこと、あるいは誤って理解することをなしたのではなかろうか』と。
【「『仏に近づいて謬り聴くこと無きを得んや』。】　（大正蔵、巻一四、五四二頁上）

………………………………………………………………………

mā：*adv.* ～なかれ。～なからんことを。～しないように。願わくは～ないように。
　否定を伴う疑問で憂慮を表わす。
me < mad-：私。*1. sg. Gen.*
bhagavato 'ntikād < bhagavataḥ + antikād
　bhagavataḥ < bhagavat-：*m.* 尊い（人）。「世尊」と漢訳。「婆伽婆」「薄伽梵」と音写。*sg. Gen.*
　antikād < antikāt + 有声子音：*adv.* ～（属格）の近隣で。現前で。そばで。
duḥśrutaṃ < duḥśruta- < duḥ-śruta-：*pp.* 悪しく聞かれた。誤って聞かれた。逆の意味に聞かれた。*n. sg. Nom.*
durgṛhītam < dur-gṛhīta-：*pp.* 悪しく受け取った。誤って了解された。*n. sg. Nom.*
vā：*ind.* ～か。または。たとえ～であっても。
kṛtam < kṛta- < √kṛ- (8) + -ta：*pp.* なされた。作られた。行なわれた。成就された。得られた。*n. sg. Nom.*
iti：*adv.* ～と。～ということを。以上のように。～と考えて。「如是」と漢訳。

so 'ham antarīkṣāc chabdam aśrauṣam /
（梵漢和維摩経 *p.* 112, *ll.* 5–6）

「〔その時、〕その私は、空中からの声を聞きました。
【「即ち空中の声を聞く。曰く、】　（大正蔵、巻一四、五四二頁上）

………………………………………………………………………

so 'ham < saḥ + aham
　saḥ < tad-：それ。*m. sg. Nom.*
　aham < mad-：私。*1, sg. Nom.*
antarīkṣāc chabdam < antarīkṣāt + śabdam
　antarīkṣāt < antarīkṣa- ＝ antar-ikṣa-：*n.* 空（そら）。空中。「虚空」と漢訳。*sg. Abl.*
　śabdam < śabda-：*m.* 音。声。語。*sg. Acc.*
aśrauṣam < aśrauṣ- < √śru- (5) +-s：聞く。*s-Aor. 1, sg. P.*

evam etad ānanda yathā gṛhapatir nirdiśati /

（梵漢和維摩経 *p.* 112, *l.* 7）

「『アーナンダよ、資産家〔ヴィマラキールティ〕が説いたこと、それは、その通りである。
【「『阿難よ、居士の言の如し。】　　（大正蔵、巻一四、五四二頁上）

……………………………………………………………………

evam：*adv.* このように。「是」「如是」と漢訳。
etad < etat + 母音 < etad-：これ。*n. sg. Nom.*
ānanda < ānanda-：*m.* アーナンダ。「阿難」と音写。*sg. Voc.*
yathā：*関係副詞, 接続詞,* ～のように。あたかも～のように。～であるように。～であること。
　　yathā ～ etat …：～であるということ、これは…。
gṛhapatir < gṛhapatiḥ + 有声音 < gṛhapati- < gṛha-pati-：*m* 資産家。「家長」「居士」「長者」「在家」と漢訳。*sg. Nom.*
nirdiśati < nirdiśa- < nir-√diś- (6)：指示する。決定する。宣言する。「説」「作説」「称讃」「答」と漢訳。*Pres. 3, sg. P.*

atha ca punaḥ pañca-kaṣāye bhagavān utpannas tenânartha-lūha-daridra-caryayā sattvā vinetavyāḥ /

（梵漢和維摩経 *p.* 112, *ll.* 7–9）

「『しかしながら、世尊は、〔時代・思想・煩悩・衆生・寿命の〕五つの濁り（五濁）[99]〔の盛んな悪世〕において出現される。衆生たちは、その〔世尊〕によって、意義のない、粗雑で、貧賤な行ないを通して教化されるべきである。
【「『但、仏は五濁悪世に出でたまい、現に斯の法を行じて、衆生を度脱することを為したまう。】
（大正蔵、巻一四、五四二頁上）

……………………………………………………………………

atha：*adv.* その時。その場合。さて。それ故。しかれば。しかしながら。
ca：*conj.* および。また。しかしながら。そして。～と。なお。
punaḥ < punaḥ + (p) < punar：*adv.* 再び。さらに。なお。しかしながら。
pañca-kaṣāye < pañca-kaṣāya-：*m.* 五つの濁り（五濁）。*sg. Loc.*
　　pañca- < pañcan-：*基数詞,* 五。
　　kaṣāya-：*m.* 黄赤色。汚染。道徳的頽廃。「濁」「濁悪」と漢訳。
bhagavān < bhagavat-：*m.* 尊い（人）。世尊。「婆伽婆」「薄伽梵」と音写。*sg. Nom.*
utpannas < utpannaḥ + (t) < utpanna- < ud-√pad- (4) + -na：*pp.* ～（処格）から生まれた。生じた。存在している。「已生」「出現」「生起」と漢訳。*m. sg. Nom.*
tenânartha-lūha-daridra-caryayā < tena + anartha-lūha-daridra-caryayā
　　tena < tad-：それ。*n. sg. Ins.*
　　anartha-lūha-daridra-caryayā < anartha-lūha-daridra-caryā-：*f.* 意義のない、粗雑で、貧賤な行ない。*sg. Ins.*
　　anartha- < an-artha-：*m.* 不利益。損害。不幸。無意義。
　　lūha-：*adj.* 「悪」「弊悪」と漢訳。
　　daridra-：*adj.* ～（具格）を欠いている。貧しい。「貧」「貧窮」「貧乏」「貧賎」と漢訳。
　　caryā-：*f.* 徘徊すること。処置。行為。「行」「所行」「遊行」「業」「事」と漢訳。
sattvā < sattvāḥ + 有声音 < sattva-：*m.* 衆生。*pl. Nom.*
vinetavyāḥ < vinetavya- < vi-√nī- (1) + -tavya：*未受分,* 取り去られるべき。案内されるべき。躾けられるべき。教育されるべき。「調伏」「教化」「教導」と漢訳。*m. pl. Nom.*

tad gaccha tvam ānanda kṣīraṃ gṛhītvā mā paryapatrapaś cêti /

（梵漢和維摩経 *p.* 112, *l.* 9）

「『アーナンダよ、それ故に、牛乳を受け取って、あなたは立ち去るがよい。恥じ入ることはない』と。
【「『行け、阿難よ、乳を取りて、慚ずること勿れ』と。】　　（大正蔵、巻一四、五四二頁上）

tad < tat + 有声子音 < tad-：それ。*n. sg. Acc.*
　代名詞の中性・対格／具格／奪格は、連結助詞として用いられ、「そこで」「従って」「このため」を意味する。
gaccha < gaccha- < √gam- (1)：行く。経過する。～（対格、為格、処格）に赴く。近づく。達する。
　Impv. 2, sg. P.
tvam < tvad-：あなた。*2, sg. Nom.*
ānanda < ānanda-：*m.* アーナンダ。「阿難」と音写。*sg. Voc.*
kṣīraṃ < kṣīra-：*n.* 乳。濃くした乳。「白乳」と漢訳。*sg. Acc.*
gṛhītvā < √grah- (9) + -itvā：つかむ。取る。受け取る。*Ger.*
mā：*adv.* ～なかれ。～なからんことを。～しないように。願わくは～ないように。
paryapatrapaś < paryapa-atrapaḥ + (c) < paryapa-atrapa- < pari-apa-√trap- (1) + -a：恥じ入る。
　a-Aor. 2, sg. P.
cêti < ca + iti
　iti：*adv.* ～と。以上のように。「如是」と漢訳。

§47　īdṛśā bhagavan vimalakīrter licchaveḥ praśna-vyākaraṇa-nirdeśāḥ /
（梵漢和維摩経 *p.* 112, *ll.* 10–11）

§47　「世尊よ、リッチャヴィ族のヴィマラキールティの質問と説明、説法は、このようなものでした。
【§47　「世尊よ、維摩詰の智慧・弁才は此くの若しと為すなり。】　（大正蔵、巻一四、五四二頁上）

īdṛśā < īdṛśāḥ + 有声音 < īdṛśa- = īdṛś-：*adj.* このような状態の。このような場合の。*m. pl. Nom.*
bhagavan < bhagavat-：*m.* 尊い（人）。「世尊」と漢訳。「婆伽婆」「薄伽梵」と音写。*sg. Voc.*
vimalakīrter < vimalakīrteḥ + 有声音 < vimalakīrti- < vimala-kīrti-：*m.* ヴィマラキールティ。汚れのない名声を持つ（もの）。「維摩詰」「維摩」と音写。「浄名」「無垢称」と漢訳。*sg. Gen.*
licchaveḥ < licchaveḥ + (p) < licchavi-：*m.* リッチャヴィ。「離車子」「栗姑毘」と音写。*sg. Gen.*
praśna-vyākaraṇa-nirdeśāḥ < praśna-vyākaraṇa-nirdeśa-：*m.* 質問と説明、説法。*pl. Nom.*
　praśna-：*m.* 質問。問い合わせ。～について尋ねること。
　vyākaraṇa- < vi-ā-√kṛ- (8) + -ana：*n.* 分離。区別。展開。創造。文法。予言。「授記」「記」「記別」と漢訳。
　vi-ā-√kṛ- (8)：分かつ。区別する。説明する。～（対格）に決定的な予言をなす。
　nirdeśa- < nir-√diś- (6) + -a：*m.* 命令。指示。記述。「説」「所説」「説法」と漢訳。

tan nâhaṃ bhagavann utsahe tasya kula-putrasya glāna-paripṛcchako gantum /
（梵漢和維摩経 *p.* 112, *ll.* 11–12）

「それ故に、世尊よ、私は、その善き人（善士）の病気見舞いに行くことに耐えられません」
【「是の故に彼に詣りて疾を問うに任えず」と。】　（大正蔵、巻一四、五四二頁上）

tan < tat + (n) < tad-：それ。*n. sg. Acc.*
　代名詞の中性・対格／具格／奪格は、連結助詞として用いられ、「そこで」「従って」「このため」を意味する。
nâhaṃ < na + ahaṃ
　na：*ind.* ～でない。～にあらず。
　ahaṃ < mad-：私。*1, sg. Nom.*

bhagavann < bhagavan + 母音 < bhagavat-：*m.* 尊い（人）。世尊」と漢訳。「婆伽婆」「薄伽梵」と音写。*sg. Voc.*

utsahe < utsaha- < ud-√sah- (1)：こらえる。耐える。～（不定詞）することができる。～する能力がある。*Pres. 1, sg. A.*

tasya < tad-：それ。*m. sg. Gen.*

kula-putrasya < kula-putra-：*m.* 良家の息子。「善男子」と漢訳。*sg. Gen.*

glāna-paripṛcchako < glāna-paripṛcchakaḥ + 有声子音 < glāna-paripṛcchaka-：*m.* 病についての質問（者）。「問病」と漢訳。*sg. Nom.*

gantum < √gam- (1) + -tum：*不定詞,* 行くこと。

§48 evaṃ tāni pañca-mātrāṇi śrāvaka-śatāny anutsahamānāni bhagavate nivedayanti / ye ca tair vimalakīrtinā licchavinā sārdhaṃ kathā-saṃlāpāḥ kṛtās tān[100] sarvān bhagavate nivedayanti sma /
(梵漢和維摩経 *p.* 112, *ll.* 13–15)

§48 このように、〔病気見舞いに行くことに〕耐えられないそれらの五百人の声聞たちは、〔その旨、〕世尊に告げた。そして、それら〔の五百人の声聞たち〕が、リッチャヴィ族のヴィマラキールティとなしたところの会話と対話、それらのすべてを世尊に申し上げた。

【§48 是くの如く、五百の大弟子は各各、仏に向かいて其の本縁を説き、維摩詰の所言を称述し、皆、彼に詣りて疾を問うに任えずと曰えり。**】** （大正蔵、巻一四、五四二頁上）

………………………………………………………………………………

evaṃ：*adv.* このように。「是」「如是」と漢訳。

tāni < tad-：それ。*n. pl. Nom.*

pañca-mātrāṇi < pañca-mātra-：*n.* 五つだけの量。*pl. Nom.*

pañca- < pañcan-：*基数詞,* 五。

mātra- < √mā- (2,3) + -tra：*n.* ～だけの量／大きさ／高さ／深さ／長さ。分量。総額。

śrāvaka-śatāny < śrāvaka-śatāni + 母音 < śrāvaka-śata-：*n.* 百の声聞。*pl. Nom.*

anutsahamānāni < anutsahamāna- < an-utsahamāna-：*adj.* こらえられない。耐えられない。*n. pl. Nom.*

utsahamāna- < utsaha- + -māna < ud-√sah- (1) + -māna：こらえる。耐える。～（不定詞）することができる。～する能力がある。*A.* *現在分詞.*

bhagavate < bhagavat-：*m.* 尊い（人）。「世尊」と漢訳。「婆伽婆」「薄伽梵」と音写。*sg. Dat.*

nivedayanti < nivedaya- < ni-√vid- (6) + -aya：*Caus.* ～（為格、属格、処格）に知らせる。伝える。告知する。告げる。*Pres. 3, pl. P.*

………………………………………………………………………………

ye < yad-：*関係代名詞, m. pl. Nom.*

ca：*conj.* および。また。しかしながら。そして。～と。なお。

tair < taiḥ + 有声音 < tad-：それ。*m. pl. Ins.*

vimalakīrtinā < vimalakīrti- < vimala-kīrti-：*m.* ヴィマラキールティ。汚れのない名声を持つ（もの）。「維摩詰」「維摩」と音写。「浄名」「無垢称」と漢訳。*sg. Ins.*

licchavinā < licchavi-：*m.* リッチャヴィ。「離車子」「栗姑毘」と音写。*sg. Ins.*

sārdhaṃ < sa-ardha-：*adj.* 半分を伴った。*n. sg. Acc.*

対格の副詞的用法で、「～（具格）と共同で」「～と一緒に」「～とともに」。

kathā-saṃlāpāḥ < kathā-saṃlāpāḥ + (k) < kathā-saṃlāpa-：*m.* 会話や対話。*pl. Nom.*

kathā-：*f.* ～（処格）についての会話。談話。物語。議論。陳述。宣言。

saṃlāpa-：*m.* ～（具格 ± saha）との会話。（戯曲の中の）対話。

kṛtās < kṛtāḥ + (t) < kṛta- < √kṛ- (8) + -ta：*pp.* なされた。*m.* 会話や会話。*pl. Nom.*

tān < tad-：それ。*m. pl. Acc.*

sarvān < sarva-：*adj.* すべての。*m. pl. Acc.*
bhagavate < bhagavat-：*m.* 尊い（人）。「世尊」と漢訳。「婆伽婆」「薄伽梵」と音写。*sg. Dat.*
nivedayanti < nivedaya- < ni-√vid- (6) + -aya：*Caus.* ～（為格、属格、処格）に知らせる。伝える。告知する。告げる。*Pres. 3, pl. P.*
sma：*ind.* 実に。sma は現在形とともに用いられて、過去の意味を表わす（歴史的現在）。

第３章　訳注

---

[1] āyuṣmantaṃ（< āyuṣmat-）は、「長老」と訳されることがあるけれども、必ずしも高齢者にのみ用いられるのではない。次の中村元博士の著訳書・論文等を参照。

　中村元訳注『ブッダ最後の旅』、岩波文庫、岩波書店、*p.* 189–191。

[2] 筆者が「シャーリプトラよ、あなたは、リッチャヴィ族のヴィマラキールティの病気見舞いに行くがよい」と訳した箇所は、原文では次のようになっている。

　①gaccha（行くがよい）

　②tvaṃ śāriputra（シャーリプトラよ、あなたは、）

　③vimalakīrter licchaver（リッチャヴィ族のヴィマラキールティの）

　④glāna-paripṛcchakaḥ

④は、筆者の訳では「病気見舞いに」と副詞的に訳されているが、④は主格である。従って、「シャーリプトラよ、あなたは、リッチャヴィ族のヴィマラキールティの病気見舞いの人として行くがよい」と直訳される。しかし、これでは日本語らしくないので、以下、すべて「病気見舞いに」と訳すことにした。

[3] pratisaṃleyaś は、貝葉写本と VKN. では pratisaṃlīyaś となっているが、ここでは prati-sam-√lī-(4) の未来受動分詞として用いられていると考えられるので、筆者は改めた。ya をつけて未来受動分詞を作るとき、語尾の i, ī は e となるからだ。§3には、このほか５カ所にこの語が用いられていて、同様の訂正を行なった。

[4] na は、貝葉写本では欠落しているが、チベット語訳と漢訳が否定文になっているので補った。

[5] 筆者が「とある門のところで」と訳した箇所は、原文では anyatamasmin vīthī-mukhe となっている。anyatamasmin は、anya-tama-（とある）の中性・単数・処格で、vīthī-mukhe は、vīthī-（都市、街）と mukha-（門、入り口）の複合語 vīthī-mukha- の中性・単数・処格であり、合わせて「都市へのとある門のところで」という意味になる。ところが、この語の直前に mahā-nagaryām（< mahā-nagarī-, 大都市）という語があり、重複するので「都市への」を省略し、処格であることを考慮して「門のところで」と訳した。

それに対して、チベット語訳、およびその現代語訳である中公版、さらには漢訳は次のようになっている（支謙訳に相当する語なし）。

　srang zhig gi sgo na（ある通りの入り口のところで）

　「とある四辻で」（中公版、*p.* 34）

　「里巷中」（鳩摩羅什訳）

　「四衢道」（玄奘訳）

これからすると、中公版は、玄奘訳を参考にされたのであろうか。

[6] upasaṃkramyâivam（< upasaṃkramya + evam）は、貝葉写本と VKN. では upasaṃkrāmyâivam となっているが、「近づく」という意味の動詞 upa-sam-√kram-(1) の絶対分詞は upasaṃkramya なので、筆者は改めた。

[7] pūrvântâparânta-paricchinnaḥ（< pūrva-anta-apara-anta-paricchinna, 過去の際と未来の際とも分断された）は、貝葉写本では pūrvântâparântâparicchinnaḥ（< pūrva-anta-apara-anta-aparicchinna-, 過去の際と未来の際とも分断されていない）と否定文になっている。筆者は、次のチベット語訳と漢訳が否定文になっていないのを参考にして改めた。

　sgon gyi mtha' dang phyi ma'i mtha' yongs su chad pa（前際と後際と断ち切られている）

　「本末を断ぜる」（支謙訳）

　「前後の際を断ぜる」（鳩摩羅什訳、玄奘訳）

チベット語訳が否定文になっていないのに、その現代語訳であるはずの中公版が、次のように否定文になっている理由が理解できない。

　「時間的に前後の極限がありません」（中公版、*p.* 34）

[8] 筆者が、「〔人生に襲ってくる飢・渇・寒・暑・貧・迷の六つの苦悩の〕あらゆる波を離れている」と訳した箇所の原文は、sarvôrmi-vigataḥ である。これは、sarva-（あらゆる）と、ūrmi-（波）、vigata-（断たれている）の複合語である。玄奘は、ここに「波」という語が出てくるのを奇異に感じたのか、「遠離一切波浪思」と「思」の字を補い、「波浪」を「思い」の揺れ動くさまに譬えたものと考えたようである。鳩摩羅什は、「波（浪）」ではなく「覚観」として、「覚観を離る」と漢訳している。これらの訳の開きは、貝葉写本が異なる系統であったと考えるしかない。高崎直道博士は、波の原語を taraṅga として、鳩摩羅什はそれを tarka（理論）と読み、vitarka-vicāra（覚観）と関連付けたのであろうと会通（えつう）されている（高崎校註『維摩経』、*p.* 153）。これは、『維摩経』のサンスクリット写本発見の前の段階での推測であり、サンスクリット写本が発見され、「波」が taraṅga

ではなく ūrmi であったので、この会通も見直さなければならない。

9 筆者が、「あらゆるものごと（一切法）と結ばれている」と訳した箇所を、中公版（*p.* 35）では「あらゆる法は等しくおかれるのです」と訳している。これは、注（中公版、*p.* 379）に断っているように samāhita を「等しくおかれる」と訳したもので、それは、samāhita を sama-（等しい）と āhita（置かれた）の複合語と考えた結果であろう。ところが、samāhita は「～に心を定める」「心を結ぶ」という意味の動詞 sam-ā-√dhā- (3)の過去受動分詞である。

10 筆者が、「投げ上げることもなく、下に置くこともない」と訳した箇所は、原文では次のようになっている。

anutkṣepo 'prakṣepaḥ（< anutkṣepaḥ + aprakṣepaḥ）

anutkṣepaḥ（< anutkṣepa-）は、「投げ上げる」という意味の動詞 ud-√kṣip- (6) から作られた男性名詞 utkṣepa- に否定の an をつけたものであり、aprakṣepaḥ（< aprakṣepa-）は「下に置く」という意味の動詞 pra-√kṣip- (6) から作られた男性名詞 prakṣepa- に、否定の a をつけたものである。

チベット語訳、およびその現代語訳である中公版は次のようになっている。

dor ba med cing gzhag pa med pa（捨てることもなく、置くこともない）

「捨てることもなく、立てることもなく」（中公版、*p.* 35）

11 筆者が訳した「幻術によって作り出された人」と「幻術によって作り出された人たち」は、原文ではそれぞれ māyā-puruṣo（< māyā-puruṣaḥ + 有声子音）と māyā-puruṣebhyo（< māyā-puruṣebhyaḥ + 有声子音）となっている。それぞれ、男性名詞 māyā-puruṣa- の単数・主格と複数・為格である。支謙と鳩摩羅什は、この同じ単語をそれぞれ「幻士」と「幻人」、玄奘は「幻士」と「幻化者」と訳し分けている。

12 sattvêndriya-kuśalena ca te bhāṣitavyaṃ は、貝葉写本と VKN. では次のようになっている。

①satvendriyakuśalena ca te bhavitavyaṃ

これは、sat[t]vêndriya-kuśalena（衆生の能力の善し〔あし〕で）、ca（そして）、te（あなたによって）、bhavitavyam（～であられるべきである）といった単語からなっているが、つなぎ合わせると、

「そして、衆生の能力の善し〔あし〕で、あなたによって～であられるべきである」

となるが、肝心の「どうあるべきか」が欠けていて、意味をなさない。

あるいは①を、√bhū- (1) の非人称の未来受動分詞 bhavitavyam が用いられていて、具格の satvendriya-kuśalena が補語、属格の te が動作主となる構文（「シンタックス」*p.* 45）だと考えると、次のような訳になる。

「あなたは、衆生の能力の善さであるべきである」

これでは、不自然な文章になり、主語と補語の関係ととることはできない。

鳩摩羅什訳を見ると、bhavitavyam に対応する語は見られない。ということは、単数・具格の sat[t]vêndriya-kuśalena は、それ以下の六つの単数・具格、

②sudṛṣṭa-prajñā-darśanena（鋭敏な視力を持った智慧で見ることによって、）

③mahā-karuṇā-mukhī-bhūtena（大いなる憐れみの心を具えた顔になって、）

④mahā-yāna-saṃvarṇakena（大いなる乗り物〔大乗〕を称讃することによって、）

⑤buddhī-kṛta-jñena（ブッダから受けた恩を知ることによって、）

⑥śuddhâśayena（意向が清らかであることによって、）

⑦dharma-nirukti-vidhi-jñena（法の語源的説明についての規則を知っていることによって、）

と同様、te dharmo deśayitavyaḥ（あなたによって法は説かれるべきである）に掛かっていると考えるべきであろう。そのように考えた上で、もしも bhavitavyam がここに存在していることを重視するならば、ここは、この文章の末尾と、この文章の直前にある deśayitavyaḥ（説かれるべきである）と類似の意味を持つ語であるべきであり、bhavitavyam は bhāṣitavyam（説かれるべき）の勘違いではないかと筆者は考えた。

13 buddhī-kṛta-jñena は、VKN. では buddhekṛtajñena となっている。ここで、buddhe となっている理由が分からない。これは、buddha- と関係する語であろうが、筆者は、動詞 √kṛ- (8) の前に a で終わる名詞、形容詞がくる複合語では、名詞、形容詞の末尾の a は ī となる（cf.「基礎」*p.* 566）という原則に従って、筆者は改めた。

14 ca は、貝葉写本では va となっている。貝葉写本でしばしば見られる v と c の間の誤記であろう。

15 'bhūvam（< abhūvam）は、貝葉写本では bhūva となっている。ここは、「なる」「生ずる」を意味する √bhū- (1) のアオリスト・一人称・単数の abhūvam が最適であろう。

16 [ ] 内の ekasmin samaye は、貝葉写本では存在しないが、相当語がチベット語訳と漢訳、貝葉写本の類似の箇所に存在するので、筆者は補った。

17 筆者が、「受け取らないことによって求められるべきである」と訳した箇所は、原文では anāhāreṇa... paryeṣṭavyaḥ となっている。anāhāreṇa は、男性名詞 an-āhāra-（受け取らないこと）の単数・具格で、paryeṣṭavyaḥ

は「求める」という意味の動詞 pari-ā-√iṣ- (6) の未来受動分詞で「求められるべき」という意味である。こうして筆者の訳となった。ところが、チベット語訳からの現代語訳である中公版は次の通り。

「もらわぬために、食を乞うべきです」（中公版、*p.* 36）

貝葉写本で具格になっているところを、中公版は為格で訳している。ところが、チベット語訳は、次のように為格として訳されていない。

zas med par zas btsal bar bya'o（食物なくして、食物を求めるべきである）

漢訳は、次の通り。

「已に能く不食もて哀れむ故に乞に従う」（支謙訳）

「不食の為の故に応に乞食を行ずべし」（鳩摩羅什訳、玄奘訳）

18 筆者が「他人の食べ物に対する執着を離れるため」と訳した箇所は、原文では para-piṇḍa-grāhâpanayāya（< para-piṇḍa-grāha-apanaya-）となっている。これは、para-（他人）、piṇḍa-（食べ物）、grāha-（執着）、apanaya-（離れること）からなる複合語の為格であり、筆者のように訳される。ところが、チベット語訳からの現代語訳である中公版では、次のようになっている。

「他人を個体として考える観念を打破するために」（中公版、*p.* 36）

チベット語訳は、誤写の故か、判読困難である。

gzhan gyi ril por 'dzin pa btsal ba'i phyir（他者を球として把握することを求めるがゆえに）。

19 praveṣṭavyaḥ（< praveṣṭavya-, 入られるべきである）は、貝葉写本では paryeṣṭavyo（< paryeṣṭavyaḥ < paryeṣṭavya-, 求められるべき）となっているが、鳩摩羅什訳の「聚落に入れ」に基づいて改めた。

20 筆者が、「あなたは家々に近づくべきである」と訳した箇所の原文は次の通り。

te kulāny upasaṃkramitavyāni

kulāny（< kulāni）は中性名詞 kula-（家）の複数・主格である。te は二人称・単数・属格の代名詞で、「近づく」という意味の動詞 upa-sam-√kram- (1) の未来受動分詞 upasaṃkramitavya-（近づかれるべき）の動作主になっている。意味は、次の通り。

「あなたによって、家々は近づかれるべきである」

受動の表現を能動に変えると、筆者の訳の「あなたは家々に近づくべきである」となる。ところが、チベット語訳からの現代語訳である中公版では、次のようになっている。

「家にはいるべきです」（中公版、*p.* 37）

この文章の前に「村にはいるべきです」とあり、その勢いで、ここも「はいるべきです」（praveṣṭavyam）としたのであろうか？　ちなみに、チベット語訳は、次の通りで、「入る」ところまでは行っていない。

khyim du 'gro bar bya'o（家に向かうべきである）

21 筆者が、「受けないことによって」と訳した箇所は、原文では apratigrahaṇatayā となっている。これは、女性名詞 a-pratigrahaṇa-tā-（受けないこと）の単数・具格である。チベット語訳も、次のように具格として訳している。

mi len pas（受け取らないことによって）

ところが、チベット語訳からの現代語訳である中公版では、「受けないことにおいて」（中公版、*p.* 37）と、処格として訳されている。

22 pratiśrutkôpamatayā（< pratiśrutkā-upamatayā）は、貝葉写本の表記であるが、VKN. では pratiśrutakopamatayā（< pratiśrutakā-upamatayā）となっている。pratiśrutakā- は、pratiśrutkā-（反響、こだま）の誤用であろう（cf. BHS. gram. 3-101; BHS. dic. *p.* 369）。第2章§9では、VKN. も pratiśrutkôpamo（< pratiśrutkā-upamaḥ）としており、ここは貝葉写本のままで何も問題ないので、筆者は貝葉写本のままにした。

23 rasā āsvādayitavyāḥ（< rasāḥ + āsvādayitavyāḥ）は、貝葉写本では rasā 'svādayitavyāḥ（< rasā + āsvādayitavyāḥ）となっている。筆者は、未来受動分詞 āsvādayitavyāḥ に合わせ rasā を男性・複数・主格 rasāḥ に改めた。

24 māyā-puruṣa-vijñaptyā（< māyā-puruṣa-vijñapti-）は、貝葉写本と VKN. では māyā-puruṣa-vijñāptyā（< māyā-puruṣa-vijñāpti-）となっているが、vijñāpti- は、vijñapti- の誤りと思われるので、筆者は改めた。

25 yad asva-bhāvam apara-bhāvaṃ ca tad anujjvalitam は、貝葉写本では yo svabhāvo para-bhāva-śuddhanujvalitam となっているが、次の注に述べる理由により改めた。

26 この文章の原文は、貝葉写本では次のようになっている。

①yo svabhāvo para-bhāva-śuddhanujvalitam /

これは関係代名詞の yo（< yaḥ）と、svabhāvo（自性）、parabhāva（他性）、śuddha（清められた）、anujvalitam

からなるように見える。これを次の漢訳、

「自性無く他性無きは、本より自ずから然えず」（鳩摩羅什訳）

「自性無く他性無きは、熾然無し」（玄奘訳）

と比較してみると、śuddha という語が対応していない。ここは、関係代名詞 yo の相関詞が必要なところである。VKN. は次のように改めている。

yo 'svabhāvo 'parabhāvaś ca tad anujjvalitam /

その場合、男性・単数・主格の関係代名詞 yo（< yaḥ）と中性・単数・主格の相関詞 tad（< tat）との性の不一致が気にかかる。ところが、§26 にここと類似した次の文章が出てくる。

yad asva-bhāvam apara-bhāvaṃ tad anujjvalitam（自己に固有の本性もなく、また他者に固有の本性もないところのもの、それは〔自ずから〕燃え上がることはない）

これにならって、筆者は貝葉写本の表記を中性・単数・主格の関係代名詞 yad と相関詞 tad を用いて改めた。anujjvalitaṃ は、貝葉写本で anujvalitaṃ となっている。鳩摩羅什訳では「不然」、玄奘訳では「無熾然」と否定形になっているが、貝葉写本のままでは、「後に」「越えて」といった意味の副詞 anu と過去受動分詞 jvalita-（燃えた） との複合語になって、否定の意味は出てこない。否定の意味を出すために、anujjvalita-（< an-ud-jvalita-）と改めた。以上の校訂の結果、筆者は①を次のように改めた。

yad asvabhāvam aparabhāvaṃ ca tad anujjvalitaṃ /

[27] na は、貝葉写本では ca となっている。チベット語訳、鳩摩羅什訳、玄奘訳のいずれも否定文になっているので改めた。

[28] sakleśo（< sa-kleśa-, 汚れに伴われた）は、貝葉写本と VKN. では saṃkleśo（< saṃ-kleśa-, 汚れ）となっている。VKN. は、チベット語訳からすると sakleśa だったかもしれないと断っているが、本文を改めてはいない。saṃ-kleśa- は、「煩わせる」という意味の動詞 sam-√kliś- (4) から作られた男性名詞で「煩悩」「汚れ」を意味する。ところが、ここは、二語後の vigata-kleśaḥ（< vigata-kleśa-）と対になっているところで、筆者は、sa-（～に伴われた）と vigata-（～を離れた）を対照させて sa-kleśo に改めた。

ちなみに、チベット語訳、およびその現代語訳である中公版は次の通り。

nyon mongs pa dang bcas pa（煩悩を伴った）

「汚れをもって」（中公版、*p.* 37）

「煩悩有るに」（鳩摩羅什訳）

[29] 筆者が「あらゆるものごと（一切法）の平等性によってブッダの在り方の平等性に通達する」と訳した箇所の原文は次の三つの要素からなっている。

①sarva-dharma-samatayā ca（あらゆるものごと〔一切法〕の平等性によって）

②buddha-dharma-samatām（ブッダの在り方の平等性に）

③anugata（通達する）

①は、接続詞 ca（そして）と、sarva-（あらゆる）、dharma-（ものごと）、samatayā（平等性）の複合語 sarva-dharma-samatā- の女性・単数・具格である。②は、buddha-（ブッダ）、dharma-（在り方）、samatā（平等性）の複合語の女性・単数・対格で、③の anugata（< anugataḥ + a 以外の母音）は、「達する」という意味の動詞 anu-√gam- (1) の過去受動分詞の男性・単数・主格である。以上の内容から、筆者の訳となった。

チベット語訳、およびその現代語訳である中公版も、次のようにほぼ同じである。

chos thams cad kyi mnyom pa nyid kyis sangs rgyas kyi chos kyi mnyom pa nyid rjes su rtogs na（一切法の平等性により、仏の法の平等性も推知されるならば）

「一切の存在の平等性をもってブッダの在り方の平等性もさとられる」（中公版、*p.* 39）

ところが、漢訳には次のような微妙な違いがある。

「諸法等しければ衆施の等しきを得る」（支謙訳）

「諸法等しければ食に於いても亦等し」（鳩摩羅什訳）

「一切法平等の性を以て一切仏平等の性に入る」（玄奘訳）

従って、貝葉写本は、チベット語訳と玄奘訳に類似した内容になっている。

[30] rāga-**doṣa**-moha- は、本来 rāga-**dveṣa**-moha- となるところである。doṣa- は、「欠点」「過失」といった意味だが、rāga-（貪愛） と moha-（迷妄）に挟まれた複合語では、一般に doṣa-ではなく、dveṣa-（憎悪）が用いられ、「貪・瞋・癡の三毒」を意味する。doṣa- は、dveṣa- の俗語的な用法である。

[31] vidyā-vimuktī ca utpādite は、貝葉写本と VKN. では na ca vidyā-vimuktī utpādite となっているが、次の注に述べる理由で筆者は改めた。

[32] この文章の原文は、貝葉写本と VKN. では次のようになっている。

①na ca te 'vidyā bhava-tṛṣṇā ca samudghātitā（しかも、あなたが、無知〔無明〕と存在への愛着〔有愛〕を根絶することなく、）

②na ca vidyā-vimuktī utpādite（知と解脱を生じることがないならば）

②の vidyā-vimuktī は、次に母音が来るので、vidyā-vimukty と改めるべきでところである。②は否定形になっているが、次のようにチベット語訳と支謙訳が否定形を取り、鳩摩羅什訳と玄奘訳は肯定形になっている。

rig pa dang rnam par grol ba yang ma skyed（知と解脱もまた生じない）

「明・度を得るに非ず」（支謙訳）

「明・脱を起こす」（鳩摩羅什訳）

「而（しか）も慧明を起こし、及び解脱を以て」（玄奘訳）

チベット語訳からの現代語訳である中公版は、注に「チベット訳は『生じない』であるが、漢訳に従う」（中公版、*p.* 380）と断って肯定文に改めている。筆者も文脈を考慮すると肯定形が自然なので改めた。その際、②で否定の na を削除するのに伴い、接続詞の ca は二語目にくるという原則があるので、筆者は次のように改めた。

③vidyā-vimuktī ca utpādite（知と解脱を生じるならば）

[33] この文章に続けて、貝葉写本には、次の一節が入っている。

na ca te rāga-doṣa-mohāḥ prahīṇāḥ na ca rāga-doṣa-mohaiḥ sārddhaṃ saṃvasasi /（あなたが、貪愛、憎悪、迷妄を打ち破っているのでもなく、また、貪愛、憎悪、迷妄〔の三毒〕と一緒に住んでいるのでもないならば、）

これは、四つ前の文章で、ヴィマラキールティが既にスブーティに対して語っていた次の文章と同趣旨であり、重複である。

sacet tvaṃ bhadanta-subhūte na rāga-doṣa-moha-prahīṇo na ca taiḥ sārdhaṃ saṃvasasi /（尊者スブーティよ、もしもあなたが、貪愛、憎悪、迷妄〔、すなわち貪欲・瞋恚・愚癡の三毒〕を打ち破ることなく、しかもそれら〔の三毒〕と一緒にあることもないならば、）

VKN. も脚注において、貝葉写本にのみ付加されていると断って省いている。

[34] samavasaraṇaḥ は、貝葉写本では samavasa**vara**ṇaḥ となっているが、va が余計なので改めた。また、チベット語訳には、この後に次の一節が入っている。

so so'i skye bo'i chos las kyang ma log（異生〔凡夫（ぼんぷ）〕の法にも反しない）

「凡夫の法にそむくのでもないならば」（中公版、*p.* 39）

それは、鳩摩羅什訳の次の一節に相当する。

「凡夫法を離るるに非ず」（鳩摩羅什訳）

[35] yad gāminas は、VKN. では yadgāminas となっているが、一語である必要がないので、筆者は区切った。

[36] tad gāmy は、貝葉写本では tadgrāmy となっているが、VKN. によって tadgāmy と改められた。しかし、一語である必要がないので、筆者は区切った。

[37] tat-svabhāvo（< tat-svabhāva-）は、貝葉写本では tataḥsvabhāvo となっているが、三語前の yatsvabhāvāś（< yat-svabhāva-）と対になっていることを考慮して改めた。

[38] na ca jātu（決して〜ない）は、貝葉写本では na ca jāto na となっている。na が重複しており、jāto（< jātaḥ < jāta-, 生まれた）では前後の意味が通じないので、チベット語訳の nam yang... mi（決して……ない）を考慮して改めた。

[39] imaṃ は、貝葉写本では itvaṃ となっている。直前に tvam があり imaṃ の i を書いて次に目が tvam のほうに行って混同したのであろう。

[40] pratigṛhāṇa は、貝葉写本と VKN. では pratigṛhīṇa となっているが、ここは「受け取る」という意味の動詞 prati-√grah-（9）の命令・二人称・単数でなければならないので、筆者は改めた。三つ後の文章に pratigṛhāṇa が用いられていることも参考にした。

[41] kaścit は、貝葉写本と VKN. では kaccit となっているが、次の注に述べる理由により筆者は改めた。

[42] 筆者が、

「もしも、如来によって〔人が〕化作されて後、だれかある人が、〔その化作された人から〕このように言われるとしたら、その人は恐ろしく思うだろうか」

と訳した箇所は、VKN. では次のようになっている。

①yadi tathāgata-nirmita evam ucyeta

②**kaccit** sa uttraset

①は、「もしも〜ならば」を意味する接続詞 yadi に導かれた従属節である。tathāgata-nirmita（如来によって化作された〔人〕）は、次に a 以外の母音が来たために tathāgata-nirmitaḥ の ḥ が脱落した男性・単数・主格の場合と、次に a 以外の母音が来たために tathāgata-nirmite の末尾の e が a に変化した男性・単数・処格の場合の二通りが考えられる。ここでは、当面、主格として検討することにする。ucyeta は、「言う」という意味の動詞 √vac- (2) の受動・願望法・三人称・単数である。以上のことと、「このように」を意味する副詞 evam を考慮すると、①は次のように訳される。

③「もしも、如来によって化作された人が、このように言われるとしたら、」

主節②の中の kaccit は「〜かどうか」を意味する不変化辞で、sa は「その人」という三人称の代名詞の男性・単数・主格、uttraset は「恐れる」という意味の動詞 ud-√tras- (1) の願望法・三人称・単数である。以上のことを踏まえると、②は次のように訳される。

④「その人は恐ろしく思うかどうか」

③と④の訳から言えることは、「言われる人」も「恐ろしく思う人」も、「化作された人」だということになる。ところが、二つ後の文章に、

「尊者スブーティよ、化作された幻影の本性を持つあらゆるものごと（一切諸法）に対して恐れるべきではない」

とある。ここでは、「化作されたもの／人」は、「恐れさせる側」として論じられている。従って、①と②（あるいは③と④）の文章は、矛盾することになる。

では、チベット語訳を見てみると、次のようになっている。

gal te de bzhin gshegs pa'i sprul pa la de skad byas na de ji skrag par 'gyur ram（もしも、如来の化作された者に対してその言をなしたならば、彼を誰が畏れることになるだろうか？）

「化作された者」を意味するのは、sprul pa だが、その後に処格を示す la があるので、「化作された者」は主語とはなりえない。チベット語訳では、だれが「言う」のか不明であるが、「言われる」のは「化作された人」である。それなのに、「畏れる」のは「化作された人」とは別の人だということになり、つじつまが合わない。

では、チベット語訳からの現代語訳である中公版では、この箇所をどのように訳しているか見てみよう。

「もし如来の化作されたものによって、このような語が発せられたとしたら、恐ろしくお思いですか」（中公版、*p.* 41）

ここでは、「化作された人」が「言う人」、すなわち「恐ろしく思わせる人」になっていて問題ないが、「恐ろしくお思いですか」は、スブーティに恐ろしく思うかどうかを尋ねる言葉である。従って、この問いに対するスブーティの返事は、中公版では、

「私は、『恐ろしくは思いません』と答えました」（同上）

となっている。これでは、「言う人」は「化作された人」であるかもしれないが、「言われる」のも「恐ろしく思う」のもスブーティだということになってしまう。もしもそうであるのなら、この会話においてスブーティのことは一人称、あるいは二人称で語られなければならない。ところが、②に用いられている代名詞 sa も動詞 uttraset も三人称であって、この訳は不可である。

それでは、鳩摩羅什の訳を見てみよう。

「如来の作る所の化人、若(も)し是の事を以て詰(なじ)らんに、寧(な)んぞ懼(おそ)るること有るや不や」（鳩摩羅什訳）

この訳からは、「言う」のは「化人」（化作された人）で、「言われる」のも「恐ろしく思う」のも「化人」やスブーティ以外の第三者だということになって、上記の問題点をすべてクリアしている。これらの関係性は筆者の訳と同じである。玄奘訳は、次のように鳩摩羅什訳をほぼ踏襲している。

「若し諸の如来の作る所の化者、是の事を以て詰らんに、寧(な)んぞ懼(おそ)るること有るや不や」（玄奘訳）

ただ、問題は、①と②から、筆者の訳が導き出せるかどうかということである。

まず、受動態の ucyeta（言われた）で、「だれが言われた」かを考えた時、tathāgata-nirmita（< tathāgata-nirmitaḥ + a 以外の母音）を主格と考えたことで、矛盾が生じた。単語の次に a 以外の母音が来て、単語の末尾が a となるケースは、ほかに tathāgata-nirmita（< tathāgata-nirmite + a 以外の母音）があった。tathāgata-nirmite は、tathāgata-（如来）と過去受動分詞 nirmita（化作された）との複合語の処格である。過去受動分詞の処格が「〜して後」を意味する絶対節として用いられることを考えれば、この複合語は、「如来によって化作されて後」と考えることができよう。次に、kaccit（< kad-cit）は「〜かどうか」を意味しているが、これは、不定代名詞 kiṃ-cit の男性・単数・主格 kaś-cit（誰かある人が）の誤写ではないだろうか。そう考えると、ここに「言われる」相手としての主格が出てくる。こうして、①と②は、次のように改められる。

⑤yadi tathāgata-nirmita evam ucyeta **kaś-cit**（もしも、如来によって人が化作されて後、だれかある人が、

〔化作された人から〕このように言われるとしたら、）

⑥sa uttraset（その人は恐ろしく思うだろうか）

これは、鳩摩羅什の訳とも同趣旨である。以上の考察を踏まえて、筆者は、VKN. の表記を⑤、⑥のように改めた。

43 sajanti は、貝葉写本と VKN. では sajjanti となっている。ここは、「執着する」という動詞 √sañj-（1)、あるいは √saj-（1）の現在・三人称・複数であるべきで、筆者は改めた。

44 筆者が「あらゆるものごとは〔文字の自性を離れた〕解脱の相を持つのだ」と訳した箇所の原文は、次の通りである。

vimukti-lakṣaṇāś ca sarva-dharmāḥ

ここで、sarva-dharmāḥ（あらゆるものごと）と vimukti-lakṣaṇāś（< vimukti-lakṣaṇāḥ, 解脱の相を持つ）とは、いずれも男性・複数・主格で、主語と補語の関係になっている。それは、鳩摩羅什訳や、チベット語訳を見ても、主語と補語の関係になっている。

ところが、これは、貝葉写本と VKN. では次のようになっていた。

①vimuktilakṣaṇāṃś ca sarvadharmān

sarvadharmān（あらゆるものごと）と、vimuktilakṣaṇāṃś（< vimukti-lakṣaṇān, 解脱の相を持つ）の二語は、いずれも複数・対格になっている。これは、いずれも主格であるべきであり、筆者は改めた。

チベット語訳、およびその現代語訳である中公版、鳩摩羅什訳は以下の通り。

chos thams cad ni rnam par grol ba'i mtshan nyid do（一切法は解脱の性質をもつものである）

「一切法は（文字を超えた）解脱の相のあるものです」（中公版、*p.* 41）

「解脱の相は則ち諸法なり」（支謙訳、鳩摩羅什訳）

「解脱の相は即ち一切法なり」（玄奘訳）

45 「随順して〔真理を〕認める知（随順忍）」については、第１章の注 74 を参照。

46 śaknomy は、貝葉写本では śaktomy となっている。貝葉写本でしばしば見られる n と t の間の誤記であろう。

47 筆者が、「ガラス玉」と訳した箇所は、原文では kācamaṇikaiḥ（< kācamaṇi-ka- = kācamaṇi-）となっている。これは一般に「水晶」と訳されるが、kācamaṇi- は、分解すると、kāca（ガラス）と maṇi-（宝石）であり、「ガラス玉」と訳すことができよう。

48 mâkṣatatāṃ（< mā + akṣatatāṃ）は、貝葉写本では mā akyatāṃ となっていて、VKN. はこれを mā akṣatāṃ と改めている。しかし、筆者は、次の注に述べる理由から改めた。

49 筆者が「傷のない状態に～してはならない」と訳した箇所は、貝葉写本では mā akyatāṃ となっていて、VKN. はこれを mā akṣatāṃ と改めている。akṣatāṃ（akṣatā-）は、過去受動分詞 kṣata-（傷つけられた）に否定を意味する接頭辞 a をつけた akṣata-（傷つけられない）の女性形 akṣatā- の単数・対格である。意味は「無垢の処女」だが、ここで akṣata- の女性形が用いられる必然性が分からない。これはきっと、前の文章の prādeśikêndri=yatvam のように、prādeśikêndriya-（狭小な）に接尾辞 -tva をつけて中性の抽象名詞としたように、akṣata- に女性の抽象名詞を作る接尾辞 -tā をつけた形 akṣatatā-（傷のないこと）の対格 akṣatatāṃ（傷のない状態に）であったものを、誤写したのではないか。従って、筆者は mâkṣatatāṃ（< mā + akṣatatāṃ）に改めた。

チベット語訳、およびその現代語訳である中公版や漢訳も、次のように同趣旨である。

rma med pa la（傷口のないものに）

「傷のないところに」（中公版、*p.* 42）

「瘡無し」（鳩摩羅什訳、玄奘訳）

50 筆者が、「小さな道」と訳した箇所は、貝葉写本では bhaṇḍa-rathyāṃ（< bhaṇḍa-rathyā-）となっている。これは、bhaṇḍa-（嘲笑）と rathyā-（大道）の複合語である。ところが、チベット語訳は srang dog par（狭小な路）となっており、その現代語訳である中公版では、「小路」（中公版、*p.* 42）、鳩摩羅什訳と玄奘訳のいずれも「小径」となっている。従って、筆者は kṣudra-rathyāṃ（小さな道）に改めた。

51 この後に続けて、チベット語訳には次の一節が挿入されている。

ri rab yungs 'bru'i nang du ma gzhug shig（スメール山を芥子粒の中に入れることなかれ）

チベット語訳からの現代語訳である中公版と漢訳は次の通り。

「スメール山を芥子の実のなかへ入れてはいけません」（中公版、*p.* 42）

「妙高山の王を以て芥子に内(い)るること無かれ」（玄奘訳）

この一節は、貝葉写本と支謙訳、鳩摩羅什訳には存在しない。

52 sarve hy ete bhikṣavo は、貝葉写本では sarva kṣete bhikṣavo となっているが、意味不明である。この箇所の漢訳は次のようになっている。

「此の比丘は」（鳩摩羅什訳）

「是の諸の苾芻は皆」（玄奘訳）

玄奘訳から、sarva kṣete の部分は sarva-（すべての）と etad-（これ）の格変化したものであったことが推測される。その格は、bhikṣavo（< bhikṣavaḥ, 比丘／苾芻）に合わせて男性・複数・主格 sarve と ete となり、sarvête（< sarve + ete）のままでもよいが、kṣ に対応させて、VKN. のように強調語の hy（< hi）を入れてもよいであろう。

53 mahā-yāna-saṃprasthitā muṣita-bodhi-cittāḥ（〔かつて〕大いなる乗り物によって出で立ったものたちであるが、〔今は〕覚りを求める心を忘れ去ってしまっている）は、貝葉写本では mahā-yāna-saṃprasthitāḥ amuṣita-bodhi-cittāḥ となっている。VKN. は、それを mahāyānasaṃprasthitā amuṣitabodhicittāḥ と改めている。これでは amuṣita-bodhi-cittāḥ（< amuṣita-bodhi-citta-）が「忘れていない（amuṣita-）菩提心（bodhi-citta-）を持つ」となり、論旨が逆になってしまう。筆者は amuṣita- を否定の接頭辞 a のない muṣita-（忘れてしまった）に改めた。

54 jāty-andhā は、貝葉写本では jāty-arthā となっているが、鳩摩羅什訳に「盲人」、玄奘訳に「生盲」とあるのに従って改めた。

55 anuttarāyāṃ は、貝葉写本と VKN. では、anuttarasyāṃ となっている。これは、次の samyaksaṃbodhau にかかっていて、性・数・格の一致から女性・単数・処格でなければならない。従って、筆者は anuttarāyāṃに改めた。

56 チベット語訳には、ここに、以下の一節が挿入されている。

bcom ldan ’das bdag gis ’di snyam du bsams so / nyon thoskyis pha rol gyi sems dang bsam pa ma brtags par su la yang chos mi bstan to // de ci’i slad du zhe na / nyon thos la ni sems can thams cad kyi dbang po mchog dang mchog ma lags pa yang ma mchis / ji ltar de bzhin gshegs pa dgra bcom pa yang dag par rdzogs pa’i sang rgyas bzhin du rtag tu mnyam par bzhag pa yang ma lags so snyam bgyid de（世尊よ、私はこのように思います。「声聞は他者の心や思いを理解しないのだから、誰に対しても法を説くべきではありません。それはなぜかといえば、声聞には一切衆生の機根の利・鈍について熟練することがないし、如来・阿羅漢・正等覚者のように、常に三昧にあるのではないのだから」との思いをなして）

中公版は次の通り。

「世尊よ、そこで私はこう思いました。『他人の心や意欲がわからなくては、だれに対しても、（私のような）声聞などが法を説いてはならない。なんとなれば、声聞には他人の機根の優劣の判断がつかないし、阿羅漢として完全なさとりを得た如来と同じようにつねに心の統一を得ているのでもないから』と」（中公版、*p.* 43）

いずれの漢訳にも、次のような挿入がこの箇所にある。

「是れ自従り来、我れ念うに、弟子は未だ人を観察せずんば、法を為す可からず」（支謙訳）

「我れ念うに、声聞は人根を観ぜず、説法に応わしからず」（鳩摩羅什訳）

「時に我が世尊は、是くの如き念いを作したまう。諸の声聞人は有情の根性の差別を知らず。如来に白さずして、応に輒ち爾、他の為に法を説く可からず」（玄奘訳）

57 tan（< tat + (n)）は、貝葉写本の表記である。VKN. は tad と改めているが、その必要はない。

58 [ ] 内の ekasmin samaye は、貝葉写本と VKN. のこの箇所には存在しないが、チベット語訳と漢訳に相当語があり、貝葉写本の他の箇所にはあるので、筆者は補った。

59 [ ] 内の yat は、貝葉写本にないが、チベット語訳に従って、VKN. は yaḥ を挿入している。しかし、ここは「yat ～ ayam …」（～ということ、これが…）の構文のほうがいいと考えて、筆者は yat を挿入した。

60 yad（< yat + 母音）は、貝葉写本では sad となっている。ここも、英語の「it is ～ that …」に相当する「yat … ayam ～」の構文のほうがいいと考えて、筆者は改めた。

61 yad asvabhāvam aparabhāvaṃ は、貝葉写本と VKN. では yo ’svabhāvo ’parabhāvas となっているが、注 64 で述べる理由により筆者は改めた。

62 これは、貝葉写本の anujvalitaṃ を anujjvalitam に訂正し、連声の規則を適用して改めたものである。両者の違いについては、既に注 26 で既に指摘した。

63 yad nâtyantôpaśamo は、貝葉写本では yo atyantôpaśamaḥ、VKN. では yo ’tyantôpaśamo（< yaḥ + atyantôpaśamo）となっているが、次の注で述べる理由により筆者は改めた。

64 この文章は、VKN. では次のようになっている。

①yo ’svabhāvo ’parabhāvas（自性もなく、また他性もないところのもの、）

②tad anujjvalitam（それは〔自ずから〕燃え上がることはない。）

③yad anujjvalitaṃ（燃え上がることのないところのもの、）

④na tac chāmyati（それは寂滅することはない。）

⑤yo 'tyantôpaśamo（完全に寂滅しているところのもの、）

⑥ 'yaṃ śāntârthaḥ（これが寂滅の意味である）

ここに三つの関係代名詞と、それぞれに対応する相関詞が出てくる。その用法に三つの疑問が生ずる。まず第一に、①は、男性・単数・主格の関係代名詞 yo（< yaḥ）で導かれた関係節だが、それを受ける相関節②の相関詞が中性・単数・主格の tad（< tat）となっていることである。③の yad（< yat）と④の tac（< tat）は、②に合わせて中性・単数・主格になっている。この性の不一致を解消するためには、①～④の関係代名詞、相関詞の性を統一するべきである。中性で統一すると、①は次のようになる。

①' yad asvabhāvam aparabhāvam

第二の疑問は、⑤の yo 'tyantôpaśamo（< yaḥ + atyantôpaśamo）という表現である。これは「完全に寂滅しているところのもの」という意味だが、②から⑤までは、ワンセンテンスごとに、尻取りのように前の述語を主語として連鎖しているので、ここは④を受けて「寂滅していないところのもの」と否定の形にするべきである。

⑤に対応する次のチベット語訳も、否定辞 ma が入っている。

rab tu ma zhi ba（鎮まることのないもの）

チベット語訳からの現代語訳である中公版も漢訳も、次のように否定形になっている。

「寂滅しないもの」（中公版、*p.* 44）

「滅せず」（支謙訳）

「今も則ち滅すること無き」（鳩摩羅什訳）

「寂静の有ること無し」（玄奘訳）

従って、筆者は、'tyantôpaśamo（< atyantôpaśamo）の前に否定の na を付け加えて nâtyantôpaśamo と改めた。

第三の疑問は、⑤を「完全に寂滅していないところのもの」と改めたとしても、⑥の「寂滅の意味」とのつながり方が不自然であるということだ。「意味」は「もの」ではない。「こと」である。そう考えると、⑤の関係代名詞 yo も見直したほうがいい。これは、⑥の śāntârthaḥ が男性だから、男性の代名詞 'yaṃ（< ayaṃ）が用いられ、それに性をそろえて⑤で男性の関係代名詞が用いられたのであろう。ここは、⑤が「～ということ」という意味になるように改めればよい。そのためには、中性・単数・主格の yat（< yad）に英語の that に相当する接続詞としての用法があるので、「yat ～ ayaṃ …」（～ということ、これが…）という構文を用いればよい。こうして、⑤は次のようになる。

⑤' yad nâtyantôpaśamo（完全に寂滅していないということ、）

65 tan nâhaṃ（< tat + nâhaṃ）は、貝葉写本の表記である。VKN. はこれを tad nâhaṃ と改めているが、その必要がないので筆者は貝葉写本のままにした。

66 abhijānāmy（< abhijānāmi + 母音）は、貝葉写本では、atijānāmy となっている。abhijānāmy は、この前後に繰り返される「私は、思い出します」という声聞たちの回想の冒頭に出て来る決まり文句である。

67 ekasmin samaye（ある時）は、貝葉写本にはないが、他の類似箇所や、チベット語訳、漢訳にあるので、筆者は［ ］内に補った。

68 貝葉写本ではここに me とあるが、削除した。この文章に一人称の代名詞 mad- の単数・為格／属格 me が入る余地はない。

69 チベット語訳では、ここに次の一節が入っている。その現代語訳である中公版の訳も並べると、次の通り。

khyod bcom ldan 'das kyis lha'i mig can gyi mcog tu gsungs na（あなたが世尊に天眼第一と言われているならば）

「世尊は、あなたを天眼通第一と言われるけれども」（中公版、*p.* 45）

この一節はチベット語訳のみに存在する。貝葉写本にもいずれの漢訳にも存在しない。

70 ［ ］内の yady abhisaṃskāra-lakṣaṇaṃ（もしも、形成される性質を持つならば）は、貝葉写本では欠落しているが、次のチベット語訳、漢訳にならって補われた。

gal te mngon par 'du byad pa'i mtshan nyid yin na ni（もしも、形成されたものという性質をもつものならば）

「もしつくり出された性質のものならば」（中公版、*p.* 45）

「仮使（もし）、身相を受くること有れば」（支謙訳）

「仮使、作相なれば」（鳩摩羅什訳）

「若し行相有れば」（玄奘訳）

これは、この文章の後半の anabhisaṃskāra-lakṣaṇam と対をなしている。

71 samam は、貝葉写本では samaty となっている。この語の直前に pañcâbhijñaiḥ（五つの神通）があり、その二語が「五通と等し」（支謙訳、鳩摩羅什訳）、「五神通と等し」（玄奘訳）と漢訳されているので、「等しい」という意味の samam に改めた。

72 athânabhisaṃskāra-lakṣaṇam（しかも、形成される性質を持つことがないならば）は、貝葉写本では asthânabhisaṃskāra-lakṣaṇaṃ となっているが、astha- は「骸骨」の意味であり、ここには不適切。atha の誤りであろう。チベット語訳と漢訳は次の通り。

ji ste mngon par 'du mi byed pa yin na ni（また、もしも形成されたものでないのなら、）

「もしつくられない性質のものならば」（中公版、*p.* 45）

「若し受相無ければ」（支謙訳）

「若し作相無ければ」（鳩摩羅什訳）

「若し行相無ければ」（玄奘訳）

73 parivāro は、貝葉写本では paricāro となっている。貝葉写本でしばしば見られる v と c の間の誤記であろう。

74 [ ] 内の ekasmin samaye は、貝葉写本と VKN. には入っていないが、チベット語訳、漢訳をはじめ、貝葉写本の他の類似箇所には入っているので、筆者は補った。

75 upasaṃkramya は、貝葉写本も VKN. も upasaṃkrāmya となっている。これは未来受動分詞だが、それにしては格変化もない。ここは、upa-sam-√kram- (1) の過去受動分詞 upasaṃkrāntāv（< upasaṃkrāntau）と絶対分詞 upasaṃkramya を並べて、「近づいた。近づいてから…」という用法であり、筆者は改めた。

76 utsāhayâyuṣmann (< utsāhaya + āyuṣmann) は、貝葉写本では tat sāhârthâyuṣmann となっているが、VKN. によって utsāhāyâyuṣmann（< utsāhāya + āyuṣmann）と改められた。貝葉写本は tat （それ故に）と sāhârthâyuṣmann（< sāha-artha-āyuṣman）からなり、sāha-artha- は、sāha-（力強い）と artha-（～のための）の複合語で「力強さのための」を意味する。VKN. の場合は utsāhāya が utsāha-（激励／力）の為格で「激励／力のための」を意味する。意味はいずれも変わらない。

あるいは、utsāhāya は、utsāhaya としてもよいと筆者は考える。その場合、utsāhaya は、この語の後に出てくる vinodayasva（断たせて下さい）や、vyutthāpayasva（抜け出させて下さい）と同様、ud-√sah- (1) の使役・命令・二人称・単数で、「励まして下さい」という意味になる。筆者は、これを採用した。ただし、チベット語訳にも、漢訳にも utsāhāya、あるいは utsāhaya に相当する語は見られない。

77 vyutthāpayasvâvām āpatteḥ は、貝葉写本では vyutthāpasvâvām āpastaḥ となっている。対応箇所の漢訳は「咎（とが）を免るることを得ん」（鳩摩羅什訳、玄奘訳）とあるので、「私たち二人を（āvām）罪から（āpatteḥ）抜け出させてください（vyutthāpayasva）」となるように改めた。

78 viśudhyante は、貝葉写本では viśudhyanti となっている。受動態の動詞は、為他言（Parasmaipada）の活用をしないので、為自言（Ātmanepada）の活用に改めた。

79 citta-prakṛtyā は、貝葉写本では cicitta-prakṛtyā となっている。これは、ci と書いたところで貝葉のページが変わり、次のページに改まった際に既に書いたことを忘れて、再び ci から書き出したからであろう。

80 āha は、不完全動詞 √ah- の完了・三人称・単数・為他言の形である。完了形としては、このほか二人称・単数の āttha、二人称・両数の āhathuḥ、三人称・両数の āhatuḥ、三人称・複数の āhuḥ の形しかない（cf.「基礎」*p.* 376）。直接法過去（Imperfect）が話者の直接目撃した過去を、アオリストが今日あったことを述べるものであるのに対して、完了（Perfect）は、話者が直接目撃していないことを述べる場合に用いられる。従って、話者本人が経験してもいないのに、「私が言った」と表現することは矛盾する。従って、√ah- の完了・一人称は存在しない。けれども、鳩摩羅什訳の「我は言えり」を見ても、以上の文章の流れから見ても、「言った」のは「私」である。それにもかかわらず、ここには三人称・単数の āha が用いられていて、つじつまが合わない。従って、筆者は、「私」を三人称的に表現するために、「〔私、ウパーリは〕」という語を補った。英語でも筆者自身のことを the author とすると、それを受ける代名詞は三人称の he となるようなものか？

81 筆者が「男性在家信者（優婆塞）」と訳した箇所は、原文では upāsakaḥ（< upāsaka-）となっている。優婆塞はウパーサカ（upāsaka-）を音写したものである。ところが、チベット語訳、およびその現代語訳である中公版は、次のようになっている。

khyim bdag 'di ni（このご主人は）

「ご主人」（中公版、*p.* 48）

これは「(家の) ご主人」のことで、在家信者に対する敬称といえよう。支謙訳と鳩摩羅什訳に相当語はないが、玄奘訳では在家の資産家を意味する「居士」となっている。

82 nânuśaṃsā は、貝葉写本では nānuśānsā、VKN. では nânuśāṃsā となっているが、筆者は誤植と考えて改めた。

83 panthā（< path-, 道）は、貝葉写本では yathā（～のように）となっている。この後に nirvāṇasya（< nirvāṇa, 涅槃）があり、鳩摩羅什訳の「涅槃に処す」、玄奘訳の「涅槃の路」に従って改めた。貝葉写本でしばしば見られる y と p の間の誤記でもあろう。

84 sva-citta-darśanī（自分の心を凝視している）は、チベット語訳から、svacitta-damanī（自分の心を調伏（じょうぶく）している）であった可能性があると、VKN. によって指摘されている。チベット語訳の現代語訳である中公版、さらに漢訳は次の通り。

「わが心は調伏し」（中公版、*p.* 50）
「己の志を降む」（支謙訳）
「内に喜を懐く」（鳩摩羅什訳）
「善く自らの心を調のう」（玄奘訳）

85 チベット語訳では、ここに次の一節が入っている。

thog ma dang tha ma'i mthar lta ba dang bral ba'o（始まりと終わりといった極端を見ることから離れているのである）
「はじめとかおわりとかの両極端を見ないことです」（中公版、*p.* 50）

86 「五眼」とは、①肉眼（にくげん）（凡夫の肉身に具わる煩悩具足の眼）、②天眼（てんげん）（肉眼で見えないものまで見通す超人的な眼）、③慧眼（えげん）（ものごとを正しく観察する智慧の眼）、④法眼（ほうげん）（真理を見通す眼）、⑤仏眼（ぶつげん）（覚りを開いたものに具わる眼）——のこと。

87 pravrajata は、貝葉写本では pravrajita となっている。前者は、「出家する」という意味の動詞 pra-√vraj- (1) の命令・二人称・複数だが、後者はその過去受動分詞である。この時点で、若者たちは出家していないので過去受動分詞であるべきではない。

88 筆者が「〔ブッダと出会う〕恵まれた境遇を得ることは得がたいし」と訳した箇所の原文は、次の通りである。

durlabhā kṣaṇa-saṃpat

kṣaṇa-saṃpat（< kṣaṇa-saṃpad-）は、kṣaṇa-（愉快な瞬間）と saṃpad-（得ること）の複合語の女性・単数・主格で、筆者は「愉快な瞬間を得ること」「恵まれた境遇を得ること」と訳した。それも、ブッダと出会うことに関することなので、さらに「〔ブッダと出会う〕恵まれた境遇を得ること」と言葉を補った。durlabhā は、形容詞 durlabha-（得がたい）の女性・単数・主格であり、筆者の訳になる。

ところが、チベット語訳、およびその現代語訳である中公版や漢訳（支謙訳、鳩摩羅什訳に相当箇所なし）は、次の通り。

dal ba 'byor pa yang rnyed par dka'o（余暇と結びつくこと〔有暇具足〕を獲得することも難しい）
「暇もあり幸福な状態を得ること……は得がたい」（中公版、*p.* 50）
「無暇を離るること難し」（玄奘訳）

「無暇」は akṣaṇa- の漢訳で、「難」とも訳され、「不遇」を意味する。仏に出会い、仏法を聞くことができない不遇として八種類の境遇が挙げられており、「八無暇」「八難」（aṣṭâkṣaṇa- < aṣṭa-akṣaṇa-）といわれる。

このakṣaṇa- から否定の接頭辞を取ったのが kṣaṇa- であり、「無暇」の反対として「有暇」とも漢訳されているが、「不遇」の反対の「好運」と訳してもいいのではないか。だから、この kṣaṇa- は「暇（ひま）」があるとか、ないとかという問題ではなく、仏と出会い、仏法を聞く幸運に恵まれるか、恵まれないかの意味で用いられているのである。「八つの不遇（八難）」については、第1章の注 60 を参照。

89 「母と父」（mātā-pitṛbhyāṃ < mātā-pitṛ-）という順番は、男尊女卑の著しい儒教の国、中国では「父母」というように逆にして漢訳された。チベット語訳でも pha mas（父と母）と順番が逆になっている。

90 「三十二人……の若者たち」（dvātriṃśatā... kumārair）は、チベット語訳では gzhon nu sum stong nyis brgya（三千二百人の若者たち）になっている。漢訳は、貝葉写本と同様、すべて「三十二」となっている。

91 dvāra-mūle（門〔柱〕の根もと）は、貝葉写本では gṛha-mūle（家の根もと）となっている。チベット語訳、およびその現代語訳である中公版は次の通り。

sgo drung na（門の根元で）
「門のところへ」（中公版、*p.* 51）

sgo は「入り口」「門」であり、drung はサンスクリットの mūla（根）に対応するチベット語の古い形である。

na は処格の格助詞である。従って、上記のように訳すことができよう（ただし、drung には「～の方（人／場所）」を意味する付加語の用法があり、その場合には「門の方で」とも訳せる）。漢訳はすべて、次のようになっている。

「門の下」（支謙訳、鳩摩羅什訳、玄奘訳）

従って VKN. は、dvāra-mūle であることを示唆していると指摘しているが、本文を改めるまでには至っていない。筆者は、次の理由で gṛha- を dvāra- に改めるべきだと考える。それは、貝葉写本のままにして直前の言葉を含めて引用すると、

①brāhmaṇa-mahā-**śālasya gṛha**-mūle（バラモンの大きな**家**の**家**の根もと）

となり、śālasya（< śāla, 家）と gṛha-（家）が重複してしまう。ここは、§43 の最初の文章に gṛha-dvāra-samīpe（家の門の前に）とあることと考え合わせて、①の gṛha- を dvāra- に改め、次のようにするべきであろう。

brāhmaṇa-mahā-śālasya dvāra-mūle（バラモンの大きな家の門〔柱〕の根もと）

92 saṃhanano（< saṃhanana-）は、貝葉写本と VKN. では saṃhatano（< saṃhatana-）となっているが、saṃhatana-という語は、語源的説明がつかないし、モニエルの辞典にも出てこない。「梵和大辞典」（*p.* 1377）に南条文雄・泉芳璟編『梵文金光明最勝王経』での用例をあげ、「不毀」と漢訳されていることを挙げているのみである。筆者は、貝葉写本でしばしば見られる n と t の間の誤記による saṃhanana-（< sam-√han- (2) + -ana）の誤りと考えて改めた。意味は、「堅固〔な〕」である。

93 ājīvakāḥ（< ājīvaka-）は、貝葉写本では nirjīvāḥ（生命のない）となっているが、VKN.によって ājīvāḥ（生計）と改められた。ところが、これを含む複合語は、順不同ではあるが、『法華経』（植木訳『梵漢和対照・現代語訳　法華経』下巻、*p.* 130–131 参照）の caraka-parivrājakâjīvaka-nirgranthān（逍遥するバラモンの弟子や、遊行者、アージーヴァカ教徒、ニルグランタ教徒）に対応するもので、筆者は ājīvakāḥ と改めた。

94 eṣāṃ śāstā yaḥ svayam は、貝葉写本では二度繰り返されているが、その必要がないので削除した。

95 anābādhas（苦痛のない）は、チベット語訳でも gnod pa med de（苦痛〔傷〕がない）となっているが、漢訳ではいずれも「無漏」となっている。anāsravas だったかもしれない。

96 vinivṛttaḥ（捨てた、取り除かれた）は貝葉写本の表記だが、VKN. は vinivṛtaḥ としている。これは、「近づけない」「避ける」という意味の vi-ni-√vṛ- (1) の過去受動分詞の形だが、鳩摩羅什訳が「尽きた」と漢訳していることを考えても、「捨てる」「取り除く」という意味の vi-ni-√vṛt- (1) の過去受動分詞 vinivṛttaḥ でいいと考えて、筆者は貝葉写本のままにした。

97 ～-vigataḥ /　tasya は、貝葉写本では～-vigatasya となっている。筆者は、vigataḥ と tasya との間をピリオドに相当するダンダ「/」で区切ったが、貝葉写本では区切られていない。その場合、～-vigatas tasya となる。それを書写する際に、vigatas と書いたところで次の tasya に目を移し、語頭の tas を見て既に書写したものと勘違いして tas が抜けてしまったのであろう。

98 筆者が、「尊者〔アーナンダ〕が、そ〔の如来の身体〕に病があると考えるということ」と訳した箇所は、原文では、次のようになっている。

tasya bhadanto vyādhim icchatîty

これは、属格の tasya（その人）と主格の vyādhiḥ（病）で名詞文をなして、「その人には病がある」を意味するところだが、全体が icchati（考える）の“目的語”となったので、vyādhiḥ が叙述的対格（Predicative Accusative）で vyādhim となっている。icchati の主語は bhadanto（< bhadantaḥ, 尊者）である。

99「五濁」とは、①劫濁（こうじょく）（時代の濁り）、②見濁（けんじょく）（思想の乱れ）、③煩悩濁（ぼんのうじょく）（燃え盛る煩悩による濁り）、④衆生濁（しゅじょうじょく）（衆生の資質が衰えること）、⑤命濁（みょうじょく）（衆生の寿命が短命になること）――の悪世における五つの汚れのこと。

100 tān は、貝葉写本では tan となっている。これは、次にある男性・複数・対格の sarvān にかかっているので、性・数・格をそろえた。

श्रावकबोधिसत्त्वविसर्जनप्रश्नो नाम तृतीयः परिवर्तः

3

Śrāvaka-Bodhisattva-Visarjana-Praśno Nāma Tṛtīyaḥ Parivartaḥ（続き）

第 3 章

声聞と菩薩に見舞い派遣を問う＝続き

【菩薩品第四】

3：Śrāvaka-Bodhisattva-Visarjana-Praśno Nāma Tṛtīyaḥ Parivartaḥ（続き）

第3章：声聞と菩薩に見舞い派遣を問う＝続き

【菩薩品第四】

§49　tatra bhagavān maitreyaṃ bodhi-sattvam āmantrayate sma /　gaccha tvaṃ maitreya vimalakīrter licchaver glāna-paripṛcchakaḥ /

（梵漢和維摩経 *p.* 140, *ll.* 1–2）

§49　そこで、世尊は、マイトレーヤ（弥勒）菩薩におっしゃられた。

「マイトレーヤよ、あなたは、リッチャヴィ族のヴィマラキールティの病気見舞いに行くがよい」

【§49　是に於いて、仏は弥勒菩薩に告げたまえり。「汝、維摩詰に行詣して疾を問え」と。】

（大正蔵、巻一四、五四二頁上）

……………………………………………………………………

tatra：*adv.* そこに。そこへ。かしこに。その時に。その場合に。

bhagavān < bhagavat-：*m.* 尊い（人）。世尊。「婆伽婆」「薄伽梵」と音写。*sg. Nom.*

maitreyaṃ < maitreya-：*m.* マイトレーヤ。「慈氏」と漢訳。「弥勒」と音写。*sg. Acc.*

bodhi-sattvam < bodhi-sattva-：*m.* 覚りを求める人。「菩薩」と音写。*sg. Acc.*

āmantrayate < āmantraya- < ā-√mantraya- (名動詞)：語りかける。「告」「告言」「白言」と漢訳。
Pres. 3, sg. A.

sma：*ind.* 実に。sma は現在形とともに用いられて、過去の意味を表わす（歴史的現在）。

……………………………………………………………………

gaccha < gaccha- < √gam- (1)：行く。経過する。～（対格、為格、処格）に赴く。近づく。達する。
Impv. 2, sg. P.

tvaṃ < tvad-：あなた。*2, sg. Nom.*

maitreya < maitreya-：*m.* マイトレーヤ。「慈氏」と漢訳。「弥勒」と音写。*sg. Voc.*

vimalakīrter < vimalakīrteḥ + 有声音 < vimalakīrti- < vimala-kīrti-：*m.* ヴィマラキールティ。汚れのない名声を持つ（もの）。「維摩詰」「維摩」と音写。「浄名」「無垢称」と漢訳。*sg. Gen.*

licchaver < licchaveḥ + 有声音 < licchavi-：*m.* リッチャヴィ。「離車子」「栗姑毘」と音写。*sg. Gen.*

glāna-paripṛcchakaḥ < glāna-paripṛcchaka-：*m.* 病についての質問（者）。「問病」と漢訳。*sg. Nom.*

maitreyo 'py āha /　nâhaṃ bhagavann utsahe tasya sat-puruṣasya glāna-paripṛcchako gantum /

（梵漢和維摩経 *p.* 140, *ll.* 3–4）

マイトレーヤもまた、言った。

「世尊よ、私は、その善き人（善士）の病気見舞いに行くことに耐えられません。

【弥勒は仏に白して言さく、「世尊よ、我、彼に詣りて疾を問うに堪任せず。】

（大正蔵、巻一四、五四二頁上）

……………………………………………………………………

maitreyo 'py < maitreyaḥ + apy

maitreyaḥ < maitreya-：*m.* マイトレーヤ。「慈氏」と漢訳。「弥勒」と音写。*sg. Nom.*

apy < api + 母音：*adv.* また。さえも。されど。なお。

āha < √ah-：言う。*Perf. 3, sg. P.*

……………………………………………………………………

nâhaṃ < na + ahaṃ

na：*ind.* ～でない。～にあらず。

　　ahaṃ < mad-：私。*1, sg. Nom.*
bhagavann < bhagavan + 母音 < bhagavat-：*m.* 尊い（人）。「世尊」と漢訳。「婆伽婆」「薄伽梵」
　　と音写。*sg. Voc.*
utsahe < utsaha- < ud-√sah- (1)：こらえる。耐える。～（不定詞）することができる。～する能力
　　がある。*Pres. 1, sg. A.*
tasya < tad-：それ。*m. sg. Gen.*
sat-puruṣasya < sat-puruṣa-：*m.* 善き人。「善士」と漢訳。*sg. Gen.*
glāna-paripṛcchako < glāna-paripṛcchakaḥ + 有声子音 < glāna-paripṛcchaka-：*m.* 病についての質
　　問（者）。「問病」と漢訳。*sg. Nom.*
gantum < √gam- (1) + -tum：*不定詞,* 行くこと。

tat kasmād dhetoḥ / （梵漢和維摩経 *p.* 140, *l.* 4）

「それは、どんな理由からでしょうか。
【「所以(ゆえん)は何(いか)んとなれば、】　（大正蔵、巻一四、五四二頁上）
……………………………………………………………………

tat < tad-：それ。*n. sg. Nom.*
kasmād dhetoḥ < kasmāt + hetoḥ
　　連声法は、cf.「基礎」*p.* 63.
　　kasmāt < kim-：*疑問詞,* だれ。何。どんな。どの。*m. sg. Abl.*
　　hetoḥ < hetu-：*m.* 理由。原因。因。*sg. Abl.*
　　奪格は、動機、原因、理由を表わす。cf.「シンタックス」*p.* 58.

abhijānāmy ahaṃ bhagavann ekasmin samaye saṃtuṣitena deva-putreṇa sārdhaṃ tuṣita-kāyikaiś ca deva-putraiḥ sārdhaṃ dharmyāṃ kathāṃ kathayāmi yad idaṃ bodhi-sattvānāṃ mahā-sattvān=āṃ avivartyāṃ bhūmim ārabhya / （梵漢和維摩経 *p.* 140, *ll.* 4–7）

「世尊よ、私は、思い出します。ある時、私は、神々の子（天子）サントゥシタとともに、またトゥシタ（兜率）天に属する神々の子たちとともに、法についての話、すなわち偉大な人である菩薩たちの〔もはや〕退くことのない位（不退転地）について論議しておりました。
【憶念するに、我、昔、兜率(とそつ)天王、及び其の眷属(けんぞく)の為に不退転地の行を説けり。】
（大正蔵、巻一四、五四二頁中）
……………………………………………………………………

abhijānāmy < abhijānāmi + 母音 < abhijānā- < abhi-√jñā- (9)：了解する。悟る。知る。～（対格）
　　を…（対格）と認める。記憶する。*Pres. 1, sg. P.*
ahaṃ < mad-：私。*1, sg. Nom.*
bhagavann < bhagavan + 母音 < bhagavat-：*m.* 尊い（人）。「世尊」と漢訳。「婆伽婆」「薄伽梵」
　　と音写。*sg. Voc.*
ekasmin < eka-：*基数詞,* 一。*adj.* ある。*m. sg. Loc.*
samaye < samaya-：*m.* 会合の場所。時間。好機。機会。*sg. Loc.*
saṃtuṣitena < saṃtuṣita-：*m.* サントゥシタ。「兜率」「珊都史多」と音写。*sg. Ins.*
deva-putreṇa < deva-putra-：*m.* 神の子。「天子」と漢訳。*sg. Ins.*
sārdhaṃ < sa-ardha-：*adj.* 半分を伴った。*n. sg. Acc.*
　　対格の副詞的用法で、「～（具格）と共同で」「～と一緒に」「～とともに」。
tuṣita-kāyikaiś < tuṣita-kāyikaiḥ + (c) < tuṣita-kāyika-：*m.* トゥシタ（兜率）天に属する。*sg. Ins.*
　　tuṣita-：*m.* トゥシタ。「兜率」「都史多」と音写。
　　kāyika- < kāya + -ika：*adj.* 身体の。身体にて形成された。～の集団に属する。「衆」「眷属」

「徒党」「徒衆」と漢訳。
ca：*conj.* および。また。しかしながら。そして。～と。なお。
deva-putraiḥ < deva-putraiḥ + (s) < deva-putra-：*m.* 神の子。「天子」と漢訳。*sg. Ins.*
sārdhaṃ < sa-ardha-：*adj.* 半分を伴った。*n. sg. Acc.*
対格の副詞的用法で、「～（具格）と共同で」「～と一緒に」「～とともに」。
dharmyāṃ < dharmyā- < dharmya- < dharma- + -ya：*adj.* 合法の。適法の。習慣的な。正当の。正直な。法に関する。*f. sg. Acc.*
kathāṃ < kathā-：*f.* 会話。談話。物語。議論。*sg. Acc.*
kathayāmi < kathaya- < √kathaya- (名動詞)：～と話す。物語る。告げる。報告する。*Pres. 1, sg. P.*
yad idaṃ：すなわち。
yad < yat + 母音 < yad-：*関係代名詞,* ～ということ（＝that）。*n. sg. Nom.*
idaṃ < idam-：これ。*n. sg. Nom.*
bodhi-sattvānāṃ < bodhi-sattva-：*m.* 覚りを求める人。「菩薩」と漢訳。*pl. Gen.*
mahā-sattvānām < mahā-sattva-：*m.* 偉大な人。立派な人。「大士」「大菩薩」と漢訳。「摩訶薩」と音写。*pl. Gen.*
avivartyāṃ < avivartyā- < avivartya- < a-vivartya-：*未受分,* 退かれるべきでない。「不退」「不退転」と漢訳。*f. sg. Acc.*
vivartya- < vi-√vṛt- (1) + -ya：*未受分,* 退かれるべき。
vi-√vṛt- (1)：転ずる。転がる。退く。
√vṛt- (1)：転ずる。回転する。
bhūmim < bhūmi-：*f.* 大地。場所。地位。*sg. Acc.*
ārabhya < ā-√rabh- (1) + -ya：*ind.* (*Ger.*) ～（対格）より始めて。～以来。～（対格）について。

tatra ca vimalakīrtir licchavis taṃ pradeśam upasaṃkrāntaḥ / sa māṃ etad avocata[1] /
(梵漢和維摩経 *p.* 140, *ll.* 7–8)

「すると、リッチャヴィ族のヴィマラキールティが、その場所へ近づいてまいりました。その人は、私にこのように言いました。
【「時に維摩詰、来たりて我に謂いて言わく、」】　（大正蔵、巻一四、五四二頁中）
…………………………………………………………………………

tatra：*adv.* そこに。そこへ。かしこに。その時に。その場合に。
ca：*conj.* および。また。しかしながら。そして。～と。なお。
vimalakīrtir < vimalakīrtiḥ + 有声音 < vimalakīrti- < vimala-kīrti-：*m.* ヴィマラキールティ。汚れのない名声を持つ（もの）。「維摩詰」「維摩」と音写。「浄名」「無垢称」と漢訳。*sg. Nom.*
licchavis < licchaviḥ + (t) < licchavi-：*m.* リッチャヴィ。「離車子」「栗姑毘」と音写。*sg. Nom.*
taṃ < tad-：それ。*m. sg. Acc.*
pradeśam < pradeśa- < pra-deśa- < pra-√diś- (6) + -a：*m.* 呼称。言及。明示。例。地点。場所。*sg. Acc.*
upasaṃkrāntaḥ < upasaṃkrānta- < upa-sam-√kram- (1) + -ta：*pp.* 近づいた。*m. sg. Nom.*
…………………………………………………………………………

sa < saḥ < tad-：それ。*m. sg. Nom.*
māṃ < mad-：私。*1, sg. Acc.*
etad < etat + 母音 < etad-：これ。*n. sg. Acc.* 対格の副詞的用法で「このように」の意味。
avocata < avoca- < a- + va-+ uc- + -a < √vac- (2)：言う。話す。告げる。*重複 Aor. 3, sg. A.*
avocata は、*重複 Aor, 2, pl. P.* でもあることに注意。

§50　tvaṃ maitreyâika-jāti-pratibaddho bhagavatā vyākṛto 'nuttarāyāṃ samyak-saṃbodhau /
(梵漢和維摩経 *p.* 140, *ll.* 9–10)

§50 「『マイトレーヤよ、あなたは、この上ない正しく完全な覚り（阿耨多羅三藐三菩提）に〔到るまで、あと〕一生だけ〔この迷いの世界に〕留められている（一生補処）と、世尊が予言（授記）された。

【§50 「『弥勒よ、世尊は仁者に記を授けたまえり。一生にて当に阿耨多羅三藐三菩提を得べし、と。】

（大正蔵、巻一四、五四二頁中）

……………………………………………………………………

tvaṃ < tvad-：あなた。*2, sg. Nom.*

maitreyâika-jāti-pratibaddho < maitreya + eka-jāti-pratibaddho

maitreya < maitreya-：*m.* マイトレーヤ。「慈氏」と漢訳。「弥勒」と音写。*sg. Voc.*

eka-jāti-pratibaddho < eka-jāti-pratibaddhaḥ + 有声子音 < eka-jāti-pratibaddha-：*adj.* 一度の生涯だけ〔迷いの世界に〕束縛された。「一生補処」「最後身」「一生所繋」と漢訳。*m. sg. Nom.*

eka-jāti-：*adj.* 一度生まれるだけの。*m.* （dvi-jāti-がカースト制度の上位三階級を意味するのに対して）シュードラ。

pratibaddha- < prati-√bandh- (9) + -ta：*pp.* ～に固定された。縛られた。～（具格）によって結合された。～に留められた。「属」「随属」「繋属」「所繋」「補処」と漢訳。

bhagavatā < bhagavat-：*m.* 尊い（人）。「世尊」と漢訳。「婆伽婆」「薄伽梵」と音写。*sg. Ins.*

vyākṛto 'nuttarāyāṃ < vyākṛtaḥ + anuttarāyāṃ

vyākṛtaḥ < vyākṛta- < vi-ā-√kṛ- (8) + -ta：*pp.* 分かたれた。区別された。説明された。予言された。「示」「説」「記」「記別」「授記」と漢訳。*m. sg. Nom.*

anuttarāyāṃ < anuttarā- < anuttara- < an-ud-tara-：*比較級,* この上ない。「無上」と漢訳。*f. sg. Loc.*

samyak-saṃbodhau < samyak-saṃbodhi-：*f.* 正しく完全な覚り。「正覚」「正等正覚」「正等菩提」と漢訳。「三藐三菩提」と音写。*sg. Loc.* 目的地や目標を示す処格。

tat katamayâsi maitreya jātyā vyākṛtaḥ kim atītayā vânāgatayôta pratyutpannayā /

（梵漢和維摩経 *p.* 140, *ll.* 10–11）

「『では、マイトレーヤよ、過去、未来、現在のうちのどの生によってあなたは何を予言されているのか？

【「『何れの生を以て受記を得ると為すや、過去なりや、未来なりや、現在なりや。】

（大正蔵、巻一四、五四二頁中）

……………………………………………………………………

tat < tad-：それ。*n. sg. Acc.*

代名詞の中性・対格／具格／奪格は、連結助詞として用いられ、「そこで」「従って」「このため」を意味する。

katamayâsi < katamayā + asi

katamayā < katamā- < katama-：*疑問代名詞,* （三つ以上のうちの）どれか。何か。だれか。*f. sg. Ins.*

asi < as- < √as- (2)：ある。*Pres. 2, sg. P.*

maitreya < maitreya-：*m.* マイトレーヤ。「慈氏」と漢訳。「弥勒」と音写。*sg. Voc.*

jātyā < jāti- < √jan- (1) + -ti：*f.* 誕生。産出。起源。生まれながらの位置・種姓。血統。出生。*sg. Ins.*

vyākṛtaḥ < vyākṛta- < vi-ā-√kṛ- (8) + -ta：*pp.* 分かたれた。区別された。説明された。予言された。「示」「説」「記」「記別」「授記」と漢訳。*m. sg. Nom.*

kim < kim-：*疑問代名詞,* だれ。何。どんな。どれ。*n. sg. Acc.*

atītayā < atītā- < atīta- < ati-ita- < ati-√i- (2) + -ta：*pp.* 過ぎ去った。過去の。*f. sg. Ins.*

vânāgatayôta < vā + anāgatayā + uta

anāgatayā < anāgatā- < anāgata- < anāgata- < an-āgata-：*pp.* 達せざる。来たらんとする。

未来の。*f. sg. Ins.*

uta：*ind.* しかして。また。～さへ。あるいは。

pratyutpannayā < pratyutpannā- < pratyutpanna- < prati-ud-√pad- (4) + -na：*pp.* 迅速な。現在する。現在の。*f. sg. Ins.*

> tatra yâtītā[2] jātiḥ sā kṣīṇā yâpy[3] anāgatā sâpy asaṃprāptā pratyutpannāyāḥ sthitir nâsti jāteḥ /
> (梵漢和維摩経 *p.* 140, *ll.* 11–12)

「『その場合、過去の生であるところのもの、それは〔既に過ぎ去っていて〕滅している。未来〔の生〕であるところのもの、それもまた〔未だ来たらざるもので〕未だ到達していない。現在の生には、とどまることが存在しない。

【「『若し過去の生ならば、過去の生は已に滅せり。若し未来の生ならば、未来の生は未だ至らず。若し現在の生ならば、現在の生は住まること無し。】　（大正蔵、巻一四、五四二頁中）

……………………………………………………………………

tatra：*adv.* そこに。そこへ。かしこに。その時に。その場合に。

yâtītā < yā + atītā

yā < yad-：*関係代名詞, f. sg. Nom.*

atītā < atītā- < atīta- < ati-ita- < ati-√i- (2) + -ta：*pp.* 過ぎ去った。過去の。*f. sg. Nom*

jātiḥ < jāti- < √jan- (1) + -ti：*f.* 誕生。産出。起源。生まれながらの位置・種姓。血統。出生。*sg. Nom.*

sā < tad-：それ。*f. sg. Nom.*

kṣīṇā < kṣīṇā- < kṣīṇa- < √kṣi- (5,9) + -na：*pp.* 減ぜる。失われた。尽きた。「盡」「已盡」「以滅」「断」と漢訳。*f. sg. Nom.*

yâpy < yā + api

yā < yad-：*関係代名詞, f. sg. Nom.*

api：*adv.* また。さえも。されど。なお。

anāgatā < anāgatā- < anāgata- < an-āgata-：*pp.* 達せざる。来たらんとする。未来の。*f. sg. Nom.*

sâpy < sā + api

sā < tad-：それ。*f. sg. Nom.*

asaṃprāptā < asaṃprāptā- < asaṃprāpta- < a-saṃprāpta-：*pp.* 到達していない。*f. sg. Nom*

saṃprāpta- < sam-pra-√āp- (5) + -ta：*pp.* 到達された。到着された。獲得された。陥った。

pratyutpannāyāḥ < pratyutpannāyāḥ + (s) < pratyutpannā- < pratyutpanna- < prati-ud-√pad- (4) + -na：*pp.* 迅速な。現在する。現在の。*f. sg. Gen.*

sthitir < sthitiḥ + 有声音 < sthiti- < √sthā- (1) + -ti：*f.* 立つこと。滞在すること。継続。存続。*f. sg. Nom*

nâsti < na + asti

na：*ind.* ～でない。～にあらず。

asti < as- < √as- (2)：ある。*Pres. 3, sg. P.*

jāteḥ < jāti- < √jan- (1) + -ti：*f.* 誕生。産出。起源。生まれながらの位置・種姓。血統。出生。*sg. Gen.*

> yathôktaṃ bhagavatā[4] tathā hi tvaṃ bhikṣo[5] kṣaṇe kṣaṇe jāyase jīryasi mriyase cyavase upapadyase cêti /
> (梵漢和維摩経 *p.* 140, *ll.* 12–14)

「『世尊がおっしゃられたように、まさにそのように、男性出家者よ、あなたは、瞬間瞬間に生まれ、老い、死に、消滅して、〔再び〕生まれてくるのだ。

【「『仏の所説の如くんば、〈比丘よ、汝は今、即時に亦生、亦老、亦滅ならん〉と。】

（大正蔵、巻一四、五四二頁中）

……………………………………………………………………

yathôktaṃ < yathā + uktaṃ

yathā：*conj.* あたかも～であるかのように。

uktaṃ < ukta- < √vac- (2) + -ta：*pp.* 言われた。*n. sg. Nom.*

bhagavatā < bhagavat-：*m.* 尊い（人）。「世尊」と漢訳。「婆伽婆」「薄伽梵」と音写。*sg. Ins.*

tathā：*adv.* そのように。同様な方法で。同様に。

hi：*ind.* 真に。確かに。実に。

tvaṃ < tvad-：あなた。*2, sg. Nom.*

bhikṣo < bhikṣu- < √bhikṣ- (1) + -u：*m.* 乞食者。「比丘」と音写。*sg. Voc.*

kṣaṇe kṣaṇe：瞬間瞬間に。

kṣaṇe < kṣaṇa-：*m.* 瞬間。機会。愉快な瞬間。「須臾」「念」と漢訳。「刹那」と音写。*sg. Loc.*

jāyase < jāya- < √jan- (4)：生まれる。*Pres. 2, sg. A.*

jīryasi < jīrya- < √jṝ- (4)：老年となる。老いる。衰弱する。*Pres. 2, sg. A.*

mriyase < mriya- < √mṛ- (1) + -ya：*Pass.* 死ぬ。*Pres. 2, sg. A.*

cyavase < cyava- < √cyu- (1)：揺れ動く。動く。～（奪格）より去る。喪失する。消失する。滅ぶ。死ぬ。*Pres. 2, sg. A.*

upapadyase < upapadya- < upa-√pad- (4)：～（処格）に来る。（師）のもとに行く。～（対格、属格）に弟子入りする。生ずる。現われる。*Pres. 2, sg. A.*

cêti < ca + iti

iti：*adv.* ～と。～ということを。以上のように。～と考えて。「如是」と漢訳。

ajātitaś ca niyāmâvakrāntiḥ /　na câjātir vyākriyate /　nâpy ajātir abhisaṃbudhyate / （梵漢和維摩経 *p.* 140, *ll.* 14–15）

「『不生であることで、正しい在り方が確定した状態（正定位）への証入がある。そして、不生は、予言（授記）されることがない。また、不生は、完全に覚られることがない。

【「『若し無生を以て受記することを得ば、無生は即ち是れ正位なり。正位の中に於いては亦、受記無く、亦、阿耨多羅三藐三菩提を得ること無し。**】**　　（大正蔵、巻一四、五四二頁中）

……………………………………………………………………………

ajātitaś < ajātitas + (c) < ajāti- + -tas：*f.* 「不生」「無生」と漢訳。*sg. Abl.*

-tas は、すべての語幹から単数・奪格を作り、副詞として用いられることが多い。

ajāti- < a-jāti-：*f.* 「不生」「無生」と漢訳。

ca：*conj.* および。また。しかしながら。そして。～と。なお。

niyāmâvakrāntiḥ < niyāma-avakrānti-：*f.* 正しい在り方が確定した状態（正定位）に入っていること。*sg. Nom.*

niyāma- ＝ niyama-：*m.* 船夫。舵手。「離生」「決定」「正定（聚）」「正定（位）」と漢訳。

avakrānti- < ava-√kram- (1) + -ti：*f.* 母胎中に降下すること。受胎。「入」「証入」「趣入」と漢訳。

ava-√kram- (1)：～（対格）の上に降る。入胎する。去る。

……………………………………………………………………………

na：*ind.* ～でない。～にあらず。

câjātir < ca + ajātir

ajātir < ajātiḥ + 有声音 < ajāti- < a-jāti-：*f.* 「不生」「無生」と漢訳。*sg. Nom.*

vyākriyate < vyākriya- < vi-ā-√kṛ- (8) + -ya：*Pass.* 予言（授記）される。*3, sg. A.*

……………………………………………………………………………

nâpy < na + apy

apy < api + 母音：*adv.* また。されど。

ajātir < ajātiḥ + 有声音 < ajāti- < a-jāti-：*f.* 「不生」「無生」と漢訳。*sg. Nom.*

abhisaṃbudhyate < abhisaṃbudhya- < abhi-sam-√budh- (4)：全く目覚める。十分に把握する。十分に理解される。「覚」「覚了」と漢訳。*Pres. 3, sg. A.*

§51　tat kathaṃ tvaṃ maitreya vyākṛtas tathatôtpādena tathatā-nirodhena vā /
（梵漢和維摩経 *p.* 142, *ll.* 1–2）

§51　「『それ故に、マイトレーヤよ、あなたは、どのようにして〔一生補処を〕予言（授記）されたのか。あるがままの真理（真如）の出現によってか、あるいは、あるがままの真理（真如）の消滅によってなのか。

【§51　「『云何が、弥勒よ、一生の記を受くるや。如の生より受記を得ると為すや、如の滅より受記を得ると為すや。】
（大正蔵、巻一四、五四二頁中）

…………………………………………………………………………

tat < tad-：それ。*n. sg. Acc.*
代名詞の中性・対格／具格／奪格は、連結助詞として用いられ、「そこで」「従って」「このため」を意味する。

kathaṃ：*adv.* いかにして。いずこより。何故に。

tvaṃ < tvad-：あなた。*2, sg. Nom.*

maitreya < maitreya-：*m.* マイトレーヤ。「慈氏」と漢訳。「弥勒」と音写。*sg. Voc.*

vyākṛtas < vyākṛtaḥ + (t) < vyākṛta- < vi-ā-√kṛ- (8) + -ta：*pp.* 分かたれた。区別された。説明された。予言された。「示」「説」「記」「記別」「授記」と漢訳。*m. sg. Nom.*

tathatôtpādena < tathatôtpāda- < tathatā-utpāda-：*m.* あるがままの真理（真如）の出現。*sg. Ins.*
tathatā-：*f.* あるがままの真理（真如）。「如」「真如」「如如」「如実」「真理」「実際」「真如性」と漢訳。
utpāda- < ud-√pad- (4) + -a：*m.* 生ずること。生み出すこと。産出。出生。「出」「生起」「出現」と漢訳。

tathatā-nirodhena < tathatā-nirodha-：*m.* あるがままの真理（真如）の消滅。*sg. Ins.*
nirodha-：*m.* 抑圧。征服。破壊。「滅」「滅度」「寂滅」と漢訳。

vā：*ind.* ～か。または。たとえ～であっても。

na ca tathatôtpadyate na nirudhyate [na côtpatsyate] [6] na nirotsyate /
（梵漢和維摩経 *p.* 142, *ll.* 2–3）

「『あるがままの真理（真如）は、生ずることもなく、消滅することもない。〔未来に生ずることもないであろうし、〕消滅することもないであろう。

【「『若し如の生を以て受記を得るとせば、如に生有ること無し。若し如の滅を以て受記を得るとせば、如に滅有ること無し。】
（大正蔵、巻一四、五四二頁中）

…………………………………………………………………………

na：*ind.* ～でない。～にあらず。

ca：*conj.* および。また。しかしながら。そして。～と。なお。

tathatôtpadyate < tathatā + utpadyate
tathatā < tathatā-：*f.* あるがままの真理（真如）。「如」「真如」「如如」「如実」「真理」「実際」「真如性」と漢訳。*sg. Nom.*
utpadyate < utpadya- < ud-√pad- (4)：生ずる。生み出す。産出。出生。「生」「起」「出」「生起」「出現」と漢訳。*Pres. 3, sg. A.*

na：*ind.* ～でない。～にあらず。

nirudhyate < nirudhya- < ni-√rudh- (1) + -ya：*Pass.* 消滅する。消え失せる。*3, sg. A.*

na：*ind.* ～でない。～にあらず。

côtpatsyate < ca + utpatsyate
utpatsyate < utpatsya- < ud-√pad- (4) + -sya：生ずる。生み出す。産出。出生。「生」「起」「出」「生起」「出現」と漢訳。*Fut. 3, sg. A.*

na：*ind.* ～でない。～にあらず。

nirotsyate < nirotsya- < ni-√rudh- (1) + -sya：消滅させる。*Fut. 3, sg. A.*

> yā ca sarva-sattvānāṃ[7] tathatā yā ca sarva-dharmāṇāṃ tathatā [yā ca sarvâryāṇāṃ tathatā][8] sâiva maitreyasyâpi tathatā /
>
> （梵漢和維摩経 *p.* 142, *ll.* 3–4）

「『あらゆる衆生に具わっているところのあるがままの真理（真如）、あらゆるものごと（諸法）に具わっているところのあるがままの真理、〔あらゆる聖者に具わっているところのあるがままの真理、〕そのあるがままの真理こそが、マイトレーヤにも具わっているのである。

【「『一切衆生は皆如なり、一切法も亦如なり、衆の聖賢も亦如なり。弥勒に至りても亦如なり。**】**

（大正蔵、巻一四、五四二頁中）

……………………………………………………………………

yā < yad-：*関係代名詞, f. sg. Nom.*
ca：*conj.* および。また。しかしながら。そして。〜と。なお。
sarva-sattvānāṃ < sarva-sattva-：*m.* あらゆる衆生。*pl. Gen.*
tathatā < tathatā-：*f.* あるがままの真理（真如）。「如」「真如」「如如」「如実」「真理」「実際」「真如性」と漢訳。*sg. Nom.*
　　以上は、属格と主格の名詞文をなしている。
yā < yad-：*関係代名詞, f. sg. Nom.*
ca：*conj.* および。また。しかしながら。そして。〜と。なお。
sarva-dharmāṇāṃ < sarva-dharma-：*m.* あらゆるものごと。「諸法」と漢訳。*pl. Gen.*
tathatā < tathatā-：*f.* あるがままの真理（真如）。「如」「真如」「如如」「如実」「真理」「実際」「真如性」と漢訳。*sg. Nom.*
yā < yad-：*関係代名詞, f. sg. Nom.*
ca：*conj.* および。また。しかしながら。そして。〜と。なお。
sarvâryāṇāṃ < sarvârya- < sarva-ārya-：*m.* すべての聖者。*pl. Gen.*
　　sarva-：*adj.* すべての。
　　ārya-：*adj.* 高貴な。聖なる。*m.* 尊敬すべき人。「聖」「聖人」「聖者」「賢聖」「賢善者」と漢訳。
tathatā < tathatā-：*f.* あるがままの真理（真如）。「如」「真如」「如如」「如実」「真理」「実際」「真如性」と漢訳。*sg. Nom.*
sâiva < sā + eva
　　sā < tad-：それ。*f. sg. Nom.*
　　eva：*adv.* さように。このように。まさに。実に。ただ。全くこのように。
maitreyasyâpi < maitreyasya + api
　　maitreyasya < maitreya-：*m.* マイトレーヤ。「慈氏」と漢訳。「弥勒」と音写。*sg. Gen.*
　　api：*adv.* また。さえも。されど。なお。
tathatā < tathatā-：*f.* あるがままの真理（真如）。「如」「真如」「如如」「如実」「真理」「実際」「真如性」と漢訳。*sg. Nom.*

> evaṃ yadi tvaṃ vyākṛtaḥ sarva-sattvā api vyākṛtā bhavanti /
>
> （梵漢和維摩経 *p.* 142, *ll.* 4–5）

「『もしも、あなたが、このように予言されているのであれば、あらゆる衆生たちもまた、〔一生補処を〕予言されているのだ。

【「『若し弥勒、受記を得ば、一切衆生も亦応に記を受くべし。**】**（大正蔵、巻一四、五四二頁中）

……………………………………………………………………

evaṃ：*adv.* このように。「是」「如是」と漢訳。
yadi：*conj.* もし〜ならば。

tvaṃ < tvad-：あなた。*2, sg. Nom.*
vyākṛtaḥ < vyākṛta- < vi-ā-√kṛ- (8) + -ta：*pp.* 分かたれた。区別された。説明された。予言された。「示」「説」「記」「記別」「授記」と漢訳。*m. sg. Nom.*
sarva-sattvā < sarva-sattvāḥ + 有声音 < sarva-sattva-：*m.* すべての衆生。「一切衆生」と漢訳。*pl. Nom.*
api：*adv.* また。さえも。されど。同様に。
vyākṛtā < vyākṛtāḥ + 有声音 < vyākṛta- < vi-ā-√kṛ- (8) + -ta：*pp.* 分かたれた。区別された。説明された。予言された。「示」「説」「記」「記別」「授記」と漢訳。*m. pl. Nom.*
bhavanti < bhava- < √bhū- (1)：～である。なる。*Pres. 3, pl. P.*

tat kasmād dhetoḥ / （梵漢和維摩経 *p.* 142, *l.* 5）

「『それは、どんな理由からか。
【「『所以は何んとなれば、】 （大正蔵、巻一四、五四二頁中）

………………………………………………………………………

tat < tad-：それ。*n. sg. Nom.*
kasmād dhetoḥ < kasmāt + hetoḥ
連声法は、cf.「基礎」*p.* 63.
kasmāt < kim-：*疑問詞,* だれ。何。どんな。どの。*m. sg. Abl.*
hetoḥ < hetu-：*m.* 理由。原因。因。*sg. Abl.*
奪格は、動機、原因、理由を表わす。cf.「シンタックス」*p.* 58.

na hi tathatā dvaya-prabhāvitā nānātva-prabhāvitā /
（梵漢和維摩経 *p.* 142, *l.* 6）

「『あるがままの真理（真如）は、〔対立する〕二つのものとして顕現することも、〔相対立する〕多様性をもって顕現することも決してないのだ。
【「『夫れ如は不二、不異なり。】 （大正蔵、巻一四、五四二頁中）

………………………………………………………………………

na：*ind.* ～でない。～にあらず。
hi：*ind.* 真に。確かに。実に。
tathatā < tathatā-：*f.* あるがままの真理（真如）。「如」「真如」「如如」「如実」「真理」「実際」「真如性」と漢訳。*sg. Nom.*
dvaya-prabhāvitā < dvaya-prabhāvitā- < dvaya-prabhāvita-：*adj.* 〔対立する〕二つのものとして顕現する。「相対立」と漢訳。*f. sg. Nom.*
dvaya- < dvi- + -a：*adj.* 二重の。二種類の。対の。*n.* 一対。両者。二つの事物。
prabhāvita- < prabhāvaya- + -ta- < pra-√bhū- (1) + -aya + -ta：*Caus. pp.* 有力となった。「現」「顕現」「顕了」「顕示」と漢訳。
nānātva-prabhāvitā < nānātva-prabhāvitā- < nānātva-prabhāvita-：*adj.* 多様性をもって顕現する。「相対立」と漢訳。*f. sg. Nom.*
nānātva- < nānā-tva-：*n.* 相違。多様性。「異」「各異」「差別」「種種」と漢訳。

tad yadā maitreyo bodhim abhisaṃbhotsyate sarva-sattvā api tasmin samaye tādṛśīm eva bodhim abhisaṃbhotsyante /
（梵漢和維摩経 *p.* 142, *ll.* 6–8）

「『それ故に、マイトレーヤが、覚りを完全に覚るであろう時、その時、あらゆる衆生たちもまた、まさに同じ覚りを完全に覚るであろう。
【「『若し弥勒、阿耨多羅三藐三菩提を得ば、一切衆生も皆、亦応に得べし。】

（大正蔵、巻一四、五四二頁中）

……………………………………………………………………

tad < tat + 半母音 < tad-：それ。*n. sg. Acc.*
代名詞の中性・対格／具格／奪格は、連結助詞として用いられ、「そこで」「従って」「このため」を意味する。
yadā：*conj.* 〜である時。
maitreyo < maitreyaḥ + 有声子音 < maitreya-：*m.* マイトレーヤ。「慈氏」と漢訳。「弥勒」と音写。*sg. Nom.*
bodhim < bodhi-：*f.* 覚り。「菩提」と音写。*sg. Acc.*
abhisaṃbhotsyate < abhisaṃbhotsya- < abhi-sam-√budh- (4) + -sya：全く目覚める。十分に把握する。十分に理解される。「覚」「覚了」と漢訳。*Fut. 3, sg. A.*
sarva-sattvā < sarva-sattvāḥ + 有声音 < sarva-sattva-：*m.* すべての衆生。「一切衆生」と漢訳。*pl. Nom.*
api：*adv.* また。さえも。されど。同様に。
tasmin < tad-：それ。*m. sg. Loc.*
samaye < samaya-：*m.* 会合の場所。時間。好機。機会。*sg. Loc.*
tādṛśīm < tādṛśī- < tādṛśa-：*adj.* かかる。同種の。「如是」と漢訳。*f. sg. Acc.*
eva：*adv.* さように。このように。まさに。実に。ただ。全くこのように。
bodhim < bodhi-：*f.* 覚り。*sg. Acc.*
abhisaṃbhotsyante < abhisaṃbhotsya- < abhi-sam-√budh- (4) + -sya：全く目覚める。十分に把握する。十分に理解される。「覚」「覚了」と漢訳。*Fut. 3, pl. A.*

tat kasmād dhetoḥ /
（梵漢和維摩経 *p.* 142, *l.* 8）

「『それは、どんな理由からか。
【「『所以（ゆえん）は何（いか）んとなれば、】　（大正蔵、巻一四、五四二頁中）

……………………………………………………………………

tat < tad-：それ。*n. sg. Nom.*
kasmād dhetoḥ < kasmāt + hetoḥ
連声法は、cf.「基礎」*p.* 63.
kasmāt < kim-：*疑問詞,* だれ。何。どんな。どの。*m. sg. Abl.*
hetoḥ < hetu-：*m.* 理由。原因。因。*sg. Abl.*
奪格は、動機、原因、理由を表わす。cf.「シンタックス」*p.* 58.

sarva-sattvânubodho hi bodhiḥ /
（梵漢和維摩経 *p.* 142, *ll.* 8–9)

「『あらゆる衆生が覚知することこそが、覚りなのである。
【「『一切衆生は即ち菩提（ぼだい）の相なり。】　（大正蔵、巻一四、五四二頁中）

……………………………………………………………………

sarva-sattvânubodho < sarva-sattvânubodhaḥ + 有声子音 < sarva-sattva-anubodha-：*m.* あらゆる衆生の覚り。
anubodha- < anu-√budh- (4) + -a：*m.* 注意。知覚。回想。「知」「了知」「覚知」「悟」「悟解」と漢訳。
anu-√budh- (4)：気づく。学ぶ。考慮する。留意する。
hi：*ind.* 真に。確かに。実に。
bodhiḥ < bodhi-：*f.* 覚り。「菩提」と音写。*sg. Nom.*

yadā ca maitreyaḥ parinirvāsyati sarva-sattvā api tadā parinirvāsyanti /
(梵漢和維摩経 *p.* 142, *ll.* 9–10)

「『また、マイトレーヤが、完全なる滅度（涅槃）に入るであろう時、その時、あらゆる衆生たちもまた完全なる滅度に入るであろう。
【「『若し弥勒(みろく)、滅度を得ば、一切衆生も亦応(またまさ)に滅度すべし。】　（大正蔵、巻一四、五四二頁中）
……………………………………………………………………

yadā：*conj.* ～である時に。
ca：*conj.* および。また。しかしながら。そして。～と。なお。
maitreyaḥ < maitreyaḥ + (p) < maitreya-：*m.* マイトレーヤ。「慈氏」と漢訳。「弥勒」と音写。*sg. Nom.*
parinirvāsyati < parinirvāsya- < pari-nir-√vā- (2, 4) + -sya：完全に吹き消す。完全なる滅度に入る。完全に涅槃する。*Fut. 3, sg. P.*
sarva-sattvā < sarva-sattvāḥ + 有声音 < sarva-sattva-：*m.* すべての衆生。「一切衆生」と漢訳。*pl. Nom.*
api：*adv.* また。さえも。されど。同様に。
tadā：*adv.* その時に。「爾時」「此時」と漢訳。
parinirvāsyanti < parinirvāsya- < pari-nir-√vā- (2) + -sya：完全に吹き消す。完全なる滅度に入る。完全に涅槃する。*Fut. 3, pl. P.*

tat kasmād dhetoḥ /
(梵漢和維摩経 *p.* 142, *l.* 10)

「『それは、どんな理由からか。
【「『所以(ゆえん)は何(いか)んとなれば、】　（大正蔵、巻一四、五四二頁中）
……………………………………………………………………

tat < tad-：それ。*n. sg. Nom.*
kasmād dhetoḥ < kasmāt + hetoḥ
　連声法は、cf.「基礎」*p.* 63.
　kasmāt < kim-：*疑問詞,* だれ。何。どんな。どの。*m. sg. Abl.*
　hetoḥ < hetu-：*m.* 理由。原因。因。*sg. Abl.*
　奪格は、動機、原因、理由を表わす。cf.「シンタックス」*p.* 58.

na hy aparinirvṛtānāṃ sarva-sattvānāṃ tathāgatāḥ parinirvānti /
(梵漢和維摩経 *p.* 142, *ll.* 10–11)

「『あらゆる衆生たちが完全なる滅度に入らない限り、如来たちは、完全なる滅度に入ることは決してないのだ。
【漢訳相当箇所なし】
……………………………………………………………………

na：*ind.* ～でない。～にあらず。
hy < hi + 母音：*ind.* 真に。確かに。実に。
aparinirvṛtānāṃ < aparinirvṛta- < a-parinirvṛta-：*pp.* 完全なる滅度に入らない。*m. pl. Gen.*
　parinirvṛta- < pari-nir-√vṛ- (1) + -ta：*pp.* 完全なる滅度に入った。完全に消滅した。「般涅槃」と音写。
sarva-sattvānāṃ < sarva-sattva-：*m.* すべての衆生。「一切衆生」と漢訳。*pl. Gen.*
　以上の属格は絶対節をなしている。
tathāgatāḥ < tathāgatāḥ + (p) < tathāgata-：*m.* このように行った（人）。このように来た（人）。「如来」「如去」と漢訳。「多陀阿伽度」と音写。*pl. Nom.*
parinirvānti < parinirvā- < pari-nir-√vā- (2)：完全に吹き消す。完全なる滅度に入る。完全に涅槃す

る。*Pres. 3, pl. P.*

parinirvṛtāni te sattvāni paśyanti nirvāṇa-prakṛtikāni /

（梵漢和維摩経 *p.* 142, *l.* 11）

「『〔あらゆる〕存在は、完全なる滅度に入っており、涅槃の本性を具えていることを、それら〔の如来たち〕は見ておられるのだ。

【「『諸仏は、〈一切衆生は畢竟、寂滅、即ち涅槃相なれば、復更に滅せず〉と知りたまう。】

（大正蔵、巻一四、五四二頁中）

…………

parinirvṛtāni < parinirvṛta- < pari-nir-√vṛ- (1) + -ta：*pp.* 完全なる滅度に入った。完全に消滅した。「般涅槃」と音写。*n. pl. Acc.*

te < tad-：それ。*m. pl. Nom.*

sattvāni < sattva-：*n.* 有。存在。実在。*pl. Acc.*

以上の対格は、paśyanti（見る）の目的語であるので叙述的対格（Predicative Accusative）となっている。

paśyanti < paśya- < √paś- (4)：見る。*Pres. 3, pl. P.*

nirvāṇa-prakṛtikāni < nirvāṇa-prakṛtika-：*adj.* 涅槃の本性を具えている。*n. pl. Acc.*

nirvāṇa- < nir-√vā- (2, 4) + -na：*pp.* 吹き消された。*n.* 消滅。生の焔の消滅。完全な満足。「寂滅」「安穏」「寂静」と漢訳。「涅槃」「泥洹」と音写。

prakṛtika- < prakṛti-ka-：*adj.* 本性を具えている。

prakṛti-：*f.* 本来の状態。自然の状態。性質。自然。（自然の）始原的構成要素。

tasmād iha maitreya mā etān deva-putrān ullāpaya mā visaṃvādaya /

（梵漢和維摩経 *p.* 142, *l.* 12）

「『それ故に、マイトレーヤよ、今、これらの神々の子（天子）たちを甘言でそそのかしてはならない。欺いてはならない。

【「『是の故に弥勒よ、此の法を以て諸の天子を誘うこと無かれ。】　（大正蔵、巻一四、五四二頁中）

…………

tasmād < tasmāt + 母音 < tad-：それ。*n. sg. Abl.*

代名詞の中性・単数の対格（tat）、奪格（tasmāt）、具格（tena）は、「そこで」「従って」「それ故」などの意味となり、文の連結助詞として用いられる。cf.「シンタックス」*p.* 125.

iha：*adv.* ここに。今。この世に。地上に。

maitreya < maitreya-：*m.* マイトレーヤ。「慈氏」と漢訳。「弥勒」と音写。*sg. Voc.*

mā：*adv.* ～なかれ。～なからんことを。～しないように。願わくは～ないように。

etān < etad-：これ。*m. pl. Acc.*

deva-putrān < deva-putra-：*m.* 神の子。「天子」と漢訳。*pl. Acc.*

ullāpaya < ullāpaya- < ud-√lap- (1) + -aya：*Caus.* 甘言でいざなう。おもねる。*Impv. 2, sg. P.*

ud-√lap- (1)：言葉でなだめる。

mā：*adv.* ～なかれ。～なからんことを。～しないように。願わくは～ないように。

visaṃvādaya < visaṃvādaya- < vi-sam-√vad- (1) + -aya：*Caus.* 欺く。*Impv. 2, sg. P.*

§52　na bodhau kaścit pratiṣṭhate na nivartate /

（梵漢和維摩経 *p.* 142, *l.* 13）

§52　「『覚りにおいては、決してだれも〔そこへ向けて〕出発することもないし、〔そこに〕背を向けることもない。

【§52　「『実に阿耨多羅三藐三菩提に心を発す者も無く、亦退く者も無けん。】

（大正蔵、巻一四、五四二頁中）

……………………………………………………………………

na：*ind.* ～でない。～にあらず。

bodhau < bodhi- < √budh- (1) + -i：*f.* 覚り。「菩提」と音写。*sg. Loc.*

kaścit < kiṃ-cit-：*不定代名詞,* 何かあるもの／こと。だれかある人。*m. sg. Nom.*

pratiṣṭhate < pratiṣṭha- < pra-√sthā- (1)：立ち上がる。起き上がる。進む。～（処格）へ向かって出かける。～（奪格）から出発する。「住」と漢訳。*Pres. 3, sg. A.*

na：*ind.* ～でない。～にあらず。

nivartate < nivarta- < ni-√vṛt- (1)：～（奪格）から～（対格）に帰る。戻る。背を向ける。逃げる。

api tu khalu punar maitreya yâiṣāṃ[9] deva-putrāṇāṃ bodhi-parikalpana-dṛṣṭis tām etām utsarjaya /

（梵漢和維摩経 *p.* 142, *ll.* 13–15）

「『しかるに、なお、マイトレーヤよ、それらの神々の子（天子）たちが抱いているところの覚りについての妄想分別した考え、そ〔の考え〕を捨てさせるがよい。

【「『弥勒よ、当に此の諸の天子をして菩提を分別するの見を捨てしむべし。】

（大正蔵、巻一四、五四二頁上）

……………………………………………………………………

api tu khalu punar：「若復」と漢訳。

　　api：*adv.* また。さえも。されど。同様に。

　　tu：*ind.* しかし。しこうして。しかるに。しかも。

　　khalu：*ind.* 実に。確かに。しかも。さて。そこで。

　　punar：*adv.* 再び。新たに。さらに。なお。しかしながら。

maitreya < maitreya-：*m.* マイトレーヤ。「慈氏」と漢訳。「弥勒」と音写。*sg. Voc.*

yâiṣāṃ < yā + eṣāṃ

　　yā < yad-：*関係代名詞, f. sg. Nom.*

　　eṣāṃ < idam-：これ。*m. pl. Gen.*

deva-putrāṇāṃ < deva-putra-：*m.* 神の子。「天子」と漢訳。*pl. Gen.*

bodhi-parikalpana-dṛṣṭis < bodhi-parikalpana-dṛṣṭiḥ + (t) < bodhi-parikalpana-dṛṣṭi-：*f.* 覚りについての妄想分別した考え。*sg. Nom.*

　　bodhi-：*f.* 覚り。「菩提」と音写。

　　parikalpana- < pari-√kḷp- (1) + -ana：*n.* 欺瞞。決定。分別すること。「起諸分別」と漢訳。

　　parikalpa- < pari-√kḷp- (1) + -a：*m.* 迷妄。「分別」「妄想」「虚妄」「虚妄分別」と漢訳。

　　dṛṣṭi- < √dṛś- (1) + -ti：*f.* 見ること。視力。見なすこと。意見。（誤った）見解。

　　yā 以下は、主格と属格の名詞文をなしている。

tām < tad-：それ。*f. sg. Nom.*

etām < etad-：これ。*f. sg. Nom.*

utsarjaya < utsarjaya- < ud-√sṛj- (6) + -aya：*Caus.* 放たせる。さまよわせる。投げさせる。投げ捨てさせる。捨てさせる。放棄させる。*Impv. 2, sg. P.*

na hi bodhiḥ kāyenâbhisaṃbudhyate na cittena /

（梵漢和維摩経 *p.* 144, *l.* 1）

「『覚りというものは、身体によって覚られるのでもなく、心によって〔覚られるの〕でもないのだ。

【「『所以は何んとなれば、菩提は身を以て得可からず。心を以て得可からず。】

（大正蔵、巻一四、五四二頁中）

……………………………………………………………………

na：*ind.* ～でない。～にあらず。
hi：*ind.* 真に。確かに。実に。
bodhiḥ < bodhi-：*f.* 覚り。「菩提」と音写。*sg. Nom.*
kāyenâbhisaṃbudhyate < kāyena + abhisaṃbudhyate
　　kāyena < kāya-：*m.* 身体。集団。多数。集合。*sg. Ins.*
　　abhisaṃbudhyate < abhisaṃbudhya- < abhi-sam-√budh- (4) + -ya：*Pass.* 完全に覚られる。十分に把握される。十分に理解される。「覚」「覚了」と漢訳。*3, sg. A.*
na：*ind.* ～でない。～にあらず。
cittena < citta-：*n.* 心。思考。意思。知性。理性。「質多」と音写。*sg. Ins.*

> vyupaśamo bodhiḥ sarva-nimittānām asamāropo bodhiḥ sarvârambaṇānām apracāro bodhiḥ sarva-manas-kārāṇāṃ paricchedo bodhiḥ sarva-dṛṣṭi-gatānāṃ vigamo bodhiḥ sarva-parikalpānāṃ visaṃyogo bodhiḥ sarvêñjita-manya-syanditānām anadhiṣṭhānaṃ[10] bodhiḥ sarva-praṇidhānānām asaṅga-praveśo[11] bodhiḥ sarvôdgraha-vigatā[12] sthitā bodhir dharma-dhātu-sthāne 'nugatā bodhis tathatāyāṃ pratiṣṭhitā bodhir bhūta-koṭyām advayā bodhir mano-dharma-vigatā samā bodhir ākāśa-samatayâsaṃskṛtā[13] bodhir utpāda-bhaṅga-sthity-anyathātva-vigatā parijñā bodhiḥ sarva-sattva-citta-caritâśayānām advārā bodhir āyatanānām asaṃsṛṣṭā bodhiḥ sarva-vāsanânusaṃdhi-kleśa-vigatā na deśa-sthā na pradeśa-sthā bodhiḥ sthānâsthāna-vigatā tathatâpratiṣṭhitā bodhiḥ sarvato 'dṛśyā nāma-dheya-mātraṃ bodhis tac ca nāma nirīhakaṃ nirātmikā[14] bodhir āyūha-niryūha-vigatânākulā bodhiḥ prakṛti-pariśuddhā prakāśā bodhiḥ sva-bhāva-pariśuddhânudgrahā bodhir adhyālambana-vigatā nirnānātvā bodhiḥ sarva-dharma-samatâvabodhatvād anupamā bodhir upamôpanyāsa-vigatā[15] sūkṣmā bodhir duranubodhatvāt sarvatrânugatā bodhir ākāśa-sva-bhāvatvāt /
>
> (梵漢和維摩経 *p.* 144, *ll.* 1–17)

「『覚りとは、あらゆる相の寂滅のことである。覚りとは、あらゆる認識対象を妄りに建立しないことである。覚りとは、あらゆる心の作用を起こさないことである。覚りとは、あらゆる〔誤った〕見解（邪見）を識別することである。覚りとは、あらゆる妄想分別を消滅させることである。覚りとは、あらゆる〔体の〕動きや、〔心の〕思いに動揺のないことである。覚りとは、あらゆる誓願を立てないことである。覚りとは、あらゆる〔心の〕囚われを断って、無執着に入っていることである。覚りとは、真理の世界（法界）の領域に住することである。覚りとは、あるがままの真理（真如）に随順することである。覚りとは、真実の究極（実際）に立つことである。覚りとは、心とものごとを離れていて、不二ということである。覚りとは、虚空（こくう）と等しいことによって平等なことである。覚りとは、出現も消滅も存続も変化もなく無為（むい）ということである。覚りとは、一切衆生の心や行ない、意向について知ることである。覚りとは、〔眼・耳・鼻・舌・身・意の六つの感覚器官（六根）と、その対象である色・声・香・味・触・法の六境からなる〕認識成立の領域（十二処）に入り口がないということである。覚りとは、〔香りが衣服に染み付いて残存するように〕薫習（くんじゅう）して潜在的余力に帰結するすべての煩悩を離れていて、〔煩悩と〕結びついていないことである。覚りとは、〔適切な〕場所も不適切な場所もなく、ある場所に位置しているのでもなく、ある地点に住しているのでもないことである。覚りとは、全く見ることのできないものであり、あるがままの真理（真如）の中にあるのでもないのだ[16]。覚りとは、その名前は作用のないものであり、ただ名前だけである。覚りとは、取ることも、捨てることもなく、無我である。覚りとは、本性が完全に清められていることで、困惑がないことである。覚りとは、自己に固有の本性（自性）が完全に清められていることで、光り輝いているのだ。覚りとは、〔認識〕対象をとらえることを離れていることで、心の囚われがないことである。覚りとは、あらゆるものごとが平等であると覚ることであることから、〔あらゆるものごとに〕差別がないことである。覚りとは、譬喩による説明を離れているものであり、比較することのできないものである。覚りとは、知りがたいものであることから、微細なものである。覚りとは、虚空のような固有の本性を持つことから、普く行きわたっているものである』。

【「『寂滅は是れ菩提なり。諸相を滅するが故に。不観は是れ菩提なり。諸縁を離るるが故に。不行は是れ菩提なり。憶念無きが故に。断は是れ菩提なり、諸見を捨つるが故に。離は是れ菩提なり、諸の妄想を離るるが故に。障は是れ菩提なり、諸願を障るが故に。不入は是れ菩提なり、貪著無きが故に。順は是れ菩提なり、如に順ずるが故に。住は是れ菩提なり、法性に住するが故に。至は是れ菩提なり、実際に至るが故に。不二は是れ菩提なり、意と法とを離るるが故に。等は是れ菩提なり、虚空に等しきが故に。無為は是れ菩提なり、生住滅無きが故に。知は是れ菩提なり、衆生の心行を了するが故に。不会は是れ菩提なり、諸入の不会なるが故に。不合は是れ菩提なり、煩悩の習を離るるが故に。無処は是れ菩提なり、形色無きが故に。仮名は是れ菩提なり、名字の空なるが故に。如化は是れ菩提なり、取捨無きが故に。無乱は是れ菩提なり、常に自ら静なるが故に。善寂は是れ菩提なり、性として清浄なるが故に。無取は是れ菩提なり、攀縁を離るるが故に。無異は是れ菩提なり、諸法は等なるが故に。無比は是れ菩提なり、喩う可きもの無きが故に。微妙は是れ菩提なり、諸法は知り難きが故に』と。】

（大正蔵、巻一四、五四二頁中）

…………………………………………………………………………

vyupaśamo < vyupaśamaḥ + 有声子音 < vyupaśama- < vi-upa-√śam- (4) + -a : *m.* 休止。「除」「滅」「息」「清浄」「寂滅」「寂静」と漢訳。*sg. Nom.*

vi-upa-√śam- (4)：静穏になる。和らぐ。やむ。「滅」と漢訳。

bodhiḥ < bodhiḥ + (s) < bodhi- : *f.* 覚り。「菩提」と音写。*sg. Nom.*

sarva-nimittānām < sarva-nimitta- : *n.* あらゆる相。*pl. Gen.*

nimitta- : *n.* 目的。記号。象徴。前兆。理由。手段。「瑞相」と漢訳。

asamāropo < asamāropaḥ + 有声子音 < asamāropa- < a-samāropa- : *m.* ～（処格）の中に置かないこと。～に移動させないこと。帰属させないこと。*sg. Nom.*

samāropa- < sam-ā-√ruh- (1) + -a : *m.* ～（処格）の中に置くこと。～に移動させること。帰属させること。「増」「増益」と漢訳。

sam-ā-√ruh- (1)：～（対格、処格）にのぼる。～に入る。

samāropaya- < sam-ā-√ruh- (1) + -aya : *Caus.* 登らせる。置く。高める。～（処格）に帰させる。「妄建立」と漢訳。

bodhiḥ < bodhiḥ + (s) < bodhi- : *f.* 覚り。「菩提」と音写。*sg. Nom.*

sarvârambaṇānām < sarvârambaṇa- < sarva-ārambaṇa- : *n.* あらゆる認識対象。*pl. Gen.*

ārambaṇa- < ā-√ramb- (1) +-ana : *n.* 支持。依処。「因」「縁」「因縁」

ārambaṇa- ≒ ālambaṇa- : *n.* ～に寄りかかること。支持すること。「縁」「所縁」「境」「所縁境」と漢訳。

apracāro < apracāraḥ + 有声子音 < a-pracāra- : *m.* 起こさないこと。出現せざること。「離」「滅」と漢訳。*sg. Nom.*

pracāra- < pra-√car- (1) + -a : *m.* 散歩。歩き回ること。起こすこと。～を追求すること。姿を現わすこと。「明示」「出現」「適用」「使用」と漢訳。

pra-√car- (1)：出る。起こる。現われる。彷徨する。～（対格に）到達する。遂行する。

bodhiḥ < bodhiḥ + (s) < bodhi- : *f.* 覚り。「菩提」と音写。*sg. Nom.*

sarva-manas-kārāṇāṃ < sarva-manas-kāra- : *m.* あらゆる心の働き。*pl. Gen.*

manas-kāra- : *m.* 心の作用。「作意」と漢訳。

manas- < √man- (1) + -as：*n.* 心。理解力。精神。思想。熟慮。思考。

kāra- < √kṛ- (8) + -a：*adj.* 作る。なす。生ずる。*m.* 作者。なすこと。動作。

paricchedo < paricchedaḥ + 有声子音 < pariccheda- < pari-√chid- (7) + -a：*m.* 分離。正確な識別。健全な判断。洞察。「分別」「識別」と漢訳。*sg. Nom.*

bodhiḥ < bodhiḥ + (s) < bodhi- : *f.* 覚り。「菩提」と音写。*sg. Nom.*

sarva-dṛṣṭi-gatānāṃ < sarva-dṛṣṭi-gata-：*m.* あらゆる〔誤った〕見解（邪見）。*pl. Gen.*

dṛṣṭi-gata-：*adj.* 「見成」「見相」「成見」「邪見」「悪見」と漢訳。

dṛṣṭi- < √dṛś- (1) + -ti：*f.* 見ること。視力。見なすこと。意見。（誤った）見解。「見」「閲」

「邪見」「妄見」と漢訳。

〜-gata-：*adj.* 〜に行った／来た。〜に陥った。〜に於ける。〜の中にある。〜に含まれた。〜に関する。〜に出立した。〜より造られた。〜に到達した。〜を得た。

vigamo < vigamaḥ + 有声子音 < vigama-：*m.* 出発。消滅。*sg. Nom.*

bodhiḥ < bodhiḥ + (s) < bodhi-：*f.* 覚り。「菩提」と音写。*sg. Nom.*

sarva-parikalpānāṃ < sarva-parikalpa-：*m.* あらゆる虚妄分別。*pl. Gen.*

parikalpa- < pari-√kḷp- (1) + -a：*m.* 迷妄。「分別」「計度」「妄想」「虚妄分別」と漢訳。

visaṃyogo < visaṃyogaḥ + 有声子音 < visaṃyoga- < vi-sam-√yuj- (7) + -a：*m.* 世間的束縛からの自由。〜からの分離。〜の欠乏。〜からの遠離。「離」「遠離」「捨離」「滅離」「乖離」と漢訳。*sg. Nom.*

bodhiḥ < bodhiḥ + (s) < bodhi-：*f.* 覚り。「菩提」と音写。*sg. Nom.*

sarvêñjita-manya-syanditānām < sarva-iñjita-manya-syandita-：*adj.* あらゆる身振りや、思いの動揺。*m.n. pl. Gen.*

iñjita- < √iñj- (1) + -ita：*pp.* 「動」「動乱」と漢訳。

√iñj- (1)：動く。「動」と漢訳。

iñjanā- < √iñj- (1) + -anā：*f.* 動揺。

iñjita- ＝ iṅgita- < √iṅg- (1) + -ita：*pp.* 動揺した。動いた。*n.* 動悸。身振り。表示。暗示。「作用」「現（異）相」と漢訳。

√iṅg- (1)：行く。動揺する。動く。

manya- < √man- (4) + -ya：*adj.* （自分を）〜と思う。〜として通る。

√man- (4)：考える。信ずる。〜であると思う。考慮する。

syandita- < syandaya- + -ta < √syad- (1) + -aya + -ta：*Caus. pp.* 流れさせられた。走らせられた。流させられた。動揺させられた。

syandanā- < √syad- (1) + -anā：*f.* 「動揺」と漢訳。

√syad- (1)：流れる。走る。流す。「注」「出」「動」「動発」と漢訳。

anadhiṣṭhānaṃ < anadhiṣṭhāna- < an-adhiṣṭhāna-：*n.* 立てないこと。*sg. Nom.*

adhiṣṭhāna- < adhi-√sthā- (1) + -ana：*n.* 立脚点。立場。場所。住所。主権。権力。「神力」「神通」「威神力」「願力」「加護」「護念」「加持」「守護」「建立」と漢訳。

adhi-√sthā- (1)：〜の上に立つ。足で踏む。登る。居住する。占める。克服する。凌駕する。先頭に立つ。導く。案内する。支配する。保つ。使用する。

bodhiḥ < bodhiḥ + (s) < bodhi-：*f.* 覚り。「菩提」と音写。*sg. Nom.*

sarva-praṇidhānānām < sarva-praṇidhāna-：*n.* あらゆる誓願。*pl. Gen.*

praṇidhāna- < pra-ni-√dhā- (3) + -ana：*n.* 適用。使用。勉強。勤勉。「熱望」「誓願」と漢訳。

asaṅga-praveśo < asaṅga-praveśaḥ + 有声子音 < a-saṅga-praveśa-：*adj.* 無執着に入っている。*f. sg. Nom.*

a-saṅga-：*adj.* 〜に執著しない。〜に抵抗を受けない。束縛のない。「無著」「無礙」「無障礙」「無滞」と漢訳。

saṅga- < √sañj- (1) + -a：*m.* 〜への粘着。〜（処格）に執着すること。「著」「愛著」「計著」「染著」と漢訳。

√sañj- (1)：付着する。〜（処格）に愛着する。〜に執着する。

praveśa- < pra-√viś- (6) + -a：*m.* 〜に入ること。出過ぎたこと。「能入」「悟入」と漢訳。

pra-√viś- (6)：入る。近づく。誘い込む。導入する。

bodhiḥ < bodhiḥ + (s) < bodhi-：*f.* 覚り。「菩提」と音写。*sg. Nom.*

sarvôdgraha-vigatā < sarvôdgraha-vigatā- < sarva-udgraha-vigata-：*adj.* あらゆる〔心の〕囚われを断っている。*f. sg. Nom.*

sarva-：*adj.* 一切の。すべての。

udgraha- < ud-√grah- (9) + -a：*m.* 「取」「受」「貪著」と漢訳。

vigata- < vi-√gam- (1) + -ta：*pp.* 「離」「除」「無」「已除」「除断」と漢訳。
sthitā < sthitā- < sthita- < √sthā- (1) + -ita：*pp.* 立った。住していた。留まっていた。*f. sg. Nom.*
bodhir < bodhiḥ + 有声音 < bodhi-：*f.* 覚り。「菩提」と音写。*sg. Nom.*
dharma-dhātu-sthāne 'nugatā < dharma-dhātu-sthāne + anugatā
dharma-dhātu-sthāne < dharma-dhātu-sthāna-：*n.* 法界という領域。*sg. Loc.*
dharma-dhātu-：*m.* 事物の根源。真理の世界。存在の要素。「法界」と漢訳。
sthāna- < √sthā- (1) + -ana：*n.* 立つこと。状態。地位。場所。地点。住所。領域。
anugatā < anugatā- < anugata- < anu-√gam- (1) + -ta：*pp.* ～に一致した。～に従った。模倣した。～に支配された。「随」「随順」と漢訳。*f. sg. Nom.*
bodhis < bodhiḥ + (t) < bodhi-：*f.* 覚り。「菩提」と音写。*sg. Nom.*
tathatāyāṃ < tathatā- < tathā + -tā-：*f.* そのようであること。あるがままの真理。「真如」「如実」「実際」と漢訳。*sg. Loc.*
pratiṣṭhitā < pratiṣṭhitā- < pratiṣṭhita- < prati-√sthā- (1) + -ita：*pp.* 有名な。著名な。～（処格）に熟達した。～に立った。位置した。留まった。～に置かれた。確立した。*f. sg. Nom.*
bodhir < bodhiḥ + 有声音 < bodhi-：*f.* 覚り。「菩提」と音写。*sg. Nom.*
bhūta-koṭyām < bhūta-koṭi-：*f.* 存在の極点。「実際」「真実際」「本際」と漢訳。*sg. Loc.*
bhūta- < √bhū- (1) + -ta：*pp.* ～となった。あった。過去の。存在する。～である。真実の。*n.* 事実。現実。「真」「真実」「誠諦」と漢訳。
koṭi-：*f.* 尖端。極端。「際」「実際」と漢訳。
advayā < advayā- < advaya- < a-dvaya-：*adj.* 二種ならざる。単一の。「不二」「無二」と漢訳。*f. sg. Nom.*
dvaya- < dvi- + -a：*adj.* 二重の。二種類の。対の。*n.* 一対。両者。二つの事物。
bodhir < bodhiḥ + 有声音 < bodhi-：*f.* 覚り。「菩提」と音写。*sg. Nom.*
mano-dharma-vigatā < mano-dharma-vigatā- < mano-dharma-vigata-：*adj.* 心とものごとを離れている。*f. sg. Nom.*
mano-dharma-：*m.* 心とものごと。「意法」「心及法」と漢訳。
mano- < manas- < √man- (1) + -as：*n.* 心。理解力。知力。精神。心情。思考。「意」と漢訳。
vigata- < vi-√gam- (1) + -ta：*pp.* 「離」「除」「無」「已除」「除断」と漢訳。
samā < samā- < sama-：*adj.* 平らな。滑らかな。水平の。～（具格、属格）と等しい。平等の。*f. sg. Nom.*
bodhir < bodhiḥ + 有声音 < bodhi-：*f.* 覚り。「菩提」と音写。*sg. Nom.*
ākāśa-samatayâsaṃskṛtā < ākāśa-samatayā + asaṃskṛtā
ākāśa-samatayā < ākāśa-samatā-；*f.* 虚空に等しいこと。*sg. Ins.*
ākāśa-：*m.n.* 虚空。蒼穹。「露地」「虚」「空」「虚空」「空界」「空地」と漢訳。
samatā- < sama-tā-；*f.* ～（具格、属格）との平等性。同一性。～（処格）に対して平等であること。公平であること。
asaṃskṛtā < asaṃskṛtā- < asaṃskṛta- < a-saṃskṛta-：*adj.* 装備されない。装飾されていない。「無為」と漢訳。*f. sg. Nom.*
bodhir < bodhiḥ + 有声音 < bodhi-：*f.* 覚り。「菩提」と音写。*sg. Nom.*
utpāda-bhaṅga-sthity-anyathātva-vigatā < utpāda-bhaṅga-sthity-anyathātva-vigatā- < utpāda-bhaṅga-sthiti-anyathātva-vigata-：*adj.* 出現も消滅も存続も変化もない。*f. sg. Nom.*
utpāda- < ut-√pad- (4) + -a：*m.* 出すこと。産出。出生。「出現」と漢訳。
bhaṅga- < √bhañj- (7) + -a：*m.* 破ること。壊滅。滅亡。
sthiti- < √sthā- (1) + -ti：*f.* 立つこと。滞在すること。継続。存続。
anyathātva- < anyathā-tva-：*n.* 差異。反対の状態。変化すること。「異」「各異」「変異」と漢訳。

anyathā：*adv.* 他の方法を以て。異なって。悪しく。
vigata- < vi-√gam- (1) + -ta：*pp.* 「離」「除」「無」「已除」「除断」と漢訳。
parijñā < parijñā- < pari-√jñā- (9) + -ā：*f.* 知識。「知」「全知」「通達」と漢訳。*sg. Nom.*
bodhiḥ < bodhiḥ + (s) < bodhi-：*f.* 覚り。「菩提」と音写。*sg. Nom.*
sarva-sattva-citta-caritâśayānām < sarva-sattva-citta-carita-āśaya-：*m.* あらゆる衆生の心と行ない、意向。*pl. Gen.*
sarva-sattva-：*m.* 「一切衆生」と漢訳。
citta-：*n.* 心。思考。意思。知性。理性。「質多」と音写。
carita- < √car- (1) + -ita：*pp.* 行った。行なわれた。「行」「遊行」「修行」「奉行」と漢訳。
āśaya- < ā-√śī- (2) + -ya-：*m.* 休息所。場所。考え。意向。思想。「意楽」「楽欲」と漢訳。
advārā < advārā- < advāra- < a-dvāra-：*adj.* 門のない。*f. sg. Nom.*
dvāra-：*n.* 戸。門。戸口。入口。～への道。～に達する手段。
bodhir < bodhiḥ + 有声音 < bodhi-：*f.* 覚り。「菩提」と音写。*sg. Nom.*
āyatanānām < āyatana- < ā-yatana- < ā-√yat- (1) + -ana：*n.* 入ること。処。住所。領域。聖域。感覚の領域。感官。「処」「入」と漢訳。*pl. Gen.*
ā-√yat- (1)：～（処格）に入る。住む。
ṣaḍ-āyatana-：*n.* 六つの感覚器官。「六処」「六入」と漢訳。
dvādaśa āyatanāni：十二処。十二入
asaṃsṛṣṭā < asaṃsṛṣṭā- < asaṃsṛṣṭa- < a-saṃsṛṣṭa-：*pp.* 結ばれていない。混ぜられていない。*f. sg. Nom.*
saṃsṛṣṭa- < sam-√sṛj- (6) + -ta：*pp.* 結ばれた。結合された。～（具格）と混合した。混ぜられた。
bodhiḥ < bodhi-：*f.* 覚り。「菩提」と音写。*sg. Nom.*
sarva-vāsanânusaṃdhi-kleśa-vigatā < sarva-vāsanā-anusaṃdhi-kleśa-vigatā- < sarva-vāsanā-anu=saṃdhi-kleśa-vigata-：*adj.* 〔香りが衣服に染み付いて残存するように〕薫習して潜在的余力に帰結するすべての煩悩を離れている。*f. sg. Nom.*
sarva-：*adj.* 一切の。すべての。
vāsanā- < √vas- (1) + -anā：*f.* ～（処格）についての考え。～に対する願望。（心中に宿って残された）印象。「薫」「薫習」「習」「習気」「（煩悩）習気」と漢訳。
vāsanā-kleśa-：*m.* 「習煩悩」「薫習煩悩」「煩悩習」と漢訳。
anusaṃdhi- < anu-sam-√dhā- (3) + -i：*m.* 連絡。帰結。応用。「次第」「位次」「相続」と漢訳。
anu-sam-√dhā- (3)：～に考えを定める。～に注意を向ける。踏査する。討究する。観察する。（困難を）処理する。
kleśa- < √kliś- (4) + -a：*m.* 苦痛。苦悩。心痛。「煩悩」「惑」「根本煩悩」と漢訳。
vigata- < vi-√gam- (1) + -ta：*pp.* 「離」「除」「無」「已除」「除断」と漢訳。
na：*ind.* ～でない。～にあらず。
deśa-sthā < deśa-sthā- < deśa-stha-：*adj.* ある地方に住している。ある地方に位置している。*f. sg. Nom.*
deśa-：*m.* 地点。地域。場所。地方。
stha- < √sthā- (1) + -a：*adj.* ～に立っている。坐っている。とどまる。住する。
na：*ind.* ～でない。～にあらず。
pradeśa-sthā < pradeśasthā- < pradeśa-sthā-：*adj.* ある地点に住している。ある地点に位置している。*f. sg. Nom.*
pradeśa-：*m.* 言及。明示。例。地点。場所。
bodhiḥ < bodhiḥ + (s) < bodhi-：*f.* 覚り。「菩提」と音写。*sg. Nom.*
sthānâsthāna-vigatā < sthānâsthāna-vigatā- < sthāna-asthāna-vigata-：*adj.* 〔適切な〕場所も不適

切な場所もない。*f. sg. Nom.*

sthānâsthāna- < sthāna-asthāna-：*n.* 「処非処」と漢訳。

sthāna- < √sthā- (1) + -ana：*n.* 立つこと。状態。地位。身分。住居。地点。

asthāna- < a-sthāna-：*n.* ～（属格）に対して不適当な場所。（音のように）永久的でないもの。正しくない場合。「無住」「非所」「非処」と漢訳。*adj.* 「無所住」「無有処」と漢訳。

tathatâpratiṣṭhitā < tathatâpratiṣṭhitā- < tathatā-apratiṣṭhita-：*adj.* あるがままの真理（真如）の中にない。*f. sg. Nom.*

tathatā- < tathā + -tā-：*f.* そのようであること。あるがままの真理。「真如」「如実」「実際」と漢訳。

apratiṣṭhita- < a-pratiṣṭhita-：*adj.* ～（処格）に熟達してない。～に立ってない。位置していない。留まっていない。～に置かれてない。確立してない。

pratiṣṭhita- < prati-√sthā- (1) + -ita：*pp.* 有名な。著名な。～（処格）に熟達した。～に立った。位置した。留まった。～に置かれた。確立した。

bodhiḥ < bodhiḥ + (s) < bodhi-：*f.* 覚り。「菩提」と音写。*sg. Nom.*

sarvato 'dṛśyā < sarvatas + adṛśyā

sarvatas：*adv.* すべての面から。各方向に。至る所に。全く。完全に。

adṛśyā < adṛśyā- < adṛśya- < a-dṛśya-：*adj.* 見るべからざる。見られない。見えない。*f. sg. Nom.*

dṛśya- < dṛśya- < √dṛś- (1) + -ya：*未受分,* 見える。明らかに見える。～（具格、属格）に見られる。注視されるべき。見られる価値のある。見事な。美しい。

nāma-dheya-mātraṃ < nāma-dheya-mātra-：*adj.* 名前だけである。*n. sg. Nom.*

nāma-dheya-：*n.* 命名。名称。名。「名号」「名字」と漢訳。

dheya- < √dhā- (3) + -ya：*未受分,* 創造されるべき。置かれるべき。保持されるべき。なされるべき。*n.* ～の譲渡。

mātra- < √mā- (2,3) + -tra：*n.* ～だけの量。大きさ。高さ。深さ。長さ。数。

～-mātra-：*adj.* ～ほどの大きさの。～ほどの。ただ～のみからなる。ただ～のみである。

bodhis < bodhiḥ + (t) < bodhi-：*f.* 覚り。「菩提」と音写。*sg. Nom.*

tac < tat + (c) < tad-：それ。*n. sg. Nom.*

ca：*conj.* および。また。しかしながら。そして。～と。なお。

nāma < nāman-：*n.* 名前。*sg. Nom.*

nirīhakaṃ < nirīhaka- < nirīha-ka-：*adj.* 「不動」「無作」「無作用」「無生起」と漢訳。*n. sg. Nom.*

nirīha- < nir-īha-：*adj.* 動かない。無活動の。欲望のない。すべての事物に無関心な。

īhā- < √īh- (1) + -a：*f.* 努力。仕事。願望。

√īh- (1)：～（対格）を得ようと努める。～（不定詞）しようと願う。企てる。努力する。

nirātmikā < nirātmikā- < nirātmika- < nir-ātmika-：*adj.* 「無我」と漢訳。*f. sg. Nom.*

nir-ātma-：*adj.* 「無我」「非我」「無有我」と漢訳。

ātmika-：*adj.* 「体」「為性」と漢訳。

bodhir < bodhiḥ + 有声音 < bodhi-：*f.* 覚り。「菩提」と音写。*sg. Nom.*

āyūha-niryūha-vigatânākulā < āyūha-niryūha-vigatā + anākulā

āyūha-niryūha-vigatā < āyūha-niryūha-vigatā- < āyūha-niryūha-vigata-：*adj.* 取ることも捨てることも無い。「無来去」「離持来去」「離去来」と漢訳。*f. sg. Nom.*

āyūha- < ā-√ūh- (1) + -a：*m.* 取ること。「入」「来」「持来」「取」と漢訳。

niryūha- < nir-√ūh- (1) + -a：*m.* 門。扉。捨てること。「去」「捨」「持去」と漢訳。

「梵和大辞典」ではこれを中性名詞としているが、維摩経では男性名詞として用いている。cf. VKN. *p.* 88, *l.* 10

nir-√ūh- (1)：抽出する。除去する。捨てる。

√ūh- (1)：償う。変ずる。改める。推す。移す。

anākulā < anākulā- < an-ākula-：*adj.* 混乱していない。困惑していない。*f. sg. Nom.*

ākula-：*adj.* 混乱した。困惑した。
bodhiḥ < bodhiḥ + (p) < bodhi-：*f.* 覚り。「菩提」と音写。*sg. Nom.*
prakṛti-pariśuddhā < prakṛti-pariśuddhā- < prakṛti-pariśuddha-：*adj.* 本性が完全に清められている。*f. sg. Nom.*
prakṛti-：*f.* 本来の状態。自然の状態。性質。自然。（自然の）始原的構成要素。
prakāśā < prakāśā- < prakāśa- < pra-√kāś- (1) + -a：*adj.* 輝く。照らす。清澄の。明瞭な。*f. sg. Nom.*
bodhiḥ < bodhiḥ + (s) < bodhi-：*f.* 覚り。「菩提」と音写。*sg. Nom.*
sva-bhāva-pariśuddhânudgrahā < sva-bhāva-pariśuddhā + anudgrahā
sva-bhāva-pariśuddhā < svabhāva-pariśuddhā- < svabhāva-pariśuddha-：*adj.* 〔自己に〕固有の本性が完全に清められている。*f. sg. Nom.*
svabhāva- < sva-bhāva-：*m.* 〔自己に〕固有の在り方。生まれつきの性質。本性。「自性」と漢訳。
anudgrahā < anudgrahā- < an-udgraha-：*adj.* 心の囚われがない。*f. sg. Nom.*
udgraha- < ud-√grah- (9) + -a：*m.* 「取」「受」「貪著」と漢訳。
bodhir < bodhiḥ + 有声音 < bodhi-：*f.* 覚り。「菩提」と音写。*sg. Nom.*
adhyālambana-vigatā < adhyālambana-vigatā- < adhyālambana-vigata-：*adj.* 対象をとらえることを離れている。〔認識の対象としての〕縁を離れている。*f. sg. Nom.*
adhyālambana- < adhyālambaya- + -ana- < adhi-ā-√lamb- (1) + -aya + -ana：*n.* 対象をとらえること。「縁」「得」「欲得」「逮得」「求」「観」「余思」「思念」と漢訳。
adhyālambaya- < adhi-ā-√lamb- (1) + -aya：*Caus.* 取らせる。会得させる。
adhi-ā-√lamb- (1)：「取る」「採取」「接」と漢訳。
nirnānātvā < nirnānātvā- < nir-nānātva-：*adj.* 多様性がない。差別がない。
nānātva- < nānā-tva-：*n.* 相違。多様性。「異」「各異」「差別」「種種」と漢訳。
bodhiḥ < bodhiḥ + (s) < bodhi-：*f.* 覚り。「菩提」と音写。*sg. Nom.*
sarva-dharma-samatâvabodhatvād < sarva-dharma-samatâvabodhatvāt + 母音 < sarva-dharma-samatâvabodhatva- < sarva-dharma-samatā-avabodhatva-：*n.* あらゆるものごとが平等であると覚ること。*sg. Abl.*
sarva-：*adj.* 一切の。すべての。
dharma-samatā-：*f.* あらゆるものごとが平等であること。「法等」「法平等」「法平等性」「於一切法得平等解」と漢訳。
dharma-：*m.* 確定した秩序。慣例。習慣。法則。規則。義務。宗教。教説。性質。本質。属性。特質。事物。法。
samatā- < sama- + -tā：*f.* ～（具格、属格）との平等性・同一性。平等であること。公平であること。
avabodhatva- < avabodha-tva-：*n.* 醒めること。理解すること。
avabodha- < ava-√budh- (4) + -a：*m.* 醒めること。知覚。認知。
ava-√budh- (4)：目覚める。知覚する。注目する。知る。理解する。
anupamā < anupamā- < anupama- < an-upama-：*adj.* 比較すべからざる。「無比」と漢訳。*f. sg. Nom.*
upama- < upamā- < upa-√mā- (2,3) + -ā：*f.* 比較。類似。等しいこと。譬喩。*adj.* 等しい。類似の。似ている。
bodhir < bodhiḥ + 有声音 < bodhi-：*f.* 覚り。「菩提」と音写。*sg. Nom.*
upamôpanyāsa-vigatā < upamôpanyāsa-vigatā- < upama-upanyāsa-vigata-：*adj.* 譬喩による説明を離れている。*f. sg. Nom.*
upama- < upamā- < upa-√mā- (2,3) + -ā：*f.* 比較。類似。等しいこと。譬喩。*adj.* 等しい。類似の。似ている。
upanyāsa- < upa-ni-√as- (4) + -a：*adj.* （必需品を）得る。*m.* 添付。取得。付記。告示。暗示。陳述。宣言。説明。

upa-ni-√as- (4)：横たえる。詳説する。論ずる。

√as- (4)：投げる。射る。放棄する。遺棄する。

vigata- < vi-gata- < vi-√gam- (1) + -ta：*pp.* 散った。去った。消滅した。「離」「除」「棄」「遠離」「断除」と漢訳。

sūkṣmā < sūkṣmā- < sūkṣma-：*adj.* 微妙な。微細な。小さい。鋭敏な。*f. sg. Nom.*

bodhir < bodhiḥ + 有声音 < bodhi-：*f.* 覚り。「菩提」と音写。*sg. Nom.*

duranubodhatvāt < duranubodhatva- < duranubodha-tva-：*n.* 知りがたいこと。*sg. Abl.*

duranubodha- < dur-anu-√budh- (4) + -a ：*adj.* 知り難い。「難解」「難入」「難悟」「難知」と漢訳。

anubodha- < anu-√budh- (4) + -a：*m.* 注意。知覚。回想。「知」「了知」「覚知」「悟」「悟解」と漢訳。

anu-√budh- (4)：気付く。学ぶ。考慮する。留意する。「覚」「覚知」と漢訳。

sarvatrânugatā < sarvatrânugatā- < sarvatra-anugata-：*adj.* あらゆるものに行きわたっている。「普遍」「遍行」「周遍」「遍至一切」「遍至一切処」と漢訳。*f. sg. Nom.*

sarvatra- < sarva-tra：*adv.* すべての点において。すべての場合に。

anugata- < anu-√gam- (1) + -ta：*pp.* ～に一致した。～に従った。模倣した。～に支配された。「随」「随順」と漢訳。

anu-√gam- (1)：従う。伴う。追う。近づく。達する。

bodhir < bodhiḥ + 有声音 < bodhi-：*f.* 覚り。「菩提」と音写。*sg. Nom.*

ākāśa-sva-bhāvatvāt < ākāśa-sva-bhāvatva- < ākāśa-sva-bhāva-tva-：*n.* 虚空のような固有の本性を持つこと。*sg. Abl.*

ākāśa-svabhāva-：*adj.* 虚空のような固有の本性を持つ。

ākāśa-：*m. n.* 虚空。蒼穹。「露地」「虚」「空」「虚空」「空界」「空地」と漢訳。

svabhāva- < sva-bhāva-：*m.* 〔自己に〕固有の在り方。生まれつきの性質。本性。「自性」と漢訳。

sā na śakyā kāyena vācā[17] cittenâbhisaṃboddhum /

(梵漢和維摩経 *p.* 146, *l.* 1)

「『それは、身体（身）によっても、言葉（口）によっても、心（意）によっても覚ることはできないのだ[18]』

【漢訳相当箇所無し】

…………………………………………………………………………

sā < tad-：それ。*f. sg. Nom.*

na：*ind.* ～でない。～にあらず。

śakyā < śakyā- < śakya- < √śak- (5) + -ya：*未受分,* ～（不定詞）が可能な。実行できる。*f. sg. Nom.*

kāyena < kāya-：*m.* 身体。集団。多数。集合。*sg. Ins.*

vācā < vāc-：*f.* 言葉。*sg. Ins.*

cittenâbhisaṃboddhum < cittena + abhisaṃboddhum

cittena < citta-：*n.* 心。思考。意思。知性。理性。「質多」と音写。*sg. Ins.*

abhisaṃboddhum < abhi-sam-√budh- (4) + -tum：*不定詞,* 全く目覚めること。

§53　iha bhagavan nirdeśe nirdiśyamāne tataḥ pariṣado dvayor devaputra-śatayor anutpattikeṣu dharmeṣu kṣānti-pratilambho 'bhūt /

(梵漢和維摩経 *p.* 146, *ll.* 2–3)

§53　「世尊よ、この説法がなされている時、その時、聴衆の中の二百人の神々の子（天子）たちに、〔何ものも〕生ずることはないという真理を認める知（無生法忍）の獲得がありました。

【§53　「世尊よ、維摩詰（ゆいまきつ）の是の法を説ける時、二百の天子は無生法忍（むしょうぼうにん）を得たり。】

（大正蔵、巻一四、五四二頁下）

---

iha：*adv.* ここに。今。この世に。地上に。

bhagavan < bhagavat-：*m.* 尊い（人）。「世尊」と漢訳。「婆伽婆」「薄伽梵」と音写。*sg. Voc.*

nirdeśe < nirdeśa- < nir-√diś- (6) + -a：*m.* 命令。指示。記述。「説」「所説」「説法」と漢訳。*sg. Loc.*

nirdiśyamāne < nirdiśyamāna- < nirdiśya- + -māna < nis-√diś- (6) + -ya + -māna：*Pass.* 支持される。決定される。宣言される。*現在分詞, m. sg. Loc.*

以上の処格は、絶対節をなしている。

tataḥ < tatas + (p)：*adv.* それより。そこに。そこにおいて。ゆえに。(tad- の奪格)。

pariṣado < pariṣadaḥ + 有声子音 < pari-ṣad-：*f.* 集会。聴衆。会議。「衆」「大衆」「衆会」「諸大衆」と漢訳。*sg. Gen.* 格変化については、「基礎」*p.* 119 の agni-math- を参考に。

dvayor < dvayoḥ + 有声音 < dvi-：*基数詞,* 二。*n. du. Gen.*

deva-putra-śatayor < deva-putra-śatayoḥ + 有声音 < deva-putra-śata-：*n.* 百の神々の子。*du. Gen.*

anutpattikeṣu < anutpattika- < anutpatti-ka-：*adj.* 「不生」「無生」と漢訳。*m. pl. Loc.*

anutpattika-dharma-kṣānti-：*f.* 〔何ものも〕生ずることはないという真理を認める知。「無生法忍」と漢訳。

dharmeṣu < dharma-：*m.* 確定した秩序。慣例。習慣。法則。規則。義務。宗教。教説。性質。本質。属性。特質。事物。法。*pl. Loc.*

kṣānti-pratilambho 'bhūt < kṣānti-pratilambhaḥ + abhūt

kṣānti-pratilambhaḥ < kṣānti-pratilambha-：*m.* 〔真理を〕認める知の獲得。*sg. Nom.*

kṣānti- < √kṣam- (1) + -ti：*f.* 堪えること。認めること。「忍」「忍辱」「堪忍」と漢訳。

pratilambha- < prati-√labh- (1) + -a：*m.* 獲得。取得。～の回復。

abhūt < √bhū- (1)：なる。*root-Aor. 3, sg. P.*

> ahaṃ ca niṣpratibhāno 'bhūvam /
>
> (梵漢和維摩経 *p.* 146, *ll.* 3–4)

「そして、私は黙り込んでしまいました。

【漢訳相当箇所なし】

---

ahaṃ < mad-：私。*1, sg. Nom.*

ca：*conj.* および。また。しかしながら。そして。～と。なお。

niṣpratibhāno 'bhūvam < niṣpratibhānaḥ + abhūvam

niṣpratibhānaḥ < niṣpratibhāna- < nis-pratibhāna-：*adj.* 臆病な。心の平静を欠いている。能弁ではない。「無弁才」と漢訳。*m. sg. Nom.*

abhūvam < √bhū- (1)：出現する。なる。生ずる。*root-Aor. 1, sg. P.*

> tan nâhaṃ bhagavann utsahe tasya sat-puruṣasya glāna-paripṛcchako gantum /
>
> (梵漢和維摩経 *p.* 146, *ll.* 4–5)

「それ故に、世尊よ、私は、その善き人（善士）の病気見舞いに行くことに耐えられません」

【「故に我、彼(かしこ)に詣(いた)りて疾(やまい)を問うに任(た)えず」と。】　　（大正蔵、巻一四、五四二頁下）

---

tan < tat + (n) < tad-：それ。*n. sg. Acc.*

代名詞の中性・対格／具格／奪格は、連結助詞として用いられ、「そこで」「従って」「このため」を意味する。

nâhaṃ < na + ahaṃ

na：*ind.* ～でない。～にあらず。

ahaṃ < mad-：私。*1, sg. Nom.*

bhagavann < bhagavan + 母音 < bhagavat-：*m.* 尊い（人）。「世尊」と漢訳。「婆伽婆」「薄伽梵」と音写。*sg. Voc.*
utsahe < utsaha- < ud-√sah- (1)：こらえる。耐える。～（不定詞）することができる。～する能力がある。*Pres. 1, sg. A.*
tasya < tad-：それ。*m. sg. Gen.*
sat-puruṣasya < sat-puruṣa-：*m.* 善き人。「善士」と漢訳。*sg. Gen.*
glāna-paripṛcchako < glāna-paripṛcchakaḥ + 有声子音 < glāna-paripṛcchaka-：*m.* 病についての質問（者）。「問病」と漢訳。*sg. Nom.*
gantum < √gam- (1) + -tum：*不定詞,* 行くこと。

§54　tatra bhagavān prabhāvyūhaṃ licchavi-kumāram āmantrayate sma /　gaccha tvaṃ sat-puruṣa vimalakīrter licchaver glāna-paripṛcchakaḥ /

（梵漢和維摩経 *p.* 146, *ll.* 6–7）

§54　そこで、世尊は、リッチャヴィ族の若者プラバーヴューハ（光厳）におっしゃられた。
「善き人（善士）よ、あなたは、リッチャヴィ族のヴィマラキールティの病気見舞いに行くがよい」
【§54　仏は光厳童子に告げたまえり。「汝、維摩詰に行詣して疾を問え」】

（大正蔵、巻一四、五四二頁下）

………………………………………………………………………

tatra：*adv.* そこに。そこへ。かしこに。その時に。その場合に。
bhagavān < bhagavat-：*m.* 尊い（人）。世尊。「婆伽婆」「薄伽梵」と音写。*sg. Nom.*
prabhāvyūhaṃ < prabhā-vyūha-：*m.* プラバーヴューハ。光明による荘厳を持つもの。光明によって荘厳されている。*sg. Acc.*
　prabhā-：*f.* 輝き出ること。光輝。光。「光明」「放光」と漢訳。
　vyūha- < √vyūh- + -a：*m.* 分配。配置。戦陣。集合。群集。集団。「荘厳」「厳」と漢訳。
licchavi-kumāram < licchavi-kumāraka-：*m.* リッチャヴィ族の若者。「梨車毘童子」と音写。*sg. Acc.*
āmantrayate < āmantraya- < ā-√mantraya- (名動詞)：語りかける。「告」「告言」「白言」と漢訳。*Pres. 3, sg. A.*
sma：*ind.* 実に。sma は現在形とともに用いられて、過去の意味を表わす（歴史的現在）。

………………………………………………………………………

gaccha < gaccha- < √gam- (1)：行く。経過する。～（対格、為格、処格）に赴く。近づく。達する。*Impv. 2, sg. P.*
tvaṃ < tvad-：あなた。*2, sg. Nom.*
sat-puruṣa < sat-puruṣa-：*m.* 善き人。「善士」と漢訳。*sg. Voc.*
vimalakīrter < vimalakīrteḥ + 有声音 < vimalakīrti- < vimala-kīrti-：*m.* ヴィマラキールティ。汚れのない名声を持つ（もの）。「維摩詰」「維摩」と音写。「浄名」「無垢称」と漢訳。*sg. Gen.*
licchaver < licchaveḥ + 有声音 < licchavi-：*m.* リッチャヴィ。「離車子」「栗姑毘」と音写。*sg. Gen.*
glāna-paripṛcchakaḥ < glāna-paripṛcchaka-：*m.* 病についての質問（者）。「問病」と漢訳。*sg. Nom.*

prabhāvyūho 'py āha /　nâhaṃ bhagavann utsahe tasya sat-puruṣasya glāna-paripṛcchako gantum /

（梵漢和維摩経 *p.* 146, *ll.* 8–9）

プラバーヴューハもまた、言った。
「世尊よ、私は、その善き人（善士）の病気見舞いに行くことに耐えられません。
【光厳は仏に白して言さく、「世尊よ、我、彼に詣りて疾を問うに堪任せず。】

（大正蔵、巻一四、五四二頁下）

………………………………………………………………………

prabhāvyūho 'py < prabhāvyūhaḥ + apy

prabhāvyūhaḥ < prabhāvyūha- < prabhā-vyūha-：*m.* プラバーヴューハ。光明による荘厳を持つもの。光明によって荘厳されている。*sg. Nom.*

apy < api + 母音：*adv.* また。さえも。されど。なお。

āha < √ah-：言う。*Perf. 3, sg. P.*

……………………………………………………………………

nâhaṃ < na + ahaṃ

na：*ind.* 〜でない。〜にあらず。

ahaṃ < mad-：私。*1, sg. Nom.*

bhagavann < bhagavan + 母音 < bhagavat-：*m.* 尊い（人)。「世尊」と漢訳。「婆伽婆」「薄伽梵」と音写。*sg. Voc.*

utsahe < utsaha- < ud-√sah- (1)：こらえる。耐える。〜（不定詞）することができる。〜する能力がある。*Pres. 1, sg. A.*

tasya < tad-：それ。*m. sg. Gen.*

sat-puruṣasya < sat-puruṣa-：*m.* 善き人。「善士」と漢訳。*sg. Gen.*

glāna-paripṛcchako < glāna-paripṛcchakaḥ + 有声子音 < glāna-paripṛcchaka-：*m.* 病についての質問（者)。「問病」と漢訳。*sg. Nom.*

gantum < √gam- (1) + -tum：*不定詞,* 行くこと。

> tat kasmād dhetoḥ /
>
> （梵漢和維摩経 *p.* 146, *l.* 9）

「それは、どんな理由からでしょうか。

【「所以は何んとなれば、】　　　　（大正蔵、巻一四、五四二頁下）

……………………………………………………………………

tat < tad-：それ。*n. sg. Nom.*

kasmād dhetoḥ < kasmāt + hetoḥ

連声法は、cf.「基礎」*p.* 63.

kasmāt < kim-：*疑問詞,* だれ。何。どんな。どの。*m. sg. Abl.*

hetoḥ < hetu-：*m.* 理由。原因。因。*sg. Abl.*

奪格は、動機、原因、理由を表わす。cf.「シンタックス」*p.* 58.

> abhijānāmy ahaṃ bhagavann ekasmin samaye bhagavan vaiśālyā mahā-nagaryā niṣkramāmi /
>
> （梵漢和維摩経 *p.* 146, *ll.* 10–11）

「世尊よ、私は、思い出します。世尊よ、ある時、私は、ヴァイシャーリーの大都城から出ました。

【「憶念するに、我、昔、毘耶離大城より出でたり。】　　　　（大正蔵、巻一四、五四二頁下）

……………………………………………………………………

abhijānāmy < abhijānāmi + 母音 < abhijānā- < abhi-√jñā- (9)：了解する。悟る。知る。〜（対格）を…（対格）と認める。記憶する。*Pres. 1, sg. P.*

ahaṃ < mad-：私。*1, sg. Nom.*

bhagavann < bhagavan + 母音 < bhagavat-：*m.* 尊い（人)。「世尊」と漢訳。「婆伽婆」「薄伽梵」と音写。*sg. Voc.*

ekasmin < eka-：*基数詞,* 一。*adj.* ある。*m. sg. Loc.*

samaye < samaya-：*m.* 会合の場所。時間。好機。機会。*sg. Loc.*

bhagavan < bhagavat-：*m.* 尊い（人)。「世尊」と漢訳。「婆伽婆」「薄伽梵」と音写。*sg. Voc.*

vaiśālyā < vaiśālyāḥ + 有声音 < vaiśālī-：*f.* ヴァイシャーリー（Viśāla 国の王が建設した町の名前)。「毘舎離」「毘耶離」「吠舎離」と音写。*sg. Abl.*

mahā-nagaryā < mahā-nagaryāḥ + 有声音 < mahā-nagarī-：*f.* 大都市。*sg. Abl.*

niṣkramāmi < niṣkrama- < nis-√kram- (1)：〜（奪格）から出て行く。〜より去る。出発する。出

家する。*Pres. 1, sg. P.*

vimalakīrtiś ca licchaviḥ praviśati /
(梵漢和維摩経 *p.* 146, *l.* 11)

「そして、リッチャヴィ族のヴィマラキールティが、〔ヴァイシャーリーの大都城に〕入ろうとしました。
【「時に維摩詰、方に城に入らんとせり。】　（大正蔵、巻一四、五四二頁下）

……………………………………………………………………………

vimalakīrtiś < vimalakīrtiḥ + (c) < vimalakīrti- < vimala-kīrti-：*m.* ヴィマラキールティ。汚れのない名声を持つ（もの）。「維摩詰」「維摩」と音写。「浄名」「無垢称」と漢訳。*sg. Nom.*
ca：*conj.* および。また。しかしながら。そして。～と。なお。
licchaviḥ < licchaviḥ + (p) < licchavi-：*m.* リッチャヴィ。「離車子」「栗姑毘」と音写。*sg. Nom.*
praviśati < praviśa- < pra-√viś- (6)：入る。近づく。誘い込む。導入する。*Pres. 3, sg. P.*
現在形には意志や、近未来を示すことがある。cf.「シンタックス」*p.* 83.

so 'haṃ tam abhivādyâivam avocam /　kutas tvaṃ gṛhapata āgacchasîti[19] /
(梵漢和維摩経 *p.* 146, *ll.* 11–12)

「その私は、その〔ヴィマラキールティ〕に挨拶して、このように言いました[20]。
『資産家（居士）よ、あなたはどこから来られたのですか？』と。
【「我、即ち為に礼を作して、問うて言わく、『居士よ、何れの所より来たる』と。】
（大正蔵、巻一四、五四二頁下）

……………………………………………………………………………

so 'haṃ < saḥ + ahaṃ
saḥ < tad-：それ。*m. sg. Nom.*
ahaṃ < mad-：私。*1, sg. Nom.*
tam < tad-：それ。*m. sg. Acc.*
abhivādyâivam < abhivādya + evam
abhivādya < abhivādaya- + -ya < abhi-√vad- (1) + -aya + -ya：*Caus.* 言葉をかける。挨拶する。うやうやしく挨拶する。*Ger.*
abhi-√vad- (1)：話しかける。挨拶する。
evam：*adv.* このように。「是」「如是」と漢訳。
avocam < avoca- < a- + va-+ uc- + -a < √vac- (2)：言う。話す。告げる。*重複 Aor, 1, sg. P.*

……………………………………………………………………………

kutas：*adv.* だれより。どこより。いずこへ。何ゆえに。
tvaṃ < tvad-：あなた。*2, sg. Nom.*
gṛhapata < gṛhapate + a 以外の母音 < gṛhapati- < gṛha-pati-：*m.* 資産家。「家長」「居士」「長者」「在家」と漢訳。*sg. Voc.*
āgacchasîti < āgacchasi + iti
āgacchasi < āgaccha- < ā-√gam- (1)：来る。*Pres. 2, sg. P.*
iti：*adv.* ～と。～ということを。以上のように。～と考えて。「如是」と漢訳。

sa mām evam āha /　āgacchāmi bodhi-maṇḍād iti /
(梵漢和維摩経 *p.* 146, *l.* 13)

「その〔ヴィマラキールティ〕が、私にこのように言いました。
『私は、覚り（菩提）の座から来たのだ』と。
【我に答えて言わく、『吾、道場より来たる』と。】　（大正蔵、巻一四、五四二頁下）

……………………………………………………………………

sa < saḥ < tad-：それ。*m. sg. Nom.*
mām < mad-：私。*1, sg. Acc.*
evam：*adv.* このように。「是」「如是」と漢訳。
āha < √ah-：言う。*Perf. 3, sg. P.*

……………………………………………………………………

āgacchāmi < āgaccha- < ā-√gam- (1)：来る。*Pres. 1, sg. P.*
bodhi-maṇḍād < bodhi-maṇḍāt + 母音 < bodhi-maṇḍa-：*m.* 開悟の座。覚りの場。「道場」「菩提座」「菩提場」と漢訳。*sg. Abl.*
iti：*adv.* ～と。～ということを。以上のように。～と考えて。「如是」と漢訳。

> tam aham etad avocam / bodhi-maṇḍa iti kasyâitan nāma /
> (梵漢和維摩経 *p.* 146, *l.* 14)

「私は、その〔ヴィマラキールティ〕にこのように言いました。
『覚りの座とは、これは何の名前でしょうか？』
【「我は問えり、『道場とは何の所か是れなる』と。】　（大正蔵、巻一四、五四二頁下）

……………………………………………………………………

tam < tad-：それ。*m. sg. Acc.*
aham < mad-：私。*1, sg. Nom.*
etad < etat + 母音 < etad-：これ。*n. sg. Acc.* 対格の副詞的用法で「このように」の意味。
avocam < avoca- < a- + va-+ uc- + -a < √vac- (2)：言う。話す。告げる。*重複 Aor. 1, sg. P.*

……………………………………………………………………

bodhi-maṇḍa < bodhi-maṇḍaḥ + a 以外の母音 < bodhi-maṇḍa-：*m.* 開悟の座。覚りの場。「道場」「菩提座」「菩提場」と漢訳。*sg. Nom.*
iti：*adv.* ～と。～ということを。以上のように。～と考えて。「如是」と漢訳。*sg. Nom.*
kasyâitan < kasya + etan
　kasya < kim-：だれ。何。どんな。どの。*n. sg. Gen.*
　etan < etat + (n) < etad-：これ。*n. sg. Nom.*
nāma：*n.* 名の。*sg. Nom.*

> sa mām etad avocat /
> (梵漢和維摩経 *p.* 146, *l.* 15)

「その〔ヴィマラキールティ〕は、私にこのように言いました。
【「答えて曰（いわ）く、】　（大正蔵、巻一四、五四二頁下）

……………………………………………………………………

sa < saḥ < tad-：それ。*m. sg. Nom.*
mām < mad-：私。*1, sg. Acc.*
etad < etat + 母音 < etad-：これ。*n. sg. Acc.* 対格の副詞的用法で「このように」の意味。
avocat < avoca- < a- + va-+ uc- + -a < √vac- (2)：言う。話す。告げる。*重複 Aor. 3, sg. P.*

> §55 bodhi-maṇḍa iti kula-putrâśaya-maṇḍa eṣo 'kṛtrimatayā prayoga-maṇḍa eṣa ārambhôttāra=ṇatayâdhyāśaya-maṇḍa eṣa viśeṣâdhigamatayā bodhi-citta-maṇḍa eṣo 'sampramoṣaṇatayā
> (梵漢和維摩経 *p.* 146, *ll.* 16–18)

§55　「『良家の息子よ、覚りの座ということ、これは、偽りのないことで、意向という座である。行ないを完成するもので、これは、実行という座である。卓越した〔覚りを〕完成するもので、これは高潔な心という座である。忘れることがないことで、これは覚りを求める心（菩提心）という座である。

【§55 「『直心、是れ道場なり、虚仮無きが故に。発行、是れ道場なり、能く事を弁ずるが故に。深心、是れ道場なり、功徳を増益するが故に。菩提心、是れ道場なり、錯謬無きが故に。】

（大正蔵、巻一四、五四二頁下）

……………………………………………………………………

bodhi-maṇḍa < bodhi-maṇḍaḥ + a 以外の母音 < bodhi-maṇḍa-：*m.* 開悟の座。覚りの場。「道場」「菩提座」「菩提場」と漢訳。*sg. Nom.*

iti：*adv.* ～と。～ということを。以上のように。～と考えて。「如是」と漢訳。

kula-putrâśaya-maṇḍa < kula-putra + āśaya-maṇḍa

kula-putra < kula-putra-：*m.* 良家の息子。「善男子」と漢訳。*sg. Voc.*

āśaya-maṇḍa < āśaya-maṇḍaḥ + a 以外の母音 < āśaya-maṇḍa-：*m.* 意向という座。*sg. Nom.*

āśaya- < ā-√śī- (2) + -a-：*m.* 休息所。場所。考え。意向。思想。「意楽」「楽欲」と漢訳。

eṣo 'kṛtrimatayā < eṣaḥ + akṛtrimatayā

eṣaḥ < etad-：これ。*m. sg. Nom.*

代名詞 saḥ と eṣaḥ は、連声において次のような変化をする。cf.「基礎」*p.* 61.

①saḥ と eṣaḥ が文末に来るときは無変化。

②saḥ + a～ > so '～

eṣaḥ + a～ > eṣo '～

③saḥ + a 以外のすべての音 > sa a 以外のすべての音

eṣaḥ + a 以外のすべての音 > eṣa + a 以外のすべての音

akṛtrimatayā < akṛtrimatā- < akṛtrima-tā-：*f.* 偽りのないこと。「無作」と漢訳。*sg. Ins.*

akṛtrima- < a-kṛtrima-：*adj.* 偽りのない。人為的でない。自然な。「無作」「無虚」「真実」と漢訳。

prayoga-maṇḍa < prayoga-maṇḍaḥ + a 以外の母音 < prayoga-maṇḍa-：*m.* 実行という座。*sg. Nom.*

prayoga- < pra-√yuj- (7) + -a：*m.* 実行すること。結合。利子を取って貸すこと。精神を傾注すること。

pra-√yuj- (7)：軛を付ける。実行する。（利息のために）貸す。～（処格）に貸し付ける。～（処格）に精神を傾注する。

eṣa < eṣaḥ + a 以外の音 < etad-：これ。*m. sg. Nom.*

連声については、cf.「基礎」*p.* 61.

ārambhôttāraṇatayâdhyāśaya-maṇḍa < ārambhôttāraṇatayā + adhyāśaya-maṇḍa

ārambhôttāraṇatayā < ārambhôttāraṇatā- < ārambha-uttāraṇa-tā-：*f.* 行ないの完成。*sg. Ins.*

ārambha-：*m.* 着手。企図。開始。「発起」「発動」「修」「行」「所作」「勤労」と漢訳。

uttāraṇa- < ud-√tṝ- (1) + -ana：*adj.* 横切る。救助する。済度する。*n.* 救助。済度。上陸すること。強めること。

ud-√tṝ- (1)：～（奪格）から出で来る。現われる。横切って越える。克服する。強める。増す。

adhyāśaya-maṇḍa < adhyāśaya-maṇḍaḥ + a 以外の母音 < adhyāśaya-maṇḍa-：*m.* 高潔な心という座。*sg. Nom.*

adhyāśaya- < adhi-āśaya-：*m.* 意向。欲望。願望。傾向。高潔な心。

eṣa < eṣaḥ + a 以外の音 < etad-：これ。*m. sg. Nom.*

viśeṣâdhigamatayā < viśeṣâdhigamatā- < viśeṣa-adhigama-tā-：*f.* 卓越した到達。*sg. Ins.*

viśeṣa- < vi-√śiṣ- (7) + -a：*m.* ～の間の差異。特徴的な差異。特異性。特別の性質。卓越。優秀。「増益」と漢訳。

adhigama- < adhi-√gam- (1) + -a：*m.* 到達。上達。利。利益。

bodhi-citta-maṇḍa < bodhi-citta-maṇḍaḥ + a 以外の母音 < bodhi-citta-maṇḍa-：*m.* 覚りを求める心という座。*sg. Nom.*

eṣo 'saṃpramoṣaṇatayā < eṣaḥ + asaṃpramoṣaṇatayā

eṣaḥ < etad-：これ。*m. sg. Nom.*

asaṃpramoṣaṇatayā < asaṃpramoṣaṇatā- < a-saṃpramoṣaṇa-tā-：*f.* 忘れないこと。*sg. Ins.*

saṃpramoṣaṇa- < sam-pra-√muṣ- (1) + -ana：*n.* 忘れ去ること。

sam-pra-√muṣ- (1)：「忘失」と漢訳。

§56 dāna-maṇḍa eṣa vipākâpratikāṅkṣaṇatayā śīla-maṇḍa eṣa praṇidhāna-paripūraṇatayā kṣānti-maṇḍa eṣa sarva-sattvâpratihata-cittatayā vīrya-maṇḍa eṣo ’vinivartanatayā dhyāna-maṇḍa eṣa citta-karmaṇyatayā prajñā-maṇḍa eṣa pratyakṣa-darśitayā /

(梵漢和維摩経 *p.* 146, *ll.* 19–20, *p.* 148, *ll.* 1–3)

§56 「『果報を期待しないことで、これは布施という座である。誓願を満足させることで、これは持戒という座である。あらゆる衆生と衝突することのない心を持つことで、これは忍耐（忍辱）という座である。不退転であることで、これは努力精進という座である。心が勤勉であることで、これは禅定という座である。〔ものごとを〕目の当たりに〔明瞭に〕見ることで、これは智慧という座である。

【§56 「『布施、是れ道場なり、報を望まざるが故に。持戒、是れ道場なり、願の具を得るが故に。忍辱、是れ道場なり、諸の衆生に於いて心無礙なるが故に。精進、是れ道場なり、懈退せざるが故に。禅定、是れ道場なり、心調柔なるが故に。智慧、是れ道場なり、現に諸法を見るが故に。】

（大正蔵、巻一四、五四二頁下）

…………………………………………………………………………

dāna-maṇḍa < dāna-maṇḍaḥ + a 以外の母音 < dāna-maṇḍa-：*m.* 布施という座。*sg. Nom.*

eṣa < eṣaḥ < etad-：これ。*m. sg. Nom.*

vipākâpratikāṅkṣaṇatayā < vipākâpratikāṅkṣaṇatā- < vipāka-apratikāṅkṣaṇa-tā-：*f.* 果報を期待しないこと。*sg. Ins.* 理由・原因・動機を示す具格。

vipāka- < vi-√pac- (1) + -a：*m.* 熟すること。〔行為の結果が〕成熟すること。結果。「果報」と漢訳。

apratikāṅkṣaṇa- < a-pratikāṅkṣaṇa-：*n.* 願望しなこと。期待しないこと。

pratikāṅkṣaṇa- < prati-√kāṅkṣ- (1) + -ana：*n.* 願望。期待。「疑惑」と漢訳。

śīla-maṇḍa < śīla-maṇḍaḥ + a 以外の母音 < śīla-maṇḍa-：*m.* 持戒という座。*sg. Nom.*

eṣa < eṣaḥ < etad-：これ。*m. sg. Nom.*

praṇidhāna-paripūraṇatayā < praṇidhāna-paripūraṇatā- < praṇidhāna-paripūraṇa-tā-：*f.* 誓願を満足させること。*sg. Ins.*

praṇidhāna- < pra-ni-√dhā- (3) + -ana：*n.* 適用。使用。勉強。勤勉。「熱望」「誓願」と漢訳。

paripūraṇa- < pari-√pṝ- (3,6) + -ana：*n.* 満たすこと。完成すること。満足させること。

kṣānti-maṇḍa < kṣānti-maṇḍaḥ + a 以外の母音 < kṣānti-maṇḍa-：*m.* 忍耐という座。*sg. Nom.*

kṣānti- < √kṣam- (1) + -ti：*f.* 堪えること。認めること。「忍」「忍辱」「堪忍」と漢訳。

√kṣam- (1)：忍耐する。堪える。忍ぶ。

eṣa < eṣaḥ < etad-：これ。*m. sg. Nom.*

sarva-sattvâpratihata-cittatayā < sarva-sattvâpratihata-cittatā- < sarva-sattva-apratihata-citta-tā-：*f.* あらゆる衆生に衝突することのない心を持つこと。*sg. Ins.*

sarva-sattva-：*m.* すべての衆生。「一切衆生」と漢訳。

apratihata- < a-pratihata-：*m.* 〜に衝突しない。妨害されない。

pratihata- < prati-√han- (2) + -ta-：*pp.* 〜に衝突した。〜（処格）にぶつかった。跳ね返された。撃退された。抑制された。妨害された。

citta- < √cit- (1) + -ta：*n.* (*pp.*) 注意。思考。思想。目的。意志。精神。心。知性。理性。識。心。意。質多。

vīrya-maṇḍa < vīrya-maṇḍaḥ + a 以外の母音 < vīrya-maṇḍa-：*m.* 努力精進という座。*sg. Nom.*

vīrya-：*n.* 男らしさ。勇気。力。能力。英雄的な行為。「勤」「精進」「勇健」「勇猛」「強健」と漢訳。

eṣo 'vinivartanatayā < eṣaḥ + avinivartanatayā
eṣaḥ < etad-：これ。*m. sg. Nom.*
avinivartanatayā < avinivartanatā- < a-vinivartana-tā-：*f.* 不退転であること。*sg. Ins.*
vinivartana- < vi-ni-√vṛt- (1) + -ana：*n.* 帰還。中止。「退転」と漢訳。
dhyāna-maṇḍa < dhyāna-maṇḍaḥ + a 以外の母音 < dhyāna-maṇḍa-：*m.* 禅定という座。*sg. Nom.*
dhyāna- < √dhyai- (1) + -ana：*n.* 静慮。「定」と漢訳。「禅」「禅定」と音写。
eṣa < eṣaḥ < etad-：これ。*m. sg. Nom.*
citta-karmaṇyatayā < citta-karmaṇyatā- < citta-karmaṇya-tā-：*f.* 心が勤勉であること。「心調柔」「心得堪能」。*sg. Ins.*
citta- < √cit- (1) + -ta：*n.* (*pp.*) 注意。思考。思想。目的。意志。精神。心。知性。理性。識。心。意。質多。
karmaṇya-：*adj.* 老巧な。勤勉な。「堪能」
prajñā-maṇḍa < prajñā-maṇḍaḥ + a 以外の母音 < prajñā-maṇḍa-：*m.* 智慧という座。*sg. Nom.*
eṣa < eṣaḥ < etad-：これ。*m. sg. Nom.*
praty-akṣa-darśitayā < praty-akṣa-darśitā-：*f.* 目の当たりに〔明瞭に〕見ること。*sg. Ins.*
praty-akṣa- < prati-akṣa-：*adj.* 眼前にある。一目瞭然の。明瞭な。
darśitā- < darśin- + -tā：*f.* 見ること。これでいいか疑問は残る。
darśin- < √dṛś- (1) + -in：*adj.* 見る。
darśita- < darśaya- + -ta < √dṛś- (1) + -aya + -ta：*Caus. pp.*「顕示」「顕現」と漢訳。
darśitā- は、√dṛś- (1) の使役・過去受動分詞の女性形と考えられないこともないが、複合語として用いるのに女性形にする必要はないので、それは否定される。

§57 maitrī-maṇḍa eṣa sarva-sattva-sama-cittatayā karuṇā-maṇḍa eṣa kheda-sahiṣṇutayā muditā-maṇḍa eṣa dharmârāma-rati-ratatayôpekṣā-maṇḍa eṣo 'nunaya-pratigha-prahāṇatayā /
（梵漢和維摩経 *p.* 148, *ll.* 4–6）

§57 「『あらゆる衆生に対して平等な心を持っていることで、これは慈しみ（慈）という座である。悲嘆に耐えることで、これは憐れみ（悲）という座である。真理の教え（法）の園林（おんりん）の喜びに歓喜することで、これは喜び（喜）という座である。愛執と憎悪を断じていることで、これは〔偏りのない〕平等観（捨）という座である。
【§57 「『慈、是れ道場なり、衆生に等しきが故に。悲、是れ道場なり、疲苦を忍ぶが故に。喜、是れ道場なり、法を悦楽するが故に。捨、是れ道場なり、憎愛断ずるが故に。】
（大正蔵、巻一四、五四二頁下）
……………………………………………………………………

maitrī-maṇḍa < maitrī-maṇḍaḥ + a 以外の母音 < maitrī-maṇḍa-：*m.* 慈しみ（慈）という座。*sg. Nom.*
maitrī-：*f.* 好意。友情。親交。「慈」「慈念」と漢訳。
eṣa < eṣaḥ < etad-：これ。*m. sg. Nom.*
sarva-sattva-sama-cittatayā < sarva-sattva-sama-cittatā-：*f.* あらゆる衆生に対して平等な心を持っていること。*sg. Ins.*
sarva-sattva-：*m.* すべての衆生。「一切衆生」と漢訳。
sama-cittatā- < sama-citta-tā-：*f.* 平等な心を持っていること。
sama-citta-：*f.* 平等な心を持っている。「等心」「心平等」と漢訳。
sama-：*adj.* 平らな。～（具格、属格）と等しい。
citta- < √cit- (1) + -ta：*n.* (*pp.*) 注意。思考。思想。目的。意志。精神。心。知性。理性。識。心。意。質多。
karuṇā-maṇḍa < karuṇā-maṇḍaḥ + a 以外の母音 < karuṇā-maṇḍa-：*m.* 憐れみ（悲）という座。*sg. Nom.*
eṣa < eṣaḥ < etad-：これ。*m. sg. Nom.*

kheda-sahiṣṇutayā < kheda-sahiṣṇutā-：*f.* 悲嘆に耐えること。*sg. Ins.*
　kheda-：*m.* 圧迫。困難。苦労。意気沮喪。倦怠。悲歎。苦悩。〜（属格）の煩悶。
　sahiṣṇutā-：*f.* 耐えること。
　sahiṣṇu-：*adj.* 〜（対格、属格）に耐える。こらえる。忍従する。忍耐強い。
muditā-maṇḍa < muditā-maṇḍaḥ + a 以外の母音 < muditā-maṇḍa-：*m.* 喜び（喜）という座。*sg. Nom.*
eṣa < eṣaḥ < etad-：これ。*m. sg. Nom.*
dharmârāma-rati-ratatayôpekṣā-maṇḍa < dharmârāma-rati-ratatayā + upekṣā-maṇḍa
　dharmârāma-rati-ratatayā < dharmârāma-rati-ratatā- < dharma-ārāma-rati-rata-tā-：*f.* 真理の教え（法）の園林の喜びに満足すること。*sg. Ins.*
　dharma-：*m.* 確定した秩序。慣例。習慣。法則。規則。義務。宗教。教説。性質。本質。属性。特質。事物。法。
　ārāma-：*m.* 歓喜。快楽。庭園。果樹園。「喜」「楽」「苑」「園」「園林」「共喜園」と漢訳。
　rati- < √ram- (1) + -ti：*f.* 休息。快楽。満足。「楽」「愛楽」「歓喜」と漢訳。
　rata- < √ram- (1) + -ta：*pp.* 喜んだ。満足した。〜を喜んだ。〜に耽った。「楽」「可楽」と漢訳。
　upekṣā-maṇḍa < upekṣā-maṇḍaḥ + a 以外の母音 < upekṣā-maṇḍa-：*m.* 平等観（捨）という座。*sg. Nom.*
　upekṣā-：*f.* 看過。無頓着。怠慢。平等観。「捨」と漢訳。
eṣo 'nunaya-pratigha-prahāṇatayā < eṣaḥ + anunaya-pratigha-prahāṇatayā
　eṣaḥ < etad-：これ。*m. sg. Nom.*
　anunaya-pratigha-prahāṇatayā < anunaya-pratigha-prahāṇatā- < anunaya-pratigha-pra=hāṇa-tā-：*f.* 愛執と憎悪を断じていること。*sg. Ins.*
　anunaya- < anu-√nī- (1) + -a：*adj.* 親しい。*m.* 和合。親愛。礼儀。「愛執」「著」「愛欲」「愛着」と漢訳。
　pratigha-：*m.* 障害。抵抗。妨害。激怒。憤怒。憎悪。
　prahāṇa- < pra-√hā- (3) + -ana：*n.* 放棄。回避。「断」「断除」「断尽」「段滅」と漢訳。

§58　abhijñā-maṇḍa eṣa ṣaḍ-abhijñatayā vimokṣa-maṇḍa eṣo 'kalpanatayôpāya-maṇḍa eṣa sattva-paripācanatayā saṃgraha-vastu-maṇḍa eṣa sarva-sattva-saṃgrahaṇatayā śruta-maṇḍa eṣa prati=patti-sārakatvān nidhyapti-maṇḍa eṣa yoniśaḥ-pratyavekṣaṇatayā bodhi-pakṣya-dharma-maṇḍa eṣa saṃskṛtâsaṃskṛtôtsarjanatayā satya-maṇḍa eṣa sarva-lokâvisaṃvādanatayā pratītya-samut=pāda-maṇḍa eṣo 'vidyâsrava-kṣayatayā yāvaj jarā-maraṇâsrava-kṣayatayā sarva-kleśa-praśamana-maṇḍa eṣa yathā-bhūtâbhisaṃbodhanatayā /
（梵漢和維摩経 *p.* 148, *ll.* 7–14）

§58　「『六種の神通を具えていることで、これは神通という座である。妄想分別のないことで、これは解脱という座である。衆生を成熟させることで、これは方便という座である。あらゆる衆生を包摂することで、これは〔衆生を〕包容して救うための〔四つの〕ことがら（四摂法）という座である。理解がしっかりしていることから、これは〔聞いて〕学ぶことという座である。理にかなって観察することで、これは〔心の〕洞察という座である。有為と無為を放棄していることで、これは覚りを助ける〔三十七の修行〕法（三十七助道法）という座である。あらゆる世間〔の人々〕を欺かないことで、これは〔四つの聖なる〕真理（四聖諦）という座である。無知（無明）から老・死に至るまでの煩悩の流出（漏）がなくなっていることで、これは〔十二支〕縁起という座である。あるがままの真理を完全に覚っていることで、これはすべての煩悩の鎮静という座である。

【§58　「『神通、是れ道場なり、六通を成就するが故に。解脱、是れ道場なり、能(よ)く背捨するが故に。方便、是れ道場なり、衆生を教化するが故に。四摂(ししょう)、是れ道場なり、衆生を摂するが故に。多聞(たもん)、是れ道場なり、聞の如くに行ずるが故に。伏心、是れ道場なり、正しく諸法を観ずるが故に。三十七品、是れ道場なり、有為(うい)の法を捨するが故に。諦、是れ道場なり、世間を誑(あざむ)かざるが故に。縁起、

是れ道場なり、無明、乃至、老死皆、無尽なるが故に。諸煩悩、是れ道場なり、如実に知るが故に。】

（大正蔵、巻一四、五四二頁）

……………………………………………………………………

abhijñā-maṇḍa < abhijñā-maṇḍaḥ + a 以外の母音 < abhijñā-maṇḍa-：*m.* 神通という座。*sg. Nom.*

abhijñā- < abhi-√jñā- (9) + -ā：*f.* 記憶。思い出。「通」「神通」「慧」「神力」と漢訳。

eṣa < eṣaḥ < etad-：これ。*m. sg. Nom.*

ṣaḍ-abhijñatayā < ṣaḍ-abhijñatā- < ṣaḍ-abhijña-tā-：*f.* 六種の神通を具えていること。*sg. Ins.*

ṣaḍ-abhijña-：*adj.* 六種の神通を具えている。

vimokṣa-maṇḍa < vimokṣa-maṇḍaḥ + a 以外の母音 < vimokṣa-maṇḍa-：*m.* 解脱という座。*sg. Nom.*

vimokṣa-：*m.* 緩むこと。～からの解放。救済。「解脱」と漢訳。

eṣo 'kalpanatayôpāya-maṇḍa < eṣaḥ + akalpanatayā + upāya-maṇḍa

eṣaḥ < etad-：これ。*m. sg. Nom.*

akalpanatayā < akalpanatā- < a-kalpana-tā-：*f.* 妄分別のないこと。*sg. Ins.*

akalpana- < a-kalpana-：*adj.* 「離分別」「莫分別」と漢訳。

kalpanā- < √kḷp- (1) + -anā：*f.* 形成。製作。案出。虚構。仮説。「妄分別」

upāya-maṇḍa < upāya-maṇḍaḥ + a 以外の母音 < upāya-maṇḍa：*m.* 方便という座。*sg. Nom.*

upāya- < upa-√i- (2) + -a：*m.* 接近。到着。手段。方策。「方便」と漢訳。

eṣa < eṣaḥ < etad-：これ。*m. sg. Nom.*

sattva-paripācanatayā < sattva-paripācanatā- < sattva-paripācana-tā-：*f.* 衆生を成熟させること。*sg. Ins.*

sattva-：*m.* 「衆生」「有情」と漢訳。

paripācana- < pari-√pac- (1) + -ana：*adj.* 十分に煮る。成熟させる。「教化」「化導」と漢訳。*m.* 成熟させること。

saṃgraha-vastu-maṇḍa < saṃgraha-vastu-maṇḍaḥ + a 以外の母音 < saṃgraha-vastu-maṇḍa-：*m.* 〔四〕摂事という座。*sg. Nom.*

saṃgraha-vastu-：*n.* 〔衆生を〕引導し救済するための〔四つの〕徳（四摂事)。「摂事」「摂法」と漢訳。

saṃgraha- < sam-√grah- (9) + -a：*m.* 捕獲。つかむこと。保護。包含。

vastu-：*n.* 物。物質。事物。実在するもの。

eṣa < eṣaḥ < etad-：これ。*m. sg. Nom.*

sarva-sattva-saṃgrahaṇatayā < sarva-sattva-saṃgrahaṇatā- < sarva-sattva-saṃgrahaṇa-tā-：*f.* あらゆる衆生を包摂すること。*sg. Ins.*

saṃgrahaṇa < sam-√grah- (9) + -ana：*n.* 獲得。集めること。蓄積。「摂受」と漢訳。

śruta-maṇḍa < śruta-maṇḍaḥ + a 以外の母音 < śruta-maṇḍa-：*m.* 聞くという座。*sg. Nom.*

śruta- < √śru- (5) + -ta：*pp.* 聞かれた。学ばれた。*n.* 聞かれたこと。学ばれたこと。伝承。学問。聞くこと。教示。

eṣa < eṣaḥ < etad-：これ。*m. sg. Nom.*

pratipatti-sārakatvān < pratipatti-sārakatvāt + (n) < pratipatti-sārakatva-：*n.* 理解がしっかりしていること。*sg. Abl.* 理由・原因・動機を示す奪格。

pratipatti-：*f.* 獲得。知覚。理解。見解。行動。行為。「修行」と漢訳。

sārakatva- < sāraka-tva-：*n.* しっかりしていること。

sāraka- = sāra-：*adj.* 堅い。しっかりした。強い。価値のある。最良の。正しい。

nidhyapti-maṇḍa < nidhyapti-maṇḍaḥ + a 以外の母音 < nidhyapti-maṇḍa-：*m.* 〔心の〕洞察という座。*sg. Nom.*

nidhyapti-：*f.* 洞察。「観」「観察」「思惟」と漢訳。

eṣa < eṣaḥ < etad-：これ。*m. sg. Nom.*

yoniśaḥ-pratyavekṣaṇatayā < yoniśaḥ-pratyavekṣaṇatā- < yoniśaḥ-pratyavekṣaṇa-tā-：*f.* 理にかな

って観察すること。*sg. Ins.*

yoniśaḥ < yoniśas：*adv.* 根本的に。正当に。賢明に。「正」「如理」「如法」と漢訳。

pratyavekṣaṇa- < prati-ava-√īkṣ- (1) + -ana：*n.* 観察すること。調査すること。検査すること。尋ねること。

prati-ava-√īkṣ- (1)：～（対格、処格）を調査する。検査する。尋ねる。「視」「観」「観察」「視察」と漢訳。

bodhi-pakṣya-dharma-maṇḍa < bodhi-pakṣya-dharma-maṇḍaḥ + a 以外の母音 < bodhi-pakṣya-dharma-maṇḍa-：*m.* 覚りを助ける〔三十七の修行〕法（菩提分法）という座。*sg. Nom.*

bodhi-pakṣya-dharma-：*m.* 覚りを助ける〔三十七の修行〕法。「菩提分法」と漢訳。

bodhi-pakṣya-：*adj.* 覚りを助ける。

pakṣya-：*adj.* ～に味方する。「品」「分」と漢訳。

dharma-：*m.* 確定した秩序。慣例。習慣。法則。規則。義務。宗教。教説。性質。本質。属性。特質。事物。法。

eṣa < eṣaḥ < etad-：これ。*m. sg. Nom.*

saṃskṛtâsaṃskṛtôtsarjanatayā < saṃskṛtâsaṃskṛtôtsarjanatā- < saṃskṛta-asaṃskṛta-utsarjana-tā-：*f.* 有為と無為を放棄していること。*sg. Ins.*

saṃskṛta- < sam-s-√kṛ- (8) + -ta：*pp.* 準備された。飾られた。「有為」と漢訳。

asaṃskṛta- < a-saṃskṛta-：*adj.* 装備されない。装飾されていない。「無為」と漢訳。

utsarjana- < ud-√sṛj- (6) + -ana：*adj.* 排斥する。*n.* 放置。解除。中止。「捨」「棄捨」と漢訳。

ud-√sṛj- (6)：放つ。さまよわせる。投げる。投げ捨てる。捨てる。放棄する。

satya-maṇḍa < satya-maṇḍaḥ + a 以外の母音 < satya-maṇḍa <：*m.* 真理という座。*sg. Nom.*

eṣa < eṣaḥ < etad-：これ。*m. sg. Nom.*

sarva-lokâvisaṃvādanatayā < sarva-lokâvisaṃvādanatā- < sarva-loka-avisaṃvādana-tā-：*f.* あらゆる世間〔の人々〕を欺かないこと。*sg. Ins.*

sarva-loka-：*m.* あらゆる世界。すべての世間〔の人々〕。全世界。

avisaṃvādana- < a-visaṃvādana-：*n.* 約束を守ること。「不虚」「無虚妄」「不虚偽」と漢訳。

visaṃvādana- < vi-sam-√vad- (1) + -ana：*n.* 違約。協定を破ること。異論を唱えること。「欺」「欺誤」と漢訳。

pratītya-samutpāda-maṇḍa < pratītya-samutpāda-maṇḍaḥ + a 以外の母音 < pratītya-samutpāda-maṇḍa-：*m.* 縁起という座。*sg. Nom.*

eṣo 'vidyâsrava-kṣayatayā < eṣaḥ + avidyâsrava-kṣayatayā

eṣaḥ < etad-：これ。*m. sg. Nom.*

avidyâsrava-kṣayatayā < avidyâsrava-kṣayatā- < avidyā-āsrava-kṣaya-tā-：*f.* 無知（無明）という煩悩の流出（漏）がなくなっていること。*sg. Ins.*

avidyā- < a-vidyā- < a- + √vid- (2) + -yā：*f.* 無知。「癡」「愚癡」「無明」と漢訳。

āsrava- < ā-√sru- (1) + -a：*m.* 水門。流出するもの。煩悩。「漏」「流」と漢訳。

kṣaya-：*m.* 減少。衰微。喪失。破壊。終末。

yāvaj < yāvat + (j)：*関係副詞,* ～ほど大きく／多く／長く。～に至るまでの。

jarā-maraṇâsrava-kṣayatayā < jarā-maraṇâsrava-kṣayatā- < jarā-maraṇa-āsrava-kṣaya-tā-：*f.* 老と死〔という煩悩〕の流出がなくなっていること。*sg. Ins.*

jarā- < √jṝ- (1) + -ā：*f.* 消耗すること。年老いること。老齢。

maraṇa- < √mṛ- (1) + -ana：*n.* 死ぬこと。死。命終。

sarva-kleśa-praśamana-maṇḍa < sarva-～-maṇḍaḥ + a 以外の母音 < sarva-kleśa-praśamana-maṇḍa <：*m.* すべての煩悩の鎮静という座。*sg. Nom.*

kleśa- < √kliś- (4) + -a：*m.* 苦痛。苦悩。心痛。「煩悩」「惑」「根本煩悩」と漢訳。

praśamana- < pra-√śam- (4) + -ana：*adj.* 静穏にする。平静にする。鎮める。消す。癒す。

n. 静穏にすること。鎮定。緩和。

eṣa < eṣaḥ < etad-：これ。*m. sg. Nom.*

yathā-bhūtâbhisaṃbodhanatayā < yathā-bhūtâbhisaṃbodhanatā- < yathā-bhūta-abhisaṃbodhana-tā-：*f.* あるがままの真理を完全に覚っていること。*sg. Ins.*

yathā-bhūta-：*adj.* あるがままの真実。「如実」「真実」と漢訳。

abhisaṃbodhana- < abhi-sam-√budh- (4) + -ana-：*n.* 完全に覚ること。

> §59 sarva-sattva-maṇḍa eṣa sattvâsva-bhāvatayā sarva-dharma-maṇḍa eṣa śūnyatâbhisaṃbodhanatayā sarva-māra-nirghātana-maṇḍa eṣo 'calanatayā trai-dhātuka-maṇḍa eṣa prasthāna-vigamanatayā siṃha-nāda-nadana-vīrya-maṇḍa eṣo 'bhītânuttrāsanatayā[21] bala-vaiśāradyâveṇika-sarva-buddha-dharma-maṇḍa eṣa sarvato 'nupākruṣṭatvāt traividya-vidyā-maṇḍa eṣa nir-avaśeṣatvāt kleśānām eka-citta-niravaśeṣa-sarva-dharmânubodha-maṇḍa eṣa sarva-jña-jñāna-samudāgamatvāt /
>
> （梵漢和維摩経 *p.* 148, *ll.* 15–19, *p.* 150, *ll.* 1–2）

§59 「『一切衆生が無自性であることで、これは一切衆生という座である。〔あらゆるものごとが〕空であることを完全に覚っていることで、これはあらゆるものごと（一切法）という座である。〔悪魔に対して〕動揺しないことで、これはすべての悪魔の打破という座である。〔三界に〕住するのを離れていることで、これは三界という座である。畏れず驚かないことで、これは師子吼する勇敢さという座である。あらゆる面で非難されるところのないことから、これは〔十種の智慧の〕力（十力）、〔説法における四種の〕畏れなきこと（四無畏）、すべてのブッダに具わる〔十八種の〕特別の性質（十八不共仏法）という座である。少しも煩悩の残余を留めないことから、これは三種の明知（三明）という座である。一切知者の智慧（一切種智）を完全に覚っていることから、これは一念にあらゆるものごとを余すところなく覚知するという座[22] である。

【§59 「『衆生、是れ道場なり、無我を知るが故に。一切法、是れ道場なり、諸法の空を知るが故に。降魔、是れ道場なり、傾動せざるが故に。三界、是れ道場なり、所趣無きが故に。師子吼、是れ道場なり、畏るる所無きが故に。力・無畏・不共法、是れ道場なり、諸過無きが故に。三明、是れ道場なり、余礙無きが故に。一念に一切法を知る、是れ道場なり、一切智を成就するが故に。】

（大正蔵、巻一四、五四二頁下）

…………………………………………………………………………

sarva-sattva-maṇḍa < sarva-sattva-maṇḍaḥ + a 以外の母音 < sarva-sattva-maṇḍa-：*m.* 一切衆生という座。*sg. Nom.*

eṣa < eṣaḥ < etad-：これ。*m. sg. Nom.*

sattvâsvabhāvatayā < sattvâsvabhāvatā- < sattva-asvabhāva-tā-：*f.* 一切衆生が無自性であること。*sg. Ins.*

asvabhāva- < a-svabhāva-：*adj.* 自己に固有の本性のない。「無自性」と漢訳。

sarva-dharma-maṇḍa < sarva-dharma-maṇḍaḥ + a 以外の母音 < sarva-dharma-maṇḍa-：*m.* あらゆるものごと（一切法）という座。*sg. Nom.*

eṣa < eṣaḥ < etad-：これ。*m. sg. Nom.*

śūnyatâbhisaṃbodhanatayā < śūnyatâbhisaṃbodhanatā- < śūnyatā-abhisaṃbodhana-tā-：*f.* 空であることを完全に覚っていること。*sg. Ins.*

śūnyatā- < śūnya- + -tā：*f.* 空虚。孤独。実体がないこと。うつろなこと。～の欠如。「空」「空性」「虚空」「空義」「空相」と漢訳。

abhisaṃbodhana- < abhi-sam-√budh- (4) + -ana-：*n.* 完全に覚ること。

sarva-māra-nirghātana-maṇḍa < sarva-māra-nirghātana-maṇḍaḥ + a 以外の母音 < sarva-māra-nirghātana-maṇḍa-：*m.* すべての悪魔の打破という座。*sg. Nom.*

māra- < √mṛ- (1) + -a：*m.* 死。殺害。誘惑者。悪魔。「障」「悪者」と漢訳。「悪魔」「邪魔」「魔」「摩羅」と音写。

nirghātana- < nir-√ghātaya- (名動) + -ana：*n.* 追い出すこと。

nir-√ghātaya- (名動)：引き出す。追い出す。破壊させる。殺させる。殺す。

√ghātaya- (名動)：殺す。破壊する。殺させる。「殺害」と漢訳。

eṣo 'calanatayā < eṣaḥ + acalanatayā

eṣaḥ < etad-：これ。*m. sg. Nom.*

acalanatayā < acalanatā- < a-calana-tā-：*f.* 動揺しないこと。*sg. Ins.*

calana- < √cal- (1) + -ana：*adj.* 動く。不安定な。*n.* 不安定。動揺。

trai-dhātuka-maṇḍa < trai-dhātuka-maṇḍaḥ + a 以外の母音 < trai-dhātuka-maṇḍa-：*m.* 三界という座。*sg. Nom.*

trai-dhātuka- (< tri-dhātu-)：*adj.* 三界の。三界に属する。三界に存在する。

eṣa < eṣaḥ < etad-：これ。*m. sg. Nom.*

prasthāna-vigamanatayā < prasthāna-vigamanatā- < prasthāna-vigamana-tā-：*f.* 〔三界に〕住するのを離れていること。*sg. Ins.*

prasthāna- < pra-√sthā- (1) + -ana：*n.* 出発。進行。行進。到来。

vigamana- < vi-√gam- (1) + -ana：*n.* 追い散らすこと。去ること。出発すること。離れていること。

vi-√gam- (1)：追い散らす。去る。出発する。消える。死ぬ。過ぎ去る。「散」「無」「没」「離」「遠離」「滅」と漢訳。

siṃha-nāda-nadana-vīrya-maṇḍa < siṃha-nāda-nadana-vīrya-maṇḍaḥ + a 以外の母音 < siṃha-nāda-nadana-vīrya-maṇḍa-：*m.* 師子吼する勇敢さという座。*sg. Nom.*

siṃha-nāda-：*m.* 獅子の叫び声。「師子吼」と漢訳。

siṃha-：*m.* ライオン。「獅子」「師子」と音写。

nāda- < √nad- (1) + -a：*m.* 叫び声。音響。いななき。

√nad- (1)：鳴る。響く。吼える。叫ぶ。いななく。

nadana- < √nad- (1) + -ana：*n.* 叫ぶこと。

vīrya-：*n.* 男らしさ。勇気。力。能力。英雄的な行為。「勤」「精進」「勇健」「勇猛」「強健」と漢訳。

eṣo 'bhītânuttrāsanatayā < eṣaḥ + abhītânuttrāsanatayā

eṣaḥ < etad-：これ。*m. sg. Nom.*

abhītânuttrāsanatayā < abhītânuttrāsanatā- < abhīta-anuttrāsana-tā-：*f.* 畏れず驚かないこと。*sg. Ins.*

abhīta- < a-bhīta-：*adj.* 畏れなき。「無畏」「無所畏」と漢訳。

bhīta- < √bhī- (1) + -ta：*pp.* 驚かされた。怖がる。～（奪格、属格）を恐れる。危険にさらされた。

√bhī- (1)：～（奪格、属格）を恐れる。

anuttrāsana- < an-uttrāsana-：*n.* 驚かないこと。

uttrāsana- < ud-√tras- (1) + -ana：*n.* 驚くこと。

ud-√tras- (1)：驚く。驚かす。

uttrāsa- < ud-√tras- (1) + -a：*m.* 恐怖。「怖畏」と漢訳。

bala-vaiśāradyâveṇika-sarva-buddha-dharma-maṇḍa < bala-～-maṇḍaḥ + a 以外の母音 < bala-vaiśāradya-āveṇika-sarva-buddha-dharma-maṇḍa-：*m.* 〔十種の智慧の〕力（十力）、〔四種の〕畏れなきこと（四無畏）、すべてのブッダに具わる〔十八種の〕特別の性質（十八不共仏法）という座。*sg. Nom.*

bala-：*n.* 力。能力。体力。活力。軍隊。

vaiśāradya-：*n.* ～（処格）に関する経験。智力の明晰。誤りのないこと。「無畏」「無所畏」と漢訳。

āveṇika-sarva-buddha-dharma-：*m.* すべてのブッダに具わる特別の性質（不共仏法）。

āveṇika-：*adj.* 特別の。他と関係ない。独立の。「不共」と漢訳。

āveṇika-buddha-dharma-：*m.* ブッダに具わる特別の性質。「不共仏法」と漢訳。

eṣa < eṣaḥ < etad-：これ。*m. sg. Nom.*

sarvato 'nupākruṣṭatvāt < sarvatas + anupākruṣṭatvāt

sarvatas：*adv.* すべての面から。各方向に。至る所に。全く。完全に。

anupākruṣṭatvāt < anupākruṣṭatva- < an-upākruṣṭa-tva-：*n.* 罵られるところのないこと。非難されるところのないこと。*sg. Abl.*

upākruṣṭa- < upa-ā-√kruś- (1) + -ta：*pp.* 罵られた。

upa-√kruś- (1)：憤激を示す。叱る。咎める。

ā-√kruś- (1)：声高に叫ぶ。罵る。叱責する。呪う。挑戦する。

traividya-vidyā-maṇḍa < traividya-vidyā-maṇḍaḥ + a 以外の母音 < traividya-vidyā-maṇḍa-：*m.* 三種の明知という座。*sg. Nom.*

traividya- < tri-vidyā- + -a：*adj.* 三 Veda に通暁している。「三明」と漢訳。*n.* 三 Veda。三 Veda の学習／知識。

vidyā- < √vid- (2) + -yā：*f.* 知識。学識。学問。「明」と漢訳。

eṣa < eṣaḥ < etad-：これ。*m. sg. Nom.*

nir-avaśeṣatvāt < nir-avaśeṣatva- < nir-avaśeṣa-tva-：*n.* 少しの残余も留めないこと。*sg. Abl.*

nir-avaśeṣa-：*adj.* 少しの残余も留めない。全くの。完全な。すべての。「無余」「尽」と漢訳。

avaśeṣa- < ava-√śiṣ- (7,6) + -a：*m.* 残余。残り物。

ava-√śiṣ- (7,6)：残る。

kleśānāṃ < kleśa- < √kliś- (4) + -a：*m.* 苦痛。苦悩。心痛。「煩悩」「惑」「根本煩悩」と漢訳。*pl. Gen.*

eka-citta-niravaśeṣa-sarva-dharmânubodha-maṇḍa < eka-citta-niravaśeṣa-sarva-dharmânubodha-maṇḍaḥ + a 以外の母音 < eka-citta-niravaśeṣa-sarva-dharma-anubodha-maṇḍa-：*m.* 一念にあらゆるものごとを余すところなく覚知するという座。*sg. Nom.*

eka-citta-：*n.* 同一思想。同一対象に向けられた心。「一念」と漢訳。*adj.* 一致した。唯一対象を思う。熱心な。

niravaśeṣa-：*adj.* 少しの残余も留めない。全くの。完全な。すべての。「無余」「尽」と漢訳。

sarva-dharma-：*m.* あらゆるものごと。「諸法」と漢訳。

anubodha- < anu-√budh- (4) + -a：*m.* 注意。知覚。回想。「知」「了知」「覚知」「悟」「悟解」と漢訳。

eṣa < eṣaḥ < etad-：これ。*m. sg. Nom.*

sarva-jña-jñāna-samudāgamatvāt < sarva-jña-jñāna-samudāgamatva- < sarva-jña-jñāna-samudāgama-tva-：*n.* 一切知者の智慧（一切種智）を完全に覚っていること。*sg. Abl.*

sarva-jña-：*adj.* 一切を知っている。全知の。「薩云若」「薩婆若」と漢訳。

jñāna- < √jñā- (9) + -ana：*n.* 知ること。知識。智慧。「闍那」と音写。

samudāgamatva- < samudāgama-tva-：*n.* 完全に覚っていること。

samudāgama- < sam-ud-ā-√gam- (1) + -a：*m.* 完全な知識。完全に覚っていること。

sam-ud-ā-√gam- (1)：共に起こる。覚る。「集」「聚集」「証」「修証」「修」「修行」「成就」と漢訳。

§60 iti hi kulaputra yāvanto bodhi-sattvāḥ pāramitā-pratisaṃyuktaṃ sattva-paripāka-pratisaṃyuktaṃ saddharma-parigraha-pratisaṃyuktaṃ kuśala-mūla-pratisaṃyuktaṃ kramam utkṣipanti nikṣipanti ca / sarve te bodhi-maṇḍād āgacchanti[23] buddha-dharmebhya āgacchanti buddha-dharmeṣu ca pratiṣṭhante /

（梵漢和維摩経 *p.* 150, *ll.* 3–7）

§60 「『良家の息子よ、まさに以上のように、菩薩たちが、〔六つの〕完成（六波羅蜜）と結びつき、衆生を成熟させることと結びつき、正しい教え（正法）の把握と結びつき、善根と結びついている歩行〔の足〕を上げたり、下げたりする〔あらゆる振る舞いがある〕限り、それら〔の菩薩たち〕は、すべて覚りの座からやってきて、〔また〕ブッダの教えからやってきて、ブッダの教えの中に住するのである』[24]

【§60 「『是くの如く善男子よ、菩薩、若し諸波羅蜜に応じて衆生を教化せば、諸有る所作、挙足下足は、当に知るべし、皆道場より来たりて仏法に住するなり』と。】（大正蔵、巻一四、五四三頁上）

………………………………………………………………………

iti：*adv.* ～と。～ということを。以上のように。～と考えて。「如是」と漢訳。

hi：*ind.* 真に。確かに。実に。

kulaputra < kulaputra- < kula-putra-：*m.* 良家の息子。「善男子」と漢訳。*sg. Voc.*

yāvanto < yāvantaḥ + 有声子音 < yāvat-：*関係形容詞,* ～ほど大きい／多くの／長い。*m. pl. Nom.*

　yāvat- ～ tāvat- …：～である限り、その限り…。

bodhi-sattvāḥ < bodhi-sattva-：*m.* 覚りを求める人。「菩薩」と音写。*pl. Nom.*

pāramitā-pratisaṃyuktaṃ < pāramitā-pratisaṃyukta-：*adj.* 〔六つの〕完成（六波羅蜜）と結びついた。*m. sg. Acc.*

　pāramitā-：*f.* 完成。「度」「到彼岸」と漢訳。「波羅蜜」「波羅蜜多」と音写。

　pratisaṃyukta- < prati-sam-√yuj- (7) + -ta：*pp.* ～と関係のある。～と結びついた。関連した。「相応」「所繋」「具足」と漢訳。BHS. dic. *p.* 370.

sattva-paripāka-pratisaṃyuktaṃ < sattva-paripāka-pratisaṃyukta-：*adj.* 衆生を成熟させることと結びついた。*m. sg. Acc.*

　sattva-：*m.* 「衆生」「有情」と漢訳。

　paripāka- < pari-√pac- (1) + -a：*m.* 十分煮られること。消化。熟すること。成熟。

saddharma-parigraha-pratisaṃyuktaṃ < saddharma-parigraha-pratisaṃyukta-：*adj.* 正しい教え（正法）を把握することと結びついた。*m. sg. Acc.*

　saddharma- < sat-dharma-：*m.* 正しい教え。「正法」と漢訳。

　parigraha- < pari-√grah- (9) + -a：*m.* 包容。包含。取得。把握。受納。獲得。所有。

kuśala-mūla-pratisaṃyuktaṃ < kuśala-mūla-pratisaṃyukta-：*adj.* 善根と結びついた。*m. sg. Acc.*

　kuśala-mūla-：*n.* 「善根」と漢訳。

　kuśala-：*adj.* 善き。正しき。～に熟練した。老練なる。経験ある。

　mūla-：*n.* 根。付け根。基底。起原。本源。

kramam < krama- < √kram- (1) + -a：*m.* 歩行。歩調。行くこと。進路。路。順序。列。継続。段階。*sg. Acc.*

utkṣipanti < utkṣipa- < ud-√kṣip- (6)：投げ上げる。挙げる。立つ。置く。投げ去る。放棄する。*Pres. 3, pl. P.*

　√kṣip- (6)：投げる。放擲する。捨てる。罵詈する。辱める。「毀謗」「誹謗」と漢訳。

nikṣipanti < nikṣipa- < ni-√kṣip- (6)：投げ倒す。～に投げ上げる。～（処格）へ下す。～に置く。

ca：*conj.* および。また。しかしながら。そして。～と。なお。

………………………………………………………………………

sarve < sarva-：*adj.* 一切の。すべての。*m. pl. Nom.*

te < tad-：それ。*m. pl. Nom.*

bodhi-maṇḍād < bodhi-maṇḍāt + 母音 < bodhi-maṇḍa-：*m.* 開悟の座。覚りの場。「道場」「菩提座」「菩提場」と漢訳。*sg. Abl.*

āgacchanti < āgaccha- < ā-√gam- (1)：来る。*Pres. 3, pl. P.*

buddha-dharmebhya < buddha-dharmebhyaḥ + a 以外の母音 < buddha-dharma-：*m.* ブッダの教え。「仏法」と漢訳。*pl. Abl.*

āgacchanti < āgaccha- < ā-√gam- (1)：来る。*Pres. 3, pl. P.*

buddha-dharmeṣu < buddha-dharma-：*m.* ブッダの教え。「仏法」と漢訳。*pl. Loc.*

　dharma-：*m.* 確定した秩序。慣例。習慣。法則。規則。義務。宗教。教説。性質。本質。属性。特質。事物。法。
ca：*conj.* および。また。しかしながら。そして。～と。なお。
pratiṣṭhante < pratiṣṭha- < pra-√sthā- (1)：立ち上がる。起き上がる。進む。～（処格）へ向かって出かける。～（奪格）から出発する。「住」と漢訳。*Pres. 3, pl. A.*

§61 iha bhagavan nirdeśe nirdiśyamāne pañca-mātrair deva-manuṣya-śatair bodhāya cittāny utpāditāni /
（梵漢和維摩経 *p.* 150, *ll.* 8–9）

§61 「世尊よ、この説法がなされている時、五百人の神々と人間たちが覚りへ向けて心を発しました。
【§61 「是の法を説ける時、五百の天人は皆、阿耨多羅三藐三菩提に心を発せり。】
（大正蔵、巻一四、五四三頁上）

……………………………………………………………………

iha：*adv.* ここに。今。この世に。地上に。
bhagavan < bhagavat-：*m.* 尊い（人）。「世尊」と漢訳。「婆伽婆」「薄伽梵」と音写。*sg. Voc.*
nirdeśe < nirdeśa- < nir-√diś- (6) + -a：*m.* 命令。指示。記述。「説」「所説」「説法」と漢訳。*sg. Loc.*
nirdiśyamāne < nirdiśyamāna- < nirdiśya- + -māna < nir-√diś- (6) + -ya + -māna：*Pass.* 支持される。決定される。宣言される。*現在分詞, m. sg. Loc.*
以上の処格は、絶対節をなしている。
pañca-mātrair < pañca-mātraiḥ + 有声音 < pañca-mātra-：*n.* 五つだけの量。*pl. Ins.*
deva-manuṣya-śatair < deva-manuṣya-śataiḥ + 有声音 < deva-manuṣya-śata-：*n.* 百人の神々と人間。*n. pl. Ins.*
bodhāya < bodha- < √budh- (1) + -a：*adj.* 理解する。知る。*m.* 目覚めていること。覚醒状態。意識。会得。知識。理解。「覚」と漢訳。「菩提」と音写。*sg. Dat.* 目的地、目標、目的を示す為格。cf.「シンタックス」*p.* 54.
cittāny < cittāni + 母音 < citta-：*n.* 心。思考。意思。知性。理性。「質多」と音写。*pl. Nom.*
utpāditāni < utpādita- < utpādaya- + -ta < ud-√pad- (4) + -aya + -ta：*Caus. pp.* 起こされた。生じられた。*n. pl. Nom.*

ahaṃ ca niṣpratibhāno 'bhūvam /
（梵漢和維摩経 *p.* 150, *l.* 9）

「そして、私は黙り込んでしまいました。
【漢訳相当箇所無し】

……………………………………………………………………

ahaṃ < mad-：私。*1, sg. Nom.*
ca：*conj.* および。また。しかしながら。そして。～と。なお。
niṣpratibhāno 'bhūvam < niṣpratibhānaḥ + abhūvam
niṣpratibhānaḥ < niṣpratibhāna- < nis-pratibhāna-：*adj.* 臆病な。心の平静を欠いている。能弁ではない。「無弁才」と漢訳。*m. sg. Nom.*
abhūvam < √bhū- (1)：出現する。なる。生ずる。*root-Aor. 1, sg. P.*

tan nâhaṃ bhagavann utsahe tasya sat-puruṣasya glāna-paripṛcchako gantum /
（梵漢和維摩経 *p.* 150, *ll.* 10–11）

「それ故に、世尊よ、私は、その善き人（善士）の病気見舞いに行くことに耐えられません」
【「故に我、彼に詣りて疾を問うに任えず」と。】 （大正蔵、巻一四、五四三頁上）

……………………………………………………………………

tan < tat + (n) < tad-：それ。*n. sg. Acc.*
　代名詞の中性・対格／具格／奪格は、連結助詞として用いられ、「そこで」「従って」「このため」を意味する。
nâhaṃ < na + ahaṃ
　na：*ind.* ～でない。～にあらず。
　ahaṃ < mad-：私。*1, sg. Nom.*
bhagavann < bhagavan + 母音 < bhagavat-：*m.* 尊い（人）。「世尊」と漢訳。「婆伽婆」「薄伽梵」と音写。*sg. Voc.*
utsahe < utsaha- < ud-√sah- (1)：こらえる。耐える。～（不定詞）することができる。～する能力がある。*Pres. 1, sg. A.*
tasya < tad-：それ。*m. sg. Gen.*
sat-puruṣasya < sat-puruṣa-：*m.* 善き人。「善士」と漢訳。*sg. Gen.*
glāna-paripṛcchako < glāna-paripṛcchakaḥ + 有声子音 < glāna-paripṛcchaka-：*m.* 病についての質問（者）。「問病」と漢訳。*sg. Nom.*
gantum < √gam- (1) + -tum：*不定詞,* 行くこと。

> §62　tatra bhagavān jagatindharaṃ bodhi-sattvam āmantrayate sma /　gaccha tvaṃ jagatindhara vimalakīrter licchaver glāna-paripṛcchakaḥ /
> （梵漢和維摩経 *p.* 150, *ll.* 12–13）

§62　そこで、世尊は、ジャガティンダラ（持世）菩薩におっしゃられた。
「ジャガティンダラよ、あなたは、リッチャヴィ族のヴィマラキールティの病気見舞いに行くがよい。
【§62　仏は持世菩薩に告げたまえり。「汝、維摩詰に行詣して疾を問え」と。】
（大正蔵、巻一四、五四三頁上）

……………………………………………………………………

tatra：*adv.* そこに。そこへ。かしこに。その時に。その場合に。
bhagavān < bhagavat-：*m.* 尊い（人）。世尊。「婆伽婆」「薄伽梵」と音写。*sg. Nom.*
jagatindharaṃ < jagatin-dhara- ≒ jagatiṃ-dhara-：*m.* 世界を保持するもの。ジャガティンダラ。*sg. Acc.*
　jagati-：*f.* 女。牝。牝牛。大地。世界。韻律の一種（12 音節×4）。
　jagat-：*adj.* 動ける。生気ある。生きる。*m.* すべての動くもの。動物。人。世界。此の世。大地。
　dhara- < √dhṛ- (6) + -a：*adj.* 担う。保持する。持続する。記憶する。「受持」と漢訳。
bodhi-sattvam < bodhi-sattva-：*m.* 覚りを求める人。「菩薩」と音写。*sg. Acc.*
āmantrayate < āmantraya- < ā-√mantraya- (名動詞)：語りかける。「告」「告言」「白言」と漢訳。*Pres. 3, sg. A.*
sma：*ind.* 実に。sma は現在形とともに用いられて、過去の意味を表わす（歴史的現在）。

……………………………………………………………………

gaccha < gaccha- < √gam- (1)：行く。経過する。～（対格、為格、処格）に赴く。近づく。達する。*Impv. 2, sg. P.*
tvaṃ < tvad-：あなた。*2, sg. Nom.*
jagatindhara < jagatin-dhara-：*m.* 世界を保持するもの。ジャガティンダラ。*sg. Voc.*
vimalakīrter < vimalakīrteḥ + 有声音 < vimalakīrti- < vimala-kīrti-：*m.* ヴィマラキールティ。汚れのない名声を持つ（もの）。「維摩詰」「維摩」と音写。「浄名」「無垢称」と漢訳。*sg. Gen.*
licchaver < licchaveḥ + 有声音 < licchavi-：*m.* リッチャヴィ。「離車子」「栗姑毘」と音写。*sg. Gen.*
glāna-paripṛcchakaḥ < glāna-paripṛcchaka-：*m.* 病についての質問（者）。「問病」と漢訳。*sg. Nom.*

jagatindharo 'py āha / nâhaṃ bhagavann utsahe tasya sat-puruṣasya glāna-paripṛcchako gantum /
(梵漢和維摩経 *p.* 150, *ll.* 14–15)

ジャガティンダラもまた、言った。
「世尊よ、私は、その善き人（善士）の病気見舞いに行くことに耐えられません。
【持世は仏に白して言さく、「世尊よ、我、彼に詣りて疾を問うに堪任せず。】
（大正蔵、巻一四、五四三頁上）

---

jagatindharo 'py < jagatindharaḥ + apy
jagatindharaḥ < jagatin-dhara-：*m.* 世界を保持するもの。ジャガティンダラ。*sg. Nom.*
apy < api + 母音：*adv.* また。さえも。されど。なお。
āha < √ah-：言う。*Perf. 3, sg. P.*

---

nâhaṃ < na + ahaṃ
na：*ind.* ～でない。～にあらず。
ahaṃ < mad-：私。*1, sg. Nom.*
bhagavann < bhagavan + 母音 < bhagavat-：*m.* 尊い（人）。「世尊」と漢訳。「婆伽婆」「薄伽梵」と音写。*sg. Voc.*
utsahe < utsaha- < ud-√sah- (1)：こらえる。耐える。～（不定詞）することができる。～する能力がある。*Pres. 1, sg. A.*
tasya < tad-：それ。*m. sg. Gen.*
sat-puruṣasya < sat-puruṣa-：*m.* 善き人。「善士」と漢訳。*sg. Gen.*
glāna-paripṛcchako < glāna-paripṛcchakaḥ + 有声子音 < glāna-paripṛcchaka-：*m.* 病についての質問（者）。「問病」と漢訳。*sg. Nom.*
gantum < √gam- (1) + -tum：*不定詞,* 行くこと。

tat kasmād dhetoḥ /
(梵漢和維摩経 *p.* 150, *l.* 15)

「それは、どんな理由からでしょうか。
【「所以は何んとなれば、】（大正蔵、巻一四、五四三頁上）

---

tat < tad-：それ。*n. sg. Nom.*
kasmād dhetoḥ < kasmāt + hetoḥ
連声法は、cf.「基礎」*p.* 63.
kasmāt < kim-：*疑問詞,* だれ。何。どんな。どの。*m. sg. Abl.*
hetoḥ < hetu-：*m.* 理由。原因。因。*sg. Abl.*
奪格は、動機、原因、理由を表わす。cf.「シンタックス」*p.* 58.

abhijānāmy ahaṃ bhagavann[25] ekasmin samaye svake vihāre viharāmi /
(梵漢和維摩経 *p.* 150, *ll.* 15–16)

「世尊よ、私は、思い出します。ある時、自分の精舎[26]で時間を過ごしておりました。
【「憶念するに、我、昔、静室に住せり。】（大正蔵、巻一四、五四三頁上）

---

abhijānāmy < abhijānāmi + 母音 < abhijānā- < abhi-√jñā- (9)：了解する。悟る。知る。～（対格）を…（対格）と認める。記憶する。*Pres. 1, sg. P.*
ahaṃ < mad-：私。*1, sg. Nom.*

bhagavann < bhagavan + 母音 < bhagavat-：*m.* 尊い（人）。「世尊」と漢訳。「婆伽婆」「薄伽梵」と音写。*sg. Voc.*
ekasmin < eka-：*基数詞,* 一。*adj.* ある。*m. sg. Loc.*
samaye < samaya-：*m.* 会合の場所。時間。好機。機会。*sg. Loc.*
svake < svaka-：*adj.* 自分の。*m.n. sg. Loc.*
vihāre < vihāra- < vi-√hṛ- (1) + -a：*m.n.* ぶらぶら歩き。散歩。気晴らし。楽しむこと。休養の場所。僧院。「僧房」「房舎」「精舎」と漢訳。*sg. Loc.*
viharāmi < vihara- < vi-√hṛ- (1)：時間を愉快に過ごす。享受する。楽しみのためにぶらぶら歩く。「在」「住」「遊行」と漢訳。*Pres. 1, sg. P.*

> atha māraḥ pāpīyān dvādaśabhir apsaraḥ-sahasraiḥ parivṛtaḥ śakra-veṣeṇa tūrya-saṃgīti-saṃpra=vāditena yenâhaṃ tenôpasaṃkramya mama pādau śirasā vanditvā saparivāro māṃ puraskṛtyâi=kânte 'sthāt /
>
> (梵漢和維摩経 *p.* 150, *ll.* 16–19)

「その時、悪魔のパーピーヤス（波旬）は、シャクラ神（帝釈天）の姿をして、楽器を奏で歌を歌いながら、一万二千人の天女[27] に伴われて、私のいるところ、そこに近づいてから、私の両足を頭〔におしいただくこと〕によって敬意を表し、侍者に伴われて、私に敬礼して後、一隅に立ちました。

【「時に魔波旬、万二千の天女を従え、状、帝釈の如く、鼓楽、絃歌しつつ我が所に来詣し、其の眷属と与に我が足に稽首し、合掌・恭敬して一面に於いて立てり。**】**　　（大正蔵、巻一四、五四三頁上）

…………………………………………………………………………

atha：*adv.* その時。その場合。さて。それ故。しかれば。しかしながら。
māraḥ < māraḥ + (p) < māra- < √mṛ- (1) + -a：*m.* 死。殺害。誘惑者。悪魔。「障」「悪者」と漢訳。「悪魔」「邪魔」「魔」「摩羅」と音写。*sg. Nom.*
pāpīyān < pāpīyas- < pāpa- + -īyas：*adj.* いっそう悪い。非常に悪い。*m.* 悪人。「波旬」「波卑」と音写。*m. sg. Nom.* 格変化は、cf.「基礎」*p.* 156.
　pāpa-：*adj.* 有害な。悪い。邪悪な。*m.* 邪悪な男。悪党。*n.* 害悪。邪悪。
　比較級を作る接尾辞 -īyas については、cf.「基礎」*p.* 184. その格変化は、*p.* 156.
dvādaśabhir < dvādaśabhiḥ + 有声音 < dvādaśan-：*基数詞,* 十二。*n. pl. Ins.*
apsaraḥ-sahasraiḥ < apsaraḥ-sahasraiḥ + (p) < apsaraḥ-sahasra-：*n.* 千人の天女。*pl. Ins.*
　apsaraḥ- < apsaras- + (s)：*f.* 天上の水精女。「天女」「采女」と漢訳。
　sahasra-：*基数詞, n.* 千。
parivṛtaḥ < parivṛtaḥ + (ś) < parivṛta- < pari-√vṛ- (1) + -ta：*pp.* ～に覆われた。～に包囲された。～に伴われた。*m. sg. Nom.*
śakra-veṣeṇa < śakra-veṣa-：*m.* シャクラ神の姿。*sg. Ins.*
　śakra-：*m.* インドラ神。「釈」「帝釈」「天帝釈」と音写。
　veṣa-：*m.* 着物。衣服。外形身。相貌。形像。
tūrya-saṃgīti-saṃpravāditena < tūrya-saṃgīti-saṃpravādita-：*adj.* 楽器を奏で歌を歌い。*m. sg. Ins.*
　tūrya-：*n.* 楽器。「楽」「伎楽」「音楽」と漢訳。
　saṃgīti- < sam-√gai- (1) + -ti：*f.* ともに歌うこと。合奏。合唱。「集」「会」「撰集」「要集」「結集」と漢訳。
　saṃpravādita- < saṃpravādaya- + -ta < saṃ-pra-√vad- (1) + -aya + -ta：*Caus. pp.* 一緒に演奏された。*n.* 合奏。「奏」と漢訳。
yenâhaṃ < yena + ahaṃ
　yena < yad-：*関係代名詞, n. sg. Ins.*
　yena ～ tena … = yatra ～ tatra …：～であるところ、そこで…。
　ahaṃ < mad-：私。*1, sg. Nom.*
tenôpasaṃkramya < tena + upasaṃkramya

tena < tad-：それ。*n. sg. Ins.*
upasaṃkramya < upa-sam-√kram- (1) + -ya：近づく。*Ger.*
mama < mad-：私。*1, sg. Gen.*
pādau < pad-：*m.* 足。*du. Acc.* 格変化は、cf.「基礎」*p.* 120.
śirasā < śiras-：*n.* 頭。頂上。峰。*sg. Ins.*
vanditvā < √vand- (1) + -itvā：恭しく挨拶する。～に敬意を表する。*Ger.*
saparivāro < saparivāraḥ + 有声子音 < saparivāra- < sa-parivāra-：*adj.* 侍者に取り囲まれた。*m. sg. Nom.*
māṃ < mad-：私。*1, sg. Acc.*
puraskṛtyâikânte 'sthāt < puraskṛtya + ekânte + asthāt
puraskṛtya < puras-√kṛ- (8) + -tya：前に置く。尊敬する。～に先行させる。*Ger.*
ekânte < ekânta- < eka-anta-：*m.* 寂静処。人里離れたところ。「一処」「一面」と漢訳。*sg. Loc.*
asthāt < √sthā- (1)：立つ。住する。*root-Aor. 3, sg. P.*
語根アオリストの形を取る12個の動詞は、cf.「基礎」*p.* 328.

tam enam ahaṃ jānāmi śakra eṣa devêndra iti /
（梵漢和維摩経 *p.* 150, *ll.* 19–20）

「これは神々の帝王であるシャクラ神だと、私は、それを察知しました。
【我、意に是れ帝釈なりと謂い、】（大正蔵、巻一四、五四三頁上）
…………………………………………………………………………

tam < tad-：それ。*m. sg. Acc.*
enam < enad-：それ。*m. sg. Acc.*
ahaṃ < mad-：私。*1, sg. Nom.*
jānāmi < jānā- < √jñā- (9)：知る。*Pres. 1, sg. P.*
śakra < śakraḥ + a以外の母音 < śakra-：*m.* インドラ神。「釈」「帝釈」「天帝釈」と音写。*sg. Nom.*
eṣa < eṣaḥ < etad-：これ。*m. sg. Nom.*
devêndra < devêndraḥ + a以外の母音 < devêndra- < deva-indra-：*m.* 神々の王。*m. sg. Nom.*
iti：*adv.* ～と。～ということを。以上のように。～と考えて。「如是」と漢訳。

tam aham etad avocam / svāgataṃ te kauśikâpramattena te bhavitavyaṃ sarva-kāma-ratiṣv anitya-pratyavekṣaṇā-bahulenâtta-sāreṇa te bhavitavyaṃ kāya-jīvita-bhogebhyaḥ /
（梵漢和維摩経 *p.* 150, *ll.* 21–23）

「私は、その〔シャクラ神〕にこのように言いました。
『カウシカよ、あなたはよく来てくださりました。あなたは、欲望〔の支配する世界（欲界）〕[28] のあらゆる喜びの中にあっても、不注意（放逸）であるべきではありません。〔諸欲が〕無常であることの観察に集中していることによって、あなたは、身体、生命、財産から堅固さを獲得しているべきであります[29]』。
【「之に語りて言わく、『善く来たれり。憍尸迦よ。福は応に有るべしと雖も、当に自ら恣にすべからず。当に五欲の無常を観じて、以て善の本を求め、身・命・財に於いて堅法を修すべし』と。】
（大正蔵、巻一四、五四三頁上）
…………………………………………………………………………

tam < tad-：それ。*m. sg. Acc.*
aham < mad-：私。*1, sg. Nom.*
etad < etat + 母音 < etad-：これ。*n. sg. Acc.* 対格の副詞的用法で「このように」の意味。
avocam < avoca- < a- + va-+ uc- + -a < √vac- (2)：言う。話す。告げる。*重複Aor, 1, sg. P.*
…………………………………………………………………………
svāgataṃ < svāgata- < su-āgata-：*pp.* よく来た。*n. sg. Nom.*

su：*adv.* よく。うまく。正しく。
āgata- < ā-√gam- (1) + -ta：*pp.* 来た。
te < tvad-：あなた。*2, sg. Gen.*
kauśikâpramattena < kauśika + apramattena
kauśika < kauśika-：*m.* カウシカ。「帝釈」と漢訳。「憍尸迦」と音写。*sg. Voc.*
apramattena < apramatta- < a-pramatta-：*adj.* 不注意でない。注意深い。「不放逸」「無懈怠」と漢訳。*m. sg. Ins.*
「ある」「なる」などの動詞が非人称受動態のとき、主語と名詞補語は具格となる。cf.「シンタックス」*p.* 45. 主語はまれに属格となることもある。
pramatta- < pra-√mad- (1) + -ta：*pp.* 酔った。～（奪格、処格）について不注意な。「放逸」と漢訳。
pra-√mad- (1)：喜ぶ。～に不注意である。～に無頓着である。
√mad- (1)：喜ぶ。～（対格）に狂喜する。～に酔う。
te < tvad-：あなた。*2, sg. Gen.*
bhavitavyaṃ < bhavitavya- < √bhū- (1) + -itavya：*未受分,* 生じられるべき。～になられるべき。発生されるべき。出現されるべき。存在されるべき。起こるべき。あるべき。*n. sg. Nom.*
sarva-kāma-ratiṣv < sarva-kāma-ratiṣu + 母音 < sarva-kāma-rati-：*f.* あらゆる欲望の喜び。*pl. Loc.*
sarva-：*adj.* 一切の。すべての。
kāma-：*m.* ～（為格・属格・処格）に対する願望。欲望。愛。
rati- < √ram- (1) + -ti：*f.* 休息。快楽。満足。「楽」「愛楽」「歓喜」と漢訳。
anitya-pratyavekṣaṇā-bahulenâtta-sāreṇa < anitya-pratyavekṣaṇā-bahulena + ātta-sāreṇa
anitya-pratyavekṣaṇā-bahulena < anitya-pratyavekṣaṇā-bahula-：*adj.* 無常の観察に集中した。*m. sg. Ins.*
anitya- < a-nitya-：*adj.* 無常なる。一時的な。恒常ならざる。
pratyavekṣaṇā- < prati-ava-√īkṣ- (1) + -anā：*f.* 観察すること。世話すること。監督。注意。心労。「観察」と漢訳。
prati-ava-√īkṣ- (1)：～（対格、処格）を調査する。検査する。尋ねる。「視」「観」「観察」「視察」と漢訳。
bahula-：*adj.* 厚い。密集した。濃い。幅広い。大きい。豊富な。
ātta-sāreṇa < ātta-sāra- ≒ āpta-sāra-：*adj.* 獲得した堅固さを持つ。「得堅固」「得堅固身」「護堅固身」と漢訳。*m. sg. Ins.*
「ある」「なる」などの動詞が非人称受動態のとき、主語と名詞補語は具格となる。主語はまれに属格となる。cf.「シンタックス」*p.* 45.
āpta- < √āp- (5) + -ta：*pp.* 到達せる。遭遇せる。獲得せられた。満たされた。
sāra-：*adj.* 堅い。しっかりした。強い。価値のある。最良の。正しい。
te < tvad-：あなた。*2, sg. Gen.*
bhavitavyaṃ < bhavitavya- < √bhū- (1) + -itavya：*未受分,* 生じられるべき。～になられるべき。発生されるべき。出現されるべき。存在されるべき。起こるべき。あるべき。*n. sg. Nom.*
kāya-jīvita-bhogebhyaḥ < kāya-jīvita-bhoga-：*m.* 身体と、生命、財産。*pl. Abl.*
kāya-：*m.* 身体。集団。多数。集合。
jīvita- < √jīv- (1) + -ita：*pp.* 生ける。生物。生命。生計。
bhoga- < √bhuj- (7) + -a：*m.* 食うこと。享受すること。享受。享楽。利益。財産。収益。「受用」「財」「財物」「資財」「資糧」「資生」と漢訳。

> sa mām evam āha /　pratīccha tvaṃ sat-puruṣêmāni dvādaśâpsaraḥ-sahasrāṇi mamântikād etās te paricārikā bhavantām[30] /
>
> （梵漢和維摩経 *p.* 152, *ll.* 1–2）

「その〔シャクラ神〕は、私にこのように言いました。

『善き人（善士）よ、あなたは、これらの一万二千人の天女たちを私からお受け取りください。これら〔の天女たち〕を、あなたの侍女としてください』

【「即ち我に語りて言わく、『正士よ、是の万二千の天女を受け、掃灑（そうれい）に備う可し』と。】

（大正蔵、巻一四、五四三頁上）

……………………………………………………………………………

sa < saḥ < tad-：それ。*m. sg. Nom.*

mām < mad-：私。*1, sg. Acc.*

evam：*adv.* このように。「是」「如是」と漢訳。

āha < √ah-：言う。*Perf. 3, sg. P.*

……………………………………………………………………………

pratīccha < pratīccha- < prati-√iṣ- (6)：～（属格）から受ける。尊敬する。「受」「授」「領受」「納受」と漢訳。*Impv. 2, sg. P.*

tvaṃ < tvad-：あなた。*2, sg. Nom.*

sat-puruṣêmāni < sat-puruṣa + imāni

sat-puruṣa < sat-puruṣa-：*m.* 善き人。「善士」と漢訳。*sg. Voc.*

imāni < idam-：これ。*n. pl. Acc.*

dvādaśâpsaraḥ-sahasrāṇi < dvādaśa-apsaraḥ-sahasra-：*n.* 一万二千人の天女。*pl. Acc.*

dvādaśa- < dvādaśan-：*基数*詞，十二。

apsaraḥ- < apsaras- + (s)：*f.* 天上の水精女。「天女」「采女」と漢訳。

sahasra-：*基数詞, n.* 千。

mamântikād < mamântikāt + 母音 < mama + antikāt

mama < mad-：私。*1, sg. Gen.*

antikāt：*adv.* ～（属格）の近隣で。現前で。そばで。

antika-の中性・単数・奪格の副詞的用法。属格を受けることに注意。

etās < etāḥ + (t) < etad-：これ。*f. pl. Nom.*

te < tvad-：あなた。*2, sg. Gen.*

paricārikā < paricārikāḥ + 有声音 < paricārikā- < pari-√car- (1) + -ikā：*f.* 女官。侍女。*pl. Nom.*

pari-√car- (1)：～（対格）を彷徨する。～（対格）に仕える。侍す。

bhavantām < bhava- < √bhū- (1)：生ずる。～になる。発生する。出現する。存在する。生存する。*Impv. 3, pl. A.*

> tam aham etad avocam / mā tvaṃ kauśikâkalpikena vastunā śramaṇān śākyaputrīyān nimantraya yathā na hy etā asmākaṃ[31] kalpyanta iti /
>
> （梵漢和維摩経 *p.* 152, *ll.* 3–4）

「私は、その〔シャクラ神〕にこのように言いました。

『カウシカよ、あなたは、〔沙門に〕ふさわしくないものによって釈尊の子である沙門たちに[32] 施与をなしてはならない。これら〔の天女たち〕は、私たちには実にふさわしくないのだ』と。

【「我、言わく、『憍尸迦（きょうしか）よ、此の非法の物を以（もっ）て、我が沙門釈子を要（し）いること無かれ。此れ我が宜（よろ）しきところに非ず』と。】

（大正蔵、巻一四、五四三頁上）

……………………………………………………………………………

tam < tad-：それ。*m. sg. Acc.*

aham < mad-：私。*1, sg. Nom.*

etad < etat + 母音 < etad-：これ。*n. sg. Acc.* 対格の副詞的用法で「このように」の意味。

avocam < avoca- < a- + va-+ uc- + -a < √vac- (2)：言う。話す。告げる。*重複Aor, 1, sg. P.*

……………………………………………………………………………

mā：*adv.* ～なかれ。～なからんことを。～しないように。願わくは～ないように。

māには次の意味もあるが、ここでは不可。

mā < mad-：私。*1, sg. Acc.*

tvaṃ < tvad-：あなた。*2, sg. Nom.*

kauśikâkalpikena < kauśika + akalpikena

kauśika < kauśika-：*m.* カウシカ。「帝釈」と漢訳。「憍尸迦」と音写。*sg. Voc.*

akalpikena < akalpika- < a-kalpika-：*adj.* 適切でない。「無分別」「非儀」と漢訳。*n. sg. Ins.*

kalpika- < √kḷp- (1) + -ika：*adj.* 適応させられた。

√kḷp- (1)：適する。役立つ。現われる。～を産出する。創造する。～と見なす。

vastunā < vastu-：*n.* 物。物質。事物。実在するもの。*sg. Ins.*

śramaṇān < śramaṇa-：*m.* 「沙門」と漢訳。*pl. Acc.*

śākya-putrīyān < śākya-putrīya-：*adj.* 釈尊の息子に関する。*m. pl. Acc.*

śākya-：*m.* シャーキャ族。

putrīya- < putra- + -īya：*adj.* 息子に関する。

nimantraya < nimantraya- < ni-√mantraya- (名動詞)：～（対格）を～（処格）へ～（為格、不定詞）のために招く。提供する。「請」と漢訳。*Impv. 2, sg. P.*

yathā：*関係副詞, 接続詞,* ～のように。あたかも～のように。～であるように。～と（= that）。

na：*ind.* ～でない。～にあらず。

hy < hi + 母音：*ind.* 真に。確かに。実に。

etā < etāḥ + 有声音 < etad-：これ。*f. pl. Nom.*

asmākaṃ < asmad-：われわれ。*1, pl. Gen.*

kalpyanta < kalpyante + a 以外の母音 < kalpya- < √kḷp- (4)：適する。役立つ。現われる。～を産出する。創造する。～と見なす。*Pres. 3, pl. A.*

√kḷp- (1)：適する。役立つ。現われる。～を産出する。創造する。～と見なす。

√kḷp-はⅠ類の動詞だが、「梵和大辞典」に kalpyamāna-を現在分詞として挙げてある。ということは、kalpya- は現在語幹であることを意味し、Ⅳ類の動詞としても用いられることを意味する。

iti：*adv.* ～と。～ということを。以上のように。～と考えて。「如是」と漢訳。

§63　eṣā ca kathā pravṛttā vimalakīrtir licchavir upasaṃkrāntaḥ /

（梵漢和維摩経 *p.* 152, *l.* 5）

§63 「そして、この話をなし終えると、リッチャヴィ族のヴィマラキールティが近づいてきました。

【§63 「言う所、未だ訖（おわ）らざるに、時に維摩詰（ゆいまきつ）、来たりて】　（大正蔵、巻一四、五四三頁上）

……………………………………………………………………………

eṣā < etad-：これ。*f. sg. Nom.*

ca：*conj.* および。また。しかしながら。そして。～と。なお。

kathā < kathā-：*f.* 会話。談話。物語。議論。*sg. Nom.*

pravṛttā < pravṛttā- < pravṛtta- < pra-√vṛt- (1) + -ta：*pp.* 転じられた。産出された。生じた。起こった。*f. sg. Nom.*

vimalakīrtir < vimalakīrtiḥ + 有声音 < vimalakīrti- < vimalakīrti- < vimala-kīrti-：*m.* ヴィマラキールティ。汚れのない名声を持つ（もの）。「維摩詰」「維摩」と音写。「浄名」「無垢称」と漢訳。*sg. Nom.*

licchavir < licchaviḥ + 有声音 < licchavi-：*m.* リッチャヴィ。「離車子」「栗姑毘」と音写。*sg. Nom.*

upasaṃkrāntaḥ < upasaṃkrānta- < upa-sam-√kram- (1) + -ta：*pp.* 近づいた。*m. sg. Nom.*

sa mām evam āha /　mā atra kulaputra śakra-saṃjñām utpādaya /

（梵漢和維摩経 *p.* 152, *l.* 6）

「その〔ヴィマラキールティ〕が、私にこのように言いました。

『良家の息子よ、このものにおいてシャクラという思いを生じてはならない。
【「我に謂いて言わく、『帝釈には非ざるなり。】　　　　　　　　（大正蔵、巻一四、五四三頁上）

………………………………………………………………………………………

sa < saḥ < tad-：それ。*m. sg. Nom.*
mām < mad-：私。*1, sg. Acc.*
evam：*adv.* このように。「是」「如是」と漢訳。
āha < √ah-：言う。*Perf. 3, sg. P.*

………………………………………………………………………………………

mā：*adv.* ～なかれ。～なからんことを。～しないように。願わくは～ないように。
atra：*adv.* ここ。かしこ。この場合。この際。（idam-の処格）
kulaputra < kulaputra- < kula-putra-：*m.* 良家の息子。「善男子」と漢訳。*sg. Voc.*
śakra-saṃjñām < śakra-saṃjñā-：*f.* シャクラという思い。*sg. Acc.*
　　śakra- < śakra-：*m.* インドラ神。「釈」「帝釈」「天帝釈」と音写。
　　saṃjñā- < sam-√jñā- (9) + -ā：*f.* 一致。理解。意識。概念。
utpādaya < ud-√pad- (4) + -aya：*Caus.* 起こす。生じる。*Impv. 2, sg. P.*

māra eṣa pāpīyāṃs tava viheṭhanâbhiprāya upasaṃkrānto nâiṣa śakra iti / （梵漢和維摩経 *p.* 152, *ll.* 6–7）

「『これは、悪魔のパーピーヤスであって、あなたを悩乱することを目的として近づいたのだ。これはシャクラではないのだ』と。
【「『是れは為れ魔の来たりて、汝を嬈固するのみ』と。】　　　　（大正蔵、巻一四、五四三頁上）

………………………………………………………………………………………

māra < māraḥ + a 以外の母音 < māra- < √mṛ- (1) + -a：*m.* 死。殺害。誘惑者。悪魔。「障」「悪者」と漢訳。「悪魔」「邪魔」「魔」「摩羅」と音写。*sg. Nom.*
eṣa < eṣaḥ < etad-：これ。*m. sg. Nom.*
pāpīyāṃs < pāpīyān + (t) < pāpīyas- < pāpa- + -īyas：*adj.* いっそう悪い。非常に悪い。*m.* 悪人。「波旬」「波卑」と音写。*m. sg. Nom.* 格変化は、cf.「基礎」*p.* 156.
tava < tvad-：あなた。*2, sg. Gen.*
viheṭhanâbhiprāya < viheṭhanâbhiprāyaḥ + a 以外の母音 < viheṭhana-abhiprāya-：*adj.* 悩乱を目的とする。*m. sg. Nom.*
　　viheṭhana- < viheṭhaya- + -ana < vi-√heṭh- (1) + -aya + -ana：*n.* 悩ますこと。「悩」「悩害」「悩乱」と漢訳。
　　vi-√heṭh- (1)：傷つける。害する。「悩」と漢訳。
　　abhiprāya- < abhi-pra-√i- (2) + -a：*m.* 目的。志向。願望。意見。意義。
upasaṃkrānto < upasaṃkrāntaḥ + 有声子音 < upasaṃkrānta- < upa-sam-√kram- (1) + -ta：*pp.* 近づいた。*m. sg. Nom.*
nâiṣa < na + eṣa
　　eṣa < eṣaḥ < etad-：これ。*m. sg. Nom.*
śakra < śakraḥ + a 以外の母音 < śakra-：*m.* インドラ神。「釈」「帝釈」「天帝釈」と音写。*sg. Nom.*
iti：*adv.* ～と。～ということを。以上のように。～と考えて。「如是」と漢訳。

atha vimalakīrtir licchavis taṃ māraṃ pāpīyāṃsam etad avocat /　asmabhyaṃ pāpīyann etā apsaraso niryātaya / （梵漢和維摩経 *p.* 152, *ll.* 8–9）

「そこで、リッチャヴィ族のヴィマラキールティは、その悪魔のパーピーヤスにこのように言いました。
『パーピーヤスよ、お前は、これらの天女たちを我々に与えるべきである』

【「即ち、魔に語りて言わく、『是の諸女等は、以て我に与う可し。】　（大正蔵、巻一四、五四三頁上）

atha：*adv.* その時。その場合。さて。それ故。しかれば。しかしながら。
vimalakīrtir < vimalakīrtiḥ + 有声音 < vimalakīrti- < vimala-kīrti-：*m.* ヴィマラキールティ。汚れのない名声を持つ（もの）。「維摩詰」「維摩」と音写。「浄名」「無垢称」と漢訳。*sg. Nom.*
licchavis < licchaviḥ + (t) < licchavi-：*m.* リッチャヴィ。「離車子」「栗姑毘」と音写。*sg. Nom.*
taṃ < tad-：それ。*m. sg. Acc.*
māraṃ < māra- < √mṛ- (1) + -a：*m.* 死。殺害。誘惑者。悪魔。「障」「悪者」と漢訳。「悪魔」「邪魔」「魔」「摩羅」と音写。*sg. Acc.*
pāpīyāṃsam < pāpīyas-：*adj.* いっそう悪い。非常に悪い。*m.* 悪人。「波旬」「波卑」と音写。*m. sg. Acc.* 格変化は、cf.「基礎」*p.* 156.
etad < etat + 母音 < etad-：これ。*n. sg. Acc.* 対格の副詞的用法で「このように」の意味。
avocat < avoca- < a- + va-+ uc- + -a < √vac- (2)：言う。話す。告げる。*重複 Aor. 3, sg. P.*

asmabhyaṃ < asmad-：私たち。*1, pl. Dat.*
pāpīyann < pāpīyan + 母音 < pāpīyas-：*adj.* いっそう悪い。非常に悪い。*m.* 悪人。「波旬」「波卑」と音写。*m. sg. Voc.* 格変化は、cf.「基礎」*p.* 156.
etā < etāḥ + 有声音 < etad-：これ。*f. pl. Acc.*
apsaraso < apsarasaḥ + 有声子音 < apsaras- < ap-saras-：*f.* 天上の水精女。「天女」「天采女」「采女」と漢訳。*pl. Acc.*
niryātaya < niryātaya- < nir-√yat- (1) + -aya：*Caus.* 取り去る。～（奪格）から持ってくる。引き渡す。返還する。贈る。「施」「布施」「奉施」と漢訳。*Impv. 2, sg. P.*

asmākam etāḥ kalpyante na śramaṇānāṃ śākya-putrīyāṇām iti /
（梵漢和維摩経 *p.* 152, *ll.* 9–10）

「『これら〔の天女たち〕は、我々にふさわしいのであって、釈尊の子である沙門たちに[33] ではないのだ』と。
【「『我が如きは応に受くべし』と。】　（大正蔵、巻一四、五四三頁上）

asmākam < asmad-：われわれ。*1, pl. Gen.*
etāḥ < etad-：これ。*f. pl. Nom.*
kalpyante < kalpya- < √kḷp- (4)：適する。役立つ。現われる。～を産出する。創造する。～と見なす。*Pres. 3, pl. A.*
na：*ind.* ～でない。～にあらず。
śramaṇānāṃ < śramaṇa-：*m.* 「沙門」と漢訳。*pl. Gen.*
śākya-putrīyāṇām < śākya-putrīya-：*adj.* シャーキャ族の息子に関する。*m. pl. Gen.*
iti：*adv.* ～と。～ということを。以上のように。～と考えて。「如是」と漢訳。

atha māraḥ pāpīyān bhītas trastaḥ saṃvignaḥ /
（梵漢和維摩経 *p.* 152, *l.* 11）

「すると、悪魔のパーピーヤスは、恐れ、おののき、口ごもりました。
【「魔は即ち驚ろき懼れて念えらく、】　（大正蔵、巻一四、五四三頁上）

atha：*adv.* その時。その場合。さて。それ故。しかれば。しかしながら。
māraḥ < māraḥ + (p) < māra- < √mṛ- (1) + -a：*m.* 死。殺害。誘惑者。悪魔。「障」「悪者」と漢訳。「悪魔」「邪魔」「魔」「摩羅」と音写。*sg. Nom.*
pāpīyān < pāpīyas- < pāpa- + -īyas：*adj.* いっそう悪い。非常に悪い。*m.* 悪人。「波旬」「波卑」と音

写。*m. sg. Nom.* 格変化は、cf.「基礎」*p.* 156.

bhītas < bhītaḥ + (t) < bhīta- < √bhī- (1) + -ta：*pp.* 驚かされた。怖がる。～（奪格、属格）を恐れる。危険にさらされた。*m. sg. Nom.*

trastaḥ < trastaḥ + (s) < trasta- < √tras- (1) + -ta：*pp.* 驚愕させられた。おののいた。慄えた。*m. sg. Nom.*

√tras- (1)：～（具格、奪格、属格）に対して慄う。～を恐れる。驚愕する。

saṃvignaḥ < saṃvigna- < sam-√vij- (6) + -na：*pp.* 悩んだ。恐れた。口ごもった。*m. sg. Nom.*

> mā vimalakīrtinā licchavinā vipralabhya[34] itîcchati cântardhātuṃ na ca śaknoti sarva-rddhim api darśayitvântardhātum /
>
> （梵漢和維摩経 *p.* 152, *ll.* 11–13）

「『リッチャヴィ族のヴィマラキールティによって、私が侮辱されることがないように』と[35]。そして、〔姿を〕隠そうと思って、すべての神通力を示したけれども、〔姿を〕隠すことができませんでした。

【「『維摩詰、将に我を悩ますこと無からんや』と。形を隠して去らんと欲するも、隠すこと能わず。其の神力を尽くすも、亦去ることを得ず。】（大正蔵、巻一四、五四三頁上）

…………………………………………………………………………

mā：*adv.* ～なかれ。～なからんことを。～しないように。願わくは～ないように。

vimalakīrtinā < vimalakīrti- < vimala-kīrti-：*m.* ヴィマラキールティ。汚れのない名声を持つ（もの）。「維摩詰」「維摩」と音写。「浄名」「無垢称」と漢訳。*sg. Ins.*

licchavinā < licchavi-：*m.* リッチャヴィ。「離車子」「栗姑毘」と音写。*sg. Ins.*

vipralabhya < vipralabhye + a 以外の母音 < vipralabhya- < vi-pra-√labh- (1) + -ya：*Pass.* 欺かれる。嘲笑される。侮辱される。*Pres. 1, sg. A.*

√lap- (1) の未来形は lapiṣyati であることに注意。

itîcchati < iti + icchati

iti：*adv.* ～と。～ということを。以上のように。～と考えて。「如是」と漢訳。

icchati < iccha- < √iṣ- (6)：～（為格）を欲する。願う。希望する。～（対格）を～（対格）と考える。*Pres. 3, sg. P.*

cântardhātuṃ < ca + antardhātuṃ

antardhātuṃ < antar-√dhā- (3) + -tum：*不定詞,* 隠すこと。見えなくすること。

antar-√dhā- (3)：～（処格）の内側に置く。覆う。隠す。消失させる。見えなくする。

na：*ind.* ～でない。～にあらず。

ca：*conj.* および。また。しかしながら。そして。～と。なお。

śaknoti < śakno- < √śak- (5)：実行され得る。*Pres. 3, sg. P.*

sarva-rddhim < sarva-ṛddhi-*f.* あらゆる神通力。*sg. Acc.*

ṛddhi-：*f.* 繁栄。安寧。好運。超自然力。「神通」「神力」「神変」と漢訳。

api：*adv.* また。さえも。されど。同様に。

darśayitvântardhātum < darśayitvā + antardhātum

darśayitvā < darśaya- + -itvā < √dṛś- (1) + -aya + -itvā：*Caus.* 示す。説明する。解説する。*Ger.*

antardhātum < antar-√dhā- (3) + -tum：*不定詞,* 隠すこと。見えなくすること。

> so 'ntarīkṣāc chabdam aśrauṣīt / niryātaya tvam etāḥ pāpīyann apsarasa etasmai sat-puruṣāya tataḥ śakṣyasi[36] sva-bhavanaṃ gantum /
>
> （梵漢和維摩経 *p.* 152, *ll.* 14–15）

「その〔悪魔〕は、空中からの声を聞きました。

『パーピーヤスよ、お前はこの善き人（善士）にこれらの天女たちを与えるがよい。そうすれば、自分の宮殿に帰ることができるであろう』と。

【即ち空中の声を聞くに、曰く、『波旬よ、女を以て之に与えなば、乃ち去ることを得可し』と。】
（大正蔵、巻一四、五四三頁上）

……………………………………………………………………

so 'ntarīkṣāc chabdam < saḥ + antarīkṣāt + śabdam
　saḥ < tad-：それ。*m. sg. Nom.*
　antarīkṣāt < antarīkṣa-：*n.* 空。空中。虚空。*sg. Abl.*
　śabdam < śabda-：*m.* 音。声。語。*sg. Acc.*
aśrauṣīt < √śru- (5)：～（具格、奪格、属格）から…（対格）について聞く。*s-Aor. 3, sg. P.*
　sアオリストについては、cf.「基礎」*p.* 335.

……………………………………………………………………

niryātaya < niryātaya- < nir-√yat- (1) + -aya：*Caus.* 取り去る。～（奪格）から持ってくる。引き渡す。返還する。贈る。「施」「布施」「奉施」と漢訳。*Impv. 2, sg. P.*
tvam < tvad-：あなた。*2, sg. Nom.*
etāḥ < etad-：これ。*f. pl. Acc.*
pāpīyann < pāpīyan + 母音 < pāpīyas-：*adj.* いっそう悪い。非常に悪い。*m.* 悪人。「波旬」「波卑」と音写。*m. sg. Voc.* 格変化は、cf.「基礎」*p.* 156.
apsarasa < apsarasaḥ + a 以外の母音 < apsaras- < ap-saras-：*f.* 天上の水精女。「天女」「天采女」「采女」と漢訳。*pl. Acc.*
etasmai < etad-：これ。*m. sg. Dat.*
sat-puruṣāya < sat-puruṣa-：*m.* 善き人。「善士」と漢訳。*sg. Dat.*
tataḥ < tatas + (p)：*adv.* それより。そこに。そこにおいて。ゆえに。（tad- の奪格）。
śakṣyasi < śakṣya- < √śak- (5) + -sya：実行され得る。*Fut. 2, sg. A.*
sva-bhavanaṃ < sva-bhavana-：*n.* 自分の宮殿。*sg. Acc.*
　sva-：*adj.* 自身の。私の。汝の。彼の。彼女の。我々の。君たちの。彼らの。
　bhavana-：*n.* 家。住所。邸宅。宮殿。神殿。「天宮」「王宮」と漢訳。
gantum < √gam- (1) + -tum：*不定詞,* 行くこと。

atha māro bhītas trasto 'kāmako 'smai tā apsaraso niryātayati /
（梵漢和維摩経 *p.* 152, *l.* 16）

「そこで、悪魔は、恐れ、おののいて、不本意ながら、それらの天女たちをその〔ヴィマラキールティ〕に施与しました。
【「魔、畏れを以ての故に俛仰して与えき。】　（大正蔵、巻一四、五四三頁上）

……………………………………………………………………

atha：*adv.* その時。その場合。さて。それ故。しかれば。しかしながら。
māro < māraḥ + 有声子音 < māra- < √mṛ- (1) + -a：*m.* 死。殺害。誘惑者。悪魔。「障」「悪者」と漢訳。「悪魔」「邪魔」「魔」「摩羅」と音写。*sg. Nom.*
bhītas < bhītaḥ + (t) < bhīta- < √bhī- (1) + -ta：*pp.* 驚かされた。怖がる。～（奪格、属格）を恐れる。危険にさらされた。*m. sg. Nom.*
trasto 'kāmako 'smai < trastaḥ + akāmakaḥ + asmai
　trastaḥ < trasta- < √tras- (1) + -ta：*pp.* 驚愕させられた。おののいた。慄えた。*m. sg. Nom.*
　akāmakaḥ < akāmaka- < a-kāmaka-：*adj.* ～を欲しない。不本意な。「無楽欲」と漢訳。*m. sg. Nom.*
　kāmaka- < kāma-ka-：*adj.* 「欲楽」「楽欲」と漢訳。
　kāma-：*m.* ～に対する願望。欲望。愛。愛着。愛欲。淫欲。*adj.* ～を欲する。～に意を有する。
　asmai < idam-：これ。*m. sg. Dat.*
tā < tāḥ + 有声音 < tad-：それ。*f. pl. Acc.*

apsaraso < apsarasaḥ + 有声子音 < apsaras- < ap-saras-：*f.* 天上の水精女。「天女」「天采女」「采女」と漢訳。*pl. Acc.*

niryātayati < niryātaya- < nir-√yat- (1) + -aya：*Caus.* 取り去る。～（奪格）から持ってくる。引き渡す。返還する。贈る。「施」「布施」「奉施」と漢訳。*Pres. 3, sg. P.*

§64 pratigṛhya ca vimalakīrtis tā apsarasa etad avocat / niryātitā yūyaṃ mahyaṃ māreṇa pāpīyasôtpādayatêdānīm anuttarāyāṃ samyak-saṃbodhau cittam /
（梵漢和維摩経 *p.* 154, *ll.* 1–3）

§64 「そして、ヴィマラキールティは、それらの天女たちを受け取ると、〔それらの天女たちに〕このように言いました。

『あなたたちは、悪魔のパーピーヤスによって私に与えられた。〔だから〕今、あなたたちは、この上ない正しく完全な覚りへ向けて心を発すがよい』と。

【§64 「爾(そ)の時、維摩詰(ゆいまきつ)は諸女に語りて言わく、『魔は汝等(なんだち)を以(もっ)て我に与えたり。今、汝ら皆、当(まさ)に阿耨多羅三藐三菩提(あのくたらさんみゃくさんぼだい)に心を発すべし』と。】（大正蔵、巻一四、五四三頁上）

……………………………………………………………………

pratigṛhya < prati-√grah- (9) + -ya：つかむ。摂取する。取り戻す。受ける。嘉納する。*Ger.*

ca：*conj.* および。また。しかしながら。そして。～と。なお。

vimalakīrtis < vimalakīrtiḥ + (t) < vimalakīrti- < vimala-kīrti-：*m.* ヴィマラキールティ。汚れのない名声を持つ（もの）。「維摩詰」「維摩」と音写。「浄名」「無垢称」と漢訳。*sg. Nom.*

tā < tāḥ + 有声音 < tad-：それ。*f. pl. Acc.*

apsarasa < apsarasaḥ + a 以外の母音 < apsaras- < ap-saras-：*f.* 天上の水精女。「天女」「天采女」「采女」と漢訳。*pl. Acc.*

etad < etat + 母音 < etad-：これ。*n. sg. Acc.* 対格の副詞的用法で「このように」の意味。

avocat < avoca- < a- + va-+ uc- + -a < √vac- (2)：言う。話す。告げる。*重複 Aor. 3, sg. P.*

……………………………………………………………………

niryātitā < niryātitāḥ + 有声音 < niryātita- < niryātaya- + -ta < nir-√yat- (1) + -aya + -ta：*Caus. pp.* 取り去られた。贈られた。*f. pl. Nom.*

niryātaya- < nir-√yat- (1) + -aya：*Caus.* 取り去る。～（奪格）から持ってくる。引き渡す。返還する。贈る。「施」「布施」「奉施」と漢訳。

yūyaṃ < yuṣmad-：あなたたち。*2, pl. Nom.*

mahyaṃ < mad-：私。*1, sg. Dat.*

māreṇa < māra- < √mṛ- (1) + -a：*m.* 死。殺害。誘惑者。悪魔。「障」「悪者」と漢訳。「悪魔」「邪魔」「魔」「摩羅」と音写。*sg. Ins.*

pāpīyasôtpādayatêdānīm < pāpīyasā + utpādayata + idānīm

pāpīyasā < pāpīyas- < pāpa- + -īyas：*adj.* いっそう悪い。非常に悪い。*m.* 悪人。「波旬」「波卑」と音写。*m. sg. Ins.* 格変化は、cf.「基礎」*p.* 156.

utpādayata < utpādaya- < ud-√pad- (4) + -aya：*Caus.* 起こす。生じる。*Impv. 2, pl. P.*

idānīm = idā：*adv.* 「今」「今次」「今時」「於今日」と漢訳。

anuttarāyāṃ < anuttarā- < anuttara- < an-ud-tara-：*比較級,* この上ない。「無上」と漢訳。*f. sg. Loc.*

samyak-saṃbodhau < samyak-saṃbodhi-：*f.* 正しく完全な覚り。「正覚」「正等正覚」「正等菩提」と漢訳。「三藐三菩提」と音写。*sg. Loc.* 目的地や目標を示す処格。

cittam < citta-：*n.* 心。思考。意思。知性。理性。「質多」と音写。*sg. Acc.*

sa tāsāṃ tadânulomikīṃ bodhi-paripācanīṃ kathāṃ kṛtvā bodhau cittam utpādayati sma /
（梵漢和維摩経 *p.* 154, *ll.* 3–4）

「その時、その〔ヴィマラキールティ〕は、それら〔の天女たち〕のために覚りへ向けて成熟させる適切な話をなしたので、〔天女たちは〕覚りへ向けて心を発しました。

【「即ち応ずる所に随いて、為に法を説き、道意を発さしむ。】　　　（大正蔵、巻一四、五四三頁上）

……………………………………………………………………

sa < saḥ < tad-：それ。*m. sg. Nom.*
tāsāṃ < tad-：それ。*f. pl. Gen.*
tadânulomikīṃ < tadā + ānulomikīṃ
　tadā：*adv.* その時に。「爾時」「此時」と漢訳。
　ānulomikīṃ < ānulomikī- < ānulomika- < anuloma- + -ika：*adj.* 毛並みに従った。自然の。規則的な。順当な。一致した。*f. sg. Acc.*
　anuloma- < anu-loma-：*adj.* 毛並みに従う。順当な方向にある。「随」「順」「随順」と漢訳。
　anu：*adv.* 後に。しかる時に。また。～の方へ。越えて。～の後に。従って。～のために。～に関して。
　loma- < loman-：*n.*（roman-の後世の形）。人、または動物の身体の毛（一般に頭髪、鬚、たてがみ、尾を除く）。
bodhi-paripācanīṃ < bodhi-paripācanī- < bodhi-paripācana-：*adj.* 覚りへと成熟させる。*f. sg. Acc.*
　bodhi- < √budh- (1) + -i：*f.* 覚り。「菩提」と漢訳。
　paripācana- < paripācaya- + -ana- < pari-√pac- (1) + -aya + -ana：*adj.* 十分に煮る。成熟させる。*n.* 成熟させること。
　paripācaya- < pari-√pac- (1) + -aya：*Caus.* 料理する。あぶる。完成させる。成熟させる。
kathāṃ < kathā-：*f.* 会話。談話。物語。議論。*sg. Acc.*
kṛtvā < √kṛ- (8) + -tvā：作る。なす。*Ger.*
bodhau < bodhi-：*f.* 覚り。*sg. Loc.*
cittam < citta-：*n.* 心。思考。意思。知性。理性。「質多」と音写。*sg. Acc.*
utpādayati < utpādaya- < ud-√pad- (4) + -aya：*Caus.* 起こす。生じる。*3, sg. P.*
sma：*ind.* 実に。smaは現在形とともに用いられて、過去の意味を表わす（歴史的現在）。

sa tā evam āha / utpāditam idānīṃ yuṣmābhir bodhi-cittaṃ dharmârāma-rati-ratābhir idānīṃ yuṣmābhir bhavitavyaṃ na kāma-rati-ratābhiḥ /
（梵漢和維摩経 *p.* 154, *ll.* 5–6）

「その〔ヴィマラキールティ〕は、それら〔の天女たち〕にこのように言いました。
『あなたたちは今、覚りを求める心を発した。あなたたちは今、真理の教え（法）の園林の喜びに満足するべきである。今、あなたたちは〔色・声・香・味・触に対する五つの〕欲望の喜びに満足するべきではない』と。
【「復言わく、『汝等は已に道意を発せり。法楽を以て自ら娯しむ可き有り。応に復五欲の楽を楽うべからざるなり』と。】　　　（大正蔵、巻一四、五四三頁上）

……………………………………………………………………

sa < saḥ < tad-：それ。*m. sg. Nom.*
tā < tāḥ + 有声音 < tad-：それ。*f. pl. Acc.*
evam：*adv.* このように。「是」「如是」と漢訳。
āha < √ah-：言う。*Perf. 3, sg. P.*

……………………………………………………………………

utpāditam < utpādita- < utpādaya- + -ta < ud-√pad- (4) + -aya + -ta：*Caus. pp.* 起こされた。産まれた。生じられた。生じさせられた。*n. sg. Nom.*
idānīṃ ＝ idā：*adv.*「今」「今次」「今時」「於今日」と漢訳。
yuṣmābhir < yuṣmābhiḥ + 有声音 < yuṣmad-：あなたたち。*2, pl. Ins.*
bodhi-cittam < bodhi-citta-：*n.* 覚りを求める心（菩提心）。「菩提心」「覚心」と漢訳。*sg. Nom.*
dharmârāma-rati-ratābhir < dharmârāma-rati-ratābhiḥ + 有声音 < dharmârāma-rati-ratā- < dharma-ārāma-rati-rata-：*adj.* 真理の教え（法）の園林の喜びに満足している。*f. pl. Ins.*

「ある」「なる」などの動詞が非人称受動態のとき、主語と名詞補語は具格となる。cf.「シンタックス」*p.* 45.

dharma-：*m.* 確定した秩序。慣例。習慣。法則。規則。義務。宗教。教説。性質。本質。属性。特質。事物。法。

ārāma-：*m.* 歓喜。快楽。庭園。果樹園。「喜」「楽」「苑」「園」「園林」「共喜園」と漢訳。

rati- < √ram- (1) + -ti：*f.* 休息。快楽。満足。「楽」「愛楽」「歓喜」と漢訳。

rata- < √ram- (1) + -ta：*pp.* 喜んだ。満足した。～を喜んだ。～に耽った。「楽」「可楽」と漢訳。

idānīṃ ＝ idā：*adv.* 「今」「今次」「今時」「於今日」と漢訳。

yuṣmābhir < yuṣmābhiḥ + 有声音 < yuṣmad-：あなたたち。*2, pl. Ins.*

bhavitavyaṃ < bhavitavya- < √bhū- (1) + -itavya：*未受分,* 生じられるべき。～になられるべき。発生されるべき。出現されるべき。存在されるべき。起こるべき。あるべき。*n. sg. Nom.*

na：*ind.* ～でない。～にあらず。

kāma-rati-ratābhiḥ < kāma-rati-ratā- < kāma-rati-rata-：*adj.* 欲望の喜びに満足している。*f. pl. Ins.*

kāma-：*m.* ～（為格・属格・処格）に対する願望。欲望。愛。

tā āhuḥ /　katamā ca punar dharmârāma-ratiḥ /

（梵漢和維摩経 *p.* 154, *l.* 7）

「それら〔の天女たち〕が言いました。

『しかしながら、何が真理の教え（法）の園林の喜びなのでしょうか』と。

【「天女、即ち問う。『何をか法楽と謂うや』。】（大正蔵、巻一四、五四三頁中）

……………………………………………………………………

tā < tāḥ + 有声音 < tad-：それ。*f. pl. Nom.*

āhuḥ < √ah-：言う。*Perf. 3, pl. P.*

……………………………………………………………………

katamā < katamā- < katama-：*疑問代名詞,*（三つ以上のうちの）どれか。何か。だれか。*f. sg. Nom.*

ca：*conj.* および。また。しかしながら。そして。～と。なお。

punar：*adv.* 再び。新たに。さらに。なお。しかしながら。

dharmârāma-ratiḥ < dharma-ārāma-rati-：*f.* 真理の教え（法）の園林の喜び。*f. sg. Nom.*

sa āha /　buddhe 'bhedya-prasāda-ratir dharme śuśrūṣaṇa-ratiḥ saṃgha upasthāna-ratir guruṣu gauravôpasthāna-ratis traidhātukān niḥsaraṇa-ratir viṣayeṣv aniśrita-ratiḥ skandheṣu vadhakânitya-pratyavekṣaṇā-ratir dhātuṣv āśīviṣa-paritulanā-ratir āyataneṣu śūnya-grāma-viveka-ratir bodhi-cittârakṣaṇa-ratiḥ sattveṣu hita-vastutā-ratir dāne saṃvibhāga-ratiḥ śīleṣv aśaithilya-ratiḥ kṣāntyāṃ kṣama-dama-ratir[37] vīrye kuśala-samudānayana-ratir dhyāneṣu parikarma-ratiḥ prajñāyām apagata-kleśâvabhāsa-ratir bodhau vistīrṇa-ratir mārasya nigraha-ratiḥ kleśānāṃ praghātanā-ratir buddha-kṣetrasya viśodhanā-ratir lakṣaṇânuvyañjana-pariniṣpatty-arthaṃ sarva-kuśala-mūlôpacaya-ratir[38] gambhīra-dharma-śravaṇânuttrāsa-ratis tri-vimokṣa-mukha-parijaya-ratir nirvāṇârambaṇa-ratir bodhi-maṇḍâlaṃkāra-ratir na câkāla-prāpti-ratiḥ sabhāga-jana-sevanā-ratir visabhāgeṣv adoṣâpratighāta-ratiḥ kalyāṇa-mitreṣu sevā-ratiḥ pāpa-mitreṣu visarjanā-ratir dharma-prīti-prāmodya-ratir upāye saṃgraha-ratir apramāda-bodhi-pakṣya-dharma-sevanā-ratiḥ /

（梵漢和維摩経 *p.* 154, *ll.* 8–17, *p.* 156, *ll.* 1–6）

「その〔ヴィマラキールティ〕が言いました。

『ブッダ（仏）に対する破壊されることのない浄信の喜び、真理の教え（法）に対する聞くことを熱望する喜び、教団（僧）に対して親近する喜び、師に対して尊敬し親近する喜び、〔欲界・色界・無色界の〕三界から出離する喜び、〔五欲の〕対象に執着しない喜び、〔色・受・想・行・識の五つの〕

集まり（五蘊）に対して死刑執行人のように無常であると観察する喜び、〔地・水・火・風の四〕大元素[39] に対して毒蛇と同等に見なす喜び、〔眼・耳・鼻・舌・身・意の六根と、その対象である色・声・香・味・触・法の六境からなる〕認識成立の領域（十二処）に対して住む者のいない村のように〔空虚であると〕見なす喜び、覚りを求める心（菩提心）を守る喜び、衆生を利益〔の施し〕の対象とする喜び、布施において分かち与える喜び、戒において弛緩することのない喜び、忍耐において辛抱強く自制する喜び、努力精進において善〔根〕を完成させる喜び、禅定において〔心身を〕整え清める喜び、智慧において煩悩の出現を断った喜び、覚りにおいて拡大する喜び、悪魔を打ち破る喜び、煩悩を殺害する喜び、ブッダの国土を清める喜び、〔三十二種類の〕身体的特徴（三十二相）と〔八十種類の〕副次的特徴（八十種好）の完成のためにあらゆる善根を積み重ねる喜び、深遠な法を聞いて恐れることのない喜び、解脱への三種類の門〔である空・無相・無願〕を修習する喜び、涅槃を目標（境）とする喜び、覚りの座を荘厳する喜び、定められた時でなければ〔涅槃に〕達しない喜び、同学の人に親近する喜び、同学でないものに対して憎悪もなく撃退することもない喜び、善き友（善知識）たちに対して奉仕する喜び、悪しき友（悪知識）たちに対して〔悪の〕除去を行なう喜び、法に対して満足と歓喜を抱く喜び、方便において〔衆生を〕受け入れる喜び、覚りを助ける〔三十七の修行〕法（三十七助道法）を怠慢であることなく実践する喜びである。

【「答えて言わく、『楽しみて常に仏を信じ、楽しみて法を聴かんと欲し、楽しみて衆を供養し、楽しみて五欲を離れ、楽しみて五陰を怨賊の如しと観じ、楽しみて四大は毒蛇の如しと観じ、楽しみて内入は空聚の如しと観じ、楽しみて道意を随い譲り、楽しみて衆生を饒益し、楽しみて師を敬養し、楽しみて広く施を行じ、楽しみて戒を堅持し、楽しみて忍辱・柔和にし、楽しみて勤めて善根を集め、楽しみて禅定して乱れず、楽しみて垢を離れて明慧あり、楽しみて菩提心を広め、楽しみて衆魔を降伏し、楽しみて諸煩悩を断ち、楽しみて仏国土を浄め、楽しみて相好を成就するが故に諸の功徳を修し、楽しみて道場を厳り、楽しみて深法を聞きて畏れず。三脱門を楽しみて、非時を楽しまず、楽しみて同学に近づき、楽しみて非同学中に於いて心に恚礙無く、楽しみて悪知識を将護し、楽しみて善知識に親近し、楽しみて心に清浄を喜び、楽しみて無量の道品の法を修す。】

（大正蔵、巻一四、五四三頁中）

……………………………………………………………………

sa < saḥ < tad-：それ。*m. sg. Nom.*

āha < √ah-：言う。*Perf. 3, sg. P.*

……………………………………………………………………

buddhe 'bhedya-prasāda-ratir < buddhe 'bhedya-prasāda-ratiḥ + 有声音 < buddhe + abhedya-prasāda-ratiḥ

buddhe < buddha- < √budh- (1) + -ta：*pp.* 目覚めた（人）。*m.* ブッダ。「覚者」と漢訳。「仏陀」「仏」と音写。*sg. Loc.*

abhedya-prasāda-ratiḥ < abhedya-prasāda-rati-：*f.* 破壊されることのない浄信の喜び。*sg. Nom.*

abhedya- < a-bhedya-：*adj.* 破壊されるべきでない。「不壊」と漢訳。

bhedya- < √bhid- (1) + -ya：*未受分,* 裂かれるべき。破られるべき。破壊されるべき。

√bhid- (1)：裂く。割る。貫く。破る。破壊する。

prasāda- < pra-sāda- < pra-√sad- (1) + -a：*m.* 清澄であること。輝かしいこと。明瞭。光輝。「浄」「清浄」「澄浄」「浄信」「正信」と漢訳。

pra-√sad- (1)：～（対格）の掌中に陥る。（心が）静まる。（意味などが）明瞭になる。満足する。「清」「楽」「浄」「信」「浄信」「安住」と漢訳。

dharme < dharma-：*m.* 真理。教え。「法」と漢訳。*sg. Loc.*

śuśrūṣaṇa-ratiḥ < śuśrūṣaṇa-rati-：*f.* 聞くことを熱望する喜び。*sg. Nom.*

śuśrūṣaṇa-：*n.* 聞こうとする熱望。聞くことを熱望すること。

saṃgha < saṃghe + a 以外の母音 < saṃ-gha-：*m.* 群れ。集団。僧団。「衆」「衆会」と漢訳。「僧伽」と音写。*sg. Loc.*

upasthāna-ratir < upasthāna-ratiḥ + 有声音 < upasthāna-rati-：*f.* 親近する喜び。*sg. Nom.*

upasthāna- < upa-√sthā- (1) + -ana：*n.* 出席。接近。参列。奉仕。敬礼。「親近」「侍従」と漢訳。

upa-√sthā- (1)：近くに立つ。～にかしづく。～に仕える。

guruṣu < guru-：*adj.* 重要な。尊敬すべき。*m.* 尊敬すべき人。師。「尊」「尊者」「師長」と漢訳。*m. sg. Loc.*

gauravôpasthāna-ratis < gauravôpasthāna-ratiḥ + (t) < gaurava-upasthāna-rati-：*f.* ～に対して尊敬し親近する喜び。*sg. Nom.*

gaurava- < guru- + -a：*adj.* 師（guru）に関する。*n.* 重さ。重要性。～（処格）に対する尊敬。「尊敬」「畏敬」と漢訳。

upasthāna- < upa-√sthā- (1) + -ana：*n.* 出席。接近。参列。奉仕。敬礼。「親近」「侍従」と漢訳。

traidhātukān < traidhātukāt + (n) < traidhātuka- < tri-dhātu- + -ka：*adj.* 三界に関する。*m. sg. Abl.*

niḥsaraṇa-ratir < niḥsaraṇa-ratiḥ + 有声音 < niḥsaraṇa-rati-：*f.* 出離する喜び。*sg. Nom.*

niḥsaraṇa- < niḥ-√sṛ- (1) + -ana：*n.* 脱出すること。出て行くこと。「出」「出離」「遠離」と漢訳。

viṣayeṣv < viṣayeṣu + 母音 < viṣaya-：*m.* 活動領域。（目、耳、心などの）届く範囲。感覚の対象。*pl. Loc.*

aniśrita-ratiḥ < aniśrita-rati-：*f.* ～に執着しない喜び。*sg. Nom.*

aniśrita- < a-niśrita-：*adj.* 「不依」「不住」「無依」「無所依」「無依住」「無依処」と漢訳。

niśrita- < ni-√śri- (1) + -ta：*pp.* ～（対格、処格）に執着する。～に立つ。「依」「住」「有依」「所依止」「所依」と漢訳。

skandheṣu < skandha-：*m.* （木の）幹。区分。部分。集合。*pl. Loc.*

vadhakânitya-pratyavekṣaṇā-ratir < vadhakânitya-pratyavekṣaṇā-ratiḥ + 有声音 < vadhaka-anitya-pratyavekṣaṇā-rati-：*f.* 死刑執行人のように無常であると観察する喜び。*sg. Nom.*

vadhaka- < √vadh- (1) + -aka：*m.* 殺人者。死刑執行人。

anitya- < a-nitya-：*adj.* 無常なる。一時的な。恒常ならざる。

pratyavekṣaṇā- < prati-ava-√īkṣ- (1) + -anā：*f.* 観察すること。調査すること。検査すること。尋ねること。「観察」と漢訳。

pratyavekṣaṇa- < prati-ava-√īkṣ- (1) + -ana：*n.* 観察すること。調査すること。検査すること。尋ねること。「観察」と漢訳。

dhātuṣv < dhātuṣu + 母音 < dhātu-：*m.* 層。成分。要素。素質。性質。語根。「界」と漢訳。*pl. Loc.*

āśīviṣa-paritulanā-ratir < āśīviṣa-paritulanā-ratiḥ + 有声音 < āśīviṣa-paritulanā-rati-：*f.* 毒蛇と同等に見なす喜び。*sg. Nom.*

āśīviṣa- < āśī-viṣa-：*m.* 毒蛇。蛇。

paritulanā- < pari-√tul- (10) + -anā：*f.* 同等に見ること。

pari-√tul- (10)：「思量」「思惟」と漢訳。

√tul- (10)：秤にかける。熟考する。詳しく見る。～（具格）と比較する。～と同等にする。～に匹敵する。

āyataneṣu < āyatana- < ā-yatana- < ā-√yat- (1) + -ana：*n.* 入ること。処。住所。領域。聖域。感覚の領域。感官。「処」「入」と漢訳。*pl. Loc.*

śūnya-grāma-viveka-ratir < śūnya-grāma-viveka-ratiḥ + 有声音 < śūnya-grāma-viveka-rati-：*f.* 住む者のいない村のように〔空虚であると〕見なす喜び。*sg. Nom.*

śūnya-：*adj.* からの。空虚な。住む者のない。うつろな。欠けている。～のない。空しい。*n.* 空虚な場所。孤独。空虚。

grāma-：*m.* 居住地。村落。「里」「村」「村落」「村邑」と漢訳。

viveka- < vi-√vic- (7) + -a：*m.* 区別。差別。調査。論議。批判。識別。判断。「離」「遠離」

「厭」「厭離」「除」と漢訳。

vi-√vic- (7)：篩い分ける。分離する。区別する。識別する。見分ける。研究する。熟慮する。

bodhi-cittârakṣaṇa-ratiḥ < bodhi-citta-ārakṣaṇa-rati-：*f.* 覚りを求める心（菩提心）を守る喜び。*sg. Nom.*

bodhi-citta-：*n.* 覚りを求める心（菩提心）。「菩提心」「覚心」と漢訳。

ārakṣaṇa- < ā-√rakṣ- (1) + -ana：*n.* 守ること。維持すること。

ā-√rakṣ- (1)：守護する。防護する。維持する。警戒する。

sattveṣu < sattva-：*m.* 「衆生」と漢訳。*pl. Loc.*

hita-vastutā-ratir < hita-vastutā-ratiḥ + 有声音 < hita-vastutā-rati-：*f.* 利益〔の施し〕の対象とする喜び。*sg. Nom.*

hita- < √dhā- (3) + -ta：*pp.* ～の中に置かれた。横たえられた。*n.* 利益。安寧。ためになること。

vastutā- < vastu-tā-：*f.* ～の対象であること。

vastu-：*n.* 物。物質。事物。実在するもの。

dāne < dāna- < √dā- (3) + -ana：*n.* 与えること。施物。供物。*sg. Loc.*

saṃvibhāga-ratiḥ < saṃvibhāga-rati-：*f.* 分かち与える喜び。*sg. Nom.*

saṃvibhāga- < sam-vi-√bhaj- (1) + -a：*n.* 分割。他人と分配すること。～（為格、処格）に分け前を与えること。～の授与。与えること。分け前。

sam-vi-√bhaj- (1)：～（為格、属格）と～（対格）を分け合う。

śīleṣv < śīleṣu + 母音 < śīla-：*n.* 習慣。気質。性向。性格。よい行状。よい習慣。高尚な品性。道徳性。「戒」と漢訳。*pl. Loc.*

aśaithilya-ratiḥ < aśaithilya-rati-：*f.* 弛緩することのない喜び。*sg. Nom.*

aśaithilya- < a-śaithilya-：*n.* ゆるさのないこと。弛緩のないこと。

śaithilya- < śithila- + -ya：*n.* ゆるいこと。弛緩。減少。うつろなこと。怠慢。

śithila-：*adj.* ゆるい。たるんだ。緩められた。衰えた。

kṣāntyāṃ < kṣānti- < √kṣam- (1) + -ti：*f.* 堪えること。認めること。「忍」「忍辱」「堪忍」と漢訳。*sg. Loc.*

kṣama-dama-ratir < kṣama-dama-ratiḥ + 有声音 < kṣama-dama-rati-：*f.* 辛抱強く自制する喜び。*sg. Nom.*

kṣama- < √kṣam- (1) + -a：*adj.* 辛抱強い。～を忍耐する。

dama- < √dam- (4) +-a：*adj.* ～を馴らす。～を屈服させる。*m.* 自制。

vīrye < vīrya-：*n.* 男らしさ。勇気。力。能力。英雄的な行為。「勤」「精進」「勇健」「勇猛」「強健」と漢訳。*sg. Loc.*

kuśala-samudānayana-ratir < kuśala-samudānayana-ratiḥ + 有声音 < kuśala-samudānayana-rati-：*f.* 善〔根〕を完成させる喜び。*sg. Nom.*

kuśala-：*adj.* 善き。正しき。～に熟練した。*n.* 好条件。正等の順序。熟練。

samudānayana- < sam-ud-ā-√nī- (1) + -ana：*n.* 完成させること。「集」「合」「修」「具」「積集」と漢訳。

sam-ud-ā-√nī- (1)：集める。得る。達する。成し遂げる。完成させる。完成する。完全に到達する。

dhyāneṣu < dhyāna- < √dhyai- (1) + -ana：*n.* 静慮。「定」と漢訳。「禅」「禅定」と音写。*pl. Loc.*

parikarma-ratiḥ < parikarma-rati-：*f.* 浄化する喜び。*sg. Nom.*

parikarma- < parikarman-：*n.* 崇拝。身を飾り整えること。身に油を塗ること。浄化。～に対する準備。「治」「修治」「修行」と漢訳。

prajñāyām < prajñā-：*f.* 智慧。*sg. Loc.*

apagata-kleśâvabhāsa-ratir < apagata-kleśâvabhāsa-ratiḥ + 有声音 < apagata-kleśa-avabhāsa-rati-：*f.* 煩悩の出現を断った喜び。*sg. Nom.*

apagata- < apa-gata- < apa-√gam- (1) + -ta：*pp.* 去った。消滅した。「離」「遠離」「除」「滅」と漢訳。

kleśa- < √kliś- (4) + -a：*m.* 苦痛。苦悩。心痛。「煩悩」「惑」「根本煩悩」と漢訳。

avabhāsa- < ava-√bhās- (1) + -a：*m.* 光輝。出現。顕示。

bodhau < bodhi- < √budh- (1) + -i：*f.* 覚り。「菩提」と音写。*sg. Loc.*

vistīrṇa-ratir < vistīrṇa-ratiḥ + 有声音 < vistīrṇa-rati-：*f.* 拡大される喜び。*sg. Nom.*

vistīrṇa- < vi-√stṛ- (5) + -na：*pp.* 撒布された。散在する。拡げられた。延長された。広範な。広い。大きい。偉大な。詳細な。

mārasya < māra- < √mṛ- (1) + -a：*m.* 死。殺害。誘惑者。悪魔。「障」「悪者」と漢訳。「悪魔」「邪魔」「魔」「摩羅」と音写。*sg. Gen.*

nigraha-ratiḥ < nigraha-rati-：*f.* 打ち破る喜び。*sg. Nom.*

nigraha- < ni-√grah- (9) + -a：*m.* 捉えること。禁止。制止。抑制。拘束。「調伏」「降」「伏」「降伏」と漢訳。

kleśānāṃ < kleśa- < √kliś- (4) + -a：*m.* 苦痛。苦悩。心痛。「煩悩」「惑」「根本煩悩」と漢訳。*pl. Gen.*

praghātanā-ratir < praghātanā-ratiḥ + 有声音 < praghātanā-rati-：*f.* 殺害する喜び。*sg. Nom.*

praghātanā- < pra-√ghātaya- (名動詞) + -anā：*f.* 殺すこと。「殺害」と漢訳。

pra-√ghātaya- (名動詞)：「断其命根」と漢訳。

√ghātaya- (名動詞)：殺す。破壊する。殺させる。「殺害」と漢訳。

buddha-kṣetrasya < buddha-kṣetra-：*n.* ブッダの国土。「仏国土」と漢訳。*sg. Gen.*

viśodhanā-ratir < viśodhanā-ratiḥ + 有声音 < viśodhanā-rati-：*f.* 清める喜び。*sg. Nom.*

viśodhanā- < vi-√śudh- (4) + -anā：*f.* 清めること。「浄化」と漢訳。

√śudh- は、Ⅰ類だが、vi-√śudh- はⅣ類であることに注意。

lakṣaṇânuvyañjana-pariniṣpatty-arthaṃ < lakṣaṇa-anuvyañjana-pariniṣpatti-artha-：*adj.* 〔三十二種類の〕身体的特徴（三十二相）と〔八十種類の〕副次的特徴（八十種好）の完成のための。*n. sg. Acc.* 対格の副詞的用法。

lakṣaṇa-：*adj.* 指示する。標章の。しるしのある。特徴のある。属性のある。*n.* 標章。しるし。記号。特徴。属性。

anuvyañjana- < anu-vyañjana-：*n.* 副次的なしるし。第二次的なしるし。（八十）種好。「種好」と漢訳。

vyañjana- < vi-√añj- (7) + -ana：n. 現わすこと。間接的表現。象徴的表現。暗示。しるし。

vi-√añj- (7)：美しくする。顕示する。

√añj- (7)：～（対格）をもって身を飾る。表示する。

pariniṣpatti- < pari-niṣ-√pad- (4) + -ti：*f.* 完成。「成」「成就」「成満」「円成」「具足」「円満」と漢訳。

～-artha-：*adj.* ～を目的とする。～に役立つ。～のための。「為」「故」と漢訳。

sarva-kuśala-mūlôpacaya-ratir < sarva-kuśala-mūlôpacaya-ratiḥ + 有声音 < sarva-kuśala-mūla-upacaya-rati-：*f.* あらゆる善根を積み重ねる喜び。*sg. Nom.*

sarva-：*adj.* 一切の。すべての。

kuśala-mūla-：*n.* 「善根」と漢訳。

upacaya- < upa-√ci- (5) + -aya：*m.* 集積。量。増加。過剰。成長。繁栄。「聚」「聚集」「積聚」と漢訳。

upa-√ci- (5)：積み上げる。集める。蓄積する。増す。

gambhīra-dharma-śravaṇânuttrāsa-ratis < gambhīra-dharma-śravaṇânuttrāsa-ratiḥ + (t) < gambhīra-dharma-śravaṇa-anuttrāsa-rati-：*f.* 深遠な法を聞いて恐れることのない喜び。*sg. Nom.*

gambhīra- = gabhīra-：*adj.* 深い。「甚深」「深遠」と漢訳。

dharma-：*m.* 確定した秩序。慣例。習慣。法則。規則。義務。宗教。教説。性質。本質。属性。特質。事物。法。

śravaṇa- < √śru- (5) + -ana：*n.* 聞くこと。学ぶこと。「聴聞」と漢訳。

anuttrāsa- < an-uttrāsa-：*adj.* 恐怖のない。

uttrāsa- < ud-√tras- (1) + -a：*m.* 恐怖。「怖畏」と漢訳。

tri-vimokṣa-mukha-parijaya-ratir < tri-vimokṣa-mukha-parijaya-ratiḥ + 有声音 < tri-vimokṣa-mukha-parijaya-rati-：*f.* 解脱への三種類の門〔である空・無相・無願〕を修習する喜び。*sg. Nom.*

tri-：*基数詞,* 三。

vimokṣa-：*m.* 緩むこと。〜からの解放。救済。「解脱」と漢訳。

mukha-：*n.* 顔。〜の口。入口。「口」「面」「門」と漢訳。

parijaya- ≒ paricaya- < pari-√ci- (5) + -a：*m.* 積集。積習。修得。修習。熟練。

parijaya- < pari-√ji- (1) + -a：*m.* 勝利。

nirvāṇârambaṇa-ratir < nirvāṇârambaṇa-ratiḥ + 有声音 < nirvāṇa-ārambaṇa-rati-：*f.* 涅槃を目標（境）とする喜び。*sg. Nom.*

nirvāṇa- < nir-√vā- (2, 4) + -na：*pp.* 吹き消された。生命の光の消えた。絶対の至福を享受した。*n.* 消滅。生の焔の消滅すること。絶対との一致。完全な満足。寂滅。安穏。「滅」「滅度」「寂滅」「安穏」と漢訳。「涅槃」「泥洹（ないおん）」と音写。

ārambaṇa- < ā-√ramb- (1) +-ana：*n.* 支持。依所。「因」「所因」「縁」「所縁」「因縁」と漢訳。

ārambaṇa- ≒ ālambaṇa-：*n.* 〜に寄りかかること。支持すること。「縁」「所縁」「境」「所縁境」と漢訳。

bodhi-maṇḍâlaṃkāra-ratir < bodhi-maṇḍâlaṃkāra-ratiḥ + 有声音 < bodhi-maṇḍa-alaṃkāra-rati-：*f.* 覚りの座を荘厳する喜び。*sg. Nom.*

bodhi-maṇḍa-：*m.n.* 開悟の座。覚りの場。「道場」「菩提座」「菩提場」などと漢訳。

alaṃkāra- < alam-√kṛ- (8) + -a：*m.* 装飾。装飾物。装身具。修辞。「荘厳」「厳飾」と漢訳。

na：*ind.* 〜でない。〜にあらず。

câkāla-prāpti-ratiḥ < ca + akāla-prāpti-ratiḥ

akāla-prāpti-ratiḥ < akāla-prāpti-rati-：*f.* 定められた時でなく〔涅槃に〕達する喜び。*sg. Nom.*

akāla- < a-kāla-：*m.* 法外の時。時はずれ。夜。「非時」「不依時」「非為時」と漢訳。

kāla-：*m.* 適当な時。定められた時。正しい時。

prāpti- < pra-√āp- (1) + -ti：*f.* 到来。到達する領域。範囲。〜への到着。達成。獲得。「証得」と漢訳。

sabhāga-jana-sevanā-ratir < sabhāga-jana-sevanā-ratiḥ + 有声音 < sabhāga-jana-sevanā-rati-：*f.* 同学の人に親近する喜び。*sg. Nom.*

sabhāga- < sa-bhāga-：*adj.* 「同分」「等分」「相似」「同類」と漢訳。

sa-：*pref.* 結合・共有・類似・同等を意味する接頭辞。

bhāga-：*m.* 配当された部分。分け前。割り当て。相続分。部分。

jana- < √jan- (1) + -a：*m.* 生物。人。個人。「人」「仁」「男女」「衆」「衆生」「有情」と漢訳。

sevanā- < √sev- (1) + -anā：*f.* 〜にしばしば通うこと。侍すること。仕えること。「親近」と漢訳。

visabhāgeṣv < visabhāgeṣu + 母音 < vi-sabhāga-：*adj.* 「異」「異類」「不同」「不同類」と漢訳。*pl. Loc.*

adoṣâpratighāta-ratiḥ < adoṣâpratighāta-rati- < adoṣa-apratighāta-rati-：*f.* 憎悪もなく撃退することもない喜び。*sg. Nom.*

adoṣa- < a-doṣa-：*adj.* 憎悪のない。

doṣa- ≒ dveṣa-：*m.* 憎悪。「瞋恚」「憎」「憎忿」と漢訳。

doṣa-には、*m.* 「欠陥」「欠点」「短所」「過失」といった意味もあるが、ここではSkt. の dveṣa-（Pāl.で dosa-）の俗語形である。

apratighāta- < a-pratighāta-：*adj.* 妨げられない。撃退することのない。「無礙」と漢訳。

pratighāta-：*m.* 撃退。予防。抑止。妨害。障害。抵抗。「障」「礙」と漢訳。

kalyāṇa-mitreṣu < kalyāṇa-mitra-：*m.* 善き友。真の友。「善友」「知識」「善知識」と漢訳。*pl. Loc.*

sevā-ratiḥ < sevā-rati-：*f.* 奉仕するする喜び。*sg. Nom.*

sevā- < √sev- (1) + -ā：*f.* ～へしばしば通うこと。～（処格、属格）への奉仕。

pāpa-mitreṣu < pāpa-mitra-：*m.* 悪しき友。「悪友」「不善友」「悪知識」と漢訳。*pl. Loc.*

visarjanā-ratir < visarjanā-ratiḥ + 有声音 < visarjanā-rati-：*f.* 〔悪を〕除去する喜び。*sg. Nom.*

visarjanā- < vi-√sṛj- (6) + -anā：*f.* 停止。終わり。除去。創造すること。放棄。遺棄。流出。放出。追い払うこと。授けること。与えること。

vi-√sṛj- (6)：発射する。投げつける。流れさせる。出す。流す。解放する。追い出す。（使者を）派遣する。行かせる。

dharma-prīti-prāmodya-ratir < dharma-prīti-prāmodya-ratiḥ + 有声音 < dharma-prīti-prāmodya-rati-：*f.* 法に対して満足と歓喜を抱く喜び。*sg. Nom.*

dharma-：*m.* 確定した秩序。慣例。習慣。法則。規則。義務。宗教。教説。性質。本質。属性。特質。事物。法。

prīti-：*f.* ～（処格）における満足。喜悦。歓喜。親切な感情。好意。友情。～に対する愛情／愛好。

prāmodya- < pramoda- + -ya：*n.* 狂喜。歓喜。喜び。幸福。

pramoda- < pra-√mud- (1) + -a：*m.* 喜悦。大なる喜悦。「歓喜」と漢訳。

pra-√mud- (1)：陽気になる。喜ぶ。非常に喜ぶ。「生歓喜」「心常歓喜」

upāye < upāya- < upa-√i- (2) + -a：*m.* 接近。到着。手段。方策。「方便」と漢訳。*sg. Loc.*

saṃgraha-ratir < saṃgraha-ratiḥ + 有声音 < saṃgraha-rati：*f.* 〔衆生を〕受け入れる喜び。*sg. Nom.*

saṃgraha- < sam-√grah- (9) + -a：*m.* 捕獲。つかむこと。保護。包含。

sam-√grah- (9)：集める。握る。激励する。保護する。会得する。理解する。受け入れる。

apramāda-bodhi-pakṣya-dharma-sevanā-ratiḥ < apramāda-bodhi-pakṣya-dharma-sevanā-rati-：*f.* 怠慢であることなく覚りを助ける〔三十七の修行〕法を実践する喜び。*sg. Nom.*

apramāda- < a-pramāda-：*adj.* 懇切な。注意深い。怠慢でない。「不放逸」と漢訳。

pramāda- < pra-√mad- (1) + -a：*m.* 酔い。狂気。誤謬。～に関する不注意。災厄。不幸。「放逸」と漢訳。

pra-√mad- (1)：喜ぶ。非常に喜ぶ。～（奪格、処格）について不注意である。～に無頓着である。～に怠慢である。軽率である。

bodhi-pakṣya-dharma-：*m.* 覚りを助ける〔三十七の修行〕法。「菩提分法」と漢訳。

bodhi-pakṣya-：*adj.* 覚りを助ける。

dharma-：*m.* 確定した秩序。慣例。習慣。法則。規則。義務。宗教。教説。性質。本質。属性。特質。事物。法。

sevanā- < √sev- (1) + -anā：*f.* ～にしばしば通うこと。侍すること。仕えること。～の実践。実行。～に耽ること。「親近」と漢訳。

evaṃ hi bodhi-sattvo dharmârāma-rati-rato bhavati /

（梵漢和維摩経 *p.* 156, *l.* 6）

「『まさにこのように、菩薩は、真理の教え（法）の園林の喜びに満足しているのである』と。

【「『是れを菩薩の法楽と為す』と。】　　（大正蔵、巻一四、五四三頁中）

……………………………………………………………………

evaṃ：*adv.* このように。「是」「如是」と漢訳。

hi：*ind.* 真に。確かに。実に。

bodhi-sattvo < bodhi-sattvaḥ + 有声子音 < bodhi-sattva-：*m.* 覚りを求める人。「菩薩」と音写。*sg. Nom.*

dharmârāma-rati-rato < dharmârāma-rati-rataḥ + 有声子音 < dharma-ārāma-rati-rata-：*adj.* 真理の教え（法）の園林の喜びに満足している。*m. sg. Nom.*
bhavati < bhava- < √bhū- (1)：なる。*Pres. 3, sg. P.*

§65　atha māraḥ pāpīyāṃs tā apsarasa etad avocat /　āgacchata /　idānīṃ gamiṣyāmaḥ sva-bhav=anam iti /
（梵漢和維摩経 *p.* 156, *ll.* 7–8）

§65　「その時、悪魔のパーピーヤスがそれらの天女たちにこのように言いました。
『お前たちは、来るがよい。われわれは、今、自分たちの宮殿に帰るとしよう』と。
【§65　是に於いて波旬、諸女に告げて言わく、『我、汝らと倶に天宮に還らんと欲す』と。】
（大正蔵、巻一四、五四三頁中）

…………………………………………………………………

atha：*adv.* その時。その場合。さて。それ故。しかれば。しかしながら。
māraḥ < māraḥ + (p) < māra- < √mṛ- (1) + -a：*m.* 死。殺害。誘惑者。悪魔。「障」「悪者」と漢訳。「悪魔」「邪魔」「魔」「摩羅」と音写。*sg. Nom.*
pāpīyāṃs < pāpīyān + (t) < pāpīyas- < pāpa- + -īyas：*adj.* いっそう悪い。非常に悪い。*m.* 悪人。「波旬」「波卑」と音写。*m. sg. Nom.* 格変化は、cf.「基礎」*p.* 156.
tā < tāḥ + 有声音 < tad-：それ。*f. pl. Acc.*
apsarasa < apsarasaḥ + a 以外の母音 < apsaras- < ap-saras-：*f.* 天上の水精女。「天女」「天采女」「采女」と漢訳。*pl. Acc.*
etad < etat + 母音 < etad-：これ。*n. sg. Acc.* 対格の副詞的用法で「このように」の意味。
avocat < avoca- < a- + va-+ uc- + -a < √vac- (2)：言う。話す。告げる。*重複 Aor. 3, sg. P.*

…………………………………………………………………

āgacchata < āgaccha- < ā-√gam- (1)：来る。*Impv. 2, pl. P.*

…………………………………………………………………

idānīṃ ＝ idā：*adv.* 「今」「今次」「今時」「於今日」と漢訳。
gamiṣyāmaḥ < gamiṣya- < √gam- (1) + -iṣya：行く。*Fut. 1, pl. P.*
現在形で、直ちに行動すべき意志を示している。cf.「シンタックス」*p.* 83.
sva-bhavanam < sva-bhavana-：*n.* 自分の宮殿。*sg. Acc.*
iti：*adv.* ～と。～ということを。以上のように。～と考えて。「如是」と漢訳。

tā evam āhuḥ /　niryātitā idānīṃ tvayā vayam asmai gṛhapataye /
（梵漢和維摩経 *p.* 156, *l.* 9）

「それら〔の天女たち〕は、このように言いました。
『あなたは、今、この資産家に私たちをお与えになりました。
【諸女言わく、『我等を以て、此の居士に与えき。】　（大正蔵、巻一四、五四三頁中）

…………………………………………………………………

tā < tāḥ + 有声音 < tad-：それ。*f. pl. Nom.*
evam：*adv.* このように。「是」「如是」と漢訳。
āhuḥ < √ah-：言う。*Perf. 3, pl. P.*
√ah- は不完全動詞であり、完了形は āttha (*2, sg. P.*), āha (*3, sg. P.*), āhathuḥ (*2, du. P.*), āhatuḥ (*3, du. P.*), āhuḥ (*3, pl. P.*) の形しかない。cf.「基礎」*p.* 376.
直接法過去（Imperfect）が話者の直接目撃した過去を、アオリストが今日あったことを述べるのに対して、完了（Perfect）は、話者が直接目撃していないことを述べる時に用いられる。だから、「言う」ということを話者本人が、経験してもいないのに、「私が言った」と表現することは矛盾する。従って、√ah- の完了の一人称は存在しないのである。

…………………………………………………………………

niryātitā < niryātitāḥ + 有声音 < niryātita- < niryātaya- + -ta < nir-√yat- (1) + -aya + -ta：*Caus. pp.* 取り去られた。贈られた。*f. pl. Nom.*
idānīṃ = idā：*adv.* 「今」「今次」「今時」「於今日」と漢訳。
tvayā < tvad-：あなた。*2, sg. Ins.*
vayam < asmad-：われわれ。*1, pl. Nom.*
asmai < idam-：これ。*m. sg. Dat.*
gṛhapataye < gṛha-pati-：*m* 資産家。「家長」「居士」「長者」「在家」と漢訳。*sg. Dat.*

> dharmârāma-rati-ratābhir asmābhir idānīṃ bhavitavyaṃ na kāma-rati-ratābhiḥ /
> (梵漢和維摩経 *p.* 156, *ll.* 9–11)

「『私たちは今、真理の教え（法）の園林の喜びに満足するべきであって、〔色・声・香・味・触に対する五つの〕欲望の喜びに満足するべきではありません』
【「『法楽有り、我等甚だ楽し。復、五欲の楽を楽わざるなり』】　　　（大正蔵、巻一四、五四三頁中）
……………………………………………………………………

dharmârāma-rati-ratābhir < dharmârāma-rati-ratābhiḥ + 有声音 < dharmârāma-rati-rata-：*adj.* 真理の教え（法）の園林の喜びに満足している。*f. pl. Ins.*
「ある」「なる」などの動詞が非人称受動態のとき、主語と名詞補語は具格となる。cf.「シンタックス」*p.* 45.
asmābhir < asmābhiḥ + 有声音 < asmad-：われわれ。*1, pl. Ins.*
idānīṃ = idā：*adv.* 「今」「今次」「今時」「於今日」と漢訳。
bhavitavyaṃ < bhavitavya- < √bhū- (1) + -itavya：*未受分,* 生じられるべき。～になられるべき。発生されるべき。出現されるべき。存在されるべき。起こるべき。あるべき。*n. sg. Nom.*
na：*ind.* ～でない。～にあらず。
kāma-rati-ratābhiḥ < kāma-rati-ratā- < kāma-rati-rata-：*adj.* 欲望の喜びに満足している。*f. pl. Ins.*

> atha māraḥ pāpīyān vimalakīrtiṃ licchavim evam āha /　niḥsṛja tvaṃ gṛhapate imā apsarasaḥ /
> (梵漢和維摩経 *p.* 156, *ll.* 12–13)

「すると、悪魔のパーピーヤスは、リッチャヴィ族のヴィマラキールティにこのように言いました。
『資産家よ、あなたは、これらの天女たちを自由にしてください。
【「魔言わく、『居士よ、此の女らを捨つ可し。】　　　（大正蔵、巻一四、五四三頁中）
……………………………………………………………………

atha：*adv.* その時。その場合。さて。それ故。しかれば。しかしながら。
māraḥ < māraḥ + (p) < māra- < √mṛ- (1) + -a：*m.* 死。殺害。誘惑者。悪魔。「障」「悪者」と漢訳。「悪魔」「邪魔」「魔」「摩羅」と音写。*sg. Nom.*
pāpīyān < pāpīyas- < pāpa- + -īyas：*adj.* いっそう悪い。非常に悪い。*m.* 悪人。「波旬」「波卑」と音写。*m. sg. Nom.* 格変化は、cf.「基礎」*p.* 156.
vimalakīrtiṃ < vimalakīrti- < vimala-kīrti-：*m.* ヴィマラキールティ。汚れのない名声を持つ（もの）。「維摩詰」「維摩」と音写。「浄名」「無垢称」と漢訳。*sg. Acc.*
licchavim < licchavi-：*m.* リッチャヴィ。「離車子」「栗姑毘」と音写。*sg. Acc.*
evam：*adv.* このように。「是」「如是」と漢訳。
āha < √ah-：言う。*Perf. 3, sg. P.*
……………………………………………………………………

niḥsṛja < niḥsṛja- < niḥ-√sṛj- (6)：注ぐ。流れるままにする。～（奪格）から解放する。自由にする。分離する。取り除く。*Impv. 2, sg. P.*
tvaṃ < tvad-：あなた。*2, sg. Nom.*
gṛhapate < gṛhapati- < gṛha-pati-：*m.* 資産家。「家長」「居士」「長者」「在家」と漢訳。*sg. Voc.*

imā < imāḥ + 有声音 < idam-：これ。*f. pl. Acc.*
apsarasaḥ < apsaras- < ap-saras-：*f.* 天上の水精女。「天女」「天采女」「采女」と漢訳。*pl. Acc.*

sarva-sva-parityāgino bodhi-sattvā mahā-sattvā bhavanti /
(梵漢和維摩経 *p.* 156, *ll.* 13–14)

「『偉大な人である菩薩というものは、すべての自分の所有を放棄しているものであります』。
【「『一切の所有を彼に施す者、是れを菩薩と為す』と。】　（大正蔵、巻一四、五四三頁中）

………………………………………………………………………

sarva-sva-parityāgino < sarva-sva-parityāginaḥ + 有声子音 < sarva-sva-parityāgin-：*adj.* すべての自分のものを放棄している。*m. pl. Nom.*
　sarva-sva-：*n* 全財産。すべての自分のもの。
　sva-：*adj.* 自身の。私の。汝の。彼の。彼女の。我々の。君たちの。彼らの。
　parityāgin- < pari-√tyaj- (1) + -in：*adj.* 見放す。～を断念する。放棄する。「捨」「能捨」と漢訳。
　pari-√tyaj- (1)：棄てる。手放す。断念する。放棄する。
bodhi-sattvā < bodhi-sattvāḥ + 有声音 < bodhi-sattva-：*m.* 覚りを求める人。「菩薩」と音写。*pl. Nom.*
mahā-sattvā < mahā-sattvāḥ + 有声音 < mahā-sattva-：*m.* 偉大な人。立派な人。「大士」「大菩薩」と漢訳。「摩訶薩」と音写。*pl. Nom.*
bhavanti < bhava- < √bhū- (1)：～である。なる。*Pres. 3, pl. P.*

vimalakīrtir āha /　avasṛṣṭā bhavantu /
(梵漢和維摩経 *p.* 156, *l.* 15)

「ヴィマラキールティが言いました。
『〔天女たちは〕自由にされるべきである。
【「維摩詰(ゆいまきつ)言わく、『我、已に捨てたり。】　（大正蔵、巻一四、五四三頁中）

………………………………………………………………………

vimalakīrtir < vimalakīrtiḥ + 有声音 < vimalakīrti- < vimala-kīrti-：*m.* ヴィマラキールティ。汚れのない名声を持つ（もの）。「維摩詰」「維摩」と音写。「浄名」「無垢称」と漢訳。*sg. Nom.*
āha < √ah-：言う。*Perf. 3, sg. P.*

………………………………………………………………………

avasṛṣṭā < avasṛṣṭāḥ + 有声音 < avasṛṣṭa- < ava-√sṛj- (6) + -ta：*pp.* 投げられた。放たれた。退かれた。捨てられた。放棄された。あきらめられた。赦された。自由にされた。*f. pl. Nom.*
bhavantu < bhava- < √bhū- (1)：～である。なる。*Impv. 3, pl. P.*

gaccha pāpīyan /
(梵漢和維摩経 *p.* 156, *l.* 15)

「『パーピーヤスよ、あなたは〔天女たちを連れて〕行くがよい。
【「『汝は便(すなわ)ち将(ひき)いて去れ。】　（大正蔵、巻一四、五四三頁中）

………………………………………………………………………

gaccha < gaccha- < √gam- (1)：行く。経過する。～（対格、為格、処格）に赴く。近づく。達する。*Impv. 2, sg. P.*
pāpīyan < pāpīyas-：*adj.* いっそう悪い。非常に悪い。*m.* 悪人。「波旬」「波卑」と音写。*m. sg. Voc.*
　格変化は、cf.「基礎」*p.* 156.

sarva-sattvānāṃ dhārmikā abhiprāyāḥ paripūryantām /

（梵漢和維摩経 *p.* 156, *ll.* 15–16）

「『あらゆる衆生たちの法にかなった願望が満たされるべきである』。
【「『一切衆生をして法願の具足を得しめん』と。】　（大正蔵、巻一四、五四三頁中）

………………………………………………………………………

sarva-sattvānāṃ < sarva-sattva-：*m.* すべての衆生。「一切衆生」と漢訳。*pl. Gen.*
dhārmikā < dhārmikāḥ ＋ 有声音 < dhārmika- < dharma- + -ika：*adj.* 法（道徳）にかなった。有徳の。*m. pl. Nom.*
　-ika は「信ずる人」「研究する人」などを意味する名詞・形容詞をつくる Taddhita 接尾辞である。cf.「基礎」*p.* 587.
abhiprāyāḥ < abhiprāyāḥ + (p) < abhiprāya- < abhipra-aya- < abhi-pra-√i- (2) + -a：*m.* 目的。志向。願望。意見。意義。観察。理解。想念。*pl. Nom.*
　abhi-pra-√i- (2)：近づく。思惟する。意味する。
paripūryantām < paripūrya- < pari-√pṛ- (3,6) + -ya：*Pass.* ～（具格）で満たされる。～で満ちる。*Impv. 3, pl. A.*

atha tā apsaraso vimalakīrtiṃ namaskṛtyâivam āhuḥ / kathaṃ vayaṃ gṛhapate māra-bhavane 'vatiṣṭhema[40] /

（梵漢和維摩経 *p.* 156, *ll.* 17–18）

「すると、それらの天女たちが、ヴィマラキールティに敬礼してから、このように言いました。『資産家よ、私たちは、どのようにして悪魔の宮殿において過ごすべきでしょうか』。
【「是に於いて諸女、維摩詰に問えり。『我等、云何にしてか魔宮に止まらん』。】
（大正蔵、巻一四、五四三頁中）

………………………………………………………………………

atha：*adv.* その時。その場合。さて。それ故。しかれば。しかしながら。
tā < tāḥ ＋ 有声音 < tad-：それ。*f. pl. Nom.*
apsaraso < apsarasaḥ ＋ 有声子音 < apsaras- < ap-saras-：*f.* 天上の水精女。「天女」「天采女」「采女」と漢訳。*pl. Nom.*
vimalakīrtiṃ < vimalakīrti- < vimala-kīrti-：*m.* ヴィマラキールティ。汚れのない名声を持つ（もの）。「維摩詰」「維摩」と音写。「浄名」「無垢称」と漢訳。*sg. Acc.*
namaskṛtyâivam < namaskṛtya + evam
　namaskṛtya < namas-√kṛ- (8) + -tya：～（対格・為格・処格）に"namas"と言う。～に敬意を表す。敬礼する。*Ger.*
　evam：*adv.* このように。「是」「如是」と漢訳。
āhuḥ < √ah-：言う。*Perf. 3, pl. P.*

………………………………………………………………………

kathaṃ：*adv.* いかにして。いずこより。何故に。
vayaṃ < asmad-：われわれ。*1, pl. Nom.*
gṛhapate < gṛhapati- < gṛha-pati-：*m.* 資産家。「家長」「居士」「長者」「在家」と漢訳。*sg. Voc.*
māra-bhavane 'vatiṣṭhema < māra-bhavane + avatiṣṭhema
　māra-bhavane < māra-bhavana-：*n.* 悪魔の宮殿。*sg. Loc.*
　māra- < √mṛ- (1) + -a：*m.* 死。殺害。誘惑者。悪魔。「障」「悪者」と漢訳。「悪魔」「邪魔」「魔」「摩羅」と音写。
　bhavana-：*n.* 家。住所。邸宅。宮殿。神殿。「天宮」「王宮」と漢訳。
　avatiṣṭhema < avatiṣṭha- < ava-√sthā- (1)：～（対格）に下りていく。～（奪格）～を欠く。静止する。～〔処格〕にとどまる。～（処格）の中に安住する。*Opt. 1, pl. P.*

§66　āha /　asti bhaginyo 'kṣaya-pradīpaṃ nāma dharma-mukham /

（梵漢和維摩経 *p.* 158, *l.* 1）

§66　「〔ヴィマラキールティが〕言いました。

『ご婦人方よ、“尽きることのない灯火”（無尽燈）という名前の法門がある。

【§66　維摩詰言わく、『諸姉よ、法門有り。無尽燈と名づく。】　　（大正蔵、巻一四、五四三頁中）

āha < √ah-：言う。*Perf. 3, sg. P.*

asti < as- < √as- (2)：ある。*Pres. 3, sg. P.*

bhaginyo ’kṣaya-pradīpaṃ < bhaginyaḥ + akṣaya-pradīpaṃ

　　bhaginyaḥ < bhaginī：*f.* 姉妹。女人。*pl. Voc.*

　　akṣaya-pradīpaṃ < akṣaya-pradīpa-：*adj.* 尽きることのない灯火の。*n. sg. Nom.*

　　akṣaya- < a-kṣaya-：*adj.* 不滅の。尽きることのない。「不盡」「無盡」と漢訳。

　　kṣaya- < √kṣi- (5,9) + -a：*m* 減少。衰微。喪失。

　　pradīpa- < pra-√dīp- (4) + -a：*m.* 燈火。燈。「燈明」と漢訳。

　　√dīp- (4)：燃え上がる。光を放つ。輝く。

nāma：*adv.* ～という名前の。

dharma-mukham < dharma-mukha-：*n.* 「法門」と漢訳。*sg. Nom.*

　　mukha-：*n.* 顔。～の口。入口。「口」「面」「門」と漢訳。

tatra pratipadyadhvam /

（梵漢和維摩経 *p.* 158, *l.* 2）

「『あなたたちは、その〔法門の〕中に入るがよい。

【「『汝等当に学ぶべし。】　　（大正蔵、巻一四、五四三頁中）

tatra：*adv.* そこに。そこへ。かしこに。その時に。その場合に。

pratipadyadhvam < pratipadya- < prati-√pad- (4)：入る。～（対格）へ行く。～（の状態に）陥る。受け入れる。*Impv. 2, pl. A.*

tat punaḥ katamat /

（梵漢和維摩経 *p.* 158, *l.* 2）

「『そもそも、その〔“尽きることのない灯火”という法門と〕は何か。

【「『無尽燈とは、】　　（大正蔵、巻一四、五四三頁中）

tat < tad-：それ。*n. sg. Nom.*

punaḥ < punar + (k)：*adv.* 再び。新たに。さらに。なお。しかしながら。

katamat < katama-：*疑問代名詞,* （多くの中の）だれか。何か。いずれか。*n. sg. Nom.*

tad yathā bhaginya ekasmāt taila-pradīpād dīpa-śata-sahasrāṇy ādīpyante /

（梵漢和維摩経 *p.* 158, *ll.* 2–3）

「『ご婦人方よ、それは、ゴマ油の一つの灯火から〔次々に点火されて〕百・千もの灯火が点るようなものである。

【「『譬えば一燈の百千燈を燃すが如し。】　　（大正蔵、巻一四、五四三頁中）

tad yathā：それは次のようなものである。例えば次のようなものである。「如」「如此」「譬如」と漢訳。

　　tad < tat + 母音 < tad-：それ。*n. sg. Nom.*

yathā：*関係副詞, 接続詞,* ～のように。あたかも～のように。～であるように。
bhaginya < bhaginyaḥ + a 以外の母音 < bhaginī：*f.* 姉妹。女人。*pl. Voc.*
ekasmāt < eka-：*基数詞,* 一。*m. sg. Abl.*
taila-pradīpād < taila-pradīpāt + 有声子音 < taila-pradīpa-：*m.* 油の灯火。「油燈」と漢訳。*sg. Abl.*
taila-：*n.* ごま油。
pradīpa- < pra-√dīp- (4) + -a：*m.* 燈火。燈。「燈明」と漢訳。
dīpa-śata-sahasrāṇy < dīpa-śata-sahasrāṇi + 母音 < dīpa-śata-sahasra-：*n.* 百・千もの灯火。*pl. Nom.*
dīpa- < √dīp- (4) + -a：*m.* 燈火。松明。「燈」「燈明」と漢訳。
√dīp- (4) ：燃え上がる。光を放つ。輝く。
śata-：*基数詞, n.* 百。
sahasra-：*基数詞, n.* 千。
ādīpyante < ādīpya < ā-√dīp- (4)：燃え立つ。*Pres. 3, pl. A.*

na ca tasya dīpasya parihāṇir bhavati /
（梵漢和維摩経 *p.* 158, *ll.* 3–4）

「『しかしながら、その灯火には、〔明るさが〕減少することはないのだ。
【「『冥きは皆明るく、明、終に尽きず。】　（大正蔵、巻一四、五四三頁中）

……………………………………………………………………

na：*ind.* ～でない。～にあらず。
ca：*conj.* および。また。しかしながら。そして。～と。なお。
tasya < tad-：それ。*m. sg. Gen.*
dīpasya < dīpa- < √dīp- (4) + -a：*m.* 燈火。松明。「燈」「燈明」と漢訳。*sg. Gen.*
parihāṇir < parihāṇiḥ + 有声音 < parihāṇi- < pari-√han- (2) + -i：*f.* 減少。喪失。不足。*sg. Nom*
bhavati < bhava- < √bhū- (1)：なる。*Pres. 3, sg. P.*

evam eva bhaginya eko bodhi-sattvo bahūni sattva-śata-sahasrāṇi bodhau pratiṣṭhāpayati /
（梵漢和維摩経 *p.* 158, *ll.* 4–5）

「『ご婦人方よ、まさにこのように、一人の菩薩が、幾百・千もの多くの衆生たちを覚りに立たせるのだ。
【是くの如く、諸姉よ、夫れ一菩薩は百千の衆生を開導して、阿耨多羅三藐三菩提に心を発さしむ。】
（大正蔵、巻一四、五四三頁中）

……………………………………………………………………

evam：*adv.* このように。「是」「如是」と漢訳。
eva：*adv.* さように。このように。まさに。実に。ただ。全くこのように。
bhaginya < bhaginyaḥ + a 以外の母音 < bhaginī：*f.* 姉妹。女人。*pl. Voc.*
eko < ekaḥ + 有声子音 < eka-：*基数詞,* 一。*m. sg. Nom.*
bodhi-sattvo < bodhi-sattvaḥ + 有声子音 < - bodhi-sattva-：*m.* 覚りを求める人。「菩薩」と音写。*sg. Nom.*
bahūni < bahu-：*adj.* 多くの。*n. pl. Acc.*
sattva-śata-sahasrāṇi < sattva-śata-sahasra-：*n.* 幾百・千もの衆生。*pl. Acc.*
bodhau < bodhi-：*f.* 覚り。*sg. Loc.*
pratiṣṭhāpayati < pratiṣṭhāpaya- < prati-√sthā- (1) + -paya：*Caus.* 立たせる。住まわせる。しっかりと立たせる。～（処格）に基礎を置かせる。*3, sg. P.*

na ca tasya bodhi-sattvasya citta-smṛtir[41] hīyate na parihīyata uta ca vardhate /

(梵漢和維摩経 *p.* 158, *ll.* 5–6)

「『けれども、〔覚りを求める〕心に対するその菩薩の思いは減ることはないし、欠けることもない。それどころか、増大するのである。

【「『其の道意に於いて亦滅尽せず。】　　(大正蔵、巻一四、五四三頁中)

………………………………………………………………………

na：*ind.* ～でない。～にあらず。

ca：*conj.* および。また。しかしながら。そして。～と。なお。

tasya < tad-：それ。*m. sg. Gen.*

bodhi-sattvasya < bodhi-sattva-：*m.* 覚りを求める人。「菩薩」と音写。*sg. Gen.*

citta-smṛtir < citta-smṛtiḥ + 有声音 < citta-smṛti-：*f.* 〔覚りを求める〕心に対する思い。

citta- < √cit- (1) + -ta：*n.* (*pp.*) 注意。思考。思想。目的。意志。精神。心。知性。理性。識。心。意。質多。

smṛti- < √smṛ- (1) + -ti：*f.* 記憶。想念。

hīyate < hīya- < √hā- (3) + -ya：*Pass.* 背後に残される。～（奪格）に達しない。不足する。欠けている。失われる。損失をこうむる。減る。*3, sg. A.*

na：*ind.* ～でない。～にあらず。

parihīyata < parihīyate + a 以外の母音 < parihīya- < pari-√hā- (3) + -ya：*Pass.* 無視される。欠けている。不足している。減ずる。「減」「損」「損減」「減少」と漢訳。*3, sg. A.*

uta：*ind.* しかして。また。～さへ。あるいは。

ca：*conj.* および。また。しかしながら。そして。～と。なお。

vardhate < vardha- < √vṛdh- (1)：増加する。高める。栄えさせる。喜ばせる。強くなる。広がる。栄える。～（具格、属格、処格）によって高揚される。鼓舞される。～を喜ぶ。*Pres. 3, sg. A.*

evaṃ sarvān kuśalān dharmān yathā yathā pareṣām ārocayati deśayati tathā tathā vivardhate[42] sarvaiḥ kuśalair dharmaiḥ /

(梵漢和維摩経 *p.* 158, *ll.* 6–8)

「『同様に、あらゆる善き法も、他者のために説き示せば説き示すほど、ますますあらゆる善き法によって高揚されるのである。

【所説の法に随いて、而も自ら一切の善法を増益す。】　　(大正蔵、巻一四、五四三頁中)

………………………………………………………………………

evaṃ：*adv.* このように。「是」「如是」と漢訳。

sarvān < sarva-：*adj.* 一切の。すべての。*m. pl. Acc.*

kuśalān < kuśala-：*adj.* 善き。正しき。～に熟練した。*n.* 好条件。正等の順序。熟練。*m. pl. Acc.*

dharmān < dharma-：*m.* 確定した秩序。慣例。習慣。法則。規則。義務。宗教。教説。性質。本質。属性。特質。事物。法。*m. pl. Acc.*

yathā yathā

yathā：*関係副詞, 接続詞,* ～のように。あたかも～のように。～であるように。

yathā yathā ～ tathā tathā …：～であるのに従って…。～に比例してそのように…。～であればあるほど、ますます…。「如如～如是如是…」と漢訳。

pareṣām < para-：*adj.* 次の。他の。*m. pl. Gen.*

ārocayati < ārocaya- < ā-√ruc- (1) + -aya：*Caus.* 語る。話す。告げる。*3, sg. P.*

√ruc-：輝く。光る。～を好む。美しく見える。

deśayati < deśaya- < √diś- (6) + -aya：*Caus.* 示す。導く。説明する。教える。宣説する。*3, sg. P.*

tathā tathā

tathā：*adv.* そのように。同様な方法で。同様に。

vivardhate < vivardha- < vi-√vṛdh- (1)：生長する。増加する。栄える。*Pres. 3, sg. A.*

√vṛdh- (1)：増加する。高める。栄えさせる。喜ばせる。強くなる。広がる。栄える。～（具格、属格、処格）によって高揚される。鼓舞される。～を喜ぶ。
sarvaiḥ < sarvaiḥ + (k) < sarva-：*adj.* 一切の。すべての。*m. pl. Ins.*
kuśalair < kuśalaiḥ + 有声音 < kuśala-：*adj.* 善き。正しき。～に熟練した。*n.* 好条件。正等の順序。熟練。*m. pl. Ins.*
dharmaiḥ < dharma-：*m.* 確定した秩序。慣例。習慣。法則。規則。義務。宗教。教説。性質。本質。属性。特質。事物。法。*pl. Ins.*

idaṃ tad akṣaya-pradīpaṃ nāma dharma-mukham /
（梵漢和維摩経 *p.* 158, *ll.* 8–9）

「『これが、その“尽きることのない灯火”という名前の法門である。
【「『是れを無尽燈と名づくるなり。】　（大正蔵、巻一四、五四三頁中）
……………………………………………………………………

idaṃ < idam-：これ。*n. sg. Nom.*
tad < tat + 母音 < tad-：それ。*n. sg. Nom.*
akṣaya-pradīpaṃ < akṣaya-pradīpa-：*adj.* 尽きることのない灯火の。*n. sg. Nom.*
nāma：*adv.* ～という名前の。
dharma-mukham < dharma-mukha-：*n.* 「法門」と漢訳。*sg. Nom.*

tatra yuṣmābhir māra-bhavane sthitābhir aparimāṇānāṃ deva-putrāṇām apsarasāṃ ca bodhi-cittaṃ rocayitavyam /
（梵漢和維摩経 *p.* 158, *ll.* 9–10）

「『あなたたちは、その悪魔の宮殿に住しつつ、無数の神々の子（天子）たちや、天女たちに覚りを求める心を希求させるべきである。
【「『汝等、魔宮に住すと雖も、是の無尽燈を以て無数の天子・天女をして阿耨多羅三藐三菩提に心を発さしめば、】　（大正蔵、巻一四、五四三頁中）
……………………………………………………………………

tatra：*adv.* そこに。そこへ。かしこに。その時に。その場合に。
yuṣmābhir < yuṣmābhiḥ + 有声音 < yuṣmad-：あなたたち。*2, pl. Ins.*
māra-bhavane < māra-bhavana-：*n.* 悪魔の宮殿。*sg. Loc.*
sthitābhir < sthitābhiḥ + 有声音 < sthitā- < sthita- < √sthā- (1) + -ita：*pp.* 立った。住された。*f. pl. Ins.*
aparimāṇānāṃ < aparimāṇa- < a-parimāṇa-：*adj.* 計りがたい。莫大な。無量の。*n.* 計りがたいこと。*m. pl. Gen.*
parimāṇa- < pari-√mā- (2,3) + -ana：*n.* 測量。尺度。
deva-putrāṇām < deva-putra-：*m.* 神の子。「天子」と漢訳。*pl. Gen.*
apsarasāṃ < apsaras-：*f.* 天上の水精女。「天女」「采女」と漢訳。*pl. Gen.*
ca：*conj.* および。また。しかしながら。そして。～と。なお。
bodhi-cittaṃ < bodhi-citta-：*n.* 覚りを求める心（菩提心）。「菩提心」「覚心」と漢訳。*sg. Nom.*
rocayitavyam < rocayitavya- < rocaya- + -itavya < √ruc- (1) + -aya + -itavya：*Caus.* 未受分, 輝かせられるべき。照らされるべき。気に入らせられるべき。欲望を感じさせられるべき。*n. sg. Nom.*

evaṃ yūyaṃ tathāgatasya kṛta-jñā bhaviṣyatha /
（梵漢和維摩経 *p.* 158, *ll.* 10–11）

「『このようにして、あなたたちは、如来の恩を知るものとなるであろう。
【「『仏恩に報じ、】　（大正蔵、巻一四、五四三頁上）

evaṃ：*adv.* このように。「是」「如是」と漢訳。

yūyaṃ < yuṣmad-：あなたたち。*2, pl. Nom.*

tathāgatasya < tathāgata-：*m.* このように行った（人）。このように来た（人）。「如来」「如去」と漢訳。「多陀阿伽度」と音写。*sg. Gen.*

kṛta-jñā < kṛta-jñāḥ ＋ 有声音 < kṛta-jñā- < kṛta-jña-：*adj.* 恩義を認める。恩に感ずる。感謝する。正しきを知る。「恩」「識恩」「知恩」と漢訳。*f. pl. Nom.*

kṛta- < √kṛ- (8) + -ta：*pp.* 造られた。なされた。

jña- < √jñā- (9) + -a：*adj.* ～（属格・処格）を知っている。知識がある。

bhaviṣyatha < bhaviṣya- < √bhū- (1) + -iṣya：生ずる。～になる。*Fut. 2, pl. P.*

sarva-sattvānāṃ côpajīvyā bhaviṣyatha /
（梵漢和維摩経 *p.* 158, *ll.* 11–12）

「『また、〔あなたたちは〕あらゆる衆生たちの人生を支えるものとなるであろう』

【「『亦大いに一切衆生を饒益するもの為らん』と。】 （大正蔵、巻一四、五四三頁中）

sarva-sattvānāṃ < sarva-sattva-：*m.* すべての衆生。「一切衆生」と漢訳。*pl. Gen.*

côpajīvyā < ca + upajīvyā

upajīvyā < upajīvyāḥ ＋ 有声音 < upajīvyā- < upajīvya- < upa-√jīv- (1) + -ya：*未受分,* ～を食して生きる。衣食を供給する。人生を支える。*f. pl. Nom.*

upa-√jīv- (1)：身を支える。～にて生きる。

bhaviṣyatha < bhaviṣya- < √bhū- (1) + -iṣya：生ずる。～になる。*Fut. 2, pl. P.*

§67 atha tā apsaraso vimalakīrter licchaveḥ pādau śirasā vanditvā sārdhaṃ māreṇa prakrāntāḥ /
（梵漢和維摩経 *p.* 158, *ll.* 13–14）

§67 「その時、それらの天女たちは、リッチャヴィ族のヴィマラキールティの両足を頭〔におしいただくこと〕によって恭しくあいさつしてから、悪魔と一緒に〔悪魔の宮殿へと〕出発しました。

【§67 爾の時、天女らは頭面もて維摩詰の足を礼し、魔に随いて宮に還り、忽然として現われざりき。】
（大正蔵、巻一四、五四三頁上）

atha：*adv.* その時。その場合。さて。それ故。しかれば。しかしながら。

tā < tāḥ ＋ 有声音 < tad-：それ。*f. pl. Nom.*

apsaraso < apsarasaḥ ＋ 有声子音 < apsaras- < ap-saras-：*f.* 天上の水精女。「天女」「天采女」「采女」と漢訳。*pl. Nom.*

vimalakīrter < vimalakīrteḥ ＋ 有声音 < vimalakīrti- < vimala-kīrti-：*m.* ヴィマラキールティ。汚れのない名声を持つ（もの）。「維摩詰」「維摩」と音写。「浄名」「無垢称」と漢訳。*sg. Gen.*

licchaveḥ < licchaveḥ + (p) < licchavi-：*m.* リッチャヴィ。「離車子」「栗姑毘」と音写。*sg. Gen.*

pādau < pad-：*m.* 足。*du. Acc.* 格変化は、cf.「基礎」*p.* 120.

śirasā < śiras-：*n.* 頭。頂上。峰。*sg. Ins.*

vanditvā < √vand- (1) + -itvā：恭しく挨拶する。～に敬意を表する。*Ger.*

sārdhaṃ < sa-ardha-：*adj.* 半分を伴った。*n. sg. Acc.*

対格の副詞的用法で、「～（具格）と共同で」「～と一緒に」「～とともに」。

māreṇa < māra- < √mṛ- (1) + -a：*m.* 死。殺害。誘惑者。悪魔。「障」「悪者」と漢訳。「悪魔」「邪魔」「魔」「摩羅」と音写。*sg. Ins.*

prakrāntāḥ < prakrāntā- < prakrānta- < pra-√kram- (1) + -ta：*pp.* 踏み出した。出発した。行った。進んだ。*f. pl. Nom.*

> ime bhagavan vimalakīrter licchaver vikurvaṇa-viśeṣā yān ahaṃ nâjñāsiṣam /
> (梵漢和維摩経 *p.* 158, *ll.* 14–15)

「世尊よ、リッチャヴィ族のヴィマラキールティには、私が知ることのなかったところのこれらの卓越した神通力が具わっています。
【「世尊よ、維摩詰には是くの如きの自在・神力・智慧・弁才有り。】（大正蔵、巻一四、五四三頁中）
……………………………………………………………………

ime < idam-：これ。*m. pl. Nom.*
bhagavan < bhagavat-：*m.* 尊い（人）。「世尊」と漢訳。「婆伽婆」「薄伽梵」と音写。*sg. Voc.*
vimalakīrter < vimalakīrteḥ + 有声音 < vimalakīrti- < vimala-kīrti-：*m.* ヴィマラキールティ。汚れのない名声を持つ（もの）。「維摩詰」「維摩」と音写。「浄名」「無垢称」と漢訳。*sg. Gen.*
licchaver < licchaveḥ + 有声音 < licchavi-：*m.* リッチャヴィ。「離車子」「栗姑毘」と音写。*sg. Gen.*
vikurvaṇa-viśeṣā < vikurvaṇa-viśeṣāḥ + 有声音 < vikurvaṇa-viśeṣa-：*m.* 卓越した神通力。*pl. Nom.*
　vikurvaṇa-：*n.* 「神通」「神変」「変現」「遊戯」「神力自在」「神通変化」と漢訳。
　viśeṣa- < vi-√śiṣ- (7) + -a：*m.* ～の間の差異。特徴的な差異。特異性。特別の性質。卓越。優秀。「増益」と漢訳。
　以上は、主格と属格の名詞文になっている。
yān < yad-：*関係代名詞, m. pl. Acc.*
ahaṃ < mad-：私。*1, sg. Nom.*
nâjñāsiṣam < na + ajñāsiṣam
　ajñāsiṣam < jñāsiṣ- < √jñā- (9) + -siṣ：知る。*siṣ-Aor. 1, sg. P.*

> tan nâhaṃ bhagavann utsahe tasya sat-puruṣasya glāna-paripṛcchako gantum /
> (梵漢和維摩経 *p.* 158, *ll.* 15–16)

「それ故に、世尊よ、私は、その善き人（善士）の病気見舞いに行くことに耐えられません」と。
【「故に我、彼に詣りて疾を問うに任えず」と。】（大正蔵、巻一四、五四三頁中）
……………………………………………………………………

tan < tat + (n) < tad-：それ。*n. sg. Acc.*
　代名詞の中性・対格／具格／奪格は、連結助詞として用いられ、「そこで」「従って」「このため」を意味する。
nâhaṃ < na + ahaṃ
　na：*ind.* ～でない。～にあらず。
　ahaṃ < mad-：私。*1, sg. Nom.*
bhagavann < bhagavan + 母音 < bhagavat-：*m.* 尊い（人）。「世尊」と漢訳。「婆伽婆」「薄伽梵」と音写。*sg. Voc.*
utsahe < utsaha- < ud-√sah- (1)：こらえる。耐える。～（不定詞）することができる。～する能力がある。*Pres. 1, sg. A.*
tasya < tad-：それ。*m. sg. Gen.*
sat-puruṣasya < sat-puruṣa-：*m.* 善き人。「善士」と漢訳。*pl. Gen.*
glāna-paripṛcchako < glāna-paripṛcchakaḥ + 有声子音 < glāna-paripṛcchaka-：*m.* 病についての質問（者）。「問病」と漢訳。*sg. Nom.*
gantum < √gam- (1) + -tum：*不定詞,* 行くこと。

> §68 tatra bhagavān sudattaṃ śreṣṭhi-putram āmantrayate sma / gaccha tvaṃ kula-putra vimalakīrter licchaver glāna-paripṛcchakaḥ /
> (梵漢和維摩経 *p.* 158, *ll.* 17–18)

§68　そこで、世尊は、商人組合長の息子であるスダッタ（須達多）におっしゃられた。

「良家の息子よ、あなたは、リッチャヴィ族のヴィマラキールティの病気見舞いに行くがよい」
【§68　仏は長者子善徳に告げたまえり。「汝、維摩詰に行詣して疾を問え」と。】
（大正蔵、巻一四、五四三頁）

---

tatra：*adv.* そこに。そこへ。かしこに。その時に。その場合に。
bhagavān < bhagavat-：*m.* 尊い（人）。世尊。「婆伽婆」「薄伽梵」と音写。*sg. Nom.*
sudattaṃ < su-datta-：*m.* スダッタ。「須達多」と音写。*sg. Acc.*
śreṣṭhi-putram < śreṣṭhi-putra-：*m.* 商人組合の長の息子。商主の息子。*sg. Acc.*
　　śreṣṭhi- < śreṣṭhin-：*m.* 卓越した人。高位の人。権威者。高名な職人。商人組合の長。「長者」「大富」「商主」と漢訳。
　　putra-：*m.* 息子。
āmantrayate < āmantraya- < ā-√mantraya- (名動詞)：語りかける。「告」「告言」「白言」と漢訳。
　　Pres. 3, sg. A.
sma：*ind.* 実に。smaは現在形とともに用いられて、過去の意味を表わす（歴史的現在）。

---

gaccha < gaccha- < √gam- (1)：行く。経過する。～（対格、為格、処格）に赴く。近づく。達する。
　　Impv. 2, sg. P.
tvaṃ < tvad-：あなた。*2, sg. Nom.*
kula-putra < kula-putra-：*m.* 良家の息子。「善男子」と漢訳。*sg. Voc.*
　　kula-：*n.* 種姓。種族。家族。高貴の家系。
　　putra-：*m.* 息子。
vimalakīrter < vimalakīrteḥ + 有声音 < vimalakīrti- < vimala-kīrti-：*m.* ヴィマラキールティ。汚れのない名声を持つ（もの）。「維摩詰」「維摩」と音写。「浄名」「無垢称」と漢訳。*sg. Gen.*
licchaver < licchaveḥ + 有声音 < licchavi-：*m.* リッチャヴィ。「離車子」「栗姑毘」と音写。*sg. Gen.*
glāna-paripṛcchakaḥ < glāna-paripṛcchaka-：*m.* 病についての質問（者）。「問病」と漢訳。*sg. Nom.*

> sudatto 'py āha /　nâhaṃ bhagavann utsahe[43] tasya sat-puruṣasya glāna-paripṛcchako gantum /
> （梵漢和維摩経 *p.* 158, *ll.* 19–20）

スダッタもまた、言った。
「世尊よ、私は、その善き人（善士）の病気見舞いに行くことに耐えられません。
【善徳は仏に白して言さく、「世尊よ、我、彼に詣りて疾を問うに堪任せず。】
（大正蔵、巻一四、五四三頁中）

---

sudatto 'py < sudattaḥ + apy
　　sudattaḥ < su-datta-：*m.* スダッタ。「須達多」と音写。*sg. Nom.*
　　apy < api + 母音：*adv.* また。さえも。されど。なお。
āha < √ah-：言う。*Perf. 3, sg. P.*

---

nâhaṃ < na + ahaṃ
　　na：*ind.* ～でない。～にあらず。
　　ahaṃ < mad-：私。*1, sg. Nom.*
bhagavann < bhagavan + 母音 < bhagavat-：*m.* 尊い（人）。「世尊」と漢訳。「婆伽婆」「薄伽梵」と音写。*sg. Voc.*
utsahe < utsaha- < ud-√sah- (1)：こらえる。耐える。～（不定詞）することができる。～する能力がある。*Pres. 1, sg. A.*
tasya < tad-：それ。*m. sg. Gen.*

sat-puruṣasya < sat-puruṣa-：*m.* 善き人。「善士」と漢訳。*sg. Gen.*
glāna-paripṛcchako < glāna-paripṛcchakaḥ + 有声子音 < glāna-paripṛcchaka-：*m.* 病についての質問（者）。「問病」と漢訳。*sg. Nom.*
gantum < √gam- (1) + -tum：*不定詞,* 行くこと。

tat kasmād dhetoḥ /
（梵漢和維摩経 *p.* 160, *l.* 1）

「それは、どんな理由からでしょうか。
【所以は何んとなれば、】（大正蔵、巻一四、五四三頁下）
……………………………………………………………………………

tat < tad-：それ。*n. sg. Nom.*
kasmād dhetoḥ < kasmāt + hetoḥ
連声法は、cf.「基礎」*p.* 63.
kasmāt < kim-：*疑問詞,* だれ。何。どんな。どの。*m. sg. Abl.*
hetoḥ < hetu-：*m.* 理由。原因。因。*sg. Abl.*
奪格は、動機、原因、理由を表わす。cf.「シンタックス」*p.* 58.

abhijānāmy ahaṃ bhagavann [ekasmin samaye][44] svake paitṛke niveśane mahā-yajñaṃ yajāmi /
（梵漢和維摩経 *p.* 160, *ll.* 1–2）

「世尊よ、私は、思い出します。私は、〔ある時〕自分の父の邸宅において盛大な施会を催しました。
【憶念するに、我昔、自ら父の舎に於いて大施会を設けき。】（大正蔵、巻一四、五四三頁下）
……………………………………………………………………………

abhijānāmy < abhijānāmi + 母音 < abhijānā- < abhi-√jñā- (9)：了解する。悟る。知る。～（対格）を…（対格）と認める。記憶する。*Pres. 1, sg. P.*
ahaṃ < mad-：私。*1, sg. Nom.*
bhagavann < bhagavan + 母音 < bhagavat-：*m.* 尊い（人）。「世尊」と漢訳。「婆伽婆」「薄伽梵」と音写。*sg. Voc.*
ekasmin < eka-：*基数詞,* 一。*adj.* ある。*m. sg. Loc.*
samaye < samaya-：*m.* 会合の場所。時間。好機。機会。*sg. Loc.*
svake < svaka-：*adj.* 自分の。*n. sg. Loc.*
paitṛke < paitṛka- < pitṛ- + -ka：*adj.* 父方の。祖先の。祖霊に関する。*n.* 父方の家。*n. sg. Loc.*
niveśane < niveśana- < ni-√viś- (6) + -ana：*adj.* ～に入る。休息させる。*n.* 入ること。導き入れること。宿営させること。休息所。寝床。家庭。住み家。住居。*n. sg. Loc.*
mahā-yajñaṃ < mahā-yajña-：*m.* 盛大な施会。*sg. Acc.*
yajña-：*m.* 祭式の儀礼。祭式。「施会」「施食」「供養」と漢訳。
yajāmi < yaja- < √yaj- (1)：（供物）をもって祭る。（供物を）捧げる。*Pres. 1, sg. P.*

sarva-daridra-duḥkhitebhyaḥ sarva-śramaṇa-brāhmaṇa-kṛpaṇa-[45]vanīyaka-yācanakebhyo dānaṃ dadāmi /
（梵漢和維摩経 *p.* 160, *ll.* 2–4）

「私は、すべての貧しく、困窮している人たちのために、またすべての沙門、バラモン（婆羅門）、憐れむべき人、物乞いや、乞食たちのために布施をしました。
【一切の沙門、婆羅門、及び諸外道、貧窮、下賤、孤独、乞人を供養せり。】
（大正蔵、巻一四、五四三頁中）
……………………………………………………………………………

sarva-daridra-duḥkhitebhyaḥ < sarva-daridra-duḥkhitebhyaḥ + (s) < sarva-daridra-duḥkhita-：*adj.*

すべての貧しく、困窮している。*m. pl. Dat.*
sarva-：*adj.* すべての。
daridra-：*adj.* ～（具格）を欠いている。貧しい。「貧」「貧窮」「貧乏」「貧賤」と漢訳。
duḥkhita- < √duḥkhaya-（名動詞）+ -ta：*pp.* 苦しめられた。悩まされた。悲しんでいる。

sarva-śramaṇa-brāhmaṇa-kṛpaṇa-vanīyaka-yācanakebhyo < sarva-śramaṇa-brāhmaṇa-kṛpaṇa-va= nīyaka-yācanakebhyaḥ + 有声子音 < sarva-śramaṇa-brāhmaṇa-kṛpaṇa-vanīyaka-yācana= ka-：*m.* すべての沙門、バラモン（婆羅門）、憐れむべき人、物乞いや、乞食。*pl. Dat.*
sarva-：*adj.* すべての。
śramaṇa-：*m.* 苦行者。修行者。「沙門」「沙弥」「桑門」と音写。
brāhmaṇa-：*m.* ヴェーダに通じた人。神学者。祭官。「婆羅門」「梵志」と音写。
kṛpaṇa- < √kṛp-（6）+ -ana：*adj.* ～哀しき。哀れな。憐れむべき。「貧」「有貧」「貧乞」「貧窮」と漢訳。
√kṛp-（6）：悲しむ。懇願する。
vanīyaka-：*m.* 乞食。嘆願者。「乞人」「孤苦」「孤独」と漢訳。
yācanaka- < yācana-ka-：*m.* 乞食。「乞」「乞者」「乞人」と漢訳。
yācana- < √yāc-（1）+ -ana：*n.* ～懇請すること。要請すること。
√yāc-（1）：求める。懇願する。

dānaṃ < dāna- < √dā-（3）+ -ana：*n.* 与えること。施物。供物。*sg. Acc.*
dadāmi < dadā- < √dā-（3）：与える。*Pres. 1, sg. P.*

sapta-divasān mahā-yajñaṃ yajāmi /
（梵漢和維摩経 *p.* 160, *l.* 4）

「私は、七日間にわたって盛大な施会を催しました。
【期、七日に満てり。】（大正蔵、巻一四、五四三頁中）

……………………………………………………………………

sapta-divasān < sapta-divasa-：*m.* 七日。*pl. Acc.*
sapta- < saptan-：*基数詞,* 七。
divasa-：*m.* 天。日。「昼」「日中」と漢訳。
時間を意味する語は、格によって次のような意味を持つ。
①対格：「～の間」（期間）
②具格：「～の時間のうちに」「～の時間で」「～経った時に」
③奪格：「～の時間の後に」（経過）
④属格：「　〃　」（〃）
⑤処格：「～の時に」（時点）

mahā-yajñaṃ < mahā-yajña-：*m.* 盛大な施会。*sg. Acc.*
yajāmi < yaja- < √yaj-（1）：（供物）をもって祭る。（供物を）捧げる。*Pres. 1, sg. P.*

tatra saptame divase vimalakīrtir licchavis tāṃ mahā-yajña-śālāṃ praviśya māṃ etad avocat / na śreṣṭhi-putrâivaṃ yajño yaṣṭavyo yathā tvaṃ yajase /
（梵漢和維摩経 *p.* 160, *ll.* 5–7）

「その第七日目に、リッチャヴィ族のヴィマラキールティが、盛大な施会の〔行なわれている〕その家屋に入ってきて、私にこのように言いました。
『商人組合長の息子よ、あなたが施すような、そのようなやり方で施会は行なわれるべきではない。
【「時に維摩詰、来たりて会中に入り、我に謂いて言わく、『長者子よ、夫れ大施会は当に汝が設くる所の如くなるべからず。】（大正蔵、巻一四、五四三頁中）

……………………………………………………………………

tatra：*adv.* そこに。そこへ。かしこに。その時に。その場合に。

saptame < saptama-：*序数詞,* 第七の。*m. sg. Loc.*
divase < divasa-：*m.* 天。日。「昼」「日中」と漢訳。*sg. Loc.*
vimalakīrtir < vimalakīrtiḥ + 有声音 < vimalakīrti- < vimala-kīrti-：*m.* ヴィマラキールティ。汚れのない名声を持つ（もの）。「維摩詰」「維摩」と音写。「浄名」「無垢称」と漢訳。*sg. Nom.*
licchavis < licchaviḥ + (t) < licchavi-：*m.* リッチャヴィ。「離車子」「栗姑毘」と音写。*sg. Nom.*
tāṃ < tad-：それ。*f. sg. Acc.*
mahā-yajña-śālāṃ < mahā-yajña-śālā-：*f.* 盛大な施会の〔行なわれている〕家屋。*sg. Acc.*
　　mahā-yajña-：*m.* 盛大な施会。
　　śālā-：*f.* 小屋。家屋。部屋。
praviśya < pra-√viś- (6) + -ya：入る。近づく。誘い込む。導入する。*Ger.*
mām < mad-：私。*1, sg. Acc.*
etad < etat + 母音 < etad-：これ。*n. sg. Acc.* 対格の副詞的用法で「このように」の意味。
avocat < avoca- < a- + va-+ uc- + -a < √vac- (2)：言う。話す。告げる。*重複 Aor. 3, sg. P.*
………………………………………………………………………

na：*ind.* ～でない。～にあらず。
śreṣṭhi-putrâivaṃ < śreṣṭhi-putra + evaṃ
　　śreṣṭhi-putra < śreṣṭhi-putra-：：*m.* 商人組合の長の息子。商主の息子。*sg. Voc.*
　　śreṣṭhi- < śreṣṭhin-：*m.* 卓越した人。高位の人。権威者。高名な職人。商人組合の長。「長者」「大富」「商主」と漢訳。
　　putra-：*m.* 息子。
　　evaṃ：*adv.* このように。「是」「如是」と漢訳。
yajño < yajñaḥ + 有声子音 < yajña-：*m.* 祭式の儀礼。祭式。「施会」「施食」「供養」と漢訳。*sg. Nom.*
yaṣṭavyo < yaṣṭavyaḥ + 有声子音 < yaṣṭavya- < √yaj- (1) + -tavya：（供物）をもって祭られるべき。（供物を）捧げられるべき。*m. sg. Nom.*
yathā：*関係副詞, 接続詞,* ～のように。あたかも～のように。～であるように。
tvaṃ < tvad-：あなた。*2, sg. Nom.*
yajase < yaja- < √yaj- (1)：（供物）をもって祭る。（供物を）捧げる。*Pres. 2, sg. A.*

dharma-yajñas te yaṣṭavyaḥ / （梵漢和維摩経 *p.* 160, *l.* 7）

「『あなたは、法の施会を行なうべきである。
【「『当に法施の会為るべし。】　　（大正蔵、巻一四、五四三頁中）
………………………………………………………………………

dharma-yajñas < dharma-yajñaḥ + (t) < dharma-yajña-：*m.* 法の施会。*sg. Nom.*
te < tvad-：あなた。*2, sg. Gen.*
yaṣṭavyaḥ < yaṣṭavya- < √yaj- (1) + -tavya：（供物）をもって祭られるべき。（供物を）捧げられるべき。*m. sg. Nom.*

kiṃ ta āmiṣa-yajñena[46] / （梵漢和維摩経 *p.* 160, *l.* 7）

「『あなたの財物の施会[47]が、何の役に立とうか』と。
【「『何をか是の財施の会を用いて為さんや』と。】　　（大正蔵、巻一四、五四三頁中）
………………………………………………………………………

kiṃ < kim-：*疑問代名詞,* だれ。何。どんな。どの。*n. sg. Nom.*
　　kim- + ～（具格）：～が何の役に立とうか。
ta < te < tvad-：あなた。*2, sg. Gen.*
āmiṣa-yajñena < āmiṣa-yajña-：*m.* 食べ物の施会。*sg. Ins.*

āmiṣa-：*n.* 肉。餌物。美味。快楽の対象。希望。欲望。貪欲。「飲食」「食」と漢訳。

tam aham etad avocam /　kathaṃ punar dharma-yajño yaṣṭavyaḥ /
（梵漢和維摩経 *p.* 160, *l.* 8）

「私は、その〔ヴィマラキールティ〕にこのように言いました。
『しかしながら、法の施会はどのようにして行なわれるべきでしょうか』
【「我言わく、『居士よ、何をか法施の会と謂うや』。】　（大正蔵、巻一四、五四三頁下）

………………………………………………………………………

tam < tad-：それ。*m. sg. Acc.*
aham < mad-：私。*1, sg. Nom.*
etad < etat + 母音 < etad-：これ。*n. sg. Acc.* 対格の副詞的用法で「このように」の意味。
avocam < avoca- < a- + va-+ uc- + -a < √vac- (2)：言う。話す。告げる。*重複 Aor, 1, sg. P.*

………………………………………………………………………

kathaṃ：*adv.* いかにして。いずこより。何故に。
punar：*adv.* 再び。新たに。さらに。なお。しかしながら。
dharma-yajño < dharma-yajñaḥ + 半母音 < dharma-yajña-：*m.* 法の施会。*sg. Nom.*
yaṣṭavyaḥ < yaṣṭavya- < √yaj- (1) + -tavya：（供物）をもって祭られるべき。（供物を）捧げられるべき。*m. sg. Nom.*

sa mām evam āha /
（梵漢和維摩経 *p.* 160, *l.* 9）

「その〔ヴィマラキールティ〕が、私にこのように言いました。
【「答えて曰く、】　（大正蔵、巻一四、五四三頁下）

………………………………………………………………………

sa < saḥ < tad-：それ。*m. sg. Nom.*
mām < mad-：私。*1, sg. Acc.*
evam：*adv.* このように。「是」「如是」と漢訳。
āha < √ah-：言う。*Perf. 3, sg. P.*

§69　yena dharma-yajñenâpūrvâcaramaṃ sarva-sattvāḥ paripācyante 'yaṃ dharma-yajñaḥ[48] /
（梵漢和維摩経 *p.* 160, *ll.* 10–11）

§69　「『〔七日間というような期間もないので〕始まりもなければ、終わりもなく、その法の施会によって、あらゆる衆生たちが完成させられる。これが、法の施会である。
【§69　「『法施の会とは、前無く、後無く、一時に一切衆生を供養する。是れを法施の会と名づく』。】
（大正蔵、巻一四、五四三頁下）

………………………………………………………………………

yena < yad-：*関係代名詞, n. sg. Ins.*
dharma-yajñenâpūrvâcaramaṃ < dharma-yajñena + apūrvâcaramaṃ
　dharma-yajñena < dharma-yajña-：*m.* 法の施会。*sg. Ins.*
　apūrvâcaramaṃ < apūrvâcarama- < apūrva-acarama-：*adj.* 〔七日間というような期間が定められておらず〕始まりもなければ、終わりもない。「非前非後」と漢訳。*n. sg. Acc.* 対格の副詞的用法。
　apūrva- < a-pūrva-：*adj.* 先例のない。新しい。無比なる。「無前」「非前」「未曾有」と漢訳。
　pūrva-：*adj.* 前にある。前の。東の。東にある。先行する。先の。以前の。昔の。
　acarama- < a-carama-：*adj.* 最後でない。「非後」「無後」と漢訳。
　carama-：*adj.* 最後の。最終の。

sarva-sattvāḥ < sarva-sattvāḥ + (p) < sarva-sattva-：*m.*「一切衆生」と漢訳。*pl. Nom.*
paripācyante 'yaṃ < paripācyante + ayaṃ
　paripācyante < paripācya- < paripācaya- + -ya < pari-√pac- (1) + -aya + -ya：*Caus. Pass.* 完成させられる。*Pres. 3, pl. A.*
　paripācaya- < pari-√pac- (1) + -aya：*Caus.* 料理する。あぶる。完成させる。
　ayaṃ < idam-：これ。この。*m. sg. Nom.*
dharma-yajñaḥ < dharma-yajña-：*m.* 法の施会。*sg. Nom.*

sa punaḥ katamaḥ /
(梵漢和維摩経 *p.* 160, *l.* 11)

「『しかるに、それは、何か。
【「曰く、『何の謂なりや』。】　（大正蔵、巻一四、五四三頁下）
……………………………………………………………………

sa < saḥ < tad-：それ。*m. sg. Nom.*
punaḥ < punaḥ + (k) < punar：*adv.* 再び。さらに。なお。しかしながら。
katamaḥ < katama-：*疑問代名詞,*（三つ以上のうちの）どれか。何か。だれか。*m. sg. Nom.*

yad idaṃ bodhy-ākārâbhinirhṛtā mahā-maitrī saddharma-saṃgrahâbhinirhṛtā mahā-karuṇā sarva-sattva-prāmodyârambaṇâbhinirhṛtā mahā-muditā jñāna-saṃgrahâbhinirhṛtā mahôpekṣā[49] /
(梵漢和維摩経 *p.* 160, *ll.* 11–14)

「『〔それは〕すなわち、覚りの姿をもって大いなる慈しみ（慈）を生じることであり、正しい教えの獲得をもって大いなる憐れみ（悲）を生じることであり、一切衆生の歓喜という縁をもって大いなる喜び（喜）を生じることであり、智慧の獲得をもって大いなる平等観（捨）を生じることである。
【「謂く、『菩提を以て慈心を起こし、衆生を救うを以て大悲心を起こし、正法を持するを以て喜心を起こし、智慧を摂するを以て捨心を行ず。】　（大正蔵、巻一四、五四三頁下）
……………………………………………………………………

yad idaṃ：すなわち。
　yad < yat + 母音 < yad-：*関係代名詞,* 〜ということ（＝that）。*n. sg. Nom.*
　idaṃ < idam-：これ。*n. sg. Nom.*
bodhy-ākārâbhinirhṛtā < bodhy-ākārâbhinirhṛtā- < bodhi-ākāra-abhinirhṛta-：*adj.* 覚りの姿をもって生じた。*f. sg. Nom.*
　bodhi- < √budh- (1) + -i：*m.f.* 覚り。「菩提」と音写。
　ākāra- < ā-kāra-：*m.* 構造。形状。姿。外観。表現。「相貌」「行相」「種類」と漢訳。
　abhinirhṛta- < abhi-nir-√hṛ- (1) + -ta：*pp.*「生」「得」「獲」「発」「出生」「出現」と漢訳。
mahā-maitrī < mahā-maitrī-：*f.* 大いなる慈しみ。*sg. Nom.*
　maitrī-：*f.* 〜（処格）に対する好意。友情。親交。好意。「慈」「慈愍」「慈念」「慈心」と漢訳。
saddharma-saṃgrahâbhinirhṛtā < saddharma-saṃgrahâbhinirhṛtā- < saddharma-saṃgraha-abhinirhṛta-：*adj.* 正しい教えの獲得をもって生じた。*f. sg. Nom.*
　saddharma- < sat-dharma-：*m.* 正しい教え。「正法」と漢訳。
　saṃgraha- < sam-√grah- (9) + -a：*m.* 捕獲。つかむこと。保つこと。保留すること。獲得。蒐集。
　abhinirhṛta- < abhi-nir-√hṛ- (1) + -ta：*pp.*「生」「得」「獲」「発」「出生」「出現」と漢訳。
mahā-karuṇā < mahā-karuṇā-：*f.* 大いなる憐れみ（悲）。*sg. Nom.*
　karuṇā-：*f.* 哀憐。同情。「悲」「大悲」「慈悲」「悲心」「慈心」と漢訳。
sarva-sattva-prāmodyârambaṇâbhinirhṛtā < sarva-sattva-prāmodyârambaṇâbhinirhṛtā- < sarva-sattva-prāmodya-ārambaṇa-abhinirhṛta-：*adj.* 一切衆生の歓喜という縁をもって生じた。*f. sg.*

Nom.

sarva-sattva-：*m.* あらゆる衆生。「一切衆生」と漢訳。

prāmodya- < pramoda- + -ya：*n.* 狂喜。歓喜。喜び。幸福。

ārambaṇa- < ā-√ramb- (1) +-ana : *n.* 支持。依所。「因」「所因」「縁」「所縁」「因縁」と漢訳。

ārambaṇa- ≒ ālambaṇa-：*n.* ～に寄りかかること。支持すること。「縁」「所縁」「境」「所縁境」と漢訳。

abhinirhṛta- < abhi-nir-√hṛ- (1) + -ta：*pp.* 「生」「得」「獲」「発」「出生」「出現」と漢訳。

mahā-muditā < mahā-muditā-：*f.* 大いなる喜び。*sg. Nom.*

jñāna-saṃgrahâbhinirhṛtā < jñāna-saṃgrahâbhinirhṛtā- < jñāna-saṃgraha-abhinirhṛta-：*adj.* 智慧の獲得をもって生じた。*f. sg. Nom.*

jñāna- < √jñā- (9) + -ana：*n.* 知。智慧。

saṃgraha- < sam-√grah- (9) + -a：*m.* 捕獲。つかむこと。保護。包含。

abhinirhṛta- < abhi-nir-√hṛ- (1) + -ta：*pp.* 「生」「得」「獲」「発」「出生」「出現」と漢訳。

mahôpekṣā < mahôpekṣā- < mahā-upekṣā-：*f.* 大いなる平等観（捨）。*sg. Nom.*

upekṣā-：*f.* 看過。無頓着。怠慢。平等観。「捨」と漢訳。

§70 śānta-dāntâbhinirhṛtā dāna-pāramitā duḥśīla-sattva-paripācanâbhiniṛhṛtā śīla-pāramitā nairātmya-dharmâbhinirhṛtā kṣānti-pāramitā bodhy-ārambhâbhinirhṛtā [50] vīrya-pāramitā kāya-citta-vivekâbhinirhṛtā dhyāna-pāramitā sarva-jña-jñānâbhinirhṛtā prajñā-pāramitā /

（梵漢和維摩経 *p.* 160, *ll.* 15–18）

§70 「『心の静穏と自制をもって布施の完成（檀波羅蜜）を生じることであり、破戒の衆生を成熟させることをもって持戒の完成（尸羅波羅蜜）を生じることであり、非我の教えをもって忍耐の完成（羼提波羅蜜）を生じることであり、覚り（菩提）に向けて専念することによって努力精進の完成（毘梨耶波羅蜜）を生じること[51] であり、心身を離れることをもって禅定の完成（禅波羅蜜）を生じることであり、一切知者の智慧（一切智）をもって智慧の完成（般若波羅蜜）を生じることである。

【「『慳貪を摂するを以て檀波羅蜜を起こし、犯戒を化するを以て尸羅波羅蜜を起こし、無我法を以て羼提波羅蜜を起こし、心身相を離るるを以て毘梨耶波羅蜜を起こし、菩提相を以て禅波羅蜜を起こし、一切智を以て般若波羅蜜を起こす。】（大正蔵、巻一四、五四三頁下）

……………………………………………………………………………

śānta-dāntâbhinirhṛtā < śānta-dānta-abhinirhṛtā- < śānta-dānta-abhinirhṛta-：*adj.* 心の静穏と自制をもって生じた。*f. sg. Nom.*

śānta- < √śam-(4) + -ta：*pp.* なだめられた。平静にされた。静穏な。和らいだ。

dānta- < √dam-(4) + -ta：*pp.* 馴らされた。温順な。平穏な。平静なる。制御された。感情を抑制する。

abhinirhṛta- < abhi-nir-√hṛ- (1) + -ta：*pp.* 「生」「得」「獲」「発」「出生」「出現」と漢訳。

dāna-pāramitā < dāna-pāramitā-：*f.* 布施の完成（檀波羅蜜）。*sg. Nom.*

duḥśīla-sattva-paripācanâbhiniṛhṛtā < duḥśīla-sattva-paripācanâbhiniṛhṛtā- < duḥśīla-sattva-paripācana-abhiniṛhṛta-：*adj.* 破戒の衆生を成熟させることをもって生じた。*f. sg. Nom.*

duḥśīla- < duḥ-śīla-：*adj.* 悪しき習慣／性質を有する。邪悪の。悪い行状の。破戒の。「破戒」「毀戒」「破戒者」と漢訳。

duḥ- < dus-：*pref.* 悪い。誤った。～しにくい。悪く。かろうじて。

śīla-：*n.* 習慣。気質。性向。性格。よい行状。よい習慣。高尚な品性。道徳性。「戒」と漢訳。

sattva-：*m.* 「衆生」「有情」と漢訳。

paripācana- < pari-√pac- (1) + -ana：*adj.* 十分に煮る。成熟させる。「教化」「化導」と漢訳。*m.* 成熟させること。

abhinirhṛta- < abhi-nir-√hṛ- (1) + -ta：*pp.* 「生」「得」「獲」「発」「出生」「出現」と漢訳。

śīla-pāramitā < śīla-pāramitā-：*f.* 持戒の完成（戒波羅蜜）。*sg. Nom.*

nairātmya-dharmâbhinirhṛtā < nairātmya-dharmâbhinirhṛtā- < nairātmya-dharma-abhinirhṛ-ta-：*adj.* 無我の教えをもって生じた。*f. sg. Nom.*

nairātmya- < nirātman- + -ya：*adj.* 無我の。無我の教えの。

abhinirhṛta- < abhi-nir-√hṛ- (1) + -ta：*pp.* 「生」「得」「獲」「発」「出生」「出現」と漢訳。

kṣānti-pāramitā < kṣānti-pāramitā-：*f.* 忍耐の完成（忍波羅蜜）。*sg. Nom.*

kṣānti- < √kṣam- (1) + -ti：*f.* 堪えること。認めること。「忍」「忍辱」「堪忍」と漢訳。

bodhy-ārambhâbhinirhṛtā < bodhy-ārambhâbhinirhṛtā- < bodhy-ārambha-abhinirhṛta-：*adj.* 覚りに向けて専念することによって生じた。*f. sg. Nom.*

bodhy- < bodhi- + 母音 < √budh- (1) + -i：*m.f.* 覚り。「菩提」と音写。

ārambha-：*m.* 着手。企図。開始。「発起」「発動」「修」「行」「所作」「勤労」と漢訳。

abhinirhṛta- < abhi-nir-√hṛ- (1) + -ta：*pp.* 「生」「得」「獲」「発」「出生」「出現」と漢訳。

vīrya-pāramitā < vīrya-pāramitā-：*f.* 努力精進の完成（毘梨耶波羅蜜）。*sg. Nom.*

kāya-citta-vivekâbhinirhṛtā < kāya-citta-vivekâbhinirhṛtā- < kāya-citta-viveka-abhinirhṛta-：*adj.* 心身を離れることをもって生じた。*f. sg. Nom.*

kāya-：*m.* 身体。集団。多数。集合。

citta- < √cit- (1) + -ta：*n.* (*pp.*) 注意。思考。思想。目的。意志。精神。心。知性。理性。識。心。意。質多。

viveka- < vi-√vic- (7) + -a：*m.* 区別。差別。調査。論議。批判。識別。判断。「離」「遠離」「厭」「厭離」「除」と漢訳。

vi-√vic- (7)：篩い分ける。分離する。区別する。識別する。見分ける。研究する。熟慮する。

abhinirhṛta- < abhi-nir-√hṛ- (1) + -ta：*pp.* 「生」「得」「獲」「発」「出生」「出現」と漢訳。

dhyāna-pāramitā < dhyāna-pāramitā-：*f.* 禅定の完成（禅波羅蜜）。*sg. Nom.*

sarva-jña-jñānâbhinirhṛtā < sarva-jña-jñānâbhinirhṛtā- < sarva-jña-jñāna-abhinirhṛta-：*adj.* 一切知者の智慧をもって生じた。*f. sg. Nom.*

sarvajña-jñāna-：*n.* 一切知者の智慧。「一切智」「一切種智」「一切知者智」と漢訳。

sarvajña- < sarva-jña-：*adj.* 一切を知っている。全知の。「薩云若」「薩婆若」と音写。

jñāna- < √jñā- (9) + -ana：*n.* 知ること。知識。智慧。「闍那」と音写。

prajñā-pāramitā < prajñā-pāramitā-：*f.* 智慧の完成（般若波羅蜜）。*sg. Nom.*

§71　sarva-sattva-paripācanâbhinirhṛtā śūnyatā-bhāvanā saṃskṛta-parikarmâbhinirhṛtânimitta-bhāvanā saṃcintyôpapatty-abhinirhṛtâpraṇihita-bhāvanā /

（梵漢和維摩経 *p.* 160, *ll.* 19–20, *p.* 162, *l.* 1）

§71　「『あらゆる衆生を成熟させることをもって空の本性（空）の正しい観念を生じることであり、有為なるものの浄化をもって特徴のないこと（無相）の観念を生じることであり、意のままに誕生することをもって欲望の離脱（無願）という観念を生じることである。

【§71　『衆生を教化して空（くう）を起こし、有為の法を捨てずして無相を起こし、受生を示現して無作（むさ）を起こす。】

（大正蔵、巻一四、五四三頁下）

……………………………………………………………………

sarva-sattva-paripācanâbhinirhṛtā < sarva-sattva-paripācanâbhinirhṛtā- < sarva-sattva-paripācana-abhinirhṛta-：*adj.* あらゆる衆生を成熟させることをもって生じた。*f. sg. Nom.*

sarva-sattva-：*m.* すべての衆生。「一切衆生」と漢訳。

paripācana- < pari-√pac- (1) + -ana：*adj.* 十分に煮る。成熟させる。「教化」「化導」と漢訳。*m.* 成熟させること。

abhinirhṛta- < abhi-nir-√hṛ- (1) + -ta：*pp.* 「生」「得」「獲」「発」「出生」「出現」と漢訳。

śūnyatā-bhāvanā < śūnyatā-bhāvanā-：*f.* 空の本性の正しい観念。*sg. Nom.*

śūnyatā- < śūnya- + -tā：*f.* 空虚。孤独。実体がないこと。うつろなこと。～の欠如。「空」「空性」「虚空」「空義」「空相」と漢訳。

śūnya-：*adj.* 空虚な。からの。住む者のない。うつろな。欠けている。～のない。空しい。*n.* 空虚な場所。孤独。空虚。

bhāvanā-：*f.* 定めること。証明。静慮。正しい観念。概念。

saṃskṛta-parikarmâbhinirhṛtânimitta-bhāvanā < saṃskṛta-parikarmâbhinirhṛtā + animitta-bhāvanā

saṃskṛta-parikarmâbhinirhṛtā < saṃskṛta-parikarmâbhinirhṛtā- < saṃskṛta-parikarma-abhinirhṛta-：*adj.* 有為なるものの浄化をもって生じた。*f. sg. Nom.*

saṃskṛta- < sam-s-√kṛ- (8) + -ta：*pp.* 準備された。「有為」と漢訳。

parikarma- < parikarman-：*n.* 崇拝。身を飾り整えること。身に油を塗ること。浄化。～に対する準備。「治」「修治」「修行」と漢訳。

abhinirhṛta- < abhi-nir-√hṛ- (1) + -ta：*pp.* 「生」「得」「獲」「発」「出生」「出現」と漢訳。

animitta-bhāvanā < animitta-bhāvanā-：*f.* 特徴がないこと（無相）の観念。*sg. Nom.*

animitta- < a-nimitta-：*n.* 不確実。無根拠。無原因。「無相」と漢訳。*adj.* 不確実な。根底なき。特徴のない。

saṃcintyôpapatty-abhinirhṛtâpraṇihita-bhāvanā < saṃcintyôpapatty-abhinirhṛtā + apraṇihita-bhāvanā

saṃcintyôpapatty-abhinirhṛtā < saṃcintyôpapatty-abhinirhṛtā- < saṃcintyôpapatty-abhinirhṛta-：*adj.* 意のままの誕生をもって生じた。*f. sg. Nom.*

saṃcintyôpapatty- < saṃcintya-upapatti- + 母音：*f.* 意のままの誕生。「作意生処」と漢訳。

saṃcintya < sam-√cint- (10) + -ya：「故思」「如思」「以自在心」と漢訳。*Ger.*

saṃcintya- < sam-√cint- (10) + -ya：*未受分,* 考慮されるべき。～と見なされるべき。

sam-√cint- (10)：熟慮する。思量する。～（対格）を正当に考える。考慮する。

upapatti- < upa-√pad- (4) + -ti：*f.* 出現。成功。結果。確立。起源。誕生。

apraṇihita-bhāvanā < apraṇihita-bhāvanā-：*f.* 欲望の離脱（無願）という観念。

apraṇihita- < a-praṇihita-：*adj.* 欲望を離脱した。「無願」と漢訳。

praṇihita- < pra-ni-√dhā- (3) + -ta：*pp.* 下に置かれた。～（為格）に引き渡された。～（対格）に専念した。「願」「発願」「発誓」と漢訳。

bhāvanā-：*f.* 定めること。証明。静慮。正しい観念。概念。

§72 saddharma-parigrahâbhinirhṛto bala-parākramaḥ saṃgraha-vastv-abhinirhṛtaṃ jīvitêndriyaṃ sarva-sattvānāṃ dāsatva-śiṣyatvâbhinirhṛtā nirmānatâsārāt sārâdānâbhinirhṛtaḥ kāya-jīvita-bhoga-pratilambhaḥ ṣaḍ-anusmṛty-abhinirhṛtā smṛtiḥ saṃrañjanīya-dharmâbhinirhṛto 'dhyāśayaḥ samyak-pratipatty-abhinirhṛtâjīva-pariśuddhiḥ prasāda-prāmodya-sevanâbhinirhṛtârya-paryupāsanânāryeṣv apratighātâbhinirhṛtā[52] citta-nidhyaptiḥ pravrajyâbhinirhṛto 'dhyāśayaḥ pratipatty-abhinirhṛtaṃ śruta-kauśalam araṇā-dharma-prativedhâbhinirhṛto 'raṇya-vāso buddha-jñāna-saṃprāpaṇâbhinirhṛtaṃ saṃlayanaṃ sarva-sattva-kleśa-mocana-yogâbhinirhṛtā yogâcāra-bhūmiḥ /

（梵漢和維摩経 *p.* 162, *ll.* 2–11）

§72 「『正しい教え（正法）の把握をもって力強い勇敢さを生じることであり、〔衆生を〕包容して救うための〔布施・愛語・利行・同事の四つの〕ことがら（四摂法）をもって生命を維持する力（命根）を生じることであり、あらゆる衆生の奴隷や弟子であることをもって慢心のないことを生じることであり、堅実さのない状態から堅実さの感得をもって身体と、生命、財産の〔確実さの〕獲得を生じることであり、〔仏・法・僧・戒・施・天の〕六種について念ずること（六念）をもって〔正しい〕想念を生じることであり、感動すべき法（真理の教え）をもって高潔な心を生じることであり、正しい修行をもって生活の完全な浄化を生じることであり、浄信と歓喜による親近をもって聖者に仕えることを生じることであり、聖者でない人たちに対して撃退〔し憎悪〕することのないことをもって心の洞察を生じることであり、出家することをもって高潔な心を生じることであり、修行をもって聞くことの巧みさを生じることであり、〔諍う〕煩悩のない法についての理解をもって荒野（阿蘭若）に住することを生じることであり、ブッダの知を獲得することをもって独居して沈思黙考することを生じることであり、一切衆生を煩悩から解放するヨーガをもってヨーガ実修の階位を生じることである。

【§72　『正法を護持して方便力を起こし、衆生を度すを以て四摂法を起こし、一切に敬事するを以て除慢の法を起こし、身・命・財に於いて三堅の法を起こし、六念中に於いて思念の法を起こし、六和敬に於いて質直心を起こし、正しく善法を行じて浄命を起こし、心浄と歓喜もて賢聖に近づくを起こし、悪人を憎まずして調伏の心を起こし、出家の法を以て深心を起こし、如説の行を以て多聞を起こし、無諍法を以て空閑処を起こし、仏慧に趣向して宴座を起こし、衆生の縛を解きて修行地を起こす。】　（大正蔵、巻一四、五四三頁下）

…………………………………………………………………………

saddharma-parigrahâbhinirhṛto < saddharma-parigrahâbhinirhṛtaḥ + 有声子音 < saddharma-parigraha-abhinirhṛta-：*adj.* 正しい教えの把握をもって生じた。*m. sg. Nom.*

saddharma- < sat-dharma-：*m.* 正しい教え。「正法」と漢訳。

parigraha- < pari-√grah- (9) + -a：*m.* 包容。包含。取得。把握。受納。獲得。所有。

abhinirhṛta- < abhi-nir-√hṛ- (1) + -ta：*pp.* 「生」「得」「獲」「発」「出生」「出現」と漢訳。

bala-parākramaḥ < bala-parākramaḥ + (s) < bala-parākrama-：*m.* 力強い勇敢さ。*sg. Nom.*

bala-：*n.* 力。能力。体力。活力。軍隊。

parākrama- < parā-krama- < parā-√kram- (1) + -a：*m.* 大胆な前進。剛勇。勢力。力。権力。武勇。

parā-√kram- (1)：行進する。進む。闊歩する。勇敢になる。努力する。最善を尽くす。

saṃgraha-vastv-abhinirhṛtam < saṃgraha-vastu-abhinirhṛta-：：*adj.* 〔衆生を〕引導し救済するための〔四つの〕徳（四摂事）をもって生じた。*n. sg. Nom.*

saṃgraha-vastu-：*n.* 〔衆生を〕引導し救済するための〔四つの〕徳（四摂事）。「摂事」「摂法」と漢訳。

saṃgraha- < sam-√grah- (9) + -a：*m.* 捕獲。つかむこと。保護。包含。

vastu-：*n.* 物。物質。事物。実在するもの。

abhinirhṛta- < abhi-nir-√hṛ- (1) + -ta：*pp.* 「生」「得」「獲」「発」「出生」「出現」と漢訳。

jīvitêndriyaṃ < jīvita-indriya-：*n.* 生命を維持する力。「命根」と漢訳。*sg. Nom.*

jīvita- < √jīv- (1) + ita：*pp.* 生ける。生存せる。*n.* 生物。生命。

indriya-：*n.* 活力。精力。感官。能力。「根」と漢訳。

sarva-sattvānāṃ < sarva-sattva-：*m.* すべての衆生。「一切衆生」と漢訳。*pl. Gen.*

dāsatva-śiṣyatvâbhinirhṛtā < dāsatva-śiṣyatvâbhinirhṛtā- < dāsatva-śiṣyatva-abhinirhṛta-：*adj.* 奴隷の身分と弟子であることをもって生じた。*f. sg. Nom.*

dāsatva- < dāsa-tva-：*n.* 奴隷の身分。

dāsa-：*m.* 奴隷。召使い。

śiṣyatva- < śiṣya-tva-：*n.* 弟子たること。

śiṣya- < √śās- (2) + -ya：*未受分,* 教えられるべき。*m.* 生徒。弟子。学徒。

abhinirhṛta- < abhi-nir-√hṛ- (1) + -ta：*pp.* 「生」「得」「獲」「発」「出生」「出現」と漢訳。

nirmānatâsārāt < nirmānatā + asārāt

nirmānatā < nirmānatā- < nirmāna-tā-：*f.* 慢心のないこと。「無有憍慢」と漢訳。*sg. Nom.*

nirmāna- ＝ nirmāṇa-：*adj.* 慢心のない。「無有憍慢」と漢訳。

asārāt < asāra- < a-sāra-：*m.n.* 不適当。無価値。「無実」「不堅」と漢訳。*adj.* 適さない。価値のない。「不実」「無有堅牢」と漢訳。*sg. Abl.*

sārâdānâbhinirhṛtaḥ < sārâdānâbhinirhṛtaḥ + (k) < sāra-ādāna-abhinirhṛta-：*adj.* 堅固な真髄の感得をもって生じた。*m. sg. Nom.*

sāra-：*m.* 核。芯。力。精力。エネルギー。堅さ。価値。富。財産。真髄。精粋。

ādāna- < ā-√dā- (3) + ana：*n.* 執持。取得。除去。受納。捕捉。充当。

ā-√dā- (3)：取る。受け取る。獲得する。（心を）捉える。握る。つかむ。

abhinirhṛta- < abhi-nir-√hṛ- (1) + -ta：*pp.* 「生」「得」「獲」「発」「出生」「出現」と漢訳。

kāya-jīvita-bhoga-pratilambhaḥ < kāya-jīvita-bhoga-pratilambhaḥ + (ṣ) < kāya-jīvita-bhoga-pratilambha-：*m.* 身体と、生命、財産の獲得。*sg. Nom.*

kāya-：*m.* 身体。集団。多数。集合。

jīvita- < √jīv- (1) + -ita：*pp.* 生ける。生物。生命。生計。

bhoga- < √bhuj- (7) + -a：*m.* 食うこと。享受すること。享受。享楽。利益。財産。収益。「受用」「財」「財物」「資財」「資糧」「資生」と漢訳。

pratilambha- < prati-√labh- (1) + -a：*m.* 獲得。取得。〜の回復。

ṣaḍ-anusmṛty-abhinirhṛtā < ṣaḍ-anusmṛty-abhinirhṛtā- < ṣaḍ-anusmṛti-abhinirhṛta-：*adj.* 〔仏・法・僧・戒・施・天の〕六種について念ずることをもって生じた。*m. sg. Nom.*

ṣaḍ-anusmṛti-：*f.* 〔仏・法・僧・戒・施・天の〕六種について念ずること。

ṣaḍ- < ṣaṭ- + 母音：*基数詞,* 六。

anusmṛti-：*f.* 追憶。回想。思想。意向。「念」「心念」「正念」「憶念」と漢訳。

abhinirhṛta- < abhi-nir-√hṛ- (1) + -ta：*pp.* 「生」「得」「獲」「発」「出生」「出現」と漢訳。

smṛtiḥ < smṛtiḥ + (s) < smṛti- < √smṛ- (1) + -ti：*f.* 記憶。想念。「正念」と漢訳。

saṃrañjanīya-dharmâbhinirhṛto 'dhyāśayaḥ < saṃrañjanīya-dharmâbhinirhṛtaḥ + adhyāśayaḥ

saṃrañjanīya-dharmâbhinirhṛtaḥ < saṃrañjanīya-dharma-abhinirhṛta-：*adj.* 感動すべき法をもって生じた。*m. sg. Nom.*

saṃrañjanīya- < sam-√rañj- (4) + -anīya：*未受分,* 喜ばれるべき。感動されるべき。「可染」「可愛」「和敬」「真実愛」

dharma-：*m.* 確定した秩序。慣例。習慣。法則。規則。義務。宗教。教説。性質。本質。属性。特質。事物。法。

abhinirhṛta- < abhi-nir-√hṛ- (1) + -ta：*pp.* 「生」「得」「獲」「発」「出生」「出現」と漢訳。

adhyāśayaḥ < adhyāśayaḥ + (s) < adhyāśaya- < adhi-āśaya-：*m.* 意向。欲望。願望。傾向。高潔な心。*sg. Nom.*

samyak-pratipatty-abhinirhṛtâjīva-pariśuddhiḥ < samyak-pratipatty-abhinirhṛtā + ājīva-pariśu=ddhiḥ

samyak-pratipatty-abhinirhṛtā < samyak-pratipatty-abhinirhṛtā- < samyak-pratipatty-abhinirhṛta-：*adj.* 正しい修行をもって生じた。*f. sg. Nom.*

samyak-pratipatti-：*f.* 「正行」「正修行」と漢訳。

samyak-：*adv.* 正しく。正確に。真に。適当に。完全に。
これは副詞だが、しばしば形容詞的に使われる。

pratipatti-：*f.* 獲得。知覚。理解。見解。行動。行為。「修行」と漢訳。

abhinirhṛta- < abhi-nir-√hṛ- (1) + -ta：*pp.* 「生」「得」「獲」「発」「出生」「出現」と漢訳。

ājīva-pariśuddhiḥ < ājīva-pariśuddhi-：*f.* 生活の完全な浄化。*sg. Nom.*

ājīva-：*m.* 生計。生活。

pariśuddhi- < pari-√śudh- (4) + -ti：*f.* 完全な浄化。

prasāda-prāmodya-sevanâbhinirhṛtârya-paryupāsanânāryeṣv < prasāda-prāmodya-sevanâbhinir=hṛtā + ārya-paryupāsanā + anāryeṣv

prasāda-prāmodya-sevanâbhinirhṛtā < prasāda-prāmodya-sevanâbhinirhṛtā- < prasāda-prā=modya-sevanā-abhinirhṛta-：*adj.* 浄信と歓喜による親近をもって生じた。*f. sg. Nom.*

prasāda- < pra-sāda- < pra-√sad- (1) + -a：*m.* 清澄であること。輝かしいこと。明瞭。光輝。「浄」「清浄」「澄浄」「浄信」「正信」と漢訳。

prāmodya- < pramoda- + -ya：*n.* 狂喜。歓喜。喜び。幸福。

sevanā- < √sev- (1) + -anā：*f.* 〜にしばしば通うこと。侍すること。仕えること。「親近」と漢訳。

abhinirhṛta- < abhi-nir-√hṛ- (1) + -ta：*pp.* 「生」「得」「獲」「発」「出生」「出現」と漢訳。

ārya-paryupāsanā < ārya-paryupāsanā-：*f.* 聖者に仕えること。

ārya-：*adj.* 高貴な。聖なる。*m.* 尊敬すべき人。「聖」「聖人」「聖者」「賢聖」「賢善者」と漢訳。

paryupāsanā- < pari-upa-√ās- (2) + -anā：*f.* 取り囲んで坐ること。仕えること。慇懃な態度。愛想のよいこと。尊敬すること。「供養」「親近」「恭敬」と漢訳。

anāryeṣv < anāryeṣu + 母音 < an-ārya-：*adj.* 賤劣な。「非聖人」と漢訳。*m.* 「非賢善者」「非聖悪人」と漢訳。*m. pl. Loc.*

apratighātâbhinirhṛtā < apratighātâbhinirhṛtā- < apratighāta-abhinirhṛta-：*adj.* 撃退〔し憎悪〕することのないことをもって生じた。*f. sg. Nom.*

apratighāta- < a-pratighāta-：*adj.* 妨げられない。撃退することのない。「無礙」と漢訳。

pratighāta-：*m.* 撃退。予防。抑止。妨害。障害。抵抗。「障」「礙」と漢訳。

citta-nidhyaptiḥ < citta-nidhyapti-：*f.* 心の洞察。*sg. Nom.*

citta- < √cit- (1) + -ta：*n.* (*pp.*) 注意。思考。思想。目的。意志。精神。心。知性。理性。識。心。意。質多。

nidhyapti-：*f.* 洞察。「観」「観察」「思惟」と漢訳。

pravrajyâbhinirhṛto 'dhyāśayaḥ < pravrajyâbhinirhṛtaḥ + adhyāśayaḥ

pravrajyâbhinirhṛtaḥ < pravrajya-abhinirhṛta-：*adj.* 出家することをもって生じた。*m. sg. Nom.*

pravrajyā < pravrajyā-：*f.* 出家すること。

adhyāśayaḥ < adhyāśaya- < adhi-āśaya-：*m.* 意向。欲望。願望。傾向。高潔な心。*sg. Nom.*

pratipatty-abhinirhṛtaṃ < pratipatti-abhinirhṛta-：*adj.* 修行をもって生じた。*n. sg. Nom.*

pratipatti-：*f.* 獲得。知覚。理解。見解。行動。行為。「修行」と漢訳。

abhinirhṛta- < abhi-nir-√hṛ- (1) + -ta：*pp.* 「生」「得」「獲」「発」「出生」「出現」と漢訳。

śruta-kauśalam < śruta-kauśala-：*n.* 聞くことの巧みさ。*sg. Nom.*

śruta- < √śru- (5) + -ta：*pp.* 聞かれた。*n.* 聞かれたこと。学ばれたこと。伝承。学問。聞くこと。教示。

kauśala-：*n.* 幸福。幸運。繁栄。賢明。～（処格）における熟練。経験。「善」「善巧」と漢訳。

araṇā-dharma-prativedhâbhinirhṛto 'raṇya-vāso < araṇā-dharma-prativedhâbhinirhṛtaḥ + araṇya-vāso

araṇā-dharma-prativedhâbhinirhṛtaḥ < araṇā-dharma-prativedha-abhinirhṛta-：*adj.* 〔諍う〕煩悩のない法についての理解をもって生じた。*m. sg. Nom.*

araṇā-：*f.* 「無諍」と漢訳。「阿蘭那」と音写。

araṇa- < a-raṇa-：*adj.* 戦うことのない。「無煩悩」「無諍」「去除闘諍」と漢訳。

dharma-：*m.* 確定した秩序。慣例。習慣。法則。規則。義務。宗教。教説。性質。本質。属性。特質。事物。法。

prativedha- < prati-√vyadh- (4) + -a：*m.* 洞察。理解。上達。

abhinirhṛta- < abhi-nir-√hṛ- (1) + -ta：*pp.* 「生」「得」「獲」「発」「出生」「出現」と漢訳。

araṇya-vāso < araṇya-vāsaḥ + 有声子音 < araṇya-vāsa-：*m.* 荒野（阿蘭若）に住すること。

araṇya-：*n.* 遠方。外国。荒野。林。「山林」「林野」「広野」「空閑」「空閑処」と漢訳。「阿練若」「阿蘭若」と音写。

vāsa- < √vas- (1) + -a：*m.* 休息。宿泊。居住。滞在。住宅。

√vas- (1)：留まる。一泊する。休止する。滞在する。住む。生活する。

buddha-jñāna-saṃprāpaṇâbhinirhṛtaṃ < buddha-jñāna-saṃprāpaṇa-abhinirhṛta-：*adj.* ブッダの知を獲得することをもって生じた。*m. sg. Nom.*

buddha-jñāna-：*n.* ブッダの知。

saṃprāpaṇa- < sam-pra-√ āp- (5) + -ana：*adj.*「令至」「令得」と漢訳。
sam-pra-√ āp- (5)：到達する。獲得する。
abhinirhṛta- < abhi-nir-√ hṛ- (1) + -ta：*pp.*「生」「得」「獲」「発」「出生」「出現」と漢訳。

saṃlayanam < saṃlayana- < sam-√ lī- (4) +-ana：*n.* 沈思黙考すること。*sg. Nom.*
prati-saṃlayana- < prati-sam-√ lī- (4) + -ana：*n.* 一定の場所に退くこと。完全に没頭すること。静思のために退くこと。独居して沈思黙考すること。
sam-√ lī- (4)：～（処格）に入る。隠れる。潜む。
√ lī- (4)：～（処格）に留まる。定着する。定住する。

sarva-sattva-kleśa-mocana-yogâbhinirhṛtā < sarva-sattva-kleśa-mocana-yogâbhinirhṛtā- < sarva-sattva-kleśa-mocana-yoga-abhinirhṛta-：*adj.* 一切衆生を煩悩から解放するヨーガをもって生じた。*f. sg. Nom.*
sarva-：*adj.* すべての。
sattva-：*m.*「衆生」「有情」と漢訳。
kleśa- < √ kliś- (4) + -a：*m.* 苦痛。苦悩。心痛。「煩悩」「惑」「根本煩悩」と漢訳。
mocana- < √ muc- (4) + -ana：*adj.* ～（奪格）から解放する。
yoga- < √ yuj- (7) + -a：*m.* 軛をつけること。結合。合一。心の統一。瞑想。奮励。
√ yuj- (7)：（馬を）つなぐ。軛をつける。精神を集中する。
abhinirhṛta- < abhi-nir-√ hṛ- (1) + -ta：*pp.*「生」「得」「獲」「発」「出生」「出現」と漢訳。

yogâcāra-bhūmiḥ < yogâcāra-bhūmi-：*f.* ヨーガ実修の階位。*sg. Nom.*
yogâcāra- < yoga-ācāra-：*m.* ヨーガの実修。
bhūmi-：*f.* 大地。場所。地位。

§73 lakṣaṇânuvyañjana-saṃbhārâbhinirhṛtaḥ sattva-paripāko buddha-kṣetrâlaṃkārâbhinirhṛtaḥ puṇya-saṃbhāraḥ sarva-sattva-citta-carita-yathâśaya-dharma-deśanâbhinirhṛto jñāna-saṃbhāraḥ sarva-dharmânāyūhâniryūhâika-naya-jñānâbhinirhṛtaḥ prajñā-saṃbhāraḥ sarva-kleśa-sarvâvaraṇa-sarvâkuśala-dharma-prahāṇâbhinirhṛtaḥ sarva-kuśala-mūla-saṃbhāraḥ /
（梵漢和維摩経 *p.* 162, *ll.* 12–17）

§73 「『〔三十二種類の〕身体的特徴（三十二相）と〔八十種類の〕副次的特徴（八十種好）を具えることをもって衆生の成熟を生じることであり、ブッダの国土を荘厳することをもって福徳の集積を生じることであり、一切衆生の心の願望に応じて法を説くことをもって知の集積を生じることであり、あらゆるものごと（一切法）には来ることも去ることもないという一つの道理を知ることをもって智慧の集積を生じることであり、すべての煩悩、すべての障害、〔すべての〕悪しき法を断じることをもってあらゆる善根の集積を生じることである。

【§73 相好を具し、及び仏土を浄むるを以て福徳業を起こし、一切衆生の心念を知りて、応の如くに法を説きて智業を起こし、一切法は不取不捨なりと知り、一相の門に入りて慧業を起こし、一切の煩悩・一切の障礙・一切の不善の法を断じて一切の善業を起こし、】（大正蔵、巻一四、五四三頁下）

……………………………………………………………

lakṣaṇânuvyañjana-saṃbhārâbhinirhṛtaḥ < lakṣaṇa-anuvyañjana-saṃbhāra-abhinirhṛta-：*adj.*〔三十二種類の〕身体的特徴（三十二相）と〔八十種類の〕副次的特徴（八十種好）を具えることをもって生じた。*m. sg. Nom.*
lakṣaṇa-anuvyañjana-：*n.* 身体的特徴と副次的特徴。「相好」と漢訳。
saṃbhāra- < sam-√ bhṛ- (1) + -a：*m.* 一緒に持ってくること。集めること。～に対する用意。家財道具。富。所有物。多数。量。堆積。「積集」と漢訳。
abhinirhṛta- < abhi-nir-√ hṛ- (1) + -ta：*pp.*「生」「得」「獲」「発」「出生」「出現」と漢訳。

sattva-paripāko < sattva-paripākaḥ + 有声子音 < sattva-paripāka-：*m.* 衆生を成熟させること。*sg. Nom.*

buddha-kṣetrâlaṃkārâbhinirhṛtaḥ < buddha-kṣetra-alaṃkāra-abhinirhṛta-：*adj.* ブッダの国土の荘

厳をもって生じた。*m. sg. Nom.*

puṇya-saṃbhāraḥ < puṇya-saṃbhāra-：*m.* 福徳の集積。*sg. Nom.*

puṇya-：*adj.* 吉兆の。幸先のよい。幸運な。美しい。快い。有徳の。*n.* 善。徳。善行。「福」「福徳」「福行」「功徳」と漢訳。

sarva-sattva-citta-carita-yathâśaya-dharma-deśanâbhinirhṛto < sarva-sattva-citta-carita-yathâ=śaya-dharma-deśanâbhinirhṛtaḥ ＋ 有声子音 < sarva-sattva-citta-carita-yathâśaya-dhar=ma-deśanâbhinirhṛta-：*adj.* 一切衆生の心の願望に応じて法を説くことをもって生じた。*m. sg. Nom.*

citta-carita-：*n.* 心の働き。「心行」「心所念」「心之所行」と漢訳。

yathâśaya-：*adj.* 願望に応じた。「随心」「随心所楽」と漢訳。

dharma-deśanā-：*f.* 法の教授。説教。「説」「説法」と漢訳。

jñāna-saṃbhāraḥ < jñāna-saṃbhāra-：*m.* 知の集積。*sg. Nom.*

sarva-dharmânāyūhâniryūhâika-naya-jñānâbhinirhṛtaḥ < sarva-dharma-anāyūhâniryūha-eka-naya-jñāna-abhinirhṛta-：*adj.* あらゆるものごと（一切法）には来ることもなく去ることもないという一つの道理を知ることをもって生じた。*m. sg. Nom.*

sarva-dharma-：*m.* あらゆるものごと。「一切法」と漢訳。

anāyūhâniryūha- < an-āyūha-aniryūha-：*adj.* 来ることもなく去ることもない。

āyūha-niryūha-：*adj.* 「来去」と漢訳。

āyūha- < ā-yūha- < ā-√ūh- (1) + -a：*m.* 「入」「来」「持来」と漢訳。

niryūha- < nir-yūha-：*m.* 「去」「捨」「出」「持去」と漢訳。

eka-：*基数詞,* 一。*adj.* ある。

naya-：*m.* ～（処格）に導くこと。行状。態度。行為。理趣。～に対する思慮、分別。「理」「道理」と漢訳。

jñāna- < √jñā- (9) + -ana：*n.* 知。智慧。

prajñā-saṃbhāraḥ < prajñā-saṃbhāra-：*m.* 智慧の集積。*sg. Nom.*

sarva-kleśa-sarvâvaraṇa-sarvâkuśala-dharma-prahāṇâbhinirhṛtaḥ < sarva-kleśa-sarva-āvaraṇa-sarva-akuśala-dharma-prahāṇa-abhinirhṛta-：*adj.* すべての煩悩、すべての障害、〔すべての〕悪しき法を断じることをもって生じた。*m. sg. Nom.*

sarva-：*adj.* 一切の。すべての。

kleśa- < √kliś- (4) + -a：*m.* 苦痛。苦悩。心痛。「煩悩」「惑」「根本煩悩」と漢訳。

āvaraṇa- < ā-varaṇa- < ā-√vṛ- (1) + -ana：*n.* 遮断。壁。障。保護。被覆。

ā-√vṛ- (1)：覆う。隠す。包囲する。

akuśala-dharma-：*m.* 「不善法」

prahāṇa- < pra-√hā- (3) + -ana：*n.* 抽象作用。思索。思弁。放棄。回避。「断」「断除」「断尽」「断滅」と漢訳。

abhinirhṛta- < abhi-nir-√hṛ- (1) + -ta：*pp.* 「生」「得」「獲」「発」「出生」「出現」と漢訳。

sarva-kuśala-mūla-saṃbhāraḥ < sarva-kuśala-mūla-saṃbhāra-：*m.* あらゆる善根の集積。*sg. Nom.*

§74 sarva-jña-jñānânubodhana-sarva-kuśala-dharmâbhinirhṛtaḥ sarva-bodhi-pakṣya-dharma-samudgamaḥ / （梵漢和維摩経 *p.* 162, *ll.* 18–19）

§74 「『一切知者の智慧（一切種智）の覚知、あらゆる善き法〔の覚知〕をもってすべての覚りを助ける〔三十七の修行〕法（三十七助道法）の出現を生じるのである。

【§74 一切の智慧、一切の善法を得るを以て、一切の助仏道の法を起こす。】

（大正蔵、巻一四、五四三頁下）

……………………………………………………………………

sarva-jña-jñānânubodhana-sarva-kuśala-dharmâbhinirhṛtaḥ < sarva-jña-jñāna-anubodhanasarva-kuśala-dharma-abhinirhṛta-：*adj.* 一切知者の智慧（一切種智）の覚知、あらゆる善き法〔の覚知〕をもって生じた。*m. sg. Nom.*

sarva-jña-：*adj.* 一切を知っている。全知の。「薩云若」「薩婆若」と漢訳。

jñāna- < √jñā- (9) + -ana：*n.* 知ること。知識。智慧。「闍那」と音写。

anubodhana- < anu-√budh- (4) + -ana：*n.* 想起。回想。「覚」「覚了」と漢訳。

sarva-kuśala-dharma-：*m.* あらゆる善き法。

abhinirhṛta- < abhi-nir-√hṛ- (1) + -ta：*pp.* 「生」「得」「獲」「発」「出生」「出現」と漢訳。

sarva-bodhi-pakṣya-dharma-samudgamaḥ < sarva-bodhi-pakṣya-dharma-samudgama-：*m.* すべての覚りを助ける〔三十七の修行〕法（菩提分法）の出現。*sg. Nom.*

bodhi-pakṣya-dharma-：*m.* 覚りを助ける〔三十七の修行〕法。「菩提分法」と漢訳。

bodhi-pakṣya-：*adj.* 覚りを助ける。

pakṣya-：*adj.* ～に味方する。「品」「分」と漢訳。

dharma-：*m.* 確定した秩序。慣例。習慣。法則。規則。義務。宗教。教説。性質。本質。属性。特質。事物。法。

samudgama- < sam-udgama- < sam-ud-√gam- (1) + -a：*m* （太陽が）昇ること。（塵が）立つこと。（乳房が）隆起すること。出現。「涌出」と漢訳。

sam-ud-√gam- (1)：出てくる。現われる。「来」と漢訳。

ayaṃ sa kulaputra dharma-yajño yatra dharma-yajñe pratiṣṭhitā bodhi-sattvā iṣṭa-yajña-yājūkā[53] dakṣiṇīyā bhavanti sa-devakasya lokasya / （梵漢和維摩経 *p.* 164, *ll.* 1–2）

「『良家の息子よ、これがその法の施会なのである。菩薩たちが、その法の施会に熟達するならば、〔その菩薩たちは〕望まれた施会を行なう人であり、神々に伴われた世間〔の人々〕の供養を受けるべき人となるのである』。

【「『是くの如く、善男子よ、是れを法施の会と為す。若し菩薩、是の法施の会に住せば、大施主為らん。亦、一切世間の福田為らん』と。】　（大正蔵、巻一四、五四四頁上）

…………………………………………………………………………

ayaṃ < idam-：これ。この。*m. sg. Nom.*

sa < saḥ < tad-：それ。*m. sg. Nom.*

kulaputra < kulaputra- < kula-putra-：*m.* 良家の息子。「善男子」と漢訳。*sg. Voc.*

dharma-yajño < dharma-yajñaḥ + 半母音 < dharma-yajña-：*m.* 法の施会。*sg. Nom.*

yatra：*adv.* そこに。その場所に。その場合に、もし～ならば、その時。

dharma-yajñe < dharma-yajña-：*m.* 法の施会。*sg. Loc.*

pratiṣṭhitā < pratiṣṭhitāḥ + 有声音 < pratiṣṭhita- < prati-√sthā- (1) + -ita：*pp.* 有名な。著名な。～（処格）に熟達した。～に立った。位置した。留まった。～に置かれた。確立した。*m. pl. Nom.*

bodhi-sattvā < bodhi-sattvāḥ + 有声音 < bodhi-sattva-：*m.* 覚りを求める人。「菩薩」と音写。*pl. Nom.*

iṣṭa-yajña-yājūkā < iṣṭa-yajña-yājūkāḥ + 有声音 < iṣṭa-yajña-yājūka-：*m.* 望まれた施会を行なう人。*pl. Nom.*

iṣṭa- < √iṣ- (6) + -ta：*pp.* 求められた。望まれた。

√iṣ- (6)：捜す。欲する。願う。期待する。求める。

iṣṭi-yājuka-：*adj.* one who offers an iṣṭi sacrifice. cf. モニエルの辞典 *p.* 169.

iṣṭi-：*f.* （牛酪、果物などの簡単な）供養。

dakṣiṇīyā < dakṣiṇīyāḥ + 有声音 < dakṣiṇīya-：*adj.* 供養する価値のある。尊敬する価値のある。*m. pl. Nom.*

bhavanti < bhava- < √bhū- (1)：～である。なる。*Pres. 3, pl. P.*

sa-devakasya < sa-devaka-：*adj.* 神々とともなる。「有天」と漢訳。*m. sg. Gen.*

lokasya < loka-：*m.* 空間。余地。場所。国。世界。世間。*sg. Gen.*

evaṃ hi bhagavaṃs tasya gṛha-pater nirdiśatas tasyā brāhmaṇa-parṣado dvayor brāhmaṇa-śata=yor anuttarāyāṃ samyak-saṃbodhau cittāny utpannāni /

（梵漢和維摩経 *p.* 164, *ll.* 3–5）

「世尊よ、まさにこのように、その資産家が説いている時、そのバラモンの聴衆の中の二百人のバラモンたちが、この上ない正しく完全な覚りに向けて心を発しました。

【「世尊よ、維摩詰の是の法を説ける時、婆羅門の衆中、二百人は皆、阿耨多羅三藐三菩提に心を発せり。】（大正蔵、巻一四、五四四頁上）

…………………………………………………………………………

evaṃ：*adv.* このように。「是」「如是」と漢訳。

hi：*ind.* 真に。確かに。実に。

bhagavaṃs < bhagavan + (t) < bhagavat-：*m.* 尊い（人）。「世尊」と漢訳。「婆伽婆」「薄伽梵」と音写。*sg. Voc.*

tasya < tad-：それ。*m. sg. Gen.*

gṛha-pater < gṛha-pateḥ + 有声音 < gṛha-pati-：*m* 資産家。「家長」「居士」「長者」「在家」と漢訳。*sg. Gen.*

nirdiśatas < nirdiśataḥ + (t) < nirdiśat- < nirdiśa- + -t < nir-√diś- (6) + -t：指示する。決定する。宣言する。「説」「作説」「称讃」「答」と漢訳。*P.* *現在分詞,* *m. sg. Gen.*
以上の属格は絶対節をなしている。

tasyā < tasyāḥ + 有声音 < tad-：それ。*f. sg. Gen.*

brāhmaṇa-parṣado < brāhmaṇa-parṣadaḥ + 有声子音 < brāhmaṇa-parṣad-：*f.* 婆羅門の聴衆。*sg. Gen.*
brāhmaṇa-：*m.* ヴェーダに通じた人。神学者。祭官。「婆羅門」「梵志」と音写。
parṣad- = pari-ṣad-：*f.* 集会。聴衆。会議。「衆」「大衆」「衆会」「諸大衆」と漢訳。
格変化については、cf.「基礎」*p.* 119 の agni-math- を参考に。

dvayor < dvayoḥ + 有声音 < dvi-：*基数詞,* 二。*n. du. Gen.*

brāhmaṇa-śatayor < brāhmaṇa-śatayoḥ + 有声音 < brāhmaṇa-śata-：*n.* 百人のバラモン。*du. Gen.*

anuttarāyāṃ < anuttarā- < anuttara- < an-ud-tara-：*比較級,* この上ない。「無上」と漢訳。*f. sg. Loc.*

samyak-saṃbodhau < samyak-saṃbodhi-：*f.* 正しく完全な覚り。「正覚」「正等正覚」「正等菩提」と漢訳。「三藐三菩提」と音写。*sg. Loc.* 目的地や目標を示す処格。

cittāny < cittāni + 母音 < citta-：*n.* 心。思考。意思。知性。理性。「質多」と音写。*pl. Nom.*

utpannāni < utpanna- < ud-√pad- (4) + -na：*pp.* ～（処格）から生まれた。生じた。「已生」「出現」「生起」と漢訳。*n. pl. Nom.*

§75　ahaṃ câścarya-prasāda-pratilabdhas tasya sat-puruṣasya caraṇau praṇamya śata-sahasra-mūlyaṃ muktā-hāraṃ kaṇṭhād avatārya dadāmi /

（梵漢和維摩経 *p.* 164, *ll.* 6–7）

§75　「また、私は、奇異にして清く澄みきった心になり、その善き人（善士）の両足を〔頭におしいただくことによって〕敬礼してから、幾百・千〔金〕もの値打ちのある真珠の首飾りを首からはずして、差しあげました。

【§75　「我、時に心に清浄なることを得て、未曾有なりと歎じ、稽首して維摩詰の足に礼し、即ち瓔珞の価直百千なるを解きて、以て之に上れるも、】（大正蔵、巻一四、五四四頁上）

…………………………………………………………………………

ahaṃ < mad-：私。*1, sg. Nom.*

câścarya-prasāda-pratilabdhas < ca + āścarya-prasāda-pratilabdhas
āścarya-prasāda-pratilabdhas < āścarya-prasāda-pratilabdhaḥ + (t) < āścarya-prasāda-

pratilabdha-：*adj.* 奇異にして清く澄みきった心になった。

āścarya-：*adj.* 奇異なる。不思議なる。

prasāda- < pra-sāda- < pra-√sad- (1) + -a：*m.* 清澄であること。輝かしいこと。明瞭。光輝。「浄」「清浄」「澄浄」「浄信」「正信」と漢訳。

pratilabdha- < prati-√labh- (1) + -ta：*pp.* 回復した。取り戻した。達した。得た。「獲得」「成就」と漢訳。

tasya < tad-：それ。*m. sg. Gen.*

sat-puruṣasya < sat-puruṣa-：*m.* 善き人。「善士」と漢訳。*sg. Gen.*

caraṇau < caraṇa- < √car- (1) + -ana-：*m.n.* 足。*n.* 彷徨すること。*du. Acc.*

praṇamya < pra-√nam- (1) + -ya：～に頭を下げる、～の前に敬意を表する。*Ger.*

śata-sahasra-mūlyaṃ < śata-sahasra-mūlya-：*adj.* 幾百・千〔金〕もの値打ちのある。*m.sg. Acc.*

mūlya- < mūla- + -ya：*adj.* 根に付けられた。*n.* 価格。賃金。報酬。所得。

muktā-hāraṃ < muktā-hāra-：*m.* 真珠の首飾り。*sg. Acc.*

kaṇṭhād < kaṇṭhāt + 母音 < kaṇṭha-：*m.* 首。喉。*sg. Abl.*

avatārya < avatāraya + -ya < ava-√tṝ- (1) + -aya + -ya：*Caus.* 下らせる。降ろす。（衣服等を）脱ぐ。はずす。除去する。*Ger.*

dadāmi < dadā- < √dā- (3)：与える。*Pres. 1, sg. P.*

sa taṃ muktā-hāraṃ na pratigṛhṇāti sma /

（梵漢和維摩経 *p.* 164, *l.* 8）

「その〔ヴィマラキールティ〕は、その真珠の首飾りを受け取りませんでした。

【取ることを肯んぜず。】（大正蔵、巻一四、五四四頁上）

sa < saḥ < tad-：それ。*m. sg. Nom.*

taṃ < tad-：それ。*m. sg. Acc.*

muktā-hāraṃ < muktā-hāra-：*m.* 真珠の首飾り。*sg. Acc.*

na：*ind.* ～でない。～にあらず。

pratigṛhṇāti < pratigṛhṇā- < prati-√grah- (9)：つかむ。摂取する。飲食する。取り戻す。受ける。嘉納する。受け取る。*Pres. 3, sg. P.*

sma：*ind.* 実に。sma は現在形とともに用いられて、過去の意味を表わす（歴史的現在）。

tam aham etad avocam / pratigṛhyêmaṃ[54] yatra te prasādo bhavati tasmai prayacchêti /

（梵漢和維摩経 *p.* 164, *ll.* 9–10）

「私は、その〔ヴィマラキールティ〕にこのように言いました。

『これを受け取って、だれであれ、あなた〔の心〕に納得のゆくところ〔の人〕、その人に差しあげてください』と。

【「我、言わく、『居士よ、願わくは必ず納受し、意の与る所に随え』と。】

（大正蔵、巻一四、五四四頁上）

tam < tad-：それ。*m. sg. Acc.*

aham < mad-：私。*1, sg. Nom.*

etad < etat + 母音 < etad-：これ。*n. sg. Acc.* 対格の副詞的用法で「このように」の意味。

avocam < avoca- < a- + va-+ uc- + -a < √vac- (2)：言う。話す。告げる。*重複 Aor. 1, sg. P.*

pratigṛhyêmaṃ < pratigṛhya + imaṃ

pratigṛhya < prati-√grah- (9) + -ya：つかむ。摂取する。飲食する。取り戻す。受ける。嘉納する。受け取る。*Ger.*

imaṃ < idam-：これ。*m. sg. Acc.*
yatra：*adv.* そこに。その場所に。その場合に。もし～ならば。その時。
te < tvad-：あなた。*2, sg. Gen.*
prasādo < prasādaḥ + 有声子音 < prasāda- < pra-√sad- (1) + -a：*m.* 清澄であること。輝かしいこと。明瞭。光輝。（心の）愉快。上機嫌。「浄」「清浄」「澄浄」「浄信」「正信」と漢訳。*sg. Nom.*
bhavati < bhava- < √bhū- (1)：なる。*Pres. 3, sg. P.*
tasmai < tad-：それ。*m. sg. Dat.*
prayacchêti < prayaccha + iti
　prayaccha < prayaccha- < pra-√yam- (1)：提供する。贈る。与える。手渡す。*Impv. 2, sg. P.*
　iti：*adv.* ～と。～ということを。以上のように。～と考えて。「如是」と漢訳。

> tena sa muktā-hāro gṛhītvā dvidhā-kṛtaḥ /
> （梵漢和維摩経 *p.* 164, *l.* 11）

「その〔ヴィマラキールティ〕は、その真珠の首飾りを受け取ると、二つに分割しました[55]。
【「維摩詰、乃ち瓔珞を受け、分かちて二分と作し、】　（大正蔵、巻一四、五四四頁上）
…………………………………………………………………………

tena < tad-：それ。*n. sg. Ins.* 過去受動分詞 dvidhā-kṛtaḥ の動作主を示す具格。
sa < saḥ < tad-：それ。*m. sg. Nom.*
muktā-hāro < muktā-hāraḥ + 有声子音 < muktā-hāra-：*m.* 真珠の首飾り。*sg. Nom.*
gṛhītvā < √grah- (9) + -itvā：つかむ。取る。受け取る。*Ger.*
　絶対分詞には能動と、受動の区別はなく、両方の意味を持つ。ここでは、受動である。
dvidhā-kṛtaḥ < dvidhā-kṛta- < dvidhā-√kṛ- (8) + -ta：*pp.* 二分された。*m. sg. Nom.*
　dvidhā：*adv.* 二重に。二つの部分に。二様に。

> eko bhāgo yas tatra yajña-śālāyāṃ sarva-loka-jugupsito nagara-daridras tasmai dattaḥ /
> （梵漢和維摩経 *p.* 164, *ll.* 11–12）

「〔分割した〕片方の部分は、その施会の〔行なわれている〕家屋の中にいるあらゆる世間〔の人々〕から嫌悪されているところの町で〔最も〕貧しい人、その人に与えられました[56]。
【一分を持ちて此の会中の一の最下の乞食に施し、】　（大正蔵、巻一四、五四四頁上）
…………………………………………………………………………

eko < ekaḥ + 有声子音 < eka-：*基数詞,* 一。*m. sg. Nom.*
bhāgo < bhāgaḥ + 半母音 < bhāga- < √bhaj- (1) + -a：*m.* 配当された部分。分け前。割当て。部分。一部。方面。区域。場所。地点。*sg. Nom.*
　√bhaj- (1)：分配する。分かつ。～（為・属格）に配分する。～（具格）と分け合う。
yas < yaḥ + (t) < yad-：*関係代名詞, m. sg. Nom.*
tatra：*adv.* そこに。そこへ。かしこに。その時に。その場合に。
yajña-śālāyāṃ < yajña-śālā-：*f.* 施会の〔行なわれている〕家屋。*sg. Loc.*
　śālā-：*f.* 小屋。家屋。部屋。
sarva-loka-jugupsito < sarva-loka-jugupsitaḥ + 有声子音 < sarva-loka-jugupsita-：*adj.* あらゆる世間〔の人々〕から嫌悪されている。*m. sg. Nom.*
　sarva-loka-：*m.* あらゆる世界。すべての世間〔の人々〕。全世界。
　jugupsita- < jugupsa- + -ita < √gup- + sa + -ita：*意欲動詞, pp.* 嫌悪された。「厭賤」「所悪賤」と漢訳。*n.* 嫌悪。嫌悪。嫌悪すべき行為。
　jugupsa- < √gup- + sa：*意欲動詞,* ～（奪格）に対して警戒する。避ける。軽蔑する。嫌悪する。非難する。
　√gup-：（現在語幹なし）～（奪格）より護る。～から保護する。保存する。秘密を守る。隠す。

nagara-daridras < nagara-daridraḥ + (t) < nagara-daridra-：*m.* 町の貧しい人。*sg. Nom.*
　　nagara-：*n.* 町。市。都市。都城。「城」「城邑」「城郭」「国」「国城」と漢訳。
　　daridra-：*adj.* ～（具格）を欠いている。貧しい。「貧」「貧窮」「貧乏」「貧賤」と漢訳。*m.* 乞食。
tasmai < tad-：それ。*m. sg. Dat.*
dattaḥ < datta- < √dā- (3) + -ta：*pp.* 与えられた。*m. sg. Nom.*

> dvitīyaś ca bhāgo duṣprasahāya tathāgatāya dattaḥ /
> (梵漢和維摩経 *p.* 164, *ll.* 12–13)

「また、〔分割した〕二つ目の部分は、“征服しがたいもの（難勝）”という如来に与えられました。
【「一分を持ちて彼の難勝如来に奉れり。】　　（大正蔵、巻一四、五四四頁上）
…………………………………………………………………

dvitīyaś < dvitīyaḥ + (c) < dvitīya-：*序数詞,* 第二の。*m. sg. Nom.*
ca：*conj.* および。また。しかしながら。そして。～と。なお。
bhāgo < bhāgaḥ + 半母音 < bhāga- < √bhaj- (1) + -a：*m.* 配当された部分。分け前。割当て。部分。一部。方面。区域。場所。地点。*sg. Nom.*
duṣprasahāya < duṣ-prasaha-：*adj.* 耐え難い。抵抗しにくい。征服しがたい。勝利しがたい。匹敵しがたい。*m.* 「難忍」「難勝」と漢訳。*m. sg. Dat.*
　　prasaha- < pra-√sah- (1) + -a：*adj.* ～に耐える。抵抗する。征服する。勝利する。匹敵する。*m.* 忍耐。抵抗。「忍」と漢訳。
　　pra-√sah- (1)：征服する。勝利を得る。～（対格）に匹敵する。耐える。抵抗する。
　　duḥ-, duṣ-, dur- は、「悪しき」「～難き」「困難な」「無～」「不～」「離～」を意味する接頭辞。
tathāgatāya < tathāgata-：*m.* このように行った（人）。このように来た（人）。「如来」「如去」と漢訳。「多陀阿伽度」と音写。*sg. Dat.*
dattaḥ < datta- < √dā- (3) + -ta：*pp.* 与えられた。*m. sg. Nom.*

> yathā ca sarvā parṣat paśyati taṃ ca marīciṃ loka-dhātuṃ taṃ ca duṣprasahaṃ tathāgataṃ taṃ ca muktā-hāraṃ[57] duṣprasahasya mūrdha-saṃdhau muktā-hāra-kūṭâgāraṃ prādur-bhūtaṃ citraṃ darśanīyaṃ catur-asraṃ catuḥ-sthūṇaṃ samaṃ bhāgaśaḥ[58] suvibhaktam /
> (梵漢和維摩経 *p.* 164, *ll.* 13–17)

「その結果、すべての聴衆は、その“陽炎”という世界と、その“征服しがたいもの”という如来を〔見ました。〕そして、その真珠の首飾りが、“征服しがたいもの”〔という如来〕の頭の上で、種々の、見るも美しい、四角形で、四本の柱を持ち、均等に部分ごとによく釣り合いのとれた真珠の首飾りの楼閣として出現したのを見ました[59]。
【「一切の衆会は皆、光明国土の難勝如来を見たてまつる。又、珠瓔の彼の仏の上に在り、変じて四柱の宝台を成じ、四面を厳飾して、相い障蔽せざるを見る。】　　（大正蔵、巻一四、五四四頁上）
…………………………………………………………………

yathā：*関係副詞, 接続詞,* ～のように。あたかも～のように。～であるように。その結果。
ca：*conj.* および。また。しかしながら。そして。～と。なお。
sarvā < sarvā- < sarva-：*adj.* すべての。*f. sg. Nom.*
parṣat < parṣad- = pari-ṣad-：*f.* 集会。聴衆。会議。「衆」「大衆」「衆会」「諸大衆」と漢訳。*sg. Nom.*
paśyati < paśya- < √paś- (4)：見る。見なす。考察する。思量する。*Pres. 3, sg. P.*
taṃ < tad-：それ。*m. sg. Acc.*
ca：*conj.* および。また。しかしながら。そして。～と。なお。
marīciṃ < marīci-：*m.* （大気中に浮遊する）輝く微塵。光線。「光」「炎」「焔」「陽焔」「陽炎」と漢訳。*sg. Acc.*
loka-dhātuṃ < loka-dhātu-：*m.* 世界。*sg. Acc.*

taṃ < tad-：それ。*m. sg. Acc.*
ca：*conj.* および。また。しかしながら。そして。～と。なお。
duṣprasahaṃ < duṣ-prasaha-：*adj.* 耐え難い。抵抗しにくい。征服しがたい。勝利しがたい。匹敵しがたい。*m.* 「難忍」「難勝」と漢訳。*m. sg. Acc.*
tathāgataṃ < tathāgata-：*m.* このように行った（人）。このように来た（人）。「如来」「如去」と漢訳。「多陀阿伽度」と音写。*sg. Acc.*
taṃ < tad-：それ。*m. sg. Acc.*
ca：*conj.* および。また。しかしながら。そして。～と。なお。
muktā-hāraṃ < muktā-hāra-：*m.* 真珠の首飾り。*sg. Acc.*
duṣprasahasya < duṣ-prasaha-：*adj.* 耐え難い。抵抗しにくい。征服しがたい。勝利しがたい。匹敵しがたい。*m.* 「難忍」「難勝」と漢訳。*m. sg. Gen.*
mūrdha-saṃdhau < mūrdha-saṃdhi-：*m.* 頭の部分。*sg. Loc.*
　mūrdha- < mūrdhan-：*m.* 額。頭蓋。頭。頭頂。
　saṃdhi- < sam-dhi- < sam-√dhā- (3) + -i：*m.* ～（具格）との結合。交際。連声。関節。接合。境界。間隔。襞。壁。（壁の）穴。破れ口。部分。
muktā-hāra-kūṭâgāraṃ < muktā-hāra-kūṭâgāra-：*n.* 真珠の首飾りの楼閣。*sg. Acc.*
　kūṭâgāra- < kūṭa-agāra-：*m.n.* 上方の室。屋上の部屋。「閣」「楼閣」「重閣」「宮殿」「屋宇」と漢訳。
　kūṭa-：*m.n.* 峰。頂。堆積。「峯」「山」と漢訳。
　agāra-：*m.n.* 家。「宅」「舎」「舎宅」と漢訳。
prādur-bhūtaṃ < prādur-bhūta- < prādur-√bhū- (1) + -ta：*pp.* 露顕した。明白になった。現われた。明示された。*n. sg. Acc.*
　prādur：*adv.* 外へ。見えて。明白に。目前で。
citraṃ < citra-：*adj.* 種々の。多様な。*n. sg. Nom.*
darśanīyaṃ < darśanīya- < √dṛś- (1) + -anīya：*未受分,* 見られるべき。見られる価値のある。美しい。「好看」「可楽見」と漢訳。*n. sg. Acc.*
catur-asraṃ ≒ catur-aśraṃ < catur-aśra-：*adj.* 四角形の。*n. sg. Acc.*
catuḥ-sthūṇaṃ < catuḥ-sthūṇa-：*adj.* 四本の柱を持つ。*n. sg. Acc.*
　catuḥ- < catur- + (s)：*基数詞,* 四。
　sthūṇa-：*m.* 木柱。
samaṃ < sama-：*adj.* 平らな。似た。滑らかな。水平の。～（具格、属格）と等しい。平等の。*n. sg. Acc.* 対格の副詞的用法。
bhāgaśaḥ < bhāgaśaḥ + (s) < bhāgaśas：*adv.* 諸部分に（分ける）。部分ごとに。適当な比例で。「分分」と漢訳。
suvibhaktam < su-vibhakta-：*adj.* よく分配された。よく釣り合いの取れた。よく飾られた。*n. sg. Acc.*

§76　sa idaṃ prātihāryaṃ saṃdarśyêmāṃ vācam abhāṣata / yasya dāyakasya dāna-pater yādṛśī tathāgate dakṣiṇīya-saṃjñā tādṛśī nagara-daridre nirnānātvena samā mahā-karuṇā-cittena vipākâpratikāṅkṣaṇatayā parityāgaḥ /　(梵漢和維摩経 *p.* 164, *ll.* 18–21)

§76　「その〔ヴィマラキールティ〕は、この奇跡（神変）を見せてから、次の言葉を言いました。
『与える人である施主が、如来に対して、供養を受けるに値する人だという思いを持つように、それと同じように、町で〔最も〕貧しい人に対して、差別なく、平等な〔供養を受けるに値する人だという思い〕を持ち、大いなる憐れみの心によって、果報を期待しないで喜捨することがあるならば、
【§76　「時に維摩詰(ゆいまきつ)は神変を現わし已(おわ)りて、是の言を作せり。『若し施主、等心もて一(ひとり)の最下の乞人に施すこと、猶(なお)、如来福田の相の如くにして、分別する所無く、大悲を等しくして果報を求めざる、】
（大正蔵、巻一四、五四四頁上）

---

sa < saḥ < tad-：それ。*m. sg. Nom.*
idaṃ < idam-：これ。*n. sg. Acc.*
prātihāryaṃ < prātihārya-：*n.* 奇蹟。「変化」「神変」「神通」「神力」と漢訳。*sg. Acc.*
saṃdarśyêmāṃ < saṃdarśya + imāṃ
　　saṃdarśya < saṃdarśaya- + -ya < sam-√dṛś- (1) + -aya + -ya：*Caus.* 注目させる。眺めさせる。検査させる。熟考させる。示す。顕わす。明示する。「示教」と漢訳。*Ger.*
　　sam-√dṛś- (1)：注目する。認める。眺める。検査する。熟考する。
　　imāṃ < idam-：これ。*f. sg. Acc.*
vācam < vāc-：*f.* 言葉。*sg. Acc.* 格変化は、cf.「基礎」*p.* 121.
abhāṣata < bhāṣa- < √bhāṣ- (1)：話し掛ける。言う。告げる。*Impf. 3, sg. A.*

---

yasya < yad-：*関係代名詞, m. sg. Gen.*
dāyakasya < dāyaka-：*adj.* 与える。授ける。*m.* 「施主」「施者」と漢訳。*m. sg. Gen.*
dāna-pater < dāna-pati-：*m.* 慈善家。「施主」「施者」と漢訳。「檀越」と音写。*sg. Gen.*
　　dāna- < √dā- (3) + -ana：*n.* 与えること。施物。供物。
　　pati-：*m.* 持ち主。主。長。王。支配者。
yādṛśī < yādṛśī- < yādṛśa- < yad- + dṛśa-：*adj.* このような種類・性質の。*f. sg. Nom.*
tathāgate < tathāgata-：*m.* 「如来」と漢訳。*sg. Loc.*
dakṣiṇīya-saṃjñā < dakṣiṇīya-saṃjñā-：*f.* 供養を受けるべき人という思い。*sg. Nom.*
　　dakṣiṇīya-：*adj.* 供養する価値のある。尊敬する価値のある。
　　saṃjñā- < sam-√jñā- (9) + -ā：*f.* 一致。理解。意識。
　　以上は、属格と主格の名詞文。
tādṛśī < tādṛśī- < tādṛśa- < tad- + dṛśa-：*adj.* そのような種類・性質の。*f. sg. Nom.*
nagara-daridre < nagara-daridra-：*m.* 町の貧しい人。*sg. Loc.*
nirnānātvena < nir-nānātva-：*n.* 多様性がないこと。差別がないこと。*sg. Ins.*
　　nānātva- < nānā-tva-：*n.* 相違。多様性。「異」「各異」「差別」「種種」と漢訳。
samā < samā- < sama-：*adj.* 平らな。滑らかな。水平の。～（具格、属格）に等しい。平等の。*f. sg. Nom.*
mahā-karuṇā-cittena < mahā-karuṇā-citta-：*n.* 大いなる憐れみの心。*sg. Ins.*
　　karuṇā-：*f.* 哀憐。同情。「悲」「大悲」「慈悲」「悲心」「慈心」と漢訳。
　　citta-：*n.* 心。思考。意思。知性。理性。「質多」と音写。
vipākâpratikāṅkṣaṇatayā < vipākâpratikāṅkṣaṇatā- < vipāka-apratikāṅkṣaṇa-tā-：*f.* 果報を期待しないこと。*sg. Ins.*
　　vipāka- < vi-√pac- (1) + -a：*adj.* 熟した。*m.* 熟すること。（行為の結果が）成熟すること。結果。「果報」と漢訳。
　　apratikāṅkṣaṇa- < a-pratikāṅkṣaṇa-：*n.* 願望しなこと。期待しないこと。
　　pratikāṅkṣaṇa- < prati-√kāṅkṣ- (1) + -ana：*n.* 願望。期待。「疑惑」と漢訳。
parityāgaḥ < parityāga- < pari-√tyaj- (1) + -a：*m.* 見放すこと。見捨てること。拒否。放棄。断念。喪失。布施。「喜捨」と漢訳。*sg. Nom.*
　　pari-√tyaj- (1)：棄てる。手放す。断念する。放棄する。

iyaṃ dharma-yajñasya paripūriḥ /
(梵漢和維摩経 *p.* 164, *l.* 21)

「『これが、法の施会の完成なのである』。
【「『是れ則ち名づけて具足の法施と曰う』。】　（大正蔵、巻一四、五四四頁上）

---

iyaṃ < idam-：これ。*f. sg. Nom.*
dharma-yajñasya < dharma-yajña-：*m.* 法の施会。*sg. Gen.*
paripūriḥ < paripūri- < pari-√pṛ- (3,6) + i：*f.* 満たすこと。完成すること。満足させること。「円満」「満足」「成就」と漢訳。*sg. Nom.*

§77 tatrâsau nagara-daridra idaṃ prātihāryaṃ dṛṣṭvêmaṃ[60] ca dharma-nirdeśaṃ śrutvânuttarāyāṃ samyak-saṃbodhau cittam utpādayati sma /
（梵漢和維摩経 *p.* 166, *ll.* 1–2）

§77 「すると、町で〔最も〕貧しいその人は、この奇跡（神変）を見て、またこの説法を聞いて、この上ない正しく完全な覚りに向けて心を発しました。
【§77 「城中の一の最下の乞人は是の神力を見、其の所説を聞きて、皆、阿耨多羅三藐三菩提（あのくたらさんみゃくさんぼだい）に心を発せり。】　（大正蔵、巻一四、五四四頁上）
……………………………………………………………………

tatrâsau < tatra + asau
tatra：*adv.* そこに。そこへ。かしこに。その時に。その場合に。
asau < adas-：これ。*m. sg. Nom.*
nagara-daridra < nagara-daridraḥ + a 以外の母音 < nagara-daridra-：*m.* 町の貧しい人。*sg. Nom.*
idaṃ < idam-：これ。*n. sg. Acc.*
prātihāryaṃ < prātihārya-：*n.* 奇蹟。「変化」「神変」「神通」「神力」と漢訳。*sg. Acc.*
dṛṣṭvêmaṃ < dṛṣṭvā + imaṃ
dṛṣṭvā < √dṛś- (1) + -tvā：見る。*Ger.*
imaṃ < idam-：これ。*m. sg. Acc.*
ca：*conj.* および。また。しかしながら。そして。～と。なお。
dharma-nirdeśaṃ < dharma-nirdeśa-：*m.* 法についての詳述。「説法」と漢訳。*sg. Acc.*
nirdeśa- < nir-√diś- (6) + -a：*m.* 命令。指示。記述。「説」「所説」「説法」と漢訳。
śrutvânuttarāyāṃ < śrutvā + anuttarāyāṃ
śrutvā < √śru- (5) + -tvā：～（具格、奪格、属格）から聞く。*Ger.*
anuttarāyāṃ < anuttarā- < anuttara- < an-ud-tara-：*比較級,* この上ない。「無上」と漢訳。*f. sg. Loc.*
samyak-saṃbodhau < samyak-saṃbodhi-：*f.* 正しく完全な覚り。「正覚」「正等正覚」「正等菩提」と漢訳。「三藐三菩提」と音写。*sg. Loc.* 目的地や目標を示す処格。
cittam < citta-：*n.* 心。思考。意思。知性。理性。「質多」と音写。*sg. Acc.*
utpādayati < utpādaya- < ud-√pad- (4) + -aya：*Caus.* 起こす。生じる。*3, sg. P.*
sma：*ind.* 実に。smaは現在形とともに用いられて、過去の意味を表わす（歴史的現在）。

tan nâhaṃ bhagavann utsahe tasya sat-puruṣasya glāna-paripṛcchako gantum /
（梵漢和維摩経 *p.* 166, *ll.* 3–4）

「それ故に、世尊よ、私は、その善き人（善士）の病気見舞いに行くことに耐えられません」
【「故に我、彼（かしこ）に詣（いた）りて疾（やまい）を問うに任（た）えず」と。】　（大正蔵、巻一四、五四四頁上）
……………………………………………………………………

tan nâhaṃ < tat + na + ahaṃ
tat < tad-：それ。*n. sg. Acc.*
代名詞の中性・対格の接続詞への転用で、「そこで」「従って」「それゆえ」を意味する。
na：*ind.* ～でない。～にあらず。
ahaṃ < mad-：私。*1, sg. Nom.*
bhagavann < bhagavan + 母音 < bhagavat-：*m.* 尊い（人）。「世尊」と漢訳。「婆伽婆」「薄伽梵」と音写。*sg. Voc.*

utsahe < utsaha- < ud-√sah- (1)：こらえる。耐える。～（不定詞）することができる。～する能力がある。*Pres. 1, sg. A.*
tasya < tad-：それ。*m. sg. Gen.*
sat-puruṣasya < sat-puruṣa-：*m.* 善き人。「善士」と漢訳。*sg. Gen.*
glāna-paripṛcchako < glāna-paripṛcchakaḥ + 有声子音 < glāna-paripṛcchaka-：*m.* 病についての質問（者）。「問病」と漢訳。*sg. Nom.*
gantum < √gam- (1) + -tum：*不定詞,* 行くこと。

§78 iti hi sarve te bodhi-sattvā mahā-sattvāḥ svaka-svakān nirdeśān nirdiśanti sma ye câiṣāṃ tena sat-puruṣeṇa sārdham antarā-kathā-samudāhārā abhūvan[61] na côtsahante gantum /
（梵漢和維摩経 *p.* 166, *ll.* 5–7）

§78 以上のように、それらの偉大な人である菩薩たちは、すべて、それら〔の菩薩たち〕にあったところのその善き人（善士）との時々の議論や会話――それぞれ自分の話を語った。そして、〔病気見舞いに〕行くことができなかった。
【§78 是くの如く、諸の菩薩は各各、仏に向かいて其の本縁を説き、維摩詰の所言を称述して、皆、彼に詣りて疾を問うに任えずと曰えり。】（大正蔵、巻一四、五四四頁上）

……………………………………………………………………………

iti：*adv.* ～と。～ということを。以上のように。～と考えて。「如是」と漢訳。
hi：*ind.* 真に。確かに。実に。
sarve < sarva-：*adj.* 一切の。すべての。*m. pl. Nom.*
te < tad-：それ。*m. pl. Nom.*
bodhi-sattvā < bodhi-sattvāḥ + 有声音 < bodhi-sattva-：*m.* 覚りを求める人。「菩提薩埵」「菩薩」と音写。*pl. Nom.*
mahā-sattvāḥ < mahā-sattvāḥ + (s) < mahā-sattva-：*m.* 偉大な人。立派な人。「大士」「大菩薩」と漢訳。「摩訶薩」と音写。*pl. Nom.*
svaka-svakān < svaka-svaka-：*adj.* それぞれ自分の。「各々」「各」と漢訳。*m. pl. Acc.*
  svaka-：*adj.* 自分の。
nirdeśān < nirdeśa- < nir-√diś- (6) + -a：*m.* 命令。指示。記述。「説」「所説」「説法」と漢訳。*sg. Acc.*
nirdiśanti < nirdiśa- < nir-√diś- (6)：指示する。決定する。宣言する。「説」「作説」「称讃」「答」と漢訳。*Pres. 3, pl. P.*
sma：*ind.* 実に。sma は現在形とともに用いられて、過去の意味を表わす（歴史的現在）。
ye < yad-：*関係代名詞, m. pl. Nom.*
câiṣāṃ < ca + eṣāṃ
  eṣāṃ < idam-：これ。*m. pl. Gen.*
tena < tad-：それ。*n. sg. Ins.*
sat-puruṣeṇa < sat-puruṣa-：*m.* 善き人。「善士」と漢訳。*sg. Ins.*
sārdham < sa-ardha-：*adj.* 半分を伴った。*n. sg. Acc.*
  対格の副詞的用法で、「～（具格）と共同で」「～と一緒に」「～とともに」。
antarā-kathā-samudāhārā < antarā-kathā-samudāhārāḥ + 有声音 < antarā-kathā-samudāhāra-：*m.* 時々の議論や会話。*pl. Nom.*
  antarā：*adv.* 中央に。間に。その中に。途中に。中間に。時々。
  kathā-：*f.* 会話。物語。議論。
  samudāhāra- < sam-ud-ā-hṛ- (1) + -a：*m.* 会話。「演説」と漢訳。
  sam-ud-ā-hṛ- (1)：話す。言う。
abhūvan < √bhū- (1)：出現する。なる。生ずる。*root-Aor. 3, pl. P.*
na：*ind.* ～でない。～にあらず。
côtsahante < ca + utsahante

utsahante < utsaha- < ud-√sah- (1)：こらえる。耐える。～（不定詞）することができる。～する能力がある。*Pres. 3, pl. A.*
現在形は、意志を表わす。cf.「シンタックス」*p.* 83.
gantum < √gam- (1) + -tum：*不定詞,* 行くこと。

> śrāvaka-bodhi-sattva-visarjana-praśno nāma tṛtīyaḥ parivartaḥ //
> (梵漢和維摩経 *p.* 166, *l.* 8)

〔以上が〕〔病気〕見舞いへの声聞と菩薩たちの派遣という名前の第三章である。
【維摩詰経巻上】　（大正蔵、巻一四、五四四頁上）
…………………………………………………………………………

śrāvaka-bodhi-sattva-visarjana-praśno < śrāvaka-bodhi-sattva-visarjana-praśnaḥ + 有声子音 < śrāvaka-bodhi-sattva-visarjana-praśna-：*m.* 声聞と菩薩たちの派遣についての質問。*sg. Nom.*
nāma：*adv.* ～という名前の。
tṛtīyaḥ < tṛtīya-：*序数詞,* 第三の。*m. sg. Nom.*
parivartaḥ < parivarta-：*m.* 章。「品」と漢訳。*sg. Nom.*

第３章＝続き　訳注

---

1 avocata が用いられているのはここだけで、他はすべて avocat が用いられていると、VKN. は脚注で触れている。avocat は、「言う」という意味の動詞 √vac- (2) の重複アオリスト・三人称・単数・為他言であるが、avocata は、三人称・単数・為自言、あるいは二人称・複数・為他言である。この文章の主語は、男性・単数・主格の代名詞 sa（< saḥ）なので、ここは、三人称・単数として用いられている。

2 tatra yâtītā（< tatra yā + atītā）は、貝葉写本では ta atītā となっている。ここは、女性の関係代名詞 yā と女性の相関詞 tā からなる文章が二つ列挙されて、「yā … tā ～ yā … tā ～」という構造をなすべきところで貝葉写本の atītā の前に yā を補った。貝葉写本の ta は、接続詞 tat か、副詞 tatra あたりの誤記であろう。

3 yâpy は、貝葉写本では yâyy となっている。貝葉写本で p と y の書体が似ていることによる誤記であろう。

4 VKN. では、ここに「:」を入れて区切り、「世尊がおっしゃられた」ことの内容を、「:」以下としているが、ここは yathā ～ tathā …（～であるように、そのように…）の構文を重視し、筆者は区切らないことにした。

5 bhikṣo は、貝葉写本の表記である。VKN. は bhikṣaḥ と改めているが、これは男性名詞 bhikṣu-（男性出家者）と関係あるのであろうが、そのような格変化はありえない。この語の直前に二人称代名詞・単数・主格の tvaṃ があり、bhikṣu- は呼格の bhikṣo で何も問題なく、筆者は貝葉写本のままにした。

6 [ ] 内の na côtpatsyate（未来に生ずることもないであろう）は、チベット語訳に skye bar mi 'gyur la（〔将来〕生じないであろう）とあることから補った。この文章には、前半に「生ずる」という意味の動詞 ud-√pad- (4) の現在・三人称・単数 utpadyate と、「消滅する」という意味の ni-√rudh- (1) の受動態 nirudhya- の現在・三人称・単数 nirudhyate が並列されていて、後半部分に ni-√rudh- (1) の未来・三人称・単数の nirotsyate がある。ここは、対句になっているほうが自然である。よって、ud-√pad- (4) の未来・三人称・単数 utpatsyate を na ca とともに補った。

7 sarva-sattvānāṃ は、貝葉写本では sarvasatvānāṃn となっているが、VKN. によって sarva-satvānāṃ と改められた。筆者は、さらにそれに t を補った。

8 [ ] 内の yā ca sarvâryāṇāṃ tathatā（あらゆる聖者に具わっているところのあるがままの真理）は、チベット語訳に gang 'phags pa thams cad kyi de bzhin nyid（すべての聖者にとって真如であるもの）とあることから補った。すべての漢訳にも、次のように相当語がある。

　「衆（もろもろ）の聖賢（しょうけん）も亦如（またにょ）なり」（支謙訳、鳩摩羅什訳）

　「一切の聖賢も亦如なり」（玄奘訳）

9 yâiṣāṃ（< yā + eṣāṃ）は、貝葉写本では yâithān（< yā + ethān）となっている。貝葉写本の書体が ṣ と th で似ていることによる誤記であろう。

10 anadhiṣṭhānaṃ は、貝葉写本では否定の接頭辞 an- のない adhiṣṭhānaṃ となっているが、チベット語訳 mi 'jug pa'o /（導入しない／行なわない）が否定形になっているので、改めた。

11 asaṅga-praveśo（< asaṅga-praveśa-）は、貝葉写本では asaṃpraveśo となっているが、チベット語訳 ma chags par 'jug pa'o（執着することなく入る）は、asaṅga-（執着がない）と praveśa-（入ること）に対応しているので改めた。

12 bodhiḥ sarvôdgraha-vigatā は、貝葉写本では bodhiḥ sarvô**dhiḥ sarvô**dgraha-vigatā となっている。貝葉写本は、書写の際、bodhiḥ に続いて sarvo と書いたところでお手本の bodhiḥ の odhiḥ のところに目が行って、sarvodhiḥ と書いてしまい、その残りを続けて sarvôdgraha-vigatā と書いてしまったのであろう。このため太線部が重複している。

13 ākāśa-samatayâsaṃskṛtā（< ākāśa-samatayā + asaṃskṛtā）は、貝葉写本では ākaśa-samatayā / asaṃskṛtā と文章が区切られているが、一つの文章に改めた。

14 nirātmikā（無我）は貝葉写本の表記だが、チベット語訳の lrabs med（波濤のない）と玄奘訳の「無浪」から nirūrmikā または nīrūrmikā を推定させると、VKN. は指摘している。チベット語訳に nirātmikā に直接対応する語は見当たらない。

15 ～-vigatā は、貝葉写本と VKN. では～-vigatāḥ となっているが、これは、～-vigata- の男性・複数・主格／呼格、あるいは女性・複数・主格／対格／呼格であるので、これまで女性・単数・主格による表現だったのが、ここだけ変わってしまう。従って、筆者は女性・単数・主格～-vigatā に改めた。

16 筆者が、「あるがままの真理（真如）の中にあるのでもないのだ」と訳した箇所の原文は、tathatāpratiṣṭhitā（< tathatāpratiṣṭhita-）となっているが、これは、次の二通りの複合語と考えることができる。

　①tathatāpratiṣṭhita- < tathatā-apratiṣṭhita-（あるがままの真理〔真如〕の中にない）

　②tathatāpratiṣṭhita- < tathatā-pratiṣṭhita-（あるがままの真理〔真如〕の中にある）

両者は、否定と肯定の全く相反するものだが、ここは鳩摩羅什訳が「無処」と否定の表現になっていることを参考にして、①の否定の表現を採用した。

17 vācā（< vāc-, 言葉）に相当する語は、チベット語訳に見られない。鳩摩羅什訳では、この文章に相当する箇所自体がない。漢訳では玄奘訳のみに次の一節があるが、チベット語訳と同様、「言葉」についての言及はない。

「是くの如く菩提は身もて能く証するに非ず、心もて能く証するに非ず」

身と心（意）を出すのなら、貝葉写本のように身（kāya）・口（vāc）・意（citta）の三業をそろえて出したほうがいいであろう。

18 チベット語訳のみは、この後に次の一節が入っている。

de ci'i phyir zhe na / lus ni rtsa dang shing dang / rtsig pa dang / lam dang / mig yor lta bu'o / sems ni gzugs med pa / bstan du med pa / rten med pa / rnam par rig pa med pa'o //

（それは何故かといえば、身体は草や木や、壁や、道や蜃気楼（錯覚）のようなものであり、心は形なきもの、説き示すことができないもの、拠り所のないもの、表象なきものだからである）

「なんとなれば、身体は草や木や石壁や道路や影のようなものであり、心は非物質的なもの、あらわれないもの、よりどころのないもの、表象することのないものだからです」（中公版、*p.* 57）

19 āgacchasîti は、貝葉写本では āgrāgacchasîti となっているが、三つの漢訳のすべてが「来たる」となっているので改めた。

20 ここの文章の原文は次の二つの要素からなっている。

①so 'haṃ tam abhivādya（その私は、その〔ヴィマラキールティ〕に挨拶して、）

②evam avocam（このように言いました）

①の so 'haṃ（< saḥ + ahaṃ）は、それぞれ指示代名詞 tad-（それ）の男性・単数・主格と、一人称の代名詞 mad-（私）の単数・主格であり、「その私は」という意味になり、①と②に共通の主語になっている。avocam は、「言う」を意味する動詞 √vac- (2) のアオリスト・一人称・単数である。tam は指示代名詞 tad-（それ）の男性・単数・対格で、「その人に」「彼に」となり、ここではヴィマラキールティのことを指している。abhivādya は「あいさつする」という意味の動詞 abhi-√vad- (1) の使役形の絶対分詞で、「挨拶して〔後に〕」を意味する。

①と②は、漢訳でも、次のように一人称を主語として訳されている。

「我、即ち為に礼を作して、而も問うて言わく」（支謙訳、鳩摩羅什訳）

「我、為に礼を作して、問うて言わく」（玄奘訳）

鳩摩羅什訳は、支謙訳をそっくり踏襲し、玄奘訳は、「即」「而」の二字がないだけである。

ところが、チベット語訳、およびその現代語訳である中公版では、①の主語を三人称、②の主語を一人称と分けて次のように訳している。

des bdag la gus par smras pa dang / bdag gis 'di skad ces bgyis so /（彼が私に敬意をもって話しかけ、私がこの言葉をなした）

「彼があいさつしたので、私が……と問うと」（中公版、*p.* 58）

チベット語訳の前半部は、des が「彼」の具格形、bdag la の bdag が「私」、la が処格助詞であり、「彼が私に……」という意味である。後半部は bdag（私）で始まっている。このように前半が三人称、後半が一人称になっている。

21 eṣo 'bhītânuttrāsanatayā（< eṣaḥ + abhītânuttrāsanatayā）は、貝葉写本では eṣa abhītânuttrāsanatayā となっている。代名詞 eṣaḥ の連声については「基礎」*p.* 61 参照。

22 筆者が、「一念にあらゆるものごとを余すところなく覚知するという座」と訳した箇所の原文は次のようになっている。

eka-citta-niravaśeṣa-sarva-dharmânubodha-maṇḍa

これは、eka-（一つ）、citta-（心、念）、niravaśeṣa-（余すところない）、sarva-（あらゆる）、dharma-（ものごと）、anubodha-（覚知する）、maṇḍa（座）からなる複合語である。

チベット語訳、およびその現代語訳である中公版では、これを次のように訳している。

sems kyi skad cig gcig la chos thams cad ma lus par khong du chod pa'i snying po'o //（一瞬の思念に、一切法を、残すところ無く理解するところの座）

「心の一刹那にあらゆるものを余すところなく理解するという座」（中公版、*p.* 60）

この訳からすると、チベット語訳で用いられた底本には、VKN. が指摘するように eka-citta- の次に kṣaṇa-（刹那）が入っていたかもしれない。

23 āgacchanti は、貝葉写本では āganti となっている。āganti は意味不明だが、すべての漢訳に「来たりて」とあることから、āgacchanti が推測される。

24 この訳の原文は、次の八つの要素からなっている。

①iti hi kulaputra（良家の息子よ、まさに以上のように、）
②yāvanto bodhi-sattvāḥ（菩薩たちが、～ある限り）
③pāramitā-pratisaṃyuktaṃ sattva-paripāka-pratisaṃyuktaṃ saddharma-parigraha-pratisaṃyuktaṃ kuśala-mūla-pratisaṃyuktaṃ（〔六つの〕完成（六波羅蜜）と結びつき、衆生を成熟させることと結びつき、正しい教え（正法）の把握と結びつき、善根と結びついた）
④kramam utkṣipanti nikṣipanti ca /（歩行〔の足〕を上げたり、下げたりする〔あらゆる振る舞いがある〕）
⑤sarve te（それら〔の菩薩たち〕は、すべて）
⑥bodhi-maṇḍād āgacchanti（覚りの座からやってきて、）
⑦buddha-dharmebhya āgacchanti（〔また〕ブッダの教えからやってきて、）
⑧buddha-dharmeṣu ca pratiṣṭhante /（ブッダの教えの中に住するのである）

この文章は、②～④と、⑤～⑧に区切られる。②～④の主語は②の bodhi-sattvāḥ（菩薩たち）で、述語が utkṣipanti nikṣipanti ca（上げたり、下げたりする）の二つの動詞で、その目的語が男性・単数・対格の kramam（歩行〔の足〕）である。③はいずれも～-pratisaṃyuktaṃ（～と結びついた）の形を取る男性・単数・対格の修飾語で、すべて④の kramam にかかっている。

⑤～⑧の主語は、男性・複数・主格の sarve te（それらのすべてのものたち）だが、これは、性・数・格の一致から②～④の主語 bodhi-sattvāḥ（菩薩たち）でなければならない。従って、「それら〔の菩薩たち〕は、すべて」と補足した。

ところが、チベット語の現代語訳である中公版は、次のように訳している。

「良家の子よ、上述のように、およそ菩薩がパーラミターをそなえ、人々を成熟させることをそなえ、正しい法の獲得をそなえ、善根をそなえているかぎり、その一挙手一投足はすべて菩提の座に起因し、もろもろの仏法に起因し、仏法のなかにあるのです」（中公版、*p.* 60）

この訳は、②の bodhi-sattvāḥ（菩薩たち）を主語に、その述語を③としていることを意味する。それは、主語が男性・複数・主格、述語が男性・単数・対格であることから、ありえない訳し方である。しかも、目的語と動詞からなる④を「一挙手一投足」と名詞であるかのように訳し、⑤の男性・複数・主格の代名詞 te（それら）が「一挙手一投足」を指しているように訳しているが、文法的にありえない訳し方である。

それでは、チベット語訳がどうなっているか見てみよう。

rig gi bu de ltar ji tsam du byang chub sems dpa' rnams pha rol tu phin pa dang ldan pa dang / sems can yongs su smin par byed pa dang ldan pa dang / dam pa'i chos yongs su 'dzin pa dang ldan pa dang / dge ba'i rtsa ba dang ldan pa'i gom pa 'dor ba dang 'deg pa de thams cad...（善男子よ、そのように、波羅蜜を具え、有情を調熟することを具え、正法を把握することを具え、善根を具えた歩みを下げたり、または上げたりする菩薩である限りの者、彼らすべては……）

チベット語訳も貝葉写本と同様、③に相当する箇所は、「菩薩」と主語・述語の関係ではなく、「歩み」の修飾語となっている。中公版で「一挙手一投足」と訳されたところも、'dor ba dang 'deg pa（下げたり上げたりする）となっていて、名詞にはなっていない。

次の鳩摩羅什訳でも、菩薩と諸波羅蜜は主語と述語の関係ではない。

「是くの如く善男子よ、菩薩、若し諸波羅蜜に応じて衆生を教化せば、諸有る所作、挙足下足は、当に知るべし、皆道場より来たりて仏法に住するなり」

25 bhagavann は、貝葉写本では bhagavaṃn となっている。男性・単数・呼格の bhagavan の次に母音がくるので、末尾の鼻音 n が重複されたものである。

26 筆者が「精舎」と訳した箇所の原文は、vihāre（< vihāra-）となっているが、チベット語訳、およびその現代語訳である中公版、さらには漢訳は、次の通り。

gnas（〔居〕場所）
「家」（中公版、*p.* 61）
「室」（支謙訳）
「静室」（鳩摩羅什訳）
「住処」（玄奘訳）

鳩摩羅什訳の「静室」は、vihāra- の漢訳語の一つであるので、貝葉写本と鳩摩羅什訳は一致している。チベット語の gnas は一般的に「（居）場所」を意味するので、「精舎」とも「家」とも取れるものである。「家」と訳すと、ジャガティンダラ菩薩は在家だということになる。けれども、五つ後の文章で、ジャガティンダラ菩薩は、自分のことを śramaṇa（沙門）と語っており、在家ではない。従って、「家」と訳すべきではない。

27 筆者が「一万二千人の天女に伴われて」と訳した箇所の原文は、次の通りである。

dvādaśabhir apsaraḥ-sahasraiḥ parivṛtaḥ

ところが、チベット語訳、およびその現代語訳である中公版、そして漢訳は次のようになっている。

lha'i bu mo khri nyis stong gis yongs su bskor te（一万二千の天女に囲まれて）

「二千人の天女にとりまかれ」（中公版、*p.* 61）

「玉女万二千を従え」（支謙訳）

「万二千の天女を従え」（鳩摩羅什訳）

「万二千の諸（もろもろ）の天女を従え」（玄奘訳）

中公版以外はすべて「一万二千」となっている。中公版は、チベット語訳の khri（一万）を見落としたのであろうか。

ここで「天女」と訳したのは、サンスクリット語の apsaras- であり、第6章に登場する天女（devatā-）とは異なる。apsaras- は、ap-（水）と saras-（湖）の複合語で、「天上に住む水の精女」を意味する。devatā- は、「輝く」を意味する動詞 √div- (4) から作られた deva-（神）に女性の抽象名詞を作る接尾辞 -tā をつけたものである。

28 筆者が「欲望〔の支配する世界（欲界）〕」と訳した箇所は、原文ではただ kāma-（欲望）とあるだけだが、ここは、欲界の第二天である忉利天（とうりてん）の主シャクラ神（帝釈天（たいしゃくてん））について述べた箇所なので、補足した。

29 筆者が「〔諸欲が〕無常であることの観察に集中していることによって、あなたは、身体、生命、財産から堅固さを獲得しているべきであります」と訳した箇所は、原文では、次の四つの要素からなっている。

①anitya-pratyavekṣaṇā-bahulena（〔諸欲が〕無常であることの観察に集中していることによって）

②ātta-sāreṇa（堅固さを獲得して）

③te bhavitavyaṃ（あなたは、～いるべきであります。）

④kāya-jīvita-bhogebhyaḥ（身体、生命、財産から、）

②が具格で、③の中の te が属格になっているのは、③に √bhū- (1) の未来受動分詞 bhavitavyaṃ が用いられているからで、「ある」「なる」などの動詞が非人称受動態のとき、動作主は具格（または属格）、補語は具格となる（cf.「シンタックス」*p.* 45）という規則によっている（①も具格だが、この場合は本来の具格で「～によって」でいいであろう）。

チベット語訳からの翻訳である中公版（*p.* 61）では、これを次のように訳している。

⑤「（諸欲が）無常であることをくりかえし考察し」

⑥「堅実なものを見いだし、」

⑦「～（⑤を受けて）なさい」

⑧「肉体や生命や財産などのなかにひそむ」

④で男性・複数・為格／奪格の kāya-jīvita-bhogebhyaḥ となっている箇所が、「肉体や生命や財産などのなかに」と処格で訳されている点が異なっている。処格という点では、鳩摩羅什訳も「身・命・財に於いて」としていて同じである。

チベット語訳では、④と②を、

lus dang / srog dang / longs spyod rnams las snying po blangs pa dang（身体と生命と財産などから堅実なものを取る者であり）

確かに、奪格を示す助詞 las が用いられていて、④に相当する箇所は、奪格になっている。ただし、チベット語では、奪格はしばしば処格的に訳される。

30 bhavantām は、貝葉写本では bhavantam となっている。bhavantam は、二人称の敬称代名詞の男性・単数・対格だが、ここにはそぐわない。ここは、やはり「～となる」という意味の動詞 √bhū- (1) の命令・三人称・複数の bhavantām に改めるべきであろう。その結果、etās te paricārikā bhavantām は次のように訳される。

「これら〔の天女たち〕は、あなたの侍女となれ」

すなわち、

「これら〔の天女たち〕を、あなたの侍女としてください」

31 etā asmākaṃ（< etāḥ + asmākaṃ）は、貝葉写本では etā 'smākaṃ（< etā + asmākaṃ）となっているが、貝葉写本のままでは、etā は女性・単数・主格になってしまう。ここは、現在・三人称・複数の kalpyanta（< kalpyante + a 以外の母音）に合わせて女性・複数・主格でなければならず、etāḥ と有声音の連声した etā の形に改めるべき

である。

32 筆者が「釈尊の子である沙門たちに」と訳した箇所の原文は、śramaṇān śākyaputrīyān となっている。śramaṇān（< śramaṇa-, 沙門）も、śākyaputrīyān（< śākya-putrīya-, 釈尊の子）も、いずれも男性名詞の複数・対格である。チベット語訳では次のようになっている。

dge sbyong sha' kya'i sras la（釈子沙門に）

ここには、「私に」に相当する語は見られない。ところが、その現代語訳である中公版では、

「沙門であり、釈迦の子である私に」（中公版、*p.* 61）

と訳している。これは、命令形とともに用いて禁止を意味する副詞 mā が一人称の代名詞 mad- の単数・対格でもあることから、掛詞と解釈されたのであろうか。ところが、「釈迦の子」と訳された śākya-putrīyān も、「沙門」と訳された śramaṇān も男性・複数・対格であり、単数であるべき「私」と数が一致しない。従って、この訳は無理である。

33 筆者が、「釈尊の子である沙門たちに」と訳した箇所の原文は、śramaṇānāṃ śākya-putrīyāṇām である。ところが、チベット語訳、およびその現代語訳である中公版の訳は次のようになっている。

dge sbyong sha' kya'i sras la ni（釈子である沙門に）

「沙門の釈迦の子には」（中公版、*p.* 62）

「釈迦弟子」（支謙訳）

「諸の沙門釈子」（玄奘訳）

中公版では「沙門の釈迦の子」としているが、これだと、「沙門である『釈迦の子』」とも「『沙門である釈迦』の子」とも受け取れて紛らわしい。ここは、前者の意味であるべきだ。けれども、日本語で「ＡであるＢ」という表現は、後ろに来るＢのほうに意味の重心があるので、「釈迦の子」よりも「沙門」を後ろに置くべきである。「釈迦の子」が「沙門」なのではなく、「沙門」が「釈迦の子」だと見なされていて、「沙門」のほうが主体なのだから。

34 vipralabhya は、貝葉写本と VKN. では動詞 vi-pra-√labh- (1) の未来・一人称・単数の vipralapsya（< vipralapsye + a 以外の母音）となっているが、前後の関係を考えて、筆者は受動・一人称・単数・為自言の vipralabhya（< vipralabhye + a 以外の母音）に改めた。それぞれの意味は、次の注を参照。

35 筆者が、「リッチャヴィ族のヴィマラキールティによって、私が侮辱されることがないように」と訳した箇所は、VKN. では次のようになっている。

mā vimalakīrtinā licchavinā vipralapsya iti

ここで、vimalakīrtinā（ヴマラキールティ）と licchavinā（リッチャヴィ族の）のいずれも具格であり、動作主を示していると考えると、受動態の動詞が用いられていなければならない。ところが、ここに用いられているのは vipralapsya（< vipralapsye + a 以外の母音）で、これは未来・一人称・単数であり、先の二つの具格とかみ合わない。これが、受動・一人称・単数・為自言の vipralabhye であれば問題は解決するので、筆者は改めた。

チベット語、およびその現代語訳である中公版、さらに漢訳は次のようになっている。

lid tsa bi' dri ma med par grags pa 'dis bdag la bslus su 'ong ngo zhes（リッチャヴィ族のヴィマラキールティなるこの者が、私を騙しにやってきた、と）

「ヴィマラキールティは、私を愚弄しにきたわい」（中公版、*p.* 62）

「維摩詰は、必ず我を助けず」（支謙訳）

「維摩詰、将（まさ）に我を悩ますこと無からんや」（鳩摩羅什訳）

「無垢称、将に我を悩ますこと無からんや」（玄奘訳）

36 śakṣyasi は、貝葉写本で śakyasi となっているが、ここは受動よりも未来形が適切。

37 kṣama-dama-ratir（< kṣama-dama-ratiḥ + 有声音）は、貝葉写本では kṣama-da-ratiḥ となっている。kṣama- は「忍辱」と漢訳されているが、da- の意味が不明である。この箇所を鳩摩羅什は「忍辱柔和」、玄奘は「忍辱……調順」と漢訳している。「調順」は dama- の漢訳語であり、筆者は、da- を dama- に改めた。

38 sarva-kuśala-mūlôpacaya-ratiḥ（あらゆる善根を積み重ねる喜び）は、貝葉写本で sarva-kuśala-mūlôpāya-ratiḥ となっている。これは、sarva-（すべての）、kuśala-mūla-（善根）、upāya-（手段、方便）、rati（喜び）の複合語だが、upāya- の語が不自然である。漢訳を見ると、「楽しみて勤めて善根を集め」（鳩摩羅什訳）とあり、「聚集」などと漢訳された upacaya-（集積、積み重ねること）の誤記と推測されるので改めた。

39 筆者が、「〔地・水・火・風の四〕大元素」と訳した箇所の原文は、dhātu- の複数・処格の dhātuṣv（< dhātuṣu）となっている。これは、pṛthivī-dhātu（地大）、ab-dhātu（水大）、tejo-dhātu（火大）、vāyu-dhātu（風大）というように四大元素を示す複合語の後半部に用いられる。dhātu- は、このほか ṣaḍ dhātvaḥ として「六界」を意味

することもあり、これは先の四大元素に「空界」「識界」の二つを加えたもの、あるいは六根、六入、六識などを意味する場合がある。中公版は「(六) 界」(中公版、*p.* 63) としている。支謙は「種」、玄奘は「諸界」と訳していて、どれと言う決め手はないが、筆者は、鳩摩羅什訳の「四大」を採用して、「〔地・水・火・風の四〕大元素」と訳した。

40 'vatiṣṭhema (< avatiṣṭhema) は、貝葉写本で catiṣṭhemaḥ となっている。catiṣṭhemaḥ の意味が不明であるが、この箇所を支謙と鳩摩羅什は「止まらん」と漢訳している。「～にとどまる」「～に安住する」という意味の動詞としては ava-√sthā- (1) がある。その願望法・一人称・複数が avatiṣṭhema であり、その語頭の a は、直前の語の語尾の e と連声して脱落して 'vatiṣṭhema となる。そうなると、catiṣṭhemaḥ は、末尾の ḥ を除くと、貝葉写本でしばしば見られる v と c の間の誤記であることが理解できよう。

41 citta-smṛtir は、貝葉写本で cida-smṛtir となっている。cida- は意味不明だが、漢訳に、次のようにあるので、「意」「心」に相当する citta- の誤写であろう。

「道意」(支謙訳、鳩摩羅什訳)

「菩提の心」(玄奘訳)

42 vivardhate (高揚される) は、貝葉写本では vivarttate となっている。これは vivartate (転ずる) のことと思われるが、鳩摩羅什訳の「増益す」に従って vivardhate と改めた。ただ、玄奘訳の「転じて更に増長す」には、vivardhate と vivartate の両方の意味が含まれている。玄奘訳にしばしば見られる折衷訳になっている。

43 utsahe は、貝葉写本で uhe となっている。これは、他の声聞たちが「疾を問うに任えず」と異口同音に答えた言葉の一部であり、他の箇所に照らして utsahe とした。

44 [ ] 内の ekasmin samaye は、貝葉写本には存在しないが、チベット語訳、漢訳、写本の類似箇所にあるので、筆者は挿入した。

45 kṛpaṇa- は、貝葉写本では pṛpaṇa- と書いた後、語頭の p をキャンセルし ṛpaṇa-となっている。対応する箇所を鳩摩羅什と玄奘は「貧窮下賤」と漢訳しており、これは kṛpaṇa- の漢訳語であるので、kṛpaṇa- に改めた。貝葉写本では、k を書き忘れたのであろう。

46 kiṃ ta āmiṣa-yajñena は、貝葉写本では kin te āmiṣa-yajñana となっているが、VKN. によって改められた。貝葉写本ではしばしば ṃ を n で代用することが見られるので kin は kiṃ のことであろう。te āmiṣa-yajñana は連声の適用を忘れたものであろう。語尾の e は次に a 以外の母音が来ると、a に変わるので、kiṃ ta āmiṣa-yajñena と改められた。

47 筆者が「財物の施会」と訳した箇所の原文は、āmiṣa-yajñena (< āmiṣa-yajña-) である。āmiṣa- が「肉」「財物」「飲食」「快楽の対象」などを意味する語で、yajña- が「祭式の儀礼」「施会」「施食」を意味する。従って筆者は「財物の施会」と訳した。チベット語訳は次の通り。

zang zing gi mchod sbyin (食べ物の供養)

zang zing は文字通りには「肉」「食べ物」「快楽の対象」を意味している。ところが、チベット語訳からの現代語訳である中公版、および漢訳は次の通り。

「金銭による祭り」(中公版、*p.* 66)

「思欲の祠」(支謙訳)

「財施の会」(鳩摩羅什訳)

「財施の祠」(玄奘訳)

48 'yaṃ dharma-yajñaḥ (< ayaṃ dharma-yajñaḥ) は、貝葉写本では ayan dha-yajñaḥ となっている。この箇所を鳩摩羅什は「是れを法施の会」、玄奘は「是れを……法施の祠会」と漢訳している。これは ayaṃ dharma-yajñaḥ に対応している。

49 この後に続けて、貝葉写本には śāntadāntâbhinirhṛtā mahôpekṣā の二語があるが、これは、次の文章の冒頭の語と、この文章の最後の語を結びつけたものであって、不要なので削除した。

50 bodhy-ārambhâbhinirhṛtā は、貝葉写本と VKN. では bodhyaṅgābhinirhṛtā となっているが、次の注に述べる理由により筆者は改めた。

51 筆者が「覚り (菩提) に向けて専念することによって努力精進の完成 (毘梨耶波羅蜜) を生じること」と訳した箇所は、貝葉写本と VKN. では次の二つの複合語からなる。

①bodhy-aṅgâbhinirhṛtā

②vīrya-pāramitā

まず、①の bodhy-aṅgâbhinirhṛtā (< bodhy-aṅga-abhinirhṛta-) は、bodhy-aṅga- と abhinirhṛta- の複合語である。さらに bodhy-aṅga- は、bodhi- (覚り) と aṅga- (要素、部分) の複合語で、sapta-bodhy-aṅgāni で「覚

りに導く七つの要素」を意味して、「七覚支」と漢訳された。ここは、sapta-（七）が省略されていると考えられる。abhinirhṛta- は「生じられた」を意味する過去受動分詞である。従って、①は、次のように訳される。

③「覚りに導く〔七つの〕要素（七覚支）をもって生じられた」

②は、vīrya-（努力精進）と pāramitā（完成）の複合語で、次のように訳され、音写されてきた。

④「努力精進の完成」（毘梨耶波羅蜜）

③と④を合わせると、次のようになる。

⑤「覚りに導く〔七つの〕要素（七覚支）をもって生じられた努力精進の完成（毘梨耶波羅蜜）」

ところが、「七覚支」は、覚りを完成するための修行方法であって、努力精進の完成のためにするものではない。bodhy-aṅga- は、ここにはふさわしくない。チベット語訳を見ると、

byang chub tu rtsom pas mngon par bsgrubs pa'i brtson 'grus kyi pha rol tu phyin pa dang（菩提に向けて専念することによって生じた精進波羅蜜）

となっていて、「菩提に向けて専念することによって」とあることから、ラモット博士は bodhy-ārambha-（覚りへ向けて専念すること）と推定している（*Teaching of Vimalakīrti*, *p*. 108）。筆者は、これに従って①を次のように改めた。

⑦bodhy-ārambhâbhinirhṛtā

それによって、⑦と②で、次のような訳になる。

「覚りに向けて専念することによって生じられた努力精進の完成（毘梨耶波羅蜜）」

これは、「法の施会」がいかなるものであるかを説明する言葉であり、文章のつながり具合をよくするために次のように書き換えて筆者の訳となった。

「覚りに向けて専念することによって努力精進の完成（毘梨耶（びりや）波羅蜜）を生じること」

チベット語訳からの現代語訳である中公版、そして漢訳は次の通り。

「さとりに向かう努力」（中公版、*p*. 66）

「身意行」（支謙訳）

「離身心相」（鳩摩羅什訳）

「善遠離身心行相」（玄奘訳）

いずれにも、bodhy-aṅga-（七覚支）に対応する部分は存在せず、漢訳は貝葉写本とも、チベット語訳とも異なっている。

52 apratighātâbhinirhṛtā は、貝葉写本では否定の接頭辞のない pratighātâbhinirhṛtā となっている。漢訳が次のように否定形になっているので、改めた。

「悪人を憎まず」（鳩摩羅什訳）

「非聖（ひしょう）の行相を憎恚（ぞうい）せず」（玄奘訳）

53 iṣṭa-yajña-yājūkā（< iṣṭa-yajña-yājūka-）は、iṣṭa-（望まれた）と yajña-（施会）、yājūka-の複合語であるが、yājūka- は「梵和大辞典」にもモニエルの辞典にも見当たらない。モニエルの辞典に yājuka- という語が挙げてある。yājūka- は yājuka- のことであろう。yājuka-の項に「iṣṭi-yājuka- を参照」とあり、そこを見ると、one who offers an iṣṭi sacrifice（イシュティの供犠を捧げる人）とある。iṣṭi sacrifice と書かれているということは、iṣṭi に特別の意味があるということである。「梵和大辞典」を見ると、「（牛酪、果物などの簡単な）供養」とある。以上のことを考慮すると、iṣṭa-yajña-yājūkā は、iṣṭi-yajña-yājukā（< iṣṭi-yajña-yājuka-）で、「iṣṭi 供養を行なう人」という意味だったかもしれないと考えられないこともない。しかし、ここでは「財物による施会」を否定して、「法による施会」を強調している所なので、iṣṭi ではなく iṣṭa（望まれた）でいいのであろう。

54 pratigṛhyêmaṃ（< pratigṛhya + imaṃ）は、貝葉写本では pratigṛhyêdaṃ（< pratigṛhya + idaṃ）となっているが、男性名詞 muktā-hāra-（真珠の首飾り）を指す代名詞は中性・単数・対格の idaṃではなく、男性・単数・対格の imaṃでなければならない。

55 「幾百・千〔金〕もの値打ちのある真珠の首飾り」を首からはずして与え、それを受け取った人がそれを二つに分割して、他の人に与えるという話は、『法華経』観世音菩薩普門品（植木訳『梵漢和対照・現代語訳　法華経』下巻、*pp*. 504–505）にも出ている。

56 この文章は、次の三つの要素から成り立っている。

①eko bhāgo（〔分割した〕片方の部分は、）

②yas tatra yajña-śālāyāṃ sarva-loka-jugupsito nagara-daridras（その施会の〔行なわれている〕家屋の中にいるあらゆる世間〔の人々〕から嫌悪されているところの町で〔最も〕貧しい人、）

③tasmai dattaḥ（その人に与えられました）

文章の骨格は、①が主部で、③が述部になっている。その述部の中の相関詞 tasmai（その人に）を関係節②が修飾しているという構造である。関係代名詞 yas（< yaḥ）も、相関詞 tasmai も単数なので、与えられたのは鳩摩羅什訳に「一（ひとり）の最下の乞人」とあるように「一人」である。チベット語訳、およびその現代語訳である中公版は次の通り。

grong khyer gyi nang na dbul po la stsal to（街の中の貧しい人にお恵みになるのである）

「城中の貧賤の人々に与えました」（中公版、*p.* 69）

チベット語訳の dbul po（貧しい人、乞食）は単数であり、複数で訳している中公版は改めるべきであろう。

57 taṃ ca muktā-hāraṃ は、貝葉写本では sa ca muktāhāro となっているが、sa（< saḥ）と、muktāhāro（< muktāhāraḥ）は、いずれも男性・単数・主格であるが、これ以下は、paśyati（見る）の"目的語"として叙述的対格（Predicative Accusative）になるべきところで、それぞれ男性・単数・対格の taṃ と muktā-hāraṃ に改めた。

58 samaṃ bhāgaśaḥ は、VKN. では samaṃbhāgaśaḥ と区切られていないが、samaṃ（均等に）も、bhāgaśaḥ（< bhāgaśas, 部分ごとに）も、いずれも副詞で複合語にする必要がないので、筆者は区切った。

59 この文章と類似した表現が、次の『法華経』妙荘厳王品にも見られる。

samanantara-kṣiptaś ca sa muktā-hāras tasya bhagavato mūrdhni muktā-hāraḥ kūṭâgāraḥ saṃsthito 'bhūc catur-asraś catuḥ-sthūṇaḥ sama-bhāgaḥ suvibhakto darśanīyaḥ /（植木訳『梵漢和対照・現代語訳　法華経』下巻、*p.* 544）

「その真珠の首飾りが投げ上げられるやいなや、真珠の首飾りは、その世尊の頭の上で、四角形で四本の柱を持ち、〔それぞれの〕部分が均等で、よく釣り合いのとれた見るも美しい楼閣と〔なって〕とどまった」（同、*p.* 545）

60 dṛṣṭvêmaṃ（< dṛṣṭvā + imaṃ）は、貝葉写本では dṛṣṭvā imañ となっている。

61 ～-samudāhārā abhūvan（< ～-samudāhārāḥ + abhūvan）は、貝葉写本では～-samudācārā 'bhūvan となっている。「所行」などと漢訳された samudācāra- 自体に「話しかけること」という意味もあるが、ここは明確に「会話」を意味する samudāhāra- のほうがいいであろう。

ग्लानप्रतिसंमोदनापरिवर्तश् चतुर्थः

4

Glāna-Pratisaṃmodanā-Parivartaś Caturthaḥ

第 4 章

病気の慰問

【文殊師利問疾品第五】

4：Glāna-Pratisaṃmodanā-Parivartaś Caturthaḥ

第 4 章：病気の慰問

【文殊師利問疾品第五】

……………………………………………………………………………

glāna-pratisaṃmodanā-parivartaś < glāna-pratisaṃmodanā-parivartaḥ + (c) < glāna-pratisaṃ=modanā-parivarta-：*m.*「病気の見舞い」の章。「病の慰問」の章。*sg. Nom.*

glāna-pratisaṃmodanā-：*m.* 病気の見舞い。病の慰問。

glāna- < √glai- (1) + -na：*pp.* 嫌悪した。疲れた。消耗した。「得病」「有疾」「疾病者」と漢訳。*n.* 倦怠。衰弱。病気。

√glai- (1)：嫌う。厭う。弛緩する。疲弊する。疲労する。衰弱する。

pratisaṃmodanā- < prati-sam-√mud- (1) + -anā：*f.* あいさつ。「慰問」と漢訳。

pratisaṃmodana- < prati-sam-√mud- (1) + -ana：*n.* あいさつ。「慰問」と漢訳。

pratisaṃmodaya- < prati-sam-√mud- (1) + -aya：*Caus.*「慰問」と漢訳。

prati-sam-√mud- (1)：～（対格）に丁寧にあいさつする。

parivarta- < pari-√vṛt- (1) + -a：*m.* 章。「品」と漢訳。

caturthaḥ < caturtha-：*序数詞,* 第四の。*m. sg. Nom.*

§1 tatra bhagavān mañjuśriyaṃ kumāra-bhūtam āmantrayate sma / gaccha tvaṃ mañjuśrīr vimalakīrter licchaver glāna-paripṛcchakaḥ /

（梵漢和維摩経 *p.* 184, *ll.* 1–2）

§1 その時、世尊は、マンジュシリー（文殊師利）法王子におっしゃられた。
「マンジュシリーよ、あなたは、リッチャヴィ族のヴィマラキールティの病気見舞いに行くがよい」

【§1 爾の時、仏は文殊師利に告げたまわく、「汝、維摩詰に行詣して疾を問え」】

（大正蔵、巻一四、五四三頁上）

……………………………………………………………………………

tatra：*adv.* そこに。そこへ。かしこに。その時に。その場合に。

bhagavān < bhagavat-：*m.* 尊い（人）。「世尊」と漢訳。「婆伽婆」「薄伽梵」と音写。*sg. Nom.*

mañjuśriyaṃ < mañjuśrī- < mañju-śrī-：*m.* マンジュシリー。「妙徳」「妙吉祥」と漢訳。「文殊」「文殊師利」と音写。*sg. Acc.*

mañju-：*adj.* 愛すべき。美しい。魅力ある。「妙」「美妙」と漢訳。

śrī-：*f.* 光輝。美。繁栄。幸運。「徳」「祥」「吉祥」と漢訳。

kumāra-bhūtam < kumāra-bhūta-：*adj.*「童子」「童真」「法王子」と漢訳。*m. sg. Acc.*

āmantrayate < āmantraya- < ā-√mantraya- (名動詞)：語りかける。「告」「告言」「白言」と漢訳。*Pres. 3, sg. A.*

√mantraya- (名動詞) < mantra- + -ya：話す。語る。言う。呪文を唱える。

mantra-：*m.* 思想。祈り。讃歌。祝詞。聖典の文句。呪文。「言」「言語」「言辞」と漢訳。

名詞起源動詞（Denominative）。cf.「基礎」*p.* 449.

sma：*ind.* 実に。sma は現在形とともに用いられて、過去の意味を表わす（歴史的現在）。

……………………………………………………………………………

gaccha < gaccha- < √gam- (1)：行く。経過する。～（対格、為格、処格）に赴く。近づく。達する。*Impv. 2, sg. P.*

tvaṃ < tvad-：あなた。*2, sg. Nom.*

mañjuśrīr < mañjuśrīḥ + 有声音 < mañjuśrī- < mañju-śrī-：*m.* マンジュシリー。「妙徳」「妙吉祥」と漢訳。「文殊」「文殊師利」と音写。*sg. Voc.* 格変化は、cf.「基礎」*p.* 106.

vimalakīrter < vimalakīrteḥ + 有声音 < vimalakīrti- < vimala-kīrti-：*m.* ヴィマラキールティ。汚れのない名声を持つ（もの）。「維摩詰」「維摩」と音写。「浄名」「無垢称」と漢訳。*sg. Gen.*
licchaver < licchaveḥ + 有声音 < licchavi-：*m.* リッチャヴィ。「離車子」「栗姑毘」と音写。*sg. Gen.*
glāna-paripṛcchakaḥ < glāna-paripṛcchaka-：*m.* 病についての質問（者）。「問病」と漢訳。*sg. Nom.*

mañjuśrīr apy āha / kiṃ câpi durāsado 'sau bhagavan vimalakīrtir licchavir gambhīra-naya-pratibhāna-praviṣṭo vyasta-samasta-vacana-nirhāra-kuśalo 'viṣṭhita-pratibhāno 'pratima-buddhiḥ sarva-sattveṣu sarva-bodhisattva-kriyāsu niryātaḥ sarva-bodhi-sattva-sarva-buddha-guhya-sthāneṣu supraviṣṭaḥ sarva-māra-sthāna-vivartana-kuśala-mahâbhijñā-vikrīḍito 'dvayâsaṃbheda-dharma-dhātu-gocara-parama-pārami-prāpta eka-vyūha-dharma-dhātv-anantâkāra-vyūha-dharma-nirdeśakaḥ sarva-sattvêndriya-vyūha-saṃprāpaṇa-jñāna-kuśala upāya-kauśalya-gatiṃ-gataḥ prāpta-praśna-viniścayaḥ /

（梵漢和維摩経 *p.* 184, *ll.* 3–11）

マンジュシリーもまた、言った。

「世尊よ、さらにまた、そのリッチャヴィ族のヴィマラキールティは近づき難い人[1] です。深遠な道理について弁説を振るい、一般論でも特殊論でも雄弁さを駆使するのに巧みであり、滞ることのない弁説を持ち、あらゆる衆生に対して比類なき理解力を持ち[2]、あらゆる菩薩たちの仕事において完成されていて、あらゆる菩薩、あらゆるブッダたちの秘密とする境地によく達していて、あらゆる悪魔の住居を覆すのが巧みであり、大いなる神通によって自在に振る舞い[3]、無二で混じりけのない真理の世界（法界）の領域という最高の完成に達していて、一〔相〕によって荘厳された真理の世界（法界）を無量の相によって荘厳された法によって説く人であり、あらゆる衆生の能力（機根）に荘厳を獲得させる智慧が勝れていて、巧みなる方便に通達していて、〔どんな〕質問に対しても確固とした意見を持っています。

【文殊師利(もんじゅしり)は仏に白(もう)して言(もう)さく、「世尊よ、彼の上人は詶対為(しゅうたいな)し難し。深く実相に達し、善く法要を説く。弁才(べんざい)滞ること無く、智慧礙(さまた)げ無し。一切の菩薩の法式をば悉く知り、諸仏の秘蔵にして入ることを得ざる無し。衆魔(しゅま)を降伏(ごうぶく)し、神通に遊戯(ゆげ)す。其の慧と方便と皆、已(すで)に度(ど)することを得たり。】

（大正蔵、巻一四、五四四頁上）

……………………………………………………………………………

mañjuśrīr < mañjuśrīḥ + 有声音 < mañjuśrī- < mañju-śrī-：*m.* マンジュシリー。「妙徳」「妙吉祥」と漢訳。「文殊」「文殊師利」と音写。*sg. Nom.* 格変化は、cf.「基礎」*p.* 106.
apy < api + 母音：*adv.* また。さえも。されど。なお。
āha < √ah-：言う。*Perf. 3, sg. P.*

……………………………………………………………………………

kiṃ câpi：さらにまた。
câpi < ca + api
kiṃ ca：さらに。その上。
kiṃ < kim-：*疑問詞,* だれ。何。どんな。どれ。*n. sg. Nom.*
api：*adv.* また。さえも。されど。なお。同様に。
durāsado 'sau < durāsadaḥ + asau
durāsadaḥ < durāsada- < dur-āsada-：*adj.* 近づきがたい。見いだし難い。完成し難い。並びなき。無敵の。「難得」「難親」「難知」「不可知」と漢訳。*m. sg. Nom.*
āsada- < ā-√sad- (1) + -a：*m.* 近づくこと。会うこと。
ā-√sad- (1)：～（対格、処格）に坐る。達する。（人に）近づく。遭遇する。見いだす。
asau < adas-：それ。あれ。*m. sg. Nom.*
bhagavan < bhagavat-：*m.* 尊い（人）。「世尊」と漢訳。「婆伽婆」「薄伽梵」と音写。*sg. Voc.*
vimalakīrtir < vimalakīrtiḥ + 有声音 < vimalakīrti- < vimala-kīrti-：*m.* ヴィマラキールティ。汚れのない名声を持つ（もの）。「維摩詰」「維摩」と音写。「浄名」「無垢称」と漢訳。*sg. Nom.*

licchavir < licchaviḥ + 有声音 < licchavi-：*m.* リッチャヴィ。「離車子」「栗姑毘」と音写。*sg. Nom.*

gambhīra-naya-pratibhāna-praviṣṭo < gambhīra-naya-pratibhāna-praviṣṭaḥ + 有声子音 < gambhīra-naya-pratibhāna-praviṣṭa-：*adj.* 深遠な道理について弁説を振るう。*m. sg. Nom.*

gambhīra- = gabhīra-：*adj.* 深い。「甚深」「深遠」と漢訳。

naya-：*m.* ～（処格）に導くこと。行状。態度。行為。理趣。～に対する思慮。分別。「理」「道理」と漢訳。

pratibhāna- < prati-√bhā- (2) + -ana：*n.* 明白なこと。理解。能弁であること。「弁」「弁才」「巧弁」「弁説」「楽説」と漢訳。

praviṣṭa- < pra-√viś- (6) + -ta：*pp.* 入った。近づいた。

pra-√viś- (6)：入る。近づく。誘い込む。導入する。

vyasta-samasta-vacana-nirhāra-kuśalo 'viṣṭhita-pratibhāno 'pratima-buddhiḥ < vyasta-samasta-vacana-nirhāra-kuśalaḥ + aviṣṭhita-pratibhānaḥ + apratima-buddhiḥ

vyasta-samasta-vacana-nirhāra-kuśalaḥ < vyasta-samasta-vacana-nirhāra-kuśala-：*adj.* 部分論でも全体論でも雄弁さを遂行するのに巧みである。*m. sg. Nom.*

vyasta-samasta-：部分と全体。一般と特殊。「若別若総」と漢訳。

vyasta- < vi-√as- (4) + -ta：*pp.* 区分された。分離された。単一の。倍加された。「別」「離」「略」「広」「散」「各々」と漢訳。

vi-√as- (4)：消散させる。分割する。散乱する。分離する。

samasta- < sam-√as- (4) + -ta：*pp.* 統合された。一体とされた。合成された。全体の。すべての。「総」「倶」「合」「聚集」「和合」「広収」と漢訳。

vacana- < √vac- (2) + -ana：*adj.* 語る。雄弁な。*n.* 語ること。発音。発言。話。語。「言語」「言説」と漢訳。

nirhāra- < nir-√hṛ- (1) + a-：*m.* 蓄積。遂行。実現。生産。産出。提示。「出」「出生」「発生」「成就」と漢訳。

kuśala-：*adj.* 善き。正しき。有益な。～に熟練した。老練なる。経験ある。*n.* 好条件。幸福。繁栄。有益。

aviṣṭhita-pratibhānaḥ < aviṣṭhita-pratibhāna-：*adj.* 滞ることのない弁説を持つ。*m. sg. Nom.*

aviṣṭhita- < a-viṣṭhita-：*adj.* 滞ることのない。

viṣṭhita- < vi-√sthā- (1) + -ita：*pp.* 離れて立っている。撒布された。拡げられた。静止した。～（処格）の上に立つ。住んでいる。

aviṣṭhita- の意味がしっくりこないが、次の語が参考になる。

aviṣṭhāna- < a-viṣṭhāna- < a- + vi-√stā- (1) + -ana：*adj.* 「無礙」「不断続」と漢訳。

vi-√sthā- (1)：離れて立つ。動く。拡げられる。（戦闘において）持ちこたえる。「礙」と漢訳。

pratibhāna- < prati-√bhā- (2) + -ana：*n.* 明白なこと。理解。能弁であること。「弁」「弁才」「巧弁」「弁説」「楽説」と漢訳。

apratima-buddhiḥ < apratima-buddhiḥ + (s) < apratima-buddhi-：*adj.* 比類なき理解力を持つ。*m. sg. Nom.*

apratima- < a-pratima-：*adj.* 無比の。

pratima- < prati-√mā- (2,3) + -a：*adj.* ～に類似する。

prati-√mā- (2,3)：（～に対して量る）。～を模倣する。

buddhi- < √budh- (1) + -ti：*f.* 理解力。見解。知能。理性。知性。

sarva-sattveṣu < sarva-sattva-：*m.* すべての衆生。「一切衆生」と漢訳。*pl. Loc.*

sarva-：*adj.* 一切の。すべての。

sarva-bodhisattva-kriyāsu < sarva-bodhisattva-kriyā-：*f.* あらゆる菩薩たちの仕事。*pl. Loc.*

sarva-：*adj.* 一切の。すべての。

bodhisattva- < bodhi-sattva-：*m.* 覚りを求める人。「菩提薩埵」「菩薩」と音写。

kriyā-：*f.* 仕事。行動。行為。実行。「能作」「用」「力用」と漢訳。

niryātaḥ < niryātaḥ + (s) < niryāta- < nis-√yā- (2) + -ta：*pp.* ～（奪格）から出てきた。現われた。～（処格）を全く信頼した。「成就」と漢訳。*m. sg. Nom.*

nis-√yā- (2)：出て行く。進み出る。～（奪格）から現われ出る。「出」「出離」「得」「到彼岸」「証得」「成就」と漢訳。

sarva-bodhisattva-sarva-buddha-guhya-sthāneṣu < sarva-bodhi-sattva-sarva-buddha-guhya-sthāna-：*adj.* あらゆる菩薩、あらゆるブッダたちの秘密とする境地。*pl. Loc.*

guhya- < √guh- (1) + -ya：*未受分,* 秘密にされるべき。隠されるべき。*n.* 秘密。

sthāna- < √sthā- (1) + -ana：*n.* 立つこと。状態。地位。身分。住居。地点。

supraviṣṭaḥ < supraviṣṭaḥ + (s) < supraviṣṭa- < su-praviṣṭa-：*adj.* うまく入っている。よく入った。*m. sg. Nom.*

praviṣṭa- < pra-√viṣ- (6) + -ta：*pp.* 入った。入れられた。

sarva-māra-sthāna-vivartana-kuśala-mahâbhijñā-vikrīḍito 'dvayâsaṃbheda-dharma-dhātu-gocara-parama-pārami-prāpta < sarva-māra-sthāna-vivartana-kuśala-mahâbhijñā-vikrīḍitaḥ + advayâsaṃbheda-dharma-dhātu-gocara-parama-pārami-prāpta

sarva-māra-sthāna-vivartana-kuśala-mahâbhijñā-vikrīḍitaḥ < sarva-māra-sthāna-vivartana-kuśala-mahā-abhijñā-vikrīḍita-：*adj.* あらゆる悪魔の住居を覆すのが巧みであり、大いなる神通によって遊戯している。*m. sg. Nom.*

sarva-māra-：*m.* あらゆる悪魔。

sthāna- < √sthā- (1) + -ana：*n.* 立つこと。状態。地位。身分。住居。地点。

vivartana- < vi-√vṛt- (1) + -ana：*adj.* 回転する。変形する。*n.* 転ずること。転げまわること。もがくこと。帰還。変形。転回。変化。「遠離」と漢訳。

vi-√vṛt- (1)：転ずる。回転する。退く。

kuśala-：*adj.* 善き。正しき。有益な。～に熟練した。老練なる。経験ある。*n.* 好条件。幸福。繁栄。有益。

mahā- < mahat-：*adj.* 大きな。高貴な。

abhijñā- < abhi-√jñā- (9) + -ā：*f.* 記憶。思い出。「通」「神通」「慧」「神力」と漢訳。

vikrīḍita- < vi-√krīḍ- (1) + -ita：*pp.* 遊んだ。戯れた。*n.* 遊戯。運動。子どもの遊び。最も容易になされた行為。

krīḍita- < √krīḍ- (1) + -ita：*pp.* 遊んだ。

advayâsaṃbheda-dharma-dhātu-gocara-parama-pārami-prāpta < advayâsaṃbheda-dharma-dhātu-gocara-parama-pārami-prāptaḥ + a 以外の母音 < advaya-asaṃbheda-dharma-dhātu-gocara-parama-pārami-prāpta-：*adj.* 無二で混じりけのない真理の世界（法界）の領域という最高の完成に達している。*m. sg. Nom.*

advaya- < a-dvaya-：*adj.* 二種ならざる。単一の。「不二」「無二」「不異」と漢訳。

asaṃbheda- < a-saṃbheda- < a- + sam-√bhid- (1) + -a：*adj.* 混合しないこと。分離しないこと。「不雑」「不雑乱」「無別」「無差別」「平等」「不壊」「不断絶」と漢訳。

dharma-dhātu-：*m.* 事物の根源。真理の世界。存在の要素。「法界」と漢訳。

gocara- < go-cara-：*m.* 牧牛場。行動の範囲。達する範囲。能力の範囲。

parama-：*最上級,* 最高の。主な。第一位の。至高の。最善の。

pārami-：*f.* 完成。「極」「究竟」と漢訳。

prāpta- < pra-√āp- (5) + -ta：*pp.* 到達せられたる。獲得せられたる。～の心になった。

eka-vyūha-dharma-dhātv-anantâkāra-vyūha-dharma-nirdeśakaḥ < eka-～-nirdeśakaḥ + (s) < eka-vyūha-dharma-dhātv-ananta-ākāra-vyūha-dharma-nirdeśaka-：*adj.* 一〔相〕によって荘厳された法界を無量の相によって荘厳された法によって説く人。*m. sg. Nom.*

eka-：*基数詞,* 一。

vyūha- < vi-√ūh- (1) + -a：*m.* 交替。置き換え。分配。配置。「荘厳」「厳飾」と漢訳。

dharma-dhātv- < dharma-dhātu- + 母音：*m.* 事物の根源。真理の世界。存在の要素。「法界」

と漢訳。

ananta- < an-anta-：*adj.* 無限の。終わりなき。極限のない。「無量」「無数」「無辺」「無窮」と漢訳。

ākāra-：*m.* 構造。形状。姿。外観。表現。「相」「相貌」「種類」と漢訳。

vyūha- < vi-√ūh- (1) + -a：*m.* 配置。戦陣。集合。「厳」「荘厳」「厳飾」と漢訳。

dharma-：*m.* 確定した秩序。慣例。習慣。法則。規則。義務。宗教。教説。性質。本質。属性。特質。事物。「法」と漢訳。

nirdeśaka- < nir-√diś- (6) + -aka：*m.* 説く人。

nir-√diś- (6)：指示する。決定する。宣言する。「説」「作説」と漢訳。

sarva-sattvêndriya-vyūha-saṃprāpaṇa-jñāna-kuśala < sarva-〜-kuśalaḥ + a 以外の母音 < sarva-sattva-indriya-vyūha-saṃprāpaṇa-jñāna-kuśala-：*adj.* あらゆる衆生の能力（機根）に荘厳を獲得させる智慧が勝れている。*m. sg. Nom.*

sarva-：*adj.* 一切の。すべての。

sattva-：*m.* 「衆生」「有情」と漢訳。

indriya-：*n.* 活力。精力。感官。能力。「根」と漢訳。

vyūha- < vi-√ūh- (1) + -a：*m.* 配置。戦陣。集合。「厳」「荘厳」「厳飾」と漢訳。

saṃprāpaṇa- < sam-pra-√āp- (5) + -ana：*adj.* 獲得された。到達された。「証」「令至」「令得」と漢訳。

sam-pra-√āp- (5)：到達する。到着する。獲得する。娶る。陥る。蒙る。

jñāna- < √jñā- (9) + -ana：*n.* 知。智慧。

kuśala-：*adj.* 善き。正しき。有益な。〜に熟練した。老練なる。経験ある。*n.* 好条件。幸福。繁栄。有益。

upāya-kauśalya-gatiṃ-gataḥ < upāya-〜-gataḥ + (p) < upāya-kauśalya-gatiṃ-gata-：*adj.* 巧みなる方便に通達している。*m. sg. Nom.*

upāya-kauśalya-：*n.* 巧みなる方便。「善巧方便」と漢訳。

upāya- < upa-√i- (2) + -a：*m.* 接近。到着。手段。方策。「方便」と漢訳。

kauśalya- = kauśala-：*n.* 幸福。幸運。繁栄。賢明。「善」「善巧」と漢訳。

gatiṃ-gata-：*adj.* 理解した。了解した。「通達」「通暁」と漢訳。

prāpta-praśna-viniścayaḥ < prāpta-praśna-viniścaya-：*adj.* かち得られた質問への確固とした意見を持つ。質問への確固とした意見を獲得している。*m. sg. Nom.*

prāpta- < pra-√āp- (5) + -ta：*pp.* 得られた。かち得た。到達せられたる。獲得せられたる。〜の心になった。

praśna-：*m.* 質問。問い合わせ。〜について尋ねること。論議の題目。論点。

viniścaya- < vi-niścaya-：*m.* 〜に関する確定した意見。定まった法則。確固たる決意。「決定」「決断」「論議」と漢訳。

sa na śakyo 'lpakena saṃnāhenâbhirādhayitum /

(梵漢和維摩経 *p.* 184, *l.* 11)

「その〔ヴィマラキールティ〕を、些細な準備[4] によって満足させることはできません。

【漢訳相当箇所なし】

……………………………………………………………………

sa < saḥ < tad-：それ。*m. sg. Nom.*

na：*ind.* 〜でない。〜にあらず。

śakyo 'lpakena < śakyaḥ + alpakena

śakyaḥ < śakya- < √śak- (5) + -ya：*未受分,* 〜（不定詞）が可能な。実行できる。*m. sg. Nom.*

alpakena < alpaka-：*adj.* 小さい。少ない。些細な。「甚少」「極少」と漢訳。*m. sg. Ins.*

saṃnāhenâbhirādhayitum < saṃnāhena + abhirādhayitum

saṃnāhena < saṃnāha- < sam-√nah- (4) + -a：*m.* 縛ること。準備。設備。紐。鎧。甲冑。*sg. Ins.*

sam-√nah- (4)：結び合わせる。結ぶ。巻く。武装する。

abhirādhayitum < abhirādhaya- + -itum < abhi-√rādh- (4) + -aya + -itum：*Caus.* *不定詞,* 満足させること。

atha ca punar gamiṣyāmi buddhâdhiṣṭhānena tatra yathā-śakti yathā-balaṃ nirdekṣyāmi / (梵漢和維摩経 *p.* 184, *ll.* 11–13)

「しかしながら、私は、ブッダの加護によって行き、そこで能力に応じて、力に応じて語ることにしましょう」

【「然(しか)りと雖(いえど)も、当(まさ)に仏の聖旨を承(う)けては、彼(かしこ)に詣(いた)りて疾(やまい)を問うべし」】

（大正蔵、巻一四、五四四頁中）

……………………………………………………………………

atha：*adv.* その時。その場合。さて。それ故。しかれば。しかしながら。

ca：*conj.* および。また。しかしながら。そして。〜と。なお。

punar：*adv.* 再び。新たに。さらに。なお。しかしながら。

gamiṣyāmi < gamiṣya- < √gam- (1) + -iṣya：行く。*Fut. 1, sg. P.*

buddhâdhiṣṭhānena < buddha-adhiṣṭhāna-：*n.* ブッダの加護。*sg. Ins.*

adhiṣṭhāna- < adhi-√sthā- (1) + -ana：*n.* 立脚点。立場。場所。住所。主権。権力。「神力」「神通」「威神力」「願力」「加護」「護念」「加持」「守護」「建立」と漢訳。

tatra：*adv.* そこに。そこへ。かしこに。その時に。その場合に。

yathā-śakti：*adv.* 能力に応じて。力の及ぶ限り。

śakti-：*f.* 〜（属格、処格、不定詞）をなし得る能力。力量。力。強さ。

yathā-balaṃ：*adv.* 力に応じて。全力を尽くして。「随力」と漢訳。

nirdekṣyāmi < nirdekṣya- < nir-√diś- (1) + -sya：指示する。宣言する。予言する。見なす。「説」「作説」「能説」「解釈」「敷衍」と漢訳。*Fut. 1, sg. P.*

§2 atha tataḥ parṣadas teṣāṃ bodhi-sattvānāṃ teṣāṃ ca śrāvakāṇāṃ teṣāṃ ca śakra-brahma-loka-pālānāṃ teṣāṃ ca deva-putrāṇām etad abhavat[5] / niścayena tatra mahā-dharma-śravaṇa-sāṃ=kathyaṃ bhaviṣyati yatra mañjuśrīḥ kumāra-bhūtaḥ sa ca sat-puruṣa ubhau saṃlapiṣyataḥ / (梵漢和維摩経 *p.* 184, *ll.* 14–17)

§2 その時、そこにいたそれらの菩薩たちや、それらの声聞たち、それらのシャクラ神（帝釈天)、ブラフマー神（梵天）や、世界の保護者〔である四天王〕たち、そしてそれらの神々の子（天子）たちからなる聴衆にこの〔思い〕が生じた。

「マンジュシリー法王子とその善き人（善士）の二人が語り合うならば、そこにおいてはきっと、偉大な法を聞くことのできる対話になるに違いない」[6]

【§2 是(ここ)に於(お)いて、衆中の諸の菩薩、大弟子・釈・梵・四天王等、威(ことごと)く是の念を作(な)せり。「今、二大士、文殊師利(もんじゅしり)と維摩詰(ゆいまきつ)と共に談ぜんとす。必ずや妙法を説かん」と。】

（大正蔵、巻一四、五四四頁中）

……………………………………………………………………

atha：*adv.* その時。その場合。さて。それ故。しかれば。しかしながら。

tataḥ < tatas + (p)：*adv.* それより。そこに。そこにおいて。ゆえに。(tad- の奪格)。

parṣadas < parṣadaḥ + (t) < parṣad- = pari-ṣad-：*f.* 集会。聴衆。会議。「衆」「大衆」「衆会」「諸大衆」と漢訳。*sg. Gen.* 格変化については、cf.「基礎」*p.* 119 の agni-math- を参考に。

teṣāṃ < tad-：それ。*m. pl. Gen.*

bodhi-sattvānāṃ < bodhi-sattva-：*m.* 覚りを求める人。「菩提薩埵」「菩薩」と音写。*pl. Gen.*

teṣāṃ < tad-：それ。*m. pl. Gen.*

ca：*conj.* および。また。しかしながら。そして。～と。なお。
śrāvakāṇāṃ < śrāvaka- < √śru- (5) + -aka-：*m.* 声を聞く人。弟子。「声聞」と漢訳。*m. pl. Gen.*
teṣāṃ < tad-：それ。*m. pl. Gen.*
ca：*conj.* および。また。しかしながら。そして。～と。なお。
śakra-brahma-loka-pālānāṃ < śakra-brahma-loka-pāla-：*m.* シャクラ神（帝釈天)、ブラフマー神（梵天)、世界の保護者〔である四天王〕。*pl. Gen.*
　śakra-：*m.* インドラ神。「釈」「帝釈」「天帝釈」と音写。
　brahma- < brahman-：*m.* ブラフマー神。「梵天」「梵天王」と漢訳。
　loka-pāla-：*m.* 世界の守護者。人民の守護者。「護世者」「(四）天王」と漢訳。
　loka-：*m.* 空間。余地。場所。国。世界。世間。
　pāla-：*m.* 監視人。保護者。大地の守護者。主。王。
teṣāṃ < tad-：それ。*m. pl. Gen.*
ca：*conj.* および。また。しかしながら。そして。～と。なお。
deva-putrāṇām < deva-putra-：*m.* 神の子。「天子」と漢訳。*pl. Gen.*
etad < etat + 母音 < etad-：これ。*n. sg. Nom.*
abhavat < bhava- < √bhū- (1)：～となる。発生する。生ずる。出現する。存在する。生存する。～(属格）の分担になる。～（属格）の所有となる。*Impf. 3, sg. P.*

……………………………………………………………………

niścayena < niścaya- < niś-√ci- (3) + -a：*m.* 確認。確信。正確な知識。確定。確実。決定。決定した意見。確定した目的。決意。決心。*sg. Ins.* 具格の副詞的用法で「確かに」を意味する。
　niś-√ci- (3)：確かめる。確信する。限定する。決心する。決定する。確実と考える。
tatra：*adv.* そこに。そこへ。かしこに。その時に。その場合に。
mahā-dharma-śravaṇa-sāṃkathyaṃ < mahā-dharma-śravaṇa-sāṃkathya-：*n.* 偉大な法を聞く対話。*sg. Nom.*
　mahā- < mahat-：*adj.* 大きな。偉大な。
　dharma-：*m.* 確定した秩序。慣例。習慣。法則。規則。義務。宗教。教説。性質。本質。属性。特質。事物。「法」と漢訳。
　śravaṇa- < √śru- (5) + -ana：*n.* 聞くこと。学ぶこと。名声。「聞」「聴」「聴受」「聴聞」と漢訳。
　sāṃkathya-：*n.* 話。対話。会話。「説」「講」「宣説」と完訳。
bhaviṣyati < bhaviṣya- < √bhū- (1) + -iṣya：生ずる。～になる。*Fut. 3, sg. P.*
　-iṣya 語尾の未来形は、勧告、命令、願望、可能性、疑問、目的などの意味を表わす。
yatra：*adv.* そこに。その場所に。その場合に。もし～ならば。その時。
　yatra ～ tatra …：～であるところ、そこにおいて…。
mañjuśrīḥ < mañjuśrīḥ + (k) < mañjuśrī- < mañju-śrī-：*m.* マンジュシリー。「妙徳」「妙吉祥」と漢訳。「文殊」「文殊師利」と音写。*sg. Nom.* 格変化は、cf.「基礎」*p.* 106.
kumāra-bhūtaḥ < kumāra-bhūta-：*adj.* 「童子」「童真」「法王子」と漢訳。*m. sg. Nom.*
sa < saḥ < tad-：それ。*m. sg. Nom.*
ca：*conj.* および。また。しかしながら。そして。～と。なお。
sat-puruṣa < sat-puruṣaḥ + a 以外の母音 < sat-puruṣa-：*m.* 善き人。「善士」と漢訳。*sg. Nom.*
ubhau < ubha-：*adj.* 両方の。「両」「二」「倶」と漢訳。*m. du. Nom.*
saṃlapiṣyataḥ < saṃlapiṣya- < sam-√lap- (1) + -iṣya：喋る。話す。囁く。呟く。*Fut. 3, du. P.*

> tatrâṣṭau ca bodhi-sattva-sahasrāṇi pañca-mātrāṇi ca śrāvaka-śatāni saṃbahulāś ca śakra-brahma-loka-pālāḥ saṃbahulāni ca deva-putra-śata-sahasrāṇi mañjuśriyam anubaddhāni dharma-śravaṇ=āya /
>
> （梵漢和維摩経 *p.* 186, *ll.* 1–3）

そこで、八千人の菩薩、五百人の声聞、多数のシャクラ神や、ブラフマー神、世界の保護者〔である四天王〕、そして幾百・千もの多数の神々の子（天子）たちは、法の聴聞のためにマンジュシリーについていった。

【即時に八千の菩薩と五百の声聞と百千の天人は皆、随従せんと欲す。】

（大正蔵、巻一四、五四四頁中）

……………………………………………………………………

tatrâṣṭau < tatra + aṣṭau

tatra：*adv.* そこに。そこへ。かしこに。その時に。その場合に。

aṣṭau < aṣṭan-：*基数詞,* 八。*n. pl. Nom.*

ca：*conj.* および。また。しかしながら。そして。～と。なお。

bodhi-sattva-sahasrāṇi < bodhi-sattva-sahasra-：*n.* 千人の菩薩。*pl. Nom.*

pañca-mātrāṇi < pañca-mātra-：*n.* 五つだけの量。*pl. Nom.*

ca：*conj.* および。また。しかしながら。そして。～と。なお。

śrāvaka-śatāni < śrāvaka-śata-：*n.* 百人の声聞。*pl. Nom.*

śrāvaka- < √śru- (5) + -aka-：*m.* 声を聞く人。弟子。「声聞」と漢訳。

saṃbahulāś < saṃbahulāḥ + (c) < saṃbahula- < sam-bahula-：*adj.* 「衆多」「最多」「無量」と漢訳。*m. pl. Nom.*

ca：*conj.* および。また。しかしながら。そして。～と。なお。

śakra-brahma-loka-pālāḥ < śakra-brahma-loka-pāla-：*m.* シャクラ神（帝釈天）、ブラフマー神（梵天）、世界の保護者〔である四天王〕。*pl. Nom.*

saṃbahulāni < saṃbahula- < sam-bahula-：*adj.* 「衆多」「最多」「無量」と漢訳。*n. pl. Nom.*

ca：*conj.* および。また。しかしながら。そして。～と。なお。

deva-putra-śata-sahasrāṇi < deva-putra-śata-sahasra-：*n.* 幾百・千もの神々の子。*pl. Nom.*

mañjuśriyam < mañjuśrī-：*m.* マンジュシリー。「文殊」「文殊師利」と音写。*sg. Acc.*

anubaddhāni < anubaddha- < anu-√bandh- (9) + -ta：*pp.* 結ばれた。固定された。抱擁された。魅惑された。～と結び合わされた。後を追った。付き添った。*n. pl. Nom.*

anu-√bandh- (9)：～に結ぶ。固定する。（弟子を）惹きつける。～に従属する。後を追う。付き添う。

dharma-śravaṇāya < dharma-śravaṇa-：*n.* 法の名声。法の聴聞。「聴法」と漢訳。*sg. Dat.*

atha mañjuśrīḥ kumāra-bhūtas tair bodhi-sattvair mahā-sattvais taiś ca śrāvakais taiś ca śakra-brahma-loka-pālair deva-putraiś ca parivṛto vaiśālīṃ mahā-nagarīṃ praviśati sma /

（梵漢和維摩経 *p.* 186, *ll.* 3–6）

その時、マンジュシリー法王子は、それらの偉大な人である菩薩たちや、それらの声聞たち、それらのシャクラ神や、ブラフマー神、世界の保護者〔である四天王〕、そして神々の子（天子）たちに伴われて、ヴァイシャーリーの大都城に入った。

【是に於いて、文殊師利は諸の菩薩、大弟子衆、及び諸の天人とに恭敬・囲遶せられて、毘耶離大城に入れり。】

（大正蔵、巻一四、五四四頁中）

……………………………………………………………………

atha：*adv.* その時。その場合。さて。それ故。しかれば。しかしながら。

mañjuśrīḥ < mañjuśrīḥ + (k) < mañjuśrī- < mañju-śrī-：*m.* マンジュシリー。「妙徳」「妙吉祥」と漢訳。「文殊」「文殊師利」と音写。*sg. Nom.* 格変化は、cf.「基礎」*p.* 106.

kumāra-bhūtas < kumāra-bhūtaḥ + (t) < kumāra-bhūta-：*adj.* 「童子」「童真」「法王子」と漢訳。*m. sg. Nom.*

tair < taiḥ + 有声音 < tad-：それ。*m. pl. Ins.*

bodhi-sattvair < bodhi-sattvaiḥ + 有声音 < bodhi-sattva-：*m.* 覚りを求める人。「菩薩」と音写。*pl. Ins.*

mahā-sattvais < mahā-sattvaiḥ + (t) < mahā-sattva-：*m.* 偉大な人。「大士」と漢訳。「摩訶薩」と音写。*pl. Ins.*
taiś < taiḥ + (c) < tad-：それ。*m. pl. Ins.*
ca：*conj.* および。また。しかしながら。そして。～と。なお。
śrāvakais < śrāvakaiḥ + (t) < śrāvaka- < √śru- (5) + -aka：*m.* 声を聞く人。弟子。「声聞」「学士」「賢聖」「小乗人」と漢訳。*pl. Ins.*
taiś < taiḥ + (c) < tad-：それ。*m. pl. Ins.*
ca：*conj.* および。また。しかしながら。そして。～と。なお。
śakra-brahma-loka-pālair < śakra-brahma-loka-pālaiḥ + 有声音 < śakra-brahma-loka-pāla-：*m.* シャクラ神（帝釈天）、ブラフマー神（梵天）、世界の保護者〔である四天王〕。*pl. Ins.*
deva-putraiś < deva-putraiḥ + (c) < deva-putra-：*m.* 神の子。「天子」と漢訳。*pl. Ins.*
ca：*conj.* および。また。しかしながら。そして。～と。なお。
parivṛto < parivṛtaḥ + 有声子音 < parivṛta- < pari-√vṛ- (1) + -ta：*pp.* ～に覆われた。～に包囲された。～に伴われた。*m. sg. Nom.*
vaiśālīṃ < vaiśālī-：*f.* ヴァイシャーリー（Viśāla 国の王が建設した町の名前）。「毘舎離」「毘耶離」「吠舎離」と音写。*sg. Acc.*
mahā-nagarīṃ < mahā-nagarī-：*f.* 大きな都城。*sg. Acc.*
praviśati < praviśa- < pra-√viś- (6)：入る。（家に）入る。*Pres. 3, sg. P.*
sma：*ind.* 実に。sma は現在形とともに用いられて、過去の意味を表わす（歴史的現在）。

§3 atha vimalakīrter etad abhavat / ayaṃ mañjuśrīḥ kumārabhūta āgacchati mahatā parivāreṇa /
（梵漢和維摩経 *p.* 186, *ll.* 7–8）

§3 その時、ヴィマラキールティ〔の心〕にこの〔思い〕が生じた。
「このマンジュシリー法王子が、大勢の随行者とともにやって来る。
【§3 爾の時、長者維摩詰は心に念えらく、「今、文殊師利、大衆と倶に来たる。】
（大正蔵、巻一四、五四四頁中）

……………………………………………………………

atha：*adv.* その時。その場合。さて。それ故。しかれば。しかしながら。
vimalakīrter < vimalakīrteḥ + 有声音 < vimalakīrti- < vimala-kīrti-：*m.* ヴィマラキールティ。汚れのない名声を持つ（もの）。「維摩詰」「維摩」と音写。「浄名」「無垢称」と漢訳。*sg. Gen.*
etad < etat + 母音 < etad-：これ。*n. sg. Nom.*
abhavat < bhava- < √bhū- (1)：なる。生ずる。出現する。～（属格）の分担となる。～（属格）のものとなる。*Impf. 3, sg. P.*

……………………………………………………………

ayaṃ < idam-：これ。この。*m. sg. Nom.*
mañjuśrīḥ < mañjuśrīḥ + (k) < mañjuśrī- < mañju-śrī-：*m.* マンジュシリー。「妙徳」「妙吉祥」と漢訳。「文殊」「文殊師利」と音写。*sg. Nom.* 格変化は、cf.「基礎」*p.* 106.
kumārabhūta < kumārabhūtaḥ + a 以外の母音 < kumāra-bhūta-：*adj.* 「童子」「童真」「法王子」と漢訳。*m. sg. Nom.*
āgacchati < āgaccha- < ā-√gam- (1)：やって来る。*Pres. 3, sg. P.*
mahatā < mahat-：*adj.* 大きな。偉大な。豊富な。たくさんの。重要な。卓越した。*m. sg. Ins.*
parivāreṇa < parivāra- < pari-√vṛ- (1) + -a：*adj.* ～に取り囲まれた。*m.* 侍者。随行者。従者。「眷属」「伴」と漢訳。*sg. Ins.*
pari-√vṛ- (1)：覆う。取り囲む。包囲する。
√vṛ- (1)：覆う。隠す。包む。囲む。包囲する。

yan nv ahaṃ śūnyaṃ gṛham adhitiṣṭheyam /

（梵漢和維摩経 *p.* 186, *l.* 8）

「そういうわけで、今、私は、神力によって家を空っぽにすることにしよう」
【「即ち神力を以て其の室内を空ぜん」と。】（大正蔵、巻一四、五四四頁中）

yan < yat + (n) < yad-：*conj.* そういうわけで。
nv < nu + 母音：*ind.* 今。なお。～すら。すでに。そこで。
ahaṃ < mad-：私。*1, sg. Nom.*
śūnyaṃ < śūnya-：*adj.* からの。空虚な。住む者のない。うつろな。欠けている。～のない。空しい。
n. 空虚な場所。孤独。空虚。*n. sg. Acc.*
gṛham < gṛha-：*n.* 家。住居。「舎」「宅」「舎宅」と漢訳。*sg. Acc.*
adhitiṣṭheyam < adhitiṣṭha- < adhi-√sthā- (1)：～（対格、処格）の上に立つ。住む。居住する。占める。導く。先頭に立つ。案内する。神力をもって～にする。*Opt. 1, sg. P.*

tena taṃ gṛhaṃ śūnyam adhiṣṭhitam apagata-dvāra-pālam /

（梵漢和維摩経 *p.* 186, *l.* 9）

従って、その家は神力によって空っぽにされ、門番もいなくなった。
【所有、及び諸の侍者を除去し、】（大正蔵、巻一四、五四四頁中）

tena < tad-：それ。*n. sg. Ins.*
代名詞の中性・対格／具格／奪格は、連結助詞として用いられ、「そこで」「従って」「このため」を意味する。
taṃ < tad-：それ。*n. sg. Nom.*
gṛhaṃ < gṛha-：*n.* 家。住居。「舎」「宅」「舎宅」と漢訳。*sg. Nom.*
śūnyam < śūnya-：*adj.* からの。空虚な。住む者のない。うつろな。欠けている。～のない。空しい。
n. 空虚な場所。孤独。空虚。*n. sg. Nom.*
adhiṣṭhitam < adhiṣṭhita- < adhi-√sthā- (1) + -ita：*pp.* ～（対格、処格）の上に立たれた。導かれた。案内された。神力をもって～にされた。*n. sg. Nom.*
apagata-dvāra-pālam < apagata-dvāra-pāla-：*adj.* 門番のいない。*n. sg. Nom.*
apagata- < apa-gata- < apa-√gam- (1) + -ta：*pp.* 去った。消滅した。「離」「遠離」「除」「滅」と漢訳。
dvāra-pāla-：*m.* 門番。「守門人」「守門之人」と漢訳。

na tatra mañcā vā pīṭhā vâsanāni vā saṃdṛśyante 'nyatrâikasmān mañcād yatrâtmanā[7] glānaḥ samārūḍhaḥ śayitaḥ /

（梵漢和維摩経 *p.* 186, *ll.* 9–11）

自分で病気になり、上に乗って、横になっているところの一つの寝台、それを除いて、諸々の寝台も、長椅子も、座席も〔消えてしまい〕見えなくなった。
【唯だ一床を置きて疾を以て臥せり。】（大正蔵、巻一四、五四四頁中）

na：*ind.* ～でない。～にあらず。
tatra：*adv.* そこに。そこへ。かしこに。その時に。その場合に。
yatra ～ tatra …：～であるところ、そこにおいて…。
mañcā < mañcāḥ + 有声音 < mañca-：*m.* （宮殿上の）テラス。王座。臥床。寝台。台座。*pl. Nom.*
vā：*ind.* ～か。または。たとえ～であっても。

pīṭhā < pīṭhāḥ + 有声音 < pīṭha-：*m.* 腰掛。椅子。座席。長いす。*pl. Nom.*
「梵和大辞典」では、中性名詞となっているが、ここでは男性名詞として用いられている。
vâsanāni < vā + āsanāni
āsanāni < āsana- < √ās- (2) + -ana：*n.* 坐すること。端座の姿勢。休止すること。居住すること。「座」「席」「位置」と漢訳。*pl. Nom.*
vā：*ind.* ～か。または。たとえ～であっても。
saṃdṛśyante 'nyatrâikasmān < saṃdṛśyante + anyatra + ekasmān
saṃdṛśyante < saṃdṛśya- < sam-√dṛś- (1) + -ya：*Pass.* ～（具格）とともに現われる。観察される。*3, pl. A.*
anyatra：*adv.* ～（奪格）を除いて。他方において。よそにおいて。
ekasmān < ekasmāt + (m) < eka-：*基数詞,* 一。*m. sg. abl.*
mañcād < mañcāt + 有声子音 < mañca-：*m.* （宮殿上の）テラス。王座。臥床。寝台。台座。*sg. abl.*
yatrâtmanā < yatra + ātmanā
yatra：*adv.* そこに。その場所に。その場合に。もし～ならば。その時。
yatra ～ tatra …：～であるところ、そこにおいて…。
ātmanā < ātman-：*m.* 自己。自我。*sg. Ins.* 具格の副詞的用法。格変化は、cf.「基礎」*p.* 164.
glānaḥ < glānaḥ + (s) < glāna- < √glai- (1) + -na：*pp.* 嫌悪した。疲れた。消耗した。「得病」「有疾」「疾病者」と漢訳。*n.* 倦怠。衰弱。病気。*m. sg. Nom.*
samārūḍhaḥ < samārūḍha- < sam-ā-√ruh- (1) + -ta：*pp.* ～（具格）によって登られた。乗られた。登った。上がった。～に入った。*m. sg. Nom.*
śayitaḥ < śayita- < √śī- (1) + -ta：*pp.* 横たわっている。眠っている。臥した。寝入った。*m. sg. Nom.*
√śī- (1)：横たわる。寄りかかる。休む。眠る。眠るために横になる。*n.* 眠った場所。

> §4 atha mañjuśrīḥ saparivāro yena vimalakīrter niveśanaṃ tenôpasaṃkrāmat[8] / upasaṃ=kramya praviśati sma /
>
> （梵漢和維摩経 *p.* 186, *ll.* 12–13）

§4 その時、マンジュシリーは、侍者たちに取り囲まれて、ヴィマラキールティの邸宅のあるところ、そこに近づいた。近づいてから、〔その邸宅に〕入った。
【§4 文殊師利（もんじゅしり）、既に其（そ）の舎（いえ）に入る。】（大正蔵、巻一四、五四四頁中）

………………………………………………………………………

atha：*adv.* その時。その場合。さて。それ故。しかれば。しかしながら。
mañjuśrīḥ < mañjuśrīḥ + (s) < mañjuśrī- < mañju-śrī-：*m.* マンジュシリー。「妙徳」「妙吉祥」と漢訳。「文殊」「文殊師利」と音写。*sg. Nom.* 格変化は、cf.「基礎」*p.* 106.
saparivāro < saparivāraḥ + 半母音 < sa-parivāra-：*adj.* 侍者に取り囲まれた。*m. sg. Nom.*
yena < yad-：*関係代名詞, n. sg. Ins.*
yena ～ tena … = yatra ～ tatra …：～であるところ、そこで…。
vimalakīrter < vimalakīrteḥ + 有声音 < vimalakīrti- < vimala-kīrti-：*m.* ヴィマラキールティ。汚れのない名声を持つ（もの）。「維摩詰」「維摩」と音写。「浄名」「無垢称」と漢訳。*sg. Gen.*
niveśanaṃ < niveśana- < ni-√viś- (6) + -ana：*adj.* ～に入る。休息させる。*n.* 入ること。導き入れること。宿営させること。休息所。寝床。家庭。住み家。住居。*n. sg. Nom.*
tenôpasaṃkrāmat < tena + upasaṃkrāmat
tena < tad-：それ。*n. sg. Ins.*
upasaṃkrāmat ≒ upasamakrāmat < upasam-akrāmat < upasam-krāma- < upa-sam-√kram- (1)：近づく。*Impf. 3, sg. P.* BHS. gram. 32-3.

………………………………………………………………………

upasaṃkramya < upa-sam-√kram- (1) + -ya：近づく。*Ger.*
praviśati < praviśa- < pra-√viś- (6)：入る。（家に）入る。*Pres. 3, sg. P.*

sma：*ind.* 実に。sma は現在形とともに用いられて、過去の意味を表わす（歴史的現在）。

sa taṃ gṛhaṃ śūnyam apaśyad vigata-dvāra-pālam /
（梵漢和維摩経 *p.* 186, *ll.* 13–14）

その〔マンジュシリー〕は、その家が空っぽであり、門番がいないのを見た。
【其の室の空（くう）にして】（大正蔵、巻一四、五四四頁中）

sa < saḥ < tad-：それ。*m. sg. Nom.*
taṃ < tad-：それ。*n. sg. Acc.*
gṛhaṃ < gṛha-：*n.* 家。住居。「舎」「宅」「舎宅」と漢訳。*sg. Acc.*
śūnyam < śūnya-：*adj.* からの。空虚な。住む者のない。うつろな。欠けている。～のない。空しい。
n. 空虚な場所。孤独。空虚。*n. sg. Acc.*
以上の対格は、apaśyad（見た）の"目的語"として叙述的対格（Predicative Accusative）となった。
apaśyad < apaśyat + 有声子音 < paśya- < √paś- (4)：見る。*Impf. 3, sg. P.*
vigata-dvāra-pālam < vigata-dvāra-pāla-：*adj.* 門番が消えてしまった。*n. sg. Acc.*
vigata- < vi-gata- < vi-√gam- (1) + -ta：*pp.* 散った。去った。消滅した。「離」「除」「棄」「遠離」「断除」と漢訳。
dvāra-pāla-：*m.* 門番。「守門人」「守門之人」と漢訳。

na câtra mañcān vā pīṭhān vâpaśyad anyatrâika-mañcād yatra vimalakīrtiḥ śayitaḥ /
（梵漢和維摩経 *p.* 186, *ll.* 14–15）

けれども、ヴィマラキールティが横になっているところの一つの寝台、それを除いて、寝台も、長椅子も見ることはなかった。
【諸の所有（しょう）無く、独り一床に寝（い）ぬるを見る。】（大正蔵、巻一四、五四四頁中）

na：*ind.* ～でない。～にあらず。
câtra < ca + atra
atra：*adv.* ここ。かしこ。この場合に。この点について。その際。その時。
yatra ～ atra …：～であるところ、ここにおいて…。
mañcān < mañca-：*m.* （宮殿上の）テラス。王座。臥床。寝台。台座。*pl. Acc.*
vā：*ind.* ～か。または。たとえ～であっても。
pīṭhān < pīṭha-：*m.* 腰掛。椅子。座席。長いす。*pl. Acc.*
vâpaśyad < vā + apaśyad
apaśyad < apaśyat + 有声子音 < paśya- < √paś- (4)：見る。*Impf. 3, sg. P.*
anyatrâika-mañcād < anyatrâika-mañcāt + 半母音 < anyatra + eka-mañcāt
anyatra：*adv.* ～（奪格）を除いて。他方において。よそにおいて。
eka-mañcāt < eka-mañca-：*m.* 一つの臥床／台座／寝台。*sg. Abl.*
yatra：*adv.* そこに。その場所に。その場合に。もし～ならば。その時。
yatra ～ atra …：～であるところ、ここにおいて…。
vimalakīrtiḥ < vimalakīrti- < vimala-kīrti-：*m.* ヴィマラキールティ。汚れのない名声を持つ（もの）。
「維摩詰」「維摩」と音写。「浄名」「無垢称」と漢訳。*sg. Nom.*
śayitaḥ < śayita- < √śī- (1) + -ta：*pp.* 横たわっている。眠っている。臥した。寝入った。*m. sg. Nom.*

atha vimalakīrtir licchavir mañjuśriyaṃ kumāra-bhūtam adrākṣīt /
（梵漢和維摩経 *p.* 186, *ll.* 15–16）

そこで、リッチャヴィ族のヴィマラキールティは、マンジュシリー法王子を見た。
【漢訳相当箇所なし】

………………………………………………………………………

atha：*adv.* その時。その場合。さて。それ故。しかれば。しかしながら。
vimalakīrtir < vimalakīrtiḥ + 有声音 < vimalakīrti- < vimala-kīrti-：*m.* ヴィマラキールティ。汚れのない名声を持つ（もの）。「維摩詰」「維摩」と音写。「浄名」「無垢称」と漢訳。*sg. Nom.*
licchavir < licchaviḥ + 有声音 < licchavi-：*m.* リッチャヴィ。「離車子」「栗姑毘」と音写。*sg. Nom.*
mañjuśriyaṃ < mañjuśrī-：*m.* マンジュシリー。「文殊」「文殊師利」と音写。*sg. Acc.*
kumāra-bhūtam < kumāra-bhūta-：*adj.* 「童子」「童真」「法王子」と漢訳。*m. sg. Acc.*
adrākṣīt < adrākṣ- < √dṛś- (1)：見る。*s-Aor. 3, sg. P.*
s-アオリストについては、cf.「基礎」*p.* 335.

> dṛṣṭvā ca punar evam āha / svāgataṃ mañjuśriyaḥ susvāgataṃ[9] mañjuśriyo 'nāgatasyâdṛṣṭa-śruta-pūrvasya darśanam /
>
> （梵漢和維摩経 *p.* 186, *ll.* 17–18）

見てから、さらにこのように言った。
「マンジュシリーは、よく来られました。マンジュシリーは、〔これまで〕来たことがなかったのに、よくよくいらっしゃいました。〔これは、〕かつて見られたことも、聞かれたこともない人のお出ましです[10]」
【時に維摩詰言わく、「善く来たれり、文殊師利よ。不来の相にして来たり、不見の相にして見る」と。】
（大正蔵、巻一四、五四四頁中）

………………………………………………………………………

dṛṣṭvā < √dṛś- (1) + -tvā：見る。*Ger.*
ca：*conj.* および。また。しかしながら。そして。～と。なお。
punar：*adv.* 再び。新たに。さらに。なお。しかしながら。
evam：*adv.* このように。「是」「如是」と漢訳。
āha < √ah-：言う。*Perf. 3, sg. P.*

………………………………………………………………………

svāgataṃ < svāgata- < su-āgata-：*pp.* よく来た。*n. sg. Nom.*
āgata- < ā-√gam- (1) + -ta：*pp.* 来た。
mañjuśriyaḥ < mañjuśriyaḥ + (s) < mañjuśrī-：*m.* マンジュシリー。「文殊」「文殊師利」と音写。*sg. Gen.* 過去受動分詞の動作主としての属格。
īで終わる語根を後分とする複合語の格変化は、cf.「基礎」*p.* 109.
susvāgataṃ < susvāgata- < su-su-āgata-：*pp.* よくよく来た。*n. sg. Nom.*
mañjuśriyo 'nāgatasyâdṛṣṭa-śruta-pūrvasya < mañjuśriyaḥ + anāgatasya + adṛṣṭa-śruta-pūrvasya
mañjuśriyaḥ < mañjuśriyaḥ + (s) < mañjuśrī-：*m.* マンジュシリー。「文殊」「文殊師利」と音写。*sg. Gen.*
anāgatasya < anāgata- < an-āgata-：*pp.* 来なかった。*m. sg. Gen.*
以上の属格は絶対節をなしている。
adṛṣṭa-śruta-pūrvasya < adṛṣṭa-śruta-pūrva- < a-dṛṣṭa-śruta-pūrva-：*adj.* かつて見られたことも、聞かれたこともない。*m. sg. Gen.*
dṛṣṭa- < √dṛś- (1) + -ta：*pp.* 見られた。
śruta- < √śru- (5) + -ta：*pp.* 聞かれた。
pūrva：*adj.* 前に。以前に。昔。
darśanam < darśana- < √dṛś- (1) + -ana-：*n.* 凝視すること。見ること。知覚。悟性。内観。意見。認識。哲学的体系。～との会合。出現。*sg. Nom.*

mañjuśrīr āha / evam etad gṛha-pate yathā vadasi /
(梵漢和維摩経 *p.* 186, *l.* 19)

マンジュシリーが言った。
「資産家よ、あなたのおっしゃるように、それはその通りです」
【文殊師利言わく、「是くの如し。】 （大正蔵、巻一四、五四四頁中）

…………………………………………………………………………

mañjuśrīr < mañjuśrīḥ + 有声音 < mañjuśrī- < mañju-śrī-：*m.* マンジュシリー。「妙徳」「妙吉祥」と漢訳。「文殊」「文殊師利」と音写。*sg. Nom.* 格変化は、cf.「基礎」*p.* 106.
āha < √ah-：言う。*Perf. 3, sg. P.*

…………………………………………………………………………

evam：*adv.* このように。「是」「如是」と漢訳。
etad < etat + 母音 < etad-：これ。*n. sg. Nom.*
gṛha-pate < gṛha-pati-：*m.* 資産家。「家長」「居士」「長者」「在家」と漢訳。*sg. Voc.*
yathā：*関係副詞, 接続詞,* ～のように。あたかも～のように。～であるように。
vadasi < vada- < √vad- (1)：言う。*Pres. 2, sg. P.*

ya āgato na sa bhūya āgamiṣyati /
(梵漢和維摩経 *p.* 186, *ll.* 19–20)

「〔既に〕来たところのもの、それはさらに来ることはありません。
【「居士よ、若し来已らば、更に来たらず。】 （大正蔵、巻一四、五四四頁中）

…………………………………………………………………………

ya < yaḥ + a 以外の母音 < yad-：*関係代名詞, m. sg. Nom.*
āgato < āgataḥ + 有声子音 < āgata- < ā-√gam- (1) + -ta：*pp.* 来た。*m. sg. Nom.*
na：*ind.* ～でない。～にあらず。
sa < saḥ < tad-：それ。*m. sg. Nom.*
bhūya < bhūyaḥ + a 以外の母音 < bhūyas：*adv.* さらに多く。非常に。その上に。
āgamiṣyati < āgamiṣya- < ā-√gam- (1) + -iṣya：来る。*Fut. 3, sg. P.*

yaś ca gato na sa bhūyo gamiṣyati /
(梵漢和維摩経 *p.* 186, *l.* 20)

「〔既に〕去ったところのもの、それはさらに去ることはありません。
【「若し去り已らば、更に去らず。】 （大正蔵、巻一四、五四四頁中）

…………………………………………………………………………

yaś < yaḥ + (c) < yad-：*関係代名詞, m. sg. Nom.*
ca：*conj.* および。また。しかしながら。そして。～と。なお。
gato < gataḥ + 有声子音 < gata-< √gam- (1) + -ta：*pp.* 行った。去った。*m. sg. Nom.*
na：*ind.* ～でない。～にあらず。
sa < saḥ < tad-：それ。*m. sg. Nom.*
bhūyo < bhūyaḥ + 有声子音 < bhūyas：*adv.* さらに多く。非常に。その上に。
gamiṣyati < gamiṣya- < √gam- (1) + -iṣya：行く。去る。*Fut. 3, sg. P.*

tat kasmād dhetoḥ /
(梵漢和維摩経 *p.* 186, *ll.* 20–21)

「それは、どんな理由からでしょうか。
【「所以は何んとなれば、】 （大正蔵、巻一四、五四四頁中）

…………………………………………………………………………

tat < tad-：それ。*n. sg. Nom.*
kasmād dhetoḥ < kasmāt + hetoḥ
　連声法は、cf.「基礎」*p.* 63.
　kasmāt < kim-：*疑問詞,* だれ。何。どんな。どの。*m. sg. Abl.*
　hetoḥ < hetu-：*m.* 理由。原因。因。*sg. Abl.*
　奪格は、動機、原因、理由を表わす。cf.「シンタックス」*p.* 58.

> na câgatasyâgamanaṃ prajñāyate na ca gatasya gamanaṃ yaś ca dṛṣṭo na bhūyo draṣṭavyaḥ /
> (梵漢和維摩経 *p.* 186, *ll.* 21–22)

「〔既に〕来てしまったものに、来ること〔という属性があること〕は認めれません[11]。また、〔既に〕去ってしまったものに去ること〔という属性〕は〔認められ〕ません。〔既に〕見られたところのもの〔、それ〕はさらに見られることはありません。
【「来る者は従来する所無く、去る者は至る所無し。見る可き所の者は更に見る可からず。】
（大正蔵、巻一四、五四四頁中）

………………………………………………………………

na：*ind.* ～でない。～にあらず。
câgatasyâgamanaṃ < ca + āgatasya + āgamanaṃ
　āgatasya < āgata-< ā-√gam- (1) + -ta：*pp.* 来た。*m. sg. Gen.*
　āgamanaṃ < āgamana- < ā-√gam- (1) + -ana：*n.* 来ること。*sg. Nom.*
prajñāyate < prajñāya- < pra-√jñā- (9) + -ya：*Pass.* 知られる。認識される。発見される。了解される。*3, sg. P.*
　pra-√jñā- (9)：知る。認識する。発見する。了解する。「了知」「覚知」「観知」と漢訳。
na：*ind.* ～でない。～にあらず。
ca：*conj.* および。また。しかしながら。そして。～と。なお。
gatasya < gata-< √gam- (1) + -ta：*pp.* 去った。行った。*m. sg. Gen.*
gamanaṃ < gamana- < √gam- (1) + -ana：*n.* 去ること。行くこと。*sg. Acc.*
yaś < yaḥ + (c) < yad-：*関係代名詞, m. sg. Nom.*
ca：*conj.* および。また。しかしながら。そして。～と。なお。
dṛṣṭo < dṛṣṭaḥ + 有声子音 < dṛṣṭa- < √dṛś- (1) + -ta：*pp.* 見られた。*m. sg. Nom.*
na：*ind.* ～でない。～にあらず。
bhūyo < bhūyaḥ + 有声子音 < bhūyas：*adv.* さらに多く。非常に。その上に。
draṣṭavyaḥ < draṣṭavya- < √dṛś- (1) + -tavya：*未受分,* 見られるべき。*m. sg. Nom.*

> §5　api tu kac-cit te sat-puruṣa kṣamaṇīyaṃ[12] kac-cid yāpanīyaṃ kac-cid vātena pratikurvanti[13] dhātavaḥ kac-cid apagacchati vyādhir na vivardhate /
> (梵漢和維摩経 *p.* 188, *ll.* 1–3)

§5　「しかるに、善き人（善士）よ、あなたにとって、〔病の苦しみは〕耐えることができますか[14]、〔元気に〕お過ごしでしょうか。〔身体を維持する〕諸々の要素は、〔身体の要素の一つである〕風によってうまく機能しているでしょうか[15]。病は軽減し、悪化することはないでしょうか。
【§5　「且く是の事を置く。居士よ、是の疾は寧んぞ忍ぶ可きや否や。療治して損有りや。増すに至らざるか。】
（大正蔵、巻一四、五四四頁中）

………………………………………………………………

api：*adv.* また。さえも。されど。なお。
tu：*ind.* しかし。しこうして。しかるに。しかも。
kac-cit < kad- + cit-：*ind.* ～かどうか。望むらくは。cf.「パーリ語辞典」*p.* 81.
　kad- は Veda においてのみ用いられた kim- の古形。cf.「基礎」*p.* 208.
te < tvad-：あなた。*2, sg. Gen.*

sat-puruṣa < sat-puruṣa-：*m.* 善き人。「善士」と漢訳。*sg. Voc.*
kṣamaṇīyaṃ < kṣamaṇīya- < √kṣam- (1) + -aṇīya：*未受分,* 忍耐されるべき。承認されるべき。*n. sg. Nom.*
√kṣam- (1)：忍耐する。堪える。忍ぶ。
kac-cid < kac-cit + 半母音 < kad- + cit-：*ind.* ～かどうか。望むらくは。cf.「パーリ語辞典」*p.* 81.
yāpanīyaṃ < yāpanīya- < yāpaya- + -anīya- < √yā- (2) + -paya + -anīya：*Caus. 未受分,* 出発させられるべき。（時を）過ごされるべき。生存されるべき。快適な。*n. sg. Nom.*
接尾辞 -anīya による使役動詞からの未来受動分詞の作り方は、cf.「基礎」*p.* 480.
yāpaya- < √yā- (2) + -paya：*Caus.* 出発させる。（時を）過ごす。生存する。
kac-cid < kac-cit + 半母音 < kad- + cit-：*ind.* ～かどうか。望むらくは。
vātena < vāta- < √vā- (2) + -ta：*pp.* 吹かれた。*m.* 風。風神。体を構成する要素としての風。風に由来する病気。*sg. Ins.*
pratikurvanti < pratikuru- < prati-√kṛ- (8)：～（対格）を～（対格）に対抗させる。～（対格）をもって～（為格、属格、処格）に報いる。抵抗する。償う。繕う。支払う。*Pres. 3, pl. P.*
dhātavaḥ < dhātu-：*m.* 層。成分。要素。身体の根本要素。素質。性質。語根。「界」と漢訳。*pl. Nom.*
kac-cid < kac-cit + 母音 < kad- + cit-：*ind.* ～かどうか。望むらくは。
apagacchati < apagaccha- < apa-√gam- (1)：～（奪格）より去る。から消える。「滅」と漢訳。*Pres. 3, sg. P.*
vyādhir < vyādhiḥ < vyādhi- < vi-ādhi-：*m.* 疾患。疾病。病気。*sg. Nom.*
na：*ind.* ～でない。～にあらず。
vivardhate < vivardha- < vi-√vṛdh- (1)：生長する。増加する。栄える。*Pres. 3, sg. A.*

bhagavāṃs te 'lpâbādhatāṃ paripṛcchaty alpâtaṅkatāṃ câlpa-glānyatāṃ ca laghûtthānatāṃ ca yātrāṃ[16] ca balaṃ ca sukhaṃ cânavadyatāṃ[17] ca sparśa-vihāratāṃ ca /
（梵漢和維摩経 *p.* 188, *ll.* 3–5）

「世尊は、あなたに病がなく、〔身体の〕苦痛がなく、体力の減退もなく〔過ごしておられるか〕、また健康、生活、体力は〔どうであるか〕、快適で申し分がなく、安穏に過ごしておられるか、尋ねておられます。
【「世尊は慇懃（おんごん）に問いを致すこと無量なり。】（大正蔵、巻一四、五四四頁中）
……………………………………………………………………………

bhagavāṃs < bhagavān + (t) < bhagavat-：*m.* 尊い（人）。「世尊」と漢訳。「婆伽婆」「薄伽梵」と音写。*sg. Nom.*
te 'lpâbādhatāṃ < te + alpâbādhatāṃ
te < tvad-：あなた。*2, sg. Gen.*
alpâbādhatāṃ < alpâbādhatā- < alpâbādha-tā-：*f.* 少ない苦悩／病を持つこと。苦悩／病が少ないこと。「少病」「少悩」と漢訳。*sg. Acc.*
alpâbādha- < alpa-ābādha-：*adj.* 少ない苦悩を持つ。苦悩の少ない。
alpa-：*adj.* 小さい。少ない。短い。弱い。
ābādha- < ā-bādha-：*m.* 苦悩。苦痛。病。
paripṛcchaty < paripṛcchati + 母音 < paripṛccha- < pari-√prach- (6)：問う。尋ねる。*Pres. 3, sg. P.*
alpâtaṅkatāṃ < alpâtaṅkatā- < alpâtaṅka-tā-：*f.* 少ない苦痛／不安を持つこと。苦痛／不安が少ないこと。「少辛苦」「少悩」と漢訳。*sg. Acc.*
alpâtaṅka- < alpa-ātaṅka-：*adj.* 少ない苦痛／不安を持つ。苦痛／不安の少ない。
ātaṅka- < ā-taṅka-：*m.* 肉体の苦痛。病気。不快。不安。懸念。恐怖。
câlpa-glānyatāṃ < ca + alpa-glānyatāṃ
alpa-glānyatāṃ < alpa-glānyatā- < alpa-glānya-tā-：*f.* 体力の減退が少ないこと。「少辛苦」「少悩」と漢訳。*sg. Acc.*

glānya-：*n.* 体力の減退。
ca：*conj.* および。また。しかしながら。そして。～と。なお。
laghûtthānatāṃ < laghûtthānatā- < laghûtthāna-tā-：*f.* 身軽なこと。強壮。敏捷。健康。*sg. Acc.*
laghûtthāna- < laghu-utthāna-：*adj.* 速やかに取りかかった。早速の。敏活な。
laghu-：*adj.* 速やかな。活発な。敏捷な。
utthāna- < ud-√sthā- (1) + -ana：*n.* 起き上がること。出現。尽力。活動。起原。
ca：*conj.* および。また。しかしながら。そして。～と。なお。
yātrāṃ < yātrā-：*f.* 行くこと。出発。生計。扶養。交際。*sg. Acc.*
ca：*conj.* および。また。しかしながら。そして。～と。なお。
balaṃ < bala-：*n.* 力。能力。体力。活力。軍隊。*sg. Acc.*
ca：*conj.* および。また。しかしながら。そして。～と。なお。
sukhaṃ < sukha-：*adj.* 快い。楽しい。*n. sg. Acc.*
cânavadyatāṃ < ca + anavadyatāṃ
anavadyatāṃ < anavadyatā- < anavadya-tā-：*f.* 申し分ないこと。*sg. Acc.*
anavadya- < an-avadya-：*未受分,* 称讃に値しないのでない。無難の。申し分のない。「無罪」「無過」「無呵責」「無有過咎」「無過失」と漢訳。
avadya- < a-vadya-：*未受分,* 称讃されるべきでない。
vadya- < √vad- (1) + -ya：*未受分,* 称讃されるべき。
ca：*conj.* および。また。しかしながら。そして。～と。なお。
sparśa-vihāratāṃ < sparśa-vihāratā- < sparśa-vihāra-tā-：*f.* 安穏に過ごすこと。「安穏」と漢訳。*sg. Acc.*
sparśa-vihāra-：*m.* 「楽」「安楽」「安住」「安穏住」と漢訳。
sparśa- < √spṛś- (6) + -a：*adj.* 触れる。*m.* 接触。感触。感覚。快感。触覚。
√spṛś- (6)：～（対格）に触れる。なでる。触覚によって知覚する。感じる。～（対格、処格）に達する。獲得する。
vihāra- < vi-hāra- < vi-√hṛ- (1) + -a：*m.* ぶらぶら歩き。散歩。気晴らし。楽しむこと。休養の場所。僧院。「僧房」「房舎」「精舎」と漢訳。
ca：*conj.* および。また。しかしながら。そして。～と。なお。
属格の te と主格の名詞文となるところだが、paripṛcchati（尋ねる）の“目的語”となったので、主格がすべて対格（Predicative Accusative）となった。

§6　kutra te gṛha-pate[18] idaṃ vyādhi-samutthānam /
（梵漢和維摩経 *p.* 188, *l.* 6）

§6　「資産家よ、あなたのこの病はどうして生じたのでしょうか。
【§6　「居士よ、是の疾は何の所因より起こるや。】　（大正蔵、巻一四、五四四頁中）
……………………………………………………………………

kutra：*adv.* 何において。どこに。どこへ。何の為に。なぜ。
te < tvad-：あなた。*2, sg. Gen..*
gṛha-pate < gṛha-pati-：*m.* 資産家。「家長」「居士」「長者」「在家」と漢訳。*sg. Voc.*
idaṃ < idam-：これ。*n. sg. Nom.*
vyādhi-samutthānam < vyādhi-samutthāna-：*n.* 病の起こること。病の発生。*sg. Nom.*
vyādhi- < vi-ādhi-：*m.* 疾患。疾病。病気。
samutthāna- < sam-ud-√sthā- (1) + -ana：*n.* 起こること。起き上がること。現れること。～（属格）の増大。
sam-ud-√sthā- (1)：一緒に起き上がる。起こる。起きる。現われる。

kiyac-ciram upādāya te vyādhiḥ /

(梵漢和維摩経 *p.* 188, *ll.* 6–7)

「あなたが、病を得られてから、どれほど久しいのでしょうか。
【「其の生ずること久しきや。】　　　　　　　　　　　　　　(大正蔵、巻一四、五四四頁中)

……………………………………………………………………

kiyac-ciram < kiyac-cira-：*adj.* どれほど長い（時)。どれほど長く存在する。どれほど昔の。*n. sg. Nom.*

kiyac- < kiyat- + (c)：*adj.* どれほどの。

cira-：*adj.* 長い（時)。長く存在する。昔の。「久」「久遠」と漢訳。

upādāya < upa-ā-√dā- (3) + -ya：受ける。得る。獲得する。*Ger.*

絶対分詞は、受動と能動の区別がない。ここは、受動の意味である。

te < tvad-：あなた。*2, sg. Gen.*

vyādhiḥ < vyādhi- < vi-ādhi-：*m.* 疾患。疾病。病気。*sg. Nom.*

kadā côpaśamiṣyati /
(梵漢和維摩経 *p.* 188, *l.* 7)

「いつ、〔どのように〕[19] 治るのでしょうか」
【「当に云何が滅すべき」】　　　　　　　　　　　　　　(大正蔵、巻一四、五四四頁中)

……………………………………………………………………

kadā：*疑問詞,* いつ。いつか。ある日。いかに。

côpaśamiṣyati < ca + upaśamiṣyati

upaśamiṣyati < upaśamiṣya- < upa-√śam- (4) + -iṣya：静かになる。平穏になる。消滅する。和らぐ。やむ。*Fut. 3, sg. P.*

vimalakīrtir āha /　yāvac ciram upādāya mañjuśrīr avidyā bhava-tṛṣṇā ca tāvac ciram upādāya mamâiṣa vyādhiḥ /
(梵漢和維摩経 *p.* 188, *ll.* 8–9)

ヴィマラキールティが言った。

「マンジュシリーよ、〔衆生が〕無知（無明）と、存在への渇愛（有愛）を得て、久しく存在する限り、それと同様に、私はこの病を得て、久しくあるのです[20]。
【維摩詰言わく、「癡と有愛より、則ち我が病生ず。一切衆生病むを以て、是の故に我、病む。】
(大正蔵、巻一四、五四四頁中)

……………………………………………………………………

vimalakīrtir < vimalakīrtiḥ + 有声音 < vimalakīrti- < vimala-kīrti-：*m.* ヴィマラキールティ。汚れのない名声を持つ（もの)。「維摩詰」「維摩」と音写。「浄名」「無垢称」と漢訳。*sg. Nom.*

āha < √ah-：言う。*Perf. 3, sg. P.*

……………………………………………………………………

yāvac < yāvat + (c)：*関係副詞,* ～ほど大きく／多く／長く。～に至るまでの。

yāvat ～ tāvat …：～である限り、それほど…。

ciram < cira-：*adj.* 長い（時)。長く存在する。昔の。「久」「久遠」と漢訳。*n. sg. Nom.*

upādāya < upa-ā-√dā- (3) + -ya：受ける。得る。獲得する。*Ger.*

mañjuśrīr < mañjuśrīḥ + 有声音 < mañjuśrī- < mañju-śrī-：*m.* マンジュシリー。「妙徳」「妙吉祥」と漢訳。「文殊」「文殊師利」と音写。*sg. Voc.* 格変化は、cf.「基礎」*p.* 106.

avidyā < avidyā- < a-vidyā- < a- + √vid- (2) + -yā：*f.* 無知。「癡」「愚癡」「無明」と漢訳。*sg. Nom.*

bhava-tṛṣṇā < bhava-tṛṣṇā-：*f.* 存在への渇愛。*sg. Nom.*

bhava- < √bhū- (1) + -a：*m.* 誕生。生起。起原。本源。存在。生。～となること。「有」と漢訳。

tṛṣṇā-：*f.* 渇。欲望。貪欲。淫欲。「渇愛」「愛染」「愛欲」と漢訳。
ca：*conj.* および。また。しかしながら。そして。〜と。なお。
tāvac < tāvat + (c) < tāvat：*adv.* それほど多く。その時の間。その時。先ず第一に。最初に。
ciram < cira-：*adj.* 長い（時）。長く存在する。昔の。「久」「久遠」と漢訳。*n. sg. Nom.*
upādāya < upa-ā-√dā- (3) + -ya：受ける。得る。獲得する。*Ger.*
mamâiṣa < mama + eṣa
　　mama < mad-：私。*1, sg. Gen.*
　　eṣa < eṣaḥ < etad-：これ。*m. sg. Nom.*
vyādhiḥ < vyādhi- < vi-ādhi-：*m.* 疾患。疾病。病気。*sg. Nom.*

yadā ca sarva-sattvā vigata-vyādhayo bhaviṣyanti tadā[21] mama vyādhiḥ praśrabdho bhaviṣyati /
（梵漢和維摩経 *p.* 188, *ll.* 9–10）

「すべての衆生たちが、病を消滅させるであろう時、その時、私の病は平癒するでありましょう。
【「若し一切衆生の病滅すれば、則ち我が病も滅せん。】　　（大正蔵、巻一四、五四四頁中）
……………………………………………………………………

yadā：*conj.* 〜である時に。
　　yadā 〜 tadā …：〜である時、その時…。
ca：*conj.* および。また。しかしながら。そして。〜と。なお。
sarva-sattvā < sarva-sattvāḥ + 有声音 < sarva-sattva-：*m.* 「一切衆生」と漢訳。*pl. Nom.*
vigata-vyādhayo < vigata-vyādhayaḥ + 有声子音 < vigata-vyādhi-：*adj.* 消滅した病を持つ。病が消滅している。*m. pl. Nom.*
　　vigata- < vi-gata- < vi-√gam- (1) + -ta：*pp.* 散った。去った。消滅した。「離」「除」「棄」「遠離」「断除」と漢訳。
　　vyādhi- < vi-ādhi-：*m.* 疾患。疾病。病気。
bhaviṣyanti < bhaviṣya- < √bhū- (1) + iṣya：生ずる。〜になる。発生する。出現する。存在する。生存する。*Fut. 3, pl. P.*
tadā：*adv.* その時に。「爾時」「此時」と漢訳。
mama < mad-：私。*1, sg. Gen.*
vyādhiḥ < vyādhi- < vi-ādhi-：*m.* 疾患。疾病。病気。*sg. Nom.*
praśrabdho < praśrabdhaḥ + 有声子音 < pra-śrabdha- < pra-√śrambh- (1) + -ta：*pp.* 鎮まった。平静な。*m. sg. Nom.*
　　√śrambh- (1)：鎮める。和らげる。〜をやめる。「断」と漢訳。
bhaviṣyati < bhaviṣya- < √bhū- (1) + -iṣya：生ずる。〜になる。*Fut. 3, sg. P.*

tat kasmād dhetoḥ /
（梵漢和維摩経 *p.* 188, *ll.* 10–11）

「それは、どんな理由からでしょうか。
【「所以は何んとなれば、】　　（大正蔵、巻一四、五四四頁中）
……………………………………………………………………

tat < tad-：それ。*n. sg. Nom.*
kasmād dhetoḥ < kasmāt + hetoḥ
　　連声法は、cf.「基礎」*p.* 63.
　　kasmāt < kim-：*疑問詞,* だれ。何。どんな。どの。*m. sg. Abl.*
　　hetoḥ < hetu-：*m.* 理由。原因。因。*sg. Abl.*
　　奪格は、動機、原因、理由を表わす。cf.「シンタックス」*p.* 58.

sattvâdhiṣṭhāno hi mañjuśrīr bodhi-sattvasya saṃsāraḥ /

（梵漢和維摩経　*p.* 188, *l.* 11）

「マンジュシリーよ、菩薩に、生存の循環（輪廻）があるのは、実に衆生の立場に立っているからです。
【「菩薩は衆生の為の故に生死に入る。】（大正蔵、巻一四、五四四頁中）
………………………………………………………………………

sattvâdhiṣṭhāno < sattvâdhiṣṭhānaḥ + 有声子音 < sattva-adhiṣṭhāna-：*adj.* 衆生の立場を持つ。衆生の立場に立っている。*m. sg. Nom.*
　adhiṣṭhāna- < adhi-√sthā- (1) + -ana：*n.* 立脚点。立場。場所。住所。主権。権力。「神力」「神通」「威神力」「願力」「加護」「護念」「加持」「守護」「建立」と漢訳。
hi：*ind.* 真に。確かに。実に。
mañnjuśrīr < mañjuśrīḥ + 有声音 < mañjuśrī- < mañju-śrī-：*m.* マンジュシリー。「妙徳」「妙吉祥」と漢訳。「文殊」「文殊師利」と音写。*sg. Voc.* 格変化は、cf.「基礎」*p.* 106.
bodhi-sattvasya < bodhi-sattva-：*m.* 覚りを求める人。「菩薩」と音写。*sg. Gen.*
saṃsāraḥ < saṃsāra- < sam-√sṛ- (1) + -a：*m.* 生存領域の循環。（生の）不断の連続。現世の生存。「輪廻」と漢訳。*sg. Nom.*
　sam-√sṛ- (1)：歩き回る。徘徊する。
　√sṛ- (1)：速く走る。流れる。
　bodhi-sattvasya 以下は、具格と主格の名詞文をなしている。

saṃsāra-niśritaś ca vyādhiḥ /
（梵漢和維摩経　*p.* 188, *ll.* 11–12）

「また、病というものは、生存の循環（輪廻）に基づいているのです。
【「生死有らば則ち病有り。】（大正蔵、巻一四、五四四頁中）
………………………………………………………………………

saṃsāra-niśritaś < saṃsāra-niśritaḥ + (c) < saṃsāra-niśrita-：*adj.* 生存の循環（輪廻）に基づいている。*sg. Nom.*
　saṃsāra- < sam-√sṛ- (1) + -a：*m.* 生存領域の循環。（生の）不断の連続。現世の生存。「輪廻」「生死」と漢訳。
　niśrita- < ni-√śri- (1) + -ta：*pp.* 〜（対格）に寄りかかった。支持された。依存する。基づいた。〜に頼った。「依」「有依」「住」「居」と漢訳。
　√śri- (1)：持たせかける。拡げる。横たえる。
ca：*conj.* および。また。しかしながら。そして。〜と。なお。
vyādhiḥ < vyādhi- < vi-ādhi-：*m.* 疾患。疾病。病気。*sg. Nom.*

yadā sarva-sattvā vigata-vyādhayo bhaviṣyanti tadā bodhi-sattvo 'rogo bhaviṣyati /
（梵漢和維摩経　*p.* 188, *ll.* 12–13）

「すべての衆生たちが、病を消滅させるであろう時、その時、菩薩は無病となるでありましょう。
【「若し衆生、病を離るることを得れば、則ち菩薩も復病無からん。】（大正蔵、巻一四、五四四頁中）
………………………………………………………………………

yadā：*conj.* 〜である時に。
sarva-sattvā < sarva-sattvāḥ + 有声音 < sarva-sattva-：*m.* 「一切衆生」と漢訳。*pl. Nom.*
vigata-vyādhayo < vigata-vyādhayaḥ + 有声子音 < vigata-vyādhi-：*adj.* 消滅した病を持つ。病が消滅している。*m. pl. Nom.*
bhaviṣyanti < bhaviṣya- < √bhū- (1) + iṣya：生ずる。〜になる。発生する。出現する。存在する。生存する。*Fut. 3, pl. P.*
tadā：*adv.* その時に。「爾時」「此時」と漢訳。

bodhi-sattvo 'rogo < bodhi-sattvaḥ + arogo
　bodhi-sattvaḥ + 有声子音 < bodhi-sattva-：*m.* 覚りを求める人。「菩薩」と音写。*sg. Nom.*
　arogo < arogaḥ + 有声子音 < aroga- < a-roga-：*m.* 健康。無病。「離憂患」と漢訳。*sg. Nom.*
　roga- < √ruj- (6) + -a：*m.* 病弱。病気。疾病。患部。
bhaviṣyati < bhaviṣya- < √bhū- (1) + -iṣya：生ずる。～になる。*Fut. 3, sg. P.*

§7　tad yathā mañjuśrīḥ śreṣṭhina eka-putrako glāno bhavet tasya mātā-pitarāv api glānau syāt=ām /

(梵漢和維摩経 *p.* 188, *ll.* 14–15)

§7　「マンジュシリーよ、それは、〔裕福な〕商人組合の長の一人息子が、病気になったとして、そ〔の息子〕の母と父もまた、病気になるようなものでありましょう。
【§7　「譬えば長者に唯一子有り。其の子、病を得れば父母[22] も亦病み、】
（大正蔵、巻一四、五四四頁中）

tad yathā：それは次のようなものである。例えば次のようなものである。「如」「如此」「譬如」と漢訳。
mañjuśrīḥ < mañjuśrīḥ + (ś) < mañjuśrī- < mañju-śrī-：*m.* マンジュシリー。「妙徳」「妙吉祥」と漢訳。「文殊」「文殊師利」と音写。*sg. Voc.*
śreṣṭhina < śreṣṭhinaḥ + a 以外の母音 < śreṣṭhin-：*m.* 卓越した人。高位の人。権威者。高名な職人。商人組合の長。「長者」「大富」「商主」と漢訳。*sg. Gen.*
eka-putrako < eka-putrakaḥ + 有声子音 < eka-putraka-：*m.* 一人の息子。「一子」と漢訳。*sg. Nom.*
　putraka- < putra-ka-：*m.* 息子。putra-よりも愛情を込めた表現。
glāno < glānaḥ + 有声子音 < glāna- < √glai- (1) + -na：*pp.* 嫌悪した。疲れた。消耗した。「得病」「有疾」「疾病者」と漢訳。*n.* 倦怠。衰弱。病気。*sg. Nom.*
bhavet < bhava- < √bhū- (1)：なる。在る。～である。*Opt. 3, sg. P.*
tasya < tad-：それ。*m. sg. Gen.*
mātā-pitarāv < mātā-pitarau + 母音 < mātā-pitṛ-：*m.* 母と父。*du. Nom.*
api：*adv.* また。さえも。されど。なお。
glānau < glāna- < √glai- (1) + -na：*pp.* 嫌悪した。疲れた。消耗した。「得病」「有疾」「疾病者」と漢訳。*n.* 倦怠。衰弱。病気。*m. du. Nom.*
syātām < s- < √as- (2)：ある。*Opt. 3, du. P.*

tāvac ca duḥkhitau bhavetāṃ yāvan nâsāv eka-putrakas tayor vigata-vyādhiḥ syāt /

(梵漢和維摩経 *p.* 188, *ll.* 15–16)

「そ〔の母と父〕のこの一人息子が、病気を消滅しない限り、それまで〔母と父は〕苦しむのです。
【「若し子の病癒えなば、父母も亦癒ゆるが如し。】　（大正蔵、巻一四、五四四頁中）

tāvac < tāvat + (c) < tāvat：*adv.* それほど多く。その時の間。その時。先ず第一に。最初に。
ca：*conj.* および。また。しかしながら。そして。～と。なお。
duḥkhitau < duḥkhita- < √duḥkhaya- (名動詞) + -ta：*pp.* 苦しめられた。悩まされた。悲しんでいる。*m. du. Nom.*
bhavetāṃ < bhava- < √bhū- (1)：なる。在る。～である。*Opt. 3, du. P.*
yāvan < yāvat + (n)：*関係形容詞,* どれほどに大きな／多量な／多数の／遠い／長い。～（為格）に至るまで。*n. sg. Nom.*
nâsāv < na + asāv
　asāv < asau + 母音 < adas-：それ。あれ。*m. sg. Nom.*
eka-putrakas < eka-putrakaḥ + (t) < eka-putraka-：*m.* 一人の息子。「一子」と漢訳。*sg. Nom.*

tayor < tayoḥ + 有声音 < tad-：それ。*m. du. Gen.*
vigata-vyādhiḥ < vigata-vyādhi-：*adj.* 消滅した病を持つ。病が消滅している。*m. sg. Nom.*
syāt < s- < √as- (2)：ある。*Opt. 3, sg. P.*

evaṃ mañjuśrīr bodhi-sattvasya sarva-sattveṣv eka-putraka-prema /
(梵漢和維摩経 *p.* 188, *ll.* 16–17)

「マンジュシリーよ、菩薩には、このようにすべての衆生に対して、一人息子に対する〔のと同じ〕愛情があります。
【「菩薩も是くの如し。諸の衆生に於いて之を愛すること子の若し。】（大正蔵、巻一四、五四四頁中）
……………………………………………………………………

evaṃ：*adv.* このように。「是」「如是」と漢訳。
mañjuśrīr < mañjuśrīḥ + 有声音 < mañjuśrī- < mañju-śrī-：*m.* マンジュシリー。「妙徳」「妙吉祥」と漢訳。「文殊」「文殊師利」と音写。*sg. Voc.* 格変化は、cf.「基礎」*p.* 106.
bodhi-sattvasya < bodhi-sattva-：*m.* 覚りを求める人。「菩薩」と音写。*sg. Gen.*
sarva-sattveṣv < sarva-sattveṣu + 母音 < sarva-sattva-：*m.* 「一切衆生」と漢訳。*pl. Loc.*
eka-putraka-prema < eka-putraka-preman-：*n.* 一人息子に対する愛情。*sg. Nom.*
preman-：*n.* 愛。愛情。やさしさ。親切。好意。～に対する愛好。
これは属格と主格の名詞文をなしている。

sa sattva-glānyena glāno bhavati sattvârogyāt[23] tv arogaḥ /
(梵漢和維摩経 *p.* 188, *ll.* 17–18)

「その〔菩薩〕は、衆生に病があることによって病になり、しかも、衆生に病がないことで無病となるのです。
【「衆生病まば則ち菩薩も病み、衆生の病癒えなば、菩薩も亦癒ゆ。】（大正蔵、巻一四、五四四頁中）
……………………………………………………………………

sa < saḥ < tad-：それ。*m. sg. Nom.*
sattva-glānyena < sattva-glānya-：*n.* 衆生の体力の減退。*sg. Ins.*
glānya-：*n.* 体力の減退。「病」「患」「疾病」と漢訳。
glāno < glānaḥ + 有声子音 < glāna- < √glai- (1) + -na：*pp.* 嫌悪した。疲れた。消耗した。「得病」「有疾」「疾病者」と漢訳。*n.* 倦怠。衰弱。病気。*sg. Nom.*
bhavati < bhava- < √bhū- (1)：なる。*Pres. 3, sg. P.*
sattvârogyāt < sattvârogya- < sattva-ārogya-：*n.* 衆生に病がないこと。*sg. Abl.*
ārogya- < a-roga- + -ya：*n.* 無病。健康。
tv < tu + 母音：*ind.* しかし。しこうして。しかるに。しかも。
arogaḥ < aroga- < a-roga-：*m.* 健康。無病。「離憂患」と漢訳。*sg. Nom.*

yat punar mañjuśrīr evaṃ vadasi kutaḥ samutthito vyādhir iti mahā-karuṇā-samutthito bodhi-sattvānāṃ vyādhiḥ /
(梵漢和維摩経 *p.* 188, *ll.* 18–19)

「ところで、マンジュシリーよ、病はどうして生じたのかと、あなたはこのように言っていますが、菩薩たちの病は大いなる憐れみから生じるのです」
【「又是の疾、何の所因より起こるやと言わば、菩薩の病は大悲を以て起こるなり」】
（大正蔵、巻一四、五四四頁中）
……………………………………………………………………

yat punar：しかし。ところが。
yat：*conj.* そういうわけで。

punar：*adv.* 再び。さらに。なお。しかしながら。

mañjuśrīr < mañjuśrīḥ + 母音 < mañjuśrī- < mañju-śrī-：*m.* マンジュシリー。「妙徳」「妙吉祥」と漢訳。「文殊」「文殊師利」と音写。*sg. Voc.* 格変化は、cf.「基礎」*p.* 106.

evaṃ：*adv.* このように。「是」「如是」と漢訳。

vadasi < vada- < √vad- (1)：語る。告げる。*Pres. 2, sg. P.*

kutaḥ < kutas：*adv.* だれより。どこより。いずこへ。何ゆえに。

samutthito < samutthitaḥ + 有声子音 < samutthita- < sam-ud-√sthā- (1) + -ita：*pp.* 起きた。聳え立つ。～（奪格）から発する。産出された。現われた。*m. sg. Nom.*

vyādhir < vyādhiḥ + 有声音 < vyādhi- < vi-ādhi-：*m.* 疾患。疾病。病気。*sg. Nom.*

iti：*adv.* ～と。～ということを。以上のように。～と考えて。「如是」と漢訳。

mahā-karuṇā-samutthito < mahā-karuṇā-samutthitaḥ + 有声子音 < mahā-karuṇā-samutthita-：*adj.* 大いなる憐れみによって生じた。*m. sg. Nom.*

bodhi-sattvānāṃ < bodhi-sattva-：*m.* 覚りを求める人。「菩薩」と音写。*pl. Gen.*

vyādhiḥ < vyādhi- < vi-ādhi-：*m.* 疾患。疾病。病気。*sg. Nom.*

§8　mañjuśrīr āha /　śūnyaṃ te gṛha-pate gṛham /　na ca te kaścid upasthāyakaḥ /

（梵漢和維摩経 *p.* 190, *ll.* 1–2）

§8　マンジュシリーが言った。

「資産家よ、あなたの家は空(くう)〔で空(から)っぽ〕です。あなたには、だれも侍者[24] はいないのですか？」

【§8　文殊師利(もんじゅしり)言わく、「居士(こじ)よ、此の室は何を以(もっ)て空(くう)にして侍者(じしゃ)無きや」】

（大正蔵、巻一四、五四四頁中）

mañjuśrīr < mañjuśrīḥ + 有声音 < mañjuśrī- < mañju-śrī-：*m.* マンジュシリー。「妙徳」「妙吉祥」と漢訳。「文殊」「文殊師利」と音写。*sg. Nom.* 格変化は、cf.「基礎」*p.* 106.

āha < √ah-：言う。*Perf. 3, sg. P.*

śūnyaṃ < śūnya-：*adj.* からの。空虚な。住む者のない。うつろな。欠けている。～のない。空しい。*n.* 空虚な場所。孤独。空虚。*n. sg. Nom.*

te < tvad-：あなた。*2, sg. Gen.*

gṛha-pate < gṛha-pati-：*m.* 資産家。「家長」「居士」「長者」「在家」と漢訳。*sg. Voc.*

gṛham < gṛha-：*n.* 家。住居。「舎」「宅」「舎宅」と漢訳。*sg. Nom.*

na：*ind.* ～でない。～にあらず。

ca：*conj.* および。また。しかしながら。そして。～と。なお。

te < tvad-：あなた。*2, sg. Gen.*

kaścid < kaścit + 母音 < kiṃ-cit-：だれかある人。だれか。何か。何かあるもの（こと）。*m. sg. Nom.*

upasthāyakaḥ < upasthāyaka- < upa-√sthā- (1) + -aka：*m.* 召使い。従者。「侍者」「侍従」と漢訳。*sg. Nom.*

upa-√sthā- (1)：近くに立つ。近くに身を置く。かしずく。～に仕える。

te 以下は、属格と主格の名詞文。

āha /　sarva-buddha-kṣetrāṇy api mañjuśrīḥ śūnyāni /

（梵漢和維摩経 *p.* 190, *l.* 3）

〔ヴィマラキールティが〕言った。

「マンジュシリーよ、すべてのブッダの国土もまた空(くう)なのです」

【維摩詰(ゆいまきつ)言わく、「諸仏の国土も亦(また)復皆空(くう)なり」】　（大正蔵、巻一四、五四四頁下）

āha < √ah-：言う。*Perf. 3, sg. P.*

sarva-buddha-kṣetrāṇy < sarva-buddha-kṣetrāṇi + 母音 < sarva-buddha-kṣetra-：*n.* すべてのブッダの国土。*pl. Nom.*

api：*adv.* また。さえも。されど。なお。

mañjuśrīḥ < mañjuśrīḥ + (ś) < mañjuśrī- < mañju-śrī-：*m.* マンジュシリー。「妙徳」「妙吉祥」と漢訳。「文殊」「文殊師利」と音写。*sg. Voc.*

śūnyāni < śūnya-：*adj.* からの。空虚な。住む者のない。うつろな。欠けている。～のない。空しい。*n.* 空虚な場所。孤独。空虚。*n. pl. Nom.*

āha / kena śūnyāni /
(梵漢和維摩経 *p.* 190, *l.* 4)

〔マンジュシリーが〕言った。

「〔それらのブッダの国土は〕何によって空なのでしょうか？」

【又問う。「何を以て空と為すや」】（大正蔵、巻一四、五四四頁下）

……………………………………………………………………

āha < √ah-：言う。*Perf. 3, sg. P.*

kena < kim-：*疑問代名詞,* 何。だれ。*n. sg. Ins.*

śūnyāni < śūnya-：*adj.* からの。空虚な。住む者のない。うつろな。欠けている。～のない。空しい。*n.* 空虚な場所。孤独。空虚。*n. pl. Nom.*

āha / śūnyatayā śūnyāni /
(梵漢和維摩経 *p.* 190, *l.* 5)

〔ヴィマラキールティが〕言った。

「〔実体がないという〕空の本性によって、〔それらは〕空なのです」

【答えて曰く、「空を以て空なり」】（大正蔵、巻一四、五四四頁下）

……………………………………………………………………

āha < √ah-：言う。*Perf. 3, sg. P.*

śūnyatayā < śūnyatā- < śūnya-tā-：*f.* 空虚。孤独。実体がないこと。うつろなこと。～の欠如。「空」「空性」「虚空」「空義」「空相」と漢訳。*sg. Ins.*

śūnyāni < śūnya-：*adj.* からの。空虚な。住む者のない。うつろな。欠けている。～のない。空しい。*n.* 空虚な場所。孤独。空虚。*n. pl. Nom.*

āha / śūnyatāyāḥ kā śūnyatā /
(梵漢和維摩経 *p.* 190, *l.* 6)

〔マンジュシリーが〕言った。

「空の本性に、いかなる空が具わっているのでしょうか？」

【又問う。「空は何ぞ空を用うるや」】（大正蔵、巻一四、五四四頁下）

……………………………………………………………………

āha < √ah-：言う。*Perf. 3, sg. P.*

śūnyatāyāḥ < śūnyatāyāḥ + (k) < śūnyatā- < śūnya-tā-：*f.* 空虚。孤独。実体がないこと。うつろなこと。～の欠如。「空」「空性」「虚空」「空義」「空相」と漢訳。*sg. Gen.*

kā < kim-：*疑問代名詞,* 何。だれ。*f. sg. Nom.*

śūnyatā < śūnyatā- < śūnya-tā-：*f.* 空虚。孤独。実体がないこと。うつろなこと。～の欠如。「空」「空性」「虚空」「空義」「空相」と漢訳。*sg. Nom.*

これは属格と主格の名詞文をなしている。

āha / aparikalpanāś ca śūnyatāyāḥ śūnyatāḥ /
(梵漢和維摩経 *p.* 190, *l.* 7)

〔ヴィマラキールティが〕言った。

「妄想分別しないこと[25] が、空の本性にとっての空なのです」

【答えて曰く、「無分別は空を以ての故に空なり」】 （大正蔵、巻一四、五四四頁下）

……………………………………………………………………………

āha < √ah-：言う。*Perf. 3, sg. P.*

aparikalpanāś < aparikalpanāḥ + (c) < a-parikalpanā-：*f.* 「無分別」と漢訳。*sg. Nom.*

parikalpanā- < pari-√kḷp- (1) + -anā：*f.* 成就。「分別」「所計」「執」「妄想」と漢訳。

ca：*conj.* および。また。しかしながら。そして。〜と。なお。

śūnyatāyāḥ < śūnyatāyāḥ + (k) < śūnyatā- < śūnya-tā-：*f.* 空虚。孤独。実体がないこと。うつろなこと。〜の欠如。「空」「空性」「虚空」「空義」「空相」と漢訳。*sg. Gen.*

śūnyatā < śūnyatā- < śūnya-tā-：*f.* 空虚。孤独。実体がないこと。うつろなこと。〜の欠如。「空」「空性」「虚空」「空義」「空相」と漢訳。*sg. Nom.*

āha / śakyā punaḥ śūnyatā parikalpayitum /
(梵漢和維摩経 *p.* 190, *l.* 8)

〔マンジュシリーが〕言った。

「しかしながら、空の本性は、分別することができるのでしょうか。

【又問う、「空は分別す可きや」】 （大正蔵、巻一四、五四四頁下）

……………………………………………………………………………

āha < √ah-：言う。*Perf. 3, sg. P.*

śakyā < śakyā- < śakya- < √śak- (5) + -ya：*未受分,* 可能な。実行できる。*f. sg. Nom.*

未来受動分詞 śakya-は、主語と性・数・格を一致させるか、中性（不変化）の śakyam として主格または具格の行為者名詞とともに用いられる。cf.「シンタックス」*p.* 112.

未来受動分詞の行為者は、具格、または属格で示される。cf.「シンタックス」*p.* 104.

punaḥ < punar + (k)：*adv.* 再び。新たに。さらに。なお。しかしながら。

śūnyatā < śūnyatā- < śūnya-tā-：*f.* 空虚。孤独。実体がないこと。うつろなこと。〜の欠如。「空」「空性」「虚空」「空義」「空相」と漢訳。*sg. Nom.*

parikalpayitum < parikalpaya- + -itum < pari-√kḷp- (1) + -aya + -itum：*Caus.* *不定詞,* 妄想分別すること。

不定詞は、√śak-とともに用いて「〜できる」を表わす。cf.「シンタックス」*p.* 112.

不定詞には、受動形はなく、受動の表現には不定詞を支配する動詞のほうを受動形にする。例：tat kartuṃ śakyate / それはなされることができる（それをなすことができる）。cf.「シンタックス」*p.* 112.

parikalpaya- < pari-√kḷp- (1) + -aya：*Caus.* 決定する。決心する。計画する。選ぶ。成し遂げる。取り扱う。形成する。作る。区分する。想像する。分別する。妄想する。

āha / yenâpi parikalpyeta tad api śūnyam /
(梵漢和維摩経 *p.* 190, *l.* 9)

〔ヴィマラキールティが〕言った。

「分別するところのもの、それもまた空なのです。

【答えて曰く、「分別も亦空なり」】 （大正蔵、巻一四、五四四頁下）

……………………………………………………………………………

āha < √ah-：言う。*Perf. 3, sg. P.*

yenâpi < yena + api

yena < yad-：*関係代名詞, n. sg. Ins.*
api：*adv.* また。さえも。されど。同様に。
parikalpyeta < parikalpya- < parikalpaya- + -ya < pari-√kḷp- (1) + -aya + -ya：*Caus. Pass.* 決定される。計画される。選ばれる。成し遂げられる。取り扱われる。形成される。作られる。区分される。想像される。分別される。妄想される。*Opt. 3, sg. A.*
tad < tat < tad-：それ。*n. sg. Nom.*
api：*adv.* また。さえも。されど。なお。
śūnyam < śūnya-：*adj.* からの。空虚な。住む者のない。うつろな。欠けている。～のない。空しい。*n.* 空虚な場所。孤独。空虚。*n. sg. Nom.*

> na ca śūnyatā śūnyatāṃ parikalpayati /
> (梵漢和維摩経 *p.* 190, *ll.* 9–10)

「しかも、空の本性が、空の本性を分別することはありません[26]」
【漢訳相当箇所なし】
…………………………………………………………………………

na：*ind.* ～でない。～にあらず。
ca：*conj.* および。また。しかしながら。そして。～と。なお。
śūnyatā < śūnyatā- < śūnya-tā-：*f.* 空虚。孤独。実体がないこと。うつろなこと。～の欠如。「空」「空性」「虚空」「空義」「空相」と漢訳。*sg. Nom.*
śūnyatāṃ < śūnyatā- < śūnya-tā-：*f.* 空虚。孤独。実体がないこと。うつろなこと。～の欠如。「空」「空性」「虚空」「空義」「空相」と漢訳。*sg. Acc.*
parikalpayati < parikalpaya- < pari-√kḷp- (1) + -aya：*Caus.* 決定する。決心する。計画する。選ぶ。成し遂げる。取り扱う。形成する。作る。区分する。想像する。分別する。妄想する。*Pres. 3, sg. P.*

> āha / śūnyatā gṛha-pate kuto mārgitavyā /
> (梵漢和維摩経 *p.* 190, *l.* 11)

〔マンジュシリーが〕言った。
「資産家よ、空の本性は、どこに求められるべきでしょうか」
【又問う、「空は当に何に於いて求むべきや」】　（大正蔵、巻一四、五四四頁下）
…………………………………………………………………………

āha < √ah-：言う。*Perf. 3, sg. P.*
śūnyatā < śūnyatā- < śūnya-tā-：*f.* 空虚。孤独。実体がないこと。うつろなこと。～の欠如。「空」「空性」「虚空」「空義」「空相」と漢訳。*sg. Nom.*
gṛha-pate < gṛha-pati-：*m.* 資産家。「家長」「居士」「長者」「在家」と漢訳。*sg. Voc.*
kuto < kutas + 有声子音：*adv.* だれより。どこより。いずこへ。何ゆえに。
mārgitavyā < mārgitavyā- < mārgitavya- < √mārg- (名動詞) + -itavya：*未受分,* 探されるべき。探索されるべき。得ようと努められるべき。求められるべき。乞われるべき。*f. sg. Nom.*

> āha / śūnyatā mañjuśrīr dvāṣaṣṭibhyo dṛṣṭi-gatebhyo mārgitavyā /
> (梵漢和維摩経 *p.* 190, *l.* 12)

〔ヴィマラキールティが〕言った。
「マンジュシリーよ、空の本性は、六十二の〔誤った〕見解（邪見）の中から求められるべきであります」
【答えて曰く、「当に六十二見の中に於いて求むべし」】　（大正蔵、巻一四、五四四頁下）
…………………………………………………………………………

āha < √ah-：言う。*Perf. 3, sg. P.*

śūnyatā < śūnyatā- < śūnya-tā-：*f.* 空虚。孤独。実体がないこと。うつろなこと。～の欠如。「空」「空性」「虚空」「空義」「空相」と漢訳。*sg. Nom.*

mañjuśrīr < mañjuśrīḥ + 有声音 < mañjuśrī- < mañju-śrī-：*m.* マンジュシリー。「妙徳」「妙吉祥」と漢訳。「文殊」「文殊師利」と音写。*sg. Voc.* 格変化は、cf.「基礎」*p.* 106.

dvāṣaṣṭibhyo < dvāṣaṣṭibhyaḥ + 有声子音 < dvāṣaṣṭi-：*数詞,* 六十二。*f. pl. Abl.*

dṛṣṭi-gatebhyo < dṛṣṭi-gatebhyaḥ + 有声子音 < dṛṣṭi-gata-：*adj.* 〔誤った〕見解（邪見）に行き着く。〔誤った〕見解（邪見）の中にある。「見成」「見相」「成見」「邪見」「悪見」と漢訳。*n. pl. Abl.*

dṛṣṭi- < √dṛś- (1) + -ti：*f.* 見ること。視力。見なすこと。意見。（誤った）見解。「見」「閲」「邪見」「妄見」と漢訳。

～-gata-：*adj.* ～に行った／来た。～に陥った。～に於ける。～の中にある。～に含まれた。～に関する。～に出立した。～より造られた。～に到達した。～を得た。

mārgitavyā < mārgitavyā- < mārgitavya- < √mārg- (名動詞) + -itavya：*未受分,* 探されるべき。探索されるべき。得ようと努められるべき。求められるべき。乞われるべき。*f. sg. Nom.*

āha / dvāṣaṣṭiḥ punar dṛṣṭi-gatāni kuto mārgitavyāni /
（梵漢和維摩経 *p.* 190, *l.* 13）

〔マンジュシリーが〕言った。

「しかしながら、六十二の〔誤った〕見解（邪見）はどこに求められるべきでしょうか」

【又問う。「六十二見は当(まさ)に何に於いて求むべきや」】　（大正蔵、巻一四、五四四頁下）

……………………………………………………………………

āha < √ah-：言う。*Perf. 3, sg. P.*

dvāṣaṣṭiḥ < dvāṣaṣṭiḥ + (p) < dvāṣaṣṭi-：*数詞,* 六十二。*f. sg. Nom.*

punar：*adv.* 再び。新たに。さらに。なお。しかしながら。

dṛṣṭi-gatāni < dṛṣṭi-gata-：*adj.* 〔誤った〕見解（邪見）に行き着く。〔誤った〕見解（邪見）の中にある。「見成」「見相」「成見」「邪見」「悪見」と漢訳。*n. pl. Nom.*

kuto < kutas + 有声子音：*adv.* だれより。どこより。いずこへ。何ゆえに。

mārgitavyāni < mārgitavya- < √mārg- (名動詞) + -itavya：*未受分,* 探されるべき。探索されるべき。得ようと努められるべき。求められるべき。乞われるべき。*n. pl. Nom.*

āha / tathāgata-vimuktito mārgitavyāni /
（梵漢和維摩経 *p.* 190, *l.* 14）

〔ヴィマラキールティが〕言った。

「如来の解脱から求められるべきです」

【答えて曰く、「当(まさ)に諸仏の解脱(げだつ)の中に於いて求むべし」】　（大正蔵、巻一四、五四四頁下）

……………………………………………………………………

āha < √ah-：言う。*Perf. 3, sg. P.*

tathāgata-vimuktito < tathāgata-vimuktitaḥ + 有声子音 < tathāgata-vimuktitas < tathāgata-vimukti-：*f.* 如来の解脱。*sg. Abl.*

vimukti- < vi-√muc- (6) + -ti：*f.* 最終的な解脱。分離。解放すること。

mārgitavyāni < mārgitavya- < √mārg- (名動詞) + -itavya：*未受分,* 探されるべき。探索されるべき。得ようと努められるべき。求められるべき。乞われるべき。*n. pl. Nom.*

āha / tathāgata-vimuktiḥ punaḥ kuto mārgitavyā /
（梵漢和維摩経 *p.* 192, *l.* 1）

〔マンジュシリーが〕言った。

「しかしながら、如来の解脱はどこに求められるべきでしょうか」
【又問う。「諸仏の解脱は当に何に於いて求むべきや」】　（大正蔵、巻一四、五四四頁下）

……………………………………………………………………………

āha < √ah-：言う。*Perf. 3, sg. P.*
tathāgata-vimuktiḥ < tathāgata-vimuktiḥ + (p) < tathāgata-vimukti-：*f.* 如来の解脱。*sg. Nom.*
punaḥ < punar + (k)：*adv.* 再び。新たに。さらに。なお。しかしながら。
kuto < kutas + 有声子音：*adv.* だれより。どこより。いずこへ。何ゆえに。
mārgitavyā < mārgitavyā- < mārgitavya- < √mārg- (名動詞) + -itavya：*未受分,* 探されるべき。探索されるべき。得ようと努められるべき。求められるべき。乞われるべき。*f. sg. Nom.*

āha / sarva-sattva-citta-caritebhyo[27] mārgitavyā /
（梵漢和維摩経 *p.* 192, *l.* 2）

〔ヴィマラキールティが〕言った。
「すべての衆生の心の働きから求められるべきです。
【答えて曰く、「当に一切衆生の心行の中に於いて求むべし」】　（大正蔵、巻一四、五四四頁下）

……………………………………………………………………………

āha < √ah-：言う。*Perf. 3, sg. P.*
sarva-sattva-citta-caritebhyo < sarva-sattva-citta-caritebhyaḥ + 有声子音 < sarva-sattva-citta-carita-：*n.* すべての衆生の心の働き。*pl. Abl.*
sarva-sattva-：*m.* すべての衆生。「一切衆生」と漢訳。
carita- < √car- (1) + -ita：*pp.* 行った。行なわれた。「行」「遊行」「修行」「奉行」と漢訳。*n.* 行くこと。歩むこと。道。進行。実行。行為。動作。事業。
mārgitavyā < mārgitavyā- < mārgitavya- < √mārg- (名動詞) + -itavya：*未受分,* 探されるべき。探索されるべき。得ようと努められるべき。求められるべき。乞われるべき。*f. sg. Nom.*

yat punar mañjuśrīr evaṃ vadasi kas ta upasthāyaka iti sarva-mārāḥ sarva-para-pravādinaś ca mamôpasthāyakāḥ /
（梵漢和維摩経 *p.* 192, *ll.* 3–4）

「ところで、マンジュシリーよ、『あなたの侍者はだれですか[28]』と、あなたはこのように言ったが、すべての悪魔たちと、すべての反対論者たちが、私の侍者たちなのです。
【「又仁の問う所の『何ぞ侍者無きや』とは、一切の衆魔及び諸の外道は皆吾が侍なり。】
（大正蔵、巻一四、五四四頁下）

……………………………………………………………………………

yat punar：しかし。ところが。
yat：*conj.* そういうわけで。
punar：*adv.* 再び。さらに。なお。しかしながら。
mañjuśrīr < mañjuśrīḥ + 有声音 < mañjuśrī- < mañju-śrī-：*m.* マンジュシリー。「妙徳」「妙吉祥」と漢訳。「文殊」「文殊師利」と音写。*sg. Voc.* 格変化は、cf.「基礎」*p.* 106.
evaṃ：*adv.* このように。「是」「如是」と漢訳。
vadasi < vada- < √vad- (1)：言う。*Pres. 2, sg. P.*
kas < kaḥ + (t) < kim-：*疑問詞,* だれ。何。どんな。どの。*m. sg. Nom.*
ta < te + a 以外の母音 < tvad-：あなた。*2, sg. Gen.*
upasthāyaka < upasthāyakaḥ + a 以外の母音 < upasthāyaka- < upa-√sthā- (1) + -aka：*m.* 召使い。従者。「侍者」「侍従」と漢訳。*sg. Nom.*
iti：*adv.* ～と。～ということを。以上のように。～と考えて。「如是」と漢訳。
sarva-mārāḥ < sarva-mārāḥ + (s) < sarva-māra-：*m.* すべての悪魔。*pl. Nom.*
sarva-para-pravādinaś < sarva-para-pravādinaḥ + (c) < sarva-para-pravādin-：*m.* すべての反対論

者。*pl. Nom.*

para-pravādin-：*m.* 邪教の師。反対の論争者。「外道」「異道」「外道異論」と漢訳。

para-：*adj.* 過去の。以前の。未来の。*m.* 他人。反対者。敵。仇敵。

pravādin- < pra-√vad- (1) + -in：*adj.* 声を出す。叫ぶ。～について学ぶ／述べる。「論」と漢訳。

ca：*conj.* および。また。しかしながら。そして。～と。なお。

mamôpasthāyakāḥ < mama + upasthāyakāḥ

mama < mad-：私。*1, sg. Gen.*

upasthāyakāḥ < upasthāyaka- < upa-√sthā- (1) + -aka：*m.* 召使い。従者。「侍者」「侍従」と漢訳。*pl. Nom.*

tat kasmād dhetoḥ /

（梵漢和維摩経 *p.* 192, *l.* 4）

「それは、どんな理由からでしょうか。

【「所以は何んとなれば、】（大正蔵、巻一四、五四四頁下）

…………………………………………………………………………

tat < tad-：それ。*n. sg. Nom.*

kasmād dhetoḥ < kasmāt + hetoḥ

連声法は、cf.「基礎」*p.* 63.

kasmāt < kim-：*疑問詞,* だれ。何。どんな。どの。*m. sg. Abl.*

hetoḥ < hetu-：*m.* 理由。原因。因。*sg. Abl.*

奪格は、動機、原因、理由を表わす。cf.「シンタックス」*p.* 58.

mārā hi saṃsārasya varṇa-vādinaḥ /

（梵漢和維摩経 *p.* 192, *l.* 5）

「実に、悪魔たちは、生存の循環（輪廻）の讃嘆者たちであります。

【「衆魔は、生死を楽しむ。】（大正蔵、巻一四、五四四頁下）

…………………………………………………………………………

mārā < mārāḥ + 有声音 < māra-：*m.* 悪魔。*pl. Nom.*

hi：*ind.* 真に。確かに。実に。

saṃsārasya < saṃsāra- < sam-√sṛ- (1) + -a：*m.* 生存の循環。（生の）不断の連続。現世の生存。「輪廻」と漢訳。*sg. Gen.*

varṇa-vādinaḥ < varṇa-vādin-：*m.* 讃辞を呈する人。*pl. Nom.*

vādin- < √vad- (1) + -in：*adj.* 言う。話す。談論する。*m.* 話者。～の師。学説の提唱者。信奉者。論争者。

saṃsāraś ca bodhi-sattvasyôpasthāyakaḥ /

（梵漢和維摩経 *p.* 192, *ll.* 5–6）

「生存領域の循環（輪廻）は、菩薩の侍者なのです。

【「菩薩は生死に於いて捨てず。】（大正蔵、巻一四、五四四頁下）

…………………………………………………………………………

saṃsāraś < saṃsāraḥ + (c) < saṃsāra- < sam-√sṛ- (1) + -a：*m.* 生存領域の循環。（生の）不断の連続。現世の生存。「輪廻」と漢訳。*sg. Nom.*

ca：*conj.* および。また。しかしながら。そして。～と。なお。

bodhi-sattvasyôpasthāyakaḥ < bodhi-sattvasya + upasthāyakaḥ

bodhi-sattvasya < bodhisattva-：*m.* 覚りを求める人。「菩薩」と音写。*sg. Gen.*

upasthāyakaḥ < upasthāyaka- < upa-√sthā- (1) + -aka：*m.* 召使い。従者。「侍者」「侍従」と漢訳。*sg. Nom.*

> para-pravādino dṛṣṭi-gatānāṃ varṇa-vādinaḥ / bodhi-sattvaś ca sarva-dṛṣṭi-gatebhyo na calati /
> (梵漢和維摩経 *p.* 192, *ll.* 6–7)

「反対論者たちは、〔誤った〕見解（邪見）の讃嘆者たちでありますが、菩薩は、あらゆる〔誤った〕見解（邪見）の中から離れることはありません。

【「外道は諸見を楽しむ。菩薩は諸見に於いて動ぜざればなり」】　（大正蔵、巻一四、五四四頁下）

……………………………………………………………………

para-pravādino < para-pravādinaḥ + 有声子音 < para-pravādin-：*m.* 邪教の師。反対の論争者。「外道」「異道」「外道異論」と漢訳。*pl. Nom.*

dṛṣṭi-gatānāṃ < dṛṣṭi-gata-：*adj.* 〔誤った〕見解（邪見）に行き着く。〔誤った〕見解（邪見）の中にある。「見成」「見相」「成見」「邪見」「悪見」と漢訳。*n. pl. Gen.*

varṇa-vādinaḥ < varṇa-vādin-：*m.* 讃辞を呈する人。*pl. Nom.*

……………………………………………………………………

bodhi-sattvaś < bodhi-sattvaḥ + (c) < bodhi-sattva-：*m.* 覚りを求める人。「菩薩」と音写。*sg. Nom.*

ca：*conj.* および。また。しかしながら。そして。〜と。なお。

sarva-dṛṣṭi-gatebhyo < sarva-dṛṣṭi-gatebhyaḥ + 有声子音 < sarva-dṛṣṭi-gata-：*adj.* あらゆる〔誤った〕見解（邪見）に行き着く。あらゆる〔誤った〕見解（邪見）の中にある。*m. pl. Abl.*

dṛṣṭi-gata-：「見成」「見相」「成見」「邪見」「悪見」と漢訳。

na：*ind.* 〜でない。〜にあらず。

calati < cala- < √cal- (1)：動く。揺れ動く。揺れる。震う。前進する。去る。彷徨する。〜（奪格）からそれる。

> tasmāt sarva-mārāḥ sarva-para-pravādinaś ca mamôpasthāyakāḥ /
> (梵漢和維摩経 *p.* 192, *ll.* 7–8)

「それ故に、すべての悪魔たちと、すべての反対論者たちが、私の侍者たちなのです」

【漢訳相当箇所なし】

……………………………………………………………………

tasmāt < tad-：それ。*n. sg. Abl.*

代名詞の中性・単数の対格（tat）、奪格（tasmāt）、具格（tena）は、「そこで」「従って」「それ故」などの意味となり、文の連結助詞として用いられる。cf.「シンタックス」*p.* 125.

sarva-mārāḥ < sarva-mārāḥ + (s) < sarva-māra-：*m.* すべての悪魔。*pl. Nom.*

sarva-para-pravādinaś < sarva-para-pravādinaḥ + (c) < sarva-para-pravādin-：*m.* すべての反対論者。*pl. Nom.*

ca：*conj.* および。また。しかしながら。そして。〜と。なお。

mamôpasthāyakāḥ < mama + upasthāyakāḥ

mama < mad-：私。*1, sg. Gen.*

upasthāyakāḥ < upasthāyaka- < upa-√sthā- (1) + -aka：*m.* 召使い。従者。「侍者」「侍従」と漢訳。*pl. Nom.*

> §9 mañjuśrīr āha / kīdṛśo 'yaṃ te gṛha-pate vyādhiḥ /
> (梵漢和維摩経 *p.* 192, *l.* 9)

§9 マンジュシリーが言った。

「資産家よ、あなたのこの病はどのようなものなのでしょうか」

【§9 文殊師利(もんじゅしり)言わく。「居士の疾む所、何等の相為(そうな)るや」】　（大正蔵、巻一四、五四四頁下）

…………………………………………………………………………

mañjuśrīr < mañjuśrīḥ + 有声音 < mañjuśrī- < mañju-śrī-：*m.* マンジュシリー。「妙徳」「妙吉祥」と漢訳。「文殊」「文殊師利」と音写。*sg. Nom.* 格変化は、cf.「基礎」*p.* 106.

āha < √ah-：言う。*Perf. 3, sg. P.*

…………………………………………………………………………

kīdṛśo 'yaṃ < kīdṛśaḥ + ayaṃ

kīdṛśaḥ < kīdṛśa- < ki- + dṛśa-：*疑問形容詞,* どのような種類の。どのような。*m. sg. Nom.*

ayaṃ < idam-：これ。この。*m. sg. Nom.*

te < tvad-：あなた。*2, sg. Gen.*

gṛha-pate < gṛha-pati-：*m.* 資産家。「家長」「居士」「長者」「在家」と漢訳。*sg. Voc.*

vyādhiḥ < vyādhi- < vi-ādhi-：*m.* 疾患。疾病。病気。*sg. Nom.*

āha /　adṛśyo 'nidarśanaḥ /

（梵漢和維摩経 *p.* 192, *l.* 10）

〔ヴィマラキールティが〕言った。

「〔それは〕見られるべきでなく、形もありません」

【維摩詰言わく、「我が病は形無し。見る可からず」】　　（大正蔵、巻一四、五四四下頁）

…………………………………………………………………………

āha < √ah-：言う。*Perf. 3, sg. P.*

adṛśyo 'nidarśanaḥ < adṛśyaḥ + anidarśanaḥ

adṛśyaḥ < adṛśya- < a-dṛśya-：*adj.* 見られるべきでない。*m. sg. Nom.*

dṛśya- < dṛśya < √dṛś- (1) + -ya：*未受分,* 見られるべき。

anidarśanaḥ < anidarśana- < a-nidarśana-：*adj.* 外観もない。見られるべきでない。「無見」「不見」「非現」「不可見」「無形」「非顕」と漢訳。*m. sg. Nom.*

nidarśana- < ni-√dṛś- (1) + -ana：*n.* 見ること。展望。観察。外観。示すこと。例証。「譬喩」と漢訳。

āha /　kim eṣa vyādhiḥ kāya-saṃprayukta uta[29] citta-saṃprayuktaḥ /

（梵漢和維摩経 *p.* 192, *l.* 11）

〔マンジュシリーが〕言った。

「この病は、身体に結びついたものでしょうか、それとも心に結びついたものでしょうか。

【又問う、「此の病は身と合するや、心と合するや」】　　（大正蔵、巻一四、五四四頁下）

…………………………………………………………………………

āha < √ah-：言う。*Perf. 3, sg. P.*

kim < kim-：*疑問代名詞,* だれ。何。どんな。どれ。*n. sg. Nom.*

eṣa < eṣaḥ < etad-：これ。*m. sg. Nom.*

vyādhiḥ < vyādhi- < vi-ādhi-：*m.* 疾患。疾病。病気。*sg. Nom.*

kāya-saṃprayukta < kāya-saṃprayuktaḥ + a 以外の母音 < kāya-saṃprayukta-：*adj.* 身体と結びついた。*m. sg. Nom.*

saṃprayukta- < saṃ-pra-yukta- < saṃ-pra-√yuj- (7) + -ta：*pp.* ～に接合された。～に結合された。「相応」「応」と漢訳。

uta：*ind.* 而して。亦。～さえ。或いは。

kim ～ uta：あるいは～か。

citta-saṃprayuktaḥ < citta-saṃprayukta-：*adj.* 心と結びついた。*m. sg. Nom.*

āha /　na kāya-saṃprayuktaḥ kāya-viviktatayā /

(梵漢和維摩経 *p.* 192, *l.* 12)

〔ヴィマラキールティが〕言った。
「身体と分離しているのだから、身体と結びついているのではありません。
【答えて曰く、「身と合するに非ず、身と相(あい)離るるが故に。】　（大正蔵、巻一四、五四四頁下）

………………………………………………………………………

āha < √ah-：言う。*Perf. 3, sg. P.*
na：*ind.* ～でない。～にあらず。
kāya-saṃprayuktaḥ < kāya-saṃprayuktaḥ + (k) < kāya-saṃprayukta-：*adj.* 身体と結びついた。
m. sg. Nom.
kāya-viviktatayā < kāya-viviktatā-：*f.* 身体と分離していること。*sg. Ins.*
viviktatā- < vivikta-tā-：*f.* 差別。区別。分離。「遠離」「遠離寂」「如実解」と漢訳。
vivikta- < vi-√vic- (7) + -ta：*pp.* 差。*n.* 孤独。淋しい場所。清純。「離」「離相」「遠離」「空寂」「空閑」「寂静」と漢訳。
vi-√vic- (7)：～（奪格、具格）から篩い分ける。分離する。区分する。区別する。識別する。見分ける。研究する。熟慮する。

na citta-saṃprayukto māyā-dharmatayā cittasya /
(梵漢和維摩経 *p.* 192, *ll.* 12–13)

「心の幻のような本性の故に、心と結びついているのではありません」
【「亦心と合するにも非ず、心は幻の如くなるが故に」】　（大正蔵、巻一四、五四四頁下）

………………………………………………………………………

na：*ind.* ～でない。～にあらず。
citta-saṃprayukto < citta-saṃprayuktaḥ + 有声子音 < citta-saṃprayukta-：*adj.* 心と結びついた。
m. sg. Nom.
māyā-dharmatayā < māyā-dharmatā-：*f.* 幻のような本性。*sg. Ins.*
理由・原因・動機を示す具格。
māyā-：*f.* 術。不可思議の力。幻像。幻想。幻影。「幻化」と漢訳。
dharmatā- < dharma-tā-：*f.* 法の本性。本質。
cittasya < citta-：*n.* 心。思考。意思。知性。理性。「質多」と音写。*sg. Gen.*

āha / catvāra ime gṛha-pate dhātavaḥ / katame catvāro yad uta pṛthivī-dhātur ab-dhātus tejo-dhātur vāyu-dhātur iti / tat katamas tatra dhātur bādhate /
(梵漢和維摩経 *p.* 192, *ll.* 14–16)

〔マンジュシリーが〕言った。
「資産家よ、これらの四つの元素があります。四つとは何でしょうか。すなわち、地の元素（地大）、水の元素（水大）、火の元素（火大）、風の元素（風大）であります。その場合、〔それらの四つのうちの〕どの元素が患っているのでしょうか」
【又問う、「地大(ちだい)・水大(すいだい)・火大(かだい)・風大(ふうだい)、此の四大(しだい)に於いて、何れの大(だい)の病なるや」】
（大正蔵、巻一四、五四四頁下）

………………………………………………………………………

āha < √ah-：言う。*Perf. 3, sg. P.*
catvāra < catvāraḥ + a 以外の母音 < catur-：*基数詞,* 四。*m. pl. Nom.*
ime < idam-：これ。*m. pl. Nom.*
gṛha-pate < gṛha-pati-：*m.* 資産家。「家長」「居士」「長者」「在家」と漢訳。*sg. Voc.*
dhātavaḥ < dhātu-：*m.* 層。成分。要素。身体の根本要素。素質。性質。語根。「界」と漢訳。*pl. Nom.*

………………………………………………………………………

katame < katama-：*疑問代名詞,*（多くの中の）だれか。何か。いずれか。*m. pl. Nom.*
catvāro < catvāraḥ + 半母音 < catur-：*基数詞,* 四。*m. pl. Nom.*
yad uta：すなわち。「謂」「所謂」と漢訳。
yad < yat + 母音 < yad-：*関係代名詞, n. sg. Nom.*
uta：*ind.* しかして。また。〜さへ。あるいは。
pṛthivī-dhātur < pṛthivī-dhātuḥ + 有声音 < pṛthivī-dhātu-：*m.* 地の元素。「地大」と漢訳。*sg. Nom.*
pṛthivī-：*f.*（広い）大地。地界。（神格化した）大地。国土。
dhātu-：*m.* 層。成分。要素。素質。性質。語根。「界」と漢訳。
ab-dhātus < ab-dhātuḥ + (t) < ab-dhātu-：*m.* 水の元素。「水大」と漢訳。*sg. Nom.*
ab- < ap- + 有声子音：*f.* 水。
tejo-dhātur < tejo-dhātuḥ + 有声音 < tejas-dhātu-：*m.* 火の元素。「火大」と漢訳。*sg. Nom.*
tejas- < √tij- (1) + -as：*n.* 鋭いこと。尖端。熱。輝く炎。光。光明。
√tij- (1)：鋭くなる。鋭くする。
vāyu-dhātur < vāyu-dhātuḥ + 有声音 < vāyu-dhātu-：*m.* 風の元素。「風大」と漢訳。*sg. Nom.*
vāyu-：*m.* 風。空気（五大の一つ）。風の神（Marut 神群）。
iti：*adv.* 〜と。〜ということを。以上のように。〜と考えて。「如是」と漢訳。
…………………………………………………………………………

tat < tad-：それ。*n. sg. Acc.*
代名詞の中性・対格／具格／奪格は、連結助詞として用いられ、「そこで」「従って」「このため」を意味する。
katamas < katamaḥ + (t) < katama-：*疑問代名詞,*（多くの中の）だれか。何か。いずれか。*m. sg. Nom.*
tatra：*adv.* そこに。そこへ。かしこに。その時に。その場合に。
dhātur < dhātuḥ + 有声音 < dhātu-：*m.* 層。成分。要素。素質。性質。語根。「界」と漢訳。*sg. Nom.*
bādhate < bādha- < √bādh- (1)：撃退する。追い出す。強いて分離させる。悩ます。烈しく圧迫する。損なう。いらだたせる。煩わす。苦しめる。*Pres. 3, sg. A.*
「梵和大辞典」には以上の意味しか書いてないが、モニエルの辞典には suffer（苦しむ、苦痛を感じる、不快な経験をする、病気をする）という意味も挙げている。

āha / ya evaṃ dhātuko mañjuśrīḥ sarva-sattvānāṃ vyādhis tenâhaṃ vyādhitaḥ /
（梵漢和維摩経 *p.* 192, *ll.* 17–18）

〔ヴィマラキールティが〕言った。
「マンジュシリーよ、このように、あらゆる衆生たちの病気が元素に由来するならば、その〔あらゆる衆生たちに病気があること〕によって、私は病んでいるのです[30]。
【答えて曰く、「是の病は地大に非ず、亦地大を離れず。水・火・風大も亦復是くの如し。而も衆生の病は四大より起こる。其の病有るを以て、是の故に我病む」】　（大正蔵、巻一四、五四四頁下）
…………………………………………………………………………

āha < √ah-：言う。*Perf. 3, sg. P.*
ya < yaḥ + a 以外の母音 < yad-：*関係代名詞, m. sg. Nom.*
evaṃ：*adv.* このように。「是」「如是」と漢訳。
dhātuko < dhātukaḥ + 有声子音 < dhātuka- < dhātu-ka-：*adj.* 元素に関する。元素に由来する。*m. sg. Nom.*
Taddhita 接尾辞の -ka は、付嘱・由来・産出などの意味を表わす形容詞を作る。cf.「基礎」*p.* 593.
mañjuśrīḥ < mañjuśrīḥ + (s) < mañjuśrī- < mañju-śrī-：*m.* マンジュシリー。「妙徳」「妙吉祥」と漢訳。「文殊」「文殊師利」と音写。*sg. Voc.* 格変化は、cf.「基礎」*p.* 106.
sarva-sattvānāṃ < sarva-sattva-：*m.*「一切衆生」と漢訳。*pl. Gen.*

vyādhis < vyādhiḥ + (t) < vyādhi- < vi-ādhi-：*m.* 疾患。疾病。病気。*sg. Nom.*
tenâhaṃ < tena + ahaṃ
  tena < tad-：それ。*n. sg. Ins.*
  ahaṃ < mad-：私。*1, sg. Nom.*
vyādhitaḥ < vyādhita- < vi-ā-√dhā- (3) + -ita：*pp.* 病に悩まされた。病にかかった。*m. sg. Nom.*

> §10 api tu khalu punar mañjuśrīḥ kathaṃ bodhi-sattvena glānako bodhi-sattvaḥ pratisaṃmoditavyaḥ /
>
> (梵漢和維摩経 *p.* 194, *ll.* 1–2)

§10 「しかるに、マンジュシリーよ、菩薩は、病気になった菩薩[31] をどのように見舞うべきでしょうか[32]」

【§10 爾の時、文殊師利、維摩詰に問うて言わく、「菩薩は応に云何が有疾の菩薩を慰喩すべきや」】

（大正蔵、巻一四、五四四頁下）

………………………………………………………………

api：*adv.* また。さえも。されど。なお。
tu ：*ind.* しかし。しこうして。しかるに。しかも。
khalu：*ind.* 実に。確かに。しかも。さて。そこで。
punar：*adv.* 再び。新たに。さらに。なお。しかしながら。
mañjuśrīḥ < mañjuśrīḥ + (k) < mañjuśrī- < mañju-śrī-：*m.* マンジュシリー。「妙徳」「妙吉祥」と漢訳。「文殊」「文殊師利」と音写。*sg. Voc.*
kathaṃ：*adv.* いかにして。いずこより。何故に。
bodhi-sattvena < bodhi-sattva-：*m.* 覚りを求める人。「菩薩」と音写。*sg. Ins.*
glānako < glānakaḥ + 有声子音 < glānaka- < glāna-ka-：*adj.* 病気を持つ。*m. sg. Nom.*
  接尾辞-ka は、付嘱・由来・産出といった意味の形容詞を作る。
bodhi-sattvaḥ < bodhi-sattva-：*m.* 覚りを求める人。「菩薩」と音写。*sg. Nom.*
pratisaṃmoditavyaḥ < pratisaṃmoditavya- < prati-sam-√mud- (1) + -itavya：*未受分,* ～（対格）に丁寧にあいさつされるべき。慰問されるべき。*m. sg. Nom.*

> mañjuśrīr āha / kāyânityatayā na ca nirvid-virāgatayā kāya-duḥkhatayā na ca nirvāṇâbhinandanatayā kāyânātmatayā sattva-paripācanatayā ca kāya-śāntatayā na câtyanta-śamatayā sarva-duścarita-deśanatayā na ca saṃkrāntitaḥ sva-glānyena para-sattva-glāna-karuṇatayā pūrvânta-koṭī-duḥkhânusmaraṇatayā sattvârtha-kriyânusmaraṇatayā kuśala-mūlâbhimukhī-karaṇatayâdi-viśuddhatayâparitarṣaṇatayā sadā-vīryârambhāc ca vaidya-rājo bhaviṣyasi sarva-vyādhīnāṃ śamayitêti[33] /
>
> (梵漢和維摩経 *p.* 194, *ll.* 3–9)

マンジュシリーが言った。

「身体が無常であること〔を説くこと〕によって〔見舞うべき〕であり、〔身体を〕嫌悪し、欲望を離れること〔を説くこと〕によって〔見舞うべき〕ではありません。身体が苦なるものであること〔を説くこと〕によって〔見舞うべき〕であり、涅槃を願望させることによって〔見舞うべき〕ではありません。身体が我でないこと（非我）〔を説くこと〕によって、また衆生を成熟させることによって〔見舞うべき〕であります。身体が空寂であること〔を説くこと〕によって〔見舞うべき〕であり、極端に空寂であること〔を説くこと〕によって〔見舞うべき〕ではありません。〔これまでに〕なした悪行のすべてを説き示すことによって〔見舞うべき〕であり、〔悪行をなした過去に〕とらわれること〔を説くこと〕で〔見舞うべき〕ではありません。『自分の体力の減退を通して、他の衆生たちの病を憐れみ、過去世の苦を思い出し、〔過去世になした〕衆生の利益になる行ないを思い出し、善根を求め、本来清らかであり、渇愛のないことによって、そして、常に努力精進に取り組んでいることから、あなたは、医者の王であり、すべての病気を緩和する人となるでありましょう』と〔言って見舞うべきである〕。

【維摩詰言わく、「身は無常と説きて、身を厭離することを説かざれ。身に苦有りと説きて、涅槃を楽うことを説かざれ。身に我無しと説きて而も衆生を教導すべきことを説き、身は空寂と説くも畢竟寂滅と説かざれ。先罪を悔ゆることを説きて、過去に入ることを説かざれ。己の疾を以て彼の疾を愍れみ、当に宿世無数劫の苦を識るべし。当に一切衆生を饒益せんことを念じ、所修の福を憶い、浄命を念じて、憂悩を生ずること勿れ。常に精進を起こして当に医王と作りて衆病を療治すべし。】

（大正蔵、巻一四、五四四頁下）

…………………………………………………………………………

mañjuśrīr < mañjuśrīḥ + 有声音 < mañjuśrī- < mañju-śrī-：*m.* マンジュシリー。「妙徳」「妙吉祥」と漢訳。「文殊」「文殊師利」と音写。*sg. Nom.* 格変化は、cf.「基礎」*p.* 106.

āha < √ah-：言う。*Perf. 3, sg. P.*

…………………………………………………………………………

kāyânityatayā < kāyânityatā- < kāya-anityatā-：*f.* 身体が無常であること。*sg. Ins.*

na：*ind.* ～でない。～にあらず。

ca：*conj.* および。また。しかしながら。そして。～と。なお。

nirvid-virāgatayā < nirvid-virāgatā-：*f.* 〔身体を〕嫌悪し、欲望を離れること。*sg. Ins.*

　nirvid-：*f.* 絶望。失望。臆病。「厭」「厭離」「遠離」と漢訳。

　nir-√vid- (1)：～（対格、属格）を除去する。～を捨てる。～（対格）が嫌になる。

　virāgatā- < virāga-tā-：*f.* 欲望を離れていること。

　virāga- < vi-rāga- ＝ vigata-rāga-：*adj.* 欲望を離れた。

kāya-duḥkhatayā < kāya-duḥkhatā-：*f.* 身体が苦なるものであること。*sg. Ins.*

　duḥkhatā- < duḥkha-tā-：*f.* 苦しいこと。

na：*ind.* ～でない。～にあらず。

ca：*conj.* および。また。しかしながら。そして。～と。なお。

nirvāṇâbhinandanatayā < nirvāṇâbhinandanatā- < nirvāṇa-abhinandanatā-：*f.* 涅槃を願望させること。*sg. Ins.*

　nirvāṇa- < nir-√vā- (2, 4) + -na：*pp.* 吹き消された。*n.* 消滅。生の焔の消滅。完全な満足。「寂滅」「安穏」「寂静」と漢訳。「涅槃」「泥洹」と音写。

　abhinandanatā- < abhinandana-tā-：*f.* 願望させること。

　abhinandana- < abhi-√nand- (1) + -ana：*n.* 歓喜させること。称讃すること。欲望。「楽求」「喜楽」「欣楽」と漢訳。

　abhi-√nand- (1)：～（対格）に満足する。～を喜ぶ。～に興ずる。欲する。求める。

kāyânātmatayā < kāyânātmatā- < kāya-anātmatā-：*f.* 身体が我でないこと。*sg. Ins.*

　anātmatā- < anātma-tā- < anātman- + -tā：*f.* 我にあらざること。

　anātman- < an-ātman-：*m.* （何かが）我でない。「無我」「非我」と漢訳。

sattva-paripācanatayā < sattva-paripācanatā-：*f.* 衆生を成熟させること。*sg. Ins.*

　paripācanatā- < paripācana-tā-：*f.* 成熟させること。完成させること。

　paripācana- < paripācaya- + -ana < pari-√pac- (1) + -aya + -ana：*n.* 煮ること。成熟させること。完成させること。

ca：*conj.* および。また。しかしながら。そして。～と。なお。

kāya-śāntatayā < kāya-śāntatā-：*f.* 身体が空寂であること。*sg. Ins.*

　śāntatā- < śānta-tā-：*f.* 静寂。「空寂」と漢訳。

　śānta- < √śam-(4) + -ta：*pp.* なだめられた。平静にされた。静穏な。和らいだ。「寂」「寂定」「寂静」「静寂」「寂滅」と漢訳。

　√śam-(4)：静穏／平穏／平静である。なだめられる。和らぐ。やむ。絶滅する。

na：*ind.* ～でない。～にあらず。

câtyanta-śamatayā < ca + atyanta-śamatayā

atyanta-śamatayā < atyanta-śamatā-：*f.* 極端な空寂。*sg. Ins.*

atyanta- < ati-anta-：*adj.* 終わりまで続く。継続する。断絶せざる。無限の。過度の。極端な。「畢竟」「究竟」と漢訳。

śamatā- < śama-tā-：*f.* 平静であること。寂静であること。

śama- < √śam-(4) + -a：*m.* （心の）平静。静穏。寂静。

sarva-duścarita-deśanatayā < sarva-duścarita-deśanatā-：*f.* 〔これまでに〕なした悪行のすべてを説き示すこと。*sg. Ins.*

sarva-：*adj.* 一切の。すべての。

duścarita- < duś-carita- < dus-√car- (1) + -ita：*pp.* 悪しく振る舞った。悪行をなした。*n.* 悪しき行為。愚かな行為。

deśanatā- < deśana-tā-：*f.* 示すこと。

deśana- < √diś- (6) + -ana：*n.* 「説」「教」と漢訳。

√diś- (6)：示す。「説」「宣説」「演説」と漢訳。

na：*ind.* ～でない。～にあらず。

ca：*conj.* および。また。しかしながら。そして。～と。なお。

saṃkrāntitaḥ < saṃkrāntitas < saṃkrānti- < sam-√kram- (1) + -ti：*f.* ～（処格）に入ること。移転。「移転」「去行」「来去」と漢訳。*sg. Abl.*

sam-√kram- (1)：集合する。結合する。近づく。行く。入る。

sva-glānyena < sva-glānya-：*n.* 自分の体力の減退。*sg. Ins.*

para-sattva-glāna-karuṇatayā < para-sattva-glāna-karuṇatā-：*f.* 他の衆生たちの病を憐れむこと。*sg. Ins.*

para-：*adj.* 過去の。以前の。未来の。*m.* 他人。反対者。敵。仇敵。

sattva-：*m.* 「衆生」「有情」と漢訳。

glāna- < √glai- (1) + -na：*pp.* 嫌悪した。疲れた。消耗した。「得病」「有疾」「疾病者」と漢訳。*n.* 倦怠。衰弱。病気。

karuṇatā- < karuṇa- + -tā：*f.* 憐れむこと。

karuṇa-：*adj.* 悲しい。哀れな。憐れむ。慈悲深い。

pūrvânta-koṭī-duḥkhânusmaraṇatayā < pūrvânta-koṭī-duḥkhânusmaraṇatā- < pūrvânta-koṭī-duḥ=kha-anusmaraṇatā-：*f.* 過去世の苦を思い出すこと。*sg. Ins.*

pūrvânta-koṭī-：*f.* 「過去際」「過去世」「往世」と漢訳。

pūrvânta- < pūrva-anta-：*m.* 先行する語の語尾。予想。「前際」「先際」「過去」「過去世」「先世」と漢訳。

pūrva-：*adj.* 前に。以前に。昔。

anta-：*m.* 端。限界。極限。

koṭī- = koṭi-：*f.* 尖端。極端。「際」「実際」と漢訳。

duḥkha- < duḥ-kha-：*adj.* 不愉快な。艱難に満ちた。憐れな。*n.* 苦痛。艱難。悲惨。受苦。「苦」「苦」「苦悩」「憂苦」と漢訳。

anusmaraṇatā- < anusmaraṇa-tā-：*f.* 回想すること。追憶すること。

anusmaraṇa- < anu-√smṛ- (1) + -ana：*n.* 回想。追憶。「念」「憶念」と漢訳。

anu-√smṛ- (1)：記憶する。思い出す。告白する。

sattvârtha-kriyânusmaraṇatayā < sattvârtha-kriyânusmaraṇatā- < sattva-artha-kriyā-anusma=raṇatā-：*f.* 衆生の利益になる行ないを思い出すこと。*sg. Ins.*

sattva-：*m.* 「衆生」「有情」と漢訳。

artha-：*m.* 意味。仕事。利。利得。利益。財産。「義」「道理」と漢訳。

kriyā-：*f.* 仕事。行動。行為。実行。「能作」「用」「力用」と漢訳。

kuśala-mūlâbhimukhī-karaṇatayâdi-viśuddhatayâparitarṣaṇatayā < kuśala-mūlâbhimukhī-kara=ṇatayā + ādi-viśuddhatayā + aparitarṣaṇatayā kuśala-mūlâbhimukhī-karaṇatayā < kuśala-mūlâbhimukhī-karaṇatā- < kuśala-mūla-abhimukhī-karaṇatā- *f.* 善根を求めること。*sg. Ins.*

kuśala-mūla-：*n.* 「善根」と漢訳。

kuśala-：*adj.* 善き。正しき。有益な。～に熟練した。老練なる。経験ある。*n.* 好条件。幸福。繁栄。有益。

abhimukhī-karaṇatā- < abhimukhī-karaṇa-tā-：*f.* ～の方へ顔を向けること。話しかけること。求めること。

abhimukhī-karaṇa- < abhimukhī-√kṛ- (8) + -ana：*n.* ～の方へ顔を向けること。話しかけること。

abhimukhī-√kṛ- (8)：～の方へ顔を向ける。話しかける。「入」「趣入」「求」と漢訳。

abhimukhī- < abhimukha-：*adj.* ～（対格、奪格、属格）に向かっている。面した。～（具格、属格）に好意のある。

動詞 √bhū- (1), √as- (2), √kṛ- (8) の前分に名詞、形容詞がくる複合語では名詞、形容詞の末尾の a, ā, an は īとなり、i, u は ī, ūとなり、ṛ は rī、それ以外はそのままとなる。cf.「基礎」*p.* 566.

ādi-viśuddhatayā < ādi-viśuddhatā-：*f.* 本来清らかであること。*sg. Ins.*

ādi-：*m.* 初め。「初」「最初」「元」「本」「本来」と漢訳。

viśuddhatā- < viśuddha-tā-：*f.* 清らかであること。

viśuddha- < vi-√śudh- (4) + -ta：*pp.* 清浄にされた。清らかな。

aparitarṣaṇatayā < aparitarṣaṇatā- < a-paritarṣaṇatā-：*f.* 渇愛のないこと。*sg. Ins.*

paritarṣaṇatā- < paritarṣaṇa-tā-：*f.* 「渇愛」と漢訳。

paritarṣaṇa- < pari-√tṛṣ- (4) + -ana：*n.* 「渇」「渇求」「渇欲」「渇愛」と漢訳。

√tṛṣ- (4)：渇する。

sadā-vīryârambhāc < sadā-vīryârambhāt + (c) < sadā-vīryârambha- < sadā-vīrya-ārambha-：*m.* 常に努力精進に取り組んでいること。*sg. Abl.*

sadā-：*adv.* 常に。

vīrya-：*n.* 男らしさ。勇気。力。能力。英雄的な行為。「勤」「精進」「勇健」「勇猛」「強健」と漢訳。

ārambha- < ā-√rabh- (1) + -a：*m.* 着手。企図。開始。形成。達成。「発起」「発動」「修」「行」「所作」「勤労」と漢訳。

ā-√rabh- (1)：つかまえる、占有する。形成する。達する。～（対格）に着手する

ca：*conj.* および。また。しかしながら。そして。～と。なお。

vaidya-rājo < vaidya-rājaḥ + 有声子音 < vaidya-rāja-：*m.* 医者の王。*sg. Nom.*

vaidya-：*m.* 医学に熟達した者。医者。

rāja- < rājan-：*m.* 王。rājan- は複合語の後分になると、rāja-となる。cf.「基礎」*p.* 522.

bhaviṣyasi < bhaviṣya- < √bhū- (1) + -iṣya：生ずる、～になる。*Fut. 2, sg. P.*

sarva-vyādhīnāṃ < sarva-vyādhi-：*f.* すべての病気。*pl. Gen.*

śamayitêti < śamayitā + iti

śamayitā < śamayitṛ- < śamaya- + -itṛ：*m.* 緩和する人。破壊者。*sg. Nom.*

śamaya- < √śam- (4) + -aya：*Caus.* 鎮める。静穏にする。和らげる。終える。除く。鎮圧する。征服する。破壊する。

√śam-(4)：静穏／平穏／平静である。なだめられる。和らぐ。やむ。絶滅する。

iti：*adv.* ～と。～ということを。以上のように。～と考えて。「如是」と漢訳。

> evaṃ bodhi-sattvena bodhi-sattvo glānaḥ pratisaṃmoditavyaḥ /
>
> （梵漢和維摩経 *p.* 194, *ll.* 9–10）

「菩薩は、病気になった菩薩をこのように見舞うべきであります」

【「菩薩は応に是くの如く有疾の菩薩を慰喩して、其れをして歓喜せしむべし」】
（大正蔵、巻一四、五四四頁下）

………………………………………………………………………

evaṃ：*adv.* このように。「是」「如是」と漢訳。
bodhi-sattvena < bodhi-sattva-：*m.* 覚りを求める人。「菩薩」と音写。*sg. Ins.*
bodhi-sattvo < bodhi-sattvaḥ + 有声子音 < bodhi-sattva-：*m.* 覚りを求める人。「菩薩」と音写。*sg. Nom.*
glānaḥ < glānaḥ + (s) < glāna- < √glai- (1) + -na：*pp.* 嫌悪した。疲れた。消耗した。「得病」「有疾」「疾病者」と漢訳。*n.* 倦怠。衰弱。病気。*m. sg. Nom.*
pratisaṃmoditavyaḥ < pratisaṃmoditavya- < prati-sam-√mud- (1) + -itavya：*未受分,* ～（対格）に丁寧にあいさつされるべき。慰問されるべき。*m. sg. Nom.*

§11 mañjuśrīr āha / kathaṃ kula-putra bodhi-sattvena glānena sva-cittaṃ nidhyāpayitavyam[34] / （梵漢和維摩経 *p.* 194, *ll.* 11–12）

§11 マンジュシリーが言った。
「良家の息子（善男子）よ、病気になった菩薩は、自分の心をどのように洞察するべきでしょうか[35]」
【§11 文殊師利言わく、「居士よ、有疾の菩薩は云何が其の心を調伏せん」】
（大正蔵、巻一四、五四四頁下）

………………………………………………………………………

mañjuśrīr < mañjuśrīḥ + 有声音 < mañjuśrī- < mañju-śrī-：*m.* マンジュシリー。「妙徳」「妙吉祥」と漢訳。「文殊」「文殊師利」と音写。*sg. Nom.* 格変化は、cf.「基礎」*p.* 106.
āha < √ah-：言う。*Perf. 3, sg. P.*

………………………………………………………………………

kathaṃ：*adv.* いかにして。いずこより。何故に。
kula-putra < kula-putra-：*m.* 良家の息子。「善男子」と漢訳。*sg. Voc.*
bodhi-sattvena < bodhi-sattva-：*m.* 覚りを求める人。「菩薩」と音写。*sg. Ins.*
glānena < glāna- < √glai- (1) + -na：*pp.* 嫌悪した。疲れた。消耗した。「得病」「有疾」「疾病者」と漢訳。*n.* 倦怠。衰弱。病気。*m. sg. Ins.*
sva-cittaṃ < sva-citta-：*n.* 自分の心。*sg. Nom.*
nidhyāpayitavyam < nidhyāpayitavya- < nidhyāpaya- + -itavya < ni-√dhyai- (1) + -paya + -itavya：*Caus.* *未受分,* 注目されるべき。洞察されるべき。*n. sg. Nom.*
語根の末尾が ā, e, ai, o で終わる動詞から、使役語幹を作るときは、いずれも ā となって、-aya の代わりに-paya を付ける。cf.「基礎」*p.* 414.
使役の受動態は、使役の意味を失い、単に受動態の意味になることがある。cf.「基礎」*p.* 416.
ni-√dhyai- (1)：注目する。「思惟」「一心観」「観」「察」と漢訳。

vimalakīrtir āha / iha mañjuśrīr bodhi-sattvena glānenâivaṃ svacittaṃ nidhyāpayitavyam[36] / （梵漢和維摩経 *p.* 194, *ll.* 13–14）

ヴィマラキールティが言った。
「マンジュシリーよ、病気になった菩薩は今、自分の心を次のように洞察するべきです。
【維摩詰言わく、「有疾の菩薩は応に是の念を作すべし。】 （大正蔵、巻一四、五四四頁下）

………………………………………………………………………

vimalakīrtir < vimalakīrtiḥ + 有声音 < vimalakīrti- < vimala-kīrti-：*m.* ヴィマラキールティ。汚れのない名声を持つ（もの）。「維摩詰」「維摩」と音写。「浄名」「無垢称」と漢訳。*sg. Nom.*

āha < √ah-：言う。*Perf. 3, sg. P.*

……………………………………………………………………

iha：*adv.* ここに。今。この世に。地上に。

mañjuśrīr < mañjuśrīḥ < mañjuśrī- < mañju-śrī-：*m.* マンジュシリー。「妙徳」「妙吉祥」と漢訳。「文殊」「文殊師利」と音写。*sg. Voc.*

bodhi-sattvena < bodhi-sattva-：*m.* 覚りを求める人。「菩薩」と音写。*sg. Ins.*

glānenâivaṃ < glānena + evaṃ

glānena < glāna- < √glai- (1) + -na：*pp.* 嫌悪した。疲れた。消耗した。「得病」「有疾」「疾病者」と漢訳。*n.* 倦怠。衰弱。病気。*m. sg. Ins.*

evaṃ：*adv.* このように。「是」「如是」と漢訳。

sva-cittaṃ < sva-citta-：*n.* 自分の心。*sg. Nom.*

nidhyāpayitavyam < nidhyāpayitavya- < nidhyāpaya- + -itavya < ni-√dhyai- (1) + -paya + -itavya：*Caus.* *未受分,* 注目されるべき。洞察されるべき。*n. sg. Nom.*

pūrvântâsad-viparyāsa-karma-samutthāna-samutthito 'yaṃ vyādhir abhūta-parikalpa-[37]kleśa-samutthitaḥ /

（梵漢和維摩経 *p.* 194, *ll.* 14–15）

「この病は、過去世の実在しない顚倒した業の増大によって生じたものであり、虚妄な分別である煩悩によって生じたものであります。

【「今、我が此の病は皆前世の妄想(もうそう)、顚倒(てんどう)、諸の煩悩より生ず。実法有ること無し。**】**

（大正蔵、巻一四、五四四頁下）

……………………………………………………………………

pūrvântâsad-viparyāsa-karma-samutthāna-samutthito 'yaṃ < pūrvântâsad-viparyāsa-karma-samutthāna-samutthitaḥ + ayaṃ

pūrvântâsad-viparyāsa-karma-samutthāna-samutthitaḥ < pūrva-anta-asad-viparyāsa-karma-samutthāna-samutthita-：*adj.* 過去世の実在しない顚倒した業の増大によって生じた。*m. sg. Nom.*

pūrva-anta-：*m.* 先行する語の語尾。予想。「前際」「先際」「過去」「過去世」「先世」と漢訳。

asad- < asat- + 有声子音 < a-sat-：*P.* *現在分詞,* 非実在の。虚偽の。悪しき。*n.* 非実在。虚言。悪。

viparyāsa- < vi-paryāsa- < vi-pari-√as- (4) + -a：*m.* （馬車の）転覆。交換。転倒。～の逆。誤った考え。誤謬。

vi-pari-√as- (4)：顚倒する。逆にする。覆す。

karma- < karman-：*n.* 行為。作業。作用。職業。結果。運命。「業」と漢訳。

samutthāna- < sam-ud-√sthā- (1) + -ana：*n.* 起こること。起き上がること。現れること。～（属格）の増大。

sam-ud-√sthā- (1)：一緒に起き上がる。起こる。起きる。現われる。

samutthita- < sam-ud-√sthā- (1) + -ita：*pp.* 起きた。聳え立つ。～（奪格）から発する。産出された。現われた。

ayaṃ < idam-：これ。この。*m. sg. Nom.*

vyādhir < vyādhiḥ + 有声音 < vyādhi- < vi-ādhi-：*m.* 疾患。疾病。病気。*sg. Nom.*

abhūta-parikalpa-kleśa-samutthitaḥ < abhūta-parikalpa-kleśa-samutthita-：*adj.* 虚妄な分別である煩悩によって生じた。*m. sg. Nom.*

abhūta-parikalpa-：*m.* 「虚分別」「虚妄分別」「不実妄想」と漢訳。

abhūta- < a-bhūta-：*adj.* あらざりし。起こらざりし。存在せざる。「無」「不実」「非真実」「不真実」「虚」「妄」「虚妄」と漢訳。

bhūta- < √bhū- (1) + -ta：*pp.* ～となった。あった。～である。真実の。*n.* 事実。現実。「真」

「真実」「誠諦」と漢訳。

parikalpa- < pari-√kḷp- (1) + -a：*m.* 迷妄。「分別」「計度」「妄想」「虚妄分別」と漢訳。

kleśa- < √kliś- (4) + -a：*m.* 苦痛。苦悩。心痛。「煩悩」「惑」「根本煩悩」と漢訳。

samutthita- < sam-ud-√sthā- (1) + -ita：*pp.* 起きた。聳え立つ。～（奪格）から発する。産出された。現われた。

na punar atra kaścit paramârthato dharma upalabhyate yasyâiṣa vyādhiḥ /
(梵漢和維摩経 *p.* 194, *ll.* 15–16)

「さらに、最高の真理から〔見て〕、この病を有するところの人は、この法においては決してだれも認められません[38]。

【「誰か病を受くる者ぞ。】（大正蔵、巻一四、五四四頁下）

……………………………………………………………………

na：*ind.* ～でない。～にあらず。

punar：*adv.* 再び。新たに。さらに。なお。しかしながら。

atra：*adv.* ここ。かしこ。この場合。この際。（idam-の処格）

kaścit < kiṃ-cit-：だれかある人。だれか。何か。何かあるもの（こと）。*m. sg. Nom.*

paramârthato < paramârthatas + 有声子音 < paramârtha- < parama-artha-：*m.* 最高の真理。完全な真理。「勝義」「最勝義」「第一義」「真諦」「勝義諦」と漢訳。*sg. Abl.*

dharma < dharme + a 以外の母音 < dharma-：*m.* 確定した秩序。慣例。習慣。法則。規則。義務。宗教。教説。性質。本質。属性。特質。事物。「法」と漢訳。*sg. Loc.*

upalabhyate < upalabhya- < upa-√labh- (1) + -ya：*Pass.* 得られる。～と認められる。*Pres. 3, sg. A.*

yasyâiṣa < yasya + eṣa

yasya < yad-：*関係代名詞, m. sg. Gen.*

eṣa < eṣaḥ < etad-：*m.* これ。*sg. Nom.*

vyādhiḥ < vyādhi- < vi-ādhi-：*m.* 疾患。疾病。病気。*sg. Nom.*

yasya 以下は、属格と主格の名詞文をなしている。

tat kasmād dhetoḥ /
(梵漢和維摩経 *p.* 194, *ll.* 16–17)

「それは、どんな理由からでしょうか。

【「所以は何んとなれば、】（大正蔵、巻一四、五四四頁下）

……………………………………………………………………

tat < tad-：それ。*n. sg. Nom.*

kasmād dhetoḥ < kasmāt + hetoḥ

連声法は、cf.「基礎」*p.* 63.

kasmāt < kim-：*疑問詞,* だれ。何。どんな。どの。*m. sg. Abl.*

hetoḥ < hetu-：*m.* 理由。原因。因。*sg. Abl.*

奪格は、動機、原因、理由を表わす。cf.「シンタックス」*p.* 58.

cātur-mahā-bhautiko 'yaṃ samucchrayaḥ /
(梵漢和維摩経 *p.* 194, *l.* 17)

「この身は、四大元素からなります。

【「四大合するが故に仮に名づけて身と為す。】（大正蔵、巻一四、五四五頁上）

……………………………………………………………………

cātur-mahā-bhautiko 'yaṃ < cātur-mahā-bhautikaḥ + ayaṃ

cātur-mahā-bhautikaḥ < cātur-mahā-bhautika-：*adj.* 四大元素からなる。*m. sg. Nom.*
cātur- = catur-：*基数詞,* 四。
mahā-bhautika- < mahā-bhūta- + -ika：*adj.* 〔地・水・火・風の〕粗大元素からなる。
mahā-bhūta-：*adj.* 大きい。*m.* 大きな生物。*n.* 〔地・水・火・風・空の〕粗大元素。
mahā- < mahat-：*adj.* 大きな。高貴な。
bhautika- < bhūta- + -ika：*adj.* 生物（bhūta-）に関する。粗大な元素（mahā-bhūta-）からなる。自然界の。物質界の。
ayaṃ < idam-：これ。この。*m. sg. Nom.*
samucchrayaḥ < samucchraya- < sam-ud-√śri- (1) + -a：*adj.* 生長する。*m.* 直立。高めること。高さ。長さ。上昇。高揚。増大。「身」と漢訳。*m. sg. Nom.*

na câiṣāṃ dhātūnāṃ kaś-cit svāmī na samutthāpayitā /
（梵漢和維摩経 *p.* 194, *ll.* 17–18）

「また、これらの〔四大〕元素には決して所有者もなく、生み出すものもありません。
【「四大に主無く、】（大正蔵、巻一四、五四五頁上）

………………………………………………………………………

na：*ind.* ～でない。～にあらず。
câiṣāṃ < ca + eṣāṃ
eṣāṃ < etad-：これ。*m. pl. Gen.*
dhātūnāṃ < dhātu-：*m.* 層。成分。要素。身体の根本要素。素質。性質。語根。「界」と漢訳。*pl. Gen.*
kaścit < kiṃ-cit-：だれかある人。だれか。何か。何かあるもの（こと）。*m. sg. Nom.*
na kiṃ-cit- ～：だれも／何も決して～ない。
svāmī < svāmin-：*m.* ～（属格、処格）の所有者。支配者。主人。*sg. Nom.*
na：*ind.* ～でない。～にあらず。
samutthāpayitā < samutthāpayitṛ- < samutthāpaya- + -itṛ：*m.* 現われさせるもの。生じさせるもの。生み出すもの。*sg. Nom.*
samutthāpaya- < sam-ud-√sthā- (1) + -paya：*Caus.* 現われさせる。生じさせる。
sam-ud-√sthā- (1)：一緒に起き上がる。起こる。起きる。現われる。～（奪格）から出て来る。起きる。作られる。

anātmā hy ayaṃ[39] samucchrayaḥ /
（梵漢和維摩経 *p.* 196, *l.* 1）

「この身は、実に我ではありません。
【「身も亦我無し。】（大正蔵、巻一四、五四五頁上）

………………………………………………………………………

anātmā < anātman- < an-ātman-：*m.* （何かが）我でない。「無我」「非我」と漢訳。*sg. Nom.*
hy < hi + 母音：*ind.* 真に。確かに。実に。
ayaṃ < idam-：これ。この。*m. sg. Nom.*
samucchrayaḥ < samucchraya- < sam-ud-√śri- (1) + -a：*adj.* 生長する。*m.* 直立。高めること。高さ。長さ。上昇。高揚。増大。「身」と漢訳。*m. sg. Nom.*

yo 'yaṃ vyādhir nāma nâyaṃ paramârthata upalabhyate 'nyatrâtmâbhiniveśāt /
（梵漢和維摩経 *p.* 196, *ll.* 1–2）

「自己に対する執着以外には[40]、この病という名前であるところのもの、これは、最高の真理から〔見ても〕認められません。
【「又此の病の起こるは皆我に著するに由る。】（大正蔵、巻一四、五四五頁上）

………………………………………………………………………

yo 'yaṃ < yaḥ + ayaṃ

yaḥ < yad-：*関係代名詞, m. sg. Nom.*

ayaṃ < idam-：これ。この。*m. sg. Nom.*

vyādhir < vyādhiḥ + 有声音 < vyādhi- < vi-ādhi-：*m.* 疾患。疾病。病気。*sg. Nom.*

nāma：*adv.* ～という名前の。実に。確かに。もちろん。

nâyaṃ < na + ayaṃ

na：*ind.* ～でない。～にあらず。

ayaṃ < idam-：これ。この。*m. sg. Nom.*

paramârthata < paramârthatas + a 以外の母音 < paramârtha- < parama-artha-：*m.* 最高の真理。完全な真理。「勝義」「最勝義」「第一義」「真諦」「勝義諦」と漢訳。*sg. Abl.*

upalabhyate 'nyatrâtmâbhiniveśāt < upalabhyate + anyatra + ātmâbhiniveśāt

upalabhyate < upalabhya- < upa-√labh- (1) + -ya：*Pass.* 得られる。～と認められる。*Pres. 3, sg. A.*

anyatra：*adv.* ～（奪格）を除いて。他方において。よそにおいて。

ātmâbhiniveśāt < ātmâbhiniveśa- < ātma-abhiniveśa-：*m.* 自己に対する執着。*sg. Abl.*

ātma- < ātman-：*m.* 自己。

abhiniveśa- < abhi-ni-√viś- (6) + -a：*m.* ～（処格）に対する執着。固執。専心なること。頑固。生命への愛着。

uta[41] nâtmany abhiniviṣṭā vihariṣyāmo vyādhi-mūla-parijñātāvinaḥ /

（梵漢和維摩経 *p.* 196, *ll.* 2–3）

「だから、自己に対して執著することなく、病気の起原を十分に知って、私たちは快適に過ごそう。

【「是の故に我に於いて応に著を生ずべからず。既に病の本を知れば、】

（大正蔵、巻一四、五四五頁上）

………………………………………………………………………

uta：*ind.* しかして。また。～さへ。あるいは。

nâtmany < na + ātmany

ātmany < ātmani + 母音 < ātman-：*m.* 自己。自我。*sg. Loc.* 格変化は、cf.「基礎」*p.* 164.

abhiniviṣṭā < abhiniviṣṭāḥ + 有声音 < abhiniviṣṭa- < abhi-ni-√viś- (6) + -ta：*pp.*「著」「取著」「楽著」「執著」「生執著已」と漢訳。*m. pl. Nom.*

vihariṣyāmo < vihariṣyāmaḥ + 有声子音 < vihariṣya- < vi-√hṛ- (1) + -iṣya：愉快に過ごす。享受する。楽しみのためにぶらぶら歩く。散歩する。*Fut. 1, pl. P.*

vyādhi-mūla-parijñātāvinaḥ < vyādhi-mūla-parijñātāvin-：*adj.* 病気の起原を十分に知った。*m. pl. Nom.*

vyādhi- < vi-ādhi-：*m.* 疾患。疾病。病気。

mūla-：*n.* 根。付け根。麓。基底。起源。本源。

parijñātāvin- < parijñāta- + -āvin < pari-√jñā- (9) + -ta + -āvin：*過能分,* 注意深く観た。十分に知った。

Pāli の過去能動分詞は、過去受動分詞の末尾に -āvin を付して作られる（cf.「パーリ語文法」*p.* 137）。サンスクリットでは -vat を付して作られる。

parijñātāvin- ≒ parijñātavat- < parijñāta- + -vat < pari-√jñā- (9) + -ta + -vat

pari-√jñā- (9)：注意深く観る。十分に知る。

tenâtma-saṃjñāṃ visṭhāpya dharma-saṃjñôtpādayitavyā /

（梵漢和維摩経 *p.* 196, *ll.* 3–4）

「それ故に、自我〔に執著する〕意識を断って、ものごと（法）に対する意識を生じるべきであります。
【「即ち我想及び衆生想を除く。当に法想を起こすべく、応に是の念を作すべし。】
（大正蔵、巻一四、五四五頁上）

tenâtma-saṃjñāṃ < tena + ātma-saṃjñāṃ
tena < tad-：それ。*n. sg. Ins.*
代名詞の中性・対格／具格／奪格は、連結助詞として用いられ、「そこで」「従って」「このため」を意味する。
ātma-saṃjñāṃ < ātma-saṃjñā-：*f.* 自我〔に執著する〕意識。*sg. Acc.*
ātma- < ātman-：*m.* 自己。自分。
saṃjñā- < sam-√jñā- (9) + -ā：*f.* 一致。意識。理解。明瞭な概念。命名。名前。術語。「号」「名号」「名」「名字」と漢訳。
viṣṭhāpya < viṣṭhāpaya- + -ya < vi-√sthā- (1) + -paya + -ya：*Caus.* 離れて立たせる。～（具格）から分離する。留まらせる。「断」と漢訳。*Ger.*
dharma-saṃjñôtpādayitavyā < dharma-saṃjñā + utpādayitavyā
dharma-saṃjñā < dharma-saṃjñā-：*f.* 法に対する意識。*sg. Nom.*
utpādayitavyā < utpādayitavyā- < utpādayitavya- < utpādaya- + -itavya < ud-√pad- (4) + -aya + -itavya：*Caus. 未受分,* 起こされるべき。生じられるべき。*f. sg. Nom.*

dharma-saṃghāto 'yaṃ kāyaḥ /
（梵漢和維摩経 *p.* 196, *l.* 4）

「この身体は、あらゆるものごと（諸法）の和合したものであります。
【「但、衆の法を以て此の身を合成す。】（大正蔵、巻一四、五四五頁上）

dharma-saṃghāto 'yaṃ < dharma-saṃghātaḥ + ayaṃ
dharma-saṃghātaḥ < dharma-saṃghāta-：*m.* 諸々の法の和合したもの。*sg. Nom.*
saṃghāta-：*m.* 緊密な結合。集成。合成。集合。「集」「聚」「聚集」「和合」「衆合」と漢訳。
ayaṃ < idam-：これ。この。*m. sg. Nom.*
kāyaḥ < kāya-：*m.* 身体。*sg. Nom.*

dharmā evôtpadyamānā utpadyante /
（梵漢和維摩経 *p.* 196, *ll.* 4–5）

「生じるのは、生じつつあるあらゆるものごと（諸法）です。
【「起は唯だ法の起なり。】（大正蔵、巻一四、五四五頁上）

dharmā < dharmāḥ + 有声音 < dharma-：*m.* 確定した秩序。慣例。習慣。法則。規則。義務。宗教。教説。性質。本質。属性。特質。事物。法。*pl. Nom.*
evôtpadyamānā < eva + utpadyamānā
eva：*adv.* さように。このように。まさに。実に。ただ。全くこのように。
eva の用法には、英語の強調構文 it is A that ～.（～するのは、A である）に相当するものがある。
utpadyamānā < utpadyamānāḥ + 有声音 < utpadyamāna- < utpadya- + -māna < ud-√pad- (4) + -māna：飛び上がる。生ずる。～から生まれる。～となる。起こる。現われる。*A. 現在分詞, m. pl. Nom.*
utpadyante < utpadya- < ud-√pad- (4)：飛び上がる。生ずる。～から生まれる。～となる。起こる。現われる。*Pres. 3, pl. A.*

dharmā eva nirudhyamānā nirudhyante /

（梵漢和維摩経 *p.* 196, *l.* 5）

「滅するのは、滅しつつあるあらゆるものごと（諸法）です。

【「滅は唯だ法の滅なり。】　（大正蔵、巻一四、五四五頁上）

…………………………………………………………

dharmā < dharmāḥ + 有声音 < dharma-：*m.* 確定した秩序。慣例。習慣。法則。規則。義務。宗教。教説。性質。本質。属性。特質。事物。法。*pl. Nom.*

eva：*adv.* さように。このように。まさに。実に。ただ。全くこのように。

nirudhyamānā < nirudhyamānāḥ + 有声音 < nirudhyamāna- < nirudhya- + -māna < ni-√rudh- (1) + -ya + -māna：*Pass.* 消え失せる。*A.* 現在分詞, *m. pl. Nom.*

nirudhyante < nirudhya- < ni-√rudh- (1) + -ya：*Pass.* 消え失せる。*Pres. 3, pl. A.*

ni-√rudh- (1)：閉じ込める。閉じる。消滅させる。

te ca dharmāḥ paras-paraṃ na cetayanti na jānanti /

（梵漢和維摩経 *p.* 196, *ll.* 5–6）

「しかも、それらのあらゆるものごと（諸法）は、お互いに知らせることもなく、知ることもありません。

【又此の法は各相知らず、】　（大正蔵、巻一四、五四五頁上）

…………………………………………………………

te < tad-：それ。*m. pl. Nom.*

ca：*conj.* および。また。しかしながら。そして。～と。なお。

dharmāḥ < dharmāḥ + (p) < dharma-：*m.* 確定した秩序。慣例。習慣。法則。規則。義務。宗教。教説。性質。本質。属性。特質。事物。法。*pl. Nom.*

paras-paraṃ < paras-para-：*adj.* 双方の。お互いの。*n. sg. Acc.* 対格の福祉的用法。

na：*ind.* ～でない。～にあらず。

cetayanti < cetaya- < √cit- (1) + -aya：*Caus.* ～を想起させる。教える。注意する。認める。熟慮する。理解する。現われる。目立つ。輝く。*3, pl. P.*

na：*ind.* ～でない。～にあらず。

jānanti < jāna- < √jñā- (9)：知る。*Pres. 3, pl. P.*

na ca teṣāṃ utpadyamānānām evaṃ bhavaty utpadyāmaha iti /

（梵漢和維摩経 *p.* 196, *ll.* 6–7）

「そして、それら〔のものごと（法）〕が生じている時、〔生じているそれらのものごと（法）に〕このような〔思いが〕生ずることはありません。『われわれは生じよう』と[42]。

【「起こる時に『我起こる』と言わず。】　（大正蔵、巻一四、五四五頁上）

…………………………………………………………

na：*ind.* ～でない。～にあらず。

ca：*conj.* および。また。しかしながら。そして。～と。なお。

teṣāṃ < tad-：それ。*m. pl. Gen.*

utpadyamānānām < utpadyamāna- < utpadya- + -māna < ud-√pad- (4) + -māna；飛び上がる。生ずる。～から生まれる。～となる。起こる。現われる。*A.* 現在分詞, *m. pl. Gen.*

以上の属格は絶対節をなしている。また、本来の属格の働きもなす掛詞になっている。

evaṃ：*adv.* このように。「是」「如是」と漢訳。

bhavaty < bhavati + 母音 < bhava- < √bhū- (1)：なる。*Pres. 3, sg. P.*

utpadyāmaha < utpadyāmahe + a 以外の母音 < utpadya- < ud-√pad- (4)；飛び上がる。生ずる。～から生まれる。～となる。起こる。現われる。*Pres. 1, pl. A.*

iti：*adv.* ～と。～ということを。以上のように。～と考えて。「如是」と漢訳。

na nirudhyamānānām evaṃ bhavati nirudhyāmaha iti /
(梵漢和維摩経 *p.* 196, *ll.* 7–8)

「〔それらのものごと（法）が〕滅している時、〔滅しているそれらのものごとに〕このような〔思いが〕生ずることはありません。『われわれは滅しよう』と。
【「滅する時に『我(われ)滅する』と言わず。】（大正蔵、巻一四、五四五頁上）

…………………………………………………………………………

na：*ind.* ～でない。～にあらず。
nirudhyamānānām < nirudhyamāna- < nirudhya- + -māna < ni-√rudh- (1) + -ya + -māna：*Pass.* 消え失せる。*A. 現在分詞, m. pl. Gen.*
evaṃ：*adv.* このように。「是」「如是」と漢訳。
bhavati < bhava- < √bhū- (1)：なる。*Pres. 3, sg. P.*
nirudhyāmaha < nirudhyāmahe + a 以外の母音 < nirudhya- < ni-√rudh- (1) + -ya：*Pass.* 消え失せる。*Pres. 1, pl. A.*
iti：*adv.* ～と。～ということを。以上のように。～と考えて。「如是」と漢訳。

§12　tena dharma-saṃjñāyâivaṃ cittam utpādayitavyam /
(梵漢和維摩経 *p.* 196, *l.* 9)

§12　「〔また〕その〔病気になった菩薩〕は、ものごと（法）に対する意識〔の除滅〕のために、次のように心を発すべきであります。
【§12　「彼(か)の有(う)疾(しつ)の菩薩は法想を滅せんが為(ため)に、当(まさ)に是の念を作すべし。】
（大正蔵、巻一四、五四五頁上）

…………………………………………………………………………

tena < tad-：それ。*m. sg. Ins.*
dharma-saṃjñāyâivaṃ < dharma-saṃjñāyā + evaṃ
　dharma-saṃjñāyā < dharma-saṃjñāyai + 母音 < dharma-saṃjñā-：*f.* 法に対する意識。*sg. Dat.* この連声については、cf.「基礎」*p.* 49.
　evaṃ：*adv.* このように。「是」「如是」と漢訳。
cittam < citta-：*n.* 心。思考。意思。知性。理性。「質多」と音写。*sg. Nom.*
utpādayitavyam < utpādayitavya- < utpādaya- + -itavya < ud-√pad- (4) + -aya + -itavya：*Caus. 未受分,* 起こされるべき。産まれるべき。生じられるべき。生じさせられるべき。*n. sg. Nom.*

yâpy eṣā dharma-saṃjñā so 'pi viparyāsaḥ /
(梵漢和維摩経 *p.* 196, *ll.* 9–10)

「『ものごと（法）に対するこの意識であるところのもの、それもまた顚倒である。
【「『此の法想も亦(また)是れ顚倒(てんどう)なり。】（大正蔵、巻一四、五四五頁上）

…………………………………………………………………………

yâpy < yā + apy
　yā < yad-：*関係代名詞, f. sg. Nom.*
　apy < api + 母音：*adv.* また。されど。
eṣā < etad-：これ。*f. sg. Nom.*
dharma-saṃjñā < dharma-saṃjñā-：*f.* 法に対する意識。*sg. Nom.*
so 'pi < saḥ + api
　saḥ < tad-：それ。*m. sg. Nom.*
　api：*adv.* また。されど。

viparyāsaḥ < viparyāsa- < vi-paryāsa- < vi-pari-√as- (4) + -a：*m.* （馬車の）転覆。交換。転倒。～の逆。誤った考え。誤謬。*m. sg. Nom.*
vi-pari-√as- (4)：顚倒する。逆にする。覆す。

viparyāsaś ca mahā-vyādhiḥ /   （梵漢和維摩経 *p.* 196, *l.* 10）

「『顚倒は、大いなる病である。
【「『顚倒は是れ即ち大患なり。】（大正蔵、巻一四、五四五頁上）

………………………………………………………………

viparyāsaś < viparyāsaḥ + (c) < viparyāsa- < vi-pari-√as- (4) + -a：*m.* （馬車の）転覆。交換。転倒。～の逆。誤った考え。誤謬。*m. sg. Nom.*
vi-pari-√as- (4)：顚倒する。逆にする。覆す。
ca：*conj.* および。また。しかしながら。そして。～と。なお。
mahā-vyādhiḥ < mahā-vyādhi-：*m.* 大いなる疾患。大いなる病気。*sg. Nom.*

vigata-vyādhikena ca mayā bhavitavyam /   （梵漢和維摩経 *p.* 196, *ll.* 10–11）

「『私は、〔その〕病を断つべきである。
【「『我れ応に之を離るべし』と。】（大正蔵、巻一四、五四五頁上）

………………………………………………………………

vigata-vyādhikena < vigata-vyādhika-：*adj.* なくなった病気を持つ。病がなくなっている。病を離れている。*n. sg. Ins.*
「ある」「なる」などの動詞が非人称受動態のとき、主語と名詞補語は具格となる。cf.「シンタックス」*p.* 45.
vigata- < vi-√gam- (1) + -ta：*pp.* 「離」「除」「無」「已除」「除断」と漢訳。
vyādhika- ＝ vyādhi- < vi-ādhi-：*m.* 疾患。疾病。病気。
ca：*conj.* および。また。しかしながら。そして。～と。なお。
mayā < mad-：私。*1, sg. Ins.*
bhavitavyam < bhavitavya- < √bhū- (1) + -itavya：*未受分,* 生じられるべき。～になられるべき。発生されるべき。出現されるべき。存在されるべき。起こるべき。あるべき。*n. sg. Nom.*
中性・単数の過去受動分詞による非人称的用法。

vyādhi-prahāṇāya ca yogaḥ karaṇīyaḥ /   （梵漢和維摩経 *p.* 196, *l.* 11）

「『〔その〕病を断つために奮励するべきである』と。
【漢訳相当箇所なし】

………………………………………………………………

vyādhi-prahāṇāya < vyādhi-prahāṇa-：*n.* 病の断滅。*sg. Dat.*
prahāṇa- < pra-√hā- (3) + -ana：*n.* 放棄。回避。「断」「断除」「断尽」「断滅」と漢訳。
ca：*conj.* および。また。しかしながら。そして。～と。なお。
yogaḥ < yogaḥ + (k) < yoga- < √yuj- (7) + -a：*m.* 軛をつけること。結合。合一。心の統一。瞑想。奮励。*sg. Nom.*
√yuj- (7)：（馬を）つなぐ。軛をつける。精神を集中する。
karaṇīyaḥ < karaṇīya- < √kṛ- (8) + -anīya：*未受分* なされるべき。作られるべき。「所作」「所為」と漢訳。*m. sg. Nom.*

tatra katamad vyādhi-prahāṇaṃ yad idam ahaṃ-kāra-mama-kāra-prahāṇam /
(梵漢和維摩経 *p.* 196, *ll.* 12–13)

「その場合に、病を断つこととは、どういうことでしょうか。〔それは〕すなわち、我れあり〔という見解〕、我がもの〔という見解〕を断つことです。
【「云何が離と為すや。我、我所を離るるなり。】　(大正蔵、巻一四、五四五頁上)

…………………………………………

tatra：*adv.* そこに。そこへ。かしこに。その時に。その場合に。
katamad < katamat + 有声子音 < katama-：*疑問代名詞,* （多くの中の）だれか。何か。いずれか。
n. sg. Nom.
vyādhi-prahāṇaṃ < vyādhi-prahāṇa-：*n.* 病の断滅。*sg. Nom.*
yad idam：すなわち。
yad < yat + 母音 < yad-：*関係代名詞, n. sg. Nom.*
idam < idam-：これ。*n. sg. Nom.*
ahaṃ-kāra-mama-kāra-prahāṇam < ahaṃ-kāra-mama-kāra-prahāṇa-：*n.* 我れあり〔という見解〕、我がもの〔という見解〕の断滅。*sg. Nom.*
ahaṃ-kāra-：*m.* 自意識。自己本位。うぬぼれ。自尊。「我執」「我見」「我慢」と漢訳。
mama-kāra-：*m.* （我がものとする）。～（処格）に対する執着。「我所」「執我」

tac ca katamad ahaṃ-kāra-mama-kāra-prahāṇaṃ yad idaṃ dvaya-vigamaḥ /
(梵漢和維摩経 *p.* 196, *ll.* 13–14)

「では、その我れあり〔という見解〕、我がもの〔という見解〕を断つこととは、どのようなことでしょうか。〔それは〕すなわち、二つのことを断つことです。
【「云何が我、我所を離るるや。謂く、二法を離るるなり。】　(大正蔵、巻一四、五四五頁上)

…………………………………………

tac < tat + (c) < tad-：それ。*n. sg. Nom.*
ca：*conj.* および。また。しかしながら。そして。～と。なお。
katamad < katamat + 母音 < katama-：*疑問代名詞,* （多くの中の）だれか。何か。いずれか。*n. sg. Nom.*
ahaṃ-kāra-mama-kāra-prahāṇaṃ < ahaṃ-kāra-mama-kāra-prahāṇa-：*n.* 我れあり〔という見解〕、我がもの〔という見解〕の断滅。*sg. Nom.*
yad idaṃ：すなわち。
dvaya-vigamaḥ < dvaya-vigama-：*m.* 二つのことの断滅。*sg. Nom.*
dvaya- < dvi- + -a：*adj.* 二重の。二種類の。対の。*n.* 一対。両者。二つの事物。
vigama- < vi-√gam- (1) + -a：*m.* 出発。消滅。休止。不在。欠乏。回避。「不」「離」「断」「除」「遠離」「除去」と漢訳。
vi-√gam- (1)：追い散らす。去る。出発する。消える。死す。過ぎ去る。

tatra katamo dvaya-vigamo yad idam adhyātmaṃ bahirdhā câsamudācāraḥ[43] /
(梵漢和維摩経 *p.* 196, *ll.* 14–15)

「その場合に、二つのことを断つこととは、どういうことでしょうか。〔それは〕すなわち、自己〔の内〕にも、〔自己の〕外にも、作意がないことです。
【「云何が二法を離るるや。謂く、内外の諸法を念わず、】　(大正蔵、巻一四、五四五頁上)

…………………………………………

tatra：*adv.* そこに。そこへ。かしこに。その時に。その場合に。
katamo < katamaḥ + 有声子音 < katama-：*疑問代名詞,* （多くの中の）だれか。何か。いずれか。
m. sg. Nom.

dvaya-vigamo < dvaya-vigamaḥ + 半母音 < dvaya-vigama-：*m.* 二つのことの断滅。*sg. Nom.*
yad idam：すなわち。
adhyātmaṃ < adhyātma- < adhi-ātma-：*adj.* 自己の。自己に特有な。*n. sg. Acc.* 対格の副詞的用法。
bahirdhā：*adv.* ～（奪格）の外側に。～から離れて。「外」と漢訳。
câsamudācāraḥ < ca + asamudācāraḥ

ca：*conj.* および。また。しかしながら。そして。～と。なお。
asamudācāraḥ < asamudācāra- < a-samudācāra-：*m.* 作意しないこと。*m. sg. Nom.*
samudācāra- < sam-ud-ā-√car- (1) + -a：*m.* ～の贈与。提供。礼儀正しい振る舞い。～（具格）との交際。話しかけること。「所行」「作意」「現行」「現起」「起行」「威儀」と漢訳。
sam-ud-ā-√car- (1)：～を取り扱う。なす。遂行する。話しかける。

tatra katamo 'dhyātmaṃ bahirdhâsamudācāro[44] yad uta samatayâcalanatâpracalanatā[45] /
（梵漢和維摩経 *p.* 196, *ll.* 15–16）

「その場合に、自己〔の内〕にも、〔自己の〕外にも、作意がないこととは、どういうことでしょうか。〔それは〕すなわち、平等であることによって動揺することもなく、混乱することもないことです。
【「平等に行ずるなり。】（大正蔵、巻一四、五四五頁上）

tatra：*adv.* そこに。そこへ。かしこに。その時に。その場合に。
katamo 'dhyātmaṃ < katamaḥ + adhyātmaṃ

katamaḥ < katama-：*疑問代名詞,* （多くの中の）だれか。何か。いずれか。*m. sg. Nom.*
adhyātmaṃ < adhyātma- < adhi-ātma-：*adj.* 自己の。自己に特有な。*n. sg. Acc.* 対格の副詞的用法。

bahirdhâsamudācāro < bahirdhā + asamudācāro

bahirdhā：*adv.* ～（奪格）の外側に。～から離れて。「外」と漢訳。
asamudācāro < asamudācāraḥ + 半母音 < asamudācāra- < a-samudācāra-：*m.* 作意しないこと。*m. sg. Nom.*

yad uta：すなわち。「謂」「所謂」と漢訳。

yad < yat + 母音 < yad-：*関係代名詞, n. sg. Nom.*
uta：*ind.* しかして。また。～さへ。あるいは。

samatayâcalanatâpracalanatā < samatayā + acalanatā + apracalanatā

samatayā < samatā- < sama-tā-：*f.* ～（具格、属格）との平等性。同一性。～（処格）に対して平等であること。公平であること。*sg. Ins.*
acalanatā < a-calana-tā-：*f.* 動揺しないこと。*sg. Nom.*
calana- < √cal- (1) + -ana：*adj.* 動く。不安定な。*n.* 不安定。動揺。
√cal- (1)：動く。揺れ動く。揺れる。震う。おののく。動揺／混乱させられる。
apracalanatā < a-pracalana-tā-：*f.* 混乱しないこと。*sg. Nom.*
pracalana- < pra-√cal- (1) + -ana：*n.* 震動。動揺。
pra-√cal- (1)：動揺させられる。苦しめられる。震う。戦慄する。

katamā ca samatâtma-samatayā ca nirvāṇa-samatā /
（梵漢和維摩経 *p.* 196, *ll.* 16–17）

「また、平等であることとは、どういうことでしょうか。〔それはすなわち、〕自己が平等であることによって、涅槃が平等であることです。
【「云何が平等なるや。我も等しく、涅槃も等しと為す。】（大正蔵、巻一四、五四五頁上）

katamā < katamā- < katama-：*疑問代名詞,* （多くの中の）だれか。何か。いずれか。*f. sg. Nom.*
ca：*conj.* および。また。しかしながら。そして。～と。なお。

samatâtma-samatayā < samatā + ātma-samatayā

samatā < samatā- < sama-tā-；*f.* ～（具格、属格）との平等性。同一性。～（処格）に対して平等であること。公平であること。*sg. Nom.*

ātma-samatayā < ātma-samatā-：*f.* 自己の平等性。我の平等性。*sg. Ins.*

ca：*conj.* および。また。しかしながら。そして。～と。なお。

nirvāṇa-samatā < nirvāṇa-samatā-：*f.* 涅槃の平等性。*sg. Nom.*

tat kasmād dhetoḥ /
（梵漢和維摩経 *p.* 198, *l.* 1）

「それは、どんな理由からでしょうか。

【「所以(ゆえん)は何(いか)んとなれば、】　（大正蔵、巻一四、五四五頁上）

…………………………………………………………………………

tat < tad-：それ。*n. sg. Nom.*

kasmād dhetoḥ < kasmāt + hetoḥ

連声法は、cf.「基礎」*p.* 63.

kasmāt < kim-：*疑問詞,* だれ。何。どんな。どの。*m. sg. Abl.*

hetoḥ < hetu-：*m.* 理由。原因。因。*sg. Abl.*

奪格は、動機、原因、理由を表わす。cf.「シンタックス」*p.* 58.

ubhe 'py ete śūnye yad utâtmā nirvāṇaṃ ca /
（梵漢和維摩経 *p.* 198, *l.* 1）

「その両者、すなわち自己と涅槃〔のいずれと〕も、空〔であって、実体がない〕からです。

【「我、及び涅槃、此の二は皆空(くう)なればなり。】　（大正蔵、巻一四、五四五頁上）

…………………………………………………………………………

ubhe 'py < ubhe + apy

ubhe < ubha-：*adj.* 両方の。「両」「二」「倶」と漢訳。*n. du. Nom.*

apy < api + 母音：*adv.* また。されど。

ete < etad-：これ。*n. du. Nom.*

śūnye < śūnya-：*adj.* からの。空虚な。住む者のない。うつろな。欠けている。～のない。空しい。*n.* 空虚な場所。孤独。空虚。*n. du. Nom.*

yad < yat + 母音 < yad-：*関係代名詞, n. sg. Nom.*

yad uta：すなわち。

utâtmā < uta + ātmā

uta：*ind.* 而して。亦。～さえ。或いは。

ātmā < ātman-：*m.* ：*m.* 自分。自我。*sg. Nom.*

nirvāṇaṃ < nirvāṇa- < nir-√vā- (2, 4) + -na：*pp.* 吹き消された。*n.* 消滅。生の焔の消滅。完全な満足。「寂滅」「安穏」「寂静」と漢訳。「涅槃」「泥洹(ないおん)」と音写。*sg. Nom.*

ca：*conj.* および。また。しかしながら。そして。～と。なお。

kenâite[46] śūnye nāmôdāhāreṇâite śūnye /
（梵漢和維摩経 *p.* 198, *ll.* 1–2）

「何によって、この両者は空なのでしょうか。実に言葉で言及されたものであることによって、この両者は空なのであります。

【「何を以(もっ)て空(くう)と為(な)すや。但(ただ)、名字(みょうじ)を以ての故に空なり。】　（大正蔵、巻一四、五四五頁上）

…………………………………………………………………………

kenâite < kena + ete

kena < kim-：*疑問詞*, だれ。何。どんな。どの。*n. sg. Ins.*

ete < etad-：これ。*n. du. Nom.*

śūnye < śūnya-：*adj.* からの。空虚な。住む者のない。うつろな。欠けている。～のない。空しい。*n.* 空虚な場所。孤独。空虚。*n. du. Nom.*

nāmôdāhāreṇâite < nāma + udāhāreṇa + ete

nāma：*adv.* ～という名前の。実に。確かに。もちろん。

udāhāreṇa < udāhāra- < ud-āhāra- < ud-ā-√hṛ- (1) + -a：*m.* 言葉による言及。例証。談話の開始。*sg. Ins.*

ud-ā-√hṛ- (1)：頂上に置く。挙げる。引用する。発言する。詳しく語る。名前を挙げて言及する。

ete < etad-：これ。*n. du. Nom.*

śūnye < śūnya-：*adj.* からの。空虚な。住む者のない。うつろな。欠けている。～のない。空しい。*n.* 空虚な場所。孤独。空虚。*n. du. Nom.*

ubhāv apy etāv apariniṣpannau yad utâtmā nirvāṇaṃ ca /
(梵漢和維摩経 *p.* 198, *ll.* 2–3)

「この両者、すなわち自己と、涅槃もまた、〔言葉のみであって、実体として〕存在していません。
【「此くの如く二法に決定性（けつじょうしょう）無し。】 （大正蔵、巻一四、五四五頁上）

……………………………………………………………………………

ubhāv < ubhau + 母音 < ubha-：*adj.* 両方の。「両」「二」「俱」と漢訳。*m. du. Nom.*

apy < api + 母音：*adv.* また。さえも。されど。なお。

etāv < etau + 母音 < etad-：これ。*m. du. Nom.*

apariniṣpannau < apariniṣpanna- < a-pariniṣpanna-：*adj.* 存在していない。～に変わらなかった。*m. du. Nom.*

pariniṣpanna- < pari-nis-√pad- (4) + -na：*pp.* 存在している。～に変わった。「成」「成就」「円成」と漢訳。

pari-nis-√pad- (4)：～に変わる。「能成」「成就」「満足」「証」と漢訳。

yad < yat + 母音 < yad-：*関係代名詞*, *n. sg. Nom.*

yad uta：すなわち。

utâtmā < uta + ātmā

uta：*ind.* 而して。亦。～さえ。或いは。

ātmā < ātman-：*m.* ：*m.* 自分。自我。*sg. Nom.*

nirvāṇaṃ < nirvāṇa- < nir-√vā- (2, 4) + -na：*pp.* 吹き消された。*n.* 消滅。生の焔の消滅。完全な満足。「寂滅」「安穏」「寂静」と漢訳。「涅槃」「泥洹（ないおん）」と音写。*sg. Nom.*

ca：*conj.* および。また。しかしながら。そして。～と。なお。

tena sama-darśinā nânyo vyādhir nânyā śūnyatā kartavyā / vyādhir eva śūnyatā /
(梵漢和維摩経 *p.* 198, *ll.* 3–4)

「従って、〔ものごとを〕平等に見ることによって、病を他のもの〔となすべき〕ではなく、空の本性も他のものとなすべきではありません。病こそが、空の本性なのです[47]。
【「是の平等を得れば、余病有ること無し。唯空病（ただくうびょう）のみ有り。空病も亦空なり。】
（大正蔵、巻一四、五四五頁上）

……………………………………………………………………………

tena < tad-：それ。*n. sg. Ins.*

代名詞の中性・対格／具格／奪格は、連結助詞として用いられ、「そこで」「従って」「このため」を意味する。

sama-darśinā < sama-darśin-：*adj.* ～（処格）を公平に見る。偏りなく考慮する。「平等観」と漢訳。

n. sg. Ins.

sama-：*adj.* 平らな。滑らかな。水平の。～（具格、属格）と等しい。平等の。

darśin- < √dṛś- (1) + -in：*adj.* 見る。見なす。注意する。知る。理解する。

nânyo < na + anyo

anyo < anyaḥ + 有声子音 < anya-：*adj.* 他の。*m. sg. Nom.*

vyādhir < vyādhiḥ + 有声音 < vyādhi- < vi-ādhi-：*m.* 疾患。疾病。病気。*sg. Nom.*

nânyā < na + anyā

anyā < anyā- < anya-：*adj.* 他の。*f. sg. Nom.*

śūnyatā < śūnyatā- < śūnya-tā-：*f.* 空虚。孤独。実体がないこと。うつろなこと。～の欠如。「空」「空性」「虚空」「空義」「空相」と漢訳。*sg. Nom.*

kartavyā < kartavyā- < kartavya- < √kṛ- (8) + -tavya：*未受分,* なされるべき。作られるべき。～（主格）が…（主格）になされるべき。*f. sg. Nom.*

√kṛ- (8)：作る。なす。形成する。構成する。実行する。履行する。生ずる。施行する。成就する。～（対格）を…（対格）になす。

……………………………………………………………………

vyādhir < vyādhiḥ + 有声音 vyādhi- < vi-ādhi-：*m.* 疾患。疾病。病気。*sg. Nom.*

eva：*adv.* さように。このように。まさに。実に。ただ。全くこのように。

śūnyatā < śūnyatā- < śūnya-tā-：*f.* 空虚。孤独。実体がないこと。うつろなこと。～の欠如。「空」「空性」「虚空」「空義」「空相」と漢訳。*sg. Nom.*

> §13 aviditā ca sā vedanā veditavyā /
>
> （梵漢和維摩経 *p.* 198, *l.* 5）

§13 「また、その感受することは、感受することなく、感受されるべきです[48]。

【§13 「是の有疾の菩薩は無所受を以て而も諸受を受く。】 （大正蔵、巻一四、五四五頁上）

……………………………………………………………………

aviditā < aviditā- < avidita- < a-vidita-：*adj.* 知られざる。感受しない。*f. sg. Nom.*

vidita- < √vid- (1) + -ita：*pp.* ～として確かめられた。知られた。認知された。

√vid- (1)：～に精通する、見出す。理解する。知る。意識する。正確な概念を持つ。～（対格）であると知る。～であると考える。観察する。感ずる。

ca：*conj.* および。また。しかしながら。そして。～と。なお。

sā < tad-：それ。*f. sg. Nom.*

vedanā < vedanā- < √vid- (1) + -anā-：*f.* 苦痛。知覚。感受。感受すること。*sg. Nom.*

veditavyā < veditavyā- < veditavya- < √vid- (1) + -itavya：*未受分,* 知られるべき。感受されるべき。*f. sg. Nom.*

> na cânena vedanā-nirodhaḥ sākṣāt-kartavyaḥ / aparipūrṇeṣu buddha-dharmeṣûbhe vedane nôtsraṣṭavye /
>
> （梵漢和維摩経 *p.* 198, *ll.* 5–7）

「また、この〔病気になった菩薩〕は、感受の滅尽を覚ることはないでしょう。ブッダの教え（仏法）が達成されていない時、〔感受するものと、感受されるものの〕二つの感受は捨てられることはないでしょう[49]。

【「未だ仏法を具せざれば、亦受を滅して証を取らざるなり。】 （大正蔵、巻一四、五四五頁上）

……………………………………………………………………

na：*ind.* ～でない。～にあらず。

cânena < ca + anena

anena < idam-：これ。*m. sg. Ins.*

vedanā-nirodhaḥ < vedanā-nirodha-：*m.* 感受の滅尽。感受することを滅すること。*sg. Nom.*

vedanā- < √vid- (1) + -anā-：*f.* 苦痛。知覚。感受。感受すること。

nirodha- < ni-√rudh- (1) + -a：*m.* 監禁。包囲。抑圧。征服。破壊。消滅。阻止。「滅」「滅尽」と漢訳。

sākṣāt-kartavyaḥ < sākṣāt-kartavya-：*未受分,*〔自身の〕眼で見られるべき。覚られるべき。*m. sg. Nom.*

sākṣāt-√kṛ- (8)：*未受分,*〔自身の〕眼で見る。覚る。

sākṣāt- < sa-akṣāt-：*adv.*〔自身の〕眼をもって。明瞭に。実際に。明らかに。直接に。

akṣāt < akṣa-：*m.n.* 眼。*sg. Abl.*

kartavya- < √kṛ- (8) + -tavya：*未受分,* なされるべき。作られるべき。～（主格）は…（主格）になされるべき。

未来受動分詞は、必然・必要・可能・義務・適合を意味する。また、可能・必然の未来受動分詞は未来に近いことがある。cf.「シンタックス」*p.* 104.

aparipūrṇeṣu < aparipūrṇa- < a-paripūrṇa-：*adj.* 満たされていない。達せられていない。完成されていない。*m. pl. Loc.*

paripūrṇa- < pari-√pṛ- (3, 6) + -na：*pp.* 満たされた。富んだ。達せられた。覆われた。「満」「円満」「遍満」「具」「具足」「円融」と漢訳。

buddha-dharmeṣûbhe < buddha-dharmeṣu + ubhe

buddha-dharmeṣu < buddha-dharma-：*m.* ブッダの教え。「仏法」と漢訳。*pl. Loc.*

以上の処格は絶対節をなしている。

ubhe < ubhā- < ubha-：*adj.* 両方の。「両」「二」「倶」と漢訳。*f. du. Nom.*

vedane < vedanā- < √vid- (1) + -anā-：*f.* 苦痛。知覚。感受。感受すること。*du. Nom.*

nôtsraṣṭavye < na + utsraṣṭavye

utsraṣṭavye < utsraṣṭavyā- < utsraṣṭavya- < ud-√sras- (1) + -tavya：*未受分,* 排泄されるべき。捨てられるべき。*f. du. Nom.*

na ca durgaty-upapannānāṃ sattvānām antike mahā-karuṇā nôtpādayitavyā /
(梵漢和維摩経 *p.* 198, *ll.* 7–8)

「また、悪しき境遇（悪趣）に生まれた衆生たちに対して、大いなる憐れみを生じるべきでないのではありません。

【「設(たと)い身に苦有るも、悪趣(あくしゅ)の衆生を念いて大悲心を起こすべし。】　（大正蔵、巻一四、五四五頁上）

na：*ind.* ～でない。～にあらず。

ca：*conj.* および。また。しかしながら。そして。～と。なお。

durgaty-upapannānāṃ < durgaty-upapanna- < durgati-upapanna-：*adj.* 悪しき境遇（悪趣）に生まれた。*m. pl. Gen.*

durgati- < dur-gati-：*f.* 悲惨。不運。貧窮。地獄。悪しき境遇。「悪道」「悪趣」「悪処」と漢訳。

upapanna- < upa-√pad- (4) + -na：*pp.* ～（対格、処格）に来た。～に到達する。生ずる。現われる。「生」「往生」「受生」と漢訳。

sattvānām < sattva-：*m.*「衆生」「有情」と漢訳。*pl. Gen.*

antike < antika-：*n.* 近隣。現前。*sg. Loc.*

mahā-karuṇā < mahā-karuṇā-：*adj.* 大いなる憐れみ。*f. sg. Nom.*

nôtpādayitavyā < na + utpādayitavyā

utpādayitavyā < utpādayitavyā- < utpādayitavya- < utpādaya- + -itavya < ud-√pad- (4) + -aya + -itavya：*Caus. 未受分,* 生じられるべき。*f. sg. Nom.*

tathā kariṣyāmo yathâiṣāṃ sattvānām evaṃ yoniśo-nidhyaptyā[50] vyādhim apaneṣyāmaḥ /
(梵漢和維摩経 *p.* 198, *ll.* 8–9)

「これらの衆生たちに対する、このように適切な洞察から、私たちが〔これらの衆生たちの〕病を取り除くであろうように、そのように私たちはなしましょう。
【「我、既に調伏せば、亦当に一切衆生を調伏すべし。】　　（大正蔵、巻一四、五四五頁上）

tathā：*adv.* そのように。また。同様に。
kariṣyāmo < kariṣyāmaḥ + 半母音 < kariṣya- < √kṛ- (8) + -iṣya：作る。なす。*Fut. 1, pl. P.*
yathâiṣāṃ < yathā + eṣāṃ
　yathā：*conj.* ～のように。あたかも～のように。～と（that）。
　eṣāṃ < etad-：これ。*m. pl. Gen.*
sattvānām < sattva-：*m.* 「衆生」「有情」と漢訳。*pl. Gen.*
evaṃ：*adv.* このように。「是」「如是」と漢訳。
yoniśo-nidhyaptyā < yoniśo-nidhyaptyāḥ + 有声音 < yoniśo-nidhyapti- < yoniśas-nidhyapti-：*f.* 適切な洞察。*sg. Abl.*
　yoniśas：*adv.* 根本的に。正当に。賢明に。適切に。正しく。
　nidhyapti- < ni-dhyapti：*f.* 洞察。「観」「能観」「観察」「思惟」と漢訳。
vyādhim < vyādhi- < vi-ādhi-：*m.* 疾患。疾病。病気。*sg. Acc.*
apaneṣyāmaḥ < apaneṣya- < apa-√nī- (1) + -sya：導き去る。取り去る。移す。運び去る。奪う。解散する。追い払う。一掃する。*Fut. 1, pl. P.*

§14　na câiṣāṃ kaṃ-cid dharmam upaneṣyāmo nâpaneṣyāmaḥ /
(梵漢和維摩経 *p.* 198, *l.* 10)

§14　「けれども、私たちは、これら〔の衆生たち〕のためにいかなる法に導くこともなく、取り除くこともないでありましょう。
【§14　「但し、其の病を除きて法を除かず。】　　（大正蔵、巻一四、五四五頁上）

na：*ind.* ～でない。～にあらず。
câiṣāṃ < ca + eṣāṃ
　eṣāṃ < etad-：これ。*m. pl. Gen.* 属格の為格的用法。
kaṃcid < kaṃcit + 有声子音 < kiṃ-cit-：*不定代名詞,* 何かあるもの。だれかあるもの。*m. sg. Acc.*
　na kiṃ-cit- ～：決して～ない。
dharmam < dharma-：*m.* 確定した秩序。慣例。習慣。法則。規則。義務。宗教。教説。性質。本質。属性。特質。事物。「法」と漢訳。*sg. Acc.*
upaneṣyāmo < upaneṣyāmaḥ + 有声子音 < upaneṣya- < upa-√nī- (1) + -sya：～（対格、処格）へ導く。案内する。*Fut. 1, pl. P.*
nâpaneṣyāmaḥ < na + apaneṣyāmaḥ
　apaneṣyāmaḥ < apaneṣya- < apa-√nī- (1) + -sya：導き去る。取り去る。移す。運び去る。奪う。解散する。追い払う。一掃する。*Fut. 1, pl. P.*

yato nidānāc ca punar vyādhir utpadyate tasya parijñāyai tebhyo dharmaṃ deśayiṣyāmaḥ /
(梵漢和維摩経 *p.* 198, *ll.* 10–12)

「しかしながら、病気は、その〔病の〕原因から生じるのであり、私たちは、それを知らせるために、それらの人たちに法を説きましょう。
【「病の本を断ぜんが為に之を教導すべし。】　　（大正蔵、巻一四、五四五頁上）

yato < yatas + 有声子音：*関係副詞,* そこから。そういうわけで。その時以来。

nidānāc < nidānāt + (c) < nidāna-：*n.* 索。（馬の）綱。原因。動機。目的。起源。病原。理由を述べる序文。十二部経の一つ（因縁経）。「縁起」「発起」「因縁」「序」と漢訳。「尼陀那」と音写。*sg. Abl.*

ca：*conj.* および。また。しかしながら。そして。〜と。なお。

punar：*adv.* 再び。新たに。さらに。なお。しかしながら。

vyādhir < vyādhiḥ + 有声音 < vyādhi- < vi-ādhi-：*m.* 疾患。疾病。病気。*sg. Nom.*

utpadyate < utpadya- < ud-√pad- (4)；飛び上がる。生ずる。〜から生まれる。〜となる。起こる。現われる。*Pres. 3, sg. A.*

tasya < tad-：それ。*m. sg. Gen.*

parijñāyai < parijñā- < pari-√jñā- (9) + -ā：*f.* 知識。十分に知ること。*sg. Dat.*

pari-√jñā- (9)：注意深く観る。確かめる。十分に知る。〜（対格）を〜（対格）として認識する。

tebhyo < tebhyaḥ + 有声子音 < tad-：それ。*m. pl. Dat.*

dharmaṃ < dharma-：*m.* 確定した秩序。慣例。習慣。法則。規則。義務。宗教。教説。性質。本質。属性。特質。事物。「法」と漢訳。*sg. Acc.*

deśayiṣyāmaḥ < deśayiṣya- < deśaya- + -iṣya < √diś- (6) + -aya + -iṣya：*Caus.* 示す。導く。説明する。教える。「宣説」「開示」「教示」と漢訳。*Fut. 1, pl. P.*

katamac ca punar nidānaṃ yad idam adhyālambana-nidānam /
（梵漢和維摩経 *p.* 198, *ll.* 12–13）

「しかしながら、〔病の〕原因は何でしょうか。すなわち、〔それは認識〕対象〔としての縁〕をとらえることを原因としています。

【「何をか病の本と謂うや。謂く、攀縁有り。】（大正蔵、巻一四、五四五頁上）

………………………………………………………………………………

katamac < katamat + (c) < katama-：*疑問代名詞,*（多くの中の）だれか。何か。いずれか。*n. sg. Nom.*

ca：*conj.* および。また。しかしながら。そして。〜と。なお。

punar：*adv.* 再び。新たに。さらに。なお。しかしながら。

nidānaṃ < nidāna-：*n.* 索。（馬の）綱。原因。動機。目的。起源。病原。理由を述べる序文。十二部経の一つ（因縁経）。「縁起」「発起」「因縁」「序」と漢訳。「尼陀那」と音写。*sg. Nom.*

yad idam：すなわち。

yad < yat + 母音 < yad-：*関係代名詞, n. sg. Nom.*

idam < idam-：これ。*n. sg. Nom.*

adhyālambana-nidānam < adhyālambana-nidāna-：*adj.* 対象をとらえることを原因とする。〔認識対象としての〕縁を原因とする。*n. sg. Nom.*

adhyālambana- < adhyālambaya- + -ana < adhi-ā-√lamb- (1) + -aya + -ana：*n.*〔認識対象としての〕縁。対象をとらえること。「縁」「得」「欲得」「逮得」「求」「観」「余思」「思念」と漢訳。

adhyālambaya- < adhi-ā-√lamb- (1) + -aya：*Caus.* 取らせる。会得させる。

adhi-ā-√lamb- (1)：「取る」「採取」「接」と漢訳。

nidāna-：*n.* 索。（馬の）綱。原因。動機。目的。起源。病原。理由を述べる序文。十二部経の一つ（因縁経）。「縁起」「発起」「因縁」「序」と漢訳。「尼陀那」と音写。.

yāvat adhyālambana-nidānam[51] adhyālambate tāvad vyādhinidānam /
（梵漢和維摩経 *p.* 198, *ll.* 13–14）

「〔認識〕対象〔としての縁〕をとらえるという原因を取る限り、それだけ病気の原因があるのです。

【「攀縁有るに従いて、則ち病の本と為る。】（大正蔵、巻一四、五四五頁上）

……………………………………………………………………

yāvat：*関係副詞,* ～ほど大きく／多く／長く。～に至るまでの。

adhyālambana-nidānam < adhyālambana-nidāna-：*n.* 対象をとらえるという原因。*sg. Acc.*

adhyālambana- < adhyālambaya- + -ana < adhi-ā-√lamb- (1) + -aya + -ana：*n.* 〔認識対象としての〕縁。対象をとらえること。「縁」「得」「欲得」「逮得」「求」「観」「余思」「思念」と漢訳。

nidāna-：*n.* 索。（馬の）綱。原因。動機。目的。起源。病原。理由を述べる序文。十二部経の一つ（因縁経）。「縁起」「発起」「因縁」「序」と漢訳。「尼陀那」と音写。

adhyālambate < adhyālamba- < adhi-ā-√lamb- (1)：「取」「採取」と漢訳。*Pres. 3, sg. A.*

tāvad < tāvat + 有声子音：*adv.* それほど多く。正に。確かに。

vyādhi-nidānam < vyādhi-nidāna-：*n.* 病気の原因。*sg. Nom.*

vyādhi- < vi-ādhi-：*m.* 疾患。疾病。病気。

kiṃ câdhyālambate traidhātukam adhyālambate /

（梵漢和維摩経 *p.* 198, *l.* 14）

「〔認識対象として〕何をとらえるのか〔というと〕、〔欲界・色界・無色界の〕三界をとらえるのです。

【「何か攀縁する所なるや。謂く、之三界なり。】（大正蔵、巻一四、五四五頁上）

……………………………………………………………………

kiṃ < kim-：*疑問代名詞,* だれ。何。どんな。どの。*n. sg. Acc.*

câdhyālambate < ca + adhyālambate

adhyālambate < adhyālamba- < adhi-ā-√lamb- (1)：「取」「採取」と漢訳。*Pres. 3, sg. A.*

traidhātukam < tri-dhātu- + -ka：*adj.* 三界に関する。*n. sg. Acc.*

adhyālambate < adhyālamba- < adhi-ā-√lamb- (1)：「取」「採取」と漢訳。*Pres. 3, sg. A.*

tasyâdhyālambanatayā kā parijñā yad idam ālambanânupalambhaḥ /

（梵漢和維摩経 *p.* 198, *ll.* 14–15）

「〔認識〕対象をとらえること〔が病気の原因であると知ること〕によって、その人にはどのような知が具わるのでしょうか[52]。〔それは、〕すなわち、〔認識対象としての〕縁をとらえないということです。

【「云何が攀縁を断ずるや。無所得を以てす。】（大正蔵、巻一四、五四五頁上）

……………………………………………………………………

tasyâdhyālambanatayā < tasya + adhyālambanatayā

tasya < tad-：それ。*m. sg. Gen.*

adhyālambanatayā < adhyālambanatā- < adhyālambana-tā-：*f.* 対象をとらえること。*sg. Ins.*

kā < kim-：*疑問代名詞,* だれ。何。どんな。どの。*f. sg. Nom.*

parijñā < parijñā- < pari-√jñā- (9) + -ā：*f.* 知識。十分に知ること。*sg. Nom.*

以上は、属格と主格の名詞文。

pari-√jñā- (9)：注意深く観る。確かめる。十分に知る。～（対格）を～（対格）として認識する。

yad idam：すなわち。

ālambanânupalambhaḥ < ālambanânupalambha- < ālambana-anupalambha-：*m.* 〔認識対象としての〕縁をとらえないこと。*sg. Nom.*

ālambana- < ā-√lamb- (1) + -ana：*n.* ～に寄りかかること。～を支持すること。把持。支持。基礎。〔認識対象としての〕縁。「縁」「所縁」「攀縁」「所縁境」と漢訳。

anupalambha- < an-upalambha-：*m.* 〔対象を〕とらえないこと。「不得」「不取」「無得」「不可得」「無所得」と漢訳。

upalambha- < upa-labh- (1) + -a：*m.* 達せしむること。経験させること。取得。観察。知覚。

感覚。
√labh- (1)：遭遇する。獲得する。回復する。認識する。

yad dhi[53] nôpalabhyate tan nâlambate / (梵漢和維摩経 *p.* 198, *ll.* 15–16)

「実に知覚されないもの、それを〔認識対象として〕とらえることはありません[54]。
【「若し無所得なれば、則ち攀縁無し。】（大正蔵、巻一四、五四五頁上）
……………………………………………………………………………

yad dhi < yat + hi
yat < yad-：*関係代名詞*, ～ということ（＝ that）。*n. sg. Acc.*
hi：*ind.* 真に。確かに。実に。
nôpalabhyate < na + upalabhyate
upalabhyate < upalabhya- < upa-√labh- (1) + -ya：*Pass.* 捕らえられる。見出される。達せられる。得られる。知覚される。了解される。知られる。*3, sg. A.*
tan < tat + (n) < tad-：それ。*n. sg. Acc.*
nâlambate < na + ālambate
ālambate < ālamba- < ā-√lamb (1)：～（対格、処格）に付着する。固執する。もたれる。つかむ。〔対象を〕とらえる。握る。（心を）捉える。保持する。*Pres. 3, sg. A.*

kiṃ ca nôpalabhata ubhe dṛṣṭī nôpalabhate yad idam ātma-dṛṣṭiṃ para-dṛṣṭiṃ ca / (梵漢和維摩経 *p.* 198, *ll.* 16–17)

「では、何を知覚しないのか、〔それは〕二つの見ることを知覚しないのです。すなわち、自己〔の内〕を見ることと、〔自己の外の〕他のものを見ることであります。
【「何をか無所得と謂うや。謂わく、二見を離るるなり。何をか二見と謂うや。謂わく、内見と外見となり。】（大正蔵、巻一四、五四五頁上）
……………………………………………………………………………

kiṃ < kim-：*疑問代名詞,* だれ。何。どんな。どの。*n. sg. Acc.*
ca：*conj.* および。また。しかしながら。そして。～と。なお。
nôpalabhata < na + upalabhata
upalabhata < upalabhate + a 以外の母音 < upalabha- < upa-√labh- (1)：捕らえる。見出す。達する。得る。知覚する。了解する。知る。*Pres. 3, sg. A.*
ubhe < ubhā- < ubha-：*adj.* 両方の。「両」「二」「倶」と漢訳。*f. du. Acc.*
dṛṣṭī < dṛṣṭi- < √dṛś- (1) + -ti：*f.* 見ること。視力。見なすこと。意見。（誤った）見解。「見」「閲」「邪見」「妄見」と漢訳。*du. Acc.*
nôpalabhate < na + upalabhate
upalabhate < upalabha- < upa-√labh- (1)：捕らえる。見出す。達する。得る。知覚する。了解する。知る。*Pres. 3, sg. A.*
yad idam：すなわち。
ātma-dṛṣṭiṃ < ātma-dṛṣṭi-：*f.* 自己〔の内〕を見ること。「我見」「自見」「我執」と漢訳。*sg. Acc.*
ātma- < ātman-：*m.* 自己。
para-dṛṣṭiṃ < para-dṛṣṭi-：*f.* 〔自己の外の〕他のものを見ること。*sg. Acc.*
para-：*adj.* 次の。他の。
ca：*conj.* および。また。しかしながら。そして。～と。なお。

tad ucyate 'nupalambha iti / (梵漢和維摩経 *p.* 200, *l.* 1)

「それが、〔認識対象を〕とらえないことだと言われます。
【「是れ無所得なり。】　　（大正蔵、巻一四、五四五頁上）

---

tad < tat + 母音 < tad-：それ。*n. sg. Nom.*
ucyate 'nupalambha < ucyate + anupalambha
　ucyate < ucya- < √vac- (2) + -ya：*Pass.* ～と言われる。～と呼ばれる。*3, sg. A.*
　anupalambha < anupalambhaḥ + a 以外の母音 < anupalambha- < an-upalambha-：*m.*〔対象を〕とらえないこと。「不得」「不取」「無得」「不可得」「無所得」と漢訳。*sg. Nom.*
iti：*adv.* ～と。～ということを。以上のように。～と考えて。「如是」と漢訳。

evaṃ hi mañjuśrīr glānena bodhi-sattvena sva-cittaṃ nidhyāpayitavyaṃ[55] jarā-vyādhi-maraṇô-papatti-prahāṇāya /
（梵漢和維摩経 *p.* 200, *ll.* 1–2)

「まさにこのように、マンジュシリーよ、病気になった菩薩は、老・病・死・生〔の四苦〕を断つために自分の心を洞察するべきです。
【「文殊師利よ、是れを有疾の菩薩、其の心を調伏すと為し、老・病・死の苦を断ずると為す。】
（大正蔵、巻一四、五四五頁上）

---

evaṃ：*adv.* このように。「是」「如是」と漢訳。
hi：*ind.* 真に。確かに。実に。
mañjuśrīr < mañjuśrīḥ + 有声音 < mañjuśrī- < mañju-śrī-：*m.* マンジュシリー。「妙徳」「妙吉祥」と漢訳。「文殊」「文殊師利」と音写。*sg. Voc.* 格変化は、cf.「基礎」*p.* 106.
glānena < glāna- < √glai- (1) + -na：*pp.* 嫌悪した。疲れた。消耗した。「得病」「有疾」「疾病者」と漢訳。*n.* 倦怠。衰弱。病気。*m. sg. Ins.*
bodhi-sattvena < bodhi-sattva-：*m.* 覚りを求める人。「菩薩」と音写。*sg. Ins.*
sva-cittaṃ < sva-citta-：*n.* 自分の心。*sg. Nom.*
nidhyāpayitavyaṃ < nidhyāpayitavya- < nidhyāpaya- + -itavya < ni-√dhyai- (1) + -paya + -itavya：*Caus.* 未受分, 注目されるべき。洞察されるべき。*n. sg. Nom.*
jarā-vyādhi-maraṇôpapatti-prahāṇāya < jarā-vyādhi-maraṇa-upapatti-prahāṇa-：*n.* 老・病・死・生の断滅。*sg. Dat.*
　jarā- < √jṝ- (1) + -ā：*f.* 消耗すること。年老いること。老齢。
　vyādhi- < vi-ādhi-：*m.* 疾患。疾病。病気。
　maraṇa- < √mṛ- (1) + -ana：*n.* 死ぬこと。死。命終。
　upapatti- < upa-√pad- (4) + -ti：*f.* 出現。成功。結果。確立。起源。誕生。
　prahāṇa- < pra-√hā- (3) + -ana：*n.* 放棄。回避。「断」「断除」「断尽」「断滅」と漢訳。

evaṃ ca mañjuśrīr bodhi-sattvānāṃ bodhir yadi na bhaven nirarthako nanu vyāyāmo bhavet /
（梵漢和維摩経 *p.* 200, *ll.* 2–4)

「マンジュシリーよ、菩薩たちの覚り[56] はこのようなものであります。もしも、そうでないならば、〔彼らの〕努力は無意味なものとなるではないか。
【「是れ菩薩の菩提なり。若し是くの如くならずんば、己の修治する所に慧利無しと為す。】
（大正蔵、巻一四、五四五頁上）

---

evaṃ：*adv.* このように。「是」「如是」と漢訳。
ca：*conj.* および。また。しかしながら。そして。～と。なお。
mañjuśrīr < mañjuśrīḥ + 有声音 < mañjuśrī- < mañju-śrī-：*m.* マンジュシリー。「妙徳」「妙吉祥」と漢訳。「文殊」「文殊師利」と音写。*sg. Voc.* 格変化は、cf.「基礎」*p.* 106.

bodhi-sattvānāṃ < bodhi-sattva-：*m.* 覚りを求める人。「菩提薩埵」「菩薩」と音写。*pl. Gen.*
bodhir < bodhiḥ + 有声子音 < bodhi- < √budh- (1) + -i：*m.f.* 覚り。「菩提」と音写。*sg. Nom.*
yadi：*conj.* もし～ならば。
na：*ind.* ～でない。～にあらず。
bhaven < bhavet + (n) < bhava- < √bhū- (1)：なる。在る。～である。*Opt. 3, sg. P.*
nirarthako < nirarthakaḥ + 有声子音 < nirartha-ka-：*adj.* 目的に沿わない。いたずらな。不適当な。無用の。無意味な。*m. sg. Nom.*
nanu < na-nu：*adv.* ～でない。～しない。～ではないか。
vyāyāmo < vyāyāmaḥ + 有声子音 < vyāyāma- < vi-ā-√yam- (1) + -a：*m.* 戦闘。闘争。努力。実践。「勤」「功」「労」「精勤」「功力」「精進」「勇猛」「勤修」と漢訳。*sg. Nom.*
　vi-ā-√yam- (1)：引き分かつ。争う。戦う。「勤」「勤修」「勤修行」「勇猛勤精進」と漢訳。
bhavet < bhava- < √bhū- (1)：なる。在る。～である。*Opt. 3, sg. P.*

> yathā pratyarthika-nirghātāc chūrā ity ucyantêvam eva jarā-vyādhi-maraṇa-duḥkhôpaśamanād bodhi-sattvā ity ucyante /
>
> (梵漢和維摩経 *p.* 200, *ll.* 4–5)

「敵を打破することで勇者と言われるように、まさにこのように老・病・死の苦しみを鎮めることで菩薩と言われます。
【「譬えば怨に勝つを乃ち勇と為す可きが如し。是くの如く兼ねて老・病・死を除く者は、菩薩の謂なり。】　（大正蔵、巻一四、五四五頁上）
……………………………………………………………………

yathā：*conj.* ～のように。あたかも～のように。～と（that）。
pratyarthika-nirghātāc chūrā < pratyarthika-nirghātāt + śūrā
　pratyarthika-nirghātāt < pratyarthika-nirghāta-：*m.* 敵を打破すること。*sg. Abl.*
　pratyarthika- < praty-arthika-：*m.* 競争者。対抗者。敵。
　nirghāta- < nir-ghāta-：*m.* 除去。破壊。疾風。旋風。暴風雨。地震。
　ghāta-：*adj.* 殺害する。*m.* 殺害。傷害。破壊。
　śūrā < śūrāḥ + 有声音 < śūra-：*adj.* 英雄的な。好戦的な。勇気ある。勇敢な。*m.* 英雄。勇敢な人。勇者。*pl. Nom.*
ity < iti + 母音：*adv.* ～と。～ということを。以上のように。～と考えて。「如是」と漢訳。
ucyantêvam < ucyante + evam
　ucyante < ucya- < √vac- (2) + -ya：*Pass.* ～と言われる。～と呼ばれる。*3, pl. A.*
　evam：*adv.* このように。「是」「如是」と漢訳。
eva：*adv.* さように。このように。まさに。実に。ただ。全くこのように。
jarā-vyādhi-maraṇa-duḥkhôpaśamanād < jarā-vyādhi-maraṇa-duḥkhôpaśamanāt + 有声子音 < jarā-vyādhi-maraṇa-duḥkha-upaśamana-：*n.* 老・病・死の苦しみを鎮めること。*sg. Abl.*
　jarā- < √jṝ- (1) + -ā：*f.* 消耗すること。年老いること。老齢。
　vyādhi- < vy-ādhi-：*m.* 疾患。疾病。病気。
　maraṇa- < √mṛ- (1) + -ana：*n.* 死ぬこと。死。命終。
　duḥkha- < duḥ-kha-：*adj.* 不愉快な。艱難に満ちた。憐れな。*n.* 苦痛。艱難。悲惨。受苦。「苦」「苦」「苦悩」「憂苦」と漢訳。
　upaśamana- < upa-√śam- (4) + -ana：*n.* 鎮静。「寂静」と漢訳。
　upaśamaya- < upa-√śam- (4) + -aya：*Caus.* 静穏にする。鎮める。和らげる。消滅させる。
　upa-√śam- (4)：静かになる。平穏になる。消滅する。和らぐ。やむ。
bodhi-sattvā < bodhi-sattvāḥ + 有声音 < bodhi-sattva-：*m.* 覚りを求める人。「菩提薩埵」「菩薩」と音写。*pl. Nom.*
ity < iti + 母音：*adv.* ～と。～ということを。以上のように。～と考えて。「如是」と漢訳。

ucyante < ucya- < √vac- (2) + -ya：*Pass.* 言われる。*3, pl. A.*

§15 tena bodhi-sattvena vyādhitenâivaṃ pratyavekṣitavyam /
（梵漢和維摩経 *p.* 200, *l.* 6）

§15 「その病気になった菩薩は、次のように観察するべきであります。
【§15 「彼の有疾の菩薩は応に復是の念を作すべし。】　（大正蔵、巻一四、五四五頁上）

……………………………………………………………………

tena < tad-：それ。*m. sg. Ins.*
bodhi-sattvena < bodhi-sattva-：*m.* 覚りを求める人。「菩薩」と音写。*sg. Ins.*
vyādhitenâivaṃ < vyādhitena + evaṃ
　vyādhitena < vyādhita- < vi-ā-√dhā- (3) + -ita：*pp.* 病に悩まされた。病にかかった。*m. sg. Ins.*
　evaṃ：*adv.* このように。「是」「如是」と漢訳。
pratyavekṣitavyam < pratyavekṣitavya- < prati-ava-√īkṣ- (1) + -itavya：*未受分,* 調査されるべき。検査されるべき。尋ねられるべき。「視」「観」「観察」「視察」と漢訳。*n. sg. Nom.*

yathā mama vyādhir abhūto 'sann evaṃ sarva-sattvānām api vyādhir abhūto 'sann iti /
（梵漢和維摩経 *p.* 200, *ll.* 6–8）

「『私の病気が真実でなく、実在しないものであるように、このようにあらゆる衆生たちの病気もまた、真実でなく、実在しないものである』と。
【「『我が此の病は真に非ず、有るに非ざるが如く、衆生の病も亦真に非ず、有るに非ず』と。】
（大正蔵、巻一四、五四五頁上）

……………………………………………………………………

yathā：*conj.* ～のように。あたかも～のように。～と（that）。
　yathā ～ evaṃ …：あたかも～であるように、このように…。
mama < mad-：私。*1, sg. Gen.*
vyādhir < vyādhiḥ + 有声音 < vyādhi- < vi-ādhi-：*m.* 疾患。疾病。病気。*sg. Nom.*
abhūto 'sann < abhūtaḥ + asann
　abhūtaḥ < abhūta- < a-bhūta-：*adj.* あらざりし。起こらざりし。存在せざる。「無」「不実」「非真実」「不真実」「虚」「妄」「虚妄」と漢訳。*m. sg. Nom.*
　bhūta- < √bhū- (1) + -ta：*pp.* ～となった。あった。～である。真実の。*n.* 事実。現実。「真」「真実」「誠諦」と漢訳。
　asann < asan + 母音 < asat- < a-sat-：*P. 現在分詞,* 非実在の。虚偽の。悪しき。*m.* 非実在。虚言。悪。*m. sg. Nom.*
evaṃ：*adv.* このように。「是」「如是」と漢訳。
sarva-sattvānāṃ < sarva-sattva-：*m.* 「一切衆生」と漢訳。*pl. Gen.*
api：*adv.* また。さえも。されど。なお。
vyādhir < vyādhiḥ + 有声音 < vyādhi- < vi-ādhi-：*m.* 疾患。疾病。病気。*sg. Nom.*
abhūto 'sann < abhūtaḥ + asann
　abhūtaḥ < abhūta- < a-bhūta-：*adj.* あらざりし。起こらざりし。存在せざる。「無」「不実」「非真実」「不真実」「虚」「妄」「虚妄」と漢訳。*m. sg. Nom.*
　asann < asan + 母音 < asat- < a-sat-：*P. 現在分詞,* 非実在の。虚偽の。悪しき。*m.* 非実在。虚言。悪。*m. sg. Nom.*
iti：*adv.* ～と。～ということを。以上のように。～と考えて。「如是」と漢訳。

tasyâivaṃ pratyavekṣamāṇasya nânuśaṃsā-dṛṣṭi-patitā sattveṣu mahā-karuṇôtpadyate 'nyatrâ=gantuka-kleśa-prahāṇâbhiyuktyā sattveṣu mahākaruṇôtpadyate / tat kasmād dhetoḥ /

(梵漢和維摩経 *p.* 200, *ll.* 8–10)

「その〔病気になった菩薩〕がこのように観察する時、衆生たちに対して、称賛目当ての考えに陥った大いなる憐れみ（大悲）の心を生ずることなく、他方において、〔外から〕迷い込んできた煩悩（客塵煩悩）の断滅のために努力精進することによって、衆生たちに対して、大いなる憐れみの心を生ずるのです57。それは、どんな理由からでしょうか。

【「是の観を作す時、諸の衆生に於いて、若し愛見の大悲起こらば、即ち応に捨離すべし。所以は何んとなれば、菩薩は客塵煩悩を断除して、大悲を起こす。】　　　　（大正蔵、巻一四、五四五頁上）

………………………………………………………………………

tasyâivaṃ < tasya + evaṃ

tasya < tad-：それ。*m. sg. Gen.*

evaṃ：*adv.* このように。「是」「如是」と漢訳。

pratyavekṣamāṇasya < pratyavekṣamāṇa- < pratyavekṣa- + -māṇa < prati-ava-√īkṣ- (1) + -māṇa：調査する。検査する。尋ねる。「視」「観」「観察」「視察」と漢訳。*A. 現在分詞, m. sg. Gen.*

以上の属格は絶対節をなしている。

nânuśaṃsā-dṛṣṭi-patitā < na + anuśaṃsā-dṛṣṭi-patitā

anuśaṃsā-dṛṣṭi-patitā < anuśaṃsā-dṛṣṭi-patitā- < anuśaṃsā-dṛṣṭi-patita-：*pp.* 称賛にとらわれた見解に陥っている。称賛目当ての考えに陥った。*f. sg. Nom.*

anuśaṃsā- < anu-√śaṃs- (1) + -ā：*f.* 称讃。

anu-√śaṃs- (1)：読誦する。称讃する。

√śaṃs- (1)：読誦する。称讃する。激賞する。報告する。告げる。

dṛṣṭi- < √dṛś- (1) + -ti：*f.* 見ること。視力。見なすこと。意見。（誤った）見解。「見」「閲」「邪見」「妄見」と漢訳。

patita- < √pat- (1) + -ita：*pp.* 陥った。「堕」「落」「堕在」「墜」と漢訳。

sattveṣu < sattva-：*m.* 「衆生」と漢訳。*pl. Loc.*

mahā-karuṇôtpadyate ’nyatrâgantuka-kleśa-prahāṇâbhiyuktyā < mahā-karuṇā + utpadyate + anyatra + āgantuka-kleśa-prahāṇâbhiyuktyā

mahā-karuṇā < mahā-karuṇā-：*adj.* 大いなる憐れみ。*f. sg. Nom.*

utpadyate < utpadya- < ud-√pad- (4) + -ya：*Pass.* 生じられる。*3, sg. A.*

Ⅳ類の動詞の現在と、受動の語幹は同じである。ここでは受動。

anyatra：*adv.* ～（奪格）を除いて。他方において。よそにおいて。

āgantuka-kleśa-prahāṇâbhiyuktyā < āgantuka-kleśa-prahāṇâbhiyukti- < āgantuka-kleśa-prahāṇa-abhiyukti-：*f.* 〔外から〕迷い込んできた煩悩（客塵煩悩）の断滅のために努力精進すること。*sg. Ins.*

āgantuka-kleśa- ＝ āgantu-kleśa-：*m.* 迷い込んできた煩悩。「客塵煩悩」と漢訳。

āgantuka- < āgantu-ka-：*adj.* 迷える（家畜）。錯入した。「客」「偶来」「従遠方来」と漢訳。

kleśa- < √kliś- (4) + -a：*m.* 苦痛。苦悩。心痛。「煩悩」「惑」「根本煩悩」と漢訳。

prahāṇa- < pra-√hā- (3) + -ana：*n.* 放棄。回避。「断」「断除」「断尽」「断滅」と漢訳。

abhiyukti- < abhi-√yuj- (7) + -ti：*f.* 前進すること。「精進」と漢訳。

abhi-√yuj- (7)：～（対格）に向かって前進する。着手する。「一心精進」「勤修精進」

sattveṣu < sattva-：*m.* 「衆生」と漢訳。*pl. Loc.*

mahā-karuṇôtpadyate < mahā-karuṇā + utpadyate

mahā-karuṇā < mahā-karuṇā-：*adj.* 大いなる憐れみ。*f. sg. Nom.*

utpadyate < utpadya- < ud-√pad- (4) + -ya：*Pass.* 生じられる。*3, sg. A.*

………………………………………………………………………

tat < tad-：それ。*n. sg. Nom.*

kasmād dhetoḥ < kasmāt + hetoḥ

連声法は、cf.「基礎」*p.* 63.

kasmāt < kim-：*疑問詞,* だれ。何。どんな。どの。*m. sg. Abl.*
hetoḥ < hetu-：*m.* 理由。原因。因。*sg. Abl.*
奪格は、動機、原因、理由を表わす。cf.「シンタックス」*p.* 58.

> anuśaṃsa-dṛṣṭi-patitayâiva hi mahā-karuṇayā bodhi-sattvasya khedo bhavaty upapattiṣu /
> （梵漢和維摩経 *p.* 200, *ll.* 10–11）

「まさに、称賛目当ての考えに陥った大いなる憐れみの心〔を抱くこと〕によって、菩薩には〔何度も〕生まれてくることに対して嫌気が差すでありましょう。
【「愛見の悲なれば、則ち生死に於いて疲厭(ひえん)の心有らん。】　（大正蔵、巻一四、五四五頁上）

anuśaṃsa-dṛṣṭi-patitayâiva < anuśaṃsa-dṛṣṭi-patitayā + eva
anuśaṃsa-dṛṣṭi-patitayā < anuśaṃsa-dṛṣṭi-patitā- < anuśaṃsa-dṛṣṭi-patita-：*pp.* 称賛にとらわれた見解に陥っている。称賛目当ての考えに陥った。*f. sg. Ins.*
anuśaṃsa-：*m.* 称讃。勝利／功徳をあらしめること。利益を与えること。
anuśaṃsā- < anu-√śaṃs- (1) + -ā：*f.* 称讃。
anu-√śaṃs- (1)：読誦する。称讃する。
√śaṃs- (1)：読誦する。称讃する。激賞する。報告する。告げる。
dṛṣṭi- < √dṛś- (1) + -ti：*f.* 見ること。視力。見なすこと。意見。（誤った）見解。「見」「閲」「邪見」「妄見」と漢訳。
patita- < √pat- (1) + -ita：*pp.* 陥った。「堕」「落」「堕在」「墜」と漢訳。
eva：*adv.* さように。このように。まさに。実に。ただ。全くこのように。
hi：*ind.* 真に。確かに。実に。
mahā-karuṇayā < mahā-karuṇā-：*f.* 大いなる憐れみの心。*sg. Ins.*
bodhi-sattvasya < bodhi-sattva-：*m.* 覚りを求める人。「菩薩」と音写。*sg. Gen.*
khedo < khedaḥ + 有声子音 < kheda- < √khid- (6) + -a：*m.* 圧迫。困難。苦労。微弱。意気沮喪。疲労。倦怠。悲歎。苦悩。*sg. Nom.*
bhavaty < bhavati + 母音 < bhava- < √bhū- (1)：なる。*Pres. 3, sg. P.*
upapattiṣu < upapatti- < upa-√pad- (4) + -ti：*f.* 出現。成功。結果。確立。起源。誕生。*pl. Loc.*

> anuśaṃsa-dṛṣṭi-paryutthāna-vigatayā punar mahā-karuṇayā bodhi-sattvasya khedo na bhavaty upapattiṣu /
> （梵漢和維摩経 *p.* 200, *ll.* 11–13）

「しかしながら、称賛目当ての考えが起こるのを離れた大いなる憐れみの心〔を抱くこと〕によって、菩薩には〔何度も〕生まれてくることに対して嫌気が差すことはありません。
【「若し能く此れを離るれば疲厭有ること無し。】　（大正蔵、巻一四、五四五頁上）

anuśaṃsa-dṛṣṭi-paryutthāna-vigatayā < anuśaṃsa-dṛṣṭi-paryutthāna-vigatā- < anuśaṃsa-dṛṣṭi-paryutthāna-vigata-：*pp.* 称賛目当ての考えが起こるのを離れている。*f. sg. Ins.*
anuśaṃsa-：*m.* 称讃。勝利／功徳をあらしめること。利益を与えること。
dṛṣṭi- < √dṛś- (1) + -ti：*f.* 見ること。視力。見なすこと。意見。（誤った）見解。「見」「閲」「邪見」「妄見」と漢訳。
paryutthāna- < pari-ud-√sthā- (1) + -ana：*n.* 立ち上がること。「起」「発起」と漢訳。
paryutthāna- = paryavasthāna- < pari-ava-√sthā- (1) + -ana：*n.* 表面に現われた煩悩（纏）。「纏」「起煩悩」「随煩悩」と漢訳。
vigata- < vi-gata- < vi-√gam- (1) + -ta：*pp.* 散った。去った。消滅した。「離」「除」「棄」「遠離」「断除」と漢訳。
punar：*adv.* 再び。新たに。さらに。なお。しかしながら。
mahā-karuṇayā < mahā-karuṇā-：*f.* 大いなる憐れみの心。*sg. Ins.*

bodhi-sattvasya < bodhi-sattva-：*m.* 覚りを求める人。「菩薩」と音写。*sg. Gen.*
khedo < khedaḥ + 有声子音 < kheda- < √khid- (6) + -a：*m.* 圧迫。困難。苦労。微弱。意気沮喪。疲労。倦怠。悲歎。苦悩。*sg. Nom.*
na：*ind.* ～でない。～にあらず。
bhavaty < bhavati + 母音 < bhava- < √bhū- (1)：なる。*Pres. 3, sg. P.*
upapattiṣu < upapatti- < upa-√pad- (4) + -ti：*f.* 出現。成功。結果。確立。起源。誕生。*sg. Loc.*

so 'yam upapadyate na ca dṛṣṭi-paryutthāna-paryutthita upapadyate /
(梵漢和維摩経 *p.* 200, *ll.* 13–14)

「その〔菩薩〕は、生まれてくるが、〔称賛目当ての誤った〕見解によって煩悩を起こして生まれてくるのではありません。
【「在在所生(ざいざいしょしょう)に愛見の覆(おお)う所と為らず。】　（大正蔵、巻一四、五四五頁中）
……………………………………………………………………

so 'yam < saḥ + ayaṃ
saḥ < tad-：それ。*m. sg. Nom.*
ayaṃ < idam-：これ。*m. sg. Nom.*
upapadyate < upapadya- < upa-√pad- (4)：～に来る。～の許へ行く。～に弟子入りする。～に到達する。起こる。生ずる。現われる。「受生」「下生入」と漢訳。*Pres. 3, sg. A.*
na：*ind.* ～でない。～にあらず。
ca：*conj.* および。また。しかしながら。そして。～と。なお。
dṛṣṭi-paryutthāna-paryutthita < dṛṣṭi-paryutthāna-paryutthitaḥ + a 以外の母音 < dṛṣṭi-paryutthāna-paryutthita-：*adj.* 〔誤った〕見解によって煩悩を起こした。*m. sg. Nom.*
dṛṣṭi- < √dṛś- (1) + -ti：*f.* 見ること。視力。見なすこと。意見。（誤った）見解。「見」「関」「邪見」「妄見」と漢訳。
paryutthāna- < pari-ud-√sthā- (1) + -ana：*n.* 立ち上がること。「起」「発起」と漢訳。
paryutthāna- = paryavasthāna- < pari-ava-√sthā- (1) + -ana：*n.* 表面に現われた煩悩（纏）。「纏」「起煩悩」「随煩悩」と漢訳。
paryutthita- < pari-ud-√sthā- (1) + -ita：*pp.* 立ち上がった。
paryutthita- = paryavasthita- < pari-ava-√sthā- (1) + -ita：*pp.* 「所著」「纏」「所纏」と漢訳。
upapadyate < upapadya- < upa-√pad- (4)：～に来る。～の許へ行く。～に弟子入りする。～に到達する。起こる。生ずる。現われる。「受生」「下生入」と漢訳。*Pres. 3, sg. A.*

so 'paryutthita-citta upapadyamāno mukta[58] evôtpadyate mukta eva jāyate / sa mukta evôtpadyamāno mukta eva jāyamāno baddhānāṃ sattvānāṃ śaktaḥ prati-balo bandha-mokṣāya dharmaṃ deśayitum[59] /
(梵漢和維摩経 *p.* 200, *ll.* 14–17)

「その〔菩薩〕は、心が煩悩にとらわれずに生まれているので、実に解脱して生ずるのであり、実に解脱して生まれるのです。その〔菩薩〕は、実に解脱して生じているのであり、実に解脱して生まれているので、束縛された衆生たちの束縛を解放するために法を説くことのできる能力を具えています。
【「所生(しょしょう)に縛(ばく)無ければ、能(よ)く衆生の為に法を説きて縛を解かんこと、】（大正蔵、巻一四、五四五頁中）
……………………………………………………………………

so 'paryutthita-citta < saḥ + aparyutthita-citta
saḥ < tad-：それ。*m. sg. Nom.*
aparyutthita-citta < aparyutthita-cittaḥ + a 以外の母音 < aparyutthita-citta-：*adj.* 煩悩にとらわれていない心を持つ。心が煩悩にとらわれていない。*m. sg. Nom.*
aparyutthita- < a-paryutthita-：*adj.* 煩悩にとらわれていない。

paryutthita- ＝ paryavasthita- < pari-ava-√sthā- (1) + -ita：*pp.* 「所著」「纏」「所纏」と漢訳。

citta-：*n.* 心。思考。意思。知性。理性。「質多」と音写。

upapadyamāno < upapadyamānaḥ + 有声子音 < upapadyamāna- < upapadya- + -māna < upa-√pad- (4) + -māna-：～に来る。～の許へ行く。～に弟子入りする。～に到達する。起こる。生ずる。現われる。「受生」「下生入」と漢訳。*A. 現在分詞, m. sg. Nom.*

mukta < muktaḥ + a 以外の母音 < mukta- < √muc- (6) + -ta：*pp.* 解放された。*m. sg. Nom.*

√muc- (6)：放つ。解放する。発する。発言する。

evôtpadyate < eva + utpadyate

eva：*adv.* さように。このように。まさに。実に。ただ。全くこのように。

utpadyate < utpadya- < ud-√pad- (4)；飛び上がる。生ずる。～から生まれる。～となる。起こる。現われる。*Pres. 3, sg. A.*

mukta < muktaḥ + a 以外の母音 < mukta- < √muc- (6) + -ta：*pp.* 解放された。*m. sg. Nom.*

eva：*adv.* さように。このように。まさに。実に。ただ。全くこのように。

jāyate < jāya- < √jān- (4)：生まれる。生ずる。*Pres. 3, sg. A.*

………………………………………………………………………

sa < saḥ < tad-：それ。*m. sg. Nom.*

mukta < muktaḥ + a 以外の母音 < mukta- < √muc- (6) + -ta：*pp.* 解放された。*m. sg. Nom.*

evôtpadyamāno < eva + utpadyamāno

eva：*adv.* さように。このように。まさに。実に。ただ。全くこのように。

upapadyamāno < upapadyamānaḥ + 有声子音 < upapadyamāna- < upapadya- + -māna < upa-√pad- (4) + -māna-：～に来る。～の許へ行く。～に弟子入りする。～に到達する。起こる。生ずる。現われる。「受生」「下生入」と漢訳。*A. 現在分詞, m. sg. Nom.*

mukta < muktaḥ + a 以外の母音 < mukta- < √muc- (6) + -ta：*pp.* 解放された。*m. sg. Nom.*

eva：*adv.* さように。このように。まさに。実に。ただ。全くこのように。

jāyamāno < jāyamānaḥ + 有声子音 < jāyamāna- < jāya- + -māna < √jān- (4) + -māna：生まれる。生ずる。*A. 現在分詞, m. sg. Nom.*

baddhānāṃ < baddha- < √bandh- (9) + -ta：*pp.* 固定された。縛られた。結合された。*m. pl. Gen.*

√bandh- (9)：固定する。縛る。結合する。

sattvānāṃ < sattva-：*m.* 「衆生」「有情」と漢訳。*pl. Gen.*

śaktaḥ < śaktaḥ + (p) < śakta- < √śak- (5) + -ta：*pp.* ～をなしうる。～する能力を有する。*m. sg. Nom.*

prati-balo < prati-balaḥ + 有声子音 < prati-bala-：*n.* 敵軍。*adj.* ～と等しい力量のある。～と比肩する。「有力」「有力能」と漢訳。*m. sg. Nom.*

bandha-mokṣāya < bandha-mokṣa-：*m.* 束縛からの解放。*sg. Dat.*

bandha- < √bandh- (9) + -a：*m.* 結ぶこと。締めること。捕らえること。捕獲。固定すること。束縛。

mokṣa-：*m.* ～（奪格、属格）からの解放。〔輪廻からの〕解放。「解脱」と漢訳。

dharmaṃ < dharma-：*m.* 法則。規則。教説。本質。事物。「法」と漢訳。*sg. Acc.*

deśayitum < deśaya- + -itum < √diś- (6) + -aya + -itum：*Caus. 不定詞,* 示すこと。導くこと。説明すること。教えること。

> yathôktaṃ bhagavatā "sa tāvad ātmanā baddhaḥ paraṃ bandhanān mocayiṣyatîti nêdaṃ sthānaṃ vidyate / yas tv ātmanā muktaḥ paraṃ bandhanān mocayiṣyatîti sthānam etad vidyate" /
> （梵漢和維摩経 *p.* 200, *ll.* 17–19）

「世尊が〔そのように〕おっしゃられた通りです。『まさにその人が自分自身によって束縛されているのに、他者を束縛から解放するということ、ここには妥当とするところは見出されないのだ。しかるに、自分自身が解脱しているところの人〔、その人こそ〕が他者を束縛から解放するということ、ここには妥当とするところが見出されるのだ』と。
【「仏の所説の如し。『若し自ら縛有りて能く彼の縛を解くは、是とする処有ること無し。若し自ら縛無くして、能く彼の縛を解くこと、斯れ是とする処有り』と。】　（大正蔵、巻一四、五四五頁中）

…………………………………………………………………………

yathôktaṃ < yathā + uktaṃ
　　yathā：*conj.* ～のように。あたかも～のように。～と（that）。
　　uktaṃ < ukta- < √vac- (2) + -ta：*pp.* 言われた。*n. sg. Nom.*
bhagavatā < bhagavat-：*m.* 尊い（人）。「世尊」と漢訳。「婆伽婆」「薄伽梵」と音写。*sg. Ins.*
sa < saḥ < tad-：それ。*m. sg. Nom.*
tāvad < tāvat + 有声子音：*adv.* それほど多く。正に。確かに。
ātmanā < ātman-：*m.* 自分。自我。*sg. Ins.*
baddhaḥ < baddhaḥ + (p) < baddha- < √bandh- (9) + -ta：*pp.* 固定された。縛られた。結合された。*m. sg. Nom.*
paraṃ < para-：*adj.* 他の。過去の。以前の。未来の。「後」「当来」と漢訳。*m. sg. Acc.*
bandhanān < bandhanāt + (m) < bandhana- < √bandh- (9) + -ana：*adj.* 縛る。魅惑する。*n.* 縛ること。結ぶこと。束縛。綱。縄。「繋縛」「帯」と漢訳。*n. sg. Abl.*
mocayiṣyatîti < mocayiṣyati + iti
　　mocayiṣyati < mocayiṣya- < mocaya- + -iṣya < √muc- (6) + -aya + -iṣya：*Caus.* ～（奪格）から解放する。自由にする。放免する。釈放する。束縛を解く。*Fut. 3, sg. P.*
　　iti：*adv.* ～と。以上のように。「如是」と漢訳。
nêdaṃ < na + idaṃ
　　idaṃ < idam-：これ。*n. sg. Acc.* 対格の副詞的用法で「ここに」を意味する。
sthānaṃ < sthāna- < √sthā- (1) + -ana：*n.* 正しい場所。適当な場所。立つこと。状態。地位。身分。住居。地点。*sg. Nom.*
vidyate < vidya- < √vid- (6) + -ya：*Pass.* 見いだされる。存在する。ある。*3, sg. A.*
　　√vid- (2)：知る。
　　√vid- (6)：見いだす。

…………………………………………………………………………

yas < yaḥ + (t) < yad-：*関係代名詞, m. sg. Nom.*
tv < tu + 母音：*ind.* しかし。しこうして。しかるに。しかも。
ātmanā < ātman-：*m.* 自己。自我。*sg. Ins.* 格変化は、cf.「基礎」*p.* 164.
muktaḥ < mukta- < √muc- (6) + -ta：*pp.* 解放された。*m. sg. Nom.*
paraṃ < para-：*adj.* 他の。過去の。以前の。未来の。「後」「当来」と漢訳。*m. sg. Acc.*
bandhanān < bandhanāt + (n) < bandhana- < √bandh- (9) + -ana：*adj.* 縛る。魅惑する。*n.* 縛ること。結ぶこと。束縛。綱。縄。「繋縛」「帯」と漢訳。*n. sg. Abl.*
mocayiṣyatîti < mocayiṣyati + iti
　　mocayiṣyati < mocayiṣya- < mocaya- + -iṣya < √muc- (6) + -aya + -iṣya：*Caus.* ～（奪格）から解放する。自由にする。放免する。釈放する。束縛を解く。*Fut. 3, sg. P.*
　　iti：*adv.* ～と。以上のように。「如是」と漢訳。
sthānam < sthāna- < √sthā- (1) + -ana：*n.* 正しい場所。適当な場所。立つこと。状態。地位。身分。住居。地点。*sg. Nom.*
etad < etat + 母音 < etad-：これ。*n. sg. Acc.* 対格の副詞的用法で「ここに」を意味する。
vidyate < vidya- < √vid- (6) + -ya：*Pass.* 見いだされる。存在する。ある。*3, sg. A.*

tasmān muktena bodhi-sattvena bhavitavyaṃ na baddhena /
（梵漢和維摩経 *p.* 202, *l.* 1）

「それ故に、菩薩は、解脱しているべきであって、束縛されてい〔るべきではあり〕ません[60]。
【「是の故に菩薩は、応に縛を起こすべからず、と。】　　　　　　　　（大正蔵、巻一四、五四五頁中）

……………………………………………………………………………

tasmān < tasmāt + (m) < tad-：それ。*n. sg. Abl.*
　代名詞の中性・単数の対格（tat）、奪格（tasmāt）、具格（tena）は、「そこで」「従って」「それ故」などの意味となり、文の連結助詞として用いられる。cf.「シンタックス」*p.* 125.
muktena < mukta- < √muc- (6) + -ta：*pp.* 解放された。*m. sg. Ins.*
bodhi-sattvena < bodhi-sattva-：*m.* 覚りを求める人。「菩薩」と音写。*sg. Ins.*
　「ある」「なる」などの動詞が非人称受動態のとき、主語と名詞補語は具格となる。cf.「シンタックス」*p.* 45. 主語はまれに属格となることもある。
bhavitavyaṃ < bhavitavya- < √bhū- (1) + -itavya：*未受分,* 生じられるべき。～になられるべき。発生されるべき。出現されるべき。存在されるべき。起こるべき。あるべき。*n. sg. Nom.*
na：*ind.* ～でない。～にあらず。
baddhena < baddha- < √bandh- (9) + -ta：*pp.* 固定された。縛られた。結合された。*m. sg. Ins.*

§16　tatra katamo bandhaḥ katamo mokṣaḥ /
（梵漢和維摩経 *p.* 202, *l.* 2）

§16　「その場合、〔菩薩にとっての〕束縛とは何でありましょうか。解脱とは何でありましょうか。
【§16　「何をか縛と謂い、何をか解と謂うや。】　　　　　　　　（大正蔵、巻一四、五四五頁中）

……………………………………………………………………………

tatra：*adv.* そこに。そこへ。かしこに。その時に。その場合に。
katamo < katamaḥ + (t) < katama-：*疑問代名詞,*（多くの中の）だれか。何か。いずれか。*m. sg. Nom.*
bandhaḥ < bandhaḥ + (k) < bandha- < √bandh- (9) + -a：*m.* 結ぶこと。締めること。捕らえること。捕獲。固定すること。束縛。*sg. Nom.*
katamo < katamaḥ + (t) < katama-：*疑問代名詞,*（多くの中の）だれか。何か。いずれか。*m. sg. Nom.*
mokṣaḥ < mokṣa-：*m.* ～（奪格、属格）からの解放。〔輪廻からの〕解放。「解脱」と漢訳。*sg. Nom.*

anupāyād bhava-gati-parigraho bodhi-sattvasya bandha upāyād bhava-gati-gamanaṃ mokṣaḥ /
（梵漢和維摩経 *p.* 202, *ll.* 2–3）

「適切でない方便（手段）で、〔輪廻を免れることのない〕有（存在）の境界を把握することが、菩薩にとっての束縛であり、〔適切な〕方便で、有の境界に赴くことが〔菩薩にとっての〕解脱であります[61]。
【漢訳相当箇所なし】

……………………………………………………………………………

anupāyād < anupāyāt + 有声子音 < anupāya- < an-upāya-：*m.* 適切でない方便（手段）。「非方便」と漢訳。*sg. Abl.*
　upāya- < upa-√i- (2) + -a：*m.* 接近。到着。手段。方策。「方便」と漢訳。
bhava-gati-parigraho < bhava-gati-parigrahaḥ + 有声子音 < bhava-gati-parigraha-：*m.* 有（存在）の赴くところの把握。有（存在）の境界の把握。*sg. Nom.*
　bhava-gati-：*f.* 「有道」「有趣」と漢訳。
　bhava-：*m.* 誕生。生起。起源。本源。存在。「有」と漢訳。
　gati- < √gam- (1) + -ti：*f.* 行くこと。進路。状態。「趣」「所趣」「所帰趣」「境界」と漢訳。
　parigraha- < pari-√grah- (9) + -a：*m.* 包容。包含。取得。把握。受納。獲得。所有。
bodhi-sattvasya < bodhi-sattva-：*m.* 覚りを求める人。「菩薩」と音写。*sg. Gen.*
bandha < bandhaḥ + a 以外の母音 < bandha- < √bandh- (9) + -a：*m.* 結ぶこと。締めること。捕らえること。捕獲。固定すること。束縛。*sg. Nom.*
upāyād < upāyāt + 有声子音 < upāya-：*m.* 〔適切な〕方便（手段）。*sg. Abl.*

bhava-gati-gamanaṃ < bhava-gati-gamana-：*n.* 有（存在）の境界に赴くこと。*sg. Nom.*
　gamana- < √gam- (1) + -ana：*n.* 去ること。行くこと。
mokṣaḥ < mokṣa-：*m.* ～（奪格、属格）からの解放。〔輪廻からの〕解放。「解脱」と漢訳。*sg. Nom.*

> anupāyād dhyāna-samādhy-āsvādanatā bodhi-sattvasya bandha upāyena dhyāna-samādhy-āsvādanatā mokṣaḥ /
> （梵漢和維摩経 *p.* 202, *ll.* 4–5）

「適切でない方便で、禅定と三昧を味わうことは、菩薩にとっての束縛であり、〔適切な〕方便によって禅定と三昧を味わうことは、〔菩薩にとっての〕解脱であります。
【「禅味に貪著する、是れ菩薩の縛なり。方便を以て生ずる、是れ菩薩の解なり。】
（大正蔵、巻一四、五四五頁中）

anupāyād < anupāyāt + 有声子音 < anupāya- < an-upāya-：*m.* 適切でない方便（手段）。「非方便」と漢訳。*sg. Abl.*
dhyāna-samādhy-āsvādanatā < dhyāna-samādhy-āsvādanatā- < dhyāna-samādhi-āsvādana-tā-：*f.* 禅定と三昧を味わうこと。*sg. Nom.*
　dhyāna- < √dhyai- (1) + -ana：*n.* 静慮。「定」と漢訳。「禅」「禅定」と音写。
　samādhi- < sam-ādhi-：*m.* 深い瞑想。深い専心。「定」と漢訳。「三昧」「三摩地」「三摩提」と音写。
　āsvādana- < ā-√svad- (1) + -ana：*n.* 「味」「耽味」「味著」「貪味」と漢訳。
　ā-√svad- (1)：味わう。楽しむ。賞味する。「取」「著」「貪味」と漢訳。
bodhi-sattvasya < bodhi-sattva-：*m.* 覚りを求める人。「菩薩」と音写。*sg. Gen.*
bandha < bandhaḥ + a 以外の母音 < bandha- < √bandh- (9) + -a：*m.* 結ぶこと。締めること。捕らえること。捕獲。固定すること。束縛。*sg. Nom.*
upāyena < upāya-：*m.* 〔適切な〕方便（手段）。*sg. Ins.*
dhyāna-samādhy-āsvādanatā < dhyāna-samādhy-āsvādanatā- < dhyāna-samādhi-āsvādana-tā-：*f.* 禅定と三昧を味わうこと。*sg. Nom.*
mokṣaḥ < mokṣa-：*m.* ～（奪格、属格）からの解放。〔輪廻からの〕解放。「解脱」と漢訳。*sg. Nom.*

> anupāya-saṃgṛhītā prajñā bandha upāya-saṃgṛhītā prajñā mokṣaḥ /
> （梵漢和維摩経 *p.* 202, *ll.* 5–6）

「適切でない方便によって支持された智慧は束縛であり、〔適切な〕方便によって支持された智慧は解脱であります。
【「又方便無き慧は縛なり。方便有る慧は解なり。】　（大正蔵、巻一四、五四五頁中）

anupāya-saṃgṛhītā < anupāya-saṃgṛhītā- < anupāya-saṃgṛhīta-：*adj.* 適切でない方便（手段）によって支持された。*f. sg. Nom.*
　saṃgṛhīta- < sam-√grah- (9) + -ita：*pp.* つかまれた。捕らえられた。受け入れられた。集められた。支持された。支配された。
prajñā < prajñā-：*f.* 「智慧」と漢訳。*sg. Nom.*
bandha < bandhaḥ + a 以外の母音 < bandha- < √bandh- (9) + -a：*m.* 結ぶこと。締めること。捕らえること。捕獲。固定すること。束縛。*sg. Nom.*
upāya-saṃgṛhītā < upāya-saṃgṛhītā- < upāya-saṃgṛhīta-：*adj.* 〔適切な〕方便によって支持された。*f. sg. Nom.*
prajñā < prajñā-：*f.* 「智慧」と漢訳。*sg. Nom.*
mokṣaḥ < mokṣa-：*m.* ～（奪格、属格）からの解放。〔輪廻からの〕解放。「解脱」と漢訳。*sg. Nom.*

prajñayâsaṃgṛhīta[62] upāyo bandhanaṃ prajñā-saṃgṛhīta upāyo mokṣaḥ /
(梵漢和維摩経 *p.* 202, *ll.* 6–7)

「智慧によって支持されていない方便は、束縛であり、智慧によって支持されている方便は、解脱であります。
【「慧無き方便は縛なり、慧有る方便は解なり。】　（大正蔵、巻一四、五四五頁中）

……………………………………………………………………………

prajñayâsaṃgṛhīta < prajñayā + asaṃgṛhīta
prajñayā < prajñā-：*f.* 「智慧」と漢訳。*sg. Ins.*
asaṃgṛhīta < asaṃgṛhītaḥ + a 以外の母音 < a-saṃgṛhīta-：*adj.* 支持されていない。*m. sg. Nom.*
saṃgṛhīta- < sam-√grah- (9) + -ita：*pp.* つかまれた。捕らえられた。受け入れられた。集められた。支持された。支配された。
upāyo < upāyaḥ + 有声子音 < upāya- < upa-√i- (2) + -a：*m.* 接近。到着。手段。方策。「方便」と漢訳。*m. sg. Nom.*
bandhanaṃ < bandhana- < √bandh- (9) + -ana：*adj.* 縛る。魅惑する。*n.* 縛ること。結ぶこと。束縛。綱。縄。「繋縛」「帯」と漢訳。*n. sg. Acc.*
prajñā-saṃgṛhīta < prajñā-saṃgṛhītaḥ + a 以外の母音 < prajñā-saṃgṛhīta-：*adj.* 智慧によって把握されている。智慧によって支持されている。*m. sg. Nom.*
saṃgṛhīta- < sam-√grah- (9) + -ita：*pp.* つかまれた。捕らえられた。受け入れられた。集められた。支持された。支配された。
upāyo < upāyaḥ + 有声子音 < upāya- < upa-√i- (2) + -a：*m.* 接近。到着。手段。方策。「方便」と漢訳。*m. sg. Nom.*
mokṣaḥ < mokṣa-：*m.* ～（奪格、属格）からの解放。〔輪廻からの〕解放。「解脱」と漢訳。*sg. Nom.*

§17 tatra katamo ’nupāya-saṃgṛhītā prajñā bandho yad idaṃ śūnyatânimittâpraṇihita-nidhyaptiḥr na ca lakṣaṇânuvyañjana-buddha-kṣetrâlaṃkāra-sattva-paripācana-nidhyaptiḥ / iyam anupāya-saṃgṛhītā prajñā bandhaḥ /
(梵漢和維摩経 *p.* 202, *ll.* 8–11)

§17 「その場合に、適切でない方便によって支持された智慧が束縛であるとは、どういうことでしょうか。〔それは〕すなわち、実体がなく（空）、特徴がなく（無相）、欲望を離れている（無願）ことを洞察することがあっても、〔三十二種類の勝れた〕身体的特徴と〔八十種類の〕副次的な特徴を具えていることや、ブッダの国土の荘厳、衆生を成熟させることを洞察することがない――これが、適切でない方便（手段）によって支持された智慧が束縛であるということです。
【§17 「何をか方便無き慧は縛なりと謂うや。謂く、菩薩、愛見の心を以て仏土を荘厳し、衆生を成就す。空・無相・無作の法の中に於いて、以て自ら調伏す、是れを方便無き慧は縛なりと名づく。】
（大正蔵、巻一四、五四五頁中）

……………………………………………………………………………

tatra：*adv.* そこに。そこへ。かしこに。その時に。その場合に。
katamo ’nupāya-saṃgṛhītā < katamaḥ + anupāya-saṃgṛhītā
katamaḥ < katama-：*疑問代名詞,* （多くの中の）だれか。何か。いずれか。*m. sg. Nom.*
anupāya-saṃgṛhītā < anupāya-saṃgṛhītā- < anupāya-saṃgṛhīta-：*adj.* 適切でない方便（手段）によって支持された。*f. sg. Nom.*
prajñā < prajñā-：*f.* 「智慧」と漢訳。*sg. Nom.*
bandho < bandhaḥ + 半母音 < bandha- < √bandh- (9) + -a：*m.* 結ぶこと。締めること。捕らえること。捕獲。固定すること。束縛。*sg. Nom.*
yad idaṃ：すなわち。
śūnyatânimittâpraṇihita-nidhyaptir < śūnyatânimittâpraṇihita-nidhyaptiḥ + 有声音 < śūnyatâ=

nimittâpraṇihita-nidhyapti- < śūnyatā-animitta-apraṇihita-nidhyapti-：*f.* 実体がなく（空）、特徴がなく（無相）、欲望を離れている（無願）ことの洞察。*sg. Nom.*

śūnyatā- < śūnya- + -tā；*f.* 空虚。孤独。～の欠如。「空」「空性」と漢訳。

śūnya-；*f.* 空っぽの。空虚な。空しい。欠いている。～のない。*n.* 空虚。中空。非存在。ゼロ。

animitta- < a-nimitta-：*n.* 特徴がないこと。不確実。無根拠。無原因。「無相」と漢訳。*adj.* 不確実な。根底なき。

nimitta-：*n.* 目的。記号。象徴。前兆。理由。手段。「瑞相」と漢訳。

apraṇihita- < a-praṇihita-：*adj.* 欲望を離脱した。「無願」と漢訳。

praṇihita- < pra-ni-√dhā- (3) + -ta：*pp.* 下に置かれた。～（為格）に引き渡された。～（対格）に専念した。「願」「発願」「発誓」と漢訳。

nidhyapti- < ni-dhyapti：*f.* 洞察。「観」「能観」「観察」「思惟」と漢訳。

na：*ind.* ～でない。～にあらず。

ca：*conj.* および。また。しかしながら。そして。～と。なお。

lakṣaṇânuvyañjana-buddha-kṣetrâlaṃkāra-sattva-paripācana-nidhyaptiḥ < lakṣaṇânuvyañjana-buddha-kṣetrâlaṃkāra-sattva-paripācana-nidhyapti- < lakṣaṇa-anuvyañjana-buddha-kṣetra-alaṃkāra-sattva-paripācana-nidhyapti-：*f.* 〔三十二種類の勝れた〕身体的特徴と〔八十種類の〕副次的な特徴を具えていることや、ブッダの国土の荘厳、衆生を成熟させることについての洞察。*sg. Nom.*

lakṣaṇa-anuvyañjana-：*adj.* 〔三十二種類の〕身体的特徴と〔八十種類の〕副次的な特徴を具えている。

lakṣaṇa- < √lakṣ- (1) + -ana：*n.* 標章。しるし。記号。特徴。属性。「相」「色相」「相貌」と漢訳。

anuvyañjana- < anu-vyañjana-：*n.* 副次的なしるし。第二次的なしるし。（八十）種好。「種好」と漢訳。

buddha-kṣetra-alaṃkāra-：*m.* ブッダの国土の荘厳。

alaṃkāra- < alam-√kṛ- (8) + -a：*m.* 装飾。装飾物。装身具。修辞。「荘厳」「厳飾」と漢訳。

sattva-paripācana-：*n.* 衆生を成熟させること。

nidhyapti- < ni-dhyapti：*f.* 洞察。「観」「能観」「観察」「思惟」と漢訳。

....

iyam < idam-：それ。*f. sg. Nom.*

anupāya-saṃgṛhītā < anupāya-saṃgṛhītā- < anupāya-saṃgṛhīta-：*adj.* 適切でない方便（手段）によって支持された。*f. sg. Nom.*

prajñā < prajñā-：*f.* 「智慧」と漢訳。*sg. Nom.*

bandhaḥ < bandha- < √bandh- (9) + -a：*m.* 結ぶこと。締めること。捕らえること。捕獲。固定すること。束縛。*sg. Nom.*

> tatra katama upāya-saṃgṛhītā[63] prajñā mokṣo yad idaṃ lakṣaṇânuvyañjana-buddha-kṣetrâlaṃkāra-sattva-paripācana-nidhyapti-cittaṃ ca śūnyatânimittâpraṇihita-parijayaś ca / iyam upāya-saṃgṛhītā prajñā mokṣaḥ /
>
> （梵漢和維摩経 *p.* 202, *ll.* 11–14）

「その場合に、〔適切な〕方便によって支持された智慧が解脱であるとは、どういうことでしょうか。〔それは〕すなわち、〔三十二種類の〕身体的特徴と〔八十種類の〕副次的な特徴を具えていることや、ブッダの国土の荘厳、衆生を成熟させることについて正しく洞察する心を具え、実体がなく（空）、特徴がなく（無相）、欲望を離れている（無願）こと〔の洞察〕に精通していること――これが、〔適切な〕方便によって支持された智慧が解脱であるということです。

【「何をか方便有る慧は解なりと謂うや。謂（いわ）く、愛見の心を以て仏土を荘厳して衆生を成就せず、空・

無相・無作の法の中に於いて、以て自ら調伏して疲厭せざる、是れを方便有る慧は解なりと名づく。】
（大正蔵、巻一四、五四五頁中）

……………………………………………………………………

tatra：*adv.* そこに。そこへ。かしこに。その時に。その場合に。

katama < katamaḥ + a 以外の母音 < katama-：*疑問代名詞,*（多くの中の）だれか。何か。いずれか。*m. sg. Nom.*

upāya-saṃgṛhītā < upāya-saṃgṛhītā- < upāya-saṃgṛhīta-：*adj.*〔適切な〕方便によって支持された。*f. sg. Nom.*

prajñā < prajñā-：*f.*「智慧」と漢訳。*sg. Nom.*

mokṣo < mokṣaḥ + 半母音 < mokṣa-：*m.* ～（奪格、属格）からの解放。〔輪廻からの〕解放。「解脱」と漢訳。*sg. Nom.*

yad idaṃ：すなわち。

lakṣaṇânuvyañjana-buddha-kṣetrâlaṃkāra-sattva-paripācana-nidhyapti-cittaṃ < lakṣaṇa-anuvyañjana-buddha-kṣetra-alaṃkāra-sattva-paripācana-nidhyapti-citta-：*n.*〔三十二種類の〕身体的特徴と〔八十種類の〕副次的な特徴を具えていることや、ブッダの国土の荘厳、衆生を成熟させることについて正しく洞察する心。*sg. Nom.*

nidhyapti-citta-：*n.* 正しく洞察する心。「正思惟心」と漢訳。

ca：*conj.* および。また。しかしながら。そして。～と。なお。

śūnyatânimittâpraṇihita-parijayaś < śūnyatânimittâpraṇihita-parijayaḥ + (c) < śūnyatā-animitta-apraṇihita-parijaya-：*m.* 実体がなく（空）、特徴がなく（無相）、欲望を離れている（無願）こと〔の洞察〕への精通。*sg. Nom.*

parijaya- < pari-√ji- (1) + -a：*m.* 勝利。積集。修得。修習。熟練。

ca：*conj.* および。また。しかしながら。そして。～と。なお。

……………………………………………………………………

iyam < idam-：それ。*f. sg. Nom.*

upāya-saṃgṛhītā < upāya-saṃgṛhītā- < upāya-saṃgṛhīta-：*adj.*〔適切な〕方便によって支持された。*f. sg. Nom.*

prajñā < prajñā-：*f.*「智慧」と漢訳。*sg. Nom.*

mokṣaḥ < mokṣa-：*m.* ～（奪格、属格）からの解放。〔輪廻からの〕解放。「解脱」と漢訳。*sg. Nom.*

> tatra katamaḥ prajñayâsaṃgṛhīta upāyo bandho yad idaṃ sarva-dṛṣṭi-kleśa-paryutthānânuśayânunaya-pratigha-pratiṣṭhitasya sarva-kuśala-mūlârambho bodhau câpariṇāmanā / ayaṃ prajñayâsaṃgṛhīta upāyo bandhaḥ /
>
> （梵漢和維摩経 *p.* 202, *ll.* 14–17）

「その場合に、智慧によって支持されていない方便が束縛であるとは、どういうことでしょうか。〔それは〕すなわち、すべての〔誤った〕見解や、根本煩悩、表面に現われた煩悩（纏）、潜在的な煩悩（随眠）、愛執、そして憎しみの中に留まったままで、あらゆる善根の形成があっても、覚りへ向けて〔その善根を他者に〕振り向けること（廻向）がない――これが、智慧によって支持されていない方便が束縛であるということです。

【「何をか慧無き方便は縛なりと謂うや。謂く、菩薩の貪欲（とんよく）・瞋恚（しんに）・邪見等の諸の煩悩に住（とど）まり、而も衆（もろもろ）の徳の本を植うる、是れを慧無き方便は縛なりと名づく。】（大正蔵、巻一四、五四五頁中）

……………………………………………………………………

tatra：*adv.* そこに。そこへ。かしこに。その時に。その場合に。

katamaḥ < katamaḥ + (t) < katama-：*疑問代名詞,*（多くの中の）だれか。何か。いずれか。*m. sg. Nom.*

prajñayâsaṃgṛhīta < prajñayā + asaṃgṛhīta

prajñayā < prajñā-：*f.*「智慧」と漢訳。*sg. Ins.*

asaṃgṛhīta < asaṃgṛhītaḥ + a 以外の母音 < a-saṃgṛhīta：*pp.* 受け入れられてない。支持されてない。支配されていない。*m. sg. Nom.*

saṃgṛhīta- < sam-√grah- (9) + -ita：*pp.* つかまれた。捕らえられた。受け入れられた。集められた。支持された。支配された。

upāyo < upāyaḥ + 有声子音 < upāya- < upa-√i- (2) + -a：*m.* 接近。到着。手段。方策。「方便」と漢訳。*sg. Nom.*

bandho < bandhaḥ + 半母音 < bandha- < √bandh- (9) + -a：*m.* 結ぶこと。締めること。捕らえること。捕獲。固定すること。束縛。*sg. Nom.*

yad idaṃ：すなわち。

sarva-dṛṣṭi-kleśa-paryutthānânuśayânunaya-pratigha-pratiṣṭhitasya < sarva-dṛṣṭi-kleśa-paryutth=āna-anuśaya-anunaya-pratigha-pratiṣṭhita-：*adj.* すべての〔誤った〕見解、根本煩悩、表面に現われた煩悩(纏)、潜在的な煩悩(随眠)、愛執、憎しみの中に留まっている。*m.n. sg. Gen.* この属格は単独で絶対節をなしているようだ。

sarva-：*adj.* すべての。

dṛṣṭi- < √dṛś- (1) + -ti：*f.* 見ること。視力。見なすこと。意見。（誤った）見解。

kleśa- < √kliś- (4) + -a：*m.* 苦痛。苦悩。心痛。「煩悩」「惑」「根本煩悩」と漢訳。

paryutthāna- < pari-ud-√sthā- (1) + -ana：*n.* 立ち上がること。「起」「発起」と漢訳。

paryutthāna- = paryavasthāna- < pari-ava-√sthā- (1) + -ana：*n.* 表面に現われた煩悩(纏)。「纏」「起煩悩」「随煩悩」と漢訳。

anuśaya- < anu-√śī- (2) + -a：*m.* 潜在的な煩悩（随眠）。後悔。憎悪。激しい敵意。対象に対する執着。

anunaya- < anu-√nī- (1) + -a：*adj.* 親しい。*m.* 和合。親愛。礼儀。「愛執」「著」「愛欲」「愛着」と漢訳。

pratigha-：*m.* （～に対して打つこと）憎しみ。障害。抵抗。妨害。～に対して争うこと。激怒。憤怒。憎悪。敵意。

pratiṣṭhita- < prati-√sthā- (1) + -ita：*pp.* 有名な。著名な。～（処格）に熟達した。～に立った。位置した。留まった。～に置かれた。確立した。

sarva-kuśala-mūlârambho < sarva-～-mūlârambhaḥ + 有声子音 < sarva-kuśala-mūla-ārambha-：*m.* すべての善根の形成。*sg. Nom.*

kuśala-mūla-：*n.* 「善根」と漢訳。

ārambha- < ā-√rabh- (1) + -a：*m.* 着手。企図。開始。形成。達成。「発起」「発動」「修」「行」「所作」「勤労」と漢訳。

ā-√rabh- (1)：つかまえる、占有する。形成する。達する。～（対格）に着手する。

bodhau < bodhi- < √budh- (1) + -i：*f.* 覚り。「菩提」と漢訳。*sg. Loc.*

câpariṇāmanā < ca + apariṇāmanā

apariṇāmanā < apariṇāmanā-：*adj.* 振り向けること（廻向）がない。*f. sg. Nom.*

pariṇāmanā- < pari-√nam- (1) + -anā：*f.* 振り向けること。「廻向」と漢訳。

………………………………………………………………………………

ayaṃ < idam-：これ。この。*m. sg. Nom.*

prajñayâsaṃgṛhīta < prajñayā + asaṃgṛhīta

prajñayā < prajñā-：*f.* 「智慧」と漢訳。*sg. Ins.*

asaṃgṛhīta < asaṃgṛhītaḥ + a 以外の母音 < a-saṃgṛhīta：*pp.* 受け入れられてない。支持されてない。支配されていない。*m. sg. Nom.*

upāyo < upāyaḥ + 有声子音 < upāya- < upa-√i- (2) + -a：*m.* 接近。到着。手段。方策。「方便」と漢訳。*m. sg. Nom.*

bandhaḥ < bandha- < √bandh- (9) + -a：*m.* 結ぶこと。締めること。捕らえること。捕獲。固定すること。束縛。*sg. Nom.*

> tatra katamaḥ prajñā-saṃgṛhīta upāyo mokṣo yad idaṃ sarva-dṛṣṭi-kleśa-paryutthānânuśayânu=
> naya-pratigha-prahīṇasya sarva-kuśala-mūlârambho bodhau pariṇāmitas tasya câparāmarśaḥ /
> ayaṃ bodhi-sattvasya prajñā-saṃgṛhīta upāyo mokṣaḥ /
> (梵漢和維摩経 *p.* 204, *ll.* 1–4)

「その場合に、智慧によって支持されている方便が解脱であるとは、どういうことでしょうか。〔それは〕すなわち、すべての〔誤った〕見解や、根本煩悩、表面に現われた煩悩、潜在的な煩悩、愛執、そして憎しみを断滅して、あらゆる善根の形成があって、覚りへ向けて〔その善根を他者に〕振り向けているけれども、それについて〔自慢して〕言及することがない――これが、菩薩にとっての智慧によって支持されている方便が解脱であるということです。

【「何をか慧有る方便は解なりと謂うや。謂く、諸の貪欲・瞋恚・邪見等の諸の煩悩を離れて、而も衆の徳の本を植え、阿耨多羅三藐三菩提に廻向する、是れを慧有る方便は解なりと名づく。】

（大正蔵、巻一四、五四五頁中）

……………………………………………………………………

tatra：*adv.* そこに。そこへ。かしこに。その時に。その場合に。

katamaḥ < katama-：*疑問代名詞,*（多くの中の）*だれか*。何か。いずれか。*m. sg. Nom.*

prajñā-saṃgṛhīta < prajñā-saṃgṛhītaḥ + a 以外の母音 < prajñā-saṃgṛhīta-：*adj.* 智慧によって把握されている。智慧によって支持されている。*m. sg. Nom.*

upāyo < upāyaḥ + 有声子音 < upāya- < upa-√i- (2) + -a：*m.* 接近。到着。手段。方策。「方便」と漢訳。*sg. Nom.*

mokṣo < mokṣaḥ + 半母音 < mokṣa-：*m.* ～（奪格、属格）からの解放。〔輪廻からの〕解放。「解脱」と漢訳。*sg. Nom.*

yad idaṃ：すなわち。

sarva-dṛṣṭi-kleśa-paryutthānânuśayânunaya-pratigha-prahīṇasya < sarva-dṛṣṭi-kleśa-paryutthā=na-anuśaya-anunaya-pratigha-prahīṇa-：*m.* すべての〔誤った〕見解、根本煩悩、表面に現われた煩悩（纏）、潜在的な煩悩（随眠）、愛執、憎しみの断滅。*sg. Gen.*

prahīṇa- < pra-√hā- + -na：*pp.* 「断」「滅」「除」「除滅」「退治」「遠離」と漢訳。

sarva-kuśala-mūlârambho < sarva-kuśala-mūlârambhaḥ + 有声子音 < sarva-kuśala-mūla-ārambha-：*m.* すべての善根の形成。*sg. Nom.*

bodhau < bodhi- < √budh- (1) + -i：*f.* 覚り。「菩提」と漢訳。*sg. Loc.*

pariṇāmitas < pariṇāmitaḥ + (t) < pariṇāmita- < pariṇāmaya- + -ta < pari-√nam- (1) + -aya + -ta：*Caus. pp.* 振り向けた。廻向した。*m. sg. Nom.*

pariṇāmaya- < pari-√nam- (1) + -aya：*Caus.* 熟させる。円熟させる。「廻向」と漢訳。

tasya < tad-：それ。*m. sg. Gen.*

câparāmarśaḥ < ca + aparāmarśaḥ

aparāmarśaḥ < a-parāmarśa-：*m.* 言及することがない。*sg. Nom.*

parāmarśa- < parā-√mṛś- (6) + -a：*m.* つかむこと。考慮。言及すること。

parā-√mṛś- (6)：触れる。つかむ。握る。言及する。意味する。「取著」「執受」と漢訳。

……………………………………………………………………

ayaṃ < idam-：これ。この。*m. sg. Nom.*

bodhi-sattvasya < bodhi-sattva-：*m.* 覚りを求める人。「菩薩」と音写。*sg. Gen.*

prajñā-saṃgṛhīta < prajñā-saṃgṛhītaḥ + a 以外の母音 < prajñā-saṃgṛhīta-：*adj.* 智慧によって把握されている。智慧によって支持されている。*m. sg. Nom.*

upāyo < upāyaḥ + 有声子音 < upāya- < upa-√i- (2) + -a：*m.* 接近。到着。手段。方策。「方便」と漢訳。*sg. Nom.*

mokṣaḥ < mokṣa-：*m.* ～（奪格、属格）からの解放。〔輪廻からの〕解放。「解脱」と漢訳。*sg. Nom.*

§18　tatra mañjuśrīr glānena bodhi-sattvenâivam ime dharmā nidhyāpayitavyāḥ[64] / （梵漢和維摩経 *p.* 204, *ll.* 5–6）

§18　「従って、マンジュシリーよ、病気になった菩薩は、これらのあらゆるものごと（諸法）を、このように洞察するべきであります。
【§18　「文殊師利（もんじゅしり）よ、彼の有疾の菩薩は応に是くの如く諸法を観ずべし。】
（大正蔵、巻一四、五四五頁中）

………………………………………………………………………

tatra：*adv.* そこに。そこへ。かしこに。その時に。その場合に。

mañjuśrīr < mañjuśrīḥ + 有声音 < mañjuśrī- < mañju-śrī-：*m.* マンジュシリー。「妙徳」「妙吉祥」と漢訳。「文殊」「文殊師利」と音写。*sg. Voc.* 格変化は、cf.「基礎」*p.* 106.

glānena < glāna- < √glai- (1) + -na：*pp.* 嫌悪した。疲れた。消耗した。「得病」「有疾」「疾病者」と漢訳。*n.* 倦怠。衰弱。病気。*m. sg. Ins.*

bodhi-sattvenâivam < bodhi-sattvena + evam

　bodhi-sattvena < bodhi-sattva-：*m.* 覚りを求める人。「菩薩」と音写。*sg. Ins.*

　evam：*adv.* このように。「是」「如是」と漢訳。

ime < idam-：これ。*m. pl. Nom.*

dharmā < dharmāḥ + 有声音 < dharma-：*m.* 教説。真理。ものごと。「法」と漢訳。*pl. Nom.*

nidhyāpayitavyāḥ < nidhyāpayitavya- < nidhyāpaya- + -itavya < ni-√dhyai- (1) + -paya + -itavya：*Caus.* 未受分, 注目する。洞察する。「一心観」「諦観」「観」「察」と漢訳。*m. pl. Nom.*

yat[65] kāyasya cittasya ca vyādheś cânitya-duḥkha-śūnyânātma-pratyavekṣaṇêyam asya prajñā / （梵漢和維摩経 *p.* 204, *ll.* 6–7）

「身体と心と病気が、無常であり、苦なるもので、実体がなく（空）、〔何かが〕自己なのではない（非我）ことを観察するということ、これが、この〔菩薩の〕智慧であります。
【「又復身は無常（むじょう）・苦（く）・空（くう）・非我（ひが）なりと観ずる、是れを名づけて慧と為す。】
（大正蔵、巻一四、五四五頁中）

………………………………………………………………………

yat：*conj.* ～ということ（＝ that）。

kāyasya < kāya-：*m.* 身体。*sg. Gen.*

cittasya < citta-：*n.* 心。思考。意思。知性。理性。「質多」と音写。*sg. Gen.*

ca：*conj.* および。また。しかしながら。そして。～と。なお。

vyādheś < vyādheḥ + (c) < vyādhi- < vi-ādhi-：*m.* 疾患。疾病。病気。*sg. Gen.*

cânitya-duḥkha-śūnyânātma-pratyavekṣaṇêyam < ca + anitya-duḥkha-śūnyânātma-pratyavekṣaṇā + iyam

　anitya-duḥkha-śūnyânātma-pratyavekṣaṇā < anitya-duḥkha-śūnya-anātma-pratyavekṣaṇā-：*f.* 無常で、苦なるもので、実体がなく（空）、〔何かが〕自己なのではない（非我）ことを観察すること。*sg. Nom.*

　anitya- < a-nitya-：*ajd.* 無常な。一時的な。常恒でない。

　duḥkha- < duḥ-kha-：*adj.* 不愉快な。艱難に満ちた。憐れな。*n.* 苦痛。艱難。悲惨。受苦。「苦」「苦」「苦悩」「憂苦」と漢訳。

　śūnya-：*adj.* からの。空虚な。住む者のない。うつろな。欠けている。～のない。空しい。*n.* 空虚な場所。孤独。空虚。

　anātma- < anātman- < an-ātman-：*m.* 「無我」「非我」と漢訳。

　pratyavekṣaṇā- < prati-ava-√īkṣ- (1) + -anā：*f.* 「観察」「能正観察」と漢訳。

　pratyavekṣaṇa- < prati-ava-√īkṣ- (1) + -ana：*n.* 観察すること。調査すること。検査すること。尋ねること。

　prati-ava-√īkṣ- (1)：～（対格、処格）を調査する。検査する。尋ねる。「視」「観」「観察」「視察」と漢訳。

iyam < idam-：これ。*f. sg. Nom.*

asya < idam-：これ。*m. sg. Gen.*

prajñā < prajñā-：*f.* 「智慧」と漢訳。*sg. Nom.*

> yat punaḥ kāya-vyādhi-pariharaṇatayā na khidyate na pratibadhnāti saṃsāraṃ sattvârtha-yogam anuyukto 'yam asyôpāyaḥ /
>
> (梵漢和維摩経 *p.* 204, *ll.* 7–9)

「さらに、身体の病気から離れて超然としていることによって、苦しめられることもなく、〔自分を六種の〕生存領域の循環（六道輪廻）に縛りつけることもなく、衆生に利益をもたらすための活動に専心するということ、これが、この〔菩薩の〕方便なのです[66]。

【「身に疾有りと雖も、常に生死に在りて一切を饒益して厭倦せざる、是れを方便と名づく。】

（大正蔵、巻一四、五四五頁中）

……………………………………………………………………………………

yat：*conj.* ～ということ（＝ that）。

punaḥ < punar + (k)：*adv.* 再び。新たに。さらに。なお。しかしながら。

kāya-vyādhi-pariharaṇatayā < kāya-vyādhi-pariharaṇatā- < kāya-vyādhi-pariharaṇa-tā-：*n.* 身体の病気から離れて超然としていること。*sg. Ins.*

pariharaṇa- < pari-√hṛ- (1) + -ana：*n.* 避けること。～（対格）から離れて超然としていること。

pari-√hṛ- (1)：運び回る。囲む。取り巻く。置き去りにする。～（対格）から離れて超然としている。容赦する。避ける。免れる。「遠離」「遮止」と漢訳。

na：*ind.* ～でない。～にあらず。

khidyate < khidya- < √khid- (4)：圧しつけられる。苦しめられる。疲倦を感じる。*Pres. 3, sg. A.*

na：*ind.* ～でない。～にあらず。

pratibadhnāti < pratibadhnā- < prati-√bandh- (9)：～に縛る。固定する。自己の～（対格）を縛りつける。*Pres. 3, sg. P.*

saṃsāraṃ < saṃsāra- < sam-√sṛ- (1) + -a：*m.* 生存の循環。（生の）不断の連続。現世の生存。「輪廻」と漢訳。*sg. Acc.*

sattvârtha-yogam < sattva-artha-yoga-：*m.* 衆生の利益のための活動。*sg. Acc.*

yoga- < √yuj- (7) + -a：*m.* 軛をつけること。結合。合一。心の統一。瞑想。奮励。活動。努力。

√yuj- (7)：（馬を）つなぐ。軛をつける。精神を集中する。

anuyukto 'yam < anuyuktaḥ + ayam

anuyuktaḥ < anuyukta- < anu-√yuj- (7) + -ta：*pp.* ～（対格）に専心した。熱中した。*sg. Nom.*

anu-√yuj- (7)：追求する。追跡する。～（対格）に従属する。～に奉仕する。

ayam < idam-：これ。この。*m. sg. Nom.*

これが男性・単数・主格であるのは、upāyaḥ の性・数・格に合わせたから。

asyôpāyaḥ < asya + upāyaḥ

asya < idam-：これ。*m. sg. Gen.*

upāyaḥ < upāya- < upa-√i- (2) + -a：*m.* 接近。到着。手段。方策。「方便」と漢訳。*sg. Nom.*

> punar aparaṃ yat[67] kāyasya vyādheś cittasya cânyonya-parâparatāṃ na nirnavatā-niḥpurāṇatāṃ pratyavekṣata iyam asya prajñā /
>
> (梵漢和維摩経 *p.* 204, *ll.* 9–11)

「そのほか、さらに身体や、病気、心に、〔原因・結果として〕互いに前後のあること〔を観ることがなく〕、〔それらに〕新しくもなく、古くもないことを観ることがないということ、これが、この〔菩薩の〕智慧なのです。
【「又復身を観ずるに、身は病を離れず、病は身を離れず、是の病、是の身、新に非ず、故に非ず、是れを名づけて慧と為す。】　（大正蔵、巻一四、五四五頁中）

………………………………………………………………………

punar：*adv.* 再び。新たに。さらに。なお。しかしながら。

aparaṃ < apara-：*adj.* 他の。別の。後方の。後の。西方の。*n. sg. Acc.* 対格の副詞的用法。

yat：*conj.* ～ということ（= that）。

kāyasya < kāya-：*m.* 身体。*sg. Gen.*

vyādheś < vyādheḥ + (c) < vyādhi- < vi-ādhi-：*m.* 疾患。疾病。病気。*sg. Gen.*

cittasya < citta-：*n.* 心。思考。意思。知性。理性。「質多」と音写。*sg. Gen.*

cânyonya-parâparatāṃ < ca + anyonya-parâparatāṃ

anyonya-parâparatāṃ < anyonya-parâparatā-：*f.* 互いに優劣のあること。互いに〔原因・結果として〕前後のあること。*sg. Acc.*

anyonya- < anyo'nya：*adj.* 互いの。「相互」「各各」「異」と漢訳。

parâparatā- < parâpara-tā-：*f.* 優劣／前後のあること。

parâpara- < para-apara-：*n.* 遠近。前後（原因と結果）。高低。善悪。「勝劣」「彼此」と漢訳。

na：*ind.* ～でない。～にあらず。

nirnavatā-niḥpurāṇatāṃ < nirnavatā-niḥpurāṇatā-：*f.* 新しくもないこと、古くもないこと。*sg. Acc.* anyonya-parâparatāṃと、nirnavatā-niḥpurāṇatāṃの二つの対格は、本来、主格で kāyasya、vyādheś、cittasya の三つの属格とともに、主格と属格の名詞文をなすところだが、それが pratyavekṣate（観る）の“目的語”となったので、主格が叙述的対格（Predicative Accusative）になっている。

nirnavatā- < nirnava-tā-：*f.* 新しくないこと。

nirnava- < nir-nava-：*adj.* 新しくない。

nava-：*adj.* 新しい。新鮮な。若い。

niḥpurāṇatā- < niḥpurāṇa-tā-：*f.* 古くないこと。

niḥpurāṇa- < niḥ-purāṇa-：*adj.* 古くない。

purāṇa-：*adj.* 古代の属する。初期の。昔の。古い。「古」「旧」「故旧」と漢訳。

pratyavekṣata < pratyavekṣate + a 以外の母音 < pratyavekṣa- < prati-ava-√īkṣ- (1)：調査する。検査する。尋ねる。「視」「観」「観察」「視察」と漢訳。*Pres. 3, sg. A.*

iyam < idam-：それ。*f. sg. Nom.*

asya < idam-：これ。*m. sg. Gen.*

prajñā < prajñā-：*f.* 「智慧」と漢訳。*sg. Nom.*

yat punaḥ kāyasya vyādheś cittasya ca nâtyantôpaśamaṃ nirodham atyayaty[68] ayam asyôpāyaḥ / （梵漢和維摩経 *p.* 204, *ll.* 11–12）

「さらに、身体と、病気、心が永遠の寂滅である滅尽に入ることはないということ、これが、この〔菩薩の〕方便なのです。
【「設い身に疾有るも永く滅せざる、是れを方便と名づく。】　（大正蔵、巻一四、五四五頁中）

………………………………………………………………………

yat：*conj.* ～ということ（= that）。

punaḥ < punar + (k)：*adv.* 再び。新たに。さらに。なお。しかしながら。

kāyasya < kāya-：*m.* 身体。*sg. Gen.*

vyādheś < vyādheḥ + (c) < vyādhi- < vi-ādhi-：*m.* 疾患。疾病。病気。*sg. Gen.*

cittasya < citta-：*n.* 心。思考。意思。知性。理性。「質多」と音写。*sg. Gen.*

ca：*conj.* および。また。しかしながら。そして。～と。なお。

nâtyantôpaśamaṃ < na + atyantôpaśamaṃ

atyantôpaśamaṃ < atyantôpaśama- < atyanta-upaśama-：*adj.* 永遠に寂滅している。「永寂滅」と漢訳。*m. sg. Acc.*

atyanta- < ati-anta-：*adj.* 終わりまで続く。継続する。断絶せざる。無限の。過度の。「畢竟」「究竟」と漢訳。

upaśama- < upa-√śam- (4) + -a：*m.* 鎮静。「寂静」と漢訳。

nirodham < nirodha- < ni-√rudh- (1) + -a：*m.* 監禁。包囲。抑圧。征服。破壊。消滅。阻止。「滅」「滅尽」と漢訳。*sg. Acc.*

atyayaty < atyayati + i 以外の母音 < atyaya- < ati-√i- (1)：過ぎる。横切る。経過する。（時を）過ごさせる。入る。追い越す。優越する。征服する。避ける。～（奪格）より離れる。*Pres. 3, sg. P.*

eti < e- < √i- (2)：行く。*Pres. 3, sg. P.*

ayati < aya- < √i- (1)：行く。*Pres. 3, sg. P.*

ayam < idam-：これ。この。*m. sg. Nom.*

asyôpāyaḥ < asya + upāyaḥ

asya < idam-：これ。*m. sg. Gen.*

upāyaḥ < upāya- < upa-√i- (2) + -a：*m.* 接近。到着。手段。方策。「方便」と漢訳。*sg. Nom.*

§19　evaṃ hi mañjuśrīr glānena bodhi-sattvena cittaṃ nidhyāpayitavyam[69] /
（梵漢和維摩経 *p.* 204, *ll.* 13–14）

§19　「マンジュシリーよ、病気になった菩薩は、まさにこのように心を洞察するべきです。

【§19　「文殊師利（もんじゅしり）よ、有疾の菩薩は応に是くの如く、其の心を調伏して、】
（大正蔵、巻一四、五四五頁中）

……………………………………………………………………………

evaṃ：*adv.* このように。「是」「如是」と漢訳。

hi：*ind.* 真に。確かに。実に。

mañjuśrīr < mañjuśrīḥ + 有声音 < mañjuśrī- < mañju-śrī-：*m.* マンジュシリー。「妙徳」「妙吉祥」と漢訳。「文殊」「文殊師利」と音写。*sg. Voc.* 格変化は、cf.「基礎」*p.* 106.

glānena < glāna- < √glai- (1) + -na：*pp.* 嫌悪した。疲れた。消耗した。「得病」「有疾」「疾病者」と漢訳。*n.* 倦怠。衰弱。病気。*m. sg. Ins.*

bodhi-sattvena < bodhi-sattva-：*m.* 覚りを求める人。「菩薩」と音写。*sg. Ins.*

cittaṃ < citta-：*n.* 心。思考。意思。知性。理性。「質多」と音写。*sg. Nom.*

nidhyāpayitavyam < nidhyāpayitavya- < nidhyāpaya- + -itavya < ni-√dhyai- (1) + -paya + -itavya：*Caus.* 未受分, 注目されるべき。洞察されるべき。*n. sg. Nom.*

na ca tena nidhyaptau vânidhyaptau vā sthātavyam /
（梵漢和維摩経 *p.* 204, *l.* 14）

「けれども、その〔菩薩は〕、洞察することにも、あるいは洞察しないことにも安住するべきではありません。

【「其の中に住（とど）まらず、亦（ま）た復不調伏の心にも住まらざるべし。】　（大正蔵、巻一四、五四五頁中）

……………………………………………………………………………

na：*ind.* ～でない。～にあらず。

ca：*conj.* および。また。しかしながら。そして。～と。なお。

tena < tad-：それ。*m. sg. Nom.*

nidhyaptau < nidhyapti- < ni-dhyapti：*f.* 洞察すること。「観」「能観」「観察」「思惟」と漢訳。*sg. Loc.*

vânidhyaptau < vā + anidhyaptau

anidhyaptau < anidhyapti- < a-nidhyapti-：*f.* 洞察しないこと。*sg. Loc.*

vā：*ind.* ～か。または。たとえ～であっても。
sthātavyam < sthātavya- < √sthā- (1) + -tavya：*未受分,* 住まれるべき。*n. sg. Nom.*

tat kasmād dhetoḥ /
(梵漢和維摩経 *p.* 204, *ll.* 14–15)

「それは、どんな理由からでしょうか。
【「所以は何んとなれば、」 （大正蔵、巻一四、五四五頁中）

………………………………………………………………

tat < tad-：それ。*n. sg. Nom.*
kasmād dhetoḥ < kasmāt + hetoḥ
　連声法は、cf.「基礎」*p.* 63.
　kasmāt < kim-：*疑問詞,* だれ。何。どんな。どの。*m. sg. Abl.*
　hetoḥ < hetu-：*m.* 理由。原因。因。*sg. Abl.*
　奪格は、動機、原因、理由を表わす。cf.「シンタックス」*p.* 58.

yadi hy anidhyaptau tiṣṭhed bāla-dharma eṣaḥ / atha nidhyaptau tiṣṭhec chrāvaka-dharma eṣaḥ /
(梵漢和維摩経 *p.* 204, *ll.* 15–16)

「もしも、洞察しないことに安住するならば、これは愚か者の在り方なのです。しかしながら、洞察することに安住するならば、これは声聞の在り方なのです[70]。
【「若し不調伏の心に住まらば、是れ愚人の法なり。若し調伏の心に住まらば、是れ声聞の法なり。】
（大正蔵、巻一四、五四五頁中）

………………………………………………………………

yadi：*conj.* もし～ならば。
hy < hi + 母音：*ind.* 真に。確かに。実に。
anidhyaptau < anidhyapti- < a-nidhyapti-：*f.* 洞察しないこと。*sg. Loc.*
tiṣṭhed < tiṣṭhet + 有声子音 < tiṣṭha- < √sthā- (1)：立つ。住する。*Opt. 3, sg. P.*
bāla-dharma < bāla-dharmaḥ + a 以外の母音 < bāla-dharma-：*m.* 愚か者の在り方。*sg. Nom.*
　bāla-：*adj.* 若い。愚かな。「幼稚」「愚」「癡」「愚癡」「凡愚」と漢訳。*m.* 児童。少年。愚かもの。馬鹿。
　dharma-：*m.* 確定した秩序。慣例。習慣。法則。規則。義務。宗教。教説。性質。本質。属性。特質。事物。「法」と漢訳。
eṣaḥ < etad-：これ。*m. sg. Nom.*

………………………………………………………………

atha：*adv.* その時。その場合。さて。それ故。しかれば。しかしながら。
nidhyaptau < nidhyapti- < ni-dhyapti：*f.* 洞察すること。「観」「能観」「観察」「思惟」と漢訳。*sg. Loc.*
tiṣṭhec chrāvaka-dharma < tiṣṭhet + śrāvaka-dharma
　tiṣṭhet < tiṣṭha- < √sthā- (1)：立つ。住する。*Opt. 3, sg. P.*
　śrāvaka-dharma < śrāvaka-dharmaḥ + a 以外の母音 < śrāvaka-dharma-：*m.* 声聞の在り方。*sg. Nom.*
eṣaḥ < etad-：これ。*m. sg. Nom.*

tasmād[71] bodhi-sattvena na nidhyaptāv [anidhyaptau ca][72] sthātavyam /
(梵漢和維摩経 *p.* 204, *ll.* 16–17)

「それ故に、菩薩は洞察すること〔と洞察しないことと〕に安住するべきではありません。
【「是の故に菩薩は当に調伏と不調伏の心に住まるべからず。】 （大正蔵、巻一四、五四五頁中）

………………………………………………………………

tasmād < tasmāt + 有声子音 < tad-：それ。*n. sg. Abl.*
代名詞の中性・単数の対格（tat）、奪格（tasmāt）、具格（tena）は、「そこで」「従って」「それ故」などの意味となり、文の連結助詞として用いられる。cf.「シンタックス」*p.* 125.
bodhi-sattvena < bodhi-sattva-：*m.* 覚りを求める人。「菩薩」と音写。*sg. Ins.*
na：*ind.* 〜でない。〜にあらず。
nidhyaptāv < nidhyaptau + 母音 < nidhyapti- < ni-dhyapti-：*f.* 洞察すること。「観」「能観」「観察」「思惟」と漢訳。*sg. Loc.*
anidhyaptau < anidhyapti- < a-nidhyapti-：*f.* 洞察しないこと。*sg. Loc.*
ca：*conj.* および。また。しかしながら。そして。〜と。なお。
sthātavyam < sthātavya- < √sthā- (1) + -tavya：*未受分,* 住まれるべき。*n. sg. Nom.*

yad atrâsthānam ayaṃ bodhi-sattvasya gocaraḥ /
(梵漢和維摩経 *p.* 204, *ll.* 17–18)

「ここに安住しないということ、これが菩薩の行動範囲なのです。
【「此の二法を離るる、是れ菩薩の行なり。】 （大正蔵、巻一四、五四五頁中）
……………………………………………………………………

yad < yat + 母音：*conj.* 〜ということ（= that）。
atrâsthānam < atra + asthānam
atra：*adv.* ここ。かしこ。この場合。この際。（idam-の処格）
asthānam < asthāna- < a-sthāna-：*n.* 立たないこと。安住しないこと。*sg. Nom.*
sthāna- < √sthā- (1) + -ana：*n.* 立つこと。状態。地位。身分。住居。地点。
ayaṃ < idam-：これ。この。*m. sg. Nom.*
bodhi-sattvasya < bodhi-sattva-：*m.* 覚りを求める人。「菩薩」と音写。*sg. Gen.*
gocaraḥ < gocara- < go-cara-：*m.* 牧牛場。行動の範囲。達する範囲。能力の範囲。*sg. Nom.*

§20 yan[73] na pṛthag-jana-gocaro nârya-gocaro 'yaṃ bodhi-sattvasya gocaraḥ /
(梵漢和維摩経 *p.* 206, *ll.* 1–2)

§20 「凡人の行動範囲でもなく、聖者の行動範囲でもないということ、これが菩薩の行動範囲なのです。
【漢訳相当箇所なし】
……………………………………………………………………

yan < yat + (n)：*conj.* 〜ということ（= that）。
na：*ind.* 〜でない。〜にあらず。
pṛthag-jana-gocaro < pṛthag-jana-gocaraḥ + 有声子音 < pṛthag-jana-gocara-：*m.* 凡人の行動範囲。*sg. Nom.*
pṛthag-jana-：*m.* 低い階級の人。民衆。「凡夫」「凡人」と漢訳。
pṛthag < pṛthak + 有声子音：*adv.* 離れて。別々に。各自に。
nârya-gocaro 'yaṃ < na + ārya-gocaraḥ + ayaṃ
na：*ind.* 〜でない。〜にあらず。
ārya-gocaraḥ < ārya-gocara-：*m.* 聖者の行動範囲。*sg. Nom.*
ayaṃ < idam-：これ。この。*m. sg. Nom.*
bodhi-sattvasya < bodhi-sattva-：*m.* 覚りを求める人。「菩薩」と音写。*sg. Gen.*
gocaraḥ < gocara- < go-cara-：*m.* 牧牛場。行動の範囲。達する範囲。能力の範囲。*sg. Nom.*

yat saṃsāra-gocaraś ca na ca kleśa-gocaro 'yaṃ bodhi-sattvasya gocaraḥ /
(梵漢和維摩経 *p.* 206, *ll.* 2–3)

「また、生存領域の循環（輪廻）を行動範囲とするけれども、煩悩を行動範囲としないということ、これが菩薩の行動範囲なのです。
【§20 「生死に在りて汚行を為さず、】 （大正蔵、巻一四、五四五頁中）

………………………………………………………………………

yat：*conj.* ～ということ（= that）。
saṃsāra-gocaraś < saṃsāra-gocaraḥ + (c) < saṃsāra-gocara-：*adj.* 生存領域の循環（輪廻）を行動範囲とする。*m. sg. Nom.*
saṃsāra- < sam-√sṛ- (1) + -a：*m.* 生存領域の循環。（生の）不断の連続。現世の生存。「輪廻」と漢訳。
ca：*conj.* および。また。しかしながら。そして。～と。なお。
このcaの用法が不明。並列にしては、saṃsāra-gocaraśの一つしかないし、「そして」の意味の接続詞であれば、yatの次にこなければならない。
na：*ind.* ～でない。～にあらず。
ca：*conj.* および。また。しかしながら。そして。～と。なお。
kleśa-gocaro 'yaṃ < kleśa-gocaraḥ + ayaṃ
kleśa-gocaraḥ < kleśa-gocara-：*adj.* 煩悩を行動範囲とする。*m. sg. Nom.*
ayaṃ < idam-：これ。この。*m. sg. Nom.*
bodhi-sattvasya < bodhi-sattva-：*m.* 覚りを求める人。「菩薩」と音写。*sg. Gen.*
gocaraḥ < gocara- < go-cara-：*m.* 牧牛場。行動の範囲。達する範囲。能力の範囲。*sg. Nom.*

yan nirvāṇa-pratyavekṣaṇa-gocaraś ca na câtyanta-parinirvāṇa-gocaro 'yaṃ bodhi-sattvasya gocaraḥ /
（梵漢和維摩経 *p.* 206, *ll.* 3–4）

「涅槃を観察することを行動範囲とするけれども、〔小乗仏教の言う〕極端な完全なる涅槃に入ることを行動範囲としないということ、これが菩薩の行動範囲なのです。
【「涅槃に住するも永く滅度せざる、是れ菩薩の行なり。凡夫の行に非ず、賢聖（げんじょう）の行に非ざる、是れ菩薩の行なり。垢行に非ず、浄行に非ざる、是れ菩薩の行なり。】 （大正蔵、巻一四、五四五頁中）

………………………………………………………………………

yan < yat + (n)：*conj.* ～ということ（= that）。
nirvāṇa-pratyavekṣaṇa-gocaraś < nirvāṇa-pratyavekṣaṇa-gocaraḥ + (c) < nirvāṇa-pratyavekṣaṇa-gocara-：*adj.* 涅槃を観察することを行動範囲とする。*m. sg. Nom.*
pratyavekṣaṇa- < prati-ava-√īkṣ- (1) + -ana：*n.* 観察すること。調査すること。検査すること。尋ねること。
ca：*conj.* および。また。しかしながら。そして。～と。なお。
na：*ind.* ～でない。～にあらず。
câtyanta-parinirvāṇa-gocaro 'yaṃ < ca + atyanta-parinirvāṇa-gocaraḥ + ayaṃ
ca：*conj.* および。また。しかしながら。そして。～と。なお。
atyanta-parinirvāṇa-gocaraḥ < atyanta-parinirvāṇa-gocara-：*adj.* 〔小乗仏教の言う〕極端な完全なる涅槃に入ることを行動範囲とする。*m. sg. Nom.*
atyanta- < ati-anta-：*adj.* 終わりまで続く。継続する。断絶せざる。無限の。過度の。極端な。「畢竟」「究竟」と漢訳。
parinirvāṇa-：*n.* 完全なる涅槃。
ayaṃ < idam-：これ。この。*m. sg. Nom.*
bodhi-sattvasya < bodhi-sattva-：*m.* 覚りを求める人。「菩薩」と音写。*sg. Gen.*
gocaraḥ < gocara- < go-cara-：*m.* 牧牛場。行動の範囲。達する範囲。能力の範囲。*sg. Nom.*

yac catur-māra-saṃdarśana-gocaraś ca sarva-māra-viṣayâtikrānta-gocaraś câyaṃ bodhi-sattvasya gocaraḥ /

（梵漢和維摩経 *p.* 206, *ll.* 4–6）

「〔五陰魔・煩悩魔・死魔・天魔からなる〕四種類の魔を出現させることを行動範囲とするけれども、一切の魔の活動領域を超越した行動範囲を持つということ、これが菩薩の行動範囲なのです。

【「魔行に過ぐと雖(いえど)も、衆魔(しゅま)を降(くだ)すことを現ずる、是れ菩薩の行なり。】

（大正蔵、巻一四、五四五頁下）

…………………………………………………………………………

yac < yat + (c)：*conj.* ～ということ（= that）。

catur-māra-saṃdarśana-gocaraś < catur-māra-saṃdarśana-gocaraḥ + (c) < catur-māra-saṃdarśana-gocara-：*adj.* 〔五陰魔・煩悩魔・死魔・天魔からなる〕四種類の魔を顕現することを行動範囲とする。*m. sg. Nom.*

catur-māra-：*m.* 〔五陰魔・煩悩魔・死魔・天魔からなる〕四種類の魔。

saṃdarśana- < sam-√dṛś- (1) + -ana：*n.* 見ること。眺めること。視力。凝視。注目。示現。顕現。会うこと。

saṃdarśana- < saṃdarśaya- + -ana：*n.* 示すこと。明示すること。見せること。

saṃdarśaya- < sam-√dṛś- (1) + -aya：*Caus.* 示す。顕わす。明示する。

ca：*conj.* および。また。しかしながら。そして。～と。なお。

sarva-māra-viṣayâtikrānta-gocaraś < sarva-māra-viṣayâtikrānta-gocaraḥ + (c) < sarva-māra-viṣaya-atikrānta-gocara-：*adj.* 一切の魔の活動領域を超越した行動範囲を持つ。*m. sg. Nom.*

viṣaya-：*m.* 活動領域。範囲。感覚の対象（色声香味触の五境）。

atikrānta- < ati-√kram- (1) + -ta：*pp.* 超越した。「超」「越」「過」「超過」「超出」と漢訳。

câyaṃ < ca + ayaṃ

ca：*conj.* および。また。しかしながら。そして。～と。なお。

ayaṃ < idam-：これ。この。*m. sg. Nom.*

bodhi-sattvasya < bodhi-sattva-：*m.* 覚りを求める人。「菩薩」と音写。*sg. Gen.*

gocaraḥ < gocara- < go-cara-：*m.* 牧牛場。行動の範囲。達する範囲。能力の範囲。*sg. Nom.*

yat sarva-jña-jñāna-paryeṣṭi-gocaraś ca na câkāle jñāna-prāpti-gocaro 'yaṃ bodhi-sattvasya gocaraḥ /

（梵漢和維摩経 *p.* 206, *ll.* 6–7）

「一切知者の智慧（一切智）を探求することを行動範囲とするけれども、定められた時以外には智慧を獲得しないことを行動範囲とするということ、これが菩薩の行動範囲なのです。

【「一切智を求むるも非時に求むること無き、是れ菩薩の行なり。】　（大正蔵、巻一四、五四五頁下）

…………………………………………………………………………

yat：*conj.* ～ということ（= that）。

sarva-jña-jñāna-paryeṣṭi-gocaraś < sarva-jña-jñāna-paryeṣṭi-gocaraḥ + (c) < sarva-jña-jñāna-paryeṣṭi-gocara-：*adj.* 一切知者の智慧を探求することを行動範囲とする。*m. sg. Nom.*

sarva-jña-：*adj.* 一切を知っている。全知の。「薩云若」「薩婆若」と音写。

jñāna- < √jñā- (9) + -ana：*n.* 知ること。知識。智慧。「闍那」と音写。

paryeṣṭi- < pari-ā-√iṣ- (6) + -ti：*f.* ～を求めること。探求すること。

pari-ā-√iṣ- (6)：「求」「尋求」「追求」「志求」と漢訳。

ca：*conj.* および。また。しかしながら。そして。～と。なお。

na：*ind.* ～でない。～にあらず。

câkāle < ca + akāle

akāle < akāla- < a-kāla-：*m.* 法外の時。時はずれ。夜。「非時」「不依時」「非為時」と漢訳。*sg. Loc.*

kāla-：*m.* 適当な時。定められた時。正しい時。

jñāna-prāpti-gocaro 'yaṃ < jñāna-prāpti-gocaraḥ + ayaṃ

jñāna-prāpti-gocaraḥ < jñāna-prāpti-gocara-：*adj.* 智慧を獲得することを行動範囲とする。*m. sg. Nom.*

prāpti- < pra-√āp- (1) + -ti：*f.* 到来。到達する領域。範囲。～への到着。達成。獲得。「証得」と漢訳。

ayaṃ < idam-：これ。この。*m. sg. Nom.*

bodhi-sattvasya < bodhi-sattva-：*m.* 覚りを求める人。「菩薩」と音写。*sg. Gen.*

gocaraḥ < gocara- < go-cara-：*m.* 牧牛場。行動の範囲。達する範囲。能力の範囲。*sg. Nom.*

> yac catuḥ-satya-jñāna-gocaraś ca na câkāle satya-prativedha-gocaro 'yaṃ bodhi-sattvasya gocar=aḥ /
>
> (梵漢和維摩経 *p.* 206, *ll.* 7–8)

「〔苦諦・集諦・滅諦・道諦からなる〕四つの〔聖なる〕真理（四聖諦）を知ることを行動範囲とするけれども、定められた時以外には真理に透徹しないことを行動範囲とするということ、これが菩薩の行動範囲なのです。

【漢訳相当箇所なし】

……………………………………………………………………………

yac < yat + (c)：*conj.* ～ということ（= that）。

catuḥ-satya-jñāna-gocaraś：*adj.* 〔苦諦・集諦・滅諦・道諦からなる〕四つの〔聖なる〕真理（四聖諦）を知ることを行動範囲とする。*m. sg. Nom.*

ca：*conj.* および。また。しかしながら。そして。～と。なお。

na：*ind.* ～でない。～にあらず。

câkāle < ca + akāle

akāle < akāla- < a-kāla-：*m.* 法外の時。時はずれ。夜。「非時」「不依時」「非為時」と漢訳。*sg. Loc.*

satya-prativedha-gocaro 'yaṃ < satya-prativedha-gocaraḥ + ayaṃ

satya-prativedha-gocaraḥ < satya-prativedha-gocara-：*adj.* 真理に透徹することを行動範囲とする。*m. sg. Nom.*

prativedha- < prati-√vyadh- (4) + -a：*m.* 洞察。理解。上達。知見。知識。「通達」と漢訳。

prati-√vyadh- (4)：射る。「知」「悟」「得」「到」「通達」と漢訳。

√vyadh- (4)：貫く。孔をうがつ。打つ。傷つける。貫通する。圧倒する。

ayaṃ < idam-：これ。この。*m. sg. Nom.*

bodhi-sattvasya < bodhi-sattva-：*m.* 覚りを求める人。「菩薩」と音写。*sg. Gen.*

gocaraḥ < gocara- < go-cara-：*m.* 牧牛場。行動の範囲。達する範囲。能力の範囲。*sg. Nom.*

> yad adhyātma-pratyavekṣaṇa-gocaraś ca saṃcintya-bhavôpapatti-parigraha-gocaraś câyaṃ bodhi-sattvasya gocaraḥ /
>
> (梵漢和維摩経 *p.* 206, *ll.* 8–10)

「自己を観察することを行動範囲とし、また意のままに存在（有）の世界への誕生を獲得することを行動範囲とするということ、これが菩薩の行動範囲なのです。

【漢訳対照箇所なし】

……………………………………………………………………………

yad < yat + 母音：*conj.* ～ということ（= that）。

adhyātma-pratyavekṣaṇa-gocaraś < adhyātma-pratyavekṣaṇa-gocaraḥ + (c) < adhyātma-praty=avekṣaṇa-gocara-：*adj.* 自己を観察することを行動範囲とする。*m. sg. Nom.*

adhyātma- < adhi-ātma-：*adj.* 自己の。自己に特有な。

pratyavekṣaṇa- < prati-ava-√īkṣ- (1) + -ana：*n.* 観察すること。調査すること。検査するこ

と。尋ねること。

ca：*conj.* および。また。しかしながら。そして。～と。なお。

saṃcintya-bhavôpapatti-parigraha-gocaraś < saṃcintya-bhavôpapatti-parigraha-gocaraḥ + (c) < saṃcintya-bhavôpapatti-parigraha-gocara-：*adj.* 意のままに存在（有）の世界への誕生を獲得することを行動範囲とする。*m. sg. Nom.*

saṃcintya-bhavôpapatti- < saṃcintya-bhava-upapatti-：*f.* 意のままの存在（有）の世界への誕生。「故意受生」と漢訳。

saṃcintya- < sam-√cint- (10) + -ya：*未受分,* 考慮されるべき。～と見なされるべき。「故思」「如思」「以自在心」と漢訳。

sam-√cint- (10)：熟慮する。思量する。～（対格）を正当に考える。考慮する。

bhava- < √bhū- (1) + -a：*m.* 誕生。生起。起原。本源。存在。生。～となること。「有」と漢訳。

upapatti- < upa-√pad- (4) + -ti：*f.* 出現。成功。結果。確立。起源。誕生。

parigraha- < pari-√grah- (9) + -a：*m.* 包容。包含。取得。把握。受納。獲得。所有。

câyaṃ < ca + ayaṃ

ca：*conj.* および。また。しかしながら。そして。～と。なお。

ayaṃ < idam-：これ。この。*m. sg. Nom.*

bodhi-sattvasya < bodhi-sattva-：*m.* 覚りを求める人。「菩薩」と音写。*sg. Gen.*

gocaraḥ < gocara- < go-cara-：*m.* 牧牛場。行動の範囲。達する範囲。能力の範囲。*sg. Nom.*

> yad ajāti-pratyavekṣaṇa-gocaraś ca na ca niyāmâvakrānti-gocaro 'yaṃ bodhi-sattvasya gocar=aḥ /
>
> （梵漢和維摩経 *p.* 206, *ll.* 10–11）

「〔ものごとの〕不生を観察することを行動範囲とするけれども、正しい在り方が確定した状態（正定位）に入らないことを行動範囲とするということ、これが菩薩の行動範囲なのです。

【「諸法の不生なることを観ずると雖も、而も正位に入らざる、是れ菩薩の行なり。】

（大正蔵、巻一四、五四五頁下）

………………………………………………………………………

yad < yat + 母音：*conj.* ～ということ（= that）。

ajāti-pratyavekṣaṇa-gocaraś < ajāti-pratyavekṣaṇa-gocaraḥ + (c) < ajāti-pratyavekṣaṇa-gocara-：*adj.* 〔ものごとの〕不生を観察することを行動範囲とする。*m. sg. Nom.*

ajāti- < a-jāti-：*f.* 生まれないこと。「不生」「無生」と漢訳。

jāti- < √jan- (1) + -ti：*f.* 誕生。出生。生まれ。

pratyavekṣaṇa- < prati-ava-√īkṣ- (1) + -ana：*n.* 観察すること。調査すること。検査すること。尋ねること。

ca：*conj.* および。また。しかしながら。そして。～と。なお。

na：*ind.* ～でない。～にあらず。

ca：*conj.* および。また。しかしながら。そして。～と。なお。

niyāmâvakrānti-gocaro 'yaṃ < niyāmâvakrānti-gocaraḥ + ayaṃ

niyāmâvakrānti-gocaraḥ < niyāma-avakrānti-gocara-：*adj.* 正しい在り方が確定した状態（正定位）に入っていることを行動範囲とする。*m. sg. Nom.*

niyāma-avakrānti-：*f.* 正しい在り方が確定した状態（正定位）に入っていること。

niyāma- = niyama-：*m.* 船夫。舵手。「離生」「決定」「正定（聚）」「正定（位）」と漢訳。

avakrānti- < ava-√kram- (1) + -ti：*f.* 母胎中に降下すること。受胎。「入」「証入」「趣入」と漢訳。

ava-√kram- (1)：～（対格）の上に降る。入胎する。去る。

ayaṃ < idam-：これ。この。*m. sg. Nom.*

bodhi-sattvasya < bodhi-sattva-：*m.* 覚りを求める人。「菩薩」と音写。*sg. Gen.*
gocaraḥ < gocara- < go-cara-：*m.* 牧牛場。行動の範囲。達する範囲。能力の範囲。*sg. Nom.*

yat pratītya-samutpāda-gocaraś ca sarva-dṛṣṭi-vigata-gocaraś[74] câyaṃ bodhi-sattvasya gocaraḥ /
(梵漢和維摩経 *p.* 206, *ll.* 11–13)

「縁によって生ずること（縁起）を行動範囲とし、しかもすべての〔誤った〕見解を離れていることを行動範囲とするということ、これが菩薩の行動範囲なのです。
【「十二縁起(じゅうにえんぎ)を観ずると雖(いえど)も、而も諸の邪見に入る、是れ菩薩の行なり。」】
（大正蔵、巻一四、五四五頁下）

………………………………………………………………………

yat：*conj.* ～ということ（= that）。
pratītya-samutpāda-gocaraś < pratītya-samutpāda-gocaraḥ + (c) < pratītya-samutpāda-goca=ra-：*adj.* 縁によって生ずること（縁起）を行動範囲とする。*m. sg. Nom.*
pratītya-samutpāda-：*m.* 縁によって生ずること。「縁起」と漢訳。
pratītya- < prati-√i- (2) + -tya：*ind.* (*Ger.*) ～に縁って。～の理由によって。～に関して。～の故に。
samutpāda- < sam-ud-√pad- (4) + -a：*m.* 生起。生ずること。起こること。現われること。
ca：*conj.* および。また。しかしながら。そして。～と。なお。
sarva-dṛṣṭi-vigata-gocaraś < sarva-dṛṣṭi-vigata-gocaraḥ + (c) < sarva-dṛṣṭi-vigata-gocara-：*adj.* すべての〔誤った〕見解を離れていることを行動範囲とする。*m. sg. Nom.*
dṛṣṭi- < √dṛś- (1) + -ti：*f.* 見ること。視力。見なすこと。意見。（誤った）見解。「見」「閲」「邪見」「妄見」と漢訳。
vigata- < vi-√gam- (1) + -ta：*pp.* 「離」「除」「無」「已除」「除断」と漢訳。
câyaṃ < ca + ayaṃ
ca：*conj.* および。また。しかしながら。そして。～と。なお。
ayaṃ < idam-：これ。この。*m. sg. Nom.*
bodhi-sattvasya < bodhi-sattva-：*m.* 覚りを求める人。「菩薩」と音写。*sg. Gen.*
gocaraḥ < gocara- < go-cara-：*m.* 牧牛場。行動の範囲。達する範囲。能力の範囲。*sg. Nom.*

yat sarva-sattva-saṃgaṇikā-gocaraś ca na ca kleśânuśaya-gocaro 'yaṃ bodhi-sattvasya gocaraḥ /
(梵漢和維摩経 *p.* 206, *ll.* 13–14)

「あらゆる衆生たちの社会を行動範囲とするけれども、根本煩悩と潜在的な煩悩（随眠）を行動範囲としないということ、これが菩薩の行動範囲なのです。
【「一切衆生を摂すると雖(いえど)も、而も愛著せざる、是れ菩薩の行なり。」】（大正蔵、巻一四、五四五頁下）

………………………………………………………………………

yat：*conj.* ～ということ（= that）。
sarva-sattva-saṃgaṇikā-gocaraś ：*adj.* あらゆる衆生たちの社会を行動範囲とする。*m. sg. Nom.*
saṃgaṇikā-：*f.* 社会。連合。群衆。
ca：*conj.* および。また。しかしながら。そして。～と。なお。
na：*ind.* ～でない。～にあらず。
ca：*conj.* および。また。しかしながら。そして。～と。なお。
kleśânuśaya-gocaro 'yaṃ < kleśânuśaya-gocaraḥ + ayaṃ
kleśânuśaya-gocaraḥ < kleśa-anuśaya-gocara-：*adj.* 根本煩悩と潜在的な煩悩（随眠）を行動範囲とする。*m. sg. Nom.*
kleśa- < √kliś- (4) + -a：*m.* 苦痛。苦悩。心痛。「煩悩」「惑」「根本煩悩」と漢訳。
anuśaya- < anu-√śī- (2) + -a：*m.* 潜在的な煩悩（随眠）。後悔。憎悪。激しい敵意。対照に対する執着。

ayaṃ < idam-：これ。この。*m. sg. Nom.*
bodhi-sattvasya < bodhi-sattva-：*m.* 覚りを求める人。「菩薩」と音写。*sg. Gen.*
gocaraḥ < gocara- < go-cara-：*m.* 牧牛場。行動の範囲。達する範囲。能力の範囲。*sg. Nom.*

yad viveka-gocaraś ca na ca kāya-citta-kṣaya-niśraya-gocaro 'yaṃ bodhi-sattvasya gocaraḥ /
(梵漢和維摩経 *p.* 206, *ll.* 14–15)

「〔世間から〕遠離することを行動範囲とするけれども、身体と心の滅尽に頼らないことを行動範囲とするということ、これが菩薩の行動範囲なのです。
【「遠離(おんり)を楽(ねが)うと雖(いえど)も、而も心身の尽くるに依らざる、是れ菩薩の行なり。】
（大正蔵、巻一四、五四五頁下）
……………………………………………………………………

yad < yat + 母音：*conj.* ～ということ（= that）。
viveka-gocaraś < viveka-gocaraḥ + (c) < viveka-gocara-：*adj.* 〔世間から〕遠離することを行動範囲とする。*m. sg. Nom.*
viveka- < vi-√vic- (7) + -a：*m.* 区別。差別。調査。論議。批判。識別。判断。「離」「遠離」「厭」「厭離」と漢訳。
vi-√vic- (7)：～（奪格、具格）から篩い分ける。分離する。区分する。区別する。識別する。見分ける。研究する。熟慮する。
ca：*conj.* および。また。しかしながら。そして。～と。なお。
na：*ind.* ～でない。～にあらず。
ca：*conj.* および。また。しかしながら。そして。～と。なお。
kāya-citta-kṣaya-niśraya-gocaro 'yaṃ < kāya-citta-kṣaya-niśraya-gocaraḥ + ayaṃ
kāya-citta-kṣaya-niśraya-gocaraḥ < kāya-citta-kṣaya-niśraya-gocara-：*adj.* 身体と心の滅尽を頼りにすることを行動範囲とする。*m. sg. Nom.*
kṣaya- < √kṣi- (5,9) + -a：*m.* 減少。価値低減。衰微。喪失。破戒。終末。
√kṣi- (5,9)：破壊する。滅ぼす。～（対格）を終わらせる。「滅尽」と漢訳。
niśraya- < ni-√śri- (1) + -a：*m.* 拠り所。頼み。
ni-√śri- (1)：「坐」「依」「依止」
√śri- (1)：～（処格）にもたせかける。～に横たえる。寄りかかる。～（対格、処格）を頼りにする。頼る。
ayaṃ < idam-：これ。この。*m. sg. Nom.*
bodhi-sattvasya < bodhi-sattva-：*m.* 覚りを求める人。「菩薩」と音写。*sg. Gen.*
gocaraḥ < gocara- < go-cara-：*m.* 牧牛場。行動の範囲。達する範囲。能力の範囲。*sg. Nom.*

yat traidhātuka-gocaraś ca na ca dharma-dhātu-saṃbheda-gocaro 'yaṃ bodhi-sattvasya gocaraḥ /
(梵漢和維摩経 *p.* 206, *ll.* 15–16)

「〔生死流転する迷いの世界である欲界・色界・無色界の〕三界を行動範囲とするけれども、真理の世界（法界）を遮断しないことを行動範囲とするということ、これが菩薩の行動範囲なのです。
【「三界を行くと雖(いえど)も、而も法性(ほっしょう)を壊(え)せざる、是れ菩薩の行なり。】（大正蔵、巻一四、五四五頁下）
……………………………………………………………………

yat：*conj.* ～ということ（= that）。
traidhātuka-gocaraś < traidhātuka-gocaraḥ + (c) < traidhātuka-gocara-：*adj.* 〔生死流転する迷いの世界である欲界・色界・無色界の〕三界を行動範囲とする。*m. sg. Nom.*
ca：*conj.* および。また。しかしながら。そして。～と。なお。
na：*ind.* ～でない。～にあらず。
ca：*conj.* および。また。しかしながら。そして。～と。なお。
dharma-dhātu-saṃbheda-gocaro 'yaṃ < dharma-dhqtu-sa/bheda-gocaraḥ + ayaṃ

dharma-dhātu-saṃbheda-gocaraḥ ：*adj.* 真理の世界（法界）を遮断することを行動範囲とする。*m. sg. Nom.*

dharma-dhātu-：*m.* 事物の根源。真理の世界。存在の要素。「法界」と漢訳。

saṃbheda- < sam-√bhid- (1) + -a：*m.* 混合。合流。結合。連合。「分別」「差別」と漢訳。

sam-√bhid- (1)：きれぎれに破る。さえぎる。接触させる。合同する。混ぜる。結合する。～（対格）にくみする。

ayaṃ < idam-：これ。この。*m. sg. Nom.*

bodhi-sattvasya < bodhi-sattva-：*m.* 覚りを求める人。「菩薩」と音写。*sg. Gen.*

gocaraḥ < gocara- < go-cara-：*m.* 牧牛場。行動の範囲。達する範囲。能力の範囲。*sg. Nom.*

yac chūnyatā-[75]gocaraś ca sarvâkāra-guṇa-paryeṣṭi-gocaraś câyaṃ bodhi-sattvasya gocaraḥ / (梵漢和維摩経 *p.* 206, *ll.* 16–18)

「空の本性を行動範囲とし、またあらゆる種類の徳を探求することを行動範囲とするということ、これが菩薩の行動範囲なのです。

【「空(くう)を行ずると雖(いえど)も、而も衆(もろもろ)の徳本を植ゆる、是れ菩薩の行なり。】

（大正蔵、巻一四、五四五頁下）

…………………………………………………………………

yac chūnyatā-gocaraś < yat + śūnyatā-gocaraś

yat：*conj.* ～ということ（= that）。

śūnyatā-gocaraś < śūnyatā-gocaraḥ + (c) < śūnyatā-gocara：*adj.* 空の本性を行動範囲とする。*m. sg. Nom.*

ca：*conj.* および。また。しかしながら。そして。～と。なお。

sarvâkāra-guṇa-paryeṣṭi-gocaraś < sarvâkāra-guṇa-paryeṣṭi-gocaraḥ + (c) < sarva-ākāra-guṇa-paryeṣṭi-gocara-：*adj.* あらゆる種類の徳を探求することを行動範囲とする。*m. sg. Nom.*

ākāra-：*m.* 構造。形状。姿。外観。表現。「相」「相貌」「種類」と漢訳。

guṇa-：*m.* 種類。構成。従属的要素。固有性。属性。善性。徳。

paryeṣṭi- < pari-ā-√iṣ- (6) + -ti：*f.* ～を求めること。探求すること。

pari-ā-√iṣ- (6)：「求」「尋求」「追求」「志求」と漢訳。

câyaṃ < ca + ayaṃ

ca：*conj.* および。また。しかしながら。そして。～と。なお。

ayaṃ < idam-：これ。この。*m. sg. Nom.*

bodhi-sattvasya < bodhi-sattva-：*m.* 覚りを求める人。「菩薩」と音写。*sg. Gen.*

gocaraḥ < gocara- < go-cara-：*m.* 牧牛場。行動の範囲。達する範囲。能力の範囲。*sg. Nom.*

yad ānimitta-gocaraś ca sattva-pramocanârambaṇa-vitarka-[76]gocaraś câyaṃ bodhi-sattvasya go=caraḥ / (梵漢和維摩経 *p.* 208, *ll.* 1–2)

「特徴がないこと（無相）を行動範囲とし、また、衆生の解脱を支え熟慮することを行動範囲とするということ、これが菩薩の行動範囲なのです。

【「無相を行ずると雖(いえど)も、衆生を度する、是れ菩薩の行なり。】（大正蔵、巻一四、五四五頁下）

…………………………………………………………………

yad < yat + 母音：*conj.* ～ということ（= that）。

ānimitta-gocaraś < ānimitta-gocaraḥ + (c) < ānimitta-gocara-：*adj.* 特徴がないこと（無相）を行動範囲とする。*m. sg. Nom.*

ānimitta-：*adj.*「無相」と漢訳。*n.*「無相」と漢訳。

animitta- < a-nimitta-：*n.* 不確実。無根拠。無原因。「無相」と漢訳。*adj.* 不確実な。根底なき。

nimitta-：*n.* 目的。記号。象徴。前兆。理由。手段。「瑞相」と漢訳。

ca：*conj.* および。また。しかしながら。そして。〜と。なお。

sattva-pramocanârambaṇa-vitarka-gocaraś < sattva-pramocanârambaṇa-vitarka-gocaraḥ + (c) < sattva-pramocana-ārambaṇa-vitarka-gocara-：*adj.* 衆生の解脱を支え熟慮することを行動範囲とする。*m. sg. Nom.*

pramocana- < pra-√muc- (6) + -ana：*adj.* 〜から解放する。*n.* 〜から解放・自由にすること。「救済」「度脱」と漢訳。

ārambaṇa- < ā-√ramb- (1) +-ana：*n.* 支持。依処。「因」「縁」「因縁」と漢訳。

ārambaṇa- ≒ ālambaṇa-：*n.* 〜に寄りかかること。支持すること。「縁」「所縁」「境」「所縁境」と漢訳。

vitarka- < vi-√tark- (10) + -a：*m.* 推測。想像。疑い。考慮。熟慮。

√tark- (10)：想像する。推量する。〜なる観念を構成する。考慮する。反省する。追想する。〜すべく企てる。

câyaṃ < ca + ayaṃ

ca：*conj.* および。また。しかしながら。そして。〜と。なお。

ayaṃ < idam-：これ。この。*m. sg. Nom.*

bodhi-sattvasya < bodhi-sattva-：*m.* 覚りを求める人。「菩薩」と音写。*sg. Gen.*

gocaraḥ < gocara- < go-cara-：*m.* 牧牛場。行動の範囲。達する範囲。能力の範囲。*sg. Nom.*

> yad apraṇihita-gocaraś ca saṃcintya-bhava-gati-saṃdarśana-gocaraś câyaṃ bodhi-sattvasya gocaraḥ /
>
> (梵漢和維摩経 *p.* 208, *ll.* 2–3)

「欲望を離れていること（無願）を行動範囲とし、しかも、意のままに存在（有）の世界に赴き〔身を〕現わすことを行動範囲とするということ、これが菩薩の行動範囲なのです。

【「無作を行ずると雖（いえど）も、而も受身を現ずる、是れ菩薩の行なり。】（大正蔵、巻一四、五四五頁下）

……………………………………………………………………

yad < yat + 母音：*conj.* 〜ということ（＝ that）。

apraṇihita-gocaraś < apraṇihita-gocaraḥ + (c) < apraṇihita-gocara-：*adj.* 欲望のないこと（無願）を行動範囲とする。*m. sg. Nom.*

apraṇihita- < a-praṇihita-：*adj.* 欲望を離脱した。「無願」と漢訳。

ca：*conj.* および。また。しかしながら。そして。〜と。なお。

saṃcintya-bhava-gati-saṃdarśana-gocaraś < saṃcintya-bhava-gati-saṃdarśana-gocaraḥ + (c) < saṃcintya-bhava-gati-saṃdarśana-gocara-：*adj.* 意のままに存在（有）の世界に赴き〔身を〕現わすことを行動範囲とする。*m. sg. Nom.*

saṃcintya- < sam-√cint- (10) + -ya：*未受分,* 考慮されるべき。〜と見なされるべき。「故思」「如思」「以自在心」と漢訳。

sam-√cint- (10)：熟慮する。思量する。〜（対格）を正当に考える。考慮する。

bhava- < √bhū- (1) + -a：*m.* 誕生。生起。起原。本源。存在。生。〜となること。「有」と漢訳。

gati- < √gam- (1) + -ti：*f.* 行くこと。進路。状態。「趣」「所趣」「所帰趣」と漢訳。

saṃdarśana- < sam-√dṛś- (1) + -ana：*n.* 見ること。眺めること。視力。凝視。注目。示現。顕現。会うこと。

saṃdarśana- < saṃdarśaya- + -ana：*n.* 示すこと。明示すること。見せること。

câyaṃ < ca + ayaṃ

ca：*conj.* および。また。しかしながら。そして。〜と。なお。

ayaṃ < idam-：これ。この。*m. sg. Nom.*

bodhi-sattvasya < bodhi-sattva-：*m.* 覚りを求める人。「菩薩」と音写。*sg. Gen.*

gocaraḥ < gocara- < go-cara-：*m.* 牧牛場。行動の範囲。達する範囲。能力の範囲。*sg. Nom.*

yad anabhisaṃskāra-gocaraś ca sarva-kuśala-mūlâbhisaṃskārâpratiprasrabdhi-gocaraś câyaṃ bodhi-sattvasya gocaraḥ /
(梵漢和維摩経 *p.* 208, *ll.* 3–5)

「形成することのないことを行動範囲とするけれども、あらゆる善根の形成を絶やさないことを行動範囲とするということ、これが菩薩の行動範囲なのです。

【「無起(むき)を行ずると雖(いえど)も、而も一切の善行を起こす、是れ菩薩の行なり。】

（大正蔵、巻一四、五四五頁下）

……………………………………………………………………………

yad < yat + 母音：*conj.* 〜ということ（= that）。

anabhisaṃskāra-gocaraś < anabhisaṃskāra-gocaraḥ + (c) < anabhisaṃskāra-gocara-：*adj.* 形成することのないことを行動範囲とする。*m. sg. Nom.*

anabhisaṃskāra- < an-abhisaṃskāra-：*adj.* 形成することのない。作為することのない。

abhisaṃskāra- < abhi-sam-s-√kṛ- (8) + -a：*m.* 製作。用意。形成。発生。概念。思想。観念。心作用。「作」「造作」「作行」「作成」「所作」「行」「所行」「諸行」と漢訳。

ca：*conj.* および。また。しかしながら。そして。〜と。なお。

sarva-kuśala-mūlâbhisaṃskārâpratiprasrabdhi-gocaraś < sarva-kuśala-mūlâbhisaṃskārâpratiprasrabdhi-gocaraḥ + (c) < sarva-kuśala-mūla-abhisaṃskāra-apratiprasrabdhi-gocara-：*adj.* あらゆる善根の形成をやめないことを行動範囲とする。*m. sg. Nom.*

sarva-：*adj.* すべての。

kuśala-mūla-：*n.* 「善根」と漢訳。

abhisaṃskāra- < abhi-sam-s-√kṛ- (8) + -a：*m.* 製作。用意。形成。発生。概念。思想。観念。心作用。「作」「造作」「作行」「作成」「所作」「行」「所行」「諸行」と漢訳。

apratiprasrabdhi- < a-pratiprasrabdhi-：*adj.* 断つことがない。

pratiprasrabdhi- ≒ pratipraśrabdhi- < prati-pra-√śrambh- (1) + -ti：*f.* 断つこと。鎮めること。「除」「捨」「離」「断」「除断」「軽安」と漢訳。

prati-pra-√śrambh- (1)：鎮める。和らげる。〜をやめる。

câyaṃ < ca + ayaṃ

ca：*conj.* および。また。しかしながら。そして。〜と。なお。

ayaṃ < idam-：これ。この。*m. sg. Nom.*

bodhi-sattvasya < bodhi-sattva-：*m.* 覚りを求める人。「菩薩」と音写。*sg. Gen.*

gocaraḥ < gocara- < go-cara-：*m.* 牧牛場。行動の範囲。達する範囲。能力の範囲。*sg. Nom.*

yat ṣaṭ-pāramitā-gocaraś ca sarva-sattva-citta-carita-pāra-gamana-gocaraś câyaṃ bodhi-sattvasya gocaraḥ /
(梵漢和維摩経 *p.* 208, *ll.* 6–7)

「〔布施・持戒・忍辱・精進・禅定・智慧からなる〕六種類の〔完成によって〕向こう岸へと渡ること（六波羅蜜）を行動範囲とし、しかも一切衆生の心の働きの〔究極である〕向こう岸へ渡ること[77]を行動範囲とするということ、これが菩薩の行動範囲なのです。

【「六波羅蜜(ろくはらみつ)を行ずると雖(いえど)も、而も遍く衆生の心(しん)・心数法(しんじゅほう)を知る、是れ菩薩の行なり。】

（大正蔵、巻一四、五四五頁下）

……………………………………………………………………………

yat：*conj.* 〜ということ（= that）。

ṣaṭ-pāramitā-gocaraś < ṣaṭ-pāramitā-gocaraḥ + (c) < ṣaṭ-pāramitā-gocara-：*adj.* 〔布施・持戒・忍辱・精進・禅定・智慧の〕六つの完成（六波羅蜜）を行動範囲とする。*m. sg. Nom.*

ca：*conj.* および。また。しかしながら。そして。〜と。なお。

sarva-sattva-citta-carita-pāra-gamana-gocaraś < sarva-sattva-citta-carita-pāra-gamana-gocaraḥ + (c) < sarva-sattva-citta-carita-pāra-gamana-gocara- <：*adj.* 一切衆生の心の働きの〔究極である〕向こう岸へと渡ることを行動範囲とする。*m. sg. Nom.*

sarva-sattva-：*m.* すべての衆生。「一切衆生」と漢訳。

carita- < √car- (1) + -ita：*pp.* 行った。行なわれた。「行」「遊行」「修行」「奉行」と漢訳。*n.* 行くこと。歩むこと。道。進行。実行。行為。動作。事業。

pāra- < √pṛ- (3) + -a：*adj.* 向こうへ渡る。*m.n.* 反対側。対岸。岸。極限。最末端。「彼岸」「究竟」と漢訳。

gamana < √gam- (1) + -ana：*n.* 去ること。行くこと。

câyaṃ < ca + ayaṃ

ca：*conj.* および。また。しかしながら。そして。～と。なお。

ayaṃ < idam-：これ。この。*m. sg. Nom.*

bodhi-sattvasya < bodhi-sattva-：*m.* 覚りを求める人。「菩薩」と音写。*sg. Gen.*

gocaraḥ < gocara- < go-cara-：*m.* 牧牛場。行動の範囲。達する範囲。能力の範囲。*sg. Nom.*

yat ṣaḍ-anusmṛti-gocaraś ca na ca sarvâsrava-kṣaya-gocaro 'yaṃ bodhi-sattvasya gocaraḥ /
（梵漢和維摩経 *p.* 208, *ll.* 7–8）

「〔仏・法・僧・戒・施・天の〕六種について念ずること（六念）を行動範囲とするけれども、すべての漏れ出だす煩悩を断たないことを行動範囲とするということ、これが菩薩の行動範囲なのです[78]。

【「六通を行ずると雖も、而も漏を尽くさざる、是れ菩薩の行なり。】（大正蔵、巻一四、五四五頁下）

………………………………………………………………………

yat：*conj.* ～ということ（＝ that）。

ṣaḍ-anusmṛti-gocaraś ：*adj.* 〔仏・法・僧・戒・施・天の〕六種について念ずることを行動範囲とする。*m. sg. Nom.*

ṣaḍ-anusmṛti-：*f.* 〔仏・法・僧・戒・施・天の〕六種について念ずること。

ṣaḍ- < ṣaṭ- ＋ 母音：*基数詞,* 六。

anusmṛti-：*f.* 追憶。回想。思想。意向。「念」「心念」「正念」「憶念」と漢訳。

ca：*conj.* および。また。しかしながら。そして。～と。なお。

na：*ind.* ～でない。～にあらず。

ca：*conj.* および。また。しかしながら。そして。～と。なお。

sarvâsrava-kṣaya-gocaro 'yaṃ < sarvâsrava-kṣaya-gocaraḥ + ayaṃ

sarvâsrava-kṣaya-gocaraḥ < sarva-āsrava-kṣaya-gocara-：*adj.* すべての漏れ出だす煩悩を断つことを行動範囲とする。*m. sg. Nom.*

sarva-：*adj.* すべての。

āsrava-kṣaya-：*m.* 漏れ出だす煩悩を断つこと。「漏尽」と漢訳。

āsrava- < ā-√sru- (1) + -a：*m.* 水門。流出するもの。煩悩。「漏」「流」と漢訳。

kṣaya-：*m.* 減少。衰微。喪失。破壊。終末。

ayaṃ < idam-：これ。この。*m. sg. Nom.*

bodhi-sattvasya < bodhi-sattva-：*m.* 覚りを求める人。「菩薩」と音写。*sg. Gen.*

gocaraḥ < gocara- < go-cara-：*m.* 牧牛場。行動の範囲。達する範囲。能力の範囲。*sg. Nom.*

yat saddharma-pratiṣṭhāna-gocaraś ca na ca kumārgâdhyālambana-[79]gocaro 'yaṃ bodhi-sattva=sya gocaraḥ /
（梵漢和維摩経 *p.* 208, *ll.* 8–10）

「正しい教え（正法）に住することを行動範囲とするけれども、邪道〔の教え〕を対象としないことを行動範囲とするということ、これが菩薩の行動範囲なのです。

【漢訳相当箇所なし】

……………………………………………………………………………

yat：*conj.* ～ということ（= that）。

saddharma-pratiṣṭhāna-gocaraś < saddharma-pratiṣṭhāna-gocaraḥ + (c) < saddharma-pratiṣṭhāna-gocara-：*adj.* 正しい教え（正法）に住することを行動範囲とする。*m. sg. Nom.*

pratiṣṭhāna- < prati-sthāna- < prati-√sthā- (1) + -ana-：*n.* 確乎たる立場。基礎。土台。「安住」「所住」「住処」と漢訳。

ca：*conj.* および。また。しかしながら。そして。～と。なお。

na：*ind.* ～でない。～にあらず。

ca：*conj.* および。また。しかしながら。そして。～と。なお。

kumārgâdhyālambana-gocaro 'yaṃ < kumārgâdhyālambana-gocaraḥ + ayaṃ

kumārgâdhyālambana-gocaraḥ < kumārga-adhyālambana-gocara-：*adj.* 邪道〔の教え〕を対象とすることを行動範囲とする。*m. sg. Nom.*

kumārga- < ku-mārga-：*m.* 悪路。邪道。「異道」「悪道」と漢訳。

adhyālambana- < adhyālambaya- + -ana < adhi-ā-√lamb- (1) + -aya + -ana：*n.* 〔認識対象としての〕縁。対象をとらえること。「縁」「得」「欲得」「逮得」「求」「観」「余思」「思念」と漢訳。

ayaṃ < idam-：これ。この。*m. sg. Nom.*

bodhi-sattvasya < bodhi-sattva-：*m.* 覚りを求める人。「菩薩」と音写。*sg. Gen.*

gocaraḥ < gocara- < go-cara-：*m.* 牧牛場。行動の範囲。達する範囲。能力の範囲。*sg. Nom.*

yat ṣaḍ-abhijñā-gocaraś ca na câsrava-kṣaya-gocaro 'yaṃ bodhi-sattvasya gocaraḥ /
（梵漢和維摩経 *p.* 208, *ll.* 10–11）

「〔天眼通・天耳通・他心通・宿命通・神足通・漏尽通からなる〕六種類の神通（六通）を行動範囲とするけれども、漏れ出だす煩悩を断たないこと（漏尽通）を行動範囲とするということ、これが菩薩の行動範囲なのです。

【漢訳は二つ前の文章に入っている】

……………………………………………………………………………

yat：*conj.* ～ということ（= that）。

ṣaḍ-abhijñā-gocaraś < ṣaḍ-abhijñā-gocaraḥ + (c) < ṣaḍ-abhijñā-gocara-：*adj.* 〔天眼通・天耳通・他心通・宿命通・神足通・漏尽通からなる〕六種類の神通を行動範囲とする。*m. sg. Nom.*

ṣaḍ- < ṣaṭ- + 母音：*基数詞,* 六。

abhijñā- < abhi-√jñā- (9) + -ā：*f.* 記憶。思い出。「通」「神通」「慧」「神力」と漢訳。

ca：*conj.* および。また。しかしながら。そして。～と。なお。

na：*ind.* ～でない。～にあらず。

câsrava-kṣaya-gocaro 'yaṃ < ca + āsrava-kṣaya-gocaraḥ + ayaṃ

ca：*conj.* および。また。しかしながら。そして。～と。なお。

āsrava-kṣaya-gocaraḥ < āsrava-kṣaya-gocara-：*adj* 漏れ出だす煩悩を断つことを行動範囲とする。*m. sg. Nom.*

āsrava-kṣaya-：*m.* 漏れ出だす煩悩を断つこと。「漏尽」と漢訳。

āsrava- < ā-√sru- (1) + -a：*m.* 水門。流出するもの。煩悩。「漏」「流」と漢訳。

kṣaya-：*m.* 減少。衰微。喪失。破壊。終末。

ayaṃ < idam-：これ。この。*m. sg. Nom.*

bodhi-sattvasya < bodhi-sattva-：*m.* 覚りを求める人。「菩薩」と音写。*sg. Gen.*

gocaraḥ < gocara- < go-cara-：*m.* 牧牛場。行動の範囲。達する範囲。能力の範囲。*sg. Nom.*

yac catur-apramāṇa-gocaraś ca na ca brahma-lokôpapatti-sparśana-gocaro 'yaṃ bodhi-sattvasya gocaraḥ /

（梵漢和維摩経 *p.* 208, *ll.* 11–12）

「〔慈・悲・喜・捨からなる〕四つの無量〔の利他の心〕（四無量心）を行動範囲とするけれども、ブラフマー神（梵天）の世界への誕生を獲得しないことを行動範囲とするということ、これが菩薩の行動範囲なのです。

【「四無量心(しむりょうしん)を行ずると雖(いえど)も、而(しか)も梵世に生ずることに貪著(とんじゃく)せざる、是れ菩薩の行なり。】

（大正蔵、巻一四、五四五頁下）

………………………………………………………………………

yac < yat + (c)：*conj.* 〜ということ（＝ that）。

catur-apramāṇa-gocaraś < catur-apramāṇa-gocaraḥ + (c) < catur-apramāṇa-gocara-：*adj.* 〔慈・悲・喜・捨からなる〕四つの無量〔の利他の心〕（四無量心）を行動範囲とする。*m. sg. Nom.*

catur-apramāṇa-：*n.* 四つの無量〔の利他の心〕。「四無量〔心〕」と漢訳。

apramāṇa- < a-pramāṇa-：*n.* 無量。

pramāṇa- < pra-√mā- (2,3) + -ana：*n.* 量。尺度。標準。広さ。大きさ。長さ。距離。重さ。容量。

ca：*conj.* および。また。しかしながら。そして。〜と。なお。

na：*ind.* 〜でない。〜にあらず。

ca：*conj.* および。また。しかしながら。そして。〜と。なお。

brahma-lokôpapatti-sparśana-gocaro 'yaṃ < brahma-lokôpapatti-sparśana-gocaraḥ + ayaṃ

brahma-lokôpapatti-sparśana-gocaraḥ < brahma-loka-upapatti-sparśana-gocara-：*adj.* ブラフマー神の世界への誕生を獲得することを行動範囲とする。*m. sg. Nom.*

brahma-loka-：*m.* ブラフマー神の世界。「梵世」「梵天」「梵天世界」と漢訳。

upapatti- < upa-√pad- (4) + -ti：*f.* 出現。成功。結果。確立。起源。誕生。

sparśana- < √spṛś- (6) + -ana：*n.* 触れること。接触。感触。獲得。

√spṛś- (6)：〜（対格）に触れる。〜（対格）に手を置く。なでる。獲得する。経験する。

ayaṃ < idam-：これ。この。*m. sg. Nom.*

bodhi-sattvasya < bodhi-sattva-：*m.* 覚りを求める人。「菩薩」と音写。*sg. Gen.*

gocaraḥ < gocara- < go-cara-：*m.* 牧牛場。行動の範囲。達する範囲。能力の範囲。*sg. Nom.*

yad dhyāna-samādhi-samāpatti-gocaraś ca na ca samādhi-samāpatti-vaśenôpapatti-gocaro 'yaṃ bodhi-sattvasya gocaraḥ /

（梵漢和維摩経 *p.* 208, *ll.* 12–14）

「〔心を集中して静かに瞑想する〕禅定・三昧・等至を行動範囲とするけれども、〔その〕三昧や等至の力によって誕生しないことを行動範囲とするということ、これが菩薩の行動範囲なのです。

【「禅定(ぜんじょう)・解脱(げだつ)・三昧(さんまい)を行ずると雖(いえど)も、而も禅に随いて生ぜざる、是れ菩薩の行なり。】

（大正蔵、巻一四、五四五頁下）

………………………………………………………………………

yad < yat + 有声子音：*conj.* 〜ということ（＝ that）。

dhyāna-samādhi-samāpatti-gocaraś < dhyāna-samādhi-samāpatti-gocaraḥ + (c) < dhyāna-samādhi-samāpatti-gocara-：*adj.* 禅定・三昧・等至を行動範囲とする。*m. sg. Nom.*

dhyāna- < √dhyai- (1) + -ana：*n.* 静慮。「定」と漢訳。「禅」「禅定」と音写。

samādhi- < sam-ādhi-：*m.* 深い瞑想。深い専心。「定」と漢訳。「三昧」「三摩地」「三摩提」と音写。

samāpatti- < sam-ā-√pad- (4) + -ti：*f.* 遭遇すること。会うこと。〜の達成。「等至」と漢訳。

ca：*conj.* および。また。しかしながら。そして。〜と。なお。

na：*ind.* 〜でない。〜にあらず。

ca：*conj.* および。また。しかしながら。そして。〜と。なお。

samādhi-samāpatti-vaśenôpapatti-gocaro 'yaṃ < samādhi-samāpatti-vaśena + upapatti-gocaraḥ +

ayaṃ
samādhi-samāpatti-vaśena < samādhi-samāpatti-vaśa-：*m.* 三昧や等至の力。*sg. Ins.*
vaśa- < √vaś- (3) + -a：*m.* 意志。願望。欲望。力。
√vaś- (3)：欲する。望む。切望する。好む。
upapatti-gocaraḥ < upapatti-gocara-：*adj.* 誕生することを行動範囲とする。*m. sg. Nom.*
upapatti- < upa-√pad- (4) + -ti：*f.* 出現。成功。結果。確立。起源。誕生。
ayaṃ < idam-：これ。この。*m. sg. Nom.*
bodhi-sattvasya < bodhi-sattva-：*m.* 覚りを求める人。「菩薩」と音写。*sg. Gen.*
gocaraḥ < gocara- < go-cara-：*m.* 牧牛場。行動の範囲。達する範囲。能力の範囲。*sg. Nom.*

yat smṛty-upasthāna-gocaraś ca na ca kāya-vedanā-citta-dharmâtyartha-gocaro[80] 'yaṃ bodhi-sa=ttvasya gocaraḥ /

(梵漢和維摩経 *p.* 208, *ll.* 14–15)

「〔覚りを得るための四つの〕観想法に身を置くこと（四念処）を行動範囲とするけれども、身体・感受作用・心・ものごと〔についての観想〕が過度でないことを行動範囲とするということ、これが菩薩の行動範囲なのです。

【「四念処を行ずると雖も、而も永く身・受・心・法を離れざる、是れ菩薩の行なり。】

（大正蔵、巻一四、五四五頁下）

……………………………………………………………………

yat：*conj.* ～ということ（＝ that）。
smṛty-upasthāna-gocaraś < smṛty-upasthāna-gocaraḥ + (c) < smṛti-upasthāna-gocara-：*adj.* 〔覚りを得るための四つの〕観想法に身を置くこと（四念処）を行動範囲とする。*m. sg. Nom.*
smṛti- < √smṛ- (1) + -ti：*f.* 記憶。想念。
upasthāna- < upa-√sthā- (1) + -ana：出席。接近。参列。奉仕。敬礼。
upa-√sthā- (1)：近くに立つ。身を置く。近づく。かしずく。仕える。
catvāri smṛty-upasthānāni：覚りを得るための四つの観想法。「四念処」と漢訳。
ca：*conj.* および。また。しかしながら。そして。～と。なお。
na：*ind.* ～でない。～にあらず。
ca：*conj.* および。また。しかしながら。そして。～と。なお。
kāya-vedanā-citta-dharmâtyartha-gocaro 'yaṃ < kāya-vedanā-citta-dharmâtyartha-gocaraḥ + ayaṃ
kāya-vedanā-citta-dharmâtyartha-gocaraḥ < kāya-vedanā-citta-dharma-atyartha-gocara-：*adj.* 身体・感受作用・心・ものごと〔についての観想〕が過度であることを行動範囲とする。*m. sg. Nom.*
kāya-：*m.* 身体。集団。多数。集合。
vedanā- < √vid- (1) + -anā-：*f.* 苦痛。知覚。感受。感受すること。
citta-：*n.* 心。思考。意思。知性。理性。「質多」と音写。
dharma-：*m.* 確定した秩序。慣例。習慣。法則。規則。義務。宗教。教説。性質。本質。属性。特質。事物。法。
atyartha- < ati-artha-：*adj.* 通常の価値を越えている。過度の。甚だしい。
ayaṃ < idam-：これ。この。*m. sg. Nom.*
bodhi-sattvasya < bodhi-sattva-：*m.* 覚りを求める人。「菩薩」と音写。*sg. Gen.*
gocaraḥ < gocara- < go-cara-：*m.* 牧牛場。行動の範囲。達する範囲。能力の範囲。*sg. Nom.*

yat samyak-prahāṇa-gocaraś ca na ca kuśalâkuśala-dvayôpalambha-gocaro 'yaṃ bodhi-sattva=sya gocaraḥ /

(梵漢和維摩経 *p.* 208, *ll.* 15–17)

「〔悪を捨て善に向かうための四種の〕正しい努力（四正勤）を行動範囲とするけれども、善と悪の二元〔的対立〕を観察しないことを行動範囲とするということ、これが菩薩の行動範囲なのです。
【「四正勤を行ずると雖も、而も身心の精進を捨てざる、是れ菩薩の行なり。】

（大正蔵、巻一四、五四五頁下）

……………………………………………………………………

yat：*conj.* 〜ということ（＝ that)。

samyak-prahāṇa-gocaraś < samyak-prahāṇa-gocaraḥ + (c) < samyak-prahāṇa-gocara-：*adj.* 〔悪を捨て善に向かうための四種の〕正しい努力（四正勤）を行動範囲とする。*m. sg. Nom.*

samyak-：*adv.* 正しく。正確に。真に。適当に。完全に。

prahāṇa- < pra-√hā- (3) + -ana：*n.* 放棄。回避。「断」「断除」「断尽」「断滅」と漢訳。

ca：*conj.* および。また。しかしながら。そして。〜と。なお。

na：*ind.* 〜でない。〜にあらず。

ca：*conj.* および。また。しかしながら。そして。〜と。なお。

kuśalâkuśala-dvayôpalambha-gocaro 'yaṃ < kuśalâkuśala-dvayôpalambha-gocaraḥ + ayaṃ

kuśalâkuśala-dvayôpalambha-gocaraḥ < kuśala-akuśala-dvaya-upalambha-gocara-：*adj.* 善と悪の二元〔的対立〕を観察することを行動範囲とする。*m. sg. Nom.*

kuśala-：*adj.* 善き。正しき。有益な。〜に熟練した。老練なる。経験ある。*n.* 好条件。幸福。繁栄。有益。

akuśala- < a-kuśala-：*adj.* 有害の。不吉の。「罪」「悪」「不善」「非善」と漢訳。

dvaya- < dvi- + -a：*adj.* 二重の。二種類の。対の。*n.* 一対。両者。二つの事物。

upalambha- < upa-labh- (1) + -a：*m.* 達せしむること。経験させること。取得。観察。知覚。感覚。

ayaṃ < idam-：これ。この。*m. sg. Nom.*

bodhi-sattvasya < bodhi-sattva-：*m.* 覚りを求める人。「菩薩」と音写。*sg. Gen.*

gocaraḥ < gocara- < go-cara-：*m.* 牧牛場。行動の範囲。達する範囲。能力の範囲。*sg. Nom.*

yad ṛddhi-pādâbhinirhāra-gocaraś cânābhoga-rddhi-pāda-vaśavarti-[81]gocaraś câyaṃ bodhi-sattv=asya gocaraḥ /

（梵漢和維摩経 *p.* 210, *ll.* 1–2)

「超自然の神通力〔を得るための四つ〕の根拠（四如意足）を行ずることを行動範囲とするけれども、〔意図しなくても〕自然に超自然の神通力の根拠（四如意足）に自在であることを行動範囲とするということ、これが菩薩の行動範囲なのです。
【「四如意足を行ずると雖も、而も自在神通を得る、是れ菩薩の行なり。】

（大正蔵、巻一四、五四五頁下）

……………………………………………………………………

yad < yat + 母音：*conj.* 〜ということ（＝ that)。

ṛddhi-pādâbhinirhāra-gocaraś < ṛddhi-pādâbhinirhāra-gocaraḥ + (c) < ṛddhi-pāda-abhinirhāra-gocara-：*adj.* 超自然の神通力〔を得るための四つ〕の根拠（四如意足）を行ずることを行動範囲とする。*m. sg. Nom.*

ṛddhi-pāda-：*m.* 「神足」「如意足」と漢訳。

catvāra ṛddhi-pādāḥ：四つの自在力を得るための根拠。「四神足」「四如意足」

ṛddhi-：*f.* 繁栄。安寧。好運。超自然力。「神通」「神力」「神変」と漢訳。

pāda-：*m.* （人や動物の）足。支柱。

abhinirhāra- < abhi-nir-√hṛ- (1) + -a：*m.* 「出生」「出離」「起」「成就」「作」「行」「示」「修」と漢訳。

abhi-nir-√hṛ- (1)：「生」「得」「獲」「出生」「出現」「起」「発起」と漢訳。

nir-√hṛ- (1)：〜（奪格）から取り出す。取り去る。取り除く。〜から免れる。破壊する。

√hṛ- (1)：運ぶ。もたらす。持ってくる。贈る。提供する。持ち去る。連れ去る。捉える。強奪する。

cânābhoga-rddhi-pāda-vaśavarti-gocaraś < ca + anābhoga-rddhi-pāda-vaśavarti-gocaraś

anābhoga-rddhi-pāda-vaśavarti-gocaraś < anābhoga-rddhi-pāda-vaśavarti-gocaraḥ + (c) < anābhoga-rddhi-pāda-vaśavarti-gocara-：*adj.* 〔意図しなくても〕自然に超自然の神通力の根拠（四如意足）に自在であることを行動範囲とする。*m. sg. Nom.*

anābhoga- < an-ābhoga-：*m.* 「無功用」と漢訳。

anābhogatas が副詞として「自然に」を意味することも参考に。

ābhoga- < ā-√bhuj- (1) + -a：*m.* 享受。満足。想像。「用」「受用」「功用」と漢訳。

√bhuj- (1)：享受する。用いる。食う。使用する。利用する。役立つ。

rddhi- < 母音 + ṛddhi-：*f.* 繁栄。安寧。好運。超自然力。「神通」「神力」「神変」と漢訳。

ṛddhi-pāda-：*m.* 「神足」「如意足」と漢訳。

pāda-：*m.* （人や動物の）足。支柱。

vaśavarti- < vaśavartin- < vaśa-vartin-：*adj.* ～（属格）の支配下にある。～に服従する。柔順な。～を支配する。統治する。*m.* 「自在」「自在天」「他化自在天」と漢訳。

câyaṃ < ca + ayaṃ

ca：*conj.* および。また。しかしながら。そして。～と。なお。

ayaṃ < idam-：これ。この。*m. sg. Nom.*

bodhi-sattvasya < bodhi-sattva-：*m.* 覚りを求める人。「菩薩」と音写。*sg. Gen.*

gocaraḥ < gocara- < go-cara-：*m.* 牧牛場。行動の範囲。達する範囲。能力の範囲。*sg. Nom.*

yat pañcêndriya-gocaraś ca sarva-sattvêndriya-parâpara-jñāna-gocaraś câyaṃ bodhi-sattvasya gocaraḥ /

(梵漢和維摩経 *p.* 210, *ll.* 2–3)

「〔眼・耳・鼻・舌・身の〕五つの感覚器官（五根）を行動範囲とし、しかも、一切衆生の感覚器官の優劣を知ることを行動範囲とするということ、これが菩薩の行動範囲なのです。

【「五根（ごこん）を行ずると雖（いえど）も、而も衆生の諸根の利鈍を分別する、是れ菩薩の行なり。】

（大正蔵、巻一四、五四五頁下）

………………………………………………………………………

yat：*conj.* ～ということ（= that）。

pañcêndriya-gocaraś < pañcêndriya-gocaraḥ + (c) < pañca-indriya-gocara：*adj.* 五つの感覚器官（五根）を行動範囲とする。*m. sg. Nom.*

pañca-indriya-：*n.* 五つの感覚器官。「五根」と漢訳。

ca：*conj.* および。また。しかしながら。そして。～と。なお。

sarva-sattvêndriya-parâpara-jñāna-gocaraś < sarva-sattvêndriya-parâpara-jñāna-gocaraḥ + (c) < sarva-sattva-indriya-parâpara-jñāna-gocara-：*adj.* 一切衆生の感覚器官の優劣を知ることを行動範囲とする。*m. sg. Nom.*

parâpara-：*n.* 遠近。前後（原因と結果）。高低。善悪。「勝劣」「彼此」と漢訳。

câyaṃ < ca + ayaṃ

ca：*conj.* および。また。しかしながら。そして。～と。なお。

ayaṃ < idam-：これ。この。*m. sg. Nom.*

bodhi-sattvasya < bodhi-sattva-：*m.* 覚りを求める人。「菩薩」と音写。*sg. Gen.*

gocaraḥ < gocara- < go-cara-：*m.* 牧牛場。行動の範囲。達する範囲。能力の範囲。*sg. Nom.*

yat pañca-bala-pratiṣṭhāna-gocaraś ca daśa-tathāgata-balâbhisaṃdarśana-gocaraś câyaṃ bodhi-sattvasya gocaraḥ /

(梵漢和維摩経 *p.* 210, *ll.* 3–5)

「〔覚りに至らしめる働きを持つ信・精進・念・定・慧の〕五つの力（五力）に立つことを行動範囲とし、しかも、如来に特有の十種の〔智慧の〕力（十力）を現ずることを行動範囲とするということ、これが菩薩の行動範囲なのです。
【「五力(ごりき)を行ずると雖(いえど)も、而も仏の十力(じゅうりき)を求むることを楽(ねが)う、是れ菩薩の行なり。】
（大正蔵、巻一四、五四五頁下）

………………………………………………………………………

yat：*conj.* 〜ということ（= that）。
pañca-bala-pratiṣṭhāna-gocaraś < pañca-bala-pratiṣṭhāna-gocaraḥ + (c) < pañca-bala-pratiṣṭhāna-gocara-：*adj.* 〔覚りに至らしめる働きを持つ信・精進・念・定・慧の〕五つの力（五力）に立つことを行動範囲とする。*m. sg. Nom.*
pañca-bala-：*n.* 〔覚りに至らしめる働きを持つ信・精進・念・定・慧の〕五つの力。「五力」と漢訳。
pratiṣṭhāna- < prati-sthāna- < prati-√sthā- (1) + -ana-：*n.* 確乎たる立場。基礎。土台。「安住」「所住」「住処」と漢訳。
ca：*conj.* および。また。しかしながら。そして。〜と。なお。
daśa-tathāgata-balâbhisaṃdarśana-gocaraś < daśa-tathāgata-balâbhisaṃdarśana-gocaraḥ + (c) < daśa-tathāgata-bala-abhisaṃdarśana-gocara-：*adj.* 如来に特有の十種の力（十力）を現ずることを行動範囲とする。*m. sg. Nom.*
daśa- < daśan-：*基数詞,* 十。
tathāgata-：*m.* 如来。
bala-：*n.* 力。能力。体力。活力。軍隊。
abhisaṃdarśana- < abhi-sam-√dṛś- (1) + -aya + -ana：*n.* 現ずること。
abhisaṃdarśaya- < abhi-sam-√dṛś- (1) + -aya：*Caus.* 「現」と漢訳。
câyaṃ < ca + ayaṃ
ca：*conj.* および。また。しかしながら。そして。〜と。なお。
ayaṃ < idam-：これ。この。*m. sg. Nom.*
bodhi-sattvasya < bodhi-sattva-：*m.* 覚りを求める人。「菩薩」と音写。*sg. Gen.*
gocaraḥ < gocara- < go-cara-：*m.* 牧牛場。行動の範囲。達する範囲。能力の範囲。*sg. Nom.*

yat sapta-bodhyaṅga-pariniṣpatti-gocaraś ca buddhi-prabheda-jñāna-kauśalya-gocaraś câyaṃ bodhi-sattvasya gocaraḥ /
（梵漢和維摩経 *p.* 210, *ll.* 5–7）

「覚りに導く七つの要素（七覚支）を完成することを行動範囲とし、しかも、〔覚った〕智慧に差別があることを知るのに巧みである[82] ことを行動範囲とするということ、これが菩薩の行動範囲なのです。
【「七覚分(しちかくぶん)を行ずると雖(いえど)も、而も仏の智慧を分別する、是れ菩薩の行なり。】
（大正蔵、巻一四、五四五頁下）

………………………………………………………………………

yat：*conj.* 〜ということ（= that）。
sapta-bodhyaṅga-pariniṣpatti-gocaraś < sapta-bodhyaṅga-pariniṣpatti-gocaraḥ + (c) < sapta-bo=dhyaṅga-pariniṣpatti-gocara-：*adj.* 覚りに導く七つの要素（七覚支）の完成を行動範囲とする。*m. sg. Nom.*
sapta-bodhyaṅga-：*n.* 覚りに導く七つの要素。「七覚支」と漢訳。
bodhyaṅga- < bodhi-aṅga-：*n.* 〔七つの〕覚りに導く要素（七覚支）。
aṅga-：*n.* 肢。支分。部分。身体。要素。
pariniṣpatti- < pari-nis-√pad- (4) + -ti：*f.* 完成。「成」「成就」「成満」「円成」「具足」「円満」と漢訳。

ca：*conj.* および。また。しかしながら。そして。〜と。なお。

buddhi-prabheda-jñāna-kauśalya-gocaraś < buddhi-prabheda-jñāna-kauśalya-gocaraḥ + (c) < buddhi-prabheda-jñāna-kauśalya-gocara-：*adj.* 〔覚った〕智慧に差別があることを知るのに巧みであることを行動範囲とする。*m. sg. Nom.*

buddhi- < √budh- (1) + -ti：*f.* 知能。理解力。理性。知性。「大覚」「覚慧」「覚悟」「覚知」「慧」「正慧」「智慧」と漢訳。

prabheda- < pra-√bhid- (1) +-a：*m.* 断ち割ること。貫通すること。区分。分離。差別。差異。

jñāna- < √jñā- (9) + -ana：*n.* 知ること。知識。智慧。「闍那」と音写。

kauśalya- = kauśala-：*n.* 幸福。幸運。繁栄。賢明。「善」「善巧」と漢訳。

câyaṃ < ca + ayaṃ

ca：*conj.* および。また。しかしながら。そして。〜と。なお。

ayaṃ < idam-：これ。この。*m. sg. Nom.*

bodhi-sattvasya < bodhi-sattva-：*m.* 覚りを求める人。「菩薩」と音写。*sg. Gen.*

gocaraḥ < gocara- < go-cara-：*m.* 牧牛場。行動の範囲。達する範囲。能力の範囲。*sg. Nom.*

> yan mārga-pratiṣṭhāna-gocaraś ca kumārgânadhyālambana-[83] gocaraś câyaṃ bodhi-sattvasya gocaraḥ /
>
> (梵漢和維摩経 *p.* 210, *ll.* 7–8)

「〔覚りに到るための八つの聖なる〕道（八聖道）に立つことを行動範囲とし、しかも、邪道を受け止めないことを行動範囲とするということ、これが菩薩の行動範囲なのです。

【「八聖道を行ずると雖も、而も無量の仏道を行ずることを楽う、是れ菩薩の行なり。】

（大正蔵、巻一四、五四五頁下）

………………………………………………………………………

yan < yat + (n)：*conj.* 〜ということ（= that）。

mārga-pratiṣṭhāna-gocaraś < mārga-pratiṣṭhāna-gocaraḥ + (c) < mārga-pratiṣṭhāna-gocara-：*adj.* 〔覚りに到るための八つの正しい〕道（八正道）に立つことを行動範囲とする。*m. sg. Nom.*

mārga-：*m.* 小道（野獣の通った跡 < mṛga-）。道。道路。〜に到る道。正道。正しい道。〜する手段／方法。

pratiṣṭhāna- < prati-sthāna- < prati-√sthā- (1) + -ana-：*n.* 確乎たる立場。基礎。土台。「安住」「所住」「住処」と漢訳。

ca：*conj.* および。また。しかしながら。そして。〜と。なお。

kumārgânadhyālambana-gocaraś < kumārgânadhyālambana-gocaraḥ + (c) < kumārga-anadhyā=lambana-gocara-：*adj.* 邪道を受け止めないことを行動範囲とする。*m. sg. Nom.*

kumārga- < ku-mārga-：*m.* 悪路。邪道。「異道」「悪道」と漢訳。

anadhyālambana- < an-adhyālambana-：*adj.* 対象をとらえない。

adhyālambana- < adhyālambaya- + -ana < adhi-ā-√lamb- (1) + -aya + -ana：*n.* 〔認識対象としての〕縁。対象をとらえること。「縁」「得」「欲得」「逮得」「求」「観」「余思」「思念」と漢訳。

gocara- < go-cara-：*m.* 牧牛場。行動の範囲。達する範囲。能力の範囲。

câyaṃ < ca + ayaṃ

ca：*conj.* および。また。しかしながら。そして。〜と。なお。

ayaṃ < idam-：これ。この。*m. sg. Nom.*

bodhi-sattvasya < bodhi-sattva-：*m.* 覚りを求める人。「菩薩」と音写。*sg. Gen.*

gocaraḥ < gocara- < go-cara-：*m.* 牧牛場。行動の範囲。達する範囲。能力の範囲。*sg. Nom.*

> yac chamatha-vidarśanā-saṃbhāra-paryeṣṭi-gocaraś ca na câtyanta-śānti-patana-gocaro 'yaṃ bodhi-sattvasya gocaraḥ /

（梵漢和維摩経 *p.* 210, *ll.* 8–10）

「〔心の〕寂滅（止）と観察（観）の成就を探求することを行動範囲とするけれども、極端な寂滅に陥らないことを行動範囲とするということ、これが菩薩の行動範囲なのです。
【「止観の助道の法を行ずると雖も、而も畢竟じて寂滅に堕せざる、是れ菩薩の行なり。】
（大正蔵、巻一四、五四五頁下）

……………………………………………………………………

yac chamatha-vidarśanā-saṃbhāra-paryeṣṭi-gocaraś < yat + śamatha-vidarśanā-saṃbhāra-paryeṣṭi-gocaraś

yat：*conj.* ～ということ（= that）。

śamatha-vidarśanā-saṃbhāra-paryeṣṭi-gocaraś < śamatha-vidarśanā-saṃbhāra-paryeṣṭi-gocaraḥ + (c) < śamatha-vidarśanā-saṃbhāra-paryeṣṭi-gocara-：*adj.* 〔心の〕寂滅（止）と観察（観）の成就を探求することを行動範囲とする。*m. sg. Nom.*

śamatha-：*m.* 〔心の〕寂滅。「止」「寂止」「寂滅」「消滅」「定心」「禅定」と漢訳。「奢摩他」「舎摩他」と音写。

vidarśanā- < vi-√dṛś- (1) + -anā：*f.* 示すこと。見ること。観察すること。「覩見」「能示」「示現」「観」「観察」と漢訳。

vidarśaya- < vi-√dṛś- (1) + -aya：*Caus.* 示す。教える。「現」「示現」と漢訳。

vi-√dṛś- (1)：「見」「観」と漢訳。

saṃbhāra- < sam-√bhṛ- (1) + -a：*m.* 一緒に持ってくること。集めること。蓄積すること。高めること。成就すること。～に対する用意。家財道具。富。所有物。多数。量。堆積。「積集」と漢訳。

sam-√bhṛ- (1)：かき集める。準備する。用意する。維持する。蓄積する。高める。成就する。

paryeṣṭi- < pari-ā-√iṣ- (6) + -ti：*f.* ～を求めること。探求すること。

ca：*conj.* および。また。しかしながら。そして。～と。なお。

na：*ind.* ～でない。～にあらず。

câtyanta-śānti-patana-gocaro 'yaṃ < ca + atyanta-śānti-patana-gocaraḥ + ayaṃ

ca：*conj.* および。また。しかしながら。そして。～と。なお。

atyanta-śānti-patana-gocaraḥ < atyanta-śānti-patana-gocara-：*adj.* 極端な寂滅に陥ることを行動範囲とする。*m. sg. Nom.*

atyanta- < ati-anta-：*adj.* 終わりまで続く。継続する。断絶せざる。無限の。過度の。極端な。「畢竟」「究竟」と漢訳。

śānti- < √śam- (4) + -ti：*f.* 心の静穏。心の平和。「寂」「寂滅」「寂静」と漢訳。

patana- < √pat- (1) + -ana：*n.* 飛行。飛翔。落下。降下。落ちること。墜落。～（処格）に入り込むこと。

gocara- < go-cara-：*m.* 牧牛場。行動の範囲。達する範囲。能力の範囲。

ayaṃ < idam-：これ。この。*m. sg. Nom.*

bodhi-sattvasya < bodhi-sattva-：*m.* 覚りを求める人。「菩薩」と音写。*sg. Gen.*

gocaraḥ < gocara- < go-cara-：*m.* 牧牛場。行動の範囲。達する範囲。能力の範囲。*sg. Nom.*

yad anutpāda-lakṣaṇa-sarva-dharma-mīmāṃsana-gocaraś ca rūpa-lakṣaṇânuvyañjana-buddha-kāyâlaṃkāra-pariniṣpatti-gocaro 'yaṃ bodhi-sattvasya gocaraḥ /

（梵漢和維摩経 *p.* 210, *ll.* 10–12）

「生じることのない特徴を持つあらゆるものごと（一切法）について熟考することを行動範囲とするけれども、立派な〔三十二種類の〕身体的特徴と〔八十種類の〕副次的な特徴によるブッダの身体の荘厳を完成することを行動範囲とするということ、これが菩薩の行動範囲なのです。
【「諸法の不生・不滅を行ずると雖も、而も相好を以て其の身を荘厳する、是れ菩薩の行なり。】
（大正蔵、巻一四、五四五頁下）

………………………………………………………………………

yad < yat + 母音：*conj.* ～ということ（= that）。

anutpāda-lakṣaṇa-sarva-dharma-mīmāṃsana-gocaraś < anutpāda-lakṣaṇa-sarva-dharma-mīmāṃ=sana-gocaraḥ + (c) < anutpāda-lakṣaṇa-sarva-dharma-mīmāṃsana-gocara-：*adj.* 生じることのない特徴を持つあらゆるものごと（一切法）について熟考することを行動範囲とする。*m. sg. Nom.*

anutpāda- < an-utpāda-：*m.* 生じないこと。出現しないこと。

utpāda- < utpāda- < ud-√pad- (4) + -a：*m.* 生ずること。生み出すこと。産出。出生。「出」「生起」「出現」と漢訳。

lakṣaṇa- < √lakṣ- (1) + -ana：*n.* 標章。しるし。記号。特徴。属性。「相」「色相」「相貌」と漢訳。

sarva-dharma-：*m.* あらゆるものごと。「一切法」と漢訳。

mīmāṃsana- < mīmāṃs- + -ana < mīmāṃsa- + -ana < √man- (1) + -sa + -ana：*n.* 深い反省。熟考。吟味。論究。

mīmāṃsa- < √man- (1) + -sa：*意欲活用,* 深く反省する。熟考する。吟味する。論究する。

ca：*conj.* および。また。しかしながら。そして。～と。なお。

rūpa-lakṣaṇânuvyañjana-buddha-kāyâlaṃkāra-pariniṣpatti-gocaro 'yam < rūpa-lakṣaṇânuvyañja=na-buddha-kāyâlaṃkāra-pariniṣpatti-gocaraḥ + ayaṃ

rūpa-lakṣaṇânuvyañjana-buddha-kāyâlaṃkāra-pariniṣpatti-gocaraḥ < rūpa-lakṣaṇa-anuvy=añjana-buddha-kāya-alaṃkāra-pariniṣpatti-gocara-：*adj.* 立派な〔三十二種類の〕身体的特徴と〔八十種類の〕副次的な特徴によるブッダの身体の荘厳を完成することを行動範囲とする。*m. sg. Nom.*

rūpa-：*n.* 形態。外観。色。形。美しい形。見目よいこと。

lakṣaṇa-anuvyañjana-：*adj.* 〔三十二種類の〕身体的特徴と〔八十種類の〕副次的な特徴を具えている。

lakṣaṇa- < √lakṣ- (1) + -ana：*n.* 標章。しるし。記号。特徴。属性。「相」「色相」「相貌」と漢訳。

anuvyañjana- < anu-vyañjana-：*n.* 副次的なしるし。第二次的なしるし。（八十）種好。「種好」と漢訳。

buddha-kāya-：*m.* ブッダの身体。

alaṃkāra- < alam-√kṛ- (8) + -a：*m.* 装飾。装飾物。装身具。修辞。「荘厳」「厳飾」と漢訳。

pariniṣpatti- < pari-niṣ-√pad- (4) + -ti：*f.* 完成。「成」「成就」「成満」「円成」「具足」「円満」と漢訳。

ayaṃ < idam-：これ。この。*m. sg. Nom.*

bodhi-sattvasya < bodhi-sattva-：*m.* 覚りを求める人。「菩薩」と音写。*sg. Gen.*

gocaraḥ < gocara- < go-cara-：*m.* 牧牛場。行動の範囲。達する範囲。能力の範囲。*sg. Nom.*

> yac chrāvaka-pratyeka-buddha-kalpa-[84]saṃdarśana-gocaraś ca buddha-dharmâtyajana-gocaraś câyaṃ bodhi-sattvasya gocaraḥ /
>
> （梵漢和維摩経 *p.* 210, *ll.* 12–14）

「声聞と独覚（辟支仏）の振る舞いを示すことを行動範囲とするけれども、ブッダの特性を放棄しないことを行動範囲とするということ、これが菩薩の行動範囲なのです。

【「声聞（しょうもん）・辟支仏（びゃくしぶつ）の威儀を現ずると雖（いえど）も、而も仏の法を捨てざる、是れ菩薩の行なり。】

（大正蔵、巻一四、五四五頁下）

………………………………………………………………………

yac chrāvaka-pratyeka-buddha-kalpa-saṃdarśana-gocaraś < yat + śrāvaka-pratyeka-buddha-kalpa-saṃdarśana-gocaraś yat：*conj.* ～ということ（= that）。

śrāvaka-pratyeka-buddha-kalpa-saṃdarśana-gocaraś < śrāvaka-pratyeka-buddha-kalpa-saṃdarśana-gocaraḥ + (c) < śrāvaka-pratyeka-buddha-kalpa-saṃdarśana-gocara-：*adj.* 声聞と独覚（辟支仏）の振る舞いを示すことを行動範囲とする。*m. sg. Nom.*

śrāvaka- < √śru- (5) + -aka：*m.* 声を聞く人。弟子。「声聞」「学士」「賢聖」「小乗人」と漢訳。

pratyeka-buddha-：*m.* 「独覚」「縁覚」と漢訳。「辟支仏」「辟支迦仏」と音写。

pratyeka- < prati-eka-：*adj.* 各個の。単独の。個々の。「別」「各別」「独」と漢訳。

kalpa-：*m.* 行動様式。

モニエルの辞典には manner of acting とある。

saṃdarśana- < sam-√dṛś- (1) + -ana：*n.* 見ること。眺めること。視力。凝視。注目。示現。顕現。会うこと。

saṃdarśana- < saṃdarśaya- + -ana：*n.* 示すこと。明示すること。見せること。

ca：*conj.* および。また。しかしながら。そして。～と。なお。

buddha-dharmâtyajana-gocaraś < buddha-dharmâtyajana-gocaraḥ + (c) < buddha-dharma-atyajana-gocara-：*adj.* ブッダの特性を放棄しないことを行動範囲とする。*m. sg. Nom.*

buddha-dharma-：*m.* ブッダの教え。ブッダの特性。「仏法」と漢訳。

atyajana- < a-tyajana-：*adj.* 遺棄しない。除外しない。放棄しない。

tyajana- < √tyaj- (1) + -ana：*n.* 遺棄。廃止。除外。「捨」「厭捨」と漢訳。

√tyaj- (1)：見捨てる。棄てる。手放す。遺棄する。放置する。放つ。断念する。離れる。等閑に付す。無視する。

câyaṃ < ca + ayaṃ

ca：*conj.* および。また。しかしながら。そして。～と。なお。

ayaṃ < idam-：これ。この。*m. sg. Nom.*

bodhi-sattvasya < bodhi-sattva-：*m.* 覚りを求める人。「菩薩」と音写。*sg. Gen.*

gocaraḥ < gocara- < go-cara-：*m.* 牧牛場。行動の範囲。達する範囲。能力の範囲。*sg. Nom.*

> yad atyanta-viśuddhi-prakṛti-samāpanna-sarva-dharmânugamana-gocaraś ca yathâdhimukti-sarva-sattvêryā-patha-saṃdarśana-gocaraś câyaṃ bodhi-sattvasya gocaraḥ /
>
> （梵漢和維摩経 *p.* 210, *ll.* 14–16）

「永遠に清らかな本性に達しているあらゆるものごと（一切法）に随順することを行動範囲とするけれども、信順の志に応じて一切衆生の振る舞いを示すことを行動範囲とするということ、これが菩薩の行動範囲なのです。

【「諸法の究竟(くきょう)の浄相に随うと雖(いえど)も、而も応ずる所に随いて為(ため)に其の身を現ずる、是れ菩薩の行なり。】

（大正蔵、巻一四、五四五頁下）

……………………………………………………………………

yad < yat + 母音：*conj.* ～ということ（= that）。

atyanta-viśuddhi-prakṛti-samāpanna-sarva-dharmânugamana-gocaraś < atyanta-viśuddhi-prakṛti-samāpanna-sarva-dharmânugamana-gocaraḥ + (c) < atyanta-viśuddhi-prakṛti-samāpanna-sarva-dharma-anugamana-gocara-：*adj.* 永遠に清らかな本性に達しているあらゆるものごと（一切法）に随順することを行動範囲とする。*m. sg. Nom.*

atyanta- < ati-anta-：*adj.* 終わりまで続く。継続する。断絶せざる。無限の。過度の。極端な。常の。「畢竟」「究竟」と漢訳。

viśuddhi- < vi-√śudh- (4) + -ti：*f.* 純化。清浄。

vi-√śudh- (4)：全く清浄になる。

prakṛti-：*f.* 本来の状態。自然の状態。性質。自然。（自然の）始原的構成要素。

samāpanna- < sam-ā-√pad- (4) + -na：*pp.* 到達した。来た。「入」「生」「得」「住」と漢訳。

sam-ā-√pad- (4)：襲う。～（状態）に陥る。生ずる。起こる。
sarva-dharma-：*m.* あらゆるものごと。「一切法」と漢訳。
anugamana- < anu-√gam- (1) + -ana：*n.* 「随順」「随入」と漢訳。

ca：*conj.* および。また。しかしながら。そして。～と。なお。

yathâdhimukti-sarva-sattvêryā-patha-saṃdarśana-gocaraś < yathâdhimukti-sarva-sattvêryā-patha-saṃdarśana-gocaraḥ + (c) < yathâdhimukti-sarva-sattva-īryā-patha-saṃdarśana-gocara-：*adj.* 信順の志に応じて一切衆生たちの振る舞いを示すことを行動範囲とする。*m. sg. Nom.*
yathâdhimukti- < yathā-adhimukti-：*adj.* 信順の志に応じた。
adhimukti- < adhi-√muc- (6) + -ti：*f.* 信順の志。傾向。嗜好。信頼。確信。「信」「信解」「解」「信受」と漢訳。
sarva-sattva-：*m.* すべての衆生。「一切衆生」と漢訳。
īryā-patha-：*m.* 行儀。正しい行状。男性出家者の遵守すべき規定。「儀」「威儀」「威儀道」と漢訳。
īryā- < √īr- + -yā：*f.* 行動。姿勢。行状。行為。
patha-：*m.* ～の道。
saṃdarśana- < sam-√dṛś- (1) + -ana：*n.* 見ること。眺めること。視力。凝視。注目。示現。顕現。会うこと。
saṃdarśana- < saṃdarśaya- + -ana：*n.* 示すこと。明示すること。見せること。

câyaṃ < ca + ayaṃ
ca：*conj.* および。また。しかしながら。そして。～と。なお。
ayaṃ < idam-：これ。この。*m. sg. Nom.*

bodhi-sattvasya < bodhi-sattva-：*m.* 覚りを求める人。「菩薩」と音写。*sg. Gen.*

gocaraḥ < gocara- < go-cara-：*m.* 牧牛場。行動の範囲。達する範囲。能力の範囲。*sg. Nom.*

> yad atyantâsaṃvarta-vivartâkāśa-svabhāva-sarva-buddha-kṣetra-pratyavekṣaṇa-gocaraś ca nānā-vyūhâneka-vyūha-buddha-kṣetra-guṇa-vyūha-saṃdarśana-gocaraś câyaṃ bodhi-sattvasya goca=raḥ /
>
> （梵漢和維摩経 *p.* 210, *ll.* 16–19）

「永遠に破壊も生成もなく、虚空を本性とするあらゆるブッダの国土を観察することを行動範囲とするけれども、種々に荘厳され、多様に荘厳されたブッダの国土に功徳の荘厳を出現させることを行動範囲とするということ、これが菩薩の行動範囲なのです。

【「諸仏の国土を永く寂（じゃく）にして空（くう）の如しと観ずると雖（いえど）も、而も種種の清浄（しょうじょう）なる仏土を現ずる、是れ菩薩の行なり。】（大正蔵、巻一四、五四五頁下）

yad < yat + 母音：*conj.* ～ということ（＝ that）。

atyantâsaṃvarta-vivartâkāśa-svabhāva-sarva-buddha-kṣetra-pratyavekṣaṇa-gocaraś < atyantâ=saṃvarta-vivartâkāśa-svabhāva-sarva-buddha-kṣetra-pratyavekṣaṇa-gocaraḥ + (c) < atyanta-asaṃvarta-vivarta-ākāśa-svabhāva-sarva-buddha-kṣetra-pratyavekṣaṇa-gocara-：*adj.* 永遠に破壊も生成もなく、虚空を本性とするあらゆる仏国土を観察することを行動範囲とする。*m. sg. Nom.*
atyanta- < ati-anta-：*adj.* 終わりまで続く。継続する。断絶せざる。無限の。過度の。極端な。常の。「畢竟」「究竟」と漢訳。
asaṃvarta- < a-saṃvarta-：*adj.* 破壊がない。
saṃvarta- < sam-√vṛt- (1) + -a：*m.* （共に転ずること）。（人々の）密集。雨を帯びた雲。世界の終わり。帰滅。「壊」「敗」「破壊」と漢訳。
saṃvartaya- < sam-√vṛt- (1) + -aya：*Caus.* 破壊する。

sam-√vṛt- (1)：～（奪格）から作られる。起こる。発生する。生ずる。到来する。始まる。ある。存在する。「起」「生」「成」と漢訳。

vivarta- < vi-√vṛt- (1) + -a：*m.* （回転する）。天空。渦巻き。変形。Brahman から現象界が仮現すること。「成」「成立」「成相」「生成」と漢訳。

vi-√vṛt- (1)：転ずる。回転する。転がる。発作的に動く。もがく。回す。展開される。「成」「転」「成立」「退転」「捨離」と漢訳。

ākāśa-：*m.n.* 虚空。蒼穹。「虚」「空」「虚空」「空界」と漢訳。

svabhāva- < sva-bhāva-：*m.* 固有の在り方。生まれつきの性質。本性。「自性」と漢訳。

sarva-：*adj.* 一切の。すべての。

buddha-kṣetra-：*n.* 仏の国土。「仏国土」と漢訳。

pratyavekṣaṇa- < prati-ava-√īkṣ- (1) + -ana：*n.* 観察すること。調査すること。検査すること。尋ねること。

ca：*conj.* および。また。しかしながら。そして。～と。なお。

nānā-vyūhâneka-vyūha-buddha-kṣetra-guṇa-vyūha-saṃdarśana-gocaraś < nānā-vyūhâneka-vyūha-buddha-kṣetra-guṇa-vyūha-saṃdarśana-gocaraḥ + (c) < nānā-vyūha-aneka-vyūha-buddha-kṣetra-guṇa-vyūha-saṃdarśana-gocara-：*adj.* 種々に荘厳され、多様に荘厳されたブッダの国土に功徳の荘厳を出現させることを行動範囲とする。*m. sg. Nom.*

nānā：*adv.* さまざまに。種々に。

vyūha- < vi-√ūh- (1) + -a：*m.* 配置。戦陣。集合。「厳」「荘厳」「厳飾」と漢訳。

aneka- < an-eka-：*adj.* 一以上の。種々の。「非一」「諸」「衆」と漢訳。

vyūha- < vi-√ūh- (1) + -a：*m.* 配置。戦陣。集合。「厳」「荘厳」「厳飾」と漢訳。

guṇa-：*m.* 種類。構成。従属的要素。固有性。属性。善性。徳。

vyūha- < vi-√ūh- (1) + -a：*m.* 配置。戦陣。集合。「厳」「荘厳」「厳飾」と漢訳。

saṃdarśana- < sam-√dṛś- (1) + -ana：*n.* 見ること。眺めること。視力。凝視。注目。示現。顕現。会うこと。

saṃdarśana- < saṃdarśaya- + -ana：*n.* 示すこと。明示すること。見せること。

câyaṃ < ca + ayaṃ

ca：*conj.* および。また。しかしながら。そして。～と。なお。

ayaṃ < idam-：これ。この。*m. sg. Nom.*

bodhi-sattvasya < bodhi-sattva-：*m.* 覚りを求める人。「菩薩」と音写。*sg. Gen.*

gocaraḥ < gocara- < go-cara-：*m.* 牧牛場。行動の範囲。達する範囲。能力の範囲。*sg. Nom.*

yad dharma-cakra-pravartana-mahā-parinirvāṇa-saṃdarśana-gocaraś ca bodhi-sattva-caryâtyajana-gocaraś câyam api bodhi-sattvasya gocaraḥ /

（梵漢和維摩経 *p.* 212, *ll.* 1–2）

「真理の車輪（法輪）を転じ、大いなる完全なる涅槃を示すことを行動範囲とするけれども、菩薩としての修行（菩薩道）を放棄しないことを行動範囲とするということ、これもまた菩薩としての行動範囲なのです」

【「仏道を得て法輪を転じ、涅槃に入ると雖も、而も菩薩の道を捨てざる、是れ菩薩の行なり」と。】

（大正蔵、巻一四、五四五頁下）

yad < yat + 有声子音：*conj.* ～ということ（= that)。

dharma-cakra-pravartana-mahā-parinirvāṇa-saṃdarśana-gocaraś < dharma-cakra-pravartana-mahā-parinirvāṇa-saṃdarśana-gocaraḥ + (c) < dharma-cakra-pravartana-mahā-parinirvāṇa-saṃdarśana-gocara-：*adj.* 法輪を転じ、大いなる完全なる涅槃を示すことを行動範囲とする。*m. sg. Nom.*

dharma-cakra-：*n.* 真理の車輪。「法輪」と漢訳。

pravartana- < pra-√vṛt- (1) + -ana：*n.* 前方へ転じさせること。動かすこと。
pra-√vṛt- (1)：動かされる。出発する。～（処格）に従事する。～（奪格）から生ずる。起こる。「流転」「随転」「運転」と漢訳。
√vṛt- (1)：転ずる。進む。
mahā- < mahat-：*adj.* 大きな。偉大な。豊富な。たくさんの。重要な。卓越した。
parinirvāṇa-：*n.* 完全なる涅槃。
saṃdarśana- < sam-√dṛś- (1) + -ana：*n.* 見ること。眺めること。視力。凝視。注目。示現。顕現。会うこと。
saṃdarśana- < saṃdarśaya- + -ana：*n.* 示すこと。明示すること。見せること。
saṃdarśaya- < sam-√dṛś- (1) + -aya：*Caus.* 示す。顕わす。明示する。
ca：*conj.* および。また。しかしながら。そして。～と。なお。
bodhi-sattva-caryâtyajana-gocaraś < bodhi-sattva-caryâtyajana-gocaraḥ + (c) < bodhi-sattva-caryā-atyajana-gocara-：*adj.* 菩薩としての修行（菩薩道）を放棄しないことを行動範囲とする。*m. sg. Nom.*
bodhisattva-caryā-：*f.* 菩薩としての修行。「菩薩行」「菩薩道」と漢訳。
bodhi-sattva-：*m.* 覚りを求める人。「菩薩」と音写。
caryā- < √car- (1) + -yā：*f.* 徘徊すること。行為。所行。行。
atyajana- < a-tyajana-：*adj.* 遺棄しない。除外しない。放棄しない。
tyajana- < √tyaj- (1) + -ana：*n.* 遺棄。廃止。除外。「捨」「厭捨」と漢訳。
câyaṃ < ca + ayaṃ
ca：*conj.* および。また。しかしながら。そして。～と。なお。
ayaṃ < idam-：これ。この。*m. sg. Nom.*
api：*adv.* また。さえも。されど。なお。
bodhi-sattvasya < bodhi-sattva-：*m.* 覚りを求める人。「菩薩」と音写。*sg. Gen.*
gocaraḥ < gocara- < go-cara-：*m.* 牧牛場。行動の範囲。達する範囲。能力の範囲。*sg. Nom.*

> iha nirdeśe nirdiśyamāne ye mañjuśriyā kumāra-bhūtena sārdham āgatā deva-putrās tato ’ṣṭānāṃ deva-putra-sahasrāṇām anuttarāyāṃ samyak-saṃbodhau cittāny utpannāni //
> （梵漢和維摩経 *p.* 212, *ll.* 3–5）

この説法がなされている時、マンジュシリー法王子に伴ってやって来たところの神々の子（天子）たち、その中から八千人の神々の子（天子）たちがこの上ない正しく完全な覚りに向けて心を発した。
【是の語を説ける時、文殊師利の将いる所の大衆、其の中の八千の天子皆、阿耨多羅三藐三菩提に心を発しぬ。】（大正蔵、巻一四、五四五頁下）

iha：*adv.* ここに。今。この世に。地上に。
nirdeśe < nirdeśa- < nir-√diś- (6) + -a：*m.* 命令。指示。記述。表明。詳述。「説」「所説」「説法」「釈」「釈説」「広釈」「分別演説」と漢訳。*sg. Loc.*
nirdiśyamāne < nirdiśyamāna- < nirdiśya- + -māna < nis-√diś- (6) + -ya + -māna：*Pass.* 支持される。決定される。宣言される。*A. 現在分詞, m. sg. Loc.*
以上の処格は、絶対節をなしている。
ye < yad-：*関係代名詞, m. pl. Nom.*
mañjuśriyā < mañjuśrī-：*m.* マンジュシリー。「文殊」「文殊師利」と音写。*sg. Ins.*
kumāra-bhūtena < kumāra-bhūta-：*adj.* 「童子」「童真」「法王子」と漢訳。*m. sg. Ins.*
sārdham < sārdha- < sa-ardha-：*adj.* 半分を伴った。*n. sg. Acc.*
対格の副詞的用法で、「～（具格）と共同で」「～と一緒に」「～とともに」。
āgatā < āgatāḥ + 有声音 < āgata- < ā-√gam- (1) + -ta：*pp.* 来た。*m. pl. Nom.*
deva-putrās < deva-putrāḥ + (t) < deva-putra-：*m.* 神の子。「天子」と漢訳。*pl. Nom.*

tato 'ṣṭānāṃ < tatas + aṣṭānāṃ

tatas：*adv.* それより。そこに。かなたに。そのうえ。

aṣṭānāṃ < aṣṭan-：*基数詞,* 八。*n. pl. Gen.*

deva-putra-sahasrāṇām < deva-putra-sahasra-：*n.* 千人の神々の子。*n. pl. Gen.*

anuttarāyāṃ < anuttarā- < anuttara- < an-ud-tara-：*比較級,* この上ない。「無上」と漢訳。「阿耨多羅」と音写。*f. sg. Loc.*

samyak-saṃbodhau < samyak-saṃbodhi-：*f.* 正しく完全な覚り。*sg. Loc.*

cittāny < cittāni + 母音 < citta-：*n.* 心。思考。意思。知性。理性。「質多」と音写。*pl. Nom.*

utpannāni < utpanna- < ud-√pad- (4) + -na：*pp.* ～（処格）から生まれた。生じた。「已生」「出現」「生起」と漢訳。*n. pl. Nom.*

> glāna-pratisaṃmodanā-parivartaś caturthaḥ //
>
> （梵漢和維摩経 *p.* 212, *l.* 6）

〔以上が〕「病気の見舞い」の章の第四である。

【漢訳相当箇所なし】

……………………………………………………………………

glāna-pratisaṃmodanā-parivartaś < glāna-pratisaṃmodanā-parivartaḥ + (c) < glāna-pratisaṃmodanā-parivarta-：*m.* 「病気の見舞い」の章。「病の慰問」の章。*sg. Nom*

glāna- < √glai- (1) + -na：*pp.* 嫌悪した。疲れた。消耗した。「得病」「有疾」「疾病者」と漢訳。*n.* 倦怠。衰弱。病気。

pratisaṃmodanā- < prati-sam-√mud- (1) + -anā：*f.* あいさつ。「慰問」と漢訳。

parivarta-：*m.* 章。「品」と漢訳。*sg. Nom.*

caturthaḥ < caturtha-：*序数詞,* 第四の。*m. sg. Nom.*

第4章　訳注

---

1 筆者が「近づき難い人」と訳した箇所の原文は、durāsado（< durāsadaḥ < dur-āsada-）となっている。これは、「(人に) 近づく」「遭遇する」という意味の動詞 ā-√sad-(1) から作られた名詞 āsada-（会うこと、近づくこと）に、「〜しがたい」を意味する接頭辞 dur- をつけたもので、「近づきがたい」と訳される。

チベット語訳、およびその現代語訳である中公版は、次の通り。

bsnyen par dka' zhing（つきあうのがむずかしい）

「つき合いにくい人」(中公版、*p.* 70)

鳩摩羅什は「詶対為し難し」と漢訳し、玄奘はそれを踏襲している。「相手をするのが難しい」という意味である。

2 筆者が、「あらゆる衆生に対して比類なき理解力を持ち」と訳した箇所の原文は、

'pratima-buddhiḥ sarva-sattveṣu（< apratima-buddhiḥ sarva-sattveṣu）

となっている。チベット語訳、およびその現代語訳である中公版、そして漢訳は次の通り。

sems can thams cad la khong khro ba ma mchis pa'i blo dang ldan pa（すべての衆生に対して怒りをなさない知を具え）

「どんな人に対しても憤りをいだかない知恵の所有者で」(中公版、*p.* 70)

「智は称すべからず」(支謙訳)

「智慧礙げ無し」(鳩摩羅什訳)

「覚慧礙げ無し」(玄奘訳)

チベット語訳のみが、「怒りをなさない知」や「憤りをいだかない知恵」という表現で、他と異なっている。

3 チベット語訳、およびその現代語訳である中公版では、この後に次の一節が入っている。

thabs dang shes rab las nges par 'byung ba（方便と智慧から生じた者である）

「方便という点でも知恵という点でも超越しております」(中公版、*p.* 70)

中公版の「超越する」が何に由来するのか不明。

4 筆者が「準備」と訳した箇所は、原文では saṃnāhena（< saṃnāha-）となっている。これは、「縛ること」「準備」「設備」「甲冑」の意味がある。チベット語訳では go che となっているが、saṃnāha- に対応するのは、go cha であり、誤写であろう。go cha には「甲冑」「品々」「道具」などの意味があり、その現代語訳である中公版では「甲冑」(中公版、*p.* 70) と訳されている。ヴィマラキールティを満足させるのには、「甲冑」よりも「準備」のほうが適切だと考え、筆者は「準備」として訳した。

5 abhavat は、貝葉写本では abhavata となっている。ただし、abhavat と abhavata は、いずれも過去・三人称・単数でそれぞれ為他言と為自言の違いだけで、どちらでもかまわない。ここは、他の箇所が為他言になっているのに合わせた。

6 筆者が「偉大な法を聞くことのできる対話になるに違いない」と訳した箇所は、原文では次のようになっている。

①mahā-dharma-śravaṇa-sāṃkathyaṃ（< mahā-dharma-śravaṇa-sāṃkathya-）

②bhaviṣyati（なるであろう）

①は、mahā-（偉大な）、dharma-（法）、śravaṇa-（聞くこと）、sāṃkathya-（対談）の複合語で、「偉大な法を聞くことのできる対話」とでも訳せよう。

ところが、チベット語訳、およびその現代語訳である中公版は、次の通り。

chos bsgrags pa'i gtam chan po gdon mi za bar 'byung ngo（法を広宣する大きな話が必ずや起こるのだ）

「大きな会談となり、法音をとどろかせるにちがいない」(中公版、*p.* 71)

これは、①の mahā-（偉大な）と sāṃkathya-（対談）で「大きな会談」、dharma-（法）と śravaṇa-（聞くこと）で「法音をとどろかせる」と訳されたようだが、いささか無理な訳し方ではないか。漢訳は次の通り。

「大道の説を具足せざるや」(支謙訳)

「必ずや妙法を説かん」(鳩摩羅什訳)

「決定して微妙の法教を宣説せん」(玄奘訳)

チベット語訳と漢訳は、貝葉写本に近く、中公版は意訳である。

7 yatrâtmanā（< yatra + ātmanā）は、貝葉写本では yatrânmanā となっている。これは、貝葉写本でしばしば見られる n と t の間の誤記であろう。

8 tenôpasaṃkrāmat（< tena + upasaṃkrāmat）に含まれる upasaṃkrāmat は、「近づく」という意味の動詞 upa-sam-√kram-(1) の過去・三人称・単数・為他言 upasamakrāmat の a が脱落したもの（BHS. gram. 32-3）で、

『維摩経』だけでなく、『法華経』でもしばしば用いられている。植木訳『梵漢和対照・現代語訳　法華経』上巻、*p.* 472, 下巻、*pp.* 472, 528, 534, 538, 554 を参照。

9 mañjuśriyaḥ susvāgataṃ は、貝葉写本では maṃjuśriyo 'svāgataṃ（< maṃjuśriyaḥ + asvāgataṃ）となっている。'svāgataṃ（< asvāgataṃ < a-sv-āgata-）は、否定の接頭辞 a と、「よく」という意味の副詞 sv（< su + 母音)、そして「やって来た」という意味の過去受動分詞 āgata- に分解される。ところが、チベット語訳では shin tu leg par 'ong so（誠によくぞ来られました）となっている。それは、su（よく）を二回重ねた susu（大変によく）と āgataṃ を複合させた susv-āgataṃ に相当する。VKN. は訂正すべきことを示唆しているが、本文を訂正するまでには至っていない。筆者は、チベット語訳を尊重して本文を訂正した。その理由の詳細は、次の注を参照。

10 この文章は、次の四つの要素からなっている。

①svāgataṃ mañjuśriyaḥ（マンジュシリーは、よく来られました）

②susvāgataṃ（よくよくいらっしゃいました）

③mañjuśriyo 'nāgatasya（マンジュシリーは、〔これまで〕来たことがなかったのに、）

④adṛṣṭa-śruta-pūrvasya darśanam（〔これは、〕かつて見られたことも、聞かれたこともない人のお出ましです）

①で属格の mañjuśriyaḥ が用いられているのは、二つの過去受動分詞 svāgataṃ（よく来た）と、②の susvāgataṃ（よくよく来た）の動作主であるからだ。

③の中の属格 mañjuśriyo（< mañjuśriyaḥ）は、属格の過去受動分詞 'nāgatasya（< anāgatasya < anāgata-, 来なかった）とともに絶対節をなしていて、「マンジュシリーは来たことがなかったのに」という意味になる。これは、①と②にかかっているといえよう。

以上のように考えるとき、貝葉写本、および VKN. のように、②を

⑤asvāgataṃ（< a-svāgataṃ, よく来なかった）

としては、①、あるいは③との関係がよろしくない。従って、筆者は、後に挙げるチベット語訳の「誠によくぞ来られました」に従って、⑤から否定の接頭辞 a を取り去って su を代入した②を採用した。

次に④の中の属格 adṛṣṭa-śruta-pūrvasya（< a-dṛṣṭa-śruta-pūrva-）と主格の darśanam（< darśana-）の関係をどう考えるかということが問題であろう。前者は、dṛṣṭa-（見られた)、śruta-（聞かれた)、pūrva-（かつて）の複合語の冒頭に否定を意味する接頭辞 a を付けたもので、「かつて見られたことも、聞かれたこともない」という意味である。サンスクリット語において、形容詞と名詞の境目は、明確でないことから、これを「かつて見られたことも、聞かれたこともない人の」と考えると、darśana-を「出現」「お出まし」と訳せば、主語「〔これは、〕」を補って、

「〔これは、〕かつて見られたことも、聞かれたこともない人のお出ましです」

と訳すことができよう。以上は、逆説的な表現に富んだ漢訳とは異なって、あいさつ程度の言葉である。

チベット語訳、およびその現代語訳である中公版は、次の通り。

'jam dpal legs par 'ongs so // 'jam dpal shin tu leg par 'ongs so // sngon ma 'ongs / ma mthong / ma thos pa mthong ngo（文殊よ、よくぞ来られました。文殊よ、誠によくぞ来られました。かつて、来られず、見られず、聞かれなかった方を〔今〕目にしています）

「マンジュシリーよ、よくおいでになりました。ほんとうによくおいでになりました。(ただし）かつておいでにならなかった（のに、いまおいでになった)。(かつて）お会いもせず、聞きもせず、(いま）お会いする」（中公版、*p.* 72）

②③④の箇所を支謙は次のようにあいさつ程度の言葉として訳している。

「面せざるは昔に在り、辱（かたじけ）なくも来たりて相見（あいまみ）ゆ」(支謙訳)

ところが、鳩摩羅什訳と玄奘訳では、次のように『般若経』によく見られる独特の逆説的な表現で訳されている。

「善く来たれり、文殊師利よ。不来の相にして来たり、不見の相にして見る」(鳩摩羅什訳)

「善く来たれり。不来にして而（しか）も来たり、不見にして而（しか）も見、不聞にして而（しか）も聞く」(玄奘訳)

11 筆者が「〔既に〕来てしまったものに、来ること〔という属性があること〕は認められません」と訳した箇所の原文は次のようになっている。

①na... prajñāyate（認められません）

②câgatasyâgamanaṃ（〔既に〕来てしまったものに、来ること〔という属性があること〕は）

②は、ca（そして）と āgatasya（< āgata-）と āgamanaṃ（< āgamana-）の連声したものである。āgatasya は、「来る」という意味の動詞 ā-√gam-(1) の過去受動分詞 āgata-（やって来た）の男性・単数・属格で、āgamanaṃ

は、同じく動詞 ā-√gam-（1）から作られた中性名詞 āgamana-（来ること）の単数・主格である。従って、②は属格と主格の名詞文になっていて、次の意味になる。

「〔既に〕来てしまったものに、来ることがある」

これに言葉を補って、

「〔既に〕来てしまったものに、来ること〔という属性〕がある」

①の prajñāyate は、「知る」「認める」という意味の動詞 pra-√jñā-（9）の受動・三人称・単数だが、「知られる」と違い、「認められる」には「ものの存在が認識される」という意味があるので、「〜がある」の部分を省略できる。こうして、次の筆者の訳となる。

「〔既に〕来てしまったものに、来ること〔という属性があること〕は認められません」

ところが、チベット語訳、およびその中公版では、次のように訳されている。

ma 'ongs pa la 'ong bar shes pa yang med cing（未だ来ないものを来るものと知ることはありません）

「まだこないものにはくることは知られず」（中公版、*p.* 72）

チベット語訳を尊重すると、②の冒頭の ca は否定の an で、②は次の形だったのかもしれない。

anāgatasyâgamanaṃ（< **an**āgatasya + āgamanaṃ）

けれども、ここは「〔既に〕来てしまったもの」と「〔既に〕去ってしまったもの」について理由を尋ねたところなので、「まだこないもの」とするのは適切でない。

12 kṣamaṇīyaṃ（忍耐されるべき）は、貝葉写本と VKN. では kṣapaṇīyam（禁欲／苦行されるべき）となっているが、意味が通じないので二つ後の注 14 に述べる理由で筆者は改めた。

13 pratikurvanti（抵抗する、繕う）は、貝葉写本と VKN. では pratikupyanti（怒る）となっているが、意味が通じないので二つ後の注 15 に述べる理由で筆者は改めた。

14 筆者が「善き人（善士）よ、あなたにとって、〔病の苦しみは〕耐えることができますか」と訳した箇所は、貝葉写本と VKN. では次のようになっている。

①kac-cit te sat-puruṣa kṣapaṇīyam（善き人よ、あなたにとって、苦行／禁欲することができますか）

これでは、意味が通じない。『法華経』妙音品（植木訳『梵漢和対照・現代語訳　法華経』下巻、*pp.* 472–473）に類似したご機嫌伺いの次の言葉があるので、両者を比較してみよう。

②kac-cit te bhagavan kṣamaṇīyaṃ（世尊よ、あなたにとって、〔ここは〕耐えやすいでしょうか）

ここは、「苦行／禁欲する」よりも「耐える」のほうがふさわしいであろう。これは、貝葉写本の p と m の書体が似ていることから勘違いが生じたのであろう。それを改めると、次のようになり、筆者の訳となる。

①' kac-cit te sat-puruṣa kṣamaṇīyam

15 筆者が「〔身体を維持する〕諸々の要素は、〔身体の要素の一つである〕風によってうまく機能しているでしょうか」と訳した箇所は貝葉写本と VKN. では次のようになっている。

①kac-cid vātena pratikupyanti dhātavaḥ（〔身体を維持する〕諸々の要素は、風によって怒っていますか）

これでは、意味が通じない。『法華経』妙音菩薩品（植木訳『梵漢和対照・現代語訳　法華経』下巻、*pp.* 472–473）に類似したご機嫌伺いの次の言葉があるので、両者を比較してみよう。

②kac-cid dhātavaḥ pratikurvanti（〔身体を維持する〕諸々の要素はうまく機能していますか）

この文章に、「怒っている」は不適切である。「うまく機能している」のほうがいい。それは「抵抗する」「繕う」を意味する prati-√kṛ-（8）の現在・三人称・複数の pratikurvanti を訳したものだが、「〔身体を維持する〕諸々の要素」が「抵抗する」「繕う」というのは、「うまく機能する」ことだと言っていいだろうと筆者は考えた。

次に、①に vātena（< vāta-, 風）という語が入っているのが、気になるが、これが dhātavaḥ（< dhātu-）という語とともに用いられていることがヒントとなる。dhātu- は、インドの医学では、身体を維持する根本要素を意味していて、七要素（栄養液、血液、肉、脂肪、骨、髄、精子）、五要素（耳、鼻、口、心臓、腹）、三要素（風、胆汁、粘液）が挙げられている。ここに風が入っているので、筆者は、pratikupyanti を pratikurvanti として、次のように改めると、筆者の訳となる。

①' kac-cid vātena pratikurvanti dhātavaḥ

16 yātrāṃ は、貝葉写本では pātrāṃ となっている。貝葉写本でしばしば見られる y と p の間の誤記であろう。

17 cânavadyatāṃ は、貝葉写本では cânacadyatāṃ となっている。これは、貝葉写本でしばしば見られる v を c とする誤記であろう。

18 gṛha-pate（資産家よ）は、貝葉写本では gṛha-pater（< gṛha-pateḥ）となっている。gṛha-pater は gṛha-pati-（資産家）の属格で、属格の te（あなたの）とともに、「資産家よ、あなたの」が「資産家であるあなたの」となるだけで、そのままでも内容的には何も問題ない。ただ、チベット語訳の khyim bdag（ご主人よ）と、鳩摩羅什

訳の「居士よ」に基づいて呼格の gṛha-pate に改めた。

19 「いつ、〔どのように〕」は、kadā の訳であるが、これには「いつ」と「どのように」の両方の意味があり、掛詞のような用法として、筆者はこのように訳した。

20 この文章の後に、チベット語訳では次の一節が入っている。

sems can thams cad kyi nad ji srid par kho bo'i nad kyang de srid do（一切衆生の病がある限り、私の病もまたあるのだ）

「あらゆる衆生に病いがあるかぎり、それだけ私の病も続きます」（中公版、*p.* 73）

21 tadā は、貝葉写本では tama と一旦書いた後、ma を消して ta としている。これは、文頭の yadā（～である時）に対する相関詞 tadā（その時）であるべきであろう。

22 「父母」は、サンスクリット語では mātā-pitarāv（< mātā-pitarau, 母と父）の順番になっているが、漢訳では逆になっている。

23 sattvârogyāt は、貝葉写本では satvârogyātv（< satvârogyātu + 母音）となっている。VKN. では satvârogyāt tv と校訂しているが、tv（< tu, しかるに、しかも）は、あってもなくても構わないので、筆者は入れなかった。

24 筆者が「侍者」と訳した箇所は、チベット語訳からの現代語訳である中公版では「家族」となっている。貝葉写本では、「かしずく」「仕える」という意味の動詞 upa-√sthā- (1) の派生語 upasthāyakaḥ（< upasthāyaka-）が用いられており、「家族」は適切ではない。チベット語訳は g-yog が用いられていて、これは「召使い」や「助手」を意味しており、「家族」という意味はない。鳩摩羅什訳と玄奘訳はいずれも「侍者」となっている。支謙訳は「供養」となっているが、「そば近く仕えて供養する人」のことであろうか。

25 筆者が「妄想分別しないこと」と訳した箇所は貝葉写本では、aparikalpanāś（< aparikalpanāḥ）となっている。ところが、チベット語訳、およびその現代語訳である中公版では否定形になっていない。その前後も含めた箇所は次の通りである。

kun tu rtog pa ni / stong pa nyid kyis stong pa'o（分別することが、空性について空なることである）

「認識することが、空そのものとして空なのです」（中公版、*p.* 74）

漢訳は、次のように「無分別」と否定形になっている。

「無分別は空を以ての故に空なり」（鳩摩羅什訳）

「此の空は無分別の空なり」（玄奘訳）

26 この文章の原文は、次の二つの要素からなっている。

①na ca... parikalpayati（また……分別することはありません）

②śūnyatā śūnyatāṃ（空の本性が、空の本性を）

②は、女性名詞 śūnyatā-（空の本性）の単数・主格 śūnyatā と単数・対格 śūnyatāṃ からなっていて、それぞれ主語と目的語となっている。その動詞は、①の parikalpayati（分別する）である。従って、次のような訳になる。

「また、空の本性が、空の本性を分別することはありません」

ところが、チベット語訳からの現代語訳である中公版は、次のように訳している。

「空そのものが空そのものとして認識されることはありません」（中公版、*p.* 74）

①が受動文でないので、文体をそろえるために、中公版の訳を能動の文章に改めると、

「空そのものを空そのものとして認識することはありません」

となる。これは、ＳＶＯＣの構文である。この場合、Ｓ（主語）は一般的な「人は」ぐらいで省略されている。Ｖ（動詞）は parikalpayati（認識する）である。問題は、Ｏ（目的語）とＣ（補語）は、対格で格が一致していなければならないということである。ところが、②は、主格と対格であり、ＳＶＯＣの構文ではなく、ＳＶＯの構文である。

では、チベット語訳はどうかというと、

stong pa nyid ni stong pa nyid la mi rtog go（空性は空性を分別しないのである）

これは、ＳＶＯの構文である。

27 ～-caritebhyo（< ～-caritebhyaḥ + 有声子音）は、貝葉写本では～-caritesyo となっているが、これまで奪格を用いた表現が用いられていることを考慮して改めた。

28 筆者が「あなたの侍者はだれですか」と訳した箇所の原文は、次の通りである。

kas ta upasthāyaka

kas（< kaḥ）は疑問代名詞 kim-（だれ）の男性・単数・主格で、ta（< te）は二人称の代名詞の単数・属格である。upasthāyaka（< upasthāyakaḥ）は、「かしずく」「仕える」という意味の動詞 upa-√sthā- (1) に行為者名詞

を作る接尾辞 -aka をつけたもので、「仕える人」「侍者」を意味する。従って、筆者の訳となる。

漢訳では、次のようになっている。

「何ぞ供養無きや」(支謙訳)

「何ぞ侍者無きや」(鳩摩羅什訳、玄奘訳)

ところが、チベット語訳からの現代語訳である中公版では、次のようになっている。

「あなたは家族もいないのか」(中公版、*p.* 75)

筆者、および鳩摩羅什、玄奘が「侍者」と訳した箇所を中公版が「家族」としている。果たしてチベット語訳はどうなっているのかというと、次の通りである。

g-yog kyang med dam zhes（侍者もいないのか？）

g-yog は「召使い」や「助手」のことであり、「家族」というよりは「侍者」のことである。

[29] kāya-saṃprayukta uta（< kāya-saṃprayuktaḥ + uta）は、貝葉写本では kāyasaṃprayuktôṣa（< kāya-saṃprayukta + uṣa）となっている。この uṣa の後に citta-saṃprayuktaḥ（心と結びついた）があり、それと性・数・格をそろえた kāya-saṃprayuktaḥ（身体に結びついた）と並列の関係になっている。従って uṣa は、両者をつなぐ言葉であることが望ましい。それには、「また」「～さえ」「あるいは」を意味する uta が最も近い語であろう。

[30] この文章の原文は次の六つの要素からなっている。

①ya evaṃ（このように、～ならば、）

②dhātuko（元素に由来する）

③mañjuśrīḥ（マンジュシリーよ、）

④sarva-sattvānāṃ（あらゆる衆生たちの）

⑤vyādhis（病気が）

⑥tenâhaṃ vyādhitaḥ（それによって私は病んでいるのです）

①の ya（<yaḥ）は関係代名詞で、その相関詞が⑥の中の tena である。呼び掛けの③を別として、関係文の②、④、⑤は、⑤を主語、④をその修飾語、②を述語として、「あらゆる衆生たちの病気が元素に由来する」とも訳せるし、あるいは、属格の④と、主格の②、⑤の名詞文と考えて、「あらゆる衆生たちに元素に由来する病気がある」とも訳せる。こうして、①～⑤は、次の二通りに訳される。

⑦「マンジュシリーよ、このように、元素に由来するところのあらゆる衆生たちの病気、」

⑧「マンジュシリーよ、このように、あらゆる衆生たちにあるところの元素に由来する病気、」

さらに、ここでは関係文を条件文と考えると、次のようになる。

⑨「マンジュシリーよ、このように、あらゆる衆生たちの病気が元素に由来するならば、」

⑩「マンジュシリーよ、このように、あらゆる衆生たちに元素に由来する病気があるならば、」

この場合、関係代名詞 ya の相関詞 tena（<tad-, それ）は、それぞれ「あらゆる衆生たちの病気」、または「元素に由来する病気」を指すことになる。こうして、全体は、

⑪「マンジュシリーよ、このように、あらゆる衆生たちの病気が元素に由来するならば、その〔あらゆる衆生たちの病気〕によって、私は病んでいるのです」

⑫「マンジュシリーよ、このように、あらゆる衆生たちに元素に由来する病気があるならば、その〔元素に由来する病気〕によって、私は病んでいるのです」

これは、マンジュシリーの「どの元素に由来して病気があるのか」という問いに対する答えだが、ヴィマラキールティの答えは、衆生の病因と、自分の病因が異なることを述べていると考えるべきであろう。⑪では、衆生には元素による病気はあるかもしれないが、ヴィマラキールティの病は、どの元素によるとも答えてなく、既に述べた「その〔菩薩〕は、衆生に病があることによって病になり」というヴィマラキールティの主張と軌を一にしている。

それに対して、⑫ではヴィマラキールティの病気の原因を、衆生と同じ「元素による」ものとしてしまうことになる。これは、空の思想とも反することになる。従って、筆者は⑪の訳を採用する。

鳩摩羅什は、ヴィマラキールティの病がいずれの元素にもよらないとして明確に次のように訳している。

「是の病は地大に非ず、亦地大を離れず。水、火、風大も亦復是くの如し」

もちろん、この一節は貝葉写本にも、チベット語訳にも支謙訳にもない。その上で、鳩摩羅什は、

「而も衆生の病は四大より起こる。其の病有るを以て、是の故に我病む」

と結論している。これは、衆生には四大元素による病気を認め、その上で、ヴィマラキールティの病は四大元素によるものではなく、これまでの「一切衆生病むを以て、是の故に我、病む」という主張に沿った内容になって

いる。これは、まさに⑪の訳と同趣旨である。

それに対して、チベット語訳、およびその現代語訳である中公版は、次のようになっている。

'jam dpal sems can thams cad kyi nad khams de lta bu kang ying pa des kho bo yang na'o（マンジュシリーよ、そのような元素であるものに由来している一切衆生の病、それによって私もまた病むのだ）

「マンジュシリーよ、一切衆生の要素がわずらっているならば、そのような要素が私のばあいにも病気になっているのです」（中公版、*p.* 76）

中公版の訳は、「人」ではなく「要素」のほうが病気になるというもので、無理がある。チベット語訳からも導き出せない。『維摩経』の思想にも反するものである。

31 筆者が「病気になった菩薩」と訳した箇所の原文は、glānako bodhi-sattvaḥ である。glānako（< glānakaḥ）は、glāna-（病気）に「～を持つ」という意味の形容詞を作る Taddhita 接尾辞 -ka を付した glānaka- の男性・単数・主格で、同じく男性・単数・主格の bodhi-sattvaḥ（菩薩）を修飾している。従って、「病気を持つ菩薩」と訳される。筆者は、意訳して「病気になった菩薩」と訳した。鳩摩羅什も「有疾」と訳している。ところが、チベット語訳からの現代語訳である中公版は、「菩薩の病気」（中公版、*p.* 76）としているが、修飾と被修飾の関係が逆であろう。チベット語訳は byang chub sems dpa' na ba（病の菩薩を）となっていて、na ba（病気）は後ろから byang chub sems dpa'（菩薩）を修飾している。

32 この§10の問いと答えは、貝葉写本、支謙訳、玄奘訳ではヴィマラキールティ（維摩詰）が問い、マンジュシリー（文殊師利）が答える形をとっているが、鳩摩羅什訳では逆になっている。

33 śamayitêti（< śamayitā + iti）は、貝葉写本では mamayitêti となっている。漢訳では次のようになっている。

「（衆病を）療治すべし」（鳩摩羅什訳）

「（衆病をして永く）寂滅せしむ」（玄奘訳）

玄奘訳から「寂滅」と漢訳され、「平穏である」という意味の動詞 √śam-(4) の派生語が用いられていたことが推測される。その使役語幹 śamaya- は、「寂滅にする」「鎮圧する」を意味し、それに行為者名詞を作る接尾辞 -itṛ を付して男性名詞 śamayitṛ-（鎮圧する人、静める人）となり、その単数・主格が śamayitā である。未来・二人称・単数の動詞 bhaviṣyasi とともに、「あなたは（病を）緩和する人となるでありましょう」という意味になる。

34 nidhyāpayitavyam は、貝葉写本と VKN. では、nidhyapayitavyaṃ となっているが、次の注35に述べる理由から筆者は改めた。

35 筆者が「自分の心を……洞察するべきでしょうか」と訳した箇所の原文は次の通り。

sva-cittaṃ nidhyāpayitavyam

この中の nidhyāpayitavyam（洞察されるべき）は、VKN. では、nidhyapayitavyam となっているが、ここは、次のチベット語訳や漢訳から考えても、「注目する」「洞察する」を意味する ni-√dhyai-(1) の使役語幹 nidhyāpaya- から作られた未来受動分詞 nidhyāpayitavya- の中性・単数・主格と考えられるので、筆者は改めた。動詞の語根末尾が ā, e, ai, o で終わる場合、使役語幹を作るときは、いずれの母音も ā と変化して、-aya の代わりに -paya を付けるからだ（cf.「基礎」*p.* 414）。

これに対応する箇所のチベット語訳、およびその現代語訳である中公版、そして漢訳は次の通り。

rang gi sems nges par bsam par bya（自らの心をよく考察するべきか）

「自分の心を洞察するのでしょうか」（中公版、*p.* 77）

「其の意を乱さず」（支謙訳）

「其の心を調伏せん」（鳩摩羅什訳、玄奘訳）

鳩摩羅什訳において nidhyapti-（洞察）という語は、「調伏」と訳されている（第１章§14、第３章§58, 72、第４章§§13, 14, 17, 19など多数）。

36 前の注34と同じ。

37 abhūta-parikalpa- は、貝葉写本では abhūt parikalpa- となっている。abhūta- が「虚妄の」「真実でない」という形容詞であるのに対して、abhūt は、「～である」という意味の動詞 √bhū-(1) の語根アオリスト（不定過去）・三人称・単数である。過去受動分詞（ここでは samutthito と samutthitaḥ）を定動詞のように用いる時、動詞 √bhū-(1) の変化形を添えることによって時制・態が示される（cf.「シンタックス」*p.* 95）。その用法を考えれば、貝葉写本のままでもかまわないが、分別（parikalpa-）が虚妄なものであることを強調する意味で、abhūta-parikalpa- とした。

38 この文章は、次の三つの要素からなっている。

①na punar atra kaścit... dharma upalabhyate（さらに……この法においては決してだれも認められません）

②paramârthato（最高の真理から〔見て〕、）

③yasyâiṣa vyādhiḥ（この病を有するところの人は、）

③は関係代名詞の男性・単数・属格の yasya に導かれた関係節で、これと男性・単数・主格の eṣa（< eṣaḥ,これ）および vyādhiḥ（病気）とで名詞文をなしている。意味は、「この病を有するところの人は」となる。

①の dharma は、男性・単数・処格の dharme（法において）が、次に a 以外の母音があることから変化したものである。これに atra（ここ）がかかって、「この法において」となる。男性・単数・主格の不定代名詞 kaścit は、否定の na とともに「決してだれも～ない」となり、upa-√labh-(1) の受動・三人称・単数 upalabhyate（認められる）を合わせて、「この法においては決してだれも認められません」と訳される。

それに対して、中公版は、次のように訳している。

「最高の真理からすれば、だれそれが病気になるというような存在者は、何もここには認められません」（中公版、*p.* 76）

これは、①、②、③を次の構造と考えられたからであろう。

④na punar atra kaścit... upalabhyate（何もここには認められません）

⑤paramārthato（最高の真理からすれば、）

⑥dharma... yasyâiṣa vyādhiḥ（だれそれが病気になるというような存在者は、）

大きな違いは、dharma を男性・単数・主格の dharmaḥ と次の a 以外の母音とが連声した結果だと考え、dharma（< dharmaḥ）を yasya 以下の関係文の先行詞としていることである。しかし、dharma が病気になるものであるのかという疑問がぬぐえない。そこで、dharma を「存在者」と訳すことになったのであろうが、dharma にそのような意味があるのか疑問である。

以上は、中公版をサンスクリットの原文と比較して論じたものであるが、チベット語訳と比較すると、

don dam par ni 'di la gang gi na ba zhes bya ba'i chos de gnag yang mi dmigs so（勝義としては、その法が何であれ、ここではだれかにとって病というところのものは、認識されない）

これは、中公版よりも貝葉写本からの筆者の訳に近いといえよう。

39 anātmā hy ayaṃ は、貝葉写本では anātmā kṣayaṃ となっている。この後にある samucchrayaḥ（< samucchraya-, 身）と合わせて、漢訳では次のように訳されている。

「是の倚(よ)る所も亦(また)我無し」（支謙訳）

「身も亦我無し」（鳩摩羅什訳、玄奘訳）

「身」あるいは「倚る所」が samucchrayaḥ、「我無し」が anātmā、「亦」が api、「是の」が ayaṃ に対応している。従って、次のように推定される。

anātmâpy ayaṃ samucchrayaḥ

ところが、この貝葉写本に用いられている書体を考慮に入れると、kṣ は py とよりも、hy とのほうがはるかに類似している。ここは、書写段階において後者の勘違いによる誤記と考えて、次のように改めたほうがいいであろう。

anātmā hy ayaṃ samucchrayaḥ

40 筆者が「自己に対する執着以外には」と訳した箇所の原文は次のようになっている。

'nyatrâtmâbhiniveśāt（< 母音 + anyatrâtmâbhiniveśāt）

これは、anyatra と ātmâbhiniveśāt（< ātma-abhiniveśa-）の連声したものである。anyatra は、「～（奪格）以外に」という副詞であり、ātmâbhiniveśāt は ātma-（自己）と abhiniveśa-（～に対する執着）の複合語 ātma-abhiniveśa- の奪格で、anyatra とともに、「自己に対する執着以外に」という意味になる。

ところが、チベット語訳からの現代語訳である中公版では、

「執着された我以外には」（中公版、*p.* 77）

と、「執着」と「我／自己」の関係が逆になっている。では、チベット語訳ではどうなっているのかというと、

bdag tu mngon par zhen pa ma gtogs par（自己に対する執着より他に）

で、除外されるのは「自己」ではなく、「執着」のほうだったのである。

41 uta は、貝葉写本では urṇṇa となっているが、VKN. はそれを utta の間違いであろうと指摘した上で、uta と改めている。

42 この文章の原文は、次の三つの要素からなっている。

①na ca... evaṃ bhavaty（そして、……次のような〔思いが〕生じることはありません）

②teṣāṃ utpadyamānānām（それら〔のものごと〕が生じている時／生じているそれら〔のものごと〕に）

③utpadyāmaha iti『われわれは生じよう』と）

②は、「ものごと」を指示する代名詞 tad-（それ）と、現在分詞 utpadyamāna-（生じている）の男性・複数・

属格からなっていて、属格の絶対節をなして「それら〔のものごと〕が生じている時」という意味になる。

②はまた、①の bhavaty（< bhavati）とともに、「A（属格）～bhavati」（Aに〔思いが〕生じる）という用法で掛詞をなし、否定の na、副詞の evaṃ（このような）も加味して、「生じているそれらのものごとに、このような〔思いが〕生じることはありません」という意味になる。

③の utpadyāmaha（< utpadyāmahe + a 以外の母音）は、「生ずる」という意味の動詞 ud-√pad-(4) の現在・一人称・複数であるが、現在形には意志を示すのに用いられるので、「われわれは生じよう」と訳した。

筆者が「〔思いが〕生じる」と訳した bhavati に相当する箇所は、チベット語訳では snyam（思う）、その現代語訳である中公版は「考える」、漢訳はすべて「言」となっている。漢訳からは、bhavati に似ている bhāṣati（言う）であったかもしれないと考えられるが、「言う」の主語は、「それら〔のものごと〕」でなければならず、そうなると、三人称・単数の bhāṣati ではなく、三人称・複数の bhāṣanti でなければならない。従って bhāṣati はありえない。

43 câsamudācāraḥ（< ca + asamudācāraḥ）は、貝葉写本では ca / samudācāraḥ、VKN. では ca samudācāraḥ で、いずれも否定の接頭辞 a のない samudācāraḥ となっているが、チベット語訳も、漢訳も否定文になっているので、筆者は語頭に否定の a をつけた。

44 'dhyātmaṃ bahirdhâsamudācāro（< adhyātmaṃ bahirdhā + asamudācāraḥ + 半母音）は、貝葉写本では dhyātma barhirddhā samudācāraḥ（< adhyātma barhirddhā samudācāraḥ）となっている。形容詞 adhyātma は、副詞の bahirdhā（～の外側に）と並列されているので、副詞でなければならない。形容詞は、中性・単数・対格となって副詞の働きをするので、adhyātma（< adhi-ātma-, 自己の）を adhyātmaṃ に改めた。貝葉写本の samudācāraḥ は、連声の規則に従って語尾の aḥ を o に変え、チベット語訳も漢訳も否定文になっているので、語頭に否定の a をつけた。

45 samatayâcalanatâpracalanatā（< samatayā + acalanatā + apracalanatā）は、貝葉写本では samatayā acanatā apracalanatā となっている。

46 kenâite（< kena + ete）は、貝葉写本では ketaite となっている。貝葉写本でしばしば見られる n を t とする誤記であろう。

47 この文章の原文は、次の五つの要素からなっている。

①tena（従って、）
②sama-darśinā（〔ものごとを〕平等に見ることによって、）
③nânyo vyādhir（病を他のもの〔となすべき〕ではなく、）
④nânyā śūnyatā（空の本性も他のものと…ではありません）
⑤kartavyā（なすべき）
⑦vyādhir eva śūnyatā（病こそが、空の本性なのです）

①は、代名詞 tad- の中性・単数・具格で、「従って」という意味の接続詞の働きをしている。あるいは、②の sama-darśin-（平等に見ること）の中性・単数・具格 sama-darśinā（平等に見ることによって）を修飾しているとも考えられるが、ここでは接続詞として訳すことにする。

③は、否定の na の後に、anya-（他の）と vyādhi-（病気）の男性・単数・主格が並び、同じく④も否定の na の後に、anya-（他の）と śūnyatā-（空の本性）の女性・単数・主格が並んでいる。この③と④の二つの主格の関係は、⑤の kartavyā によって関係付けられる。これは、「～（対格）を…（対格）になす」という意味の動詞 √kṛ-(8) の未来受動分詞である。受動の意味になったので、「～（主格）は…（主格）となされるべき」という意味になり、これが③と④にかかっているのである。③が男性形、④が女性形で、⑤の kartavyā が、女性・単数・主格であるのは、直近の主語に性を合わせたとも考えられるし、③で男性・単数・主格の kartavyaḥ が省略されていると考えることもできる。

原文は、③と④のいずれにも否定の na があることから、それぞれ別の文として独立しており、病気と空性のそれぞれについて、「他のものとなすべきではない」という共通性を挙げ、その上で、次の⑦で、「病こそが、空の本性なのです」と、両者の関係を結び付けるという流れである。

ところが、チベット語訳、およびその現代語訳である中公版では次のようになっている。

de ltar mnyam pa nyid mthong ba des nad nyid gzhan ma yin / stong pa nyid gzhen du mi byed de/ nad nyid stong pa nyid do（このように平等性を見て、その人は、病気ということ（病気性）を別のことと〔することも〕なく、空の本性をも別のこととすることはありません。病気ということこそが空性なのです）

「このように平等性を見るとき、彼は病気と空性とを別のものとはしません――病気こそは空性なのです」（中公版、*p.* 78）

チベット語訳では、③と④の関係がそのまま反映されている。ところが、中公版の訳は③と④の関係を無視して、ダイレクトに病気と空性の関係を結び付けているといえよう。それは、⑦でやることなので、先走りになっている。

また、鳩摩羅什は、次のように訳している。

「余病有ること無し。唯、空病有り。空病も亦空なり」

これは、「病」と「空」を関係付けるために強引に「空病」という語を持ち出しているように思える。

48 この文章の原文は、次の三つの要素からなっている。

①aviditā（感受することなく）

②ca sā vedanā（また、その感受することは、）

③veditavyā（感受されるべきです）

ここには、「知る」「感受する」という意味の動詞 √vid-(1) の派生語が三つ出てくる。①は過去受動分詞 vidita- の女性・単数・主格に否定の接頭辞 a- をつけた aviditā（感受されなかった）、②には √vid- に抽象名詞をつくる Kṛt 接尾辞 -anā をつけた女性・単数・主格の vedanā（感受すること）、③は √vid- の未来受動分詞 veditavya- の女性・単数・主格 veditavyā である。

この③は、「知られるべきである」とも「感受されるべきである」とも訳すことが可能である。チベット語訳では、その前者を採用して次のように訳されている。

tshol ba de ni tshol ba med par rig par bya ste（その感受は、感受がないものと知るべきであって、）

ここには、「感受」（tshol ba）、「感受がないもの」（tshol ba med pa）、「知るべきである」（rig pa）が用いられていて、前二者は同じ系統の語と分かるが、三番目は別の系統の語かと思わせる。そのためか、中公版は、「知るべき」のままで次のように訳している。

「かの（病いを）感じるということも、感受なくして（感受するのである）と知るべきです」（中公版、*p.* 78）

しかも、チベット語訳は、tshol ba と tshol ba med pa を、それぞれ「感じるということ」「感受なくして」と訳し分けている。

しかし、この文章の締めくくりを「知るべきです」とするのに、いささか座りが悪いと考えられたのか、（　）内に「感受するのである」という語を補っている。チベット語訳が、③の「知られるべきである」と「感受されるべきである」の二つの意味のうち、前者に限定してしまったことの不備に気づかれていたのかもしれない。

貝葉写本が発見される前にチベット語訳、およびその現代語訳である中公版で、「感じる」「感受」「知る」と訳し分けられているのを見て、全く別の語であるかのように思わせるが、発見された貝葉写本からは、√vid-(1) の派生語を三つ並べたものであることが分かった。それを反映して筆者の訳となった。

鳩摩羅什と玄奘も、筆者と同じ考えだったようで、「受」（感受）の字を三度用いて次のように訳している。

「是の有疾の菩薩は無所**受**を以て諸**受**を**受**く」（鳩摩羅什訳）

「有疾の菩薩は応（まさ）に無所**受**にして而（しか）も諸**受**を**受**く」（玄奘訳）

49 この文章に相当する原文は、次の三つの要素からなっている。

①aparipūrṇeṣu buddha-dharmeṣu（ブッダの教えが達成されていない時、）

②ubhe vedane（〔感受するものと、感受されるものの〕二つの感受は）

③nôtsraṣṭavye（捨てられることはないでしょう）

①は、過去受動分詞 paripūrṇa-（達成された）の男性・複数・処格に否定の接頭辞 a- をつけたものと、buddha-dharma-（ブッダの教え）の男性・複数・処格からなり、処格による絶対節となっている。②は、ubha-（二つの）と、vedanā-（感受）の女性・両数・主格で、「二つ」の意味するものは、これまで論じてきた「感受するもの」と「感受されるもの」のことである。③は、na（～でない）と utsraṣṭavye（捨てられるべき）の連声したものである。

ところが、チベット語訳、およびその現代語訳である中公版、そして漢訳は、次のようになっている。

sangs rgyas kyi chos yongs su dzogs pa la tshor ba gnyi ga dor mod kyi...（仏法を完成したものにあっては、両方の感受は捨てられるであろう……）

「仏法が完成したときには、（感受するものと感受されるものとの）二種の感受は捨てられます」（中公版、*p.* 78）

「已（すで）に暁（さと）り了（おわ）って諸の痛を覚えず、痛を尽くし以て証の際を取らず。是くの如き二者を諸の痛と為（な）す」（支謙訳）

「未（いま）だ仏法を具せざれば、亦受を滅して証を取らざるなり」（鳩摩羅什訳）

「若し仏法に於（お）いて未だ円満することを得ざれば、応に受を滅して証する所有らず」（玄奘訳）

チベット語訳と支謙訳が、それぞれ「仏法を完成した」時、「已(すで)に暁り了って」のこととして論じられているのに対して、貝葉写本、および鳩摩羅什と玄奘の漢訳が「仏法を完成していない」時のこととして論じられているという違いはあるが、言っている内容は同じである。

50 yoniśo-nidhyaptyā（適切な洞察から）は、貝葉写本では ayoniśo-nidhyaptyā（不適切な洞察から）となっているが、ここは、否定の表現であるべきではないので改めた。

51 yāvat adhyālambana-nidānam は、貝葉写本と VKN. では yāvatâdhyālambana-nidānam（< yāvatā + adhyālambana-nidānam）となっているが、中性・単数・具格の yāvatā がここに用いられる意味が不明であり、筆者は、この文章の後半にある tāvad（< tāvat）との相関を考慮して、副詞の yāvat に改めた。

52 この文章の原文は次の二つの要素からなっている。

①adhyālambanatayā（〔認識〕対象をとらえること〔が病気の原因であると知ること〕によって、）

②tasya... kā parijñā（その人にはどのような知が具わるのでしょうか）

②は、属格の tasya（< tad, その人）と、主格の kā（どのような）、および parijñā（知）とで名詞文をなしている。①の adhyālambanatayā は、adhyālambana- から作られた抽象名詞の具格である。adhyālambana-（対象をとらえること）は、二つ前の文章で、「病気の原因」だと述べられていた。そのことを考慮して、筆者は「〔認識〕対象をとらえること〔が病気の原因であると知ること〕」と考え、さらにこれに具格の「～によって」をつけて①の訳とした。

53 yad dhi（< yat + hi）は、貝葉写本と VKN. では yaṃ hi となっているが、筆者は注 54 に述べる理由によって改めた。

54 筆者が「実に知覚されないもの、それを〔認識対象として〕とらえることはありません」と訳したこの文章の原文は、貝葉写本と VKN. では次のようになっている。

①**yaṃ hi** nôpalabhyate

②**taṃ** nâlambate

①で、yaṃ は関係代名詞 yad- の男性・単数・対格であるが、用いられている動詞が受動態の三人称・単数 upalabhyate で、意味が通じない。受動態であれば、出て来る名詞、代名詞は主格か具格でなければならない。ここは、中性・単数・対格の yat のほうが適切である。それは hi と連声して yad dhi（< yat + hi）となる。

また、②の相関詞の taṃ も男性・単数・対格であるが、この貝葉写本では n の代用として ṃ が頻繁に用いられており、これは中性・単数・対格の tan（< tat）のことだと考えられる。こうして筆者は、①と②を次のように改めた。

①**yad dhi** nôpalabhyate（実に知覚されないもの）

②**tan** nâlambate（それを〔対象として〕とらえることはありません）

55 nidhyāpayitavyaṃ は、貝葉写本と VKN. では、nidhyapayitavyaṃ となっているが、ここはチベット語訳の bdag gi sems la nges par bsam par bya'o（自らの心をよく考察すべきである）から考えても、「洞察する」を意味する ni-√dhyai-(1) の使役語幹 nidhyāpaya- から作られた未来受動分詞 nidhyāpayitavya- の中性・単数・主格でなければならないので筆者は改めた。注 35 を参照。

56 筆者が「菩薩たちの覚り」と訳した箇所は、原文では bodhi-sattvānāṃ bodhir となっている。ところが、チベット語訳、およびその現代語訳である中公版、さらには漢訳では、次のようになっている。

byang chub sems dpa' rnams kyi nad ni（菩薩の病とは）

「諸菩薩の病気」（中公版、*p.* 79）

「菩薩は之を覚る」（支謙訳）

「菩薩の菩提」（鳩摩羅什訳、玄奘訳）

支謙訳が動詞形で表現されているとはいえ、貝葉写本、すべての漢文は同趣旨であり、チベット語訳（中公版も）のみが異なっている。

57 この文章の原文は、次の四つの要素からなっている。

①tasyâivaṃ pratyavekṣamāṇasya（その〔病気になった菩薩〕がこのように観察する時、）

②nânuśaṃsā-dṛṣṭi-patitā sattveṣu mahā-karuṇôtpadyate（衆生たちに対して、称賛目当ての考えに陥った大いなる憐れみ〔大悲〕の心を生ずることなく、）

③ 'nyatrâgantuka-kleśa-prahāṇâbhiyuktyā（他方において、〔外から〕迷い込んできた煩悩（客塵煩悩）の断滅のために努力精進することによって、）

④sattveṣu mahā-karuṇôtpadyate（衆生たちに対して大いなる憐れみの心を生ずるのです）

①は属格の tasya（その人）と属格の現在分詞 pratyavekṣamāṇasya（観察する）が絶対節をなしている。②の

中の mahā-karuṇôtpadyate は複合語のように見えるが、mahā-karuṇā（大いなる憐れみの心）と utpadyate の連声したものであることに注意しなければならない。それが理解できれば、女性・単数・主格の mahā-karuṇā と性・数・格が同じである anuśaṃsā-dṛṣṭi-patitā（称賛目当ての考えに陥った）は、mahā-karuṇā の修飾語になっていることが理解されよう。utpadyate は、「生ずる」という意味の ud-√pad-（4）の現在・三人称・単数で、翻訳すると、②のようになる。

③の冒頭に副詞の anyatra（他方において）があるのは、②の「称賛目当ての考えに陥った大いなる憐れみの心を生ずることなく」と、③の「〔外から〕迷い込んできた煩悩（客塵煩悩）の断滅のために努力精進することによって大いなる憐れみの心を生ずる」ことを対比するためである。チベット語訳は、次のように訳されている。

①’ de de ltar rtog pa na（彼がそのように考察するとき、）

②’ phan yon du lta bar mi ltung zhin sems can rnams la snying rje chen po skye ste/（利得を見ることに陥ることなく、衆生に対する大悲が生じるのであって、）

③’ blo bur kyi nyon mongs pa spang ba'i phyir mngon par brtson pa'i（偶来的な煩悩を断ずるために精進する者に、）

④’ snying rje chen po sems can rnams la skye ba ni ma gtogs so//（衆生に対する大悲が生じることは〔そこに〕含まないのである。）

チベット語訳の現代語訳である中公版の

①”「このように観察するとき、」

②”「衆生への大悲心を起こすことが功徳を目当てにすることにはなりません。」

③”「外から偶然に付加している煩悩を断つために努力し、」

④”「大悲心を衆生に対して起こすことは、それ（すなわち功徳を目あてにするもの）とは類を異にします」（中公版、*p.* 80）

この訳で「衆生への大悲心を起こすこと」とあるのは、mahā-karuṇā（大いなる憐れみの心が）と受動・現在・三人称・単数の utpadyate（生じられる）の連声した mahā-karuṇôtpadyate を複合語と勘違いされたのであろう。それに伴って、「大悲心」の修飾語であるべき「功徳を目当てにすること」が、「衆生への大悲心を起こすこと」の述語にされてしまった。すなわち、大悲心を起こすことが、功徳目当てか否かという話になっている。以上の誤りを補正するために、副詞の anyatra（他方において）を「類を異にします」と訳し、④” のように（　）内の但し書きを付加されたのであろう。

58 mukta（解脱した）は、貝葉写本では yukta（～に専念した）となっているが、チベット語訳の gral ba（解脱）、鳩摩羅什訳と玄奘訳の「解脱」に従って筆者は改めた。VKN. も mukta- としているが、脚注で「yukta とも読める」と断っている。しかし、ここは解脱に言及した後続の文章と対になっているので、mukta- とすべきである。

59 dharmaṃ deśayitum（法を説くこと）は、貝葉写本では dharmān daśayituṃ となっているが、鳩摩羅什訳に「法を説きて」、玄奘訳に「妙法を宣説して」とあるので、daśayituṃ を deśayitum に改め、「法」は複数の dharmān である必用がないので、単数の dharmaṃ に改めた。

60 この文章の原文は次の三つの要素からなっている。

①tasmān（それ故に）

②muktena bodhi-sattvena bhavitavyam（菩薩は、解脱しているべきであって、）

③na baddhena（束縛されてい〔るべきではあり〕ません）

①の tasmān（< tasmāt + 鼻音）は、代名詞 tad- の中性・単数の奪格で、「そこで」「従って」「それ故に」などの意味となる（cf.「シンタックス」*p.* 125）。

②の bhavitavyam（～であられるべき）は、「ある」「なる」という意味の動詞 √bhū-（1）の未来受動分詞の中性・単数・主格である。このように √bhū-（1）が非人称受動態として用いられる時、主語と補語は具格となる（cf.「シンタックス」*p.* 45）という規則があり、次の構文になる。

A（具格）+ B（具格）+ bhavitavyam

これは「A によって、B であられるべき」と直訳され、能動的表現に改めると、「A は、B であるべき」となる。

②はまさにこのケースに当てはまり、muktena（解脱している）と bodhi-sattvena（菩薩）の二つの具格は、それぞれ補語と、主語の働きをしている。

③は、②の後半の bodhi-sattvena bhavitavyam の省略されたものであり。筆者は「束縛されているべきではありません」と訳した。

ところが、チベット語訳からの現代語訳である中公版は、③に相当する箇所を次のように訳している。

「束縛されてあるはずがありません」（中公版、*p.* 80）

確かに、未来受動分詞には必要、義務、適合の意味があり、「～てあるはず」と訳せないこともない。ところが、この直前の文章では、解脱した人と、束縛された人とで、束縛された他者を解放することができるか否かを比較していて、この文章はその結論のような役割を持っているので、“当然”ではなく、“義務”として論じるべきで、筆者のように訳すべきではないだろうか。

果たして、チベット語訳は次のようになっている。

bcings par ni mi bya'o（繋縛されていることがあってはなりません）

チベット語で mi は、英語の never（決して～ない）に当たり、強い否定を意味する。

61 この文章は、次の二つの要素からなっている。

①anupāyād bhava-gati-parigraho bodhi-sattvasya bandha（適切でない方便〔手段〕で、〔輪廻を免れることのない〕有（存在）の境界を把握することが、菩薩にとっての束縛であり、）

②upāyād bhava-gati-gamanaṃ mokṣaḥ /（〔適切な〕方便で、有の境界に赴くことが〔菩薩にとっての〕解脱であります）

この①と②は、anupāyād（< an-upāya-, 適切でない方便）に対して upāyād（< upāya-,〔適切な〕方便）、bhava-gati-parigraho（有の境界を把握すること）に対して bhava-gati-gamanaṃ（有の境界に赴くこと）、bodhi-sattvasya bandha（菩薩にとっての束縛）に対して mokṣaḥ（〔菩薩にとっての〕解脱）が対になっている。bhava-gati-parigraho（< bhava-gati-parigraha-）は、bhava-（有、存在）、gati-（赴くところ、境界）、parigraha-（把握すること）の複合語で「有の境界を把握すること」という意味で、それに対して bhava-gati-gamanaṃ（< bhava-gati-gamana-）は bhava-, gati-, gamana-（行くこと）の複合語で「有の境界に赴くこと」という意味である。

ところが、この二つの複合語の前者に対応する箇所は、チベット語訳とその現代語訳である中公版では多少異なっている。まず、bhava-**gati**-parigraho（有の**境界**を把握すること）の対応箇所は次の通り。

srid pa'i **grol ba** yongs su 'dzin pa（有の**解脱**を把握する〔執着する〕こと）

「有（の輪廻の世界）から**解脱**してしまう」（中公版、*p.* 81）

この「有の境界」と「有の解脱」の違いをどう考えるかが問題である。その解決策は、東方研究会研究員の佐々木一憲氏の指摘が最も適切であろう。それは、**grol ba** は、サンスクリットの gati-（境界）に相当する **'gro ba** の誤写ではないかということである。

その証拠に、これと対をなしている bhava-**gati**-gamanaṃ（有の**境界**に赴くこと）に対応する箇所が次のようになっているのである。

srid pa'i **'gro bar** 'jug pa（有の**境界**に入ること）

「有の（輪廻の）世界にはいっていくこと」（中公版、*p.* 81）

62 prajñayâsaṃgṛhīta（< prajñayā + asaṃgṛhīta）は、貝葉写本では prajñayā 'saṃgṛhītā（< prajñayā + asaṃgṛhītā）となっているが、ここは、男性・複数・主格の asaṃgṛhītā（< asaṃgṛhītāḥ + 有声音）ではなく、男性・単数・主格の asaṃgṛhīta（< asaṃgṛhītaḥ + a 以外の母音）でなければならない。

63 katama upāya-saṃgṛhītā（< katamaḥ + upāya-saṃgṛhītā）は、貝葉写本と VKN. では katamôpāyasaṃgṛhītā（< katama + upāya-saṃgṛhītā）となっているが、ここは、katama ではなく、katamaḥ と upāya-saṃgṛhītā の連声したものでなければならないので、筆者は改めた。貝葉写本と VKN. のままでは、文法的に禁じられている次のようなダブル・サンディ（二重の連声）となってしまうのではないか。

katamôpāyasaṃgṛhītā < katama + upāya-saṃgṛhītā < katamaḥ + upāya-saṃgṛhītā

64 nidhyāpayitavyāḥ（< nidhyāpayitavya- < nidhyāpaya- + -itavya）は、貝葉写本と VKN. では nidhyapayitavyāḥ となっているが、注 35 に従って筆者は改めた。

65 yat は、貝葉写本では yā となっている。ここは、英語の「it is … that ～」に相当する「yat ～ ayam …」（～ということ、これが…）という構文をなしているところである。

66 この文章の原文は、次の五つの要素からなっている。

①yat punaḥ（さらに、～ということ）

②kāya-vyādhi-pariharaṇatayā na khidyate（身体の病気から離れて超然としていることによって、苦しめられることもなく、）

③na pratibadhnāti saṃsāraṃ（〔自分を六種の〕生存領域の循環〔六道輪廻〕に縛りつけることもなく、）

④sattvârtha-yogam anuyukto（衆生に利益をもたらすための活動に専心する）

⑤ 'yam asyôpāyaḥ（これが、この〔菩薩の〕方便なのです）

①の yat は英語の that（～ということ）に相当し、②③④を受けている。②の kāya-vyādhi-pariharaṇatayā に含まれる pariharaṇatayā は、「～にとらわれず超然としている」という意味の動詞 pari-√hṛ- (1) に -ana と抽象名詞を作る接尾辞 -tā をつけた女性名詞 pariharaṇatā- の単数・具格で、kāya-vyādhi-（身体の病気）と複合語になって、「身体の病気から離れて超然としていることによって」という意味になる。②の後半の khidyate は、「苦しめられる」という意味の動詞 √khid- (4) の現在・三人称・単数であり、否定の na とともに「苦しめられない」となる。

③の pratibadhnāti は、「自己の～を縛りつける」という意味の prati-√bandh- (9) の現在・三人称・単数で、saṃsāram（< saṃsāra-）は、地獄・餓鬼・畜生・修羅・人・天の六種の生存領域（六道）を循環する〔六道〕輪廻のことで、そこに菩薩は自らを縛りつけることはないという。これは、輪廻の世界に拘束されて生まれてくることを否定しているのであって、六道の衆生を救済するために輪廻の世界に自主的に生まれてくることを否定しているのではない。鳩摩羅什の訳も「常に生死（しょうじ）に在りて」となっている。「生死」というのは、生と死を繰り返すということで、「輪廻」の異訳である。

④の前半は、sattva-（衆生）、artha-（利益）、yoga-（活動）の複合語の男性・単数・対格で、「衆生に利益をもたらすための活動に」を意味し、後半は「専心する」という動詞 anu-√yuj- (7) の過去受動分詞 anuyukta- の男性・単数・主格で、合わせて「衆生に利益をもたらすための活動に専心する」という意味になる。

⑤の ayam（これが）は、英語の that に相当する①の yat（～ということ）で受けた②③④の内容を差している。代名詞 idam-（これ）の男性・単数・属格 asya は、文脈から見て菩薩を差している。従って、⑤は「これが、この〔菩薩〕の方便（upāyaḥ）なのです」となる。

ところがチベット語訳とその現代語訳である中公版は、次の通り。

⑥gang yang lus kyi nad yongs su spong bas **mi skyo** ste / 'khor ba'i rgyun mi gcod cing sems can kyi don sbyor ba la rdzes su sbyor ba 'di na de'i thabs so（身体の病を断っていることで悲しむことなく、輪廻の流れを断ち切らずに、衆生の利益をなすことに従事すること、これがこの人の方便である）

⑦「また、身体の病気をすっかりなくして（この世へ）生まれてくるのではなく、間断のない輪廻の流れのなかにありながら、衆生の利益のために従事する、これが自分の方便である」（中公版、*p.* 82）

チベット語訳の「身体の病を断っている」というのは、これまでの「一切衆生病むを以て、是の故に我病む」という趣旨に反する。だからであろうか、中公版は、「身体の病気をすっかりなくして（この世へ）生まれてくるのではなく」と訳している。これは、「生まれてくる」ことを否定しているのか、「病気をすっかりなくして」を否定しているのか、どうにも分かりにくい文章である。「(この世へ）生まれてくる」ことを否定しているのなら、どうやって「衆生の利益のために従事する」ことができるのかという問題になる。ここは、「病気をすっかりなくして」のほうを否定しているととらえることにすると、結局は「病気をもって生まれてくる」という意味になろう。しかし、「病気をもって生まれて」も、だからどうするのかということが欠落している。それがなければ、方便になるかならないか決まらない。その点に課題が残る。

チベット語訳と、その現代語訳である中公版の違いは、何に由来するのであろうか。佐々木一憲氏によると、⑥の中の mi skyo（悲しまない）と mi skye（生まれない）の読み替えが考えられるという。⑥の後半部分では、「輪廻の流れを断ち切らない」のは「衆生の利益をなすことに従事する」ためだというのだから、そこには「方便」が読み取れる。ところが前半部分では、「身体の病を断っている」と言い、その結果「悲しむことなく」というのだから、当たり前のことを言っていて、「方便」のかけらもない。

「身体の病を断っている」ことと「悲しまない」ことで論じたから、そのような問題が生じた。中公版は、その問題を解消しようとして、「身体の病を断っている」ことと「生まれない」こととで論じられたのであろう。しかし、中公版の訳では、「身体の病気をすっかりなくすか、なくさないか」という議論と、生まれるときの生まれ方に限定されてしまう。そんな特殊な状況でのことではなく、ここは、病気それ自体に対する菩薩の態度として論ずるべきであろう。すなわち、方便として病むけれども、その病にとらわれず超然としているので苦しめられることがないという意味で訳すべきであろう。鳩摩羅什の訳も「身に疾有りと雖（いえど）も……厭倦（えんけん）せざる」と訳している。

このほか、中公版で「自分の方便」と訳しているのも、チベット語訳、貝葉写本の「この人（菩薩）の方便」に照らして、改めるべきである。

67 yat は、貝葉写本では yata となっている。ここも、「yat ～ ayam …」（～ということ、これが…）という構文をなしているところである。

68 atyayaty（< atyayati, 入る）は、チベット語訳の skyed（起こす）からすると utpadyati（生ずる、起こす）であった可能性もあると VKN. は指摘している。

69 nidhyāpayitavyam は、貝葉写本と VKN. では、nidhyapayitavyaṃ となっているが、ここは、チベット語訳の sems nges par bsam par bya mod（心を良く考察すべきである）から考えても、「注目する」「洞察する」を意味する ni-√dhyai-(1) の使役語幹 nidhyāpaya- から作られた未来受動分詞 nidhyāpayitavya- の中性・単数・主格でなければならないので、筆者は改めた。

70 筆者が、

「もしも、洞察しないことに安住するならば、これは愚か者の在り方なのです。しかしながら、洞察することに安住するならば、これは声聞の在り方なのです」

と訳した箇所の「洞察しないこと」と「愚か者の在り方」、「洞察すること」と「声聞の在り方」の関係は、チベット語訳では、次のように組み合わせが逆になっている。

gal te nges par sems pa la gnas na de ni byis pa'i chos so / ci ste nges par mi sems pa la gnas na de ni nyon thos kyi chos so（もし、考察に住するならば、それは愚者の在り方（法）である。また、考察しないことに住するならば、それは声聞の在り方である）

その現代語訳である中公版は、注釈において「チベット訳は逆で」「漢訳に従った」（中公版、*p.* 385）と断って、次のように訳している。

「もし洞察することのないことに安住すれば、それは凡愚の者のあり方です。もし洞察することのあることに安住すれば、それは声聞の在り方です」（中公版、*p.* 82）

漢訳は、それぞれ次のようになっている。

「若し高きに住(とど)まらば、是れ愚人の法なり。以て卑しきに住まらば、是れ弟子の法なり」（支謙訳）

「若し不調伏の心に住まらば、是れ愚人の法なり。若し調伏の心に住まらば、是れ声聞の法なり」（鳩摩羅什訳）

「若し不調伏の心に住まらば、是れ凡愚の法なり。若し調伏の心に住まらば、是れ声聞の法なり」（玄奘訳）

鳩摩羅什訳と玄奘訳では、nidhyapti-（洞察）をしばしば「調伏」と訳していて、貝葉写本と同じ関係である。支謙訳で「高住」と「卑住」と漢訳された理由が不明だが、「愚人法」と「弟子法」の順番は同じである。

71 tasmād（< tasmāt）は、貝葉写本では dharmād となっているが、チベット語訳で de lta bas（それ故に）、鳩摩羅什訳と玄奘訳で「是故」となっていることから、改めた。

72 nidhyaptāv [anidhyaptau ca]（洞察すること〔と洞察しないことと〕）は、貝葉写本では nidhyaptau（洞察すること）の一つしか挙げていないが、チベット語訳と漢訳では、いずれも次のように二つ挙げている。

nges par sems pa dang / mi sems pa（考察することと、考察しないことに）

「洞察することにも洞察しないことにも」（中公版、*p.* 83）

「不高と不卑」（支謙訳）

「調伏と不調伏の心」（鳩摩羅什訳）

「此の二辺」（玄奘訳）

従って、筆者は[ ] 内に anidhyaptau ca を補った。それに伴い、連声の規則で nidhyaptau の語尾 au を āv と改めた。

73 yan（< yat + 鼻音）は、貝葉写本で yatra となっている。この§20 には、「yat ～ ayam …」（～ということ、これが…）という構文が羅列されているが、この文章も例外ではない。従って、yatra を yan（< yat）に改めた。

74 sarva-dṛṣṭi-vigata-gocaraś（すべての〔誤った〕見解を離れていることを行動範囲とする）は、鳩摩羅什訳が「諸の邪見に入る、是れ菩薩の行なり」となっていることから、sarva-dṛṣṭi-gata-gocaraś（すべての〔誤った〕見解の中にあることを行動範囲とする）であった可能性もあることを VKN. は指摘している。

75 yac chūnyatā-（< yat + śūnyatā-）は、貝葉写本では yata śūnyatā- となっている。ここも、「yat ～ ayam …」（～ということ、これが…）の構文であるべきところなので筆者は改めた。

76 ～-pramocanârambaṇa-vitarka-（解脱を支え熟慮すること）は、貝葉写本では～-pramocanârambaṇâvitarka-（< pramocanârambaṇa-avitarka-, 解脱を支え熟慮しないこと）と否定の意味になっているが、ここは否定であるべきではないので改めた。

77 筆者が、「一切衆生の心の働きの〔究極である〕向こう岸へ渡ること」と訳した箇所の原文は、次の通りである。

sarva-sattva-citta-carita-pāra-gamana-

ここで、sarva-sattva- が「一切衆生」、citta-carita- は「心行」と漢訳され、「心と行ない」「心の行ない」と訳される。pāra-gamana- は、「向こう岸」「彼岸」を意味する pāra- と、「行くこと」を意味する gamana- の複合語で、「向こう岸に渡ること」を意味する。これは、この文章の前半の「波羅蜜」と音写され「完成」を意味する pāramitā- を pāram-（向こう岸へ）と itā-（< ita-, 行った）からなると考えて、それを意識して用いられた言葉である。

pāram-itā- が、「向こう岸へ渡ること」によって布施・持戒・忍辱・精進・禅定・智慧の六つの完成（六波羅蜜）をもたらすことであったが、それになぞらえて「一切衆生の心行」に対する「向こう岸へ渡ること」が論じられている。ただし、この場合は、pāra- の「究極」「極限」という他の意味も掛詞のように込められているようである。従って、筆者は「一切衆生の心の働きの〔究極である〕向こう岸へと渡ること」と訳した。それは、「一切衆生の心の働きの究極」を知り尽くすという意味である。鳩摩羅什が、次のように訳したのもその意味であろう。

「遍く衆生の心・心数法を知る」

ところが、玄奘は、否定の表現で次のように訳している。

「一切有情の心行もて妙智彼岸の所行を趣向せず」

78 「六種について念ずること（六念）」について触れたこの文章と、「六種類の神通（六通）」について言及した二つ後の文章は、チベット語訳と玄奘訳では順番が入れ替わっている。鳩摩羅什訳では、六通についての言及はあるが、六念についてはない。

79 kumārgâdhyālambana-（邪道〔の教え〕を対象とすること）は、貝葉写本では kramārgâdhyālambana- となっているが、玄奘訳に「邪道の所行」とあるので改めた。

80 na ca kāya-vedanā-citta-dharm**âtyartha**-gocaro（身体・感受作用・心・ものごと〔についての観想〕が過度でないことを行動範囲とするということ）は、貝葉写本では na ca kāya-vedanā-citta-dharm**ânyartha**-gocaraḥ となっている。anyartha-なる語は、意味をなしておらず、貝葉写本でしばしば見られる n と t の間の誤記であろう。

チベット語訳、およびその現代語訳である中公版は次の通り。

lus dang / tshor ba dang / sems dang / chos kyang shin tu spyod yul ma yin pa de ni（身と受と心と法とが〔最高の〕念想の領域（行境）ではないというそのこと）

「身体・感受・心・法（からの離脱）を境涯とはしない」（中公版、*p.* 84）

チベット語訳には、「過度な」（atyartha-）に対応する語は見当たらない。中公版は、鳩摩羅什の訳に「離」とあることから（　）内に「からの離脱」を補ったのであろう。

漢訳は、次のようになっている。

「永く身・受・心・法を離れざる」（鳩摩羅什訳）

「身・受・心・法を楽求せず、所行を遠離す」（玄奘訳）

鳩摩羅什訳は、貝葉写本と同様に、身・受・心・法と不離の関係を述べているが、玄奘訳は、身・受・心・法を「楽求せず」「遠離する」という逆の表現になっている。

81 cânābhoga-rddhi-pāda-vaśavarti- は、貝葉写本では cânābhoga-rvi-pāda-vaśavartti- となっているが、rvi- が意味不明である。その該当箇所は、漢訳で「如意足」（支謙訳、鳩摩羅什訳）、「神足」（玄奘訳）となっているが、これは ṛddhi-pāda- の漢訳語であるので、筆者は改めた。

82 筆者が、「〔覚った〕智慧に差別があることを知るのに巧みである」と訳した箇所は、貝葉写本では次のようになっている。

buddhi-prabheda-jñāna-kauśalya

チベット語訳、およびその現代語訳である中公版、そして漢訳は次の通り。

blo rab tu dbye ba shes ba la mkhas ba（知の区別を知るのに巧みであり）

「知の差別を知ることに巧みな」（中公版、*p.* 85）

「仏の智慧を分別する」（鳩摩羅什訳）

「仏法の差別もて妙智の善巧を求めず」（玄奘訳）

玄奘訳だけが否定的な表現になっている。

83 kumārgânadhyālambana-（< kumārga-anadhyālambana-）は、貝葉写本では kumārganadhyālambana- となっている。これは「邪道を受け止めないこと」という意味だが、支謙訳に相当箇所はなく、玄奘訳で「邪道の所行を厭背せず」となっているが、鳩摩羅什の訳は「無量の仏道を行ずるを楽しむ」となっている。

84 pratyeka-buddha-kalpa- は、貝葉写本と VKN. では pratyeka-buddhākalpa- となっているが、これでは、pratyeka-buddha-（独覚、辟支仏）と akalpa-（無分別）、または ākalpa-（装飾）との複合語になる。しかし、次のチベット語訳と漢訳に照らしても kalpa（威儀）であるべきなので、筆者は改めた。

チベット語訳、およびその現代語訳である中公版、そして漢訳は次の通り。

rang sang rgyas kyi tshul（独覚の作法）

「独覚としてのふるまい」（中公版、*p.* 85）

「辟支仏の威儀」（鳩摩羅什訳）

「独覚の威儀」（玄奘訳）

अचिन्त्यविमोक्षसंदर्शनपरिवर्तः पञ्चमः

5

Acintya-Vimokṣa-Saṃdarśana-Parivartaḥ Pañcamaḥ

第５章

“考えも及ばない”という解脱の顕現

【不思議品第六】

5：Acintya-Vimokṣa-Saṃdarśana-Parivartaḥ Pañcamaḥ

第５章：“考えも及ばない”という解脱の顕現

【不思議品第六】

………………………………………………………………………

acintya-vimokṣa-saṃdarśana-parivartaḥ < acintya-vimokṣa-saṃdarśana-parivartaḥ + (p) < acintya-vimokṣa-saṃdarśana-parivarta-：*m.*「“考えも及ばない”という解脱の顕現」の章。*sg. Nom.*

acintya-vimokṣa-：*m.*“考えも及ばない”という解脱。

acintya- < a- + √cint- (10) + -ya：*未受分,* 思議すべからざる。考えるべきでない。「不可思議」と漢訳。

vimokṣa-：*m.* 緩むこと。〜からの解放。救済。「解脱」と漢訳。

saṃdarśana- < saṃdarśaya- + -ana：*n.* 示すこと。明示すること。

parivarta- < pari-√vṛt- (1) + -a：*m.* 章。「品」と漢訳。

pañcamaḥ < pañcama-：*序数詞,* 第五の。*m. sg. Nom.*

§1　athâyuṣmataḥ śāriputrasyâitad abhavat /　kutrême bodhi-sattvā niṣatsyantîme ca mahā-śrāvakā nêha gṛha āsanāni saṃvidyante /

(梵漢和維摩経 *p.* 242, *ll.* 1–2)

§1　その時、尊者シャーリプトラに、この〔思い〕が生じた。

「これらの菩薩たちと、これらの偉大なる声聞たちは、どこに坐るのだろうか。この家には、座席が見当たらない」

【§1　爾(そ)の時、舎利弗(しゃりほつ)は此の室中に床座(しょうざ)有ること無きを見て、是の念を作(な)せり。「斯(こ)の諸の菩薩・大弟子衆は当(まさ)に何(いず)れに於いて坐すべきや」と。】　（大正蔵、巻一四、五四五頁下）

………………………………………………………………………

athâyuṣmataḥ < atha + āyuṣmataḥ

atha：*adv.* その時。その場合。さて。それ故。しかれば。しかしながら。

āyuṣmataḥ < āyuṣmataḥ + (ś) < āyuṣmat- < āyus- + -mat：*m.* 長寿の。健康の。「尊者」「長老」「具寿」と漢訳。*sg. Gen.*

śāriputrasyâitad < śāriputrasya + etad

śāriputrasya < śāriputra-：*m.* シャーリプトラ（シャーリーの息子）。「身子」と漢訳。「舎利弗」と音写。*sg. Gen.*

etad < etat + 母音 < etad-：これ。*n. sg. Nom.*

abhavat < bhava- < √bhū- (1)：なる。生ずる。出現する。〜（属格）の分担となる。〜（属格）のものとなる。*Impf. 3, sg. P.*

………………………………………………………………………

kutrême < kutra + ime

kutra：*adv.* 何において。どこに。どこへ。何のために。「云何」「何所」「何処」「何住」「於何処」と漢訳。

ime < idam-：これ。*m. pl. Nom.*

bodhi-sattvā < bodhi-sattvāḥ + 有声音 < bodhi-sattva-：*m.* 覚りを求める衆生。「菩薩」と漢訳。*pl. Nom.*

niṣatsyantîme < niṣatsyanti + ime

niṣatsyanti < niṣatsya- < ni-√sad- (1) + -sya：〜（処格）の上に坐る。横たわる。沈む。〜（処格）の上に置く。*Fut. 3, pl. P.*

√sad- (1)：～の上に坐る。取り囲む。待ち伏せる。沈む。沈下する。崩れ落ちる。しおれる。疲れる。荒廃する。朽ちる。滅する。

ime < idam-：これ。*m. pl. Nom.*

ca：*conj.* および。また。しかしながら。そして。～と。なお。

mahā-śrāvakā < mahā-śrāvakāḥ + 有声音 < mahā-śrāvaka-：*m.* 偉大なる声聞。「大声聞」と漢訳。*pl. Nom.*

nêha < na + iha

na：*ind.* ～でない。～にあらず。

iha：*adv.* ここに。今。この世に。地上に。

gṛha < gṛhe + a 以外の母音 < gṛha-：*n.* 家。住居。「舎」「宅」「舎宅」と漢訳。*sg. Loc.*

āsanāni < āsana- < √ās- (2) + -ana：*n.* 坐すること。端座の姿勢。休止すること。居住すること。「座」「席」「位置」と漢訳。*n. pl. Nom.*

saṃvidyante < saṃvidya- < sam-√vid- (6) + -ya：*Pass* 見いだされる。存在する。*3, sg. A.*

> atha vimalakīrtir licchavir āyuṣmataḥ śāriputrasya ceto-vitarkam ājñāyâyuṣmantaṃ śāriputram etad avocat / kiṃ bhadanta-śāriputro dharmârthika āgata utâsanârthikaḥ /
>
> (梵漢和維摩経 *p.* 242, *ll.* 3–5)

その時、リッチャヴィ族のヴィマラキールティは、尊者シャーリプトラの心の思いを知って、尊者シャーリプトラにこのように言った。

「尊者シャーリプトラは、法を求めるものとして〔ここに〕来たのか、あるいは座席を求めるものとして〔来たの〕か？」

【長者、維摩詰は其の意を知り、舎利弗に語りて言わく、「云何が、仁者よ、法の為に来たれるや、床座を求めてなりや」】 （大正蔵、巻一四、五四六頁上）

---

atha：*adv.* その時。その場合。さて。それ故。しかれば。しかしながら。

vimalakīrtir < vimalakīrtiḥ + 有声音 < vimalakīrti- < vimalakīrti- < vimala-kīrti-：*m.* ヴィマラキールティ。汚れのない名声を持つ（もの）。「維摩詰」「維摩」と音写。「浄名」「無垢称」と漢訳。*sg. Nom.*

licchavir < licchaviḥ + 有声音 < licchavi-：*m.* リッチャヴィ。「離車子」「栗姑毘」と音写。*sg. Nom.*

āyuṣmataḥ < āyuṣmataḥ + (ś) < āyuṣmat- < āyus- + -mat：*m.* 長寿の。健康の。「尊者」「長老」「具寿」と漢訳。*sg. Gen.*

śāriputrasya < śāriputra-：*m.* シャーリプトラ（シャーリーの息子）。「身子」と漢訳。「舎利弗」と音写。*sg. Gen.*

ceto-vitarkam < ceto-vitarka-：*m.* 心の思い。*sg. Acc.*

ceto- < cetas- + 有声子音：*n.* 様子。光輝。自覚。智能。感官。心。精神。意志。

vitarka- < vi-√tark- (10) + -a：*m.* 推測。想像。疑い。考慮。熟慮。

√tark- (10)：想像する。推量する。～なる観念を構成する。考慮する。反省する。追想する。～すべく企てる。

ājñāyâyuṣmantaṃ < ājñāya + āyuṣmantaṃ

ājñāya < ā-√jñā- (9) + -ya：思う。注意する。注目する。悟る。聞く。了解する。考える。「知」「了知」「解」と漢訳。*Ger.*

āyuṣmantaṃ < āyuṣmat- < āyuṣ-mat-：*m.* 「尊者」「長老」と漢訳。*sg. Acc.*

śāriputram < śāriputra-：*m.* シャーリプトラ（シャーリーの息子）。「身子」と漢訳。「舎利弗」と音写。*sg. Acc.*

etad < etat + 母音 < etad-：これ。*n. sg. Acc.* 副詞として「このように」を意味する。

avocat < avoca- < a- + va-+ uc- + -a < √vac- (2)：言う。話す。告げる。*重複 Aor. 3, sg. P.*

重複アオリストについては、cf.「基礎」*p.* 334.

……………………………………………………………………

kiṃ：*疑問代名詞,* だれ。何。どんな。どれ。*n. sg. Acc.*
ここでは、疑問文であることを示すために用いられている。

bhadanta-śāriputro < bhadanta-śāriputraḥ + 有声子音 < bhadanta-śāriputra-：*m.* 尊者シャーリプトラ。*sg. Nom.*

dharmârthika < dharmârthikaḥ + a 以外の母音 < dharmârthika- < dharma-arthika-：*adj.* 法（真理の教え）を求める。*m. sg. Nom.*

dharma-：*m.* 確定した秩序。慣例。習慣。法則。規則。義務。宗教。教説。性質。本質。属性。特質。事物。法。

arthika-：*adj.* ～を必要とする。～を願う。「求」「所求」「希求」「勤求」「求索」と漢訳。

āgata < āgataḥ + a 以外の母音 < āgata- < ā-√gam- (1) + -ta：*pp.* 来た。～（対格、処格）に達した。陥った。*m. sg. Nom.*

utâsanârthikaḥ < uta + āsanârthikaḥ

uta：*ind.* しかして。また。～さへ。あるいは。

āsanârthikaḥ < āsana-arthika-：*adj.* 座席を求める。*m. sg. Nom.*

āsana- < √ās- (2) + -ana：*n.* 坐すること。端座の姿勢。休止すること。居住すること。「座」「席」「位置」と漢訳。

> āha /　dharmârthikā vayam āgatā nâsanârthikāḥ /
> （梵漢和維摩経 *p.* 242, *l.* 6）

〔シャーリプトラが〕言った。

「私たちは、法（真理の教え）を求めるものとしてやって来たのであり、座席を求めるものとして〔やって来たの〕ではありません」

【舎利弗の言わく、「我れ法の為に来たるも、床座の為には非ず」】　（大正蔵、巻一四、五四六頁上）

……………………………………………………………………

āha < √ah-：言う。*Perf. 3, sg. P.*

dharmârthikā < dharmârthikāḥ + 有声音 < dharmârthika- < dharma-arthika-：*adj.* 法（真理の教え）を求める。*m. pl. Nom.*

vayam < asmad-：われわれ。*1, pl. Nom.*

āgatā < āgatāḥ + 有声音 < āgata- < ā-gata- < ā-√gam- (1) + -ta：*pp.* 来た。～（対格、処格）に達した。陥った。*m. pl. Nom.*

nâsanârthikāḥ < na + āsanârthikāḥ

na：*ind.* ～でない。～にあらず。

āsanârthikāḥ < āsanârthika- < āsana-arthika-：*adj.* 座席を求める。*m. pl. Nom.*

> §2　āha /　tena hi bhadanta-śāriputra yo dharmârthiko bhavati nâsau sva-kāyârthiko bhavati /
> （梵漢和維摩経 *p.* 242, *ll.* 7–8）

§2　〔ヴィマラキールティが〕言った。

「実にそれ故に、尊者シャーリプトラよ、法を求めるところの人、その人は、自分の身体をも求めることはないのだ。

【§2　維摩詰（ゆいまきつ）の言わく、「唯（いい）、舎利弗よ、夫（そ）れ法を求むる者は軀・命を貪らず。】
（大正蔵、巻一四、五四六頁上）

……………………………………………………………………

āha < √ah-：言う。*Perf. 3, sg. P.*

tena < tad-：それ。*n. sg. Ins.*
代名詞の中性・具格の接続詞への転用で、「それ故に」を意味する。

hi：*ind.* 真に。確かに。実に。

bhadanta-śāriputra < bhadanta-śāriputra-：*m.* 尊者シャーリプトラ。*sg. Voc.*

　　bhadanta-：*m.*（仏教、またはジャイナ教の出家者の敬称)。「大徳」「尊」「尊者」「世尊」「真正」と漢訳。

　　śāriputra- < śāri-putra-：*m.* シャーリプトラ（シャーリーの息子)。「身子」と漢訳。「舎利弗」と音写。

yo < yaḥ + 有声子音 < yad-：*関係代名詞。m. sg. Nom.*

dharmârthiko < dharmârthikaḥ + 有声子音 < dharmârthika- < dharma-arthika-：*adj.* 法（真理の教え）を求める。*m. sg. Nom.*

bhavati < bhava- < √bhū- (1)：なる。*Pres. 3, sg. P.*

nâsau < na + asau

　　asau < adas-：それ。あれ。*m. sg. Nom.*

sva-kāyârthiko < sva-kāyârthikaḥ + 有声子音 < sva-kāya-arthika-：*adj.* 自分の身体を求める。*m. sg. Nom.*

　　sva-：*adj.* 自分の。

　　kāya-：*m.* 身体。集団。多数。集合。

bhavati < bhava- < √bhū- (1)：なる。*Pres. 3, sg. P.*

kiṃ punar āsanârthiko bhaviṣyati[1] /

(梵漢和維摩経 *p.* 242, *l.* 8)

「ましてや、座席を求めることがあるだろうか。

【「何に況んや床座をや。】（大正蔵、巻一四、五四六頁上）

…………………………………………………………………………

kiṃ punar：まして況や。

　　kiṃ < kim-：*疑問代名詞,* だれ。何。どんな。どれ。*n. sg. Nom.*

　　punar：*adv.* 再び。新たに。さらに。なお。しかしながら。

āsanârthiko < āsanârthikaḥ + 有声子音 < āsanârthika- < āsana-arthika-：*adj.* 座席を求める。*m. sg. Nom.*

bhaviṣyati < bhaviṣya- < √bhū- (1) + -iṣya：生ずる。〜になる。*Fut. 3, sg. P.*

yo bhadanta-śāriputra dharmârthiko bhavati na sa rūpa-vedanā-saṃjñā-saṃskāra-vijñānârthiko bhavati na skandha-dhātv-āyatanârthikaḥ /

(梵漢和維摩経 *p.* 242, *ll.* 8–10)

「尊者シャーリプトラよ、法を求めるところの人、その人は、色形（色）・感受作用（受）・表象作用（想）・意志作用（行）・認識作用（識）を求めることはないし、〔これらの五〕陰（五蘊）や、〔十八〕界、〔十二〕入[2] を求めることもないのだ。

【「夫れ法を求むる者は、色・受・想・行・識の求め有るに非ず、界・入の求め有るに非ず。】

（大正蔵、巻一四、五四六頁上）

…………………………………………………………………………

yo < yaḥ + 有声子音 < yad-：*関係代名詞。m. sg. Nom.*

bhadanta-śāriputra < bhadanta-śāriputra-：*m.* 尊者シャーリプトラ。*sg. Voc.*

dharmârthiko < dharmârthikaḥ + 有声子音 < dharmârthika- < dharma-arthika-：*adj.* 法（真理の教え）を求める。*m. sg. Nom.*

bhavati < bhava- < √bhū- (1)：なる。*Pres. 3, sg. P.*

na：*ind.* 〜でない。〜にあらず。

sa < saḥ < tad-：それ。*m. sg. Nom.*

rūpa-vedanā-saṃjñā-saṃskāra-vijñānârthiko < rūpa-vedanā-saṃjñā-saṃskāra-vijñānârthikaḥ + 有声子音 < rūpa-vedanā-saṃjñā-saṃskāra-vijñāna-arthika-：*adj.* 色・受・想・行・識〔の五つ

　　の集まり（五陰）〕を求める。*m. sg. Nom.*
bhavati < bhava- < √bhū- (1)：なる。*Pres. 3, sg. P.*
na：*ind.* ～でない。～にあらず。
skandha-dhātv-āyatanârthikaḥ < skandha-dhātv-āyatanârthika- < skandha-dhātu-āyatana-arthi=
　　ka-：〔五〕陰（五蘊）、〔十八〕界、〔十二〕入を求める。*m. sg. Nom.*
　　skandha-：*m.* （木の）幹。区分。部分。集合。「陰」「蘊」と漢訳。
　　dhātu-：*m.* 層。成分。要素。身体の根本要素。「界」「身界」「世界」「種性」と漢訳。
　　āyatana- < ā-yatana- < ā-√yat- (1) + -ana：*n.* 入ること。処。住所。領域。聖域。感覚の領域。感官。「処」「入」と漢訳。
　　arthika-：*adj.* ～を必要とする。～を願う。「求」「所求」「希求」「勤求」「求索」と漢訳。

> yo dharmârthiko na sa kāma-dhātu-rūpa-dhātv-ārūpya-dhātv-arthiko bhavati nâsau buddhâbhiniveśârthiko bhavati na dharma-saṃghâbhiniveśârthikaḥ /
> (梵漢和維摩経 *p.* 242, *ll.* 10–12)

「法を求めるところの人、その人は、欲望の支配する世界（欲界）や、〔欲界の汚れを離れた清らかな〕物質からなる世界（色界）、物質を超越した〔純粋に精神的な〕世界（無色界）〔からなる三界〕を求めることはないし、その人は、ブッダ（仏）に対する執着から〔法を〕求めるのでもなく、真理の教え（法）と教団（僧）に対する執着から〔法を〕求めるのでもないのである。
【「欲・色・無色の求め有るに非ず。唯、舎利弗よ、夫れ法を求むる者は、仏に著して求めず、法に著して求めず、衆に著して求めず。】　　（大正蔵、巻一四、五四六頁上）
……………………………………………………………………

yo < yaḥ + 有声子音 < yad-：*関係代名詞。m. sg. Nom.*
dharmârthiko < dharmârthikaḥ + 有声子音 < dharmârthika- < dharma-arthika-：*adj.* 法（真理の教え）を求める。*m. sg. Nom.*
na：*ind.* ～でない。～にあらず。
sa < saḥ < tad-：それ。*m. sg. Nom.*
kāma-dhātu-rūpa-dhātv-ārūpya-dhātv-arthiko < kāma-dhātu-rūpa-dhātv-ārūpya-dhātv-arthikaḥ + 有声子音 < kāma-dhātu-rūpa-dhātu-ārūpya-dhātu-arthika-：*adj.* 欲望の支配する世界（欲界）や、〔欲界の汚れを離れた清らかな〕物質からなる世界（色界）、物質を超越した純粋に精神的な世界（無色界）〔の三界〕を求める。*m. sg. Nom.*
　　kāma-dhātu-：*m.* 欲望の支配する世界。「欲界」と漢訳。
　　kāma-：*m.* ～に対する願望。欲望。愛。愛着。愛欲。淫欲。
　　dhātu-：*m.* 層。成分。要素。素質。性質。語根。「界」と漢訳。
　　rūpa-dhātu-：*m.* 〔欲界の汚れを離れた清らかな〕物質からなる世界。「色界」と漢訳。
　　rūpa-：*n.* 形態。外観。色。形。美しい形。見目よいこと。
　　ārūpya-dhātu-：*m.* 物質を超越した〔純粋に精神的な〕世界。「無色界」と漢訳。
　　ārūpya-：*m.* 「無色」と漢訳。
　　arthika-：*adj.* ～を必要とする。～を願う。「求」「所求」「希求」「勤求」「求索」と漢訳。
bhavati < bhava- < √bhū- (1)：なる。*Pres. 3, sg. P.*
nâsau < na + asau
　　asau < adas-：それ。あれ。*m. sg. Nom.*
buddhâbhiniveśârthiko < buddhâbhiniveśârthikaḥ + 有声子音 < buddha-abhiniveśa-arthika-：*adj.* ブッダ（仏）に対する執着から求める。*m. sg. Nom.*
　　abhiniveśa- < abhi- ni-√viś- (6) + -a：*m.* ～（処格）に対する執着。固執。頑固。
　　abhi- ni-√viś- (6)：～（対格）に入る。献身する。～（処格）に集中する。専心する。
bhavati < bhava- < √bhū- (1)：なる。*Pres. 3, sg. P.*
na：*ind.* ～でない。～にあらず。

dharma-saṃghâbhiniveśârthikaḥ < dharma-saṃgha-abhiniveśa-arthika-：*adj.* 法と僧団（僧）に対する執着から求める。*m. sg. Nom.*

§3 punar aparaṃ bhadanta-śāriputra yo dharmârthiko nâsau duḥkha-parijñānârthiko na samudaya-prahāṇârthiko na nirodha-sākṣāt-kriyârthiko na mārga-bhāvanârthiko bhavati /
(梵漢和維摩経 *p.* 242, *ll.* 13–15)

§3 「尊者シャーリプトラよ、そのほか、さらに法を求めるところの人、その人は、苦を熟知することを求めるのではなく、〔苦の原因の〕集合を断つことを求めるのでもなく、〔苦の〕滅尽[3] を証得することを求めるのでもなく、〔苦を滅するための八聖〕道を修することを求めるのでもないのだ。

【§3 「夫れ法を求むる者は、苦を見るの求め無く、集を断ずるの求め無く、尽証（じんしょう）・修道（しゅどう）を造るの求め無し。】
（大正蔵、巻一四、五四六頁上）

……………………………………………………………………

punar：*adv.* 再び。新たに。さらに。なお。しかしながら。
aparaṃ < apara-：*adj.* 他の。別の。後方の。後の。西方の。*n. sg. Acc.* 対格の副詞的用法。
bhadanta-śāriputra < bhadanta-śāriputra-：*m.* 尊者シャーリプトラ。*sg. Voc.*
yo < yaḥ + 有声子音 < yad-：*関係代名詞。* *m. sg. Nom.*
dharmârthiko nâsau < dharmârthikaḥ + na + asau
　dharmârthikaḥ < dharmârthika- < dharma-arthika-：*adj.* 法（真理の教え）を求める。*m. sg. Nom.*
　asau < adas-：それ。あれ。*m. sg. Nom.*
duḥkha-parijñānârthiko < duḥkha-parijñānârthikaḥ + 有声子音 < duḥkha-parijñāna-arthika-：*adj.* 苦を熟知することを求める。*m. sg. Nom.*
　duḥkha- < duḥ-kha-：*adj.* 不愉快な。艱難に満ちた。憐れな。*n.* 苦痛。艱難。悲惨。受苦。「苦」「苦」「苦悩」「憂苦」と漢訳。
　parijñāna- < pari-√jñā- (9) + -ana：*n.* 認識。識別。完全な知識。熟知。
na：*ind.* ～でない。～にあらず。
samudaya-prahāṇârthiko < samudaya-prahāṇârthikaḥ + 有声子音 < samudaya-prahāṇa-arthika-：*adj.* 〔苦の原因の〕集合を断つことを求める。*m. sg. Nom.*
　samudaya- < sam-ud-√i- (2) + -a：*m.* 連合。（諸力の）合体。結合。衆合。「生」「合」「集」「起」「集起」「和合」「集会」「集苦」「集諦」と漢訳。
　sam-ud-√i- (2)：昇る。結合する。集まる。
　prahāṇa- < pra-√hā- (3) + -ana：*n.* 放棄。回避。「断」「断除」「断尽」「断滅」と漢訳。
na：*ind.* ～でない。～にあらず。
nirodha-sākṣāt-kriyârthiko < nirodha-sākṣāt-kriyârthikaḥ + 有声子音 < nirodha-sākṣāt-kriyā-arthika-：*adj.* 〔苦の〕滅尽を証得することを求める。*m. sg. Nom.*
　nirodha- < ni-√rudh- (1) + -a：*m.* 監禁。包囲。抑圧。征服。破壊。消滅。阻止。「滅」「滅尽」と漢訳。
　sākṣāt-kriyā-：*f.* 証。「証得」「作証」「現証」と漢訳。
　sākṣāt < sa-akṣāt：*adv.* （自身の）眼をもって。眼前で。明瞭に。実際に。明らかに。
　sākṣāt-√kṛ- (8)：（自身の）眼で見る。覚る。
　kriyā-：*f.* 仕事。行動。行為。実行。「能作」「用」「力用」と漢訳。
na：*ind.* ～でない。～にあらず。
mārga-bhāvanârthiko < mārga-bhāvanârthikaḥ + 有声子音 < mārga-bhāvana-arthika-：*adj.* 〔苦を滅するための八聖〕道を修することを求める。*m. sg. Nom.*
　mārga-：*m.* 小道（野獣の通った跡 < mṛga-）。道。道路。～に到る道。正道。正しい道。～する手段／方法。
　bhāvana- < bhāvaya- + -ana < √bhū- (1) + -aya + -ana：*adj.* 結果する。生ずる。増進する。

n. 生ずること。～の結果を生ずること。「修」「修習」「勤修」と漢訳。
bhavati < bhava- < √bhū- (1)：なる。*Pres. 3, sg. P.*

tat kasmād dhetoḥ /
(梵漢和維摩経 *p.* 244, *l.* 1)

「それは、どんな理由からか。
【「所以は何んとなれば、】　（大正蔵、巻一四、五四六頁上）

…………………………………………………………………………

tat < tad-：それ。*n. sg. Nom.*
kasmād dhetoḥ < kasmāt + hetoḥ
　連声法は、cf.「基礎」*p.* 63.
　kasmāt < kim-：*疑問詞,* だれ。何。どんな。どの。*m. sg. Abl.*
　hetoḥ < hetu-：*m.* 理由。原因。因。*sg. Abl.*
　奪格は、動機、原因、理由を表わす。cf.「シンタックス」*p.* 58.

aprapañco hi dharmo nirakṣaraḥ /
(梵漢和維摩経 *p.* 244, *l.* 1)

「法は、実に無益な議論（戯論）を離れ、言葉（文字）を離れたものである。
【「法に戯論無し。】　（大正蔵、巻一四、五四六頁上）

…………………………………………………………………………

aprapañco < aprapañcaḥ + 有声子音 < aprapañca- < a-prapañca-：*adj.* 無益な議論を離れている。
　prapañca- < pra-√pañc- + -a：*m.* ～（属格）の拡大。発展。増大。現象。（拡散・分化した）現象世界。戯れの議論。無益な議論。「戯論」「虚偽」「妄想」と漢訳。
hi：*ind.* 真に。確かに。実に。
dharmo < dharmaḥ + 有声子音 < dharma-：*m.* 教説。真理。「法」と漢訳。*sg. Nom.*
nirakṣaraḥ < nirakṣara- < nir-akṣara-：*adj.* 文盲の。「無字」「離字」「離文字」と漢訳。*m. sg. Nom.*
　akṣara- < a-kṣara-：*adj.* 不壊の。「無窮尽」「無尽」と漢訳。*n.* 語。綴り。聖字 om。声。字。文書。

tatra yaḥ prapañcayati duḥkhaṃ parijñāsyāmi samudayaṃ prahāsyāmi nirodhaṃ sākṣāt-kariṣyāmi mārgaṃ bhāvayiṣyāmîti nâsau dharmârthikaḥ prapañcârthiko ’sau /
(梵漢和維摩経 *p.* 244, *ll.* 1–4)

「そこにおいて、『私は苦について熟知しよう。私は〔苦の原因の〕集合を断とう。私は〔苦の〕滅尽を証得しよう。私は〔苦を滅するための実践である八聖〕道を修しよう』と、無益な議論（戯論）をするところの人、その人は法を求めているのではなく、その人は無益な議論を求めているのである。
【「若し我、当に苦を見、集を断じ、滅を証し、道を修すべしと言わば、是れ則ち戯論にして、法を求むるには非ざるなり。】　（大正蔵、巻一四、五四六頁上）

…………………………………………………………………………

tatra：*adv.* そこに。そこへ。かしこに。その時に。その場合に。
yaḥ < yad-：*関係代名詞*。*m. sg. Nom.*
prapañcayati < prapañcaya- < pra-√pañcaya- (名動詞)：誤った形で表現する。戯れの議論をする。無益な議論をする。「戯論」と漢訳。*Pres. 3, sg. P.*
duḥkhaṃ < duḥkha- < duḥ-kha-：*adj.* 不愉快な。艱難に満ちた。憐れな。*n.* 苦痛。艱難。悲惨。受苦。「苦」「苦」「苦悩」「憂苦」と漢訳。*n. sg. Acc.*
parijñāsyāmi < parijñāsya- < pari-√jñā- (9) + -sya：注意深く見る。十分に知る。～を～として認識する。熟知する。「了知」「遍知」と漢訳。*Fut. 1, sg. P.*

意図や命令を表わす未来形。

samudayaṃ < samudaya- < sam-ud-√i- (2) + -a：*m.* 連合。（諸力の）合体。結合。衆合。「生」「合」「集」「起」「集起」「和合」「集会」「集苦」「集諦」と漢訳。*sg. Acc.*

prahāsyāmi < prahāsya- < pra-√hā- (3) + -sya：去る。見捨てる。断念する。放棄する。「捨」「滅」「断」と漢訳。*Fut. 1, sg. P.*

nirodhaṃ < nirodha- < ni-√rudh- (1) + -a：*m.* 監禁。包囲。抑圧。征服。破壊。消滅。阻止。「滅」「滅尽」と漢訳。*sg. Acc.*

sākṣāt-kariṣyāmi < sākṣāt-kariṣya- < sākṣāt-√kṛ- (8) + -iṣya：（自身の）眼で見る。覚る。証得する。*Fut. 1, sg. P.*

mārgaṃ < mārga-：*m.* 小道（野獣の通った跡 < mṛga-）。道。道路。～に到る道。正道。正しい道。～する手段／方法。*sg. Acc.*

bhāvayiṣyāmîti < bhāvayiṣyāmi + iti

bhāvayiṣyāmi < bhāvayiṣya- < bhāvaya- + -iṣya < √bhū- (1) + -aya + -iṣya：*Caus.* あらしめる。ならせる。実行する。「想現」「修行」と漢訳。*Fut. 1, sg. P.*

iti：*adv.* ～と。～ということを。以上のように。～と考えて。「如是」と漢訳。

nâsau < na + asau

asau < adas-：それ。あれ。*m. sg. Nom.*

dharmârthikaḥ < dharmârthika- < dharma-arthika-：*adj.* 法（真理の教え）を求める。*m. sg. Nom.*

prapañcârthiko 'sau < prapañcârthikaḥ + asau

prapañcârthikaḥ < prapañcârthika- < prapañca-arthika-：*adj.* 戯れの議論を求める。*m. sg. Nom.*

asau < adas-：それ。あれ。*m. sg. Nom.*

> dharmo hi bhadanta-śāriputrôpaśāntaḥ /
> （梵漢和維摩経 *p.* 244, *l.* 4）

「尊者シャーリプトラよ、実に法は寂滅しているのである。

【「唯、舎利弗よ、法を寂滅と名づく。】（大正蔵、巻一四、五四六頁上）

……………………………………………………………………

dharmo < dharmaḥ + 有声子音 < dharma-：*m.* 教説。真理。「法」と漢訳。*sg. Nom.*

hi：*ind.* 真に。確かに。実に。

bhadanta-śāriputrôpaśāntaḥ < bhadanta-śāriputra + upaśāntaḥ

bhadanta-śāriputra < bhadanta-śāriputra-：*m.* 尊者シャーリプトラ。*sg. Voc.*

upaśāntaḥ < upaśānta- < upa-√śam- (4) + -ta：*pp.* 静かになった。和らいだ。消滅した。「除」「惑除」「得除滅」「寂然」「寂滅相」と漢訳。*m. sg. Nom.*

upa-√śam- (4)：静かになる。平穏になる。消滅する。和らぐ。

> tatra ya utpāda-vyaye caranti na te dharmârthikā na vivekârthikā utpāda-vyayârthikās te /
> （梵漢和維摩経 *p.* 244, *ll.* 4–5）

「その場合に、生と滅〔ということ〕に向かって行動するならば、それらの人たちは法を求めているのでもなく、〔生と滅からの〕遠離を求めているのでもなく、それらの人たちは生と滅とを求めているのである。

【「若し生滅を行ずれば、是れ生滅を求むるにして、法を求むるに非ざるなり。】

（大正蔵、巻一四、五四六頁上）

……………………………………………………………………

tatra：*adv.* そこに。そこへ。かしこに。その時に。その場合に。

ya < ye + a 以外の母音 < yad-：*関係代名詞, m. pl. Nom.*

utpāda-vyaye < utpāda-vyaya-：*m.* 「生滅」と漢訳。*sg. Loc.*

utpāda- < ud-√pad- (4) + -a：*m.* 生ずること。生み出すこと。産出。出生。「出」「生起」「出現」と漢訳。

vyaya- < vi-√i- (2) + -a：*adj.* 滅亡すべき。*m.* 破壊。滅亡。消失。喪失。減少。欠乏。放棄。

vi-√i- (2)：横切る。拡張する。散る。分離する。失う。消える。滅する。

caranti < cara- < √car- (1)：～（処格）に向かって行動する。（論議を）続行する。動く。行く。歩む。徘徊する。遂行する。実行する。*Pres. 3, pl. P.*

na：*ind.* ～でない。～にあらず。

te < tad-：それ。*m. pl. Nom.*

dharmârthikā < dharmârthikāḥ + 有声音 < dharmârthika- < dharma-arthika-：*adj.* 法（真理の教え）を求める。*m. pl. Nom.*

na：*ind.* ～でない。～にあらず。

vivekârthikā < vivekârthikāḥ + 有声音 < vivekârthika- < viveka-arthika-：*adj.* 〔生と滅からの〕遠離を求める。*m. pl. Nom.*

utpāda-vyayârthikās < utpāda-vyayârthikāḥ + (t) < utpāda-vyaya-arthika-：*adj.* 生滅を求める。*m. pl. Nom.*

te < tad-：それ。*m. pl. Nom.*

dharmo hy arajo rajo'pagataḥ / tatra ye kvacid dharme rajyante[4] 'ntaśo nirvāṇe 'pi na te dharmârthikā rajo'rthikās te /

（梵漢和維摩経 *p.* 244, *ll.* 6–7）

「実に、法は塵垢を離れており、塵垢が消滅しているのである。その場合に、何かある法、ないし涅槃において、〔執着に〕染まるならば、それらの人たちは、法を求めているのではなく、それらの人たちは塵垢を求めているのである。

【「法を無染と名づく。若し法、乃至（ないし）涅槃に染すれば、是れ則ち染著（せんじゃく）にして、法を求むるには非ざるなり。】　（大正蔵、巻一四、五四六頁上）

---

dharmo < dharmaḥ + 有声子音 < dharma-：*m.* 教説。真理。「法」と漢訳。*sg. Nom.*

hy < hi + 母音：*ind.* 真に。確かに。実に。

arajo < arajaḥ + 有声子音 < arajas- < a-rajas-：*adj.* 塵垢を離れている。*m. sg. Nom.*

rajo'pagataḥ < rajas-apagataḥ < rajas-apagata-：*adj.* 塵垢を消滅している。*m. sg. Nom.*

rajas- < √raj- (4) + -as：*n.* 塵。塵の粒子。「微塵」「塵垢」と漢訳。

apagata- < apa-√gam- (1) + -ta：*pp.* 去った。消滅した。「離」「遠離」「捨離」「除去」と漢訳。

---

tatra：*adv.* そこに。そこへ。かしこに。その時に。その場合に。

ye < yad-：*関係代名詞, m. pl. Nom.*

kvacid < kvacit + 有声音：*adv.* どこかに。ある場所に。ある時。かつて。時々。

dharme < dharma-：*m.* 真理。教え。「法」と漢訳。*sg. Loc.*

rajyante 'ntaśo < rajyante + antaśo

rajyante < rajya- < √raj- (4)：彩られる。赤くなる。魅惑される。～（対格）を好む。～に心を奪われる。「染」「染著」「愛著」と漢訳。*Pres. 3, pl. P.*

antaśo < antaśas + 有声子音：*adv.* ～さえも。「乃至」と漢訳。

nirvāṇe 'pi < nirvāṇe + api

nirvāṇe < nirvāṇa- < nir-√vā- (2, 4) + -na：*pp.* 吹き消された。*n.* 消滅。生の焔の消滅。完全な満足。「寂滅」「安穏」「寂静」と漢訳。「涅槃」「泥洹（ないおん）」と音写。*sg. Loc.*

api：*adv.* また。さえも。されど。なお。

na：*ind.* ～でない。～にあらず。

te < tad-：それ。*m. pl. Nom.*
dharmârthikā < dharmârthikāḥ + 有声音 < dharmârthika- < dharma-arthika-：*adj.* 法（真理の教え）を求める。*m. pl. Nom.*
rajo'rthikās < rajo'rthikāḥ + (t) < rajo'rthika- < rajas-arthika-：*adj.* 塵垢を求める。*m. pl. Nom.*
　rajas- < √raj- (4) + -as：*n.* 塵。塵の粒子。「微塵」「垢塵」と漢訳。
　arthika-：*adj.* ～を必要とする。～を願う。「求」「所求」「希求」「勤求」「求索」と漢訳。
te < tad-：それ。*m. pl. Nom.*

dharmo hy aviṣayaḥ /
(梵漢和維摩経 *p.* 244, *l.* 7)

「実に、法は感覚の対象となるものではないのだ。
【「法に行処無し。】（大正蔵、巻一四、五四六頁上）
……………………………………………………………………

dharmo < dharmaḥ + 有声子音 < dharma-：*m.* 教説。真理。「法」と漢訳。*sg. Nom.*
hy < hi + 母音：*ind.* 真に。確かに。実に。
aviṣayaḥ < aviṣaya- < a-viṣaya-：*adj.* 感覚の対象ではない。*m. sg. Nom.*
　viṣaya-：*m.* 活動領域。範囲。感覚の対象（色声香味触の五境）。

ye viṣaya-saṃkhyātā na te dharmârthikā viṣayârthikās te /
(梵漢和維摩経 *p.* 244, *l.* 8)

「感覚の対象を数え上げるならば、それらの人たちは法を求めているのではなく、それらの人たちは感覚の対象を求めているのである。
【「若し法を行ずれば、是れ則ち行処にして、法を求むるには非ざるなり。】
（大正蔵、巻一四、五四六頁上）
……………………………………………………………………

ye < yad-：*関係代名詞, m. pl. Nom.*
viṣaya-saṃkhyātā < viṣaya-saṃkhyātāḥ + 有声音 < viṣaya-saṃkhyāta-：*adj.* 感覚の対象を数える。*m. pl. Nom.*
　viṣaya-：*m.* 活動領域。（目、耳、心などの）届く範囲。感覚の対象。
　saṃkhyāta- < sam-√khyā- (2) + -ta：*pp.* 数えられた。計算された。評価された。
na：*ind.* ～でない。～にあらず。
te < tad-：それ。*m. pl. Nom.*
dharmârthikā < dharmârthikāḥ + 有声音 < dharmârthika- < dharma-arthika-：*adj.* 法（真理の教え）を求める。*m. pl. Nom.*
　arthika-：*adj.* ～を必要とする。～を願う。「求」「所求」「希求」「勤求」「求索」と漢訳。
viṣayârthikās < viṣayârthikāḥ + (t) < viṣayârthika- < viṣaya-arthika-：*adj.* 感覚の対象を求めている。*m. pl. Nom.*
　viṣaya-：*m.* 活動領域。（目、耳、心などの）届く範囲。感覚の対象。
te < tad-：それ。*m. pl. Nom.*

dharmo nâyūho niryūhaḥ /
(梵漢和維摩経 *p.* 244, *ll.* 8–9)

「法は、取ることも、捨てることもないのだ。
【「法に取捨無し。】（大正蔵、巻一四、五四六頁上）
……………………………………………………………………

dharmo < dharmaḥ + 有声子音 < dharma-：*m.* 教説。真理。「法」と漢訳。*sg. Nom.*

nâyūho < na + āyūho

āyūho < āyūhaḥ + 有声子音 < āyūha- < ā-√ūh- (1) + -a：*m.* 取ること。「入」「来」「持来」「取」と漢訳。*m. sg. Nom.*

niryūhaḥ < niryūha- < nir-y-√ūh- (1) + -a：*n.* 門。扉。捨てること。「去」「捨」「持去」と漢訳。*m. sg. Nom.*

nir-√ūh- (1)：抽出する。除去する。

ye ke-cid dharmaṃ gṛhṇanti vā muñcanti vā na te dharmârthikā udgraha-niḥsargârthikās te /
(梵漢和維摩経 *p.* 244, *ll.* 9–10)

「だれかある人たちが、法をとらえたり、見捨てたりするならば、それらの人たちは法を求めているのではなく、それらの人たちは取ることと捨てることを求めているのである。

【「若し法を取捨すれば、是れ則ち取捨にして、法を求むるには非ざるなり。】

（大正蔵、巻一四、五四六頁上）

……………………………………………………………………………

ye < yad-：*関係代名詞, m. pl. Nom.*

ke-cid < ke-cit + 有声子音 < kiṃ-cit-：*不定代名詞, だれかある人。なにかあるもの。m. pl. Nom.*

dharmaṃ < dharma-：*m.* 確定した秩序。慣例。習慣。法則。規則。義務。宗教。教説。性質。本質。属性。特質。事物。「法」と漢訳。*sg. Acc.*

gṛhṇanti < gṛhṇa- < √grah- (9)：とらえる。つかむ。理解する。*Pres. 3, pl. P.*

vā：*ind.* ～か。または。たとえ～であっても。

muñcanti < muñca- < √muc- (6)：～（奪格）から離す。放つ。釈放する。解放する。～（具格、奪格、属格）から免れる。逃げる。解放する。退出させる。去らせる。去る。離れる。見捨てる。放棄する。*Pres. 3, pl. P.*

vā：*ind.* ～か。または。たとえ～であっても。

na：*ind.* ～でない。～にあらず。

te < tad-：それ。*m. pl. Nom.*

dharmârthikā < dharmârthikāḥ + 有声音 < dharmârthika- < dharma-arthika-：*adj.* 法（真理の教え）を求める。*m. pl. Nom.*

udgraha-niḥsargârthikās < udgraha-niḥsargârthikāḥ + (t) < udgraha-niḥsargârthika- < udgraha-niḥsarga-arthika-：*adj.* 取ることと捨てることを求めている。

udgraha- < ud-√grah- (9) + -a：*m.* 「取」「受」「貪著」と漢訳。

ud-√grah- (9)：起こす。保存する。是認する。会得する。「取」「持」「受持」「受」と漢訳。

niḥsarga- < niḥ-sarga- < niḥ-√sṛj- (6) + -a：*m.* 取り除くこと。「捨」と漢訳。

niḥ-√sṛj- (6)：注ぐ。流れるままにする。～（奪格）から解放する。自由にする。分離する。取り除く。「捨」と漢訳。

√sṛj- (6)：発射する。飛ばす。出す。注ぐ。放棄する。産む。授ける。与える。利用する。

arthika-：*adj.* ～を必要とする。～を願う。「求」「所求」「希求」「勤求」「求索」と漢訳。

te < tad-：それ。*m. pl. Nom.*

§4 dharmo 'nālayaḥ /
(梵漢和維摩経 *p.* 244, *l.* 11)

§4 「法は〔自己を根源的に支えるものとして執着する〕アーラヤ（拠り所）[5] ではない。

【§4 「法に処所無し。】 （大正蔵、巻一四、五四六頁上）

……………………………………………………………………………

dharmo 'nālayaḥ < dharmaḥ + anālayaḥ

dharmaḥ < dharma-：*m.* 教説。真理。「法」と漢訳。*sg. Nom.*

anālayaḥ < anālaya- < an-ālaya-：*adj.* 「無依」「不依」「無所依」「無依処」「無帰処」「無住

処」「無著」と漢訳。

ālaya- < ā-√lī- (4) + -a：*m.* 住居。家宅。「宅」「舎」「室」「宮殿」「巣」「窟宅」「依」「処」「処所」「蔵」「摂蔵」「執蔵」「著」「所著」と漢訳。「梨耶」「阿頼耶」「阿梨耶」と音写。

ā-√lī- (4)：～（処格）に付着する。降りる。～に止まる。潜む。

ya ālayârāmā na te dharmârthikā ālayârthikās te /
(梵漢和維摩経 *p.* 244, *ll.* 11–12)

「アーラヤに愛着するところの人たち、それらの人たちは法を求めているのではなく、それらの人たちはアーラヤを求めているのである。

【「若し処所に著すれば、是れ則ち処に著するにて、法を求むるには非ざるなり。】
（大正蔵、巻一四、五四六頁上）

……………………………………………………………………………

ya < ye + a 以外の母音 < yad-：*関係代名詞, m. pl. Nom.*

ālayârāmā < ālayârāmāḥ + 有声音 < ālayârāma- < ālaya-ārāma-：*adj.* アーラヤ（拠り所）に愛着する。*m. pl. Nom.*

ālaya- < ā-√lī- (4) + -a：*m.* 住居。家宅。「宅」「舎」「室」「宮殿」「巣」「窟宅」「依」「処」「処所」「蔵」「摂蔵」「執蔵」「著」「所著」と漢訳。「梨耶」「阿頼耶」「阿梨耶」と音写。

ārāma-：*m.* 歓喜。快楽。庭園。果樹園。「喜」「楽」「苑」「園」「園林」「共喜園」と漢訳。

～-ārāma-：*adj.* 「著」「貪」「愛」「可愛」「愛楽」と漢訳。

na：*ind.* ～でない。～にあらず。

te < tad-：それ。*m. pl. Nom.*

dharmârthikā < dharmârthikāḥ + 有声音 < dharmârthika- < dharma-arthika-：*adj.* 法（真理の教え）を求める。*m. pl. Nom.*

ālayârthikās < ālayârthikāḥ + (t) < ālayârthika- < ālaya-arthika-：*adj.* アーラヤ（拠り所）を求める。*m. pl. Nom.*

te < tad-：それ。*m. pl. Nom.*

dharmo nirnimittaḥ /
(梵漢和維摩経 *p.* 244, *l.* 12)

「法は、特徴（相）のないものである。

【「法を無相と名づく。】　（大正蔵、巻一四、五四六頁上）

……………………………………………………………………………

dharmo < dharmaḥ + 有声子音 < dharma-：*m.* 教説。真理。「法」と漢訳。*sg. Nom.*

nirnimittaḥ < nirnimitta- < nir-nimitta-：*adj.* 特徴のない。原因／理由のない。動機のない。「無相」「無有相」と漢訳。*m. sg. Nom.*

animitta- < a-nimitta-：*n.* 特徴がないこと。不確実。無根拠。無原因。「無相」と漢訳。*adj.* 不確実な。根底なき。

nimitta-：*n.* 目的。記号。象徴。前兆。理由。手段。「瑞相」と漢訳。

yeṣāṃ nimittânusāri-vijñānaṃ na te dharmârthikā nimittârthikās te /
(梵漢和維摩経 *p.* 244, *ll.* 12–13)

「特徴にとらわれ識別して知ることをなすところの人たち、それらの人たちは法を求めているのではなく、それらの人たちは〔相異なる〕特徴を求めているのである。

【「若し相に随う識ならば、是れ則ち相を求むるにして、法を求むるには非ざるなり。】
（大正蔵、巻一四、五四六頁上）

……………………………………………………………………………

yeṣāṃ < yad-：*関係代名詞, m. pl. Gen.*
nimittânusāri-vijñānaṃ < nimitta-anusāri-vijñāna-：*n.* 特徴にとらわれ識別して知ること。*sg. Nom.*
　nimitta-：*n.* 目的。記号。象徴。前兆。理由。手段。「瑞相」と漢訳。
　anusāri- < anusārin- < anu-√sṛ- (1) + -in：*adj.* 随う。～に随伴する。得んと努力する。～を目的とする。～に適合する。～に依拠する。
　anu-√sṛ- (1)：～に向かって流れる。（道に）沿って行く。追跡する。渡る。～に向かう。赴く。～に達する。～（対格）に従う。「随順」と漢訳。
　vijñāna- < vi-√jñā- (9) + -ana：*n.* 識別。〔自他彼此などと相対的に〕区別して識ること。「了別」と漢訳。
　vi-√jñā- (9)：区別する。識別する。知る。認める。了解する。正確に知る。知識を得る。
　以上は、属格と主格の名詞文をなしている。
na：*ind.* ～でない。～にあらず。
te < tad-：それ。*m. pl. Nom.*
dharmârthikā < dharmârthikāḥ + 有声音 < dharmârthika- < dharma-arthika-：*adj.* 法（真理の教え）を求める。*m. pl. Nom.*
nimittârthikās < nimittârthikāḥ + (t) < nimittârthika- < nimitta-arthika-：*adj.* 〔相異なる〕特徴を求めている。*m. pl. Nom.*
te < tad-：それ。*m. pl. Nom.*

dharmo 'saṃvāsaḥ /
（梵漢和維摩経 *p.* 244, *l.* 13）

「法は、一緒に住むべきものではない。
【「法は住す可からず。】（大正蔵、巻一四、五四六頁上）

dharmo 'saṃvāsaḥ < dharmaḥ + asaṃvāsaḥ
　dharmaḥ < dharma-：*m.* 教説。真理。「法」と漢訳。*sg. Nom.*
　asaṃvāsaḥ < asaṃvāsa- < a-saṃvāsa-：*adj.* 一緒に住むことではない。*m. sg. Nom.*
　saṃvāsa- < sam-√vas- (1) + -a：*m.* ～（具格）と一緒に住むこと。～との同棲。居留。居住。共同の住居。「住」「処」「会」「共住」「同止」「同住」と漢訳。
　sam-√vas- (1)：一緒に住む。
　sam-√vas- (2)：～で自分の身を包む。
　√vas- (1)：留まる。滞在する。住む。存在する。
　√vas- (2)：着ける。着る。
　√vas- (4)：（夜が白み）明るくなる。輝く。

ye kecid dharmeṇa sārdhaṃ saṃvasanti na te dharmârthikāḥ saṃvāsârthikās te /
（梵漢和維摩経 *p.* 244, *ll.* 13–14）

「法と一緒に住もうとするところのだれかある人たち、それらの人たちは法〔自体〕を求めているのではなく、それらの人たちは〔法と〕一緒に住むということを求めているのである。
【「若し法に住すれば、是れ則ち法に住するにして、法を求むるには非ざるなり。】
（大正蔵、巻一四、五四六頁上）

ye < yad-：*関係代名詞, m. pl. Nom.*
kecid < ke-cit + 有声子音 < kiṃ-cit-：*不定代名詞, だれかある人。なにかあるもの。m. pl. Nom.*
dharmeṇa < dharma-：*m.* 確定した秩序。慣例。習慣。法則。規則。義務。宗教。教説。性質。本質。属性。特質。事物。法。*sg. Ins.*
sārdhaṃ < sa-ardha-：*adj.* 半分を伴った。*n. sg. Acc.*

対格の副詞的用法で、「～（具格）と共同で」「～と一緒に」「～とともに」。

saṃvasanti < saṃvasa- < sam-√vas- (1)：一緒に住む。*Pres. 3, pl. P.*

na：*ind.* ～でない。～にあらず。

te < tad-：それ。*m. pl. Nom.*

dharmârthikāḥ < dharmârthika- < dharma-arthika-：*adj.* 法（真理の教え）を求める。*m. pl. Nom.*

saṃvāsârthikās < saṃvāsârthikāḥ + (t) < saṃvāsa-arthika-：*adj.* 一緒に住むことを求める。*m. pl. Nom.*

te < tad-：それ。*m. pl. Nom.*

> dharmo 'dṛṣṭa-śruta-mata-vijñātaḥ /
>
> （梵漢和維摩経 *p.* 246, *l.* 1）

「法は、見られたり、聞かれたり、考えられたり、知られたりすることのないものである。

【「法は見・聞・覚・知す可からず。】（大正蔵、巻一四、五四六頁上）

dharmo 'dṛṣṭa-śruta-mata-vijñātaḥ < dharmaḥ + adṛṣṭa-śruta-mata-vijñātaḥ

dharmaḥ < dharma-：*m.* 教説。真理。「法」と漢訳。*sg. Nom.*

adṛṣṭa-śruta-mata-vijñātaḥ < a-dṛṣṭa-śruta-mata-vijñāta-：*adj.* 見られたり、聞かれたり、考えられたり、知られたりすることのない。*m. sg. Nom.*

dṛṣṭa- < √dṛś- (1) + -ta：*pp.* 見られた。

śruta- < √śru- (5) + -ta：*pp.* 聞かれた。

mata- < √man- (1) + -ta：*pp.* ～と考えられた。見なされた。思われた。尊敬された。知られた。「覚」「所覚」「知」と簡約。

vijñāta- < vi-√jñā- (9) + -ta：*pp.* 知られた。認識された。理解された。

vi-√jñā- (9)：区別する。識別する。知る。認める。了解する。正確に知る。知識を得る。

> ye dṛṣṭa-śruta-mata-vijñāteṣu caranti na te dharmârthikā dṛṣṭa-śruta-mata-vijñātârthikās te /
>
> （梵漢和維摩経 *p.* 246, *ll.* 1–2）

「見たり、聞いたり、考えたり、知ったりすることに向かって行動するところの人たち、それらの人たちは法を求めているのではなく、それらの人たちは見たり、聞いたり、考えたり、知ったりすることを求めているのである。

【「若し見・聞・覚・知を行ずれば、是れ則ち見・聞・覚・知にして、法を求むるには非ざるなり。】
（大正蔵、巻一四、五四六頁上）

ye < yad-：*関係代名詞, m. pl. Nom.*

dṛṣṭa-śruta-mata-vijñāteṣu < dṛṣṭa-śruta-mata-vijñāta-：*pp.* 見られたり、聞かれたり、考えられたり、知られたりする。*n. pl. Loc.*

caranti < cara- < √car- (1)：～（処格）に向かって行動する。（論議を）続行する。動く。行く。歩む。徘徊する。遂行する。実行する。*Pres. 3, pl. P.*

na：*ind.* ～でない。～にあらず。

te < tad-：それ。*m. pl. Nom.*

dharmârthikā < dharmârthikāḥ + 有声音 < dharmârthika- < dharma-arthika-：*adj.* 法（真理の教え）を求める。*m. pl. Nom.*

dṛṣṭa-śruta-mata-vijñātârthikās < dṛṣṭa-śruta-mata-vijñātârthikāḥ + (t) < dṛṣṭa-śruta-mata-vijñāta-arthika-：*adj.* 見たり、聞いたり、考えたり、知ったりすることを求める。*m. pl. Nom.*

te < tad-：それ。*m. pl. Nom.*

> §5　dharmo bhadanta-śāriputrâsaṃskṛtaḥ saṃskṛtâpagataḥ /

（梵漢和維摩経 *p.* 246, *l.* 3）

§5 「尊者シャーリプトラよ、法は無為なるものであって、有為を離れたものである[6]。
【§5 「法を無為と名づく。】（大正蔵、巻一四、五四六頁上）

……………………………………………………………………

dharmo < dharmaḥ + 有声子音 < dharma-：*m.* 教説。真理。「法」と漢訳。*sg. Nom.*
bhadanta-śāriputrâsaṃskṛtaḥ < bhadanta-śāriputra + asaṃskṛtaḥ
　bhadanta-śāriputra < bhadanta-śāriputra-：*m.* 尊者シャーリプトラ。*sg. Voc.*
　asaṃskṛtaḥ < asaṃskṛta- < a-saṃskṛta-：*adj.* 装備されない。装飾されていない。「無為」と漢訳。*m. sg. Nom.*
　saṃskṛta- < sam-s-√kṛ- (8) + -ta：*pp.* 準備された。「有為」と漢訳。
saṃskṛtâpagataḥ < saṃskṛtâpagata- < saṃskṛta-apagata-：*adj.* 有為を離れている。*m. sg. Nom.*
　apagata- < apa-gata- < apa-√gam- (1) + -ta：*pp.* 去った。消滅した。「離」「遠離」「除」「滅」と漢訳。

ye saṃskṛta-gocarā na te dharmârthikāḥ saṃskṛtôdgrahaṇârthikās te /
（梵漢和維摩経 *p.* 246, *ll.* 3–4）

「有為を行動範囲とするところの人たち、それらの人たちは法を求めているのではなく、それらの人たちは有為に執することを求めているのである。
【「若し有為を行ずれば、是れ有為を求むるにして、法を求むるには非ざるなり。】
（大正蔵、巻一四、五四六頁上）

……………………………………………………………………

ye < yad-：*関係代名詞, m. pl. Nom.*
saṃskṛta-gocarā < saṃskṛta-gocarāḥ + 有声音 < saṃskṛta-gocara-：*adj.* 有為を行動範囲とする。*m. pl. Nom.*
　saṃskṛta- < sam-s-√kṛ- (8) + -ta：*pp.* 準備された。「有為」と漢訳。
　～-gocara-：*adj.* ～に在る。～に住んでいる。～に関係する。～の及ぶ範囲内の。～の達し得る。～の支配下にある。知覚し得る。
　gocara- < go-cara-：*m.* 牧牛場。行動の範囲。達する範囲。能力の範囲。
na：*ind.* ～でない。～にあらず。
te < tad-：それ。*m. pl. Nom.*
dharmârthikāḥ < dharmârthika- < dharma-arthika-：*adj.* 法（真理の教え）を求める。*m. pl. Nom.*
saṃskṛtôdgrahaṇârthikās < saṃskṛtôdgrahaṇârthikāḥ + (t) < saṃskṛta-udgrahaṇa-arthika-：*adj.* 有為に執することを求めている。*m. pl. Nom.*
　saṃskṛta- < sam-s-√kṛ- (8) + -ta：*pp.* 準備された。「有為」と漢訳。
　udgrahaṇa- < ud-√grah- (9) + -ana：*n.* 取り出すこと。挙揚すること。「受」「受持」「領受」「能受」「摂受」「持」「取」「執」「執取」と漢訳。
　ud-√grah- (9)：起こす。上げる。保存する。許す。是認する。会得する。「受持」「摂受」「領受」と漢訳。
te < tad-：それ。*m. pl. Nom.*

tasmād iha bhadanta-śāriputra dharmârthike na te bhavitu-kāmena sarva-dharmânarthikena bhavitavyam /
（梵漢和維摩経 *p.* 246, *ll.* 4–6）

「それ故に、尊者シャーリプトラよ、今、法を求めるならば、あなたは、生存することを欲する〔べきで〕はないし、いかなる法も求めるべきではない[7]」
【「是の故に舎利弗よ、若し法を求むる者は、一切法に於いて応に求むる所無かるべし」と。】

（大正蔵、巻一四、五四六頁上）

……………………………………………………………………

tasmād < tasmāt + 母音 < tad-：それ。*n. sg. Abl.*

代名詞の中性・単数の対格（tat）、奪格（tasmāt）、具格（tena）は、「そこで」「従って」「それ故」などの意味となり、文の連結助詞として用いられる。cf.「シンタックス」*p.* 125.

iha：*adv.* ここに。今。この世に。地上に。

bhadanta-śāriputra < bhadanta-śāriputra-：*m.* 尊者シャーリプトラ。*sg. Voc.*

dharmârthike < dharmârthika- < dharma-arthika-：*adj.* 法（真理の教え）を求める。*m. sg. Loc.* この処格は、絶対節をなしている。

na：*ind.* 〜でない。〜にあらず。

te < tvad-：あなた。*2, sg. Gen.*

未来受動分詞が非人称的に用いられるときは、中性単数の形となり、動作主は具格、あるいは属格となる。cf.「シンタックス」*p.* 45.

bhavitu-kāmena < bhavitu-kāma-：*adj.* 生存することを欲する。「欲生」と漢訳。*m. sg. Ins.*

bhavitu- < bhavitum < √bhū- (1) + -itum：*不定詞,* 生存すること。

kāma-：*m.* 快楽。愛着。〜（為・属・処格）に対する願望・欲望。

「ある」「なる」などの動詞が非人称受動態のとき、主語と名詞補語は具格となる。cf.「シンタックス」*p.* 45.

sarva-dharmânarthikena < sarva-dharmânarthika- < sarva-dharma-anarthika-：*adj.* 一切法（真理の教え）を求めない。*m. sg. Ins.*

bhavitavyam < bhavitavya- < √bhū- (1) + -itavya：*未受分,* 生じられるべき。〜になられるべき。発生されるべき。出現されるべき。存在されるべき。起こるべき。あるべき。*n. sg. Nom.*

iha dharma-nirdeśe nirdiśyamāne pañcānāṃ deva-putra-śatānāṃ dharmeṣu dharma-cakṣur viśuddham /

（梵漢和維摩経 *p.* 246, *ll.* 6–7）

この説法がなされている時、五百人の神々の子（天子）たちの真理を見る眼（法眼）が、諸法の中において清められた。

【是の語を説ける時、五百の天子は諸法の中に於いて法眼浄（ほうげんじょう）を得たり。】

（大正蔵、巻一四、五四六頁上）

……………………………………………………………………

iha：*adv.* ここに。今。この世に。地上に。

dharma-nirdeśe < dharma-nirdeśa-：*m.* 法についての詳述。*sg. Loc.*

nirdeśa- < nir-√diś- (6) + -a：*m.* 命令。指示。記述。「説」「所説」「説法」と漢訳。

nirdiśyamāne < nirdiśyamāna- < nirdiśya- + -māna < nis-√diś- (6) + -ya + -māna：*Pass.* 支持される。決定される。宣言される。*A. 現在分詞, m. sg. Loc.*

以上の処格は絶対節をなしている。

pañcānāṃ < pañcan-：*基数詞,* 五。*n. pl. Gen.*

deva-putra-śatānāṃ < deva-putra-śata-：*n.* 幾百人もの神々の子（天子）。*pl. Gen.*

dharmeṣu < dharma-：*m.* 確定した秩序。慣例。習慣。法則。規則。義務。宗教。教説。性質。本質。属性。特質。事物。法。*pl. Loc.*

dharma-cakṣur < dharma-cakṣuḥ + 有声音 < dharma-cakṣus-：*adj.* 法を見る。正義を見る。*n.* 法を見る眼。真理を見る眼。「法眼」と漢訳。*sg. Nom.*

viśuddham < viśuddha- < vi-√śudh- (1) + -ta：*pp.* 清浄にされた。清らかな。*n. sg. Nom.*

§6 atha vimalakīrtir licchavir mañjuśriyaṃ kumāra-bhūtam āmantrayate sma / tvaṃ mañju=śrīr daśasu dikṣv asaṃkhyeyeṣu buddha-kṣetra-śata-sahasreṣu buddha-kṣetra-cārikāṃ carasi /

（梵漢和維摩経 *p.* 246, *ll.* 8–10）

§6　そこで、リッチャヴィ族のヴィマラキールティは、マンジュシュリー法王子に言った。

「マンジュシュリーよ、あなたは、十方の幾百・千もの無量（阿僧祇）のブッダの国土においてブッダの国土の遊行をなさりました。

【§6　爾の時、長者維摩詰は文殊師利に問えり。「仁者は無量千万億阿僧祇の国に遊べり。】

（大正蔵、巻一四、五四六頁上）

atha：*adv.* その時。その場合。さて。それ故。しかれば。しかしながら。

vimalakīrtir < vimalakīrtiḥ ＋ 有声音 < vimalakīrti- < vimala-kīrti-：*m.* ヴィマラキールティ。汚れのない名声を持つ（もの）。「維摩詰」「維摩」と音写。「浄名」「無垢称」と漢訳。*sg. Nom.*

licchavir < licchaviḥ ＋ 有声音 < licchavi-：*m.* リッチャヴィ。「離車子」「栗姑毘」と音写。*sg. Nom.*

mañjuśriyaṃ < mañjuśrī-：*m.* マンジュシュリー。「文殊」「文殊師利」と音写。*sg. Acc.*

kumāra-bhūtam < kumāra-bhūta-：*adj.* 「童子」「童真」「法王子」と漢訳。*m. sg. Acc.*

āmantrayate < āmantraya- < ā-√mantraya- (名動詞)：語りかける。「告」「告言」「白言」と漢訳。*Pres. 3, sg. A.*

sma：*ind.* 実に。現在形の動詞とともに用いて、過去の意味を表わす（歴史的現在）。

tvaṃ < tvad-：あなた。*2, sg. Nom.*

mañjuśrīr < mañjuśrīḥ ＋ 有声音 < mañjuśrī- < mañju-śrī-：*m.* マンジュシュリー。「妙徳」「妙吉祥」と漢訳。「文殊」「文殊師利」と音写。*sg. Voc.*

daśasu < daśan-：*基数詞,* 十。*f. pl. Loc.*

dikṣv < dikṣu ＋ 母音 < diś-：*f.* 方角。方向。*pl. Loc.* 格変化は、cf.「基礎」*p.*127.

asaṃkhyeyeṣu < asaṃkhyeya- < a- + sam-√khyā- (2) + -ya：*未受分,* 計算すべきでない。無数の。数えがたい。「阿僧祇」と音写。*n. pl. Loc.*

buddha-kṣetra-śata-sahasreṣu < buddha-kṣetra-śata-sahasra-：*n.* 幾百・千ものブッダの国土。*pl. Loc.*

buddha-kṣetra-cārikāṃ < buddha-kṣetra-cārikā-：*f.* ブッダの国土の遊行。*sg. Acc.*

cārikā- < √car- (1) + -ikā：*f.* 召使の少女。（ブッダの）旅。遊行僧の生活。「行」「正行」「所修行」「遊行」と漢訳。

carasi < cara- < √car- (1)：～（処格）に向かって行動する。（論議を）続行する。動く。行く。歩む。徘徊する。遂行する。実行する。*Pres. 2, sg. P.*

tat katarasmin buddha-kṣetre tvayā sarva-viśiṣṭāni sarva-guṇôpetāni siṃhâsanāni dṛṣṭāni /

（梵漢和維摩経 *p.* 246, *ll.* 10–11）

「その中で、いずれのブッダの国土において、あなたは、あらゆるものに卓越し、あらゆる功徳を具えた師子座をご覧になりましたか」と。

【「何等の仏土に好き上妙の功徳の成就せる師子の座有りしや」】　（大正蔵、巻一四、五四六頁上）

tat < tad-：それ。*n. sg. Acc.*

代名詞の中性・対格／具格／奪格は、連結助詞として用いられ、「そこで」「従って」「このため」を意味する。

katarasmin < katara-：*疑問代名詞,*（二者のうちの）誰か。どれか。「何」「云何」と漢訳。*n. sg. Loc.*

buddha-kṣetre < buddha-kṣetra-：*n.* ブッダの国土。「仏国土」と漢訳。*sg. Loc.*

tvayā < tvad-：あなた。*2, sg. Ins.*

sarva-viśiṣṭāni < sarva-viśiṣṭa-：*adj.* あらゆるものに卓越した。*n. pl. Nom.*

sarva-：*adj.* 全き。全体の。一切の。各々の。

sarva-～：全く～。完全に～。

viśiṣṭa- < vi-√śiṣ- (7) + -ta：*pp.* 区別された。異なった。特殊な。勝れた。卓越した。「別」「異」「最殊勝」「第一」「勝妙」と漢訳。

√śiṣ- (7)：残す。残る。

sarva-guṇôpetāni < sarva-guṇôpeta- < sarva-guṇa-upeta-：*adj.* あらゆる功徳を具えた。*n. pl. Nom.*

guṇa-：*m.* 種類。構成。従属的要素。固有性。属性。善性。徳。

upeta- < upa-ita- < upa-√i- (2) + -ta：*pp.* 到達せる。～を具せる。～を所有せる。

siṃhâsanāni < siṃhâsana- < siṃha-āsana-：*n.* 「師子座」と漢訳。*pl. Nom.*

dṛṣṭāni < dṛṣṭa- < √dṛś- (1) + -ta：*pp.* 見られた。観察された。*n. pl. Nom.*

> evam ukte mañjuśrīḥ kumāra-bhūto vimalakīrtiṃ licchavim etad avocat / asti kula-putra pūrve dig-bhāge ṣaṭtriṃśad-gaṅgā-nadī-vālikā-samāni buddha-kṣetrāṇy atikramya meru-dhvajā nāma loka-dhātuḥ[8] /
>
> (梵漢和維摩経 *p.* 246, *ll.* 12–14)

〔ヴィマラキールティから〕このように言われて、マンジュシュリー法王子は、リッチャヴィ族のヴィマラキールティにこのように言った。

「良家の息子（善男子）よ、東の方向に三十六[9] のガンジス河の砂〔の数〕に等しいブッダの国土を通り過ぎて、“スメール山の旗”（須弥相）という名前の世界があります。

【文殊師利の言わく、「居士よ、東方三十六恒河沙の国を度りて世界有り、須弥相と名づく。】

（大正蔵、巻一四、五四六頁中）

……………………………………………………………………………

evam：*adv.* このように。「是」「如是」と漢訳。

ukte < ukta- < √vac- (3) + -ta：*pp.* 言われた。*m. sg. Loc.*

これは絶対処格である。

mañjuśrīḥ < mañjuśrī- < mañju-śrī-：*m.* マンジュシュリー。「妙徳」「妙吉祥」と漢訳。「文殊」「文殊師利」と音写。*sg. Nom.*

kumāra-bhūto < kumāra-bhūtaḥ ＋ 有声子音 < kumāra-bhūta-：*adj.* 「童子」「童真」「法王子」と漢訳。*m. sg. Nom.*

vimalakīrtiṃ < vimalakīrti- < vimala-kīrti-：*m.* ヴィマラキールティ。汚れのない名声を持つ（もの）。「維摩詰」「維摩」と音写。「浄名」「無垢称」と漢訳。*sg. Acc.*

licchavim < licchavi-：*m.* リッチャヴィ。「離車子」「栗姑毘」と音写。*sg. Acc.*

etad < etat ＋ 母音 < etad-：これ。*n. sg. Acc.* 副詞として「このように」を意味する。

avocat < avoca- < a- + va-+ uc- + -a < √vac- (2)：言う。話す。告げる。*重複 Aor. 3, sg. P.* 重複アオリストについては、cf.「基礎」*p.* 334.

……………………………………………………………………………

asti < as- < √as- (2)：ある。*Pres. 3, sg. P.*

kula-putra < kula-putra-：*m.* 良家の息子。「善男子」と漢訳。*sg. Voc.*

pūrve < pūrva-：*adj.* 前の。東の。前にある。先の。以前の。*m. sg. Loc.*

dig-bhāge < dig-bhāga- < dik- + bhāga- < diś- + bhāga-：*m.* 方角。方位。*sg. Loc.*

diś-：*f.* 方角。格変化は、cf.「基礎」*p.* 127.

bhāga- < √bhaj- (1) + -a：*m.* 配当された部分。分け前。割当て。部分。一部。方面。区域。場所。地点。

√bhaj- (1)：分配する。分かつ。～（為・属格）に配分する。～（具格）と分け合う。

ṣaṭtriṃśad-gaṅgā-nadī-vālikā-samāni < ṣaṭtriṃśad-gaṅgā-nadī-vālikā-sama-：*adj.* 三十六のガンジス河の砂〔の数〕に等しい。*n. pl. Acc.*

ṣaṭtriṃśad- < ṣaṭtriṃśat- ＋ 有声子音：*基数詞,* 三十六。

gaṅgā-nadī-：*f.* ガンジス河。「恒河」と音写。

vālikā- ＝ vālukā-：*f.* 砂。

sama-：*adj* 平らな。等しい。正しい。「同等」「同一」と漢訳。

buddha-kṣetrāṇy < buddha-kṣetrāṇi + 母音 < buddha-kṣetra-：*n.* ブッダの国土。「仏国土」と漢訳。*pl. Acc.*

atikramya < ati-√kram- (1) + -ya：通り過ぎる。越える。またぐ。経過する。*Ger.*

meru-dhvajā < meru-dhvajā- < meru-dhvaja-：*adj.* スメール山の旗の。「須弥相」と音写。*f. sg. Nom.*

meru-：*m.* スメール山。「妙高山」と漢訳。「弥楼」「須弥」「須弥山」と音写。

dhvaja-：*m.* 幢。旗。記号。標識。象徴。「幡」「幢幡」「幢」と漢訳。

nāma：*adv.* ～という名前の。実に。確かに。もちろん。おそらく。そもそも。

loka-dhātuḥ < loka-dhātu-：*f.* 世界。*sg. Nom.*

loka-dhātu- は一般的に男性名詞だが、『法華経』では女性名詞で用いられることが多く、ここは女性名詞として用いられている。男性名詞の場合であれ、女性名詞の場合であれ、その単数・主格は、loka-dhātuḥ で同形である。

tatra meru-pradīpa-rājo nāma tathāgato 'rhan samyak-saṃbuddhas tiṣṭhati[10] dhriyate yāpayati /
(梵漢和維摩経 *p.* 246, *ll.* 14–16)

「そこには、"スメール山の燈明の王"（須弥燈王）という名前の正しく完全に覚った尊敬されるべき如来が、〔現在、〕滞在し、存在し、時を過ごしておられます。

【「其の仏を須弥燈王と号し、今、現に在す。】（大正蔵、巻一四、五四六頁中）

tatra：*adv.* そこに。そこへ。かしこに。その時に。その場合に。

meru-pradīpa-rājo < meru-pradīpa-rājaḥ + 有声子音 < meru-pradīpa-rāja-：*m.* スメール山の燈明の王。「須弥燈王」と漢訳。*sg. Nom.*

meru-：*m.* スメール山。「妙高山」と漢訳。「弥楼」「須弥」「須弥山」と音写。

pradīpa- < pra-√dīp- (4) + -a：*m.* 燈火。燈。「燈明」と漢訳。

√dīp- (4)：燃え上がる。光を放つ。輝く。

rāja- < rājan-：*m.* 王。rājan-は複合語の後分になると、rāja-となる。cf.「基礎」*p.* 522.

nāma：*adv.* ～という名前の。実に。確かに。もちろん。おそらく。そもそも。

tathāgato 'rhan < tathāgataḥ + arhan

tathāgataḥ < tathāgata- < tathā + (ā-)√gam- (1) + -ta：*pp.* このように行った（人）。このように来た（人）。「如来」「如去」と漢訳。「多陀阿伽度」と音写。*m. sg. Nom.*

arhan < arhat- < arha- + -t < √arh- (1) + -t：*P. 現在分詞, m.* 尊敬さるべき人。供養を受けるに値する人。価値ある人。「応供」と漢訳。「阿羅漢」と音写。*sg. Nom.*

samyak-saṃbuddhas < samyak-saṃbuddhaḥ + (t) < ～-saṃbuddha-：*adj.* 正しく完全に覚った（人）。「正等覚」「正等正覚」などと漢訳。「三藐三仏陀」と音写。*m. sg. Nom.*

tiṣṭhati < tiṣṭha- < √sthā- (1)：立つ。住する。とどまる。滞在する。*Pres. 3, sg. P.*

dhriyate < dhriya- < √dhṛ- (6) + -ya：*Pass.* 自分の立場を固守する。生存する。存在する。～（処格）に支持される。*3, sg. A.*

yāpayati < yāpaya- < √yā- (2) + -paya：*Caus.* 出発させる。到達させる。生存する。*3, sg. P.*

tasya tathāgatasya caturaśīti-yojana-śata-sahasra ātmabhāvaḥ /
(梵漢和維摩経 *p.* 246, *ll.* 16–17)

「その如来の身体は、八百四十万ヨージャナ（由旬）[11]〔の高さが〕あります。

【「彼の仏の身長は八万四千由旬なり。】（大正蔵、巻一四、五四六頁中）

tasya < tad-：それ。*m. sg. Gen.*

tathāgatasya < tathāgata-：*m.* 「如来」と漢訳。*sg. Gen.*

caturaśīti-yojana-śata-sahasra < caturaśīti-yojana-śata-sahasraḥ + a 以外の母音 < caturaśīti-yojana-śata-sahasra-：*adj.* 八百四十万・ヨージャナ（由旬）の。*m. sg. Nom.*

caturaśīti-：*基数詞,* 八十四。

yojana- < √yuj- (7) + -ana：*n.* 軛をつけること。ヨージャナ（距離の単位）。「由旬」と音写。

śata-：*基数詞,* 百。

sahasra-：*基数詞,* 千。

ātmabhāvaḥ < ātmabhāva-：*m.* 我の恒久的存在。自己の存在。自己の身体。*sg. Nom.*

aṣṭaṣaṣṭi-yojana-śata-sahasraṃ tasya bhagavataḥ siṃhâsanam /
（梵漢和維摩経 *p.* 246, *l.* 17）

「その世尊の師子座は、六百八十万ヨージャナ（由旬）[12]〔の高さが〕あります。
【「其の師子座の高さ八万四千由旬にして厳飾第一なり」と。】　（大正蔵、巻一四、五六四頁中）

……………………………………………………………………

aṣṭaṣaṣṭi-yojana-śata-sahasraṃ < aṣṭaṣaṣṭi-yojana-śata-sahasra-：*adj.* 六百八十万・ヨージャナ（由旬）の。*n. sg. Nom.*

aṣṭaṣaṣṭi-：*基数詞,* 六十八。

tasya < tad-：それ。*m. sg. Gen.*

bhagavataḥ < bhagavat-：*m.* 尊い（人）。「世尊」と漢訳。「婆伽婆」「薄伽梵」と音写。*sg. Gen.*

siṃhâsanam < siṃhâsana- < siṃha-āsana-：*n.* 「師子座」と漢訳。*sg. Nom.*

teṣāṃ ca bodhi-sattvānāṃ catvāriṃśad-yojana-śata-sahasra ātmabhāvaḥ /
（梵漢和維摩経 *p.* 246, *ll.* 17–18）

「また、それらの菩薩たちの身体は、四百万ヨージャナ[13]〔の高さが〕あります。
【漢訳相当箇所なし】

……………………………………………………………………

teṣāṃ < tad-：それ。*m. pl. Gen.*

ca：*conj.* および。また。しかしながら。そして。～と。なお。

bodhi-sattvānāṃ < bodhi-sattva-：*m.* 覚りを求める人。「菩提薩埵」「菩薩」と音写。*pl. Gen.*

catvāriṃśad-yojana-śata-sahasra < catvāriṃśad-yojana-śata-sahasraḥ + a 以外の母音 < catvāriṃ=śad-yojana-śata-sahasra-：*adj.* 四百万・ヨージャナ（由旬）の。*m. sg. Nom.*

catvāriṃśad- < catvāriṃśat- + 母音：*基数詞,* 四十。

ātmabhāvaḥ < ātmabhāva-：*m.* 我の恒久的存在。自己の存在。自己の身体。*sg. Nom.*

catus-triṃśad-yojana-śata-sahasrāṇi teṣāṃ bodhi-sattvānāṃ siṃhâsanāni /
（梵漢和維摩経 *p.* 246, *l.* 19）

「それらの菩薩たちの師子座は、三百四十万ヨージャナ（由旬）[14]〔の高さが〕あります。
【漢訳相当箇所なし】

……………………………………………………………………

catus-triṃśad-yojana-śata-sahasrāṇi < catus-triṃśad-yojana-śata-sahasra-：*adj.* 三百四十万・ヨージャナ（由旬）の。*n. pl. Nom.*

catus-triṃśad-：*基数詞,* 三十四。

teṣāṃ < tad-：それ。*m. pl. Gen.*

bodhi-sattvānāṃ < bodhi-sattva-：*m.* 覚りを求める人。「菩提薩埵」「菩薩」と音写。*pl. Gen.*

siṃhâsanāni < siṃhâsana- < siṃha-āsana-：*n.* 「師子座」と漢訳。*pl. Nom.*

meru-dhvajāyāṃ loka-dhātau tasya bhagavato meru-pradīpa-rājasya tathāgatasya buddha-kṣetre sarva-viśiṣṭāni sarva-guṇôpetāni siṃhâsanāni /

（梵漢和維摩経 *p.* 248, *ll.* 1–2）

「"スメール山の旗"（須弥相）という世界の中の、その"スメール山の燈明の王"（須弥燈王）という世尊であり如来のブッダの国土には、あらゆるものに卓越し、あらゆる功徳を具えた〔多くの〕師子座があります」

【漢訳相当箇所なし】

……………………………………………………………………………

meru-dhvajāyāṃ < meru-dhvajā- < meru-dhvaja-：*adj.* スメール山の旗の。*f. sg. Loc.*

loka-dhātau < loka-dhātu-：*f.* 世界。*sg. Loc.*

loka-dhātu-は、一般に男性名詞だが、『法華経』でも女性名詞で用いられることが多かったが、ここは女性名詞として用いられている。cf. BHS. dic. *p.* 464.

tasya < tad-：それ。*m. sg. Gen.*

bhagavato < bhagavataḥ + 有声子音 < bhagavat-：*m.* 尊い（人）。「世尊」と漢訳。「婆伽婆」「薄伽梵」と音写。*sg. Gen.*

meru-pradīpa-rājasya < meru-pradīpa-rāja-：*m.* スメール山の燈明の王。「須弥燈王」と漢訳。*sg. Gen.*

tathāgatasya < tathāgata-：*m.* 「如来」と漢訳。*sg. Gen.*

buddha-kṣetre < buddha-kṣetra-：*n.* ブッダの国土。「仏国土」と漢訳。*sg. Loc.*

sarva-viśiṣṭāni < sarva-viśiṣṭa-：*adj.* あらゆるものに卓越した。*n. pl. Nom.*

sarva-guṇôpetāni < sarva-guṇôpeta- < sarva-guṇa-upeta-：*adj.* あらゆる功徳を具えた。*n. pl. Nom.*

siṃhâsanāni < siṃha-āsana-：*n.* 「師子座」と漢訳。*pl. Nom.*

siṃha-：*m.* ライオン。「獅子」「師子」と音写。

āsana- < $\sqrt{}$ās- (2) + -ana：*n.* 坐すること。端座の姿勢。休止すること。居住すること。「座」「席」「位置」と漢訳。

tathāgatasya 以下は、処格と主格の名詞文になっている。

§7 atha vimalakīrtir licchavis tasyāṃ velāyāṃ tathā-rūpaṃ samanvāhāraṃ samanvāharati sma / tādṛśaṃ ca rddhy-abhisaṃskāram abhisaṃskṛtavān yat tato meru-dhvajā-loka-dhātor dvātriṃśat-siṃhâsana-śata-sahasrāṇi tena bhagavatā meru-pradīpa-rājena tathāgatena preṣitāni / tāvad udviddhāni[15] tāvad vistīrṇāni tāvad darśanīyāni yad a[dṛṣṭa-]pūrvāṇi[16] tair bodhi-sattvais taiś ca mahā-śrāvakais taiś ca śakra-brahma-loka-pālair deva-putraiś ca / tāny upary antarīkṣeṇâgatya vimalakīrter licchaver niveśane pratyatiṣṭhan /

（梵漢和維摩経 *p.* 248, *ll.* 3–10）

§7 するとその時、リッチャヴィ族のヴィマラキールティは、次のように深く心に念じることをなした。そして、次のような神通力の顕現をなした。そういうわけで、その世尊である"スメール山の燈明の王"という如来は、その"スメール山の旗"という世界から三百二十万の師子座[17]を〔ヴィマラキールティのもとへ〕送り届けた[18]。〔それらの師子座は〕それほどに高く、それほどに広く、それほどに見るも美しいもので、そういうわけで、それらの菩薩たちも、それらの偉大なる声聞たちも、それらのインドラ神（帝釈天）、ブラフマー神（梵天）、世界の保護者〔である四天王〕も、神々の子（天子）たちも、かつて〔見たことも〕ないものだった。それら〔の師子座〕が、上空を通ってやって来て、リッチャヴィ族のヴィマラキールティの邸宅の中に留まった。

【§7 是に於いて、長者維摩詰は神通力を現ず。即時に彼の仏は三万二千の師子座の高広、厳浄なるを遣わし、維摩詰の室に来入せしめたまう。諸の菩薩・大弟子・釈・梵・四天王等の昔より未だ見ざる所なり。】

（大正蔵、巻一四、五四六頁中）

……………………………………………………………………………

atha：*adv.* その時。その場合。さて。それ故。しかれば。しかしながら。

vimalakīrtir < vimalakīrtiḥ + 有声音 < vimalakīrti- < vimala-kīrti-：*m.* ヴィマラキールティ。汚れのない名声を持つ（もの）。「維摩詰」「維摩」と音写。「浄名」「無垢称」と漢訳。*sg. Nom.*

licchavis < licchaviḥ + (t) < licchavi- : *m.* リッチャヴィ。「離車子」「栗姑毘」と音写。*sg. Nom.*

tasyāṃ < tad- : それ。*f. sg. Loc.*

velāyāṃ < velā- : *f.* 機会。（日中の）時間。*sg. Loc.*

tathā-rūpaṃ < tathā-rūpa- : *adj.* そのように形成された。そのような外観の。「如是」と漢訳。*m. sg. Acc.*

samanvāhāraṃ < sam-anu-ā-√hṛ- (1) + -a : *m.* 「念」「憶」「憶念」「護念」「作意」「正念思惟」と漢訳。*sg. Acc.*

samanvāharati < samanvāhara- < sam-anu-ā-√hṛ- (1) : 「知」「念」「観察」「正念」「存念」「思惟」「護念」と漢訳。*Pres. 3, sg. P.*

sma : *ind.* 実に。現在形の動詞とともに用いて、過去の意味を表わす（歴史的現在）。

…………………………………………………………………………

tādṛśaṃ < tādṛśa- < tad- + dṛś- : *adj.* そのような種類・性質の。「如」「如是」「同」「似」と漢訳。*m. sg. Acc.*

ca rddhy-abhisaṃskāram < ca + ṛddhy-abhisaṃskāram

ṛddhy-abhisaṃskāram < ṛddhy-abhisaṃskāra- : *m.* 神通力の顕現。*sg. Acc.*

ṛddhy- < ṛddhi- + 母音 : *f.* 繁栄。安寧。好運。超自然力。「神通」「神力」「神変」と漢訳。

abhisaṃskāra- < abhi-sam-s-√kṛ- (8) + -a : *m.* 製作。形成。発生。「作」「造作」「作行」「所作」「功力」と漢訳。

abhi-sam-s-√kṛ- (8) : 整頓する。形成する。～（対格）を～（対格）となす。「作」「造」「造作」「能作」「発」と漢訳。

abhisaṃskṛtavān < abhisaṃskṛtavat- < abhisaṃskṛta- + -vat < abhi-sam-s-√kṛ- (8) + -ta + -vat : *過能分,* なした。形成した。発現した。*m. sg. Nom.*

yat < yad- : *関係代名詞,* ～ということ（= that）。*n. sg. Acc.*

「そういうわけで」という意味で用いられることもある。

tato < tatas + 有声子音 : *adv.* それより。そこに。そこにおいて。ゆえに。

meru-dhvajā-loka-dhātor < meru-dhvajā-loka-dhātoḥ + 有声音 < meru-dhvajā-loka-dhātu- : *m.* "スメール山の旗"という世界。*sg. Abl.*

meru-dhvajā- < meru-dhvaja- : *adj.* スメール山の旗の。「須弥相」と音写。

loka-dhātu- : *m.f.* 世界。

dvātriṃśat-siṃhâsana-śata-sahasrāṇi < dvātriṃśat-siṃhâsana-śata-sahasra- : *n.* 三百二十万の師子座。*n. pl. Nom.*

siṃhâsana- < siṃha-āsana- : *n.* 「師子座」と漢訳。

tena < tad- : それ。*n. sg. Ins.*

bhagavatā < bhagavat- : *m.* 尊い（人）。「世尊」と漢訳。「婆伽婆」「薄伽梵」と音写。*sg. Ins.*

meru-pradīpa-rājena < meru-pradīpa-rāja- : *m.* スメール山の燈明の王。「須弥燈王」と漢訳。*sg. Ins.*

tathāgatena < tathāgata- : *m.* 「如来」「如去」と漢訳。「多陀阿伽度」と音写。*sg. Ins.*

preṣitāni < preṣita- < pra-iṣita- < pra-√iṣ- (1,4,6) + -ita : *pp.* 動かされた。促された。励まされた。送られた。派遣された。「遣」「送」「齎」「寄」「放」と漢訳。*n. pl. Nom.*

…………………………………………………………………………

tāvad < tāvat + 母音 : *adv.* それほど多く。正に。確かに。

udviddhāni < udviddha- < ud-√vyadh- (4) + -ta : *pp.* 揚げられた。高められた。高い。「高」「高顕」「寛博」と漢訳。*n. pl. Nom.*

√vyadh- (4) : 貫く。孔をうがつ。打つ。傷つける。貫通する。圧倒する。～（対格）に～（具格）を与える。～（対格）に～（具格）によって影響を与える。

tāvad < tāvat + 有声子音 : *adv.* それほど多く。正に。確かに。

vistīrṇāni < vistīrṇa- < vi-√stṛ- (5) + -na : *pp.* 散布された。拡げられた。広い。大きい。「広大」「広博」と漢訳。*n. pl. Nom.*

tāvad < tāvat + 有声子音：*adv.* それほど多く。正に。確かに。
darśanīyāni < darśanīya- < √dṛś- (1) + -anīya：*未受分,* 見られるべき。見られる価値のある。美しい。「好看」「可楽見」と漢訳。*n. pl. Nom.*
yad < yat + 母音 < yad-：*関係代名詞,* ～ということ（= that）。*n. sg. Acc.*
　「そういうわけで」という意味で用いられることもある。
adṛṣṭa-pūrvāṇi < adṛṣṭa-pūrva-：*adj.* かつて見られたことのない。*n. pl. Nom.*
　adṛṣṭa- < a-dṛṣṭa-：*adj.* 見られたことのない。
　上記の語は、次の語を校訂したもの。
　apūrvāṇi < apūrva- < a-pūrva-：*adj.* 先例のない。新しい。非常なる。無比なる。「無前」「非前」「除前」「未曾」「先未有」「未曾有」「先未曾有」「昔所未曾見」と漢訳。*n. pl. Nom.*
　pūrva-：*adj.* 前にある。前の。東の。東にある。先行する。先の。以前の。昔の。
tair < taiḥ + 有声音 < tad-：それ。*m. pl. Ins.*
bodhi-sattvais < bodhi-sattvaiḥ + (t) < bodhi-sattva-：*m.* 覚りを求める人。「菩薩」と音写。*pl. Ins.*
taiś < taiḥ + (c) < tad-：それ。*m. pl. Ins.*
ca：*conj.* および。また。しかしながら。そして。～と。なお。
mahā-śrāvakais < mahā-śrāvakaiḥ + (t) < mahā-śrāvaka-：*m.* 偉大なる声聞。「大声聞」と音写。*pl. Ins.*
taiś < taiḥ + (c) < tad-：それ。*m. pl. Ins.*
ca：*conj.* および。また。しかしながら。そして。～と。なお。
śakra-brahma-loka-pālair < śakra-brahma-loka-pālaiḥ + 有声音 < śakra-brahma-loka-pāla-：*m.* インドラ神（帝釈天)、ブラフマー神（梵天)、世界の保護者〔である四天王〕。*pl. Ins.*
　śakra-：*m.* シャクラ。「帝釈」と漢訳。
　brahma- < brahman-：*m.* ブラフマー神。「梵天」と漢訳。
　loka-pāla-：*m.* 世界の保護者。人民の守護者。王。「護世」「護世者」「護世王」「〔四〕天王」と漢訳。
deva-putraiś < deva-putraiḥ + (c) < deva-putra-：*m.* 神々の子。「天子」と漢訳。*pl. Ins.*
ca：*conj.* および。また。しかしながら。そして。～と。なお。
…………………………………………………………………………

tāny < tāni + 母音 < tad-：それ。*n. pl. Nom.*
upary < upari + 母音：*adv.* 上に。その上に。上方に。
antarīkṣeṇâgatya < antarīkṣeṇa + āgatya
　antarīkṣeṇa < antarīkṣa- = antarikṣa-：*n.* 「空中」「虚空」と漢訳。*sg. Ins.*
　具格は通過場所を示すことがある。cf.「シンタックス」*p.* 43.
　āgatya < ā-√gam- (1) + -tya：来る。*Ger.*
　ā-√gam- (1) の絶対分詞は āgamya もあり得る。
vimalakīrter < vimalakīrteḥ + 有声音 < vimalakīrti- < vimala-kīrti-：*m.* ヴィマラキールティ。汚れのない名声を持つ（もの)。「維摩詰」「維摩」と音写。「浄名」「無垢称」と漢訳。*sg. Gen.*
licchaver < licchaveḥ + 有声音 < licchavi-：*m.* リッチャヴィ。「離車子」「栗姑毘」と音写。*sg. Gen.*
niveśane < niveśana- < ni-√viś- (6) + -ana：*adj.* ～に入る。休息させる。*n.* 入ること。導き入れること。宿営させること。休息所。寝床。家庭。住み家。住居。*n. sg. Loc.*
pratyatiṣṭhan < prati-atiṣṭhan < prati-tiṣṭha- < prati-√sthā- (1)：立つ。住む。しっかりと立つ。～（処格）の上に基礎を置く。*Impf. 3, pl. P.*

> tac ca gṛhaṃ tāvad vistīrṇaṃ saṃdṛśyate yatra tāni dvātriṃśat-siṃhâsana-śata-sahasrāṇi vicitrāny anutpīḍanatayā /
>
> （梵漢和維摩経 *p.* 248, *ll.* 10–11）

その家は、それほどに広大であることが観察された。そこには、圧迫し合うことなく、それらの種々の三百二十万の師子座があった。
【其の室、広博にして悉く皆、三万二千の師子座を包容して、妨礙する所無し。】
（大正蔵、巻一四、五四六頁中）

……………………………………………………………………………

tac < tat + (c) < tad-：それ。*n. sg. Nom.*
ca：*conj.* および。また。しかしながら。そして。～と。なお。
gṛhaṃ < gṛha-：*n.* 家。住居。「舎」「宅」「舎宅」と漢訳。*sg. Nom.*
tāvad < tāvat + 有声子音：*adv.* それほど多く。正に。確かに。
vistīrṇaṃ < vistīrṇa- < vi-√stṛ- (5) + -na：*pp.* 散布された。拡げられた。広い。大きい。「広大」「広博」と漢訳。*n. sg. Nom.*
saṃdṛśyate < saṃdṛśya- < sam-√dṛś- (1) + -ya：*Pass.* 現われる。観察される。*3, sg. A.*
yatra：*adv.* そこに。その場所に。その場合に、もし～ならば、その時。
tāni < tad-：それ。*n. pl. Nom.*
dvātriṃśat-siṃhâsana-śata-sahasrāṇi < dvātriṃśat-siṃhâsana-śata-sahasra-：*n.* 三百二十万の師子座。*n. pl. Nom.*
vicitrāny < vicitrāni + 母音 < vicitra- < vi-citra-：*adj.* 雑色の。多彩な。種々の。多様な。*n. pl. Nom.*
yatra 以下は処格と主格の名詞文をなしている。
anutpīḍanatayā < anutpīḍanatā- < anutpīḍana-tā-：*f.* 圧迫することのないこと。苦悩のないこと。*sg. Ins.* 具格の副詞的用法。
anutpīḍana- < an-utpīḍana-：*adj.* 圧迫することのない。「無苦悩」「無諸災厄」と漢訳。
utpīḍana- < utpīḍaya- + -ana < ud-√pīḍ- + -aya + -ana：*n.* 圧迫すること。「悩」「悩害」「逼悩」「逼害」「逼迫」「受諸苦痛」と漢訳。
utpīḍaya- < ud-√pīḍ- + -aya：*Caus.* 上方へ圧する。押し上げる。
√pīḍ-：圧する。

na ca vaiśālyār mahā-nagaryār[19] āvaraṇaṃ kṛtaṃ na jambū-dvīpasya na cātur-dvīpikasyâvaraṇ=am[20] /
（梵漢和維摩経 *p.* 248, *ll.* 11–13）

ヴァイシャーリーの大都城にとって邪魔者となることはなかったし、ジャンブー州（閻浮提）にとっても〔邪魔者となることは〕なく、四〔大〕州にとっても邪魔者〔となること〕はなかった。
【毘耶離城及び閻浮提・四天下に於いて、亦迫迮せず。】（大正蔵、巻一四、五四六頁中）

……………………………………………………………………………

na：*ind.* ～でない。～にあらず。
ca：*conj.* および。また。しかしながら。そして。～と。なお。
vaiśālyār < vaiśālyāḥ + 有声音 < vaiśālī-：*f.* ヴァイシャーリー（Viśāla 国の王が建設した町の名前）。「毘舎離」「毘耶離」「吠舎離」と音写。*sg. Gen.*
mahā-nagaryār < mahā-nagaryāḥ + 有声音 < mahā-nagarī-：*f.* 大都城。*sg. Gen.*
mahā- < mahat-：*adj.* 大きな。高貴な。
複合語の前分となるとき、mahat- は mahā- となる。cf.「基礎」*p.* 522.
nagarī-：*f.* 町。市。都市。都城。首都。「城」と漢訳。
āvaraṇaṃ < āvaraṇa- < āvaraṇa- < ā-varaṇa- < ā-√vṛ- (1) + -ana：*n.* 邪魔者。遮断。壁。障。保護。被覆。*sg. Nom.*
ā-√vṛ- (1)：覆う。隠す。包囲する。妨げる。邪魔する。占拠する。占有する。
kṛtaṃ < kṛta- < √kṛ- (8) + -ta：*pp.* なされた。作られた。*n. sg. Nom.*
na：*ind.* ～でない。～にあらず。
jambū-dvīpasya < jambū-dvīpa-：*m.* ジャンブー州（閻浮提）。ジャンブー樹の生える島。インドを含む亜大陸の名前。「閻浮提」「瞻部州」と音写。*sg. Gen.*

na：*ind.* 〜でない。〜にあらず。
cātur-dvīpikasyâvaraṇam < cātur-dvīpikasya + āvaraṇam
　　cātur-dvīpikasya < cātur-dvīpika- < cātur-dvīpa- + -ika：*adj.* 「四大洲」と漢訳。*m. sg. Gen.*
　　cātur- ＝ catur-：*基数詞,* 四。
　　dvīpa-：*m.* （川の中の）砂州。島。大陸。(dvi-apa、両側に水のある)
　　āvaraṇam < āvaraṇa- < ā-varaṇa- < ā-√vṛ- (1) + -ana：*n.* 邪魔者。遮断。壁。障。保護。被覆。*sg. Nom.*

sarve te tathâiva saṃdṛśyante yathā pūrvaṃ yathā[21] paścāt /[22] (梵漢和維摩経 *p.* 248, *ll.* 13–14)

かつて〔そうであった〕ように、その後も〔そうであった〕ように、〔今も〕まさにそのように、それらのすべてが観察される。
【悉く見えること故(もと)の如し。】　　　　　　（大正蔵、巻一四、五四六頁中）
………………………………………………………………………

sarve < sarva-：*adj.* すべての。*m. pl. Nom.*
te < tad-：それ。*m. pl. Nom.*
tathâiva < tathā + eva
　　tathā：*adv.* そのように。同様な方法で。同様に。
　　eva：*adv.* さように。このように。まさに。実に。ただ。全くこのように。
saṃdṛśyante < saṃdṛśya- < sam-√dṛś- (1) + -ya：*Pass.* 〜（具格）とともに現われる。観察される。*3, pl. A.*
　　sam-√dṛś- (1)：注目する。認める。眺める。熟考する。
yathā：*関係副詞, 接続詞,* 〜のように。あたかも〜のように。〜であるように。
pūrvaṃ：*adv.* 前に。以前に。既に。対格の副詞的用法。
yathā：*adv.* そのように。同様な方法で。同様に。
paścāt < paśca-：*adj.* 後部の．後の。*n. sg. Abl.*
　　奪格の副詞的用法で、「後に」「その後」「西方に」「後方へ」の意味。

§8　atha vimalakīrtir licchavir mañjuśriyaṃ kumāra-bhūtam etad avocat /　niṣīda tvaṃ mañjuśrīḥ siṃhâsane sārdham etair bodhi-sattvaiḥ / (梵漢和維摩経 *p.* 248, *ll.* 15–16)

§8　そこで、リッチャヴィ族のヴィマラキールティは、マンジュシリー法王子にこのように言った。「マンジュシリーよ、あなたは、これらの菩薩たちと一緒に師子座にお坐りください。
【§8　爾(そ)の時、維摩詰(ゆいまきつ)は文殊師利(もんじゅしり)に語れり。「師子座に就(つ)け。諸の菩薩・上人と倶(とも)に坐し、】
（大正蔵、巻一四、五四六頁中）
………………………………………………………………………

atha：*adv.* その時。その場合。さて。それ故。しかれば。しかしながら。
vimalakīrtir < vimalakīrtiḥ + 有声音 < vimalakīrti- < vimalakīrti- < vimala-kīrti-：*m.* ヴィマラキールティ。汚れのない名声を持つ（もの）。「維摩詰」「維摩」と音写。「浄名」「無垢称」と漢訳。*sg. Nom.*
licchavir < licchaviḥ + 有声音 < licchavi-：*m.* リッチャヴィ。「離車子」「栗姑毘」と音写。*sg. Nom.*
mañjuśriyaṃ < mañjuśrī-：*m.* マンジュシュリー。「文殊」「文殊師利」と音写。*sg. Acc.*
kumāra-bhūtam < kumāra-bhūta-：*adj.* 「童子」「童真」「法王子」と漢訳。*m. sg. Acc.*
etad < etat + 母音 < etad-：これ。*n. sg. Acc.* 副詞として「このように」を意味する。
avocat < avoca- < a- + va-+ uc- + -a < √vac- (2)：言う。話す。告げる。*重複 Aor. 3, sg. P.*
　　重複アオリストについては、cf.「基礎」*p.* 334.
………………………………………………………………………

niṣīda < niṣīda- < ni-√sad- (1)：～の上に坐る。横たわる。「坐」「住」「居」と漢訳。*Impv. 2, sg. P.*
tvaṃ < tvad-：あなた。*2, sg. Nom.*
mañjuśrīḥ < mañjuśrī- < mañju-śrī-：*m.* マンジュシュリー。「妙徳」「妙吉祥」と漢訳。「文殊」「文殊師利」と音写。*sg. Voc.*
siṃhâsane < siṃhâsana- < siṃha-āsana-：*n.* 「師子座」と漢訳。*sg. Loc.*
sārdham < sa-ardha-：*adj.* 半分を伴った。*n. sg. Acc.*
対格の副詞的用法で、「～（具格）と共同で」「～と一緒に」「～とともに」。
etair < etaiḥ + 有声音 < etad-：これ。*m. pl. Ins.*
bodhi-sattvaiḥ < bodhisattva-：*m.* 覚りを求める衆生。「菩薩」と音写。*pl. Ins.*

tādṛśāṃś câtmabhāvān adhitiṣṭhata yat siṃhâsaneṣv anurūpāḥ syuḥ /
(梵漢和維摩経 *p.* 248, *ll.* 16–17)

「師子座〔の大きさ〕に順応するように、そのように自分たちの身体〔の大きさ〕を神力によって変えてください」
【「当に自ら身を立つること、彼の座像の如くすべし」】　（大正蔵、巻一四、五四六頁中）

……………………………………………………………………

tādṛśāṃś < tādṛśān + (c) < tādṛśa-：*adj.* このような。*m. pl. Acc.*
câtmabhāvān < ca + ātmabhāvān
ātmabhāvān < ātmabhāva-：*m.* 我の恒久的存在。自己の存在。自己の身体。*pl. Acc.*
adhitiṣṭhata < adhitiṣṭha- < adhi-√sthā- (1)：～（対格、処格）の上に立つ。住む。居住する。占める。導く。先頭に立つ。案内する。神力をもって～にする。*Impv. 2, sg. P.*
yat < yad-：*関係代名詞,* ～ということ（= that）。*n. sg. Acc.*
siṃhâsaneṣv < siṃhâsaneṣu < siṃhâsana- < siṃha-āsana-：*n.* 「師子座」と漢訳。*pl. Loc.*
anurūpāḥ < anurūpāḥ + (s) < anurūpa- < anu-rūpa-：*adj.* ふさわしい。～に順応する。～（属格）に適切な。*m. pl. Nom.*
syuḥ < s- < √as- (2)：ある。*Opt. 3, pl. P.*

atha ye 'bhijñā-pratilabdhā bodhi-sattvās te dvācatvāriṃśad-yojana-śata-sahasram ātmabhāvam adhiṣṭhāya teṣu siṃhâsaneṣu niṣīdanti sma /
(梵漢和維摩経 *p.* 248, *ll.* 18–19)

すると、神通力を得ているところの菩薩たち、それら〔の菩薩たち〕は、神通力によって自分の身体を四百二十万・ヨージャナ（由旬）の高さになし、それらの師子座に坐った。
【其の神通を得たる菩薩は則ち自らの形を変じ、四万二千由旬と為りて、師子座に坐せり。】
（大正蔵、巻一四、五四六頁中）

……………………………………………………………………

atha：*adv.* その時。その場合。さて。それ故。しかれば。しかしながら。
ye 'bhijñā-pratilabdhā < ye + abhijñā-pratilabdhā
ye < yad-：*関係代名詞, m. pl. Nom.*
abhijñā-pratilabdhā < abhijñā-pratilabdhāḥ + 有声音 < abhijñā-pratilabdha-：*adj.* 神通力を得ている。*m. pl. Nom.*
abhijñā- < abhi-√jñā- (9) + -ā：*f.* 記憶。思い出。「通」「神通」「神力」と漢訳。
pratilabdha- < prati-√labh- (1) + -ta：*pp.* 回復された。取り戻した。達した。得た。「獲得」「成就」と漢訳。
bodhi-sattvās < bodhi-sattvāḥ + (t) < bodhi-sattva-：*m.* 覚りを求める人。「菩薩」と音写。*pl. Nom.*
te < tad-：それ。*m. pl. Nom.*
dvācatvāriṃśad-yojana-śata-sahasram < dvācatvāriṃśad-yojana-śata-sahasra-：*n.* 四百二十万ヨージャナ（由旬）。*sg. Acc.*

dvācatvāriṃśad- < dvācatvāriṃśat- + 半母音：*基数詞,* 四十二。
yojana- < √yuj- (7) + -ana：*n.* 軛をつけること。ヨージャナ（距離の単位）。「由旬」と音写。
ātmabhāvam < ātmabhāva-：*m.* 我の恒久的存在。自己の存在。自己の身体。*sg. Acc.*
adhiṣṭhāya < adhi-√sthā- (1) + -ya：～（対格、処格）の上に立つ。住む。居住する。占める。導く。先頭に立つ。案内する。神力をもって～にする。*Gen.*
teṣu < tad-：それ。*n. pl. Loc.*
siṃhâsaneṣu < siṃhâsana- < siṃha-āsana-：*n.* 「師子座」と漢訳。*pl. Loc.*
niṣīdanti < niṣīda- < ni-√sad- (1)：～の上に坐る。横たわる。「坐」「住」「居」と漢訳。*Pres. 3, pl. P.*
sma：*ind.* 実に。現在形の動詞とともに用いて、過去の意味を表わす（歴史的現在）。

> ye câdi-karmikā bodhi-sattvās te na śaknuvanti sma teṣu siṃhâsaneṣu niṣattum /
> （梵漢和維摩経 *p.* 248, *ll.* 20–21）

ところが、新学であるところの菩薩たち、それら〔の菩薩たち〕は、それらの師子座に坐ることができなかった。[23]
【諸の新発意の菩薩及び大弟子は皆、昇ること能わず。】　（大正蔵、巻一四、五四六頁中）

ye < yad-：*関係代名詞, m. pl. Nom.*
câdikarmikā < ca + ādikarmikā
ādi-karmikā < ādi-karmikāḥ + 有声音 < ādi-karmika-：*m.* 初心者。新学者。「初学」「初学者」「初発心」「新学」「新発意」と漢訳。*pl. Nom.*
ādi-：*m.* 始。「初」「最初」「前」「元」「本来」と漢訳。
karmika-：*adj.* 「所作」「成就」と漢訳。
bodhi-sattvās < bodhisattvāḥ + (t) < bodhisattva-：*m.* 覚りを求める人。「菩薩」と音写。*pl. Nom.*
te < tad-：それ。*m. pl. Nom.*
na：*ind.* ～でない。～にあらず。
śaknuvanti < śaknu- < √śak- (5)：～できる。*Pres. 3, pl. P.* 活用については、cf.「基礎」*p.* 308。
sma：*ind.* 実に。現在形の動詞とともに用いて、過去の意味を表わす（歴史的現在）。
teṣu < tad-：それ。*n. pl. Loc.*
siṃhâsaneṣu < siṃhâsana- < siṃha-āsana-：*n.* 「師子座」と漢訳。*pl. Loc.*
niṣattum < ni-√sad- (1) + -tum：*不定詞,* ～の上に坐ること。横たわること。

> atha vimalakīrtir licchavir āyuṣmantaṃ śāriputram āmantrayate sma / niṣīda bhadanta-śāriputra siṃhâsane /
> （梵漢和維摩経 *p.* 250, *ll.* 1–2）

そこで、リッチャヴィ族のヴィマラキールティは、尊者シャーリプトラに言った。
「尊者シャーリプトラよ、師子座に坐るがよい」
【爾の時、維摩詰は舎利弗に語れり。「師子座に就け」】　（大正蔵、巻一四、五四六頁中）

atha：*adv.* その時。その場合。さて。それ故。しかれば。しかしながら。
vimalakīrtir < vimalakīrtiḥ + 有声音 < vimalakīrti- < vimalakīrti- < vimala-kīrti-：*m.* ヴィマラキールティ。汚れのない名声を持つ（もの）。「維摩詰」「維摩」と音写。「浄名」「無垢称」と漢訳。*sg. Nom.*
licchavir < licchaviḥ + 有声音 < licchavi-：*m.* リッチャヴィ。「離車子」「栗姑毘」と音写。*sg. Nom.*
āyuṣmantaṃ < āyuṣmat- < āyuṣ-mat-：*m.* 「尊者」「長老」と漢訳。*sg. Acc.*
śāriputram < śāriputra-：*m.* シャーリプトラ（シャーリーの息子）。「身子」と漢訳。「舎利弗」と音写。*sg. Acc.*
āmantrayate < āmantraya- < ā-√mantraya- (名動詞)：語りかける。「告」「告言」「白言」と漢訳。

Pres. 3, sg. A.
sma：*ind.* 実に。現在形の動詞とともに用いて、過去の意味を表わす（歴史的現在）。

……………………………………………………………………………

niṣīda < niṣīda- < ni-√sad- (1)：～の上に坐る。横たわる。「坐」「住」「居」と漢訳。*Impv. 2, sg. P.*
bhadanta-śāriputra < bhadanta-śāriputra-：*m.* 尊者シャーリプトラ。*sg. Voc.*
siṃhâsane < siṃhâsana- < siṃha-āsana-：*n.* 「師子座」と漢訳。*sg. Loc.*

āha / na śaknomi sat-puruṣa niṣattum[24] uccāni pragṛhītāni cêmāni siṃhâsanāni /
(梵漢和維摩経 *p.* 250, *ll.* 3–4)

〔シャーリプトラが〕言った。
「善き人（善士）よ、これらの師子座は、高くて広く、〔これらの高くて広い師子座に〕私は坐ることができません」
【舍利弗の言わく、「居士よ、此の座は高広なり、吾れ昇ること能わず」】
（大正蔵、巻一四、五四六頁中）

……………………………………………………………………………

āha < √ah-：言う。*Perf. 3, sg. P.*
na：*ind.* ～でない。～にあらず。
śaknomi < śakno- < √śak- (5)：～できる。*Pres. 1, sg. P.* 活用については、cf.「基礎」*p.* 308。
sat-puruṣa < sat-puruṣa-：*m.* 善き人。「善士」と漢訳。*sg. Voc.*
niṣattum < ni-√sad- (1) + -tum：*不定詞,* ～の上に坐ること。横たわること。
uccāni < ucca- < ud-ca-：*adj.* （上方に）。そびえる。高い。声高い。「長」「遠」「高」「高広」「高大」と漢訳。*n. pl. Nom. Acc.*
pragṛhītāni < pragṛhīta- < pra-√grah- (9) + -ita：*pp.* 伸張せられたる。広い。取られたる。～と結合された。*n. pl. Nom. Acc.*
cêmāni < ca + imāni
　imāni < idam-：これ。*n. pl. Nom. Acc.*
siṃhâsanāni < siṃhâsana- < siṃha-āsana-：*n.* 「師子座」と漢訳。*pl. Nom. Acc.*
　uccāni 以下は、主格と対格の二つの格の掛詞である。

āha / tena hi bhadanta-śāriputra tasyâiva bhagavato meru-pradīpa-rājasya tathāgatasya namas-kāraṃ kuru /
(梵漢和維摩経 *p.* 250, *ll.* 5–6)

〔ヴィマラキールティが〕言った。
「まさにそれ故に、尊者シャーリプトラよ、実にその世尊である"スメール山の燈明の王"という如来に対して敬礼をなすがよい。
【維摩詰の言わく、「唯、舍利弗よ、須弥燈王如来の為に礼を作さば、】
（大正蔵、巻一四、五四六頁中）

……………………………………………………………………………

āha < √ah-：言う。*Perf. 3, sg. P.*
tena < tad-：それ。*n. sg. Ins.*
　代名詞の中性・対格／具格／奪格は、連結助詞として用いられ、「そこで」「従って」「このため」を意味する。
hi：*ind.* 真に。確かに。実に。
bhadanta-śāriputra < bhadanta-śāriputra-：*m.* 尊者シャーリプトラ。*sg. Voc.*
tasyâiva < tasya + eva
　tasya < tad-：それ。*m. sg. Gen.*
　eva：*adv.* さように。このように。まさに。実に。ただ。全くこのように。

bhagavato < bhagavataḥ ＋ 有声子音 < bhagavat-：*m.* 尊い（人）。「世尊」と漢訳。「婆伽婆」「薄伽梵」と音写。*sg. Gen.*
meru-pradīpa-rājasya < meru-pradīpa-rāja-：*m.* スメール山の燈明の王。「須弥燈王」と漢訳。*sg. Gen.*
tathāgatasya < tathāgata-：*m.* 「如来」と漢訳。*sg. Gen.*
namas-kāraṃ < namas-kāra-：*m.* 礼拝。敬礼。挨拶。帰命。*sg. Acc.*
　namas-：*n.* 頭を下げること。敬礼。「帰依」「帰命」と漢訳。
　kāra- < √kṛ- (8) + -a：*adj.* 作る。なす。*m.* 作者。著作者。なすこと。動作。
kuru < kuru- <√kṛ- (8)：作る。なす。*Impv. 2, sg. P.*

> tataḥ śakṣyasi[25] niṣattum[26] /
>
> （梵漢和維摩経 *p.* 250, *l.* 6）

「その時、あなたは坐ることができるであろう」
【「乃ち坐することを得べし」】（大正蔵、巻一四、五四六頁中）

……………………………………………………………………

tataḥ < tataḥ + (ś) < tatas：*adv.* それより。そこに。かなたに。そのうえ。故に。「然後」「爾時」と漢訳。
śakṣyasi < śakṣya- < √śak- (5) + -sya：～できる。*Fut. 2, sg. P.*
niṣattum < ni-√sad- (1) + -tum：*不定詞,* ～の上に坐ること。横たわること。

> atha te mahā-śrāvakās tasya bhagavato meru-pradīpa-rājasya tathāgatasya namas-kāraṃ kurvanti sma /
>
> （梵漢和維摩経 *p.* 250, *ll.* 7–8）

そこで、それらの偉大なる声聞たちは、その世尊である"スメール山の燈明の王"という如来に対して敬礼をなした。
【是に於いて新発意の菩薩、及び大弟子は、即ち須弥燈王如来の為に礼を作すに、】
（大正蔵、巻一四、五四六頁中）

……………………………………………………………………

atha：*adv.* その時。その場合。さて。それ故。しかれば。しかしながら。
te < tad-：それ。*m. pl. Nom.*
mahā-śrāvakās < mahā-śrāvakāḥ + (t) < mahā-śrāvaka-：*m.* 偉大なる声聞。「大声聞」と漢訳。*pl. Nom.*
　mahā- < mahat-：*adj.* 大きな。偉大な。豊富な。たくさんの。重要な。卓越した。
　複合語の前分となるとき、mahat- は mahā- となる。cf.「基礎」*p.* 522.
　śrāvaka- < √śru- (5) + -aka：*m.* 声を聞くもの。弟子。「声聞」と漢訳。
tasya < tad-：それ。*m. sg. Gen.*
bhagavato < bhagavataḥ ＋ 有声子音 < bhagavat-：*m.* 尊い（人）。「世尊」と漢訳。「婆伽婆」「薄伽梵」と音写。*sg. Gen.*
meru-pradīpa-rājasya < meru-pradīpa-rāja-：*m.* スメール山の燈明の王。「須弥燈王」と漢訳。*sg. Gen.*
tathāgatasya < tathāgata-：*m.* 「如来」と漢訳。*sg. Gen.*
namas-kāraṃ < namas-kāra-：*m.* 礼拝。敬礼。挨拶。帰命。*sg. Acc.*
kurvanti < kuru- < √kṛ- (8)：なす。作る。*Pres. 3, pl. P.*
sma：*ind.* 実に。現在形の動詞とともに用いて、過去の意味を表わす（歴史的現在）。

> te tatra paścāt teṣu siṃhâsaneṣu nyaṣīdan /
>
> （梵漢和維摩経 *p.* 250, *ll.* 8–9）

その後、それら〔の菩薩と大声聞たち〕は、それらの師子座に坐った。

【便（すなわ）ち師子座に坐ることを得たり。】　　　　　　　　　　　　　　（大正蔵、巻一四、五四六頁中）

………………………………………………………………

te < tad-：それ。*m. pl. Nom.*
tatra：*adv.* そこに。そこへ。かしこに。その時に。その場合に。
paścāt：*adv.* 背後に。後方に。後に。後方へ。西方から。西方へ。今後。その後。奪格の副詞的用法。
　　paścāt < paśca-：*adj.* 後の。*n. sg. Abl.*
teṣu < tad-：それ。*n. pl. Loc.*
siṃhâsaneṣu < siṃhâsana- < siṃha-āsana-：*n.* 「師子座」と漢訳。*pl. Loc.*
nyaṣīdan < ni-ṣīda- < ni-√sad- (1)：～の上に坐る。横たわる。「坐」「住」「居」と漢訳。*Impf. 3, pl. P.*

§9　athâyuṣmāñ śāriputro vimalakīrtiṃ licchavim evam āha /　āścaryaṃ kula-putra yad ihâivaṃ parītte gṛha imānîyanti siṃhâsana-sahasrāṇy evam uccāny evaṃ pragṛhītāni vicitrāni / （梵漢和維摩経 *p.* 250, *ll.* 10–12）

§9　すると、尊者シャーリプトラは、リッチャヴィ族のヴィマラキールティにこのように言った。
「良家の息子よ、このように小さなこの家の中に、このように高く、このように広い幾千ものさまざまなこれらの師子座がやって来たということは、希有なことです。
【§9　舎利弗の言わく、「居士よ、未曾有（みぞう）なり。是くの如き小室に乃（すなわ）ち此の高広の座を受容するも、】
（大正蔵、巻一四、五四六頁中）

………………………………………………………………

athâyuṣmāñ < atha + āyuṣmāñ
　　atha：*adv.* その時。その場合。さて。それ故。しかれば。しかしながら。
　　āyuṣmāñ < āyuṣmān + (ś) < āyuṣmat- < āyus- + -mat-：*m.* 長寿の。健康の。「尊者」「長老」「具寿」と漢訳。*sg. Nom.*
śāriputro < śāriputraḥ + 有声子音　śāriputra-：*m.* シャーリプトラ（シャーリーの息子）。「身子」と漢訳。「舎利弗」と音写。*sg. Nom.*
vimalakīrtiṃ < vimalakīrti- < vimala-kīrti-：*m.* ヴィマラキールティ。汚れのない名声を持つ（もの）。「維摩詰」「維摩」と音写。「浄名」「無垢称」と漢訳。*sg. Acc.*
licchavim < licchavi-：*m.* リッチャヴィ。「離車子」「栗姑毘」と音写。*sg. Acc.*
evam：*adv.* このように。「是」「如是」と漢訳。
āha < √ah-：言う。*Perf. 3, sg. P.*

………………………………………………………………

āścaryaṃ < āścarya-：*adj.* 奇異なる。不思議なる。
kula-putra < kula-putra-：*m.* 良家の息子。「善男子」と漢訳。*sg. Voc.*
yad < yat + 母音 < yad-：*関係代名詞,* ～ということ（= that）。*n. sg. Nom.*
ihâivaṃ < iha + evaṃ
　　iha：*adv.* ここに。今。この世に。地上に。
　　evaṃ：*adv.* このように。「是」「如是」と漢訳。
parītte < parītta- < parī-tta-：*pp.* 小さい。少ない。劣った。取るに足らない。僅少の。数に入らない。些細な。*n. sg. Loc.*
gṛha < gṛhe + a 以外の母音 < gṛha-：*n.* 家。住居。「舎」「宅」「舎宅」と漢訳。*sg. Loc.*
imānîyanti < imāni + iyanti
　　imāni < idam-：これ。*n. pl. Nom.*
　　iyanti < iya- < √i- (4)：行く。来る。～（対格）へ赴く。～に到達する。～に遭う。～（奪格）より来る。去る。*Pres. 3, pl. P.*
siṃhâsana-sahasrāṇy < siṃhâsana-sahasrāṇi + 母音 < siṃhâsana-sahasra-：*n.* 幾千もの師子座。*pl. Nom.*

siṃhâsana- < siṃha-āsana-：*n.* 「師子座」と漢訳。

evam：*adv.* このように。「是」「如是」と漢訳。

uccāny < uccāni + 母音 < ucca- < ud-ca-：*adj.* （上方に）。そびえる。高い。声高い。「長」「遠」「高」「高広」「高大」と漢訳。*n. pl. Nom.*

evaṃ：*adv.* このように。「是」「如是」と漢訳。

pragṛhītāni < pragṛhīta- < pra-√grah- (9) + -ita：*pp.* 伸張せられたる。広い。取られたる。～と結合された。*n. pl. Nom.*

vicitrāni < vicitra- < vi-citra-：*adj.* 雑色の。多彩な。種々の。多様な。*n. pl. Nom.*

> na ca vaiśālyār mahā-nagaryār[27] āvaraṇaṃ kṛtaṃ na jambū-dvīpasya na grāma-nagara-nigama-janapada-rāṣṭra-rājadhānīnāṃ na cātur-mahā-dvīpikasya kiṃcid āvaraṇaṃ na deva-nāga-yakṣa-gandharvâsura-garuḍa-kinnara-mahorag[a-bhavan]āṇām[28] āvaraṇaṃ kṛtam /
>
> （梵漢和維摩経 *p.* 250, *ll.* 12–16）

「しかも、ヴァイシャーリーの大都城にとって邪魔者となることはなかったし、ジャンブー州（閻浮提）にとっても、村や、町、城市、国、王国、王城にとっても、四大州にとっても決して邪魔者となることはなかったし、神々、龍、ヤクシャ、ガンダルヴァ、アスラ、ガルダ、キンナラ、マホーラガたちの宮殿にとっても邪魔者となることはなかった。

【「毘耶離城に於いて妨礙する所無く、又閻浮提の聚落・城邑、及び四天下の諸天・龍王・鬼神の宮殿に於いても、亦迫迮せざるとは」】 （大正蔵、巻一四、五四六頁中）

…………………………………………………………………………

na：*ind.* ～でない。～にあらず。

ca：*conj.* および。また。しかしながら。そして。～と。なお。

vaiśālyār < vaiśālyāḥ + 有声音 < vaiśālī-：*f.* ヴァイシャーリー（Viśāla 国の王が建設した町の名前）。「毘舎離」「毘耶離」「吠舎離」と音写。*sg. Gen.*

mahā-nagaryār < mahā-nagaryāḥ + 有声音 < mahā-nagarī-：*f.* 大都市。*sg. Gen.*

āvaraṇaṃ < āvaraṇa- < ā-varaṇa- < ā-√vṛ- (1) + -ana：*n.* 邪魔者。遮断。壁。障。保護。被覆。*sg. Nom.*

kṛtaṃ < kṛta- < √kṛ- (8) + -ta：*pp.* なされた。作られた。*n. sg. Nom.*

na：*ind.* ～でない。～にあらず。

この文章には否定の na が五個出てくるが、翻訳では二つ省略した。

jambū-dvīpasya < jambū-dvīpa- = jambu-dvīpa-：*m.* ジャンブ樹の生える島。インドを含む亜大陸の名前。「閻浮提」「瞻部州」と音写。*sg. Gen.*

na：*ind.* ～でない。～にあらず。

grāma-nagara-nigama-janapada-rāṣṭra-rājadhānīnām < grāma-nagara-nigama-janapada-rāṣṭra-rājadhānī-：*f.* 村や、町、城市、国、王国、王城。*pl. Gen.*

grāma-：*m.* 居住地。村落。「里」「村」「村落」「村邑」と漢訳。

nagara-：*n.* 町。市。都市。都城。「城」「城邑」「城郭」「国」「国城」と漢訳。

nigama-：*m.* 隊商。町。市場。「邑」「府」「城」と漢訳。

janapada-：*m.* 地方。国土。王国。

rāṣṭra-：*n.* 王国。領域。領地。地域。国土。人民。

rājadhānī- < rāja-dhānī-：*f.* 王の居所。首府。「王都」「王城」と漢訳。

これは、小さな単位から次第に大きな単位になり、最後に首都で締めくくっている。

na：*ind.* ～でない。～にあらず。

cātur-mahā-dvīpikasya < cātur-mahā-dvīpika- < cātur-mahā-dvīpa- + -ika：*adj.* 「四大洲」と漢訳。*m. sg. Gen.*

cātur-mahā-dvīpa-：*m.* 「四大洲」と漢訳。

kiṃcid < kiṃ-cit-：何かあるもの。*n. sg. Nom.*

āvaraṇam < āvaraṇa- < āvaraṇa- < ā-varaṇa- < ā-√vṛ- (1) + -ana：*n.* 邪魔者。遮断。壁。障。保護。被覆。*sg. Nom.*

na：*ind.* ～でない。～にあらず。

deva-nāga-yakṣa-gandharvâsura-garuḍa-kinnara-mahoraga-bhavanāṇām < deva-nāga-yakṣa-gandharva-asura-garuḍa-kinnara-mahoraga-bhavana-：*m.* 神々、龍、ヤクシャ、ガンダルヴァ、アスラ、ガルダ、キンナラ、マホーラガたちの宮殿。*pl. Gen.*

deva- < √div- (4) + -a：*m.* 神。「天」と漢訳。

nāga-：*m.* 龍。象。

yakṣa-：*m..* ヤクシャ。「夜叉」「薬叉」と音写。

gandharva-：*m.* ガンダルヴァ。（Indra 神の天に住する）天上の音楽師。「楽師」「楽人」と漢訳。「乾闥婆」と音写。

asura-：*m.* アスラ。心霊。天帝。「阿修羅」と音写。

garuḍa-：*m.* ガルダ（伝説上の鳥）。「金翅鳥」と漢訳。「迦楼羅」と音写。

kiṃnara-：*m.* 「人非人」と漢訳。「緊那羅」と音写。半人半獣であって Kubera 神に仕えるとされる。

mahoraga- < mahā-uraga-：*m.* 大蛇。「大腹行」と漢訳。「摩睺羅加」と音写。

uraga- < ura-ga：*m.* 蛇（胸にて行くもの）。「腹行」「龍」と漢訳。

ura- ＝ uras-：*n.* 胸。

ga- < √gam- (1) + -a：*adj.* 行く。

bhavana-：*n.* 家。住所。邸宅。宮殿。神殿。「天宮」「王宮」と漢訳。

āvaraṇaṃ < āvaraṇa- < āvaraṇa- < ā-varaṇa- < ā-√vṛ- (1) + -ana：*n.* 邪魔者。遮断。壁。障。保護。被覆。*sg. Nom.*

kṛtam < kṛta- < √kṛ- (8) + -ta：*pp.* なされた。作られた。*n. sg. Nom.*

> tathâiva saṃdṛśyante yathā pūrvaṃ yathā[29] paścāt /
> （梵漢和維摩経 *p.* 250, *l.* 16）

かつて〔そうであった〕ように、その後も〔そうであった〕ように、〔今も〕まさにそのように〔、それらのすべてが〕観察される[30]。

【漢訳相当箇所なし】

…………………………………………………………………………

tathâiva < tathā + eva

tathā：*adv.* そのように。同様な方法で。同様に。

eva：*adv.* さように。このように。まさに。実に。ただ。全くこのように。

saṃdṛśyante < saṃdṛśya- < sam-√dṛś- (1) + -ya：*Pass.* ～（具格）とともに現われる。観察される。*3, pl. A.*

sam-√dṛś- (1)：注目する。認める。眺める。熟考する。

yathā：*関係副詞, 接続詞,* ～のように。あたかも～のように。～であるように。

pūrvaṃ：*adv.* 前に。以前に。既に。対格の副詞的用法。

yathā：*adv.* そのように。同様な方法で。同様に。

paścāt < paśca-：*adj.* 後部の．後の。*n. sg. Abl.*

奪格の副詞的用法で、「後に」「その後」「西方に」「後方へ」の意味。

> §10 vimalakīrtir āha / asti bhadanta-śāriputra tathāgatānāṃ bodhi-sattvānāṃ câcintyo nāma vimokṣo yatrâcintya-vimokṣe pratiṣṭhito bodhi-sattvaḥ sumeruṃ parvata-rājaṃ tāvad uccaṃ tāvat pragṛhītaṃ tāvad udviddhaṃ tāvad vistīrṇaṃ sarṣapa-phala-kośe praveśayet /
> （梵漢和維摩経 *p.* 250, *ll.* 17–20）

§10 ヴィマラキールティが言った。

「尊者シャーリプトラよ、如来たちと、菩薩たちには"考えも及ばない"（不可思議）という名前の解脱がある。その"考えも及ばない"という解脱に住している菩薩が、それほど高く、それほど広く、それほど聳え立ち、それほど広大な山の王であるスメール山（須弥山）を芥子の実の殻の中に入れるとしよう。

【§10　維摩詰の言わく、「唯、舎利弗よ、諸仏・菩薩に解脱有り。不可思議と名づく。若し菩薩、是の解脱に住すれば、須弥の高広なるを以て芥子の中に内るるに、】　（大正蔵、巻一四、五四六頁中）

…………………………………………………………………………

vimalakīrtir < vimalakīrtiḥ + 有声音 < vimalakīrti- < vimala-kīrti-：*m.* ヴィマラキールティ。汚れのない名声を持つ（もの）。「維摩詰」「維摩」と音写。「浄名」「無垢称」と漢訳。*sg. Nom.*

āha < √ah-：言う。*Perf. 3, sg. P.*

…………………………………………………………………………

asti < as- < √as- (2)：ある。*Pres. 3, sg. P.*

bhadanta-śāriputra < bhadanta-śāriputra-：*m.* 尊者シャーリプトラ。*sg. Voc.*

tathāgatānāṃ < tathāgata-：*m.* 「如来」と漢訳。*pl. Gen.*

bodhi-sattvānāṃ < bodhi-sattva-：*m.* 覚りを求める人。「菩提薩埵」「菩薩」と音写。*pl. Gen.*

câcintyo < ca + acintyo

　acintyo < acintyaḥ + 有声子音 < acintya- < a-cintya- < a- + √cint- (10) + -ya：*未受分,* 考えられない。考えも及ばない。「難思」「不可思議」「不可思量」。*m. sg. Nom.*

nāma：*adv.* 〜という名の。

vimokṣo < vimokṣaḥ + 半母音 < vimokṣa-：*m.* 緩むこと。〜からの解放。救済。「解脱」と漢訳。*sg. Nom.*

yatrâcintya-vimokṣe < yatra + acintya-vimokṣe

　yatra：*adv.* そこに。その場所に。その場合に、もし〜ならば、その時。

　yatra 〜 tatra …：〜であるところ、そこで…。

　acintya-vimokṣe < acintya-vimokṣa-：*m.* "考えも及ばない"という解脱。*sg. Loc.*

pratiṣṭhito < pratiṣṭhitaḥ + 有声子音 < pratiṣṭhita- < prati-√sthā- (1) + -ita：*pp.* 〜（処格）に熟達した。〜に立った。位置した。留まった。〜に置かれた。確立した。*m. sg. Nom.*

bodhi-sattvaḥ < bodhi-sattva-：*m.* 覚りを求める人。「菩薩」と音写。*sg. Nom.*

sumeruṃ < sumeru- < su-meru-：*m.* スメール山。「妙高山」と漢訳。「須弥」「須弥楼」「蘇迷盧」と音写。*sg. Acc.*

parvata-rājaṃ < parvata-rāja-：*m.* 山の王。*sg. Acc.*

　parvata-：*m.* 山。

tāvad < tāvat + 有声子音：*adv.* それほど多く。正に。確かに。

uccaṃ < ucca- < ud-ca-：*adj.* （上方に）。そびえる。高い。声高い。「長」「遠」「高」「高広」「高大」と漢訳。*m. sg. Acc.*

tāvat：*adv.* それほど多く。正に。確かに。

pragṛhītaṃ < pragṛhīta- < pra-√grah- (9) + -ita：*pp.* 伸張せられたる。広い。取られたる。〜と結合された。*m. sg. Acc.*

tāvad < tāvat + 有声子音：*adv.* それほど多く。正に。確かに。

udviddhaṃ < udviddha- < ud-√vyadh- (4) + -ta：*pp.* 揚げられた。高められた。高い。「高」「高顕」「寛博」と漢訳。*m. sg. Acc.*

　√vyadh- (4)：貫く。孔をうがつ。打つ。傷つける。貫通する。圧倒する。〜（対格）に〜（具格）を与える。〜（対格）に〜（具格）によって影響を与える。

tāvad < tāvat + 有声子音：*adv.* それほど多く。正に。確かに。

vistīrṇaṃ < vistīrṇa- < vi-√stṛ- (5) + -na：*pp.* 散布された。拡げられた。広い。大きい。「広大」「広博」と漢訳。*m. sg. Acc.*

sarṣapa-phala-kośe < sarṣapa-phala-kośa- : *m.* 芥子の実の殻。*sg. Loc.*

sarṣapa- : *m.* からし。「芥子」と漢訳。

phala- : *n.* 実。果実。結果。

kośa- : *m.* 箱。容器。殻。倉庫。貯蔵室。腑臓。

praveśayet < praveśaya- < pra-√viś- (6) + -aya : *Caus.* ～（対格、処格）に入らせる。～（対格、処格）の中に入れる。*Opt. 3, sg. P.*

pra-√viś- (6) : ～（対格）に入る。

na ca sarṣapa-phala-kośaṃ vivardhayen na ca sumeruṃ hāpayet tāṃ ca kriyām ādarśayet /
(梵漢和維摩経 *p.* 252, *ll.* 1–2)

「しかしながら、〔菩薩は〕芥子の実の殻を膨張させるのでもなく、また、スメール山を収縮させるのでもなくして、その働きを示すであろう。

【「増減する所無し。須弥山王の本相は故の如し。】　（大正蔵、巻一四、五四六頁中）

na : *ind.* ～でない。～にあらず。

ca : *conj.* および。また。しかしながら。そして。～と。なお。

sarṣapa-phala-kośaṃ < sarṣapa-phala-kośa- : *m.* 芥子の実の殻。*sg. Acc.*

vivardhayen < vivardhayet + (n) < vivardhaya- < vi-√vṛdh- (1) + -aya : *Caus.* 育てる。養う。揚げる。増加する。増やす。強める。繁栄させる。「増長」と漢訳。*Opt. 3, sg. P.*

vi-√vṛdh- (1) : 生長する。増加する。膨張する。永く延ばされる。栄える。「生長」「増」「増上」「増長」「増益」と漢訳。

na : *ind.* ～でない。～にあらず。

ca : *conj.* および。また。しかしながら。そして。～と。なお。

sumeruṃ < sumeru- < su-meru- : *m.* スメール山。「妙高山」と漢訳。「須弥」「須弥楼」「蘇迷盧」と音写。*sg. Acc.*

hāpayet < hāpaya- < √hā- (3) + -paya : *Caus.* 減少させる。縮小する。無視する。～（対格）に欠けている。（生命を）放棄する。失う。断念する。*Opt. 3, sg. P.*

√hā- (3) : 捨て去る。置き去りにする。捨てる。断念する。見捨てる。除去する。取り去る。「捨」「減」「減少」「減損」と漢訳。

tāṃ < tad- : それ。*f. sg. Acc.*

ca : *conj.* および。また。しかしながら。そして。～と。なお。

kriyām < kriyā- : *f.* 仕事。行動。行為。実行。「能作」「用」「力用」と漢訳。*sg. Acc.*

ādarśayet < ādarśaya- < ā-√dṛś- (1) + -aya : *Caus.* 現わす。示す。「現」「能現」「顕現」「示現」「顕示」と漢訳。*Opt. 3, sg. P.*

ā-√dṛś- (1) : 現われる。見える。

na cātur-mahā-rāja-kāyikā devās trayas-triṃśato vā jānīran kasmin vayaṃ prakṣiptāḥ iti[31] /
(梵漢和維摩経 *p.* 252, *ll.* 2–3)

「四天王に属する〔神々〕、あるいは三十三〔天〕（忉利天）の神々は、『我々は何の中に放り込まれたのか』ということを知ることはないであろう。

【「而も四天王・忉利の諸天は、己れの入る所を覚らず、知らず。】　（大正蔵、巻一四、五四六頁中）

na : *ind.* ～でない。～にあらず。

cātur-mahā-rāja-kāyikā < cātur-mahā-rāja-kāyikāḥ + 有声音 < cātur-mahā-rāja-kāyika- : *adj.* 四天王に属する。*m.* 「四天王」「四天王衆」「四大王衆」と漢訳。*m. pl. Nom.*

cātur-mahā-rāja- : *m.* 「四天王」「四大王」と漢訳。

kāyika- < kāya + -ika : *adj.* 身体の。身体にて形成された。～の集団に属する。「衆」「眷属」

「徒党」「徒衆」と漢訳。
devās < devāḥ + (t) < deva- < √div- (4) + -a：*m.* 神。「天」と漢訳。*pl. Nom.*
√div- (4)：輝く。
trayas-triṃśato < trayas-triṃśataḥ + 有声子音 < trayas-triṃśat-：*f.* 三十三。*sg. Gen.*
vā：*ind.* ～か。または。たとえ～であっても。
jānīran < jān- < √jñā- (9)：知る。*Opt. 3, pl. A.*
kasmin < kim-：*疑問代名詞,* だれ。何。どの。*m.n. sg. Loc.*
vayaṃ < asmad-：われわれ。*1, pl. Nom.*
prakṣiptāḥ < prakṣipta- < pra-√kṣip- (6) + -ta：*pp.* 投げられた。投げ出された。挿入された。*m. pl. Nom.*
pra-√kṣip- (6)：～（処格）に擲つ。～に投げる。～へ置く。下ろす。
iti：*adv.* ～と。～ということを。以上のように。～と考えて。「如是」と漢訳。

anye ca sattva ṛddhi-vineyā jānīyuḥ paśyeyus taṃ sumeruṃ parvata-rājaṃ sarśapa-phala-kośa-praviṣṭam /
(梵漢和維摩経 *p.* 252, *ll.* 3–4)

「けれども、神通によって教化されるべき他の衆生たち〔こそ〕が、山の王であるそのスメール山が芥子の実の殻の中に放り込まれたのを知るであろうし、見るであろう。
【「唯応に度すべき者は乃ち須弥の芥子中に入るを見る。】　（大正蔵、巻一四、五四六頁中）
……………………………………………………………………………

anye < anya-：*adj.* 他の。*m. pl. Nom.* 格変化は、cf.「基礎」*p.* 220.
ca：*conj.* および。また。しかしながら。そして。～と。なお。
sattva ṛddhi-vineyā < sattvā + ṛddhi-vineyā
sattvā < sattvāḥ + 有声音 < sattva-：*m.* 「衆生」と漢訳。*pl. Nom.*
ṛddhi-vineyā < ṛddhi-vineyāḥ + 有声音 < ṛddhi-vineya-：*adj.* 神通によって教化されるべき。*m. pl. Nom.*
ṛddhi-：*f.* 繁栄。安寧。好運。超自然力。「神通」「神力」「神変」と漢訳。
vineya- < vi-√nī- (1) + -ya：*未受分,* 教育されるべき。*m.* 弟子。「所化」と漢訳。
vi-√nī- (1)：取り去る。放逐する。案内する。躾ける。調伏する。馴らす。教育する。「教化」「教導」と漢訳。
√nī- (1)：指導する。案内する。導く。
jānīyuḥ < jānī- < √jñā- (9)：知る。*Opt. 3, pl. P.*
paśyeyus < paśyeyuḥ + (t) < paśya- < √paś- (4)：見る。*Opt. 3, pl. P.*
taṃ < tad-：それ。*m. sg. Acc.*
sumeruṃ < sumeru- < su-meru-：*m.* スメール山。「妙高山」と漢訳。「須弥」「須弥楼」「蘇迷盧」と音写。*sg. Acc.*
parvata-rājaṃ < parvata-rāja-：*m.* 山の王。*sg. Acc.*
sarśapa-phala-kośa-praviṣṭam < sarśapa-phala-kośa-praviṣṭa-：*adj.* 芥子の実の殻の中に放り込まれた。*m. sg. Acc.*
praviṣṭa- < pra-√viś- (6) + -ta：*pp.* 入った。近づいた。
pra-√viś- (6)：入る。近づく。誘い込む。導入する。
taṃ 以下は、jānīyuḥ（知る）と paśyeyus（見る）の“目的語”として叙述的対格（Predicative Accusative）になっている。

ayaṃ bhadanta-śāriputra bodhi-sattvānām acintyasya vimokṣasya viṣaya-praveśaḥ /
(梵漢和維摩経 *p.* 252, *ll.* 4–6)

「尊者シャーリプトラよ、これが、菩薩たちにとっての“考えも及ばない”（不可思議）という解脱の境地に入ることである。
【「是れを不〔可〕思議解脱法門に住す[32] と名づく。】 （大正蔵、巻一四、五四六頁中）
………………………………………………………………………………

ayaṃ < idam-：これ。*m. sg. Nom.*
bhadanta-śāriputra < bhadanta-śāriputra-：*m.* 尊者シャーリプトラ。*sg. Voc.*
bodhi-sattvānām < bodhi-sattva-：*m.* 覚りを求める人。「菩薩」と音写。*pl. Gen.*
acintyasya < acintya- < a- + √cint- (10) + -ya：*未受分,* 思議すべからざる、考えも及ばない。考えるべきでない。*m. sg. Gen.*
vimokṣasya < vimokṣa-：*m.* 緩むこと。～からの解放。救済。「解脱」と漢訳。*sg. Gen.*
viṣaya-praveśaḥ < viṣaya-praveśa-：*m.* 領域に入ること。境地に入ること。*sg. Nom.*
viṣaya-：*m.* 活動領域。範囲。（目、耳、心などの）届く範囲。感覚の対象。
praveśa- < pra-√viś- (6) + -a：*m.* ～に入ること。出過ぎたこと。「能入」「悟入」と漢訳。

§11 punar aparaṃ bhadanta-śāriputrâcintya-vimokṣa-pratiṣṭhito bodhi-sattvo yaś caturṣu mahā-samudreṣv ap-skandhas tam ekasmin roma-kūpe prakṣipet /
（梵漢和維摩経 *p.* 252, *ll.* 7–9）

§11 「尊者シャーリプトラよ、そのほか、さらに"考えも及ばない"（不可思議）という解脱に住している菩薩が、四大海にあるところの水の集まり、それを一つの毛穴の中に入れるとしよう。
【§11 「又四大海の水を以（もっ）て一毛孔に入れて、】 （大正蔵、巻一四、五四六頁下）
………………………………………………………………………………

punar：*adv.* 再び。新たに。さらに。なお。しかしながら。
aparaṃ < apara-：*adj.* 他の。別の。後方の。後の。西方の。*n. sg. Acc.* 対格の副詞的用法。
bhadanta-śāriputrâcintya-vimokṣa-pratiṣṭhito < bhadanta-śāriputra + acintya-vimokṣa-pratiṣṭhito
bhadanta-śāriputra < bhadanta-śāriputra-：*m.* 尊者シャーリプトラ。*sg. Voc.*
acintya-vimokṣa-pratiṣṭhito < acintya-vimokṣa-pratiṣṭhitaḥ + 有声子音 < acintya-vimokṣa-pratiṣṭhita-：*adj.* "考えも及ばない"（不可思議）という解脱に住している。*m. sg. Nom.*
pratiṣṭhita- < prati-√sthā- (1) + -ita：*pp.* ～（処格）に熟達した。～に立った。位置した。留まった。～に置かれた。確立した。
bodhi-sattvo < bodhi-sattvaḥ + 半母音 < bodhi-sattva-：*m.* 覚りを求める人。「菩薩」と音写。*sg. Nom.*
yaś < yaḥ + (c) < yad-：*関係代名詞, m. sg. Nom.*
caturṣu < catur-：*基数詞,* 四。*m. pl. Loc.*
mahā-samudreṣv < mahā-samudreṣu + 母音 < mahā-samudra-：*m.* 大洋。「大海」と漢訳。*pl. Loc.*
ap-skandhas < ap-skandhaḥ + (t) < ap-skandha-：*m.* 水の集合。*sg. Nom.*
yaś 以下は、処格と主格の名詞文をなしている。
ap-：水。
skandha-：*m.* （木の）幹。区分。部分。集合。
tam < tad-：それ。*m. sg. Acc.*
ekasmin < eka-：*基数詞,* 一。*adj.* ある。*m. sg. Loc.*
roma-kūpe < roma-kūpa-：*m.* 毛穴。*sg. Loc.*
roma- < roman-：*n.* 身体の毛（頭髪、髭、たてがみ、尾を除く）。
kūpa-：*m.* 坑。穴。井。
prakṣipet < prakṣipa- < pra-√kṣip- (6)：～（処格）に擲つ。～に投げる。～へ置く。下ろす。*Opt. 3, sg. P.*

na ca matsya-kacchapa-śiśumāra-maṇḍūkānām anyeṣāṃ vâudakānāṃ prāṇināṃ pīḍā bhavet /
（梵漢和維摩経 *p.* 252, *ll.* 9–10）

「けれども、魚や、亀、鰐、蛙[33]、あるいは水にすむ他の生き物たちには、苦痛はないであろう。
【「魚、鼈、黿、鼉の水性の属を嬈まさず。而も彼の大海の本相は故の如し。】
（大正蔵、巻一四、五四六頁下）

………………………………………………………………………

na：*ind.* 〜でない。〜にあらず。
ca：*conj.* および。また。しかしながら。そして。〜と。なお。
matsya-kacchapa-śiśumāra-maṇḍūkānām < matsya-kacchapa-śiśumāra-maṇḍūka-：*m.* 魚や、亀、鰐、蛙。*pl. Gen.*
matsya-：*m.* 魚。
kacchapa- < kaccha-pa-：*m.* 亀。
kaccha-：*m.* 岸。堤。沼沢の多いところ。湿地。
śiśumāra- < śiśu-māra-：*m.* 〈ガンジス河の〉イルカ。「鰐魚」と漢訳。
maṇḍūka-：*m.* 蛙。「蝦蟇」と漢訳。
anyeṣāṃ < anya-：*adj.* 他の。*m. pl. Gen.* 格変化は、cf.「基礎」*p.* 220.
vâudakānāṃ < vā + audakānāṃ
vā：*ind.* 〜か。または。たとえ〜であっても。
audakānāṃ < audaka-：*adj.* 水の。水に関する。水の中で生育する。*m. pl. Gen.*
prāṇināṃ < prāṇin- < prāṇa- + -in：*m.* 生物。動物。人間。*adj.* 生命を有するもの。呼吸している。生きている。*m. pl. Gen.*
pīḍā < pīḍā-：*f.* 苦痛。苦を受けること。害。損害。侵害。*sg. Nom.*
bhavet < bhava- < √bhū- (1)：なる。達する。出現する。〜である。*Opt. 3, sg. P.*

na ca nāga-yakṣa-gandharvâsurāṇām evaṃ bhavet kasmin vayaṃ prakṣiptāḥ[34] sā ca kriyā prajñāyeta /
（梵漢和維摩経 *p.* 252, *ll.* 10–11）

「また、龍、ヤクシャ（夜叉）、ガンダルヴァ（乾闥婆）、アスラ（阿修羅）たち〔の心〕に、『我々は何の中に放り込まれたのか』という、このような〔思いが〕生じることはなく、その働きは〔神通によって教化されるべき他の衆生たちによってこそ〕知られるであろう。
【「諸の龍、鬼神、阿修羅等、已れの入る所を覚らず、知らず。】　（大正蔵、巻一四、五四六頁下）

………………………………………………………………………

na：*ind.* 〜でない。〜にあらず。
ca：*conj.* および。また。しかしながら。そして。〜と。なお。
nāga-yakṣa-gandharvâsurāṇām < nāga-yakṣa-gandharvâsura- < nāga-yakṣa-gandharva-asura-：*m.* 龍、ヤクシャ（夜叉）、ガンダルヴァ（乾闥婆）、アスラ（阿修羅）。*pl. Gen.*
nāga-：*m.* 龍。象。
yakṣa-：*m.* ヤクシャ。「夜叉」「薬叉」と音写。
gandharva-：*m.* ガンダルヴァ。（Indra 神の天に住する）天上の音楽師。「楽師」「楽人」と漢訳。「乾闥婆」と音写。
asura-：*m.* アスラ。心霊。天帝。「阿修羅」と音写。
evaṃ：*adv.* このように。「是」「如是」と漢訳。
bhavet < bhava- < √bhū- (1)：なる。達する。出現する。〜である。*Opt. 3, sg. P.*
kasmin < kim-：*疑問代名詞,* だれ。何。どの。*m.n. sg. Loc.*
vayaṃ < asmad-：われわれ。*1, pl. Nom.*
prakṣiptāḥ < prakṣipta- < pra-√kṣip- (6) + -ta：*pp.* 投げられた。投げ出された。挿入された。*m. pl. Nom.*
sā < tad-：それ。*f. sg. Nom.*
ca：*conj.* および。また。しかしながら。そして。〜と。なお。

kriyā < kriyā-：*f.* 仕事。行動。行為。実行。「能作」「用」「力用」と漢訳。*sg. Nom.*

prajñāyeta < prajñāya- < pra-√jñā- (9) + -ya：*Pass.* 知られる。認識される。発見される。了解される。*Opt. 3, sg. A.*

na ca kaścit sattvo vihiṃsito[35] viheṭhito vā bhavet /

(梵漢和維摩経 *p.* 252, *ll.* 11–12)

「けれども、どの生き物も決して害されたり、悩まされたりすることはないであろう。

【「此の衆生に於いて、亦嬈ます所無し。】　（大正蔵、巻一四、五四六頁下）

na：*ind.* ～でない。～にあらず。

ca：*conj.* および。また。しかしながら。そして。～と。なお。

kaścit < kiṃ-cit-：*不定代名詞,* だれかある人。だれか。何か。何かあるもの（こと）。*m. sg. Nom.*

sattvo < sattvaḥ + 有声子音 < sattva-：*m.* 「衆生」と漢訳。*sg. Nom.*

vihiṃsito < vihiṃsitaḥ + 有声子音 < vihiṃsita- < vi-√hiṃs- (7) + -ita：*pp.* 傷つけられた。損なわれた。*m. sg. Nom.*

　　vi-√hiṃs- (7)：傷つける。損なう。「傷害」と漢訳。

　　√hiṃs- (7)：傷害を与える。害する。傷つける。殺害する。

viheṭhito < viheṭhitaḥ + 有声子音 < viheṭhita- < vi-√heṭh- (1) + -ita：*pp.* 傷つけられた。害された。悩まされた。*m. sg. Nom.*

vā：*ind.* ～か。または。たとえ～であっても。

bhavet < bhava- < √bhū- (1)：なる。達する。出現する。～である。*Opt. 3, sg. P.*

§12　imaṃ ca tri-sāhasra-mahā-sāhasraṃ loka-dhātuṃ bhārgava-cakram iva parigṛhya dakṣiṇe pāṇāv avabhrāmya gaṅgā-nadī-vālikā-samān loka-dhātūn kṣipet /

(梵漢和維摩経 *p.* 252, *ll.* 13–15)

§12　「また、陶工のろくろのように、この三千大千世界を右手に取り、回転させて、ガンジス河の砂〔の数〕に等しい〔多くの〕世界の向こうに放り投げるとしよう。

【§12　「又舎利弗よ、不可思議解脱に住する菩薩は、三千大千世界を断取すること、陶家の輪の如し。右の掌中に著けて、過恒河沙の世界の外に擲つに、】　（大正蔵、巻一四、五四六頁下）

imaṃ < idam-：これ。*m. sg. Acc.*

ca：*conj.* および。また。しかしながら。そして。～と。なお。

tri-sāhasra-mahā-sāhasraṃ < tri-sāhasra-mahā-sāhasra-：*adj.* 「三千大千」と漢訳。*m. sg. Acc.*

loka-dhātuṃ < loka-dhātu-：*m.* 世界。世間。国。国土。*sg. Acc.*

bhārgava-cakram < bhārgava-cakra-：*n.* 陶工のろくろ。*sg. Acc.*

　　bhārgava-：*m.* 陶器工。「瓦師」と漢訳。

　　cakra-：*n.* 車輪。ろくろ。円盤。「輪」と漢訳。

iva：*adv.* ～のように。～のごとく。いわば。あたかも。

parigṛhya < pari-√grah- (9) + -ya：獲得する。抱く。つかむ。得る。確保する。*Ger.*

dakṣiṇe < dakṣiṇa-：*adj.* 南の。右の。*m. sg. Loc.*

　　位置関係を示す dakṣiṇa- は代名詞的形容詞として格変化する。cf.「基礎」*p.* 221.

pāṇāv < pāṇau + 母音 < pāṇi-：*m.* 手。「手」「掌」と漢訳。*sg. Loc.*

avabhrāmya < avabhrāmaya- + -ya < ava-√bhram- (1,4) + -aya + -ya：*Caus.* 回転させる。旋回させる。*Gen.*

gaṅgā-nadī-vālikā-samān < gaṅgā-nadī-vālikā-sama-：*adj.* ガンジス河の砂〔の数〕に等しい。「恒河沙等」と漢訳。*m. pl. Acc.*

loka-dhātūn < loka-dhātu-：*m.* 世界。世間。国。国土。*pl. Acc.*

対格は、時間・距離の長さ、空間の広がりを示すのに用いられる。
kṣipet < kṣipa- < √kṣip- (6)：～（為格・属格・処格）に…（対格）を投げる。武器で打つ。罵詈する。嘲る。「打擲」と漢訳。*Opt. 3, sg. P.*

na ca sattvā jānīran kasmin vayaṃ nītāḥ kuto vâgatā iti /
（梵漢和維摩経 *p.* 252, *ll.* 15–16）

「けれども、生き物たちは、『我々はどこへ連れ去られ、どこから来たのか』ということを知ることはないであろう。
【「其の中の衆生は己れの往く所を覚らず、知らず。】（大正蔵、巻一四、五四六頁下）

na：*ind.* ～でない。～にあらず。
ca：*conj.* および。また。しかしながら。そして。～と。なお。
sattvā < sattvāḥ + 有声音 < sattva-：*m.* 「衆生」と漢訳。*pl. Nom.*
jānīran < jān- < jñā- (9)：知る。*Opt. 3, pl. A.*
kasmin < kim-：*疑問代名詞,* だれ。何。どの。*m.n. sg. Loc.*
vayaṃ < asmad-：われわれ。*1, pl. Nom.*
nītāḥ < nīta- < √nī- (1) + -ta：*pp.* 導かれた。連れてきた。連れ去られた。もたらされた。獲得された。*m. pl. Nom.*
kuto < kutaḥ + 有声子音 < kutas：*adv.* だれより。どこより。いずこへ。何ゆえに。
vâgatā < vā + āgatā
āgatā < āgatāḥ + 有声音 < āgata- < ā-√gam- (1) + -ta：*pp.* 来た。～（対格、処格）に達した。陥った。*m. pl. Nom.*
iti：*adv.* ～と。～ということを。以上のように。～と考えて。「如是」と漢訳。

punar api cânāyya yathā-sthānaṃ sthāpayen na ca gamanâgamanaṃ saṃjānīran sā ca kriyā saṃdṛśyeta /
（梵漢和維摩経 *p.* 252, *ll.* 16–17）

「また再び、〔その三千大千世界を〕本来の場所に持ってこさせて、置くとしても、〔衆生たちは〕行ったことも、もどって来たことも知ることはなく、その働きは〔神通によって教化されるべき他の衆生たちによってこそ〕観察されるであろう。
【「又復還りて本処に置くに、都て人をして往来の想有らしめず。而も此の世界の本相は故の如し。】
（大正蔵、巻一四、五四六頁下）

punar：*adv.* 再び。新たに。さらに。なお。しかしながら。
api：*adv.* また。さえも。されど。同様に。
cânāyya < ca + ānāyya
ānāyya < ānāyaya- + -ya < ā-√nī- (1) + -aya- + -ya：*Caus.* 取り寄せる。もたらしめる。取ってこさせる。持ってこさせる。*Gen.*
yathā-sthānaṃ < yathā-sthāna-：*adj.* 本来の場所にある。*n.* 適当な場所。本来の場所。*n. sg. Acc.*
対格の副詞的用法。
sthāpayen < sthāpayet + (n) < sthāpaya- < √sthā- (1) + -paya-：*Caus.* 静止させる。とめる。阻む。抑止する。据える。配置する。保持する。確立する。樹立する。決定する。*Opt. 3, sg. P.*
na：*ind.* ～でない。～にあらず。
ca：*conj.* および。また。しかしながら。そして。～と。なお。
gamanâgamanaṃ < gamanâgamana- < gamana-āgamana-：*n.* 行くことと来ること。「往来」「去来」「来往」と漢訳。*sg. Acc.*
gamana- < √gam- (1) + -ana：*n.* 行くこと。

āgamana- < ā-√gam- (1) + -ana：*n.* 来ること。
saṃjānīran < saṃjān- < sam-√jñā- (9)：～（処格、具格、対格）に同意する。同意見を有する。認める。*Opt. 3, pl. A.*
sā < tad-：それ。*f. sg. Nom.*
ca：*conj.* および。また。しかしながら。そして。～と。なお。
kriyā < kriyā-：*f.* 仕事。行動。行為。実行。「能作」「用」「力用」と漢訳。*sg. Nom.*
saṃdṛśyeta < saṃdṛśya- < sam-√dṛś- (1) + -ya：*Pass.* 現われる。観察される。*Opt. 3, sg. A.*

§13 punar aparaṃ bhadanta-śāriputra santi sattvā apramāṇa-saṃsāra-vainayikāḥ / santi saṃkṣipta-saṃsāra-vainayikāḥ /

(梵漢和維摩経 *p.* 252, *ll.* 18–19)

§13 「そのほかさらに、尊者シャーリプトラよ、量り知ることのできない〔長期の〕生存の循環（輪廻）を通して教化されるべき衆生たちがいる。〔その一方で〕短期の生存の循環を通して教化されるべき〔衆生たち〕がいる。

【漢訳相当箇所なし】

……………………………………………………………………………

punar：*adv.* 再び。新たに。さらに。なお。しかしながら。
aparaṃ < apara-：*adj.* 他の。別の。後方の。後の。西方の。*n. sg. Acc.* 対格の副詞的用法。
bhadanta-śāriputra < bhadanta-śāriputra-：*m.* 尊者シャーリプトラ。*sg. Voc.*
santi < s- < √as- (2)：ある。*Pres. 3, pl. P.*
sattvā < sattvāḥ + 有声音 < sattva-：*m.* 「衆生」と漢訳。*pl. Nom.*
apramāṇa-saṃsāra-vainayikāḥ < apramāṇa-saṃsāra-vainayika-：*adj.* 量り知ることのできない〔長期の〕生存の循環（輪廻）を通して教化される。*m. pl. Nom.*
　apramāṇa- < a-pramāṇa- < a-pra-√mā- (2,3) + -ana：*adj.* 評価できない。「不可度量」と漢訳。
　saṃsāra- < sam-√sṛ- (1) + -a：*m.* 生存領域の循環。（生の）不断の連続。現世の生存。「輪廻」と漢訳。
　sam-√sṛ- (1)：歩き回る。徘徊する。
　√sṛ- (1)：速く走る。流れる。
　vainayika- < vinaya- + -ika：*adj.* 道徳的行動に関する。訓練ある。教化される。
　vinaya-：*m.* 指導。訓練。教授。「教化」と漢訳。

……………………………………………………………………………

santi < s- < √as- (2)：ある。*Pres. 3, pl. P.*
saṃkṣipta-saṃsāra-vainayikāḥ < saṃkṣipta-saṃsāra-vainayika-：*adj.* 短期の生存の循環（輪廻）を通して教化される。*m. pl. Nom.*
　saṃkṣipta- < sam-√kṣip- (6) + -ta：*pp.* 縮められた。凝結した。狭い。短い。簡明な。「略」「狭」「狭小」と漢訳。
　saṃsāra- < sam-√sṛ- (1) + -a：*m.* 生存領域の循環。（生の）不断の連続。現世の生存。「輪廻」と漢訳。
　vainayika- < vinaya- + -ika：*adj.* 道徳的行動に関する。訓練ある。教化される。

tatrâcintya-vimokṣa-pratiṣṭhito bodhi-sattvo 'pramāṇa-saṃsāra-vainayikānāṃ sattvānāṃ vainayika-vaśam[36] upādāya sapta-rātraṃ kalpam atikrāntam ādarśayet /

(梵漢和維摩経 *p.* 252, *ll.* 19–21)

「そこにおいて、"考えも及ばない"（不可思議）という解脱に住している菩薩は、量り知ることのできない〔長期の〕生存の循環（輪廻）を通して教化されるべき衆生たちの教化を欲する故に、七日〔の経過〕を一劫経過したかのように示すのである。

【「又舎利弗よ、或いは衆生の久しく世に住せんことを楽い、而も度す可き者有らば、菩薩は即ち七日

を延ばして以て一劫と為し、彼の衆生をして之を一劫と謂わしむ。】（大正蔵、巻一四、五四六頁下）
……………………………………………………………………

tatrâcintya-vimokṣa-pratiṣṭhito < tatra + acintya-vimokṣa-pratiṣṭhito
tatra：*adv.* そこに。そこへ。かしこに。その時に。その場合に。
acintya-vimokṣa-pratiṣṭhito < acintya-vimokṣa-pratiṣṭhitaḥ + 有声子音 < acintya-vimokṣa-pratiṣṭhita-：*adj.* "考えも及ばない"（不可思議）という解脱に住している。*m. sg. Nom.*
bodhi-sattvo 'pramāṇa-saṃsāra-vainayikānāṃ < bodhi-sattvaḥ + apramāṇa-saṃsāra-vainayikānāṃ
bodhi-sattvaḥ < bodhi-sattva-：*m.* 覚りを求める人。「菩薩」と音写。*sg. Nom.*
apramāṇa-saṃsāra-vainayikānāṃ < apramāṇa-saṃsāra-vainayika-：*adj.* 量り知ることのできない〔長期の〕生存の循環（輪廻）を通して教化される。*m. pl. Gen.*
sattvānāṃ < sattva-：*m.* 「衆生」と漢訳。*pl. Gen.*
vainayika-vaśam < vainayika-vaśa-：*m.* 教化することの願望。*sg. Acc.*
vaśa- < √vaś- (3) + -a：*m.* 意志。願望。欲望。力。支配。権威。主権。
√vaś- (3)：～を欲する。～を命令する。望む。切望する。好む。命令する。
upādāya < upādāya < upa-ā-√dā- (3) + -ya：*ind.* (*Ger.*) ～の故に。～について。～に関して。～のために。～に依って。「始従～乃至」「由～故」「故」「以～故」と漢訳。
upa-ā-√dā- (3)：受ける。得る。適用する。使用する。成し遂げる。
sapta-rātraṃ < sapta-rātra-：*n.* 七夜。*sg. Acc.*
sapta- < saptan-：*基数詞,* 七。
rātra-：*n.* 夜。
kalpam < kalpa-：*m.* 宇宙論的時間。「劫」「劫波」と音写。*sg. Acc.*
atikrāntam < atikrānta- < ati-√kram- (1) + -ta：*pp.* 超越した。「超」「越」「過」「超過」「超出」と漢訳。*n. sg. Acc.*
ādarśayet < ādarśaya- < ā-√dṛś- (1) + -aya：*Caus.* 現わす。示す。「現」「能現」「顕現」「示現」「顕示」と漢訳。*Opt. 3, sg. P.*

saṃkṣipta-saṃsāra-vainayikānāṃ sattvānāṃ vainayika-vaśam upādāya kalpaṃ sapta-rātram atikrāntam ādarśayet /
（梵漢和維摩経 *p.* 254, *ll.* 1–2）

「短期の生存の循環（輪廻）を通して教化されるべき衆生たちの教化を欲する故に、一劫〔の経過〕を七日経過したかのように示すのである。
【「或いは、衆生にして久住を楽わず、而も度す可き者有らば、菩薩は即ち一劫を促して以て七日と為し、彼の衆生をして之を七日と謂わしむ。】（大正蔵、巻一四、五四六頁下）
……………………………………………………………………

saṃkṣipta-saṃsāra-vainayikānāṃ < saṃkṣipta-saṃsāra-vainayika-：*adj.* 短期の生存の循環において教化される。*m. pl. Gen.*
sattvānāṃ < sattva-：*m.* 「衆生」と漢訳。*pl. Gen.*
vainayika-vaśam < vainayika-vaśa-：*m.* 教化することの願望。*sg. Acc.*
upādāya < upa-ā-√dā- (3) + -ya：*ind.* (*Ger.*) ～の故に。～について。～に関して。～のために。～に依って。「始従～乃至」「由～故」「故」「以～故」と漢訳。
kalpam < kalpa-：*m.* 宇宙論的時間。「劫」「劫波」と音写。*sg. Acc.*
sapta-rātram < sapta-rātra-：*n.* 七夜。*sg. Acc.*
atikrāntam < atikrānta- < ati-√kram- (1) + -ta：*pp.* 超越した。「超」「越」「過」「超過」「超出」と漢訳。*n. sg. Acc.*
ādarśayet < ādarśaya- < ā-√dṛś- (1) + -aya：*Caus.* 現わす。示す。「現」「能現」「顕現」「示現」「顕示」と漢訳。*Opt. 3, sg. P.*

tatrâpramāṇa-[37]saṃsāra-vineyāḥ sattvāḥ [sapta-rātraṃ kalpam atikrāntaṃ saṃjānīran / saṃ=kṣipta-saṃsāra-vineyāḥ sattvāḥ][38] kalpaṃ sapta-rātram atikrāntaṃ saṃjānīran /

(梵漢和維摩経 *p.* 254, *ll.* 2–4)

「そこにおいて、量り知ることのできない〔長期の〕生存の循環（輪廻）を通して教化されるべき衆生たちは、〔七日を一劫が経過したものと認識するであろう。短期の生存の循環を通して教化されるべき衆生たちは、〕一劫を七日が経過したものと認識するであろう。

【漢訳対照箇所なし】

……………………………………………………………………

tatrâpramāṇa-saṃsāra-vineyāḥ < tatra + apramāṇa-saṃsāra-vineyāḥ

tatra：*adv.* そこに。そこへ。かしこに。その時に。その場合に。

apramāṇa-saṃsāra-vineyāḥ < apramāṇa-saṃsāra-vineya-：*adj.* 量り知ることのできない〔長期の〕生存の循環（輪廻）を通して教化されるべき。*m. pl. Nom.*

vineya- < vi-√nī- (1) + -ya：*未受分,* 教育されるべき。*m.* 弟子。「所化」と漢訳。

sattvāḥ < sattvāḥ + (s) < sattva-：*m.* 「衆生」と漢訳。*pl. Nom.*

sapta-rātraṃ < sapta-rātra-：*n.* 七夜。*sg. Acc.*

kalpam < kalpa-：*m.* 宇宙論的時間。「劫」「劫波」と音写。*sg. Acc.*

atikrāntaṃ < atikrānta- < ati-√kram- (1) + -ta：*pp.* 超越した。「超」「越」「過」「超過」「超出」と漢訳。*n. sg. Acc.*

saṃjānīran < saṃjān- < sam-√jñā- (9)：～（処格、具格、対格）に同意する。同意見を有する。認める。*Opt. 3, pl. A.*

……………………………………………………………………

saṃkṣipta-saṃsāra-vineyāḥ < saṃkṣipta-saṃsāra-vineya-：*adj.* 短期の生存の循環（輪廻）を通して教化されるべき。*m. pl. Nom.*

sattvāḥ < sattva-：*m.* 「衆生」と漢訳。*pl. Nom.*

kalpaṃ < kalpa-：*m.* 宇宙論的時間。「劫」「劫波」と音写。*sg. Acc.*

sapta-rātram < sapta-rātra-：*n.* 七夜。*sg. Acc.*

atikrāntaṃ < atikrānta- < ati-√kram- (1) + -ta：*pp.* 超越した。「超」「越」「過」「超過」「超出」と漢訳。*n. sg. Acc.*

saṃjānīran < saṃjān- < sam-√jñā- (9)：～（処格、具格、対格）に同意する。同意見を有する。認める。*Opt. 3, pl. A.*

§14 iti hy acintya-vimokṣa-pratiṣṭhito bodhi-sattvaḥ sarva-buddha-kṣetra-guṇa-vyūhān ekasmin buddha-kṣetre saṃdarśayati /

(梵漢和維摩経 *p.* 254, *ll.* 5–6)

§14 「実に以上のように、"考えも及ばない"（不可思議）という解脱に住している菩薩は、一つのブッダの国土においてあらゆるブッダの国土に具わる功徳の荘厳を示して見せるのである。

【§14 「又舍利弗よ、不可思議解脱に住する菩薩は、一切仏土の厳飾（ごんじき）の事を以（もっ）て、一国に集在して衆生に示す。】

（大正蔵、巻一四、五四六頁下）

……………………………………………………………………

iti：*adv.* ～と。～ということを。以上のように。～と考えて。「如是」と漢訳。

hy < hi + 母音：*ind.* 真に。確かに。実に。

acintya-vimokṣa-pratiṣṭhito < acintya-vimokṣa-pratiṣṭhitaḥ + 有声子音 < acintya-vimokṣa-pratiṣṭhita-：*adj.* "考えも及ばない"（不可思議）という解脱に住している。*m. sg. Nom.*

bodhi-sattvaḥ < bodhisattva-：*m.* 覚りを求める人。「菩薩」と音写。*sg. Nom.*

sarva-buddha-kṣetra-guṇa-vyūhān < sarva-buddha-kṣetra-guṇa-vyūha-：*m.* あらゆるブッダの国土に具わる功徳の荘厳。*pl. Acc.*

buddha-kṣetra-：*n.* 仏の国土。「仏国土」と漢訳。

guṇa-：*m.* 種類。構成。従属的要素。固有性。属性。善性。徳。
vyūha- < vi-√ūh- (1) + -a：*m.* 配置。戦陣。集合。「厳」「荘厳」「厳飾」と漢訳。
ekasmin < eka-：*基数詞,* 一。*adj.* ある。*m. sg. Loc.*
buddha-kṣetre < buddha-kṣetra-：*n.* ブッダの国土。「仏国土」と漢訳。*sg. Loc.*
saṃdarśayati < saṃdarśaya- < sam-√dṛś- (1) + -aya：*Caus.* 示す。顕わす。明示する。*3, sg. P.*

sarva-sattvān api dakṣiṇe kara-tale pratiṣṭhāpya citta-jāvikayârddhyā[39] kramet /
（梵漢和維摩経 *p.* 254, *ll.* 6–7）

「〔その菩薩は〕すべての衆生たちさえも、右の掌の上に置いて、“心の迅速”という神通によって〔十方に飛んで〕行くとしよう。
【「又菩薩は一仏土の衆生を以て、之を右の掌に置き、十方に飛到して、】
（大正蔵、巻一四、五四六頁下）
…………………………………………………………………………

sarva-sattvān < sarva-sattva-：*m.* すべての衆生。*pl. Acc.*
api：*adv.* また。さえも。されど。同様に。
dakṣiṇe < dakṣiṇa-：*adj.* 南の。右の。*n. sg. Loc.*
kara-tale < kara-tala-：*n.* 手の平。「手掌」と漢訳。*sg. Loc.*
pratiṣṭhāpya < pratiṣṭhāpaya- + -ya < prati-√sthā- (1) + -paya + -ya：*Caus.* 下に置く。～の上に置く。*Ger.*
citta-jāvikayârddhyā < citta-jāvikayā + ṛddhyā
citta-jāvikayā < citta-jāvikā- < citta-jāvika- < citta-java- + -ika：*adj.* “心の迅速”という。“心の迅速”に関する。*f. sg. Ins.*
citta-java-：*m.* 心の迅速。
java-：*adj.* 速い。*m.* 迅速。速度。急速。（心の）衝動。
jāva-：*m.* 迅速。「勢速」「速疾」と漢訳。
ṛddhyā < ṛddhi-：*f.* 繁栄。安寧。好運。超自然力。「神通」「神力」「神変」と漢訳。*sg. Ins.*
kramet < krama- < √kram- (1)：歩く。行く。近づく。*Opt. 3, sg. P.*

sarva-buddha-kṣetreṣu ca saṃdarśanaṃ dadyāt[40] /
（梵漢和維摩経 *p.* 254, *ll.* 7–8）

「そして、あらゆるブッダの国土において〔その姿の〕顕現を示すとしよう。
【「遍く一切に示す。】　（大正蔵、巻一四、五四六頁下）
…………………………………………………………………………

sarva-buddha-kṣetreṣu < sarva-buddha-kṣetra-：*n.* すべてのブッダの国土。「仏国土」と漢訳。*pl. Loc.*
ca：*conj.* および。また。しかしながら。そして。～と。なお。
saṃdarśanaṃ < saṃdarśaya- + -ana：*n.* 示すこと。明示すること。
dadyāt < dad- < √dā- (3)：与える。*Opt. 3, sg. P.*

na câikato 'pi kṣetrāc calet /
（梵漢和維摩経 *p.* 254, *l.* 8）

「けれども、〔その菩薩は〕一つの国土からでさえも動いていないのである。
【「而も本処を動かず。】　（大正蔵、巻一四、五四六頁下）
…………………………………………………………………………

na：*ind.* ～でない。～にあらず。
câikato 'pi < ca + ekatas + api

ekatas：*adv.*（eka-の奪格）。一方より。一方に。

api：*adv.* また。さえも。されど。なお。

kṣetrāc < kṣetrāt + (c) < kṣetra-：*n.* 国土。*sg. Abl.*

calet < cala- < √cal- (1)：動く。揺れ動く。揺れる。震う。「動」「動揺」「震動」と漢訳。*Opt. 3, sg. P.*

> yāvatyaś ca daśasu dikṣu buddhānāṃ bhagavatāṃ pūjā[41] vartante tāḥ sarvā eka-roma-kūpa ādarśayet /
>
> （梵漢和維摩経 *p.* 254, *ll.* 9–10）

「そして、〔菩薩が〕十方における世尊であるブッダたちに対してなされるそれほど多くの供養、それらのすべてを、一つの毛穴の中に現わすとしよう。

【「又舎利弗よ、十方の衆生の諸仏を供養（くよう）するの具を、菩薩は一毛孔に於いて、皆見るを得しむ。】

（大正蔵、巻一四、五四六頁下）

……………………………………………………………………

yāvatyaś < yāvatyaḥ + (c) < yāvatī- < yāvat-：*関係形容詞,* それほど多くの／多様な。*f. pl. Acc.*

ca：*conj.* および。また。しかしながら。そして。〜と。なお。

daśasu < daśan-：*基数詞,* 十。*f. pl. Loc.*

dikṣu < diś-：*f.* 方角。方向。*pl. Loc.* 格変化は、cf.「基礎」*p.*127.

buddhānāṃ < buddha- < √budh- (1) + -ta：*pp.* 目覚めた。*m.* ブッダ。「覚者」と漢訳。「仏陀」と音写。*m. pl. Gen.*

bhagavatāṃ < bhagavat-：*m.* 尊い（人）。「世尊」と漢訳。「婆伽婆」「薄伽梵」と音写。*pl. Gen.*

pūjā < pūjāḥ + 有声音 < pūjā-：*f.* 尊敬。敬意。崇拝。供養。*pl. Acc.*

vartante < varta- < √vṛt- (1)：転ずる。進む。執行される。〜（属格、処格）の中に見出される。*Pres. 3, pl. A.*

tāḥ < tāḥ + (s) < tad-：それ。*f. pl. Acc.*

sarvā < sarvāḥ + 有声音 < sarva-：*adj.* すべての。*f. pl. Acc.*

eka-roma-kūpa < eka-roma-kūpe + a 以外の母音 < eka-roma-kūpa-：*m.* 一つの毛穴。*sg. Loc.*

ādarśayet < ādarśaya- < ā-√dṛś- (1) + -aya：*Caus.* 現わす。示す。「現」「能現」「顕現」「示現」「顕示」と漢訳。*Opt. 3, sg. P.*

> yāvantaś ca daśasu dikṣu candra-sūryās tārā-rūpāṇi ca tāny api sarvāṇy eka-roma-kūpa ādarśayet /
>
> （梵漢和維摩経 *p.* 254, *ll.* 10–11）

「そして、〔菩薩が〕十方におけるそれほど多くの月と太陽や、星の形態をもつものたち、それらのすべてもまた、一つの毛穴の中に現わすとしよう。

【「又十方の国土の所有（あらゆ）る日・月・星宿を、一毛孔に於いて、普く之を見せしむ。】

（大正蔵、巻一四、五四六頁下）

……………………………………………………………………

yāvantaś < yāvantaḥ + (c) < yāvat-：*関係形容詞,* それほど多くの／多様な。*m. pl. Nom.*

ca：*conj.* および。また。しかしながら。そして。〜と。なお。

daśasu < daśan-：*基数詞,* 十。*f. pl. Loc.*

dikṣu < diś-：*f.* 方角。方向。*pl. Loc.* 格変化は、cf.「基礎」*p.*127.

candra-sūryās < candra-sūryāḥ + (t) < candra-sūrya-：*m.* 月と太陽。*pl. Nom.*

candra-：*m.* 月。

sūrya-：*m.* 太陽。

tārā-rūpāṇi < tārā-rūpa-：*adj.* 星の姿をもつ。*n. pl. Nom.*

tārā-：*f.*（撒くもの、発光物）。星。恒星。瞳孔。

rūpa-：*n.* 形態。外観。色。形。美しい形。見目よいこと。

ca : *conj.* および。また。しかしながら。そして。～と。なお。
tāny < tāni + 母音 < tad-：それ。*n. pl. Nom.*
api：*adv.* また。さえも。されど。同様に。
sarvāṇy < sarvāṇi + 母音 < sarva-：*adj.* すべての。*n. pl. Nom.*
eka-roma-kūpa < eka-roma-kūpe + a 以外の母音 < eka-roma-kūpa-：*m.* 一つの毛穴。*sg. Loc.*
ādarśayet < ādarśaya- < ā-√dṛś- (1) + -aya：*Caus.* 現わす。示す。「現」「能現」「顕現」「示現」「顕示」と漢訳。*Opt. 3, sg. P.*

yāvatyaś ca daśasu dikṣu vāta-maṇḍalyaḥ pravānti tā api sarvā mukha-dvāre praveśayet /
（梵漢和維摩経 *p.* 254, *ll.* 11–13）

「そして、十方において吹いているそれほど多くの風輪、それらのすべてもまた、口の中に入れるとしよう。
【「又舍利弗よ、十方世界の所有る諸の風を、菩薩は悉く能く口中に吸著して、】
（大正蔵、巻一四、五四六頁下）
……………………………………………………………………

yāvatyaś < yāvatyaḥ + (c) < yāvatī- < yāvat-：*関係形容詞,* それほど多くの／多様な。*f. pl. Nom.*
ca : *conj.* および。また。しかしながら。そして。～と。なお。
daśasu < daśan-：*基数詞,* 十。*f. pl. Loc.*
dikṣu < diś-：*f.* 方角。方向。*pl. Loc.* 格変化は、cf.「基礎」*p.*127.
vāta-maṇḍalyaḥ < vāta-maṇḍalī-：*f.* 「風輪」と漢訳。*pl. Nom.*
　　vāta- < √vā- (2) + -ta：*pp.* 吹かれた。*m.* 風。風神。
　　maṇḍalī-：*f.* 円盤。球形のもの。円。車輪。
　　vāta-maṇḍala-：*n.* 「風輪」と漢訳。
　　maṇḍala-：*adj.* 円形の。円い。*n.* （太陽と月の）円盤。球形のもの。円。車輪。
pravānti < pravā- < pra-√vā- (2)：パッと開く。吹く。（香りが）漂う。発散する。*Pres. 3, pl. P.*
tā < tāḥ + 有声音 < tāḥ + (s) < tad-：それ。*f. pl. Acc.*
api：*adv.* また。さえも。されど。同様に。
sarvā < sarvāḥ + 有声音 < sarva-：*adj.* すべての。*f. pl. Acc.*
mukha-dvāre < mukha-dvāra-：*n.* 「口」「口門」「面門」「面目」と漢訳。*sg. Loc.*
　　mukha-：*n.* 顔。～の口。入口。「口」「面」「門」と漢訳。
　　dvāra-：*n.* 戸。門。戸口。入口。～への道。～に達する手段。
praveśayet < praveśaya- < pra-√viś- (6) + -aya：*Caus.* ～（対格、処格）に入らせる。～（対格、処格）の中に入れる。*Opt. 3, sg. P.*

na câsya kāyo vikīryeta /
（梵漢和維摩経 *p.* 254, *l.* 13）

「けれども、その人の身体は裂かれることもないであろう
【「而も身を損ずること無し。】　（大正蔵、巻一四、五四六頁下）
……………………………………………………………………

na：*ind.* ～でない。～にあらず。
câsya < ca + asya
　　asya < idam-：これ。*m. sg. Gen.*
kāyo < kāyaḥ + 有声子音 < kāya-：*m.* 身体。集団。多数。集合。*sg. Nom.*
vikīryeta < vikīrya- < vi-√kṝ- (9) + -ya：*Pass.* 散らされる。撒布される。裂かれる。割られる。乱される。*Opt. 3, sg. A.*

na ca tatra buddha-kṣetre tṛṇa-vanas-patayo[42] nameyuḥ /

(梵漢和維摩経 *p.* 254, *ll.* 13–14)

「また、そのブッダの国土における草や〔森の主である〕木々[43] は、折れ曲がることもないであろう。

【「外の諸の樹木も亦摧け折れず。】　　（大正蔵、巻一四、五四六頁下）

……………………………………………………………………………

na：*ind.* ～でない。～にあらず。

ca：*conj.* および。また。しかしながら。そして。～と。なお。

tatra：*adv.* そこに。そこへ。かしこに。その時に。その場合に。

buddha-kṣetre < buddha-kṣetra-：*n.* ブッダの国土。「仏国土」と漢訳。*sg. Loc.*

tṛṇa-vanas-patayo < tṛṇa-vanas-patayaḥ ＋ 有声子音 < tṛṇa-vanas-pati-：*m.* 草や〔森の主である〕木。*pl. Nom.*

　tṛṇa-：*n.* 草。植物。

　vanas-pati-：*m.* （森の主）。森の木。木。

　vanas- < vana-：*n.* 森。

　pati-：*m.* 持ち主。主。長。王。支配者。

nameyuḥ < nama- < √nam- (1)：～（対格・為格・属格）に向かってかがむ。お辞儀をする。～に屈する。*Opt. 3, pl. P.*

§15　yadā[44] ca daśasu dikṣu buddha-kṣetrāṇy uddahyante kalpôddāhena tadâpi[45] sarvam agni-skandhaṃ sva-mukhe prakṣipet /

(梵漢和維摩経 *p.* 254, *ll.* 15–16)

§15　「また、十方にある諸のブッダの国土が、〔世界の終末に起こる大火災の〕劫火によって焼き尽くされる時、その時でさえも、すべての火の塊りを、〔菩薩が〕自分の口の中に[46] 入れるとしよう。

【§15　「又十方世界の劫尽きて焼くる時、一切の火を以て腹中に内れ、】

（大正蔵、巻一四、五四六頁下）

……………………………………………………………………………

yadā：*conj.* ～である時に。

　yadā ～ tadā …：～である時、その時…。

ca：*conj.* および。また。しかしながら。そして。～と。なお。

daśasu < daśan-：*基数詞*, 十。*f. pl. Loc.*

dikṣu < diś-：*f.* 方角。方向。*pl. Loc.* 格変化は、cf.「基礎」*p.*127.

buddha-kṣetrāṇy < buddha-kṣetrāṇi ＋ 母音 < buddha-kṣetra-：*n.* ブッダの国土。「仏国土」と漢訳。*pl. Nom.*

uddahyante < uddahya- < ud-√dah- (1) ＋ -ya：*Pass.* 焼き尽くされる。*3, pl. A.*

　ud-√dah- (1)：「洞然」「熾然」と漢訳。

　√dah- (1)：焼く。火で焼き尽くす。焦がす。苦しませる。

kalpôddāhena < kalpôddāha- < kalpa-uddāha-：*m.* 「劫火」と漢訳。*sg. Ins.*

　kalpa-：*m.* 宇宙論的時間。「劫」「劫波」と音写。

　uddāha- < ud-√dah- (1) ＋ -a：*m.* 熱。火。「熾然」「燃（尽）」と漢訳。

tadâpi < tadā ＋ api

　tadā：*adv.* その時に。「爾時」「此時」と漢訳。

　api：*adv.* また。さえも。されど。同様に。

sarvam < sarva-：*adj.* すべての。*m. sg. Acc.*

agni-skandhaṃ < agni-skandha-：*m.* 火の塊。*sg. Acc.*

sva-mukhe < sva-mukha-：*n.* 自分の口。*sg. Loc.*

　sva-：*adj.* 自分の。

　mukha-：*n.* 顔。～の口。入口。「口」「面」「門」と漢訳。

prakṣipet < prakṣipa- < pra-√kṣip- (6)：～（処格）に擲つ。～に投げる。～へ置く。下ろす。*Opt. 3, sg. P.*

yac ca tena karma kartavyaṃ bhavet tan na kuryāt[47] /
（梵漢和維摩経 *p.* 254, *ll.* 16–17）

「けれども、その〔火の塊り〕がなすべきところの〔焼き尽くす〕働き、その〔焼き尽くす働き〕をなすことはないであろう[48]。

【「火事は故(もと)の如くなれども、而(しか)も害を為(な)さず。】　（大正蔵、巻一四、五四六頁下）

……………………………………………………………………………

yac < yat + (c) < yad-：*関係代名詞, n. sg. Nom.*
ca：*conj.* および。また。しかしながら。そして。～と。なお。
tena < tad-：それ。*m. sg. Ins.*
karma < karman-：*n.* 行為。作業。作用。職業。「業」「作」「行」「所作」「所業」と漢訳。*sg. Nom.*
kartavyaṃ < kartavya- < √kṛ- (8) + -tavya：*未受分,* なされるべき。作られるべき。*n. sg. Nom.*
bhavet < bhava- < √bhū- (1)：なる。達する。出現する。～である。*Opt. 3, sg. P.*
tan < tat + (n) < tad-：それ。*n. sg. Acc.*
na：*ind.* ～でない。～にあらず。
kuryāt < kur- < √kṛ- (8)：なす。作る。*Opt. 3, sg. P.*

yac câvastād gaṅgā-nadī-vālikā-koṭī-sameṣu buddha-kṣetreṣv atikramya buddha-kṣetraṃ tad abhyutkṣipyôrdhaṃ dig-bhāgaṃ gaṅgā-nadī-vālikā-koṭī-sameṣu buddha-kṣetreṣu pratiṣṭhāpayet /
（梵漢和維摩経 *p.* 254, *ll.* 17–20）

「下方に幾コーティものガンジス河の砂〔の数〕に等しいブッダの国土を通り過ぎたところにあるところの〔一つの〕ブッダの国土、その〔一つのブッダの国土〕を持ち上げて、幾コーティものガンジス河の砂〔の数〕に等しいブッダの国土の上方に置くとしよう。

【「又、下方に於いて、恒河沙等(ごうがしゃとう)の諸仏の世界を過ぎて、一仏土を取りて、上方、恒河沙の無数の世界を過ぎて挙著するに、】　（大正蔵、巻一四、五四六頁下）

……………………………………………………………………………

yac < yat + (c) < yad-：*関係代名詞, n. sg. Nom.*
câvastād < ca + avastād
　　avastād < avastāt + 有声子音：*adv.* 下に。こちら側に。～（属格）の下に。
gaṅgā-nadī-vālikā-koṭī-sameṣu < gaṅgā-nadī-vālikā-koṭī-sama-：*adj.* 幾コーティものガンジス河の砂〔の数〕に等しい。*n. pl. Loc.*
　　gaṅgā-nadī-vālikā-：*f.* ガンジス河の砂。「恒河沙」と漢訳。
　　koṭī- ＝ koṭi-：*f.* 憶。兆。京。
　　sama-：*adj.* 平らな。～（具格、属格）と等しい。
buddha-kṣetreṣv < buddha-kṣetreṣu + 母音 < buddha-kṣetra-：*n.* ブッダの国土。「仏国土」と漢訳。*pl. Loc.*
atikramya < ati-√kram- (1) + -ya：通り過ぎる。越える。またぐ。経過する。*Ger.*
buddha-kṣetram < buddha-kṣetra-：*n.* ブッダの国土。「仏国土」と漢訳。*sg. Nom.*
　　以上は、処格と主格の名詞文。
tad < tat + 母音 < tad-：それ。*n. sg. Acc.*
abhyutkṣipyôrdhaṃ < abhyutkṣipya + ūrdhaṃ
　　abhyutkṣipya < abhi-ud-√kṣip- (6) + -ya：「挙」「収」「除去」と漢訳。*Ger.*
　　ud-√kṣip- (6)：投げ上げる。挙げる。
　　ūrdhaṃ ≒ ūrdhvaṃ < ūrdhva-：*adj.* 上方の。真実なる。起立した。*m. sg. Acc.*
dig-bhāgaṃ < dig-bhāga- < dik- + bhāga- < diś- + bhāga-：*m.* 方角。方位。*sg. Acc.*
　　diś-：*f.* 方角。格変化は、cf.「基礎」*p.* 127.

bhāga- < √bhaj- (1) + -a：*m.* 配当された部分。分け前。割当て。部分。一部。方面。
gaṅgā-nadī-vālikā-koṭī-sameṣu < gaṅgā-nadī-vālikā-koṭī-sama-：*adj.* 幾コーティものガンジス河の砂〔の数〕に等しい。*n. pl. Loc.*
buddha-kṣetreṣu < buddha-kṣetra-：*n.* ブッダの国土。「仏国土」と漢訳。*pl. Loc.*
pratiṣṭhāpayet < pratiṣṭhāpaya- < prati-√sthā- (1) + -paya：*Caus.* 下に置く。〜の上に置く。*Opt. 3, sg. P.*

tad yathâpi nāma balavān puruṣaḥ sūcy-agreṇa badarī-patram utkṣipet /
(梵漢和維摩経 *p.* 256, *l.* 1)

「それは、あたかも力持ちの男が、針の先でナツメの葉を持ち上げるようなものであろう。
【「鍼鋒を持ちて一棗葉を挙ぐるが如くして、而も嬈ます所無し。】　（大正蔵、巻一四、五四六頁下）
……………………………………………………………………

tad yathâpi nāma：あたかも〜であるかのように。
balavān < balavat- < bala-vat-：*adj.* 強い。力のある。*m. sg. Nom.*
puruṣaḥ < puruṣaḥ + (s) < puruṣa-：*m.* 人。人間。侍者。「男子」「男」「丈夫」と漢訳。*sg. Nom.*
sūcy-agreṇa < sūcy-agra- < sūci-agra- = sūcī-agra-：*f.* 針の先端。*sg. Ins.*
badarī-patram < badarī-patra-：*n.* なつめの葉。*sg. Acc.*
badarī-：*f.* なつめ。「棗」と漢訳。
patra- = pattra-：*n.* 葉。花弁。翼。
utkṣipet < utkṣipa- < ud-√kṣip- (6)：投げ上げる。挙げる。*Opt. 3, sg. P.*

§16　evam acintya-vimokṣa-pratiṣṭhito bodhi-sattvaḥ sarva-sattvāni cakra-varty-ādi-rūpāṇy adhitiṣṭhet /
(梵漢和維摩経 *p.* 256, *ll.* 2–3)

§16　「このように、“考えも及ばない”（不可思議）という解脱に住している菩薩は、あらゆる生きとし生けるものを、転輪聖王をはじめとする姿に神力によって変ずるであろう[49]。
【§16　「又舎利弗よ、不可思議解脱に住する菩薩は、能く神通を以て、仏の身を現作す。或いは辟支仏の身を現じ、或いは声聞の身を現じ、或いは帝釈の身を現じ、或いは梵王の身を現じ、或いは世主の身を現じ、或いは転輪王の身を現ず。】　（大正蔵、巻一四、五四六頁下）
……………………………………………………………………

evam：*adv.* このように。「是」「如是」と漢訳。
acintya-vimokṣa-pratiṣṭhito < acintya-vimokṣa-pratiṣṭhitaḥ + 有声子音 < acintya-vimokṣa-pratiṣṭhita-：*adj.* “考えも及ばない”（不可思議）という解脱に住している。*m. sg. Nom.*
bodhi-sattvaḥ < bodhi-sattva-：*m.* 覚りを求める人。「菩薩」と音写。*sg. Nom.*
sarva-sattvāni < sarva-sattva-：*n.* 「群生」と漢訳。*pl. Acc.*
cakra-varty-ādi-rūpāṇy < cakra-varty-ādi-rūpāṇi + 母音 < cakra-varty-ādi-rūpa- < cakra-varti-ādi-rūpa-：*n.* 転輪聖王をはじめとする姿。*pl. Acc.*
cakra-varti- < cakra-vartin-：*adj.* 車輪を回転する。*m.* 主権の車輪の主。「転輪」「輪王」「転輪王」「転輪聖王」と漢訳。
cakra-：*n.* 車輪。ろくろ。円盤。「輪」と漢訳。
vartin- < √vṛt- (1) + -in：*adj.* 〜に滞在している。〜に留まる。〜を実行する。〜に従事する。
ādi-：*m.* 始。「初」「最初」「前」「元」「本来」と漢訳。
rūpa-：*n.* 形態。外観。色。形。美しい形。見目よいこと。
adhitiṣṭhet < adhitiṣṭha- < adhi-√sthā- (1)：〜（対格、処格）の上に立つ。住む。居住する。占める。導く。先頭に立つ。案内する。神力をもって〜にする。*Opt. 3, sg. P.*

§17 yāvantaś ca daśasu dikṣu śabdâvabhāsāḥ śabda-prajñaptayas tāḥ sarvā hīna-madhya-viśiṣ-ṭānāṃ sattvānāṃ sarva-buddha-ghoṣa-ruta-racitā[50] adhitiṣṭhet[51] tataś ca ruta-ghoṣād anitya-duḥ-kha-śūnyânātma-śabda-rutāni niścārayet / (梵漢和維摩経 *p.* 256, *ll.* 4–7)

§17 「また、十方にあるそれほど多くの言葉による顕示、および言葉による表示、それらのすべてを、劣った〔衆生〕や、中ぐらい〔の衆生〕、卓越した衆生たちの〔発した〕、あらゆるブッダの声の響きをなすものに、〔その菩薩が〕神力によって変ずるとしよう[52]。そして、〔衆生の〕その音声から、〔あらゆるものごとは、〕無常であり、苦であり、空であり、非我であるという声の響きを発させるとしよう。

【§17 「又十方世界の所有(あらゆ)る衆声は、上中下の音、皆能く之を変じて、仏の声と作(な)し、無常・苦・空・無我の音を演出せしむ。**】** （大正蔵、巻一四、五四六頁下）

……………………………………………………………………

yāvantaś < yāvantaḥ + (c) < yāvat-：*関係形容詞,* それほど多くの／多様な。*m. pl. Nom.*
ca：*conj.* および。また。しかしながら。そして。〜と。なお。
daśasu < daśan-：*基数詞,* 十。*f. pl. Loc.*
dikṣu < diś-：*f.* 方角。方向。*pl. Loc.* 格変化は、cf.「基礎」*p.*127.
śabdâvabhāsāḥ < śabdâvabhāsāḥ + (ś) < śabdâvabhāsa- < śabda-avabhāsa-：*m.* 言葉の顕示。*pl. Nom.*
　śabda-：*m.* 音。声。言葉。
　avabhāsa- < ava-√bhās- (1) + -a：*m.* 光輝。出現。顕示。「照明」「光明」と漢訳。
　ava-√bhās- (1)：光る。〜のように明白となる。見える。「普照」「遍照」と漢訳。
śabda-prajñaptayas < śabda-prajñaptayaḥ + (t) < śabda-prajñapti-：*f.* 言葉による表示。*pl. Nom.*
　prajñapti-：*f.* 教訓。報知。知らせること。陳述。指示。「仮」「仮立」「仮安立」「仮施設」「虚仮」「仮名」と漢訳。
　以上は、処格と主格の名詞文をなしている。
tāḥ < tāḥ + (s) < tad-：それ。*f. pl. Acc.*
sarvā < sarvāḥ + 有声音 < sarva-：*adj.* すべての。*f. pl. Acc.*
hīna-madhya-viśiṣṭānāṃ < hīna-madhya-viśiṣṭa-：*adj.* 劣った、中ぐらい、卓越した。*pl. Gen.*
　hīna- < √hā- (3) + -na：*pp.* 劣っている。見捨てられた。卑しい。貧弱な。
　madhya-：*adj.* 中間の。中央の。中ぐらいの。*n.* 中間。中央。内側。内部。
　viśiṣṭa- < vi-√śiṣ- (7) + -ta：*pp.* 区別された。異なった。特殊な。勝れた。卓越した。「別」「異」「最殊勝」「第一」「勝妙」と漢訳。
sattvānāṃ < sattva-：*m.* 「衆生」と漢訳。*pl. Gen.*
sarva-buddha-ghoṣa-ruta-racitā < sarva-buddha-ghoṣa-ruta-racitā- < sarva-buddha-ghoṣa-ruta-racita-：*adj.* あらゆるブッダの声の響きとして形成された。*f. pl. Acc.*
　sarva-：*adj.* 一切の。すべての。
　buddha- < √budh- (1) + -ta：*pp.* 目覚めた（人）。*m.* 「覚者」と漢訳。「仏」「仏陀」と音写。
　ghoṣa- < √ghuṣ- (1) + -a：*m.* 喧騒。騒音。雷音。叫声。怒号。鳴き声。音。声。
　ruta- < √ru- (2) + -ta：*n.* (*pp.*) 咆哮。金切り声。叫び。いななき。「音」「音声」「声」と漢訳。
　racita- < √rac- + -ita：*pp.* 〜（具格）によって作られた。形成された。〜（具格）によって飾られた。準備された。「厳」「荘厳」「荘飾」と漢訳。
adhitiṣṭhet < adhitiṣṭha- < adhi-√sthā- (1)：〜（対格、処格）の上に立つ。住む。居住する。占める。導く。先頭に立つ。案内する。神力をもって〜にする。*Opt. 3, sg. P.*
tataś < tatas + (c)：*adv.* それより。そこに。そこにおいて。ゆえに。
ca：*conj.* および。また。しかしながら。そして。〜と。なお。
ruta-ghoṣād < ruta-ghoṣāt + 母音 < ruta-ghoṣa-：*m.* 音声。*sg. Abl.*
　ruta- < √ru- (2) + -ta：*n.* (*pp.*) 咆哮。金切り声。叫び。いななき。「音」「音声」「声」と漢訳。

ghoṣa- < √ghuṣ- (1) + -a：*m.* 喧騒。騒音。雷音。叫声。怒号。鳴き声。音。声。

anitya-duḥkha-śūnyânātma-śabda-rutāni < anitya-duḥkha-śūnya-anātma-śabda-ruta-：*n.* 無常であり、苦であり、空であり、非我であるという声の響き。*pl. Acc.*

anitya- < a-nitya-：*ajd.* 無常な。一時的な。常恒でない。

duḥkha- < duḥ-kha-：*adj.* 不愉快な。艱難に満ちた。憐れな。*n.* 苦痛。艱難。悲惨。受苦。「苦」「苦」「苦悩」「憂苦」と漢訳。

śūnya-：*adj.* からの。空虚な。住む者のない。うつろな。欠けている。〜のない。空しい。*n.* 空虚な場所。孤独。空虚。

anātma- < anātman- < an-ātman-：*m.* 「無我」「非我」と漢訳。

śabda-：*m.* 音。声。語。

ruta- < √ru- (2) + -ta：*n.* (*pp.*) 咆哮。金切り声。叫び。いななき。「音」「音声」「声」と漢訳。

√ru- (2)：吼える。うなる。金切り声を発する。声高に叫ぶ。ガアガアと鳴く。ブンブンうなる。反響する。

niścārayet < niścāraya- < nis-√car- (1) + -aya：*Caus.* 出させる。放出させる。「放」「発」「出」と漢訳。*Opt. 3, sg. P.*

nis-√car- (1)：出る。現われる。進む。

yāvadbhiś câkāra-nirdeśair daśasu dikṣu buddhā bhagavanto dharmaṃ deśayanti tāṃs tato ruta-nirghoṣān niścārayet /

(梵漢和維摩経 *p.* 256, *ll.* 7–8)

「十方において世尊であるブッダたちは、それほど多くの種類の説法によって、法を説かれるが、それら〔の説法〕をその〔衆生たちの〕声から発させるのである。

【「及び十方の諸仏の所説の種種の法は、皆其の中に於いて、普く聞くを得しむ。】

（大正蔵、巻一四、五四六頁下）

……………………………………………………………

yāvadbhiś < yāvadbhiḥ + (c) < yāvat：*関係形容詞,* 〜ほど大きい／多くの／長い。*m. pl. Ins.*

câkāra-nirdeśair < ca + ākāra-nirdeśair

ākāra-nirdeśair < ākāra-nirdeśaiḥ + 有声音 < ākāra-nirdeśa-：*m.* 種類の説法。*pl. Ins.*

ākāra-：*m.* 構造。形状。姿。外観。表現。情緒の外に現われた相。「根性」「相貌」「相」「種類」と漢訳。

nirdeśa- < nir-√diś- (6) + -a：*m.* 命令。指示。記述。教示。「説」「所説」「説法」と漢訳。

daśasu < daśan-：*基数詞,* 十。*f. pl. Loc.*

dikṣu < diś-：*f.* 方角。方向。*pl. Loc.* 格変化は、cf.「基礎」*p.*127.

buddhā < buddhāḥ + 有声音 < buddha- < √budh- (1) + -ta：*pp.* 目覚めた（人）。*m.* ブッダ。「覚者」と漢訳。「仏陀」「仏」と音写。*m. pl. Nom.*

bhagavanto < bhagavantaḥ + 有声子音 < bhagavat-：*m.* 尊い（人）。「世尊」と漢訳。「婆伽婆」「薄伽梵」と音写。*pl. Nom.*

dharmaṃ < dharma-：*m.* 確定した秩序。慣例。習慣。法則。規則。義務。宗教。教説。性質。本質。属性。特質。事物。「法」と漢訳。*sg. Acc.*

deśayanti < deśaya < √diś- (6) + -aya：*Caus.* 示す。導く。説明する。教える。「宣説」「演説」「説法」「教示」と漢訳。*3, pl. P.*

tāṃs < tān + (t) < tad-：それ。*m. pl. Acc.*

tato < tatas + 有声子音：*adv.* それより。そこに。そこにおいて。ゆえに。

ruta-nirghoṣān < ruta-nirghoṣāt + (n) < ruta-nirghoṣa-：*m.* 音声。*sg. Abl.*

ruta- < √ru- (2) + -ta：*n.* (*pp.*) 咆哮。金切り声。叫び。いななき。「音」「音声」「声」と漢訳。

nirghoṣa- < nir-ghoṣa-：*m.* 音。音響。騒音。

niścārayet < niścāraya- < nis-√car- (1) + -aya：*Caus.* 出させる。放出させる。「放」「発」「出」と

漢訳。*Opt. 3, sg. P.*

§18 ayaṃ bhadanta-śāriputrâcintya-vimokṣa-pratiṣṭhitānāṃ bodhi-sattvānāṃ yat-kiṃcin-mātro viṣayâvatāra-nirdeśaḥ /
（梵漢和維摩経 *p.* 256, *ll.* 9–10）

§18 「尊者シャーリプトラよ、これが、"考えも及ばない"（不可思議）という解脱に住している菩薩たちの〔、その〕境地に入るためのわずかばかりの説法である。

【§18 「舎利弗よ、我今、略して菩薩の不可思議解脱の力を説けり。】

（大正蔵、巻一四、五四七頁上）

……………………………………………………………………

ayaṃ < idam-：これ。この。*m. sg. Nom.*

bhadanta-śāriputrâcintya-vimokṣa-pratiṣṭhitānāṃ < bhadanta-śāriputra + acintya-vimokṣa-pratiṣṭhitānāṃ

bhadanta-śāriputra < bhadanta-śāriputra-：*m.* 尊者シャーリプトラ。*sg. Voc.*

acintya-vimokṣa-pratiṣṭhitānāṃ < acintya-vimokṣa-pratiṣṭhita-：*adj.* "考えも及ばない"（不可思議）という解脱に住している。*m. pl. Gen.*

bodhi-sattvānāṃ < bodhi-sattva-：*m.* 覚りを求める人。「菩提薩埵」「菩薩」と音写。*pl. Gen.*

yat-kiṃcin-mātro < yat-kiṃcin-mātraḥ + 有声音 < yat-kiṃcin-mātra-：*m.* そのわずかばかりの。その少しだけの。*m. sg. Nom.*

yat- < yad-：*関係代名詞,* その。～であるところの。*接続詞,* ～と。

kiṃcin- < kiṃcit- + (m)：幾分か。少し。

mātra- < $\sqrt{}$mā- (2,3) + -tra：*n.* ～だけの量／大きさ／高さ／深さ／長さ。分量。総額。ただ～のみ。

viṣayâvatāra-nirdeśaḥ < viṣayâvatāra-nirdeśa- < viṣaya-avatāra-nirdeśa-：*m.* 境地に入るための説法。*sg. Nom.*

viṣaya-：*m.* 活動領域。範囲。感覚の対象（色声香味触の五境）。

avatāra- < ava-$\sqrt{}$tṝ- (1) + -a：*m.* 権化。顕示。（諸神の地上への）降下。欠点。「入」「令入」「趣入」と漢訳。

nirdeśa- < nir-$\sqrt{}$diś- (6) + -a：*m.* 命令。指示。記述。表明。詳述。「説」「所説」「説法」「釈」「釈説」「広釈」「分別演説」と漢訳。

api tu khalu punaḥ[53] ahaṃ bhadanta-śāriputra kalpâvaśeṣaṃ vâcintya-vimokṣa-pratiṣṭhitānāṃ bodhi-sattvānāṃ[54] viṣayâvatāra-nirdeśaṃ nirdiśeyam ato vôttari /
（梵漢和維摩経 *p.* 256, *ll.* 10–12）

「また、もしも、尊者シャーリプトラよ、私が、"考えも及ばない"（不可思議）という解脱に住している菩薩たちの〔、その〕境地に入るための説法を〔詳しく〕なすならば、一劫余り、あるいはそれ以上の長きにわたるであろう」

【「若し広説せば、劫(こう)を窮(きわ)むるも尽きざらん」】 （大正蔵、巻一四、五四七頁上）

……………………………………………………………………

api tu：もし、また。

api：*adv.* また。さえも。されど。同様に。

tu：*ind.* しかし。しこうして。しかるに。しかも。

khalu：*ind.* 実に。確かに。しかも。さて。そこで。

punaḥ < punaḥ + (p) < punar：*adv.* 再び。さらに。なお。しかしながら。

ahaṃ < mad-：私。*1, sg. Nom.*

bhadanta-śāriputra < bhadanta-śāriputra-：*m.* 尊者シャーリプトラ。*sg. Voc.*

kalpâvaśeṣaṃ < kalpâvaśeṣa- < kalpa-avaśeṣa-：*adj.* 「過一劫」と漢訳。*n. sg. Acc.* 対格の副詞的

用法。

kalpa-：*m.* 宇宙論的時間。「劫」「劫波」と音写。

avaśeṣa- < ava-√śiṣ- (7,6) + -a：*m.* 残余。残り物。

avaśeṣam：*adv.* 「過」と漢訳。

ava-√śiṣ- (7,6)：残る。

vâcintya-vimokṣa-pratiṣṭhitānāṃ < vā + acintya-vimokṣa-pratiṣṭhitānāṃ

acintya-vimokṣa-pratiṣṭhitānāṃ < acintya-vimokṣa-pratiṣṭhita-：*adj.* "考えも及ばない"（不可思議）という解脱に住している。*m. pl. Gen.*

bodhi-sattvānāṃ < bodhi-sattva-：*m.* 覚りを求める人。「菩提薩埵」「菩薩」と音写。*pl. Gen.*

viṣayâvatāra-nirdeśaṃ < viṣayâvatāra-nirdeśa- < viṣaya-avatāra-nirdeśa-：*m.* 境地に入るための説法。*sg. Acc.*

nirdiśeyam < nirdiśa- < nir-√diś- (6)：指示する。決定する。宣言する。「説」「作説」「称讃」「答」と漢訳。*Opt. 1, sg. P.*

ato < atas + 有声子音：*adv.* これより。ここより。この後。次に。それ故。「故」「是故」「由此」「次後」と漢訳。

vôttari < vā + uttari

uttari：*adv.* 「上」「上昇」「上進」「在於此上」「過」「已後」と漢訳。

§19 atha khalu sthaviro mahā-kāśyapa imaṃ bodhi-sattvānām acintya-vimokṣaṃ śrutvâścarya-prāptaḥ sthaviraṃ śāriputram etad avocat / tad yathâpi nāmâyuṣmañ śāriputra jāty-andhasya puruṣasya purastāt kaś-cid eva sarva-rūpa-gatāny upadarśayet /

（梵漢和維摩経 *p.* 256, *ll.* 13–16）

§19 その時、大徳マハー・カーシャパ（大迦葉）は、菩薩たちのこの"考えも及ばない"（不可思議）という解脱について聞いて、希有なる思いにとらわれ、大徳シャーリプトラ（舎利弗）にこのように言った。

「尊者シャーリプトラよ、それは、あたかも実にだれかある人が、生まれつき盲目の人の前にあらゆる色・形をもつものを示すようなものである。

【§19 是の時、大迦葉は菩薩の不可思議解脱の法門を説くを聞きて、未曾有なりと歎じて、舎利弗に謂えり。「譬えば人有って、盲者の前に於いて、衆の色像を現ずれども、】

（大正蔵、巻一四、五四七頁上）

atha：*adv.* その時。その場合。さて。それ故。しかれば。しかしながら。

khalu：*ind.* 実に。確かに。しかも。さて。そこで。

sthaviro < sthaviraḥ + 有声子音 < sthavira-：*adj.* 老いた。尊敬すべき。「大徳」「尊者」「上座」「長老」と漢訳。*m. sg. Nom.*

mahā-kāśyapa < mahā-kāśyapaḥ + a 以外の母音 < mahā-kāśyapa-：*m.* マハー・カーシャパ。「大迦葉」と漢訳。「摩訶迦葉」と音写。*sg. Nom.*

imaṃ < idam-：これ。*m. sg. Acc.*

bodhi-sattvānām < bodhi-sattva-：*m.* 覚りを求める人。「菩薩」と音写。*pl. Gen.*

acintya-vimokṣaṃ < acintya-vimokṣa-：*m.* "考えも及ばない"という解脱。*sg. Acc.*

śrutvâścarya-prāptaḥ < śrutvā + āścarya-prāptaḥ

śrutvā < √śru- (5) + -tvā：～（具格、奪格、属格）から聞く。*Ger.*

āścarya-prāptaḥ < āścarya-prāpta-：*adj.* 奇異なる思いに囚われた。不思議なる思いに囚われた。*m. sg. Nom.*

sthaviraṃ < sthavira-：*adj.* 老いた。尊敬すべき。「大徳」「尊者」「上座」「長老」と漢訳。*m. sg. Acc.*

śāriputram < śāriputra-：*m.* シャーリプトラ（シャーリーの息子）。「身子」と漢訳。「舎利弗」と音写。*sg. Acc.*

etad < etat + 母音 < etad-：これ。*n. sg. Acc.* 副詞として「このように」を意味する。
avocat < avoca- < a- + va-+ uc- + -a < √vac- (2)：言う。話す。告げる。*重複 Aor. 3, sg. P.*
　　重複アオリストについては、cf.「基礎」*p.* 334.

tad yathâpi nāmâyuṣmañ < tad yathâpi nāma + āyuṣmañ
　　tad yathâpi nāma：あたかも〜であるかのように。譬えば〜のように。
　　tad < tat + 有声子音 < tad-：それ。*n. sg. Nom.*
　　yathā：*関係副詞, 接続詞,* 〜のように。あたかも〜のように。〜であるように。
　　api：*adv.* また。さえも。されど。なお。同様に。
　　nāma：*adv.* 〜という名前の。
　　āyuṣmañ < āyuṣman + (ś) < āyuṣmat- < āyuṣ-mat-：*m.* 「尊者」「長老」と漢訳。*sg. Voc.*
śāriputra < śāriputra-：*m.* シャーリプトラ（シャーリーの息子）。「身子」と漢訳。「舎利弗」と音写。
　　sg. Voc.
jāty-andhasya < jāty-andha-：*adj.* 生まれつき盲目の。「生盲」と漢訳。*m. sg. Gen.*
　　jāty- < jāti- + 母音 < √jan- (1) + -ti：*f.* 誕生。出生。生まれ。
　　andha-：*adj.* 盲目の。朦朧とした。真っ暗の。
puruṣasya < puruṣa-：*m.* 人。人間。*sg. Gen.*
purastāt：*adv.* 前方に。前に。先に。面前で。東方で。東方から。以前に。「現前」「在前」「於前」
　　「対面」と漢訳。
kaś-cid < kaś-cit + 母音 < kiṃ-cit-：*不定代名詞,* だれかある人。何かあるもの。*m. sg. Nom.*
eva：*adv.* さように。このように。まさに。実に。ただ。全くこのように。
sarva-rūpa-gatāny < sarva-rūpa-gatāni + 母音 < sarva-rūpa-gata-：*adj.* あらゆる色・形をもつ。
　　n. pl. Acc.
　　rūpa-：*n.* 形態。外観。色。形。美しい形。見目よいこと。
　　gata- < √gam- (1) + -ta：*pp.* 行った。〜に到達した。〜を得た。
　　〜-gata-：*adj.* 〜に行った。〜の欠如した。〜のない。〜に到達した。
upadarśayet < upadarśaya- < upa-√dṛś- (1) + -aya：*Caus.* 示す。現わす。表わす。説明する。解説
　　する。*Opt. 3, sg. P.*

na ca tatra sa jāty-andha eka-rūpam api paśyet /
（梵漢和維摩経 *p.* 256, *ll.* 16–17）

「その場合に、その生まれつき盲目の人は、一つの色・形でさえも、見ることはないであろう。
【「彼の見る所に非ざるが如し。】（大正蔵、巻一四、五四七頁上）

na：*ind.* 〜でない。〜にあらず。
ca：*conj.* および。また。しかしながら。そして。〜と。なお。
tatra：*adv.* そこに。そこへ。かしこに。その時に。その場合に。
sa < saḥ < tad-：それ。*m. sg. Nom.*
jāty-andha < jāty-andhaḥ + a 以外の母音 < jāti-andha-：*adj.* 生まれつき盲目の。「生盲」と漢訳。
　　m. sg. Nom.
eka-rūpam < eka-rūpa-：*n.* 一つの色・形。*sg. Nom.*
api：*adv.* また。さえも。されど。同様に。
paśyet < paśya- < √paś- (4)：見る。*Opt. 3, sg. P.*

evam evâyuṣmañ śāriputrêhâcintya-vimokṣe nirdiśyamāne sarva-śrāvaka-pratyeka-buddhā iha jāty-andhā iva cakṣur-vihīnā ekasminn apy acintya-kāraṇe na pratyakṣāḥ /
（梵漢和維摩経 *p.* 256, *ll.* 17–19）

「まさにこのように、尊者シャーリプトラよ、この“考えも及ばない”という解脱が説かれても、すべての声聞と独覚たちは今、生まれつき盲目である人たちのように、眼を持たず、“考えることのできない”（不可思議）ということの一つの理由ですら見えないのである。
【「一切の声聞は是の不可思議解脱の法門を聞くも、解了する能わざること、此くの若しと為す。】
（大正蔵、巻一四、五四七頁上）

………………………………………………………………………

evam：*adv.* このように。「是」「如是」と漢訳。
evâyuṣmañ < eva + āyuṣmañ
　eva：*adv.* さように。このように。まさに。実に。ただ。全くこのように。
　āyuṣmañ < āyuṣman + (ś) < āyuṣmat- < āyuṣ-mat-：*m.* 「尊者」「長老」と漢訳。*sg. Voc.*
śāriputrêhâcintya-vimokṣe < śāriputra + iha + acintya-vimokṣe
　śāriputra < śāriputra-：*m.* シャーリプトラ（シャーリーの息子）。「身子」と漢訳。「舎利弗」と音写。*sg. Voc.*
　iha：*adv.* ここに。今。この世に。地上に。
　acintya-vimokṣe < acintya-vimokṣa-：*m.* “考えも及ばない”という解脱。*sg. Loc.*
nirdiśyamāne < nirdiśyamāna- < nirdiśya- + -māna < nis-√diś- (6) + -ya + -māna：*Pass.* 支持される。決定される。宣言される。*A. 現在分詞, m. sg. Loc.*
　以上の処格は、絶対節をなしている。
sarva-śrāvaka-pratyeka-buddhā < sarva-śrāvaka-pratyeka-buddhāḥ + 有声音 < sarva-śrāvaka-pratyeka-buddha-：*m.* すべての声聞と独覚。*pl. Nom.*
iha：*adv.* ここに。今。この世に。地上に。
jāty-andhā < jāty-andhāḥ + 有声音 < jāty-andha- < jāti-andha-：*adj.* 生まれつき盲目の。「生盲」と漢訳。*m. pl. Nom.*
iva：*adv.* ～のように。～のごとく。いわば。あたかも。
cakṣur-vihīnā < cakṣur-vihīnāḥ + 有声音 < cakṣur-vihīna-：*adj.* 眼のない。眼を失った。*m. pl. Nom.*
　cakṣur- < cakṣus- + 有声音：*n.* 眼。
　vihīna- < vi-√hā- (3) + -na：*pp.* 「乏」「失」「無」「劣」「捨」「不全」「不具足」と漢訳。
　vi-√hā- (3)：置き去りにする。捨て去る。除去する。捨てる。
　√hā- (3)：捨て去る。取り去る。見捨てる。失う。除く。「捨」「除」と漢訳。
ekasminn < ekasmin + 母音 < eka-：*基数詞,* 一。*adj.* ある。*n. sg. Loc.*
apy < api + 母音：*adv.* また。さえも。されど。同様に。
acintya-kāraṇe < acintya-kāraṇa-：*n.* “考えることのできない”（不可思議）の理由。*sg. Loc.*
　acintya- < a- + √cint- (10) + -ya：*未受分,* 思議すべからざる。考えるべきでない。
　kāraṇa-：*n.* 原因。機会。動機。第一原因。「因」「作因」「能作」「因縁」と漢訳。
na：*ind.* ～でない。～にあらず。
pratyakṣāḥ < pratyakṣa- < praty-akṣa-：*adj.* 眼前にある。一目瞭然の。見える。明瞭な。明白な。顕著な。直接の。「現」「現前」「現証」と漢訳。*m. pl. Nom.*

> ko nāma vidvān imam acintyaṃ vimokṣaṃ śrutvânuttarāyāṃ samyak-saṃbodhau cittaṃ nôtpādayet /
>
> （梵漢和維摩経 *p.* 258, *ll.* 1–2)

「この“考えも及ばない”という解脱〔についての教え〕を聞いて、賢者の一体だれが、この上ない正しく完全な覚り（阿耨多羅三藐三菩提）へ向けて心を発さないであろうか。
【「智者は是れを聞かば、其れ誰か阿耨多羅三藐三菩提に心を発さざらん。】
（大正蔵、巻一四、五四七頁上）

………………………………………………………………………

ko < kaḥ + 有声子音 < kim-：*疑問代名詞,* だれ。何。どんな。どれ。*m. sg. Nom.*

nāma：*adv.* 〜という名前の。実に。確かに。もちろん。おそらく。そもそも。
vidvān < vidvas- < √vid- (1) + -vas：*完了分詞,* 知る。賢明な。学識ある。〜（対格、処格）に精通した。〜をよく知っている。*m.* 賢者。学者。*m. sg. Nom.* 格変化は、cf.「基礎」*p.* 171.
imam < idam-：これ。*m. sg. Acc.*
acintyaṃ < acintya- < a- + √cint- (10) + -ya：*未受分,* 思議すべからざる、考えるべきでない。*m. sg. Acc.*
vimokṣaṃ < vimokṣa-：*m.* 緩むこと。〜からの解放。救済。「解脱」と漢訳。*sg. Acc.*
śrutvânuttarāyāṃ < śrutvā + anuttarāyāṃ
　śrutvā < √śru- (5) + -tvā：〜（具格、奪格、属格）から聞く。*Ger.*
　anuttarāyāṃ < anuttarā- < anuttara- < an-ud-tara-：*比較級,* この上ない。「無上」と漢訳。*f. sg. Loc.*
samyak-saṃbodhau < samyak-saṃbodhi-：*f.* 正しく完全な覚り。「正覚」「正等正覚」「正等菩提」と漢訳。「三藐三菩提」と音写。*sg. Loc.* 目的地や目標を示す処格。
cittaṃ < citta-：*n.* 心。思考。意思。知性。理性。「質多」と音写。*sg. Acc.*
nôtpādayet < na + utpādayet
　utpādayet < utpādaya- < ud-√pad- (4) + -aya：*Caus.* 起こす。生じる。*Opt. 3, sg. P.*

> tat kiṃ nu bhūyaḥ kariṣyāmo 'tyantôpahatêndriyā dagdha-vinaṣṭānîva bījāny abhājanī-bhūtā iha mahā-yāne /
>
> （梵漢和維摩経 *p.* 258, *ll.* 2–3）

「それ故に、我々は、今、さらに何をなすべきだろうか。〔我々は〕焼かれて芽を出すことのない種子のように、ずっと感覚器官（機根）が破壊されていて、この大乗において〔法の〕器ではないのだ。
【「我等は何為（す）れぞ永く其の根を絶てるや。此の大乗に於いて、已（すで）に敗種（はいしゅ）の如し。】
（大正蔵、巻一四、五四七頁上）
………………………………………………………………

tat < tad-：それ。*n. sg. Acc.*
　代名詞の中性・対格／具格／奪格は、連結助詞として用いられ、「そこで」「従って」「このため」を意味する。
kiṃ < kim-：*疑問代名詞,* 何か。なぜか。*n. sg. Acc.*
nu：*ind.* 今。なお。〜すら。すでに。そこで。故に。決して〜ない。実に。まさに。確かに。
bhūyaḥ < bhūyaḥ + (k) < bhūyas：*比較級,* 〜（奪格）より以上の。〜より多い。〜より大きな。*adv.* 一層多く。もっと多く。その上に。なおまた。さらに。
　kiṃ bhūyas：これ以上言って何の役に立とうか。
kariṣyāmo 'tyantôpahatêndriyā < kariṣyāmaḥ + atyantôpahatêndriyā
　kariṣyāmaḥ < kariṣya- < √kṛ- (8) + -iṣya：なす。作る。*Fut. 1, pl. P.*
　未来形は、意図や命令を表わすこともある。cf.「シンタックス」*p.* 90.
　atyantôpahatêndriyā < atyantôpahatêndriyāḥ + 有声音 < atyanta-upahata-indriya-：*adj.* 断絶することなく駄目にされた感覚器官を持つ。常に感覚器官（機根）が駄目になっている。*m. pl. Nom.*
　atyanta- < ati-anta-：*adj.* 終わりまで続く。継続する。断絶せざる。無限の。過度の。極端な。「畢竟」「究竟」と漢訳。
　upahata- < upa-√han- (2) + -ta：*pp.* 触れられた。撒き散らされた。覆われた。殺害された。苦しめられた。攻撃された。傷つけられた。駄目にされた。圧倒された。
　indriya-：*n.* 活力。精力。感官。能力。「根」と漢訳。
dagdha-vinaṣṭānîva < dagdha-vinaṣṭāni + iva
　dagdha-vinaṣṭāni < dagdha-vinaṣṭa-：*pp.* 焼かれて芽を生じなくなった。*n. pl. Nom.*
　dagdha- < √dah- (1) + -ta：*pp.* 焼かれた。焼尽した。苦痛を与えられた。悲歎／飢餓に苦し

められた。悩まされた。致命的な。悲惨な。憐れな。無益な。

√dah- (1)：焼く。火で焼き尽くす。焦がす。苦しませる。

vinaṣṭa- < vi-√naś- (1) + -ta：*pp.* 消失した。失われた。廃棄された。破壊された。壊れた。実を結ばなくなった。「壊」「滅」「破壊」と漢訳された。

vi-√naś- (1)：失われる。消える。亡びる。実を結ばない。

iva：*adv.* ～のように。～のごとく。いわば。あたかも。

bījāny < bījāni + 母音 < bīja-：*n.* （植物の）種子。（動物の）精液。穀類の種子。穀粒。要素。源泉。起源。*pl. Nom.*

abhājanī-bhūtā < abhājanī-bhūtāḥ + 有声音 < abhājanī-bhūta-：*adj.* 〔法の〕器でない。「非（法）器」「非器」「不能堪受」と漢訳。*m. pl. Nom.*

abhājanī- < abhājana- < a-bhājana-：*adj.* ～（属格）の器に非ざる。

動詞 √bhū- (1), √as- (2), √kṛ- (8) の前分に名詞、形容詞がくる複合語では名詞、形容詞の末尾の a, ā, an は īとなり、i, u は ī, ūとなり、ṛ は rī、それ以外はそのままとなる。cf.「基礎」*p.* 566.

bhājana-：*n.* 容器。皿。壺。～（属格）を入れるもの。「鉢」「器」「（法）器」「器（世間）」と漢訳。

bhūta- < √bhū- (1) + -ta：*pp.* ～となった。あった。過去の。存在する。～である。真実の。

iha：*adv.* ここに。今。この世に。地上に。

mahā-yāne < mahā-yāna-：*n.* 大いなる乗り物。「大乗」と漢訳。「摩訶衍」と音写。*sg. Loc.*

> sarva-śrāvaka-pratyeka-buddhair ayaṃ dharma-nirdeśaḥ[55] śrutvā rudadbhis[56] tri-sāhasra-mahā-sāhasro loka-dhātur vijñāpayitavyaḥ /
>
> （梵漢和維摩経 *p.* 258, *ll.* 4–5）

「すべての声聞と独覚たちは、この説法を聞いて後、〔号泣し、その〕泣き声によって〔それらの声聞と独覚たちは〕三千大千世界に知れ渡るであろう[57]。

【「一切の声聞(しょうもん)は是の不可思議解脱の法門を聞きて、皆応に号泣して声、三千大千世界に震うべし。】

（大正蔵、巻一四、五四七頁上）

……………………………………………………………………

sarva-śrāvaka-pratyeka-buddhair < sarva-śrāvaka-pratyeka-buddhaiḥ + 有声音 < sarva-śrāvaka-pratyeka-buddha-：*m.* すべての声聞と独覚。*pl. Ins.*

ayaṃ < idam-：これ。*m. sg. Nom.*

dharma-nirdeśaḥ < dharma-nirdeśaḥ + (ś) < dharma-nirdeśa-：*m.* 法についての詳述。「説法」と漢訳。*sg. Nom.*

nirdeśa- < nir-√diś- (6) + -a：*m.* 命令。指示。記述。表明。詳述。「説」「所説」「説法」「釈」「釈説」「広釈」「分別演説」と漢訳。

śrutvā < √śru- (5) + -tvā：～（具格、奪格、属格）から聞く。*Ger.*

絶対分詞は、能動と受動の両方の意味を持ちうるが、ここは受動の意味で用いられている。

rudadbhis < rudadbhiḥ + (t) < rudat- < √rud- (6) + -t：泣く。嘆く。悲しむ。「号泣」「啼泣」「啼哭」と漢訳。*現在分詞, m. pl. Ins.*

tri-sāhasra-mahā-sāhasro < tri-sāhasra-mahā-sāhasraḥ + 有声子音 < tri-sāhasra-mahā-sāhasra-：*adj.* 「三千大千」と漢訳。*m. sg. Nom.*

loka-dhātur < loka-dhātuḥ + 有声音 < loka-dhātu-：*m.* 世界。*sg. Nom.*

vijñāpayitavyaḥ < vijñāpayitavya- < vijñāpaya- + -itavya < vi-√jñā- (9) + -paya + -itavya：*Caus.* *未受分,* 宣言されるべき。報告されるべき。知らせられるべき。*m. sg. Nom.*

未来受動分詞は、未来の意味を表わす。cf.「シンタックス」*p.* 104.

vijñāpaya- < vi-√jñā- (9) + -paya：*Caus.* 宣言する。報告する。知らせる。

vi-√jñā- (9)：区別する。識別する。知る。認める。了解する。正確に知る。知識を得る。

sarva-bodhi-sattvaiś[58] ca pramuditair ayam acintya-vimokṣaḥ[59] śrutvā mūrdhnā saṃpratye-tavyo 'dhimukti-balaṃ ca saṃjanayitavyam /
（梵漢和維摩経 *p.* 258, *ll.* 5–7）

「ところが、すべての狂喜した菩薩たちは、この“考えも及ばない”という解脱〔についての教え〕を聞いて[60]、〔この教えを〕頭〔におしいただくこと〕によって信ずるべきであり、信順の志の力を生ずるべきである[61]。

【一切の菩薩は、応に大いに欣喜して、此の法を頂受すべし。】（大正蔵、巻一四、五四七頁上）

……………………………………………………………………

sarva-bodhi-sattvaiś < sarva-bodhi-sattvaiḥ + (c) < sarva-bodhi-sattva-：*m.* すべての菩薩。*pl. Ins.*

ca：*conj.* および。また。しかしながら。そして。～と。なお。

pramuditair < pramuditaiḥ + 有声音 < pramudita- < pra-√mud- (1) + -ita：*pp.* 狂喜した、喜んだ。*m. pl. Ins.*

ayam < idam-：これ。*m. sg. Nom.*

acintya-vimokṣaḥ < acintya-vimokṣaḥ + (ś) < acintya-vimokṣa-：*m.* “考えも及ばない”という解脱。*sg. Nom.*

śrutvā < √śru- (5) + -tvā：～（具格、奪格、属格）から聞く。*Ger.*
絶対分詞は、能動と受動の両方の意味を持ちうるが、ここは受動の意味で用いられている。

mūrdhnā < mūrdhan-：*m.* ひたい。頭蓋。頭。*sg. Ins.*

saṃpratyetavyo 'dhimukti-balaṃ < saṃpratyetavyaḥ + adhimukti-balaṃ

saṃpratyetavyaḥ < saṃpratyetavya- < sam-prati-etavya- < sam- prati-√i- (2) + -tavya：*未受分,* 信じられるべきである。*m. sg. Nom.*

saṃpratyaya- < sam-prati-aya- < sam- prati-√i- (2) + -a：*m.* 合意。信用。信仰。確信。「信」「信受」「信解」と漢訳。

adhimukti-balaṃ < adhimukti-bala-：*n.* 信順の志の力。「解力」「解脱力」と漢訳。*sg. Nom.*

adhimukti- < adhi-√muc- (6) + -ti：*f.* 信順の志。傾向。嗜好。信頼。確信。「信」「信解」「解」「信受」と漢訳。

bala-：*n.* 力。能力。体力。活力。暴力。

ca：*conj.* および。また。しかしながら。そして。～と。なお。

saṃjanayitavyam < saṃjanayitavya- < saṃjanaya- + -itavya < sam-√jan- (1) + -aya + -itavya：*Caus. 未受分,* 産出されるべき。創造されるべき。作られるべき。形成されるべき。生じられるべき。*n. sg. Nom.*

saṃjanaya- < sam-√jan- (1) + -aya：*Caus.* 産出する。創造する。作る。形成する。「生」「発」「発生」と漢訳。

sam-√jan- (1)：生まれる。起こる。成長する。現われる。

yasyâiṣâcintya-[62]vimokṣâdhimuktiḥ sarva-mārās tasya kiṃ kariṣyanti /
（梵漢和維摩経 *p.* 258, *ll.* 7–8）

「〔菩薩が〕この“考えも及ばない”という解脱に対する信順の志を持つならば、その〔菩薩〕に対して、すべての悪魔が何をなすであろうか」と。

【「若し菩薩にして不可思議解脱の法門を信解する者有らば、一切の魔の衆は、之を如何ともすること無けん」と。】（大正蔵、巻一四、五四七頁上）

……………………………………………………………………

yasyâiṣâcintya-vimokṣâdhimuktiḥ < yasya + eṣā + acintya-vimokṣâdhimuktiḥ

yasya < yad-：*関係代名詞, m. sg. Gen.*

eṣā < etad-：これ。*f. sg. Nom.*

acintya-vimokṣâdhimuktiḥ < acintya-vimokṣa-adhimukti-：*f.* “考えも及ばない”という解脱

に対する信順の意向。*sg. Nom.*
以上は、主格と属格の名詞文をなしている。
adhimukti-：*f.* 信順の志。傾向。嗜好。信頼。確信。「信」「信解」「解」「信受」と漢訳。
sarva-mārās < sarva-mārāḥ + (t) < sarva-māra-：*m.* すべての悪魔。*pl. Nom.*
māra- < √mṛ- (1) + -a：*m.* 死。殺害。誘惑者。悪魔。「障」「悪者」と漢訳。「悪魔」「邪魔」「魔」「摩羅」と音写。
tasya < tad-：それ。*m. sg. Gen.*
kiṃ < kim-：*疑問詞,* だれ。何。どんな。どの。*n. sg. Acc.*
kariṣyanti < kariṣya- < √kṛ- (8) + -iṣya：作る。なす。*Fut. 3, pl. P.*

imaṃ nirdeśaṃ nirdiśataḥ sthavirasya mahā-kāśyapasya dvātriṃśatā deva-putra-sahasrair anuttarāyāṃ samyak-saṃbodhau cittāny utpannāni /
(梵漢和維摩経 *p.* 258, *ll.* 8–10)

大徳マハー・カーシャパがこの説法をなしている時、三万二千の神々の子（天子）たちが、この上ない正しく完全な覚りに向けて心を発した。
【大迦葉、是の語を説ける時、三万二千の天子、皆、阿耨多羅三藐三菩提(あのくたらさんみゃくさんぼだい)に心を発せり。】
（大正蔵、巻一四、五四七頁上）

....

imaṃ < idam-：これ。*m. sg. Acc.*
nirdeśaṃ < nirdeśa- < nir-√diś- (6) + -a：*m.* 命令。指示。記述。教示。「説」「所説」「説法」と漢訳。*sg. Acc.*
nirdiśataḥ < nirdiśataḥ + (s) < nirdiśat- < nirdiśa- + -t < nir-√diś- (6) + -t：指示する。決定する。宣言する。「説」「作説」「称讃」「答」と漢訳。*現在分詞, m. sg. Gen.*
sthavirasya < sthavira-：*adj.* 老いた。尊敬すべき。「大徳」「尊者」「上座」「長老」と漢訳。*m. sg. Gen.*
mahā-kāśyapasya < mahā-kāśyapa-：*m.* マハー・カーシャパ。「大迦葉」と漢訳。「摩訶迦葉」と音写。*sg. Gen.*
以上の属格は絶対節をなしている。
dvātriṃśatā < dvātriṃśat-：*基数詞,* 三十二。*f. sg. Ins.*
triṃśat- (30), catvāriṃśat- (40), pañcāśat- (50) は、t- 語幹の名詞（*f. sg.*）の格変化に従う。cf.「基礎」*p.*235.
deva-putra-sahasrair < deva-putra-sahasraiḥ + 有声音 < deva-putra-sahasra-：*n.* 千の神々の子（天子）。*pl. Ins.*
anuttarāyāṃ < anuttarā- < anuttara- < an-ud-tara-：*比較級,* この上ない。「無上」と漢訳。*f. sg. Loc.*
samyak-saṃbodhau < samyak-saṃbodhi-：*f.* 正しく完全な覚り。「正覚」「正等正覚」「正等菩提」と漢訳。「三藐三菩提」と音写。*sg. Loc.* 目的地や目標を示す処格。
cittāny < cittāni + 母音 < citta-：*n.* 心。思考。意思。知性。理性。「質多」と音写。*pl. Nom.*
utpannāni < utpanna- < ud-√pad- (4) + -na：*pp.* ～（処格）から生まれた。生じた。「已生」「出現」「生起」と漢訳。*n. pl. Nom.*

§20 atha vimalakīrtir licchaviḥ sthaviraṃ mahā-kāśyapam evam āha / yāvanto bhadanta-mahā-kāśyapa daśasu dikṣv aprameyeṣu loka-dhātuṣu mārā māratvaṃ kārayanti sarve te yad-bhūyasâcintya-vimokṣa-pratiṣṭhitā bodhi-sattvā upāya-kauśalyena sattva-paripācanāya māratvaṃ kārayanti /
(梵漢和維摩経 *p.* 258, *ll.* 11–14)

§20 その時、リッチャヴィ族のヴィマラキールティは、大徳マハー・カーシャパにこのように言った。

「尊者マハー･カーシャパよ、十方の無量の世界において、悪魔たることをなすそれほど多くの悪魔たち、それらのすべてが大体、“考えも及ばない”（不可思議）という解脱に住している菩薩たちであり、衆生を成熟させるために巧みなる方便によって悪魔たることをなしているのだ。

【§20　爾の時、維摩詰は大迦葉に語れり。「仁者よ、十方無量阿僧祇の世界の中にて魔王と作る者は、多くは是れ不可思議解脱に住する菩薩なり。方便力を以て衆生を教化すべく、現じて魔王と作れるなり。】　　（大正蔵、巻一四、五四七頁上）

……………………………………………………………………………

atha：*adv.* その時。その場合。さて。それ故。しかれば。しかしながら。

vimalakīrtir < vimalakīrtiḥ + 有声音 < vimalakīrti- < vimalakīrti- < vimala-kīrti-：*m.* ヴィマラキールティ。汚れのない名声を持つ（もの）。「維摩詰」「維摩」と音写。「浄名」「無垢称」と漢訳。*sg. Nom.*

licchaviḥ < licchaviḥ + (s) < licchavi-：*m.* リッチャヴィ。「離車子」「栗姑毘」と音写。*sg. Nom.*

sthaviraṃ < sthavira-：*adj.* 老いた。尊敬すべき。「大徳」「尊者」「上座」「長老」と漢訳。*m. sg. Acc.*

mahā-kāśyapam < mahā-kāśyapa-：*m.* マハー・カーシャパ。「大迦葉」と漢訳。「摩訶迦葉」と音写。*sg. Acc.*

evam：*adv.* このように。「是」「如是」と漢訳。

āha < √ah-：言う。*Perf. 3, sg. P.*

……………………………………………………………………………

yāvanto < yāvantaḥ + 有声子音 < yāvat-：*関係形容詞,* ～ほど大きい／多くの／長い。*m. pl. Nom.*

bhadanta-mahā-kāśyapa < bhadanta-mahā-kāśyapa-：*m.* 尊者マハー・カーシャパ。*sg. Voc.*

daśasu < daśan-：*基数詞,* 十。*f. pl. Loc.*

dikṣv < dikṣu + 母音 < diś-：*f.* 方角。方向。*pl. Loc.* 格変化は、cf.「基礎」*p.*127.

aprameyeṣu < aprameya- < a- + pra-√mā- (2,3) + -ya：*未受分,* 無量の。量ることのできない。*f. pl. Loc.*

loka-dhātuṣu < loka-dhātu-：*f.* 世界。*pl. Loc.*

mārā < mārāḥ + 有声音 < māra- < √mṛ- (1) + -a：*m.* 死。殺害。誘惑者。悪魔。「障」「悪者」と漢訳。「悪魔」「邪魔」「魔」「摩羅」と音写。*pl. Nom.*

māratvaṃ < māratva- < māra-tva-：*n.* 悪魔たること。*sg. Acc.*

kārayanti < kāraya- < √kṛ- (8) + -aya：*Caus.* なさせる。作らせる。（しばしば、使役でなく単純動詞として用いられる）。*3, pl. P.*

sarve < sarva-：*adj.* すべての。*m. pl. Nom.*

te < tad-：それ。*m. pl. Nom.*

yad-bhūyasâcintya-vimokṣa-pratiṣṭhitā < yad-bhūyasā + acintya-vimokṣa-pratiṣṭhitā

yad-bhūyasā：*adv.* 大体。「多」「多分」「余衆多人」と漢訳。比較級 bhūyas- の具格の副詞的用法。

acintya-vimokṣa-pratiṣṭhitā < acintya-vimokṣa-pratiṣṭhitāḥ + 有声音 < acintya-vimokṣa-pratiṣṭhita-：*adj.* “考えも及ばない”（不可思議）という解脱に住している。*m. pl. Nom.*

bodhi-sattvā < bodhisattvāḥ + 有声音 < bodhisattva-：*m.* 覚りを求める人。「菩薩」と音写。*pl. Nom.*

upāya-kauśalyena < upāya-kauśalya-：*n.* 巧みなる方便。「善巧方便」と漢訳。*sg. Ins.*

sattva-paripācanāya < sattva-paripācana-：*n.* 衆生を成熟させること。*sg. Dat.*

māratvaṃ < māratva- < māra-tva-：*n.* 悪魔たること。*sg. Acc.*

kārayanti < kāraya- < √kṛ- (8) + -aya：*Caus.* なさせる。作らせる。（しばしば、使役でなく単純動詞として用いられる）。*Pres. 3, pl. P.*

yaiś ca tair[63] bhadanta-mahā-kāśyapa daśasu dikṣv aprameyeṣu loka-dhātuṣu bodhi-sattvā yācanakair yācyante hasta-pādān vā karṇa-nāsaṃ vā śoṇitaṃ snāyuṃ vâsthi-majjāṃ[64] vā netrāṇi vôttamâṅgāni śirāṃsi vâṅga-pratyaṅgāni vā rājya-rāṣṭra-janapadān vā bhāryā-putra-duhitṝr[65] vā dāsa-dāsīr vā haya-gaja-ratha-vāhanāni vā suvarṇa-maṇi-muktā-vaiḍūrya-śaṅkha-śilā-pravāḍa-maṇi-ratna-jātaṃ vânna-pānāni rasān vā vastrāṇi côtpīḍya yācyante sarve te yācanakā yad-bhūyasâcintya-vimokṣa-pratiṣṭhitā bodhi-sattvā upāya-kauśalyenêmāṃ dṛḍhâdhyāśayatāṃ darśayanti /

(梵漢和維摩経 *p.* 258, *ll.* 15–22)

「尊者マハー・カーシャパよ、十方の無量の世界において、手と足、あるいは耳と鼻、あるいは血液と筋肉、あるいは骨の髄、あるいは眼、あるいは身体の最も重要な部分である頭、あるいは四肢と身体の各部分、あるいは王権や王国、国、あるいは妻や、息子、娘、あるいは召使いと女召使い、あるいは馬、象、車、乗り物、あるいは金、宝石、真珠、琉璃、螺貝、碧玉、珊瑚、宝玉のすべてのもの、あるいは飲食物、あるいは果汁を菩薩たちに乞う〔ところの〕、また〔菩薩を〕威圧して衣服を乞うところのそれらの乞食者たち、それらのすべての乞食者たちが大体、"考えも及ばない"（不可思議）という解脱に住している菩薩たちであり、巧みなる方便によってこの堅固で高潔なる心を持つことを示すのだ。

【「又迦葉よ、十方の無量の菩薩に、或いは人有りて従いて手・足・耳・鼻・頭・目・髄・脳・血・肉・皮・骨・聚落・城邑・妻子・奴婢・象・馬・車乗・金・銀・琉璃・車磲・瑪瑙・珊瑚・琥珀・真珠・珂貝・衣服・飲食を乞わん。此くの如くに乞わん者は、多く是れ不可思議解脱に住する菩薩なり。方便力を以て往きて之を試み、其れをして堅固ならしめんとするなり。】

（大正蔵、巻一四、五四七頁上）

……………………………………………………………………

yaiś < yaiḥ + (c) < yad-：*関係代名詞, m. pl. Ins.*
ca：*conj.* および。また。しかしながら。そして。〜と。なお。
tair < taiḥ + 有声音 < tad-：それ。*m. pl. Ins.*
bhadanta-mahā-kāśyapa < bhadanta-mahā-kāśyapa-：*m.* 尊者マハー・カーシャパ。*sg. Voc.*
daśasu < daśan-：*基数詞,* 十。*f. pl. Loc.*
dikṣv < dikṣu + 母音 < diś-：*f.* 方角。方向。*pl. Loc.* 格変化は、cf.「基礎」*p.*127.
aprameyeṣu < aprameya- < a- + pra-√mā- (2,3) + -ya：*未受分,* 無量の。量ることのできない。*f. pl. Loc.*
loka-dhātuṣu < loka-dhātu-：*f.* 世界。*pl. Loc.*
bodhi-sattvā < bodhi-sattvāḥ + 有声音 < bodhi-sattva-：*m.* 覚りを求める衆生。「菩薩」と漢訳。*pl. Nom.*
yācanakair < yācanakaiḥ + 有声音 < yācanaka- < yācana-ka-：*m.* 乞食。懇請／懇願／要求する人。「乞」「乞人」「乞者」と漢訳。*pl. Ins.*
　yācana- < √yāc- (1) + -ana：*n.* 〜を懇請／懇願／要求すること。「請」「勧請」と漢訳。
yācyante < yācya- < √yāc- (1) + -ya：*Pass.* 〜（対格）を〜（対格）に懇願される。求められる。乞われる。切願される。*3, pl. A.*
hasta-pādān < hasta-pāda-：*m.* 手と足。*pl. Acc.*
　hasta-：*m.* 手。
　pāda-：*m.* （人や動物の）足。
vā：*ind.* 〜か。または。たとえ〜であっても。
karṇa-nāsaṃ < karṇa-nās-：*f.* 耳と鼻。*sg. Acc.*
　karṇa-：*m.* 耳。（器物の）柄。
　nās-：*f.* 鼻。格変化は、cf.「基礎」*p.* 146.
vā：*ind.* 〜か。または。たとえ〜であっても。
śoṇitaṃ < śoṇita- < √śoṇaya- (名動詞) + -ta：*pp.* 赤く彩色された。*n.* 血。「血」「赤」「不浄」「（父母）赤白和合」と漢訳。*sg. Acc.*
　śoṇa-：*adj.* 赤い。真紅の。*m.* 赤さ。

snāyuṃ < snāyu-：*n.* 腱。筋。筋肉。*sg. Acc.*
vâsthi-majjāṃ < vā + asthi-majjāṃ
　　asthi-majjāṃ < asthi-majjā-：*f.* 骨の髄。*sg. Acc.*
　　asthi-：*n.* 骨。
　　majjā-：*f.* 髄。骨。
vā：*ind.* 〜か。または。たとえ〜であっても。
netrāṇi < netra-：*m.* 指導者。案内者。*n.* 案内。眼。*pl. Acc.*
vôttamâṅgāni < vā + uttamâṅgāni
　　uttamâṅgāni < uttamâṅga- < uttama-aṅga-：*n.* 身体の最高の。最も重要な部分。頭。*pl. Acc.*
　　uttama- < ud-tama-：*最上級,* 最上の。
　　aṅga-：*n.* 肢。支分。部分。身体。要素。
śirāṃsi < śiras-：*n.* 頭。頂上。峰。先端。首領。首長。*pl. Acc.* 格変化は、cf.「基礎」*p.* 140.
vâṅga-pratyaṅgāni < vā + aṅga-pratyaṅgāni
　　aṅga-pratyaṅgāni < aṅga-pratyaṅga-：*n.* 手足や身体の各部分。*pl. Acc.*
　　aṅga-：*n.* 肢。支分。部分。身体。要素。
　　pratyaṅga- < prati-aṅga-：*n.* 身体の小部分（額、下顎、鼻、耳、指など）。
vā：*ind.* 〜か。または。たとえ〜であっても。
rājya-rāṣṭra-janapadān < rājya-rāṣṭra-janapada-：*m.* 王権、王国、国。*pl. Acc.*
　　rājya- < √rāj- (1) + -ya：*adj.* 王室の。*n.* 〜（処格）に対する主権。〜の主権。統治国。王国。領土。
　　rāṣṭra-：*n.* 王国。領域。国土。国民。人民。
　　janapada-：*m.* 地方。地方に住む人。「邑」「方域」「田里」と漢訳。
　　jana-：*m.* 生物。人。人民。「人」「男女」「人民」と漢訳。
　　pada-：*n.* 一歩。足取り。足跡。足場。場所。立場。
vā：*ind.* 〜か。または。たとえ〜であっても。
bhāryā-putra-duhitṝr < bhāryā-putra-duhitṝḥ + 有声音 < bhāryā-putra-duhitṛ-：*f.* 妻や、息子、娘。
　　pl. Acc. 格変化は、cf.「基礎」*p.* 113.
　　bhāryā-：*f.* 妻。
　　putra-：*m.* 息子。
　　duhitṛ-：*f.* 娘。
vā：*ind.* 〜か。または。たとえ〜であっても。
dāsa-dāsīr < dāsa-dāsīḥ + 有声音 < dāsa-dāsī-：*f.* 召使いと女召使い。*pl. Acc.*
　　dāsa-：*m.* 奴隷。召使い。
　　dāsī- < dāsa- + -ī：*f.* 女召使い。女奴隷。
vā：*ind.* 〜か。または。たとえ〜であっても。
haya-gaja-ratha-vāhanāni < haya-gaja-ratha-vāhana-：*n.* 馬、象、車、乗り物。*pl. Acc.*
　　haya-：*m.* 軍馬。馬。
　　gaja-：*m.* 象。
　　ratha-：*m.* 車。乗り物。
　　vāhana- < vāhaya- + -ana < √vah- (1) + -aya + -ana：*adj.* 御する。運ぶ。もたらす。*n.* 乗り物。荷馬車。運ぶこと。
vā：*ind.* 〜か。または。たとえ〜であっても。
suvarṇa-maṇi-muktā-vaiḍūrya-śaṅkha-śilā-pravāḍa-maṇi-ratna-jātaṃ < suvarṇa-maṇi-muktā-vaiḍūrya-śaṅkha-śilā-pravāḍa-maṇi-ratna-jāta-：*n.* 金、宝石、真珠、琉璃、螺貝、碧玉、珊瑚、宝石のすべて。*sg. Acc.*
　　suvarṇa- < su-varṇa-：*adj* よい色を持つ。金色に輝く。*n.* 黄金。
　　maṇi-：*m.* 真珠。珠玉。宝石。「宝珠」と漢訳。

muktā-：*f.* 真珠。(√muc-の過去受動分詞で、「牡蠣から分泌されたもの」という意)。
vaiḍūrya-：*n.* 「瑠璃」「毘瑠璃」と音写。
śaṅkha-：*m.n.* 貝。螺貝。
śilā-：*f.* 石。岩。巌。「玉石」「美玉」「瓦石」「碧玉」と漢訳。
pravāḍa- < pra-vāḍa- = pra-vāla-：*m.n.* 珊瑚。
maṇi-ratna-：*n.* 宝石。「宝」「宝珠」「宝玉」「如意宝」と漢訳。
maṇi-：*m.* 真珠。珠玉。宝石。「意珠」「如意宝珠」と漢訳。「摩尼」「摩尼珠」と音写。
ratna-：*n.* 宝石。財宝。
～-jāta-：*n.* ～に含まれるすべてのもの。～の総計。～の各種。「種」「種類」と漢訳。
jāta- < √jan- (1) + -ta：*pp.* ～（処格）によって生まれた。～（具格）を父に～（処格）を母に生まれた。
vânna-pānāni < vā + anna-pānāni
anna-pānāni < anna-pāna-：*n.* 飲食物。*pl. Acc.*
rasān < rasa- < √ras- (1) + -a：*m.* （草木の）汁。液。果汁シロップ。流動物。液体。味。*pl. Acc.*
vā：*ind.* ～か。または。たとえ～であっても。
vastrāṇi < vastra-：*n.* 着物。衣服。布。*pl. Acc.*
côtpīḍya < ca + utpīḍya
utpīḍya < utpīḍaya- + -ya < ud-√pīḍ- + -aya + -ya：*Caus.* 圧する。締め付ける。絞る。苦痛を与える。困憊させる。悩ませる。困らせる。かろうじて生活する。*Ger.*
使役動詞の絶対分詞の作り方は、cf.「基礎」*p.* 489.
この語は、前のほうでも用いられていた。そこでは次の意味で用いられていた。
anutpīḍana- < an-utpīḍana-：*adj.* 圧迫することのない。「無苦悩」「無諸災厄」と漢訳。
utpīḍana- < utpīḍaya- + -ana < ud-√pīḍ- + -aya + -ana：*n.* 圧迫すること。「悩」「悩害」「逼悩」「逼害」「逼迫」「受諸苦痛」と漢訳。
utpīḍaya- < ud-√pīḍ- + -aya：*Caus.* 上方へ圧する。押し上げる。
pīḍaya- < √pīḍ- + -aya：*Caus.* 圧する。締め付ける。絞る。苦痛を与える。困憊させる。悩ませる。困らせる。かろうじて生活する。
√pīḍ-：圧する。
yācyante < yācya- < √yāc- (1) + -ya：*Pass.* ～（対格）を～（対格）に懇願される。求められる。乞われる。切願される。*3, pl. A.*
sarve < sarva-：*adj.* すべての。*m. pl. Nom.*
te < tad-：それ。*m. pl. Nom.*
yācanakā < yācanakāḥ + 有声音 < yācanaka- < yācana-ka-：*m.* 乞食。懇請／懇願／要求する人。「乞」「乞人」「乞者」と漢訳。*pl. Nom.*
yad-bhūyasâcintya-vimokṣa-pratiṣṭhitā < yad-bhūyasā + acintya-vimokṣa-pratiṣṭhitā
yad-bhūyasā：*adv.* 大体。「多」「多分」「余衆多人」と漢訳。比較級 bhūyas- の具格の副詞的用法。
acintya-vimokṣa-pratiṣṭhitā < acintya-vimokṣa-pratiṣṭhitāḥ + 有声音 < acintya-vimokṣa-pratiṣṭhita-：*adj.* "考えも及ばない"（不可思議）という解脱に住している。*m. pl. Nom.*
bodhi-sattvā < bodhi-sattvāḥ + 有声音 < bodhi-sattva-：*m.* 覚りを求める衆生。「菩薩」と漢訳。*pl. Nom.*
upāya-kauśalyenêmāṃ < upāya-kauśalyena + imāṃ
upāya-kauśalyena < upāya-kauśalya-：*n.* 巧みなる方便。巧みなる手立て。「善巧方便」と漢訳。*sg. Ins.*
imāṃ < idam-：これ。*f. sg. Acc.*
dṛḍhâdhyāśayatāṃ < dṛḍhâdhyāśayatā- < dṛḍha-adhyāśayatā- < dṛḍha-adhyāśaya-tā-：*f* 堅固で高潔な心を持つこと。*sg. Acc.*

dṛḍha-adhyāśaya-：*adj* 堅固で高潔な心を持つ。
dṛḍha- < √dṛmh- (1) + -ta：*pp.*「堅固」「堅強」と漢訳。
adhyāśaya- < adhy-āśaya-：*m.* 意向。欲望。願望。傾向。高潔なる心。「所楽」「欲楽」「意楽」「至心」と漢訳。

darśayanti < darśaya- < √dṛś- (1) + -aya：*Caus.* 示す。説明する。解説する。*3, pl. P.*

tat kasmād dhetoḥ /
（梵漢和維摩経 *p.* 260, *l.* 1）

「それは、どんな理由からか。
【「所以(ゆえん)は何(いか)んとなれば、」】　（大正蔵、巻一四、五四七頁上）

……………………………………………………………………

tat < tad-：それ。*n. sg. Nom.*

kasmād dhetoḥ < kasmāt + hetoḥ
<u>連声法は、cf.「基礎」*p.* 63.</u>
kasmāt < kim-：*疑問詞,* だれ。何。どんな。どの。*m. sg. Abl.*
hetoḥ < hetu-：*m.* 理由。原因。因。*sg. Abl.*
<u>奪格は、動機、原因、理由を表わす。cf.「シンタックス」*p.* 58.</u>

ugra-tapaso hi bhadanta-mahā-kāśyapa bodhi-sattvās ta evaṃ darśayanti /
（梵漢和維摩経 *p.* 260, *ll.* 1–2）

「尊者マハー・カーシャパよ、それらの菩薩たちは、激しい苦行をなしているが故に[66]こそ、このような〔姿を〕示すのである。
【「不可思議解脱に住する菩薩は、威徳力(いとくりき)有るが故に、現に逼迫(ひっぱく)を行じ、諸の衆生に是くの如きの難事を示すなり。】　（大正蔵、巻一四、五四七頁上）

……………………………………………………………………

ugra-tapaso < ugra-tapasaḥ + 有声子音 < ugra-tapas-：*adj.* 激しい苦行をなしている。*n. sg. Abl.*
<u>奪格の副詞的用法。</u>

hi：*ind.* 真に。確かに。実に。

bhadanta-mahā-kāśyapa < bhadanta-mahā-kāśyapa-：*m.* 尊者マハー・カーシャパ。*sg. Voc.*

bodhi-sattvās < bodhisattvāḥ + (t) < bodhisattva-：*m.* 覚りを求める人。「菩薩」と音写。*pl. Nom.*

ta < te + a 以外の母音 < tad-：それ。*m. pl. Nom.*

evaṃ：*adv.* このように。「是」「如是」と漢訳。

darśayanti < darśaya- < √dṛś- (1) + -aya：*Caus.* 示す。説明する。解説する。*3, pl. P.*

na śaktir asti[67] hi prākṛta-janasyâsthānânavakāśa-kṛtasya bodhi-sattvam utpīḍayitum /[68]
（梵漢和維摩経 *p.* 260, *ll.* 2–3）

「凡人は、適切でない場合には許しを与えられなければ、菩薩を威圧することをなし得る能力はないのだ[69]。
【「凡夫(ぼんぶ)は下劣にして、力勢有ること無ければ、是くの如く菩薩を逼迫(ひっぱく)すること能(あた)わず。】
（大正蔵、巻一四、五四七頁上）

……………………………………………………………………

na：*ind.* 〜でない。〜にあらず。

śaktir < śaktiḥ + 有声音 < śakti-：*f.* 〜（属格、処格、不定詞）をなし得る能力。力量。力。強さ。*sg. Nom.*

asti < as- < √as- (2)：ある。*Pres. 3, sg. P.*

hi：*ind.* 真に。確かに。実に。

prākṛta-janasyâsthānânavakāśa-kṛtasya < prākṛta-janasya + asthānânavakāśa-kṛtasya
prākṛta-janasya < prākṛta-jana-：*m.* 賤しい人。普通の人。凡人。*sg. Gen.*
prākṛta-：*adj.* 根本物質（prakṛti）と関連する。自然の。原初の。普通の。平凡な。低い。賤しい。プラークリット語（中期インド・アリアン語）的な。*m.* 賤しい人。*n.* プラークリット語。
jana- < √jan- (1) + -a：*m.* 生物。人。個人。「人」「仁」「男女」「衆」「衆生」「有情」と漢訳。
asthānânavakāśa-kṛtasya < asthāna-anavakāśa-kṛtasya < asthāna-anavakāśa-kṛta-：*adj.* 正しくない場合に許しを与えられない。*m. sg. Gen.*
asthāna- < a-sthāna-：*n.* ～（属格）に対して不適当な場所。（音のように）永久的でないもの。正しくない場合。「無住」「非所」「非処」と漢訳。*adj.* 「無所住」「無有処」と漢訳。
anavakāśa- < an-avakāśa-：*adj.* 許しがない。
avakāśa- < ava-kāśa-：*m.* 空間。余地。機会。間隔。接近。「処」「許」「容受」と漢訳。
avakāśaṃ √kṛ- (8)：著席する。機会を与える。余地を作る。～（為格、属格）に対して入ることを許す。
kṛta- < √kṛ- (8) + -ta：*pp.* 作られた。なされた。
bodhi-sattvam < bodhi-sattva-：*m.* 覚りを求める人。「菩提薩埵」「菩薩」と音写。*sg. Acc.*
utpīḍayitum < utpīḍayitum < utpīḍaya- + -itum < ud-√pīḍ- + -aya + -itum：*Caus.* *不定詞,* 上方へ圧すること。押し上げること。
utpīḍaya- < ud-√pīḍ- + -aya：*Caus.* 上方へ圧する。押し上げる。
√pīḍ-：圧する。

> tad yathâpi nāma bhadanta-mahā-kāśyapa na śaktir asti khadyotakasya sūrya-maṇḍala-pra=bhām abhibhavitum /
>
> （梵漢和維摩経 *p.* 260, *ll.* 4–5）

「尊者マハー・カーシャパよ、それは、あたかも日輪の光明に打ち勝つことをなし得る能力が、蛍〔の光〕にないようなものである[70]。
【漢訳相当箇所なし】
……………………………………………………………………

tad yathâpi nāma：あたかも～であるかのように。
bhadanta-mahā-kāśyapa < bhadanta-mahā-kāśyapa-：*m.* 尊者マハー・カーシャパ。*sg. Voc.*
na：*ind.* ～でない。～にあらず。
śaktir < śaktiḥ + 有声音 < śakti-：*f.* ～（属格、処格、不定詞）をなし得る能力。力量。力。強さ。*sg. Nom.*
asti < as- < √as- (2)：ある。*Pres. 3, sg. P.*
khadyotakasya < khadyotaka- < kha-dyotaka-：*m.* ホタル。*sg. Gen.*
kha-：*n.* 空虚な穴。穴。感覚器官。
dyotaka-：*adj.* 輝く。光る。照らす。
sūrya-maṇḍala-prabhām < sūrya-maṇḍala-prabhā-：*f.* 日輪の光明。*sg. Acc.*
sūrya-maṇḍala-：*n.* 「日輪」と漢訳。
sūrya-：*m.* 太陽。
maṇḍala-：*adj.* 丸い。円形の。*n.* （特に太陽や月の）円盤。球形のもの。円。環。円周。車輪。*m.n* 団体。集合。群衆。群れ。地域。領域。国土。
prabhā-：*f.* 輝き出ること。光輝。光。「光明」「放光」と漢訳。
abhibhavitum < abhi-√bhū- (1) + -itum：*不定詞,* 卓越ること。打ち勝つこと。克服すること。
abhi-√bhū- (1)：（対抗する）。優る。卓越する。優秀である。勝利者である。打ち勝つ。克服する。襲う。攻撃する。～（対格）を支配する。～に優越する。

evam eva bhadanta-mahā-kāśyapa na śaktir asti prākṛtasya janasya bodhi-sattvenânavakāśa-kṛ=tasyôpasaṃkramituṃ yācituṃ vā /
(梵漢和維摩経 *p.* 260, *ll.* 5–7)

「尊者マハー・カーシャパよ、まさにこのように、菩薩によって許しを与えられない凡人には、〔菩薩に〕近づくことも、〔ものを〕乞うことも、なし得る能力がないのだ。
【漢訳相当箇所なし】
………………………………………………………………………

evam：*adv.* このように。「是」「如是」と漢訳。
eva：*adv.* さように。このように。まさに。実に。ただ。全くこのように。
bhadanta-mahā-kāśyapa < bhadanta-mahā-kāśyapa-：*m.* 尊者マハー・カーシャパ。*sg. Voc.*
na：*ind.* ～でない。～にあらず。
śaktir < śaktiḥ + 有声音 < śakti-：*f.* ～（属格、処格、不定詞）をなし得る能力。力量。力。強さ。*sg. Nom.*
asti < as- < √as- (2)：ある。*Pres. 3, sg. P.*
prākṛtasya < prākṛta-：*adj.* 根本物質（prakṛti）と関連する。自然の。原初の。普通の。平凡な。低い。賤しい。プラークリット語（中期インド・アリアン語）的な。*m.* 賤しい人。*n.* プラークリット語。*m. sg. Gen.*
janasya < jana- < √jan- (1) + -a：*m.* 生物。人。個人。「人」「仁」「男女」「衆」「衆生」「有情」と漢訳。*sg. Gen.*
bodhi-sattvenânavakāśa-kṛtasyôpasaṃkramituṃ < bodhi-sattvena + anavakāśa-kṛtasya + upa=saṃkramituṃ
　bodhi-sattvena < bodhi-sattva-：*m.* 覚りを求める人。「菩薩」と音写。*sg. Ins.*
　anavakāśa-kṛtasya < anavakāśa-kṛta-：*adj.* 許しを与えられない。*m. sg. Gen.*
　upasaṃkramituṃ < upa-sam-√kram- (1) + -itum：*不定詞,* 近づくこと。
yācituṃ < √yāc- (1) + -itum：*不定詞,* ～（対格）を～（対格）に懇願すること。求めること。乞うこと。切願すること。
vā：*ind.* ～か。または。たとえ～であっても。

tad yathā bhadanta-mahā-kāśyapa yo hasti-nāgasya prahāro na sa śakyo gardabhena soḍhum /
(梵漢和維摩経 *p.* 260, *ll.* 7–8)

「尊者マハー・カーシャパよ、それは、あたかも象と龍を殴打すること、そのことに驢馬が耐えることはできないようなものである。
【「譬えば龍・象の蹴踏は、驢（ろ）の堪ゆる所に非ざるが如し。】　（大正蔵、巻一四、五四七頁上）
………………………………………………………………………

tad < tad-：それ。*n. sg. Nom.*
yathā：*関係副詞, 接続詞,* ～のように。あたかも～のように。～であるように。
bhadanta-mahā-kāśyapa < bhadanta-mahā-kāśyapa-：*m.* 尊者マハー・カーシャパ。*sg. Voc.*
yo < yaḥ + 有声子音 < yad-：*関係代名詞, m. sg. Nom.*
hasti-nāgasya < hasti-nāga-：*m.* 象と龍。*sg. Gen.*
　hasti- < hastin- < hasta- + -in：*adj.* 手を有する。象（を意味する最古の単語）。
　nāga-：*m.* 龍。象。
prahāro < prahāraḥ + 有声子音 < prahāra- < pra-√hṛ- (1) + -a：*m.* 打撃。殴打。「打撲」と漢訳。*sg. Nom.*
　pra-√hṛ- (1)：前進する。～（処格）の中に入れる。～（対格、為格、属格、処格）を打つ。殴打する。
na：*ind.* ～でない。～にあらず。
sa < saḥ < tad-：それ。*m. sg. Nom.*

śakyo < śakyaḥ + 有声音 < śakya- < √śak- (5) + -ya：*未受分,* ～（不定詞）が可能な。実行できる。～であることができる。*m. sg. Nom.*
gardabhena < gardabha-：*m.* 驢馬。*sg. Ins.*
soḍhum < √sah- (1) + -tum：*不定詞,* 耐えること。
√sah- (1)：（敵を）征服する。（逆境に）耐える。忍ぶ。「堪忍」と漢訳。

evam eva bhadanta-mahā-kāśyapa na śakyam abodhi-sattvena bodhi-sattvasyôtpīḍanaṃ soḍh=um / (梵漢和維摩経 *p.* 260, *ll.* 8–10)

「まさにそのように、尊者マハー・カーシャパよ、菩薩でない人は、菩薩に対して威圧することに耐えることができないのだ。
【漢訳相当箇所なし】
……………………………………………………………………
evam：*adv.* このように。「是」「如是」と漢訳。
eva：*adv.* さように。このように。まさに。実に。ただ。全くこのように。
bhadanta-mahā-kāśyapa < bhadanta-mahā-kāśyapa-：*m.* 尊者マハー・カーシャパ。*sg. Voc.*
na：*ind.* ～でない。～にあらず。
śakyam < śakya- < √śak- (5) + -ya：*未受分,* ～（不定詞）が可能な。実行できる。～であることができる。*n. sg. Nom.*
abodhi-sattvena < a-bodhi-sattva-：*m.* 菩薩でないもの。*sg. Ins.*
bodhi-sattvasyôtpīḍanaṃ < bodhi-sattvasya + utpīḍanaṃ
bodhi-sattvasya < bodhi-sattva-：*m.* 覚りを求める人。「菩提薩埵」と音写。*sg. Gen.*
utpīḍanaṃ < utpīḍana- < utpīḍaya- + -ana < ud-√pīḍ- + -aya + -ana：*n.* 圧迫すること。「悩」「悩害」「逼悩」「逼害」「逼迫」「受諸苦痛」と漢訳。*sg. Nom.*
soḍhum < √sah- (1) + -tum：*不定詞,* 耐えること。

bodhi-sattva eva bodhi-sattvôtpīḍāṃ sahate / (梵漢和維摩経 *p.* 260, *l.* 10)

「菩薩こそが、菩薩に対して威圧することに耐える〔ことができる〕のであ〔り、菩薩こそが、菩薩によって威圧されることに耐えることができるのであ〕る[71]。
【漢訳相当箇所なし】
……………………………………………………………………
bodhi-sattva < bodhi-sattvaḥ + a 以外の母音 < bodhi-sattva-：*m.* 覚りを求める人。「菩薩」「菩提薩埵」と音写。*sg. Nom.*
eva：*adv.* さように。このように。まさに。実に。ただ。全くこのように。
bodhi-sattvôtpīḍāṃ < bodhi-sattvôtpīḍā- < bodhi-sattva-utpīḍā-：*f.* 菩薩による圧迫。菩薩に対する威圧 *sg. Acc.*
この語は、「菩薩によって圧迫されること」と「菩薩に対する威圧」の掛詞になっている。
utpīḍā- < ud-√pīḍ- + -ā：*f.* 圧迫。「苦」「逼迫」と漢訳。
sahate < saha- < √sah- (1)：（敵を）征服する。（逆境に）耐える。忍ぶ。「堪忍」と漢訳。*Pres. 3, sg. A.*

ayam bhadanta-mahā-kāśyapâcintya-vimokṣa-pratiṣṭhitānāṃ bodhi-sattvānām upāya-jñāna-bala-praveśaḥ // (梵漢和維摩経 *p.* 260, *ll.* 10–12)

「尊者マハー・カーシャパよ、これが、“考えも及ばない”（不可思議）という解脱に住している菩薩

たちにとっての方便の智慧の力に入るということである」
【「是れを不可思議解脱に住する菩薩の智慧・方便の門と名づく」】　（大正蔵、巻一四、五四七頁上）
……………………………………………………………………………

ayam < idam-：これ。*m. sg. Nom.*
bhadanta-mahā-kāśyapâcintya-vimokṣa-pratiṣṭhitānāṃ < bhadanta-mahā-kāśyapa + acintya-vi= mokṣa-pratiṣṭhitānāṃ
　bhadanta-mahā-kāśyapa < bhadanta-mahā-kāśyapa-：*m.* 尊者マハー・カーシャパ。*sg. Voc.*
　acintya-vimokṣa-pratiṣṭhitānāṃ < acintya-vimokṣa-pratiṣṭhita-：*adj.* "考えも及ばない"（不可思議）という解脱に住している。*m. pl. Gen.*
bodhi-sattvānām < bodhi-sattva-：*m.* 覚りを求める人。「菩薩」と音写。*pl. Gen.*
upāya-jñāna-bala-praveśaḥ < upāya-jñāna-bala-praveśa-：*m.* 方便の智慧の力に入ること。
　upāya- < upa-√i- (2) + -a：*m.* 接近。到着。手段。方策。「方便」と漢訳。
　jñāna- < √jñā- (9) + -ana：*n.* 知。智慧。
　bala-：*n.* 力。能力。体力。活力。暴力。
　praveśa- < pra-√viś- (6) + -a：*m.* 〜に入ること。出過ぎたこと。「能入」「悟入」と漢訳。

acintya-vimokṣa-saṃdarśana-parivartaḥ pañcamaḥ　/ （梵漢和維摩経 *p.* 260, *l.* 13）

〔以上が〕「"考えも及ばない"という解脱の顕現」の章という〔名前の〕第五である。
【漢訳相当箇所なし】
……………………………………………………………………………

acintya-vimokṣa-saṃdarśana-parivartaḥ < acintya-vimokṣa-saṃdarśana-parivartaḥ + (p) < acint= ya-vimokṣa-saṃdarśana-parivarta-：*m.* 「"考えも及ばない"という解脱の顕現」の章。
　acintya- < a- + √cint- (10) + -ya：*未受分,* 思議すべからざる、考えるべきでない。
　vimokṣa-：*m.* 緩むこと。〜からの解放。救済。「解脱」と漢訳。
　saṃdarśana- < saṃdarśaya- + -ana：*n.* 示すこと。明示すること。
　parivarta- < pari-√vṛt- (1) + -a：*m.* 章。「品」と漢訳。
pañcamaḥ < pañcama-：*序数詞,* 第五の。*m. sg. Nom.*

第5章　訳注

1 bhaviṣyati は、貝葉写本では一旦 bhavisya と書き、sya をキャンセルして ṣyati と続けている。

2 「五陰（五蘊）や、十八界、十二入」は、第2章の注22を参照。

3 筆者が「〔苦の〕滅尽」と訳した箇所は、原文では nirodha-（滅尽）となっている。これは、この前後に出て来る duḥkha-、samudaya-、mārga- とセットになっていて、それぞれに satya- をつけると、①duḥkha-satya-（苦諦）、②samudaya-satya-（集諦）、③nirodha-satya-（滅諦）、④mārga-satya-（道諦）となり、四聖諦（catur-ārya-satya-）のことだと分かる。それぞれ、次のような意味が込められている。

①苦諦＝この世は苦しみであるという真理

②集諦＝苦しみの原因は煩悩と妄執であるという真理

③滅諦＝苦しみの原因である煩悩と妄執を滅することが、苦を滅した覚りであるという真理

④道諦＝覚りに至るための八聖道の実践という真理

ところが、中公版では nirodha-（滅尽）を「（涅槃の）滅」（中公版、*p.* 88）と訳していて、四聖諦とはかけ離れてしまっている。

4 筆者が「染まる」と訳した rajyante は、貝葉写本でも VKN. でも rakṣante となっている。rakṣante は「守る」「救護する」という意味の動詞 √rakṣ- (1) の現在・三人称・複数である。この語のままでは、「法や涅槃を守るならば、その人は法を求めているのではなく、塵垢を求めているのだ」という訳になり、条件文と帰結文のつながり具合に納得がいかない。

この不審点の解決策は、三つ前の文章に動詞の prapañcayati と名詞の prapañca- の両方が用いられていたことを考慮すべきであろう。prapañcayati は、「無益な議論をする」という意味の動詞 pra-√pañcaya- の現在・三人称・単数で、動詞 pra-√pañcaya- は、名詞 prapañca-（無益な議論）に接尾辞 -aya をつけて作られた名詞起源動詞である。

この関係から考えると、ここの文章には arajo（< a-rajas-, 塵垢を離れた）と rajo（< rajas-, 塵垢）が用いられていることに気づく。この rajas- は、「彩られる」「〔執着に〕染まる」という意味の動詞 √raj- (4) に接尾辞 -as をつけて作られた中性名詞である。そうすると、rakṣante は、rajas- の縁語に取って代わられるべきで、動詞 √raj- (4) の現在・三人称・複数 rajyante（〔執着に〕染まる）であるべきであろう。

そこで、漢訳を見ると、

「若し法、乃至涅槃を染すれば……」（鳩摩羅什訳）

「若し諸法、乃至涅槃に於いて少しも貪染有れば……」（玄奘訳）

とあり、筆者の考えと一致する。

5 「アーラヤ」は、後世の唯識学派によって重視され、一切諸法を生ずる種子を内蔵する個人存在の根本にある識としてアーラヤ識（阿頼耶識）が説かれるようになる。

6 筆者が「法は無為なるものであって、有為を離れたものである」と訳した箇所は、原文では次のようになっている。

①dharmo... asaṃskṛtaḥ（法は無為なるものであって、）

②saṃskṛtâpagataḥ（有為を離れたものである）

②は、①を言い換えたもので、同じことの繰り返しになっている。鳩摩羅什は、①だけを訳して「（法を）無為と名づく」と訳し、玄奘は、①と②の両方から「（法を）無為と名づけ、有為性を離る」と訳している。漢訳を考慮しても、有為を否定して、無為は否定していないことが分かる。

ところが、チベット語訳、およびその現代語訳である中公版では次のように有為も、無為も否定された訳になっている。

chos ni'dus byas dang 'dus ma byas med pa（法は有為と無為のないものです）

「法は有為でもなく、無為でもありません」（中公版、*p.* 89）

無為を否定するのなら、これまでの文章からすると、この後に「それらの人たちは、法を求めているのではなく、それらの人たちは、無為を求めているのである」という文章がくるべきである。ところが、そのような文章は、貝葉写本にもチベット語訳にもない。この文章の後には、有為を否定する「有為を行動範囲とするところの人たち、それらの人たちは法を求めているのではなく、それらの人たちは有為に執することを求めているのである」という文章が続いている。以上のことから、ここで無為は否定されるべきではないのではないか。

7 この文章の原文は、貝葉写本と VKN. では次のようにローマナイズされている。

①tasmād iha bhadanta-śāriputra（それ故に、尊者シャーリプトラよ、今、）

②dharmârthikena te（あなたは、法を求める〔べきであり〕、）

③bhavitu-kāmena（生存することを欲する〔べきであり〕、）

④sarva-dharmânarthikena bhavitavyam（いかなる法も求めるべきでないのだ）

②の dharmârthikena（< dharma-arthika-）と、③の bhavitu-kāmena（< bhavitu-kāma-）と、④の sarva-dharmânarthikena（< sarva-dharma-anarthika-）が具格になっているのは、中性・単数・主格の未来受動分詞 bhavitavyam があるからで、「ある」「なる」などの動詞が非人称受動態のとき、名詞補語は具格となるという規則（cf.「シンタックス」*p.* 45）に則っているからである。その際、主語は、具格か属格になるが、ここでは二人称・単数・属格の te（< tvad-, あなた）になっている。bhavitavyam は一つしかないが、②と③にもかかっていると考えるべきであろう。

そうなると、この文章は、一方で「法を求めるべきである」と言っているかと思えば、他方で「いかなる法も求めるべきでない」と言っていて、矛盾した内容になっている。また、「生存することを欲するべきである」というのも、『維摩経』の主張にそぐわない内容である。

この二つの問題を解決するためには、①、②、③、④のローマナイズの仕方に再考を要するであろう。筆者は、次のようにローマナイズすることにした。

⑤tasmād iha bhadanta-śāriputra（それ故に、尊者シャーリプトラよ、今、）

⑥dharmârthike（法を求めるならば、）

⑦**na te** bhavitu-kāmena（あなたは、生存することを欲する〔べきで〕はないし、）

⑧sarva-dharmânarthikena bhavitavyam（いかなる法も求めるべきではないのだ）

まず、②の具格の dharmârthikena を処格の dharmârthike と否定の na に区切った。それによって、⑥の dharmârthike は処格による絶対節となり、「法を求めるならば」という意味になる（絶対節の述部は、分詞以外にも名詞や形容詞も用いられる。cf.「シンタックス」*p.* 101）。

残りの na と te を、③の冒頭に移して⑦とした。それによって、③は「生存することを欲するべきではない」と意味が転じられる。

その結果、⑤、⑥、⑦、⑧は次のように訳される。

「それ故に、尊者シャーリプトラよ、今、法を求めるならば、あなたは、生存することを欲する〔べきで〕はないし、いかなる法も求めるべきではない」

チベット語訳、およびその現代語訳である中公版は、この箇所を次のように訳している。

btsun pa sha' ri 'i pu de lta bas na khyod chos 'dod par bya na khyod kyis chos thams cad mi 'dod par bya'o（尊者シャーリプトラよ、そのようであるから、あなたが法を望む者たらんとすれば、あなたはすべての法を望まない者であるべきです）

「それゆえに、シャーリプトラよ、法を求めようとするならば、あなたはいかなる法も求めてはならないのです」（中公版、*p.* 89）

漢訳は、次のようになっている。

「是の故に舎利弗よ、法を求むる者は、一切法を唯求むること無きなり」（支謙訳）

「是の故に舎利弗よ、若し法を求むる者は、一切法に於いて応に求むる所無かるべし」（鳩摩羅什訳）

「是の故に舎利子よ、若し法を求むることを欲すれば、一切法に於いて応に求むる所無かるべし」（玄奘訳）

いずれにも、③や⑦の「生存することを欲する」云々に相当する箇所は見られない。

8 loka-dhātuḥ（< loka-dhātu-, 世界）は一般に男性名詞として用いられるが、meru-dhvajā（スメール山の旗）が女性名詞なので、ここは女性名詞として用いられている。『法華経』でも女性名詞で用いられることが多かった。loka-dhātuḥ は、男性・単数・主格と女性・単数・主格が同形である。

9 「三十六」は ṣaṭtriṃśad-（< ṣaṭtriṃśat-）の訳だが、チベット語訳では sum cu rtsa gnyis（三十二）となっている。漢訳はすべて「三十六」である。

10 tiṣṭhati（現在・三人称・単数）は、貝葉写本では tiṣṭhanti（現在・三人称・複数）となっている。

11 「八百四十万ヨージャナ」は、チベット語訳と一致しているが、支謙訳では「八万四千由延」、鳩摩羅什訳では「八万四千由旬」、玄奘訳では「八十四億踰膳那」となっている。ヨージャナ（yojana-）は、牛の首につける軛のことで、「由延」「由旬」「踰膳那」と音写された。それが、牛に軛をつけて車につなぎ荷物を運ばせる際に、牛が疲れて軛をはずしてやるまでに進む距離という意味に転じて、距離の単位となった。一ヨージャナの距離については、種々の説があるが、『ジャータカ序』に、成道したブッダが、ブッダガヤーからバーラーナシーを目指して、「十八ヨージャナの距離の旅路につかれた」（*Jātaka*, vol. I, *p.* 81）とある。また、中村元博士は両者の距離をメートル法で次のように記されている。「ブッダガヤーからベナレスまでは直線距離で約二〇〇キロメートルほどあるから、街道を歩けば三〇〇キロメートル近くあるであろう。今日、車が疾駆する舗装された道路によっても、ブッダガヤーからベナレスまでは、約二五〇キロメートルある」（『ゴータマ・ブッダ　I』、中村元選集決定版、第 11 巻、春秋社、*p.* 478）。筆者は、ブッダガヤーとベナレスをバスで往復したことがある。二五〇キロメートルと三〇〇キロメートルの間をとって、二七〇キロメートルとすると、一ヨージャナは一五キロメートルほどと考えることができよう。

12 「六百八十万ヨージャナ」は、チベット語訳と共通しているが、支謙訳では「六万八千由延」、鳩摩羅什訳では「八万四千由旬」、玄奘訳では「六十八億踰膳那」となっている。

“スメール山の旗”という如来の身長に対する師子座の高さを比較すると、貝葉写本とチベット語訳が「八百四十万ヨージャナ」に対して「六百八十万ヨージャナ」、支謙訳が「八万四千由延」に対して「六万八千由延」、玄奘訳が「八十四億踰膳那」に対して「六十八億踰膳那」で、身長のほうが高くなっている。ところが、鳩摩羅什訳では、身長も師子座の高さも同じ「八万四千由旬」で、どうやって坐るのか気になる。

13 「四百万ヨージャナ」は、チベット語訳では「四百二十万ヨージャナ」、支謙訳では「四万二千由延」、玄奘訳で「四十二億踰膳那」、鳩摩羅什訳には菩薩の身長についての言及なし。

14 「三百四十万ヨージャナ（由旬）」は、チベット語訳と共通しているが、玄奘訳では「三十四億踰膳那」となっている。支謙訳と、鳩摩羅什訳では菩薩の師子座の高さについての言及なし。

15 udviddhāni（< udviddha-）は、ud-√vyadh- (4) の過去受動分詞だが、「梵和大辞典」の udviddha- の項には vyad の過去受動分詞とあるのは誤りであろう。

16 a[dṛṣṭa-]pūrvāṇi（< a-dṛṣṭa-pūrva-）は、貝葉写本と VKN. では apūrvāṇi（< a-pūrva-）となっているが、これは「先の」「以前の」という意味の形容詞 pūrva- に否定の接頭辞 a をつけたもので、「先例のない」「無比なる」という意味である。ところが、この語の後に動作主を示す具格が列挙されているので、「～された」という受動の意味の語が必要である。従って、筆者は過去受動分詞の dṛṣṭa-（見られた）を挿入し、a-dṛṣṭa-pūrva-（かつて見られたことのない）と改めた。

17 「三百二十万の師子座」は、チベット語訳、支謙訳、鳩摩羅什訳では「三万二千の師子座」、玄奘訳では「三十二億大師子座」となっている。

18 この文章の原文は、次の四つの要素からなっている。

①tato meru-dhvajā-loka-dhātor（その“スメール山の旗”という世界から）

②dvātriṃśat-siṃhâsana-śata-sahasrāṇi（三百二十万の師子座が）

③tena bhagavatā meru-pradīpa-rājena tathāgatena（その世尊である“スメール山の燈明の王”という如来によって、）

④preṣitāni（〔ヴィマラキールティのもとへ〕送り届けられた）

この②、③、④は、次の構文をなしている。

A（主格）＋ B（具格）＋ C（過去受動分詞の主格）

これは「AはBによってCされた」と直訳される。これを能動的な表現に改めると、「BはAをCした」となる。

次に①の meru-dhvajā-loka-dhātor（< meru-dhvajā-loka-dhātoḥ）は奪格と属格の両方の意味がある。属格と解釈すると、「“スメール山の旗”という世界の」と訳されて、③を修飾すると考えることができる。ところが、その語の前に tato（< tatas）があることに注意しなければならない。これは代名詞 ta- の奪格である。ということは、meru-dhvajā-loka-dhātoḥ は奪格と考えるべきで、「その“スメール山の旗”という世界から」となる。

ところが、チベット語訳は gang 'zhig rten gyi khams lhun po'i rgyal mtsan de na（その山幢という世界に）と処格になっている。その現代語訳である中公版では、どういうわけか「かの山幢世界の」（中公版、*p.* 90）と属格として訳されている。

19 vaiśālyār mahānagaryār（ヴァイシャーリーの大都城）は、貝葉写本と VKN. では vaiśālyā mahānagaryā となっているが、この二語は、いずれも具格である。この後に属格の jambūdvīpasya（ジャンブー州）と cāturdvīpikasya（四大州）が出てくるが、ここは、ヴィマラキールティの家、ヴァイシャーリーの大都城、ジャンブー州、四大州と次第に広がっていって、そのいずれも三百二十万の師子座によって圧迫されることも、それらが邪魔者となることもなかったということを言っているところである。従って、これらの語はすべて同じ格であるべきである。ここは、āvaraṇaṃ（邪魔者）とともに、「～にとっての邪魔者」と訳すべく、属格であったほうがよい。従って、筆者は vaiśālyār mahānagaryār と改めた。鳩摩羅什訳でも「毘耶離城（びやりじょう）及び閻浮提（えんぶだい）・四天下（してんげ）に於いて、亦迫迮（またはくさ）せず」というように、「毘耶離城」「閻浮提」「四天下」を同格として並べている。

20 cātur-dvīpikasyâvaraṇam（< cātur-dvīpikasya + āvaraṇam）は、貝葉写本では cāntar-dvīpikasya āvaraṇaṃ となっている。貝葉写本では、cātur-（四）をしばしば cāntar- としている。

21 yathā は、貝葉写本と VKN. では tathā となっているが、次の注 22 に述べる理由で筆者は改めた。

[22] この文章は、貝葉写本と VKN. は次のようになっている。

①sarve te tathâiva saṃdṛśyante
②yathā pūrvaṃ
③tathā paścāt

これは、明らかに yathā ～ tathā …（～であるように、そのように…である）の構文である。yathā は比較の対象を示すもので、tathā 以下が主張する内容になる。②と③は、①の sarve te saṃdṛśyante（それらのすべてが観察される）が省略されたものであり、①と②で、

「かつて〔それらのすべてが、観察された〕ように、まさにそのように、それらのすべてが観察される」

②と③で、

「かつて〔それらのすべてが、観察された〕ように、まさにそのように、その後も〔それらのすべてが、観察された〕」

と訳される。しかし、ここはその後のことを話題にしているのではなく、現在のことをテーマにしていると考えるべきであろう。そうすると、③も比較の対象であるほうが、内容的に自然である。従って、筆者は、③の tathā を yathā と差し替えて次のように改めた。

③yathā paścāt（その後も〔それらのすべてが、観察された〕ように）

その結果、全体の訳は、次のようになる。

「かつて〔そうであった〕ように、その後も〔そうであった〕ように、〔今も〕まさにそのように、それらのすべてが観察される」

チベット語訳、およびその現代語訳である中公版、さらに漢訳は次の通り。

de dag thams cad kyang sngon ji lta ba bzhin du snang ngo（それらのすべてもまた、それ以前と同様に見えている）
「それらはすべてもとのままに見えている」（中公版、*p.* 90）
「悉く故の如く見て前の若く減じず」（支謙訳）
「悉く故の如く見る」（鳩摩羅什訳）
「悉く本の如く見て前後異なり無し」（玄奘訳）

チベット語訳は、支謙訳と鳩摩羅什訳と同趣旨である。玄奘訳では、「前」と「後」のことを引き合いに出して、「悉く本の如く見て」ということが主張されていて、筆者の見解と同趣旨である。

[23] この文章の後に、チベット語訳と玄奘訳には次の文章が追加されている。

de nas lid tsa bi' dri ma med par grags pas ji ltar byang chub sems dpa' de dag mngon par shes pa lnga 'grub par 'gyur ba de lta de lta bur byang chub sems dpa' de dag la chos bstan te / de dag gis mngon par shes pa thob nas lus dpag tshad 'bum phrag bahi bcu rtsa gnyis par mngon ar sprul te seng ge'i khri de dag la 'khod do / / nyan thos chen po de dag kyang seng ge'i khri de dag la 'khod ma nus te/（それから、リッチャヴィ族のヴィマラキールティが、これらの菩薩も五神通を獲得するように、そのようにかくのごとく菩薩たちに法を説き、彼らも神通を得て、身の丈四百二十万ヨージャナの姿を現し、その獅子座についた。しかし、大声聞たちは、やはりこの獅子座に坐ることができなかった）

「そこで、ヴィマラキールティが、これらの菩薩も五神通を獲得するようにと彼らに向かって説法したので、彼らも神通を得て四百二十万ヨージャナの大きさに変身し、その師子座についた。しかし、大声聞たちは、やはりこの師子座にすわることができない」（中公版、*p.* 91）

「時に無垢称は為に法要を説き、彼の一切をして五神通を得せしむ。即ち神力を以て各自に身を変じ、四十二億踰膳那量と為りて師子座に昇り端厳として坐せり。其の中に復、諸の大声聞有り。皆、師子の座に昇ること能わず」（玄奘訳）

[24] niṣattum は、貝葉写本では niṣanntaṃ となっている。不定詞を受ける śaknuvanti（< √śak- (5), ～できる）が文中にあるので、語尾は tum であり、nn は貝葉写本でしばしば見られる n と t の間の誤記であろう。

[25] śakṣyasi は、貝葉写本では śakyasi となっているが、ここは、未来・二人称・単数の śakṣyasi であるべきなので改めた。

[26] niṣattum は、貝葉写本では niṣanntam となっているが、二つ前の注 24 と同じ理由で改めた。

[27] vaiśālyār mahā-nagaryār（ヴァイシャーリーの大都城）は、貝葉写本と VKN. では vaiśālyā mahānagaryā となっているが、この二語は、いずれも具格である。この後に jambū-dvīpasya（ジャンブー州）をはじめとする属格の語が出てくるが、ここは、ヴィマラキールティの家、ヴァイシャーリーの大都城、村や、町、城市、国、王国、王城、四大州と次第に広がっていって、そのいずれも無数の師子座によって圧迫されることも、それらが邪

魔者となることもなかったということを言っているところである。従って、これらの語はすべて同じ格であるべきである。ここは、āvaraṇaṃ（邪魔者）とともに、「～にとっての邪魔者」と訳すべく、属格であったほうがよい。従って、筆者は vaiśālyār mahānagaryār と改めた。鳩摩羅什訳でも、「毘耶離城」「聚落」「城邑」「諸天・龍王・鬼神の宮殿」も同格で訳されている。

28 筆者が、～-mahorag[a-bhavan]āṇām（マホーラガたち〔の宮殿〕にとって）とした箇所は、貝葉写本では～-mahoragāṇāṃ（マホーラガたちにとって）となっていて、bhavana-（宮殿）という語が入っていない。VKN. が指摘するように、チベット語訳、およびその現代語訳である中公版の

lto 'pye chen po'i gnas rnams kyang（大蛇の住処など）

「マホーラガの住居」（中公版、*p.* 91）

という訳から bhavana- という語があったことが予測される。漢訳を見ても、支謙訳で「宮」、鳩摩羅什訳と玄奘訳で「宮殿」という語があるので、筆者は［ ］内に bhavana- を補った。

29 yathā は、貝葉写本と VKN. では tathā となっているが、注 22 で述べたのと同じ理由によって筆者は改めた。

30 筆者の訳した「かつて〔そうであった〕ように、その後も〔そうであった〕ように、〔今も〕まさにそのように〔、それらのすべてが〕観察されます」という文章は、既に同じものが本章§7 に出ていて、そこではチベット語訳にも漢訳のすべてにも対応箇所が存在した。しかし、ここでは貝葉写本と、チベット語訳、玄奘訳にはあるが、支謙訳と、鳩摩羅什訳には存在しない。

チベット語訳、およびその現代語訳、玄奘訳は次の通り。

①sngon ci 'dra ba pyis kyang de bzhin du snang ba ni ngo mtshar to（以前と同じ様子が、以後も同じように見えたのは驚きであった）

「悉く本(もと)の如く見て前後異なり無し」（玄奘訳）

玄奘訳は、注 22 に挙げたものと全く同じであり、貝葉写本は、§7 の文章の冒頭にあった sarve te（それらのすべてが）がここにはないだけで、あとは全く同じ内容である。けれども、§7 の注のチベット語訳は次のようになっていた。

②de dag thams cad kyang sngon ji lta ba bzhin du snang ngo（それらのすべてもまた、それ以前と同様に見えている）

①と②を比較すると、既に訳していた②の文章を参考にしないで、全く新たに①を訳したことが推測される。

31 iti は貝葉写本には存在しないが、kasmin 以下が「知る」の"目的語"なので叙述的対格（Precicative Accusative）とするか、末尾に iti（～ということを）を入れるべきであり、筆者は iti を追加した。八つ後の文章には iti が入っている。

32 「不〔可〕思議解脱法門に住す」（住不〔可〕思議解脱法門）を、新国訳大蔵経（大蔵出版）の文殊経典部 2 の「維摩経」では、この箇所を僧肇撰『注維摩詰経』により「不可思議解脱の法門」と改め、「住」という文字を削除している。しかし、貝葉写本に praveśaḥ（入ること）があるので、筆者は「住」を削除しない。

33 筆者が「蛙」と訳した箇所の原文は、maṇḍūkānām（< maṇḍūka-）となっている。ところが、チベット語訳からの現代語訳である中公版は、「蝦蟇(がま)」（中公版、*p.* 92）と訳している。確かに maṇḍūka- は「蝦蟇」と漢訳されている場合もあるが、ここは、「水にすむ生き物たち」（audakānāṃ prāṇināṃ）を列挙したところであり、水の中にすんでいない「蝦蟇」では不適切になるので、筆者は「蛙」とした。

34 VKN. は、ここで文章を区切っているが、その必要はないので、筆者は貝葉写本のままにしておく。

35 vihiṃsito（< vihiṃsitaḥ + 有声子音 < vihiṃsita-）は、貝葉写本では vihitsito となっている。ここは、「傷つける」という動詞 vi-√hiṃs- (7) の過去受動分詞であるべき。

36 ～-vaśam は、貝葉写本では～-vaśaṃm となっている。これは、～-vaśaṃ と書いた後で、次に母音が来ることに気づき、m と書き足した後、ṃ を消し忘れたのであろう。

37 tatrâpramāṇa-（< tatra + apramāṇa-）は、貝葉写本では tantâpramāṇa-（< tanta + apramāṇa-）となっているが、二つ前の文章が tatra で始まっているのに合わせて改めた。

38 ［ ］内は、貝葉写本に欠落していて、欠落したままでは次のような訳になる。

「そこにおいて、量り知ることのできない〔長期の〕生存の循環（輪廻）を通して教化されるべき衆生たちは、〔……〕一劫を七日が経過したものと認識するであろう」

これでは、長期の生存の循環（輪廻）を通して教化されるべき衆生に対して、短期の生存の循環を通して教化されるべき衆生への対処がなされることになってしまう。これは、書写の際に、長期の生存の循環のことについて半分書いたところで、短期の生存の循環についての後半部分に目が行ってしまって、途中を抜かしてしまったことによるものであろう。その抜けの部分である〔……〕は、この文章の直前の文章と比較することによって補

うことができる。

この文章の直前には、次の二つの文章がある。

①tatrâcintya-vimokṣa-pratiṣṭhito bodhi-sattvo **'pramāṇa-saṃsāra-vainayikānāṃ sattvānāṃ** vainayika-vaśam upādāya **sapta-rātraṃ kalpam atikrāntam** ādarśayet /（そこにおいて、"考えも及ばない"（不可思議）という解脱に住している菩薩は、**量り知ることのできない〔長期の〕生存の循環（輪廻）を通して教化されるべき衆生たち**の教化を欲する故に、**七日〔の経過〕を一劫経過したかのように**示すのである。）

②**saṃkṣipta-saṃsāra-vainayikānāṃ sattvānāṃ** vainayika-vaśam upādāya **kalpaṃ sapta-rātram atikrāntam** ādarśayet /（**短期の生存の循環（輪廻）を通して教化されるべき衆生たち**の教化を欲する故に、**一劫〔の経過〕を七日経過したかのように**示すのである）

それに対して、ここの文章は、次の通りである。

③tatrâ**pramāṇa-saṃsāra-vineyāḥ sattvāḥ**...（そこにおいて、量り知ることのできない〔長期の〕生存の循環（輪廻）を通して教化されるべき衆生たちは、……）

④... **kalpaṃ sapta-rātram atikrāntaṃ** saṃjānīran /（……一劫を七日が経過したものと認識するであろう）

①の apramāṇa-saṃsāra-vainayikānāṃ sattvānāṃ に対して③の apramāṇa-saṃsāra-vineyāḥ sattvāḥ が対応し、②の kalpaṃ sapta-rātram atikrāntam に対して④の kalpaṃ sapta-rātram atikrāntaṃ が対応している。

しかし、①の sapta-rātraṃ kalpam atikrāntam に対応する語が③にない。これは、④の形にならって sapta-rātraṃ kalpam atikrāntaṃ saṃjānīran として補えばよいであろう。

次に、④に欠落している②の saṃkṣipta-saṃsāra-vainayikānāṃ sattvānāṃ の対応語は、③の形にならって saṃkṣipta-saṃsāra-vineyāḥ sattvāḥ として補えばよい。

こうして、③と④の抜けの部分は、次の［ ］内のように補足される。

tatrâpramāṇa-saṃsāra-vineyāḥ sattvāḥ [sapta-rātraṃ kalpam atikrāntaṃ saṃjānīran / saṃkṣipta-saṃsāra-vineyāḥ sattvāḥ] kalpaṃ sapta-rātram atikrāntaṃ saṃjānīran /

このような二種類の衆生に対する二通りの対処法は、次の鳩摩羅什訳、および玄奘訳とも一致する。

「菩薩は即ち七日を延ばして以て一劫と為し……菩薩は即ち一劫を促して以て七日と為し」（鳩摩羅什訳）

「或いは七日を延ばして以て一劫と為し……或いは一劫を促して以て七日と為し」（玄奘訳）

ただし、支謙訳のみは、次のように片方を挙げるのみである。

「七夜を現じて劫寿と為す」（支謙訳）

[39] citta-jāvikayârddhyā（< citta-jāvikayā + ṛddhyā）は、貝葉写本では citta-jādhikayā ṛdhyā となっている。jādhikayā は、貝葉写本でしばしば見られる v と dh の間の誤記であろう。

[40] dadyāt は、貝葉写本では dadyā となっている。これは、「与える」という意味の動詞 √dā- (3) の願望法・三人称・単数の誤記であろう。

[41] pūjā は、貝葉写本では yūjā となっている。これは、貝葉写本でしばしば見られる y と p の間の誤記であろう。

[42] tṛṇa-vanas-patayo は、貝葉写本では tṛṇa-vanas-yatayo となっている。これも、貝葉写本でしばしば見られる y と p の間の誤記であろう。

[43] 「草や〔森の主である〕木々」は、tṛṇa-vanas-patayo（< tṛṇa-vanas-patayaḥ < tṛṇa-vanas-pati-）を訳したものである。tṛṇa- が「草」で、vanas-pati- が、vanas-（森）と pati-（主）の複合語で、「森の主」、すなわち「樹木」のことである。

ところが、チベット語訳、およびその現代語訳である中公版、そして漢訳は次の通り。

rtsva dang nags tshal rnams（草や森）

「草や森」（中公版、*p.* 94）

「諸の樹木」（鳩摩羅什訳）

「草木叢林」（玄奘訳）

いずれも、それぞれに貝葉写本と異なっているが、チベット語訳で、草に対するのは森よりも木のほうが自然なので、筆者は貝葉写本の表記を採用した。チベット語訳の段階か、そのサンスクリットの底本の段階かで、vanas-pati- の pati-（主）が脱落したのであろう。玄奘は、ここでもそれぞれの訳を折衷して、他の訳に出てくるものをすべて並べている。

[44] yadā（～である時）は、貝葉写本と VKN. では関係代名詞 yad- の中性・複数・主格／対格 yāni となっているが、鳩摩羅什訳と玄奘訳で「～時」とあるので、筆者は改めた。

[45] tadâpi（< tadā + api）は、貝葉写本では tadapi、VKN. では tad api となっているが、筆者は前の注 44 と連動して yadā と tadā との相関から改めた。

46 「口の中に」は、貝葉写本のmukheの訳であるが、チベット語訳では、ltor（腹の中に）、鳩摩羅什訳と玄奘訳のいずれも「腹中」となっている。支謙訳には、この文章自体が存在しない。
47 tan na kuryāt（その〔焼き尽くすこと〕をなすことはないであろう）は、貝葉写本ではtac ca kuryāt（その〔焼き尽くすこと〕をなすであろう）となっている。VKN. は、漢訳からtan na kuryātであった可能性があると指摘しているが、本文の訂正はしていない。筆者は、次の注48に述べる理由から改めた。
48 筆者が「けれども、その〔火の塊り〕がなすべきところの〔焼き尽くす〕働き、その〔焼き尽くす働き〕をなすことはないであろう」と訳した箇所は、貝葉写本とVKN. では次の二つの要素からなっている。

①yac ca tena karma kartavyaṃ bhavet

②tac **ca** kuryāt

①は、karma-（< karman, 働き）を先行詞とする関係代名詞yac（< yat）に導かれた関係節で、次のように直訳される。

「けれども、それによってなされるべきであるところの働き」

これを能動的な表現に改めると、次のようになる。

「けれども、それがなすべきであるところの働き」

②は、相関詞tac（< tat）に導かれた相関節で、「それをなす」と訳される。

ここで、代名詞 tena（それ）が何を指すかが問題である。一つ前の文章を見ると、「火の塊り」か「菩薩」のいずれかを指していると考えられる。

①、②に対するチベット語訳は、

gang des las bya ba de'ang byed do（それによってなされること、それもなされるのである）

となっていて、「火の塊り」か「菩薩」なのか判別しにくい。ところが、チベット語訳からの現代語訳である中公版は、「菩薩」として訳したようで、

「（菩薩は……）そのなすべき義務をはたします」

と訳している。「はたします」の部分は、②のtac ca kuryātのチベット語訳からの訳であろう。これでは、火の塊りを自分の体内に入れることが菩薩の義務だということになってしまう。

ところが、これまでの論法は、「十方に飛んでいったとしても、その場所からまったく動いていない」「多くの供養を一つの毛穴に入れても、あるいは太陽・月・星を一つの毛穴に入れても、身体が裂かれることはない」というように、まず仮定の文があって、その影響・結果を否定する文章が続いていた。この論法を踏まえれば、②は次のように否定文に改めるべきである。

③tan **na** kuryāt（それをなすことはない）

それとともに、代名詞tena（それ）は、「火の塊り」と考えるべきであろう。そうなると、「火の塊り」にとってのkarma（働き）は、「焼き尽くすこと」であり、①は次のように訳すことができよう。

「けれども、その〔火の塊り〕がなすべきであるところの〔焼き尽くす〕働き」

そして、③は、次のようになる。

「その〔焼き尽くす働き〕をなすことはないであろう」

以上の筆者の訳は、次の鳩摩羅什訳と玄奘訳とも一致することになる。

「火事は故の如くなれども、而も**害を為さず**」（鳩摩羅什訳）

「此の火勢は熾んにして焰息まずと雖も、而も其の**身に於いて都て損害すること無し**」（玄奘訳）

49 この文章は、原文では次のようになっている。

①evam acintya-vimokṣa-pratiṣṭhito bodhi-sattvaḥ（このように、"考えも及ばない"〔不可思議〕という解脱に住している菩薩は、）

②sarva-sattvāni（あらゆる生きとし生けるものを、）

③cakra-varty-ādi-rūpāṇy（転輪聖王をはじめとする姿に）

④adhitiṣṭhet（神力によって変ずるであろう）

これは、英語でいうＳＶＯＣの構文である。男性・単数・主格の①が主語（Ｓ）で、願望法・三人称・単数の④が動詞（Ｖ）、中性・複数・対格の②と③が、それぞれ目的語（Ｏ）と補語（Ｃ）である。

ところが、チベット語訳の現代語訳である中公版は、次のようになっている。

「不可思議解脱にある菩薩は、**あらゆる衆生の力となり**、転輪王の姿を変現します」（中公版、*p.* 94）

中公版の訳によると、「衆生の力とな」るために種々の姿を変現するということであり、変現するのは菩薩だということになる。ところが、貝葉写本以外のチベット語訳と漢訳では、この文章の後に「護世の神」「シャクラ神」をはじめとする変現の姿が列挙されていて、その中に菩薩が入っていることが矛盾する。菩薩が、菩薩の姿を変

現する必要などないからだ。

また、次の§17 では、「衆生たちの発した声」を「ブッダをはじめとする声」に変現させるとある。このことから考えると、ここも「衆生の姿」を「転輪聖王等の姿」に変現させると考えるべきであろう。

以上のことから、変現するのは、菩薩ではなく衆生のほうではないかという疑問がぬぐえない。

そこで、チベット語訳を見ると、次のようになっている。

> de ltar rnam par thar pa bsam gyi mi khyaab pa la gnas pa'i byang chob semas dpa' sems dpa' sems cen thams ced 'khor los sgyur ba'i gzugs su byin gyis rlob bo（そのように、不可思議解脱に住する菩薩は、**一切衆生を**転輪〔聖王〕の姿に変化させる）

中公版で「あらゆる衆生の力となり」と訳されていた箇所は、チベット語訳では「一切衆生を」となっていて、すべての問題は解決する。

漢訳を見てみると、鳩摩羅什訳も、次のように変現するのは菩薩自身ということになっている。菩薩の姿を現ずるのを矛盾と感じたのか、ここには菩薩が入っていない。

> 「又舎利弗（しゃりほつ）よ、不可思議解脱に住する菩薩は、能（よ）く神通を以て、仏の身を現作す。或いは辟支仏（びゃくしぶつ）の身を現じ、或いは声聞（しょうもん）の身を現じ、或いは帝釈（たいしゃく）の身を現じ、或いは梵王（ぼんのう）の身を現じ、或いは世主（せしゅ）の身を現じ、或いは転輪王（てんりんのう）の身を現ず」（鳩摩羅什訳）

それに対して、玄奘訳は、まず菩薩自身が神力によって「仏身」「独覚及び諸声聞」「菩薩」「梵王」「帝釈」「四大天王」「転輪王」の「種種の色像」を現作すると述べ、それに続けて、次のように「諸の有情」に言及している。

> 「或いは神力を以て諸の有情を変じて仏身、及び諸菩薩、声聞、独覚、〔帝〕釈、梵〔天〕、護世、転輪王等の種種の色像と作（な）さしむ」（玄奘訳）

これは、おそらく菩薩自身が変現し、続いて衆生を変現させるという二段構えであったのであろう。鳩摩羅什訳が、その前半部を強調し、貝葉写本とチベット語訳が後半部を強調したということであろう。あるいは、逆に玄奘訳でよく見られる、他の訳の間で矛盾があるとき、いずれの意味も含ませて訳すという訳し方かもしれない。

また、貝葉写本が、「転輪聖王をはじめとする」と、代表を一つ挙げるのみであるのに対して、チベット語訳も、鳩摩羅什訳も、玄奘訳も、詳細に「護世（の神）」「シャクラ（インドラ神）」「ブラフマー神」「声聞」「独覚」「菩薩」「仏陀」の名前を挙げている。

50 〜-racitā は、貝葉写本と VKN. では〜-racitāny となっているが、ここに中性・複数・主格／対格がくる理由が理解できない。これは、女性・複数・主格 tāḥ sarvā（それらのすべて）を主語とした補語であり、女性形でなければならないので、筆者は改めた。

51 adhitiṣṭhet は、貝葉写本と VKN. では adhitiṣṭhan となっているが、ここに現在分詞・男性・単数・主格がくる理由が分からない。ここは、この前後で一貫して用いられている願望法・三人称・単数であるのが自然であり、筆者は改めた。

52 この文章の原文は次のように六つの要素からなっている。

①yāvantaś... śabdâvabhāsāḥ śabda-prajñaptayas（それほど多くの種類の言葉によって表現したり、表示したりしたこと、）

②ca daśasu dikṣu（また、十方における）

③tāḥ sarvā（それらのすべてを、）

④hīna-madhya-viśiṣṭānām sattvānāṃ（劣った〔衆生〕や、中ぐらい〔の衆生〕、卓越した衆生たちが、）

⑤sarva-buddha-ghoṣa-ruta-racitā（あらゆるブッダの声の響きをなすものに、）

⑥adhitiṣṭhet（〔その菩薩が〕神力によって変ずるとしよう）

主格からなる①と、処格から成る②は、名詞文をなしていて、次のように訳される。

> 「また、十方にあるそれほど多くの言葉による顕示、および言葉による表示、」

③、⑤、⑥は、ＳＶＯＣの構文をなしていて、主語（Ｓ）が省略されている。動詞（Ｖ）が⑥で、目的語（Ｏ）が③で、補語（Ｃ）が⑤である。

チベット語訳からの現代語訳である中公版では、

> 「上中下あらゆる種類の十方の衆生の発した声」（中公版、*p.* 94）

とあって、「上中下」が「衆生」を修飾しているのか、「声」を修飾しているのか曖昧さが残る。貝葉写本によると、④の hīna-madhya-viśiṣṭānām は属格で、①は主格になっていて、修飾・被修飾の関係にはない。hīna-madhya-viśiṣṭānām は同格の sattvānāṃ（衆生）を修飾しているのである。

チベット語訳も、次のように「衆生」を修飾している。

phyogs bcu na swms can rab 'bring tha ma thams cad kyi sgrar grags pa（十方にいる優・並・劣の衆生すべての声として知られたもの）

そして、④は①を修飾している。

53 api tu khalu punaḥ は、貝葉写本と VKN. では api tu kalpam となっているが、鳩摩羅什訳で「若広説」、玄奘訳で「若我広説」とあり、筆者は、この「若」という文字に注目して、「若復」と漢訳される api tu khalu punaḥ に改めた。

54 貝葉写本では、この語の後に viṣayānāṃ という語が入っている。VKN. は、注に「不要かもしれない」と断ってはいるが、本文に残している。筆者は、この後に viṣaya- という語が出てきて重複することと、ひとつ前の類似した文章表現を参考にして、必要ないので削除した。

55 ayaṃ dharma-nirdeśaḥ（この説法は）は、貝葉写本と VKN. では imaṃ dharma-nirdeśaṃ（この説法を）となっているが、筆者は二つ後の注 57 で述べる理由によって改めた。

56 rudadbhis（< rudat-, 泣いている）は、貝葉写本では rudradbhis となっているが、漢訳に「悲泣」（支謙訳）、「号泣」（鳩摩羅什訳、玄奘訳）とあるので改めた。

57 この文章の原文は、貝葉写本と VKN. では次の六つの要素からなっている。

①sarva-śrāvaka-pratyeka-buddhair（すべての声聞と独覚たちによって、）

②imaṃ dharma-nirdeśaṃ（この説法を）

③śrutvā（聞いて後／聞かれて後）

④rudadbhis（泣き声によって）

⑤tri-sāhasra-mahā-sāhasro loka-dhātur（三千大千世界は）

⑥vijñāpayitavyaḥ（〔それらの声聞と独覚たちによって〕知らせられるであろう）

③の絶対分詞 śrutvā は、受動と能動の両方の意味を取り得るので、「聞いて後」「聞かれて後」となる。①は具格で、②は対格であり、③のいずれの訳と組み合わせても、①～③は文章として成り立たない。その解決策は、

②の対格の imaṃ dharma-nirdeśaṃ を主格の ayaṃ dharma-nirdeśaḥ とするか、

①の具格の sarva-śrāvaka-pratyeka-buddhair を主格の sarva-śrāvaka-pratyeka-buddhāḥ とするか

のいずれかである。①～③のみを見る限りでは、このいずれでもよいが、④～⑥を考慮すると、①は、⑥の未来受動分詞の動作主の働きもしていて、具格でなければならないことになる。④の rudadbhis も具格ではあるが、これは⑥の動作主ではなく、単に具格本来の「泣き声によって」を意味している。

こうして、①～③は次のように改められる。

①' sarva-śrāvaka-pratyeka-buddhair（すべての声聞と独覚たちによって）

②' ayaṃ dharma-nirdeśaḥ（この説法が）

③' śrutvā（聞かれて後、）

これは、次のように訳される。

「すべての声聞と独覚たちによってこの説法が聞かれて後」

これを能動的な表現に改めると、

「すべての声聞と独覚たちは、この説法を聞いて後」

となり、さらに④～⑥は、若干の言葉を補って次のように訳される。

「〔号泣し、その〕泣き声によって、〔それらの声聞と独覚たちは〕三千大千世界に知らせるであろう」

日本語らしくするために、「知らせる」は「知れ渡る」に改めて、筆者の訳となった。

⑥の未来受動分詞は、未来の意味を表わすこともある（cf.「シンタックス」*p.* 104）ことを断っておく。

58 sarva-bodhi-sattvaiś（すべての菩薩たちによって）は、貝葉写本では sarva-buddha-bodhi-satvaiś（すべてのブッダと菩薩たちによって）となっているが、チベット語訳に byang chub sems dpa' thams cad kyis ni（一切の菩薩）、支謙訳に「其の諸菩薩」、鳩摩羅什訳と玄奘訳に「一切の菩薩」とあるので改めた。

59 ayam acintya-vimokṣaḥ（この"考えも及ばない"という解脱は）は、貝葉写本と VKN. では imam acintya-vimokṣaṃ（この"考えも及ばない"という解脱を）となっているが、次の注 60 に述べる理由により筆者は改めた。

60 筆者が「すべての狂喜した菩薩たちは、この"考えも及ばない"という解脱〔についての教え〕を聞いて」と訳した箇所は、貝葉写本と VKN. では次の三つの要素からなっている。

①sarva-bodhi-sattvaiś ca pramuditair（すべての狂喜した菩薩たちによって）

②imam acintya-vimokṣaṃ（この"考えも及ばない"という解脱を）

③śrutvā（聞いて後／聞かれて後）

①は具格で、②は対格、③は能動と受動の両方の意味を取り得る絶対分詞で、「聞いて後」、あるいは「聞かれて後」を意味する。このままでは、文章として成り立たない。「聞いて後」を採用すると、①は具格ではなく、主格の sarva-bodhi-sattvāś ca pramuditā（すべての狂喜した菩薩たちは）でなければならない。「聞かれて後」を採用すると、②は対格でなく、主格の ayam acintya-vimokṣaḥ（この"考えも及ばない"という解脱が）でなければならない。①、②、③の文章を見ている限りではどちらの対応策でもよい。ところが、この後に、男性・単数・主格の未来受動分詞 saṃpratyetavyaḥ（信じられるべき）が来るので、①はその動作主として具格でなければならず、②は、それと連動して主格でなければならない。以上の理由で、筆者は次のように改めた。

②' ayam acintya-vimokṣaḥ（この"考えも及ばない"という解脱が）

61 筆者が「〔この教えを〕頭〔におしいただくこと〕によって信ずるべきであり、信順の志の力を生ずるべきである」と訳した箇所は、原文では次の二つの要素からなっている。

①mūrdhnā（〔この教えを〕頭〔におしいただくこと〕によって）

②saṃpratyetavyo 'dhimukti-balaṃ ca saṃjanayitavyam（信ずるべきであり、信順の志の力を生ずるべきである）

①の mūrdhnā は、「頭」を意味する男性名詞 mūrdhan- の単数・具格で、「頭によって」という意味である。これは、何かが省略されたものと考えるしかない。そこで、mūrdhnā を用いた慣用句を『法華経』に探してみると、「作る」「なす」という意味の karoti（< $\sqrt{}$kṛ- (8)）とともに用いた「頭上におしいただく」（植木訳『梵漢和対照・現代語訳　法華経』上巻、*pp.* 238–239）という用法が見られる。また、mūrdhena（≒ mūrdhnā）と「敬礼する」という意味の動詞 namasyanti（< $\sqrt{}$namasya- (名動)）とともに用いた「頭〔におしいただくこと〕によって敬礼する」（同下巻、*pp.* 266–267）、あるいは mūrdhena と「敬意を表する」という意味の動詞 vanditvā（< $\sqrt{}$vand- (1)）とともに用いた「頭〔におしいただくこと〕によって敬意を表する」（同下巻、*pp.* 278–279）といった用例が拾い出される。従って、筆者は、「解脱〔についての教え〕を聞いて」後の対応であることも考慮して、①を「〔この教えを〕頭〔におしいただくこと〕によって」と訳した。

ところが、①の「頭〔におしいただくこと〕によって」に相当するところは、チベット語訳、およびその現代語訳である中公版では、次のようになっている。

rgyal pu gzhon nus cod pan blang ba bzhin du（王子・太子が宝冠を得たように）

「若い王子が王冠を授けられるときのように」（中公版、*p.* 96）

という譬喩の言葉が入っている。これに相当する語は、漢訳では玄奘訳のみに存在し、鳩摩羅什訳と支謙訳には存在しない。

「王太子の灌頂位を受くるが如く」（玄奘訳）

62 yasyâiṣâcintya-（< yasya + eṣā + acintya-）は、貝葉写本では paśyâiṣâcintya-（< pasya + eṣā + acintya-）となっている。これは、貝葉写本でしばしば見られる y と p の間の誤記であろう。

63 yaiś ca tair は、貝葉写本では男性・複数・主格の関係代名詞と指示代名詞からなる ye ca te となっている。ところが、この後に受動・三人称・複数の動詞 yācyante（乞われる）が来るので、ここは主格ではなく、受動の動詞に対する動作主を示す具格でなければならない。このように考えて、筆者は上記のように改めた。VKN. では yāvadbhir（< yāvadbhiḥ < yāvat-）と改めているが、チベット語訳は、普通の関係代名詞の複数・具格の形の gang dag gis となっていて、yāvat- に対応する語とはなっていない。筆者は、ye ca te のそれぞれを生かして、yaiś ca tair と改めたが、yair（< yaiḥ）あるいは、yaiś ca としてもかまわない。

64 vâsthi-majjāṃ（< vā + asthi-majjāṃ）は、貝葉写本では vā asthi-majjānaṃ、VKN. では vâsthimajjānaṃ（< vā + asthi-majjāna-）となっているが、いずれも majjānaṃ が意味不明であり、鳩摩羅什訳に「髓」とあるので筆者は majjāṃ（< majjā-, 骨、髄）に改めた。

65 duhitṝr（< duhitṝḥ < duhitṛ-）は、貝葉写本では duhitṝm となっているが、ここは、前後に複数・対格の語が列挙されているのに合わせて、女性名詞 duhitṛ- の複数・対格でなければならないので改めた。

66 筆者が「激しい苦行をなしているが故に」と訳した箇所の原文は ugra-tapaso（< ugra-tapasaḥ）となっている。これは、中性・単数・奪格であり、奪格の副詞的用法として、筆者の訳となった。チベット語訳では、byang chub sems dpa' rnams ni dka' thub drag pas na（菩薩は激しい苦行者ゆえに）とあるが、その現代語訳である中公版では「諸菩薩には難事をなすだけの激しい力があればこそ」（中公版、*p.* 97）と訳されている。鳩摩羅什訳では、「威徳力有るが故に」、玄奘訳では「増上勇猛」となっている。

67 na śaktir asti は、貝葉写本と VKN. で nâsti（< na + asti）となっているが、筆者は次の注 68 に述べる理由により改めた。na śaktir asti は、この次の文章にも出てくる。

68 この文章は、貝葉写本と VKN. では次の三つの要素からなっている。

①nâsti hi（実にないのだ）

②prākṛta-janasyâsthānânavakāśa-kṛtasya（凡人は、適切でない場合には許しを与えられなければ、）

③bodhi-sattvam utpīḍayitum（菩薩を威圧すること）

②は、prākṛta-janasya と asthānânavakāśa-kṛtasya の連声したものであり、それぞれ prākṛta-jana-（凡人）と asthānânavakāśa-kṛta-（正しくない場合に許しを与えられない）の男性・単数・属格で絶対節をなしていて、「凡人は、適切でない場合には許しを与えられなければ」という意味になる。②は、同時に属格本来の所有の主体も表わしていて、①、③とともに「適切でない場合に許しを与えられない凡人には、菩薩を威圧することはない」という意味になりそうに見える。ところが、サンスクリットでは、不定詞（ここでは utpīḍayitum）は主語になることはできないという規則があるので、この訳は無理である。

その解決策は、この後に続く文章に求めるべきであろう。そこに次の一節がある。

④na śaktir asti khadyotakasya sūrya-maṇḍala-prabhām abhibhavitum（蛍〔の光〕に日輪の光明に打ち勝つことをなし得る能力がない）

この④の骨格は、次のようになっている。

na śaktir asti＋ A（属格）＋ B（対格）＋ C（不定詞）

④でAは khadyotakasya（< khadyotaka, 蛍）、Bは sūrya-maṇḍala-prabhām（< sūrya-maṇḍala-prabhā, 日輪の光明）、Cは abhibhavitum（打ち勝つこと）に当たる。

これを①、②、③と比べると、Aが②に相当し、Bが③の中の bodhi-sattvam（< bodhi-sattva, 菩薩）、Cが utpīḍayitum（威圧すること）に対応している。異なっているのは、śaktir の有無だけである。①に śaktir（< śaktiḥ）の一語を挿入することで、先ほどの文法上の問題点は解決する。従って、筆者は śaktir を補った。それによって、次のように訳される。

「凡人は、適切でない場合には許しを与えられなければ、菩薩を威圧することをなし得る能力はないのだ」

この「na śaktir asti ～（不定詞）」（～し得る能力はない）という構文はこの後の文章にも出てくる。

69 この文章の後に、チベット語訳では次の文章が挿入されている。

go skabs ma phye bar gsad pa'am bslang bar yang mi nus so（機会を得ないで、殺したり、殺させたりすることは〔普通の人は〕なしえません）

「許しを得ないで、殺したり殺させたりする能力は、（ただの人間には）ありません」（中公版、*p.* 97）

裏を返せば、「凡人」あるいは、「ただの人間」以外の菩薩であれば、「許し／機会を得ないで、殺したり殺させたりする能力がある」と言っている、この物騒な一節は、貝葉写本にも、すべての漢訳にも見られない。

70 筆者が、「それは、あたかも日輪の光明に打ち勝つことをなし得る能力が、蛍〔の光〕にないようなものである」と訳した文章に相当する箇所は、支謙訳と鳩摩羅什訳には見られない。チベット語訳と玄奘訳に見られる。それは、次のようになっている。

srin pu me khyer gyis nyi ma'i dkyil 'khor gyi 'od zil gyis mnan par mi nus pa（ホタルが日輪の光を陵駕することはありえない）

「ほたる（の光）では日輪の光に打ち勝つことはできません」（中公版、*p.* 97）

「譬えば蛍火の終（つい）に威力もて日輪を映蔽すること無きが如し」（玄奘訳）

71 この文章の原文は、次の三つの要素からなっている。

①bodhi-sattva eva（菩薩こそが、）

②bodhi-sattvôtpīḍāṃ（菩薩に対して威圧することに／菩薩による威圧に）

③sahate（耐える〔ことができる〕のである。）

①は、bodhi-sattvaḥ と、直前の語を強調する副詞 eva の連声したもので、「菩薩こそが」を意味している。

②の bodhi-sattvôtpīḍāṃ（< bodhi-sattva-utpīḍā-）は、bodhi-sattva-（菩薩）と utpīḍā-（威圧）の複合語の女性・単数・対格で、「菩薩に対して威圧することに」「菩薩による威圧に」の二つの意味の掛詞と取ることができる。従って、筆者は、その両方の意味を生かして、次のように訳した。

「菩薩こそが、菩薩に対して威圧することに耐える〔ことができる〕のであ〔り、菩薩こそが、菩薩による威圧に耐えることができるのであ〕る。」

この箇所をチベット語訳、およびその現代語訳である中公版では、次のように訳している。

byang chub sems dpa' nyid byang chub sems dpa' la nyam nga bar byed de / byang chub sems dpas nyam nga bar byas pa byang chub sems dpas bzod do（菩薩こそが菩薩に威圧をなすのであり、菩薩によって威圧されたことは、菩薩によって耐えられるのだ）

「菩薩こそが菩薩に強要するのであり、菩薩が強要したことを、菩薩が耐え忍ぶのです」（中公版、*p.* 97）

チベット語訳は、掛詞として貝葉写本にこめられている二つの意味の両方を訳したものであり、②を掛詞とする筆者の考えを裏付けるものである。

देवतापरिवर्तः षष्थः

6

Devatā-Parivartaḥ Ṣaṣṭhaḥ

第 6 章

天　女

【観衆生品第七】

6：Devatā-Parivartaḥ Ṣaṣṭhaḥ

第 6 章：天　女[1]

【観衆生品第七】

devatā-parivartaḥ < devatā-parivarta-：*m.* 「天女」の章。*sg. Nom.*
　　devatā- < deva- + -tā：*f.* 天女。神性。神格者。「天」「諸天」「天神」と漢訳。
　　parivarta-：*m.* 章。「品」と漢訳。
ṣaṣṭhaḥ < ṣaṣṭha-：*序数詞,* 第六の。*m. sg. Nom.*

> §1　atha khalu mañjuśrīḥ kumāra-bhūto vimalakīrtiṃ licchavim etad avocat /　kathaṃ sat-puruṣa bodhi-sattvena sarva-sattvā avekṣitavyāḥ /
> (梵漢和維摩経 *p.* 284, *ll.* 1–2)

§1　その時、マンジュシリー法王子が、リッチャヴィ族のヴィマラキールティにこのように言った。「善き人（善士）よ、一切衆生を、菩薩はどのように観るべきでしょうか」
【§1　爾の時、文殊師利は維摩詰に問いて言わく、「菩薩は云何に衆生を観ずるや」】
(大正蔵、巻一四、五四七頁中)

atha：*adv.* その時。その場合。さて。それ故。しかれば。しかしながら。しかも。
khalu：*ind.* 実に。確かに。しかも。さて。そこで。
mañjuśrīḥ < mañjuśrīḥ + (k) < mañjuśrī- < mañju-śrī-：*m.* マンジュシリー。「妙徳」「妙吉祥」と漢訳。「文殊」「文殊師利」と音写。*sg. Nom.* 格変化は、cf.「基礎」*p.* 106.
kumāra-bhūto < kumāra-bhūtaḥ + 有声子音 < kumāra-bhūta-：*adj.* 「童子」「童真」「法王子」と漢訳。*m. sg. Nom.*
vimalakīrtiṃ < vimalakīrti- < vimala-kīrti-：*m.* ヴィマラキールティ。汚れのない名声を持つ（もの）。「維摩詰」「維摩」と音写。「浄名」「無垢称」と漢訳。*sg. Acc.*
licchavim < licchavi-：*m.* リッチャヴィ。「離車子」「栗姑毘」と音写。*sg. Acc.*
etad < etat + 母音 < etad-：これ。*n. sg. Acc.* 対格の副詞的用法で「このように」の意味。
avocat < avoca- < a- + va-+ uc- + -a < √vac- (2)：言う。話す。告げる。*重複 Aor. 3, sg. P.*

katham：*adv.* いかにして。いずこより。何故に。
sat-puruṣa < sat-puruṣa-：*m.* 善き人。「善士」と漢訳。*sg. Voc.*
bodhi-sattvena < bodhi-sattva-：*m.* 覚りを求める人。「菩薩」と音写。*sg. Ins.*
sarva-sattvā < sarva-sattvāḥ + 有声音 < sarva-sattva-：*m.* 「一切衆生」と漢訳。*pl. Nom.*
avekṣitavyāḥ < avekṣitavya- < ava-√īkṣ- (1) + -itavya：*未受分,* 注視されるべき。*m. pl. Nom.*

> āha /　tad yathâpi nāma mañjuśrīr vijña-puruṣa udaka-candram avekṣetâivaṃ bodhi-sattvena sarva-sattvā avekṣitavyāḥ /
> (梵漢和維摩経 *p.* 284, *ll.* 3–4)

〔ヴィマラキールティが〕言った。
「マンジュシリーよ、それは、あたかも智者が水中の月を観るように、そのように一切衆生を菩薩は観るべきであります。
【維摩詰、言わく、「譬えば幻師の所幻の人を見るが如く、菩薩の衆生を観ずること、此くの若しと為す。智者の水中の月を見る如く、】
(大正蔵、巻一四、五四七頁中)

āha < √ah-：言う。*Perf. 3, sg. P.*
tad yathâpi nāma：あたかも～であるかのように。
mañjuśrīr < mañjuśrīḥ + 有声音 < mañjuśrī- < mañju-śrī-：*m.* マンジュシリー。「妙徳」「妙吉祥」と漢訳。「文殊」「文殊師利」と音写。*sg. Voc.* 格変化は、cf.「基礎」*p.* 106.
vijña-puruṣa < vijña-puruṣaḥ + a 以外の母音 < vijña-puruṣa-：*m.*「智者」「有智者」と漢訳。*sg. Nom.*
udaka-candram < udaka-candra-：*m.*「水月」「水中月」と漢訳。*sg. Acc.*
udaka-：*n.* 水。
candra-：*m.* 月。「月天」と漢訳。
avekṣetâivaṃ < avekṣeta + evaṃ
avekṣeta < avekṣa- < ava-√īkṣ- (1)：～を視る。観察する。注視する。熟慮する。考える。*Opt. 3, sg. A.*
evaṃ：*adv.* このように。「是」「如是」と漢訳。
bodhi-sattvena < bodhi-sattva-：*m.* 覚りを求める人。「菩薩」と音写。*sg. Ins.*
sarva-sattvā < sarva-sattvāḥ + 有声音 < sarva-sattva-：*m.*「一切衆生」と漢訳。*pl. Nom.*
avekṣitavyāḥ < avekṣitavya- < ava-√īkṣ- (1) + -itavya：*未受分,* 注視されるべき。*m. pl. Nom.*

tad yathâpi nāma mañjuśrīr ādarśa-maṇḍale mukha-maṇḍalam ālokayed evaṃ bodhi-sattvena sarva-sattvā avekṣitavyāḥ /
(梵漢和維摩経 *p.* 284, *ll.* 4–6)

「マンジュシリーよ、それは、あたかも丸い鏡に〔映った丸い〕顔を観るように、そのように一切衆生を菩薩は観るべきであります。
【「鏡中に其(そ)の面像を見る如く、】 (大正蔵、巻一四、五四七頁中)
……………………………………………………………………

tad yathâpi nāma：あたかも～であるかのように。
mañjuśrīr < mañjuśrīḥ + 有声音 < mañjuśrī- < mañju-śrī-：*m.* マンジュシリー。「妙徳」「妙吉祥」と漢訳。「文殊」「文殊師利」と音写。*sg. Voc.* 格変化は、cf.「基礎」*p.* 106.
ādarśa-maṇḍale < ādarśa-maṇḍala-：*m.* 円鏡。「鏡」と漢訳。*sg. Loc.*
ādarśa- < ā-√dṛś- (1) + -a：*m.* 観ること。鏡。像。写本。
ā-√dṛś- (1)：現われる。見える。
maṇḍala-：*adj.* 丸い。円形の。*m.n* 団体。集合。群衆。群れ。地域。領域。国土。
mukha-maṇḍalam < mukha-maṇḍala-：*n.* 顔。「面」「面貌」「円面」と漢訳。*sg. Acc.*
mukha-：*n.* 顔。口。
ālokayed < ālokayet + 母音 < ālokaya- < ā-√lok- (1) + -aya：*Caus.* 見る。注目する。眺める。注視する。省察する。見出す。*Opt. 3, sg. P.*
ā-√lok- (1)：～（対格）を眺める。
evaṃ：*adv.* このように。「是」「如是」と漢訳。
bodhi-sattvena < bodhi-sattva-：*m.* 覚りを求める人。「菩薩」と音写。*sg. Ins.*
sarva-sattvā < sarva-sattvāḥ + 有声音 < sarva-sattva-：*m.*「一切衆生」と漢訳。*pl. Nom.*
avekṣitavyāḥ < avekṣitavya- < ava-√īkṣ- (1) + -itavya：*未受分,* 注視されるべき。*m. pl. Nom.*

tad yathā mañjuśrīr marīcikāyām udakam evaṃ bodhi-sattvena sarva-sattvā avekṣitavyāḥ /
(梵漢和維摩経 *p.* 284, *ll.* 6–7)

「マンジュシリーよ、例えば、蜃気楼の中の水のように、そのように一切衆生を菩薩は観るべきであります。
【「熱時の焔(かげろう)の如く、】 (大正蔵、巻一四、五四七頁中)
……………………………………………………………………

tad yathā：それは次の通り。すなわち。例えば。

mañjuśrīr < mañjuśrīḥ + 有声音 < mañjuśrī- < mañju-śrī-：*m.* マンジュシリー。「妙徳」「妙吉祥」と漢訳。「文殊」「文殊師利」と音写。*sg. Voc.* 格変化は、cf.「基礎」*p.* 106.

marīcikāyām < marīcikā- < marīci-kā-：*f.* 蜃気楼。「陽炎」「野馬」と漢訳。*sg. Loc.*

marīci-：*f.m.*（大気中に浮遊する）輝く微塵。「光」「炎」「焰」「陽焰」「陽炎」と漢訳。

udakam < udaka-：*n.* 水。*sg. Nom.*

evaṃ：*adv.* このように。「是」「如是」と漢訳。

bodhi-sattvena < bodhi-sattva-：*m.* 覚りを求める人。「菩薩」と音写。*sg. Ins.*

sarva-sattvā < sarva-sattvāḥ + 有声音 < sarva-sattva-：*m.*「一切衆生」と漢訳。*pl. Nom.*

avekṣitavyāḥ < avekṣitavya- < ava-√īkṣ- (1) + -itavya：*未受分,* 注視されるべき。*m. pl. Nom.*

tad yathā mañjuśrīr māyā-kāro māyā-kāra-nirmitaṃ puruṣam avekṣetâivaṃ bodhi-sattvena sarva-sattvā avekṣitavyāḥ / (梵漢和維摩経 *p.* 284, *ll.* 7–9)

「マンジュシリーよ、例えば、幻術師によって化作された人を幻術師が観るように、そのように一切衆生を菩薩は観るべきであります。

【既出】

………………………………………………………………………

tad yathā：それは次の通り。すなわち。例えば。

mañjuśrīr < mañjuśrīḥ + 有声音 < mañjuśrī- < mañju-śrī-：*m.* マンジュシリー。「妙徳」「妙吉祥」と漢訳。「文殊」「文殊師利」と音写。*sg. Voc.* 格変化は、cf.「基礎」*p.* 106.

māyā-kāro < māyā-kāraḥ + 有声子音 < māyā-kāra-：*m.* 奇術師。手品師。「幻師」「幻術者」「巧幻師」「幻術」と漢訳。*sg. Nom.*

māyā-：*f.* 術。不可思議の力。策略。計略。狡計。詐欺。手品。妖術。幻影。幻想。

kāra- < √kṛ- (8) + -a：*adj.* 作る。なす。生ずる。*m.* 作者。なすこと。動作。

māyā-kāra-nirmitaṃ < māyā-kāra-nirmita-：*adj.* 幻術師によって化作された。*m. sg. Acc.*

nirmita- < nir-√mā- (2,3) + -ta：*pp.* 〜（奪格）から／〜（具格）によって産出された。創造された。形成された。作られた。「化作」「現化現」「化生」と漢訳。

puruṣam < puruṣa-：*m.* 人。人間。侍者。「男子」「男」「丈夫」と漢訳。*sg. Acc.*

avekṣetâivaṃ < avekṣeta + evaṃ

avekṣeta < avekṣa- < ava-√īkṣ- (1)：〜を視る。観察する。注視する。熟慮する。考える。*Opt. 3, sg. A.*

evaṃ：*adv.* このように。「是」「如是」と漢訳。

bodhi-sattvena < bodhi-sattva-：*m.* 覚りを求める人。「菩薩」と音写。*sg. Ins.*

sarva-sattvā < sarva-sattvāḥ + 有声音 < sarva-sattva-：*m.*「一切衆生」と漢訳。*pl. Nom.*

avekṣitavyāḥ < avekṣitavya- < ava-√īkṣ- (1) + -itavya：*未受分,* 注視されるべき。*m. pl. Nom.*

tad yathā mañjuśrīḥ prati-śrutkāyā ruta-ghoṣa evaṃ bodhi-sattvena sarva-sattvā avekṣitavyāḥ / (梵漢和維摩経 *p.* 284, *ll.* 9–10)

「マンジュシリーよ、例えば、こだまの音響のように、そのように一切衆生を菩薩は観るべきであります。

【「呼声の響きの如く、」】　（大正蔵、巻一四、五四七頁中）

………………………………………………………………………

tad yathā：それは次の通り。すなわち。例えば。

mañjuśrīḥ < mañjuśrīḥ + (p) < mañjuśrī- < mañju-śrī-：*m.* マンジュシリー。「妙徳」「妙吉祥」と漢訳。「文殊」「文殊師利」と音写。*sg. Voc.* 格変化は、cf.「基礎」*p.* 106.

prati-śrutkāyā < prati-śrutkāyāḥ + 有声音 < prati-śrutkā-：*f.* 反響。「響」「音響」「呼響」「応声」「山中呼声」「谷響」と漢訳。*sg. Gen.*

śrutkā-：*f.* 「響」と漢訳。

pratiśrutka-：*n.* 「空中響声」と漢訳。

pratiśrutkā-：*f.* 反響。「音響」「山中呼声」と漢訳)。

ruta-ghoṣa < ruta-ghoṣaḥ + a 以外の母音 < ruta-ghoṣa-：*m.* 音響。*sg. Nom.*

ruta- < √ru- (2) + -ta：*n.* (*pp.*) 咆哮。金切り声。叫び。いななき。「音」「音声」「声」と漢訳。

ghoṣa- < √ghuṣ- (1) + -a：*m.* 喧騒。騒音。雷音。叫声。怒号。鳴き声。音。声。

evaṃ：*adv.* このように。「是」「如是」と漢訳。

bodhi-sattvena < bodhi-sattva-：*m.* 覚りを求める人。「菩薩」と音写。*sg. Ins.*

sarva-sattvā < sarva-sattvāḥ + 有声音 < sarva-sattva-：*m.* 「一切衆生」と漢訳。*pl. Nom.*

avekṣitavyāḥ < avekṣitavya- < ava-√īkṣ- (1) + -itavya：*未受分,* 注視されるべき。*m. pl. Nom.*

tad yathā mañjuśrīr gagane 'bhra-kūṭam evaṃ bodhi-sattvena sarva-sattvāḥ pratyavekṣitavyāḥ / (梵漢和維摩経 *p.* 284, *ll.* 10–11)

「マンジュシリーよ、例えば、天空の雲の塊りのように、そのように一切衆生を菩薩は観るべきであります。

【「空中の雲の如く、】 （大正蔵、巻一四、五四七頁中）

……………………………………………………………………

tad yathā：それは次の通り。すなわち。例えば。

mañjuśrīr < mañjuśrīḥ + 有声音 < mañjuśrī- < mañju-śrī-：*m.* マンジュシリー。「妙徳」「妙吉祥」と漢訳。「文殊」「文殊師利」と音写。*sg. Voc.* 格変化は、cf.「基礎」*p.* 106.

gagane 'bhra-kūṭam < gagane + abhra-kūṭam

gagane < gagana- = gagaṇa-：*m.* 天空。「空」「虚空」と漢訳。*sg. Loc.*

abhra-kūṭam < abhra-kūṭa-：*m.* 「雲重合」と漢訳。*sg. Acc.*

abhra-：*n.m.* 曇天。(雨) 雲。空。

kūṭa-：*m.n.* 峰。頂。堆積。「峯」「山」と漢訳。

evaṃ：*adv.* このように。「是」「如是」と漢訳。

bodhi-sattvena < bodhi-sattva-：*m.* 覚りを求める人。「菩薩」と音写。*sg. Ins.*

sarva-sattvāḥ < sarva-sattva-：*m.* 「一切衆生」と漢訳。*pl. Nom.*

pratyavekṣitavyāḥ < pratyavekṣitavya- < prati-ava-√īkṣ- (1) + -itavya：*未受分,* 観察されるべき。観られるべき。*m. pl. Nom.*

tad yathā mañjuśrīḥ phena-piṇḍasya pūrvânta evaṃ bodhi-sattvena sarva-sattvāḥ pratyavekṣita=vyāḥ / (梵漢和維摩経 *p.* 284, *ll.* 11–13)

「マンジュシリーよ、例えば、泡沫の過去世[2]のように、そのように一切衆生を菩薩は観るべきであります。

【「水の聚沫（じゅまつ）の如く、】 （大正蔵、巻一四、五四七頁中）

……………………………………………………………………

tad yathā：それは次の通り。すなわち。例えば。

mañjuśrīḥ < mañjuśrīḥ + (ph) < mañjuśrī- < mañju-śrī-：*m.* マンジュシリー。「妙徳」「妙吉祥」と漢訳。「文殊」「文殊師利」と音写。*sg. Voc.* 格変化は、cf.「基礎」*p.* 106.

phena-piṇḍasya < phena-piṇḍa-：*m.* 「水上泡」「水中生泡」「聚沫」「水聚沫」と漢訳。*sg. Gen.*

phena-：*m.* 泡。泡沫。

piṇḍa-：*m.* 丸い塊り。塊り。球。

pūrvânta < pūrvântaḥ + a 以外の母音 < pūrvânta- < pūrva-anta-：*m.* 先行する語の語尾。予想。「前際」「先際」「昔時」「過去」「過去世」「先世」と漢訳。*sg. Nom.*

pūrva-：*adj.* 前に。以前に。昔の。最初の。「初」「始」と漢訳。

anta-：*m.* 端。限界。極限。終局。「末」「終」と漢訳。
evaṃ：*adv.* このように。「是」「如是」と漢訳。
bodhi-sattvena < bodhi-sattva-：*m.* 覚りを求める人。「菩薩」と音写。*sg. Ins.*
sarva-sattvāḥ < sarva-sattva-：*m.* 「一切衆生」と漢訳。*pl. Nom.*
pratyavekṣitavyāḥ < pratyavekṣitavya- < prati-ava-√īkṣ- (1) + -itavya：*未受分,* 観察されるべき。観られるべき。*m. pl. Nom.*

> tad yathā mañjuśrīr udaka-budbudānām utpāda-vyaya evaṃ bodhi-sattvena sarva-sattvāḥ pratyavekṣitavyāḥ /
>
> (梵漢和維摩経 *p.* 284, *ll.* 13–14)

「マンジュシリーよ、例えば、水の泡の発生と消滅のように、そのように一切衆生を菩薩は観るべきであります。
【「水上の泡の如く、】　（大正蔵、巻一四、五四七頁中）
……………………………………………………………………

tad yathā：それは次の通り。すなわち。例えば。
tad < tat + 有声子音 < tad-：それ。*n. sg. Nom.*
yathā：*関係副詞, 接続詞,* ～のように。あたかも～のように。～であるように。
mañjuśrīr < mañjuśrīḥ + 有声音 < mañjuśrī- < mañju-śrī-：*m.* マンジュシリー。「妙徳」「妙吉祥」と漢訳。「文殊」「文殊師利」と音写。*sg. Voc.* 格変化は、cf.「基礎」*p.* 106.
udaka-budbudānām < udaka-budbuda-：*m.* 水の泡。*pl. Gen.*
udaka-：*n.* 水。
budbuda-：*m.* 泡。「水泡」と漢訳。
utpāda-vyaya < utpāda-vyayaḥ + a 以外の母音 < utpāda-vyaya-：*m.* 「生滅」と漢訳。*sg. Nom.*
utpāda- < ud-√pad- (4) + -a：*m.* 生ずること。生み出すこと。産出。出生。「出」「生起」「出現」と漢訳。
vyaya- < vi-√i- (2) + -a：*adj.* 滅亡すべき。*m.* 破壊。滅亡。消失。喪失。減少。欠乏。放棄。
vi-√i- (2)：横切る。拡張する。散る。分離する。失う。消える。滅する。
evaṃ：*adv.* このように。「是」「如是」と漢訳。
bodhi-sattvena < bodhi-sattva-：*m.* 覚りを求める人。「菩薩」と音写。*sg. Ins.*
sarva-sattvāḥ < sarva-sattva-：*m.* 「一切衆生」と漢訳。*pl. Nom.*
pratyavekṣitavyāḥ < pratyavekṣitavya- < prati-ava-√īkṣ- (1) + -itavya：*未受分,* 観察されるべき。観られるべき。*m. pl. Nom.*

> tad yathā mañjuśrīḥ kadalyāḥ sāra-darśanam evaṃ bodhi-sattvena sarva-sattvāḥ pratyavekṣitavyāḥ /
>
> (梵漢和維摩経 *p.* 284, *ll.* 14–16)

「マンジュシリーよ、例えば、〔茎が空虚である〕芭蕉（バナナ）〔の幹〕に〔堅い〕芯を観るように[3]、そのように一切衆生を菩薩は観るべきであります。
【「芭蕉（ばしょう）の堅の如く、】　（大正蔵、巻一四、五四七頁中）
……………………………………………………………………

tad yathā：それは次のようなものである。例えば次のようなものである。「如」「如此」「譬如」と漢訳。
mañjuśrīḥ < mañjuśrīḥ + (k) < mañjuśrī- < mañju-śrī-：*m.* マンジュシリー。「妙徳」「妙吉祥」と漢訳。「文殊」「文殊師利」と音写。*sg. Voc.* 格変化は、cf.「基礎」*p.* 106.
kadalyāḥ < kadalī-：*f.* 芭蕉。*sg. Gen.*
sāra-darśanam < sāra-darśana-：*n.* 〔堅い〕芯を見ること。*sg. Nom.*
sāra-：*m.* 核。芯。力。精力。エネルギー。固さ。堅固。*adj.* 堅い。しっかりした。

darśana- < √dṛś- (1) + -ana-：*n.* 凝視すること。見ること。知覚。悟性。内観。意見。認識。哲学的体系。～との会合。*adj.* ～の外観を有する。～と見える。
evaṃ：*adv.* このように。「是」「如是」と漢訳。
bodhi-sattvena < bodhi-sattva-：*m.* 覚りを求める人。「菩薩」と音写。*sg. Ins.*
sarva-sattvāḥ < sarva-sattva-：*m.* 「一切衆生」と漢訳。*pl. Nom.*
pratyavekṣitavyāḥ < pratyavekṣitavya- < prati-ava-√īkṣ- (1) + -itavya：*未受分,* 観察されるべき。観られるべき。*m. pl. Nom.*

tad yathā mañjuśrīr vidyutaḥ saṃsthitir[4] evaṃ bodhi-sattvena sarva-sattvāḥ pratyavekṣitavyāḥ /
(梵漢和維摩経 *p.* 284, *ll.* 16–17)

「マンジュシリーよ、例えば、〔瞬間的に閃く稲光の〕閃光にある〔はずのない〕永続性のように[5]、そのように一切衆生を菩薩は観るべきであります。
【「電（いなづま）の久住（くじゅう）の如く、】 （大正蔵、巻一四、五四七頁中）
…………………………………………………………………

tad yathā：それは次の通り。すなわち。例えば。
mañjuśrīr < mañjuśrīḥ + 有声音 < mañjuśrī- < mañju-śrī-：*m.* マンジュシリー。「妙徳」「妙吉祥」と漢訳。「文殊」「文殊師利」と音写。*sg. Voc.* 格変化は、cf.「基礎」*p.* 106.
vidyutaḥ < vidyutaḥ + (s) < vidyut-：*adj.* 閃光を発する。*f.* 閃く武器。電光。*f. sg. Gen.*
vi-√dyut- (1)：照らし出す。輝く。閃く。明るくする。
saṃsthitir < saṃsthitiḥ + 有声音 < saṃsthiti- < sam-√sthā- (1) + -ti：*f.* ～（具格、処格）との結合。～（処格）の上にある。地位。～（処格）に住むこと。滞在すること。持続。継続。*sg. Nom.*
evaṃ：*adv.* このように。「是」「如是」と漢訳。
bodhi-sattvena < bodhi-sattva-：*m.* 覚りを求める人。「菩薩」と音写。*sg. Ins.*
sarva-sattvāḥ < sarva-sattva-：*m.* 「一切衆生」と漢訳。*pl. Nom.*
pratyavekṣitavyāḥ < pratyavekṣitavya- < prati-ava-√īkṣ- (1) + -itavya：*未受分,* 観察されるべき。観られるべき。*m. pl. Nom.*

tad yathā mañjuśrīḥ pañcamo dhātur evaṃ bodhi-sattvena sarva-sattvāḥ pratyavekṣitavyāḥ /
(梵漢和維摩経 *p.* 284, *ll.* 17–18)

「マンジュシリーよ、例えば、〔四大元素以外にあるはずのない〕第五の元素のように、そのように一切衆生を菩薩は観るべきであります。
【「第五の大（だい）の如く、】 （大正蔵、巻一四、五四七頁中）
…………………………………………………………………

tad yathā：それは次の通り。すなわち。例えば。
mañjuśrīḥ < mañjuśrīḥ + (p) < mañjuśrī- < mañju-śrī-：*m.* マンジュシリー。「妙徳」「妙吉祥」と漢訳。「文殊」「文殊師利」と音写。*sg. Voc.* 格変化は、cf.「基礎」*p.* 106.
pañcamo < pañcamaḥ + 有声子音 < pañcama-：*序数詞,* 第五の。*m. sg. Nom.*
dhātur < dhātuḥ + 有声音 < dhātu-：*m.* 層。成分。要素。身体の根本要素。「界」「身界」「世界」「種性」と漢訳。*sg. Nom.*
evaṃ：*adv.* このように。「是」「如是」と漢訳。
bodhi-sattvena < bodhi-sattva-：*m.* 覚りを求める人。「菩薩」と音写。*sg. Ins.*
sarva-sattvāḥ < sarva-sattva-：*m.* 「一切衆生」と漢訳。*pl. Nom.*
pratyavekṣitavyāḥ < pratyavekṣitavya- < prati-ava-√īkṣ- (1) + -itavya：*未受分,* 観察されるべき。観られるべき。*m. pl. Nom.*

tad yathā mañjuśrīḥ saptamam āyatanam evaṃ bodhi-sattvena sarva-sattvāḥ pratyavekṣitavyāḥ /

(梵漢和維摩経 *p.* 284, *ll.* 18–19)

「マンジュシリーよ、例えば、〔六つの感覚器官（六処）以外にあるはずのない〕第七の感覚器官のように[6]、そのように一切衆生を菩薩は観るべきであります。
【「第六の陰(おん)の如く、第七の情の如く、十三入(にゅう)の如く、十九界(かい)の如し。菩薩の衆生を観ずること此くの若(ごと)しと為(な)す。】　(大正蔵、巻一四、五四七頁中)

……………………………………………………………………

tad yathā：それは次の通り。すなわち。例えば。
mañjuśrīḥ < mañjuśrīḥ + (s) < mañjuśrī- < mañju-śrī-：*m.* マンジュシリー。「妙徳」「妙吉祥」と漢訳。「文殊」「文殊師利」と音写。*sg. Voc.* 格変化は、cf.「基礎」*p.* 106.
saptamam < saptama-：*序数詞,* 第七の。*n. sg. Nom.*
āyatanam < āyatana- < ā-yatana- < ā-√yat- (1) + -ana：*n.* 入ること。処。住所。領域。聖域。感覚の領域。感官。「処」「入」と漢訳。*sg. Nom.*
evaṃ：*adv.* このように。「是」「如是」と漢訳。
bodhi-sattvena < bodhi-sattva-：*m.* 覚りを求める人。「菩薩」と音写。*sg. Ins.*
sarva-sattvāḥ < sarva-sattva-：*m.* 「一切衆生」と漢訳。*pl. Nom.*
pratyavekṣitavyāḥ < pratyavekṣitavya- < prati-ava-√īkṣ- (1) + -itavya：*未受分,* 観察されるべき。観られるべき。*m. pl. Nom.*

tad yathā mañjuśrīr ārūpyeṣu rūpâvabhāsa evaṃ bodhi-sattvena sarva-sattvāḥ pratyavekṣitavy=āḥ /

(梵漢和維摩経 *p.* 286, *ll.* 1–2)

「マンジュシリーよ、例えば、無色〔界〕においてある〔はずのない〕色・形の出現のように、そのように一切衆生を菩薩は観るべきであります。
【「無色界(むしきかい)の色(しき)の如く、】　(大正蔵、巻一四、五四七頁中)

……………………………………………………………………

tad yathā：それは次の通り。すなわち。例えば。
mañjuśrīr < mañjuśrīḥ + 有声音 < mañjuśrī- < mañju-śrī-：*m.* マンジュシリー。「妙徳」「妙吉祥」と漢訳。「文殊」「文殊師利」と音写。*sg. Voc.* 格変化は、cf.「基礎」*p.* 106.
ārūpyeṣu < ārūpya-：*m.* 「無色」と漢訳。*pl. Loc.*
rūpâvabhāsa < rūpâvabhāsaḥ + a 以外の母音 < rūpâvabhāsa- < rūpa-avabhāsa-：*m.* 色・形の出現。
　rūpa-：*n.* 形態。外観。色。形。美しい形。見目よいこと。
　avabhāsa- < ava-√bhās- (1) + -a：*m.* 光輝。出現。顕示。「照明」「光明」と漢訳。
　ava-√bhās- (1)：光る。～のように明白となる。見える。「普照」「遍照」と漢訳。
evaṃ：*adv.* このように。「是」「如是」と漢訳。
bodhi-sattvena < bodhi-sattva-：*m.* 覚りを求める人。「菩薩」と音写。*sg. Ins.*
sarva-sattvāḥ < sarva-sattva-：*m.* 「一切衆生」と漢訳。*pl. Nom.*
pratyavekṣitavyāḥ < pratyavekṣitavya- < prati-ava-√īkṣ- (1) + -itavya：*未受分,* 観察されるべき。観られるべき。*m. pl. Nom.*

tad yathā mañjuśrīḥ paritaptānāṃ bījānām aṅkura-pariniṣpattir evaṃ bodhi-sattvena sarva-sattv=āḥ pratyavekṣitavyāḥ /

(梵漢和維摩経 *p.* 286, *ll.* 2–4)

「マンジュシリーよ、例えば、焼かれた種子[7] にある〔はずのない〕発芽のように、そのように一切衆生を菩薩は観るべきであります。
【「焦穀(しょうこく)の芽の如く】　(大正蔵、巻一四、五四七頁中)

……………………………………………………………………

tad yathā：それは次の通り。すなわち。例えば。

mañjuśrīḥ < mañjuśrīḥ + (p) < mañjuśrī- < mañju-śrī-：*m.* マンジュシリー。「妙徳」「妙吉祥」と漢訳。「文殊」「文殊師利」と音写。*sg. Voc.* 格変化は、cf.「基礎」*p.* 106.

paritaptānāṃ < paritapta- < pari-√tap- (1) + -ta：*pp.* 熱せられた。焼かれた。苦しめられた。*n. pl. Gen.*

bījānām < bīja-：*n.* （植物の）種子。（動物の）精液。穀類の種子。穀粒。要素。源泉。起源。*pl. Gen.*

aṅkura-pariniṣpattir < aṅkura-pariniṣpattiḥ + 有声音 < aṅkura-pariniṣpatti-：*f.* 芽を出すこと。*sg. Nom.*

aṅkura-：*m.* 芽。

pariniṣpatti- < pari-nis-√pad- (4) + -ti：*f.* 完成。「成」「成就」「円成」「発」と漢訳。

pari-nis-√pad- (4)：～に変わる。「能成」「成就」「満足」「証」と漢訳。

evaṃ：*adv.* このように。「是」「如是」と漢訳。

bodhi-sattvena < bodhi-sattva-：*m.* 覚りを求める人。「菩薩」と音写。*sg. Ins.*

sarva-sattvāḥ < sarva-sattva-：*m.* 「一切衆生」と漢訳。*pl. Nom.*

pratyavekṣitavyāḥ < pratyavekṣitavya- < prati-ava-√īkṣ- (1) + -itavya：*未受分,* 観察されるべき。観られるべき。*m. pl. Nom.*

> tad yathā mañjuśrīḥ kūrma-roma-prāvāra[8] evaṃ bodhi-sattvena sarva-sattvāḥ pratyavekṣitavy=āḥ /
>
> (梵漢和維摩経 *p.* 286, *ll.* 4–5)

「マンジュシリーよ、例えば、〔生えているはずのない〕亀の毛で作った衣服のように[9]、そのように一切衆生を菩薩は観るべきであります。

【漢訳相当箇所なし】

……………………………………………………………………

tad yathā：それは次の通り。すなわち。例えば。

mañjuśrīḥ < mañjuśrīḥ + (k) < mañjuśrī- < mañju-śrī-：*m.* マンジュシリー。「妙徳」「妙吉祥」と漢訳。「文殊」「文殊師利」と音写。*sg. Voc.* 格変化は、cf.「基礎」*p.* 106.

kūrma-roma-prāvāra < kūrma-roma-prāvāraḥ + a 以外の母音 < kūrma-roma-prāvāra-：*m.* 亀の毛で作った衣服。*sg. Nom.*

kūrma-：*m.* 亀。

roma- < roman-：*n.* 身体の毛（頭髪、髭、たてがみ、尾を除く）。

prāvāra- < pra-ā-vṛ- (1) + -a：*m.* 外套。上衣。

pra-ā-√vṛ- (1)：覆う。隠す。（衣服を）着る。～（具格）を纏う。

pravāra- < pra-√vṛ- (1) + -a：*m.* 覆い。毛布。

evaṃ：*adv.* このように。「是」「如是」と漢訳。

bodhi-sattvena < bodhi-sattva-：*m.* 覚りを求める人。「菩薩」と音写。*sg. Ins.*

sarva-sattvāḥ < sarva-sattvāḥ + (p) < sarva-sattva-：*m.* 「一切衆生」と漢訳。*pl. Nom.*

pratyavekṣitavyāḥ < pratyavekṣitavya- < prati-ava-√īkṣ- (1) + -itavya：*未受分,* 観察されるべき。観られるべき。*m. pl. Nom.*

> tad yathā mañjuśrīr mṛtasya kāma-krīḍā-ratir evaṃ bodhi-sattvena sarva-sattvāḥ pratyavekṣitav=yāḥ /
>
> (梵漢和維摩経 *p.* 286, *ll.* 5–6)

「マンジュシリーよ、例えば、〔既に〕死亡した人にとっての、〔あるはずのない〕愛欲と遊びの喜びのように[10]、そのように一切衆生を菩薩は観るべきであります。

【漢訳相当箇所なし】

……………………………………………………………………

tad yathā：それは次の通り。すなわち。例えば。

mañjuśrīr < mañjuśrīḥ + 有声音 < mañjuśrī- < mañju-śrī-：*m.* マンジュシリー。「妙徳」「妙吉祥」と漢訳。「文殊」「文殊師利」と音写。*sg. Voc.* 格変化は、cf.「基礎」*p.* 106.

mṛtasya < mṛta- < √mṛ- (1) + -ta：*pp.* 死んだ。*m. sg. Gen.*

kāma-krīḍā-ratir < kāma-krīḍā-ratiḥ + 有声音 < kāma-krīḍā-rati-：*f.* 愛欲や遊びの楽しみ。*sg. Nom.*

　kāma-：*m.* ～（為格・属格・処格）に対する願望。欲望。愛。

　krīḍā-rati-：*f.* 遊びの楽しみ。

　krīḍā-：*f.* 遊び。

　rati- < √ram- (1) + -ti：*f.* 休息。快楽。満足。「楽」「愛楽」「歓喜」と漢訳。

evaṃ：*adv.* このように。「是」「如是」と漢訳。

bodhi-sattvena < bodhi-sattva-：*m.* 覚りを求める人。「菩薩」と音写。*sg. Ins.*

sarva-sattvāḥ < sarva-sattva-：*m.* 「一切衆生」と漢訳。*pl. Nom.*

pratyavekṣitavyāḥ < pratyavekṣitavya- < prati-ava-√īkṣ- (1) + -itavya：*未受分,* 観察されるべき。観られるべき。*m. pl. Nom.*

> tad yathā mañjuśrīḥ srota-āpannasya sat-kāya-dṛṣṭir evaṃ bodhi-sattvena sarva-sattvāḥ pratyavekṣitavyāḥ /
>
> （梵漢和維摩経 *p.* 286, *ll.* 6–8）

「マンジュシリーよ、例えば、〔有身見を断じて聖者としての〕流れに入ったもの（預流＝須陀洹）にとっての、〔あるはずのない〕身体が存在するという〔誤った〕見解（有身見）のように、そのように一切衆生を菩薩は観るべきであります。

【「須陀洹(しゅだおん)の身見(しんけん)の如く、】　（大正蔵、巻一四、五四七頁中）

………………………………………………………………………

tad yathā：それは次の通り。すなわち。例えば。

mañjuśrīḥ < mañjuśrīḥ + (s) < mañjuśrī- < mañju-śrī-：*m.* マンジュシリー。「妙徳」「妙吉祥」と漢訳。「文殊」「文殊師利」と音写。*sg. Voc.* 格変化は、cf.「基礎」*p.* 106.

srota-āpannasya < srota-āpanna-：*m.* 〔聖者としての〕流れに入ったもの。「預流」と漢訳。「須陀洹」と音写。*sg. Gen.*

　srota- < srotas- + a 以外の母音 < √sru- (1) + -tas-：*n.* 流れ。奔流。流水。

　√sru- (1)：流れる。流す。

　āpanna- < ā-√pad- (4) + -na：*pp.* ～に入った。

　ā-√pad- (4)：近づく。入る。～（対格）に赴く。～に達する。～に陥る。

sat-kāya-dṛṣṭir < sat-kāya-dṛṣṭiḥ + 有声音 < sat-kāya-dṛṣṭi-：*f.* 身体は存在するという〔誤った〕見解（有身見）。「我見」「身見」「有身見」と漢訳。*sg. Nom.*

　sat-kāya-：*m.* 存在している身体。個体。個性。「有身」「身見」と漢訳。

　sat- < s- + -at < √as- (2) + -at：*現在分詞,* 存在している。～（処格）にある。真正の。正しい。

　kāya-：*m.* 身体。集団。多数。集合。

　dṛṣṭi- < √dṛś- (1) + -ti：*f.* 見ること。視力。見なすこと。意見。（誤った）見解。「見」「閲」「邪見」「妄見」と漢訳。

evaṃ：*adv.* このように。「是」「如是」と漢訳。

bodhi-sattvena < bodhi-sattva-：*m.* 覚りを求める人。「菩薩」と音写。*sg. Ins.*

sarva-sattvāḥ < sarva-sattva-：*m.* 「一切衆生」と漢訳。*pl. Nom.*

pratyavekṣitavyāḥ < pratyavekṣitavya- < prati-ava-√īkṣ- (1) + -itavya：*未受分,* 観察されるべき。観られるべき。*m. pl. Nom.*

> tad yathā mañjuśrīḥ sakṛd-āgāminas tṛtīyo bhava evaṃ bodhi-sattvena sarva-sattvāḥ pratyavekṣi=

tavyāḥ /
(梵漢和維摩経 *p.* 286, *ll.* 8–9)

「マンジュシリーよ、例えば、〔天界から人間界にもう〕一度だけ還〔ってきて二度目の生において覚りを得〕るもの（一来＝斯陀含（しだごん））にとっての、〔あるはずのない〕三度目の生のように、そのように一切衆生を菩薩は観るべきであります。
【漢訳相当箇所なし】
……………………………………………………………………

tad yathā：それは次の通り。すなわち。例えば。
mañjuśrīḥ < mañjuśrīḥ + (s) < mañjuśrī- < mañju-śrī-：*m.* マンジュシリー。「妙徳」「妙吉祥」と漢訳。「文殊」「文殊師利」と音写。*sg. Voc.* 格変化は、cf.「基礎」*p.* 106.
sakṛd-āgāminas < sakṛd-āgāminaḥ + (t) < sakṛd-āgāmin-：*adj.* 一度だけ還ってくる。「一来」「一来果」と漢訳。*m. sg. Gen.*
sakṛd- < sakṛt- + 母音 < sa-kṛt-；*adj.* 同時に行動する。*adv.* 直ちに。突然に。一度に。一度限り。永久に。
sa-：*pref.* ～を含む。～に伴われた。～を所有する。～と一緒に。結合・共有・類似を表わす接頭辞。
kṛt-：*adj.* 作る。生ずる。起こす。行なう。
āgāmin- < ā-√gam- (1) + -in：*adj.* 来る。近づく。未来の。
ā-√gam- (1)：～（対格）に近づく。～に来る。現れ来る。達する。到着する。
tṛtīyo < tṛtīyaḥ + 有声子音 < tṛtīya-：*序数詞,* 第三の。*m. sg. Nom.*
bhava < bhavaḥ + a 以外の母音 < bhava- < √bhū- (1) + -a：*m.* 誕生。生起。起原。本源。存在。生。～となること。「有」と漢訳。*sg. Nom.*
evaṃ：*adv.* このように。「是」「如是」と漢訳。
bodhi-sattvena < bodhi-sattva-：*m.* 覚りを求める人。「菩薩」と音写。*sg. Ins.*
sarva-sattvāḥ < sarva-sattvāḥ + (p) < sarva-sattva-：*m.* 「一切衆生」と漢訳。*pl. Nom.*
pratyavekṣitavyāḥ < pratyavekṣitavya- < prati-ava-√īkṣ- (1) + -itavya：*未受分,* 観察されるべき。観られるべき。*m. pl. Nom.*

tad yathā mañjuśrīr[11] anāgāmino garbhâvakrāntir evaṃ bodhi-sattvena sarva-sattvāḥ pratyavek=ṣitavyāḥ /
(梵漢和維摩経 *p.* 286, *ll.* 9–11)

「マンジュシリーよ、例えば、〔二度と迷いの世界に〕還ってこないもの（不還＝阿那含）にとっての、〔あるはずのない〕母胎内に入ることのように、そのように一切衆生を菩薩は観るべきであります。
【「阿那含（あなごん）の入胎（にゅうたい）の如く、】（大正蔵、巻一四、五四七頁中）
……………………………………………………………………

tad yathā：それは次の通り。すなわち。例えば。
mañjuśrīr < mañjuśrīḥ + 有声音 < mañjuśrī- < mañju-śrī-：*m.* マンジュシリー。「妙徳」「妙吉祥」と漢訳。「文殊」「文殊師利」と音写。*sg. Voc.* 格変化は、cf.「基礎」*p.* 106.
anāgāmino < anāgāminḥ + 有声子音 < anāgāmin- < an-āgāmin-：*adj.* 〔二度と〕還ってこない。「不還」「不還果」と漢訳。*m. sg. Gen.*
garbhâvakrāntir < garbhâvakrāntiḥ + 有声音 < garbhâvakrānti- < garbha-avakrānti-：*f.* 母胎内に入ること。*m. sg. Nom.*
garbha-：*m.* 子宮。胎児。受胎。「胎」「蔵」「胎蔵」と漢訳。
avakrānti- < ava-√kram- (1) + -ti：*f.* 母胎中に降下すること。受胎。「入」「証入」「趣入」と漢訳。
ava-√kram- (1)：～（対格）の上に降る。入胎する。去る。
evaṃ：*adv.* このように。「是」「如是」と漢訳。

bodhi-sattvena < bodhi-sattva-：*m.* 覚りを求める人。「菩薩」と音写。*sg. Ins.*
sarva-sattvāḥ < sarva-sattva-：*m.*「一切衆生」と漢訳。*pl. Nom.*
pratyavekṣitavyāḥ < pratyavekṣitavya- < prati-ava-√īkṣ- (1) + -itavya：*未受分,* 観察されるべき。観られるべき。*m. pl. Nom.*

tad yathā mañjuśrīr[12] arhato rāga-doṣa-mohā evaṃ bodhi-sattvena sarva-sattvāḥ pratyavekṣita=vyāḥ /

(梵漢和維摩経 *p.* 286, *ll.* 11–12)

「マンジュシリーよ、例えば、〔一切の煩悩を断じ尽くした〕阿羅漢[13] にとっての、〔あるはずのない〕貪愛・憎悪・迷妄[14]〔、すなわち貪欲・瞋恚・愚癡の三毒〕のように、そのように一切衆生を菩薩は観るべきであります。
【「阿羅漢(あらかん)の三毒の如く、】　（大正蔵、巻一四、五四七頁中）

………………………………………………………………………

tad yathā：それは次の通り。すなわち。例えば。
mañjuśrīr < mañjuśrīḥ + 有声音 < mañjuśrī- < mañju-śrī-：*m.* マンジュシリー。「妙徳」「妙吉祥」と漢訳。「文殊」「文殊師利」と音写。*sg. Voc.* 格変化は、cf.「基礎」*p.* 106.
arhato < arhataḥ + 有声子音 < arhat-：*m.* 尊敬されるべき人。「応供」と漢訳。「阿羅漢」と音写。*sg. Gen.*
rāga-doṣa-mohā < rāga-doṣa-mohāḥ + 有声音 < rāga-doṣa-moha-：*m.* 貪愛・憎悪・迷妄〔、すなわち貪欲・瞋恚・愚癡の三毒〕。*pl. Nom.*
　rāga- < √raj- (4) + -a：*m.* 染めること。赤いこと。情熱。激しい欲望。愛情。「貪愛」「愛欲」と漢訳。
　doṣa- ≒ dveṣa-：*m.* 憎悪。「瞋恚」「憎」「憎忿」と漢訳。
　doṣa-には、*m.*「欠陥」「欠点」「短所」「過失」といった意味もあるが、ここでは Skt.の dveṣa-（Pāl.で dosa-）の俗語形である。
　moha- < √muh- (4) + -a：*m.* 意識の喪失。当惑。惑溺。（真理の洞察を妨げる）心の迷妄。「癡」「癡妄」「愚」「愚癡」「無明」と漢訳。
evaṃ：*adv.* このように。「是」「如是」と漢訳。
bodhi-sattvena < bodhi-sattva-：*m.* 覚りを求める人。「菩薩」と音写。*sg. Ins.*
sarva-sattvāḥ < sarva-sattva-：*m.*「一切衆生」と漢訳。*pl. Nom.*
pratyavekṣitavyāḥ < pratyavekṣitavya- < prati-ava-√īkṣ- (1) + -itavya：*未受分,* 観察されるべき。観られるべき。*m. pl. Nom.*

tad yathā mañjuśrīḥ kṣānti-pratilabdhasya bodhi-sattvasya mātsarya-dauḥśīlya-vyāpāda-vihiṃ=sā-cittāny evaṃ bodhi-sattvena sarva-sattvāḥ pratyavekṣitavyāḥ /

(梵漢和維摩経 *p.* 286, *ll.* 12–14)

「マンジュシリーよ、例えば、忍耐を獲得している菩薩にとっての、〔あるはずのない〕嫉妬、破戒、悪行、悪意、傷害の心のように、そのように一切衆生を菩薩は観るべきであります。
【「得忍(とくにん)の菩薩の貪(とん)・恚(い)・毀禁(きごん)の如く、】　（大正蔵、巻一四、五四七頁中）

………………………………………………………………………

tad yathā：それは次の通り。すなわち。例えば。
mañjuśrīḥ < mañjuśrīḥ + (k) < mañjuśrī- < mañju-śrī-：*m.* マンジュシリー。「妙徳」「妙吉祥」と漢訳。「文殊」「文殊師利」と音写。*sg. Voc.* 格変化は、cf.「基礎」*p.* 106.
kṣānti-pratilabdhasya < kṣānti-pratilabdha-：*adj.* 忍耐を得ている。*m. sg. Gen.*
　kṣānti- < √kṣam- (1) + -ti：*f.* 堪えること。認めること。「忍」「忍辱」「堪忍」と漢訳。
　√kṣam- (1)：忍耐する。堪える。忍ぶ。
　pratilabdha- < prati-√labh- (1) + -ta：*pp.* 回復された。取り戻した。達した。得た。「獲得」

「成就」と漢訳。

bodhi-sattvasya < bodhi-sattva-：*m.* 覚りを求める人。「菩提薩埵」「菩薩」と音写。*sg. Gen.*

mātsarya-dauḥśīlya-vyāpāda-vihiṃsā-cittāny < mātsarya-dauḥśīlya-vyāpāda-vihiṃsā-cittāni + 母音

< mātsarya-dauḥśīlya-vyāpāda-vihiṃsā-citta-：*n.* 嫉妬、破戒、悪行、悪意、傷害の心。*pl. Nom.*

mātsarya-：*n.* 嫉妬。悪意。不満。「慳貪」「慳」「慳吝」「慳嫉」と漢訳。

dauḥśīlya- < duḥ-śīla- + -ya：*n.* 品性の悪いこと。悪意。「犯」「破戒」「毀戒」と漢訳。

duḥ-śīla-：*adj.* 悪しき習慣／性質を有する。邪悪の。悪い行状の。破戒の。「破戒」「毀戒」「破戒者」と漢訳。

vyāpāda- < vi-ā-√pad- (4) + -a：*m.* 零落。破壊。死。悪意。「恚」「瞋」「害」「瞋恚」と漢訳。

vi-ā-√pad- (4)：遠ざかる。消失する。滅びる。「毀」と漢訳。

vihiṃsā- < vi-√hiṃs- (7) + -ā：*f.* 「害」「加害」「損害」「殺害」「悩害」と漢訳。

vi-√hiṃs- (7)：傷つける。損なう。「傷害」と漢訳。

√hiṃs- (7)：傷害を与える。害する。傷つける。殺害する。

citta-：*n.* 心。思考。意思。知性。理性。「質多」と音写。

evaṃ：*adv.* このように。「是」「如是」と漢訳。

bodhi-sattvena < bodhi-sattva-：*m.* 覚りを求める人。「菩薩」と音写。*sg. Ins.*

sarva-sattvāḥ < sarva-sattva-：*m.* 「一切衆生」と漢訳。*pl. Nom.*

pratyavekṣitavyāḥ < pratyavekṣitavya- < prati-ava-√īkṣ- (1) + -itavya：*未受分,* 観察されるべき。観られるべき。*m. pl. Nom.*

> tad yathā mañjuśrīs tathāgatasya kleśa-vāsanâivaṃ bodhi-sattvena sarva-sattvāḥ pratyavekṣita=vyāḥ /
>
> (梵漢和維摩経 *p.* 286, *ll.* 14–16)

「マンジュシリーよ、例えば、如来にとっての、〔あるはずのない〕煩悩の残存（薫習）のように、そのように一切衆生を菩薩は観るべきであります。

【「仏の煩悩の習いの如く、】　　（大正蔵、巻一四、五四七頁中）

………………………………………………………………………

tad yathā：それは次の通り。すなわち。例えば。

mañjuśrīs < mañjuśrīḥ + (t) < mañjuśrī- < mañju-śrī-：*m.* マンジュシリー。「妙徳」「妙吉祥」と漢訳。「文殊」「文殊師利」と音写。*sg. Voc.* 格変化は、cf.「基礎」*p.* 106.

tathāgatasya < tathāgata-：*m.* 「如来」と漢訳。*sg. Gen.*

kleśa-vāsanâivaṃ < kleśa-vāsanā + evaṃ

kleśa-vāsanā < kleśa-vāsanā-：*f.* 煩悩に対する願望。煩悩の残存（薫習）。*sg. Nom.*

kleśa- < √kliś- (4) + -a：*m.* 苦痛。苦悩。心痛。「煩悩」「惑」「根本煩悩」と漢訳。

vāsanā- < √vas- (1) + -anā：*f.* ～（処格）についての考え。～に対する願望。（心中に宿って残された）印象。「薫」「薫習」「習」「習気」「（煩悩）習気」と漢訳。

vāsanā-kleśa-：*m.* 「習煩悩」「薫習煩悩」「煩悩習」と漢訳。

evaṃ：*adv.* このように。「是」「如是」と漢訳。

bodhi-sattvena < bodhi-sattva-：*m.* 覚りを求める人。「菩薩」と音写。*sg. Ins.*

sarva-sattvāḥ < sarva-sattva-：*m.* 「一切衆生」と漢訳。*pl. Nom.*

pratyavekṣitavyāḥ < pratyavekṣitavya- < prati-ava-√īkṣ- (1) + -itavya：*未受分,* 観察されるべき。観られるべき。*m. pl. Nom.*

> tad yathā mañjuśrīr jāty-andhasya puruṣasya rūpa-darśanam evaṃ bodhi-sattvena sarva-sattvāḥ pratyavekṣitavyāḥ /
>
> (梵漢和維摩経 *p.* 286, *ll.* 16–17)

「マンジュシリーよ、例えば、生まれつき盲目の人にとっての、〔あるはずのない〕色・形を見ることのように、そのように一切衆生を菩薩は観るべきであります。
【「盲者の色を見る如く、】　　　　　　　　　　　　　（大正蔵、巻一四、五四七頁中）

………………………………………………………………………

tad yathā：それは次の通り。すなわち。例えば。
mañjuśrīr < mañjuśrīḥ + 有声音 < mañjuśrī- < mañju-śrī-：*m.* マンジュシリー。「妙徳」「妙吉祥」と漢訳。「文殊」「文殊師利」と音写。*sg. Voc.* 格変化は、cf.「基礎」*p.* 106.
jāty-andhasya < jāty-andha-：*adj.* 生まれつき盲目の。「生盲」と漢訳。*m. sg. Gen.*
　jāty- < jāti- + 母音 < √jan- (1) + -ti：*f.* 誕生。出生。生まれ。
　andha-：*adj.* 盲目の。朦朧とした。真っ暗の。
puruṣasya < puruṣa-：*m.* 人。人間。*sg. Gen.*
rūpa-darśanam < rūpa-darśana-：*n.* 色・形を見ること。*sg. Nom.*
　rūpa-：*n.* 形態。外観。色。形。美しい形。見目よいこと。
　darśana- < √dṛś- (1) + -ana-：*n.* 凝視すること。見ること。知覚。悟性。内観。意見。認識。哲学的体系。～との会合。*adj.* ～の外観を有する。～と見える。
evaṃ：*adv.* このように。「是」「如是」と漢訳。
bodhi-sattvena < bodhi-sattva-：*m.* 覚りを求める人。「菩薩」と音写。*sg. Ins.*
sarva-sattvāḥ < sarva-sattva-：*m.* 「一切衆生」と漢訳。*pl. Nom.*
pratyavekṣitavyāḥ < pratyavekṣitavya- < prati-ava-√īkṣ- (1) + -itavya：*未受分,* 観察されるべき。観られるべき。*m. pl. Nom.*

> tad yathā mañjuśrīr nirodha-samāpannasyâśvāsā evaṃ bodhi-sattvena sarva-sattvāḥ pratyavek=ṣitavyāḥ /
>
> （梵漢和維摩経 *p.* 286, *ll.* 17–19）

「マンジュシリーよ、例えば、〔心の働きがすべて尽き果てた〕滅尽定に入っている人にとっての、〔あるはずのない〕呼吸の回復のように、そのように一切衆生を菩薩は観るべきであります。
【「滅尽定(めつじんじょう)に入れるものの出入の息の如く、】　　　　　　　　（大正蔵、巻一四、五四七頁中）

………………………………………………………………………

tad yathā：それは次の通り。すなわち。例えば。
mañjuśrīr < mañjuśrīḥ + 有声音 < mañjuśrī- < mañju-śrī-：*m.* マンジュシリー。「妙徳」「妙吉祥」と漢訳。「文殊」「文殊師利」と音写。*sg. Voc.* 格変化は、cf.「基礎」*p.* 106.
nirodha-samāpannasyâśvāsā < nirodha-samāpannasyâśvāsāḥ + 有声音 < nirodha-samāpannasya + āśvāsāḥ
　nirodha-samāpannasya < nirodha-samāpanna-：*adj.* 滅尽定に入った。「入滅定」「入滅尽」と漢訳。*m. sg. Gen.*
　nirodha- < ni-√rudh- (1) + -a：*m.* 監禁。包囲。抑圧。征服。破壊。消滅。阻止。「滅」「滅尽」と漢訳。
　samāpanna- < sam-ā-√pad- (4) + -na：*pp.* 到達した。来た。「入」「生」「得」「住」と漢訳。
　sam-ā-√pad- (4)：襲う。～（状態）に陥る。生ずる。起こる。
　āśvāsāḥ < āśvāsa- < ā-√śvas- (2) + -a：*m.* 呼吸を回復すること。蘇生。保養。*pl. Nom.*
　ā-√śvas- (2)：息を吹き返す。生き返る。回復する。
evaṃ：*adv.* このように。「是」「如是」と漢訳。
bodhi-sattvena < bodhi-sattva-：*m.* 覚りを求める人。「菩薩」と音写。*sg. Ins.*
sarva-sattvāḥ < sarva-sattva-：*m.* 「一切衆生」と漢訳。*pl. Nom.*
pratyavekṣitavyāḥ < pratyavekṣitavya- < prati-ava-√īkṣ- (1) + -itavya：*未受分,* 観察されるべき。観られるべき。*m. pl. Nom.*

> tad yathā mañjuśrīr ākāśe śakuni-padam evaṃ bodhi-sattvena sarva-sattvāḥ pratyavekṣitavyāḥ /

(梵漢和維摩経 *p.* 288, *ll.* 1–2)

「マンジュシリーよ、例えば、虚空の中における、〔あるはずのない〕鳥の足跡のように、そのように一切衆生を菩薩は観るべきであります。
【「空中の鳥の跡の如く、」】 （大正蔵、巻一四、五四七頁中）

……………………………………………………………………

tad yathā：それは次の通り。すなわち。例えば。
mañjuśrīr < mañjuśrīḥ + 有声音 < mañjuśrī- < mañju-śrī-：*m.* マンジュシリー。「妙徳」「妙吉祥」と漢訳。「文殊」「文殊師利」と音写。*sg. Voc.* 格変化は、cf.「基礎」*p.* 106.
ākāśe < ākāśa-：*m.n.* 虚空。蒼穹。「虚」「空」「虚空」「空界」と漢訳。*sg. Loc.*
śakuni-padam < śakuni-pada-：*n.* 鳥の足跡。*sg. Nom.*
以上は、処格と主格の名詞文をなしている。
śakuni-：*m.* （大型の）鳥。
pada-：*n.* 一歩。足取り。足跡。足場。場所。立場。「句」「文句」「章句」と漢訳。
evaṃ：*adv.* このように。「是」「如是」と漢訳。
bodhi-sattvena < bodhi-sattva-：*m.* 覚りを求める人。「菩薩」と音写。*sg. Ins.*
sarva-sattvāḥ < sarva-sattva-：*m.* 「一切衆生」と漢訳。*pl. Nom.*
pratyavekṣitavyāḥ < pratyavekṣitavya- < prati-ava-√īkṣ- (1) + -itavya：*未受分,* 観察されるべき。観られるべき。*m. pl. Nom.*

tad yathā [mañjuśrīḥ][15] paṇḍakasyêndriyasya prādur-bhāva evaṃ bodhi-sattvena sarva-sattvāḥ pratyavekṣitavyāḥ /

(梵漢和維摩経 *p.* 288, *ll.* 2–3)

「マンジュシリーよ、例えば、去勢された男性にとっての、〔あるはずのない〕器官（男根）の出現のように、そのように一切衆生を菩薩は観るべきであります。
【漢訳相当箇所なし】

……………………………………………………………………

tad yathā：それは次の通り。すなわち。例えば。
mañjuśrīḥ < mañjuśrīḥ + (p) < mañjuśrī- < mañju-śrī-：*m.* マンジュシリー。「妙徳」「妙吉祥」と漢訳。「文殊」「文殊師利」と音写。*sg. Voc.* 格変化は、cf.「基礎」*p.* 106.
paṇḍakasyêndriyasya < paṇḍakasya + indriyasya
paṇḍakasya < paṇḍaka- < paṇḍa-ka-：*m.* 去勢された男性。「黄門」「不男」と漢訳。「般荼迦」と音写。*sg. Gen.*
paṇḍa-：*m.* 宦官。性的不能者。
indriyasya < indriya-：*n.* 活力。精力。感官。「根」と漢訳。
prādur-bhāva < prādur-bhāvaḥ + a 以外の母音 < prādur-bhāva- < prādur-√bhū- (1) + -a：*m.* 明示。出現。*sg. Nom.*
prādur-：*adv.* （戸外に）。外へ。見えて。明白に。
prādur-√bhū- (1)：明白となる。現われる。
evaṃ：*adv.* このように。「是」「如是」と漢訳。
bodhi-sattvena < bodhi-sattva-：*m.* 覚りを求める人。「菩薩」と音写。*sg. Ins.*
sarva-sattvāḥ < sarva-sattva-：*m.* 「一切衆生」と漢訳。*pl. Nom.*
pratyavekṣitavyāḥ < pratyavekṣitavya- < prati-ava-√īkṣ- (1) + -itavya：*未受分,* 観察されるべき。観られるべき。*m. pl. Nom.*

tad yathā mañjuśrīr bandhyāyāḥ putra-pratilambha evaṃ bodhi-sattvena sarva-sattvāḥ pratyavekṣitavyāḥ /

(梵漢和維摩経 *p.* 288, *ll.* 3–5)

「マンジュシリーよ、例えば、子どものできない女性（石女）にとっての、〔あるはずのない〕息子の獲得のように、そのように一切衆生を菩薩は観るべきであります。

【「石女の児の如く、】　　（大正蔵、巻一四、五四七頁中）

……………………………………………………………………

tad yathā：それは次の通り。すなわち。例えば。

mañjuśrīr < mañjuśrīḥ + 有声音 < mañjuśrī- < mañju-śrī-：*m.* マンジュシリー。「妙徳」「妙吉祥」と漢訳。「文殊」「文殊師利」と音写。*sg. Voc.* 格変化は、cf.「基礎」*p.* 106.

bandhyāyāḥ < bandhyāyāḥ + (p) < bandhyā-：*m.* 子どものできない女性。「石女」と漢訳。*sg. Gen.*

putra-pratilambha < putra-pratilambhaḥ + a 以外の母音 < putra-pratilambha-：*m.* 息子を得ること。*sg. Nom.*

putra-：*m.* 息子。

pratilambha- < prati-√labh- (1) + -a：*m.* 獲得。取得。回復。会得。

evaṃ：*adv.* このように。「是」「如是」と漢訳。

bodhi-sattvena < bodhi-sattva-：*m.* 覚りを求める人。「菩薩」と音写。*sg. Ins.*

sarva-sattvāḥ < sarva-sattva-：*m.* 「一切衆生」と漢訳。*pl. Nom.*

pratyavekṣitavyāḥ < pratyavekṣitavya- < prati-ava-√īkṣ- (1) + -itavya：*未受分,* 観察されるべき。観られるべき。*m. pl. Nom.*

tad yathā mañjuśrīs tathāgata-nirmitasyânutpannāḥ kleśā evaṃ bodhi-sattvena sarva-sattvāḥ pratyavekṣitavyāḥ /

(梵漢和維摩経 *p.* 288, *ll.* 5–6)

「マンジュシリーよ、例えば、如来によって化作された人にとっての、生ずるはずのない諸の煩悩のように[16]、そのように一切衆生を菩薩は観るべきであります。

【「化人の起こせる煩悩の如く、】　　（大正蔵、巻一四、五四七頁中）

……………………………………………………………………

tad yathā：それは次の通り。すなわち。例えば。

mañjuśrīs < mañjuśrīḥ + (t) < mañjuśrī- < mañju-śrī-：*m.* マンジュシリー。「妙徳」「妙吉祥」と漢訳。「文殊」「文殊師利」と音写。*sg. Voc.* 格変化は、cf.「基礎」*p.* 106.

tathāgata-nirmitasyânutpannāḥ < tathāgata-nirmitasya + anutpannāḥ

tathāgata-nirmitasya < tathāgata-nirmita-：*m.* 如来によって化作された人。*sg. Gen.*

tathāgata-：*m.* 「如来」と漢訳。

nirmita- < nir-√mā- (2,3) + -ta：*pp.* ～（奪格）から／～（具格）によって産出された。創造された。形成された。作られた。「化作」「現化現」「化生」と漢訳。

anutpannāḥ < anutpannāḥ + (k) < anutpanna- < an-utpanna-：*adj.* 生じることのない。*m. pl. Nom.*

utpanna- < ud-√pad- (4) + -na：*pp.* ～（処格）から生まれた。生じた。「已生」「出現」「生起」と漢訳。

kleśā < kleśāḥ + 有声音 < kleśa- < √kliś- (4) + -a：*m.* 苦痛。苦悩。心痛。「煩悩」「惑」「根本煩悩」と漢訳。*pl. Nom.*

√kliś- (4)：悩ませる。困らせる。悩む。困る。

evaṃ：*adv.* このように。「是」「如是」と漢訳。

bodhi-sattvena < bodhi-sattva-：*m.* 覚りを求める人。「菩薩」と音写。*sg. Ins.*

sarva-sattvāḥ < sarva-sattva-：*m.* 「一切衆生」と漢訳。*pl. Nom.*

pratyavekṣitavyāḥ < pratyavekṣitavya- < prati-ava-√īkṣ- (1) + -itavya：*未受分,* 観察されるべき。観られるべき。*m. pl. Nom.*

tad yathā mañjuśrīḥ svapna-darśana-pratibuddhasya darśanam evaṃ bodhi-sattvena sarva-sattv=āḥ pratyavekṣitavyāḥ /
(梵漢和維摩経 *p.* 288, *ll.* 7–8)

「マンジュシリーよ、例えば、夢を見ることから目覚めた人にとっての〔夢を〕見ることのように、そのように一切衆生を菩薩は観るべきであります。
【「夢に見る所の已（すで）に寤（さ）めたるが如く、滅度せる者の身を受くるが如く[17]、】
（大正蔵、巻一四、五四七頁中）
……………………………………………………………………

tad yathā：それは次の通り。すなわち。例えば。
mañjuśrīḥ < mañjuśrīḥ + (s) < mañjuśrī- < mañju-śrī-：*m.* マンジュシリー。「妙徳」「妙吉祥」と漢訳。「文殊」「文殊師利」と音写。*sg. Voc.* 格変化は、cf.「基礎」*p.* 106.
svapna-darśana-pratibuddhasya < svapna-darśana-pratibuddha-：*pp.* 夢を見ることから目覚めた。*m. sg. Gen.*
svapna-darśana-：*m.* 夢を見ること。
svapna-：*m.* 眠り。夢。
pratibuddha- < prati-√budh- (4) + -ta：*pp.* 目覚めた。
darśanam < darśana- < √dṛś- (1) + -ana-：*n.* 凝視すること。見ること。知覚。悟性。内観。意見。認識。哲学的体系。～との会合。*adj.* ～の外観を有する。～と見える。*sg. Nom.*
evaṃ：*adv.* このように。「是」「如是」と漢訳。
bodhi-sattvena < bodhi-sattva-：*m.* 覚りを求める人。「菩薩」と音写。*sg. Ins.*
sarva-sattvāḥ < sarva-sattva-：*m.* 「一切衆生」と漢訳。*pl. Nom.*
pratyavekṣitavyāḥ < pratyavekṣitavya- < prati-ava-√īkṣ- (1) + -itavya：*未受分,* 観察されるべき。観られるべき。*m. pl. Nom.*

tad yathā mañjuśrīr aparikalpayataḥ kleśā evaṃ bodhi-sattvena sarva-sattvāḥ pratyavekṣitavyāḥ /
(梵漢和維摩経 *p.* 288, *ll.* 8–9)

「マンジュシリーよ、例えば、妄想分別しない人にとっての、〔あるはずのない〕煩悩のように、そのように一切衆生を菩薩は観るべきであります。
【漢訳相当箇所なし】
……………………………………………………………………

tad yathā：それは次の通り。すなわち。例えば。
mañjuśrīr < mañjuśrīḥ + 有声音 < mañjuśrī- < mañju-śrī-：*m.* マンジュシリー。「妙徳」「妙吉祥」と漢訳。「文殊」「文殊師利」と音写。*sg. Voc.* 格変化は、cf.「基礎」*p.* 106.
aparikalpayataḥ < a-parikalpayat-：*adj.* 妄想分別しない。*m. sg. Gen.*
parikalpayat- < parikalpaya- + -t < pari-√kḷp- (1) + -aya + -t：*Caus.* 決定する。決心する。計画する。選ぶ。成し遂げる。取り扱う。形成する。作る。区分する。想像する。分別する。妄想する。*P. 現在分詞.*
kleśā < kleśāḥ + 有声音 < kleśa- < √kliś- (4) + -a：*m.* 苦痛。苦悩。心痛。「煩悩」「惑」「根本煩悩」と漢訳。*pl. Nom.*
evaṃ：*adv.* このように。「是」「如是」と漢訳。
bodhi-sattvena < bodhi-sattva-：*m.* 覚りを求める人。「菩薩」と音写。*sg. Ins.*
sarva-sattvāḥ < sarva-sattva-：*m.* 「一切衆生」と漢訳。*pl. Nom.*
pratyavekṣitavyāḥ < pratyavekṣitavya- < prati-ava-√īkṣ- (1) + -itavya：*未受分,* 観察されるべき。観られるべき。*m. pl. Nom.*

tad yathā mañjuśrīr anupādānasyâgneḥ saṃbhava evaṃ bodhi-sattvena sarva-sattvāḥ pratyavekṣ=itavyāḥ /

(梵漢和維摩経 *p.* 288, *ll.* 9–11)

「マンジュシリーよ、例えば、着けられてもいない火の出現のように、そのように一切衆生を菩薩は観るべきであります。

【「無烟(むえん)の火の如し。】　(大正蔵、巻一四、五四七頁中)

…………………………………………………………………………

tad yathā：それは次の通り。すなわち。例えば。

mañjuśrīr < mañjuśrīḥ + 有声音 < mañjuśrī- < mañju-śrī-：*m.* マンジュシリー。「妙徳」「妙吉祥」と漢訳。「文殊」「文殊師利」と音写。*sg. Voc.* 格変化は、cf.「基礎」*p.* 106.

anupādānasyâgneḥ < anupādānasya + agneḥ

anupādānasya < anupādāna- < an-upādāna-：*adj.* 取ることのない。得ることのない。(火が) 着くことのない。「不取」「無取」「無取執」「離垢」「離著」と漢訳。*m. sg. Gen.*

upādāna- < upa-ā-√dā- (3) + -ana：*n.* 取得。捕獲。理解。(火が) 着くこと。

upa-ā-√dā- (3)：受ける。得る。獲得する。取る。専有する。取り去る。握る。集める。(火が) 着く。

agneḥ < agneḥ + (s) < agni-：*m.* 火。*sg. Gen.*

saṃbhava < saṃbhavaḥ + a 以外の母音 < saṃbhava- < sam-√bhū- (1) + -a：*adj.* 〜に起源する。〜から作られた。〜から生じた。*m.* 産み出すこと。出生。起源。出現。*m. sg. Nom.*

sam-√bhū- (1)：出会う。集合する。起こる。生まれる。「生」「生長」「起」「出」と漢訳。

evaṃ：*adv.* このように。「是」「如是」と漢訳。

bodhi-sattvena < bodhi-sattva-：*m.* 覚りを求める人。「菩薩」と音写。*sg. Ins.*

sarva-sattvāḥ < sarva-sattva-：*m.* 「一切衆生」と漢訳。*pl. Nom.*

pratyavekṣitavyāḥ < pratyavekṣitavya- < prati-ava-√īkṣ- (1) + -itavya：*未受分,* 観察されるべき。観られるべき。*m. pl. Nom.*

tad yathā mañjuśrīḥ parinirvṛtasya pratisaṃdhir evaṃ bodhi-sattvena sarva-sattvāḥ pratyavekṣ=itavyāḥ /

(梵漢和維摩経 *p.* 288, *ll.* 11–12)

「マンジュシリーよ、例えば、完全なる滅度に入った人にとっての、〔あるはずのない〕再び生まれてくることのように、そのように一切衆生を菩薩は観るべきであります。

【既出】

…………………………………………………………………………

tad yathā：それは次の通り。すなわち。例えば。

mañjuśrīḥ < mañjuśrīḥ + (p) < mañjuśrī- < mañju-śrī-：*m.* マンジュシリー。「妙徳」「妙吉祥」と漢訳。「文殊」「文殊師利」と音写。*sg. Voc.* 格変化は、cf.「基礎」*p.* 106.

parinirvṛtasya < parinirvṛta- < pari-nir-√vṛ- (1) + -ta：*pp.* 完全なる滅度に入った。完全に消滅した。*m. sg. Gen.*

pratisaṃdhir < pratisaṃdhiḥ + 有声音 < pratisaṃdhi-：*m.* 再び合体すること。胎内に再び入ること。再生。結合。「託生」「受身」「続生」と漢訳。*sg. Nom.*

evaṃ：*adv.* このように。「是」「如是」と漢訳。

bodhi-sattvena < bodhi-sattva-：*m.* 覚りを求める人。「菩薩」と音写。*sg. Ins.*

sarva-sattvāḥ < sarva-sattva-：*m.* 「一切衆生」と漢訳。*pl. Nom.*

pratyavekṣitavyāḥ < pratyavekṣitavya- < prati-ava-√īkṣ- (1) + -itavya：*未受分,* 観察されるべき。観られるべき。*m. pl. Nom.*

evaṃ hi mañjuśrīr bodhi-sattvena sarva-sattvāḥ pratyavekṣitavyāḥ /

(梵漢和維摩経 *p.* 288, *ll.* 12–13)

「マンジュシリーよ、菩薩は、一切衆生をまさにこのように〔実体のない空なるものと〕観るべきであります[18]」
【「菩薩の衆生を観ずること、此くの若しと為す」】　　　　　　　　　　（大正蔵、巻一四、五四七頁中）

………………………………………………………………………

evaṃ：*adv.* このように。「是」「如是」と漢訳。
hi：*ind.* 真に。確かに。実に。
mañjuśrīr < mañjuśrīḥ + 有声音 < mañjuśrī- < mañju-śrī-：*m.* マンジュシリー。「妙徳」「妙吉祥」と漢訳。「文殊」「文殊師利」と音写。*sg. Voc.* 格変化は、cf.「基礎」*p.* 106.
bodhi-sattvena < bodhi-sattva-：*m.* 覚りを求める人。「菩薩」と音写。*sg. Ins.*
sarva-sattvāḥ < sarva-sattva-：*m.* 「一切衆生」と漢訳。*pl. Nom.*
pratyavekṣitavyāḥ < pratyavekṣitavya- < prati-ava-√īkṣ- (1) + -itavya：*未受分,* 観察されるべき。観られるべき。*m. pl. Nom.*

§2　āha /　yadi kula-putrâivaṃ bodhi-sattvena sarva-sattvāḥ pratyavekṣitavyāḥ kathaṃ punar asya mahā-maitrī bhavati sarva-sattveṣu /
（梵漢和維摩経 *p.* 288, *ll.* 14–15）

§2　〔マンジュシリーが〕言った。
「良家の息子よ、もしも、菩薩が一切衆生をこのように〔実体のない空なるものと〕見るべきであるのなら、さらにこの〔菩薩〕には、いかにして一切衆生に対する大いなる慈しみ（大慈）があるのでしょうか」
【§2　文殊師利、言わく、「若し菩薩、是の観を作さば、云何が慈を行ぜんや」と。】
（大正蔵、巻一四、五四七頁中）

………………………………………………………………………

āha < √ah-：言う。*Perf. 3, sg. P.*
yadi：*conj.* もし～ならば。
kula-putrâivaṃ < kula-putra + evaṃ
　kula-putra < kula-putra-：*m.* 良家の息子。「善男子」と漢訳。*sg. Voc.*
　evaṃ：*adv.* このように。「是」「如是」と漢訳。
bodhi-sattvena < bodhi-sattva-：*m.* 覚りを求める人。「菩薩」と音写。*sg. Ins.*
sarva-sattvāḥ < sarva-sattva-：*m.* 「一切衆生」と漢訳。*pl. Nom.*
pratyavekṣitavyāḥ < pratyavekṣitavya- < prati-ava-√īkṣ- (1) + -itavya：*未受分,* 観察されるべき。観られるべき。*m. pl. Nom.*
kathaṃ：*adv.* いかにして。いずこより。何故に。
punar：*adv.* 再び。新たに。さらに。なお。しかしながら。
asya < idam-：これ。*m. sg. Gen.*
mahā-maitrī < mahā-maitrī-：*f.* 大いなる慈しみ。*sg. Nom.*
bhavati < bhava- < √bhū- (1)：なる。*Pres. 3, sg. P.*
sarva-sattveṣu < sarva-sattva-：*m.* 「一切衆生」と漢訳。*pl. Loc.*

āha /　yadā mañjuśrīr bodhi-sattva evaṃ pratyavekṣate mayā hy eṣāṃ sattvānām evaṃ dharma-parijñāyai dharmo deśayitavya iti /
（梵漢和維摩経 *p.* 288, *ll.* 16–17）

〔ヴィマラキールティが〕言った。
「マンジュシリーよ、菩薩がこのように観る時、『実に私は、これらの衆生たちにものごとの本質（法）を知らせるために、真理の教え（法）をこのように説くべきである』と〔考えます〕。
【維摩詰言わく、「菩薩は是の観を作し已りて自ら念ず。我、当に衆生の為に斯くの如きの法を説くべし。】
（大正蔵、巻一四、五四七頁中）

……………………………………………………………………………

āha < √ah-：言う。*Perf. 3, sg. P.*
yadā：*conj.* ～である時に。
　yadā ～ tadā …：～である時、その時…。
mañjuśrīr < mañjuśrīḥ + 有声音 < mañjuśrī- < mañju-śrī-：*m.* マンジュシリー。「妙徳」「妙吉祥」と漢訳。「文殊」「文殊師利」と音写。*sg. Voc.* 格変化は、cf.「基礎」*p.* 106.
bodhi-sattva < bodhi-sattvaḥ + a 以外の母音 < bodhi-sattva-：*m.* 覚りを求める人。「菩薩」「菩提薩埵」と音写。*sg. Nom.*
evaṃ：*adv.* このように。「是」「如是」と漢訳。
pratyavekṣate < pratyavekṣa- < prati-ava-√īkṣ- (1)：調査する。検査する。尋ねる。「視」「観」「観察」「視察」と漢訳。*Pres. 3, sg. A.*
mayā < mad-：私。*1, sg. Ins.*
hy < hi + 母音：*ind.* 真に。確かに。実に。
eṣāṃ < etad-：これ。*m. pl. Gen.*
sattvānām < sattva-：*m.* 「衆生」と漢訳。*pl. Gen.*
evaṃ：*adv.* このように。「是」「如是」と漢訳。
dharma-parijñāyai < dharma-parijñā-：*f.* ものごとの本質（法）についての知識。*sg. Dat.*
　dharma-：*m.* 確定した秩序。慣例。習慣。法則。規則。義務。宗教。教説。性質。本質。属性。特質。事物。法。
　parijñā- < pari-√jñā- (9) + -ā：*f.* 知識。「知」「全知」「通達」と漢訳。
dharmo < dharmaḥ + 有声子音 < dharma-：*m.* 確定した秩序。慣例。習慣。法則。規則。義務。宗教。教説。性質。本質。属性。特質。事物。法。*sg. Nom.*
deśayitavya < deśayitavyaḥ + a 以外の母音 < deśayitavya- < deśaya- + -itavya < √diś- (6) + -aya + -itavya：*Caus.* *未受分,* 示されるべき。導かれるべき。説明されるべき。教えられるべき。*m. sg. Nom.*
iti：*adv.* ～と。～ということを。以上のように。～と考えて。「如是」と漢訳。

ato 'sya bhūtā sattva-trāṇa-maitrī sarva-sattveṣûtpadyate 'nārambaṇatayôpaśama-maitry anupādānatayā[19] niṣparidāha-maitrī niḥkleśatayā yathāvad-maitrī try-adhva-samatayâvirodha-maitry [20] aparyupasthānatayâdvaya-maitry adhyātma-bahirdhâsaṃsṛṣṭatayâkopya-maitry atyanta-niṣṭhatayā dṛḍha-maitrī vajra-dṛḍhâbhedyâśayatayā śuddha-maitrī prakṛti-śuddhatayā sama-maitry ākāśa-samatayârhan-maitry ari-nirghātanatayā bodhi-sattva-maitrī sattva-paripākâsraṃsanatayā tathāgata-maitrī tathatânubodhanatayā buddha-maitrī supta-sattva-prabodhanatayā svayaṃbhu-maitrī svayam-abhisaṃbodhanatayā bodhi-maitrī sama-rasatayâsamāropa-maitry anunaya-pratigha-prahāṇatayā mahā-karuṇā-maitrī mahā-yāna-paridīpanatayâparikheda-maitrī śūnya-nairātmya-pratyavekṣaṇatayā dharma-dāna-maitry anācārya-muṣṭitayā śīla-maitrī duḥśīla-sattvâvekṣaṇatayā kṣānti-maitry ātma-para-rakṣaṇatayā[21] vīrya-maitrī sarva-sattva-bhāra-vahanatayā dhyāna-maitry anāsvādanatayā prajñā-maitrī kāla-saṃprāpaṇatayôpāya-maitrī sarvatra-mukhôddarśanatayâkuhana-maitry āśaya-pariśuddhitayâśāṭhya-maitry āśayatayâdhyāśaya-maitrī niraṅgaṇatayâmāyā-maitry akṛtrimatayā saukhya-maitrī buddha-saukhya-pratiṣṭhāpanatayā /
(梵漢和維摩経 *p.* 290, *ll.* 1–17)

「それ故に、この〔菩薩〕には、対境のないことによって、一切衆生に対して衆生を救助するための真実の慈しみが生じます。〔外界の対象に〕取著（取）することがないことによって、寂滅した慈しみが〔生じ〕[22]、煩悩がないことによって熱悩のない慈しみが〔生じ〕、三世にわたって平等であることによってあるがままの慈しみ[23]が〔生じ〕、生起することがないことによって対立のない慈しみ[24]が〔生じ〕、自己〔の内〕と〔自己の〕外とが混合していないことによって不二の慈しみが〔生じ〕、絶えることなく専心することによって確固とした慈しみが〔生じ〕、金剛石のように堅固で打ち砕かれることのない意向を持つことによって堅固な慈しみが〔生じ〕、本性として清らかなことによって清らかな慈しみが〔生じ〕、虚空のように平等であることによって平等な慈しみが〔生じ〕、敵を打ち砕くことによって阿羅漢の慈しみが〔生じ〕、間断なく衆生を成熟させることによって菩薩の慈しみが〔生じ〕、あるがままの真理（真如）を覚っていることによって如来の慈しみが〔生じ〕、眠れる衆生を覚醒させることによってブッダの慈しみが〔生じ〕、自ずから完全に覚ることによって独立自存者の慈しみが〔生じ〕、等しい味を持つことによって覚り（菩提）の慈しみが〔生じ〕、愛執と憎悪を断じていることによって〔無を有であると固執する〕誤認（増益）のない慈しみ[25]が〔生じ〕、大いなる乗り物（大乗）を明らかにすることによって大いなる憐れみ（悲）と慈しみ（慈）が〔生じ〕、空と非我を観ることによって疲れることのない慈しみが〔生じ〕、教師の握り拳がない[26]ことによって〔私欲を超越した〕法を布施する慈しみが〔生じ〕、破戒の衆生を熟慮することによって持戒の慈しみが〔生じ〕、自他ともに護ることによって[27]忍耐の慈しみが〔生じ〕、一切衆生を担って運ぶことによって努力精進の慈しみが〔生じ〕、味わいに執着しないことによって禅定の慈しみが〔生じ〕、時にかなって獲得させることによって智慧の慈しみが〔生じ〕、あらゆる場合に〔覚りへの〕門を示すことによって方便の慈しみが〔生じ〕、意向が完全に清らかであることによって偽善のない慈しみが〔生じ〕、意向の本性によって偽りのない慈しみが〔生じ〕[28]、煩悩がないことによって高潔なる心の慈しみが〔生じ〕、〔下心をもって〕なさないことによって狡猾さのない慈しみが〔生じ〕、ブッダの安楽に立たせることによって安楽の慈しみが生じます。

【「是れ即ち真実の慈なり。寂滅の慈を行ず、所生無きが故なり。不熱の慈を行ず、煩悩無きが故なり。等の慈を行ず、三世に等しきが故なり。無諍の慈を行ず、所起無きが故なり。不二の慈を行ず、内外の合せざるが故なり。不壊の慈を行ず、畢竟じて尽くるが故なり。堅固の慈を行ず、心に毀無きが故なり。清浄の慈を行ず、諸法の性浄なるが故なり。無辺の慈を行ず、虚空の如くなる故なり。阿羅漢の慈を行ず、結賊を破するが故なり。菩薩の慈を行ず、衆生を安んずるが故なり。如来の慈を行ず、如の相を得るが故なり。仏の慈を行ず、衆生を覚らするが故なり。自然の慈を行ず、無因にして得るが故なり。菩提の慈を行ず、等一味なるが故なり。無等の慈を行ず、諸愛を断ずるが故なり。大悲の慈を行ず、導くに大乗を以てするが故なり。無厭の慈を行ず、空・無我を観ずるが故なり。法施の慈を行ず、遺惜無きが故なり。持戒の慈を行ず、毀禁を化するが故なり。忍辱の慈を行ず、彼我を護るが故なり。精進の慈を行ず、衆生を荷負するが故なり。禅定の慈を行ず、味を受けざるが故なり。智慧の慈を行ず、時を知らざること無きが故なり。方便の慈を行ず、一切に示現するが故なり。無隠の慈を行ず、直心清浄なるが故なり。深心の慈を行ず、雑行無きが故なり。無誑の慈を行ず、虚仮ならざるが故なり。安楽の慈を行ず、仏の楽を得しむるが故なり。】

（大正蔵、巻一四、五四七頁中）

…………………………………………………………………………

ato 'sya < atas + asya

atas：*adv.* これより。ここより。この後。次に。それ故。「故」「是故」「由此」「次後」と漢訳。

asya < idam-：これ。*m. sg. Gen.*

bhūtā < bhūtā- < bhūta- < √bhū- (1) + -ta：*pp.* 〜となった。あった。〜である。真実の。*n.* 事実。現実。「真」「真実」「誠諦」と漢訳。*f. sg. Nom.*

sattva-trāṇa-maitrī < sattva-trāṇa-maitrī-：*f.* 衆生を救助するための慈しみ。*sg. Nom.*

sattva-：*m.* 「衆生」「有情」と漢訳。

trāṇa- < √trā- (2) + -ana：*n.* 保護。防護。救助。避難所。鎧。兜。

√trā- (2)：保護する。救助する。

maitrī-　：*f.* 好意。友情。親交。「慈」「慈念」と漢訳。

sarva-sattveṣûtpadyate 'nārambaṇatayôpaśama-maitry < sarva-sattveṣu + utpadyate + anāram=baṇatayā + upaśama-maitry

sarva-sattveṣu < sarva-sattva-：*m.* 「一切衆生」と漢訳。*pl. Loc.*

utpadyate < utpadya- < ud-√pad- (4)：飛び上がる。上る。生ずる。得られる。〜（奪格）

から生まれる。～となる。起こる。現われる。始まる。*Pres. 3, sg. A.*

anārambaṇatayā < anārambaṇatā- < anārambaṇa-tā-：*f.* 対境のないこと。*sg. Ins.*

anārambaṇa- < an-ārambaṇa- = an-ālambaṇa-：*adj.* 支持のない。対境のない。「無縁」「無所縁」「無境」「無境界」と漢訳。

ārambaṇa-：*n.* 支持。依所。柵。「因」「所因」「縁」「因縁」と漢訳。

upaśama-maitry < upaśama-maitrī + 母音 < upaśama-maitrī-：*f.* 寂滅した慈しみ。*sg. Nom.*

upaśama- < upa-√śam- (4) + -a：*m.* 停止。減退。終息。静寂。「寂滅」と漢訳。

anupādānatayā < anupādānatā- < anupādāna-tā-：*f.* 取著がないこと。*sg. Ins.*

anupādāna- < an-upādāna-：*ajd.* 「不取」「無取」「無取執」「離垢」「離著」と漢訳。

upādāna- < upa-ā-√dā- (4) + -ana：*n.* 「取得」「捕獲」「理解」「会得」「許容」「包容」「説明」「取著」「摂受」と漢訳。

upa-ā-√dā- (4)：受ける。得る。獲得する。取る。専有する。感ずる。

niṣparidāha-maitrī < niṣparidāha-maitrī-：*f.* 熱悩のない慈しみ。*sg. Nom.*

niṣparidāha- < nis-pari-√dah- (1) + -a：*adj.* 燃焼しない。苦悩のない。「除熱」「無熱悩」「無煩悩」と漢訳。

pari-√dah- (1)：焼く。焼き尽くす。悩ませる。

niḥkleśatayā < niḥkleśatā- < niḥkleśa-tā-：*f.* 煩悩のないこと。*sg. Ins.*

niḥkleśa- < niḥ-kleśa- = niṣ-kleśa-：*adj.* 苦悩を脱した。「無煩悩」「離煩悩」と漢訳。

yathāvad-maitrī < yathāvad-maitrī-：*f.* あるべき慈しみ。理にかなった慈しみ。*sg. Nom.*

yathāvad < yathāvat + 有声子音：*adv.* まさにあるように。あるべきように。慣習に従って。正しい順序で。適切に。正しく。「如実」「随宜」「如理」と漢訳。

try-adhva-samatayâvirodha-maitry < try-adhva-samatayā + avirodha-maitry

try-adhva-samatayā < try-adhva-samatā- < try-adhva-sama-tā-：*f.* 三世にわたって平等であること。「三世等」「等三世」「三世平等」「三世平等性」「三世齊平」と漢訳。*sg. Ins.*

try-adhva-：*adj.* 「三世」と漢訳。

sama-：*adj* 平らな。等しい。正しい。「同等」「同一」と漢訳。

avirodha-maitry < avirodha-maitrī + 母音 < avirodha-maitrī-：*f.* 争いのない慈しみ。*sg. Nom.*

avirodha- < a-virodha-：*m.* 敵対関係のない。～に抵触しないこと。～に不利にならないこと。調和。一致。「不相違」と漢訳。

virodha-：*m.* ～（具格）と…（具格、属格）との間の敵対関係。いさかい。争い。～（具格）との衝突。

aparyupasthānatayâdvaya-maitry < aparyupasthānatayā + advaya-maitry

aparyupasthānatayā < aparyupasthānatā- < aparyupasthāna-tā-：*f.* 生起してこないこと。*sg. Ins.*

aparyupasthāna- < a-paryupasthāna-：*adj.* 生起してこない。

paryupasthāna- < pari-upa-√sthā- (1) + -ana：*n.* 生起すること。奉仕すること。

pari-upa-√sthā- (1)：立ち上がる。奉仕する。

advaya-maitry < advaya-maitrī + 母音 < advaya-maitrī-：*f.* 不二の慈しみ。*sg. Nom.*

advaya- < a-dvaya-：*adj.* 二種ならざる。単一の。「不二」「無二」「不異」と漢訳。

adhyātma-bahirdhâsaṃsṛṣṭatayâkopya-maitry < adhyātma-bahirdhâsaṃsṛṣṭatayā + akopya-maitry

adhyātma-bahirdhâsaṃsṛṣṭatayā < adhyātma-bahirdhâsaṃsṛṣṭatā- < adhyātma-bahirdhâ=saṃsṛṣṭa-tā-：*f.* 自己〔の内〕と〔自己の〕外とが混合していないこと。*sg. Ins.*

adhyātma-bahirdhâsaṃsṛṣṭa- < adhyātma-bahirdhā-asaṃsṛṣṭa-：*adj.* 自己〔の内〕と〔自己の〕外とが混合していない。

adhyātma- < adhi-ātma-：*adj.* 自己の。自己に特有な。

bahirdhā-：*adv.* ～（奪格）の外側に。～から離れて。「外」と漢訳。

asaṃsṛṣṭa- < a-saṃsṛṣṭa-：*adj.* 混ざっていない。混合していない。

saṃsṛṣṭa- < sam-√sṛj- (6) + -ta：*pp.* 結ばれた。結合された。混ぜられた。混合した。*n.* 親密さ。

akopya-maitry < akopya-maitrī + 母音 < akopya-maitrī-：*f.* 確固とした慈しみ。*sg. Nom.*

akopya- < a-kopya-：*adj.* 振られない。動かし難い。確かな。確固たる。「不動」「不壊」と漢訳。

kopya- < √kup- (4) + -ya：*未受分,* 怒られるべき。「動」「壊」と漢訳。

√kup- (4)：激する。怒る。

atyanta-niṣṭhatayā < atyanta-niṣṭhatā- < atyanta-niṣṭha-tā-：*f.* 絶えることなく専心すること。*sg. Ins.*

atyanta-niṣṭha-：*adj.* 絶えることなく専心する。「畢竟究竟」と漢訳。

atyanta- < ati-anta-：*adj.* 終わりまで続く。継続する。断絶せざる。無限の。過度の。「畢竟」「究竟」と漢訳。

niṣṭha-：*adj.* ～の上にある。～に基づいた。頼っている。～に関連した。～に専心する。～に導く。～を生ずる。

dṛḍha-maitrī < dṛḍha-maitrī-：*f.* 堅固な慈しみ。*sg. Nom.*

dṛḍha- < √dṛmh- (1) + -ta：*pp.* 「堅固」「堅強」と漢訳。

vajra-dṛḍhâbhedyâśayatayā < vajra-dṛḍhâbhedyâśayatā- < vajra-dṛḍhâbhedyâśaya-tā-：*f.* 金剛石のように堅固で打ち砕かれることのない意向を持つこと。*sg. Ins.*

vajra-dṛḍhâbhedyâśaya- < vajra-dṛḍha-abhedya-āśaya-：*adj.* 金剛石のように堅固で打ち砕かれることのない意向を持つ。

vajra-：*m.n.* 雷電。金剛石。「金剛」「金剛杵」と漢訳。

dṛḍha- < √dṛmh- (1) + -ta：*pp.* 「堅固」「堅強」と漢訳。

abhedya- < a-bhedya-：*adj.* 誘惑されない。破壊されない。「不壊」と漢訳。

āśaya- < ā-√śī- (2) + -a-：*m.* 休息所。場所。考え。意向。思想。「意楽」「楽欲」と漢訳。

śuddha-maitrī < śuddha-maitrī-：*f.* 清らかな慈しみ。*sg. Nom.*

śuddha- < √śudh- (1) + -ta：*pp.* 清潔な。明瞭な。汚点のない。清らかな。清められた。

prakṛti-śuddhatayā < prakṛti-śuddhatā- < prakṛti-śuddha-tā-：*f.* 本性として清らかなこと。*sg. Ins.*

prakṛti-śuddha-：*adj.* 本性として清らかな。

sama-maitry < sama-maitrī + 母音 < sama-maitrī-：*f.* 平等な慈しみ。*sg. Nom.*

ākāśa-samatayârhan-maitry < ākāśa-samatayā + arhan-maitry

ākāśa-samatayā < ākāśa-samatā- < ākāśa-sama-tā-：*f.* 虚空のように平等であること。*sg. Ins.*

ākāśa-：*m.n.* 虚空。蒼穹。「露地」「虚」「空」「虚空」「空界」「空地」と漢訳。

sama-：*adj.* 平らな。似た。滑らかな。水平の。～（具格、属格）と等しい。平等の。

arhan-maitry < arhan-maitrī + 母音 < arhan-maitrī-：*f.* 阿羅漢の慈しみ。*sg. Nom.*

arhan- < arhat- + (m)：*m.* 尊敬されるべき人。「応供」と漢訳。「阿羅漢」と音写。

ari-nirghātanatayā < ari-nirghātanatā- < ari-nirghātana-tā-：*f.* 敵を打ち砕くこと。*sg. Ins.*

ari-nirghātana-：*n.* 敵を打ち砕くこと

ari-：*adj.* 寛大でない。嫉む。*m.* 敵。「怨」「怨賊」と漢訳。

nirghātana- < nir-√ghātaya- (名動) + -ana：*n.* 追い出すこと。

nir-√ghātaya- (名動)：引き出す。追い出す。破壊させる。殺させる。殺す。

√ghātaya- (名動)：殺す。破壊する。殺させる。「殺害」と漢訳。

bodhi-sattva-maitrī < bodhi-sattva-maitrī-：*f.* 菩薩の慈しみ。*sg. Nom.*

sattva-paripākâsraṃsanatayā < sattva-paripākâsraṃsanatā- < sattva-paripāka-asraṃsana-tā-：*f.* 衆生を成熟させるのに間断のないこと。*sg. Ins.*

sattva-paripāka-asraṃsana-：*n.* 衆生を成熟させるのに間断のない。

sattva-paripāka-：*m.* 衆生の成熟。衆生を成熟させること。

paripāka- < pari-√pac- (1) + -a：*m.* 十分に煮られること。消化。熟すること。成熟。完全。

asraṃsana- < a-sraṃsana-：*n.* 「不遣」「無間続」と漢訳。

sraṃsana- < √sraṃs- (1) + -ana：*adj.* 下痢する。*n.* 流産。〜を緩めること。緩下剤。「間」と漢訳。

√sraṃs- (1)：〜（奪格）から落ちる。滑り落ちる。粉々になる。崩壊する。消えうせる。

tathāgata-maitrī < tathāgata-maitrī-：*f.* 如来の慈しみ。*sg. Nom.*

tathatânubodhanatayā < tathatânubodhanatā- < tathatânubodhana-tā-：*f.* あるがままの真理（真如）を覚っていること。*sg. Ins.*

tathatânubodhana- < tathatā-anubodhana-：*adj.* あるがままの真理（真如）を覚っている。

tathatā- < tathā + -tā-：*f.* そのようであること。あるがままの真理。「真如」「如実」「実際」と漢訳。

anubodhana- < anu-√budh- (4) + -ana：*n.* 想起。回想。「覚」「覚了」と漢訳。

buddha-maitrī < buddha-maitrī-：*f.* ブッダの慈しみ。*sg. Nom.*

supta-sattva-prabodhanatayā < supta-sattva-prabodhanatā- < supta-sattva-prabodhana-tā-：*f.* 眠れる衆生を覚醒させること。*sg. Ins.*

supta-sattva-prabodhana-：*n.* 眠れる衆生を覚らせること。

supta- < √svap- (1) + -ta：*pp.* 眠りに陥った。眠っている。*n.* 眠り。「寝」「臥」「睡」「夢」「睡眠」と漢訳。

sattva-：*m.* 「衆生」「有情」と漢訳。

prabodhana- < pra-√budh- (4) + -ana：*n.* 覚ること。

prabodhana- < prabodhaya- + -ana < pra-√budh- (4) + -aya + -ana：*n.* 覚らせること。

svayaṃbhu-maitrī < svayaṃbhu-maitrī-：*f.* 独立自存するものの慈しみ。*sg. Nom.*

svayaṃbhu- < svayaṃ-bhū-：*adj.* 自身で存在する。独立自存する。自立の。「自覚」「自在」「自在者」と漢訳。*m.* 自ら存在する者。

svayaṃ：*adv.* 自身。ひとりでに。自ら進んで。自発的に。「自」「自身」「自然」と漢訳。

svayam-abhisaṃbodhanatayā < svayam-abhisaṃbodhanatā- < svayam-abhisaṃbodhana-tā-：*f.* 自ずから完全に覚ること。*sg. Ins.*

svayam-abhisaṃbodhana-：*adj.* 自ずから完全に覚る。

abhisaṃbodhana- < abhi-sam-√budh- (4) + -ana：*n.* 完全に覚ること。

abhi-sam-√budh- (4)：完全に目覚める。十分に把握する。「覚」「覚了」「証菩提」「証得」と漢訳。

bodhi-maitrī < bodhi-maitrī-：*f.* 菩提の慈しみ。*sg. Nom.*

sama-rasatayâsamāropa-maitry < sama-rasatayā + asamāropa-maitry

sama-rasatayā < sama-rasatā- < sama-rasa-tā-：*f.* 等しい味を持つこと。*sg. Ins.*

sama-rasa-：*adj.* 等しい味を持つ。

sama-：*adj.* 平らな。滑らかな。水平の。〜（具格、属格）と等しい。平等の。

rasa-：*m.* 味。（草木の）汁。液。果汁シロップ。流動物。液体。「汁」「精」「漿」「美味」などと漢訳。

asamāropa-maitry < asamāropa-maitrī + 母音：*f.* 〔無を有であると固執する〕誤認（増益）のない慈しみ。*sg. Nom.*

asamāropa- < a-samāropa-：*adj.* 〔無を有であると固執する〕増益のない。

samāropa- < sam-ā-√ruh- (1) + -a：*m.* 〜（処格）の中に置くこと。〜（処格）に移動させること。帰属させること。「増」「増益」「建立」と漢訳。

anunaya-pratigha-prahāṇatayā < anunaya-pratigha-prahāṇatā- < anunaya-pratigha-prahāṇa-tā-：*f.* 愛執と憎悪を断じていること。*sg. Ins.*

anunaya-pratigha-prahāṇa-：*adj.* 愛執と憎悪を断じている。

anunaya- < anu-√nī- (1) + -a：*adj.* 親しい。*m.* 和合。親愛。礼儀。「愛執」「著」「愛欲」「愛着」と漢訳。

pratigha-：*m.* 障害。抵抗。妨害。激怒。憤怒。憎悪。

prahāṇa- < pra-√hā- (3) + -ana：*n.* 放棄。回避。「断」「断除」「断尽」「段滅」と漢訳。

mahā-karuṇā-maitrī < mahā-karuṇā-maitrī- < ：*f.* 大いなる憐れみ（悲）と慈しみ。*sg. Nom.*

mahā-karuṇā-：*f.* 大いなる憐れみ（悲）。

karuṇā-：*f.* 哀憐。同情。「悲」「大悲」「慈悲」「悲心」「慈心」と漢訳。

mahā-yāna-paridīpanatayâparikheda-maitrī < mahā-yāna-paridīpanatayā + aparikheda-maitrī

mahā-yāna-paridīpanatayā < mahā-yāna-paridīpanatā- < mahā-yāna-paridīpana-tā-：*f.* 大いなる乗り物（大乗）を明らかにすること。*sg. Ins.*

mahā-yāna-：*n.* 大いなる乗り物。「大乗」と漢訳。

paridīpana- < paridīpaya- + -ana- < pari-√dīp- (4) + -aya + -ana：*n.* 明らかにすること。示すこと。

paridīpaya- < pari-√dīp- (4) + -aya：*Caus.* 点火する。火を起こす。「顕」「光顕」「説」「賛嘆」と漢訳。

aparikheda-maitrī < aparikheda-maitrī-：*f.* 疲れることのない慈しみ。*sg. Nom.*

aparikheda- < a-parikheda-：*m.* 疲れのない。

parikheda- < pari-√khid- (6) + -a：*m.* 疲労困憊。疲労。「倦」「疲倦」「苦悩」「憂悩」と漢訳。

pari-√khid- (6)：圧迫を感ずる。不安を感ずる。苦しめられる。「疲倦」「厭倦」と漢訳。

śūnya-nairātmya-pratyavekṣaṇatayā < śūnya-nairātmya-pratyavekṣaṇatā- < śūnya-nairātmya-pratyavekṣaṇa-tā-：*f.* 空と非我を観ること。*sg. Ins.*

śūnya-nairātmya-pratyavekṣaṇa-：*adj.* 空と非我を観る。

śūnya-：*adj.* からの。空虚な。住む者のない。うつろな。欠けている。～のない。空しい。*n.* 空虚な場所。孤独。空虚。

nairātmya-：*adj.* 無我の。非我の。

pratyavekṣaṇa- < prati-ava-√īkṣ- (1) + -ana：*n.* 観察すること。調査すること。検査すること。尋ねること。

prati-ava-√īkṣ- (1)：～（対格、処格）を調査する。検査する。尋ねる。「視」「観」「観察」「視察」と漢訳。

dharma-dāna-maitry < dharma-dāna-maitrī + 母音 < dharma-dāna-maitrī-：*f.* 〔私欲を超越した〕法を布施する慈しみ。*sg. Nom.*

dharma-dāna-：*n.* 私欲を超越した施物。「法施」と漢訳。

anācārya-muṣṭitayā < anācārya-muṣṭitā- < anācārya-muṣṭi-tā-：*f.* 教師の握り拳がないこと。*sg. Ins.*

anācārya-muṣṭi- < an-ācārya-muṣṭi-：*adj.* 教師の握り拳がない。

ācārya-muṣṭi-：*m.* 教師の握り拳。「師拳」「慳悋」と漢訳。

ācārya- < ā-√car- (1) + -ya：*未受分,* 行かれるべき。*m.* 師。「教師」と漢訳。

muṣṭi-：*m.f.* 握りしめられた手。拳。手一杯。

śīla-maitrī < śīla-maitrī-：*f.* 持戒の慈しみ。*sg. Nom.*

śīla-：*n.* 習慣。気質。性向。性格。よい行状。よい習慣。高尚な品性。道徳性。「戒」と漢訳。

duḥśīla-sattvâvekṣaṇatayā < duḥśīla-sattvâvekṣaṇatā- < duḥśīla-sattvâvekṣaṇa-tā-：*f.* 破戒の衆生を観ること。破戒の衆生を熟慮すること。*sg. Ins.*

duḥśīla-sattvâvekṣaṇa- < duḥśīla-sattva-avekṣaṇa-：*adj.* 破戒の衆生を観る。破戒の衆生を熟慮する

duḥśīla- < duḥ-śīla-：*adj.* 悪しき習慣／性質を有する。邪悪の。悪い行状の。破戒の。「破戒」「毀戒」「破戒者」と漢訳。

sattva-：*m.* 「衆生」「有情」と漢訳。

avekṣaṇa- < ava-√īkṣ- (1) + -ana：*n.* 観ること。熟慮すること。

ava-√īkṣ- (1)：～（対格、処格）を視る。観察する。注視する。熟慮する。考える。期待する。～を望む。「見」「観」「知」と漢訳。

kṣānti-maitry < kṣānti-maitrī + 母音 < kṣānti-maitrī-：*f.* 忍耐の慈しみ。*sg. Nom.*

ātma-para-rakṣaṇatayā < ātma-para-rakṣaṇatā- < ātma-para-rakṣaṇa-tā-：*f.* 自他ともに護ること。*sg. Ins.*

ātma-para-rakṣaṇa-：*adj.* 自他ともに護る

ātma-para-：*m.* 「自他」と漢訳。

rakṣaṇa- < √rakṣ- (1) + -ana：*n.* 防護すること。保護すること。護ること。

vīrya-maitrī < vīrya-maitrī-：*f.* 努力精進の慈しみ。*sg. Nom.*

sarva-sattva-bhāra-vahanatayā < sarva-sattva-bhāra-vahanatā- < sarva-sattva-bhāra-vahana-tā-：*f.* 一切衆生を担って運ぶこと。*sg. Ins.*

bhāra-vahana-：*m.* 荷物運搬者。運搬人。荷物を運ぶこと。

bhāra- < √bhṛ- (2) + -a：*m.* 荷物。重荷。労働。負担。

vahana- < √vah- (1) + -ana：*adj.* 御する。運ぶ。*n.* 運ぶこと。運搬すること。

dhyāna-maitry < dhyāna-maitrī + 母音 < dhyāna-maitrī-：*f.* 禅定の慈しみ。*sg. Nom.*

anāsvādanatayā < anāsvādanatā- < anāsvādana-tā-：*f.* 味わいに執着しないこと。*sg. Ins.*

anāsvādana- < an-āsvādana-：*adj.* 味わいに執着しない。

āsvādana- < āsvādaya- + -ana < ā-√svad- (1) + -aya + -ana-：*n.* 味わうこと。賞味すること。味覚。風味。「味」「耽味」「味著」「貪味」と漢訳。

āsvādaya- < ā-√svad- (1) + -aya-：*Caus.* 味わう。賞味する。

prajñā-maitrī < prajñā-maitrī-：*f.* 智慧の慈しみ。*sg. Nom.*

kāla-saṃprāpaṇatayôpāya-maitrī < kāla-saṃprāpaṇatayā + upāya-maitrī

kāla-saṃprāpaṇatayā < kāla-saṃprāpaṇatā- < kāla-saṃprāpaṇa-tā-：*f.* 時にかなって獲得させること。*sg. Ins.*

kāla-：*m.* 正しい時。時。機会。時間。

saṃprāpaṇa- < saṃprāpaya- + -ana < sam-pra-√āp- (5) + -aya + -ana：*n.* 得させること。「証」「令至」「令得」と漢訳。

saṃprāpaṇa- < sam-pra-√āp- (5) + -ana：*n.* 得ること。

sam-pra-√āp- (5)：到達する。会す。獲得する。陥る。蒙る。耐え忍ぶ。

upāya-maitrī < upāya-maitrī-：*f.* 方便の慈しみ。*sg. Nom.*

sarvatra-mukhôddarśanatayâkuhana-maitry < sarvatra-mukhôddarśanatayā + akuhana-maitry

sarvatra-mukhôddarśanatayā < sarvatra-mukhôddarśanatā- < sarvatra-mukha-uddar=śana-tā-：*f.* あらゆる場合に〔覚りへの〕門を示すこと。*sg. Ins.*

sarvatra-mukha-uddarśana-：*adj.* あらゆる場合に〔覚りへの〕門を示す

sarvatra-：*adv.* すべての点において。すべての場合に。常に。

mukha-：*n.* 顔。口。入り口。門。

uddarśana- < ud-√dṛś- (1) + -ana：*n.* 示すこと。現わすこと。

ud-√dṛś- (1)：上方に見る。発見する。期待する。見る。

akuhana-maitry < akuhana-maitrī + 母音 < akuhana-maitrī-：*f.* 偽善のない慈しみ。*sg. Nom.*

akuhana- < a-kuhana-：*adj.* 偽善のない。

kuhana-：*n.* 偽善。

āśaya-pariśuddhitayâśāṭhya-maitry < āśaya-pariśuddhitayā + aśāṭhya-maitry

āśaya-pariśuddhitayā < āśaya-pariśuddhitā- < āśaya-pariśuddhi-tā-：*f.* 意向が完全に清らかであること。*sg. Ins.*

āśaya-pariśuddhi-：*f.* 意向の完全な清らかさ。

āśaya- < ā-√śī- (2) + -a-：*m.* 休息所。場所。考え。意向。思想。「意楽」「楽欲」と漢訳。

pariśuddhi- < pari-√śudh- (4) + -ti：*f.* 完全な浄化。「浄」「清浄」「円浄」「厳浄」と漢訳。
aśāṭhya-maitry < aśāṭhya-maitrī + 母音 < aśāṭhya-maitrī-：*f.* 偽りのない慈しみ。*sg. Nom.*
aśāṭhya- < a-śāṭhya- *adj.* 「無虚誑」と漢訳。
śāṭhya-：*n.* 詐欺。奸計。不正直。

āśayatayâdhyāśaya-maitrī < āśayatayā + adhyāśaya-maitrī
āśayatayā < āśayatā- < āśaya-tā-：*f.* 意向の本性。意向を意向たらしめるもの。*sg. Ins.*
āśaya- < ā-√śī- (2) + -a-：*m.* 休息所。場所。考え。意向。思想。「意楽」「楽欲」と漢訳。
adhyāśaya-maitrī < adhyāśaya-maitrī-：*f.* 高潔なる心の慈しみ。*sg. Nom.*
adhyāśaya- < adhy-āśaya-：*m.* 意向。欲望。願望。傾向。高潔なる心。「所楽」「欲楽」「意楽」「至心」と漢訳。

niraṅgaṇatayâmāyā-maitry < niraṅgaṇatayā + amāyā-maitry
niraṅgaṇatayā < niraṅgaṇatā- < niraṅgaṇa-tā-：*f.* 煩悩がないこと。*sg. Ins.*
nir-aṅgaṇa-：*adj.* 「無穢」「離悩」と漢訳。
aṅgaṇa-：*n.* 「悩」「穢」「貪著」「煩悩」と漢訳。
amāyā-maitry < amāyā-maitrī + 母音 < amāyā-maitrī-：*f.* 狡猾さのない慈しみ。*sg. Nom.*
amāyā- < a-māyā-：*f.* 誠実。狡猾でないこと。

akṛtrimatayā < akṛtrimatā- < akṛtrima-tā-：*f.* 〔下心をもって〕なさないこと。*sg. Ins.*
akṛtrima- < a-kṛtrima-：*adj.* 人為でない。捏造でない。贋でない。虚構でない。偽りでない。偶然でない。不自然でない。
kṛtrima-：*adj.* 人為の。捏造の。贋の。虚構の。偽りの。偶然の。不自然の。

saukhya-maitrī < saukhya-maitrī-：*f.* 安楽の慈しみ。*sg. Nom.*
saukhya- < sukha- + -ya：*n.* 安寧。慰安。享楽。快楽。幸福。祝福。安楽。
sukha-：*adj.* 快い。楽しい。温厚な。*n.* 安楽。慰安。快楽。享楽。幸福。歓喜。

buddha-saukhya-pratiṣṭhāpanatayā < buddha-saukhya-pratiṣṭhāpanatā- < buddha-saukhya-pratiṣṭhāpana-tā-：*f.* ブッダの安楽に立たせること。*sg. Ins.*
buddha-saukhya-pratiṣṭhāpana-：*n.* ブッダの安楽に立たせる。
pratiṣṭhāpana- < pratiṣṭhāpaya- + -ana < prati-√sthā- (1) + -paya + -ana：*n.* 像の建設。確立。確証。「令安立」「令安住」「建立」と漢訳。
pratiṣṭhāpaya- < prati-√sthā- (1) + -paya：*Caus.* 下に置く。～の上に置く。

iyaṃ[29] mañjuśrīr bodhi-sattvasya mahā-maitrī /
(梵漢和維摩経 *p.* 290, *l.* 18)

「マンジュシリーよ、これが、菩薩の大いなる慈しみ（慈）なのです」
【「菩薩の慈は此くの若しと為すなり」と。】　　（大正蔵、巻一四、五四七頁下）

iyaṃ < idam-：これ。*f. sg. Nom.*
mañjuśrīr < mañjuśrīḥ + 有声音 < mañjuśrī- < mañju-śrī-：*m.* マンジュシリー。「妙徳」「妙吉祥」と漢訳。「文殊」「文殊師利」と音写。*sg. Voc.* 格変化は、cf.「基礎」*p.* 106.
bodhi-sattvasya < bodhi-sattva-：*m.* 覚りを求める人。「菩提薩埵」「菩薩」と音写。*sg. Gen.*
mahā-maitrī < mahā-maitrī-：*f.* 大いなる慈しみ。*sg. Nom.*

§3　āha /　katarā punar asya mahā-karuṇā /
(梵漢和維摩経 *p.* 292, *l.* 1)

§3　〔マンジュシリーが〕言った。
「それでは、こ〔の菩薩〕の大いなる憐れみ（悲）とは何でしょうか」
【§3　文殊師利は又、問えり。「何をか謂いて悲と為すや」と。】　　（大正蔵、巻一四、五四七頁下）

āha < √ah-：言う。*Perf. 3, sg. P.*
katarā < katarā- < katara-：*疑問代名詞,*（二者のうち）だれか。いずれか。「何」「云何」と漢訳。
　　f. sg. Nom.
punar：*adv.* 再び。新たに。さらに。なお。しかしながら。
asya < idam-：これ。*m. sg. Gen.*
mahā-karuṇā < mahā-karuṇā-：*f.* 大いなる憐れみ。*sg. Nom.*
　　karuṇā-：*f.* 哀憐。同情。「悲」「大悲」「慈悲」「悲心」「慈心」と漢訳。

> āha /　yat kṛtaṃ kṛtaṃ kuśala-mūlaṃ sarva-sattvebhya utsṛjati /
> （梵漢和維摩経 *p.* 292, *l.* 2）

〔ヴィマラキールティが〕言った。
「〔菩薩が〕作りに作った善根を一切衆生のために喜捨するということです」
【答えて曰く、「菩薩の作る所の功徳は、皆一切衆生と、之を共にす」】
（大正蔵、巻一四、五四七頁下）
……………………………………………………………………

āha < √ah-：言う。*Perf. 3, sg. P.*
yat < yad-：*関係代名詞, n. sg. Nom.* これは、英語のthat（～ということ）の意味である。
kṛtaṃ < kṛta- < √kṛ- (8) + -ta：*pp.* なされた。作られた。*n. sg. Acc.*
kṛtaṃ < kṛta- < √kṛ- (8) + -ta：*pp.* なされた。作られた。*n. sg. Acc.*
　　単語の重複は、強調のために用いられ、動詞を重ねると「ますます」、副詞を重ねて「非常に」「反復して」を意味する。cf.「シンタックス」*pp.* 31, 32.
kuśala-mūlaṃ < kuśala-mūla-：*n.*「善根」と漢訳。*sg. Acc.*
sarva-sattvebhya < sarva-sattvebhyaḥ + a以外の母音 < sarva-sattva-：*m.*「一切衆生」と漢訳。
　　pl. Dat.
utsṛjati < utsṛja- < ud-√sṛj- (6)：放つ。さまよわせる。投げる。投げ捨てる。捨てる。放棄する。
　　Pres. 3, sg. P.

> āha /　katarā punar asya mahā-muditā /
> （梵漢和維摩経 *p.* 292, *l.* 3）

〔マンジュシリーが〕言った。
「それでは、こ〔の菩薩〕の大いなる歓喜（喜）とは何でしょうか」
【「何をか謂いて喜と為すや」】　（大正蔵、巻一四、五四七頁下）
……………………………………………………………………

āha < √ah-：言う。*Perf. 3, sg. P.*
katarā < katarā- < katara-：*疑問代名詞,*（二者のうち）だれか。いずれか。「何」「云何」と漢訳。
　　f. sg. Nom.
punar：*adv.* 再び。新たに。さらに。なお。しかしながら。
asya < idam-：これ。*m. sg. Gen.*
mahā-muditā < mahā-muditā-：*f.* 大いなる歓喜。*sg. Nom.*
　　muditā-：*f.* 歓喜。
　　√mud- (1)：喜ばしい。喜ぶ。

> āha /　yad dattvâttamanā[30] bhavati na vipratisārī /
> （梵漢和維摩経 *p.* 292, *l.* 4）

〔ヴィマラキールティが〕言った。
「与えて、歓喜し、後悔しないということです」

【答えて曰く、「饒益する所有らば、歓喜して悔ゆること無し」】　　（大正蔵、巻一四、五四七頁下）

……………………………………………………………………………

āha < √ah-：言う。*Perf. 3, sg. P.*

yad < yat ＋ 有声子音 < yad-：*関係代名詞, n. sg. Nom.* これは、英語の that（～ということ）の意味である。

dattvâttamanā < dattvā + āttamanā

dattvā < √dā- (3) + tvā：与える。*Ger.*

āttamanā < ātta-manāḥ + 有声音 < ātta-manas- ≒ āpta-manas-：*adj.* 狂喜せしめられたる。満たされた心を持つ。*m. sg. Nom.*

bhavati < bhava- < √bhū- (1)：なる。～である。*Pres. 3, sg. P.*

na：*ind.* ～でない。～にあらず。

vipratisārī < vipratisārin- < vipratisāra- + -in：*adj.* 後悔に満ちた。良心の呵責に悩む。「悔」「後悔」「憂悩」と漢訳。*m. sg. Nom.*

vipratisāra-：*m.* 後悔。

āha /　katarā punar asya mahôpekṣā / （梵漢和維摩経 *p.* 292, *l.* 5）

〔マンジュシリーが〕言った。

「それでは、こ〔の菩薩〕の〔偏りのない〕大いなる平等観（捨）とは何でしょうか」

【「何をか謂いて捨と為すや」】　　（大正蔵、巻一四、五四七頁下）

……………………………………………………………………………

āha < √ah-：言う。*Perf. 3, sg. P.*

katarā < katarā- < katara-：*疑問代名詞,*（二者のうち）だれか。いずれか。「何」「云何」と漢訳。*f. sg. Nom.*

punar：*adv.* 再び。新たに。さらに。なお。しかしながら。

asya < idam-：これ。*m. sg. Gen.*

mahôpekṣā < mahôpekṣā- < mahā-upekṣā-：*f.* 大いなる平等観（捨）。*sg. Nom.*

upekṣā-：*f.* 看過。無頓着。怠慢。平等観。「捨」と漢訳。

āha /　yôbhayato'rthatā / （梵漢和維摩経 *p.* 292, *l.* 6）

〔ヴィマラキールティが〕言った。

「両者の利益になるということです」

【答えて曰く、「作る所の福祐に、悕望する所無し」】　　（大正蔵、巻一四、五四七頁下）

……………………………………………………………………………

āha < √ah-：言う。*Perf. 3, sg. P.*

yôbhayato'rthatā < yā + ubhayato'rthatā

yā < yad-：*関係代名詞, f. sg. Nom.*

ubhayato'rthatā < ubhayato'rthatā- < ubhayato'rtha-tā-：*f.* 両方の利益になること。*sg. Nom.*

ubhayato'rtha- < ubhayatas-artha-：*adj.* 両方の利益になる。

ubhayatas-：*adj.* 両側から。両方に。両方へ。両様の場合に。

artha-：*m.* 目的。利益。義。意味。

§4　āha /　saṃsāra-bhaya-bhītena kiṃ pratipattavyam / （梵漢和維摩経 *p.* 292, *l.* 7）

§4　〔マンジュシリーが〕言った。

「生存領域の循環（輪廻）に対する恐怖にとらわれている〔菩薩〕は、何を得るべきでしょうか[31]」
【§4　文殊師利は又問えり、「生死に畏れ有る菩薩は、当に何を所依とすべきや」と。】
（大正蔵、巻一四、五四七頁下）

……………………………………………………………………

āha < √ah-：言う。*Perf. 3, sg. P.*

saṃsāra-bhaya-bhītena < saṃsāra-bhaya-bhīta-：*adj.* 生存領域の循環（輪廻）に対する恐怖にとらわれている。*m. sg. Ins.*

未来受動分詞の動作主を示す具格。

saṃsāra- < sam-√sṛ- (1) + -a：*m.* 生存領域の循環。（生の）不断の連続。現世の生存。「輪廻」と漢訳。

sam-√sṛ- (1)：歩き回る。徘徊する。

√sṛ- (1)：速く走る。流れる。

bhaya- < √bhī- (1) + -a：*n.* 〜（奪格、属格）についての恐れ。驚き。恐怖。心配。

bhīta- < √bhī- (1) + -ta：*pp.* 驚かされた。危急を知らされた。怖がる。〜（奪格、属格）を恐れる。危険にさらされた。〜を気遣う。

kiṃ < kim-：*疑問代名詞,* 何か。何故か。*n. sg. Nom.*

pratipattavyam < pratipattavya- < prati-√pat- (1) + -tavya：*未受分,* 得られるべき。受けられるべき。与えられるべき。理解されるべき。*n. sg. Nom.*

āha /　saṃsāra-bhaya-bhītena mañjuśrīr bodhi-sattvena buddha-māhātmyaṃ pratipattavyam / （梵漢和維摩経　*p.* 292, *ll.* 8–9）

〔ヴィマラキールティが〕言った。

「マンジュシリーよ、生存領域の循環（輪廻）に対する恐怖にとらわれている菩薩は、ブッダの偉大なる精神を得るべきです」
【維摩詰言わく、「菩薩は生死の畏れの中に於いて、当に如来の功徳の力に依るべし」と。】
（大正蔵、巻一四、五四七頁下）

……………………………………………………………………

āha < √ah-：言う。*Perf. 3, sg. P.*

saṃsāra-bhaya-bhītena < saṃsāra-bhaya-bhīta-：*adj.* 生存領域の循環（輪廻）に対する恐怖にとらわれている。*m. sg. Ins.*

mañjuśrīr < mañjuśrīḥ + 有声音 < mañjuśrī- < mañju-śrī-：*m.* マンジュシリー。「妙徳」「妙吉祥」と漢訳。「文殊」「文殊師利」と音写。*sg. Voc.* 格変化は、cf.「基礎」*p.* 106.

bodhi-sattvena < bodhi-sattva-：*m.* 覚りを求める人。「菩薩」と音写。*sg. Ins.*

buddha-māhātmyaṃ < buddha-māhātmya-：*n.* ブッダの偉大な精神を持つこと。*sg. Nom.*

māhātmya- < mahātman- + -ya：*n.* 雅量に富むこと。偉大な精神を持つこと。大度。高位。威厳。品位。称賛。

mahātman- < mahā-ātman-：*m.* 至上精神。宇宙我。根本原理。*adj.* 偉大な精神を持つ。高尚な心を持つ。高貴な。大いに知性に富む。

pratipattavyam < pratipattavya- < prati-√pat- (1) + -tavya：*未受分,* 得られるべき。受けられるべき。与えられるべき。理解されるべき。*n. sg. Nom.*

āha /　buddha-māhātmye sthātu-kāmena kutra sthātavyam / （梵漢和維摩経　*p.* 292, *l.* 10）

〔マンジュシリーが〕言った。

「ブッダの偉大な精神に立つことを欲する〔菩薩〕は、どこに立つべきでしょうか」
【文殊師利は又問えり、「菩薩は如来の功徳の力に依らんと欲すれば、当に何くに於いて住すべきや」と。】
（大正蔵、巻一四、五四七頁下）

……………………………………………………………………………

āha < √ah-：言う。*Perf. 3, sg. P.*
buddha-māhātmye < buddha-māhātmya-：*n.* ブッダの偉大な精神。*sg. Loc.*
sthātu-kāmena < sthātu-kāma-：*adj.* 立つことを欲する。住することを願う。*m. sg. Ins.*
　　sthātu- < sthātum- < √sthā- (1) + -tum：*不定詞,* 立つこと。住すること。
　　kāma-：*m.* 快楽。愛着。～（為・属・処格）に対する願望・欲望。
kutra：*adv.* 何において。どこに。どこへ。何の為に。なぜ。
sthātavyam < √sthā- (1) + -tavyam：*未受分,* 立たれるべき。住されるべき。*n. sg. Nom.*

āha / buddha-māhātmye sthātu-kāmena sarva-sattva-samatāyāṃ sthātavyam / (梵漢和維摩経 *p.* 292, *ll.* 11–12)

〔ヴィマラキールティが〕言った。
「ブッダの偉大な精神に立つことを欲する〔菩薩〕は、一切衆生の平等性に立つべきです」
【答えて曰く、「菩薩は如来の功徳の力に依らんと欲すれば、当に一切衆生を度脱することに住すべし」】
（大正蔵、巻一四、五四七頁下）

……………………………………………………………………………

āha < √ah-：言う。*Perf. 3, sg. P.*
buddha-māhātmye < buddha-māhātmya-：*n.* ブッダの偉大な精神。*sg. Loc.*
sthātu-kāmena < sthātu-kāma-：*adj.* 立つことを欲する。住することを願う。*m. sg. Ins.*
sarva-sattva-samatāyāṃ < sarva-sattva-samatā- < sarva-sattva-sama-tā-：*f.* 一切衆生が平等であること。一切衆生の平等性。*sg. Loc.*
　　sarva-sattva-sama-：*adj.* 一切衆生が平等である。
sthātavyam < √sthā- (1) + -tavyam：*未受分,* 立たれるべき。住されるべき。*n. sg. Nom.*

āha / sarva-sattva-samatāyāṃ sthātu-kāmena kutra sthātavyam / (梵漢和維摩経 *p.* 292, *l.* 13)

〔マンジュシリーが〕言った。
「一切衆生の平等性に立つことを欲する〔菩薩〕は、何のために[32]〔そこに〕立つべきでしょうか」
【漢訳相当箇所なし】

……………………………………………………………………………

āha < √ah-：言う。*Perf. 3, sg. P.*
sarva-sattva-samatāyāṃ < sarva-sattva-samatā- < sarva-sattva-sama-tā-：*f.* 一切衆生が平等であること。一切衆生の平等性。*sg. Loc.*
sthātu-kāmena < sthātu-kāma-：*adj.* 立つことを欲する。住することを願う。*m. sg. Ins.*
kutra：*adv.* 何において。どこに。どこへ。何の為に。なぜ。
sthātavyam < √sthā- (1) + -tavyam：*未受分,* 立たれるべき。住されるべき。*n. sg. Nom.*

āha / sarva-[sattva-][33]samatāyāṃ sthātu-kāmena sarva-sattva-pramokṣāya sthātavyam / (梵漢和維摩経 *p.* 294, *ll.* 1–2)

〔ヴィマラキールティが〕言った。
「一切衆生の平等性に立つことを欲する〔菩薩〕は、一切衆生を解脱させるために〔そこに〕立つべきです」
【漢訳相当箇所なし】

……………………………………………………………………………

āha < √ah-：言う。*Perf. 3, sg. P.*
sarva-sattva-samatāyāṃ < sarva-sattva-samatā- < sarva-sattva-sama-tā-：*f.* 一切衆生が平等であ

ること。一切衆生の平等性。*sg. Loc.*
sthātu-kāmena < sthātu-kāma-：*adj.* 立つことを欲する。住することを願う。*m. sg. Ins.*
sarva-sattva-pramokṣāya < sarva-sattva-pramokṣa-：*m.* 一切衆生の解脱。*sg. Dat.*
　　pramokṣa-：*m.* 喪失。～の解放。離脱。解脱。
sthātavyam < √sthā- (1) + -tavyam：*未受分,* 立たれるべき。住されるべき。*n. sg. Nom.*

> §5　āha /　sarva-sattva-pramokṣaṃ kartu-kāmena kiṃ kartavyam /
> （梵漢和維摩経 *p.* 294, *ll.* 3–4）

§5　〔マンジュシリーが〕言った。
「一切衆生を解脱させることを欲する〔菩薩〕は、何をなすべきでしょうか」
【§5　又問えり、「衆生を度せんと欲すれば、当に何が除く所なるべきや」と。】
（大正蔵、巻一四、五四七頁下）
……………………………………………………………………

āha < √ah-：言う。*Perf. 3, sg. P.*
sarva-sattva-pramokṣaṃ < sarva-sattva-pramokṣa-：*m.* 一切衆生の解脱。*sg. Acc.*
kartu-kāmena < kartu-kāma-：*adj.* なすことを欲する。作ることを願う。*m. sg. Ins.*
kiṃ < kim-：*疑問代名詞,* 何か。何故か。*n. sg. Nom.*
kartavyam < kartavya- < √kṛ- (8) + -tavya：*未受分,* なされるべき。作られるべき。～（主格）が…（主格）になされるべき。*n. sg. Nom.*

> āha /　sarva-sattva-pramokṣaṃ kartu-kāmena kleśa-pramokṣaḥ kartavyaḥ /
> （梵漢和維摩経 *p.* 294, *ll.* 5–6）

〔ヴィマラキールティが〕言った。
「一切衆生を解脱させることを欲する〔菩薩〕は、〔衆生たちを〕煩悩から解放（解脱）することをなすべきです」
【答えて曰く、「衆生を度せんと欲すれば、其の煩悩を除くべし」】　（大正蔵、巻一四、五四七頁下）
……………………………………………………………………

āha < √ah-：言う。*Perf. 3, sg. P.*
sarva-sattva-pramokṣaṃ < sarva-sattva-pramokṣa-：*m.* 一切衆生の解脱。*sg. Acc.*
kartu-kāmena < kartu-kāma-：*adj.* なすことを欲する。作ることを願う。*m. sg. Ins.*
kleśa-pramokṣaḥ < kleśa-pramokṣa-：*m.* 煩悩からの解脱。*m. sg. Nom.*
　　kleśa- < √kliś- (4) + -a：*m.* 苦痛。苦悩。心痛。「煩悩」「惑」「根本煩悩」と漢訳。
　　pramokṣa-：*m.* 喪失。～の解放。離脱。解脱。
kartavyaḥ < kartavya- < √kṛ- (8) + -tavya：*未受分,* なされるべき。作られるべき。～（主格）が…（主格）になされるべき。*m. sg. Nom.*

> āha /　kleśān utsraṣṭu-kāmena kathaṃ prayuktena bhavitavyam /
> （梵漢和維摩経 *p.* 294, *l.* 7）

〔マンジュシリーが〕言った。
「諸の煩悩を捨て去ることを欲する〔菩薩〕は、どのように〔念いを〕傾注するべきでしょうか」
【又問う。「煩悩を除かんと欲すれば、当に何の行なう所なるべきや」】
（大正蔵、巻一四、五四七頁下）
……………………………………………………………………

āha < √ah-：言う。*Perf. 3, sg. P.*
kleśān < kleśa- < √kliś- (4) + -a：*m.* 苦痛。苦悩。心痛。「煩悩」「惑」「根本煩悩」と漢訳。*pl. Acc.*
utsraṣṭu-kāmena < utsraṣṭu-kāma-：*adj.* 放捨せんと欲する。捨てようと欲する。*m. sg. Ins.*

utsraṣṭu- < utsraṣṭum < ud-√sṛj- (6,1) + -tum：*不定詞,* 放つこと。投げること。排泄すること。投げ捨てること。追い払うこと。捨てること。「捨去」と漢訳。

kathaṃ：*adv.* いかにして。いずこより。何故に。

prayuktena < prayukta- < pra-√yuj- (7) + -ta：*pp.* 軛でつながれた。利用された。なされた。実行された。～（処格）に（精神・思考が）傾注された。*m. sg. Ins.*

「ある」「なる」などの動詞が非人称受動態のとき、主語と名詞補語は具格となる。cf.「シンタックス」*p.* 45.

pra-√yuj- (7)：軛をつける。～（処格）につなぐ。実行する。～（処格）に（精神・思考を）傾注する。

bhavitavyam < bhavitavya- < √bhū- (1) + -itavya：*未受分,* 生じられるべき。～になられるべき。発生されるべき。出現されるべき。存在されるべき。起こるべき。あるべき。*n. sg. Nom.*

āha / kleśān utsraṣṭu-kāmena yoniśaḥ prayuktena bhavitavyam /

(梵漢和維摩経 *p.* 294, *l.* 8)

〔ヴィマラキールティが〕言った。

「諸の煩悩を捨て去ることを欲する〔菩薩〕は、正しく〔念いを〕傾注するべきです」

【答えて曰く、「当(まさ)に正念(しょうねん)を行ずべし」】　　(大正蔵、巻一四、五四七頁下)

………………………………………………………………………

āha < √ah-：言う。*Perf. 3, sg. P.*

kleśān < kleśa- < √kliś- (4) + -a：*m.* 苦痛。苦悩。心痛。「煩悩」「惑」「根本煩悩」と漢訳。*pl. Acc.*

utsraṣṭu-kāmena < utsraṣṭu-kāma-：*adj.* 放捨せんと欲する。捨てようと欲する。*m. sg. Ins.*

yoniśaḥ < yoniśas + (p)：*adv.* 根本的に。正当に。賢明に。

prayuktena < prayukta- < pra-√yuj- (7) + -ta：*pp.* 軛でつながれた。利用された。なされた。実行された。～（処格）に（精神・思考が）傾注された。*m. sg. Ins.*

「ある」「なる」などの動詞が非人称受動態のとき、主語と名詞補語は具格となる。cf.「シンタックス」*p.* 45.

bhavitavyam < bhavitavya- < √bhū- (1) + -itavya：*未受分,* 生じられるべき。～になられるべき。発生されるべき。出現されるべき。存在されるべき。起こるべき。あるべき。*n. sg. Nom.*

āha / kathaṃ prayuktaḥ punar yoniśaḥ prayukto bhavati /

(梵漢和維摩経 *p.* 294, *l.* 9)

〔マンジュシリーが〕言った。

「しかしながら、どのように〔念いを〕傾注して、正しく〔念いを〕傾注するのでしょうか」

【又問う。「云何(いかん)が正念を行ずるや」】　　(大正蔵、巻一四、五四七頁下)

………………………………………………………………………

āha < √ah-：言う。*Perf. 3, sg. P.*

kathaṃ：*adv.* いかにして。いずこより。何故に。

prayuktaḥ < prayuktaḥ + (p) < prayukta- < pra-√yuj- (7) + -ta：*pp.* 軛でつながれた。利用された。なされた。実行された。～（処格）に（精神・思考が）傾注された。*m. sg. Nom.*

punar：*adv.* 再び。新たに。さらに。なお。しかしながら。

yoniśaḥ < yoniśas + (p)：*adv.* 根本的に。正当に。賢明に。

prayukto < prayuktaḥ + 有声子音 < prayukta- < pra-√yuj- (7) + -ta：*pp.* 軛でつながれた。利用された。なされた。実行された。～（処格）に（精神・思考が）傾注された。*m. sg. Nom.*

bhavati < bhava- < √bhū- (1)：なる。～である。*Pres. 3, sg. P.*

āha / anutpādânirodha-prayukto yoniśaḥ prayukto bhavati /

（梵漢和維摩経 *p.* 294, *l.* 10）

〔ヴィマラキールティが〕言った。
「不生と不滅について〔念いを〕傾注して、正しく〔念いを〕傾注するのです」
【答えて曰く、「当に不生不滅を行ずべし」】　（大正蔵、巻一四、五四七頁下）

....

āha < √ah-：言う。*Perf. 3, sg. P.*
anutpādânirodha-prayukto < anutpādânirodha-prayuktaḥ + 半母音 < anutpādânirodha-prayukta- < anutpāda-anirodha-prayukta-：*adj.* 不生と不滅について〔念いを〕傾注された。
　anutpāda- < an-utpāda-：*m.* 生じないこと。出現しないこと。
　utpāda- < ud-√pad- (4) + -a：*m.* 生ずること。生み出すこと。産出。出生。「出」「生起」「出現」と漢訳。
　anirodha- < a-nirodha-：*m.* 滅しないこと。「不滅」と漢訳。
　nirodha-：*m.* 抑圧。征服。破壊。「滅」「滅度」「寂滅」と漢訳。
　prayukta- < pra-√yuj- (7) + -ta：*pp.* 軛でつながれた。利用された。なされた。実行された。〜（処格）に（精神・思考が）傾注された。
yoniśaḥ < yoniśas + (p)：*adv.* 根本的に。正当に。賢明に。
prayukto < prayuktaḥ + 有声子音 < prayukta- < pra-√yuj- (7) + -ta：*pp.* 軛でつながれた。利用された。なされた。実行された。〜（処格）に（精神・思考が）傾注された。*m. sg. Nom.*
bhavati < bhava- < √bhū- (1)：なる。〜である。*Pres. 3, sg. P.*

āha /　kiṃ nôtpādayati kiṃ na nirodhayati /
（梵漢和維摩経 *p.* 294, *l.* 11）

〔マンジュシリーが〕言った。
「何が生じないで、何が滅しないのでしょうか」
【又問う。「何の法か生ぜず、何の法か滅せざる」】　（大正蔵、巻一四、五四七頁下）

....

āha < √ah-：言う。*Perf. 3, sg. P.*
kiṃ < kim-：*疑問代名詞,* 何か。何故か。*n. sg. Nom.*
nôtpādayati < na + utpādayati
　utpādayati < utpādaya- < ud-√pad- (4) + -aya：*Caus.* 起こす。生じる。*3, sg. P.*
kiṃ < kim-：*疑問代名詞,* 何か。何故か。*n. sg. Nom.*
na：*ind.* 〜でない。〜にあらず。
nirodhayati < nirodhaya- < ni-√rudh- (1) + -aya：*Caus.* 閉じ込める。閉じさせる。滅する。*3, sg. P.*
　ni-√rudh- (1)：はばむ。妨害する。封鎖する。閉じ込める。消滅させる。「滅」と漢訳。

āha /　akuśalaṃ nôtpādayati kuśalaṃ na nirodhayati /
（梵漢和維摩経 *p.* 294, *l.* 12）

〔ヴィマラキールティが〕言った。
「悪（不善）が生じないで、善が滅しないのです」
【答えて曰く、「不善は生ぜず、善法は滅せず」】　（大正蔵、巻一四、五四七頁下）

....

āha < √ah-：言う。*Perf. 3, sg. P.*
akuśalaṃ < akuśala- < a-kuśala-：*adj.* 有害の。不幸の。「悪」「不善」と漢訳。*n. sg. Nom.*
nôtpādayati < na + utpādayati
　utpādayati < utpādaya- < ud-√pad- (4) + -aya：*Caus.* 起こす。生じる。*3, sg. P.*

kuśalaṃ < kuśala：*adj.* 善き。正しき。～に熟練した。老練なる。経験ある。*n.* 「善」と漢訳。*n. sg. Nom.*
na：*ind.* ～でない。～にあらず。
nirodhayati < nirodhaya- < ni-√rudh- (1) + -aya：*Caus.* 閉じ込める。閉じさせる。滅する。*3, sg. P.*

āha / kuśalasyâkuśalasya ca kiṃ mūlam /
(梵漢和維摩経 *p.* 294, *l.* 13)

〔マンジュシリーが〕言った。
「善と悪にとって、〔それぞれ〕何が根本なのでしょうか」
【又問う。「善と不善とは孰れを本と為すや」】（大正蔵、巻一四、五四七頁下）
……………………………………………………………………………

āha < √ah-：言う。*Perf. 3, sg. P.*
kuśalasyâkuśalasya < kuśalasya + akuśalasya
kuśalasya < kuśala-：*adj.* 善き。正しき。～に熟練した。老練なる。経験ある。*n.* 「善」と漢訳。*n. sg. Gen.*
akuśalasya < akuśala- < a-kuśala-：*adj.* 有害の。不幸の。*n.* 「悪」「不善」と漢訳。*n. sg. Gen.*
ca：*conj.* および。また。しかしながら。そして。～と。なお。
kiṃ < kim-：*疑問代名詞,* 何か。何故か。*n. sg. Nom.*
mūlam < mūla-：*n.* 根。付け根。麓。基底。起源。本源。*sg. Nom.*

āha / sat-kāyo mūlam /
(梵漢和維摩経 *p.* 294, *l.* 14)

〔ヴィマラキールティが〕言った。
「存在している身体が根本であります」
【答えて曰く、「身を本と為す」】（大正蔵、巻一四、五四七頁下）
……………………………………………………………………………

āha < √ah-：言う。*Perf. 3, sg. P.*
sat-kāyo < sat-kāyaḥ + 有声子音 < sat-kāya-：*m.* 存在している身体。個体。個性。「有身」「身見」と漢訳。*sg. Nom.*
sat- < s- + -at < √as- (2) + -at：*現在分詞,* 存在している。～（処格）にある。真正の。正しい。
kāya-：*m.* 身体。集団。多数。集合。
mūlam < mūla-：*n.* 根。付け根。麓。基底。起源。本源。*sg. Nom.*

āha / sat-kāyasya ca punaḥ kiṃ mūlam /
(梵漢和維摩経 *p.* 294, *l.* 15)

〔マンジュシリーが〕言った。
「さらに、存在している身体にとって、何が根本なのでしょうか」
【又問う。「身は孰れを本と為すや」】（大正蔵、巻一四、五四七頁下）
……………………………………………………………………………

āha < √ah-：言う。*Perf. 3, sg. P.*
sat-kāyasya < sat-kāya-：*m.* 存在している身体。個体。個性。「有身」「身見」と漢訳。*sg. Gen.*
ca：*conj.* および。また。しかしながら。そして。～と。なお。
punaḥ < punaḥ + (k) < punar：*adv.* 再び。新たに。さらに。なお。しかしながら。
kiṃ < kim-：*疑問代名詞,* 何か。何故か。*n. sg. Nom.*

mūlam < mūla-：*n.* 根。付け根。麓。基底。起源。本源。*sg. Nom.*

āha /　sat-kāyasyêcchā-lobhau mūlam /

（梵漢和維摩経 *p.* 296, *l.* 1）

〔ヴィマラキールティが〕言った。

「存在している身体にとって、欲望と貪りが根本であります」

【答えて曰く、「欲貪（よくとん）を本と為す」】　（大正蔵、巻一四、五四七頁下）

……………………………………………………………………

āha < √ah-：言う。*Perf. 3, sg. P.*

sat-kāyasyêcchā-lobhau < sat-kāyasya + icchā-lobhau

sat-kāyasya < sat-kāya-：*m.* 存在している身体。個体。個性。「有身」「身見」と漢訳。*sg. Gen.*

icchā-lobhau < icchā-lobha-：*m.* 欲望と貪り。*du. Nom.*

icchā-< √iṣ- (6) + -ā：*f.* 願望。欲望。

√iṣ- (6)：欲する。願う。希望する。乞う。

lobha- < √lubh- (4) + -a：*m.* ～（属格、処格）に対する欲望。熱望。貪欲。欲心。

√lubh- (4)：当惑する。迷う。

mūlam < mūla-：*n.* 根。付け根。麓。基底。起源。本源。*sg. Nom.*

āha /　icchā-lobhayoḥ kiṃ mūlam /

（梵漢和維摩経 *p.* 296, *l.* 2）

〔マンジュシリーが〕言った。

「欲望と貪りにとって、何が根本なのでしょうか」

【又問う。「欲貪は孰（いず）れを本と為すや」】　（大正蔵、巻一四、五四七頁下）

……………………………………………………………………

āha < √ah-：言う。*Perf. 3, sg. P.*

icchā-lobhayoḥ < icchā-lobhayoḥ + (k) < icchā-lobha-：*m.* 欲望と貪り。*du. Gen.*

kiṃ < kim-：*疑問代名詞,* 何か。何故か。*n. sg. Nom.*

mūlam < mūla-：*n.* 根。付け根。麓。基底。起源。本源。*sg. Nom.*

āha /　icchā-lobhayor abhūta-parikalpo mūlam /

（梵漢和維摩経 *p.* 296, *l.* 3）

〔ヴィマラキールティが〕言った。

「欲望と貪りにとって、虚妄（こもう）な分別が根本であります」

【答えて曰く、「虚妄分別（こもうふんべつ）を本と為す」】　（大正蔵、巻一四、五四七頁下）

……………………………………………………………………

āha < √ah-：言う。*Perf. 3, sg. P.*

icchā-lobhayor < icchā-lobhayoḥ + 有声音 < icchā-lobha-：*m.* 欲望と貪り。*du. Gen.*

abhūta-parikalpo < abhūta-parikalpaḥ + 有声子音 < abhūta-parikalpa-：*m.* 迷妄な分別。*sg. Nom.*

abhūta- < a-bhūta-：*adj.* あらざりし。起こらざりし。存在せざる。「無」「不実」「非真実」「不真実」「虚」「妄」「虚妄」と漢訳。

bhūta- < √bhū- (1) + -ta：*pp.* ～となった。あった。～である。真実の。*n.* 事実。現実。「真」「真実」「誠諦」と漢訳。

parikalpa- < pari-√kḷp- (1) + -a：*m.* 迷妄。「分別」「計度」「妄想」「虚妄分別」と漢訳。

mūlam < mūla-：*n.* 根。付け根。麓。基底。起源。本源。*sg. Nom.*

§6　āha /　abhūta-parikalpasya kiṃ mūlam /

(梵漢和維摩経 *p.* 296, *l.* 4)

§6 〔マンジュシリーが〕言った。

「虚妄な分別にとって、何が根本なのでしょうか」

【§6 又問う。「虚妄分別は孰れを本と為すや」】 (大正蔵、巻一四、五四七頁下)

………………………………………………………………………

āha < √ah-：言う。*Perf. 3, sg. P.*

abhūta-parikalpasya < abhūta-parikalpa-：*m.* 虚妄な分別。*sg. Gen.*

kiṃ < kim-：*疑問代名詞,* 何か。何故か。*n. sg. Nom.*

mūlam < mūla-：*n.* 根。付け根。麓。基底。起源。本源。*sg. Nom.*

āha / abhūta-parikalpasya viparyastā saṃjñā mūlam /

(梵漢和維摩経 *p.* 296, *l.* 5)

〔ヴィマラキールティが〕言った。

「虚妄な分別にとって、倒錯した意識が根本です」

【答えて曰く、「顚倒想を本と為す」】 (大正蔵、巻一四、五四七頁下)

………………………………………………………………………

āha < √ah-：言う。*Perf. 3, sg. P.*

abhūta-parikalpasya < abhūta-parikalpa-：*m.* 虚妄な分別。*sg. Gen.*

viparyastā < viparyastā- < viparyasta- < vi-pari-√as- (4) + -ta：*pp.* 顚倒した。逆の。「翻」「倒」「顚倒」と漢訳。*f. sg. Nom.*

vi-pari-√as- (4)：顚倒する。逆にする。覆す。

saṃjñā < saṃjñā- < sam-√jñā- (9) + -ā：*f.* 一致。意識。理解。明瞭な概念。命名。名前。術語。「号」「名号」「名」「名字」と漢訳。*sg. Nom.*

mūlam < mūla-：*n.* 根。付け根。麓。基底。起源。本源。*sg. Nom.*

āha / viparyastāyāḥ saṃjñāyāḥ kiṃ mūlam /

(梵漢和維摩経 *p.* 296, *l.* 6)

〔マンジュシリーが〕言った。

「倒錯した意識にとって、何が根本なのでしょうか」

【又問う。「顚倒想は孰れを本と為すや」】 (大正蔵、巻一四、五四七頁下)

………………………………………………………………………

āha < √ah-：言う。*Perf. 3, sg. P.*

viparyastāyāḥ < viparyastāyāḥ + (s) < viparyastā- < viparyasta- < vi-pari-√as- (4) + -ta：*pp.* 顚倒した。逆の。「翻」「倒」「顚倒」と漢訳。*f. sg. Gen.*

saṃjñāyāḥ < saṃjñā- < sam-√jñā- (9) + -ā：*f.* 一致。意識。理解。明瞭な概念。命名。名前。術語。「号」「名号」「名」「名字」と漢訳。*sg. Gen.*

kiṃ < kim-：*疑問代名詞,* 何か。何故か。*n. sg. Nom.*

mūlam < mūla-：*n.* 根。付け根。麓。基底。起源。本源。*sg. Nom.*

āha / viparyastāyāḥ saṃjñāyā apratiṣṭhā mūlam /

(梵漢和維摩経 *p.* 296, *l.* 7)

〔ヴィマラキールティが〕言った。

「倒錯した意識にとって、〔依って立つ〕根拠がないことが根本であります」

【答えて曰く、「無住を本と為す」】 (大正蔵、巻一四、五四七頁下)

………………………………………………………………………

āha < √ah-：言う。*Perf. 3, sg. P.*

viparyastāyāḥ < viparyastāyāḥ + (s) < viparyastā- < viparyasta- < vi-pari-√as- (4) + -ta：*pp.* 顚倒した。逆の。「翻」「倒」「顚倒」と漢訳。*f. sg. Gen.*
saṃjñāyā < saṃjñāyāḥ + 有声音 < saṃjñā- < sam-√jñā- (9) + -ā：*f.* 一致。意識。理解。明瞭な概念。命名。名前。術語。「号」「名号」「名」「名字」と漢訳。*sg. Gen.*
apratiṣṭhā < apratiṣṭhā- < a-pratiṣṭhā-：*f.*〔依って立つ〕根拠がないこと。*sg. Nom.*
　pratiṣṭhā- < prati-√sthā- (1) + -ā：*f.* 立ち止まっていること。停止。静止。不動。安定。地位。位置。基礎。支持。住家。家宅。住居。「依所」「住処」と漢訳。
　prati-√sthā- (1)：立つ。住む。～（処格）の上に基礎を置く。確立されている。「住」「安住」と漢訳。
　a-pratiṣṭha-：*adj.* 根拠なき。滅ぶべき。不安定な。価値なき。「不住」「無住」「無所著」「無所染」と漢訳。
　pratiṣṭha-：*adj.* 堅固な。「住」「安住」と漢訳。
mūlam < mūla-：*n.* 根。付け根。麓。基底。起源。本源。*sg. Nom.*

āha /　apratiṣṭhāyāḥ kiṃ mūlam / （梵漢和維摩経 *p.* 296, *l.* 8）

〔マンジュシリーが〕言った。
「〔依って立つ〕根拠がないことにとって、何が根本なのでしょうか」
【又問う。「無住は孰れを本と為すや」】　（大正蔵、巻一四、五四七頁下）
……………………………………………………………………………

āha < √ah-：言う。*Perf. 3, sg. P.*
apratiṣṭhāyāḥ < apratiṣṭhāyāḥ + (k) < apratiṣṭhā-：*f.* 依って立つ根拠がないこと。*sg. Gen.*
kiṃ < kim-：*疑問代名詞,* 何か。何故か。*n. sg. Nom.*
mūlam < mūla-：*n.* 根。付け根。麓。基底。起源。本源。*sg. Nom.*

āha /　yan mañjuśrīr apratiṣṭhānaṃ tasya kiṃ mūlaṃ bhaviṣyati / （梵漢和維摩経 *p.* 296, *l.* 9）

〔ヴィマラキールティが〕言った。
「マンジュシリーよ、〔依って立つ〕根拠がないということ、そのことにいかなる根本があるのでしょうか。
【答えて曰く、「無住は、則ち本無し。】　（大正蔵、巻一四、五四七頁下）
……………………………………………………………………………

āha < √ah-：言う。*Perf. 3, sg. P.*
yan < yat + (m) < yad-：*関係代名詞, n. sg. Nom.* 英語の that（～ということ）を意味する。
mañjuśrīr < mañjuśrīḥ + 有声音 < mañjuśrī- < mañju-śrī-：*m.* マンジュシリー。「妙徳」「妙吉祥」と漢訳。「文殊」「文殊師利」と音写。*sg. Voc.* 格変化は、cf.「基礎」*p.* 106.
apratiṣṭhānaṃ < apratiṣṭhāna- < a-pratiṣṭhāna-：*n.*〔依って立つ〕根拠がないこと。*sg. Nom.*
　pratiṣṭhāna- < prati-√sthā- (1) + -ana：*n.* 確固たる立場。基礎。台。「住」「安住」「住処」「所住」と漢訳。
tasya < tad-：それ。*n. sg. Gen.*
kiṃ < kim-：*疑問代名詞,* 何か。何故か。*n. sg. Nom.*
mūlaṃ < mūla-：*n.* 根。付け根。麓。基底。起源。本源。*sg. Nom.*
bhaviṣyati < bhaviṣya- < √bhū- (1) + -iṣya：生ずる。～になる。*Fut. 3, sg. P.*

iti hy apratiṣṭhāna-mūla-pratiṣṭhitāḥ sarva-dharmāḥ / （梵漢和維摩経 *p.* 296, *ll.* 9–10）

「実に以上のように、あらゆるものごと（一切法）は、〔依って立つ〕根拠がないという根本に基づいているのです」
【「文殊師利よ、無住の本より、一切法を立つるなり」】　　　　（大正蔵、巻一四、五四七頁下）
……………………………………………………………………

iti：*adv.* ～と。～ということを。以上のように。～と考えて。「如是」と漢訳。
hy < hi + 母音：*ind.* 真に。確かに。実に。
apratiṣṭhāna-mūla-pratiṣṭhitāḥ < apratiṣṭhāna-mūla-pratiṣṭhitāḥ + (s) < apratiṣṭhāna-mūla-prati=ṣṭhita-：*adj.* 〔依って立つ〕根拠がないという根本に基づいている。*m. pl. Nom.*
　　pratiṣṭhita- < prati-√sthā- (1) + -ita：*pp.* 有名な。著名な。～（処格）に熟達した。～に立った。位置した。留まった。～に置かれた。確立した。
sarva-dharmāḥ < sarva-dharma-：*m.* あらゆるものごと。「一切法」と漢訳。*pl. Nom.*

§7　atha yā tatra gṛhe devatā prativasati sā teṣāṃ bodhi-sattvānāṃ mahā-sattvānām imaṃ dharma-nirdeśaṃ śrutvā tuṣṭôdagrâttamanâudārikam ātma-bhāvaṃ saṃdarśya divyaiḥ puṣpais tān mahā-sattvāṃs tāṃś ca mahā-śrāvakān abhyavakirati sma /
(梵漢和維摩経 *p.* 296, *ll.* 11–14)

§7　その時、〔ヴィマラキールティの〕その家に住んでいるところの天女、その〔天女〕が、それらの偉大な人である菩薩たちのこの説法を聞いて、満足して、〔心が〕高揚し、狂喜し、勝れた自分の身体を現わしてから[34]、天上の花をそれらの偉大な人〔である菩薩〕たちや、それらの偉大な声聞たちに振り撒いた。
【§7　時に維摩詰の室に一の天女有り。諸の大人を見、所説の法を聞きて、便ち其の身を現ぜり。即ち天華を以て諸の菩薩・大弟子の上に散ぜり。】　　　　（大正蔵、巻一四、五四七頁下）
……………………………………………………………………

atha：*adv.* その時。その場合。さて。それ故。しかれば。しかしながら。しかも。
yā < yad-：*関係代名詞, f. sg. Nom.*
tatra：*adv.* そこに。そこへ。かしこに。その時に。その場合に。
gṛhe < gṛha-：*n.* 家。住居。「舎」「宅」「舎宅」と漢訳。*sg. Loc.*
devatā < devatā- < deva- + -tā：*f.* 天女。神性。神格者。「天」「諸天」「天神」と漢訳。*sg. Nom.*
prativasati < prativasa- < prati-√vas- (1)：住む。*Pres. 3, sg. P.*
sā < tad-：それ。*f. sg. Nom.*
teṣāṃ < tad-：それ。*m. pl. Gen.*
bodhi-sattvānāṃ < bodhi-sattva-：*m.* 覚りを求める人。「菩薩」と漢訳。*pl. Gen.*
mahā-sattvānām < mahā-sattva-：*m.* 偉大な人。立派な人。「大士」「大菩薩」と漢訳。「摩訶薩」と音写。*pl. Gen.*
imaṃ < idam-：これ。*m. sg. Acc.*
dharma-nirdeśaṃ < dharma-nirdeśa-：*m.* 法についての詳述。「説法」と漢訳。*sg. Acc.*
　　nirdeśa- < nir-√diś- (6) + -a：*m.* 命令。指示。記述。「説」「所説」「説法」と漢訳。
śrutvā < √śru- (5) + -tvā：～（具格、奪格、属格）から聞く。*Ger.*
tuṣṭôdagrâttamanâudārikam < tuṣṭā + udagrā + āttamanā + audārikam
　　tuṣṭā < tuṣṭā- < tuṣṭa- < √tuṣ- (4) + -ta：*pp.* 満足した。満足せしめられた。*f. sg. Nom.*
　　udagrā < udagrā- < udagra- < ud-agra-：*adj.* 激昂した。高揚した。*f. sg. Nom.*
　　āttamanā < ātta-manāḥ + 有声音 < ātta-manas- ≒ āpta-manas-：*adj.* 狂喜せしめられたる。満たされた心を持つ。*f. sg. Nom.*
　　audārikam < audārika- < udāra- + -ika：*adj.* 「広大」「大身」「麤」「大概」と漢訳。
　　udāra-：*adj.* 鼓舞する。高揚した。高い。名高い。勝れた。名門の。威厳のある。快い。すこぶる大なる。
ātma-bhāvaṃ < ātma-bhāva-：*m.* 我の恒久的存在。自己の存在。自己の身体。*sg. Acc.*

saṃdarśya < saṃdarśaya- + -ya < sam-√dṛś- (1) + -aya + -ya：*Caus.* 示す。顕す。姿を示す。明示する。「示」「示現」と漢訳。*Ger.*
divyaiḥ < divyaiḥ + (p) < divya- < √div- (4) + -ya：*adj.* 天上の。*n. pl. Ins.*
puṣpais < puṣpa-：*n.* 花。*pl. Ins.*
tān < tad-：それ。*m. pl. Acc.*
mahā-sattvāṃs < mahā-sattvān + (t) < mahā-sattva-：*m.* 偉大な人。立派な人。「大士」「大菩薩」と漢訳。「摩訶薩」と音写。*pl. Acc.*
tāṃś < tān + (c) < tad-：それ。*m. pl. Acc.*
ca：*conj.* および。また。しかしながら。そして。～と。なお。
mahā-śrāvakān < mahā-śrāvaka-：*m.* 偉大な声聞。「大声聞」と漢訳。*pl. Acc.*
abhyavakirati < abhyava-kira- < abhi-ava-√kṝ- (6)：注ぎかける。まき散らす。覆う。*Pres. 3, sg. P.*
√kṝ- (6)：注ぐ。散らす。散布する。
sma：*ind.* 実に。現在形の動詞とともに用いて、過去の意味を表わす（歴史的現在）。

abhyavakīrṇānāṃ ca tatra yāni bodhi-sattvānāṃ kāye puṣpāṇi patitāni tāni dharaṇi-tale patitāni[35] /
（梵漢和維摩経 *p.* 296, *ll.* 14–15）

そこに〔花々が〕振り撒かれて後、菩薩たちの身体に落ちてきたところの花々、それら〔の花々〕は地面に落ちた[36]。
【華は諸の菩薩に至るや、即ち皆堕落ぬ。】（大正蔵、巻一四、五四七頁下）

abhyavakīrṇānāṃ < abhyavakīrna- < abhi-ava-√kṝ- (6) + -na：*pp.* 注ぎかけられた。まき散らされた。覆われた。*m. pl. Gen.*
この属格は、単独で絶対節をなしている。属格の名詞 puṣpāṇāṃ が省略されていると考えればよい。
ca：*conj.* および。また。しかしながら。そして。～と。なお。
tatra：*adv.* そこに。そこへ。かしこに。その時に。その場合に。
yāni < yad-：*関係代名詞, n. pl. Nom.*
bodhi-sattvānāṃ < bodhi-sattva-：*m.* 覚りを求める人。「菩薩」と漢訳。*pl. Gen.*
kāye < kāya-：*m.* 身体。集団。多数。集合。*sg. Loc.*
puṣpāṇi < puṣpa-：*n.* 花。*pl. Nom.*
patitāni < patita- < √pat- (1) + -ita：*pp.* 落ちた。*n. pl. Nom.*
tāni < tad-：それ。*n. pl. Nom.*
dharaṇi-tale < dharaṇi-tala-：*n.* 地面。「地」と漢訳。*sg. Loc.*
dharaṇi-：*f.* 大地。
tala-：*m.* 表面。平面。
patitāni < patita- < √pat- (1) + -ita：*pp.* 落ちた。*n. pl. Nom.*

yāni punar mahā-śrāvakāṇāṃ kāye puṣpāṇi patitāni tāni tatrâiva sthitāni na bhūmau patitāni /
（梵漢和維摩経 *p.* 296, *ll.* 15–17）

しかしながら、偉大なる声聞たちの身体に落ちてきたところの花々、それら〔の花々〕は、まさにそこに付着して、大地に落ちなかった。
【大弟子に至りては、便ち著きて堕ちず。】（大正蔵、巻一四、五四七頁下）

yāni < yad-：*関係代名詞, n. pl. Nom.*
punar：*adv.* 再び。新たに。さらに。なお。しかしながら。
mahā-śrāvakāṇāṃ < mahā-śrāvaka-：*m.* 偉大な声聞。「大声聞」と漢訳。*pl. Gen.*

kāye < kāya-：*m.* 身体。集団。多数。集合。*sg. Loc.*
puṣpāṇi < puṣpa-：*n.* 花。*pl. Nom.*
patitāni < patita- < √pat- (1) + -ita：*pp.* 落ちた。*n. pl. Nom.*
tāni < tad-：それ。*n. pl. Nom.*
tatrâiva < tatra + eva
　　tatra：*adv.* そこに。そこへ。かしこに。その時に。その場合に。
　　eva：*adv.* さように。このように。まさに。実に。ただ。全くこのように。
sthitāni < sthita- < √sthā- (1) + -ita：*pp.* 立った。住していた。留まっていた。残っている。定着した。*f. sg. Nom.*
na：*ind.* ～でない。～にあらず。
bhūmau < bhūmi-：*f.* 大地。地点。地位。段階。「位」「処」「地」と漢訳。*sg. Loc.*
patitāni < patita- < √pat- (1) + -ita：*pp.* 落ちた。*n. pl. Nom.*

tatas te mahā-śrāvakā ṛddhi-prātihāryaiḥ tāni puṣpāṇy utsṛjanti na ca patanti / (梵漢和維摩経 *p.* 298, *ll.* 1–2)

それで、それらの偉大なる声聞たちは、神力による奇蹟（神変）によってそれらの花々を取り払おうとしたが、落ちることはなかった。
【一切の弟子は神力もて華を去るに、去らしむること能(あた)わず。】　（大正蔵、巻一四、五四七頁下）
……………………………………………………………………

tatas：*adv.* それより。そこに。そこにおいて。ゆえに。
te < tad-：それ。*m. pl. Nom.*
mahā-śrāvakā < mahā-śrāvakāḥ + 有声音 < mahā-śrāvaka-：*m.* 偉大な声聞。「大声聞」と漢訳。*pl. Nom.*
ṛddhi-prātihāryaiḥ < ṛddhi-prātihārya-：*n.* 神力による奇蹟（神変）。*pl. Ins.*
　　ṛddhi-：*f.* 繁栄。安寧。好運。超自然力。「神通」「神力」「神変」と漢訳。
　　prātihārya-：*n.* 奇蹟。「変化」「神変」「神通」「神力」と漢訳。
tāni < tad-：それ。*n. pl. Acc.*
puṣpāṇy < puṣpāṇi + 母音 < puṣpa-：*n.* 花。*pl. Acc.*
utsṛjanti < utsṛja- < ud-√sṛj- (6)：放つ。さまよわせる。投げる。投げ捨てる。取り去る。捨てる。放棄する。追い払う。*Pres. 3, pl. P.*
na：*ind.* ～でない。～にあらず。
ca：*conj.* および。また。しかしながら。そして。～と。なお。
patanti < pata- < √pat- (1)：落ちる。*Pres. 3, pl. P.*

§8　atha sā devatâyuṣmantaṃ śāriputram evam āha /　kiṃ bhadanta-śāriputrâitāni puṣpāṇy utsṛjasi / (梵漢和維摩経 *p.* 298, *ll.* 3–4)

§8　そこで、その天女は、尊者シャーリプトラにこのように言った。
　「尊者シャーリプトラよ、あなたは、これらの花々をなぜ取り払おうとなさるのですか」
【§8　爾(そ)の時、天女、舎利弗(しゃりほつ)に問えり。「何の故に華を去るや」と。】（大正蔵、巻一四、五四七頁下）
……………………………………………………………………

atha：*adv.* その時。その場合。さて。それ故。しかれば。しかしながら。しかも。
sā < tad-：それ。*f. sg. Nom.*
devatâyuṣmantaṃ < devatā + āyuṣmantaṃ
　　devatā < devatā- < deva- + -tā：*f.* 天女。神性。神格者。「天」「諸天」「天神」と漢訳。*sg. Nom.*
　　āyuṣmantaṃ < āyuṣmat- < āyus- + -mat-：*m.* 長寿の。健康の。「尊者」「長老」「具寿」と漢訳。*sg. Acc.*

śāriputram < śāriputra-：*m.* シャーリプトラ（シャーリーの息子）。「身子」と漢訳。「舎利弗」と音写。*sg. Acc.*
evam：*adv.* このように。「是」「如是」と漢訳。
āha < √ah-：言う。*Perf. 3, sg. P.*
………………………………………………………………………………
kiṃ < kim-：*疑問代名詞,* 何か。何故か。*n. sg. Nom.*
bhadanta-śāriputrâitāni < bhadanta-śāriputra + etāni
　bhadanta-śāriputra < bhadanta-śāriputra-：*m.* 尊者シャーリプトラ。*sg. Voc.*
　etāni < etad-：これ。*n. pl. Acc.*
puṣpāṇy < puṣpāṇi + 母音 < puṣpa-：*n.* 花。*pl. Acc.*
utsṛjasi < utsṛja- < ud-√sṛj- (6)：放つ。さまよわせる。投げる。投げ捨てる。捨てる。放棄する。*Pres. 2, sg. P.*

āha /　akalpikāni devatêtāni puṣpāṇi / (梵漢和維摩経 *p.* 298, *l.* 5)

〔シャーリプトラが〕言った。
「天女よ、これらの花々は、〔出家者にとって法に〕かなっていないからだ。
【答えて曰(いわ)く、「此の華は如法(にょほう)ならず。】　　（大正蔵、巻一四、五四七頁下）
………………………………………………………………………………
āha < √ah-：言う。*Perf. 3, sg. P.*
akalpikāni < akalpika- < a-kalpika-：*adj.* 適応しない。「無分別」「非儀」と漢訳。*n. pl. Nom.*
　kalpika- < √kḷp- (1) + -ika：*adj.* 適応させられた。「応」と漢訳。
devatêtāni < devate + etāni
　devate < devatā- < deva- + -tā：*f.* 天女。神性。神格者。「天」「諸天」「天神」と漢訳。*sg. Voc.*
　etāni < etad-：これ。*n. pl. Nom.*
puṣpāṇi < puṣpa-：*n.* 花。*pl. Nom.*

tasmād aham etāni puṣpāṇy apanayāmi / (梵漢和維摩経 *p.* 298, *ll.* 5–6)

「だから、私はこれらの花々を取り去っているのだ」
【「是れを以(もっ)て之(これ)を去るなり」と。】　　（大正蔵、巻一四、五四七頁下）
………………………………………………………………………………
tasmād < tasmāt + 母音 < tad-：それ。*n. sg. Abl.*
　代名詞の中性・単数の対格（tat）、奪格（tasmāt）、具格（tena）は、「そこで」「従って」「それ故」などの意味となり、文の連結助詞として用いられる。cf.「シンタックス」*p.* 125.
aham < mad-：私。*1, sg. Nom.*
etāni < etad-：これ。*n. pl. Acc.*
puṣpāṇy < puṣpāṇi + 母音 < puṣpa-：*n.* 花。*pl. Acc.*
apanayāmi < apanaya- < apa-√nī- (1)：導き去る。取り去る。移す。運び去る。奪う。追い払う。（衣服を）脱ぐ。「除去」と漢訳。*Pres. 1, sg. P.*

devatâha /　mā bhadanta-śāriputrâivaṃ vocaḥ / (梵漢和維摩経 *p.* 298, *l.* 7)

天女が言った。
「尊者シャーリプトラよ、あなたは、そのように言ってはなりません。
【天の曰く、「此の華を謂(い)いて如法ならずと為(な)すこと勿(なか)れ。】　　（大正蔵、巻一四、五四七頁下）

………………………………………………………………………

devatâha < devatā + āha

devatā < devatā- < deva- + -tā：*f.* 天女。神性。神格者。「天」「諸天」「天神」と漢訳。*sg. Nom.*

āha < √ah-：言う。*Perf. 3, sg. P.*

mā：*adv.* 〜なかれ。〜なからんことを。〜しないように。願わくは〜ないように。

mā は、オーグメントを欠いた過去形や、アオリストとともに用いられて“禁止”を意味するが、このほか願望法や命令法、さらには未来形や現在形とさえ用いられることもある。cf.「辻文法」*pp.* 256, 294–296.

bhadanta-śāriputrâivaṃ < bhadanta-śāriputra + evaṃ

bhadanta-śāriputra < bhadanta-śāriputra-：*m.* 尊者シャーリプトラ。*sg. Voc.*

evaṃ：*adv.* このように。「是」「如是」と漢訳。

vocaḥ < avocaḥ < avoca- < a- + va-+ uc- + -a < √vac- (2)：言う。*重複アオリスト, 2, sg. P.*

アオリストのオーグメントの a が省略されている。

tat kasmād dhetoḥ /

（梵漢和維摩経 *p.* 298, *ll.* 7–8）

「それは、どんな理由からでしょうか。

【「所以は何んとなれば、】　　　　（大正蔵、巻一四、五四七頁下）

………………………………………………………………………

tat < tad-：それ。*n. sg. Nom.*

kasmād dhetoḥ < kasmāt + hetoḥ

連声法は、cf.「基礎」*p.* 63.

kasmāt < kim-：*疑問詞,* だれ。何。どんな。どの。*m. sg. Abl.*

hetoḥ < hetu-：*m.* 理由。原因。因。*sg. Abl.*

奪格は、動機、原因、理由を表わす。cf.「シンタックス」*p.* 58.

etāni hi puṣpāṇi kalpikāni /

（梵漢和維摩経 *p.* 298, *l.* 8）

「実にこれらの花々は、〔法に〕かなったものであるからです。

【漢訳相当箇所なし】

………………………………………………………………………

etāni < etad-：これ。*n. pl. Nom.*

hi：*ind.* 真に。確かに。実に。

puṣpāṇi < puṣpa-：*n.* 花。*pl. Nom.*

kalpikāni < kalpika- < √kḷp- (1) + -ika：*adj.* 適応させられた。「応」と漢訳。*n. pl. Nom.*

kiṃ kāraṇam /

（梵漢和維摩経 *p.* 298, *l.* 8）

「理由は何でしょうか。

【漢訳相当箇所なし】

………………………………………………………………………

kiṃ < kim-：*疑問代名詞,* 何か。何故か。*n. sg. Nom.*

kāraṇam < kāraṇa-：*n.* 原因。機会。動機。第一原因。「因」「作因」「能作」「因縁」と漢訳。*sg. Nom.*

tathā hy etāni puṣpāṇi na kalpayanti na vikalpayanti /

（梵漢和維摩経 *p.* 298, *ll.* 8–9）

「まさにそのように、これらの花々は考えることもなく、分別することもありません。
【「是の華に分別する所無し。】　（大正蔵、巻一四、五四七頁下）

……………………………………………………………………………

tathā：*adv.* そのように。同様な方法で。同様に。
hy < hi + 母音：*ind.* 真に。確かに。実に。
etāni < etad-：これ。*n. pl. Nom.*
puṣpāṇi < puṣpa-：*n.* 花。*pl. Nom.*
na：*ind.* ～でない。～にあらず。
kalpayanti < kalpaya- < √kḷp- (1) + -aya：*Caus.* 整頓する。配置する。分配する。～（具格）より形作る。想像する。「分別」「現作」と漢訳。*Pres. 3, pl. P.*
na：*ind.* ～でない。～にあらず。
vikalpayanti < vikalpaya- < vi-√kḷp- (1) + -aya：*Caus.* 作る。整える。想像する。憶測する。推定する。「分別」「了分別」と漢訳。*Pres. 3, pl. P.*

> sthaviraḥ punaḥ śāriputraḥ kalpayati vikalpayati ca /
> （梵漢和維摩経 *p.* 298, *ll.* 9–10）

「しかしながら、大徳シャーリプトラ〔こそ〕が、考え、分別しているのです。
【仁者(なんじ)は自ら分別想(ふんべつそう)を生ずるのみ。】　（大正蔵、巻一四、五四七頁下）

……………………………………………………………………………

sthaviraḥ < sthaviraḥ + (p) < sthavira-：*adj.* 老いた。尊敬すべき。「大徳」「尊者」「上座」「長老」と漢訳。*m. sg. Nom.*
punaḥ < punaḥ + (k) < punar：*adv.* 再び。新たに。さらに。なお。しかしながら。
śāriputraḥ < śāriputraḥ + (k) < śāriputra- < śāri-putra-：*m.* シャーリプトラ（シャーリーの息子）。「身子」と漢訳。「舎利弗」と音写。*sg. Nom.*
kalpayati < kalpaya- < √kḷp- (1) + -aya：*Caus.* 整頓する。配置する。分配する。～（具格）より形作る。想像する。「分別」「現作」と漢訳。*Pres. 3, sg. P.*
vikalpayati < vikalpaya- < vi-√kḷp- (1) + -aya：*Caus.* 作る。整える。想像する。憶測する。推定する。「分別」「了分別」と漢訳。*Pres. 3, sg. P.*
ca：*conj.* および。また。しかしながら。そして。～と。なお。

> ye bhadanta-śāriputra svākhyāte dharma-vinaye pravrajya[37] kalpayanti vikalpayanti ca te 'kal=pikāḥ /
> （梵漢和維摩経 *p.* 298, *ll.* 10–11）

「尊者シャーリプトラよ、よく説かれた法（真理の教え）と律（出家者の守るべき規則）のもとで出家して、〔あれこれと〕考え、分別するならば、それらの人〔こそ〕が〔法に〕かなっていないのです[38]。
【「若(も)し仏法に於いて出家して、分別する所有らば、如法ならずと為す。】
（大正蔵、巻一四、五四八頁上）

……………………………………………………………………………

ye < yad-：*関係代名詞, m. pl. Nom.*
bhadanta-śāriputra < bhadanta-śāriputra-：*m.* 尊者シャーリプトラ。*sg. Voc.*
svākhyāte < svākhyāta- < su-ākhyāta-：*adj.* よく説かれた。「善説」と漢訳。*m. sg. Loc.*
　　su：*adv.* よく。うまく。実に。非常に。
　　ākhyāta- < ā-√khyā- (2) + -ta：*pp.* 言われた。語られた。言明された。
dharma-vinaye < dharma-vinaya-：*m.* 法と律。*sg. Loc.*
pravrajya < pra-√vraj- (1) + -ya：出家する。*Ger.*
kalpayanti < kalpaya- < √kḷp- (1) + -aya：*Caus.* 整頓する。配置する。分配する。～（具格）より

形作る。想像する。「分別」「現作」と漢訳。*Pres. 3, pl. P.*

vikalpayanti < vikalpaya- < vi-√kḷp- (1) + -aya：*Caus.* 作る。整える。想像する。憶測する。推定する。「分別」「了分別」と漢訳。*Pres. 3, pl. P.*

ca：*conj.* および。また。しかしながら。そして。〜と。なお。

te 'kalpikāḥ < te + akalpikāḥ

te < tad-：それ。*m. pl. Nom.*

akalpikāḥ < akalpika- < a-kalpika-：*adj.* 適応しない。「無分別」と漢訳。*m. pl. Nom.*

sthaviras tu kalpayati [vikalpayati][39] ca /

(梵漢和維摩経 *p.* 298, *ll.* 11–12)

「しかるに、大徳は〔花々について、あれこれと〕考え、分別しておられます[40]。

【漢訳相当箇所なし】

……………………………………………………………………

sthaviras < sthaviraḥ + (t) < sthavira-：*adj.* 老いた。尊敬すべき。「大徳」「尊者」「上座」「長老」と漢訳。*m. sg. Nom.*

tu：*ind.* しかし。しこうして。しかるに。しかも。

kalpayati < kalpaya- < √kḷp- (1) + -aya：*Caus.* 整頓する。配置する。分配する。〜（具格）より形作る。想像する。「分別」「現作」と漢訳。*Pres. 3, sg. P.*

vikalpayati < vikalpaya- < vi-√kḷp- (1) + -aya：*Caus.* 作る。整える。想像する。憶測する。推定する。「分別」「了分別」と漢訳。*Pres. 3, sg. P.*

ca：*conj.* および。また。しかしながら。そして。〜と。なお。

ye punar na kalpayanti na vikalpayanti te kalpikāḥ /

(梵漢和維摩経 *p.* 298, *l.* 12)

「しかしながら、〔あれこれと〕考えず、分別しないならば、それらの人たち〔こそ〕が〔法に〕かなっているのです。

【若し分別する所無くんば、是れ則ち如法なり。】　　　　（大正蔵、巻一四、五四八頁上）

……………………………………………………………………

ye < yad-：*関係代名詞, m. pl. Nom.*

punar：*adv.* 再び。新たに。さらに。なお。しかしながら。

na：*ind.* 〜でない。〜にあらず。

kalpayanti < kalpaya- < √kḷp- (1) + -aya：*Caus.* 整頓する。配置する。分配する。〜（具格）より形作る。想像する。「分別」「現作」と漢訳。*Pres. 3, pl. P.*

na：*ind.* 〜でない。〜にあらず。

vikalpayanti < vikalpaya- < vi-√kḷp- (1) + -aya：*Caus.* 作る。整える。想像する。憶測する。推定する。「分別」「了分別」と漢訳。*Pres. 3, pl. P.*

te < tad-：それ。*m. pl. Nom.*

kalpikāḥ < kalpika- < √kḷp- (1) + -ika：*adj.* 適応させられた。「応」と漢訳。

paśya bhadanta-śāriputrâiṣāṃ mahā-sattvānāṃ kāye puṣpāṇi na śliṣyanti yathâpi tad[41] sarva-kalpa-vikalpa-prahīṇatvāt /

(梵漢和維摩経 *p.* 298, *ll.* 13–14)

「尊者シャーリプトラよ、ご覧なさい。もちろん、〔これらの菩薩たちは、あれこれと〕考えることや分別をすべて打ち破っていることから[42]、これらの偉大な人〔である菩薩〕たちの身体には花々が付着しないのです。

【「諸の菩薩を観るに、華の著かざるは已に一切の分別想を断ぜるが故なり。】

（大正蔵、巻一四、五四八頁上）

paśya < paśya- < √paś- (4)：見る。*Impv. 2, sg. P.*
bhadanta-śāriputrâiṣāṃ < bhadanta-śāriputra + eṣāṃ
　bhadanta-śāriputra < bhadanta-śāriputra-：*m.* 尊者シャーリプトラ。*sg. Voc.*
　eṣāṃ < etad-：これ。*m. pl. Gen.*
mahā-sattvānāṃ < mahā-sattva-：*m.* 偉大な人。立派な人。「大士」「大菩薩」と漢訳。「摩訶薩」と音写。*pl. Gen.*
kāye < kāya-：*m.* 身体。集団。多数。集合。*sg. Loc.*
puṣpāṇi < puṣpa-：*n.* 花。*pl. Nom.*
na：*ind.* ～でない。～にあらず。
śliṣyanti < śliṣya- < √śliṣ- (4)：～（処格）に粘着する。付着する。しがみつく。抱擁する。抱きしめる。*Pres. 3, pl. P.*
yathâpi tad：期待通りに。もちろん。
sarva-kalpa-vikalpa-prahīṇatvāt < sarva-kalpa-vikalpa-prahīṇatva- < sarva-kalpa-vikalpa-pra-hīṇa-tva-：*n.* 妄想や分別をすべて打ち破っていること。*sg. Abl.*
　sarva-kalpa-vikalpa-prahīṇa-：*adj.* 妄想や分別をすべて打ち破っている。
　sarva-：*adj.* 一切の。すべての。
　kalpa- < √kḷp- (1) + -a：*m.* 「妄想」「分別」「想念」と漢訳。
　vikalpa- < vi-√kḷp- (1) + -a：*m.* 二者択一。空想。「思惟」「分別」「妄想」「虚妄分別」と漢訳。
　prahīṇa- < pra-√hā- (3) + -na：*pp.* 投げ捨てられた。～が消えた。「断」「已断」「已滅」「滅尽」「除滅」「離」「遠離」と漢訳。

> tad yathâpi nāma bhīruka-jātīyasya puruṣasyâmanuṣyā avatāraṃ labhante[43] /
> （梵漢和維摩経 *p.* 298, *ll.* 14–15）

「それは、あたかも鬼神たちが、恐怖にとらわれた人に〔つけ入る〕すきを得るようなものです。
【譬えば人の畏るる時、非人の其の便りを得るが如し。】　（大正蔵、巻一四、五四八頁上）

tad yathâpi nāma：それは、あたかも～のような。
bhīruka-jātīyasya < bhīruka-jātīya-：*adj.* 恐怖に属する。恐怖にとらわれた。*m. sg. Gen.*
　bhīruka- < bhīru-ka-：*adj.* 臆病な。いくじのない。～（奪格）を恐れる。
　bhīru-：*adj.* 臆病な。恐ろしがる。～（奪格）を恐れる。
　jātīya-：*adj.* 種姓に属する。～の種族の。「生」「種」「類」と漢訳。
puruṣasyâmanuṣyā < puruṣasya + amanuṣyā
　puruṣasya < puruṣa-：*m.* 人。人間。侍者。「男子」「男」「丈夫」と漢訳。*sg. Gen.*
　amanuṣyā < amanuṣyāḥ + 有声音 < amanuṣya- < a-manuṣya-：*m.* 無人。人ならざるもの。怪物。「非人」「鬼」「鬼神」と漢訳。*pl. Nom.*
avatāraṃ < avatāra- < ava-tāra- < ava-√tṝ- (1) + -a：*m.* 権化。顕示。（諸神の地上への）降下。欠点。「入」「令入」「趣入」と漢訳。*sg. Acc.*
labhante < labha- < √labh- (1)：捕らえる。遭遇する。発見する。看取する。獲得する。機会を得る。*Pres. 3, pl. A.*
　avatāram √labh- (1)：機会をとらえる。「得便」「得其便」と漢訳。

> evam eva saṃsāra-bhaya-bhītānāṃ rūpa-śabda-gandha-rasa-spraṣṭavyāny avatāraṃ labhante /
> （梵漢和維摩経 *p.* 298, *ll.* 15–17）

「まさにこのように、色・形や、音声、香り、味、触れること〔の五欲〕が、生存の循環（輪廻）の恐怖にとらえられた人に〔つけ入る〕すきを得るのです。
【「是くの如く弟子は生死を畏るるが故に、色・声・香・味・触、其の便りを得るなり。】
（大正蔵、巻一四、五四八頁上）

……………………………………………………………………

evam：*adv.* このように。「是」「如是」と漢訳。

eva：*adv.* さように。このように。まさに。実に。ただ。全くこのように。

saṃsāra-bhaya-bhītānāṃ < saṃsāra-bhaya-bhīta-：*adj.* 生存の循環（輪廻）の恐怖にとらえられた。*m. pl. Gen.*

saṃsāra- < sam-√sṛ- (1) + -a：*m.* 生存の循環。（生の）不断の連続。現世の生存。「輪廻」と漢訳。

bhaya- < √bhī- (1) + -a：*n.* ～（奪格、属格）についての恐れ。驚き。恐怖。心配。

bhīta- < √bhī- (1) + -ta：*pp.* 驚かされた。怖がる。～（奪格、属格）を恐れる。危険にさらされた。

√bhī- (1)：～（奪格、属格）を恐れる。

rūpa-śabda-gandha-rasa-spraṣṭavyāny < rūpa-śabda-gandha-rasa-spraṣṭavyāni + 母音 < rūpa-śabda-gandha-rasa-spraṣṭavya-：*n.* 色・形や、音声、香り、味、触れること〔の五欲〕。*pl. Nom.*

rūpa-：*n.* 形態。外観。色。形。美しい形。見目よいこと。

śabda-：*m.* 音。声。言葉。

gandha-：*m.* 香。芳香。香気。薫香。

rasa-：*m.* 味。

spraṣṭavya- < √spṛś- (6) + -tavya：*未受分,* 触れられるべき。*n.* 「触」と漢訳。

avatāraṃ < avatāra- < ava-tāra- < ava-√tṝ- (1) + -a：*m.* 権化。顕示。（諸神の地上への）降下。欠点。「入」「令入」「趣入」と漢訳。*sg. Acc.*

labhante < labha- < √labh- (1)：捕らえる。遭遇する。発見する。看取する。獲得する。機会を得る。*Pres. 3, pl. A.*

ye punaḥ sarva-saṃsāra-kleśa-bhaya-vigatāḥ[44] kiṃ teṣāṃ rūpa-śabda-gandha-rasa-spraṣṭavyāni kariṣyanti /
（梵漢和維摩経 *p.* 298, *ll.* 17–18）

「しかしながら、あらゆる生存の循環（輪廻）の苦悩と恐怖を断っているところの人たち、それらの人たちに色・形や、音声、香り、味、触れること〔の五欲〕が何をなすでありましょうか。
【已に畏れを離るる者は一切の五欲は能く為す無きなり。】　（大正蔵、巻一四、五四八頁上）

……………………………………………………………………

ye < yad-：*関係代名詞, m. pl. Nom.*

punaḥ < punaḥ + (k) < punar：*adv.* 再び。新たに。さらに。なお。しかしながら。

sarva-saṃsāra-kleśa-bhaya-vigatāḥ < sarva-saṃsāra-kleśa-bhaya-vigatāḥ + (k) < sarva-saṃsāra-kleśa-bhaya-vigata-：*adj.* あらゆる生存の循環（輪廻）の苦悩と恐怖を断った。*m. pl. Nom.*

kleśa- < √kliś- (4) + -a：*m.* 苦痛。苦悩。心痛。「煩悩」「惑」「根本煩悩」と漢訳。

vigata- < vi-√gam- (1) + -ta：*pp.* 「離」「除」「無」「已除」「除断」と漢訳。

kiṃ < kim-：*疑問代名詞,* 何か。何故か。*n. sg. Acc.*

teṣāṃ < tad-：それ。*m. pl. Gen.*

rūpa-śabda-gandha-rasa-spraṣṭavyāni < rūpa-śabda-gandha-rasa-spraṣṭavya-：*n.* 色・形や、音声、香り、味、触れること〔の五欲〕。*pl. Nom.*

kariṣyanti < kariṣya- < √kṛ- (8) + -iṣya：作る。なす。*Fut. 3, pl. P.*

yeṣāṃ vāsanâprahīṇā teṣāṃ kāye puṣpāṇi śliṣyanti /
（梵漢和維摩経 *p.* 300, *l.* 1）

「〔香りが衣服に染み付いて残存するように〕薫じつけられた〔煩悩の〕余残を断っていないところの人たち、それらの人たちの身体に花々が付着するのです。
【結習、未だ尽きざれば、華、身に著くのみ。】　　　　　　　　　　　　（大正蔵、巻一四、五四八頁上）

…………………………………………………………………………

yeṣāṃ < yad-：*関係代名詞*, *m. pl. Gen.* 過去受動分詞 aprahīṇā の動作主としての属格。
vāsanâprahīṇā < vāsanā + aprahīṇā
　　vāsanā < vāsanā- < √vas- (1) + -anā：*f.* ～（処格）についての考え。～に対する願望。（心中に宿って残された）印象。「薫」「薫習」「習」「習気」「（煩悩）習気」と漢訳。*sg. Nom.*
　　aprahīṇā < aprahīṇā- < aprahīṇa- < a-prahīṇa-：*adj.* 断たれていない。*f. sg. Nom.*
　　prahīṇa- < pra-√hā- (3) + -na：*pp.* 「断」「已断」「滅」「已滅」「滅尽」と漢訳。
teṣāṃ < tad-：それ。*m. pl. Gen.*
kāye < kāya-：*m.* 身体。集団。多数。集合。*sg. Loc.*
puṣpāṇi < puṣpa-：*n.* 花。*pl. Nom.*
śliṣyanti < śliṣya- < √śliṣ- (4)：～（処格）に粘着する。付着する。しがみつく。抱擁する。抱きしめる。*Pres. 3, pl. P.*

> tasmāt sarva-vāsanā-prahīṇānāṃ kāye puṣpāṇi na śliṣyanti /
> （梵漢和維摩経 *p.* 300, *ll.* 1–2)

「それ故に、薫じつけられた〔煩悩の〕余残をすべて断っている人の身体には、花々は付着しません」
【「結習尽きなば、華は著かざるなり」と。】　　　　　　　　　　　　（大正蔵、巻一四、五四八頁上）

…………………………………………………………………………

tasmāt < tad-：それ。*n. sg. Abl.*
　　代名詞の中性・単数の対格（tat）、奪格（tasmāt）、具格（tena）は、「そこで」「従って」「それ故」などの意味となり、文の連結助詞として用いられる。cf.「シンタックス」*p.* 125.
sarva-vāsanā-prahīṇānāṃ < sarva-vāsanā-prahīṇa-：*adj.* 薫じつけられた〔煩悩の〕余残をすべて断っている。*m. pl. Gen.*
kāye < kāya-：*m.* 身体。集団。多数。集合。*sg. Loc.*
puṣpāṇi < puṣpa-：*n.* 花。*pl. Nom.*
na：*ind.* ～でない。～にあらず。
śliṣyanti < śliṣya- < √śliṣ- (4)：～（処格）に粘着する。付着する。しがみつく。抱擁する。抱きしめる。*Pres. 3, pl. P.*

> §9　atha khalv āyuṣmāñ śāriputras tāṃ devatām etad avocat /　kiyac-cira-niviṣṭā punas tvaṃ devata iha gṛhe /
> （梵漢和維摩経 *p.* 300, *ll.* 3–4)

§9　その時、尊者シャーリプトラは、その天女にこのように言った。
「しかしながら、天女よ、あなたは、この家にどれほど長く滞在しているのか」
【§9　舎利弗言わく、「天よ、此の室に止まること、其れ已に久しきや」】
（大正蔵、巻一四、五四八頁上）

…………………………………………………………………………

atha：*adv.* その時。その場合。さて。それ故。しかれば。しかしながら。しかも。
khalv < khalu + 母音：*ind.* 実に。確かに。しかも。さて。そこで。
āyuṣmāñ < āyuṣmān + (ś) < āyuṣmat- < āyus- + -mat-：*m.* 長寿の。健康の。「尊者」「長老」「具寿」と漢訳。*sg. Nom.*
śāriputras < śāriputraḥ + (t) < śāriputra-：*m.* 尊者シャーリプトラ。*sg. Nom.*
tāṃ < tad-：それ。*f. sg. Acc.*
devatām < devatā- < deva- + -tā：*f.* 天女。神性。神格者。「天」「諸天」「天神」と漢訳。*sg. Acc.*

etad < etat + 母音 < etad-：これ。*n. sg. Acc.* 対格の副詞的用法で「このように」の意味。
avocat < avoca- < a- + va-+ uc- + -a < √vac- (2)：言う。話す。告げる。*重複 Aor. 3, sg. P.*

………………………………………………………………………………

kiyac-cira-niviṣṭā < kiyac-cira-niviṣṭā- < kiyac-cira-niviṣṭa-：*adj.* どれほど長く滞在している。*f. sg. Nom.*

kiyac- < kiyat- + (c)：*adj.* どれほどの。どれほど大きな。どれほど遠い。どれほど長い。いかなる価値の。

cira-：*adj.* 長い。永く存在する。古い。古昔に。昔の。「久」「久遠」と漢訳。

niviṣṭa- < ni-√viś- (6) + -ta：*pp.* 〜（処格）の中に入った。〜に固着している。坐った。

punas：*adv.* 再び。新たに。さらに。なお。しかしながら。
tvaṃ < tvad-：あなた。*2, sg. Nom.*
devata < devate + a 以外の母音 < devatā- < deva- + -tā：*f.* 天女。神性。神格者。「天」「諸天」「天神」と漢訳。*sg. Voc.*
iha：*adv.* ここに。今。この世に。地上に。
gṛhe < gṛha-：*n.* 家。住居。「舎」「宅」「舎宅」と漢訳。*sg. Loc.*

āha / yāvac-cira-niviṣṭā sthavirasyâryā vimuktiḥ /
(梵漢和維摩経 *p.* 300, *l.* 5)

〔天女が〕言った。
「大徳〔シャーリプトラ〕の聖なる解脱〔獲得以来の長さ〕と同じだけ長く滞在しています」
【答えて曰く、「我、此の室に止まること、耆年の解脱の如し」】　（大正蔵、巻一四、五四八頁上）

………………………………………………………………………………

āha < √ah-：言う。*Perf. 3, sg. P.*
yāvac-cira-niviṣṭā < yāvac-cira-niviṣṭā- < yāvac-cira-niviṣṭa-：*adj.* それほど長く滞在している。*f. sg. Nom.*
sthavirasyâryā < sthavirasya + āryā

sthavirasya < sthavira-：*adj.* 老いた。尊敬すべき。「大徳」「尊者」「上座」「長老」と漢訳。*m. sg. Gen.*

āryā < āryā- < ārya-：*adj.* 尊敬すべき。高貴なる。聖なる。*f. sg. Nom.*

vimuktiḥ < vimukti- < vi-√muc- (6) + -ti：*f.* 最終的な解脱。分離。解放すること。*sg. Nom.*

āha / na cira-sthitā tvaṃ devata iha gṛhe /
(梵漢和維摩経 *p.* 300, *l.* 6)

〔シャーリプトラが〕言った。
「天女よ、あなたはこの家に長くは住んでいないであろう」
【舎利弗言わく、「此に止まること久しきや」】　（大正蔵、巻一四、五四八頁上）

………………………………………………………………………………

āha < √ah-：言う。*Perf. 3, sg. P.*
na：*ind.* 〜でない。〜にあらず。
cira-sthitā < cira-sthitā- < cira-sthita-：*ajd.* 長く住んでいる。*f. sg. Nom.*
tvaṃ < tvad-：あなた。*2, sg. Nom.*
devata < devate + a 以外の母音 < devatā- < deva- + -tā：*f.* 天女。神性。神格者。「天」「諸天」「天神」と漢訳。*sg. Voc.*
iha：*adv.* ここに。今。この世に。地上に。
gṛhe < gṛha-：*n.* 家。住居。「舎」「宅」「舎宅」と漢訳。*sg. Loc.*

āha / kiyac-cira-niviṣṭā punaḥ sthavirasyâryā vimuktiḥ /

(梵漢和維摩経 *p.* 300, *l.* 7)

〔天女が〕言った。

「では、大徳〔シャーリプトラ〕の聖なる解脱は、〔そこに〕入られてどれほど長くなるのですか」

【天の曰く、「耆年の解脱、亦何如が久しきや」】　　　　　　　　（大正蔵、巻一四、五四八頁上）

……………………………………………………………………

āha < √ah-：言う。*Perf. 3, sg. P.*

kiyac-cira-niviṣṭā < kiyac-cira-niviṣṭā- < kiyac-cira-niviṣṭa-：*adj.* どれほど長く滞在している。どれほど長く入っている。*f. sg. Nom.*

punaḥ < punaḥ + (k) < punar：*adv.* 再び。新たに。さらに。なお。しかしながら。

sthavirasyâryā < sthavirasya + āryā

sthavirasya < sthavira-：*adj.* 老いた。尊敬すべき。「大徳」「尊者」「上座」「長老」と漢訳。*m. sg. Gen.*

āryā < āryā- < ārya-：*adj.* 尊敬すべき。高貴なる。聖なる。*f. sg. Nom.*

vimuktiḥ < vimukti- < vi-√muc- (6) + -ti：*f.* 最終的な解脱。分離。解放すること。*sg. Nom.*

tataḥ sthaviras tūṣṇīm abhūt /

(梵漢和維摩経 *p.* 300, *l.* 8)

すると、大徳〔シャーリプトラ〕は黙り込んでしまった。

【舎利弗、黙然として答えず。】　　　　　　　　（大正蔵、巻一四、五四八頁上）

……………………………………………………………………

tataḥ < tatas + (s)：*adv.* それより。そこに。かなたへ。その上に。そこにて。故に。「然後」「爾時」と漢訳。

sthaviras < sthaviraḥ + (t) < sthavira-：*adj.* 老いた。尊敬すべき。「大徳」「尊者」「上座」「長老」と漢訳。*m. sg. Nom.*

tūṣṇīm：*adv.* 沈黙して。黙して。「黙然」「不語」「黙然無語」と漢訳。

tūṣṇīm √bhū- (1)：「黙然而住」と漢訳。

abhūt < √bhū- (1)：なる。*root-Aor. 3, sg. P.*

āha /　kim idānīṃ mahā-prajñānām agryaḥ sthaviras tūṣṇīm abhūt /

(梵漢和維摩経 *p.* 300, *l.* 9)

〔天女が〕言った。

「大いなる智慧を持つ人たちの中で第一人者である大徳〔シャーリプトラ〕は、今、どうして黙り込んでしまわれたのですか。

【天曰く、「云何が耆旧、大智にして黙せるや。】　　　　　　　　（大正蔵、巻一四、五四八頁上）

……………………………………………………………………

āha < √ah-：言う。*Perf. 3, sg. P.*

kim < kim-：*疑問代名詞, n. sg. Acc.*

idānīṃ：*adv.* 「今」「今次」「今時」「於今日」と漢訳。

mahā-prajñānām < mahā-prajñā-：*adj.* 大いなる智慧を持つ。*m. pl. Gen.*

agryaḥ < agryaḥ + (s) < agrya- < agra- + -ya：*adj.* 先頭の。～（属格）の中の最善なる。～（処格）に秀でた。「最勝」「第一」「最大一」「最上」と漢訳。*m. sg. Nom.*

agra-：*n.* 尖端。頂点。「最上」「最勝」「第一」と漢訳。

sthaviras < sthaviraḥ + (t) < sthavira-：*adj.* 老いた。尊敬すべき。「大徳」「尊者」「上座」「長老」と漢訳。*m. sg. Nom.*

tūṣṇīm：*adv.* 沈黙して。黙して。「黙然」「不語」「黙然無語」と漢訳。

tūṣṇīm √bhū- (1)：「黙然而住」と漢訳。

abhūt < √bhū- (1)：なる。*root-Aor. 3, sg. P.*

prāpta-kālaṃ praśnaṃ na visarjayati / (梵漢和維摩経 *p.* 300, *l.* 10)

「〔あなたが答える〕番が来たのに、質問にお答えになりませんね」
【漢訳相当箇所なし】
……………………………………………………………………

prāpta-kālaṃ < prāpta-kāla-：*m.* 到来した時節。適当な季節。適当な時。好都合な瞬間。*adj.* 時の到った。機会に適当な。時機にかなった。時機を得た。*n. sg. Acc.* 対格の副詞的用法。
prāpta- < pra-√āp- (5) + -ta：*pp.* 到達せられたる。獲得せられたる。～の心になった。
kāla-：*m.* 正しい時。時。機会。時間。
praśnaṃ < praśna-：*m.* 質問。問い合わせ。～について尋ねること。*sg. Acc.*
na：*ind.* ～でない。～にあらず。
visarjayati < visarjaya- < vi-√sṛj- (6) + -aya：*Caus.* 発射する。発する。答える。「答」

āha / apravyāhārā hi devate vimuktiḥ / (梵漢和維摩経 *p.* 300, *l.* 11)

〔シャーリプトラが〕言った。
「天女よ、解脱というものは、実に説くことのできないものだ。
【答えて曰く、「解脱者は言説(ごんぜつ)する所無し。】　（大正蔵、巻一四、五四八頁上）
……………………………………………………………………

āha < √ah-：言う。*Perf. 3, sg. P.*
apravyāhārā < apravyāhārā- < apravyāhāra- < a-pravyāhāra-：*adj.* 「不可説」「無所説」と漢訳。*f. sg. Nom.*
pravyāhāra- < pra-vi-ā-√hṛ- (1) + -a：*m.* 論議の延長／継続。「言」「説」「演説」と漢訳。
pra-vi-ā-√hṛ- (1)：「発」「宣揚」「宣伝」「演説」「解説」と漢訳。
vi-ā-√hṛ- (1)：発音する。発言する。話す。
hi：*ind.* 真に。確かに。実に。
devate < devatā- < deva- + -tā：*f.* 天女。神性。神格者。「天」「諸天」「天神」と漢訳。*sg. Voc.*
vimuktiḥ < vimukti- < vi-√muc- (6) + -ti：*f.* 最終的な解脱。分離。解放すること。*sg. Nom.*

tan na jāne kiṃ vyāharāmîti / (梵漢和維摩経 *p.* 300, *l.* 11)

「それ故に、〔解脱について〕どのように話す〔べき〕か、私はわからないのだ」
【「故に吾(わ)れ是(ここ)に於(お)いて、言う所を知らず」】　（大正蔵、巻一四、五四八頁中）
……………………………………………………………………

tan < tat + (n) < tad-：それ。*n. sg. Acc.*
代名詞の中性・単数の対格（tat）、奪格（tasmāt）、具格（tena）は、「そこで」「従って」「それ故」などの意味となり、文の連結助詞として用いられる。cf.「シンタックス」*p.* 125.
na：*ind.* ～でない。～にあらず。
jāne < jānī- < √jñā- (9)：知る。*Pres. 1, sg. A.*
kiṃ < kim-：*疑問代名詞,* 何か。何故か。*n. sg. Acc.*
vyāharāmîti < vyāharāmi + iti
vyāharāmi < vyāhara- < vi-ā-√hṛ- (1)：発音する。発言する。話す。*Pres. 1, sg. P.*
iti：*adv.* ～と。～ということを。以上のように。～と考えて。「如是」と漢訳。

āha /　yad yad eva sthaviro ’kṣaram udāharati sarvāṇy etāny akṣarāṇi vimukti-lakṣaṇāni /
(梵漢和維摩経 *p.* 300, *ll.* 12–13)

〔天女が〕言った。

「実に何であれ、大徳〔シャーリプトラ〕が語られるところの言葉（文字)、これらのすべての言葉は解脱の特徴を具えています。

【天の曰く、「言説・文字は皆解脱の相なり。】　　　　（大正蔵、巻一四、五四八頁上）

……………………………………………………………………

āha < √ah-：言う。*Perf. 3, sg. P.*

yad < yat + 有声子音 < yad-：*関係代名詞, n. sg. Acc.*

yad < yat + 母音 < yad-：*関係代名詞, n. sg. Acc.*

eva：*adv.* さように。このように。まさに。実に。ただ。全くこのように。

sthaviro ’kṣaram < sthaviraḥ + akṣaram

sthaviraḥ < sthavira-：*adj.* 老いた。尊敬すべき。「大徳」「尊者」「上座」「長老」と漢訳。*m. sg. Nom.*

akṣaram < akṣara- < a-kṣara-：*adj.* 不壊の。「無窮尽」「無尽」と漢訳。*n.* 語。綴り。聖字 om。声。字。文書。*n. sg. Acc.*

udāharati < udāhara- < ud-ā-√hṛ- (1)：発言する。詳しく語る。述べる。*Pres. 3, sg. P.*

sarvāṇy < sarvāṇi + 母音 < sarva-：*adj.* すべての。*n. pl. Nom.*

etāny < etāni + 母音 < etad-：これ。*n. pl. Nom.*

akṣarāṇi < akṣara- < a-kṣara-：*adj.* 不壊の。「無窮尽」「無尽」と漢訳。*n.* 語。綴り。聖字 om。声。字。文書。*n. pl. Nom.*

vimukti-lakṣaṇāni < vimukti-lakṣaṇa-：*adj.* 解脱の特徴を持つ。*n. pl. Nom.*

lakṣaṇa-：*adj.* 指示する。標章の。しるしのある。特徴のある。属性のある。*n.* 標章。しるし。記号。特徴。属性。

tat kasmād dhetoḥ /
(梵漢和維摩経 *p.* 300, *l.* 13)

「それは、どんな理由からでしょうか。

【「所以は何んとなれば、】　　　　（大正蔵、巻一四、五四八頁上）

……………………………………………………………………

tat < tad-：それ。*n. sg. Nom.*

kasmād dhetoḥ < kasmāt + hetoḥ

連声法は、cf.「基礎」*p.* 63.

kasmāt < kim-：*疑問詞,* だれ。何。どんな。どの。*m. sg. Abl.*

hetoḥ < hetu-：*m.* 理由。原因。因。*sg. Abl.*

奪格は、動機、原因、理由を表わす。cf.「シンタックス」*p.* 58.

yā hi sā vimuktiḥ[45] sā nâdhyātmaṃ na bahir nôbhayam antareṇôpalabhyate /
(梵漢和維摩経 *p.* 300, *ll.* 13–14)

「その解脱であるところのもの、それは、自己の内にあるのでもなく、外側にあるのでもなく、〔その〕両者の中間に認められるのでもないからです。

【「解脱者は内ならず、外ならず、両間に在らず。】　　　　（大正蔵、巻一四、五四八頁上）

……………………………………………………………………

yā < yad-：*関係代名詞, f. sg. Nom.*

hi：*ind.* 真に。確かに。実に。

sā < tad-：それ。*f. sg. Nom.*

vimuktiḥ < vimukti- < vi-√muc- (6) + -ti：*f.* 最終的な解脱。分離。解放すること。*sg. Nom.*
sā < tad-：それ。*f. sg. Nom.*
nâdhyātmaṃ < na + adhyātmaṃ
adhyātmaṃ < adhyātma- < adhi-ātma-：*adj.* 自己の。自己に特有な。*n. sg. Acc.*
na：*ind.* ～でない。～にあらず。
bahir < bahis+ 有声子音：*adv.* 〔家・町・国などの〕外側に。戸外に。～（奪格、処格）の外部から。外に。外側に。
nôbhayam < na + ubhayam
ubhayam < ubhaya-：*adj.* 両方の。「二」「二種」と漢訳。*n. sg. Acc.*
antareṇôpalabhyate < antareṇa + upalabhyate
antareṇa < antara-：*adj.* 近い。親しい。内部の。他の。*n.* 内部。中間。距離。入り口。時間。機会。差異。*n. sg. Ins.* 具格の副詞的用法で、「～（対格）の中間に」「～の内に」「～の間」「～の後に」「～なしに」「～の他に」を意味する。
upalabhyate < upalabhya- < upa-√labh- (1) + -ya：*Pass.* 得られる。～と認められる。*Pres. 3, sg. A.*
na upa-√labh- (1) ～：～と知られない。理解されない。

evam akṣarāṇy api [nâdhyātmaṃ na bahir nôbhayam antareṇôpalabhyante][46] /
(梵漢和維摩経 *p.* 300, *ll.* 14–15)

「言葉（文字）もまた同じです。〔自己の内にあるのでもなく、外側にあるのでもなく、その両者の中間に認められるのでもありません。〕
【「文字も亦内ならず、外ならず、両間に在らず。】　（大正蔵、巻一四、五四八頁上）
……………………………………………………………………………

evam：*adv.* このように。「是」「如是」と漢訳。
akṣarāṇy < akṣarāṇi + 母音 < akṣara- < a-kṣara-：*adj.* 不壊の。「無窮尽」「無尽」と漢訳。*n.* 語。綴り。聖字 om。声。字。文書。*n. pl. Nom.*
api：*adv.* また。さえも。されど。同様に。
nâdhyātmaṃ < na + adhyātmaṃ
adhyātmaṃ < adhyātma- < adhi-ātma-：*adj.* 自己の。自己に特有な。*n. sg. Acc.*
na：*ind.* ～でない。～にあらず。
bahir < bahis+ 有声子音：*adv.* 〔家・町・国などの〕外側に。戸外に。～（奪格、処格）の外部から。外に。外側に。
nôbhayam < na + ubhayam
ubhayam < ubhaya-：*adj.* 両方の。「二」「二種」と漢訳。*n. sg. Acc.*
antareṇôpalabhyante < antareṇa + upalabhyante
antareṇa < antara-：*adj.* 近い。親しい。内部の。他の。*n.* 内部。中間。距離。入り口。時間。機会。差異。*n. sg. Nom.* 具格の副詞的用法で、「～（対格）の中間に」「～の内に」「～の間」「～の後に」「～なしに」「～の他に」を意味する。
upalabhyante < upalabhya- < upa-√labh- (1) + -ya：*Pass.* 得られる。～と認められる。*Pres. 3, pl. A.*

tasmāt tarhi bhadanta-śāriputra mâkṣarâpanayena vimuktiṃ nirdiśa /
(梵漢和維摩経 *p.* 302, *l.* 1)

「それ故に、尊者シャーリプトラよ、その場合に、言葉（文字）を離れて解脱を説いてはなりません。
【「是の故に舎利弗よ、文字を離れて解脱を説くこと無かれ。】　（大正蔵、巻一四、五四八頁上）
……………………………………………………………………………

tasmāt tarhi：「是故当知」と漢訳。

tasmāt < tad-：それ。*n. sg. Abl.*

代名詞の中性・単数の対格（tat）、奪格（tasmāt）、具格（tena）は、「そこで」「従って」「それ故」などの意味となり、文の連結助詞として用いられる。cf.「シンタックス」*p.* 125.

tarhi：*adv.* その時において。然る時に。そこで。その場合に。

bhadanta-śāriputra < bhadanta-śāriputra-：*m.* 尊者シャーリプトラ。*sg. Voc.*

mâkṣarâpanayena < mā + akṣarâpanayena

mā：*adv.* ～なかれ。～なからんことを。～しないように。願わくは～ないように。

mā は、オーグメントを欠いた過去形や、アオリストとともに用いられて"禁止"を意味するが、このほか願望法や命令法、さらには未来形や現在形とさえ用いられることもある。cf.「辻文法」*pp.* 256, 294–296.

akṣarâpanayena < akṣarâpanaya- < akṣara-apanaya-：*m.* 文字を離れていること。*sg. Ins.*

apanaya- < apa-√nī- (1) + a：*m.* 除去。拒否。排外。「離」「令離」「遠離」と漢訳。

vimuktiṃ < vimukti- < vi-√muc- (6) + -ti：*f.* 最終的な解脱。分離。解放すること。*sg. Acc.*

nirdiśa < nirdiśa- < nir-√diś- (6)：指示する。決定する。宣言する。「説」「作説」「称讃」「答」と漢訳。*Impv. 2, sg. P.*

tat kasmād dhetoḥ /

（梵漢和維摩経 *p.* 302, *ll.* 1–2）

「それは、どんな理由からでしょうか。

【「所以は何んとなれば、】（大正蔵、巻一四、五四八頁上）

tat < tad-：それ。*n. sg. Nom.*

kasmād dhetoḥ < kasmāt + hetoḥ

連声法は、cf.「基礎」*p.* 63.

kasmāt < kim-：*疑問詞,* だれ。何。どんな。どの。*m. sg. Abl.*

hetoḥ < hetu-：*m.* 理由。原因。因。*sg. Abl.*

奪格は、動機、原因、理由を表わす。cf.「シンタックス」*p.* 58.

sarva-dharma-samatā hi vimuktiḥ /

（梵漢和維摩経 *p.* 302, *l.* 2）

「あらゆるものごと（一切法）が平等であることこそ、解脱であるからです[47]」

【「一切の諸法は是れ解脱の相なればなり」】（大正蔵、巻一四、五四八頁上）

sarva-dharma-samatā < sarva-dharma-samatā- < sarva-dharma-sama-tā-：*f.* あらゆるものごとが平等であること。*sg. Nom.*

hi：*ind.* 真に。確かに。実に。

vimuktiḥ < vimukti- < vi-√muc- (6) + -ti：*f.* 最終的な解脱。分離。解放すること。*sg. Nom.*

āha /　nanu devate rāga-doṣa-moha-vigamād vimuktiḥ /

（梵漢和維摩経 *p.* 302, *l.* 3）

〔シャーリプトラが〕言った。

「天女よ、貪愛・憎悪・迷妄〔、すなわち貪欲・瞋恚・愚癡の三毒〕を断っているから、解脱があるのではないか」

【舎利弗言わく、「復、婬・怒・癡を離るるを以て、解脱とは為さざるや」】

（大正蔵、巻一四、五四八頁上）

āha < √ah-：言う。*Perf. 3, sg. P.*
nanu < na-nu：*adv.* ～でない。～しない。～ではないか。確かに。
devate < devatā- < deva- + -tā：*f.* 天女。神性。神格者。「天」「諸天」「天神」と漢訳。*sg. Voc.*
rāga-doṣa-moha-vigamād < rāga-doṣa-moha-vigamāt + 有声子音 < rāga-doṣa-moha-vigama-：*adj.* 貪愛、憎悪、迷妄〔、すなわち貪欲・瞋恚・愚癡の三毒〕を断っている。*m. sg. Abl.*

rāga- < √raj- (4) + -a：*m.* 染めること。赤いこと。情熱。激しい欲望。愛情。「貪愛」「愛欲」と漢訳。

doṣa- ≒ dveṣa-：*m.* 憎悪。「瞋恚」「憎」「憎忿」と漢訳。

doṣa-には、*m.* 「欠陥」「欠点」「短所」「過失」といった意味もあるが、ここではSkt.の dveṣa-（Pāl.で dosa-）の俗語形である。

moha- < √muh- (4) + -a：*m.* 意識の喪失。当惑。惑溺。（真理の洞察を妨げる）心の迷妄。「癡」「癡妄」「愚」「愚癡」「無明」と漢訳。

vigama- < vi-√gam- (1) + -a：*m.* 出発。消滅。休止。不在。欠乏。回避。「不」「離」「断」「除」「遠離」と漢訳。

vimuktiḥ < vimukti- < vi-√muc- (6) + -ti：*f.* 最終的な解脱。分離。解放すること。*sg. Nom.*

devatâha /　abhimānikānām eṣa nirdeśo[48] rāga-doṣa-moha-vigamād vimuktir iti /
(梵漢和維摩経 *p.* 302, *ll.* 4–5)

天女が言った。
「『貪愛・憎悪・迷妄を断っているから、解脱がある』というこの説法は、慢心あるものたちのためのものです。
【天曰く、「仏は、増上慢の人の為に婬・怒・癡を離るるを解脱と為すと説きたもうのみ。】
（大正蔵、巻一四、五四八頁上）

…………………………………………………………………………

devatâha < devatā + āha

devatā < devatā- < deva- + -tā：*f.* 天女。神性。神格者。「天」「諸天」「天神」と漢訳。*sg. Nom.*

āha < √ah-：言う。*Perf. 3, sg. P.*

abhimānikānām < abhi-mānika-：*adj.* 「憍慢」「増上慢」「憍慢心」「増上慢人」と漢訳。*m. pl. Gen.*
eṣa < eṣaḥ < etad-：これ。*m. sg. Nom.*
nirdeśo < nirdeśaḥ + 有声子音 < nirdeśa- < nir-√diś- (6) + -a：*m.* 命令。指示。記述。「説」「所説」「説法」と漢訳。*sg. Nom.*
rāga-doṣa-moha-vigamād < rāga-doṣa-moha-vigamāt + 有声子音 < rāga-doṣa-moha-vigama-：*adj.* 貪愛、憎悪、迷妄〔、すなわち貪欲・瞋恚・愚癡の三毒〕を断っている。*m. sg. Abl.*
vimuktir < vimuktiḥ + 有声音 < vimukti- < vi-√muc- (6) + -ti：*f.* 最終的な解脱。分離。解放すること。*sg. Nom.*
iti：*adv.* ～と。～ということを。以上のように。～と考えて。「如是」と漢訳。

ye nirabhimānikās teṣāṃ rāga-doṣa-moha-prakṛtir eva vimuktiḥ /
(梵漢和維摩経 *p.* 302, *ll.* 5–6)

「慢心のないところの人たち、それらの人たちにとっては、貪愛、憎悪、迷妄〔、すなわち貪欲・瞋恚・愚癡の三毒〕の本性こそが解脱なのです」
【「若し増上慢の者無ければ、仏は婬・怒・癡の性、即ち是れ解脱なりと説きたもう」と。】
（大正蔵、巻一四、五四八頁上）

…………………………………………………………………………

ye < yad-：*関係代名詞, m. pl. Nom.*
nirabhimānikās < nirabhimānikāḥ + (t) < nir-abhimānika-：*adj.* 慢心のない。*m. pl. Nom.*
teṣāṃ < tad-：それ。*m. pl. Gen.*

rāga-doṣa-moha-prakṛtir < rāga-doṣa-moha-prakṛtiḥ + 有声音 < rāga-doṣa-moha-prakṛti- : *f.* 貪愛、憎悪、迷妄〔、すなわち貪欲・瞋恚・愚癡の三毒〕の本性。*sg. Nom.*
　doṣa- ≒ dveṣa- : *m.* 憎悪。「瞋恚」「憎」「憎忿」と漢訳。
　doṣa-には、*m.*「欠陥」「欠点」「短所」「過失」といった意味もあるが、ここではSkt.のdveṣa-（Pāl.でdosa-）の俗語形である。
　prakṛti- : *f.* 本来の状態。自然の状態。性質。自然。（自然の）始原的構成要素。
eva : *adv.* さように。このように。まさに。実に。ただ。全くこのように。
vimuktiḥ < vimukti- < vi-√muc- (6) + -ti : *f.* 最終的な解脱。分離。解放すること。*sg. Nom.*

§10　atha khalv āyuṣmāñ śāriputras tāṃ devatām etad avocat /　sādhu sādhu devate kiṃ tvayā prāptaṃ kiṃ vā sākṣāt-kṛtaṃ yasyās ta īdṛśaṃ pratibhānam /
（梵漢和維摩経 *p.* 302, *ll.* 7–9）

§10　すると、尊者シャーリプトラは、その天女にこのように言った。
「天女よ、素晴らしいことだ。素晴らしいことだ。このような雄弁さが具わっているところのあなた、あなたは何を獲得したのか。あるいは何を〔自分の眼で見て〕覚ったのか」
【§10　舎利弗言わく、「善きかな、善きかな、天女よ、汝は何をか得たる所なる。何を以て証と為し、弁ずること乃ち是くの如くなるや」】　（大正蔵、巻一四、五四八頁上）

……………………………………………………………………

atha : *adv.* その時。その場合。さて。それ故。しかれば。しかしながら。しかも。
khalv < khalu + 母音 : *ind.* 実に。確かに。しかも。さて。そこで。
āyuṣmāñ < āyuṣmān + (ś) < āyuṣmat- < āyus- + -mat- : *m.* 長寿の。健康の。「尊者」「長老」「具寿」と漢訳。*sg. Nom.*
śāriputras < śāriputraḥ + (t) < śāriputra- : *m.* シャーリプトラ。*sg. Nom.*
tāṃ < tad- : それ。*f. sg. Acc.*
devatām < devatā- < deva- + -tā : *f.* 天女。神性。神格者。「天」「諸天」「天神」と漢訳。*sg. Acc.*
etad < etat + 母音 < etad- : これ。*n. sg. Acc.* 対格の副詞的用法で「このように」の意味。
avocat < avoca- < a- + va-+ uc- + -a < √vac- (2) : 言う。話す。告げる。*重複 Aor. 3, sg. P.*

……………………………………………………………………

sādhu sādhu : *感嘆詞,* よくやった。でかした。よろしい。「善哉」と漢訳。
　sādhu sādhuと感嘆詞として繰り返して使われる。
　sādhu- < √sādh- (1) + -u : *adj.* まっすぐな。気だてのよい。高貴な有徳な。善良な。*m.* 有徳の人。尊敬すべき人。聖人。聖仙。
　√sādh- (1) : 目標に達する。目的を達成する。真っ直ぐに導く。完了する。
devate < devatā- < deva- + -tā : *f.* 天女。神性。神格者。「天」「諸天」「天神」と漢訳。*sg. Voc.*
kiṃ < kim- : *疑問代名詞,* 何か。何故か。*n. sg. Nom.*
tvayā < tvad- : あなた。*2, sg. Ins.*
prāptaṃ < prāpta- < pra-√āp- (5) + -ta : *pp.* 到達せられたる。獲得せられたる。〜の心になった。*n. sg. Nom.*
kiṃ < kim- : *疑問代名詞,* 何か。何故か。*n. sg. Nom.*
vā : *ind.* 〜か。または。たとえ〜であっても。
sākṣāt-kṛtaṃ < sākṣāt-kṛta- : *pp.*「証」「証得」「現証」「覚証」「所証」「悟」と漢訳。*n. sg. Nom.*
　sākṣāt < sa-akṣāt : *adv.*（自身の）眼をもって。眼前で。明瞭に。実際に。明らかに。
　sākṣāt-√kṛ- (8) :（自身の）眼で見る。覚る。
yasyās < yasyāḥ + (t) < yad- : *関係代名詞, f. sg. Gen.*
ta < te + a以外の母音 < tvad- : あなた。*2, sg. Gen.*
īdṛśaṃ < īdṛśa- = īdṛś- : *adj.* このような状態の。このような場合の。*n. sg. Nom.*
pratibhānam < pratibhāna- < pratibhāna- < prati-√bhā- (2) + -ana : *n.* 明白なこと。理解。能弁で

あること。「弁」「弁才」「巧弁」「弁説」「楽説」と漢訳。*sg. Nom.*

yasyās 以下は属格と主格の名詞文をなしている。

āha / na mayā bhadanta-śāriputra kiṃcit prāptaṃ sākṣāt-kṛtaṃ vā / tena[49] ma īdṛśaṃ pratibhā-nam /

(梵漢和維摩経 *p.* 302, *ll.* 10–11)

〔天女が〕言った。

「尊者シャーリプトラよ、私は決して何かを獲得したのでも、覚ったのでもありません。それ故に、私にはこのような雄弁さが具わっているのです。

【天の曰く、「我、得ること無く、証すること無し。故に弁ずること是くの如し。】

（大正蔵、巻一四、五四八頁上）

………………………………………………………………………………

āha < √ah-：言う。*Perf. 3, sg. P.*

na：*ind.* ～でない。～にあらず。

mayā < mad-：私。*1, sg. Ins.*

bhadanta-śāriputra < bhadanta-śāriputra-：*m.* 尊者シャーリプトラ。*sg. Voc.*

kiṃcit < kiṃ-cit-：*不定代名詞,* 何かあるもの／こと。だれかある人。*n. sg. Nom.*

prāptaṃ < prāpta- < pra-√āp- (5) + -ta：*pp.* 到達せられたる。獲得せられたる。～の心になった。*n. sg. Nom.*

sākṣāt-kṛtaṃ < sākṣāt-kṛta-：*pp.* 「証」「証得」「現証」「覚証」「所証」「悟」と漢訳。*n. sg. Nom.*

vā：*ind.* ～か。または。たとえ～であっても。

………………………………………………………………………………

tena < tad-：それ。

代名詞の中性・対格／具格／奪格は、連結助詞として用いられ、「そこで」「従って」「このため」を意味する。

ma < me + a 以外の母音 < mad-：わたし。*1, sg. Gen.*

īdṛśaṃ < īdṛśa- = īdṛś-：*adj.* このような状態の。このような場合の。*n. sg. Nom.*

pratibhānam < pratibhāna- < pratibhāna- < prati-√bhā- (2) + -ana：*n.* 明白なこと。理解。能弁であること。「弁」「弁才」「巧弁」「弁説」「楽説」と漢訳。*sg. Nom.*

ma（< me）以下は属格と主格の名詞文をなしている。

---

yeṣām evaṃ bhavaty asmābhiḥ prāptaṃ vā sākṣātkṛtaṃ cêti te svākhyāte dharma-vinaya ābhimānikā ity ucyante /

(梵漢和維摩経 *p.* 302, *ll.* 11–13)

「このように、『われわれは獲得している』、あるいは『〔われわれは〕覚っている』という〔思いを〕生じるところの人たち、それらの人たちは、よく説かれた法（真理の教え）と律（出家者の守るべき規則）において、慢心あるものたちと言われるのです」

【「所以（ゆえん）は何（いか）んとなれば、若（も）し得ること有り、証すること有らば、即ち仏法に於いて増上慢（ぞうじょうまん）と為せばなり」】

（大正蔵、巻一四、五四八頁上）

………………………………………………………………………………

yeṣām < yad-：*関係代名詞, m. sg. Gen.*

evaṃ：*adv.* このように。「是」「如是」と漢訳。

bhavaty < bhavati + 母音 < bhava- < √bhū- (1)：なる。生ずる。*Pres. 3, sg. P.*

asmābhiḥ < asmad-：われわれ。*1. pl. Ins.*

prāptaṃ < prāpta- < pra-√āp- (5) + -ta：*pp.* 到達せられたる。獲得せられたる。～の心になった。*n. sg. Nom.*

vā：*ind.* ～か。または。たとえ～であっても。

sākṣātkṛtaṃ < sākṣāt-kṛta-：*pp.*「証」「証得」「現証」「覚証」「所証」「悟」と漢訳。*n. sg. Nom.*
cêti < ca + iti
　　ca：*conj.* および。また。しかしながら。そして。～と。なお。
　　iti：*adv.* ～と。～ということを。以上のように。～と考えて。「如是」と漢訳。
te < tad-：それ。*m. pl. Nom.*
svākhyāte < svākhyāta- < su-ākhyāta-：*adj.* よく説かれた。「善説」と漢訳。*m. sg. Loc.*
dharma-vinaya < dharma-vinaye + a 以外の母音 < dharma-vinaya-：*m.* 法と律。*sg. Loc.*
ābhimānikā < ābhimānikāḥ + 有声音 < ābhimānika- < abhimāna- + -ika：*adj.* 我慢に属する。「憍慢」「増上慢」「憍慢心」と漢訳。*m. pl. Nom.*
ity < iti + 母音：*adv.* ～と。～ということを。以上のように。～と考えて。「如是」と漢訳。
ucyante < ucya- < √vac- (2) + -ya：*Pass.* ～と言われる。～と呼ばれる。*3, pl. A.*

§11　āha /　kiṃ tvaṃ devate śrāvaka-yānikā pratyeka-buddha-yānikā [mahā-yānikā vā][50] /
（梵漢和維摩経 *p.* 302, *ll.* 14–15）

§11　〔シャーリプトラが〕言った。
「天女よ、あなたは、声聞のための乗り物（声聞乗）に属するのか、あるいは独覚果に到るための乗り物（独覚乗）に属するのか、〔菩薩のための〕大いなる乗り物（大乗）に属するのか」
【§11　舎利弗は天に問えり。「汝は三乗に於いて、何れの志求を為すや」と。】
（大正蔵、巻一四、五四八頁上）

……………………………………………………………………

āha < √ah-：言う。*Perf. 3, sg. P.*
kiṃ < kim-：*疑問代名詞,* 何か。何故か。*n. sg. Nom.* 疑問文であることを示すために用いられている。
tvaṃ < tvad-：あなた。*2, sg. Nom.*
devate < devatā- < deva- + -tā：*f.* 天女。神性。神格者。「天」「諸天」「天神」と漢訳。*sg. Voc.*
śrāvaka-yānikā < śrāvaka-yānikā- < śrāvaka-yānika- < śrāvaka-yāna- + -ika：*adj.* 声聞のための乗り物（声聞乗）に属する人（信ずる人）。*f. sg. Nom.*
　　-ika は、①所属、関係、産物、②乗る人、信ずる人、関係する人、③所有、④一群のもの――などの意味を表わす Taddhita 接尾辞。cf.「基礎」*p.* 588.
　　śrāvaka-yāna-：*n.* 声聞のための乗り物。「声聞乗」と漢訳。
pratyeka-buddha-yānikā < pratyeka-buddha-yānikā- < pratyeka-buddha-yānika- < pratyeka-buddha-yāna- + -ika-：*adj.* 独覚果に到るための乗り物（独覚乗）に属する（信ずる）。*f. sg. Nom.*
mahā-yānikā < mahā-yānikā- < mahā-yānika- < mahā-yāna- + -ika：*adj.* 大いなる乗り物（大乗）に属する（信ずる）。*f. sg. Nom.*
　　mahā-yāna-：*n.* 大いなる乗り物。「大乗」と漢訳。
vā：*ind.* ～か。または。たとえ～であっても。

āha /　śrāvaka-yānikâsmi[51] śrāvaka-yāna-sūcanatayā pratyeka-buddha-yānikâsmi pratītya-dharmâvatāreṇa mahā-yānikâsmi mahā-karuṇânutsṛjanatayā /
（梵漢和維摩経 *p.* 302, *l.* 16, *p.* 304, *ll.* 1–2）

〔天女が〕言った。
「声聞のための乗り物を示すことによって、私は声聞のための乗り物に属するものであり、縁起の法を顕現することによって、私は独覚果に到るための乗り物に属するものであり、大いなる憐れみを放棄しないことによって、私は大いなる乗り物に属するものなのです。
【天の曰く、「声聞の法を以て衆生を化するが故に、我声聞と為る。因縁の法を以て衆生を化するが故に、我辟支仏と為る。大悲の法を以て衆生を化するが故に、我大乗と為る。】
（大正蔵、巻一四、五四八頁上）

……………………………………………………………………………

āha < √ah-：言う。*Perf. 3, sg. P.*

śrāvaka-yānikâsmi < śrāvaka-yānikā + asmi

śrāvaka-yānikā < śrāvaka-yānikā- < śrāvaka-yānika- < śrāvaka-yāna- + -ika：*adj.* 声聞のための乗り物（声聞乗）に属する人（信ずる人）。*f. sg. Nom.*

asmi < as- < √as- (2)：ある。いる。*Pres. 1, sg. P.*

śrāvaka-yāna-sūcanatayā < śrāvaka-yāna-sūcanatā- < śrāvaka-yāna-sūcana-tā-：*f.* 声聞のための乗り物を示すこと。*sg. Ins.*

śrāvaka-yāna-sūcana-：*adj.* 声聞のための乗り物を示す。

sūcana- < √sūcaya- (名動詞) + -ana：*n.* 表示。伝達。

√sūcaya- (名動詞)：指し示す。指摘する。示す。見せる。表わす。あばく。「顕」「示」「宣説」「開示」「顕示」と漢訳。

pratyeka-buddha-yānikâsmi < pratyeka-buddha-yānikā + asmi

pratyeka-buddha-yānikā < pratyeka-buddha-yānikā- < pratyeka-buddha-yānika- < pratyeka-buddha-yāna- + -ika-：*adj.* 独覚果に到るための乗り物（独覚乗）に属する（信ずる）。*f. sg. Nom.*

asmi < as- < √as- (2)：ある。いる。*Pres. 1, sg. P.*

pratītya-dharmâvatāreṇa < pratītya-dharmâvatāra- < pratītya-dharma-avatāra-：*m.* 縁起の法を顕現すること。*sg. Ins.*

pratītya-dharma-：*m.* 縁起の法。

pratītya- < prati-√i- (2) + -tya：*ind.* (*Ger.*) ～に縁って。～の理由によって。～に関して。～の故に。「因」「縁」「縁起」「因縁」と漢訳。

avatāra- < ava-√tṝ- (1) + -a：*m.* 権化。顕示。（諸神の地上への）降下。欠点。「入」「令入」「趣入」と漢訳。

ava-√tṝ- (1)：～（対格、処格）へ下る。～（奪格）へ下る。化現する。顕現する。

mahā-yānikâsmi < mahā-yānikā + asmi

mahā-yānikā < mahā-yānikā- < mahā-yānika- < mahā-yāna- + -ika：*adj.* 大いなる乗り物（大乗）に属する（信ずる）。*f. sg. Nom.*

asmi < as- < √as- (2)：ある。いる。*Pres. 1, sg. P.*

mahā-karuṇânutsṛjanatayā < mahā-karuṇânutsṛjanatā- < mahā-karuṇânutsṛjana-tā-：*f.* 大いなる憐れみを放棄しないこと。*sg. Ins.*

mahā-karuṇânutsṛjana- < mahā-karuṇa-anutsṛjana-：*adj.* 大いなる憐れみを放棄しないこと。

mahā-karuṇā-：*f.* 大いなる憐れみ。

karuṇā-：*f.* 哀憐。同情。「悲」「大悲」「慈悲」「悲心」「慈心」と漢訳。

anutsṛjana- < an-utsṛjana-：*n.* 放棄しないこと。

utsṛjana- < ud-√sṛj- (6) +-ana：*n.* 放棄。

ud-√sṛj- (6)：放つ。さまよわせる。投げる。投げ捨てる。捨てる。放棄する。

§12 api tu khalu punar bhadanta-śāriputra na campaka-vanaṃ praviṣṭā eraṇḍa-gandhaṃ jighranti / campaka-vanaṃ tu praviṣṭāś campaka-gandham eva jighranti /

（梵漢和維摩経 *p.* 304, *ll.* 3–5）

§12 「しかしながら、尊者シャーリプトラよ、チャンパカ（瞻蔔）[52]の森に入った人たちは、エーランダ（伊蘭）[53]の悪臭を嗅ぐことはありません。しかるに、チャンパカの森に入った人たちは、チャンパカの芳香だけを嗅ぎます。

【§12 「舎利弗よ、人の瞻蔔林（せんぼくりん）に入りて、唯（ただ）瞻蔔を嗅（か）ぎて、余香を嗅がざるが如し。】

（大正蔵、巻一四、五四八頁上）

……………………………………………………………………………

api tu khalu punar：「若復」と漢訳。

　　api：*adv.* また。さえも。されど。同様に。

　　tu：*ind.* しかし。しこうして。しかるに。しかも。

　　khalu：*ind.* 実に。確かに。しかも。さて。そこで。

　　punar：*adv.* 再び。新たに。さらに。なお。しかしながら。

bhadanta-śāriputra < bhadanta-śāriputra-：*m.* 尊者シャーリプトラ。*sg. Voc.*

na：*ind.* ～でない。～にあらず。

campaka-vanaṃ < campaka-vana-：*n.* チャンパカの森。*sg. Acc.*

　　campaka-：*m.* チャンパカ。「瞻蔔香」と音写。

　　vana-：*n.* 森。林。

praviṣṭā < praviṣṭāḥ + 有声音 < praviṣṭa- < pra-√viś- (6) + -ta：*pp.* 入った。近づいた。*m. pl. Nom.*

　　pra-√viś- (6)：入る。近づく。誘い込む。導入する。

eraṇḍa-gandhaṃ < eraṇḍa-gandha-：*m.* エーランダの悪臭。*sg. Acc.*

　　eraṇḍa-：*m.* 蓖麻。「伊蘭」と音写。

　　gandha-：*m.* 香。芳香。香気。薫香。

jighranti < jighra- < √ghrā- (1)：嗅ぐ。*Pres. 3, pl. P.*

………………………………………………………………………

campaka-vanaṃ < campaka-vana-：*n.* チャンパカの森。*sg. Acc.*

tu：*ind.* しかし。しこうして。しかるに。しかも。

praviṣṭāś < praviṣṭāḥ + (c) < praviṣṭa- < pra-√viś- (6) + -ta：*pp.* 入った。近づいた。*m. pl. Nom.*

campaka-gandham < campaka-gandha-：*m.* チャンパカの芳香。*sg. Acc.*

eva：*adv.* さように。このように。まさに。実に。ただ。全くこのように

jighranti < jighra- < √ghrā- (1)：嗅ぐ。*Pres. 3, pl. P.*

evam eva bhadanta-śāriputra nêha gṛhe buddha-dharma-guṇa-gandhike vasantaḥ śrāvaka-pratyeka-buddha-gandhaṃ jighranti /

(梵漢和維摩経 *p.* 304, *ll.* 5–7)

「まさにこのように、尊者シャーリプトラよ、仏法の功徳の芳香に満ちたこの家に住んでいる人たちは、声聞や独覚の臭いを嗅ぐことはありません。

【「是くの如く若(も)し此の室に入れば、但(ただ)、仏の功徳の香のみを聞き、声聞・辟支仏の功徳の香を聞くことを楽(ねが)わざるなり。】　（大正蔵、巻一四、五四八頁上）

………………………………………………………………………

evam：*adv.* このように。「是」「如是」と漢訳。

eva：*adv.* さように。このように。まさに。実に。ただ。全くこのように

bhadanta-śāriputra < bhadanta-śāriputra-：*m.* 尊者シャーリプトラ。*sg. Voc.*

nêha < na + iha

　　iha：*adv.* ここに。今。この世に。地上に。

gṛhe < gṛha-：*n.* 家。住居。「舎」「宅」「舎宅」と漢訳。*sg. Loc.*

buddha-dharma-guṇa-gandhike < buddha-dharma-guṇa-gandhika- < buddha-dharma-guṇa-gandha- + -ika：*adj.* 仏法の功徳の芳香を持つ。*n. sg. Loc.*

　　buddha-dharma-guṇa-gandha-：*m.* 仏法の功徳の芳香。

vasantaḥ < vasat- < vasa- + -t < √vas- (1) + -t：休止する。留まる。滞在する。住んでいる。*P. 現在分詞, m. pl. Nom.*

śrāvaka-pratyeka-buddha-gandhaṃ < śrāvaka-pratyeka-buddha-gandha-：*m.* 声聞や、独覚の臭い。*sg. Acc.*

jighranti < jighra- < √ghrā- (1)：嗅ぐ。*Pres. 3, pl. P.*

> ye 'pi bhadanta-śāriputra śakra-brahma-loka-pālā deva-nāga-yakṣa-gandharvâsura-garuḍa-kinnara-mahôragā idaṃ gṛhaṃ praviśanti te 'py asya sat-puruṣasya dharma-śravaṇena buddha-dharma-guṇa-gandhenôtpādita-bodhi-cittā niṣkrāmanti /
>
> (梵漢和維摩経 *p.* 304, *ll.* 7–10)

「尊者シャーリプトラよ、この家に入るところのインドラ神（帝釈天）、ブラフマー神（梵天）、世界の保護者〔である四天王〕たちや、神々、龍、ヤクシャ（夜叉）、ガンダルヴァ（乾闥婆）、アスラ（阿修羅）、ガルダ（迦楼羅）、キンナラ（緊那羅）、マホーラガ（摩睺羅加）たち、それらのものたちもまた、この善き人（善士）から真理の教え（法）を聞くことによって、仏法の功徳の芳香によって、覚りを求める心（菩提心）を生じて、出ていきます。

【「舎利弗よ、其れ釈・梵・四天王・諸天・龍・鬼神等有りて、此の室に入る者は、斯の上人の正法を講説するを聞きて、皆仏の功徳の香を楽い、発心して出でん。**】**　（大正蔵、巻一四、五四八頁上）

……………………………………………………………………………

ye 'pi < ye + api

　ye < yad-：*関係代名詞, m. pl. Nom.*

　api：*adv.* また。さえも。されど。なお。

bhadanta-śāriputra < bhadanta-śāriputra-：*m.* 尊者シャーリプトラ。*sg. Voc.*

śakra-brahma-loka-pālā < śakra-brahma-loka-pālāḥ + 有声音 < śakra-brahma-loka-pāla-：*m.* インドラ神（帝釈天）、ブラフマー神（梵天）、世界の保護者〔である四天王〕。*pl. Nom.*

　śakra-：*m.* インドラ神。「釈」「帝釈」「天帝釈」と音写。

　brahma- < brahman-：*m.* ブラフマー神。「梵天」と漢訳。

　loka-pāla-：*m.* 世界の保護者。人民の守護者。王。「護世」「護世者」「護世王」「〔四〕天王」と漢訳。

　pāla-：*m.* 監視人。保護者。大地の守護者。主。王。

deva-nāga-yakṣa-gandharvâsura-garuḍa-kinnara-mahôragā < deva-nāga-yakṣa- ～ -mahôragāḥ + 有声音 < deva-nāga-yakṣa-gandharva-asura-garuḍa-kinnara-mahôraga-：*m.* 神々、龍、ヤクシャ（夜叉）、ガンダルヴァ（乾闥婆）、アスラ（阿修羅）、ガルダ（迦楼羅）、キンナラ（緊那羅）、マホーラガ（摩睺羅加）。*pl. Nom.*

　deva-：*m.* 神。「天」と漢訳。

　nāga-：*m.* 龍。象。

　yakṣa-：*m.* ヤクシャ。「夜叉」「薬叉」と音写。

　gandharva-：*m.* ガンダルヴァ。（Indra 神の天に住する）天上の音楽師。「楽師」「楽人」と漢訳。「乾闥婆」と音写。

　asura-：*m.* アスラ。心霊。天帝。「阿修羅」と音写。

　garuḍa-：*m.* ガルダ（伝説上の鳥）。「金翅鳥」と漢訳。「迦楼羅」と音写。

　kinnara- ≒ kiṃnara-：*m.* 「人非人」と漢訳。「緊那羅」と音写。半人半獣で Kubera 神に仕えるとされる。

　mahôraga- < mahā-uraga-：*m.* 大蛇。「大腹行」と漢訳。「摩睺羅加」と音写。

　uraga- < ura-ga：*m.* 蛇（胸にて行くもの）。「腹行」「龍」と漢訳。

　ura- = uras-：*n.* 胸。

　ga- < √gam- (1) + -a：*adj.* 行く。

idaṃ < idam-：これ。*n. sg. Acc.*

gṛhaṃ < gṛha-：*n.* 家。住居。「舎」「宅」「舎宅」と漢訳。*sg. Acc.*

praviśanti < praviśa- < pra-√viś- (6)：入る。（家に）入る。*Pres. 3, pl. P.*

te 'py < te + apy

　te < tad-：それ。*m. pl. Nom.*

　apy < api + 母音：*adv.* また。さえも。されど。なお。

asya < idam-：これ。*m. sg. Gen.*

sat-puruṣasya < sat-puruṣa-：*m.* 善き人。「善士」と漢訳。*sg. Gen.*

「ある人から聞く」という表現では、√śru- (5) に対して、「ある人」は具格・奪格・属格となる。

dharma-śravaṇena < dharma-śravaṇa-：*n.* 法の名声。法の聴聞。「聴法」と漢訳。*sg. Ins.*

buddha-dharma-guṇa-gandhenôtpādita-bodhi-cittā < buddha-dharma-guṇa-gandhena + utpādita-bodhi-cittā

buddha-dharma-guṇa-gandhena < buddha-dharma-guṇa-gandha-：*m.* 仏法の功徳の芳香。*sg. Ins.*

utpādita-bodhi-cittā < utpādita-bodhi-cittāḥ + 有声音 < utpādita-bodhi-citta-：*adj.* 覚りを求める心（菩提心）を生じている。*m. pl. Nom.*

utpādita- < utpādaya- + -ta < ud-√pad- (4) + -aya + -ta：*Caus. pp.* 起こされた。産まれた。生じられた。生じさせられた。

bodhi-citta-：*n.* 覚りを求める心（菩提心）。「菩提心」「覚心」と漢訳。

niṣkrāmanti < niṣkrāma- < nis-√kram- (1)：～（奪格）より出て行く。～より去る。出発する。出家する。

dvādaśa-varṣāny upādāya bhadanta-śāriputra [iha gṛhe][54] prativasantyā me[55] na jātu śrāvaka-pratyeka-buddha-saṃprayuktā kathā śruta-pūrvânyatra[56] mahā-maitrī-mahā-karuṇā-pratisaṃ=yuktâivâcintya-[buddha-][57]dharma-pratisaṃyuktâiva /

(梵漢和維摩経 *p.* 304, *ll.* 10–13)

「尊者シャーリプトラよ、十二年間にわたって私は〔この家に〕住んでおりますが、声聞と独覚に関する話を〔私はこの家で〕これまで全く聞いたことがありません。他方において、大いなる慈しみや、大いなる憐れみに関する〔話〕のみ、考えも及ばない〔不可思議のブッダの〕法に関する〔話〕のみ〔を聞きました〕。

【舎利弗よ、吾、此の室に止まること十有二年なり。初めより声聞・辟支仏の法を説くを聞かず。但、菩薩の大慈大悲、不可思議なる諸仏の法を聞くのみ。】　（大正蔵、巻一四、五四八頁中）

…………………………………………………………………………

dvādaśa-varṣāny < dvādaśa-varṣāni + 母音 < dvādaśa-varṣa-：*n.* 十二年。*pl. Acc.*

時間に関する語の対格は、時間の長さをしめす。cf.「シンタックス」*p.* 38.

dvādaśa- < dvādaśan-：*基数詞,* 十二。

varṣa- < √vṛṣ- (1) + -a：*n.* 雨。雨期。年。

upādāya < upādāya < upa-ā-√dā- (3) + -ya：*ind.* (*Ger.*) ～の故に。～について。～に関して。～のために。～に比して。～に依って。「始従～乃至」「由～故」「故」「以～故」と漢訳。

upa-ā-√dā- (3)：受ける。得る。適用する。使用する。成し遂げる。

bhadanta-śāriputra < bhadanta-śāriputra-：*m.* 尊者シャーリプトラ。*sg. Voc.*

iha：*adv.* ここに。今。この世に。地上に。

gṛhe < gṛha-：*n.* 家。住居。「舎」「宅」「舎宅」と漢訳。*sg. Loc.*

prativasantyā < prativasantyāḥ + 有声音 < prativasantī- < prativasat- < prativasa- + -t < prati-√vas- (1) + -t：：住む。*P. 現在分詞, f. sg. Gen.*

me < aham-：私。*1. sg. Gen.*

以上の属格は、絶対節をなしている。

na：*ind.* ～でない。～にあらず。

jātu：*adv.* 全然。確かに。少なくとも。

na jātu ～：少なくとも～ない。決して～ない。

śrāvaka-pratyeka-buddha-saṃprayuktā < śrāvaka-pratyeka-buddha-saṃprayuktā- < śrāvaka-pratyeka-buddha-saṃprayukta-：*adj.* 声聞と独覚に結びついた。*f. sg. Nom.*

saṃprayukta- < saṃ-pra-yukta- < saṃ-pra-√yuj- (7) + -ta：*pp.* ～に接合された。～に結合

された。「相応」「応」と漢訳。

kathā < kathā-：*f.* ～についての会話。談話。物語。議論。「言」「語言」「言辞」「論説」と漢訳。*sg. Nom.*

śruta-pūrvânyatra < śruta-pūrvā + anyatra

śruta-pūrvā < śruta-pūrvā- < śruta-pūrva-：*adj.* かつて聞いた。*f. sg. Nom.*

śruta- < √śru- (5) + -ta：*pp.* 聞かれた。

pūrva-：*adj.* 前にある。前の。東の。東にある。先行する。先の。以前の。昔の。

anyatra：*adv.* ～（奪格）を除いて。他方において。よそにおいて。

mahā-maitrī-mahā-karuṇā-pratisaṃyuktâivâcintya-buddha-dharma-pratisaṃyuktâiva < mahā-maitrī-mahā-karuṇā-pratisaṃyuktā + eva + acintya-buddha-dharma-pratisaṃyuktā + eva

mahā-maitrī-mahā-karuṇā-pratisaṃyuktā < mahā-maitrī-mahā-karuṇā-pratisaṃyuktā- < mahā-maitrī-mahā-karuṇā-pratisaṃyukta-：*adj.* 大いなる慈しみや大いなる憐れみと関係のある。*f. sg. Nom.*

pratisaṃyukta- < prati-sam-√yuj- (7) + -ta：*pp.* ～と関係のある。「相応」「繋」「所繋」「具足」と漢訳。

eva：*adv.* さように。このように。まさに。実に。ただ。全くこのように

acintya-buddha-dharma-pratisaṃyuktā < acintya-buddha-dharma-pratisaṃyuktā- < acintya-buddha-dharma-pratisaṃyukta-：*adj.* 考えも及ばない〔不可思議のブッダの〕法と関係のある。*f. sg. Nom.*

acintya- < a- + √cint- (10) + -ya：*未受分,* 思議すべからざる、考えるべきでない。「不可思議」と漢訳。

eva：*adv.* さように。このように。まさに。実に。ただ。全くこのように

> §13　iha bhadanta-śāriputra gṛhe 'ṣṭāv āścaryâdbhutā dharmāḥ satata-samitaṃ saṃdṛśyante /
> (梵漢和維摩経 *p.* 304, *ll.* 14–15)

§13　「尊者シャーリプトラよ、この家には常に奇異で驚嘆すべき八つの性質が観察されます。

【§13　「舎利弗よ、此の室は常に八の未曾有・難得の法を現ず。】（大正蔵、巻一四、五四八頁中）

……………………………………………………………………

iha：*adv.* ここに。今。この世に。地上に。

bhadanta-śāriputra < bhadanta-śāriputra-：*m.* 尊者シャーリプトラ。*sg. Voc.*

gṛhe 'ṣṭāv < gṛhe + aṣṭāv

gṛhe < gṛha-：*n.* 家。住居。「舎」「宅」「舎宅」と漢訳。*sg. Loc.*

aṣṭāv < aṣṭau + 母音 < aṣṭan-：*基数詞,* 八。*m. pl. Nom.*

āścaryâdbhutā < āścaryâdbhutāḥ + 有声子音 < āścaryâdbhuta- < āścarya-adbhuta-：*adj.* 奇異で驚嘆すべき。*m. pl. Nom.*

dharmāḥ < dharmāḥ + (s) < dharma-：*m.* 確定した秩序。慣例。習慣。法則。規則。義務。宗教。教説。性質。本質。属性。特質。事物。「法」と漢訳。*pl. Nom.*

satata-samitaṃ：*adv.* 絶えることなく常に。「常」「恒常」「恒時」「恒時無間」「永不断」と漢訳。

satata- < sa-√tan- (8) + -ta：*pp.* 絶えざる。不断の。

√tan- (8)：拡張する。伸ばす。達する。遠く輝く。続く。

samitam：*adv.* 常に。「相続」と漢訳。

samita- < sa-mita- < sa-√mā- (2,3) + -ta：*pp.* 同量の。～（具格）と等しい。量られた。

saṃdṛśyante < saṃdṛśya- < sam-√dṛś- (1) + -ya：*Pass.* ～（具格）とともに現われる。観察される。*3, pl. A.*

> katame 'ṣṭau /
> (梵漢和維摩経 *p.* 304, *l.* 15)

「八つとは何でしょうか。
【「何等をか八と為す。】　　（大正蔵、巻一四、五四八頁中）

………………………………………………………………

katame 'ṣṭau < katame + aṣṭau

katame < katama-：*疑問代名詞,* （多くの中の）だれか。何か。「何」「如何」「何者」「何等」と漢訳。*m. pl. Nom.*

aṣṭau < aṣṭan-：*基数詞,* 八。*m. pl. Nom.*

> nêha rātrir vā divaso vā prajñāyate sadâvabhāsitam idaṃ gṛhaṃ suvarṇa-varṇayā prabhayā /
> （梵漢和維摩経 *p.* 304, *ll.* 15–16）

「ここには、夜も昼も識別されることはありません。この家は、金色の光明によって常に輝いています。
【「此の室、常に金色の光を以て照らすこと、昼夜に異ること無し。】（大正蔵、巻一四、五四八頁中）

………………………………………………………………

nêha < na + iha

iha：*adv.* ここに。今。この世に。地上に。

rātrir < rātriḥ + 有声音 < rātri-：*f.* 夜。*sg. Nom.*

vā：*ind.* ～か。または。たとえ～であっても。

divaso < divasaḥ + 有声子音 < divasa-：*m.* 天。日。「昼」「日中」と漢訳。*sg. Nom.*

vā：*ind.* ～か。または。たとえ～であっても。

prajñāyate < prajñāya- < pra-√jñā- (9) + -ya：*Pass.* 知られる。識別される。認識される。見出される。了解される。*3, sg. A.*

sadâvabhāsitam < sadâvabhāsita- < sadā-avabhāsita-：*adj.* 常に輝かせられた。*n. sg. Nom.*

sadā：*adv.* 常に。

avabhāsita- < avabhāsaya- + -ta < ava-√bhās- (1) + -aya + -ta：*Caus. pp.* 輝かせられた。見えさせられた。

ava-√bhās- (1)：光る。～（具格）のように明白となる。見える。「偏照」「普照」と漢訳。

idaṃ < idam-：これ。*n. sg. Nom.*

gṛhaṃ < gṛha-：*n.* 家。住居。「舎」「宅」「舎宅」と漢訳。*sg. Nom.*

suvarṇa-varṇayā < suvarṇa-varṇā- < suvarṇa-varṇa-：*adj.* 「金色」と漢訳。*f. sg. Ins.*

suvarṇa- < su-varṇa-：*adj* よい色を持つ。金色に輝く。*n.* 黄金。

varṇa-：*m.* 色。種姓。称讃。

prabhayā < prabhā-：*f.* 輝き出ること。光輝。光。「光明」「放光」と漢訳。*sg. Ins.*

> nêha sūryā-candramasau prajñāyete na bhrājete /
> （梵漢和維摩経 *p.* 304, *ll.* 16–17）

「〔けれども〕ここには、太陽と月はなく、輝いてもいません。
【「日月の照らす所を以て明と為さず。】　　（大正蔵、巻一四、五四八頁中）

………………………………………………………………

nêha < na + iha

iha：*adv.* ここに。今。この世に。地上に。

sūryā-candramasau < sūryā-candramas-：*m.* 太陽と月。*du. Nom.*

sūryā-：*f.* 太陽の娘。

sūrya-：*m.* 太陽。

candramas- < candra-mas-：*m.* 月。月神。「月天子」と漢訳。

prajñāyete < prajñāya- < pra-√jñā- (9) + -ya：*Pass.* 知られる。識別される。認識される。見出される。了解される。*3, du. A.*

na：*ind.* ～でない。～にあらず。
bhrājete < bhrāja- < √bhrāj- (1)：光る。発光する。閃く。輝く。*Pres. 3, du. A.*

> ayaṃ prathama āścaryâdbhuto dharmaḥ /
> （梵漢和維摩経 *p.* 304, *ll.* 17–18）

「これが、奇異で驚嘆すべき第一の性質です。
【「是れを一の未曾有・難得の法と為す。】（大正蔵、巻一四、五四八頁中）
……………………………………………………………………

ayaṃ < idam-：これ。この。*m. sg. Nom.*
prathama < prathamaḥ + a 以外の母音 < prathama-：*adj.* 第一の。最も早い。元の。前の。首位にある。最も優れた。卓越した。最も前の（praの最上級）。*m. sg. Nom.*
āścaryâdbhuto < āścaryâdbhutaḥ + 有声子音 < āścaryâdbhuta- < āścarya-adbhuta-：*adj.* 奇異で驚嘆すべき。*m. sg. Nom.*
dharmaḥ < dharma-：*m.* 確定した秩序。慣例。習慣。法則。規則。義務。宗教。教説。性質。本質。属性。特質。事物。「法」と漢訳。*sg. Nom.*

> punar aparaṃ bhadanta-śāriputra ye praviśantîdaṃ gṛhaṃ teṣāṃ samanantara-praviṣṭānāṃ sarva-kleśā na bādhante /
> （梵漢和維摩経 *p.* 304, *ll.* 19–20）

「そのほか、さらに尊者シャーリプトラよ、この家に入るところの人たち、それらの人たちが〔その家に〕入るやいなや、一切の煩悩が〔その人たちを〕煩わせることはありません。
【「此の室に入る者、諸の垢の悩ます所と為らざるなり。】（大正蔵、巻一四、五四八頁中）
……………………………………………………………………

punar：*adv.* 再び。新たに。さらに。なお。しかしながら。
aparaṃ < apara-：*adj.* 他の。別の。後方の。後の。西方の。*n. sg. Acc.* 対格の副詞的用法。
bhadanta-śāriputra < bhadanta-śāriputra-：*m.* 尊者シャーリプトラ。*sg. Voc.*
ye < yad-：*関係代名詞, m. pl. Nom.*
praviśantîdaṃ < praviśanti + idaṃ
  praviśanti < praviśa- < pra-√viś- (6)：入る。（家に）入る。*Pres. 3, pl. P.*
  idaṃ < idam-：これ。*n. sg. Acc.*
gṛham < gṛha-：*n.* 家。住居。「舎」「宅」「舎宅」と漢訳。*sg. Acc.*
teṣāṃ < tad-：それ。*m. pl. Gen.*
samanantara-praviṣṭānāṃ < samanantara-praviṣṭa-：*adj.* 入るとすぐの。*m. pl. Gen.*
  samanantara- < sam-an-antara-：*adj.* 間隙のない。直接に引き続いた。
  praviṣṭa-< pra-√viś- (6) + -ta：*pp.* 入った。近づいた。
  以上の属格は絶対節をなしている。
sarva-kleśā < sarva-kleśāḥ + 有声音 < sarva-kleśa-：*m.* すべての煩悩。*pl. Nom.*
  kleśa- < √kliś- (4) + -a：*m.* 苦痛。苦悩。心痛。「煩悩」「惑」「根本煩悩」と漢訳。
na：*ind.* ～でない。～にあらず。
bādhante < bādha- < √bādh- (1)：撃退する。追い出す。追い払う。圧迫する。そこなう。いらだたせる。煩わす。苦しめる。悲しませる。取り去る。除く。*Pres. 3, pl. A.*

> ayaṃ dvitīya āścaryâdbhuto[58] dharmaḥ /
> （梵漢和維摩経 *p.* 304, *ll.* 20–21）

「これが、奇異で驚嘆すべき第二の性質です。
【「是れを二の未曾有・難得の法と為す。】（大正蔵、巻一四、五四八頁中）

……………………………………………………………………

ayaṃ < idam-：これ。この。*m. sg. Nom.*
dvitīya < dvitīyaḥ + a 以外の母音 < dvitīya-：*序数詞,* 第二の。*m. sg. Nom.*
āścaryâdbhuto < āścaryâdbhutaḥ + 有声子音 < āścaryâdbhuta- < āścarya-adbhuta-：*adj.* 奇異で驚嘆すべき。*m. sg. Nom.*
dharmaḥ < dharma-：*m.* 確定した秩序。慣例。習慣。法則。規則。義務。宗教。教説。性質。本質。属性。特質。事物。「法」と漢訳。*sg. Nom.*

punar aparaṃ bhadanta-śāriputrêdaṃ gṛham avirahitaṃ[59] śakra-brahma-loka-pālair anya-buddha-kṣetra-saṃnipatitaiś ca bodhi-sattvaiḥ /
(梵漢和維摩経 *p.* 304, *ll.* 22–23)

「そのほか、さらに尊者シャーリプトラよ、インドラ神（帝釈天）、ブラフマー神（梵天）、世界の保護者〔である四天王〕たちや、他のブッダの国土から集合している菩薩たちは、この家を立ち去ることがありません。
【此の室は、常に釈・梵・四天王・他方の菩薩有りて来会すること絶えず。】
（大正蔵、巻一四、五四八頁中）

……………………………………………………………………

punar：*adv.* 再び。新たに。さらに。なお。しかしながら。
aparaṃ < apara-：*adj.* 他の。別の。後方の。後の。西方の。*n. sg. Acc.* 対格の副詞的用法。
bhadanta-śāriputrêdaṃ < bhadanta-śāriputra + idaṃ
　bhadanta-śāriputra < bhadanta-śāriputra-：*m.* 尊者シャーリプトラ。*sg. Voc.*
　idaṃ < idam-：これ。*n. sg. Nom.*
gṛham < gṛha-：*n.* 家。住居。「舎」「宅」「舎宅」と漢訳。*sg. Nom.*
avirahitaṃ < avirahita- < a-virahita-：*adj.* 立ち去られることのない。分離されない。結合された。「不離」「不遠離」と漢訳。*n. sg. Nom.*
　virahita- < virahaya- + -ta < vi-√rah- (1) + -aya + -ta：*Caus. pp.* 棄てられた。遺された。～（奪格）から分離した。～解放された。～を欠く。～のない。去られた。
　virahaya- < vi-√rah- (1) + -aya：*Caus.* 去る。見捨てる。
śakra-brahma-loka-pālair < śakra-brahma-loka-pāla-：*m.* インドラ神（帝釈天）、ブラフマー神（梵天）、世界の保護者〔である四天王〕。*pl. Ins.*
anya-buddha-kṣetra-saṃnipatitaiś < anya-buddha-kṣetra-saṃnipatitaiḥ + (c) < anya-buddha-kṣetra-saṃnipatita-：*pp.* 他のブッダの国土から集合している。*m. pl. Ins.*
　saṃnipatita- < sam-ni-√pat- (1) + -ita：*pp.* 遭遇・集合した。寄り集まった。
ca：*conj.* および。また。しかしながら。そして。～と。なお。
bodhi-sattvaiḥ < bodhi-sattva-：*m.* 覚りを求める人。「菩薩」と音写。*pl. Ins.*

ayaṃ tṛtīya āścaryâdbhuto dharmaḥ /
(梵漢和維摩経 *p.* 306, *l.* 1)

「これが、奇異で驚嘆すべき第三の性質です。
【「是れを三の未曾有・難得の法と為す。】　（大正蔵、巻一四、五四八頁中）

……………………………………………………………………

ayaṃ < idam-：これ。この。*m. sg. Nom.*
tṛtīya < tṛtīyaḥ + a 以外の母音 < tṛtīya-：*序数詞,* 第三の。*m. sg. Nom.*
āścaryâdbhuto < āścaryâdbhutaḥ + 有声子音 < āścaryâdbhuta- < āścarya-adbhuta-：*adj.* 奇異で驚嘆すべき。*m. sg. Nom.*
dharmaḥ < dharma-：*m.* 確定した秩序。慣例。習慣。法則。規則。義務。宗教。教説。性質。本質。属性。特質。事物。「法」と漢訳。*sg. Nom.*

punar aparaṃ bhadanta-śāriputrêdaṃ gṛhaṃ satata-samitam avirahitaṃ dharma-śravaṇena ṣaṭ-pāramitā-pratisaṃyuktayā kathayâvivartya-dharma-kathayā ca / (梵漢和維摩経 *p.* 306, *ll.* 2–4)

「そのほか、さらに尊者シャーリプトラよ、この家は、常に法を聞くこと、〔すなわち〕六つの完成（六波羅蜜）に関する談話、不退転の法についての談話を欠くことがありません。
【此の室、常に六波羅蜜、不退転の法を説く。】（大正蔵、巻一四、五四八頁中）

………………………………………………………………………

punar：*adv.* 再び。新たに。さらに。なお。しかしながら。

aparaṃ < apara-：*adj.* 他の。別の。後方の。後の。西方の。*n. sg. Acc.* 対格の副詞的用法。

bhadanta-śāriputrêdaṃ < bhadanta-śāriputra + idaṃ

bhadanta-śāriputra < bhadanta-śāriputra-：*m.* 尊者シャーリプトラ。*sg. Voc.*

idaṃ < idam-：これ。*n. sg. Nom.*

gṛhaṃ < gṛha-：*n.* 家。住居。「舎」「宅」「舎宅」と漢訳。*Nom.*

satata-samitam ：*adv.* 絶えることなく常に。「常」「恒常」「恒時」「恒時無間」「永不断」と漢訳。

avirahitaṃ < avirahita- < a-virahita-：立ち去られることのない。分離されない。結合された。～を欠くことがない。「不離」「不遠離」と漢訳。*n. sg. Nom.*

virahita- < virahaya- + -ta < vi-√rah- (1) + -aya + -ta：*Caus.* 棄てられた。遺された。～（奪格）から分離した。～解放された。～を欠く。～のない。去られた。

dharma-śravaṇena < dharma-śravaṇa-：*n.* 法の名声。法の聴聞。「聴法」と漢訳。*sg. Ins.*

ṣaṭ-pāramitā-pratisaṃyuktayā < ṣaṭ-pāramitā-pratisaṃyuktā- < ṣaṭ-pāramitā-pratisaṃyukta-：*adj.* 六つの完成（六波羅蜜）と関係のある。*f. sg. Ins.*

ṣaṭ-pāramitā-：*n.* 六つの完成。「六波羅蜜」と漢訳。

pratisaṃyukta- < prati-sam-√yuj- (7) + -ta：*pp.* ～と関係のある。「相応」「繋」「所繋」「具足」と漢訳。

kathayâvivartya-dharma-kathayā < kathayā + avivartya-dharma-kathayā

kathayā < kathā-：*f.* ～についての会話。談話。物語。議論。「言」「語言」「言辞」「論説」と漢訳。*sg. Ins.*

avivartya-dharma-kathayā < avivartya-dharma-kathā-：*f.* 不退転の法の説法。*sg. Ins.*

avivartya- < a-vivartya-：*未受分,* 「不退」「不退転」

vi-√vṛt- (1) + -ya：*未受分,* 転じられるべき。

ca：*conj.* および。また。しかしながら。そして。～と。なお。

ayaṃ caturtha āścaryâdbhuto dharmaḥ / (梵漢和維摩経 *p.* 306, *l.* 4)

「これが、奇異で驚嘆すべき第四の性質です。
【「是れを四の未曾有・難得の法と為す。】（大正蔵、巻一四、五四八頁中）

………………………………………………………………………

ayaṃ < idam-：これ。この。*m. sg. Nom.*

caturtha < caturthaḥ + a 以外の母音 < caturtha-：*序数詞,* 第四の。*m. sg. Nom.*

āścaryâdbhuto < āścaryâdbhutaḥ + 有声子音 < āścaryâdbhuta- < āścarya-adbhuta-：*adj.* 奇異で驚嘆すべき。*m. sg. Nom.*

dharmaḥ < dharma-：*m.* 確定した秩序。慣例。習慣。法則。規則。義務。宗教。教説。性質。本質。属性。特質。事物。「法」と漢訳。*sg. Nom.*

punar aparaṃ bhadanta-śāriputrêha gṛhe yās[60] tūrya-saṃgītayo divya-mānuṣyakāṇi vā vādyāni vādyante tebhyas[61] tūryebhyo 'pramāṇo dharma-śabda-nirhāro niścarati sārva-kālikaḥ /

（梵漢和維摩経 *p.* 306, *ll.* 5–7）

「そのほか、さらに尊者シャーリプトラよ、この家の中では、音楽や合唱であるところのもの、あるいは神々や人間たちの楽器が奏でられ、それらの音楽からあらゆる時にかなった無量の法を説く声が現われてくるのです。

【「此の室、常に天人第一の楽を作し、絃は無量の法化の声を出だす。」】

（大正蔵、巻一四、五四八頁中）

……………………………………………………………………

punar：*adv.* 再び。新たに。さらに。なお。しかしながら。

aparaṃ < apara-：*adj.* 他の。別の。後方の。後の。西方の。*n. sg. Acc.* 対格の副詞的用法。

bhadanta-śāriputrêha < bhadanta-śāriputra + iha

　　bhadanta-śāriputra < bhadanta-śāriputra-：*m.* 尊者シャーリプトラ。*sg. Voc.*

　　iha：*adv.* ここに。今。この世に。地上に。

gṛhe < gṛha-：*n.* 家。住居。「舎」「宅」「舎宅」と漢訳。*sg. Loc.*

yās < yāḥ + (t) < yad-：*関係代名詞, f. pl. Nom.*

tūrya-saṃgītayo < tūrya-saṃgītayaḥ + 有声子音 < tūrya-saṃgīti-：*f.* 音楽や合唱。*pl. Nom.*

　　tūrya-：*n.* 楽器。「楽」「伎楽」「音楽」と漢訳。

　　saṃgīti- < sam-√gai- (1) + -ti：*f.* ともに歌うこと。合奏。合唱。「集」「会」「撰集」「要集」「結集」と漢訳。

divya-mānuṣyakāṇi < divya-mānuṣyaka-：*adj.* 神々や人間の。「天人」「天上人」「人天」と漢訳。*n. pl. Nom.*

　　divya-：*adj.* 天上の。天界の。「天」「天上」と漢訳。

　　mānuṣyaka- < mānuṣya-ka-：*adj.* 人間の。*n.* 人間の状態／性質。人間性。

　　mānuṣya-：*n.* 人間の状態／性質。人間性。*adj.* 人間の。

vā：*ind.* ～か。または。たとえ～であっても。

vādyāni < vādya- < √vad- (1) + -ya：*未受分,* 言われるべき。話されるべき。演奏されるべき。*n.* 談話。～の演奏。楽器。*n. pl. Nom.*

vādyante < vādya- < vādaya- + -ya < √vad- (1) + -aya + -ya：*Caus. Pass.* 語らせられる。言わせられる。楽器（対格）を鳴らされる。打たれる。奏される。*3, pl. A.*

　　使役動詞の受動態は、cf.「基礎」*p.* 415.

　　udya- < √vad- (1) + -ya：*Pass.* 語られる。

tebhyas < tebhyaḥ + (t) < tad-：それ。*n. pl. Abl.*

tūryebhyo 'pramāṇo < tūryebhyaḥ + apramāṇo

　　tūryebhyaḥ < tūrya-：*n.* 楽器。「楽」「伎楽」「音楽」と漢訳。*pl. Abl.*

　　apramāṇo < apramāṇaḥ + 有声子音 < apramāṇa- < a-pra-√mā- (2,3) + -ana：*adj.* 評価できない。「不可度量」と漢訳。*m. sg. Nom.*

dharma-śabda-nirhāro < dharma-śabda-nirhāraḥ + 有声子音 < dharma-śabda-nirhāra-：*m.* 法を説く声の出現。*sg. Nom.*

　　dharma-：*m.* 確定した秩序。慣例。習慣。法則。規則。義務。宗教。教説。性質。本質。属性。特質。事物。法。

　　śabda-：*m.* 音。声。言葉。

　　nirhāra- < nir-√hṛ- (1) + -a：*m.* へそくり。排泄。押収。蓄積。「発」「引発」「能引」「引出」「出生」「出現」と漢訳。

　　nir-√hṛ- (1)：～（奪格）から取り出す。取り去る。引き出す。引き抜く。（重荷を）取り除く。「出生」と漢訳。

niścarati < niścara- < nis-√car (1)：出る。現われる。進む。「出」「放」「発」と漢訳。*Pres. 3, sg. P.*

sārva-kālikaḥ < sārva-kālika-：*adj.* 永久の。すべての時代に通用する。「一切時」と漢訳。*m. sg. Nom.*

　　sārva-：*adj.* すべてにとって有益な。

kālika- < kāla- + -ika：*adj.* 時に関する。季節にふさわしい。適時の。
kāla-：*m.* 正しい時。時。機会。時間。

ayaṃ pañcama āścaryâdbhuto dharmaḥ / (梵漢和維摩経 *p.* 306, *ll.* 7–8)

「これが、奇異で驚嘆すべき第五の性質です。
【「是れを五の未曾有・難得の法と為す。】（大正蔵、巻一四、五四八頁中）
……………………………………………………………………………

ayaṃ < idam-：これ。この。*m. sg. Nom.*
pañcama < pañcamaḥ + a 以外の母音 < pañcama-：*序数詞,* 第五の。*m. sg. Nom.*
āścaryâdbhuto < āścaryâdbhutaḥ + 有声子音 < āścaryâdbhuta- < āścarya-adbhuta-：*adj.* 奇異で驚嘆すべき。*m. sg. Nom.*
dharmaḥ < dharma-：*m.* 確定した秩序。慣例。習慣。法則。規則。義務。宗教。教説。性質。本質。属性。特質。事物。「法」と漢訳。*sg. Nom.*

punar aparaṃ bhadanta-śāriputrêha[62] gṛhe catvāri mahā-nidhānāni sarva-ratna-paripūrṇā=ny akṣayāṇi yato niṣyandaṃ sarva-daridra-kṛpaṇā ādāya prakrāmanti na ca kṣīyante / (梵漢和維摩経 *p.* 306, *ll.* 9–11)

「そのほか、さらに尊者シャーリプトラよ、この家には、尽きることのないあらゆる宝物で満ちた四つの大きな蔵があります。その〔蔵〕から〔施しとして〕持ち出されるのを、貧しく憐れなすべての人たちが受け取って、去るけれども、〔その蔵は〕尽きることがありません[63]。
【「此の室に四大蔵有り。衆宝積満(しゅほうしゃくまん)し、窮(きゅう)せるに賙(ほどこ)し、乏しきを済(すく)い、求め得ること無尽なり。】
（大正蔵、巻一四、五四八頁中）
……………………………………………………………………………

punar：*adv.* 再び。新たに。さらに。なお。しかしながら。
aparaṃ < apara-：*adj.* 他の。別の。後方の。後の。西方の。*n. sg. Acc.* 対格の副詞的用法。
bhadanta-śāriputrêha < bhadanta-śāriputra + iha
　bhadanta-śāriputra < bhadanta-śāriputra-：*m.* 尊者シャーリプトラ。*sg. Voc.*
　iha：*adv.* ここに。今。この世に。地上に。
gṛhe < gṛha-：*n.* 家。住居。「舎」「宅」「舎宅」と漢訳。*sg. Loc.*
catvāri < catur-：*基数詞,* 四。*n. pl. Nom.*
mahā-nidhānāni < mahā-nidhāna-：*n.* 大きな蔵。*n. pl. Nom.*
　mahā- < mahat-：*adj.* 大きな。偉大な。豊富な。たくさんの。重要な。卓越した。
　nidhāna- < ni-√dhā- (3) + -ana：*n.* 下に置くこと。保存。貯蔵。容器。貯蔵所。「蔵」「宝蔵」と漢訳。
　ni-√dhā- (3)：～（処格）の上に横たえる。置く。
sarva-ratna-paripūrṇāny < sarva-ratna-paripūrṇāni + 母音 < sarva-ratna-paripūrṇa-：*adj.* あらゆる宝で満たされた。*n. pl. Nom.*
　sarva-：*adj.* すべての。
　ratna-：*n.* 宝。宝石。
　paripūrṇa- < pari-√pṛ- (3, 6) + -na：*pp.* 満たされた。富んだ。達せられた。覆われた。「満」「円満」「遍満」「具」「具足」「円融」と漢訳。
akṣayāṇi < akṣaya- < a-kṣaya-：*adj.* 不滅の。「不盡」「無盡」と漢訳。*n. pl. Nom.*
　kṣaya- < √kṣi- (5,9) + -a：*m* 減少。衰微。喪失。
　iha gṛhe 以下は、処格と主格の名詞文になっている。
yato < yatas + 有声子音：*関係副詞,* そこから。そこに。そういうわけで。～である以上。その時以来。

niṣyandaṃ < niṣyanda- ＝ nisyanda- < ni-√syad- (1)：*m* 驟雨。流れ込むこと。「流」「等流」「等流果」「流出」「排出」と漢訳。*sg. Acc.*
　　ni-√syad- (1)：～（処格）の中に流れ落ちる。流れ込む。
　　√syad- (1)：流れる。～（奪格）から発する。「注」「出」
sarva-daridra-kṛpaṇā < sarva-daridra-kṛpaṇāḥ + 有声音 < sarva-daridra-kṛpaṇa-：*adj.* あらゆる貧しく憐れな。*m. pl. Nom.*
　　daridra-：*adj.* ～（具格）を欠いている。貧しい。「貧」「貧窮」「貧乏」「貧賤」と漢訳。
　　kṛpaṇa-：*adj.* 哀しい。哀れな。憐れむべき。欲深い。「貧」「有貧」「貧乞」「貧窮」と漢訳。
ādāya < ā-√dā- (3) + -ya：取る。受け取る。獲得する。専有する。～（奪格）から取り去る。～から引き出す。*Ger.*
prakrāmanti < prakrāma- < pra-√kram- (1)：踏み出す。出発する。行く。進む。行進する。着手する。*Pres. 3, pl. P.*
na：*ind.* ～でない。～にあらず。
ca：*conj.* および。また。しかしながら。そして。～と。なお。
kṣīyante < kṣīya- < √kṣi- (5,9) + -ya：*Pass.* 滅ずる。欠く。止む。尽くす。消失する。滅する。「消」「失」「窮尽」「滅尽」「尽滅」と漢訳。*Pres. 3, pl. A.*

> ayaṃ ṣaṣṭha āścaryâdbhuto dharmaḥ /
>
> （梵漢和維摩経 *p.* 306, *l.* 11）

「これが、奇異で驚嘆すべき第六の性質です。
【「是れを六の未曾有・難得の法と為す。】　　（大正蔵、巻一四、五四八頁中）
……………………………………………………………………

ayaṃ < idam-：これ。この。*m. sg. Nom.*
ṣaṣṭha < ṣaṣṭhaḥ + a 以外の母音 < ṣaṣṭha-：*序数詞*, 第六の。*m. sg. Nom.*
āścaryâdbhuto < āścaryâdbhutaḥ + 有声子音 < āścaryâdbhuta- < āścarya-adbhuta-：*adj.* 奇異で驚嘆すべき。*m. sg. Nom.*
dharmaḥ < dharma-：*m.* 確定した秩序。慣例。習慣。法則。規則。義務。宗教。教説。性質。本質。属性。特質。事物。「法」と漢訳。*sg. Nom.*

> punar aparaṃ bhadanta-śāriputrêha gṛhe śākya-munis tathāgato 'mitâbho 'kṣobhyo ratna-śrī ratnârcī ratna-candro ratna-vyūho duṣprasahaḥ[64] sarvârtha-siddhaḥ prabhūta-ratnaḥ siṃha-nāda-nādī[65] siṃha-ghoṣas tathāgata evaṃ pramukhā daśasu dikṣv apramāṇās tathāgatā ye 'sya sat-puruṣasya cintita-mātreṇâgacchanti /
>
> （梵漢和維摩経 *p.* 306, *ll.* 12–16）

「そのほか、さらに尊者シャーリプトラよ、この善き人（善士）が欲するやいなや、“シャーキャ族の聖者（釈迦牟尼仏）”という如来、“無量の光明を持つもの（阿弥陀仏）”“動揺されないもの（阿閦仏）”“宝石の徳を持つもの（宝徳）”“宝石の光を持つもの（宝炎）”“宝石のような月（宝月）”“宝石による荘厳を持つもの（宝厳）”“征服しがたいもの（難勝）”“あらゆる目的を達成したもの（一切利成）”“多くの宝を持つもの（多宝）”“獅子の吼える声を響かせるもの（師子吼）”“師子の声を持つもの（師子響）”という如来をはじめとして、このように十方にいるところの無量の如来たち〔、それらの如来たち〕が、この家にお出でになるのです。
【「此の室は、釈迦牟尼仏（しゃかむにぶつ）・阿弥陀仏（あみだぶつ）・阿閦仏（あしゅくぶつ）・宝徳・宝炎・宝月・宝厳・難勝・師子響・一切利成、是くの如き等の十方の無量の諸仏、是の上人の念ずる時、】　　（大正蔵、巻一四、五四八頁中）
……………………………………………………………………

punar：*adv.* 再び。新たに。さらに。なお。しかしながら。
aparaṃ < apara-：*adj.* 他の。別の。後方の。後の。西方の。*n. sg. Acc.* 対格の副詞的用法。
bhadanta-śāriputrêha < bhadanta-śāriputra + iha

bhadanta-śāriputra < bhadanta-śāriputra-：*m.* 尊者シャーリプトラ。*sg. Voc.*

iha：*adv.* ここに。今。この世に。地上に。

gṛhe < gṛha-：*n.* 家。住居。「舎」「宅」「舎宅」と漢訳。*sg. Loc.*

śākya-munis < śākya-muniḥ + (t) < śākya-muni-：*m.* シャーキャムニ。シャーキャ族出身の聖者。「釈迦牟尼」と音写。*sg. Nom.*

tathāgato 'mitâbho 'kṣobhyo < tathāgataḥ + amitâbhaḥ + akṣobhyo

tathāgataḥ < tathāgata-：*m.* 「如来」と漢訳。*sg. Nom.*

amitâbhaḥ < amitâbha- < amita-ābha-：*m.* 無量の光明を持つもの。「無量光」と漢訳。「阿弥陀」と音写。*m. sg. Nom.*

amita- < a-mita-：*adj.* 無量の。数えられない。「無量」と漢訳。

mita- < √mā- (2,3) + -ta：*pp.* 量られた。

ābha- < ābhā-：*f.* 光沢。光。「光明」「威光」と漢訳。

akṣobhyo < akṣobhyaḥ + 有声子音 < akṣobhya- < a-kṣobhya- < a- + √kṣubh- (1) + -ya：*未受分,* 動揺されない。「不動」と漢訳。*m.* アクショービヤ。「阿閦仏」と音写。*m. sg. Nom.*

√kṣubh- (1)：震う。動揺する。

ratna-śrī < ratna-śrīḥ + (r) < ratna-śrī-：*m.* ラトナシュリー。宝石の徳を持つもの。「宝徳」と漢訳。*sg. Nom.*

この場合の連声については、cf.「基礎」*p.* 60.

śrī-：*f.* 光輝。美。繁栄。幸運。「徳」「祥」「吉祥」と漢訳。

ratnârcī < ratna-arciḥ + (r) < ratna-arcis-：*m.* 宝石の光。「宝焰」「宝光」と漢訳。*sg. Nom.*

この場合の連声については、cf.「基礎」*p.* 60.

arcis-：*n.f.* 光線。焰。「光明」「炎」と漢訳。

arci-：*m.* 光線。焰。「光明」「炎」と漢訳。

ratna-candro < ratna-candraḥ + 有声子音 < ratna-candra-：*m.* 宝石のような月。「宝月」と漢訳。*sg. Nom.*

ratna-vyūho < ratna-vyūhaḥ + 有声子音 < ratna-vyūha-：*m.* 宝石による荘厳を持つもの。「宝厳」と漢訳。*sg. Nom.*

duṣprasahaḥ < duṣprasahaḥ + (s) < duṣ-prasaha-：*adj.* 耐え難い。抵抗しにくい。征服しがたい。勝利しがたい。匹敵しがたい。*m.* 「難忍」「難勝」と漢訳。*m. sg. Nom.*

prasaha- < pra-√sah- (1) + -a：*adj.* ～に耐える。抵抗する。*m.* 忍耐。抵抗。

pra-√sah- (1)：征服する。勝利を得る。～（対格）に匹敵する。耐える。抵抗する。

duḥ-, duṣ-, dur-は、「悪しき」「～難き」「困難な」「無～」「不～」「離～」を意味する接頭辞。

sarvârtha-siddhaḥ < sarvârtha-siddhaḥ + (p) < sarva-artha-siddha-：*adj.* あらゆる目的を達成した。「一切義成」と漢訳。*m. sg. Nom.*

prabhūta-ratnaḥ < prabhūta-ratnaḥ + (s) < prabhūta-ratna-：*m.* 多くの宝を持つもの。「多宝」と漢訳。*sg. Nom.*

siṃha-nāda-nādī < siṃha-nāda-nādin-：*m.* 獅子の吼える声を響かせるもの。「師子吼」「師子音」と漢訳。*sg. Nom.*

siṃha-nāda-：*m.* 師子の吼える声。「師子吼」と漢訳。

siṃha-：*m.* ライオン。「師子」と音写。

nāda- < √nad- (1) + -a：*m.* 叫び声。音響。いななき。

√nad- (1)：鳴る。響く。吼える。叫ぶ。いななく。

nādin- < √nad- (1) + -in：*adj.* 声高に響く。～のように響く。反響する。

siṃha-ghoṣas < siṃha-ghoṣaḥ + (t) < siṃha-ghoṣa-：*m.* 師子の声を持つもの。「師子音」「師子響」と漢訳。*sg. Nom.*

tathāgata < tathāgataḥ + a 以外の母音 < tathāgata-：*m.* 「如来」と漢訳。*sg. Nom.*

evaṃ：*adv.* このように。「是」「如是」と漢訳。

pramukhā < pramukhāḥ + 有声音 < pramukha- < pra-mukha-：*adj.* ～の方へ顔を向けた。最も前の。最初の。主な。「首」「上首」「元首」「将領」と漢訳。*m. pl. Nom.*
daśasu < daśan-：*基数詞,* 十。*f. pl. Loc.*
dikṣv < dikṣu + 母音 < diś-：*f.* 方向。*pl. Loc.*
apramāṇās < apramāṇāḥ + (t) < apramāṇa- < a-pramāṇa- < a-pra-√mā- (2,3) + -ana：*adj.* 評価できない。「不可度量」と漢訳。*m. pl. Nom.*
tathāgatā < tathāgatāḥ + 有声音 < tathāgata-：*m.* 「如来」と漢訳。*pl. Nom.*
ye 'sya < ye + asya
　ye < yad-：*関係代名詞, m. pl. Nom.*
　asya < idam-：これ。*m. sg. Gen.*
sat-puruṣasya < sat-puruṣa-：*m.* 善き人。「善士」と漢訳。*sg. Gen.*
cintita-mātreṇâgacchanti < cintita-mātreṇa + āgacchanti
　cintita-mātreṇa < cintita-mātra-：*n.* 考えるやいなや。欲するやいなや。*sg. Ins.*
　cintita- < √cint- (10) + -ta：*pp.* 考えられた。想像された。「欲」「心所求」「所思」「思惟」と漢訳。*n.* 思考。熟慮。
　mātra- < √mā- (2,3) + -tra：*n.* ～だけの量。量。大きさ。
　[過去受動分詞]-mātra-：～するやいなや。～の途端に。
　āgacchanti < āgaccha- < ā-√gam- (1)：来る。*Pres. 3, pl. P.*

āgatya ca tathāgata-guhyaṃ nāma dharma-mukha-praveśaṃ deśayitvā prakrāmanti /
（梵漢和維摩経 *p.* 306, *ll.* 16–17）

「そして、お出でになって、"如来の秘密"という名前の法門に入ることを説かれてから、お帰りになります。
【「即ち皆為に来たりて諸仏の秘要の法蔵を広説し、説き已りて還た去る。】
（大正蔵、巻一四、五四八頁中）

……………………………………………………………………

āgatya < ā-√gam- (1) + -tya：来る。*Ger.*
ca：*conj.* および。また。しかしながら。そして。～と。なお。
tathāgata-guhyaṃ < tathāgata-guhya-：*n.* 如来の秘密。*sg. Acc.*
　guhya- < √guh- (1) + -ya：*未受分,* 秘密にされるべき。隠されるべき。*n.* 秘密。
nāma：*adv.* ～という名前。
dharma-mukha-praveśaṃ < dharma-mukha-praveśa-：*m.* 法門に入ること。*sg. Acc.*
　dharma-mukha-：*n.* 「法門」と漢訳。
　mukha-：*n.* 顔。～の口。入口。「口」「面」「門」と漢訳。
　praveśa- < pra-√viś- (6) + -a：*m.* ～に入ること。出過ぎたこと。「能入」「悟入」と漢訳。
　pra-√viś- (6)：入る。近づく。誘い込む。導入する。
deśayitvā < deśaya- + -itvā < √diś- (6) + -aya + -itvā：*Caus.* 示す。導く。説明する。教える。宣説する。*Ger.*
prakrāmanti < prakrāma- < pra-√kram- (1)：踏み出す。出発する。行く。進む。行進する。着手する。*Pres. 3, pl. P.*

ayaṃ saptama āścaryâdbhuto dharmaḥ /
（梵漢和維摩経 *p.* 306, *ll.* 17–18）

「これが、奇異で驚嘆すべき第七の性質です。
【「是れを七の未曾有・難得の法と為す。】　（大正蔵、巻一四、五四八頁中）

……………………………………………………………………

ayaṃ < idam-：これ。この。*m. sg. Nom.*

saptama < saptamaḥ + a 以外の母音 < saptama-：*序数詞,* 第七の。*m. sg. Nom.*
āścaryâdbhuto < āścaryâdbhutaḥ + 有声子音 < āścaryâdbhuta- < āścarya-adbhuta-：*adj.* 奇異で驚嘆すべき。*m. sg. Nom.*
dharmaḥ < dharma-：*m.* 確定した秩序。慣例。習慣。法則。規則。義務。宗教。教説。性質。本質。属性。特質。事物。「法」と漢訳。*sg. Nom.*

punar aparaṃ bhadanta-śāriputrêha gṛhe sarva-deva-bhavana-vyūhāḥ sarva-buddha-kṣetra-guṇa-vyūhāś ca saṃdṛśyante /

(梵漢和維摩経 *p.* 306, *ll.* 19–20)

「そのほか、さらに尊者シャーリプトラよ、この家には、すべての神々の宮殿の荘厳や、すべてのブッダの国土の功徳の荘厳が観察されます。
【「此の室は、一切の諸天の厳飾の宮殿・諸仏の浄土、皆中に於いて現ず。】

（大正蔵、巻一四、五四八頁中）

……………………………………………………………………

punar：*adv.* 再び。新たに。さらに。なお。しかしながら。
aparaṃ < apara-：*adj.* 他の。別の。後方の。後の。西方の。*n. sg. Acc.* 対格の副詞的用法。
bhadanta-śāriputrêha < bhadanta-śāriputra + iha
bhadanta-śāriputra < bhadanta-śāriputra-：*m.* 尊者シャーリプトラ。*sg. Voc.*
iha：*adv.* ここに。今。この世に。地上に。
gṛhe < gṛha-：*n.* 家。住居。「舎」「宅」「舎宅」と漢訳。*sg. Loc.*
sarva-deva-bhavana-vyūhāḥ < sarva-deva-bhavana-vyūhāḥ + (s) < sarva-deva-bhavana-vyūha-：*m.* すべての神々の宮殿の荘厳。*pl. Nom.*
sarva-buddha-kṣetra-guṇa-vyūhāś < sarva-buddha-kṣetra-guṇa-vyūhāḥ + (c) < sarva-buddha-kṣetra-guṇa-vyūha-：*m.* すべてのブッダの国土の功徳の荘厳。*pl. Nom.*
ca：*conj.* および。また。しかしながら。そして。～と。なお。
saṃdṛśyante < saṃdṛśya- < sam-√dṛś- (1) + -ya：*Pass.* ～（具格）とともに現われる。観察される。*3, pl. A.*

ayam aṣṭama āścaryâdbhuto dharmaḥ /

(梵漢和維摩経 *p.* 306, *ll.* 20–21)

「これが、奇異で驚嘆すべき第八の性質です。
【「是れを八の未曾有・難得の法と為す。】　（大正蔵、巻一四、五四八頁中）

……………………………………………………………………

ayam < idam-：これ。この。*m. sg. Nom.*
aṣṭama < aṣṭamaḥ + a 以外の母音 < aṣṭama-：*序数詞,* 第八の。*m. sg. Nom.*
āścaryâdbhuto < āścaryâdbhutaḥ + 有声子音 < āścaryâdbhuta- < āścarya-adbhuta-：*adj.* 奇異で驚嘆すべき。*m. sg. Nom.*
dharmaḥ < dharma-：*m.* 確定した秩序。慣例。習慣。法則。規則。義務。宗教。教説。性質。本質。属性。特質。事物。「法」と漢訳。*sg. Nom.*

ime bhadanta-śāriputrâṣṭāv āścaryâdbhutā dharmāḥ satata-samitam iha gṛhe saṃdṛśyante /[66]

(梵漢和維摩経 *p.* 306, *ll.* 22–23)

「尊者シャーリプトラよ、この家には常に奇異で驚嘆すべきこれらの八つの性質が観察されます。
【「舎利弗よ、此の室は常に八の未曾有・難得の法を現ず。】　（大正蔵、巻一四、五四八頁中）

……………………………………………………………………

ime < idam-：これ。*m. pl. Nom.*

bhadanta-śāriputrâṣṭāv < bhadanta-śāriputra + aṣṭāv

　　bhadanta-śāriputra < bhadanta-śāriputra-：*m.* 尊者シャーリプトラ。*sg. Voc.*

　　aṣṭāv < aṣṭau + 母音 < aṣṭan-：*基数詞,* 八。*m. pl. Nom.*

āścaryâdbhutā < āścaryâdbhutāḥ + 有声音 < āścaryâdbhuta- < āścarya-adbhuta-：*adj.* 奇異で驚嘆すべき。*m. pl. Nom.*

dharmāḥ < dharmāḥ + (s) < dharma-：*m.* 確定した秩序。慣例。習慣。法則。規則。義務。宗教。教説。性質。本質。属性。特質。事物。「法」と漢訳。*pl. Nom.*

satata-samitam：*adv.* 絶えることなく常に。「常」「恒常」「恒時」「恒時無間」「永不断」と漢訳。

iha：*adv.* ここに。今。この世に。地上に。

gṛhe < gṛha-：*n.* 家。住居。「舎」「宅」「舎宅」と漢訳。*sg. Loc.*

saṃdṛśyante < saṃdṛśya- < sam-√dṛś- (1) + -ya：*Pass.* ～（具格）とともに現われる。観察される。*3, pl. A.*

ka imām acintya-dharmatāṃ paśyañ śrāvaka-dharmatāyai spṛhayet /

（梵漢和維摩経 *p.* 308, *l.* 1）

「この考えも及ばない〔奇異で驚嘆すべき八つのそれぞれの〕本性を見ながら、だれが声聞の本性を求めるでありましょうか67」

【「誰か斯の不思議の事を見て、而も復、声聞の法を楽うもの有らんや」】

（大正蔵、巻一四、五四八頁中）

………………………………………………………………………

ka < kaḥ + a 以外の母音 < kim-：*疑問代名詞,* 誰か。何か。何故か。*m. sg. Nom.*

imām < idam-：これ。*f. sg. Acc.*

acintya-dharmatāṃ < acintya-dharmatā- < acintya-dharmatā-：*f.* 考えも及ばないものごとの本性（法性）。*f. sg. Acc.*

paśyañ < paśyan + (ś) < paśyat- < paśya- + -t < √paś- (4) + -t：見る。*P. 現在分詞, m. sg. Nom.*

śrāvaka-dharmatāyai < śrāvaka-dharmatā- < śrāvaka-dharma-tā-：*f.* 声聞の本性。*sg. Dat.*

spṛhayet < spṛhaya- < √spṛh- (6) + -aya：*Caus.* ～（対格・為格・属格）を熱望する。～をねたむ。*Opt. 3, sg. P.*

§14　āha /　kiṃ tvaṃ devate strī-bhāvaṃ na nivartayasi /

（梵漢和維摩経 *p.* 308, *l.* 2）

§14　〔シャーリプトラが〕言った。

「天女よ、あなたは、どうして女であることを転じ〔て男の身を示さ〕ないのか68」

【§14　舎利弗言わく、「汝は何を以て女身を転ぜざるや」と。】　（大正蔵、巻一四、五四八頁中）

………………………………………………………………………

āha < √ah-：言う。*Perf. 3, sg. P.*

kiṃ < kim-：*疑問代名詞,* 何か。何故か。*n. sg. Acc.*

tvaṃ < tvad-：あなた。*2, sg. Nom.*

devate < devatā- < deva- + -tā：*f.* 天女。神性。神格者。「天」「諸天」「天神」と漢訳。*sg. Voc.*

strī-bhāvaṃ < strī-bhāva-：*m.* 女であること。*sg. Acc.*

　　strī-　：*f.* 婦人。女。妻。

　　bhāva- < √bhū- (1) + -a：*m.* 生成すること。在ること。存在。真実。在り方。性質。実在。

na：*ind.* ～でない。～にあらず。

nivartayasi < nivartaya- < ni-√vṛt- (1) + -aya：*Caus.* 転向させる。転じさせる。*Pres. 2, sg. P.*

　　ni-√vṛt- (1)：回転する。蘇生する。再び生まれる。戻る。背を向ける。逃げる。転向する。～（奪格）から自由になる。～をやめる。～（処格）と転ずる。

āha / paripūrṇāni me dvādaśa-varṣāny upādāya strī-bhāvaṃ paryeṣamāṇāyā[69] na câinaṃ labhe /
(梵漢和維摩経 *p.* 308, *ll.* 3–4)

〔天女が〕言った。
「私は、まるまる十二年間にわたって、女であることを求めていますが、それを得ることはありません。
【天の曰く、「我、十二年より来、女人の相を求むるに、了に不可得なり。当に何の転ずる所かあるべきや】 (大正蔵、巻一四、五四八頁中)

……………………………………………………………………………

āha < √ah-：言う。*Perf. 3, sg. P.*
paripūrṇāni < paripūrṇa- < pari-√pṛ- (3, 6) + -na：*pp.* 満たされた。富んだ。達せられた。覆われた。「満」「円満」「遍満」「具」「具足」「円融」と漢訳。*n. pl. Acc.*
me < aham-：私。*1, sg. Gen.*
dvādaśa-varṣāny < dvādaśa-varṣāni + 母音 < dvādaśa-varṣa-：*n.* 十二年。*pl. Acc.*
時間を意味する語の対格は、「～の間」(期間) を意味する。
dvādaśa- < dvādaśan-：*基数*詞，十二。
varṣa- < √vṛṣ- (1) + -a：*adj.* ～の雨が降る。*n.* 雨。雨期。年。
upādāya < upādāya < upa-ā-√dā- (3) + -ya：*ind.* (*Ger.*) ～の故に。～について。～に関して。～のために。～に比して。～に依って。「始従～乃至」「由～故」「故」「以～故」と漢訳。
upa-ā-√dā- (3)：受ける。得る。適用する。使用する。成し遂げる。
strī-bhāvaṃ < strī-bhāva-：*m.* 女であること。*sg. Acc.*
paryeṣamāṇāyā < paryeṣamāṇāyāḥ + 有声音 < paryeṣamāṇa- < paryeṣa- + -māṇa < pari-ā-√iṣ- (6) + -māṇa：「求」「尋求」「追求」「志求」と漢訳。*P. 現在分詞. f. sg. Gen.*
以上の属格は絶対節をなしている。
na：*ind.* ～でない。～にあらず。
câinaṃ < ca + enaṃ
enaṃ < enad-：それ。*m. sg. Acc.*
labhe < labha- < √labh- (1)：遭遇する。獲得する。回復する。認識する。*Pres. 1, sg. A.*

api ca bhadanta-śāriputra yā māyā-kāreṇa strī nirmitā[70] yas tām evaṃ vadet / kiṃ tvaṃ strī-bhāvaṃ na nivartayasîti sa kiṃ vadet /
(梵漢和維摩経 *p.* 308, *ll.* 4–6)

「さらにまた、尊者シャーリプトラよ、幻術師によって化作されたところの女性、その〔女性〕に、『あなたは、どうして女であることを転じ〔て男の身を示さ〕ないのか』と、このように人が言うならば、その人は、何を言っているのでありましょうか[71]。
【「譬えば幻師の幻女を化作するが如し。若し人有りて、何を以て女身を転ぜざると問わば、是の人、正しく問えりと為すや不や」】 (大正蔵、巻一四、五四八頁中)

……………………………………………………………………………

api：*adv.* また。さえも。されど。同様に。
ca：*conj.* および。また。しかしながら。そして。～と。なお。
bhadanta-śāriputra < bhadanta-śāriputra-：*m.* 尊者シャーリプトラ。*sg. Voc.*
yā < yad-：*関係代名詞, f. sg. Nom.* 相関詞は、tām である。
māyā-kāreṇa < māyā-kāra-：*m.* 奇術師。手品師。「幻師」「巧幻師」「工幻師」「幻者」「幻術」「幻術者」と漢訳。*sg. Ins.*
māyā-：*f.* 術。不可思議の力。策略。計略。狡計。詐欺。手品。妖術。幻影。幻想。
kāra- < √kṛ- (8) + -a：*adj.* 作る。なす。生ずる。*m.* 作者。なすこと。動作。
strī- < strī-：*f.* 女。*sg. Nom.*
nirmitā < nirmitā- < nirmita- < nir-√mā- (2,3) + -ta：*pp.* ～から作られた。～(具・属格) から産

出された。形成された。「化作」「現化現」「化生」と漢訳。*f. sg. Nom.*
yas < yaḥ + (t) < yad-：*関係代名詞, m. sg. Nom.* 相関詞は、sa である。
tām < tad-：それ。*f. sg. Acc.* 関係代名詞 yā の相関詞である。
evaṃ：*adv.* このように。「是」「如是」と漢訳。
vadet < vada- < √vad- (1)：言う。語る。告げる。*Opt. 3, sg. P.*
……………………………………………………………………
kiṃ < kim-：*疑問代名詞,* 何か。何故か。*n. sg. Acc.*
tvaṃ < tvad-：あなた。*2, sg. Nom.*
strī-bhāvaṃ < strī-bhāva-：*m.* 女であること。*sg. Acc.*
na：*ind.* ～でない。～にあらず。
nivartayasîti < nivartayasi + iti
nivartayasi < nivartaya- < ni-√vṛt- (1) + -aya：*Caus.* 転向させる。転じさせる。*Pres. 2, sg. P.*
iti：*adv.* ～と。～ということを。以上のように。～と考えて。「如是」と漢訳。
sa < saḥ < tad-：それ。*m. sg. Nom.*
kiṃ < kim-：*疑問代名詞,* 何か。何故か。*n. sg. Acc.*
vadet < vada- < √vad- (1)：言う。語る。告げる。*Opt. 3, sg. P.*

> āha /　na tasyāḥ kā-cid bhūtā pariniṣpattiḥ /
> (梵漢和維摩経 *p.* 308, *l.* 7)

〔シャーリプトラが〕言った。
「その〔化作された女性〕には、真実に完成されたものは決して何もないのだ[72]」
【舎利弗の言わく、「不なり。幻に定相無し。当に何れに転ぜらるるべきや」】
（大正蔵、巻一四、五四八頁中）
……………………………………………………………………
āha < √ah-：言う。*Perf. 3, sg. P.*
na：*ind.* ～でない。～にあらず。
tasyāḥ < tad-：それ。*f. sg. Gen.*
kā-cid < kā-cit + 有声子音 < kiṃ-cit-：*不定代名詞,* 何かあるもの／こと。だれかある人。*f. sg. Nom.*
bhūtā < bhūtā- < bhūta- < √bhū- (1) + -ta：*pp.* ～となった。あった。過去の。存在する。～である。真実の。*n.* 事実。現実。「真」「真実」「誠諦」と漢訳。*f. sg. Nom.*
pariniṣpattiḥ < pariniṣpatti- < pari-niṣ-√pad- (4) + -ti：*f.* 完成。「成」「成就」「成満」「円成」「具足」「円満」と漢訳。*sg. Nom.*

> āha /　evam eva bhadanta-śāriputrâpariniṣpanneṣu sarva-dharmeṣu māyā-nirmita-svabhāveṣu kutas tavâivaṃ[73] bhavati /　kiṃ tvaṃ strī-bhāvaṃ na[74] nivartayasîti /
> (梵漢和維摩経 *p.* 308, *ll.* 8–10)

〔天女が〕言った。
「まさにこのように、尊者シャーリプトラよ、あらゆるものごと（一切法）は、幻術によって化作されたという固有の性質（自性）を持つものであり、完全なものではない、それにもかかわらず、『あなたは、どうして女であることを転じ〔て男の身を示さ〕ないのか』〔など〕と、あなたにこのような〔思いが〕どこから生ずるのでしょうか」
【天の曰く、「一切の諸法も亦復是くの如し。定相有ること無し。云何が乃ち女身を転ぜざるを問わんや」と。】
（大正蔵、巻一四、五四八頁中）
……………………………………………………………………
āha < √ah-：言う。*Perf. 3, sg. P.*
evam：*adv.* このように。「是」「如是」と漢訳。

eva：*adv.* さように。このように。まさに。実に。ただ。全くこのように。
bhadanta-śāriputrâpariniṣpanneṣu < bhadanta-śāriputra + apariniṣpanneṣu
　　bhadanta-śāriputra < bhadanta-śāriputra-：*m.* 尊者シャーリプトラ。*sg. Voc.*
　　apariniṣpanneṣu < apariniṣpanna- < a-pariniṣpanna-：*adj.* 完了していない。完成していない。完全でない。「無成弁」「非成就」と漢訳。*m. pl. Loc.*
　　pariniṣpanna- < pari-niṣ-√pad- (4) + -na：*pp.* 存在している。「成」「成就」「円成」「成満」「円成実」「真実」「真実性」「円満」「満足」「皆具有」「証得」と漢訳。
　　pari-niṣ-√pad- (4)：～に変わる。「能成」「成就」「満足」「証」と漢訳。
sarva-dharmeṣu < sarva-dharma-：*m.* あらゆるものごと。「一切法」と漢訳。*pl. Loc.*
māyā-nirmita-svabhāveṣu < māyā-nirmita-svabhāva-：*adj.* 幻術によって化作されたという固有の性質（自性）を持つ。*m. pl. Loc.*
　　以上の処格は絶対節をなしている。
　　māyā-nirmita-：*adj.* 幻術によって化作された。
　　māyā-：*f.* 術。不可思議の力。策略。計略。狡計。詐欺。手品。妖術。幻影。幻想。
　　nirmita-< nir-√mā- (2,3) + -ta：*pp.* ～（奪格）から／～（具格）によって産出された。創造された。形成された。作られた。「化作」「現化現」「化生」と漢訳。
　　svabhāva- < sva-bhāva-：*m.* 固有の在り方。生まれつきの性質。本性。「自性」と漢訳。
kutas：*adv.* だれより。どこより。いずこへ。何ゆえに。
tavâivaṃ < tava + evaṃ
　　tava < tvad-：あなた。*2, sg. Gen.*
　　evaṃ：*adv.* このように。「是」「如是」と漢訳。
bhavati < bhava- < √bhū- (1)：なる。～である。*Pres. 3, sg. P.*

…………………………………………………………………………

kiṃ < kim-：*疑問代名詞,* 何か。何故か。*n. sg. Acc.*
tvaṃ < tvad-：あなた。*2, sg. Nom.*
strī-bhāvaṃ < strī-bhāva-：*m.* 女であること。*sg. Acc.*
na：*ind.* ～でない。～にあらず。
nivartayasîti < nivartayasi + iti
　　nivartayasi < nivartaya- < ni-√vṛt- (1) + -aya：*Caus.* 転向させる。転じさせる。*Pres. 2, sg. P.*
　　iti：*adv.* ～と。～ということを。以上のように。～と考えて。「如是」と漢訳。

§15　atha sā devatā tādṛśam adhiṣṭhānam adhitiṣṭhati sma /
（梵漢和維摩経 *p.* 308, *l.* 11）

§15　そこで、その天女は、次のような神通を発揮した。
【§15　即時に天女は、神通力を以て、】（大正蔵、巻一四、五四八頁中）

…………………………………………………………………………

atha：*adv.* その時。その場合。さて。それ故。しかれば。しかしながら。しかも。
sā < tad-：それ。*f. sg. Nom.*
devatā < devatā- < deva- + -tā：*f.* 天女。神性。神格者。「天」「諸天」「天神」と漢訳。*sg. Nom.*
tādṛśam < tādṛśa-：*adj.* このような。「如是」と漢訳。*n. sg. Acc.*
adhiṣṭhānam < adhiṣṭhāna- < adhi-√sthā- (1) + -ana：*n.* 立脚点。立場。場所。住所。主権。権力。「神力」「神通」「威神力」「願力」「加護」「護念」「加持」「守護」「建立」と漢訳。*sg. Acc.*
adhitiṣṭhati < adhitiṣṭha- < adhi-√sthā- (1)：～（対格、処格）の上に立つ。足で踏む。住む。克服する。凌駕する。優位に立つ。導く。支配する。「加持」「示現」「守護」と漢訳。*Pres. 3, sg. P.*
sma：*ind.* 実に。現在形の動詞とともに用いて、過去の意味を表わす（歴史的現在）。

---

yathā sthaviraḥ śāriputro yādṛśī sā devatā tādṛśaḥ saṃdṛśyate sā devatā yādṛśaḥ sthaviras tādṛśī saṃdṛśyate /

(梵漢和維摩経　*p.* 308, *ll.* 11–13)

その結果、大徳シャーリプトラは、その天女のような、そのような姿として現われ、同様に、その天女は、大徳〔シャーリプトラ〕のような、そのような姿として現われた。

【舎利弗を変じて天女の如くならしむ。天は自ら身を化して舎利弗の如し。】

(大正蔵、巻一四、五四八頁中)

....

yathā：*関係副詞, 接続詞,* 〜のように。あたかも〜のように。〜であるように。
　　　yathā は、結果や目的を示すことがある。cf.「シンタックス」p. 133.

sthaviraḥ < sthaviraḥ + (ś) < sthavira-：*adj.* 老いた。尊敬すべき。「大徳」「尊者」「上座」「長老」
　　　と漢訳。*m. sg. Nom.*

śāriputro < śāriputraḥ + 有声子音 < śāriputra- < śāri-putra-：*m.* シャーリプトラ（シャーリーの息
　　　子）。「身子」と漢訳。「舎利弗」と音写。*sg. Nom.*

yādṛśī < yādṛśī- < yādṛśa- < yad- + dṛśa-：*adj.* このような種類・性質の。*f. sg. Nom.*

sā < tad-：それ。*f. sg. Nom.*

devatā < devatā- < deva- + -tā：*f.* 天女。神性。神格者。「天」「諸天」「天神」と漢訳。*sg. Nom.*

tādṛśaḥ < tādṛśa-：*adj.* このような。「如是」と漢訳。*m. sg. Nom.*

saṃdṛśyate < saṃdṛśya- < sam-√dṛś- (1) + -ya：*Pass.* 〜（具格）とともに現われる。観察される。
　　　現われる。「現」「出現」「等顕現」と漢訳。*3, sg. A.*

sā < tad-：それ。*f. sg. Nom.*

devatā < devatā- < deva- + -tā：*f.* 天女。神性。神格者。「天」「諸天」「天神」と漢訳。*sg. Nom.*

yādṛśaḥ < yādṛśa- < yad- + dṛśa-：*adj.* このような種類・性質の。*m. sg. Nom.*

sthaviras < sthaviraḥ + (t) < sthavira-：*adj.* 老いた。尊敬すべき。「大徳」「尊者」「上座」「長老」
　　　と漢訳。*m. sg. Nom.*

tādṛśī < tādṛśī- < tādṛśa- < tad- + dṛśa-：*adj.* そのような種類・性質の。*f. sg. Nom.*

saṃdṛśyate < saṃdṛśya- < sam-√dṛś- (1) + -ya：*Pass.* 〜（具格）とともに現われる。観察される。
　　　現われる。「現」「出現」「等顕現」と漢訳。*3, sg. A.*

---

atha sā devatā śāriputra-rūpā śāriputraṃ devatā-rūpa-dhāriṇam apṛcchat /　kiṃ bhadanta-śāripu= tra strī-bhāvaṃ na nivartayasi /

(梵漢和維摩経　*p.* 308, *ll.* 13–15)

　そこで、シャーリプトラの姿をしたその天女が、天女の姿をしているシャーリプトラに尋ねた。

　「尊者シャーリプトラよ、〔あなたは、〕どうして女であることを転じ〔て男の身を示さ〕ないのですか」

【而して問うて言わく、「何を以て女身を転ぜざるや」と。】　(大正蔵、巻一四、五四八頁中)

....

atha：*adv.* その時。その場合。さて。それ故。しかれば。しかしながら。しかも。

sā < tad-：それ。*f. sg. Nom.*

devatā < devatā- < deva- + -tā：*f.* 天女。神性。神格者。「天」「諸天」「天神」と漢訳。*sg. Nom.*

śāriputra-rūpā < śāriputra-rūpā- < śāriputra-rūpa-：*adj.* シャーリプトラの姿の。*f. sg. Nom.*
　　　〜-rūpa-：*adj.* 〜の形／姿を持つ。〜に類似した。〜から成る。〜の形の。

śāriputraṃ < śāriputra- < śāri-putra-：*m.* シャーリプトラ（シャーリーの息子）。「身子」と漢訳。「舎
　　　利弗」と音写。*sg. Acc.*

devatā-rūpa-dhāriṇam < devatā-rūpa-dhārin-：*adj.* 天女の姿を持つ。*m. sg. Acc.*
　　　dhārin- < dhāraya- + -in < √dhṛ- (4) + -aya + -in：*adj.* 持する。着用する。有する。占有す
　　　る。保管する。持続する。把持する。「具足」と漢訳。

dhāraya- < √dhṛ- (4) + -aya：*Caus.* 把持する。支える。担う。保持する。「受持」「憶持」「奉持」「憶持不忘」と漢訳。

apṛcchat < pṛccha- < √prach- (6)：問う。尋ねる。問い合わせる。求める。探す。*Impf. 3, sg. P.*

……………………………………………………………………………

kiṃ < kim-：*疑問代名詞,* 何か。何故か。*n. sg. Acc.*

bhadanta-śāriputra < bhadanta-śāriputra-：*m.* 尊者シャーリプトラ。*sg. Voc.*

strī-bhāvaṃ < strī-bhāva-：*m.* 女であること。*sg. Acc.*

na：*ind.* 〜でない。〜にあらず。

nivartayasi < nivartaya- < ni-√vṛt- (1) + -aya：*Caus.* 転向させる。転じさせる。*Pres. 2, sg. P.*

> śāriputro devatā-rūpy āha / na jāne kiṃ vinivartayāmîti puruṣa-rūpam antarhitaṃ[75] strī-rūpaṃ me nirvṛttam[76] /
>
> (梵漢和維摩経 *p.* 308, *ll.* 16–17)

天女の姿をしているシャーリプトラが言った。

「どのように元に戻すのか、〔どうして〕男の姿が消滅し、私に女の姿が生じたのか、私はわからない[77]」

【舎利弗、天女の像を以て而も答えて言わく、「我今、何に転じて、而も変じて女身と為れるやを知らず」】（大正蔵、巻一四、五四八頁下）

……………………………………………………………………………

śāriputro < śāriputraḥ + 有声子音 < śāriputra- < śāri-putra-：*m.* シャーリプトラ（シャーリーの息子）。「身子」と漢訳。「舎利弗」と音写。*sg. Nom.*

devatā-rūpy < devatā-rūpī + 母音 < devatā-rūpin-：*adj.* 天女の姿をとっている。*m. sg. Nom.*

rūpin- < rūpa- + -in：*adj.* 形ある。形をとっている。具現された。有形の。化身の。〜の形をした。

āha < √ah-：言う。*Perf. 3, sg. P.*

……………………………………………………………………………

na：*ind.* 〜でない。〜にあらず。

jāne < jānī- < √jñā- (9)：知る。*Pres. 1, sg. A.*

kiṃ < kim-：*疑問代名詞,* 何か。何故か。*n. sg. Acc.*

vinivartayāmîti < vinivartayāmi + iti

vinivartayāmi < vinivartaya- < vi-ni-√vṛt- (1) + -aya：*Caus.* 帰らせる。呼び戻す。連れ戻す。（詐欺的行為を）無効にする。やめさせる。除去する。放棄する。*Pres. 1, sg. P.*

vi-ni-√vṛt- (1)：戻る。帰る。〜（奪格）をやめる。断念する。退く。去る。

iti：*adv.* 〜と。〜ということを。以上のように。〜と考えて。「如是」と漢訳。

puruṣa-rūpam < puruṣa-rūpa-：*n.* 男の姿。*sg. Nom.*

puruṣa-：*m.* 人。人間。侍者。「男子」「男」「丈夫」と漢訳。

antarhitaṃ < antarhita- < antar-√dhā- (3) + -ta：*adj.* 消滅した。*n. sg. Nom.*

strī-rūpaṃ < strī-rūpa-：*n.* 女の姿。*sg. Nom.*

me < aham-：私。*1. sg. Gen.*

nirvṛttam < nirvṛtta- < nir-√vṛt- (1) + -ta：*pp.* 生産された。生じた。建てられた。完成された。準備の整った。十分に熟した。実行された。成就された。遂行された。*n. sg. Nom.*

> āha / yadi sthaviraḥ śakṣyati[78] strī-bhāvaṃ vinivartayituṃ tataḥ sarvāḥ striyo 'pi strī-bhāvaṃ vinivartayiṣyanti /
>
> (梵漢和維摩経 *p.* 310, *ll.* 1–2)

〔天女が〕言った。

「もしも、大徳〔シャーリプトラ〕が女であることを元に戻すことができるのならば、その時は、すべての女性たちもまた女であることを元に戻すでありましょう。
【天の曰く、「舎利弗よ、若し能く此の女身を転ずれば、則ち一切の女人も亦、当に能く転ずべし。】
（大正蔵、巻一四、五四八頁下）

…………………………………………………………………

āha < √ah-：言う。*Perf. 3, sg. P.*
yadi：*conj.* もし～ならば。たとえ～でも。
　yadi ～ tatas …：もしも～であるならば、その時は…。
sthaviraḥ < sthaviraḥ + (ś) < sthavira-：*adj.* 老いた。尊敬すべき。「大徳」「尊者」「上座」「長老」と漢訳。*m. sg. Nom.*
śakṣyati < śakṣya- < √śak- (5) + -sya：実行され得る。*Fut. 3, sg. P.*
strī-bhāvaṃ < strī-bhāva-：*m.* 女であること。*sg. Acc.*
vinivartayituṃ < vinivartaya- + -itum < vi-ni-√vṛt- (1) + -aya + -itum：*Caus. 不定詞,* 連れ戻すこと。元に戻すこと。
　vinivartaya- < vi-ni-√vṛt- (1) + -aya：*Caus.* 帰らせる。呼び戻す。連れ戻す。（詐欺的行為を）無効にする。やめさせる。除去する。放棄する。
tataḥ < tataḥ + (s) < tatas：*adv.* それより。そこに。そこにおいて。ゆえに。（tad- の奪格）。
sarvāḥ < sarvāḥ + (s) < sarvā- < sarva-：*adj.* すべての。*f. pl. Nom.*
striyo 'pi < striyaḥ + api
　striyaḥ < strī-：*f.* 女。*pl. Nom.* 格変化は例外的であるので注意。cf.「基礎」*p.* 102.
　api：*adv.* また。さえも。されど。なお。
strī-bhāvaṃ < strī-bhāva-：*m.* 女であること。*sg. Acc.*
vinivartayiṣyanti < vinivartayiṣya- < vinivartaya- + -iṣya < vi-ni-√vṛt- (1) + -aya + -iṣya：*Caus.* 帰らせる。呼び戻す。連れ戻す。（詐欺的行為を）無効にする。やめさせる。除去する。放棄する。*Fut. 3, pl. P.*

> yathā sthaviro na strī strîva saṃdṛśyatêvaṃ sarva-strīṇām api strī-rūpaṃ na ca striyaḥ strī-rūpāś ca saṃdṛśyante[79] /
> （梵漢和維摩経 *p.* 310, *ll.* 2–4）

「大徳〔シャーリプトラ〕が、女でないのに、女のような〔姿を〕顕現しているように、そのようにすべての女たちにもまた女の姿が具わっているのであり、しかも女でないのに、女の姿が観察されるのであります。
【「舎利弗の女に非ずして、而も女身を現ずるが如く、一切の女人も亦復是くの如し。女身を現ずると雖も、而も女には非ざるなり。】
（大正蔵、巻一四、五四八頁下）

…………………………………………………………………

yathā：*関係副詞, 接続詞,* ～のように。あたかも～のように。～であるように。
sthaviro < sthaviraḥ + 有声子音 < sthavira-：*adj.* 老いた。尊敬すべき。「大徳」「尊者」「上座」「長老」と漢訳。*m. sg. Nom.*
na：*ind.* ～でない。～にあらず。
strī < strī-：*f.* 女。*sg. Nom.* 格変化は例外的であるので注意。cf.「基礎」*p.* 102.
strîva < strī + iva
　strī-：*f.* 女。*sg. Nom.*
　iva：*adv.* ～のように。～のごとく。いわば。あたかも。
saṃdṛśyatêvaṃ < saṃdṛśyate + evaṃ
　saṃdṛśyate < saṃdṛśya- < sam-√dṛś- (1) + -ya：*Pass.* ～（具格）とともに現われる。観察される。現われる。「現」「出現」「等顕現」と漢訳。*3, sg. A.*
　evaṃ：*adv.* このように。「是」「如是」と漢訳。
sarva-strīṇām < sarva-strī-：*f.* あらゆる女。*pl. Gen.*

api：*adv.* また。さえも。されど。同様に。
strī-rūpaṃ < strī-rūpa-：*n.* 女の姿。*sg. Nom.*
属格の sarva-strīṇām と主格の strī-rūpaṃ は名詞文をなしている。
na：*ind.* ～でない。～にあらず。
ca：*conj.* および。また。しかしながら。そして。～と。なお。
striyaḥ < strī-：*f.* 女。*pl. Nom.* 格変化は例外的であるので注意。cf.「基礎」*p.* 102.
strī-rūpāś < strī-rūpāḥ + (c) < strī-rūpā- < strī-rūpa-：*adj.* 女の姿。*f. pl. Nom.*
ca：*conj.* および。また。しかしながら。そして。～と。なお。
saṃdṛśyante < saṃdṛśya- < sam-√dṛś- (1) + -ya：*Pass.* ～（具格）とともに現われる。観察される。*3, pl. A.*

idaṃ saṃdhāya bhagavān āha / sarva-dharmā na strī na puruṣa iti / （梵漢和維摩経 *p.* 310, *ll.* 4–5）

「これを結論して、世尊は『あらゆるものごと（一切法）は、女でもなく、男でもないのだ』と言われました」
【「是の故に仏は、一切の諸法は男に非ず、女に非ずと説きたまえり」と。】
（大正蔵、巻一四、五四八頁下）
………………………………………………………………………………

idaṃ < idam-：これ。*n. sg. Acc.*
saṃdhāya < sam-√dhā- (3) + -ya：～（具格）と結合する。合併する。結合する。構成する。集める。賛同する。*Ger.*
saṃdhāya：*ind.*（*Ger.*）（反対者と）折り合いをつけて。妥協して。「密意而」「以…密意」と漢訳。
bhagavān < bhagavat-：*m.* 尊い人。「世尊」と漢訳。「婆伽婆」「薄伽梵」と音写。*sg. Nom.*
āha < √ah-：言う。*Perf. 3, sg. P.*
………………………………………………………………………………

sarva-dharmā < sarva-dharmāḥ + 有声音 < sarva-dharma-：*m.* 「一切法」と漢訳。*pl. Nom.*
na：*ind.* ～でない。～にあらず。
strī < strī-：*f.* 女。*sg. Nom.* 格変化は例外的であるので注意。cf.「基礎」*p.* 102.
na：*ind.* ～でない。～にあらず。
puruṣa < puruṣaḥ + a 以外の母音 ：*m.* 人。人間。侍者。「男子」「男」「丈夫」と漢訳。*sg. Nom.*
iti：*adv.* ～と。～ということを。以上のように。～と考えて。「如是」と漢訳。

atha sā devatā tad adhiṣṭhānam avāsṛjat / （梵漢和維摩経 *p.* 310, *l.* 5）

そして、その天女は、その神通を解いた。
【即時に天女は還た神力を摂めり。】（大正蔵、巻一四、五四八頁下）
………………………………………………………………………………

atha：*adv.* その時。その場合。さて。それ故。しかれば。しかしながら。しかも。
sā < tad-：それ。*f. sg. Nom.*
devatā < devatā- < deva- + -tā：*f.* 天女。神性。神格者。「天」「諸天」「天神」と漢訳。*sg. Nom.*
tad < tat + 母音 < tad-：それ。*n. sg. Acc.*
adhiṣṭhānam < adhiṣṭhāna- < adhi-√sthā- (1) + -ana：*n.* 立脚点。立場。場所。住所。主権。権力。「神力」「神通」「威神力」「願力」「加護」「護念」「加持」「守護」「建立」と漢訳。*sg. Acc.*
avāsṛjat < ava-asṛjat < ava-sṛja- < ava-√sṛj- (6)：（飛び道具を）投げる。発射する。（雨を）降らせる。放つ。解放する。放逐する。退く。放棄する。あきらめる。「捨」と漢訳。*Impf. 3, sg. P.*

athâyuṣmāñ śāriputraḥ punar eva sva-rūpa-samanvāgato babhūva /
(梵漢和維摩経 *p.* 310, *ll.* 5–6)

すると、尊者シャーリプトラは、まさに再び〔元の〕自分の姿を具えたものとなった。
【舎利弗の身は還復故の如し。】　　（大正蔵、巻一四、五四八頁下）

……………………………………………………………………

athâyuṣmāñ < atha + āyuṣmāñ

atha：*adv.* その時。その場合。さて。それ故。しかれば。しかしながら。しかも。

āyuṣmāñ < āyuṣmān + (ś) < āyuṣmat-：*m.* 長寿の。健康の。「尊者」「長老」「大徳」「具寿」と漢訳。*sg. Nom.*

śāriputraḥ < śāriputra- < śāri-putra-：*m.* シャーリプトラ（シャーリーの息子）。「身子」と漢訳。「舎利弗」と音写。*sg. Nom.*

punar：*adv.* 再び。新たに。さらに。なお。しかしながら。

eva：*adv.* さように。このように。まさに。実に。ただ。全くこのように。

sva-rūpa-samanvāgato < sva-rūpa-samanvāgataḥ + 有声子音 < sva-rūpa-samanvāgata-：*adj.* 自分の姿を具えている。*m. sg. Nom.*

sva-rūpa-：*n.* 自分の姿。

samanvāgata- < sam-anu-ā-√gam- (1) + -ta：*pp.* ～（具格）を伴った。～を具えた。

babhūva < babhūv- < √bhū- (1)：なる。～である。*重複完了, 3, sg. P.*

atha sā devatâyuṣmantaṃ śāriputram evam āha / kva nu te bhadanta-śāriputra strī-rūpaṃ kṛtaṃ gatam /
(梵漢和維摩経 *p.* 310, *ll.* 6–8)

そこで、その天女が尊者シャーリプトラにこのように言った。

「尊者シャーリプトラよ、あなたが得ていた女の姿は今、〔いったい〕どこへ行ったのでしょうか」
【天、舎利弗に問えり。「女身の色相、今何所にか在る」】　　（大正蔵、巻一四、五四八頁下）

……………………………………………………………………

atha：*adv.* その時。その場合。さて。それ故。しかれば。しかしながら。しかも。

sā < tad-：それ。*f. sg. Nom.*

devatâyuṣmantaṃ < devatā + āyuṣmantaṃ

devatā < devatā- < deva- + -tā：*f.* 天女。神性。神格者。「天」「諸天」「天神」と漢訳。*sg. Nom.*

āyuṣmantaṃ < āyuṣmat- < āyus- + -mat-：*m.* 長寿の。健康の。「尊者」「長老」「具寿」と漢訳。*sg. Acc.*

śāriputram < śāriputra-：*m.* シャーリプトラ（シャーリーの息子）。「身子」と漢訳。「舎利弗」と音写。*sg. Acc.*

evam：*adv.* このように。「是」「如是」と漢訳。

āha < √ah-：言う。*Perf. 3, sg. P.*

……………………………………………………………………

kva：*adv.* 何処に。どこへ。nuが次に来て強調される。

nu：*ind.* 今。なお。～すら。すでに。そこで。故に。実に。まさに。確かに。

te < tvad-：あなた。*2, sg. Gen.*

bhadanta-śāriputra < bhadanta-śāriputra-：*m.* 尊者シャーリプトラ。*sg. Voc.*

strī-rūpaṃ < strī-rūpa-：*n.* 女の姿。*sg. Nom.*

kṛtaṃ < kṛta- < √kṛ- (8) + -ta：*pp.* なされた。作られた。行なわれた。成就された。得られた。*n. sg. Nom.*

gatam < gata- < √gam- (1) + -ta：*pp.* 行った。～に到達した。～を得た。*n. sg. Nom.*

āha /　na tat kṛtaṃ na vikṛtam /

(梵漢和維摩経 *p.* 310, *l.* 9)

〔シャーリプトラが〕言った。

「その〔女の姿〕は作られたのでもなく、作り変えられたのでもないのだ」

【舎利弗の言わく、「女身の色相は在ることも無く、在らざることも無し」】

(大正蔵、巻一四、五四八頁下)

………………………………………………………………………

āha < √ah-：言う。*Perf. 3, sg. P.*

na：*ind.* ～でない。～にあらず。

tat < tad-：それ。*n. sg. Nom.*

kṛtaṃ < kṛta- < √kṛ- (8) + -ta：*pp.* なされた。作られた。行なわれた。成就された。得られた。*n. sg. Nom.*

na：*ind.* ～でない。～にあらず。

vikṛtam < vikṛta- < vi-√kṛ- (8) + -ta：*pp.* 変わった。改められた。変形した。*n. sg. Nom.*

vi-√kṛ- (8)：異ならせる。変ずる。改める。

āha / evam eva sarva-dharmā na kṛtā na vikṛtāḥ /

(梵漢和維摩経 *p.* 310, *l.* 10)

〔天女が〕言った。

「まさにそのように、あらゆるものごと（一切法）は、作られたのでもなく、作り変えられたのでもありません。

【天の曰く、「一切の諸法も亦復是くの如し。在ることも無く、在るざることも無し。】

(大正蔵、巻一四、五四八頁下)

………………………………………………………………………

āha < √ah-：言う。*Perf. 3, sg. P.*

evam：*adv.* このように。「是」「如是」と漢訳。

eva：*adv.* さように。このように。まさに。実に。ただ。全くこのように。

sarva-dharmā < sarva-dharmāḥ + 有声音 < sarva-dharma-：*m.* 「一切法」と漢訳。*pl. Nom.*

na：*ind.* ～でない。～にあらず。

kṛtā < kṛtāḥ + 有声音 < kṛta- < √kṛ- (8) + -ta：*pp.* なされた。作られた。行なわれた。成就された。得られた。*m. pl. Nom.*

na：*ind.* ～でない。～にあらず。

vikṛtāḥ < vikṛta- < vi-√kṛ- (8) + -ta：*pp.* 変わった。改められた。変形した。*m. pl. Nom.*

yatra ca na kṛtir na vikṛtis tad buddha-vacanam /

(梵漢和維摩経 *p.* 310, *ll.* 10–11)

「そこには、作られることもなく、作り変えられることもありません。それが、ブッダの言葉なのです」

【「夫れ在ることも無く、在らざることも無しとは、仏の説きたもう所なり」】

(大正蔵、巻一四、五四八頁下)

………………………………………………………………………

yatra：*adv.* そこに。その場所に。その場合に。もし～ならば。その時。

ca：*conj.* および。また。しかしながら。そして。～と。なお。

na：*ind.* ～でない。～にあらず。

kṛtir < kṛtiḥ + 有声音 < kṛti- < √kṛ- (8) + -ti：*f.* 遂行。実行。動作。活動。製造。生産。著作。*sg. Nom.*

na：*ind.* ～でない。～にあらず。

vikṛtis < vikṛtiḥ + (t) < vikṛti- < vi-√kṛ- (8) + -ti：*f.* 変態。変更。変化。変形。変異。変化した状態。
　　「変易」と漢訳。*sg. Nom.*
　　以上は処格と主格の名詞文である。
tad < tat + 有声子音 < tad-：それ。*n. sg. Nom.*
buddha-vacanam < buddha-vacana-：*n.* ブッダの言葉。*n. sg. Nom.*
　　vacana- < √vac- (2) + -ana：*adj.* 語る。雄弁な。*n.* 語ること。発音。発言。話。語。「言語」「言説」と漢訳。

> §16　āha /　itas tvaṃ devate cyutā kutrôpapatsyase /
> (梵漢和維摩経 *p.* 310, *l.* 12)

§16　〔シャーリプトラが〕言った。
「天女よ、あなたは、ここで死んで〔後に〕、どこに生まれるのか」
【§16　舎利弗は天に問えり。「汝は此に於いて没して、当に何所にか生まるべきや」】
（大正蔵、巻一四、五四八頁下）
……………………………………………………………………

āha < √ah-：言う。*Perf. 3, sg. P.*
itas：*adv.* これより。ここから。この世から。ここに。地上に。この故に。(idam-の *n. sg. Abl.*)
tvaṃ < tvad-：あなた。*2, sg. Nom.*
devate < devatā- < deva- + -tā：*f.* 天女。神性。神格者。「天」「諸天」「天神」と漢訳。*sg. Voc.*
cyutā < cyutā- < cyuta- < √cyu- (1) + -ta：*pp.* 動かされた。揺り動かされた。～去った。「死」「没」「命終」「退」と漢訳。*f. sg. Nom.*
　　√cyu- (1)：揺れ動く。～（奪格）より去る。喪失する。滅ぶ。死ぬ。
kutrôpapatsyase < kutra + upapatsyase
　　kutra：*adv.* 何において。どこに。どこへ。何の為に。なぜ。
　　upapatsyase < upapatsya- < upa-√pat- (1) + -sya：出現する。*Fut. 2, sg. A.*

> āha /　yatrâiva tathāgata-nirmita upapatsyate tatrâivâham upapatsye /
> (梵漢和維摩経 *p.* 310, *ll.* 13–14)

〔天女が〕言った。
「如来によって化作された人が生まれるであろうところ、まさにそこに私は生まれるでありましょう。
【天の曰く、「仏化の所生あり、吾は彼の生の如し」】　　（大正蔵、巻一四、五四八頁下）
……………………………………………………………………

āha < √ah-：言う。*Perf. 3, sg. P.*
yatrâiva < yatra + eva
　　yatra：*adv.* そこに。その場所に。その場合に。もし～ならば。その時。
　　yatra ～ tatra … = yena ～ tena：～であるところ、そこで…。
　　eva：*adv.* さように。このように。まさに。実に。ただ。全くこのように。
tathāgata-nirmita < tathāgata-nirmitaḥ + a 以外の母音 < tathāgata-nirmita-：*m.* 如来によって化作された人。*sg. Nom.*
upapatsyate < upapatsya- < upa-√pat- (1) + -sya：出現する。*Fut. 3, sg. A.*
tatrâivâham < tatra + eva + aham
　　tatra：*adv.* そこに。そこへ。かしこに。その時に。その場合に。
　　eva：*adv.* さように。このように。まさに。実に。ただ。全くこのように。
　　aham < mad-：私。*1, sg. Nom.*
upapatsye < upapatsya- < upa-√pat- (1) + -sya：出現する。*Fut. 1, sg. A.*

āha / tathāgata-nirmitasya na cyutir nôpapattiḥ /
(梵漢和維摩経 *p.* 310, *l.* 15)

〔シャーリプトラが〕言った。
「如来によって化作された人には、死ぬこともなく、生まれることもないのだ」
【曰く、「仏化の所生は没して生ずるには非ざるなり」】 （大正蔵、巻一四、五四八頁下）

………………………………………………………………………

āha < √ah-：言う。*Perf. 3, sg. P.*
tathāgata-nirmitasya < tathāgata-nirmita-：*m.* 如来によって化作された人。*sg. Gen.*
na：*ind.* 〜でない。〜にあらず。
cyutir < cyutiḥ + 有声音 < cyuti- < √cyu- (1) + -ti：*f.* 〜より出発すること。〜から出ること。死。「命終」と漢訳。*sg. Nom.*
nôpapattiḥ < na + upapattiḥ
upapattiḥ < upapatti- < upa-√pad- (4) + -ti：*f.* 出現。成功。結果。起源。誕生。*sg. Nom.*
以上は、属格と主格の名詞文をなしている。

āha / evam eva sarva-dharmāṇāṃ na cyutir nôpapattiḥ /
(梵漢和維摩経 *p.* 310, *l.* 16)

〔天女が〕言った。
「まさにそのように、あらゆるものごと（一切法）には[80] 死ぬこともなく、生まれることもありません。
【天の曰く、「衆生も猶然り。没も生も無きなり」】 （大正蔵、巻一四、五四八頁下）

………………………………………………………………………

āha < √ah-：言う。*Perf. 3, sg. P.*
evam：*adv.* このように。「是」「如是」と漢訳。
eva：*adv.* さように。このように。まさに。実に。ただ。全くこのように。
sarva-dharmāṇāṃ < sarva-dharma-：*m.* あらゆるものごと。「一切法」と漢訳。*pl. Gen.*
na：*ind.* 〜でない。〜にあらず。
cyutir < cyutiḥ + 有声音 < cyuti- < √cyu- (1) + -ti：*f.* 〜より出発すること。〜から出ること。死。「命終」と漢訳。*sg. Nom.*
nôpapattiḥ < na + upapattiḥ
upapattiḥ < upapatti- < upa-√pad- (4) + -ti：*f.* 出現。成功。結果。起源。誕生。*sg. Nom.*
以上は、属格と主格の名詞文をなしている。

āha / kiyac-cireṇa punar devate bodhim abhisaṃbhotsyase /
(梵漢和維摩経 *p.* 312, *l.* 1)

〔シャーリプトラが〕言った。
「天女よ、さらにどれほど長い時間を経てあなたは覚りを覚るのか。
【舎利弗は天に問えり。「汝は久しくして、当に阿耨多羅三藐三菩提を得べきや」】
（大正蔵、巻一四、五四八頁下）

………………………………………………………………………

āha < √ah-：言う。*Perf. 3, sg. P.*
kiyac-cireṇa < kiyac-cira-：*adj.* どれほど長い（時）。どれほど長く存在する。どれほど昔の。*n. sg. Ins.*
時間を意味する語の具格は、「〜の時間のうちに」「〜の時間で」「〜経った時に」を意味する。
kiyac- < kiyat- + (c)：*adj.* どれほどの。
cira-：*adj.* 長い（時）。長く存在する。昔の。「久」「久遠」と漢訳。
punar：*adv.* 再び。新たに。さらに。なお。しかしながら。

devate < devatā- < deva- + -tā：*f.* 天女。神性。神格者。「天」「諸天」「天神」と漢訳。*sg. Voc.*
bodhim < bodhi-：*f.m.* 覚り。「覚」「道」と漢訳。「菩提」と音写。*sg. Acc.*
abhisaṃbhotsyase < abhisaṃbhotsya- < abhi-sam-√budh- (4) + -sya：完全に目覚める。十分に把握する。「覚了」と漢訳。*Fut. 2, sg. A.*
g、d、b で始まり、gh、dh、bh、h で終わる動詞語根において、 gh、dh、bh、h が無声帯気音になるとき、頭の g、d、b は帯気音となる。cf.「基礎」*p.* 53.

āha / yadā sthaviraḥ pṛthag-jana-dharma-samanvāgato bhaviṣyati tadâhaṃ bodhim abhi=saṃbhotsye /
(梵漢和維摩経 *p.* 312, *ll.* 2–3)

〔天女が〕言った。
「大徳〔シャーリプトラ〕が、凡人の性質を具えるようになる時、その時、私は覚りを覚るでありましょう」
【天の曰く、「舎利弗の還りて凡夫と為るが如くんば、我も乃ち当に阿耨多羅三藐三菩提を成ずべし」】 （大正蔵、巻一四、五四八頁下）
…………………………………………………………………………

āha < √ah-：言う。*Perf. 3, sg. P.*
yadā：*conj.* ～である時に。
yadā ～ tadā …：～である時、その時…。
sthaviraḥ < sthaviraḥ + (p) < sthavira-：*adj.* 老いた。尊敬すべき。「大徳」「尊者」「上座」「長老」と漢訳。*m. sg. Nom.*
pṛthag-jana-dharma-samanvāgato < pṛthag-jana-dharma-samanvāgataḥ + 有声子音 < pṛthag-jana-dharma-samanvāgata-：*adj.* 凡人の性質を具えた。*m. sg. Nom.*
pṛthag-jana-：*m.* 低い階級の人。民衆。「凡夫」「凡人」と漢訳。
pṛthag < pṛthak + 有声子音：*adv.* 離れて。別々に。各自に。
jana-：*m.* 生物。人。
dharma-：*m.* 確定した秩序。慣例。習慣。法則。規則。義務。宗教。教説。性質。本質。属性。特質。事物。法。
samanvāgata- < sam-anu-ā-√gam- (1) + -ta：*pp.* ～（具格）を伴った。～を具えた。
bhaviṣyati < bhaviṣya- < √bhū- (1) + -iṣya：生ずる。～になる。*Fut. 3, sg. P.*
tadâhaṃ < tadā + ahaṃ
tadā：*adv.* その時に。「爾時」「此時」と漢訳。
ahaṃ < mad-：私。*1, sg. Nom.*
bodhim < bodhi-：*f.m.* 覚り。「覚」「道」と漢訳。「菩提」と音写。*sg. Acc.*
abhisaṃbhotsye < abhisaṃbhotsya- < abhi-sam-√budh- (4) + -sya：完全に目覚める。十分に把握する。「覚了」と漢訳。*Fut. 1, sg. A.*

āha / asthānam etad devate yad ahaṃ pṛthag-jana-dharma-samanvāgataḥ syām[81] /
(梵漢和維摩経 *p.* 312, *ll.* 4–5)

〔シャーリプトラが〕言った。
「天女よ、〔すべての煩悩を断じて阿羅漢に達している〕私が、凡人の性質を具えるようになるであろうということ、このことはありえないことだ」
【舎利弗の言わく、「我、凡夫と作ること、是の処り有ること無し」】 （大正蔵、巻一四、五四八頁下）
…………………………………………………………………………

āha < √ah-：言う。*Perf. 3, sg. P.*
asthānam < asthāna- < a-sthāna-：*n.* ～（属格）にとって不適当な場所。（音のように）永久的でないもの。正しくない場合。「無住」「非所」「非処」と漢訳。*adj.* 「無所住」「無有処」と漢訳。

sg. Nom.

sthāna- < √sthā- (1) + -ana：*n.* 立つこと。状態。地位。身分。住居。地点。正しい場所。適当な場所。

etad < etat + 母音 < etad-：これ。*n. sg. Nom.*

devate < devatā- < deva- + -tā：*f.* 天女。神性。神格者。「天」「諸天」「天神」と漢訳。*sg. Voc.*

yad < yat + 母音 < yad-：*関係代名詞, n. sg. Nom.* 英語の that に相当する。

ahaṃ < mad-：私。*1, sg. Nom.*

pṛthag-jana-dharma-samanvāgataḥ < pṛthag-jana-dharma-samanvāgata-：*adj.* 凡人の性質を具えた。*m. sg. Nom.*

syām < s- < √as- (2)：ある。*Opt. 1, sg. P.*

āha / evam eva bhadanta-śāriputrâsthānam etad yad ahaṃ bodhim abhisaṃbhotsye /
(梵漢和維摩経 *p.* 312, *ll.* 6–7)

〔天女が〕言った。

「まさにそのように、尊者シャーリプトラよ、私が覚りを覚るであろうということ、このことはありえないことです。

【天の曰く、「我、阿耨多羅三藐三菩提を得ること、亦是の処り無し。】
（大正蔵、巻一四、五四八頁下）

……………………………………………………………………

āha < √ah-：言う。*Perf. 3, sg. P.*

evam：*adv.* このように。「是」「如是」と漢訳。

eva：*adv.* さように。このように。まさに。実に。ただ。全くこのように。

bhadanta-śāriputrâsthānam < bhadanta-śāriputra + asthānam

bhadanta-śāriputra < bhadanta-śāriputra-：*m.* 尊者シャーリプトラ。*sg. Voc.*

asthānam < asthāna- < a-sthāna-：*n.* ～（属格）にとって不適当な場所。（音のように）永久的でないもの。正しくない場合。「無住」「非所」「非処」と漢訳。*adj.* 「無所住」「無有処」と漢訳。*sg. Nom.*

etad < etat + 母音 < etad-：これ。*n. sg. Nom.*

yad < yat + 母音 < yad-：*関係代名詞, n. sg. Nom.* 英語の that に相当する。

ahaṃ < mad-：私。*1, sg. Nom.*

bodhim < bodhi-：*f.m.* 覚り。「覚」「道」と漢訳。「菩提」と音写。*sg. Acc.*

abhisaṃbhotsye < abhisaṃbhotsya- < abhi-sam-√budh- (4) + -sya：完全に目覚める。十分に把握する。「覚了」と漢訳。*Fut. 1, sg. A.*

tat kasmād dhetoḥ /
(梵漢和維摩経 *p.* 312, *l.* 7)

「それは、どんな理由からでしょうか。

【「所以は何んとなれば、】　（大正蔵、巻一四、五四八頁下）

……………………………………………………………………

tat < tad-：それ。*n. sg. Nom.*

kasmād dhetoḥ < kasmāt + hetoḥ

連声法は、cf.「基礎」*p.* 63.

kasmāt < kim-：*疑問詞,* だれ。何。どんな。どの。*m. sg. Abl.*

hetoḥ < hetu-：*m.* 理由。原因。因。*sg. Abl.*

奪格は、動機、原因、理由を表わす。cf.「シンタックス」*p.* 58.

asthāna-sthitâiva hi bodhiḥ /

(梵漢和維摩経 *p.* 312, *l.* 7)

「住するところなくして住することこそが、覚りであるからです。
【「菩提に住処無し。」】　　　　　　　　（大正蔵、巻一四、五四八頁下）

……………………………………………………………………

asthāna-sthitâiva < asthāna-sthitā + eva

asthāna-sthitā < asthāna-sthitā- < asthāna-sthita-：*adj.* 住するところなくして住すること。*f. sg. Nom.*

asthāna- < a-sthāna-：*n.* ～（属格）にとって不適当な場所。（音のように）永久的でないもの。正しくない場合。「無住」「非所」「非処」と漢訳。*adj.* 「無所住」「無有処」と漢訳。

sthāna- < √sthā- (1) + -ana：*n.* 立つこと。状態。地位。身分。住居。地点。正しい場所。適当な場所。

sthita- < √sthā- (1) + -ita：*pp.* 立った。住された。

eva：*adv.* さように。このように。まさに。実に。ただ。全くこのように。

hi：*ind.* 真に。確かに。実に。

bodhiḥ < bodhi-：*f.* 覚り。「覚」「道」と漢訳。「菩提」と音写。*sg. Nom.*

tasmād asthānaṃ na kaś-cid abhisaṃbhotsyate /

(梵漢和維摩経 *p.* 312, *l.* 8)

「それ故に、住することのないものを決してだれも覚ることありません」
【「是の故に得る者有ること無し」】　　　　　　　　（大正蔵、巻一四、五四八頁下）

……………………………………………………………………

tasmād < tasmāt + 母音 < tad-：それ。*n. sg. Abl.*

代名詞の中性・単数の対格（tat）、奪格（tasmāt）、具格（tena）は、「そこで」「従って」「それ故」などの意味となり、文の連結助詞として用いられる。cf.「シンタックス」*p.* 125.

asthānaṃ < asthāna- < a-sthāna-：*n.* ～（属格）にとって不適当な場所。（音のように）永久的でないもの。正しくない場合。「無住」「非所」「非処」と漢訳。*adj.* 「無所住」「無有処」と漢訳。*sg. Acc.*

na：*ind.* ～でない。～にあらず。

kaś-cid < kaś-cit + 母音 < kiṃ-cit-：*不定代名詞,* 何かあるもの。だれかある人。*m. sg. Nom.*

abhisaṃbhotsyate < abhisaṃbhotsya- < abhi-sam-√budh- (4) + -sya：完全に目覚める。十分に把握する。「覚了」と漢訳。*Fut. 3, sg. A.*

sthavira āha /　uktaṃ devate tathāgatena "gaṅgā-nadī-vālikā-samās tathāgatā abhisaṃbuddhā abhisaṃbudhyante 'bhisaṃbhotsyante ca" /

(梵漢和維摩経 *p.* 312, *ll.* 9–10)

大徳〔シャーリプトラ〕が言った。

「天女よ、如来がおっしゃられた。『ガンジス河の砂〔の数〕に等しい〔多くの〕如来たちが、〔過去に〕覚ったし、〔現在に〕覚るし、〔未来に〕覚るであろう[82]』と」
【舎利弗の言わく、「今、諸仏は阿耨多羅三藐三菩提を得、已に得、当に得たまうべきもの恒河の沙の如しと。皆、何をか謂うや」】　　　　　　　　（大正蔵、巻一四、五四八頁下）

……………………………………………………………………

sthavira < sthaviraḥ + a 以外の母音 < sthavira-：*adj.* 老いた。尊敬すべき。「大徳」「尊者」「上座」「長老」と漢訳。*m. sg. Nom.*

āha < √ah-：言う。*Perf. 3, sg. P.*

……………………………………………………………………

uktaṃ < ukta- < √vac- (2) + -ta：*pp.* 言われた。*n. sg. Nom.*

devate < devatā- < deva- + -tā：*f.* 天女。神性。神格者。「天」「諸天」「天神」と漢訳。*sg. Voc.*
tathāgatena < tathāgata-：*m.* 「如来」と漢訳。*sg. Ins.*
gaṅgā-nadī-vālikā-samās < gaṅgā-nadī-vālikā-samāḥ + (t) < gaṅgā-nadī-vālikā-sama-：*adj.* ガンジス河の砂〔の数〕に等しい。「恒河沙等」と漢訳。*m. pl. Nom.*
tathāgatā < tathāgatāḥ + 有声音 < tathāgata- < tathā- + (ā-)√gam- (1) + -ta：*pp.* このように行った（人）。このように来た（人）。「如来」「如去」と漢訳。「多陀阿伽度」と音写。*m. pl. Nom.*
abhisaṃbuddhā < abhisaṃbuddhāḥ + 有声音 < abhisaṃbuddha- < abhi-sam-√budh- (4) + -ta：*pp.* 完全に目覚めた。十分に把握された。*m. pl. Nom.*
abhisaṃbudhyante 'bhisaṃbhotsyante < abhisaṃbudhyante + abhisaṃbhotsyante
abhisaṃbudhyante < abhisaṃbudhya- < abhi-sam-√budh- (4)：完全に目覚める。十分に把握する。「覚了」と漢訳。*Pres. 3, pl. A.*
abhisaṃbhotsyante < abhisaṃbhotsya- < abhi-sam-√budh- (4) + -sya：完全に目覚める。十分に把握する。「覚了」と漢訳。*Fut. 3, pl. A.*
ca：*conj.* および。また。しかしながら。そして。〜と。なお。

devatâha / akṣara-gaṇanā-saṃketâdhivacanam etad bhadanta-śāriputrâtītânāgata-pratyutpannā buddhā iti /

(梵漢和維摩経 *p.* 312, *ll.* 11–12)

天女が言った。
「尊者シャーリプトラよ、過去・未来・現在のブッダたちということ、これは、言葉（文字）や、数の決められた約束による表記〔にすぎないもの〕です。
【天の曰く、「皆、世俗の文字と数とを以ての故に、三世有りと説く。】
（大正蔵、巻一四、五四八頁下）

……………………………………………………………………

devatâha < devatā + āha
devatā < devatā- < deva- + -tā：*f.* 天女。神性。神格者。「天」「諸天」「天神」と漢訳。*sg. Nom.*
āha < √ah-：言う。*Perf. 3, sg. P.*
akṣara-gaṇanā-saṃketâdhivacanam < akṣara-gaṇanā-saṃketâdhivacana- < akṣara-gaṇanā-saṃketa-adhivacana-：*n.* 文字や、数の決められた約束による表記。*sg. Nom.*
akṣara- < a-kṣara-：*adj.* 不壊の。「無窮尽」「無尽」と漢訳。*n.* 語。綴り。聖字 om。声。字。文書。
gaṇanā-：*f.* 〜の計算。思考。「算」「数」「算数」と漢訳。
saṃketa- < saṃketa-：*m.* 〜（属格）との約束。あらかじめ協定した記号。合図。一致。承諾。「仮名」「仮立」「仮説」「名字」「施設」「表示」と漢訳。
adhivacana- < adhi-√vac- (3) + -ana：*n.* 名称。名目。「言名」「名号」「別名」「異名」と漢訳。
adhi-√vac- (3)：〜（為格）のために弁ずる。〜を祝福する。
etad < etat + 母音 < etad-：これ。*n. sg. Nom.*
bhadanta-śāriputrâtītânāgata-pratyutpannā < bhadanta-śāriputra + atītânāgata-pratyutpannā
bhadanta-śāriputra < bhadanta-śāriputra-：*m.* 尊者シャーリプトラ。*sg. Voc.*
atītânāgata-pratyutpannā < atītânāgata-pratyutpannāḥ + 有声音 < atītânāgata-pratyutpanna- < atīta-anāgata-pratyutpanna-：*pp.* 過去・未来・現在の。*m. pl. Nom.*
atīta- < ati-ita- < ati-√i- (2) + -ta：*pp.* 過ぎ去れる。過去の。
anāgata- < an-ā-√gam- (1) + -ta：*pp.* 達せざる。未来の。
pratyutpanna- < prati-ud-√pad- (4) + -na：*pp.* 迅速な。現在する。現在の。
buddhā < buddhāḥ + 有声音 < buddha- < √budh- (1) + -ta：*pp.* 目覚めた（人）。*m.* ブッダ。「覚者」と漢訳。「仏陀」「仏」と音写。*m. pl. Nom.*

iti：*adv.* ～と。～ということを。以上のように。～と考えて。「如是」と漢訳。

na punar buddhā atītā vânāgatā vā vartamānā vā /　try-adhva-[83]samatikrāntā hi bodhiḥ /
(梵漢和維摩経 *p.* 312, *ll.* 12–13)

「さらに、ブッダたちは、過去のものでも、未来のものでも、現在のものでもありません。覚りは、実に〔過去・未来。現在の〕三世を超越したものです。
【「菩提に去・来・今有りと謂うには非ざるなり」】　　（大正蔵、巻一四、五四八頁下）

……………………………………………………………………………

na：*ind.* ～でない。～にあらず。
punar：*adv.* 再び。新たに。さらに。なお。しかしながら。
buddhā < buddhāḥ + 有声音 < buddha- < √budh- (1) + -ta：*pp.* 目覚めた（人）。*m.* ブッダ。「覚者」と漢訳。「仏陀」「仏」と音写。*m. pl. Nom.*
atītā < atītāḥ + 有声音 < atīta- < ati-ita- < ati-√i- (2) + -ta：*pp.* 過ぎ去れる。過去の。*m. pl. Nom.*
vânāgatā < vā + anāgatā
　anāgatā < anāgatāḥ + 有声音 < anāgata- < an-ā-√gam- (1) + -ta：*pp.* 達せざる。未来の。*m. pl. Nom.*
vā：*ind.* ～か。または。たとえ～であっても。
vartamānā < vartamānāḥ + 有声音 < vartamāna- < varta- + -māna < √vṛt- (1) + -māna：*A. 現在分詞,* 現在の。現存する。*n.* 現在。*m. pl. Nom.*
vā：*ind.* ～か。または。たとえ～であっても。

……………………………………………………………………………

try-adhva-samatikrāntā < try-adhva-samatikrāntā- < try-adhva-samatikrānta-：*adj.* 三世を超越している。*f. sg. Nom.*
　try-adhva-：*adj.* 「三世」と漢訳。
　try- < tri- + 母音：*基数詞,* 三。
　adhva- < adhvan-：*m.* 路。旅行。徘徊。距離。時。
　samatikrānta- < sam-ati-√kram- (1) + -ta：*pp.* 「出」「超」「過」「超過」「超越」と漢訳。
hi：*ind.* 真に。確かに。実に。
bodhiḥ < bodhi-：*f.* 覚り。「覚」「道」と漢訳。「菩提」と音写。*sg. Nom.*

api ca prāptaṃ sthavireṇârhattvam /
(梵漢和維摩経 *p.* 312, *ll.* 13–14)

「ところで、大徳〔シャーリプトラ〕は、阿羅漢の位に達しておられるのですか」
【天の曰く、「舎利弗よ、汝は阿羅漢道を得たるや」】　　（大正蔵、巻一四、五四八頁下）

……………………………………………………………………………

api：*adv.* また。さえも。されど。同様に。
ca：*conj.* および。また。しかしながら。そして。～と。なお。
prāptaṃ < prāpta- < pra-√āp- (5) + -ta：*pp.* 到達せられたる。獲得せられたる。～の心になった。*n. sg. Nom.*
sthavireṇârhattvam < sthavireṇa + arhattvam
　sthavireṇa < sthavira-：*adj.* 老いた。尊敬すべき。「大徳」「尊者」「上座」「長老」と漢訳。*m. sg. Ins.*
　arhattvam < arhattva- < arhat- + -tva：*n.* 阿羅漢の位。*sg. Nom.*

āha /　prāptam asaṃprāpti-kāraṇena /
(梵漢和維摩経 *p.* 312, *l.* 15)

〔シャーリプトラが〕言った。
「到達することのないという因によって到達したのだ」
【曰く、「無所得の故に得たり」】 （大正蔵、巻一四、五四八頁下）

………………………………………………………………………

āha < √ah-：言う。*Perf. 3, sg. P.*
prāptam < prāpta- < pra-√āp- (5) + -ta：*pp.* 到達せられたる。獲得せられたる。～の心になった。 *n. sg. Nom.*
asaṃprāpti-kāraṇena < asaṃprāpti-kāraṇa-：*n.* 到達することのないという因。*sg. Ins.*
asaṃprāpti- < a-saṃprāpti-：*adj.* 到達することのない。
saṃprāpti- < sam-pra-√āp- (5) + -ti：*f.* 到達すること。～（属格）の達成。獲得。
sam-pra-√āp- (5)：到達する。会す。獲得する。娶る。陥る。蒙る。
kāraṇa-：*n.* 原因。機会。動機。第一原因。「因」「作因」「能作」「因縁」と漢訳。

āha / evam evâbhisaṃbodhir anabhisaṃbodhi-kāraṇena /
（梵漢和維摩経 *p.* 312, *l.* 16）

〔天女が〕言った。
「まさにそのように、覚ることのないという因によって、覚りがあります」
【天の曰く、「諸の仏・菩薩も亦復（また）是くの如し。無所得の故に、而（しか）も得たるなり」】
（大正蔵、巻一四、五四八頁下）

………………………………………………………………………

āha < √ah-：言う。*Perf. 3, sg. P.*
evam：*adv.* このように。「是」「如是」と漢訳。
evâbhisaṃbodhir < eva + abhisaṃbodhir
eva：*adv.* さように。このように。まさに。実に。ただ。全くこのように。
abhisaṃbodhir < abhisaṃbodhiḥ + 有声音 < abhisaṃbodhi- < abhi-sam-√budh- (4) + -i：*f.* 「現等覚」「成正覚」と漢訳。*sg. Nom.*
anabhisaṃbodhi-kāraṇena < anabhisaṃbodhi-kāraṇa-：*n.* 覚ることのないという因。*sg. Ins.*
anabhisaṃbodhi- < an-abhisaṃbodhi-：*adj.* 覚ることのない。
abhisaṃbodhi- < abhi-sam-√budh- (4) + -i：*f.* 「現等覚」「成正覚」と漢訳。
kāraṇa-：*n.* 原因。機会。動機。第一原因。「因」「作因」「能作」「因縁」と漢訳。

§17 atha vimalakīrtir licchavir āyuṣmantaṃ śāriputram evam āha / dvānavati-buddha-koṭī-paryupāsitā bhadanta-śāriputrâiṣā devatâbhijñā-jñāna-vikrīḍitā praṇidhāna-samucchritā kṣānti-pratilabdhâvaivartika-samavasaraṇā praṇidhāna-vaśena yathêcchati tathā tiṣṭhati sattva-pari-pākāya[84] //
（梵漢和維摩経 *p.* 314, *ll.* 1–5）

§17 その時、リッチャヴィ族のヴィマラキールティが、尊者シャーリプトラにこのように言った。
「尊者シャーリプトラよ、この天女は、九十二・コーティもの〔多くの〕ブッダたちに親近し、神通の智慧により自在に振る舞い、誓願を満たし、〔無生法〕忍を得て、不退転〔の位〕に入っていて、衆生を成熟させるために誓願の力によって欲するままに、そのように〔天女として〕あり続けているのである。
【§17 爾（そ）の時、維摩詰（ゆいまきつ）は舎利弗に語れり。「是の天女は已曾（かつて）九十二億の仏を供養し已（おわ）りて、能（よ）く菩薩の神通に遊戯（ゆげ）す。所願具足（しょがんぐそく）して、無生忍（むしょうにん）を得、不退転に住せり。本願を以（もっ）ての故に、意に随いて能（よ）く現じて、衆生を教化（きょうけ）するなり」と。】 （大正蔵、巻一四、五四八頁下）

………………………………………………………………………

atha：*adv.* その時。その場合。さて。それ故。しかれば。しかしながら。しかも。
vimalakīrtir < vimalakīrtiḥ + 有声音 < vimalakīrti- < vimala-kīrti-：*m.* ヴィマラキールティ。汚

れのない名声を持つ（もの）。「維摩詰」「維摩」と音写。「浄名」「無垢称」と漢訳。*sg. Nom.*
licchavir < licchaviḥ + 有声音 < licchavi-：*m.* リッチャヴィ族。「梨車毘」「栗車毘」と音写。*sg. Nom.*
āyuṣmantaṃ < āyuṣmat- < āyus- + -mat-：*m.* 長寿の。健康の。「尊者」「長老」「具寿」と漢訳。*sg. Acc.*
śāriputram < śāriputra-：*m.* シャーリプトラ（シャーリーの息子）。「身子」と漢訳。「舎利弗」と音写。*sg. Acc.*
evam：*adv.* このように。「是」「如是」と漢訳。
āha < √ah-：言う。*Perf. 3, sg. P.*
……………………………………………………………………………

dvānavati-buddha-koṭī-paryupāsitā < dvānavati-buddha-koṭī-paryupāsitā- < dvānavati-buddha-koṭī-paryupāsita-：*adj.* 九十二・コーティものブッダたちに親近した。*f. sg. Nom.*
　dvānavati-：*基数詞,* 九十二。
　buddha- < √budh- (1) + -ta：*pp.* 目覚めた。*m.* ブッダ。「覚者」と漢訳。「仏陀」と音写。
　koṭī- ＝ koṭi-：*f.* 憶。兆。京。
　paryupāsita- < paryupāsaya- + -ta < pari-upa-√ās- (2) + -aya + -ta：*Caus. pp.* 参加された。目撃された。崇拝された。崇敬された。「親近」「恭敬供養」と漢訳。
bhadanta-śāriputrâiṣā < bhadanta-śāriputra + eṣā
　bhadanta-śāriputra < bhadanta-śāriputra-：*m.* 尊者シャーリプトラ。*sg. Voc.*
　eṣā < etad-：これ。*f. sg. Nom.*
devatâbhijñā-jñāna-vikrīḍitā < devatā + abhijñā-jñāna-vikrīḍitā
　devatā < devatā- < deva- + -tā：*f.* 天女。神性。神格者。「天」「諸天」「天神」と漢訳。*sg. Nom.*
　abhijñā-jñāna-vikrīḍitā < abhijñā-jñāna-vikrīḍitā- < abhijñā-jñāna-vikrīḍita-：*adj.* 神通の智慧により自在に振る舞う。*f. sg. Nom.*
　abhijñā- < abhi-jñā-：*f.* 記憶。思い出。「神通」「神力」と漢訳。
　jñāna- < √jñā- (9) + -ana：*n.* 知ること。知識。智慧。「闍那」と音写。
　vikrīḍita- < vi-√krīḍ- (1) + -ita：*pp.* 遊んだ。戯れた。*n.* 遊戯。運動。子どもの遊び。最も容易になされた行為。
praṇidhāna-samucchritā < praṇidhāna-samucchritā- < praṇidhāna-samucchrita-：*adj.* 誓願を満たしている。*f. sg. Nom.*
　praṇidhāna- < pra-ni-√dhā- (3) + -ana：*n.* 適用。使用。勉強。勤勉。「熱望」「誓願」と漢訳。
　samucchrita- < sam-ud-√śri- (1) + -ta：*pp.* 充分に上げられた／高められた。高い。「高」「高建」「高顕」と漢訳。
　ucchrita- < ud-√śri- (1) + -ta：*pp.* 上げられた。高められた。上がっている。直立した。高い。聳え立つ。増加された。
　ud-√śri- (1)：～（処格）にもたせかける。～に横たえる。～（処格）の上に拡げる。～に参入する。達する。（ある状態）に入る。
kṣānti-pratilabdhâvaivartika-samavasaraṇā < kṣānti-pratilabdhā + avaivartika-samavasaraṇā
　kṣānti-pratilabdhā < kṣānti-pratilabdhā- < kṣānti-pratilabdha-：*adj.* 〔無生法〕忍を得ている。*f. sg. Nom.*
　kṣānti- < √kṣam- (1) + -ti：*f.* 堪えること。認めること。「忍」「忍辱」「堪忍」と漢訳。
　pratilabdha- < prati-√labh- (1) + -ta：*pp.* 回復した。取り戻した。達した。得た。「獲得」「成就」と漢訳。
　avaivartika-samavasaraṇā < avaivartika-samavasaraṇā- < avaivartika-samavasaraṇa-：*adj.* 不退転〔の位〕に入っている。*f. sg. Nom.*
　avaivartika- < a-vaivartika-：*adj.* 後退することのない。退転しない。「不退転」「不退」と漢訳。
　samavasaraṇa- < sam-ava-√sṛ- (1) + -ana：*n.* 会うこと。集合すること。目的。目標。
　sam-ava-√sṛ- (1)：「入」「普入」「悉入」「趣入」と漢訳。

praṇidhāna-vaśena < praṇidhāna-vaśa-：*m.* 誓願の力。誓願の意志。*sg. Ins.*

　　praṇidhāna- < pra-ni-√dhā- (3) + -ana：*n.* 適用。使用。勉強。勤勉。「熱望」「誓願」と漢訳。

　　vaśa-：*m.* 意志。願望。欲望。力。支配。権威。主権。

yathêcchati < yathā + icchati

　　yathā：*conj.* ～のように。あたかも～のように。～と（that）。

　　icchati < iccha- < √iṣ- (6)：～（為格）を欲する。願う。希望する。*Pres. 3, sg. P.*

tathā：*adv.* そのように。同様な方法で。同様に。

tiṣṭhati < tiṣṭha- < √sthā- (1)：立つ。住する。とどまる。滞在する。*Pres. 3, sg. P.*

sattva-paripākāya < sattva-paripāka-：*m.* 衆生を成熟させること。*sg. Dat.*

　　sattva-：*m.* 「衆生」と漢訳。

　　paripāka- < pari-√pac- (1) + -a：*m.* 十分に煮られること。消化。熟すること。成熟。完全。

Devatā-Parivartaḥ Aṣṭhaḥ // （梵漢和維摩経 *p.* 314, *l.* 6）

〔以上が〕「天女」の章という〔名前の〕第六である。

【漢訳相当箇所なし】

……………………………………………………………………………

devatā-parivartaḥ < devatā-parivarta-：*m.* 「天女」の章。*sg. Nom.*

　　devatā- < deva- + -tā：*f.* 天女。神性。神格者。「天」「諸天」「天神」と漢訳。

　　parivarta-：*m.* 章。「品」と漢訳。

ṣaṣṭhaḥ < ṣaṣṭha-：*序数詞,* 第六の。*m. sg. Nom.*

第6章　訳注

---

1 本章のタイトルは、貝葉写本では devatā-parivartaḥ（天女の章）で、チベット語訳も「天女の章」を意味する lha mo'i le'u となっている。これは、本章の後半部に天女が登場することからの命名である。ところが、漢訳ではいずれも本章の冒頭で「衆生」をどのように観るかということが話題になっていることから、「観人物品」（支謙訳）、「観衆生品」（鳩摩羅什訳）、「観有情品」（玄奘訳）となっている。これは、男尊女卑の著しい儒教倫理の中国社会を考慮して、男性出家者のシャーリプトラをやりこめる「天女」を章の名前からはずした訳にしたのであろうか。

2 筆者が「泡沫の過去世」と訳した箇所は、貝葉写本では phena-piṇḍasya pūrvântaḥ となっている。phena-piṇḍasya（< phena-piṇḍa-）は、phena-（泡沫）と piṇḍa-（塊）の複合語の男性・単数・属格で、pūrvântaḥ（< pūrva-anta-）は、pūrva-（以前の、昔の、最初の）anta-（端、限界、極限）の複合語の男性・単数・主格で「過去世」と漢訳されてきた。

チベット語訳は、次のようになっている。

dbu ba rdos pa'i sngon gyi mtha' lta bur（現れた泡沫である過去世のごとき）

sngon gyi mtha' は、通常「過去世」と訳されるが、中公版は、次のように訳している。

「水の泡だつ最初の瞬間」（中公版、*p.* 98）

漢訳では、支謙訳に対応語はなく、鳩摩羅什訳は「水聚沫」と述べるのみで、pūrvântaḥ に相当する語が見当たらない。玄奘訳は「水聚沫所有前際」と、「過去世」を意味する「前際」という語を用いていて、筆者の訳と同趣旨になっている。

3 筆者が「例えば、〔茎が空虚である〕芭蕉（バナナ）〔の幹〕に〔堅い〕芯を観るように」と訳した箇所の原文は、

①tad yathā... kadalyāḥ sāra-darśanam

tad yathā は「例えば〜のように」を意味し、kadalyāḥ は女性名詞 kadalī-（芭蕉）の単数・属格で、sāra-darśanam（< sāra-darśana-）は、sāra-（堅固さ、芯）と darśana-（見ること）の複合語の中性・単数・主格で「〔堅い〕芯を観ること」を意味する。従って、①は「例えば、芭蕉の〔堅い〕芯を観るように」と訳される。芭蕉（バナナ）の木の茎のような部分は偽茎（仮茎）と呼ばれ、実際には、葉鞘(ようしょう)が幾重にも重なりあったものであり、葉鞘をむいていっても固い幹は何も出てこない。そのために、仏典ではしばしば空虚なものの例えとして用いられる。

ところが、中公版では、これを次のように訳している。

②「芭蕉の木芯（の空虚であるの）を見るように」（中公版、*p.* 98）

sāra-darśanam の sāra- には、「堅固さ」以外にも「芯」という意味がある。しかし、その訳を採用すると、②は「芭蕉の芯が空虚である」という当たり前のことを言っていることになる。この前後の文章は、「存在しないもの」をあるかのように見ることが語られているところである。従って、芭蕉にあるはずのない「堅固さ」を観るという意味にするべきで、筆者の訳となった。

チベット語訳は、次のようになっている。

'di lta ste dper na chu shing la snying po lta ba ltar（このように、例えば、芭蕉に核を見るように）

4 saṃsthitir は、貝葉写本と VKN. では saṃkrāntiḥ となっている。筆者は、次の注5に述べる理由により改めた。

5 筆者が「例えば、〔瞬間的に閃く稲光の〕閃光のある〔はずのない〕永続性のように」と訳した箇所の原文は、次の通りである。

tad yathā... vidyutaḥ saṃsthitir

saṃsthitir（< saṃsthiti-）は、貝葉写本と VKN. では saṃkrāntiḥ となっている。saṃkrāntiḥ（< saṃkrānti-）は「入ること」「移転」「伝達」「通路」といった意味だが、衆生を見ることを「電光の移転／伝達のように」と表現してもその譬喩の意味がよくわからない。ところが、鳩摩羅什訳には「電の久住の如く」とある。瞬間的に閃(ひらめ)いては消える電光が永続するかのようにという意味である。これは、他の箇所と同様に、あり得ないもの／ことを例示していることになり、この用法が納得がいく。また、仏典で「電光」は「はかないもの」の譬えとして用いられるのが通例である。従って、筆者は saṃkrāntiḥ を「継続」「持続」の意味がある saṃsthitir に改めた。

チベット語訳からの現代語訳である中公版は「電光(いなびかり)のきらめきのように」（中公版、*p.* 98）と訳しているが、「電光のきらめき」のどういう点を譬喩しているのか不明である。これは、チベット語訳が、貝葉写本と同趣旨の、

dper na glog gi 'pho ba ltal（雷光の移動／進路のように）

となっていて、譬喩の内容が不自然と考えて、ぼかされたのであろう。

この一節の対応箇所は、支謙訳にも、玄奘訳にも見当たらない。

6 貝葉写本とチベット語訳には、存在するはずのないものとして、第七の感覚器官（saptamam āyatanam）を挙げるのみだが、鳩摩羅什訳では、「第六陰」「第七情」「十三入」「十九界」、玄奘訳では表現は異なるが同じ内容の「第六蘊」「第七根」「十三処」「十九界」を挙げている。これは、仏教で説く「五陰」（五蘊）、「六根」（六情）、「十二入」（十二処）、「十八界」のそれぞれに一つ多いものであり、非実在のものを意味している。支謙訳には、これらのいずれも挙げていない。

7 筆者が「焼かれた種子」と訳した箇所は原文では paritaptānāṃ bījānām となっている。paritaptānāṃ（< paritapta-）は、「焼く」という意味の動詞 pari-√tap-(1) の過去受動分詞である。ところが、チベット語訳からの現代語訳である中公版は「腐敗した種子」（中公版、*p.* 98）と訳している。そのチベット語訳は次のようになっている。

①sa bon **brdos** pa las myu gu ’grub pa ltar

ところが、brdos という語の意味が不明である。これは、「チベット文字の d と ng は非常に形が似ているので誤写されることが大いにあり得るので、brdos は brngos（調理された、焼かれた、炒られた、煮られた）の誤写ではないか」という佐々木一憲氏の意見が説得力を持つ。

その見解に基づいて、①を改めると次のようになる。

①’ sa bon **brngos** pa las myu gu ’grub pa ltar（焼かれた種子から芽が出るように）

そうすると、次の漢訳とも一致する（支謙訳に対応語はない）。

「焦穀」（鳩摩羅什訳）

「燋敗種」（玄奘訳）

ラモット博士の著書の英語版 *Teaching of Vimalakīrti*, *p.* 154 では、チベット語訳から out of a rotten seed（腐敗した種子から）と英訳され、ラモット博士はサンスクリットの原語を pūtikabījād（< pūtikabījāt < pūtikabīja-）と推定している。その根拠として、第 5 章 § 19（*Teaching of Vimalakīrti*, *p.* 149）でサンスクリットの原語を dagdhapūtikabīja と推定した上で a burnt and rotten seed（焼かれて腐敗した種子）と英訳したことを挙げ、さらに、その根拠として『テーラ・ガーター』の第 363、383 偈に bījaṃ va pūtikaṃ、『アングッタラ・ニカーヤ』（I, *p.* 153; III, *p.* 404）に bījāni... apūtīni とあることを参考にされたようである。

ところが、『維摩経』の貝葉写本では、第 5 章 § 19 でも、ここでも、それぞれ、

dagdha-vinaṣṭāni... bījāny（焼かれて芽を出すことのない種子）

paritaptānāṃ bījānām（焼かれた種子）

となっており、pūtika-（腐敗した）という単語は必要ないようである。

8 kūrma-roma-prāvāra（< kūrma-roma-prāvāraḥ + a 以外の母音）は、貝葉写本では maṇḍūka-roma-pracāra となっているが、VKN. はこれを maṇḍūka-roma-pravāraḥ と校訂している。筆者は、次の注に述べる理由で両者をさらに改めた。

9 筆者が「亀の毛で作った衣服のように」と訳した箇所は、貝葉写本と VKN. では、それぞれ次のようになっている。

①yathā... maṇḍūka-roma-pracāra（貝葉写本）

②yathā... maṇḍūka-roma-pravāraḥ（VKN.）

①の中の maṇḍūka-roma-pracāra は、maṇḍūka-（蛙）、roma-（毛）、pracāra（< pracāra-, 散歩）の複合語だが、「蛙の毛」と「散歩」とが結びつかず、これでは全く意味をなさない。そこで pracāra は、VKN. によって②のように pravāraḥ（< pravāra-）と改められた。ところが、pravāra- は「覆い」「毛布」という意味で、②は次のような訳になる。

「蛙の毛で作った覆い／毛布のように」

ところが、後に述べるように、チベット語訳、およびその現代語訳である中公版では「衣服」「着物」、玄奘訳でも「衣服」とある。従って、筆者は、さらに pravāraḥ を prāvāraḥ（< prāvāra-, 衣服）に改め、次に a 以外の母音があるので prāvāra とした。

また、蛙に毛は生えておらず、これは現実に存在しないものを譬えたものである。ところが、仏典ではそのようなものを譬えるのに、「兎の角」「亀の毛」などを用いるのが一般的である。従って、筆者はさらに②を次のように改めた。

③yathā... kūrma-roma-prāvāra（亀の毛で作った衣服のように）

チベット語訳、およびその現代語訳である中公版、そして漢訳は次の通りである（支謙訳と鳩摩羅什訳には対応箇所なし）。

sbal pa’i spu’i gos ltar（蛙の毛の衣服のように）

「亀の毛でつくった着物のように」（中公版、*p.* 98）

「亀の毛等もて作る所の衣服を観る」（玄奘訳）

中公版も、チベット語訳が「蛙の毛」となっているのを「亀の毛」と改めている。玄奘訳を参考にされたのであろう。

10 筆者が、「例えば、死亡した人にとっての、〔あるはずのない〕愛欲と遊びの喜びのように」と訳した箇所の原文は、次の通りである。

①tad yathā... mṛtasya kāma-krīḍā-ratir

冒頭の tad yathā は、「例えば、それは〜のような」を意味する。mṛtasya は、「死ぬ」という意味の動詞 √mṛ- (1) の過去受動分詞で、「死んだ〔もの〕」「死亡した人」という意味の男性・単数・属格である。その「死亡した人」に属するはずのないものとして論じられているのが、女性・単数・主格で示された kāma-krīḍā-ratir（< kāma-krīḍā-rati-）である。これは、kāma-（愛欲）、krīḍā-（遊び）、rati-（楽しみ）の複合語で、「愛欲や遊びの楽しみ」という意味になる。こうして、①は、次のように訳される。

「例えば、死亡した人にとっての愛欲と遊びの喜びのように」

さらに、「死亡した人」にとって「愛欲と遊びの喜び」はあり得ないものであるということを強調して、筆者は〔　〕内に「あるはずのない」という一節を補った。

ところが、中公版は、①に相当する箇所を次のように訳している。

「まさに死なんとする者が嬉戯するように」（中公版、*p.* 98）

これでは、まだ亡くなっていないことになってしまう。

そこで、チベット語訳を見てみると、次のようになっている。

shi ba 'dod pa'i rtsed mo la dga' ba ltar（死者が欲望という楽しみに歓喜するように）

shi ba は「死者」であり、「まさに死なんとする者」ではない。ここは、'dod pa（欲望）は rtsed mo（楽しみ）と属格助詞 'i で結ばれているところだが、中公版は shi ba を 'dod pa の目的語と見なして、「死ぬことを望む人の楽しみを歓喜するように」とでも考えられたのであろうか。

ここは、「あるはずのないもの」を列挙しているところだが、「まさに死なんとする者が嬉戯する」ことは全くないとは言えない。喜びと満足感に包まれて亡くなる人もいるはずだ。だから、中公版の訳し方は、この前後の文脈にはそぐわないといえよう。

漢訳は、次の通り（支謙訳と鳩摩羅什訳はなし）。

「夭没者の欲・戯・楽を受くる」（玄奘訳）

これは、「夭」（若い）という文字が入っている点で、貝葉写本やチベット語訳とは異なっているが、「没」（亡くなっている）という点では同じである。

11 mañjuśrīr は、貝葉写本では mañjuśrīḥr となっている。mañjuśrīḥ と書いて、次に母音が来るので ḥ を r にすべきだと気づき、r を書き足した後、ḥ を消し忘れたのであろう。

12 mañjuśrīr は、貝葉写本では一旦 maṃjuśrīḥ と書いた後で、ḥ を消して r を書き足している。次に母音が来ることに気づいてからの対処であろう。

13 以上の預流（須陀洹）・一来（斯陀含）・不還（阿那含）・阿羅漢については、貝葉写本、チベット語訳、玄奘訳にはすべて挙げられているが、鳩摩羅什訳には一来（斯陀含）が欠落している。支謙訳では「真人」、すなわち阿羅漢に言及しているのみである。

14 筆者が「貪愛・憎悪・迷妄」と訳した箇所の原文は rāga-doṣa-moha-となっている。doṣa- は、「欠点」「過失」といった意味だが、rāga-（貪愛）と moha-（迷妄）に挟まれた複合語では、一般に doṣa- ではなく、dveṣa-（憎悪）が用いられ、「貪・瞋・癡の三毒」を意味する。doṣa- は、dveṣa- の俗語的な用法である。

15 [　] 内の mañjuśrīḥ は、貝葉写本にはないが、この前後の文章はすべて、tad yathā mañjuśrīḥ で始まっているので、それにそろえた。

16 筆者が「例えば、如来によって化作された人にとっての、生ずるはずのない諸の煩悩のように」と訳した箇所は、チベット語訳と、鳩摩羅什訳に対応箇所が見られるが、支謙訳と玄奘訳には見られない。

「如来が化作した者には生じないはずの煩悩のように」（中公版、*p.* 99）

「化人の起こせる煩悩の如く」（鳩摩羅什訳）

17 「滅度せる者の身を受くるが如く」に相当する文章は、貝葉写本とチベット語訳では三つ後の例として出てくる。

18 チベット語訳、およびその現代語訳である中公版と玄奘訳には、この文章の後にそれぞれ次の一節が入っている。貝葉写本と支謙訳、鳩摩羅什訳には見られない。

'jam dpal de lta bur yang dag pa nyid bdag med par rab tu rtags pas byang chub sems dbas sems can thams cad la so sor btag go// （マンジュシリーよ。そのように、真実は非我であると考察することを通じて、菩薩は一切衆生を個別観察するのです）

「マンジュシリーよ、このように真実には無我であることを知って、菩薩はあらゆる衆生を観察します」（中公版、*p.* 99）

「是くの如く菩薩は、正しく一切有情を観察すべし。所以は何ん。諸法は本空にして真実に無我にして有情無き故に」（玄奘訳）

19 anupādānatayā は、貝葉写本と VKN. では anutpādanatayā となっているが、チベット語訳が len pa となっていることに注目した佐々木一憲氏の指摘によって改めた。詳細は、三つ後の注 22 を参照。

20 yathāvad-maitrī **try**-adhva-samatayâvirodha-maitry（< yathāvad-maitrī try-adhva-samatayā + avirodha-maitry）は、yathāvata maitry ardhva-samatayā avirodha-maitrī となっている。このうち、yathāvad-maitrī try-adhva-samatayā（三世にわたって平等であることによって理にかなった慈しみ）に対する yathāvata maitry ardhva-samatayā について検討する。

貝葉写本の yathāvata maitry に対応する箇所の漢訳は、「等の慈」（支謙訳、鳩摩羅什訳）、「如実の慈」（玄奘訳）となっていて、yathāvat と maitrī の複合語としたほうがよいであろう。次の try-（三）のない ardhva-samatayā に対応する箇所の漢訳は、「三世に等し」（鳩摩羅什訳、玄奘訳）とあり、貝葉写本にない tri-（三）を補足して try-adhva-samatayā に改めた。ただし、支謙訳のみ「三塗に等し」と異なっている。三塗とは、地獄・餓鬼・畜生の三悪道のことである。

21 ātma-para-rakṣaṇatayā は、貝葉写本と VKN. では ātmaparākṣaṇyanatayā（< ātma-para-akṣaṇyana-tā-）となっているが、六つ後の注 27 に述べる理由によって改めた。

22 筆者が、「〔外界の対象に〕取著（取）することがないことによって、寂滅した慈しみが〔生じ〕」と訳した箇所は、貝葉写本と VKN. では、次のようになっている。

①upaśama-maitry **anutpādanatayā**

初めの upaśama-maitry（< upaśama-maitrī + 母音 < upaśama-maitrī-）は、upaśama-（寂滅）と maitrī-（慈しみ）の複合語で、「寂滅した慈しみ」ということであろう。次の anutpādanatayā（< anutpādanatā-, 生ずることがないこと）は、「生ずる」という意味の動詞 ud-√pad-(4) から作られた中性名詞 utpādana- に否定の接頭辞 an- を付け、さらに女性の抽象名詞を作る接尾辞 -tā を付けたものの単数・具格である。意味は「生ずることがないことによって」となる。従って、①は次のように訳すことができる。

「**生ずることがない**ことによって、寂滅した慈しみが〔生じ〕」

ところが、チベット語訳、およびその現代語訳である中公版、そして漢訳は次のようになっている（支謙訳には見当たらず）。

len pa med pa'i phyir nye bar zhi ba'i byams pa'o// （**把捉すること〔取〕がない**ため、寂静なる慈しみ〔を持つ者〕なのである）

「それは**執着がない**から、寂静な慈しみであり」（中公版、*p.* 99）

「寂滅の慈を行ず、**所生無き**が故なり」（鳩摩羅什訳）

「是くの如く菩薩は寂滅の慈を修す、諸の**取無き**が故なり」（玄奘訳）

以上の訳は、次の二つのグループに分類される。

(1) チベット語訳と玄奘訳のように、「把捉（取）がない」「取がない」とするもの。

(2) 貝葉写本と鳩摩羅什訳のように、「生ずることがない」「所生無き」とするもの。

ここで疑問となるのは、(2) の場合、「何を」生ずることがないのか、曖昧であることである。それに対して、(1) にはすべて「取」という文字が含まれている。チベット語訳でも、それは len pa と訳されているが、これは十二支縁起で第九番目の「取」の訳語である。それは、「〔外界の対象に〕取著（取）すること」であり、こちらのほうが (2) よりも具体的である。それは、サンスクリット語の upādāna- の翻訳語である。これに否定の接頭辞 an- を付け、さらに女性の抽象名詞を作る接尾辞 -tā を付けたものの単数・具格の形にすると、anupādānatayā となる。

佐々木一憲氏は、以上のチベット語訳について検討し、anupādānatayā と anutpādanatayā が類似していることを指摘され、後者は、前者の誤記ではないかとされた。筆者は、佐々木氏の意見を採用し、①を次のように改めた。また、十二支縁起の「取」には、「外界の対象に取著（取）すること」という意味があるので、現代語訳にはそれを生かした。

②upaśama-maitry **anupādānatayā**（**〔外界の対象に〕取著（取）すること**がないことによって、寂滅した慈

しみが〔生じ〕）

以上の考察から、原型は②の anupādānatayā であったが、書写の際、anutpādanatayā と誤記され、それが、鳩摩羅什訳の底本と貝葉写本に反映されているといえよう。

23 筆者が「あるがままの慈しみ」と訳した箇所は、貝葉写本では yathāvata maitry となっている。この箇所のチベット語訳、中公版、そして漢訳は、次のようになっている。

ci bzhin pa nyid kyi 'byams pa（実態に即した慈悲）
「如実の慈しみ」（中公版、*p.* 100）
「等の慈」（鳩摩羅什訳）
「如実」（玄奘訳）

チベット語の ci bzhin pa nyid は、サンスクリットの yathāvat に対応する術語であり、「如実」「あるがまま」という意味である。従って、yathāvat と maitrī の複合語 yathāvad-maitrī に改めた。

鳩摩羅什訳のみが、他と異なっているのは、写本の違いによるのか。

24 筆者が「対立のない慈しみ」と訳した箇所は、貝葉写本では avirodha-maitrī となっているが、次に母音があるので avirodha-maitry に改めた。

チベット語訳、および中公版、漢訳は次のようになっている。

'gal ba med pa'i byams pa（対立のない慈悲）
「妨害されることのない慈しみ」（中公版、*p.* 100）
「無諍の慈」（支謙訳、鳩摩羅什訳）
「不違の慈」（玄奘訳）

'gal ba は「対立」「矛盾」に相当する語であり、漢訳を考慮しても、中公版のように「妨害」と訳すのはいかがなものか。

25 筆者が「〔無を有であると固執する〕誤認（増益（ぞうやく））のない慈しみ」と訳した箇所の原文は、asamāropa-maitry（< asamāropa-maitrī）である。asamāropa- は、動詞 sam-ā-√ruh- (1) に名詞を作る接尾辞 -a をつけ、さらに否定を意味する接頭辞 a をつけたもので、a- のない samāropa- は、仏典では「無いものを有ると固執し誤認すること」という意味で、「増益」と漢訳されている。

チベット語訳、中公版、そして漢訳は次のようになっている。

sgro btags pa med pa'i byams pa'o /（増益されたもののない慈悲である）
「（偏頗な）付加物のない慈しみ」（中公版、*p.* 100）
「無等の慈」（鳩摩羅什訳）
「無偏の慈」（玄奘訳）

鳩摩羅什訳だけ異なっているのは、asamāropa- を a-sama-（等しくない）と āropa-（< ā-√ruh- (1) + -a, 帰すること）の複合語と考えたからであろう。

26 「教師の握り拳がない」ということは、歴史上の人物としての釈尊が語っていたことであり、原始仏典に「私には教師の握り拳（ācariya-muṭṭhi）はない」という釈尊の言葉が記録されている。それは、握り拳の中に隠すようにして秘密のうちにこっそりと、気に入った弟子にしか奥義を教えなかったバラモンたちとの違いを釈尊自らが鮮明にした言葉である。この言葉が出てくる原始仏典としては、次のものを挙げることができる。

①*Dīgha-nikāya*, vol. II, P.T.S., London, 1903, *p.* 100, *l.* 4.
②*Jātaka*, vol. II, P.T.S., London, 1879, *pp.* 221, 250.
③*Milinda-pañha*, P.T.S., London, 1880, *p.* 144.

①に含まれる *Mahāparinibbāna-suttanta* は、中村元博士により『ブッダ最後の旅』（岩波文庫）として翻訳されていて、入滅を間近にした釈尊にアーナンダ（阿難（あなん））が最後の教えを求めたことに対する次の答えの中に「教師の握り拳」ということが出てくる。

「アーナンダよ、修行僧たちはわたくしに何を期待するのであるか？　わたくしは内外の隔てなしに（ことごとく）理法を説いた。完（まった）き人の教えには、何ものかを弟子に隠すような教師の握拳（にぎりこぶし）は存在しない」（*p.* 62）。

27 筆者が「自他ともに護ることによって」と訳した箇所は、貝葉写本と VKN. では次のようになっている。

ātmaparākṣaṇyanatayā（< ātma-para-akṣaṇyana-tā-）

ātma-para- は「自他」だが、akṣaṇyana- の意味が不明である。チベット語訳からの現代語訳である中公版は「自他をともにまもる」（中公版、*p.* 100）、支謙訳は「彼我皆護」、鳩摩羅什訳は「彼我を護る」、玄奘訳は「自他を護る」となっていて、akṣaṇyana- の相当箇所はすべて「護る」という訳になっている。É・ラモット博士は、英語の protects に相当するサンスクリットの pālayati という動詞を当てているが、akṣaṇyana- とは似ても似つかない。

ここで困っていると、かつて、八月下旬のインドでアグラからニュー・デリーまで移動する列車で、筆者の隣りの席に坐っていた白ひげの男性のことを思い出した。その男性は、右の手首にリボンのようなものを巻いていた。それは、ラクシャー・バンダン（rakṣā-bandhan）という祭りで男性が手首に着けるものだと聞いた。神妃が夫の手首にラクシャー（お守り）を着けて、夫が悪魔を倒すのを助けたという神話に基づく。そのラクシャー（rakṣā）は、「護る」という意味の動詞 √rakṣ- (1) に女性名詞を作る接尾辞 -ā を付けた rakṣā- のことである。このことが記憶に残っていて、ここは √rakṣ- (1) の派生語に違いないと考えた。経典を書写する際に、√rakṣ- (1) に中性名詞を作る接尾辞 -ana を付けた rakṣaṇa- に、さらに女性の抽象名詞を造る接尾辞 tā をつけた rakṣaṇatā の単数・具格 rakṣaṇatayā を写し間違えたのだと考えて、ātma-para-akṣaṇyanatayā を ātma-para-rakṣaṇatayā と改めた。意味は「自他ともに護ることによって」となる。これによって、すべての漢訳とも一致して、問題解決できた。

あのラクシャー・バンダンの祭りの日に、ラクシャーを手首に着けたあの老人と同じ列車に乗り合わせていなければ、この問題を解決することはできなかったのではないか。そう思うと不思議でならない。あのラクシャーに私も護られたのであろうか。詳細は、拙著『人間主義者、ブッダに学ぶ　インド探訪』（学芸みらい社）を参照。

28 「意向の本性によって偽りのない慈しみが〔生じ〕」と筆者が訳した箇所は、原文では aśāṭhya-maitry āśayatayā となっている。aśāṭhya-maitry（< aśāṭhya-maitrī-）は、「詐欺」「偽り」「不正直」という意味の aśāṭhya- と「慈しみ」を意味する maitrī- の複合語である。āśayatayā は、女性名詞 āśayatā- の単数・具格である。āśayatā- は、āśaya-（意向）に女性の抽象名詞を作る接尾辞 -tā をつけたもので、「意向の本性」「意向を意向たらしめるもの」という意味になる。従って、筆者の訳になる。

ところが、チベット語訳、およびその現代語訳である中公版は次の通り。

bsam pa thag pa nas byed pa phyir g-yo med pa'i byams pa'o /（意図を消して行われるが故に、不動の慈悲である）

「心底から行なうから、虚偽のない慈しみであり」（中公版、*p.* 100）

チベット語訳は、サンスクリットとあまり対応していないようだ。bsam pa が「意図」（āśaya）、thag pa が「消して」に、byed pa が「行う」に対応している。貝葉写本の śāṭhya-（偽り）の部分は、チベット語訳の g-yo med「不動」「揺るぎない」になってる。以上のことから、中公版のような訳は出てこない。中公版は、意訳であろう。

29 iyaṃ（女性・単数・主格）は、貝葉写本では男性・単数・対格の imaṃ となっているが、mahā-maitrī に合わせて女性・単数・主格に改めた。

30 dattvâttamanā（< dattvā + āttamanā）は、貝葉写本では datvā āttamanā となっているが、VKN. は datvāttamanā（< datvā + āttamanā）と改めている。VKN. は、貝葉写本の二語を連声させているのだが、datvā は「与える」という意味の動詞 √dā- (3) の絶対分詞 dattvā の誤りであり、筆者は改めた。

31 筆者が「生存領域の循環（輪廻）に対する恐怖にとらわれている〔菩薩〕は、何を得るべきでしょうか」と訳した箇所は、原文では、次のようになっている。

saṃsāra-bhaya-bhītena kiṃ pratipattavyam

初めの saṃsāra-bhaya-bhītena（< saṃsāra-bhaya-bhīta-）は、saṃsāra-（生存領域の循環）、bhaya-（恐怖）、bhīta-（恐怖にとらわれる）の複合語の男性・単数・具格である。この具格は、省略されている bodhi-sattvena とともに、未来受動分詞 pratipattavyam（得られるべき）の動作主を示している。

ところが、チベット語訳からの現代語訳である中公版は、

「生死輪廻におそれをいだくばあいは、何によるべきですか」（中公版、*p.* 101）

としているが、具格の解釈としては、いささか無理がある。

チベット語訳と漢訳は、次の通りである。

'khor ba'i 'jigs pas skrag pa kang la brten par bya /（輪廻の恐怖を恐れている〔者〕は、何に依拠すべきか？）

「生死に畏れ有る菩薩は、当（まさ）に何を所依とすべきや」（鳩摩羅什訳）

チベット語訳も、鳩摩羅什訳も、具格を動作主として訳していて、筆者と同じである。

32 筆者が「何のために」と訳した箇所の原文は kutra となっている。これには、「どこに」という意味もある。二つ前の文章では、「どこに」の意味で用いられていた。それは、その答えに、場所を示す処格の sarva-sattva-samatāyāṃ（< sarva-sattva-samatā-）が用いられていて、「一切衆生が平等であることに（立つべきです）」となっているからである。ところが、この文章の問いに対する答えでは、為格の sarva-sattva-pramokṣāya（< sarva-sattva-pramokṣa-）が用いられていて、「一切衆生の解脱のために」となっている。従って筆者は、質問の表現も、これに合わせて「何のために」とすべきであると考えた。二つ前の文章で、「どこに」を問い、ここでは鉾先（ほこさき）を変

えて「何のために」と問うているのである。

チベット語訳からの現代語訳である中公版は、「どこに」（中公版、*p.* 102）としている。二つ前の文章では「なんのなかに」として、表現を変えてはいるが処格であり、「どこに」と大して変わりはなかった。そこは、それでよかったが、この質問に対する答えを中公版は、次のように訳している。

「あらゆる衆生が解脱することを目標にしながら（いるべきです）」（中公版、*p.* 102）

これは、「どこに」という問いへの答えになっていない。この部分の原文は既に述べたように、sarva-sattva-pramokṣa-（一切衆生の解脱）の為格であって、「〜のために」とは訳せても、「〜しながら」という訳は出てこない。

果たして、チベット語訳はどうなっているのか。それは次の通りである（この文章に相当する箇所は、いずれの漢訳にも見られない）。

①sems can thams cad la snyams par gnas par 'dod pas **gang la** gnas par bya /（一切衆生に対して平等に住しようと望む者は、**どこに／何のために**住するべきか？）

サンスクリット語の kutra に対応する箇所は、gang la となっている。gang la の la は基本的に処格を表わす la-ton 助詞である。la-ton 助詞は、動詞との組み合わせによっては、為格の意味になることもありえる。

ちなみに、この質問に対する回答では、

thar bar bya ba'i phyir（解脱させるために）

と、「場所」ではなく、「目的」を表わす為格になっている。従って、①の gang la は「何のために」という意味で用いられていると考えることができよう。これは筆者の訳を裏付けるものである。

33 [　] 内の sattva- は、貝葉写本には存在しないが、鳩摩羅什訳に「一切衆生」、玄奘訳に「一切有情」とあるので補った。

34 筆者が「勝れた自分の身体を現わしてから」と訳した箇所の原文は、次の通り。

audārikam ātma-bhāvaṃ saṃdarśya

チベット語訳、およびその現代語訳である中公版、そして漢訳では次のようになっている。

bdag gi lus **rags pa** bstan nas（自らの**粗大な**身体を現して）

「自分の**実際の**身体をあらわして」（中公版、*p.* 103）

「其（そ）の**天の**身を現ぜり」（支謙訳）

「便ち其の身を現ぜり」（鳩摩羅什訳、玄奘訳）

身体を修飾する audārikam に相当する語が、チベット語訳で rags pa（粗大な）、支謙訳で「天の」と異なっているのに対して、鳩摩羅什訳と玄奘訳では「身」に対する修飾語はない。

audārikam（< audārika- < udāra- + -ika）は、アビダルマ以来の伝統では、一般に sūkṣma（微細な）の対義語として「粗大な」の意味で使われることが多い。例えば、天人の微細・精密な精神的な身体に対して、物質的な身体、肉体を指して「粗大な身」というように用いられる。チベット語では、その意味で rags pa（粗大）で訳している。眼に見えない状態であった天女の身体を sūkṣma（微細な）なものとする前提があって、眼に見える肉体となった天女の身体を audārikam（粗大な）としているのであろう。

ところが、チベット語訳からの現代語訳である中公版は、天女の身体を「粗大な」と訳すのに抵抗を感じられたのか「実際の」と訳されている。支謙訳では、この一節の次に「天の華」とあるのに合わせたのか「天の身」とし、鳩摩羅什訳と玄奘訳では、底本に audārikam という語がなかったのか、あるいは「粗大な」という訳に違和感を感じられたのか、ただ「其（そ）の身」と訳している。

「梵和大辞典」によると、audārika- は漢訳では、「広大」「大身」「麤」「大概」と漢訳されている。そのいずれも、智慧第一とされたシャーリプトラ（舎利弗（しゃりほつ））をやりこめてしまう天女の身体を表現するものとして、ここでは、ふさわしくないように思われる。そこで audārika- が、udāra- という形容詞の派生語であることから考え直してみると、udāra- には、「高揚した」「名高い」「勝れた」「威厳のある」「快い」「すこぶる大なる」という意味がある。筆者は、このうちの「勝れた」にちなむ語として訳すことにした。

35 patitāni（< patita- < $\sqrt{}$pat + -ita, 落ちた）は、貝葉写本で pratiṣṭhitāni（留まった）となっているが、チベット語訳、およびその現代語訳である中公版、そして漢訳では次のようになっている。

lhung（落ちた）

「落ちた」（中公版、*p.* 103）

「堕落」（鳩摩羅什訳、玄奘訳）

VKN. はチベット語訳と漢訳を挙げて、patitāni（落ちた）であった可能性を指摘しているが、本文を改めるまでには至ってない。筆者は、この文章と対になっている後続の文章で patitāni が用いられていることも考慮して

patitāni に改めた。

√pat を鳩摩羅什は「堕落」と漢訳したが、それは「おちる」という意味の二つの漢字を重ねたもので、単に「落ちる」という意味にすぎない。日本語の「身を持ち崩す」という意味の「堕落」とは異なっていることに注意しなければならない。岩本裕訳『法華経』上巻（岩波文庫、*p.* 211）に、その誤解が見られた（拙著『仏教、本当の教え——インド、中国、日本の理解と誤解』、*pp.* 115–116 参照）。

36 この文章の原文は、次の三つの要素からなっている。

①abhyavakīrṇānāṃ ca tatra（そこに〔花々が〕振り撒かれて後、）

②yāni bodhi-sattvānāṃ kāye puṣpāṇi patitāni（菩薩たちの身体に落ちてきたところの花々、）

③tāni dharaṇi-tale patitāni（それら〔の花々〕は地面に落ちた）

①の abhyavakīrṇānāṃ は、過去受動分詞 abhyavakīrna- の中性・複数・属格で、中性・複数・属格の名詞 puṣpāṇāṃ が省略されていると考えれば、属格の絶対節をなしていることになる。

②は、関係代名詞 yāni に導かれた関係節で、③が相関詞 tāni によって導かれた相関節である。

この箇所のチベット語訳、およびその現代語訳である中公版は次のようになっている。

gtor ba dang byang chub sems dpa' rnams kyi lus la me tog gang bab pa de dag ni sa la lhung te /（振りまかれて、菩薩たちの身体に降ってきた花、それらは地面に落ちた）

「すると、菩薩たちの身体にふりかかった花は地に落ちた」（中公版、*p.* 103）

チベット語訳で、冒頭の gtor ba（振りまかれて）の後に英語の and に相当する dang があるのは、①が絶対節になっていることを意識したものであろう。

ところが、中公版は「振りまかれて」「降ってきた」の部分を合わせて「ふりかかった」と訳しているのに気がつく。「ふりかかった花」と訳したのでは、abhyavakīrṇānāṃ は puṣpāṇi を修飾していることになる。ところが、前者は男性／中性・複数·属格であり、後者は中性・複数·主格であり、格が全く異なるので、これは修飾・被修飾の関係にはなっていない。

37 pravrajya は、貝葉写本と VKN. では pravrajyāṃとなっているが、次の注 38 で述べる理由により、筆者は改めた。

38 筆者が「よく説かれた法（真理の教え）と律（出家者の守るべき規則）のもとで出家して、〔あれこれと〕考え、分別するならば、それらの人〔こそ〕が〔法に〕かなっていないのです」と訳した箇所は、貝葉写本と VKN. では次の四つの要素からなっている。

①svākhyāte dharma-vinaye（よく説かれた法〔真理の教え〕と律〔出家者の守るべき規則〕のもとで、）

②pravrajyāṃ（出家することについて）

③ye... kalpayanti vikalpayanti ca（考え、分別するならば、）

④te 'kalpikāḥ（それらの人〔こそ〕が〔法に〕かなっていないのです）

この箇所は、チベット語訳、およびその現代語訳である中公版、および漢訳では次のようになっている（支謙訳にはなし）。

gang dag legs par gsungs pa'i chos 'dul ba la rab tu byung nas rtog pa dang rnam par rtog pa de dag ni rung ba ma yin pa'o //（よく説かれた法・律において**出家した後**、分別し、考察するところの人たち、それらの人たちがかなっていない者たちなのです）

「**出家して**善説の法と律とのなかにありながら、思慮し分別するならば、それこそ法にかなわないことなのです」（中公版、*p.* 104）

「若し仏法に於いて**出家して**、分別する所有らば、如法ならずと為す」（鳩摩羅什訳）

「諸の**出家者**、若し分別すること有り、異の分別すること有らば、則ち如法ならず」（玄奘訳）

貝葉写本以外のこれらの訳は、何について分別し、考察するのかが不明であるのに対して、貝葉写本は、②において pravrajyāṃ(< pravrajyā-, 出家すること）についてであることを明確に示していると見ることもできよう。

ところが、チベット語訳で奪格を意味する助詞 nas が、「出家する」という動詞に直結して用いられているので、「出家して後」を意味している。これは、チベット語訳に用いられた底本で、②の箇所が絶対分詞 pravrajya であった可能性を示唆している。中公版も鳩摩羅什訳も絶対分詞の意味で訳されている。玄奘訳のみ、「出家」に関連する語を「出家者」として主語にしている。

そのことを考慮すると、「出家する」という意味の動詞 pra-√vraj- (1) の派生語 pravrajyāṃ の前に dharma-vinaye（法と律のもとで）があることが無視できない。dharma-vinaye pra-√vraj- (1) は、「法と律のもとで出家する」という慣用句であったのだ。それに加えて、チベット語訳や鳩摩羅什訳も考慮すると、②は目的語として③と結び付けるよりも、①と結びつけて絶対分詞としたほうが、自然である。従って、筆者は②を次のように改めた。

②' pravrajya（出家して〔後〕）

中公版の「出家して善説の法と律とのなかにありながら」という訳は、絶対分詞として訳したのはよいが、慣用句としては読まれなかったようだ。

39 [ ] 内の vikalpayati は、貝葉写本には存在しないが、チベット語訳 rnam par rtog ste（考察／思考／分別）に従って補った。この文章の直前には kalpayanti vikalpayanti ca、直後には na kalpayanti na vikalpayanti というように、kalpaya-（考える）と vikalpaya-（分別する）という動詞がセットで用いられており、ここにも kalpayati に対応して vikalpayati が入るべきであろう。

40 筆者が、「大徳は〔花々について、あれこれと〕考え、分別しておられます」と訳した箇所の原文は次の通り。

sthaviras... kalpayati vikalpayati ca（大徳は考え、分別しておられます）

ここには、何について考え、分別するのか触れられていないが、舎利弗（しゃりほつ）に関するここの場面に合わせて、筆者は、〔 〕内に「花々について」と補った。菩薩の場合、一般論の場合は、具体的内容に触れず、花々についてとは限らないので「〔あれこれと〕」ですませた。

次のチベット語訳も同様に、何についてかは触れられていない（漢訳に相当箇所なし）。

gnas brtan ni rtog cing rnam par rtog ste（大徳は、分別し、考察しています）

けれども、その現代語訳である中公版では、

「長老は（**法や律について**）はからいをめぐらし分別しています」（中公版、*p.* 104）

と訳して、（ ）内に「法や律について」という語を補っている。

これまでのストーリーでは、「法や律」よりも、出家者であるシャーリプトラにとって、花で身を飾ることについての適・不適、出家者の在り方がテーマになっていたのであるから、中公版の訳では、論旨が変わってしまうのではないか。

41 yathâpi tad は、貝葉写本でも VKN. でも yathāpi nāma となっているが、筆者は次の注 42 で述べる理由から改めた。

42 筆者が「もちろん、〔これらの菩薩たちは、あれこれと〕考えることや分別をすべて打ち破っていることから」と訳した箇所は、貝葉写本と VKN. では次のようになっている。

yathâpi nāma sarva-kalpa-vikalpa-prahīṇatvāt

冒頭の yathâpi nāma は、「あたかも～のように」という意味だが、ここは「妄想や分別をすべて打ち破っていることから」という理由を述べる箇所であり、譬喩を述べるところではない。チベット語訳、およびその現代語訳である中公版も漢訳も、次のように譬喩的表現ではなく、理由を述べる文章として訳している。

'di ltar rtog pa dang rnam par rtog pa spangs pa'i phyir（以下のように、構想も分別も捨て去っているが故に）

「思慮や分別を離れていればこそ」（中公版、*p.* 104）

「一切の棄応と不応を以てなり」（支謙訳）

「已（すで）に一切の分別想を断ぜるが故なり」（鳩摩羅什訳）

「永く一切の分別、及び異分別を断てるに由（よ）る」（玄奘訳）

チベット語訳にも yathā に対応する 'di ltar という語が冒頭にあるが、中公版は、yathâpi nāma に相当する箇所を全く無視して訳していない。ここに yathâpi nāma は、なくてもいいところである。もしも、この二語に意義を与えるとすれば、これは「もちろん」という意味の yathâpi tad だったのが、後続の文章に tad yathâpi nāma（それは、あたかも～であるように）が来るので、混同して tad を nāma としてしまった可能性が考えられる。

43 labhante は、貝葉写本では一旦 laṃbhaṃnte と書いて最初の ṃ の字をキャンセルしている。けれども、二つ目の ṃ の字を消し忘れている。

44 sarva-saṃsāra-kleśa-bhaya-vigatāḥ は、sarva-（あらゆる）、saṃsāra-（生存の循環）、kleśa-（苦悩）、bhaya-（恐怖）、vigatāḥ（断たれた）の複合語で、「あらゆる生存の循環〔輪廻〕の苦悩と恐怖を断っている」を意味している。

この sarva-saṃsāra- の部分は、チベット語訳では次のようになっている。

'du byed thams cad（形成されたすべてのもの）

チベット語の 'du byed がサンスクリットの saṃskāra-（形成されたもの）、thams cad が sarva-（一切）に相当している。

従って、チベット語訳からの現代語訳である中公版は次の通りである。

「形成された諸存在への煩悩に対するおそれを去った」（中公版、*p.* 104）

だから sarva-**saṃskāra**-kleśa-bhaya-vigatāḥ であった可能性があると VKN. は指摘している。支謙訳と鳩摩羅什訳は「已に畏れを離るる者」となっていて、畏れの内容については触れていない。玄奘訳は「生死の業の煩悩を畏れざる者」となっていて、「生死」は saṃsāra-（生存の循環〔輪廻〕）のことであり、貝葉写本と一致している。

インド人が恐怖を感じたのは、この身が輪廻することに対してであり、「形成されたもの」に対してではない。従って、VKN. の指摘は採用できない。

45 sā vimuktiḥ は、貝葉写本では sādhimuktiḥ（< sā/sa + adhimuktiḥ）となっている。貝葉写本でしばしば見られる v と dh の間の誤記であろう。adhimuktiḥ は「意向」であり、ここにはふさわしくない。

46 [ ] 内の nâdhyātmaṃ na bahir nôbhayam antareṇôpalabhyante は、貝葉写本にも、VKN. にも存在しないが、チベット語訳、漢訳のすべてに対応語があるので筆者は補った。その言葉は、この文章の直前にある次の言葉を参考にして推定される。

①yā hi sā vimuktiḥ sā **nâdhyātmaṃ na bahir nôbhayam antareṇôpalabhyate**（その解脱であるところのもの、それは、自己の内にあるのでもなく、外側にあるのでもなく、〔その〕両者の中間に認められるのでもないからです）

この文章をうけて、evam akṣarāṇy api（言葉〔文字〕もまた同じです）という言葉があって欠落部分につながっている。従って、①の述部を生かすことができよう。ただし、①の主語は、女性・単数・主格の vimuktiḥ（解脱）であるのに対して、ここの文章は中性・複数・主格の akṣarāṇy（言葉〔文字〕）であるので、①の単数形の動詞 upalabhyate を複数形の upalabhyante に改めなければならない。

47 この文章の原文は次の三つの要素からなっている。

①sarva-dharma-samatā（あらゆるものごと〔一切法〕が平等であること）

②hi（～こそ）

③vimuktiḥ（解脱なのです）

①と③は、いずれも女性・単数・主格で、主語と補語の関係になっていて、①が主語、③が補語である。②は、直前の語を強調する働きを持つ。従って、筆者の訳となる。

ところが。チベット語訳の現代語訳である中公版の訳は次のようになっている。

「あらゆる法の平等なところに、聖者の解脱があるからです」（中公版、*p.* 106）

貝葉写本の「あらゆるものごと〔一切法〕が平等であること」は主格であり、中公版の訳の「あらゆる法の平等」は処格になっていて、貝葉写本が、主語と補語からなる文章であるのに対して、中公版は、処格と主格の名詞文になっているという違いがある。

そこで、チベット語訳を見てみると、次のようになっている。

chos thams cad mnyam pa ni 'phags pa'i rnam par grol ba yin pa'i phyir ro /（一切法の平等が聖者にとっての解脱であるからです。）

この中の ni は、日本語の「は」に似た「主題切り出し」の助詞なので、ここは主格の強調と見るのが妥当だと思える。ni ではなく、na であれば処格になる。チベット文字では、文字の上部に「へ」に似た形の母音記号があれば ni、なければ na という違いでしかない。中公版は、ni を na と見間違えられたのであろうか。

漢訳は、次の通り。

「一切の諸法は皆、等解に従う」（支謙訳）

「一切の諸法は是れ解脱の相なればなり」（鳩摩羅什訳）

「其の解脱と一切法とは其の性、平等なるを以て」（玄奘訳）

鳩摩羅什訳のみが、「等」「平等」の文字が見られないが、チベット語訳も漢訳のすべても主格からなる主語と補語の文章になっている。

48 nirdeśo は、貝葉写本と VKN. では nirdeṣo となっているが、誤植と思われるので、筆者は改めた。

49 tena は、貝葉写本では te となっているが、漢訳で「故に」（支謙訳、鳩摩羅什訳）となっているので改めた。代名詞 tad- の中性・対格（tat）／具格（tene）／奪格（tasmāt）は、連結助詞として用いられ、「そこで」「従って」「このため」を意味する。

50 [ ] 内の mahā-yānikā vā は、貝葉写本では存在しないが、チベット語訳に theg pa chen po（大乗）とあるので補った。漢訳はすべて、貝葉写本のようにそれぞれの乗り物の名前を三つ列挙することはないが、一括して「三乗」としている。

51 śrāvaka-yānikâsmi は、貝葉写本と VKN. では śrāvakā-yānikâsmi となっているが、誤植と思われるので、筆者は改めた。

52 チャンパカ（campaka-, 瞻蔔）は、クチナシの花のような芳香を持つ白い花を咲かせるが、クチナシのアカネ科とは異なり、モクレン科に属する。インドのガンディーが好きな花だったそうで、筆者が、ニューデリーのガンディー記念館を訪ねた折、ガンディーが凶弾に倒れるまで寝起きしていた部屋の小さな机の上にその白い花が一輪さりげなく飾られていた。女性職員に、その花の名前を尋ねると、「チャンパ」と答えて、その部屋の前の木に登ってその花を手折って筆者に下さった。それが、チャンパカであった。チャンパ（campa-）に「小さい」といった意味を付加する接尾辞 ka をつけたのがチャンパカ（campaka-）である。

インドでは、多くの人に愛される花のようで、インドの詩聖・タゴールも「チャンパの花」（高良とみ・留美子訳）と題する次のかわいらしい詩を書いている。

ぼくが　ふざけて　チャンパの花になり
あの木の　たかいこずえに　さいて
わらいながら　かぜに　ゆられ
あたらしい　芽のでた　葉っぱのうえで
おどって　いたとしたら　おかあさま
ぼくが　わかるかしら？

53 エーランダ（eraṇḍa-, 伊蘭）は、とうごま属の一種で、悪臭を持つ毒草であり、芳香を放つチャンダナ（candana-, 栴檀）や、チャンパカと対照的に論じられる。

54 [　] 内の iha gṛhe は、貝葉写本と VKN. には存在しない。三つの漢訳すべてに「此の室に」とあることから、筆者は挿入した。

55 me は、一人称の代名詞 mad- の単数・属格だが、これは直前の現在分詞の単数・属格 prativasantyā（< prativasantī-）と絶対節をなしているとともに、掛詞のように過去受動分詞 śruta- の動作主の働きをなしている。

56 ～-pūrvânyatra（< ～-pūrvā + anyatra）は、貝葉写本では～-pūrvā nânyatra となっている。anyatra は、貝葉写本と VKN. では nânyatra（na + anyatra）となっているが、ここは否定の意味は必要ないので、筆者は na を削除した。

57 [　] 内の buddha- は、貝葉写本には存在せず、VKN. はチベット語訳から、buddha- があった可能性を指摘しているが、本文には反映していない。筆者は、漢訳でも、支謙訳が「不可思議仏法」、鳩摩羅什訳が「不可思議諸仏之法」、玄奘訳が「不可思議諸仏妙法」とすべてに「仏」の文字が入っていることから、本文に反映させることにした。

58 dvitīya āścaryâdbhuto は、貝葉写本では dvitīyadbhuto となっている。この文章の前に prathama āścaryâdbhuto dharmaḥ（奇異で驚嘆すべき第一の性質）とあり、この文章の二つ後には、tṛtīya āścaryâdbhuto dharmaḥ（奇異で驚嘆すべき第三の性質）、以下、第四から第八まで列挙されている。ここは、そのうちの第二の（dvitīya）の「奇異で驚嘆すべき性質」について触れたところである。従って、dvitīyadbhuto は dvitīya āścaryâdbhuto の書き誤りである。

59 avirahitaṃ は、貝葉写本では adhirahitaṃ となっている。貝葉写本でしばしば見られる v と dh の間の誤記であろう。

60 yās は、貝葉写本では yāḥs となっている。関係代名詞 yad- の女性・複数・主格 yāḥ を書き終えて、次の語の頭が t であることに気づいて ḥ を s に書き改めようとしたが、ḥ を消し忘れたのであろう。

61 tebhyas は、貝葉写本では tebhyaḥs となっている。語尾の ḥs については一つ前の注 60 に同じ。

62 bhadanta-śāriputrêha（< bhadanta-śāriputra + iha）は、貝葉写本では śāriputrêha（< śāriputra + iha）となっている。シャーリプトラ（śāriputra）の名前を呼ぶ時、他の箇所ではすべて bhadanta- が付いている。従って、補った。

63 この文章の原文は、次の六つの要素からなっている。

①punar aparaṃ bhadanta-śāriputra（そのほか、さらに尊者シャーリプトラよ、）
②iha gṛhe（この家には、～があります。）
③catvāri mahā-nidhānāni sarva-ratna-paripūrṇāny akṣayāṇi（尽きることのないあらゆる宝物で満ちた四つの大きな蔵）
④yato niṣyandaṃ（その〔蔵〕から〔施しとして〕持ち出されるのを、）
⑤sarva-daridra-kṛpaṇā ādāya prakrāmanti（貧しく憐れなすべての人たちが受け取って、去るけれども、）
⑥na ca kṣīyante（〔その蔵は〕尽きることがありません）

処格からなる②と、主格からなる③は、名詞文をなしていて、「この家には、尽きることのないあらゆる宝物で満ちた四つの大きな蔵があります」と訳すことができる。

④の関係副詞 yato（< yatas）は「そこから」を意味し、ここでは③の蔵を指していると考えられ、niṣyandaṃ

（= nisyandaṃ）は「持ち出しを」で、ここでは「施し」としてなされたものと考えることができよう。従って、「その〔蔵〕から〔施しとして〕持ち出されるのを」と訳される。

⑤の sarva-daridra-kṛpaṇā（< sarva-daridra-kṛpaṇāḥ + 有声音）は男性・複数・主格で、「貧しく憐れなすべての人たちが」となり、ādāya は「受け取る」という意味の動詞 ā-√dā- (3) の絶対分詞であり、prakrāmanti は「行く」という意味の動詞 pra-√kram- (1) の現在・三人称・複数である。従って、⑤は「貧しく憐れなすべての人たちが受け取って、去るけれども」と訳される。

この箇所の支謙訳と鳩摩羅什訳は、次のようになっている。

「此の室の其の中に四大蔵有り。衆宝積満し、窮せるに賙し、乏しきを済い、求め得ること無尽なり」（支謙訳）

「此の室に四大蔵有り。衆宝積満し、窮せるに賙し、乏しきを済い、求め得ること無尽なり」（鳩摩羅什訳）

鳩摩羅什訳は、支謙訳の「其の中」がないだけでほぼ踏襲していることが分かる。

サンスクリットの sarva-daridra-kṛpaṇā（貧しく憐れなすべての人たち）に対して、支謙と鳩摩羅什訳は「窮」と「乏」となっているが、玄奘訳では、「一切貧窮鰥寡孤独無依乞求之者」と詳しくなっている。

チベット語訳、およびその現代語訳である中公版は、④、⑤、⑥の部分を次のように訳している。

de'i mthus sems can dbul zhing phongs pa thams cad kyis khyer te dong yang zad mi shes te /（その力により、貧しく乏しい衆生すべてによって運び去られても、尽きることは知られない。）

「困窮している人々すべて（に施与され、彼ら）によって運び去られても、その威力によってそれは尽きることがありません」（中公版、*p.* 108）

梵文にも、漢訳にも「その威力によって」に当たる言葉は見られないが、チベット語訳には「力」「威力」を意味する mthu の具格形 mthu-s が入っている。

64 duṣprasahaḥ は、貝葉写本と VKN. のいずれも duḥprasahaḥ となっているが、筆者は第 3 章 § 75 の表記 duṣprasahāya（< duṣprasaha-）にそろえて訂正した。

65 siṃha-nāda-nādī（< siṃha-nāda-nādin-, 師子の吼える声を響かせるもの）は、貝葉写本では siṃhâsanâdī（< siṃha-āsana-ādi-, 師子座をはじめとする）となっている。チベット語訳からの現代語訳である中公版では「獅子吼する」（中公版、*p.* 108）、漢訳では「師子響」（支謙訳、鳩摩羅什訳）、「師子吼」（玄奘訳）となっているので改めた。

66 この文章の後に、貝葉写本と VKN. では tat kasmād dhetoḥ（それは、どんな理由からでしょうか）が入っているが、文章の流れが不自然だし、むしろないほうがいいので、筆者は削除した。チベット語訳にも、いずれの漢訳にもこれに対応する語はない。

67 筆者が「だれが声聞の本性を求めるでありましょうか」と訳した箇所の原文は、次のようになっている。

ka... śrāvaka-dharmatāyai spṛhayet /

チベット語訳と、その現代語訳である中公版で、この箇所は次のようになっている。

nyan thos kyi chos la su zhig 'dod par 'gyur //（声聞の法を誰が求めるだろうか？）

「だれが声聞の法を願うでありましょうか」（中公版、*p.* 109）

貝葉写本の śrāvaka-dharmatāyai（< śrāvaka-dharmatā-, 声聞の本性）、チベット語訳の nyan thos kyi chos（声聞の法）は、ほぼ同じと見ていいであろう。漢訳では、支謙訳の「弟子法」も、鳩摩羅什訳の「声聞法」も貝葉写本、およびチベット語訳と軌を一にしているが、玄奘訳のみ「声聞独覚法」と、独覚の二文字が入っていて他と異なっている。

68 女身を転じて男の身を示すことは、釈尊滅後、教団の保守・権威主義化の中で現われた女性軽視の一つで、女性であることを軽視する思想である。歴史的人物としての釈尊は、男女平等を説いていたにもかかわらず、釈尊滅後、百年たったころから教団の保守・権威主義化が著しくなり、男性・出家者中心主義になるにつれて、女性を差別するようになった。その主張の中で、女性は女性のままでは成仏できず、一たん男の身に転じて後、成仏するとされた。『法華経』の提婆達多品において龍女という八歳の女性が「変成男子」の姿を示して成仏する場面が描かれている。それは、小乗仏教の女性観にとらわれ、女性を蔑視する舎利弗や智積菩薩へのあてつけとしての「変成男子」であって、女性蔑視とは異なっている。詳細については、拙著『差別の超克――原始仏教と法華経の人間観』（講談社学術文庫、2018 年）の第六章を参照。

69 paryeṣamāṇāyā（< paryeṣamāṇāyāḥ + 有声音）は、貝葉写本では paryeṣaṇāyā となっている。ここは、「求める」という意味の pari-ā-√iṣ- (6) の現在分詞 paryeṣamāṇa- の女性・単数・属格で絶対節をなしていると筆者は考えた。

70 strī nirmitā は、VKN. では strīnirmitā と複合語になっているが、ここは「女性が化作された」というところであり、筆者は区切った。

71 この文章の原文は、次の五つの要素からなっている。

①api ca bhadanta-śāriputra（さらにまた、尊者シャーリプトラよ、）

②yā māyā-kāreṇa strī nirmitā（幻術師によって化作されたところの女性、）

③yas tām evaṃ vadet（その〔女性〕に、……このように人が言うならば、）

④kiṃ tvaṃ strī-bhāvaṃ na nivartayasîti（『あなたは、どうして女であることを転じ〔て男の身を示さ〕ないのか』と、）

⑤sa kiṃ vadet（その人は、何を言っているのでありましょうか）

②は、関係代名詞 yā に導かれた関係節で、相関詞は③の中の tām である。③は、②に対する相関節であるとともに、関係代名詞 yas に導かれた関係節でもある。その相関詞は⑤の中の sa（< saḥ）である。この文章には二組の関係代名詞と相関詞が錯綜していて混乱しやすいので、筆者は③を⑤に対する条件文として訳した。

②に相当する箇所をチベット語訳からの現代語訳である中公版は、次のように訳している。

「魔術師が女の姿を変現したとして」（中公版、*p.* 109）

中公版で、この四行後に「幻の変現」という言葉が出てくるが、それは「幻が変現すること」を意味しているので、ここも、取り方によっては、魔術師自身が女の姿になったという意味に取られかねない訳になっている。②では、魔術師に相当する語が具格の māyā-kāreṇa（幻術師によって）で、過去受動分詞 nirmitā（化作された）の動作主になっていて、化作されるものが strī（女性）であるので、明らかに魔術師自身が女の姿になったのではないことがわかる。筆者は、関係代名詞も考慮し、それと分かるように「幻術師によって化作されたところの女性」と訳した。

漢訳を見ても、鳩摩羅什訳は、次のように幻師と幻女とは別人として訳されていて、玄奘も鳩摩羅什訳をそっくり踏襲している。

「譬えば幻師の幻女を化作するが如し」（鳩摩羅什訳、玄奘訳）

次のチベット語訳を見ても、「幻術師」と「女性〔として現出された〕幻身」とは別のものとなっている。

⑥sgyu ma mkhan gyis bud med sprul pa de la 'di ltar khyod bud med kyi dngos po las bsgyur na ci nyes zhes byas na de ji skad zer bar 'gyur /（幻術師によって女性〔として現出された〕幻身であるその人に、次のように「あなたが女性の体から〔男性の体に〕変化させたならば、なにか不都合があるか？」と言ったならば、その人はいかなる言葉を発するだろうか？）

次に、④に出てくる単語は、kiṃ（なぜ～か）、tvaṃ（あなたは）、strī-bhāvaṃ（女であることを）、na（～ない）、nivartayasi（転じる）、iti（～と）であり、次のような訳になる。

「『あなたは、どうして女であることを転じないのか』と」

次の二つの漢訳も筆者の訳と同趣旨である。

「何を以て女身を転ぜざる」（鳩摩羅什訳）

「汝は今、何ぞ此の女身を転ぜざる」（玄奘訳）

ところが、中公版は④に相当する箇所を次のように訳している。

⑦「女性としてのあり方をかえては……」（中公版、*p.* 109）

⑥の中の khyod は、「あなたは」という意味で主語になっている。それに続く bud med が「女性」、kyi が属格の助詞で、dngos po はいわゆる「もの」一般を意味するが、ここは「体」と訳されよう。次の las は奪格を示す助詞である。従って、bud med kyi dngos po las は「女性の体から」と訳すことができよう。次に bsgyur（変える、変化させる）という他動詞が来ているが、ここには「男性の体に」という語が省略されていると考えるべきであろう。従って、以上の部分は、次のような訳になる。

「あなたが女性の体から〔男性の体に〕変化させた……」

チベット語訳からの⑦の中公版の訳し方は、意訳といえよう。

また、⑤を中公版は次のように訳している。

「これはどういうことになりましょうか」（中公版、*p.* 109）

⑤に出てくる単語は、sa（その人は）、kiṃ（何を～か）vadet（言っているのであろう）であり、単純に

「その人は、何を言っているのであろうか」

と言っているのみである。鳩摩羅什は、この箇所を意訳したのか次のように訳している。

「是の人、正しく問えりと為すや」（鳩摩羅什訳）

玄奘は、この鳩摩羅什訳を踏襲して、次のように訳した。

「正しく問えりと為すや」（玄奘訳）

チベット語訳、およびその現代語訳である中公版は、次のように貝葉写本や漢訳とは異なっている。
「なにか不都合があるか」
「なぜいけないか」（中公版、*p.* 109）

72 この文章の原文は、次の三つの要素からなる。
①na... kā-cit（決して何もありません）
②tasyāḥ（その〔化作された女性〕には、）
③bhūtā pariniṣpattiḥ（真実の完成されたものは）

②は、「それ」を意味する代名詞 tad- の女性・単数・属格で、③は過去受動分詞 bhūta-（真実の）の女性・単数・主格と、pariniṣpatti-（完成）の女性・単数・主格からなっている。従って、これは属格と主格の名詞文をなしていることがわかる。

②の指示代名詞 tasyāḥ は、女性・単数・属格であるが、それが何を指すかが問題である。チベット語訳は、次のようになっている。

de la yang dag pa yongs su grub pa gang yang med do /（そこに、完成されたものは何一つない）

その現代語訳である中公版は、次のように「魔術」のこととしている。
「それ（魔術）には実在として完成は何もない」（中公版、*p.* 109）

ところが、後続する文章に「あらゆるものごと（一切法）は、幻術によって化作されたという固有の性質（自性（じしょう））を持つものであり、完全なものではない」とある。この文章では、「一切法」と「幻術」と「完全なもの」との関係が明確である。「完全なもの」であるか、ないかは、「幻術」のことではなく、「（化作された）一切法」のこととして論じられている。「化作された女性」が「化作された一切法」の一つであることは言うまでもないことだ。

サンスクリットから見ても、代名詞の tasyāḥ が女性・単数・属格であることから、その指示するものを女性名詞の māyā- のことと考えたくなるが、「魔術」という語は māyā-kāreṇa（< māyā-kāra-, 魔術をなす人）という複合語の中に出てくるだけであり、ここでは「魔術」が話題になっているのではなく、その魔術によって化作された女性のほうがテーマになっている。従って、筆者は「化作された女性」のこととして訳した。

ところが、鳩摩羅什訳の「幻に定相無し」、玄奘訳では「幻は既に実に非ず」と、いずれも「幻」のこととしている。ただ、支謙訳のみ「諸の有身」とあり、筆者の訳と一致している。

73 tavâivaṃ（< tava + evaṃ）は、貝葉写本では tacâivaṃ となっている。貝葉写本でしばしば見られる v と c の間の誤記であろう。

74 na は、貝葉写本では ni となっている。五つ前の全く同じ文章で na となっているのに合わせた。

75 antarhitaṃ は、貝葉写本では attarhitaṃ となっている。これは、貝葉写本でしばしば見られる n と t の間の誤記であろう。

76 nirvṛttam（< nirvṛtta-, 生じた）は、貝葉写本では nirvṛtti（生起）となっている。この文章は、シャーリプトラの身体について述べたところで、まず、「男の姿が消滅した」（puruṣa-rūpam antarhitaṃ）ことを述べ、次に「女の姿」（strī-rūpaṃ）に関して言及するわけだが、ここは名詞の nirvṛtti ではなく、男の姿の場合に過去受動分詞が用いられていたように、ここも過去受動分詞の nirvṛttam のほうが適切であろう。

77 この文章の原文は次の四つの要素からなっている。
①na jāne（私はわかりません。）
②kiṃ vinivartayāmîti（どのように元に戻すのか、）
③puruṣa-rūpam antarhitaṃ（〔どうして〕男の姿が消滅し、）
④strī-rūpaṃ me nirvṛttam（私に女の姿が生じたのか）

①で「わかりません」と言っている内容は、iti（～ということ）を含む②である。③と④は、中性名詞と、過去受動分詞からなるが、いずれの語も、中性・単数の主格とも、対格とも取れる。対格と考えれば、③と④は、①の na jāne（わかりません）の"目的語"として叙述的対格（Predicative Accusative）になっていることになる。VKN. では主格と考えられたようで、①、②とは独立した文章として切り離している。その場合は、次のように訳される。

「どのように元に戻すのか、私はわかりません。男の姿が消滅し、私に女の姿が生じてしまいました」

いずれでもかまわないが、筆者はとりあえず前者の叙述的対格を採用しておく。

チベット語訳は、次のようになっている。

kho bo skyes pa'i gzugs ni mi snang bar gyur te / kho bo bu med kyi lus su gyur nas gang bsgyur mi shes so //（私は、男の姿に見えなくなってしまった。私は女の姿となったが、〔元に戻すのに〕何を変えればいいのか全くわからない）

最後から五つめにある疑問代名詞 gang（何）は、主語とも目的語とも取れるが、その直後にある bsgyur が、他動詞「変える」の過去形であることを考慮すると、直前の gang は目的語と取ったほうがよいであろう。

ところが、①と②に相当する箇所を、チベット語訳からの現代語訳である中公版は、次のように訳している。

⑤「どうしてそうなったのかわかりません」（中公版、*p.* 110）

中公版では gang（何を）を「どうして」と訳しているようだが、意訳の感が否めない。また、「そうなった」という訳は、この動詞 bsgyur を自動詞「変わる」と取り、「変わった」、すなわち「そうなった」と考えられたのであろうが、他動詞から導くのは困難で、これも意訳であろう。

漢訳では、いずれも次のように②に相当する箇所はない。

「吾、何を以て転じて此の女像を成ぜるやを識らず」（支謙訳）

「我、今、何に転じて、変わりて女身と為れるやを知らず」（鳩摩羅什訳）

「我、今、転じて男身を滅し、転じて女像を生ぜるやを知らず」（玄奘訳）

78 śakṣyati（未来・三人称・単数）は、貝葉写本では受動・三人称・単数の śakyati となっているが、後半に未来形の vinivartayiṣyanti があるので、時制をそろえるために改めた。

79 saṃdṛśyante は、貝葉写本では受動・現在・三人称・単数の saṃdṛśyate となっているが、受動・現在・三人称・複数であるべきなので改めた。

80 「まさにそのように、あらゆるものごと（一切法）には」と筆者が訳した箇所は、原文では次のようになっている。

evam eva sarva-dharmāṇāṃ

ここには、sarva-dharmāṇāṃ という複合語が用いられている。これは、sarva-dharma-（一切法）の男性・複数・属格で、次に来る否定の na（～でない）と女性・単数・主格の cyutir（< cyutiḥ < cyuti-, 死）、および nôpapattiḥ（< na + upapattiḥ）、すなわち na と女性・単数・主格の upapattiḥ（< upapatti-, 生）とで、主格と属格の名詞文をなしている。

チベット語訳、およびその現代語訳である中公版、そして漢訳は次の通り。

chos tams cad kyang de bzhin te /（一切法もまた、同様で）

「あらゆる存在もそれと同様で」（中公版、*p.* 110）

「衆生も猶然り」（支謙訳、鳩摩羅什訳）

「諸法・有情も応に亦爾りと知るべし」（玄奘訳）

貝葉写本と同様に、チベット語訳には chos（法）という語が含まれていて、中公版はそれを「存在」と訳している。ところが、支謙と鳩摩羅什は、dharma に相当する箇所を「衆生」と訳し、玄奘は、ここでもチベット語訳と他の漢訳を折衷するように「諸法・有情」と両者の訳語を併記している。「衆生」が sattva- の旧約であるのに対して、「有情」は、玄奘による新訳である。

81 ～-samanvāgataḥ syām は、貝葉写本では～-sanvāgataḥ syā となっているが、この直前の文章に未来形と、～**-samanvāgato** があるのに合わせて改めた（syām は、「ある」を意味する動詞 √as- (2) の願望法・一人称・単数・為他言であり、願望法は未来を意味する）。

82 この後に、漢訳では支謙訳と、鳩摩羅什訳に「皆、何をか謂うや」という言葉が入っているが、貝葉写本、チベット語訳、玄奘訳にはない。

83 try-adhva-（三世）は、貝葉写本では try-ardhva-となっているが、三つの漢訳すべてで「去・来・今」、すなわち過去・未来・現在の三世の名前を挙げているので改めた。

84 sattva-paripākāya は、梵語写本では satvaparipākāyā となっているが、VKN. によって satva-paripākāya と改められた。筆者は、さらに sattva-paripākāya と改めた。

तथागतगोत्रपरिवर्तः सप्तमः

7

Tathāgata-Gotra-Parivartaḥ Saptamaḥ

第７章

如来の家系

【仏道品第八】

7：Tathāgata-Gotra-Parivartaḥ Saptamaḥ

第 7 章：如来の家系

【仏道品第八】

………………………………………………………………………………

tathāgata-gotra-parivartaḥ < tathāgata-gotra-parivarta-：*m.* 「如来の家系」の章。*sg. Nom.*
　　tathāgata-：*m.* 「如来」と漢訳。
　　gotra-：*n.* 牛小屋。家族。家系。種族。姓。氏。種姓。
　　parivarta-：*m.* 章。
saptamaḥ < saptama-：*序数詞,* 第七の。*m. sg. Nom.*

> §1　atha khalu mañjuśrīḥ kumāra-bhūto vimalakīrtiṃ licchavim evam āha /　kathaṃ kula-putra bodhi-sattvo gatiṃ-gato bhavati buddha-dharmeṣu /
> （梵漢和維摩経 *p.* 344, *ll.* 1–3）

§1　その時、マンジュシリー法王子はリッチャヴィ族のヴィマラキールティにこのように言った。
「良家の息子よ、菩薩は、ブッダの〔説かれた〕真理の教え（法）においてどのように〔通達して〕道を行くのでしょうか」
【§1　爾の時、文殊師利は維摩詰に問うて言わく、「菩薩は云何にして仏道に通達するや」】
（大正蔵、巻一四、五四九頁上）

………………………………………………………………………………

atha：*adv.* その時。その場合。さて。それ故。しかれば。しかしながら。
khalu：*ind.* 実に。確かに。しかも。さて。そこで。
mañjuśrīḥ < mañjuśrī- < mañju-śrī-：*m.* マンジュシュリー。「妙徳」「妙吉祥」と漢訳。「文殊」「文殊師利」と音写。*sg. Nom.*
kumāra-bhūto < kumāra-bhūtaḥ + 有声子音 < kumāra-bhūta-：*adj.* 「童子」「童真」「法王子」と漢訳。*m. sg. Nom.*
vimalakīrtiṃ < vimalakīrti- < vimala-kīrti-：*m.* ヴィマラキールティ。汚れのない名声を持つ（もの）。「維摩詰」「維摩」と音写。「浄名」「無垢称」と漢訳。*sg. Acc.*
licchavim < licchavi-：*m.* リッチャヴィ。「離車子」「栗姑毘」と音写。*sg. Acc.*
evam：*adv.* このように。「是」「如是」と漢訳。
āha < $\sqrt{}$ah-：言う。*Perf. 3, sg. P.*

………………………………………………………………………………

kathaṃ：*adv.* いかにして。いずこより。何故に。
kula-putra < kula-putra-：*m.* 良家の息子。「善男子」と漢訳。*sg. Voc.*
bodhi-sattvo < bodhi-sattvaḥ + 有声子音 < bodhi-sattva-：*m.* 覚りを求める人。「菩薩」と音写。*sg. Nom.*
gatiṃ-gato < gatiṃ-gataḥ + 有声子音 < gatiṃ-gata-：*adj.* 理解している。了解している。路を行った。「到」「入」「得」「通達」「通暁」「已得通達」「了」「了達」と漢訳。*m. sg. Nom.*
　　gatiṃ- < gati-：*f.* 行くこと。前進。動作。行動。出発。行進。進行。路。進路。*sg. Acc.*
　　gata- < $\sqrt{}$gam- (1) + -ta：*pp.* 行った。～に到達した。～を得た。
bhavati < bhava- < $\sqrt{}$bhū- (1)：なる。*Pres. 3, sg. P.*
buddha-dharmeṣu < buddha-dharma-：*m.* 仏の教え。仏の特質。「仏法」と漢訳。*pl. Loc.*

> āha /　yadā mañjuśrīr bodhi-sattvo 'gati-gamanaṃ gacchati tadā bodhi-sattvo gatiṃ-gato bhavati buddha-dharmeṣu /

(梵漢和維摩経 *p.* 344, *ll.* 4–5)

〔ヴィマラキールティが〕言った。

「マンジュシリーよ、菩薩が、道に外れた進路を行く時、その時、菩薩はブッダの〔説かれた〕真理の教え（法）において〔通達して〕道を行く〔という〕のです[1]」

【維摩詰の言わく、「若し菩薩にして非道を行かば[2]、是れを仏道に通達すと為す」と。】

（大正蔵、巻一四、五四九頁上）

………………………………………………………………………

āha < √ah-：言う。*Perf. 3, sg. P.*

yadā：*conj.* ～である時に。

yadā ～ tadā …：～である時、その時…。

mañjuśrīr < mañjuśrīḥ + 有声音 < mañjuśrī- < mañju-śrī-：*m.* マンジュシリー。「妙徳」「妙吉祥」と漢訳。「文殊」「文殊師利」と音写。*sg. Voc.* 格変化は、cf.「基礎」*p.* 106.

bodhi-sattvo 'gati-gamanaṃ < bodhi-sattvaḥ + agati-gamanaṃ

bodhi-sattvaḥ < bodhi-sattva-：*m.* 覚りを求める人。「菩薩」と音写。*sg. Nom.*

agati-gamanaṃ < agati-gamana-：*n.* 道でない道。道に外れた進路。*sg. Acc.*

agati- < a-gati-：*f.* 方法のないこと。不可能。道に外れていること。「無往」「無去」「不去」「所不行」「所不能行」「非道」と漢訳。

gati-：*f.* 行くこと。前進。動作。行動。出発。行進。進行。路。進路。

gamana- < √gam- (1) + -ana：*n.* 行くこと。赴くこと。出発。進軍。到達。進路。去ること。歩むこと。

gacchati < gaccha- < √gam- (1)：行く。*Pres. 3, sg. P.*

tadā：*adv.* その時に。「爾時」「此時」と漢訳。

bodhi-sattvo < bodhi-sattvaḥ + 有声子音 < bodhi-sattva-：*m.* 覚りを求める人。「菩薩」と音写。*sg. Nom.*

gatiṃ-gato < gatiṃ-gataḥ + 有声子音 < gatiṃ-gata-：*adj.* 理解している。了解している。「到」「入」「得」「通達」「通暁」「已得通達」「了」「了達」と漢訳。*m. sg. Nom.*

bhavati < bhava- < √bhū- (1)：なる。*Pres. 3, sg. P.*

buddha-dharmeṣu < buddha-dharma-：*m.* 仏の教え。仏の特質。「仏法」と漢訳。*pl. Loc.*

āha / katamac ca bodhi-sattvasyâgati-gamanam /

(梵漢和維摩経 *p.* 344, *l.* 6)

〔マンジュシリーが〕言った。

「菩薩にとっての道に外れた進路とはどのようなものでしょうか」

【又問う。「云何が菩薩は非道を行くや」】 （大正蔵、巻一四、五四九頁上）

………………………………………………………………………

āha < √ah-：言う。*Perf. 3, sg. P.*

katamac < katamat + (c) < katama-：疑問代名詞,（多くの中の）だれか。何か。いずれか。「何」「云何」「何者」「何等」と漢訳。*n. sg. Nom.* 格変化は、cf.「基礎」*p.* 209.

ca：*conj.* および。また。しかしながら。そして。～と。なお。

bodhi-sattvasyâgati-gamanam < bodhi-sattvasya + agati-gamanam

bodhi-sattvasya < bodhi-sattva-：*m.* 覚りを求める人。「菩薩」と音写。*sg. Gen.*

agati-gamanam < agati-gamana-：*n.* 道でない道。道に外れた進路。*sg. Nom.*

āha / yadā pañcânantarya-gatiṃ ca gacchati na ca vyāpāda-vihiṃsā-[3]praduṣṭo bhavati /

(梵漢和維摩経 *p.* 344, *ll.* 7–8)

〔ヴィマラキールティが〕言った。

「〔菩薩は〕五つの無間業（五無間業）[4] の道を行く時、悪意と傷害〔の心〕に汚されません。
【答えて曰く、「若し菩薩にして五無間を行けども而も悩恚無く、】　(大正蔵、巻一四、五四九頁上)

………………………………………………………………………

āha < √ah-：言う。*Perf. 3, sg. P.*
yadā：*conj.* ～である時に。
　yadā ～ tadā …：～である時、その時…。
pañcânantarya-gatiṃ < pañcânantarya-gati-：*f.* 五つの無間業の道。*sg. Acc.*
　pañcânantarya- < pañca-ānantarya-：*adj.* 「五無間（業）」と漢訳。
　pañca- < pañcan-：*基数詞,* 五。
　ānantarya- < an-antara- + -ya：*n.* 間断なきこと。直接の連続。「無間」と漢訳。
　gati-：*f.* 行くこと。前進。動作。行動。出発。行進。進行。路。進路。
ca：*conj.* および。また。しかしながら。そして。～と。なお。
gacchati < gaccha- < √gam- (1)：行く。*Pres. 3, sg. P.*
na：*ind.* ～でない。～にあらず。
ca：*conj.* および。また。しかしながら。そして。～と。なお。
vyāpāda-vihiṃsā-praduṣṭo < vyāpāda-vihiṃsā-praduṣṭaḥ + 有声子音 < vyāpāda-vihiṃsā-praduṣ=ṭa-：*adj.* 悪意と傷害〔の心〕に汚された。*m. sg. Nom.*
　vyāpāda- < vi-ā-√pad- (4) + -a：*m.* 零落。破壊。死。悪意。「瞋」「恚」「害」「瞋恚」と漢訳。
　vi-ā-√pad- (4)：遠ざかる。消失する。滅びる。「毀」と漢訳。
　vihiṃsā- < vi-√hiṃs- (7) + -ā：*f.* 「害」「加害」「損害」「殺害」「悩害」と漢訳。
　vi-√hiṃs- (7)：傷つける。損なう。「傷害」と漢訳。
　√hiṃs- (7)：傷害を与える。害する。傷つける。殺害する。
　praduṣṭa- < pra-√duṣ- (4) + -ta：*pp.* 汚された。腐敗した。（道徳上）悪化した。邪悪なる。罪深い。
bhavati < bhava- < √bhū- (1)：なる。*Pres. 3, sg. P.*

niraya-gatiṃ ca gacchati sarva-rajaḥ-kleśa-vigataś ca bhavati /
(梵漢和維摩経 *p.* 344, *ll.* 8–9)

「地獄の道を行っても、あらゆる煩悩の塵を離れています。
【地獄に至るも諸の罪垢無く、】　(大正蔵、巻一四、五四九頁上)

………………………………………………………………………

niraya-gatiṃ < niraya-gati-：*f.* 地獄の道。*sg. Acc.*
　niraya- < nir-aya-：*m.* 人生からの離脱。地獄。「泥犁」と音写。
　nir < nis + 有声音：*adv.* 外へ。前へ。～を欠いた。～のない。
　aya- < √i- (2) + -a：*m.* 行くこと。歩行。運行。
　gati-：*f.* 行くこと。前進。動作。行動。出発。行進。進行。路。進路。
ca：*conj.* および。また。しかしながら。そして。～と。なお。
gacchati < gaccha- < √gam- (1)：行く。*Pres. 3, sg. P.*
sarva-rajaḥ-kleśa-vigataś < sarva-rajaḥ-kleśa-vigataḥ + (c) < sarva-rajaḥ-kleśa-vigata-：*adj.* あらゆる煩悩の塵を離れている。*m. sg. Nom.*
　sarva-：*adj.* 一切の。すべての。
　rajaḥ- < rajas-：*n.* 塵。塵の粒子。花粉。「微塵」「塵」と漢訳。
　kleśa- < √kliś- (4) + -a：*m.* 苦痛。苦悩。心痛。「煩悩」「惑」「根本煩悩」と漢訳。
　vigata- < vi-√gam- (1) + -ta：*pp.* 「離」「除」「無」「已除」「除断」と漢訳。
ca：*conj.* および。また。しかしながら。そして。～と。なお。
bhavati < bhava- < √bhū- (1)：なる。*Pres. 3, sg. P.*

tiryag-yoni-gatiṃ ca gacchati vigata-tamo'ndha-kāraś ca bhavati / asura-gatiṃ ca gacchati māna-mada-darpa-vigataś ca bhavati /
(梵漢和維摩経 *p.* 344, *ll.* 9–10)

「畜生の道を行っても、無知の闇を離れています。アスラ（阿修羅）の道を行っても、慢心や、厚顔、尊大さがありません[5]。

【「畜生に至るも無明・憍慢等の過有ること無く、】　　（大正蔵、巻一四、五四九頁上）

……………………………………………………………………

tiryag-yoni-gatiṃ < tiryag-yoni-gati-：*f.* 畜生の道。*sg. Acc.*

tiryag-yoni-：*f.* 獣の胎。獣である状態。動物の創造。「畜生」「畜生道」「禽獣」と漢訳。

tiryag < tiryak + 有声子音：*adv.* 横切って。水平に。斜めに。

tiryak < tiryañc-：*adj.* 横の。水平の。斜めの。*n.*（直立して歩く人間に対して）体を水平にして動く獣。動物。「畜生」「禽獣」と漢訳。*sg. Acc.* 対格の副詞的用法。

yoni-：*f.* 子宮。陰門。母胎。出処。出生。存在の形式。血統。

ca：*conj.* および。また。しかしながら。そして。～と。なお。

gacchati < gaccha- < √gam- (1)：行く。*Pres. 3, sg. P.*

vigata-tamo'ndha-kāraś < vigata-tamo'ndha-kāraḥ + (c) < vigata-tamo'ndha-kāra- < vigata-tamas-andha-kāra-：*adj.* 無知の闇を離れている。*m. sg. Nom.*

vigata- < vi-√gam- (1) + -ta：*pp.* 「離」「除」「無」「已除」「除断」と漢訳。

tamas-：*n.* 暗黒。地獄の闇冥。誤謬。無知。迷妄。

andha-kāra-：*adj.* 暗い。*m.n.* 暗黒。「冥」「冥闇」と音写。

andha-：*adj.* 盲目の。朦朧とした。真っ暗の。

kāra- < √kṛ- (8) + -a：*adj.* 作る。なす。生ずる。*m.* なすこと。作者。

ca：*conj.* および。また。しかしながら。そして。～と。なお。

bhavati < bhava- < √bhū- (1)：なる。*Pres. 3, sg. P.*

……………………………………………………………………

asura-gatiṃ < asura-gati-：*f.* アスラ（阿修羅）の道。*sg. Acc.*

asura-：*m.* アスラ。心霊。天帝。「阿修羅」と音写。

ca：*conj.* および。また。しかしながら。そして。～と。なお。

gacchati < gaccha- < √gam- (1)：行く。*Pres. 3, sg. P.*

māna-mada-darpa-vigataś < māna-mada-darpa-vigataḥ + (c) < māna-mada-darpa-vigata-：*adj.* 慢心や、厚顔、尊大さがない。*m. sg. Nom.*

māna- < √man- (1) + -a：*m.* 意見。意志。目的。自己を高く評価すること。自己をたのむこと。自負。高慢。尊大。「慢」「慢心」「憍慢」と漢訳。

mada- < √mad- (1) + -a：*m.* 快活。爽快な気分。恍惚。酩酊。～に対する熱情。放縦。情欲。～についての自負。傲慢。厚顔。

darpa- < √dṛp- (4) + -a：*m.* ～（具格、処格）における粗野。放縦。厚顔。尊大。傲慢。「慢」「高慢」「憍慢」「放逸」と漢訳。

√dṛp- (4)：狂う。精神が錯乱する。放縦である。狂ったように傲慢である。

ca：*conj.* および。また。しかしながら。そして。～と。なお。

bhavati < bhava- < √bhū- (1)：なる。*Pres. 3, sg. P.*

yama-loka-gatiṃ ca gacchati sarva-puṇya-jñāna-saṃbhārôpāttaś ca bhavati /
(梵漢和維摩経 *p.* 344, *ll.* 10–11)

「ヤマ（閻魔）の世界の道[6]を行っても、あらゆる福徳、智慧の資糧を得ています。

【「餓鬼に至るも功徳を具足し、】　　（大正蔵、巻一四、五四九頁上）

……………………………………………………………………

yama-loka-gatiṃ < yama-loka-gati-：*f.* ヤマ（閻魔）の世界の道。*sg. Acc.*

yama-loka-：*m.* ヤマ（閻魔）の世界。
yama-：*m.* ヤマ。「獄主」「獄帝」と漢訳。「閻魔」「夜磨」と音写。
loka-：*m.* 空間。余地。場所。国。世界。世間。
ca：*conj.* および。また。しかしながら。そして。～と。なお。
gacchati < gaccha- < √gam- (1)：行く。*Pres. 3, sg. P.*
sarva-puṇya-jñāna-saṃbhārôpāttaś < sarva-puṇya-jñāna-saṃbhārôpāttaḥ + (c) < sarva-puṇya-jñāna-saṃbhārôpātta- < sarva-puṇya-jñāna-saṃbhāra-upātta-：*adj.* あらゆる福徳、智慧の資糧を得ている。*m. sg. Nom.*
sarva-：*adj.* 一切の。すべての。
puṇya-：*adj.* 吉兆の。幸先のよい。幸運な。美しい。快い。有徳の。*n.* 善。徳。善行。「福」「福徳」「福行」「功徳」と漢訳。
jñāna- < √jñā- (9) + -ana：*n.* 知。智慧。
saṃbhāra- < sam-√bhṛ- (2) + -a：*m.* 一緒に持ってくること。集めること。～に対する用意。家財道具。富。所有物。材料。必要物。「資具」「資糧」と漢訳。
upātta- < upa-ātta- < upa-ā-√dā- (3) + -ta：*pp.* 受けられた。得られた。獲得された。「取」「所取」「受」「執受」「執持」「摂受」と漢訳。
過去受動分詞の形が次と異なるので注意を。
datta- < √dā- (3) + -ta：*pp.* 与えられた。
upa-ā-√dā- (3)：受ける。得る。獲得する。取る。
ca：*conj.* および。また。しかしながら。そして。～と。なお。
bhavati < bhava- < √bhū- (1)：なる。*Pres. 3, sg. P.*

> aneñjyârūpa-gatiṃ[7] ca gacchati na ca tad-gati-samavasaraṇo bhavati /
> （梵漢和維摩経 *p.* 344, *l.* 12）

「〔色界第四禅の〕不動〔定〕と無色〔界〕の道を行っても、その道に入ることはありません。
【「色・無色界の道を行くも、以て勝れたりと為さず、】　（大正蔵、巻一四、五四九頁上）

aneñjyârūpa-gatiṃ < aneñjya-arūpa-gati-：*f.* 不動〔定〕と無色〔界〕の道。*sg. Acc.*
aneñjya- < an-eñjya-：*adj.* 動かされるべきでない。不動の。
eñjya- < √iñj- (1) + -ya：*未受分,* 動かされるべき。「動」と漢訳。
√iñj- (1) = √iñg- (1) = √iṅg- (1)：動く。「動」と漢訳。
arūpa- < a-rūpa-：*adj.* 形のない。醜い。奇形の。色なき。眼に見えない。「無色」「「非色」と漢訳。
ca：*conj.* および。また。しかしながら。そして。～と。なお。
gacchati < gaccha- < √gam- (1)：行く。*Pres. 3, sg. P.*
na：*ind.* ～でない。～にあらず。
ca：*conj.* および。また。しかしながら。そして。～と。なお。
tad-gati-samavasaraṇo < tad-gati-samavasaraṇaḥ + 有声子音 < tad-gati-samavasaraṇa-：*adj.* その道に入る。*m. sg. Nom.*
tad-：それ。
gati- < √gam- (1) + -ti：*f.* 行くこと。道。進路。手段。方法。可能性。状態。「趣」「所帰趣」と漢訳。
samavasaraṇa-< sam-ava-√sṛ- (1) + -ana：*n.* 会うこと。集合すること。目的。目標。
sam-ava-√sṛ- (1)：「入」「普入」「悉入」「趣入」と漢訳。
bhavati < bhava- < √bhū- (1)：なる。*Pres. 3, sg. P.*

> rāga-gatiṃ ca gacchati vigata-rāgaś ca bhavati sarva-kāma-bhogeṣu /

(梵漢和維摩経 *p.* 344, *ll.* 12–13)

「貪愛（貪）の道を行っても、あらゆる欲望の享受において貪愛を離れています。
【「貪欲を行くことを示せども諸の染著を離れ、】　（大正蔵、巻一四、五四九頁上）

rāga-gatiṃ < rāga-gati-：*f.* 貪愛の道。*sg. Acc.*
　rāga- < √raj- (4) + -a：*m.* 染めること。赤いこと。情熱。激しい欲望。愛情。「貪愛」「愛欲」と漢訳。
ca：*conj.* および。また。しかしながら。そして。～と。なお。
gacchati < gaccha- < √gam- (1)：行く。*Pres. 3, sg. P.*
vigata-rāgaś < vigata-rāgaḥ + (c) < vigata-rāga-：*adj.* 貪愛を離れている。*m. sg. Nom.*
ca：*conj.* および。また。しかしながら。そして。～と。なお。
bhavati < bhava- < √bhū- (1)：なる。*Pres. 3, sg. P.*
sarva-kāma-bhogeṣu < sarva-kāma-bhoga-：*m.* あらゆる欲望の享受。*pl. Loc.*
　kāma-：*m.* 快楽。愛着。～（為・属・処格）に対する願望・欲望。
　bhoga- < √bhuj- (7) + -a：*m.* 食うこと。享受すること。享受。利益。財産。収益。「受用」「財」「財物」「資財」「資糧」「資生」と漢訳。
　√bhuj- (7)：享受する。食う。食事する。

doṣa-gatiṃ ca gacchaty apratihataś ca bhavati sarva-sattveṣu[8] /
(梵漢和維摩経 *p.* 344, *ll.* 13–14)

「憎悪（瞋）の道を行っても、あらゆる衆生たちに対して衝突することがありません[9]。
【「瞋恚を行くことを示せども諸の衆生に於いて恚閡有ること無く、】（大正蔵、巻一四、五四九頁上）

doṣa-gatiṃ < doṣa-gati-：*f.* 憎悪（瞋）の道。*sg. Acc.*
　doṣa- ≒ dveṣa-：*m.* 憎悪。「瞋恚」「憎」「憎忿」と漢訳。
　doṣa-：*m.* 欠陥。欠点。短所。悪い状態。罪業。罪悪。
ca：*conj.* および。また。しかしながら。そして。～と。なお。
gacchaty < gacchati + 母音 < gaccha- < √gam- (1)：行く。*Pres. 3, sg. P.*
apratihataś < apratihataḥ + (c) < apratihata- < a-prati-hata-：*pp.* ～（処格）に衝突しない。～（処格）妨げられない。損ぜられない。～へ期待されない。「無礙」「無障礙」「滅瞋恚」「無有瞋恚」と漢訳。*m. sg. Nom.*
　prati-hata- < prati-√han- (2) + -ta：*pp.* ～（処格）に衝突した。撃退された。妨げられた。防護された。「礙」「憎背」「憎礙」「憎嫉」「障礙」「所恚礙」と漢訳。
　prati-√han- (2)：～（属格）にぶつかる。攻撃する。妨げる。
ca：*conj.* および。また。しかしながら。そして。～と。なお。
bhavati < bhava- < √bhū- (1)：なる。*Pres. 3, sg. P.*
sarva-sattveṣu < sarva-sattva-：*m.* すべての衆生。「一切衆生」と漢訳。*pl. Loc.*

moha-gatiṃ ca gacchati prajñā-nidhyapti-cittaś ca bhavati sarva-dharmeṣu /
(梵漢和維摩経 *p.* 344, *ll.* 14–15)

「愚かさ（癡）の道を行っても、あらゆるものごと（一切法）を智慧によって洞察する心を持っています。
【「愚癡を行くことを示せども而も智慧を以て其の心を調伏し、】　（大正蔵、巻一四、五四九頁上）

moha-gatiṃ < moha-gati-：*f.* 愚かさ（癡）の道。*sg. Acc.*
　moha- < √muh- (4) + -a：*m.* 意識の喪失。当惑。惑溺。（真理の洞察を妨げる）心の迷妄。

「癡」「癡妄」「愚」「愚癡」「無明」と漢訳。

ca：*conj.* および。また。しかしながら。そして。〜と。なお。

gacchati < gaccha- < √gam- (1)：行く。*Pres. 3, sg. P.*

prajñā-nidhyapti-cittaś < prajñā-nidhyapti-cittaḥ + (c) < prajñā-nidhyapti-citta-：*adj.* 智慧によって洞察する心を持つ。*m. sg. Nom.*

prajñā-：*f.* 「智慧」と漢訳。「般若」と音写。

nidhyapti-：*f.* 「観」「能観」「観察」「諦察」と観察。

citta-：*n.* 心。思考。意思。知性。理性。「質多」と音写。

ca：*conj.* および。また。しかしながら。そして。〜と。なお。

bhavati < bhava- < √bhū- (1)：なる。*Pres. 3, sg. P.*

sarva-dharmeṣu < sarva-dharma-：*m.* あらゆる事物。すべての法。あらゆる存在。あらゆるものごと。「一切法」「諸法」と漢訳。*pl. Loc.*

mātsarya-gatiṃ ca gacchati sarvâdhyātma-bāhya-vastu-parityāgī ca bhavati kāya-jīvitânapekṣaḥ / (梵漢和維摩経 *p.* 344, *ll.* 15–17)

「もの惜しみ（慳貪）の道を行っても、自己〔の内〕と〔自己の〕外のあらゆるものを喜捨し、身命を顧みることがありません。

【「慳貪(けんどん)を行くことを示せども而(しか)も内外の所有(しょう)を捨てて身命(しんみょう)を惜しまず、】

（大正蔵、巻一四、五四九頁上）

…………………………………………………………………………

mātsarya-gatiṃ < mātsarya-gati-：*f.* もの惜しみ（慳貪）の道。*sg. Acc.*

mātsarya-：*n.* もの惜しみ（慳貪）嫉妬。悪意。不満。「慳貪」「慳惜」と漢訳。

ca：*conj.* および。また。しかしながら。そして。〜と。なお。

gacchati < gaccha- < √gam- (1)：行く。*Pres. 3, sg. P.*

sarvâdhyātma-bāhya-vastu-parityāgī < sarvâdhyātma-bāhya-vastu-parityāgin- < sarva-adhyātma-bāhya-vastu-parityāgin-：*adj.* 自己〔の内〕と〔自己の〕外のあらゆるものを喜捨する。*m. sg. Nom.*

sarva-：*adj.* 一切の。すべての。

adhyātma- < adhi-ātma-：*adj.* 自己の。自己に特有な。

bāhya-：*adj.* 外側にある。外の。外部の。他国の。共同社会から除外された。外道の。

vastu-：*n.* 物質。価値ある事物。〜の対象。事柄。事情。

parityāgin- < parityāga- + -in：*adj.* 見放す。〜を断念する。放棄する。

parityāga- < pari-√tyaj- (1) + -a：*m.* 見放すこと。見捨てること。拒否。放棄。断念。「捨離」「棄捨」と漢訳。

pari-√tyaj- (1)：棄てる。手放す。断念する。罷める。放棄する。

√tyaj- (1)：罷める。見捨てる。棄てる。手放す。遺棄する。放置する。断念する。

ca：*conj.* および。また。しかしながら。そして。〜と。なお。

bhavati < bhava- < √bhū- (1)：なる。*Pres. 3, sg. P.*

kāya-jīvitânapekṣaḥ < kāya-jīvitânapekṣa- < kāya-jīvita-anapekṣa-：*adj.* 身命を顧みない。「不顧身命」「不惜身命」と漢訳。*m. sg. Nom.*

kāya-jīvita-：*n.* 「身命」と漢訳。

kāya-：*m.* 身体。

jīvita- < √jīv- (1) + -ita：*pp.* 生ける。生物。生命。生計。

anapekṣa- < an-apekṣa-：*adj.* 顧慮しない。独立の。「不顧」「不顧惜」「不望」「不惜」「無所著」と漢訳。

apekṣā- < apa-√īkṣ- (1) + -ā：*f.* 見回すこと。注意。思考。顧慮。期待。

apa-√īkṣ- (1)：看過する。〜（対格）を志す。〜を顧慮する。〜を期待する。〜を重視する。

～を待つ。

duḥśīla-gatiṃ ca gacchati sarva-śīla-śikṣā-dhuta-guṇa-saṃlekha-pratiṣṭhitaś ca bhavaty aṇu-mā=
treṣv avadyeṣu bhaya-darśī /
(梵漢和維摩経 *p.* 344, *ll.* 17–18)

「破戒の道を行っても、あらゆる戒律に熟達し、〔衣食住に関する貪りを払い除く〕頭陀行の徳を具え、〔少欲〕知足に立っていて、〔原子の大きさほどの〕わずかな過失にも恐怖をおぼえます。

【「毀禁を行くことを示せども而も浄戒に安住し、乃至、小罪にも猶、大懼を懐き、】
(大正蔵、巻一四、五四九頁上)

……………………………………………………………………

duḥśīla-gatiṃ < duḥśīla-gati-：*f.* 破戒の道。*sg. Acc.*

duḥśīla- < duḥ-śīla-：*adj.* 悪しき習慣／性質を有する。邪悪の。悪い行状の。破戒の。「破戒」「毀戒」「破戒者」と漢訳。

duḥ- < dus-：*pref.* 悪い。誤った。～しにくい。悪く。かろうじて。

śīla-：*n.* 習慣。気質。性向。性格。よい行状。よい習慣。高尚な品性。道徳性。「戒」と漢訳。

ca：*conj.* および。また。しかしながら。そして。～と。なお。

gacchati < gaccha- < √gam- (1)：行く。*Pres. 3, sg. P.*

sarva-śīla-śikṣā-dhuta-guṇa-saṃlekha-pratiṣṭhitaś < sarva-śīla-śikṣā-dhuta-guṇa-saṃlekha-prati=ṣṭhitaḥ + (c) < sarva-śīla-śikṣā-dhuta-guṇa-saṃlekha-pratiṣṭhita-：*adj.* あらゆる戒律に熟達し、頭陀行の徳を具え、〔少欲〕知足に立っている。*m. sg. Nom.*

sarva-：*adj.* 一切の。すべての。

śīla-：*n.* 習慣。気質。性向。性格。よい行状。よい習慣。高尚な品性。道徳性。「戒」と漢訳。

śikṣā- < √śikṣ- (1) + -ā：*f.* ～の知識。技術。熟達。教授。教課。教訓。

dhuta- = dhūta- < √dhū- (5) + -ta：*pp.* 振られた。動揺させられた。動かされた。振り放された。振り払われた。移された。放棄された。遠ざけられた。*n.* 「頭陀」と漢訳。

guṇa-：*m.* 種類。構成。従属的要素。固有性。属性。善性。徳。

saṃlekha-：*m.* 「損」「遠離」「〔少欲〕知足」「倹約」と漢訳。

pratiṣṭhita- < prati-√sthā- (1) + -ita：*pp.* 有名な。著名な。～（処格）に熟達した。～に立った。位置した。留まった。～に置かれた。確立した。

ca：*conj.* および。また。しかしながら。そして。～と。なお。

bhavaty < bhavati + 母音 < bhava- < √bhū- (1)：～となる。発生する。～（奪格）から生ずる。起こる。～（奪格）から出現する。*Pres. 3, sg. P.*

aṇu-mātreṣv < aṇu-mātreṣu + 母音 < aṇu-mātra-：*adj.* 原子の大きさの。「少」と漢訳。*n. pl. Loc.*

aṇu-：*adj.* 微小な。微細な。繊細な。*m.* 極微。原子。「沙」「微」「塵」「極微」と漢訳。

mātra- < √mā- (2,3) + -tra：*n.* ～だけの量。量。大きさ。

avadyeṣu < avadya- < avadya- < a-vadya：*未受分,* 非難すべき。悪しき。*n.* 過失。罵詈。非難。不名誉。*n. pl. Loc.*

bhaya-darśī < bhaya-darśin-：*adj.* 恐怖を見る。*m. sg. Nom.*

bhaya- < √bhī- (1) + -a：*n.* ～（奪格、属格）についての恐れ。驚き。恐怖。心配。

darśin- < √dṛś- (1) + -in ：*adj.* 見る。注意する。見なす。～に見える。～の様子の。

√dṛś- (1)：見る。

vyāpāda-khila-krodha-gatiṃ ca gacchati maitrī-vihārī ca bhavaty atyantâvyāpanna-cittaḥ /
(梵漢和維摩経 *p.* 346, *ll.* 1–2)

「悪意による恨みや怒りの道を行っても、慈しみの中にいて、究極的には悪に染まらない心を持っています。

【「瞋恚を行くことを示せども而も常に慈忍し、】　(大正蔵、巻一四、五四九頁上)

vyāpāda-khila-krodha-gatiṃ < vyāpāda-khila-krodha-gati-：*f.* 悪意による恨みや怒りの道。*sg. Acc.*
　　vyāpāda- < vi-ā-√pad- (4) + -a：*m.* 零落。破壊。死。悪意。「恚」「瞋」「害」「瞋恚」と漢訳。
　　vi-ā-√pad- (4)：遠ざかる。消失する。滅びる。「毀」と漢訳。
　　khila-：*m.* 不毛の地。「恨」「忿恨」と漢訳。
　　krodha- < √krudh- (4) + -a：*m.* 忿怒。「怒」「瞋」「恚」「瞋恚」と漢訳。
　　√krudh- (4)：～（為格、属格）のことを怒る。～（対格）に対して怒る。
ca：*conj.* および。また。しかしながら。そして。～と。なお。
gacchati < gaccha- < √gam- (1)：行く。*Pres. 3, sg. P.*
maitrī-vihārī < maitrī-vihārin-：*adj.* 慈しみの中にいる。*m. sg. Nom.*
　　maitrī-：*f.* 好意。友情。親交。「慈」「慈念」と漢訳。
　　vihārin- < vihāra- + -in：*adj.* ～を歩き回る。動き回る。～（処格）まで広がった。～に依存する。～を楽しんでいる。～を享受する。～をして喜ぶ。「住」「居」「安住」と漢訳。
ca：*conj.* および。また。しかしながら。そして。～と。なお。
bhavaty < bhavati + 母音 < bhava- < √bhū- (1)：～となる。発生する。～（奪格）から生ずる。起こる。～（奪格）から出現する。*Pres. 3, sg. P.*
atyantâvyāpanna-cittaḥ < atyantâvyāpanna-citta- < atyanta-avyāpanna-citta-：*adj.* 究極的には悪に染まらない心を持つ。*m. sg. Nom.*
　　atyanta- < ati-anta-：*adj.* 終わりまで続く。継続する。無限の。完全な。「極」「最極」「畢竟」「究竟」と漢訳。
　　avyāpanna-citta- < a-vyāpanna-citta-：*adj.* 悪心のない。
　　avyāpanna- < a-vyāpanna-：*adj.* 死せざる。汚れない。悪に染まらない。無害の。
　　vyāpanna-citta-：*adj.* 悪心を持った。意地悪の。「瞋」「恚」と漢訳。
　　vyāpanna- < vi-ā-√pad- (4) + -na：*pp.* 乱された。害われた。滅ぼされた。死んだ。「瞋」「瞋恚」「悩害」と漢訳。
　　vi-ā-√pad- (4)：遠ざかる。消失する。滅びる。
　　citta-：*n.* 心。思考。意思。知性。理性。「質多」と音写。

kausīdya-gatiṃ ca gacchati sarva-kuśala-mūla-paryeṣṭy-abhiyuktaś ca bhavaty apratiprasrab=dha-vīryârambhaḥ /
（梵漢和維摩経 *p.* 346, *ll.* 2–3）

「怠惰の道を行っても、あらゆる善根を求めることに専念していて、絶えず努力精進に取り組んでいます。
【「懈怠を行くことを示せども而も功徳を懃修し、】　（大正蔵、巻一四、五四九頁上）

kausīdya-gatiṃ < kausīdya-gati-：*f.* 怠惰の道。*sg. Acc.*
　　kausīdya-：*n.* 怠惰。弛緩。「怠」「懈怠」と漢訳。
ca：*conj.* および。また。しかしながら。そして。～と。なお。
gacchati < gaccha- < √gam- (1)：行く。*Pres. 3, sg. P.*
sarva-kuśala-mūla-paryeṣṭy-abhiyuktaś < sarva-kuśala-mūla-paryeṣṭy-abhiyuktaḥ + (c) < sarva-kuśala-mūla-paryeṣṭy-abhiyukta-：*adj.* あらゆる善根を求めることに専念している。*m. sg. Nom.*
　　sarva-：*adj.* 一切の。すべての。
　　kuśala-mūla-：*n.* 「善根」と漢訳。
　　kuśala-：*adj.* 善き。正しき。～に熟練した。老練なる。経験ある。
　　mūla-：*n.* 根。付け根。基底。起原。本源。
　　paryeṣṭy- < paryeṣṭi- + 母音 < pari-ā-√iṣ- (6) + -ti：*f.* ～を求めること。探求すること。

pari-ā-√iṣ- (6)：「求」「尋求」「追求」「志求」と漢訳。

abhiyukta- < abhi-√yuj- (7) + -ta：*pp.* 集中した。専心した。熱中した。～に通暁した。通達した。

ca：*conj.* および。また。しかしながら。そして。～と。なお。

bhavaty < bhavati + 母音 < bhava- < √bhū- (1)：～となる。発生する。～（奪格）から生ずる。起こる。～（奪格）から出現する。*Pres. 3, sg. P.*

apratiprasrabdha-vīryârambhaḥ < apratiprasrabdha-vīryârambha- < apratiprasrabdha-vīrya-ārambha-：*adj.* 絶えることなく努力精進に取り組んでいる。*m. sg. Nom.*

apratiprasrabdha- < a-pratiprasrabdha-：*adj.* 「無尽」「無間断」「恒不断絶」「常無休息」と漢訳。

pratiprasrabdha- = pratipraśrabdha- < prati-pra-√śrambh- (1) + -ta：*pp.* 和らげられた。鎮められた。穏やかにされた。静かになった。「息」「止息」「休息」「已滅」「断」「滅」「除」と漢訳。

prati-pra-√śrambh- (1)：鎮める。和らげる。～をやめる。

vīrya-：*n.* 男らしさ。勇気。力。能力。英雄的な行為。「勤」「精進」「勇健」「勇猛」「強健」と漢訳。

ārambha- < ā-√rabh- (1) + -a：*m.* 着手。企図。開始。形成。達成。「発起」「発動」「修」「行」「所作」「勤労」と漢訳。

ā-√rabh- (1)：つかまえる、占有する。形成する。達する。～（対格）に着手する。

vibhrāntêndriya-gatiṃ ca gacchati arikta-dhyānaś[10] ca bhavati prakṛti-samāpannaḥ /
(梵漢和維摩経 *p.* 346, *ll.* 3–4)

「錯乱した感覚器官の道を行っても、空虚ならざる禅定を行ない、本来の〔禅定の〕状態に入っています。

【「乱意を行くことを示せども而も常に念定まり、】　（大正蔵、巻一四、五四九頁上）

……………………………………………………………………………

vibhrāntêndriya-gatiṃ < vibhrāntêndriya-gati- < vibhrānta-indriya-gati-：*f.* 錯乱した感覚器官の道。*sg. Acc.*

vibhrānta- < vi-√bhram- (1) + -ta-：*pp.* 動き回る。回転する。広く弘まった。混乱した。困惑した。「欠」「乱」「散乱」「迷惑」と漢訳。

vi-√bhram- (1)：徘徊する。さすらう。飛び回る。飛翔する。輪転する。よろめく。追い散らす。混乱している。

indriya-：*n.* 活力。精力。感官。能力。「根」と漢訳。

gati- < √gam- (1) + -ti：*f.* 行くこと。進路。状態。「趣」「所趣」「所帰趣」と漢訳。

ca：*conj.* および。また。しかしながら。そして。～と。なお。

gacchati < gaccha- < √gam- (1)：行く。*Pres. 3, sg. P.*

arikta-dhyānaś < arikta-dhyānaḥ + (c) < arikta-dhyāna-：*adj.* 有益な禅定を持つ。*m. sg. Nom.*

arikta- < a-rikta-：*adj.* 空虚でない。有益な。

rikta- < √ric- (7,4) + -ta <：*adj.* からっぽの。空虚な。露出した。困窮した。無益な。価値のない。～を欠いた。

√ric- (7,4)：空虚にする。取り除く。解放する。放免する。

dhyāna- < √dhyai- (1) + -ana：*n.* 静慮。「定」と漢訳。「禅」「禅定」と音写。

ca：*conj.* および。また。しかしながら。そして。～と。なお。

bhavati < bhava- < √bhū- (1)：なる。*Pres. 3, sg. P.*

prakṛti-samāpannaḥ < prakṛti-samāpanna-：*adj.* 〔自然の〕本来の状態に入っている。*m. sg. Nom.*

prakṛti-：*f.* 本来の状態。自然の状態。性質。自然。（自然の）始原的構成要素。

samāpanna- < sam-ā-√pad- (4) + -na：*pp.* 到達した。来た。「入」「生」「得」「住」と漢訳。

sam-ā-√pad- (4)：襲う。～（状態）に陥る。生ずる。起こる。

dauḥprajña-gatiṃ ca gacchati sarva-lokika-lokôttara-śāstra-kuśalaś ca bhavati prajñā-pāramitā-gatiṃ-gataḥ /

（梵漢和維摩経 *p.* 346, *ll.* 5–6）

「無智の道を行っても、世間的なものであれ超世間的なものであれ、あらゆる論書に精通していて、智慧の完成（智慧波羅蜜）に通達しています。

【「愚癡を行くことを示せども而も世間・出世間の慧に通達し、】　（大正蔵、巻一四、五四九頁上）

………………………………………………………………………

dauḥprajña-gatiṃ < dauḥprajña-gati-：*f.* 無智の道。*sg. Acc.*

dauḥprajña- < duḥprajñā- + -a：*adj.* 悪い智慧の。「悪慧」「無智」「無智慧」「乱智」「愚癡」と漢訳。

duḥprajñā-：*f.* 悪い智慧。「不正智」と漢訳。

ca：*conj.* および。また。しかしながら。そして。～と。なお。

gacchati < gaccha- < √gam- (1)：行く。*Pres. 3, sg. P.*

sarva-lokika-lokôttara-śāstra-kuśalaś < sarva-lokika-lokôttara-śāstra-kuśalaḥ + (c) < sarva-lokika-lokôttara-śāstra-kuśala-：*adj.* 世間的であれ、超世間的であれ、あらゆる聖典に精通している。*m. sg. Nom.*

sarva-：*adj.* 一切の。すべての。

lokika- ≒ laukika- < loka- + -ika：*adj.* 日常生活に関する。普通の。通常の。日常の。「世」「世間」と漢訳。

lokôttara- < loka-uttara-：*adj.* 超世間的な。異常な。通常でない。「出世」「出世間」「超出世間」と漢訳。

śāstra- < √śas- (2) + -tra：*n.* 教訓。規則。学理。綱要。聖典。「典籍」と漢訳。

kuśala-：*adj.* 善き。正しき。有益な。～に熟練した。老練なる。経験ある。*n.* 好条件。幸福。繁栄。有益。

ca：*conj.* および。また。しかしながら。そして。～と。なお。

bhavati < bhava- < √bhū- (1)：なる。*Pres. 3, sg. P.*

prajñā-pāramitā-gatiṃ-gataḥ < prajñā-pāramitā-gatiṃ-gata-：*adj.* 智慧の完成（智慧波羅蜜）に通達している。*m. sg. Nom.*

prajñā-pāramitā-：*f.* 智慧の完成。「智慧波羅蜜」「般若波羅蜜」と音写。

prajñā-：*f.* 「智慧」と漢訳。「般若」と音写。

pāramitā-：*f.* 完成。「度」「到彼岸」と漢訳。「波羅蜜」「波羅蜜多」と音写。

gatiṃ-gata-：*adj.* 理解している。了解している。「到」「入」「得」「通達」「通暁」「已得通達」「了」「了達」と漢訳。

kuhana-lapana-caryā-gatiṃ gacchati upāya-kauśala-caryā-niryātaś ca bhavati saṃdhā-bhāṣya-kuśalaḥ /

（梵漢和維摩経 *p.* 346, *ll.* 6–7）

「偽善と諂いの行ないの道を行っても、巧みなる方便を行なうために現われていて、深い意味が込められた言葉[11]〔を語るの〕に巧みであります。

【「諂偽を行くことを示せども而も善方便もて諸経の義に随い、】　（大正蔵、巻一四、五四九頁上）

………………………………………………………………………

kuhana-lapana-caryā-gatiṃ < kuhana-lapana-caryā-gati-：*f.* 偽善と諂いの行ないの道。*sg. Acc.*

kuhana-：*n.* 偽善。「詐」「矯詐」「諂曲」と漢訳。

lapanā-：*f.* 諂い。「諂」「虚談」「矯妄」と漢訳。

lapana-：*n.* 口。

caryā- < √car- (1) + -yā：*f.* 徘徊すること。行為。所行。行。

gacchati < gaccha- < √gam- (1)：行く。*Pres. 3, sg. P.*

upāya-kauśala-caryā-niryātaś < upāya-kauśala-caryā-niryātaḥ + (c) < upāya-kauśala-caryā-niryā=ta-：*adj.* 巧みなる方便を行なうために現われている。*m. sg. Nom.*

upāya-kauśala-：*adj.* 巧みなる方便の。「巧方便」「善方便」「方便善巧」と漢訳。

upāya- < upa-√i- (2) + -a：*m.* 接近。到着。手段。方策。「方便」と漢訳。

kauśala- ＝ kauśalya-：*n.* 幸福。幸運。繁栄。賢明。「善」「善巧」と漢訳。

caryā- < √car- (1) + -yā：*f.* 徘徊すること。行為。所行。行。

niryāta- < nir-√yā- (2) + -ta：*pp.* ～（奪格）から出てきた。～現われた。～（処格）を全く信頼した。「出離」「従…生」「已度」「成」と漢訳。

nir-√yā- (2)：出て行く。進み出る。～を目的として行く／進み出る。～から現われ出る。

ca：*conj.* および。また。しかしながら。そして。～と。なお。

bhavati < bhava- < √bhū- (1)：なる。*Pres. 3, sg. P.*

saṃdhā-bhāṣya-kuśalaḥ < saṃdhābhāṣya-kuśala-：*adj.* 深い意味が込められた言葉〔を語るの〕に巧みである。*m. sg. Nom.*

saṃdhā-bhāṣya-：*n.* 深い意味が込められた言葉。

saṃdhā-：*f.* 契約。協定。約束。意図。

bhāṣya- < √bhāṣ- (1) + -ya：*n.* 話すこと。語ること。「説」「所説」「語言」と漢訳。

kuśala-：*adj.* 善き。正しき。有益な。～に熟練した。老練なる。経験ある。*n.* 好条件。幸福。繁栄。有益。

māna-gatiṃ ca darśayati[12] setu-saṃkrama-bhṛtaś[13] ca bhavati sarva-lokasya /

(梵漢和維摩経 *p.* 346, *ll.* 7–8)

「慢心の道を〔行くことを〕示しても、すべての世間〔の人々〕のための橋梁〔の役〕を担っています。

【「憍慢を行くことを示せども而も衆生に於いて猶、橋梁の如く、】（大正蔵、巻一四、五四九頁上）

māna-gatiṃ < māna-gati-：*f.* 慢心の道。*sg. Acc.*

māna- < √man- (1) + -a：*m.* 意見。意志。目的。自己を高く評価すること。自己をたのむこと。自負。高慢。尊大。「慢」「慢心」「憍慢」と漢訳。

ca：*conj.* および。また。しかしながら。そして。～と。なお。

darśayati < darśaya- < √dṛś- (1) + -aya：*Caus.* 示す。説明する。解説する。*Pres. 3, sg. P.*

setu-saṃkrama-bhṛtaś < setu-saṃkrama-bhṛtaḥ + (c) < setu-saṃkrama-bhṛta-：*adj.* 橋梁を担っている。橋梁を提供している。*m. sg. Nom.*

setu-saṃkrama-：*m.* 「橋梁」と漢訳。

setu-：*sdj.* 縛る。*m.* 束縛。足枷。堰。水路。橋。

saṃkrama- < sam-√kram- (1) + -a：*m.* 一緒に行くこと。進路。進歩。移転。橋。階段。「橋梁」と漢訳。

bhṛta- < √bhṛ- (1,2) + -ta：*pp.* 雇われた。担われた。保たれた。支持された。養われた。得られた。～（具格）で満たされた。

√bhṛ- (1,2)：担う。運ぶ。提供する。授与する。

ca：*conj.* および。また。しかしながら。そして。～と。なお。

bhavati < bhava- < √bhū- (1)：なる。*Pres. 3, sg. P.*

sarva-lokasya < sarva-loka-：*m.* あらゆる世界。すべての世間〔の人々〕。全世界。*sg. Gen.*

kleśa-gatiṃ ca gacchati prakṛti-pariśuddhaś ca bhavaty atyantâsaṃkliṣṭaḥ[14] /

(梵漢和維摩経 *p.* 346, *ll.* 9–10)

「煩悩の道を行っても、本性として完全に清められていて、常に〔煩悩に〕染まることはない。
【「諸の煩悩を行くことを示せども而も心は常に清浄たり、】　　　　（大正蔵、巻一四、五四九頁上）
……………………………………………………………………………

kleśa-gatiṃ < kleśa-gati-：*f.* 煩悩の道。*sg. Acc.*
　　kleśa- < √kliś- (4) + -a：*m.* 苦痛。苦悩。心痛。「煩悩」「惑」「根本煩悩」と漢訳。
ca：*conj.* および。また。しかしながら。そして。～と。なお。
gacchati < gaccha- < √gam- (1)：行く。*Pres. 3, sg. P.*
prakṛti-pariśuddhaś < prakṛti-pariśuddhaḥ + (c) < prakṛti-pariśuddha-：*adj.* 本性として完全に清められている。*m. sg. Nom.*
　　prakṛti-：*f.* 本来の状態。自然の状態。性質。自然。（自然の）始原的構成要素。
　　pariśuddha- < pari-√śudh- (4) + -ta　：*pp.* 完全に浄化された。清められた。
　　prakṛti-śuddha-：*adj.* 本性として清らかな。
ca：*conj.* および。また。しかしながら。そして。～と。なお。
bhavaty < bhavati + 母音 < bhava- < √bhū- (1)：～となる。発生する。～（奪格）から生ずる。起こる。～（奪格）から出現する。*Pres. 3, sg. P.*
atyantâsaṃkliṣṭaḥ < atyantâsaṃkliṣṭa- < atyanta-asaṃkliṣṭa-：*adj.* 絶えず穢されない。常に染まらない。*m. sg. Nom.*
　　atyanta- < ati-anta-：*adj.* 終わりまで続く。継続する。断絶せざる。無限の。過度の。「畢竟」「究竟」と漢訳。
　　asaṃkliṣṭa- < a-saṃkliṣṭa-：*adj.* 疲労せしめられない。消耗させられない。穢されない。「無染」「離染」「不染汚」「無雑染」「無染汚」「清浄」と漢訳。
　　saṃkliṣṭa- < sam-√kliś- (9) + -ta：*pp.* 悩まされた。曇った（鏡）。困難に縛られた。傷つけられた。絞られた。「染」「有雑染」「染汚」と漢訳。

māra-gatiṃ ca gacchati apara-pratyayaś ca bhavati sarva-buddha-dharmeṣu / （梵漢和維摩経 *p.* 346, *ll.* 10–11）

「悪魔の道を行っても、あらゆるブッダの教えの中に〔あって、〕他の〔教え〕を頼ることがありません。
【「魔に入ることを示せども而も仏の智慧に順じて他の教えに随わず、】
（大正蔵、巻一四、五四九頁上）
……………………………………………………………………………

māra-gatiṃ < māra-gati-：*f.* 悪魔の道。*sg. Acc.*
　　māra- < √mṛ- (1) + -a：*m.* 死。殺害。誘惑者。悪魔。「障」「悪者」と漢訳。「悪魔」「邪魔」「魔」「摩羅」と音写。
ca：*conj.* および。また。しかしながら。そして。～と。なお。
gacchati < gaccha- < √gam- (1)：行く。*Pres. 3, sg. P.*
apara-pratyayaś < apara-pratyayaḥ + (c) < apara-pratyaya- < a-para-pratyaya-：*adj.* 他のものを頼ることがない。「無待」「不由他縁」「不従他縁」と漢訳。*m. sg. Nom.*
　　para-pratyaya-：*m.* 「他縁」と漢訳。
　　para-：*m.* 他人。反対者。
　　pratyaya- < prati-aya- < prati-√i- (2) + -a：*m.* ～に行く／向かう／頼ること。～への信頼。信念。信仰。確信。説明。概念。想念。原因。「因縁」「信」と漢訳。
　　prati-√i- (2) ～へ行く。～に向かって行く。確信する。～（属格）を信ずる。信頼する。「信」「信受」と漢訳。
ca：*conj.* および。また。しかしながら。そして。～と。なお。
bhavati < bhava- < √bhū- (1)：なる。*Pres. 3, sg. P.*
sarva-buddha-dharmeṣu < sarva-buddha-dharma-：*m.* あらゆるブッダの法。あらゆるブッダの特

質。*pl. Loc.*

śrāvaka-gatiṃ ca gacchati aśruta-dharma-śrāvayitā ca bhavati sattvānām /
(梵漢和維摩経 *p.* 346, *ll.* 11–12)

「声聞の道を行っても、衆生たちのために〔未だ〕聞いたこともない真理の教え（法）を聞かせる人[15]であり、
【「声聞に入ることを示せども而も衆生の為に未聞の法を説き、】　（大正蔵、巻一四、五四九頁上）

śrāvaka-gatiṃ < śrāvaka-gati-：*f.* 声聞の道。*sg. Acc.*
　śrāvaka- < √śru- (5) + -aka：*m.* 声を聞く人。弟子。「声聞」「学士」「賢聖」「小乗人」と漢訳。
　√śru- (5)：聞く。（教師から）聞く。学ぶ。
ca：*conj.* および。また。しかしながら。そして。～と。なお。
gacchati < gaccha- < √gam- (1)：行く。*Pres. 3, sg. P.*
aśruta-dharma-śrāvayitā < aśruta-dharma-śrāvayitṛ-：*m.* 聞いたこともない真理の教え（法）を聞かせる人。*m. sg. Nom.*
　aśruta- < a-śruta-：*adj.* 〔未だ〕聞かれない。
　śruta- < √śru- (5) + -ta：*pp.* 聞かれた。学ばれた。
　dharma-：*m.* 法則。規則。教説。本質。事物。「法」と漢訳。
　śrāvayitṛ- < śrāvaya- + -itṛ：*adj.* 聞かせる。*m.* 聞かせる人。
　śrāvaya- < √śru- (5) + -aya：*Caus.* 聞かせる。宣言する。話しかける。知らせる。～（対格）を告げる。
ca：*conj.* および。また。しかしながら。そして。～と。なお。
bhavati < bhava- < √bhū- (1)：なる。*Pres. 3, sg. P.*
sattvānām < sattva-：*m.* 「衆生」「有情」と漢訳。*pl. Gen.*

pratyeka-buddha-gatiṃ ca gacchati mahā-karuṇā-niryātaś ca bhavati sattva-paripākāya /
(梵漢和維摩経 *p.* 346, *ll.* 12–13)

「独覚の道を行っても、衆生を成熟させるために大いなる憐れみ（大悲）を成就しています[16]。
【「辟支仏に入ることを示せども而も大悲を成就して衆生を教化し、】（大正蔵、巻一四、五四九頁上）

pratyeka-buddha-gatiṃ < pratyeka-buddha-gati-：*f.* 独覚の道。*sg. Acc.*
　pratyeka-buddha-：*m.* 「独覚」「縁覚」と漢訳。「辟支仏」「辟支迦仏」と音写。
　pratyeka- < prati-eka-：*adj.* 各個の。単独の。個々の。「別」「各別」「独」と漢訳。
ca：*conj.* および。また。しかしながら。そして。～と。なお。
gacchati < gaccha- < √gam- (1)：行く。*Pres. 3, sg. P.*
mahā-karuṇā-niryātaś < mahā-karuṇā-niryātaḥ + (c) < mahā-karuṇā-niryāta-：*adj.* 大いなる憐れみ（悲）を成就している。*m. sg. Nom.*
　mahā-karuṇā-：*f.* 大いなる憐れみ（悲）。
　karuṇā-：*f.* 哀憐。同情。「悲」「大悲」「慈悲」「悲心」「慈心」と漢訳。
　niryāta- < nir-√yā- (2) + -ta：*pp.* ～（奪格）から出てきた。～から現われた。～（処格）を全く信頼した。「出離」「従…生」「已度」「成」「と漢訳。*m. pl. Nom.*
ca：*conj.* および。また。しかしながら。そして。～と。なお。
bhavati < bhava- < √bhū- (1)：なる。*Pres. 3, sg. P.*
sattva-paripākāya < sattva-paripāka-：*m.* 衆生を成熟させること。*sg. Dat.*
　sattva-：*m.* 「衆生」と漢訳。
　paripāka- < pari-√pac- (1) + -a：*m.* 十分に煮られること。消化。熟すること。成熟。完全。

daridra-gatiṃ ca gacchati ratna-pāṇitā-pratilabdhaś ca bhavaty akṣaya-bhogaḥ /   （梵漢和維摩経 *p.* 346, *ll.* 13–14）

「貧困の道を行っても、宝を手にすることを獲得していて、〔いくら〕享受しても尽きることがありません[17]。
【「貧窮（びんぐ）に入ることを示せども而も宝手（ほうしゅ）有りて功徳は尽きること無く、】
（大正蔵、巻一四、五四九頁上）

………………………………………………………………………………

daridra-gatiṃ < daridra-gati-：*f.* 貧困の道。*sg. Acc.*
daridra-：*adj.* ～（具格）を欠いている。貧しい。「貧」「貧窮」「貧乏」「貧賤」と漢訳。
ca：*conj.* および。また。しかしながら。そして。～と。なお。
gacchati < gaccha- < √gam- (1)：行く。*Pres. 3, sg. P.*
ratna-pāṇitā-pratilabdhaś < ratna-pāṇitā-pratilabdhaḥ + (c) < ratna-pāṇitā-pratilabdha-：*adj.* 手に宝を持つことを獲得している。*m. sg. Nom.*
ratna-pāṇitā- < ratna-pāṇi-tā-：*f.* 手に宝を持つこと。
ratna-pāṇi-：*adj.* 宝を手にしている。手に宝を持つ。*m.* 「宝手」「宝掌」と漢訳。
ratna-：*n.* 宝石。財宝。
pāṇi-：*m.* 手。「掌」
pratilabdha- < prati-√labh- (1) + -ta：*pp.* 回復した。取り戻した。達した。得た。「獲得」「成就」と漢訳。
ca：*conj.* および。また。しかしながら。そして。～と。なお。
bhavaty < bhavati + 母音 < bhava- < √bhū- (1)：～となる。発生する。～（奪格）から生ずる。起こる。～（奪格）から出現する。*Pres. 3, sg. P.*
akṣaya-bhogaḥ < akṣaya-bhoga-：*adj.* 尽きることのない享受を持つ。*m. sg. Nom.*
akṣaya- < a-kṣaya-：*adj.* 不滅の。「不盡」「無盡」と漢訳。
kṣaya- < √kṣi- (5,9) + -a：*m.* 減少。衰微。喪失。破壊。終末。
bhoga- < √bhuj- (7) + -a：*m.* 食うこと。享受すること。享受。利益。財産。収益。「受用」「財」「財物」「資財」「資糧」「資生」と漢訳。

vikalêndriya-gatiṃ ca gacchati lakṣaṇa-samalaṃkṛtaś ca bhavaty abhirūpaḥ /   （梵漢和維摩経 *p.* 346, *ll.* 14–15）

「感覚器官に障害のある者[18]の道を行っても、〔勝れた身体的〕特徴によって見事に飾られていて、〔容貌が〕端整であります。
【「刑残（ぎょうざん）に入ることを示せども而（しか）も諸の相好（そうごう）を具（ぐ）して、以（もっ）て自ら荘厳（しょうごん）し、】
（大正蔵、巻一四、五四九頁上）

………………………………………………………………………………

vikalêndriya-gatiṃ < vikalêndriya-gati-：*f.* 感覚器官に障害ある者の道。*sg. Acc.*
vikalêndriya- < vikala-indriya-：*adj.* 障害のある感覚器官を持つ。感覚器官に障害のある。「根欠」「根欠減」「根不具者」「根不全者」と漢訳。
vikala- < vi-kala-：*adj.* 一部分を欠いている。～（具格）に欠陥のある。不完全な。不具の。傷ついた。
indriya-：*n.* 活力。能力。精力。感官。感覚。「根」と漢訳。
ca：*conj.* および。また。しかしながら。そして。～と。なお。
gacchati < gaccha- < √gam- (1)：行く。*Pres. 3, sg. P.*
lakṣaṇa-samalaṃkṛtaś < lakṣaṇa-samalaṃkṛtaḥ + (c) < lakṣaṇa-samalaṃkṛta-：*adj.* 〔勝れた身体的〕特徴によって見事に飾られている。*m. sg. Nom.*
lakṣaṇa-：*adj.* 指示する。標章の。しるしのある。特徴のある。属性のある。*n.* 標章。しるし。記号。特徴。属性。「相」「色相」「相貌」と漢訳。

samalaṃkṛta- < sam-alam-√kṛ- (8) + -ta：*pp.* 見事に飾られた。

ca：*conj.* および。また。しかしながら。そして。〜と。なお。

bhavaty < bhavati + 母音 < bhava- < √bhū- (1)：〜となる。発生する。〜（奪格）から生ずる。起こる。〜（奪格）から出現する。*Pres. 3, sg. P.*

abhirūpaḥ < abhi-rūpa-：*adj.* 適当なる。美しい。博学なる。「美貌」「妙色」「具足妙色」「端正」と漢訳。*m. sg. Nom.*

hīna-kulôpapatti-gatiṃ ca gacchati tathāgata-kula-gotra-saṃbhṛtaś ca bhavati puṇya-jñānôpacita-saṃbhāraḥ / (梵漢和維摩経 *p.* 346, *ll.* 15–17)

「賤しい家系の生まれの道を行っても、如来の〔高貴な〕家系の家族として養われ、福徳と智慧の豊富なる資糧を具えています。

【「下賤(げせん)に入ることを示せども而(しか)も仏の種姓(しゅしょう)の中に生まれて諸の功徳を具し、】

（大正蔵、巻一四、五四九頁上）

………………………………………………………………………

hīna-kulôpapatti-gatiṃ < hīna-kulôpapatti-gati- < hīna-kula-upapatti-gati-：*f.* 賤しい家系の生まれの道。*sg. Acc.*

hīna-kula-：*n.* 賤しい家系。「下賤之家」と漢訳。

hīna- < √hā- (3) + -na：*pp.* 劣っている。見捨てられた。卑しい。貧弱な。

kula-：*n.* 種姓。種族。家族。高貴の家系。

upapatti- < upa-√pad- (4) + -ti：*f.* 出現。成功。結果。確立。起源。誕生。

ca：*conj.* および。また。しかしながら。そして。〜と。なお。

gacchati < gaccha- < √gam- (1)：行く。*Pres. 3, sg. P.*

tathāgata-kula-gotra-saṃbhṛtaś < tathāgata-kula-gotra-saṃbhṛtaḥ + (c) < tathāgata-kula-gotra-saṃbhṛta-：*adj.* 如来の〔高貴な〕家系の家族として養われた。*m. sg. Nom.*

tathāgata-：*m.* 「如来」と漢訳。

kula-gotra-：*n.* 家族と家系。

kula-：*n.* 種姓。種族。家族。高貴の家系。

gotra-：*n.* 牛小屋。家族。家系。種族。姓。氏。種姓。

saṃbhṛta- < sam-√bhṛ- (1,2) + -ta：*pp.* 集められた。蓄積された。高められた。準備された。〜（具格）で詰め込まれた。〜を備えた。得られた。獲得された。維持された。養われた。尊敬された。成し遂げられた。成就された。*n.* 準備。「集」「聚」「和合」「積集」「蓄積」と漢訳。

sam-√bhṛ- (1,2)：かき集める。準備する。用意する。維持する。養う。

bhṛta- < √bhṛ- (1,2) + -ta：*pp.* 雇われた。担われた。保たれた。支持された。養われた。得られた。〜（具格）で満たされた。

√bhṛ- (1,2)：担う。運ぶ。提供する。授与する。

ca：*conj.* および。また。しかしながら。そして。〜と。なお。

bhavati < bhava- < √bhū- (1)：なる。*Pres. 3, sg. P.*

puṇya-jñānôpacita-saṃbhāraḥ < puṇya-jñānôpacita-saṃbhāra- < puṇya-jñāna-upacita-saṃbhāra-：*adj.* 福徳と智慧の豊富なる資具を具えている。*m. sg. Nom.*

puṇya-：*adj.* 吉兆の。幸先のよい。幸運な。美しい。快い。有徳の。*n.* 善。徳。善行。「福」「福徳」「福行」「功徳」と漢訳。

jñāna- < √jñā- (9) + -ana：*n.* 知。智慧。

upacita- < upa-√ci- (5) + -ta：*pp.* 増加した。拡大された。増大された。豊富なる。繁栄した。「集」「積」「積累」「積集」と漢訳。

upa-√ci- (5)：積み上げる。集める。蓄積する。増す。

saṃbhāra- < sam-√bhṛ- (2) + -a：*m.* 一緒に持ってくること。集めること。～に対する用意。家財道具。富。所有物。材料。必要物。「資具」「資糧」と漢訳。

durbala-durvarṇâvahoṭimaka-gatiṃ ca gacchati nārāyaṇâtmabhāva-[19]pratilabdhaś ca bhavati priya-darśanaḥ sarva-sattvānām /

(梵漢和維摩経 *p.* 346, *ll.* 17–18)

「虚弱で顔色が悪く容貌も醜い者の道を行っても、〔怪力の持ち主〕ナーラーヤナ神（那羅延天）の身体を得ていて、一切衆生が見ることを願うところであります。

【「羸劣醜陋に入ることを示せども而も那羅延の身を得て、一切衆生の見ることを楽う所となり、】

（大正蔵、巻一四、五四九頁上）

…………………………………………………………………………

durbala-durvarṇâvahoṭimaka-gatiṃ < durbala-durvarṇâvahoṭimaka-gati- < durbala-durvarṇa-avahoṭimaka-gati-：*f.* 虚弱で顔色が悪く容貌も醜い者の道。*sg. Acc.*

durbala- < dur-bala-：*adj.* 力ない。弱い。繊細な。薄弱な。虚弱な。不安定な。

durvarṇa- < dur-varṇa-：*m.* 悪色。不純。*adj.* 悪しき色を有する。顔色の悪い。劣等の種姓（階級）に属する。

avahoṭimaka- ≒ avahoḍimaka-：*adj.* 「容貌弊悪」と漢訳。

ca : *conj.* および。また。しかしながら。そして。～と。なお。

gacchati < gaccha- < √gam- (1)：行く。*Pres. 3, sg. P.*

nārāyaṇâtmabhāva-pratilabdhaś < nārāyaṇâtmabhāva-pratilabdhaḥ + (c) < nārāyaṇâtmabhāva-pratilabdha- < nārāyaṇa-ātmabhāva-pratilabdha-：*adj.* 〔怪力の持ち主〕ナーラーヤナ神の身体を得ている。*m. sg. Nom.*

nārāyaṇa-：*m.* ナーラーヤナ神。「那羅延」「那羅延天」と音写。

ātmabhāva-：*m.* 我の恒久的存在。自己の存在。自己の身体。

pratilabdha- < prati-√labh- (1) + -ta：*pp.* 回復した。取り戻した。達した。得た。「獲得」「成就」と漢訳。

ca : *conj.* および。また。しかしながら。そして。～と。なお。

bhavati < bhava- < √bhū- (1)：なる。*Pres. 3, sg. P.*

priya-darśanaḥ < priya-darśanaḥ + (s) < priya-darśana-：*n.* 親友を観ること。*adj.* ～に対して愛らしい容貌を持つ。見ることを好む。美貌の。麗しい。*m. sg. Nom.*

priya- < √prī- (9) + -a：*adj.* ～（為・属・処格）に親しい。～に愛された。慈しまれた。～（処格）を好む。

darśana- < √dṛś- (1) + -ana-：*n.* 凝視すること。見ること。知覚。悟性。内観。意見。認識。哲学的体系。～との会合。

sarva-sattvānām < sarva-sattva-：*m.* 「一切衆生」と漢訳。*pl. Gen.*

jīrṇa-vyādhito-glāna-caryāṃ ca darśayaty atyanta-vyādhi-samudghātitaś ca bhavati maraṇa-bha=ya-samatikrāntaḥ /

(梵漢和維摩経 *p.* 346, *ll.* 18–20)

「老いと病に疲弊する振る舞いを示しても、常に病気を根絶していて、死の恐怖を超越しており、

【「老・病に入ることを示せども而も永く病根を断じて死の畏れを超越し、】

（大正蔵、巻一四、五四九頁上）

…………………………………………………………………………

jīrṇa-vyādhito-glāna-caryāṃ < jīrṇa-vyādhito-glāna-caryā- < jīrṇa-vyādhitas-glāna-caryā-：*f.* 老いと病の苦しみの振る舞い。*sg. Acc.*

jīrṇa- < √jṝ- (1) + -na：*pp.* 老いたる。萎れた。老朽化した。*n.* 老衰。老齢。

vyādhitas- < vyādhi- < vi-ā-√dhā- (3) + -i：*m.* 疾患。疾病。病気。*sg. Abl.*

glāna- < √glai- (1) + -na：*pp.* 嫌悪した。疲れた。消耗した。「得病」「有疾」「疾病者」と漢訳。*n.* 倦怠。衰弱。病気。

√glai- (1)：嫌う。厭う。弛緩する。疲弊する。疲労する。衰弱する。

caryā- < √car- (1) + -yā：*f.* 徘徊すること。行為。所行。行。遂行。実行。従事すること。「所行道」「所行之道」と漢訳。

ca：*conj.* および。また。しかしながら。そして。～と。なお。

darśayati < darśaya- < √dṛś- (1) + -aya：*Caus.* 示す。説明する。解説する。*Pres. 3, sg. P.*

atyanta-vyādhi-samudghātitaś < atyanta-vyādhi-samudghātitaḥ + (c) < atyanta-vyādhi-samud=ghātita-：*adj.* 常に病気を根絶している。*m. sg. Nom.*

atyanta- < ati-anta-：*adj.* 終わりまで続く。継続する。無限の。完全な。「極」「最極」「畢竟」「究竟」と漢訳。

vyādhi- < vy-ādhi-：*m.* 疾患。疾病。病気。

samudghātita- < samudghātaya- + -ta < sam-ud-√ghātaya- (名動) + -ta：*pp.* 除去された。破壊された。根絶された。「抜除」「壊」「滅」「除滅」「断除」「遠離」と漢訳。

√ghātaya- (名動)：殺す。破壊する。殺させる。

ca：*conj.* および。また。しかしながら。そして。～と。なお。

bhavati < bhava- < √bhū- (1)：なる。*Pres. 3, sg. P.*

maraṇa-bhaya-samatikrāntaḥ < maraṇa-bhaya-samatikrānta-：*adj.* 死の恐怖を超越している。*m. sg. Nom.*

maraṇa- < √mṛ- (1) + -ana：*n.* 死ぬこと。死。命終。

bhaya-：*n.* ～（奪格、属格）についての恐れ。驚き。恐怖。心配。

samatikrānta- < sam-ati-√kram- (1) + -ta：*pp.* 「出」「超」「過」「超過」「超越」と漢訳。

> bhoga-gatiṃ ca darśayaty anitya-saṃjñā-pratyavekṣaṇā-bahulaś ca bhavati sarvâiṣaṇâpratipra=srabdhaḥ /
>
> (梵漢和維摩経 *p.* 346, *ll.* 20–21)

「〔財物を〕享受する者の道を〔行くことを〕示しても[20]、無常であるという思いを観察することが頻繁であり、あらゆる〔財物の〕追求をすることがありません。

【「資生(しじょう)あることを示せども而(しか)も恒(つね)に無常を観じて実に貪(むさぼ)る所無く、】

（大正蔵、巻一四、五四九頁上）

……………………………………………………………………

bhoga-gatiṃ < bhoga-gati-：*f.* 〔財物を〕享受する者の道。*sg. Acc.*

bhoga- < √bhuj- (7) + -a：*m.* 食うこと。享受すること。享受。享楽。利益。財産。収益。「受用」「財」「財物」「資財」「資糧」「資生」と漢訳。

ca：*conj.* および。また。しかしながら。そして。～と。なお。

darśayati < darśaya- < √dṛś- (1) + -aya：*Caus.* 示す。説明する。解説する。*Pres. 3, sg. P.*

anitya-saṃjñā-pratyavekṣaṇā-bahulaś < anitya-saṃjñā-pratyavekṣaṇā-bahulaḥ + (c) < anitya-saṃjñā-pratyavekṣaṇā-bahula-：*adj.* 無常であるという思いを観察することが頻繁である。*m. sg. Nom.*

anitya- < a-nitya-：*adj.* 無常なる。一時的な。恒常ならざる。

nitya-：*adj.* 生得の。永久の。不易の。常の。

saṃjñā- < sam-√jñā- (9) + -ā：*f.* 一致。理解。意識。

pratyavekṣaṇā- < prati-ava-√īkṣ- (1) + -anā：*f.* 調査すること。検査すること。尋ねること。「観察」と漢訳。

bahula-：*adj.* 厚い。密集した。濃い。幅広い。範囲の広い。大きい。豊富な。おびただしい。数多い。多い。～（具格）に富んだ。～に満ちた。

ca：*conj.* および。また。しかしながら。そして。～と。なお。

bhavati < bhava- < √bhū- (1)：なる。*Pres. 3, sg. P.*
sarvâiṣaṇâpratiprasrabdhaḥ < sarvâiṣaṇâpratiprasrabdha- < sarva-eṣaṇa-apratiprasrabdha-：*adj.* あらゆる〔財物の〕追求をすることがない。*m. sg. Nom.*

sarva-：*adj.* すべての。あらゆる。

eṣaṇa- < √iṣ- + -aṇa：*adj.* 追求する。欲する。*n.* 探求。追求。熱望。

apratiprasrabdha- < a-pratiprasrabdha-：*adj.* 「無尽」「無間断」「恒不断絶」「常無休息」と漢訳。

pratiprasrabdha- = pratipraśrabdha- < prati-pra-√śrambh- (1) + -ta：*pp.* 和らげられた。鎮められた。穏やかにされた。静かになった。「息」「止息」「休息」「已滅」「断」「滅」「除」と漢訳。

prati-pra-√śrambh- (1)：鎮める。和らげる。～をやめる。

antaḥpura-nāṭaka-vyūhān[21] ca bodhi-sattvo darśayaty uttīrṇa-kāma-paṅkaś ca bhavaty aniketa-cārī /

（梵漢和維摩経 *p.* 346, *ll.* 22–23）

「菩薩は、後宮や舞踊者による〔多くの〕荘厳を見せても、〔色・声・香・味・触に対する五つの〕欲（五欲）の泥沼から抜け出していて、〔五欲の〕住所に住むことがない。

【「妻妾（さいしょう）・采女（さいにょ）有ることを示せども而（しか）も常に五欲の淤泥（おでい）を遠離（おんり）し、】（大正蔵、巻一四、五四九頁上）

……………………………………………………………………………

antaḥpura-nāṭaka-vyūhān < antaḥpura-nāṭaka-vyūha-：*m.* 後宮や舞踊者による〔多くの〕荘厳。*pl. Acc.*

antaḥpura-：*n.* 王城。後宮。婦人の部屋。（複数で）王の后妃。

nāṭaka-：*m.* 俳優。舞踊者。「舞」「歌舞」と漢訳。

vyūha- < vi-√ūh- (1) + -a：*m.* 交替。置き換え。分配。配置。「荘厳」「厳飾」と漢訳。

ca：*conj.* および。また。しかしながら。そして。～と。なお。
bodhi-sattvo < bodhi-sattvaḥ + 有声子音 < bodhi-sattva-：*m.* 覚りを求める人。「菩薩」と音写。*sg. Nom.*
darśayati < darśaya- < √dṛś- (1) + -aya：*Caus.* 示す。説明する。解説する。*3, sg. P.*
uttīrṇa-kāma-paṅkaś < uttīrṇa-kāma-paṅkaḥ + (c) < uttīrṇa-kāma-paṅka-：*adj.* 抜け出した愛欲の泥沼を持つ。愛欲の泥沼から抜け出している。*m. sg. Nom.*

uttīrṇa- < ud-√tṝ- (1) + -na：*pp.* 出てきた。現われた。～から免れた。

ud-√tṝ- (1)：～（奪格）より出てくる。（水）より現われる。～から免れる。横切って越える。「度」「従…出」と漢訳。

kāma-paṅka-：*m.n.* 「欲泥」「愛欲淤泥」と漢訳。

kāma-：*m.* ～に対する願望。欲望。愛。愛着。愛欲。淫欲。

paṅka-：*m.n.* 泥。ぬかるみ。泥沼。沼地。塵埃。粘土。

ca：*conj.* および。また。しかしながら。そして。～と。なお。
bhavaty < bhavati + 母音 < bhava- < √bhū- (1)：～となる。発生する。～（奪格）から生ずる。起こる。～（奪格）から出現する。*Pres. 3, sg. P.*
aniketa-cārī < aniketa-cārin-：*adj.* 〔愛欲の〕住所に住むことがない。「無相行」「無所障礙」と漢訳。*m. sg. Nom.*

aniketa- < a-niketa-：*adj.* 家なき。「無処」「無住」「無依処」「無染」「不著」「無著」「不執著」「無相」「無相依」と漢訳。

niketa-：*m.* 標識。記号。邸宅。家。住居。蜜蜂の巣。

cārin- < √car- (1) + -in：*adj.* 動き得る。～の中に動く／行く／徘徊する／住する／生活する／行動する。遂行する。「行」「行者」「修」「修行」と漢訳。

> dhandhâyatana-gatiṃ ca gacchati vicitra-pratibhānâlaṃkāraś ca bhavati dhāraṇī-pratilabdhaḥ /
> (梵漢和維摩経 *p.* 348, *ll.* 1–2)

「鈍感な者の道[22]を行っても、種々の雄弁さによって荘厳されていて、〔法を心に留めて忘れさせない〕ダーラニー（陀羅尼）を得ています。
【「訥鈍を現ずれども而も弁才を成就して総持に失無く、】　（大正蔵、巻一四、五四九頁上）

……………………………………………………………………………

dhandhâyatana-gatiṃ < dhandhâyatana-gati- < dhandha-āyatana-gati-：*f.* 鈍感な者の道。*sg. Acc.*

dhandha-：*adj.* 遅い。鈍い。「頑鈍」「愚鈍」と漢訳。

āyatana- < ā-yatana- < ā-√yat- (1) + -ana：*n.* 入ること。処。住所。領域。聖域。感覚の領域。感官。「処」「入」と漢訳。

ā-√yat- (1)：～（処格）に入る。住む。

ca : *conj.* および。また。しかしながら。そして。～と。なお。

gacchati < gaccha- < √gam- (1)：行く。*Pres. 3, sg. P.*

vicitra-pratibhānâlaṃkāraś < vicitra-pratibhānâlaṃkāraḥ + (c) < vicitra-pratibhānâlaṃkāra- < vicitra-pratibhāna-alaṃkāra-：*adj.* 種々の雄弁さの荘厳を持つ。種々の雄弁さによって荘厳されている。*m. sg. Nom.*

vicitra- < vi-citra-：*adj.* 雑色の。多彩な。光彩ある。種々の。多様な。美しい。

pratibhāna- < prati-√bhā- (2) + -ana：*n.* 明白なこと。理解。能弁であること。「弁」「弁才」「巧弁」「弁説」「楽説」と漢訳。

alaṃkāra- < alam-√kṛ- (8) + -a：*m.* 装飾。装飾物。装身具。修辞。「荘厳」「厳飾」と漢訳。

ca : *conj.* および。また。しかしながら。そして。～と。なお。

bhavati < bhava- < √bhū- (1)：なる。*Pres. 3, sg. P.*

dhāraṇī-pratilabdhaḥ < dhāraṇī-pratilabdha-：*adj.* 〔法を心に留めて忘れさせない〕ダーラニー（陀羅尼）を得ている。*m. sg. Nom.*

dhāraṇī-：*f.* （大乗仏教において）法を心に留めて忘れさせない能力。修行者を守護する能力がある章句のこと。「総持」と漢訳。「陀羅尼」と音写。

pratilabdha- < prati-√labh- (1) + -ta：*pp.* 回復した。取り戻した。達した。得た。「獲得」「成就」と漢訳。

> tīrthika-gatiṃ ca gacchati tīrtha-bhūtaś ca bhavati /
> (梵漢和維摩経 *p.* 348, *l.* 2)

「〔仏教以外の〕外道を信ずる者の道を行っても、真実の〔仏教の〕指導者であります。
【「邪済に入ることを示せども而も正済を以て諸の衆生を度し、】　（大正蔵、巻一四、五四九頁上）

……………………………………………………………………………

tīrthika-gatiṃ < tīrthika-gati-：*f.* 〔仏教以外の〕外道を信ずる者の道。*sg. Acc.*

tīrthika- ≒ anya-tīrthika-：*m.* 自宗以外の宗旨を信仰するもの。〔仏教以外の〕外道を信ずるもの。「外道」「外学」と漢訳。

ca : *conj.* および。また。しかしながら。そして。～と。なお。

gacchati < gaccha- < √gam- (1)：行く。*Pres. 3, sg. P.*

tīrtha-bhūtaś < tīrtha-bhūtaḥ + (c) < tīrtha-bhūta-：*adj.* 真実の〔仏教の〕指導者である。神聖にされた。救われるべき。*m. sg. Nom.*

tīrtha-：*n.* 道。聖地。沐浴場。正しい場所。尊ぶべき神聖なる対象。教授。忠告。指導。教師。指導者。「天廟」「外道」と漢訳。

bhūta- < √bhū- (1) + -ta：*pp.* ～となった。存在する。～である。*n.* 事実。現実。「真」「真実」「誠諦」と漢訳。

ca : *conj.* および。また。しかしながら。そして。～と。なお。

bhavati < bhava- < √bhū- (1)：なる。*Pres. 3, sg. P.*

sarva-loka-gatiṃ ca gacchati sarva-gati-nivṛttaś ca bhavati /
(梵漢和維摩経 *p.* 348, *l.* 3)

「あらゆる世間の道を行っても、あらゆる道から自由であります。
【「遍ねく諸の道に入ることを現ずれども而も其の因縁を断じ、】　（大正蔵、巻一四、五四九頁上）

…………………………………………………………………………

sarva-loka-gatiṃ < sarva-loka-gati-：*f.* あらゆる世間の道。*sg. Acc.*
　sarva-loka-：*m.* あらゆる世界。すべての世間〔の人々〕。全世界。
ca：*conj.* および。また。しかしながら。そして。～と。なお。
gacchati < gaccha- < √gam- (1)：行く。*Pres. 3, sg. P.*
sarva-gati-nivṛttaś < sarva-gati-nivṛttaḥ + (c) < sarva-gati-nivṛtta-：*adj.* あらゆる道から自由である。*m. sg. Nom.*
　nivṛtta- < ni-√vṛt- (1) + -ta：*pp.* ～（対格）に帰った。（太陽が）没した。～（奪格）を拒絶した。～から転じた。～（奪格）を奪われた。やめた。終わった。消えた。無力になった。省かれた。「不」「無」「息」「息滅」「廃失」「捨離」「退転」と漢訳。
　ni-√vṛt- (1)：～（奪格）から～（対格）に帰る。回転する。蘇生する。再び生まれる。戻る。（水が）逆流する。（闘いに）背を向ける。逃げる。転向する。（眼を）そらされる。（心が）他に向く。～（奪格）から自由になる。～から逃げる。戦闘を避ける。（人を）拒絶する。～（奪格）を無視する。～をやめる。中止する。断つ。
ca：*conj.* および。また。しかしながら。そして。～と。なお。
bhavati < bhava- < √bhū- (1)：なる。*Pres. 3, sg. P.*

nirvāṇa-gatiṃ ca gacchati saṃsāra-prabandhaṃ ca na jahāti /
(梵漢和維摩経 *p.* 348, *ll.* 3–4)

「涅槃の道を行っても、生存領域の循環（輪廻）という間断なき連続を断つことはありません。
【「涅槃を現ずるも而も生死を断ぜず。】　（大正蔵、巻一四、五四九頁上）

…………………………………………………………………………

nirvāṇa-gatiṃ < nirvāṇa-gati-：*f.* 涅槃の道。*sg. Acc.*
　nirvāṇa- < nir-√vā- (2, 4) + -na：*pp.* 吹き消された。*n.* 消滅。生の焔の消滅。完全な満足。「寂滅」「安穏」「寂静」と漢訳。「涅槃」「泥洹」と音写。
ca：*conj.* および。また。しかしながら。そして。～と。なお。
gacchati < gaccha- < √gam- (1)：行く。*Pres. 3, sg. P.*
saṃsāra-prabandhaṃ < saṃsāra-prabandha-：*m.* 生存領域の循環（輪廻）という間断なき連続。*sg. Acc.*
　saṃsāra- < sam-√sṛ- (1) + -a：*m.* 生存領域の循環。（生の）不断の連続。現世の生存。「輪廻」と漢訳。
　sam-√sṛ- (1)：歩き回る。徘徊する。
　√sṛ- (1)：速く走る。流れる。
　prabandha- < pra-√bandh- (9) + -a：*m.* ひも。靭帯。中断のない連結。間断のない系列。
　pra-√bandh- (9)：縛る。締める。結ぶ。
ca：*conj.* および。また。しかしながら。そして。～と。なお。
na：*ind.* ～でない。～にあらず。
jahāti < √hā- (3)：捨て去る。置き去りにする。捨てる。断念する。見捨てる。放出する。除去する。取り去る。あきらめる。放棄する。*Pres. 3, sg. P.*

evaṃ mañjuśrīr bodhi-sattvo 'gati-gamanaṃ gacchati gatiṃ-gataś ca bhavati sarva-buddha-dhar=meṣu /

（梵漢和維摩経 *p.* 348, *ll.* 4–6）

「マンジュシリーよ、このように道に外れた進路を行っても、菩薩はブッダの〔説かれた〕あらゆる真理の教え（法）において〔通達して〕道を行くのであります」

【「文殊師利よ、菩薩は能く是くの如く非道を行く。是れを仏道に通達すると為すなり」】

（大正蔵、巻一四、五四九頁上）

………………………………………………………………………

evaṃ：*adv.* このように。「是」「如是」と漢訳。

mañjuśrīr < mañjuśrīḥ + 有声音 < mañjuśrī- < mañju-śrī-：*m.* マンジュシリー。「妙徳」「妙吉祥」と漢訳。「文殊」「文殊師利」と音写。*sg. Voc.* 格変化は、cf.「基礎」*p.* 106.

bodhi-sattvo 'gati-gamanaṃ < bodhi-sattvaḥ + agati-gamanaṃ

bodhi-sattvaḥ < bodhi-sattva-：*m.* 覚りを求める人。「菩薩」と音写。*sg. Nom.*

agati-gamanaṃ < agati-gamana-：*n.* 道でない道。道に外れた進路。*sg. Acc.*

agati- < a-gati-：*f.* 方法のないこと。不可能。道に外れていること。「無往」「無去」「不去」「所不行」「所不能行」「非道」と漢訳。

gati-：*f.* 行くこと。前進。動作。行動。出発。行進。進行。路。進路。

gamana- < √gam- (1) + -ana : *n.* 行くこと。赴くこと。出発。進軍。到達。進路。去ること。歩むこと。

gacchati < gaccha- < √gam- (1)：行く。*Pres. 3, sg. P.*

gatiṃ-gataś < gatiṃ-gataḥ + (c) < gatiṃ-gata-：*adj.* 理解している。了解している。「了」「了達」「到」「入」「得」「通達」「通暁」「已得通達」と漢訳。*m. sg. Nom.*

ca : *conj.* および。また。しかしながら。そして。～と。なお。

bhavati < bhava- < √bhū- (1)：なる。～である。*Pres. 3, sg. P.*

sarva-buddha-dharmeṣu < sarva-buddha-dharma-：*m.* あらゆるブッダの法。あらゆるブッダの特質。*pl. Loc.*

§2 atha vimalakīrtir licchavir mañjuśriyaṃ kumāra-bhūtam evam āha / kataman mañjuśrīs tathāgatānāṃ gotram /

（梵漢和維摩経 *p.* 348, *ll.* 7–8）

§2 その時、リッチャヴィ族のヴィマラキールティは、マンジュシリー（文殊師利）法王子にこのように言った。

「マンジュシリーよ、如来たちの家系とはどのようなものでしょうか」

【§2 是に於いて維摩詰は文殊師利に問えり、「何等をか如来の種と為すや」】

（大正蔵、巻一四、五四九頁上）

………………………………………………………………………

atha：*adv.* その時。その場合。さて。それ故。しかれば。しかしながら。

vimalakīrtir < vimalakīrtiḥ + 有声音 < vimalakīrti- < vimala-kīrti-：*m.* ヴィマラキールティ。汚れのない名声を持つ（もの）。「維摩詰」「維摩」と音写。「浄名」「無垢称」と漢訳。*sg. Nom.*

licchavir < licchaviḥ + 有声音 < licchavi-：*m.* リッチャヴィ族。「梨車毘」「栗車毘」と音写。*sg. Nom.*

mañjuśriyaṃ < mañjuśrī- < mañju-śrī-：*m.* マンジュシリー。「文殊」「文殊師利」と音写。*sg. Acc.*

kumāra-bhūtam < kumāra-bhūta-：*adj.* 「童子」「童真」「法王子」と漢訳。*m. sg. Acc.*

evam：*adv.* このように。「是」「如是」と漢訳。

āha < √ah-：言う。*Perf. 3, sg. P.*

………………………………………………………………………

kataman < katamat + (m) < katama-：*疑問代名詞,*（多くの中の）だれか。何か。いずれか。*n. sg. Nom.*

mañjuśrīs < mañjuśrīḥ + (t) < mañjuśrī- < mañju-śrī-：*m.* マンジュシリー。「妙徳」「妙吉祥」と漢訳。「文殊」「文殊師利」と音写。*sg. Voc.* 格変化は、cf.「基礎」*p.* 106.

tathāgatānāṃ < tathāgata-：*m.* 「如来」と漢訳。*pl. Gen.*
gotram < gotra-：*n.* 牛小屋。家族。家系。種族。姓。氏。種姓。*sg. Nom.*

> āha / sat-kāyaḥ kula-putra tathāgatānāṃ gotram avidyā bhava-tṛṣṇā ca gotraṃ rāga-doṣa-mohā gotraṃ catvāro viparyāsā gotraṃ pañca nivaraṇāni gotraṃ ṣaḍ āyatanāni[23] gotraṃ sapta vijñāna-sthitayo gotram aṣṭau mithyātvāni gotraṃ navâghāta-vastūni gotraṃ daśâkuśalāḥ karma-pathā gotram /
>
> (梵漢和維摩経 *p.* 348, *ll.* 9–13)

〔マンジュシリーが〕言った。

「良家の息子よ、存在している身体（有身）が如来たちの家系であり、無知（無明）と存在への愛着（有愛）が〔如来たちの〕家系であり、貪愛・憎悪・迷妄〔、すなわち貪欲・瞋恚・愚癡の三毒〕が〔如来たちの〕家系であり、〔無常・苦・空・無我を常・楽・我・浄と見なす〕四つの顚倒が〔如来たちの〕家系であり、〔貪欲・瞋恚・睡眠・掉悔・疑の〕五つの障害（五蓋）が〔如来たちの〕家系であり、六つの感覚器官（六処）が〔如来たちの〕家系であり、心（識）の安住する七種の場所（七識住）が〔如来たちの〕家系であり、〔八正道の正反対である〕八つの邪道（八邪法）が〔如来たちの〕家系であり、〔自己への不利益、愛する人への不利益、嫌いな人への利益をそれぞれ過去にもたらし、現在もたらし、未来にもたらすということに対する〕九つの嫌悪感（九悩処）が〔如来たちの〕家系であり、十種の悪しき行ないの道（十不善業道）が〔如来たちの〕家系であります。

【文殊師利の言わく、「有身を種と為し、無明・有愛を種と為し、貪・恚・癡を種と為し、四顚倒を種と為し、五蓋を種と為し、六入を種と為し、七識処を種と為し、八邪法を種と為し、九悩処を種と為し、十不善道を種と為す。】　　（大正蔵、巻一四、五四九頁中）

……………………………………………………………………

āha < √ah-：言う。*Perf. 3, sg. P.*
sat-kāyaḥ < sat-kāya-：*m.* 存在している身体。固体。「有身」「身見」と漢訳。*sg. Nom.*
kula-putra < kula-putra-：*m.* 良家の息子。「善男子」と漢訳。*sg. Voc.*
tathāgatānāṃ < tathāgata-：*m.* 「如来」と漢訳。*pl. Gen.*
gotram < gotra-：*n.* 牛小屋。家族。家系。種族。姓。氏。種姓。*sg. Nom.*
avidyā < avidyā- < a-vidyā- < a- + √vid- (2) + -yā：*f.* 無知。「癡」「愚癡」「無明」と漢訳。*sg. Nom.*
bhava-tṛṣṇā < bhava-tṛṣṇā-：*f.* 存在への愛着。「有愛」と漢訳。*sg. Nom.*

　bhava- < √bhū- (1) + -a：*m.* 誕生。生起。起原。本源。存在。生。～となること。「有」と漢訳。

　tṛṣṇā-：*f.* 渇。欲望。貪欲。淫欲。「渇愛」「愛染」「愛欲」と漢訳。

ca：*conj.* および。また。しかしながら。そして。～と。なお。
gotraṃ < gotra-：*n.* 牛小屋。家族。家系。種族。姓。氏。種姓。*sg. Nom.*
rāga-doṣa-mohā < rāga-doṣa-mohāḥ + 有声音 < rāga-doṣa-moha-：*m.* 貪愛・憎悪・迷妄〔、すなわち貪欲・瞋恚・愚癡の三毒〕。*pl. Nom.*

　rāga- < √raj- (4) + -a：*m.* 染めること。赤いこと。情熱。激しい欲望。愛情。「貪愛」「愛欲」と漢訳。

　doṣa- ≒ dveṣa-：*m.* 憎悪。「瞋恚」「憎」「憎忿」と漢訳。

　doṣa-には、*m.* 「欠陥」「欠点」「短所」「過失」といった意味もあるが、ここではSkt.のdveṣa-（Pāl.でdosa-）の俗語形である。

　doṣa- < √duṣ- (4) + -a：*m.n.* 欠陥。欠点。短所。汚点。過失。

　moha- < √muh- (4) + -a：*m.* 意識の喪失。当惑。惑溺。（真理の洞察を妨げる）心の迷妄。「癡」「癡妄」「愚」「愚癡」「無明」と漢訳。

gotraṃ < gotra-：*n.* 牛小屋。家族。家系。種族。姓。氏。種姓。*sg. Nom.*
catvāro < catvāraḥ + 有声子音 < catur-：*基数詞*, 四。*m. pl. Nom.*
viparyāsā < viparyāsāḥ + 有声音 < viparyāsa- < vi-paryāsa-：*m.* （馬車の）転覆。交換。転倒。～

の逆。誤った考え。誤謬。*pl. Nom.*
gotraṃ < gotra-：*n.* 牛小屋。家族。家系。種族。姓。氏。種姓。*sg. Nom.*
pañca < pañcan-：*基数詞,* 五。*n. pl. Nom.*
nivaraṇāni < nivaraṇa- < ni-√vṛ- (1) + -ana：*pp.* 隠された。幽閉された。*n.* 障害。悩乱。苦悩。「蓋」「諸蓋」「蓋障」「陰蓋」と漢訳。*n. pl. Nom.*
ni-√vṛ- (1)：避ける。
gotraṃ < gotra-：*n.* 牛小屋。家族。家系。種族。姓。氏。種姓。*sg. Nom.*
ṣaḍ < ṣaḍ- < ṣaṭ- + 母音 < ṣaṣ-：*基数詞,* 六。
āyatanāni < āyatana- < ā-yatana- < ā-√yat- (1) + -ana：*n.* 入ること。処。住所。領域。聖域。感覚の領域。感官。「処」「入」と漢訳。*n. pl. Nom.*
gotraṃ < gotra-：*n.* 牛小屋。家族。家系。種族。姓。氏。種姓。*sg. Nom.*
sapta < saptan-：*基数詞,* 七。*f. pl. Nom.*
vijñāna-sthitayo < vijñāna-sthitayaḥ + 有声子音 < vijñāna-sthiti-：*f.* 「識住」と漢訳。*pl. Nom.*
vijñāna- < vi-√jñā- (9) + -ana：*n.* 識別。〔自他彼此などと相対的に〕区別して識ること。「了別」と漢訳。
vi-√jñā- (9)：識別する。区別する。
sthiti- < √sthā- (1) + -ti：*f.* 立つこと。滞在すること。継続。存続。
gotram < gotra-：*n.* 牛小屋。家族。家系。種族。姓。氏。種姓。*sg. Nom.*
aṣṭau < aṣṭan-：*基数詞,* 八。*n. pl. Nom.*
mithyātvāni < mithyātva- < mithyā-tva-：*n.* 虚妄。不真実。「邪」「邪性」「邪位」と漢訳。*pl. Nom.*
mithyā-：*adv.* 不法に。不正に。偽って。不正直に。欺いて。真実ではなく。外観のみで。目的なしに。実を結ばないで。無益に。「邪」「邪妄」「邪謬」「邪執」「妄」「虚」「虚妄」と漢訳。
gotraṃ < gotra-：*n.* 牛小屋。家族。家系。種族。姓。氏。種姓。*sg. Nom.*
navâghāta-vastūni < nava + āghāta-vastūni
nava < navan-：*基数詞,* 九。*n. pl. Nom.*
āghāta-vastūni < āghāta-vastu-：*n.* 「悩害事」と漢訳。*pl. Nom.*
āghāta-：*m.* 打撃。強打。激発。殺戮。刑場。屠殺場。「害」「損害」「悩害」「破壊」「瞋恚」と漢訳。
vastu-：*n.* 物質。価値ある事物。～の対象。事柄。事情。
gotraṃ < gotra-：*n.* 牛小屋。家族。家系。種族。姓。氏。種姓。*sg. Nom.*
daśâkuśalāḥ < daśa + akuśalāḥ
daśa < daśan-：*基数詞,* 十。*m. pl. Nom.*
akuśalāḥ < akuśalāḥ + (k) < akuśala- < a-kuśala-：*adj.* 悪い。正しくない。*m. pl. Nom.*
kuśala-：*adj.* 善き。正しき。有益な。～に熟練した。老練なる。経験ある。*n.* 好条件。幸福。繁栄。有益。
karma-pathā < karma-pathāḥ + 有声音 < karma-patha-：*m.* 行ないの道。*pl. Nom.*
karma- < karman-：*n.* 行為。作業。作用。職業。結果。運命。
patha-：*m.* ～の路。小路。道。「道路」「経路」と漢訳。
gotram < gotra-：*n.* 牛小屋。家族。家系。種族。姓。氏。種姓。*sg. Nom.*

idaṃ kula-putra tathāgatānāṃ gotram /
(梵漢和維摩経 *p.* 348, *l.* 13)

「良家の息子よ、これが如来たちにとっての家系なのであります。
【漢訳相当箇所なし】
…………………………………………………………………

idaṃ < idam-：これ。*n. sg. Nom.*
kula-putra < kula-putra-：*m.* 良家の息子。「善男子」と漢訳。*sg. Voc.*

tathāgatānāṃ < tathāgata-：*m.*「如来」と漢訳。*pl. Gen.*
gotram < gotra-：*n.* 牛小屋。家族。家系。種族。姓。氏。種姓。*sg. Nom.*

saṃkṣepeṇa[24] kula-putra dvāṣaṣṭir dṛṣṭi-gatāni tathāgatānāṃ gotram /
（梵漢和維摩経 *p.* 348, *ll.* 13–14）

「良家の息子よ、要するに、六十二の〔誤った〕見解に陥っていることが如来たちにとっての家系なのです」
【「要を以て之を言わば、六十二見及び一切の煩悩は皆、是れ仏種なり」】
（大正蔵、巻一四、五四九頁中）

saṃkṣepeṇa < saṃkṣepa- < sam-√kṣip- (6) + -a：*m.* 投げ集めること。破滅。省略。圧縮。簡略。「略」と漢訳。*sg. Ins.* 具格の副詞的用法で、「簡単に」「簡潔に」を意味し、「以要言之」「取要言之」と漢訳された。
kula-putra < kula-putra-：*m.* 良家の息子。「善男子」と漢訳。*sg. Voc.*
dvāṣaṣṭir < dvāṣaṣṭiḥ + 有声音 < dvāṣaṣṭi-：*基数詞, f.* 六十二。*pl. Nom.*
dṛṣṭi-gatāni < dṛṣṭi-gata-：*adj.*〔誤った〕見解に陥っている。「見成」「見相」「成見」「邪見」「悪見」と漢訳。*n. pl. Nom.*
dṛṣṭi- < √dṛś- (1) + -ti：*f.* 見ること。視力。見なすこと。意見。〔誤った〕見解。「見」「閲」「邪見」「妄見」と漢訳。
～-gata-：*adj.* ～に行った／来た。～に陥った。～に於ける。～の中にある。～に含まれた。～に関する。～に出立した。～より造られた。～に到達した。～を得た。
tathāgatānāṃ < tathāgata-：*m.*「如来」と漢訳。*pl. Gen.*
gotram < gotra-：*n.* 牛小屋。家族。家系。種族。姓。氏。種姓。*sg. Nom.*

§3　āha /　kiṃ saṃdhāya mañjuśrīr evaṃ vadasi /
（梵漢和維摩経 *p.* 348, *l.* 15）

§3　〔ヴィマラキールティが〕言った。
「マンジュシリーよ、いかなる深い意味を込めて、あなたはそのように語るのですか」
【§3　曰く、「何の謂ぞや」】　（大正蔵、巻一四、五四九頁中）

āha < √ah-：言う。*Perf. 3, sg. P.*
kiṃ < kim-：*疑問代名詞,* だれ。何。どんな。どの。*n. sg. Acc.*
saṃdhāya < saṃ-√dhā- (3) + -ya：深い意味を秘す。深い意味を込める。「以…密意」と漢訳。*Ger.*
mañjuśrīr < mañjuśrīḥ + 有声音 < mañjuśrī- < mañju-śrī-：*m.* マンジュシリー。「妙徳」「妙吉祥」と漢訳。「文殊」「文殊師利」と音写。*sg. Voc.* 格変化は、cf.「基礎」*p.* 106.
evaṃ：*adv.* このように。「是」「如是」と漢訳。
vadasi < vada- < √vad- (1)：語る。告げる。*Pres. 2, sg. P.*

āha /　na śakyaṃ kula-putrâsaṃskṛta-darśinā niyāmâvakrānti-sthitenânuttarāyāṃ samy=ak-saṃbodhau cittam utpādayitum /
（梵漢和維摩経 *p.* 350, *ll.* 1–2）

〔マンジュシリーが〕言った。
「良家の息子よ、無為を見ていて、正しい在り方が確定した状態（正定位）への証入に立っている人は、この上ない正しく完全な覚りに向けて心を発すことはできません。
【答えて曰く、「若し無為を見て正位に入れる者は、復、阿耨多羅三藐三菩提に心を発すこと能わず。】
（大正蔵、巻一四、五四九頁中）

…………………………………………………………………………

āha < √ah-：言う。*Perf. 3, sg. P.*
na：*ind.* ～でない。～にあらず。
śakyaṃ < śakya- < √śak- (5) + -ya：*未受分,* 可能な。実行できる。*n. sg. Nom.*
未来受動分詞 śakya-は、主語と性・数・格を一致させるか、中性（不変化）の śakyam として主格または具格の行為者名詞とともに用いられる。cf.「シンタックス」*p.* 112.
未来受動分詞の行為者は、具格、または属格で示される。cf.「シンタックス」*p.* 104.
kula-putrâsaṃskṛta-darśinā < kula-putra + asaṃskṛta-darśinā
kula-putra < kula-putra-：*m.* 良家の息子。「善男子」と漢訳。*sg. Voc.*_
asaṃskṛta-darśinā < asaṃskṛta-darśin-：*adj.* 無為を見ている。*n. sg. Ins.*
asaṃskṛta- < a-saṃskṛta-：*adj.* 装備されない。装飾されていない。「無為」と漢訳。
darśin- < √dṛś- (1) + -in：*adj.* 見る。見なす。注意する。知る。理解する。
niyāmâvakrānti-sthitenânuttarāyāṃ < niyāmâvakrānti-sthitena + anuttarāyāṃ
niyāmâvakrānti-sthitena < niyāmâvakrānti-sthita- < niyāma-avakrānti-sthita-：*adj.* 正しい在り方が確定した状態（正定位）への証入に立っている。*n. sg. Ins.*
niyāma-avakrānti-：*f.* 正しい在り方が確定した状態（正定位）に入っていること。
niyāma- ＝ niyama-：*m.* 船夫。舵手。「離生」「決定」「正定（聚）」「正定（位）」と漢訳。
avakrānti- < ava-√kram- (1) + -ti：*f.* 母胎中に降下すること。受胎。「入」「証入」「趣入」と漢訳。
ava-√kram- (1)：～（対格）の上に降る。入胎する。去る。
sthita- < √sthā- (1) + -ita：*pp.* 立った。住していた。留まっていた。
anuttarāyāṃ < anuttarā- < anuttara- < an-ud-tara-：*比較級,* この上ない。「無上」と漢訳。*f. sg. Loc.*
samyak-saṃbodhau < samyak-saṃbodhi-：*f.* 正しく完全な覚り。「正覚」「正等正覚」「正等菩提」と漢訳。「三藐三菩提」と音写。*sg. Loc.*
cittam < citta-：*n.* 心。思考。意思。知性。理性。「質多」と音写。*sg. Acc.*
utpādayitum < utpādaya- + -itum < ud-√pad- (4) + -aya + -itum：*Caus.* *不定詞,* 起こすこと。生じること。

> kleśâgāra-saṃskṛta-sthitenâdṛṣṭa-satyena[25] śakyam anuttarāyāṃ samyak-saṃbodhau cittam utpādayitum /
>
> (梵漢和維摩経 *p.* 350, *ll.* 2–4)

「煩悩の家である有為に住していて、真理を見ていない人〔こそ〕が、この上ない正しく完全な覚りに向けて心を発すことができるのです。
【漢訳相当箇所なし】

…………………………………………………………………………

kleśâgāra-saṃskṛta-sthitenâdṛṣṭi-satyena < kleśâgāra-saṃskṛta-sthitena + adṛṣṭi-satyena
kleśâgāra-saṃskṛta-sthitena < kleśâgāra-saṃskṛta-sthita- < kleśa-agāra-saṃskṛta-sthita-：*adj.* 煩悩の家である有為に住している。*m. sg. Ins.*
kleśa- < √kliś- (4) + -a：*m.* 苦痛。苦悩。心痛。「煩悩」「惑」「根本煩悩」と漢訳。
agāra-：*m.n.* 家。「宅」「舎」「舎宅」と漢訳。
saṃskṛta- < sam-s-√kṛ- (8) + -ta：*pp.* 準備された。飾られた。「有為」と漢訳。
sthita- < √sthā- (1) + -ita：*pp.* 立った。住された。
adṛṣṭa-satyena < adṛṣṭa-satya- < a-dṛṣṭa-satya-：*adj.* 見られた真理を持たない。真理を見ていない。*m. sg. Ins.*
dṛṣṭa-satya-：*adj.* 見られた真理を持つ。真理を見ている。
a-dṛṣṭa-：*pp.* 見られなかった。

dṛṣṭa- < √dṛś- (1) + -ta：*pp.* 見られた。
satya-：*adj.* 実際の。真実の。誠実な。*n.* 真実。「真」「実」「諦」「真諦」と漢訳。
śakyam < śakya- < √śak- (5) + -ya：*未受分,* 〜（不定詞）が可能な。実行できる。*n. sg. Nom.*
anuttarāyāṃ < anuttarā- < anuttara- < an-ud-tara-：*比較級,* この上ない。「無上」と漢訳。*f. sg. Loc.*
samyak-saṃbodhau < samyak-saṃbodhi-：*f.* 正しく完全な覚り。「正覚」「正等正覚」「正等菩提」と漢訳。「三藐三菩提」と音写。*sg. Loc.*
cittam < citta-：*n.* 心。思考。意思。知性。理性。「質多」と音写。*sg. Acc.*
utpādayitum < utpādaya- + -itum < ud-√pad- (4) + -aya + -itum：*Caus. 不定詞,* 起こすこと。生じること。

tad yathā kula-putra nôjjaṅgaleṣu pṛthivī-pradeśeṣûtpala-[26]padma-kumuda-puṇḍarīka-saugandhikāni virohanti /
(梵漢和維摩経 *p.* 350, *ll.* 4–5)

「良家の息子よ、例えば、それは、地上の堅い不毛の地（砂漠）において、青スイレンや、紅蓮華、白スイレン、白蓮華など芳香のあるものが、芽を出さないようなものです。
【「譬えば高原の陸地は蓮華を生ぜず、】（大正蔵、巻一四、五四九頁中）
……………………………………………………………………

tad yathā：それは次のようなものである。例えば次のようなものである。「如」「如此」「譬如」と漢訳。
tad < tat + 有声子音 < tad-：それ。*n. sg. Nom.*
yathā：*関係副詞, 接続詞,* 〜のように。あたかも〜のように。〜であるように。
kula-putra < kula-putra-：*m.* 良家の息子。「善男子」と漢訳。*sg. Voc.*
nôjjaṅgaleṣu < na + ujjaṅgaleṣu
na：*ind.* 〜でない。〜にあらず。
ujjaṅgaleṣu < ujjaṅgala- < uj-jaṅgala-：*m.* 堅い不毛の地。砂が多くて放棄された地。「高原」と漢訳。*pl. Loc.*
jaṅgala-：*adj.* 乾いた。不毛の。人の住まない。「高燥」「沙漠」と漢訳。
pṛthivī-pradeśeṣûtpala-padma-kumuda-puṇḍarīka-saugandhikāni < pṛthivī-pradeśeṣu + utpala-padma-kumuda-puṇḍarīka-saugandhikāni
pṛthivī-pradeśeṣu < pṛthivī-pradeśa-：*m.* 地上のある地点。「処」「方処」「地方」「国土」と漢訳。*m. pl. Loc.*
pṛthivī-：*f.*（広い）大地。
pradeśa- < pra-deśa-：*m.* 言及。例。地点。場所。
utpala-padma-kumuda-puṇḍarīka-saugandhikāni < utpala-padma-kumuda-puṇḍarīka-saugandhika-：*n.* 青スイレンや、紅蓮華、白スイレン、白蓮華など芳香のあるもの。*pl. Nom.*
utpala-：*n.* 青スイレン。「洹鉢羅」「優鉢羅」と音写。
padma-：*m.n.* 紅蓮華。「波頭摩」「鉢特摩」「鉢頭摩」と音写。
kumuda-：*n.* 白スイレン。「倶没陀」「拘物頭」と音写。
puṇḍarīka-：*n.* 白蓮華。「奔荼利迦」「分陀利華」「芬陀利華」と音写。
saugandhika- < sugandha- + -ika：*adj.* 芳香のある。「勝香」
sugandha- < su-gandha-：*m.* 芳香。よい香り。
su：*adv.* よく。うまく。実に。正しく。非常に。充分に。
gandha-：*m.* 芳香。香料。*adj.* 芳香のある。
virohanti < viroha- < vi-√ruh- (1)：発芽する。芽を出す。*Pres. 3, pl. P.*

kardama-pulina-prakṣiptāny utpala-padma-kumuda-puṇḍarīka-saugandhikāni virohanti /
(梵漢和維摩経 *p.* 350, *ll.* 5–6)

汚泥や〔川の中の〕洲に置かれた青スイレンや、紅蓮華、白スイレン、白蓮華など芳香のあるものが、芽を出します。
【「卑湿の淤泥は乃ち此の華を生ずるが如し。】　　　　（大正蔵、巻一四、五四九頁中）

……………………………………………………………………

kardama-pulina-prakṣiptāny < kardama-pulina-prakṣiptāni + 母音 < kardama-pulina-prakṣipta-：*adj.* 淤泥や水の中の洲に置かれた。*n. pl. Nom.*

kardama-：*m.* 泥。塵。不浄。屑。「泥」「淤泥」と漢訳。

pulina-：*m.n.* 河の中の砂州。低い砂州。小島。「洲」「水洲」「島」「河岸」と漢訳。

prakṣipta- < pra-√kṣip- (6) + -ta：*pp.* 投げられた。投げ出された。挿入された。記入された。「置」「下」「投」「擲」と漢訳。

pra-√kṣip- (6)：～（処格）に擲つ。投げる。置く。下ろす。加える。挿入する。記入する。

utpala-padma-kumuda-puṇḍarīka-saugandhikāni < utpala-padma-kumuda-puṇḍarīka-saugandhika-：*n.* 青スイレンや、紅蓮華、白スイレン、白蓮華など芳香のあるもの。*pl. Nom.*

virohanti < viroha- < vi-√ruh- (1)：発芽する。芽を出す。*Pres. 3, pl. P.*

evam eva kula-putra nâsaṃskṛta-niyāma-prāpteṣu sattveṣu buddha-dharmā virohanti /
（梵漢和維摩経 *p.* 350, *ll.* 7–8）

「良家の息子よ、まさにこのように、無為によって正しい在り方が確定した状態（正定位）に達した衆生たちにおいて、ブッダの諸の特質（仏法）が芽をだすことはありません。
【「是くの如く無為法を見て正位に入れる者は、終に復能く仏法を生ぜず、】
（大正蔵、巻一四、五四九頁中）

……………………………………………………………………

evam：*adv.* このように。「是」「如是」と漢訳。

eva：*adv.* さように。このように。まさに。実に。ただ。全くこのように。

kula-putra < kula-putra-：*m.* 良家の息子。「善男子」と漢訳。*sg. Voc.*

nâsaṃskṛta-niyāma-prāpteṣu < na + asaṃskṛta-niyāma-prāpteṣu

na：*ind.* ～でない。～にあらず。

asaṃskṛta-niyāma-prāpteṣu < asaṃskṛta-niyāma-prāpta-：*adj.* 無為によって正しい在り方が確定した状態（正定位）に達した。*m. pl. Loc.*

asaṃskṛta- < a-saṃskṛta-：*adj.* 装備されない。装飾されていない。「無為」と漢訳。

niyāma- = niyama-：*m.* 船夫。舵手。「離生」「決定」「正定（聚）」「正定（位）」と漢訳。

prāpta- < pra-āpta- < pra-√āp- (5) + -ta：*pp.* 到達せられたる。獲得せられたる。～の心になった。

sattveṣu < sattva-< sattva-：*m.* 「衆生」「有情」と漢訳。*pl. Loc.*

buddha-dharmā < buddha-dharmāḥ + 有声音 < buddha-dharma-：*m.* 仏の教え。仏の特質。「仏法」と漢訳。*pl. Nom.*

virohanti < viroha- < vi-√ruh- (1)：発芽する。芽を出す。*Pres. 3, pl. P.*

kleśa-pulina-kardama-prāpteṣu sattveṣu buddha-dharmā virohanti /
（梵漢和維摩経 *p.* 350, *ll.* 8–9）

「煩悩という汚泥や〔川の中の〕洲に達した衆生たちにおいて、ブッダの諸の特質（仏法）は芽を出します。
【「煩悩の泥中に乃ち衆生有りて仏法を起こすのみ。】　　　　（大正蔵、巻一四、五四九頁中）

……………………………………………………………………

kleśa-pulina-kardama-prāpteṣu < kleśa-pulina-kardama-prāpta-：*adj.* 煩悩の淤泥や水の中の洲に達した。*n. pl. Nom.*

kleśa- < √kliś- (4) + -a：*m.* 苦痛。苦悩。心痛。「煩悩」「惑」「根本煩悩」と漢訳。

pulina-：*m.n.* 河の中の砂州。低い砂州。小島。「洲」「水洲」「島」「河岸」と漢訳。

kardama-：*m.* 泥。塵。不浄。屑。「泥」「淤泥」と漢訳。

prāpta- < pra-āpta- < pra-√āp- (5) + -ta：*pp.* 到達せられたる。獲得せられたる。～の心になった。

sattveṣu < sattva-< sattva-：*m.* 「衆生」「有情」と漢訳。*pl. Loc.*

buddha-dharmā < buddha-dharmāḥ + 有声音 < buddha-dharma-：*m.* 仏の教え。仏の特質。「仏法」と漢訳。*pl. Nom.*

virohanti < viroha- < vi-√ruh- (1)：発芽する。芽を出す。*Pres. 3, pl. P.*

> tad yathâpi nāma nâkāśe bījāni virohanti dharaṇi-tala-pratiṣṭhitāni virohanti evam eva nâsaṃskṛta-niyāma-prāpteṣu buddha-dharmā virohanti sumeru-samāṃ sat-kāya-dṛṣṭim utpādya bodhi-cittam utpadyate tataś ca buddha-dharmā virohanti /
>
> （梵漢和維摩経 *p.* 350, *ll.* 9–12）

「あたかも、虚空中の種子が芽を出さず、地面に置かれた〔種子〕が芽を出すように、まさにこのように、無為によって正しい在り方が確定した状態（正定位）に達した〔衆生たち〕において、ブッダの諸の特質（仏法）が芽を出すことはなく、身体は存在するというスメール山（須弥山）に等しい〔高慢で誤った〕見解（有身見）を生じて後、覚りを求める心を生じ、そこに、ブッダの諸の特質（仏法）が芽を出すのです[27]。

【「又種を空に殖ゆるも終に生ずることを得ず、糞壌の地に乃ち能く滋茂するが如し。是くの如く無為もて正位に入れる者は仏法を生ぜず。我見を起こすこと、須弥山の如くなるも、猶能く阿耨多羅三藐三菩提に心を発して仏法を生ず。**】**　（大正蔵、巻一四、五四九頁中）

………………………………………………………………………

tad yathâpi nāma < tad yathā + api nāma：あたかも～であるかのように。

nâkāśe < na + ākāśe

na：*ind.* ～でない。～にあらず。

ākāśe < ākāśa-：*m.n.* 虚空。蒼穹。「虚」「空」「虚空」「空界」と漢訳。*sg. Loc.*

bījāni < bīja-：*n.* 種子。*pl. Nom.*

virohanti < viroha- < vi-√ruh- (1)：発芽する。芽を出す。*Pres. 3, pl. P.*

dharaṇi-tala-pratiṣṭhitāni < dharaṇi-tala-pratiṣṭhita-：*pp.* 地面に置かれた。*n. pl. Nom.*

dharaṇi-tala-：*n.* 地面。「地」と漢訳。

dharaṇi-：*f.* 大地。

tala-：*m.* 表面。平面。

pratiṣṭhita- < prati-√sthā- (1) + -ita：*pp.* 有名な。著名な。～（処格）に熟達した。～に立った。位置した。留まった。～に置かれた。確立した。

virohanti < viroha- < vi-√ruh- (1)：発芽する。芽を出す。*Pres. 3, pl. P.*

evam：*adv.* このように。「是」「如是」と漢訳。

eva：*adv.* さように。このように。まさに。実に。ただ。全くこのように。

nâsaṃskṛta-niyāma-prāpteṣu < na + asaṃskṛta-niyāma-prāpteṣu

na：*ind.* ～でない。～にあらず。

asaṃskṛta-niyāma-prāpteṣu < asaṃskṛta-niyāma-prāpta-：*adj.* 無為によって正しい在り方が確定した状態（正定位）に達した。*m. pl. Loc.*

buddha-dharmā < buddha-dharmāḥ + 有声音 < buddha-dharma-：*m.* 仏の教え。仏の特質。「仏法」と漢訳。*pl. Nom.*

virohanti < viroha- < vi-√ruh- (1)：発芽する。芽を出す。*Pres. 3, pl. P.*

sumeru-samāṃ < sumeru-samā- < sumeru-sama-：*adj.* スメール山（須弥山）に等しい。*f. sg. Acc.*

sumeru- < su-meru-：*m.* スメール山。「妙高山」と漢訳。「須弥」「須弥楼」「蘇迷盧」と音写。

sama-：*adj.* 平らな。～（具格、属格）と等しい。同等の。同じ。同一の。公平な。

sat-kāya-dṛṣṭim < sat-kāya-dṛṣṭi-：*f.* 身体は存在するという〔誤った〕見解（有身見）。「我見」「身見」「有身見」と漢訳。*sg. Acc.*

　sat-kāya-：*m.* 存在している身体。個体。個性。「有身」「身見」と漢訳。

　sat- < s- + -at < √as- (2) + -at：*現在分詞,* 存在している。～（処格）にある。真正の。正しい。

　kāya-：*m.* 身体。集団。多数。集合。

　dṛṣṭi- < √dṛś- (1) + -ti：*f.* 見ること。視力。見なすこと。意見。（誤った）見解。「見」「閲」「邪見」「妄見」と漢訳。

utpādya < utpādaya- + -ya < ud-√pad- (4) + -aya + -ya：*Caus.* 起こす。生じる。*Ger.*

bodhi-cittam < bodhi-citta-：*n.* 覚りを求める心（菩提心）。「菩提心」「覚心」と漢訳。*sg. Acc.*

utpadyate < utpadya- < ud-√pad- (4)：飛び上がる。上る。生ずる。得られる。～（奪格）から生まれる。～となる。起こる。現われる。始まる。*Pres. 3, sg. A.*

tataś < tatas + (c)：*adv.* それより。そこに。かなたに。そのうえ。

ca：*conj.* および。また。しかしながら。そして。～と。なお。

buddha-dharmā < buddha-dharmāḥ + 有声音 < buddha-dharma-：*m.* 仏の教え。仏の特質。「仏法」と漢訳。*pl. Nom.*

virohanti < viroha- < vi-√ruh- (1)：発芽する。芽を出す。*Pres. 3, pl. P.*

> tad anenâpi te kula-putra paryāyeṇâivaṃ veditavyam /
> （梵漢和維摩経 *p.* 350, *ll.* 12–13）

「従って、良家の息子よ、この道理によって、あなたは次のように知るべきであります。

【「是の故に当に知るべし、】　（大正蔵、巻一四、五四九頁中）

……………………………………………………………………………

tad < tat + 母音 < tad-：それ。*n. sg. Acc.*

　代名詞の中性・対格／具格／奪格は、連結助詞として用いられ、「そこで」「従って」「このため」を意味する。

anenâpi < anena + api

　anena < idam-：これ。*m. sg. Ins.*

　anena paryāyeṇa：このようにして。この繰り返しによって。「是故」「由此」「由此因縁」「由此道理」と漢訳。具格の副詞的用法。

　api：*adv.* また。さえも。されど。同様に。

te < tvad-：あなた。*2, sg. Gen.*

kula-putra < kula-putra-：*m.* 良家の息子。「善男子」と漢訳。*sg. Voc.*

paryāyeṇâivaṃ < paryāyeṇa + evaṃ

　paryāyeṇa < paryāya-：*m.* 文章。回転。反復。規則的連続。*sg. Ins.*

　evaṃ：*adv.* このように。

veditavyam < veditavya- < √vid- (2) + -itavya：*未受分,* 知られるべき。*n. sg. Nom.*

> yathā sarva-kleśās tathā tathāgatānāṃ gotram /
> （梵漢和維摩経 *p.* 350, *l.* 13）

「あらゆる煩悩は、如来たちにとっての家系と同様なのです。

【「一切の煩悩を如来の種と為す。】　（大正蔵、巻一四、五四九頁中）

……………………………………………………………………………

yathā：*conj.* ～のように。あたかも～のように。～と（that)。その結果。

sarva-kleśās < sarva-kleśāḥ + (t) < sarva-kleśa-：*m.* あらゆる煩悩。*pl. Nom.*

　sarva-：*adj.* 一切の。すべての。

　kleśa- < √kliś- (4) + -a：*m.* 苦痛。苦悩。心痛。「煩悩」「惑」「根本煩悩」と漢訳。

tathā：*adv.* そのように。また。同様に。
tathāgatānāṃ < tathāgata-：*m.* 「如来」と漢訳。*pl. Gen.*
gotram < gotra-：*n.* 牛小屋。家族。家系。種族。姓。氏。種姓。*sg. Nom.*

> tad yathâpi nāma kula-putra nânavatīrya mahā-samudraṃ śakyam anarghaṃ ratnam utkṣeptum[28] evam eva nânavatīrṇena[29] kleśa-sāgaraṃ śakyaṃ sarva-jñatā-citta-ratnam utpādayitum /
> （梵漢和維摩経 *p.* 350, *ll.* 14–16）

「良家の息子よ、あたかも、大海に下りなくては、値もつけられない〔貴重な〕財宝を取ることができないように、まさにこのように、煩悩の大海に下りてこないで、一切智という心の宝を生じることはできません。
【「譬えば巨海に下らざれば、無価の宝珠を得ること能わざるが如し。是くの如く煩悩の大海に入らざれば、則ち一切智の宝を得ること能わざるなり」と。】　（大正蔵、巻一四、五四九頁中）
……………………………………………………………………

tad yathâpi nāma < tad yathā + api nāma：あたかも～であるかのように。
kula-putra < kula-putra-：*m.* 良家の息子。「善男子」と漢訳。*sg. Voc.*
nânavatīrya < na + anavatīrya
　na：*ind.* ～でない。～にあらず。
　anavatīrya < an-avatīrya：下りてくることがない。*Ger.*
　avatīrya < ava-√tṝ- (1) + -ya：～（対格、処格）へ下る。～（奪格）より下る。（地へ）降る。化現する。顕現する。自身を示す。赴く。達する。到る。*Ger.*
mahā-samudraṃ < mahā-samudra-：*m.* 大海。*sg. Acc.*
　mahā- < mahat-：*adj.* 大いなる。偉大な。
　samudra- < sam-udra-：*m.* 水の集まり。海。大洋。
śakyam < śakya- < √śak- (5) + -ya：*未受分,* ～（不定詞）が可能な。実行できる。*n. sg. Nom.*
anarghaṃ < anargha- < an-argha-：*m.* 正当でない値段。*adj.* 値のつけられない。極めて貴重な。*n. sg. Acc.*
　argha-：*m.* 価値。代償。
ratnam < ratna-：*n.* 宝石。財宝。*sg. Acc.*
utkṣeptum < ud-√kṣip- (4) + -tum：*不定詞,* 投げ上げること。挙げること。立つこと。置くこと。放棄すること。「取」「挙取」と漢訳。
evam：*adv.* このように。「是」「如是」と漢訳。
eva：*adv.* さように。このように。まさに。実に。ただ。全くこのように。
nânavatīrṇena < na + anavatīrṇena
　na：*ind.* ～でない。～にあらず。
　anavatīrṇena < anavatīrṇa- < an-avatīrṇa-：*adj.* 下りてくることがない。*n. sg. Ins.*
　avatīrṇa- < ava-√tṝ- (1) + -na：*pp.* ～（奪格）より～（対格）に来た。化現した。「入」「趣入」「深入」「已入」「悟入」と漢訳。
　ava-√tṝ- (1)：～（対格、処格）へ下る。～（奪格）より下る。（地へ）降る。化現する。顕現する。自身を示す。赴く。達する。到る。
kleśa-sāgaraṃ < kleśa-sāgara-：*m.* 煩悩の大海。*sg. Acc.*
　kleśa- < √kliś- (4) + -a：*m.* 苦痛。苦悩。心痛。「煩悩」「惑」「根本煩悩」と漢訳。
　sāgara-：*m.* 大海。海。「娑揭羅」「娑伽羅」と音写。
śakyaṃ < śakya- < √śak- (5) + -ya：*未受分,* ～（不定詞）が可能な。実行できる。*n. sg. Nom.*
sarva-jñatā-citta-ratnam < sarva-jñatā-citta-ratna-：*n.* 一切智という心の宝。*sg. Acc.*
　sarva-jñatā-：*f.* 全知。「一切智」「一切種智」と漢訳。「薩婆若」と音写。
　citta-ratna-：*n.* 心の宝。
utpādayitum < utpādaya- + -itum < ud-√pad- (4) + -aya + -itum：*Caus. 不定詞,* 起こすこと。生

じること。

§4　atha sthaviro mahā-kāśyapo mañjuśriye kumāra-bhūtāya sādhu-kāram adāt /　sādhu sādhu mañjuśrīḥ su-bhāṣitā ta iyaṃ vāg bhūtam etat[30] /

(梵漢和維摩経 *p.* 350, *ll.* 17–19)

§4　その時、大徳マハー・カーシャパは、マンジュシリー法王子に感嘆の言葉を発した。

「素晴らしいことです。素晴らしいことです。マンジュシリーよ、あなたは、この言葉を巧みに語られました。これは真実であります[31]。

【§4　爾の時、大迦葉は歎じて言わく、「善きかな、善きかな、文殊師利よ、快く此の語を説けることよ。誠に所言の如し。】　(大正蔵、巻一四、五四九頁中)

……………………………………………………………………………

atha：*adv.* その時。その場合。さて。それ故。しかれば。しかしながら。

sthaviro < sthaviraḥ + 有声子音 < sthavira-：*adj.* 老いた。尊敬すべき。「大徳」「尊者」「上座」「長老」と漢訳。*m. sg. Nom.*

mahā-kāśyapo < mahā-kāśyapaḥ + 有声子音 < mahā-kāśyapa-：*m.* マハー・カーシャパ。「大迦葉」「摩訶迦葉」と音写。*sg. Nom.*

mañjuśriye < mañjuśrī- < mañju-śrī-：*m.* マンジュシリー。「妙徳」「妙吉祥」と漢訳。「文殊」「文殊師利」と音写。*sg. Dat.* 格変化は、cf.「基礎」*p.* 106.

kumāra-bhūtāya < kumāra-bhūta-：*adj.* 「童子」「童真」「法王子」と漢訳。*m. sg. Dat.*

sādhu-kāram < sādhu-kāra-：*m.n.* sādhu（でかした、よくやった）という感嘆詞。*sg. Acc.*

sādhu- < sādhu- < √sādh- (1) + -u　：*adj.* まっすぐな。気だてのよい。高貴な有徳な。善良な。*m.* 有徳の人。尊敬すべき人。聖人。聖仙。*n.* よいこと。正しいこと。本当のこと。親切。慈善。*n. sg. Acc.*

kāra- < √kṛ- (8) + -a：*adj.* 作る。なす。生ずる。*m.* なすこと。作者。

adāt < √dā- (3)：～（為・属・処格）に与える。贈る。（言葉を）かける。*root-Aor. 3, sg. P.*

……………………………………………………………………………

sādhu：*感嘆詞,* よくやった。でかした。よろしい。「善哉」と漢訳。

sādhu sādhu と繰り返して感嘆詞として使われる。

sādhu- < √sādh- (1) + -u　：*adj.* まっすぐな。気だてのよい。高貴な。有徳な。善良な。*m.* 有徳の人。尊敬すべき人。聖人。聖仙。

√sādh- (1)：目標に達する。目的を達成する。真っ直ぐに導く。完了する。

mañjuśrīḥ < mañjuśrī- < mañju-śrī-：*m.* マンジュシュリー。「妙徳」「妙吉祥」と漢訳。「文殊」「文殊師利」と音写。*sg. Voc.*

su-bhāṣitā < su-bhāṣitā- < su-bhāṣita-：*adj.* 巧みに語られた。*f. sg. Nom.*

su：*adv.* よく。うまく。実に。正しく。非常に。充分に。

bhāṣita- < √bhāṣ- (1) + -ita：*pp.* 語られた（こと）。「所説」「言説」漢訳。

ta < te + a 以外の母音 < tvad-：あなた。*2, sg. Gen.*

iyaṃ < idam-：これ。*f. sg. Nom.*

vāg < vāk + 有声子音 < vāc-：*f.* 言葉。*sg. Nom.*

bhūtam < bhūta- < √bhū- (1) + -ta：*pp.* ～となった。あった。～である。真実の。*n.* 「有情」「衆生」と漢訳。「真」「真実」「誠諦」と漢訳。*n. sg. Acc.*

etat < etad-：これ。*n. sg. Nom.*

kleśā gotraṃ tathāgatānām /

(梵漢和維摩経 *p.* 350, *l.* 19)

「〔あらゆる〕煩悩が如来たちにとっての家系なのです。

【「塵労の疇を如来の種と為すとは。】　(大正蔵、巻一四、五四九頁中)

………………………………………………………………………

kleśā < kleśāḥ + 有声音 < kleśa- < √kliś- (4) + -a：*m.* 苦痛。苦悩。心痛。「煩悩」「惑」「根本煩悩」と漢訳。*pl. Nom.*

gotraṃ < gotra-：*n.* 牛小屋。家族。家系。種族。姓。氏。種姓。*sg. Nom.*

tathāgatānām < tathāgata-：*m.* 「如来」と漢訳。*pl. Gen.*

kuto hy asmad-vidhānāṃ śaktir asti bodhi-cittam idānīm utpādayitum /
(梵漢和維摩経 *p.* 352, *l.* 1)

「私たちのようなものに、今、どうして覚りを求める心を生じ得る能力があるでしょうか。
【「我等は今や復、阿耨多羅三藐三菩提に心を発すに堪任せず。】　（大正蔵、巻一四、五四九頁中）

………………………………………………………………………

kuto < kutaḥ + 有声子音 < kutas：*adv.* だれより。どこより。いずこへ。何ゆえに。

hy < hi + 母音：*ind.* 真に。確かに。実に。

asmad-vidhānāṃ < asmad-vidha-：*adj.* 我らの如き。われわれのような。*m. pl. Gen.*

śaktir < śaktiḥ + 有声音 < śakti-：*f.* ～（属格、処格、不定詞）をなし得る能力。力量。力。強さ。*sg. Nom.*

asti < as- < √as- (2)：ある。*Pres. 3, sg. P.*

bodhi-cittam < bodhi-citta-：*n.* 覚りを求める心（菩提心）。「菩提心」「覚心」と漢訳。*sg. Acc.*

idānīm = idā：*adv.* 「今」「今次」「今時」「於今日」と漢訳。

utpādayitum < utpādaya- + -itum < ud-√pad- (4) + -aya + -itum：*Caus. 不定詞,* 起こすこと。生じること。

pañcânantarya-prāptaḥ śakto bodhi-cittam utpādayituṃ śakto buddha-dharmān abhisaṃboddhuṃ na punar aham /
(梵漢和維摩経 *p.* 352, *ll.* 1–3)

「五無間罪を得ているものが、覚りを求める心を生じる能力を有しているのであり、ブッダの諸の特質（仏法）を完全に覚ることができるのです。しかしながら、私はできません。
【「乃至、五無間罪も猶能く意を発し、仏法を生ず。而るに今や、我等は永く発すこと能わず。】
（大正蔵、巻一四、五四九頁中）

………………………………………………………………………

pañcânantarya-prāptaḥ < pañcânantarya-prāptaḥ + (ś) < pañcânantarya-prāpta- < pañca-ānantarya-prāpta-：*adj.* 五無間罪を得ている。*m. sg. Nom.*

pañcânantarya- < pañca-ānantarya-：*adj.* 「五無間（業）」と漢訳。

pañca- < pañcan-：*基数詞,* 五。

ānantarya- < an-antara- + -ya：*n.* 間断なきこと。直接の連続。「無間」

prāpta- < pra-√āp- (5) + -ta：*pp.* 到達せられたる。獲得せられたる。～の心になった。

śakto < śaktaḥ + 有声子音 < śakta- < √śak- (5) + -ta：*pp.* ～をなしうる。～する能力を有する。*m. sg. Nom.*

bodhi-cittam < bodhi-citta-：*n.* 覚りを求める心（菩提心）。「菩提心」「覚心」と漢訳。*sg. Acc.*

utpādayituṃ < utpādaya- + -itum < ud-√pad- (4) + -aya + -itum：*Caus. 不定詞,* 起こすこと。生じること。

śakto < śaktaḥ + 有声子音 < śakta- < √śak- (5) + -ta：*pp.* ～をなしうる。～する能力を有する。*m. sg. Nom.*

buddha-dharmān < buddha-dharma-：*m.* ブッダの教え。ブッダの特性。「仏法」と漢訳。*pl. Acc.*

abhisaṃboddhuṃ < abhi-sam-√budh- (4) + -tum：*不定詞,* 全く目覚めること。

abhi-sam-√budh- (4)：全く目覚める。十分に把握する。十分に理解される。「覚」「覚了」と漢訳。

na：*ind.* ～でない。～にあらず。
punar：*adv.* 再び。新たに。さらに。なお。しかしながら。
aham < mad-：私。*1, sg. Nom.*

> §5 tad yathā vikalêndriyasya puruṣasya pañca-kāma-guṇā nirguṇā niḥsamarthāḥ[32] evam eva sarva-saṃyojana-prahīṇasya śrāvakasya sarva-buddha-dharmā nirguṇā niḥsamarthāḥ /
> (梵漢和維摩経 *p.* 352, *ll.* 4–6)

§5 「それは、感覚器官に障害のある人にとって、〔色・声・香・味・触に対する〕五欲の徳が価値のないもので、役に立たないように、まさにこのように、あらゆる煩悩（結）を断ち切っている声聞にとって、ブッダの諸の特質（仏法）は、価値がなく、役に立ちません。

【§5 「譬えば根敗の士の如し。其れ五欲に於いて復、利すること能わず。是くの如く声聞にして諸の結を断ぜる者は、仏法中に於いて復、益する所無く、】 (大正蔵、巻一四、五四九頁中)

…………………………………………………………………………

tad yathā：それは次のようなものである。例えば次のようなものである。「如」「如此」「譬如」と漢訳。
　tad < tat + 有声子音 < tad-：それ。*n. sg. Nom.*
　yathā：*関係副詞, 接続詞,* ～のように。あたかも～のように。～であるように。
vikalêndriyasya < vikalêndriya- < vikala-indriya-：*adj.* 障害のある感覚器官を持つ。感覚器官に障害のある。「根欠」「根欠減」「根不具者」「根不全者」「諸根欠減」「諸根不具」と漢訳。*m. sg. Gen.*
　vikala- < vi-kala-：*adj.* 一部分を欠いている。欠陥のある。不完全な。傷ついた。
　indriya-：*n.* 活力。精力。感官。能力。「根」と漢訳。
puruṣasya < puruṣa-：*m.* 人。人間。侍者。「男子」「男」「丈夫」と漢訳。*sg. Gen.*
pañca-kāma-guṇā < pañca-kāma-guṇāḥ + 有声音 < pañca-kāma-guṇa-：*m.* 五欲の徳。*pl. Nom.*
　pañca-kāma-：*m.*〔色・声・香・味・触に対する〕五欲。
　guṇa-：*m.* 種類。構成。従属的要素。固有性。属性。善性。徳。
nirguṇā < nirguṇāḥ + 有声音 < nirguṇa- < nir-guṇa-：*adj.* 長所のない。属性のない。徳の欠けた。価値のない。*m. pl. Nom.*
niḥsamarthāḥ < niḥsamartha- < niḥ-sam-artha-：*adj.* 能力のない。資格のない。有能でない。*m. pl. Nom.*
　sam-artha-：*adj.* ～（属格）に適当な。～（不定詞、処格）に能力のある。資格のある。有能な。～（属格）に権能を持つ。*n.* 能力。資格。
evam：*adv.* このように。「是」「如是」と漢訳。
eva：*adv.* さように。このように。まさに。実に。ただ。全くこのように。
sarva-saṃyojana-prahīṇasya < sarva-saṃyojana-prahīṇa-：*adj.* あらゆる煩悩（結）を断ち切っている。*m. sg. Gen.*
　sarva-：*adj.* 一切の。すべての。
　saṃyojana- < sam-√yuj- (7) + -ana：*n.* ～（具・処格）と結びつくこと。結合すること。～（属格）の結合。「合」「結」「煩悩」「和合」「結使」と漢訳。
　prahīṇa- < pra-√hā- (3) + -na：*pp.* 投げ捨てられた。～が消えた。「断」「已断」「已滅」「滅尽」「除滅」「離」「遠離」と漢訳。
śrāvakasya < śrāvaka- < √śru- (5) + -aka：*m.* 声を聞く人。聴聞者。門弟。弟子。「声聞」と漢訳。*sg. Gen.*
sarva-buddha-dharmā < sarva-buddha-dharmāḥ + 有声音 < sarva-buddha-dharma-：*m.* すべてのブッダの教え。あらゆるブッダの特性。*pl. Nom.*
nirguṇā < nirguṇāḥ + 有声音 < nirguṇa- < nir-guṇa-：*adj.* 長所のない。属性のない。徳の欠けた。価値のない。*m. pl. Nom.*
niḥsamarthāḥ < niḥsamartha- < niḥ-sam-artha-：*adj.* 能力のない。資格のない。有能でない。*m. pl.*

Nom.

na tasya bhūyaḥ śaktir asti tān adhyālambitum[33] /
(梵漢和維摩経 *p.* 352, *ll.* 6–7)

「さらにまた、その〔声聞〕には、それら〔のブッダの諸の特質（仏法）〕を取得することをなし得る能力はありません。
【「永く志願せず。】 （大正蔵、巻一四、五四九頁中）

………………………………………………………………………

na：*ind.* ～でない。～にあらず。
tasya < tad-：それ。*m. sg. Gen.*
bhūyaḥ < bhūyas + (ś) : *比較級,* ～（奪格）より以上の。～より多い。～より大きな。*adv.* 一層多く。もっと多く。その上に。なおまた。さらに。
śaktir < śaktiḥ + 有声音 < śakti-：*f.* ～（属格、処格、不定詞）をなし得る能力。力量。力。強さ。*sg. Nom.*
asti < as- < √as- (2)：ある。*Pres. 3, sg. P.*
tān < tad-：それ。*m. pl. Acc.*
adhyālambitum < adhi-ā-√lamb- (1) + -itum：*不定詞,* 取ること。
　adhi-ā-√lamb- (1)：「取」「採取」「接」と漢訳。

tasmān mañjuśrīḥ pṛthag-janās tathāgatasya kṛta-jñā na śrāvakāḥ /
(梵漢和維摩経 *p.* 352, *ll.* 7–8)

「それ故に、マンジュシュリーよ、凡人たちは如来の恩を知るものたちであり、声聞たちは〔そうでは〕ありません。
【「是の故に文殊師利よ、凡夫は仏法に於いて返復有るも、而も声聞には無きなり。】
（大正蔵、巻一四、五四九頁中）

………………………………………………………………………

tasmān < tasmāt + (m) < tad-：それ。*n. sg. Abl.*
　代名詞の中性・単数の対格（tat）、奪格（tasmāt）、具格（tena）は、「そこで」「従って」「それ故」などの意味となり、文の連結助詞として用いられる。cf.「シンタックス」*p.* 125.
mañjuśrīḥ < mañjuśrī- < mañju-śrī-：*m.* マンジュシュリー。「妙徳」「妙吉祥」と漢訳。「文殊」「文殊師利」と音写。*sg. Voc.*
pṛthag-janās < pṛthag-janāḥ + (t) < pṛthag-jana-：*m.* 低い階級の人。民衆。「凡夫」「凡人」と漢訳。*pl. Nom.*
　pṛthag < pṛthak + 有声子音：*adv.* 離れて。別々に。各自に。
　jana-：*m.* 生物。人。
tathāgatasya < tathāgata-：*m.* 「如来」と漢訳。*sg. Gen.*
kṛta-jñā < kṛta-jñāḥ + 有声音 < kṛta-jña-：*adj.* 恩義を認める。恩に感ずる。感謝する。正しきを知る。「恩」「識恩」「知恩」と漢訳。*m. pl. Nom.*
　kṛta- < √kṛ- (8) + -ta：*pp.* 造られた。なされた。
　jña- < √jñā- (9) + -a：*adj.* ～（属格・処格）を知っている。知識がある。
na：*ind.* ～でない。～にあらず。
śrāvakāḥ < śrāvaka- < √śru- (5) + -aka：*m.* 声を聞く人。聴聞者。門弟。弟子。「声聞」と漢訳。*pl. Nom.*

tat kasmād dhetoḥ /
(梵漢和維摩経 *p.* 352, *l.* 8)

「それは、どんな理由からでしょうか。
【「所以は何んとなれば、】　　　　　　　　　　　　　　　　　（大正蔵、巻一四、五四九頁中）

……………………………………………………………………………

tat < tad-：それ。*n. sg. Nom.*
kasmād dhetoḥ < kasmāt + hetoḥ
　　連声法は、cf.「基礎」*p.* 63.
　　kasmāt < kim-：*疑問詞,* だれ。何。どんな。どの。*m. sg. Abl.*
　　hetoḥ < hetu-：*m.* 理由。原因。因。*sg. Abl.*
　　奪格は、動機、原因、理由を表わす。cf.「シンタックス」*p.* 58.

> pṛthag-janā hi buddha-guṇāñ śrutvā tri-ratna-vaṃśânupacchedāyânuttarāyāṃ samyak-saṃbo=dhau cittam utpādayanti /
> （梵漢和維摩経 *p.* 352, *ll.* 8–10）

「凡人たちこそが、ブッダの徳について聞いて、三宝の系譜を絶やさないためにこの上ない正しく完全な覚りに向けて心を発します。
【「凡夫は仏法を聞きて、能く無上道心を起こして三宝を断たず。】　（大正蔵、巻一四、五四九頁中）

……………………………………………………………………………

pṛthag-janā < pṛthag-janāḥ + 有声音 < pṛthag-jana-：*m.* 低い階級の人。民衆。「凡夫」「凡人」と漢訳。*pl. Nom.*
hi：*ind.* 真に。確かに。実に。
buddha-guṇāñ < buddha-guṇān + (ś) < buddha-guṇa-：*m.* ブッダの徳。*pl. Acc.*
śrutvā < √śru- (5) + -tvā：～（具格、奪格、属格）から聞く。*Ger.*
tri-ratna-vaṃśânupacchedāyânuttarāyāṃ < tri-ratna-vaṃśânupacchedāya + anuttarāyāṃ
　　tri-ratna-vaṃśânupacchedāya < tri-ratna-vaṃśânupaccheda- < tri-ratna-vaṃśa-anupacche=da-：*m.* 三宝の系譜を絶やすことのないこと。*sg. Dat.*
　　tri-ratna-：*n.* 「三宝」と漢訳。
　　vaṃśa-：*m.* 竹の茎。横梁。系譜（世代を竹の節に譬えた）。血統。種族。家族。
　　anupaccheda- < an-upaccheda-：*m.* 断つことのないこと。絶やすことのないこと。
　　upaccheda- < upa-√chid- (7) + -a：*m.* 「断」「断絶」「断尽」「抜」と漢訳。
　　√chid- (7)：切る。切り落とす。引き離す。断つ。破壊する。
　　anuttarāyāṃ < anuttarā- < anuttara- < an-ud-tara-：*比較級,* この上ない。「無上」と漢訳。「阿耨多羅」と音写。*f. sg. Loc.*
samyak-saṃbodhau < samyak-saṃbodhi-：*f.* 正しく完全な覚り。「正覚」「正等正覚」「正等菩提」と漢訳。「三藐三菩提」と音写。*sg. Loc.*
cittam < citta-：*n.* 心。思考。意思。知性。理性。「質多」と音写。*sg. Acc.*
utpādayanti < utpādaya- < ud-√pad- (4) + -aya：*Caus.* 起こす。生じる。*Pres. 3, pl. P.*

> śrāvakāḥ punar yāvaj-jīvam api buddha-dharma-bala-vaiśāradyāni śrutvânuttarāyāṃ samyak-saṃbodhau na śaktāś cittam utpādayitum /
> （梵漢和維摩経 *p.* 352, *ll.* 10–12）

「しかしながら、声聞たちは、生きている限りでさえもブッダの特質である〔十種の〕力（十力）と〔四種の〕畏れなきこと（四無畏）について聞いて後、この上ない正しく完全な覚りに向けて心を発す能力を持ちません」
【「正使声聞は身を終わるまで、仏の法・力・無畏等を聞くとも、永く無上道意を発すこと能わざらん」】　（大正蔵、巻一四、五四九頁中）

……………………………………………………………………………

śrāvakāḥ < śrāvakāḥ + (p) < śrāvaka- < √śru- (5) + -aka：*m.* 声を聞く人。聴聞者。門弟。弟子。「声

聞」と漢訳。*pl. Nom.*

punar：*adv.* 再び。新たに。さらに。なお。しかしながら。

yāvaj-jīvam < yāvaj-jīva-：*adj.* 生きている限りの。「尽寿」と漢訳。*n. sg. Acc.* 対格の副詞的用法で「命のある限り」「終生」を意味する。

yāvaj- < yāvat- + (j)：*関係形容詞。*～ほど大きい／多くの／長い。

jīva- < √jīv- (1) + -a：*adj.* 存在する。～によって生活する。生きる。*m.n.* 活物。生物。生命。存在。

api：*adv.* また。さえも。されど。なお。

buddha-dharma-bala-vaiśāradyāni < buddha-dharma-bala-vaiśāradya-：*n.* ブッダの特質である〔十種の〕力（十力）と〔四種の〕畏れなきこと（四無畏）。*pl. Acc.*

buddha-dharma-：*m.* 仏の教え。仏の特質。「仏法」と漢訳。

bala-：*n.* 力。能力。体力。活力。軍隊。

vaiśāradya-：*n.* ～（処格）に関する経験。智力の明晰。誤りのないこと。「無畏」「無所畏」と漢訳。

śrutvânuttarāyāṃ < śrutvā + anuttarāyāṃ

śrutvā < √śru- (5) + -tvā：～（具格、奪格、属格）から聞く。*Ger.*

anuttarāyāṃ < anuttarā- < anuttara- < an-ud-tara-：*比較級,* この上ない。「無上」と漢訳。*f. sg. Loc.*

samyak-saṃbodhau < samyak-saṃbodhi-：*f.* 正しく完全な覚り。「正覚」「正等正覚」「正等菩提」と漢訳。「三藐三菩提」と音写。*sg. Loc.* 目的地や目標を示す処格。

na：*ind.* ～でない。～にあらず。

śaktāś < śaktāḥ + (c) < śakta- < √śak- (5) + -ta：*pp.* ～をなしうる。～する能力を有する。*m. pl. Nom.*

cittam < citta-：*n.* 心。思考。意思。知性。理性。「質多」と音写。*sg. Acc.*

utpādayitum < utpādaya- + -itum < ud-√pad- (4) + -aya + -itum：*Caus. 不定詞,* 起こすこと。生じること。

§6 atha sarva-rūpa-saṃdarśano nāma bodhi-sattvas tasyām eva parṣadi saṃnipatito 'bhūt saṃniṣaṇṇaḥ /

(梵漢和維摩経 *p.* 352, *ll.* 13–14)

§6 その時、“あらゆる姿を示現するもの”（普現色身）という名前の菩薩が、実にその聴衆の中に一緒に集まり、一緒に坐っていた。

【§6 爾の時、会中に菩薩有り。普現色身と名づく。】（大正蔵、巻一四、五四九頁中）

atha：*adv.* その時。その場合。さて。それ故。しかれば。しかしながら。

sarva-rūpa-saṃdarśano < sarva-rūpa-saṃdarśanaḥ + 有声子音 < sarva-rūpa-saṃdarśana-：*m.* あらゆる姿を示現するもの。「現一切色身」「普現色身」と漢訳。*sg. Nom.*

sarva-：*adj.* 一切の。すべての。

rūpa-：*n.* 形態。外観。色。形。美しい形。見目よいこと。

saṃdarśana- < sam-√dṛś- (1) + -ana：*n.* 見ること。眺めること。視力。凝視。注目。示現。顕現。会うこと。

nāma：*adv.* ～という名前の。実に。確かに。もちろん。

bodhi-sattvas < bodhi-sattvaḥ + (t) < bodhi-sattva-：*m.* 覚りを求める人。「菩薩」と音写。*sg. Nom.*

tasyām < tad-：それ。*f. sg. Loc.*

eva：*adv.* さように。このように。まさに。実に。ただ。全くこのように。

parṣadi < parṣad- = pari-ṣad-：*f.* 集会。聴衆。会議。「衆」「大衆」「衆会」「諸大衆」と漢訳。*sg. Loc.* 格変化については、cf.「基礎」*p.* 119.

saṃnipatito 'bhūt < saṃnipatitaḥ + abhūt

saṃnipatitaḥ < saṃnipatita- < sam-ni-√pat- (1) + -ita：*pp.* 遭遇・集合した。寄り集まった。*m. sg. Nom.*

abhūt < √bhū- (1)：なる。生ずる。*root-Aor. 3, sg. P.*

saṃniṣaṇṇaḥ < saṃniṣaṇṇa- < sam-ni-√sad- (1) + -na：*pp.* 一緒に坐った。*m. sg. Nom.*

> sa vimalakīrtiṃ licchaviṃ evam āha / kasmin punas te gṛha-pate mātā-pitarau dāsī-dāsa-karma-kara-pauruṣeyaḥ[34] kutra mitra-jñāti-sālohitāḥ kutra parivāro haya-gaja-ratha-pati-[35]vā=hanaṃ vā /
>
> (梵漢和維摩経 *p.* 352, *ll.* 14–17)

その〔菩薩〕が、リッチャヴィ族のヴィマラキールティにこのように言った。

「しかしながら、資産家（居士）よ、あなたの母と父、女召使い、召使い、職人、雇い人はどこにいるのですか。友人、親戚、眷属はどこにいるのですか。侍者、あるいは馬、象、乗り物、御者、荷馬車はどこにあるのですか」

【維摩詰に問うて言わく、「居士よ、父母・妻子・親戚・眷属・吏民・知識は、悉く是れ誰と為すや。奴婢・僮僕・象・馬・車乗は、皆何れの所にか在る」と】　　（大正蔵、巻一四、五四九頁中）

………………………………………………………………………

sa < tad-：それ。*m. sg. Nom.*

vimalakīrtiṃ < vimalakīrti- < vimala-kīrti-：*m.* ヴィマラキールティ。汚れのない名声を持つ（もの）。「維摩詰」「維摩」と音写。「浄名」「無垢称」と漢訳。*sg. Acc.*

licchaviṃ < licchavi-：*m.* リッチャヴィ。「離車子」「栗姑毘」と音写。*sg. Acc.*

evam：*adv.* このように。「是」「如是」と漢訳。

āha < √ah-：言う。*Perf. 3, sg. P.*

………………………………………………………………………

kasmin < kim-：*疑問代名詞,* だれ。何。どの。*m.n. sg. Loc.*

punas：*adv.* 再び。新たに。さらに。なお。しかしながら。

te < tvad-：あなた。*2, sg. Gen.*

gṛha-pate < gṛha-pati-：*m.* 資産家。「家長」「居士」「長者」「在家」と漢訳。*sg. Voc.*

mātā-pitarau < mātā-pitṛ-：*m.* 母と父。*du. Nom.*

dāsī-dāsa-karma-kara-pauruṣeyaḥ < dāsī-dāsa-karma-kara-pauruṣeya-：*m.* 女召使い、召使い、職人、雇い人。*sg. Nom.*

dāsī- < dāsa- + -ī：*f.* 女召使い。女奴隷。

dāsa-：*m.* 奴隷。召使い。

karmakara- < karma-kara-：*adj.* 他のために働く。*m.* 労働者。召使。職人。工匠。「僕使」「駆使」「作使者」「作務人」「作務者」と漢訳。

pauruṣeya-：*adj.* 人によって作られた。人から出た。人に関する。*n.* 人の努力。人の仕事。*m.* 雇い人。日雇い人夫。「僕」「僕使」「使者」「作使」と漢訳。

kasmin 以下は、処格と主格の名詞文をなしている。

kutra：*adv.* 何において。どこに。どこへ。何の為に。なぜ。

mitra-jñāti-sālohitāḥ < mitra-jñāti-sālohita-：*m.* 友人、親戚、眷属。*pl. Nom.*

mitra-：*m.* 友人。仲間。「友」「朋友」「善友」「親友」「知識」「善知識」と漢訳。

jñāti-：*m.* 近い血族。親戚。「親族」「親友」「眷属」と漢訳。

sālohita-：*m.* 「親属」「眷属」「親戚」「厚友」と漢訳。

kutra：*adv.* 何において。どこに。どこへ。何の為に。なぜ。

parivāro < parivāraḥ + 有声子音 < parivāra- < pari-√vṛ- (1) + -a：*adj.* ～に取り囲まれた。*m.* 侍者。随行者。従者。「眷属」「伴」と漢訳。*sg. Nom.*

haya-gaja-ratha-pati-vāhanaṃ < haya-gaja-ratha-pati-vāhana-：*n.* 馬、象、乗り物、御者、荷馬車。*sg. Nom.*

haya-：*m.* 軍馬。馬。
gaja-：*m.* 象。
ratha-：*m.* 車。乗り物。（二輪の）戦車。
pati-：*m.* 持ち主。主人。主。長。支配者。夫。
ratha-pati-の複合語と考えて「御者」と訳した。
vāhana- < vāhaya- + -ana：*adj.* 御する。運ぶ。もたらす。*n.* 乗用の動物。乗物。運輸機関。戦車。荷馬車。牽くこと。運ぶこと。乗ること。御すること。
vāhaya- < √vah- (1) + -aya：*Caus.*（戦車を）御する。（馬を）馭する。（馬車で）運搬する。運ばせる。
vā：*ind.* ～か。または。たとえ～であっても。

> evam ukte vimalakīrtir licchaviḥ sarva-rūpa-saṃdarśanaṃ bodhi-sattvaṃ gāthābhir adhyabhāṣ=at /
>
> (梵漢和維摩経 *p.* 352, *ll.* 17–18)

このように言われて、リッチャヴィ族のヴィマラキールティは、"あらゆる姿を示現するもの"（普現色身）という菩薩に〔次の〕詩句（偈）によって告げた。
【是に於いて維摩詰は偈を以て答えて曰く、】　（大正蔵、巻一四、五四九頁中）

……………………………………………………………………………

evam：*adv.* このように。「是」「如是」と漢訳。
ukte < ukta- < √vac- (2) + -ta：*pp.* 言われた。*m. sg. Loc.*
この処格は絶対節をなしている。
vimalakīrtir < vimalakīrtiḥ + 有声音 < vimalakīrti- < vimala-kīrti-：*m.* ヴィマラキールティ。汚れのない名声を持つ（もの）。「維摩詰」と音写。「浄名」「無垢称」と漢訳。*sg. Nom.*
licchaviḥ < licchaviḥ + (s) < licchavi-：*m.* リッチャヴィ。「離車子」「栗姑毘」と音写。*sg. Nom.*
sarva-rūpa-saṃdarśanaṃ < sarva-rūpa-saṃdarśana-：*m.* あらゆる姿を示現するもの。「現一切色身」「普現色身」と漢訳。*sg. Acc.*
bodhi-sattvaṃ < bodhi-sattva-：*m.* 覚りを求める人。「菩提薩埵」「菩薩」と音写。*sg. Acc.*
gāthābhir < gāthābhiḥ + 有声音 < gāthā-：*f.* 讃歌。詩句。詩頌。「頌」「偈」「迦陀」と漢訳。*pl. Ins.*
adhyabhāṣat < adhi-abhāṣat < adhi-bhāṣa- < adhi-√bhāṣ- (1)：告げる。話しかける。*Impf. 3, sg. P.*

> prajñā-pāramitā [mātā][36] bodhi-sattvāna mārṣa[37] /
> pitā côpāya-kauśalyaṃ yato jāyanti nāyakāḥ //1//
>
> (梵漢和維摩経 *p.* 352, *ll.* 19–20)

友よ、菩薩たちにとって、智慧の完成（般若波羅蜜）が〔母であり〕、巧みなる方便が父である。その〔母と父〕から、指導者〔である菩薩〕たちは生まれるのだ。　(1)
【「智度は菩薩の母なり、方便を以て父と為す。一切の衆の導師、是れ由り生ぜざるは無し。】
（大正蔵、巻一四、五四九頁下）

……………………………………………………………………………

prajñā-pāramitā < prajñā-pāramitā-：*f.* 智慧の完成。「智慧波羅蜜」「般若波羅蜜」と音写。*sg. Nom.*
prajñā-：*f.*「智慧」と漢訳。「般若」と音写。
pāramitā-：*f.* 完成。「度」「到彼岸」と漢訳。「波羅蜜」「波羅蜜多」と音写。
mātā < mātṛ-：*f.* 母。*sg. Nom.*
bodhi-sattvāna ≒ bodhi-sattvānām < bodhi-sattva-：*m.* 覚りを求める人。「菩薩」と音写。*pl. Gen.*
BHS. gram.8-117.
mārṣa < mārṣa-：*m.* 立派な人。「仁者」「賢者」「友」と漢訳。*sg. Voc.*
呼びかけの言葉として用いられ、「皆さん」（「諸友」「諸子」と漢訳）を意味する。
pitā < pitṛ-：*m.* 父。*sg. Nom.*

côpāya-kauśalyaṃ < ca + upāya-kauśalyaṃ

upāya-kauśalyaṃ < upāya-kauśalya-：*n.* 巧みなる方便。「善巧方便」と漢訳。*sg. Nom.*

yato < yatas：*関係副詞,* そこから。そういうわけで。その時以来。

jāyanti < jāya- < ā-√jan- (4)：生まれる。産出する。*Pres. 3, pl. P.*

nāyakāḥ < nāyaka- < √nī- (1) + -aka：*m.* 案内者。指導者。「導師」と漢訳。*pl. Nom.*

> bhāryā dharma-ratis teṣāṃ maitrī karuṇā ca duhitarau /
> satya-dharmāv ubhau putrau gṛhaṃ śūnyârtha-cintanā //2//
> (梵漢和維摩経 *p.* 352, *l.* 21, *p.* 354, *l.* 1)

「それら〔の菩薩たち〕にとって、法の喜びが妻であり、慈しみ（慈）と憐れみ（悲）が二人の娘である。真理と法〔の二つ〕が二人の息子である[38]。空の意味についての思索が家である。（2）

【法喜を以て妻と為し、慈悲心を女と為し、善心・誠実を男とし、畢竟空寂を舎とす。】

（大正蔵、巻一四、五四九頁下）

bhāryā < bhāryā-：*f.* 妻。*sg. Nom.*

dharma-ratis < dharma-ratiḥ + (t) < dharma-rati-：*f.* 法の喜び。*sg. Nom.*

rati- < √ram- (1) + -ti：*f.* 休息。快楽。満足。「楽」「愛楽」「歓喜」と漢訳。

teṣāṃ < tad-：それ。*m. pl. Gen.*

maitrī < maitrī-：*f.* ～（処格）に対する好意。友情。親交。好意。「慈」「慈愍」「慈念」「慈心」と漢訳。*sg. Nom.*

karuṇā < karuṇā-：*f.* 哀憐。同情。「悲」「悲心」「慈悲」と漢訳。*sg. Nom.*

ca：*conj.* および。また。しかしながら。そして。～と。なお。

duhitarau < duhitṛ-：*f.* 娘。*du. Nom.*

satya-dharmāv < satya-dharmau + 母音 < satya-dharma-：*m.* 真理と法。*du. Nom.*

ubhau < ubha-：*adj.* 両方の。「両」「二」「倶」と漢訳。*m. du. Nom.*

putrau < putra-：*m.* 息子。*du. Nom.*

gṛhaṃ < gṛha-：*n.* 家。住居。「舎」「宅」「舎宅」と漢訳。*sg. Nom.*

śūnyârtha-cintanā < śūnyârtha-cintanā- < śūnya-artha-cintanā-：*f.* 空の意味についての思索。*sg. Nom.*

śūnya-：*adj.* からの。空虚な。住む者のない。うつろな。欠けている。～のない。空しい。*n.* 空虚な場所。孤独。空虚。

artha-：*m.* 意味。仕事。利。利得。利益。財産。「義」「道理」と漢訳。

cintanā- < √cint- (10) + -anā：*f.* 「思」「思惟」「思念」と漢訳。

> sarva-kleśās tathā śiṣyā yathêṣṭa-vaśavartinaḥ /
> bodhy-aṅgāś câiva mitrāṇi bodhiṃ budhyanti yair varām //3//
> (梵漢和維摩経 *p.* 354, *ll.* 2–3)

同様に、あらゆる煩悩が、望み通りに従順な弟子たちであり、覚りに導く〔七つの〕要素（七覚支）こそが友人たちであり、それら〔の友人たちである七覚支〕によって最も勝れた覚りを覚るのである。（3）

【弟子は衆の塵労にして、意の転ずる所に随い、道品は善知識、是れに由りて正覚を成ず。】

（大正蔵、巻一四、五四九頁下）

sarva-kleśās < sarva-kleśāḥ + (t) < sarva-kleśa-：*m.* あらゆる煩悩。*pl. Nom.*

sarva-：*adj.* 一切の。すべての。

kleśa- < √kliś- (4) + -a：*m.* 苦痛。苦悩。心痛。「煩悩」「惑」「根本煩悩」と漢訳。

√kliś- (4)：悩ませる。困らせる。悩む。困る。

tathā：*adv.* そのように。同様な方法で。同様に。

śiṣyā < śiṣyāḥ + 有声音 < śiṣya- < √śās- (2) + -ya：*未受分,* 教えられるべき。教授されるべき。*m.* 生徒。弟子。*m. pl. Nom.*

yathêṣṭa-vaśavartinaḥ < yathêṣṭa-vaśavartin-：*adj.* 望み通りに従順な。*m. pl. Nom.*

yathêṣṭa- < yathā-iṣṭa-：*adj.* 望んだ通りの。「随其所欲」と漢訳。

yathā：*conj.* ～のように。あたかも～のように。～と（that)。

iṣṭa- < √iṣ- (6) + -ta：*pp.* 求められた。望まれた。

√iṣ- (6)：捜す。欲する。願う。期待する。求める。

vaśavartin- < vaśa-vartin-：*adj.* ～（属格）の支配下にある。～に服従する。柔順な。～を支配する。従順な。統治する。*m.* 「自在」「自在天」「他化自在天」と漢訳。

bodhy-aṅgāś < bodhy-aṅgāḥ + (c) < bodhy-aṅga-：*n.* 覚りに導く〔七つの〕要素（七覚支)。*pl. Nom.*

câiva < ca + eva

eva：*adv.* さように。このように。まさに。実に。ただ。全くこのように。

mitrāṇi ≒ mitrāḥ < mitra-：*m.* 友人。Āditya 神群の一つ。太陽。*n.* 契約（原義)。友誼。「知識」と漢訳。*m. pl. Nom.* BHS. gram. 8-86.

bodhiṃ < bodhi- < √budh- (1) + -i：*f.* 覚り。*sg. Acc.*

budhyanti < budhya- < √budh- (4)：目覚める。覚る。理解する。知る。*Pres. 3, pl. P.*

yair < yaiḥ + 有声音 < yad-：*関係代名詞, m. pl. Ins.*

varām < varā- < vara-：*adj.* 最善の。最も精選された。最も勝れた。最も美しい。「妙」「上妙」「最妙」「第一」「最上」「最勝」などと漢訳。*f. sg. Acc.*

sahāyāś cânubaddhā hi ṣaḍ imāḥ pāramitāḥ sadā /
stry-āgāraḥ saṃgrahas teṣāṃ dharmāḥ saṃgīti-vāditam //4//
（梵漢和維摩経 *p.* 354, *ll.* 4–5)

常に付き従う伴侶たちこそが、これらの六つの完成（六波羅蜜）であり、〔人々を〕包容して救う〔四つの〕ことがら（四摂法）が家の女たちである[39]。それら〔の家の女たち〕の合唱や伎楽が諸の法である。（４）

【諸度（しょど）の法は等侶（とうりょ）、四摂（ししょう）は伎女（ぎにょ）たり。歌詠もて法言を誦（じゅ）し、此れを以（もっ）て音楽と為（な）す。】
（大正蔵、巻一四、五四九頁下）

……………………………………………………………………

sahāyāś < sahāyāḥ + (c) < sahāya- < saha-aya-：*m.* ～（処格）の仲間。同僚。補助。*adj.* ～を仲間として有する。～によって伴われた。「助伴」「眷属」「親友」「伴侶」と漢訳。*pl. Acc.*

saha-：*adv.* 共通に。共同で。一緒に。同時に。「倶」「与…共」「与…倶」と漢訳。

aya- < √i- (2) + -a：*m.* 歩行。行くこと。進路。運行。

cânubaddhā < ca + anubaddhā

anubaddhā < anubaddhāḥ + 有声音 < anubaddha- < anu-√bandh- (9) + -ta：*pp.* 結ばれた。固定された。～と結び合わされた。「縛」「随従」と漢訳。*m. pl. Nom.*

anu-√bandh- (9)：結ぶ。(弟子を) 惹き着ける。～に従属する。密接して従う。付き添う。

√bandh- (9)：縛る。固定する。

hi：*ind.* 真に。確かに。実に。

ṣaḍ < ṣaṭ + 母音 < ṣaṭ-：*基数詞,* 六。*f. pl. Nom.*

imāḥ < idam-：これ。*f. pl. Nom.*

pāramitāḥ < pāramitāḥ + (s) < pāramitā-：*f.* 完成。「度」「到彼岸」と漢訳。「波羅蜜」「波羅蜜多」と音写。*pl. Nom.*

sadā：*adv.* 常に。

stry-āgāraḥ < stry-āgāraḥ + (s) ≒ stry-āgārāḥ < stry-āgāra-：*m.* 家の女（？)。*pl. Nom.* BHS. gram. 8-83.

stry- < strī- + 母音：*f.* 女。
āgāra- ＝ agāra-：*m.n.* 家。「宅」「舎」「舎宅」と漢訳。

saṃgrahas < saṃgrahaḥ + (t) ≒ saṃgrahāḥ < saṃgraha- < sam-√grah- (9) + -a：*m.* 捕獲。つかむこと。保護。包含。*pl. Nom.* BHS. gram. 8-83.

teṣāṃ < tad-：それ。*m. pl. Gen.*

dharmāḥ < dharmāḥ + (s) < dharma-：*m.* 「法」と漢訳。*pl. Nom.*

saṃgīti-vāditam < saṃgīti-vādita-：*n.* 合唱や伎楽。*sg. Nom.*
saṃgīti- < sam-√gai- (1) + -ti：*f.* ともに歌うこと。合奏。合唱。「集」「会」「撰集」「要集」「結集」と漢訳。
vādita- < vādaya- + -ta < √vad- (1) + -aya + -ta：*Caus. pp.* 言わせた。響かせた。*n.* 楽器。「伎楽」と漢訳。

udyānaṃ dhāraṇī teṣāṃ bodhy-aṅga-kusumaiś citam /
phalaṃ vimukti-jñānaṃ ca vṛkṣā dharma-dhanaṃ mahat[40] //5//
(梵漢和維摩経 *p.* 354, *ll.* 6–7)

それら〔の菩薩たち〕にとって、ダーラニー（陀羅尼）が庭園であり、覚りに導く〔七つの〕要素（七覚支）という花によって覆われるのだ。解脱の知が果実であり、法という巨大な財産が樹木である。（5）

【総持(そうじ)の園苑には、無漏(むろ)の法の林樹あり、覚意(かくい)の浄妙華(じょうみょうけ)、解脱(げだつ)と智慧(ちえ)の果あり。】
（大正蔵、巻一四、五四九頁下）

……………………………………………………………………………

udyānaṃ < udyāna- < ud-√yā- (2) + -ana：*n.* 外出。遊園。小森。庭。苑。*sg. Nom.*

dhāraṇī < dhāraṇī-：*f.* （大乗仏教において）法を心に留めて忘れさせない能力。修行者を守護する能力がある章句のこと。「総持」と漢訳。「陀羅尼」と音写。*sg. Nom.*

teṣāṃ < tad-：それ。*m. pl. Gen.*

bodhy-aṅga-kusumaiś < bodhy-aṅga-kusumaiḥ + (c) < bodhy-aṅga-kusuma-：*n.* 覚りに導く〔七つの〕要素（七覚支）という花。*pl. Ins.*
bodhy-aṅga-：*n.* 覚りに導く〔七つの〕要素（七覚支）。
kusuma-：*n.* 花。「拘蘇摩」と音写。

citam < cita- < √ci- (5) + -ta：～（具格）をもって覆われた。撒かれた。はめ込まれた。*n. sg. Nom.*

phalaṃ < phala-：*n.* 果。果実。結果。*sg. Nom.*

vimukti-jñānaṃ < vimukti-jñāna-：*n.* 解脱の知。*sg. Nom.*
vimukti- < vi-√muc- (6) + -ti：*f.* 最終的な解脱。分離。解放すること。
jñāna- < √jñā- (9) + -ana：*n.* 知。智慧。

ca：*conj.* および。また。しかしながら。そして。～と。なお。

vṛkṣā ≒ vṛkṣaḥ < vṛkṣa-：*m.* 木。植物。目に見える花と果実を有する木。*sg. Nom.* BHS. gram. 8-24.

dharma-dhanaṃ < dharma-dhana-：*n.* 法の財産。*sg. Nom.*
dharma-：*m.* 確定した秩序。慣例。習慣。法則。規則。義務。宗教。教説。性質。本質。属性。特質。事物。法。
dhana-：*n.* 富。財産。財宝。

mahat < mahat-：*adj.* 大きな。*n. sg. Nom.*

vimokṣāḥ puṣkiriṇyaś ca samādhi-jāla-pūritāḥ /
viśuddhi-padma-saṃchannā yatra snāyanti nirmalāḥ //6//
(梵漢和維摩経 *p.* 354, *ll.* 8–9)

〔八つの〕解脱（八解脱）が〔蓮の〕池である。三昧の水で満たされ、清らかな紅蓮華で覆われていて、そこで沐浴して無垢となる。（6）

【八解の浴池には、定水、湛然として満ち、布くに七浄の華を以てし、此れに浴するは無垢の人なり。】
（大正蔵、巻一四、五四九頁下）

………………………………………………………………………

vimokṣāḥ < vimokṣāḥ + (p) < vimokṣa-：*m.* 緩むこと。～からの解放。救済。「解脱」と漢訳。*pl. Nom.*
puṣkiriṇyaś < puṣkiriṇyaḥ + (c) < puṣkiriṇī- = puṣkariṇī- =：*f.* 〔蓮のある〕池。池沼。*pl. Nom.*
puṣkara-：*n.* 青蓮華。
ca：*conj.* および。また。しかしながら。そして。～と。なお。
samādhi-jāla-pūritāḥ < samādhi-jāla-pūrita-：*adj.* 三昧の水で満たされている。*f. pl. Nom.*
samādhi- < sam-ādhi-：*m.* 深い瞑想。深い専心。「定」と漢訳。「三昧」と音写。
jāla-：*adj.* 水の。
jāla-：*n.* 網。頭髪の網。鎖帷子。格子。「網」「羅網」「網縵」と漢訳。
pūrita- < pūraya- + -ta- < √pṛ- (3,6) + -aya + -ta-：*Caus. pp.* 満たされた。「満足」「令充満」と漢訳。
viśuddhi-padma-saṃchannā < viśuddhi-padma-saṃchannāḥ + 半母音 < viśuddhi-padma-saṃ=channa-：*adj.* 清らかな紅蓮華で覆われている。*f. pl. Nom.*
viśuddhi- < vi-√śudh- (4) + -ti：*f.* 純化。清浄。
padma-：*m.n.* 紅蓮華。「波頭摩」「鉢特摩」「鉢頭摩」と音写。
saṃchanna- < sam-√chad- (1) + -na：*adj.* 覆われた。「覆」「所覆」「充満」と漢訳。
yatra：*adv.* そこに。その場所に。その場合に。もし～ならば。その時。
snāyanti < snāya- < √snā- (4)：沐浴する。*Pres. 3, pl. P.*
nirmalāḥ < nirmala- < nir-mala-：*adj.* 汚れのない。汚点のない。無垢の。純潔な。清澄な。*m. pl. Nom.*

> abhijñā vāhanaṃ teṣāṃ mahā-yānam anuttamam /
> sārathir bodhi-cittaṃ tu sanmārgo 'ṣṭāṅgikaḥ śivaḥ //7//
> （梵漢和維摩経 *p.* 354, *ll.* 10–11）

神通がそれらの〔菩薩たちの〕荷馬車である。〔それは〕最高の大いなる乗り物（大乗）であり、覚りを求める心（菩提心）が御者であり、〔その乗り物の行く〕八種類の正しい道（八正道）は安穏である。（７）

【象馬の五通馳せ、大乗を以て車と為す。調御するに一心を以てし、八正の路に遊ぶ、】
（大正蔵、巻一四、五四九頁下）

………………………………………………………………………

abhijñā < abhi-√jñā- (9) + -ā：*f.* 記憶。思い出。「通」「神通」「慧」「神力」と漢訳。*sg. Nom.*
vāhanaṃ < vāhana- < vāhaya- + -ana < √vah- (1) + -aya + -ana：*adj.* 御する。運ぶ。*n.* 乗り物。戦車。荷馬車。*n. sg. Nom.*
vāhaya- < √vah- (1) + -aya：*Caus.* （戦車を）御す。（馬を）御す。（馬車で）運搬する。運ばせる。
√vah- (1)：輸送する。運搬する。
teṣāṃ < tad-：それ。*m. pl. Gen.*
mahā-yānam < mahā-yāna-：*n.* 大いなる乗り物。「大乗」と漢訳。*sg. Nom.*
anuttamam < anuttama- < an-uttama-：*adj.* さらに高位のもののない。最も優秀な。「最勝」「無上」「最上」と漢訳。
uttama- < ud-tama-：*最上級*, 最上の。
sārathir < sārathiḥ + 有声音 < sārathi-：*m.* 御者。*sg. Nom.*
bodhi-cittaṃ < bodhi-citta-：*n.* 覚りを求める心（菩提心）。「菩提心」「覚心」と漢訳。*sg. Nom.*
tu：*ind.* しかし。しこうして。しかるに。しかも。
sanmārgo 'ṣṭāṅgikaḥ < sanmārgaḥ + aṣṭāṅgikaḥ
sanmārgaḥ < sanmārga- < sat-mārga-：*m.* 正しい道。*sg. Nom.*

sat- < sa- + -t < √as- (2) + -t：*P.* *現在分詞*, 存在している。現存している。持続している。永続している。正しい。

mārga-：*m.* 小道。道。道路。〜に到る道。*sg. Acc.*

aṣṭāṅgikaḥ < aṣṭāṅgika- < aṣṭa-aṅgika-：*adj.* 八種類の。八つに分かれた。*m. sg. Nom.*

aṣṭa- < aṣṭan-：*基数詞*, 八。

〜-aṅgika- < aṅga- + -ika：*adj.* 「〜支」「〜種」と漢訳。

aṅgika- < aṅga- + -ika

śivaḥ < śiva-：*adj.* 親切な。好意のある。吉祥な。愉快な。繁栄する。幸福な。*n.* 繁栄。安寧。至福。「寂静」「清浄」「安穏」「楽」と漢訳。*m. sg. Nom.*

bhūṣaṇā lakṣaṇāny eṣām aśītiś cânuvyañjanāḥ /
hrīr-apatrāpya vastrās te kalyāṇâdhyāśayāḥ śubhāḥ //8//
(梵漢和維摩経 *p.* 354, *ll.* 12–13)

これらの〔菩薩たちの身に着ける〕装飾は、〔三十二種類の勝れた〕相（三十二相）と、八十種類の副次的な身体的特徴（八十種好）である。〔自分の言動を反省して恥ずかしく思う〕慚愧〔の念〕が衣服であり、それらの〔菩薩たちの〕善なる高潔な心が飾りである。　（8）

【相は具して以て容を厳り、衆好は其の姿を飾り、慚愧の上服あり、深心を華鬘と為す。】
（大正蔵、巻一四、五四九頁下）

……………………………………………………………………

bhūṣaṇā < bhūṣaṇāḥ + 有声音 < bhūṣaṇa- < bhūṣaya- + -aṇa < √bhūṣ- (1) + aya + -ana：*adj.* 〜を飾る。〜で飾られた。*m.* 飾り。装飾。「荘厳」「瓔珞」と漢訳。

bhūṣaya- < √bhūṣ- (1) + aya：*Caus.* 飾る。装飾する。

√bhūṣ- (1)：〜（為格）のために働く。努力する。

lakṣaṇāny < lakṣaṇāni + 母音 < lakṣaṇa-：*adj.* 指示する。標章の。しるしのある。特徴のある。属性のある。*n.* 標章。しるし。記号。特徴。属性。

eṣām < etad-：これ。*m. pl. Gen.*

aśītiś < aśītiḥ + (c) < aśīti-：*基数詞*, 八十。*f. sg. Nom.*

cânuvyañjanāḥ < ca + anuvyañjanāḥ

anuvyañjanāḥ ≒ anuvyañjanāni < anuvyañjana- < anu-vyañjana-：*n.* 副次的なしるし。第二次的なしるし。（八十）種好。「種好」と漢訳。*pl. Nom.* <u>BHS. gram. 8-100.</u>

hrīr-apatrāpya ≒ hrīr-apatrāpyāni < hrīr-apatrāpya- ≒ hry-apatrāpya- < hrī-apatrāpya-：*n.* 慚愧。*pl. Nom.* <u>BHS. gram. 8-101.</u>

<u>hrīr-apatrāpya- については、cf. BHS. dic. *p.* 623.</u>

hrī- < √hrī- (3) + -i：*f.* 恥。はにかみ。赤面。「慙」「愧」「慚」「慚愧」と漢訳。

√hrī- (3)：〜（属格：人）を恥じる。〜（奪格：もの）を恥じる。

apatrāpya- < apa-trāpya- < ：*n.* 「愧」「慚羞」「羞恥」と漢訳。

vastrās < vastrāḥ + (t) ≒ vastrāni < vastra-：*n.* 着物。衣服。布。*pl. Nom.* <u>BHS. gram. 8-100.</u>

te < tad-：それ。*m. pl. Nom.*

kalyāṇâdhyāśayāḥ < kalyāṇâdhyāśayāḥ + (ś) < kalyāṇâdhyāśaya- < kalyāṇa-adhyāśaya-：*m.* 善なる高潔なる心。*pl. Nom.*

kalyāṇa-：*adj.* 美しい。愛らしい。善い。徳ある。

adhyāśaya- < adhy-āśaya- < adhi-āśaya：*m.* 意向。欲望。願望。傾向。高潔なる心。「所楽」「欲楽」「意楽」「至心」と漢訳。

āśaya- < ā-√śī- (2) + -a-：*m.* 休息所。場所。考え。意向。思想。「意楽」「楽欲」と漢訳。

śubhāḥ < śubh-：*f.* 美麗。装飾。

śubha-：*adj.* 美麗な。美しい。立派な。愉快な。快適な。有用な。役立つ。吉祥な。*n.* 魅力。優雅。安寧。繁栄。幸運。

saddharma-dhanavantas te prayogo dharma-deśanā /
pratipattir mahā-lābhaḥ pariṇāmaś ca bodhaye[41] //9//
(梵漢和維摩経 *p.* 354, *ll.* 14–15)

それら〔の菩薩たち〕は、正しい教え（正法）という財産を持ち、〔その財産を〕使用することが説法である。〔その正しい教えという財産を〕会得することと、〔それを〕覚りへと廻向することが大いなる利益である。（9）

【富は七財の宝有り、教授して以て滋息し、所説の如く修行し、廻向するを大利と為す。】
（大正蔵、巻一四、五四九頁下）

………………………………………………………………………………

saddharma-dhanavantas < saddharma-dhanavantaḥ + (t) < saddharma-dhanavat- < saddharma-dhana-vat-：*adj.* 正しい教えという財産を持つ。*m. pl. Nom.*
　saddharma- < sat-dharma-：*m.* 正しい教え。「正法」と漢訳。
　dhana-：*n.* 財産。富。財宝。
te < tad-：それ。*m. pl. Nom.*
prayogo < prayogaḥ + 有声子音 < prayoga- < pra-√yuj- (7) + -a：*m.* 結合。（語の）添加。使用。適用。使用。（医薬の）使用。*sg. Nom.*
dharma-deśanā < dharma-deśanā-：*f.* 法の教授。説教。「説」「説法」と漢訳。*sg. Nom.*
　deśanā- < √diś- (6) + -anā：*f.* 指示。教授。教義。「説」「所説」「言説」「説法」「宣説」「演説」と漢訳。
pratipattir < pratipattiḥ + 有声音 < pratipatti- < prati-√pad- (4) + -ti：*f.* 獲得。取得。知覚。会得。理解。観察。認識。引き起こすこと。～（属格、処格）における計画。手続き。行動。行為。「行」「修行」「所作」「善行」と漢訳。*sg. Nom.*
　prati-√pad- (4)：入る。行く。通う。～（の状態、対格）に陥る。得る。獲得する。受け容れる。実行する。成就する。知覚する。
mahā-lābhaḥ < mahā-lābhaḥ + (p) < mahā-lābha-：*m.* 大いなる獲得。「大利」「利多」と漢訳。*sg. Nom.*
　mahā- < mahat-：*adj.* 大いなる。偉大な。卓越した。
　lābha- < √labh- (1) + -a：*m.* 発見。獲得。取得。得られたもの。理解。
　√labh- (1)：捕える。遭遇する。看取する。取得する。獲得する。
pariṇāmaś < pariṇāmaḥ + (c) < pariṇāma-：*m.* 変形。変化。変質。結果。結末。最後。「改変」「変易」「廻向」と漢訳。*sg. Nom.*
　pari-√nam- (1)：曲がる。脇を向く。～（具格）に変わる。～に転ずる。発達する。成熟する。「変現」「転変」「廻向」と漢訳。
　√nam- (1)：～（対格・為格・属格）に向かってかがむ。お辞儀をする。～に屈する。
ca：*conj.* および。また。しかしながら。そして。～と。なお。
bodhaye < bodhi-：*f.* 覚り。*sg. Dat.*

śayanaṃ caturo dhyānāḥ śuddhâjīvena saṃstṛtāḥ /
prajñā vibodhanaṃ teṣāṃ nityaṃ śruta-samāhitā //10//
(梵漢和維摩経 *p.* 354, *ll.* 16–17)

四種類の禅定が寝床であり、清らかな生計〔という布団〕で覆われている。目覚めることが智慧であり、それら〔の菩薩たち〕には、〔聞いて〕学ぶことと、心を集中することが常に具わっている[42]。（10）

【四禅を床座と為し、浄命に従いて生く。多聞して智慧を増し、以て自覚の音と為す。】
（大正蔵、巻一四、五四九頁下）

………………………………………………………………………………

śayanaṃ < śayana- < √śī- (2) + -ana：*adj.* 休んでいる。眠っている。*n.* 寝床。臥床。横臥。睡眠。

休息。*n. sg. Nom.*

caturo < caturaḥ + 有声子音 ≒ catvāri < catur-：*基数詞,* 四。*n. pl. Nom.* BHS. gram. 19-13.

dhyānāḥ < dhyānāḥ + (ś) ≒ dhyānāni < dhyāna- < √dhyai- (1) + -ana：*n.* 静慮。「定」と漢訳。「禅」「禅定」と音写。*n. pl. Nom.* BHS. gram. 8-100.

śuddhâjīvena < śuddhâjīva- < śuddha-ājīva-：*m.* 清らかな生計。*sg. Ins.*

śuddha- < √śudh- (1) + -ta：*pp.* 清潔な。明瞭な。汚点のない。清らかな。清められた。

ājīva- < ā-√jīv- (1) + -a：*m.* 生計。「命」「正命」「活命」「浄命」と漢訳。

ā-√jīv- (1)：～（対格）によりて存在する。～にて衣食す。

saṃstṛtāḥ ≒ saṃstṛtāni < saṃstṛta- < sam-√stṛ- (5) + -ta：*pp.* 撒布された。まき散らされた。覆われた。「覆」「布」「遍布」と漢訳。*n. pl. Nom.* BHS. gram. 8-100.

sam-√stṛ- (5)：（相並んで）拡げる。撒布する。覆う。

prajñā < prajñā-：*f.* 「智慧」と漢訳。「般若」と音写。*sg. Nom.*

vibodhanaṃ < vibodhana- < vi-√budh- (4) + -ana：*n.* 目覚めること。目覚めさせること。「覚」「覚悟」と漢訳。*sg. Nom.*

vi-√budh- (4)：目覚める。

teṣāṃ < tad-：それ。*m. pl. Gen.*

nityaṃ < nitya-：*adj.* 生得の。永久の。不易の。常の。*n. sg. Acc.* 対格の副詞的用法。

śruta-samāhitā ≒ śruta-samāhitāni < śruta-samāhita-：*n.* 〔聞いて〕学ぶことと心を集中すること。*pl. Nom.* BHS. gram. 8-78.

śruta- < √śru- (5) + -ta：*pp.* 聞かれた。学ばれた。*n.* 聞かれたこと。学ばれたこと。伝承。学問。神聖な知識。聞くこと。教示。

samāhita- < sam-ā-√dhā- (3) + -ta：*pp.* 結合した。心を集中した。「心住一境」「得三昧」と漢訳。

amṛtaṃ bhojanaṃ teṣāṃ vimukti-rasa-pānakam /
viśuddhâśayatā snānaṃ śīlaṃ gandhânulepanam //11//

（梵漢和維摩経 *p.* 354, *ll.* 18–19）

それら〔の菩薩たち〕にとって、不死（甘露）が食べ物であり、解脱が果汁の飲み物である。清らかな意向を持つことが沐浴〔して身を清めること〕であり、薫香を〔身に〕塗ることが戒律〔を持つこと〕である。（11）

【甘露の法は食、解脱の味は漿為り。心を浄むるを以て澡浴とし、戒品を塗香と為す。】

（大正蔵、巻一四、五四九頁下）

……………………………………………………………………

amṛtaṃ < a-mṛta-：*adj.* 死せるにあらざる。不死の。不滅の。「甘露」「不死」。*n.* 不死。*n. sg. Nom.*

bhojanaṃ < bhojana- < √bhuj- (7) + -ana：*n.* 享受すること。食べること。食事。食べ物。*sg. Nom.*

teṣāṃ < tad-：それ。*m. pl. Gen.*

vimukti-rasa-pānakam < vimukti-rasa-pānaka-：*n.* 解脱という果汁の飲み物。*sg. Nom.*

vimukti- < vi-√muc- (6) + -ti：*f.* 最終的な解脱。分離。解放すること。

rasa-：*m.* （草木の）汁。液。果汁シロップ。味。

pānaka-：*m.n.* 一飲み。一口。飲料。飲み物。「漿」「飲」「飲漿」「漿飲」と漢訳。

viśuddhâśayatā < viśuddhâśayatā- < viśuddhâśaya-tā-：清らかな意向を持つこと。

viśuddhâśaya- < viśuddha-āśaya-：*adj.* 清らかな意向を持つ

viśuddha- < vi-√śudh- (1) + -ta：*pp.* 清浄にされた。清らかな。

āśaya- < ā-√śī- (2) + -a-：*m.* 休息所。場所。考え。意向。思想。「意楽」「楽欲」と漢訳。

snānaṃ < snāna- < √snā- (2) + -ana：*n.* 沐浴すること。沐浴。洗い清め。洗い落とすこと。*sg. Nom.*

√snā- (2)：沐浴する。「洗」「沐」「洗浴」「澡浴」と漢訳。

śīlaṃ < śīla-：*n.* 習慣。気質。性向。性格。よい行状。よい習慣。高尚な品性。道徳性。「戒」と漢

訳。*sg. Nom.*

gandhânulepanam < gandhânulepana- < gandha-anulepana-：*n.* 薫香を身に塗ること。*sg. Nom.*

gandha-：*m.n.* 香。芳香。香気。薫香。

anulepana- < anu-√lip- (6) + -ana：*n.* 油を塗ること。「塗」「塗香」と漢訳。

anu-√lip- (6)：～（具格）を塗る。塗布する。

> kleśa-śatru-vinirghātāc chūrās te hy aparājitāḥ /
> dharṣenti[43] caturo mārān bodhi-maṇḍa-dhvajâśritāḥ //12//
> （梵漢和維摩経 *p.* 354, *l.* 20, *p.* 356, *l.* 1）

実にそれら〔の菩薩たち〕は、煩悩という敵を打ち破っていることで無敗の勇者であり、〔五陰魔・煩悩魔・死魔・天魔からなる〕四種類の魔を砕き、覚り（菩提）の座に〔勝利の〕旗を立てている。（12）

【煩悩の賊を摧滅し、勇健なること、能く踰ゆること無し、四種の魔を降伏し、勝幡を道場に建つ。】

（大正蔵、巻一四、五四九頁下）

……………………………………………………………………

kleśa-śatru-vinirghātāc chūrās < kleśa-śatru-vinirghātāt + śūrās

kleśa-śatru-vinirghātāt < kleśa-śatru-vinirghāta-：*adj.* 煩悩という敵を打ち破っている。*n. sg. Abl.*

kleśa- < √kliś- (4) + -a：*m.* 苦痛。苦悩。心痛。「煩悩」「惑」「根本煩悩」と漢訳。

√kliś- (4)：悩ませる。困らせる。悩む。困る。

śatru-：*m.* 敵。競争者。「怨」「怨敵」と漢訳。

vinirghāta- < vi-nir-ghāta-：*adj.* 粉砕する。打ち破る *m.* 粉砕。打破。

vighāta- < vi-ghāta-：*m.* ～による打撲。粉砕すること。防止すること。破壊。除去。阻止。妨害。

nirghāta- < nir-ghāta-：*m.* 除去。破壊。疾風。旋風。「滅」「調伏」と漢訳。

ghāta-：*adj.* 殺害する。*m.* 殺害。傷害。破壊。

√ghātaya- (名動)：殺す。破壊する。殺させる。「殺害」と漢訳。

śūrās < śūrāḥ + (t) < śūra-：*adj.* 英雄的な。好戦的な。勇気ある。勇敢な。*m.* 英雄。勇敢な人。勇者。*pl. Nom.*

te < tad-：それ。*m. pl. Nom.*

hy < hi + 母音：*ind.* 真に。確かに。実に。

aparājitāḥ < aparājita- < a-parājita-：*adj.* 打ち勝たれない。負かされていない。破られていない。打ち勝たれていない。征服されていない。無敗の。*m. pl. Nom.*

parājita- < parā-√ji- (1) + -ta：*pp.* 負かされた。破られた。打ち勝たれた。～に征服された。「敗」「為他降」「他勝」「勝於彼」「降伏」

dharṣenti ≒ dharṣayanti < dharṣaya- < √dhṛṣ- (1) + -aya：*Caus.* つかむ。襲う。苦しめる。*3, pl. P.* BHS. gram. 38-25.

√dhṛṣ- (1)：大胆である。勇気がある。～（不定詞）する勇気がある。思い切って近づく。攻撃する。「摧」と漢訳。

caturo < caturaḥ + 有声子音 ≒ catvāri < catur-：*基数詞,* 四。*n. pl. Acc.* BHS. gram. 19-13. BHS. gram. では caturo（< caturaḥ）は主格しか挙げていないが、ここは mārān を修飾しているので対格でなければならない。

mārān < māra- < √mṛ- (1) + -a：*m.* 死。殺害。誘惑者。悪魔。「障」「悪者」と漢訳。「悪魔」「邪魔」「魔」「摩羅」と音写。*pl. Acc.*

bodhi-maṇḍa-dhvajâśritāḥ < bodhi-maṇḍa-dhvajâśrita- < bodhi-maṇḍa-dhvaja-āśrita-：*adj.* 覚りの座に旗を立てている。*m. pl. Nom.*

bodhi-maṇḍa-：*m.n.* 開悟の座。覚りの場。「道場」「菩提座」「菩提場」と漢訳。

dhvaja-：*m.* 幢。旗。記号。標識。象徴。「幡」「幢幡」「幢」と漢訳。
āśrita- < ā-√śri- (1) + -ta：*pp.* ～（対格）に寄りかかった。依存した。～（対格、処格）に立った。住した。立った。達した。「依」「所依」「能依」「依止」と漢訳。
ā-√śri- (1)：～に付着する。～（対格）によりかかる。執着する。頼る。依存する。

saṃcintya-jāti[44] darśenti ajātāś ca asaṃbhavāḥ / dṛśyante sarva-kṣetreṣu raśmi-rājavad udgatāḥ //13// (梵漢和維摩経 *p.* 356, *ll.* 2–3)

意のままに生まれることを示すけれども、生まれることもなく、生起することもない。あらゆる国土において光輝の王のような〔太陽〕が上るのが見られる。 (13)
【起滅無きことを知ると雖も、彼らに示すが故に生有り、悉く諸の国土に現ずること、日の見れざること無きが如し。】 (大正蔵、巻一四、五四九頁下)

……………………………………………………………………

saṃcintya-jāti ≒ saṃcintya-jātim < saṃcintya-jāti-：*f.* 意のままの誕生。*sg. Acc.* BHS. gram. 10-50.
saṃcintya < sam-√cint- (10) + -ya：「故思」「如思」「以自在心」と漢訳。*Ger.*
saṃcintya- < sam-√cint- (10) + -ya：*未受分,* 考慮されるべき。～と見なされるべき。
sam-√cint- (10)：熟慮する。思量する。～（対格）を正当に考える。考慮する。
jāti- < √jan- (1) + -ti：*f.* 誕生。産出。起源。生まれながらの位置・種姓。血統。出生。
darśenti ≒ darśayanti < darśaya- < √dṛś- (1) + -aya：*Caus.* 示す。説明する。解説する。*3, pl. P.* BHS. gram. 38-25.
ajātāś < ajātāḥ + (c) < ajāta- < a-jāta-：*adj.* 生まれていない。*m. pl. Nom.*
jāta- < √jan- (1) + -ta：*pp.* 生まれた。
ca：*conj.* および。また。しかしながら。そして。～と。なお。
asaṃbhavāḥ < asaṃbhava- < a-saṃbhava-：*adj.* 生起することのない。*m. pl. Nom.*
saṃbhava- < sam-√bhū- (1) + -a：*adj.* ～に起源する。～から作られた。～から生じた。*m.* 産み出すこと。出生。起源。出現。
dṛśyante < dṛśya- < √dṛś- (1) + -ya：*Pass.* 見られる。見える。～として現われる。「現」「現前」と漢訳。*Pres. 3, sg. A.*
sarva-kṣetreṣu < sarva-kṣetra-：*n.* すべての国土。*pl. Loc.*
kṣetra-：*n.* 国土。
raśmi-rājavad ≒ raśmi-rājavān < raśmi-rājavat- < raśmi-rāja-vat-：*adj.* 光輝の王のような。*m. pl. Nom.* BHS. gram. にこのケースは出ていない。
raśmi-：*f.* ひも。手綱。光線。光輝。
raśmi-vat-：*adj.* 輝く。*m.* 太陽。
rāja-vat-：*adv.* 王のように。王の場合のように。王に対するように。*adj.* 王を持つ。
rāja- < rājan-：*m.* 王。rājan-は複合語の後分になると、rāja-となる。cf.「基礎」*p.* 522.
udgatāḥ < udgata- < ud-√gam- (1) + -ta：*pp.* 上った。起こった。現われた。*m. pl. Nom.*

buddha-koṭyo hi pūjitvā sarva-pūjāhi nāyakān / na câivâtmani buddhe vā jātu kurvanti niśrayam //14// (梵漢和維摩経 *p.* 356, *ll.* 4–5)

実に幾コーティものブッダたちに対して、指導者〔であるブッダ〕たちのためのあらゆる供養〔の品々〕によって供養するけれども、決して自己においても、ブッダにおいても〔分別の〕拠り所を作ることがない[45]。 (14)
【十方に於いて、無量億の如来を供養するに、諸仏及び己身に、分別の想有ること無し。】
(大正蔵、巻一四、五四九頁下)

……………………………………………………………………

buddha-koṭyo < buddha-koṭyaḥ + 有声子音 ≒ buddha-koṭīḥ < buddha-koṭī-：*f.* 幾コーティものブッダ。*pl. Acc.* BHS. gram. 10-162.

hi：*ind.* 真に。確かに。実に。

pūjitvā < √pūj- (10) + -itvā：貴ぶ。懇ろに迎える。もてなす。敬意を表する。「供養」「敬愛」と漢訳。*Ger.*

sarva-pūjāhi ≒ sarva-pūjābhiḥ < sarva-pūjā-：*f.* あらゆる供養。*pl. Ins.* BHS. gram. 9-102

nāyakān ≒ nāyakānāṃ < nāyaka- < √nī- (1) + -aka：*m.* 案内者。指導者。「導師」と漢訳。*pl. Gen.* BHS. gram. 8-124. 属格の為格的用法。

√nī- (1)：指導する。案内する。導く。

na：*ind.* 〜でない。〜にあらず。

câivâtmani < ca + eva + ātmani

ātmani < ātman-：*m.* 自我。自己。*sg. Loc.*

buddhe < buddha- < √budh (1) + -ta：*pp.* 目覚めた（人）。「覚者」と漢訳。「仏」「仏陀」と音写。*m. sg. Loc.*

vā

jātu：*adv.* 全然。確かに。少なくとも。

na jātu 〜：少なくとも〜ない。決して〜ない。

kurvanti < kuru- < √kṛ- (8)：作る。なす。*Pres. 3, pl. P.*

niśrayam < niśraya- < ni-√śri- (1) + -a：*m.* 拠り所。頼み。「依」「所依」「住」「処」「住処」と漢訳。*sg. Acc.*

buddha-kṣetrāṇi śodhenti[46] sattvānāṃ caritaṃ yathā /
ākāśa-kṣetrânuprāptā na sattve sattva-saṃjñinaḥ[47] //15//

（梵漢和維摩経 *p.* 356, *ll.* 6–7）

衆生たちが修行するようにと、諸のブッダの国土を浄化する。〔けれども、〕虚空のように国土〔の空なること〕を証得しているし、衆生において衆生という意識を持つことはない[48]。（15）

【諸の仏国、及び衆生の空（くう）を知ると雖（いえど）も、而（しか）も常に浄土（じょうど）を修（しゅ）して、群生（ぐんじょう）を教化（きょうけ）す。】

（大正蔵、巻一四、五五〇頁上）

……………………………………………………………………

buddha-kṣetrāṇi < buddha-kṣetra-：*n.* ブッダの国土。「仏国土」と漢訳。*pl. Acc.*

śodhenti ≒ śodhayanti < śodhaya- < √śudh- (1) + -aya：*Caus.* 訂正する。不浄を除く。*3, pl. P.* BHS. gram. 38-25.

√śudh- (1)：清める。自らを清める。清浄になる。

sattvānāṃ < sattva-：*m.* 「衆生」「有情」と漢訳。*pl. Gen.* 過去受動分詞 caritaṃ の動作主としての属格。

caritaṃ < carita- < √car- (1) + -ita：*pp.* 行った。行なわれた。「行」「遊行」「修行」「奉行」と漢訳。*n.* 行くこと。歩むこと。道。進行。実行。行為。動作。*n. sg. Nom.*

yathā：*conj.* 〜のように。あたかも〜のように。〜となるように。〜と（that）。その結果。

ākāśa-kṣetrânuprāptā < ākāśa-kṣetrânuprāptāḥ + 有声音 < ākāśa-kṣetrânuprāpta- < ākāśa-kṣetra-anuprāpta-：*adj.* 虚空のような国土を証得している。国土の空なることを証得している。

ākāśa-：*m.n.* 虚空。蒼穹。「虚」「空」「虚空」「空界」と漢訳。

kṣetra-：*n.* 国土。

anuprāpta- < anu-pra-√āp- (5) + -ta：*pp.* 到達した。来たれる。「至」「到」「到達」「獲得」「証得」「成就」と漢訳。

na：*ind.* 〜でない。〜にあらず。

sattve < sattva-：*m.* 「衆生」「有情」と漢訳。*sg. Loc.*

sattva-saṃjñinaḥ < sattva-saṃjñin-：*adj.* 衆生という意識を持つ。*m. pl. Nom.*
　　saṃjñin-：*adj.* 意識している。「相」「想」「有想」「作想」「生想」と漢訳。

> sarva-sattvāna ye rūpā ruta-ghoṣāś ca īritāḥ /
> eka-kṣaṇena darśenti bodhi-sattvā viśāradāḥ //16//
> (梵漢和維摩経 *p.* 356, *ll.* 8–9)

一切衆生に具わるところの姿形や、発せられた音声〔、それら〕を、畏れることのない菩薩たちは一瞬にして示現します。 (16)

【諸有る衆生類の、形・声、及び威儀を無畏力の菩薩は、一時に能く尽く現ず。】
(大正蔵、巻一四、五五〇頁上)

………………………………………………………………………

sarva-sattvāna ≒ sarva-sattvānām < sarva-sattva-：*m.* 「一切衆生」と漢訳。*pl. Gen.* BHS. gram. 8-117.

ye < yad-：*関係代名詞, m. pl. Nom.*

rūpā ≒ rūpāni < rūpa-：*n.* 形態。外観。色。形。美しい形。見目よいこと。*pl. Nom.* BHS. gram. 8-100.

ruta-ghoṣāś < ruta-ghoṣāḥ + (c) < ruta-ghoṣa-：*m.* 音声。*pl. Nom.*
　　ruta- < √ru- (2) + -ta：*n.* (*pp.*) 咆哮。金切り声。叫び。いななき。「音」「音声」「声」と漢訳。
　　ghoṣa- < √ghuṣ- (1) + -a：*m.* 喧騒。騒音。雷音。叫声。怒号。鳴き声。音。声。

ca：*conj.* および。また。しかしながら。そして。〜と。なお。

īritāḥ < īrita- < √īr- (2) + -ita：*pp.* 派遣された。言われた。揚言された。*m. pl. Nom.*
　　以上は、属格と主格の名詞文になっている。

eka-kṣaṇena < eka-kṣaṇa-：*m.* 一瞬。*sg. Ins.*
　　eka-：*基数詞,* 一。*adj.* 同一の。共通の。
　　kṣaṇa-：*m.* 瞬間。機会。愉快な瞬間。「須臾」「念」と漢訳。「刹那」と音写。
　　時間を意味する語は、格によって次のような意味を持つ。
　　①対格：「〜の間」（期間）
　　②具格：「〜の時間のうちに」「〜の時間で」「〜経った時に」
　　③奪格：「〜の時間の後に」（経過）
　　④属格：「　〃　」（〃）
　　⑤処格：「〜の時に」（時点）

darśenti ≒ darśayanti < darśaya- < √dṛś- (1) + -aya：*Caus.* 示す。説明する。解説する。*Pres. 3, pl. P.* BHS. gram. 38-25.

bodhi-sattvā < bodhi-sattvāḥ + 有声音 < bodhi-sattva-：*m.* 覚りを求める人。「菩薩」と音写。*pl. Nom.*

viśāradāḥ < viśārada- < vi-śārada-：*adj.* 〜に経験のある。〜に熟練した。上達した。熟知した。「無畏」「無所畏」と漢訳。*m. pl. Nom.*

> māra-karma ca budhyante mārāṇāṃ cânuvartakāḥ /
> upāya-pārami-prāptāḥ sarvāṃ darśenti te kriyām //17//
> (梵漢和維摩経 *p.* 356, *ll.* 10–11)

それら〔の菩薩たち〕は、悪魔のなすことを知悉しているけれども、悪魔たちに随順している。方便の完成に到っいて、〔悪魔たちの〕あらゆる行いを示して見せるのである。 (17)

【衆の魔事を覚知して、而も其の行に随うを示し、善方便の智を以て、意に随いて皆、能く現ず。】
(大正蔵、巻一四、五五〇頁上)

………………………………………………………………………

māra-karma < māra-karman-：*n.* 悪魔の行ない。悪魔のなすこと。「魔業」「魔事」「魔事業」と漢訳。*sg. Acc.*

māra- < √mṛ- (1) + -a：*m.* 死。殺害。誘惑者。悪魔。「障」「悪者」と漢訳。「悪魔」「邪魔」「魔」「摩羅」と音写。

karman-：*n.* 行為。作業。作用。職業。「業」「作」「行」「所作」「所業」と漢訳。

ca：*conj.* および。また。しかしながら。そして。～と。なお。

budhyante < budhya- < √budh- (4)：目覚める。知覚する。理解する。学ぶ。知る。*Pres. 3, pl. A.*

mārāṇāṃ < māra- < √mṛ- (1) + -a：*m.* 死。殺害。誘惑者。悪魔。「障」「悪者」と漢訳。「悪魔」「邪魔」「魔」「摩羅」と音写。*pl. Gen.*

cânuvartakāḥ < ca + anuvartakāḥ

anuvartakāḥ < anuvartaka- < anu-√vṛt- (1) + -aka：*adj.* 「起」「随入」「随転」「随順」と漢訳。*m. pl. Nom.*

anu-√vṛt- (1)：～の後を転がる。従う。追う。～に執着する。導かれる。従う。続いて来る。

√vṛt- (1)：転ずる。進む。執行される。～（属格、処格）の中に見出される。

upāya-pārami-prāptāḥ < upāya-pārami-prāptāḥ + (s) < upāya-pārami-prāpta-：*adj.* 方便の完成に到った。*m. pl. Nom.*

upāya- < upa-√i- (2) + -a：*m.* 接近。到着。手段。方策。「方便」と漢訳。

pārami- < pāramī-：*f.* 完成。円満。

prāpta- < pra-√āp- (5) + -ta：*pp.* 到達せられたる。獲得せられたる。～の心になった。蒙らせられた。

sarvāṃ < sarvā- < sarva-：*adj.* すべての。*f. sg. Acc.*

darśenti ≒ darśayanti < darśaya- < √dṛś- (1) + -aya：*Caus.* 示す。説明する。解説する。*3, pl. P.* BHS. gram. 38-25.

te < tad-：それ。*m. pl. Nom.*

kriyām < kriyā-：*f.* 仕事。行動。行為。実行。「能作」「用」「力用」と漢訳。*sg. Acc.*

> [te][49] jīrṇa-vyādhitā bhonti mṛtam ātmāna darśayī[50] /
> sattvānāṃ paripākāya māyā-dharma-vihāriṇaḥ //18//
>
> （梵漢和維摩経 *p.* 356, *ll.* 12–13）

幻の特質を楽しんでいるそれら〔の菩薩たち〕は、衆生たちを成熟させるために、年老い、病になり、自らが死ぬのを示すのだ[51]。（18）

【或いは老病死を示して、諸の群生を成就せしめ、幻・化の如しと了知して、通達して礙有ること無し。】（大正蔵、巻一四、五五〇頁上）

………………………………………………………………………

te < tad-：それ。*m. pl. Nom.*

jīrṇa-vyādhitā < jīrṇa-vyādhitāḥ + 有声音 < jīrṇa-vyādhita-：*adj.* 年老いて、病にかかった。*m. pl. Nom.*

jīrṇa- < √jṝ- (1) + -na：*pp.* 老いたる。萎れた。老朽化した。

vyādhita- < vi-ā-√dhā- (3) + -ta：*pp.* 病に悩まされた。病にかかった。

vyādhi- < vy-ādhi-：*m.* 疾患。疾病。病気。

bhonti ≒ bhavanti < bhava- < √bhū- (1)：～である。なる。*Pres. 3, pl. P.* BHS. gram. *p.* 224.

mṛtam < mṛta- < √mṛ- (1) + -ta：*pp.* 死んだ。*n.* 死亡。*m. sg. Acc.*

ātmāna ≒ ātmānam < ātman-：*m.* 自己。*sg. Acc.*

mṛtam と ātmāna が対格（Predicative Accusative）になっているのは、darśayī（示した）の"目的語"になっているからである。

darśayī ≒ ??? < darśaya- < √dṛś- (1) + -aya：*Caus.* ～に…を見せる。示す。明示する。姿を現わす。*Aor. 3, pl.* BHS. gram. 32-16; *p.* 216.

sattvānāṃ < sattva-：*m.* 「衆生」「有情」と漢訳。*pl. Gen.*

paripākāya < paripāka- < pari-√pac- (1) + -a：*m.* 十分に煮られること。消化。熟すること。成熟。

完全。*sg. Dat.*

māyā-dharma-vihāriṇaḥ < māyā-dharma-vihārin-：*adj.* 幻の特質を楽しむ。*pl. Nom.*

māyā-dharma-：*m.* 「幻法」と漢訳。

māyā-：*f.* 術。不可思議の力。策略。計略。狡計。詐欺。手品。妖術。幻影。幻想。

dharma-：*m.* 確定した秩序。慣例。習慣。法則。規則。義務。宗教。教説。性質。本質。属性。特質。事物。法。

vihārin- < vi-√hṛ- (1) + -in：*adj.* ～の中を歩き回る。～（処格）まで広がった。～を楽しんでいる。～を享受する。～をして喜ぶ。「住」「居」「安住」「常行」と漢訳。

vi-√hṛ- (1)：ばらばらにする。愉快に過ごす。享受する。

kalpôddāhaṃ ca darśenti uddahya[52] tāṃ vasundharām[53] /
nitya-saṃjñīna sattvānām anityam iti darśayī[54] //19//

(梵漢和維摩経 *p.* 356, *ll.* 14–15)

その大地を焼き尽くし、〔世界の終末に起こる大火災の〕劫火を示現する[55]。〔世界が〕常住しているという意識にとらわれている衆生たちに、〔世界が〕無常であるということを示すのである。 (19)

【或いは劫尽きて焼け、天地皆、洞然たるを現じて、衆人に常想有るを照らして無常と知らしむ。】

（大正蔵、巻一四、五五〇頁上）

……………………………………………………………………

kalpôddāhaṃ < kalpôddāha- < kalpa-uddāha-：*m.* 「劫火」と漢訳。*sg. Acc.*

kalpa-：*m.* 宇宙論的時間。「劫」「劫波」と音写。

uddāha- < ud-√dah- (1) + -a：*m.* 熱。火。「熾然」「燃（尽）」と漢訳。

ca：*conj.* および。また。しかしながら。そして。～と。なお。

darśenti ≒ darśayanti < darśaya- < √dṛś- (1) + -aya：*Caus.* 示す。説明する。解説する。*3, pl. P.* BHS. gram. 38-25.

uddahya < ud-√dah- (1) + -ya：焼く。焼き尽くす。「洞然」「熾然」と漢訳。*Ger.*

tāṃ < tad-：それ。*f. sg. Acc.*

vasundharām ≒ vasuṃdharām < vasuṃ-dharā-：*f.* 大地。国土。土壌。地面。「地」「土地」「塵土」と漢訳。*sg. Acc.*

nitya-saṃjñīna ≒ nitya-saṃjñinām < nitya-saṃjñin-：*adj.* 〔ものごとが〕常住しているという意識を持つ。*m. pl. Gen.* BHS. gram. 10-202.

nitya-：*adj.* 生得の。永久の。不易の。常の。

saṃjñin- < saṃjñin-：*adj.* 意識している。「相」「想」「有想」「作想」「生想」と漢訳。

sattvānām < sattva-：*m.* 「衆生」「有情」と漢訳。*pl. Gen.*

anityam < anitya- < a-nitya-：*adj.* 無常なる。一時的な。恒常的でない。不確実の。*n. sg. Nom.*

iti：*adv.* ～と。以上のように。「如是」と漢訳。

darśayī ≒ ??? < darśaya- < √dṛś- (1) + -aya：*Caus.* ～に…を見せる。示す。明示する。姿を現わす。*Aor. 3, pl.* BHS. gram. 32-16; *p.* 216.

sattva-koṭī-sahasrebhir eka-rāṣṭre nimantritāḥ /
sarveṣāṃ gṛhi bhuñjanti sarvān nāmenti bodhaye //20//

(梵漢和維摩経 *p.* 356, *ll.* 16–17)

一つの王国において、幾千・コーティーもの衆生たちによって〔食事に〕招かれても、〔一時に〕すべての〔衆生たちの〕家でご馳走になり、すべて〔の衆生たち〕を覚りへと向かわせるのだ。 (20)

【無数億の衆生、倶に来たりて菩薩に請えば、一時に其の舎に到りて、化して仏道に向かわしむ。】

（大正蔵、巻一四、五五〇頁上）

……………………………………………………………………

sattva-koṭī-sahasrebhir < sattva-koṭī-sahasrebhiḥ + 有声音 < sattva-koṭī-sahasa-：*n.* 幾千・コー

ティーもの衆生。*pl. Ins.*
eka-rāṣṭre < eka-rāṣṭra-：*n.* 一つの王国。*sg. Loc.*
　rāṣṭra-：*n.* 王国。領域。国土。国民。人民。
nimantritāḥ < nimantrita- < ni-√mantraya- (名動詞) + -ta：*pp.* 招待された。招かれた。*m. pl. Nom.*
　ni-√mantraya- (名動詞)：（饗応に）～（具格）とともに招く。招待する。
sarveṣāṃ < sarva-：*adj.* すべての。*pl. Gen.*
gṛhi ≒ gṛhe < gṛha-：*n.* 家。住居。「舎」「宅」「舎宅」と漢訳。*sg. Loc.* BHS. gram. 8-59.
bhuñjanti < bhuñja- < √bhuj- (1)：享受する。用いる。所有する。食べる。使用する。*Pres. 3, pl. P.*
sarvān < sarva-：*adj.* すべての。*pl. Acc.*
nāmenti ≒ nāmayanti < nāmaya- < √nam- (1) + -aya：*Caus.* 曲げる。「廻向」「導」「向」「趣」と漢訳。*3, pl. P.* BHS. gram. 38-25.
　√nam- (1)：～（対格・為格・属格）に向かってかがむ。お辞儀をする。～に屈する。
bodhaye < bodhi-：*m.f.* 覚り。*sg. Dat.*

ye kecin mantra-vidyā vā śilpa-sthānā bahū-vidhāḥ /
sarvatra pārami-prāptāḥ sarva-sattva-sukhâvahāḥ //21//
（梵漢和維摩経 *p.* 356, *ll.* 18–19）

呪術であれ、学問であれ、多くの種類の技芸であれ、何であっても、あらゆる面で完成に達していて、一切衆生に喜びを与える。（21）
【経書・禁呪の術、工巧（くぎょう）・諸の技芸――尽（ことごと）く此の事を行ずるを現じて、諸の群生（ぐんじょう）を饒益（にょうやく）す。】
（大正蔵、巻一四、五五〇頁上）

……………………………………………………………………

ye < yad-：*関係代名詞, m. pl. Nom.*
kecin < kecit + (m) < kim-cit-：不定代名詞, だれかある人。何かあるもの。*m. pl. Nom.*
mantra-vidyā < mantra-vidyāḥ + 有声音 < mantra-vidyā-：*f.* 呪文と学問。呪文の知識。呪術。「真言明」「明句」「禁呪」「呪術」と漢訳。*pl. Nom.*
　mantra-：*m.* 思想。祈り。讃歌。祝詞。聖典の文句。呪文。「言」「言語」「言辞」と漢訳。
　vidyā- < √vid- (2) + -yā：*f.* 知識。学識。学問。「明」と漢訳。
vā：*ind.* ～か。または。たとえ～であっても。
śilpa-sthānā ≒ śilpa-sthānāni < śilpa-sthāna-：*n.* 技芸の熟練。機械／手による技術。「伎藝」「工巧処」「諸伎藝」「伎工巧」「工巧諸伎藝」と漢訳。*pl. Nom.* BHS. gram. 8-100.
　śilpa-：*n.* 種々さまざまの外見。装飾。飾り。芸術品。芸術的熟練。術。手練。技芸。「工巧」「芸」「技術」と漢訳。
　sthāna- < √sthā- (1) + -ana：*n.* 立つこと。状態。地位。場所。地点。住所。領域。
bahū-vidhāḥ ≒ bahu-vidhāḥ < bahu-vidha-：*adj.* 多くの種類の。多用な。種々の。*m. pl. Nom.*
　bahu-：*adj.* 多くの。
　vidha-：*m.* 種。類。様式。
sarvatra < sarva-tra：*adv.* すべての点において。すべての場合に。
pārami-prāptāḥ < pārami-prāptāḥ + (s) < pārami-prāpta-：*adj.* 完成に達している。*m. pl. Nom.*
　pārami-：*f.* 完成。「極」「究竟」と漢訳。
　prāpta- < pra-√āp- (5) + -ta：*pp.* 到達せられたる。獲得せられたる。～の心になった。
sarva-sattva-sukhâvahāḥ < sarva-sattva-sukhâvaha-：*adj.* 一切衆生に喜びを与える。*m. pl. Nom.*
　sarva-sattva-：*m.* 「一切衆生」と漢訳。
　sukhâvaha- < sukha-āvaha-：*adj.* ～に喜びを与える。「与楽」と漢訳。
　sukha-：*adj.* 快い。楽しい。
　āvaha- < ā-√vah- (1) + -a：*adj.* ～を持ち越す。～を成し遂げる。産出する。
　ā-√vah- (1)：導いて来る。～（対格）に持参する。もたらす。与える。惹き起こす。生ずる。

> yāvanto loki pāṣaṇḍāḥ sarvatra pravrajanti te /
> nānā-dṛṣṭi-gata-prāptān sattvān hi parimocayi //22//
>
> （梵漢和維摩経 *p.* 356, *ll.* 20–21）

世間にあるところのそれほど多くの異端、〔その異端の〕すべてにおいてそれら〔の菩薩たち〕が出家して、種々の誤った見解に陥っている衆生たちを解放させるのだ。 (22)
【世間の衆の道法は、悉く中に於いて出家し、因りて以て人の惑を解き、邪見に堕せざらしむ。】
（大正蔵、巻一四、五五〇頁上）

……………………………………………………………………

yāvanto < yāvantaḥ + 有声子音 < yāvat-：*関係形容詞,* それほど多くの／多様な。*m. pl. Nom.*
loki ≒ loke < loka-：*m.* 空間。余地。場所。国。世界。世間。*sg. Loc.* BHS. gram. 8-59.
pāṣaṇḍāḥ < pāṣaṇḍa-：*adj.* 異教の。異端の。*m.* 異教徒。異端者。「異学」「外道」と漢訳。*m.n.* 異教。異端。「邪道」「異道」と漢訳。*m. pl. Nom.*
sarvatra < sarva-tra：*adv.* すべての点において。すべての場合に。
pravrajanti < pravraja- < pra-√vraj- (1)：出家する。*Pres. 3, pl. P.*
te < tad-：それ。*m. pl. Nom.*
nānā-dṛṣṭi-gata-prāptān < nānā-dṛṣṭi-gata-prāpta-：*adj.* 種々の誤った見解に陥った。*m. pl. Acc.*
　dṛṣṭi-gata-：*adj.* 「見成」「見相」「成見」「邪見」「悪見」と漢訳。
　dṛṣṭi- < √dṛś- (1) + -ti：*f.* 見ること。視力。見なすこと。意見。（誤った）見解。「見」「閲」「邪見」「妄見」と漢訳。
　～-gata-：*adj.* ～に行った／来た。～に陥った。～に於ける。～の中にある。～に含まれた。～に関する。～に出立した。～より造られた。～に到達した。～を得た。
　prāpta- < pra-√āp- (5) + -ta：*pp.* 得られた。かち得た。到達せられたる。獲得せられたる。～の心になった。
sattvān < sattva-：*m.* 衆生。*pl. Acc.*
hi：*ind.* 真に。確かに。実に。
parimocayi ≒ ??? < parimocaya- < pari-√muc- (6) + -aya：*Caus.* ～（奪格）から解放させる。～から自由にならせる。*Aor. 3, pl.* BHS. gram. 32-17.

> candrā bhavanti sūryā vā śakra-brahma-prajêśvarāḥ[56] /
> bhavanti āpas tejaś ca pṛthivī mārutas tathā //23//
>
> （梵漢和維摩経 *p.* 358, *ll.* 1–2）

月や太陽、あるいはシャクラ神（帝釈天）、ブラフマー神（梵天）、世界の主〔という神々〕となり、同様に水、火、大地、風となる。 (23)
【或いは日月天、梵王、世界の主と作り、或時は地・水と作り、或いは復風・火と作る。】
（大正蔵、巻一四、五五〇頁上）

……………………………………………………………………

candrā ≒ candraḥ < candra-：*adj.* 光る。輝く。*m.* 月。月神。*sg. Nom.* BHS. gram. 8-24.
bhavanti < bhava- < √bhū- (1)：～である。なる。*Pres. 3, pl. P.*
sūryā < sūryā-：*f.* 太陽の娘。*sg. Nom.*
vā：*ind.* ～か。または。たとえ～であっても。
śakra-brahma-prajêśvarāḥ < śakra-brahma-prajêśvara-：*m.* インドラ神、ブラフマー神、世界の主。*pl. Nom.*
　śakra-：*m.* インドラ神。「釈」「帝釈」「天帝釈」と音写。
　brahma- < brahman-：*m.* 「梵天」「梵天王」と漢訳。
　prajêśvara- < prajā-īśvara-：*m.* 「世界主」と漢訳。
　prajā- < pra-√jan- (1) + -ā：*f.* 生殖。繁殖。生誕。子孫。子女。後裔。創造物。生きとし生け

るもの。人々。民。衆生。有情。群生。世間。

īśvara-：*adj.* ～（処格）し得る。～する能力がある。～が自在である。*m.* ～（属格、処格）の所有者。支配者。主。王。「自在」「主宰」「自在天」と漢訳。

bhavanti < bhava- < √bhū- (1)：～である。なる。*Pres. 3, pl. P.*

āpas < āpaḥ + (t) < āpa-：*m.* 水。*sg. Nom.*

ap-：*f.* 水。

tejaś < tejaḥ + (c) < tejas-：*n.* 鋭いこと。熱。火。輝く焔。光明。*sg. Nom.*

ca：*conj.* および。また。しかしながら。そして。～と。なお。

pṛthivī < pṛthivī-：*f.* （広い）大地。領域。地面。*sg. Nom.*

mārutas < mārutaḥ + (t) < māruta- < marut- + -a：*adj.* 〔暴風神である〕Marut 神群に関する／属する。風に関する。風に由来する。*m.* 風。空気。風の神。

tathā：*adv.* そのように。同様な方法で。同様に。

roga-antara-kalpeṣu bhaiṣajyaṃ bhonti uttamam /
yena[57] sattvā vimucyanti[58] sukhī bhonti anāmayāḥ //24//

（梵漢和維摩経 *p.* 358, *ll.* 3–4）

疫病〔に悩まされる〕中劫（疾病劫）において、〔それらの菩薩たちは〕最上の薬となり、それによって衆生たちは、〔病から〕解放され、快適で健康になる。（24）

【劫中に疾疫有らば、現じて諸の薬草と作る。若し之を服する者有らば、病を除き衆の毒を消す。】

（大正蔵、巻一四、五五〇頁上）

roga-antara-kalpeṣu ≒ rogântara-kalpeṣu < rogântara-kalpa- < roga-antara-kalpa-：*m.* 疾病に悩まされる中劫。「疾病劫」「疫病中劫」「疫病内劫」「疾疫中間劫」「劫中有疾疫」と漢訳。*pl. Loc.*

roga- < √ruj- (6) + -a：*m.* 病気。病弱。疾病。

antara-kalpa-：*m.* 中劫。

bhaiṣajyaṃ < bhaiṣajya-：*n.* 薬物。*sg. Nom.*

bhonti ≒ bhavanti < bhava- < √bhū- (1)：～である。なる。*Pres. 3, pl. P.* BHS. gram. *p.* 224.

uttamam < uttama- < ud-tama-：*最上級,* 最上の。*n. sg. Nom.*

yena < yad-：*関係代名詞, n. sg. Ins.*

sattvā < sattvāḥ + 有声音 < sattva-：*m.* 「衆生」と漢訳。*pl. Nom.*

vimucyanti < vimucya- < vi-√muc- (6) + -ya：*Pass.* 束縛を解かれる。放たれる。～から釈放される。救われる。最後の解脱を得る。緩められる。「解脱」と漢訳。*Pres. 3, pl. P.*

sukhī ≒ sukhinaḥ < sukhin- < sukha- + -in：*adj.* 楽しい。嬉しい。幸福な。繁栄する。快適な。愉快な。「無病安楽」と漢訳。*m. pl. Nom.* BHS. gram. 10-181

bhonti ≒ bhavanti < bhava- < √bhū- (1)：～である。なる。*Pres. 3, pl. P.* BHS. gram. *p.* 224.

anāmayāḥ < anāmaya- < an-āmaya-：*Pass.* 致命的でない。健康な。有益な。～（奪格）によって助命された。*n.* 健康。平安。

durbhikṣântara-kalpeṣu bhavanti pāna-bhojanam /
kṣut-pipāsām[59] apanetvā[60] dharmaṃ deśenti[61] prāṇinām //25//

（梵漢和維摩経 *p.* 358, *ll.* 5–6）

飢饉〔に悩まされる〕中劫（飢饉劫）において、〔それらの菩薩たちは〕飲み物や食べ物になり、飢えと渇きを取り除いてから、真理の教え（法）を生命あるものたちに説き示すのだ。（25）

【劫中に飢饉有らば、身を現じて飲食と作り、先ず彼の飢渇を救い、却りて法を以て人に語る。】

（大正蔵、巻一四、五五〇頁上）

durbhikṣântara-kalpeṣu < durbhikṣântara-kalpa- < durbhikṣa-antara-kalpa-：*m.* 飢饉〔に悩まさ

れる〕中劫。「飢饉劫」「飢饉中劫」「飢饉内劫」「飢饉中間劫」「劫中有飢饉」と漢訳。*pl. Loc.*
durbhikṣa- < dur-bhikṣa-：*n.* 食糧の乏しいこと。飢饉。
bhikṣā- < √bhikṣ- (1) + -ā：*f.* 乞うこと。懇願すること。乞われたもの。施物。
antara-kalpa-：*m.* 「中劫」と漢訳。
bhavanti < bhava- < √bhū- (1)：～である。なる。*Pres. 3, pl. P.*
pāna-bhojanam < pāna-bhojana-：*n.* 飲み物と食べ物。*sg. Nom.*
pāna- < √pā- (2) + -ana：*n.* 飲むこと。飲み物。「飲」「醤」と漢訳。
bhojana- < √bhuj- (7) + -ana：*n.* 享受すること。食べること。食事。食べ物。
kṣut-pipāsām < kṣut-pipāsā-：*f.* 飢えと渇き。*sg. Acc.*
kṣut-：*f.* 飢餓。飢え。
pipāsā-：*f.* 飲もうとする欲望。渇き。
√pā- (2) の意欲動詞から作られた名詞。
apanetvā ≒ apanāyatvā < apanāya- + -tvā < apa-√nī- (1) + -aya + -tvā：*Caus.* 取り去らせる。奪わせる。省かせる。除かせる。一掃させる。「令離」「令捨」と漢訳。*Ger.*
dharmaṃ < dharma-：*m.* 確定した秩序。慣例。習慣。法則。規則。義務。宗教。教説。性質。本質。属性。特質。事物。法。*sg. Acc.*
deśenti ≒ deśayanti < deśaya < √diś- (6) + -aya：*Caus.* 示す。導く。説明する。教える。「宣説」「演説」「説法」「教示」と漢訳。*3, pl. P.* BHS. gram. 38-25.
prāṇinām < prāṇin- < prāṇa- + -in ：*m.* 生物。動物。人間。*adj.* 呼吸している。生きている。生命あるもの。*pl. Gen.*
prāṇa-：*m.* 呼吸。生気。個人我。「生命」「身命」「寿命」と漢訳。

> śastra-antara-kalpeṣu maitry-ādhyāyī bhavanti te /
> avyāpāde niyojenti sattva-koṭī-śatān bahūn //26//
>
> (梵漢和維摩経 *p.* 358, *ll.* 7–8)

武器〔の恐怖に悩まされる〕中劫（刀兵劫）において、それら〔の菩薩たち〕は、慈しみを修し、幾百・コーティーもの多くの衆生たちを憎悪のないところに〔運び〕安住させるのである。 (26)
【劫中に刀兵(とうひょう)有らば、之(これ)が為(ため)に慈心を起こし、彼(か)の諸の衆生を化(け)して、無諍(むじょう)の地に住せしむ。】
(大正蔵、巻一四、五五〇頁上)

……………………………………………………………………

śastra-antara-kalpeṣu ≒ śastrântara-kalpeṣu < śastrântara-kalpa- < śastra-antara-kalpa-：*m.* 武器〔に悩まされる〕中劫。「刀兵劫」「刀兵中劫」「刀兵内劫」「刀兵中間劫」「劫中有刀兵」と漢訳。*pl. Loc.*
śastra- < √śas- (1) + -tra：*n.* （切断の道具）。小刀。短剣。武器。「刀」「刀剣」「器」「器仗」「刀兵」「仗」「杖」「兵器」と漢訳。
√śas- (1)：切る。殺す。屠殺する。
maitry-ādhyāyī ≒ maitry-ādhyāyinaḥ < maitry-ādhyāyin-：*adj.* 慈しみを修している。*m. pl. Nom.* BHS. gram. 10-181.
maitry- < maitrī- + 母音：*f.* 好意。友情。親交。「慈」「慈念」と漢訳。
ādhyāyin- < ā-√dhyai- (1) + -in：*adj.* 想起する。～（属格）に対して～（対格）を望む。
dhyāyin- < √dhyai- (1) + -in：*adj.* 瞑想にふけっている。「禅定」「坐禅」「正観」「修定」「修観行」「修習静慮」「静慮」と漢訳。
bhavanti < bhava- < √bhū- (1)：～である。なる。*Pres. 3, pl. P.*
te < tad-：それ。*m. pl. Nom.*
avyāpāde < avyāpāda- < a-vyāpāda-：*adj.* 悪意のない。憎悪のない。*n. sg. Loc.*
vyāpāda- < vi-ā-√pad- (4) + -a：*m.* 零落。破壊。死。悪意。「恚」「瞋」「害」「瞋恚」と漢訳。
vi-ā-√pad- (4)：遠ざかる。消失する。滅びる。「毀」と漢訳。

niyojenti ≒ niyojayanti < niyojaya- < ni-√yuj- (7) + -aya：*Caus.* 軛でつなぐ。～（処格）に固定する。～（処格）に置く。運ぶ。「安住」「令入」と漢訳。*3, pl. P.* BHS. gram. 38-25.
sattva-koṭī-śatān < sattva-koṭī-śata-：*m.* 幾百・コーティーもの衆生。*pl. Acc.*
śata- は、一般に中性だが、ここは男性として用いられている。
bahūn < bahu-：*adj.* 多くの。*m. pl. Acc.*

mahā-saṃgrāma-madhye ca sama-pakṣā bhavanti te /
saṃdhi-sāmagri rocenti bodhi-sattvā mahā-balāḥ //27//
（梵漢和維摩経 *p.* 358, *ll.* 9–10）

また、大戦争の真っただ中にあって、それら〔の菩薩たち〕は、〔いずれの側にも〕中立の立場に立っていて、大いなる力を有する菩薩たちは、和平の締結を目指すのである[62]。（27）
【若(も)し大戦陣有らば、之(これ)を立つるに等力(とうりき)を以(もっ)てし、菩薩は威勢を現じて降伏(ごうぶく)して和安(わあん)ならしむ。】
（大正蔵、巻一四、五五〇頁上）

mahā-saṃgrāma-madhye < mahā-saṃgrāma-madhya-：*n.* 大戦争の真っただ中。*sg. Loc.*
mahā- < mahat-：*adj.* 大いなる。大きな。偉大な。
saṃgrāma-：*m.* 集合。群集。～との遭遇戦。戦争。会戦。
madhya-：*adj.* 中の。中央の。中ぐらいの。中間の。*n.* 中間。中央。内側。内部。
ca：*conj.* および。また。しかしながら。そして。～と。なお。
sama-pakṣā < sama-pakṣāḥ + 有声音 < sama-pakṣa-：*adj.* 平等な党派を持つ。中立の党派に立つ。「朋党」「等力」と漢訳。*m. pl. Nom.*
sama-：*adj.* 平らな。等しい。正しい。「同等」「同一」と漢訳。
pakṣa-：*m.* 翼。羽根。側面。脇。半分。半月。派。党派。従者。同盟者。徒党。家族。
bhavanti < bhava- < √bhū- (1)：～である。なる。*Pres. 3, pl. P.*
te < tad-：それ。*m. pl. Nom.*
saṃdhi-sāmagri ≒ saṃdhi-sāmagrīm < saṃdhi-sāmagrī-：*f.* 和平の締結。「和合」「和好」「和安」と漢訳。*sg. Acc.* BHS. gram. 10-51.
saṃdhi- < sam-dhi- < sam-√dhā- (3) + -i：*m.* ～（具格）との結合。交際。連声。関節。接合。境界。間隔。襞。壁。（壁の）穴。破れ口。部分。
sāmagrī-：*f.* 総体。全体。「和」「和合」「和無諍」と漢訳。
rocenti ≒ rocayanti < rocaya- < √ruc- (1) + -aya：*Caus.* 輝かせる。照らす。気に入らせる。心地よくさせる。～を好む。～を正しいと考える。目指す。*3, pl. P.* BHS. gram. 38-25.
bodhi-sattvā < bodhi-sattvāḥ + 有声音 < bodhi-sattva-：*m.* 覚りを求める人。「菩薩」と音写。*pl. Nom.*
mahā-balāḥ < mahā-bala-：*adj.* 大いなる力を持つ。*m. pl. Nom.*

ye câpi nirayāḥ ke-cid buddha-kṣetreṣv acintiyāḥ /
saṃcintya tatra gacchanti sattvānāṃ hita-kāraṇāt //28//
（梵漢和維摩経 *p.* 358, *ll.* 11–12）

また何であれ、諸のブッダの国土の中にあるところの考えることもできないほど〔多くの〕地獄、その〔地獄〕にさえも[63]、〔それらの菩薩たちは〕衆生たちの安寧のために意のままに赴くのだ。（28）
【一切の国土中の諸有(あらゆ)る地獄処には、輒(すなわ)ち往(ゆ)いて彼(かしこ)に到り、勉めて其(そ)の苦悩を済(すく)う。】
（大正蔵、巻一四、五五〇頁上）

ye < yad-：*関係代名詞, m. pl. Nom.*
câpi < ca + api
api：*adv.* また。さえも。されど。なお。同様に。

nirayāḥ < nirayāḥ + (k) < niraya- < nir-aya-：*m.* 人生からの離脱。地獄。「泥犁」と音写。*pl. Nom.*
ke-cid < ke-cit + 母音 < kiṃ-cit-：だれかある人。だれか。何か。何かあるもの。*m. pl. Nom.*
　　yad- kiṃ-cit- ～：誰／何であれ～であるところの。cf.「基礎」*p.* 214.
buddha-kṣetreṣv < buddha-kṣetreṣu + 母音 < buddha-kṣetra-：*n.* 仏の国土。「仏国土」と漢訳。*pl. Loc.*
acintiyāḥ < acintiya- ≒ acintya- < a- + √cint- (10) + -ya：*未受分,* 思議すべからざる、考えるべきでない。*m. pl. Nom.* BHS. gram. 3-103.
saṃcintya < sam-√cint- (10) + -ya：「故思」「如思」「以自在心」と漢訳。*Ger.*
tatra：*adv.* （ta の処格）。そこに。そこへ。ここに。此の機会に。そのために。その場合に。その時に。
gacchanti < gaccha- < √gam- (1)：行く。*Pres. 3, pl. P.*
sattvānāṃ < sattva-：*m.* 「衆生」「有情」と漢訳。*pl. Gen.*
hita-kāraṇāt < hita-kāraṇa-：*adj.* 安寧のための。利益のための。*sg. Abl.* 奪格の副詞的用法。
　　hita- < √dhā- (3) + -ta：*pp.* 置かれた。横たえられた。*n.* 有利。安寧。利益。ためになること。善。
　　kāraṇāt：理由より。～（属格）の為に。
　　kāraṇa-：*adj.* なす。生ずる。*n.* 原因。第一原因。動機。

> yāvantyo gatayaḥ kāś-cit tiryag-yonau prakāśitāḥ /
> sarvatra dharmaṃ deśenti[64] tena ucyanti nāyakāḥ //29//
>
> （梵漢和維摩経 *p.* 358, *ll.* 13–14）

何であれ、畜生の在り方（畜生道）において示されたそれほど多くの生存領域、〔その〕あらゆる所で、〔それらの菩薩たちは〕真理の教え（法）を説き示す。それによって、指導者と呼ばれるのだ。（29）

【一切の国土中に畜生相い食噉せば、皆彼に生まるるを現じ、之が為に利益を作す。】

（大正蔵、巻一四、五五〇頁上）

…………………………………………………………………………

yāvantyo ≒ yāvatyo < yāvatyaḥ + 有声子音 < yāvatī < yāvat-：*関係形容詞,* ～ほど大きい／多くの／長い。*f. pl. Nom.*
gatayaḥ < gatayaḥ + (k) < gati- < √gam- (1) + -ti：*f.* 行くこと。道。進路。手段。方法。可能性。状態。「趣」「所帰趣」と漢訳。*pl. Nom.*
kāś-cit < kiṃ-cit-：だれかある人。だれか。何か。何かあるもの。*f. pl. Nom.*
tiryag-yonau < tiryag-yoni-：*f.* 獣の胎。獣である状態。動物の創造。「畜生」「畜生道」「禽獣」と漢訳。*sg. Loc.*
　　tiryag < tiryak + 有声子音：*adv.* 横切って。水平に。斜めに。
　　tiryak < tiryañc-：*adj.* 横の。水平の。斜めの。*n.* （直立して歩く人間に対して）体を水平にして動く獣。動物。「畜生」「禽獣」と漢訳。*sg. Acc.* 対格の副詞的用法。
　　yoni-：*f.* 子宮。陰門。母胎。出処。出生。存在の形式。血統。
prakāśitāḥ < prakāśita- < prakāśaya- + -ta < pra-√kāś- (1) + -aya + -ta：*Caus. pp.* 見させられた。示された。顕われた。宣言された。*f. pl. Nom.*
sarvatra < sarva-tra：*adv.* すべての点において。すべての場合に。
dharmaṃ < dharma-：*m.* 確定した秩序。慣例。習慣。法則。規則。義務。宗教。教説。性質。本質。属性。特質。事物。法。*sg. Acc.*
deśenti ≒ deśayanti < deśaya < √diś- (6) + -aya：*Caus.* 示す。導く。説明する。教える。「宣説」「演説」「説法」「教示」と漢訳。*3, pl. P.* BHS. gram. 38-25.
tena < tad-：それ。*n. sg. Ins.*
　　代名詞の中性・単数の対格（tat）、奪格（tasmāt）、具格（tena）は、「そこで」「従って」「それ故」などの意味となり、文の連結助詞として用いられる。cf.「シンタックス」*p.* 125.
ucyanti < ucya- < √vac- (2) + -ya：*Pass.* ～と言われる。～と呼ばれる。*3, pl. P.*
nāyakāḥ < nāyaka- < √nī- (1) + -aka：*m.* 案内者。指導者。「導師」と漢訳。*pl. Nom.*

kāma-bhogāṃ pi darśenti dhyānaṃ darśenti dhyāyinām /
vihastaṃ māraṃ kurvanti avatāraṃ na denti te //30//
（梵漢和維摩経 *p.* 358, *ll.* 15–16）

〔色・声・香・味・触に対する五つの〕欲望を享受することをさえも示すが、禅定に耽っている者たちのためには、禅定することを示す。それら〔の菩薩たち〕は、悪魔を当惑させ、〔つけ入る〕すきを与えることがないのだ。 (30)
【五欲を受くることを示し、亦復禅を行ずることを現ず。魔心を憒乱して、其の便りを得ること能わざらしむ。】 （大正蔵、巻一四、五五〇頁中）
………………………………………………………………

kāma-bhogāṃ ≒ kāma-bhogam < kāma-bhoga-：*m.* 欲望を享受すること。*sg. Acc.* BHS. gram. 8-38.
kāma-：*m.* ～（為格・属格・処格）に対する願望。欲望。愛。
bhoga- < √bhuj- (7) + -a：*m.* 食うこと。享受すること。消耗すること。享有。享受。使用。適用。
pi ≒ api：*adv.* また。さえも。されど。なお。BHS. dic. *p.* 344. cf.「パーリ語辞典」*p.* 193.
darśenti ≒ darśayanti < darśaya- < √dṛś- (1) + -aya：*Caus.* 示す。説明する。解説する。*3, pl. P.* BHS. gram. 38-25.
dhyānaṃ < dhyāna- < √dhyai- (1) + -ana：*n.* 静慮。「定」と漢訳。「禅」「禅定」と音写。*sg. Acc.*
darśenti ≒ darśayanti < darśaya- < √dṛś- (1) + -aya：*Caus.* 示す。説明する。解説する。*3, pl. P.* BHS. gram. 38-25.
dhyāyinām < dhyāyin- < √dhyai- (1) + -in：*adj.* 瞑想にふけっている。*m. pl. Gen.*
vihastaṃ < vihasta-：*adj.* 手のない。鼻のない。当惑した。どうすることもできない。*m. sg. Acc.*
māraṃ < māra- < √mṛ- (1) + -a：*m.* 死。殺害。誘惑者。悪魔。「障」「悪者」と漢訳。「悪魔」「邪魔」「魔」「摩羅」と音写。*sg. Acc.*
kurvanti < kuru- < √kṛ- (8)：作る。なす。*Pres. 3, pl. P.*
avatāraṃ < avatāra- < ava-√tṝ- (1) + -a：*m.* 権化。顕示。（諸神の地上への）降下。欠点。「入」「令入」「趣入」と漢訳。*sg. Acc.*
na：*ind.* ～でない。～にあらず。
denti ≒ dadati < √dā- (3)：与える。*Pres. 3, pl. P.* BHS. gram. *p.* 215.
te < tad-：それ。*m. pl. Nom.*

agni-madhye yathā padmam adbhutam pi[65] vidarśayet[66] /
evaṃ kāmāṃś ca dhyānaṃ ca adbhutaṃ te vidarśayi //31//
（梵漢和維摩経 *p.* 358, *ll.* 17–18）

火の中に紅蓮華を奇跡的にも現わすように、そのように、それら〔の菩薩たち〕は〔色・声・香・味・触に対する五つの〕欲望と禅定とを奇跡的に〔同時に〕現わすのだ[67]。 (31)
【火中に蓮華を生ずるは、是れ希有なりと謂う可し。欲に在りて而も禅を行ずるは、希有なること亦是くの如し。】 （大正蔵、巻一四、五五〇頁中）
………………………………………………………………

agni-madhye < agni-madhya-：*n.* 火の中。*sg. Loc.*
agni-：*m.* 火。
madhya-：*adj.* 中の。中央の。中ぐらいの。中間の。*n.* 中間。中央。内側。内部。
yathā：*conj.* ～のように。あたかも～のように。～と（that）。その結果。

yathā ～ evam …：～のように、そのように…。
padmam < padma-：*m.n.* 紅蓮華。「波頭摩」「鉢特摩」「鉢頭摩」と音写。*sg. Acc.*
adbhutam < adbhuta-：*adj.* 稀有な。驚嘆すべき。奇特な。「未曾有」と漢訳。*n. sg. Acc.*
pi ≒ api：*adv.* また。さえも。されど。なお。BHS. dic. *p.* 344. cf.「パーリ語辞典」*p.* 193.
vidarśayet < vidarśaya- < vi-√dṛś- (1) + -aya：*Caus.* 示す。教える。「現」「現見」「現変」と漢訳。*Opt. 3, sg. P.*
evaṃ：*adv.* このように。「是」「如是」と漢訳。
kāmāṃś < kāmān + (c) < kāma-：*m.* ～（為格・属格・処格）に対する願望。欲望。愛。*pl. Acc.*
ca：*conj.* および。また。しかしながら。そして。～と。なお。
dhyānaṃ < dhyāna- < √dhyai- (1) + -ana：*n.* 静慮。「定」と漢訳。「禅」「禅定」と音写。*sg. Acc.*
ca：*conj.* および。また。しかしながら。そして。～と。なお。
adbhutaṃ < adbhuta-：*adj.* 稀有な。驚嘆すべき。奇特な。「未曾有」と漢訳。*n. sg. Acc.*
te < tad-：それ。*m. pl. Nom.*
vidarśayi ≒ ??? < vidarśaya- < vi-√dṛś- (1) + -aya：*Caus.* 示す。教える。「現」「現見」「現変」と漢訳。*Aor. 3, pl. P.* BHS. gram. 32-17.

saṃcintya gaṇikā bhonti puṃsām ākarṣaṇāya te /
rāgâṅkuśena lobhetvā buddha-jñāne sthapenti te //32//
(梵漢和維摩経 *p.* 358, *l.* 19, *p.* 360, *l.* 1)

それら〔の菩薩たち〕は、〔好色な〕男たちを引き寄せるために意のままに遊女となる。それら〔の菩薩たち〕は、愛欲の鉤によって〔好色な男たちの〕欲望をそそって、ブッダの知の中に住まわせるのである。 (32)
【或いは現じて婬女と作りて、諸の好色者を引く、先ず欲の鉤を以て牽き、後に仏道に入らしむ。】
（大正蔵、巻一四、五五〇頁中）

………………………………………………………………………

saṃcintya < sam-√cint- (10) + -ya：「故思」「如思」「以自在心」と漢訳。*Ger.*
saṃcintya- < sam-√cint- (10) + -ya：*未受分,* 考慮されるべき。～と見なされるべき。
sam-√cint- (10)：熟慮する。思量する。～（対格）を正当に考える。考慮する。
gaṇikā < gaṇikāḥ + 有声音 < gaṇikā-：*f.* 娼婦。「婬女」と漢訳。*pl. Nom.*
bhonti ≒ bhavanti < bhava- < √bhū- (1)：～である。なる。*Pres. 3, pl. P.* BHS. gram. *p.* 224.
puṃsām < puṃs-：*m.* 男。男性。人間。召使い。「丈夫」「好色者」と漢訳。*pl. Gen.* 格変化については、cf.「基礎」*p.* 174.
ākarṣaṇāya < ākarṣaṇa- < ā-√kṛṣ- (1) + -ana：*adj.* 引く。*n.* 引くこと。牽引。「引」「引接」「収」「摂」「摂取」「召」「召請」「請召」と漢訳。*n. sg. Dat.*
ā-√kṛṣ- (1)：自身のほうに引く。引きずる。引き寄せる。取り戻す。
te < tad-：それ。*m. pl. Nom.*
rāgâṅkuśena < rāgâṅkuśa- < rāga-aṅkuśa-：*m.n.* 愛欲の鉤。*sg. Ins.*
rāga- < √raj- (4) + -a：*m.* 染めること。赤いこと。情熱。激しい欲望。愛情。「貪愛」「愛欲」と漢訳。
aṅkuśa-：*m.n.* 鉤。刺針。刺激物。
lobhetvā ≒ lobhayitvā < lobhaya- + -itvā < √lubh- (4) + -aya + -itvā：*Caus.* 乱す。欲望をそそる。誘惑する。心を惹く。*Ger.*
√lubh- (4)：当惑する。迷う。～（為格、処格）を希望する。そそのかす。誘惑する。
buddha-jñāne < buddha-jñāna-：*n.* ブッダの知。*sg. Loc.*
sthapenti ≒ sthāpenti ≒ sthāpayanti < sthāpaya- < √sthā- (1) + -paya：*Caus.* 立たせる。住させる。*3, pl. P.* BHS. gram. *p.* 237; 38-25.
te < tad-：それ。*m. pl. Nom.*

grāmikāś ca sadā bhonti sārtha-vāhāḥ puro-hitāḥ /
agrâmātyo 'tha câmātyāḥ sattvānāṃ hita-kāraṇāt //33//

（梵漢和維摩経 *p.* 360, *ll.* 2–3）

衆生たちの安寧のために、〔それらの菩薩たちは〕常に村長や隊商の隊長、祭官、しかもまた、首相や大臣となるのだ。 (33)

【或いは邑中の主と為り、或いは商人の導、国師及び大臣と作りて、以て衆生を祐利す。】

（大正蔵、巻一四、五五〇頁中）

………………………………………………………………………

grāmikāś < grāmikāḥ + (c) < grāmika- < grāma- + -ika：*m.* 村長。「邑中主」「城邑宰」「村営聚落主」と漢訳。*pl. Nom.*

grāma-：*m.* 居住地。村落。「里」「村」「村落」「村邑」と漢訳。

ca：*conj.* および。また。しかしながら。そして。〜と。なお。

sadā：*adv.* 常に。

bhonti ≒ bhavanti < bhava- < √bhū- (1)：〜である。なる。*Pres. 3, pl. P.* BHS. gram. *p.* 224.

sārtha-vāhāḥ < sārtha-vāhāḥ + (p) < sārtha-vāha-：*m.* 隊商の隊長。*pl. Nom.*

sārtha- < sa-artha-：*adj.* 用事を帯びている。目的を既に達成した。成功した。富裕な。有意義な。*m.* 旅をする商人の一群。隊商。一団。群。群集。

vāha- < √vah- (1) + -a：*adj.* 牽く。送る。運ぶ。*n.* 牽くこと。担うこと。導くこと。

√vah- (1)：輸送する。運搬する。（車を）引く。導く。

puro-hitāḥ < puro-hita-：*adj.* 前に置かれた。委任された。任命された。*m.* 任命された祭官。「輔臣」「輔相」「近臣」「大臣」「国師」と漢訳。*pl. Nom.*

puro- < puras- + 有声子音：*adv.* 前方に。前に。先に。先頭に。（人の）面前で。東方で。以前に。第一に。

hita- < √dhā- (3) + -ta：*pp.* 〜の中に置かれた。横たえられた。*n.* 利益。安寧。ためになること。

puras √dhā- (3)：前に置く。尊重する。任命する。〔自分の〕祭官とする。

agrâmātyo 'tha < agrâmātyaḥ + atha

agrâmātyaḥ < agrâmātya- < agra-amātya-：*m.* 最上の大臣。首相。*pl. Nom.*

agra-：*adj.* 尖端の。頂点の。*n.* 前部。始め。点。尖端。頂点。「最上」「最極」「最勝」などと漢訳。

amātya-：*m.* 家人。親類。大臣。

atha：*adv.* その時。その場合。さて。それ故。しかれば。しかしながら。しかも。

câmātyāḥ < ca + amātyāḥ

amātyāḥ < amātyāḥ + (s) < amātya-：*m.* 家人。親類。大臣。*pl. Nom.*

sattvānāṃ < sattva-：*m.* 「衆生」「有情」と漢訳。*pl. Gen.*

hita-kāraṇāt < hita-kāraṇa-：*adj.* 安寧のための。利益のための。*n. sg. Abl.* 奪格の副詞的用法。

hita- < √dhā- (3) + -ta：*pp.* 置かれた。横たえられた。*n.* 有利。安寧。利益。ためになること。善。

kāraṇāt：理由より。〜（属格）の為に。

kāraṇāt < kāraṇa-：*adj.* なす。生ずる。*n.* 原因。第一原因。動機。*n. sg. Abl.*

daridrāṇāṃ ca sattvānāṃ nidhānaṃ bhonti akṣayam /
yeṣāṃ dānāni datvā hi bodhi-cittaṃ janenti te //34//

（梵漢和維摩経 *p.* 360, *ll.* 4–5）

貧しい衆生たちのために、尽きることのない蔵となり、それら〔の菩薩たち〕は、施物（布施）を与えて、それら〔の貧しい衆生たち〕に覚りを求める心（菩提心）を生じさせるのだ。 (34)

【諸有る貧窮の者には、現じて無尽の蔵と作り、因りて以て之を勧導して、菩提心を発さしむ。】

（大正蔵、巻一四、五五〇頁中）

……………………………………………………………………

daridrāṇām < daridra-：*adj.* ～（具格）を欠いている。貧しい。「貧」「貧窮」「貧乏」「貧賤」と漢訳。*m. pl. Gen.*

ca：*conj.* および。また。しかしながら。そして。～と。なお。

sattvānām < sattva-：*m.* 「衆生」「有情」と漢訳。*pl. Gen.*

nidhānaṃ < nidhāna- < ni-√dhā- (3) + -ana：*n.* 下に置くこと。保存。貯蔵。容器。貯蔵所。「蔵」「宝蔵」と漢訳。*sg. Nom.*

ni-√dhā- (3)：～（処格）の上に横たえる。置く。

bhonti ≒ bhavanti < bhava- < √bhū- (1)：～である。なる。*Pres. 3, pl. P.* BHS. gram. *p.* 224.

akṣayam < akṣaya- < a-kṣaya-：*adj.* 不滅の。「不盡」「無盡」と漢訳。*n. sg. Nom.*

kṣaya- < √kṣi- (5,9) + -a：*m.* 減少。衰微。喪失。

yeṣāṃ < yad-：*関係代名詞, m. pl. Gen.* 属格の為格的用法。

dānāni < dāna- < √dā- (3) + -ana：*n.* 与えること。供物を捧げること。施物。供物。「施」「布施」「供養」と漢訳。*pl. Acc.*

datvā ≒ dattvā < √dā- (3) + tvā：与える。*Ger.* BHS. gram. *p.* 215.

hi：*ind.* 真に。確かに。実に。

bodhi-cittaṃ < bodhi-citta-：*n.* 覚りを求める心（菩提心）。「菩提心」「覚心」と漢訳。*sg. Acc.*

janenti ≒ janayanti < janaya- < √jan- (1) + -aya：*Caus.* ～（処格：妻）によりて子を産む。～（奪格：夫）に子を生む。発生させる。産出する。創作する。結実させる。生ずる。*3, pl. P.* BHS. gram. 38-25.

te < tad-：それ。*m. pl. Nom.*

māna-stabdheṣu sattveṣu mahā-nagnā bhavanti te /
sarva-māna-samudghātāṃ bodhiṃ prārthenti uttamām //35//

（梵漢和維摩経 *p.* 360, *ll.* 6–7）

高慢で尊大な衆生たちの中で、それら〔の菩薩たち〕は大力士となり、すべての慢心を根絶している最上の覚りを求めさせるのだ。（35）

【我心憍慢の者には、為に大力士を現じ、諸の貢高を消伏して、無上道に住せしむ。】

（大正蔵、巻一四、五五〇頁中）

……………………………………………………………………

māna-stabdheṣu < māna-stabdha-：*adj.* 高慢で尊大な。「憍慢者」「高挙（我）慢」と漢訳。*m. pl. Loc.*

māna- < √man- (1) + -a：*m.* 意見。観念。意志。自己を高く評価すること。自己をたのむこと。自負。高慢。

stabdha- < √stabh- (9) + -ta：*m.* ～（処格）に達する。硬直した。かたい。固定した。不動の。麻痺した。誇り高い。尊大な。

√stabh- (9)：固定する。確立する。支える。達する。阻止する。～（処格）に留まる。硬くなる。固まる。

sattveṣu < sattva-：*m.* 「衆生」と漢訳。*pl. Loc.*

mahā-nagnā < mahā-nagnāḥ + 有声音 < mahā-nagna-：*m.* 大力士。「力士」「大気力」と漢訳。*pl. Nom.*

bhavanti < bhava- < √bhū- (1)：～である。なる。*Pres. 3, pl. P.*

te < tad-：それ。*m. pl. Nom.*

sarva-māna-samudghātāṃ < sarva-māna-samudghātā- < sarva-māna-samudghāta-：*adj.* すべての慢心を根絶している。*f. sg. Acc.*

samudghāta- < sam-udghāta-：*m.* 除去。破壊。根絶。

bodhiṃ < bodhi-：*f.* 覚り。「菩提」と音写。*sg. Acc.*

prārthenti ≒ prārthayanti < prārthaya- < pra-√arthaya-（名動詞）+ -aya：*Caus.* 欲求させる。～（対格）に～（対格、処格）を求めさせる。～（不定詞）することを望む。乞う。*3, pl. P.* BHS. gram. 38-25.

pra-√arthaya-（名動詞）：欲求する。～（対格）に～（対格、処格）を求める。

uttamām < uttamā- < uttama- < ud-tama-：*最上級,* 最上の。*f. sg. Acc.*

> bhayârditānāṃ sattvānāṃ saṃtiṣṭhante 'grataḥ sadā /
> abhayaṃ teṣu datvā ca paripācenti bodhaye //36//
>
> （梵漢和維摩経 *p.* 360, *ll.* 8–9）

恐怖に苦しめられた衆生たちのために、常に〔その衆生たちの〕前に立ち、それら〔の衆生たち〕に畏れなきこと（無畏）を施して、覚りに向けて成熟させるのだ。（36）

【其の恐懼有る衆には、前に居して慰安し、先ず施すに無畏を以てし、後に道心を発さしむ。】

（大正蔵、巻一四、五五〇頁中）

……………………………………………………………………

bhayârditānāṃ < bhayârdita- < bhaya-ardita-：*adj.* 恐怖に苦しめられた。*m. pl. Gen.*

bhaya- < √bhī- (1) + -a：*n.* ～（奪格、属格）についての恐れ。驚き。恐怖。心配。

ardita- < ardaya- + -ta < √ṛd- (1) -aya + -ta：*Caus. pp.* 乞われた。要求された。苦しめられた。傷つけられた。

ardaya- < √ṛd- (1) + -aya：*Caus.* 乱す。悩ます。打つ。傷つく。殺す。破壊する。

√ṛd- (1)：散る。動揺させる。悩ます。

sattvānāṃ < sattva-：*m.*「衆生」「有情」と漢訳。*pl. Gen.*

saṃtiṣṭhante 'grataḥ < saṃtiṣṭhante + agrataḥ

saṃtiṣṭhante < saṃtiṣṭha- < sam-√sthā- (1)：一緒に相接近して立つ。～（処格）の近くに来る。留まる。立つ。住む。*Pres. 3, pl. A.*

agrataḥ < agratas + (s)：*adv.* 前において。前方に。首に。始めに。第一に。

sadā：*adv.* 常に。

abhayaṃ < abhaya- < a-bhaya-：*adj.* 畏れなき。安全な。確実な。*n.* 無畏。*sg. Acc.*

teṣu < tad-：それ。*m. pl. Loc.*

datvā ≒ dattvā < √dā- (3) + tvā：与える。*Ger.* BHS. gram. *p.* 215.

ca：*conj.* および。また。しかしながら。そして。～と。なお。

paripācenti ≒ paripācayanti < paripācaya- < pari-√pac- (1) + -aya：*Caus.* 料理させる。完成させる。成熟させる。*3, pl. P.* BHS. gram. 38-25.

bodhaye < bodhi-：*f.* 覚り。*sg. Dat.* 目的地、目標を示す為格。

> pañcâbhijñā hi bhūtvā te ṛṣayo brahma-cāriṇaḥ /
> śīle sattvān[68] niyojenti kṣānti-sauratya-saṃyame //37//
>
> （梵漢和維摩経 *p.* 360, *ll.* 10–11）

それら〔の菩薩たち〕は、実に五種類の神通（五通）を具えている聖仙となり、純潔の行ない（梵行）を遵守して、衆生たちを戒律や、忍耐、柔和、自己抑制に安住させるのだ。（37）

【或いは婬欲を離るることを現じて、五通の仙人と為り、諸の群生を開導して、戒・忍・慈に住せしむ。】

（大正蔵、巻一四、五五〇頁中）

……………………………………………………………………

pañcâbhijñā < pañcâbhijñāḥ + 有声音 < pañcâbhijña- < pañca-abhijña-：*adj.* 五種類の神通（五通）を具えている。「五通」と漢訳。*m. pl. Nom.*

hi：*ind.* 真に。確かに。実に。

bhūtvā < √bhū- (1) + -tvā：なる。～である。*Ger.*

te < tad-：それ。*m. pl. Nom.*

ṛṣayo < ṛṣayaḥ + 有声子音 < ṛṣi-：*m.* 詩人。詩人の祭官。聖人。賢人。聖仙。「仙人」と漢訳。*pl. Nom.*
brahma-cāriṇaḥ < brahma-cārin-：*adj.* 純潔の行ない（梵行）を遵守する。*m. pl. Nom.*
śīle < śīla-：*n.* 習慣。気質。性向。性格。よい行状。よい習慣。高尚な品性。道徳性。「戒」と漢訳。*sg. Loc.*
sattvān < sattva-：*m.* 「衆生」と漢訳。*pl. Acc.*
niyojenti ≒ niyojayanti < niyojaya- < ni-√yuj- (7) + -aya：*Caus.* 軛でつなぐ。～（処格）に固定する。～（処格）に置く。運ぶ。「安住」「令入」と漢訳。*3, pl. P.* BHS. gram. 38-25.
kṣānti-sauratya-saṃyame < kṣānti-sauratya-saṃyama-：*m.* 忍耐と、柔和。自己抑制。*sg. Loc.*
kṣānti- < √kṣam- (1) + -ti：*f.* 堪えること。認めること。「忍」「忍辱」「堪忍」と漢訳。
√kṣam- (1)：忍耐する。堪える。忍ぶ。
sauratya-：*n.* 喜び。（複合語の後分として）～に対する喜び。「楽」「安楽」「柔和」と漢訳。
saṃyama-：*m.* 阻止。抑制。感覚の制御。自制。束縛すること。精神の集中。努力。

upasthāna-gurūn sattvān saṃpaśyêha vināyakāḥ /
cetā bhavanti dāsā vā śiṣyatvam upayānti ca //38//
（梵漢和維摩経 *p.* 360, *ll.* 12–13）

ここで、給仕を必要とする衆生たちを見たら、指導者〔である菩薩〕たちは、召使いや奴隷となり、あるいは弟子であることに〔身を〕落とす。（38）
【供事を須る者を見なば、現じて為に僮僕と作り、既に其の意を悦可せしめて、乃ち発すに道心を以てす。】（大正蔵、巻一四、五五〇頁中）

upasthāna-gurūn < upasthāna-guru-：*adj.* 給仕を必要とする。「須供事者」「須給侍」と漢訳。*m. pl. Acc.*
upasthāna- < upa-√sthā- (1) + -ana：*n.* ～に立つこと。出席。接近。参列。奉仕。敬礼。
guru-：*adj.* 重要な。尊敬すべき。*m.* 尊敬すべき人。師。「尊」「尊者」「師長」と漢訳。
sattvān < sattva-：*m.* 「衆生」と漢訳。*pl. Acc.*
saṃpaśyêha < saṃpaśya + iha
saṃpaśya < sam-√paś- (4) + -ya：同時に見る。検分する。見る。知覚する。認める。検査する。検閲する。*Ger.*
iha：*adv.* ここに。今。この世に。地上に。
vināyakāḥ < vināyaka- < vi-√nī- (1) + -aka：*m.* 指導者。案内者。「導師」と漢訳。*m. pl. Nom.*
vi-√nī- (1)：案内する。教育する。「開化」「教化」「教導」と漢訳。
√nī- (1)：指導する。案内する。導く。～（為格・処格）へ導く
cetā < cetāḥ + 有声音 < ceta-：*m.* 召使い。奴隷。*pl. Nom.*
bhavanti < bhava- < √bhū- (1)：～である。なる。*Pres. 3, pl. P.*
dāsā < dāsāḥ + 有声音 < dāsa-：*m.* 奴隷。召使い。*pl. Nom.*
vā：*ind.* ～か。または。たとえ～であっても。
śiṣyatvam < śiṣyatva- < śiṣya-tva-：*n.* 弟子であること。*sg. Acc.*
śiṣya- < √śās- (2) + -ya：*未受分,* 教えられるべき。教授されるべき。*m.* 生徒。弟子。「徒弟」「学徒」と漢訳。
upayānti < upayā- < upa-√yā- (2)：近づく。来る。訪ねる。来る。遭遇する。振りかかる。陥る。到達する。*Pres. 3, pl. P.*
ca：*conj.* および。また。しかしながら。そして。～と。なお。

yena yenâiva câṅgena sattvā dharma-ratā bhave[69] /
darśenti hi kriyāḥ sarvā mahôpāya-suśikṣitāḥ //39//
（梵漢和維摩経 *p.* 360, *ll.* 14–15）

実にいかなる手段によってであれ、衆生たちが法を喜ぶことになるようにと、大いなる方便を十分に学んでいる〔菩薩たち〕は、あらゆる行動を示すのである。　(39)

【彼の須る所に随いて、仏道に入るを得しめ、善方便力を以て、皆能く之を給足す。】

（大正蔵、巻一四、五五〇頁中）

……………………………………………………………………………

yena < yad-：*関係代名詞, n. sg. Ins.*

　yena は目的・意図（so that, ～になるように）を示し、願望法や、未来、あるいは現在時制で用いられる。cf.「基礎」*p.* 132.

yenâiva < yena + eva

　yena < yad-：*関係代名詞, n. sg. Ins.*

　eva：*adv.* さように。このように。まさに。実に。ただ。全くこのように。

câṅgena < ca + aṅgena

　aṅgena < aṅga-：*n.* 肢。支分。部分。身体。要素。手段。*sg. Ins.*

sattvā < sattvāḥ + 有声音 < sattva-：*m.* 「衆生」と漢訳。*pl. Nom.*

dharma-ratā < dharma-ratāḥ + 有声音 < dharma-rata-：*adj.* 徳を喜ぶ。有徳の。正しい。敬虔な。*m. pl. Nom.*

　rata- < √ram- (1) + -ta：*pp.* 喜んだ。満足した。

bhave ≒ bhaveyuḥ < bhava- < √bhū- (1)：なる。～である。*Opt. 3, pl. P.* BHS. gram. *p.* 223.

darśenti ≒ darśayanti < darśaya- < √dṛś- (1) + -aya：*Caus.* 示す。説明する。解説する。*3, pl. P.* BHS. gram. 38-25.

hi：*ind.* 真に。確かに。実に。

kriyāḥ < kriyāḥ + (s) < kriyā-：*f.* 仕事。行動。行為。努力。実行。「能作」「用」「力用」と漢訳。*pl. Acc.*

sarvā < sarvāḥ + 有声音 < sarva-：*adj.* すべての。*f. pl. Acc.*

mahôpāya-suśikṣitāḥ < mahôpāya-suśikṣita- < mahā-upāya-suśikṣita-：*adj.* 大いなる方便を十分に学んでいる。

　mahā- < mahat-：*adj.* 大きな。偉大な。豊富な。たくさんの。重要な。卓越した。

　upāya- < upa-√i- (2) + -a：*m.* 接近。到着。手段。方策。「方便」と漢訳。

　suśikṣita- < su-śikṣita-：*adj.* 十分に教養／訓練を積んだ。「善覚」「善学」「善修学」と漢訳。

　śikṣita- < √śikṣ- (1) + -ita：*pp.* 学ばれた。鍛錬された。

　√śikṣ- (1)：（√śak-の意欲動詞）。～（奪格、属格）から習得する。研究する。学ぶ。～（処格）を修行する。

teṣām ananta-śikṣā hi anantaś câpi gocaraḥ /
ananta-jñāna-saṃpannā ananta-prāṇi-mocakāḥ //40//

（梵漢和維摩経 *p.* 360, *ll.* 16–17）

それら〔の菩薩たち〕には、無限の知識、さらにまた無限の行動範囲が具わっていて、無限の知を完成しており、無限の生命あるものたちを解放するのだ。　(40)

【是くの如く道は無量にして、所行は涯有ること無く、智慧は辺際無くして、無数の衆を度脱せしむ。】

（大正蔵、巻一四、五五〇頁中）

……………………………………………………………………………

teṣām < tad-：それ。*m. pl. Gen.*

ananta-śikṣā < ananta-śikṣā-：*f.* 無限の知識。*m. pl. Nom.*

　ananta- < an-anta-：*adj.* 無限の。終わりなき。極限のない。「無量」「無数」「無辺」「無窮」と漢訳。

　śikṣā- < √śikṣ- (1) + -ā：*f.* ～の知識。技術。熟達。教授。教課。教訓。

hi：*ind.* 真に。確かに。実に。

anantaś < anantaḥ + (c) < ananta- < an-anta-：*adj.* 無限の。終わりなき。極限のない。「無量」「無

数」「無辺」「無窮」と漢訳。*m. sg. Nom.*

câpi < ca + api

api：*adv.* また。さえも。されど。なお。同様に。

gocaraḥ < gocara- < go-cara-：*m.* 牧牛場。行動の範囲。達する範囲。能力の範囲。*sg. Nom.*

以上の属格と主格は名詞文をなしている。

ananta-jñāna-saṃpannā < ananta-jñāna-saṃpannāḥ + 有声音 < ananta-jñāna-saṃpanna-：*adj.* 無限の知を完成している。*m. pl. Nom.*

jñāna- < √jñā- (9) + -ana：*n.* 知。智慧。

saṃpanna- < sam-√pad- (4) + -na：*pp.* 成就する。完成する。〜に達する。〜になる。〜を結合する。〜を得る。完全にそなわった。「成就」「成立」「円満」「具足」「遂行」「達成」と漢訳。

ananta-prāṇi-mocakāḥ < ananta-prāṇi-mocaka-：*adj.* 無限の生命あるものたちを解放する。*m. pl. Nom.*

prāṇi- < prāṇin- < prāṇa- + -in：*m.* 生物。動物。人間。*adj.* 呼吸している。生きている。

mocaka- < √muc- (6) + -aka：*adj.* 〜から解放する。

√muc- (6)：放つ。解放する。発する。発言する。

na teṣāṃ kalpa-koṭībhiḥ kalpa-koṭī-śatais tathā /
bhāṣadbhiḥ sarva-buddhais tu guṇântaḥ suvaco bhavet //41//

(梵漢和維摩経 *p.* 360, *ll.* 18–19)

幾コーティー劫、また幾百・コーティー劫もの時間で、あらゆるブッダたちが如実に語るとしても、それら〔の菩薩たち〕の徳の究極は、〔それを語りつくす〕勝れた言葉を生ずることはない。 (41)

【仮令(たとい)一切の仏が無量億劫(むりょうおくこう)に於いて、其(そ)の功徳を讃歎するとも、猶尚(なお)尽くすこと能(あた)わず。】

(大正蔵、巻一四、五五〇頁中)

……………………………………………………………………

na：*ind.* 〜でない。〜にあらず。

teṣāṃ < tad-：それ。*m. pl. Gen.*

kalpa-koṭībhiḥ < kalpa-koṭī-：*f.* 幾コーティー劫。*pl. Ins.*

時間を意味する語の具格は、「〜の時間のうちに」「〜の時間で」「〜経った時に」を意味する。

kalpa-koṭī-śatais < kalpa-koṭī-śataiḥ + (t) < kalpa-koṭī-śata-：*f.* 幾百・コーティー劫。*pl. Ins.*

tathā：*adv.* そのように。如実に。また。同様に。

bhāṣadbhiḥ < bhāṣadbhiḥ + (s) < bhāṣat- < bhāṣa- + -t < √bhāṣ- (1) + -t：告げる。話す。言う。*P.* *現在分詞, m. pl. Ins.*

sarva-buddhais < sarva-buddhaiḥ + (t) < sarva-buddha-：*m.* すべてのブッダ。*pl. Ins.*

以上の具格は絶対節をなしている。cf.「シンタックス」*p.* 103.

tu：*ind.* しかし。しこうして。しかるに。しかも。

guṇântaḥ < guṇântaḥ + (s) < guṇânta- < guṇa-anta-：*m.* 徳の究極。*sg. Nom.*

guṇa-：*m.* 種類。構成。従属的要素。固有性。属性。善性。徳。

anta-：*m.* 端。縁辺。限界。終極。

su-vaco < su-vacaḥ + 有声子音 < su-vacas-：*n.*「善語」「善言」と漢訳。*sg. Acc.*

vacas-：*n.* 言葉。語。指図。命令。忠告。言語。

bhavet < bhava- < √bhū- (1)：なる。存在する。生ずる。可能である。*Opt. 3, sg. P.*

仮定文の前提節や帰結節で願望法を用いる。cf.「シンタックス」*p.* 121.

bodhiṃ na prārthayet ko 'gryāṃ śrutvā dharmān imān budhaḥ /
anyatra hīna-sattvebhyo yeṣāṃ prajñā na vidyate //42//[70]

(梵漢和維摩経 *p.* 360, *ll.* 20–21)

智慧が見出されないところの下劣な衆生たちを除いて、賢明な人が、これらの真理の教え（法）を聞いて、だれが、最も秀でた覚りを求めないであろうか。 (42)
【誰か是くの如き法を聞きて、菩提心を発さざらん。彼の不肖の人、癡冥・無智の者を除く」】
（大正蔵、巻一四、五五〇頁中）

………………………………………………………………………

bodhiṃ < bodhi- < √budh- (1) + -i：*f.* 覚り。「菩提」と音写。*sg. Acc.*
na：*ind.* ～でない。～にあらず。
prārthayet < prārthaya- < pra-√arthaya- (名動詞) + -aya：*Caus.* 欲求させる。～（対格）に～（対格、処格）を求めさせる。～（不定詞）することを望む。乞う。*Opt. 3, sg. P.*
ko 'gryāṃ < kaḥ + agryāṃ
　kaḥ < kim-：*疑問詞,* だれ。何。どんな。どの。*m. sg. Nom.*
　agryāṃ < agryā- < agrya-：*adj.* 先頭の。～（属格）の中の最善の。～（処格）に秀でた。*f. sg. Acc.*
śrutvā < √śru- (5) + -tvā：～（具格、奪格、属格）から聞く。*Ger.*
dharmān < dharma-：*m.* 確定した秩序。慣例。習慣。法則。規則。義務。宗教。教説。性質。本質。属性。特質。事物。法。*pl. Acc.*
imān < idam-：これ。*m. pl. Acc.*
budhaḥ < budha- < √budh- (1) + -a：*adj.* 賢明な。賢い。怜悧な。理解力のある。*m.* 智者。賢人。聖者。*m. sg. Nom.*
anyatra：*adv.* ～（奪格）を除いて。他方において。よそにおいて。
hīna-sattvebhyo < hīna-sattvebhyaḥ + 半母音 < hīna-sattva-：*m.* 下劣な衆生。*pl. Abl.*
　hīna- < √hā- (3) + -na：*pp.* 劣っている。見捨てられた。卑しい。貧弱な。
　sattva-：*m.* 「衆生」「有情」と漢訳。
yeṣāṃ < yad-：*関係代名詞, m. pl. Gen.*
prajñā < prajñā-：*f.* 智慧。*sg. Nom.*
na：*ind.* ～でない。～にあらず。
vidyate < vidya- < √vid- (6) + -ya：*Pass.* 見いだされる。存在する。ある。*3, sg. A.*

iti tathāgata-gotra-parivartaḥ saptamaḥ //
(梵漢和維摩経 *p.* 360, *l.* 22)

以上が「如来の家系」の章という〔名前の〕第七である。
【漢訳相当箇所なし】

………………………………………………………………………

iti：*adv.* ～と。以上のように。「如是」と漢訳。
tathāgata-gotra-parivartaḥ < tathāgata-gotra-parivarta-：*m.* 「如来の家系」の章。*sg. Nom.*
　tathāgata-：*m.* 「如来」と漢訳。
　gotra-：*n.* 牛小屋。家族。家系。種族。姓。氏。種姓。
　parivarta-：*m.* 章。
saptamaḥ < saptama-：*序数詞,* 第七の。*m. sg. Nom.*

第7章　訳注

1 この文章には、agati-gamanaṃ（< agati-gamana-）、gacchati、gatiṃ-gato（< gatiṃ-gata-）というように「行く」という意味の動詞 √gam-(1) の派生語が多用されている。agati- は女性名詞 gati-（< √gam-(1) + -ti, 道、進路）に否定の接頭辞 a を付けたもので、「道に外れていること」で、中性名詞 gamana-（< √gam-(1) + -ana）は「行くこと」「進路」を意味する。gacchati は √gam-(1) の現在・三人称・単数である。gatiṃ- は先ほどの gati- の対格であり「道を」を意味する。gata- は √gam-(1) の過去受動分詞で「行った」を意味する。

ここは、gatiṃ-（道を）と gata-（行った）の複合語 gatiṃ-gata- が、一般に「通達／通暁している」という意味で用いられているけれども、ここではその語源である「道を行った」のほうに引っ掛けて、agati-gamanaṃ gacchati（道に外れた進路を行く）と、gatiṃ-gato buddha-dharmeṣu（ブッダの〔説かれた〕真理の教え（法）において〔通達して〕道を行く）を対照させているのである。

2 筆者が「非道を行かば」と書き下した箇所は、貝葉写本では次のようになっている。

agati-gamanaṃ gacchati

これについての詳細は、前の注1で論じた通りである。これまで「非道を行ずれば」と読み下されてきたが、貝葉写本に gacchati（行く）とあるので、筆者は「行かば」に改めた。以下の書き下しでも「行くも」「行けども」とした。

3 vihiṃsā- は、貝葉写本では vihitsā- となっている。漢訳では「諍怒」（支謙訳）、「悩恚」（鳩摩羅什訳）、「恚悩忿害」（玄奘訳）とあり、vihitsā- を vihiṃsā-（悩害、傷害）に改めた。

4 「五無間業」とは、①母を殺す、②阿羅漢を殺す、③父を殺す、④教団を分裂させる（破僧）、如来の身より血を出だす――からなる、無間地獄の果を受けるべき悪しき行ない（業）のこと。最も重い罪とされ、五逆罪ともいう。

5 貝葉写本では、「畜生の道」と「アスラの道」の場合をそれぞれ「無知の闇を離れています」と「慢心や、厚顔、尊大さがありません」と分けて論じているが、支謙訳と鳩摩羅什訳では、「アスラ（阿修羅）の道」に言及せず、「畜生の道」のみに「無知」と「慢心」の二つを論じている。

「畜生の処に於いて則ち為に闇昧を除き能く慢を無からしめん」（支謙訳）

「畜生に至りても無明・憍慢等の過有ること無く」（鳩摩羅什訳）

チベット語訳、およびその現代語訳である中公版と玄奘訳は、次のように貝葉写本と同趣旨である。

dud 'gro'i 'gro bar 'gro yang glen pa'i mun pa mun gnag dang bral ba yin / lha ma yin du 'gro bar 'gro yang nga rgyal dang / rgyags pa dang/ dregs pa med pa yin/（畜生道の道を進んでも、愚痴という暗闇の蒙昧さを離れている。アスラを道として進みながら、我慢や、驕慢や、高慢さがない）

「動物（畜生）の道を道としながら、しかも無知のまっくらな闇を離れている。アスラの道を道としながら、しかも慢心、憍傲、傲慢さがない」（中公版、*p.* 113）

「復、諸の傍生の趣に行くと雖も、而も一切の黒暗・無明を離れ、復、阿素洛の趣に行くと雖も、而も一切の傲慢・憍逸を離る」（玄奘訳）

6 「ヤマ（閻魔）の世界の道」は、貝葉写本では yama-loka-gatiṃ（< yama-loka-gati-）となっている。チベット語訳と玄奘訳も同趣旨だが、支謙訳と鳩摩羅什訳はそれぞれ「餓鬼道」「餓鬼」としている。ヤマ（yama-）は、人の死後、天界にある祖先を支配する神とされていて、「閻魔」などと音写された。一方、「餓鬼」はプレータ（< preta- < pra-ita-）の漢訳であり、プレータは pra-（あちらへ）ita-（行った）からなり、「死んだ」、あるいは「死者」「死霊」を意味する。それは、中国の「鬼」に相当し、それは飢餓状態に陥っているとして、「餓鬼」と漢訳された。いずれも、死後の世界を意味する点では、「ヤマ（閻魔）の世界の道」も「餓鬼〔道〕」も同じではある。

7 aneñjyârūpa-gatiṃ（< aneñjya-arūpa-gati-）は、貝葉写本では aneñjyarūpagatiñ（< aneñjya-rūpa-gati-）となっている。貝葉写本のままでは、aneñjya-（不動）、rūpa-（色）、gati-（道）の複合語で、直訳すれば「不動と色の道」となる。ところが、鳩摩羅什訳では「色・無色界の道」とある。「不動」が「不動定」の略であれば、これは色界第四禅のこととなり、鳩摩羅什訳の「色」に対応する。そうなると、貝葉写本の rūpa-（色）と重複することになるが、鳩摩羅什訳の第二項が「無色界」とあり、rūpa- を arūpa-（無色）に改めれば問題が解決する。従って、aneñjyârūpa-gatiṃ に改めた。

8 〜-sattveṣu は、貝葉写本では〜-dharmeṣu となっているが、次の注9に述べる理由によって改めた。

9 筆者が「あらゆる衆生たちに対して衝突することがありません」と訳した箇所の原文は次のようになっている。

apratihataś ca bhavati sarva-sattveṣu

sarva-sattveṣu（あらゆる**衆生**たちに対して）は、貝葉写本では sarva-dharmeṣu（あらゆる**諸法**に対して）となっているが、以下のチベット語訳と漢訳から dharmeṣu は sattveṣu に改めるべきである。

チベット語訳と、その現代語訳である中公版、そして漢訳は次の通り。

sems can tham cad la khong khro ba med pa yin /（一切**衆生**に対して憎悪がない）

「すべての**人々**に対して怒りがない」（中公版、*p.* 113）

「諸の**衆生**に於いて恚閡有ること無く」（鳩摩羅什訳）

「一切**有情**の境界に於いて、諸の瞋恚を離れ、損害の心無し」（玄奘訳）

いずれも、その底本がsarva-sattveṣuであったことを示している。貝葉写本が、sarva-dharmeṣuとしたのは、この次の文章にあるsarva-dharmeṣuと混同したのであろう。

[10] arikta-dhyānaś（< arikta-dhyāna-）は、貝葉写本ではariku-dhyānaśとなっている。鳩摩羅什訳では「念定まり」、玄奘訳では「静慮に安止す」とあり、ariku- に似た語で「定まる」「安止す」に近い意味を持つ語としては、arikta-（空虚ならざる）があり、「念」「静慮」と漢訳されたdhyāna- との複合語arikta-dhyāna- が推定される。

[11] 筆者が「深い意味が込められた言葉」と訳した箇所の原文はsaṃdhā-bhāṣya- で、saṃdhā-（意図）とbhāṣya-（語ること、言葉）の複合語になっている。これは、「仏陀の本懐としての一乗思想を、その中心の意味として含むものと理解され」て「『法華経』の重要思想を表明する用語」（勝呂信静著『法華経の成立と思想』大東出版社、*p.* 426）と言われるように、『法華経』ではしばしば用いられている。それは、植木訳『梵漢和対照・現代語訳　法華経』から拾い出しただけでも、上巻で*pp.* 77, 85, 87, 131, 133, 175, 177, 181, 191, 349, 545; 下巻で*pp.* 17, 119, 149, 267, 399が挙げられる。『維摩経』ではこの一箇所だけに出てくるが、支謙訳と鳩摩羅什訳には対応する訳語は見られず、チベット語訳からの現代語訳である中公版と玄奘訳に、次のような訳語が見られる。

「意図を含んで語り」（中公版、*p.* 114）

「密語」（玄奘訳）

ところが、チベット語訳で、この文章の後半と、次の文章の前半に相当する箇所を挙げると次のようになる。

thabs mkhas pa'i spyod pa tshar phyin pa yang yin/ nga rgyal gyi 'gro ba'ng ston la 'jig rten thams cad kyi zam pa dang stegs bur 'gyur ba yang yin /（方便に熟達する者の行ないを極めたものである。我慢の道をも教示するが、一切衆生の橋や踏み台にもなる）

ここにはsaṃdhā-bhāṣya- に相当する語は存在していない。チベット語訳からの現代語訳であるはずの中公版は、玄奘訳を参考にして訳されたのであろうか。

[12] darśayatiは、本来はgatim（< gati- < $\sqrt{}$gam-(1) + -ti, 行くこと、進路）に対応して、その縁語であるgacchati（< $\sqrt{}$gam-(1), 行く）が用いられていた。それが、何箇所かdarśayati（示す）に入れ替わった。だから、以下の文章では、貝葉写本で gacchati となっているところが、鳩摩羅什訳では「示す」「行くことを示す」になっていたりしているのであろう。

[13] setu-saṃkrama-bhṛtaś（< setu-saṃkrama-bhṛta-）は、貝葉写本とVKN. ではsetu-saṃkrāma-bhṛtaś（< setu-saṃkrāma-bhṛta-）となっている。saṃkrāma- が意味不明だが、鳩摩羅什訳と玄奘訳に「橋梁」とあるので、筆者はsaṃkrama-（橋梁）に改めた。

[14] atyantâsaṃkliṣṭaḥは、貝葉写本ではantâsaṃkliṣṭāḥとなっている。鳩摩羅什訳では「常に清浄たり」、玄奘訳では「究竟して染無し」とあり、「常」「究竟」と漢訳されたatyanta- と「無染」「清浄」と漢訳されたasaṃkliṣṭa-との複合語に改めた。

[15] 筆者が「〔未だ〕聞いたこともない真理の教え（法）を聞かせる人」と訳した箇所の原文は、aśruta-dharma-śrāvayitāとなっている。これは、aśruta-（〔未だ〕聞いたこともない）、dharma-（真理の教え〔法〕）、śrāvayitāに分解できる。最後のśrāvayitāは、男性名詞śrāvayitṛ-（聞かせる人）の単数・主格である。このśrāvayitṛ- は、「（師から）聞く」という意味の動詞 $\sqrt{}$śru-(5) の使役語幹śrāvaya- に行為者名詞を作るKṛt接尾辞 -itṛをつけたものである。従って「聞かせる人」という意味になる。ここは、師の教え（声）を「聞く人」を意味する「声聞」（śrāvaka-）に対して、師の教えを「聞かせる人」を対照させている。これは、『法華経』信解品第四（植木訳『梵漢和対照・現代語訳　法華経』上巻、*p.* 317）において、マハー・カーシャパ（大迦葉）が「聞く人」から「聞かせる人」へと転じて、「真の声聞」となることを宣言した次の言葉を思い出させる。

adyo vayaṃ śrāvaka-bhūta nātha saṃśrāvayiṣyāmatha câgra-bodhim /
bodhīya śabdaṃ ca prakāśayāmas teno vayaṃ śrāvaka bhīṣma-kalpāḥ //53//

（保護者よ、今、私たちは〔仏の声（教え）を聞くだけでなく、仏の声（教え）を聞かせる人として〕真の声聞であり、最高の覚り〔についての声〕を〔人々に〕聞かせるでありましょう。また、私たちは覚りの言葉を宣言しましょう。それによって、私たちは恐るべき決意に立った声聞なのであります）

この「衆生たちのために〔未だ〕聞いたこともない真理の教え（法）を聞かせる人である」に相当する箇所は、

チベット語訳、およびその現代語訳である中公版、そして漢訳では次のようになっている。

sems can rnams la ma thos pa'i chos thos par byed pa yang yin /（衆生に、未聞の法を聞かせる者でもある）

「いまだかつて聞かれなかった（すぐれた）法を人々に聞かせる」（中公版、*p.* 114）

「未だ聞かざる所の法を人をして聞くことを得せしむ」（支謙訳）

「衆生の為に未聞の法を説く」（鳩摩羅什訳）

「有情の為に未聞の法を説く」（玄奘訳）

鳩摩羅什訳と玄奘訳は、「聞かせる」ことは、即「説く」ことだとして訳しているが、ここは、声聞の在り方に対照させて使役の意味を出したほうがいいと考える。 チベット語訳も、使役の構文になっている。

16 筆者が「大いなる憐れみ（大悲）を成就しています」と訳した箇所は、原文では mahā-karuṇā-niryātaś（< mahā-karuṇā-niryāta-）となっている。これは mahā-karuṇā-（大いなる憐れみ）と niryāta- の複合語で、niryāta- は、「出現した」という意味で、「成就」「成」と漢訳されている。

この文章は、チベット語訳では次のようになっている。

rang sangs rgyas kyi 'gro bar 'gro yang sems can thams cad yongs su smin par bya ba'i phyir snying rje chen po las byung ba yang yin /（独覚の道を進んでも、一切衆生を調熟するために大悲から生じた者でもある）

チベット語訳からの現代語訳である中公版では、これを「大悲心のかたまりとなる」（中公版、*p.* 114）と訳しているが、～las byung ba は直訳すると「～から生じた者」となるもので、中公版の「大悲心のかたまり」というのは意訳しすぎであろう。

漢訳では、その箇所はそれぞれ次のようになっている。

「能く大悲坐を行じ」（支謙訳）

「大悲を成就し」（鳩摩羅什訳）

「大慈大悲を成弁し」（玄奘訳）

17 筆者が「宝を手にすることを獲得していて、〔いくら〕享受しても尽きることがありません」と訳した箇所の原文は、次のようになっている。

①ratna-pāṇitā-pratilabdhaś ca bhavaty（宝を手にすることを獲得していて、）

②akṣaya-bhogaḥ（〔いくら〕享受しても尽きることがありません）

①の最初の語は、ratna-（宝）と pāṇi-（手）からなる所有複合語 ratna-pāṇi-（宝を手にする）に、女性の抽象名詞を作る接尾辞で tā をつけた ratna-pāṇitā-（宝を手にすること）と、過去受動分詞 pratilabdha-（獲得した）の複合語である。意味は、「宝を手にすることを獲得している」である。②の akṣaya-bhogaḥ（< akṣaya-bhoga-）は、akṣaya-（尽きることのない）と bhoga-（享受）からなる所有複合語で「尽きることのない享受を持っている」、すなわち「享受しても尽きることがない」という意味になる。この二つの複合語は、それぞれ独立して述語の働きをなしている。

①、②に対応する箇所は、チベット語訳では次のようになっている。

longs spyod zad mi shes pa'i rin po che lag na thogs pa yang yin /（享受に関して尽きるところを知らない者であり、宝を手にした者でもある）

ところが、チベット語訳からの現代語訳である中公版は、①と②を修飾・被修飾の関係として

「尽きることのない財宝を手にする」（中公版、*p.* 115）

としている。中公版の訳は、longs spyod（享受）と rin po che（財宝）の訳し分けがなされていないのではないか、と佐々木一憲氏は指摘している。

漢訳は、それぞれ次の通りである。

「無尽の財を以て施と為す」（支謙訳）

「宝手有りて功徳は尽きること無し」（鳩摩羅什訳）

「宝手を得て珍財尽きること無し」（玄奘訳）

18 筆者が「感覚器官に障害のある者」と訳した箇所の原文は vikalêndriya-（< vikala-indriya-）である。これは、vikala-（障害／欠陥のある）と indriya-（感覚器官）の所有複合語で、筆者の訳となった。チベット語訳は次のようになっている。

dbang po myams pa'i 'gro bar 'gro yang（根〔感覚器官〕を損なったものの道を進むも、）

ここで、dbang po（能力を持つもの）が、indriya-（根 ≒ 感官）に対応している。

玄奘訳の「根缺」も、貝葉写本とチベット語訳に準じているが、鳩摩羅什訳だけが、「刑残」、すなわち「刑罰によって身に損傷を受けること」と訳されている。

19 nārāyaṇâtmabhāva- は、貝葉写本では nārāṇâtmabhāva- となっている。鳩摩羅什訳と玄奘訳に「那羅延の身」とあるので、「那羅延」と音写された nārāyaṇa-（ナーラーヤナ）と ātmabhāva-（身体）の複合語とした。

20 筆者が「〔財物を〕享受する者の道を示しても」と訳した箇所は、原文では次のようになっている。

bhoga-gatiṃ ca darśayati

貝葉写本では darśayati（示す）が用いられていて、鳩摩羅什の訳でも「資生あることを示すも」となっている。ところが、チベット語訳は、

longs spyod kyi 'gro bar 'gro yang（享受の道〔境涯〕へと進んでも、）

となっていて、'gro（進む）が用いられている。これは、サンスクリット語の gacchati（行く）に対応する語である。ここでも、gacchati と darśayati の混用が見られる。

21 antaḥpura-nāṭaka-vyūhān は、貝葉写本と VKN. で主格の antaḥpura-nāṭaka-vyūhāś となっているが、ここに主格がくるのは適当ではない。対格であるべきなので筆者は改めた。

22 筆者が「鈍感な者の道」と訳した箇所は、原文では dhandhâyatana-gatiṃ（< dhandha-āyatana-gati-）となっている。この複合語の中の dhandha-āyatana- は、dhandha-（鈍い）、āyatana-（感覚器官）の所有複合語で「鈍い感覚器官を持つ〔者〕」を意味する。従って、筆者は gati-（道）と合わせて「鈍感な者の道」と訳した。

ところが、チベット語訳は次のようになっている。

khams dang skye mchad kyi 'gro bar 'gro yang gzungs thob cing spobs pa sna tshogs kyis brgyan pa yang yin /（界と処の道に進むも、陀羅尼を得て、種々の装飾によって飾られ）

ここには、dhātu-（界）に当たる khams と、āyatana-（処）に相応する skye mchad、gati-（道）に相当する 'gro bar が用いられていて、「界と処の道」となっている。

その現代語訳である中公版ではこれを次のように訳している。

「構成要素（六界、十八界）や認識の場（十二処）などの（小乗的な哲学の）道」

ここには、「陰・界・入」と訳された skandha-dhātv-āyatana- との類似性が見られる。これは、「五陰（五蘊）」と「十二入（十二処）」と「十八界」のことである。従って、チベット語訳の底本は、意味の類似性を考えると dhātv-āyatana-（〔六界、または十八〕界と〔十二〕処）、あるいは発音の類似性を考えると skandha-āyatana-（〔五〕陰と〔十二〕処）となっていたのかもしれない。けれども、「〔六界、または十八〕界と〔十二〕処の道を行くこと」と、「種々の雄弁さを持つこと」や「ダーラニー（陀羅尼）を得ていること」とは、対立する概念でも何でもない。その点、「鈍感な者の道」に対する「種々の雄弁さによって荘厳されている」「ダーラニー（陀羅尼）を得ている」を対立概念とする貝葉写本のほうが、整合性を持っている。

漢訳でも、支謙訳に相当箇所はないが、次の二つの訳は貝葉写本の内容に近い。

「訥鈍」（鳩摩羅什訳）

「諸の頑嚚の趣」（玄奘訳）

玄奘訳の中の頑嚚とは、「頑固でおろかなこと」である。

また、中公版は、「六界」「十八界」「十二処」を挙げて、「（小乗的な哲学の）道」としているが、どうしてそれらが小乗的なのか理解できない。

23 ṣaḍ āyatanāni は、貝葉写本と VKN. では ṣaḍ āyatanaṃ となっているが、この場合、ṣaḍ（< ṣaṭ）は、中性・複数・主格であるのに対して、āyatanaṃ（< āyatana-）は中性・単数・主格で、数の不一致になってしまう。その解消策は、āyatana- を複数形にして ṣaḍ āyatanāni とすることである。よって、筆者は改めた。

もう一つの解決策は、ṣaḍ-āyatanaṃ と複合語にすることである。しかし、この文章には、pañca nivaraṇāni（五蓋）、sapta vijñāna-sthitayo（七識住）のように複合語にしない表現を用いているので、それに合わせて複合語にしなかった。

24 saṃkṣepeṇa（要するに）は、貝葉写本では saṃkṣeṇa となっている。チベット語訳では mdor na（簡潔に言えば）となっている。これは、saṃkṣepeṇa の訳語として頻繁に用いられる語である。漢訳（支謙訳に対応箇所なし）では次のようになっている。

「以要言之」（要を以て之を言わば＝鳩摩羅什訳、玄奘訳）

25 adṛṣṭa-satyena（< a-dṛṣṭa-satya-）は、貝葉写本と VKN. では adṛṣṭi-satyena（< a-dṛṣṭi-satya-）となっている。「真理を見ていない（こと）」を意味させようとしているようだが、これは dṛṣṭi-（見ること）と satya-（真理）の複合語に否定の接頭辞 a をつけたもので、そのように訳すのは無理があるのではないか。それであれば、名詞の dṛṣṭi- を過去受動分詞 dṛṣṭa-（観られた）に改めて、所有形容詞（bahuvrīhi）である a-dṛṣṭa-satya- の男性・単数・具格 a-dṛṣṭa-satyena にして、「見られた真理を持たない」、すなわち「真理を見ていない」としたほうがいい。あるいは、satya- と形容詞 darśin-（見ている）との複合語 satya-darśin-（真理を見ている）の男性・単数・

具格 satya-darśinā に否定を意味する接頭辞 a をつけるかである。筆者は、前者に改めた。

26 pṛthivī-pradeśeṣûtpala-～（< pṛthivī-pradeśeṣu + utpala-～）は、貝葉写本と VKN. では pṛthivī-praveśeṣûtpala-～（< pṛthivī-praveśeṣu + utpala-～）となっている。pṛthivī-praveśeṣu（< pṛthivī-praveśa-）は、pṛthivī-（大地）と praveśa-（入ること）の複合語だが、ここでは意味をなさない。これは、訂正を必要とするが、それには本文と同じ ujjaṅgala-（堅い不毛の地）と、pṛthivī-praveśa- に類似している pṛthivī-pradeśa-（地上のある地点）という語が出てくる『法華経』法師品（植木訳『梵漢和対照・現代語訳　法華経』下巻、*pp.* 16, 17）の次の文章が参考になろう。

sa udakârtham **ujjaṅgale pṛthivī-pradeśa** udapānaṃ khānayet /

（その人が、水の〔獲得の〕ために**地上の堅い不毛の地**〔砂漠〕**において**井戸を掘らせるとしよう）

この文章にならい、ここは pṛthivī-praveśeṣu ではなく、pṛthivī-pradeśeṣu であるべきと考え、筆者は改めた。

27 この文章は、原文では次の四つの文章からなっている。

①tad yathâpi nāma nâkāśe bījāni virohanti（あたかも、虚空中の種子が芽を出さず、）

②dharaṇi-tala-pratiṣṭhitāni virohanti（地面に置かれた〔種子〕が芽を出すように、）

③evam eva nâsaṃskṛta-niyāma-prāpteṣu buddha-dharmā virohanti（まさにこのように、無為によって正しい在り方が確定した状態（正定位）に達した〔衆生たち〕において、ブッダの諸の特質が芽を出すことはなく、）

④sumeru-samāṃ sat-kāya-dṛṣṭim utpādya bodhi-cittam utpadyate tataś ca buddha-dharmā virohanti（身体は存在するというスメール山（須弥山）に等しい〔高慢で誤った〕見解を生じて後、覚りを求める心を生じ、そこに、ブッダの諸の特質が芽を出すのです）

①の tad yathâpi nāma は「あたかも～のように」を意味していて、それに相関しているのが、③の evam eva（まさにこのように）である。ここで tad yathâpi nāma は、①だけでなく、②にもかかっている。同様に evam eva は③だけでなく、④にもかかっている。①の「芽を出さない虚空中の種子」に対して③の「ブッダの特質の芽を出さない正定位に達した衆生」が、②の「芽を出す地面に置かれた種子」に対して「ブッダの諸の特質が芽を出す誤った見解（の衆生）」がそれぞれ対応している。従って、①～④の文章は VKN. ではそれぞれ区切られているが、いずれも区切る必要はない。

28 VKN. ではここで文章を区切っているが、ここも tad yathâpi nāma（あたかも～であるかのように）と evam eva（まさにこのように…）の相関関係で文章が繋がっているので筆者は区切らなかった。

29 nânavatīrṇena（< na + an-avatīrṇena）は、貝葉写本では nâvatīrṇṇena（< na + avatīrṇṇena）となっている。前者は、「下りてこないで～はない」、後者は「下りてきて～はない」という意味だが、チベット語訳と漢文では次のように前者の構文になっている。

nyon mongs pa'i rgya mtshor ma zhugs par ni thams cad mkhyen pa nyid de las skyed par mi nus so //（煩悩の大海に入ること**なくしては**、一切知者性がそれから生じることはでき**ない**）

「是くの如く煩悩の大海に入ら**ざれば**、則ち一切智の宝を得ること能わ**ざるなり**」（鳩摩羅什訳）

「生死・煩悩の大海に入ら**ざれば**、終に無価の珍宝・一切智心を発すこと能わ**ず**」（玄奘訳）

30 bhūtam etat / は、VKN. では bhūtam / etat と区切られているが、次の注 31 で述べる理由により筆者は改めた。

31 この文章の原文は、次の三つの要素からなっている。

①sādhu sādhu mañjuśrīḥ（素晴らしいことです。素晴らしいことです。マンジュシリーよ、）

②subhāṣitā ta iyaṃ vāg（あなたは、この言葉を巧みに語られました。）

③bhūtam etat（これは真実であります）

①は、感嘆詞と、呼び掛けの言葉であり、②は、

④「過去受動分詞Ａ（主格）＋ 動作主Ｂ（属格）＋ Ｃ（主格）」

の構文そのままであり、直訳すると「Ｃは、ＢによってＡされた」で、言い換えると「Ｂは、ＣをＡした」となる。ここでＡは、副詞 su（巧みに）と「語る」という意味の動詞 √bhāṣ- (1) の過去受動分詞 bhāṣita- の複合語 su-bhāṣita-（巧みに語られた）の女性・単数・主格である。Ｂは、二人称・単数の代名詞 tvad-（あなた）の属格 te が、次に a 以外の母音が来ることで語尾の e が a に変化した ta である。Ｃは、代名詞 idam-（これ）の女性・単数・主格 iyaṃ（< iyam）と、女性名詞 vāc-（言葉）の単数・主格 vāk が次に有声子音が来るので k が g になった vāg である。従って、②の訳になる。

③は、VKN. では bhūtam で文章が区切られていて、etat は後続する文章の冒頭に置かれている。その場合、bhūtam は、この文章の中では宙ぶらりんになってしまう。bhūtam は、中性名詞 bhūta-（真実）の単数・主格／

対格であり、女性・単数・主格のCと性・数・格が一致しないからだ。

その解決策は、次のチベット語訳に基づく佐々木一憲氏の指摘によって示された。

legs so legs so / 'jam dpal tshig 'di ni legs par smras pa 'di ni yang dag go /（見事である、見事である。文殊よ、この言葉は見事に語られたものである。これは真実である）

すなわち、VKN. でこの後の文章の冒頭に置かれている etat を、③の末尾に移すことである。それによって、中性・単数・主格の bhūtam が補語、中性・単数・主格の代名詞 etat（これ）が主語となり、「これは真実であります」という意味になってうまくおさまる。

ところが、チベット語訳からの現代語訳である中公版では次のように訳されている。

「たいへん結構です。マンジュシリーよ、このお説はりっぱで正しいものです」（中公版、*p.* 117）

これは、④の構文を無視したものである。また、ここで、「りっぱで」「正しい」に相当するのは、su と bhūtam であろうが、既に述べた通り、bhūtam と「お説」（subhāṣitā、または iyaṃ vāg）とは性・数・格は一致しないので、この訳は無理である。

次の漢訳は、いずれも佐々木氏の見解を裏づけるものとなっている。

「善きかな、善きかな、文殊師利(もんじゅしり)よ、快く此の言を説けることよ。誠に之の意の如し」（支謙訳）

「善きかな、善きかな、文殊師利よ、快く此の語を説けることよ。誠に所言の如し」（鳩摩羅什訳）

「善きかな、善きかな、極めて為(ため)に実語を善説することよ。語れる如く、誠に異言無し」（玄奘訳）

32 VKN. ではここで文章を区切っているが、tad yathā 〜 evam eva…（それは〜のように、まさにそのように…）の相関関係で文章が繋がっているので、筆者は区切らなかった。

33 adhyālambitum（取ること）は、貝葉写本では adhyālaṃcittaṃ となっているが、意味不明である。チベット語訳で dmigs pa（捉える）となっていることから、改めた。

34 〜-pauruṣeyaḥ は、貝葉写本と VKN. では 〜-pauruṣeyam と対格になっているが、ここは、処格の kasmin（どこに）とともに主格の名詞文をなしているところで、筆者は主格に改めた。

35 haya-gaja-ratha-pati- は、貝葉写本では haya-gaja-ratha-patti- となっているが、VKN. によって改められた。patti- は「歩兵」を意味しており、貝葉写本のままでは、haya-（馬）、gaja-（象）、ratha-（車）と合わせて、インドの四種類の軍隊を列挙したものになる。チベット語訳からの現代語訳である中公版も「馬、象、車、歩（の四種類の部隊）」（中公版、*p.* 118）としていて、貝葉写本と同趣旨になっている。

ところが、チベット語訳は次のようになっていて、中公版の訳とは異なっている。

rta dang / glang po che dang/ shing rta dang/ dpung bu chung dang/（馬や、象や、戦車や、たくさんの稚児）

中公版の「歩」に相当するところは、dpung bu chung となっている。dpung は「軍隊」「群集」を意味し、bu chung は「幼児」、転じて「可愛い児」といった意味になる。従って「歩（の部隊）」という意味は出てこないのではないか。

仮に中公版の訳を認めたとしても、在家の菩薩である資産家が軍隊を持っているのも不自然であろう。これは VKN. のように haya-gaja-ratha-pati- と改めるべきであろう。それを訳すに当たって、筆者は次の玄奘訳を参考にした上で、pati- には「持ち主」「主人」「長」「支配者」という意味があり、haya-（馬）、gaja-（象）、ratha-（車）の「支配者」ということで、「御者」と訳すことにした。

漢訳では、それぞれ次のようになっている。

「象・馬・車乗」（支謙訳、鳩摩羅什訳）

「象・馬・車乗・御人」（玄奘訳）

支謙訳と、鳩摩羅什訳には pati- か、patti- かの判断材料は見られないが、玄奘訳の「御人(ぎょにん)」、すなわち「御者(ぎょしゃ)」が乗物を支配する人という意味で、pati- を訳したものと考えられる。

36 [ ] 内の mātā は、貝葉写本では欠落しているが、鳩摩羅什訳に「（智度は菩薩の）母なり」、玄奘訳に「（慧度は菩薩の）母なり」とあるので、mātā（< mātṛ-, 母）を補った。

37 māriṣa は、貝葉写本では mārṣa となっている。どちらも用いられるので、単語としては問題ないが、貝葉写本のままでは八音節からなる句を四つ組み合わせて一つの偈（詩句）とするシュローカ（śloka-）という詩（韻文）の形式としては1音節足りないことになる。従って、ここでは māriṣa に改めた。第2章では māriṣa- ではなく、mārṣa- の格変化した語が5箇所に出てくる。

38 筆者が「真理と法〔の二つ〕が二人の息子である」と訳した箇所の原文は次のように三つの要素からなっている。

①satya-dharmāv（真理と法が）

②ubhau（二つの／二人の）

③putrau（息子である）

いずれも男性・両数・主格であるので、①自体で「真理と法の二つが」を意味し、③自体で「二人の息子である」を意味している。そういう意味では、②はなくてもかまわない。敢えて言えば、①と③の両方を修飾しているともえいる。

ところが、チベット語訳、およびその現代語訳である中公版では、この箇所を次のように訳している。

chos dang bden gnyis bu pho yin（法と二諦は男の子である）

「法と二種の真実（二諦）は男の子」（中公版、*p.* 118）

チベット語訳の bden gnyis は、satya-dvaya-（二諦）の訳語として使われるが、これでは②の「二」という数字が、「法」「真実（真理）」「男の子」のうちの「真実／諦」のみを修飾しているとする強引さが否めない。

39 筆者が「〔人々を〕包容して救う〔四つの〕ことがら（四摂法）が家の女たちである」と訳した箇所は、原文では次のようになっている。

stry-āgāraḥ saṃgrahas

この二つの語の語尾 aḥ と as は、正規のサンスクリットでは男性・単数・主格を意味しているが、ここは BHS. の男性・複数・主格と考えるべきであろう（BHS. gram. 8-79. 参照）。これは「四摂法」を「女たち」と対応させたところである。ここで、strī-（女）と āgāra-（家）の複合語 stry-āgāraḥ（< stry-āgāra-）が気になる。

チベット語訳、およびその現代語訳である中公版は、次のようになっている。

bsdu ba de yi bud med khyim/（〔四〕摂事は彼の家の女である）

「四摂事はその家の女たちであり」（中公版、*p.* 119）

ここに、指示代名詞の de があるが、これには「その」という意味があるので、中公版の「その家の女」となる。さらに de は、菩薩を差して「彼」と訳すこともできるので、「彼の家の女」とも訳すこともできる。

それに対して、貝葉写本の stry-āgāraḥ は、この語順では「女の家」という意味になるのではないか。しかし、それでは「四摂事」を「家」と対応させていることになってしまう。むしろ āgāra-strī としたほうがよさそうである。ひょっとしたら、これは「四摂法」（catvāri-saṃgraha-vastūni）を省略した saṃgrahas（< saṃgrahaḥ）が男性形であることから、女性形の āgāra-strī を避けて、男性形の stry-āgāraḥ と敢えて改めたのかもしれない。

この箇所を、鳩摩羅什は、

「四摂は伎女為り」

と訳し、玄奘もそれを踏襲している。

高崎直道博士は、「家の女たち」は「侍女」の意か。鳩摩羅什が「伎女」としているのは、次に「法の歌をうたうこととの関連であろうか」と述べておられる（高崎校註『維摩経』*p.* 181）。

40 mahat は、貝葉写本では mahata となっている。貝葉写本のままではシュローカという詩の形式として 1 音節多すぎることになる。従って、改めた。

41 bodhaye は、貝葉写本では bodhāya となっているが、ここは女性名詞 bodhi- の単数・為格であるべきなので改めた。

42 筆者が「それら〔の菩薩たち〕には、〔聞いて〕学ぶことと、心を集中することが常に具わっている」と訳した箇所の原文は、次の三つの要素からなっている。

①teṣāṃ（それら〔の菩薩たち〕には～が具わっている）

②nityaṃ（常に）

③śruta-samāhitā（〔聞いて〕学ぶことと、心を集中することが）

②は副詞で、①は「それ」を意味する代名詞 tad- の男性・複数・属格で、③の主格とともに、属格と主格の名詞文をなしていて、「それら〔の菩薩たち〕には～が具わっている」という意味になる。

③の śruta-samāhitā（<śruta-samāhita-）は、「聞く」「学ぶ」という意味の動詞 √śru-（5）の過去受動分詞 śruta- と、「心を集中する」という意味の動詞 sam-ā-√dhā-（3）の過去受動分詞 samāhita- との複合語である。筆者は、過去受動分詞 śruta- には、中性名詞として「聞くこと」「学ぶこと」という意味があり、samāhita- も「心を集中すること」という意味の名詞として用いられているとして、③を「〔聞いて〕学ぶことと、心を集中すること」と訳した。

ところが、チベット語訳からの現代語訳である中公版は、次のように訳している。

「そして、つねに（法を）聞きながら心を集中する」（中公版、*p.* 119）

この訳に対して、一つの疑問が生じる。「心を集中する」と訳された samāhita- は、禅定や三昧のことであり、それが「（法を）聞きながら」できるのかということである。それは、別々に行なわれるべきである。筆者は、③

が二つの過去受動分詞が並列されているので、「〔聞いて〕学ぶことと、心を集中すること」と訳した。

果たして、チベット語訳は次のようになっている。

rtag tu thos pa mnyam par gzhag/（常に聞法し、三昧する者である）

法を聞くことと、三昧（心を集中すること）とが、同時進行にはなっていない。

[43] dharṣenti は、貝葉写本で dharṣayanti となっている。貝葉写本のままでは、シュローカの詩の形式としては 1 音節多すぎるので dharṣayanti の BHS. の形である dharṣenti に改めた。

[44] saṃcintya-jāti は、貝葉写本では saṃcintyajātin となっている。saṃcintya-jāti は、女性名詞 saṃcintya-jāti-（意のままの誕生）の単数・対格 saṃcintya-jātim の BHS. の形である（BHS. gram. 10-50. 参照）。

[45] 筆者が「けれども、決して自己においても、ブッダにおいても拠り所を作ることがない」と訳した箇所の原文は次のように二つの要素からなっている。

①câivâtmani buddhe vā（けれども、自己においても、ブッダにおいても）

②na... jātu kurvanti niśrayam（決して……〔分別の〕拠り所を作ることがない）

①には、ātmani（< ātman-, 自己）と buddhe（< buddha-, ブッダ）という二つの処格が不変化辞 vā（あるいは）で並列されていて、「自己においても、ブッダにおいても」と訳される。②の na jātu は「決して～ない」を意味し、kurvanti は、「作る」という意味の動詞 √kṛ- (8) の現在・三人称・複数で、niśrayam は男性名詞 niśraya-（拠り所）の単数・対格で、②は「決して……拠り所を作ることがない」と訳される。

ところが、チベット語訳、およびその現代語訳である中公版や、漢訳では次のように訳されている。

bdag dang sang rgyas rnams la ni/ /nams kyang gnas par yong mi byed/（我と諸仏とに、けっして住したりしないだろう）

「しかし、けっして自分たちと諸仏とのあいだに、区別があるとは考えない」（中公版、*p.* 120）

「諸仏及び己身に、分別の想有ること無し」（鳩摩羅什訳）

「仏及び自身に於いて、一切分別すること無し」（玄奘訳）

貝葉写本はチベット語訳や漢訳と同様、自己（我）にも仏にも分別してとらわれることがないという意味であって、中公版の「自分たちと諸仏とのあいだに、区別があるとは考えない」という訳は、逸脱もはなはだしい。

[46] śodhenti は、貝葉写本では śodhayanti となっている。この前後は、シュローカという韻文になっており、貝葉写本のままでは音節が一つ多くなってしまう。従って、śodhayanti の BHS. の形である śodhenti として韻律を調整した。

[47] sattva-saṃjñinaḥ（< sattva-saṃjñin-, 衆生という意識を持つ）は、貝葉写本では satva-jñinaḥ となっている。jñinaḥ の部分が意味不明であり、またシュローカとして 1 音節不足していることから、第 19 偈の nitya-saṃjñina（≒ nitya-saṃjñinām < nitya-saṃjñin-, 〔ものごとが〕常住しているという意識を持つ）を参考にして、改めた。

[48] この偈は、原文では次の四つの句からなっている。

①buddha-kṣetrāṇi śodhenti（諸のブッダの国土を浄化する。）

②sattvānāṃ caritaṃ yathā（衆生たちが修行するようにと、）

③ākāśa-kṣetrânuprāptā（〔けれども、〕虚空のように国土〔の空なること〕を証得しているし、）

④na sattve sattva-saṃjñinaḥ（衆生において衆生という意識を持つことはない。）

①の śodhenti は、√śudh- (1) の使役・三人称・複数 śodhayanti の BHS. の形で「不浄を除く」を意味する。その目的語が buddha-kṣetrāṇi（< buddha-kṣetra-, ブッダの国土）である。②の sattvānāṃ（< sattva-, 衆生）は男性・複数・属格で、過去受動分詞 caritaṃ（< carita-, 修行された）の動作主となっている。過去受動分詞が中性・単数・主格になっているのは、非人称的な用法である。yathā は「～ように」「～となるように」を意味している。③は、ākāśa-（虚空）、kṣetra-（国土）、anuprāpta-（証得した）の複合語の男性・複数・主格で「虚空のように国土を証得している」とでも訳せよう。さらに、「虚空のように」で「空なること」を譬喩していると考えて、「の空なること」を〔　〕内に補った。④の sattve（< sattva-, 衆生）は男性・単数・処格で「衆生において」を意味する。sattva-saṃjñinaḥ（< sattva-saṃjñin-）は、sattva-（衆生）と形容詞 saṃjñin-（意識を持つ）との複合語の男性・複数・主格で、否定の na とともに「衆生という意識を持つことはない」という意味になる。以上の考えから筆者の訳となった。

ところが、貝葉写本と、チベット語訳、およびその現代語訳である中公版や、漢訳との間には、それぞれ次のように多少の異同が見られる。

ji ltar sems can phan par yang/ /sangs rgyas zhing rnams spyod mod kyi/
nam mkha' lta bur zhing rnams gyur/ /sems can sems can 'du shes med/

（衆生を利益しつつ、もろもろの仏国土〔のために〕行じるけれども、諸々の国土は虚空のようなものとな

り、衆生は衆生という観念がないものとなる）

「人々の利益のためには、人々に応じた仏国土（の建設）を行なう。しかし、（実際には）国土も虚空のようなもの（と知り）、衆生も（実在する）衆生として考えることがない」（中公版、*p.* 120）

「仏土の浄を修治し、諸の群生を訓化す。是れに由りて最利を得、人に人の行ずる所無し」（支謙訳）

「諸の仏国、及び衆生の空を知ると雖も、常に浄土を修して、群生を教化す」（鳩摩羅什訳）

「諸の仏国、及び有情の空を知ると雖も、常に浄土を修して、物を利して休倦すること無し」（玄奘訳）

49 [ ] 内の te は、貝葉写本に欠落していて、第 18 偈の第 1 句は 1 音節少ない。*Çikshāsamuccaya* には、ここに男性・複数・主格の代名詞 te があり、それは、これまで第 12、17 偈などで用いられていた主語の te であり、それを挿入すれば問題は解決する。

50 ātmāna darśayī は、貝葉写本では ātmānu darśīyī となっているが、VKN. によって ātmānu darśayī と改められた。けれども ātmānu は、BHS. gram. にもその用法が見られない。そこで、*Çikshāsamuccaya* を見ると ātmāna darśayī となっている。ātmāna（≒ ātmānam, 自らを）は BHS. の男性・単数・対格であり、darśayī は BHS. で用いられる √dṛś- (1) の使役・アオリスト・三人称・複数である。そうなると、この語の直前にある男性・単数・対格の過去受動分詞 mṛtam（死んだ）とともに叙述的対格（Predicative Accusative）として、darśayī（示した）の"目的語"ということになり、問題は解決する。従って、筆者は *Çikshāsamuccaya* の表記を採用した。ちなみに、その mṛtam ātmāna darśayī の箇所は、「自らの死〔の姿〕を示すのだ」と訳すことができる。

51 この文章の原文は、次のように四つの要素からなっている。

①te jīrṇa-vyādhitā bhonti（それら〔の菩薩たち〕は、年老い、病になり、）

②mṛtam ātmāna darśayī（自らの死〔の姿〕を示すのだ。）

③sattvānāṃ paripākāya（衆生たちを成熟させるために、）

④māyā-dharma-vihāriṇaḥ（幻の特質を楽しんでいる）

この中で、④の māyā-dharma-vihāriṇaḥ (< māyā-dharma-vihārin-) は、māyā-（幻）、dharma-（特質）、vihārin-（楽しんでいる）の複合語で、「幻の特質を楽しんでいる」という意味になる。

①～④のチベット語は次のようになっている。

sgyu ma'i chos kyis rnam rtsan pas // sems can yongs su smin pa'i phyir /

rga ba dang ni na bar gyur // bdag nyid shi bar rab tu ston /

（幻という法によって遊戯する者は、衆生を調熟するために、年老い、病となり、みずから死〔の姿〕を示す）

チベット語訳からの現代語訳である中公版は、この④を次のように訳している。

「幻のような存在をもてあそぶことにより」（中公版、*p.* 120）

チベット語訳の第 1 句前半（貝葉写本の④に対応）は具格形になっていて、「遊戯するものは」と主語と取ることもできるし、中公版のように「遊戯することによって」と理由の副詞節と取ることもできる。筆者は、貝葉写本に合わせて前者で訳した。

52 uddahya は、貝葉写本では uddahyaṃとなっている。uddahyaṃ は、*Çikshāsamuccaya* では uddahitvā (< ud-√dah- (1) + -itvā) となっている。これは、絶対分詞である。正規のサンスクリット文法では、接頭辞を持つ動詞の絶対分詞は、接尾辞 -itvā をつけて作られることはないが、BHS. では許される。けれども、uddahitvā では、音節数が一つ多くなってしまう。従って、音節数が一つ少ない正規の絶対分詞である uddahya (< ud-√dah- (1) + -ya) が採用されるべきである。

53 vasundharām (< vasundharā-) は、「梵和大辞典」では vasuṃdharā となっている。

54 darśayī は、貝葉写本では darśayanti te となっているが、このままでは、シュローカという詩の形式としては 2 音節多すぎることになる。従って、貝葉写本に用いられている√dṛś- (1) の使役語幹 darśaya-（示す）の変化形を用いるのが自然であろう。ちなみに *Çikshāsamuccaya* は、BHS. のアオリスト・三人称・複数 darśayī としている（BHS. gram. 32-16; *p.* 216 参照）ので、それを採用した。

55 筆者が「その大地を焼き尽くし、〔世界の終末に起こる大火災の〕劫火を示現する」と訳した箇所は、原文では次の二つの要素からなっている。

①kalpôddāhaṃ ca darśenti（〔世界の終末に起こる大火災の〕劫火を示現する）

②uddahya tāṃ vasundharām（その大地を焼き尽くし、）

①の darśenti（≒ darśayanti）は、「見る」という意味の動詞 √dṛś- (1) の BHS. の使役・三人称・複数形で、「示す」「示現する」という意味である。目的語の kalpôddāhaṃ (< kalpa-uddāha-) は、kalpa-（劫）と uddāha-（火）の複合語で、「劫火」と漢訳された。それは、世界の終末に起こるとされる大火災のことである。以上のこ

とから、①の訳となった。

②の uddahya は、「焼き尽くす」「燃やす」という意味の動詞 ud-√dah-(1) の絶対分詞で、「焼き尽くして〔後〕」という意味である。ところが、チベット語訳からの現代語訳である中公版では、

「大地がことごとく燃え尽きる劫末の火も現出する」（中公版、*p.* 121）

これは、②の uddahya に相当する箇所が、「劫末の火」（kalpôddāhaṃ）を修飾する男性・単数・対格の形容詞であったことになるが、チベット語訳はどうなっているのか？　チベット語訳は次の通りであり、中公版は意訳だといえよう。

sa rnams rab tu tshig pa ni // bskal pas sreg par kun ston te /（大地が燃え尽きるのを、劫（末の大火）が焼くのだと教示して、）

ここには、「A + B + par kun ston」とあり、これは「AをBとして教示する」という意味であり。上記の訳となる。

56 prajêśvarāḥ は、貝葉写本では brajêśvarā となっているが、鳩摩羅什訳と玄奘訳に「世界の主」とあるので、改めた。

57 yena は、貝葉写本と VKN. では yehi となっているが、ここは、中性名詞・単数・主格の bhaiṣajyaṃ 、または直前に述べられた「〔それらの菩薩たちは〕最上の薬となる」ということを差しているので、男性・複数・具格の yehi（≒ yaiḥ）ではなく、中性・単数・具格の yena であるべきだと考えて、筆者は改めた。*Çikshāsamuccaya* も yena としている。

58 sattvā vimucyante は、貝葉写本と VKN. では satvā vimucyanti となっているが、受動態の動詞 vimucyanti が為他言（parasmaipada）の活用になっていることが問題である。筆者は、為自言（ātmanepada）の活用に改めた。*Çikshāsamuccaya* でも対応箇所は te satva mucyante となっている。mucyante は為自言の活用である。

59 kṣut-pipāsām は、貝葉写本では kṣudha-pipāsām、VKN. では kṣudhāpipāsām となっているが、このままでは１音節多すぎて韻律が成立しない。VKN. は、脚注で kṣut-pipāsām のほうが韻律にかなうと指摘しているが、本文の訂正にまでは至っていない。筆者は、韻律も重視して *Çikshāsamuccaya* の表記を採用した。

60 apanetvā は、*Çikshāsamuccaya* では apanīya となっている。これは、apa-√nī-(1) の正規のサンスクリット文法での絶対分詞だが、ここはどちらでもかまわないので、BHS. の絶対分詞 apanetvā のままにしておいた。

61 deśenti は、貝葉写本では deśayanti となっている。貝葉写本のままでは、シュローカの詩の形式としては１音節多すぎるので、deśayanti の BHS. の形に改めた。*Çikshāsamuccaya* も deśenti になっている。

62 この文章の原文は、次の四つの要素からなっている。

①mahā-saṃgrāma-madhye ca（また、大戦争の真っただ中にあって、）
②sama-pakṣā bhavanti te（それら〔の菩薩たち〕は、〔いずれの側にも〕中立の立場に立っていて、）
③saṃdhi-sāmagri rocenti（和平の締結を目指すのである）
④bodhi-sattvā mahā-balāḥ（大いなる力を有する菩薩たちは、）

①の mahā-saṃgrāma-madhye は、mahā-（< mahat-, 大いなる）、saṃgrāma-（戦争）、madhya-（真ん中）からなる複合語の処格であり、「大戦争の真っただ中にあって」を意味する。男性・複数・主格の代名詞 te（それらの人たち）が主語で、bhavanti が「～である」を意味する √bhū-(1) の現在・三人称・複数の動詞であり、sama-pakṣā（< sama-pakṣa-）が補語である。これは、sama-（平等な）、pakṣa-（党派）の複合語だが、筆者は「〔いずれの側にも〕中立の立場に立っている」と訳した。

③の saṃdhi-sāmagri（≒ saṃdhi-sāmagrīm < saṃdhi-sāmagrī-）は、saṃdhi-（締結）、sāmagrī-（和平）の複合語の女性・単数・対格であり、「和平の締結を」という意味になる。③の動詞は rocenti で、これは使役・三人称・複数 rocayanti の BHS. の形であり、「目指す」という意味になる。その主語は、④である。

中立の思想には、スイスのように紛争の当事国とは一線を画して、いずれともかかわらないというものと、当事国のいずれの側にも加担しないが、積極的に当事国に働きかけて仲裁・調停役を果たす国際連合のようなものの二種類がある。『維摩経』の菩薩思想は、どうも後者のようである。

チベット語訳、およびその現代語訳である中公版、そして漢訳は次の通りである。

g-yul chen 'dren pa'i nang du ni / / de dag phyogs la mnyam par 'gyur /
byang chub sems dpa' stobs chen rnam / / 'dum zhing 'du bar dga' bar byed /
（大戦争が起こった中にあって、彼らはどの勢力にも中立であるだろう。大きな力を備えた者である菩薩たちは、仲裁され、共に集うことを好むのだ）

「大戦争を（和解に）導くさなかにあっては、彼らはいずれの側にも平等（中立）である。大力を有する菩薩たちは、和平が実現し、ともに結ばれることを喜びとするから」（中公版、*p.* 122）

「若し大戦陣有らば、之を立つるに等力を以てし、菩薩は威勢を現じて降伏して和安ならしむ」(鳩摩羅什訳)

「能く大戦陣に於いて、力を朋党に示現し、往復して和好ならしめ、菩提心を勧発す」(玄奘訳)

このうち、チベット語訳の「仲裁され、共に集うことを好む」と、その現代語訳である中公版の「和平が実現し、ともに結ばれることを喜びとする」は、自ら積極的に行動するというよりも、傍観者的な感がある。それに対して、玄奘訳では「往復して和好ならしめ」とあるように、当事者のところを行き来して「和好ならしめ」る行動が読み取れる。さらに鳩摩羅什訳では「威勢を現じて降伏して和安ならしむ」と、積極的に和平のために行動するという意味合いが出ている。

ただ、玄奘訳の場合のみが「菩提心を勧発す」というように、宗教的な結末になっている点が異なっている。貝葉写本は、調停の具体的内容として「和平の締結を目指す」として、積極的な平和行動に取り組むことを述べている

鳩摩羅什訳に「降伏」とあるのは、ここでは「ごうぶく」と読んで、「相手を威力で押さえて従えること」であり、「こうふく」と読んで「戦いに負けて相手に従うこと」とは意味が異なることに注意しなければならない。

63 筆者が「また何であれ、諸の**ブッダの国土の中にある**ところの考えることもできないほど〔多くの〕**地獄、その〔地獄〕にさえも**」と訳した箇所の原文は次のようになっている。

ye câpi **nirayāḥ** ke-cid **buddha-kṣetreṣv** acintiyāḥ /

... tatra... /

ここには、関係代名詞 ye と、男性名詞 nirayāḥ (< niraya-, 地獄)、不定代名詞 ke-cid (何かあるもの)、acintiyāḥ (考えも及ばない) のすべてが男性・複数・主格であり、buddha-kṣetreṣv (< buddha-kṣetra-, ブッダの国土) のみが処格になっている。従って、これは処格と主格の名詞文になっているといえよう。ここで相関詞の働きをしているのが、ta の処格 tatra である。

従って、nirayāḥ (地獄) と buddha-kṣetreṣv (< buddha-kṣetra-, ブッダの国土) は同格の関係ではない。ところが、中公版では次のように訳されている。

「考えられないほど (多くの) あらゆる**仏国土や地獄**すらも」(中公版、*p.* 122)

これは、仏国土と地獄が同格で並列されている時の訳し方である。

ところが、チベット語訳は次のようになっている。

sangs rgyas zhing ni ji snyed pa / / bsam gyis mi khyab dmyal bar yang / (仏国土の数〔と同じ〕だけある、想像を越えた〔多くの〕地獄においてすら)

チベット語の ji snyed pa は、英語の as much as に相当するので、素直に読めば上のように「仏国土の数と同じだけある」となる。dmyal ba が地獄で、この語に処格を作る助詞の -r がついているので、主格の仏国土 sangs rgyas zhing とは格が異なり、中公版のように訳すことはできない。

漢訳では、次のようになっている。

「一切の国土中諸有の地獄処には」(鳩摩羅什訳)

「諸の仏土は無量にして、地獄も亦無辺なり」(玄奘訳)

貝葉写本は、チベット語訳と鳩摩羅什訳と同じで、中公版は玄奘訳に類似していることからすると、玄奘訳を参考にして訳されたのであろう。

64 deśenti は、貝葉写本では deśayanti となっているが、三つ前の注 61 に従って改めた。

65 adbhutam pi は、貝葉写本と VKN. の表記だが、*Çikshāsamuccaya* では abhūtaṃ taṃ となっている。しかし、abhūtaṃ (実在しない) では内容が不自然になる。筆者は、二つ後の注 67 に述べる理由で採用しない。

66 vidarśayet は、貝葉写本では darśayet となっている。これは √dṛś- (1) の使役形 darśaya- (見させる、示す) の願望法・三人称・単数・為他言である。ところが、貝葉写本のままでは、シュローカの詩の形式としては一音節少ない。*Çikshāsamuccaya* は、この箇所を vinirdiśet と推測している。しかし、それは貝葉写本が存在しないと思われていたときのことで、1999 年に発見された貝葉写本を見ると、この偈の最後に vi-√dṛś- (1) の使役形 vidarśaya- (現わす) のアオリスト・三人称・複数である vidarśayi という語が用いられている。この偈は、「菩薩たちが五つの欲望と禅定とを**現わす**」ことを「火の中に紅蓮華を**現わす** (vidarśayi)」ことと比較したところであり、二つの「現わす」は対応しているので、darśayet は vi-√dṛś- (1) の使役形 vidarśaya- (現わす) の願望法・三人称・単数・為他言 vidarśayet に改めるべきであろう。それによって、音節数の不足も解決するので筆者は改めた。

67 この文章は、次の二つの要素からなっている。

①agni-madhye yathā padmam adbhutam pi vidarśayet (火の中に紅蓮華を奇跡的にも現わすように、)

②evaṃ kāmāṃś ca dhyānaṃ ca adbhutaṃ te vidarśayi (そのように、それら〔の菩薩たち〕は〔色・声・香・

味・触に対する五つの〕欲望と禅定とを奇跡的に〔同時に〕現わすのだ）

これは、yathā ～ evam …（～のように、そのように…）の構文である。①は、agni-madhye（火の中に）と、yathā（～のように）、adbhutam pi（奇跡的でさえある）を除いた padmam... vidarśayet（紅蓮華を現わす）が文章の骨格をなしている。鳩摩羅什は、padmam... vidarśayet と adbhutam を主語と述語の関係で漢訳しているが、そのためには、padmam... vidarśayet の後に「～ということ」を意味する iti、yat、yathā を補わなければならない（cf.「シンタックス」*p.* 98)。ここにはそれがないので adbhutam が同じ中性・単数・対格の padmam（紅蓮華を）を修飾していると考えて、「奇跡的な紅蓮華を」と訳すかである。けれども、紅蓮華が奇跡的なのではなく、それが火の中に現われることが奇跡的なことなので、筆者は adbhutam を中性・単数・対格の副詞的用法と考えて、「紅蓮華を奇跡的にも現わす」と訳した。

②は、主語の te（それらの人たちは）が明示されているだけで、①と同じ構造をなしている。目的語が kāmāṃś ca dhyānaṃ ca（欲望と禅定とを）で、動詞が vi-√dṛś- (1) の使役形 vidarśaya- のアオリスト・三人称・複数の BHS. の形である vidarśayi である。ここにも adbhutaṃ が用いられているが、これも述語ではなく、副詞的用法と考えるべきであろう。

adbhutam に相当する箇所は鳩摩羅什と玄奘の訳、そしてチベット語訳からの現代語訳である中公版の訳は、次のようになっている。

「火中に蓮華を生ず。是れ希有（けう）と謂（い）う可し。欲に在りて禅を行ずるは、**希有なること**亦是くの如し」（鳩摩羅什訳）

「火中に華を生じて為（ため）に説くこと、甚だ**希有なる**如く、定（じょう）を修（しゅ）して而（しか）も欲を行ずること、**希有なること**復（また）此れに過ぐ」（玄奘訳）

「火のなかから蓮華が生じるというようなことは、(火も蓮華もともに) **実在でない**ことを示している。それと同じく、愛欲とともに禅定を行なうということも、(その両者が) **実在するものではない**ことを示している」（中公版、*p.* 122)

ここで、adbhutam に対応する箇所を「実在でない」と訳されていることが目に付く。この文章では、「火」「蓮華」「愛欲」「禅定」の実在か、非実在かを述べる文章ではないので、奇異に感じられる。特に火（agni-）については、agni-madhye（< agni-madhya-, 火の中）という複合語の中にあり、「実在でない」という形容詞が「火」に及ぶはずがない。

中公版ではそのことを注に次のように断っている。

「チベット訳、およびこの箇所のサンスクリット文断片によって、『実在でない』abhūta として読んだ。しかし漢訳は『火から蓮華が生じるのが希有（adbhuta）なように、愛欲にありながら禅定を行ずることは、まことに希有である』とする。おそらく漢訳のほうが原意であり、よりよい読み方であろう」（中公版、*p.* 389)

この指摘のように、この中公版が出版されて25年後に発見された貝葉写本では adbhuta となっていた。

68 sattvān は、貝葉写本では satvā、*Çikshāsamuccaya* では satvān となっている。

69 bhave は、貝葉写本では bhavet となっている。bhave は、√bhū- (1) の願望法・三人称・複数 bhaveyuḥ の BHS. の形である。

70 vidyate //42// は、貝葉写本では vidyate iti //42// となっている。iti がここにあると、定型詩である偈の音節数が狂うし、「～ iti」で「以上が～である」として、章全体を締めくくる言葉なので、次の文章の冒頭に移した。

अद्वयधर्ममुखप्रवेशपरिवर्तोऽष्टमः

8

Advaya-Dharma-Mukha-Praveśa-Parivarto ’ṣṭamaḥ

第 8 章

不二の法門に入ること

【入不二法門品第九】

8：Advaya-Dharma-Mukha-Praveśa-Parivarto 'ṣṭamaḥ

第8章：不二の法門に入ること

【入不二法門品第九】

………………………………………………………………………………

advaya-dharma-mukha-praveśa-parivarto 'ṣṭamaḥ < advaya-dharma-mukha-praveśa-parivartaḥ + aṣṭamaḥ

advaya-dharma-mukha-praveśa-parivartaḥ < advaya-dharma-mukha-praveśa-parivarta-：*m.* 「不二の法門に入ること」という章。*sg. Nom.*。

advaya- < a-dvaya-：*adj.* 二種ならざる。単一の。「不二」「無二」「不異」と漢訳。

dharma-mukha-：*n.* 「法門」と漢訳。

dharma-：*m.* 確定した秩序。慣例。習慣。法則。規則。義務。宗教。教説。性質。本質。属性。特質。事物。法。

mukha-：*n.* 顔。～の口。入口。「口」「面」「門」と漢訳。

praveśa- < pra-√viś- (6) + -a：*m.* ～に入ること。出過ぎたこと。「能入」「悟入」と漢訳。

pra-√viś- (6)：入る。近づく。誘い込む。導入する。

parivarta-：*m.* 章。「品」と漢訳。

aṣṭamaḥ < aṣṭama-：*序数詞,* 第八の。*m. sg. Nom.*

---

§1　atha vimalakīrtir licchavis tān bodhi-sattvān āmantrayate sma /　pratibhātu sat-puruṣāḥ katamo bodhi-sattvānām advaya-dharma-mukha-praveśaḥ /

(梵漢和維摩経 *p.* 384, *ll.* 1–3)

---

§1　その時、リッチャヴィ族のヴィマラキールティが、それらの菩薩たちに言った。

「善き人（善士）たちよ、菩薩たちにとって〔二元的対立を超えた〕不二の法門に入ることは、どのようなことなのか、〔それぞれ〕お説きください[1]」

【§1　爾(そ)の時、維摩詰(ゆいまきつ)は衆(もろもろ)の菩薩に謂(い)いて言わく、「諸の仁者(じんしゃ)よ、云何(いかん)が菩薩は不二(ふに)の法門に入るや。各(おのおの)楽(ねが)う所に随って之(これ)を説け」】　(大正蔵、巻一四、五五〇頁下)

………………………………………………………………………………

atha：*adv.* その時。その場合。さて。それ故。しかれば。しかしながら。しかも。

vimalakīrtir < vimalakīrtiḥ + 有声音 < vimalakīrti- < vimala-kīrti-：*m.* ヴィマラキールティ。汚れのない名声を持つ（もの）。「維摩詰」と音写。「浄名」「無垢称」と漢訳。*sg. Nom.*

licchavis < licchaviḥ + (t) < licchavi-：*m.* リッチャヴィ。「離車子」「栗姑毘」と音写。*sg. Nom.*

tān < tad-：それ。*m. pl. Acc.*

bodhi-sattvān < bodhi-sattva-：*m.* 覚りを求める人。「菩薩」と音写。*pl. Acc.*

āmantrayate < ā-mantraya- < ā-√mantraya- (名動詞)：語りかける。*Pres. 3, sg. A.*

√mantraya- (名動詞) < mantra- + -ya：話す。語る。言う。呪文を唱える。

mantra-：*m.* 思想。祈り。讃歌。祝詞。聖典の文句。呪文。「言」「言語」「言辞」と漢訳。

名詞起源動詞（Denominative）。cf.「基礎」*p.* 449.

sma：*ind.* 実に。sma は現在形とともに用いられて、過去の意味を表わす（歴史的現在）。

………………………………………………………………………………

pratibhātu < pratibhā- < prati-√bhā- (2)：～の上に光る。照らす。自己を示す。～に明らかになる。理解される。「説」「楽説」「能説」「弁説」「当説」と漢訳。*Impv. 3, sg. P.*

sat-puruṣāḥ < sat-puruṣa-：*m.* 善き人。「善士」と漢訳。*pl. Voc.*

katamo < katamaḥ + 有声子音 < katama-：*疑問代名詞,* （多くの中の）だれか。何か。「何」「如何」「何者」「何等」と漢訳。*m. sg. Nom.*

bodhi-sattvānām < bodhi-sattva- : *m.* 覚りを求める人。「菩薩」と漢訳。*pl. Gen.*

advaya-dharma-mukha-praveśaḥ < advaya-dharma-mukha-praveśa- : *m.* 不二の法門に入ること。*sg. Nom.*

> tatra dharma-vikurvaṇo nāma bodhi-sattvaḥ saṃnipatitaḥ /
> (梵漢和維摩経 *p.* 384, *l.* 4)

そこに、"法において自在に変現するもの"（法自在）という名前の菩薩が集まってきていた。

【会中に菩薩有り、法自在と名づく。】（大正蔵、巻一四、五五〇頁下）

…………………………………………………………………………

tatra : *adv.* そこに。そこへ。かしこに。その時に。その場合に。

dharma-vikurvaṇo < dharma-vikurvaṇaḥ + 有声子音 < dharma-vikurvaṇa- : *m.* 法において自在に変現するもの。「法自在」と漢訳。*sg. Nom.*

vikurvaṇa- : *n.* 「神通」「神変」「変化」「神力」「神力自在」「自在力」と漢訳。

vikurvaṇa- ≒ vikurvāṇa- : *adj.* 変化を受ける。自分自身を変える。

nāma : *adv.* ～という名前の。実に。確かに。もちろん。おそらく。そもそも。

bodhisattvaḥ < bodhisattva- : *m.* 覚りを求める人。「菩薩」と音写。*sg. Nom.*

saṃnipatitaḥ < saṃnipatita- < sam-ni-√pat- (1) + -ita : *pp.* 遭遇・集合した。寄り集まった。*m. sg. Nom.*

> sa evam āha / utpāda-bhaṅgau kula-putra dvayam /
> (梵漢和維摩経 *p.* 384, *ll.* 4–5)

その人が、このように言った。

「良家の息子（善男子）よ、生ずることと滅することが二〔元的に対立するもの〕です。

【説きて言わく、「諸の仁者よ、生と滅とを二と為す。】（大正蔵、巻一四、五五〇頁下）

…………………………………………………………………………

sa < saḥ < tad- : それ。*m. sg. Nom.*

evam : *adv.* このように。「是」「如是」と漢訳。

āha < √ah- : 言う。*Perf. 3, sg. P.*

…………………………………………………………………………

utpāda-bhaṅgau < utpāda-bhaṅga- : *m.* 生ずることと滅すること。*du. Nom.*

utpāda- < ud-√pad- (4) + -a : *m.* 生ずること。生み出すこと。産出。出生。「出」「生起」「出現」と漢訳。

bhaṅga- < √bhañj- (7) + -a : *adj.* 破る。*m.* 破ること。打倒すること。摘み取ること。脱落すること。分離。分解。没落。壊滅。滅亡。

√bhañj- (7) : 破る。砕く。粉砕する。解体する。分解する。破壊する。

kula-putra < kula-putra- : *m.* 良家の息子。「善男子」と漢訳。*sg. Voc.*

dvayam < dvaya- < dvi- + -a : *adj.* 二重の。二種類の。対の。*n.* 一対。両者。二つの事物。*n. sg. Nom.*

> yan na jātaṃ nôtpannaṃ na tasya kaś-cid bhaṅgaḥ /
> (梵漢和維摩経 *p.* 384, *ll.* 5–6)

「生ずることもなく、起こることもないところのもの、それには決して滅することはありません。

【「法は本より不生にして、今則ち無滅なり。】（大正蔵、巻一四、五五〇頁下）

…………………………………………………………………………

yan < yat + (n) < yad- : *関係代名詞, n. sg. Nom.*

na : *ind.* ～でない。～にあらず。

jātaṃ < jāta- < √jan- (1) + -ta : *pp.* ～（処格）によって生まれた。～（具格）を父に～（処格）を

母に生まれた。*n. sg. Nom.*

nôtpannaṃ < na + utpannaṃ

utpannaṃ < utpanna- < ud-√pad- (4) + -na：*pp.* ～（処格）から生まれた。生じた。「已生」「出現」「生起」と漢訳。*n. sg. Nom.*

na：*ind.* ～でない。～にあらず。

tasya < tad-：それ。*n. sg. Gen.*

kaś-cid < kaś-cit + 有声子音 < kiṃ-cit-：*不定代名詞,* 何かあるもの。だれかある人。*m. sg. Nom.*

na kaś-cid ～：決して何もない。

bhaṅgaḥ < bhaṅga- < √bhañj- (7) + -a：*adj.* 破る。*m.* 破ること。打倒すること。分離。分解。没落。壊滅。滅亡。*sg. Nom.*

na tasya 以下は、属格と主格の名詞文になっている。

anutpāda-dharma-kṣānti-pratilambho 'dvaya-praveśaḥ / （梵漢和維摩経 *p.* 384, *ll.* 6–7）

「〔何ものも〕生ずることはないという真理を認める知（無生法忍）を獲得することが、不二〔の法門〕に入ることです」

【「此の無生法忍を得る、是れを不二の法門に入ると為す」】（大正蔵、巻一四、五五〇頁下）

……………………………………………………………………

anutpāda-dharma-kṣānti-pratilambho 'dvaya-praveśaḥ < anutpāda-dharma-kṣānti-pratilambhaḥ + advaya-praveśaḥ

anutpāda-dharma-kṣānti-pratilambhaḥ < anutpāda-dharma-kṣānti-pratilambha-：*m.* 〔何ものも〕生ずることはないという真理を認める知（無生法忍）を獲得すること。*sg. Nom.*

anutpāda-dharma-kṣānti-：*f.* 〔何ものも〕生ずることはないという真理を認める知。「無生法忍」と漢訳。

anutpāda- < an-ud-√pad- (4) + -a：*m.* 生じないこと。出現しないこと。無効果。「不出世」「非生」「未生」「無生」「無有生」「不生」「不起」「無起」「無為」「不現行」と漢訳。

kṣānti- < √kṣam- (1) + -ti：*f.* 堪えること。認めること。「忍」「忍辱」「堪忍」と漢訳。

法華経で「無生法忍」は anutpattika-dharma-kṣānti- と書かれていた。

pratilambha- < prati-√labh- (1) + -a：*m.* 獲得。取得。回復。会得。

advaya-praveśaḥ < advaya-praveśa-：*m.* 不二に入ること。*sg. Nom.*

§2　śrī-gupto bodhi-sattva āha /　ahaṃ mamêti dvayam etat / （梵漢和維摩経 *p.* 384, *l.* 8）

§2　"吉祥によって保護されたもの"（徳守）という菩薩が言った。

「我れと我がものということ、これが二〔元的に対立するもの〕です。

【§2　徳守菩薩曰く、「我と我所とを二と為す。】（大正蔵、巻一四、五五〇頁下）

……………………………………………………………………

śrī-gupto < śrī-guptaḥ + 有声子音 < śrī-gupta-：*m.* 吉祥によって保護されたもの。*sg. Nom.*

śrī-：*f.* 光輝。美。繁栄。幸運。「徳」「祥」「吉祥」と漢訳。

gupta- < √gup- (1) + -ta：*pp.* 守られた。保護された。保存された。隠された。秘密の。

√gup- (1)：～（奪格）より守る。保護する。秘密を守る。

bodhi-sattva < bodhi-sattvaḥ + a 以外の母音 < bodhi-sattva-：*m.* 覚りを求める人。「菩提薩埵」「菩薩」と音写。*sg. Nom.*

āha < √ah-：言う。*Perf. 3, sg. P.*

……………………………………………………………………

ahaṃ < mad-：私。*1, sg. Nom.*

mamêti < mama + iti

mama < mad-：私。*1, sg. Gen.*

iti：*adv.* ～と。～ということを。以上のように。～と考えて。「如是」と漢訳。

dvayam < dvaya- < dvi- + -a：*adj.* 二重の。二種類の。対の。*n.* 一対。両者。二つの事物。*n. sg. Nom.*

etat < etad-：これ。*n. sg. Nom.*

ātmâsamāropān mamêti na bhavati /

(梵漢和維摩経 *p.* 384, *ll.* 8–9)

「自己についてあれこれと分別（増益）しなければ、我がものということはありません。

【「我有るに因るが故に、便ち我所有り。若し我有ること無ければ、則ち我所も無し。】

(大正蔵、巻一四、五五〇頁下)

……………………………………………………………………

ātmâsamāropān < ātmâsamāropāt + (m) < ātmâsamāropa- < ātma-asamāropa-：*adj.* 自己についてあれこれと分別（増益）しない。*m. sg. Abl.*

ātma- < ātman-：*m.* 気息。霊魂。自身。本質。本性。我。

asamāropa- < a-samāropa-：*adj.* 〔無を有であると固執する〕増益のない。あれこれと分別（増益）しない。

samāropa- < sam-ā-√ruh- (1) + -a：*m.* ～（処格）の中に置くこと。～（処格）に移動させること。帰属させること。「増」「増益」「建立」と漢訳。

mamêti < mama + iti

mama < mad-：私。*1, sg. Gen.*

iti：*adv.* ～と。～ということを。以上のように。～と考えて。「如是」と漢訳。

na：*ind.* ～でない。～にあらず。

bhavati < bhava- < √bhū- (1)：なる。*Pres. 3, sg. P.*

yaś câsamāropo 'yam advaya-praveśaḥ /

(梵漢和維摩経 *p.* 384, *l.* 9)

「あれこれと分別しないこと、これが不二〔の法門〕に入ることです」

【「是れを不二の法門に入ると為す」】　(大正蔵、巻一四、五五〇頁下)

……………………………………………………………………

yaś < yaḥ + (c) < yad-：*関係代名詞, m. sg. Nom.*

câsamāropo 'yam < ca + asamāropaḥ + ayam

asamāropaḥ < asamāropa- < a-samāropa-：*adj.* 〔無を有であると固執する〕増益のない。あれこれと分別（増益）しない。*m. sg. Nom.*

ayam < idam-：これ。*m. sg. Nom.*

advaya-praveśaḥ < advaya-praveśa-：*m.* 不二に入ること。*sg. Nom.*

§3　śrī-kūṭo bodhi-sattva āha /　saṃkleśo vyavadānam iti dvayam etat /

(梵漢和維摩経 *p.* 384, *l.* 10)

§3 "吉祥の峰"（徳頂）という菩薩が言った。

「汚れと清らかさということ、これが二〔元的に対立するもの〕です。

【§3-4[2]　徳頂菩薩曰く、「垢と浄とを二と為す。】　(大正蔵、巻一四、五五〇頁下)

……………………………………………………………………

śrī-kūṭo < śrī-kūṭaḥ + 有声子音 < śrī-kūṭa-：*m.* 吉祥の峰。*sg. Nom.*

śrī-：*f.* 光輝。美。繁栄。幸運。「徳」「祥」「吉祥」と漢訳。

kūṭa-：*m.n.* 峯。頂。堆積。群集。「積」「聚」「集」「積集」と漢訳。

bodhi-sattva < bodhi-sattvaḥ + a 以外の母音 < bodhi-sattva-：*m.* 覚りを求める人。「菩薩」「菩提

薩埵」と音写。*sg. Nom.*

āha < √ah-：言う。*Perf. 3, sg. P.*

saṃkleśo < saṃkleśaḥ + 有声子音 < saṃkleśa- < sam-√kliś- (4,9) + -a：*m.* 苦痛。苦悩。「煩悩」「染」「垢」「穢」「染汚」「惑傷」と漢訳。*sg. Nom.*

sam-√kliś- (4,9)：絞る。苦しませる。悩ます。

√kliś- (4,9)：悩ます。苦しませる。困らせる。煩わす。

vyavadānam < vyavadāna- < vi-ava-√dā- (4) + -ana：*n.* 浄化。「浄」「清浄」と漢訳。*sg. Nom.*

√dā- (4) ＝ √dai- (4)：清める。（現在語幹はなし）

√dā- (1)：切る。

√dā- (3)：与える。

iti：*adv.* 〜と。〜ということを。以上のように。〜と考えて。「如是」と漢訳。

dvayam < dvaya- < dvi- + -a：*adj.* 二重の。二種類の。対の。*n.* 一対。両者。二つの事物。*n. sg. Nom.*

etat < etad-：これ。*n. sg. Nom.*

saṃkleśa-parijñān[ād vyavadān]a-mananā[3] na bhavati /

（梵漢和維摩経 *p.* 384, *l.* 11）

「汚れについて完全に知ることで、清らかさについて〔偏重して〕考えることがなくなります。

【「垢の実性を見れば、則ち浄相も無し。】　（大正蔵、巻一四、五五〇頁下）

saṃkleśa-parijñānād < saṃkleśa-parijñānāt + 有声子音 < saṃkleśa-parijñāna-：*n.* 汚れについて完全に知ること。*sg. Abl.*

saṃkleśa- < sam-√kliś- (4,9) + -a：*m.* 苦痛。苦悩。「染」「垢」「穢」「染汚」「惑傷」「煩悩」と漢訳。

parijñāna- < pari-√jñā- (9) + -ana：*n.* 認識。識別。完全な知識。熟知。

vyavadāna-mananā < vyavadāna-mananā-：*f.* 清らかさについて〔偏重して〕思考すること。*sg. Nom.*

vyavadāna- < vi-ava-√dā- (4) + -ana：*n.* 浄化。「浄」「清浄」と漢訳。

mananā- < √man- (1) + -anā：*f.* 考えること。信ずること。空想すること。重視すること。熟慮すること。「微細分別」と漢訳。

manana- < √man- (1) + -ana：*n.* 思考。思惟。熟慮。考えること。信ずること。空想すること。

mānanā- < √man- (1) + -anā：*f.* 名誉に思うこと。尊敬を示すこと。

mānana- < √man- (1) + -ana：*n.* 名誉に思うこと。尊敬を示すこと。

√man- (1)：考える。信ずる。空想する。推測する。尊重する。願望する。重視する。

na：*ind.* 〜でない。〜にあらず。

bhavati < bhava- < √bhū- (1)：なる。*Pres. 3, sg. P.*

sarva-mananā-samudghātā sārūpya-gāminī pratipad ayam advaya-praveśaḥ /

（梵漢和維摩経 *p.* 384, *ll.* 11–12）

「〔偏重して〕思考することをすべて取り払った、〔偏重のない思考への〕随順に赴く道、これが、不二〔の法門〕に入ることです」

【「滅相に順ずる、是れを不二の法門に入ると為す」】　（大正蔵、巻一四、五五〇頁下）

sarva-mananā-samudghātā < sarva-mananā-samudghātā- < sarva-mananā-samudghāta-：*adj.* 〔偏重して〕思考することをすべて取り去った。*f. sg. Nom.*

sarva-：*adj.* 一切の。すべての。

mananā- < √man- (1) + -anā：*f.* 考えること。信ずること。空想すること。重視すること。

熟慮すること。「微細分別」と漢訳。

manana- < √man- (1) + -ana：*n.* 思考。思惟。熟慮。考えること。信ずること。空想すること。

√man- (1)：考える。信ずる。空想する。推測する。尊重する。願望する。重視する。

samudghāta- < sam-ud-ghāta-：*m.* 取り去ること。撤去。

sārūpya-gāminī < sārūpya-gāmin-：*adj.* 随順することに赴く。*f. sg. Nom.*

sārūpya- < sarūpa- + -ya：*n.* ～（属格）との外観の一致。類似。酷似。相似。「随順」と漢訳。*adj.* ～（属格）との外観の一致した。類似の。酷似した。相似の。ふさわしい。適切な。

sarūpa-：*adj.* ～（属格）と同じ形態を有する。似ている。形を与えられた。美しい形を持つ。

gāmin- < √gam- (1) + -in：：*adj.* ～（対格）に行く。～に向かって行く。～に達する。～に帰する。～に相応する。適合する。得る。達成する。～に関係する。

pratipad < pratipat + 母音 < pratipad-：*f.* 入ること。接近。始め。「行」「正行」「通行」「現行」「行跡」「道」「道跡」「所行道」と漢訳。*sg. Nom.*

ayam < idam-：これ。この。*m. sg. Nom.*

advaya-praveśaḥ < advaya-praveśa-：*m.* 不二に入ること。*sg. Nom.*

§4　su-nakṣatro bodhi-sattva āha /　iñjanā mananêti[4] dvayam etat / （梵漢和維摩経 *p.* 384, *l.* 13）

§4　"善き星辰"（善宿）という菩薩が、言った。

「〔心が〕動揺することと、〔心に念じて〕熟慮するということ、これが二〔元的に対立するもの〕です。

【§4-5　善宿菩薩曰く、是れ動と是れ念とを二と為す。】　（大正蔵、巻一四、五五〇頁下）

……………………………………………………………………

su-nakṣatro < su-nakṣatraḥ + 有声子音 < su-nakṣatra-：*m.* 善き星辰。*sg. Nom.*

su：*adv.* よく。うまく。実に。非常に。

nakṣatra-：*n.* 天体。星。星座。星宿。「星辰」と漢訳。

bodhi-sattva < bodhi-sattvaḥ + a 以外の母音 < bodhi-sattva-：*m.* 覚りを求める人。「菩提薩埵」「菩薩」と音写。*sg. Nom.*

āha < √ah-：言う。*Perf. 3, sg. P.*

……………………………………………………………………

iñjanā < iñjanā- < √iñj- (1) + -anā：*f.* 動揺。「動」「驚動」と漢訳。*sg. Nom.*

√iñj- (1) ＝ √iñg- (1) ＝ √iṅg- (1)：動く。「動」と漢訳。

mananêti < mananā + iti

mananā < mananā- < √man- (1) + -anā：*f.* 考えること。信ずること。空想すること。重視すること。熟慮すること。「微細分別」と漢訳。*sg. Nom.*

manana- < √man- (1) + -ana：*n.* 思考。思惟。熟慮。考えること。空想すること。

√man- (1)：考える。信ずる。空想する。推測する。尊重する。願望する。重視する。

iti：*adv.* ～と。～ということを。以上のように。～と考えて。「如是」と漢訳。

dvayam < dvaya- < dvi- + -a：*adj.* 二重の。二種類の。対の。*n.* 一対。両者。二つの事物。*n. sg. Nom.*

etat < etad-：これ。*n. sg. Nom.*

yat punar nêñjate [na manyate][5] na manasi-karoty anadhikāro 'dhikāra-virahito 'yam[6] advaya-praveśaḥ[7] / （梵漢和維摩経 *p.* 384, *l.* 14–15）

「しかしながら、〔心が〕動揺することもなく、〔心に念じて熟慮することもなく、〕心を働かせることもないならば、〔ものごとを〕断定することもありません。〔ものごとを〕断定することのないこと、これが、不二〔の法門〕に入ることです[8]」

【「動かざれば則ち念無し。念無ければ則ち分別無し。此れに通達すれば、是れを不二の法門に入ると為す」】（大正蔵、巻一四、五五〇頁下）

…………………………………………………………………………

yat < yad-：*関係代名詞, n. sg. Nom.*
punar ：*adv.* 再び。新たに。さらに。なお。しかしながら。
nêñjate < na + iñjate
　　iñjate < iñja- < √iñj- (1) = √iñg- (1) = √iṅg- (1)：動く。「動」と漢訳。*Pres. 3, sg. A.*
na：*ind.* 〜でない。〜にあらず。
manyate < manya- < √man- (4)：考える。信ずる。空想する。推測する。尊重する。願望する。重視する。*Pres. 3, sg. A.*
na：*ind.* 〜でない。〜にあらず。
manasi-karoty < manasi-karoti + 母音 < manasi-karo- < manasi-√kṛ- (8) < manas- + √kṛ- (8)：記憶する。熟慮する。「念」「思念」「憶念」「作念」「作意」「思惟」と漢訳。*Pres. 3, sg. P.*
anadhikāro 'dhikāra-virahito 'yam < anadhikāraḥ + adhikāra-virahitaḥ + ayam
　　anadhikāraḥ < anadhikāra- < an-adhikāra-：*adj.* 定義／断言することがない。*m.* 無権力。無権威。*m. sg. Nom.*
　　adhikāra- < adhi-kāra- < adhi-√kṛ- (8) + -a：*m.* 支配。統治。〜（処格）に対する努力・尽力。定義。断言。
　　adhi-√kṛ- (8)：〜の首位に置く。論議の主題を提出する。定義する。断言する。
　　adhikāra-virahitaḥ < adhikāra-virahita-：*adj.* 定義／断言することのない。*m. sg. Nom.*
　　virahita- < virahaya- + -ta < vi-√rah- (1) + -aya + -ta：*Caus. pp.* 棄てられた。遺された。〜（奪格）から分離した。〜解放された。〜を欠く。〜のない。去られた。
　　virahaya- < vi-√rah- (1) + -aya：*Caus.* 去る。見捨てる。
　　ayam < idam-：これ。この。*m. sg. Nom.*
advaya-praveśaḥ < advaya-praveśa-：*m.* 不二に入ること。*sg. Nom.*

§5　su-bāhur bodhi-sattva āha /　bodhi-cittaṃ śrāvaka-cittam iti dvayam etat /
（梵漢和維摩経 *p.* 386, *ll.* 1–2）

§5　“すぐれた腕を持つもの”（妙臂）という菩薩が言った。
「菩薩の心と声聞の心ということ、これが二〔元的に対立するもの〕です。
【§5-7　妙臂菩薩曰く、「菩薩心と声聞心とを二と為す。】（大正蔵、巻一四、五五〇頁下）

…………………………………………………………………………

su-bāhur < su-bāhuḥ + 有声音 < su-bāhu-：*m.* すぐれた腕を持つもの。*sg. Nom.*
　　su：*adv.* よく。うまく。実に。非常に。
　　bāhu-：*m.* 腕。（動物の）前肢。（特に）前肢の上部。
bodhi-sattva < bodhi-sattvaḥ + a 以外の母音 < bodhi-sattva-：*m.* 覚りを求める人。「菩提薩埵」「菩薩」と音写。*sg. Nom.*
āha < √ah-：言う。*Perf. 3, sg. P.*

…………………………………………………………………………

bodhi-cittaṃ < bodhi-citta-：*n.* 菩薩の心。*sg. Nom.*
śrāvaka-cittam < śrāvaka-citta-：*n.* 声聞の心。*sg. Nom.*
iti：*adv.* 〜と。〜ということを。以上のように。〜と考えて。「如是」と漢訳。
dvayam < dvaya- < dvi- + -a：*adj.* 二重の。二種類の。対の。*n.* 一対。両者。二つの事物。*n. sg. Nom.*
etat < etad-：これ。*n. sg. Nom.*

yā punar māyā-citta-sama-darśanatā tatra na bodhi-cittaṃ na śrāvaka-cittam /
（梵漢和維摩経 *p.* 386, *ll.* 2–3）

「しかしながら、〔それらの心を〕幻の心に等しいものと見るならば、そこには菩薩の心も声聞の心もありません。
【心相は空にして幻化の如しと観ずれば、菩薩心も無く、声聞心も無し。】
（大正蔵、巻一四、五五〇頁下）

……………………………………………………………………………

yā < yad-：*関係代名詞, f. sg. Nom.*
punar：*adv.* 再び。新たに。さらに。なお。しかしながら。
māyā-citta-sama-darśanatā < māyā-citta-sama-darśanatā-：*f.* 幻の心に等しく見ること。*sg. Nom.*
　māyā-citta-sama-：*adj.* 幻の心と等しい。
　māyā-：*f.* 術。不可思議の力。策略。計略。狡計。詐欺。手品。妖術。幻影。幻想。
　sama-：*adj.* 平らな。似た。滑らかな。水平の。～（具格、属格）と等しい。平等の。
　darśanatā- < darśana-tā-：*f.* ～の外観を有すること。～と見えること。
　darśana- < √dṛś- (1) + -ana-：*n.* 凝視すること。見ること。知覚。悟性。内観。意見。認識。哲学的体系。～との会合。*adj.* ～の外観を有する。～と見える。
tatra：*adv.* そこに。そこへ。かしこに。その時に。その場合に。
na：*ind.* ～でない。～にあらず。
bodhi-cittaṃ < bodhi-citta-：*n.* 菩薩の心。*sg. Nom.*
na：*ind.* ～でない。～にあらず。
śrāvaka-cittam < śrāvaka-citta-：*n.* 声聞の心。*sg. Nom.*
　tatra 以下は、処格と主格の名詞文。

> yā citta-sama-lakṣaṇatâyam advaya-praveśaḥ /
> （梵漢和維摩経 *p.* 386, *l.* 3）

「〔それぞれの〕心の特徴が等しいこと、これが、不二〔の法門〕に入ることです」
【「是れを不二の法門に入ると為す」】（大正蔵、巻一四、五五〇頁下）

……………………………………………………………………………

yā < yad-：*関係代名詞, f. sg. Nom.*
citta-sama-lakṣaṇatâyam < citta-sama-lakṣaṇatā + ayam
　citta-sama-lakṣaṇatā < citta-sama-lakṣaṇatā- < citta-sama-lakṣaṇa-tā-：*f.* 心の特徴が等しいこと。*sg. Nom.*
　citta-sama-lakṣaṇa-：*adj.* 心に等しい特徴を持つ。心の特徴が等しい。
　lakṣaṇa-：*adj.* 指示する。標章の。しるしのある。特徴のある。属性のある。*n.* 標章。しるし。記号。特徴。属性。
　ayam < idam-：これ。この。*m. sg. Nom.*
advaya-praveśaḥ < advaya-praveśa-：*m.* 不二に入ること。*sg. Nom.*

> §6　animiṣo bodhi-sattva āha /　upādānam anupādānam iti dvayam etat /
> （梵漢和維摩経 *p.* 386, *ll.* 4–5）

§6　"瞬きをしないもの"（不眴）という菩薩が言った。
　「感受することと、感受しないということ、これが二〔元的に対立するもの〕です。
【§6-3　不眴菩薩曰く、「受と不受とを二と為す。】（大正蔵、巻一四、五五〇頁下）

……………………………………………………………………………

animiṣo < animiṣaḥ + 有声子音 < animiṣa- < a-nimiṣa-：*m.* 瞬きをしないもの。*sg. Nom.*
　nimiṣa- < ni-√miṣ- (6) + -a：*n.* 瞬きをすること。瞬間。
　ni-√miṣ- (6)：目を閉じる。（目が）ふさがる。
bodhi-sattva < bodhi-sattvaḥ + a 以外の母音 < bodhi-sattva-：*m.* 覚りを求める人。「菩提薩埵」「菩薩」と音写。*sg. Nom.*

āha < √ah-：言う。*Perf. 3, sg. P.*

…………………………………………………………………

upādānam < upādāna- < upa-ā-√dā- (3) + -ana：*n.* 取得。捕獲。理解。感受。（火が）着くこと。*sg. Nom.*

upa-ā-√dā- (3)：受ける。得る。獲得する。取る。専有する。取り去る。握る。集める。（火が）着く。

anupādānam < anupādāna- < an-upādāna-：*n.* 取得しないこと。捕獲しないこと。理解しないこと。*sg. Nom.*

iti：*adv.* ～と。～ということを。以上のように。～と考えて。「如是」と漢訳。

dvayam < dvaya- < dvi- + -a：*adj.* 二重の。二種類の。対の。*n.* 一対。両者。二つの事物。*n. sg. Nom.*

etat < etad-：これ。*n. sg. Nom.*

> yan nôpādadāti[9] tan nôpalabhate [yan nôpalabhati][10] tatrôhâpohaṃ na karoti /
> （梵漢和維摩経 *p.* 386, *ll.* 5–6）

「感受しないならば、それを知覚することもなく、〔知覚することがないならば、〕そこにおいて、推論と議論をなすこともありません[11]。

【若し法にして、受けざれば則ち不可得なり。不可得を以ての故に、取無く、捨無く、】

（大正蔵、巻一四、五五〇頁下）

…………………………………………………………………

yan < yat + (n) < yad-：*関係代名詞, n. sg. Acc.*

nôpādadāti < na + upādadāti

upādadāti < upādadā- < upa-ā-√dā- (3)：受ける。得る。獲得する。取る。専有する。取り去る。握る。*Pres. 3, sg. P.*

tan < tat + (n) < tad-：それ。*n. sg. Acc.*

nôpalabhate < na + upalabhate

na：*ind.* ～でない。～にあらず。

upalabhate < upalabha- < upa-√labh- (1)：捕らえる。見出す。達する。得る。了解する。知る。知覚する。学び知る。*Pres. 3, sg. A.*

yan < yat + (n) < yad-：*関係代名詞, n. sg. Acc.*

nôpalabhati < na + upalabhati

na：*ind.* ～でない。～にあらず。

upalabhati < upalabha- < upa-√labh- (1)：捕らえる。見出す。達する。得る。了解する。知る。知覚する。学び知る。*Pres. 3, sg. P.*

tatrôhâpohaṃ < tatra + ūhâpohaṃ

tatra：*adv.* そこに。そこへ。かしこに。その時に。その場合に。

ūhâpohaṃ < ūhâpoha- < ūha-apoha-：*m.* 推論と議論。*sg. Acc.*

ūha- < √ūh- (1) + -a：*m.* 熟慮。推論。思量。

√ūh- (1)：注視する。観察する。推察する。想像する。推論する。会得する。

apoha- < apa-ūha- < apa-√ūh- (1) + -a：*m.* 放逐。除去。退去。推論。議論。否定。「離」「消除」と漢訳。

apa-√ūh- (1)：除去する。放免する。～（対格）に追従する。断念する。避ける。否定する。

√ūh- (1)：償う。変ずる。改める。

na：*ind.* ～でない。～にあらず。

karoti < karo- < √kṛ- (8)：作る。なす。*Pres. 3, sg. P.*

> [yat][12] akaraṇam avyāpattiḥ[13] sarva-dharmāṇām [ayam][14] advaya-praveśaḥ /
> （梵漢和維摩経 *p.* 386, *ll.* 6–7）

「あらゆるものごと（一切法）には、人為的な作為もなく、消失することもないということ、これが、不二〔の法門〕に入ることです[15]」
【「作無く、行無し。是れを不二の法門に入ると為す」】　（大正蔵、巻一四、五五〇頁下）

yat < yad-：*関係代名詞, n. sg. Nom.*
akaraṇam < akaraṇa- < a-karaṇa-：*adj.* 人為を施さない。自然な。*n. sg. Nom.*
karaṇa- < √kṛ- (8) + -ana：*adj.* ～を作る。生ずる。なす。*n.* 作為。行為。成就。産出。動作。実行。
avyāpattiḥ < avyāpattiḥ + (s) < avyāpatti- < a-vyāpatti-：*f.* 遠ざからないこと。消失しないこと。滅びないこと。*sg. Nom.*
vyāpatti- < vi-āpatti- < vi-ā-√pad- (4) + -ti：*f.* 遠ざかること。消失すること。滅びること。
vi-ā-√pad- (4)：遠ざかる。消失する。滅びる。
sarva-dharmāṇām < sarva-dharma-：*m.* あらゆるものごと。「一切法」と漢訳。*pl. Gen.*
以上は、属格と主格の名詞文である。
ayam < idam-：これ。この。*m. sg. Nom.*
advaya-praveśaḥ < advaya-praveśa-：*m.* 不二に入ること。*sg. Nom.*

§7　sunetro bodhi-sattva āha /　eka-lakṣaṇam [alakṣaṇam][16] iti dvayam etat /
（梵漢和維摩経 *p.* 386, *ll.* 8–9）

§7　"勝れた眼を持つもの"（善眼）という菩薩が言った。
「一つの特徴を持つこと、〔一つも〕特徴のないということ、これが二〔元的に対立するもの〕です。
【§7-6　善眼菩薩曰く、「一相と無相とを二と為す。】　（大正蔵、巻一四、五五〇頁下）

sunetro < sunetraḥ + 有声子音 < su-netra-：*m.* 勝れた眼を持つもの。*sg. Nom.*
netra- < √nī- (1) + -tra：*m.* 指導者。案内者。*n.* 案内。眼。「目」と漢訳。
bodhi-sattva < bodhi-sattvaḥ + a 以外の母音 < bodhi-sattva-：*m.* 覚りを求める人。「菩提薩埵」「菩薩」と音写。*sg. Nom.*
āha < √ah-：言う。*Perf. 3, sg. P.*

eka-lakṣaṇam < eka-lakṣaṇa-：*adj.* 一つの特徴を持つ。*n. sg. Nom.*
alakṣaṇam < a-lakṣaṇa-：*adj.* 〔一つも〕特徴がない。*n. sg. Nom.*
iti：*adv.* ～と。～ということを。以上のように。～と考えて。「如是」と漢訳。
dvayam < dvaya- < dvi- + -a：*adj.* 二重の。二種類の。対の。*n.* 一対。両者。二つの事物。*n. sg. Nom.*
etat < etad-：これ。*n. sg. Nom.*

yat punar na lakṣayati na vikalpayati nâika-lakṣaṇaṃ karoti nâlakṣaṇam /
（梵漢和維摩経 *p.* 386, *ll.* 9–10）

「しかしながら、判断せず、分別しないならば、一つの特徴を持つ〔とする〕こともなく、特徴がないとすることもありません。
【「若し一相は即ち是れ無相なりと知れば、亦無相を取らず、平等に入る。】
（大正蔵、巻一四、五五〇頁下）

yat < yad-：*関係代名詞, n. sg. Nom.*
punar：*adv.* 再び。新たに。さらに。なお。しかしながら。
na：*ind.* ～でない。～にあらず。
lakṣayati < lakṣaya- < √lakṣaya- (名動詞)：*Caus.* 印をつける。特性づける。定義する。指示する。

意味する。～（対格）を～（対格）と考える。見なす。想定する。観察する。*Pres. 3, sg. P.*

na：*ind.* ～でない。～にあらず。

vikalpayati < vikalpaya- < vi-√kḷp- (1) + -aya：*Caus.* 準備する。整う。作る。形成する。疑う。想像する。憶測する。推定する。「分別」「了分別」と漢訳。*Pres. 3, sg. P.*

nâika-lakṣaṇaṃ < na + eka-lakṣaṇaṃ

na：*ind.* ～でない。～にあらず。

eka-lakṣaṇaṃ < eka-lakṣaṇa-：*adj.* 一つの特徴を持つ。*n. sg. Acc.*

karoti < karo- < √kṛ- (8)：作る。なす。*Pres. 3, sg. P.*

nâlakṣaṇam < na + alakṣaṇam

alakṣaṇam < alakṣaṇa- < a-lakṣaṇa-：*adj.* 特徴がない。*n. sg. Acc.*

yo[17] lakṣaṇa-vilakṣaṇa-sama-lakṣaṇa-praveśo 'yam advaya-praveśaḥ /
（梵漢和維摩経 *p.* 386, *ll.* 10–11）

「〔一つの〕特徴と、〔それとは〕異なる特徴が、平等な特徴を持っている〔という理解〕に入るならば、これが、不二〔の法門〕に入ることです」

【「是れを不二の法門に入ると為す」】（大正蔵、巻一四、五五〇頁下）

……………………………………………………………………………

yo < yaḥ + 有声子音 < yad-：*関係代名詞, m. sg. Nom.*

lakṣaṇa-vilakṣaṇa-sama-lakṣaṇa-praveśo 'yam < lakṣaṇa-vilakṣaṇa-sama-lakṣaṇa-praveśaḥ + ayam

lakṣaṇa-vilakṣaṇa-sama-lakṣaṇa-praveśaḥ < lakṣaṇa-vilakṣaṇa-sama-lakṣaṇa-praveśa-：*m.* 〔一つの〕特徴と、異なる特徴が、平等な特徴を持つことに悟入すること。*sg. Nom.*

lakṣaṇa- < √lakṣ- (1) + -ana：*n.* 標章。しるし。記号。特徴。属性。「相」「色相」「相貌」と漢訳。

vilakṣaṇa- < vi-lakṣaṇa-：*adj.* 性格の異なった。さまざまの。異なった。種々の。多様な。「異相」「無相」「不同相」と漢訳。

sama-lakṣaṇa-：*adj.* 平等な相を持つ。

praveśa- < pra-√viś- (6) + -a：*m.* ～に入ること。出過ぎたこと。「能入」「悟入」と漢訳。

pra-√viś- (6)：入る。近づく。誘い込む。導入する。

ayam < idam-：これ。この。*m. sg. Nom.*

advaya-praveśaḥ < advaya-praveśa-：*m.* 不二に入ること。*sg. Nom.*

§8 puṣyo bodhi-sattva āha / kuśalam akuśalam iti dvayam etat /
（梵漢和維摩経 *p.* 386, *l.* 12）

§8 “プシュヤ星”（弗沙）という菩薩が言った。

「善と悪ということ、これが二〔元的に対立するもの〕です。

【§8 弗沙菩薩曰く、「善と不善とを二と為す。】（大正蔵、巻一四、五五〇頁下）

……………………………………………………………………………

puṣyo < puṣyaḥ + 有声子音 < puṣya-：*m.* プシュヤ星。*sg. Nom.*

bodhi-sattva < bodhi-sattvaḥ + a 以外の母音 < bodhi-sattva-：*m.* 覚りを求める人。「菩提薩埵」「菩薩」と音写。*sg. Nom.*

āha < √ah-：言う。*Perf. 3, sg. P.*

……………………………………………………………………………

kuśalam < kuśala-：*adj.* 善き。正しき。～に熟練した。老練なる。経験ある。*n. sg. Nom.*

akuśalam < akuśala- < a-kuśala-：*adj.* 有害の。不幸の。不吉な。未熟練の。*n.* 「悪」「不善」*n. sg. Nom.*

iti：*adv.* ～と。～ということを。以上のように。～と考えて。「如是」と漢訳。

dvayam < dvaya- < dvi- + -a：*adj.* 二重の。二種類の。対の。*n.* 一対。両者。二つの事物。*n. sg. Nom.*
etat < etad-：これ。*n. sg. Nom.*

yā kuśalâkuśalasyânupasthānatā tad animittam / animitta-koṭyāś câdvayatā / yâtra nistīraṇa=tâyam advaya-praveśaḥ /
(梵漢和維摩経 *p.* 386, *ll.* 12–14)

「善と悪に立脚しないこと、それが特徴のないこと（無相）です。特徴のない究極（無相際）には不二の本性があります[18]。ここにおいて完成されていること、これが、不二〔の法門〕に入ることです」
【「若し善・不善を起こさず、無相際(むそうざい)に入りて通達すれば、是れを不二の法門に入ると為す」】
（大正蔵、巻一四、五五〇頁下）

……………………………………………………………………

yā < yad-：*関係代名詞, f. sg. Nom.*
kuśalâkuśalasyânupasthānatā < kuśalâkuśalasya + anupasthānatā
kuśalâkuśalasya < kuśalâkuśala- < kuśala-akuśala-：*n.* 善と悪。*sg. Gen.*
anupasthānatā < anupasthānatā- < anupasthāna-tā-：*f.* ～に立たないこと。近くに身を置かないこと。かしずかないこと。～に仕えないこと。*sg. Nom.*
anupasthāna- < an-upasthāna-：*adj.* ～に立たない。近くに身を置かない。かしずかない。～に仕えない。
upasthāna- < upa-√sthā- (1) + -ana：*n.* ～に立つこと。出席。接近。参列。奉仕。敬礼。
upa-√sthā- (1)：近くに立つ。近くに身を置く。～のもとに立つ。かしずく。～に仕える。
tad < tad-：それ。*n. sg. Nom.*
animittam < animitta- < a-nimitta-：*n.* 不確実。無根拠。無原因。「無相」と漢訳。*adj.* 不確実な。根底なき。特徴のない。*sg. Nom.*
nimitta-：*n.* 目的。目標。記号。象徴。前兆。原因。「相」「瑞相」「相貌」「因」と漢訳。

……………………………………………………………………

animitta-koṭyāś < animitta-koṭyāḥ + (c) < animitta-koṭī-：*f.* 特徴のない究極。*sg. Gen.*
koṭī- ＝ koṭi-：*f.* 尖端。極端。「際」「実際」と漢訳。
câdvayatā < ca + advayatā
advayatā < advayatā- < advaya-tā-：*f.* 不二であること。不二の本性。*sg. Nom.*

……………………………………………………………………

yâtra < yā + atra
yā < yad-：*関係代名詞, f. sg. Nom.*
atra：*adv.* ここ。かしこ。この場合。この際。（idam-の処格）
nistīraṇatâyam < nistīraṇatā + ayam
nistīraṇatā < nistīraṇatā- < nistīraṇa-tā-：*f.* 完成していること。「度脱」「度」と漢訳。
nistīraṇa- < nis-√tṝ- (1) + -ana：*n.* 完成。「成」「成立」「安立」「建立」「決定」と漢訳。
nis-√tṝ- (1)：～（奪格）より出てくる。過ぎ越す。横切る。克服する。除く。成就する。
ayam < idam-：これ。この。*m. sg. Nom.*
advaya-praveśaḥ < advaya-praveśa-：*m.* 不二に入ること。*sg. Nom.*

§9 siṃho bodhi-sattva āha / avadyatânavadyatêti[19] dvayam etat /
(梵漢和維摩経 *p.* 386, *l.* 15)

§9 "師子"という菩薩が言った。
「過失のあることと、過失のないということ、これが二〔元的に対立するもの〕です。
【§9 師子(しし)菩薩曰(いわ)く、「罪と福とを二と為す。】（大正蔵、巻一四、五五〇頁下）

……………………………………………………………………

siṃho < siṃhaḥ + 有声子音 < siṃha-：*m.* ライオン。「獅子」「師子」と音写。*sg. Nom.*

bodhi-sattva < bodhi-sattvaḥ + a 以外の母音 < bodhi-sattva-：*m.* 覚りを求める人。「菩提薩埵」「菩薩」と音写。*sg. Nom.*
āha < √ah-：言う。*Perf. 3, sg. P.*

……………………………………………………………………

avadyatânavadyatêti < avadyatā + anavadyatā + iti
　avadyatā < avadyatā- < avadya-tā-：*f.* 過失のあること。*sg. Nom.*
　avadya- < a-vadya- < a- + √vad- (1) + -ya：*未受分,* 非難されるべき。悪しき。*n.* 過失。罵詈。非難。不名誉。恥辱。「罪」「過悪」「罪悪」と漢訳。
　anavadyatā < anavadyatā- < an-avadyatā-：*f.* 過失のないこと。*sg. Nom.*
　iti：*adv.* ～と。～ということを。以上のように。～と考えて。「如是」と漢訳。
dvayam < dvaya- < dvi- + -a：*adj.* 二重の。二種類の。対の。*n.* 一対。両者。二つの事物。*n. sg. Nom.*
etat < etad-：これ。*n. sg. Nom.*

> yat punar vajra-nibaddha-jñānatayā na badhyate na mucyate 'yam advaya-praveśaḥ /
> (梵漢和維摩経 *p.* 386, *ll.* 16–17)

「しかしながら、金剛石で飾られた智慧を持っていることによって、束縛されることもなく、解放されることもないということ、これが、不二〔の法門〕に入ることです」
【「若し罪性は則ち福と異なること無しと達して、金剛の慧を以て、此の相を決了して、縛も無く、解も無くんば、是れを不二の法門に入ると為す」】　（大正蔵、巻一四、五五〇頁下）

……………………………………………………………………

yat < yad-：*関係代名詞, n. sg. Nom.* 英語の that に当たる。
punar：*adv.* 再び。新たに。さらに。なお。しかしながら。
vajra-nibaddha-jñānatayā < vajra-nibaddha-jñānatā- < vajra-nibaddha-jñāna-tā-：*f.* 金剛石で飾られた智慧を持っていること。*sg. Ins.*
　vajra-nibaddha-jñāna-：*adj.* 金剛石で飾られた智慧を持つ。
　vajra-：*m.n.* 雷電。金剛石。「金剛」「金剛杵」と漢訳。
　nibaddha- < ni-√bandh- (9) + -ta：*pp.* ～（処格）に結ばれた。～に依った。～で組み立てられた。～で構成された。飾られた。「繫」「繫縛」と漢訳。
　jñāna- < √jñā- (9) + -ana：*n.* 知。智慧。
na：*ind.* ～でない。～にあらず。
badhyate < badhya- < √bandh- (9) + -ya：*Pass.* 結ばれる。捕らえられる。繫縛される。束縛される。*3, sg. A.*
na：*ind.* ～でない。～にあらず。
mucyate 'yam < mucyate + ayam
　mucyate < mucya- < √muc- (4) + -ya：*Pass.* （奪格）から解放される。放たれる。釈放される。解放される。
　ayam < idam-：これ。この。*m. sg. Nom.*
advaya-praveśaḥ < advaya-praveśa-：*m.* 不二に入ること。*sg. Nom.*

> §10　siṃha-matir bodhi-sattva āha /　idaṃ sâsravam idam anāsravam iti dvayam etat /
> (梵漢和維摩経 *p.* 386, *ll.* 18–19)

§10 "師子の心を持つもの"（師子意）という菩薩が言った。
「これは煩悩のあるもの（有漏）、これは煩悩のないもの（無漏）ということ、これが二〔元的に対立するもの〕です。
【§10 師子意菩薩曰く、「有漏と無漏とを二と為す。】　（大正蔵、巻一四、五五〇頁下）

……………………………………………………………………

siṃha-matir < siṃha-matiḥ + 有声音 < siṃha-mati-：*m.* 師子の心を持つもの。*sg. Nom.*

mati-：*f.* 思考。意見。信念。思想。理解。知性。機知。
bodhi-sattva < bodhi-sattvaḥ + a 以外の母音 < bodhi-sattva-：*m.* 覚りを求める人。「菩提薩埵」「菩薩」と音写。*sg. Nom.*
āha < √ah-：言う。*Perf. 3, sg. P.*
……………………………………………………………………

idaṃ < idam-：これ。*n. sg. Nom.*
sâsravam < sâsrava- < sa-āsrava-：*adj.* 漏（煩悩）のある。「有漏」「具漏」と漢訳。*n. sg. Nom.*
sa-：*pref.* ～を含む。～に伴われた。～を所有する。～と一緒に。結合・共有・類似を表わす接頭辞。
āsrava- < ā-√sru- (1) + -a：*m.* 水門。流出するもの。煩悩。「漏」「流」と漢訳。
idam < idam-：これ。*n. sg. Nom.*
anāsravam < anāsrava- < an-āsrava-：*adj.* 漏（煩悩）のない。漏より離脱した。「無漏」と漢訳。*n. sg. Nom.*
iti：*adv.* ～と。～ということを。以上のように。～と考えて。「如是」と漢訳。
dvayam < dvaya- < dvi- + -a：*adj.* 二重の。二種類の。対の。*n.* 一対。両者。二つの事物。*n. sg. Nom.*
etat < etad-：これ。*n. sg. Nom.*

yaḥ[20] punaḥ samatā-dharma-prāptaḥ sâsravânāsrava-saṃjñaṃ na karoti na vâsaṃjñā-prāpto na câsaṃjñā-samatāyāṃ samatā-prāpto na saṃjñā-grathitaḥ / (梵漢和維摩経 *p.* 388, *ll.* 1–3)

「しかしながら、平等性によって真理に達している人は、煩悩のあること（有漏）と、煩悩のないこと（無漏）を意識することはなく、あるいは意識のないことに達しているのでもありません。また、意識することのない平等性には、平等性に達していることもなく、意識に縛られていることもありません。
【「若し諸法の等しきを得れば、則ち漏・不漏の想を起こさず。相に著せず、亦無相に住せざれば、】
（大正蔵、巻一四、五五〇頁下）
……………………………………………………………………

yaḥ < yad-：*関係代名詞, m. sg. Nom.*
punaḥ < punar + (s)：*adv.* 再び。新たに。さらに。なお。しかしながら。
samatā-dharma-prāptaḥ < samatā-dharma-prāptaḥ + (s) < samatā-dharma-prāpta-：*adj.* 平等性によって真理に達している。*m. sg. Nom.*
samatā- < sama- + -tā：*f.* ～（具格、属格）との平等性／同一性。平等であること。公平であること。
dharma-：*m.* 確定した秩序。慣例。習慣。法則。規則。義務。宗教。教説。性質。本質。属性。特質。事物。「法」と漢訳。
prāpta- < pra-√āp- (5) + -ta：*pp.* 到達せられたる。獲得せられたる。～の心になった。
sâsravânāsrava-saṃjñaṃ < sâsravânāsrava-saṃjña- < sâsrava-anāsrava-saṃjña-：*adj.* 煩悩のあること（有漏）と、煩悩のないこと（無漏）を意識している。*n. sg. Acc.*
sâsrava- < sa-āsrava-：*adj.* 煩悩のある。「有漏」と漢訳。
anāsrava- < an-āsrava-：*adj.* 煩悩のない。「無漏」と漢訳。
saṃjña- < sam-√jñā- (9) + -a：*adj.* 意識している。
sam-√jñā- (9)：～（処格、具格、対格）に同意する。指摘する。意を向ける。認める。
na：*ind.* ～でない。～にあらず。
karoti < karo- < √kṛ- (8)：作る。なす。*Pres. 3, sg. P.*
na：*ind.* ～でない。～にあらず。
vâsaṃjñā-prāpto < vā + asaṃjñā-prāpto
vā：*ind.* ～か。または。たとえ～であっても。

asaṃjñā-prāpto < asaṃjñā-prāptaḥ + 有声子音 < asaṃjñā-prāpta-：*adj.* 意識のないことに達している。*m. sg. Nom.*

asaṃjñā-：*adj.* 意識のないこと。

na：*ind.* 〜でない。〜にあらず。

câsaṃjñā-samatāyāṃ < ca + asaṃjñā-samatāyāṃ

asaṃjñā-samatāyāṃ < asaṃjñā-samatā-：*f.* 意識しないことの平等性。*sg. Loc.*

samatā-prāpto < samatā-prāptaḥ + 有声子音 < samatā-prāpta-：*adj.* 平等性に達している。*m. sg. Nom.*

na：*ind.* 〜でない。〜にあらず。

saṃjñā-grathitaḥ < saṃjñā-grathita-：*adj.* 意識に縛られた。*m. sg. Nom.*

saṃjñā- < sam-√jñā- (9) + -ā：*f.* 一致。意識。理解。明瞭な概念。命名。名前。術語。「号」「名号」「名」「名字」と漢訳。

grathita- < √grath- (9) + -ita-：*pp.* 結ばれた。縛られた。結合された。

asaṃjñā-samatāyāṃ 以下は、処格と主格の名詞文をなしている。

ya evaṃ praveśo 'yam advaya-praveśaḥ /

（梵漢和維摩経 *p.* 388, *l.* 3）

「このよう〔な理解〕に入るということ、これが、不二〔の法門〕に入ることです」

【「是れを不二の法門に入ると為す」】（大正蔵、巻一四、五五〇頁下）

………………………………………………………………………

ya < yaḥ + a 以外の母音 < yad-：*関係代名詞, m. sg. Nom.*

evaṃ：*adv.* このように。

praveśo 'yam < praveśaḥ + ayam

praveśaḥ < praveśa- < pra-√viś- (6) + -a：*m.* 〜に入ること。出過ぎたこと。「能入」「悟入」と漢訳。*m. sg. Nom.*

pra-√viś- (6)：入る。近づく。誘い込む。導入する。

ayam < idam-：これ。この。*m. sg. Nom.*

advaya-praveśaḥ < advaya-praveśa-：*m.* 不二に入ること。*sg. Nom.*

§11 sukhâdhimukto bodhi-sattva āha / idaṃ sukham idam asukham iti dvayam etat / yat punaḥ sarva-saukhyâpagato gagana-sama-buddhiḥ suviśuddha-jñānatayā na sañjaty ayam advaya-praveśaḥ /

（梵漢和維摩経 *p.* 388, *ll.* 4–6）

§11 "快く信順するもの"（浄解）という菩薩が言った。

「これは快いもの、これは不快なものということ、これが二〔元的に対立するもの〕です。しかしながら、極めて清らかな智慧を持っていることで、あらゆる快さを離れていて[21]、天空のよう〔に広大〕な知性を持つならば、執着することがありません。これが、不二〔の法門〕に入ることです」

【§11 浄解菩薩曰く、「有為と無為とを二と為す。若し一切の数を離るれば、則ち心、虚空の如し。清浄の慧を以て礙する所無くんば、是れを不二の法門に入ると為す」】

（大正蔵、巻一四、五五一頁上）

………………………………………………………………………

sukhâdhimukto < sukhâdhimuktaḥ + 有声子音 < sukhâdhimukta- < sukha-adhimukta-：*m.* 快く信順するもの。*sg. Nom.*

sukha-：*adj.* 快い。楽しい。温厚な。*n.* 安楽。慰安。快楽。享楽。幸福。歓喜。

adhimukta- < adhi-√muc- (4,6) + -ta：*pp.* 信用した。確信した。熱中した。献身した。「信」「解」「信解」と漢訳。

bodhi-sattva < bodhi-sattvaḥ + a 以外の母音 < bodhi-sattva-：*m.* 覚りを求める人。「菩提薩埵」「菩

薩」と音写。*sg. Nom.*
āha < √ah-：言う。*Perf. 3, sg. P.*

…………………………………………………………………………………

idaṃ < idam-：これ。*n. sg. Nom.*
sukham < sukha-：*adj.* 快い。楽しい。温厚な。*n.* 安楽。慰安。快楽。享楽。幸福。歓喜。*n. sg. Nom.*
idam < idam-：これ。*n. sg. Nom.*
asukham < asukha- < a-sukha-：*adj.* 不快な。苦痛の。不幸な。*n.* 心痛。苦痛。悲哀。「不楽」「非楽」と漢訳。*n. sg. Nom.*
iti：*adv.* 〜と。〜ということを。以上のように。〜と考えて。「如是」と漢訳。
dvayam < dvaya- < dvi- + -a：*adj.* 二重の。二種類の。対の。*n.* 一対。両者。二つの事物。*n. sg. Nom.*
etat < etad-：これ。*n. sg. Nom.*

…………………………………………………………………………………

yat < yad-：*関係代名詞, n. sg. Nom.*
punaḥ < punar + (s)：*adv.* 再び。新たに。さらに。なお。しかしながら。
sarva-saukhyâpagato < sarva-saukhyâpagataḥ + 有声子音 < sarva-saukhyâpagata- < sarva-saukhya-apagata-：*adj.* あらゆる快さを離れている。*m. sg. Nom.*
　sarva-：*adj.* 一切の。すべての。
　saukhya- < sukha- + -ya：*n.* 安寧。慰安。享楽。快楽。幸福。祝福。安楽。
　apagata- < apa-gata- < apa-√gam- (1) + -ta：*pp.* 去った。消滅した。「離」「遠離」「除」「滅」と漢訳。
gagana-sama-buddhiḥ < gagana-sama-buddhi-：*adj.* 天空のよう〔に広大〕な知性を持つ。*m. sg. Nom.*
　gagana- = gagaṇa-：*m.* 天空。「空」「虚空」と漢訳。
　sama-：*adj.* 〜に等しい。同等の。平らな。
　buddhi- < √budh- (1) + -ti：*f.* 理解力。見解。知能。理性。知性。
suviśuddha-jñānatayā < suviśuddha-jñānatā- < suviśuddha-jñāna-tā-：*f.* 極めて清らかな智慧を持つこと。*sg. Ins.*
　suviśuddha-jñāna-：*adj.* 極めて清らかな智慧を持つ。
　suviśuddha- < su-viśuddha-：*pp.* 非常に清浄にされた。極めて清らかな。
　viśuddha- < vi-√śudh- (4) + -ta：*pp.* 清浄にされた。清らかな。
　√śudh- は、Ⅰ類だが、vi-√śudh- はⅣ類であることに注意。
　jñāna- < √jñā- (9) + -ana：*n.* 知ること。知。智慧。
na：*ind.* 〜でない。〜にあらず。
sañjaty < sañjati + 母音 < sañja- < √sañj- (1)：付着する。〜（処格）に愛着する。〜（処格）に執着する。従事している。*Pres. 3, sg. P.*
ayam < idam-：これ。この。*m. sg. Nom.*
advaya-praveśaḥ < advaya-praveśa-：*m.* 不二に入ること。*sg. Nom.*

> §12　nārāyaṇo bodhi-sattva āha /　idaṃ laukikam idaṃ lokôttaram iti dvayam etat /
> (梵漢和維摩経 *p.* 388, *ll.* 7–8)

§12　ナーラーヤナ（那羅延）菩薩が言った。
「これは世間的なもの、これは超世間的なものということ、これが二〔元的に対立するもの〕です。
【§12　那羅延菩薩曰く、「世間と出世間とを二と為す。】　（大正蔵、巻一四、五五一頁上）

…………………………………………………………………………………

nārāyaṇo < nārāyaṇaḥ + 有声子音 < nārāyaṇa-：*m.* ナーラーヤナ神。「那羅延」「那羅延天」と音写。*sg. Nom.*
bodhi-sattva < bodhi-sattvaḥ + a 以外の母音 < bodhi-sattva-：*m.* 覚りを求める人。「菩提薩埵」「菩

　　薩」と音写。*sg. Nom.*
āha < √ah-：言う。*Perf. 3, sg. P.*

……………………………………………………………………

idaṃ < idam-：これ。*n. sg. Nom.*
laukikam < laukika- < loka- + -ika：*adj.* 日常生活に関する。普通の。通常の。日常の。「世」「世俗」「凡俗」と漢訳。*n. sg. Nom.*
　　loka-：*m.* 空間。余地。場所。国。世界。世間。
idaṃ < idam-：これ。*n. sg. Nom.*
lokôttaram < lokôttara- < loka-uttara-：*adj.* 超世間的な。異常な。通常でない。「出世間」「出世」「超出世間」と漢訳。*n. sg. Nom.*
iti：*adv.* ～と。～ということを。以上のように。～と考えて。「如是」と漢訳。
dvayam < dvaya- < dvi- + -a：*adj.* 二重の。二種類の。対の。*n.* 一対。両者。二つの事物。*n. sg. Nom.*
etat < etad-：これ。*n. sg. Nom.*

yā laukikasya prakṛti-śūnyatā na tatra kiṃ-cid uttīryate nâvatīryate[22] na sāryate na visāryate /
（梵漢和維摩経 *p.* 388, *ll.* 8–9）

「世間的なものに、本性としての空が具わっているならば、そこから何も出てくることもなく、〔そこに〕入ることもなく、流れ去ることもなく、流れ去らないこともありません。
【「世間の性、空ならば、即ち是れ出世間なり。其の中に於いて、入らず、出でず、溢れず、散ぜず。】
（大正蔵、巻一四、五五一頁上）

……………………………………………………………………

yā < yad-：*関係代名詞, f. sg. Nom.*
laukikasya < laukika-：*adj.* 日常生活に関する。普通の。通常の。日常の。「世」「世俗」「凡俗」と漢訳。*n. sg. Gen.*
prakṛti-śūnyatā < prakṛti-śūnyatā-：*f.* 本性としての空。*sg. Nom.*
　　prakṛti-：*f.* 本来の状態。自然の状態。性質。自然。（自然の）始原的構成要素。
　　śūnyatā- < śūnya- + -tā：*f.* 空虚。孤独。実体がないこと。うつろなこと。～の欠如。「空」「空性」「虚空」「空義」「空相」と漢訳。
　　以上は属格と主格の名詞文である。
na：*ind.* ～でない。～にあらず。
tatra：*adv.* そこに。そこへ。かしこに。その時に。その場合に。
kiṃ-cid < kiṃ-cit + 母音 < kiṃ-cit-：*不定代名詞,* 何かあるもの／こと。だれかある人。*n. sg. Nom.*
uttīryate < uttīrya- < ud-√tṝ- (4)：～（奪格）より出てくる。*Pres. 3, sg. A.*
　　動詞 √tṝ- は、「梵和大辞典」ではⅠ類とⅥ類とされているが、*The Root Verb-Forms and Primary Derivatives of the Sanskrit Language* にはⅣ類も挙げてある。
nâvatīryate < na + avatīryate
　　na：*ind.* ～でない。～にあらず。
　　avatīryate < avatīrya- < ava-√tṝ- (4)：～（対格、処格）へ下る。～（奪格）より下る。化現する。顕現する。赴く。達する。「能入」「趣入」「悟入」「入」と漢訳。*Pres. 3, sg. A.*
na：*ind.* ～でない。～にあらず。
sāryate < sārya- < sāraya- + -ya < √sṛ- (1) + -aya + -ya：*Caus. Pass.* 走らせられる。動かされる。（車で）行かされる。*3, sg. A.*
　　使役動詞の受動活用は、使役活用語幹から aya を取り去り、受動活用の ya を加えて作る。cf.「基礎」*p.* 415.
　　sāraya- < √sṛ- (1) + -aya：*Caus.* 走らせる。動かす。（車で）行く。
　　√sṛ- (1)：速く走る。疾走する。流れる。滑る。走り去る。逃げる。赴く。渡る。横切る。
na：*ind.* ～でない。～にあらず。

visāryate < visārya- < visāraya- + -ya < vi-√sṛ- (1) + -aya + -ya：*Caus. Pass.* 貫流させられる。～（奪格）から出て来させられる。発させられる。*3, sg. A.*

visāraya- < vi-√sṛ- (1) + -aya：*Caus.* 貫流させる。～（奪格）から出て来させる。発させる。

vi-√sṛ- (1)：貫流する。拡げられる。～（奪格）から出てくる。発する。

yatra nôttaraṇaṃ nâvataraṇaṃ na saraṇaṃ [na visaraṇam][23] ayam advaya-praveśaḥ /
（梵漢和維摩経 *p.* 388, *ll.* 9–10）

「もしも、出てくることもなく、入ることもなく、流れ去ることもなく、流れ去らないこともないならば、これが、不二〔の法門〕に入ることです」

【「是れを不二の法門に入ると為す」】（大正蔵、巻一四、五五一頁上）

yatra：*adv.* そこに。その場所に。その場合に。もし～ならば。その時。

nôttaraṇaṃ < na + uttaraṇaṃ

uttaraṇaṃ < uttaraṇa- < ud-√tṝ- (4) + -ana：*adj.* 通過する。*n.* 出てくること。通過。通り越すこと。横切ること。「度」「渡」「救度」「救済」と漢訳。*sg. Nom.*

ud-√tṝ- (4)：～（奪格）より出てくる。

nâvataraṇaṃ < na + avataraṇaṃ

avataraṇaṃ < avataraṇa- < ava-√tṝ- (4) + -ana：*n.* 下り来ること。入ること。降下。成就。*sg. Nom.*

ava-√tṝ- (4)：～（対格、処格）へ下る。～（奪格）より下る。化現する。顕現する。赴く。達する。「能入」「趣入」「悟入」「入」と漢訳。

na：*ind.* ～でない。～にあらず。

saraṇaṃ < saraṇa- < √sṛ- (1) + -ana：*adj.* 走っている。*n.* 赴くこと。走り去ること。運動。随行。「流転」と漢訳。

√sṛ- (1)：速く走る。疾走する。流れる。滑る。走り去る。逃げる。赴く。渡る。横切る。

na：*ind.* ～でない。～にあらず。

visaraṇam < visaraṇa- < vi-√sṛ- (1) + -ana：*n.* 出てくること。緩むこと。

vi-√sṛ- (1)：貫流する。拡げられる。～（奪格）から出てくる。発する。

ayam < idam-：これ。この。*m. sg. Nom.*

advaya-praveśaḥ < advaya-praveśa-：*m.* 不二に入ること。*sg. Nom.*

§13　dānta-matir bodhi-sattva āha /　saṃsāro nirvāṇam iti dvayam etat /
（梵漢和維摩経 *p.* 388, *ll.* 11–12）

§13　"制御された思考を持つもの"（善意）という菩薩が言った。

「生存の循環（輪廻）と涅槃ということ、これが二〔元的に対立するもの〕です。

【§13　善意菩薩曰く、「生死と涅槃とを二と為す。】（大正蔵、巻一四、五五一頁上）

dānta-matir < dānta-matiḥ + 有声音 < dānta-mati-：*m.* 制御された思考を持つもの。*sg. Nom.*

dānta- < √dam-(4) + -ta：*pp.* 馴らされた。温順な。平穏な。平静なる。制御された。感情を抑制する。

mati-：*f.* 敬虔な思想。祈禱。崇拝。～（為格、処格）に対する思考。性向。意見。観念。見解。信念。知覚。思想。

bodhi-sattva < bodhi-sattvaḥ + a 以外の母音 < bodhi-sattva-：*m.* 覚りを求める人。「菩提薩埵」「菩薩」と音写。*sg. Nom.*

āha < √ah-：言う。*Perf. 3, sg. P.*

saṃsāro < saṃsāraḥ + 有声子音 < saṃsāra- < sam-√sṛ- (1) + -a：*m.* 生存の循環。（生の）不断の連

続。現世の生存。「輪廻」と漢訳。*sg. Nom.*

sam-√sṛ- (1)：歩き回る。徘徊する。

√sṛ- (1)：速く走る。流れる。

nirvāṇam < nirvāṇa- < nir-√vā- (2, 4) + -na：*pp.* 吹き消された。生命の光の消えた。絶対の至福を享受した。*n.* 消滅。生の焔の消滅すること。絶対との一致。完全な満足。寂滅。安穏。「滅」「滅度」「寂滅」「安穏」と漢訳。「涅槃」「泥洹」と音写。*n. sg. Nom.*

iti：*adv.* ～と。～ということを。以上のように。～と考えて。「如是」と漢訳。

dvayam < dvaya- < dvi- + -a：*adj.* 二重の。二種類の。対の。*n.* 一対。両者。二つの事物。*n. sg. Nom.*

etat < etad-：これ。*n. sg. Nom.*

saṃsāra-sva-bhāva-darśanān na saṃsarati na parinirvāti /

(梵漢和維摩経 *p.* 388, *ll.* 12)

「生存の循環（輪廻）の本性を見れば、生存を循環することもなく、完全に涅槃することもありません。

【「若し生死の性を見れば、則ち生死無し。縛無く解無く、生ぜず滅せず。】

（大正蔵、巻一四、五五一頁上）

…………………………………………………………………

saṃsāra-sva-bhāva-darśanān < saṃsāra-sva-bhāva-darśanāt + (n) < saṃsāra-sva-bhāva-darśana-：*n.* 生存の循環（輪廻）の本性を見ること。*sg. Abl.*

saṃsāra- < sam-√sṛ- (1) + -a：*m.* 生存の循環。（生の）不断の連続。現世の生存。「輪廻」と漢訳。

sva-bhāva-：*m.* 〔自己に〕固有の在り方。生まれつきの性質。本性。「自性」と漢訳。

darśana- < √dṛś- (1) + -ana-：*n.* 凝視すること。見ること。知覚。悟性。内観。意見。認識。哲学的体系。～との会合。

na：*ind.* ～でない。～にあらず。

saṃsarati < saṃsara- < sam-√sṛ- (1)：歩き回る。徘徊する。歩く。輪廻する。

na：*ind.* ～でない。～にあらず。

parinirvāti < parinirvā- < pari-nir-√vā- (2)：完全に吹き消す。完全に涅槃する。*Pres. 3, sg. P.*

yâivaṃ budhyanâyam advaya-praveśaḥ /

(梵漢和維摩経 *p.* 388, *ll.* 12–13)

「このように理解するならば、これが、不二〔の法門〕に入ることです」

【「是くの如く解せば、是れを不二の法門に入ると為す」】　（大正蔵、巻一四、五五一頁上）

…………………………………………………………………

yâivaṃ < yā + evaṃ

yā < yad-：*関係代名詞, f. sg.Nom.*

evaṃ：*adv.* このように。

budhyanâyam < budhyanā + ayam

budhyanā < budhyanā- < budhya- + -anā：*f.* 理解すること。*sg. Nom.*

budhyana- < budhya- + -ana：*n.* the becoming enlightened と BHS. dic. *p.* 401. にある。

ayam < idam-：これ。この。*m. sg. Nom.*

advaya-praveśaḥ < advaya-praveśa-：*m.* 不二に入ること。*sg. Nom.*

§14　pratyakṣa-darśī bodhi-sattva āha /　kṣayo 'kṣaya[24] iti dvayam etat /

(梵漢和維摩経 *p.* 388, *ll.* 14–15)

§14　“明らかに見るもの”（現見）という菩薩が言った。

「尽きることと尽きないということ、これが二〔元的に対立するもの〕です。
【§14　現見菩薩曰く、「尽と不尽とを二と為す。】　（大正蔵、巻一四、五五一頁上）

pratyakṣa-darśī < pratyakṣa-darśin-：*dj.* 明らかに見るもの。*sg. Nom.*
　pratyakṣa- < praty-akṣa-：*adj.* 眼前にある。一目瞭然の。見える。明瞭な。明白な。顕著な。直接の。「現」「現前」「現証」と漢訳。
　darśin- < √dṛś- (1) + -in-：*adj.* 見ている。知っている。～に見える。
bodhi-sattva < bodhi-sattvaḥ + a 以外の母音 < bodhi-sattva-：*m.* 覚りを求める人。「菩提薩埵」「菩薩」と音写。*sg. Nom.*
āha < √ah-：言う。*Perf. 3, sg. P.*

kṣayo 'kṣaya < kṣayaḥ + akṣaya
　kṣayaḥ < kṣaya- < √kṣi- (5,9) + -a：*m.* 減少。価値低減。衰微。喪失。破壊。終末。*sg. Nom.*
　√kṣi- (5,9)：破壊する。滅ぼす。～（対格）を終わらせる。「滅尽」と漢訳。
　akṣaya < akṣayaḥ + a 以外の母音 < akṣaya- < a-kṣaya-：*adj.* 不滅の。「不盡」「無盡」と漢訳。*m. sg. Nom.*
iti：*adv.* ～と。～ということを。以上のように。～と考えて。「如是」と漢訳。
dvayam < dvaya- < dvi- + -a：*adj.* 二重の。二種類の。対の。*n.* 一対。両者。二つの事物。*n. sg. Nom.*
etat < etad-：これ。*n. sg. Nom.*

kṣayo 'tyanta-kṣīṇaḥ /
（梵漢和維摩経 *p.* 388, *l.* 15）

「尽きることとは、究極まで尽きることです。
【「法若し究竟して尽くるも、】　（大正蔵、巻一四、五五一頁上）

kṣayo 'tyanta-kṣīṇaḥ < kṣayaḥ + atyanta-kṣīṇaḥ
　kṣayaḥ < kṣaya- < √kṣi- (5,9) + -a：*m.* 減少。価値低減。衰微。喪失。破壊。終末。*sg. Nom.*
　atyanta-kṣīṇaḥ < atyanta-kṣīṇa-：*pp.* 究極まで尽きた。*sg. Nom.*
　atyanta- < ati-anta-：*adj.* 終わりまで続く。継続する。断絶せざる。無限の。過度の。「畢竟」「究竟」と漢訳。
　kṣīṇa- < √kṣi- (5,9) + -na：*pp.* 減ぜる。失われた。尽きた。「盡」「已盡」「以滅」「断」と漢訳。

yaś câtyanta-kṣīṇaḥ sa na kṣapayitavyaḥ /
（梵漢和維摩経 *p.* 388, *l.* 15）

「究極まで尽きたところのもの、それは〔もはや〕尽きることはありません。
【「若しは尽きざるも、】　（大正蔵、巻一四、五五一頁上）

yaś < yaḥ + (c) < yad-：*関係代名詞, m. sg. Nom.*
câtyanta-kṣīṇaḥ < ca + atyanta-kṣīṇaḥ
　atyanta-kṣīṇaḥ < atyanta-kṣīṇa-：*pp.* 究極まで尽きた。*m. sg. Nom.*
sa < saḥ < tad-：それ。*m. sg. Nom.*
na：*ind.* ～でない。～にあらず。
kṣapayitavyaḥ < kṣapayitavya- < kṣapaya- + -itavya < √kṣi- (5,9) + -paya + -itavya：*Caus. 未受分,* 破壊されるべき。滅ぼされるべき。*m. sg. Nom.*
　kṣapaya- < √kṣi- (5,9) + -paya：*Caus.* 破壊する。滅ぼす。
　√kṣi- (5,9)：破壊する。滅ぼす。

tenôcyate 'kṣaya iti /
(梵漢和維摩経 *p.* 388, *l.* 16)

「それ故に、尽きることがないと言われます。
【「皆是れ尽相無し。】　（大正蔵、巻一四、五五一頁上）
…………………………………………………………………………

tenôcyate 'kṣaya < tena + ucyate + akṣaya
tena < tad-：それ。*n. sg. Ins.*
代名詞の中性・対格／具格／奪格は、連結助詞として用いられ、「そこで」「従って」「このため」を意味する。
ucyate < ucya- < √vac- (2) + -ya：*Pass.* ～と言われる。～と呼ばれる。*3, sg. A.*
akṣaya < akṣayaḥ + a 以外の母音 < akṣaya- < a-kṣaya-：*adj.* 不滅の。「不盡」「無盡」と漢訳。*m. sg. Nom.*
kṣaya- < √kṣi- (5,9) + -a：*m.* 減少。価値低減。衰微。喪失。破壊。終末。
iti：*adv.* ～と。～ということを。以上のように。～と考えて。「如是」と漢訳。

yaś câkṣayaḥ sa kṣaṇikaḥ /
(梵漢和維摩経 *p.* 388, *l.* 16)

「また、尽きることのないところのもの、それも刹那的なものです。
【「尽相無くんば、即ち是れ空なり。】　（大正蔵、巻一四、五五一頁上）
…………………………………………………………………………

yaś < yaḥ + (c) < yad-：*関係代名詞, m. sg. Nom.*
câkṣayaḥ < ca + akṣayaḥ
akṣayaḥ < akṣaya- < a-kṣaya-：*adj.* 不滅の。「不盡」「無盡」と漢訳。*m. sg. Nom.*
kṣaya- < √kṣi- (5,9) + -a：*m.* 減少。価値低減。衰微。喪失。破壊。終末。
sa < saḥ < tad-：それ。*m. sg. Nom.*
kṣaṇikaḥ < kṣaṇika- < kṣaṇa- + -ika：*adj.* 瞬時の。有閑の。好機会を利する。「刹那住」「刹那」「刹那滅」と漢訳。*m. sg. Nom.*
kṣaṇa-：*m.* 瞬間。「須臾」「念」と漢訳。「刹那」と音写。

kṣaṇikasya nâsti kṣayaḥ /
(梵漢和維摩経 *p.* 388, *ll.* 16–17)

「刹那的なものには、尽きることはありません。
【「空なれば則ち尽・不尽の相有ること無し。】　（大正蔵、巻一四、五五一頁上）
…………………………………………………………………………

kṣaṇikasya < kṣaṇika- < kṣaṇa- + -ika：*adj.* 瞬時の。有閑の。好機会を利する。「刹那住」と漢訳。「刹那」「刹那滅」と漢訳。*m. sg. Gen.*
nâsti < na + asti
na：*ind.* ～でない。～にあらず。
asti < as- < √as- (2)：ある。*Pres. 3, sg. P.*
kṣayaḥ < kṣaya- < √kṣi- (5,9) + -a：*m.* 減少。価値低減。衰微。喪失。破壊。終末。*sg. Nom.*

evaṃ praviṣṭo 'dvaya-dharma-mukha-praviṣṭo vaktavyaḥ /
(梵漢和維摩経 *p.* 388, *l.* 17)

「このよう〔な理解〕に入ったことが、不二の法門に入ったと言われるべきです」
【「是くの如く入れば、是れを不二の法門に入ると為す」】　（大正蔵、巻一四、五五一頁上）

evaṃ：*adv.* このように。

praviṣṭo ’dvaya-dharma-mukha-praviṣṭo < praviṣṭaḥ + advaya-dharma-mukha-praviṣṭo

praviṣṭaḥ < praviṣṭa- < pra-√viś- (6) + -ita：*pp.* 入った。近づいた。誘い込んだ。導入された。*m. sg. Nom.*

advaya-dharma-mukha-praviṣṭo < advaya-dharma-mukha-praviṣṭaḥ + 有声子音 < advaya-dharma-mukha-praviṣṭa-：*pp.* 不二の法門に入った。*m. sg. Nom.*

vaktavyaḥ < vaktavya- < √vac- (3) + -tavya：*未受分,* ～（人：属格、処格）に対して言われるべき。*m. sg. Nom.*

√vac- (3)：～（対格）を～（為格、属格）に言う。話す。告げる。知らせる。

§15　samanta-gupto bodhi-sattva āha /　ātmā nirātmêti dvayam etat /

（梵漢和維摩経 *p.* 390, *ll.* 1–2）

§15　“普く守られたもの”（普守）という菩薩が言った。

「我と、〔何かが我なのではない〕非我ということ、これが二〔元的に対立するもの〕です。

【§15　普守菩薩曰く、「我と無我とを二と為す。】　（大正蔵、巻一四、五五一頁上）

samanta-gupto < samanta-guptaḥ + 有声子音 < samanta-gupta-：*m.* 普く守られたもの。*sg. Nom.*

samanta- < sam-anta-：*adj.* 連続している。隣接している。完全な。「普」「遍」「周」「普遍」と漢訳。

gupta- < √gup- (1) + -ta：*pp.* 守られた。保護された。秘密の。

√gup- (1)：～（奪格）より守る。保護する。秘密を守る。

bodhi-sattva < bodhi-sattvaḥ + a 以外の母音 < bodhi-sattva-：*m.* 覚りを求める人。「菩提薩埵」「菩薩」と音写。*sg. Nom.*

āha < √ah-：言う。*Perf. 3, sg. P.*

ātmā < ātman-：*m.* 自己。「我」と漢訳。*sg. Nom.*

nirātmêti < nirātmā + iti

nirātmā < nir-ātman-：*m.* 非我。「無我」「無有我」と漢訳。*sg. Nom.*

iti：*adv.* ～と。～ということを。以上のように。～と考えて。「如是」と漢訳。

dvayam < dvaya- < dvi- + -a：*adj.* 二重の。二種類の。対の。*n.* 一対。両者。二つの事物。*n. sg. Nom.*

etat < etad-：これ。*n. sg. Nom.*

yas tām ātmatāṃ nôpalabhate sa kiṃ nirātmī-kariṣyati /

（梵漢和維摩経 *p.* 390, *l.* 2）

「その我の本質を了解していないところの人、その人が何を非我となすのでありましょうか。

【「我にして尚不可得なり。非我、何くんぞ得可けんや。】　（大正蔵、巻一四、五五一頁上）

yas < yaḥ + (t) < yad-：*関係代名詞, m. sg. Nom.* 相関詞は、sa である。

tām < tad-：それ。*f. sg. Acc.*

ātmatāṃ < ātmatā- < ātma-tā-：*f.* 〔我の〕本質。本性。*sg. Acc.*

ātma- < ātman-：*m.* 気息。霊魂。自身。本質。本性。我。

nôpalabhate < na + upalabhate

upalabhate < upa-labha- < upa-√labh- (1)：捕らえる。見出す。達する。得る。知覚する。経験する。学び知る。了解する。*Pres. 3, sg. A.*

sa < saḥ < tad-：それ。*m. sg. Nom.*

kiṃ < kim-：*疑問代名詞,* だれ。何。どんな。どれ。*n. sg. Acc.*

nirātmī-kariṣyati < nirātmī-kariṣya- < nirātmī-√kṛ- (8) + iṣya：非我となす。*Fut. 3, sg. P.*

nirātmī- < nirātmā- < nir-ātman-：*adj.* 非我。「無我」「無有我」と漢訳。

動詞 √bhū- (1), √as- (2), √kṛ- (8) の前分に名詞、形容詞がくる複合語では名詞、形容詞の末尾の a, ā, an は ī となり、i, u は ī, ū となり、ṛ は rī、それ以外はそのままとなる。cf.「基礎」*p.* 566.

[ya][25] ātma-sva-bhāva-darśī dvayaṃ na karoty ayam advaya-praveśaḥ /
（梵漢和維摩経 *p.* 390, *ll.* 2–3）

「我の本性を見ている人は、〔我と非我を〕二〔元的に対立するもの〕になしません[26]。これが、不二〔の法門〕に入ることです」

【「我の実性(じっしょう)を見れば、復(また)二を起こさず。是れを不二の法門に入ると為(な)す」】

（大正蔵、巻一四、五五一頁上）

……………………………………………………………………

ya < yaḥ + a 以外の母音 < yad-：*関係代名詞, m. sg. Nom.*

ātma-sva-bhāva-darśī < ātma-sva-bhāva-darśin-：*adj.* 自己の本性を見ている。*m. sg. Nom.*

ātma- < ātman-：*m.* 気息。霊魂。自身。本質。本性。我。

sva-bhāva-：*m.* 固有の在り方。生まれつきの性質。本性。「性」「相」「体」「自性」「定相」「自体」「実体」と漢訳。

darśin- < √dṛś- (1) + -in：*adj.* 見る。見なす。注意する。知る。理解する。

dvayaṃ < dvaya- < dvi- + -a：*adj.* 二重の。二種類の。対の。*n.* 一対。両者。二つの事物。*n. sg. Acc.*

na：*ind.* ～でない。～にあらず。

karoty < karoti + 母音 < karo- < √kṛ- (8)：作る。なす。*Pres. 3, sg. P.*

ayam < idam-：これ。この。*m. sg. Nom.*

advaya-praveśaḥ < advaya-praveśa-：*m.* 不二に入ること。*sg. Nom.*

§16 vidyud-devo[27] bodhi-sattva āha / vidyâvidyêti dvayam etat /
（梵漢和維摩経 *p.* 390, *l.* 4）

§16 "閃光を発する神"（雷天）という菩薩が言った。

「知（明）と無知（無明）ということ、これが二〔元的に対立するもの〕です。

【§16 雷天(らいてん)菩薩曰(いわ)く、「明(みょう)と無明(むみょう)とを二と為す。】（大正蔵、巻一四、五五一頁上）

……………………………………………………………………

vidyud-devo < vidyud-devaḥ + 有声子音 < vidyud-deva-：*m.* 閃光を発する神。*sg. Nom.*

vidyud- < vidyut- + 有声子音：*adj.* 閃光を発する。*f.* 閃光を発する武器。電光。

vi-√dyut- (1)：照らし出す。輝く。閃く。明るくする。

deva-：*m.* 天上の者。神格者。神。神聖な者。「天」と漢訳。

bodhi-sattva < bodhi-sattvaḥ + a 以外の母音 < bodhi-sattva-：*m.* 覚りを求める人。「菩提薩埵」「菩薩」と音写。*sg. Nom.*

āha < √ah-：言う。*Perf. 3, sg. P.*

……………………………………………………………………

vidyâvidyêti < vidyā + avidyā + iti

vidyā < vidyā- < √vid- (2) + -yā：*f.* 知識。学識。学問。「明」と漢訳。*sg. Nom.*

avidyā < avidyā- < a-vidyā- < a- + √vid- (2) + -yā：*f.* 無知。「癡」「愚癡」「無明」と漢訳。*sg. Nom.*

iti：*adv.* ～と。～ということを。以上のように。～と考えて。「如是」と漢訳。

dvayam < dvaya- < dvi- + -a：*adj.* 二重の。二種類の。対の。*n.* 一対。両者。二つの事物。*n. sg. Nom.*

etat < etad-：これ。*n. sg. Nom.*

avidyā-prakṛtikâiva vidyā /
(梵漢和維摩経 *p.* 390, *l.* 5)

「無知（無明）の本性を具えていることこそが、知（明）なのです。
【「無明の実性は即ち是れ明なり。】（大正蔵、巻一四、五五一頁上）

……………………………………………………………………

avidyā-prakṛtikâiva < avidyā-prakṛtikā + eva
avidyā-prakṛtikā < avidyā-prakṛtikā- < avidyā-prakṛtika-：*adj.* 無知の本性を具えている。*f. sg. Nom.*
prakṛtika- < prakṛti-ka-：*adj.* 本性を具えている。
prakṛti-：*f.* 本来の状態。自然の状態。性質。自然。（自然の）始原的構成要素。
eva：*adv.* さように。このように。まさに。実に。ただ。全くこのように。
vidyā < vidyā- < √vid- (2) + -yā：*f.* 知識。学識。学問。「明」と漢訳。*sg. Nom.*

yā câvidyā sâprakṛtikâgaṇanā gaṇanā-patha-samatikrāntā /
(梵漢和維摩経 *p.* 390, *ll.* 5–6)

「けれども、無知（無明）なるもの、それは、本性を具えておらず[28]、計算もできず、計算の道を超越しております。
【明も亦取る可からず、一切の数を離る。】（大正蔵、巻一四、五五一頁上）

……………………………………………………………………

yā < yad-：*関係代名詞, f. sg. Nom.*
câvidyā < ca + avidyā
ca：*conj.* および。また。しかしながら。そして。～と。なお。
avidyā < avidyā- < a-vidyā- < a- + √vid- (2) + -yā：*f.* 無知。「癡」「愚癡」「無明」と漢訳。*sg. Nom.*
vidyā- < √vid- (2) + -yā：*f.* 知識。学識。学問。「明」と漢訳。
sâprakṛtikâgaṇanā < sā + aprakṛtikā + agaṇanā
sā < tad-：それ。*f. sg. Nom.* 関係代名詞 yā の相関詞。
aprakṛtikā < aprakṛtikā- < a-prakṛtika-：*adj.* 本性のない。*f. sg. Nom.*
prakṛtika- < prakṛti-ka-：*adj.* 本性の。「性」と漢訳。
prakṛti-：*f.* 本来の状態。自然の状態。性質。自然。（自然の）始原的構成要素。
agaṇanā < agaṇanā- < a-gaṇana-：*adj.* 計算できない。*f. sg. Nom.*
gaṇanā-patha-samatikrāntā < gaṇanā-patha-samatikrāntā- < gaṇanā-patha-samatikrānta-：*adj.* 計算の道を超越している。*f. sg. Nom.*
gaṇanā-：*f.* 計算。思考。「算」「数」「算数」「計」と漢訳。
patha-：*m.* ～の路。小路。道。「道路」「経路」と漢訳。
samatikrānta- < sam-ati-√kram- (1) + -ta：*pp.* 「出」「超」「過」「超過」「超越」と漢訳。

yo 'trâbhisamayo 'dvayâbhisamayo[29] 'yam[30] advaya-praveśaḥ /
(梵漢和維摩経 *p.* 390, *ll.* 6–7)

「この点についての洞察を持ち、不二についての洞察を持つこと、これが、不二〔の法門〕に入ることです」
【「其の中に於いて平等・無二なれば、是れを不二の法門に入ると為す」】
（大正蔵、巻一四、五五一頁上）

……………………………………………………………………

yo 'trâbhisamayo 'dvayâbhisamayo 'yam < yaḥ + atrâbhisamayaḥ + advayâbhisamayaḥ + ayam
yaḥ < yad-：*関係代名詞, m. sg. Nom.*

atrâbhisamayaḥ < atrâbhisamaya- < atra-abhisamaya-：*adj.* この点についての洞察を持つ。*m. sg. Nom.*

atra：*adv.* ここ。かしこ。この場合。この際。(idam-の処格)

abhisamaya- < abhi-sam-√i- (2) + -a：*m.* （完全に傍らに来ること）。一致。明晰なる認識。洞察。理解。実感。「現観」「所証」「現証」と漢訳。

abhi-sam-√i- (2)：一緒に来る。一緒に～へ赴く。傍らに来る。達する。実感する。把握する。理解する。

advayâbhisamayaḥ < advayâbhisamaya- < advaya-abhisamaya-：*adj.* 不二についての洞察を持つ。*m. sg. Nom.*

ayam < idam-：これ。この。*m. sg. Nom.*

advaya-praveśaḥ < advaya-praveśa-：*m.* 不二に入ること。*sg. Nom.*

§17　priya-darśano bodhi-sattva āha /　rūpaṃ śūnyam iti dvayam etat /
(梵漢和維摩経 *p.* 390, *l.* 8)

§17　"見るも美しいもの"（喜見）という菩薩が言った。
「色（身体・物質）と空ということ、これが二〔元的に対立するもの〕です。
【§17　喜見菩薩曰く、「色と色空とを二と為す。】　　（大正蔵、巻一四、五五一頁上）

……………………………………………………………………

priya-darśano < priya-darśanaḥ + 有声子音 < priya-darśana-：*m.* 喜んで見るもの。見るも美しいもの。*adj.* ～（属格）に対して愛らしい容貌を持つ。美貌の。麗しい。「愛見」「喜見」と漢訳。*sg. Nom.*

priya- < √prī- (9) + -a：*adj.* ～（為・属・処格）に親しい。～に愛された。慈しまれた。～（処格）を好む。

darśana- < √dṛś- (1) + -ana-：*n.* 凝視すること。見ること。知覚。悟性。内観。意見。認識。哲学的体系。

bodhi-sattva < bodhi-sattvaḥ + a 以外の母音 < bodhi-sattva-：*m.* 覚りを求める人。「菩提薩埵」「菩薩」と音写。*sg. Nom.*

āha < √ah-：言う。*Perf. 3, sg. P.*

……………………………………………………………………

rūpaṃ < rūpa-：*n.* 形態。外観。色。形。美しい形。見目よいこと。*sg. Nom.*

śūnyam < śūnya-：*adj.* からの。空虚な。住む者のない。うつろな。欠けている。～のない。空しい。*n.* 空虚な場所。孤独。空虚。*n. sg. Nom.*

iti：*adv.* ～と。～ということを。以上のように。～と考えて。「如是」と漢訳。

dvayam < dvaya- < dvi- + -a：*adj.* 二重の。二種類の。対の。*n.* 一対。両者。二つの事物。*n. sg. Nom.*

etat < etad-：これ。*n. sg. Nom.*

rūpam eva hi śūnyatā /
(梵漢和維摩経 *p.* 390, *l.* 9)

「色こそが、まさに空の本性なのです[31]。
【「色は即ち是れ空なり[32]。】　　（大正蔵、巻一四、五五一頁上）

……………………………………………………………………

rūpam < rūpa-：*n.* 形態。外観。色。形。美しい形。見目よいこと。*sg. Nom.*

eva：*adv.* さように。このように。まさに。実に。ただ。全くこのように。

hi：*ind.* 真に。確かに。実に。

śūnyatā < śūnyatā- < śūnya-tā-：*f.* 空虚。～の欠如。空。無。「空性」と漢訳。*sg. Nom.*

na rūpa-vināśāc chūnyatā rūpa-prakṛtir eva śūnyatā /

(梵漢和維摩経 *p.* 390, *ll.* 9–10)

「色が消滅することで空の本性があるのではありません。色の本来の性質こそが空の本性なのです。
【「色滅して空なるに非ず。色の性は自ずから空なり。】　　　　　　　（大正蔵、巻一四、五五一頁上）

……………………………………………………………………………

na：*ind.* 〜でない。〜にあらず。
rūpa-vināśāc chūnyatā < rūpa-vināśāt + śūnyatā
　　rūpa-vināśāt < rūpa-vināśa-：*m.* 色の消滅。*sg. Abl.*
　　原因・理由・動機を示す奪格。
　　vināśa- < vi-√naś- (1) + -a：*m.* 消失。中止。喪失。分解。破壊。滅亡。
　　vi-√naś- (1)：失われる。消える。滅びる。実を結ばない。
　　śūnyatā < śūnyatā- < śūnya-tā-：*f.* 空虚。〜の欠如。空。無。「空性」と漢訳。*sg. Nom.*
rūpa-prakṛtir < rūpa-prakṛtiḥ + 有声音 < rūpa-prakṛti-：*f.* 色の本来の性質。*sg. Nom.*
　　prakṛti-：*f.* 本来の状態。自然の状態。性質。自然。（自然の）始原的構成要素。
eva：*adv.* さように。このように。まさに。実に。ただ。全くこのように。
śūnyatā < śūnyatā- < śūnya-tā-：*f.* 空虚。〜の欠如。空。無。「空性」と漢訳。*sg. Nom.*

evaṃ vedanā saṃjñā saṃskāro[33] vijñānaṃ śūnyam iti dvayam etat /
(梵漢和維摩経 *p.* 390, *l.* 10)

「〔色（身体）と〕同様に、受（感受作用）・想（表象作用）・行（意志作用）・識（識別作用）〔のそれぞれ〕と空ということ、これが二〔元的に対立するもの〕です。
【「是くの如く受・想・行・識と、識の空とを二と為す。】　　　　　　（大正蔵、巻一四、五五一頁上）

……………………………………………………………………………

evaṃ：*adv.* このように。
vedanā < vedanā- < √vid- (1) + -anā-：*f.* 苦痛。知覚。感受。感受すること。*sg. Nom.*
saṃjñā < saṃjñā- < sam-√jñā- (9) + -ā：*f.* 一致。意識。理解。明瞭な概念。命名。名前。術語。「号」「名号」「名」「名字」「想」「想陰」と漢訳。*sg. Nom.*
　　sam-√jñā- (9)：〜（処格・具格・対格）に同意する。認める。「知」「了知」「想」「想起」と漢訳。
saṃskāro < saṃskāraḥ + 有声子音 < saṃskāra- < sam-s-√kṛ- (8) + -a：*m.* 準備。仕上げ。浄化すること。飾りつけ。形成されたもの。〔実際には存在しないものを、あるかのごとく〕作り出す心の働き。「行」「諸行」「行陰」「業行」「所作」と漢訳。*sg. Nom.*
　　sam-s-√kṛ- (8)：合同する。結合する。浄める。飾る。
vijñānaṃ < vijñāna- < vi-√jñā- (9) + -ana：*n.* 識別。〔自他彼此などと相対的に〕区別して識ること。「了別」と漢訳。*sg. Nom.*
śūnyam < śūnya-：*adj.* からの。空虚な。住む者のない。うつろな。欠けている。〜のない。空しい。*n.* 空虚な場所。孤独。空虚。*n. sg. Nom.*
iti：*adv.* 〜と。〜ということを。以上のように。〜と考えて。「如是」と漢訳。
dvayam < dvaya- < dvi- + -a：*adj.* 二重の。二種類の。対の。*n.* 一対。両者。二つの事物。*n. sg. Nom.*
etat < etad-：これ。*n. sg. Nom.*

vijñānam eva hi śūnyatā /
(梵漢和維摩経 *p.* 390, *l.* 11)

「〔受（感受作用）・想（表象作用）・行（意志作用）のそれぞれについても同じことが言えるが、〕識（識別作用）こそが、まさに空の本性なのです。
【「識は即ち是れ空なり。】　　　　　　　　　　　　　　　　（大正蔵、巻一四、五五一頁上）

……………………………………………………………………………

vijñānam < vijñāna- < vi-√jñā- (9) + -ana：*n.* 識別。〔自他彼此などと相対的に〕区別して識ること。「了別」と漢訳。*sg. Nom.*

eva：*adv.* さように。このように。まさに。実に。ただ。全くこのように。

hi：*ind.* 真に。確かに。実に。

śūnyatā < śūnyatā- < śūnya-tā-：*f.* 空虚。～の欠如。空。無。「空性」と漢訳。*sg. Nom.*

na vijñāna-vināśāc chūnyatā vijñāna-prakṛtir eva śūnyatā /
(梵漢和維摩経 *p.* 390, *ll.* 11–12)

「識（識別作用）が消滅することで空の本性があるのではありません。識（識別作用）の本来の性質こそが空の本性なのです。

【「識の滅して空なるに非ず。識の性は自ずから空なり。】　　（大正蔵、巻一四、五五一頁上）

………………………………………………………………………

na：*ind.* ～でない。～にあらず。

vijñāna-vināśāc chūnyatā < vijñāna-vināśāt + śūnyatā

vijñāna-vināśāt < vijñāna-vināśa-：*m.* 識の消滅。*sg. Abl.*

vināśa- < vi-√naś- (1) + -a：*m.* 消失。中止。喪失。分解。破壊。滅亡。

śūnyatā < śūnyatā- < śūnya-tā-：*f.* 空虚。～の欠如。空。無。「空性」と漢訳。*sg. Nom.*

vijñāna-prakṛtir < vijñāna-prakṛtiḥ +有声音 < vijñāna-prakṛti-：*f.* 識の本来の性質。*sg. Nom.*

eva：*adv.* さように。このように。まさに。実に。ただ。全くこのように。

śūnyatā < śūnyatā- < śūnya-tā-：*f.* 空虚。～の欠如。空。無。「空性」と漢訳。*sg. Nom.*

yo 'tra pañcasûpādāna-skandheṣv evaṃ jñānânubodho 'yam[34] advaya-praveśaḥ /
(梵漢和維摩経 *p.* 390, *ll.* 12–13)

「ここにおいて、執着された〔色・受・想・行・識という〕五つの集まり（五蘊）に対して、このような知によって了解すること、これが、不二〔の法門〕に入ることです」

【「其の中に於いて通達すれば、是れを不二の法門に入ると為す」】　（大正蔵、巻一四、五五一頁上）

………………………………………………………………………

yo 'tra < yaḥ + atra

yaḥ < yad-：*関係代名詞, m. sg. Nom.*

atra：*adv.* ここ。かしこ。この場合。この際。(idam-の処格)

pañcasûpādāna-skandheṣv < pañcasu + upādāna-skandheṣv

pañcasu < pañcan-：*基数詞,* 五。*m. pl. Loc.*

upādāna-skandheṣv < upādāna-skandheṣu + 母音 < upādāna-skandha-：*m.* 執着された集まり（蘊）。*pl. Loc.*

upādāna- < upa-ā-√dā- (3) + -ana：*n.* 取得。捕獲。会得。「取著」と漢訳。

skandha-：*m.* （木の）幹。量。集合。集合体。「茎」「蘊」「陰」「聚」と漢訳。

evaṃ：*adv.* このように。

jñānânubodho 'yam < jñānânubodhaḥ + ayam

jñānânubodhaḥ < jñānânubodha- < jñāna-anubodha-：*m.* 知による了解。*sg. Nom.*

jñāna- < √jñā- (9) + -ana：*n.* 知。智慧。

anubodha- < anu-√budh- (4) + -a：*m.* 注意。知覚。回想。「了知」「覚知」「悟」「解」「通達」と漢訳。

ayam < idam-：これ。この。*m. sg. Nom.*

advaya-praveśaḥ < advaya-praveśa-：*m.* 不二に入ること。*sg. Nom.*

§18　prabhāketur bodhi-sattva āha /　anye catvāro dhātavo 'nya ākāśa-dhātur iti dvayam etat /

(梵漢和維摩経 *p.* 390, *ll.* 14–15)

§18 "光明の旗を持つもの"（明相）という菩薩が言った。

「一方では〔地・水・火・風の〕四大元素、他方では虚空の元素ということ、これが二〔元的に対立するもの〕です。

【§18 明相（みょうそう）菩薩曰（いわ）く、「四種の異と空種の異とを二と為す。】 （大正蔵、巻一四、五五一頁上）

……………………………………………………………………

prabhāketur < prabhāketuḥ + 有声音 < prabhā-ketu-：*adj.* 光明の旗を持つ。「光幢」と漢訳 *m. sg. Nom.*

prabhā-：*f.* 輝き出ること。光輝。光。「光明」「放光」と漢訳。

ketu-：*m.* 光。光明。光輝。形。姿。旗。流星。彗星。「幢」と漢訳。

bodhi-sattva < bodhi-sattvaḥ + a 以外の母音 < bodhi-sattva-：*m.* 覚りを求める人。「菩提薩埵」「菩薩」と音写。*sg. Nom.*

āha < $\sqrt{}$ah-：言う。*Perf. 3, sg. P.*

……………………………………………………………………

anye < anya-：*adj.* 他の。*m. pl. Nom.*

anya- ～ anya- …：一方では～、他方では…。

catvāro < catvāraḥ + 有声子音 < catur-：*基数詞,* 四。*m. pl. Nom.*

dhātavo 'nya < dhātavaḥ + anya

dhātavaḥ < dhātu-：*m.* 層。成分。要素。身体の根本要素。素質。性質。語根。「界」と漢訳。*pl. Nom.*

anya < anyaḥ + a 以外の母音 < anya-：*adj.* 他の。*m. sg. Nom.*

ākāśa-dhātur < ākāśa-dhātuḥ + 有声音 < ākāśa-dhātu-：*m.* 虚空の元素。「虚空界」「空界」「空種」と漢訳。*sg. Nom.*

ākāśa-：*m.n.* 虚空。蒼穹。「虚」「空」「虚空」「空界」と漢訳。

iti：*adv.* ～と。～ということを。以上のように。～と考えて。「如是」と漢訳。

dvayam < dvaya- < dvi- + -a：*adj.* 二重の。二種類の。対の。*n.* 一対。両者。二つの事物。*n. sg. Nom.*

etat < etad-：これ。*n. sg. Nom.*

ākāśa-sva-bhāvā eva catvāro dhātavaḥ /

(梵漢和維摩経 *p.* 390, *l.* 15)

「四大元素は、まさに虚空を本性としています。

【「四種の性（しょう）は即ち是れ空種の性なり。】 （大正蔵、巻一四、五五一頁上）

……………………………………………………………………

ākāśa-sva-bhāvā < ākāśa-sva-bhāvāḥ + 有声音 < ākāśa-sva-bhāva-：*adj.* 虚空を本性とする。*m.* 虚空の本性。 *pl. Nom.*

ākāśa-：*m.n.* 虚空。蒼穹。「虚」「空」「虚空」「空界」と漢訳。

sva-bhāva-：*m.* 固有の在り方。生まれつきの性質。本性。「自性」と漢訳。

eva：*adv.* さように。このように。まさに。実に。ただ。全くこのように。

catvāro < catvāraḥ + 有声子音 < catur-：*基数詞,* 四。*m. pl. Nom.*

dhātavaḥ < dhātu-：*m.* 層。成分。要素。身体の根本要素。素質。性質。語根。「界」と漢訳。*pl. Nom.*

pūrvântata ākāśa-sva-bhāvā aparântata ākāśa-sva-bhāvās tathā pratyutpannato 'py ākāśa-sva-bhāvāḥ /

(梵漢和維摩経 *p.* 390, *ll.* 15–17)

「〔四大元素は、〕過去世において虚空を本性とするものであり、未来世において虚空を本性とするものです。同様に現在においてもまた虚空を本性とするものです[35]。

【「前際・後際に空なるが如く、故に中際にも亦空なり。】　（大正蔵、巻一四、五五一頁上）

pūrvântata < pūrvântataḥ + a 以外の母音 < pūrvântatas < pūrva-antatas：*adv.* 過去の究極において。

pūrva-：*adj.* 前に。以前に。昔の。最初の。「初」「始」と漢訳。

antatas：*adv.* 終末より。極端に。～（属格）の終局において。～の近傍より。最終に。「於」「最後」「乃至」「下至」「乃至最下」と漢訳。

pūrvânta- < pūrva-anta-：*m.* 先行する語の語尾。予想。「前際」「先際」「昔時」「過去」「過去世」「先世」と漢訳。

anta-：*m.* 端。限界。極限。終局。「末」「終」と漢訳。

ākāśa-sva-bhāvā < ākāśa-sva-bhāvāḥ + 有声音 < ākāśa-sva-bhāva-：*adj.* 虚空を本性とする。*m.* 虚空の本性。*m. pl. Nom.*

aparântata < aparântataḥ + a 以外の母音 < aparântatas < apara-antatas：*adv.* 未来の究極において。

aparânta- < apara-anta-：*adj.* 極西に住する。*m.* 西部の国土。終末。死。「末」「当来」「未来」「後際」「未来際」「未来世」と漢訳。

apara-：*adj.* 後方の。遥かなる。後ろの。次の。西方の。劣った。反対の。

ākāśa-sva-bhāvās < ākāśa-sva-bhāvāḥ + (t) < ākāśa-sva-bhāva-：*adj.* 虚空を本性とする。*m.* 虚空の本性。*m. pl. Nom.*

tathā：*adv.* そのように。同様な方法で。同様に。

pratyutpannato 'py < pratyutpannatas + apy

pratyutpannatas < pratyutpanna- + -tas：*adv.* 現在において。

pratyutpanna- < prati-ud-√pad- (4) + -na：*pp.* 迅速な。現在する。現在の。

apy < api + 母音：*adv.* また。されど。

ākāśa-sva-bhāvāḥ < ākāśa-sva-bhāva-：*adj.* 虚空を本性とする。*m.* 虚空の本性。*m. pl. Nom.*

yac câivaṃ dhātu-praveśa-jñānam ayam advaya-praveśaḥ /
（梵漢和維摩経 *p.* 390, *ll.* 17–18）

「また、〔四大〕元素〔についての理解〕に入るための知がこのようであること、これが、不二〔の法門〕に入ることです」

【「若し能く是くの如く諸種の性を知れば、是れを不二の法門に入ると為す」】
（大正蔵、巻一四、五五一頁上）

yac < yad-：*関係代名詞, n. sg. Nom.*

câivaṃ < ca + evaṃ

evaṃ：このように。

dhātu-praveśa-jñānam < dhātu-praveśa-jñāna-：*n.* 〔四大〕元素〔の理解〕に入るための知。*sg. Nom.*

praveśa- < pra-√viś- (6) + -a：*m.* ～に入ること。出過ぎたこと。「能入」「悟入」と漢訳。

pra-√viś- (6)：入る。近づく。誘い込む。導入する。

ayam < idam-：これ。この。*m. sg. Nom.*

advaya-praveśaḥ < advaya-praveśa-：*m.* 不二に入ること。*sg. Nom.*

§19　sumatir bodhi-sattva āha /　cakṣū rūpaṃ ca dvayam etat /
（梵漢和維摩経 *p.* 392, *l.* 1）

§19　"すぐれた理解力を持つもの"（妙意）という菩薩が言った。

「眼に対する色・形、これが二〔元的に対立するもの〕です。

【§19　妙意菩薩曰く、「眼と色とを二と為す。】　（大正蔵、巻一四、五五一頁上）

……………………………………………………………………………

sumatir < sumatiḥ + 有声音 < sumati- < su-mati-：*adj.* すぐれた理解力を持つ。*m. sg. Nom.*

su：*adv.* よく。うまく。正しく。

mati-：*f.* 敬虔な思想。祈禱。崇拝。～（為格、処格）に対する思考。性向。意見。観念。見解。信念。知覚。思想。理解力。

bodhi-sattva < bodhi-sattvaḥ + a 以外の母音 < bodhi-sattva-：*m.* 覚りを求める人。「菩提薩埵」「菩薩」と音写。*sg. Nom.*

āha < √ah-：言う。*Perf. 3, sg. P.*

……………………………………………………………………………

cakṣū < cakṣūḥ + (r) < cakṣus- < √cakṣ- (2) + -us：*n.* 眼。視界。視力。*sg. Nom.*

この連声については、cf.「基礎」*p.* 60.

rūpaṃ < rūpa-：*n.* 形態。外観。色。形。美しい形。見目よいこと。*sg. Nom.*

ca：*conj.* および。また。しかしながら。そして。～と。なお。

dvayam < dvaya- < dvi- + -a：*adj.* 二重の。二種類の。対の。*n.* 一対。両者。二つの事物。*n. sg. Nom.*

etat < etad-：これ。*n. sg. Nom.*

yat punaś cakṣuḥ-parijñātāvī[36] rūpeṣu na rajyati na duṣyati na muhyati sa ucyate śānta iti /
（梵漢和維摩経 *p.* 392, *ll.* 1–3）

「しかしながら、眼について熟知して、色･形に対して貪ること（貪欲）もなく、憎悪すること（瞋恚）もなく、無知であること（愚癡）もない[37] ということ、それが寂滅と言われます。

【「若し眼の性を知らば、色に於いて貪らず、恚らず、癡ならず、是れを寂滅と名づく。」】

（大正蔵、巻一四、五五一頁上）

……………………………………………………………………………

yat < yad-：*関係代名詞, n. sg. Nom.*

punaś < punaḥ + (c) < punar：*adv.* 再び。新たに。さらに。なお。しかしながら。

cakṣuḥ-parijñātāvī < cakṣuḥ-parijñātāvin-：*過能分,* 眼について熟知した。*m. sg. Nom.*

cakṣuḥ- < cakṣus- + (p) < √cakṣ- (2) + -us：*n.* 眼。視界。視力。

parijñātāvin- < parijñāta- + -āvin < pari-√jñā- (9) + -ta + -āvin：*過能分,* 注意深く見た。十分に知った。～（対格）を（対格）として認識した。

parijñātāvin- ≒ parijñātavat- < parijñāta- + -vat < pari-√jñā- (9) + -ta + -vat

Pāli 語では、過去受動分詞に -vat、または -āvin をつけて過去能動分詞を作る（cf.「パーリ語文法」*p.* 137）。

pari-√jñā- (9)：注意深く見る。十分に知る。～（対格）を（対格）として認識する。「知」「遍知」「了知」と漢訳。

rūpeṣu < rūpa-：*n.* 形態。外観。色。形。美しい形。見目よいこと。*sg. Loc.*

na：*ind.* ～でない。～にあらず。

rajyati < rajya- < √raj- (4)：彩られる。赤くなる。～（具格）によって興奮させられる。魅惑される。喜ばされる。喜ぶ。～（処格）を好む。～に心を奪われる。「染」「染著」「貪」「貪欲」「欲」「入婬」と漢訳。*Pres. 3, sg. P.*

na：*ind.* ～でない。～にあらず。

duṣyati < duṣya- < √duṣ- (4)：害われる。損ぜられる。荒廃する。汚される。腐敗する。罪ある。過失ある。*Pres. 3, sg. P.*

これは、√dviṣ- (2)の俗語形とされる。

duṣyati ≒ dveṣṭi < dveṣ- < √dviṣ- (2)：憎悪する。～（対格、為格、属格）を嫌う。敵視する。憎む。「怨憎」「瞋恚」と漢訳。*Pres. 3, sg. P.*

doṣa-（√duṣ- (4) + -a）≒ dveṣa-（√dviṣ- (2) + -a）

na：*ind.* ～でない。～にあらず。

muhyati < muhya- < √muh- (4)：当惑する。困惑する。途方にくれる。さまよう。誤る。あざむかれる。惑わされる。意識を失う。混乱に陥る。*Pres. 3, sg. P.*
sa < saḥ < tad-：それ。*m. sg. Nom.*
ucyate < ucya- < √vac- (2) + -ya：*Pass.* ～と言われる。～と呼ばれる。*3, sg. A.*
śānta < śāntaḥ + a 以外の母音 < śānta- < √śam-(4) + -ta：*pp.* なだめられた。平静にされた。静穏な。和らいだ。*m. sg. Nom.*
iti：*adv.* ～と。～ということを。以上のように。～と考えて。「如是」と漢訳。

śrotraṃ[38] śabdāś ca ghrāṇaṃ gandhāś ca jihvā rasāś ca kāyaḥ spraṣṭavyāni ca mano dharmāś ca dvayam etat /
(梵漢和維摩経 *p.* 392, *ll.* 3–4)

「〔眼に対する色・形と同様に〕耳に対する音声、鼻に対する香り、舌に対する味、身体に対する感触、意に対する法――これが二〔元的に対立するもの〕です。
【「是くの如く耳と声、鼻と香、舌と味、身と触、意と法とを二と為す。】
（大正蔵、巻一四、五五一頁上）

śrotraṃ < śrotra- < √śru- (5) + -tra：*n.* 耳。聞くこと。*sg. Nom.*
śabdāś < śabdāḥ + (c) < śabda-：*m.* 音。声。言葉。*pl. Nom.*
ca：*conj.* および。また。しかしながら。そして。～と。なお。
ghrāṇaṃ < ghrāṇa- < √ghrā- (1) + -ana：*n.* 嗅ぐこと。鼻。*sg. Nom.*
gandhāś < gandhāḥ + (c) < gandha-：*m.* 香。芳香。香気。薫香。*pl. Nom.*
ca：*conj.* および。また。しかしながら。そして。～と。なお。
jihvā < jihvā-：*f.* 舌。
rasāś < rasāḥ + (c) < rasa-：*m.* 味。*pl. Nom.*
ca：*conj.* および。また。しかしながら。そして。～と。なお。
kāyaḥ < kāyaḥ + (s) < kāya-：*m.* 身体。集団。多数。集合。「身」「体」「軀」「聚」「衆」と漢訳。*sg. Nom.*
spraṣṭavyāni < spraṣṭavya- < √spṛś- (6) + -tavya：*未受分,* 触れられるべき。なでられるべき。*n.*「触」と漢訳。*n. pl. Nom.*
ca：*conj.* および。また。しかしながら。そして。～と。なお。
mano < manaḥ + 有声子音 < manas- < √man- (1) + -as：*n.* 心。理解力。知力。精神。心情。思考。「意」と漢訳。*sg. Nom.*
dharmāś < dharmāḥ + (c) < dharma-：*m.* 確定した秩序。慣例。習慣。法則。規則。義務。宗教。教説。性質。本質。属性。特質。事物。法。*pl. Nom.*
ca：*conj.* および。また。しかしながら。そして。～と。なお。
dvayam < dvaya- < dvi- + -a：*adj.* 二重の。二種類の。対の。*n.* 一対。両者。二つの事物。*n. sg. Nom.*
etat < etad-：これ。*n. sg. Nom.*

yat punar manaḥ-parijñātāvī[39] dharmeṣu na rajyati[40] na duṣyati[41] na muhyati sa ucyate śānta iti /
(梵漢和維摩経 *p.* 392, *ll.* 4–6)

「〔耳と声、鼻と香、舌と味、身と触についても同じことが言えるが、〕さらに、意について熟知して、法に対して貪ること（貪欲）もなく、憎悪すること（瞋恚）もなく、無知であること（愚癡）もないということ、それが寂滅と言われます。
【「若し意の性を知らば、法に於いて貪らず、恚らず、癡ならず。是れを寂滅と名づく。】
（大正蔵、巻一四、五五一頁上）

yat < yad-：*関係代名詞, n. sg. Nom.*
punar：*adv.* 再び。新たに。さらに。なお。しかしながら。
manaḥ-parijñātāvī < manaḥ-parijñātāvin-：*過能分,* 意について熟知した。*m. sg. Nom.*
manaḥ- < manas- + (p) < √man- (1) + -as：*n.* 心。理解力。知力。精神。心情。思考。「意」と漢訳。
parijñātāvin- < parijñāta- + -āvin < pari-√jñā- (9) + -ta + -āvin：*過能分,* 注意深く見た。十分に知った。～（対格）を（対格）として認識した。
parijñātāvin- ≒ parijñātavat- < parijñāta- + -vat < pari-√jñā- (9) + -ta + -vat
Pāli 語では、過去受動分詞に -vat、または -āvin をつけて過去能動分詞を作る（cf.「パーリ語文法」*p.* 137）。
dharmeṣu < dharma-：*m.* 確定した秩序。慣例。習慣。法則。規則。義務。宗教。教説。性質。本質。属性。特質。事物。法。*pl. Loc.*
na：*ind.* ～でない。～にあらず。
rajyati < rajya- < √raj- (4)：彩られる。赤くなる。～（具格）によって興奮させられる。魅惑される。喜ばされる。喜ぶ。～（処格）を好む。～に心を奪われる。「染」「染著」「貪」「貪欲」「欲」「入婬」と漢訳。*Pres. 3, sg. P.*
na：*ind.* ～でない。～にあらず。
duṣyati < duṣya- < √duṣ- (4)：害われる。損ぜられる。荒廃する。汚される。腐敗する。罪ある。過失ある。*Pres. 3, sg. P.*
これは、√dviṣ- (2)の俗語形とされる。
duṣyati ≒ dveṣṭi < dveṣ- < √dviṣ- (2)：憎悪する。～（対格、為格、属格）を嫌う。敵視する。憎む。「怨憎」「瞋恚」と漢訳。*Pres. 3, sg. P.*
na：*ind.* ～でない。～にあらず。
muhyati < muhya- < √muh- (4)：当惑する。困惑する。途方にくれる。さまよう。誤る。あざむかれる。惑わされる。意識を失う。混乱に陥る。*Pres. 3, sg. P.*
sa < saḥ < tad-：それ。*m. sg. Nom.*
ucyate < ucya- < √vac- (2) + -ya：*Pass.* ～と言われる。～と呼ばれる。*3, sg. A.*
śānta < śāntaḥ + a 以外の母音 < śānta- < √śam-(4) + -ta：*pp.* なだめられた。平静にされた。静穏な。和らいだ。*m. sg. Nom.*
iti：*adv.* ～と。～ということを。以上のように。～と考えて。「如是」と漢訳。

evaṃ śānta-sthitasyâdvaya-praveśaḥ /
(梵漢和維摩経 *p.* 392, *l.* 6)

「このように、寂滅に住することに、不二〔の法門〕に入ることが具わっています」
【「其の中に安住する、是れを不二の法門に入ると為す」】　（大正蔵、巻一四、五五一頁中）

evaṃ：*adv.* このように。
śānta-sthitasyâdvaya-praveśaḥ < śānta-sthitasya + advaya-praveśaḥ
śānta-sthitasya < śānta-sthita-：*pp.* 寂静に立つこと。*m.n. sg. Gen.*
śānta- < √śam-(4) + -ta：*pp.* なだめられた。平静にされた。静穏な。和らいだ。
sthita- < √sthā- (1) + -ita：*pp.* 立った。住していた。留まっていた。
advaya-praveśaḥ < advaya-praveśa-：*m.* 不二に入ること。*sg. Nom.*
以上は、属格と主格の名詞文であろう。

§20　akṣaya-matir bodhi-sattva āha /　dānaṃ sarva-jñatāyāṃ pariṇāma iti[42] dvayam etat /
(梵漢和維摩経 *p.* 392, *ll.* 7–8)

§20　"尽きることのない知性を持つもの"（無尽意）という菩薩が言った。

「布施と、一切智への廻向ということ、これが二〔元的に対立するもの〕です[43]。
【§20　無尽意菩薩曰く、「布施と、一切智に廻向するとを二と為す。】
（大正蔵、巻一四、五五一頁中）

………………………………………………………………………

akṣaya-matir < akṣaya-matiḥ + 有声音 < akṣaya-mati-：*m.* 尽きることのない知性を持つ。*sg. Nom.*

akṣaya- < a-kṣaya-：*adj.* 不滅の。「不盡」「無盡」と漢訳。

kṣaya- < √kṣi- (5,9) + -a：*m.* 減少。価値低減。衰微。喪失。破壊。終末。

mati-：*f.* 思考。意見。信念。思想。理解力。知性。機知。

bodhi-sattva < bodhi-sattvaḥ + a 以外の母音 < bodhi-sattva-：*m.* 覚りを求める人。「菩提薩埵」「菩薩」と音写。*sg. Nom.*

āha < √ah-：言う。*Perf. 3, sg. P.*

………………………………………………………………………

dānaṃ < dāna- < √dā- (3) + -ana：*n.* 与えること。供物を捧げること。施物。供物。「施」「布施」「供養」と漢訳。*sg. Nom.*

sarva-jñatāyāṃ < sarva-jñatā-：*f.* 全知。「一切智」と漢訳。「薩婆若」と音写。*pl. Gen.*

pariṇāma < pariṇāmaḥ + a 以外の母音 < pariṇāma- < pari-√nam- (1) + -a：*m.* 変形。変化。消化。結末。終点。最後。「廻向」「変」「改変」「変易」「変異」「転変」と漢訳。*sg. Nom.*

pari-√nam- (1)：側に曲がる。脇を向く。変わる。転ずる。「廻向」と漢訳。

iti：*adv.* ～と。～ということを。以上のように。～と考えて。「如是」と漢訳。

dvayam < dvaya- < dvi- + -a：*adj.* 二重の。二種類の。対の。*n.* 一対。両者。二つの事物。*n. sg. Nom.*

etat < etad-：これ。*n. sg. Nom.*

dāna-sva-bhāvâiva sarva-jñatā sarva-jñatā-sva-bhāva eva pariṇāmaḥ /
(梵漢和維摩経 *p.* 392, *ll.* 8–9)

「布施の本性こそが一切智であり、まさに一切智を本性とするのが廻向であります。
【「布施の性は即ち是れ一切智に廻向するの性なり。】　（大正蔵、巻一四、五五一頁中）

………………………………………………………………………

dāna-sva-bhāvâiva < dāna-sva-bhāvā + eva

dāna-sva-bhāvā < dāna-sva-bhāvā- < dāna-sva-bhāva-：*adj.* 布施を本性とする。布施の本性の。*f. sg. Nom.*

dāna- < √dā- (3) + -ana：*n.* 与えること。供物を捧げること。施物。供物。「施」「布施」「供養」と漢訳。

sva-bhāva-：*m.* 〔自己に〕固有の在り方。生まれつきの性質。本性。「自性」と漢訳。

eva：*adv.* さように。このように。まさに。実に。ただ。全くこのように。

sarva-jñatā < sarva-jñatā-：*f.* 全知。「一切智」と漢訳。「薩婆若」と音写。*sg. Nom.*

sarva-jñatā-sva-bhāva < sarva-jñatā-sva-bhāvaḥ + a 以外の母音 < sarva-jñatā-sva-bhāva-：*m.* 一切智の本性。*sg. Nom.*

eva：*adv.* さように。このように。まさに。実に。ただ。全くこのように。

pariṇāmaḥ < pariṇāma- < pari-√nam- (1) + -a：*m.* 変形。変化。「変易」「能変」「転変」「転異」「廻向」と漢訳。*sg. Nom.*

pari-√nam- (1)：曲がる。脇を向く。～（具格）に変わる。～に転ずる。発達する。成熟する。「変現」「転変」「廻向」と漢訳。

√nam- (1)：～（対格・為格・属格）に向かってかがむ。お辞儀をする。～に屈する。

evaṃ śīlaṃ kṣāntir vīryaṃ dhyānaṃ prajñā[44] sarva-jñatāyāṃ pariṇāma iti[45] dvayam etat /
(梵漢和維摩経 *p.* 392, *ll.* 9–10)

「〔布施と〕同様に、持戒・忍耐・努力精進・禅定・智慧〔のそれぞれ〕と、一切智への廻向ということ、これが二〔元的に対立するもの〕です。
【「是くの如く持戒・忍辱・精進・禅定・智慧と、一切智に廻向するとを二と為す。】
（大正蔵、巻一四、五五一頁中）

…………………………………………………………………………

evaṃ：*adv.* このように。

śīlaṃ < śīla-：*n.* 習慣。気質。性向。性格。よい行状。よい習慣。高尚な品性。道徳性。「戒」と漢訳。*sg. Nom.*

kṣāntir < kṣāntiḥ + 有声音 < kṣānti- < √kṣam- (1) + -ti：*f.* 堪えること。認めること。「忍」「忍辱」「堪忍」と漢訳。*sg. Nom.*

√kṣam- (1)：忍耐する。堪える。忍ぶ。

vīryaṃ < vīrya-：*n.* 男らしさ。勇気。力。能力。英雄的な行為。「勤」「精進」「勇健」「勇猛」「強健」と漢訳。*sg. Nom.*

dhyānaṃ < dhyāna- < √dhyai- (1) + -ana：*n.* 静慮。「定」と漢訳。「禅」「禅定」と音写。*sg. Nom.*

prajñā < prajñā-：*f.* 「智慧」と漢訳。「般若」と音写。*sg. Nom.*

sarva-jñatāyāṃ < sarva-jñatā-：*f.* 全知。「一切智」と漢訳。「薩婆若」と音写。*pl. Gen.*

pariṇāma < pariṇāmaḥ + a 以外の母音 < pariṇāma- < pari-√nam- (1) + -a：*m.* 変形。変化。消化。結末。終点。最後。「廻向」「改変」「変易」「変異」「転変」と漢訳。*sg. Nom.*

pari-√nam- (1)：側に曲がる。脇を向く。変わる。転ずる。「廻向」と漢訳。

iti：*adv.* 〜と。〜ということを。以上のように。〜と考えて。「如是」と漢訳。

dvayam < dvaya- < dvi- + -a：*adj.* 二重の。二種類の。対の。*n.* 一対。両者。二つの事物。*n. sg. Nom.*

etat < etad-：これ。*n. sg. Nom.*

prajñā-sva-bhāvâiva sarva-jñatā sarva-jñatā-sva-bhāva eva pariṇāmaḥ /
（梵漢和維摩経 *p.* 392, *ll.* 10–11）

「〔持戒・忍耐・努力精進・禅定のそれぞれについても同じことが言えるが、〕智慧の本性こそが一切智であり、まさに一切智を本性とするのが廻向であります。
【「智慧の性は即ち是れ一切智に廻向するの性なり。】（大正蔵、巻一四、五五一頁中）

…………………………………………………………………………

prajñā-sva-bhāvâiva < prajñā-sva-bhāvā + eva

prajñā-sva-bhāvā < prajñā-sva-bhāvā- < prajñā-sva-bhāva-：*adj.* 智慧を本性とする。智慧の本性の。*f. sg. Nom.*

eva：*adv.* さように。このように。まさに。実に。ただ。全くこのように。

sarva-jñatā < sarva-jñatā-：*f.* 全知。「一切智」と漢訳。「薩婆若」と音写。*sg. Nom.*

sarva-jñatā-sva-bhāva < sarva-jñatā-sva-bhāvaḥ + a 以外の母音 < sarva-jñatā-sva-bhāva-：*adj.* 一切智を本性とする。*m. sg. Nom.*

eva：*adv.* さように。このように。まさに。実に。ただ。全くこのように。

pariṇāmaḥ < pariṇāma- < pari-√nam- (1) + -a：*m.* 変形。変化。「変易」「能変」「転変」「転異」「廻向」と漢訳。*sg. Nom.*

yo 'trâika-naya-praveśo 'yam advaya-praveśaḥ /
（梵漢和維摩経 *p.* 392, *ll.* 11–12）

「ここにおいて、〔それらが〕一つであるという道理〔についての理解〕に入ること、これが、不二〔の法門〕に入ることです」
【「其の中に於いて一相に入れば、是れを不二の法門に入ると為す」】（大正蔵、巻一四、五五一頁中）

…………………………………………………………………………

yo 'trâika-naya-praveśo 'yam < yaḥ + atra + eka-naya-praveśaḥ + ayam

yaḥ < yad-：*関係代名詞, m. sg. Nom.*
atra：*adv.* ここ。かしこ。この場合。この際。（idam-の処格）
eka-naya-praveśaḥ < eka-naya-praveśa-：*m.* 一なる道理〔の理解〕に入ること。*sg. Nom.*
eka-：*基数詞,* 一。
naya- < √nī- (1) + -a：*m.* ～（処格）に導くこと。行状。態度。行為。理趣。～に対する思慮、分別。「理」「道理」と漢訳。
√nī- (1)：指導する。導く。
praveśa- < pra-√viś- (6) + -a：*m.* ～に入ること。出過ぎたこと。「能入」「悟入」と漢訳。
pra-√viś- (6)：入る。近づく。誘い込む。導入する。
ayam < idam-：これ。この。*m. sg. Nom.*
advaya-praveśaḥ < advaya-praveśa-：*m.* 不二に入ること。*sg. Nom.*

> §21　gambhīra-buddhir bodhi-sattva āha /　anyā śūnyatânyad animittam anyad apraṇihitam iti dvayam etat /
>
> （梵漢和維摩経 *p.* 392, *ll.* 13–14）

§21　“深遠な知性を持つもの”（深慧）という菩薩が言った。
「一方では実体がないこと（空）、他方では特徴がないこと（無相）、〔さらに〕他方では欲望を離れていること（無願）――〔そのそれぞれを対立的にとらえる〕ということ、これが二〔元的に対立するもの〕です。
【§21　深慧菩薩曰く、「是れ空、是れ無相、是れ無作なるを二と為す。】
（大正蔵、巻一四、五五一頁中）

………………………………………………………………………

gambhīra-buddhir < gambhīra-buddhiḥ + 有声音 < gambhīra-buddhi-：*m.* 深遠な知性を持つもの。*sg. Nom.*
gambhīra- ＝ gabhīra-：*adj.* 深い。「甚深」「深遠」と漢訳。
buddhi- < √budh- (1) + -ti：*f.* 理解力。見解。知能。理性。知性。
bodhi-sattva < bodhi-sattvaḥ + a 以外の母音 < bodhi-sattva-：*m.* 覚りを求める人。「菩提薩埵」「菩薩」と音写。*sg. Nom.*
āha < √ah-：言う。*Perf. 3, sg. P.*

………………………………………………………………………

anyā < anyā- < anya-：*adj.* 他の。*f. sg. Nom.*
anya- ～ anya- …：一方では～、他方では…。
śūnyatânyad < śūnyatā + anyad
śūnyatā < śūnyatā- <śūnya-tā-：*f.* 空虚。孤独。実体がないこと。うつろなこと。～の欠如。「空」「空性」「虚空」「空義」「空相」と漢訳。*sg. Nom.*
anyad < anyat + 母音 < anya-：*adj.* 他の。*n. sg. Nom.*
animittam < a-nimitta-：*n.* 特徴がないこと。不確実。無根拠。無原因。「無相」と漢訳。*adj.* 不確実な。根底なき。*n. sg. Nom.*
nimitta-：*n.* 目的。記号。象徴。前兆。理由。手段。「瑞相」と漢訳。
anyad < anyat + 母音 < anya-：*adj.* 他の。*n. sg. Nom.*
apraṇihitam < a-praṇihita-：*adj.* 欲望を離脱した。「無願」と漢訳。*n. sg. Nom.*
praṇihita- < pra-ni-√dhā- (3) + -ta：*pp.* 下に置かれた。～（為格）に引き渡された。～（対格）に専念した。「願」「発願」「発誓」と漢訳。
iti：*adv.* ～と。～ということを。以上のように。～と考えて。「如是」と漢訳。
dvayam < dvaya- < dvi- + -a：*adj.* 二重の。二種類の。対の。*n.* 一対。両者。二つの事物。*n. sg. Nom.*
etat < etad-：これ。*n. sg. Nom.*

yad dhi śūnyaṃ tatra na kiṃ-cin nimittam /

(梵漢和維摩経 *p.* 392, *ll.* 14–15)

「実に空であるところのもの、そこには決して何も特徴（相）はありません。

【「空は即ち無相、】　（大正蔵、巻一四、五五一頁中）

………………………………………………………………………

yad dhi < yat + hi

yat < yad-：*関係代名詞, n. sg. Nom.*

hi：*ind.* 真に。確かに。実に。

śūnyaṃ < śūnya-：*adj.* からの。空虚な。住む者のない。うつろな。欠けている。〜のない。空しい。*n.* 空虚な場所。孤独。空虚。*n. sg. Nom.*

tatra：*adv.* そこに。そこへ。かしこに。その時に。その場合に。

na：*ind.* 〜でない。〜にあらず。

kiṃ-cin < kiṃ-cit + (n) < kiṃ-cit-：*不定代名詞,* だれかある人。なにかあるもの。*n. sg. Nom.*

nimittam < nimitta-：*n.* 目的。目標。記号。象徴。前兆。原因。「相」「瑞相」「相貌」「因」と漢訳。*sg. Nom.*

animitte 'praṇihitam /

(梵漢和維摩経 *p.* 392, *l.* 15)

「特徴がないところには、欲望もありません。

【「無相は即ち無作なり。】　（大正蔵、巻一四、五五一頁中）

………………………………………………………………………

animitte 'praṇihitam < animitte + apraṇihitam

animitte < animitta- < a-nimitta-：*adj.* 特徴のない。*n. sg. Loc.*

nimitta-：*n.* 目的。目標。記号。象徴。前兆。原因。「相」「瑞相」「相貌」「因」と漢訳。

apraṇihitam < apraṇihita- < a-praṇihita-：*adj.* 欲望を離脱した。「無願」と漢訳。*n. sg. Nom.*

処格と主格の名詞文である。

apraṇihite na cittaṃ na mano na mano-vijñānaṃ pracarati /

(梵漢和維摩経 *p.* 392, *ll.* 15–16)

「欲望のないところには、心〔が起こること〕もなく、意〔が起こること〕もなく、意識が起こることもありません。

【「若し空・無相・無作なれば、則ち心・意・識無けん。】　（大正蔵、巻一四、五五一頁中）

………………………………………………………………………

apraṇihite < apraṇihita- < a-praṇihita-：*adj.* 欲望を離脱した。「無願」と漢訳。*n. sg. Loc.*

na：*ind.* 〜でない。〜にあらず。

cittaṃ < citta-：*n.* 心。思考。意思。知性。理性。「質多」と音写。*sg. Nom.*

na：*ind.* 〜でない。〜にあらず。

mano < manaḥ + 有声子音 < manas- < √man- (1) + -as：*n.* 心。理解力。知力。精神。心情。思考。「意」と漢訳。*sg. Nom.*

na：*ind.* 〜でない。〜にあらず。

mano-vijñānaṃ < mano-vijñāna-：*n.* 「意識」「第六意識」と漢訳。*sg. Nom.*

mano- < manas- + 有声子音 < √man- (1) + -as：*n.* 心。理解力。知力。精神。心情。思考。「意」と漢訳。

vijñāna- < vi-√jñā- (9) + -ana：*n.* 識別。〔自他彼此などと相対的に〕区別して識ること。「了別」と漢訳。

pracarati < pracara- < pra-√car- (1)：出る。起こる。現われる。彷徨する。

> yatrâikaṃ vimokṣa-mukhaṃ tatra sarvāṇi vimokṣa-mukhāni draṣṭavyāny ayam advaya-praveśaḥ /
> (梵漢和維摩経 *p.* 392, *ll.* 16–17)

「一つの解脱への入り口があるところ、そこには〔空・無相・無願による〕あらゆる解脱への入口[46] があるべきです。これが、不二〔の法門〕に入ることです」
【「一解脱門に於いて、即ち是れ三解脱門なれば、是れを不二の法門に入ると為す」】
（大正蔵、巻一四、五五一頁中）

---

yatrâikaṃ < yatra + ekaṃ
　yatra：*adv.* そこに。その場所に。その場合に。もし～ならば。その時。
　ekaṃ < eka-：*基数詞,* 一。*n. sg. Nom.*
vimokṣa-mukhaṃ < vimokṣa-mukha-：*n.* 解脱への入り口。「解脱門」と漢訳。*n. sg. Nom.*
　vimokṣa-：*m.* 緩むこと。～からの解放。救済。「解脱」と漢訳。
　mukha-：*n.* 顔。口。あご。嘴。出入口。尖端。
tatra：*adv.* そこに。そこへ。かしこに。その時に。その場合に。
sarvāṇi < sarva-：*adj.* すべての。*n. pl. Nom.*
vimokṣa-mukhāni < < vimokṣa-mukha-：*n.* 解脱への入り口。「解脱門」と漢訳。*n. pl. Nom.*
draṣṭavyāny < draṣṭavyāni + 母音 < draṣṭavya- < √dṛś- (1) + -iṭavya：*未受分,* 見られるべきである。*n. pl. Nom.*
ayam < idam-：これ。この。*m. sg. Nom.*
advaya-praveśaḥ < advaya-praveśa-：*m.* 不二に入ること。*sg. Nom.*

> §22　śāntêndriyo bodhi-sattva āha /　buddho dharmaḥ saṃgha iti dvayam etat /
> (梵漢和維摩経 *p.* 394, *ll.* 1–2)

§22 “和らいだ感覚器官を持つもの”（寂根）という菩薩が言った。
「ブッダ（仏）と、真理の教え（法）と、教団（僧）と〔を対立的にとらえると〕いうこと、これが二〔元的に対立するもの〕です。
【§22　寂根菩薩曰く、「仏と法と衆とを二と為す。】　（大正蔵、巻一四、五五一頁中）

śāntêndriyo < śāntêndriyaḥ + 有声子音 < śānta-indriya-：*m.* 和らいだ感覚器官を持つもの。*sg. Nom.*
　śānta- < √śam-(4) + -ta：*pp.* なだめられた。平静にされた。静穏な。和らいだ。
　indriya-：*n.* 活力。精力。感官。能力。「根」と漢訳。
bodhi-sattva < bodhi-sattvaḥ + a 以外の母音 < bodhi-sattva-：*m.* 覚りを求める人。「菩提薩埵」「菩薩」と音写。*sg. Nom.*
āha < √ah-：言う。*Perf. 3, sg. P.*

---

buddho < buddhaḥ + 有声子音 < buddha- < √budh (1) + -ta：*pp.* 目覚めた（人）。「覚者」と漢訳。「仏」「仏陀」と音写。*m. sg. Nom.*
dharmaḥ < dharmaḥ + (s) < dharma-：*m.* 確定した秩序。慣例。習慣。法則。規則。義務。宗教。教説。性質。本質。属性。特質。事物。法。*sg. Nom.*
saṃgha < saṃghaḥ + a 以外の母音 < saṃgha- < saṃ-gha-：*m.* 群れ。集団。僧団。「衆」「衆会」と漢訳。「僧伽」と音写。*sg. Nom.*
iti：*adv.* ～と。～ということを。以上のように。～と考えて。「如是」と漢訳。
dvayam < dvaya- < dvi- + -a：*adj.* 二重の。二種類の。対の。*n.* 一対。両者。二つの事物。*n. sg. Nom.*
etat < etad-：これ。*n. sg. Nom.*

buddha-prakṛtiko[47] hi dharmo dharma-prakṛtikaś ca saṃghaḥ /
(梵漢和維摩経 *p.* 394, *ll.* 2–3)

「ブッダ（仏）の本性こそが法であり[48]、〔まさに〕法を本性とするのが教団（僧）なのです。
【「仏は即ち是れ法、法は即ち是れ衆なり。】　（大正蔵、巻一四、五五一頁中）

buddha-prakṛtiko < buddha-prakṛtikaḥ + 有声子音 < buddha-prakṛtika-：*adj.* ブッダの本性を持つ。*m. sg. Nom.*

buddha- < √budh (1) + -ta：*pp.* 目覚めた（人）。「覚者」と漢訳。「仏」「仏陀」と音写。

prakṛtika- < prakṛti-ka-：*adj.* 本性の。「性」と漢訳。

prakṛti-：*f.* 本来の状態。自然の状態。性質。自然。（自然の）始原的構成要素。

hi：*ind.* 真に。確かに。実に。

dharmo < dharmaḥ + 有声子音 < dharmaḥ + (s) < dharma-：*m.* 確定した秩序。慣例。習慣。法則。規則。義務。宗教。教説。性質。本質。属性。特質。事物。法。*sg. Nom.*

dharma-prakṛtikaś < dharma-prakṛtikaḥ + (c) < dharma-prakṛtika-：*adj.* 法の本性を持つ。法を本性とする。*m. sg. Nom.*

ca：*conj.* および。また。しかしながら。そして。〜と。なお。

saṃghaḥ < saṃgha- < saṃ-gha-：*m.* 群れ。集団。僧団。「衆」「衆会」と漢訳。「僧伽」と音写。*sg. Nom.*

sarvāṇy etāni ratnāny asaṃskṛtāny asaṃskṛtaṃ câkāśam ākāśa-samaś ca sarva-dharma-nayaḥ /
(梵漢和維摩経 *p.* 394, *ll.* 3–4)

「〔仏・法・僧という〕これらのすべての宝は、無為なるものです。また、虚空も無為なるものです。あらゆるものごとの在り方は、虚空に等しいものです。
【「是の三宝は皆、無為の相にして虚空と等し。一切法も亦爾り。】　（大正蔵、巻一四、五五一頁中）

sarvāṇy < sarvāṇi + 母音 < sarva-：*adj.* すべての。あらゆる。*n. pl. Nom.*

etāni < etad-：これ。*n. pl. Nom.*

ratnāny < ratnāni + 母音 < ratna-：*n.* 宝石。財宝。*pl. Nom.*

asaṃskṛtāny < asaṃskṛtāni + 母音 < asaṃskṛta- < a-saṃskṛta-：*adj.* 装備されない。装飾されていない。「無為」と漢訳。*n. pl. Nom.*

asaṃskṛtaṃ < asaṃskṛta- < a-saṃskṛta-：*adj.* 装備されない。装飾されていない。「無為」と漢訳。*n. sg. Nom.*

câkāśam < ca + ākāśam

ākāśam < ākāśa-：*n.* 虚空。蒼穹。「虚」「空」「虚空」「空界」と漢訳。*sg. Nom.*

ākāśa-samaś < ākāśa-samaḥ + (c) < ākāśa-sama-：*adj.* 虚空に等しい。*m. sg. Nom.*

sama-：*adj.* 平らな。滑らかな。水平の。〜（具格、属格）と等しい。平等の。

ca：*conj.* および。また。しかしながら。そして。〜と。なお。

sarva-dharma-nayaḥ < sarva-dharma-naya-：*m.* あらゆるものごとの在り方。*m. sg. Nom.*

naya-：*m.* 〜（処格）に導くこと。行状。態度。行為。理趣。〜に対する思慮、分別。「理」「道理」と漢訳。

ya evam anugamo 'yam advaya-praveśaḥ /
(梵漢和維摩経 *p.* 394, *l.* 4)

「このよう〔な考え〕に随順すること、これが、不二〔の法門〕に入ることです」
【「能く此の行に随わば、是れを不二の法門に入ると為す」】　（大正蔵、巻一四、五五一頁中）

ya < yaḥ +a 以外の母音 < yad-：関係代名詞, *m. sg. Nom.*
evam：*adv.* このように。「是」「如是」と漢訳。
anugamo 'yam < anugamaḥ + ayam
anugamaḥ < anugama- < anu-√gam- (1) + -a：*m.* 随うこと。（生、あるいは死の）後を追うこと。模擬。近接。「随順」「随入」「随知」「随証」「随順知」「思惟」と漢訳。*sg. Nom.*
ayam < idam-：これ。この。*m. sg. Nom.*
advaya-praveśaḥ < advaya-praveśa-：*m.* 不二に入ること。*sg. Nom.*

§23 apratihata-cakṣur bodhi-sattva āha / sat-kāyaḥ sat-kāya-nirodha iti dvayam etat / (梵漢和維摩経 *p.* 394, *ll.* 5–6)

§23 "さえぎられることのない眼を持つもの"（心無礙）という菩薩が言った。
「存在している身体と、存在している身体の消滅ということ、これが二〔元的に対立するもの〕です。
【§23 心無礙菩薩曰く、「身と身滅とを二と為す。】 （大正蔵、巻一四、五五一頁中）
………………………………………………………………………

apratihata-cakṣur < apratihata-cakṣuḥ + 有声音 < apratihata-cakṣus-：*m.* さえぎられることのない眼を持つもの。*sg. Nom.*
apratihata- < a-pratihata-：*m.* ～に衝突しない。妨害されない。
pratihata- < prati-√han- (2) + -ta-：*pp.* ～に衝突した。～（処格）にぶつかった。跳ね返された。撃退された。抑制された。妨害された。
cakṣus- < √cakṣ- (2) + -us：*n.* 眼。視界。視力。
bodhi-sattva < bodhi-sattvaḥ + a 以外の母音 < bodhi-sattva-：*m.* 覚りを求める人。「菩提薩埵」「菩薩」と音写。*sg. Nom.*
āha < √ah-：言う。*Perf. 3, sg. P.*
………………………………………………………………………

sat-kāyaḥ < sat-kāyaḥ + (s) < sat-kāya-：*m.* 存在している身体。固体。「有身」「身見」と漢訳。*sg. Nom.*
sat-kāya-nirodha < sat-kāya-nirodhaḥ + a 以外の母音 < sat-kāya-nirodha-：*m.* 存在している身体の消滅。*sg. Nom.*
nirodha- < ni-√rudh- (1) + -a：*m.* 監禁。包囲。抑圧。征服。破壊。消滅。阻止。「滅」「滅尽」と漢訳。
iti：*adv.* ～と。～ということを。以上のように。～と考えて。「如是」と漢訳。
dvayam < dvaya- < dvi- + -a：*adj.* 二重の。二種類の。対の。*n.* 一対。両者。二つの事物。*n. sg. Nom.*
etat < etad-：これ。*n. sg. Nom.*

sat-kāya eva hi nirodhaḥ / (梵漢和維摩経 *p.* 394, *l.* 6)

「存在している身体こそが、まさに消滅するものであります。
【「身は即ち是れ身滅なり。】 （大正蔵、巻一四、五五一頁中）
………………………………………………………………………

sat-kāya < sat-kāyaḥ + a 以外の母音 < sat-kāya-：*m.* 存在している身体。*sg. Nom.*
eva：*adv.* さように。このように。まさに。実に。ただ。全くこのように。
hi：*ind.* 真に。確かに。実に。
nirodhaḥ < nirodha- < ni-√rudh- (1) + -a：*m.* 監禁。包囲。抑圧。征服。破壊。消滅。阻止。「滅」「滅尽」と漢訳。*sg. Nom.*
ni-√rudh- (1)：閉じ込める。閉じる。消滅させる。

tat kasmād dhetoḥ /

(梵漢和維摩経 *p.* 394, *l.* 6)

「それは、どんな理由からでしょうか。
【「所以(ゆえん)は何(いか)んとなれば、】　　　　　　　　（大正蔵、巻一四、五五一頁中）

…………………………………………………………………

tat < tad-：それ。*n. sg. Nom.*
kasmād dhetoḥ < kasmāt + hetoḥ
　　連声法は、cf.「基礎」*p.* 63.
　　kasmāt < kim-：*疑問詞,* だれ。何。どんな。どの。*m. sg. Abl.*
　　hetoḥ < hetu-：*m.* 理由。原因。因。*sg. Abl.*
　　奪格は、動機、原因、理由を表わす。cf.「シンタックス」*p.* 58.

tathā hi sa sat-kāya iti dṛṣṭiṃ nôpasthāpayati yathā[49] dṛṣṭyā sat-kāya iti vā sat-kāya-nirodha iti vā [na][50] kalpayati /

(梵漢和維摩経 *p.* 394, *ll.* 6–8)

「『それが存在する身体である』という〔誤った〕見解（有身見）を見出すことはありません。その結果、〔その誤った〕見解によって、〔それが〕存在する身体〔である〕ということ、あるいは〔それが〕存在する身体の消滅〔である〕ということを分別することはありません。
【「身の実相を見れば、身を見ることも、及び身を滅するを見ることも起こさず。】
（大正蔵、巻一四、五五一頁中）

…………………………………………………………………

tathā：*adv.* そのように。同様な方法で。同様に。
　　tathā ～ yathā …：～の結果…。
hi：*ind.* 真に。確かに。実に。
sa < saḥ < tad-：それ。*m. sg. Nom.*
sat-kāya < sat-kāyaḥ + a 以外の母音 < sat-kāya-：*m.* 存在している身体。*sg. Nom.*
iti：*adv.* ～と。～ということを。以上のように。～と考えて。「如是」と漢訳。
dṛṣṭiṃ < dṛṣṭi- < √dṛś- (1) + -ti：*f.* 見ること。視力。見なすこと。意見。（誤った）見解。「見」「閲」「邪見」「妄見」と漢訳。*sg. Acc.*
nôpasthāpayati < na + upasthāpayati
　　na：*ind.* ～でない。～にあらず。
　　upasthāpayati < upasthāpaya- < upa-√sthā- (1) + -paya：*Caus.* 身を置かせる。（庇護）のもとに立たせる。近づかせる。得る。*3, sg. P.*
　　upa-√sthā- (1)：近くに立つ。身を置く。近づく。～（対格、処格）に存在する。留まる。達する。～に生ずる。見出される。
yathā：*conj.* ～のように。あたかも～のように。～と（that）。
dṛṣṭyā < dṛṣṭi- < √dṛś- (1) + -ti：*f.* 見ること。視力。見なすこと。意見。（誤った）見解。「見」「閲」「邪見」「妄見」と漢訳。*sg. Ins.*
sat-kāya < sat-kāyaḥ + a 以外の母音 < sat-kāya-：*m.* 存在している身体。*sg. Nom.*
iti：*adv.* ～と。～ということを。以上のように。～と考えて。「如是」と漢訳。
vā：*ind.* ～か。または。たとえ～であっても。
sat-kāya-nirodha < sat-kāya-nirodhaḥ + a 以外の母音 < sat-kāya-nirodha-：*m.* 存在している身体の消滅。*sg. Nom.*
iti：*adv.* ～と。～ということを。以上のように。～と考えて。「如是」と漢訳。
vā：*ind.* ～か。または。たとえ～であっても。
na：*ind.* ～でない。～にあらず。
kalpayati < kalpaya- < √kḷp- (1) + -aya：*Caus.* 整頓する。配置する。分配する。～（具格）より形作る。想像する。「分別」「現作」と漢訳。*Pres. 3, sg. P.*

so 'kalpo 'vikalpo 'tyantâvikalpo nirodha-sva-bhāva-prāptaḥ / [yan][51] na saṃbhavati na vinaś=yaty[52] ayam advaya-praveśaḥ /   (梵漢和維摩経 *p.* 394, *ll.* 8–10)

「それは、分別もなく、妄想もなく、絶えざる妄想もないもので、滅の本性に達しています。生ずることもなく、滅することもない[53]ということ、これが、不二〔の法門〕に入ることです」
【「身と滅身(めつしん)と二無く、分別無し。其の中に於いて驚かず、懼(おそ)れざれば、是れを不二の法門に入ると為す」】　（大正蔵、巻一四、五五一頁中）

……………………………………………………………………

so 'kalpo 'vikalpo 'tyantâvikalpo < saḥ + akalpaḥ + avikalpaḥ + atyantâvikalpo

saḥ < tad-：それ。*m. sg. Nom.*

akalpaḥ < akalpa- < a-kalpa-：*ajd.* ～（対格）にふさわしくない。～（処格）をなすことができない。「無分別」「非分別」と漢訳。*m. sg. Nom.*

kalpa- < √kḷp- (1) + -a：*m.* 「妄想」「分別」「想念」と漢訳。

avikalpaḥ < avikalpa- < a-vikalpa-：*ajd.* 区別しない。長く熟慮しない。躊躇しない。「不別」「無分別」「無差別」「不分別」「不妄想」と漢訳。*m. sg. Nom.*

vikalpa- < vi-√kḷp- (1) + -a：*m.* 二者択一。空想。「思惟」「分別」「妄想」「虚妄分別」と漢訳。

atyantâvikalpo < atyantâvikalpaḥ + 有声子音 < atyantâvikalpa- < atyanta-avikalpa-：*adj.* 耐えざる妄想もない。*m. sg. Nom.*

atyanta- < ati-anta-：*adj.* 終わりまで続く。継続する。断絶せざる。無限の。過度の。「畢竟」「究竟」と漢訳。

nirodha-sva-bhāva-prāptaḥ < nirodha-sva-bhāva-prāpta-：*ajd.* 滅の本性に達している。*m. sg. Nom.*

nirodha- < ni-√rudh- (1) + -a：*m.* 監禁。包囲。抑圧。征服。破壊。消滅。阻止。「滅」「滅尽」と漢訳。

sva-bhāva-：*m.* 〔自己に〕固有の在り方。生まれつきの性質。本性。「自性」と漢訳。

prāpta- < pra-√āp- (5) + -ta：*pp.* 到達せられたる。獲得せられたる。～の心になった。

……………………………………………………………………

yan < yat + (n) < yad-：*関係代名詞, n. sg. Nom.*

na：*ind.* ～でない。～にあらず。

saṃbhavati < saṃbhava- < sam-√bhū- (1)：出会う。集合する。起こる。生まれる。「生」「生長」「起」「出」と漢訳。*Pres. 3, sg. P.*

na：*ind.* ～でない。～にあらず。

vinaśyaty < vinaśyati + 母音 < vinaśya- < vi-√naś- (4)：失われる。消滅する。「失」「滅」「壊」「壊滅」「損壊」と漢訳。*Pres. 3, sg. P.*

第一章に sam-√bhū- (1) と √naś- (4) をセットで用いていることを参考にして、vibhavaty を vinaśyaty に改めた。

ayam < idam-：これ。この。*m. sg. Nom.*

advaya-praveśaḥ < advaya-praveśa-：*m.* 不二に入ること。*sg. Nom.*

§24　suvinīto bodhi-sattva āha / kāya-vāṅ-manaḥ-saṃvara[54] iti dvayam etat /   (梵漢和維摩経 *p.* 394, *ll.* 11–12)

§24　“よく訓練されたもの”（上善）という菩薩が言った。

「〔悪を防ぎ善に導く〕身体（身）と言葉（口）と心（意）の行ないを定めた規律〔のそれぞれが対立している〕ということ、それが二〔元的に対立するもの〕です[55]。
【§24　上善(じょうぜん)菩薩曰(いわ)く、「身(しん)・口(く)・意(い)の業(ごう)[56]を二と為す。】　（大正蔵、巻一四、五五一頁中）

……………………………………………………………………

suvinīto < suvinītaḥ + 有声子音 < su-vinīta-：*m.* よく訓練されたもの。*sg. Nom.*

su：*adv.* よく。うまく。実に。非常に。

vinīta- < vi-√nī- (1) + -ta：*pp.* ～（処格）に巧みな。躾けのよい。訓練された。まじめな。謙譲な。

bodhi-sattva < bodhi-sattvaḥ + a 以外の母音 < bodhi-sattva-：*m.* 覚りを求める人。「菩提薩埵」「菩薩」と音写。*sg. Nom.*

āha < √ah-：言う。*Perf. 3, sg. P.*

……………………………………………………………………

kāya-vāṅ-manaḥ-saṃvara < kāya-vāṅ-manaḥ-saṃvaraḥ + a 以外の母音 < kāya-vāṅ-manaḥ-saṃ=vara-：*m.* 〔悪を防ぎ善に導く〕身体と言葉と心の行ないを定めた規律。*sg. Nom.*

kāya-vāṅ-manaḥ- < kāya-vāṅ-manas-：*n.* 「身語意」「身口意」と漢訳。

kāya-：*m.* 身体。集団。多数。集合。

vāṅ- < vāk- + (m) < vāc-：*f.* 言語。声。言説。「口」「言」「語」と漢訳。

vāc- の格変化は、cf.「基礎」*p.* 121、この場合の連声については、cf.「基礎」*p.* 55.

manaḥ- < manas- < √man- (1) + -as：*n.* 心。理解力。知力。精神。心情。思考。「意」と漢訳。

saṃvara-：*m.* 悪を防ぎ善に導く正しい行ない。そういう行ないを定めた戒律。禁戒。「護」「戒」「守」「律儀」「防護」「威儀」と漢訳。

iti：*adv.* ～と。～ということを。以上のように。～と考えて。「如是」と漢訳。

dvayam < dvaya- < dvi- + -a：*adj.* 二重の。二種類の。対の。*n.* 一対。両者。二つの事物。*n. sg. Nom.*

etat < etad-：これ。*n. sg. Nom.*

tat kasmād dhetoḥ /

(梵漢和維摩経 *p.* 394, *l.* 12)

「それは、どんな理由からでしょうか。

【漢訳相当箇所なし】

……………………………………………………………………

tat < tad-：それ。*n. sg. Nom.*

kasmād dhetoḥ < kasmāt + hetoḥ

連声法は、cf.「基礎」*p.* 63.

kasmāt < kim-：*疑問詞,* だれ。何。どんな。どの。*m. sg. Abl.*

hetoḥ < hetu-：*m.* 理由。原因。因。*sg. Abl.*

奪格は、動機、原因、理由を表わす。cf.「シンタックス」*p.* 58.

anabhisaṃskāra-lakṣaṇā hy ete dharmāḥ /

(梵漢和維摩経 *p.* 394, *l.* 12)

「これらの〔身・口・意の三業という〕ものは、実に形成する性質を持ちません。

【是の三業(さんごう)は皆、作相(さそう)無し。】　（大正蔵、巻一四、五五一頁中）

……………………………………………………………………

anabhisaṃskāra-lakṣaṇā < anabhisaṃskāra-lakṣaṇāḥ + 有声音 < anabhisaṃskāra-lakṣaṇa-：*adj.* 形成する性質を持たない。*m. pl. Nom.*

abhisaṃskāra-lakṣaṇa-：*adj.* 形成する性質を持つ。

anabhisaṃskāra- < an-abhisaṃskāra-：*m.* 「無造」「不作」「無作」「無造作」「無所作」「無行」「無為」と漢訳。

abhisaṃskāra- < abhi-sam-s-√kṛ- (8) + -a：*m.* 作り出す働き。製作。用意。形成。発生。概念。思想。観念。心作用。「作」「造作」「作行」「作成」「所作」「行」「所行」「諸行」と漢訳。

abhi-sam-s-√kṛ- (8)：整頓する。形成する。～（対格）を～（対格）となす。献ずる。「作」

「造」「造作」「能作」「発」「積集」と漢訳。

lakṣaṇa- < √lakṣ- (1) + -ana：*n.* 標章。しるし。記号。特徴。属性。「相」「色相」「相貌」と漢訳。

hy < hi + 母音：*ind.* 真に。確かに。実に。

ete < etad-：これ。*m. pl. Nom.*

dharmāḥ < dharma-：*m.* 教説。真理。ものごと。「法」と漢訳。*pl. Nom.*

yā kāyasyânabhisaṃskāratā tal-lakṣaṇâiva vāg-anabhisaṃskāratā tal-lakṣaṇâiva mano'nabhisaṃ=skāratā /
(梵漢和維摩経 *p.* 394, *ll.* 13–14)

「身体（身）に形成する本性が具わっていないならば、その性質こそが言葉（口）に形成する本性がないことであり、その性質こそが心（意）に形成する本性がないことであります。〔従って、あらゆるものごとには、形成する本性は具わっていません。〕

【「身に作相無ければ、即ち口に作相無し。口に作相無ければ、即ち意に作相無し。】

（大正蔵、巻一四、五五一頁中）

………………………………………………………………

yā < yad-：*関係代名詞, f. sg. Nom.*

kāyasyânabhisaṃskāratā < kāyasya + anabhisaṃskāratā

kāyasya < kāya-：*m.* 身体。集団。多数。集合。*sg. Gen.*

anabhisaṃskāratā < anabhisaṃskāratā- < anabhisaṃskāra-tā：*f.* 形成することのない本性。*sg. Nom.*

以上は、主格と属格の名詞文になっている。

tal-lakṣaṇâiva < tal-lakṣaṇā + eva

tal-lakṣaṇā < tal-lakṣaṇā- < tal-lakṣaṇa-：*adj.* その性質を持つ。*f. sg. Nom.*

tal- < tat- + (l) < tad-：それ。

lakṣaṇa < lakṣaṇa-：*adj.* 指示する。標章の。しるしのある。特徴のある。属性のある。*n.* 標章。しるし。記号。特徴。属性。「相」「色相」「相貌」と漢訳。

eva：*adv.* さように。このように。まさに。実に。ただ。全くこのように。

vāg-anabhisaṃskāratā < vāg-anabhisaṃskāratā- < vāg-anabhisaṃskāra-tā-：*f.* 形成することのない言葉の本性。*sg. Nom.*

vāg-anabhisaṃskāra-：*adj.* 言葉の形成がない。

vāg- < vāk- + 有声音 < vāc-：*f.* 言葉。*sg. Nom.* この連声法については、cf.「基礎」*p.* 54.

anabhisaṃskāra- < an-abhisaṃskāra-：*adj.* 形成がない。

tal-lakṣaṇâiva < tal-lakṣaṇā + eva

tal-lakṣaṇā < tal-lakṣaṇā- < tal-lakṣaṇa-：*adj.* その性質を持つ。*f. sg. Nom.*

eva：*adv.* さように。このように。まさに。実に。ただ。全くこのように。

mano'nabhisaṃskāratā < mano'nabhisaṃskāratā- < mano'nabhisaṃskāra-tā-：*f.* 形成することのない心（意）の本性。*sg. Nom.*

mano'nabhisaṃskāra- < manas-anabhisaṃskāra-：*adj.* 心（意）の形成がない。

manas- < √man- (1) + -as：*n.* 心。理解力。知力。精神。心情。思考。「意」と漢訳。

anabhisaṃskāra- < an-abhisaṃskāra-：*adj.* 形成がない。

yā ca sarva-dharmāṇām anabhisaṃskāratā sā jñātavyânugantavyā /
(梵漢和維摩経 *p.* 394, *ll.* 14–15)

「あらゆるものごと（一切法）に形成することが具わっていないならば、その〔形成することのないこと〕が知られるべきであり、通達されるべきであります。

【「是の三業に作相無ければ、即ち一切法に作相無し。】（大正蔵、巻一四、五五一頁中）

……………………………………………………………………………

yā < yad-：*関係代名詞, f. sg. Nom.*
ca：*conj.* および。また。しかしながら。そして。～と。なお。
sarva-dharmāṇām < sarva-dharma-：*m.* あらゆるものごと。「一切諸法」と漢訳。*pl. Gen.*
anabhisaṃskāratā < anabhisaṃskāratā- < anabhisaṃskāra-tā：*f.* 形成することのない本性。*sg. Nom.*
sā < tad-：それ。*f. sg. Nom.*
jñātavyânugantavyā < jñātavyā + anugantavyā
    jñātavyā < jñātavyā- < jñātavya- < √jñā- (9) + -tavya：*未受分,* 知られるべき。*f. sg. Nom.*
    anugantavyā < anugantavyā- < anugantavya- < anu-√gam- (1) + -tavya-：*未受分,* 従われるべき。伴われるべき。「随行」「応当行之」「随順」「当知」「当得」「随了悟」「随了知」と漢訳。*f. sg. Nom.*
    anu-√gam- (1)：従う。伴う。追う。近づく。達する。「随」「随行」「随順」「随入」「得」「入」と漢訳。

yad atrânabhisaṃskāra-jñānam ayam advaya-praveśaḥ /
(梵漢和維摩経 *p.* 394, *ll.* 15–16)

「ここにおいて、形成することがないことを知るということ、これが、不二〔の法門〕に入ることです」
【「能く是くの如く無作の慧に随わば、是れを不二の法門に入ると為す」】
(大正蔵、巻一四、五五一頁中)

……………………………………………………………………………

yad < yat + 母音 < yad-：*関係代名詞, n. sg. Nom.*
atrânabhisaṃskāra-jñānam < atra + anabhisaṃskāra-jñānam
    atra：*adv.* ここ。かしこ。この場合。この際。(idam-の処格)
    anabhisaṃskāra-jñānam < anabhisaṃskāra-jñāna-：*n.* 形成することのないことを知ること。*sg. Nom.*
ayam < idam-：これ。この。*m. sg. Nom.*
advaya-praveśaḥ < advaya-praveśa-：*m.* 不二に入ること。*sg. Nom.*

§25 puṇya-kṣetro bodhi-sattva āha / puṇyâpuṇyâniñjyān saṃskārān abhisaṃskarotîti dvayam etat /
(梵漢和維摩経 *p.* 396, *ll.* 1–2)

§25 "福徳の国土"(福田)という菩薩が言った。
「福徳と、罪と、〔そのいずれにも〕動じないもの〔の三種類〕が形成する働きをなすということ、これが二〔元的に対立するもの〕です。
【§25 福田菩薩曰く、「福行・罪行・不動行を二と為す。】 (大正蔵、巻一四、五五一頁中)

……………………………………………………………………………

puṇya-kṣetro < puṇya-kṣetraḥ + 有声子音 < puṇya-kṣetra-：*m.* 福徳の国土。「福田」と漢訳。*sg. Nom.*
    puṇya-：*adj.* 吉兆の。幸先のよい。幸運な。美しい。快い。有徳の。*n.* 善。徳。善行。「福」「福徳」「福行」「功徳」と漢訳。
    kṣetra-：*n.* 国土。
bodhi-sattva < bodhi-sattvaḥ + a 以外の母音 < bodhi-sattva-：*m.* 覚りを求める人。「菩提薩埵」「菩薩」と音写。*sg. Nom.*
āha < √ah-：言う。*Perf. 3, sg. P.*

……………………………………………………………………………

puṇyâpuṇyâniñjyān < puṇyâpuṇyâniñjya- < puṇya-apuṇya-aniñjya-：*adj.* 福徳と、罪と、〔いずれに

も〕動じないものの。*m. pl. Acc.*

puṇya-：*adj.* 吉兆の。幸先のよい。幸運な。美しい。快い。有徳の。*n.* 善。徳。善行。「福」「福徳」「福行」「功徳」と漢訳。

apuṇya- < a-puṇya-：*adj.* 善徳なき。不浄な。*n.* 「罪」「非福」と漢訳。

aniñjya- < an-iñjya-：*adj.* 動じざるべき。「不可動転」と漢訳。

iñjya- < √iñj- (1) + -ya：*未受分,* 動かれるべき。

√iñj- (1) = √iñg- (1) = √iṅg- (1)：動く。「動」と漢訳。

saṃskārān < saṃskāra- < sam-s-√kṛ- (8) + -a：*m.* 準備。仕上げ。浄化すること。飾りつけ。〔実際には存在しないものを、あるかのごとく〕作り出す心の働き。意志的形成力。「行」「諸行」「行陰」「業行」「所作」と漢訳。*pl. Acc.*

sam-s-√kṛ- (8)：合同する。結合する。浄める。飾る。

abhisaṃskarotîti < abhisaṃskaroti + iti

abhisaṃskaroti < abhisaṃskaro- < abhi-sam-s-√kṛ- (8)：整頓する。形成する。～（対格）を～（対格）となす。献ずる。「作」「造」「造作」「能作」「発」「積集」と漢訳。*Pres. 3, sg. P.*

iti：*adv.* ～と。～ということを。以上のように。～と考えて。「如是」と漢訳。

dvayam < dvaya- < dvi- + -a：*adj.* 二重の。二種類の。対の。*n.* 一対。両者。二つの事物。*n. sg. Nom.*

etat < etad-：これ。*n. sg. Nom.*

> yā[57] punaḥ puṇyâpuṇyâniñjyânabhisaṃskāratā[58] sâdvayā /
>
> （梵漢和維摩経 *p.* 396, *ll.* 2–3）

「しかしながら、福徳と、罪と、〔そのいずれにも〕動じないもの〔の三種類〕が形成することのない本性を持つということ、それが不二ということです。

【「三行の実性は即ち是れ空なり。】　　（大正蔵、巻一四、五五一頁中）

yā < yad-：*関係代名詞, f. sg. Nom.*

punaḥ < punar + (s)：*adv.* 再び。新たに。さらに。なお。しかしながら。

puṇyâpuṇyâniñjyânabhisaṃskāratā < puṇyâpuṇyâniñjyânabhisaṃskāratā- < puṇya-apuṇya-aniñ=jya-anabhisaṃskāra-tā-：*f.* 福徳と、罪と、〔そのいずれにも〕動じないものが形成することのない本性を持つこと。*sg. Nom.*

sâdvayā < sā + advayā

sā < tad-：それ。*f. sg. Nom.*

advayā < advayā- < advaya- < a-dvaya-：*adj.* 二種ならざる。単一の。「不二」「無二」「不異」と漢訳。*f. sg. Nom.*

> yā ca puṇyâpuṇyâniñjyānāṃ saṃskārāṇāṃ sva-lakṣaṇa-śūnyatā na tatra puṇyâpuṇyâniñjyāḥ saṃskārāḥ /
>
> （梵漢和維摩経 *p.* 396, *ll.* 3–4）

「福徳と、罪と、〔そのいずれにも〕動じないものの〔三種類の〕形成する働きに、自身に特有の性質としての空の本性が具わっているならば、そこには福徳と、罪と、〔そのいずれにも〕動じないものの形成する働きはありません。

【「空なれば則ち福行も無く、罪行も無く、不動行も無し。】　　（大正蔵、巻一四、五五一頁中）

yā < yad-：*関係代名詞, f. sg. Nom.*

ca：*conj.* および。また。しかしながら。そして。～と。なお。

puṇyâpuṇyâniñjyānāṃ < puṇyâpuṇyâniñjya- < puṇya-apuṇya-aniñjya-：*adj.* 福徳と、罪と、〔いずれにも〕動じないものの。*m. pl. Gen.*

saṃskārāṇāṃ < saṃskāra- < sam-s-√kṛ- (8) + -a：*m.* 準備。仕上げ。浄化すること。飾りつけ。形

成されたもの。〔実際には存在しないものを、あるかのごとく〕作り出す心の働き。「行」「諸行」「行陰」「業行」「所作」と漢訳。*m. pl. Gen.*

sva-lakṣaṇa-śūnyatā < sva-lakṣaṇa-śūnyatā- < sva-lakṣaṇa-śūnya-tā-：*f.* 自身に特有の性質が空であること。*sg. Nom.*

sva-lakṣaṇa-śūnya-：*adj.* 自身に特有の性質が空である。「自相空」と漢訳。

sva-lakṣaṇa-：*adj.* 自身に特有の性質を有している。「自性」と漢訳。

śūnya-：*adj.* からの。空虚な。住む者のない。うつろな。欠けている。～のない。空しい。*n.* 空虚な場所。孤独。空虚。

以上は、属格と主格の名詞文になっている。

na：*ind.* ～でない。～にあらず。

tatra：*adv.* そこに。そこへ。かしこに。その時に。その場合に。

puṇyâpuṇyâniñjyāḥ < puṇyâpuṇyâniñjyāḥ + (s) < puṇyâpuṇyâniñjya- < puṇya-apuṇya-aniñjya-：*adj.* 福徳と、罪と、〔いずれにも〕動じないものの。*m. pl. Nom.*

saṃskārāḥ < saṃskāra- < sam-s-√kṛ- (8) + -a：*m.* 準備。仕上げ。浄化すること。飾りつけ。形成されたもの。〔実際には存在しないものを、あるかのごとく〕作り出す心の働き。「行」「諸行」「行陰」「業行」「所作」と漢訳。*pl. Nom.*

na 以下は、処格と主格の名詞文になっている。

yâivam anumārjanâyam advaya-praveśaḥ /

(梵漢和維摩経 *p.* 396, *ll.* 4–5)

「このように熟考すること、これが[59]、不二〔の法門〕に入ることです」

【「此の三行に於いて起こさざれば、是れを不二の法門に入ると為す」】

(大正蔵、巻一四、五五一頁中)

……………………………………………………………………

yâivam < yā + evam

yā < yad-：*関係代名詞, f. sg. Nom.*

evam：*adv.* このように。

anumārjanâyam < anumārjanā + ayam

anumārjanā < anumārjanā- < anu-√mṛj- (1) + -anā：*f.* 熟考すること。*sg. Nom.*

anumārjati < anumārja- < anu-√mṛj- (1)：consider（熟考する）, ponder thoroughly（じっくり考える）. *Pres. 3, sg. P.* BHS. dic. *p.* 32.

「梵和大辞典」には以下の意味しか挙げていない。

mārjana- < √mṛj- (2,6) + -ana：*adj.* ぬぐう。清掃する。*m.* 洗濯者。*n.* ぬぐうこと。拭い去ること。清潔にすること。掃除すること。

mārjanā- < √mṛj- (2,6) + -anā：*f.* 太鼓の音。

ayam < idam-：これ。この。*m. sg. Nom.*

advaya-praveśaḥ < advaya-praveśa-：*m.* 不二に入ること。*sg. Nom.*

§26　padma-vyūho bodhi-sattva āha /　ātma-samutthāna-samutthitaṃ dvayam /

(梵漢和維摩経 *p.* 396, *ll.* 6–7)

§26　"紅蓮華の荘厳を持つもの"（華厳）という菩薩が言った。

「自我から活動を起こしたものが二〔元的に対立するもの〕です[60]。

【§26　華厳(けごん)菩薩曰(いわ)く、「我(が)より二を起こすを二と為す。】　(大正蔵、巻一四、五五一頁中)

……………………………………………………………………

padma-vyūho < padma-vyūhaḥ + 有声子音 < padma-vyūha-：*m.* 紅蓮華の荘厳を持つもの。*sg. Nom*

bodhi-sattva < bodhi-sattvaḥ + a 以外の母音 < bodhi-sattva-：*m.* 覚りを求める人。「菩提薩埵」「菩薩」と音写。*sg. Nom.*

āha < √ah-：言う。*Perf. 3, sg. P.*

………………………………………………………………………

ātma-samutthāna-samutthitaṃ < ātma-samutthāna-samutthita-：*adj.* 自我の活動から発した。*n. sg. Nom.*

ātma- < ātman-：*m.* 気息。霊魂。自身。本質。本性。我。

samutthāna- < sam-ud-√sthā- (1) + -ana：*n.* 起こること。起き上がること。現われること。～（属格）の増大。活動。

√sthā- (1) と、「支える」という意味の √stambh- (9) は、接頭辞 ud- の後では語頭の s が脱落する。cf.「基礎」*p.* 64.

sam-ud-√sthā- (1)：一緒に起き上がる。起こる。起きる。現われる。

samutthita- < sam-ud-√sthā- (1) + -ita：*pp.* 一緒に起き上がった。起こった。現われた。～（奪格）から発した。

dvayam < dvaya- < dvi- + -a：*adj.* 二重の。二種類の。対の。*n.* 一対。両者。二つの事物。*n. sg. Nom.*

ātma-parijñātāvī dvayaṃ nôtthāpayati / （梵漢和維摩経 *p.* 396, *l.* 7）

「自我について知り尽くした人は、二〔元的な対立〕を起こすことがありません。

【「我の実相を見れば、二法を起こさず。】（大正蔵、巻一四、五五一頁中）

………………………………………………………………………

ātma-parijñātāvī < ātma-parijñātāvin-：*adj.* 自我について知り尽くした。*m. sg. Nom.*

ātma- < ātman-：*m.* 気息。霊魂。自身。本質。本性。我。

parijñātāvin- ≒ parijñātavat- < parijñāta- + -vat < pari-√jñā- (9) + -ta + -vat：*過能分,* 注意深く見た。十分に知った。～（対格）を（対格）として認識した。

Pāli 語では、過去受動分詞に -vat、または -āvin をつけて過去能動分詞を作る（cf.「パーリ語文法」*p.* 137）。

pari-√jñā- (9)：注意深く見る。十分に知る。～（対格）を（対格）として認識する。「知」「遍知」「了知」と漢訳。

dvayaṃ < dvaya- < dvi- + -a：*adj.* 二重の。二種類の。対の。*n.* 一対。両者。二つの事物。*n. sg. Acc.*

nôtthāpayati < na + utthāpayati

na：*ind.* ～でない。～にあらず。

utthāpayati < utthāpaya- < ud-√sthā- (1) + -paya：*Caus.* 起き上がらせる。起こす。揚げる。目覚めさせる。設立する。建立する。掻き立てる。喚起する。駆り立てる。*3, sg. P.*

advaya-sthitasya vijñāptir nâsti / （梵漢和維摩経 *p.* 396, *ll.* 7–8）

「不二に立脚している人には、〔識別して〕認識することは存在しません。

【「若（も）し二法に住せざれば、則ち識（しき）有ること無し。】（大正蔵、巻一四、五五一頁中）

………………………………………………………………………

advaya-sthitasya < advaya-sthita-：*adj.* 不二に立脚している。*m. sg. Gen.*

advaya- < a-dvaya-：*adj.* 二種ならざる。単一の。「不二」「無二」「不異」と漢訳。

sthita- < √sthā- (1) + -ita：*pp.* 立った。住していた。留まっていた。

vijñāptir < vijñāptiḥ + 有声音 < vijñāpti- = vijñapti-：*f.* ～（属格）の要求／嘆願。話しかけ。「顕現」「顕示」「表義」「知」「施設」「認識」「仮名」と漢訳。*sg. Nom.*

vijñāpti-は「梵和大辞典」に挙げられていないが、モニエルの辞典 *p.* 961 に vijñāpti- = vijñapti-とある。

nâsti < na + asti

na：*ind.* ～でない。～にあらず。

asti < as- < √as- (2)：ある。*Pres. 3, sg. P.*

avijñaptikaś câdvaya-praveśaḥ /

（梵漢和維摩経 *p.* 396, *l.* 8）

「従って、〔識別して〕認識されるものがないこと〔、これ〕が、不二〔の法門〕に入ることです」
【「所識無ければ、是れを不二の法門に入ると為す」】　　（大正蔵、巻一四、五五一頁中）

………………………………………………………………………

avijñaptikaś < avijñaptikaḥ + (c) < avijñaptika- < a-vijñaptika-：*adj.* 知られるものがない。〔識別して〕認識されるものがない。「不可了知」「非所詮表」と漢訳。*m. sg. Nom.*

vijñaptika-：*adj.* 「了」と漢訳。

câdvaya-praveśaḥ < ca + advaya-praveśaḥ

advaya-praveśaḥ < advaya-praveśa-：*m.* 不二に入ること。*sg. Nom.*

§27　śrī-garbho bodhi-sattva āha /　upalambha-prabhāvitaṃ dvayam /　yan na labhate tan nôpalabhate tan nâyūhati na niryūhati /

（梵漢和維摩経 *p.* 396, *ll.* 9–10）

§27　"幸運を胎内にはらむもの"（徳蔵）という菩薩が言った。

「知覚によって顕現されたものが二〔元的に対立するもの〕です。認識されることのないもの、それを〔人は〕知覚することはなく、それを受け取ることもなく、捨て去ることもありません[61]。

【§27　徳蔵菩薩曰く、「有所得の相を二と為す。若し無所得なれば、則ち取捨無し。】

（大正蔵、巻一四、五五一頁中）

………………………………………………………………………

śrī-garbho < śrī-garbhaḥ + 有声子音 < śrī-garbha-：*adj.* 幸運を胎内にはらむもの。「徳蔵」と漢訳。*m. sg. Nom.*

śrī-：*f.* 繁栄。幸運。「吉祥」「徳」と漢訳。

garbha-：*m.* 子宮。胎児。「胎」「蔵」「胎蔵」と漢訳。

bodhi-sattva < bodhi-sattvaḥ + a 以外の母音 < bodhi-sattva-：*m.* 覚りを求める人。「菩提薩埵」「菩薩」と音写。*sg. Nom.*

āha < √ah-：言う。*Perf. 3, sg. P.*

………………………………………………………………………

upalambha-prabhāvitaṃ < upalambha-prabhāvita-：*adj.* 知覚によって顕現された。*n. sg. Nom.*

upalambha- < upa-√labh- (1) + -a：*m.* 達せしむること。経験させること。取得。観察。知覚。感覚。認識。

√labh- (1)：遭遇する。獲得する。回復する。認識する。

prabhāvita- < prabhāvaya- + -ta < pra-√bhū- (1) + -aya + -ta：*Caus. pp.* 有力となった。力の強い。「所顕」「所顕示」「所顕現」と漢訳。

dvayam < dvaya- < dvi- + -a：*adj.* 二重の。二種類の。対の。*n.* 一対。両者。二つの事物。*n. sg. Nom.*

………………………………………………………………………

yan < yat + (n) < yad-：*関係代名詞, n. sg. Acc.*

na：*ind.* ～でない。～にあらず。

labhate < labha- < √labh- (1)：遭遇する。獲得する。回復する。認識する。*Pres. 3, sg. A.*

tan < tat + (n) < tad-：それ。*n. sg. Acc.*

nôpalabhate < na + upalabhate

upalabhate < upalabha- < upa-√labh- (1)：捕らえる。見出す。達する。得る。知覚する。了解する。知る。*Pres. 3, sg. A.*

tan < tat + (n) < tad-：それ。*n. sg. Acc.*

nâyūhati < na + āyūhati

āyūhati < āyūha- < ā-√ūh- (1)：取る。*Pres. 3, sg. P.*

√ūh- (1)：償う。変ずる。改める。推す。移す。

na：*ind.* ～でない。～にあらず。

niryūhati < niryūha- < nir-√ūh- (1)：抽出する。除去する。捨てる。*Pres. 3, sg. P.*

tatra nâyūho na niryūho 'yam[62] advaya-praveśaḥ /

(梵漢和維摩経 *p.* 396, *ll.* 10–11)

「そこにおいて、受け取ることもなく、捨て去ることもない、これが、不二〔の法門〕に入ることです」

【「取捨無ければ、是れを不二の法門に入ると為す」】　（大正蔵、巻一四、五五一頁中）

……………………………………………………………………

tatra：*adv.* そこに。そこへ。かしこに。その時に。その場合に。

nâyūho < na + āyūho

āyūho < āyūhaḥ + 有声子音 < āyūha- < ā-√ūh- (1) + -a：*m.* 取ること。「入」「来」「持来」「取」と漢訳。*sg. Nom.*

na：*ind.* ～でない。～にあらず。

niryūho 'yam < niryūhaḥ + ayam

niryūhaḥ < niryūha- < nir-√ūh- (1) + -a：*m.* 門。扉。捨てること。「去」「捨」「持去」と漢訳。*sg. Nom.*

以上は、処格と主格の名詞文である。

ayam < idam-：これ。この。*m. sg. Nom.*

advaya-praveśaḥ < advaya-praveśa-：*m.* 不二に入ること。*sg. Nom.*

§28　candrôttaro bodhi-sattva āha /　tamaḥ prakāśa iti dvayam etat /

(梵漢和維摩経 *p.* 396, *l.* 12)

§28　"より勝れた月"（月上）という菩薩が言った。

「闇と光明ということ、これが二〔元的に対立するもの〕です。

【§28　月上(がつじょう)菩薩曰(いわ)く、「闇(あん)と明(みょう)とを二と為す。】　（大正蔵、巻一四、五五一頁下）

……………………………………………………………………

candrôttaro < candrôttaraḥ + 有声子音 < candrôttara- < candra-uttara-：*m.* より勝れた月。*sg. Nom.*

candra-：*adj.* 光る。輝く。*m.* 月。月神。

uttara- < ud-tara-：*比較級,* より上の。より良い。より勝れた。より後の。北の。*n.* 表面。覆い。

uttama- は後分となり得る形容詞として「基礎」*p.* 538 に挙げられているが、uttara- も同じであろう。

bodhi-sattva < bodhi-sattvaḥ + a 以外の母音 < bodhi-sattva-：*m.* 覚りを求める人。「菩提薩埵」「菩薩」と音写。*sg. Nom.*

āha < √ah-：言う。*Perf. 3, sg. P.*

……………………………………………………………………

tamaḥ < tamaḥ + (p) < tamas-：*n.* 暗黒。地獄の闇冥。蝕。誤謬。無知。迷妄。*sg. Nom.*

prakāśa < prakāśaḥ + a 以外の母音 < prakāśa- < pra-√kāś- (1) + -a：*adj.* 輝く。照らす。*m.* 光沢。壮麗。光。「明」「光明」と漢訳。*m. sg. Nom.*

iti：*adv.* ～と。～ということを。以上のように。～と考えて。「如是」と漢訳。

dvayam < dvaya- < dvi- + -a：*adj.* 二重の。二種類の。対の。*n.* 一対。両者。二つの事物。*n. sg. Nom.*

etat < etad-：これ。*n. sg. Nom.*

atamo 'prakāśa ity advayam /

(梵漢和維摩経 *p.* 396, *l.* 13)

「闇もなく、光明もないということ〔、これ〕が不二であります。

【「闇無く、明無ければ、則ち二有ること無し。】 （大正蔵、巻一四、五五一頁下）

……………………………………………………………………………

atamo 'prakāśa < atamaḥ + aprakāśa

atamaḥ < atamas- < a-tamas-：*adj.* 闇のない。*n. sg. Nom.*

tamas-：*n.* 暗黒。地獄の闇冥。蝕。誤謬。無知。迷妄。

aprakāśa < aprakāśaḥ + a 以外の母音 < aprakāśa- < a-prakāśa-：*adj.* 光明のない。*m. sg. Nom.*

ity < iti + 母音：*adv.* ～と。以上のように。「如是」と漢訳。

advayam < advaya-：*adj.* 二種ならざる。「不二」「無二」と漢訳。*n. sg. Nom.*

tat kasmād dhetoḥ /

(梵漢和維摩経 *p.* 396, *l.* 13)

「それは、どんな理由からでしょうか。

【「所以は何んとなれば、】 （大正蔵、巻一四、五五一頁下）

……………………………………………………………………………

tat < tad-：それ。*n. sg. Nom.*

kasmād dhetoḥ < kasmāt + hetoḥ

連声法は、cf.「基礎」*p.* 63.

kasmāt < kim-：*疑問詞*, だれ。何。どんな。どの。*m. sg. Abl.*

hetoḥ < hetu-：*m.* 理由。原因。因。*sg. Abl.*

奪格は、動機、原因、理由を表わす。cf.「シンタックス」*p.* 58.

tathā hi nirodha-samāpannasya na tamo na prakāśaḥ /

(梵漢和維摩経 *p.* 396, *ll.* 13–14)

「まさにそのように、〔心の働きがすべて尽き果てた〕滅尽定に入った人には闇もなく、光明もないからです。

【「滅受想定[63] に入れば、闇無く明無きが如し。】 （大正蔵、巻一四、五五一頁下）

……………………………………………………………………………

tathā：*adv.* そのように。同様な方法で。同様に。

hi：*ind.* 真に。確かに。実に。

nirodha-samāpannasya < nirodha-samāpanna-：*adj.* 滅尽定に入った。「入滅定」「入滅尽」と漢訳。*m. sg. Gen.*

nirodha- < ni-√rudh- (1) + -a：*m.* 監禁。包囲。抑圧。征服。破壊。消滅。阻止。「滅」「滅尽」と漢訳。

samāpanna- < sam-ā-√pad- (4) + -na：*pp.* 到達した。来た。「入」「生」「得」「住」と漢訳。

sam-ā-√pad- (4)：襲う。～（状態）に陥る。生ずる。起こる。

na：*ind.* ～でない。～にあらず。

tamo < tamaḥ + 有声子音 < tamas-：*n.* 暗黒。地獄の闇冥。蝕。誤謬。無知。迷妄。*sg. Nom.*

na：*ind.* ～でない。～にあらず。

prakāśaḥ < prakāśa- < pra-√kāś- (1) + -a：*adj.* 輝く。照らす。*m.* 光沢。壮麗。光。「明」「光明」と漢訳。*m. sg. Nom.*

nirodha-samāpannasya 以下は、属格と主格の名詞文である。

evaṃ-lakṣaṇāś ca sarva-dharmāḥ /
(梵漢和維摩経 *p.* 396, *l.* 14)

「あらゆるものごと（一切法）は、このような特徴（相）を持っています。
【「一切の法相も亦復、是くの如し。】　　（大正蔵、巻一四、五五一頁下）

---

evaṃ-lakṣaṇāś < evaṃ-lakṣaṇāḥ + (c) < evaṃ-lakṣaṇa-：*adj.* このような特徴（相）を持つ。*m. pl. Nom.*
ca：*conj.* および。また。しかしながら。そして。～と。なお。
sarva-dharmāḥ < sarva-dharma-：*m.* あらゆるものごと。「一切法」と漢訳。*pl. Nom.*

yo 'tra samatā-praveśo 'yam advaya-praveśaḥ /
(梵漢和維摩経 *p.* 396, *l.* 15)

「ここにおいて平等性〔についての理解〕に入るということ、これが、不二〔の法門〕に入ることです」
【「其の中に於いて平等に入れば、是れを不二の法門に入ると為す」】
（大正蔵、巻一四、五五一頁下）

---

yo 'tra < yaḥ + atra
　yaḥ < yad-：*関係代名詞, m. sg. Nom.*
　atra：*adv.* ここ。かしこ。この場合。この際。（idam-の処格）
samatā-praveśo 'yam < samatā-praveśaḥ +ayam
　samatā-praveśaḥ < samatā-praveśa-：*m.* 平等性〔についての理解〕に入ること。*sg. Nom.*
　samatā- < sama-tā-：*f.* ～（具格、属格）との平等性。同一性。～（処格）に対して平等であること。公平であること。
　ayam < idam-：これ。この。*m. sg. Nom.*
advaya-praveśaḥ < advaya-praveśa-：*m.* 不二に入ること。*sg. Nom.*

§29　ratna-mudrā-hasto bodhi-sattva āha /　nirvāṇe 'bhiratiḥ saṃsāre 'nabhiratir iti dvayam et=at /
(梵漢和維摩経 *p.* 398, *ll.* 1–2)

§29　"宝石の印章を手に持つもの"（宝印手）という菩薩が言った。
「涅槃に対する喜び、生存の循環（輪廻）に対する嫌悪[64]ということ、これが二〔元的に対立するもの〕です。
【§29　宝印手菩薩曰く、「涅槃を楽うと、世間を楽わざるとを二と為す。】
（大正蔵、巻一四、五五一頁下）

---

ratna-mudrā-hasto < ratna-mudrā-hastaḥ + 有声子音 < ratna-mudrā-hasta-：*m.* 宝石の印章を手に持つもの。*sg. Nom.*
　ratna-mudrā-：*f.* 「宝印」と漢訳。
　mudrā-：*f.* 刻印付きの指環。封印。印章。表徴。
　hasta-：*m.* 手。
bodhi-sattva < bodhi-sattvaḥ + a 以外の母音 < bodhi-sattva-：*m.* 覚りを求める人。「菩提薩埵」「菩薩」と音写。*sg. Nom.*
āha < √ah-：言う。*Perf. 3, sg. P.*

---

nirvāṇe 'bhiratiḥ < nirvāṇe + abhiratiḥ
　nirvāṇe < nirvāṇa- < nir-√vā- (2, 4) + -na：*pp.* 吹き消された。*n.* 消滅。生の焔の消滅。完全

な満足。「寂滅」「安穏」「寂静」と漢訳。「涅槃」「泥洹」と音写。*n. sg. Loc.*

abhiratiḥ < abhirati- < abhi-rati-：*f.* 快楽。～（処格）の歓喜。「愛楽」「妙楽」「喜悦」と漢訳。*sg. Nom.*

abhi：*adv.* こちらへ。近く。～に対して。越えて。

rati- < √ram- (1) + -ti：*f.* 休息。快楽。満足。「楽」「愛楽」「歓喜」と漢訳。

saṃsāre ’nabhiratir < saṃsāre + anabhiratir

saṃsāre < saṃsāra- < sam-√sṛ- (1) + -a：*m.* 生存領域の循環。（生の）不断の連続。現世の生存。「輪廻」と漢訳。*sg. Loc.*

sam-√sṛ- (1)：歩き回る。徘徊する。

√sṛ- (1)：速く走る。流れる。

anabhiratir < anabhiratiḥ + 有声音 < anabhirati- < an-abhirati-：*f.* 「不楽」「厭離」「不楽著」と漢訳。*sg. Nom.*

iti：*adv.* ～と。～ということを。以上のように。～と考えて。「如是」と漢訳。

dvayam < dvaya- < dvi- + -a：*adj.* 二重の。二種類の。対の。*n.* 一対。両者。二つの事物。*n. sg. Nom.*

etat < etad-：これ。*n. sg. Nom.*

> yasya na nirvāṇe ’bhiratir [na saṃsāre ’nabhiratir][65] idam advayam /
>
> （梵漢和維摩経 *p.* 398, *ll.* 2–3）

「涅槃に対する喜びも〔なく、生存の循環に対する嫌悪も〕ないならば、これが不二です[66]。

【若し涅槃を楽わず、世間を厭わざれば、則ち二有ること無し。】　（大正蔵、巻一四、五五一頁下）

……………………………………………………………………

yasya < yad-：*関係代名詞, m. sg. Gen.*

na：*ind.* ～でない。～にあらず。

nirvāṇe ’bhiratir < nirvāṇe + abhiratir

nirvāṇe < nirvāṇa- < nir-√vā- (2, 4) + -na：*pp.* 吹き消された。*n.* 消滅。生の焔の消滅。完全な満足。「寂滅」「安穏」「寂静」と漢訳。「涅槃」「泥洹」と音写。*n. sg. Loc.*

abhiratir < abhiratiḥ + 有声音 < abhirati- < abhi-rati-：*f.* 快楽。～（処格）の歓喜。「愛楽」「妙楽」「喜悦」と漢訳。*sg. Nom.*

na：*ind.* ～でない。～にあらず。

saṃsāre ’nabhiratir < saṃsāre + anabhiratir

saṃsāre < saṃsāra- < sam-√sṛ- (1) + -a：*m.* 生存領域の循環。（生の）不断の連続。現世の生存。「輪廻」と漢訳。*sg. Loc.*

anabhiratir < anabhiratiḥ + 有声音 < anabhirati- < an-abhirati-：*f.* 「不楽」「厭離」「不楽著」と漢訳。*sg. Nom.*

idam < idam-：これ。*n. sg. Nom.*

advayam < advaya-：*adj.* 二種ならざる。「不二」「無二」と漢訳。*n. sg. Nom.*

> tat kasmād dhetoḥ /
>
> （梵漢和維摩経 *p.* 398, *l.* 3）

「それは、どんな理由からでしょうか。

【「所以は何んとなれば、】　（大正蔵、巻一四、五五一頁下）

……………………………………………………………………

tat < tad-：それ。*n. sg. Nom.*

kasmād dhetoḥ < kasmāt + hetoḥ

連声法は、cf.「基礎」*p.* 63.

kasmāt < kim-：*疑問詞,* だれ。何。どんな。どの。*m. sg. Abl.*

hetoḥ < hetu-：*m.* 理由。原因。因。*sg. Abl.*

奪格は、動機、原因、理由を表わす。cf.「シンタックス」*p.* 58.

baddhasya hi sato mokṣaḥ prabhāvyate /

（梵漢和維摩経 *p.* 398, *ll.* 3–4）

「束縛されているからこそ、解脱があるべきです。
【若し縛有らば則ち解有り。】　　　（大正蔵、巻一四、五五一頁下）

……………………………………………………………………

baddhasya < baddha- < √bandh- (9) + -ta：*pp.* ～に縛られた。固定された。*m. sg. Gen.*
　√bandh- (9)：縛る。固定する。
　属格による絶対節。

hi：*ind.* 真に。確かに。実に。

sato < sataḥ + 有声子音 < sat- < s- + -at < √as- (2) + -at：ある。*P.* *現在分詞, m. sg. Gen.*
　以上は属格による絶対節になっている。

mokṣaḥ < mokṣaḥ + (p) < mokṣa-：*m.* ～（奪格、属格）からの解放。〔輪廻からの〕解放。「解脱」と漢訳。*sg. Nom.*

prabhāvyate < prabhāvya- < prabhāvaya- + -ya < pra-√bhū- (1) + -aya + -ya：*Caus. Pass.* あらせられるべき。ならせられるべき。*3, sg. A.*

yo 'tyantam evâbaddhaḥ[67] sa kiṃ mokṣam paryeṣiṣyate /

（梵漢和維摩経 *p.* 398, *ll.* 4–5）

「まさに徹頭徹尾、束縛されていないところの人、その人はどうして解脱を求めるでありましょうか。
【「若し本より縛無ければ、其れ誰か解を求めん。】　　　（大正蔵、巻一四、五五一頁下）

……………………………………………………………………

yo 'tyantam < yaḥ + atyantam
　yaḥ < yad-：*関係代名詞, m. sg. Nom.*
　atyantam < atyanta- < ati-anta-：*adj.* 終わりまで続く。継続する。断絶せざる。無限の。過度の。「畢竟」「究竟」と漢訳。*n. sg. Acc.* 対格の副詞的用法で、「非常に」「継続的に」「永久に」「徹頭徹尾」「大いに」「過度に」を意味する。

evâbaddhaḥ < eva + abaddhaḥ
　eva：*adv.* さように。このように。まさに。実に。ただ。全くこのように。
　abaddhaḥ < abaddhaḥ + (s) < abaddha- < a-baddha-：*jad.* ～に縛られていない。固定されていない。*m. sg. Nom.*

sa < saḥ < tad-：それ。*m. sg. Nom.*

kiṃ < kim-：*疑問詞,* だれ。何。どんな。どれ。なぜか。*n. sg. Acc.*

mokṣam < mokṣa-：*m.* ～（奪格、属格）からの解放。〔輪廻からの〕解放。「解脱」と漢訳。*sg. Acc.*

paryeṣiṣyate < paryeṣiṣya- < pari-ā-√iṣ- (6) + -iṣya：「求」「尋求」「追求」「志求」と漢訳。*Fut. 3, sg. A.*

abaddho 'mukto bhikṣur na ratim utpādayati nâratim ayam advaya-praveśaḥ /

（梵漢和維摩経 *p.* 398, *ll.* 5–6）

「束縛されておらず、解放されてもいない男性出家者（比丘）は、喜びを生じることもなく、憂い〔を生じること〕もない。これが、不二〔の法門〕に入ることです」
【「縛無く、解無ければ則ち楽うことも厭うことも無し。是れを不二の法門に入ると為す」】

（大正蔵、巻一四、五五一頁下）

……………………………………………………………………

abaddho 'mukto < abaddhaḥ + amukto

abaddhaḥ < abaddha- < a-baddha-：*jad.* ～に縛られていない。固定されていない。*m. sg. Nom.*

amukto < amuktaḥ + 有声子音 < amukta- < a-mukta-：*adj.* 解放されていない。*m. sg. Nom.*

mukta- < √muc- (6) + -ta：*pp.* 解放された。

bhikṣur < bhikṣuḥ + 有声音 < bhikṣu- < √bhikṣ- (1) + -u：*m.* 乞食者。「比丘」と音写。*sg. Nom.*

na：*ind.* ～でない。～にあらず。

ratim < √ram- (1) + -ti：*f.* 休息。快楽。満足。「楽」「愛楽」「歓喜」と漢訳。*sg. Acc.*

utpādayati < utpādaya- < ud-√pad- (4) + -aya：*Caus.* 起こす。産む。生じる。生じさせる。構成する。獲得する。*3, sg. P.*

nâratim < na + aratim

aratim < arati- < a-rati-：*f.* 不快。意気消沈。心配。悲哀。後悔。「厭」「不楽」「不歓喜」「憂」「憂悩」「憂愁」と漢訳。*sg. Acc.*

ayam < idam-：これ。この。*m. sg. Nom.*

advaya-praveśaḥ < advaya-praveśa-：*m.* 不二に入ること。*sg. Nom.*

§30　maṇi-kūṭa-rājo bodhi-sattva āha /　mārgaḥ kumārga iti dvayam etat /

(梵漢和維摩経 *p.* 398, *ll.* 7–8)

§30　“宝石を頭頂に持つ王[68]”（珠頂王）という菩薩が言った。

「〔正しい〕道と邪道ということ、これが二〔元的に対立するもの〕です。

【§30　珠頂王菩薩曰く、「正道と邪道とを二と為す。」】　　　（大正蔵、巻一四、五五一頁下）

…………………………………………………………………

maṇi-kūṭa-rājo < maṇi-kūṭa-rājaḥ + 有声子音 < maṇi-kūṭa-rāja-：*m.* 宝石を頭頂に持つ王。*sg. Nom.*

maṇi-：*m.* 真珠。珠玉。宝石。「意珠」「如意宝珠」と漢訳。「摩尼」「摩尼珠」と音写。

kūṭa-：*m.n.* 峯。頂。堆積。*n.* 前額。

rāja- < rājan-：*m.* 王。

bodhi-sattva < bodhi-sattvaḥ + a 以外の母音 < bodhi-sattva-：*m.* 覚りを求める人。「菩提薩埵」「菩薩」と音写。*sg. Nom.*

āha < √ah-：言う。*Perf. 3, sg. P.*

…………………………………………………………………

mārgaḥ < mārgaḥ + (k) < mārga-：*m.* 小道。道。道路。～に到る道。*sg. Nom.*

kumārga < kumārgaḥ + a 以外の母音 < kumārga- < ku-mārga-：*m.* 悪路。邪道。「異道」「悪道」と漢訳。*sg. Nom.*

iti：*adv.* ～と。～ということを。以上のように。～と考えて。「如是」と漢訳。

dvayam < dvaya- < dvi- + -a：*adj.* 二重の。二種類の。対の。*n.* 一対。両者。二つの事物。*n. sg. Nom.*

etat < etad-：これ。*n. sg. Nom.*

mārga-pratipannasya na kumārgaḥ samudācaritaḥ[69] /

(梵漢和維摩経 *p.* 398, *l.* 8)

「〔正しい〕道に達したものは、邪道を遂行することはありません。

【漢訳相当箇所なし】

…………………………………………………………………

mārga-pratipannasya < mārga-pratipanna-：*adj.* 〔正しい〕道に達した。*m. sg. Gen.*

mārga-：*m.* 小道。道。道路。～に到る道。

pratipanna- < prati-√pad- (4) + -na：*pp.* 来た。到達した。知られた。

na：*ind.* ～でない。～にあらず。

kumārgaḥ < kumārgaḥ + (s) < kumārga- < ku-mārga-：*m.* 悪路。邪道。「異道」「悪道」と漢訳。*sg. Nom.*

samudācaritaḥ < samudācarita- < sam-ud-ā-√car- (1) + -ita：*pp.* 遂行された。*m. sg. Nom.*
　sam-ud-ā-√car- (1)：～を取り扱う。なす。遂行する。話しかける。「行」「修行」「起行」と漢訳。

asamudācāra-sthitasya na mārga-saṃjñā bhavati na kumārga-saṃjñā /
（梵漢和維摩経 *p.* 398, *ll.* 8–9）

「遂行しないことに立っているものには、〔正しい〕道という意識もなく、邪道という意識もありません。
【正道に住すれば、則ち是れ邪、是れ正と分別せず。】　（大正蔵、巻一四、五五一頁下）

asamudācāra-sthitasya < asamudācāra-sthita-：*adj.* 遂行しないことに立っている。*m. sg. Gen.*
　asamudācāra- < a-samudācāra-：*m.* 遂行することがない
　samudācāra- < sam-ud-ā-√car- (1) + -a：*m.* ～の贈与。提供。よい振る舞い。礼儀正しい振る舞い。話しかけること。遂行すること。「行」「作」「起」「所行」「現行」「威儀」「正現行」と漢訳。
　sthita- < √sthā- (1) + -ita：*pp.* 立った。住していた。留まっていた。
na：*ind.* ～でない。～にあらず。
mārga-saṃjñā < mārga-saṃjñā-：*f.* 〔正しい〕道という意識。*sg. Nom.*
　saṃjñā- < sam-√jñā- (9) + -ā：*f.* 一致。理解。意識。概念。
bhavati < bhava- < √bhū- (1)：なる。*Pres. 3, sg. P.*
na：*ind.* ～でない。～にあらず。
kumārga-saṃjñā < kumārga-saṃjñā-：*f.* 邪道という意識。*sg. Nom.*

saṃjñā-parijñātāvino hi dvaye buddhir nâkrāmaty ayam asyâdvaya-praveśaḥ /
（梵漢和維摩経 *p.* 398, *ll.* 9–10）

「実に意識について十分に知っている人にとって、知が二〔元的な対立〕に近づくことはありません。これが、その人にとっての不二〔の法門〕に入ることです」
【「此の二を離るれば、是れを不二の法門に入ると為す」】　（大正蔵、巻一四、五五一頁下）

saṃjñā-parijñātāvino < saṃjñā-parijñātāvinaḥ + 有声子音 < saṃjñā-parijñātāvin-：*adj.* 意識について十分に知っている。*m. sg. Gen.*
　parijñātāvin- ≒ parijñātavat- < parijñāta- + -vat < pari-√jñā- (9) + -ta + -vat：*過能分,* 注意深く見た。十分に知った。～（対格）を（対格）として認識した。
　Pāli 語では、過去受動分詞に -vat、または -āvin をつけて過去能動分詞を作る（cf.「パーリ語文法」*p.* 137）。
　pari-√jñā- (9)：注意深く見る。十分に知る。～（対格）を（対格）として認識する。「知」「遍知」「了知」と漢訳。
hi：*ind.* 真に。確かに。実に。
dvaye < dvaya- < dvi- + -a：*adj.* 二重の。二種類の。対の。*n.* 一対。両者。二つの事物。*n. sg. Loc.*
buddhir < buddhiḥ + 有声音 < buddhi- < √budh- (1) + -ti：*f.* 理解力。見解。知能。理性。知性。*sg. Nom.*
nâkrāmaty < na + ākrāmaty
　ākrāmaty < ākrāmati + 母音 < ākrāma- < ā-√kram- (1)：近寄る。近づく。入る。～（対格、処格）を踏む。～（対格）に重圧を加える。捉える。攻撃する。*Pres. 3, sg. P.*
ayam < idam-：これ。この。*m. sg. Nom.*
asyâdvaya-praveśaḥ < asya + advaya-praveśaḥ
　asya < idam-：これ。この。*m. sg. Gen.*

advaya-praveśaḥ < advaya-praveśa-：*m.* 不二に入ること。*sg. Nom.*

§31　satya-nandī bodhi-sattva āha /　satyaṃ mṛṣa iti[70]　dvayam etat /
(梵漢和維摩経 *p.* 398, *l.* 11)

§31　“真実を喜ぶもの”（楽実）という菩薩が言った。
「真実と虚偽ということ、これが二〔元的に対立するもの〕です。
【§31　楽実菩薩曰く、「実と不実とを二と為す。】　（大正蔵、巻一四、五五一頁下）

……………………………………………………………………

satya-nandī < satya-nandin-：*m.* 真実を喜ぶもの。*sg. Nom.*
　satya-：*adj.* 実際の。真実の。誠実な。*n.* 真実。「真」「実」「諦」「真諦」と漢訳。
　nandin- < √nand- (1) + -in：*adj.* ～に興ずる。～を喜ぶ。
　√nand- (1)：喜ぶ。～を楽しむ。
bodhi-sattva < bodhi-sattvaḥ + a 以外の母音 < bodhi-sattva-：*m.* 覚りを求める人。「菩提薩埵」「菩薩」と音写。*sg. Nom.*
āha < √ah-：言う。*Perf. 3, sg. P.*

……………………………………………………………………

satyaṃ < satya-：*adj.* 実際の。真実の。誠実な。*n.* 真実。「真」「実」「諦」「真諦」と漢訳。*n. sg. Nom.*
mṛṣa < mṛṣaḥ + a 以外の母音 < mṛṣa-：*m.* 「虚偽」「虚妄」と漢訳。*sg. Nom.*
　類似の形として次の語もある。
　mṛṣā：*adv.* むなしく。無益に。不正確に。誤って。不真実に。偽って。「虚」「虚妄」「虚偽」と漢訳。
iti：*adv.* ～と。以上のように。「如是」と漢訳。
dvayam < dvaya- < dvi- + -a：*adj.* 二重の。二種類の。対の。*n.* 一対。両者。二つの事物。*n. sg. Nom.*
etat < etad-：これ。*n. sg. Nom.*

satya-darśī satyam eva na samanupaśyati kuto mṛṣaṃ[71]　drakṣyati /
(梵漢和維摩経 *p.* 398, *l.* 12)

「真実を見ている人も、まさに真実を見ることはありません。〔ましてや〕どうして虚偽を見るでありましょうか。
【「実見の者は尚、実を見ず。何に況や非実をや。】　（大正蔵、巻一四、五五一頁下）

……………………………………………………………………

satya-darśī < satya-darśin-：*adj.* 真実を見ている。*m. sg. Nom.*
　satya-：*adj.* 実際の。真実の。誠実な。*n.* 真実。「真」「実」「諦」「真諦」と漢訳。
　darśin- < √dṛś- (1) + -in：*adj.* 見る。視る。注意する。見なす。知る。理解する。
satyam < satya-：*adj.* 実際の。真実の。誠実な。*n.* 真実。「真」「実」「諦」「真諦」と漢訳。*n. sg. Acc.*
eva：*adv.* さように。このように。まさに。実に。ただ。全くこのように。
na：*ind.* ～でない。～にあらず。
samanupaśyati < samanupaśya- < sam-anu-√paś- (4)：望見する。望む。認める。知覚する。～（対格）を～（対格）と考える。*Pres. 3, sg. P.*
kuto < kutas：*adv.* いずれより。誰より。何処より。何処へ。何ゆえに。
mṛṣaṃ < mṛṣa-：*m.* 「虚偽」「虚妄」と漢訳。*sg. Acc.*
drakṣyati < drakṣya- < √dṛś- (1) + -sya：見る。*Fut. 3, sg. P.*

tat kasmād dhetoḥ /
(梵漢和維摩経 *p.* 398, *ll.* 12–13)

「それは、どんな理由からでしょうか。

【「所以(ゆえん)は何(いか)んとなれば、】　（大正蔵、巻一四、五五一頁下）

……………………………………………………………………

tat < tad-：それ。*n. sg. Nom.*
kasmād dhetoḥ < kasmāt + hetoḥ
　連声法は、cf.「基礎」*p.* 63.
　kasmāt < kim-：*疑問詞,* だれ。何。どんな。どの。*m. sg. Abl.*
　hetoḥ < hetu-：*m.* 理由。原因。因。*sg. Abl.*
　奪格は、動機、原因、理由を表わす。cf.「シンタックス」*p.* 58.

> na hi sa māṃsa-cakṣuṣā paśyati prajñā-cakṣuṣā paśyati /
> （梵漢和維摩経 *p.* 398, *l.* 13）

「その〔真実と虚偽〕は、肉眼で見られるのではなく、智慧の眼で見られるからです。
【「肉眼(にくげん)の所見(しょけん)に非ざるも、慧眼(えげん)は乃(すなわ)ち能(よ)く見る。】　（大正蔵、巻一四、五五一頁下）

……………………………………………………………………

na：*ind.* ～でない。～にあらず。
hi：*ind.* 真に。確かに。実に。
sa < saḥ < tad-：それ。*m. sg. Nom.*
māṃsa-cakṣuṣā < māṃsa-cakṣus-：*n.* 肉眼。*sg. Ins.*
　māṃsa-：*n.* 肉。獣肉。
　cakṣus- < √cakṣ- (2) + -us：*n.* 眼。視界。視力。
paśyati < paśya- < √paś- (4) + -ya：*Pass.* 見られる。見なされる。考察される。思量される。 *3, sg. P.*
prajñā-cakṣuṣā < prajñā-cakṣus-：*n.* 智慧の眼。*sg. Ins.*
paśyati < paśya- < √paś- (4) + -ya：*Pass.* 見られる。見なされる。考察される。思量される。 *3, sg. P.*

> tathā ca paśyati [yathā na paśyati][72] na vipaśyati /　yatra ca na paśyanā na vipaśyanâyam advaya-praveśaḥ /
> （梵漢和維摩経 *p.* 398, *ll.* 14–15）

「しかも、〔見ることもなく、〕識別することもない〔ように〕、そのように〔その智慧の眼で〕見るのです[73]。見ることもなく、識別することもないならば、これが、不二〔の法門〕に入ることです」
【「而(しか)も此の慧眼には見(けん)無く、不見(ふけん)無し。是れを不二の法門に入ると為す」】
（大正蔵、巻一四、五五一頁下）

……………………………………………………………………

tathā：*adv.* そのように。同様な方法で。同様に。
ca：*conj.* および。また。しかしながら。そして。～と。なお。
paśyati < paśya- < √paś- (4)：見る。見なす。考察する。思量する。*Pres. 3, sg. P.*
yathā：*conj.* ～のように。あたかも～のように。～と（that）。
na：*ind.* ～でない。～にあらず。
paśyati < paśya- < √paś- (4)：見る。見なす。考察する。思量する。*Pres. 3, sg. P.*
na：*ind.* ～でない。～にあらず。
vipaśyati < vipaśya- < vi-√paś- (4)：識別する。区別する。明らかに見る。知る。観察する。知覚する。*Pres. 3, sg. P.*

……………………………………………………………………

yatra：*adv.* そこに。その場所に。その場合に。もし～ならば。その時。
ca：*conj.* および。また。しかしながら。そして。～と。なお。
na：*ind.* ～でない。～にあらず。

paśyanā < paśyanā- < √paś- (4) + -anā：*f.* 見ること。*sg. Nom.*
na：*ind.* ～でない。～にあらず。
vipaśyanâyam < vipaśyanā + ayam
　　vipaśyanā < vipaśyanā- < vi-√paś- (4) + -anā：*f.* 識別すること。*sg. Nom.*
　　ayam < idam-：これ。この。*m. sg. Nom.*
advaya-praveśaḥ < advaya-praveśa-：*m.* 不二に入ること。*sg. Nom.*

> §32　ity evaṃ te bodhi-sattvāḥ svaka-svakān nirdeśān nirdiśya mañjuśriyaṃ kumāra-bhūtam etad avocat /　katamo mañjuśrīr bodhi-sattvasyâdvaya-praveśaḥ /
> (梵漢和維摩経 *p.* 398, *ll.* 16–18)

§32　以上のように、それらの菩薩たちは、それぞれ自分の説を語って後に、マンジュシリー法王子にこのように言った。
「マンジュシリーよ、菩薩にとって不二〔の法門〕に入ることは、どのようなことなのでしょうか」
【§32　是くの如く諸の菩薩は各各説き已りて、文殊師利に問えり。「何等か是れ菩薩不二法門に入るなるや」】　（大正蔵、巻一四、五五一頁下）

ity < iti + 母音：*adv.* ～と。以上のように。「如是」と漢訳。
evaṃ：*adv.* このように。
te < tad-：それ。*m. pl. Nom.*
bodhi-sattvāḥ < bodhi-sattva-：*m.* 覚りを求める人。「菩提薩埵」「菩薩」と音写。*pl. Nom.*
svaka-svakān < svaka-svaka-：*adj.* 「各々」「各」と漢訳。*m. pl. Acc.*
　　svaka-：*adj.* 自分の。
nirdeśān < nirdeśa- < nir-√diś- (6) + -a：*m.* 命令。指示。記述。「説」「所説」「説法」と漢訳。*pl. Acc.*
nirdiśya < nis-√diś- (6) + -ya：指示する。宣言する。予言する。*Ger.*
mañjuśriyaṃ < mañjuśrī-：*m.* マンジュシュリー。「文殊」「文殊師利」と音写。*sg. Acc.*
kumāra-bhūtam < kumāra-bhūta-：*adj.* 「童子」「童真」「法王子」と漢訳。*m. sg. Acc.*
etad < etat + 母音 < etad-：これ。*n. sg. Acc.* 対格の副詞的用法で「このように」の意味。
avocat < avoca- < a- + va-+ uc- + -a < √vac- (2)：言う。話す。告げる。*重複 Aor. 3, sg. P.*

katamo < katamaḥ + 有声子音 < katama-：*疑問代名詞,* （多くの中の）だれか。何か。「何」「如何」「何者」「何等」と漢訳。*m. sg. Nom.*
mañjuśrīr < mañjuśrīḥ + 有声音 < mañjuśrī- < mañju-śrī-：*m.* マンジュシリー。「妙徳」「妙吉祥」と漢訳。「文殊」「文殊師利」と音写。*sg. Voc.* 格変化は、cf.「基礎」*p.* 106.
bodhi-sattvasyâdvaya-praveśaḥ < bodhi-sattvasya + advaya-praveśaḥ
　　bodhi-sattvasya < bodhi-sattva-：*m.* 覚りを求める人。「菩提薩埵」「菩薩」と音写。*sg. Gen.*
　　advaya-praveśaḥ < advaya-praveśa-：*m.* 不二に入ること。*sg. Nom.*

> mañjuśrīr āha /　su-bhāṣitaṃ yuṣmākaṃ sat-puruṣāḥ sarveṣām /
> (梵漢和維摩経 *p.* 398, *l.* 19, *p.* 400, *l.* 1)

マンジュシリーが言った。
「善き人（善士）たちよ、あなたたちはすべて、巧みに語った。
【文殊師利曰く、「我が意の如くんば、】　（大正蔵、巻一四、五五一頁下）

mañjuśrīr < mañjuśrīḥ + 有声音 < mañjuśrī- < mañju-śrī-：*m.* マンジュシリー。「妙徳」「妙吉祥」と漢訳。「文殊」「文殊師利」と音写。*sg. Nom.* 格変化は、cf.「基礎」*p.* 106.
āha < √ah-：言う。*Perf. 3, sg. P.*

su-bhāṣitaṃ < su-bhāṣita-：*adj.* 巧みに語られた。*n. sg. Nom.*
中性の過去受動分詞による非人称的用法。
yuṣmākaṃ < yuṣmad-：あなたたち。*2, pl. Gen*
sat-puruṣāḥ < sat-puruṣa-：*m.* 善き人。「善士」と漢訳。*pl. Voc.*
sarveṣām < sarva-：*adj.* すべての。*pl. Gen.*

api tu yāvad yuṣmābhir nirdiṣṭaṃ sarvam etad dvayam / (梵漢和維摩経 *p.* 400, *ll.* 1–2)

「しかしながら、あなたたちが説いた限りでは、そのすべてが二〔元的に対立するもの〕です[74]。
【漢訳相当箇所なし】
………………………………………………………………………

api：*adv.* また。さえも。されど。なお。
tu：*ind.* しかし。しこうして。しかるに。しかも。
yāvad < yāvat + 有声子音：*adv.* ～ほど大きく／多く／長く。～するほどに。～する間。～する限り。
yāvat は主文に先行して、「～する限り」「～する間」「～する時に」「～すると」「～するや否や」の意を示す。cf.「シンタックス」*p.* 135.
yuṣmābhir < yuṣmābhiḥ + 有声音 < yuṣmad-：あなた。*2, pl. Ins.*
nirdiṣṭaṃ < nirdiṣṭa- < nis-√diś- (6) + -ta：*pp.* 指示された。宣言された。予言された。*n. sg. Nom.*
sarvam < sarva-：*adj.* すべての。*n. sg. Nom.*
etad < etat + 母音 < etad-：これ。*n. sg. Nom.*
dvayam < dvaya- < dvi- + -a：*adj.* 二重の。二種類の。対の。*n.* 一対。両者。二つの事物。*n. sg. Nom.*

eka-nirdeśaṃ sthāpayitvā yaḥ sarva-dharmāṇām anudāhāro 'pravyāhāro 'nudīraṇâkīrtanânabhila=panam aprajñapanam[75] ayam advaya-praveśaḥ / (梵漢和維摩経 *p.* 400, *ll.* 2–4)

「一つの説法でさえ止めて、あらゆるものごと（一切法）について詳述することもなく、解説することもないこと、〔また〕発言もなく、陳述もなく、言説もなく、〔概念を仮に〕設けて言うこともない、これが、不二〔の法門〕に入ることです」
【「一切法に於いて言(ごん)無く、説(せつ)無く、示(じ)無く、識(しき)無く、諸の問答を離る。是れを不二の法門に入ると為す」】 （大正蔵、巻一四、五五一頁下）
………………………………………………………………………

eka-nirdeśaṃ < eka-nirdeśa-：*m.* 〔ただ〕一つの教説。*sg. Acc.*
eka-：*基数詞,* 一。
nirdeśa- < nir-√diś- (6) + -a：*m.* 命令。指示。記述。表明。詳述。「説」「所説」「説法」「釈」「釈説」「広釈」「分別演説」と漢訳。
sthāpayitvā < sthāpaya- + -itvā < √sthā- (1) + -paya + -itvā：*Caus.* 立たしめる。任命する。静止させる。止める。阻む。抑止する。除く。*Ger.*
yaḥ < yad-：*関係代名詞, m. sg. Nom.*
sarva-dharmāṇām < sarva-dharma-：*m.* あらゆるものごと。「一切法」と漢訳。*pl. Gen.*
anudāhāro 'pravyāhāro 'nudīraṇâkīrtanânabhilapanam < anudāhāraḥ + apravyāhāraḥ + anudīra=ṇâkīrtanânabhilapanam
anudāhāraḥ < anudāhāra- < an-udāhāra-：*adj.* 詳述することのない。「不可受」と漢訳。*m. sg. Nom.*
udāhāra- < ud-āhāra- < ud-ā-√hṛ- (1) + -a：*m.* 例証。談話の開始。発言。詳しく語ること。
ud-ā-√hṛ- (1)：頂上に置く。挙げる。引用する。発言する。詳しく語る。名前を挙げて言及する。
apravyāhāraḥ < apravyāhāra- < a-pravyāhāra-：*adj.* 解説することのない。「不可説」「無所

説」と漢訳。*m. sg. Nom.*

pravyāhāra- < pra-vi-ā-√hṛ- (1) + -a：*m.* 論議の延長／継続。「言」「説」「演説」と漢訳。

pra-vi-ā-√hṛ- (1)：「対曰」「発」「普発」「宣揚」「宣伝」「演説」「解説」と漢訳。

anudīraṇâkīrtanânabhilapanam < anudīraṇâkīrtanânabhilapana- < anudīraṇa-akīrtana-anabhilapana-：*n.* 発言もなく・陳述もなく・言説もない。*sg. Nom.*

anudīraṇa- < an-udīraṇa-：*adj.* 発言しない。

udīraṇa- < ud-√īr- (2) + -ana：*n.* 投擲。投げ出すこと。発音。言うこと。通知。激励。鼓舞。「言説」と漢訳。

udīraya- < ud-√īr- (2) + -aya：*Caus.* 挙げる。投げる。出す。示す。現わす。言う。発言する。宣言する。声明する。話す。

akīrtana- < a-kīrtana-：*adj.* 説述しない。陳述しない。

kīrtana- < √kīrt- (10) + -ana：*n.* 陳述。記載。報告。枚挙。物語。

√kīrt- (10) = √kīrtaya- (名動詞)：陳述する。記載する。言う。名づける。提示する。宣言する。暗誦する。物語る。称賛する。～（対格）を～（対格）と呼ぶ。断言する。

anabhilapana- < an-abhilapana-：*adj.* 言説しない。

abhilapana- < abhi-√lap- (1) + -ana：*n.* 「明記」「不忘」と漢訳。

abhi-√lap- (1)：話す。喋る。命名する。名づける。「説」「言説」「説言語」「有言説」と漢訳。

aprajñapanam < aprajñapana- < a-prajñapana-：*adj.* 仮に設けないこと。*n. sg. Nom.*

prajñapana- < prajñapaya- + -ana < pra-√jñā- (9) + -paya + -ana：*n.* 仮に設けること。仮に設けて言う。

prajñapaya- = prajñāpaya- < pra-√jñā- (9) + -paya：*Caus.* 途を示す。露わす。召還する。〔仮に〕設ける。「設」「施設」「敷設」「仮設」「制立」「仮立」「建立」「仮建立」「仮名」と漢訳。

pra-√jñā- (9)：知る。認識する。発見する。了解する。「了知」「覚知」「観知」と漢訳。

ayam < idam-：これ。この。*m. sg. Nom.*

advaya-praveśaḥ < advaya-praveśa-：*m.* 不二に入ること。*sg. Nom.*

> §33 atha khalu mañjuśrīḥ kumāra-bhūto vimalakīrtiṃ licchavim etad avocat / nirdiṣṭo 'smābhiḥ kula-putra svaka-svako nirdeśaḥ /
>
> (梵漢和維摩経 *p.* 400, *ll.* 5–6)

§33 そこで、マンジュシュリー法王子は、リッチャヴィ族のヴィマラキールティにこのように言った。

「良家の息子よ、私たちはそれぞれ自分の説を語りました。

【§33 是(ここ)に於(お)いて、文殊師利(もんじゅしり)は維摩詰(ゆいまきつ)に問えり。「我等、各(おのおの)自ら説き已(おわ)んぬ。】

（大正蔵、巻一四、五五一頁下）

…………………………………………………………………………

atha：*adv.* その時。その場合。さて。それ故。しかれば。しかしながら。しかも。

khalu：*ind.* 実に。確かに。しかも。さて。そこで。

mañjuśrīḥ < mañjuśrī- < mañju-śrī-：*m.* マンジュシリー。「妙徳」「妙吉祥」と漢訳。「文殊」「文殊師利」と音写。*sg. Nom.* 格変化は、cf.「基礎」*p.* 106.

kumāra-bhūto < kumāra-bhūtaḥ + 有声子音 < kumāra-bhūta-：*adj.* 「童子」「童真」「法王子」と漢訳。*m. sg. Nom.*

vimalakīrtiṃ < vimalakīrti- < vimala-kīrti-：*m.* ヴィマラキールティ。汚れのない名声を持つ（もの）。「維摩詰」と音写。「浄名」「無垢称」と漢訳。*sg. Acc.*

licchavim < licchavi-：*m.* リッチャヴィ。「離車子」「栗姑毘」と音写。*sg. Acc.*

etad < etat + 母音 < etad-：これ。*n. sg. Acc.* 対格の副詞的用法で「このように」の意味。

avocat < avoca- < a- + va-+ uc- + -a < √vac- (2)：言う。話す。告げる。*重複 Aor. 3, sg. P.*

…………………………………………………………………………

nirdiṣṭo 'smābhiḥ < nirdiṣṭaḥ + asmābhiḥ

nirdiṣṭaḥ < nirdiṣṭa- < nis-√diś- (6) + -ta：*pp.* 指示された。宣言された。予言された。*n. sg. Nom.*

asmābhiḥ < asmad-：われわれ。*1, pl. Ins.*

kula-putra < kula-putra-：*m.* 良家の息子。「善男子」と漢訳。*sg. Voc.*

svaka-svako < svaka-svakaḥ < svaka-svaka-：*adj.* 「各々」「各」と漢訳。*m. sg. Nom.*

svaka-：*adj.* 自分の。

nirdeśaḥ < nirdeśa- < nir-√diś- (6) + -a：*m.* 命令。指示。記述。表明。詳述。「説」「所説」「説法」「釈」「釈説」「広釈」「分別演説」と漢訳。*sg. Nom.*

pratibhātu tavâpy advaya-dharma-[mukha-]praveśa-nirdeśaḥ[76] /

（梵漢和維摩経 *p.* 400, *ll.* 6–7）

「不二の法〔門〕に入るあなたの教説もまた、お説きになってください[77]」

【「仁者(なんじ)、当(まさ)に説くべし。何等か是れ菩薩不二の法門に入るなるや」】（大正蔵、巻一四、五五一頁下）

…………………………………………………………………

pratibhātu < pratibhā- < prati-√bhā- (2)：～の上に光る。照らす。自己を示す。～に明らかになる。理解される。「説」「楽説」「能説」「弁説」「当説」と漢訳。*Impv. 3, sg. P.*

丁寧な命令や要請には、二人称・能動・命令法の代わりに三人称・受動・命令法が敬語として用いられる。能動態で用いられる vac-（言う）や vid-（知る）などの場合は、三人称・能動・命令法を用いることもある。cf.「シンタックス」*p.* 116.

tavâpy < tava + apy

tava < tvad-：あなた。*2, sg. Gen.*

apy < api + 母音：*adv.* また。されど。

advaya-dharma-mukha-praveśa-nirdeśaḥ < advaya-dharma-mukha-praveśa-nirdeśa-：*m.* 不二の法門に入る教説。*sg. Nom.*

nirdeśa- < nir-√diś- (6) + -a：*m.* 命令。指示。記述。表明。詳述。「説」「所説」「説法」「釈」「釈説」「広釈」「分別演説」と漢訳。

atha vimalakīrtir licchavis tūṣṇīm abhūt /

（梵漢和維摩経 *p.* 400, *l.* 8）

しかしながら、リッチャヴィ族のヴィマラキールティは、沈黙し〔て何も語らなかっ〕た。

【時に維摩詰(ゆいまきつ)は黙然(もくねん)として言(ごん)無し。】（大正蔵、巻一四、五五一頁下）

…………………………………………………………………

atha：*adv.* その時。その場合。さて。それ故。しかれば。しかしながら。しかも。

vimalakīrtir < vimalakīrtiḥ + 有声音 < vimalakīrti- < vimala-kīrti-：*m.* ヴィマラキールティ。汚れのない名声を持つ（もの）。「維摩詰」と音写。「浄名」「無垢称」と漢訳。*sg. Nom.*

licchavis < licchaviḥ + (t) < licchavi-：*m.* リッチャヴィ。「離車子」「栗姑毘」と音写。*sg. Nom.*

tūṣṇīm：*adv.* 沈黙して。黙して。「黙然」「不語」「黙然無語」と漢訳。

tūṣṇīm √bhū- (1)：「黙然而住」と漢訳。

abhūt < √bhū- (1)：なる。*root-Aor. 3, sg. P.*

atha mañjuśrīḥ kumāra-bhūto vimalakīrter licchaveḥ sādhu-kāram adāt / sādhu sādhu kula-putrâyaṃ bodhi-sattvānām advaya-dharma-mukha-praveśo yatra nâkṣara-ruta-ravita-vijñapti-pracāraḥ /

（梵漢和維摩経 *p.* 400, *ll.* 9–11）

すると、マンジュシリー法王子は、リッチャヴィ族のヴィマラキールティに感嘆の言葉を発した。

「素晴らしいことです。素晴らしいことです。良家の息子よ。菩薩たちにとって、これが不二の法門に入ることであり、そこには文字や言葉、音声、〔識別して〕認識することの追求はありません[78]」
【文殊師利、歎じて曰く、「善き哉、善き哉。乃至、文字・語言有ること無し。是れ真に不二の法門に入るなり」】　　（大正蔵、巻一四、五五一頁下）

………………………………………………………………………

atha：*adv.* その時。その場合。さて。それ故。しかれば。しかしながら。しかも。

mañjuśrīḥ < mañjuśrīḥ + (k) < mañjuśrī- < mañju-śrī-：*m.* マンジュシリー。「妙徳」「妙吉祥」と漢訳。「文殊」「文殊師利」と音写。*sg. Nom.* 格変化は、cf.「基礎」*p.* 106.

kumāra-bhūto < kumāra-bhūtaḥ + 有声子音 < kumāra-bhūta-：*adj.* 「童子」「童真」「法王子」と漢訳。*m. sg. Nom.*

vimalakīrter < vimalakīrteḥ + 有声音 < vimalakīrti- < vimala-kīrti-：*m.* ヴィマラキールティ。汚れのない名声を持つ（もの）。「維摩詰」と音写。「浄名」「無垢称」と漢訳。*sg. Gen.*

licchaveḥ < licchaveḥ + (s) < licchavi-：*m.* リッチャヴィ。「離車子」「栗姑毘」と音写。*sg. Gen.*

sādhu-kāram < sādhu-kāra-：*m.* sādhu（よろしい、でかした、よくぞやった）という感嘆詞。讃歎の言葉。*sg. Acc.*

adāt < √dā- (3)：与える。贈る。告げる。（祝福を）述べる。（真理を）語る。（言葉を）発する。*root-Aor. 3, sg. P.*

………………………………………………………………………

sādhu sādhu：*感嘆詞,* よくやった。でかした。よろしい。「善哉」と漢訳。

sādhu sādhu と感嘆詞として繰り返して使われる。

sādhu- < √sādh- (1) + -u　：*adj.* まっすぐな。気だてのよい。高貴な有徳な。善良な。*m.* 有徳の人。尊敬すべき人。聖人。聖仙。

√sādh- (1)：目標に達する。目的を達成する。真っ直ぐに導く。完了する。

kula-putrâyam < kula-putra + ayam

kula-putra < kula-putra-：*m.* 良家の息子。「善男子」と漢訳。*sg. Voc.*

ayam < idam-：これ。この。*m. sg. Nom.*

bodhi-sattvānām < bodhi-sattva-：*m.* 覚りを求める人。「菩薩」と漢訳。*pl. Gen.*

advaya-dharma-mukha-praveśo < advaya-dharma-mukha-praveśaḥ + 有声子音 < advaya-dhar=ma-mukha-praveśa-：*m.* 不二の法門に入ること。*sg. Nom.*

yatra：*adv.* そこに。その場所に。その場合に。もし～ならば。その時。

nâkṣara-ruta-ravita-vijñapti-pracāraḥ < na + akṣara-ruta-ravita-vijñapti-pracāraḥ

na：*ind.* ～でない。～にあらず。

akṣara-ruta-ravita-vijñapti-pracāraḥ < akṣara-ruta-ravita-vijñapti-pracāra-：*m.* 文字や言葉、音声、〔識別して〕認識することの追及。*sg. Nom.*

akṣara- < a-kṣara-：*adj.* 不壊の。「無窮尽」「無尽」と漢訳。*n.* 語。綴り。聖字 om。声。字。文書。

ruta- < √ru- (2) +-ta：*pp.* 吠えた。*n.* 咆哮。金切り声。叫び。いななき。「声」「音声」「語言」と漢訳。

√ru- (2,4)：ほえる。うなる。金切り声を発する。声高に叫ぶ。

ravita-：*n.* 軽率。「卒暴音」と漢訳。BHS. dic. *p.* 453 には the sound of birds' cries（鳥の鳴き声）, sound（音声）とある。

vijñapti- < vi-jñapti-：*f.* ～（属格）の要求／嘆願。話しかけ。表象。「示現」「顕現」「顕示」「表示」「仮設」「識」「知」「意識」「認識」「唯識」と漢訳。

vijñāpti-は「梵和大辞典」に挙げられていないが、モニエルの辞典 *p.* 961 に vijñāpti- = vijñapti-とある。

pracāra- < pra-√car- (1) + -a：*m.* 散歩。歩き回ること。～を追求すること。姿を現わすこと。明示。出現。

iha nirdeśe nirdiśyamāne pañcānāṃ bodhi-sattva-sahasrāṇām advaya-dharma-mukha-pra=veśād anutpattika-dharma-kṣānti-pratilambho 'bhūt //
(梵漢和維摩経 *p.* 400, *ll.* 12–14)

この説法がなされている時、不二の法門に入ったことで、五千人の菩薩たちに〔何ものも〕生ずることはないという真理を認める知（無生法忍）の獲得があった。
【是の入不二法門品を説ける時、此の衆中に於いて、五千の菩薩は皆、不二の法門に入りて、無生法忍を得たりき。】（大正蔵、巻一四、五五一頁下）

iha：*adv.* ここに。今。この世に。地上に。
nirdeśe < nirdeśa- < nir-√diś- (6) + -a：*m.* 命令。指示。記述。「説」「所説」「説法」と漢訳。*sg. Loc.*
nirdiśyamāne < nirdiśyamāna- < nirdiśya- + -māna < nis-√diś- (6) + -ya + -māna：*Pass.* 支持される。決定される。宣言される。*現在分詞, m. sg. Loc.*
以上の処格は、絶対節をなしている。
pañcānāṃ < pañcan-：*基数詞,* 五。*n. pl. Gen.*
bodhi-sattva-sahasrāṇām < bodhi-sattva-sahasra-：*n.* 千人の菩薩。*pl. Gen.*
advaya-dharma-mukha-praveśād < advaya-dharma-mukha-praveśāt + 母音 < advaya-dharma-mukha-praveśa-：*m.* 不二の法門に入ること。*sg. Abl.*
anutpattika-dharma-kṣānti-pratilambho 'bhūt < anutpattika-dharma-kṣānti-pratilambhaḥ + abhūt
anutpattika-dharma-kṣānti-pratilambhaḥ < anutpattika-dharma-kṣānti-pratilambha-：*m.* 〔何ものも〕生ずることはないという真理を認める知（無生法忍）の獲得。*sg. Nom.*
anutpattika-dharma-kṣānti-：*f.* 〔何ものも〕生ずることはないという真理を認める知。「無生法忍」と漢訳。
pratilambha- < prati-√labh- (1) + -a：*m.* 獲得。取得。回復。会得。
abhūt < √bhū- (1)：なる。*root-Aor. 3, sg. P.*

Advaya-Dharma-Mukha-Praveśa-Parivarto 'ṣṭamaḥ /
(梵漢和維摩経 *p.* 400, *l.* 15)

〔以上が〕「不二の法門に入ること」の章という〔名前の〕第八である。
【漢訳相当箇所なし】

advaya-dharma-mukha-praveśa-parivarto 'ṣṭamaḥ < advaya-dharma-mukha-praveśa-parivartaḥ + aṣṭamaḥ
advaya-dharma-mukha-praveśa-parivartaḥ < advaya-dharma-mukha-praveśa-parivarta-：*m.* 「不二の法門に入ること」という章。*sg. Nom.*。
advaya- < a-dvaya-：*adj.* 二種ならざる。単一の。「不二」「無二」「不異」と漢訳。
dharma-mukha-：*n.* 「法門」と漢訳。
dharma-：*m.* 確定した秩序。慣例。習慣。法則。規則。義務。宗教。教説。性質。本質。属性。特質。事物。法。
mukha-：*n.* 顔。～の口。入口。「口」「面」「門」と漢訳。
praveśa- < pra-√viś- (6) + -a：*m.* ～に入ること。出過ぎたこと。「能入」「悟入」と漢訳。
pra-√viś- (6)：入る。近づく。誘い込む。導入する。
parivarta-：*m.* 章。「品」と漢訳。
aṣṭamaḥ < aṣṭama-：*序数詞,* 第八の。

第8章　訳注

---

1 筆者が「〔それぞれ〕お説きください」としたのは、呼び掛けられた相手は複数の sat-puruṣāḥ（善き人たち）だが、命令形の pratibhātu（説け）が三人称であるのは、二人称に対する丁寧な表現を取っているからであり（cf.「シンタックス」*p.* 116）、単数であるのは、複数の「善き人たち」の一人ひとりに語りかけているからであろう。鳩摩羅什も、「諸仁者よ」と複数に呼び掛けて、「各（おのおの）……説け」と訳している。

2 「§3-4」と表記したのは、サンスクリット写本では§3となっているが、鳩摩羅什訳では4番目になっていることを意味する。以下、§4は5番目（§4-5）、§5は7番目（§5-7）、§6は3番目（§6-3）、§7は6番目（§7-6）と順不同になっている。

3 saṃkleśa-parijñān[ād vyavadān]a-mananā は、貝葉写本では saṃkleśāparijñātuparinamananā と書いた後で tupari の部分をキャンセルし、最終的に次のようになっている。

①saṃkleśā-parijñāna mananā

としている。これは、「汚れについて完全に知ること」と「考えること」を意味する語を並べただけで、意味をなさない。何かが抜けている。

この文章の直前には、次の文章がある。

saṃkleśo vyavadānam iti dvayam etat /（汚れと清らかさということ、これが二〔元的に対立するもの〕です）

この§3では、汚れ（saṃkleśa-）と清らかさ（vyavadāna-）の対比がなされていることが分かる。それは、①に対応する箇所の次のチベット語訳も同じである。

kun nas nyon mongs pa yongs su shas nas rnam par byung ba la rlom sems su mi 'gyur zhing（汚れを了知してから、清浄を誇ることがない）

これによって、①の saṃkleśā-parijñāna は、理由を示す奪格 saṃkleśa-parijñānād に改めるべきである。チベット語訳の後半部は、「誇りに思う」を意味する rlom sems という語が用いられているが、貝葉写本では mananā-（考えること）が用いられていることから、それを生かして、①の mananā は vyavadāna- との複合語にするべきで、語尾は主格であればよい。

4 mananêti（< mananā + iti）は、貝葉写本では manateti となっている。これは、貝葉写本でしばしば見られる n と t の間の誤記であろう。

この語を含む箇所のチベット語訳の文章は次の通り。

g-yo ba dang rlom sems de ni gnyis te /（動揺することと誇りに思うことと、それは二なるものである）

ここにも、注3の場合と同様、「誇りに思う」を意味する rlom sems という語が用いられており、そこで推測した rlom sems と mananā との対応関係を確認することができる。

5 [　] 内の na manyate は貝葉写本には存在しないが、それを挿入すべき可能性を VKN. は指摘している。けれども、本文に挿入までしはしていない。筆者は、三つ後の注8に述べる理由で挿入した。

6 anadhikāro 'dhikāra-virahito 'yam（< anadhikāraḥ + adhikāra-virahitaḥ + ayam）は、貝葉写本では anadhikāraḥ adhikāra-viharahitoḥ yam となっている。adhikāra- は「断言」「定義」といった意味だが、viharahitoḥ が意味不明。漢訳に「分別無し」（鳩摩羅什訳）、「思惟する所無し」（玄奘訳）とあることから、「〜のない」「〜を欠く」を意味して viharahitoḥ に類似した語としては、vi-√rah- (1) の使役・過去受動分詞 virahita- が最適であろう。

7 advaya-praveśaḥ（< advaya-praveśa, 不二〔の法門〕に入ること）は、貝葉写本では adva-praveśaḥ となっているが、これは各§の決まり文句であり、他の§にならって改めた。

8 この文章の原文は、貝葉写本と VKN. では次のように三つの要素からなっている。

①yat punar nêñjate [na manyate] na manasi-karoty（しかしながら、〔心が〕動揺することもなく、〔心に念じて熟慮することもなく〕心を働かせることもないならば、）

②anadhikāro（〔ものごとを〕断定することもありません。）

③ 'dhikāra-virahito 'yam advaya-praveśaḥ（〔ものごとを〕断定することのないこと、これが、不二〔の法門〕に入ることです）

①は、関係代名詞 yat に導かれた条件節をなしている。iñjate は「動揺する」という意味の動詞 √iñj- (1) の現在・三人称・単数で、次の manasi-karoty（< manasi-karoti）が「心を働かせる」という意味であることを考慮すれば、iñjate は「〔心が〕動揺する」という意味にとっていいであろう。

②の anadhikāro（< anadhikāraḥ < anadhikāra-）は、「断定する」という意味の動詞 adhi-√kṛ- (8) から作られた名詞 adhikāra- に否定の接頭辞をつけたもので、「断定することがない」という意味になる。

③では、まず ’dhikāra-（< adhikāra-, 断定すること）と virahita-（〜のない）の複合語 adhikāra-virahito（< adhikāra-virahitaḥ < adhikāra-virahita-）を挙げて、それを ’yam（< ayam, これが）で受けて、advaya-praveśaḥ（不二〔の法門〕に入ること）と結論している。

ところが、この文章は、チベット語訳では次のようになっている。

gang g-yo ba med cing rlom sems su mi byed / yid la mi byed / lhag par bya pa med pa / lhag par bya ba dang bral ba de ni gnyis su med par ’jug pa’o //（動揺することもなく、**誇ることもなく**、作意することもなく、注意することもなく、注意することから離れている者、彼は不二に入る者です）

チベット語訳からの現代語訳である中公版では、次のように訳されている。

「動きがなく（したがって）**思考がない**ならば、注意を集めること（作意）もなく、関心をはらうこともない。関心をはらうことのないことが、不二にはいることです」（中公版、*p.* 126）

これを①〜③と比較すると、「〔心が〕動揺することもなく」の次に「誇ることもなく」、あるいは「思考がない」に相当する部分が欠落していることがわかる。

チベット語訳では、この文章の前にあった g-yo ba と rlom sems がここにも出てきていて、「動揺することと誇ること」に相当する言葉がそのまま繰り返されている。貝葉写本では前の文章に「〔心が〕動揺することと、〔心に念じて〕熟慮するということ」とあり、iñjanā と mananā の二つの名詞が用いられていた。けれども、ここでは前者の動詞形 iñjate のみが用いられていて、mananā に対応する動詞が用いられていない。ここは、チベット語訳を考慮しても、前後の関係を考えても manyate を入れるべきであろう。従って筆者は、[　] 内に na manyate（心に念じて熟慮することもなく）を挿入した。

漢訳は、次の通りである。

「当に不慮と不知を以て、諸法に於いて念作して、而も不念作を行ずるべき者、是れ不二に入るなり」（支謙訳）

「動かざれば則ち念無し。念無ければ則ち分別無し。此れに通達すれば、是れを不二の法門に入ると為す」（鳩摩羅什訳）

「若し諸の菩薩、一切は散動有ること無く、思惟する所無しと了知すれば、則ち無作意にして無散動に住す。思惟する所無く、作意有ること無し。是れを不二の法門に入ると為す」（玄奘訳）

9 yan nôpādadāti は、貝葉写本では yatrôpādadāti となっているが、二つ後の注 11 に述べる理由によって改めた。

10 [　] 内の yan nôpalabhati は、貝葉写本と VKN. にはないが、筆者は次の注 11 に述べる理由によって補った。

11 筆者が「感受しないならば、それを知覚することもなく、〔知覚することがないならば、〕そこにおいて、推論と議論をなすこともありません」と訳した箇所の原文は、貝葉写本では次のようになっている。

①yatrôpādadāti tan nôpalabhate（感受して、それを知覚することがないところ、）

②tatrôhâpohaṃ na karoti（そこにおいて、推論と議論をなすこともありません）

①のままでは、感受することを肯定し、知覚を否定するという食い違いが気にかかる。VKN. は、①の yatrôpādadāti を yan nôpādadāti に改めている。さらに、tan nôpalabhate の後に yannopalabhate に相当する語の付加を指摘しているが、本文を改めるまでには至っていない。

その見解について検証してみよう。yatrôpādadāti は yatra と upādadāti の連声したものと考えられよう。動詞 upādadāti（感受する）は、直前の文章にあった名詞 upādānam（感受すること）に対応している。問題は yatra だ。①の後半に相関詞 tan（< tat）があることから、それに対応する関係代名詞 yat が必要とされるが、それは yatra の初めの三文字に当たる。残りの ra は、否定の na の誤りと考えればよい。それによって、①は次のように改められる。

①’ yan nôpādadāti tan nôpalabhate（感受しないならば、それを知覚することもなく、）

これは、yan 以下と tan 以下が韻を踏んでいるだけでなく、次のチベット語訳とも一致している。

以上のことも含めて、再度チベット語訳から検討してみよう。

③gang mi len pa de mi dmigs pa ste /（〔なんであれ〕感受することのないもの、それは認識することのないものであり、）

④gang mi dmigs pa de la rtog pa dang bsal bar mi byed /（〔なんであれ〕認識することのないもの、そこにおいては理解も排撃もない）

まず③において gang に処格助詞の la がついていないので、yatra ではなく yat とすべきである。従って、③は gang 〜 de …（サンスクリットの yat 〜 tat …）の構文になっている。処格助詞 la のない gang は④にも出てくるが、その相関詞は、la のついた de la（tatra）で、④は gang 〜 de la …（サンスクリットの yat 〜 tatra …）の構文になっている。

この構文によって、③と④は、「感受することのないもの→認識することがない」「認識することがないもの→理解も排撃もない」という連鎖の関係を表現している。従って、②の冒頭に yan nôpalabhati（認識することがないもの／知覚することがないならば）を挿入すべきである。従って、筆者は、［ ］内にそれを補った。

漢訳もすべて、次のように連鎖の構文になっている。

「受けざれば則ち得ること無きが如く、得ること無き者は淵を作さず」（支謙訳）

「若し法にして、受けざれば則ち不可得なり。不可得を以ての故に、取無く、捨無く」（鳩摩羅什訳）

「若し諸菩薩、取ること無ければ則ち得る所無しと了知せば、得る所無き故に則ち増減無し」（玄奘訳）

①の yan nôpādadāti を yatrôpādadāti と誤って書いたのは、②の冒頭に tatrôhâpohaṃ（< tatra + ūhâpohaṃ）とあり、両者の文字面が似ているのに加えて、tatra との相関を意識したことで yatra としたのであろう。

12［ ］内の yat は貝葉写本と VKN. には存在しない。筆者は、他の§と同様に「yat ～ ayam …」（～ということ、これが…である）という構文になるように後半の ayam とともに補った。

13 akaraṇam avyāpattiḥ は、貝葉写本では akaraṇama na vyāpattiḥ となっている。akaraṇama は、中性・単数・主格の akaraṇam のことであろう。na は否定文を作る語だが、ここは、karaṇam に否定の接頭辞を付した akaraṇam と同様に、否定文としてではなく否定の意味を持つ単語が並列されるべきところであり、na vyāpattiḥ は avyāpattiḥ に改めるべきである。

14［ ］内の ayam は貝葉写本には欠落している。ところが、三つ前の注 11 に引用したこの箇所のチベット語訳と漢訳を見ても、チベット語訳に gang（yat）とともに de（tat／ayam）が用いられているし、すべての漢訳にも「是」という文字があり、さらには前後の文章と比較しても、ここは「yat ～ ayam …」の構文にしたほうがよく、文頭の yat とともに ayam が必要である。VKN. は、ここに ayam を補っているが、文頭に yat は補っていない。

15 この文章の原文は、次の通りである。

①[yat] akaraṇam **avyāpattiḥ** sarva-dharmāṇām（あらゆるものごと〔一切法〕**には**、人為的な作為もなく、**消失することもないということ、**）

②[ayam] advaya-praveśaḥ（これが、不二〔の法門〕に入ることです）

①は、英語の that に相当する yat で導かれた節である。akaraṇam（人為的な作為がないこと）と avyāpattiḥ（消失がないこと）の二語は、いずれも主格であり、これは、属格 sarva-dharmāṇām（あらゆるものごとには～がある）とともに、主格と属格の名詞文をなしている。

ところが、チベット語訳、およびその現代語訳である中公版では、次のように訳されている。

chos thams cad mi byed mi spyod pa de ni gnyis su med par 'jug pa'o /（一切法は為すことがなく、振る舞いをとらないということ、それが不二に入ることである）

「あらゆる存在について、つくらず、はたらきかけないこと、これが不二にはいることです」（中公版、*p.* 126）

チベット語訳の文頭にある chos thams cad（一切法）は、主語とも目的語とも取ることができる。筆者は主語として訳しておいたが、中公版は目的語として訳している。

漢訳は、次の通り。

「無作を以て馳騁（ちてい）無き者、是れ不二に入る」（支謙訳）

「作無く、行無し。是れを不二の法門に入ると為（な）す」（鳩摩羅什訳）

「一切法に於いて作無く、息無く、執着する所無し。是れ不二の法門に悟入すると為す」（玄奘訳）

①に対応する箇所は、それぞれに微妙な違いが見られる。

16［ ］内の alakṣaṇam（< a-lakṣaṇa-, 特徴がない）は、貝葉写本では欠落している。貝葉写本のままでは、eka-lakṣaṇam（一つの特徴を持つこと）のみを挙げて、「これが二〔元的に対立するもの〕です」と結論されることになり、矛盾する。

チベット語訳、およびその現代語訳である中公版、そして漢訳は次の通り。

mtshan nyid gcig pa dang **mtshan nyid med pa** zhes bya ba de ni gnyis so /（一つの特相があることと**特相を持たないこと**、というのが二である）

「一相であるといい、**無相である**という、これが二である」（中公版、*p.* 126）

「一相と**不相**とを二と為す」（支謙訳）

「一相と**無相**とを二と為す」（鳩摩羅什訳）

「一相と**無相**と分別するを二と為す」（玄奘訳）

チベット語訳の mtshan nyid med pa（特相を持たないこと）と漢訳の「不相」「無相」が、alakṣaṇam に対応しているので［ ］内に補った。

[17] yo（< yaḥ）は、貝葉写本と VKN. では中性・単数・主格 yal（< yat）となっているが、lakṣaṇa-vilakṣaṇa-sama-lakṣaṇa-praveśo（< lakṣaṇa-vilakṣaṇa-sama-lakṣaṇa-praveśaḥ）に合わせて男性・単数・主格であるべきで、筆者は改めた。

[18] この文章は、次のように三つの要素からなっている。

①yā kuśalâkuśalasyânupasthānatā（善と悪に立脚しないこと、）

②tad animittam（それが特徴のないこと〔無相〕です。）

③animitta-koṭyāś câdvayatā（特徴のない究極〔無相際〕には不二の本性があります）

①は、女性・単数・主格の関係代名詞 yā に導かれた関係節で、その述語は、kuśala-（善）と akuśala-(悪）の複合語の属格 kuśalâkuśalasya（善と悪にとっての）と女性・単数・主格の anupasthānatā（立脚しないこと）からなる。

②の tad（それが）は相関詞で、animittam（特徴のないこと）が補語になっている。③の animitta-koṭyāś（< animitta-koṭī-, 特徴のない究極）は animittam（特徴のないこと）と koṭī-（究極）の複合語の属格で、主格の advayatā（不二の本性）との名詞文になっている。

ところが、チベット語訳、およびその現代語訳である中公版、そして漢訳は、それぞれ次のように微妙な違いがある。

gang dge ba dang mi dge ba mi slong zhing mtshan ma dang mtshan ma med pa la gnyis su med par rtog pa ni gnyis su med par 'jug pa'o //（善と不善とを追求せずにいながら、相と無相とを不二と考えるものは、不二に入るものである）

「善と悪とを探し求めず、特質（因相）も無特質（無因相）も異ならないと知れば、それが不二に入ることです」(中公版、*p.* 126)

「若し都(すべ)て視ず、熟視せず、暫視せず、一相、亦不暫の相を作さざれば、視と不視に於いて以て等しく視る者なり。是れ不二に入るなり」(支謙訳)

「若し善・不善を起こさず、無相際に入りて通達すれば、是れを不二の法門に入ると為す」(鳩摩羅什訳)

「若し諸菩薩、諸法に一相有ること無く、異相有ること無く、亦無相も無しと了知すれば、則ち是くの如く一相、異相、無相は平等なりと知る。是れを不二の法門に悟入すると為す」(玄奘訳)

貝葉写本は、鳩摩羅什訳に近いといえよう。「善と不善」に触れているのは、貝葉写本、チベット語訳、鳩摩羅什訳の三つだが、支謙訳と玄奘訳では全く触れていない。

中公版の「特質も無特質も異ならない」という訳で、「異ならない」に当たる部分は、gnyis su med pa（不二）である。この語は、チベット語訳の中で二度、用いられている。中公版は、繰り返しをさけたのであろうが、その必要はないのではないか。

[19] avadyatânavadyatêti（< avadyatā + anavadyatā + iti）は、貝葉写本では avadyânavadyatā（< avadya-an-avadyatā）となっている。ここは、本章で頻出する「～ iti dvayam etat」（～ということ、これが二〔元的に対立するもの〕です）という構文の「～」の部分に相当する。それは、他の箇所では二つの対立する語／概念を並べたものになっている。ところが、貝葉写本では avadya-（過失のある）と anavadya-（過失のない）の複合語に接尾辞 -tā をつけた女性の抽象名詞一語になっている。従って筆者は、他の箇所の表記に合わせて avadya- と anavadya- のいずれをも女性の抽象名詞に改めて二語を並列させた。

[20] yaḥ は、貝葉写本と VKN. では中性・単数・主格の yat となっているが、二つ後の複合語 samatā-dharma-prāptaḥ が男性・単数なので、筆者は男性・単数・主格に改めた。

[21] 筆者が「これは快いもの、これは不快なものということ、これが二〔元的に対立するもの〕です……あらゆる快さを離れていて……」と訳した箇所の原文は、次の三つの要素からなっている。

①idaṃ **sukham** idam **asukham** iti（これは**快いもの**、これは**不快なもの**ということ、）

②dvayam etat（これが二〔元的に対立するもの〕です）

…………

③**sarva-saukhyâ**pagato....（**あらゆる快さ**を離れていて……）

①は、中性・単数・主格の代名詞 idaṃ あるいは idam（これは）が主語で、中性名詞 sukha-（快いもの）の単数・主格 sukham、およびそれに否定を意味する接頭辞 a をつけた asukham（不快なもの）が補語になっている。その全体を接続詞 iti（～ということ）が受けている。

②の代名詞 etat（これは）は、iti が受けた①全体を指す主語で、補語は dvayam（二）である。

③の sarva-saukhyâpagato（< sarva-saukhya-apagata-）は、sarva-（すべての）、saukhya-（快さ、安楽）、apagata-（～を離れている）からなる複合語で、③の筆者の訳となった。

ところが、チベット語訳、およびその現代語訳である中公版、そして漢訳はそれぞれ次のように異なっている。

'di ni **bde ba** / 'di ni **mi bde ba**'o zhes bya ba de ni gnyis te / ... **grangs thams cad** dang bral zhing（これは**快**〔bde ba〕である、これは**不快**〔mi bde ba〕である、といったことは二である。……**あらゆる数**〔grangs thams cad〕から離れており）

「これは**幸福**、これは**不幸**というのが二である。……**あらゆる数値**を離れており」（中公版、*p.* 127）

「此れは有**数**、此れは無**数**を二と為す。若し**一切の数**を離るれば」（支謙訳）

「有為と無為とを二と為す。若し**一切の数**を離るれば」（鳩摩羅什訳）

「有為と**無為**とを分別して二と為す。若し諸菩薩、**二法の性皆平等**と了知せば」（玄奘訳）

チベット語訳の「...」、あるいは中公版の「……」の部分には、

gang ye shes shin tu rnam par dag pa'i phyir（智慧が深く清められているが故に）

「知識がきわめて清浄なために」（中公版、*p.* 127）

という一節が入っていて、これは貝葉写本の

「天空のよう〔に広大〕な知性を持つならば」

に対応している。

以上の貝葉写本、チベット語訳、漢訳の仕方と、推定されるサンスクリットの原語を**【表】**にして対照すると次のようになる。

	①	②	③
貝葉写本 12 世紀ごろ	sukham 快いもの	asukham 不快なもの	sarva-saukhya あらゆる快さ
チベット語訳 9 世紀前半	bde ba 快 sukham	mi bde ba 不快 asukham	grangs thams cad あらゆる数 sarva-saṃkhya
支謙訳（これが原型か） 3 世紀前半	有数 saṃkhyam	無数 asaṃkhyam	一切の数 sarva-saṃkhya
鳩摩羅什訳 5 世紀初め	有為 saṃskṛtam	無為 asaṃskṛtam	一切の数 sarva-saṃkhya
玄奘訳 7 世紀	有為 saṃskṛtam	無為 asaṃskṛtam	二法

このように並べてみると、①と②に相当する箇所は、「快と不快」、あるいは「幸福と不幸」とする貝葉写本とチベット語訳は一致しているが、支謙訳が「有数と無数」、鳩摩羅什訳と玄奘訳が「有為と無為」と異なっている。③に当たる部分も、貝葉写本が「**あらゆる快さ**を離れ」となっているのに対して、「**あらゆる数**を離れ」とするチベット語訳と、「**一切の数**を離るれば」とする支謙訳と鳩摩羅什訳は一致しているが、玄奘訳では「**二法**の性皆平等と了知せば」と異なっている。

この中で、①②と③に相当する部分の対応関係は、チベット語訳と鳩摩羅什訳が最も悪い。「快と不快」が「あらゆる数を離れ」ることと、あるいは「有為と無為」が「一切の数を離」れることとどう関係するのか理解できない。貝葉写本は、「快いものと不快なもの」に対して「あらゆる快いものを離れる」としていて、チベット語訳よりは前後の関連があるが、どうして「快さ」だけを挙げて、「不快さ」を挙げないのかという疑問が残る。§11 が快と不快を議論したところだとするならば、③は sarva-**saukhyâsaukhyâ**pagato（あらゆる**快さ**と**不快さ**を離れていて）としたほうがよいところである。

それに対して、①と②に対する③の対応関係で最も整合性があるのは、支謙訳と玄奘訳である。支謙訳では、「有数と無数」に対して「一切の数を離」れることを不二の条件としていて、「一切の数」で「有数と無数」の両方が含まれるからだ。おそらく支謙訳の底本が原型であり、そこにおいて「有数と無数」の原語は **saṃkhyam**（数）と **asaṃkhyam**（無数）で、「一切の数を離るれば」は sarva-**saṃkhyâ**pagato（あらゆる数を離れていて）であったのであろう。

これが、チベット語訳の底本では、後半部は sarva-**saṃkhyâ**pagato（あらゆる数を離れていて）のままで、前半部が **sukham**（快）と **asukham**（不快）に誤写された。さらに、貝葉写本では前半部だけでなく後半部も sarva-**saukhyâ**pagato（あらゆる快さを離れていて）にされた。鳩摩羅什訳の底本では、後半部は sarva-**saṃkhyâ**pagato

---

（あらゆる数を離れていて）のままで、前半部を **saṃskṛtam**（有為）と **asaṃskṛtam**（無為）とに誤写されたのであろう。

玄奘は、鳩摩羅什訳（あるいは玄奘訳の底本）を見て前後の食い違いに疑問を感じたのか、「若し諸菩薩、二法の性皆平等と了知せば」と無難な表現にしている。玄奘は、異なる訳がある時は、しばしば折衷した訳し方をすることがある。

以上のことから、この文章に限って言えば、支謙訳の底本からチベット語訳、さらに貝葉写本への変化と、支謙訳の底本から鳩摩羅什訳（の底本）、さらに玄奘訳への変化という二つの流れが考えられよう。

22 nâvatīryate は、貝葉写本では nâcatīryate となっているが、これは、貝葉写本でしばしば見られる v と c の間の誤記であろう。

23 [ ] 内の na visaraṇam は、貝葉写本では欠落している。チベット語訳では、mi 'gro ba'ang med pa が、na visaraṇam（行かないこともない）に対応している。ここは、uttaraṇaṃ（出てくること）に対する avataraṇaṃ（入ること）のように、saraṇaṃ（行くこと）に対する語として visaraṇam（行かないこと）が必用である。それらは、それぞれ一つ前の文章に用いられていた動詞 uttīryate, avatīryate, sāryate, visāryate の名詞形である。

24 kṣayo 'kṣaya（< kṣayaḥ + akṣayaḥ + a 以外の母音）は、貝葉写本では kṣayo kṣayam となっている。これは、kṣayo 'kṣayam（< kṣayaḥ + akṣayam）のことで、男性名詞の主格と対格が並列されていて、不都合である。ここにおいて、対格の akṣayam は主格の akṣayaḥ であるべきだ。それは、直前に kṣayaḥ、直後に a 以外の母音があるので、連声の結果 kṣayo 'kṣaya となる。

25 [ ] 内の ya（< yaḥ + a 以外の母音）は、貝葉写本と VKN. では欠落しているが、筆者は補った。

26 筆者が「我の本性を見ている人は、〔我と非我を〕二〔元的に対立するもの〕になしません」と訳した箇所の原文は次のようになっている。

①**ātma**-svabhāva-darśī（**我の**本性を見ている人は、）

②dvayaṃ na karoty（〔我と非我を〕二〔元的に対立するもの〕になしません）

①の ātma-svabhāva-darśī（< ātma-svabhāva-darśin-）は、ātma-（< ātman-, 我）と、svabhāva-（本性）、darśin-（～を見ている〔人〕）の複合語の男性・単数・主格で、主語となっている。

①の主語に対する動詞が、現在・三人称・単数の karoty（< karoti, なす）で、その目的語は省略されているが、これまでの文章から「我と非我を」と考えることができる。その補語が dvayam（二〔元的に対立するもの〕）である。以上の考えから、筆者の訳となった。

ところが、チベット語訳、およびその現代語訳である中公版、そして漢訳は次のようになっている。

dag gi ngo bo nyid mthong bas gnyis su med pa ni gnyis su med par 'jug pa'o //（**我の**本性を見ることによって二としてないということが、不二に入ることです）

「**その両者の**本質を見ることによって不二であるのが、不二にはいることです」（中公版、*p.* 128）

「**我に於いて**自然にして而も不作なる者、是れ不二に入るなり」（支謙訳）

「**我の**実性を見れば、復二を起こさず」（鳩摩羅什訳）

「若し諸菩薩、**有我**は尚不可得、何に況や**無我**をやと了知すれば、我と無我の其の性無二なるを見る」（玄奘訳）

「我の本性」「我に於いて自然」「我の実性」というチベット語訳と支謙訳、鳩摩羅什訳のそれぞれは貝葉写本の ātma-svabhāva-（我の本性）と同じで、中公版の「その両者の本質」という訳は玄奘訳の「有我は尚不可得、何に況や無我をや」に近いといえよう。ということは、中公版は、チベット語からの訳としながらも、玄奘訳に基づいて訳されたのであろう。

27 vidyud-devo（< vidyud-devaḥ + 有声子音 < vidyud-deva-）は、貝葉写本では vidyud-vevo となっている。

チベット語訳では、この前後の文章は、次のようになっている。

byang chub sems dpa' glog gi lhas smras pa /（雷天菩薩が言う）

ここで、glog gi lhas が「雷の天」を意味していて、vidyud-（電光）と deva-（天）の複合語に対応している。

28 筆者が「けれども、無知（無明）なるもの、それは、本性を具えておらず」と訳した箇所の原文は、次の二つの要素からなっている。

①yā câvidyā（けれども、無知〔無明〕なるもの、）

②**sâprakṛtikā**（それは、**本性を具えておらず**）

①は女性・単数・主格の関係代名詞 yā に導かれた関係節で、その相関詞は②の sā（それは）である。それぞれの補語は、avidyā（無知）と aprakṛtikā（本性のない）である。

ところが、チベット語訳、およびその現代語訳である中公版は、次のようになっている。

③ma rig pa gang yin pa de ni lung du ma bstan pa /（無明であるもの、それは**伝承として示されるものではなく**）

④「無知というようなものは、**予測できないもの**」（中公版、*p.* 128）

③と④の後半部分に違いが見られる。チベット語の lung bstan は、熟語として「予言」「授記」を意味することがあり、中公版はそれに由来するものと考えられる。一方、lung は āgama（伝承）の訳語であることを考慮すると、③のように訳すことも可能になる。いずれにしても貝葉写本とは異なっている。

それに対して、漢訳は次のようになっている。

「明も亦**取る可からず**」（鳩摩羅什訳）

「明と無明と倶に**不可得なり**」（玄奘訳）

「不可得」（取る可からず）は、「求めても認知できないこと」「あらゆるものごとに不変で固有の実体を認めないこと」という意味であり、漢訳は貝葉写本の意味に近いといえよう。中公版の訳も類似してはいるが、「予」の字が余計である。

主語が、貝葉写本とチベット語訳で「無明（無知）」、鳩摩羅什訳で「明」となっていて、全く逆になっているが、ここでも玄奘訳は両者を折衷して「明と無明」としている。

29 'dvayâbhisamayo（< advaya-abhisamayaḥ ＋ 有声子音）は、貝葉写本では 'rthayâbhisamayaḥ（< arthaya-abhisamayaḥ）となっている。arthaya- には、名詞の artha-（意味、利得）から作られた名詞起源動詞として、「得ようと努力する」という意味があるが、ここにはそぐわない。その対応箇所はチベット語訳では欠落しているが、漢訳では次のようになっている。

「無二」（鳩摩羅什訳、玄奘訳）

従って、advaya-（不二）に改めた。

30 'yam（< ayam < idam-, これ）は、貝葉写本では dvayam（二）となっているが、前後の文章と同様に、「yat- 〜 ayam …」の形にそろえた。

31 §17 の冒頭の三つの文章の原文は、次の通りである。

①priya-darśano bodhi-sattva āha（"見るも美しいもの"（喜見）という菩薩が言った）

②rūpaṃ śūnyam iti dvayam etat（「色（身体・物質）と空ということ、これが二〔元的に対立するもの〕です）

③rūpam eva hi śūnyatā（色こそが、まさに空の本性なのです」）

中公版では、②に相当する箇所が次のように（　）内に入っている。

「（色（物質）と空とが二である）」（中公版、*p.* 128）

そこで、チベット語訳を見てみると、次のように、②に相当する箇所が欠落している。

byang chub sems dpa' mthong dga-s smras pa / gzugs nyid stong pa ste /（喜見菩薩が言った。色こそが空なのである）

漢訳は、次のように②の部分も入っている。

「喜見菩薩曰く、『色と色空とを二と為す。色は即ち是れ空なり』」（鳩摩羅什訳）

「復た菩薩有り、名づけて喜見と曰う。是くの如き言を作す。『色・受・想・行、及び識と空とを分別して二と為す。若し取蘊の性を知れば本是れ空なり』」（玄奘訳）

貝葉写本、チベット語訳、鳩摩羅什訳のいずれも、色・受・想・行・識の五蘊（五陰、五取蘊）のうちの最初の「色」のみについて論じて、後にその他にも言及するというやり方を取っているが、玄奘訳のみは、最初から色・受・想・行・識のすべてについて論じている。

32 「色は即ち是れ空なり」（色即是空）は、『般若心経』の言葉として知られるが、既に鳩摩羅什訳の『維摩経』でも用いられていた。「色即是空」と漢訳された『維摩経』と『般若心経』の原文は、それぞれ次の通りである。

rūpam eva hi śūnyatā（色こそがまさに空の本性なのである）

yad rūpaṃ sā śūnyatā / yā śūnyatā tad rūpam（色なるもの、それは空の本性である。空の本性なるもの、それは色である）

33 saṃskāro（< saṃskāraḥ ＋ 有声子音）は、貝葉写本と VKN. では saṃskārā（< saṃskārāḥ ＋ 有声音）となっているが、これでは、男性・複数・主格になってしまう。ここに列挙された五陰（五蘊）の第二、第三、第五の項目は、vedanā（受）と saṃjñā（想）が女性・単数・主格で、vijñānaṃ（識）が中性・単数・主格である。第四番目だけが複数であるのは不自然である。従って、筆者は連声も考慮して単数の saṃskāro に改めた。

34 jñānânubodho 'yam（< jñānânubodhaḥ ＋ ayam）は、貝葉写本では jñānânubodhaḥ ayam となっている。

35 この文章の原文は、次の三つの要素からなっている。

①pūrvântata ākāśa-sva-bhāvā（〔四大元素は、〕**過去世において**虚空を本性とするものであり、）

②aparântata ākāśa-sva-bhāvās（**未来世において**虚空を本性とするものです。）

③tathā pratyutpannato 'py ākāśa-sva-bhāvāḥ（同様に**現在においてもまた**虚空を本性とするものです。）

①の pūrvântata（< pūrvântatas + a 以外の母音）と、②の aparântata（< aparântatas + a 以外の母音）は、それぞれ pūrva-（過去）、および apara-（未来）と anta-（際／究極）の複合語の pūrva-anta-（過去世）と、apara-anta-（未来世）に単数・奪格を作る語尾 tas を付したものである。tas 語尾の奪格は、副詞として用いられ、「～の側に」「～から」「～によって」といった意味をなす。従って、pūrva-antatas は「過去世において」、apara-antatas は「未来世において」という意味になる。③の pratyutpannato（< pratyutpannatas）は、pratyutpanna-（現在）に tas を付したもので、「現在において」という意味の副詞である。

①、②、③の後半の ākāśa-svabhāvā（< ākāśa-svabhāvāḥ + 有声音）、あるいは ākāśa-svabhāvās は、形容詞 ākāśa-svabhāva-（虚空を本性とする）の男性・複数・主格である。ということは、その主語は、前の文章にあった男性・複数・主格の名詞 catvāro dhātavaḥ（四大元素）でなければならない。

ところが、チベット語訳からの現代語訳である中公版では、次のように訳している。

④「**過去も**虚空界の本性であり、**未来も現在も**虚空界を本性とする」（中公版、*p.* 129）

この訳からすると、「過去」「未来」「現在」に相当する語は、奪格ではなく、主格であったことになる。そこで、チベット語訳を見てみるとつぎのようになっている。

⑤sngon gyi mtha' yang nam mkha'i rang bzhin no（**過去際もまた**虚空の本性を持つものである）

⑥phyi ma'i mtha' yang nam mkha'i rang bzhin no（**未来際もまた**虚空の本性をもつものである）

⑦de bzhin du da ltar yang nam mkha'i rang bzhin te（**同様に現在においてもまた**虚空の本性を持つものである）

⑤と⑥に共通している後半部 yang nam mkha'i rang bzhin no は「また虚空の本性を持つものである」という意味である。

⑤の冒頭の sngon gyi mtha' は、sngon gyi（過去）と mtha'（際／究極）からなり「過去際」「過去世」と漢訳される。⑥の冒頭の phyi ma'i mtha' は、phyi ma'i（未来）と mtha' からなり「未来際」「未来世」と漢訳される。いずれにも、サンスクリットの -tas に対応する奪格助詞がついていないので、この文だけ見た場合には、主格と取ることができ、⑤と⑥の訳になる。

それに対して、⑦においては、da ltar（現在）に、処格助詞に相当する小辞 -r がついていること、さらには、⑦の冒頭にサンスクリットの tathā（同様に）に相当する de bzhin du という語があることを無視することができない。tathā が用いられているということは、⑤の過去際と⑥の未来際を引き合いに出して、⑦において現在のことを述べるという文章構造になっている。ということは、比較される過去際・未来際と現在とはいずれも同格でなければならない。それは、貝葉写本が示しているように、いずれも処格であることが適切な解決法である。⑤⑥⑦で、主格と処格という食い違いがあるのは、チベット語訳（あるいはその底本）で何らかの誤写があったのであろう。

以上の筆者の考えが正しいことは、次の玄奘訳から確認されよう。

「若し諸菩薩、四界は即ち虚空性なりと了知すれば、**前・中・後際に四界**と空と、性皆、無倒にして諸界に悟入す」（玄奘訳）

ここでは、「前中後際に」となっているし、その語の次に明確に catvāro dhātavaḥ（四大元素）の漢訳語である「四界」という主語が明示されていて、前際・後際・中際を主語としていない。

ところが。中公版の④「過去も……、未来も現在も……」という訳は、過去と未来を引き合いにして現在を論ずるという文章構造を無視しているだけでなく、過去・未来・現在を同格で扱ったのはいいが、いずれも主格にしてしまって、四大元素について論ずる文脈を、過去・未来・現在を論ずる文脈に流れを変えてしまっている。これは、改めるべきであろう。

以上の問題は、次の鳩摩羅什訳ではどうなっているだろうか。

「如前際後際空故中際亦空」

これは、サンスクリット原典が発見される以前には、次のように書き下されてきた。

「**前際・後際**空なるが如く、故に**中際も**亦空なり」（『国訳一切経』）

「**前際・後際の**空なるが如く、故に**中際も**亦空なり」（高崎校註『維摩経』）

これでは、四大元素と虚空界のことが論じられてきたのに、途中で過去・未来・現在の話にすりかわってしまうという点では、中公版と同じ結果になってしまう。従って、筆者は、貝葉写本で過去（前際）・未来（後際）・現在（中際）に相当する語が奪格の副詞的用法であったことにならって、次のように改めた。

「**前際・後際に**空なるが如く、故に**中際にも**亦空なり」

これは、鳩摩羅什の訳が誤っているのではなく、書き下しの仕方の誤りである。

36 parijñātāvī（< parijñātāvin-）は、「熟知する」という意味の動詞 pari-√jñā-(9) の過去受動分子 parijñāta- にパーリ語の過去能動分詞を作る際に用いる接尾辞 -āvin をつけたものの男性・単数・主格形である。これは BHS. の一種だが、一般に BHS. は偈に残されているが、ここでは、散文に残されている。

37 筆者が「貪ること（貪欲）もなく、**憎悪すること**（**瞋恚**）もなく、無知であること（愚癡）もない」と訳した箇所は貝葉写本では、次のようになっている。

①na rajyati na **duṣyati** na muhyati

ここに並んだ三つの現在・三人称・単数の動詞 rajyati, **duṣyati**, muhyati の語根は、それぞれ √raj-(4)、√duṣ-(4)、√muh-(4) である。それぞれの語根に、男性名詞を作る接尾辞 a を付けて作られる名詞は、rāga-, doṣa-, moha- であり、この三つは「貪・瞋・癡の三毒」として、『維摩経』ではしばしば用いられている。しかし、正規のサンスクリットで duṣyati は「汚される」であり、doṣa- は「汚れ」を意味する。それらを「憎悪（する）」「瞋恚」という意味で用いるのは、√dviṣ-(2) の現在・三人称・単数 dveṣṭi、あるいは dveṣa- の俗語的表現であり、正規のサンスクリットでは次のように書かれる。

na rajyati na **dveṣṭi** na muhyati

①に対応するチベット語訳、およびその現代語訳である中公版、そして漢訳は次の通り。

mi chags / mi sdang mi rmongs pa de ni（貪らず、憎悪せず、痴ならざる者、彼は）

「愛着せず、怒らず、無知でない」（中公版、*p*.129）

「染まらず、怒らず、癡かならず」（支謙訳）

「貪らず、恚らず、癡かならず」（鳩摩羅什訳）

「貪ること無く、瞋ること無く、癡かなること無く」（玄奘訳）

38 śrotraṃ（< śrotra-, 耳）は、貝葉写本では √śru-(5) の不定詞 śrotuṃ（聞くこと）となっている。ここは、直前の文章で論じられた眼（cakṣus-）に続き、耳、鼻（ghrāṇa-）、舌（jihvā-）、身（< kāya-）、意（manas-）の六つの感覚器官（六根）について論じたところであり、不定詞が来るべきではない。

39 manaḥ-parijñātāvī（意について熟知した）は、貝葉写本では dharmaḥ-parijñātāvī（法について熟知した）となっている。漢訳では「心を知らば」（支謙訳）、「意の性を知らば」（鳩摩羅什訳）、「意の自性を見れば」（玄奘訳）とすべて「心／意」になっている。parijñātāvī については、注 36 を参照。

40 rajyati は、貝葉写本と VKN. では rajyate となっているが、二つ前の文章の表現にそろえて筆者は為自言を為他言の活用に改めた。

41 duṣyati は、dveṣṭi の俗語的表現である。注 37 を参照。

42 pariṇāma iti（< pariṇāmaḥ + iti）は、貝葉写本では pariṇāmayati となっているが、VKN. によって pariṇāmayatîti（< pariṇāmayati + iti）に改められている。けれども、次の注 43 に述べる理由から筆者は pariṇāma iti に改めた。

43 筆者が「布施と、一切智への廻向ということ、これが二〔元的に対立するもの〕です」と訳した箇所は VKN. では、次の二つの要素からなっている。

①dānaṃ sarva-jñatāyāṃ **pariṇāmayatî**ti（布施を一切智に**廻向する**ということ、）

②dvayam etat（これが二〔元的に対立するもの〕です）

①の pariṇāmayatîti は、pariṇāmayati と iti の連声したもので、iti（〜ということ）を除くと、①は、中性・単数・対格の dānaṃ（布施を）、女性・複数・属格の sarva-jñatāyāṃ（一切智のため）、現在・三人称・単数の動詞 pariṇāmayati（廻向する）という三つの語からなる文章になっている。これまで、「〜 iti … etat」（〜ということ、これが…）という構文で、「〜」の部分は名詞の羅列になっていて、動詞がくることはなかった。しかも、二元的に対立する名詞の並列とは異なった表現になっていて、不自然さが残る。

ところが、貝葉写本は次のようになっている。

③dānaṃ sarva-jñatāyāṃ **pariṇāmayati**（布施を一切智に**廻向する**）

①は、③の末尾に iti を加えて表現を改めたものであることがわかる。この③も、①と同様、これまでの二元的に対立する名詞の並列とは異なった、動詞と目的語をそなえた文章としての表現であることに変わりはない。

そこで、チベット語訳を見てみると、次のようになっている。

sbyin pa thams cad mkhyen pa nyid du yongs su bsngo ba de ni gnyis te /（布施を一切知者性に回向すること、それが二である）

チベット語訳の文章を素直に読む限りでは、sbyin pa thams cad mkhyen pa nyid du yongs su bsngo ba の部

分は「布施を一切知者性に回向する」を意味している。ここには、英語の and（～と）に当たる dang が見当たらないし、主語と動詞をそなえた文章を受ける英語の that（～ということ）にあたる de がこの一節（sbyin ～ ba）の直後にある。そうなると、sbyin ～ ba の一節は、名詞を並列する文章ではなく、動詞と目的語をそなえた単文（主語は省略）とみるのが妥当ということになる。

これは VKN. によって校訂された①、そのままである。VKN. は注に何も断っていないが、チベット語訳を参考にされたのであろう。

ところが、これまでの文脈では二元対立するものを列挙した文章が羅列されてきた。この文章も例外であってはならない。ここも、初めは名詞を並列した文章であったはずで、それがいつしか誤写されて貝葉写本やチベット語訳のように、動詞と目的語からなる文章になったに違いない。

その解決策として、名詞を並列した形にするためには、③の現在・三人称・単数の動詞 pariṇāmayati を pariṇāma iti（< pariṇāmaḥ + iti）に改めて、次のようにすればよいのではないか。

　④dānaṃ sarva-jñatāyāṃ **pariṇāma iti**（布施と、一切智への**廻向ということ**、）

この場合、「パリナーマ・イティ」という発音が「パリナーマヤティ」と聞き間違えられたことによって起きた誤りという可能性が考えられる。それによって③の表記となり、それを校訂して①となったことが推測される。この場合、dānaṃ は中性・単数・主格であり、pariṇāma（< pariṇāmaḥ + a 以外の母音）は男性・単数・主格である。そして、sarva-jñatāyāṃ pariṇāma で「一切智への廻向」となる。これで、次のように二つの名詞の並列となり、問題は解決する。

　dānaṃ sarva-jñatāyāṃ pariṇāma iti dvayam etat（布施と、一切智への廻向ということ、これが二〔元的に対立するもの〕です）

例えば、この文章を§7の冒頭にあった次の文章と比較してみよう。

　eka-lakṣaṇam [alakṣaṇam] iti dvayam etat /（一つの特徴を持つこと、〔一つも特徴のないということ、〕これが二〔元的に対立するもの〕です）

初めに二つの名詞（あるいは名詞句）を並べ、それを iti（～ということ）で受け、その全体を etat（これが）で指示して dvayam（二〔元的に対立するもの〕です）と締めくくるという、全く同じ構造であることがわかる。

チベット語訳からの現代語訳である中公版、そして漢訳も、次のように「布施」と「一切智への廻向」の並列になっている。

　「布施と一切知への廻向とが二である」（中公版、*p.* 129）
　「布施と、一切智を而(しか)も分布して二と為す」（支謙訳）
　「布施と、一切智に廻向するとを二と為す」（鳩摩羅什訳）
　「布施と、一切智に廻向するの性は各別にして、二と為す」（玄奘訳）

中公版は、チベット語訳の問題点を考慮し、漢訳を参考にして訳されたのであろう。

44 śīlaṃ kṣāntir vīryaṃ dhyānaṃ prajñā は、貝葉写本と VKN.では、śīlaṃ kṣāntiṃ vīryaṃ dhyānaṃ とすべての単語の語尾に ṃ がついている。ここは、主格を羅列すべきところだが、śīlaṃ, vīryaṃ, dhyānaṃ の場合は、中性名詞だから、それでいいが、女性名詞の kṣāntiṃ, prajñāṃ は対格になってしまう。主格にするためには、kṣāntir（< kṣāntiḥ + 有声音）と prajñā であるべきなので筆者は改めた。

45 pariṇāma iti は、貝葉写本と VKN. では pariṇāmayatîti となっているが、二つ前の注 43 に述べた理由から筆者は pariṇāma iti に改めた。

46 筆者が「〔空(くう)・無相(むそう)・無願(むがん)による〕あらゆる解脱への入り口」と訳した箇所の原文は、sarvāṇi vimokṣa-mukhāni となっているが、これを鳩摩羅什は具体的な数を挙げて「三解脱門(さんげだつもん)」と漢訳している。これは「三三昧(さんざんまい)」とも言われ、解脱への入り口としての三種類の三昧（samādhi-）のことである。三つとは「あらゆるものごとには実体がない（空(くう)）」「あらゆるものごとには特徴がない（無相(むそう)）」「あらゆるものごとは欲望を離れている（無願(むがん)）」のことである。

チベット語訳、およびその現代語訳である中公版、そして漢訳は次の通り。

　rnam par thar pa thams cad kyi sgo nams（一切の解脱の門）
　「あらゆる解脱門」（中公版、*p.* 130）
　「衆(もろもろ)の解脱門」（支謙訳）
　「一切の三解脱門」（玄奘訳）

玄奘訳は「一切」と「三」の両方の意をくんで訳している。

47 buddha-prakṛtiko は、貝葉写本と VKN. では buddhasya となっている。VKN. は、チベット語訳で sangs rgyas kyi rang bzhin（ブッダの自性）となっているので、buddha-prakṛtiko であった可能性を指摘しているが、本文を訂正するまでには到っていない。筆者は、次の注 48 に述べる理由により buddha-prakṛtiko のほうが適切と考えて改めた。

48 筆者が、「ブッダ（仏）の本性こそが法であり」と訳した箇所の原文は、貝葉写本と VKN. では次のようになっている。

①buddhasya dharmaḥ（ブッダには、法が具わっている）

ところが VKN. は、buddhasya に相当する箇所のチベット語訳が sangs rgyas kyi rang bzhin（ブッダの自性）となっているので、buddha-prakṛtiko（< buddha-prakṛtikaḥ）であった可能性を指摘しているが、本文を訂正するまでには到っていない。筆者は、以下に述べるように buddha-prakṛtiko のほうが適切と考えて改めた。

ここに buddha-（ブッダ）の属格 buddhasya がある場合、その後の主格 dharmaḥ とともに名詞文をなしていることになり、①のような意味になる。それに対して、buddha-（ブッダ）と prakṛtika-（本性）の複合語である buddha-prakṛtiko（< buddha-prakṛtika-）とした場合は、次のような意味になる。

②buddha-prakṛtiko dharmaḥ（ブッダの本性は法である）

この②の訳は、次のように言い換えることができる。

③「ブッダをブッダたらしめているものは法である」

①の場合は、法はブッダの独占物のようなニュアンスになる。②、あるいは③の場合は、法はブッダの独占物ではなく、だれでも法を覚ればブッダであるという意味合いが強く出てくる。それは部派仏教（いわゆる小乗仏教）を別として、原始仏教、大乗仏教の考えに沿ったものとなる。ブッダ（buddha-）という言葉自体が、「目覚める」という意味の動詞 √budh- (1) の過去受動分詞で「目覚めた（人）」を意味する。「法に目覚めた人」がブッダであった。以上の考えから、筆者は buddha-prakṛtiko を採用した。

それによって、「Aの本性がBであり、Bを本性とするのがCである」という連鎖の文章になり、これは、§20 に用いられた文章と同じ構造である。

49 yathā は、貝葉写本と VKN. では yayā となっているが、これは「tathā ～ yathā …」（～の結果…）の構文であるべきで、筆者は改めた。

50 [ ] 内の na は、貝葉写本と VKN. には欠落している。しかし、チベット語訳、およびその現代語訳である中公版、そして漢訳には、次のように否定の言葉が入っている。

mi rtog ste（考えない）

「判断されない」（中公版、*p.* 130）

「起こさず」（鳩摩羅什訳、玄奘訳）

いずれも否定の形になっているので、筆者は na を挿入した。

51 [ ] 内の yan（< yat + (n)）は、貝葉写本にも VKN. にも存在しないが、筆者は、「yad ～ ayam …」の構文にするために補った。

52 vinaśyaty（滅する）は、貝葉写本と VKN. では vibhavaty（現われる）となっているが、次の注 53 の理由から筆者は改めた。

53 筆者が、「生ずることもなく、**滅することもない**」と訳した箇所の原文は次のようになっている。

①na **saṃbhavati** na **vinaśyaty**

これは、貝葉写本と VKN. では次のようになっている。

②na saṃbhavati na **vibhavaty**（生ずることもなく、**現われることもない**）

saṃbhavati は、「生ずる」という意味の動詞 sam-√bhū- (1) の現在・三人称・単数である。vibhavaty（< vibhavati）は、「現われる」という意味の動詞 vi-√bhū- (1) の現在・三人称・単数である。これに否定の na を考慮すると、②の訳になる。ただ、「生ずる」「現われる」という類似した語を繰り返している点が納得できない。

それに対して、チベット語訳、およびその現代語訳である中公版では、次のように訳されている。

mi 'byung mi 'jig pa（生起せず、滅せず）

「生じることがなく、**滅することがない**」（中公版, *p.* 130）

類似語が繰り返される②に比べて、こちらのほうが納得がいく。従って、筆者は②の vibhavaty を vinaśyaty に改めた。第 1 章の第 4 偈で、saṃbhavi（< sam-√bhū- (1)）と naśyaty（< √naś- (4)）とが対で用いられていることも参考になる。

ところが、漢訳では次のように上記のいずれとも全く異なった訳になっている。

「迷わず、惑わざれば」（支謙訳）

「驚かず、懼(おそ)れざれば」（鳩摩羅什訳）

「驚くこと無く、懼れること無ければ」（玄奘訳）

これは、支謙訳は別として、鳩摩羅什と玄奘が用いたサンスクリットの底本が次のように、①あるいは②と類似して、次のようになっていたからであろう。

na **saṃtrasati** na **vibhayaty**（驚くこともなく、恐れることもない）

54 ～-saṃvara（< ～-saṃvaraḥ + a 以外の母音）は、貝葉写本では～-saṃcara となっている。これは、貝葉写本でしばしば見られる v と c の間の誤記であろう。

55 筆者が「二〔元的に対立するもの〕です」と訳した語の原文は、dvayam（二）となっている。ところが、チベット語訳からの現代語訳である中公版は、これに相当する箇所が「別々なものではない」（中公版、*p.* 130）となっている。一方は肯定、他方は否定という違いが見られる。チベット語訳も、med という否定辞が入っていて、次のようになっている。

gnyis su med de（二としてないのだ）

漢訳では、次のようにいずれも「二」となっている。

「身・口・心を二と為す」（支謙訳）

「身・口・意の業を二と為す」（鳩摩羅什訳）

「是の身・語・意の三種の律儀を分別して二と為す」（玄奘訳）

56 「業」は、大正蔵では、「善」となっているが、文字が似ていることによる誤写と考え、筆者は改めた。次に来る文章では「三業」となっている。

57 yā は、貝葉写本と VKN. では中性・単数の yat となっているが、二つ後の複合語が女性・単数の複合語 puṇyâpuṇyâniñjyânabhisaṃskāratā なので、筆者は女性・単数・主格に改めた。

58 puṇyâpuṇyâniñjyânabhisaṃskāratā（< puṇya-apuṇya-aniñjya-anabhisaṃskāra-tā-）は、貝葉写本では puṇyâpuṇyâniṃjyo bhisaṃskāratā（puṇya-apuṇya-aniṃjyaḥ + abhisaṃskāratā）となっている。貝葉写本のままでは、puṇya-apuṇya-aniṃjyaḥ が男性・単数・主格で abhisaṃskāratā（形成すること）が女性・単数・主格で、性の不一致になってしまう。ここは、両者を複合語にしたほうがよい。さらに aniṃjyaḥ も ñ の代用であるṃ を ñ に戻した。また、abhisaṃskāratā（形成すること）は、次のチベット語訳を考慮しても否定の接頭辞 an- をつけるべきである。

bsod nams dang bsod nams ma yin pa dang / mi gyo ba mngon par 'du mi byed pa（福徳と、福徳ならざるものと、不動なるものとが、形成されたものでないこと）

59 筆者が「このように**熟考すること**、これが……」と訳した箇所の原文は、

evam **anumārjanâ**yam...

となっている。これは、evam（このように）と anumārjanā と ayam（これが）の三語からなっている。anumārjanā は、anu-√mṛj- という動詞の語根に -anā という女性名詞を作る接尾辞を付したものと考えるしかない。ところが、√mṛj- という動詞は、「梵和大辞典」ではⅡ類とⅦ類の動詞として「ぬぐう」「清める」「なでる」といった意味しか挙げてなく、ここにはそぐわないものばかりである。ところが、BHS. dic. *p.* 32 を見ると anumārjati の項に consider（熟考する）、ponder thoroughly（じっくり考える）という意味が挙げてある。さらに *The Root Verb-Forms and Primary Derivatives of the Sanskrit Language*, edited by William Dwight Whiney, Bodhi Leaves Corporation, Delhi, 1990 には、Ⅰ類の動詞としても用いられることが記されている。以上のことを踏まえて、筆者の翻訳となった。

ところが、チベット語訳、およびその現代語訳である中公版では、次のようになっている。

gang de ltar mi sgrub pa de...（そのように、完遂しないということ、それが……）

「このように**すべてが成りたたないことが**」（中公版、*p.* 131）

チベット語の sgrub pa は、英語でいう accomplish（完遂する、完成／熟達の域に達する）とか attain（達成する、成就する、実現する）といった意味を表わす言葉である。中公版は自動詞の「成り立たない」で訳しているが、チベット語訳は他動詞の「完遂しない」といった意味になっている。

漢訳は、次のようになっている。

「此くの如く**覚る**者、是れ」（支謙訳）

「此の**三行に於いて起こさざれば**、是れを」（鳩摩羅什訳）

「是くの如く**通達する**、是れを」（玄奘訳）

以上の訳は、否定と肯定という大きな違いもさることながら、貝葉写本は、支謙訳と玄奘訳に近く、チベット語訳は鳩摩羅什訳に近いと言えよう。

60 筆者が「自我から活動を起こしたものが二〔元的に対立するもの〕です」と訳した箇所の原文は次の通りである。

①ātma-samutthāna-samutthitaṃ dvayam

この箇所が、チベット語訳からの現代語訳である中公版では次のように訳されている。

「自我が起こることから、二の対立が起こる」（中公版、*p.* 131）

①に用いられている単語を分解すると ātma-（< ātman-, 自我）、samutthāna-（起こること）、samutthitaṃ（起こった）、dvayam（二つ）の四つに分けられ、前半の二語と後半の二語の組み合わせとして翻訳すると、中公版の訳になりそうに見える。ただし、そのためには、前半の二語は奪格の語尾を持つ複合語でなければならない。けれども、そうはなっていない。むしろ、前半の三語が複合語をなし、三語からなる複合語の語尾と四語目の dvayam の語尾が一様に中性・単数・対格の -aṃ（-am）となっていて、性・数・格が一致している。ここには「起こる」「現われる」という意味の動詞 sam-ud-√sthā- (1) から作られた中性名詞 samutthāna-（起こること、活動）と、過去受動分詞 samutthita-（起こった）とが、同類の名詞と動詞として用いられているのであり、この両者は切り離すべきではないであろう。この『維摩経』には、英語の dream a dream（夢を夢見る）や、古文の「寝を寝」のように、同族の目的語を取る動詞が頻繁に用いられている。ここも、まさにそうである。従って、「起こる」の二つの派生語を中公版のように「自我が**起こる**」と「二の対立が**起こる**」とそれぞれに振り分けるべきではない。

samutthāna- と samutthita- の複合語は、「起こることを起こした」と直訳されようが、筆者は翻訳に当たり、「活動を起こした〔もの〕」と訳した。そうなると、自我から起こること自体ではなく、自我から起こった種々のものごと同士が二元的に対立するものだということになる。

チベット語訳、および漢訳は次のようになっている。

bdag kun nas ldang ba las skyes pa de ni gnyis te /（我が生起することから生じるそれが、二である）

「我より二を起こすを二と為す」（支謙訳、鳩摩羅什訳）

「一切の二法は皆、我より起こる」（玄奘訳）

玄奘訳を「我より一切の二法は皆、起こる」と語順を変えると、支謙訳と鳩摩羅什訳とともに漢訳はすべて貝葉写本のほうに近いと言えよう。

61 この文章の原文は次のように三つの要素からなっている。

①**upalambha-prabhāvitaṃ** dvayam（**知覚によって顕現されたものが**二〔元的に対立するもの〕です。）

②yan na labhate tan nôpalabhate（認識されることのないところのもの、それを〔人は〕知覚することはなく、）

③tan nâyūhati na niryūhati（それを受け取ることもなく、捨て去ることもありません）

②の訳については、お断りが必要である。②の関係代名詞 yan（< yat）は中性・単数・対格であり、目的語である。直訳すると「認識することのないところのもの」であり、言葉を補うと「認識することのないところの〔対象である〕もの」となる。ここで、関係代名詞 yan は認識の"対象"を示しているが、「〔対象である〕」を補わないと、関係代名詞が認識する"主体"をさしているようにも見える。日本語として、表現に苦しむところである。従って、筆者はその混乱を避けるために、動詞 labhate（認識する）を「認識される」と受動態に変えることによって②の訳とし、認識の"対象"であることを明確にした。

これを、チベット語訳と対応させると次の通り。

④dmigs pas rab tu phye ba de ni gyis so（**縁じる〔認識する〕ことによって顕現するそれが**二である。）

⑤gang mi dmigs pa de ni gnyis su med pa ste（縁じられない〔認識されない〕もの、それは二としていないものであり、）

⑥de'i phyir gang len pa med cing 'dor ba med pa...（それ故に、取ることなく、捨てることないもの……）

チベット語訳からの現代語訳である中公版（*p.* 131）の訳は次の通り。

⑦「**認識によって**、二の対立が**現実化するが**、」

⑧「認識のないところに二はない。」

⑨「それゆえ、（認識の結果として）承認したり拒否したりすることのない……」

⑦は、一つ前の注 60 で指摘した samutthitaṃ を ātma-samutthāna-samutthitaṃ の複合語から切り離して dvayam と関連付けるという誤りと同じように、①の複合語の後半部 prabhāvitaṃ（顕現された）を dvayam（二）のほうと関連付けてしまった訳である。この訳だと、主体による認識が直接「二の対立」を引き起こすことになるが、筆者の訳だと、知覚によって種々のものごとが顕現され、それらのものごとの組み合わせが二〔元的に対立するもの〕だということになる。中公版の訳の元であるチベット語訳④は筆者の訳①と等しい。

同じく中公版の⑧も、主体の認識の有無によって、二の対立の有無を論じていて、これは筆者の訳とだけではなく、チベット語訳とも異なっている。

中公版では、upalambha-を「認識」、labhateを「認識する」と訳し、他の箇所ではvijñapti- も「認識」と訳していて紛らわしい。従って、筆者はupalambha-を「知覚」、upalabhateを「知覚する」と訳した。

支謙訳に対応箇所はないが、漢訳は次のようになっている。

「**有所得の相**を二と為す。若し無所得なれば、則ち取捨無し」（鳩摩羅什訳）

「一切の二法は**有所得より起こる**。若し諸菩薩、諸法は都て無所得なりと了知すれば、則ち取捨無し」（玄奘訳）

貝葉写本は、鳩摩羅什訳と玄奘訳とほぼ同じだが、チベット語訳は、②の後半部分に対応する箇所が「それは二としていないもの」となっている点が異なっている。

62 niryūho 'yam（< niryūhaḥ + ayam）は、貝葉写本ではniryūhaḥ ayamとなっている。niryūhoは、男性名詞niryūha-（< nir-√ūh- (1) + -a）の単数・主格niryūhaḥが連声した結果である。「梵和大辞典」（*p.* 692）を見ると、niryūha- は中性名詞だが、同じ動詞の語根から作られた男性名詞āyūha-（< ā-√ūh- (1) + -a）と合わせたのか、ここでは男性名詞の格変化をしている。

63 「滅受想定」とは、滅尽定のことで、その禅定においては感受作用（受）も表象作用（想）も滅して働くことがない。

64 筆者が「生存の循環（輪廻）に対する嫌悪」と訳した箇所の原文は、

saṃsāre 'nabhiratir（< saṃsāre + anabhiratir）

となっている。saṃsāreは、「輪廻」と漢訳され「生存の循環」を意味するsaṃsāra- の男性・単数・処格である。処格は、好悪など関心の対象を示すのに用いられ、ここでは「嫌悪」（anabhiratir < anabhirati-）の対象を示している。

チベット語訳、およびその現代語訳である中公版と漢訳は次の通りで、鳩摩羅什訳のみが他と異なっている。

'khor ba la mi dga' ba（輪廻を喜ばないこと）

「輪廻を喜ばない」（中公版、*p.* 132）

「生死を楽わず」（支謙訳）

「世間を楽わず」（鳩摩羅什訳）

「生死を……厭う」（玄奘訳）

ここで「生死」というのは、生と死を繰り返すことであり、「輪廻」の別表現である。それに対して、「世間」というのは、「生死」あるいは「輪廻」の結果、生存する場のことであり、意味は変わらないが、視点が少しずれている。また、貝葉写本が「嫌悪」、玄奘訳が「厭う」という肯定形で表現されているのに対して、支謙訳と玄奘訳では「楽わず」と否定形となっている。

65 [　] 内のna saṃsāre 'nabhiratirは、貝葉写本では欠落している。[　]の直前の 'bhiratirを書写した後、目がna saṃsāreを飛び越して 'nabhiratirのところに行ってしまい、そこまで書き終えたと勘違いしてidamと続けたことによる脱字であろう。次の注66に述べる理由により補った。

66 筆者が、「涅槃に対する喜びも〔なく、生存の循環に対する嫌悪も〕ないならば、これが不二です」と訳した箇所の原文は、貝葉写本では次のようになっている。

①yasya na nirvāṇe 'bhiratir（**涅槃に対する喜び**がないならば、）

②idam advayam（これが**不二**です）

ところが、この文章の直前には次の文章があることに注目すべきである。

③**nirvāṇe 'bhiratiḥ saṃsāre 'nabhiratir** iti（**涅槃に対する喜び、生存の循環（輪廻）に対する嫌悪**ということ、）

④dvayam etat /（これが**二**〔元的に対立するもの〕です）

ここでは、③で「涅槃に対する喜び」（nirvāṇe 'bhiratiḥ）と「生存の循環（輪廻）に対する嫌悪」（saṃsāre 'nabhiratir）の対立概念を並べ、④で「これが二元的に対立するもの」だと結論している。これに対して、①と②は、「二〔元的に対立するもの〕」ではなく「不二」なるものを挙げ、③と④の逆を主張しようとしていることが分かる。ところが、①には③の第一項目nirvāṇe 'bhiratiḥに否定のnaをつけたものが挙げられているだけで、第二項目saṃsāre 'nabhiratirのほうが挙げられていない。ここは、na saṃsāre 'nabhiratir（**生存の循環に対する嫌悪**がない）を補うべきであろう。チベット語訳にも'khor ba la yang mi dga' ba med pa（輪廻を喜ばないことがないこと）という一節が存在する。従って、①は次のように改められる。

①' yasya na nirvāṇe 'bhiratir [na saṃsāre 'nabhiratir]（涅槃に対する喜びも〔なく、生存の循環（輪廻）に対する嫌悪も〕ないならば、）

チベット語訳の現代語訳である中公版、すべての漢訳にも同様の言葉が次のように入っている。

「涅槃も喜ばず、**輪廻もいとわない**ならば」（中公版、*p.* 132）
「泥洹を楽わず生死**を悪まざる**如くんば」（支謙訳）
「若し涅槃を楽わず、**世間を厭わざれ**ば」（鳩摩羅什訳）
「若し諸菩薩、涅槃及び**生死とを了知して、**欣厭**を生じざれば**」（玄奘訳）
ここで、「泥洹」は「涅槃」と同様、nirvāṇa を音写したもので、「生死」は saṃsāra（輪廻）の異訳である。

67 yo 'tyantam evâbaddhaḥ（まさに徹頭徹尾、束縛されていないところの人）は、貝葉写本では yo hyantar evâbaddhaḥ となっているが VKN. を参考にして改めた。yo hyantar は、yo 'hyantar（< yaḥ + ahyantar）のことだが、ahyantar の意味が不明である。漢訳相当箇所は「都て」（支謙訳）、「本より」（鳩摩羅什訳）、「畢竟して」（玄奘訳）となっている。こうした意味で、ahyantar と似ている語といえば、atyantam であろう。これを代入して yo 'tyantam となる。

68 筆者が「宝石を頭頂に持つ王」と訳した箇所の原文は maṇi-kūṭa-rājo（< maṇi-kūṭa-rāja-）である。これは maṇi-（宝石）、kūṭa-（頂）、rāja-（王）の複合語である。これをチベット語訳からの現代語訳である中公版は、「（髻に）宝石をもつ王」としているが、kūṭa-（頂）を頭髪を丸く結った「髻」と訳すのはいかがなものか？　『法華経』安楽行品（植木訳『梵漢和対照・現代語訳　法華経』下巻、*pp.* 150–153）に髻に宝石を入れている王の話が出てくるが、そこでは cūḍā-maṇi-（髻の中の宝石、*p.* 150, *l.* 17）とあって、kūṭa- ではなく cūḍā- が用いられている。
チベット語訳を見ても、
nor bu brtsegs pa'i rgyal pos smras pa（"宝石の集積"という王が言った）
となっている。チベット語の brtsegs pa には「髻」という意味はない。「積み上がったもの」「積み上がった状態」を意味する語で、サンスクリットの kūṭa- の訳語をそのまま用いたものである。

69 samudācaritaḥ（遂行された）は、貝葉写本と VKN. では現在・三人称・単数の動詞 samudācarati（遂行する）となっている。これでは、この語の前にある単数・属格の mārga-pratipannasya（〔正しい〕道に達したものの）や、単数・主格の男性名詞 kumārgaḥ（邪道は）とうまくかみ合わないので、筆者は次のような考えに基づいて改めた。
筆者は、その解決策として二つの案を考えた。
まず第一案は、samudācarati（遂行する）をその過去受動分詞の samudācaritaḥ（遂行された）に改めることである。即ち、
①mārga-pratipannasya na kumārgaḥ **samudācaritaḥ**
とすると、これは次の構文になる。
「A（属格）+ na + B（主格）+ 過去受動分詞 C（主格）」
これは「AによってBはCされなかった」と直訳される。能動的な表現に改めると、「AはBをCしなかった」となり、①は、
②「〔正しい〕道に達したものは、邪道を**遂行することはありません**」
と訳される。これは、チベット語訳からの現代語訳である次の中公版の訳に近いと言えよう。
「正しい道にあるものは、もはや邪道には**踏み込まない**」（中公版、*p.* 132）
鳩摩羅什訳に対応する箇所は見当たらないが、次の玄奘訳も②に近いと言える。
「若し諸の菩薩、善く能く正道に安住すれば、邪道の究竟を行なわず」（玄奘訳）
第二案は、この文章が次に来る文章と対句になっていると考えれば、
「A（属格）+ na + B（主格）+ bhavati na + C（主格）」（Aには、Bもなく、Cもない）
という構文が考えられる。さらに、この構文では bhavati na はなくてもよく、
「A（属格）+ na + B（主格）+ C（主格）」（Aには、BもCもない）
とすると属格と主格の名詞文となって同様の意味を表わすことができる。ここで、動詞の samudācarati を名詞化した samudācāraḥ（遂行すること）に改めると、次のようになる。
③mārga-pratipannasya na kumārgaḥ **samudācāraḥ**
これは、次のように訳される。
「〔正しい〕道に達したものには、邪道も、〔それを〕**遂行すること**もありません」
第一案、第二案のいずれでもよいことになるが、筆者は玄奘訳との類似を考慮して第一案を採用しておく。

70 mṛṣa iti（< mṛṣaḥ + iti）は、貝葉写本と VKN. では mṛṣêti（< mṛṣā + iti）となっている。その場合、mṛṣā は「虚偽に」という副詞であり、直前の satyaṃ（< satya-, 真理）も、それに合わせて中性・単数・対格の副詞的用法ということになる。その場合の、
①**satyaṃ mṛṣê**ti dvayam etat

という文章は、次のように訳される。

「**真実に**と、**虚偽に**ということ、これが二〔元的に対立するもの〕です」

チベット語訳からの現代語訳である中公版は、

「**真実**と**虚偽**というのが二である」（中公版、*p.* 132）

となっていて、真実と虚偽は名詞扱いになっている。

そこで、チベット語訳を見てみると、次のようになっている。

bden pa dang brdzun pa zhes bya ba...（真実と虚妄というのが……）

ここには、bden pa（真実）と brdzun pa（虚妄）が英語の and に相当する dang によって並列されている。いずれにも名詞化する小辞 pa がついているので、名詞である。

名詞であれば、satyaṃ は中性・単数・主格であり、mṛṣā は、男性名詞 mṛṣa- の単数・主格 mṛṣaḥ であるべきで、それは次に i、すなわち a 以外の母音が来るので、連声して mṛṣa iti となる。

筆者は、以上のように考えて①を次のように改めた。

①' **satyaṃ mṛṣa** iti dvayam etat

これは、次のように訳される。

「**真実**と**虚偽**ということ、これが二〔元的に対立するもの〕です」

これは、考えすぎかもしれないが、サンスクリット文法で禁じられているダブル・サンディ（二重の連声）の結果、①'が①にされたのかもしれない。すなわち mṛṣa iti は、既に mṛṣaḥ + iti の連声の結果であったのに、mṛṣa iti を見て、さらに語尾の a と語頭の i を連声させて mṛṣêti としたのではないか。

71 mṛṣaṃ は、貝葉写本と VKN. では副詞の mṛṣā となっているが、ここは名詞であるべきだと考え、筆者は、男性・単数・対格の mṛṣaṃ に改めた。

72 [ ] 内の yathā na paśyati は、貝葉写本では欠落しているが、次の注 73 に述べる理由により補った。

73 筆者が「しかも、〔見ることもなく、〕識別することもない〔ように〕、そのように〔その智慧の眼で〕見るのです」と訳した箇所は、貝葉写本では次のようになっている。

①tathā ca paśyati na viparyasyati

VKN. はこれを次のように校訂している。

①' tathā ca paśyati na vipaśyati（そのように見て、識別することがない）

その上で、チベット語訳を参考にして、

②tathā ca paśyati **yathā na paśyati** na vipaśyati

であった可能性を指摘している。けれども、本文の訂正にまでは至っていない。

そのチベット語訳は次の通りである。

③ji ltar mi mthong na rnam par mi mthong ba de ltar mthong ngo（見ることがなければ識別することがないように、そのように見るのである）

これは、「～のように、そのように…」という yathā ～ tathā …、あるいは tathā … yathā ～ という構文であり、yathā で導かれる節に「見ない」（na paśyati）と「識別しない」（na vipaśyati）という動詞が並び、tathā 節に「見る」（paśyati）という動詞が出てくる。その条件で①を見ると、yathā と na paśyati が欠けていることがわかる。こうして、①の原型は②に近いものだということが推定される。

筆者は、以下の理由で、yathā na paśyati を挿入することにした。まず、①の文章に続けて、

yatra ca na **paśyanā** na **vipaśyanā**...（もしも**見ること**もなく、**識別すること**もないならば……）

という一節があることに注目すべきである。これまでの文章のパターンを見れば、これは、①で言われたことを受けて述べられるもので、①には paśyanā と vipaśyanā に対応する動詞を用いた次の一節があるべきである。

na **paśyati** na **vipaśyati**（**見る**こともなく、**識別する**こともない）

筆者はこのように考え、さらには tathā … yathā ～ の相関関係を考慮して、次のように [ ] 内に補った。「〔その智慧の眼で〕」は、前の文章を受けての補足である。

tathā ca paśyati **[yathā na paśyati]** na vipaśyati（しかも、〔見ることもなく、〕識別することもない〔ように〕、そのように〔その智慧の眼で〕見るのです）

ちなみに、チベット語訳からの現代語訳である中公版は、③を次のように訳している。

「それは、見ることがなく、**あらわれることがないあり方で**見ることであります」（中公版、*p.* 132）

74 この「しかしながら、あなたたちが説いた限りでは、そのすべてが二〔元的に対立するもの〕です」（api tu yāvad yuṣmābhir nirdiṣṭaṃ sarvam etad dvayam）という文章は、支謙訳と鳩摩羅什訳にはない。チベット語訳、およびその現代語訳である中公版と玄奘訳に次の一節が存在する。

khyed kyis bshad pa de thams cad ni gnyis so（あなたが説かれたこと、それらはすべて二なのです）
「あなたがたの説いたところは、それもまたすべて二なのである」（中公版、*p.* 133）
「汝等の此の説は猶名づけて二と為す」（玄奘訳）

75 anudāhāro 'pravyāhāro 'nudīraṇâkīrtanânabhilapanam aprajñapanam は、貝葉写本では anudāhāraḥ apravyāhāraḥ anudīraṇā akīrttanā anabhilapanam aprajñapanam となっているが、VKN. によって改められた。

76 advaya-dharma-[mukha-]praveśa-nirdeśaḥ は、貝葉写本と VKN. では advaya-dharma-praveśa-nirdeśaḥ となっているが、本書では、ここ以外のすべてが advaya-dharma-mukha-praveśa-nirdeśaḥ となっているので、筆者は、[ ] 内に mukha- を補った。

77 筆者が「お説きになってください」と訳した箇所は、原文では pratibhātu となっている。これは「説く」という意味の動詞 prati-√bhā- (2) の命令法・三人称・単数・為他言である。マンジュシリーがヴィマラキールティに要請するところであり、二人称の命令法の形を取るべきところだが、三人称・為他言になっているのは、二人称に対する丁寧な命令を意味するからである。cf.「シンタックス」*p.* 114.

78 筆者が「そこには文字や言葉、音声、〔識別して〕**認識することの追求**はありません」と訳した箇所は、原文では次のようになっている。

①yatra nâkṣara-ruta-ravita-**vijñapti-pracāraḥ** /

この中の nâkṣara-ruta-ravita-vijñapti-pracāraḥ は na + akṣara-ruta-ravita-vijñapti-pracāraḥ に分けることができる。akṣara-ruta-ravita-vijñapti-pracāraḥ（< akṣara-ruta-ravita-vijñapti-pracāra-）は、akṣara-（文字）、ruta-（言葉）、ravita-（音声）、vijñapti-（認識）、pracāra-（追求すること）の複合語の男性・単数・主格で、「文字や言葉、音声、認識することの追求」という意味になる。

そうなると、①は、処格の yatra（そこには）と主格の akṣara-ruta-ravita-vijñapti-pracāraḥ との名詞文になっていることになり、筆者の訳になる。

ところが、チベット語訳からの現代語訳である中公版では、次のようになっている。

「そこには文字もなく、ことばもなく、**心がはたらくこと**もない」（中公版、*p.* 133）

「心がはたらくこと」という訳は vijñapti-pracāraḥ に相当するのであろうが、チベット語訳ではどうなっているのか？　チベット語訳は次の通りである。

de la yi ge dang / sgro dang / rnam par rig pa'i rgyu ba med do /（そこには、文字も、言葉〔音声〕も、表象（vijñapti）の動きもないのである）

チベット語の rnam par rig pa は、一般に「表象」と訳されるもので、サンスクリット語の vijñapti- に対応している。これを中公版のように「心」と訳すのは無理がある。rgyu ba は「動き」を意味していて、サンスクリットの pracāra- に対応している。この語が「表象」と属格助詞「'i」で結ばれているので、ここは文字・音声・表象の動き、の三部分からなる連語だとチベット訳は読んでいることになる。それぞれ認識の対象が並べられているのである。

निर्मितभोजनानयनपरिवर्तो नाम नवमः

9

Nirmita-BhojanÂnayana-Parivarto Nāma Navamaḥ

第9章

化作された〔菩薩による〕食べ物の請来

【香積仏品第十】

9：Nirmita-BhojanÂnayana-Parivarto Nāma Navamaḥ

第9章：化作された〔菩薩による〕食べ物の請来[1]

【香積仏品第十】

………………………………………………………………………………

nirmita-bhojanânayana-parivarto < nirmita-bhojanânayana-parivartaḥ + 有声子音 < nirmita-bhojana-ānayana-parivarta-：*m.* 「化作された〔菩薩による〕食べ物の請来」の章。

nirmita- < nir-√mā- (2,3) + -ta：*pp.* ～から作られた。～（具・属格）から産出された。形成された。「化作」「現化現」「化生」と漢訳。

bhojana- < √bhuj- (7) + -ana：*n.* 享受すること。食べること。食事。食べ物。

ānayana- < ā-√nī- (1) + -ana：*n.* 近寄ること。もたらすこと。誘致すること。獲得すること。果たすこと。「請来」と漢訳。

ā-√nī- (1)：～（対格、処格）へ次第に導く。～に持ち来る。～にもたらす。取ってくる。「請来」「将来」「持来」と漢訳。

parivarta-：*m.* 章。「品」と漢訳。

nāma：*adv.* ～という名前の。実に。確かに。もちろん。おそらく。そもそも。

navamaḥ < navama-：*序数詞,* 第九の。*m. sg. Nom.*

§1　athâyuṣmataḥ śāriputrasyâitad abhūt /　kālaḥ paryantī-bhūtaḥ /
（梵漢和維摩経 *p.* 430, *l.* 1）

§1　その時、尊者シャーリプトラ〔の心〕にこの〔思い〕が生じた。
「〔食事のために〕定められた時間[2] が、終わりになる。
【§1　是に於いて、舎利弗は心に念えらく、「日時至らんと欲す。】（大正蔵、巻一四、五五二頁上）

………………………………………………………………………………

athâyuṣmataḥ < atha + āyuṣmataḥ

atha：*adv.* その時。その場合。さて。それ故。しかれば。しかしながら。

āyuṣmataḥ < āyuṣmataḥ + (ś) < āyuṣmat- < āyus- + -mat：*m.* 長寿の。健康の。「尊者」「長老」「具寿」と漢訳。*sg. Gen.*

āyus-：*n.* 生命。寿命。寿。命。

śāriputrasyâitad < śāriputrasya + etad

śāriputrasya < śāriputra- < śāri-putra-：*m.* シャーリプトラ（シャーリーの息子）。「身子」と漢訳。「舎利弗」と音写。*sg. Gen.*

etad < etat + 母音 < etad-：これ。*n. sg. Nom.*

abhūt < √bhū- (1)：なる。生ずる。出現する。～（属格）の分担となる。～（属格）のものとなる。*root-Aor. 3, sg. P.*

………………………………………………………………………………

kālaḥ < kālaḥ + (p) < kāla-：*m.* 正しい時。定められた時。食時。時。機会。時間。*sg. Nom.*

「食時」と漢訳された語には、√bhaj- (1) の過去受動分詞 bhakta-, あるいは bhaktâgra- がある。

paryantī-bhūtaḥ < paryantī-bhūta- < paryantī-√bhū- (1) + -ta：*pp.* 終わりになった。*m. sg. Nom.*

paryantī-√bhū- (1)：終わりになる。

paryantī- < paryanta- < pari-anta-：*m.* 境。境界。裾。限界。端。終わり。「辺」「辺際」と漢訳。

動詞 √bhū- (1)、√as- (2)、√kṛ- (8) の前分に名詞、形容詞がくる複合語では名詞、形容詞の末尾の a, ā, an は ī となり、i, u は ī, ū となり、ṛ は rī, それ以外はそのままとなる。cf.「基礎」*p.* 566.

bhūta- < √bhū- (1) + -ta：*pp.* 〜となった。あった。〜である。真実の。*n.* 「有情」「衆生」と漢訳。「真」「真実」「誠諦」と漢訳。

ime ca mahā-sattvā nôttiṣṭhanti /

(梵漢和維摩経 *p.* 430, *l.* 2)

「これらの偉大な人〔である菩薩〕たちは、立ち上がろうとしない。

【漢訳相当箇所なし】

…………………………………………………………………………

ime < idam-：これ。*m. pl. Nom.*

ca：*conj.* および。また。しかしながら。そして。〜と。なお。

mahā-sattvā < mahā-sattvāḥ + 有声音 < mahā-sattva-：*m.* 偉大な人。立派な人。「大士」「大菩薩」と漢訳。「摩訶薩」と音写。*pl. Nom.*

nôttiṣṭhanti < na + uttiṣṭhanti

uttiṣṭhanti < uttiṣṭha- < ud-√sthā- (1)：立ち上がる。起き上がる。〜（奪格）を終わる。出現する。現われる。生ずる。

kutrâite paribhokṣyante /

(梵漢和維摩経 *p.* 430, *l.* 3)

「これら〔の菩薩たち〕は、どこで食事をするのだろうか[3]」

【「此の諸の菩薩、当に何れに於いて食すべきや」】　　　　（大正蔵、巻一四、五五二頁上）

…………………………………………………………………………

kutrâite < kutra + ete

kutra：*adv.* 何において。何処に。何処へ。何のために。「云何」「何所」「何処」「何住」「於何処」「何等住処」と漢訳。

ete < etad-：これ。*m. pl. Nom.*

paribhokṣyante < paribhokṣya- < pari-√bhuj- (7) + -sya：食う。食い尽くす。消費する。享受する。用いる。*Fut. 3, pl. A.*

atha vimalakīrtir licchavir āyuṣmataḥ śāriputrasya cetasā cetaḥ-parivitarkam ājñāyâyuṣmantaṃ śāriputram evam āha /　ye te bhadanta-śāriputra tathāgatenâṣṭau vimokṣā ākhyātās tair vimokṣair vihara /

(梵漢和維摩経 *p.* 430, *ll.* 3–5)

その時、リッチャヴィ族のヴィマラキールティは、尊者シャーリプトラの心の思いを心で知って、尊者シャーリプトラにこのように言った。

「尊者シャーリプトラよ、如来があなたに説かれたところの八つの解脱、それらの解脱によって〔あなたは〕楽しく過ごすがよい[4]。

【時に維摩詰は其の意を知りて語りて言わく、「仏は八解脱を説きたまいき、仁者は受行せよ。】

（大正蔵、巻一四、五五二頁上）

…………………………………………………………………………

atha：*adv.* その時。その場合。さて。それ故。しかれば。しかしながら。しかも。

vimalakīrtir < vimalakīrtiḥ + 有声音 < vimalakīrti- < vimala-kīrti-：*m.* ヴィマラキールティ。汚れのない名声を持つ（もの）。「維摩詰」「維摩」と音写。「浄名」「無垢称」と漢訳。*sg. Nom.*

licchavir < licchaviḥ + 有声音 < licchavi-：*m.* リッチャヴィ。「離車子」「栗姑毘」と音写。*sg. Nom.*

āyuṣmataḥ < āyuṣmataḥ + (ś) < āyuṣmat- < āyus- + -mat：*m.* 長寿の。健康の。「尊者」「長老」「具

寿」と漢訳。*sg. Gen.*
śāriputrasya < śāriputra-：*m.* シャーリプトラ（シャーリーの息子）。「身子」と漢訳。「舎利弗」と音写。*sg. Gen.*
cetasā < cetas-：*n.* 自覚。感官。心。精神。意志。*sg. Ins.*
cetaḥ-parivitarkam < cetaḥ-parivitarka-：*m.* 心の思い。「念」「心所念」「心所黙念」と漢訳。*sg. Acc.*
cetaḥ- < cetas-：*n.* 自覚。感官。心。精神。意志。
parivitarka-：*m.* 反省。静思。思想。思考。「思惟」「所念」と漢訳。
ājñāyâyuṣmantaṃ < ājñāya + āyuṣmantaṃ
ājñāya < ā-√jñā- (9) + -ya：知る。*Ger.*
āyuṣmantaṃ < āyuṣmat- < āyuṣ-mat-：*m.* 「尊者」「長老」と漢訳。*sg. Acc.*
śāriputram < śāriputra- < śāri-putra-：*m.* シャーリプトラ（シャーリーの息子）。「身子」と漢訳。「舎利弗」と音写。*sg. Acc.*
evam：*adv.* このように。「是」「如是」と漢訳。
āha < √ah-：話す。言う。*Perf. 3, sg. P.* cf.「基礎」*p.* 376.
……………………………………………………………………………
ye < yad-：*関係代名詞, m. pl. Nom.*
te < tvad-：あなた。*2, sg. Gen.*
bhadanta-śāriputra < bhadanta-śāriputra-：*m.* 尊者シャーリプトラ。*sg. Voc.*
bhadanta-：*m.* （仏教、またはジャイナ教の出家者の敬称）。「大徳」「尊」「尊者」「世尊」「真正」と漢訳。
tathāgatenâṣṭau < tathāgatena + aṣṭau
tathāgatena < tathāgata-：*m.* 「如来」「如去」と漢訳。「多陀阿伽度」と音写。*sg. Ins.*
aṣṭau < aṣṭan-：*基数詞,* 八。*m. pl. Nom.*
vimokṣā < vimokṣāḥ + 有声音 < vimokṣa-：*m.* 緩むこと。〜からの解放。救済。「解脱」と漢訳。*pl. Nom.*
ākhyātās < ākhyātāḥ + (t) < ākhyāta- < ā-√khyā- (2) + -ta：*pp.* 枚挙された。語られた。報告された。示された。*m. pl. Nom.*
tair < taiḥ + 有声音 < tad-：それ。*m. pl. Ins.*
vimokṣair < vimokṣaiḥ + 有声音 < vimokṣa-：*m.* 緩むこと。〜からの解放。救済。「解脱」と漢訳。*pl. Ins.*
vihara < vihara- < vi-√hṛ- (1)：（時間）を費やす。〜（具格）で愉快に過ごす。享受する。楽しみのためにぶらぶら歩く。散歩する。*Impv. 2, sg. P.*

tvaṃ mâmiṣa-mrakṣitayā saṃtatyā dharmaṃ śrauṣīḥ / (梵漢和維摩経 *p.* 430, *ll.* 5–6)

「あなたは、絶え間なく〔欲望の対象である〕食事のことにとらわれながら法を聞いてはなりません。
【「豈欲食(あによくじき)を雑(まじ)えて而も法を聞かんや。】 （大正蔵、巻一四、五五二頁上）
……………………………………………………………………………
tvaṃ < tvad-：あなた。*2, sg. Nom.*
mâmiṣa-mrakṣitayā < mā + āmiṣa-mrakṣitayā
mā：*adv.* 〜なかれ。〜なからんことを。〜しないように。願わくは〜ないように。
mā は、オーグメントを欠いた過去形や、アオリストとともに用いられて“禁止”を意味するが、このほか願望法や命令法、さらには未来形や現在形とさえ用いられることもある。cf.「辻文法」*pp.* 256, 294–296.
āmiṣa-mrakṣitayā < āmiṣa-mrakṣitā- < āmiṣa-mrakṣita-：*adj.* 〔欲望の対象である〕食事のことにとらわれた。*f. sg. Ins.*
āmiṣa-：*n.* 肉。餌物。美味。快楽の対象。希望。欲望。貪欲。「飲食」「食」と漢訳。

mrakṣita- < √mṛkṣ- (6) + -ita：*pp.* 塗られた。～（具格）を塗られた。「覆」「塗」「塗摩」「汚」と漢訳。

√mṛkṣ- (6)：擦る。なでる。

saṃtatyā < saṃtati- < sam-√tan- (8) + -ti：*f.* 連続。継続。持続。絶え間ない系列。多量。多数。「志」「相続」と漢訳。*sg. Ins.*

sam-√tan- (8)：続く。

saṃtata- < sam-√tan- (8) + -ta：*pp.* 妨げられない。連続した。

dharmaṃ < dharma-：*m.* 確定した秩序。慣例。習慣。法則。規則。義務。宗教。教説。性質。本質。属性。特質。事物。「法」と漢訳。*sg. Acc.*

śrauṣīḥ < aśrauṣīḥ < aśrauṣ- < √śru- (5)：聞く。*s-Aor. 2, sg. P.*

mā とともに「禁止」を表わすために、aśrauṣīḥ からオーグメントの a が脱落している。

> api tu khalu punar bhadanta-śāriputra muhūrtam āgamayasva yāvad anāsvādita-pūrva-bhojan=aṃ bhokṣyase /
>
> （梵漢和維摩経 *p.* 430, *ll.* 6–8）

「しかるに、なお、尊者シャーリプトラよ。かつて味わったことのない食事を食べるまで、しばらく待つがよい」

【「若し食せんと欲すれば、且く待つこと須臾なれば、当に汝をして未曾有の食を得せしむべし」】

（大正蔵、巻一四、五五二頁上）

………………………………………………………………………

api tu khalu punar：「若復」と漢訳。

api：*adv.* また。さえも。されど。同様に。

tu：*ind.* しかし。しこうして。しかるに。しかも。

khalu：*ind.* 実に。確かに。しかも。さて。そこで。

punar：*adv.* 再び。新たに。さらに。なお。しかしながら。

bhadanta-śāriputra < bhadanta-śāriputra-：*m.* 尊者シャーリプトラ。*sg. Voc.*

muhūrtam < muhūrta-：*m.n.* 瞬時。即時。「須臾」「暫時」と漢訳。*sg. Acc*

muhūrta- < √muhur- (名動詞) + -ta：*pp.* たちまち経過した。

時間を意味する語は、格によって次のような意味を持つ。

①対格：「～の間」（期間）

②具格：「～の時間のうちに」「～の時間で」「～経った時に」

③奪格：「～の時間の後に」（経過）

④属格：「　〃　」（〃）

⑤処格：「～の時に」（時点）

āgamayasva < āgamaya- < ā-√gam- (1) + -aya：～（対格）を待つ。*Impv. 2, sg. A.*

āgamayate < āgamaya- < ā-√gam- (1) + -aya：*Caus.* ～（対格）の報知を得る。確かめる。～（奪格）より～（対格）を学ぶ。～（対格）を待つ。「住」「住著」「待」「待時」と漢訳。*Pres. 3, sg. A.*

āgamayati < āgamaya- < ā-√gam- (1) + -aya：*Caus.* 近づかせる。*Pres. 3, sg. P.*

yāvad < yāvat + 母音：*関係副詞,* ～ほど大きく／多く／長く。～に至るまでの。

anāsvādita-pūrva-bhojanaṃ < anāsvādita-pūrva-bhojana-：*n.* かつて味わったことのない食事。

anāsvādita- < an-āsvādita-：*adj.* 味わわれていない。享受されていない。食われていない。

āsvādita- < āsvādaya- + -ta < ā-√svad- (1) + -aya + -ta：*Caus. pp.* 味わわれた。享受された。食われた。

āsvādaya- < ā-√svad- (1) + -aya：*Caus.* 味わう。楽しむ。賞味する。

pūrva-：*adj.* 前にある。前の。東の。東にある。先行する。先の。以前の。昔の。

bhojana- < √bhuj- (7) + -ana：*n.* 享受すること。食べること。食事。食べ物。

bhokṣyase < bhokṣya- < √bhuj- (7) + -sya：食事をする。食う。享受する。*Fut. 2, sg. A.*

§2 atha vimalakīrtir licchavis tasyāṃ velāyāṃ tathā-rūpaṃ samādhi-samāpannas[5] tādṛśaṃ ca rddhy-abhisaṃskāram abhisaṃskṛtavān /

（梵漢和維摩経 *p.* 430, *ll.* 9–10）

§2 するとその時、リッチャヴィ族のヴィマラキールティは、そのように三昧に入って、次のような神通力の顕現をなした。

【§2 時に維摩詰は、即ち三昧に入り、神通力を以て諸の大衆に示す。】

（大正蔵、巻一四、五五二頁上）

……………………………………………………………………

atha：*adv.* その時。その場合。さて。それ故。しかれば。しかしながら。しかも。

vimalakīrtir < vimalakīrtiḥ + 有声音 < vimalakīrti- < vimala-kīrti-：*m.* ヴィマラキールティ。汚れのない名声を持つ（もの）。「維摩詰」「維摩」と音写。「浄名」「無垢称」と漢訳。*sg. Nom.*

licchavis < licchaviḥ + (t) < licchavi-：*m.* リッチャヴィ。「離車子」「栗姑毘」と音写。*sg. Nom.*

tasyāṃ < tad-：それ。*f. sg. Loc.*

velāyāṃ < velā-：*f.* 機会。（日中の）時間。*sg. Loc.*

tathā-rūpaṃ < tathā-rūpa-：*adj.* そのように形成された。そのような外観の。「如是」と漢訳。*n. sg. Acc.* 対格の副詞的用法。

samādhi-samāpannas < samādhi-samāpannaḥ + (t) < samādhi-samāpanna-：*adj.* 三昧に入った。*m. sg. Nom.*

samādhi- < sam-ādhi-：*m.* 組み合わせること。結合。～に熱中していること。最高我への深い瞑想。「定」「等持」と漢訳。「三昧」と音写。

samāpanna- < sam-ā-√pad- (4) + -na：*pp.* 到達した。来た。「入」「生」「得」「住」と漢訳。

sam-ā-√pad- (4)：襲う。～（状態）に陥る。生ずる。起こる。

tādṛśaṃ < tādṛśa-：*adj.* このような。「如是」と漢訳。*m. sg. Acc.*

ca rddhy-abhisaṃskāram < ca + ṛddhy-abhisaṃskāram

ca：*conj.* および。また。しかしながら。そして。～と。なお。

ṛddhy-abhisaṃskāram < ṛddhy-abhisaṃskāra-：*m.* 神通力の顕現。*sg. Acc.*

ṛddhy- < ṛddhi- + 母音：*f.* 繁栄。安寧。好運。超自然力。「神通」「神力」「神変」と漢訳。

abhisaṃskāra- < abhi-sam-s-√kṛ- (8) + -a：*m.* 製作。形成。発生。「作」「造作」「作行」「所作」「功力」と漢訳。

abhisaṃskṛtavān < abhisaṃskṛtavat- < abhisaṃskṛta- + -vat < abhi-sam-s-√kṛ- (8) + -ta + -vat：*過能分*, 顕現した。*m. sg. Nom.*

abhi-sam-s-√kṛ- (8)：整頓する。形成する。～（対格）を～（対格）となす。「作」「造」「造作」「能作」「発」と漢訳。

yad ūrdhve[6] dig-bhāga ito buddha-kṣetrād dvācatvāriṃśad gaṅgā-nadī-vālikā-samāni buddha-kṣetrāṇy atikramya sarva-gandha-sugandhāṃ[7] nāma loka-dhātuṃ teṣāṃ bodhi-sattvānāṃ teṣāṃ ca mahā-śrāvakāṇām upadarśayati /

（梵漢和維摩経 *p.* 430, *ll.* 10–13）

このブッダの国土から上の方向に、四十二のガンジス河の砂〔の数〕に等しい〔多くの〕ブッダの国土を通り過ぎて、“あらゆる香りの中で〔最も〕勝れた香りを持つところ”という名前の世界〔があるの〕をそれらの菩薩たちや、それらの偉大なる声聞たちに示した。

【上方の界分、四十二恒河沙の仏土を過ぎて、国有り、衆香と名づく。】

（大正蔵、巻一四、五五二頁上）

……………………………………………………………………

yad < yat + 母音 < yad-：*関係代名詞, n. sg. Acc.* 英語の that（～ということ）に相当する。

ūrdhve < ūrdhva-：*adj.* 上方の。真実なる。起立した。*m. sg. Loc.*
dig-bhāga < dig-bhāge + a 以外の母音 < dig-bhāga- < dik- + bhāga- < diś- + bhāga-：*m.* 方角。方位。*sg. Loc.*
　diś-：*f.* 方角。格変化は、cf.「基礎」*p.* 127.
　bhāga- < √bhaj- (1) + -a：*m.* 配当された部分。分け前。割当て。部分。一部。方面。区域。場所。地点。
　√bhaj- (1)：分配する。分かつ。～（為・属格）に配分する。～（具格）と分け合う。
ito < itas + 有声子音：*adv.* これより。ここから。この世から。ここに。地上に。この故に。（idam- の *n. sg. Abl.*）
buddha-kṣetrād < buddha-kṣetrāt + 有声子音 < buddha-kṣetra-：*n.* 仏の国土。「仏国土」と漢訳。*sg. Abl.*
dvācatvāriṃśad < dvācatvāriṃśat + 有声子音 < dvācatvāriṃśat-：*基数詞*, 四十二。*f. sg. Acc.*
gaṅgā-nadī-vālikā-samāni < gaṅgā-nadī-vālikā-sama-：*adj.* ガンジス河の砂〔の数〕に等しい。*n. pl. Acc.*
buddha-kṣetrāṇy < buddha-kṣetrāṇi + 母音 < buddha-kṣetra-：*n.* ブッダの国土。「仏国土」と漢訳。*pl. Acc.*
atikramya < ati-√kram- (1) + -ya：通り過ぎる。越える。またぐ。経過する。*Ger.*
sarva-gandha-sugandhāṃ < sarva-gandha-sugandhā- < sarva-gandha-sugandha-：*adj.* あらゆる香りの中で勝れた香りを持つ。*f. sg. Acc.*
　sarva-：*adj.* すべての。
　gandha-：*m.* 香。芳香。香気。薫香。
　sugandha- < su-gandha-：*m.* 芳香。香料。*adj.* 芳香のある。「妙香」と漢訳。
nāma：*adv.* ～という名前の。実に。確かに。もちろん。
loka-dhātuṃ < loka-dhātu-：*f.* 世界。*sg. Acc.*
　loka-dhātu- は男性名詞だが、法華経においてしばしば女性名詞として用いられていた。ここでも、女性名詞として用いられているようだ。
　以上は、処格のūrdhve dig-bhāga と主格の sarva-gandha-sugandhaṃ nāma loka-dhātuṃ との名詞文と考えることができる。
teṣāṃ < tad-：それ。*m. pl. Gen.*
bodhi-sattvānāṃ < bodhi-sattva-：*m.* 覚りを求める人。「菩薩」と音写。*pl. Gen.*
teṣāṃ < tad-：それ。*m. pl. Gen.*
ca：*conj.* および。また。しかしながら。そして。～と。なお。
mahā-śrāvakāṇām < mahā-śrāvaka-：*m.* 偉大なる声聞。「大声聞」と音写。*pl. Gen.*
upadarśayati < upa-darśaya- < upa-√dṛś- (1) + -aya：*Caus.* 示す。説明する。解説する。*3, sg. P.*

tatra gandhôttama-kūṭo nāma tathāgata etarhi tiṣṭhati dhriyate yāpayati /   （梵漢和維摩経 *p.* 430, *l.* 14）

そこには、"最高の香りの集積を持つもの"という名前の如来が、今、滞在し、存在し、時を過ごしておられる。
【仏を香積(こうしゃく)と号(ごう)し、今、現に在(まし)ませり。】　（大正蔵、巻一四、五五二頁上）
……………………………………………………

tatra：*adv.* そこに。そこへ。かしこに。その時に。その場合に。
gandhôttama-kūṭo < gandhôttama-kūṭaḥ + 有声子音 < gandhôttama-kūṭa- < gandha-uttama-kūṭa-：*m.* 最高の香りの集積を持つもの。*sg. Nom.*
　gandha-：*m.* 香。芳香。香気。薫香。
　uttama- < ud-tama-：*最上級*, 最上の。複合語の後分となって、前分の語を修飾することができる。cf.「基礎」*p.* 538.

kūṭa-：*m.n.* 峯。頂。堆積。群集。「積」「聚」「集」「積集」と漢訳。
nāma：*adv.* 〜という名前の。実に。確かに。もちろん。
tathāgata < tathāgataḥ + a 以外の母音 < tathāgata-：*m.* 「如来」と漢訳。*sg. Nom.*
etarhi：*adv.* 今。当節。その際。「而今」「今時」「如今」「今世」と漢訳。
tiṣṭhati < tiṣṭha- < √sthā- (1)：立つ。住する。とどまる。滞在する。*Pres. 3, sg. P.*
dhriyate < dhriya- < √dhṛ- (6) + -ya：*Pass.* 自分の立場を固守する。生存する。存在する。〜（処格）に支持される。*3, sg. A.*
yāpayati < yāpaya- < √yā- (2) + -paya：*Caus.* 出発させる。到達させる。生存する。（時を）過ごす。*3, sg. P.*

> tatra ca loka-dhātau yādṛśā daśasu dikṣu sarva-buddha-kṣetreṣu divyā mānuṣyakāś ca gandhā vānti / te tatra loka-dhātau vṛkṣebhyo viśiṣṭatamā gandhā vānti /
>
> （梵漢和維摩経 *p.* 430, *ll.* 15–17）

その世界には、十方のすべてのブッダの国土における天上界と人間界のそのような種類の香りが漂っている。その世界では、木々からそれらの最も卓越した香りが漂っている。
【其の国の香気（こうき）は十方の諸仏世界、人・天の香に比して、最も第一と為（な）す。】
（大正蔵、巻一四、五五二頁上）

……………………………………………………………………

tatra：*adv.* そこに。そこへ。かしこに。その時に。その場合に。
ca：*conj.* および。また。しかしながら。そして。〜と。なお。
loka-dhātau < loka-dhātu-：*m.f.* 世界。*sg. Loc.*
yādṛśā < yādṛśāḥ + 有声音 < yādṛśa- < yad- + dṛśa-：*adj.* このような種類・性質の。*m. pl. Nom.*
daśasu < daśan-：*基数詞,* 十。*f. pl. Loc.*
dikṣu < diś-：*f.* 方角。方向。*pl. Loc.* 格変化は、cf.「基礎」*p.*127.
sarva-buddha-kṣetreṣu < sarva-buddha-kṣetra-：*n.* すべてのブッダの国土。「仏国土」と漢訳。*pl. Loc.*
divyā < divyāḥ + 有声音 < divya-：*adj.* 天上の。天界の。「天」「天上」と漢訳。*m. pl. Nom.*
mānuṣyakāś < mānuṣyakāḥ + (c) < mānuṣyaka- < mānuṣya-ka-：*adj.* 人間の。*n.* 人間の状態。人間の性質。人間性。*m. pl. Nom.*
　mānuṣya-：*n.* 人間の状態。人間の性質。人間性。*adj.* 人間の。
ca：*conj.* および。また。しかしながら。そして。〜と。なお。
gandhā < gandhāḥ + 有声音 < gandha-：*m.* 香。芳香。香気。薫香。*pl. Nom.*
vānti < vā- < √vā- (2)：吹く。*Pres. 3, pl. P.*

……………………………………………………………………

te < tad-：それ。*m. pl. Nom.*
tatra：*adv.* そこに。そこへ。かしこに。その時に。その場合に。
loka-dhātau < loka-dhātu-：*f.* 世界。*sg. Loc.*
vṛkṣebhyo < vṛkṣebhyaḥ + 有声子音 < vṛkṣa-：*m.* 木。植物。目に見える花と果実を有する木。*pl. Abl.*
viśiṣṭatamā < viśiṣṭatamāḥ + 有声音 < viśiṣṭatama- < viśiṣṭa-tama-：*最上級,* 最も卓越した。*m. pl. Nom.*
　viśiṣṭa- < vi-√śiṣ- (7) + -ta：*pp.* 区別された。異なった。特殊な。勝れた。卓越した。「別」「異」「最殊勝」「第一」「勝妙」と漢訳。
　√śiṣ- (7)：残す。残る。
gandhā < gandhāḥ + 有声音 < gandha-：*m.* 香。芳香。香気。薫香。*pl. Nom.*
vānti < vā- < √vā- (2)：吹く。*Pres. 3, pl. P.*

> tatra loka-dhātau nâsti śrāvaka-pratyeka-buddhānāṃ nāma-dheyam api śuddhānām eva bodhi-

sattvānāṃ saṃnipātaḥ /

(梵漢和維摩経 *p.* 430, *ll.* 17–18)

その世界には、声聞たちや独覚たちの名前すら存在しない。清らかな菩薩たちの集合のみが存在している。

【彼の土に声聞・辟支仏の名有ること無く、唯だ清浄の大菩薩のみ有りて、】

（大正蔵、巻一四、五五二頁上）

…………………………………………………………………………

tatra：*adv.* そこに。そこへ。かしこに。その時に。その場合に。

loka-dhātau < loka-dhātu-：*f.* 世界。*sg. Loc.*

nâsti < na + asti

　na：*ind.* ～でない。～にあらず。

　asti < as- < √as- (2)：ある。*Pres. 3, sg. P.*

śrāvaka-pratyeka-buddhānāṃ < śrāvaka-pratyeka-buddha-：*m.* 声聞や独覚。*pl. Gen.*

　śrāvaka- < √śru- (5) + -aka：*m.* 声を聞く人。弟子。「声聞」「学士」「賢聖」「小乗人」と漢訳。

　pratyeka-buddha-：*m.* 独覚。

nāma-dheyam < nāma-dheya-：*n.* 命名。名称。名。「名号」「名字」と漢訳。*sg. Nom.*

　dheya- < √dhā- (3) + -ya：*未受分*, 創造されるべき。置かれるべき。保持されるべき。なされるべき。*n.* ～の譲渡。

api：*adv.* また。さえも。されど。同様に。

śuddhānām < śuddha- < √śudh- (1) + -ta：*pp.* 清められた。*m. pl. Gen.*

eva：*adv.* さように。このように。まさに。実に。ただ。全くこのように。

bodhi-sattvānāṃ < bodhi-sattva-：*m.* 覚りを求める人。「菩薩」と音写。*pl. Gen.*

saṃnipātaḥ < saṃnipāta- < sam-ni-√pat- (1) + -a：*m.* ～（具格）との接触。遭遇。接続。結合。集合。混合。*sg. Nom.*

　sam-ni-√pat- (1)：～（処格）に飛び降りる。降下する。～に下りる。～（具格）と出会う。～と遭遇する。～と会合する。～に来る。

sa tebhyo gandhôttama-kūṭas tathāgato dharmaṃ deśayati /

(梵漢和維摩経 *p.* 432, *l.* 1)

その"最高の香りの集積を持つもの"という如来は、それら〔の菩薩たち〕のために真理の教え（法）を説かれる。

【仏は為に法を説きたまう。】　　（大正蔵、巻一四、五五二頁上）

…………………………………………………………………………

sa < saḥ < tad-：それ。*m. sg. Nom.*

tebhyo < tebhyaḥ + 有声子音 < tad-：それ。*m. pl. Dat.*

gandhôttama-kūṭas < gandhôttama-kūṭaḥ + (t) < gandhôttama-kūṭa- < gandha-uttama-kūṭa-：*m.* 最高の香りの集積を持つもの。*sg. Nom.*

　gandha-：*m.* 香。芳香。香気。薫香。

tathāgato < tathāgataḥ + 有声子音 < tathāgata-：*m.* 「如来」と漢訳。*sg. Nom.*

dharmaṃ < dharma-：*m.* 確定した秩序。慣例。習慣。法則。規則。義務。宗教。教説。性質。本質。属性。特質。事物。「法」と漢訳。*sg. Acc.*

deśayati < deśaya- < √diś- (6) + -aya：*Caus.* 示す。導く。説明する。教える。宣説する。*3, sg. P.*

tatra ca loka-dhātau sarva-gandha-mayāḥ kūṭâgārāḥ sarva-gandha-mayāś caṅkramā udyāna-vimānāni /

（梵漢和維摩経 *p.* 432, *ll.* 1–3）

その世界には、あらゆる香りで作られている楼閣があり、あらゆる香りで作られているそぞろ歩き（経行）の場所や、庭園、宮殿がある。
【其の界は一切、皆香を以て楼閣を作る。経行の香地・苑園、皆香し。】
（大正蔵、巻一四、五五二頁上）

…………………………………………………………………………………

tatra：*adv.* そこに。そこへ。かしこに。その時に。その場合に。
ca：*conj.* および。また。しかしながら。そして。～と。なお。
loka-dhātau < loka-dhātu-：*f.* 世界。*sg. Loc.*
sarva-gandha-mayāḥ < sarva-gandha-mayāḥ + (k) < sarva-gandha-maya-：*adj.* あらゆる香りで作られている。*m. sg. Nom.*
　gandha-：*m.* 香。芳香。香気。薫香。
　maya-：*adj.* 形成された。造られた。～からなる。「所成」「所合成」「造」「造作」と漢訳。
kūṭâgārāḥ < kūṭâgārāḥ + (s) < kūṭâgāra- < kūṭa-agāra-：*m.* 上方の室。屋上の部屋。「閣」「楼閣」「重閣」「宮殿」「屋宇」と漢訳。*sg. Nom.*
　kūṭa-：*m.n.* 峰。頂。堆積。「峯」「山」と漢訳。
　agāra-：*m.n.* 家。「宅」「舎」「舎宅」と漢訳。
　以上は、処格と主格の名詞文である。
sarva-gandha-mayāś < sarva-gandha-mayāḥ + (c) < sarva-gandha-maya-：*adj.* あらゆる香りで作られている。*m. pl. Nom.*
caṅkramā < caṅkramāḥ + 有声音 < caṅkrama-：*m.* 歩行。逍遥。散歩。そぞろ歩き。歩行の場所。「経行所」と漢訳。*pl. Nom.*
　caṅkrama- < √kram- (1)：*強意,* 歩む。闊歩する。～に行く。近づく。「行」「遊行」と漢訳。
udyāna-vimānāni < udyāna-vimāna-：*n.* 庭園と宮殿。*pl. Nom.*
　udyāna- < ud-yāna- < ud-√yā- (2) + -ana：*n.* 外出。遊園。庭園。
　vimāna- < vi-māna-：*m.n.* 天上の戦車。空中の車。（七階の）宮殿。「楼閣」と漢訳。

yaṃ ca te bodhi-sattvā āhāram āharanti tasya bhojanasya yo gandhaḥ so 'pramāṇāṃl loka-dhātūn spharati /

（梵漢和維摩経 *p.* 432, *ll.* 3–4）

それらの菩薩たちが摂取するところの食べ物、その食べ物に具わるところのその香りが無数の世界に充満する[8]。
【其の食の香気は十方無量の世界に周流す。】　（大正蔵、巻一四、五五二頁上）

…………………………………………………………………………………

yaṃ < yad-：*関係代名詞, m. sg. Acc.*
ca：*conj.* および。また。しかしながら。そして。～と。なお。
te < tad-：それ。*m. pl. Nom.*
bodhi-sattvā < bodhi-sattvāḥ + 有声音 < bodhi-sattva-：*m.* 覚りを求める人。「菩薩」と音写。*pl. Nom.*
āhāram < āhāra- < ā-√hṛ- (1) + -a：*adj.* もたらす。得させる。*m.* もたらすこと。持ち来たること。食物。糧。*m. sg. Acc.*
āharanti < āhara- < ā-√hṛ- (1)：持って来る。取って来る。提供する。贈り物を与える。授与する。与える。獲得する。受け取る。取得する。摂取する。食べる。*Pres. 3, pl. P.*
tasya < tad-：それ。*m. sg. Gen.*
bhojanasya < bhojana- < √bhuj- (7) + -ana：*n.* 享受すること。食べること。食事。食べ物。*sg. Gen.*
yo < yaḥ + 有声子音 < yad-：*関係代名詞, m. sg. Nom.*
gandhaḥ < gandhaḥ + (s) < gandha-：*m.* 香。芳香。香気。薫香。*sg. Nom.*

tasya 以下は属格と主格の名詞文をなしている。

so 'pramāṇāṃl < saḥ + apramāṇāṃl

saḥ < tad-：それ。*m. sg. Nom.*

apramāṇāṃl < apramāṇān + (l) < apramāṇa- < a-pramāṇa-：*adj.* 評価できない。「不可度量」と漢訳。*n.* 「無量」と漢訳。*m. pl. Acc.*

pramāṇa- < pra-√mā- (2,3) + -ana：*n.* 量。尺度。標準。広さ。大きさ。長さ。距離。重さ。容量。

loka-dhātūn < loka-dhātu-：*m.* 世界。*pl. Acc.*

spharati < sphara- < √sphar- (?)：充満する。広がる。満たす。覆う。*Pres. 3, sg. P.*

「梵和大辞典」には、使役形のみが挙げられているが、BHS. dic. *p.* 613 には spharati の項に pervades（充満する、広がる）、fills（満たす）、suffuses（満たす、覆う）の意味を挙げている。

> tasmiṃś ca samaye bhagavān gandhôttama-kūṭas tathāgato bhaktāya niṣaṇṇo 'bhūt sārdhaṃ tair bodhi-sattvaiḥ /
>
> （梵漢和維摩経 *p.* 432, *ll.* 5–6）

その時、世尊であり"最高の香りの集積を持つもの"という如来は、食事のためにそれらの菩薩たちと一緒に坐られた。

【時に彼の仏は諸の菩薩と方に共に坐して食したまう。】（大正蔵、巻一四、五五二頁上）

tasmiṃś < tasmin + (c) < tad-：それ。*n. sg. Loc.*

ca：*conj.* および。また。しかしながら。そして。～と。なお。

samaye < samaya-：*m.* 会合の場所。時間。好機。機会。*sg. Loc.*

bhagavān < bhagavat-：*m.* 尊い（人）。「世尊」と漢訳。「婆伽婆」「薄伽梵」と音写。*sg. Nom.*

gandhôttama-kūṭas < gandhôttama-kūṭaḥ + (t) < gandhôttama-kūṭa- < gandha-uttama-kūṭa-：*m.* 最高の香りの集積を持つもの。*sg. Nom.*

tathāgato < tathāgataḥ + 有声子音 < tathāgata-：*m.* 「如来」と漢訳。*sg. Nom.*

bhaktāya < bhakta- < √bhaj- (1) + -ta：*pp.* 献身した。「孝順」と漢訳。*m.* 誠信をもって帰依する者。*n.* 食物。食時。食事。*n. sg. Dat.*

niṣaṇṇo 'bhūt < niṣaṇṇaḥ + abhūt

niṣaṇṇaḥ < niṣaṇṇa- < ni-√sad- (1) + -na：*pp.* ～（処格）の上に坐っている。横たわっている。*m. sg. Nom.*

abhūt < √bhū- (1)：なる。生ずる。出現する。～（属格）の分担となる。～（属格）のものとなる。*root-Aor. 3, sg. P.*

sārdhaṃ < sa-ardha-：*adj.* 半分を伴った。*n. sg. Acc.*

対格の副詞的用法で、「～（具格）と共同で」「～と一緒に」「～とともに」。

tair < taiḥ + 有声音 < tad-：それ。*m. pl. Ins.*

bodhi-sattvaiḥ < bodhi-sattva-：*m.* 覚りを求める人。「菩提薩埵」「菩薩」と音写。*pl. Ins.*

> tatra gandha-vyūhâhārā nāma deva-putrā mahā-yāna-saṃprasthitās tasya bhagavatas teṣāṃ bodhi-sattvānām upasthāna-paricaryāyā udyuktāḥ /
>
> （梵漢和維摩経 *p.* 432, *ll.* 6–8）

そこでは、大いなる乗り物（大乗）で出で立った[9] "香りで荘厳された食べ物を持つもの"という名前の神々の子（天子）たちが、その世尊と、それらの菩薩たちのために奉仕と給仕に励んでいる。

【諸の天子有り。皆、香厳と号す。悉く阿耨多羅三藐三菩提に心を発して、彼の仏及び諸の菩薩を供養せり。】（大正蔵、巻一四、五五二頁上）

……………………………………………………………………

tatra：*adv.* そこに。そこへ。かしこに。その時に。その場合に。

gandha-vyūhâhārā < gandha-vyūhâhārāḥ + 有声音 < gandha-vyūha-āhāra-：*adj.* 香りで荘厳された食べ物を持つ。*m. pl. Nom.*

gandha-：*m.* 香。芳香。香気。薫香。

vyūha- < √vyūh- + -a：*m.* 分配。配置。戦陣。集合。群集。集団。「荘厳」「厳」と漢訳。

āhāra- < ā-√hṛ- (1) + -a：*adj.* もたらす。得させる。*m.* もたらすこと。持ち来たること。食物。糧。

nāma：*adv.* ～という名前の。実に。確かに。もちろん。

deva-putrā < deva-putrāḥ + 有声音 < deva-putra-：*m.* 神の子。「天子」と漢訳。*pl. Nom.*

mahā-yāna-saṃprasthitās < mahā-yāna-saṃprasthitāḥ + (t) < mahā-yāna-saṃprasthita-：*adj.* 大いなる乗り物（大乗）で出で立った。*m. pl. Nom.*

mahā-yāna-：*n.* 偉大な乗り物。「大乗」と漢訳。

saṃprasthita- < sam-pra-√sthā- (1) + -ita：*pp.* ～に向かって出かけた。出発した。

tasya < tad-：それ。*m. sg. Gen.*

bhagavatas < bhagavataḥ + (t) < bhagavat-：*m.* 尊い（人）。「世尊」と漢訳。「婆伽婆」「薄伽梵」と音写。*sg. Gen.*

teṣāṃ < tad-：それ。*m. pl. Gen.*

bodhi-sattvānām < bodhi-sattva-：*m.* 覚りを求める人。「菩薩」と音写。*pl. Gen.*

upasthāna-paricaryāyā < upasthāna-paricaryāyāḥ + 有声音 < upasthāna-paricaryā-：*f.* 奉仕と給仕。*sg. Dat.*

upasthāna- < upa-√sthā- (1) + -ana：*n.* ～に立つこと。出席。接近。参列。奉仕。敬礼。

upa-√sthā- (1)：近くに立つ。近くに身を置く。～のもとに立つ。かしずく。～に仕える。

paricaryā-：*f.* 付き添い。奉仕。献身。「給侍」「供」「供給」「供養」と漢訳。

udyuktāḥ < udyukta- < ud-√yuj- (7) + -ta：*pp.* ～（為格、処格、対格）のために準備した。用意した。熱心な。勤勉な。奮励した。*m. pl. Nom.*

> tatra sā sarvā parṣat taṃ loka-dhātuṃ paśyati taṃ ca bhagavantaṃ tāṃś ca bodhi-sattvān bhaktâgra-niṣaṇṇān /
>
> （梵漢和維摩経 *p.* 432, *ll.* 8–10）

そこでは、そのすべての聴衆は、その世界を〔見〕、その世尊とそれらの菩薩たちが食堂に坐って〔食事して〕いるのを見た。

【此の諸の大衆(だいしゅ)、目(ま)のあたり見ざるもの莫(な)し。】　（大正蔵、巻一四、五五二頁上）

……………………………………………………………………

tatra：*adv.* そこに。そこへ。かしこに。その時に。その場合に。

sā < tad-：それ。*f. sg. Nom.*

sarvā < sarvā- < sarva-：*adj.* すべての。あらゆる。*f. sg. Nom.*

parṣat < parṣat- = pari-ṣad-：*f.* 集会。聴衆。会議。「衆」「大衆」「衆会」「諸大衆」と漢訳。*sg. Nom.* <u>格変化は、cf.「基礎」*p.* 119.</u>

taṃ < tad-：それ。*m. sg. Acc.*

loka-dhātuṃ < loka-dhātu-：*m.* 世界。*sg. Acc.*

paśyati < paśya- < √paś- (4)：見る。見なす。考察する。思量する。*Pres. 3, sg. P.*

taṃ < tad-：それ。*m. sg. Acc.*

ca：*conj.* および。また。しかしながら。そして。～と。なお。

bhagavantaṃ < bhagavat-：*m.* 尊い（人）。「世尊」と漢訳。「婆伽婆」「薄伽梵」と音写。*sg. Acc.*

tāṃś < tān + (c) < tad-：それ。*m. pl. Acc.*

ca：*conj.* および。また。しかしながら。そして。～と。なお。

bodhi-sattvān < bodhi-sattva-：*m.* 覚りを求める人。「菩提薩埵」「菩薩」と音写。*pl. Acc.*
bhaktâgra-niṣaṇṇān < bhaktâgra-niṣaṇṇa- < bhakta-agra-niṣaṇṇa-：*adj.* 食堂に坐っている。*m. pl. Acc.*

tam ca bhagavantaṃ 以下は、paśyati（見る）の"目的語"として叙述的対格（Predicative Accusative）になっている。

bhaktâgra- < bhakta-agra-：*m.n.* 食堂。「食時」と漢訳。

bhakta- < √bhaj- (1) + -ta：*pp.* 献身した。「孝順」と漢訳。*m.* 誠信をもって帰依する者。*n.* 食物。食時。食事。

agra-：*adj.* 尖端の。頂点の。*n.* 前部。始め。点。尖端。頂点。「最上」「最極」「最勝」「高」と漢訳。

niṣaṇṇa- < ni-√sad- (1) + -na：*pp.* ～（処格）の上に坐っている。横たわっている。

> §3 atha vimalakīrtir licchavis tān sarvān bodhi-sattvān āmantrayate sma / ko yuṣmākaṃ sat-puruṣā utsahate 'to buddha-kṣetrād bhojanam ānetum /
>
> （梵漢和維摩経 *p.* 432, *ll.* 11–13）

§3 すると、リッチャヴィ族のヴィマラキールティが、それらのすべての菩薩たちに言った。

「善き人（善士）たちよ、あなたたちの中でだれが、このブッダの国土から食べ物をもらって来ること（請来）ができるだろうか」

【§3 時に維摩詰は衆の菩薩に問うて言わく、「諸の仁者よ、誰か能く彼の仏の飯を致すや」】

（大正蔵、巻一四、五五二頁上）

……………………………………………………………………

atha：*adv.* その時。その場合。さて。それ故。しかれば。しかしながら。しかも。
vimalakīrtir < vimalakīrtiḥ + 有声音 < vimalakīrti- < vimala-kīrti-：*m.* ヴィマラキールティ。汚れのない名声を持つ（もの）。「維摩詰」「維摩」と音写。「浄名」「無垢称」と漢訳。*sg. Nom.*
licchavis < licchaviḥ + (t) < licchavi-：*m.* リッチャヴィ。「離車子」「栗姑毘」と音写。*sg. Nom.*
tān < tad-：それ。*m. pl. Acc.*
sarvān < sarva-：*adj.* すべての。*m. pl. Acc.*
bodhi-sattvān < bodhi-sattva-：*m.* 覚りを求める人。「菩提薩埵」「菩薩」と音写。*pl. Acc.*
āmantrayate < ā-mantraya- < ā-√mantraya- (名動詞)：語りかける。*Pres. 3, sg. A.*

√mantraya- (名動詞) < mantra- + -ya：話す。語る。言う。呪文を唱える。

mantra-：*m.* 思想。祈り。讃歌。祝詞。聖典の文句。呪文。「言」「言語」「言辞」と漢訳。

名詞起源動詞（Denominative）については、cf.「基礎」*p.* 449.

sma：*ind.* 実に。sma は現在形とともに用いられて、過去の意味を表わす（歴史的現在）。

……………………………………………………………………

ko < kaḥ + 有声子音 < kim-：*疑問代名詞,* 何か。何故か。*m. sg. Nom.*
yuṣmākaṃ < yuṣmad-：あなたたち。*2, pl. Gen.* 部分に対する全体を示す属格。
sat-puruṣā < sat-puruṣāḥ + 有声音 < sat-puruṣa-：*m.* 善き人。「善士」と漢訳。*pl. Voc.*
utsahate 'to < utsahate + ato

utsahate < utsaha- < ud-√sah- (1)：こらえる。耐える。～（不定詞）することができる。～する能力がある。*Pres. 3, sg. A.*

ato < atas + 有声子音：*adv.* これより。ここより。この後。次に。それ故。「故」「是故」「由此」「次後」と漢訳。

buddha-kṣetrād < buddha-kṣetrāt + 有声子音 < buddha-kṣetra-：*n.* 仏の国土。「仏国土」と漢訳。*sg. Abl.*
bhojanam < bhojana- < √bhuj- (7) + -ana：*n.* 享受すること。食べること。食事。食べ物。*sg. Acc.*
ānetum < ā-√nī- (1) + -tum：*不定詞,* もらって来ること。取って来ること。

ā-√nī- (1)：～（対格、処格）へ次第に導く。～に持ち来る。～にもたらす。取ってくる。「将来」「持来」と漢訳。

tatra mañjuśriyo 'dhiṣṭhānena na kaś-cid utsahate /
（梵漢和維摩経 *p.* 432, *l.* 13）

その時、マンジュシリーの神通力によって、決して誰も〔もらって来ることが〕できなかった。
【文殊師利の威神力を以ての故に、咸く皆黙然たり。】（大正蔵、巻一四、五五二頁上）

……………………………………………………………………

tatra：*adv.* そこに。そこへ。かしこに。その時に。その場合に。
mañjuśriyo 'dhiṣṭhānena < mañjuśriyaḥ + adhiṣṭhānena
　mañjuśriyaḥ < mañjuśrī-：*m.* マンジュシリー。「文殊」「文殊師利」と音写。*sg. Gen.*
　īで終わる語根を後分とする複合語の格変化は、cf.「基礎」*p.* 109.
　adhiṣṭhānena < adhiṣṭhāna- < adhi-√sthā- (1) + -ana：*n.* 立脚点。立場。場所。住所。主権。権力。「神力」「神通」「威神力」「願力」「加護」「護念」「加持」「守護」「建立」と漢訳。*sg. Ins.*
　adhi-√sthā- (1)：～（対格、処格）の上に立つ。足で踏む。住む。克服する。凌駕する。優位に立つ。導く。支配する。「加持」「示現」「守護」と漢訳。
na：*ind.* ～でない。～にあらず。
kaś-cid < kaś-cit + 母音 < kiṃ-cit-：*不定代名詞,* *だれかある人。*何かあるもの。*m. sg. Nom.*
　na + kiṃ-cit-：決して誰も～ない。
utsahate < utsaha- < ud-√sah- (1)：こらえる。耐える。～（不定詞）することができる。～する能力がある。*Pres. 3, sg. A.*

atha vimalakīrtir licchavir mañjuśriyaṃ kumāra-bhūtam evam āha / na tvaṃ mañjuśrīḥ paryapatrapasa īdṛśyā parṣadā /
（梵漢和維摩経 *p.* 432, *ll.* 14–15）

そこで、リッチャヴィ族のヴィマラキールティは、マンジュシリー法王子にこのように言った。
「マンジュシリーよ、あなたは、このような聴衆によって恥をかかされていませんか」
【維摩詰の言わく、「仁よ、此の大衆、乃ち恥ず可きこと無きか」】（大正蔵、巻一四、五五二頁上）

……………………………………………………………………

atha：*adv.* その時。その場合。さて。それ故。しかれば。しかしながら。しかも。
vimalakīrtir < vimalakīrtiḥ + 有声音 < vimalakīrti- < vimala-kīrti-：*m.* ヴィマラキールティ。汚れのない名声を持つ（もの)。「維摩詰」「維摩」と音写。「浄名」「無垢称」と漢訳。*sg. Nom.*
licchavir < licchaviḥ + 有声音 < licchavi-：*m.* リッチャヴィ。「離車子」「栗姑毘」と音写。*sg. Nom.*
mañjuśriyaṃ < mañjuśrī- < mañju-śrī-：*m.* マンジュシリー。「妙徳」「妙吉祥」と漢訳。「文殊」「文殊師利」と音写。*sg. Acc.*
　mañju-：*adj.* 愛すべき。美しい。魅力ある。「妙」「美妙」と漢訳。
　śrī-：*f.* 光輝。美。繁栄。幸運。「徳」「祥」「吉祥」と漢訳。
kumāra-bhūtam < kumāra-bhūta-：*adj.* 「童子」「童真」「法王子」と漢訳。*m. sg. Acc.*
evam：*adv.* このように。「是」「如是」と漢訳。
āha < √ah-：話す。言う。*Perf. 3, sg. P.* cf.「基礎」*p.* 376.

……………………………………………………………………

na：*ind.* ～でない。～にあらず。
tvaṃ < tvad-：あなた。*2, sg. Nom.*
mañjuśrīḥ < mañjuśrīḥ + (p) < mañjuśrī- < mañju-śrī-：*m.* マンジュシリー。「妙徳」「妙吉祥」と漢訳。「文殊」「文殊師利」と音写。*sg. Voc.* 格変化は、cf.「基礎」*p.* 106.
paryapatrapasa < paryapatrapase + a 以外の母音 < paryapatrapa- < pari-apa-√trap- (1)：全く恥をかかされる。*Pres. 2, sg. A.*
　pari：*adv.* 十分に。全く。専ら。非常に。

apa-√trap- (1)：顔を背ける。当惑する。恥じる。

√trap- (1)：当惑させられる。辱しめられる。恥をかかされる。

īdṛśyā < īdṛśī- < īdṛśa- ＝ īdṛś-：*adj.* このような状態の。このような場合の。*f. sg. Ins.*

parṣadā < parṣat- ＝ pari-ṣad-：*f.* 集会。聴衆。会議。「衆」「大衆」「衆会」「諸大衆」と漢訳。*sg. Ins.* 格変化は、cf.「基礎」*p.* 119.

> āha / nanûktaṃ kula-putra tathāgatenâśikṣito na paribhavitavya iti /
>
> （梵漢和維摩経 *p.* 432, *ll.* 16–17）

〔マンジュシリーが〕言った。

「良家の息子よ、如来は、『未だ学ばざるものを軽んじるべきではない』と言われたのではありませんか」

【文殊師利の曰く、「仏の言う所の如くんば未学を軽んずること勿れ」】

（大正蔵、巻一四、五五二頁上）

………………………………………………………………………

āha < √ah-：話す。言う。*Perf. 3, sg. P.* cf.「基礎」*p.* 376.

nanûktaṃ < nanu + uktaṃ

nanu：*adv.* ～でない。～しない。～ではないか。確かに。願わくは。

uktaṃ < ukta- < √vac- (2) + -ta：*pp.* 言われた。*n. sg. Nom.*

kula-putra < kula-putra-：*m.* 良家の息子。「善男子」と漢訳。*sg. Voc.*

tathāgatenâśikṣito < tathāgatena + aśikṣito

tathāgatena < tathāgata-：*m.* 「如来」「如去」と漢訳。「多陀阿伽度」と音写。*sg. Ins.*

aśikṣito < aśikṣitaḥ + 有声子音 < aśikṣita- < a-śikṣita-：*adj.* いまだ学んでいない。*m. sg. Nom.*

śikṣita- < śikṣaya- + -ta < √śikṣ- (1) + -aya + -ta：*Caus. pp.* ～（処格）を教えられた。学んだ。「学」「解」「修」「修学」と漢訳。

√śikṣ- (1)：(√śak-の意欲動詞)。～（奪格、属格）から習得する。研究する。学ぶ。～（処格）を修行する。

na：*ind.* ～でない。～にあらず。

paribhavitavya < paribhavitavyaḥ + a 以外の母音 < paribhavitavya- < pari-√bhū- (1) + -itavya：*未受分,* 辱められるべき。蔑視されるべき。軽慢されるべき。軽んじられるべき。*m. sg. Nom.*

pari-√bhū- (1)：辱める。蔑視する。軽慢する。軽んじる。

iti：*adv.* ～と。～ということを。以上のように。～と考えて。「如是」と漢訳。

> §4 atha vimalakīrtir licchavir anuttiṣṭhann[10] etataḥ śayanāt puratas teṣāṃ bodhi-sattvānāṃ nirmitaṃ bodhi-sattvaṃ nirmimīte sma /
>
> （梵漢和維摩経 *p.* 432, *ll.* 18–19）

§4 そこで、リッチャヴィ族のヴィマラキールティは、その座から立ち上がらないままで、それらの菩薩たちの面前で〔一人の〕化作された菩薩を作り出した。

【§4 是に於いて、維摩詰は座より起たずして、衆会の前に居して、菩薩を化作せり。】

（大正蔵、巻一四、五五二頁上）

………………………………………………………………………

atha：*adv.* その時。その場合。さて。それ故。しかれば。しかしながら。しかも。

vimalakīrtir < vimalakīrtiḥ + 有声音 < vimalakīrti- < vimala-kīrti-：*m.* ヴィマラキールティ。汚れのない名声を持つ（もの)。「維摩詰」「維摩」と音写。「浄名」「無垢称」と漢訳。*sg. Nom.*

licchavir < licchaviḥ + 有声音 < licchavi-：*m.* リッチャヴィ。「離車子」「栗姑毘」と音写。*sg. Nom.*

anuttiṣṭhann < anuttiṣṭhan + 母音 < anuttiṣṭhat- < an-uttiṣṭhat-：立ち上がらない。*P. 現在分詞, m. sg. Nom.*

uttiṣṭhat- < uttiṣṭha- + -t < ud-√sthā- (1) + -t：立ち上がる。（太陽、月が）昇る。出現する。現われる。*P. 現在分詞.*
√sthā- (1)と、「支える」という意味の √stambh- (9) は、接頭辞 ud- の後では語頭の s が脱落する。cf.「基礎」*p.* 64.

etataḥ < etatas + (ś)：*adv.* ここから。

śayanāt < śayana- < √śī- (2) + -ana：*adj.* 休んでいる。眠っている。*n.* 寝床。臥床。横臥。睡眠。休息。*n. sg. Abl.*

puratas < puratas + (t)：*adv.* 前方に。前に。～（属格）の前に。面前に。

teṣāṃ < tad-：それ。*m. pl. Gen.*

bodhi-sattvānāṃ < bodhi-sattva-：*m.* 覚りを求める人。「菩薩」と音写。*pl. Gen.*

nirmitaṃ < nirmita- < nir-√mā- (2,3) + -ta：*pp.* ～（奪格）から／～（具格）によって産出された。創造された。形成された。作られた。「化作」「現化現」「化生」と漢訳。*m. sg. Acc.*

bodhi-sattvaṃ < bodhi-sattva-：*m.* 覚りを求める人。「菩提薩埵」「菩薩」と音写。*sg. Acc.*

nirmimīte < nir-mimī- < nir-√mā- (3)：創造する。（あるものから）作る。形成する。「造」「化作」と漢訳。*Pres. 3, sg. A.*

sma：*ind.* 実に。現在形の動詞とともに用いて、過去の意味を表わす（歴史的現在）。

suvarṇa-varṇena kāyena lakṣaṇânuvyañjana-samalaṃkṛtena tasya tādṛśo rūpâvabhāso 'bhūd yena sā sarvā parṣad dhyāmī-kṛtā bhavet /

（梵漢和維摩経 *p.* 432, *ll.* 19–21）

金色に輝き、〔三十二種類の〕身体的特徴（三十二相）と〔八十種類の〕副次的特徴（八十種好）で見事に飾られた身体を具えていて、その〔菩薩〕にはこのような輝かしい容姿があった。それ故に、そのすべての聴衆は、暗くかげってしまった。

【相好・光明・威徳、殊勝にして、衆会を蔽う。】　（大正蔵、巻一四、五五二頁上）

……………………………………………………………………

suvarṇa-varṇena < suvarṇa-varṇa-：*adj.* 「金色」と漢訳。*m. sg. Ins.*
suvarṇa- < su-varṇa-：*adj* よい色を持つ。金色に輝く。*n.* 黄金。
varṇa-：*m.* 色。種姓。称讃。

kāyena < kāya-：*m.* 身体。集団。多数。集合。*sg. Ins.*

lakṣaṇânuvyañjana-samalaṃkṛtena < lakṣaṇânuvyañjana-samalaṃkṛta- < lakṣaṇa-anuvyañjana-samalaṃkṛta-：*adj.* 〔三十二種類の〕身体的特徴（三十二相）と〔八十種類の〕副次的特徴（八十種好）で見事に飾られた。*m. sg. Ins.*
lakṣaṇa-：*adj.* 指示する。標章の。しるしのある。特徴のある。属性のある。*n.* 標章。しるし。記号。特徴。属性。
anuvyañjana- < anu-vyañjana-：*n.* 副次的なしるし。第二次的なしるし。（八十）種好。「種好」と漢訳。
vyañjana- < vi-√añj- (7) + -ana：n. 現わすこと。間接的表現。象徴的表現。暗示。しるし。
vi-√añj- (7)：美しくする。顕示する。
√añj- (7)：～（対格）をもって身を飾る。表示する。
samalaṃkṛta- < sam-alam-√kṛ- (8) + -ta：*pp.* 見事に飾られた。

tasya < tad-：それ。*m. sg. Gen.*

tādṛśo < tādṛśaḥ + 有声子音 < tādṛśa-：*adj.* このような。「如是」と漢訳。*m. sg. Nom.*

rūpâvabhāso 'bhūd < rūpâvabhāsaḥ + abhūd
rūpâvabhāsaḥ < rūpâvabhāsa- < rūpa-avabhāsa-：*adj.* 容姿に光輝を持つ。輝かしい容姿を持つ。「色像」と漢訳。*m. sg. Nom.*
rūpa-：*n.* 形態。外観。色。形。美しい形。見目よいこと。
avabhāsa- < ava-√bhās- (1) + -a：*m.* 光輝。出現。顕示。

abhūd < abhūt + 半母音 < √bhū- (1)：なる。生ずる。出現する。～（属格）の分担となる。～（属格）のものとなる。*root-Aor. 3, sg. P.*

yena < yad-：*関係代名詞, n. sg. Ins.* 接続詞としての用法で、「それによって」「その理由で」「その故に」「なんとなれば」を意味する。

sā < tad-：それ。*f. sg. Nom.*

sarvā < sarva-：*adj.* すべての。あらゆる。*f. sg. Nom.*

parṣad < parṣat + 有声子音 < parṣat- = pari-ṣad-：*f.* 集会。聴衆。会議。「衆」「大衆」「衆会」「諸大衆」と漢訳。*sg. Nom.* 格変化は、cf.「基礎」*p.* 119.

dhyāmī-kṛtā < dhyāmī-kṛtā- < dhyāmī-kṛta- < dhyāmī-√kṛ- (8) + -ta：*pp.* 「闇蔽」「隠蔽不現」「令暗」「昧了」と漢訳。*f. sg. Nom.*

dhyāmī- < dhyāma-：*n.* 芳香ある草の類。

モニエルの辞典には、次のようにある。

dhyāmī-kṛta-：made dark-coloured, blackened.

dhyāma-：*m.n.f.* dark-coloured, black.

bhavet < bhava- < √bhū- (1)：なる。在る。～である。*Opt. 3, sg. P.*

> atha vimalakīrtir licchavis taṃ nirmitaṃ bodhi-sattvam evam āha / gaccha kula-putrôrdham-dig-bhāge dvācatvāriṃśad gaṅgā-nadī-vālikā-samāni buddha-kṣetrāṇy atikramya sarva-gandha-sugandho nāma loka-dhātuḥ /
>
> （梵漢和維摩経 *p.* 434, *ll.* 1–3）

そこで、リッチャヴィ族のヴィマラキールティは、その化作された菩薩にこのように言った。

「良家の息子よ、行くがよい。上の方向に、四十二のガンジス河の砂〔の数〕に等しい〔多くの〕ブッダの国土を通り過ぎて、“あらゆる香りの中で〔最も〕勝れた香りを持つところ”という名前の世界がある。

【而(しこう)して之(これ)に告げて曰(いわ)く、「汝(なんじ)、上方の界分に往(ゆ)き、四十二恒河沙(ごうがしゃ)の如きの仏土を度(わた)らんに、国有り、衆香(しゅこう)と名づけ、】　（大正蔵、巻一四、五五二頁上）

………………………………………………………………………

atha：*adv.* その時。その場合。さて。それ故。しかれば。しかしながら。しかも。

vimalakīrtir < vimalakīrtiḥ + 有声音 < vimalakīrti- < vimala-kīrti-：*m.* ヴィマラキールティ。汚れのない名声を持つ（もの）。「維摩詰」「維摩」と音写。「浄名」「無垢称」と漢訳。*sg. Nom.*

licchavis < licchaviḥ + (t) < licchavi-：*m.* リッチャヴィ。「離車子」「栗姑毘」と音写。*sg. Nom.*

taṃ < tad-：それ。*m. sg. Acc.*

nirmitaṃ < nirmita- < nir-√mā- (2,3) + -ta：*pp.* ～（奪格）から／～（具格）によって産出された。創造された。形成された。作られた。「化作」「現化現」「化生」と漢訳。*m. sg. Acc.*

bodhi-sattvam < bodhi-sattva-：*m.* 覚りを求める人。「菩提薩埵」「菩薩」と音写。*sg. Acc.*

evam：*adv.* このように。「是」「如是」と漢訳。

āha < √ah-：話す。言う。*Perf. 3, sg. P.* cf.「基礎」*p.* 376.

………………………………………………………………………

gaccha < gaccha- < √gam- (1)：行く。経過する。～（対格、為格、処格）に赴く。近づく。達する。*Impv. 2, sg. P.*

kula-putrôrdhaṃ-dig-bhāge < kula-putra + ūrdhaṃ-dig-bhāge

kula-putra < kula-putra-：*m.* 良家の息子。「善男子」と漢訳。*sg. Voc.*

ūrdhaṃ-dig-bhāge < ūrdhaṃ-dig-bhāga-：*m.* 上方。上の方位。*sg. Loc.*

ūrdhaṃ ≒ ūrdhvam：*adv.* 「上」と漢訳。

dig-bhāga- < dik- + bhāga- < diś- + bhāga-：*m.* 方角。方位。

dvācatvāriṃśad < dvācatvāriṃśat + 有声子音 < dvācatvāriṃśat-：*基数詞,* 四十二。*f. sg. Acc.*

gaṅgā-nadī-vālikā-samāni < gaṅgā-nadī-vālikā-sama-：*adj.* ガンジス河の砂〔の数〕に等しい。*n. pl.*

Acc.

buddha-kṣetrāṇy < buddha-kṣetrāṇi + 母音 < buddha-kṣetra-：*n.* ブッダの国土。「仏国土」と漢訳。*pl. Acc.*

atikramya < ati-√kram- (1) + -ya：通り過ぎる。越える。またぐ。経過する。*Ger.*

sarva-gandha-sugandho < sarva-gandha-sugandhaḥ + 有声子音 < sarva-gandha-sugandha-：*adj.* あらゆる香りの中で勝れた香りを持つ。*m. sg. Nom.*

nāma：*adv.* ～という名前の。実に。確かに。もちろん。

loka-dhātuḥ < loka-dhātu-：*m.* 「世界」と漢訳。*sg. Nom.*

kula-putrôrdhaṃ-dig-bhāge 以下は処格と主格の名詞文である。

> tatra gandhôttama-kūṭo nāma tathāgataḥ sa etarhi bhaktāya niṣaṇṇaḥ /
> （梵漢和維摩経 *p.* 434, *l.* 4）

「そこには、“最高の香りの集積を持つもの”という名前の如来がおられる。その〔如来〕は、今、食事のために坐っておられる。

【仏を香積と号す。諸の菩薩と方に共に坐して食したまう。】　（大正蔵、巻一四、五五二頁上）

……………………………………………………………………

tatra：*adv.* そこに。そこへ。かしこに。その時に。その場合に。

gandhôttama-kūṭo < gandhôttama-kūṭaḥ + 有声子音 < gandhôttama-kūṭa- < gandha-uttama-kūṭa-：*m.* 最高の香りの集積を持つもの。*sg. Nom.*

nāma：*adv.* ～という名前の。実に。確かに。もちろん。

tathāgataḥ < tathāgataḥ + (s) < tathāgata-：*m.* 「如来」「如去」と漢訳。「多陀阿伽度」と音写。*sg. Nom.*

以上は、処格と主格の名詞文。

sa < saḥ < tad-：それ。*m. sg. Nom.*

etarhi：*adv.* 今。当節。その際。「而今」「今時」「如今」「今世」と漢訳。

bhaktāya < bhakta- < √bhaj- (1) + -ta：*pp.* 献身した。「孝順」と漢訳。*m.* 誠信をもって帰依する者。*n.* 食物。食時。食事。*n. sg. Dat.*

niṣaṇṇaḥ < niṣaṇṇa- < ni-√sad- (1) + -na：*pp.* ～（処格）の上に坐っている。横たわっている。*m. sg. Nom.*

> tatra gatvā mad-vacanāt tasya tathāgatasya pādau śirasā vanditvâivaṃ vada / vimalakīrtir licchavir bhagavataḥ pādau śirasā vanditvā bhagavato 'lpâbādhatāṃ ca paripṛcchaty alpâtaṅkatāṃ ca laghûtthānatāṃ ca yātrāṃ ca balaṃ ca sukhaṃ cânavadyatāṃ ca sparśa-vihāratāṃ ca /
> （梵漢和維摩経 *p.* 434, *ll.* 4–8）

「そこへ行って、私の名において、その如来の両足を頭〔におしいただくこと〕によって敬意を表して後に、このように言うがよい。『リッチャヴィ族のヴィマラキールティは、世尊の両足を頭〔におしいただくこと〕によって敬意を表して後に、世尊が病もなく、不安もなく〔過ごしておられるか〕、また健康、生活、体力〔はどうであるか〕、ご機嫌麗しく快適に過ごしておられるか？　を尋ねています』と。

【「汝、往きて、彼に到り、我が辞の如くに曰え。『維摩詰は世尊の足下に稽首したてまつる。敬を致すこと無量なり。起居を問訊したてまつる。少病、少悩にして気力安らかなりや不や。】
（大正蔵、巻一四、五五二頁上）

……………………………………………………………………

tatra：*adv.* そこに。そこへ。かしこに。その時に。その場合に。

gatvā < √gam- (1) + -tvā：行く。*Ger.*

mad-vacanāt：*adv.* 私の名において。私から。奪格の副詞的用法。

mad-：複合語に用いられる一人称代名詞。

vacanāt < vacana- < √vac- (2) + -ana：*adj.* 語る。雄弁な。発音された。*n.* 語ること。発音。発言。発言。話。語。*n. sg. Abl.*
√vac- (2)：言う。話す。告げる。
vacanāt で「〜（属格）の名において」という意味になる。

tasya < tad-：それ。*m. sg. Gen.*
tathāgatasya < tathāgata-：*m.* 「如来」と漢訳。*sg. Gen.*
pādau < pāda-：*m.* 足。*du. Acc.*
śirasā < śiras-：*n.* 頭。頂上。峰。*sg. Ins.*
vanditvâivaṃ < vanditvā + evaṃ
vanditvā < √vand- (1) + -itvā：称賛する。讃歎する。恭しく挨拶する。〜に敬意を表わする。尊ぶ。「礼」「礼拝」「礼敬」と漢訳。*Ger.*
evaṃ：*adv.* このように。「是」「如是」と漢訳。
vada < vada- < √vad- (1)：言う。話す。談論する。〜に関して話す。*Impv. 2, sg. P.*

………………………………………………………………………

vimalakīrtir < vimalakīrtiḥ + 有声音 < vimalakīrti- < vimala-kīrti-：*m.* ヴィマラキールティ。汚れのない名声を持つ（もの）。「維摩詰」「維摩」と音写。「浄名」「無垢称」と漢訳。*sg. Nom.*
licchavir < licchaviḥ + 有声音 < licchavi-：*m.* リッチャヴィ。「離車子」「栗姑毘」と音写。*sg. Nom.*
bhagavataḥ < bhagavat-：*m.* 尊い（人）。「世尊」と漢訳。「婆伽婆」「薄伽梵」と音写。*sg. Gen.*
pādau < pāda-：*m.* 足。*du. Acc.*
śirasā < śiras-：*n.* 頭。頂上。峰。*sg. Ins.*
vanditvā < √vand- (1) + -itvā：称賛する。讃歎する。恭しく挨拶する。〜に敬意を表わする。尊ぶ。「礼」「礼拝」「礼敬」と漢訳。*Ger.*
bhagavato 'lpâbādhatāṃ < bhagavataḥ + alpâbādhatāṃ
bhagavataḥ < bhagavat-：*m.* 尊い（人）。「世尊」と漢訳。「婆伽婆」「薄伽梵」と音写。*sg. Gen.*
alpâbādhatāṃ < alpâbādhatā- < alpâbādha-tā-：*f.* 苦悩の少ないこと。「少病少悩」「無病」と漢訳。*sg. Acc.*
alpâbādha- < alpa-ābādha-：*adj.* 苦悩の少ない
alpa-：*adj.* 小さい。少ない。短い。
ābādha- < ā-bādha- < ā-√bādh- (1) + -a：*m.* 苦悩。危険。「病悩」「憂悩」「憂愁」と漢訳。
ā-√bādh- (1)：悩ます。苦しめる。
ca：*conj.* および。また。しかしながら。そして。〜と。なお。
paripṛcchaty < paripṛcchati + 母音 < paripṛccha- < pari-√prach- (6)：問う。〜（対格）を〜（対格）について問う。*Pres. 3. sg. P.*
alpâtaṅkatāṃ < alpâtaṅkatā- < alpâtaṅka-tā-：*f.* 少ない苦痛／不安を持つこと。苦痛／不安が少ないこと。「少辛苦」「少悩」と漢訳。*sg. Acc.*
alpâtaṅka- < alpa-ataṅka-：*adj.* 少ない苦痛／不安を持つ。苦痛／不安の少ない。
ataṅka- < a-taṅka-：*m.* 肉体の苦痛。病気。不快。不安。懸念。恐怖。
ca：*conj.* および。また。しかしながら。そして。〜と。なお。
laghûtthānatāṃ < laghûtthānatā- < laghûtthāna-tā-：*f.* 身軽なこと。強壮。敏捷。健康。*sg. Acc.*
laghûtthāna- < laghu-utthāna-：*adj.* 速やかに取りかかった。早速の。敏活な。
laghu-：*adj.* 速やかな。活発な。敏捷な。
utthāna- < ud-√sthā- (1) + -ana：*n.* 起き上がること。出現。尽力。活動。起原。
ca：*conj.* および。また。しかしながら。そして。〜と。なお。
yātrāṃ < yātrā-：*f.* 行くこと。出発。旅行。行進。生計。扶養。*sg. Acc.*
ca：*conj.* および。また。しかしながら。そして。〜と。なお。
balaṃ < bala-：*adj.* 力強い。元気な。*n.* 力。能力。体力。活力。軍隊。*sg. Acc.*
「梵和大辞典」には、bala の項に中性名詞しか挙げていないが、「パーリ語辞典」には形容詞の意味も挙げている。

ca：*conj.* および。また。しかしながら。そして。～と。なお。

sukhaṃ < sukha-：*adj.* 快い。楽しい。*f. sg. Acc.*

cânavadyatāṃ < ca + anavadyatāṃ

anavadyatāṃ < anavadyatā- < anavadya-tā-：*f.* 過失のないこと。*sg. Acc.*

anavadya- < an-avadya-：*未受分,*（称賛に値せざるに非ざる）。無難の。申し分のない。「無罪」「無過」「無過罪」「無呵責」「無過失」と漢訳。

avadya- < a-vadya-：*未受分,* 非難すべき。悪しき。*n.* 過失。罵詈。非難。不名誉。恥辱。

vadya- < √vad- (1) + -ya：*未受分,* 称賛されるべき。

ca：*conj.* および。また。しかしながら。そして。～と。なお。

sparśa-vihāratāṃ < sparśa-vihāratā- < sparśa-vihāra-tā-：*f.* 快感を持って愉快に過ごすこと。「安穏」と漢訳。*sg. Acc.*

sparśa-vihāra-：*adj.* 「楽」「安楽」と漢訳。

sparśa- < √spṛś- (6) + -a：*adj.* ～に触れる。*m.* 接触。感触。快感。

√spṛś- (6)：～（対格）に触れる。触覚によって知覚する。

vihāra- < vi-√hṛ- (1) + -a：*m.n.* ぶらぶら歩き。散歩。気晴らし。楽しむこと。休養の場所。僧院。「僧房」「房舎」「精舎」と漢訳。

vi-√hṛ- (1)：（時間を）愉快に過ごす。楽しみのためにぶらぶら歩く。散歩する。

ca：*conj.* および。また。しかしながら。そして。～と。なお。

bhagavataḥ 以下は、属格と主格の名詞文であるところだが、全体が「尋ねる」（paripṛcchaty）の"目的語"となったので、主格が叙述的対格（Predicative Accusative）となった。

evaṃ ca vadati / dehi me bhagavan bhuktâvaśeṣaṃ yat sahe loka-dhātau buddha-kṛtyaṃ kariṣyati /

（梵漢和維摩経 *p.* 434, *ll.* 8–10）

「また、次のように言っています。『世尊よ、食事の残り物を私にお与えください。というのは、〔その食事の残り物が〕サハー（娑婆）世界においてブッダのなすべきことをなすであろうからです。

【「『願わくは世尊の食したまう所の余りを得て、当に娑婆世界に於いて、仏事を施作すべし。】

（大正蔵、巻一四、五五二頁上）

………………………………………………………………

evaṃ：*adv.* このように。「是」「如是」と漢訳。

ca：*conj.* および。また。しかしながら。そして。～と。なお。

vadati < vada- < √vad- (1)：言う。告げる。語る。宣言する。*Pres. 3, sg. P.*

………………………………………………………………

dehi < dad- < √dā- (3)：与える。*Impv. 2, sg. P.*

me < mad-：私。*1, sg. Gen.*

bhagavan < bhagavat-：*m.* 尊い（人）。「世尊」と漢訳。「婆伽婆」「薄伽梵」と音写。*sg. Voc.*

bhuktâvaśeṣaṃ < bhuktâvaśeṣa- < bhukta-avaśeṣa-：*m.* 食事の残り物。*sg. Acc.*

bhukta- < √bhuj- (7) + -ta：*pp.* 食われた。*n.* 食すること。食べられるもの。食物。

√bhuj- (7)：享受する。用いる。食う。使用する。利用する。役立つ。

avaśeṣa- < ava-√śiṣ- (7) + -a：*m.* 残余。残り物。

√śiṣ- (7)：残す。

yat < yad-：*関係代名詞, n. sg. Acc.* yat によって導かれる文章で理由を示すことがある。

sahe < saha-：*adj.* ～をこらえる。耐える。「忍」と漢訳。「娑婆」と音写。*m. sg. Loc.*

ここは、sahā- のことであろう。

loka-dhātau < loka-dhātu-：*m.* 世界。*sg. Loc.*

buddha-kṛtyaṃ < buddha-kṛtya-：*n* ブッダによってなされること。*sg. Acc.*

kṛtya- < √kṛ- (8) + -tya：*未受分,* なされるべき。*n* 活動。作用。仕事。奉仕。目的。
i, j, ṛ で終わる語根を持ついくつかの動詞の未来受動分詞は、-ya の代わりに-tya を加えて作られる。cf.「基礎」*p.* 482.
kariṣyati < kariṣya- < √kṛ- (8) + -iṣya：作る。なす。*Fut. 3, sg. P.*

eṣāṃ ca hīnâdhimuktikānāṃ sattvānām udārāṃ matiṃ rocayiṣyati / (梵漢和維摩経 *p.* 434, *ll.* 10–11)

「『劣ったものに信順の志を持つこれらの衆生たちに、〔仏法に対する〕勝れた理解[11] を求めさせることになるでありましょう。
【「『此の小法を楽（ねが）う者をして、大道を弘むることを得せしめ、】 （大正蔵、巻一四、五五二頁中）
………………………………………………………………………

eṣāṃ < etad-：これ。*m. pl. Gen.*
ca：*conj.* および。また。しかしながら。そして。〜と。なお。
hīnâdhimuktikānāṃ < hīnâdhimuktika- < hīna-adhimuktika-：*adj.* 劣ったものに信順の志を持つ。*m. pl. Gen.*
hīna- < √hā- (3) + -na：*pp.* 劣っている。見捨てられた。卑しい。貧弱な。
adhimuktika- < adhimukti-ka- = adhimukti- < adhi-√muc- (6) + -ti：*f.* 信順の志。傾向。嗜好。信頼。確信。「信」「信解」「解」「信受」と漢訳。
sattvānām < sattva-：*m.* 「衆生」「有情」と漢訳。*pl. Gen.*
udārāṃ < udārā- < udāra-：*adj.* 鼓舞する。高揚した。高い。多量の。名高い。勝れた。*f. sg. Acc.*
matiṃ < mati-：*f.* 敬虔な思想。祈禱。崇拝。〜（為格、処格）に対する思考。性向。意見。観念。見解。理解。信念。知覚。思想。*sg. Acc.*
rocayiṣyati < rocayiṣya- < rocaya- + -iṣya < √ruc- (1) + -aya + -iṣya：*Caus.* 輝かせる。照らす。気に入らせる。欲望を感じさせる。*Fut. 3, sg. P.*
√ruc- (1)：輝く。光る。〜を好む。美しく見える。
√ruc- (4)：喜ぶ。

tathāgatasya nāma-dheyaṃ vaistārikaṃ kṛtaṃ bhaviṣyati / (梵漢和維摩経 *p.* 434, *l.* 11)

「『如来の名前が広く流布することになるでありましょう』と」
【「『亦（また）、如来の名声をして普く聞こえしむべし』と」】 （大正蔵、巻一四、五五二頁中）
………………………………………………………………………

tathāgatasya < tathāgata-：*m.* 「如来」と漢訳。*sg. Gen.*
nāma-dheyaṃ < nāma-dheya-：*n.* 命名。名称。名。「名号」「名字」と漢訳。*sg. Nom.*
vaistārikaṃ < vaistārika- < vistāra- + -ika：*adj.* 「広」「(深) 広」「増広」「流布」と漢訳。*n. sg. Nom.*
vistāra- < vi-√stṛ- (5) + -a：拡張。拡大。広さ。詳細。
vaistārikaṃ √kṛ- (8)：流布する。「広流布」と漢訳。
vaistārikīṃ √kṛ- (8)：流布する。「広流布」と漢訳。
kṛtaṃ < kṛta- < √kṛ- (8) + -ta：*pp.* なされた。作られた。*n. sg. Nom.*
bhaviṣyati < bhaviṣya- < √bhū- (1) + -iṣya：生ずる、〜になる。*Fut. 3, sg. P.*

§5 atha sa nirmito bodhi-sattvo vimalakīrter licchaveḥ sādhv iti pratiśrutya teṣāṃ bodhi-sattvānāṃ purata ūrdha-mukhaḥ saṃdṛśyate / (梵漢和維摩経 *p.* 434, *ll.* 12–13)

§5 すると、その化作された菩薩は、リッチャヴィ族のヴィマラキールティに、「よろしゅうございます」と〔言った〕。〔その言葉を〕聞いて後、〔直ちに〕それらの菩薩たちの面前から上に向かって

いるのが見られた。
【§5　時に化菩薩は即ち会の前に於いて上方に昇る。】　　　　　　（大正蔵、巻一四、五五二頁中）
………………………………………………………………………………
atha：*adv.* その時。その場合。さて。それ故。しかれば。しかしながら。しかも。
sa < saḥ < tad-：それ。*m. sg. Nom.*
nirmito < nirmitaḥ + 有声子音 < nirmita- < nir-√mā- (2,3) + -ta：*pp.* ～（奪格）から／～（具格）によって産出された。創造された。形成された。作られた。「化作」「現化現」「化生」と漢訳。*m. sg. Nom.*
bodhi-sattvo < bodhi-sattvaḥ + 有声子音 < bodhi-sattva-：*m.* 覚りを求める人。「菩薩」と音写。*sg. Nom.*
vimalakīrter < vimalakīrteḥ + 有声音 < vimalakīrti- < vimala-kīrti-：*m.* ヴィマラキールティ。汚れのない名声を持つ（もの）。「維摩詰」「維摩」と音写。「浄名」「無垢称」と漢訳。*sg. Gen.*
licchaveḥ < licchaveḥ + (s) < licchavi-：*m.* リッチャヴィ。「離車子」「栗姑毘」と音写。*sg. Gen.*
sādhv < sādhu + 母音 < √sādh- (1) + -u：*adj.* まっすぐな。気だてのよい。高貴な有徳な。善良な。*m.* 有徳の人。尊敬すべき人。聖人。聖仙。*n. sg. Nom.*
√sādh- (1)：目標に達する。目的を達成する。真っ直ぐに導く。完了する。
iti：*adv.* ～と。～ということを。以上のように。～と考えて。「如是」と漢訳。
pratiśrutya < prati-√śru- (5) + -tya：傾聴する。耳を傾ける。*Ger.*
語根が短母音の時には、絶対分詞を作る接尾辞は ya の代わりに tya をつける。cf.「基礎」*p.* 488.
teṣāṃ < tad-：それ。*m. pl. Gen.*
bodhi-sattvānāṃ < bodhi-sattva-：*m.* 覚りを求める人。「菩薩」と音写。*pl. Gen.*
purata < purataḥ + a 以外の母音 < puratas：*adv.* 前方に。前に。～（属格）の前に。面前に。
ūrdha-mukhaḥ < ūrdha-mukhaḥ + (s) < ūrdha-mukha- ≒ ūrdhva-mukha-：*adj.* 顔／口を上に向けた。上に向けられた。「向上」と漢訳。*m. sg. Nom.*
ūrdha- ≒ ūrdhva-：*adj.* 上方の。真実なる。起立した。
mukha-：*n.* 顔。口。
saṃdṛśyate < saṃdṛśya- < sam-√dṛś- (1) + -ya：*Pass.* ～（具格）とともに現われる。観察される。*3, sg. A.*

> na câinaṃ te bodhi-sattvāḥ paśyanti gacchantam /
> （梵漢和維摩経 *p.* 434, *l.* 14）

けれども、その〔化作された菩薩〕が〔上昇して〕行くのを、〔あまりの速さなので〕それらの菩薩たちは見ることはなかった。
【漢訳相当箇所なし】
………………………………………………………………………………
na：*ind.* ～でない。～にあらず。
câinaṃ < ca + enaṃ
enaṃ < enad-：それ。*m. sg. Acc.*
te < tad-：それ。*m. pl. Nom.*
bodhi-sattvāḥ < bodhi-sattvāḥ + (p) < bodhi-sattva-：*m.* 覚りを求める人。「菩薩」と音写。*pl. Nom.*
paśyanti < paśya- < √paś- (4)：見る。見なす。考察する。思量する。*Pres. 3, pl. P.*
gacchantam < gacchat- < gaccha- + -t < √gam- (1) + -t：行く。*P.* *現在分詞, m. sg. Acc.*
enaṃ と gacchantam が対格になっているのは、paśyanti（見る）の“目的語”になったので叙述的対格になった。

> atha sa nirmito bodhi-sattvas taṃ sarva-gandha-sugandhaṃ loka-dhātum anuprāptaḥ /
> （梵漢和維摩経 *p.* 434, *ll.* 15–16）

すると、その化作された菩薩は、その"あらゆる香りの中で勝れた香りを持つところ"という世界に到着した。
【衆を挙げて皆、其の去りて衆香界に到り、】　　　　　　　　　　　　（大正蔵、巻一四、五五二頁中）

atha：*adv.* その時。その場合。さて。それ故。しかれば。しかしながら。しかも。
sa < saḥ < tad-：それ。*m. sg. Nom.*
nirmito < nirmitaḥ + 有声子音 < nirmita- < nir-√mā- (2,3) + -ta：*pp.* ～（奪格）から／～（具格）によって産出された。創造された。形成された。作られた。「化作」「現化現」「化生」と漢訳。*m. sg. Nom.*
bodhi-sattvas < bodhi-sattvaḥ + (t) < bodhi-sattva-：*m.* 覚りを求める人。「菩提薩埵」「菩薩」と音写。*sg. Nom.*
taṃ < tad-：それ。*m. sg. Acc.*
sarva-gandha-sugandhaṃ < sarva-gandha-sugandha-：*adj.* あらゆる香りの中で勝れた香りを持つ。*m. sg. Acc.*
loka-dhātum < loka-dhātu-：*m.* 世界。*sg. Acc.*
anuprāptaḥ < anuprāpta- < anu-pra-√āp- (5) + -ta：*pp.* 到達した。来たれる。「至」「到」「到達」「獲得」「証得」「成就」と漢訳。*m. sg. Nom.*

sa tatra bhagavato gandhôttama-kūṭasya tathāgatasya pādau śirasā vanditvâivam āha / vimalakīrtir bhagavan bodhi-sattvo bhagavataḥ pādau śirasā vandate /
（梵漢和維摩経 *p.* 434, *ll.* 16–18）

そこにおいて、その〔化作された菩薩〕は、世尊である"最高の香りの集積を持つもの"という如来の両足を頭〔におしいただくこと〕によって敬意を表して後に、このように言った。
「世尊よ、ヴィマラキールティ菩薩は、世尊の両足を頭〔におしいただくこと〕によって敬意を表しています。
【彼の仏の足に礼したてまつるを見、又、其の言うを聞けり。「維摩詰、世尊の足下に稽首したてまつる。敬を致すこと無量なり。】　　　　　　　　　　　　（大正蔵、巻一四、五五二頁中）

sa < saḥ < tad-：それ。*m. sg. Nom.*
tatra：*adv.* そこに。そこへ。かしこに。その時に。その場合に。
bhagavato < bhagavataḥ + 有声子音 < bhagavat-：*m.* 尊い（人）。「世尊」と漢訳。「婆伽婆」「薄伽梵」と音写。*sg. Gen.*
gandhôttama-kūṭasya < gandhôttama-kūṭa- < gandha-uttama-kūṭa-：*m.* 最高の香りの集積を持つ。*sg. Gen.*
tathāgatasya < tathāgata-：*m.* 「如来」と漢訳。*sg. Gen.*
pādau < pāda-：*m.* 足。*du. Acc.*
śirasā < śiras-：*n.* 頭。頂上。峰。*sg. Ins.*
vanditvâivam < vanditvā + evaṃ
　vanditvā < √vand- (1) + -itvā：称賛する。讃歎する。恭しく挨拶する。～に敬意を表わする。尊ぶ。「礼」「礼拝」「礼敬」と漢訳。*Ger.*
　evaṃ：*adv.* このように。「是」「如是」と漢訳。
āha < √ah-：話す。言う。*Perf. 3, sg. P.* cf.「基礎」*p.* 376.

vimalakīrtir < vimalakīrtiḥ + 有声音 < vimalakīrti- < vimala-kīrti-：*m.* ヴィマラキールティ。汚れのない名声を持つ（もの）。「維摩詰」「維摩」と音写。「浄名」「無垢称」と漢訳。*sg. Nom.*
bhagavan < bhagavat-：*m.* 尊い（人）。「世尊」と漢訳。「婆伽婆」「薄伽梵」と音写。*sg. Voc.*
bodhi-sattvo < bodhi-sattvaḥ + 有声子音 < bodhi-sattva-：*m.* 覚りを求める人。「菩薩」と音写。*sg.*

Nom.

bhagavataḥ < bhagavat-：*m.* 尊い（人）。「世尊」と漢訳。「婆伽婆」「薄伽梵」と音写。*sg. Gen.*

pādau < pāda-：*m.* 足。*du. Acc.*

śirasā < śiras-：*n.* 頭。頂上。峰。*sg. Ins.*

vandate < vanda- < √vand- (1)：称賛する。讃歎する。恭しく挨拶する。～に敬意を表わする。尊ぶ。「礼」「礼拝」「礼敬」と漢訳。*Pres. 3, sg. A.*

alpâbādhatāṃ ca paripṛcchaty alpâtaṅkatāṃ ca laghûtthānatāṃ ca yātrāṃ ca balaṃ ca sukhaṃ cânavadyatāṃ ca sparśa-vihāratāṃ ca / （梵漢和維摩経 *p.* 436, *ll.* 1–2)

「また、〔世尊が〕病もなく、不安もなく〔過ごしておられるか〕、また健康、生活、体力〔はどうであるか〕、ご機嫌麗しく快適に過ごしておられるか？　を尋ねています。

【「起居を問訊（もんじん）したてまつる。『少病・少悩にして気力安んぜらるるや不（いな）や。】

（大正蔵、巻一四、五五二頁中）

………………………………………………………………………

alpâbādhatāṃ < alpâbādhatā- < alpâbādha-tā-：*f.* 苦悩の少ないこと。「少病少悩」「無病」と漢訳。*sg. Acc.*

ca：*conj.* および。また。しかしながら。そして。～と。なお。

paripṛcchaty < paripṛcchati + 母音 < paripṛccha- < pari-√prach- (6)：問う。～（対格）を～（対格）について問う。*Pres. 3. sg. P.*

alpâtaṅkatāṃ < alpâtaṅkatā- < alpâtaṅka-tā-：*f.* 少ない苦痛／不安を持つこと。苦痛／不安が少ないこと。「少辛苦」「少悩」と漢訳。*sg. Acc.*

ca：*conj.* および。また。しかしながら。そして。～と。なお。

laghûtthānatāṃ < laghûtthānatā- < laghûtthāna-tā-：*f.* 身軽なこと。強壮。敏捷。健康。*sg. Acc.*

ca

yātrāṃ < yātrā-：*f.* 行くこと。出発。旅行。行進。生計。扶養。*sg. Acc.*

ca：*conj.* および。また。しかしながら。そして。～と。なお。

balaṃ < bala-：*adj.* 力強い。元気な。*n.* 力。能力。体力。活力。軍隊。*sg. Acc.*

「梵和大辞典」には、bala の項に中性名詞しか挙げていないが、「パーリ語辞典」には形容詞の意味も挙げている。

ca：*conj.* および。また。しかしながら。そして。～と。なお。

sukhaṃ < sukha-：*adj.* 快い。楽しい。*f. sg. Acc.*

cânavadyatāṃ < ca + anavadyatāṃ

anavadyatāṃ < anavadyatā- < anavadya-tā-：*f.* 過失のないこと。*sg. Acc.*

ca：*conj.* および。また。しかしながら。そして。～と。なお。

sparśa-vihāratāṃ < sparśa-vihāratā- < sparśa-vihāra-tā-：*f.* 快感を持って愉快に過ごすこと。「安穏」と漢訳。*sg. Acc.*

ca：*conj.* および。また。しかしながら。そして。～と。なお。

sa ca bhagavataḥ pādau śirasā vanditvâivam āha /　dehi me bhagavan bhuktâvaśeṣaṃ bhojanaṃ yad idaṃ sahe loka-dhātau buddha-kṛtyaṃ kariṣyati / （梵漢和維摩経 *p.* 436, *ll.* 3–5)

「また、その〔ヴィマラキールティ〕は、世尊の両足を頭〔におしいただくこと〕によって敬意を表して後に、次のように申しました。

『世尊よ、食事の残り物を私にお与えください。というのは、この食べ物がサハー（娑婆）世界においてブッダのなすべきことをなすであろうからです。

【「『願わくは世尊の食したまう所の余りを得んことを。娑婆（しゃば）世界に於（お）いて仏事を施作（せさ）し、】

（大正蔵、巻一四、五五二頁中）

…………………………………………………………………………

sa < saḥ < tad-：それ。*m. sg. Nom.*
ca : *conj.* および。また。しかしながら。そして。〜と。なお。
bhagavataḥ < bhagavat-：*m.* 尊い（人）。「世尊」と漢訳。「婆伽婆」「薄伽梵」と音写。*sg. Gen.*
pādau < pāda-：*m.* 足。*du. Acc.*
śirasā < śiras-：*n.* 頭。頂上。峰。*sg. Ins.*
vanditvâivam < vanditvā + evaṃ
　　vanditvā < √vand- (1) + -itvā：恭しく挨拶する。〜に敬意を表わする。*Ger.*
　　evaṃ：*adv.* このように。「是」「如是」と漢訳。
āha < √ah-：話す。言う。*Perf. 3, sg. P.* cf.「基礎」*p.* 376.

…………………………………………………………………………

dehi < dad- < √dā- (3)：与える。*Impv. 2, sg. P.*
me < mad-：私。*1, sg. Gen.*
bhagavan < bhagavat-：*m.* 尊い（人）。「世尊」と漢訳。「婆伽婆」「薄伽梵」と音写。*sg. Voc.*
bhuktâvaśeṣaṃ < bhuktâvaśeṣa- < bhukta-avaśeṣa-：*m.* 食事の残り物。*sg. Acc.*
bhojanaṃ < bhojana- < √bhuj- (7) + -ana：*n.* 享受すること。食べること。食事。食べ物。*sg. Nom.*
yad < yat + 母音 < yad-：*関係代名詞, n. sg. Acc.* yat によって導かれる文章で理由を示すことがある。
idaṃ < idam-：これ。*n. sg. Nom.*
sahe < saha-：*adj.* 〜をこらえる。耐える。「忍」と漢訳。「娑婆」と音写。*m. sg. Loc.*
loka-dhātau < loka-dhātu-：*m.* 世界。*sg. Loc.*
buddha-kṛtyaṃ < buddha-kṛtya-：*n* ブッダによってなされること。*sg. Acc.*
　　kṛtya- < √kṛ- (8) + -tya：*未受分,* なされるべき。*n* 活動。作用。仕事。奉仕。目的。
kariṣyati < kariṣya- < √kṛ- (8) + -iṣya：作る。なす。*Fut. 3, sg. P.*

teṣāṃ hīnâdhimuktānāṃ sattvānām udāreṣu buddha-dharmeṣu matiṃ[12] rocayiṣyati /
（梵漢和維摩経 *p.* 436, *ll.* 5–6）

「『劣った信順の志を持つそれらの衆生たちに、勝れたブッダの真理の教え（仏法）に対する理解を求めさせることになるでありましょう。
【「『此の小法を楽（ねが）う者をして、大道を弘むることを得せしめ、】　　（大正蔵、巻一四、五五二頁中）

…………………………………………………………………………

teṣāṃ < tad-：それ。*m. pl. Gen.*
hīnâdhimuktānāṃ < hīnâdhimukta- < hīna-adhimukta-：*adj.* 劣った信順の志を持つ。*m. pl. Gen.*
sattvānām < sattva-：*m.* 「衆生」「有情」と漢訳。*pl. Gen.*
udāreṣu < udāra-：*adj.* 鼓舞する。高揚した。高い。多量の。名高い。勝れた。*m. pl. Loc.*
buddha-dharmeṣu < buddha-dharma-：*m.* ブッダの真理の教え。「仏法」と漢訳。*pl. Loc.*
matiṃ < mati-：*f.* 敬虔な思想。祈禱。崇拝。〜（為格、処格）に対する思考。性向。意見。観念。
　　見解。理解。信念。知覚。思想。*sg. Acc.*
rocayiṣyati < rocayiṣya- < rocaya- + -iṣya < ruc- (1) + -aya + -iṣya：*Caus.* 輝かせる。照らす。気に
　　入らせる。欲望を感じさせる。*Fut. 3, sg. P.*

bhagavataś ca nāma-dheyaṃ vaistārikaṃ kṛtaṃ bhaviṣyati /
（梵漢和維摩経 *p.* 436, *ll.* 6–7）

「『また、世尊の名前が広く流布することになるでありましょう』と」
【「『亦（また）、如来の名声をして普（あまね）く聞こえしめんと欲す』と」】　　（大正蔵、巻一四、五五二頁中）

…………………………………………………………………………

bhagavataś < bhagavataḥ + (c) < bhagavat-：*m.* 尊い（人）。「世尊」と漢訳。「婆伽婆」「薄伽梵」

と音写。*sg. Gen.*
ca：*conj.* および。また。しかしながら。そして。〜と。なお。
nāma-dheyaṃ < nāma-dheya-：*n.* 命名。名称。名。「名号」「名字」と漢訳。*sg. Nom.*
vaistārikaṃ < vaistārika- < vistāra- + -ika：*adj.* 「広」「(深) 広」「増広」「流布」と漢訳。*n. sg. Nom.*
vaistārikaṃ √kṛ- (8)：流布する。「広流布」と漢訳。
kṛtaṃ < kṛta- < √kṛ- (8) + -ta：*pp.* なされた。作られた。*n. sg. Nom.*
bhaviṣyati < bhaviṣya- < √bhū- (1) + -iṣya：生ずる、〜になる。*Fut. 3, sg. P.*

§6 atha khalu ye tasya bhagavato gandhôttama-kūṭasya tathāgatasya buddha-kṣetre bodhi-sattvās te vismitās taṃ bhagavantaṃ gandhôttama-kūṭaṃ tathāgatam evam āhuḥ / kuto 'yaṃ bhagavann īdṛśo mahā-sattva āgacchati kva vā sa saho loka-dhātuḥ kâiṣā [13] hīnâdhimuktikatā nāma /

（梵漢和維摩経 *p.* 436, *ll.* 8–11）

§6 その時、その世尊である"最高の香りの集積を持つもの"という如来のブッダの国土にいるところの菩薩たち、それら〔の菩薩たち〕は、〔化作された菩薩の出現に〕驚いて、その世尊である"最高の香りの集積を持つもの"という如来にこのように言った。
「世尊よ、このように偉大なこの人は、どこから来られたのでしょうか。あるいは、そのサハー世界はどこにあるのでしょうか。この劣ったものに信順の志を持つこととは、実にどういうことなのでしょうか」
【§6 彼(か)の諸の大士は化(け)菩薩を見て、未曾有(みぞう)なりと歎(たん)ぜり。「今、此の上人は何所(いずこ)より来たれるや。娑(しゃ)婆(ば)世界は何許(いずこ)に在りと為(な)すや。云何(いかん)が名づけて、小乗を楽(ねが)う者と為(な)すや」】

（大正蔵、巻一四、五五二頁中）

………………………………………………………………………………

atha：*adv.* その時。その場合。さて。それ故。しかれば。しかしながら。しかも。
khalu：*ind.* 実に。確かに。しかも。さて。そこで。
ye < yad-：*関係代名詞, m. pl. Nom.*
tasya < tad-：それ。*m. sg. Gen.*
bhagavato < bhagavataḥ + 有声子音 < bhagavat-：*m.* 尊い（人）。「世尊」と漢訳。「婆伽婆」「薄伽梵」と音写。*sg. Gen.*
gandhôttama-kūṭasya < gandhôttama-kūṭa- < gandha-uttama-kūṭa-：*m.* 最高の香りの集積を持つもの。*sg. Gen.*
tathāgatasya < tathāgata-：*m.* 「如来」と漢訳。*sg. Gen.*
buddha-kṣetre < buddha-kṣetra-：*n.* 仏の国土。「仏国土」と漢訳。*sg. Loc.*
bodhi-sattvās < bodhi-sattvāḥ + (t) < bodhi-sattva-：*m.* 覚りを求める人。「菩薩」と音写。*pl. Nom.*
ye 以下は処格と主格の名詞文をなしている。
te < tad-：それ。*m. pl. Nom.*
vismitās < vismitāḥ + (t) < vismita- < vi-√smi- (1) + -ta：*pp.* 狼狽した。びっくりさせられた。驚かされた。当惑させられた。*m. pl. Nom.*
vi-√smi- (1)：〜（具格、奪格、処格）に狼狽する。驚く。
taṃ < tad-：それ。*m. sg. Acc.*
bhagavantaṃ < bhagavat-：*m.* 尊い（人）。「世尊」と漢訳。「婆伽婆」「薄伽梵」と音写。*sg. Acc.*
gandhôttama-kūṭaṃ < gandhôttama-kūṭa- < gandha-uttama-kūṭa-：*m.* 最高の香りの集積を持つもの。*sg. Acc.*
tathāgatam < tathāgata-：*m.* 「如来」と漢訳。*sg. Acc.*
evam：*adv.* このように。「是」「如是」と漢訳。
āhuḥ < √ah-：話す。言う。*Perf. 3, pl. P.* cf.「基礎」*p.* 376.
√ah- は不完全動詞であり、完了形は āttha (*2, sg. P.*)、āha (*3, sg. P.*)、āhathuḥ (*2, du. P.*)、

āhatuḥ (*3, du. P.*)、āhuḥ (*3, pl. P.*) の形しかない。cf.「基礎」*p.* 376.

kuto 'yaṃ < kutaḥ + ayaṃ

kutaḥ < kutas：*adv.* だれより。どこより。いずこへ。何ゆえに。

ayaṃ < idam-：これ。この。*m. sg. Nom.*

bhagavann < bhagavan + 母音 < bhagavat-：*m.* 尊い（人）。「世尊」と漢訳。「婆伽婆」「薄伽梵」と音写。*sg. Voc.*

īdṛśo < īdṛśaḥ + 有声子音 < īdṛśa- = īdṛś-：*adj.* このような状態の。このような場合の。*m. sg. Nom.*

mahā-sattva < mahā-sattvaḥ + a 以外の母音 < mahā-sattva-：*m.* 偉大な人。立派な人。「大士」「大菩薩」と漢訳。「摩訶薩」と音写。*sg. Nom.*

āgacchati < āgaccha- < ā-√gam- (1)：来る。*Pres. 3, sg. P.*

kva：*adv.* 何処に。どこへ。

vā：*ind.* ～か。または。たとえ～であっても。

sa < saḥ < tad-：それ。*m. sg. Nom.*

saho < sahaḥ + 有声子音 < saha-：*adj.* ～をこらえる。耐える。「忍」と漢訳。「娑婆」と音写。*m. sg. Nom.*

loka-dhātuḥ < loka-dhātuḥ + (s) < loka-dhātu-：*m.* 「世界」と漢訳。*sg. Nom.*

kâiṣā < kā + eṣā

kā < kim-：*疑問代名詞,* だれ。何。どんな。どの。*f. sg. Nom.*

eṣā < etad-：これ。*f. sg. Nom.*

hīnâdhimuktikatā < hīnâdhimuktikatā- < hīnâdhimuktika-tā-：*f.* 劣ったものに信順の志を持つこと。*sg. Nom.*

hīnâdhimuktika- < hīnâdhimuktika- < hīna-adhimuktika-：*adj.* 劣ったものに信順の意向を持つ。

nāma：*adv.* ～という名前の。実に。確かに。もちろん。

> evaṃ te bodhi-sattvās taṃ tathāgataṃ paripṛcchanti /
>
> (梵漢和維摩経 *p.* 436, *ll.* 11–12)

それらの菩薩たちは、このようにその如来に尋ねた。

【即ち以て仏に問いたてまつる。】　（大正蔵、巻一四、五五二頁中）

evaṃ：*adv.* このように。「是」「如是」と漢訳。

te < tad-：それ。*m. pl. Nom.*

bodhi-sattvās < bodhi-sattvāḥ + (t) < bodhi-sattvāḥ + (s) < bodhi-sattva-：*m.* 覚りを求める人。「菩薩」と音写。*pl. Nom.*

taṃ < tad-：それ。*m. sg. Acc.*

tathāgataṃ < tathāgata-：*m.* このように行った（人）。このように来た（人）。「如来」「如去」と漢訳。「多陀阿伽度」と音写。*sg. Acc.*

paripṛcchanti < paripṛccha- < pari-√prach- (6)：問う。～（対格）を～（対格）について問う。*Pres. 3. pl. P.*

> atha sa bhagavāṃs tān bodhi-sattvān evam āha / asti kula-putrā adho-dig-bhāga[14] ito buddha-kṣetrād dvācatvāriṃśad gaṅgā-nadī-vālikā-samāni buddha-kṣetrāṇy atikramya saho loka-dhātuḥ /
>
> (梵漢和維摩経 *p.* 436, *ll.* 13–15)

そこで、その世尊は、それらの菩薩たちにこのようにおっしゃられた。

「良家の息子たちよ、このブッダの国土から下の方に四十二のガンジス河の砂〔の数〕に等しい〔多くの〕ブッダの国土を通り過ぎて、サハー世界がある。
【仏、之に告げて曰く、「下方、四十二恒河沙の如きの仏土を度るに、世界有りて娑婆と名づく。】

（大正蔵、巻一四、五五二頁中）

…………………………………………………………………………

atha：*adv.* その時。その場合。さて。それ故。しかれば。しかしながら。しかも。

sa < saḥ < tad-：それ。*m. sg. Nom.*

bhagavāṃs < bhagavān + (t) < bhagavat-：*m.* 尊い（人）。「世尊」と漢訳。「婆伽婆」「薄伽梵」と音写。*sg. Nom.*

tān < tad-：それ。*m. pl. Acc.*

bodhi-sattvān < bodhi-sattva-：*m.* 覚りを求める人。「菩提薩埵」「菩薩」と音写。*pl. Acc.*

evam：*adv.* このように。「是」「如是」と漢訳。

āha < √ah-：話す。言う。*Perf. 3, sg. P.* cf.「基礎」*p.* 376.

…………………………………………………………………………

asti < as- < √as- (2)：ある。*Pres. 3, sg. P.*

kula-putrā < kula-putrāḥ + 有声音 < kula-putra-：*m.* 良家の息子。「善男子」と漢訳。*pl. Voc.*

adho-dig-bhāga < adho-dig-bhāge + a 以外の母音 < adho-dig-bhāga-：*m.* 下の方角。下の方位。*sg. Loc.*

adho- < adhas- + 有声子音：*adv.* 下に。地上に。下方に。下界に。

dig-bhāga- < dik- + bhāga- < diś- + bhāga-：*m.* 方角。方位。

ito < itas + 有声子音：*adv.* これより。ここから。この世から。ここに。地上に。この故に。（idam-の *n. sg. Abl.*）

buddha-kṣetrād < buddha-kṣetrāt + 有声子音 < buddha-kṣetra-：*n.* 仏の国土。「仏国土」と漢訳。*sg. Abl.*

dvācatvāriṃśad < dvācatvāriṃśat + 有声子音 < dvācatvāriṃśat-：*基数詞*, 四十二。*f. sg. Acc.*

gaṅgā-nadī-vālikā-samāni < gaṅgā-nadī-vālikā-sama-：*adj.* ガンジス河の砂〔の数〕に等しい。*n. pl. Acc.*

buddha-kṣetrāṇy < buddha-kṣetrāṇi + 母音 < buddha-kṣetra-：*n.* ブッダの国土。「仏国土」と漢訳。*pl. Acc.*

atikramya < ati-√kram- (1) + -ya：通り過ぎる。越える。またぐ。経過する。*Ger.*

saho < sahaḥ + 有声子音 < saha-：*adj.* ～をこらえる。耐える。「忍」と漢訳。「娑婆」と音写。*m. sg. Nom.*

loka-dhātuḥ < loka-dhātu-：*m.* 「世界」と漢訳。*sg. Nom.*

tatra śākyamunir nāma tathāgato dharmaṃ deśayati hīnâdhimuktikānāṃ sattvānāṃ pañca-kaṣāye buddha-kṣetre /

（梵漢和維摩経 *p.* 436, *ll*, 15–17）

「〔時代・思想・煩悩・衆生・寿命の〕五つの濁り（五濁）の〔盛んな〕そのブッダの国土において、シャーキャムニという名前の如来が、劣ったものに信順の志を持つ衆生たちに真理の教え（法）を説いておられる。
【「仏を釈迦牟尼と号す。今、現に五濁悪世に在りて、小法を楽う衆生の為に道教を敷演す。】

（大正蔵、巻一四、五五二頁中）

…………………………………………………………………………

tatra：*adv.* そこに。そこへ。かしこに。その時に。その場合に。

śākyamunir < śākyamuniḥ + 有声音 < śākyamuni- < śākya-muni-：*m.* シャーキャムニ。シャーキャ族出身の聖者。「釈迦牟尼」と音写。*sg. Nom.*

nāma：*adv.* ～という名前の。実に。確かに。もちろん。

tathāgato < tathāgataḥ + 有声子音 < tathāgata-：*m.* 「如来」と漢訳。*sg. Nom.*

dharmaṃ < dharma-：*m.* 確定した秩序。慣例。習慣。法則。規則。義務。宗教。教説。性質。本質。属性。特質。事物。「法」と漢訳。*sg. Acc.*
deśayati < deśaya- < √diś- (6) + -aya：*Caus.* 示す。導く。説明する。教える。宣説する。*3, sg. P.*
hīnâdhimuktikānāṃ < hīnâdhimuktika- < hīna-adhimuktika-：*adj.* 劣ったものに信順の志を持つ。*m. pl. Gen.*
sattvānāṃ < sattva-：*m.* 「衆生」「有情」と漢訳。*pl. Gen.*
pañca-kaṣāye < pañca-kaṣāya-：*m.* 五つの濁り（五濁）。*sg. Loc.*
 pañca- < pañcan-：*基数詞,* 五。
 kaṣāya-：*m.* 黄赤色。汚染。道徳的頽廃。「濁」「濁悪」と漢訳。
buddha-kṣetre < buddha-kṣetra-：*n.* 仏の国土。「仏国土」と漢訳。*sg. Loc.*

> tatra vimalakīrtir nāma bodhi-sattvo 'cintya-vimokṣa-pratiṣṭhito bodhi-sattvebhyo dharmaṃ deśayati /
>
> （梵漢和維摩経 *p.* 436, *ll.* 17–18）

「そこでは、ヴィマラキールティという名前の菩薩が、“考えも及ばない”という解脱（不可思議解脱）に住していて、菩薩たちのために真理の教え（法）を説いている。
【「彼に菩薩有り、維摩詰と名づく。不可思議解脱に住して、諸の菩薩の為に法を説く。】
（大正蔵、巻一四、五五二頁中）

tatra：*adv.* そこに。そこへ。かしこに。その時に。その場合に。
vimalakīrtir < vimalakīrtiḥ + 有声音 < vimalakīrti- < vimala-kīrti-：*m.* ヴィマラキールティ。汚れのない名声を持つ（もの）。「維摩詰」「維摩」と音写。「浄名」「無垢称」と漢訳。*sg. Nom.*
nāma：*adv.* ～という名前の。実に。確かに。もちろん。
bodhi-sattvo 'cintya-vimokṣa-pratiṣṭhito < bodhi-sattvaḥ + acintya-vimokṣa-pratiṣṭhito
 bodhi-sattvaḥ < bodhi-sattva-：*m.* 覚りを求める人。「菩薩」と音写。*sg. Nom.*
 acintya-vimokṣa-pratiṣṭhito < acintya-vimokṣa-pratiṣṭhitaḥ + 有声子音 < acintya-vimokṣa-pratiṣṭhita-：*adj.* “考えも及ばない”という解脱に住している。
 acintya-vimokṣa-：*m.* “考えも及ばない”という解脱。
 acintya- < a- + √cint- (10) + -ya：*未受分,* 思議すべからざる。考えるべきでない。「不可思議」と漢訳。
 vimokṣa-：*m.* 緩むこと。～からの解放。救済。「解脱」と漢訳。
 pratiṣṭhita- < prati-√sthā- (1) + -ita：*pp.* ～（処格）に熟達した。～に立った。位置した。留まった。～に置かれた。確立した。
bodhi-sattvebhyo < bodhi-sattvebhyaḥ + 有声子音 < bodhi-sattva-：*m.* 覚りを求める人。「菩薩」と音写。*pl. Dat.*
dharmaṃ < dharma-：*m.* 確定した秩序。慣例。習慣。法則。規則。義務。宗教。教説。性質。本質。属性。特質。事物。「法」と漢訳。*sg. Acc.*
deśayati < deśaya- < √diś- (6) + -aya：*Caus.* 示す。導く。説明する。教える。宣説する。*3, sg. P.*

> tenâiṣa nirmito bodhi-sattvo 'nupreṣito mama nāma-dheya-parikīrtanāyâsya ca loka-dhātor varṇa-saṃprakāśanāya teṣāṃ ca bodhi-sattvānāṃ kuśala-mūlôttānatāyai /
>
> （梵漢和維摩経 *p.* 436, *ll.* 18–20）

「その〔ヴィマラキールティ〕は、この化作された菩薩を、私の名前を宣揚するため、この世界の称讃を輝かせるため、そしてそれらの菩薩たちの善根を増大するために、派遣したのだ」
【「故に化を遣わして、来たりて我が名を称揚し、並びに此の土を讃え、彼の菩薩をして、功徳を増益せしむるなり」】
（大正蔵、巻一四、五五二頁中）

tenâiṣa < tena + eṣa

tena < tad-：それ。*m. sg. Ins.* 過去受動分詞 anupreṣito の動作主としての具格。

eṣa < eṣaḥ < etad-：これ。*m. sg. Nom.*

nirmito < nirmitaḥ + 有声子音 < nirmita- < nir-√mā- (2,3) + -ta：*pp.* ～（奪格）から／～（具格）によって産出された。創造された。形成された。作られた。「化作」「現化現」「化生」と漢訳。*m. sg. Nom.*

bodhi-sattvo ’nupreṣito < bodhi-sattvaḥ + anupreṣito

bodhi-sattvaḥ < bodhi-sattva-：*m.* 覚りを求める人。「菩薩」と音写。*sg. Nom.*

anupreṣito < anupreṣitaḥ + 有声子音 < anupreṣita- < anupreṣaya- + -ta < anu-pra-√iṣ- (6) + -aya + -ita：*Caus. pp.* 派遣された。「為資遣」と漢訳。*m. sg. Nom.*

anupreṣaya- < anu-pra-√iṣ- (6) + -aya：*Caus.* 派遣する。遣わす。

同じ √iṣ- (6) でも次のように異なるので注意を。

iṣati < iṣa- < √iṣ- (6)：発射する。開陳する。邁進する。努力する。*Pres. 3, sg. P.*

icchati < iccha- < √iṣ- (6)：欲する。願う。希望する。*Pres. 3, sg. P.*

mama < mad-：私。*1, sg. Gen.*

nāma-dheya-parikīrtanāyâsya < nāma-dheya-parikīrtanāya + asya

nāma-dheya-parikīrtanāya < nāma-dheya-parikīrtana-：*n.* 名前の宣揚。*sg. Dat.*

nāma-dheya-：*n.* 命名。名称。名。「名号」「名字」と漢訳。

parikīrtana- < pari-√kīrtaya- (名動詞) + -ana：*n.* 声高に宣言すること。公表。名づけ。呼ぶこと。話すこと。「讃」「称讃」「名称」「流布」と漢訳。

pari-√kīrtaya- (名動詞)：広く布告する。宣言する。提示する。公布する。称讃する。明言する。

√kīrtaya- (名動詞) ＝ √kīrt- (X)：陳述する。記載する。言う。名づける。宣言する。称讃する。物語る。

asya < idam-：これ。この。*m. sg. Gen.*

ca：*conj.* および。また。しかしながら。そして。～と。なお。

loka-dhātor < loka-dhātoḥ + 有声子音 < loka-dhātu-：*m.* 世界。*sg. Gen.*

varṇa-saṃprakāśanāya < varṇa-saṃprakāśana-：*n.* 称讃を輝かせること。*sg. Dat.*

varṇa-：*m.* 色。色彩。種姓。称讃。

saṃprakāśana- < saṃ-pra-√kāś- (1) + -ana：*n.* 輝かせること。覆いを除くこと。発表。露見。顕示。「説」「開示」「顕示」「示現」と漢訳。

teṣāṃ < tad-：それ。*m. pl. Gen.*

ca：*conj.* および。また。しかしながら。そして。～と。なお。

bodhi-sattvānāṃ < bodhi-sattva-：*m.* 覚りを求める人。「菩薩」と音写。*pl. Gen.*

kuśala-mūlôttānatāyai < kuśala-mūlôttānatāyai < kuśala-mūlôttānatā- < kuśala-mūla-uttāna-tā-：*f.* 善根の拡大。*sg. Dat.*

kuśala-mūla-：*n.* 「善根」と漢訳。

kuśala-：*adj.* 善き。正しき。～に熟練した。老練なる。経験ある。

mūla-：*n.* 根。付け根。基底。起原。本源。

uttāna-：*adj.* 広がった。拡張した。上向きの。広く開いた。明瞭な。明らかな。

§7 atha te bodhi-sattvā evam āhuḥ / kiyan mahâtmā sa bhagavan bodhi-sattvo yasyâyaṃ nirmita evam ṛddhi-bala-vaiśāradya-prāptaḥ /

（梵漢和維摩経 *p.* 438, *ll.* 1–2）

§7 すると、それらの菩薩たちは、このように言った。

「世尊よ、このように神通と力と畏れなきことを得ているこの〔菩薩〕を化作したところの〔菩薩〕、その菩薩はどれほどに偉大な精神をもっていることでしょう」

【§7　彼の菩薩言わく、「其の人、何如が乃ち是の化を作るや。徳力・無畏・神足、斯くの若くなるや」】
（大正蔵、巻一四、五五二頁中）

…………………………………………………………………………

atha：*adv.* その時。その場合。さて。それ故。しかれば。しかしながら。しかも。
te < tad-：それ。*m. pl. Nom.*
bodhi-sattvā < bodhi-sattvāḥ + 有声音 < bodhi-sattva-：*m.* 覚りを求める人。「菩薩」と音写。*pl. Nom.*
evam：*adv.* このように。「是」「如是」と漢訳。
āhuḥ < √ah-：話す。言う。*Perf. 3, pl. P.* cf.「基礎」*p.* 376.

…………………………………………………………………………

kiyan < kiyat-：*adj.* いかほどの。どれほど大なる／遠い／長い。*m. sg. Nom.*
mahâtmā < mahâtman- < mahā-atman-：*adj.* 偉大な精神を持つ。高尚な心を持つ。高貴な。大いに知性に富む。非常に天分の豊かな。非常に賢い。*m. sg. Nom.*
sa < saḥ < tad-：それ。*m. sg. Nom.*
bhagavan < bhagavat-：*m.* 尊い（人）。「世尊」と漢訳。「婆伽婆」「薄伽梵」と音写。*sg. Voc.*
bodhi-sattvo < bodhi-sattvaḥ + 有声子音 < bodhi-sattva-：*m.* 覚りを求める人。「菩薩」と音写。*sg. Nom.*
yasyâyaṃ < yasya + ayaṃ
　yasya < yad-：*関係代名詞, m. sg. Gen.* nirmita の動作主としての属格。
　ayaṃ < idam-：これ。この。*m. sg. Nom.*
nirmita < nirmitaḥ + a 以外の母音 < nirmita- < nir-√mā- (2,3) + -ta：*pp.* ～（奪格）から／～（具格）によって産出された。創造された。形成された。作られた。「化作」「現化現」「化生」と漢訳。*m. sg. Nom.*
evam：*adv.* このように。「是」「如是」と漢訳。
ṛddhi-bala-vaiśāradya-prāptaḥ < ṛddhi-bala-vaiśāradya-prāpta-：*adj.* 神通と力、畏れなきことを得ている。*m. sg. Nom.*
　ṛddhi- < √ṛdh- (4, 5) + -ti：*f.* 繁栄。安寧。好運。超自然力。「神通」「神力」「神変」と漢訳。
　bala-：*adj.* 力強い。元気な。*n.* 力。能力。体力。活力。軍隊。
　vaiśāradya-：*n.* ～（処格）に関する経験。智力の明晰。誤りのないこと。「無畏」「無所畏」と漢訳。
　prāpta- < pra-āpta- < pra-√āp- (5) + -ta：*pp.* 達せられた。獲得された。

> sa bhagavān āha /　tathā mahâtmā sa bodhi-sattvo yat sarva-buddha-kṣetreṣu nirmitān preṣayati /　te ca nirmitā buddha-kṛtyena sattvānāṃ pratyupasthitā bhavanti /
> （梵漢和維摩経 *p.* 438, *ll.* 3–5）

その世尊がおっしゃられた。
「その菩薩は、そのように偉大な精神を持っている。それ故に、化作された〔菩薩〕たちをあらゆるブッダの国土に派遣し、それらの化作された〔菩薩〕たちは、ブッダのなされることをもって衆生たちのために奉仕しているのだ」
【仏の言く、「甚だ大なり。一切十方に皆、化を遣わし、往きて仏事を施作して衆生を饒益するなり」】
（大正蔵、巻一四、五五二頁中）

…………………………………………………………………………

sa < saḥ < tad-：それ。*m. sg. Nom.*
bhagavān < bhagavat-：*m.* 尊い（人）。「世尊」と漢訳。「婆伽婆」「薄伽梵」と音写。*sg. Nom.*
āha < √ah-：話す。言う。*Perf. 3, sg. P.* cf.「基礎」*p.* 376.

…………………………………………………………………………

tathā：*adv.* そのように。如実に。

mahātmā < mahâtman- < mahā-atman-：*adj.* 偉大な精神を持つ。高尚な心を持つ。高貴な。大いに知性に富む。非常に天分の豊かな。非常に賢い。*m. sg. Nom.*
sa < saḥ < tad-：それ。*m. sg. Nom.*
bodhi-sattvo < bodhi-sattvaḥ + 有声子音 < bodhi-sattva-：*m.* 覚りを求める人。「菩薩」と音写。*sg. Nom.*
yat < yad-：*関係代名詞, n. sg. Acc.* 接続詞としての用法で、「～である事実に関しては」「～の故に」「～であるをもって」を意味する。
sarva-buddha-kṣetreṣu < sarva-buddha-kṣetra-：*n.* あらゆるブッダの国土。*pl. Loc.*
nirmitān < nirmita- < nir-√mā- (2,3) + -ta：*pp.* ～（奪格）から／～（具格）によって産出された。創造された。形成された。作られた。「化作」「現化現」「化生」と漢訳。*m. pl. Acc.*
preṣayati < pra-√iṣ- (6) + -aya：*Caus.* 投げる。派遣する。遣わす。去らせる。*3, sg. P.*
……………………………………………………………………

te < tad-：それ。*m. pl. Nom.*
ca：*conj.* および。また。しかしながら。そして。～と。なお。
nirmitā < nirmitāḥ + 有声音 < nirmita- < nir-√mā- (2,3) + -ta：*pp.* ～（奪格）から／～（具格）によって産出された。創造された。形成された。作られた。「化作」「現化現」「化生」と漢訳。*m. pl. Nom.*
buddha-kṛtyena < buddha-kṛtya-：*n* ブッダによってなされること。*sg. Ins.*
sattvānāṃ < sattva-：*m.* 「衆生」「有情」と漢訳。*pl. Gen.*
pratyupasthitā < pratyupasthitāḥ + 有声音 < pratyupasthita- < prati-upa-√sthā- (1) + -ita：*pp.* ～（対格）のもとへ近づいた。来た。到来した。「現在前」「現」「現前」「安住」「出現」「助」と漢訳。*m. sg. Nom.*
BHS. dic. *p.* 378.には「waiting upon」（仕える、身の回りの世話をする）として『法華経』五百弟子授記品の第９偈（KN. *p.* 104）のこの語を挙げている。
bhavanti < bhava- < √bhū- (1)：～である。なる。*Pres. 3, pl. P.*

§8　atha sa bhagavān gandhôttama-kūṭas tathāgataḥ sarva-gandha-samīhite bhājane taṃ sarva-gandha-parivāsitaṃ bhojanaṃ tasmai bodhi-sattvāya prādāt /
（梵漢和維摩経 *p.* 438, *ll.* 6–8）

§8　その時、その世尊である“最高の香りの集積を持つもの”という如来は、“あらゆる香りを願望するもの”という鉢の中のあらゆる香りで薫じられたその食べ物をその〔化作された〕菩薩に与えた。
【§8　是に於いて、香積如来は衆香の鉢を以て香飯を盛満し、化菩薩に与えたまえり。】
（大正蔵、巻一四、五五二頁中）
……………………………………………………………………

atha：*adv.* その時。その場合。さて。それ故。しかれば。しかしながら。しかも。
sa < saḥ < tad-：それ。*m. sg. Nom.*
bhagavān < bhagavat-：*m.* 尊い（人）。「世尊」と漢訳。「婆伽婆」「薄伽梵」と音写。*sg. Nom.*
gandhôttama-kūṭas < gandhôttama-kūṭaḥ + (t) < gandhôttama-kūṭa- < gandha-uttama-kūṭa-：*m.* 最高の香りの集積を持つもの。*sg. Nom.*
tathāgataḥ < tathāgataḥ + (s) < tathāgata-：*m.* 「如来」「如去」と漢訳。「多陀阿伽度」と音写。*sg. Nom.*
sarva-gandha-samīhite < sarva-gandha-samīhita-：*adj.* あらゆる香りを願望するもの。*n. sg. Loc.*
gandha-：*m.* 香。芳香。香気。薫香。
samīhita- < sam-√īh- (1) + -ita：*pp.* 願望された。～（処格）を志した。*n.* 欲望。願望。
√īh- (1)：～（対格）を得ようと努める。～（不定詞）したいと願う。企てる。努力する。
bhājane < bhājana-：*n.* 容器。皿。壺。「鉢」「器」と漢訳。*sg. Loc.*
taṃ < tad-：それ。*n. sg. Acc.*

sarva-gandha-parivāsitaṃ < sarva-gandha-parivāsita-：*adj.* あらゆる香りで薫じられた。*n. sg. Acc.*
　gandha-：*m.* 香。芳香。香気。薫香。
　parivāsita- < parivāsaya- + -ta < pari-√vāsaya- (名動詞) + -ta：*pp.* 「妙熏」「熏習」と漢訳。
　vāsita- < vāsaya- + -ta < √vāsaya- (名動詞) + -ta：*pp.* 「熏」「習」「熏習」と漢訳。
　√vāsaya- (名動詞)：香らせる。香りをつける。匂わす。
bhojanaṃ < bhojana- < √bhuj- (7) + -ana：*n.* 享受すること。食べること。食事。食べ物。*sg. Acc.*
tasmai < tad-：それ。*m. sg. Dat.*
bodhi-sattvāya < bodhi-sattva-：*m.* 覚りを求める人。「菩提薩埵」「菩薩」と音写。*sg. Dat.*
prādāt < pra-adāt < pra-adā- < pra-√dā- (3)：与える。贈る。授ける。給す。*root-Aor. 3, sg. P.*

> tatra navatir bodhi-sattva-sahasrāṇi saṃprasthitāni /　gamiṣyāmo vayaṃ bhagavaṃs taṃ sahaṃ loka-dhātuṃ taṃ bhagavantaṃ śākyamuniṃ vandanāyâitaṃ ca vimalakīrtiṃ tāṃś ca bodhi-sattv= ān darśanāya /
>
> (梵漢和維摩経 *p.* 438, *ll.* 8–11)

〔すると、〕そこにいた九万人もの菩薩たちが[15]〔言葉を〕発した[16]。
「世尊よ、私たちは、その世尊であるシャーキャムニに敬意を表わするために、そしてこのヴィマラキールティや、それらの菩薩たちに会うために、そのサハー世界にまいりましょう」
【時に彼の九百万の菩薩は俱に声を発して言わく、「我ら娑婆世界に詣りて釈迦牟尼仏を供養したてまつり、並びに維摩詰等の諸菩薩衆に見えんと欲す」】　（大正蔵、巻一四、五五二頁中）

………………………………………………………………………

tatra：*adv.* そこに。そこへ。かしこに。その時に。その場合に。
navatir < navatiḥ + 有声音 < navati-：*基数詞,* 九十。*n. pl. Nom.*
bodhi-sattva-sahasrāṇi < bodhi-sattva-sahasra-：*n.* 幾千もの菩薩。*pl. Nom.*
saṃprasthitāni < saṃprasthita- < sam-pra-√sthā- (1) + -ita：*pp.* ～に向かって出かけた。出発した。「発」「作」と漢訳。*n. pl. Nom.*
　sam-pra-√sthā- (1)：「趣」「発趣」「趣求」と漢訳。

………………………………………………………………………

gamiṣyāmo < gamiṣyāmaḥ + 有声子音 < gamiṣya- < √gam- (1) + -iṣya：行く。赴く。*Fut. 1, pl. P.*
vayaṃ < asmad-：われわれ。*1, pl. Nom.*
bhagavaṃs taṃ < bhagavan + taṃ
　bhagavan < bhagavat-：*m.* 尊い（人）。「世尊」と漢訳。「婆伽婆」「薄伽梵」と音写。*sg. Voc.*
　taṃ < tad-：それ。*m. sg. Acc.*
sahaṃ < saha-：*adj.* ～をこらえる。耐える。「忍」と漢訳。「娑婆」と音写。*m. sg. Acc.*
loka-dhātuṃ < loka-dhātu-：*m.* 世界。*sg. Acc.*
taṃ < tad-：それ。*m. sg. Acc.*
bhagavantaṃ < bhagavat-：*m.* 尊い（人）。「世尊」と漢訳。「婆伽婆」「薄伽梵」と音写。*sg. Acc.*
śākyamuniṃ < śākyamuni- < śākya-muni-：*m.* シャーキャムニ。シャーキャ族出身の聖者。「釈迦牟尼」と音写。*sg. Acc.*
vandanāyâitaṃ < vandanāya + etaṃ
　vandanāya < vandana- < √vand- (1) + -ana：*n.* 賞讃。恭しい挨拶。敬礼。尊敬。*sg. Dat.*
　etaṃ < etad-：これ。*m. sg. Acc.*
ca：*conj.* および。また。しかしながら。そして。～と。なお。
vimalakīrtiṃ < vimalakīrti- < vimala-kīrti-：*m.* ヴィマラキールティ。汚れのない名声を持つ（もの)。「維摩詰」「維摩」と音写。「浄名」「無垢称」と漢訳。*sg. Acc.*
tāṃś < tān + (c) < tad-：それ。*m. pl. Acc.*
ca：*conj.* および。また。しかしながら。そして。～と。なお。
bodhi-sattvān < bodhi-sattva-：*m.* 覚りを求める人。「菩提薩埵」「菩薩」と音写。*pl. Acc.*

darśanāya < darśana- < √dṛś- (1) + -ana-：*n.* 凝視すること。見ること。知覚。悟性。内観。意見。
認識。哲学的体系。～との会合。*sg. Dat.*

sa bhagavān āha / gacchata kula-putrā yasyêdānīṃ kālaṃ manyadhve /
(梵漢和維摩経 *p.* 438, *l.* 12)

その世尊がおっしゃられた。
「良家の息子たちよ、今がその時だと考えるならば、行くがよい。
【仏の言（のたま）わく、「往（ゆ）く可し。」】（大正蔵、巻一四、五五二頁中）

……………………………………………………………………

sa < saḥ < tad-：それ。*m. sg. Nom.*
bhagavān < bhagavat-：*m.* 尊い（人）。「世尊」と漢訳。「婆伽婆」「薄伽梵」と音写。*sg. Nom.*
āha < √ah-：話す。言う。*Perf. 3, sg. P.* cf.「基礎」*p.* 376.

……………………………………………………………………

gacchata < gaccha- < √gam- (1)：行く。*Impv. 2, pl. P.*
kula-putrā < kula-putrāḥ < kula-putra-：*m.* 良家の息子。「善男子」と漢訳。*pl. Voc.*
yasyêdānīṃ < yasya + idānīṃ
　yasya < yad-：*関係代名詞, m. sg. Gen.*
　idānīṃ ＝ idā：*adv.*「今」「今次」「今時」「於今日」と漢訳。
kālaṃ < kālaḥ + (p) < kāla-：*m.* 正しい時。時。機会。時間。*sg. Acc.*
manyadhve < manya- < √man- (4)：考える。信ずる。～であると思う。考慮する。*Pres. 2, pl. A.*

api tu gandhān kula-putrāḥ pratisaṃhṛtya taṃ loka-dhātuṃ praviśata mā te sattvā mada-pramā=dam āpatsyante /
(梵漢和維摩経 *p.* 438, *ll.* 13–14)

「けれども、良家の息子たちよ、諸の香りを〔漂わせるのを〕抑えてからその世界に入るがよい。それらの衆生たちが、恍惚と放縱に陥ることがあってはならない。
【汝（なんじ）ら身の香を摂（おさ）めて、彼（か）の諸の衆生をして惑著の心を起こさしむること無かれ。】
（大正蔵、巻一四、五五二頁中）

……………………………………………………………………

api：*adv.* また。さえも。されど。なお。
tu：*ind.* しかし。しこうして。しかるに。しかも。
gandhān < gandha-：*m.* 香。芳香。香気。薫香。*pl. Acc.*
kula-putrāḥ < kula-putrāḥ + (p) < kula-putra-：*m.* 良家の息子。「善男子」と漢訳。*pl. Voc.*
pratisaṃhṛtya < prati-sam-√hṛ- (1) + -tya：もとに戻す。撤収する。「摂」「毀」と漢訳。*Ger.*
　sam-√hṛ- (1)：一緒にする。寄せ集める。回収する。引っ込める。撤収する。抑止する。停止する。抑制する。抑える。
taṃ < tad-：それ。*m. sg. Acc.*
loka-dhātuṃ < loka-dhātu-：*m.* 世界。*sg. Acc.*
praviśata < praviśa- < pra-√viś- (6)：～（対格、処格）に入る。～（対格）に達する。*Impv. 2, pl. P.*
mā：*adv.* ～なかれ。～なからんことを。～しないように。願わくは～ないように。
　mā は、オーグメントを欠いた過去形や、アオリストとともに用いられて“禁止”を意味するが、このほか願望法や命令法、さらには未来形や現在形とさえ用いられることもある。cf.「辻文法」*pp.* 256, 294–296.
te < tad-：それ。*m. pl. Nom.*
sattvā < sattvāḥ + 有声音 < sattva-：*m.*「衆生」と漢訳。*pl. Nom.*
mada-pramādam < mada-pramāda-：*m.* 恍惚で放逸。「放逸」「驕逸」と漢訳。*sg. Acc.*
　mada- < √mad- (1) + -a：*m.* 快活。爽快な気分。恍惚。酩酊。放縱。傲慢。厚顔。自尊。酔

わせる飲み物「酔」「酔乱」「迷酔」「放逸」と漢訳。

√mad- (1)：喜ぶ。狂喜する。夢中になる。～（具格）によって酔わされる。酔わせる。

pramāda- < pra-√mad- (1) + -a：*m.* 酔い。狂気。誤謬。怠慢。「放逸」「驕逸」と漢訳。

āpatsyante < āpatsya- < ā-√pat- (1) + -sya：～（対格）へ飛ぶ。突進する。～（対格、処格）に落ちる。不意に起こる。*Pres. 3, pl. A.*

sva-rūpaṃ ca pratisaṃharata mā te sahe loka-dhātau sattvā madgu-bhūtā[17] bhaveyuḥ /
（梵漢和維摩経 *p.* 438, *ll.* 14–15）

「自分の〔本当の〕姿を〔示すことを〕抑えて、サハー世界において、それらの衆生たちが〔圧倒されて〕困惑することがないようにせよ。

【又、当に汝らの本形を捨つべし。彼の国の菩薩を求むる者をして自ら鄙恥せしむること勿れ。】
（大正蔵、巻一四、五五二頁中）

sva-rūpaṃ < sva-rūpa-：*n.* 自分の姿。*sg. Acc.*

sva-：*adj.* 自分の。

rūpa-：*n.* 形態。外観。色。形。美しい形。見目よいこと。

ca：*conj.* および。また。しかしながら。そして。～と。なお。

pratisaṃharata < pratisaṃhara- < prati-sam-√hṛ- (1)：「摂」「毀」と漢訳。*Impv. 2, pl. P.*

sam-√hṛ- (1)：一緒にする。寄せ集める。回収する。引っ込める。撤収する。抑止する。停止する。抑制する。抑える。

mā：*adv.* ～なかれ。～なからんことを。～しないように。願わくは～ないように。

mā は、オーグメントを欠いた過去形や、アオリストとともに用いられて“禁止”を意味するが、このほか願望法や命令法、さらには未来形や現在形とさえ用いられることもある。cf.「辻文法」*pp.* 256, 294–296.

te < tad-：それ。*m. pl. Nom.*

sahe < saha-：*adj.* ～をこらえる。耐える。「忍」と漢訳。「娑婆」と音写。*m. sg. Loc.*

loka-dhātau < loka-dhātu-：*m.* 世界。*sg. Loc.*

sattvā < sattvāḥ + 有声音 < sattva-：*m.* 衆生。*pl. Nom.*

madgu-bhūtā < madgu-bhūtāḥ + 有声音 < madgu-bhūta-：*adj.*〔圧倒されて〕困惑する。*m. pl. Nom.*

madgu- ≒ maṅku-：*adj.* staggering（ふらつく、よろめく、圧倒する）、mentally disturbed（動揺する、困惑する）、upset（狼狽する、うろたえる）、abashed（恥じる、ばつが悪い）、out of countenance（当惑している）. cf. BHS. dic. *p.* 414.

bhūta- < √bhū- (1) + -ta：*pp.* ～となった。あった。過去の。存在する。～である。真実の。「真」「真実」「誠諦」と漢訳。

bhaveyuḥ < bhava- < √bhū- (1)：～である。なる。*Opt. 3, pl. P.*

mā ca tasmin loka-dhātau hīna-saṃjñām utpādya pratigha-saṃjñām[18] utpādayata /
（梵漢和維摩経 *p.* 438, *ll.* 15–16）

「〔あなたたちは、〕その世界に対して、劣っているという意識を生じて、嫌悪感を生じてはならない。

【又、汝ら彼に於いて軽賤を懐いて、礙想を作すこと勿れ。】　（大正蔵、巻一四、五五二頁中）

mā：*adv.* ～なかれ。～なからんことを。～しないように。願わくは～ないように。

mā は、オーグメントを欠いた過去形や、アオリストとともに用いられて“禁止”を意味するが、このほか願望法や命令法、さらには未来形や現在形とさえ用いられることもある。cf.「辻文法」*pp.* 256, 294–296.

ca：*conj.* および。また。しかしながら。そして。～と。なお。

tasmin < tad-：それ。*m. sg. Loc.*

loka-dhātau < loka-dhātu-：*m.* 世界。*sg. Loc.*
　　動機・関心の対象を示す処格。
hīna-saṃjñām < hīna-saṃjñā-：*f.* 劣ったものという意識。「怯弱心」と漢訳。*sg. Acc.*
　　hīna- < √hā- (3) + -na：*pp.* 劣っている。下劣な。見捨てられた。卑しい。貧弱な。
　　saṃjñā- < sam-√jñā- (9) + -ā：*f.* 一致。意識。理解。明瞭な概念。命名。名前。術語。「号」「名号」「名」「名字」と漢訳。
utpādya < utpādaya- + -ya < ud-√pad- (4) + -aya + -ya : *Caus.* 起こす。産む。生じる。生じさせる。構成する。獲得する。*Ger.*
pratigha-saṃjñām < pratigha-saṃjñā-：*f.* 嫌悪の意識。「有対想」と漢訳。*sg. Acc.*
　　pratigha-：*m.* 障害。抵抗。妨害。激怒。憤怒。憎悪。
utpādayata < utpādaya- < ud-√pad- (4) + -aya：*Caus.* 起こす。産む。生じる。生じさせる。構成する。獲得する。*Impv. 2, pl. P.*

tat kasmād dhetoḥ /
（梵漢和維摩経 *p.* 438, *ll.* 16–17）

「それは、どんな理由からでしょうか。
【「所以(ゆえん)は何(いか)んとなれば、】（大正蔵、巻一四、五五二頁中）
……………………………………………………………………

tat < tad-：それ。*n. sg. Nom.*
kasmād dhetoḥ < kasmāt + hetoḥ
　　連声法は、cf.「基礎」*p.* 63.
　　kasmāt < kim-：*疑問詞,* だれ。何。どんな。どの。*m. sg. Abl.*
　　hetoḥ < hetu-：*m.* 理由。原因。因。*sg. Abl.*
　　奪格は、動機、原因、理由を表わす。cf.「シンタックス」*p.* 58.

ākāśa-kṣetrāṇi hi buddha-kṣetrāṇi sattva-paripākāya tu buddhā bhagavanto na sarvaṃ buddha-viṣayaṃ saṃdarśayanti /
（梵漢和維摩経 *p.* 438, *ll.* 17–18）

「ブッダの国土は、まさに虚空の国土である。しかも、世尊であるブッダたちは、衆生を〔覚りへ向けて〕成熟させるために、あらゆるブッダの境地を〔直ちに〕示すことはないからだ」
【「十方の国土は皆、虚空(こくう)の如し。又、諸仏は諸の小法を楽(ねが)う者を化(け)せんと欲するが為に、尽(ことごと)く其の清浄(しょうじょう)の土を現ぜざるのみ」】（大正蔵、巻一四、五五二頁中）
……………………………………………………………………

ākāśa-kṣetrāṇi < ākāśa-kṣetra-：*n.* 虚空の国土。*pl. Nom.*
　　ākāśa-：*m.n.* 虚空。蒼穹。「露地」「虚」「空」「虚空」「空界」「空地」と漢訳。
　　kṣetra-：*n.* 国土。
hi：*ind.* 真に。確かに。実に。
buddha-kṣetrāṇi < buddha-kṣetra-：*n.* ブッダの国土。*pl. Nom.*
sattva-paripākāya < sattva-paripāka-：*m.* 衆生の成熟。衆生を〔覚りへ向けて〕成熟させること。*sg. Dat.*
　　paripāka- < pari-√pac- (1) + -a：*m.* 十分煮られること。消化。熟すること。成熟。
tu：*ind.* しかし。しこうして。しかるに。しかも。
buddhā < buddhāḥ + 有声音 < buddha- < √budh- (1) + -ta：*pp.* 目覚めた（人）。*m.* ブッダ。「覚者」と漢訳。「仏陀」「仏」と音写。*m. pl. Nom.*
bhagavanto < bhagavantaḥ + 有声子音 < bhagavat-：*m.* 尊い（人）。「世尊」と漢訳。「婆伽婆」「薄伽梵」と音写。*pl. Nom.*
na：*ind.* 〜でない。〜にあらず。

sarvaṃ < sarva-：*adj.* すべての。*m. sg. Acc.*
buddha-viṣayaṃ < buddha-viṣaya-：*m.* ブッダの境地。*sg. Acc.*
　　viṣaya-：*m.* 活動領域。範囲。感覚の対象（色声香味触の五境）。
saṃdarśayanti < saṃdarśaya- < sam-√dṛś- (1) + -aya：*Caus.* 示す。顕わす。明示する。*3, pl. P.*

> §9　atha nirmito bodhi-sattvas tad bhojanam ādāya sārdhaṃ tair navatyā bodhi-sattva-sahas=
> rair buddhânubhāvena vimalakīrty-adhiṣṭhānena ca tenâiva kṣaṇa-lava-muhūrtena sarva-gan=
> dha-sugandhe loka-dhātāv antarhito[19] vimalakīrter licchaver gṛhe pratyaṣṭhāt /
> （梵漢和維摩経 *p.* 438, *ll.* 19–21, *p.* 440, *l.* 1）

§9　その時、化作された菩薩は、その食べ物を受け取ると、ブッダの威神力とヴィマラキールティの願力によって、まさにその瞬間のそのまた瞬時のうちに、それらの九万人の菩薩たちと一緒に、“あらゆる香りの中で勝れた香りを持つところ”という世界において、〔姿を〕消滅して、リッチャヴィ族のヴィマラキールティの家の中に〔姿を現わして〕立った。
【§9　時に化菩薩は既に鉢飯を受け、彼の九百万の菩薩と倶に、仏の威神、及び維摩詰の力を承けて、彼の世界に於いて忽然として現ぜず、須臾の間に維摩詰の舎に至れり。】
（大正蔵、巻一四、五五二頁中）

……………………………………………………………………

atha：*adv.* その時。その場合。さて。それ故。しかれば。しかしながら。しかも。
nirmito < nirmitaḥ + 有声子音 < nirmita- < nir-√mā- (2,3) + -ta：*pp.* ～（奪格）から／～（具格）によって産出された。創造された。形成された。作られた。「化作」「現化現」「化生」と漢訳。*m. sg. Nom.*
bodhi-sattvas < bodhi-sattvaḥ + (t) < bodhi-sattva-：*m.* 覚りを求める人。「菩提薩埵」「菩薩」と音写。*sg. Nom.*
tad < tat + 有声子音 < tad-：それ。*n. sg. Acc.*
bhojanam < bhojana- < √bhuj- (7) + -ana：*n.* 享受すること。食べること。食事。食べ物。*sg. Acc.*
ādāya < ā-√dā- (3) + -ya：取る。受け取る。獲得する。～（奪格）から奪い取る。*Ger.*
sārdhaṃ < sa-ardha-：*adj.* 半分を伴った。*n. sg. Acc.*
　　対格の副詞的用法で、「～（具格）と共同で」「～と一緒に」「～とともに」。
tair < taiḥ + 有声音 < tad-：それ。*m. pl. Ins.*
navatyā < navati-：*基数詞,* 九十。*f. sg. Ins.*
bodhi-sattva-sahasrair < bodhi-sattva-sahasraiḥ + 有声音 < bodhi-sattva-sahasra-：*n.* 幾千もの菩薩。*pl. Ins.*
buddhânubhāvena < buddhânubhāva- < buddha-anubhāva-：*m.* ブッダの威神力。*sg. Ins.*
　　anubhāva- < anu-√bhū- (1) + -a：*m.* 享受。力。品位。「勢」「力勢」「神力」「威神」「威神力」「威徳」「威力」と漢訳。
vimalakīrty-adhiṣṭhānena < vimalakīrty-adhiṣṭhāna-：*n.* ヴィマラキールティの願力。*sg. Ins.*
　　vimalakīrty- < vimalakīrti- + 母音：*m.* ヴィマラキールティ。汚れのない名声を持つ（もの）。「維摩詰」「維摩」と音写。「浄名」「無垢称」と漢訳。
　　adhiṣṭhāna- < adhi-√sthā- (1) + -ana：*n.* 立脚点。立場。場所。住所。主権。権力。「神力」「神通」「威神力」「願力」「加護」「護念」「加持」「守護」「建立」と漢訳。
　　adhi-√sthā- (1)：～（対格、処格）の上に立つ。足で踏む。住む。克服する。凌駕する。優位に立つ。導く。支配する。「加持」「示現」「守護」と漢訳。
ca：*conj.* および。また。しかしながら。そして。～と。なお。
tenâiva < tena + eva
　　tena < tad-：それ。*m.n. sg. Ins.*
　　eva：*adv.* さように。このように。まさに。実に。ただ。全くこのように。
kṣaṇa-lava-muhūrtena < kṣaṇa-lava-muhūrta-：*m.n.* 瞬間のそのまた瞬時。「一念頃」と漢訳。*sg. Ins.*

kṣaṇa-：*m.* 瞬間。「須臾」「念」と漢訳。「刹那」と音写。
lava-：*m.* 牛の毛。部分。断片。（一秒の）小部分。瞬間。
muhūrta-：*m.n.* 瞬時。即時。「須臾」「暫時」と漢訳。
muhūrta- < √muhur- (名動詞) + -ta：*pp.* たちまち経過した。
時間を意味する語は、格によって次のような意味を持つ。
①対格：「〜の間」（期間）
②具格：「〜の時間のうちに」「〜の時間で」「〜経った時に」
③奪格：「〜の時間の後に」（経過）
④属格：「　〃　」（〃）
⑤処格：「〜の時に」（時点）

sarva-gandha-sugandhe < sarva-gandha-sugandha-：*adj.* あらゆる香りの中で勝れた香りを持つ。*m. sg. Loc.*
loka-dhātāv < loka-dhātau + 母音 < loka-dhātu-：*m.* 世界。*sg. Loc.*
antarhito < antarhitaḥ + 有声子音 < antarhita- < antar-√dhā- (3) + -ta：*adj.* 消滅した。*m. sg. Nom.*
vimalakīrter < vimalakīrteḥ + 有声音 < vimalakīrti- < vimala-kīrti-：*m.* ヴィマラキールティ。汚れのない名声を持つ（もの）。「維摩詰」「維摩」と音写。「浄名」「無垢称」と漢訳。*sg. Gen.*
licchaver < licchaveḥ + 有声音 < licchavi-：*m.* リッチャヴィ。「離車子」「栗姑毘」と音写。*sg. Gen.*
gṛhe < gṛha-：*n.* 家。住居。「舎」「宅」「舎宅」と漢訳。*sg. Loc.*
pratyaṣṭhāt < prati-aṣṭhāt < prati-√sthā- (1)：立つ。住む。しっかりと立つ。〜（処格）の上に基礎を置く。安んずる。確立されている。「安住」「住」と漢訳。*root-Aor. 3, sg. P.*

§10　tatra vimalakīrtir navati-siṃhâsana-sahasrāṇy adhitiṣṭhati yādṛśāny eva tāni prathamakāni siṃhâsanāni / （梵漢和維摩経 *p.* 440, *ll.* 2–3）

§10　そこで、ヴィマラキールティは、以前のあの師子座とまさに同様の九万の師子座を神力によって現わした。
【§10　時に維摩詰は、即ち九百万の師子座を化作す。厳好なること前の如し。】
（大正蔵、巻一四、五五二頁下）

……………………………………………………………………

tatra：*adv.* そこに。そこへ。かしこに。その時に。その場合に。
vimalakīrtir < vimalakīrtiḥ + 有声音 < vimalakīrti- < vimala-kīrti-：*m.* ヴィマラキールティ。汚れのない名声を持つ（もの）。「維摩詰」「維摩」と音写。「浄名」「無垢称」と漢訳。*sg. Nom.*
navati-siṃhâsana-sahasrāṇy < navati-siṃhâsana-sahasrāṇi + 母音 < navati-siṃhâsana-sahasra-：*n.* 九万もの師子座。*pl. Acc.*
navati-：*基数詞,* 九十。
siṃhâsana- < siṃha-āsana-：*n.* 「師子座」と漢訳。
siṃha-：*m.* ライオン。「獅子」「師子」と音写。
āsana- < √ās- (2) + -ana：*n.* 坐すること。端座の姿勢、休止すること。居住すること。「座」「席」「位置」と漢訳。
sahasra-：*基数詞, n.* 千。
adhitiṣṭhati < adhitiṣṭha- < adhi-√sthā- (1)：〜（対格、処格）の上に立つ。足で踏む。住む。克服する。凌駕する。優位に立つ。導く。支配する。「加持」「示現」「守護」と漢訳。*Pres. 3, sg. P.*
yādṛśāny < yādṛśāni + 母音 < yādṛśa- < yad- + dṛśa-：*adj.* このような種類・性質の。*n. pl. Acc.*
eva：*adv.* さように。このように。まさに。実に。ただ。全くこのように。
tāni < tad-：それ。*n. pl. Acc.*
prathamakāni < prathamaka- < prathama-ka-：*adj.* 最初の。*n. pl. Acc.*

prathama-：*adj.* 第一の。最も早い。元の。前の。首位にある。最も優れた。卓越した。最も前の（pra の最上級）。
siṃhâsanāni < siṃha-āsana-：*n.* 「師子座」と漢訳。*pl. Acc.*

tatra te bodhi-sattvā niṣaṇṇāḥ / （梵漢和維摩経 *p.* 440, *l.* 3）

その〔師子座〕に、それらの菩薩たちが坐った。
【諸の菩薩は皆、其の上に坐せり。】（大正蔵、巻一四、五五二頁下）
……………………………………………………………………

tatra：*adv.* そこに。そこへ。かしこに。その時に。その場合に。
te < tad-：それ。*m. pl. Nom.*
bodhi-sattvā < bodhi-sattvāḥ ＋ 有声音 < bodhi-sattva-：*m.* 覚りを求める人。「菩薩」と音写。*pl. Nom.*
niṣaṇṇāḥ < niṣaṇṇa- < ni-√sad- (1) + -na：*pp.* 坐った。*m. pl. Nom.*

sa ca nirmitas tad bhojana-paripūrṇaṃ bhājanaṃ vimalakīrter licchaver upanāmayati sma / （梵漢和維摩経 *p.* 440, *ll.* 4–5）

そして、その化作された〔菩薩〕は、食べ物で満たされたその鉢をリッチャヴィ族のヴィマラキールティに差し出した。
【是の化菩薩は満鉢の香飯を以て維摩詰に与う。】（大正蔵、巻一四、五五二頁下）
……………………………………………………………………

sa < saḥ < tad-：それ。*m. sg. Nom.*
ca：*conj.* および。また。しかしながら。そして。～と。なお。
nirmitas < nirmitaḥ + (t) < nirmita- < nir-√mā- (2,3) + -ta：*pp.* ～（奪格）から／～（具格）によって産出された。創造された。形成された。作られた。「化作」「現化現」「化生」と漢訳。*m. sg. Nom.*
tad < tat ＋ 有声子音 < tad-：それ。*n. sg. Acc.*
bhojana-paripūrṇaṃ < bhojana-paripūrṇa-：*adj.* 食べ物で満たされた。*n. sg. Acc.*
　bhojana- < √bhuj- (7) + -ana：*n.* 享受すること。食べること。食事。食べ物。
　paripūrṇa- < pari-√pṛ- (3, 6) + -na：*pp.* 満たされた。富んだ。達せられた。覆われた。「満」「円満」「遍満」「具」「具足」「円融」と漢訳。
bhājanaṃ < bhājana-：*n.* 容器。皿。壺。「鉢」「器」と漢訳。*sg. Acc.*
vimalakīrter < vimalakīrteḥ ＋ 有声音 < vimalakīrti- < vimala-kīrti-：*m.* ヴィマラキールティ。汚れのない名声を持つ（もの）。「維摩詰」「維摩」と音写。「浄名」「無垢称」と漢訳。*sg. Gen.*
licchaver < licchaveḥ ＋ 有声音 < licchavi-：*m.* リッチャヴィ。「離車子」「栗姑毘」と音写。*sg. Gen.*
upanāmayati < upanāmaya- < upa-√nam- (1) + -aya：*Caus.* もたらす。渡す。献じる。与える。「奉上」「奉献」と漢訳。
　upa-√nam- (1)：～（為格、属格）の分け前となる。～に生ずる。近づく。達する。
　√nam- (1)：～（対格・為格・属格）に向かってかがむ。お辞儀をする。～に屈する。
sma：*ind.* 実に。現在形の動詞とともに用いて、過去の意味を表わす（歴史的現在）。

tasya bhojanasya gandhena sarvā vaiśālī mahā-nagarī nirdhūpitâbhūd yāvat sāhasro loka-dhātuḥ sugandha-gandhī-kṛto 'bhūt / （梵漢和維摩経 *p.* 440, *ll.* 5–6）

ヴァイシャーリーの大都城のすべてが、その食べ物の香りで薫じられ、千世界に至るまで、芳しい香気が漂った。

【飯香、普く毘耶離城及び三千大千世界に薫ぜり。】　　　　　　（大正蔵、巻一四、五五二頁下）

………………………………………………………………………

tasya < tad-：それ。*m. sg. Gen.*

bhojanasya < bhojana- < √bhuj- (7) + -ana：*n.* 享受すること。食べること。食事。食べ物。*sg. Gen.*

gandhena < gandha-：*m.* 香。芳香。香気。薫香。*sg. Ins.*

sarvā < sarvā- < sarva-：*adj.* すべての。あらゆる。*f. sg. Nom.*

vaiśālī < vaiśālī-：*f.* ヴァイシャーリー（Viśāla 国の王が建設した町の名前）。「毘舎離」「毘耶離」「吠舎離」と音写。*sg. Nom.*

mahā-nagarī < mahā-nagarī-：*f.* 大きな都城。*sg. Nom.*

nirdhūpitâbhūd < nirdhūpitā + abhūd

nirdhūpitā < nirdhūpitā- < nirdhūpita- < nirdhūpaya- + -ta < nir-√dhūpaya- (名動詞) + -ta：*pp.* におわした。*f. sg. Nom.*

dhūpita- < dhūpaya- + -ta < √dhūpaya- (名動詞) + -ta：*pp.* 香料をもって燻じられた。

√dhūpaya- (名動詞)：香を焚く。燻蒸する。におわす。煙に包む。不明にする。

abhūd < abhūt + 半母音 < √bhū- (1)：なる。生ずる。出現する。～（属格）の分担となる。～（属格）のものとなる。*root-Aor. 3, sg. P.*

yāvat：*関係副詞,* ～ほど大きく／多く／長く。～に至るまでの。

sāhasro < sāhasraḥ + 有声子音 < sāhasra-：*adj.* 千からなる。千を有する。*n.* 千。*m. sg. Nom.*

loka-dhātuḥ < loka-dhātuḥ + (s) < loka-dhātu-：*m.* 「世界」と漢訳。*sg. Nom.*

sugandha-gandhī-kṛto 'bhūt < sugandha-gandhī-kṛtaḥ + abhūt

sugandha-gandhī-kṛtaḥ < sugandha-gandhī-kṛta-：*adj.* 芳しい香気が漂わせられた。*m. sg. Nom.*

sugandha- < su-gandha-：*m.* 芳香。香料。*adj.* 芳香のある。かぐわしい。「妙香」と漢訳。

gandhī-kṛta- < gandhī-√kṛ- (8) + -ta：*pp.* 香気が漂わせられた

gandhī- < gandha-：*m.* 香。芳香。香気。薫香。

動詞 √bhū- (1)、√as- (2)、√kṛ- (8) の前分に名詞、形容詞がくる複合語では名詞、形容詞の末尾の a, ā, an は īとなり、i, u は ī, ūとなり、ṛ は rī、それ以外はそのままとなる。cf.「基礎」p. 566.

kṛta- < √kṛ- (8) + -ta：*pp.* なされた。作られた。行なわれた。成就された。準備された。

abhūt < √bhū- (1)：なる。生ずる。出現する。～（属格）の分担となる。～（属格）のものとなる。*root-Aor. 3, sg. P.*

> tatra vaiśālakā brāhmaṇa-gṛha-patayaḥ soma-cchatraś ca nāma licchavīnām adhipatis taṃ gandham āghrāyâścarya-prāptā adbhuta-prāptāḥ[20] prahlādita-kāya-cetāḥ sārdhaṃ paripūrṇaiś caturaśītyā [licchavi-sahasrair vimalakīrter gṛhaṃ āgatāḥ][21] /
>
> （梵漢和維摩経 *p.* 440, *ll.* 7–10）

その時、ヴァイシャーリー城のバラモン（婆羅門）と資産家（居士）たち、そしてソーマチャトラ（月蓋）[22] という名前のリッチャヴィ族の首長[23] は、その香りを嗅いで、奇異なる思いに囚われ、驚嘆すべき思いを抱いて、身も心も歓喜して、まるまる八万四千人のリッチャヴィ族の人たちとともにヴィマラキールティの家にやって来た[24]。

【時に毘耶離の婆羅門・居士等、是の香気を聞きて、身意快然として、未曾有なりと歎ぜり。是に於いて長者主、月蓋は八万四千人を従えて、来たりて維摩詰の舎に入り、】

（大正蔵、巻一四、五五二頁下）

………………………………………………………………………

tatra：*adv.* そこに。そこへ。かしこに。その時に。その場合に。

vaiśālakā < vaiśālakāḥ + 有声音 < vaiśālaka-：*adj.* ヴァイシャーリー城の。*m. pl. Nom.*

brāhmaṇa-gṛha-patayaḥ < brāhmaṇa-gṛha-patayaḥ + (s) < brāhmaṇa-gṛha-pati-：*m* バラモン（婆

羅門）と資産家（居士）。*pl. Nom.*

brāhmaṇa-：*m.* バラモン。ヴェーダに通じた人。神学者。祭官。「婆羅門」「梵志」と音写。

gṛha-pati-：*m* 資産家。「家長」「居士」「長者」「在家」と漢訳。

gṛha-：*n.* 家。住居。「舎」「宅」「舎宅」と漢訳。

pati-：*m.* 持ち主。主。長。王。支配者。

soma-cchatraś < soma-cchatraḥ + (c) < soma-cchatra- < soma- + chatra-：*m* ソーマチャトラ（月蓋）。*m. sg. Nom.*

soma-：*m.* 絞られた汁。（空中の滴）月。月神。

chatra- < √chad- (1) + -tra：*n.* 覆うもの。日傘（王位の標章の一つ）。「傘」「蓋」「傘蓋」と漢訳。

ca：*conj.* および。また。しかしながら。そして。～と。なお。

nāma：*adv.* ～という名前の。実に。確かに。もちろん。

licchavīnām < licchavi-：*m.* リッチャヴィ。「離車子」「栗姑毘」と音写。*pl. Gen.*

adhipatis < adhipatiḥ + (t) < adhipati- < adhi-pati-：*m.* 首長。「長者主」「主」「王」「君」「家主」と漢訳。*sg. Nom.*

taṃ < tad-：それ。*m. sg. Acc.*

gandham < gandha-：*m.* 香。芳香。香気。薫香。*sg. Acc.*

āghrāyâścarya-prāptā < āghrāya + āścarya-prāptā

āghrāya < ā-√ghrā- (1) + -ya：嗅ぐ。接吻する。*Ger.*

āścarya-prāptā < āścarya-prāptāḥ + 有声音 < āścarya-prāpta-：*adj.* 奇異なる思いに囚われた。不思議なる思いに囚われた。*m. pl. Nom.*

āścarya-：*adj.* 奇異なる。不思議なる。*n.* 希有の現象。奇事。驚愕。「未曾有事」「驚異」「希有」と漢訳。

prāpta- < pra-√āp- (5) + -ta：*pp.* 到達せられたる。獲得せられたる。～の心になった。

adbhuta-prāptāḥ < adbhuta-prāptāḥ + (p) < adbhuta-prāpta-：*adj.* 驚嘆すべき思いを抱いた。*m. pl. Nom.*

prahlādita-kāya-cetāḥ < prahlādita-kāya-cetāḥ + (s) < prahlādita-kāya-ceta-：*adj.* 大いに歓喜した身と心を持つ。身も心も歓喜している。*m. pl. Nom.*

prahlādita- < prahlādaya- + -ta < pra-√hlād- (1) + -aya + -ta：*Caus. pp.* 喜ばせられた。大いに喜ばせられた。

kāya-：*m.* 身体。集団。多数。集合。

ceta- < cetas-：*n.* 自覚。感官。心。精神。意志。

sārdhaṃ < sa-ardha-：*adj.* 半分を伴った。*n. sg. Acc.*

対格の副詞的用法で、「～（具格）と共同で」「～と一緒に」「～とともに」。

paripūrṇaiś < paripūrṇaiḥ + (c) < paripūrṇa- < pari-√pṛ- (3,6) + -na：*pp.* ～で満たされた。～で覆われた。完全な。全体の。富んだ。充足された。達せられた。*n. pl. Ins.*

caturaśītyā < caturaśīti-：*基数詞,* 八十四。*f. sg. Ins.*

licchavi-sahasrair < licchavi-sahasraiḥ + 有声音 < licchavi-sahasra-：*n.* 千人のリッチャヴィ族の人。*pl. Ins.*

vimalakīrter < vimalakīrteḥ + 有声音 < vimalakīrti- < vimala-kīrti-：*m.* ヴィマラキールティ。汚れのない名声を持つ（もの）。「維摩詰」「維摩」と音写。「浄名」「無垢称」と漢訳。*sg. Gen.*

gṛhaṃ < gṛha-：*n.* 家。住居。「舎」「宅」「舎宅」と漢訳。*sg. Acc.*

āgatāḥ < āgata- < ā-√gam- (1) + -ta：*pp.* 来た。*m. pl. Nom.*

[iha gṛhe te bodhi-sattvān ye tāvad ucceṣu tāvat pragṛhīteṣu vistīrṇeṣu vicitreṣu siṃhâsaneṣu niṣaṇṇā adrākṣuḥ / dṛṣṭvā ca te 'dhimuktiṃ mahā-pramodyam udapadyanta / te sarve tān mahā-śrāvakāṃs tāṃś ca mahā-bodhi-sattvān vanditvâikânte 'sthāt] / [25]

（梵漢和維摩経 *p.* 440, *ll.* 10–13）

〔それらの人たちは、この家の中で、それほど高く、それほど広くて大きな、色とりどりの師子座に坐っているところの菩薩たちを見た。〔それを〕見てから、それらの人たちは、信順の志と大いなる歓喜を生じた。それらのすべての人たちは、それらの偉大なる声聞たちや、それらの偉大なる菩薩たちに敬意を表して後、一隅に立った。〕
【其(そ)の室中に菩薩甚(はなは)だ多く、諸の師子座(ししざ)の高広(こうこう)、厳好(ごんこう)なるを見て、皆、大いに歓喜して、衆(もろもろ)の菩薩及び大弟子を礼(らい)し、却(かえ)りて一面に住せり。】　（大正蔵、巻一四、五五二頁下）

……………………………………………………………………

iha：*adv.* ここに。今。この世に。地上に。「此」「於此」「世」「此世」と漢訳。
gṛhe < gṛha-：*n.* 家。住居。「舎」「宅」「舎宅」と漢訳。*sg. Loc.*
te < tad-：それ。*m. pl. Nom.*
bodhi-sattvān < bodhi-sattva-：*m.* 覚りを求める人。「菩薩」と音写。*pl. Acc.*
ye < yad-：*関係代名詞, m. pl. Nom.*
tāvad < tāvat + 有声子音：*adv.* それほど多く。正に。確かに。
ucceṣu < ucca- < ud-ca-：*adj.* （上方に）。そびえる。高い。声高い。「長」「遠」「高」「高広」「高大」と漢訳。*n. pl. Loc.*
tāvat：*adv.* それほど多く。正に。確かに。
pragṛhīteṣu < pragṛhīta- < pra-√grah- (9) + -ita：*pp.* 伸張せられたる。広い。取られたる。～と結合された。*n. pl. Loc.*
vistīrṇeṣu < vistīrṇa- < vi-√stṛ- (5) + -na：*pp.* 散布された。拡げられた。広い。大きい。「広大」「広博」と漢訳。*n. pl. Loc.*
vicitreṣu < vicitra- < vi-citra-：*adj.* 雑色の。多彩な。種々の。多様な。*n. pl. Loc.*
siṃhâsaneṣu < siṃha-āsana-：*n.*「師子座」と漢訳。*pl. Acc.*
niṣaṇṇā < niṣaṇṇāḥ + 有声音 < niṣaṇṇa- < ni-√sad- (1) + -na：*pp.* 坐った。*m. pl. Nom.*
adrākṣuḥ < adrākṣ- < √dṛś- (1)：見る。*s-Aor. 3, pl. P.*
　<u>s-アオリストについては、cf.「基礎」*p.* 335.</u>

……………………………………………………………………

dṛṣṭvā < √dṛś- (1) + -tvā：見る。*Ger.*
ca：*conj.* および。また。しかしながら。そして。～と。なお。
te 'dhimuktiṃ < te + adhimuktiṃ
　te < tad-：それ。*m. pl. Nom.*
　adhimuktiṃ < adhimukti- < adhi-√muc- (6) + -ti：*f.* 信順の意向。傾向。嗜好。信頼。確信。「信」「信解」「解」「信受」と漢訳。*sg. Acc.*
mahā-pramodyam < mahā-pramodya-：*n.* 大いなる歓喜。*sg. Acc.*
　mahā- < mahat-：*adj.* 大きい。偉大な。
　pramodya- < pra-√mud- (1) + -ya：*n.*「喜」「喜悦」「歓喜」と漢訳。
　pra-√mud- (1)：陽気になる。喜ぶ。非常に喜ぶ。「生歓喜」「心常歓喜」と漢訳。
　√mud- (1)：～（具格、処格）で陽気である。喜ばしい。喜ぶ。楽しい。
udapadyanta < ud-apadyanta < ud-padya- < ud-√pad- (4)：飛び上がる。生ずる。～から生まれる。～となる。起こる。現われる。*Impf. 3, pl. A.*

……………………………………………………………………

te < tad-：それ。*m. sg. Nom.*
sarve < sarva-：*adj.* 一切の。すべての。*m. pl. Nom.*
tān < tad-：それ。*m. pl. Acc.*
mahā-śrāvakāṃs < mahā-śrāvakān + (t) < mahā-śrāvaka-：*m.* 偉大な声聞。「大声聞」と漢訳。*pl. Acc.*
tāṃś < tān + (c) < tad-：それ。*m. pl. Acc.*
ca：*conj.* および。また。しかしながら。そして。～と。なお。

mahā-bodhi-sattvān < mahā-bodhi-sattva-：*m.* 偉大なる菩薩。*pl. Acc.*
vanditvâikânte 'sthāt < vanditvā + ekânte + asthāt
　　vanditvā < √vand- (1) + -itvā：恭しく挨拶する。～に敬意を表わする。*Ger.*
　　ekânte < ekânta- < eka-anta-：*m.* 寂静処。人里離れたところ。「一処」「一面」と漢訳。*sg. Loc.*
　　asthāt < asthā- < √sthā- (1)：立つ。*root-Aor. 3, sg. P.*

tenâiva ca bhojana-gandhena bhūmâvacarā deva-putrāḥ kāmâvacarā rūpâvacarāś ca devāḥ saṃcoditā vimalakīrter licchaver gṛham upasaṃkrāntā abhūvan /
（梵漢和維摩経 *p.* 440, *ll.* 13–15）

大地を活動範囲とする神々の子（天子）たちや、欲〔界〕を活動範囲とする〔神々たち〕、色〔界〕を活動範囲とする神々たちは、まさにその食べ物の香りによって興奮させられて、リッチャヴィ族のヴィマラキールティの家に近づいた。
【諸の地神・虚空神、及び欲・色界の諸天も、此の香気を聞き、亦皆、来たりて維摩詰の舎に入れり。】
（大正蔵、巻一四、五五二頁下）

……………………………………………………………………

tenâiva < tena + eva
　　tena < tad-：それ。*m. sg. Ins.*
　　eva：*adv.* さように。このように。まさに。実に。ただ。全くこのように。
ca：*conj.* および。また。しかしながら。そして。～と。なお。
bhojana-gandhena < bhojana-gandha-：*m.* 食べ物の香り。*sg. Ins.*
　　bhojana- < √bhuj- (7) + -ana：*n.* 享受すること。食べること。食事。食べ物。
　　gandha-：*m.* 芳香。香料。*adj.* 芳香のある。
bhūmâvacarā < bhūmâvacarāḥ + 有声音 < bhūmâvacara- < bhūma-avacara-：*adj.* 大地を活動範囲とする。*m. pl. Nom.*
　　bhūma- < bhūman-：*n.* 大地。地面。地区。地域。場所。世界。
　　avacara- < ava-√car- (1) + -a：*adj.* ～に住する。中で動く。～に繋がれた。*m.* 領域。範囲。
　　ava-√car- (1)：～（奪格）より下り来る。
deva-putrāḥ < deva-putrāḥ + (k) < deva-putra-：*m.* 神の子。「天子」と漢訳。*pl. Nom.*
kāmâvacarā < kāmâvacarāḥ + 有声音 < kāmâvacara- < kāma-avacara-：*adj.* 欲〔界〕を活動範囲とする。*m. pl. Nom.*
rūpâvacarāś < rūpâvacarāḥ + (c) < rūpâvacara- < rūpa-avacara-：*adj.* 色〔界〕を活動範囲とする。*m. pl. Nom.*
ca：*conj.* および。また。しかしながら。そして。～と。なお。
devāḥ < devāḥ + (s) < deva-：*m.* 天上の者。神格者。神。神聖な者。「天」と漢訳。*pl. Nom.*
saṃcoditā < saṃcoditāḥ + 有声音 < saṃcodita- < saṃcodaya- + -ta < sam-√cud- (1) + -aya + -ta：*Caus. pp.* 強いられた。命じられた。興奮させられた。*m. pl. Nom.*
　　sam-√cud- (1)：強いる。励ます。興奮させる。発射する。招く。振り回す。挑発する。挑戦する。
　　codaya- < sam-√cud- (1) + -aya：*Caus.* 促す。急がせる。助力する。刺激する。興奮させる。請求する。命ずる。
　　√cud- (1)：励ます。強いる。促す。急がせる。
vimalakīrter < vimalakīrteḥ + 有声音 < vimalakīrti- < vimala-kīrti-：*m.* ヴィマラキールティ。汚れのない名声を持つ（もの）。「維摩詰」「維摩」と音写。「浄名」「無垢称」と漢訳。*sg. Gen.*
licchaver < licchaveḥ + 有声音 < licchavi-：*m.* リッチャヴィ。「離車子」「栗姑毘」と音写。*sg. Gen.*
gṛham < gṛha-：*n.* 家。住居。「舎」「宅」「舎宅」と漢訳。*sg. Acc.*
upasaṃkrāntā < upasaṃkrāntāḥ + 有声音 < upasaṃkrānta- < upa-sam-√kram- (1) + -ta：*pp.* ～に推移した。近づいた。「到達」と漢訳。*m. pl. Nom.*

abhūvan < √bhū- (1)：出現する。なる。生ずる。*root-Aor. 3, pl. P.*

> §11 atha vimalakīrtir licchaviḥ sthaviraṃ śāriputraṃ tāṃś ca mahā-śrāvakān etad avocat / paribhuṅgdhvaṃ bhadantā idaṃ tathāgatâmṛta-bhojanaṃ mahā-karuṇā-bhāvitam /
>
> （梵漢和維摩経 *p.* 440, *ll.* 16–18）

§11 すると、リッチャヴィ族のヴィマラキールティは、大徳シャーリプトラと、それらの偉大なる声聞たちにこのように言った。

「尊者たちよ、大いなる憐れみ（大悲）〔という芳香〕によって熏じられたこの如来の不死（甘露）の食べ物を召し上がるがよい。

【§11 時に維摩詰は舎利弗等の諸の大声聞に語れり。「仁者よ、如来の甘露味の飯を食すべし。】

（大正蔵、巻一四、五五二頁下）

atha：*adv.* その時。その場合。さて。それ故。しかれば。しかしながら。しかも。

vimalakīrtir < vimalakīrtiḥ + 有声音 < vimalakīrti- < vimala-kīrti-：*m.* ヴィマラキールティ。汚れのない名声を持つ（もの）。「維摩詰」「維摩」と音写。「浄名」「無垢称」と漢訳。*sg. Nom.*

licchaviḥ < licchaviḥ + (s) < licchavi-：*m.* リッチャヴィ。「離車子」「栗姑毘」と音写。*sg. Nom.*

sthaviraṃ < sthavira-：*adj.* 広い。厚い。頑丈な。威力ある。老いた。尊敬すべき。「大徳」「尊者」と漢訳。*m. sg. Acc.*

śāriputraṃ < śāriputra- < śāri-putra-：*m.* シャーリプトラ（シャーリーの息子）。「身子」と漢訳。「舎利弗」と音写。*sg. Acc.*

tāṃś < tān + (c) < tad-：それ。*m. pl. Acc.*

ca：*conj.* および。また。しかしながら。そして。〜と。なお。

mahā-śrāvakān < mahā-śrāvaka-：*m.* 偉大な声聞。「大声聞」と漢訳。*pl. Acc.*

etad < etat + 母音 < etad-：これ。*n. sg. Acc.* 対格の副詞的用法で「このように」の意味。

avocat < avoca- < a- + va-+ uc- + -a < √vac- (2)：言う。話す。告げる。*重複 Aor. 3, sg. P.*

paribhuṅgdhvaṃ < paribhuñj- < pari-√bhuj- (7)：食う。食い尽くす。消費する。享受する。用いる。*Impv. 2, pl. A.*

√bhuj- (7) の活用については、cf.「基礎」*p.* 314.

bhadantā < bhadantāḥ + 有声音 < bhadanta-：*m.*（仏教、またはジャイナ教の出家者の敬称）。「大徳」「尊」「尊者」「世尊」「真正」と漢訳。*pl. Voc.*

idaṃ < idam-：これ。*n. sg. Acc.*

tathāgatâmṛta-bhojanaṃ < tathāgatâmṛta-bhojana- < tathāgata-amṛta-bhojana-：*n.* 如来の不死（甘露）の食べ物。*sg. Acc.*

tathāgata-：*m.*「如来」と漢訳。

amṛta-< a-mṛta-：*adj.* 死せるにあらざる。不死の。不滅の。「甘露」「不死」。*n.* 不死。

bhojana- < √bhuj- (7) + -ana：*n.* 享受すること。食べること。食事。食べ物。

mahā-karuṇā-bhāvitam < mahā-karuṇā-bhāvita-：*adj.* 大いなる憐れみ（大悲）〔の芳香〕によって熏ぜられた。*n. sg. Acc.*

mahā- < mahat-：*adj.* 大いなる。偉大な。大きな。

karuṇā-：*f.* 哀憐。憐れみ。同情。「悲」「大悲」「慈悲」「悲心」「慈心」と漢訳。

bhāvita- < bhāvaya- + -ta < √bhū- (1) + -aya + -ta : *pp.* 生産された。開示された。得られた。考えられた。〜をもって充満された。鼓舞された。芳香をもって薫じられた。「修」「習」「所修」「已修」「成」「行」「熏」「熏習」と漢訳。

> mā ca pradeśa-caryāyāṃ cittam upanibandhata mā na śakyata dakṣiṇāṃ śodhayitum /
>
> （梵漢和維摩経 *p.* 440, *ll.* 18–19）

「〔あなたたちは〕限定された〔低劣な〕行ないに心を縛り付けてはならない。施された〔食べ物〕を〔消化し〕浄化することができないことがないようにせよ[26]」
【「大悲の薫ずる所なれば、限意を以て之を食し、消せざらしむること無かれ」】

（大正蔵、巻一四、五五二頁下）

…………………………………………………………………

mā：*adv.* ～なかれ。～なからんことを。～しないように。願わくは～ないように。

mā は、オーグメントを欠いた過去形や、アオリストとともに用いられて“禁止”を意味するが、このほか願望法や命令法、さらには未来形や現在形とさえ用いられることもある。cf.「辻文法」*pp.* 256, 294–296.

ca：*conj.* および。また。しかしながら。そして。～と。なお。

pradeśa-caryāyāṃ < pradeśa-caryā-：*f.* 限定された〔低劣な〕行ない。*sg. Loc.*

pradeśa- < pra-deśa- < pra-√diś- (6) + -a：*adj.* 限定された。*m.* 言及。決定。明示。例。地点。場所。部位。「分」「一分」「少分」と漢訳。

prādeśika- < pradeśa- + -ika：*adj.* restricted (in scope), limited. BHS. dic. *p.* 392.

prādeśika-yāna ＝ hīna-yāna という用法も挙げている。

pra-√diś- (6)：指摘する。指示する。名づける。宣言する。顕わす。定める。規定する。指定する。配分する。

caryā-< √car- (1) + -yā：*f.* 徘徊すること。行為。所行。行。

cittam < citta-：*n.* 心。思考。意思。知性。理性。「質多」と音写。*sg. Acc.*

upanibandhata < upanibandha- < upa-ni-√bandh- (9)：「繫」「摂繫」「安置」「係念」と漢訳。*Impv. 2, pl. P.*

upa-√bandh- (9)：（手、あるいは足に）結ぶ。結合する。

ni-√bandh- (9)：～（処格）に縛る。しっかり締める。自身に固定する。～（処格）に足枷をかける。捕らえる。獲る。（足を処格）に置く。

mā：*adv.* ～なかれ。～なからんことを。～しないように。願わくは～ないように。

na：*ind.* ～でない。～にあらず。

śakyata < śakya- < √śak- (5) + -ya：*Pass.* 克服される。屈服する。屈する。～（不定詞）が…（具格）によってされることができる。…（具格）が～（不定詞）をすることができる。*Impv. 2, pl. P.*

dakṣiṇāṃ < dakṣiṇā-：*f.* 〔go とともに〕良き牛（乳のよく出る牛）。祭儀の謝礼（元来、牛をもって之に当てた）。施物。「施」「布施」「所施」「福田」「福徳」と漢訳。*sg. Acc.*

śodhayitum < śodhaya- + -itum < √śudh- (1) + -aya + -itum：*Caus. 不定詞,* 疑いを除くこと。明瞭にすること。

śodhaya- < √śudh- (4) + -aya：*Caus.* 訂正する。（不浄などを）除く。（負債を）払う。弁済する。無罪にする。（人を）試す。調査する。疑いを除く。明瞭にする。説明する。「浄」「浄治」と漢訳。

√śudh- (1)：清める。自らを清める。清浄になる。

√śudh- (4)：清浄になる。（祭式上の意味において）明瞭になる。疑いが除かれる。弁解の余地がある。

§12　tatra keṣāṃ-cic chrāvakāṇām etad abhavat /　ita evaṃ parīttād bhojanāt katham iyam īdṛśī parṣat paribhokṣyata iti /

（梵漢和維摩経 *p.* 440, *ll.* 20–21）

§12　その時、だれかある声聞たちにこの〔思い〕が生じた。

「このように取るに足りないこの食べ物から、このような〔多くの〕この聴衆がどうやって食べるのであろうか」と。

【§12　異なる声聞有りて念えらく、「是の飯は少なし。而も此の大衆の人人当に食すべきや」と。】

（大正蔵、巻一四、五五二頁下）

………………………………………………………………………

tatra：*adv.* そこに。そこへ。かしこに。その時に。その場合に。
keṣāṃ-cic chrāvakāṇām < keṣāṃ-cit + śrāvakāṇām
　keṣāṃ-cit < kiṃ-cit-：だれかある人。だれか。何か。何かあるもの。*m. pl. Gen.*
　śrāvakāṇām < śrāvaka- < √śru- (5) + -aka：*m.* 声を聞く人。弟子。「声聞」「学士」「賢聖」「小乗人」と漢訳。*pl. Gen.*
etad < etat + 母音 < etad-：これ。*n. sg. Nom.*
abhavat < bhava- < √bhū- (1)：なる。生ずる。出現する。～（属格）の分担となる。～（属格）のものとなる。*Impf. 3, sg. P.*

………………………………………………………………………

ita < itas + a 以外の母音：*adv.* これより。ここより。此の世から。この点より。ここに。地上に。この故に。それ故に。
evaṃ：*adv.* このように。「是」「如是」と漢訳。
parīttād < parīttāt + 有声子音 < parītta- < parī-√dā- (3) + -ta：*pp.* 小さい。少ない。劣った。取るに足りない。僅少の。数に入らない。些細な。*n. sg. Abl.*
bhojanāt < bhojana- < √bhuj- (7) + -ana：*n.* 享受すること。食べること。食事。食べ物。*sg. Abl.*
katham：*adv.* いかにして。いずこより。何故に。
iyam < idam-：それ。*f. sg. Nom.*
īdṛśī < īdṛśī- < īdṛśa- = īdṛś-：*adj.* このような状態の。このような場合の。*f. sg. Nom.*
parṣat < parṣat- = pari-ṣad-：*f.* 集会。聴衆。会議。「衆」「大衆」「衆会」「諸大衆」と漢訳。*sg. Nom.* 格変化は、cf.「基礎」*p.* 119.
paribhokṣyata < paribhokṣyate + a 以外の母音 < paribhokṣya- < pari-√bhuj- (7) + -sya：食う。食い尽くす。消費する。享受する。用いる。*Fut. 3, sg. A.*
iti：*adv.* ～と。～ということを。以上のように。～と考えて。「如是」と漢訳。

> tān sa nirmito bodhi-sattvaḥ śrāvakān etad avocat / mā yūyam āyuṣmantaḥ sva-prajñā-puṇyais tathāgata-prajñā-puṇyāni samīkārṣṭa[27] /
>
> （梵漢和維摩経 *p.* 442, *ll.* 1–2）

その化作された菩薩が、それらの声聞たちにこのように言った。
「尊者たちよ、あなたたちは、如来の〔無量の〕智慧や福徳を自分の〔低劣な〕智慧や福徳と等しくしてはならない。
【化菩薩の曰く、「声聞の小徳・小智を以て、如来の無量の福慧を称量すること勿れ。】

（大正蔵、巻一四、五五二頁下）

………………………………………………………………………

tān < tad-：それ。*m. pl. Acc.*
sa < saḥ < tad-：それ。*m. sg. Nom.*
nirmito < nirmitaḥ + 有声子音 < nirmita- < nir-√mā- (2,3) + -ta：*pp.* ～（奪格）から／～（具格）によって産出された。創造された。形成された。作られた。「化作」「現化現」「化生」と漢訳。*m. sg. Nom.*
bodhisattvaḥ < bodhi-sattvaḥ + (ś) < bodhi-sattva-：*m.* 覚りを求める人。「菩提薩埵」「菩薩」と音写。*sg. Nom.*
śrāvakān < śrāvaka- < √śru- (5) + -aka：*m.* 声を聞く人。弟子。「声聞」「学士」「賢聖」「小乗人」と漢訳。*pl. Acc.*
etad < etat + 母音 < etad-：これ。*n. sg. Acc.* 対格の副詞的用法で「このように」の意味。
avocat < avoca- < a- + va-+ uc- + -a < √vac- (2)：言う。話す。告げる。*重複 Aor. 3, sg. P.*

………………………………………………………………………

mā：*adv.* ～なかれ。～なからんことを。～しないように。願わくは～ないように。
yūyam < yuṣmad-：あなたたち。*2, pl. Nom.*
āyuṣmantaḥ < āyuṣmantaḥ + (s) < āyuṣmat- < āyus- + -mat-：*m.* 長寿の。健康の。「尊者」「長老」「具寿」と漢訳。*pl. Voc.*
sva-prajñā-puṇyais < sva-prajñā-puṇyaiḥ + (t) < sva-prajñā-puṇya-：*n.* 自分の智慧と福徳。*pl. Ins.*
　sva-：*adj.* 自分の。
　prajñā-：*f.* 智慧。
　puṇya-：*n.* 善。徳。善行。「福」「福徳」「福行」「功徳」と漢訳。
tathāgata-prajñā-puṇyāni < tathāgata-prajñā-puṇya-：*n.* 如来の智慧と福徳。*pl. Acc.*
samīkārṣṭa < samī-akārṣṭa < samī-√kṛ- (8) < sama- + √kṛ (8)：水平にする。壊滅させる。平等にする。～（具格）と等しくする。～（具格）と等しいと宣言する。*s-Aor. 2, pl. P.*
　māとともに禁止を意味するためにアオリストのオーグメントaが省略されている。
　akārṣṭa < √kṛ- (8)：なす。作る。*s-Aor. 2, pl. P.*

syāc caturṇāṃ[28] mahā-samudrāṇāṃ kṣayo na tv evâsya bhojanasya kaścit parikṣayaḥ /
（梵漢和維摩経 *p.* 442, *ll.* 2–3）

「四大海〔の水〕に〔枯渇して〕尽きることがあるとしても、この食べ物には決して尽き果てることはないのだ。
【「四海は竭くること有らんも、此の飯は尽くること無し。】　（大正蔵、巻一四、五五二頁下）
…………………………………………………………………………

syāc < syāt + (c) < s- < √as- (2)：ある。～である。*Opt. 3, sg. P.*
caturṇāṃ < catur-：*基数詞,* 四。*m. pl. Gen.*
mahā-samudrāṇāṃ < mahā-samudra-：*m.* 大洋。「大海」と漢訳。*pl. Gen.*
　samudra- < sam-udra-：*m.* 水の集まり。海。大洋。「大海」と漢訳。
kṣayo < kṣayaḥ + 有声子音 < kṣaya- < √kṣi- (5,9) + -a：*m.* 減少。衰微。喪失。破壊。終末。*sg. Nom.*
　√kṣi- (5,9)：破壊する。滅ぼす。「終」「断」「失」「破壊」「滅尽」と漢訳。
na：*ind.* ～でない。～にあらず。
tv < tu + 母音：*ind.* しかし。しこうして。しかるに。しかも。
evâsya < eva + asya
　eva：*adv.* さように。このように。まさに。実に。ただ。全くこのように。
　asya < idam-：これ。*m. sg. Gen.*
bhojanasya < bhojana- < √bhuj- (7) + -ana：*n.* 享受すること。食べること。食事。食べ物。*sg. Gen.*
kaś-cit < kiṃ-cit-：だれかある人。だれか。何か。何かあるもの。*m. sg. Nom.*
parikṣayaḥ < parikṣaya- < pari-√kṣi- (5,9) + -a：*m.* 消失。休止。減退。衰微。破壊。*sg. Nom.*
　asya以下は、属格と主格の名詞文である。
　pari-√kṣi- (5,9)：破壊する。

sacet sarva-sattvā api sumeru-mātrair ālopaiḥ kalpaṃ paribhuñjīraṃs tathâpy asya kṣayo na syāt /
（梵漢和維摩経 *p.* 442, *ll.* 4–5）

「同様にたとえ、あらゆる衆生が一劫の間、スメール山ほどの量で一口ずつ食べ〔続け〕るとしても[29]、この〔食べ物〕には尽き果てることはないであろう。
【「一切の人をして食せしめ、揣ること須弥の若くにして乃至一劫にも猶尽くすこと能わず】
（大正蔵、巻一四、五五二頁下）
…………………………………………………………………………

sacet：*conj.* もし～ならば。「若」「設」「仮令」「仮使」と漢訳。
sarva-sattvā < sarva-sattvāḥ + 有声音 < sarva-sattva-：*m.* すべての衆生。「一切衆生」と漢訳。*pl.*

Nom.

api：*adv.* また。さえも。されど。なお。

sumeru-mātrair < sumeru-mātraiḥ + 有声音 < sumeru-mātra-：*adj.* スメール山ほどの量の。*m. pl. Ins.*

sumeru- < su-meru-：*m.* スメール山。「妙高山」と漢訳。「須弥」「須弥楼」「蘇迷盧」と音写。

mātra- < √mā- (2,3) + -tra：*n.* 〜だけの量。量。大きさ。

ālopaiḥ < ālopaiḥ + (k) < ālopa- < ā-√lup- (4) + -a：*m.* 一片／一口（の食べ物）。出家者の集めた少量の食べ物。「食」「摶」「摶食」「食摶」と漢訳。*pl. Ins.*

kalpaṃ < kalpa-：*m.* 宇宙論的時間。「劫」「劫波」と音写。*sg. Acc.* 時間を意味する語の対格は期間を意味する。

paribhuñjīraṃs < paribhuñjīran + (t) < paribhuñj- < pari-√bhuj- (7)：食う。食い尽くす。消費する。享受する。用いる。*Opt. 3, pl. A.*

tathâpy < tathā + apy

tathā：*adv.* そのように。同様な方法で。同様に。

apy < api + 母音：*adv.* また。されど。

asya < idam-：これ。この。*n. sg. Gen.*

kṣayo < kṣayaḥ + 有声子音 < kṣaya- < √kṣi- (5,9) + -a：*m.* 減少。衰微。喪失。破壊。終末。*sg. Nom.*

√kṣi- (5,9)：破壊する。滅ぼす。「終」「断」「失」「破壊」「滅尽」と漢訳。

na：*ind.* 〜でない。〜にあらず。

syāt < s- < √as- (2)：ある。〜である。*Opt. 3, sg. P.*

tat kasmād dhetoḥ /

（梵漢和維摩経 *p.* 442, *l.* 5）

「それは、どんな理由からでしょうか。

【「所以は何んとなれば、】（大正蔵、巻一四、五五二頁下）

……………………………………………………………………

tat < tad-：それ。*n. sg. Nom.*

kasmād dhetoḥ < kasmāt + hetoḥ

連声法は、cf.「基礎」*p.* 63.

kasmāt < kim-：*疑問詞,* だれ。何。どんな。どの。*m. sg. Abl.*

hetoḥ < hetu-：*m.* 理由。原因。因。*sg. Abl.*

奪格は、動機、原因、理由を表わす。cf.「シンタックス」*p.* 58.

akṣaya-śīla-samādhi-prajñā-nirjātasyêdaṃ tathāgatasya pātrâvaśeṣaṃ bhojanaṃ nâitac chakyaṃ kṣapayitum /

（梵漢和維摩経 *p.* 442, *ll.* 5–7）

「これは、尽きることのない持戒・三昧・智慧〔、すなわち戒・定・慧の三学〕から生じた如来の鉢の中に残された食べ物であり、これを尽きさせることはできないからだ[30]」

【「無尽の戒・定・智慧・解脱・解脱知見の功徳を具足せる者の食する所の余りは、終に尽くす可からず」】（大正蔵、巻一四、五五二頁下）

……………………………………………………………………

akṣaya-śīla-samādhi-prajñā-nirjātasyêdaṃ < akṣaya-śīla-samādhi-prajñā-nirjātasya + idaṃ

akṣaya-śīla-samādhi-prajñā-nirjātasya < akṣaya-śīla-samādhi-prajñā-nirjāta-：*adj.* 尽きることのない持戒（戒）・三昧（定）・智慧（慧）から生じた。*m. sg. Gen.*

akṣaya- < a-kṣaya-：*adj.* 不滅の。「不盡」「無盡」と漢訳。

kṣaya- < √kṣi- (5,9) + -a：*m* 減少。衰微。喪失。

śīla-：*n.* 習慣。気質。性向。性格。よい行状。よい習慣。高尚な品性。道徳性。「戒」と漢訳。

samādhi- < sam-ādhi-：*m.* 組み合わせること。結合。～に熱中していること。最高我への深い瞑想。「定」「等持」と漢訳。「三昧」と音写。

prajñā-：*f.* 智慧。

nirjāta- < nir-√jan- (1) + -ta：*pp.* ～（処格）から生じた。～（処格）に出現した。

idaṃ < idam-：これ。*n. sg. Nom.*

tathāgatasya < tathāgata-：*m.* 「如来」と漢訳。*sg. Gen.*

pātrâvaśeṣaṃ < pātrâvaśeṣa- < pātra-avaśeṣa-：*adj.* 鉢の中に残っている。*m.* 鉢の中の残り物。*n. sg. Nom.*

pātra- < √pā- (1,2) + -tra：*n.* （飲用の）容器。鉢。盃。

√pā- (1,2)：飲む。吸う。すする。

avaśeṣa- < ava-√śiṣ- (7) + -a：*m.* 残余。残り物。

√śiṣ- (7)：残す。

bhojanaṃ < bhojana- < √bhuj- (7) + -ana：*n.* 享受すること。食べること。食事。食べ物。*sg. Nom.*

nâitac chakyaṃ < na + etat + śakyaṃ

na：*ind.* ～でない。～にあらず。

etat < etad-：これ。*n. sg. Acc.*

śakyaṃ < śakya- < √śak- (5) + -ya：*未受分,* ～（不定詞）が可能な。実行できる。*n. sg. Nom.* śakyam は、非人称的に異なる性・数の主語と共に用いられる。

kṣapayitum < kṣapaya- + -itum < √kṣi- (5,9) + -paya + -itum：*Caus. 不定詞,* 尽きさせること。

kṣapaya- = kṣayaya- < √kṣi- (5,9) + -aya：*Caus.* 減らさせる。モニエルの辞典に kṣayaya- が用いられるのは非常に希であるとあり。

§13 atha tato bhojanāt sarvā sā parṣat tṛptā kṛtā[31] / (梵漢和維摩経 *p.* 442, *l.* 8)

§13 そこで、その聴衆のすべては、その食べ物で満足させられた。

【§13 是に於いて、鉢の飯は悉く衆会を飽かしむるも、】 （大正蔵、巻一四、五五二頁下）

……………………………………………………………………

atha：*adv.* その時。その場合。さて。それ故。しかれば。しかしながら。しかも。

tato < tatas + 有声子音：*adv.* それより。そこに。そこにおいて。ゆえに。

bhojanāt < bhojana- < √bhuj- (7) + -ana：*n.* 享受すること。食べること。食事。食べ物。*sg. Abl.*

sarvā < sarva-：*adj.* すべての。あらゆる。*f. sg. Nom.*

sā < tad-：それ。*f. sg. Nom.*

parṣat < parṣat- = pari-ṣad-：*f.* 集会。聴衆。会議。「衆」「大衆」「衆会」「諸大衆」と漢訳。*sg. Nom.* 格変化は、cf.「基礎」*p.* 119.

tṛptā < tṛptā- < tṛpta- < √tṛp- (4,5) + -ta：*pp.* ～（具格、属格、処格）によって満足した。～（奪格）を分有した。享楽した。*f. sg. Nom.*

√tṛp- (4,5)：～（具格、属格、処格）によって満足する。満足させられる。～を悦ぶ。～（奪格）を分有する。享楽する。

kṛtā < kṛtā- < kṛta- < √kṛ- (8) + -ta：*pp.* なされた。作られた。*f. sg. Nom.*

tṛptī-√kṛ- (8) < tṛpta- + √kṛ- (8)：満足させる。悦ばせる。

na ca tāvad bhojanaṃ kṣīyate / (梵漢和維摩経 *p.* 442, *l.* 8–9)

けれども、〔その〕食べ物は未だに尽きることはなかった。

【猶、故のごとく澌きず。】 （大正蔵、巻一四、五五二頁下）

……………………………………………………………………

na：*ind.* ～でない。～にあらず。

ca：*conj.* および。また。しかしながら。そして。～と。なお。
tāvad < tāvat + 有声子音：*adv.* それほど多く。正に。確かに。その間。まず第一に。ただ単に。
na tāvat ～：未だ～ない。
bhojanaṃ < bhojana- < √bhuj- (7) + -ana：*n.* 享受すること。食べること。食事。食べ物。*sg. Nom.*
kṣīyate < kṣīya- < √kṣi- (5,9) + -ya：*Pass.* 減ずる。止む。尽くす。消失する。滅する。*3, sg. A.*

> yaiś ca bodhi-sattvaiḥ śrāvakaiḥ śakra-brahma-loka-pālais tad-anyaiś ca sattvais tad bhojanaṃ bhuktaṃ teṣāṃ tādṛśaṃ sukhaṃ kāye 'vakrāntaṃ[32] yādṛśaṃ sarva-sukha-pratimaṇḍite loka-dhāt=au bodhi-sattvānāṃ sukham /
>
> （梵漢和維摩経 *p.* 442, *ll.* 9–12）

その食べ物を食べたところの菩薩や、声聞、インドラ神（帝釈天）、ブラフマー神（梵天）、世界の保護者〔である四天王〕、そしてそのほかの衆生たち、それらの人たちの身体に、“あらゆる快さで飾られたところ”（一切楽荘厳）という世界にいる菩薩たちのそのような快さ、それと同じ快さが生じた。
【其(そ)の諸の菩薩・声聞・天・人にして此の飯(いい)を食せし者は、身安らかに快楽(けらく)なること、譬えば一切楽荘(いっさいらくしょう)厳国(ごんこく)の諸の菩薩の如し。】（大正蔵、巻一四、五五二頁下）

……………………………………………………………………………

yaiś < yaiḥ + (c) < yad-：*関係代名詞, m. pl. Ins.*
ca：*conj.* および。また。しかしながら。そして。～と。なお。
bodhi-sattvaiḥ < bodhi-sattvaiḥ + (ś) < bodhi-sattva-：*m.* 覚りを求める人。「菩提薩埵」「菩薩」と音写。*pl. Ins.*
śrāvakaiḥ < śrāvakaiḥ + (ś) < śrāvaka- < √śru- (5) + -aka：*m.* 声を聞く人。弟子。「声聞」「学士」「賢聖」「小乗人」と漢訳。*pl. Ins.*
śakra-brahma-loka-pālais < śakra-brahma-loka-pālaiḥ + (t) < śakra-brahma-loka-pāla-：*m.* インドラ神（帝釈天）、ブラフマー神（梵天）、世界の保護者〔である四天王〕。*pl. Ins.*
śakra-：*m.* シャクラ。「帝釈」と漢訳。
brahma- < brahman-：*m.* ブラフマー神。
loka-pāla-：*m.* 世界の保護者。人民の守護者。王。「護世」「護世者」「護世王」「〔四〕天王」と漢訳。
pāla-：*m.* 監視人。保護者。大地の守護者。主。王。
tad-anyaiś < tad-anyaiḥ + (c) < tad-anya-：*adj.* その他の。*m. pl. Ins.*
ca：*conj.* および。また。しかしながら。そして。～と。なお。
sattvais < sattvaiḥ + (t) < sattva-：*m.* 「衆生」と漢訳。*pl. Ins.*
tad < tat + 有声子音 < tad-：それ。*n. sg. Nom.*
bhojanaṃ < bhojana- < √bhuj- (7) + -ana：*n.* 享受すること。食べること。食事。食べ物。*sg. Nom.*
bhuktaṃ < bhukta- < √bhuj- (7) + -ta：*pp.* 享受された。食べられた。*n. sg. Nom.*
√bhuj- (7)：享受する。用いる。食う。使用する。利用する。役立つ。
teṣāṃ < tad-：それ。*m. pl. Gen.*
tādṛśaṃ < tādṛśa-：*adj.* このような。「如是」と漢訳。*n. sg. Nom.*
sukhaṃ < sukha-：*adj.* 快い。楽しい。温厚な。*n.* 安楽。慰安。快楽。享楽。幸福。歓喜。*sg. Nom.*
kāye 'vakrāntaṃ < kāye + avakrāntaṃ
kāye < kāya-：*m.* 身体。集団。多数。集合。*sg. Loc.*
avakrāntaṃ < avakrānta- < ava-√kram- (1) + -ta：*pp.* 「入」「已入」「趣」「趣向」「入胎」「受胎」と漢訳。*n. sg. Nom.*
ava-√kram- (1)：～（対格）の上に降る。蹂躙される。圧倒される。去る。退く。逃げる。
yādṛśaṃ < yādṛśa- < yad- + dṛśa-：*adj.* このような種類・性質の。*n. sg. Nom.*
sarva-sukha-pratimaṇḍite < sarva-sukha-pratimaṇḍita-：*m.* あらゆる快さで飾られた。「一切楽荘厳」と漢訳。*sg. Loc.*

sarva-：*adj.* 一切の。すべての。
sukha-：*adj.* 快い。楽しい。温厚な。*n.* 安楽。慰安。快楽。享楽。幸福。歓喜。
pratimaṇḍita- < pratimaṇḍaya- + -ta- < prati-√maṇḍ- (10) + -ta：*pp.* 装飾された。「荘厳」「厳飾」「校飾」と漢訳。

loka-dhātau < loka-dhātu-：*m.* 世界。*sg. Loc.*
bodhi-sattvānāṃ < bodhi-sattva-：*m.* 覚りを求める人。「菩薩」と音写。*pl. Gen.*
sukham < sukha-：*adj.* 快い。楽しい。温厚な。*n.* 安楽。慰安。快楽。享楽。幸福。歓喜。*n. sg. Nom.*

> sarva-roma-kūpebhyaś ca teṣāṃ tādṛśo gandhaḥ pravāti /
> (梵漢和維摩経 *p.* 442, *ll.* 12–13)

それらの人たちのあらゆる毛穴からそのような香りが漂った。
【又、諸の毛孔より皆、妙香を出だすこと、】　（大正蔵、巻一四、五五二頁下）
……………………………………………………………………

sarva-roma-kūpebhyaś < sarva-roma-kūpebhyaḥ + (c) < sarva-roma-kūpa-：*m.* あらゆる毛穴。*pl. Abl.*
sarva-：*adj.* 一切の。すべての。
roma-kūpa-：*m.* 毛穴。
roma- < roman-：*n.* 身体の毛（頭髪、髭、たてがみ、尾を除く）。
kūpa-：*m.* 坑。穴。井。

ca：*conj.* および。また。しかしながら。そして。～と。なお。
teṣāṃ < tad-：それ。*m. pl. Gen.*
tādṛśo < tādṛśaḥ + 有声子音 < tādṛśa-：*adj.* このような。「如是」と漢訳。*m. sg. Nom.*
gandhaḥ < gandha-：*m.* 香。芳香。香気。薫香。*sg. Nom.*
pravāti < pravā- < pra-√vā- (2)：パッと開く。吹く。（香りが）漂う。発散する。*Pres. 3, sg. P.*
√vā- (2)：（風が）吹く。～(対格）に吹き付ける。香を放つ。（香気が）漂う。撒き散らされる。

> tad yathâpi nāma tasminn eva sarva-gandha-sugandhe loka-dhātau vṛkṣāṇāṃ gandhaḥ /
> (梵漢和維摩経 *p.* 442, *ll.* 13–14)

それは、あたかも"あらゆる香りの中で勝れた香りを持つところ"という実にその世界における樹木の香りのようであった。
【亦衆香国土の諸樹の香の如し。】　（大正蔵、巻一四、五五二頁下）
……………………………………………………………………

tad yathâpi nāma < tad yathā + api nāma：あたかも～であるかのように。それは、あたかも～のようなものである。
nāma：*adv.* ～という名前の。実に。確かに。もちろん。

tasminn < tasmin + 母音 < tad-：それ。*m. sg. Loc.*
eva：*adv.* さように。このように。まさに。実に。ただ。全くこのように。
sarva-gandha-sugandhe < sarva-gandha-sugandha-：*adj.* あらゆる香りの中で勝れた香りを持つ。*m. sg. Loc.*
loka-dhātau < loka-dhātu-：*m.* 世界。*sg. Loc.*
vṛkṣāṇāṃ < vṛkṣa-：*m.* 木。植物。目に見える花と果実を有する木。*pl. Gen.*
gandhaḥ < gandha-：*m.* 香。芳香。香気。薫香。*sg. Nom.*

> §14　atha vimalakīrtir licchavir jānann eva tān bhagavato gandhôttama-kūṭasya tathāgatasya buddha-kṣetrād āgatān bodhi-sattvān etad avocat /　kīdṛśī kula-putrā gandhôttama-kūṭasya tathāgatasya dharma-deśanā /

(梵漢和維摩経 *p.* 442, *ll.* 15–17)

§14　その時、リッチャヴィ族のヴィマラキールティは、〔事情を〕察しつつ、世尊であり“最高の香りの集積を持つもの”という如来のブッダの国土からやって来たそれらの菩薩たちに、このように言った。

「良家の息子たちよ、“最高の香りの集積を持つもの”（香積）という如来の説法はどのようなものでしょうか」

【§14　爾の時、維摩詰は衆香の菩薩[33] に問えり。「香積如来は何を以て法を説きたまうや」】

（大正蔵、巻一四、五五二頁下）

atha：*adv.* その時。その場合。さて。それ故。しかれば。しかしながら。しかも。

vimalakīrtir < vimalakīrtiḥ + 有声音 < vimalakīrti- < vimala-kīrti-：*m.* ヴィマラキールティ。汚れのない名声を持つ（もの）。「維摩詰」「維摩」と音写。「浄名」「無垢称」と漢訳。*sg. Nom.*

licchavir < licchaviḥ + 有声音 < licchavi-：*m.* リッチャヴィ。「離車子」「栗姑毘」と音写。*sg. Nom.*

jānann < jānan + 母音 < jānat- < jān- + -at < √jñā- (9) + -at：知る。～を察知する。～の知識を有する。覚る。覚える。確かめる。検する。～と推測する。*P. 現在分詞, m. sg. Nom.*

eva：*adv.* さように。このように。まさに。実に。ただ。全くこのように。

tān < tad-：それ。*m. pl. Acc.*

bhagavato < bhagavataḥ + 有声子音 < bhagavat-：*m.* 尊い（人）。「世尊」と漢訳。「婆伽婆」「薄伽梵」と音写。*sg. Gen.*

gandhôttama-kūṭasya < gandhôttama-kūṭa- < gandha-uttama-kūṭa-：*m.* 最高の香りの集積を持つもの。*sg. Gen.*

tathāgatasya < tathāgata-：*m.* 「如来」と漢訳。*sg. Gen.*

buddha-kṣetrād < buddha-kṣetrāt + 母音 < buddha-kṣetra-：*n.* 仏の国土。「仏国土」と漢訳。*sg. Abl.*

āgatān < āgata- < ā-√gam- (1) + -ta：*pp.* 来た。*m. pl. Acc.*

bodhi-sattvān < bodhi-sattva-：*m.* 覚りを求める人。「菩提薩埵」「菩薩」と音写。*pl. Acc.*

etad < etat + 母音 < etad-：これ。*n. sg. Acc.* 対格の副詞的用法で「このように」の意味。

avocat < avoca- < a- + va-+ uc- + -a < √vac- (2)：言う。話す。告げる。*重複 Aor. 3, sg. P.*

kīdṛśī < kīdṛśī- < kīdṛśa- = kīdṛś-：*adj.* どのような種類の。何に似ている。何の役に立つ（＝無用の）*f. sg. Nom.*

kula-putrā < kula-putrāḥ + 有声音 < kula-putra-：*m.* 良家の息子。「善男子」と漢訳。*pl. Voc.*

gandhôttama-kūṭasya < gandhôttama-kūṭa- < gandha-uttama-kūṭa-：*m.* 最高の香りの集積を持つもの。*sg. Gen.*

tathāgatasya < tathāgata-：*m.* 「如来」と漢訳。*sg. Gen.*

dharma-deśanā < dharma-deśanā-：*f.* 法の教授。説教。「説」「説法」と漢訳。*sg. Nom.*

ta evam āhuḥ /　na sa tathāgato 'kṣara-niruktyā[34] dharmaṃ deśayati /

(梵漢和維摩経 *p.* 442, *ll.* 18–19)

それら〔の菩薩たち〕がこのように言った。

「その如来は、言葉（文字）や語源的説明によって真理の教え（法）を説かれることはありません。

【彼の菩薩の曰く、「我が土の如来には文字の説無し。】　（大正蔵、巻一四、五二二頁下）

ta < te + a 以外の母音 < tad-：それ。*m. sg. Nom.*

evam：*adv.* このように。「是」「如是」と漢訳。

āhuḥ < √ah-：話す。言う。*Perf. 3, pl. P.* cf.「基礎」*p.* 376.

na：*ind.* ～でない。～にあらず。

sa < saḥ < tad-：それ。*m. sg. Nom.*

tathāgato 'kṣara-niruktyā < tathāgataḥ + akṣara-niruktyā

　　tathāgataḥ < tathāgata-：*m.* 「如来」と漢訳。*sg. Nom.*

　　akṣara-niruktyā < akṣara-nirukti-：*f.* 言葉（文字）や語源的説明。*sg. Ins.*

　　akṣara- < a-kṣara-：*adj.* 不壊の。「無窮尽」「無尽」と漢訳。*n.* 語。綴り。聖字 om。声。字。文書。

　　nirukti- < nir-ukti- < nir-√vac- (2) + -ti：*f.* 語源的説明。「言」「詞」「言詞」「言説」「訓詞」「名字」「文辞」「訓釈」「釈詞」「釈名」と漢訳。

dharmaṃ < dharma-：*m.* 確定した秩序。慣例。習慣。法則。規則。義務。宗教。教説。性質。本質。属性。特質。事物。「法」と漢訳。*sg. Acc.*

deśayati < deśaya- < √diś- (6) + -aya：*Caus.* 示す。導く。説明する。教える。宣説する。*3, sg. P.*

tenâiva gandhena te bodhi-sattvā vinayaṃ gacchanti /

(梵漢和維摩経 *p.* 442, *l.* 19)

「まさにその香りによって、それらの菩薩たちは鍛錬に赴くのです。

【「但(ただ)、衆香(しゅこう)を以(もっ)て、諸の天人をして律行に入るを得せしむ。】　　（大正蔵、巻一四、五五二頁下）

…………………………………………………………………………

tenâiva < tena + eva

　　tena < tad-：それ。*m. sg. Ins.*

　　eva：*adv.* さように。このように。まさに。実に。ただ。全くこのように。

gandhena < gandha-：*m.* 香。芳香。香気。薫香。*sg. Ins.*

te < tad-：それ。*m. pl. Nom.*

bodhi-sattvā < bodhi-sattvāḥ + 有声音 < bodhi-sattva-：*m.* 覚りを求める人。「菩薩」と音写。*pl. Nom.*

vinayaṃ < vinaya- < vi-√nī- (1) + -a：：*m.* 指導。訓練。よい態度。礼儀正しさ。「律」と漢訳。「毘尼」「毘奈耶」と音写。*sg. Acc.*

　　vi-√nī- (1)：案内する。教育する。「教化」「教導」「化」と漢訳。

gacchanti < gaccha- < √gam- (1)：行く。赴く。達する。得る。陥る。*Pres. 3, pl. P.*

yatra yatrâiva gandha-vṛkṣe te bodhi-sattvā niṣīdanti tatas tatas tādṛśo gandhaḥ pravāti yat samanantarâghrāte gandhe sarva-bodhi-sattva-guṇâkaraṃ nāma samādhiṃ pratilabhante yasya samādheḥ samanantara-pratilambhāt sarveṣāṃ bodhi-sattva-guṇā jāyante /

(梵漢和維摩経 *p.* 442, *ll.* 19–23)

「それらの菩薩たちがそれぞれの香木の下に坐っているところ、そのどこからでも、そのような香りが漂い、それ故に、〔その〕香りを嗅ぐと直ちに“菩薩のあらゆる徳を生み出す源”という名前の三昧を得ます。直ちにその三昧を獲得してから、すべての人たちに菩薩の徳が生じるのです」

【「菩薩は各各、香樹の下に坐し、斯(こ)の妙香を聞くに、即ち一切徳蔵三昧(いっさいとくぞうざんまい)を獲(う)。是の三昧を得る者は、菩薩の所有(あらゆ)る功徳、皆悉く具足す」】　　（大正蔵、巻一四、五五二頁下）

…………………………………………………………………………

yatra：*adv.* そこに。その場所に。その場合に。もし～ならば。その時。

yatrâiva < yatra + eva

　　yatra：*adv.* そこに。その場所に。その場合に。もし～ならば。その時。

　　yatra yatra ～ tatas tatas …：～であるところ、それはどこからでも…。

　　eva：*adv.* さように。このように。まさに。実に。ただ。全くこのように。

gandha-vṛkṣe < gandha-vṛkṣa-：*m.* 香木。*sg. Loc*

　　gandha-：*m.* 香。芳香。香気。薫香。

　　vṛkṣa-：*m.* 木。植物。目に見える花と果実を有する木。

te < tad-：それ。*m. pl. Nom.*
bodhi-sattvā < bodhi-sattvāḥ + 有声音 < bodhi-sattva-：*m.* 覚りを求める人。「菩薩」と音写。*pl. Nom.*
niṣīdanti < niṣīda- < ni-√sad- (1)：～の上に坐る。横たわる。「坐」「住」「居」と漢訳。*Pres. 3, pl. P.*
tatas：*adv.* それより。そこに。そこで。かなたに。そのうえ。
tatas：*adv.* それより。そこに。そこで。かなたに。そのうえ。
tādṛśo < tādṛśaḥ + 有声子音 < tādṛśa-：*adj.* このような。「如是」と漢訳。*m. sg. Nom.*
gandhaḥ < gandha-：*m.* 香。芳香。香気。薫香。*sg. Nom.*
pravāti < pravā- < pra-√vā- (2)：パッと開く。吹く。（香りが）漂う。発散する。*Pres. 3, sg. P.*
yat < yad-：*関係代名詞, n. sg. Acc.* ここは接続詞として「～の故に」「その故に」と意味している。
samanantarâghrāte < samanantarâghrāta- < samanantara-āghrāta-：*pp.* 嗅がれて直ちに。*m. sg. Loc.*

samanantara-：*adj.* 間隙のない。直接に引き続いた。「無間」「相続」「等無間」「無間相続」と漢訳。

āghrāta- < ā-√ghrā- (1) + -ta：*pp.* 嗅がれた。

gandhe < gandha-：*m.* 香。芳香。香気。薫香。*sg. Loc.*

samanantarâghrāte 以下は、処格の絶対節をなしている。

sarva-bodhi-sattva-guṇâkaram < sarva-bodhi-sattva-guṇâkara- < sarva-bodhi-sattva-guṇa-ākara-：*m.* 菩薩のあらゆる徳を生み出す源。*sg. Acc.*

guṇa-ākara-：*m.* 徳を生み出す源。

guṇa-：*m.* 種類。構成。従属的要素。固有性。属性。善性。徳。

ākara-：*m.* 鉱山。源。

nāma：*adv.* ～という名前の。実に。確かに。もちろん。
samādhiṃ < samādhi- < sam-ādhi-：*m.* 組み合わせること。結合。～に熱中していること。最高我への深い瞑想。「定」「等持」と漢訳。「三昧」と音写。*sg. Acc.*
pratilabhante < pratilabha- < prati-√labh- (1)：回復する。取り戻す。達する。得る。*Pres. 3, pl. A.*
yasya < yad-：*関係代名詞, m. sg. Gen.*
samādheḥ < samādheḥ + (s) < samādhi- < sam-ādhi-：*m.* 組み合わせること。結合。～に熱中していること。最高我への深い瞑想。「定」「等持」と漢訳。「三昧」と音写。*sg. Gen.*
samanantara-pratilambhāt < samanantara-pratilambha-：*m.* 間隙のない獲得。*sg. Abl.*

samanantara-：*adj.* 間隙のない。直接に引き続いた。「無間」「相続」「等無間」「無間相続」と漢訳。

pratilambha- < prati-√labh- (1) + -a：*m.* 獲得。取得。回復。会得。

sarveṣāṃ < sarva-：*adj.* すべての。*pl. Gen.*
bodhi-sattva-guṇā < bodhi-sattva-guṇāḥ + 有声音 < bodhi-sattva-guṇa-：*m.* 菩薩の徳。*pl. Nom.*
jāyante < jāya- < √jan- (4)：生まれる。*Pres. 3, pl. A.*

> §15 atha te bodhi-sattvā vimalakīrtiṃ licchavim etad avocan[35] / iha punar bhagavāñ śākya=muniḥ kīdṛśīṃ dharma-deśanāṃ prakāśayati /
>
> （梵漢和維摩経 *p.* 444, *ll.* 1–2）

§15 すると、それらの菩薩たちは、リッチャヴィ族のヴィマラキールティにこのように言った。
「それでは、ここ〔サハー世界〕でシャーキャムニ世尊は、どのような説法をなさるのでしょうか」
【§15 彼(か)の諸の菩薩は維摩詰(ゆいまきつ)に問えり。「今、世尊・釈迦牟尼(しゃかむに)は何を以(もっ)て法を説きたまうや」】

（大正蔵、巻一四、五五二頁下）

atha：*adv.* その時。その場合。さて。それ故。しかれば。しかしながら。しかも。
te < tad-：それ。*m. pl. Nom.*

bodhi-sattvā < bodhi-sattvāḥ ＋ 有声音 < bodhi-sattva-：*m.* 覚りを求める人。「菩薩」と音写。*pl. Nom.*

vimalakīrtiṃ < vimalakīrti- < vimala-kīrti-：*m.* ヴィマラキールティ。汚れのない名声を持つ（もの）。「維摩詰」「維摩」と音写。「浄名」「無垢称」と漢訳。*sg. Acc.*

licchavim < licchavi-：*m.* リッチャヴィ。「離車子」「栗姑毘」と音写。*sg. Acc.*

etad < etat ＋ 母音 < etad-：これ。*n. sg. Acc.* 対格の副詞的用法で「このように」の意味。

avocan < avoca- < a- ＋ va-＋ uc- ＋ -a < √vac- (2)：言う。話す。告げる。*重複 Aor. 3, pl. P.*
　重複アオリストについては、cf.「基礎」*p.* 334.

iha：*adv.* ここに。今。この世に。地上に。

punar：*adv.* 再び。新たに。さらに。なお。しかしながら。

bhagavāñ < bhagavān ＋ (ś) < bhagavat-：*m.* 尊い（人）。世尊。「婆伽婆」「薄伽梵」と音写。*sg. Nom.*

śākyamuniḥ < śākyamuniḥ ＋ (k) < śākyamuni- < śākya-muni-：*m.* シャーキャムニ。シャーキャ族出身の聖者。「釈迦牟尼」と音写。*sg. Nom.*

kīdṛśīṃ < kīdṛśī- < kīdṛśa- ＝ kīdṛś-：*adj.* どのような種類の。何に似ている。何の役に立つ（＝無用の）*f. sg. Acc.*

dharma-deśanāṃ < dharma-deśanā-：*f.* 法の教授。説教。「説」「説法」と漢訳。*sg. Acc.*

prakāśayati < prakāśaya- < pra-√kāś- (1) ＋ -aya：*Caus.* 見させる。示す。顕わす。宣言する。*3, sg. P.*
　pra-√kāś- (1)：現われる。明らかになる。輝く。

āha / durdamāḥ sat-puruṣā ime sattvāḥ /
（梵漢和維摩経 *p.* 444, *l.* 3）

〔維摩詰が〕言った。
「善き人（善士）たちよ、〔サハー世界の〕これらの衆生たちは教化しがたい。
【維摩詰の言わく、「此の土の衆生は剛強にして化し難きが故に、】（大正蔵、巻一四、五五二頁下）

āha < √ah-：話す。言う。*Perf. 3, sg. P.* cf.「基礎」*p.* 376.

durdamāḥ < durdamāḥ ＋ (s) < dur-dama-：*adj.* 制御し難い。教化しがたい。「難調」「難降伏」「難可教化」と漢訳。*m. pl. Nom.*
　dama- < √dam- (4) ＋ -a：*adj.* ～を馴らす。～を屈服せしめる。*m.* 自制。意志強固。
　duḥ-, duṣ-, duś-, dur- は、「悪しき」「～難き」「困難な」「無～」「不～」「離～」を意味する接頭辞。

sat-puruṣā < sat-puruṣāḥ ＋ 有声音 < sat-puruṣa-：*m.* 善き人。「善士」と漢訳。*pl. Voc.*

ime < idam-：これ。*m. pl. Nom.*

sattvāḥ < sattva-：*m.* 「衆生」「有情」と漢訳。*pl. Nom.*

teṣāṃ durdamānāṃ sattvānāṃ khaṭuṅka-durdama-damatha-kathām eva prakāśayati /
（梵漢和維摩経 *p.* 444, *ll.* 3–4）

「それらの教化しがたい衆生たちに、〔世尊は〕まさに頑固で教化しがたい〔衆生たち〕を屈服させる〔強引な〕話を説かれるのだ[36]。
【仏は為に剛強の語を説きて、以て之を調伏したまう。】（大正蔵、巻一四、五五二頁下）

teṣāṃ < tad-：それ。*m. pl. Gen.*

durdamānāṃ < durdama- < dur-dama-：*adj.* 制御し難い。教化しがたい。「難調」「難降伏」「難可教化」と漢訳。*m. pl. Gen.*

sattvānāṃ < sattva-：*m.* 「衆生」「有情」と漢訳。*pl. Gen.*

khaṭuṅka-durdama-damatha-kathām < khaṭuṅka-durdama-damatha-kathā-：*f.* 頑固で教化し難いものを屈服させる〔強引な〕話。*sg. Acc.*
　khaṭuṅka- ＝ khaḍuṅka-：*adj.* 頑固な。「剛強」「頑愚」「暴悪者」と漢訳。
　BHS. dic. *p.* 202 には unruly（乱暴な、規則に従わない、荒れ狂う、手に負えない、野放図な、常軌を逸した）、unmanageable（扱いにくい、管理し難い）という意味を挙げている。
　durdama- < dur-dama-：*adj.* 制御し難い。「難調」「難降伏」「難可教化」と漢訳。
　damatha-：*m.* 自制。克己。懲戒。刑罰。屈服させること。「調意」「調伏」「調伏意」と漢訳。
　kathā-：*f.* ～についての会話。談話。物語。議論。「言」「語言」「言辞」「論説」と漢訳。
eva：*adv.* さように。このように。まさに。実に。ただ。全くこのように。
prakāśayati < prakāśaya- < pra-√kāś- (1) + -aya：*Caus.* 見させる。示す。顕わす。宣言する。*3, sg. P.*

> katamaḥ punaḥ khaṭuṅka-durdamānāṃ damathaḥ katamā ca khaṭuṅka-durdama-damatha-kathā /
>
> （梵漢和維摩経 *p.* 444, *ll.* 4–6）

「しかしながら、頑固で教化しがたい〔衆生たち〕を屈服させることとは、どういうことであり、頑固で教化し難い〔衆生たち〕を屈服させる〔強引な〕話とは、どういうことか[37]。
【漢訳相当箇所なし】
…………………………………………………………………………

katamaḥ < katamaḥ + (p) < katama-：*疑問代名詞,*（多くの中の）だれか。何か。「何」「如何」「何者」「何等」と漢訳。*m. sg. Nom.*
punaḥ < punaḥ + (kh) < punar：*adv.* 再び。新たに。さらに。なお。しかしながら。
khaṭuṅka-durdamānāṃ < khaṭuṅka-durdama-：*m.* 頑固で教化しがたいもの。*pl. Gen.*
damathaḥ < damatha-：*m.* 自制。克己。懲戒。刑罰。屈服させること。「調意」「調伏」「調伏意」と漢訳。*sg. Nom.*
katamā < katamā- < katama-：*疑問代名詞,*（多くの中の）だれか。何か。「何」「如何」「何者」「何等」と漢訳。*f. sg. Nom.*
ca：*conj.* および。また。しかしながら。そして。～と。なお。
khaṭuṅka-durdama-damatha-kathā < khaṭuṅka-durdama-damatha-kathā-：*f.* 頑固で教化し難いものを屈服させる〔強引な〕話。*sg. Nom.*

> tad yathême nirayā iyaṃ tiryag-yonir ayaṃ yama-loka ime 'kṣaṇā iyaṃ hīnêndriyôpapattir[38] idaṃ[39] kāya-duścaritam ayaṃ kāya-duścaritasya vipāka idaṃ [vāg-duścaritam ayaṃ] vāg-duścaritasya vipāka[40] idaṃ mano-duścaritam ayaṃ mano-duścaritasya vipāko 'yaṃ prāṇâtipāta idam adattâdānam ayaṃ kāma-mithyâcāro ['yaṃ] mṛṣā-vāda iyaṃ piśunā vāg iyaṃ paruṣā vācâyaṃ[41] saṃbhinna-pralāpa iyam abhidhyâyaṃ vyāpāda iyaṃ mithyā-dṛṣṭir ayam eṣām eṣa vipāka idaṃ mātsaryam idaṃ dauḥśīlyam ayaṃ krodha idaṃ kauśīdyam ayaṃ vikṣepa idaṃ dauḥprajñyam idaṃ dauḥprajñyasya phalam ayaṃ prātimokṣa-śikṣā-vyatikramo 'yaṃ prātimokṣa idaṃ karaṇīyam idam akaraṇīyam ayaṃ yoga idaṃ prahānam[42] idam āvaraṇam idam anāvaraṇam iyam āpattir[43] idam āpatti-vyutthānam ayaṃ mārgo 'yaṃ kumārga idaṃ kuśalam idam akuśalam idaṃ sâvadyam idam anavadyam idaṃ sâsravam idam anāsravam idaṃ laukikam idaṃ lokôttaram idaṃ saṃskṛtam [idam asaṃskṛtam][44] ayaṃ saṃkleśa idaṃ vyavadānam ayaṃ saṃsāra idaṃ nirvāṇam /
>
> （梵漢和維摩経 *p.* 444, *ll.* 6–15, *p.* 446, *ll.* 1–6）

「それは次のようなものである。『〔五つの生処について〕これらが地獄であり、これが畜生としての在り方であり、これがヤマ（閻魔）の世界であり[45]、これらが不運〔の生まれ〕であり、これが感覚器官に障害をもって生まれること[46] である。〔身口意の三業について〕これが身体（身〔しん〕）による悪しき行為であり、これが身体による悪しき行為の果報である。これが〔言葉（口）による悪しき行為であり、これが〕言葉による悪しき行為の果報である。これが心（意）による悪しき行為であり、これが心による悪しき行為の果報である。〔十悪について〕これが生き物を殺害すること（殺生）であり、これが与えられていないものを〔勝手に〕取ること（偸盗）であり、これが愛欲による誤った行為（邪婬）であり、これが偽って語ること（妄語）であり、これが二枚舌（両舌）であり、これが粗暴な言葉（悪口）であり、これが支離滅裂なたわごと（綺語）であり、これが貪り（貪欲）であり、これが悪意（瞋恚）であり、これが虚妄の見解（愚癡）であり、これがそれら〔の十悪〕の果報である。これが、もの惜しみ（慳貪）であり、これが破戒であり、これが瞋恚であり、これが怠惰であり、これが心の散乱である[47]。これが悪しき智慧であり、これが悪しき智慧の結果である。これが〔出家者の戒律の条文集である〕プラーティモークシャ（波羅提木叉）の教訓に対する違反であり、これがプラーティモークシャである。これがなされるべきことであり、これがなされるべきでないことである。これが精神集中であり、これが〔煩悩を〕断つことである。これが障害であり、これが障害のないことである。これが過失であり、これが無過失であり、これが過失を離れていることである。これが、〔正しい〕道であり、これが邪道である。これは善であり、これは善ではない。これは非難されるべきことであり、これは非難されるべきでないことである。これは煩悩のあるもの（有漏）であり、これは煩悩のないもの（無漏）である。これは世俗的であり、これは超世俗的である。これは有為であ〔り、これは無為であ〕る。これが苦痛である。これは浄化であり[48]、これは生存の循環（輪廻）であり、これは涅槃である』と。

【「言わく、『是れ地獄なり。是れ畜生なり。是れ餓鬼なり。是れ諸の難処なり。是れ愚人の生ずる処なり。是れ身邪行なり。是れ身邪行の報なり。是れ口邪行なり。是れ口邪行の報なり。是れ意邪行なり。是れ意邪行の報なり。是れ殺生なり。是れ殺生の報なり。是れ不与取なり。是れ不与取の報なり。是れ邪婬なり。是れ邪婬の報なり。是れ妄語なり。是れ妄語の報なり。是れ両舌なり。是れ両舌の報なり。是れ悪口なり。是れ悪口の報なり。是れ無義語なり。是れ無義語の報なり。是れ貪嫉なり。是れ貪嫉の報なり。是れ瞋悩なり。是れ瞋悩の報なり。是れ邪見なり。是れ邪見の報なり。是れ慳悋なり。是れ慳悋の報なり。是れ毀戒なり。是れ毀戒の報なり。是れ瞋恚なり。是れ瞋恚の報なり。是れ懈怠なり。是れ懈怠の報なり。是れ乱意なり。是れ乱意の報なり。是れ愚癡なり。是れ愚癡の報なり。是れ結戒なり。是れ持戒なり。是れ犯戒なり。是れ応作なり。是れ不応作なり。是れ障礙なり。是れ不障礙なり。是れ得罪なり。是れ離罪なり。是れ浄なり。是れ垢なり。是れ有漏なり。是れ無漏なり。是れ邪道なり。是れ正道なり。是れ有為なり。是れ無為なり。是れ世間なり。是れ涅槃なり』と。】

（大正蔵、巻一四、五五二頁下）

……………………………………………………………………………

tad < tat + 有声子音 < tad-：それ。*n. sg. Nom.*

yathême < yathā + ime

tad yathā：それは次のようなものである。例えば次のようなものである。「如」「如此」「譬如」と漢訳。

yathā：*関係副詞, 接続詞,* ～のように。あたかも～のように。～であるように。

ime < idam-：これ。*m. pl. Nom.*

nirayā < nirayāḥ + 有声音 < niraya- < nir-aya-：*m.* 人生からの離脱。地獄。「泥犁」と音写。*pl. Nom.*

nir < nis + 有声音：*adv.* 外へ。前へ。～を欠いた。～のない。

aya- < $\sqrt{}$i- (2) + -a：*m.* 行くこと。歩行。運行。

iyaṃ < idam-：それ。*f. sg. Nom.*

tiryag-yonir < tiryag-yoniḥ + 有声音 < tiryag-yoni-：*f.* 獣の胎。獣である状態。動物の創造。「畜生」「畜生道」「禽獣」と漢訳。*sg. Nom.*

tiryag < tiryak + 有声子音：*adv.* 横切って。水平に。斜めに。

tiryak < tiryañc-：*adj.* 横の。水平の。斜めの。*n.* （直立して歩く人間に対して）体を水平にして動く獣。動物。「畜生」「禽獣」と漢訳。*sg. Acc.* 対格の副詞的用法。

yoni-：*f.* 子宮。陰門。母胎。出処。出生。存在の形式。血統。

ayaṃ < idam-：これ。この。*m. sg. Nom.*
yama-loka < yama-lokaḥ + a 以外の母音 < yama-loka-：*m.* ヤマ（閻魔）の世界。*sg. Nom.*
yama-：*m.* ヤマ。「獄主」「獄帝」と漢訳。「閻魔」「夜磨」と音写。
loka-：*m.* 空間。余地。場所。国。世界。世間。
ime 'kṣaṇā < ime + akṣaṇā
ime < idam-：これ。*m. pl. Nom.*
akṣaṇā < akṣaṇāḥ + 有声音 < akṣaṇa- < a-kṣaṇa-：*m.* 不遇。不運。災難。不幸。*pl. Nom.*
kṣaṇa-：*m.* 瞬間。「須臾」「念」と漢訳。「刹那」と音写。
iyaṃ < idam-：これ。*f. sg. Nom.*
hīnêndriyôpapattir < hīnêndriyôpapattiḥ + 有声音 < hīnêndriyôpapatti- < hīna-indriya-upapa=tti-：*f.* 感覚器官に欠陥をもって生まれること。*sg. Nom.*
hīna-indriya-：*adj.* 欠陥のある感覚器官を持つ。感覚器官に欠陥のある。
hīna- < √hā- (3) + -na：*pp.* 見捨てられた。～（奪格）から逸脱した。劣った。低次の。卑しい。貧弱な。欠陥のある。欠点を有する。欠けている。不足している。*n.* 不足。欠乏。
indriya-：*n.* 活力。精力。感官。能力。「根」と漢訳。
upapatti- < upa-√pad- (4) + -ti：*f.* 出現。成功。結果。確立。起源。誕生。
idaṃ < idam-：これ。*n. sg. Nom.*
kāya-duścaritam < kāya-duścarita-：*n.* 身体による悪しき行為。*sg. Nom.*
kāya-：*m.* 身体。集団。多数。集合。
duścarita- < duś-carita-：*pp.* 悪しく振る舞った。悪行をなした。*n.* 悪しき行為。犯罪。愚かな行為。「悪行」「悪業」「罪」「罪業」と漢訳。
duḥ-, duṣ-, duś-, dur- は、「悪しき」「～難き」「困難な」「無～」「不～」「離～」を意味する接頭辞。
carita- < √car- (1) + -ita：*pp.* 「行」「遊行」「住」「修」「修行」「勤修」「奉行」と漢訳。*n.* 行くこと。歩むこと。道。進行。実行。行為。動作。事業。
ayaṃ < idam-：これ。この。*m. sg. Nom.*
kāya-duścaritasya < kāya-duścarita-：*n.* 身体による悪しき行為。*sg. Gen.*
vipāka < vipākaḥ + a 以外の母音 < vipāka- < vi-√pac- (1) + -a：*m.* 熟すること。〔行為の結果が〕成熟すること。結果。「果報」と漢訳。*sg. Nom.*
idaṃ < idam-：これ。*n. sg. Nom.*
vāg-duścaritam < vāg-duścarita-：*n.* 言葉による悪しき行為。*sg. Nom.*
vāg < vāk + 有声子音 < vāc-：*f.* 言葉。*sg. Nom.*
ayaṃ < idam-：これ。この。*m. sg. Nom.*
vāg-duścaritasya < vāg-duścarita-：*n.* 言葉による悪しき行為。*sg. Gen.*
vipāka < vipākaḥ + a 以外の母音 < vipāka- < vi-√pac- (1) + -a：*m.* 熟すること。〔行為の結果が〕成熟すること。結果。「果報」と漢訳。*sg. Nom.*
idaṃ < idam-：これ。*n. sg. Nom.*
mano-duścaritam < mano-duścarita-：*n.* 心による悪しき行為。*sg. Nom.*
mano- < manas- + 有声子音 < √man- (1) + -as：*n.* 心。理解力。知力。精神。心情。思考。「意」と漢訳。
ayaṃ < idam-：これ。この。*m. sg. Nom.*
mano-duścaritasya < mano-duścarita-：*n.* 心による悪しき行為。*sg. Gen.*
vipāko 'yaṃ< vipākaḥ + ayaṃ
vipākaḥ < vipāka- < vi-√pac- (1) + -a：*m.* 熟すること。〔行為の結果が〕成熟すること。結果。「果報」と漢訳。*sg. Nom.*
ayaṃ < idam-：これ。この。*m. sg. Nom.*
prāṇâtipāta < prāṇâtipātaḥ + a 以外の母音 < prāṇâtipāta- < prāṇa-atipāta-：*m.* 殺害の企図。生命を

奪うこと。生き物を殺すこと。「殺」「殺生」「害生命」「断生命」と漢訳。*sg. Nom.*

prāṇa-：*m.* 呼吸。生気。個人我。

atipāta- < ati-√pat- (1) + -a：*m.* 行き過ぎること。経過。等閑。襲撃。「殺」「害」と漢訳。

idam < idam-：これ。*n. sg. Nom.*

adattâdānam < adattâdāna- < adatta-ādāna-：*n.* 与えられていないものを〔勝手に〕取ること。盗み。「不与取」「盗」「偸盗」「劫盗」と漢訳。

adatta- < a-datta-：*adj.* 与えられていない。

datta- < √dā- (3) + -ta：*pp.* 与えられた。

ādāna- < ā-√dā- (3) + -ana：*n.* 取ること。

dāna- < √dā- (3) + -ana：*n.* 与えること。

ayaṃ < idam-：これ。この。*m. sg. Nom.*

kāma-mithyâcāro 'yaṃ < kāma-mithyâcāraḥ + ayaṃ

kāma-mithyâcāraḥ < kāma-mithyâcāra-：*m.* 愛欲による誤った行為（邪婬）。*sg. Nom.*

kāma-：*m.* ～に対する願望。欲望。愛。愛着。

mithyâcāra- < mithyā-ācāra-：*m.* 不当な行為。不正な行為。「邪行」「邪婬」と漢訳。

mithyā-：*adv.* 不法に。不正に。偽って。不正直に。欺いて。「邪」「邪妄」「邪謬」「邪執」「虚妄」と漢訳。

ācāra- < ā-√car- (1) + -a：*m.* 行為。善行。慣習。習俗。作法。

ayaṃ < idam-：これ。この。*m. sg. Nom.*

mṛṣā-vāda < mṛṣā-vādaḥ + a 以外の母音 < mṛṣā-vāda-：*m.* 妄語者。うそつき。偽って語ること。妄語。*sg. Nom.*

mṛṣā：*adv.* むなしく。目的なく。不正確に。誤って。不真実に。偽って。

vāda- < √vad- (1) + -a：*m.* 談話。発言。議論。

iyaṃ < idam-：それ。*f. sg. Nom.*

piśunā < piśunā- < piśuna-：*adj.* 誹謗する。そしる。中傷的な。悪意のある。有害な。邪悪な。「悪口」「両舌」「乖離」「離間」と漢訳。*f. sg. Nom.*

piśunā vāk：二枚舌。「両舌」「離間言語」と漢訳。

vāg < vāk + 母音 < vāc-：*f.* 言葉。*sg. Nom.*

iyaṃ < idam-：それ。*f. sg. Nom.*

paruṣā < paruṣā- < paruṣa-：*adj.* 斑点のある。汚れた。荒い。でこぼこのある。髪の乱れた。荒々しい。激烈な。厳しい。粗暴な。無礼な。「暴悪」と漢訳。*f. sg. Nom.*

paruṣa-vāc-：*adj.* 荒々しく語られた。*f.* 「悪口」と漢訳。

vācâyaṃ < vācā + ayaṃ

vācā < vācā- < √vac- (2) + -ā：*f.* 語。話。弁舌の女神。*sg. Nom.*

ayaṃ < idam-：これ。この。*m. sg. Nom.*

saṃbhinna-pralāpa < saṃbhinna-pralāpaḥ + a 以外の母音 < saṃbhinna-pralāpa-：*m.* 支離滅裂なたわごと。「綺語」「綺言」「無益語」「無義語」と漢訳。*sg. Nom.*

saṃbhinna- < sam-√bhid- (1) + -na：*pp.* きれぎれに破られた。突破された。「別」「分別」「差別」「分離」と漢訳。

pralāpa- < pra-√lap- (1) + -a：*m.* 饒舌。雑談。無駄話。たわごと。「戯論」「無義語」と漢訳。

pra-√lap- (1)：軽率に話す。無駄口をきく。

√lap- (1)：喋る。話す。囁く。つぶやく。

iyam < idam-：それ。*f. sg. Nom.*

abhidhyâyaṃ　< abhidhyā + ayaṃ

abhidhyā < abhidhyā- < abhi-√dhyai- (1) + -ā：*f.* 熱望。欲求。「貪」「貪欲」「貪愛」と漢訳。*sg. Nom.*

abhi-√dhyai- (1)：～に心を注ぐ。～に眼を投ずる。欲する。想起する。瞑想にふける。

ayaṃ < idam-：これ。この。*m. sg. Nom.*

vyāpāda < vyāpādaḥ + a 以外の母音 < vyāpāda- < vi-ā-√pad- (4) + -a：*m.* 零落。破壊。死。悪意。「恚」「瞋」「害」「瞋恚」と漢訳。*sg. Nom.*

vi-ā-√pad- (4)：遠ざかる。消失する。滅びる。「毀」と漢訳。

iyaṃ < idam-：それ。*f. sg. Nom.*

mithyā-dṛṣṭir < mithyā-dṛṣṭiḥ + 有声音 < mithyā-dṛṣṭi-：*f.* 異端。邪教。真実でない見解。*sg. Nom.*

mithyā-：*adv.* 不法に。不正に。偽って。不正直に。欺いて。真実ではなく。外見のみで。「邪」「邪妄」「邪謬」「邪執」「虚妄」と漢訳。

dṛṣṭi- < √dṛś- (1) + -ti：*f.* 見ること。視力。見なすこと。意見。（誤った）見解。「見」「閲」「邪見」「妄見」と漢訳。

ayam < idam-：これ。この。*m. sg. Nom.*

eṣām < etad-：これ。*m. pl. Gen.*

eṣa < eṣaḥ < etad-：これ。*m. sg. Nom.*

vipāka < vipākaḥ + a 以外の母音 < vipāka- < vi-√pac- (1) + -a：*m.* 熟すること。〔行為の結果が〕成熟すること。結果。「果報」と漢訳。*sg. Nom.*

idaṃ < idam-：これ。*n. sg. Nom.*

mātsaryam < mātsarya-：*n.* もの惜しみ（慳貪）嫉妬。悪意。不満。「慳貪」「慳惜」と漢訳。*sg. Nom.*

idaṃ < idam-：これ。*n. sg. Nom.*

dauḥśīlyam < dauḥśīlya- < duḥ-śīla- + -ya：*n.* 品性の悪いこと。悪意。「犯」「破戒」「毀戒」と漢訳。*sg. Nom.*

ayaṃ < idam-：これ。この。*m. sg. Nom.*

krodha < krodhaḥ + a 以外の母音 < krodha- < √krudh- (4) + -a：*m.* 忿怒。「怒」「瞋」「恚」「瞋恚」と漢訳. *sg. Nom.*

√krudh- (4)：～（為格、属格）のことを怒る。～（対格）に対して怒る。

idaṃ < idam-：これ。*n. sg. Nom.*

kauśīdyam < kauśīdya- = kausīdya-：*n.* 怠惰。弛緩。「懈怠」と漢訳。*sg. Nom.*

ayaṃ < idam-：これ。この。*m. sg. Nom.*

vikṣepa < vikṣepaḥ + a 以外の母音 < vikṣepa- < vi-√kṣip- (4) + -a：*m.* 撒布すること。投げること。投擲。動揺。波動。投げ上げること。不注意。散心。*sg. Nom.*

vi-√kṣip- (4)：投げ散らす。ここかしこに投げる。散乱させる。惑乱させる。

√kṣip- (4)：投げる。擲つ。派遣する。放出する。（言葉を）発する。放擲する。罵詈する。辱しめる。罵る。「誹謗」「毀謗」と漢訳。

idaṃ < idam-：これ。*n. sg. Nom.*

dauḥprajñyam < dauḥprajñya- < duḥprajña- + -ya：*n.* 悪しき智慧。「悪慧」「愚癡」と漢訳。*sg. Nom.*

duḥprajña- < duḥ-prajña-：*adj.* 愚かな。「悪慧」「劣慧」「笞」「無智」「愚癡之人」と漢訳。

idaṃ < idam-：これ。*n. sg. Nom.*

dauḥprajñyasya < dauḥprajñya- < duḥprajña- + -ya：*n.* 悪しき智慧。「悪慧」「愚癡」と漢訳。*sg. Gen.*

phalam < phala-：*n.* 実。果実。結果。報い。*sg. Nom.*

ayaṃ < idam-：これ。この。*m. sg. Nom.*

prātimokṣa-śikṣā-vyatikramo 'yaṃ < prātimokṣa-śikṣā-vyatikramaḥ + ayaṃ

prātimokṣa-śikṣā-vyatikramaḥ < prātimokṣa-śikṣā-vyatikrama-：*m.* 〔出家者の戒律の条文集である〕プラーティモークシャ（波羅提木叉）の教訓に対する違反。*sg. Nom.*

prātimokṣa- < pra-ati-mokṣa-：*m.* 「別解」「別解脱」「別別解脱」「解脱戒」と漢訳。「波羅提木叉」と音写。

mokṣa- < mokṣ- + -a：*m.* ～（奪格、属格）からの解放／釈放／脱出。輪廻からの解放。「解脱」「度脱」と漢訳。

mokṣ- < √muc- (6)：放つ。解放する。発する。発言する。*意欲動詞.*

śikṣā- < √śikṣ- (1) + -ā：*f.* ～の知識。技術。熟達。教授。教課。教訓。

vyatikrama- < vi-ati-√kram- (1) + -a：*m.* ～（属格）の傍らを通過すること。それること。逸脱すること。～（属格）の違反。違約。遂行しないこと。

vi-ati-√kram- (1)：逸する。過ぎ去る。経過する。犯す。等閑に付す。「超越」と漢訳。

ayaṃ < idam-：これ。この。*m. sg. Nom.*

prātimokṣa < prātimokṣaḥ + a 以外の母音 < prātimokṣa- < pra-ati-mokṣa-：*m.* 「別解」「別解脱」「別別解脱」「解脱戒」と漢訳。「波羅提木叉」と音写。*sg. Nom.*

idaṃ < idam-：これ。*n. sg. Nom.*

karaṇīyam < karaṇīya- < √kṛ- (8) + -aṇīya：*未受分,* なされるべき。作られるべき。「所作」「所為」と漢訳。*n.* 仕事。職業。*n. sg. Nom.*

idam < idam-：これ。*n. sg. Nom.*

akaraṇīyam < akaraṇīya- < a-karaṇīya-：*未受分,* なされるべきでない。作られるべきでない。*n. sg. Nom.*

ayaṃ < idam-：これ。この。*m. sg. Nom.*

yoga < yogaḥ + a 以外の母音 < yoga- < √yuj- (7) + -a：*m.* 軛をつけること。結合。合一。心の統一。瞑想。奮励。*sg. Nom.*

√yuj- (7)：（馬を）つなぐ。軛をつける。精神を集中する。

idaṃ < idam-：これ。*n. sg. Nom.*

prahānam < prahāna- < pra-√hā- (3) + -ana：*n.* 放棄。回避。「断」「断除」「断尽」「断滅」「永断」「除断」「離」「離滅」「遠離」と漢訳。*sg. Nom.*

pra-√dhā- (3)：前に置く。（間者を）派遣する。

idam < idam-：これ。*n. sg. Nom.*

āvaraṇam < āvaraṇa- < ā-√vṛ- (1) + -aṇa：*adj.* 覆う。隠す。*n.* 包むこと。被覆。衣服。遮断。保護。壁。「蓋」「障」「礙」と漢訳。*n. sg. Nom.*

idam < idam-：これ。*n. sg. Nom.*

anāvaraṇam < anāvaraṇa- < an-āvaraṇa-：*adj.* 覆いのない。隠さない。*n.* 無障害。「蓋」「障」「礙」と漢訳。*n. sg. Nom.*

iyam < idam-：それ。*f. sg. Nom.*

āpattir < āpattiḥ + 有声音 < āpatti- < ā-√pad- (4) + -ti <：*f.* 出来事。招くこと。不運。困窮。「罪」「罪過」「違反」「所犯過失」と漢訳。*sg. Nom.*

idam < idam-：これ。*n. sg. Nom.*

āpatti-vyutthānam < āpatti-vyutthāna-：*n.* 過失を離れていること。*sg. Nom.*

āpatti- < ā-√pad- (4) + -ti <：*f.* 出来事。招くこと。不運。困窮。「罪」「罪過」「違反」「所犯過失」と漢訳。

vyutthāna- < vi-ud-√sthā- (1) + -ana：*n.* （ヨーガの一段階としての）覚醒。義務を怠ること。「出」「起」「浄」「生起」「能出」「出離」「出（定）」と漢訳。

vi-ud-√sthā- (1)：～（奪格）から背を向ける。～を捨てる。

ayaṃ < idam-：これ。この。*m. sg. Nom.*

mārgo 'yaṃ < mārgaḥ + ayaṃ

mārgaḥ < mārga-：*m.* 小道。道。道路。～に到る道。*sg. Nom.*

ayaṃ < idam-：これ。この。*m. sg. Nom.*

kumārga < kumārgaḥ + a 以外の母音 < kumārga- < ku-mārga-：*m.* 悪路。邪道。「異道」「悪道」と漢訳。*sg. Nom.*

idaṃ < idam-：これ。*n. sg. Nom.*

kuśalam < kuśala-：*adj.* 善き。正しき。～に熟練した。老練なる。経験ある。*n. sg. Nom.*

idam < idam-：これ。*n. sg. Nom.*

akuśalam < akuśala- < a-kuśala-：*adj.* 有害の。不幸の。不吉な。未熟練の。*n.* 「悪」「不善」と漢

訳。*n. sg. Nom.*
idaṃ < idam-：これ。*n. sg. Nom.*
sâvadyam < sâvadya- < sa-avadya-：*adj.* 非難されるべき（行為）。劣悪な（商品）。「罪」「障」「過」「有罪」と漢訳。*n. sg. Nom.*
sa-：*pref.* ～を含む。～に伴われた。～を所有する。～と一緒に。結合・共有・類似を表わす接頭辞。
avadya- < a-vadya-：*未受分,* 称讃されるべきでない。非難すべき。悪しき。*n.* 過失。罵詈。非難。不名誉。恥辱。「罪」「過悪」「過罪」「罪悪」「非称」と漢訳。
vadya- < √vad- (1) + -ya：*未受分,* 称讃されるべき。
idam < idam-：これ。*n. sg. Nom.*
anavadyam < anavadya- < an-avadya-：*未受分,* 称讃に値しないのでない。非難されるべきでない。無難の。申し分のない。*n.* 「無罪」「無過」「無呵責」「無有過咎」「無過失」と漢訳。*n. sg. Nom.*
idaṃ < idam-：これ。*n. sg. Nom.*
sâsravam < sâsrava- < sa-āsrava-：*adj.* 漏（煩悩）のある。「有漏」「具漏」と漢訳。*n. sg. Nom.*
sa-：*pref.* ～を含む。～に伴われた。～を所有する。～と一緒に。結合・共有・類似を表わす接頭辞。
āsrava- < ā-√sru- (1) + -a：*m.* 水門。流出するもの。煩悩。「漏」「流」と漢訳。
idam < idam-：これ。*n. sg. Nom.*
anāsravam < anāsrava- < an-āsrava-：*adj.* 漏（煩悩）のない。漏より離脱した。「無漏」と漢訳。*n. sg. Nom.*
idaṃ < idam-：これ。*n. sg. Nom.*
laukikam < laukika-：*adj.* 日常生活に関する。普通の。通常の。日常の。「世」「世俗」「凡俗」と漢訳。*n. sg. Nom.*
idaṃ < idam-：これ。*n. sg. Nom.*
lokôttaram < lokôttara- < loka-uttara-：*adj.* 超世間的な。異常な。通常でない。「出世間」「出世」「超出世間」と漢訳。*n. sg. Nom.*
idaṃ < idam-：これ。*n. sg. Nom.*
saṃskṛtam < saṃskṛta- < sam-s-√kṛ- (8) + -ta：*pp.* 準備された。飾られた。「有為」と漢訳。*n. sg. Nom.*
idam < idam-：これ。*n. sg. Nom.*
asaṃskṛtam < a-saṃskṛta-：*adj.* 装備されない。装飾されていない。「無為」と漢訳。*n. sg. Nom.*
ayaṃ < idam-：これ。この。*m. sg. Nom.*
saṃkleśa < saṃkleśaḥ + a 以外の母音 < saṃkleśa- < sam-√kliś- (4,9) + -a：*m.* 苦痛。苦悩。「染」「垢」「穢」「染汚」「惑傷」「煩悩」と漢訳。*sg. Nom.*
sam-√kliś- (4,9)：絞る。苦しませる。悩ます。
√kliś- (4,9)：悩ます。苦しませる。困らせる。煩わす。
idaṃ < idam-：これ。*n. sg. Nom.*
vyavadānam < vyavadāna- < vi-ava-√dā- (4) + -ana：*n.* 浄化。「浄」「清浄」と漢訳。*sg. Nom.*
√dā- (4) ＝ √dai- (4)：清める。（現在語幹はなし）
√dā- (1)：切る。
√dā- (3)：与える。
ayaṃ < idam-：これ。この。*m. sg. Nom.*
saṃsāra < saṃsāraḥ + a 以外の母音 < saṃsāra- < sam-√sṛ- (1) + -a：*m.* 生存の循環。（生の）不断の連続。現世の生存。「輪廻」と漢訳。*sg. Nom.*
sam-√sṛ- (1)：歩き回る。徘徊する。
√sṛ- (1)：速く走る。流れる。
idaṃ < idam-：これ。*n. sg. Nom.*

nirvāṇam < nirvāṇa- < nir-√vā- (2, 4) + -na：*pp.* 吹き消された。生命の光の消えた。絶対の至福を享受した。*n.* 消滅。生の焔の消滅すること。絶対との一致。完全な満足。寂滅。安穏。「滅」「滅度」「寂滅」「安穏」と漢訳。「涅槃」「泥洹」と音写。*n. sg. Nom.*

> ity evam aneka-dharma-paribhāṣaṇatayā khaṭuṅkâśva-sadṛśa-cittāḥ sattvā avasthāpyante /
> (梵漢和維摩経 *p.* 446, *ll.* 7–8)

「以上、このように〔一つではない〕多くの事柄において呵責することによって、荒れ狂う馬のような心[49] を持つ衆生たちは、安住させられるのである。

【「難化の人は心、猨猴の如くなるを以ての故に、若干種の法を以て、其の心を制御して、乃ち調伏す可し。】 （大正蔵、巻一四、五五三頁上）

……………………………………………………………………

ity < iti + 母音：*adv.* ～と。以上のように。「如是」と漢訳。

evam：*adv.* このように。「是」「如是」と漢訳。

aneka-dharma-paribhāṣaṇatayā < aneka-dharma-paribhāṣaṇatā-：*f.* 〔一つではない〕多くの事柄において呵責すること。*sg. Ins.*

aneka- < an-eka-：*adj.* 一以上の。種々の。「非一」「諸」「衆」と漢訳。

dharma-：*m.* 確定した秩序。慣例。習慣。法則。規則。義務。宗教。教説。性質。本質。属性。特質。事物。法。

paribhāṣaṇatā- < paribhāṣaṇa-tā-：*f.* 非難すること。譴責すること。呵責すること。

paribhāṣaṇa- < pari-√bhāṣ- (1) + -ana：*n.* 談話。おしゃべり。非難。譴責。呵責。「説」「発言」「辱」「呵」と漢訳。

pari-√bhāṣ- (1)：さとす。話しかける。説明する。教える。罵る。悪口する。非難する。辱しめる。

khaṭuṅkâśva-sadṛśa-cittāḥ < khaṭuṅkâśva-sadṛśa-cittāḥ + (s) < khaṭuṅka-aśva-sadṛśa-citta-：*adj.* 荒れ狂う馬のような心を持つ。*m. pl. Nom.*

khaṭuṅka- ＝ khaḍuṅka-：*adj.* 頑固な。強引な。「剛強」「頑愚」「暴悪者」と漢訳。

BHS. dic. *p.* 202 には unruly（乱暴な、規則に従わない、荒れ狂う、手に負えない、野放図な、常軌を逸した）、unmanageable（扱いにくい、管理し難い）という意味を挙げている。

aśva-：*m.* 馬。

sadṛśa- < sa-dṛśa-：*adj.* ～に似た。～のような。「如」「相似」と漢訳。

citta-：*n.* 心。思考。意思。知性。理性。「質多」と音写。

sattvā < sattvāḥ + 有声音 < sattva-：*m.* 衆生。*pl. Nom.*

avasthāpyante < avasthāpya- < avasthāpaya- + -ya < ava-√sthā- (1) + -paya + -ya：*Caus. Pass.* ～（処格）に安住させられる。*Pres. 3, pl. A.*

avasthāpaya- < ava-√sthā- (1) + -paya：*Caus.* ～（処格）に留まらせる。安住させる。

> tad yathā khaṭuṅko hayo gajo vā yāvan marma-vedhena[50] damathaṃ gacchaty evam evêha durdamāḥ khaṭuṅkāḥ sattvās te sarva-duḥkha-paribhāṣaṇa-kathābhir damathaṃ gacchanti /
> (梵漢和維摩経 *p.* 446, *ll.* 8–10)

「それは、身体の要所を打つことによって〔苦痛を与え〕、荒れ狂う馬、あるいは象が屈服するようになるようなものである。まさにそのように、この〔サハー世界〕では、頑固で教化しがたいそれらの衆生たちは、あらゆる苦と呵責についての〔強引な〕話によって屈服するようになるのである」

【「譬えば象馬の𢤱悷不調なるは、諸の楚毒を加え、乃至、骨に徹して然る後に調伏するが如し。是くの如く剛強・難化の衆生の故に、一切の苦切の言を以て、乃ち律に入らしむ可し」】

（大正蔵、巻一四、五五三頁上）

……………………………………………………………………

tad yathā：それは次のようなものである。例えば次のようなものである。「如」「如此」「譬如」と漢訳。

yathā：*関係副詞，接続詞，*～のように。あたかも～のように。～であるように。

khaṭuṅko < khaṭuṅkaḥ + 有声子音 < khaṭuṅka- = khaḍuṅka-：*adj.* 頑固な。「剛強」「頑愚」「暴悪者」と漢訳。*m. sg. Nom.*

BHS. dic. *p.* 202 には unruly（乱暴な、規則に従わない、荒れ狂う、手に負えない、野放図な、常軌を逸した）、unmanageable（扱いにくい、管理し難い）という意味を挙げている。

hayo < hayaḥ + 有声子音 < haya-：*m.* 軍馬。馬。*sg. Nom.*

gajo < gajaḥ + 有声子音 < gaja-：*m.* 象。*sg. Nom.*

vā：*ind.* ～か。または。たとえ～であっても。

yāvan < yāvat + (m)：*関係副詞，*～ほど大きく／多く／長く。～に至るまでの。

marma-vedhena < marma-vedha-：*m.* 身体の要所を打つこと。*sg. Ins.*

marma- < marman-：*n.* 関節。（身体の）露出した部分。致命的な部分。弱い部分。傷つきやすい部分。「要処」と漢訳。

vedha- < $\sqrt{}$vyadh- (4) + -a：*m.* 貫通。（的に）当てること。破ること。

$\sqrt{}$vyadh- (4)：貫く。孔をうがつ。打つ。傷つける。圧倒する。

damathaṃ < damatha：*m.* 自制。克己。懲戒。刑罰。屈服させること。「調意」「調伏」「調伏意」と漢訳。*sg. Acc.*

gacchaty < gacchati + 母音 < gaccha- < $\sqrt{}$gam- (1)：行く。～（対格、為格、処格）に赴く。～に近づく。達する。～を得る。～に戻る。*Pres. 3, sg. P.*

evam：*adv.* このように。「是」「如是」と漢訳。

evêha < eva + iha

eva：*adv.* さように。このように。まさに。実に。ただ。全くこのように。

iha：*adv.* ここに。今。この世に。地上に。「此」「於此」「世」「此世」と漢訳。

durdamāḥ < durdamāḥ + (k) < durdama-：*adj.* 制御し難い。教化しがたい。「難調」「難降伏」「難可教化」と漢訳。*m. pl. Nom.*

khaṭuṅkāḥ < khaṭuṅkāḥ + (k) < khaṭuṅka- = khaḍuṅka-：*adj.* 頑固な。「剛強」「頑愚」「暴悪者」と漢訳。*m. pl. Nom.*

BHS. dic. *p.* 202 には unruly（乱暴な、規則に従わない、荒れ狂う、手に負えない、野放図な、常軌を逸した）、unmanageable（扱いにくい、管理し難い）という意味を挙げている。

sattvās < sattvāḥ + (t) < sattva-：*m.* 「衆生」「有情」と漢訳。*pl. Nom.*

te < tad-：それ。*m. pl. Nom.*

sarva-duḥkha-paribhāṣaṇa-kathābhir < sarva-duḥkha-paribhāṣaṇa-kathābhiḥ + 有声音 < sarva-duḥkha-paribhāṣaṇa-kathā-：*f.* あらゆる苦と呵責の話。*pl. Ins.*

sarva-：*adj.* 一切の。すべての。

duḥkha- < duḥ-kha-：*adj.* 不愉快な。艱難に満ちた。憐れな。*n.* 苦痛。艱難。悲惨。受苦。「苦」「苦」「苦悩」「憂苦」と漢訳。

paribhāṣaṇa- < pari-$\sqrt{}$bhāṣ- (1) + -ana：*n.* 談話・おしゃべり。非難。譴責。呵責。「説」「発言」「辱」「呵」と漢訳。

kathā-：*f.* ～についての会話。談話。物語。議論。「言」「語言」「言辞」「論説」と漢訳。

damathaṃ < damatha：*m.* 自制。克己。懲戒。刑罰。屈服させること。「調意」「調伏」「調伏意」と漢訳。*sg. Acc.*

gacchanti < gaccha- < $\sqrt{}$gam- (1)：行く。赴く。達する。得る。陥る。*Pres. 3, pl. P.*

> §16 te bodhi-sattvā āhuḥ / āścaryaṃ bhagavataḥ śākyamuner yatra hi nāma pratisaṃhṛtya buddha-māhātmyaṃ daridra-lūhatayā khaṭuṅkān sattvān vinayati /
>
> （梵漢和維摩経 *p.* 446, *ll.* 11–13）

§16 それらの菩薩たちが言った。

「ブッダの威徳を〔示すことを〕抑えて、貧困で低劣であること〔を示すこと〕によって、頑固な衆生たちを教え導かれる[51] とは、実に確かに、シャーキャムニ世尊には未曾有なことが具わっております。

【§16　彼の諸の菩薩は是れを説くを聞き已りて、皆曰く、「未曾有なり。世尊・釈迦牟尼仏の如きは、其の無量の自在の力を隠して、乃ち貧しきものの楽う所の法を以て、衆生を度脱したまい、】

（大正蔵、巻一四、五五三頁上）

…………………………………………………………………………

te < tad-：それ。*m. pl. Nom.*

bodhi-sattvā < bodhi-sattvāḥ ＋ 有声音 < bodhi-sattva-：*m.* 覚りを求める人。「菩薩」と音写。*pl. Nom.*

āhuḥ < √ah-：話す。言う。*Perf. 3, pl. P.* cf.「基礎」*p.* 376.

…………………………………………………………………………

āścaryaṃ < āścarya-：*adj.* 奇異なる。不思議なる。*n.* 希有の現象。奇事。驚愕。「未曾有事」「驚異」「希有」と漢訳。*sg. Nom.*

bhagavataḥ < bhagavat-：*m.* 尊い（人）。「世尊」と漢訳。「婆伽婆」「薄伽梵」と音写。*sg. Gen.*

śākyamuner < śākyamuneḥ ＋ 有声音 < śākyamuni- < śākya-muni-：*m.* シャーキャムニ。シャーキャ族出身の聖者。「釈迦牟尼」と音写。*sg. Gen.*

　āścaryaṃ 以下は、主格と属格の名詞文。

yatra：*adv.* そこに。その場所に。その場合に。もし～ならば。～の時。～とは。

hi：*ind.* 真に。確かに。実に。

nāma：*adv.* ～という名前の。実に。確かに。もちろん。

pratisaṃhṛtya < prati-sam-√hṛ- (1) + -tya：もとに戻す。撤収する。「拘検」「摂」「毀」と漢訳。*Ger.*

　sam-√hṛ- (1)：一緒にする。寄せ集める。回収する。引っ込める。撤収する。抑止する。停止する。抑制する。抑える。

buddha-māhātmyaṃ < buddha-māhātmya-：*n.* ブッダの威徳。*sg. Acc.*

　buddha- < √budh- (1) + -ta：*pp.* 目覚めた。*m.* ブッダ。「覚者」と漢訳。「仏陀」と音写。

　māhātmya- < mahâtman- + -ya：*n.* 雅量に富むこと。高位。威厳。品位。「威徳」と漢訳。

　mahâtman- < mahā-ātman-：*adj.* 偉大な精神を持つ。高貴な。大いに知性に富む。

daridra-lūhatayā < daridra-lūhatā- < daridra-lūha-tā-：*f.* 貧困で低劣であること。*sg. Ins.*

　daridra-：*adj.* ～（具格）を欠いている。貧しい。「貧」「貧窮」「貧乏」「貧賤」と漢訳。

　lūha- ≒ rūkṣa-：*adj.* 「悪」「弊悪」「麁悪」「麁弊」「劣悪」と漢訳。

khaṭuṅkān < khaṭuṅka- ＝ khaḍuṅka-：*adj.* 頑固な。「剛強」「頑愚」「暴悪者」と漢訳。*m. pl. Acc.*

　BHS. dic. *p.* 202 には unruly（乱暴な、規則に従わない、荒れ狂う、手に負えない、野放図な、常軌を逸した）、unmanageable（扱いにくい、管理し難い）という意味を挙げている。

sattvān < sattva-：*m.* 「衆生」「有情」と漢訳。*pl. Acc.*

vinayati < vinaya- < vi-√nī- (1) + -a：案内する。教育する。「教化」「教導」「化」と漢訳。*Pres. 3, sg. P.*

ye 'pi bodhi-sattvā ihâivaṃ pratikaṣṭe buddha-kṣetre prativasanti teṣām apy acintyā mahā-karuṇā /

（梵漢和維摩経 *p.* 446, *ll.* 13–14）

「このように苦痛に満ちたこのブッダの国土に住んでいるところの菩薩たち、それら〔の菩薩たち〕にもまた、考えも及ばない大いなる憐れみ（大悲）が具わっております」

【「斯の諸の菩薩も亦、能く労謙にして、無量の大悲を以て、是の仏土に生ぜるとは」】

（大正蔵、巻一四、五五三頁上）

…………………………………………………………………………

ye 'pi < ye + api

ye < yad-：*関係代名詞, m. pl. Nom.*
api：*adv.* また。さえも。されど。同様に。
bodhi-sattvā < bodhi-sattvāḥ + 有声音 < bodhi-sattva-：*m.* 覚りを求める人。「菩薩」と音写。*pl. Nom.*
ihâivaṃ < iha + evaṃ
iha：*adv.* ここに。今。この世に。地上に。「此」「於此」「世」「此世」と漢訳。
evaṃ：*adv.* このように。「是」「如是」と漢訳。
pratikaṣṭe < pratikaṣṭa- < prati-√kaś- (1) + -ta：*pp.* 苦痛に満ちた。*n. sg. Loc.*
kaṣṭa- < √kaś- (1) + -ta：*pp.* 悪しき。重い。厳しい。苦痛ある。悲惨な。強制された。有害な。危険な。*n.* 悪。不幸。非運。苦痛。困難。憂愁。不安。
√kaś- (1)：摩擦する。掻く。傷つける。殺す。
buddha-kṣetre < buddha-kṣetra-：*n.* 仏の国土。「仏国土」と漢訳。*sg. Loc.*
prativasanti < prativasa- < prati-√vas- (1)：住む。*Pres. 3, pl. P.*
teṣām < tad-：それ。*m. pl. Gen.*
apy < api+ 母音 ：*adv.* また。さえも。されど。同様に。
acintyā < acintyā- < acintya- < a- + √cint- (10) + -ya：*未受分,* 思議すべからざる、考えるべきでない。*f. sg. Nom.*
mahā-karuṇā < mahā-karuṇā-：*f.* 大いなる憐れみ（大悲）。*sg. Nom.*
karuṇā-：*f.* 哀憐。同情。「悲」「大悲」「慈悲」「悲心」「慈心」と漢訳。
teṣām 以下は、主格と属格の名詞文。

> vimalakīrtir āha / evam eva satpuruṣās tathâitad yathā vadatha / ye 'pîha bodhi-sattvāḥ pratyājātā dṛḍhā teṣāṃ mahā-karuṇā /
> （梵漢和維摩経 *p.* 446, *ll.* 15–16）

ヴィマラキールティが言った。
「善き人（善士）たちよ、あなたたちが言うように、まさにそれはその通りである。この〔サハー世界〕に生まれ来たったところの菩薩たち、それら〔の菩薩たち〕の大いなる憐れみ（大悲）もまた堅固である。
【維摩詰(ゆいまきつ)の言わく、「此の土の菩薩の、諸の衆生に於(お)いて大悲堅固(だいひけんご)なること、誠に所言の如し。】
（大正蔵、巻一四、五五三頁上）

………………………………………………………………………

vimalakīrtir < vimalakīrtiḥ + 有声音 < vimalakīrti- < vimala-kīrti-：*m.* ヴィマラキールティ。汚れのない名声を持つ（もの）。「維摩詰」「維摩」と音写。「浄名」「無垢称」と漢訳。*sg. Nom.*
āha < √ah-：話す。言う。*Perf. 3, sg. P.* cf.「基礎」*p.* 376.

………………………………………………………………………

evam：*adv.* このように。「是」「如是」と漢訳。
eva：*adv.* さように。このように。まさに。実に。ただ。全くこのように。
sat-puruṣās < sat-puruṣāḥ + (t) < sat-puruṣa-：*m.* 善き人。「善士」と漢訳。*pl. Voc.*
tathâitad < tathā + etad
tathā：*adv.* そのように。同様な方法で。同様に。
etad < etat + 母音 < etad-：これ。*n. sg. Nom.*
yathā：*conj.* ～のように。あたかも～のように。～と（that）。
vadatha < vada- < √vad- (1)：言う。告げる。語る。宣言する。*Pres. 2, pl. P.*

………………………………………………………………………

ye 'pîha < ye + api + iha
ye < yad-：*関係代名詞, m. pl. Nom.*
api：*adv.* また。さえも。されど。同様に。

iha：*adv.* ここに。今。この世に。地上に。「此」「於此」「世」「此世」と漢訳。
bodhi-sattvāḥ < bodhi-sattvāḥ + (p) < bodhi-sattva-：*m.* 覚りを求める人。「菩薩」と音写。*pl. Nom.*
pratyājātā < pratyājātā 有声音 + < pratyājāta- < prati-ā-√jan- (1) + -ta：*pp.* 生まれた。「生」「已生」「受生已」と漢訳。*m. pl. Nom.*
prati-ā-√jan- (1)：再び生まれる。「来生」「生」と漢訳。
dṛḍhā < dṛḍhā- < dṛḍha- < √dṛmh- (1) + -ta：*pp.* 「堅固」「堅強」と漢訳。*f. sg. Nom.*
teṣāṃ < tad-：それ。*m. pl. Gen.*
mahā-karuṇā < mahā-karuṇā-：*f.* 大いなる憐れみ（大悲）。*sg. Nom.*
karuṇā-：*f.* 哀憐。同情。「悲」「大悲」「慈悲」「悲心」「慈心」と漢訳。

te bahutaram iha loka-dhātāv eka-janmanā kariṣyanti sattvârtham / na tv eva tatra sarva-gandha-sugandhe loka-dhātau kalpa-sahasreṇa sattvârthaḥ /
（梵漢和維摩経 *p.* 446, *ll.* 16–18）

「それら〔の菩薩たち〕は、この世界に一度生まれてきただけで、衆生のためにより多くの利益をもたらすのだ。しかるに、その“あらゆる香りの中で勝れた香りを持つところ”という世界においては、一千劫かかっても衆生のための利益が〔もたらされることは〕ないのだ。
【「然も其の一世に衆生を饒益すること、彼の国の百千劫の行よりも多し。】
（大正蔵、巻一四、五五三頁上）

…………………………………………………………………………

te < tad-：それ。*m. pl. Nom.*
bahutaram < bahutara- < bahu-tara-：*比較級,* ～（奪格）よりさらに多い。*m. sg. Acc.*
bahu-：*adj.* 多くの。
iha：*adv.* ここに。今。この世に。地上に。
loka-dhātāv < loka-dhātau + 母音 < loka-dhātu-：*m.* 世界。世間。国。国土。*sg. Loc.*
eka-janmanā < eka-janman-：*n.* 一度の誕生。*sg. Ins.*
eka-：*基数詞,* 一。*adj.* ある。
janman-：*n.* 誕生。起原。産出。出現。生命。存在。
kariṣyanti < kariṣya- < √kṛ- (8) + -iṣya：作る。なす。*Fut. 3, pl. P.*
sattvârtham < sattvârtha- < sattva-artha-：*m.* 衆生の利益。「利益衆生」「饒益衆生」「利益一切衆生」と漢訳。*sg. Acc.*

…………………………………………………………………………

na：*ind.* ～でない。～にあらず。
tv < tu + 母音：*ind.* しかし。しかして。「然」「而」「復」「若」「唯」と漢訳。
eva：*adv.* さように。このように。まさに。実に。ただ。全くこのように。
tatra：*adv.* そこに。そこへ。かしこに。その時に。その場合に。
sarva-gandha-sugandhe < sarva-gandha-sugandha-：*adj.* あらゆる香りの中で勝れた香りを持つ。*m. sg. Loc.*
loka-dhātau < loka-dhātu-：*m.* 世界。*sg. Loc.*
kalpa-sahasreṇa < kalpa-sahasra-：*n.* 一千劫。*sg. Ins.*
時間を意味する語の具格は、「～の時間のうちに」「～の時間で」「～経った時に」を意味する。
sattvârthaḥ < sattvârtha- < sattva-artha-：*m.* 衆生の利益。「利益衆生」「饒益衆生」「利益一切衆生」と漢訳。*sg. Nom.*

§17 tat kasmād dhetoḥ /
（梵漢和維摩経 *p.* 448, *l.* 1）

「『それは、どんな理由からでしょうか。
【所以は何んとなれば、】 （大正蔵、巻一四、五五三頁上）

………………………………………………………………………………

tat < tad-：それ。*n. sg. Nom.*
kasmād dhetoḥ < kasmāt + hetoḥ
　　連声法は、cf.「基礎」*p.* 63.
　　kasmāt < kim-：*疑問詞,* だれ。何。どんな。どの。*m. sg. Abl.*
　　hetoḥ < hetu-：*m.* 理由。原因。因。*sg. Abl.*
　　奪格は、動機、原因、理由を表わす。cf.「シンタックス」*p.* 58.

iha hi sat-puruṣāḥ sahe loka-dhātau daśa kuśalôccayā dharmā ye 'nyeṣu buddha-kṣetreṣu na saṃvidyante yāṃś ca te parigṛhṇanti /

（梵漢和維摩経 *p.* 448, *ll.* 1–3）

「善き人（善士）たちよ、実にこのサハー世界には、他のブッダの国土には存在しないところの、また、それら〔の菩薩たち〕が獲得しているところの善を蓄積する十種類の法があるからだ[52]。
【此の娑婆世界に十事の善法有り。諸余の浄土の有する無き所なり。】

（大正蔵、巻一四、五五三頁上）

………………………………………………………………………………

iha：*adv.* ここに。今。この世に。地上に。
hi：*ind.* 真に。確かに。実に。
sat-puruṣāḥ < sat-puruṣāḥ + (t) < sat-puruṣa-：*m.* 善き人。「善士」と漢訳。*pl. Voc.*
sahe < saha-：*adj.* ～をこらえる。耐える。「忍」と漢訳。「娑婆」と音写。*m. sg. Loc.*
loka-dhātau < loka-dhātu-：*m.* 世界。*sg. Loc.*
daśa < daśan-：*基数詞,* 十。*m. pl. Nom.*
kuśalôccayā < kuśalôccayāḥ + 有声音 < kuśalôccaya- < kuśala-uccaya-：*adj.* 善の蓄積を持つ。善を蓄積する。*m. pl. Nom.*
　　kuśala-：*adj.* 善き。正しき。～に熟練した。老練なる。経験ある。
　　uccaya- < ud-√ci- + -a：*m.* 蓄積。蒐集。堆積。量。多量。添加。
dharmā < dharmāḥ + 有声音 < dharma-：*m.* 確定した秩序。慣例。習慣。法則。規則。義務。宗教。教説。性質。本質。属性。特質。事物。法。*pl. Nom.*
　　以上は、処格と主格の名詞文をなしている。
ye 'nyeṣu < ye + anyeṣu
　　ye < yad-：*関係代名詞, m. pl. Nom.*
　　anyeṣu < anya-：*adj.* 他の。*n. pl. Loc.*
buddha-kṣetreṣu < buddha-kṣetra-：*n.* 仏の国土。「仏国土」と漢訳。*pl. Loc.*
na：*ind.* ～でない。～にあらず。
saṃvidyante < saṃvidya- < sam-√vid- (6) + -ya：*Pass* 見いだされる。存在する。*3, sg. A.*
yāṃś < yān + (c) < yad-：*関係代名詞, m. pl. Acc.*
ca：*conj.* および。また。しかしながら。そして。～と。なお。
te < tad-：それ。*m. pl. Nom.*
parigṛhṇanti < parigṛhṇā- < pari-√grah- (9)：獲得する。抱く。つかむ。得る。確保する。*Pres. 3, pl. P.*

katame daśa /

（梵漢和維摩経 *p.* 448, *l.* 3）

「十種類とは何々であるか。
【「何等をか十と為す。】（大正蔵、巻一四、五三三頁上）

………………………………………………………………………………

katame < katama-：*疑問代名詞,*（多くの中の）だれか。何か。「何」「如何」「何者」「何等」と漢

訳。*m. pl. Nom.*
daśa < daśan-：*基数詞*, 十。*m. pl. Nom.*

> yad idaṃ dāna-saṃgraho daridreṣu śīla-saṃgraho duḥśīleṣu kṣānti-saṃgrahaḥ pratihateṣu vīrya-saṃgrahaḥ kuśīdeṣu dhyāna-saṃgraho vikṣipta-citteṣu prajñā-saṃgraho duḥprajñeṣv aṣṭâkṣaṇa-samatikrama-deśanâkṣaṇa-prāpteṣu mahā-yāna-deśanā prādeśika-caryāsu kuśala-mūla-saṃgra=ho 'navaropita-kuśala-mūleṣu satata-samitaṃ sattva-paripākaś caturbhiḥ saṃgraha-vastubhiḥ /
> (梵漢和維摩経 *p.* 448, *ll.* 3–8)

「すなわち、(1) 貧困な者たちの中にあって布施を積み重ねること、(2) 破戒者たちの中にあって持戒を積み重ねること、(3) 憎悪（瞋恚）を抱く者たちの中にあって忍耐を積み重ねること、(4) 怠惰な者たちの中にあって努力精進を積み重ねること、(5) 心が散乱している者たちの中にあって禅定を積み重ねること、(6) 無智な者たちの中にあって智慧を積み重ねること、(7) 不遇に陥っている者たちの中にあって〔仏法の聴聞を妨げる生まれ方としての〕八つの不遇（八難）を超越するための説法をする[53] こと、(8)〔小乗という〕限定された〔低劣な〕行ないの者たちの中にあって大いなる乗り物（大乗）についての説法をすること、(9) 善根を植えられていない者たちの中にあって善根を積み重ねること、(10) 絶えることなく常に、〔布施・愛語・利行・同事の〕四種類の包容の仕方（四摂法）によって衆生を成熟させること――である。

【布施を以て貧窮を摂し、浄戒を以て毀禁を摂し、忍辱を以て瞋恚を摂し、精進を以て懈怠を摂し、禅定を以て乱意を摂し、智慧を以て愚癡を摂し、除難の法を説きて八難の者を度し、大乗の法を以て小乗を楽う者を度し、諸の善根を以て無徳の者を済い、常に四摂を以て衆生を成就せしむ。】

（大正蔵、巻一四、五五三頁上）

……………………………………………………………………

yad idaṃ：すなわち。
yad < yat + 母音 < yad-：*関係代名詞*, ～ということ（＝that）。*n. sg. Nom.*
idaṃ < idam-：これ。*n. sg. Nom.*
dāna-saṃgraho < dāna-saṃgrahaḥ + 有声子音 < dāna-saṃgraha-：*m.* 布施の蓄積。*sg. Nom.*
dāna- < √dā- (3) + -ana：*n.* 与えること。施物。供物。
saṃgraha- < sam-√grah- (9) + -a：*m.* 捕獲。つかむこと。保つこと。保留すること。獲得。（食事を）とること。蓄積。集積。
daridreṣu < daridra-：*adj.* ～（具格）を欠いている。貧しい。「貧」「貧窮」「貧乏」「貧賤」と漢訳。*m.* 乞食。*m. pl. Loc.*
śīla-saṃgraho < śīla-saṃgrahaḥ + 有声子音 < śīla-saṃgraha-：*m.* 持戒の蓄積。*sg. Nom.*
śīla-：*n.* 習慣。気質。性向。性格。よい行状。よい習慣。高尚な品性。道徳性。「戒」と漢訳。
duḥśīleṣu < duḥśīla- < duḥ-śīla-：*adj.* 悪しき習慣／性質を有する。邪悪の。悪い行状の。破戒の。「破戒」「毀戒」「破戒者」と漢訳。*m. pl. Loc.*
duḥ- < dus-：*pref.* 悪い。誤った。～しにくい。悪く。かろうじて。
kṣānti-saṃgrahaḥ < kṣānti-saṃgrahaḥ + (p) < kṣānti-saṃgraha-：*m.* 忍耐の蓄積。*sg. Nom.*
kṣānti- < √kṣam- (1) + -ti：*f.* 堪えること。認めること。「忍」「忍辱」「堪忍」と漢訳。
√kṣam- (1)：忍耐する。堪える。忍ぶ。
pratihateṣu < pratihata- < prati-√han- (2) + -ta-：*pp.* ～に衝突した。～（処格）にぶつかった。跳ね返された。撃退された。抑制された。妨害された。嫌悪された。憎まれた。*m. pl. Loc.*
pratihata-citta-：*adj.* 「懐悪心」
pratihata-dhī-：*adj.* 敵意を抱いている。
vīrya-saṃgrahaḥ < vīrya-saṃgrahaḥ + (k) < vīrya-saṃgraha-：*m.* 努力精進の蓄積。*sg. Nom.*
vīrya-：*n.* 男らしさ。勇気。力。能力。英雄的な行為。「勤」「精進」「勇健」「勇猛」「強健」と漢訳。
kuśīdeṣu < kuśīda- ＝ kusīda-：*adj.* 不活発な。怠惰な。「懈怠」と漢訳。*m. pl. Loc.*

dhyāna-saṃgraho < dhyāna-saṃgrahaḥ + 有声子音 < dhyāna-saṃgraha-：*m.* 禅定の蓄積。*sg. Nom.*

dhyāna- < √dhyai- (1) + -ana：*n.* 静慮。「定」と漢訳。「禅」「禅定」と音写。

vikṣipta-citteṣu < vikṣipta-citta-：*adj.* 散乱させられた心を持つ。心が散乱している。*m. pl. Loc.*

vikṣipta- < vi-√kṣip- (4) + -ta：*pp.* 散乱させられた。投げ散らされた。惑乱させられた。

vi-√kṣip- (4)：投げ散らす。ここかしこに投げる。散乱させる。惑乱させる。

√kṣip- (4)：投げる。擲つ。派遣する。放出する。（言葉を）発する。放擲する。罵詈する。辱しめる。罵る。「誹謗」「毀謗」と漢訳。

citta-：*n.* 心。思考。意思。知性。理性。「質多」と音写。

prajñā-saṃgraho < prajñā-saṃgrahaḥ + 有声子音 < prajñā-saṃgraha-：*m.* 智慧の蓄積。*sg. Nom.*

duḥprajñeṣv < duḥprajñeṣu + 母音 < duḥprajña- < duḥ-prajña-：*adj.* 愚かな。「悪慧」「劣慧」「咎」「無智」「愚癡之人」と漢訳。*m. pl. Loc.*

aṣṭâkṣaṇa-samatikrama-deśanâkṣaṇa-prāpteṣu < aṣṭâkṣaṇa-samatikrama-deśanā + akṣaṇa-prāpteṣu

aṣṭâkṣaṇa-samatikrama-deśanā < aṣṭâkṣaṇa-samatikrama-deśanā- < aṣṭa-akṣaṇa-samatikrama-deśanā-：*f.* 〔仏法の聴聞を妨げる生まれ方としての〕八つの不遇（八難）を超越するための説法。*sg. Nom.*

aṣṭa-akṣaṇa-：*adj.* 八つの不遇（八難）

aṣṭa- < aṣṭan-：*基数詞,* 八。

akṣaṇa- < a-kṣaṇa-：*m.* 不遇。不運。災難。不幸。

samatikrama- < sam-ati-√kram- (1) + -a：*m.* ～（属格）の省略。無視。「超」「離」「超過」「遠離」「能越」と漢訳。

sam-ati-√kram- (1)：逸する。過ぎ去る。経過する。犯す。等閑に付す。「超越」「超」「越」と漢訳。

deśanā- < √diś- (6) + -anā：*f.* 指示。教授。教義。「説」「所説」「言説」「説法」「宣説」「演説」と漢訳。

akṣaṇa-prāpteṣu < akṣaṇa-prāpta-：*adj.* 不遇に達している。不遇に陥っている。*m. pl. Loc.*

prāpta- < pra-√āp- (5) + -ta：*pp.* 到達せられたる。獲得せられたる。～の心になった。蒙らせられた。

mahā-yāna-deśanā < mahā-yāna-deśanā-：*f.* 大いなる乗り物（大乗）についての説法。*sg. Nom.*

prādeśika-caryāsu < prādeśika-caryā-：*f.* 限定された〔低劣な〕行ない。*pl. Loc.*

<u>prādeśika- < pradeśa- + -ika：*adj.* restricted (in scope), limited. BHS. dic. *p.* 392.</u>

<u>prādeśika-yāna ＝ hīna-yāna という用法も挙げている。</u>

pra-√diś- (6)：指摘する。指示する。名づける。宣言する。顕わす。定める。規定する。指定する。配分する。

caryā-< √car- (1) + -yā：*f.* 徘徊すること。行為。所行。行。

kuśala-mūla-saṃgraho 'navaropita-kuśala-mūleṣu < kuśala-mūla-saṃgrahaḥ + anavaropita-kuśala-mūleṣu

kuśala-mūla-saṃgrahaḥ < kuśala-mūla-saṃgraha-：*m.* 善根の蓄積。*sg. Nom.*

kuśala-mūla-：*n.* 「善根」と漢訳。

anavaropita-kuśala-mūleṣu < an-avaropita-kuśala-mūla-：*adj.* 善根を植えられていない。*m. pl. Loc.*

avaropita-kuśala-mūla-：*adj.* 植えられた善根を持つ。善根を植えられた。

avaropita- < ava-ropaya- + -ta < ava-√ruh- (1) + -aya + -ta：*Caus. pp.* ～を奪われた。軽減せられた。喪失した。下された。「種」「所種」「植」と漢訳。

√ruh- (1)：芽を出す。生長する。発育する。

satata-samitaṃ：*adv.* 絶えることなく常に。「常」「恒常」「恒時」「恒時無間」「永不断」と漢訳。

satata- < sa-√tan- (8) + -ta：*pp.* 絶えざる。不断の。

√tan- (8)：拡張する。伸ばす。達する。遠く輝く。続く。

samitam：*adv.* 常に。「相続」と漢訳。

samita- < sa-mita- < sa-√mā- (2,3) + -ta：*pp.* 同量の。〜（具格）と等しい。量られた。

sattva-paripākaś < sattva-paripākaḥ + (c) < sattva-paripāka-：*m.* 衆生の成熟。衆生を〔覚りへ向けて〕成熟させること。*m. sg. Nom.*

paripāka- < pari-√pac- (1) + -a：*m.* 十分に煮られること。消化。熟すること。成熟。完全。

caturbhiḥ saṃgraha-vastubhiḥ：*n.* 四種類の包容の仕方。「四摂事」と漢訳。

caturbhiḥ < catur-：*基数詞,* 四。*n. pl. Ins.*

saṃgraha-vastubhiḥ < saṃgraha-vastu-：*n.* 把握する事柄。*pl. Ins.*

saṃgraha- < sam-√grah- (9) + -a：*m.* 捕獲。つかむこと。保つこと。保留すること。獲得。（食事を）とること。蓄積。集積。保護。包含。

vastu-：*n.* 物質。価値ある事物。〜の対象。事柄。事情。

imān daśa kuśalôccayān dharmān parigṛhṇanti ye tad-anyeṣu buddha-kṣetreṣu na saṃvidyante /
(梵漢和維摩経 *p.* 448, *ll.* 8–10)

「その他のブッダの国土には存在しないところのこれらの善を蓄積する十種類の法を、〔それらの菩薩たちは、〕獲得しているのだ[54]」

【「是れを十と為す」】 （大正蔵、巻一四、五五三頁上）

imān < idam-：これ。*m. pl. Acc.*

daśa < daśan-：*基数詞,* 十。*m. pl. Acc.*

kuśalôccayān < kuśalôccaya- < kuśala-uccaya-：*adj.* 善の蓄積を持つ。善を蓄積する。*m. pl. Acc.*

kuśala-：*adj.* 善き。正しき。〜に熟練した。老練なる。経験ある。

uccaya- < ud-√ci- + -a：*m.* 蓄積。蒐集。堆積。量。多量。添加。

dharmān < dharma-：*m.* 確定した秩序。慣例。習慣。法則。規則。義務。宗教。教説。性質。本質。属性。特質。事物。法。*pl. Acc.*

parigṛhṇanti < parigṛhṇā- < pari-√grah- (9)：獲得する。抱く。つかむ。得る。確保する。*Pres. 3, pl. P.*

pratigṛhṇanti を差し替えた。

ye < yad-：*関係代名詞, m. pl. Nom.*

tad-anyeṣu < tad-anya-：*adj.* その他の。*n. pl. Loc.*

buddha-kṣetreṣu < buddha-kṣetra-：*n.* 仏の国土。「仏国土」と漢訳。*pl. Loc.*

na：*ind.* 〜でない。〜にあらず。

saṃvidyante < saṃvidya- < sam-√vid- (6) + -ya：*Pass* 見いだされる。存在する。*3, sg. A.*

§18 te bodhi-sattvā āhuḥ / katamair dharmaiḥ samanvāgato bodhi-sattvo 'kṣato 'nupahataḥ sahāl loka-dhātoś cyutvā pariśuddhaṃ buddha-kṣetraṃ gacchati /
(梵漢和維摩経 *p.* 448, *ll.* 11–13)

§18 それらの菩薩たちが言った。

「菩薩は、どのような法を具えて、サハー世界から死んで後に、傷つけられず、苦しめられずに、〔他の〕完全に清められたブッダの国土[55]に〔生まれて〕行くのでしょうか」

【§18 彼の菩薩の曰く、「菩薩は幾ばくの法を成就して、此の世界に於いて行ずるに瘡疣無く、浄土に生ずるや」】 （大正蔵、巻一四、五五三頁上）

te < tad-：それ。*m. pl. Nom.*

bodhi-sattvā < bodhi-sattvāḥ + 有声音 < bodhi-sattva-：*m.* 覚りを求める人。「菩薩」と音写。*pl.*

Nom.
āhuḥ < √ah-：話す。言う。*Perf. 3, pl. P.* cf.「基礎」*p.* 376.

………………………………………………………………………

katamair < katamaiḥ ＋ 有声音 < katama-：*疑問代名詞,* （多くの中の）だれか。何か。「何」「如何」「何者」「何等」と漢訳。*m. pl. Ins.*
dharmaiḥ < dharmaiḥ + (s) < dharma-：*m.* 確定した秩序。慣例。習慣。法則。規則。義務。宗教。教説。性質。本質。属性。特質。事物。法。*pl. Ins.*
samanvāgato < samanvāgataḥ ＋ 有声子音 < samanvāgata- < sam-anu-ā-√gam- (1) + -ta：*pp.* ～を伴った。～を具えた。*m. sg. Nom.*
bodhi-sattvo ’kṣato ’nupahataḥ < bodhi-sattvaḥ + akṣataḥ + anupahataḥ
bodhi-sattvaḥ < bodhi-sattva-：*m.* 覚りを求める人。「菩薩」と音写。*sg. Nom.*
akṣataḥ < akṣata- < a-kṣata-：*adj.* 傷つけられない。害せられない。*m. sg. Nom.*
kṣata- < √kṣan- (8) + -ta：*pp.* 傷つけられた。害せられた。破壊された。犯された。破られた。「悩」「壊」「損」「所損」「傷損」と漢訳。*n.* 傷。負傷。腫れ物。
√kṣan- (8)：傷つける。害する。破る。
anupahataḥ < anupahata- < an-upahata-：*adj.* 傷つけられない。苦しめられない。*m. sg. Nom.*
upahata- < upa-√han- (2) + -ta：*pp.* 触れられた。まき散らされた。覆われた。殺害された。苦しめられた。傷つけられた。「損」「所損」「有損」「損壊」「所損害」「害」「危害」「傷損」「障害」と漢訳。
sahāl < sahāt + (l) < saha-：*adj.* ～をこらえる。耐える。「忍」と漢訳。「娑婆」と音写。*m. sg. Abl.*
loka-dhātoś < loka-dhātoḥ + (c) < loka-dhātu-：*m.* 世界。*sg. Abl.*
cyutvā < √cyu- (1) + -tvā：揺れ動く。動く。～より去る。喪失する。死ぬ。「命終」「死已」と漢訳。*Ger.*
pariśuddhaṃ < pariśuddha- < pari-√śudh- (4) + -ta ：*pp.* 完全に浄化された。清められた。*n. sg. Acc.*
buddha-kṣetraṃ < buddha-kṣetra-：*n.* 仏の国土。「仏国土」と漢訳。*sg. Acc.*
gacchati < gaccha- < √gam- (1)：行く。*Pres. 3, sg. P.*

> vimalakīrtir āha / aṣṭābhiḥ kula-putrā[56] dharmaiḥ samanvāgato bodhi-sattvaḥ sahāl loka-dhātoś cyutvâkṣato ’nupahataḥ pariśuddhaṃ buddha-kṣetraṃ gacchati /
> （梵漢和維摩経 *p.* 448, *ll.* 14–16）

ヴィマラキールティが言った。
「良家の息子たちよ、菩薩は、八つの在り方を具えて、サハー世界から死んで後に、傷つけられず、苦しめられずに、〔他の〕完全に清められたブッダの国土に〔生まれて〕行くのだ。
【維摩詰（ゆいまきつ）の言わく、「菩薩は八法を成就して、此の世界に於いて行ずるに瘡疣（そうゆう）無くして、浄土に生ず。】
（大正蔵、巻一四、五五三頁中）

………………………………………………………………………

vimalakīrtir < vimalakīrtiḥ ＋ 有声音 < vimalakīrti- < vimala-kīrti-：*m.* ヴィマラキールティ。汚れのない名声を持つ（もの）。「維摩詰」「維摩」と音写。「浄名」「無垢称」と漢訳。*sg. Nom.*
āha < √ah-：話す。言う。*Perf. 3, sg. P.* cf.「基礎」*p.* 376.

………………………………………………………………………

aṣṭābhiḥ < aṣṭan-：*基数詞,* 八。*m. pl. Ins.*
kula-putrā < kula-putrāḥ ＋ 有声音 < kula-putra-：*m.* 良家の息子。「善男子」と漢訳。*pl. Voc.*
dharmaiḥ < dharmaiḥ + (s) < dharma-：*m.* 確定した秩序。慣例。習慣。法則。規則。義務。宗教。教説。性質。本質。属性。特質。事物。法。*pl. Ins.*
samanvāgato < samanvāgataḥ ＋ 有声子音 < samanvāgata- < sam-anu-ā-√gam- (1) + -ta：*pp.* ～

を伴った。～を具えた。*m. sg. Nom.*

bodhisattvaḥ < bodhi-sattva-：*m.* 覚りを求める人。「菩薩」と音写。*sg. Nom.*

sahāl < sahāt + (l) < saha-：*adj.* ～をこらえる。耐える。「忍」と漢訳。「娑婆」と音写。*m. sg. Abl.*

loka-dhātoś < loka-dhātoḥ + (c) < loka-dhātu-：*m.* 世界。*sg. Abl.*

cyutvâkṣato 'nupahataḥ < cyutvā + akṣataḥ + anupahataḥ

cyutvā < √cyu- (1) + -tvā：揺れ動く。動く。～より去る。喪失する。死ぬ。「命終」「死已」と漢訳。*Ger.*

akṣataḥ < akṣata- < a-kṣata-：*adj.* 傷つけられない。害せられない。*m. sg. Nom.*

anupahataḥ < anupahata- < an-upahata-：*adj.* 傷つけられない。苦しめられない。*m. sg. Nom.*

pariśuddhaṃ < pariśuddha- < pari-√śudh- (4) + -ta ：*pp.* 完全に浄化された。清められた。*n. sg. Acc.*

√śudh-はⅠ類だが、pari-√śudh-はⅣ類の動詞であることに注意。

buddha-kṣetraṃ < buddha-kṣetra-：*n.* 仏の国土。「仏国土」と漢訳。*sg. Acc.*

gacchati < gaccha- < √gam- (1)：行く。*Pres. 3, sg. P.*

katamair aṣṭābhiḥ /

(梵漢和維摩経 *p.* 448, *l.* 16)

「八つ〔の在り方〕によってとは、どのような〔在り方〕によってか。

【「何等をか八と為す。】　（大正蔵、巻一四、五五三頁中）

……………………………………………………………………

katamair < katamaiḥ + 有声音 < katama-：*疑問代名詞,*（多くの中の）だれか。何か。「何」「如何」「何者」「何等」と漢訳。*m. pl. Ins.*

aṣṭābhiḥ < aṣṭan-：*基数詞,* 八。*m. pl. Ins.*

yad uta sarva-sattvānāṃ mayā hitaṃ kartavyaṃ na câiṣāṃ sakāśāt kiṃ-cid dhitaṃ paryeṣitavyaṃ sarva-sattva-duḥkhaṃ cânenôtsoḍhavyaṃ sarvaṃ cânena kuśala-mūlaṃ sarva-sattvānām ut=sraṣṭavyaṃ sarva-sattveṣv apratighātaḥ sarva-bodhi-sattveṣu śāstṛ-premâśrutānāṃ[57] ca dharmāṇ=āṃ śrutānāṃ ca śravaṇād apratikṣepo 'nīrṣukatā para-lābheṣu sva-lābhenânabhimananā citta-nidhyaptir ātma-skhalita-pratyavekṣā parasyâpatty-acodanatâpramāda-ratasya ca sarva-guṇa-samādānam /

(梵漢和維摩経 *p.* 448, *ll.* 16–17, *p.* 450, *ll.* 1–6)

「すなわち、(1) 私はあらゆる衆生たちのために利益をなすべきである。けれども、それら〔の衆生たち〕から〔見返りとして〕決して何も利益を求めるべきではない。(2) この〔私〕は、あらゆる衆生たちの苦しみを〔彼らに代わって〕耐え忍ぶべきであり、またこの〔私〕は、すべての善根をあらゆる衆生たちのために施与すべきである[58]。(3) あらゆる衆生たちに対して〔憎悪し〕撃退することもない[59]、(4) すべての菩薩たちに対して師〔であるブッダに等しいもの〕という思いで好意を抱いている。(5)〔かつて〕聞いたことのない〔諸の法〕や、〔かつて〕聞いたことのある諸の法を聞いて〔それらの法を〕謗ることがない[60]。(6) 他者の利得に対して嫉むことがなく、自己の利得によって〔他者を〕蔑むことがないし、心の観察をしている[61]。(7) 自己の誤りを点検し、他者の過失を譏らない。(8) 放逸でないことを喜んで、あらゆる功徳を受け入れる〔――ということだ〕。

【衆生を饒益して、而も報を望まず。一切衆生に代わりて諸の苦悩を受け、所作の功徳は尽く以て之を施す。心を衆生に等しくし、謙下にして無礙なり。諸の菩薩に於いて、之を視ること仏の如し。未だ聞かざる所の経も之を聞いて疑わず。声聞と相違背せず。彼の供を嫉まず、己が利に高ぶらず。而も其の中に於いて其の心を調伏す。常に己が過を省みて、彼の短を訴えず。恒に一心を以て諸の功徳を求む。】　（大正蔵、巻一四、五五三頁中）

……………………………………………………………………

yad uta　：すなわち。「謂」「所謂」と漢訳。
　　yad < yat + 母音 < yad-：*関係代名詞, n. sg. Nom.*
　　uta：*ind.* しかして。また。～さへ。あるいは。
sarva-sattvānāṃ < sarva-sattva-：*m.* すべての衆生。「一切衆生」と漢訳。*pl. Gen.*
mayā < mad-：私。*1, sg. Ins.*
hitaṃ < hita- < √dhā- (3) + -ta：*pp.* ～の中に置かれた。横たえられた。*n.* 利益。安寧。ためになること。*n. sg. Nom.*
kartavyaṃ < kartavya- < √kṛ- (8) + -tavya：*未受分,* なされるべき。作られるべき。～（主格）が…（主格）になされるべき。*n. sg. Nom.*
na：*ind.* ～でない。～にあらず。
câiṣāṃ < ca + eṣāṃ
　　ca：*conj.* および。また。しかしながら。そして。～と。なお。
　　eṣāṃ < idam-：これ。*m. pl. Gen.*
sakāśāt < sakāśa- < sa-kāśa-：*m.*（肉眼で見うること）。面前。付近。*sg. Abl.* 奪格の副詞的用法で、「～（属格）から」を意味する。
　　kāśa- < √kāś- (1) + -a：*m.* 顕現。見えること。現われること。
　　√kāś- (1)：見える。現われる。輝く。姿を現わす。
kiṃ-cid dhitaṃ < kiṃ-cit + hitaṃ
　　kiṃ-cit < kiṃ-cit-：*不定代名詞,* 何かあるもの／こと。だれかある人。*n. sg. Nom.*
　　hitaṃ < hita- < √dhā- (3) + -ta：*pp.* ～の中に置かれた。横たえられた。*n.* 利益。安寧。ためになること。*n. sg. Nom.*
paryeṣitavyaṃ < paryeṣitavya- < pari-ā-√iṣ- (6) + -itavya：*未受分,* 求められるべき。*n. sg. Nom.*
　　pari-ā-√iṣ- (6)：求める。
sarva-sattva-duḥkhaṃ < sarva-sattva-duḥkha-：*n.* あらゆる衆生たちの苦しみ。*sg. Nom.*
　　duḥkha- < duḥ-kha-：*adj.* 不愉快な。艱難に満ちた。憐れな。*n.* 苦痛。艱難。悲惨。受苦。「苦」「苦」「苦悩」「憂苦」と漢訳。
cânenôtsoḍhavyaṃ < ca + anena + utsoḍhavyaṃ
　　ca：*conj.* および。また。しかしながら。そして。～と。なお。
　　anena < idam-：これ。*m. sg. Ins.*
　　utsoḍhavyaṃ < utsoḍhavya- < ud-√sah- (1) + tavya：*未受分,* 耐えられるべき。こらえられるべき。「受」「堪受」「当忍」と漢訳。*n. sg. Nom.*
　　次の書き方もなされる。
　　utsahitvya- < ud-√sah- (1) + -itavya
　　ud-√sah- (1)：こらえる。耐える。
sarvaṃ < sarva-：*adj.* すべての。*n. sg. Nom.*
cânena < ca + anena
　　ca：*conj.* および。また。しかしながら。そして。～と。なお。
　　anena < idam-：これ。*m. sg. Ins.*
kuśala-mūlaṃ < kuśala-mūla-：*n.*「善根」と漢訳。*sg. Nom.*
sarva-sattvānām < sarva-sattva-：*m.* すべての衆生。「一切衆生」と漢訳。*pl. Gen.*
utsraṣṭavyaṃ < utsraṣṭavya- < ud-√sṛj- (6) + -tavya：*未受分,* 施与されるべき。*n. sg. Nom.*
　　ud-√sṛj- (6)：放つ。投げ捨てる。捨てる。放棄する。手渡す。「棄捨」と漢訳。
　　√sṛj- (6)：発射する。飛ばす。出す。注ぐ。放棄する。産む。授ける。与える。利用する。
sarva-sattveṣv < sarva-sattveṣu + 母音 < sarva-sattva-：*m.* すべての衆生。「一切衆生」と漢訳。*pl. Loc.*
apratighātaḥ < apratighāta- < a-pratighāta-：*adj.* 妨げられない。〔憎悪し〕撃退することのない。「無礙」と漢訳。*m. sg. Nom.*

pratighāta-：*m.* 撃退。予防。抑止。妨害。障害。抵抗。「障」「礙」と漢訳。
√ghātaya- (名動)：殺す。破壊する。殺させる。「殺害」と漢訳。
sarva-bodhi-sattveṣu < sarva-bodhi-sattva-：*m.* すべての菩薩。*pl. Loc.*
śāstṛ-premâśrutānāṃ < śāstṛ-premā + aśrutānāṃ
śāstṛ-premā < śāstṛ-preman-：*adj.* 師〔であるブッダに等しい〕という思いで好意を抱いている。*m. sg. Nom.*
śāstṛ- < √śās- (2) + -tṛ：*m.* 罰する人。教師。教訓者。天人師（仏の別称）。
preman-：*m.* 愛。愛情。やさしさ。親切。好意。～（処格）に対する愛好。
aśrutānāṃ < aśruta- < a-śruta-：*adj.* 〔かつて〕聞いたことのない。*m. pl. Gen.*
ca：*conj.* および。また。しかしながら。そして。～と。なお。
dharmāṇāṃ < dharma-：*m.* 真理の教え。「法」と漢訳。*pl. Gen.*
śrutānāṃ < śruta- < √śru- (5) + -ta：*pp.* 〔かつて〕聞かれた。*m. pl. Gen.*
ca：*conj.* および。また。しかしながら。そして。～と。なお。
śravaṇād < śravaṇāt + 母音 < śravaṇa- < √śru- (5) + -ana：*n.* 聞くこと。学ぶこと。名声。「聞」「聴」「聴受」「聴聞」と漢訳。*sg. Abl.*
apratikṣepo 'nīrṣukatā < apratikṣepaḥ + anīrṣukatā
apratikṣepaḥ < apratikṣepa- < a-pratikṣepa-：*adj.* 誹謗しない。謗ることがない。*m. sg. Nom.*
pratikṣepa- < prati-√kṣip- (6) + -a：*m.* 論争。～と争うこと。拒否。「毀」「謗」「毀謗」「誹謗」と漢訳。
prati-√kṣip- (6)：謗る。嘲る。
√kṣip- (6)：投げる。擲つ。派遣する。罵詈する。辱める。嘲る。
anīrṣukatā < anīrṣukatā- < anīrṣuka-tā-：*f.* 嫉妬しないこと。嫉まないこと。*sg. Nom.*
anīrṣuka- < an-īrṣuka-：*adj.* 「不嫉」「無嫉」「無嫉妬」「無嫉心」「無懐嫉妬」と漢訳。
īrṣuka- < īrṣu-ka-：*adj.* 嫉妬する。嫉む。羨む。
īrṣu- ＝ īrṣyu- < √īrṣy- (1) + -u：*adj.* 嫉妬する。嫉む。羨む。
para-lābheṣu < para-lābha-：*m.* 他者の利得。*pl. Loc.*
para-：*adj.* 次の。他の。
lābha-：*m.* 発見。～の獲得。取得。所得。利得。利益。理解。知識。「得」「利養」「利」と漢訳。
sva-lābhenânabhimananā < sva-lābhena + anabhimananā
sva-lābhena < sva-lābha-：*m.* 自己の利得。*sg. Ins.* 理由・原因・動機を示す具格で、「～のために」「～から」を意味する。
anabhimananā < anabhimananā- < an-abhimanana-：*adj.* 貪ることがない。〔他人を〕蔑むことがない。*f. sg. Nom.*（女性名詞の単数・主格かもしれない）
abhimanana- < abhi-√man- (4) + -ana：*n.* 欲すること。貪ること。蔑むこと。
abhimananā- < abhi-√man- (4) + -anā：*f.* 欲すること。貪ること。蔑むこと。
abhi-√man- (4)：得たいと思う。望む。欲する。貪る。
BHS. dic. *p.* 55 には「with Acc. or Dat. (Loc. ?)」として、hostile towards（～に対して敵意を持つ）、despises（軽蔑する、侮蔑する、さげすむ、侮る、嫌悪する）、contemn（軽蔑する）。
citta-nidhyaptir < citta-nidhyaptiḥ + 有声音 < citta-nidhyapti-：*adj.* 心に観察を持つ。心を観察している。*f. sg. Nom.*
citta-：*n.* 心。思考。意思。知性。理性。「質多」と音写。
nidhyapti- < ni-dhyapti-：*f.* 洞察。「観」「能観」「観察」「思惟」「正思惟」「実想」「諦察」「善分別」と漢訳。
ātma-skhalita-pratyavekṣā < ātma-skhalita-pratyavekṣā-：*f.* 自己の誤りを点検すること。*sg. Nom.*
ātma- < ātman-：*m.* 気息。霊魂。自身。本質。本性。我。
skhalita- < √skhal- (1) + -ita：*pp.* つまずいた。よろめいた。ふらふらした。動揺した。妨

げられた。妨害された。中断された。挫折された。どもる。くちごもる。「犯」「誤失」「差違」「違反」「錯謬」「錯乱」と漢訳。

pratyavekṣā - < prati-ava-√īkṣ- (1) + -ā：*f.* 調査すること。検査すること。尋ねること。「観」「観察」「諦観」「思惟」と漢訳。

prati-ava-√īkṣ- (1)：調査する。検査する。尋ねる。「視」「観」「観察」「視察」と漢訳。

parasyâpatty-acodanatâpramāda-ratasya < parasya + āpatty-acodanatā + apramāda-ratasya

parasya < para-：*m.* 後裔。他人。*sg. Gen.*

āpatty-acodanatā < āpatty-acodanatā- < āpatti-acodana-tā-：*f.* 過失を譏らないこと。*sg. Nom.*

āpatti-acodana-：*adj.* 過失を譏らない。

āpatti- < ā-√pad- (4) + -ti <：*f.* 出来事。招くこと。不運。困窮。「罪」「罪過」「違反」「所犯過失」と漢訳。

acodana- < a-codana-：*adj.* 譏らない。諫めない。

codana- < √cud- (1) + -ana：*adj.* 鼓舞する。「諫」と漢訳。*n.* 激励。招待。命令。指示。「勧諫」と漢訳。

√cud- (1)：励ます。促す。急がせる。急ぐ。「譏」「争」「作難」「訶責」と漢訳。

apramāda-ratasya < apramāda-rata-：*adj.* 放逸でないことを喜んでいる。*sg. Gen.* これは、属格の絶対節と考えるべきであろう。

apramāda- < a-pramāda-：*adj.* 懇切な。注意深い。「不放逸」と漢訳。

pramāda- < pra-√mad- (1) + -a：*m.* 酔い。狂気。誤謬。～に関する不注意。「放逸」と漢訳。

pra-√mad- (1)：喜ぶ。～（奪格、処格）について不注意である。～に無頓着である。～に怠慢である。

rata- < √ram- (1) + -ta：*pp.* 喜んだ。満足した。～を喜んだ。～に耽った。「楽」「可楽」と漢訳。

ca：*conj.* および。また。しかしながら。そして。～と。なお。

sarva-guṇa-samādānam < sarva-guṇa-samādāna-：*n.* あらゆる功徳を受け入れること。*sg. Nom.*

sarva-guṇa-：*m.* あらゆる功徳。

guṇa-：*m.* 種類。構成。従属的要素。固有性。属性。善性。徳。

samādāna- < sam-ā-√dā- (3) + -ana：*n.* 引き受けること。背負い込むこと。約定すること。

sam-ā-√dā- (3)：与える。贈る。取り戻す。集める。取り出す。取り去る。除去する。受ける。受領する。反省する。

> ebhir aṣṭābhir dharmaiḥ samanvāgato bodhi-sattvaḥ sahāl loka-dhātoś cyutvâkṣato 'nupahataḥ pariśuddhaṃ buddha-kṣetraṃ gacchati /
>
> （梵漢和維摩経 *p.* 450, *ll.* 6–8）

「以上の八つの在り方を具えている菩薩は、サハー世界から死んで後に、傷つけられず、苦しめられずに、〔他の〕完全に清められたブッダの国土に〔生まれて〕行くのだ」

【「是れを八法と為す」】　（大正蔵、巻一四、五五三頁中）

………………………………………………………………………

ebhir < ebhiḥ + 有声音 < etad-：これ。*m. pl. Ins.*

etad-が、既に述べられたことを差すのに対して、idam-はこれから述べることを差す。

aṣṭābhir < aṣṭābhiḥ + 有声音 < aṣṭan-：*基数詞,* 八。*m. pl. Ins.*

dharmaiḥ < dharmaiḥ + (s) < dharma-：*m.* 確定した秩序。慣例。習慣。法則。規則。義務。宗教。教説。性質。本質。属性。特質。事物。法。*pl. Ins.*

samanvāgato < samanvāgataḥ + 有声子音 < samanvāgata- < sam-anu-ā-√gam- (1) + -ta：*pp.* ～を伴った。～を具えた。*m. sg. Nom.*

bodhi-sattvaḥ < bodhi-sattva-：*m.* 覚りを求める人。「菩薩」と音写。*sg. Nom.*

sahāl < sahāt + (l) < saha-：*adj.* ～をこらえる。耐える。「忍」と漢訳。「娑婆」と音写。*m. sg. Abl.*
loka-dhātoś < loka-dhātoḥ + (c) < loka-dhātu-：*m.* 世界。*sg. Abl.*
cyutvâkṣato 'nupahataḥ < cyutvā + akṣataḥ + anupahataḥ
　cyutvā < √cyu- (1) + -tvā：揺れ動く。動く。～より去る。喪失する。死ぬ。「命終」「死已」と漢訳。*Ger.*
　akṣataḥ < akṣata- < a-kṣata-：*adj.* 傷つけられない。害せられない。*m. sg. Nom.*
　anupahataḥ < anupahata- < an-upahata-：*adj.* 傷つけられない。苦しめられない。*m. sg. Nom.*
pariśuddhaṃ < pariśuddha- < pari-√śudh- (4) + -ta ：*pp.* 完全に浄化された。清められた。*n. sg. Acc.*
buddha-kṣetraṃ < buddha-kṣetra-：*n.* 仏の国土。「仏国土」と漢訳。*sg. Acc.*
gacchati < gaccha- < √gam- (1)：行く。*Pres. 3, sg. P.*

> atha vimalakīrtir licchavir mañjuśrīś ca kumāra-bhūtas tasyāṃ parṣadi saṃnipatitāyāṃ tathā dharmaṃ deśayato yathā paripūrṇasya prāṇi-sahasrasyânuttarāyāṃ samyak-saṃbodhau cittāny utpannāni daśānāṃ ca bodhi-sattva-sahasrāṇām anutpattika-dharma-kṣānti-pratilambho 'bhūt //
> （梵漢和維摩経 *p.* 450, *ll.* 9–13）

その時、リッチャヴィ族のヴィマラキールティと、マンジュシリー法王子は、その集まってきている聴衆に真理の教え（法）をそのように説き、その結果、まるまる一千もの生命あるものたち[62]がこの上ない正しく完全な覚りに向けて心を発した。また、一万人の菩薩たちに〔何ものも〕生ずることはないという真理を認める知（無生法忍）の獲得があった。
【維摩詰と文殊師利と、大衆の中に於いて是の法を説ける時、百千の天・人は皆、阿耨多羅三藐三菩提に心を発し、十千の菩薩は無生法忍を得たりき。】（大正蔵、巻一四、五五三頁中）

atha：*adv.* その時。その場合。さて。それ故。しかれば。しかしながら。しかも。
vimalakīrtir < vimalakīrtiḥ + 有声音 < vimalakīrti- < vimala-kīrti-：*m.* ヴィマラキールティ。汚れのない名声を持つ（もの）。「維摩詰」「維摩」と音写。「浄名」「無垢称」と漢訳。*sg. Nom.*
licchavir < licchaviḥ + 有声音 < licchavi-：*m.* リッチャヴィ。「離車子」「栗姑毘」と音写。*sg. Nom.*
mañjuśrīś < mañjuśrīḥ + (c) < mañjuśrī- < mañju-śrī-：*m.* マンジュシリー。「妙徳」「妙吉祥」と漢訳。「文殊」「文殊師利」と音写。*sg. Nom.*
ca：*conj.* および。また。しかしながら。そして。～と。なお。
kumāra-bhūtas < kumāra-bhūtaḥ + (t) < kumāra-bhūta-：*adj.* 「童子」「童真」「法王子」と漢訳。*m. sg. Nom.*
tasyāṃ < tad-：それ。*f. sg. Loc.*
parṣadi < parṣad- ＝ pari-ṣad-：*f.* 集会。聴衆。会議。「衆」「大衆」「衆会」「諸大衆」と漢訳。*sg. Loc.*
　格変化は、cf.「基礎」*p.* 119.
saṃnipatitāyāṃ < saṃnipatita- < sam-ni-√pat- (1) + -ita：*pp.* 遭遇・集合した。寄り集まった。*f. sg. Loc.*
　以上の処格は「与える」「語る」の対象を示す。
tathā：*adv.* そのように。如実に。
dharmaṃ < dharma-：*m.* 確定した秩序。慣例。習慣。法則。規則。義務。宗教。教説。性質。本質。属性。特質。事物。「法」と漢訳。*sg. Acc.*
deśayato < deśayataḥ + 半母音 < deśaya- < √diś- (6) + -aya：*Caus.* 示す。導く。説明する。教える。宣説する。*3, du. P.*
yathā：*関係副詞, 接続詞,* ～のように。あたかも～のように。～であるように。BHS. gram. 3-27.
　tathā ～ yathā …：そのように～、その結果…。
paripūrṇasya < paripūrṇa- < pari-√pṛ- (3, 6) + -na：*pp.* 満たされた。富んだ。達せられた。覆われ

た。「満」「円満」「遍満」「具」「具足」「円融」と漢訳。*n. sg. Gen.*

prāṇi-sahasrasyânuttarāyāṃ < prāṇi-sahasrasya + anuttarāyāṃ

prāṇi-sahasrasya < prāṇi-sahasra-：*n.* 幾千もの生命あるもの。*sg. Gen.*

anuttarāyāṃ < anuttarā- < anuttara- < an-ud-tara-：*比較級,* この上ない。「無上」と漢訳。*f. sg. Loc.*

samyak-saṃbodhau < samyak-saṃbodhi-：*f.* 正しく完全な覚り。「正覚」「正等正覚」「正等菩提」と漢訳。「三藐三菩提」と音写。*sg. Loc.* 目的地や目標を示す処格。

cittāny < cittāni + 母音 < citta-：*n.* 心。思考。意思。知性。理性。「質多」と音写。*pl. Nom.*

utpannāni < utpanna- < ud-√pad- (4) + -na：*pp.* ～（処格）から生まれた。生じた。「已生」「出現」「生起」と漢訳。*n. pl. Nom.*

daśānāṃ < daśan-：*基数詞.* 十。*n. pl. Gen.*

ca：*conj.* および。また。しかしながら。そして。～と。なお。

bodhi-sattva-sahasrāṇām < bodhi-sattva-sahasra-：*n.* 幾千もの菩薩。*pl. Gen.*

anutpattika-dharma-kṣānti-pratilambho 'bhūt < anutpattika-dharma-kṣānti-pratilambhaḥ + abhūt

anutpattika-dharma-kṣānti-pratilambhaḥ < anutpattika-dharma-kṣānti-pratilambha-：*m.* 〔何ものも〕生ずることはないという真理を認める知（無生法忍）の獲得。*sg. Nom.*

anutpattika-dharma-kṣānti-：*f.* 〔何ものも〕生ずることはないという真理を認める知。「無生法忍」と漢訳。

pratilambha- < prati-√labh- (1) + -a：*m.* 獲得。取得。回復。会得。

abhūt < √bhū- (1)：なる。*root-Aor. 3, sg. P.*

Nirmita-bhojanânayana-parivarto nāma navamaḥ //   (梵漢和維摩経 *p.* 450, *l.* 14)

〔以上が〕「化作された〔菩薩による〕食べ物の請来」の章という名前の第九である。

【漢訳相当箇所なし】

………………………………………………………………………

nirmita-bhojanânayana-parivarto < nirmita-bhojanânayana-parivartaḥ + 有声子音 < nirmita-bhojana-ānayana-parivarta-：*m.* 「化作された〔菩薩による〕食べ物の請来」の章。

nirmita- < nir-√mā- (2,3) + -ta：*pp.* ～から作られた。～（具・属格）から産出された。形成された。「化作」「現化現」「化生」と漢訳。

bhojana- < √bhuj- (7) + -ana：*n.* 享受すること。食べること。食事。食べ物。

ānayana- < ā-√nī- (1) + -ana：*n.* 近寄ること。もたらすこと。誘致すること。獲得すること。果たすこと。請来すること。

ā-√nī- (1)：～（対格、処格）へ次第に導く。～に持ち来る。～にもたらす。取ってくる。「将来」「請来」「持来」と漢訳。

parivarta-：*m.* 章。「品」と漢訳。

nāma：*adv.* ～という名前の。実に。確かに。もちろん。おそらく。そもそも。

navamaḥ < navama-：*序数詞,* 第九の。*m. sg. Nom.*

第9章　訳注

[1] 筆者が「化作された〔菩薩による〕食べ物の請来」と訳した箇所の原文は、nirmita-bhojanânayana-parivarto（< nirmita-bhojana-ānayana-parivarta-）となっている。これは、nirmita-（化作された）、bhojana-（食べ物）、ānayana-（もたらすこと、請来）、parivarta-（章）からなる複合語であり、章名としては「化作された食べ物の請来」と直訳することができる。しかし、本文中に食べ物が化作されたとは述べてなく、化作されたのは菩薩である。以上のことを勘案して、筆者の訳となった。

ところが、チベット語訳からの現代語訳である中公版や、漢訳とは次のように異なっている。

sprul pas zhal zas blangs pa'i（化作された者により供物〔食物〕を受け取る）

「仏陀の食事をもらう」（中公版、*p.* 134）

「香積仏品」（支謙訳、鳩摩羅什訳）

「香臺仏品」（玄奘訳）

チベット語訳と、貝葉写本では、化作された菩薩が香積仏から食べ物の残り物をもらいうけて持ち帰るという話にちなんで章の名前がつけられている。けれども、チベット語訳からの現代語訳である中公版は、化作された菩薩には触れず、食事の所有者である仏陀のほうを名前に出している。漢訳ではいずれも、そのストーリーではなく、その仏の名前を章の名前にしている。ただし、中公版では「もらう」としているが、それに相当する語は、ānayana- で、これは、「～に持ち来る」「～にもたらす」「取ってくる」という意味の動詞 ā-√nī- (1) から作られた名詞で、「持ってくること」「もたらすこと」といった意味である。中公版の言葉を生かせば、「もらってくること」ということである。筆者は、漢字二文字で適切な言葉を探したが、「請来」という語が最も適切だと考えた。

[2] 筆者が「〔食事のために〕定められた時間」と訳した箇所の原文は、kālaḥ（< kāla-）となっている。kāla- は「時」という意味だが、それも「定められた時」「正しい時」という意味が込められている。仏教において出家者は、午前中のみに食事することが許されていて、正午を過ぎて食事することは禁じられていた。その食事のために定められた時間をここでは kāla- と言っている。鳩摩羅什が、これを「日時」と訳したことについて、高崎直道博士は gdugs tshod（昼の時間）というチベット語訳を「昼食時」と訳した上で、「日は昼間であろうが、『日時』に『ひるどき（昼食の時刻）』という意味があるかどうか不詳」（高崎校註『維摩経』*p*. 48）と論じている。藤堂明保編『漢和大辞典』（学習研究社）の「日」の項には、「太陽の出ている間。昼間」とあり、正午とは限らないようだ。「日時」は kāla- の「時」という意味にとらわれた訳であろう。漢訳では次のように支謙と鳩摩羅什が「日時」と訳し、「食時」と訳した玄奘訳のほうが具体的な訳になっている。

「**日時**過ぎんと欲す」（支謙訳）

「**日時**至らんと欲す」（鳩摩羅什訳）

「食**時**将に至らんとす」（玄奘訳）

[3] 筆者が「これら〔の菩薩たち〕は、**どこで**食事をするのだろうか」と訳した箇所の原文は、次の通り。

①**kutrâ**ite paribhokṣyante

kutrâite は、kutra（どこで）と ete（これらは）の連声したもので、paribhokṣyante は、「食事をする」という意味の動詞 pari-√bhuj- (7) の未来・三人称・複数で筆者の訳となる。

ところが、チベット語訳からの現代語訳である中公版は、

「みなは**どんな**食事をするのだろう」（中公版、*p.* 134）

中公版は明らかに筆者の訳とは異なっている。では、チベット語訳はどうなっているのかというと、次のようになっている。

'di dag zan gar za snyam mo /（これら〔の人たち〕は、**どこで**食べ物を食べるのだろう、と思うのである）

gar は疑問詞の ga に処格助詞の縮約形 -r がついた形で、kutra にそのまま対応している。従って、チベット語訳も「どこで」が適当であろう。チベット語としても、少なくとも「どんな」と読むことはできない（「どんな」の場合、zan ga zhig などとなる）。

漢訳では、すべて共通して

「当於何食」（支謙訳、鳩摩羅什訳、玄奘訳）

これは、これまで次のように書き下されてきた。

「当に**何に於いてか**食すや」（高崎校註『維摩経』*p.* 71）

「当に**何をか**食すべきや」（「国訳一切経」*p.* 57）

けれども、①には明確に場所を問う疑問副詞 kutra（どこで）が用いられているので、筆者は、

「当に**何れに於いて**食すべきや」

と書き下した。
4 筆者が「それらの解脱によって〔あなたは〕楽しく過ごすがよい」と訳した箇所の原文は、次のようになっている。

tair vimokṣair vihara

tair は tad-（それ）の男性・複数・具格で、vimokṣair は男性名詞 vimokṣa-（解脱）の複数・具格である。vihara は「楽しく時間を過ごす」という意味の動詞 vi-√hṛ-（1）の命令・二人称・単数であり、筆者の訳となる。

これをチベット語訳からの現代語訳である中公版は、次のように訳している。

「あなたはそれを行なっておられるのだが」（中公版、*p.* 134）

ところが、チベット語訳は次のように命令形になっている。

rnam par thar pa de dag la gnas par gyis la...（それらの〔諸の〕解脱に住しなさい。しかし……）

5 〜-samāpannas（< 〜-samāpannaḥ + (t)）は、貝葉写本と VKN. で〜-samāpannaḥ となっているが、この語の次に t がくるので、連声の規則により語末の ḥ は s に変化しなければならない。従って、筆者は改めた。

6 yad ūrdhve は、貝葉写本では yap ūrdhve となっている。漢訳のすべてに「上方」とあることから、ūrdhva-（上方の）の処格 ūrdhve が判明する。残りの yap は、英語の that（〜ということ）に相当する yad（< yat）の誤写であろう。

7 sarva-gandha-sugandhāṃ は、女性・単数・対格で、貝葉写本の表記である。ところが、この語が修飾している loka-dhātu- が他の箇所（第 4 章 §§ 4, 5, 9）で男性名詞として用いられていることを理由に、VKN. は男性・単数・対格の sarva-gandha-sugandhaṃ に改めている。VKN. の脚注では上記の三箇所しか挙げられてないが、第 4 章 § 16 でも loka-dhātu- が男性名詞として用いられている。

しかし、この語が修飾している loka-dhātu- は本来、男性名詞だが、『法華経』においても女性名詞として用いられるケースがしばしば見受けられる（植木訳『梵漢和対照・現代語訳　法華経』上巻、*p.* 249 参照）ので、ここは、女性名詞であってもかまわない。筆者は、貝葉写本を尊重して女性名詞を採用した。*Çikshāsamuccaya* の引用文でも女性名詞となっている。

8 この文章の原文は次のように三つの要素からなっている。

①yaṃ ca te bodhi-sattvā āhāram āharanti（それらの菩薩たちが摂取するところの食べ物、）

②tasya bhojanasya yo gandhaḥ（その食べ物に具わるところの香り、）

③so 'pramāṇāṃl loka-dhātūn spharati（その〔香り〕が無数の世界に充満する）

ここには、二つの関係代名詞が出てくる。まず初めに①の yaṃ であり、その相関詞は②の tasya である。ところが、②には第二の関係代名詞 yo（< yaḥ）も用いられている。この②は、属格と主格の名詞文で、男性・単数・属格の tasya bhojanasya（その食べ物に具わる）と、男性・単数・主格の gandhaḥ（香りが）と関係代名詞 yo（< yaḥ）で構成されている。②の関係代名詞の相関詞は、③の so（< saḥ < tad, それ）で、その指示しているものは香りのことであり、筆者は「〔香り〕」を補った。

この訳を、一本化すると次のようになる。

「それらの菩薩たちが摂取するところの食べ物、その食べ物に具わるところの香り、その〔香り〕が無数の世界に充満する」

二つの関係代名詞の存在で、くどい表現になっていることは否めない。そこで、日本語としてなめらかになるように、筆者は「〜に具わるところの香り、その〔香り〕が」を「〜に具わるところのその香りが」と簡略化した。

9 筆者が「大いなる乗り物（大乗）で出で立った」と訳した箇所の原文は、mahā-yāna-saṃprasthitās（< mahā-yāna-saṃprasthita-）である。これは mahā-yāna-（大いなる乗り物）と saṃprasthita-（出で立った）の複合語である。ところが、この箇所は、チベット語訳、およびその現代語訳である中公版、そして漢訳では次のように異なっている。

theg pa chen po la yang dag par zhugs pa（大乗に正しく趣入した者である）

「深く大乗に帰依している」（中公版、*p.* 135）

「大乗を学ぶ」（支謙訳）

「悉く阿耨多羅三藐三菩提に心を発して」（鳩摩羅什訳）

「已に大乗に於いて深く心を発趣せり」（玄奘訳）

10 anuttiṣṭhann は、貝葉写本では anuntiṣṭhann となっている。貝葉写本でしばしば見られる n と t の間の誤記であろう。

11 筆者が「〔仏法に対する〕勝れた理解」と訳した箇所は、原文では udārāṃ matiṃ（勝れた理解）となっている。ところが、六つ後の文章では、udāreṣu buddha-dharmeṣu matiṃ というように buddha-dharmeṣu（仏法に対する）が入っていて詳しくなっている。従って、筆者はその意味を汲んで〔 〕内に補った。

12 matiṃ（< mati-, 理解、信念）は、貝葉写本では gatiṃ（< gati-, 行くこと、進路）となっているが、VKN. によって改められた。筆者は、この語の次に「気に入る」という意味の動詞√ruc- (1) の使役形 rocaya-（気に入らせる、欲望を感じさせる）の未来・三人称・単数 rocayiṣyati と合わせて、次のように訳した。

「理解を求めさせることになるでありましょう」

チベット語訳、およびその現代語訳である中公版、そして漢訳は次の通り。

blo gros mos par bgyid cing（思いを馳せさせて）

「信を起こし」（中公版、*p*. 137）

「大意を弘むることを得せしめ」（支謙訳）

「大道を弘むることを得せしめ」（鳩摩羅什訳）

「当(まさ)に大慧を欣(よろこ)ばしめ」（玄奘訳）

13 kâiṣā（< kā + eṣā）は、貝葉写本では vaiṣā（< vā + eṣā）となっている。この箇所の漢訳には「云何」という“疑問詞”があり、vā は適切ではない。この後に女性名詞 hīnâdhimuktikatā があるので、それに合わせて女性・単数・主格の疑問詞 kā に改めた。

14 kula-putrā adho-dig-bhāga（< kula-putrāḥ + adho-dig-bhāge + a 以外の母音）は、貝葉写本では kula-putrā vo-dig-bhāge となっている。貝葉写本の vo- が意味不明だが、すべての漢訳に「下方」とあり、adho-（< adhas- + 有声子音）の誤写であったことが分かる。

15 筆者が「**九万人**もの菩薩たちが」と訳した箇所の原文は、navatir bodhi-sattva-sahasrāṇi となっている。navatir（< navatiḥ）は、navati-（九十）の女性・単数・主格で、bodhi-sattva-sahasrāṇi は、bodhi-sattva-（菩薩）と sahasra-（千）の複合語の中性・複数・主格である。合わせて、「九万人の菩薩たちが」となる。

ところが、チベット語訳は次のようになっている。

byang chub sems dpa' brgya stong phrag dgu bcu（九百万の菩薩）

この中には brgya（百）、stong phrag（千）、dgu（九）、bcu（十）という数が並んでいて、掛け算すると九百万になる。

このチベット語訳の現代語訳である中公版、そして漢訳では次のような異同が見られる。

「**九百万**の菩薩たち」（中公版、*p*. 138）

「**九万**の菩薩」（支謙訳）

「**九百万**の菩薩」（鳩摩羅什訳）

「**九百万**の大菩薩僧」（玄奘訳）

貝葉写本は支謙訳と一致し、チベット語訳、鳩摩羅什訳、玄奘訳とは異なっている。

16 筆者が「〔言葉を〕発した」と訳した箇所の原文は、次の通りである。

①saṃprasthitāni

これは、「出発した」「出で立った」という意味の過去受動分詞 saṃprasthita- の中性・複数・主格である。この意味にとらわれたからであろうか、チベット語訳は、次のようになっている。

de nas de'i tshe byang chub sems dpa' brgya stong phrag dgu bcu yang der 'gro bar chas te /（それから、その時、九百万人の菩薩たちもまた、そこに行くつもりでいて）

直接 saṃprasthita に対応するのは、末尾の 'gro bar chas である。'gro bar chas (pa)は熟語表現で、「出発の準備をする」などという意味がある。中公版は、その意味を踏まえて次のように訳している。

「（サハー世界へ）行こうと思っていた」（中公版、*p*. 138）

けれども「思っていた」という意味は①にはない。漢訳は次の通りである。

「声を発して言わく」（支謙訳、鳩摩羅什訳）

「声を挙ぐ」（玄奘訳）

いずれも、サハー世界へ出発することとは無縁である。従って、筆者は①の「出発した」を「発した」ととらえて「〔言葉を〕発した」と訳した。

17 madgu-bhūtā は、貝葉写本では madbhu-bhūtā となっている。madbhu- は意味不明であり、鳩摩羅什訳に「鄙恥(ひち)せしむること」、玄奘訳に「愧恥」とあることから madgu-bhūta-（〔圧倒されて〕恥じること）に改めた。madgu- は、maṅku-（圧倒する、困惑する、恥じる）の BHS. の形である（cf. BHS. dic. *p*. 414）

18 pratigha-saṃjñām は、貝葉写本では pratisaṃjñām となっているが、鳩摩羅什訳に「礙想」とあるので改めた。

19 antarhito（< antarhitaḥ + 有声子音）は、貝葉写本では attarhito となっている。貝葉写本でしばしば見られ

るnとtの間の誤記であろう。

20 āścarya-prāptā adbhuta-prāptāḥ（< āścarya-prāptāḥ + adbhuta-prāptāḥ）は、貝葉写本と VKN. では āścarya-prāpto 'dbhuta-prāptaḥ（< āścarya-prāptaḥ + adbhuta-prāptaḥ）と男性・単数・主格の二つの複合語になっているが、これらはいずれも、次に来る prahlādita-kāya-cetāḥ と同様に男性・複数・主格でなければならないので、筆者は改めた。

21 [ ] 内の licchavi-sahasrair vimalakīrter gṛhaṃ āgatāḥ は、貝葉写本には欠落している。VKN. では、このうち licchavi-sahasraiḥ のみを補っているが vimalakīrter gṛhaṃ āgatāḥ（ヴィマラキールティの家にやって来た）は入っていない。筆者は、チベット語訳、および漢訳に従って、vimalakīrter gṛhaṃ āgatāḥ をさらに補った。

チベット語訳、およびその現代語訳である中公版、そして漢訳は次の通り。

'dri ma med par grags pa'i khim du zhugs so /（ヴィマラキールティの家に入った）

「ヴィマラキールティの家にやってきた」（中公版、*p.* 140）

「維摩詰の舎に入り」（支謙訳）

「来たりて維摩詰の舎に入り」（鳩摩羅什訳）

「来たりて無垢称の室に入り」（玄奘訳）

22 「ソーマチャトラ（月蓋）」は、チベット語訳からの現代語訳である中公版では「チャンドラチャトラ（月蓋）」（中公版、*p.* 140）となっている。これは、貝葉写本が未発見だったことから、チベット語訳で zla gdugs（月の傘蓋）と訳されていることや、すべての漢訳で「月蓋」とあることから、ベルギーのラモット博士が、サンスクリットの名前を Candracchattra と推測したことに始まっているようだ（cf. *Teaching of Vimalakīrti, p.* 211）。ところが、1999年に発見された梵文写本では soma- と chatra-（覆い、蓋）の複合語であった。soma- は「絞られた汁」を意味するが、転じて「空中の滴」、すなわち「月」をも意味する。

23 筆者が「リッチャヴィ族の首長」と訳した箇所は、原文では licchavīnām adhipatis となっている。adhipatis（< adhi-pati-）が「首長」で、鳩摩羅什は、これを「長者主」と訳し、その注釈に「彼の国に王無し。唯（ただ）、五百の居士（こじ）、共に国政を治む。今、主と言うは衆（しゅ）の推（お）す所なり」と記している。リッチャヴィ族は、ヴァッジという国のヴェーサーリーという都市に住んでいて、ヴァッジ国では、釈尊のころから共和政治を行なっていたことが知られている。中村元訳『ブッダ最後の旅』、岩波文庫、*pp.* 11, 187 参照。

また、中村元博士は、次のようにも述べておられる。

「このヴァッジの国では、めいめいの人が『おれこそ王である』と言っていました。だから、今日のことばでいえばデモクラシーに近いような政治を行っていたそうです。めいめいの人が自分は王であると思って、その合議制によって国事を決定し、その指導者は選挙によって選ばれていました」（現代語訳大乗仏典3『「維摩経」「勝鬘経」』、東京書籍、*p.* 17）

チベット語訳、およびその現代語訳である中公版、そして漢訳は次のようになっている。

lid tsa bi' rnams kyi dbang po（リッチャヴィ人たちの王）

「リッチャヴィ族の首長」（中公版、*p.* 140）

「尊者」（支謙訳）

「離呫毘（りちょうび）王」（玄奘訳）

チベット語訳、支謙訳、玄奘訳からヴァッジ国の共和制を連想することは困難である。

24 この文章の原文は、次の四つの要素からなっている。

①tatra vaiśālakā brāhmaṇa-gṛha-patayaḥ soma-cchatraś ca nāma licchavīnām adhipatis（その時、ヴァイシャーリー城のバラモン〔婆羅門〕と資産家〔居士〕、そしてソーマチャトラ〔月蓋〕という名前のリッチャヴィ族の首長は、）

②taṃ gandham āghrāya（その香りを嗅いで、）

③āścarya-prāptā adbhuta-prāptāḥ prahlādita-kāya-cetāḥ（奇異なる思いにとらわれ、驚嘆すべき思いを抱いて、身も心も歓喜して、）

④sārdhaṃ paripūrṇaiś caturaśītyā [licchavi-sahasrair vimalakīrter gṛhaṃ āgatāḥ]（まるまる八万四〔千人のリッチャヴィ族の人たちとともにヴィマラキールティの家にやって来た〕）

①は、tatra（その時）と vaiśālakā brāhmaṇa-gṛha-patayaḥ（ヴァイシャーリー城のバラモン〔婆羅門〕と資産家〔居士〕たち）と、soma-cchatraś ca nāma licchavīnām adhipatis（ソーマチャトラ〔月蓋〕という名前のリッチャヴィ族の首長）の二つの主語が並列されている。

②の āghrāya は、「嗅ぐ」という意味の動詞 ā-√ghrā- (1) の絶対分詞で、その目的語が taṃ gandham（その香りを）である。

③は、āścarya-prāptā（< āścarya-prāptāḥ, 奇異なる思いにとらわれた）、adbhuta-prāptāḥ（驚嘆すべき思いを抱いた）、prahlādita-kāya-cetāḥ（身も心も歓喜した）で、いずれも①の述語になっている。

④においてsārdhaṃ は、具格を伴って「～(具格)と一緒に」を意味する。ここで具格は、paripūrṇaiś（< paripūrṇa-, 満たされた）と、caturaśītyā（< caturaśīti-, 八十四）、licchavi-sahasraiḥ（< licchavi-sahasra-, 千人のリッチャヴィ族の人たち）の三語である。以上で、「まるまる八万四千人のリッチャヴィの人たちとともに」という意味になる。④の残りの vimalakīrter（ヴィマラキールティの）、gṛhaṃ（家に）、āgatāḥ（やって来た）を合わせて、④の筆者の訳になる。

これは、チベット語訳では次のようになっている。

gang yangs pa'i grong khyer gyi bram ze dang / khyim bdag rnams dang / lid tsa bi' rnam kyi dbang po lid tsa bi' zla gdugs kyis dri de mnams nas / ngo mtshar du gyur rmad du gyur te / lus dang sems dang bar gyur nas lid tsa bi' brgyad khri bzhi stong tshang ba dang lhan cig tu lid tsa bi' dri ma med par grags pa'i kyim du zhugs so /（ヴァイシャーリー都城中のバラモンや、家長たちや、リッチャヴィの民たちの長であるリッチャヴィの"月の傘"（月蓋）は、その香りに接して、驚嘆し、感嘆し、身も心もうきうきして、八万四千のリッチャヴィの民と共にリッチャヴィのヴィマラキールティの家に入った）

これを中公版では、次のように訳している。

「ヴァイシャーリー城中のバラモンや家長たち、およびリッチャヴィー族の首長である**チャンドラチャトラ**（**月蓋**）は、この香気をかいで、かつて経験したことがないと驚嘆し、身も心も浄められた気がして、八万四千人のリッチャヴィー人とともに、**ヴィマラキールティの家にやってきた**」（中公版、*p.* 140）

漢訳は次の通り。

「時に維耶離の諸の梵志・居士・**尊者月蓋**等、是の香気を聞き、皆、未曾有の自然の法を得たり。身意快然として、八万四千人を具足して**維摩詰の舎に入り**」（支謙訳）

「時に毘耶離の婆羅門・居士等、是の香気を聞きて、身意快然として、未曾有なりと歎ぜり。是こに於いて長者主、**月蓋**は八万四千人を従えて、来たりて**維摩詰の舎に入り**」（鳩摩羅什訳）

「広厳大城の諸の婆羅門・長者・居士・人・非人等、是の香気を聞きて未曾有を得たり。驚歎すること無量にして身心踊悦す。時に此の城中に離呫毘王あり、名づけて**月蓋**と為す。八万四千の離呫毘種、種種に荘厳して悉く来たりて**無垢称の室に入り**」（玄奘訳）

貝葉写本とチベット語訳は、バラモン、居士、月蓋をひとまとめにして主語にしているが、鳩摩羅什訳と、玄奘訳は、バラモン、居士を前半の主語にして、後半の主語を月蓋にと分けている。

ここで、ヴァイシャーリーは「維耶離」「毘耶離」と音写され、「広厳大城」と漢訳されている。リッチャヴィは「離呫毘」と音写されている。

25 [ ] 内は、貝葉写本には欠落しているが、筆者は次のチベット語訳①、②、③をサンスクリットに還元して補った。

①de dag gi khyim de na byang chub sems dpas gang dag seng ge'i kri de tsam du mtho ba de tsam du che zhing yangs pa la 'khod pa mthong ste /（それらの人たちは、この家の中で、それほど高く、それほど広くて大きな、色とりどりの師子座に坐っているところの菩薩たちを見た。）

②mthong nas de dag shin tu mos shing rab tu dga' ba chen po skyes te /（〔それを〕見てから、それらの人たちは、信順の志と大いなる歓喜を生じた。）

③de dag thams cad kyis nyan thos chen po de dag dang / byang chub sems dpa' chen po de dag la phyag 'tshal nas phyags gcig tu 'khod do /（それらのすべての人たちは、それらの偉大なる声聞たちや、それらの偉大なる菩薩たちに敬意を表して後、一隅に立った。）

サンスクリットに還元する方法としては、維摩経の中の類似の文章を見つけて、それを参考にして組み立てることにした。まず、①の最後と、②の最初の「～を見た。〔それを〕見てから…」の構文は、第4章§4の次の箇所が参考になる。

～ adrākṣīt / dṛṣṭvā ca...

adrākṣīt は、「見る」という意味の動詞 √dṛś- (1) の s アオリスト・三人称・単数・為他言である。ここは、主語が複数なので、複数形の adrākṣuḥ に改めればいい。√dṛś- (1) の絶対分詞 dṛṣṭvā は、そのままでいい。

そして、①は、次の二つの文章に区切った方が分かりやすい。

「それらの人たちは、菩薩たちを見た」

「この家の中で、それほど高く、それほど広くて大きな、色とりどりの師子座に坐っているところの〔菩薩たち〕」

前者は、次のようにサンスクリットに戻せよう。

④te bodhi-sattvān adrākṣuḥ /

後者の「師子座に坐っている」の部分は、第１章§６の siṃhâsane niṣaṇṇaḥ が参考になる。siṃhâsane（< siṃhâsana-, 師子座）は、中性・単数・処格だが、ここは複数の siṃhâsaneṣu に改め、niṣaṇṇaḥ（< niṣaṇṇa-, 座っている）は男性・単数・主格だが、ここも複数でなければならないので、niṣaṇṇāḥ に改めればいい。こうして、次のようになる。

⑤siṃhâsaneṣu niṣaṇṇāḥ

後者の残り「**この家の中で**、それほど**高く**、それほど**広くて**大きな、**色とりどりの師子座**」は、第５章§９、および§10の次の文章が参考になろう。

ihâivaṃ parītte **gṛha** imānîyanti **siṃhâsana**-sahasrāṇy evam **uccāny** evaṃ **pragṛhītāni vicitrāni** /（このように小さな**この家の中に**、このように**高く**、このように**広い**幾千もの**色とりどりの**これらの**師子座**がやってきた）

sumeruṃ parvata-rājaṃ **tāvad uccaṃ tāvat pragṛhītaṃ** tāvad udviddhaṃ **tāvad vistīrṇaṃ**（**それほど高く、それほど広く**、それほど聳え立ち、**それほど広大な**山の王であるスメール山〔須弥山〕）

まず「この家の中に」に当たるのが iha... gṛha であるが、この gṛha は、次にくる a 以外の母音（ここでは i）と連声したものであり、連声がなければ処格の gṛhe に戻る。従って、次の形になる。

⑥iha gṛhe

残りの「それほど高く、それほど広くて大きな」と「色とりどりの」がそれぞれ、tāvad uccaṃ tāvat pragṛhītaṃ vistīrṇaṃ と vicitrāni に相当しており、これらの被修飾語である siṃhâsaneṣu と性・数・格をそろえると、次のようになる。

⑦tāvad ucceṣu tāvat pragṛhīteṣu vistīrṇeṣu vicitreṣu

⑤と⑦を、関係代名詞を主語として結合すると次のようになる。

ye tāvad ucceṣu tāvat pragṛhīteṣu vistīrṇeṣu vicitreṣu siṃhâsaneṣu niṣaṇṇāḥ

さらにこの関係文を bodhi-sattvān を先行詞として④と組み合わせ、⑥を加味すると、①をサンスクリットに還元した文章になる。

①' iha gṛhe te bodhi-sattvān ye tāvad ucceṣu tāvat pragṛhīteṣu vistīrṇeṣu vicitreṣu siṃhâsaneṣu niṣaṇṇā adrākṣuḥ /

次に、②のチベット語訳からのサンスクリットへの還元は、shin tu mos（信順の志）が adhimukti-、rab tu dga' ba chen po（大いなる歓喜）が mahā-pramodya- で、これらの単数・対格と、skyes（生じる）に対応する ut-√pad-(4) の三人称・過去・複数・為自言の udapadyanta を組み合わせ、初めの絶対分詞を合わせると、次のようになる。

②' dṛṣṭvā ca te 'dhimuktiṃ mahā-pramodyam udapadyanta /

次に、③のチベット語訳からのサンスクリットへの還元は、次のようになすことができる。まず、「それらのすべての人たちは、」が te sarve、「それらの偉大なる声聞たちや、それらの偉大なる菩薩たちに」が tān mahā-śrāvakāṃs tāṃś ca mahā-bodhi-sattvān である。「敬意を表して後、一隅に立った」は第12章§9の vanditvâikânte 'sthāt（< vanditvâikânte + asthāt）が参考になる。こうして③は次のようにサンスクリットに還元される。

③' te sarve tān mahā-śrāvakāṃs tāṃś ca mahā-bodhi-sattvān vanditvâikânte 'sthāt /

漢訳は次のように、いずれもチベット語訳と同趣旨である。

「其の室中に菩薩甚だ多きを観、師子座の高大、厳好なるを観て、皆、大いに歓喜して、悉く菩薩、諸大弟子を礼し、却りて一面に住せるを見る」（支謙訳）

「其の室中に菩薩甚だ多く、諸の師子座の高広、厳好なるを見て、皆、大いに歓喜して、衆の菩薩及び大弟子を礼し、却りて一面に住せり」（鳩摩羅什訳）

「此の室中に菩薩衆、其の数甚だ多く、諸の師子座の高広、厳好なるを見て、大いに歓喜を生じ未曾有なるを歎じて、諸の菩薩及び大声聞を礼し、却りて一面に住せり」（玄奘訳）

26 この文章の原文は、次のように二つの要素からなっている。

①mā ca pradeśa-caryāyāṃ cittam upanibandhata（〔あなたたちは〕限定された〔低劣な〕行ないに心を縛り付けてはならない。）

②mā na śakyata dakṣiṇāṃ śodhayitum（〔如来から〕施された〔食べ物〕を〔消化し〕浄化する**ことができない**ことがないようにせよ）

①と②の冒頭の mā は、命令形などの動詞とともに用いて「〜してはならない」「〜なからんことを」「〜しないように」を意味する副詞である。①と②ではそれぞれ、「〔心を〕縛る」という意味の動詞 upa-ni-√bandh- (9) の命令・二人称・複数の upanibandhata と、「〜できる」という意味の動詞 √śak- (5) の受動・命令・二人称・複数の śakyata が用いられている。

それらの動詞の目的語は、①では pradeśa-caryāyāṃ cittam である。pradeśa- は「限定された」といった意味で、「一分」「少分」と漢訳されている。ラモット氏は *Teaching of Vimalakīrti, p.* 212 において pradeśa-caryāyāṃ cittam に相当する箇所を、チベット語訳から prādeśika-citta と推測している。prādeśika- (pradeśa- + -ika) は、BHS. dic. *p.* 392 では restricted（制限された、限られた、制限的な、制約のある、限局的な)、limited（限定された）といった意味を挙げている。しかも、prādeśika-yāna ＝ hīna-yāna（小乗、粗末な乗り物、劣った乗り物）という用法も挙げている。従って、筆者は pradeśa- を「限定された〔低劣な〕」と訳した。caryāyāṃ は女性名詞 caryā-（行ない）の単数・処格で、中性名詞 citta-（心）の単数・対格 cittam と合わせて、pradeśa-caryāyāṃ cittam は「限定された〔低劣な〕行ないに心を」と訳せよう。

②の目的語は、dakṣiṇāṃ śodhayitum である。dakṣiṇāṃ は、女性名詞 dakṣiṇā- の単数・対格であり、これは go（牛）とともに「乳のよく出る牛」を意味する語で、祭儀の謝礼として牛が用いられたことから、転じて「施物」を意味するようになった。ここでは、如来から「施された食べ物」のことである。śodhayitum は、「浄化する」という意味の動詞 √śudh- (4) の使役形の不定詞である。ここで「浄化する」ということは、立川武蔵博士の教示によると、「消化する」という意味を含んでいるという。そこで、筆者は「〔消化し〕浄化する」と訳した。こうして、筆者は dakṣiṇāṃ śodhayitum を「〔如来から〕施された〔食べ物〕を〔消化し〕浄化すること」と訳した。

チベット語訳、およびその現代語訳である中公版の訳や、漢訳は次の通り。

nyi tshe ba'i spyod pa la sems nye bar ma 'dogs shig / spyin pa spyod ma nus sa re /（限定された行ないに心を縛りつけてはならない。施された〔食べ物〕を享受することはできないでしょう）

「しみったれた考えなどを起こしてはなりません。きっと与えられた（食事）が**消化できない**でしょうから」（中公版、*p.* 140）

「大悲の味を惟(おも)い、有限の行を以(もっ)て**意を縛る**こと無かれ」（支謙訳）

「大悲の熏ずる所なれば、限意を以て之を食し、**消せざらしむる**こと無かれ」（鳩摩羅什訳）

「是(か)くの如(ごと)き食は大悲の熏ずる所なり。少分下劣の心行を以て、而(しか)も此の食を食すること勿れ。若(も)し是くの如く食せば、**消ずる**こと能(あた)わず」（玄奘訳）

支謙訳のみが、貝葉写本、チベット語訳、鳩摩羅什訳、玄奘訳と大きく異なっている。

27 samīkārṣṭa は、貝葉写本では samīkāṣṭaḥ となっている。これは「〜（具格）と等しくする」という意味の動詞 samī-√kṛ- (8) のアオリスト・二人称・複数・為他言の samī-akārṣṭa が、禁止を意味する mā とともに用いられて、オーグメントの a が省略されたものであり、語尾に ḥ をつけてはならない。

28 syāc caturṇāṃ（< syāt + caturṇāṃ）は、貝葉写本では syān vaturṇṇāṃ となっている。貝葉写本では、syāc caturṇāṃ の連声前の syāt caturṇāṃ において、貝葉写本でしばしば見られる n と t、また v と c の間の誤記が生じたのであろう。

29 筆者が「スメール山ほどの量で一口ずつ食べ〔続け〕るとしても」と訳した箇所の原文は、次のようになっている。

①sumeru-mātrair ālopaiḥ（スメール山ほどの量で一口ずつ）

②paribhuñjīraṃs（食べ〔続け〕るとしても）

①の sumeru-mātrair（< sumeru-mātra-, スメール山ほどの量の）は男性・複数・具格で、性・数・格が同じ ālopaiḥ（< ālopa-, 一口〔の食べ物〕）を修飾している。従って、「スメール山ほどの量」であるのは「一口〔の食べ物〕」だということになる。これらの二語が具格であり、副詞的な用法になるので、筆者は「スメール山ほどの量で一口ずつ」と訳した。

ところが、チベット語訳からの現代語訳である中公版は、これを次のように訳している。

「一口ずつお握りをスメール山の高さほどもとり」（中公版、*p.* 140）

この訳では、「一口ずつのお握り」をいくつも積み重ねた結果が「スメール山の高さほど」になるという意味に受け取れる。しかし、①の修飾・被修飾の関係では、「一口」分が「スメール山の高さほど」であった。チベット語訳も次のようになっている。

sems can thams cad kyis zhal zas 'di kham ri rab tsam du bskal par zos kyang（一切衆生が、この食べ物を、スメール山ぐらいほど〔の量〕で一口ずつ、一劫(こう)にわたって、食べても）

30 この文章の原文は、貝葉写本と VKN. では次の三つの要素からなっている。

①akṣaya-śīla-samādhi-prajñā-nirjātasya（尽きることのない持戒・三昧・智慧〔すなわち戒・定・慧の三学〕から生じた）

②idaṃ... pātrâvaśeṣaṃ bhojanaṃ（これは……鉢の中に残された食べ物であり、）

③tathāgatasya（如来の）

④nâitac chakyaṃ kṣapayitum（これを尽きさせることはできない）

②と④が二つの文章として骨格をなしている。①と③は、いずれも男性・単数・属格であり、①は③を修飾している。その③は、②の中の pātrâvaśeṣaṃ bhojanaṃ（鉢の中に残された食べ物）にかかっている。従って、「尽きることのない持戒・三昧・智慧〔すなわち戒・定・慧〕から生じた」のは、この文脈からすれば「食べ物」ではなく「如来」のほうだということになる。ところが、「戒・定・慧から生じた如来」というのは、なじみのない表現である。やはり、「戒・定・慧から生じた食べ物」としたほうが自然である。

確かに第２章§12には、如来の身体が「戒〔を持つこと〕」「三昧」「智慧」から生じるとある。しかし、ここでは④の「尽きさせることはできない」とされるのは食べ物のことであり、①の「尽きることのない」という表現との重なりからして、①全体は食べ物を修飾したほうがつながり具合がよい。

チベット語訳は次のようになっている。

ba de bzhin gshegs pa'i zhal zas snod du lus pa 'di zad par mi nus so（無尽の戒と、智慧と、三昧から生じたものである如来の食物の器に残されたものであるこれを尽きさせることはできないのである）

これは、「無尽の戒と、智慧と、三昧から生じた」のは、如来とも、「これ」すなわち「食物の器に残されたもの」のいずれとも取れる。

ところが、中公版はこのチベット語訳を次のように訳している。

「如来のお食事の余り、それは無尽の戒律と知恵と禅定とからなるものであって、それが尽きることはありえないからです」（中公版、*p.* 141）

これは、戒・定・慧と関係しているのは明確に食事のほうだとする訳である。

それに対して、漢訳は次の通りである。

「尽有ること無き戒より定・慧・解度知見に至る如来の飯は、終に尽くす可からず」（支謙訳）

「無尽の戒・定・智慧・解脱・解脱知見の功徳を具足せる者の食する所の余りは、終に尽くす可からず」（鳩摩羅什訳）

「是の無尽の戒・定・慧・解脱・解脱知見を生ぜし所の如来の食する所の余り……終に尽くすこと能わず」（玄奘訳）

支謙訳は、戒・定・慧と関係しているのは如来とも、飯とも取れるが、どちらかというと飯のほうに重心がありそうである。鳩摩羅什訳と玄奘訳もどちらにも取れないことはないが、どちらかというと如来のほうに関係しているといえよう。ただ、「戒・定・智慧・解脱・解脱知見の功徳を具足せる者」「戒・定・慧・解脱・解脱知見を生ぜし所の如来」としていて、「戒・定・慧から生じた如来」とはなっていない。

ここは、属格となっている①を、次の①'のように②と同じ対格に改め、「戒・定・慧から生じた如来」ではなく、「戒・定・慧から生じた食べ物」としたほうがよいと考える。

①' akṣaya-śīla-samādhi-prajñā-nirjātaṃ（尽きることのない持戒・三昧・智慧〔すなわち戒・定・慧の三学〕から生じた）

その結果、①'、②、③、④は、次のような意味になる。

「これは、如来の鉢の中に残された、尽きることのない持戒・三昧・智慧〔、すなわち戒・定・慧の三学〕から生じた食べ物であり、これを尽きさせることはできないからだ」

31 tṛptā kṛtā（満足させられた）は、貝葉写本では tṛṣṇā kṛtā（渇望させられた）となっているが、鳩摩羅什訳に「飽かしむる」、玄奘訳に「充満することを得て」とあることから改めた。*Çikshāsamuccaya* では tṛptā bhūtā（満足した）となっているが、使役的な意味を出したほうがいいと考えて、bhūtā を採用せずに kṛtā を残した。ここは、tṛpta- と動詞 √kṛ- (8) の動詞複合語 tṛptī-√kṛ- (8) の過去受動分詞 tṛptī-kṛtā（満足させられた）も可能ではある。

32 'vakrāntaṃ（< avakrāntaṃ）は、貝葉写本では cakrāntaṃ となっている。貝葉写本でしばしば見られる v と c の間の誤記であろう。

33 筆者が「衆香の菩薩」と書き下した箇所は、これまで「衆香菩薩」とされてきたが、これでは固有名詞かと勘違いされる恐れがある。原文では、

tān bhagavato gandhôttama-kūṭasya tathāgatasya buddha-kṣetrād āgatān bodhi-sattvān（世尊であり"最高

の香りの集積を持つもの”（香積）という如来のブッダの国土からやって来たそれらの菩薩たち）
となっていて、あえて要約、補足すれば「香積という如来の国土、すなわち衆香という世界の菩薩たち」となるので、筆者は「衆香の菩薩」と書き下した。

34 ’kṣara-niruktyā は、貝葉写本では ’kṣaraniruksyā となっているが、VKN. によって改められた。

35 avocan は、貝葉写本ではアオリスト・三人称・単数の avocat となっている。ここは、アオリスト・三人称・複数でなければならない。

36 この文章の原文は、次の三つの要素からなっている。

①teṣāṃ durdamānāṃ sattvānāṃ（それらの教化しがたい衆生たちに、）

②**khaṭuṅka**-durdama-damatha-kathām eva（まさに**頑固で**教化しがたい〔衆生たち〕を屈服させる〔**強引な**〕話を）

③prakāśayati（〔世尊は〕説かれるのだ）

①の中の teṣāṃ（< tad-, それ）、durdamānāṃ（< durdama, 教化しがたい）、sattvānāṃ（< sattva, 衆生）の三語はいずれも男性・複数・属格で、③の prakāśayati（説く）という動詞の対象を示している。

②の複合語 **khaṭuṅka**-durdama-damatha-kathām は、khaṭuṅka-（剛強な、頑固な、強引な）、durdama-（教化しがたい）、damatha-（屈服、調伏）、kathām（話）の複合語で、「**頑固で**教化しがたいものを屈服させる話」とも「教化しがたいものを屈服させる**強引な**話」とも取れる。前者は、khaṭuṅka-（頑固な）が次に来る durdama- を修飾すると考えた場合の訳である。後者は、khaṭuṅka-（強引な）が最後の kathām を修飾していると考えた場合である。

ところが、漢訳では、次のようになっている。

「（此の土の人民は**剛強にして**化し難し、）故に仏は為に**剛強の**語を説きたまう」（支謙訳）

「（此の土の衆生は**剛強にして**化し難し、）故に仏は為に**剛強の**語を説きて、以て之を調伏したまう」（鳩摩羅什訳）

「（此の土の有情は一切**剛強にして**極めて調化し難し、）如来は還りて種種に能く伏する**剛強の**語言を以て、而も之を調化したまう」（玄奘訳）

いずれの訳も、「剛強」であるのは、衆生（人民、有情）と、語（語言）の両方になっている。筆者は、これに習って、khaṭuṅka-（剛強な、頑固な、強引な）が durdama- と kathām の両方に掛かっていると考えて、②の訳にした。

それに対して、チベット語訳、およびその現代語訳である中公版は、次のようになっている。

sems can **dmu rgod** gdul dka’ ba ’di rnams la **dmu rgod** dang gdul dka’ ba gdul ba’i gtam rnams rab tu ston to //（これら、**粗野で**教化の困難な衆生に対して、**粗野で**教化の困難な者を教化するもろもろの話が説示されるのである）

「**手に負えない**、教化の困難なこれらの衆生に対しては、それを教えるのに**適切な**（**激越な**）ことばが説かれます」（中公版、*p.* 142）

中公版の「**手に負えない**」は、チベット語の dmu rgod を訳したものであろう。これは、「粗野な」「野蛮な」「凶暴な」「怒りっぽい」といった意味である。この語は後半部分にも出てくるが、中公版では訳されていない。その代わりに、後半部の dmu rgod dang gdul dka’ ba gdul ba’i gtam rnams（粗野で教化の困難な者を教化するもろもろの話）を「それを教えるのに**適切な**（**激越な**）ことば」と訳していることが分かる。

「粗野で教化の困難な衆生」に対して、「粗野で教化の困難な者を教化する話」を説くということは、「適切な」ことだと考えて「適切なことば」と訳されたのであろう。しかし、「それを教えるのに」とすると、彼らを「教化する」ことよりも、彼らに何かを「教える」ことに話がずれてしまう。チベット語訳にそんな意味は全くない。「教える」と「教化する」とは意味が異なる。中公版は、チベット語訳とは異なる意訳であることに注意する必用がある。（　）内の「激越な」は、三つの漢訳にある「**剛強**」を参考にして補ったものであろう。

岩波セミナーブックスの『「維摩経」を読む』（*p.* 275）において、長尾雅人博士は、そのように訳された背景を次のように語っておられる、

「剛強という文字は、古い読み方では『ゴウゴウ』などと発音するらしいのですが、ここに『剛強之語』ということがあるので、『激越な』という語を訳に入れることにしたのです。チベット訳ではただ『適切なことば』、手に負えない荒馬のような連中を教化するのに適したことば、というだけですから、おそらく羅什は、それを補って『剛強』と訳したものと思われます」

この訳からすると、漢訳すべての「剛強」に相当する語はチベット語訳になく、「適切な」という語しかないかのように思えるが、それは全く逆でチベット語訳には「適切な」のほうが用いられていない。1999 年に発見され

た貝葉写本にも、「適切な」に相当する語はなく、「剛強」に相当する khaṭuṅka- が用いられていた。

37 この文章の原文は、次の二つの要素からなっている。

①katamaḥ punaḥ **khaṭuṅka**-durdamānāṃ damathaḥ（しかしながら、**頑固で**教化しがたい〔衆生たち〕を屈服させることとは、どういうことであり、）

②katamā ca **khaṭuṅka**-durdama-damatha-kathā（**頑固で**教化しがたい〔衆生たち〕を屈服させる〔**強引な**〕話とは、どういうことか）

以上の文章については、前の注 36 を参照。

これに対応するチベット語訳からの現代語訳である中公版は次のようになっている。

「**手に負えない**、教化の困難な者を教化するとはどういうことであり、それに**適切な**（**激越な**）ことばとは何かといえば、つぎのようなことです」（中公版、*p.* 142）

ところが、漢訳では、支謙訳と鳩摩羅什訳に対応箇所がなく、玄奘訳に②に対応する次の箇所があるのみである。

「云何が名づけて種種に能く伏する**剛強の**語言と為すや」（玄奘訳）

38 hīnêndriyôpapattir（< hīnêndriyôpapattiḥ + 有声音）は、貝葉写本では hīnêndriyôpayantir となっている。貝葉写本でしばしば見られる y と p、さらに n と t の間の誤記であろう。

39 idaṃ は、貝葉写本では iyaṃ となっているが、中性・単数・主格の kāya-duścaritam と主語と補語の関係にあるので、女性の iyaṃ ではなく中性の idaṃ でなければならない。

40 idaṃ **[vāg-duścaritam ayaṃ]** vāg-duścaritasya vipāka（これが〔**言葉（口）による悪しき行為であり、これが**〕言葉による悪しき行為の報いである）は、貝葉写本では idaṃ vāgduścaritasya vipākaḥ となっていて、[ ] 内の vāg-duścaritam ayaṃ は欠落している。筆者は、チベット語訳からの現代語訳である中公版と漢訳に次のようにあることから補った。

'di ni **ngag gyi nyes par spyod pa'o / / 'di ni** ngag gyis nyes par spyad pa'i rnam par smin pa'o /（これは、**口の悪い行ないであり、これは**口によって悪く行なわれたことの報いである）

「これは**口の悪行、これは**口の悪行の報い」（中公版、*p.* 142）

「是れ**口邪行なり。是れ**口邪行の報なり」（鳩摩羅什訳）

「此れは是れ**語の悪行なり、是れ**語の悪行の果なり」（玄奘訳）

41 vācâyaṃ（< vācā + ayaṃ）は、貝葉写本では vārāyaṃ、VKN. では vācā, ayaṃ となっているが、vācā（< vācā-, 語）は paruṣā（< paruṣa-, 粗暴な）とともに「麁悪語」を意味し、残りの ayaṃ（< idam-, これ）は saṃbhinna-pralāpa（< saṃbhinna-pralāpaḥ < saṃbhinna-pralāpa-, 支離滅裂なたわごと、綺語）の主語になっている。以上の考えから筆者は vācâyaṃ に改めた。

42 ayaṃ yoga idaṃ prahānam は、貝葉写本で ayaṃ yoga idaṃ pradhānam となっていて、VKN. は、ayaṃ yogaḥ, idaṃ pradhānam としている。VKN. は、貝葉写本の表記を「,」で区切ったために yoga idaṃ（< yogaḥ + idaṃ）の連声が分解されている。サンスクリット語には「,」のような記号は存在しないので、筆者は「,」を使用しない貝葉写本の表記についてのみ考察する。それは、次の二つの要素からなっている。

①ayaṃ yoga（これが精神集中であり、）

②idaṃ pradhānam（これが重要なことである）

ここでは、いささか②が不自然な感じがする。

チベット語訳は、次の通りである。

'di ni rnam par 'byor pa'o /（これはヨーガである）

「ヨーガ」に相当するチベット語で、もっとも一般的なものは rnal 'byor であるが、それはここに用いられている rnal par 'byor ba の短縮語であり、ここは「ヨーガ」と訳していいであろう。pradhānam に当たる語はチベット訳には存在しない。佐々木一憲氏は、対語が並んでいる前後の文脈を考え、②は、①の yoga（連結）と対をなす prahānam（断）だった可能性を指摘され、筆者はそれを採用した。それによって、②は次のような意味になる。

②' idaṃ prahānam（これが〔煩悩を〕断つことである）

こうして、貝葉写本の①と②の表記を、筆者は次のように改めた。

③ayaṃ yoga idaṃ prahānam

チベット語訳からの現代語訳である中公版、あるいは漢訳では次のようになっている（支謙訳と鳩摩羅什訳に対応箇所なし）。

「これは適切である。これは断たれる」（中公版、*p.* 143）

「此れは是れ瑜伽なり、此れ非瑜伽なり。此れは是れ永断なり、此れ非永断なり」（玄奘訳）

中公版の「適切である」は、yogaḥ の「適合」「妥当」の意味を採用したものであろう。玄奘訳を考慮すると、③はさらに次のようになっていた可能性もある。

ayaṃ yogo 'yam ayoga idaṃ prahānam idam aprahānam

43 この後に貝葉写本では iyam anāpattir（これが無過失であり）の二語が入っているが、筆者は必要ないものと考えて削除した。

この前と後も含めて列記すると次のようになっている。

①iyam āpattir（これが過失であり）

②iyam anāpattir（これが無過失であり）

③idam āpatti-vyutthānam（これが過失を離れていることである）

ここだけ「過失」に関して、三つのことが述べられているが、②はチベット語訳と漢訳に欠落しているし、③と同じことを言っているので必要ないと筆者は考えた。

44 [ ] 内の idam asaṃskṛtam（これは無為である）は、貝葉写本には欠落している。チベット語訳と鳩摩羅什訳、玄奘訳を参考にして、VKN. によって補われた。

45 筆者が「これらが地獄であり、これが**畜生としての在り方**であり、これが**ヤマ（閻魔）の世界**であり」と訳した箇所は、原文では次のようになっている。

ime nirayā iyaṃ tiryag-yonir ayaṃ yama-loka

これは、チベット語訳、およびその現代語訳である中公版と、漢訳では次のようになっている。

'di ni sems can dmyal ba'o // 'di ni dud 'gro'i skye gnas so / 'di ni gshin rje'i 'zig rtan no /（これは地獄〔の衆生〕である。これは畜生の生処である。これはヤマの世界である）

「ここに地獄がある。これは**畜生の生まれ**である。これは（**死神**）**ヤマの世界**」（中公版、*p.* 142）

「是れ地獄の趣、是れ**畜生・鬼神道の**趣なり」（支謙訳）

「是れ地獄なり。是れ**畜生**なり。是れ**餓鬼**なり」（鳩摩羅什訳）

「此れは是れ地獄趣なり。此れは是れ**傍生趣**なり。此れは是れ**餓鬼趣**なり」（玄奘訳）

ヤマ（yama-）は閻魔と音写され、中国と日本では道教の影響で冥界の十王の一人で地獄にいる裁判官とされた。けれども、ヤマは、もともとは亡くなって天上界にある祖先を支配している神で、恐ろしいものとは無縁であったが、後に恐ろしいものとされるようになった。死後の霊を意味する語には、preta-（< pra-ita-）という語がある。これは、pra（あちらに）と「行く」という意味の動詞 √i- (2) の過去受動分詞 ita（行った）からなるもので、「あちらに行った」、すなわち「死んだ」を意味する。これが、「死者の霊」といった意味になり、それは子孫の食べ物の供養を待ち望んで飢えていると考えられて、「餓鬼」と漢訳された。死者の霊に関係していることから、ヤマの世界と餓鬼界とは、区別することなく用いられたのであろう。それは、『法華経』譬喩品でも見られることである。その原文と筆者の訳と鳩摩羅什の訳は次の通り。

naraka-**tiryag-yoni-yama-lokeṣv**（植木訳『梵漢和対照・現代語訳　法華経』上巻、*p.* 204）

「地獄や、**畜生としての在り方**や、**ヤマ（閻魔）の世界**において」（同上、*p.* 205）

「地獄、**畜生**、**餓鬼**」（同上、*p.* 204）

筆者が、「畜生としての在り方」と訳したところを、先の玄奘訳のみが他と異なって「傍生趣」としている。これは、サンスクリットの tiryag-yoniḥ（< tiryag-yoni-）の直訳である。tiryag-（< tiryak）は、「横の」「水平の」という意味の形容詞 tiryañc- の派生語で、直立して歩く人間に対して、「体を水平にして動くもの」、すなわち「畜生」を意味している。「傍生」は、サンスクリットの「体を水平にして動くもの」という原意にこだわって、「傍行の生類」という意味の漢訳である。

ところで、支謙訳では、先ほどの「是れ地獄に趣き、是れ畜生・鬼神の道に趣く」を挙げるのみで、貝葉写本や他の訳に存在する、次の言葉に相当する部分が欠落している。

「これらが不運〔の生まれ〕であり、これが感覚器官に障害をもって生まれることである」

46 筆者が「感覚器官に障害をもって生まれること」と訳した箇所の原文は、hīnêndriyôpapattir（< hīnêndri-yôpapattiḥ < hīna-indriya-upapatti-）となっている。hīna-（障害／欠陥のある）、indriya-（感覚器官）、upapatti-（誕生）の複合語で、筆者の訳となる。これをチベット語訳、およびその現代語訳である中公版と、漢訳では次のように訳している。

'di ni dbang po nyams par skye ba'o（これは器官に欠損のあるものとして生まれのである）

「不具としての生まれ」（中公版、*p.* 142）

「愚人の生ずる処」（鳩摩羅什訳）

「諸根缺」（玄奘訳）

鳩摩羅什訳のみが異なっている。

47 筆者が「これが心の散乱である」と訳した箇所の原文は、ayaṃ vikṣepa である。vikṣepa は、vikṣepaḥ となるところだが、次に a 以外の母音があることで、ḥ が消失した。これに対応する語はチベット語訳には見られない。漢訳は次の通り。

「是れ乱意なり、是れ乱意の報なり」（鳩摩羅什訳）

「此れは是れ心の乱れなり、是れ心の乱れの果なり」（玄奘訳）

48 この後に、玄奘訳のみ「此是功徳此是過失」「此是有苦此是無苦」「此是有楽此是無楽」「此可厭離此可欣楽」「此可棄捨此可修習」といった項目が入っている。

49 筆者が「荒れ狂う馬のような心」と訳した箇所は、貝葉写本では khaṭuṅkâśva-sadṛśa-cittāḥ（< khaṭuṅka-aśva-sadṛśa-citta-）となっている。チベット語訳、およびその現代語訳である中公版でも、

rta dmu rgod lta pu'i sems（調御されていない馬のような心）

「荒馬のような心」（中公版、*p.* 143）

と、いずれも馬に譬えられているが、鳩摩羅什訳では「猨猴の如き」とサルに譬えられている。支謙訳と玄奘訳ではいずれにも譬えていない。

50 marma-vedhena（< marma-vedha-）は、貝葉写本では marma-vaivena となっている。marma- は「関節」「（身体の）致命的な部分」を意味するが、vaivena は意味不明である。鳩摩羅什訳と玄奘訳で「骨に徹し」となっていることから、「打つこと」「圧倒すること」を意味する vedha- の単数・具格 vedhena に改めた。

51 筆者が「貧困で低劣であること〔を示すこと〕によって頑固な衆生たちを教え導かれる」と訳した箇所の原文は次の通り。

①**daridra-lūhatayā（貧困で低劣であること〔を示すこと〕によって）**

②khaṭuṅkān sattvān（頑固な衆生たちを）

③vinayati（教え導かれる）

①の daridra-lūhatayā（< daridra-lūhatā-）は、daridra-（貧困な）と lūhatā-（低劣であること）の複合語の女性・単数・具格である。②の khaṭuṅkān と sattvān は、khaṭuṅka-（頑固な）と sattva-（衆生）の男性・複数・対格である。これは、③の vinayati（教え導く）の目的語である。ここで言えることは、①は②の修飾語になっていないということである。

ところが、①と②に相当する箇所のチベット語訳、およびその現代語訳である中公版と、漢訳は次の通りである。

ngan cing dbul ba sems can dmu rgud rnams（低劣で貧しい者である、調御されていない衆生たちを）

「**低級で貧困で手に負えない**衆生を……」（中公版、*p.* 143）

「**貧しきものの楽（ねが）う所の法を以て、**衆生を……」（鳩摩羅什訳）

「**下劣にして貧匱の**有情を……」（玄奘訳）

以上を比較すると、貝葉写本と鳩摩羅什訳は、①と②の対応箇所を修飾・被修飾の関係としないのに対して、チベット語訳、および中公版と玄奘訳は①と②に対応する箇所が修飾・被修飾の関係になっている。

52 この文章の原文は次の三つの要素からなっている。

①iha hi sat-puruṣāḥ sahe loka-dhātau daśa kuśalôccayā dharmāḥ（善き人〔善士〕たちよ、実にこのサハー世界には、……善を蓄積する十種類の法がある。）

②ye 'nyeṣu buddha-kṣetreṣu na saṃvidyante（他のブッダの国土には存在しないところの、）

③**yāṃś ca te parigṛhṇanti**（また、**それら〔の菩薩たち〕が獲得しているところの**）

①は、処格の iha（ここ）、sahe（サハー）、loka-dhātau（世界）と、主格の daśa（十）、kuśalôccayā dharmāḥ（善を蓄積する法）が名詞文をなしている。

②と③の関係代名詞 ye と yāṃś（< yān）は、daśa kuśalôccayā dharmāḥ（善を蓄積する十種類の法）を先行詞としている。

③の te は、サハー世界に生まれた菩薩たちのことであろう。parigṛhṇanti は、「獲得する」という意味の動詞 pari-√grah- (9) の現在・三人称・複数であり、以上の考えから筆者の訳となった。

ところが、チベット語訳からの現代語訳である中公版（*p.* 144）は、①②③と対応させると次のようになっている。

④「高貴なかたがたよ、このサハー世界には、善を積む十種の方法があって、」

⑤「それは他の仏国土では見られません」

⑥「（**この世界を**）**まもっています**」

③の対応箇所は、中公版を除いて、いずれの漢訳にも存在しないが、中公版の⑥は③と全く異なっている。parigṛhṇanti には「まもる」という意味は存在しない。parigṛhṇanti に対応するのは、チベット語訳では、yongs su 'dzin pa となっている。これは、英語の hold にあたる語で、「手で摑(つか)む」「心の中でイメージを維持する」という意味でも用いられる。従って、「まもる」という意味ではない。

53 筆者が「**八つの不遇**（**八難**）を超越するための説法をすること」と訳した箇所の原文は次の通り。

aṣṭâkṣaṇa-samatikrama-deśanā（< aṣṭa-akṣaṇa-samatikrama-deśanā-）

これは、aṣṭa-（八）、akṣaṇa-（不遇）、samatikrama-（超越する）、deśanā-（説法）の複合語である。

ところが、チベット語訳からの現代語訳である中公版は、次のように訳されている。

「不幸な環境から脱出するための**八種の方法**」（中公版、*p.* 144）

これだと、複合語の冒頭の aṣṭa-（八）が末尾の deśanā-（説法）を修飾していることになる。ところが、冒頭の二語 aṣṭa-akṣaṇa-（八つの不遇）は「八難」と漢訳された複合語であり、aṣṭa- と akṣaṇa- を切り離すべきではない。これを、支謙と鳩摩羅什は「八難」、玄奘は「八無暇」と漢訳した。玄奘訳は、akṣaṇa- を、否定を意味する接頭辞の a と kṣaṇa- に分解し、kṣaṇa- が「刹那」と音写され、「瞬間」「機会」「暇」を意味することから、「無暇」と直訳したものである。いずれにしても、aṣṭa- と akṣaṇa- の複合語であることに変わりない。チベット語訳も、次のように mi khom pa brgyad がセットフレーズになっていて、筆者の見解を裏付けている。

mi khom pa brgyad las 'da' ba ston to /（八難〔八つの不自由な状態〕から超出することを教示し）

54 筆者が「その他のブッダの国土には存在しないところのこれらの善を蓄積する十種類の法を、〔それらの菩薩たちは、〕獲得しているのだ」と訳した箇所の原文は、次の通り。

①imān daśa kuśalôccayān dharmān parigṛhṇanti（これらの善を蓄積する十種類の法を、〔それらの菩薩たちは、〕獲得しているのだ）

②ye tad-anyeṣu buddha-kṣetreṣu na saṃvidyante（その他のブッダの国土には存在しないところの）

ほとんど同じ表現が三つ前の文章にあるので、ここには必要ないと考えたのか、支謙訳と鳩摩羅什訳には、②に相当する箇所はない。チベット語訳と、玄奘訳にはある。それは次の通りである。

dge ba bsags pa'i chos bcu po 'di dag rab tu 'dzin par 'gyur ba de dag ni sangs rgyas kyi zhing gzhan na med do //（これら善を積み上げる十の法を獲得することになるというそれらのことは、他の仏国土にはないのである）

「余の十法界の清浄の仏土の所に有ること無し」（玄奘訳）

このチベット語訳からすると、その現代語訳であるとする次の中公版の「まもる」の一節は不適切ではないか。

「これら善を集積するこの十種の方法は、**この世界をまもるものであり**、他の仏国土には存在しません」（中公版、*p.* 144）

55 筆者が「完全に清められたブッダの国土」と訳した箇所の原文は次の通り。

pariśuddhaṃ buddha-kṣetraṃ

鳩摩羅什は、これを「浄土」と漢訳した。

56 kula-putrā（< kula-putrāḥ + 有声音）は、貝葉写本では kula-putre となっている。ここは、男性・複数・呼格でなければならないので、筆者は改めた。

57 śāstṛ-premâśrutānāṃ（< śāstṛ-premā + aśrutānāṃ）は、貝葉写本では śāstṛprema aśrutānāṃ となっている。VKN. は、これを śāstṛprema, aśrutānāṃ と改めているが、śāstṛprema は śāstṛ-prema-（師という思いで好意を抱いている）の呼格であり、ここでは意味をなさない。ここは、śāstṛ-prema- の男性・単数・主格 śāstṛ-premaḥ あるいは、śāstṛ-preman- の男性・単数・主格 śāstṛ-premā でなければならない。それぞれの場合は、次のように改められる。

śāstṛ-premo 'śrutānāṃ（< śāstṛ-premaḥ + aśrutānāṃ）

śāstṛ-premâśrutānāṃ（< śāstṛ-premā + aśrutānāṃ）

どちらでもいいが、筆者は後者を採用した。第 10 章§17 では、VKN. も śāstṛ-premā（< śāstṛ-preman-）としている。

58 この (2) の文章は、次の二つの要素からなっている。

①sarva-sattva-duḥkhaṃ **cânenôtsoḍhavyaṃ**（**この〔私〕は**、あらゆる衆生たちの苦しみを〔彼らに代わって〕耐え忍ぶべきであり、）

②sarvaṃ **cânena** kuśala-mūlaṃ sarva-sattvānām utsraṣṭavyaṃ（また**この〔私〕は**、すべての善根をあらゆる衆生たちのために施与すべきである）

①も②も、

③「名詞A（主格）＋ 代名詞B（具格）＋ 未来受動分詞C（主格）」

の構文である。これは、「AはBによってCされるべきである」と直訳され、受動を能動に転じて「BはAをCするべきである」と訳される。ここで具格は、未来受動分子の動作主になっている。

その構文の具体例として、この文章の直前にある次の文章を挙げることができる。

sarva-sattvānāṃ **mayā** hitaṃ kartavyaṃ

sarva-sattvānāṃ（あらゆる衆生たちのために）という属格を除くと、具格の代名詞 mayā（< mad-, 私）、主格の名詞 hitaṃ（< hita-, 利益）、主格の未来受動分詞 kartavyam（< kartavya, なされるべき）は、まさに③の構文をなしていて、次のように訳される。

「**私は**あらゆる衆生たちのために利益をなすべきである」

①と②で、主格の名詞はそれぞれ sarva-sattva-duḥkhaṃ（あらゆる衆生たちの苦しみ）と、sarvaṃ kuśala-mūlaṃ（すべての善根）であり、代名詞の具格はいずれも anena（これ）であり、主格の未来受動分詞は utsoḍhavyaṃ（耐え忍ばれるべき）と、utsraṣṭavyam（施与されるべき）である。この文脈で、anena（これ）というのは、(1) の文章の mayā（私）と考えることができる。これを③の構文として訳すと、①と②の筆者の訳になる。

これは、具格を未来受動分子の動作主として訳した場合である。ところが、anena を動作主と考えないで、文字通りに具格として「これによって」と訳すことも可能である。そうすると、

④「これによって、あらゆる衆生たちの苦しみを耐え忍ぶべきであり、」

⑤「またこれによって、すべての善根をあらゆる衆生たちのために施与すべきである」

となる。

そのいずれの訳でもかまわないが、とりあえず筆者は前者を採用した。

それに対して、チベット語訳からの現代語訳である中公版は、

「あらゆる人々のあらゆる苦を（彼らにかわって）耐え忍び、**こうして積まれた**すべての善根を、すべての人々に差し向けるで**あろうと考える**」（中公版、*p.* 145）

としていて、①の anena が訳されていなくて、②の anena が「こうして積まれた」になっている。「考える」に相当する語も貝葉写本には見当たらないが、チベット語訳は、次のように「こうして積まれた」ではなく「それによって」であり、「考える」に相当する語は存在している。

sems can thams cad kyi sdug bsngal thas cad bzad par bya ste / des dge ba'i rtsa ba thams cad sems can thams cad la gtang bar bya'o snyam pa dang /（一切衆生の一切の苦を耐えるべきである。それによって善根一切を一切衆生に差し出すべきだ、と思うこと）

59 筆者の「あらゆる衆生たちに対して〔憎悪し〕撃退することもない」という訳の原文は、次のようになっている。

sarva-sattveṣv apratighātaḥ

これは、男性名詞 sarva-sattva-（あらゆる衆生）の複数・処格 sarva-sattveṣv（< sarva-sattveṣu）と形容詞 apratighāta-（撃退することのない）の男性・単数・主格からなっている。しかし、ここは処格と主格の名詞文と取るべきではない。この場合の処格は、行為や態度の対象を示すもので「〜に対する」と訳される。apratighāta-は、pratighāta-（撃退）に否定の意味の接頭辞 a を付したもので、「撃退することのない」という意味である。鳩摩羅什は「無閡（むげ）」と漢訳している。

この『維摩経』で、apratighāta- が用いられているのは、第3章の次の2箇所（§64と§72）である。

visabhāgeṣv adoṣâ**pratighāta**-ratiḥ（同学でないものに対して憎悪もなく**撃退することもない**喜び）

anāryeṣv **apratighātâ**bhinirhṛtā（聖者でない人たちに対して**撃退することのないことをもって**生じた）

いずれも処格の名詞 visabhāgeṣv（< visabhāgeṣu < vi-sabhāga-, 同学でないもの）と、anāryeṣv（< anāryeṣu < an-ārya-, 聖者でない人）とともに用いられている。前者を見ると、主格の名詞は adoṣa-（憎悪のない）、apratighāta-（撃退することのない）、ratiḥ（喜び）の複合語 adoṣâ**pratighāta**-ratiḥ で、「憎悪もなく**撃退することもない**喜び」とあり、adoṣa-（憎悪もない）と、apratighāta-（撃退することのない）とは、並列されるほど関連深いようだ。従って、筆者は apratighāta- を「〔憎悪し〕撃退することのない」と訳すことにした。

60 鳩摩羅什訳では、この後に「声聞と相違背せず」という一文が入っている。チベット語訳にも、他の漢訳にそれは入っていない。

61 筆者が「自己の**利得によって**〔**他者を**〕**蔑むことがないし**、心の観察をしている」と訳した箇所の原文は、次の通り。

sva-**lābhenânabhimananā** citta-nidhyaptir

sva-lābhena は、sva-lābha-（自己の利得）の具格で、anabhimananā（< an-abhimanana-）は「蔑むことのない」、citta-nidhyaptir（< citta-nidhyaptiḥ < citta-nidhyapti-）は「心の観察をしている」という意味であり、以上のことから筆者の訳となった。

VKN. は anabhimananā と citta の間を区切らずに、

svalābhenânabhimananācittanidhyaptiḥ（自己の利得**によって〔他者を〕さげすむことのない**心を観察している）

としているが、次のチベット語訳、およびその現代語訳である中公版、そして漢訳を考慮して筆者は両者の間を区切った。

bdag gi rnyed pas mi snyems shing sems nges par sems pa dang /（自分の利得によって勝ち誇らず、心を凝念し）

「おのれの**利得を誇らず、**（自分の）心を洞察するであろう」（中公版、*p.* 145）

「自らの**利を謀（はか）らず**」（支謙訳）

「己が**利に高ぶらず。**而（しか）も其（そ）の中に於いて其の心を調伏す」（鳩摩羅什訳）

「己の**利養に於いて憍慢（きょうまん）を生じず。**七には、菩薩は自心を調伏す」（玄奘訳）

支謙訳のみが、後半部分が欠落している。鳩摩羅什訳と玄奘訳では、「観察」「洞察」に当たる語が「調伏」と訳されている。

62 筆者が「一千もの生命あるものたち」と訳した箇所の原文は、prāṇi-sahasrasya（< prāṇi-sahasra-）となっている。これは、prāṇi-（< prāṇin-, 生命あるもの）と sahasra-（千）の複合語であり、筆者の訳となる。ところがチベット語訳、およびその現代語訳である中公版と、漢訳は次のように、いずれも貝葉写本とは異なっている。

srog chags 'bum tshang ba（まるまる十万の衆生）

「十万の人々」（中公版、*p.* 145）

「百千人」（支謙訳）

「百千の天・人」（鳩摩羅什訳）

「百千の衆生」（玄奘訳）

क्षयाक्षयो नाम धर्मप्राभृतपरिवर्तो दशमः

10

Kṣay Âkṣayo Nāma Dharma-Prābhṛta-Parivarto Daśamaḥ

第 10 章

「尽きることと尽きないこと」という名前の法の施し

【菩薩行品第十一】

10：KṣayÂkṣayo Nāma Dharma-Prābhṛta-Parivarto Daśamaḥ

第10章：「尽きることと尽きないこと」という名前の法の施し[1]

【菩薩行品第十一】

……………………………………………………………………

kṣayâkṣayo < kṣayâkṣayaḥ + 有声子音 < kṣayâkṣaya- < kṣaya-akṣaya-：*m.* 尽きることと尽きないこと。*sg. Nom.*

kṣaya- < √kṣi- (5,9) + -a：*m.* 減少。衰微。喪失。破壊。終末。「尽」と漢訳。

akṣaya- < a-kṣaya-：*adj.* 不滅の。「不盡」「無盡」と漢訳。

√kṣi- (5,9)：破壊する。滅ぼす。～（対格）を終わらせる。「滅尽」と漢訳。

nāma：*adv.* ～という名前の。実に。確かに。もちろん。おそらく。そもそも。

dharma-prābhṛta-parivarto < dharma-prābhṛta-parivartaḥ + 有声子音 < dharma-prābhṛta-parivarta-：*m.* 法の施しの章。

dharma-prābhṛta-：*n.* 法のための施物。法の施し。「法供」「法施」と漢訳。

dharma-：*m.* 確定した秩序。慣例。習慣。法則。規則。義務。宗教。教説。性質。本質。属性。特質。事物。法。

prābhṛta- < pra-ā-√bhṛ- (2) + -ta：*pp.* 提供された。*n.* 贈り物。施物。「供」「貢」「進物」「奉献」と漢訳。

prabhṛti- < pra-√bhṛ- (1,2) + -ti：*f.* （讃歌、供物を）捧げること。投擲。一打。打撃。

pra-√bhṛ- (1,2)：（前方へ）運ぶ。もたらす。提供する。前方へ延ばす。擲つ。

ā-√bhṛ- (1,2)：近くもたらす。授与する。満たす。

parivarta-：*m.* 章。「品」と漢訳。

daśamaḥ < daśama-：*序数詞,* 第十の。*m. sg. Nom.*

§1 tena khalu punaḥ samayena bhagavata āmrapālī-vane dharmaṃ deśayataḥ sa maṇḍala-māḍo vipulaś ca vistīrṇaś ca saṃsthito 'bhūt /

（梵漢和維摩経 *p.* 480, *ll.* 1–2)

§1 ところで、その時、世尊はアームラパーリー〔という遊女〕[2] の所有する〔マンゴーの〕森で法（真理の教え）を説いておられたが、その〔説法が行なわれている〕円形の場所[3] が大きく広くなった。

【§1 是の時、仏は法を菴羅樹園（あんらじゅおん）に於いて説きたまう。其（そ）の地、忽然（こつねん）として広博（こうばく）の厳事（ごんじ）あり。】

（大正蔵、巻一四、五五三頁中）

……………………………………………………………………

tena < tad-：それ。*m. sg. Ins.*

khalu：*ind.* 実に。確かに。しかも。さて。そこで。

punaḥ < punaḥ + (s) < punar：*adv.* 再び。新たに。さらに。なお。しかしながら。

samayena < samaya-：*m.* 場合。時間。機会。好機。情況。*sg. Ins.*

bhagavata < bhagavataḥ + a 以外の母音 < bhagavat-：*m.* 尊い（人）。「世尊」と漢訳。「婆伽婆」「薄伽梵」と音写。*sg. Gen.*

āmrapālī-vane < āmrapālī-vana-：*n.* アームラパーリーの所有する森。*sg. Loc.*

āmrapālī- < āmra-pālī-：*f.* アームラパーリー。「菴羅女」と音写。

āmra-：*m.* マンゴー。檬果樹。「菴羅」「菴摩羅」「菴婆羅」「菴没羅」と音写。

pālī-：*f.* 女守護者。

vana-：*n.* 森。

dharmaṃ < dharma-：*m.* 確定した秩序。慣例。習慣。法則。規則。義務。宗教。教説。性質。本質。

属性。特質。事物。法。*sg. Acc.*

deśayataḥ < deśayat- < deśaya- + -t < √diś- (6) + -aya- + -t：*Caus.* 示す。導く。説明する。教える。宣説する。*P.* 現在分詞, *m. sg. Gen.*
以上の属格は、絶対節をなしている。

sa < saḥ < tad-：それ。*m. sg. Nom.*

maṇḍala-māḍo < maṇḍala-māḍaḥ + 有声子音 < maṇḍala-māḍa-：*m.* 円形の会堂。円形の場所。「(道)場」「(菩提道) 場」と漢訳。*sg. Nom.*
maṇḍala-：*adj.* 丸い。円形の。*m.n.* 団体。集合。群衆。群れ。地域。領域。国土。
māḍa- = vāṭa-：*m.* 「座」「場」と漢訳。

vipulaś < vipulaḥ + (c) < vipula- = vipura- < vi-√pṛ- (3, 6) + -a：*adj.* 大きな。広大な。広くひろがった。莫大な。*m. sg. Nom.*

ca：*conj.* および。また。しかしながら。そして。～と。なお。

vistīrṇaś < vistīrṇaḥ + (c) < vistīrṇa- < vi-√stṛ- (5) + -na：*pp.* 散布された。拡げられた。広い。大きい。「広大」「広博」と漢訳。*m. sg. Nom.*

ca：*conj.* および。また。しかしながら。そして。～と。なお。

saṃsthito 'bhūt < saṃsthitaḥ + abhūt
saṃsthitaḥ < saṃsthita- < sam-√sthā- (1) + -ita：*pp.* 立っている。坐っている。横たわっている。*m. sg. Nom.*
sam-√sthā- (1)：一緒に近接して立つ。～ (処格) の近くに来る。～ (処格) に立つ。住む。ある。
abhūt < √bhū- (1)：なる。*root-Aor. 3, sg. P.*

> sā ca parṣat suvarṇa-varṇā saṃdṛśyate sma /
> (梵漢和維摩経 *p.* 480, *ll.* 2–3)

そして、その聴衆が、金色に輝いて見えた。
【一切の衆会は皆、金色と作る。】 (大正蔵、巻一四、五五三頁中)
……………………………………………………………………

sā < tad-：それ。*f. sg. Nom.*

ca：*conj.* および。また。しかしながら。そして。～と。なお。

parṣat < parṣat- = pari-ṣad-：*f.* 集会。聴衆。会議。「衆」「大衆」「衆会」「諸大衆」と漢訳。*sg. Nom.*
格変化は、cf.「基礎」*p.* 119.

suvarṇa-varṇā < suvarṇa-varṇā- < suvarṇa-varṇa-：*adj.* 「金色」と漢訳。*f. sg. Nom.*
suvarṇa- < su-varṇa-：*adj* よい色を持つ。金色に輝く。*n.* 黄金。
varṇa-：*m.* 色。種姓。称讃。

saṃdṛśyate < saṃdṛśya- < sam-√dṛś- (1) + -ya：*Pass.* ～ (具格) とともに現われる。観察される。*3, sg. A.*

sma：*ind.* 実に。現在形の動詞とともに用いて、過去の意味を表わす (歴史的現在)。

> athâyuṣmān ānando bhagavantam etad avocat / kasyêdaṃ bhagavan pūrva-nimittaṃ yad idam āmrapālī-vanam evaṃ vistīrṇaṃ saṃsthitaṃ sarvā ca parṣat suvarṇa-varṇā saṃdṛśyate /
> (梵漢和維摩経 *p.* 480, *ll.* 4–6)

すると、尊者アーナンダが、世尊にこのように申し上げた。

「世尊よ、アームラパーリーの所有するこの森が、このように広大になり、聴衆のすべてが金色に輝いて見えるということ、これは何の前兆なのでしょうか」

【阿難、仏に白して言さく、「世尊よ、何の因縁を以て此の瑞応有りて、是の処、忽然として広博の厳事あり、一切の衆会、皆金色と作るや」】 (大正蔵、巻一四、五五三頁中)
……………………………………………………………………

athâyuṣmān < atha + āyuṣmān

atha：*adv.* その時。その場合。さて。それ故。しかれば。しかしながら。

āyuṣmān < āyuṣmat：尊者。*adj.* 「長老」と漢訳。*m. sg. Nom.*

ānando < ānandaḥ + 有声子音 < ānanda-：*m.* アーナンダ。「阿難」と音写。*sg. Nom.*

bhagavantam < bhagavat-：*m.* 尊い（人）。「世尊」と漢訳。「婆伽婆」「薄伽梵」と音写。*sg. Acc.*

etad < etat + 母音 < etad-：これ。*n. sg. Acc.* 対格の副詞的用法で「このように」の意味。

avocat < avoca- < a- + va-+ uc- + -a < √vac- (2)：言う。話す。告げる。*重複 Aor. 3, sg. P.*

……………………………………………………………………

kasyêdaṃ < kasya + idaṃ

kasya < kim-：*疑問詞,* だれ。何。どんな。どの。*m. sg. Gen.*

idaṃ < idam-：これ。*n. sg. Nom.*

idaṃ ～ yat …：…ということ、これは～。

bhagavan < bhagavat-：*m.* 尊い（人）。「世尊」と漢訳。「婆伽婆」「薄伽梵」と音写。*sg. Voc.*

pūrva-nimittaṃ < pūrva-nimitta-：*n.* 前兆。「前相」「瑞相」「先相」と漢訳。*sg. Nom.*

pūrva-：*adj.* 前に。以前に。昔。

nimitta-：*n.* 目的。記号。象徴。前兆。理由。手段。「瑞相」と漢訳。

yad < yat + 母音 < yad-：*関係代名詞,* ～ということ（＝that）。*n. sg. Nom.*

idam < idam-：これ。*n. sg. Nom.*

āmrapālī-vanam < āmrapālī-vana-：*n.* アームラパーリーの所有する森。*sg. Nom.*

evaṃ：*adv.* このように。「是」「如是」と漢訳。

vistīrṇaṃ < vi-√stṛ- (5) + -na：*pp.* 散布された。拡げられた。広い。大きい。「広大」「広博」と漢訳。
n. sg. Nom.

saṃsthitaṃ < saṃsthita- < sam-√sthā- (1) + -ita：*pp.* 立っている。坐っている。横たわっている。
n. sg. Nom.

sarvā < sarvā- < sarva-：*adj.* すべての。*f. sg. Nom.*

ca：*conj.* および。また。しかしながら。そして。～と。なお。

parṣat < parṣat- ＝ pari-ṣad-：*f.* 集会。聴衆。会議。「衆」「大衆」「衆会」「諸大衆」と漢訳。*sg. Nom.*
格変化は、cf.「基礎」*p.* 119.

suvarṇa-varṇā < suvarṇa-varṇā- < suvarṇa-varṇa-：*adj.* 「金色」と漢訳。*f. sg. Nom.*

saṃdṛśyate < saṃdṛśya- < sam-√dṛś- (1) + -ya：*Pass.* ～（具格）とともに現われる。観察される。
3, sg. A.

bhagavān āha / eṣa ānanda vimalakīrtir licchavir mañjuśrīś ca kumāra-bhūto mahatyā parṣadā parivṛtau[4] tathāgatasyântikam upasaṃkramiṣyataḥ /

(梵漢和維摩経 *p.* 480, *ll.* 7–9)

世尊がおっしゃられた。

「アーナンダよ、このリッチャヴィ族のヴィマラキールティと、マンジュシリー法王子〔の二人〕が、大いなる聴衆に囲まれて、如来のもとに近づいているのだ[5]」

【仏は阿難に告げたまわく、「是れ維摩詰、文殊師利が諸の大衆に恭敬・囲繞せられて、意を発して来たらんと欲するが故に、先ず此の瑞応を為せるなり」】　（大正蔵、巻一四、五五三頁中）

……………………………………………………………………

bhagavān < bhagavat-：*m.* 尊い（人）。「世尊」と漢訳。「婆伽婆」「薄伽梵」と音写。*sg. Nom.*

āha < √ah-：言う。*Perf. 3, sg. P.*

……………………………………………………………………

eṣa < eṣaḥ < etad-：これ。*m. sg. Nom.*

ānanda < ānanda-：*m.* アーナンダ。「阿難」と音写。*sg. Voc.*

vimalakīrtir < vimalakīrtiḥ + 有声音 < vimalakīrti- < vimala-kīrti-：*m.* ヴィマラキールティ。汚

れのない名声を持つ（もの）。「維摩詰」「維摩」と音写。「浄名」「無垢称」と漢訳。*sg. Nom.*

licchavir < licchaviḥ + 有声音 < licchavi-：*m.* リッチャヴィ。「離車子」「栗姑毘」と音写。*sg. Nom.*

mañjuśrīś < mañjuśrīḥ + (c) < mañjuśrī- < mañju-śrī-：*m.* マンジュシリー。「妙徳」「妙吉祥」と漢訳。「文殊」「文殊師利」と音写。*sg. Nom.*

ca：*conj.* および。また。しかしながら。そして。～と。なお。

kumāra-bhūto < kumāra-bhūtaḥ + 有声子音 < kumāra-bhūta-：*adj.* 「童子」「童真」「法王子」と漢訳。*m. sg. Nom.*

mahatyā < mahatī- < mahat-：*adj.* 大きな。偉大な。*f. sg.Ins.*

parṣadā < parṣad- = pari-ṣad-：*f.* 集会。聴衆。会議。「衆」「大衆」「衆会」「諸大衆」と漢訳。*sg.Ins.* 格変化については、cf.「基礎」*p.* 119.

parivṛtau < parivṛta- < pari-√vṛ- (1) + -ta：*pp.* ～に覆われた。～に包囲された。～に伴われた。*m. du. Nom.*

√vṛ- (1)：覆う。隠す。包む。囲む。包囲する。

tathāgatasyântikam < tathāgatasya + antikam

tathāgatasya < tathāgata-：*m.* 「如来」と漢訳。*sg. Gen.*

antikam < antika-：*n.* 近隣。現前。*sg. Acc.*

upasaṃkramiṣyataḥ < upasaṃkramiṣya- < upa-sam-√kram- (1) + -iṣya：(1)：近づく。*Fut. 3, du. P.*

§2　atha vimalakīrtir licchavir mañjuśriyaṃ kumāra-bhūtam etad avocat /　gamiṣyāmo vayaṃ mañjuśrīr bhagavato 'ntikam /

（梵漢和維摩経 *p.* 480, *ll.* 10–11）

§2　そこで、リッチャヴィ族のヴィマラキールティは、マンジュシリー法王子にこのように言った。「マンジュシリーよ、私たちは、世尊のもとへまいりましょう。

【§2　是に於いて維摩詰は文殊師利に語れり。「共に仏に見え、】　（大正蔵、巻一四、五五三頁中）

atha：*adv.* その時。その場合。さて。それ故。しかれば。しかしながら。

vimalakīrtir < vimalakīrtiḥ + 有声音 < vimalakīrti- < vimala-kīrti-：*m.* ヴィマラキールティ。汚れのない名声を持つ（もの）。「維摩詰」「維摩」と音写。「浄名」「無垢称」と漢訳。*sg. Nom.*

licchavir < licchaviḥ + 有声音 < licchavi-：*m.* リッチャヴィ。「離車子」「栗姑毘」と音写。*sg. Nom.*

mañjuśriyaṃ < mañjuśrī- < mañju-śrī-：*m.* マンジュシリー。「妙徳」「妙吉祥」と漢訳。「文殊」「文殊師利」と音写。*sg. Acc.*

mañju-：*adj.* 愛すべき。美しい。魅力ある。「妙」「美妙」と漢訳。

śrī-：*f.* 光輝。美。繁栄。幸運。「徳」「祥」「吉祥」と漢訳。

kumāra-bhūtam < kumāra-bhūta-：*adj.* 「童子」「童真」「法王子」と漢訳。*m. sg. Acc.*

etad < etat + 母音 < etad-：これ。*n. sg. Acc.* 対格の副詞的用法で「このように」の意味。

avocat < avoca- < a- + va-+ uc- + -a < √vac- (2)：言う。話す。告げる。*重複Aor. 3, sg. P.*

gamiṣyāmo < gamiṣyāmaḥ + 有声子音 < gamiṣya- < √gam- (1) + -iṣya：行く。*Fut. 1, pl. P.*

vayaṃ < asmad-：われわれ。*1, pl. Nom.*

mañjuśrīr < mañjuśrīḥ + 有声音 < mañjuśrī- < mañju-śrī-：*m.* マンジュシリー。「妙徳」「妙吉祥」と漢訳。「文殊」「文殊師利」と音写。*sg. Voc.* 格変化は、cf.「基礎」*p.* 106.

bhagavato 'ntikam < bhagavataḥ + antikam

bhagavataḥ < bhagavat-：*m.* 尊い（人）。「世尊」と漢訳。「婆伽婆」「薄伽梵」と音写。*sg. Gen.*

antikam < antika-：*n.* 近隣。現前。*sg. Acc.*

ime ca mahā-sattvās tathāgataṃ drakṣyanti vandiṣyante ca /

（梵漢和維摩経 *p.* 480, *ll.* 11–12）

「これらの偉大な人〔である菩薩〕たちは、如来にお会いし、敬意を表するでありましょう」
【「諸の菩薩と礼事・供養す可し」】（大正蔵、巻一四、五五三頁中）

…………………………………………………………………………

ime < idam-：これ。*m. pl. Nom.*
ca：*conj.* および。また。しかしながら。そして。〜と。なお。
mahā-sattvās < mahā-sattvāḥ + (t) < mahā-sattva-：*m.* 偉大な人。「大士」と漢訳。「摩訶薩」と音写。*pl. Nom.*
tathāgataṃ < tathāgata-：*m.* 「如来」と漢訳。*sg. Acc.*
drakṣyanti < drakṣya- < √dṛś- (1) + -sya：見る。*Fut. 3, pl. P.*
vandiṣyante < vandiṣya- < √vand- (1) + -iṣya：称賛する。讃歎する。恭しく挨拶する。〜に敬意を表する。尊ぶ。「礼」「礼拝」「礼敬」と漢訳。*Fut. 3, pl. A.*
ca：*conj.* および。また。しかしながら。そして。〜と。なお。

> āha / gacchāma kula-putra yasyêdānīṃ kālaṃ manyase /
> （梵漢和維摩経 *p.* 480, *l.* 13）

〔マンジュシリーが〕言った。
「良家の息子よ、今がその時だと〔あなたが〕考えるならば、まいりましょう」
【文殊師利の言わく、「善きかな、行かん。今は正に是の時なり」】（大正蔵、巻一四、五五三頁中）

…………………………………………………………………………

āha < √ah-：言う。*Perf. 3, sg. P.*
gacchāma < gaccha- < √gam- (1)：行く。*Impv. 1, pl. P.*
命令法の一人称は、勧告・願望を表わす。cf.「シンタックス」*p.* 117.
kula-putra < kula-putra-：*m.* 良家の息子。「善男子」と漢訳。*sg. Voc.*
yasyêdānīṃ < yasya + idānīṃ
yasya < yad-：*関係代名詞, m. sg. Gen.*
idānīṃ ＝ idā：*adv.* 「今」「今次」「今時」「於今日」と漢訳。
kālaṃ < kāla-：*m.* 正しい時。時。機会。時間。*sg. Acc.*
manyase < manya- < √man- (4)：考える。信ずる。〜であると思う。考慮する。*Pres. 2, sg. A.*

> atha vimalakīrtir licchavis tādṛśam ṛddhy-abhisaṃskāram abhisaṃskaroti sma /
> （梵漢和維摩経 *p.* 480, *ll.* 14–15）

そこで、リッチャヴィ族のヴィマラキールティは、次のような神通力の顕現をなした。
【維摩詰は即ち神力を以て、】（大正蔵、巻一四、五五三頁中）

…………………………………………………………………………

atha：*adv.* その時。その場合。さて。それ故。しかれば。しかしながら。
vimalakīrtir < vimalakīrtiḥ + 有声音 < vimalakīrti- < vimala-kīrti-：*m.* ヴィマラキールティ。汚れのない名声を持つ（もの）。「維摩詰」「維摩」と音写。「浄名」「無垢称」と漢訳。*sg. Nom.*
licchavis < licchaviḥ + (t) < licchavi-：*m.* リッチャヴィ。「離車子」「栗姑毘」と音写。*sg. Nom.*
tādṛśam < tādṛśa- < tādṛśa-：*adj.* このような。「如是」と漢訳。*m. sg. Acc.*
ṛddhy-abhisaṃskāram < ṛddhy-abhisaṃskāra-：*m.* 神通力の顕現。*sg. Acc.*
ṛddhy- < ṛddhi- + 母音：*f.* 繁栄。安寧。好運。超自然力。「神通」「神力」「神変」と漢訳。
abhisaṃskāra- < abhi-sam-s-√kṛ- (8) + -a：*m.* 製作。形成。発生。「作」「造作」「作行」「所作」「功力」と漢訳。
abhisaṃskaroti < abhisaṃskaro- < abhi-sam-s-√kṛ- (8)：整頓する。形成する。〜（対格）を〜（対格）となす。「作」「造」「造作」「能作」「発」と漢訳。*Pres. 3, sg. P.*
sma：*ind.* 実に。現在形の動詞とともに用いて、過去の意味を表わす（歴史的現在）。

yathā tāṃ sarvāvatīṃ parṣadaṃ sārdhaṃ taiḥ siṃhâsanair dakṣiṇe pāṇau pratiṣṭhāpya yena bhagavāṃs tenôpasaṃkrāmat[6] /

(梵漢和維摩経 *p.* 480, *ll.* 15–16)

その結果、そのすべての聴衆を、それらの師子座とともに右の掌の上に置いて、世尊のおられるところ、そこへ近づいた。

【諸の大衆、並びに師子座を持ちて、右の掌に置き、仏所に往詣し、】

（大正蔵、巻一四、五五三頁中）

……………………………………………………………………

yathā：*関係副詞, 接続詞,* ～のように。あたかも～のように。～であるように。～と（that）。その結果。

tāṃ < tad-：それ。*f. sg. Acc.*

sarvāvatīṃ < sarvāvatī- < sarvāvat-：*adj.* 「普」「一切」「一切悉」と漢訳。*f. sg. Acc.*

parṣadaṃ < parṣad- < parṣat- = pari-ṣad-：*f.* 集会。聴衆。会議。「衆」「大衆」「衆会」「諸大衆」と漢訳。*sg. Acc.* 格変化は、cf.「基礎」*p.* 119.

sārdhaṃ < sa-ardha-：*adj.* 半分を伴った。*n. sg. Acc.*

対格の副詞的用法で、「～（具格）と共同で」「～と一緒に」「～とともに」。

taiḥ < taiḥ + (s) < tad-：それ。*n. pl. Ins.*

siṃhâsanair < siṃhâsanaiḥ + 有声音 < siṃhâsana- < siṃha-āsana-：*n.* 「師子座」と漢訳。*pl. Ins.*

dakṣiṇe < dakṣiṇa-：*adj.* 南の。右の。*m. sg. Loc.*

pāṇau < pāṇi-：*m.* 手。「掌」と漢訳。*sg. Loc.*

pratiṣṭhāpya < pratiṣṭhāpaya- + -ya < prati-√sthā- (1) + -paya + -ya：*Caus.* 下に置く。～の上に置く。*Ger.*

prati-√sthā- (1)：立つ。住む。しっかりと立つ。～（処格）の上に基礎を置く。安んずる。確立されている。「安住」「住」と漢訳。

yena < yad-：*関係代名詞, n. sg. Ins.*

yena ～ tena … = yatra ～ tatra …：～であるところ、そこで…。

bhagavāṃs < bhagavān + (t) < bhagavat-：*m.* 尊い（人）。「世尊」と漢訳。「婆伽婆」「薄伽梵」と音写。*sg. Nom.*

tenôpasaṃkrāmat < tena + upasaṃkrāmat

tena < tad-：それ。*n. sg. Ins.*

upasaṃkrāmat ≒ upasamakrāmat < upasam-akrāmat < upasam-krāma- < upa-sam-√kram- (1)：近づく。*Impf. 3, sg. P.* BHS. gram. 32-3.

upasaṃkramya tāṃ parṣadaṃ dharaṇi-tale pratiṣṭhāpya bhagavataḥ pādau śirasā vanditvā bhagavantaṃ sapta-kṛtvaḥ pradakṣiṇī-kṛtyâikânte 'sthāt /

(梵漢和維摩経 *p.* 480, *ll.* 16–18)

近づいて後に、その聴衆を地面に置き、世尊の両足を頭〔におしいただくこと〕によって敬意を表して後に、世尊〔の周り〕を右回りに七度回って〔礼拝し〕、一隅に立った。

【到り已りて地に著け、仏足に稽首して、右遶すること七匝、一心に合掌して、一面に在りて立てり。】

（大正蔵、巻一四、五五三頁中）

……………………………………………………………………

upasaṃkramya < upa-sam-√kram- (1) + -ya：(1)：近づく。*Ger.*

tāṃ < tad-：それ。*f. sg. Acc.*

parṣadaṃ < parṣad- < parṣat- = pari-ṣad-：*f.* 集会。聴衆。会議。「衆」「大衆」「衆会」「諸大衆」と漢訳。*sg. Acc.* 格変化は、cf.「基礎」*p.* 119.

dharaṇi-tale < dharaṇi-tala-：*n.* 地面。*sg. Loc.*

dharaṇi-：*f.* 大地。

tala-：*m.n.* 表面。平面。
dharaṇī- ：*f.* 大地。
pratiṣṭhāpya < pratiṣṭhāpaya- + -ya < prati-√sthā- (1) + -paya + -ya：*Caus.* 下に置く。～の上に置く。*Ger.*
bhagavataḥ < bhagavataḥ + (p) < bhagavat-：*m.* 尊い（人）。「世尊」と漢訳。「婆伽婆」「薄伽梵」と音写。*sg. Gen.*
pādau < pāda-：*m.* 足。*du. Acc.*
śirasā < śiras-：*n.* 頭。頂上。峰。*sg. Ins.*
vanditvā < √vand- (1) + -itvā：称賛する。讃歎する。恭しく挨拶する。～に敬意を表する。尊ぶ。「礼」「礼拝」「礼敬」と漢訳。*Ger.*
bhagavantaṃ < bhagavat-：*m.* 尊い（人）。「世尊」と漢訳。「婆伽婆」「薄伽梵」と音写。*sg. Acc.*
sapta-kṛtvaḥ < sapta-kṛtvaḥ + (p) < sapta-kṛtvas：*adv.* 「七度」「七返」と漢訳。
kṛtvas：*adv.* 倍。回。
pradakṣiṇī-kṛtyâikânte ’sthāt < pradakṣiṇī-kṛtya + ekânte + asthāt
pradakṣiṇī-kṛtya < pradakṣiṇī-√kṛ- (8) + -tya：右側を～に向ける。左から右に～（対格）を回る。*Ger.*
pradakṣiṇī- < pradakṣiṇa- < pra-dakṣiṇa-：*adj.*（太陽と同じ方向）右に動く。右側に立った。兆しのよい。栄える。右側を～に向ける。
動詞 √bhū- (1), √as- (2), √kṛ- (8) の前分に名詞、形容詞がくる複合語では名詞、形容詞の末尾の a, ā, an は ī となり、i, u は ī, ūとなり、ṛ は rī、それ以外はそのままとなる。cf.「基礎」*p.* 566.
pra-dakṣiṇaṃ √kṛ- (8)：（尊敬の意思表示として）右側を～（対格）へ向ける。「右旋」「右遶」と漢訳。
ekânte < ekânta- < eka-anta-：*m.* 寂静処。人里離れたところ。「一処」「一面」と漢訳。*sg. Loc.*
anta-：*m.* 端。縁辺。限界。
asthāt < √sthā- (1)：立つ。住する。*root-Aor. 3, sg. P.*
語根アオリストの形を取る 12 個の動詞は、cf.「基礎」*p.* 328.

atha [ye][7] te bodhi-sattvā gandhôttama-kūṭasya tathāgatasya buddha-kṣetrād āgatās te cânye ca tebhyaḥ siṃhâsanebhyo ’vatīrya bhagavataḥ pādau śirobhir vanditvâikânte pratyatiṣṭhan /

（梵漢和維摩経 *p.* 482, *ll.* 1–3）

そこで、“最高の香りの集積を持つもの”という如来のブッダの国土からやって来たところのそれらの菩薩たち、それら〔の菩薩たち〕、および他〔の菩薩と声聞たち〕は、それらの師子座から下りて、世尊の両足を頭〔におしいただくこと〕によって敬意を表して後に、一隅に立った。
【其（そ）の諸の菩薩も即ち皆、座を避けて仏足に稽首（けいしゅ）し、亦繞（またぐ）ること七匝（しちそう）にして、一面に於いて立てり。】
（大正蔵、巻一四、五五三頁中）

………………………………………………………………………

atha：*adv.* その時。その場合。さて。それ故。しかれば。しかしながら。
ye < yad-：*関係代名詞, m. pl. Nom.*
te < tad-：それ。*m. pl. Nom.*
bodhi-sattvā < bodhi-sattvāḥ + 有声音 < bodhi-sattva-：*m.* 覚りを求める人。「菩薩」と音写。*pl. Nom.*
gandhôttama-kūṭasya < gandhôttama-kūṭa- < gandha-uttama-kūṭa-：*m.* 最高の香りの集積を持つもの。*sg. Gen.*
tathāgatasya < tathāgata-：*m.* 「如来」と漢訳。*sg. Gen.*
buddha-kṣetrād < buddha-kṣetrāt + 母音 < buddha-kṣetra-：*n.* 仏の国土。「仏国土」と漢訳。*sg. Abl.*

āgatās < āgatāḥ + (t) < āgata- < ā-√gam- (1) + -ta：*pp.* 来た。*m. pl. Nom.*
te < tad-：それ。*m. pl. Nom.*
cânye < ca + anye
　anye < anya-：*adj.* 他の。*m. pl. Nom.*
ca：*conj.* および。また。しかしながら。そして。～と。なお。
tebhyaḥ < tad-：それ。*n. pl. Abl.*
siṃhâsanebhyo 'vatīrya < siṃhâsanebhyaḥ + avatīrya
　siṃhâsanebhyaḥ < siṃhâsana- < siṃha-āsana-：*n.* 「師子座」と漢訳。*pl. Abl.*
　avatīrya < ava-√tṝ- (1) + -ya：～（対格、処格）へ下る。～（奪格）より下る。（地へ）降る。化現する。顕現する。自身を示す。赴く。達する。到る。*Ger.*
bhagavataḥ < bhagavataḥ + (p) < bhagavat-：*m.* 尊い（人）。「世尊」と漢訳。「婆伽婆」「薄伽梵」と音写。*sg. Gen.*
pādau < pāda-：*m.* 足。*du. Acc.*
śirobhir < śirobhiḥ + 有声音 < śiras-：*n.* 頭。*pl. Ins.*
vanditvâikânte < vanditvā + ekânte
　vanditvā < √vand- (1) + -itvā：称賛する。讃歎する。恭しく挨拶する。～に敬意を表する。尊ぶ。「礼」「礼拝」「礼敬」と漢訳。*Ger.*
　ekânte < ekânta- < eka-anta-：*m.* 寂静処。人里離れたところ。「一処」「一面」と漢訳。*sg. Loc.*
　anta-：*m.* 端。縁辺。限界。
pratyatiṣṭhan < prati-tiṣṭha- < prati-√sthā- (1)：立つ。住む。しっかりと立つ。～（処格）の上に基礎を置く。*Impf. 3, pl. P.*

> evaṃ śakra-brahma-loka-pālā deva-putrāś ca bhagavataḥ pādau śirobhir vanditvâikânte pratyatiṣṭhan /
>
> （梵漢和維摩経 *p.* 482, *ll.* 3–4）

同様に、インドラ神（帝釈天）、ブラフマー神（梵天）、世界の保護者〔である四天王〕と神々の息子（天子）たちも、世尊の両足を頭〔におしいただくこと〕によって敬意を表して後に、一隅に立った。
【諸の大弟子・釈(しゃく)・梵(ぼん)・四天王等も亦(また)皆座を避け、仏足に稽首(けいしゅ)して、一面に在りて立てり。】
（大正蔵、巻一四、五五三頁中）

………………………………………………………………………

evaṃ：*adv.* このように。「是」「如是」と漢訳。
śakra-brahma-loka-pālā < śakra-brahma-loka-pālāḥ + 有声音 < śakra-brahma-loka-pāla-：*m.* インドラ神（帝釈天）、ブラフマー神（梵天）、世界の保護者〔である四天王〕。*pl. Ins.*
　śakra-：*m.* シャクラ。「帝釈」と漢訳。
　brahma- < brahman-：*m.* ブラフマー神。
　loka-pāla-：*m.* 世界の保護者。人民の守護者。王。「護世」「護世者」「護世王」「〔四〕天王」と漢訳。
　pāla-：*m.* 監視人。保護者。大地の守護者。主。王。
deva-putrāś < deva-putrāḥ + (c) < deva-putra-：*m.* 神の子。「天子」と漢訳。*pl. Nom.*
ca：*conj.* および。また。しかしながら。そして。～と。なお。
bhagavataḥ < bhagavataḥ + (p) < bhagavat-：*m.* 尊い（人）。「世尊」と漢訳。「婆伽婆」「薄伽梵」と音写。*sg. Gen.*
pādau < pāda-：*m.* 足。*du. Acc.*
śirobhir < śirobhiḥ + 有声音 < śiras-：*n.* 頭。*pl. Ins.*
vanditvâikânte < vanditvā + ekânte
　vanditvā < √vand- (1) + -itvā：称賛する。讃歎する。恭しく挨拶する。～に敬意を表する。尊ぶ。「礼」「礼拝」「礼敬」と漢訳。*Ger.*

ekânte < ekânta- < eka-anta-：*m.* 寂静処。人里離れたところ。「一処」「一面」と漢訳。*sg. Loc.*
anta-：*m.* 端。縁辺。限界。
pratyatiṣṭhan < prati-tiṣṭha- < prati-√sthā- (1)：立つ。住む。しっかりと立つ。～（処格）の上に基礎を置く。*Impf. 3, pl. P.*

> atha sa[8] bhagavāṃs tān bodhi-sattvān dharmyayā kathayā pratisaṃmodyâivam āha / niṣīdata kula-putrāḥ sveṣu sveṣu siṃhâsaneṣu /
> （梵漢和維摩経 *p.* 482, *ll.* 5–6）

すると、その世尊は、それらの菩薩たちを〔その場に〕ふさわしいあいさつで慰労してから[9]、このようにおっしゃられた。
「良家の息子たちよ、それぞれ自分の師子座に坐るがよい」
【是(ここ)に於(お)いて世尊は如法(にょほう)に諸の菩薩を慰問(いもん)し已(おわ)りて、各(おのおの)をして復(また)坐せしめたまう。】
（大正蔵、巻一四、五五三頁中）

…………………………………………………………………………

atha：*adv.* その時。その場合。さて。それ故。しかれば。しかしながら。
sa < saḥ < tad-：それ。*m. sg. Nom.*
bhagavāṃs < bhagavān + (t) < bhagavat-：*m.* 尊い（人）。「世尊」と漢訳。「婆伽婆」「薄伽梵」と音写。*sg. Nom.*
tān < tad-：それ。*m. pl. Acc.*
bodhi-sattvān < bodhi-sattva-：*m.* 覚りを求める人。「菩薩」と音写。*pl. Acc.*
dharmyayā < dharmyā- < dharmya-：*adj.* 合法の。適法の。習慣的な。正当な。法にかなった。*f. sg. Ins.*
kathayā < kathā- < √kathaya- (名動詞) + -ā：*f.* 会話。談話。物語。議論。陳述。*sg. Ins.*
pratisaṃmodyâivam < pratisaṃmodya + evam
pratisaṃmodya < pratisaṃmodaya- + -ya < prati-sam-√mud- (1) + -aya + -ya：*Caus.* 「慰問」と漢訳。*Ger.*
prati-sam-√mud- (1)：～（対格）に丁寧にあいさつする。
pratisaṃmodana- < prati-sam-√mud- (1) + -ana：*n.* あいさつ。「慰問」と漢訳。
pratisaṃmodanā- < prati-sam-√mud- (1) + -anā：*f.* あいさつ。「慰問」と漢訳。
√mud- (1)：～（具格、処格）で陽気である。喜ばしい。喜ぶ。楽しい。
evam：*adv.* このように。「是」「如是」と漢訳。
āha < √ah-：言う。*Perf. 3, sg. P.*

…………………………………………………………………………

niṣīdata < niṣīda- < ni-√sad- (1)：～の上に坐る。横たわる。「坐」「住」「居」と漢訳。*Impv. 2, pl. P.*
kula-putrāḥ < kula-putrāḥ + (s) < kula-putra-：*m.* 良家の息子。「善男子」と漢訳。*pl. Voc.*
sveṣu sveṣu < sva- + sva-：それぞれ自分の。同じ語を二回繰り返して「それぞれ～の」という意味が加味される。
sveṣu < sva-：*adj.* 自分の。*n. pl. Loc.*
siṃhâsaneṣu < siṃhâsana- < siṃha-āsana-：*n.* 「師子座」と漢訳。*pl. Loc.*
siṃha-：*m.* ライオン。「獅子」「師子」と音写。
āsana- < √ās- (2) + -ana：*n.* 坐すること。端座の姿勢、休止すること。居住すること。「座」「席」「位置」と漢訳。

> te bhagavatânujñātā nyaṣīdan /
> （梵漢和維摩経 *p.* 482, *l.* 7）

世尊によって許可されて、それら〔の菩薩たち〕は坐った。
【即ち皆(みな)教を受け、衆(しゅ)は坐すること已(すで)に定まれり。】　（大正蔵、巻一四、五五三頁中）

……………………………………………………………………

te < tad-：それ。*m. pl. Nom.*

bhagavatânujñātā < bhagavatā + anujñātā

bhagavatā < bhagavat-：*m.* 尊い（人）。「世尊」と漢訳。「婆伽婆」「薄伽梵」と音写。*sg. Ins.*

anujñātā < anujñātāḥ + 有声音 < anujñāta- < anu-√jñā- (9) + -ta：*pp.* 賛同された。許可された。命令された。指示された。教授された。*m. pl. Nom.*

anu-√jñā- (9)：承諾する。約束する。認可する。許す。従う。許容する。許可を与える。

nyaṣīdan < niṣīda- < ni-√sad- (1)：～の上に坐る。横たわる。「坐」「住」「居」と漢訳。*Impf. 3, pl. P.*

§3 tatra bhagavān āyuṣmantaṃ śāriputram āmantrayate sma / dṛṣṭaṃ te śāriputrâiṣām agra-sattvānāṃ bodhi-sattvānāṃ vikrīḍitam /

(梵漢和維摩経 *p.* 482, *ll.* 8–9)

§3 そこで世尊は、尊者シャーリプトラにおっしゃられた。

「シャーリプトラよ、あなたはこれらの最も勝れた衆生である菩薩たちの〔神力による〕自在な振る舞い[10] を見たであろう」

【§3 仏は舎利弗に語りたまう。「汝は菩薩大士の自在神力の為す所を見たるや」】

（大正蔵、巻一四、五五三頁中）

……………………………………………………………………

tatra：*adv.* そこに。そこへ。かしこに。その時に。その場合に。

bhagavān < bhagavat-：*m.* 尊い（人）。「世尊」と漢訳。「婆伽婆」「薄伽梵」と音写。*sg. Nom.*

āyuṣmantaṃ < āyuṣmat- < āyuṣ-mat-：*m.* 「尊者」「長老」と漢訳。*sg. Acc.*

śāriputram < śāriputra- < śāri-putra-：*m.* シャーリプトラ（シャーリーの息子）。「身子」と漢訳。「舎利弗」と音写。*sg. Acc.*

āmantrayate < ā-mantraya- < ā-√mantraya- (名動詞)：語りかける。*Pres. 3, sg. A.*

sma：*ind.* 実に。現在形の動詞とともに用いて、過去の意味を表わす（歴史的現在）。

……………………………………………………………………

dṛṣṭaṃ < dṛṣṭa- < √dṛś- (1) + -ta：*pp.* 見られた。*n. sg. Nom.*

te < tvad-：あなた。*2, sg. Gen.* 過去受動分詞の動作主。

śāriputrâiṣām < śāriputra + eṣām

śāriputra < śāriputra- < śāri-putra-：*m.* シャーリプトラ（シャーリーの息子）。「身子」と漢訳。「舎利弗」と音写。*sg. Voc.*

eṣām < etad-：これ。*m. pl. Gen.*

agra-sattvānāṃ < agra-sattva-：*m.* 最高の衆生。*pl. Gen.*

agra-：*n.* 尖端。頂点。「最上」「最勝」「第一」と漢訳。

bodhi-sattvānāṃ < bodhi-sattva-：*m.* 覚りを求める人。「菩薩」と漢訳。*pl. Gen.*

vikrīḍitam < vikrīḍita- < vi-√krīḍ- (1) + -ita：*pp.* 遊んだ。戯れた。*n.* 遊戯。運動。子どもの遊び。最も容易になされた行為。自在な振る舞い。「神変」「遊戯（神通）」と漢訳。*n. sg. Nom.*

vi-√krīḍ- (1)：遊ぶ。戯れる。

√krīḍ- (1)：遊ぶ。戯れる。楽しむ。

āha / dṛṣṭaṃ bhagavan /

(梵漢和維摩経 *p.* 482, *l.* 10)

〔シャーリプトラが〕言った。

「世尊よ、見ました」

【「唯、然り。已に見たり」】 （大正蔵、巻一四、五五三頁中）

……………………………………………………………………

āha < √ah-：言う。*Perf. 3, sg. P.*

dṛṣṭaṃ < dṛṣṭa- < √dṛś- (1) + -ta：*pp.* 見られた。*n. sg. Nom.*
bhagavan < bhagavat-：*m.* 尊い（人）。「世尊」と漢訳。「婆伽婆」「薄伽梵」と音写。*sg. Voc.*

bhagavān āha /　tataḥ kā te saṃjñôtpannā /
(梵漢和維摩経 *p.* 482, *l.* 11)

世尊がおっしゃられた。
「そこにおいて、あなた〔の心〕にはどのような思いが生じたのか」
【「汝の意に於いて云何」】　（大正蔵、巻一四、五五三頁下）

…………………………………………………………………………

bhagavān < bhagavat-：*m.* 尊い（人）。「世尊」と漢訳。「婆伽婆」「薄伽梵」と音写。*sg. Nom.*
āha < √ah-：言う。*Perf. 3, sg. P.*

…………………………………………………………………………

tataḥ < tatas + (k)：*adv.* それより。そこに。そこにおいて。ゆえに。
kā < kim-：*疑問代名詞,* だれ。何。どんな。どの。*f. sg. Nom.*
te < tvad-：それ。*2, sg. Gen.*
saṃjñôtpannā < saṃjñā + utpannā
　saṃjñā < saṃjñā- < sam-√jñā- (9) + -ā：*f.* 一致。意識。理解。明瞭な概念。命名。名前。術語。「号」「名号」「名」「名字」と漢訳。*sg. Nom.*
　utpannā < utpannā- < utpanna- < ud-√pad- (4) + -na：*pp.* ～（処格）から生まれた。生じた。「已生」「出現」「生起」と漢訳。*f. sg. Nom.*

āha /　acintyā saṃjñā me bhagavaṃs tatrôdapadyata yathā cintayituṃ tulayituṃ gaṇayituṃ na śaknomi tādṛśīṃ teṣām acintyāṃ kriyāṃ paśyāmi /
(梵漢和維摩経 *p.* 482, *ll.* 12–14)

〔シャーリプトラが〕言った。
「世尊よ、その時、私には不可思議な思いが生じました。〔私は、〕考えることも、比較することも、数えることもできないような、そのようなそれらの〔菩薩たちの〕不可思議な仕事〔がなされたの〕を見ました」
【「世尊よ、我、其れを観て不可思議と為す。意の図る所に非ず、度りの測る所に非ず」】
（大正蔵、巻一四、五五三頁下）

…………………………………………………………………………

āha < √ah-：言う。*Perf. 3, sg. P.*
acintyā < acintyā- < acintya- < a- + √cint- (10) + -ya：*未受分,* 思議すべからざる。考えるべきでない。「不可思議」と漢訳。*f. sg. Nom.*
saṃjñā < saṃjñā- < sam-√jñā- (9) + -ā：*f.* 一致。意識。理解。明瞭な概念。命名。名前。術語。「号」「名号」「名」「名字」と漢訳。*sg. Nom.*
me < mad-：私。*1, sg. Gen.*
bhagavaṃs < bhagavan + (t) < bhagavat-：*m.* 尊い（人）。「世尊」と漢訳。「婆伽婆」「薄伽梵」と音写。*sg. Voc.*
tatrôdapadyata < tatra + udapadyata
　tatra：*adv.* そこに。そこへ。かしこに。その時に。その場合に。
　udapadyata < ud-padya- < ud-√pad- (4)：飛び上がる。生ずる。～から生まれる。～となる。起こる。現われる。*Impf. 3, sg. A.*
yathā：*関係副詞, 接続詞,* ～のように。あたかも～のように。～であるように。
cintayituṃ < cintaya- + -itum < √cint- (10) + -itum：*不定詞,* 考えること。
tulayituṃ < tulaya- + -itum < √tul- (10) + -itum：*不定詞,* 秤にかけること。比較すること。
gaṇayituṃ < gaṇaya- + -itum < √gaṇaya- (名動詞) + -itum：*不定詞,* 数えること。計算すること。

枚挙すること。

na：*ind.* 〜でない。〜にあらず。

śaknomi < śakno- < √śak- (5)：〜（不定詞）することができる。実行され得る。*Pres. 1, sg. P.*

tādṛśīṃ < tādṛśī- < tādṛśa-：*adj.* このような。「如是」と漢訳。*f. sg. Acc.*

teṣām < tad-：それ。*m. pl. Gen.*

acintyāṃ < acintyā- < acintya- < a- + √cint- (10) + -ya：*未受分,* 思議すべからざる、考えるべきでない。「不可思議」と漢訳。*f. sg. Acc.*

kriyāṃ < kriyā-：*f.* 仕事。行動。行為。実行。「能作」「用」「力用」と漢訳。*sg. Acc.*

paśyāmi < paśya- < √paś- (4)：見る。*Pres. 1, sg. P.*

> §4　athâyuṣmān ānando bhagavantam etad avocat /　anāghrāta-pūrvaṃ bhagavan gandham ājighrāmi /
>
> （梵漢和維摩経 *p.* 482, *ll.* 15–16）

§4　すると、尊者アーナンダが、世尊にこのように申し上げた。

「世尊よ、かつて嗅がれたことのない香りを、私は嗅いでいます。

【§4　爾の時、阿難は仏に白して言さく、「世尊よ、今聞く所の香りは昔より未だ有らず。】

（大正蔵、巻一四、五五三頁下）

……………………………………………………………………

athâyuṣmān < atha + āyuṣmān

atha：*adv.* その時。その場合。さて。それ故。しかれば。しかしながら。

āyuṣmān < āyuṣmat：尊者。*adj.* 「長老」と漢訳。*m. sg. Nom.*

ānando < ānandaḥ + 有声子音 < ānanda-：*m.* アーナンダ。「阿難」と音写。*sg. Nom.*

bhagavantam < bhagavat-：*m.* 尊い（人）。「世尊」と漢訳。「婆伽婆」「薄伽梵」と音写。*sg. Acc.*

etad < etat + 母音 < etad-：これ。*n. sg. Acc.* 対格の副詞的用法で「このように」の意味。

avocat < avoca- < a- + va-+ uc- + -a < √vac- (2)：言う。話す。告げる。*重複 Aor. 3, sg. P.*

……………………………………………………………………

anāghrāta-pūrvaṃ < anāghrāta-pūrva-：*adj.* かつて嗅がれたことのない。*m. sg. Acc.*

anāghrāta- < an-āghrāta-：*pp.* 嗅がれていない。

āghrāta- < ā-√ghrā- (1) + -ta：*pp.* 嗅がれた。

pūrva-：*adj.* 前に。以前に。昔。

bhagavan < bhagavat-：*m.* 尊い（人）。「世尊」と漢訳。「婆伽婆」「薄伽梵」と音写。*sg. Voc.*

gandham < gandha-：*m.* 香。芳香。香気。薫香。*sg. Acc.*

ājighrāmi < ā-jighrā- < ā-√ghrā- (1)：嗅ぐ。接吻する。*Pres. 1, g.P.*

> kasyâiṣa īdṛśo gandhaḥ /
>
> （梵漢和維摩経 *p.* 482, *l.* 16）

「このようなこの香りは、何に属するのでしょうか」

【「是れ何の香と為すや」】　（大正蔵、巻一四、五五三頁下）

……………………………………………………………………

kasyâiṣa < kasya + eṣa

kasya < kim-：*疑問詞,* だれ。何。どんな。どの。*m. sg. Gen.*

eṣa < eṣaḥ < etad-：これ。*m. sg. Nom.*

īdṛśo < īdṛśaḥ + 有声子音 < īdṛśa- = īdṛś-：*adj.* このような状態の。このような場合の。*m. sg. Nom.*

gandhaḥ < gandha-：*m.* 香。芳香。香気。薫香。*sg. Nom.*

> āha /　eṣām evânanda bodhi-sattvānāṃ sarva-roma-kūpebhyo gandhaḥ kāyāt pravāti /

(梵漢和維摩経 *p.* 482, *ll.* 17–18)

〔世尊が〕おっしゃった。

「アーナンダよ、実にこれらの菩薩たちの身体のあらゆる毛穴から香気が漂っているのだ」

【仏は阿難に告げたまわく、「是れは彼の菩薩の毛孔の香なり」】　（大正蔵、巻一四、五五三頁下）

…………………………………………………………………………

āha < √ah-：言う。*Perf. 3, sg. P.*

eṣām < etad-：これ。*m. pl. Gen.*

evânanda < eva + ānanda

　eva：*adv.* さように。このように。まさに。実に。ただ。全くこのように。

　ānanda < ānanda-：*m.* アーナンダ。「阿難」と音写。*sg. Voc.*

bodhi-sattvānāṃ < bodhi-sattva-：*m.* 覚りを求める人。「菩薩」と漢訳。*pl. Gen.*

sarva-roma-kūpebhyo < sarva-roma-kūpebhyaḥ + 有声子音 < sarva-roma-kūpa-：*m.* あらゆる毛穴。*pl. Abl.*

　sarva-：*adj.* すべての。

　roma-kūpa-：*m.* 毛穴。

　roma- < roman-：*n.* 身体の毛（頭髪、髭、たてがみ、尾を除く）。

　kūpa-：*m.* 坑。穴。井。

gandhaḥ < gandhaḥ + (k) < gandha-：*m.* 香。芳香。香気。薫香。*sg. Nom.*

kāyāt < kāya-：*m.* 身体。集団。多数。集合。*sg. Abl.*

pravāti < pravā- < pra-√vā- (2)：パッと開く。吹く。（香りが）漂う。発散する。*Pres. 3, sg. P.*

　√vā- (2)：（風が）吹く。～(対格）に吹き付ける。香を放つ。（香気が）漂う。撒き散らされる。

śāriputro 'py āha /　asmākam apy āyuṣmann ānanda sarva-roma-kūpebhya īdṛśo gandhaḥ pravāti /

(梵漢和維摩経 *p.* 482, *l.* 19, *p.* 484, *ll.* 1–2)

シャーリプトラもまた言った。

「尊者アーナンダよ、私たちのあらゆる毛穴からもまたこのような香気が漂っている」

【是に於いて舎利弗は阿難に語りて言わく、「我等の毛孔も亦、是の香を出だす」】

（大正蔵、巻一四、五五三頁下）

…………………………………………………………………………

śāriputro 'py < śāriputraḥ + apy

　śāriputraḥ < śāriputra- < śāri-putra-：*m.* シャーリプトラ（シャーリーの息子）。「身子」と漢訳。「舎利弗」と音写。*sg. Nom.*

　apy < api + 母音：*adv.* また。されど。

āha < √ah-：言う。*Perf. 3, sg. P.*

…………………………………………………………………………

asmākam < asmad-：われわれ。*1, pl. Gen.*

apy < api + 母音：*adv.* また。さえも。されど。なお。

āyuṣmann < āyuṣman + 母音 < āyuṣmat- < āyuṣ-mat-：*m.* 「尊者」「長老」と漢訳。*sg. Voc.*

ānanda < ānanda-：*m.* アーナンダ。「阿難」と音写。*sg. Voc.*

sarva-roma-kūpebhya < sarva-roma-kūpebhyaḥ + a 以外の母音 < sarva-roma-kūpa-：*m.* あらゆる毛穴。*pl. Abl.*

īdṛśo < īdṛśaḥ + 有声子音 < īdṛśa- = īdṛś-：*adj.* このような状態の。このような場合の。*m. sg. Nom.*

gandhaḥ < gandhaḥ + (p) < gandha-：*m.* 香。芳香。香気。薫香。*sg. Nom.*

pravāti < pravā- < pra-√vā- (2)：パッと開く。吹く。（香りが）漂う。発散する。*Pres. 3, sg. P.*

āha / kuto 'sya gandhasya prādur-bhāvaḥ /
(梵漢和維摩経 *p.* 484, *l.* 3)

〔アーナンダが〕言った。

「この香気の発生は何ゆえでしょうか」

【阿難の言わく、「此れは従って来たる所ありや」】（大正蔵、巻一四、五五三頁下）

……………………………………………………………………………

āha < √ah-：言う。*Perf. 3, sg. P.*

kuto 'sya < kutaḥ + asya

kutaḥ < kutas：*adv.* だれより。どこより。いずこへ。何ゆえに。

asya < idam-：これ。*m. sg. Gen.*

gandhasya < gandha-：*m.* 香。芳香。香気。薫香。*sg. Gen.*

prādur-bhāvaḥ < prādur-bhāva- < prādur-√bhū- (1) + -a：*m.* 明示。出現。「出生」「生」「起」「現」と漢訳。*sg. Nom.*

prādur-√bhū- (1)：明白となる。現われる。起こる。

prādur-：*adv.* 見えて。外へ。明白に。

āha / vimalakīrtinā licchavinā gandhôttama-kūṭasya tathāgatasya buddha-kṣetrāt sarva-gan=dha-sugandhāl loka-dhātor bhojanam ānītam /
(梵漢和維摩経 *p.* 484, *ll.* 4–5)

〔シャーリプトラが〕言った。

「“最高の香りの集積を持つもの”という如来の“あらゆる香りの中で勝れた香りを持つところ”という世界のブッダの国土からリッチャヴィ族のヴィマラキールティが食べ物を〔もらって〕請来した。

【曰く、「是れ長者維摩詰が衆香国より仏の余りの飯を取りたるもの。】

（大正蔵、巻一四、五五三頁下）

……………………………………………………………………………

āha < √ah-：言う。*Perf. 3, sg. P.*

vimalakīrtinā < vimalakīrti- < vimala-kīrti-：*m.* ヴィマラキールティ。汚れのない名声を持つ（もの）。「維摩詰」「維摩」と音写。「浄名」「無垢称」と漢訳。*sg. Ins.*

licchavinā < licchavi-：*m.* リッチャヴィ。「離車子」「栗姑毘」と音写。*sg. Ins.*

gandhôttama-kūṭasya < gandhôttama-kūṭa- < gandha-uttama-kūṭa-：*m.* 最高の香りの集積を持つもの。*sg. Gen.*

tathāgatasya < tathāgata-：*m.* 「如来」と漢訳。*sg. Gen.*

buddha-kṣetrāt < buddha-kṣetra-：*n.* 仏の国土。「仏国土」と漢訳。*sg. Abl.*

sarva-gandha-sugandhāl < sarva-gandha-sugandhāt + (l) < sarva-gandha-sugandha-：*adj.* あらゆる香りの中で勝れた香りを持つ。*m. sg. Abl.*

sarva-：*adj.* すべての。

gandha-：*m.* 香。芳香。香気。薫香。

sugandha- < su-gandha-：*m.* 芳香。香料。*adj.* 芳香のある。「妙香」と漢訳。

loka-dhātor < loka-dhātoḥ + 有声子音 < loka-dhātu-：*m.* 世界。*sg. Abl.*

bhojanam < bhojana- < √bhuj- (7) + -ana：*n.* 享受すること。食べること。食事。食べ物。*sg. Nom.*

ānītam < ānīta- < ā-√nī- (1) + -ta：*pp.* 持ち来たった。もたらされた。取ってこられた。請来された。*n. sg. Nom.*

ā-√nī- (1)：～（対格、処格）へ次第に導く。～に持ち来る。～にもたらす。取ってくる。「将来」「請来」「持来」と漢訳。

tad yāvadbhir bhuktaṃ sarveṣām īdṛśo gandhaḥ kāyāt pravāti /

（梵漢和維摩経 *p.* 484, *l.* 6）

「それほど多くの人たちが、それを食べて、すべての人たちの身体からこのような香気が漂っています」

【「舎に於いて食せる者は一切の毛孔、皆香しきこと此くの若くなるなり」】

（大正蔵、巻一四、五五三頁下）

……………………………………………………………………………

tad < tat + 半母音 < tad-：それ。*n. sg. Nom.*

yāvadbhir < yāvadbhiḥ + 有声音 < yāvat-：*関係形容詞,* ～ほど大きい／多くの／長い。*m.n. pl. Ins.* 過去受動分詞 bhuktaṃ の動作主としての具格であろう。

bhuktaṃ < bhukta- < √bhuj- (7) + -ta：*pp.* 食われた。*n.* 食すること。食べられるもの。食物。*n. sg. Nom.*

　√bhuj- (7)：享受する。食べる。

sarveṣām < sarva-：*adj.* すべての。*pl. Gen.*

īdṛśo < īdṛśaḥ + 有声子音 < īdṛśa- ＝ īdṛś-：*adj.* このような状態の。このような場合の。*m. sg. Nom.*

gandhaḥ < gandhaḥ + (k) < gandha-：*m.* 香。芳香。香気。薫香。*sg. Nom.*

kāyāt < kāya-：*m.* 身体。集団。多数。集合。*sg. Abl.*

pravāti < pravā- < pra-√vā- (2)：パッと開く。吹く。（香りが）漂う。発散する。*Pres. 3, sg. P.*

§5　athâyuṣmān ānando vimalakīrtiṃ bodhi-sattvam evam āha /　kiyac-ciraṃ punar eṣa kula-putra gandho 'nuvartiṣyate /

（梵漢和維摩経 *p.* 484, *ll.* 7–8）

§5　すると、尊者アーナンダが、ヴィマラキールティ菩薩にこのように言った。

「しかしながら、良家の息子よ、この香りはどれほど長く、持続するのでしょうか」

【§5　阿難は維摩詰に問えり。「是の香気の住まること、当に久しかるべきや」】

（大正蔵、巻一四、五五三頁下）

……………………………………………………………………………

athâyuṣmān < atha + āyuṣmān

　atha：*adv.* その時。その場合。さて。それ故。しかれば。しかしながら。

　āyuṣmān < āyuṣmat：尊者。*adj.* 「長老」と漢訳。*m. sg. Nom.*

ānando < ānandaḥ + 有声子音 < ānanda-：*m.* アーナンダ。「阿難」と音写。*sg. Nom.*

vimalakīrtiṃ < vimalakīrti- < vimala-kīrti-：*m.* ヴィマラキールティ。汚れのない名声を持つ（もの）。「維摩詰」「維摩」と音写。「浄名」「無垢称」と漢訳。*sg. Acc.*

bodhi-sattvam < bodhi-sattva-：*m.* 覚りを求める人。「菩提薩埵」「菩薩」と音写。*sg. Acc.*

evam：*adv.* このように。「是」「如是」と漢訳。

āha < √ah-：言う。*Perf. 3, sg. P.*

……………………………………………………………………………

kiyac-ciraṃ < kiyac-cira-：*adj.* どれほど長い。*n. sg. Acc.* 対格の副詞的用法。

　kiyac- < kiyat- + (c)：*adj.* どれほどの。どれほど大きな。どれほど遠い。どれほど長い。いかなる価値の。

　cira-：*adj.* 長い。永く存在する。古い。古昔に。昔の。「久」「久遠」と漢訳。

punar：*adv.* 再び。新たに。さらに。なお。しかしながら。

eṣa < eṣaḥ < etad-：これ。*m. sg. Nom.*

kula-putra < kula-putra-：*m.* 良家の息子。「善男子」と漢訳。*sg. Voc.*

gandho 'nuvartiṣyate < gandhaḥ + anuvartiṣyate

　gandhaḥ < gandha-：*m.* 香。芳香。香気。薫香。*sg. Nom.*

　anuvartiṣyate < anuvartiṣya- < anu-√vṛt- (1) + -iṣya：～の後を転がる。従う。追う。続いてくる。続く。効力を有している。*Fut. 3, sg. A.*

āha /　yāvad etad bhojanaṃ na pariṇataṃ bhaviṣyati / (梵漢和維摩経 *p.* 484, *l.* 9)

〔ヴィマラキールティが〕言った。
「この食べ物が消化されないでいるまで〔の間〕でしょう」
【維摩詰の言わく、「此の飯の消するまでに至る」】　　（大正蔵、巻一四、五五三頁下）
……………………………………………………………………

āha < √ah-：言う。*Perf. 3, sg. P.*
yāvad < yāvat + 母音：*関係副詞,* ～ほど大きく／多く／長く。～に至るまでの。
etad < etat + 母音 < etad-：これ。*n. sg. Nom.*
bhojanaṃ < bhojana- < √bhuj- (7) + -ana：*n.* 享受すること。食べること。食事。食べ物。*sg. Nom.*
na：*ind.* ～でない。～にあらず。
pariṇataṃ < pariṇata- < pari-√nam- (1) + -ta：*pp.* 避けられた。～に変じた。熟した。成熟した。消化した。*n. sg. Nom.*
　pari-√nam- (1)：側に曲がる。脇を向く。～に変わる。～に転ずる。成熟する。消化される。
bhaviṣyati < bhaviṣya- < √bhū- (1) + -iṣya：生ずる、～になる。*Fut. 3, sg. P.*

ānanda āha /　kiyac-cireṇa punar etad bhojanaṃ pariṇaṃsyati / (梵漢和維摩経 *p.* 484, *l.* 10)

アーナンダが言った。
「しかしながら、この食べ物は、どれほど長くかかって消化されるのでしょうか」
【曰く、「此の飯は久しくして当に消せらるべきや」】　　（大正蔵、巻一四、五五三頁下）
……………………………………………………………………

ānanda < ānandaḥ + a 以外の母音 < ānanda-：*m.* アーナンダ。「阿難」と音写。*sg. Nom.*
āha < √ah-：言う。*Perf. 3, sg. P.*
……………………………………………………………………

kiyac-cireṇa < kiyac-cira-：*adj.* どれほど長い。*n. sg. Ins.*
　時間を意味する語は、格によって次のような意味を持つ。
　①対格：「～の間」（期間）
　②具格：「～の時間のうちに」「～の時間で」「～経った時に」
　③奪格：「～の時間の後に」（経過）
　④属格：「　〃　」（〃）
　⑤処格：「～の時に」（時点）
punar：*adv.* 再び。新たに。さらに。なお。しかしながら。
etad < etat + 母音 < etad-：これ。*n. sg. Nom.*
bhojanaṃ < bhojana- < √bhuj- (7) + -ana：*n.* 享受すること。食べること。食事。食べ物。*sg. Nom.*
pariṇaṃsyati < pariṇaṃsya- < pari-√nam- (1) + -sya：側に曲がる。脇を向く。～に変わる。～に転ずる。成熟する。消化される。*Fut. 3, sg. P.*

āha /　saptabhiḥ saptâhaiḥ pariṇaṃsyati / (梵漢和維摩経 *p.* 484, *l.* 11)

〔ヴィマラキールティが〕言った。
「七つの七日間〔、すなわち七週間〕[11] かかって消化されるであろう。
【曰く、「此の飯の勢力は七日に至りて、然る後に消せん。】　　（大正蔵、巻一四、五五三頁下）
……………………………………………………………………

āha < √ah-：言う。*Perf. 3, sg. P.*

saptabhiḥ < saptabhiḥ + (s) < saptan-：*基数詞,* 七。*m. pl. Ins.*
saptâhaiḥ < saptâhaiḥ + (p) < saptâha- < sapta-āha-：*m.* 七日。七日間の祝祭。*pl. Ins.*
pariṇaṃsyati < pariṇaṃsya- < pari-√nam- (1) + -sya：側に曲がる。脇を向く。〜に変わる。〜に転ずる。成熟する。消化される。*Fut. 3, sg. P.*

upari câsya saptâham ojaḥ spharişyati /
(梵漢和維摩経 *p.* 484, *ll.* 11–12)

「そして、〔その後〕さらに七日間にわたってこ〔の食べ物〕のエネルギーが充満するでしょう[12]。
【漢訳相当箇所なし】
……………………………………………………………………

upari：*adv.* 上に。その上に。上方に。その後。さらに。
câsya < ca + asya
ca：*conj.* および。また。しかしながら。そして。〜と。なお。
asya < idam-：これ。*n. sg. Gen.*
saptâham < saptâha- < sapta-āha-：*m.* 七日。七日間の祝祭。*sg. Acc.*
ojaḥ < ojaḥ + (s) < ojas-：*n.* 力。能力。威。勢。「精気」「気力」「勢味」と漢訳。*sg. Nom.*
spharişyati < spharişya- < √sphar- (?) + -işya：充満する。広がる。満たす。覆う。*Fut. 3, sg. P.*
「梵和大辞典」には、使役形のみが挙げられているが、BHS. dic. *p.* 613 には spharati の項に pervades（充満する、広がる）、fills（満たす）、suffuses（満たす、覆う）の意味を挙げている。

na câjīrṇa-doṣo bhaviṣyati /
(梵漢和維摩経 *p.* 484, *l.* 12)

「けれども、消化しないことによる害はないでありましょう[13]。
【漢訳相当箇所なし】
……………………………………………………………………

na：*ind.* 〜でない。〜にあらず。
câjīrṇa-doṣo < ca + ajīrṇa-doṣo
ca：*conj.* および。また。しかしながら。そして。〜と。なお。
ajīrṇa-doṣo < ajīrṇa-doṣaḥ + 有声子音 < ajīrṇa-doṣa-：*m.* 消化しないことによる害。*sg. Nom.*
ajīrṇa- < a-jīrṇa-：*adj.* 老いない。*n.* 不消化。
jīrṇa- < √jṝ- (1) + -na：*pp.* 老いたる。萎れた。老朽化した。
doṣa-：*m.* 欠陥。欠点。短所。悪い状態。罪業。罪悪。
bhaviṣyati < bhaviṣya- < √bhū- (1) + -iṣya：生ずる。〜になる。*Fut. 3, sg. P.*

§6 yaiś ca bhadantânanda bhikṣubhir anavakrānta-niyāmair etad bhojanaṃ bhuktaṃ teṣām avakrānta-niyāmānāṃ pariṇaṃsyati /
(梵漢和維摩経 *p.* 484, *ll.* 13–14)

§6 「尊者アーナンダよ、正しい在り方が確定した状態（正定位）に入っていない男性出家者（比丘）たちが、この食べ物を食べるならば、それら〔の男性出家者たち〕が正しい在り方が確定した状態（正定位）に入った後に消化されるでしょう。
【§6 「又、阿難よ、若し声聞人の未だ正位に入らずして、此の飯を食わん者は、正位に入るを得て、然る後に乃ち消せん。】 (大正蔵、巻一四、五五三頁下)
……………………………………………………………………

yaiś < yaiḥ + (c) < yad-：*関係代名詞, m. pl. Ins.*
ca：*conj.* および。また。しかしながら。そして。〜と。なお。

bhadantânanda < bhadanta-ānanda-：*m.* 尊者アーナンダ。「阿難」と音写。*sg. Voc.*

bhikṣubhir < bhikṣubhiḥ + 有声音 < bhikṣu- < √bhikṣ- (1) + -u：*m.* 乞食者。男性出家者。「比丘」と音写。*pl. Ins.*

anavakrānta-niyāmair < anavakrānta-niyāmaiḥ + 有声音 < an-avakrānta-niyāma-：*adj.* 正しい在り方が確定した状態（正定位）に入っていない。*m. pl. Ins.*

avakrānta-niyāma-：*adj.* 正しい在り方が確定した状態（正定位）に入っている。

avakrānta- < ava-√kram- (1) + -ta：*pp.* 「入」「已入」「趣」「趣向」「入胎」「受胎」と漢訳。*n. sg. Nom.*

ava-√kram- (1)：～（対格）の上に降る。入胎する。蹂躙される。圧倒される。去る。退く。逃げる。

niyāma- = niyama-：*m.* 船夫。舵手。「離生」「決定」「正定（聚）」「正定（位）」と漢訳。

niyāma-avakrānti-：*f.* 正しい在り方が確定した状態（正定位）に入っていること。

etad < etat + 母音 < etad-：これ。*n. sg. Nom.*

bhojanaṃ < bhojana- < √bhuj- (7) + -ana：*n.* 享受すること。食べること。食事。食べ物。*sg. Nom.*

bhuktaṃ < bhukta- < √bhuj- (7) + -ta：*pp.* 食われた。*n.* 食すること。食べられるもの。食物。*n. sg. Nom.*

teṣām < tad-：それ。*m. pl. Gen.*

avakrānta-niyāmānāṃ < avakrānta-niyāma-：*adj.* 正しい在り方が確定した状態（正定位）に入っている。*m. pl. Gen.*

teṣām 以下の属格は、分詞は用いられていないが絶対節をなしている。

pariṇaṃsyati < pariṇaṃsya- < pari-√nam- (1) + -sya：側に曲がる。脇を向く。～に変わる。～に転ずる。成熟する。消化される。*Fut. 3, sg. P.*

yaiḥ punar avakrānta-niyāmair bhuktaṃ teṣāṃ nâparimukta-cittānāṃ pariṇaṃsyati /

(梵漢和維摩経 *p.* 484, *ll.* 14–16)

「しかしながら、正しい在り方が確定した状態（正定位）に入っている人が、食べるならば、それらの人たちの心が解脱していないうちは消化されないであろう。

【「已に正位に入りて、此の飯を食わん者は心解脱を得て、然る後に乃ち消せん。】

（大正蔵、巻一四、五五三頁下）

……………………………………………………………………

yaiḥ < yaiḥ + (p) < yad-：*関係代名詞, m. pl. Ins.*

punar：*adv.* 再び。新たに。さらに。なお。しかしながら。

avakrānta-niyāmair < avakrānta-niyāmaiḥ + 有声音 < avakrānta-niyāma-：*adj.* 正しい在り方が確定した状態（正定位）に入っている。*m. pl. Ins.*

bhuktaṃ < bhukta- < √bhuj- (7) + -ta：*pp.* 食われた。*n.* 食すること。食べられるもの。食物。*n. sg. Nom.*

teṣāṃ < tad-：それ。*m. pl. Gen.*

nâparimukta-cittānāṃ < na + aparimukta-cittānāṃ

na：*ind.* ～でない。～にあらず。

aparimukta-cittānāṃ < aparimukta-citta- < a-parimukta-citta-：*adj.* 解脱した心を持たない。心が解脱していない。*m. pl. Gen.*

parimukta-citta-：*adj.* 解脱した心を持つ。心が解脱している。

parimukta- < pari-√muc- (6) + -ta：*pp.* ～（奪格）から解放された。～から自由にされた。

citta-：*n.* 心。思考。意思。知性。理性。「質多」と音写。

teṣām 以下の属格は、分詞は用いられていないが絶対節をなしている。

pariṇaṃsyati < pariṇaṃsya- < pari-√nam- (1) + -sya：側に曲がる。脇を向く。～に変わる。～に転ずる。成熟する。消化される。*Fut. 3, sg. P.*

yair anutpādita-bodhi-cittaiḥ sattvaiḥ paribhuktaṃ teṣām utpādita-bodhi-cittānāṃ pariṇaṃsyati /
（梵漢和維摩経 *p.* 484, *ll.* 16–17）

「覚りを求める心（菩提心）を生じていない衆生たちが食べたならば、それら〔の衆生たち〕が覚りを求める心（菩提心）を生じて後に、消化されるでしょう。
【「若し未だ大乗の意を発さずして、此の飯を食わん者は、意を発すに至りて乃ち消せん。】
（大正蔵、巻一四、五五三頁下）

……………………………………………………………………

yair < yaiḥ + 有声音 < yad-：*関係代名詞, m. pl. Ins.*
anutpādita-bodhi-cittaiḥ < anutpādita-bodhi-cittaiḥ + (s) < anutpādita-bodhi-citta- < an-utpādita-bodhi-citta-：*adj.* 覚りを求める心（菩提心）を生じていない。*m. pl. Ins.*
utpādita-bodhi-citta-：*adj.* 覚りを求める心（菩提心）を生じている。
utpādita- < utpādaya- + -ta < ud-√pad- (4) + -aya + -ta：*Caus. pp.* 起こされた。産まれた。生じられた。生じさせられた。
bodhi-citta-：*n.* 覚りを求める心（菩提心）。「菩提心」「覚心」と漢訳。
sattvaiḥ < sattvaiḥ + (p) < sattva-：*m.* 「衆生」と音写。*pl. Ins.*
paribhuktaṃ < paribhukta- < pari-√bhuj- (7) + -ta：*pp.* 食べられた。食い尽くされた。*n. sg. Nom.*
pari-√bhuj- (7)：食う。食い尽くす。消費する。享受する。用いる。
teṣām < tad-：それ。*m. pl. Gen.*
utpādita-bodhi-cittānāṃ < utpādita-bodhi-citta-：*adj.* 覚りを求める心を生じている。*m. pl. Gen.*
teṣām 以下の属格は、分詞は用いられていないが絶対節をなしている。
pariṇaṃsyati < pariṇaṃsya- < pari-√nam- (1) + -sya：側に曲がる。脇を向く。～に変わる。～に転ずる。成熟する。消化される。*Fut. 3, sg. P.*

yair utpādita-bodhi-cittair bhuktaṃ teṣāṃ nâpratilabdha-kṣāntikānāṃ pariṇaṃsyati /
（梵漢和維摩経 *p.* 486, *ll.* 1–2）

「覚りを求める心（菩提心）を生じている人が食べたならば、それらの人たちが〔無生法〕忍を獲得していないうちは、消化されないでしょう。
【「已に意を発して此の飯を食わん者は、無生忍を得て、然る後に乃ち消せん。】
（大正蔵、巻一四、五五三頁下）

……………………………………………………………………

yair < yaiḥ + 有声音 < yad-：*関係代名詞, m. pl. Ins.*
utpādita-bodhi-cittair < utpādita-bodhi-cittaiḥ + 有声音 < utpādita-bodhi-citta-：*adj.* 覚りを求める心（菩提心）を生じている。*m. pl. Ins.*
bhuktaṃ < bhukta- < √bhuj- (7) + -ta：*pp.* 食われた。*n.* 食すること。食べられるもの。食物。*n. sg. Nom.*
teṣāṃ < tad-：それ。*m. pl. Gen.*
nâpratilabdha-kṣāntikānāṃ < na + apratilabdha-kṣāntikānāṃ
na：*ind.* ～でない。～にあらず。
apratilabdha-kṣāntikānāṃ < apratilabdha-kṣāntika- < a-pratilabdha-kṣāntika-：*adj.* 〔無生法〕忍を獲得していない。*m. pl. Gen.*
pratilabdha-kṣāntika-：*adj.* 獲得した〔無生法〕忍を持つ。〔無生法〕忍を獲得している。
pratilabdha- < prati-√labh- (1) + -ta：*pp.* 回復された。取り戻した。達した。得た。「獲得」「成就」と漢訳。
kṣāntika- < kṣānti-ka-：*adj.* 「忍」と漢訳。*m. pl. Gen.*
kṣānti- < √kṣam- (1) + -ti：*f.* 堪えること。認めること。「忍」「忍辱」「堪忍」と漢訳。
√kṣam- (1)：忍耐する。堪える。忍ぶ。

pariṇaṃsyati < pariṇaṃsya- < pari-√nam- (1) + -sya：側に曲がる。脇を向く。～に変わる。～に転ずる。成熟する。消化される。*Fut. 3, sg. P.*

yaiḥ punaḥ pratilabdha-kṣāntikair bhuktaṃ teṣām eka-jāti-pratibaddhānāṃ pariṇaṃsyati / (梵漢和維摩経 *p.* 486, *ll.* 2–3)

「しかしながら、〔無生法〕忍を獲得している人たちが食べたならば、それらの人たちが〔あと〕一度の生涯だけ〔迷いの世界に〕束縛された（一生補処）〔菩薩となった〕後に消化されるでしょう。

【「已に無生忍を得て、此の飯を食わん者は、一生補処に至りて、然る後に乃ち消せん。】

（大正蔵、巻一四、五五三頁下）

………………………………………………………………………………

yaiḥ < yaiḥ + (p) < yad-：*関係代名詞, m. pl. Ins.*

punaḥ < punaḥ + (s) < punar：*adv.* 再び。新たに。さらに。なお。しかしながら。

pratilabdha-kṣāntikair < pratilabdha-kṣāntikaiḥ + 有声音 < pratilabdha-kṣāntika-：*adj.* 獲得した〔無生法〕忍を持つ。〔無生法〕忍を獲得している。*m. pl. Ins.*

bhuktaṃ < bhukta- < √bhuj- (7) + -ta：*pp.* 食われた。*n.* 食すること。食べられるもの。食物。*n. sg. Nom.*

teṣām < tad-：それ。*m. pl. Gen.*

eka-jāti-pratibaddhānāṃ < eka-jāti-pratibaddha-：*adj.* 一度の生涯だけ〔迷いの世界に〕束縛された。「一生補処」「最後身」「一生所繫」と漢訳。*m. pl. Gen.*

eka-jāti-：*adj.* 一度生まれるだけの。*m.* （dvi-jāti- がカースト制度の上位三階級を意味するのに対して）スードラ。

pratibaddha- < prati-√bandh- (9) + -ta：*pp.* ～に固定された。縛られた。～（具格）によって結合された。～に留められた。「属」「随属」「繫属」「所繫」「補処」と漢訳。

pariṇaṃsyati < pariṇaṃsya- < pari-√nam- (1) + -sya：側に曲がる。脇を向く。～に変わる。～に転ずる。成熟する。消化される。*Fut. 3, sg. P.*

§7 tad yathâpi nāma bhadantânanda svādur nāma bhaiṣajyaṃ tat tāvat kauṣṭha-gataṃ na pariṇamati yāvan na sarva-gataṃ viṣam apagataṃ bhavati / tataḥ paścāt tad bhaiṣajyaṃ pariṇamati / (梵漢和維摩経 *p.* 486, *ll.* 4–6)

§7 「尊者アーナンダよ、それはあたかも、“美味”という名前の薬のようなものである。全身に行きわたっている毒が消滅してしまわない限り、そ〔の薬〕は体内にあって消化されることはない。〔毒が消滅した〕その後に、その薬は消化されるのだ。

【§7 「譬えば薬有ありて、名づけて上味と曰う。其の服すること有る者は、身の諸毒滅して、然る後に乃ち消せんが如し。】

（大正蔵、巻一四、五五三頁下）

………………………………………………………………………………

tad yathâpi nāma < tad yathā + api nāma：あたかも～であるかのように。それは、あたかも～のようなものである。

bhadantânanda < bhadanta-ānanda-：*m.* 尊者アーナンダ。「阿難」と音写。*sg. Voc.*

svādur < svāduḥ + 有声音 < svādu-：*adj.* 美味な。口に合う。風味の良い。*m. sg. Nom.*

nāma：*adv.* ～という名前の。実に。確かに。もちろん。おそらく。そもそも。

bhaiṣajyaṃ < bhaiṣajya-：*n.* 薬物。*sg. Nom.*

tat < tad-：それ。*n. sg. Nom.*

tāvat：*adv.* それほど多く。正に。確かに。その間。まず第一に。ただ単に。

kauṣṭha-gataṃ < kauṣṭha-gata-：*adj.* 体内にある。*n. sg. Nom.*

kauṣṭha-：*adj.* 体内にある。腹中にある。倉庫にある。

～-gata-：*adj.* ～に行った／来た。～に陥った。～に於ける。～の中にある。～に含まれた。

〜に関する。〜に出立した。〜より造られた。〜に到達した。〜を得た。
na：*ind.* 〜でない。〜にあらず。
pariṇamati < pariṇama- < pari-√nam- (1)：側に曲がる。脇を向く。〜に変わる。〜に転ずる。成熟する。消化される。*Pres. 3, sg. P.*
yāvan < yāvat + (n)：*関係副詞,* 〜ほど大きく／多く／長く。〜に至るまでの。
yāvat 〜 tāvat …：〜である限り、それほど…。
na：*ind.* 〜でない。〜にあらず。
sarva-gataṃ < sarva-gata- < sarva-√gam- (1) + -ta：*adj.* すべてに行きわたっている。普遍的に行きわたっている。遍在する。「周遍」「遍一切処」と漢訳。*n. sg. Nom.*
viṣam < viṣa-：*n.* 効力ある毒。毒薬。*sg. Nom.*
apagataṃ < apagata- < apa-gata- < apa-√gam- (1) + -ta：*pp.* 去った。消滅した。「離」「遠離」「除」「滅」と漢訳。*n. sg. Nom.*
bhavati < bhava- < √bhū- (1)：なる。*Pres. 3, sg. P.*

…………………………………………………………………………

tataḥ < tataḥ + (p) < tatas：*adv.* それより。そこに。かなたに。そのうえ。
paścāt：*adv.* 背後に。後方に。後に。後方へ。西方から。西方へ。今後。その後。奪格の副詞的用法。
paścāt < paśca-：*adj.* 後の。*n. sg. Abl.*
tad < tat + 有声子音 < tad-：それ。*n. sg. Nom.*
bhaiṣajyaṃ < bhaiṣajya-：*n.* 薬物。*sg. Nom.*
pariṇamati < pariṇama- < pari-√nam- (1)：側に曲がる。脇を向く。〜に変わる。〜に転ずる。成熟する。消化される。*Pres. 3, sg. P*

> evam eva bhadantânanda tāvad eva tad bhojanaṃ na pariṇataṃ bhavati yāvat sarva-kleśa-viṣaṃ na nir-viṣaṃ bhavati / tataḥ paścāt tad bhojanaṃ pariṇamati[14] /
>
> （梵漢和維摩経 *p.* 486, *ll.* 6–8）

「まさにそのように、尊者アーナンダよ、あらゆる煩悩という毒が無毒にならない限り、まさにその限りは、その食べ物は消化されることはないのだ。〔あらゆる煩悩という毒が無毒になった〕その後に、その食べ物は消化されるのだ」
【「此の飯も是くの如く、一切の諸の煩悩の毒を滅除して、然る後に乃ち消せん」】
（大正蔵、巻一四、五五三頁下）

…………………………………………………………………………

evam：*adv.* このように。「是」「如是」と漢訳。
eva：*adv.* さように。このように。まさに。実に。ただ。全くこのように。
bhadantânanda < bhadanta-ānanda-：*m.* 尊者アーナンダ。「阿難」と音写。*sg. Voc.*
tāvad：*adv.* それほど多く。正に。確かに。その間。まず第一に。ただ単に。
eva：*adv.* さように。このように。まさに。実に。ただ。全くこのように。
tad < tat + 有声子音 < tad-：それ。*n. sg. Nom.*
bhojanaṃ < bhojana- < √bhuj- (7) + -ana：*n.* 享受すること。食べること。食事。食べ物。*sg. Nom.*
na：*ind.* 〜でない。〜にあらず。
pariṇataṃ < pariṇata- < pari-√nam- (1) + -ta：*pp.* 避けられた。〜に変じた。熟した。成熟した。消化した。*n. sg. Nom.*
bhavati < bhava- < √bhū- (1)：なる。*Pres. 3, sg. P.*
yāvat：*関係副詞,* 〜ほど大きく／多く／長く。〜に至るまでの。
yāvat 〜 tāvat …：〜である限り、それほど…。
sarva-kleśa-viṣaṃ < sarva-kleśa-viṣa-：*n.* あらゆる煩悩という毒。*sg. Nom.*
na：*ind.* 〜でない。〜にあらず。
nir-viṣaṃ < nir-viṣa-：*adj.* 有毒でない。毒を除いた。*n. sg. Nom.*

bhavati < bhava- < √bhū- (1)：なる。*Pres. 3, sg. P.*

…………………………………………………………………………

tataḥ < tataḥ + (p) < tatas：*adv.* それより。そこに。かなたに。そのうえ。
paścāt：*adv.* 背後に。後方に。後に。後方へ。西方から。西方へ。今後。その後。奪格の副詞的用法。
tad < tat + 有声子音 < tad-：それ。*n. sg. Nom.*
bhojanaṃ < bhojana- < √bhuj- (7) + -ana：*n.* 享受すること。食べること。食事。食べ物。*sg. Nom.*
pariṇamati < pariṇama- < pari-√nam- (1)：側に曲がる。脇を向く。～に変わる。～に転ずる。成熟する。消化される。*Pres. 3, sg. P*

> athâyuṣmān ānando bhagavantam etad avocat / buddha-kṛtyaṃ bhagavann etad bhoja=naṃ karoti /
>
> (梵漢和維摩経 *p.* 486, *ll.* 9–10)

すると、尊者アーナンダが、世尊にこのように申し上げた。
「世尊よ、この食べ物が、ブッダのなすべきことをなすのですね」
【阿難（あなん）は仏に白（もう）して言（もう）さく、「未曾有なり。世尊よ。此くの如き香飯の能く仏事を作（な）すことよ」】
（大正蔵、巻一四、五五三頁下）

…………………………………………………………………………

athâyuṣmān < atha + āyuṣmān
atha：*adv.* その時。その場合。さて。それ故。しかれば。しかしながら。
āyuṣmān < āyuṣmat：尊者。*adj.* 「長老」と漢訳。*m. sg. Nom.*
ānando < ānandaḥ + 有声子音 < ānanda-：*m.* アーナンダ。「阿難」と音写。*sg. Nom.*
bhagavantam < bhagavat-：*m.* 尊い（人）。「世尊」と漢訳。「婆伽婆」「薄伽梵」と音写。*sg. Acc.*
etad < etat + 母音 < etad-：これ。*n. sg. Acc.* 対格の副詞的用法で「このように」の意味。
avocat < avoca- < a- + va-+ uc- + -a < √vac- (2)：言う。話す。告げる。*重複 Aor. 3, sg. P.*

…………………………………………………………………………

buddha-kṛtyaṃ < buddha-kṛtya-：*n* ブッダによってなされること。*sg. Acc.*
bhagavann < bhagavan + 母音 < bhagavat-：*m.* 尊い（人）。「世尊」と漢訳。「婆伽婆」「薄伽梵」と音写。*sg. Voc.*
etad < etat + 母音 < etad-：これ。*n. sg. Nom.*
bhojanaṃ < bhojana- < √bhuj- (7) + -ana：*n.* 享受すること。食べること。食事。食べ物。*sg. Nom.*
karoti < karo- < √kṛ- (8)：作る。なす。*Pres. 3, sg. P.*

> āha / evam etad ānandâivam etad yathā vadasi /
>
> (梵漢和維摩経 *p.* 486, *l.* 11)

〔世尊が〕おっしゃられた。
「それは、その通りである。アーナンダよ、それはあなたの言う通りである
【仏の言（のたま）わく、「是くの如し、是くの如し。】　（大正蔵、巻一四、五五三頁下）

…………………………………………………………………………

āha < √ah-：言う。*Perf. 3, sg. P.*
evam：*adv.* このように。「是」「如是」と漢訳。
etad < etat + 母音 < etad-：これ。*n. sg. Nom.*
ānandâivam < ānanda + evam
ānanda < ānanda-：*m.* アーナンダ。「阿難」と音写。*sg. Voc.*
evam：*adv.* このように。「是」「如是」と漢訳。
etad < etat + 母音 < etad-：これ。*n. sg. Nom.*
yathā：*関係副詞, 接続詞,* ～のように。あたかも～のように。～であるように。
yathā ～ evam …：～であるように、そのように…。

vadasi < vada- < √vad- (1)：言う。話す。談論する。～に関して話す。*Pres. 2, sg. P.*

§8　santy ānanda buddha-kṣetrāṇi yeṣu bodhi-sattvā buddha-kṛtyaṃ kurvanti /
（梵漢和維摩経 *p.* 486, *ll.* 12–13）

§8　「アーナンダよ、ブッダの国土で、菩薩たちがブッダのなすべきことをなすところも存在するのだ。

【§8　「阿難よ、或いは仏土にして、仏の光明を以て仏事を作す有り。諸の菩薩を以て仏事を作す有り。】
（大正蔵、巻一四、五五三頁下）

………………………………………………………………………

santy < santi + 母音 < s- < √as- (2)：ある。～である。*Pres. 3, pl. P.*
ānanda < ānanda-：*m.* アーナンダ。「阿難」と音写。*sg. Voc.*
buddha-kṣetrāṇi < buddha-kṣetra-：*n.* ブッダの国土。「仏国土」と漢訳。*pl. Nom.*
yeṣu < yad-：*関係代名詞, n. pl. Loc.*
bodhi-sattvā < bodhi-sattvāḥ + 有声音 < bodhi-sattva-：*m.* 覚りを求める人。「菩薩」と音写。*pl. Nom.*
buddha-kṛtyaṃ < buddha-kṛtya-：*n* ブッダによってなされること。*sg. Acc.*
　kṛtya- < √kṛ- (8) + -tya：*未受分,* なされるべき。*n.* 活動。作用。仕事。奉仕。目的。
　i, j, ṛ で終わる語根を持ついくつかの動詞の未来受動分詞は、-ya の代わりに -tya を加えて作られる。cf.「基礎」*p.* 482.
kurvanti < kuru- < √kṛ- (8)：作る。なす。*Pres. 3, pl. P.*

santi buddha-kṣetrāṇi yeṣu bodhi-vṛkśo buddha-kṛtyaṃ karoti /
（梵漢和維摩経 *p.* 486, *l.* 13）

「ブッダの国土で、菩提樹がブッダのなすべきことをなすところも存在するのだ。

【「仏の化する所の人を以て仏事を作す有り。菩提樹を以て仏事を作す有り。仏の衣服・臥具を以て仏事を作す有り。飯食を以て仏事を作す有り。園林・台観を以て仏事を作す有り。】
（大正蔵、巻一四、五五三頁下）

………………………………………………………………………

santi < s- < √as- (2)：ある。～である。*Pres. 3, pl. P.*
buddha-kṣetrāṇi < buddha-kṣetra-：*n.* ブッダの国土。「仏国土」と漢訳。*pl. Nom.*
yeṣu < yad-：*関係代名詞, n. pl. Loc.*
bodhi-vṛkśo < bodhi-vṛkśaḥ + 有声子音 < bodhi-vṛkśa-：*m.* 菩提樹。*sg. Nom.*
buddha-kṛtyaṃ < buddha-kṛtya-：*n.* ブッダによってなされること。*sg. Acc.*
　kṛtya- < √kṛ- (8) + -tya：*未受分,* なされるべき。*n* 活動。作用。仕事。奉仕。目的。
　i, j, ṛ で終わる語根を持ついくつかの動詞の未来受動分詞は、-ya の代わりに -tya を加えて作られる。cf.「基礎」*p.* 482.
karoti < karo- < √kṛ- (8)：作る。なす。*Pres. 3, sg. P.*

santi buddha-kṣetrāṇi yeṣu[15] tathāgata-lakṣaṇa-rūpa-darśanaṃ buddha-kṛtyaṃ karoti /
（梵漢和維摩経 *p.* 486, *ll.* 14–15）

「ブッダの国土で、〔三十二種類の勝れた〕相（三十二相）の如来の姿を見せること[16] が、ブッダのなすべきことをなすところも存在するのだ。

【「三十二相・八十随形好を以て仏事を作す有り。仏身を以て仏事を作す有り。】
（大正蔵、巻一四、五五三頁下）

………………………………………………………………………

santi < s- < √as- (2)：ある。～である。*Pres. 3, pl. P.*

buddha-kṣetrāṇi < buddha-kṣetra-：*n.* ブッダの国土。「仏国土」と漢訳。*Nom.*
yeṣu < yad-：*関係代名詞, n. pl. Loc.*
tathāgata-lakṣaṇa-rūpa-darśanaṃ < tathāgata-lakṣaṇa-rūpa-darśana-：*n.* 如来の〔三十二種類の勝れた〕相（三十二相）の姿を見せること。*sg. Nom.*
　　darśana- < darśaya- + -ana < √dṛś- (1) + -aya + -ana：*n.* 見せること。
　　darśana- < √dṛś- (1) + -ana：*n.* 見ること。
buddha-kṛtyaṃ < buddha-kṛtya-：*n.* ブッダによってなされること。*sg. Acc.*
karoti < karo- < √kṛ- (8)：作る。なす。*Pres. 3, sg. P.*

evaṃ gagana-antarīkṣaṃ[17] buddha-kṛtyaṃ karoti /
(梵漢和維摩経 *p.* 486, *l.* 15)

「同様に、ブッダのなすべきことを天空の虚空がなすのだ。
【「虚空を以て仏事を作す有り。】　（大正蔵、巻一四、五五三頁下）

……………………………………………………………………

evaṃ：*adv.* このように。「是」「如是」と漢訳。
gagana-antarīkṣaṃ < gagana-antarīkṣa-：*n.* 天空の虚空。*sg. Nom.*
　　gagana- = gagaṇa-：*m.* 天空。「空」「虚空」と漢訳。
　　antarīkṣa-：*n.* 空（そら）。空中。虚空。
buddha-kṛtyaṃ < buddha-kṛtya-：*n.* ブッダによってなされること。*sg. Acc.*
karoti < karo- < √kṛ- (8)：作る。なす。*Pres. 3, sg. P.*

tādṛśas teṣāṃ sattvānāṃ vinayo bhavati /
(梵漢和維摩経 *p.* 486, *ll.* 15–16)

「それらの衆生たちのためには、このような教導があるのだ。
【「衆生は応に此の縁を以て律行に入ることを得べし。】　（大正蔵、巻一四、五五三頁下）

……………………………………………………………………

tādṛśas < tādṛśaḥ + (t) < tādṛśa-：*adj.* このような。「如是」と漢訳。*m. sg. Nom.*
teṣāṃ < tad-：それ。*m. pl. Gen.*
sattvānāṃ < sattva-：*m.* 「衆生」「有情」と漢訳。*pl. Gen.*
vinayo < vinayaḥ + 有声子音 < vinaya- < vi-√nī- (1) + -a：*m.* 指導。訓練。よい態度。礼儀正しさ。「律」と漢訳。「毘尼」「毘奈耶」と音写。*sg. Nom.*
　　vi-√nī- (1)：案内する。教育する。「教化」「教導」「化」と漢訳。
bhavati < bhava- < √bhū- (1)：なる。*Pres. 3, sg. P.*

§9　evaṃ svapna-pratibhāsa-daka-candra-pratiśrutkā-māyā-marīcy-upamôpanyāsâkṣara-vibhakti-nirdeśāḥ sattvānāṃ buddha-kṛtyaṃ kurvanti /
(梵漢和維摩経 *p.* 486, *ll.* 17–18)

§9　「同様に、夢・影・水中の月・こだまの音響・幻・陽炎といった譬喩による説明、言葉（文字）の分析による説法が、衆生たちのためにブッダのなすべきことをなすのだ。
【§9　「夢・幻・影・鏡中の像・水中の月・熱時の炎、是くの如き等の喩を以て仏事を作す有り。】
（大正蔵、巻一四、五五三頁下）

……………………………………………………………………

evaṃ：*adv.* このように。「是」「如是」と漢訳。
svapna-pratibhāsa-daka-candra-pratiśrutkā-māyā-marīcy-upamôpanyāsâkṣara-vibhakti-nirdeśāḥ
　　< svapna-pratibhāsa-daka-candra-pratiśrutkā-māyā-marīcy-upamā-upanyāsa-akṣara-vibhakti-nirdeśa-：*m.* 夢、影、水中の月、こだまの音響、幻、陽炎といった譬喩による説明、

言葉（文字）の分析による説法。*pl. Nom.*
svapna-：*m.* 眠り。夢。
pratibhāsa- < prati-√bhās- (1) + -a：*m.* 顕現すること。外観。思想の生起。妄想。「影」「光影」「影現」「影像」「光明」「幻影」「電光」「電」と漢訳。
prati-√bhās- (1)：～のように自己を示す。～のように見える。輝かしい。
√bhās- (1)：光る。輝く。～のように見える。明らかになる。
daka-candra- = udaka-candra-：*m.* 水中の月。「水月」「水中月」と漢訳。
daka- = udaka-：*n.* 水。
candra-：*m.* 月。「月天」と漢訳。
pratiśrutkā-：*f.* 反響。「音響」「山中呼声」と漢訳。
māyā-：*f.* 術。不可思議の力。策略。計略。狡計。詐欺。手品。妖術。幻影。幻想。
marīcy- < marīci- + 母音：*f.m.* （大気中に浮遊する）輝く微塵。「光」「炎」「焰」「陽焰」「陽炎」と漢訳。
upamā- < upa-√mā- (2,3) + -ā：*f.* 比較。類似。等しいこと。譬喩。*adj.* 等しい。類似の。似ている。
upa-√mā- (2,3)：～（具格）と比較する。
upanyāsa-：*m.* 添付。取得。付記。告示。暗示。陳述。説明。論議。
akṣara- < a-kṣara-：*adj.* 不壊の。「無窮尽」「無尽」と漢訳。*n.* 語。綴り。聖字 om。声。字。文書。
vibhakti- < vi-√bhaj- (1) + -ti：*f.* 分離。分配。差別。変形。名詞の語尾変化。格。格変化。
vi-√bhaj- (1)：～（対格）を（対格、為格、処格）に分与する。分配する。割り当てる。分け合う。「分」「分別」「分析」と漢訳。
nirdeśa- < nir-√diś- (6) + -a：*m.* 命令。指示。記述。「説」「所説」「説法」と漢訳。
sattvānāṃ < sattva-：*m.* 「衆生」「有情」と漢訳。*pl. Gen.*
buddha-kṛtyaṃ < buddha-kṛtya-：*n* ブッダによってなされること。*sg. Acc.*
kurvanti < kuru- < √kṛ- (8)：作る。なす。*Pres. 3, pl. P.*

> [santi][18] buddha-kṣetrāṇi yatrâkṣara-vijñāptir buddha-kṛtyaṃ karoti /
> （梵漢和維摩経 *p.* 486, *l.* 19）

「ブッダの国土で、言葉（文字）によって〔識別して〕認識することが、ブッダのなすべきことをなすところも存在するのだ。
【「音声・語言・文字を以(もっ)て仏事を作(な)す有り。】（大正蔵、巻一四、五五三頁下）
………………………………………………………………………
santi < s- < √as- (2)：ある。～である。*Pres. 3, pl. P.*
buddha-kṣetrāṇi < buddha-kṣetra-：*n.* ブッダの国土。「仏国土」と漢訳。*pl. Nom.*
yatrâkṣara-vijñāptir < yatra + akṣara-vijñāptir
yatra：*adv.* そこに。その場所に。その場合に。もし～ならば。その時。
akṣara-vijñāptir < akṣara-vijñāptiḥ + 有声音 < akṣara-vijñāpti-：*f.* 言葉（文字）によって〔識別して〕認識すること。*sg. Nom.*
akṣara- < a-kṣara-：*adj.* 不壊の。「無窮尽」「無尽」と漢訳。*n.* 語。綴り。聖字 om。声。字。文書。
vijñāpti- = vijñapti-：*f.* ～（属格）の要求／嘆願。話しかけ。「顕現」「顕示」「表義」「知」「施設」「認識」「仮名」と漢訳。
vijñāpti-は「梵和大辞典」に挙げられていないが、モニエルの辞典 *p.* 961 に vijñāpti- = vijñapti-とある。
buddha-kṛtyaṃ < buddha-kṛtya-：*n.* ブッダによってなされること。*sg. Acc.*
karoti < karo- < √kṛ- (8)：作る。なす。*Pres. 3, sg. P.*

santy ānanda buddha-kṣetrāṇi tādṛśāni[19] pariśuddhāni yatrânudāhāratâpravyāhāratânirdeśatân=abhilāpyatā teṣāṃ sattvānāṃ buddha-kṛtyaṃ karoti /

(梵漢和維摩経 *p.* 486, *ll.* 19–21)

「アーナンダよ、そのように完全に清められたブッダの国土で、詳述しないこと、解説しないこと、教示しないこと、言説すべきでないことが、それらの衆生たちのために、ブッダのなすべきことをなすところも存在するのだ。

【「或いは清浄な仏土の寂寞なる有り。無言・無説・無示・無識・無作・無為にして而も仏事を作す。】

（大正蔵、巻一四、五五三頁下）

……………………………………………………………………

santy < santi + 母音 < s- < √as- (2)：ある。～である。*Pres. 3, pl. P.*

ānanda < ānanda-：*m.* アーナンダ。「阿難」と音写。*sg. Voc.*

buddha-kṣetrāṇi < buddha-kṣetra-：*n.* ブッダの国土。「仏国土」と漢訳。*pl. Nom.*

tādṛśāni < tādṛśa-：*adj.* このような。「如是」と漢訳。*n. pl. Nom.*

pariśuddhāni < pariśuddha- < pari-√śudh- (4) + -ta ：*pp.* 完全に浄化された。清められた。*n. pl. Nom.*

yatrânudāhāratâpravyāhāratânirdeśatânabhilāpyatā < yatra + anudāhāratâpravyāhāratânirdeśatânabhilāpyatā

yatra：*adv.* そこに。その場所に。その場合に。もし～ならば。その時。

anudāhāratâpravyāhāratânirdeśatânabhilāpyatā < anudāhāratâpravyāhāratânirdeśatâna=bhilāpyatā- < anudāhāratā-apravyāhāratā-anirdeśatā-anabhilāpyatā-：*f.* 詳述しないこと、解説しないこと、教示しないこと、言説すべきでないこと。*sg. Nom.*

anudāhāratā- < anudāhāra-tā-：*f.* 詳述することのないこと。

anudāhāra- < an-udāhāra-：*adj.* 詳述することのない。「不可受」と漢訳。

udāhāra- < ud-āhāra- < ud-ā-√hṛ- (1) + -a：*m.* 例証。談話の開始。発言。詳しく語ること。

ud-ā-√hṛ- (1)：頂上に置く。挙げる。引用する。発言する。詳しく語る。名前を挙げて言及する。

apravyāhāratā- < apravyāhāra-tā-：*f.* 解説することのないこと。

apravyāhāra- < a-pravyāhāra-：*adj.* 解説することのない。「不可説」「無所説」と漢訳。

pravyāhāra- < pra-vi-ā-√hṛ- (1) + -a：*m.* 論議の延長／継続。「言」「説」「演説」と漢訳。

pra-vi-ā-√hṛ- (1)：「対日」「発」「普発」「宣揚」「宣伝」「演説」「解説」と漢訳。

anirdeśatā- < anirdeśa-tā-：*f.* 教示しないこと。

anirdeśa- < a-nirdeśa-：*m.* 教示しないこと。特記せざること。無規定。

nirdeśa- < nir-√diś- (6) + -a：*m.* 命令。指示。記述。表明。詳述。「説」「所説」「説法」「釈」「釈説」「広釈」「分別演説」と漢訳。

nir-√diś- (6)：指示する。決定する。宣言する。「説」「作説」「称讃」「答」と漢訳。

anabhilāpyatā- < anabhilāpya-tā-：*f.* 言説すべからざること。

anabhilāpya- < an-abhilāpya-：*adj.* 言説すべからざる。「無言」「離言」「無説」「無言説」「不可説」「不可言」「離言説」と漢訳。

abhilāpya- < abhi-√lap- (1) + -ya：*未受分,* 言説すべき。「言」「言語」「説」「所説」「戯論」と漢訳。

abhi-√lap- (1)：話す。喋る。名づける。「説」「言説」「説言語」「有言説」と漢訳。

teṣāṃ < tad-：それ。*m. pl. Gen.*

sattvānāṃ < sattva-：*m.* 「衆生」「有情」と漢訳。*pl. Gen.*

buddha-kṛtyaṃ < buddha-kṛtya-：*n.* ブッダによってなされること。*sg. Acc.*

karoti < karo- < √kṛ- (8)：作る。なす。*Pres. 3, sg. P.*

§10 na kaścid ānandêryā-patho na kaścid upabhogo yo buddhānāṃ bhagavatāṃ sattva-vinayāya buddha-kṛtyaṃ [na][20] karoti /

（梵漢和維摩経 *p.* 488, *ll.* 1–2）

§10 「アーナンダよ、世尊であるブッダたちに属するところの〔行・住・坐・臥の四〕威儀や、食べることは、何であれ、衆生を教導するためにブッダのなすべきことをなさないことは、決してないのだ。

【§10 「是くの如く、阿難よ、諸仏の威儀・進止あり。諸の施為する所、仏事に非ざること無し。】

（大正蔵、巻一四、五五三頁下）

……………………………………………………………………

na：*ind.* ～でない。～にあらず。

kaścid < kaś-cit + 母音 < kiṃ-cit-：*不定代名詞,* だれかある人。何かあるもの。*m. sg. Nom.*

na + kiṃ-cit-：決して誰も～ない。

ānandêryā-patho < ānanda + īryā-patho

ānanda < ānanda-：*m.* アーナンダ。「阿難」と音写。*sg. Voc.*

īryā-patho < īryā-pathaḥ + 有声子音 < īryā-patha-：*m.* 行儀。正しい行状。男性出家者の遵守すべき規定。〔行・住・坐・臥の四〕威儀。「儀」「威儀」「威儀道」と漢訳。*sg. Nom.*

īryā- < √īr- + -yā：*f.* 行動。姿勢。行状。行為。「威儀」と漢訳。

patha-：*m.* ～の道。

na：*ind.* ～でない。～にあらず。

kaścid < kaś-cit + 母音 < kiṃ-cit-：*不定代名詞,* だれかある人。何かあるもの。*m. sg. Nom.*

upabhogo < upabhogaḥ + 有声子音 < upabhoga- < upa-√bhuj- (7) + -a：*m.* 享楽。受用。使用。食べること。*sg. Nom.*

upa-√bhuj- (7)：享受する。味わう。食う。食い尽くす。使用する。利用する、

yo < yaḥ + 有声子音 < yad-：*関係代名詞, m. sg. Nom.*

buddhānāṃ < buddha- < √budh- (1) + -ta：*pp.* 目覚めた。*m.* ブッダ。「覚者」と漢訳。「仏陀」と音写。*m. pl. Gen.*

bhagavatāṃ < bhagavat-：*m.* 尊い（人）。「世尊」と漢訳。「婆伽婆」「薄伽梵」と音写。*pl. Gen.*

以上の文章は、主格と属格の名詞文をなしている。

sattva-vinayāya < sattva-vinaya-：*m.* 衆生の教導。*sg. Dat.*

vinaya- < vi-√nī- (1) + -a：*m.* 指導。訓練。よい態度。礼儀正しさ。「律」と漢訳。「毘尼」「毘奈耶」と音写。

vi-√nī- (1)：案内する。教育する。「教化」「教導」「化」と漢訳。

buddha-kṛtyaṃ < buddha-kṛtya-：*n.* ブッダによってなされること。*sg. Acc.*

na：*ind.* ～でない。～にあらず。

karoti < karo- < √kṛ- (8)：作る。なす。*Pres. 3, sg. P.*

ye cêma ānanda catvāro mārāś caturaśītiś ca kleśa-mukha-śata-sahasrāṇi yaiḥ sattvāḥ saṃkliśyante [21] sarvais tair buddhā bhagavanto buddha-kṛtyaṃ kurvanti /

（梵漢和維摩経 *p.* 488, *ll.* 2–5）

「アーナンダよ、これらの〔五陰魔・煩悩魔・死魔・天魔の〕四種類からなるところの魔や、衆生たちを悩ませるところの八百四十万もの煩悩の門、それらのすべてによって、世尊であるブッダたちは、ブッダのなすべきことをなすのである[22]。

【「阿難よ、此の四魔・八万四千の諸の煩悩の門有りて、而して諸の衆生は之が為に疲労す。諸仏は即ち此の法を以て仏事を為す。】

（大正蔵、巻一四、五五三頁下）

……………………………………………………………………

ye < yad-：*関係代名詞, m. pl. Nom.*

cêma < ca + ima

ca：*conj.* および。また。しかしながら。そして。〜と。なお。
ima < ime + a 以外の母音 < idam-：これ。*m. pl. Nom.*
ānanda < ānanda-：*m.* アーナンダ。「阿難」と音写。*sg. Voc.*
catvāro < catvāraḥ + 有声子音 < catur-：*基数詞,* 四。*m. pl. Nom.*
mārāś < mārāḥ + (c) < māra- < √mṛ- (1) + -a：*m.* 死。殺害。誘惑者。悪魔。「障」「悪者」と漢訳。「悪魔」「邪魔」「魔」「摩羅」と音写。*pl. Nom.*
caturaśītiś < caturaśītiḥ + (c) < caturaśīti-：*基数詞,* 八十四。*f. sg. Nom.*
ca：*conj.* および。また。しかしながら。そして。〜と。なお。
kleśa-mukha-śata-sahasrāṇi < kleśa-mukha-śata-sahasra-：*n.* 幾百・千もの煩悩の門。*pl. Nom.*
yaiḥ < yaiḥ + (s) < yad-：*関係代名詞, m. pl. Ins.*
sattvāḥ < sattvāḥ + (s) < sattva-：*m.* 「衆生」「有情」と漢訳。*pl. Nom.*
saṃkliśyante < saṃkliśya- < sam-√kliś- (4,9) + -ya：*Pass.* 苦しめられる。悩まされる。*3, pl. A.*
sam-√kliś- (4,9)：絞る。苦しませる。悩ます。
√kliś- (4,9)：悩ます。苦しませる。困らせる。煩わす。
sarvais < sarvaiḥ + (t) < sarva-：*adj.* すべての。*n. pl. Ins.*
tair < taiḥ + 有声音 < tad-：それ。*n. pl. Ins.*
これは、男性・複数・主格の mārāś と中性・複数・主格の kleśa-mukha-śata-sahasrāṇi の両方を受けているが、中性が優先するので、これは中性・複数・具格である。
buddhā < buddhāḥ + 有声音 < buddha- < √budh- (1) + -ta：*pp.* 目覚めた（人）。*m.* ブッダ。「覚者」と漢訳。「仏陀」「仏」と音写。*m. pl. Nom.*
bhagavanto < bhagavantaḥ + 有声子音 < bhagavat-：*m.* 尊い（人）。「世尊」と漢訳。「婆伽婆」「薄伽梵」と音写。*pl. Nom.*
buddha-kṛtyaṃ < buddha-kṛtya-：*n.* ブッダによってなされること。*sg. Acc.*
kurvanti < kuru- < √kṛ- (8)：作る。なす。*Pres. 3, pl. P.*

§11 idam ānanda sarva-buddha-dharma-praveśaṃ nāma dharma-mukhaṃ yatra yatra dharma-mukhe praviṣṭo bodhi-sattvaḥ sarvôdāra-vyūha-guṇa-samanvāgateṣu buddha-kṣetreṣu nâvalīyate nâvanamati / sarvôdāra-vyūha-guṇâsamanvāgateṣu ca buddha-kṣetreṣu[23] na kṛṣyati nônnamati /

(梵漢和維摩経 *p.* 488, *ll.* 6–10)

§11 「アーナンダよ、これが“あらゆるブッダの特質に入ること”という名前の法門である。もしも、〔その〕法門に入ったならば、菩薩は、荘厳のためのあらゆる勝れた徳を具えている諸のブッダの国土に対して畏縮することもなく、落ち込むこともないのだ。また、荘厳のためのあらゆる勝れた徳を具えていない諸のブッダの国土に対して、圧倒されることもなく、高ぶることもないのだ。

【§11 「是れを『一切諸仏の法門に入る』と名づく。菩薩にして此の門に入る者は、若し一切の浄好の仏土を見るとも、以て喜と為さず、貪らず、高ぶらず。若し一切の不浄の仏土を見るとも、以て憂いと為さず、礙らず、没せず。】 （大正蔵、巻一四、五五四頁上）

……………………………………………………………………

idam < idam-：これ。*n. sg. Nom.*
ānanda < ānanda-：*m.* アーナンダ。「阿難」と音写。*sg. Voc.*
sarva-buddha-dharma-praveśaṃ < sarva-buddha-dharma-praveśa-：*adj.* あらゆるブッダの特質に入ること。*n. sg. Nom.*
sarva-：*adj.* 一切の。すべての。
buddha-dharma-：*m.* ブッダの真理の教え。ブッダの在り方。仏の教え。ブッダの特質。「仏法」と漢訳。
praveśa- < pra-√viś- (6) + -a：*m.* 〜に入ること。出過ぎたこと。「能入」「悟入」と漢訳。
pra-√viś- (6)：〜（対格、処格）に入る。〜に達する。始める。着手する。受け取る。

nāma：*adv.* ～という名前の。実に。確かに。もちろん。おそらく。そもそも。
dharma-mukhaṃ < dharma-mukha-：*n.* 「法門」と漢訳。*sg. Nom.*
　mukha-：*n.* 顔。～の口。入口。「口」「面」「門」と漢訳。
yatra：*adv.* そこに。その場所に。その場合に。もし～ならば。その時。
yatra：*adv.* そこに。その場所に。その場合に。もし～ならば。その時。
dharma-mukhe < dharma-mukha-：*n.* 「法門」と漢訳。*sg. Loc.*
praviṣṭo < praviṣṭaḥ + 有声子音 < praviṣṭa- < pra-√viś- (6) + -ta：*pp.* ～（処格）に入った。入られた。～に存する。「悟入」と漢訳。*m. sg. Nom.*
bodhi-sattvaḥ < bodhi-sattva-：*m.* 覚りを求める人。「菩薩」と音写。*sg. Nom.*
sarvôdāra-vyūha-guṇa-samanvāgateṣu < sarvôdāra-vyūha-guṇa-samanvāgata- < sarva-udāra-vyūha-guṇa-samanvāgata-：*adj.* 荘厳のためのあらゆる勝れた徳を具えている。*n. pl. Loc.*
　sarva-：*adj.* 一切の。すべての。
　udāra-：*adj.* 鼓舞する。高揚した。高い。多量の。名高い。勝れた。
　vyūha- < √vyūh- + -a：*m.* 分配。配置。戦陣。集合。群集。集団。「荘厳」「厳」と漢訳。
　guṇa-：*m.* 種類。構成。従属的要素。固有性。属性。善性。徳。
　samanvāgata- < sam-anu-ā-√gam- (1) + -ta：*pp.* ～を伴った。～を具えた。
buddha-kṣetreṣu < buddha-kṣetra-：*n.* 仏の国土。「仏国土」と漢訳。*pl. Loc.*
nâvalīyate < na + avalīyate
　na：*ind.* ～でない。～にあらず。
　avalīyate < avalīya- < ava-√lī- (4)：滞る。～（処格）に隠れる。「沈」「退」「退没」「退屈」と漢訳。*Pres. 3. sg. A.*
　√lī- (4)：～（処格）に抱きつく。付着する。定着する。～（処格）に留まる。畏縮する。隠れる。
nâvanamati < na + avanamati
　na：*ind.* ～でない。～にあらず。
　avanamati < avanama- < ava-√nam- (1)：頭を下げる。屈む。お辞儀する。「没」「陥」「謙下」「恭敬」と漢訳。*Pres. 3. sg. P.*

………………………………………………………………………

sarvôdāra-vyūha-guṇâsamanvāgateṣu < sarvôdāra-vyūha-guṇâsamanvāgata- < sarva-udāra-vyūha-guṇa-asamanvāgata-：*adj.* 荘厳のためのあらゆる勝れた徳を具えていない。*n. pl. Loc.*
　sarva-：*adj.* 一切の。すべての。
　udāra-：*adj.* 鼓舞する。高揚した。高い。多量の。名高い。勝れた。
　vyūha- < √vyūh- + -a：*m.* 分配。配置。戦陣。集合。群集。集団。「荘厳」「厳」と漢訳。
　guṇa-：*m.* 種類。構成。従属的要素。固有性。属性。善性。徳。
　asamanvāgata- < a-samanvāgata-：*adj.* ～を伴っていない。～を具えていない。
　samanvāgata- < sam-anu-ā-√gam- (1) + -ta：*pp.* ～を伴った。～を具えた。
ca：*conj.* および。また。しかしながら。そして。～と。なお。
buddha-kṣetreṣu < buddha-kṣetra-：*n.* 仏の国土。「仏国土」と漢訳。*pl. Loc.*
na：*ind.* ～でない。～にあらず。
kṛṣyati < kṛṣya- < √kṛṣ- (1) + -ya：*Pass.* 圧倒される。*3, sg. P.*
　√kṛṣ- (1)：引く。引きずる。引き回す。運び去る。圧倒する。支配する。
nônnamati < na + unnamati
　na：*ind.* ～でない。～にあらず。
　unnamati < unnama- < ud-√nam- (1)：上る。起き上がる。上げる。高める。揚げる。*Pres. 3, sg. P.*

tathāgatānāṃ ca sakāśe so 'dhimātraṃ gauravam utpādayati /

(梵漢和維摩経 *p.* 488, *l.* 10)

「その〔菩薩〕は、如来たちに対して大変に尊敬を生じるのだ。
【「但、諸仏に於いて清浄の心を生じ、未曾有なりと歓喜し、恭敬するなり。】
(大正蔵、巻一四、五五四頁上)

tathāgatānāṃ < tathāgata-：*m.* 「如来」と漢訳。*pl. Gen.*
ca：*conj.* および。また。しかしながら。そして。〜と。なお。
sakāśe < sakāśa- < sa-kāśa-：*m.* （肉眼で見うること）。面前。付近。*sg. Loc.*
　kāśa- < √kāś- (1) + -a：*m.* 顕現。見えること。現われること。
　√kāś- (1)：見える。現われる。輝く。姿を現わす。
so 'dhimātraṃ < saḥ + adhimātraṃ
　saḥ < tad-：それ。*m. sg. Nom.*
　adhi-mātraṃ < adhi-mātra-：*adj.* 余分の。過剰の。「過量」「増上」「最上」と漢訳。*n. sg. Acc.* 対格の副詞的用法。
gauravam < gaurava- < guru- + -a：*adj.* 師（guru）に関する。*n.* 重さ。重要性。〜（処格）に対する尊敬。「尊敬」「畏敬」と漢訳。*n. sg. Acc.*
utpādayati < utpādaya- < ud-√pad- (4) + -aya：*Caus.* 起こす。生じる。*Pres. 3, sg. P.*

āścaryam idaṃ buddhānāṃ bhagavatāṃ sarva-dharma-samatâdhimuktānāṃ sattva-paripācanatayā buddha-kṣetra-nānātva-darśanam /
(梵漢和維摩経 *p.* 488, *ll.* 10–12)

「世尊であるブッダたちは、あらゆるものごとが平等であることを確信しているけれども、衆生を〔覚りへ向けて〕成熟させるために、種々にブッダの国土を見せるのだ。これは、希有なことである。
【「諸仏如来の功徳は平等なれども、衆生を化せんが為の故に、仏土を現ずること同じからず。】
(大正蔵、巻一四、五五四頁上)

āścaryam < āścarya-：*adj.* 奇異なる。不思議なる。*n.* 希有の現象。奇事。驚愕。「未曾有事」「驚異」「希有」と漢訳。*n. sg. Nom.*
idaṃ < idam-：これ。*n. sg. Nom.*
buddhānāṃ < buddha- < √budh- (1) + -ta：*pp.* 目覚めた。*m.* ブッダ。「覚者」と漢訳。「仏陀」と音写。*m. pl. Gen.*
bhagavatāṃ < bhagavat-：*m.* 尊い（人）。「世尊」と漢訳。「婆伽婆」「薄伽梵」と音写。*pl. Gen.*
sarva-dharma-samatâdhimuktānāṃ < sarva-dharma-samatâdhimukta- < sarva-dharma-samatā-adhimukta-：*adj.* あらゆるものごとが平等であることを確信している。*m. pl. Gen.* buddhānāṃ以下は、属格の絶対節をなしている。
　sarva-dharma-：*m.* あらゆるものごと。「一切法」と漢訳。
　samatā- < sama- + -tā：*f.* 〜（具格、属格）との平等性・同一性。平等であること。公平であること。
　adhimukta- < adhi-√muc- (6) + -ta：*pp.* 信用せる。確信せる。熱中した。献身した。意向を持った。〔信順の〕意向を抱いた。
　adhi-√muc- (6)：「信」「生信」「深信」「生浄信心」「発生信解」と漢訳。
　√muc- (6)：〜（奪格）から離す。放つ。解放する。
sattva-paripācanatayā < sattva-paripācanatā- < sattva-paripācana-tā-：*f.* 衆生を〔覚りへ向けて〕成熟させること。*sg. Dat.*
　sattva-paripācana-：*n.* 衆生を〔覚りへ向けて〕成熟させること。
　paripācana- < paripācaya- + -ana < pari-√pac- (1) + -aya + -ana：*n.* 完成させること。成熟させること。「教化」と漢訳。

buddha-kṣetra-nānātva-darśanam < buddha-kṣetra-nānātva-darśana-：*n.* ブッダの国土が種々であることを見せること。*sg. Nom.*

nānātva- < nānā-tva-：*n.* 相違。多様性。「異」「各異」「差別」「種種」と漢訳。

§12　tad yathânanda bhavati buddha-kṣetrāṇām parâpara-[24]guṇa-nānātvaṃ na punaḥ khaga-pa=tha-saṃchāditasya buddha-kṣetrasyâkāśa-nānātvam / （梵漢和維摩経 *p.* 488, *ll.* 13–15）

§12　「アーナンダよ、譬えば、諸のブッダの国土には優劣といった属性の差別があるけれども、天空に包まれたブッダの国土には虚空に差別がないようなものである。

【§12　「阿難よ、汝、諸仏国土を見るに、地に若干有れども、而も虚空に若干無し。】

（大正蔵、巻一四、五五四頁上）

…………………………………………………………………

tad < tat + 半母音 < tad-：それ。*n. sg. Nom.*

tad yathā：それは次のようなものである。例えば次のようなものである。「如」「如此」「譬如」と漢訳。

yathânanda < yathā + ananda

yathā：*関係副詞, 接続詞,* ～のように。あたかも～のように。～であるように。

ānanda < ānanda-：*m.* アーナンダ。「阿難」と音写。*sg. Voc.*

bhavati < bhava- < √bhū- (1)：なる。*Pres. 3, sg. P.*

buddha-kṣetrāṇām < buddha-kṣetra-：*n.* 仏の国土。「仏国土」と漢訳。*pl. Gen.*

parâpara-guṇa-nānātvaṃ < parâpara-guṇa-nānātva-：*n.* 優劣の属性が種々であること。優劣といった属性の差別。*sg. Nom.*

parâpara- < para-apara-：*n.* 遠近。前後（原因と結果）。高低。善悪。優劣。前後。「勝劣」「彼此」と漢訳。

apara- < a-para-：*adj.* 後方の。遥かなる。後の。次の。西方の。劣れる。他の。卑しい。反対の。奇異の。異常の。

para-：*adj.* 遥かな。遠い。以前の。次の。勝れた。他の。

guṇa-：*m.* 種類。構成。従属的要素。固有性。属性。善性。徳。

nānātva- < nānā-tva-：*n.* 相違。多様性。種々であること。「異」「各異」「差別」「種種」と漢訳。

nānā：*adv.* さまざまに。種々に。

na：*ind.* ～でない。～にあらず。

punaḥ < punaḥ + (s) < punar：*adv.* 再び。新たに。さらに。なお。しかしながら。

khaga-patha-saṃchāditasya < khaga-patha-saṃchādita-：*adj.* 天空に包まれた。虚空に覆われた。*n. sg. Gen.*

khaga-patha-：*m.* 「空」「空中」「虚空」「鳥路」と漢訳。

khaga- < kha-ga-：*adj.* 空中を行く。飛ぶ。「行空」「空中」と漢訳。*m.* 鳥。飛ぶ虫（蜂）。

kha-：*n.* 空虚なるところ。穴。（特に人体の）孔。感覚器官。空気。天空。虚空。

ga- < √gam- (1) + -a：*adj.* 行く。

patha-：*m.* ～の路。小路。道。「道路」「経路」と漢訳。

saṃchādita- < saṃchādaya- + -ta < sam-√chad- (1) + -aya + -ta：*Caus. pp.* 包まれた。覆われた。隠された。「覆」「遍覆」「充満」「覆其上」と漢訳。

saṃchādaya- < sam-√chad- (1) + -aya：*Caus.* 包む。覆う。隠す。

buddha-kṣetrasyâkāśa-nānātvam < buddha-kṣetrasya + ākāśa-nānātvam

buddha-kṣetrasya < buddha-kṣetra-：*n.* 仏の国土。「仏国土」と漢訳。*sg. Gen.*

ākāśa-nānātvam < ākāśa-nānātva-：*n.* 虚空の相違。虚空の差別。*sg. Nom.*

ākāśa-：*m.n.* 虚空。蒼穹。「虚」「空」「虚空」「空界」と漢訳。

nānātva- < nānā-tva-：*n.* 相違。多様性。「異」「各異」「差別」「種種」と漢訳。

evam[25] evânanda bhavati tathāgatānāṃ rūpa-kāya-nānātvaṃ na punas tathāgatānām asaṅgajñā=na-nānātvam /

(梵漢和維摩経 *p.* 488, *ll.* 15–16)

「アーナンダよ、まさにこのように、如来たちには色・形としての身体（色身）に差別はあるが、如来たちの滞ることのない知に差別はないのだ。

【「是くの如く諸仏を見るに、色身に若干有るのみにして、其の無礙の慧には若干無きなり。】

（大正蔵、巻一四、五五四頁上）

…………………………………………………………………………

evam：*adv.* このように。「是」「如是」と漢訳。

evânanda < eva + ānanda

eva：*adv.* さように。このように。まさに。実に。ただ。全くこのように。

ānanda < ānanda-：*m.* アーナンダ。「阿難」と音写。*sg. Voc.*

bhavati < bhava- < √bhū- (1)：なる。*Pres. 3, sg. P.*

tathāgatānāṃ < tathāgata-：*m.* 「如来」と漢訳。*pl. Gen.*

rūpa-kāya-nānātvaṃ < rūpa-kāya-nānātva-：*n.* 色・形としての身体（色身）の差別。

rūpa-kāya-：*m.* 「色身」「妙色身」「色像」と漢訳。

nānātva-< nānā-tva-：*n.* 相違。多様性。「異」「各異」「差別」「種種」と漢訳。

na：*ind.* ～でない。～にあらず。

punas：*adv.* 再び。新たに。さらに。なお。しかしながら。

tathāgatānām < tathāgata-：*m.* 「如来」と漢訳。*pl. Gen.*

asaṅga-jñāna-nānātvam < asaṅga-jñāna-nānātva-：*n.* 滞ることのない知に差別があること。

asaṅga- < a-saṅga-：*adj.* ～に執著しない。滞ることのない。～に抵抗を受けない。束縛のない。「無著」「無礙」「無障礙」「無滞」と漢訳。

saṅga- < √sañj- (1) + -a：*m.* ～への粘着。～（処格）に執着すること。「著」「愛著」「計著」「染著」と漢訳。

√sañj- (1)：付着する。～（処格）に愛着する。～に執着する。

jñāna- < √jñā- (9) + -ana：*n.* 知。智慧。知ること。

nānātva- < nānā-tva-：*n.* 相違。多様性。「異」「各異」「差別」「種種」と漢訳。

§13 samā hy ānanda sarva-buddhā rūpeṇa varṇena tejasā vapuṣā lakṣaṇaiḥ kula-māhātmyena śīlena samādhinā prajñayā vimuktyā vimukti-jñāna-darśanena balair vaiśāradyair buddha-dhar=mair mahā-maitryā mahā-karuṇayā hitâiṣitayêryayā caryayā[26] pratipadâyuḥ-pramāṇena dhar=ma-deśanayā sattva-paripākena sattva-vimuktyā kṣetra-pariśuddhyā sarva-buddha-dharma-pari=pūryā[27] /

(梵漢和維摩経 *p.* 488, *ll.* 17–22)

§13 「アーナンダよ、形態・色・威厳・容貌・諸の属性・高貴で偉大な精神を持つこと・戒律（戒）・三昧（定）・智慧（慧）・解脱・解脱したことを自覚する知見（解脱知見）、〔十〕力・〔四種の〕畏れなきこと（四無畏）・諸のブッダの特質、大いなる慈しみ（大慈）・大いなる憐れみ（大悲）・〔他人の〕幸せを求める〔行・住・坐・臥の四〕威儀・行ない・振る舞い、寿命の長さ・説法・衆生を成熟させること・衆生を解脱させること・国土を清めること――〔以上の〕ブッダの特質をすべて完成させる点で、すべてのブッダたちは実に等しいのだ。

【§13 「阿難よ、諸仏の色身・威相・種性・戒・定・智慧・解脱・解脱知見、力・無所畏・不共の法、大慈・大悲・威儀・所行、及び其の寿命・説法・教化、衆生を成就せしめ、仏国土を浄め、諸の仏法を具すこと、悉く皆同等なり。】

（大正蔵、巻一四、五五四頁上）

…………………………………………………………………………

samā < samāḥ + 有声音 < sama-：*adj.* 平らな。滑らかな。水平の。～（具格、属格）と等しい。平等の。*m. pl. Nom.*
hy < hi + 母音：*ind.* 真に。確かに。実に。
ānanda < ānanda-：*m.* アーナンダ。「阿難」と音写。*sg. Voc.*
sarva-buddhā < sarva-buddhāḥ + 有声音 < sarva-buddha-：*m.* すべてのブッダ。*pl. Nom.*
rūpeṇa < rūpa-：*n.* 形態。外観。色。形。美しい形。見目よいこと。*sg. Ins.*
これ以下の具格は「～の点で」という判断の基準を示している。
varṇena < varṇa-：*m.* 色。種姓。称讃。*sg. Ins.*
tejasā < tejas-：*n.* 鋭いこと。熱。火。輝く炎。光。光明。壮麗。気力。威厳。*sg. Ins.*
vapuṣā < vapus-：*n.* 驚くべき。非常に美しい。*n.* 驚くべきこと。驚くべき美。美しい外貌。美。形。外貌。本性。本質。「色貌」「色相」「身相」と漢訳。*sg. Ins.*
lakṣaṇaiḥ < lakṣaṇa- < √lakṣ- (1) + -ana：*n.* 標章。しるし。記号。特徴。属性。「相」「色相」「相貌」と漢訳。*pl. Ins.*
kula-māhātmyena < kula-māhātmya-：*n.* 高貴で偉大な精神を持つこと。*sg. Ins.*
kula-：*n.* 種姓。種族。家族。高貴の家系。
māhātmya- < mahātman- + -ya：*n.* 雅量に富むこと。偉大な精神を持つこと。大度。高位。威厳。品位。称賛。
mahātman- < mahā-ātman-：*m.* 至上精神。宇宙我。大本原理。*adj.* 偉大な精神を持つ。高尚な心を持つ。高貴な。大いに知性に富む。
śīlena < śīla-：*n.* 習慣。気質。性向。性格。よい行状。よい習慣。高尚な品性。道徳性。「戒」と漢訳。*sg. Ins.*
samādhinā < samādhi- < sam-ādhi-：*m.* 深い瞑想。深い専心。「定」と漢訳。「三昧」と音写。*sg. Ins.*
prajñayā < prajñā-：*f.* 智慧。*sg. Ins.*
vimuktyā < vimukti- < vi-√muc- (6) + -ti：*f.* 最終的な解脱。分離。解放すること。*sg. Ins.*
vimukti-jñāna-darśanena < vimukti-jñāna-darśana-：*n.* 「解脱知見」と漢訳。*sg. Ins.*
balair < balaiḥ + 有声音 < bala-：*n.* 力。能力。体力。活力。軍隊。*pl. Ins.*
vaiśāradyair < vaiśāradyaiḥ + 有声音 < vaiśāradya-：*n.* ～（処格）に関する経験。智力の明晰。誤りのないこと。「無畏」「無所畏」と漢訳。
buddha-dharmair < buddha-dharmaiḥ + 有声音 < buddha-dharma-：*m.* ブッダの真理の教え。ブッダの在り方。仏の教え。ブッダの特質。「仏法」と漢訳。*pl. Ins.*
mahā-maitryā < mahā-maitrī-：*f.* 大いなる慈しみ。「大慈」と漢訳。*sg. Ins.*
mahā-karuṇayā < mahā-karuṇā-：*f.* 大いなる憐れみ。「大悲」と漢訳。*sg. Ins.*
hitâiṣitayêryayā < hitâiṣitayā + īryayā
hitâiṣitayā < hitâiṣitā- < hitâiṣita- < hita-eṣita-：*adj.* 〔他人の〕幸せを求める。慈善。「利楽」と漢訳。*f. sg. Ins.*
hita- < √dhā- (3) + -ta：*pp.* ～の中に置かれた。横たえられた。*n.* 利益。安寧。ためになること。
eṣita- < eṣaya + -ta < ā-√iṣ- (6) + -aya + -ta：*Caus. pp.* 求められた。
īryayā < īryā- < √īr- + -yā：*f.* 行動。姿勢。行状。行為。「威儀」と漢訳。*sg. Ins.*
caryayā < caryā- < √car- (1) + -yā：*f.* 徘徊すること。行為。所行。行。*sg. Ins.*
pratipadâyuḥ-pramāṇena < pratipadā + āyuḥ-pramāṇena
pratipadā < pratipad-：*f.* 入ること。接近。始め。冒頭の偈。序詩節。「行」「正行」「通行」「現行」「行跡」「道」「道跡」「所行道」と漢訳。*sg. Ins.*
prati-√pad- (4)：入る。～（対格）へ行く。通う。着く。帰る。陥る。得る。獲得する。実行する。果たす。成就する。振る舞う。
āyuḥ-pramāṇena < āyuḥ-pramāṇa- = āyuṣ-pramāṇa-：*n.* 寿命の長さ。「寿量」と漢訳。*sg. Ins.*
āyuḥ- < āyus-：*n.* 生命。寿命。寿。命。

pramāṇa- < pra-√mā- (2,3) + -ana：*n.* 量。尺度。標準。広さ。大きさ。長さ。距離。重さ。容量。

dharma-deśanayā < dharma-deśanā-：*f.* 法の教授。説教。「説」「説法」と漢訳。*sg. Ins.*

deśanā- < √diś- (6) + -anā：*f.* 指示。教授。教義。「説」「所説」「言説」「説法」「宣説」「演説」と漢訳。

sattva-paripākena < sattva-paripāka-：*m.* 衆生の成熟。衆生を〔覚りへ向けて〕成熟させること。*sg. Ins.*

paripāka- < pari-√pac- (1) + -a：*m.* 十分に煮られること。消化。熟すること。成熟。完全。

sattva-vimuktyā < sattva-vimukti-：*f.* 衆生の解脱。衆生を解脱させること。*sg. Ins.*

kṣetra-pariśuddhyā < kṣetra-pariśuddhi-：*f.* 国土の浄化。国土を清めること。*sg. Ins.*

sarva-buddha-dharma-paripūryā < sarva-buddha-dharma-paripūri-：*f.* 〔以上の〕すべてのブッダの特質の完成。*sg. Ins.*

buddha-dharma-：*m.* ブッダの真理の教え。ブッダの在り方。仏の教え。ブッダの特質。「仏法」と漢訳。

paripūri- < pari-√pṛ- (3,6) + -i：*f.* 「満」「円満」「満足」「令満足」「成就」「具」「安」「究竟」と漢訳。

tenôcyate samyak-saṃbuddha iti tathāgata iti buddha iti /

(梵漢和維摩経 *p.* 490, *l.* 1)

「それ故に、サミャク・サンブッダ（正しく完全に覚った人）、タターガタ（如来）、ブッダ（覚った人）と言われるのである。

【「是の故に名づけて三藐三仏陀と為し、名づけて多陀阿伽度と為し、名づけて仏陀と為すなり。】

（大正蔵、巻一四、五五四頁上）

tenôcyate < tena + ucyate

tena < tad-：それ。*n. sg. Ins.*

代名詞の中性・単数の対格（tat）、奪格（tasmāt）、具格（tena）は、「そこで」「従って」「それ故」などの意味となり、文の連結助詞として用いられる。cf.「シンタックス」*p.* 125.

ucyate < ucya- < √vac- (2) + -ya：*Pass.* ～と言われる。～と呼ばれる。*3, sg. A.*

samyak-saṃbuddha < samyak-saṃbuddhaḥ + a 以外の母音 < samyak-saṃbuddha- < samyak-saṃ-√budh (4) + -ta：*pp.* 正しく完全に覚った（人）。「正等覚」「正等正覚」と漢訳。「三藐三仏陀」と音写。*m. sg. Nom.*

iti：*adv.* ～と。～ということを。以上のように。～と考えて。「如是」と漢訳。

tathāgata < tathāgataḥ + a 以外の母音 < tathāgata-：*m.* 「如来」と漢訳。*sg. Nom.*

iti：*adv.* ～と。～ということを。以上のように。～と考えて。「如是」と漢訳。

buddha < buddhaḥ + a 以外の母音 < buddha- < √budh- (1) + -ta：*pp.* 目覚めた（人）。*m.* ブッダ。「覚者」と漢訳。「仏陀」「仏」と音写。*sg. Nom.*

iti：*adv.* ～と。～ということを。以上のように。～と考えて。「如是」と漢訳。

eṣām ānanda trayāṇāṃ padānāṃ yo 'rtha-vistara-pada-vibhaṅgaḥ sa tvayā kalpa-sthitikenâpi[28] na sukaraḥ paryavāptum /

(梵漢和維摩経 *p.* 490, *ll.* 1–3)

「アーナンダよ、これらの三つの言葉に具わるところの意味の詳細と言葉の分析、それを、あなたは、継続して一劫かかっても、完全に理解することは容易ではないのだ。

【「阿難よ、若し我、広く此の三句の義を説かば、汝は劫の寿を以てしても尽く受くること能わざらん。】

（大正蔵、巻一四、五五四頁上）

eṣām < etad-：これ。*n. pl. Gen.*
ānanda < ānanda-：*m.* アーナンダ。「阿難」と音写。*sg. Voc.*
trayāṇāṃ < tri-：*基数詞,* 三。*n. pl. Gen.*
padānāṃ < pada-：*n.* 一歩。足取り。足跡。足場。場所。立場。「句」「文句」「章句」と漢訳。*pl. Gen.*
yo 'rtha-vistara-pada-vibhaṅgaḥ < yaḥ + artha-vistara-pada-vibhaṅgaḥ
　yaḥ < yad-：*関係代名詞, m. sg. Nom.*
　artha-vistara-pada-vibhaṅgaḥ < artha-vistara-pada-vibhaṅga-：*m.* 意味の詳細と言葉の分析。*sg. Nom.*
　artha-：*m.* 目的。利益。義。意味。
　vistara- < vi-stara-：*adj.* 広大な。広範な。*m.* 広さ。多数。大勢の仲間。詳細。微細な事項。詳細な記述。敷衍。
　pada-：*n.* 一歩。足取り。足跡。足場。場所。立場。「句」「文句」「章句」と漢訳。
　vibhaṅga- < vi-bhaṅga-：*m.* 断絶。中止。頓挫。「分別」「弁」「広弁」と漢訳。
sa < saḥ < tad-：それ。*m. sg. Nom.*
tvayā < tvad-：あなた。*2, sg. Ins.*
kalpa-sthitikenâpi < kalpa-sthitikena + api
　kalpa-sthitikena < kalpa-sthitika-：*m.n.* 一劫もの時間の継続。*sg. Ins.* 時間を意味する語の具格は、「〜の時間のうちに」「〜の時間で」「〜経った時に」を意味する。
　kalpa-：*m.* 宇宙論的時間。「劫」「劫波」と音写。
　sthitika- < sthiti-ka-：*m.n.* 継続。
　sthiti- < √sthā- (1) + -ti：*f.* 立つこと。滞在すること。地位。階級。持続した存在。持続。継続。
　api：*adv.* また。さえも。されど。同様に。
na：*ind.* 〜でない。〜にあらず。
sukaraḥ < su-kara-：*adj.* 〜（不定詞）するのが容易である。「易」と漢訳。*m. sg. Nom.*
　su：*adv.* よく。うまく。実に。非常に。
　kara- < √kṛ- (8) + -a：*adj.* 行なう。なす。惹起する。生ずる。「発」「作」「能作」「所作」と漢訳。
paryavāptum < pari-ava-√āp- (5) + -tum：*不定詞,* 回復すること。暗記すること。熟達すること。完全に理解すること。

tri-sāhasra-paryāpannā apy ānanda sattvās tvat-sadṛśā bhaveyur agrā bahu-śrutānāṃ smṛti-dhāraṇī-pratilabdhānāṃ[29] te 'pi sarve sattvā ānanda-sadṛśā eṣāṃ trayāṇāṃ padānām[30] artha-viniścaya-nirdeśaṃ kalpenâpi na śaknuyuḥ[31] paryavāptuṃ yad idaṃ samyak-saṃbuddha iti tathāgata iti buddha iti /

（梵漢和維摩経 *p.* 490, *ll.* 3–7）

「アーナンダよ、三千〔大千世界〕に属している衆生たちが、あなたと同じように、〔ブッダから直接〕多く〔の教え〕を聞いていて、〔聞いたことを〕記憶するためのダーラニー（陀羅尼）を獲得しているものたちの中で第一であるとしても、それらのアーナンダと同じようなすべての衆生たちでさえも、これらの三つの言葉、すなわちサミャク・サンブッダ、タターガタ、ブッダ——の意味について確定する教説を、一劫かかっても完全に理解することはできないのだ。
【「正使(たとい)、三千大千世界の、中に満つる衆生、皆、阿難(あなん)の如く多聞(たもん)第一にして念と総持(そうじ)とを得とも、此の諸人等の、劫(こう)の寿(じゅ)を以(もっ)てすとも亦(また)受くること能(あた)わざらん。】　（大正蔵、巻一四、五五四頁上）
………………………………………………………………

tri-sāhasra-paryāpannā < tri-sāhasra-paryāpannāḥ + 有声音 < tri-sāhasra-paryāpanna-：*adj.* 三千〔大千世界〕に属する。*m. pl. Nom.*
　tri-sāhasra-：*adj.* 三千よりなる。

paryāpanna- < pari-ā-√pad- (4) + -na：*pp.* 「摂」「所摂」「属」「所属」「繋属」「所繋」「所有」「得」「入」と漢訳。

apy < api：*adv.* また。さえも。されど。同様に。

ānanda < ānanda-：*m.* アーナンダ。「阿難」と音写。*sg. Voc.*

sattvās < sattvāḥ + (t) < sattva-：*m.* 「衆生」「有情」と漢訳。*pl. Nom.*

tvat-sadṛśā < tvat-sadṛśāḥ + 有声音 < tvat-sadṛśa-：*adj.* あなたと類似の。あなたと同様な。*m. pl. Nom.*

tvat-：tvam-（あなた）の奪格、語幹。

sadṛśa- < sa-dṛśa-：*adj.* 同じ様子の。似ている。同じような。類似の。「如」「似」「等」と漢訳。

bhaveyur < bhaveyuḥ + 有声音 < bhava- < √bhū- (1)：なる。*Opt. 3, pl. P.*

agrā < agrāḥ + 有声音 < agra-：*adj.* 尖端の。頂点の。*n.* 尖端。頂点。「最上」「最勝」「第一」と漢訳。*m. pl. Nom.*

bahu-śrutānāṃ < bahu-śruta-：*adj.* 多くを聞いた。非常に学識のある。Veda に通暁した。「多聞」「多聞者」「多聞（不忘）」と漢訳。*m. pl. Gen.*

bahu-：*adj.* 多くの。

śruta- < √śru- (5) + -ta：*pp.* 聞かれた。学ばれた。聞かれた。教示。

smṛti-dhāraṇī-pratilabdhānāṃ < smṛti-dhāraṇī-pratilabdha-：*adj.* 記憶のためのダーラニー（陀羅尼）を獲得した。*m. pl. Gen.* 部分に対する全体を示す属格。

smṛti-dhāraṇī-：*f.* 記憶のためのダーラニー（陀羅尼）

smṛti- < √smṛ- (1) + -ti：*f.* 記憶。想念。

dhāraṇī-：*f.* （大乗仏教において）法を心に留めて忘れさせない能力。修行者を守護する能力がある章句のこと。「総持」と漢訳。「陀羅尼」と音写。

pratilabdha- < prati-√labh- (1) + -ta：*pp.* 回復された。取り戻した。達した。得た。「獲得」「成就」と漢訳。

te 'pi < te + api

te < tad-：それ。*m. pl. Nom.*

api：*adv.* また。さえも。されど。同様に。

sarve < sarva-：*adj.* 一切の。すべての。*m. pl. Nom.*

sattvā < sattvāḥ + 有声音 < sattva-：*m.* 衆生。*pl. Nom.*

ānanda-sadṛśā < ānanda-sadṛśāḥ + 有声音 < ānanda-sadṛśa-：*adj.* アーナンダと類似の。アーナンダと同様な。*m. pl. Nom.*

eṣāṃ < etad-：これ。*n. pl. Gen.*

trayāṇāṃ < tri-：*基数詞,* 三。*n. pl. Gen.*

padānām < pada-：*n.* 一歩。足取り。足跡。足場。場所。立場。「句」「文句」「章句」と漢訳。*pl. Gen.*

artha-viniścaya-nirdeśaṃ < artha-viniścaya-nirdeśa-：*m.* 意味について確定する教説。*sg. Acc.*

viniścaya- < vi-niścaya-：*m.* ～に関する確定した意見。定まった法則。確固たる決意。「決定」「決断」「論議」と漢訳。

nirdeśa- < nir-√diś- (6) + -a：*m.* 命令。指示。記述。「説」「所説」「説法」と漢訳。

kalpenâpi < kalpena + api

kalpena < kalpa-：*m.* 宇宙論的時間。「劫」「劫波」と音写。*sg. Ins.*

api：*adv.* また。さえも。されど。同様に。

na：*ind.* ～でない。～にあらず。

śaknuyuḥ < śaknu- < √śak- (5)：～（不定詞）することができる。実行され得る。*Opt. 3, pl. P.*

paryavāptuṃ < pari-ava-√āp- (5) + -tum：*不定詞,* 回復すること。暗記すること。熟達すること。完全に理解すること。

yad < yat + 母音 < yad-：*関係代名詞, n. sg. Nom.*

idaṃ < idam-：これ。*n. sg. Nom.*
samyak-saṃbuddha < samyak-saṃbuddhaḥ + a 以外の母音 < samyak-saṃbuddha- < samyak-saṃ-√budh (4) + -ta：*pp.* 正しく完全に覚った（人）。「正等覚」「正等正覚」と漢訳。「三藐三仏陀」と音写。*m. sg. Nom.*
iti：*adv.* ～と。～ということを。以上のように。～と考えて。「如是」と漢訳。
tathāgata < tathāgataḥ + a 以外の母音 < tathāgata-：*m.* 「如来」と漢訳。*sg. Nom.*
iti：*adv.* ～と。～ということを。以上のように。～と考えて。「如是」と漢訳。
buddha < buddhaḥ + a 以外の母音 < buddha- < √budh- (1) + -ta：*pp.* 目覚めた。*m.* ブッダ。「覚者」と漢訳。「仏陀」と音写。*sg. Nom.*
iti：*adv.* ～と。～ということを。以上のように。～と考えて。「如是」と漢訳。

evam apramāṇā hy ānanda buddha-bodhir evam acintyaṃ tathāgatānāṃ prajñā-pratibhānam /
（梵漢和維摩経 *p.* 490, *ll.* 7–8）

「このように、アーナンダよ、ブッダの覚りは実に無量であり、このように如来たちの智慧と雄弁さは考えも及ばないものなのだ」
【「是くの如く、阿難よ、諸仏の阿耨多羅三藐三菩提は限量有ること無く、智慧・弁才は不可思議なり」】
（大正蔵、巻一四、五五四頁上）

…………………………………………………………………………

evam：*adv.* このように。「是」「如是」と漢訳。
apramāṇā < apramāṇā- < apramāṇa- < a-pramāṇa-：*adj.* 評価できない。「不可度量」と漢訳。*f. sg. Nom.*
　pramāṇa- < pra-√mā- (2,3) + -ana：*n.* 量。尺度。標準。広さ。大きさ。長さ。距離。重さ。容量。
hy < hi + 母音：*ind.* 真に。確かに。実に。
ānanda < ānanda-：*m.* アーナンダ。「阿難」と音写。*sg. Voc.*
buddha-bodhir < buddha-bodhiḥ + 有声音 < buddha-bodhi-：*f.* ブッダの覚り。*sg. Nom.*
evam：*adv.* このように。「是」「如是」と漢訳。
acintyaṃ < acintya- < a-cintya- < a- + √cint- (10) + -ya：*未受分,* 思議すべからざる、考えも及ばない。考えるべきでない。*n. sg. Nom.*
tathāgatānāṃ < tathāgata-：*m.* 「如来」と漢訳。*pl. Gen.*
prajñā-pratibhānam < prajñā-pratibhāna-：*n.* 智慧と雄弁さ。*sg. Nom.*
　prajñā-：*f.* 「智慧」と漢訳。「般若」と音写。
　pratibhāna- < prati-√bhā- (2) + -ana：*n.* 明白なこと。理解。能弁であること。「弁」「弁才」「巧弁」「弁説」「楽説」と漢訳。

§14　athâyuṣmān ānando bhagavantam etad avocat /　adyâgreṇâhaṃ bhagavan na bhūyo ’gro bahu-śrutānām ity ātmānaṃ pratijñāsyāmi /
（梵漢和維摩経 *p.* 490, *ll.* 9–10）

§14　すると、尊者アーナンダが、世尊にこのように申し上げた。
「世尊よ、きょうから私はもはや、多く〔の教え〕を聞いたものたちの中で第一（多聞第一）だと自分のことを称しないことにいたしましょう。
【§14　阿難は仏に白して言さく、「我、今より以往[32] は敢えて自ら謂いて以て多聞と為さざらん」】
（大正蔵、巻一四、五五四頁上）

…………………………………………………………………………

athâyuṣmān < atha + āyuṣmān
　atha：*adv.* その時。その場合。さて。それ故。しかれば。しかしながら。
　āyuṣmān < āyuṣmat：尊者。*adj.* 「長老」と漢訳。*m. sg. Nom.*

ānando < ānandaḥ + 有声子音 < ānanda-：*m.* アーナンダ。「阿難」と音写。*sg. Nom.*
bhagavantam < bhagavat-：*m.* 尊い（人）。「世尊」と漢訳。「婆伽婆」「薄伽梵」と音写。*sg. Acc.*
etad < etat + 母音 < etad-：これ。*n. sg. Acc.* 対格の副詞的用法で「このように」の意味。
avocat < avoca- < a- + va-+ uc- + -a < √vac- (2)：言う。話す。告げる。*重複 Aor. 3, sg. P.*
……………………………………………………………………

adyâgreṇâham < adyâgreṇa + aham
　adyâgreṇa < adya-agreṇa：*adv.* 今後。「従今」「従今日」「自今已後」と漢訳。*n. sg. Ins.*
　adya：*adv.* きょう。今。
　agreṇa < agra-：*adj.* 尖端の。頂点の。*n.* 前部。始め。点。尖端。頂点。「最上」「最極」「最勝」「高」と漢訳。*n. sg. Ins.*
　aham < mad-：私。*1, sg. Nom.*
bhagavan < bhagavat-：*m.* 尊い（人）。「世尊」と漢訳。「婆伽婆」「薄伽梵」と音写。*sg. Voc.*
na：*ind.* ～でない。～にあらず。
bhūyo 'gro < bhūyaḥ + agro
　bhūyaḥ < bhūyas：*比較級,* ～（奪格）より以上の。～より多い。～より大きな。*adv.* 一層多く。もっと多く。その上に。なおまた。さらに。*m. sg. Nom.*
　agro < agraḥ + 有声子音 < agra-：*adj.* 尖端の。頂点の。*n.* 前部。始め。点。尖端。頂点。「最上」「最極」「最勝」「高」と漢訳。*m. sg. Nom.*
bahu-śrutānām < bahu-śruta-：*adj.* 多くを聞いた。非常に学識のある。Veda に通暁した。「多聞」「多聞者」「多聞（不忘）」と漢訳。*m. pl. Gen.*
ity < iti + 母音：*adv.* ～と。以上のように。「如是」と漢訳。
ātmānam < ātman-：*m.* 自我。自分。*sg. Acc.*
pratijñāsyāmi < pratijñāsya- < prati-√jñā- (9) + -sya：許す。確かめる。確言する。断言する。認識する。「自言」「自称」「自称歎」「自号言説」と漢訳。*Fut. 1, sg. P.*

bhagavān āha / mā tvam[33] ānandâvalīna-cittam utpādaya / （梵漢和維摩経 *p.* 490, *l.* 11）

世尊がおっしゃった。
「アーナンダよ、あなたは、畏縮する心を起こしてはならない。
【仏は阿難(あなん)に告げたまわく、「退意を起こすこと勿(なか)れ。】（大正蔵、巻一四、五五四頁上）
……………………………………………………………………

bhagavān < bhagavat-：*m.* 尊い（人）。「世尊」と漢訳。「婆伽婆」「薄伽梵」と音写。*sg. Nom.*
āha < √ah-：言う。*Perf. 3, sg. P.*
……………………………………………………………………

mā：*adv.* ～なかれ。～なからんことを。～しないように。願わくは～ないように。
tvam < tvad-：あなた。*2, sg. Nom.*
ānandâvalīna-cittam < ānanda + avalīna-cittam
　ānanda < ānanda-：*m.* アーナンダ。「阿難」と音写。*sg. Voc.*
　avalīna-cittam < avalīna-citta-：*n.* 畏縮した心。*sg. Acc.*
　ava-līna- < ava-√lī- (4) + -na：*pp.* 畏縮した。「怯弱」「怯怖」「衰弱」と漢訳。
　līna- < √lī- (4) + -na：*pp.* ～に熱中した。潜んだ。隠れた。
　√lī- (4)：～（処格）に定住する。（寝台に）横たわる。畏縮する。
　citta-：*n.* 心。思考。意思。知性。理性。「質多」と音写。
utpādaya < utpādaya- < ud-√pad- (4) + -aya：*Caus.* 起こす。生じる。*Impv. 2, sg. P.*
　ud-√pad- (4)：飛び上がる。生ずる。～から生まれる。～となる。起こる。現われる。

tat kasmād dhetoḥ /

(梵漢和維摩経 *p.* 490, *ll.* 11–12)

「それは、どんな理由からか。
【「所以(ゆえん)は何(いか)んとなれば、】　　（大正蔵、巻一四、五五四頁上）

………………………………………………………………………

tat < tad-：それ。*n. sg. Nom.*
kasmād dhetoḥ < kasmāt + hetoḥ
　連声法は、cf.「基礎」*p.* 63.
　kasmāt < kim-：*疑問詞,* だれ。何。どんな。どの。*m. sg. Abl.*
　hetoḥ < hetu-：*m.* 理由。原因。因。*sg. Abl.*
　奪格は、動機、原因、理由を表わす。cf.「シンタックス」*p.* 58.

śrāvakān saṃdhāya tvaṃ mayânandâgro bahu-śrutānāṃ nirdiṣṭo na bodhi-sattvān /
(梵漢和維摩経 *p.* 490, *ll.* 12–13)

「アーナンダよ、私は、声聞たちに言及して、あなたが多く〔の教え〕を聞いたものたちの中で第一（多聞第一）だと決定したのであって、菩薩たちに〔言及して〕ではないのだ。
【「我は汝(なんじ)を説いて声聞中に於いて最も多聞(たもん)なりと為(な)すなり。菩薩を謂(い)うには非ざるなり。】
（大正蔵、巻一四、五五四頁上）

………………………………………………………………………

śrāvakān < śrāvaka-：*m.*「声聞」と漢訳。*pl. Acc.*
saṃdhāya < sam-√dhā- (3) + -ya：～（具格）と結合する。合併する。結合する。構成する。集める。賛同する。回復する。直す。矯正する。～（処格）に与える。許す。～（処格）に信を置く。言及する。*Ger.*
　saṃdhāya：*ind.*（*Ger.*）（反対者と）折り合いをつけて。妥協して。「密意而」「以…密意」と漢訳。
tvaṃ < tvad-：あなた。*2, sg. Nom.*
mayânandâgro < mayā + ānanda + agro
　mayā < mad-：私。*1, sg. Ins.*
　ānanda < ānanda-：*m.* アーナンダ。「阿難」と音写。*sg. Voc.*
　agro < agraḥ + 有声子音 < agra-：*adj.* 尖端の。頂点の。*n.* 前部。始め。点。尖端。頂点。「最上」「最極」「最勝」「高」と漢訳。*m. sg. Nom.*
bahu-śrutānāṃ < bahu-śruta-：*adj.* 多くを聞いた。非常に学識のある。Veda に通暁した。「多聞」「多聞者」「多聞（不忘）」と漢訳。*m. pl. Gen.*
nirdiṣṭo < nirdiṣṭaḥ + 有声子音 < nirdiṣṭa- < nir-√diś- (6) + -ta：*pp.* 指示された。決定された。宣言された。予言された。命じられた。*m. sg. Nom.*
na：*ind.* ～でない。～にあらず。
bodhi-sattvān < bodhi-sattva-：*m.* 覚りを求める人。「菩薩」と音写。*pl. Acc.*

tiṣṭhantv ānanda bodhi-sattvāḥ /
(梵漢和維摩経 *p.* 490, *l.* 13)

「アーナンダよ、菩薩たちは考慮されないままにしておくがよい。
【「且(しばら)く止(や)みね。】　　（大正蔵、巻一四、五五四頁上）

………………………………………………………………………

tiṣṭhantv < tiṣṭhantu + 母音 < tiṣṭha- < √sthā- (1)：立つ。住する。とどまる。滞在する。存在し続ける。～のままである。*Impv. 3, pl. P.*
　命令形と願望法の場合のみ、「未決定のままである」「考慮されないでいる」「言及されないままにとどまっている」という意味がある。cf.「梵和大辞典」*p.* 1515.

ānanda < ānanda-：*m.* アーナンダ。「阿難」と音写。*sg. Voc.*
bodhi-sattvāḥ < bodhi-sattva-：*m.* 覚りを求める人。「菩薩」と音写。*pl. Nom.*

> na te paṇḍitenâvagāhayitavyāḥ /
>
> (梵漢和維摩経 *p.* 490, *ll.* 13–14)

「それら〔の菩薩たち〕について、賢い人も〔底深さを〕理解できないのだ。
【「阿難よ、其れ有智の者は応に諸の菩薩を限度すべからざるなり。】（大正蔵、巻一四、五五四頁上）

……………………………………………………………………

na：*ind.* ～でない。～にあらず。
te < tad-：それ。*m. pl. Nom.*
paṇḍitenâvagāhayitavyāḥ < paṇḍitena + avagāhayitavyāḥ
paṇḍitena < paṇḍita-：*adj.* 学問のある。賢い。怜悧な。教養ある。～に巧みな。*m.* 学者。学問のある人。賢い人。*sg. Ins.*
avagāhayitavyāḥ < avagāhayitavya- < avagāhaya- + -itavya < ava-√gāh- (1) + -aya + -itavya：*Caus.* *未受分,* 測らせられるべき。理解させられるべき。「入解」「了達」「尽源底」と漢訳。*m. pl. Nom.*
未来受動分詞は「必然」「可能」「義務」などの意味を表わす。
avagāhaya- < ava-√gāh- (1) + -aya：*Caus.* 理解させる。
ava-√gāh- (1)：潜る。跳び込む。しみ込む。～に赴く。沐浴する。測る。理解する。「入」「趣入」「知」「測」「入解」「了達」「尽源底」と漢訳。
√gāh- (1)：跳び込む。潜る。沐浴する。入る。～（対格）に陥る。吸い込まれる。浸透する。「達」「通達」「知」「了知」と漢訳。

> śakyo hy ānanda sarva-sāgarāṇāṃ gāḍhaḥ[34] pramātuṃ na tv eva śakyo bodhi-sattvānāṃ prajñā-jñāna-smṛti-dhāraṇī-pratibhānasya gāḍhaḥ[35] pramātum /
>
> (梵漢和維摩経 *p.* 490, *ll.* 14–16)

「アーナンダよ、すべての大海の深さは測ることができる。しかるに、菩薩たちの智慧と知識、記憶のためのダーラニー（陀羅尼）、雄弁さの深さは測ることはできないのだ。
【「一切の海淵は尚、測量す可きも、菩薩の禅定・智慧・総持・弁才・一切の功徳は量る可からざるなり。】（大正蔵、巻一四、五五四頁上）

……………………………………………………………………

śakyo < śakyaḥ + 有声子音 < śakya- < √śak- (5) + -ya：*未受分,* 実行できる。可能な。～であることができる。*m. sg. Nom.*
√śak- (5)：～（不定詞）することができる。実行され得る。
hy < hi + 母音：*ind.* 真に。確かに。実に。
ānanda < ānanda-：*m.* アーナンダ。「阿難」と音写。*sg. Voc.*
sarva-sāgarāṇāṃ < sarva-sāgara-：*m.* すべての大海。*pl. Gen.*
sāgara-：*m.* 大海。海。「娑掲羅」「娑伽羅」と音写。
gāḍhaḥ < gāḍha- < √gāh- (1) + -ta：*pp.* ～に浴せる。深い。確固たる。牢固たる。密接した。強い。烈しい。「深」「甚」「堅固」と漢訳。*m. sg. Nom.*
pramātum < pra-√mā- (2,3) + -tum：*不定詞,* 量ること。評価すること。
na：*ind.* ～でない。～にあらず。
tv < tu + 母音：*ind.* しかし。しこうして。しかるに。しかも。
eva：*adv.* さように。このように。まさに。実に。ただ。全くこのように。
śakyo < śakyaḥ + 有声子音 < śakya- < √śak- (5) + -ya：*未受分,* 実行できる。可能な。～であることができる。*m. sg. Nom.*
bodhi-sattvānāṃ < bodhi-sattva-：*m.* 覚りを求める人。「菩薩」と漢訳。*pl. Gen.*

prajñā-jñāna-smṛti-dhāraṇī-pratibhānasya < prajñā-jñāna-smṛti-dhāraṇī-pratibhāna-：*n.* 智慧と知識、記憶のためのダーラニー（陀羅尼）、雄弁さ。*sg. Gen.*

prajñā-：*f.* 智慧。

jñāna- < √jñā- (9) + -ana：*n.* 知ること。知。智慧。

smṛti-dhāraṇī-：*f.* 記憶のためのダーラニー（陀羅尼）。

smṛti- < √smṛ- (1) + -ti：*f.* 記憶。想念。

dhāraṇī-：*f.*（大乗仏教において）法を心に留めて忘れさせない能力。修行者を守護する能力がある章句のこと。「総持」と漢訳。「陀羅尼」と音写。

pratibhāna- < prati-√bhā- (2) + -ana：*n.* 明白なこと。理解。能弁であること。「弁」「弁才」「巧弁」「弁説」「楽説」と漢訳。

gāḍhaḥ < gāḍha- < √gāh- (1) + -ta：*pp.* ～に浴せる。深い。確固たる。牢固たる。密接した。強い。烈しい。「深」「甚」「堅固」と漢訳。*m. sg. Nom.*

pramātum < pra-√mā- (2,3) + -tum：*不定詞,* 量ること。評価すること。

> upekṣakā yūyam ānanda bodhi-sattva-caryāyāṃ bhavata[36] /
>
> （梵漢和維摩経 *p.* 490, *ll.* 16–17）

「アーナンダよ、あなたたちは菩薩としての修行に対して無関心でいるべきである。

【「阿難よ、汝等は菩薩の所行を捨置せよ。】　　（大正蔵、巻一四、五五四頁上）

……………………………………………………………………

upekṣakā < upekṣakāḥ + 半母音 < upekṣaka- < upa-√īkṣ- (1) + -aka：*adj.* 注意しない。無頓着な。無関心な。「捨」「棄」「放捨」「捨住」と漢訳。*m. pl. Nom.*

upa-√īkṣ- (1)：～を見る。眺める。看過する。無視する。等閑にする。「捨」「棄捨」「捨棄」「捨離」と漢訳。

√īkṣ- (1)：見る。眺める。注視する。見なす。予想する。期待する。～（為格）に予言する。

yūyam < yuṣmad-：あなたたち。*2, pl. Nom.*

ānanda < ānanda-：*m.* アーナンダ。「阿難」と音写。*sg. Voc.*

bodhi-sattva-caryāyāṃ < bodhi-sattva-caryā-：*f.* 菩薩としての修行。「菩薩行」「菩薩道」と漢訳。*sg. Loc.*

bhavata < bhava- < √bhū- (1)：なる。～である。*Impv. 2, pl. P.*

> tat kasmād dhetoḥ /
>
> （梵漢和維摩経 *p.* 490, *l.* 17）

「それは、どんな理由からか。

【漢訳相当箇所なし】

……………………………………………………………………

tat < tad-：それ。*n. sg. Nom.*

kasmād dhetoḥ < kasmāt + hetoḥ

連声法は、cf.「基礎」*p.* 63.

kasmāt < kim-：*疑問詞,* だれ。何。どんな。どの。*m. sg. Abl.*

hetoḥ < hetu-：*m.* 理由。原因。因。*sg. Abl.*

奪格は、動機、原因、理由を表わす。cf.「シンタックス」*p.* 58.

> ya ima ānanda vimalakīrtinā licchavinâika-pūrva-bhakte vyūhāḥ saṃdarśitās te sarva-śrāvaka-pratyekabuddhair ṛddhi-prāptaiḥ sarva-rddhi-vikurvita-prātihāryaiḥ kalpa-koṭī-śata-sahasrāṇi na śakyāḥ saṃdarśayitum /
>
> （梵漢和維摩経 *p.* 490, *ll.* 17–20）

「アーナンダよ、リッチャヴィ族のヴィマラキールティが、食事の前〔、すなわち午前中〕[37]のひと時に顕わしたところのこれらの荘厳、それら〔の荘厳〕は、神通を獲得しているすべての声聞と独覚たちが、幾百・千・コーティ劫もの間、あらゆる神通変化による神変をもってしても、顕わすことはできないのだ」

【「是の維摩詰の一時に現ずる所の神通の力は、一切の声聞・辟支仏の百千劫に於いて力を尽くして変化すとも作すこと能わざる所なり」】　　（大正蔵、巻一四、五五四頁上）

………………………………………………………………………

ya < ye + a 以外の母音 < yad-：*関係代名詞, m. pl. Nom.*

ima < ime + a 以外の母音 < idam-：これ。*m. pl. Nom.*

ānanda < ānanda-：*m.* アーナンダ。「阿難」と音写。*sg. Voc.*

vimalakīrtinā < vimalakīrti- < vimala-kīrti-：*m.* ヴィマラキールティ。汚れのない名声を持つ（もの）。「維摩詰」「維摩」と音写。「浄名」「無垢称」と漢訳。*sg. Ins.*

licchavinâika-pūrva-bhakte < licchavinā + eka-pūrva-bhakte

　licchavinā < licchavi-：*m.* リッチャヴィ。「離車子」「栗姑毘」と音写。*sg. Ins.*

　eka-pūrva-bhakte < eka-pūrva-bhakta-：*n.* 食事の前のひと時。*sg. Loc.*

　pūrva-bhakta-：*n.* 食事の前。「前食」「食前」と漢訳。

　pūrva-：*adj.* 前に。以前に。昔。

　bhakta- < √bhaj- (1) + -ta：*pp.* 献身した。「孝順」と漢訳。*m.* 誠信をもって帰依する者。*n.* 食物。食時。食事。

vyūhāḥ < vyūhāḥ + (s) < vyūha- < √vyūh- + -a：*m.* 分配。配置。戦陣。集合。群集。集団。「荘厳」「厳」と漢訳。*pl. Nom.*

saṃdarśitās < saṃdarśitāḥ + (t) < saṃdarśita- < saṃdarśaya- + -ta < sam-√dṛś- (1) + -aya + -ta：*Caus. pp.* 示された。顕わされた。明示された。*m. pl. Nom.*

　saṃdarśaya- < sam-√dṛś- (1) + -aya：*Caus.* 示す。顕わす。明示する。

te < tad-：それ。*m. pl. Nom.*

sarva-śrāvaka-pratyekabuddhair < sarva-śrāvaka-pratyekabuddhaiḥ + 有声音 < sarva-śrāvaka-pratyekabuddha-：*m.* すべての声聞と独覚。*pl. Ins.*

ṛddhi-prāptaiḥ < ṛddhi-prāptaiḥ + (s) < ṛddhi-prāpta-：*adj.* 神通を獲得している。*m. pl. Ins.*

　ṛddhi-：*f.* 繁栄。安寧。好運。超自然力。「神通」「神力」「神変」と漢訳。

　prāpta- < pra-āpta- < pra-√āp- (5) + -ta：*pp.* 達せられた。獲得された。

sarva-rddhi-vikurvita-prātihāryaiḥ < sarva-rddhi-vikurvita-prātihārya-：*n.* あらゆる神通変化による神変。*pl. Ins.*

　sarva-rddhi- < sarva- + ṛddhi-

　sarva-：*adj.* 一切の。すべての。

　ṛddhi-：*f.* 繁栄。安寧。好運。超自然力。「神通」「神力」「神変」と漢訳。

　vikurvita- < vi-kurvita-：*n.* 種々の形をとること。「神通」「神力」「神変」「自在」「変化」「変現」「化行」「神通力」「自在力」「威神力」「遊戯神通」「自在神力」「神力変化」と漢訳。

　prātihārya-：*n.* 奇蹟。「変化」「神変」「神通」「神力」と漢訳。

kalpa-koṭī-śata-sahasrāṇi < kalpa-koṭī-śata-sahasra-：*n.* 幾百・千・コーティ劫。*pl. Acc.* 時間を意味する語の対格は、期間を表わす。

na：*ind.* 〜でない。〜にあらず。

śakyāḥ < śakyāḥ + (s) < śakya- < √śak- (5) + -ya：*未受分,* 実行できる。可能な。〜であることができる。*m. pl. Nom.*

saṃdarśayitum < saṃdarśaya- + -itum < sam-√dṛś- (1) + -aya + -itum：*Caus. 不定詞,* 示すこと。顕わすこと。明示すること。

§15　atha ye te bodhi-sattvā bhagavato gandhôttama-kūṭasya tathāgatasya buddha-kṣetrāt sarva-gandha-sugandhāl loka-dhātor āgatās te sarve prāñjalī-bhūtvā tathāgatasya namasyanta[38] evaṃ ca vācam abhāṣanta / pratiniḥsṛjāmo vayaṃ bhagavaṃs tān manasi-kārān yâsmābhir[39] iha buddha-kṣetre hīna-saṃjñôtpāditā /

（梵漢和維摩経 *p.* 492, *ll.* 1–5）

§15　すると、世尊であり“最高の香りの集積を持つもの”という如来のブッダの国土である“あらゆる香りの中で〔最も〕勝れた香りを持つところ”という世界からやって来ていたところのそれらの菩薩たち、それら〔の菩薩たち〕のすべてが、合掌して如来に敬礼しながら、このような言葉を言った。

「世尊よ、私たちがこのブッダの国土に対して生じたところの劣っているという意識、それらの思いを私たちは捨てましょう[40]。

【§15　爾(そ)の時、衆香(しゅこう)世界の菩薩の来たれる者は、合掌して仏に白(もう)して言(もう)さく、「世尊よ、我等は初めに此の土を見て、下劣の想いを生ぜり。今は自ら悔責(けしゃく)して、是の心を捨離(しゃり)せり。】

（大正蔵、巻一四、五五四頁上）

………………………………………………………………………

atha：*adv.* その時。その場合。さて。それ故。しかれば。しかしながら。

ye < yad-：*関係代名詞, m. pl. Nom.*

te < tad-：それ。*m. pl. Nom.*

bodhi-sattvā < bodhi-sattvāḥ + 有声音 < bodhi-sattva-：*m.* 覚りを求める人。「菩薩」と音写。*pl. Nom.*

bhagavato < bhagavataḥ + 有声子音 < bhagavat-：*m.* 尊い（人）。「世尊」と漢訳。「婆伽婆」「薄伽梵」と音写。*sg. Gen.*

gandhôttama-kūṭasya < gandhôttama-kūṭa- < gandha-uttama-kūṭa-：*m.* 最高の香りの集積を持つもの。*sg. Gen.*

tathāgatasya < tathāgata-：*m.* 「如来」と漢訳。*sg. Gen.*

buddha-kṣetrāt < buddha-kṣetra-：*n.* 仏の国土。「仏国土」と漢訳。*sg. Abl.*

sarva-gandha-sugandhāl < sarva-gandha-sugandhāt + (l) < sarva-gandha-sugandha-：*adj.* あらゆる香りの中で勝れた香りを持つ。*m. sg. Abl.*

loka-dhātor < loka-dhātoḥ + 有声音 < loka-dhātu-：*m.* 「世界」と漢訳。*sg. Abl.*

āgatās < āgatāḥ + (t) < āgata- < ā-√gam- (1) + -ta：*pp.* 来た。*m. pl. Nom.*

te < tad-：それ。*m. pl. Nom.*

sarve < sarva-：*adj.* 一切の。すべての。*m. pl. Nom.*

prāñjalī-bhūtvā < prāñjalī-√bhū- (1) + -tvā：手を合わせて差し伸べる。合掌する。*Ger.*

　prāñjalī- < prāñjali- < pra-añjali-：*adj.* （尊敬、謙遜のしるしとして）手を合わせる。「合掌」と漢訳。

　<u>動詞 √bhū- (1), √as- (2), √kṛ- (8) の前分に名詞、形容詞がくる複合語では名詞、形容詞の末尾の a, ā, an は ī となり、i, u は ī, ū となり、ṛ は rī、それ以外はそのままとなる。cf.「基礎」*p.* 566.</u>

　añjali-：*m.* 合掌。

tathāgatasya < tathāgata-：*m.* 「如来」と漢訳。*sg. Gen.*

namasyanta < namasyantaḥ + a 以外の母音 < namasyat- < namasya- + -t- < √namasya-(名動詞) + -t：～（対格）に帰命する。敬礼する。敬意を表する。崇める。*P. 現在分詞, m. pl. Nom.*

evaṃ：*adv.* このように。「是」「如是」と漢訳。

ca：*conj.* および。また。しかしながら。そして。～と。なお。

vācam < vāc-：*f.* 言葉。*sg. Acc.* <u>格変化は、cf.「基礎」*p.* 121.</u>

abhāṣanta < bhāṣa- < √bhāṣ- (1)：告げる。話しかける。*Impf. 3, pl. A.*

………………………………………………………………………

pratiniḥsṛjāmo < pratiniḥsṛjāmaḥ + 有声子音 < pratiniḥsṛja- < prati-niḥ-√sṛj- (6)：「棄」「捨」「捨棄」と漢訳。*Pres. 1, pl. P.*

vayaṃ < asmad-：われわれ。*1, pl. Nom.*
bhagavaṃs < bhagavan + (t) < bhagavat-：*m.* 尊い（人）。「世尊」と漢訳。「婆伽婆」「薄伽梵」と音写。*sg. Voc.*
tān < tad-：それ。*m. pl. Acc.*
manasi-kārān < manasi-kāra- < manasi-√kṛ- (8) + -a：*m.* 留意。「思」「思惟」「思量」「想」「作意」「正念」と漢訳。*m. pl. Acc.*
　manasi-√kṛ- (8)：決心する。決意する。思考を向ける。考える。「思惟」と漢訳。
yâsmābhir < yā + asmābhir
　yā < yad-：*関係代名詞, f. sg. Nom.*
　asmābhir < asmābhiḥ + 有声音 < asmad-：われわれ。*1, pl. Ins.*
iha：*adv.* ここに。今。この世に。地上に。
buddha-kṣetre < buddha-kṣetra-：*n.* 仏の国土。「仏国土」と漢訳。*sg. Loc.*
hīna-saṃjñôtpāditā < hīna-saṃjñā + utpāditā
　hīna-saṃjñā < hīna-saṃjñā-：*f.* 劣ったものという意識。「怯弱心」と漢訳。*sg. Nom.*
　hīna- < √hā- (3) + -na：*pp.* 劣っている。下劣な。見捨てられた。卑しい。貧弱な。
　saṃjñā- < sam-√jñā- (9) + -ā：*f.* 一致。意識。理解。明瞭な概念。命名。名前。術語。「号」「名号」「名」「名字」と漢訳。
　utpāditā < utpāditā- < utpādita- < utpādaya- + -ta < ud-√pad- (4) + -aya + -ta：*Caus. pp.* 起こされた。産まれた。生じられた。生じさせられた。*f. sg. Nom.*

tat kasmād dhetoḥ[41] / （梵漢和維摩経 *p.* 492, *l.* 5）

「それは、どんな理由からでしょうか。
【「所以(ゆえん)は何(いか)んとなれば、】　（大正蔵、巻一四、五五四頁中）
……………………………………………………………………

tat < tad-：それ。*n. sg. Nom.*
kasmād dhetoḥ < kasmāt + hetoḥ
　<u>連声法は、cf.「基礎」*p.* 63.</u>
　kasmāt < kim-：*疑問詞,* だれ。何。どんな。どの。*m. sg. Abl.*
　hetoḥ < hetu-：*m.* 理由。原因。因。*sg. Abl.*
　<u>奪格は、動機、原因、理由を表わす。cf.「シンタックス」*p.* 58.</u>

acintyo hi bhagavan buddhānāṃ bhagavatāṃ buddha-viṣayaḥ[42] / （梵漢和維摩経 *p.* 492, *ll.* 5–6）

「世尊よ、世尊であるブッダたちに具わるブッダの境地は、実に考えも及ばないものであるからです[43]。
【「諸仏の方便は不可思議なればなり。】　（大正蔵、巻一四、五五四頁中）
……………………………………………………………………

acintyo < acintyaḥ + 有声子音 < acintya- < a- + √cint- (10) + -ya：*未受分,* 思議すべからざる、考えるべきでない。*m. sg. Nom.*
hi：*ind.* 真に。確かに。実に。
bhagavan < bhagavat-：*m.* 尊い（人）。「世尊」と漢訳。「婆伽婆」「薄伽梵」と音写。*sg. Voc.*
buddhānāṃ < buddha- < √budh- (1) + -ta：*pp.* 目覚めた。*m.* ブッダ。「覚者」と漢訳。「仏陀」と音写。*m. pl. Gen.*
bhagavatāṃ < bhagavat-：*m.* 尊い（人）。「世尊」と漢訳。「婆伽婆」「薄伽梵」と音写。*pl. Gen.*
buddha-viṣayaḥ < buddha-viṣaya-：*m.* ブッダの境地。*sg. Nom.*
　viṣaya-：*m.* 活動領域。範囲。感覚の対象（色声香味触の五境）。

upāya-kauśalyena sattva-paripākāya yathā yathêcchanti tathā tathā kṣetra-vyūhān ādarśayanti /
（梵漢和維摩経 *p.* 492, *ll.* 6–7）

「巧みなる方便によって衆生を〔覚りへ向けて〕成熟させるために、〔衆生が〕欲するのに従って国土の荘厳を現わされました。

【「衆生を度せんが為の故に、其の所応に随いて、仏国の異を現ず。】（大正蔵、巻一四、五五四頁中）

…………………………………………………………………………

upāya-kauśalyena < upāya-kauśalya-：*n.* 巧みなる方便。「善巧方便」と漢訳。*sg. Ins.*

upāya- < upa-√i- (2) + -a：*m.* 接近。到着。手段。方策。「方便」と漢訳。

kauśalya- ＝ kauśala-：*n.* 幸福。幸運。繁栄。賢明。「善」「善巧」と漢訳。

sattva-paripākāya < sattva-paripāka-：*m.* 衆生の成熟。衆生を〔覚りへ向けて〕成熟させること。*sg. Dat.*

paripāka- < pari-√pac- (1) + -a：*m.* 十分煮られること。消化。熟すること。成熟。

yathā：*関係副詞, 接続詞,* ～のように。あたかも～のように。～であるように。

yathêcchanti < yathā + icchanti

yathā：*関係副詞, 接続詞,* ～のように。あたかも～のように。～であるように。

yathā yathā ～ tathā tathā …：～であるのに従って…。～に比例してそのように…。～であればあるほど、ますます…。「如如～如是如是…」と漢訳。

icchanti < iccha- < √iṣ- (6)：～（為格）を欲する。願う。希望する。～（対格）を～（対格）と考える。*Pres. 3, pl. P.*

tathā：*adv.* そのように。同様な方法で。同様に。

tathā：*adv.* そのように。また。同様に。

kṣetra-vyūhān < kṣetra-vyūha-：*m.* 国土の荘厳。*pl. Acc.*

vyūha- < √vyūh- + -a：*m.* 分配。配置。戦陣。集合。群集。集団。「荘厳」「厳」と漢訳。

ādarśayanti < ādarśaya- < ā-√dṛś- (1) + -aya；*Caus.* 現わす。示す。「現」「能現」「顕現」「現示」「示現」「顕示」と漢訳。*3, pl. P.*

dehi bhagavann asmabhyaṃ dharma-prābhṛtaṃ yathā vayaṃ tatra [sarva-][44]gandha-sugandhe loka-dhātau gatā bhagavantam anusmarema[45] /
（梵漢和維摩経 *p.* 492, *ll.* 8–9）

「世尊よ、私たちが、その"あらゆる香りの中で〔最も〕勝れた香りを持つところ"という世界に帰って、世尊のことを思い出す〔ことができる〕ように、私たちに法の施しを与えてください」

【「唯、然り。世尊よ、願わくは少法を賜え。彼の土に還りて、当に如来を念ずべし」】
（大正蔵、巻一四、五五四頁中）

…………………………………………………………………………

dehi < dad- < √dā- (3)：与える。*Impv. 2, sg. P.*

bhagavann < bhagavan ＋ 母音 < bhagavat-：*m.* 尊い（人）。「世尊」と漢訳。「婆伽婆」「薄伽梵」と音写。*sg. Voc.*

asmabhyaṃ < asmad-：われわれ。*1. pl. Dat.*

dharma-prābhṛtaṃ < dharma-prābhṛta-：*n.* 法のための施物。法の施し。「法供」「法施」と漢訳。*sg. Acc.*

dharma-：*m.* 確定した秩序。慣例。習慣。法則。規則。義務。宗教。教説。性質。本質。属性。特質。事物。法。

prābhṛta- < pra-ā-√bhṛ- (2) + -ta：*pp.* 提供された。*n.* 贈り物。施物。「供」「貢」「進物」「奉献」と漢訳。

prabhṛti- < pra-√bhṛ- (1,2) + -ti：*f.* （讃歌、供物を）捧げること。投擲。一打。打撃。

pra-√bhṛ- (1,2)：（前方へ）運ぶ。もたらす。提供する。前方へ延ばす。擲つ。

ā-√bhṛ- (1,2)：近くもたらす。授与する。満たす。
yathā：*関係副詞, 接続詞,* ～のように。あたかも～のように。～であるように。
vayaṃ < asmad-：われわれ。*1, pl. Nom.*
tatra：*adv.* そこに。そこへ。かしこに。その時に。その場合に。
sarva-gandha-sugandhe < sarva-gandha-sugandha-：*adj.* あらゆる香りの中で勝れた香りを持つ。*m. sg. Loc.*
loka-dhātau < loka-dhātu-：*m.* 世界。*sg. Loc.*
gatā < gatāḥ + 有声音 < gata- < √gam- (1) + -ta：*pp.* 行った。*m. pl. Nom.*
bhagavantam < bhagavat-：*m.* 尊い（人）。「世尊」と漢訳。「婆伽婆」「薄伽梵」と音写。*sg. Acc.*
anusmarema < anusmara- < anu-√smṛ- (1)：記憶する。～（対格）を思い出す。*Opt. 1, pl. P.*

§16　bhagavān āha /　asti kula-putrāḥ kṣayâkṣayo nāma bodhi-sattvānāṃ vimokṣaḥ /
（梵漢和維摩経 *p.* 492, *ll.* 10–11）

§16　世尊がおっしゃられた。
「良家の息子たちよ、菩薩たちには“尽きることと尽きないこと”という名前の解脱がある。
【§16　仏は諸の菩薩に告げたまわく、「『尽と無尽との解脱の法門』有り。】
（大正蔵、巻一四、五五四頁中）

……………………………………………………………………………

bhagavān < bhagavat-：*m.* 尊い（人）。「世尊」と漢訳。「婆伽婆」「薄伽梵」と音写。*sg. Nom.*
āha < √ah-：言う。*Perf. 3, sg. P.*

……………………………………………………………………………

asti < as- < √as- (2)：ある。*Pres. 3, sg. P.*
kula-putrāḥ < kula-putrāḥ + (k) < kula-putra-：*m.* 良家の息子。「善男子」と漢訳。*pl. Voc.*
kṣayâkṣayo < kṣayâkṣayaḥ + 有声音 < kṣayâkṣaya- < kṣaya-akṣaya-：*m.* 尽きることと尽きないこと。*sg. Nom.*
kṣaya- < √kṣi- (5,9) + -a：*m.* 減少。衰微。喪失。破壊。終末。「盡」と漢訳。
akṣaya- < a-kṣaya-：*adj.* 不滅の。「不盡」「無盡」と漢訳。
√kṣi- (5,9)：破壊する。滅ぼす。～（対格）を終わらせる。「滅尽」と漢訳。
nāma：*adv.* ～という名前の。実に。確かに。もちろん。おそらく。そもそも。
bodhi-sattvānāṃ < bodhi-sattva-：*m.* 覚りを求める人。「菩薩」と漢訳。*pl. Gen.*
vimokṣaḥ < vimokṣa-：*m.* 緩むこと。～からの解放。救済。「解脱」と漢訳。*sg. Nom.*

tatra yuṣmābhiḥ śikṣitavyam /
（梵漢和維摩経 *p.* 492, *l.* 11）

「あなたたちは、それを学ぶべきである。
【「汝等、当に学すべし。】　（大正蔵、巻一四、五五四頁中）

……………………………………………………………………………

tatra：*adv.* そこに。そこへ。かしこに。その時に。その場合に。
yuṣmābhiḥ < yuṣmad-：あなたたち。*2, pl. Ins.*
śikṣitavyam < śikṣitavya- < √śikṣ- (1) + - itavya：*未受分,* ～を学ばれるべき。*n. sg. Nom.*
√śikṣ- (1)：(√śak-の意欲動詞)。～（奪格、属格）から習得する。研究する。学ぶ。～（処格）を修行する。

sa punaḥ katamaḥ /　kṣaya[46] ucyate saṃskṛtam akṣayo 'saṃskṛtam[47] /
（梵漢和維摩経 *p.* 492, *ll.* 11–12）

「しかしながら、それは何か。“尽きること”が有為と言われ、“尽きないこと”が無為〔と言われる〕[48]。
【「何をか謂いて尽と為すや。謂わく、有為の法なり。何をか無尽と謂うや。謂わく、無為の法なり。】

（大正蔵、巻一四、五五四頁中）

………………………………………………………………………

sa < saḥ < tad-：それ。*m. sg. Nom.*
punaḥ < punaḥ + (s) < punar：*adv.* 再び。新たに。さらに。なお。しかしながら。
katamaḥ < katama-：*疑問代名詞,* （多くの中の）だれか。何か。「何」「如何」「何者」「何等」と漢訳。*m. sg. Nom.*

………………………………………………………………………

kṣaya < kṣayaḥ + a 以外の母音 < kṣaya- < √kṣi- (5,9) + -a：*m.* 減少。衰微。喪失。破壊。終末。「盡」と漢訳。*sg. Nom.*
ucyate < ucya- < √vac- (2) + -ya：*Pass.* 〜と言われる。〜と呼ばれる。*3, sg. A.*
saṃskṛtam < saṃskṛta- < sam-s-√kṛ- (8) + -ta：*pp.* 準備された。飾られた。*n.* 「有為」と漢訳。*n. sg. Nom.*
akṣayo 'saṃskṛtam < akṣayaḥ + asaṃskṛtam
akṣayaḥ < akṣaya- < a-kṣaya-：*adj.* 不滅の。「不盡」「無盡」と漢訳。*m. sg. Nom.*
asaṃskṛtam < a-saṃskṛta-：*adj.* 装備されない。装飾されていない。*n.* 「無為」と漢訳。*n. sg. Nom.*

tad bodhi-sattvena saṃskṛtaṃ ca na kṣapayitavyam[49] asaṃskṛte ca na pratiṣṭhātavyam / （梵漢和維摩経 *p.* 492, *ll.* 12–13）

「それ故に、菩薩は有為を尽きさせるべきではない。かといって、無為に住すべきではない。
【「菩薩の如きは、有為(うい)を尽くさず、無為(むい)に住(とど)まらず。】　（大正蔵、巻一四、五五四頁中）

………………………………………………………………………

tad < tat + 有声子音 < tad-：それ。*n. sg. Acc.*
代名詞の中性・単数の対格（tat）、奪格（tasmāt）、具格（tena）は、「そこで」「従って」「それ故」などの意味となり、文の連結助詞として用いられる。cf.「シンタックス」*p.* 125.
bodhi-sattvena < bodhi-sattva-：*m.* 覚りを求める人。「菩薩」と音写。*sg. Ins.*
saṃskṛtaṃ < saṃskṛta- < sam-s-√kṛ- (8) + -ta：*pp.* 準備された。飾られた。「有為」と漢訳。*n. sg. Nom.*
ca：*conj.* および。また。しかしながら。そして。〜と。なお。
na：*ind.* 〜でない。〜にあらず。
kṣapayitavyam < kṣapayitavya- < kṣapaya- + -itavya < √kṣi- (5,9) + -paya + -itavya：*Caus. 未受分,* 尽きさせられるべき。減らさせられるべき。*n. sg. Nom.*
kṣapaya- < √kṣi- (5,9) + -paya：*Caus.* 尽きさせる。減らさせる。
kṣapaya- ＝ kṣayaya- < √kṣi- (5,9) + -aya：*Caus.* 減らさせる。
モニエルの辞典に kṣayaya- が用いられるのは非常に希であるとあり。
asaṃskṛte < a-saṃskṛta-：*adj.* 装備されない。装飾されていない。「無為」と漢訳。*n. sg. Loc.*
ca：*conj.* および。また。しかしながら。そして。〜と。なお。
na：*ind.* 〜でない。〜にあらず。
pratiṣṭhātavyam < pratiṣṭhātavya- < prati-√sthā- (1) + -tavya：*未受分,* 立たされるべき。〜（処格）に基礎を置くべき。安んぜられるべき。確立されるべき。*n. sg. Nom.*
prati-√sthā- (1)：立つ。住む。しっかりと立つ。〜（処格）の上に基礎を置く。安んずる。確立されている。「安住」「住」と漢訳。

§17 tatra saṃskṛtasyâkṣayatā yad idaṃ mahā-maitryā acyavanatā mahā-karuṇāyā anutsar=go 'dhyāśaya-saṃprasthita-sarva-jñatā-cittasyâsaṃpramoṣaḥ sattva-paripākeṣv aparikhedaḥ saṃ=graha-vastūnām ariñcanā sad-dharma-parigrahāya kāya-jīvita-parityāgaḥ kuśala-mūleṣv atṛptiḥ pariṇāmanā-kauśalya-pratiṣṭhā dharma-paryeṣṭāv akauśīdyaṃ dharma-deśanāsv anācārya-

muṣṭis tathāgata-darśana-pūjā-vastuny autsukyaṃ saṃcintyôpapattiṣv anuttrāsaḥ saṃpatti-vipa=
ttiṣv anunnāmâvanāmatâśikṣiteṣv aparibhavaḥ śikṣiteṣu śāstṛ-premā kleśâkīrṇānāṃ yoniśa upasa=
ṃhāro viveka-ratiṣv atanmayatâtma-saukhye 'nadhyavasānaṃ[50] para-saukhyena tanmayatā
dhyāna-samādhi-samāpattiṣv avīci-saṃjñā saṃsāra udyāna-vimāna-saṃjñā[51] yācanakeṣu kalyā=
ṇa-mitra-saṃjñā sarva-sva-[52]parityāge sarva-jñatā-paripūri-saṃjñā duḥśīleṣu paritrāṇa-saṃjñā
pāramitāsu mātā-pitṛ-saṃjñā bodhi-pakṣyeṣu dharmeṣu sva-parivāra-saṃjñâparyāptī-kṛtāḥ
sarva-kuśala-mūla-saṃbhārāḥ sarva-buddha-kṣetra-guṇānāṃ sva-kṣetra-niṣpādanatā lakṣaṇânu=
vyañjana-paripūryai nirargaḍa-yajña-[53]yajanatā kāya-vāk-cittâlaṃkāratā sarva-pāpâkaraṇatayā
kāya-vāk-pariśuddhyā citta-pariśuddhyā câsaṃkhyeya-kalpa-saṃsaraṇatā citta-śūratayâpramāṇa-
buddha-guṇa-śravaṇenâsaṃsīdanatā kleśa-śatru-nigrahāya[54] prajñā-śastra-grahaṇatā sarva-satt=
va-bhārôdvahanatāyai skandha-dhātv-āyatana-parijñôttapta-vīryatā māra-sainya-dharṣaṇârthaṃ
nirmānatā dharma-paryeṣṭyai jñāna-paryeṣṭir dharma-grāhyatāyā alpêccha-saṃtuṣṭitā[55]
sarva-loka-priyatāyai sarva-loka-dharmâsaṃsṛṣṭatā lokânuvartanatāyai sarvêryā-pathâvikopa=
natā sarva-kriyā-saṃdarśanatāyā abhijñôtpādanatā sarva-śruta-dhāraṇatāyai dhāraṇī-smṛti-jñā=
natā sarva-sattva-saṃśaya-cchedanatāyā indriya-parâpara-jñānatâsaṅgâdhiṣṭhānatā dharma-
deśanatāyā asaṅga-pratibhānatā pratibhāna-pratisaṃvid-pratilambhatayā[56] deva-manuṣya-saṃ=
patty-anubhavatā daśa-kuśala-karma-pariśuddhitayā brahma-patha-pratiṣṭhānatā catur-apramā=
ṇôtpādanatayā[57] buddha-svara-pratilambhatā dharma-deśanâdhyeṣaṇânumodanā-sādhu-kāra-
pradānena buddhêryā-patha-pratilambhatā kāya-vāṅ-manaḥ-saṃyama-viśeṣa-gāmitayā sarva-
dharmâtanmayatā[58] bodhi-sattva-saṃgha-karṣaṇatayā mahā-yāna-samādāpanatā sarva-guṇâvi=
praṇāśatāyai[59] câpramādaḥ /

(梵漢和維摩経 *p.* 492, *ll.* 14–19, *p.* 494, *ll.* 1–18, *p.* 496, *ll.* 1–9)

§17　「その場合、有為にとって尽きないこととは〔何か〕、それはすなわち、大いなる慈しみ（大慈）から退却しないことであり、大いなる憐れみ（大悲）を放棄しないことである。高潔な心をもって出で立った一切智を求める心を忘れないこと、衆生を〔覚りへ向けて〕成熟させることにおいて倦むことがないこと、〔布施・愛語・利行・同事の四種類の〕包容の仕方（四摂法）を放棄しないこと、正しい教え（正法）を獲得するために身体と生命を喜捨すること、諸の善根〔を積み重ねること〕に対して飽き足りることなく、廻向が巧みであることに住していて、法（真理の教え）の探求において怠惰でなく、法を説く際に教師の握り拳がなく[60]、如来に会って供養することを切望している。〔生死の世界へ〕意のままに誕生して恐れるところがない。好運の時であれ不運の時であれ〔心が〕高ぶったり、落ち込んだりしない。いまだ学んでいない者を軽蔑することがない。既に学んでいる人に対して師という思いで敬意を抱いている。煩悩に満たされた者たちを道理にかなって立ち直らせ、〔雑踏を遠離して〕寂静を楽しむけれどもそれに満たされて〔執着して〕いない。自分の幸福に執着することなく、他者の幸福によって、それに満たされて〔喜んで〕いる。

〔心を統一して静かに瞑想する〕禅定、三昧、等至に対してアヴィーチ（無間）地獄という思いを抱き、〔逆に〕生存の循環（輪廻）に対して庭園と宮殿という思い[61]を抱いている。物を乞う人たちに対して善き友（善知識）という思いを持ち、自分の所有物のすべてを喜捨することに一切智の完成という思いを持ち、破戒に対して救済という思いを抱き、〔六つの〕完成（六波羅蜜）に対して母と父という思い[62]を持ち、覚りを助ける〔三十七の修行〕法（三十七道品）に対して自分の従者という思い[63]を持ち、あらゆる善根を積み重ねても〔それで〕十分だとなさず、あらゆるブッダの国土の諸の徳を自分の国土において完成すること、〔三十二種類の〕身体的特徴（三十二相）と〔八十種類の〕副次的特徴（八十種好）の完成のために〔だれ人に対しても制限することなく供養し、布施をする〕無遮会の祭りを行なうこと、一切の悪を行なわないことによって身体と言葉と心の荘厳があり、身体と言葉の完全な浄化によって、また心の完全な浄化によって無数劫（阿僧祇劫）〔の長き〕にわたって生存の循環（輪廻）を繰り返し、心が勇敢であり、ブッダの無量の徳を聞くことによって、怠ることがない。

煩悩という敵を鎮圧するために智慧という剣を〔手に〕持っている。一切衆生の辛苦を代わりに受けるために〔五〕陰（五蘊）、〔十八〕界、〔十二〕入を遍ねく知る。悪魔の軍勢を打ち破るために努力精進の焔が燃え上がっている。法（真理の教え）を求めるために慢心をなくしている。法（真理の教え）を理解するために、知を探求している。あらゆる世間〔の人々〕を喜ばせるために、わずかの願望（少欲）をもって満足（知足）し、あらゆる世間のものごとに混じり合うことはない[64]。世間〔の人々〕に随順するためにあらゆる〔行・住・坐・臥の四〕威儀を破壊しない。あらゆる力用を示すために神通力を生ずる。聞いたことをすべて〔忘れることなく〕保持するためにダーラニー（陀羅尼）と記憶と知〔を具えている〕。あらゆる衆生の疑惑を断ち切るために能力の勝劣を知る。法（真理の教え）を説くために滞ることのない神力を持つ。〔法と、その意義内容、諸方の言語に通じた〕智慧に基づく〔自在な〕雄弁さ（弁無礙解）を獲得することによって滞ることのない雄弁さを持つ。十種類の善き行ない〔の道〕（十善業道）を完全に清めることによって神々や人間の好運を受ける。

〔慈・悲・喜・捨からなる〕四つの無量〔の利他の心〕（四無量心）を生じることによってブラフマー神（梵天）の道に立つ。説法を求めて歓喜して讃嘆の言葉を発することによってブッダの声を獲得する。身体と言葉と心〔による行ない、すなわち身口意の三業〕を制御して卓越した状態になることによって、ブッダの〔行・住・坐・臥の四〕威儀を獲得し、あらゆるものごと（一切法）、それに満たされて〔執着して〕いない。菩薩の集団（菩薩僧伽）を導くことによって、大いなる乗り物（大乗）に教導する。あらゆる徳を消滅させないために不注意であることはない[65]。

【§17　「何をか『有為を尽くさず』と謂うや。謂わく、大慈を離れず、大悲を捨てず、深く一切智の心を発して忽忘せず。衆生を教化して終に厭倦せず。四摂法に於いて常に念じて順行し、正法を護持して軀命を惜しまず。諸の善根を種えて疲厭有ること無し。志は常に方便と廻向に安住し、法を求めて懈らず、法を説きて悋むこと無く、勤めて諸仏に供し、故に生死に入りて而も畏るる所無し。諸の栄辱に於いて心に憂喜無し。未学を軽んぜず、学あるものを敬うこと仏の如し。煩悩に堕する者には、正念を発さしむ。遠離に於いて楽しむも、以て貴しと為さず、己が楽に著せず、彼の楽を慶ぶ。諸の禅定に在りて地獄の如く想い、生死の中に於いて園観の如く想い、来たり求むる者を見れば善師の想を為し、諸の所有を捨てて一切智を具えんと想い。毀戒の人を見れば救護の想いを起こし、諸の波羅蜜には父母の想いを為し、道品の法には眷属の想を為す。善根を発行するに斉限有ること無く、諸の浄国の厳飾の事を以て己が仏土を成じ、無限の施を行じて相好を具足す。一切の悪を除き、身・口・意を浄め、生死無数劫にわたりて、意に而も勇有り。仏の無量の徳を聞いて、志して而も倦まず。智慧の剣を以て煩悩の賊を破り、陰・界・入より出で、衆生を荷負して永く解脱せしむ。大精進を以て魔軍を摧伏し、常に無念・実相の智慧の行を求む。世間法に於いて少欲・知足にして、出世間に於いては之を求むるに厭くこと無し。而も世間法を捨てず、威儀法を壊せずして而も能く俗に随う。神通慧を起こして衆生を引導し、念・総持を得て、所聞を忘れず、善く諸根を別けて衆生の疑いを断じ、楽説の弁を以て法を演ずること無礙なり。十善道を浄めて天・人の福を受け、四無量を修して梵天道を開く。説法を勧請して、随喜して善を讃えて、仏の音声を得、身・口・意を善くして仏の威儀を得。深く善法を修して所行転た勝る。大乗教を以て菩薩僧を成じ、心に放逸無く、衆の善を失わず。**】**

（大正蔵、巻一四、五五四頁中）

………………………………………………………………………………

tatra：*adv.* そこに。そこへ。かしこに。その時に。その場合に。

saṃskṛtasyâkṣayatā < saṃskṛtasya + akṣayatā

　　saṃskṛtasya < saṃskṛta- < sam-s-√kṛ- (8) + -ta : *pp.* 準備された。飾られた。「有為」と漢訳。*n. sg. Gen.*

　　akṣayatā < akṣaya-tā-：*f.* 尽きないこと。*sg. Nom.*

yad idaṃ：すなわち。

　　yad < yat + 母音 < yad-：*関係代名詞,* ～ということ（＝that）。*n. sg. Nom.*

　　idaṃ < idam-：これ。*n. sg. Nom.*

mahā-maitryā < mahā-maitryāḥ + 有声音 < mahā-maitrī-：*f.* 大いなる慈しみ。「大慈」と漢訳。*sg. Abl.*

acyavanatā < acyavanatā- < acyavana-tā-：*f.* ～(奪格)より去らないこと。*sg. Nom.*

acyavana- < a-cyavana-：*adj.* ～(奪格)より去らない。

cyavana- < √cyu- (1) + -ana：*adj.* 揺れ動く。動く。～（奪格）より去る。喪失する。消失する。動かす。振る。*n.* 運動。～の喪失。死。揺れ動くこと。～（奪格）より去ること。喪失すること。消失すること。

√cyu- (1)：揺れ動く。動く。～（奪格）より去る。喪失する。消失する。滅ぶ。死ぬ。

mahā-karuṇāyā < mahā-karuṇāyāḥ + 有声音 < mahā-karuṇā-：*f.* 大いなる憐れみ（大悲）。*sg. Abl.*

anutsargo 'dhyāśaya-saṃprasthita-sarva-jñatā-cittasyâsaṃpramoṣaḥ < anutsargaḥ + adhyāśaya-saṃprasthita-sarva-jñatā-cittasya + asaṃpramoṣaḥ

anutsargaḥ < anutsarga- < an-utsarga-：*m.* 放棄しないこと。*m. sg. Nom.*

utsarga- < ud-√sṛj- (6) + -a：*m.* 射出。発射。排泄。捨離。除去。解除。放棄。断念。中止。

ud-√sṛj- (6)：～（奪格）から分かれる。放つ。投げる。発射する。注ぐ。排泄する。(音を) 発する。投げ捨てる。放逐する。捨てる。見捨てる。あきらめる。放棄する。廃止する。

adhyāśaya-saṃprasthita-sarva-jñatā-cittasya < adhyāśaya-saṃprasthita-sarva-jñatā-citta-：*n.* 高潔な心をもって出で立った一切智を求める心。*sg. Gen.*

adhyāśaya- < adhi-āśaya-：*m.* 意向。欲望。願望。傾向。高潔な心。

saṃprasthita- < sam-pra-√sthā- (1) + -ita：*pp.* ～に向かって出かけた。出発した。

sarva-jñatā-：*f.* 全知。「一切智」「一切種智」と漢訳。「薩婆若」と音写。

citta-：*n.* 心。思考。意思。知性。理性。「質多」と音写。

asaṃpramoṣaḥ < asaṃpramoṣa-：*m.* 忘れないこと。*sg. Nom.*

saṃpramoṣa- < sam-pra-√muṣ- (1) + -a：*m.* 「忘」「失」「忘失」「忘捨」と漢訳。

sam-pra-√muṣ- (1)：「忘失」と漢訳。

sattva-paripākeṣv < sattva-paripākeṣu + 母音 < sattva-paripāka-：*m.* 衆生の成熟。衆生を〔覚りへ向けて〕成熟させること。*pl. Loc.*

aparikhedaḥ < aparikheda- < a-parikheda-：*adj.* 疲れがない。*m. sg. Nom.*

parikheda- < pari-√khid- (6) + -a：*m.* 疲労困憊。(極度の) 疲労。「倦」「疲倦」「退」と漢訳。

pari-√khid- (6)：圧迫を感じる。不安を感ずる。苦しめられる。「圧」「懈」「疲厭」「疲倦」と漢訳。

saṃgraha-vastūnām < saṃgraha-vastu-：*n.* 把握する事柄。〔四種類の〕包容の仕方（四摂法）。*pl. Gen.*

saṃgraha- < sam-√grah- (9) + -a：*m.* 捕獲。つかむこと。保つこと。保留すること。獲得。(食事を) とること。蓄積。集積。保護。包含。

vastu-：*n.* 物質。価値ある事物。～の対象。事柄。事情。

ariñcanā < ariñcanā- < a-riñcanā-：*f.* the not abandoning（断念しないこと、中止しないこと、捨て去らないこと、放棄しないこと）。*sg. Nom.* <u>*cf. BHS. dic. p.* 65.</u>

riñcanā-：*f.* 断念。中止。放棄。

riñcati：「捨」「棄」「棄捨」「捨離」「遠離」と漢訳。

√ric- (7)：空虚にする。取り除く。解放する。放免する。

sad-dharma-parigrahāya < sad-dharma-parigraha-：*m.* 正しい教え（正法）の把握。*sg. Dat.*

sad-dharma-：*m.* 正しい教え。「正法」と漢訳。

sad- < sat- + 有声子音 < sa- + -t < √as- (2) + -t：*P. 現在分詞,* 存在している。現存している。持続している。永続している。正しい。

parigraha- < pari-√grah- (9) + -a：*m.* 住居。把握。受領。獲得。

kāya-jīvita-parityāgaḥ < kāya-jīvita-parityāga-：*m.* 身体と生命を喜捨すること。*sg. Nom.*

kāya-jīvita-：*n.* 身体と生命。

kāya-：*m.* 身体。集団。多数。集合。

jīvita- < √jīv- (1) + ita：*pp.* 生ける。生存せる。*n.* 生物。生命。

parityāga- < pari-√tyaj- (1) + -a：*m.* 見放すこと。見捨てること。拒否。放棄。断念。「捨離」「棄捨」と漢訳。

pari-√tyaj- (1)：棄てる。手放す。断念する。罷める。放棄する。
√tyaj- (1)：罷める。見捨てる。棄てる。手放す。遺棄する。放置する。断念する。
kuśala-mūleṣv < kuśala-mūleṣu + 母音 < kuśala-mūla-：*n.* 「善根」と漢訳。*pl. Loc.*
kuśala-：*adj.* 善き。正しき。～に熟練した。老練なる。経験ある。
mūla-：*n.* 根。付け根。基底。起原。本源。
atṛptiḥ < atṛpti- < a-tṛpti-：*f.* 不満足。飽き足りないこと。*sg. Nom.*
tṛpti- < √tṛp- (4,5) + -ti：*f.* 満足。飽き足りること。
√tṛp- (4,5)：満足する。満ち足りる。飽き足りる。
pariṇāmanā-kauśalya-pratiṣṭhā < pariṇāmanā-kauśalya-pratiṣṭhā-：*f.* 廻向が巧みであることに立脚していること。*sg. Nom.*
pariṇāmanā- < pari-√nam- (1) + -anā：*f.* 「廻向」と漢訳。
pari-√nam- (1)：曲がる。脇を向く。～（具格）に変わる。～に転ずる。発達する。成熟する。「変現」「転変」「廻向」と漢訳。
√nam- (1)：～（対格・為格・属格）に向かってかがむ。お辞儀をする。～に屈する。
kauśalya- = kauśala-：*n.* 幸福。幸運。繁栄。賢明。「善」「善巧」と漢訳。
pratiṣṭhā- < prati-√sthā- (1) + -ā：*f.* 立ち止まっていること。停止。静止。地位。位置。基礎。支持。「依止」「依処」と漢訳。
prati-√sthā- (1)：立つ。住む。しっかりと立つ。～（処格）の上に基礎を置く。安んずる。確立されている。「安住」「住」と漢訳。
dharma-paryeṣṭāv < dharma-paryeṣṭau + 母音 < dharma-paryeṣṭi-：*f.* 法を求めること。*sg. Loc.*
paryeṣṭi- < pari-ā-√iṣ- (6) + -ti：*f.* ～を求めること。探求すること。世俗的努力。
pari-ā-√iṣ- (6)：「求」「尋求」「追求」「志求」と漢訳。
akauśīdyaṃ < akauśīdya- < a-kauśīdya-：*n.* 怠惰でない。*sg. Nom.*
kauśīdya- = kausīdya-：*n.* 怠惰。弛緩。「懈怠」と漢訳。
dharma-deśanāsv < dharma-deśanāsu + 母音 < dharma-deśanā-：*f.* 法の教授。説教。「説」「説法」と漢訳。*pl. Loc.*
anācārya-muṣṭis < anācārya-muṣṭiḥ + (t) < anācārya-muṣṭi- < an-ācārya-muṣṭi-：*adj.* 教師の握り拳がない。*f. sg. Nom.*
ācārya-muṣṭi-：*m.* 教師の握り拳。「師拳」「慳悋」と漢訳。
ācārya- < ā-√car- (1) + -ya：*未受分,* 行かれるべき。*m.* 師。「教師」と漢訳。
muṣṭi-：*m.f.* 握りしめられた手。拳。手一杯。
tathāgata-darśana-pūjā-vastuny < tathāgata-darśana-pūjā-vastuni + 母音 < tathāgata-darśana-pūjā-vastu-：*n.* 如来に会って供養すること。*sg. Loc.*
tathāgata-：*m.* 「如来」と漢訳。
darśana- < √dṛś- (1) + -ana-：*n.* 凝視すること。見ること。知覚。悟性。内観。意見。認識。哲学的体系。～との会合。*adj.* ～の外観を有する。～と見える。
pūjā-：*f.* 尊敬。敬意。崇拝。供養。
vastu-：*n.* 物質。価値ある事物。～の対象。事柄。事情。
autsukyaṃ < autsukya- < utsuka- + -ya：*n.* 憧憬。願望。短気。焦慮。精励。熱心。*sg. Nom.*
utsuka-：*adj.* 不安な。熱心な。憧憬する。～（処格）を切望する。
saṃcintyôpapattiṣv < saṃcintyôpapattiṣu + 母音 < saṃcintyôpapatti- < saṃcintya-upapatti-：*f.* 意のままの誕生。*pl. Loc.*
saṃcintya < sam-√cint- (10) + -ya：*Ger.* 意のままに。「故思」「如思」「以自在心」と漢訳。
saṃcintya- < sam-√cint- (10) + -ya：*未受分,* 考慮されるべき。～と見なされるべき。
sam-√cint- (10)：熟慮する。思量する。～（対格）を正当に考える。考慮する。
upapatti- < upa-√pad- (4) + -ti：*f.* 出現。成功。結果。確立。起源。誕生。
anuttrāsaḥ < anuttrāsa- < an-uttrāsa-：*m.* 恐怖のないこと。*sg. Nom.*

uttrāsa- < ud-√tras- (1) + -a：*m.* 恐怖。「怖畏」と漢訳。

ud-√tras- (1)：驚く。驚かす。

saṃpatti-vipattiṣv < saṃpatti-vipattiṣu + 母音 < saṃpatti-vipatti-：*f.* 好運と不運。*pl. Loc.*

saṃpatti- < sam-√pad- (4) + -ti：*f.* 合致。良結果。成功。成就。達成。獲得。僥倖。好運。繁栄。

sam-√pad- (4)：成就する。完成する。成功する。繁栄する。〜と会う。

vipatti- < vi-√pad- (4) + -ti：*f.* 失敗。不幸。災害。滅亡。破壊。（時の）不利なこと。

vi-√pad- (4)：ばらばらに崩れる。失敗する。しくじる。無に帰する。滅びる。

anunnāmâvanāmatâśikṣiteṣv < anunnāmâvanāmatā + aśikṣiteṣv

anunnāmâvanāmatā < anunnāmâvanāmatā- < anunnāma-avanāma-tā-：*f.* 〔心が〕高ぶったり、落ち込んだりしないこと。*sg. Nom.*

anunnāma-avanāma- < an-unnāma-avanāma-：*f.* 高ぶったり、落ち込んだりすることがない。

unnāma-avanāma-：*m.* 「高下」「低昂」と漢訳。

unnāma- < ud-√nam- (1) + -a：*m.* 立ち上がること。上昇。

ud-√nam- (1)：上る。起き上がる。上げる。高める。揚げる。

avanāma- < ava-√nam- (1) + -a：*m.* 屈むこと。傾くこと。「低」「卑」「下」「謙下」と漢訳。

ava-√nam- (1)：頭を下げる。屈む。お辞儀する。「陥」「没」「低」「謙下」と漢訳。

aśikṣiteṣv < aśikṣiteṣu + 母音 < aśikṣita- < a-śikṣita-：*adj.* いまだ学んでいない。*m. pl. Loc.*

śikṣita- < śikṣaya- + -ta < √śikṣ- (1) + -aya + -ta：*Caus. pp.* 〜（処格）を教えられた。学んだ。「学」「解」「修」「修学」と漢訳。

śikṣaya- < √śikṣ- (1) + -aya：*Caus.* （ものごとを）教える。〜（対格）に…（対格）を教える。〜（不定詞）することを教える。

√śikṣ- (1)：（√śak-の意欲動詞）。〜（奪格、属格）から習得する。研究する。学ぶ。〜（処格）を修行する。

aparibhavaḥ < aparibhava- < a-paribhava-：*m.* 軽蔑しないこと。*sg. Nom.*

paribhava- < pari-√bhū- (1) + -a：*m.* 無礼・傲慢無礼なこと。侮辱。感情を害すること。屈辱を感じさせること。〜（属格、処格）に対する軽蔑。

pari-√bhū- (1)：辱める。蔑視する。軽慢する。軽んじる。

śikṣiteṣu < śikṣita- < śikṣaya- + -ta < √śikṣ- (1) + -aya + -ta：*Caus. pp.* 〜（処格）を教えられた。学んだ。「学」「解」「修」「修学」と漢訳。*m. pl. Loc.*

śāstṛ-premā < śāstṛ-preman-：*adj.* 師〔であるブッダに等しい〕という思いで好意を抱いている。*m. sg. Nom.*

śāstṛ- < √śās- (2) + -tṛ：*m.* 罰する人。教師。教訓者。天人師（仏の別称）。

preman-：*m.* 愛。愛情。やさしさ。親切。好意。〜（処格）に対する愛好。

kleśâkīrṇānāṃ < kleśâkīrṇa- < kleśa-ākīrṇa-：*adj.* 煩悩に満たされた。*m. p,. Gen.*

kleśa- < √kliś- (4) + -a：*m.* 苦痛。苦悩。心痛。「煩悩」「惑」「根本煩悩」と漢訳。

√kliś- (4,9)：悩ます。苦しませる。困らせる。煩わす。

ākīrṇa- < ā-√kṝ- (6) + -na：*pp.* 撒かれた。〜で満たされた。覆われた。

√kṝ- (6)：散らす。注ぐ。撒布する。

yoniśa < yoniśaḥ + a 以外の母音 < yoniśas：*adv.* 根本的に。正当に。賢明に。「正」「如理」「如法」と漢訳。

upasaṃhāro < upasaṃhāraḥ + 有声子音 < upasaṃhāra- < upa-sam-√hṛ- (1) + -a：*m.* 引き戻すこと。要約。梗概。結論。*sg. Nom.*

upa-sam-√hṛ- (1)：簡潔にまとめる。要約する。抑止する。停止する。

viveka-ratiṣv < viveka-ratiṣu + 母音 < viveka-rati-：*f.* 〔雑踏を遠離して〕寂静を楽しむ。*pl. Loc.*

viveka- < vi-√vic- (7) + -a：*m.* 区別。差別。識別。「離」「遠離」「厭離」「寂」「寂静」と漢訳。

vi-√vic- (7)：篩い分ける。分離する。区別する。識別する。

rati- < √ram- (1) + -ti：*f.* 休息。快楽。満足。「楽」「愛楽」「歓喜」と漢訳。

atanmayatâtma-saukhye 'nadhyavasānaṃ < atanmayatā + ātma-saukhye + anadhyavasānaṃ

atanmayatā < atanmayatā- < a-tan-maya-tā-：*f.* それに満たされて〔喜んで〕いないこと。*sg. Nom.*

a-tan-maya-：*adj.* それより成ることはない。それに満ちていることはない。

tan-maya-：*adj.* それより成る。それに満ちている。それに満たされて〔喜んで〕いる。「歓喜」と漢訳。

ātma-saukhye < ātma-saukhya-：*n.* 自分の幸福。*sg. Loc.*

ātma- < ātman-：*m.* 気息。霊魂。自身。本質。本性。我。

saukhya- < sukha- + -ya：*n.* 安寧。慰安。享楽。快楽。幸福。祝福。安楽。

anadhyavasānaṃ < anadhyavasāna- < an-adhyavasāna-：*n.* 執着のないこと。*sg. Nom.*

adhyavasāna- < adhi-ava-√sā- (4) + -ana：*n.* 決心。堅忍。「著」「耽著」「貪著」「味著」「染著」「取著」「楽著」「愛楽」と漢訳。

adhi-ava-√sā- (4)：停止する。決心する。選択する。決意する。企てる。思案する。

para-saukhyena < para-saukhya-：*n.* 他者の幸福。*sg. Ins.*

tanmayatā < tanmayatā- < tan-maya-tā-：*f.* それに満たされて〔喜んで〕いること。

tan-maya-：*adj.* それより成る。それに満ちている。それに満たされて〔喜んで〕いる。「歓喜」と漢訳。

dhyāna-samādhi-samāpattiṣv < dhyāna-samādhi-samāpattiṣu + 母音 < dhyāna-samādhi-samāpa=tti-：*f.* 禅定、三昧、等至。*pl. Loc.*

dhyāna- < √dhyai- (1) + -ana：*n.* 静慮。「定」と漢訳。「禅」「禅定」と音写。

samādhi- < sam-ādhi-：*m.* 組み合わせること。結合。〜に熱中していること。最高我への深い瞑想。「定」「等持」と漢訳。「三昧」と音写。

samāpatti- < sam-ā-√pad- (4) + -ti：*f.* 遭遇すること。会うこと。〜の達成。「等至」と漢訳。

avīci-saṃjñā < avīci-saṃjñā-：*f.* アヴィーチ（無間）地獄という思い。*sg. Nom.*

avīci- < a-vīci-：*adj.* 波の間断のない。間隙のない。*m.* アヴィーチ地獄。「無間」「無間地獄」と漢訳。「阿鼻」「阿鼻地獄」と音写。

saṃjñā- < sam-√jñā- (9) + -ā：*f.* 一致。意識。理解。明瞭な概念。命名。名前。術語。「号」「名号」「名」「名字」と漢訳。

saṃsāra < saṃsāre + a 以外の母音 < saṃsāra- < sam-√sṛ- (1) + -a：*m.* 生存の循環。（生の）不断の連続。現世の生存。「輪廻」と漢訳。*sg. Loc.*

udyāna-vimāna-saṃjñā < udyāna-vimāna-saṃjñā-：*f.* 庭園と宮殿という思い。*sg. Nom.*

udyāna- < ud-yāna- < ud-√yā- (2) + -ana：*n.* 外出。遊園。庭園。

vimāna- < vi-māna-：*m.n.* 天上の戦車。空中の車。（七階の）宮殿。「楼閣」と漢訳。

saṃjñā- < sam-√jñā- (9) + -ā：*f.* 一致。意識。理解。明瞭な概念。命名。名前。術語。「号」「名号」「名」「名字」と漢訳。

yācanakeṣu < yācanaka- < yācana-ka-：*m.* 乞食。「乞」「乞者」「乞人」と漢訳。*pl. Loc.*

yācana- < √yāc- (1) + -ana：*n.* 〜懇請すること。要請すること。

√yāc- (1)：求める。懇願する。

kalyāṇa-mitra-saṃjñā < kalyāṇa-mitra-saṃjñā-：*f.* 善き友（善知識）という思い。*sg. Nom.*

kalyāṇa-mitra-：*m.* 善き友。真の友。「善友」「知識」「善知識」と漢訳。

sarva-sva-parityāge < sarva-sva-parityāga-：*m.* 自分の所有物のすべてを喜捨すること。*sg. Loc.*

sva-：*adj.* 自身の。私の。汝の。彼の。彼女の。我々の。君たちの。彼らの。*n.* 自分の所有物。財産。

parityāga- < pari-√tyaj- (1) + -a：*m.* 見放すこと。見捨てること。拒否。放棄。断念。喪失。布施。「喜捨」と漢訳。*sg. Nom.*

pari-√tyaj- (1)：棄てる。手放す。断念する。放棄する。

sarva-jñatā-paripūri-saṃjñā < sarva-jñatā-paripūri-saṃjñā-：*f.* 一切智の完成という思い。*sg. Nom.*

sarva-jñatā-：*f.* 全知。「一切智」「一切種智」と漢訳。「薩婆若」と音写。

paripūri- < pari-√pṛ- (3,6) + -i：*f.* 「満」「円満」「満足」「令満足」「成就」「具」「安」「究竟」と漢訳。

saṃjñā- < sam-√jñā- (9) + -ā：*f.* 一致。意識。理解。明瞭な概念。命名。名前。術語。「号」「名号」「名」「名字」と漢訳。

duḥśīleṣu < duḥśīla- < duḥ-śīla-：*adj.* 悪しき習慣／性質を有する。邪悪の。悪い行状の。破戒の。「破戒」「毀戒」「破戒者」と漢訳。*m. pl. Loc.*

duḥ- < dus-：*pref.* 悪い。誤った。～しにくい。悪く。かろうじて。

śīla-：*n.* 習慣。気質。性向。性格。よい行状。よい習慣。高尚な品性。道徳性。「戒」と漢訳。

paritrāṇa-saṃjñā < paritrāṇa-saṃjñā-：*f.* 救済の思い。*sg. Nom.*

paritrāṇa- < pari-√trā- (2) + -ana：*n.* ～（奪格）からの保存・保護・救済・救援・救助。庇護。避難。

pari-√trā- (2)：～（奪格）からの保護する。救済する。

pāramitāsu < pāramitā-：*f.* 完全な成就。～の完成。「度」「到彼岸」と漢訳。「波羅蜜」と音写。*pl. Loc.*

mātā-pitṛ-saṃjñā < mātā-pitṛ-saṃjñā-：*f.* 母と父という思い。*sg. Nom.*

bodhi-pakṣyeṣu < bodhi-pakṣya-：*adj.* 覚りを助ける〔三十七の修行法〕（三十七道品）。「道分」「覚分」「助道」「助道品法」「道品」と漢訳。「菩提分」と音写。*m. pl. Loc.*

bodhi-：*f.* 覚り。「菩提」と音写。

pakṣya-：*adj.* ～に味方する。「品」「分」と漢訳。

dharmeṣu < dharma-：*m.* 「法」と漢訳。*pl. Loc.*

sva-parivāra-saṃjñâparyāptī-kṛtāḥ < sva-parivāra-saṃjñā + aparyāptī-kṛtāḥ

sva-parivāra-saṃjñā < sva-parivāra-saṃjñā：*f.* 自分の従者という思い。*sg. Nom.*

sva-：*adj.* 自身の。私の。汝の。彼の。彼女の。我々の。君たちの。彼らの。*n.* 自分の所有物。財産。

parivāra- < pari-√vṛ- (1) + -a：*adj.* ～に取り囲まれた。*m.* 侍者。随行者。従者。「眷属」「伴」と漢訳。

pari-√vṛ- (1)：覆う。取り囲む。包囲する。

√vṛ- (1)：覆う。隠す。包む。囲む。包囲する。

aparyāptī-kṛtāḥ < aparyāptī-kṛtāḥ + (s) < aparyāptī-kṛta- < a-paryāptī-kṛta-：*pp.* 十分なことだとなされない。*pl. Nom.*

paryāptī-kṛta-：*pp.* 十分なこととなされた。

paryāptī- < paryāpti- < pari-√āp- (5) + -ti：*f.* 終結。十分なこと。獲得。

<u>動詞 √bhū- (1), √as- (2), √kṛ- (8) の前分に名詞、形容詞がくる複合語では名詞、形容詞の末尾の a, ā, an は īとなり、i, u は ī, ūとなり、ṛ は rī、それ以外はそのままとなる。cf.「基礎」*p.* 566.</u>

pari-√āp- (5)：到達する。得る。結末をつける。

kṛta- < √kṛ- (8) + -ta：*pp.* なされた。作られた。行なわれた。成就された。得られた。

sarva-kuśala-mūla-saṃbhārāḥ < sarva-kuśala-mūla-saṃbhāra-：*m.* あらゆる善根を積み重ねること。*pl. Nom.*

saṃbhāra- < sam-√bhṛ- (1) + -a：*m.* 一緒に持ってくること。集めること。～に対する用意。家財道具。富。所有物。多数。量。堆積。「積集」と漢訳。

sarva-buddha-kṣetra-guṇānāṃ < sarva-buddha-kṣetra-guṇa-：*m.* あらゆるブッダの国土の徳。*pl. Gen.*

guṇa-：*m.* 種類。構成。従属的要素。固有性。属性。善性。徳。

sva-kṣetra-niṣpādanatā < sva-kṣetra-niṣpādanatā- < sva-kṣetra-niṣpādana-tā-：*n.* 自分の国土において完成すること。*sg. Nom.*

niṣpādana- < nis-√pad- (4) + -ana：*n.* 完成。生産。「成」「能成」「成就」と完成。

nis-√pad- (4)：落ちる。現われる。起こる。熟す。成就する。

lakṣaṇânuvyañjana-paripūryai < lakṣaṇânuvyañjana-paripūri- < lakṣaṇa-anuvyañjana-paripūri-：*f.* 〔三十二種類の勝れた〕相（三十二相）と、〔八十種類の〕副次的な身体的特徴（八十種好）の完成。*sg. Dat.*

lakṣaṇa-：*adj.* 指示する。標章の。しるしのある。特徴のある。属性のある。*n.* 標章。しるし。記号。特徴。属性。

anuvyañjana- < anu-vyañjana-：*n.* 副次的なしるし。第二次的なしるし。（八十）種好。「種好」と漢訳。

vyañjana- < vi-añjana- < vi-√añj- (7) + -ana：*n.* 現わすこと。指示すること。象徴的表現。マーク。しるし。

vi-√añj- (7)：美しくする、顕示する。

√añj- (7)：～（対格）をもって身を飾る。表示する。

paripūri- < pari-√pṝ- (3,6) + -i：*f.* 「満」「円満」「満足」「令満足」「成就」「具」「安」「究竟」と漢訳。

nirargaḍa-yajña-yajanatā < nirargaḍa-yajña-yajanatā- < nirargaḍa-yajña-yajana-tā-：*f.* 無遮会の祭式を行なうこと。*sg. Nom.*

nirargaḍa-yajña-yajana-：*n.* 無遮会の祭式を行なうこと。

nirargaḍa-yajña-：*m.* 「無遮供」と漢訳。

nirargaḍa- = nirargala- < nir-argala-：*adj.* 閂をはずした。妨げられない。妨害されない。自由な。

argala-：*m.n.* 閂。

yajña-：*m.* 祭式の儀礼。祭式。「施会」「施食」「供養」と漢訳。

yajana- < √yaj- (1) + -ana：*n.* 祭式を行なうこと。祭式の場所。

kāya-vāk-cittâlaṃkāratā < kāya-vāk-cittâlaṃkāratā- < kāya-vāk-cittâlaṃkāra-tā-：*f.* 身体と言葉と心も荘厳されていること。*sg. Nom.*

kāya-：*m.* 身体。集団。多数。集合。

vāk- < vāc-：*f.* 言葉。*sg. Nom.* この連声法については、cf.「基礎」*p.* 54.

citta-：*n.* 心。思考。意思。知性。理性。「質多」と音写。

alaṃkāra- < alam-√kṛ- (8) + -a：*m.* 装飾。装飾物。装身具。修辞。「荘厳」「厳飾」と漢訳。

sarva-pāpâkaraṇatayā < sarva-pāpâkaraṇatā- < sarva-pāpa-akaraṇa-tā-：*f.* 一切の悪を行なわないこと。*sg. Ins.*

sarva-：*adj.* 一切の。すべての。

pāpa-：*adj.* 有害な。悪い。邪悪な。*m.* 邪悪な男。悪党。*n.* 害悪。邪悪。

akaraṇa- < a-karaṇa-：*n.* 不遂行。「不可作」

karaṇa- < √kṛ- (8) + -ana：*adj.* ～を作る。生ずる。なす。*n.* 作為。行為。成就。産出。動作。実行。

kāya-vāk-pariśuddhyā < kāya-vāk-pariśuddhi-：*f.* 身体と言葉の完全な浄化。*sg. Ins.*

citta-pariśuddhyā < citta-pariśuddhi-：*f.* 心の完全な浄化。*sg. Ins.*

câsaṃkhyeya-kalpa-saṃsaraṇatā < ca + asaṃkhyeya-kalpa-saṃsaraṇatā

ca：*conj.* および。また。しかしながら。そして。～と。なお。

asaṃkhyeya-kalpa-saṃsaraṇatā < asaṃkhyeya-kalpa-saṃsaraṇa-tā-：*f.* 無数劫（阿僧祇劫）〔の長き〕にわたった生存の循環（輪廻）。*sg. Nom.*

asaṃkhyeya- < a- + sam-√khyā- (2) + -ya：*未受分,* 計算すべきでない。無数の。数えがたい。「阿僧祇」と音写。

kalpa-：*m.* 宇宙論的時間。「劫」と漢訳。「劫波」「劫」と音写。

saṃsaraṇa- < sam-√sṛ- (1) + -ana：*n.* 彷徨うこと。輪廻。〔輪廻の連続としての〕現在の生

存。「生死」と漢訳。

sam-√sṛ- (1)：歩き回る。徘徊する。

√sṛ- (1)：速く走る。流れる。

citta-śūratayâpramāṇa-buddha-guṇa-śravaṇenâsaṃsīdanatā < citta-śūratayā + apramāṇa-buddha-guṇa-śravaṇena + asaṃsīdanatā

citta-śūratayā < citta-śūratā- < citta-śūra-tā-：*f.* 心が勇敢であること。*sg. Ins.*

śūra-：*adj.* 英雄的な。勇気ある。*m.* 英雄。勇者。「猛実」「勇健」と漢訳。

apramāṇa-buddha-guṇa-śravaṇena < apramāṇa-buddha-guṇa-śravaṇa-：*n.* ブッダの無量の徳の聴聞。*sg. Ins.*

apramāṇa- < a-pramāṇa-：*adj.* 無量の。*n.* 行為の標準とならない規則。権威なきこと。無価値。「広大」「無量」「不可度量」と漢訳。

buddha-guṇa-：*m.* ブッダの徳。

śravaṇa- < √śru- (5) + -ana：*n.* 聞くこと。学ぶこと。「聞」「聴」「聴受」「聴聞」と漢訳。

asaṃsīdanatā < asaṃsīdana-tā-：*f.* 「不没」「不沈没」と漢訳。*sg. Nom.*

asaṃsīdana- < a-saṃsīdana-：*adj.* 「離懈怠」「無懈怠」と漢訳。

saṃsīdana- < sam-√sad- (1) + -ana：*n.* 「驚怖」

kleśa-śatru-nigrahāya < kleśa-śatru-nigraha-：*m.* 煩悩という敵の鎮圧。*sg. Dat.*

kleśa- < √kliś- (4) + -a：*m.* 苦痛。苦悩。心痛。「煩悩」「惑」「根本煩悩」と漢訳。

√kliś- (4)：悩ませる。困らせる。悩む。困る。

śatru-：*m.* 敵。競争者。「怨」「怨敵」と漢訳。

nigraha- < ni-√grah- (9) + -a：*m.* 捉えること。禁止。制止。～（奪格）から抑留すること。抑制。拘束。

ni-√grah- (9)：引き下げる。引き締める。抑止する。捕縛する。幽閉する。鎮圧する。「伏」「降伏」「調伏」「摧滅」「摧伏」と漢訳。

prajñā-śastra-grahaṇatā < prajñā-śastra-grahaṇatā- < prajñā-śastra-grahaṇa-tā-：*f.* 智慧という剣を〔手に〕持っていること。*sg. Nom.*

prajñā-：*f.* 「智慧」と漢訳。「般若」と音写。

śastra- < √śas- (1) + -tra：*n.* 小刀。短剣。武器。「刀」「刀杖」「刀兵」「杖」「兵器」「兵杖」と漢訳。

√śas- (1)：切る。殺す。

grahaṇa- < √grah- (9) + -ana：*adj.* ～を支持する。つかむ。*n.* 把握。支持。捕獲。獲得。受領。

sarva-sattva-bhārôdvahanatāyai < sarva-sattva-bhārôdvahanatā- < sarva-sattva-bhāra-udvaha=na-tā-：*n.* 一切衆生の重荷に耐えること。一切衆生の辛苦を代わりに受けること。*sg. Dat.*

bhāra- < √bhṛ- (2) + -a：*m.* 積み荷。重荷。労働。辛苦。心労。軛。

√bhṛ- (2)：運ぶ。

udvahana- < ud-√vah- (1) + -ana：*n.* 揚げること。運び出すこと。堪えること。「受」「代受」「忍受」「能堪忍」「負」「荷負」「能荷」と漢訳。

ud-√vah- (1)：高く持ち上げる。差しあげる。放逐する。持っていく。（大地、主権を）支える。心に銘記する。耐える。忍ぶ。固執する。

skandha-dhātv-āyatana-parijñôttapta-vīryatā < skandha-dhātv-āyatana-parijñā + uttapta-vīryatā

skandha-dhātv-āyatana-parijñā < skandha-dhātv-āyatana-parijñā-：*f.* 〔五〕陰（五蘊）、〔十八〕界、〔十二〕入を遍ねく知ること。*sg. Nom.*

skandha-dhātv-āyatana-：*adj.* 〔五〕陰（五蘊）、〔十八〕界、〔十二〕入。

skandha-：*m.* （木の）幹。区分。部分。集合。

dhātu-：*m.* 層。成分。要素。身体の根本要素。「界」「身界」「世界」「種性」と漢訳。

āyatana- < ā-yatana- < ā-√yat- (1) + -ana：*n.* 入ること。処。住所。領域。聖域。感覚の領

域。感官。「処」「入」と漢訳。

ā-√yat- (1)：～（処格）に入る。住む。

parijñā- < pari-√jñā- (9) + -ā：*f.* 知識。

pari-√jñā- (9)：注意深く観る。確かめる。十分に知る。～（対格）を～（対格）として認識する。「知」「遍知」「了知」と漢訳。

uttapta-vīryatā < uttapta-vīrya-tā-：*f.* 熱せられた努力精進を持つこと。努力精進が熱く燃え上がっていること。*sg. Nom.*

uttapta-vīrya-：*adj.* 熱せられた努力精進を持つ。努力精進が熱く燃え上がっている。「大精進」「勤行精進」と漢訳。

uttapta- < ud-√tap- (1) + -ta：*pp.* 熱せられた。赤熱せられた。苦痛に満たされた。「焔」「明」「明了」「光明」「熾然」と漢訳。

ud-√tap- (1)：熱する。苦しませる。苦痛に満たされた。

vīrya-：*n.* 男らしさ。勇気。力。能力。英雄的な行為。「勤」「精進」「勇健」「勇猛」「強健」と漢訳。

māra-sainya-dharṣaṇârthaṃ < māra-sainya-dharṣaṇa-artha-：*adj.* 悪魔の軍勢を打ち破るための。*n. sg. Acc.* 対格の副詞的用法。

māra- < √mṛ- (1) + -a：*m.* 死。殺害。誘惑者。悪魔。「障」「悪者」と漢訳。「悪魔」「邪魔」「魔」「摩羅」と音写。

sainya- < senā- + -ya：*adj.* 軍隊に属する。軍隊に関する。*m.* 兵士。*n.* 軍隊。

senā-：*f.* 軍隊。

dharṣaṇa- < √dhṛṣ- (1) + -ana：*n.* 攻撃。虐待。侮辱。「降伏」と漢訳。

dharṣaya- < √dhṛṣ- (1) + -aya：*Caus.* つかむ。襲う。苦しめる。傷つける。破壊する。

√dhṛṣ- (1)：大胆である。勇気がある。～（対格）に思い切って近づく。攻撃する。

～-artha-：*adj.* ～を目的とする。～に役立つ。～のための。「為」「故」と漢訳。

artha-：*m.* 意味。仕事。利。利得。利益。財産。「義」「道理」と漢訳。

nirmānatā < nirmānatā- < nirmāna-tā-：*f.* 慢心のないこと。*sg. Nom.*

nirmāna- < nir-māna- ＝ nir-māṇa-：誇りのない。自負のない。「無慢」「除慢」「無有憍慢」と漢訳。

māna- < √man- (1, 8, 4) + -a：*m. n.* 意見。観念。意志。自己を高く評価すること。自負。高慢。尊大。「慢」「慢心」「憍慢」「高慢」と漢訳。

dharma-paryeṣṭyai < dharma-paryeṣṭi-：*f.* 法を求めること。法を探求すること。*sg. Dat.*

jñāna-paryeṣṭir < jñāna-paryeṣṭiḥ + 有声音 < jñāna-paryeṣṭi-：*f.* 知を求めること。知を探求すること。*sg. Nom.*

dharma-grāhyatāyā < dharma-grāhyatāyai + 母音 < dharma-grāhya-tā-：*f.* 法（真理の教え）を理解するべきであること。*sg. Dat.*

dharma-grāhya-：*adj.* 法が理解されるべき。

grāhya- < √grah- (9) + -ya：*未受分,* とらえられるべき。感知されるべき。得られるべき。受けられるべき。理解されるべき。了解されるべき。

alpêccha-saṃtuṣṭitā < alpêccha-saṃtuṣṭi-tā-：*f.* わずかの願望を持って、満足していること。「少欲知足」と漢訳。*sg. Nom.*

alpêccha- < alpa-iccha-：*adj.* わずかの願望を持っている。適度の願望を持っている。「少欲」「寡欲」「少足」と漢訳。

alpa-：*adj.* 小さい。少ない。短い。乏しい。弱い。

iccha- < icchā- < √iṣ- (6) + -ā：*f.* 願望。欲望。

saṃtuṣṭi- < sam-√tuṣ- (4) + -ti：*f.* ～（具格）で満足すること。「知足」と漢訳。

sam-√tuṣ- (4)：鎮められる。～（具格）をもって満足を感じる。～を悦ぶ。

√tuṣ- (4)：～（具格、為格、属格、処格）によって満足させられる。悦ばされる。満足させる。

sarva-loka-priyatāyai < sarva-loka-priya-tā-：*f.* あらゆる世間〔の人々〕に好まれること。あらゆる世間〔の人々〕を喜ばせること。*sg. Dat.*

priya- < √prī- (9) + -a：*adj.* ～（為・属・処格）に親しい。～に愛された。慈しまれた。～（処格）を好む。

√prī- (9)：満足させる。楽しませる。喜ばせる。

sarva-loka-dharmâsaṃsṛṣṭatā < sarva-loka-dharma-asaṃsṛṣṭa-tā-：*f.* 世間のあらゆるものごとに混じり合わないこと。*sg. Nom.*

asaṃsṛṣṭa- < a-saṃsṛṣṭa-：*adj.* 混ざっていない。混合していない。

saṃsṛṣṭa- < sam-√sṛj- (6) + -ta：*pp.* 結ばれた。結合された。混ぜられた。混合した。*n.* 親密さ。

lokânuvartanatāyai < lokânuvartanatā- < loka-anuvartana-tā-：*f.* 世間への順応。*sg. Dat.*

anuvartana- < anu-√vṛt- (1) + -ana：*n.* 継続。応諾。従順。従うこと。意志に沿うこと。満足させること。「随順」「随従」と漢訳。

anu-√vṛt- (1)：～の後を転がる。従う。追う。意志に沿う。満足させる。

sarvêryā-pathâvikopanatā < sarvêryā-pathâvikopanatā- < sarva-īryā-patha-avikopana-tā-：*f.* あらゆる〔行・住・坐・臥の四〕威儀を破壊しないこと。*sg. Nom.*

īryā-patha-：*m.* 行儀。正しい行状。男性出家者の遵守すべき規定。〔行・住・坐・臥の四〕威儀。「儀」「威儀」「威儀道」と漢訳。

avikopana- < a-vikopana-：*adj.* 破壊しない。

vikopana- < vi-√kop- (4) + -ana：*n.* 「壊」「変」「毀壊」「変異」「能動」と漢訳。

vikopaya- < vi-√kop- (4) + -aya：*Caus.* 毀す。破壊する。

sarva-kriyā-saṃdarśanatāyā < sarva-kriyā-saṃdarśanatāyai + 母音 < sarva-kriyā-saṃdarśana-tā-：*f.* あらゆる力用を示すこと。*sg. Dat.*

kriyā-：*f.* 仕事。行動。行為。実行。「能作」「用」「力用」と漢訳。

saṃdarśana- < saṃdarśaya- + -ana：*n.* 示すこと。明示すること。

saṃdarśaya- < sam-√dṛś- (1) + -aya：*Caus.* 示す。顕わす。明示する。

abhijñôtpādanatā < abhijñôtpādanatā- < abhijñā-utpādana-tā-：*f.* 神通力を生ずること。*sg. Nom.*

abhijñā- < abhi-√jñā- (9) + -ā：*f.* 記憶。思い出。「通」「神通」「慧」「神力」と漢訳。

utpādana- < ud-√pad- (4) + -ana：*adj.* 産出する。*n.* 産むこと。生ずること。成し遂げること。獲得すること。

sarva-śruta-dhāraṇatāyai < sarva-śruta-dhāraṇatā- < sarva-śruta-dhāraṇa-tā-：*f.* 聞いたことをすべて保持すること。*sg. Dat.*

śruta- < √śru- (5) + -ta：*pp.* 聞かれた。

dhāraṇa- < dhāraya- + -ana <√dhṛ- (4) + -aya + -ana：*n.* 把持すること。支えること。保持すること。受持すること。

dhāraya- < √dhṛ- (4) + -aya：*Caus.* 把持する。支える。担う。保持する。「受持」「憶持」「奉持」「憶持不忘」と漢訳。

dhāraṇī-smṛti-jñānatā < dhāraṇī-smṛti-jñānatā- < dhāraṇī-smṛti-jñāna-tā-：*f.* ダーラニー（陀羅尼）と記憶と知〔がある〕。*sg. Nom.*

dhāraṇī-：*f.* （大乗仏教において）法を心に留めて忘れさせない能力。修行者を守護する能力がある章句のこと。「総持」と漢訳。「陀羅尼」と音写。

smṛti- < √smṛ- (1) + -ti：*f.* 記憶。想念。

jñāna- < √jñā- (9) + -ana：*n.* 知。智慧。知ること。

sarva-sattva-saṃśaya-cchedanatāyā < sarva-sattva-saṃśaya-cchedanatāyai + 母音 < sarva-sattva-saṃśaya-cchedanatā- < sarva-sattva-saṃśaya-cchedana-tā-：*f.* あらゆる衆生の疑惑を断ち切ること。*sg. Dat.*

saṃśaya- < saṃ-√śī- + -a：*m.* 〜に関する疑い。不確実さ。懸念。「疑惑」「狐疑」「疑心」「疑網」と漢訳。

cchedana- < 母音 + chedana- < √chid- (7) + -ana：*adj.* 切る。裂く。破壊する。*n.* 切断。断ち切ること。（疑いを）解くこと。

indriya-parâpara-jñānatâsaṅgâdhiṣṭhānatā < indriya-parâpara-jñānatā + asaṅgâdhiṣṭhānatā

indriya-parâpara-jñānatā < indriya-parâpara-jñānatā- < indriya-parâpara-jñāna-tā-：*f.* 能力の勝劣を知ること。*sg. Nom.*

indriya-：*n.* 活力。精力。感官。能力。「根」と漢訳。

parâpara- < para-apara-：*n.* 遠近。前後（原因と結果）。高低。善悪。「勝劣」「彼此」と漢訳。

jñāna- < √jñā- (9) + -ana：*n.* 知。智慧。知ること。

asaṅgâdhiṣṭhānatā < asaṅgâdhiṣṭhānatā- < asaṅga-adhiṣṭhāna-tā-：*f.* 滞ることのない神力を持つこと。*sg. Nom.*

asaṅga-adhiṣṭhāna-：*adj.* 滞ることのない神力を持つ。

asaṅga- < a-saṅga-：*adj.* 〜（処格）に執着しない。〜において抵抗を受けない。束縛のない。「不著」「無著」「無染」「無礙」「無貪」と漢訳。

saṅga- < √sañj- (1) + -a：*m.* 〜への粘着。〜（処格）に執着すること。「著」「愛著」「計著」「染著」と漢訳。

√sañj- (1)：付着する。〜（処格）に愛着する。〜に執着する。

adhiṣṭhāna- < adhi-√sthā- (1) + -ana：*n.* 立脚点。立場。場所。住所。主権。権力。「神力」「神通」「威神力」「願力」「加護」「護念」「加持」「守護」「建立」と漢訳。

adhi-√sthā- (1)：〜の上に立つ。足で踏む。登る。居住する。占める。克服する。凌駕する。先頭に立つ。導く。案内する。支配する。保つ。使用する。

dharma-deśanatāyā < dharma-deśanatāyai + 母音 < dharma-deśanatā- < dharma-deśana-tā-：*f.* 法（真理の教え）を説くこと。*sg. Dat.*

asaṅga-pratibhānatā < asaṅga-pratibhānatā- < asaṅga-pratibhāna-tā-：*f.* 滞ることのない雄弁さを持つこと。*sg. Nom.*

pratibhāna- < prati-√bhā- (2) + -ana：*n.* 明白なこと。理解。能弁であること。「弁」「弁才」「巧弁」「弁説」「楽説」と漢訳。

pratibhāna-pratisaṃvid-pratilambhatayā < pratibhāna-pratisaṃvid-pratilambhatā- < pratibhāna-pratisaṃvid-pratilambha-tā-：*f.* 〔法と、その意義内容、諸方の言語に通じた〕智慧に基づく〔自在な〕雄弁さを獲得していること。*sg. Ins.*

pratibhāna-pratisaṃvid-：*f.* 〔法と、その意義内容、諸方の言語に通じた〕智慧に基づく〔自在な〕雄弁さ。「弁無礙解」「弁才無礙慧」「楽説無礙慧」「楽説無礙智」と漢訳。

pratisaṃvid- < prati-sam-√vid- (1,2)：*f.* 特別の知識。「無礙解」と漢訳。

pratilambha- < prati-√labh- (1) + -a：*m.* 獲得。取得。回復。会得。

deva-manuṣya-saṃpatty-anubhavatā < deva-manuṣya-saṃpatty-anubhavatā- < deva-manuṣya-saṃpatty-anubhava-tā-：*f.* 神々や人間の好運を受けること。*sg. Nom.*

deva-：*m.* 天上の者。神格者。神。神聖な者。「天」と漢訳。

manuṣya-：*m.* 人間。男。

saṃpatty- < saṃpatti- + 母音 < sam-√pad- (4) + -ti：*f.* 合致。良結果。成功。成就。達成。獲得。僥倖。好運。繁栄。

anubhava- < anu-√bhū- (1) + -a：*m.* 知覚。感情。精神。慣習。慣例。「受」「覚受」「領」「領受」「領納」「証」「得」と漢訳。

daśa-kuśala-karma-pariśuddhitayā < daśa-kuśala-karma-pariśuddhi-tā-：*f.* 十種類の善き行ない〔の道〕（十善業道）を完全に清めること。*sg. Ins.*

daśa-kuśala-karma-：*m.* 十種類の善き行ない。

これは次の複合語の省略であろう。

daśa-kuśala-karma-patha-：*m.* 十種類の善き行ないの道。「十善業道」と漢訳。

daśa- < daśan-：*基数詞,* 十。

kuśala-：*adj.* 善き。正しき。有益な。～に熟練した。老練なる。経験ある。*n.* 好条件。幸福。繁栄。有益。

karma- < karman-：*n.* 行為。作業。作用。職業。結果。運命。「業」と漢訳。

pariśuddhi- < pari-√śudh- (4) + -ti：*f.* 完全な浄化。「浄」「清浄」「円浄」「厳浄」と漢訳。

brahma-patha-pratiṣṭhānatā < brahma-patha-pratiṣṭhāna-tā-：*f.* ブラフマー神の道に立つこと。*sg. Nom.*

brahma- < brahman-：*m.* ブラフマー神。「梵天」「梵天王」と漢訳。

patha-：*m.* ～の道。

pratiṣṭhāna- < prati-sthāna- < prati-√sthā- (1) + -ana-：*n.* 確乎たる立場。基礎。土台。「安住」「所住」「住処」と漢訳。

catur-apramāṇôtpādanatayā < catur-apramāṇôtpādanatā- < catur-apramāṇa-utpādana-tā-：*f.* 〔慈・悲・喜・捨からなる〕四つの無量〔の利他の心〕（四無量心）を生じること。*sg. Ins.*

catur-apramāṇa-：*n.* 四つの無量〔の利他の心〕。「四無量〔心〕」と漢訳。

apramāṇa- < a-pramāṇa-：*n.* 無量。

pramāṇa- < pra-√mā- (2,3) + -ana：*n.* 量。尺度。標準。広さ。大きさ。長さ。距離。重さ。容量。

utpādana- < ud-√pad- (4) + -ana：*adj.* 産出する。*n.* 産むこと。生ずること。成し遂げること。獲得すること。

ud-√pad- (4)：飛び上がる。生ずる。得られる。

buddha-svara-pratilambhatā < buddha-svara-pratilambhatā- < buddha-svara-pratilambha-tā-：*f.* ブッダの声を獲得すること。*sg. Nom.*

svara-：*m.* 音。響き。騒音。声。「音」「言」「語」「音声」と漢訳。

pratilambha- < prati-√labh- (1) + -a：*m.* 獲得。取得。回復。会得。

dharma-deśanâdhyeṣaṇânumodanā-sādhu-kāra-pradānena < dharma-deśanâdhyeṣaṇânumodanā-sādhu-kāra-pradāna- < dharma-deśanā-adhyeṣaṇa-anumodanā-sādhu-kāra-pradāna-：*n.* 説法を求めて歓喜して讃嘆の言葉を発すること。*sg. Ins.*

dharma-deśanā-：*f.* 法の教授。説教。「説」「説法」と漢訳。

adhyeṣaṇa- < adhi-ā-√iṣ- (6) + -ana：*n.* 願望。請求。「請」「勧請」と漢訳。

これは、連声の関係で次の語でもかまわない。

adhyeṣaṇā- < adhi-ā-√iṣ- (6) + -anā：*f.* 「請」「勧請」と漢訳。

anumodanā- < anu-√mud- (1) + -anā：*f.* 歓喜。「随喜」と漢訳。

anu-√mud- (1)：喜ぶ。

sādhu-kāra-：*m.n.* sādhu（素晴らしい）という感嘆詞。「讃」「讃嘆」「讃言」「唱善哉」「讃善哉」と漢訳。

pradāna- < pra-√dā- (3) + -ana：*n.* 与えること。授与。譲与。贈り物。賜物。「施」「布施」と漢訳。

pra-√dā- (3)：棄てる。渡す。捧げる。教える。贈る。授ける。給する。

buddhêryā-patha-pratilambhatā < buddhêryā-patha-pratilambhatā- < buddha-īryā-patha-prati=lambha-tā-：*f.* ブッダの〔行・住・坐・臥の四〕威儀を獲得すること。*sg. Nom.*

buddha- < √budh (1) + -ta：*pp.* 目覚めた（人）。「覚者」と漢訳。「仏」「仏陀」と音写。

īryā-patha-：*m.* 行儀。正しい行状。男性出家者の遵守すべき規定。〔行・住・坐・臥の四〕威儀。「儀」「威儀」「威儀道」と漢訳。

pratilambha- < prati-√labh- (1) + -a：*m.* 獲得。取得。回復。会得。

kāya-vāṅ-manaḥ-saṃyama-viśeṣa-gāmitayā < kāya-vāṅ-manaḥ-saṃyama-viśeṣa-gāmitā-：*f.* 身体と

言葉と心〔による行ない、すなわち身口意の三業〕を制御し、卓越した状態になっていること。*sg. Ins.*

kāya-vāṅ-manaḥ-：*n.* 身体と言葉と心。「身口意」「身語意」と漢訳。

kāya-：*m.* 身体。集団。多数。集合。

vāṅ < vāk + (m) < vāc-：*f.* 言葉。*sg. Nom.* この連声法については、cf.「基礎」*p.* 55.

manaḥ- < manas- < √man- (1) + -as：*n.* 心。理解力。知力。精神。心情。思考。「意」と漢訳。

saṃyama- < sam-√yam- (1) + -a：*m.* 阻止。抑制。感覚の制御。自制。精神の集中。

sam-√yam- (1)：保持する。（手綱を）引き締める。抑止する。（馬を）御する。阻止する。

viśeṣa-gāmitā-：*f.* 「勝」「最勝」「進趣勝処」と漢訳。

viśeṣa- < vi-√śiṣ- (7) + -a：*m.* ～の間の差異。特徴的な差異。特異性。特別の性質。卓越。優秀。

vi-√śiṣ- (7)：区別する。特殊化する。

gāmitā- < gāmita- = gamita- < gamaya- + -ta < √gam- (1) + -aya + -ta-：*Caus. pp.* 行かせられた。送られた。派遣された。導かれた。もたらされた。

√gam- (1) の使役語幹は一般には gamaya- だが、gāmaya- も用いられることがある。cf. *The Roots, Verb-Forms and Primary Derivatives of the Sanskrit Language*, Bodhi Leaves Corporation, Delhi, *p.* 34.

sarva-dharmâtanmayatayā < sarva-dharmâtanmayatā- < sarva-dharma-atanmayatā-：*f.* あらゆるものごと（一切法）、それに満たされて〔愛着して〕いないこと。*sg. Nom.*

atanmayatā- < a-tan-maya-tā-：*f.* それに満たされて〔執着して〕いないこと。

a-tan-maya-：*adj.* それより成ることはない。それに満ちていることはない。

tan-maya-：*adj.* それより成る。それに満ちている。それに満たされて〔喜んで／愛着して〕いる。「歓喜」と漢訳。

bodhi-sattva-saṃgha-karṣaṇatayā < bodhi-sattva-saṃgha-karṣaṇatā- < bodhi-sattva-saṃgha-karṣ=aṇa-tā-：*f.* 菩薩の集団（菩薩僧伽）を導くこと。*sg. Ins.*

bodhi-sattva-saṃgha-：*m.* 菩薩の集団。「菩薩僧伽」と音写。

saṃgha- < saṃ-gha-：*m.* 群れ。集団。僧団。「衆」「衆会」と漢訳。「僧伽」と音写。

karṣaṇa- < √kṛṣ- (1) + -ana：*n.* 導くこと。圧倒すること。支配すること。耕すこと。

√kṛṣ- (1)：引く。引きずる。引き回す。運び去る。導く。圧倒する。支配する。耕す。

mahā-yāna-samādāpanatā < mahāyāna-samādāpanatā- < mahāyāna-samādāpana-tā-：*f.* 大いなる乗り物（大乗）に教導すること。*sg. Nom.*

mahā-yāna-：*n.* 大いなる乗り物。「大乗」と漢訳。

samādāpana- < samādāpaya- + -ana < sam-ā-√dā- (3) + -paya + -ana：*n.* 「勧」「勧修」「令受」「勧導」「勧学」「勧発」「教化」「教導」と漢訳。

samādāpaya- < sam-ā-√dā- (3) + -paya：*Caus.* 取らせる。勧める。喚起する。鼓舞する。「教化」「教」と漢訳。

sarva-guṇâvipraṇāśatāyai < sarva-guṇâvipraṇāśatā- < sarva-guṇa-avipraṇāśa-tā-：*f.* あらゆる徳を消滅しないこと。*sg. Dat.*

sarva-：*adj.* 一切の。すべての。

guṇa-：*m.* 種類。構成。従属的要素。固有性。属性。善性。徳。

avipraṇāśa- < a-vipraṇāśa-：*m.* （業果について）消滅しないこと。「不失」「不壊失」「無滅失」「久住」と漢訳。

vipraṇāśa- < vi-pra-√naś- (1) + -a：*m.* 全面的な消滅

vi-pra-√naś- (1)：失われる。消滅する。「還滅」「退失」「滅」と漢訳。

câpramādaḥ < ca + apramādaḥ

ca：*conj.* および。また。しかしながら。そして。～と。なお。

apramādaḥ < apramāda- < a-pramāda-：*adj.* 懇切な。注意深い。怠慢でない。「不放逸」と漢訳。*m. sg. Nom.*

pramāda- < pra-√mad- (1) + -a：*m.* 酔い。狂気。誤謬。～に関する不注意。災厄。不幸。「放逸」と漢訳。

> evaṃ hi kula-putrā etad-dharmâdhimukto bodhi-sattvaḥ saṃskṛtaṃ na kṣapayati /
> (梵漢和維摩経 *p.* 496, *ll.* 9–10)

「良家の息子たちよ、菩薩は、まさに以上のように、この法（真理の教え）に対して〔信順の〕志を抱いていて、有為を尽きさせることはないのだ。

【「此くの如きの法を行ずる、是れを菩薩、『有為を尽くさず』と名づく。】

（大正蔵、巻一四、五五四頁下）

………………………………………………………………………………

evaṃ：*adv.* このように。「是」「如是」と漢訳。

hi：*ind.* 真に。確かに。実に。

kula-putrā < kula-putrāḥ + 有声音 < kula-putra-：*m.* 良家の息子。「善男子」と漢訳。*pl. Voc.*

etad-dharmâdhimukto < etad-dharmâdhimuktaḥ + 有声子音 < etad-dharmâdhimukta- < etad-dharma-adhimukta-：*adj.* この法（真理の教え）に対して〔信順の〕志を抱いている。*m. sg. Nom.*

etad-：これ。

dharma-：*m.* 確定した秩序。慣例。習慣。法則。規則。義務。宗教。教説。性質。本質。属性。特質。事物。「法」と漢訳。

adhimukta- < adhi-√muc- (6) + -ta：*pp.* 信用せる。確信せる。熱中した。献身した。意向を持った。〔信順の〕志を抱いた。

adhi-√muc- (6)：「信」「生信」「深信」「生浄信心」「発生信解」と漢訳。

√muc- (6)：～（奪格）から離す。放つ。解放する。

bodhi-sattvaḥ < bodhi-sattva-：*m.* 覚りを求める人。「菩薩」と音写。*sg. Nom.*

saṃskṛtaṃ < saṃskṛta- < sam-s-√kṛ- (8) + -ta：*pp.* 準備された。飾られた。「有為」と漢訳。*n. sg. Acc.*

na：*ind.* ～でない。～にあらず。

kṣapayati < kṣapaya- < √kṣi- (5,9) + -paya：*Caus.* 尽きさせる。減らさせる。*3, sg. P.*

> §18　kathaṃ punar asaṃskṛte na pratitiṣṭhate[66] /
> (梵漢和維摩経 *p.* 496, *l.* 11)

§18　「次に、『無為に住しない』とはどのようなことであろうか。

【§18　「何をか菩薩、『無為に住まらず』と謂うや。】　（大正蔵、巻一四、五五四頁下）

………………………………………………………………………………

kathaṃ：*adv.* いかにして。いずこより。何故に。

punar：*adv.* 再び。新たに。さらに。なお。しかしながら。

asaṃskṛte < a-saṃskṛta-：*adj.* 装備されない。装飾されていない。「無為」と漢訳。*n. sg. Loc.*

na：*ind.* ～でない。～にあらず。

pratitiṣṭhate < pratitiṣṭha- < prati-√sthā- (1)：立つ。住む。しっかりと立つ。～（処格）の上に基礎を置く。安んずる。確立されている。「安住」「住」と漢訳。*Pres. 3, sg. P.*

> yadā śūnyatā-parijayaṃ ca karoti na ca śūnyatāṃ sākṣāt-karoti /
> (梵漢和維摩経 *p.* 496, *ll.* 11–12)

「〔菩薩が〕空の本性における修習をなす時、空の本性を目の当たりにすることはない。

【「謂わく、空を修学するも、空を以て証と為さず。】　　　　　　　（大正蔵、巻一四、五五四頁下）

yadā : *conj.* ～である時。
śūnyatā-parijayaṃ < śūnyatā-parijaya- ： *m.* 空の本性における修習。*sg. Acc.*
　　śūnyatā- < śūnya- + -tā ： *f.* 空虚。孤独。実体がないこと。うつろなこと。～の欠如。「空」「空性」「虚空」「空義」「空相」と漢訳。
　　parijaya- < pari-√ji- (1) + -a ： *m.* 勝利。（＝ pari-caya）積集。積習。習。修得。修習。熟練。
　　parijayaṃ √kṛ- (8)：「調習」「修習」「修学」「証」「了」「勝解」と漢訳。
ca : *conj.* および。また。しかしながら。そして。～と。なお。
karoti < karo- < √kṛ- (8)：作る。なす。*Pres. 3, sg. P.*
na ： *ind.* ～でない。～にあらず。
ca : *conj.* および。また。しかしながら。そして。～と。なお。
śūnyatāṃ < śūnyatā- < śūnya- + -tā ： *f.* 空虚。孤独。実体がないこと。うつろなこと。～の欠如。「空」「空性」「虚空」「空義」「空相」と漢訳。*sg. Acc.*
sākṣāt-karoti < sākṣāt-karo- < sākṣāt-√kṛ- (8)：（自身の）眼で見る。覚る。目の当たりにする。*Pres. 3, sg. P.*
　　sākṣāt < sa-akṣāt ： *adv.* （自身の）眼をもって。眼前で。明瞭に。実際に。明らかに。

ānimitta-parijayaṃ ca karoti na cânimittaṃ sākṣāt-karoti / apraṇihita-parijayaṃ ca karoti na câpraṇihitaṃ sākṣāt-karoti / anabhisaṃskāra-parijayaṃ ca karoti na cânabhisaṃskāraṃ sākṣāt-karoti /

（梵漢和維摩経 *p.* 496, *ll.* 12–15）

「〔菩薩は〕無相における修習をなすけれども、無相を目の当たりにすることはない。〔菩薩は〕無願における修習をなすけれども、無願を目の当たりにすることはない。〔菩薩は〕無作における修習をなすけれども、無作を目の当たりにすることはない[67]。
【「無相・無作を修学するも、無相・無作を以て証と為さず。無起を修学するも無起を以て証と為さず。】　　　　　　　（大正蔵、巻一四、五五四頁下）

ānimitta-parijayaṃ < ānimitta-parijaya- ： *m.* 無相の修習。*sg. Acc.*
　　ānimitta- ： *adj.* 「無相」と漢訳。*n.* 「無相」と漢訳。
　　animitta- < a-nimitta- ： *n.* 不確実。無根拠。無原因。「無相」と漢訳。*adj.* 不確実な。根底なき。特徴のない。
　　nimitta- ： *n.* 目的。記号。象徴。前兆。理由。手段。「瑞相」と漢訳。
　　parijaya- < pari-√ji- (1) + -a ： *m.* 勝利。（＝ pari-caya）積集。積習。習。修得。修習。熟練。
　　parijayaṃ √kṛ- (8)：「調習」「修習」「修学」「証」「了」「勝解」と漢訳。
ca : *conj.* および。また。しかしながら。そして。～と。なお。
karoti < karo- < √kṛ- (8)：作る。なす。*Pres. 3, sg. P.*
na ： *ind.* ～でない。～にあらず。
cânimittaṃ < ca + ānimittaṃ
　　ānimittaṃ < ānimitta- ： *adj.* 「無相」と漢訳。*n.* 「無相」と漢訳。*n. sg. Acc.*
sākṣāt-karoti < sākṣāt-karo- < sākṣāt-√kṛ- (8)：（自身の）眼で見る。覚る。目の当たりにする。*Pres. 3, sg. P.*

apraṇihita-parijayaṃ < apraṇihita-parijaya- ： *m.* 無願の修習。*sg. Acc.*
　　apraṇihita- < a-praṇihita- ： *adj.* 欲望を離脱した。「無願」と漢訳。
　　praṇihita- < pra-ni-√dhā- (3) + -ta ： *pp.* 下に置かれた。～（為格）に引き渡された。～（対格）に専念した。「願」「発願」「発誓」と漢訳。

ca：*conj.* および。また。しかしながら。そして。～と。なお。
karoti < karo- < √kṛ- (8)：作る。なす。*Pres. 3, sg. P.*
na：*ind.* ～でない。～にあらず。
câpraṇihitaṃ < ca + apraṇihitaṃ
　　apraṇihitaṃ < apraṇihita- < a-praṇihita-：*adj.* 欲望を離脱した。「無願」と漢訳。*sg. Acc.*
sākṣāt-karoti < sākṣāt-karo- < sākṣāt-√kṛ- (8)：（自身の）眼で見る。覚る。目の当たりにする。*Pres. 3, sg. P.*

…………………………………………………………………

anabhisaṃskāra-parijayaṃ < anabhisaṃskāra-parijaya-：*m.* 無作の修習。*sg. Acc.*
ca：*conj.* および。また。しかしながら。そして。～と。なお。
karoti < karo- < √kṛ- (8)：作る。なす。*Pres. 3, sg. P.*
na：*ind.* ～でない。～にあらず。
cânabhisaṃskāraṃ < ca + anabhisaṃskāraṃ
　　anabhisaṃskāraṃ < anabhisaṃskāra- < an-abhisaṃskāra-：*m.* 「無造」「不作」「無作」「無造作」「無所作」「無行」「無為」と漢訳。*sg. Acc.*
sākṣāt-karoti < sākṣāt-karo- < sākṣāt-√kṛ- (8)：（自身の）眼で見る。覚る。目の当たりにする。*Pres. 3, sg. P.*

anityam iti ca pratyavekṣate na ca kuśala-mūlais tṛpyate /
（梵漢和維摩経 *p.* 496, *ll.* 15–16）

「〔諸行は〕無常であると観察するけれども、善根〔を積むこと〕に飽き足りることがない。
【「無常を観じて而（しか）も善本を厭（いと）わず。」】　（大正蔵、巻一四、五五四頁下）

…………………………………………………………………

anityam < a-nitya-：*ajd.* 無常な。一時的な。常恒でない。*n. sg. Nom.*
iti：*adv.* ～と。～ということを。以上のように。～と考えて。「如是」と漢訳。
ca：*conj.* および。また。しかしながら。そして。～と。なお。
pratyavekṣate < pratyavekṣa- < prati-ava-√īkṣ- (1)：調査する。検査する。尋ねる。「視」「観」「察」「観察」「視察」「諦観」と漢訳。*Pres. 3, sg. A.*
na：*ind.* ～でない。～にあらず。
ca：*conj.* および。また。しかしながら。そして。～と。なお。
kuśala-mūlais < kuśala-mūlaiḥ + (t) < kuśala-mūla-：*n.* 「善根」と漢訳。*pl. Ins.*
tṛpyate < tṛpya- < √tṛp- (4)：～（具格、属格、処格）をもって満足する。満足させられる。～を悦ぶ。「飽」「厭」「厭足」「充足」「充満」「具備」と漢訳。*Pres. 3, sg. A.*

duḥkham iti ca pratyavekṣate saṃcintya côpapadyate /
（梵漢和維摩経 *p.* 496, *l.* 16）

「〔一切は皆〕苦であると観察するけれども、意のままに〔この世に〕生を受ける。
【「世間の苦を観じて而（しか）も生（しょう）死（じ）を悪（にく）まず。」】　（大正蔵、巻一四、五五四頁下）

…………………………………………………………………

duḥkham < duḥkha- < duḥ-kha-：*adj.* 不愉快な。艱難に満ちた。憐れな。*n.* 苦痛。艱難。悲惨。受苦。「苦」「苦」「苦悩」「憂苦」と漢訳。*n. sg. Nom.*
iti：*adv.* ～と。～ということを。以上のように。～と考えて。「如是」と漢訳。
ca：*conj.* および。また。しかしながら。そして。～と。なお。
pratyavekṣate < pratyavekṣa- < prati-ava-√īkṣ- (1)：調査する。検査する。尋ねる。「視」「観」「察」「観察」「視察」「諦観」と漢訳。*Pres. 3, sg. A.*
saṃcintya < saṃcintya < sam-√cint- (10) + -ya：*Ger.* 意のままに。「故思」「如思」「以自在心」と漢訳。

saṃcintya- < sam-√cint- (10) + -ya：*未受分*, 考慮されるべき。〜と見なされるべき。
sam-√cint- (10)：熟慮する。思量する。〜（対格）を正当に考える。考慮する。

côpapadyate < ca + upapadyate
ca：*conj.* および。また。しかしながら。そして。〜と。なお。
upapadyate < upapadya- < upa-√pad- (4)：〜に来る。〜の許へ行く。〜に弟子入りする。〜に到達する。起こる。生ずる。現われる。「受生」「下生入」と漢訳。*Pres. 3, pl. A.*

anātmêti ca pratyavekṣate na câtmatāṃ parityajati /
(梵漢和維摩経 *p.* 496, *ll.* 16–17)

「〔諸法は〕無我であると観察するけれども、自己の本性を放棄することはない[68]。
【「無我を観じて而も人に誨えて倦まず。」】（大正蔵、巻一四、五五四頁下）

anātmêti < anātmā + iti
anātmā < anātman- < an-ātman-：*m.*「無我」「非我」と漢訳。*sg. Nom.*
iti：*adv.* 〜と。〜ということを。以上のように。〜と考えて。「如是」と漢訳。
ca：*conj.* および。また。しかしながら。そして。〜と。なお。
pratyavekṣate < pratyavekṣa- < prati-ava-√īkṣ- (1)：調査する。検査する。尋ねる。「視」「観」「察」「観察」「視察」「諦観」と漢訳。*Pres. 3, sg. A.*
na：*ind.* 〜でない。〜にあらず。
câtmatāṃ < ca + ātmatāṃ
ca：*conj.* および。また。しかしながら。そして。〜と。なお。
ātmatāṃ < ātmatā- < ātma-tā-：*m.* 自己の本性。自己の本質。*sg. Acc.*
parityajati < parityaja- < pari-√tyaj- (1)：棄てる。手放す。（場所を）去る。断念する。放棄する。*Pres. 3, sg. P.*
√tyaj- (1)：見捨てる。棄てる。手放す。遺棄する。放置する。放つ。断念する。離れる。等閑に付す。無視する。

śāntam iti ca pratyavekṣate na câtyanta-śāntim utpādayati /
(梵漢和維摩経 *p.* 496, *ll.* 17–18)

「〔涅槃は〕寂静であると観察するけれども、永遠の寂滅を生じることはない。
【「寂滅を観じて而も永く滅せず。」】（大正蔵、巻一四、五五四頁下）

śāntam < śānta- < √śam-(4) + -ta：*pp.* なだめられた。平静にされた。静穏な。和らいだ。「寂」「寂定」「寂静」「静寂」「寂滅」と漢訳。*n. sg. Nom.*
√śam- (4)：静穏／平穏／平静である。なだめられる。和らぐ。やむ。絶滅する。
iti：*adv.* 〜と。〜ということを。以上のように。〜と考えて。「如是」と漢訳。
ca：*conj.* および。また。しかしながら。そして。〜と。なお。
pratyavekṣate < pratyavekṣa- < prati-ava-√īkṣ- (1)：調査する。検査する。尋ねる。「視」「観」「察」「観察」「視察」「諦観」と漢訳。*Pres. 3, sg. A.*
na：*ind.* 〜でない。〜にあらず。
câtyanta-śāntim < ca + atyanta-śāntim
ca：*conj.* および。また。しかしながら。そして。〜と。なお。
atyanta-śāntim < atyanta-śānti-：*f.* 永遠の寂滅。*sg. Acc.*
atyanta- < ati-anta-：*adj.* 終わりまで続く。継続する。断絶せざる。無限の。過度の。「畢竟」「究竟」と漢訳。
śānti- < √śam- (4) + -ti：*f.* 心の静穏。心の平和。「寂」「寂滅」「寂静」と漢訳。
utpādayati < utpādaya- < ud-√pad- (4) + -aya：*Caus.* 起こす。産む。生じる。生じさせる。*3, sg. P.*

viviktam iti ca pratyavekṣate kāya-cittena côdyujyate /
(梵漢和維摩経 *p.* 496, *ll.* 18–19)

「〔世間の汚れから〕切り離された〔清らかさ〕を観察するけれども、身と心によって奮励する。
【「遠離を観じて而も身心に善を修し。】　　　　（大正蔵、巻一四、五五四頁下）

viviktam < vivikta- < vi-√vic- (3) + -ta：*pp.* 分離された。区別された。孤立した。孤独な。～（具格）を脱した。（不適当なものから切り離された）。清潔な。さっぱりした。純粋な。清浄な。明瞭な。*n. sg. Nom.*

vi-√vic- (3)：～（奪格）から篩いわける。分離する。区分する。区別する。識別する。見分ける。

√vic- (3)：～（具格）から篩いわける。分離する。吟味する。

iti：*adv.* ～と。～ということを。以上のように。～と考えて。「如是」と漢訳。

ca：*conj.* および。また。しかしながら。そして。～と。なお。

pratyavekṣate < pratyavekṣa- < prati-ava-√īkṣ- (1)：調査する。検査する。尋ねる。「視」「観」「察」「観察」「視察」「諦観」と漢訳。*Pres. 3, sg. A.*

kāya-cittena < kāya-citta-：*n.* 身と心。身心。*sg. Ins.*

kāya-：*m.* 身体。

citta-：*n.* 心。思考。意思。知性。理性。「質多」と音写。

côdyujyate < ca + udyujyate

ca：*conj.* および。また。しかしながら。そして。～と。なお。

udyujyate < udyujya- < ud-√yuj- (7) + -ya：*Pass.* ～（為格、処格）のために用意される。準備される。奮励する。着手される。*3, sg. A.*

anālayam iti ca pratyavekṣate śukla-dharmâlayaṃ ca na vijahāti /
(梵漢和維摩経 *p.* 496, *l.* 19)

「拠り所（アーラヤ）がないと観察するけれども、白く清らかな法という拠り所[69] を放棄することはない。
【「所帰無しと観ずれども而も善法に帰趣す。】　　　　（大正蔵、巻一四、五五四頁下）

anālayam < anālaya- < an-ālaya-：*adj.* 拠り所がない。「無依」「無所依」「無依処」「無帰処」「無住所」と漢訳。*n. sg. Nom.*

ālaya- < ā-√lī- (4) + -a：*m.* 住居。家宅。座。

iti：*adv.* ～と。～ということを。以上のように。～と考えて。「如是」と漢訳。

ca：*conj.* および。また。しかしながら。そして。～と。なお。

pratyavekṣate < pratyavekṣa- < prati-ava-√īkṣ- (1)：調査する。検査する。尋ねる。「視」「観」「察」「観察」「視察」「諦観」と漢訳。*Pres. 3, sg. A.*

śukla-dharmâlayaṃ < śukla-dharmâlaya- < śukla-dharma-ālaya-：*m.* 白く清らかな法という拠り所。*sg. Acc.*

śukla-dharma-：*m.* 「白法」「白浄法」「白浄妙法」「善法」「清白之法」と漢訳。

śukla-：*adj.* 輝いている。明るい。白い。清い。

ālaya- < ā-√lī- (4) + -a：*m.* 住居。家宅。座。

ca：*conj.* および。また。しかしながら。そして。～と。なお。

na：*ind.* ～でない。～にあらず。

vijahāti < vi-jahā- < vi-√hā- (3)：置き去りにする。棄てる。断念する。立ち退く。あきらめる。放棄する。除去する。*Pres. 3, sg. P.*

anupādānam iti ca pratyavekṣata upāttaṃ ca sattvānāṃ bhāraṃ vahati /
(梵漢和維摩経 *p.* 498, *l.* 1)

「執着を離れているということを観察するけれども、衆生たちが執着している重荷を担ってやる[70]。
【「無生を観じて而も生法を以て一切を荷負し、】　（大正蔵、巻一四、五五四頁下）

…………………………………………………………………………

anupādānam < anupādāna- < an-upādāna- < an-upādāna- : *adj.* 執着を離れている。「不取」「無取」「無取執」「離垢」「離著」と漢訳。*n. sg. Nom.*
　upādāna- < upa-ā-√dā- (3) + -ana : *n.* 取得。捕獲。会得。「取著」と漢訳。
iti : *adv.* ～と。～ということを。以上のように。～と考えて。「如是」と漢訳。
ca : *conj.* および。また。しかしながら。そして。～と。なお。
pratyavekṣata < pratyavekṣate + a 以外の母音 < pratyavekṣa- < prati-ava-√īkṣ- (1) : 調査する。検査する。尋ねる。「視」「観」「察」「観察」「視察」「諦観」と漢訳。*Pres. 3, sg. A.*
upāttaṃ < upātta- < upa-ā-√dā- (3) + -ta : *pp.* 執着されている。*m. sg. Acc.*
ca : *conj.* および。また。しかしながら。そして。～と。なお。
sattvānāṃ < sattva- : *m.* 「衆生」「有情」と漢訳。*pl. Gen.*
bhāraṃ < bhāra- < √bhṛ- (2) + -a : *m.* 積み荷。重荷。労働。辛苦。心労。軛。*sg. Acc.*
　√bhṛ- (2) : 運ぶ。
vahati < vaha- < √vah- (1) : 牽く。運ぶ。*Pres. 3, sg. P.*

anāsravam iti ca pratyavekṣate saṃsāra-pravṛttiṃ côpayāti[71] /
(梵漢和維摩経 *p.* 498, *l.* 2)

「煩悩（漏）がないということを観察するけれども、生存の循環（輪廻）を流転することを経験する[72]。
【「無漏を観じて而も諸の漏を断ぜず、】　（大正蔵、巻一四、五五四頁下）

…………………………………………………………………………

anāsravam < anāsrava- < an-āsrava- : *adj.* 煩悩（漏）のない。「無漏」と漢訳。*n. sg. Nom.*
　āsrava- < ā-√sru- (1) + -a : *m.* 水門。流出するもの。煩悩。「漏」「流」と漢訳。
iti : *adv.* ～と。～ということを。以上のように。～と考えて。「如是」と漢訳。
ca : *conj.* および。また。しかしながら。そして。～と。なお。
pratyavekṣate < pratyavekṣa- < prati-ava-√īkṣ- (1) : 調査する。検査する。尋ねる。「視」「観」「察」「観察」「視察」「諦観」と漢訳。*Pres. 3, sg. A.*
saṃsāra-pravṛttiṃ < saṃsāra-pravṛtti- : *f.* 生存の循環（輪廻）の流転。*sg. Acc.*
　saṃsāra- < sam-√sṛ- (1) + -a : *m.* 生存の循環。（生の）不断の連続。現世の生存。「輪廻」と漢訳。
　sam-√sṛ- (1) : 歩き回る。徘徊する。
　√sṛ- (1) : 速く走る。流れる。
　pravṛtti- < pra-√vṛt- (1) + -ti : *f.* 前進。顕現。産出。生起。起源。機能。「流転」
　pra-√vṛt- (1) : 動かされる。行かされる。出発する。～（奪格）から生じる。起こる。「運転」「流転」と漢訳。
côpayāti < ca + upayāti
　ca : *conj.* および。また。しかしながら。そして。～と。なお。
　upayāti < upayā- < upa-√yā- (2) : 近づく。来る。～を訪ねる。遭遇する。振りかかる。陥る。経験する。到達する。発見する。～（対格）に耽る。*Pres. 3, sg. P.*

apracāram iti ca pratyavekṣate pracarati sattva-paripākāya /
(梵漢和維摩経 *p.* 498, *ll.* 2–3)

「行ずることがないということを観察するけれども、衆生を〔覚りへ向けて〕成熟させるために行ずる。
【「所行無しと観じて而も行法を以て衆生を教化す。】　　　　　（大正蔵、巻一四、五五四頁下）
………………………………………………………………………

apracāram < apracāra- < a-pracāra-：*adj.* 出現しない。行為しない。*n. sg. Nom.*
　　pracāra- < pra-√car- (1) + -a：*m.* 散歩。歩き回ること。～を追求すること。姿を現わすこと。明示。出現。適用。行為。行状。
iti：*adv.* ～と。～ということを。以上のように。～と考えて。「如是」と漢訳。
ca：*conj.* および。また。しかしながら。そして。～と。なお。
pratyavekṣate < pratyavekṣa- < prati-ava-√īkṣ- (1)：調査する。検査する。尋ねる。「視」「観」「察」「観察」「視察」「諦観」と漢訳。*Pres. 3, sg. A.*
pracarati < pracara- < pra-√car- (1)：出る。起こる。現われる。彷徨する。～（対格）に到達する。（職務に）従事する。進む。行なう。「行」「修行」「流布」「広宣流布」と漢訳。*Pres. 3, sg. P.*
sattva-paripākāya < sattva-paripāka-：*m.* 衆生の成熟。衆生を〔覚りへ向けて〕成熟させること。*sg. Dat.*
　　paripāka- < pari-√pac- (1) + -a：*m.* 十分煮られること。消化。熟すること。成熟。

nairātmyam iti ca pratyavekṣate sattva-mahā-karuṇāṃ ca nôtsṛjati /
(梵漢和維摩経 *p.* 498, *ll.* 3–4)

「無我[73] ということを観察するけれども、衆生に対する大いなる憐れみ（大悲）を放棄することはない。
【空無を観じて而も大悲を捨てず、】　　　　　（大正蔵、巻一四、五五四頁下）
………………………………………………………………………

nairātmyam < nairātmya- < nirātman- + -ya：*adj.* 無我の。無我の教えの。*n. sg. Nom.*
iti：*adv.* ～と。～ということを。以上のように。～と考えて。「如是」と漢訳。
ca：*conj.* および。また。しかしながら。そして。～と。なお。
pratyavekṣate < pratyavekṣa- < prati-ava-√īkṣ- (1)：調査する。検査する。尋ねる。「視」「観」「察」「観察」「視察」「諦観」と漢訳。*Pres. 3, sg. A.*
sattva-mahā-karuṇāṃ < sattva-mahā-karuṇā-：*f.* 衆生に対する大いなる憐れみ（大悲）。*sg. Acc.*
ca：*conj.* および。また。しかしながら。そして。～と。なお。
nôtsṛjati < na + utsṛjati
　　utsṛjati < utsṛja- < ud-√sṛj- (6)：放つ。さまよわせる。投げる。投げ捨てる。捨てる。放棄する。*Pres. 3, sg. P.*

ajātiṃ ca pratyavekṣate śrāvaka-niyāme ca na patati /
(梵漢和維摩経 *p.* 498, *ll.* 4–5)

「生まれないことを観察するけれども、〔煩悩を残りなく断じて凡夫の生を離れる〕声聞の〔小乗的〕覚り（離生位）に堕することはない[74]。
【正法位を観じて而も小乗に随わず。】　　　　　（大正蔵、巻一四、五五四頁下）
………………………………………………………………………

ajātiṃ < ajāti- < a-jāti-：*f.* 偽もの。悪しき品物。「不生」「無生」と漢訳。*sg. Acc.*
　　jāti- < √jan- (1) + -ti：*f.* 誕生。産出。起源。生まれながらの位置・種姓。血統。出生。
ca：*conj.* および。また。しかしながら。そして。～と。なお。
pratyavekṣate < pratyavekṣa- < prati-ava-√īkṣ- (1)：調査する。検査する。尋ねる。「視」「観」「察」「観察」「視察」「諦観」と漢訳。*Pres. 3, sg. A.*
śrāvaka-niyāme < śrāvaka-niyāma-：*m.* 〔煩悩を残りなく断じて〕凡夫の生を離れる声聞の小乗的覚り。「声聞離生」と漢訳。*sg. Loc.*
　　śrāvaka- < √śru- (5) + -aka：*m.* 声を聞く人。聴聞者。門弟。弟子。「声聞」と漢訳。

niyāma- ＝ niyama-：*m.* 船夫。舵手。「離生」「決定」「正定（聚）」「正定（位）」と漢訳。
ca：*conj.* および。また。しかしながら。そして。～と。なお。
na：*ind.* ～でない。～にあらず。
patati < pata- < √pat- (1)：落ちる。*Pres. 3, sg. P.*

riktam iti ca tuccham iti [câsārakam iti][75] câsvāmikam iti câniketam iti ca pratyavekṣate 'rikta-puṇyaś câtuccha-jñānaś ca paripūrṇa-saṃkalpaś ca svayaṃbhū-jñānâbhiṣiktaś ca svayaṃbhū-jñāne câbhiyukto[76] nītârthe[77] buddha-vaṃśe pratiṣṭhito bhavati /
（梵漢和維摩経 *p.* 498, *ll.* 5–8）

「〔ものごとが〕空虚であるということ、価値がないということ、内実がないということ、主宰者がないということ、住処がないということを〔菩薩は〕観察する。けれども、福徳は空虚でなく、知は無価値ではなく、思惟は〔内実で〕満たされていて、独立自存するものの知によって灌頂され〔て主宰者に即位し〕ていて、独立自存する知〔の探究〕に専念し、解明された義（了義）というブッダの家系に身を置いている[78]。
【「諸法の虚妄にして牢無く、人無く、主無く、相無しと観ずるも、本願未だ満たずして而も福徳・禅定・智慧を虚しうせず。】（大正蔵、巻一四、五五四頁下）

riktam < rikta- < √ric- (6,7) + -ta：*pp.* 空虚な。からの。露出した（腕）。困窮した。貧しい。無益な。価値のない。「空」「内空」「不実」「虚非実」と漢訳。*n. sg. Nom.*
√ric- (6,7)：空虚にする。取り除く。解放する。放免する。
iti：*adv.* ～と。～ということを。以上のように。～と考えて。「如是」と漢訳。
ca：*conj.* および。また。しかしながら。そして。～と。なお。
tuccham < tuccha-：*adj.* 空虚な。欠けた。空しい。価値のない。無用の。小さい。*n. sg. Nom.*
iti：*adv.* ～と。～ということを。以上のように。～と考えて。「如是」と漢訳。
câsārakam < ca + asārakam
ca：*conj.* および。また。しかしながら。そして。～と。なお。
asārakam < asāraka- < a-sāraka-：*adj.* 内実がない。「非堅」「不堅固」「無有堅固」「無堅実」「無堅牢相」と漢訳。*n. sg. Nom.*
asāra- < a-sāra-：*m.n.* 不適当。無価値。「無実」「不堅」と漢訳。*adj.* 適さない。価値のない。力のない。不利な。
sāraka- < sāra-ka-：*adj.* ～で満ちた。「堅固」と漢訳。
sāra-：*m.* 核。芯。力。精力。エネルギー。固さ。堅固。価値。財産。真髄。実体。*adj.* 堅い。しっかりした。強い。価値のある。
iti：*adv.* ～と。～ということを。以上のように。～と考えて。「如是」と漢訳。
câsvāmikam < ca + asvāmikam
ca：*conj.* および。また。しかしながら。そして。～と。なお。
asvāmikam < asvāmika- < a-svāmika-：*adj.* 所有者のない。所有されない。「無主」「無主宰」「無有主宰」「無所属」と漢訳。*n. sg. Nom.*
svāmika- ＝ svāmin-：*adj.* ～の主人。～の所有者。支配者。主人。「主宰」と漢訳。
iti：*adv.* ～と。～ということを。以上のように。～と考えて。「如是」と漢訳。
câniketam < ca + aniketam
ca：*conj.* および。また。しかしながら。そして。～と。なお。
aniketam < aniketa- < a-niketa-：*adj.* 家なき。「無処」「無住」「無依処」「無染」「不著」「無著」「無所著」「不執著」「無相」と漢訳。*n. sg. Nom.*
niketa-：*m.* 標識。記号。邸宅。家。住居。「住」「処」「住処」「巣穴」と漢訳。
iti：*adv.* ～と。～ということを。以上のように。～と考えて。「如是」と漢訳。
ca：*conj.* および。また。しかしながら。そして。～と。なお。

pratyavekṣate 'rikta-puṇyaś < pratyavekṣate + arikta-puṇyaś

pratyavekṣate < pratyavekṣa- < prati-ava-√īkṣ- (1)：調査する。検査する。尋ねる。「視」「観」「察」「観察」「視察」「諦観」と漢訳。*Pres. 3, sg. A.*

arikta-puṇyaś < arikta-puṇyaḥ + (c) < arikta-puṇya-：*adj.* 空虚ならざる福徳を持つ。福徳が空虚でない。*m. sg. Nom.*

arikta- < a-rikta-：*adj.* 空虚ならざる。

puṇya-：*adj.* 吉兆の。幸先のよい。幸運な。美しい。快い。有徳の。*n.* 善。徳。善行。「福」「福徳」「福行」「功徳」と漢訳。

câtuccha-jñānaś < ca + atuccha-jñānaś

atuccha-jñānaś < atuccha-jñānaḥ + (c) < atuccha-jñāna-：*adj.* 無価値でない知を持つ。知は無価値ではない。*m. sg. Nom.*

atuccha- < a-tuccha-：*adj.* 無価値でない。

jñāna- < √jñā- (9) + -ana：*n.* 知ること。知識。智慧。「闍那」と音写。

ca：*conj.* および。また。しかしながら。そして。～と。なお。

paripūrṇa-saṃkalpaś < paripūrṇa-saṃkalpaḥ + (c) < paripūrṇa-saṃkalpa-：*adj.* 満たされた思惟を持つ。思惟が〔内実で〕満たされている。*m. sg. Nom.*

paripūrṇa- < pari-√pṛ- (3, 6) + -na：*pp.* 満たされた。富んだ。達せられた。覆われた。「満」「円満」「遍満」「具」「具足」「円融」と漢訳。

saṃkalpa- < sam-√kḷp- (1) + -a：*m.* 決心。意志。目的。意図。「志」「思惟」「分別」「思念」と漢訳。

ca：*conj.* および。また。しかしながら。そして。～と。なお。

svayaṃbhū-jñānâbhiṣiktaś < svayaṃbhū-jñānâbhiṣiktaḥ + (c) < svayaṃbhū-jñāna-abhiṣikta-：*adj.* 独立自存するものの知によって灌頂され〔て主宰者に即位し〕ている。*m. sg. Nom.*

svayaṃbhū-jñāna-：*n.* 独立自存するものの知。「自在智」「無師智」「自然智」と漢訳。

svayaṃbhū- < svayam-bhū-：*adj.* 自身で存在する。独立自存する。自立の。*m.* 自ら存在する者。「自覚」「自在」「自在者」と漢訳。

svayam：*adv.* 自身。ひとりでに。自ら進んで。自発的に。「自」「自身」「自然」と漢訳。

jñāna- < √jñā- (9) + -ana：*n.* 知ること。知識。智慧。「闍那」と音写。

abhiṣikta- < abhi-√sic- (6) + ta：*pp.* 撒かれた。油を塗られた。任命された。即位した。「灌頂」と漢訳。

abhi-√sic- (6)：振り掛ける。ぬらす。（水を）振り掛ける。任命する

ca：*conj.* および。また。しかしながら。そして。～と。なお。

svayaṃbhū-jñāne < svayaṃbhū-jñāna-：*n.* 独立自存する知。「自在智」「無師智」「自然智」と漢訳。*sg. Loc.*

câbhiyukto < ca + abhiyukto

abhiyukto < abhiyuktaḥ + 有声子音 < abhiyukta- < abhi-√yuj- (7) + -ta：*pp.* ～（処格）に集中した。専心した。熱中した。熟達した。*m. sg. Nom.*

nītârthe < nītârtha- < nīta-artha-：*adj.* 理解しやすい。意味の明瞭な。*m.* 明瞭な義。解明された義。「了義」と漢訳。*m. sg. Loc.*

nīta- < √nī- (1) + -ta：*pp.* 導かれた。連れてきた。連れ去られた。もたらされた。獲得された。

artha-：*m.* 意味。仕事。利。利得。利益。財産。「義」「道理」と漢訳。

buddha-vaṃśe < buddha-vaṃśa-：*m.* ブッダの家系。ブッダの血統。ブッダの系統に属するもの。「仏種」「仏法種」「仏性」と漢訳。*sg. Loc.*

vaṃśa-：*m.* 竹の茎。あし笛。笛。（世代を竹の節に例えて）系統。血統。種族。家族。「竹」「竹林」「笛」「種性」「族姓」と漢訳。

pratiṣṭhito < pratiṣṭhitaḥ + 有声子音 < pratiṣṭhita- < prati-√sthā- (1) + -ita：*pp.* ～（処格）に熟

達した。～に立った。位置した。留まった。～に置かれた。確立した。*m. sg. Nom.*
bhavati < bhava- < √bhū- (1)：なる。*Pres. 3, sg. P.*

evaṃ hi kula-putrā evaṃ dharmâdhimukto[79] bodhi-sattvo 'saṃskṛte na pratitiṣṭhate saṃskṛtaṃ na kṣapayati /

（梵漢和維摩経 *p.* 498, *ll.* 8–10）

「まさにこのように、良家の息子たちよ、法に対して信順の志を持っているこのような菩薩は、無為に住することもなく、有為を尽きさせることもないのだ。
【「此くの如きの法を修する、是れを菩薩、『無為に住まらず』と名づく。】

（大正蔵、巻一四、五五四頁下）

……………………………………………………………………

evaṃ：*adv.* このように。「是」「如是」と漢訳。
hi：*ind.* 真に。確かに。実に。
kula-putrā < kula-putrāḥ + 有声音 < kula-putra-：*m.* 良家の息子。「善男子」と漢訳。*pl. Voc.*
evaṃ：*adv.* このように。「是」「如是」と漢訳。
dharmâdhimukto < dharmâdhimuktaḥ + 有声子音 < dharmâdhimukta- < dharma-adhimukta-：*adj.* 法に対して信順の志を持った。*m. sg. Nom.*
adhimukta- < adhi-√muc- (4) + -ta：*pp.* 信用した。確信した。熱中した。献身した。信順の志を持った。「信」「解」「信解」と漢訳。
bodhi-sattvo 'saṃskṛte < bodhi-sattvaḥ + asaṃskṛte
bodhi-sattvaḥ < bodhi-sattva-：*m.* 覚りを求める人。「菩提薩埵」「菩薩」と音写。*sg. Nom.*
asaṃskṛte < a-saṃskṛta-：*adj.* 装備されない。装飾されていない。「無為」と漢訳。*n. sg. Loc.*
na：*ind.* ～でない。～にあらず。
pratitiṣṭhate < pratitiṣṭha- < prati-√sthā- (1)：立つ。住む。しっかりと立つ。～（処格）の上に基礎を置く。安んずる。確立されている。身を置く。「安住」「住」と漢訳。*Pres. 3, sg. A.*
saṃskṛtaṃ < saṃskṛta- < sam-s-√kṛ- (8) + -ta：*pp.* 準備された。飾られた。「有為」と漢訳。*n. sg. Acc.*
na：*ind.* ～でない。～にあらず。
kṣapayati < kṣapaya- < √kṣi- (5,9) + -paya：*Caus.* 尽きさせる。減らさせる。*3, sg. P.*

§19 puṇya-saṃbhārâbhiyuktatvād asaṃskṛte na pratitiṣṭhati jñāna-saṃbhārâbhiyuktatvāt[80] saṃskṛtaṃ na kṣapayati /

（梵漢和維摩経 *p.* 498, *ll.* 11–12）

§19 「福徳を積み重ねることに専心しているから、無為に住することもなく、知を積み重ねることに専心しているから、有為を尽きさせることもない。
【§19 「又、福徳を具するが故に無為に住まらず、智慧を具するが故に有為を尽くさず。】

（大正蔵、巻一四、五五四頁下）

……………………………………………………………………

puṇya-saṃbhārâbhiyuktatvād < puṇya-saṃbhārâbhiyuktatvāt + 母音 < puṇya-saṃbhārâbhiyuktatva- < puṇya-saṃbhāra-abhiyukta-tva-：*n.* 福徳を積み重ねることに専心していること。*sg. Abl.*
puṇya-saṃbhāra-abhiyukta-：*adj.* 福徳を積み重ねることに専心している。
puṇya-：*adj.* 吉兆の。幸先のよい。幸運な。美しい。快い。有徳の。*n.* 善。徳。善行。「福」「福徳」「福行」「功徳」と漢訳。
saṃbhāra- < sam-√bhṛ- (1) + -a：*m.* 一緒に持ってくること。集めること。～に対する用意。家財道具。富。所有物。多数。量。堆積。「積集」と漢訳。
abhiyukta- < abhi-√yuj- (7) + -ta：*pp.* ～（処格）に集中した。専心した。熱中した。熟達

した。

asaṃskṛte < a-saṃskṛta-：*adj.* 装備されない。装飾されていない。「無為」と漢訳。*n. sg. Loc.*
na：*ind.* 〜でない。〜にあらず。
pratitiṣṭhati < pratitiṣṭha- < prati-√sthā- (1)：立つ。住む。しっかりと立つ。〜（処格）の上に基礎を置く。安んずる。身を置く。確立されている。「安住」「住」と漢訳。*Pres. 3, sg. P.*
jñāna-saṃbhārâbhiyuktatvāt < jñāna-saṃbhārâbhiyuktatva- < jñāna-saṃbhāra-abhiyukta-tva-：*n.* 知を積み重ねることに専心していること。*sg. Abl.*
　jñāna-saṃbhāra-abhiyukta-：*adj.* 知を積み重ねることに専心している。
saṃskṛtaṃ < saṃskṛta- < sam-s-√kṛ- (8) + -ta：*pp.* 準備された。飾られた。「有為」と漢訳。*n. sg. Acc.*
na：*ind.* 〜でない。〜にあらず。
kṣapayati < kṣapaya- < √kṣi- (5,9) + -paya：*Caus.* 尽きさせる。減らさせる。*3, sg. P.*

> mahā-maitrī-samanvāgatatvād asaṃskṛte na pratitiṣṭhati mahā-karuṇā-samanvāgatatvāt saṃskṛtaṃ na kṣapayati /
>
> （梵漢和維摩経 *p.* 498, *ll.* 12–14）

「大いなる慈しみ（大慈）を具えているから、無為に住することはなく、大いなる憐れみ（大悲）を具えているから、有為を尽きさせることはない。

【「大慈悲の故に無為に住まらず。】　　（大正蔵、巻一四、五五四頁下）

……………………………………………………………………………

mahā-maitrī-samanvāgatatvād < mahā-maitrī-samanvāgatatvāt + 母音 < mahā-maitrī-samanvāgata-tva-：*n.* 大いなる慈しみ（大慈）を具えていること。*sg. Abl.*
　mahā-maitrī-samanvāgata-：*adj.* 大いなる慈しみ（大慈）を具えている。
　mahā-maitrī-　：*f.* 大いなる慈しみ。「大慈」と漢訳。
　samanvāgata- < sam-anu-ā-√gam- (1) + -ta：*pp.* 〜を伴った。〜を具えた。
asaṃskṛte < a-saṃskṛta-：*adj.* 装備されない。装飾されていない。「無為」と漢訳。*n. sg. Loc.*
na：*ind.* 〜でない。〜にあらず。
pratitiṣṭhati < pratitiṣṭha- < prati-√sthā- (1)：立つ。住む。しっかりと立つ。〜（処格）の上に基礎を置く。安んずる。身を置く。確立されている。「安住」「住」と漢訳。*Pres. 3, sg. P.*
mahā-karuṇā-samanvāgatatvāt < mahā-karuṇā-samanvāgatatva- < mahā-karuṇā-samanvāgata-tva-：*n.* 大いなる憐れみ（大悲）を具えていること。*sg. Abl.*
　mahā-karuṇā-samanvāgata-：*adj.* 大いなる憐れみ（大悲）を具えている。
　mahā-karuṇā-：*f.* 大いなる憐れみ。「大悲」と漢訳。
　samanvāgata- < sam-anu-ā-√gam- (1) + -ta：*pp.* 〜を伴った。〜を具えた。
saṃskṛtaṃ < saṃskṛta- < sam-s-√kṛ- (8) + -ta：*pp.* 準備された。飾られた。「有為」と漢訳。*n. sg. Acc.*
na：*ind.* 〜でない。〜にあらず。
kṣapayati < kṣapaya- < √kṣi- (5,9) + -paya：*Caus.* 尽きさせる。減らさせる。*3, sg. P.*

> sattva-paripācanatvād asaṃskṛte na pratitiṣṭhati buddha-dharmâbhilāṣitvāt saṃskṛtaṃ na kṣapayati /
>
> （梵漢和維摩経 *p.* 498, *ll.* 14–15）

「衆生を〔覚りへ向けて〕成熟させるから無為に住することなく、ブッダの真理の教え（仏法）を願いもとめるから有為を尽きさせることはない。

【漢訳相当箇所なし】

……………………………………………………………………………

sattva-paripācanatvād < sattva-paripācanatvāt + 母音 < sattva-paripācana-tva-：*n.* 衆生を〔覚り

へ向けて〕成熟させること。*sg. Abl.*

sattva-paripācana-：*n.* 衆生を〔覚りへ向けて〕成熟させること。

asaṃskṛte < a-saṃskṛta-：*adj.* 装備されない。装飾されていない。「無為」と漢訳。*n. sg. Loc.*

na：*ind.* ～でない。～にあらず。

pratitiṣṭhati < pratitiṣṭha- < prati-√sthā- (1)：立つ。住む。しっかりと立つ。～（処格）の上に基礎を置く。安んずる。身を置く。確立されている。「安住」「住」と漢訳。*Pres. 3, sg. P.*

buddha-dharmâbhilāṣitvāt < buddha-dharmâbhilāṣitva- < buddha-dharma-abhilāṣi-tva-：*n.* ブッダの真理の教えを願いもとめること。*sg. Abl.*

buddha-dharma-：*m.* ブッダの真理の教え。ブッダの在り方。仏の教え。ブッダの特質。「仏法」と漢訳。

abhilāṣi- < abhilāṣin- < abhi-√laṣ- (1) + -in：*adj.* ～（処格）を欲する。「貪」「欲」「志求」「勤求」「願求者」「楽」「志慕」と漢訳。

abhi-√laṣ- (1)：～（対格）を願う。～（不定詞）することを切望する。

saṃskṛtaṃ < saṃskṛta- < sam-s-√kṛ- (8) + -ta：*pp.* 準備された。飾られた。「有為」と漢訳。*n. sg. Acc.*

na：*ind.* ～でない。～にあらず。

kṣapayati < kṣapaya- < √kṣi- (5,9) + -paya：*Caus.* 尽きさせる。減らさせる。*3, sg. P.*

> buddha-lakṣaṇa-paripūraṇatvād asaṃskṛte na pratitiṣṭhati sarva-jña-jñāna-paripūraṇârthaṃ saṃskṛtaṃ na kṣapayati /
>
> （梵漢和維摩経 *p.* 498, *ll.* 15–17）

「ブッダの〔三十二種類の勝れた身体的〕特徴を完成させるから無為に住することなく、一切知者の智慧（一切種智）を完成させるために有為を尽きさせることはない。

【漢訳相当箇所なし】

………………………………………………………………………

buddha-lakṣaṇa-paripūraṇatvād < buddha-lakṣaṇa-paripūraṇatvāt + 母音 < buddha-lakṣaṇa-paripūraṇa-tva-：*n.* ブッダの〔勝れた身体的〕特徴を完成させること。*sg. Abl.*

buddha-lakṣaṇa-：*n.* ブッダの〔勝れた身体的〕特徴。ブッダの〔三十二種類の勝れた〕身体的特徴。

lakṣaṇa-：*adj.* 指示する。標章の。しるしのある。特徴のある。属性のある。*n.* 標章。しるし。記号。特徴。属性。

paripūraṇa- < pari-√pṛ- (3,6) + -ana：*n.* 満たすこと。完成すること。満足させること。

asaṃskṛte < a-saṃskṛta-：*adj.* 装備されない。装飾されていない。「無為」と漢訳。*n. sg. Loc.*

na：*ind.* ～でない。～にあらず。

pratitiṣṭhati < pratitiṣṭha- < prati-√sthā- (1)：立つ。住む。しっかりと立つ。～（処格）の上に基礎を置く。安んずる。身を置く。確立されている。「安住」「住」と漢訳。*Pres. 3, sg. P.*

sarva-jña-jñāna-paripūraṇârthaṃ < sarva-jña-jñāna-paripūraṇârtha- < sarva-jña-jñāna-paripūraṇa-artha-：*adj.* 一切知者の智慧（一切種智）の完成のための。*n. sg. Acc.* 対格の副詞的用法。

sarva-jña-jñāna-：*n.* 一切知者の智慧。「一切智」「一切種智」「一切知者智」と漢訳。

paripūraṇa- < pari-√pṛ- (3,6) + -ana：*n.* 満たすこと。完成すること。満足させること。

～-artha-：*adj.* ～を目的とする。～に役立つ。～のための。「為」「故」と漢訳。

artha-：*m.* 意味。仕事。利。利得。利益。財産。「義」「道理」と漢訳。

saṃskṛtaṃ < saṃskṛta- < sam-s-√kṛ- (8) + -ta：*pp.* 準備された。飾られた。「有為」と漢訳。*n. sg. Acc.*

na：*ind.* ～でない。～にあらず。

kṣapayati < kṣapaya- < √kṣi- (5,9) + -paya：*Caus.* 尽きさせる。減らさせる。*3, sg. P.*

upāya-kuśalatvād asaṃskṛte na pratitiṣṭhati[81] prajñā-sunirīkṣitatvāt saṃskṛtaṃ na kṣapayati /
(梵漢和維摩経 *p.* 498, *ll.* 17–18)

「方便に巧みであるから無為に住することなく、智慧によってよく考えるから有為を尽きさせることはない。
【漢訳相当箇所なし】

………………………………………………………………………

upāya-kuśalatvād < upāya-kuśalatvāt + 母音 < upāya-kuśala-tva-：*n.* 方便に熟練していること。*sg. Abl.*

upāya-kuśala-：*adj.* 方便に熟練している。

kuśala-：*adj.* 善き。正しき。有益な。～に熟練した。老練なる。経験ある。*n.* 好条件。幸福。繁栄。有益。

asaṃskṛte < a-saṃskṛta-：*adj.* 装備されない。装飾されていない。「無為」と漢訳。*n. sg. Loc.*

na：*ind.* ～でない。～にあらず。

pratitiṣṭhati < pratitiṣṭha- < prati-√sthā- (1)：立つ。住む。しっかりと立つ。～（処格）の上に基礎を置く。安んずる。身を置く。確立されている。「安住」「住」と漢訳。*Pres. 3, sg. P.*

prajñā-sunirīkṣitatvāt < prajñā-sunirīkṣitatva- < prajñā-sunirīkṣita-tva-：*n.* 智慧によってよく考えさせられたこと。*sg. Abl.*

prajñā-sunirīkṣita-：*adj.* 智慧によってよく考えさせられた。

sunirīkṣita- < su-nirīkṣita-：*adj.* よく考えさせられた。

nirīkṣita- < nirīkṣaya- + -ta < nir-√īkṣ- (1) + -aya + -ta：*Caus. pp.* 見回させられた。視させられた。考えさせられた。

nirīkṣaya- < nir-√īkṣ- (1) + -aya：*Caus.* 見回させる。視させる。考えさせる。

nir-√īkṣ- (1)：見回す。眺める。～を視る。見守る。認知する。考える。「観察」「瞻仰」と漢訳。

īkṣaya- < √īkṣ- (1) + -aya：*Caus.* ～を注視させる。

saṃskṛtaṃ < saṃskṛta- < sam-s-√kṛ- (8) + -ta：*pp.* 準備された。飾られた。「有為」と漢訳。*n. sg. Acc.*

na：*ind.* ～でない。～にあらず。

kṣapayati < kṣapaya- < √kṣi- (5,9) + -paya：*Caus.* 尽きさせる。減らさせる。*3, sg. P.*

buddha-kṣetra-pariśuddhy-artham asaṃskṛte na pratitiṣṭhati buddhâdhiṣṭhānatvāt saṃskṛtaṃ na kṣapayati /
(梵漢和維摩経 *p.* 498, *ll.* 18–20)

「ブッダの国土の完全な浄化のために無為に住することはなく、ブッダの神力が加えられているから有為を尽きさせることはない。
【漢訳相当箇所なし】

………………………………………………………………………

buddha-kṣetra-pariśuddhy-artham < buddha-kṣetra-pariśuddhy-artha-：*adj.* ブッダの国土の完全な浄化のための。*n. sg. Acc.* 対格の副詞的用法。

buddha-kṣetra-：*n.* 仏の国土。「仏国土」と漢訳。

pariśuddhy- < pariśuddhi- + 母音 < pari-√śudh- (4) + -ti：*f.* 完全な浄化。「浄」「清浄」「円浄」「厳浄」と漢訳。

～-artha-：*adj.* ～を目的とする。～に役立つ。～のための。「為」「故」と漢訳。

asaṃskṛte < asaṃskṛta- < a-saṃskṛta-：*adj.* 装備されない。装飾されていない。「無為」と漢訳。*n. sg. Loc.*

na：*ind.* ～でない。～にあらず。

pratitiṣṭhati < pratitiṣṭha- < prati-√sthā- (1)：立つ。住む。しっかりと立つ。～（処格）の上に基

礎を置く。安んずる。確立されている。「安住」「住」と漢訳。*Pres. 3, sg. P.*

buddhâdhiṣṭhānatvāt < buddhâdhiṣṭhānatva- < buddhâdhiṣṭhāna-tva-：*n.* ブッダの神力が加えられること。*sg. Abl.*

buddhâdhiṣṭhāna- < buddha-adhiṣṭhāna-：*n.* ブッダの加護。ブッダの神力が加えられること。

buddha- < √budh- (1) + -ta：*pp.* 目覚めた（人）。「覚者」と漢訳。「仏陀」「仏」と音写。

adhiṣṭhāna- < adhi-√sthā- (1) + -ana：*n.* 立脚点。立場。場所。住所。主権。権力。「神力」「神通」「威神力」「願力」「加護」「護念」「加持」「守護」「建立」と漢訳。

adhi-√sthā- (1)：～（対格、処格）の上に立つ。足で踏む。住む。克服する。凌駕する。優位に立つ。導く。支配する。「加持」「示現」「守護」と漢訳。

saṃskṛtaṃ < saṃskṛta- < sam-s-√kṛ- (8) + -ta：*pp.* 準備された。飾られた。「有為」と漢訳。*n. sg. Acc.*

na：*ind.* ～でない。～にあらず。

kṣapayati < kṣapaya- < √kṣi- (5,9) + -paya：*Caus.* 尽きさせる。減らさせる。*3, sg. P.*

sattvârthânubhavanād asaṃskṛte na pratitiṣṭhati dharmârtha-saṃdarśanāt saṃskṛtaṃ na kṣapayati /

(梵漢和維摩経 *p.* 500, *ll.* 1–2)

「衆生の利益を理解するから無為に住することなく、法の意味を示すから有為を尽きさせることはない。

【漢訳相当箇所なし】

………………………………………………………………………

sattvârthânubhavanād < sattvârthânubhavanāt + 母音 < sattvârthânubhavana- < sattvârtha-anubhavana-：*n.* 衆生の利益を理解すること。*sg. Abl.*

sattvârtha- < sattva-artha-：*m.* 「有情義理」「利益衆生」「饒益衆生」「利益一切衆生」と漢訳。

sattva-：*m.* 「衆生」「有情」と漢訳。

artha-：*m.* 意味。仕事。利。利得。利益。財産。「義」「道理」と漢訳。

anubhavana- < anu-√bhū- (1) + -ana：*n.* 「受」「領受」「覚」「受覚」「領納」「得苦楽」と漢訳。

anu-√bhū- (1)：感ずる。経験する。享受する。耐え忍ぶ。知覚する。聞く。学ぶ。理解する。「受」「得受」「領受」「忍受」「領納」と漢訳。

asaṃskṛte < asaṃskṛta- < a-saṃskṛta-：*adj.* 装備されない。装飾されていない。「無為」と漢訳。*n. sg. Loc.*

na：*ind.* ～でない。～にあらず。

pratitiṣṭhati < pratitiṣṭha- < prati-√sthā- (1)：立つ。住む。しっかりと立つ。～（処格）の上に基礎を置く。安んずる。身を置く。確立されている。「安住」「住」と漢訳。*Pres. 3, sg. P.*

dharmârtha-saṃdarśanāt < dharmârtha-saṃdarśana- < dharmârtha-saṃdarśana-：*n.* 法の意味を示すこと。*sg. Abl.*

dharmârtha- < dharma-artha-：*m.* 徳と富。法と意味。「法義」と漢訳。

saṃdarśana- < saṃdarśaya- + -ana：*n.* 示すこと。明示すること。

saṃdarśaya- < sam-√dṛś- (1) + -aya：*Caus.* 示す。顕わす。明示する。

saṃskṛtaṃ < saṃskṛta- < sam-s-√kṛ- (8) + -ta：*pp.* 準備された。飾られた。「有為」と漢訳。*n. sg. Acc.*

na：*ind.* ～でない。～にあらず。

kṣapayati < kṣapaya- < √kṣi- (5,9) + -paya：*Caus.* 尽きさせる。減らさせる。*3, sg. P.*

kuśala-mūla-saṃbhāratvād asaṃskṛte na pratitiṣṭhati kuśala-mūla-vāsanatvāt saṃskṛtaṃ na

kṣapayati /
(梵漢和維摩経 *p.* 500, *ll.* 2–3)

「善根を積み重ねるから無為に住することはなく、善根の薫習が残るから有為を尽きさせることはない。

【漢訳相当箇所なし】

……………………………………………………………………

kuśala-mūla-saṃbhāratvād < kuśala-mūla-saṃbhāratvāt + 母音< kuśala-mūla-saṃbhāratva- < kuśala-mūla-saṃbhāra-tva-：*n.* 善根を積み重ねること。*sg. Abl.*
　kuśala-mūla-：*n.* 「善根」と漢訳。
　saṃbhāra- < sam-√bhṛ- (1) + -a：*m.* 一緒に持ってくること。集めること。〜に対する用意。家財道具。富。所有物。多数。量。堆積。「積集」と漢訳。
asaṃskṛte < a-saṃskṛta-：*adj.* 装備されない。装飾されていない。「無為」と漢訳。*n. sg. Loc.*
na：*ind.* 〜でない。〜にあらず。
pratitiṣṭhati < pratitiṣṭha- < prati-√sthā- (1)：立つ。住む。しっかりと立つ。〜（処格）の上に基礎を置く。安んずる。身を置く。確立されている。「安住」「住」と漢訳。*Pres. 3, sg. P.*
kuśala-mūla-vāsanatvāt < kuśala-mūla-vāsanatva- < kuśala-mūla-vāsana-tva-：*n.* 善根の薫習が残ること。*sg. Abl.*
　kuśala-mūla-vāsana-：*n.* 善根の薫習。
　vāsana- < √vāsaya- (名動詞) + -ana：*n.* 「薫」「薫習」「習」「習気」「残気」と漢訳。
　vāsanā- <√vāsaya- (名動詞) + -anā：*f.* 「薫」「薫習」「習」「習気」「残気」と漢訳。
　√vāsaya- (名動詞)：香らせる。香りをつける。匂わす。
saṃskṛtaṃ < saṃskṛta- < sam-s-√kṛ- (8) + -ta：*pp.* 準備された。飾られた。「有為」と漢訳。*n. sg. Acc.*
na：*ind.* 〜でない。〜にあらず。
kṣapayati < kṣapaya- < √kṣi- (5,9) + -paya：*Caus.* 尽きさせる。減らさせる。*3, sg. P.*

praṇidhāna-paripūraṇârtham asaṃskṛte na pratitiṣṭhati apraṇihitatvāt saṃskṛtaṃ na kṣapayati /
(梵漢和維摩経 *p.* 500, *ll.* 3–5)

「誓願を完成させることを目的とするので無為に住することなく、欲望を離脱している（無願）から有為を尽きさせることはない。

【「本願を満たすが故に有為を尽くさず。】　　（大正蔵、巻一四、五五四頁下）

……………………………………………………………………

praṇidhāna-paripūraṇârtham < praṇidhāna-paripūraṇârtha- < praṇidhāna-paripūraṇa-artha-：*adj.* 誓願の完成のための。誓願の完成を目的とする。*n. sg. Acc.*
　praṇidhāna- < pra-ni-√dhā- (3) + -ana：*n.* 適用。使用。勉強。勤勉。「熱望」「誓願」と漢訳。
　paripūraṇa- < pari-√pṛ- (3,6) + -ana：*n.* 満たすこと。完成すること。満足させること。
　〜-artha-：*adj.* 〜を目的とする。〜に役立つ。〜のための。「為」「故」と漢訳。
asaṃskṛte < a-saṃskṛta-：*adj.* 装備されない。装飾されていない。「無為」と漢訳。*n. sg. Loc.*
na：*ind.* 〜でない。〜にあらず。
pratitiṣṭhati < pratitiṣṭha- < prati-√sthā- (1)：立つ。住む。しっかりと立つ。〜（処格）の上に基礎を置く。安んずる。身を置く。確立されている。「安住」「住」と漢訳。*Pres. 3, sg. P.*
apraṇihitatvāt < apraṇihitatva- < apraṇihita-tva-：*n.* 欲望を離脱していること。*sg. Abl.*
　apraṇihita- < a-praṇihita-：*adj.* 欲望を離脱した。「無願」と漢訳。
　praṇihita- < pra-ni-√dhā- (3) + -ta：*pp.* 下に置かれた。〜（為格）に引き渡された。〜（対格）に専念した。「願」「発願」「発誓」と漢訳。
saṃskṛtaṃ < saṃskṛta- < sam-s-√kṛ- (8) + -ta：*pp.* 準備された。飾られた。「有為」と漢訳。*n. sg. Acc.*

na：*ind.* ～でない。～にあらず。
kṣapayati < kṣapaya- < √kṣi- (5,9) + -paya：*Caus.* 尽きさせる。減らさせる。*3, sg. P.*

> āśaya-pariśuddhatvād asaṃskṛte na pratitiṣṭhati adhyāśaya-pariśuddhatvāt saṃskṛtaṃ na kṣapayati /
>
> （梵漢和維摩経 *p.* 500, *ll.* 5–6）

「意向が完全に清められているから無為に住することなく、高潔なる心が完全に清められているから有為を尽きさせることはない。
【漢訳相当箇所なし】

………………………………………………………………………………

āśaya-pariśuddhatvād < āśaya-pariśuddhatvāt + 母音 < āśaya-pariśuddha-tva-：*n.* 意向が完全に清められていること。*sg. Abl.*
　āśaya-pariśuddha-：*adj.* 意向が完全に清められている。
　āśaya- < ā-√śī- (2) + -a-：*m.* 休息所。場所。考え。意向。思想。「意楽」「楽欲」と漢訳。
　pariśuddha- < pari-√śudh- (4) + -ta ：*pp.* 完全に浄化された。清められた。
asaṃskṛte < a-saṃskṛta-：*adj.* 装備されない。装飾されていない。「無為」と漢訳。*n. sg. Loc.*
na：*ind.* ～でない。～にあらず。
pratitiṣṭhati < pratitiṣṭha- < prati-√sthā- (1)：立つ。住む。しっかりと立つ。～（処格）の上に基礎を置く。安んずる。身を置く。確立されている。「安住」「住」と漢訳。*Pres. 3, sg. P.*
adhyāśaya-pariśuddhatvāt < adhyāśaya-pariśuddhatva- < adhyāśaya-pariśuddha-tva-：*n.* 高潔なる心が完全に清められていること。*sg. Abl.*
　adhyāśaya-pariśuddha-：*adj.* 高潔なる心が完全に清められている。
　adhyāśaya- < adhy-āśaya-：*m.* 意向。欲望。願望。傾向。高潔なる心。「所楽」「欲楽」「意楽」「至心」と漢訳。
saṃskṛtaṃ < saṃskṛta- < sam-s-√kṛ- (8) + -ta：*pp.* 準備された。飾られた。「有為」と漢訳。*n. sg. Acc.*
na：*ind.* ～でない。～にあらず。
kṣapayati < kṣapaya- < √kṣi- (5,9) + -paya：*Caus.* 尽きさせる。減らさせる。*3, sg. P.*

> pañcâbhijñā-vikrīḍitatvād asaṃskṛte na pratitiṣṭhati buddha-jñāna-ṣaḍ-abhijñatvāt saṃskṛtaṃ na kṣapayati /
>
> （梵漢和維摩経 *p.* 500, *ll.* 6–8）

「五つの神力による自在な振る舞いを具えているから無為に住することなく、ブッダの知に六つの神通力が具わっているから有為を尽きさせることはない。
【漢訳相当箇所なし】

………………………………………………………………………………

pañcâbhijñā-vikrīḍitatvād < pañcâbhijñā-vikrīḍitatvāt + 母音 < pañcâbhijñā-vikrīḍitatva- < pañca-abhijñā-vikrīḍita-tva-：*n.* 五つの神力による自在な振る舞いを具えていること。*sg. Abl.*
　pañca-abhijñā-vikrīḍita-：*n.* 五つの神力による自在な振る舞いを具えている。
　pañca-abhijñā-：*f.* 五つの神力。「五通」「五神通」と漢訳。
　vikrīḍita- < vi-√krīḍ- (1) + -ita：*pp.* 遊んだ。戯れた。*n.* 遊戯。運動。子どもの遊び。最も容易になされた行為。自在な振る舞い。「神変」「遊戯（神通）」と漢訳。
asaṃskṛte < a-saṃskṛta-：*adj.* 装備されない。装飾されていない。「無為」と漢訳。*n. sg. Loc.*
na：*ind.* ～でない。～にあらず。
pratitiṣṭhati < pratitiṣṭha- < prati-√sthā- (1)：立つ。住む。しっかりと立つ。～（処格）の上に基礎を置く。安んずる。身を置く。確立されている。「安住」「住」と漢訳。*Pres. 3, sg. P.*
buddha-jñāna-ṣaḍ-abhijñatvāt < buddha-jñāna-ṣaḍ-abhijñatva- < buddha-jñāna-ṣaḍ-abhijña-tva-：

n. ブッダの知に六つの神通力が具わっていること。*sg. Abl.*

buddha-jñāna-ṣaḍ-abhijña-：*adj.* ブッダの知に六つの神通力が具わっている。

saṃskṛtaṃ < saṃskṛta- < sam-s-√kṛ- (8) + -ta：*pp.* 準備された。飾られた。「有為」と漢訳。*n. sg. Acc.*

na：*ind.* ～でない。～にあらず。

kṣapayati < kṣapaya- < √kṣi- (5,9) + -paya：*Caus.* 尽きさせる。減らさせる。*3, sg. P.*

pāramitā-saṃbhāra-paripūraṇârtham asaṃskṛte na pratitiṣṭhati aparipūrṇa-kālatvāt saṃskṛt=aṃ na kṣapayati /

(梵漢和維摩経 *p.* 500, *ll.* 8–9)

「〔布施・持戒・忍辱。精進・禅定・智慧の〕諸の完成（波羅蜜）の集積を満たすことを目的としているので無為に住することなく、時間の果てに達することはないから[82] 有為を尽きさせることはない。

【漢訳相当箇所なし】

………………………………………………………………………

pāramitā-saṃbhāra-paripūraṇârtham < pāramitā-saṃbhāra-paripūraṇa-artha-：*adj.* 〔布施・持戒・忍辱。精進・禅定・智慧の〕諸の完成（波羅蜜）の集積を満たすことを目的としている。*n. sg. Acc.*

pāramitā-：*f.* 完成。「度」「到彼岸」と漢訳。「波羅蜜」「波羅蜜多」と音写。

saṃbhāra- < sam-√bhṛ- (1) + -a：*m.* 一緒に持ってくること。集めること。～に対する用意。家財道具。富。所有物。多数。量。堆積。「積集」と漢訳。

paripūraṇa- < pari-√pṛ- (3,6) + -ana：*n.* 満たすこと。完成すること。満足させること。

～-artha-：*adj.* ～を目的とする。～に役立つ。～のための。「為」「故」と漢訳。

asaṃskṛte < a-saṃskṛta-：*adj.* 装備されない。装飾されていない。「無為」と漢訳。*n. sg. Loc.*

na：*ind.* ～でない。～にあらず。

pratitiṣṭhati < pratitiṣṭha- < prati-√sthā- (1)：立つ。住む。しっかりと立つ。～（処格）の上に基礎を置く。安んずる。身を置く。確立されている。「安住」「住」と漢訳。*Pres. 3, sg. P.*

aparipūrṇa-kālatvāt < aparipūrṇa-kālatva- < aparipūrṇa-kāla-tva-：*n.* 時間の果てまで達せられないこと。*sg. Abl.*

aparipūrṇa-kāla-：*adj.* 達せられない時間を持つ。時間の果てまで達せられない。

aparipūrṇa- < a-paripūrṇa-：*adj.* 満たされない。満たない。達せられない。

paripūrṇa- < pari-√pṛ- (3, 6) + -na：*pp.* 満たされた。富んだ。達せられた。覆われた。「満」「円満」「遍満」「具」「具足」「円融」と漢訳。

kāla-：*m.* 正しい時。定められた時。食時。時。機会。時間。

saṃskṛtaṃ < saṃskṛta- < sam-s-√kṛ- (8) + -ta：*pp.* 準備された。飾られた。「有為」と漢訳。*n. sg. Acc.*

na：*ind.* ～でない。～にあらず。

kṣapayati < kṣapaya- < √kṣi- (5,9) + -paya：*Caus.* 尽きさせる。減らさせる。*3, sg. P.*

dharma-dhana-samudānayanatvād asaṃskṛte na pratitiṣṭhati prādeśika-dharmânarthikatvāt saṃskṛtaṃ na kṣapayati /

(梵漢和維摩経 *p.* 500, *ll.* 9–11)

「法の財宝を集めるから無為に住することなく、限定された〔低劣な小乗の〕法を求めないから有為を尽きさせることはない。

【漢訳相当箇所なし】

………………………………………………………………………

dharma-dhana-samudānayanatvād < dharma-dhana-samudānayanatvāt + 母音 < dharma-dha=na-samudānayana-tva-：*n.* 法の財宝を集めること。*sg. Abl.*

dharma-dhana-：*n.* 法の財産。法の財宝。

dhana-：*n.* 富。財産。財宝。

samudānayana- < sam-ud-ā-√nī- (1) + -ana：*n.* 集めること。「集」「合」「具」「積集」「積累」と漢訳。

sam-ud-ā-√nī- (1)：集める。得る。達する。成し遂げる。完成させる。

asaṃskṛte < a-saṃskṛta-：*adj.* 装備されない。装飾されていない。「無為」と漢訳。*n. sg. Loc.*

na：*ind.* ～でない。～にあらず。

pratitiṣṭhati < pratitiṣṭha- < prati-√sthā- (1)：立つ。住む。しっかりと立つ。～（処格）の上に基礎を置く。安んずる。身を置く。確立されている。「安住」「住」と漢訳。*Pres. 3, sg. P.*

prādeśika-dharmânarthikatvāt < prādeśika-dharmânarthikatva- < prādeśika-dharma-anarthika-tva-：*n.* 限定された〔低劣な小乗の〕法を求めないこと。*sg. Abl.*

prādeśika-dharma-anarthika-：*adj.* 限定された〔低劣な小乗の〕法を求めない。

prādeśika-dharma-：*m.* 限定された〔低劣な小乗の〕法。

prādeśika- < pradeśa- + -ika：*adj.* restricted (in scope), limited. BHS. dic. *p.* 392. prādeśika-yāna ＝ hīna-yāna という用法も挙げている。

pra-√diś- (6)：指摘する。指示する。名づける。宣言する。顕わす。定める。規定する。指定する。配分する。

anarthika- < an-arthika-：*adj.* ～を必要としない。～を願わない。～を求めない。「不惜」「不貪」「不愛」と漢訳。

arthika-：*adj.* ～を必要とする。～を願える。～を求める。

saṃskṛtaṃ < saṃskṛta- < sam-s-√kṛ- (8) + -ta：*pp.* 準備された。飾られた。「有為」と漢訳。*n. sg. Acc.*

na：*ind.* ～でない。～にあらず。

kṣapayati < kṣapaya- < √kṣi- (5,9) + -paya：*Caus.* 尽きさせる。減らさせる。*3, sg. P.*

[sarva-bhaiṣajya-samudānayanatvād asaṃskṛte na pratitiṣṭhati yathârha-bhaiṣajya-prayojanāt saṃskṛtaṃ na kṣapayati /][83] (梵漢和維摩経では削除した)

「〔あらゆる薬を集めているから無為に住することなく、適切に薬を使用するから有為を尽きさせることはない。〕[84]

【漢訳相当箇所なし】

……………………………………………………………………

sarva-bhaiṣajya-samudānayanatvād < sarva-bhaiṣajya-samudānayanatvāt + 母音 < sarva-bhaiṣajya-samudānayanatva- < sarva-bhaiṣajya-samudānayana-tva-：*n.* あらゆる薬を集めること。*sg. Abl.*

sarva-bhaiṣajya-samudānayana-：*n.* あらゆる薬を集めること。

bhaiṣajya-：*n.* 薬物。

samudānayana- < sam-ud-ā-√nī- (1) + -ana：*n.* 集めること。「集」「合」「具」「積集」「積累」と漢訳。

sam-ud-ā-√nī- (1)：集める。得る。達する。成し遂げる。完成させる。

asaṃskṛte < a-saṃskṛta-：*adj.* 装備されない。装飾されていない。「無為」と漢訳。*n. sg. Loc.*

na：*ind.* ～でない。～にあらず。

pratitiṣṭhati < pratitiṣṭha- < prati-√sthā- (1)：立つ。住む。しっかりと立つ。～（処格）の上に基礎を置く。安んずる。身を置く。確立されている。「安住」「住」と漢訳。*Pres. 3, sg. P.*

yathârha-bhaiṣajya-prayojanāt < yathârha-bhaiṣajya-prayojana-：*n.* 適切に薬を使用すること。*sg. Abl.*

yathârha- < yathā-arha-：*adj.* 功績／資格に応じる。適当な。正当な。

yathā：*conj.* ～のように。あたかも～のように。～と（that）。

arha- < √arh- (1) + -a：*adj.* ～に相当する。権利を有する。当然～を受けるべき。適当な。～に適する。「可」「応可」「応」「価」と漢訳。

√arh- (1)：～に値する。～に相当する。

bhaiṣajya-：*n.* 薬物。

prayojana- < pra-√yuj- (1) + -ana：*n.* 機会。対象。動機。原因。利用。使用。目標。結果。目的。計画。仕事。獲得の手段。

pra-√yuj- (1)：軛をつける。活動を開始させる。実行する。完成する。利用する。使用する。執行する。

saṃskṛtaṃ < saṃskṛta- < sam-s-√kṛ- (8) + -ta：*pp.* 準備された。飾られた。「有為」と漢訳。*n. sg. Acc.*

na：*ind.* ～でない。～にあらず。

kṣapayati < kṣapaya- < √kṣi- (5,9) + -paya：*Caus.* 尽きさせる。減らさせる。*3, sg. P.*

> dṛḍha-pratijñāyā asaṃskṛte na pratitiṣṭhati pratijñôttāraṇatvāt[85] saṃskṛtaṃ na kṣapayati /
> (梵漢和維摩経 *p.* 500, *ll.* 11–12)

「誓願が堅固であるから無為に住することなく、誓願によって救済することから[86] 有為を尽きさせることはない。

【漢訳相当箇所なし】

…………………………………………………………………………

dṛḍha-pratijñāyā < dṛḍha-pratijñāyāḥ + 有声音 < dṛḍha-pratijñā-：*adj.* 堅固な誓願を持つ。誓願が堅固である。*f. sg. Abl.*

dṛḍha- < √dṛmh- (1) + -ta：*pp.* 「堅固」「堅強」と漢訳。

pratijñā- < prati-√jñā- (9) + -ā：*f.* 一致。理解。同意。約束。主張。宣言。「誓」「願」「誓言」「請願」「本誓」と漢訳。

asaṃskṛte < a-saṃskṛta-：*adj.* 装備されない。装飾されていない。「無為」と漢訳。*n. sg. Loc.*

na：*ind.* ～でない。～にあらず。

pratitiṣṭhati < pratitiṣṭha- < prati-√sthā- (1)：立つ。住む。しっかりと立つ。～（処格）の上に基礎を置く。安んずる。身を置く。確立されている。「安住」「住」と漢訳。*Pres. 3, sg. P.*

pratijñôttāraṇatvāt < pratijñôttāraṇatva- < pratijñā-uttāraṇa-tva-：*n.* 誓願によって救済すること。*sg. Abl.*

pratijñā- < prati-√jñā- (9) + -ā：*f.* 一致。理解。同意。約束。主張。宣言。「誓」「願」「誓言」「請願」「本誓」と漢訳。

uttāraṇa- < ud-√tṝ- (1) + -ana：*adj.* 横切る。救助する。済度する。*n.* 救助。済度。

ud-√tṝ- (1)：～（処格）から出てくる。現われる。～（奪格）より免れる。横切って越える。克服する。捨てる。

saṃskṛtaṃ < saṃskṛta- < sam-s-√kṛ- (8) + -ta：*pp.* 準備された。飾られた。「有為」と漢訳。*n. sg. Acc.*

na：*ind.* ～でない。～にあらず。

kṣapayati < kṣapaya- < √kṣi- (5,9) + -paya：*Caus.* 尽きさせる。減らさせる。*3, sg. P.*

> dharma-bhaiṣajya-samudānayanatvād asaṃskṛte na pratitiṣṭhati yathârha-dharma-bhaiṣajya-prayojanāt[87] saṃskṛtaṃ na kṣapayati /
> (梵漢和維摩経 *p.* 500, *ll.* 12–14)

「法の薬を集めるから無為に住することなく、適切に法の薬を使用するから有為を尽きさせることはない。

【「法薬を集むるが故に無為に住まらず、随いて薬を授くるが故に有為を尽くさず。】

（大正蔵、巻一四、五五四頁下）

……………………………………………………………………

dharma-bhaiṣajya-samudānayanatvād < dharma-bhaiṣajya-samudānayanatvāt + 有声音 < dharma-bhaiṣajya-samudānayana-tva-：*n.* 法の薬を集めること。*sg. Abl.*

asaṃskṛte < a-saṃskṛta-：*adj.* 装備されない。装飾されていない。「無為」と漢訳。*n. sg. Loc.*

na：*ind.* 〜でない。〜にあらず。

pratitiṣṭhati < pratitiṣṭha- < prati-√sthā- (1)：立つ。住む。しっかりと立つ。〜（処格）の上に基礎を置く。安んずる。身を置く。確立されている。「安住」「住」と漢訳。*Pres. 3, sg. P.*

yathârha-dharma-bhaiṣajya-prayojanāt < yathârha- dharma-bhaiṣajya-prayojana-：*n.* 適切に法の薬を使用すること。*sg. Abl.*

yathârha- < yathā-arha-：*adj.* 功績／資格に応じる。適当な。正当な。

yathā：*conj.* 〜のように。あたかも〜のように。〜と (that)。

arha- < √arh- (1) + -a：*adj.* 〜に相当する。権利を有する。当然〜を受けるべき。適当な。〜に適する。「可」「応可」「応」「価」と漢訳。

dharma-bhaiṣajya-：*n.* 法という薬。

prayojana- < pra-√yuj- (1) + -ana：*n.* 機会。対象。動機。原因。利用。使用。目標。結果。目的。計画。仕事。獲得の手段。

pra-√yuj- (1)：軛をつける。活動を開始させる。実行する。完成する。利用する。使用する。執行する。

saṃskṛtaṃ < saṃskṛta- < sam-s-√kṛ- (8) + -ta：*pp.* 準備された。飾られた。「有為」と漢訳。*n. sg. Acc.*

na：*ind.* 〜でない。〜にあらず。

kṣapayati < kṣapaya- < √kṣi- (5,9) + -paya：*Caus.* 尽きさせる。減らさせる。*3, sg. P.*

sarva-sattva-kleśa-vyādhi-parijñānād asaṃskṛte[88] na pratitiṣṭhati sarva-vyādhi-śamanāt[89] saṃskṛtaṃ na kṣapayati /

（梵漢和維摩経 *p.* 500, *ll.* 14–16）

「一切衆生の煩悩という病を熟知しているから無為に住することなく[90]、あらゆる〔煩悩の〕病を鎮めるから有為を尽きさせることはない。

【「衆生病むと知るが故に無為に住まらず。衆生の病を滅するが故に有為を尽くさず。】

（大正蔵、巻一四、五五四頁下）

……………………………………………………………………

sarva-sattva-kleśa-vyādhi-parijñānād < sarva-sattva-kleśa-vyādhi-parijñānāt + 母音 < sarva-sattva-kleśa-vyādhi-parijñāna-：*n.* 一切衆生の煩悩という病を熟知していること。*sg. Abl.*

sarva-sattva-：*m.* 「一切衆生」と漢訳。

kleśa- < √kliś- (4) + -a：*m.* 苦痛。苦悩。心痛。「煩悩」「惑」「大本煩悩」と漢訳。

vyādhi- < vi-ādhi-：*m.* 疾患。疾病。病気。

parijñāna- < pari-√jñā- (9) + -ana：*n.* 認識。識別。完全な知識。熟知。

asaṃskṛte < a-saṃskṛta-：*adj.* 装備されない。装飾されていない。「無為」と漢訳。*n. sg. Loc.*

na：*ind.* 〜でない。〜にあらず。

pratitiṣṭhati < pratitiṣṭha- < prati-√sthā- (1)：立つ。住む。しっかりと立つ。〜（処格）の上に基礎を置く。安んずる。身を置く。確立されている。「安住」「住」と漢訳。*Pres. 3, sg. P.*

sarva-vyādhi-śamanāt < sarva-vyādhi-śamana-：*n.* あらゆる病気を鎮めること。*sg. Abl.*

śamana- < √śam- (4) + -ana：*adj.* 鎮める。静穏にする。緩和する。*n.* 鎮静。緩和。破壊。

saṃskṛtaṃ < saṃskṛta- < sam-s-√kṛ- (8) + -ta：*pp.* 準備された。飾られた。「有為」と漢訳。*n. sg. Acc.*

na：*ind.* 〜でない。〜にあらず。

kṣapayati < kṣapaya- < √kṣi- (5,9) + -paya：*Caus.* 尽きさせる。減らさせる。*3, sg. P.*

evaṃ hi kula-putrā bodhi-sattvaḥ saṃskṛtaṃ na kṣapayati asaṃskṛte na pratitiṣṭhati /
(梵漢和維摩経 *p.* 500, *ll.* 16–17)

「良家の息子たちよ、まさにこのように、菩薩は有為を尽きさせることはなく、無為に住することもないのだ。
【「諸の正士よ、菩薩は此の法を修するを以て、有為を尽くさず、無為に住まらざるなり。】
（大正蔵、巻一四、五五四頁下）

…………………………………………………………………………

evaṃ：*adv.* このように。「是」「如是」と漢訳。
hi：*ind.* 真に。確かに。実に。
kula-putrā < kula-putrāḥ + 有声音 < kula-putra-：*m.* 良家の息子。「善男子」と漢訳。鳩摩羅什はここでは「正士」と漢訳している。*pl. Voc.*
bodhi-sattvaḥ < bodhisattva-：*m.* 覚りを求める人。「菩薩」と音写。*sg. Nom.*
saṃskṛtaṃ < saṃskṛta- < sam-s-√kṛ- (8) + -ta：*pp.* 準備された。飾られた。*n.*「有為」と漢訳。*n. sg. Acc.*
na：*ind.* ～でない。～にあらず。
kṣapayati < kṣapaya- < √kṣi- (5,9) + -paya：*Caus.* 尽きさせる。減らさせる。*3, sg. P.*
asaṃskṛte < a-saṃskṛta-：*adj.* 装備されない。装飾されていない。「無為」と漢訳。*n. sg. Loc.*
na：*ind.* ～でない。～にあらず。
pratitiṣṭhati < pratitiṣṭha- < prati-√sthā- (1)：立つ。住む。しっかりと立つ。～（処格）の上に基礎を置く。安んずる。身を置く。確立されている。「安住」「住」と漢訳。*Pres. 3, sg. P.*

ayam ucyate kṣayâkṣayo nāma bodhi-sattvānāṃ vimokṣaḥ /
(梵漢和維摩経 *p.* 500, *ll.* 17–18)

「これが、菩薩たちにとっての『尽きることと尽きないこと』という名前の解脱と言われるのだ。
【「是れを『尽無尽解脱の法門』と名づく。】　（大正蔵、巻一四、五五四頁下）

…………………………………………………………………………

ayam < idam-：これ。*m. sg. Nom.*
ucyate < ucya- < √vac- (2) + -ya：*Pass.* ～と言われる。～と呼ばれる。*3, sg. A.*
kṣayâkṣayo < kṣayâkṣayaḥ + 有声子音 < kṣayâkṣaya- < kṣaya-akṣaya-：*m.* 尽きることと尽きないこと。*sg. Nom.*
nāma：*adv.* ～という名前の。実に。確かに。もちろん。おそらく。そもそも。
bodhi-sattvānāṃ < bodhi-sattva-：*m.* 覚りを求める人。「菩薩」と漢訳。*pl. Gen.*
vimokṣaḥ < vimokṣa-：*m.* 緩むこと。～からの解放。救済。「解脱」と漢訳。*sg. Nom.*

tatra yuṣmābhiḥ sat-puruṣā yogaḥ karaṇīyaḥ /
(梵漢和維摩経 *p.* 500, *l.* 18)

「そこで、善き人（善士）たちよ、あなたたちは奮励するべきである。
【「汝等、当に学すべし」】　（大正蔵、巻一四、五五四頁下）

…………………………………………………………………………

tatra：*adv.* そこに。そこへ。かしこに。その時に。その場合に。
yuṣmābhiḥ < yuṣmābhiḥ + (s) < yuṣmad-：あなた。*2, pl. Ins.*
sat-puruṣā < sat-puruṣāḥ + 有声音 < sat-puruṣa-：*m.* 善き人。「善士」と漢訳。*pl. Voc.*
yogaḥ < yogaḥ + (k) < yoga- < √yuj- (7) + -a：*m.* 軛をつけること。結合。合一。心の統一。瞑想。奮励。*sg. Nom.*

karaṇīyaḥ < karaṇīya- < √kṛ- (8) + -aṇīya：*未受分,* なされるべき。作られるべき。「所作」「所為」
と漢訳。*n.* 仕事。職業。*m. sg. Nom.*

§20 atha khalu te bodhi-sattvā imaṃ nirdeśaṃ śrutvā tuṣṭā udagrā ātta-manasaḥ pramuditāḥ
prīti-saumanasya-jātā bhagavataḥ pūjā-karmaṇe teṣāṃ ca bodhi-sattvānām asya dharma-paryāya=
sya pūjā-karmaṇe sarvam imaṃ tri-sāhasra-mahā-sāhasraṃ loka-dhātuṃ sarva-cūrṇa-gandha-
dhūpa-vyūhaiḥ puṣpaiś ca jānu-mātraṃ saṃchādya bhagavataś ca parṣan-maṇḍalam abhikīrtiṃ
kṛtvā bhagavataḥ pādau śirobhir vanditvā bhagavantaṃ triṣ-pradakṣiṇī-kṛtyôdānam udānayan=
ta iha buddha-kṣetre 'ntarhitās tena kṣaṇa-lava-muhūrtena tatra sarva-gandha-sugandhe loka-
dhātau pratyupasthitāḥ //

（梵漢和維摩経 *p.* 500, *ll.* 19–26, *p.* 502, *l.* 1）

§20 その時、それらの菩薩たちは、この教説を聞いて、満足し、高揚し、心が満たされ、狂喜し、喜悦と歓喜を生じ、世尊に対して敬意を表するために、またそれらの菩薩たちや、この法門に対して敬意を表するために、この三千大千世界のすべてをあらゆる抹香、薫香、末香の集合や、花々で膝の高さまで覆い、さらに世尊の集会の場を〔それらで〕充満させてから、世尊の両足を頭〔におしいただくこと〕によって敬意を表して、世尊〔の周り〕を右回りに三度回って後に、〔感極まって〕感嘆の言葉を発して、このブッダの国土において〔姿を〕消滅して、その瞬間のそのまた瞬時のうちにその"あらゆる香りの中で〔最も〕勝れた香りを持つところ"という世界に到達した。

【§20 爾の時、彼の諸の菩薩は是の法を説きたまうを聞きて、皆大いに歓喜し、衆の妙華の若干種の色、若干種の香あるを以て三千大千世界に散遍し、仏及び此の経法、並びに諸の菩薩に供養し已りて仏足に稽首して、未曾有なるを歎じて言わく、「釈迦牟尼仏、乃ち此の善行方便[91]を能くしたまえり」と。言い已りて忽然として現われず、還りて彼の国に到れり。】

（大正蔵、巻一四、五五四頁下）

………………………………………………………………………

atha：*adv.* その時。その場合。さて。それ故。しかれば。しかしながら。
khalu：*ind.* 実に。確かに。しかも。さて。そこで。
te < tad-：それ。*m. pl. Nom.*
bodhi-sattvā < bodhi-sattvāḥ + 有声音 < bodhi-sattva-：*m.* 覚りを求める人。「菩薩」と音写。*pl. Nom.*
imaṃ < idam-：これ。*m. sg. Acc.*
nirdeśaṃ < nirdeśa- < nir-√diś- (6) + -a：*m.* 命令。指示。記述。教示。「説」「所説」「説法」と漢訳。*sg. Acc.*
śrutvā < √śru- (5) + -tvā：～（具格、奪格、属格）から聞く。*Ger.*
tuṣṭā < tuṣṭāḥ + 有声音 < tuṣṭa- < √tuṣ- (4) + -ta < ：*pp.* 満足した。満足せしめられた。*m. pl. Nom.*
udagrā < udagrāḥ + 有声音 < udagra- < ud-agra-：*adj.* 激昂した。高揚した。*m. pl. Nom.*
ātta-manasaḥ < ātta-manasaḥ + (p) < ātta-manas ≒ āpta-manas：*adj.* 狂喜せしめられた。満たされた心を持つ。*m. pl. Nom.*
　āpta- < √āp- (5) + -ta：*pp.* 到達せる。遭遇せる。獲得せられた。満たされた。
　manas-：*n.* 心。
pramuditāḥ < pramuditāḥ + (p) < pramudita- < pra-√mud- (1) + -ita：*pp.* 狂喜した。喜んだ。*m. pl. Nom.*
prīti-saumanasya-jātā < prīti-saumanasya-jātāḥ + 有声音 < prīti-saumanasya-jāta-：*pp.* 喜悦と歓喜を生じた。*m. pl. Nom.*
bhagavataḥ < bhagavataḥ + (p) < bhagavat-：*m.* 尊い（人）。「世尊」と漢訳。「婆伽婆」「薄伽梵」と音写。*sg. Gen.*
pūjā-karmaṇe < pūjā-karman-：*adj.* 尊敬の行為を表わす。「尊敬」を意味する。*n.* 「供養」「為供養」と漢訳。*n. sg. Dat.*

pūjā-karmaṃ √kṛ- (8)：「恭敬供養」と漢訳。

teṣāṃ < tad-：それ。*m. pl. Gen.*

ca：*conj.* および。また。しかしながら。そして。～と。なお。

bodhi-sattvānām < bodhi-sattva-：*m.* 覚りを求める人。「菩薩」と漢訳。*pl. Gen.*

asya < idam-：これ。*m. sg. Gen.*

dharma-paryāyasya < dharma-paryāya-：*m.* 法門。*sg. Gen.*

pūjā-karmaṇe < pūjā-karman-：*adj.* 尊敬の行為を表わす。「尊敬」を意味する。*n.* 「供養」「為供養」と漢訳。*n. sg. Dat.*

sarvam < sarva-：*adj.* すべての。*m. sg. Acc.*

imaṃ < idam-：これ。*m. sg. Acc.*

tri-sāhasra-mahā-sāhasraṃ < tri-sāhasra-mahā-sāhasra-：*adj.* 「三千大千」と漢訳。*m. sg. Acc.*

loka-dhātuṃ < loka-dhātu-：*m.* 「世界」と漢訳。*sg. Acc.*

sarva-cūrṇa-gandha-dhūpa-vyūhaiḥ < sarva-cūrṇa-gandha-dhūpa-vyūhaiḥ + (p) < sarva-cūrṇa-gandha-dhūpa-vyūha-：*m.* あらゆる抹香、薫香、末香の集合。*pl. Ins.*

sarva-：*adj.* すべての。

cūrṇa-：*n.* 粉末。「香末」「抹香」と漢訳。

gandha-：*m.n.* 香。芳香。香気。薫香。

dhūpa-：*m.* 香。香料。「焼香」「末香」と漢訳。

vyūha- < √vyūh- + -a：*m.* 分配。配置。戦陣。集合。群集。集団。「荘厳」「厳」と漢訳。

puṣpaiś < puṣpaiḥ + (c) < puṣpa-：*n.* 花。*pl. Ins.*

ca：*conj.* および。また。しかしながら。そして。～と。なお。

jānu-mātraṃ < jānu-mātra-：*n.* 膝の高さ。*sg. Acc.*

jānu-：*n.* 膝。

mātra- < √mā- (2,3) + -tra：*n.* ～だけの量／大きさ／高さ／深さ／長さ。分量。総額。

saṃchādya < saṃchādaya- + -ya < sam-√chad- (1) + -aya + -ya：*Caus.* 包む。覆う。隠す。*Ger.*

bhagavataś < bhagavataḥ + (c) < bhagavat-：*m.* 尊い（人）。「世尊」と漢訳。「婆伽婆」「薄伽梵」と音写。*sg. Gen.*

ca：*conj.* および。また。しかしながら。そして。～と。なお。

parṣan-maṇḍalam < parṣan-maṇḍala-：*n.* 「衆」「大衆」「衆会」「集会」「大集衆」「大衆集会」「諸徒衆」と漢訳。*sg. Acc.*

parṣan- < parṣat- + (m) = pari-ṣad-：*f.* 集会。聴衆。会議。「衆」「大衆」「衆会」「諸大衆」と漢訳。

maṇḍala-：*adj.* 丸い。円形の。*m.n.* 団体。集合。群衆。群れ。地域。領域。国土。

abhikīrtiṃ < abhikīrti- < abhi-kṝ- (6) + -ti：*f.* 「覆」「散」「普散」「充満」「悉充満」と漢訳。*sg. Acc.*

kṛtvā < √kṛ- (8) + -tvā：作る。なす。*Ger.*

bhagavataḥ < bhagavataḥ + (p) < bhagavat-：*m.* 尊い（人）。「世尊」と漢訳。「婆伽婆」「薄伽梵」と音写。*sg. Gen.*

pādau < pāda-：*m.* 足。*du. Acc.*

śirobhir < śirobhiḥ + 有声音 < śiras-：*n.* 頭。*pl. Ins.*

vanditvā < √vand- (1) + -itvā：称賛する。讃歎する。恭しく挨拶する。～に敬意を表する。尊ぶ。「礼」「礼拝」「礼敬」と漢訳。*Ger.*

bhagavantaṃ < bhagavat-：*m.* 尊い（人）。「世尊」と漢訳。「婆伽婆」「薄伽梵」と音写。*sg. Acc.*

triṣ-pradakṣiṇī-kṛtyôdānam < triṣ-pradakṣiṇī-kṛtya + udānam

triṣ-pradakṣiṇī-kṛtya < triṣ-pradakṣiṇī-kṛtya < triṣ-pradakṣiṇī-√kṛ- (8) + -tya：*Ger.* 右遶三匝してから。

triṣ- < tris-：*adv.* 三度。三回。

pradakṣiṇī-√kṛ- (8)：右側を～に向ける。左から右に～（対格）を回る。

pradakṣiṇī- < pradakṣiṇa- < pra-dakṣiṇa-：*adj.*（太陽と同じ方向）右に動く。右側に立った。兆しのよい。栄える。右側を～に向ける。

動詞 √bhū- (1), √as- (2), √kṛ- (8) の前分に名詞、形容詞がくる複合語では名詞、形容詞の末尾の a, ā, an は ī となり、i, u は ī, ūとなり、ṛ は rī, それ以外はそのままとなる。cf.「基礎」*p.* 566.

pra-dakṣiṇaṃ √kṛ- (8)：（尊敬の意思表示として）右側を～（対格）へ向ける。「右旋」「右遶」と漢訳。

udānam < udāna-：*n.*「自説」「無問自説」「讃嘆経」と漢訳。*sg. Acc.*

udānayanta < udānayante + a 以外の母音 < udānaya- < √udānaya- (名動詞)：激しい感情に打たれて厳粛な言葉を発する。*Pres. 3, pl. A.*

udānam √udānaya- (名動詞) として用いられる。

iha：*adv.* ここに。今。この世に。地上に。

buddha-kṣetre 'ntarhitās < buddha-kṣetre + antarhitās

buddha-kṣetre < buddha-kṣetra-：*n.* 仏の国土。「仏国土」と漢訳。*sg. Loc.*

antarhitās < antarhitāḥ + (t) < antarhita- < antar-√dhā- (3) + -ta：*adj.* 消滅した。*m. pl. Nom.*

tena < tad-：それ。*m. sg. Ins.*

kṣaṇa-lava-muhūrtena < kṣaṇa-lava-muhūrta-：*m.n.* 瞬間のそのまた瞬時。「一念頃」と漢訳。*sg. Ins.*

kṣaṇa-：*m.* 瞬間。「須臾」「念」と漢訳。「刹那」と音写。

lava-：*m.* 牛の毛。部分。断片。（一秒の）小部分。瞬間。

muhūrta-：*m.n.* 瞬時。即時。「須臾」「暫時」と漢訳。

muhūrta- < √muhur- (名動詞) + -ta：*pp.* たちまち経過した。

tatra：*adv.* そこに。そこへ。かしこに。その時に。その場合に。

sarva-gandha-sugandhe < sarva-gandha-sugandha-：*adj.* あらゆる香りの中で勝れた香りを持つ。*m. sg. Loc.*

loka-dhātau < loka-dhātu-：*m.* 世界。*sg. Loc.*

pratyupasthitāḥ < pratyupasthita- < prati-upa-√sthā- (1) + -ita：*pp.* ～（対格）のもとへ近づいた。来た。到来した。「現在前」「現」「現前」「安住」「出現」「助」と漢訳。*m. pl. Nom.*

kṣayâkṣayo nāma dharma-prābhṛta-parivarto daśamaḥ //

（梵漢和維摩経 *p.* 502, *l.* 2）

〔以上が〕「『尽きることと尽きないこと』という名前の法の施し」の章の第十である。

kṣayâkṣayo < kṣayâkṣayaḥ + 有声子音 < kṣayâkṣaya- < kṣaya-akṣaya-：*m.* 尽きることと尽きないこと。*sg. Nom.*

nāma：*adv.* ～という名前の。実に。確かに。もちろん。おそらく。そもそも。

dharma-prābhṛta-parivarto < dharma-prābhṛta-parivartaḥ + 有声子音 < dharma-prābhṛta-parivarta-：*m.* 法の施しの章。

daśamaḥ < daśama-：*序数詞*，第十の。*m. sg. Nom.*

第10章　訳注

1 本章のタイトルは、貝葉写本では **kṣayo kṣayo** nāma **dharma-prābhṛta**-parivarto となっているが、VKN. によって **kṣayâkṣayo** nāma **dharma-prābhṛta**-parivarto（「『尽きることと尽きないこと』という名前の**法の施し**」の章）と改められた。チベット語訳、およびその現代語訳である中公版も次のように同趣旨の内容である。

zad pa dang mi zad pa zhes bya ba'i chos kyi rdzongs kyi le'u（『尽きることと尽きないこと』と言われる法の喜捨の章）

「有尽と無尽という法の贈り物」（中公版、*p.* 146）

これは、本章で「『尽きることと尽きないこと』（尽・無尽）という解脱の法門」が明かされていることからの命名である。ところが、その法門が、菩薩の行として明かされていることをとらえて、漢訳ではいずれも「菩薩行品」となっている。

ところで、筆者が「法の施し」、すなわち「法という施し」と訳した dharma-prābhṛta- は、『法華経』の観世音菩薩普門品（植木訳『梵漢和対照・現代語訳　法華経』下巻、*p.* 504）では、無尽意（akṣaya-mati-）菩薩が観世音菩薩に対して語る次の言葉の中に出てくる。

dāsyāmo vayaṃ... **dharma-prābhṛtaṃ** dharm'ācchādam（私たちは……**法のための施物**、法のための贈り物を贈りましょう）

dharma-prābhṛta- は dharma-（法）と prābhṛta-（施物）の複合語で、一般に「法施」（法という施物）と漢訳され、「教え（法）を説いて聞かせること」を意味する。ところが、『法華経』では施されるものは法ではなく真珠の首飾りであった。従って、筆者は『法華経』においては、「法のための施物」と訳し替えた。しかし、この『維摩経』では、その必要はないようだ。

2 アームラパーリー（āmrapālī）については、第1章の注4を参照。

3 筆者が「その〔説法が行なわれている〕円形の場所」と訳した箇所は、原文では sa maṇḍala-māḍo となっている。maṇḍala-māḍo は、maṇḍala-māḍaḥ（< maṇḍala-māḍa-）が次に有声子音があるので連声の結果、語尾の aḥ が o となったもの。maṇḍala-māḍa- は、「円形の」「団体」「集合」「群衆」を意味する maṇḍala- と、「座」や「場」を意味する māḍa- との複合語である。この語の直前に「世尊は、真理の教え（法）を説いておられた」とあるのを受けて、筆者は「説法が行なわれている」を〔　〕内に補った。

チベット語訳は次の通り。

'khor gyi khams de（その〔説法が〕転じられている場）

'khor が、転法輪などというときの「転」、khams が「場」を意味している。

チベット語訳からの現代語訳である中公版や、漢訳では次のように訳されている。

「それを聞くために人々の集まっている場所」（中公版、*p.* 146）

「其(そ)の場」（支謙訳）

「其の地」（鳩摩羅什訳、玄奘訳）

中公版の「聞くために人々の集まっている」は原文にはないので、〔　〕内に入れるべきである。

4 parivṛtau（男性・両数・主格）は、貝葉写本では parivṛto（< parivṛtaḥ ＝ 男性・単数・主格）となっている。ここは、ヴィマラキールティとマンジュシリーの二人が主語なので、単数ではなく両数でなければならない。VKN. は、チベット語訳には praskṛtau（< praskṛta, 前に置かれた）を意味する mdun du bdar te（前に進み出て）という語も追加されていることを指摘している。

5 この文章に続けて、チベット語訳、およびその現代語訳である中公版と、漢訳には次の一節が入っている。

[de bzhin gshegs pa'i drung du 'ong ba]'i lnga ltas so（〔如来のお側近くに来る〕前兆である）

「その前兆なのである」（中公版、*p.* 146）

「故に先ず此の瑞応を為(な)すなり」（支謙訳、鳩摩羅什訳）

「此の前相を現ず」（玄奘訳）

6 tenôpasaṃkrāmat（< tena + upasaṃkrāmat）の upasaṃkrāmat は、BHS. でしばしば見られる形で、upasam=akrāmat（< upasam-akrāmat）のことであり、「近づく」を意味する upa-sam-√kram-（1）の過去・三人称・単数・為他言である。cf. BHS. gram. 32-3.

7 [　] 内の ye は、貝葉写本では欠落しているが、本章§15の冒頭に類似の文章があり、そこには ye が入っているので補った。

8 sa は、貝葉写本では ta となっているが、ここは次にくる bhagavāṃs（< bhagavān + (t)）を指す男性・単数・主格の指示代名詞 sa と考えた方がよい。

9 筆者が「〔その場に〕ふさわしいあいさつで慰労してから」と訳した箇所の原文は次の通りである。

①dharmyayā kathayā pratisaṃmodya

最後のpratisaṃmodyaは、「丁寧にあいさつする」という意味の動詞prati-sam-√mud-（1）の使役の絶対分詞で「あいさつしてから」「慰問して後に」といった意味である。

初めのdharmyayāは、dharma-（法）の派生語で、「合法の」「適法の」「習慣的な」「正当な」「法にかなった」という意味の形容詞dharmya-の女性・単数・具格である。kathayāは、「会話」「談話」「物語」「議論」「陳述」を意味する女性名詞kathā-の単数・具格である。

これをチベット語訳からの現代語訳である中公版や、漢訳では次のように訳している。

「法語をもって慰諭したのち」（中公版、*p.* 147）

「問訊（もんじん）し」（支謙訳）

「如法に慰問し」（鳩摩羅什訳、玄奘訳）

この「法語」や「如法」といった訳では、何か特別のことかと思わせるところがある。ところが、本文ではその内容には全く触れることはない。それは、そんなに重大な内容を秘めていたのではなく、「習慣的なあいさつ」程度ではなかったかと思われる。しかし、それではあまりにもそっけないので、筆者はdharmya-の「適法の」「習慣的な」「正当な」といった意味を加味して「〔その場に〕ふさわしい」と訳した。次のkathā-（会話、談話、陳述）は、pratisaṃmodya（あいさつする、慰問する）を考慮すると、具体的には、「あいさつの言葉」であり、筆者は①を「その場にふさわしいあいさつで慰労してから」と訳した。

この『維摩経』では、女性・単数・具格のdharmyayā kathayāではないが女性・単数・対格のdharmyāṃ kathāṃが、第3章§49で用いられている。そこでは、この二語の内容を「すなわち偉大な人である菩薩たちの〔もはや〕退くことのない位（不退転地（ふたいてんじ））について論議しておりました」と言い換えている。その場合は、「不退転地についての議論」を差しているので、「法についての話」と訳すべきであろう。

10 筆者が「〔神力による〕自在な振る舞い」と訳した箇所の原文は、vikrīḍitam（< vikrīḍita-）となっている。これは、「遊ぶ」「戯れる」という意味の動詞vi-√krīḍ-（1）の過去受動分詞から転じた中性名詞で「遊戯」「子どもの遊び」「自在な振る舞い」という意味である。ここでは「自在な振る舞い」が適切であろう。

ところが、チベット語訳、およびその現代語訳である中公版や、漢訳では次のようになっている。

rnam par 'phrul pa [mthong ngam]（〔神力の〕示現するところ〔を見たか？〕）

「神通力」（中公版、*p.* 147）

「所為」（支謙訳）

「自在の神力の所為」（鳩摩羅什訳、玄奘訳）

支謙は、「自在な振る舞い」の「振る舞い」の部分をとらえて「所為」とし、鳩摩羅什は、「自在な振る舞い」を神力によるものとして「自在の神力の所為」とし、玄奘がそれを踏襲した。チベット語訳では、その神力の「示現するところ」をとらえている。ところが、中公版では、「神通力」のほうに意味がずれている。

vikrīḍita-には、「神力」という意味はない。『法華経』に「"神力による**自在な振る舞い**"という三昧」（植木訳『梵漢和対照・現代語訳　法華経』下巻、*p.* 465）という言葉が出てくる。それは、サンスクリット語でṛddhi-**vikrīḍita**-samādhi-（同、*p.* 464）といい、vikrīḍita-の前にṛddhi-（神力）という語がついている。「自在な振る舞い」は「神力」によってもたらされるということであろう。そう考えると、「神力」は〔　〕内に入れるべきであろう。

11 筆者が「七つの七日間〔、すなわち七週間〕」と訳した箇所の原文は、

saptabhiḥ saptâhaiḥ

となっている。saptabhiḥは基数詞saptan-（七）の具格で、saptâhaiḥは、sapta-（七）とāha-（日）の複合語saptâha-（七日）の具格である。時間を意味する語の具格は、「〜の時間かかって」を意味するので、「七つの七日間かかって」、すなわち「七週間かかって」という意味になる。

この箇所は、次のようにチベット語訳と一致しているが、漢訳とは異なっている。

zhag bdun phrag bdun gyis（七日の七倍の間）

「七週間かかって」（中公版、*p.* 148）

「七日七夜に至りて」（支謙訳）

「七日に至りて」（鳩摩羅什訳）

「七日七夜」（玄奘訳）

漢訳からすれば、saptabhiḥのないsaptâhaiḥ、あるいはsapta-rātraiḥであったかもしれない。

12 この文章の原文は次のようになっている。

upari câsya saptâham **ojaḥ spharişyati**（そして、〔その後〕さらに七日間にわたってこ〔の食べ物〕の**勢力**

が充満するでしょう）

副詞の upari（その後、さらに）と、時間を意味する語の対格で「七日間にわたって」を意味する saptâham（< sapta-āha-, 七日）以外の語を検討してみよう。asya は代名詞 idam-（これ）の男性／中性・単数・属格であり、ojaḥ は中性名詞 ojas-（能力、勢力、気力）の単数・主格である。spharişyati は「充満する」「広がる」「満たす」という意味の動詞 √sphar- の未来・三人称・単数である。

ここで、属格の asya は ojaḥ にかかって「これに具わる勢力／気力」という意味になる。その代名詞 asya は、中性名詞 bhojana-（食べ物）を指していると考えるべきであろう。こうして、「この〔食べ物の〕勢力が充満するでしょう」という筆者の訳になった。

ところが、これに対応する箇所は、漢訳にはなく、チベット語訳、およびその現代語訳である中公版では、次のように訳されている。

zhag bdun gyi bar du des mdangs rgyas par 'gyur ro（七日の間、それによって、精力がみなぎるでしょう）

「そののちさらに七日間は、**顔色もよくなるでしょう**」（中公版、*p.* 148）

これは、asya を食べ物を食べた「その人」ととらえ、ojaḥ を「気力」と考え、気力が充満して「顔色もよくなっている」と考えを発展させて、「顔色もよくなるでしょう」と訳したのであろう。

ところが、二つ後の文章でも、食べ物を食べた人のことは、単数ではなく複数形で論じられている。したがって、単数の asya は「この人の」と取るべきではなく、「こ〔の食べ物〕の」と考えるべきであろう。

13 この文章の原文は次の通り。

na câjīrṇa-doṣo bhaviṣyati（けれども、消化しないことによる害はないでありましょう）

これに対応する箇所は、支謙訳と鳩摩羅什訳になく、次のようにチベット語訳と玄奘訳にのみ見られる。

ma zhu ba'i gnod par yang mi 'gyur ro（消化不良の害もまた生じないでしょう）

「（長く）消化しないからといって、害にはなりません」（中公版、*p.* 148）

「久しく未(いま)だ消せずと雖(いえど)も而(しか)も患(わずら)いを為(な)さず」（玄奘訳）

中公版は、玄奘訳を参考にして訳したのであろう。

14 pariṇamati は、貝葉写本では pariṇamayati となっている。これは「消化される」という意味の動詞 pari-√nam- (1) の使役・三人称・単数で、「円熟させる」という意味だが、すべての漢訳が「消せん」となっているので、使役形でない pariṇamati に改めた。

15 buddha-kṣetrāṇi yeṣu は、貝葉写本では二回繰り返されているが、必要ないので一回にした。

16 筆者が「〔三十二種類の勝れた〕相（三十二相）の如来の姿を**見せること**」と訳した箇所の原文は、次のようになっている。

tathāgata-lakṣaṇa-rūpa-**darśanaṃ**（< tathāgata-lakṣaṇa-rūpa-**darśana**-）

これは、tathāgata-（如来）、lakṣaṇa-（〔三十二種類の勝れた〕相）、rūpa-（姿）、および「見る」という意味の動詞 √dṛś- (1) から作られた中性名詞 darśana- との複合語である。

これをチベット語訳、およびその現代語訳である中公版と漢訳は、次のように訳している。

[gang dag na] de bzhin gshegs pa'i mtshan dang gzugs mthong bas（如来の相と姿を見ることによって）

「如来の相好を**見ること**」（中公版、*p.* 149）

「三十二相・八十随形好を以て」（鳩摩羅什訳）

「如来の色身相好を**見る**を以て」（玄奘訳）

鳩摩羅什訳は、「ブッダのなすべきこと」（仏事(ぶつじ)）をなすのに「三十二相・八十随形好を以て」するというのだが、それは自らに具わる「三十二相・八十随形好」によってということであり、それを衆生に示し、見せるという意味が暗に込められている。という意味では、筆者の訳と同趣旨である。

ところが、中公版と玄奘訳では、「ブッダのなすべきこと」をなす人が「如来の相好」を見るということになる。しかし、後の文章に「言葉の分析による説法が、衆生たちのためにブッダのなすべきことをなす」とあり、ここでは、「説法する人」がいて、その人によってなされた「説法」があり、その説法の対象として「衆生たち」がいるという関係が読み取れる。このことから考えても、ここは「見せる人」と「相好」があって、それを見るのは「衆生たち」という関係であるべきだ。そのためには、darśana- を「見ること」と訳すべきではない。

darśana- は、「見る」という意味の動詞 √dṛś- (1) に中性名詞を作る接尾辞 -ana をつけたもの、あるいは √dṛś- (1) の使役形 darśaya- に -ana をつけたものの二通りが考えられる。前者は、「見ること」、後者は「見せること」で、ここは後者で解釈すべきである。

17 gagana-antarīkṣaṃ は、貝葉写本と VKN. では gaganam antarīkṣaṃ となっているが、gaganam は男性名詞 gagana- の単数・対格、antarīkṣaṃ は中性名詞 antarīkṣa- の単数・主格／対格である。ここは両者が主格の働きをなさねばならないところだが、このままでは、その条件を満たしてなく、修飾・被修飾の関係にはなっていない。筆者は、両者を修飾・被修飾の関係にするために複合語に改めた。

18 ［ ］内の santi は、貝葉写本に存在しないが、§8 以後の文章の冒頭にはこの語が入っているので、ここにも補った。

19 tādṛśāni（< tādṛśa-, そのような）は、貝葉写本では ta となっているが、チベット語訳で de lta pur（そのような）となっていることから改めた。

20 ［ ］内の na は、貝葉写本では存在しないが、鳩摩羅什訳で「仏事に非ざる」と否定形になっているので［ ］内に補った。

21 saṃkliśyante は、貝葉写本では saṃkliśyanti となっているが、これは受動態なので、為他言ではなく為自言の活用でなければならないので改めた。

22 この文章の原文は次の三つの要素からなっている。

①ye cêma ānanda catvāro mārāś（アーナンダよ、これらの〔五陰魔・煩悩魔・死魔・天魔の〕四種類からなるところの魔〔四魔〕や、）

②**caturaśītiś** ca kleśa-mukha-śata-sahasrāṇi **yaiḥ sattvāḥ saṃkliśyante**（**衆生たちを悩ませるところの八百四十万**もの煩悩の門、）

③sarvais tair buddhā bhagavanto buddha-kṛtyaṃ kurvanti（それらのすべてによって、世尊であるブッダたちは、ブッダのなすべきことをなすのである）

①と②は、それぞれ男性・複数・主格の関係代名詞 ye と、中性・複数・具格の関係代名詞 yaiḥ に導かれた関係節である。ye の先行詞は、性と数が同じ男性名詞・複数の mārāś（< mārāḥ < māra-, 魔）であり、yaiḥ の先行詞は、性と数が同じ中性名詞・複数の kleśa-mukha-śata-sahasrāṇi（< kleśa-mukha-śata-sahasra-, 幾百・千もの煩悩の門）である。その両者に共通の相関詞が③の中性・複数・具格の代名詞 tair（< taiḥ < tad-, それ）という構造である。

ところが、これをチベット語訳の現代語訳である中公版では次のように訳している。

「**人々を苦しめる**四種の魔や**八万四千**の煩悩の門というものさえも、諸仏世尊はそれによって仏陀のはたらきをするのである」（中公版、*p.* 150）

これだと、②の中の yaiḥ sattvāḥ saṃkliśyante（衆生たちを悩ませるところの）の先行詞が、①の mārāś（魔）と、②の kleśa-mukha-śata-sahasrāṇi（幾百・千もの煩悩の門）の両方であることになる。しかし、既に述べたように、①と②は、全く独立した関係文になっている。チベット語訳も「魔」ではなく、「煩悩の門」だけにかかっている。従って、中公版は改めるべきである。

また、「煩悩の門」の数を中公版は、「八万四千」としているが、貝葉写本と同様、チベット語訳も次のように「八百四十万」となっているので、改めるべきである。中公版は、漢訳を参考にして訳し変えたのであろう。

nyon mongs pa'i sgo brgya stong phrag brgyad bcu rtsa bzhis sems can rnams kun nas nyon mongs pa de dag tams cad kyis...（八百四十万の煩悩の門であり、諸の衆生たちが苦悩するところのそれらすべてによって……）

漢訳は、次の通り。

「四魔**八十四**垢。**百千**種人為之疲労」（支謙訳）

「四魔・八万四千の諸の煩悩の門」（鳩摩羅什訳、玄奘訳）

貝葉写本とチベット語訳が「八百四十万」で、鳩摩羅什訳と玄奘訳が「八万四千」、支謙訳は「八十四」と「百千」を区切っているが、これは「八百四十万」を分離したものであろう。

23 sarvôdāra-vyūha-guṇâsamanvāgateṣu buddha-kṣetreṣu は、貝葉写本と VKN. では、sarvôdāra-vyūha-guṇa-samanvāgateṣu buddha-kṣetreṣu となっていて、この前の文章でもこれと全く同じ文章が繰り返されている。

それらの二つの文章を合わせて訳すと、次のようになる。

sarvôdāra-vyūha-guṇa-samanvāgateṣu buddha-kṣetreṣu... sarvôdāra-vyūha-guṇa-samanvāgateṣu ca buddha-kṣetreṣu（荘厳のための**あらゆる勝れた徳を具えている**諸のブッダの国土……荘厳のための**あらゆる勝れた徳を具えている**諸のブッダの国土……）

それに対して、漢訳は以下の通りである。

「一切の**好**（よ）**き**大仏土……**好からざる**土……」（支謙訳）

「一切の**浄好の**仏土……一切の**不浄の**仏土……」（鳩摩羅什訳）

「一切の無量広大なる**大功徳を成就せる厳浄の**仏土……一切の諸（もろもろ）の**功徳無き雑穢の**仏土……」（玄奘訳）

三つの漢訳のいずれの場合にも、肯定の語と否定の語とが並んでいて、対句の表現になっている。

ところが、チベット語訳は貝葉写本と同様に、全く同じ肯定の言葉が二回繰り返されている。

yong tan rgya chen po bkod pa thams cad dang ldan pa'i sangs rgyas kyi zhing... yong tan rgya chen po bkod pa thams cad dang ldan pa'i sangs rgyas kyi zhing...（あらゆる荘厳を備えており、広大な功徳を有するところの仏国土……あらゆる荘厳を備えており、広大な功徳を有するところの仏国土……）

そのチベット語訳からの現代語訳である中公版は、次のように初めの文章のほうで（　）内に否定の語を補っている。

「すべての広大な徳をもって飾られ（**ていない、汚れ**）た仏国土……あらゆる広大な徳をもって飾られた（清浄な）仏国土……」（中公版、*p.* 150）

これは、すべての漢訳で肯定と否定の表現を使い分けていることを参考にされたからであろう。

筆者も、ここは肯定と否定の対句とすべきと考えて、後半の〜guṇa-samanvāgateṣu（徳を具えている）を〜-guṇâsamanvāgateṣu（< -guṇa-asamanvāgateṣu, 徳を具えていない）に改めた。

24 parâpara-（< para-apara-）は、貝葉写本と VKN. では aparāpara- となっているが、これでは apara- と apara- の複合語だということになる。ここは、dharmâdharma-（< dharma-adharma-, 法と非法）や、kuśalâkuśala-（< kuśala-akuśala-, 善と悪）のようにサンスクリット語でよく用いられる否定の接頭辞 a の付かない語と付いている語の複合語と考えるべきである。ここは para-（勝れた）と apara-（劣った）の複合語 parâpara- で、「勝劣」「優劣」という意味であるべきで筆者は改めた。

25 evam は、貝葉写本では ecam となっている。貝葉写本でしばしば見られる v と c の間の誤記であろう。

26 hitâiṣitayêryayā caryayā は、貝葉写本では hitâiṣitayā īryayā ca となっている。鳩摩羅什訳では「威儀・所行」、玄奘訳では「威儀・所行・正行」となっていて、「威儀」が īryayā（< īryā-）の漢訳語であり、「所行」が caryā- の漢訳語であることから、ca を caryā- の単数・具格に改めた。鳩摩羅什訳に「正行」の二文字がないが、これは caryayā の後にある pratipadā（< pratipad-）の漢訳語である。

27 〜-paripūryā は、貝葉写本と VKN. では〜-paripūrayā となっているが、語尾が ayā となる具格を持つ名詞は paripūrā- だが、そんな名詞は存在しない。これは、女性名詞 paripūri-（円満、成就）の具格 paripūryā の誤りだと考え、筆者は改めた。

28 貝葉写本では、この後に次の一節が入っている。

āyuḥ-pramāṇena deśanayā satvaparipākeṇa satvavimuktyā

これは、二つ前の文章の繰り返しであるので削除した。

29 smṛti-**dhāraṇī**-pratilabdhānāṃ（< smṛti-**dhāraṇī**-pratilabdha-）は、貝葉写本と VKN. では smṛti-**dhāriṇī**-pratilabdhānān（< smṛti-**dhāriṇī**-pratilabdha-）となっている。これは、『法華経』序品（植木訳『梵漢和対照・現代語訳　法華経』上巻、*p.* 45）で釈尊の説法の場に参列している八万人の菩薩の特徴を述べたところに出てくる dhāraṇī-（ダーラニー）と pratilabdha-（獲得している）の複合語 dhāraṇī-pratilabdhair（< dhāraṇī-pratilabdha-, ダーラニー〔陀羅尼〕を獲得している）のように、smṛti-（記憶）と dhāraṇī-（ダーラニー）、pratilabdha-（獲得している）の複合語のことであろうと考え、筆者は改めた。

それは、ダーラニー（陀羅尼）が「法を心に留めて忘れさせない能力」という意味で用いられるので、smṛti-（記憶）と合わせて、次のように訳すことができよう。

「**記憶のための**ダーラニー（陀羅尼）を獲得している」

ところが、チベット語訳では、smṛti- と dhāraṇī- に相当する語の間が、明確に句読記号の「/」で区切られている。したがって、チベット語訳、およびその現代語訳である中公版では、次のように訳されている。

dran pa dang / gzungs thob pa rnam（念のあるものであり、ダーラニーを得た者であり）

「**記憶のよい者**、ダーラニーを得た者」（中公版、*p.* 151）

ただ、smṛti- は、「記憶」ではあっても、「記憶のよい者」という意味はないという点が気になる。同じ smṛti-dhāraṇī- という複合語が後に出てくるが、そこを中公版は「記憶とダーラニー」（*p.* 152）と訳していて、一貫性がない。

三種の漢訳はいずれも、「念と総持」となっている。

30 ここに、貝葉写本では次の一節が入っている。

arthaṃ viniścayaṃ śruta-**samādhi**-dhāriṇī-labdhānām

VKN. はこれを次のように校訂している（適宜、ハイフンを入れた）。

artha-viniścayaṃ śruta-**smṛti**-dhāriṇī-labdhānām

男性・単数・対格の artha-viniścayaṃ（< artha-viniścaya-, 意味の確定）と、男性・複数・属格の śruta-smṛti-dhāriṇī-labdhānām（< śruta-smṛti-dhāriṇī-labdha-, 聞いたことを記憶するためのダーラニーを獲得した）のこれ

らの二語は、チベット語訳に対応箇所が見られないことから、VKN. は不要かもしれないと注記している。筆者は、チベット語訳だけでなく漢訳にも対応箇所が見られず、この文章の前後で言葉の重複になるので、削除した。また dhāriṇī- は、注 29 の場合と同様に dhāraṇī- に改めるべきであろう。

31 śaknuyuḥ は、貝葉写本では śaktuyuḥ となっている。貝葉写本でしばしば見られる n と t の間の誤記であろう。

32 「以往」は、大正蔵では「已往」となっているが、文脈から考えても、これから後のことであるべきなので筆者は改めた。「以往」はある時から後、「已往」はある時から前の意だが、混用されている。

33 mā tvam は、貝葉写本では mā tmam となっている。ここは、仏が阿難に禁止の命令を告げたところで、鳩摩羅什は「退意を起こすこと勿かれ」と主語を明記せずに漢訳しているが、玄奘は「汝は今、応（まさ）に心に退屈を生ずるべからず」と主語を明記している。玄奘訳の「汝は」から tvam が導き出される。残りの mā は禁止を示す副詞である。

34 sarva-sāgarāṇāṃ **gāḍhaḥ**（すべての大海の**深さ**）は、貝葉写本と VKN. では sarva-sāgarāṇāṃ **gādhaḥ**（すべての大海の**浅さ**）となっている。gādhaḥ（< gādha-, 浅さ）と gāḍhaḥ（< gāḍha-, 深い）とは綴りは似ているが、筆者は以下の理由によって gāḍhaḥ に改めた。

まず、次のようにチベット語訳、およびその現代語訳である中公版が「深さ」、支謙訳、鳩摩羅什訳が「淵」（深み）と訳しているからである。

rgya mtsho thams cad kyi gting ni（大海の深さは）

「大海の**深さ**はすべて」（中公版、*p.* 152）

「一切の海の**淵**」（支謙訳、鳩摩羅什訳）

それに対して、玄奘は次のように訳している。

「一切の大海の**源底の深浅**」（玄奘訳）

ここでは、「深さ」と「浅さ」の両意に取れるように訳されている。玄奘訳の特徴は、どちらか二通りに取れそうな時は、第 8 章注 21 のように、どちらにも取れるように訳すことが多い。

しかし、ここに「源底」という文字があることに注目すると、一つ前の文章に avagāhayitavyāḥ（< avagāhayitavya-, 〔底深さが〕理解されるべき）という ava-√gāh-(1) の未来受動分詞が用いられていた。ava-√gāh-(1) は「尽源底」と漢訳されている。ここに √gāh-(1) という動詞が入っている。gāḍha-（深い）は実は、√gāh-(1) の過去受動分詞であったのだ。

ここは、√gāh-(1) の縁語が用いられていると考えるべきであろう。一方、VKN. は、√gāh-(1) の派生語 gāha-（深み）と読めると注記している。

35 gāḍhaḥ は、貝葉写本と VKN. では gādhaḥ となっているが、一つ前の注 34 に述べた理由によって筆者は改めた。

36 bhavata は、貝葉写本と VKN. では bhavatha となっている。bhavatha は、「～である」という意味の動詞 √bhū-(1) の現在・二人称・複数形であるが、ここはチベット語訳と漢訳から考えても、命令・二人称・複数形であるべきなので、筆者は次のように bhavata に改めた。

upekṣakā... bhavata（〔あなたたちは〕捨て置くべきである）

チベット語訳、およびその現代語訳である中公版と漢訳は、次のようにすべて命令形になっている。

khyod btang snyoms su gyis shig（あなたは無関心であれ）

「捨てておいてよろしい」（中公版、*p.* 152）

「観よ」（支謙訳）

「捨置せよ」（鳩摩羅什訳）

「置いて……応（まさ）に思惟す可からず」（玄奘訳）

37 筆者が「食事の前〔、すなわち午前中〕」と訳した箇所の原文は、pūrva-bhakte（< pūrva-bhakta-）となっている。これは pūrva-（前の）と bhakta-（食事）の複合語で、「食事の前」を意味する。出家者は、正午を過ぎて食事をしてはならなかったので、それは言い換えれば「午前中」ということである。また、それは「朝飯前」ということでもある。梵文『無量寿経』にも「朝食前」という語が頻出している。中村元・早島鏡正・紀野一義訳註『浄土三部経』上巻（岩波文庫）*pp.* 30, 91, 92 など参照。

38 namasyanta（< namasyantaḥ + a 以外の母音; 敬礼する）は、貝葉写本では n と m が入れ替わった manas-yantaḥ（記憶する、考える）となっているが、次のチベット語訳、およびその現代語訳である中公版と漢訳を参考にして改めた。

[de bzhin gshegs pa la] phyag 'tshal zhing（〔如来に〕敬礼して）

「叉手（しゃしゅ）して」（支謙訳）

「合掌して」(鳩摩羅什訳)

「起って礼拝し……合掌し恭敬して」(玄奘訳)

玄奘訳が異常に詳しい訳になっているのに対して、支謙訳の「叉手」は「両手の指を組み合わせる」という意味であり、鳩摩羅什訳の「合掌」と同義とみていいであろう。支謙訳と鳩摩羅什訳には「敬礼」「礼拝」といった言葉は見られないが、「合掌」ということ自体がそれを内包しているともいえよう。

39 yâsmābhir (< yā + asmābhir) は、貝葉写本と VKN. では yair ssmābhir となっているが、次の注に述べる理由によって、筆者は改めた。

40 この文章の原文は、貝葉写本と VKN. では次のようになっている（筆者は適宜、ハイフンを入れた）。

①pratiniḥsṛjāmo **vayaṃ** bhagavaṃs tān manasi-kārān（世尊よ、**私たちは**それらの思いを捨てましょう）

②**yair asmābhir** iha **buddha-kṣetre** hīna-saṃjñôtpāditā（このブッダの国土に対して劣っているという意識を生じた**ところの私たち**、）

②で用いられている関係代名詞が、男性・複数・具格の yair（< yaiḥ）なので、その先行詞は同じく一人称・複数・具格の asmābhir（< asmābhiḥ < asmad-, 私たち）で、相関詞は vayaṃ（< asmad-, 私たち）だということになる。これでは、この文章でテーマになっているのは「私たち」だということになる。

ところが、チベット語訳からの現代語訳である中公版や漢訳は次のようになっている。

「世尊よ、私どもが（最初)、この**仏国土へきたときに**いだいた**軽侮の念**を、いまは断ち切りたいと思います」(中公版、*p.* 153)

「世尊よ、我等は初めに此の**土を見て、下劣の想い**を生ぜり。今は自ら悔責して、**是の心**を捨離せり」(鳩摩羅什訳)

「世尊よ、我等は初めに此の**仏土の種種の雑穢を見て、下劣の想い**を生ぜり。今は皆悔愧して、**是の心**を捨離せり」(玄奘訳)

ここで、テーマになっているのは「私ども」や「我等」ではなく、「軽侮の念」「下劣の想い」「是の念」のほうである。従って筆者は、②の関係代名詞の相関詞が tān manasikārān（それらの思いを）に、先行詞が女性・単数・主格の hīna-saṃjñā（劣っているという意識）になるように女性・単数・主格の関係代名詞 yā に改めた。それは次の通りである。

③pratiniḥsṛjāmo vayaṃ bhagavaṃs **tān manasi-kārān**（世尊よ、**それらの思いを**私たちは捨てましょう）

④**yâsmābhir** iha buddha-kṣetre **hīna-saṃjñôtpāditā**（私たちがこのブッダの国土に対して生じた**ところの劣っているという意識**、）

次に、②の buddha-kṣetre であるが、これは buddha-kṣetra-（ブッダの国土）の男性・単数・処格である。処格であることから、行き先を示すものと思われたのか、中公版は「仏国土へきたときに」と訳されている。しかし、「来た」(āgatāḥ) というのは、会話でないところに出てくるだけで、会話の文章には出てこない。従って、中公版の訳は無理がある。

そこで、チベット語訳がどうなっているのか見てみると、次のようになっている。

⑤sangs rgyas kyi zhing 'di la ngan par 'du shas bskyed pa [yid la bgyis pa nams]（この仏国土に対して劣悪だという思いを起こしたこと〔という作意〕）

チベット語訳にも、「来た」という意味の語は存在しない。中公版は、深読みのしすぎである。鳩摩羅什訳と玄奘訳の「見て」という動詞も貝葉写本には存在しない。

それでは、この処格をどう考えるべきかといえば、「〜について」「〜に対して」という関心の対象を示す処格と考えるべきであろう。その場合、鳩摩羅什訳と玄奘訳は、「此の土」を見て、下劣の想いを生ずるのだから、「関心の対象」になっているのは変わりないので、許容できるものである。

玄奘訳では、「此の仏土」の次に「種種の雑穢」を入れて、「関心の対象」であることを明示しようとする配慮が感じられる。チベット語訳も、⑤の冒頭が sangs rgyas kyi zhing（仏国土)、'di（この)、そして処格助詞の la（〜を／に）からなり、「この仏国土に対して」となっている。

41 dhetoḥ / は、貝葉写本では dhetoḥr となっている。これは、dhetoḥ と書いて文章をダンダ「/」で区切ることなく続けて書いているが、次に有声音がくるので ḥ は r にならなければならないと気づき、r を書き足したが ḥ を消し忘れたのであろう。

42 buddha-viṣayaḥ は、貝葉写本では buddha-viṣaṣayaḥ となっている。これは、貝葉写本で buddha-viṣa と書いたところで頁が変わり、次の頁を書き出すのに ṣa から書き出したことで重複したのであろう。

43 筆者が「ブッダの境地は、実に考えも及ばないものであるからです」と訳した箇所の原文は、VKN. では次のようになっている。

acintyo hi... buddha-viṣayaḥ

最後の buddha-viṣayaḥ（< buddha-viṣaya-）は、buddha-（ブッダ）と viṣaya-（活動領域）の複合語で、「ブッダの境地」と訳すことができるし、acintyo（< acintyaḥ < acintya-）は「考えも及ばない」という意味である。

チベット語訳、およびその現代語訳である中公版と漢訳では次のようになっている。

sang rgyas kyi yul dang / thabs mkhas pa ni bsam gyis mi khyab ste（仏の境涯と、善巧方便は不可思議であって）

「諸仏世尊の境涯と巧妙な方便とには、思いも及ばぬものがあります」（中公版、*p.* 153）

「諸仏の權の道は不可思議なり」（支謙訳）

「諸仏の方便は不可思議なり」（鳩摩羅什訳）

「諸仏の境界・方便善巧は不可思議なり」（玄奘訳）

支謙訳の「權」は、一般に「方便」と漢訳される upāya- の古訳でもあり、支謙訳と鳩摩羅什訳が「諸仏の方便」で一致しているのに対して、貝葉写本のみ「ブッダの境地」となっている。チベット語訳と玄奘訳は、その両者を合わせたものといえよう。

44 sarva- は、貝葉写本に存在しないが、[ ] 内に補った。sarva-gandha-sugandha- はブッダの国土の名前であり、sarva- は省略できない。

45 anusmarema は、貝葉写本では anusmareya となっているが、貝葉写本の書体で、m と y が似ていることによる誤記であろう。

46 kṣaya（< kṣayaḥ + a 以外の母音）は、貝葉写本と VKN. では kṣayam となっているが、二つあとの注 48 に述べる理由から筆者は改めた。

47 akṣayo ’saṃskṛtam（< akṣayaḥ + asaṃskṛtam）は、貝葉写本と VKN. では akṣayam asaṃskṛtam となっているが、次の注 48 に述べる理由から筆者は改めた。

48 筆者が「“尽きること”が有為と言われ、“尽きないこと”が無為〔と言われる〕」と訳した箇所は貝葉写本と VKN. では次のようになっている。

①kṣayam ucyate saṃskṛtam

②akṣayam asaṃskṛtam

ucyate は「言う」という意味の動詞 √vac- (2) の受動態で、「言われる」という意味である。この語は、②では省略されている。これは、「A ucyate B」で「AはBと言われる」という意味になるが、その際、AもBも主格となる。saṃskṛtam と asaṃskṛtam はいずれも中性名詞なので対格であるとともに、主格でもあるのでこのままでよい。ところが、kṣayam と akṣayam は、男性名詞なので、このままでは対格であり、それぞれ kṣayaḥ と akṣayaḥ に改めるべきである。ただし、kṣayaḥ の次に a 以外の母音が来ること、akṣayaḥ の次に母音の a が来ることから、連声の規則を考慮しなければならず、筆者は次のように改めた。

kṣaya ucyate saṃskṛtam akṣayo ’saṃskṛtam

49 kṣapayitavyam は、貝葉写本では kṣayayitavyam となっているが、VKN. によって改められた。ただし、モニエルの辞典によると、√kṣi- (9) の使役形には、kṣapaya- のほか kṣayaya-（< √kṣi- (9) + -aya）も、まれではあるが用いられるので、貝葉写本のままでも全くかまわない。

50 atanmayatâtma-saukhye ’nadhyavasānaṃ（< atanmayatā + ātma-saukhye + anadhyavasānaṃ）は、貝葉写本では atanmayatā ātma-saukhye navyavasānaṃ となっている。ここにも貝葉写本でしばしば見られる v と dh の間の誤記が見られる。

51 udyāna-vimāna-saṃjñā（庭園と宮殿という思い）は、貝葉写本では udyāna-nirmāṇa-saṃjñā（庭園と化作という思い）となっている。詳細については、注 61 を参照。

52 sarva-sva- は、貝葉写本では sarva-ṣva- となっているが、鳩摩羅什訳に「諸の所有」とあるので改めた。

53 nirargaḍa-yajña- は、貝葉写本では nirargata-yajña- となっているが、鳩摩羅什訳に「無限の施」とあるので改めた。

54 kleśa-śatru-nigrahāya は、貝葉写本では kleśa-śakra-nigrahāya となっているが、鳩摩羅什訳に「煩悩の賊を破り」、玄奘訳に「煩悩の怨敵を害する」とあるので、kleśa-（煩悩）、śatru-（怨敵）、nigraha-（鎮圧）の複合語に改めた。

55 jñāna-paryeṣṭir dharma-grāhyatāyā alpêccha-saṃtuṣṭitā は、次の三つの複合語の連声したものである。

jñāna-paryeṣṭiḥ + dharma-grāhyatāyai + alpêccha-saṃtuṣṭitā

これは、貝葉写本では次のようになっている。

jñāna-paryeṣṭi-dharma-grāhyatāyai alpêccha-saṃtuṣṭitā

また、VKN. はこれを次のように改めている。

jñānaparyeṣṭidharmagrāhyatāyā alpecchasaṃtuṣṭitā

筆者は注 64 に述べる理由で、貝葉写本と VKN. を頭書のように改めた。

56 pratibhāna-pratisaṃvid-pratilambhatayā は、貝葉写本と VKN. では pratibhāna-prāpta-pratilambhatayā (< pratibhāna-prāpta-pratilambhatā-) となっているが、これは pratibhāna-（雄弁さ）、prāpta-（～に達した）、pratilambhatā-（獲得していること）の複合語で、prāpta- と pratilambhatā- は意味が重複している。貝葉写本が発見される以前に、pratibhāna-prāpta- に相当する箇所を、鳩摩羅什訳の「楽説の弁」からラモット博士は、英語の an infallible eloquence（絶対確実な雄弁さ）に相当する apratihatapratibhāna と推測している（*Teaching of Vimalakīrti, p.* 231）。高崎直道博士は、「四無礙弁の一つ」として pratibhāna-pratisaṃvid（説法のひらめきに関して無礙であること）を推測している（高崎校註『維摩経』*p.* 125）。

ここは、綴りが貝葉写本の pratibhāna-pr まで一致していることを考えても、ラモット博士の推測よりも高崎博士の理解が適切に思える。従って筆者は、高崎博士にならって改めた。

57 catur-apramāṇôtpādanatayā（四無量心を生じることによって）は、貝葉写本と VKN. では為格の catur-apramāṇôtpādanatāyai（四無量心を生じるために）となっている。

ここは、慈・悲・喜・捨からなる四つの無量の利他の心である「四無量心を生じること」と「ブラフマー神の道に立つこと」の手段と目的の関係で理解すべきところで、前者が手段で、後者が目的であり、その逆ではない。従って、ここは為格ではなく具格であるべきであり、筆者は改めた。

チベット語訳、およびその現代語訳である中公版、さらにはすべての漢訳も、四無量心に関するほうが手段になっている。

tshad med pa bzhi rab tu bskyed pas tshangs pa'i lam du 'god pa'o /（四無量〔心〕を生ぜしめることで、梵天の道に〔身を〕置くのである）

「四無量心を生じることによって、ブラフマー神の道に身をおく」（中公版、*p.* 155）

「梵迹に立つ為に四無量を行ず」（支謙訳）

「四無量を修して梵天の道を開く」（鳩摩羅什訳）

「正しく梵天の道路を開発せんが為に、勤進して四無量智を修行す」（玄奘訳）

58 貝葉写本では主格の sarva-dharmâtanmayatā となっているが、VKN. は具格の sarva-dharmâtanmayatayā に改めている。筆者は、その必要はないと考え、貝葉写本のままにした。

59 sarva-guṇâvipraṇāśatāyai（< sarva-guṇa-avipraṇāśatā-）は為格で「あらゆる徳を消滅させないために」を意味するが、貝葉写本と VKN. では具格の sarva-guṇâvipraṇāśatayā（あらゆる徳を消滅させないことによって）となっている。

チベット語訳からの現代語訳である中公版が「あらゆる徳を失わず」（*p.* 155）となっていて、主格を思わせる。ところが、チベット語訳は、

yon tan thams cad chud mi za bas（功徳一切を無駄にしないことで）

となっていて、貝葉写本と同様、具格になっている。chud mi za ba は「無駄にしない」という意味の熟語である。

ここは玄奘訳の「所有る功徳を失壊せざる為に」から見ても、この一節に続く「不注意（放逸）であることはない」との帰結文との繋がり具合を考慮しても、為格が適当と考え、筆者は改めた。

60 "教師の握り拳"（ācārya-muṣṭi-）については、第 6 章の注 26 を参照。

61 筆者が「庭園と**宮殿**という思い」と訳した箇所は、VKN. によって udyāna-**vimāna**-saṃjñā と校訂されたところである。これは udyāna-（庭園）、vimāna-（宮殿）、saṃjñā-（思い）の複合語である。

ところが、貝葉写本、チベット語訳、およびその現代語訳である中公版、さらに漢訳は、それぞれ次のようになっている。

udyāna-nirmāṇa-saṃjñā（庭園と**化作**という思い）

skyed mos tshal dang mya ngan les 'das pa lta bur 'du shes pa'o（庭園や涅槃のように思う者である）

「遊園のようにまた**涅槃**のように思い」（中公版、*p.* 154）

「園観の如く想い」（鳩摩羅什訳）

「宮苑の如く想い」（玄奘訳）

庭園と並列するものとしては、「化作」も「涅槃」も不自然である。漢訳で二つのものを示唆しているのは玄奘訳の「宮苑」であろう。これは「宮殿の中の庭園」を意味している。玄奘訳の底本には「宮殿」に相当する vimāna- という文字が入っていたのであろう。VKN. は、第 9 章§2 に udyāna-vimānāni（庭園と宮殿）という複合語が用いられていることを挙げている。その組み合わせを最も自然と考えたのであろう。

では、「化作」「涅槃」「宮殿」といった似ても似つかぬ語がどうして出てきたのか、それは nirmāṇa-（化作）、nirvāṇa-（涅槃）、vimāna-（宮殿）という発音の似ている語の聞き間違いによって生じたものであろう。

ここは、「生死（しょうじ）」とも漢訳される生存の循環（輪廻）の在り方を譬えで示したところであるが、「化作」では不自然であり、「涅槃」では「生死（しょうじ）即涅槃」という熟語を連想させるけれども、譬喩と直接的過ぎる。やはりここは、「庭園」と類語である「宮殿」であるべきであろう。

62 筆者が「母と父という思い」と訳した箇所の原文は、mātā-pitṛ-saṃjñā（< mātā-pitṛ-saṃjñā-）となっている。これは mātā-（母）、pitṛ-（父）、saṃjñā-（思い）の複合語である。この箇所はチベット語訳、およびその現代語訳である中公版では母と父の順番が逆になっている。漢訳はすべて「父母という想い」となっている。

63 筆者が「**自分の**従者という思い」と訳した箇所の原文は、**sva**-parivāra-saṃjñā（< **sva**-parivāra-saṃjñā-）になっている。これは、sva-（自分の）、parivāra-（従者）、saṃjñā-（思い）の複合語である。ところが、チベット語訳、およびその現代語訳である中公版と漢訳では次のようになっている。

bdag po gyog tu 'du shes（主人に対する従者という思い）

「**主人に**仕える従者と思う」（中公版、*p.* 154）

「群従の想い」（支謙訳）

「眷属の想い」（鳩摩羅什訳）

「翼従の想い」（玄奘訳）

漢訳では「だれの」従者／眷属かは訳出していないが、中公版では、自分以外に主人がいて、その人の従者である場合も含まれてしまう。チベット語訳では、その「主人」がだれのことなのか回りくどい。

VKN. は、このチベット語訳を考慮して、sva-（自身の）が svāmi-（主人）であった可能性があると指摘している。しかし、従者は、主人あっての従者であり、主人のない従者などありえない。「**主人に**仕える従者」というのは、「馬から落馬する」のような意味の重複である。やはり、ここは「自分にとっての従者」のほうがいいのではないか。それは自ずから「自分が主人」であるという意味も含んでいる。「主人」という一般論ではなく「自分にとっての」ということが重要である。

64 この文章の原文は、次のように三つの要素からなっている。

①nirmānatā dharma-paryeṣṭyai（法を求めるために、慢心をなくしている。）

②jñāna-paryeṣṭir dharma-grāhyatāyā（法を理解するために、知を求めている。）

③alpêccha-saṃtuṣṭitā sarva-loka-priyatāyai sarva-loka-dharmâsaṃsṛṣṭatā（あらゆる世間〔の人々〕を喜ばせるために、わずかの願望〔少欲〕をもって満足〔知足〕し、あらゆる世間のものごとに混じり合うことはない。）

これは、次の貝葉写本の表記に筆者の校訂を加えたものである。

nirmānatā dharma-paryeṣṭyai jñāna-paryeṣṭi-dharma-grāhyatāyai alpêccha-saṃtuṣṭitā / sarva-loka-pri=yatāyai / sarva-loka-dharmâsaṃsṛṣṭatā

それに対して、VKN. は、「～grāhyatāyai」を次に母音の a があることから連声の規則を考慮して「～grāhyatāyā」と改めた上で、次のようにカンマで区切っている（筆者は、適宜、ハイフンを入れた）。

④nirmānatā dharma-paryeṣṭyai,（①に対応）

⑤**jñāna-paryeṣṭi-dharma-grāhyatāyā** alpêccha-saṃtuṣṭitā,（**知を求めることと、法〔真理の教え〕を理解することのために**、わずかの願望〔少欲〕をもって満足〔知足〕している。）

⑥sarva-loka-priyatāyai sarva-loka-dharmâsaṃsṛṣṭatā,（あらゆる世間〔の人々〕を喜ばせるために、世間のあらゆるものごとに混じり合わない。）

⑤の冒頭にある jñāna-paryeṣṭi-（知を求めること）と dharma-grāhyatāyai（< dharma-grāhyatā-, 法〔真理の教え〕を受持すべきであること）は、後者が義務を意味する語で、前者はそうではない。この食い違いから、両者は並列複合語としてうまくかみ合わない。しかも、「知を求めること」、および「法を理解すること」と、「少欲知足」であることとの関係が希薄である。それは、jñāna-paryeṣṭi- と dharma-grāhyatāyai を複合語にしたために、この複合語が「～のために」という動機・目的を示す語になり、それに伴って alpêccha-saṃtuṣṭitā がそのための行為・在り方を示すものとせざるを得なくなったからである。

ここは、むしろ jñāna-paryeṣṭi と dharma-grāhyatāyai を切り離し、②のように jñāna-paryeṣṭi が女性・単数・主格の jñāna-paryeṣṭir（< jñāna-paryeṣṭiḥ）の誤りと考えた方が、「知を求めていること」と「法を理解するため」との関係になって、不自然さがなくなる。それとともに、⑤の alpêccha-saṃtuṣṭitā（少欲知足であること）を③のように⑥と関係付けることで、「あらゆる世間のものごとに混じり合うことはない」という一節と関係が親密になってくる。従って、筆者は貝葉写本と VKN. の表記を①②③のように改めた。

チベット語訳は次のようになっている。

nga rgyal med pa'i phyir ye shes tshol ba'o / / chos gzung ba'i phyir 'dod pa nyung zhing chog shes pa'o /（慢心がないために／故に、智慧を求める。法を把握しているために／故に、望みが少なく、知足している）

チベット語の phyir は、日本語の「～のため」にあたり、日本語の場合と同様、「理由」、あるいは「目的」を意味することができる。中公版は、前半部を「目的」、後半部を「理由」ととって、次のように訳している。

「慢心をなくすために、知を求める。法を受持しているから、欲が薄く〔貧しさに〕満足する」（中公版、*p.* 154）

このチベット語訳に照らして、VKN. は、④と⑤のサンスクリット原文は次のようであったかもしれないことを指摘している。

⑦nirmānatāyai jñāna-paryeṣṭiḥ

⑧dharma-grāhyatāyā alpêccha-saṃtuṣṭitā

ここには、「Aである故にBである」、あるいは「AのためにBする」といった構文が羅列されている。Aで「理由」や「動機・目的」を挙げ、Bでそのための行為・在り方が述べられている。ところが、貝葉写本のままでも、VKN. の場合も、チベット語訳、あるいはその現代語訳の中公版の場合も、AとBの関係が不自然なところがある。「知を求めるのは慢心をなくすためなのか？」、また「法の理解と少欲知足を結びつける必然性は何なのか」といった疑問が残る。

それに対して、玄奘訳は次のようにその関係が最も自然である。

「無上の正法を護持せんと欲する為に、慢を離れ、善巧の化智を勤求す」

「諸の世間を愛重受化する為に、常に習行して少欲知足たることを楽い、諸の世法に於いて恒に雑染無し」

これは、筆者が改めた①②③に近いといえよう。

鳩摩羅什訳は、次の通りである。

「常に無念・実相の智慧を求め、世間法に於いて少欲・知足を行じ、出世間に於いては之を求むるに厭くこと無し。而も世間法を捨てず」

これは、①を除く②③のAに当たる部分を省き、Bの部分だけを列挙したものと見ることができよう。

65 この後に、玄奘訳には次の一節が入っているが、貝葉写本にも、チベット語訳にも、他の漢訳にも入っていない。

「諸の善根を展転して増進する為に、常に種種の大願を修治せんことを楽う。一切の仏土を荘厳することを欲する為に、常に広大なる善根を修習することに勤む。修する所をして究竟して無尽ならしめんが為に。常に廻向と善巧方便を修せん」

66 pratitiṣṭhate は、貝葉写本では pratiṣṭhate となっている。すべての漢訳が「住」となっているので、ここは「住する」「立つ」という意味の動詞 prati-√sthā- (1) の現在・三人称・単数・為自言に改めた。ちなみに pratiṣṭhate は「出発する」という意味の動詞 pra-√sthā- (1) の現在・三人称・単数・為自言である。

67 ここに「無相」「無願」「無作」が論じられているが、それはチベット語訳、玄奘訳とも共通している。ところが、鳩摩羅什訳は「無相」「無作」「無記」、支謙訳は「無相」「無数」「無願」と微妙な違いを見せている。

68 この文章の原文は、次の通り。

①anātmêti ca pratyavekṣate（〔諸法は〕無我であると観察する）

②na câtmatāṃ parityajati（けれども、自己の本性を放棄することはない）

チベット語訳、およびその現代語訳である中公版と漢訳は次の通りである。

bdag med par so sor rtog kyang bdag yongs su 'dor ba'ng ma yin /（無我と観察するけれども、我を棄却してしまうのでもない）

「（諸法は）無我であるとは観察するが、我をまったく捨てさるわけではない」（中公版、*p.* 155）

「非身を観じて人を誨えて倦まず」（支謙訳）

「無我を観じて而も人に誨えて倦まず」（鳩摩羅什訳）

「内に我有ること無きを観察し、而も畢竟して自身を厭い捨てず」（玄奘訳）

これを見ると、貝葉写本とチベット語訳、玄奘訳が同じ趣旨であり、支謙訳と鳩摩羅什訳が同趣旨である。

69 筆者が「白く清らかな法という拠り所」と訳した箇所の原文は śukla-dharmâlayaṃ（< śukla-dharma-ālaya-）となっている。これは śukla-（白い、清い）、dharma-（法）、ālaya-（拠り所）の複合語を訳したもので、筆者は「白く清らかな法」自体が「拠り所」で、両者は同格の関係として訳した。

対応する箇所のチベット語訳、およびその現代語訳である中公版と漢訳は次のようになっている。

dkar po'i chos kyi gnas（白い法の拠り所）

「白く浄らかな法の（帰趣する）根底」（中公版、*p.* 156）
「〔所帰無しと観じて〕而も善法に帰趣す」（鳩摩羅什訳）
「〔阿頼耶無きことを観察することを楽うと雖も、〕而も清白の法蔵を棄捨せず」（玄奘訳）

チベット語訳、およびその現代語訳である中公版のみが、「白く浄らかな法」以外のものが「（帰趣する）根底」（拠り所）であって、両者を同格の関係としていない。

鳩摩羅什訳では、「善法」が帰趣するべき対象であり、「善法」が「拠り所」であるということを意味している。玄奘訳で「清白の法」と「蔵」は、「入れられるもの」と「入れるもの」の関係であり、同格とは言えないが、漢訳の「蔵」は「三蔵」が経・律・論のように、「入れるもの」によって「入れられるもの」を意味することがあることを考えれば、「清白の法蔵」は「清白の法」と言っても同じことになる。従って二つの漢訳は、帰すべき根底（拠り所）として「善法」「清白の法」以外のものを考えていないことになる。筆者は、漢訳に合わせて同格として訳した。

70 この文章の原文は、次のように二つの要素からなっている。

①**anupādānam** iti ca pratyavekṣata（**執着を離れている**ということを観察する）
②**upāttaṃ** ca sattvānāṃ bhāraṃ vahati（けれども、衆生たちが**執着している**重荷を担ってやる）

①の anupādānam（< anupādāna-, 離執着）は、「取る」という意味の動詞 upa-ā-√dā- (3) に中性名詞を作る接尾辞 -ana を付け、さらに否定の接頭辞 an- をつけたものである。②の upāttaṃ（< upātta-, 執着された）は upa-ā-√dā- (3) の過去受動分詞で、その動作主が sattvānāṃ（< sattva-, 衆生）であり、bhāraṃ（< bhāra-, 重荷）を修飾している。upāttaṃ と bhāraṃ が対格であるのは、vahati（担う）の目的語になっているからである。

チベット語訳、およびその現代語訳である中公版と漢訳は次の通り。

byung ba med par so sor rtog kyang sems can rnams kyi khur blangs pa yang thogs（**不生起**を観察するけれども、衆生の重荷を担うことも引き受ける）
「**生起のない**ことは観察するが、衆生の重荷は引き受ける」（中公版、*p.* 156）
「**無生**を観じて而も生法を以て一切を荷負し」（鳩摩羅什訳）
「諸法の畢竟**無生なること**を観ずると雖も、而も常に荷負して衆生の事を利す」（玄奘訳）

これらを比較すると、貝葉写本の anupādānam（< anupādāna-, 離執着）に対応する箇所がすべて「生起のない」「無生」となっている。チベット語訳と漢訳の底本は、anupapattiḥ（< anupapatti- < an- + upa-√pad- (4) + -ti）であったのであろう。

筆者は、「生起のないこと」と「衆生の重荷を担う」ことの関連がよく分からないので、貝葉写本を採用した。

71 côpayāti（< ca + upayāti）は、貝葉写本では côpayati（< ca + upayati）となっている。

72 この文章の原文は次の通り。

①**anāsravam** iti ca pratyavekṣate（**煩悩**〔漏〕がないということを観察するけれども、）
②**saṃsāra**-pravṛttiṃ côpayāti（**生存の循環**（**輪廻**）を流転することを経験する）

saṃsāra-pravṛttiṃ（< saṃsāra-pravṛtti-）は、saṃsāra-（生存の循環、輪廻）と pravṛtti-（流転）の複合語の対格で、upayāti（経験する）の目的語になっている。

チベット語訳、およびその現代語訳である中公版と漢訳は次の通り。

zag pa med par so sor rtog kyang 'khor ba'i rgyun la slong bar yang byed /（**無漏**であることを観察するも、**輪廻**の流れをおこさせもする）
「**煩悩のない**（**無漏の**）世界を観察はするが、**輪廻**の流れも追求する」（中公版、*p.* 156）
「**生死**に住し以て斯の**漏**を度す」（支謙訳）
「**無漏**を観じて、而も**諸漏**を断ぜず」（鳩摩羅什訳）
「**無漏**を観ると雖も、而も**生死流転**に於いて絶たず」（玄奘訳）

鳩摩羅什訳のみが「無漏と諸漏」の関係で論じられているのに対して、他はすべて「煩悩（漏）と輪廻（生死）」の関係で語られている。

73 筆者が「無我」と訳した箇所は原文では nairātmyam（< nairātmya-）となっている。これに相当する箇所は、チベット語訳、およびその現代語訳である中公版、そして漢訳では次のようになっている。

bdag med par（無我）
「無我」（中公版、*p.* 156）
「空無」（鳩摩羅什訳）
「無我」（支謙訳、玄奘訳）

鳩摩羅什訳のみが「空無」となっている。

74 筆者が「堕することはない」と訳した箇所の原文は na patati となっている。patati は「落ちる」という意味の動詞 √pat- (1) の三人称・単数・現在である。この箇所のチベット語訳、およびその現代語訳である中公版と漢訳は次の通り。

mi ltung（堕することはない）

「堕することはない」（中公版、*p.* 156）

「随わず」（支謙訳、鳩摩羅什訳）

「墮せず」（玄奘訳）

貝葉写本とチベット語訳、玄奘訳は一致しているが、支謙訳と鳩摩羅什訳は「随わず」となっている。「随」と「堕」の漢字が似ていることや、貝葉写本の patati（落ちる）から考えても、「随」は「堕」を書写する段階で誤ったのではないかと筆者は考える。

75 [ ] 内の câsārakam iti は、貝葉写本では欠落している。チベット語訳に、

snying po med pa dang（核〔内実〕のないものであり）

とあるので、asārakam（内実がない）という語が連想され、この前後の文章に用いられている「ca … iti」の構文と組み合わせて [ ] 内に補った。

76 svayaṃbhū-jñāne câbhiyukto は、貝葉写本では svayaṃbhū-jñāne nâbhiṣikto となっている。これは svayaṃbhū-jñāne（独立自存の智慧に）と否定の na と abhiṣikto（< abhiṣikta-, 灌頂された）からなる。ところが、チベット語訳と玄奘訳は次のように「灌頂された」といった意味は見られないし、否定文ではなく肯定文になっている。

rang byung gi yes shes la brtsan pa dang（独立自存の智慧に専念することと）

「常に精勤して自然智を求む」（玄奘訳）

従って、abhiṣikta- を abhiyukta-（専心した）に、否定文を肯定文に改めた。

77 nītârthe は、貝葉写本と VKN. では主格の nītârtho（< nītârthaḥ）となっているが、筆者は次の注 78 に述べる理由で処格に改めた。

78 筆者が「**解明された義〔了義〕という**ブッダの家系に身を置いている」と訳した箇所は、貝葉写本と VKN. では次のようになっている（適宜、ハイフンを入れた）。

①**nītârtho** buddha-vaṃśe pratiṣṭhito bhavati（**解明された義〔了義〕は**ブッダの家系に身を置いている）

nītârtho（< nītârthaḥ < nītârtha-）は「了義」と漢訳され、「解明された意義」を意味する男性名詞 nītârtha- の単数・主格である。buddha-vaṃśe（<buddha-vaṃśa-）は、buddha-（ブッダ）と vaṃśa-（家系／血統）の複合語の男性・単数・処格で、「ブッダの家系／血統」という意味だが、「仏種」「仏性」と漢訳されている。pratiṣṭhito（<pratiṣṭhitaḥ <pratiṣṭhita-）は、「立つ／身を置く」という意味の動詞 prati-√sthā- (1) の過去受動分詞の男性・単数・主格で、ここでは能動的な意味で用いられている。最後の bhavati は、「～である」という意味の動詞 √bhū- (1) の現在・三人称・単数だが、過去受動分詞とともに用いて時制・態を示すのに用いられている。

§18 のここまでの文章の主語は菩薩であった。ところが、①の主語は、菩薩ではなく「解明された義（了義）」となっている。これは、これまで通りの菩薩に改めるべきであろう。

この文章に相当する箇所は、支謙訳と鳩摩羅什訳にはなく、チベット語訳、およびその現代語訳である中公版と玄奘訳では次のようになっている。

nges pa'i don sangs rgyas kyi rigs la rab tu gnas pa yin te（了義という仏陀の家系に住していて）

②「了義（経）という仏陀の家系を住処とする」（中公版、*p.* 156）

③「而も了義に於いて仏種を安立す」（玄奘訳）

②は、「了義（経）という仏陀の家系に住している」と言い換えることができる。そうすると、「了義（経）」と「仏陀の家系」は処格の同格であったことになる。③では、「了義」は処格、「仏種」は対格であったことになる。いずれにしても、「了義」は主語になっていない。従って、主格の nītârtho は格を改めるべきである。

ここは、「菩薩」が「ブッダの家系／血統」に「立っている／身を置いている」という文章が骨格となっていて、「解明された義（了義）」と「ブッダの家系／血統（仏種）」との関係が問われる。その場合に③に述べられていることは、菩薩のするべきことではなく、ブッダによってなされるべきことであり、この訳は、この文脈では適切ではないと思われる。従って、筆者は、②が適切だと考えて、主格の nītârtho を処格の nītârthe に改めた。

nītârthe buddha-vaṃśe pratiṣṭhito bhavati

79 dharmâdhimukto（< dharma-adhimukta-）は、貝葉写本では dharmâvimukto（< dharma-avimukta-）となっている。これは、dharma-（法）と avimukta-（未解脱の）の複合語だが、次のチベット語訳から、dharma- と adhimukta-（信解）の複合語に改めた。

chos la mos pa'i byung chub sems dpa' ni（法を信解する菩薩は）

貝葉写本でしばしば見られるvとdhの間の誤記であろう。

80 jñāna-saṃbhārâbhiyuktatvāt（知を積み重ねることに専心しているから）は、貝葉写本ではjñāna-saṃbhāratvātとなっている。これは、この文章の冒頭にあるpuṇya-saṃbhārâ**bhiyukta**tvādと比較すると、太線の部分の脱字になっていると考えられるので、補った。

チベット語訳は次のようになっている。

ye shes kyi tshogs yang dan par bsgrub pa'i phyir（智慧の資糧を集めるために）

81 貝葉写本ではここに次の一節が入っているが、前後の文章の交錯した重複になっているので削除した。

prajñāsuninīkṣitatvāt saṃskṛte na pratitiṣṭhati / sarvajñajñānaparipūraṇārthaṃ / saṃskṛtan na kṣapayati upāyakuśalatvād asaṃskṛte na pratitiṣṭhati /

82 筆者が「時間の果てに達することはないから」と訳した箇所は、貝葉写本では aparipūrṇa-kālatvāt となっている。

ところが、これをチベット語訳、およびその現代語訳である中公版、そして漢訳では次のように訳している（鳩摩羅什訳と玄奘訳になし）。

dus yongs su rdzogs pa'i phyir（時間を極めることにより）

「時のはてまで満たすから」（中公版、*p.* 157）

「時を満たすこと無き故に」（支謙訳）

貝葉写本と支謙訳は否定形、チベット語訳と中公版は肯定形という食い違いがある。

83 次の注84に述べる理由で、この文章は必要ない。従って、筆者は［ ］内に入れた。

84 この箇所は、「薬」自体よりも、「薬」に譬えられる「法」について論じられるべきところである。それは、「薬」を「法の薬」に置き換えた二つ後の文章がそれに相当する。従って、筆者は、ここには必要ないものと考えて〔 〕内に入れた。この〔 〕内に相当する文章、

sarva-bhaiṣajya-samudānayanatvād asaṃskṛte na pratitiṣṭhati yathârha-bhaiṣajya-prayojanāt saṃskṛtaṃ na kṣapayati（あらゆる薬を集めているから無為に住することなく、適切に薬を使用するから有為を尽きさせることはない）

は、貝葉写本とチベット語訳にのみあって、いずれの漢文にも存在しない。「法の薬」に関する二つ後の文章に対応するものは、鳩摩羅什訳と玄奘訳に存在する。

85 pratijñôttāraṇatvāt は、貝葉写本では prajñôttāraṇatvāt となっているが、次の注86に述べる理由により改めた。

86 筆者が「誓願によって救済することから」と訳した箇所の原文は、貝葉写本では prajñôttāraṇatvāt（< prajñā-uttāraṇatva-）となっている。これは prajñā-（智慧）と「越える」「克服する」という意味の ud-√tṝ- (1) の派生語 uttāraṇatva-（救済すること）との複合語で、それが奪格になっているので、「智慧によって救済することから」と訳される。ところが、pratijñā-（請願）に対応するチベット語 dam bcas pa が用いられ、玄奘訳でも、「智慧」ではなく「誓願」になっているので pratijñôttāraṇatvāt（< pratijñā-uttāraṇatva-）に改めるべきである。これは pratijñā-（誓願）と uttāraṇatva-（救済すること）の複合語の奪格であることから、筆者の訳となった。

チベット語訳、およびその現代語訳である中公版、そして漢訳（支謙訳と鳩摩羅什訳なし）は次の通り。

dam bcas pa nyams og tu chud par bya ba'i phyir（誓願を克服することを心とするが故に）

「破られた誓いを（ついにははたすよう）制御するから」（中公版、*p.* 157）

「能く誓願をして究竟せしめて満たすが故に」（玄奘訳）

ラモット訳からの英語版は次の通り。

[he does not exhaust the conditioned] so as to overcome the insufficiencies of his promises (pratijñāhāni).

どういうわけか、中公版の訳のみが他と大きく異なっている。

87 **yathârha**-dharma-bhaiṣajya-prayojanāt（< **yathā-arha**-dharma-bhaiṣajya-prayojana-）は、貝葉写本とVKN.では **yathâpîtvara**-dharma-bhaiṣajya-prayojanāt（< **yathā-api-itvara**-dharma-bhaiṣajya-prayojana-）となっているが、dharma-bhaiṣajya-（法の薬）の前に、itvara-（劣った、貧弱な）という語が入っている理由が理解できない。また、yathâpîtvara-（< yathā-api-itvara-）も意味不明なので、筆者は、削除すべきだと指摘した三つ前の文章（注84参照）の表現 yathârha-（< yathā-arha-, 適切な）をここに移した。こうして、筆者は「適切に法の薬を使用するから」と訳した。

チベット語訳、およびその現代語訳である中公版と、漢訳は次の通り。

'di ltar chos chung ngu'i sman sbyor ba'i phyir（このように、法という小さな薬を使うが故に）

「適宜に法の薬を適用するから」（中公版、*p.* 157）
「随いて薬を授くるが故に」（鳩摩羅什訳）
「其の応ずる所に随って法薬を授く」（玄奘訳）
チベット語訳にも、貝葉写本の itvara-（劣った、貧弱な）に相当する chung ngu（小さい、弱い）という語があるが、漢訳には対応語は見られない。ここは、筆者のように改めるべきであろう。

88 ～-parijñānād asaṃskṛte は、貝葉写本では～-parijñānā saṃskṛte となっているが、注 90 に述べる理由によって改めた。

89 sarva-vyādhi-śamanāt（あらゆる病を鎮めるから）は、貝葉写本では sarva-vyādhi-gamanāt（あらゆる病に赴くので）となっている。
チベット語訳、およびその現代語訳である中公版、そして漢訳も次の通り。
nad thams cad zhi ba'i phyir（あらゆる病が鎮まっているので）
「あらゆる病いをしずめるから」（中公版）
「衆生の病を滅するが故に」（鳩摩羅什訳）
「衆生の煩悩の病を息除するが故に」（玄奘訳）

90 筆者が「一切衆生の煩悩という病を熟知しているから無為に住することなく」と訳した箇所は、VKN. では次のように二つの要素からなっている。
①sarva-satva-kleśa-vyādhi-parijñānād（一切衆生の煩悩という病を熟知しているから）
②**asaṃskṛte** na pratitiṣṭhati（**無為に**住することがない）
これは、貝葉写本の次の文章を改めたものである（適宜、ハイフンを入れた）。
③sarva-satva-kleśa-vyādhi-parijñānā（一切衆生の煩悩という病を熟知して……）
④**saṃskṛte** na pratitiṣṭhati（**有為に**住することがない）
③は格語尾が不正確であり、④はこれまで一貫して「無為に住することがない」としてきたことに矛盾する。従って、VKN. によって、それぞれ①と②に改められている。
チベット語訳、およびその現代語訳である中公版、さらには漢訳は次の通り。
nyon mongs pa'i nad thams cad yongs su shes pa'i phyir 'dus ma byas la mi gnas so//（あらゆる煩悩の病を知り尽くしているので、無為に住せず）
「煩悩の病いをすべて知り尽くすから、無為に固着せず」（中公版、*p.* 157）
「無数（むしゅ）に住せざるは、彼の衆病を知るが故なり」（支謙訳）
「衆生病むと知るが故に無為に住（とど）まらず」（鳩摩羅什訳）
「遍く衆生の煩悩の病を知るが故に無為に住まらず」（玄奘訳）
支謙訳以外はすべて①と②と同趣旨であるが、支謙訳のみが他と大きく異なっている。また、支謙訳のみが「無数」で、他はすべて「無為」となっているという違いは、第 8 章注 21 で指摘した asaṃkhyam（無数）と asaṃskṛtam（無為）の混乱と同じことであろう。

91 「善行方便」は「善巧方便」の誤植ではないか。

अभिरतिलोकधात्वानयनाक्षोभ्यतथागतदर्शनपरिवर्त एकादशः

11

Abhirati-Loka-dhātv-ĀnayanÂkṣobhya-Tathāgata-Darśana-Parivarta Ekādaśaḥ

第 11 章

“極めて楽しいところ”(妙喜)という世界の請来と“不動であるもの”(阿閦)という如来との会見

【見阿閦仏品第十二】

11：Abhirati-Loka-dhātv-ĀnayanÂkṣobhya-Tathāgata-Darśana-Parivarta Ekādaśaḥ

第11章："極めて楽しいところ"（妙喜）という世界の請来と"不動であるもの"（阿閦）という如来との会見

【見阿閦仏品第十二】

…………………………………………………………………………

abhirati-loka-dhātv-ānayanâkṣobhya-tathāgata-darśana-parivarta < abhirati-loka-dhātv-ānaya=nâkṣobhya-tathāgata-darśana-parivartaḥ + a 以外の母音 < abhirati-loka-dhātv-ānayanâkṣ=obhya-tathāgata-darśana-parivarta-：*m.* 「"極めて楽しいところ"（妙喜）という世界の請来と"不動であるもの"（阿閦）という如来との会見」の章。*sg. Nom.*

abhirati- < abhi-rati-：*f.* 快楽。～（処格）の歓喜。極めて楽しいところ。「妙喜」「愛楽」「妙楽」「喜悦」と漢訳。

abhi：*adv.* こちらへ。近く。～に対して。越えて。

rati- < √ram- (1) + -ti：*f.* 休息。快楽。満足。「楽」「愛楽」「歓喜」と漢訳。

loka-dhātv- < loka-dhātu- + 母音：*m.* 世界。世間。国。国土。

ānayana- < ā-√nī- (1) + -ana：*n.* もたらすこと。誘致すること。獲得すること。果たすこと。計算すること。

akṣobhya-：*m.* アクショービヤ。不動であるもの。「阿閦」「阿閦仏」と音写。

akṣobhya- < a-kṣobhya- < a- + √kṣubh- (1) + -ya：*未受分,* 動揺されない。「不動」と漢訳。

√kṣubh- (1)：震う。動揺する。

tathāgata-：*m.* 「如来」と漢訳。

darśana- < darśaya- + -ana < √dṛś- (1) + -aya + -ana：*n.* 見せること。

darśana- < √dṛś- (1) + -ana：*n.* 見ること。

parivarta-：*m.* 章。「品」と漢訳。

ekādaśaḥ < ekādaśa-：*序数詞,* 第十一。*m. sg. Nom.*

§1 atha khalu bhagavān vimalakīrtiṃ licchavim etad avocat / yadā tvaṃ kula-putra tathāgata=sya darśana-kāmo bhavasi tadā kathaṃ tvaṃ tathāgataṃ paśyasi /

(梵漢和維摩経 *p.* 532, *ll.* 1–3)

§1 その時、世尊はリッチャヴィ族のヴィマラキールティにこのようにおっしゃられた。

「良家の息子よ、あなたは如来に会いたいと欲する時、その時、あなたはどのように如来を見るのか」

【§1 爾の時、世尊は維摩詰に問いたまえり。「汝、如来に見えんと欲すれば何等を以て如来を観ずると為すや」】

（大正蔵、巻一四、五五四頁下）

…………………………………………………………………………

atha：*adv.* その時。その場合。さて。それ故。しかれば。しかしながら。

khalu：*ind.* 実に。確かに。しかも。さて。そこで。

bhagavān < bhagavat-：*m.* 尊い（人）。「世尊」と漢訳。「婆伽婆」「薄伽梵」と音写。*sg. Nom.*

vimalakīrtiṃ < vimalakīrti- < vimala-kīrti-：*m.* ヴィマラキールティ。汚れのない名声を持つ（もの）。「維摩詰」「維摩」と音写。「浄名」「無垢称」と漢訳。*sg. Acc.*

licchavim < licchavi-：*m.* リッチャヴィ。「離車子」「栗姑毘」と音写。*sg. Acc.*

etad < etat + 母音 < etad-：これ。*n. sg. Acc.* 対格の副詞的用法で「このように」の意味。

avocat < avoca- < a- + va-+ uc- + -a < √vac- (2)：言う。話す。告げる。*重複Aor. 3, sg. P.*

…………………………………………………………………………

yadā：*conj.* ～である時。

yadā ～ tadā …：～である時、その時…。

tvaṃ < tvad-：あなた。*2, sg. Nom.*

kula-putra < kula-putra-：*m.* 良家の息子。「善男子」と漢訳。*sg. Voc.*

tathāgatasya < tathāgata-：*m.* 「如来」と漢訳。*sg. Gen.*

darśana-kāmo < darśana-kāmaḥ + 有声子音 < darśana-kāma-：*adj.* 見ることを欲する。会うことを欲する。*m.* 「如来」と漢訳。*sg. Nom.*

darśana- < √dṛś- (1) + -ana：*n.* 見ること。

kāma-：*m.* ～に対する願望。欲望。愛。愛着。愛欲。淫欲。

kāma-は、不定詞との複合語の後分となって、「～することを欲する」「～しようと思う」を意味する。cf.「基礎」*p.* 551.

bhavasi < bhava- < √bhū- (1)：なる。*Pres. 2, sg. P.*

tadā：*adv.* その時に。「爾時」「此時」と漢訳。

kathaṃ：*adv.* いかにして。いずこより。何故に。

tvaṃ < tvad-：あなた。*2, sg. Nom.*

tathāgataṃ < tathāgata-：*m.* 「如来」と漢訳。*sg. Acc.*

paśyasi < paśya- < √paś- (4)：見る。*Pres. 2, sg. P.*

> evam ukte vimalakīrtir licchavir bhagavantam etad avocat / yadâhaṃ bhagavaṃs tathāgatasya darśana-kāmo bhavāmi tadā tathāgatam apaśyanayā paśyāmi /
>
> (梵漢和維摩経 *p.* 532, *ll.* 4–6)

〔世尊から〕このように言われて、リッチャヴィ族のヴィマラキールティは、世尊にこのように申し上げた。

「世尊よ、私が如来に会いたいと欲する時、その時、私は見ないことによって如来を見るのです。

【維摩詰の言わく、「自ら身の実相を観ずるが如く、仏を観ずるも亦然り。】

（大正蔵、巻一四、五五五頁上）

evam：*adv.* このように。

ukte < ukta- < √vac- (2) + -ta：*pp.* 言われた。*n. sg. Loc.*

過去（または未来）受動分詞が非人称的に用いられる時や、evam、tathā などの不変化辞を伴うときは、絶対処格の主語は省略されることがある。cf.「シンタックス」*p.* 102.

vimalakīrtir < vimalakīrtiḥ + 有声音 < vimalakīrti- < vimala-kīrti-：*m.* ヴィマラキールティ。汚れのない名声を持つ（もの）。「維摩詰」「維摩」と音写。「浄名」「無垢称」と漢訳。*sg. Nom.*

licchavir < licchaviḥ + 有声音 < licchavi-：*m.* リッチャヴィ。「離車子」「栗姑毘」と音写。*sg. Nom.*

bhagavantam < bhagavat-：*m.* 尊い（人）。「世尊」と漢訳。「婆伽婆」「薄伽梵」と音写。*sg. Acc.*

etad < etat + 母音 < etad-：これ。*n. sg. Acc.* 対格の副詞的用法で「このように」の意味。

avocat < avoca- < a- + va-+ uc- + -a < √vac- (2)：言う。話す。告げる。*重複Aor. 3, sg. P.*

yadâhaṃ < yadā + ahaṃ

yadā：*conj.* ～である時に。

ahaṃ < mad-：私。*1, sg. Nom.*

bhagavaṃs < bhagavan + (t) < bhagavat-：*m.* 尊い（人）。「世尊」と漢訳。「婆伽婆」「薄伽梵」と音写。*sg. Voc.*

tathāgatasya < tathāgata-：*m.* 「如来」と漢訳。*sg. Gen.*

darśana-kāmo < darśana-kāmaḥ + 有声子音 < darśana-kāma-：*adj.* 会うことを欲している。*m. sg. Nom.*

darśana- < √dṛś- (1) + -ana-：*n.* 凝視すること。見ること。知覚。悟性。内観。意見。認識。

哲学的体系。〜との会合。

kāma-：*m.* 〜に対する願望。欲望。愛。愛着。愛欲。淫欲。

kāma-は、不定詞との複合語の後分となって、「〜することを欲する」「〜しようと思う」を意味する。cf.「基礎」*p.* 551.

bhavāmi < bhava- < √bhū- (1)：なる。*Pres. 1, sg. P.*

tadā：*adv.* その時に。「爾時」「此時」と漢訳。

tathāgatam < tathāgata-：*m.* 「如来」と漢訳。*sg. Acc.*

apaśyanayā < apaśyanā- < a-paśyanā-：*f.* 見ないこと。*sg. Ins.*

paśyanā- < √paś- (4) + -anā：見ること。

paśya- < √paś- (4) + -ya：*adj.* 見る。正しい見解を持つ。

paśyāmi < paśya- < √paś- (4)：見る。*Pres. 1, sg. P.*

pūrvântato 'jātam[1] aparântato 'saṃkrāntaṃ pratyutpanne 'dhvany asaṃsthitaṃ paśyāmi /
（梵漢和維摩経 *p.* 532, *ll.* 6–7）

「〔如来は〕過去世から生まれてきたのでもなく、未来世に越えてゆくのでもなく、現在世において存在しているのでもないと、私は見ております。

【「我、如来を観ずるに、前際にも来たらず、後際にも去らず、今も則ち住まらず。】

（大正蔵、巻一四、五五五頁上）

……………………………………………………………………

pūrvântato 'jātam < pūrvântatas + ajātam

pūrvântatas < pūrva-antatas：*adv.* 過去の究極において。「先世」「於先世」「於先世中」「於前世」と漢訳。

pūrva-：*adj.* 前に。以前に。昔の。最初の。「初」「始」と漢訳。

antatas：*adv.* 終末より。極端に。〜（属格）の終局において。〜の近傍より。最終に。「於」「最後」「乃至」「下至」「乃至最下」と漢訳。

pūrvânta- < pūrva-anta-：*m.* 先行する語の語尾。予想。「前際」「先際」「昔時」「過去」「過去世」「先世」と漢訳。

anta-：*m.* 端。限界。極限。終局。「末」「終」と漢訳。

ajātam < ajāta- < a-jāta-：*pp.* 〜（処格）によって生まれていない。*m. sg. Acc.*

jāta- < √jan- (1) + -ta：*pp.* 〜（処格）によって生まれた。〜（奪格）を父に〜（処格）を母に生まれた。

aparântato 'saṃkrāntaṃ < aparântatas + asaṃkrāntaṃ

aparântatas < apara-antatas：*adv.* 未来の究極において。

aparânta- < apara-anta-：*adj.* 極西に住する。*m.* 西部の国土。終末。死。「末」「当来」「未来」「後際」「未来際」「未来世」と漢訳。

apara-：*adj.* 後方の。遥かなる。後ろの。次の。西方の。劣った。反対の。

asaṃkrāntaṃ < asaṃkrānta- < a-saṃkrānta-：*pp.* 〜（奪格）から移されていない。入っていない。〜（だっかく）より〜（対格、処格）に至っていない。*m. sg. Acc.*

saṃkrānta- < sam-√kram- (1) + -ta：*pp.* 〜（奪格）から移された。集合した。入った。〜（奪格）より〜（対格、処格）に至った。

sam-√kram- (1)：集合する。結合する。近づく。現われる。〜に行く。入る。〜（奪格）より〜（対格、処格）に至る。越える。

pratyutpanne 'dhvany < pratyutpanne + adhvany

pratyutpanne < pratyutpanna- < prati-ud-√pad- (4) + -na：*pp.* 迅速な。現在する。現在の。*m. sg. Loc.*

adhvany < adhvani + 母音 < adhvan-：*m.* 路。旅行。徘徊。距離。時。「世」と漢訳。*sg. Loc.*

asaṃsthitaṃ < asaṃsthita- < a-saṃsthita-：*pp.* 立っていない。坐っていない。横たわっていない。

位置していない。存在していない。*m. sg. Acc.*
以上の対格は、paśyāmi（見る）の“目的語”を示す叙述的対格（Predicative Accusative）である。
saṃsthita- < sam-√sthā- (1) + -ita：*pp.* 立っている。坐っている。横たわっている。位置している。存在している。
sam-√sthā- (1)：一緒に近接して立つ。～（処格）の近くに来る。～（処格）に立つ。住む。ある。
paśyāmi < paśya- < √paś- (4)：見る。*Pres. 1, sg. P.*

tat kasya hetoḥ /
(梵漢和維摩経 *p.* 532, *l.* 7)

「それは、どんな理由によってでしょうか？。
【漢訳相当箇所なし】
………………………………………………………………………

tat < tad-：それ。*n. sg. Nom.*
kasya < kim-：*疑問詞*, *だれ*。何。どんな。どの。*m. sg. Gen.*
hetoḥ < hetu-：*m.* 理由。原因。因。*sg. Gen.*
属格の副詞的用法で、「～の理由によって」「～の原因で」。cf.「基礎」*p.* 497.

rūpa-tathatā-sva-bhāvam arūpaṃ vedanā-tathatā-sva-bhāvam avedanāṃ saṃjñā-tathatā-sva-bhā=
vam asaṃjñāṃ[2] saṃskāra-tathatā-sva-bhāvam asaṃskāraṃ vijñāna-tathatā-sva-bhāvam avijñān=
aṃ catur-dhātv-asaṃprāptam ākāśa-dhātu-samaṃ ṣaḍ-āyatanânutpannaṃ cakṣuḥ-patha-samati=
krāntaṃ śrotra-patha-samatikrāntaṃ ghrāṇa-patha-samatikrāntaṃ jihvā-patha-samatikrāntaṃ
kāya-patha-samatikrāntam manaḥ-patha-samatikrāntaṃ trai-dhātukâsaṃsṛṣṭaṃ tri-malâpagat=
aṃ tri-vimokṣânugataṃ tri-vidyânuprāptam aprāptaṃ saṃprāptaṃ[3] sarva-dharmeṣv asaṅga-koṭī-
gataṃ bhūta-koṭy-akoṭikaṃ tathatā-pratiṣṭhitaṃ tad-anyonya-visaṃyuktaṃ na hetu-janitaṃ na
pratyayâdhīnaṃ na vi-lakṣaṇaṃ na sa-lakṣaṇaṃ nâika-lakṣaṇaṃ na nānā-lakṣanam /
(梵漢和維摩経 *p.* 532, *ll.* 7–13, *p.* 534, *ll.* 1–4)

「〔如来は〕肉体（色）があるがままであることを固有の本性としていますが、肉体なのではありません。感受作用（受）があるがままであることを固有の本性としていますが、感受作用なのではありません。表象作用（想）があるがままであることを固有の本性としていますが、表象作用なのではありません。意志作用（行）があるがままであることを固有の本性としていますが、意志作用なのではありません。認識作用（識）があるがままであることを固有の本性としていますが、認識作用なのではありません。〔如来は、地・水・火・風の〕四大元素の集まったものではなく[4]、虚空の元素に等しいものであります。六つの感覚器官（六処）から生じたものではなく、眼の〔行く〕道を超越し、耳の〔行く〕道を超越し、鼻の〔行く〕道を超越し、舌の〔行く〕道を超越し、身の〔行く〕道を超越し、意の〔行く〕道を超越しています。〔欲界・色界・無色界の〕三界と結ばれることなく、〔貪欲・瞋恚・愚癡の〕三つの汚れを離れていて、〔空・無相・無願の〕三つの解脱〔門〕に随順し、〔覚りを得ていることを意味するバラモン教の表現を借りれば、〕三つの明知（三明）[5] を獲得しています。〔如来は、〕獲得することなく、獲得しているのです。あらゆるものごとにおいて無執着の究極に達していながら、真実という究極を究極としていません。あるがままの真理に住していながら、それとは互いに遠ざかっています。

因より生じたのでもなく、縁に依存するのでもありません。特徴がない（無相）のでもなく、特徴がある（有相）のでもなく、同一の特徴を有する（一相）のでもなく、種々の特徴を有する（異相）のでもありません。〔このように私は如来を見ております〕。
【「色を観ぜず、色の如を観ぜず、色の性を観ぜず、受・想・行〔それぞれの如と性を観ぜず〕、識を観ぜず、識の如を観ぜず、識の性を観ぜず。四大より起こるに非ず、虚空に同ず。六入は積無く、眼・耳・鼻・舌・身と心とを已に過ぎて、三界に在らず。三垢已に離れて、三脱門に順じ、三明を具足すること無明と等し[6]。一相にあらず、異相にあらず、自相にあらず、他相にあらず。】

（大正蔵、巻一四、五五五頁上）

……………………………………………………………………

rūpa-tathatā-svabhāvam < rūpa-tathatā-svabhāva-：*adj.* 肉体（色）があるがままであることを固有の本性としている。*m. sg. Acc.*

以下、すべてがAcc. になっているのは、前の文章のpaśyāmi（見る）の目的語の補語であるからだ（SVOCの構文）。

rūpa-：*n.* 形態。外観。色。形。美しい形。見目よいこと。

tathatā- < tathā- + -tā：*f.* あるがままの真理。「如」「真如」「如如」「如実」「如是」「真理」「実際」「如実法」「真如性」と漢訳。

svabhāva- < sva-bhāva-：*m.* 〔自己に〕固有の在り方。〔自己に〕固有の本性。生まれつきの性質。本性。「自性」と漢訳。

sva-：*adj.* 自身の。私の。汝の。彼の。彼女の。我々の。君たちの。彼らの。

bhāva- < √bhū- (1) + -a：*m.* 生成すること。在ること。存在。真実。在り方。性質。実在。

arūpaṃ < arūpa- < a-rūpa-：*adj.* 形のない。肉体ではない。醜い。色なき。目に見えない。「無色」「非色」と漢訳。*m. sg. Acc.*

vedanā-tathatā-svabhāvam < vedanā-tathatā-svabhāva-：*adj.* 感受作用（受）があるがままであることを固有の本性としている。*m. sg. Acc.*

vedanā- < √vid- (6) + -anā：*f.* 苦痛。知覚。感受。

√vid- (2)：知る。～（対格）に精通する。理解する。

√vid- (6)：見いだす。遭遇する。獲得する。取得する。所有する。

avedanāṃ < avedanā- < avedanā-：*f.* 感受作用（受）ではない。*sg. Acc.*

saṃjñā-tathatā-svabhāvam < saṃjñā-tathatā-svabhāva-：*adj.* 表象作用（想）があるがままであることを固有の本性としている。*m. sg. Acc.*

saṃjñā- < sam-√jñā- (9) + -ā：*f.* 一致。意識。表象作用。理解。明瞭な概念。命名。名前。術語。「号」「名号」「名」「名字」と漢訳。

asaṃjñāṃ < asaṃjñā- < a-saṃjñā-：*f.* 表象作用（受）ではない。*sg. Acc.*

saṃskāra-tathatā-svabhāvam < saṃskāra-tathatā-svabhāva-：*adj.* 意志作用（行）があるがままであることを固有の本性としている。*m. sg. Acc.*

saṃskāra- < sam-s-√kṛ- (8) + -a：*m.* 準備。仕上げ。浄化すること。飾りつけ。〔実際には存在しないものを、あるかのごとく〕作り出す心の働き。意志作用。形成作用。「行」「諸行」「行陰」「業行」「所作」と漢訳。

sam-s-√kṛ- (8)：合同する。結合する。浄める。飾る。

asaṃskāraṃ < asaṃskāra- < a-saṃskāra-：*m.* 形成作用／意志作用ではない。*sg. Acc.*

vijñāna-tathatā-svabhāvam < vijñāna-tathatā-svabhāva-：*adj.* 認識作用（識）があるがままであることを固有の本性としている。*m. sg. Acc.*

vijñāna- < vi-√jñā- (9) + -ana：*n.* 識別。〔自他彼此などと相対的に〕区別して識ること。認識作用。「了別」と漢訳。

avijñānaṃ < avijñāna- < a-vijñāna-：*adj.* 認識作用ではない。*m. sg. Acc.*

catur-dhātv-asaṃprāptam < catur-dhātv-asaṃprāpta-：*adj.* 〔地・水・火・風の〕四大元素の集まったものではない。*m. sg. Acc.*

catur-dhātv- < catur-dhātu- + 母音：*m.* 〔地・水・火・風の〕四大元素。

dhātu-：*m.* 層。成分。要素。身体の根本要素。素質。性質。語根。「界」と漢訳。

asaṃprāpta- < a-saṃprāpta-：*pp.* 集合していない。

saṃprāpta- < sam-pra-√āp- (5) + -ta：*pp.* 会せる。獲得された。到達された。～（対格）に陥れられた。

sam-pra-√āp- (5)：到達する。到着する。会する。獲得する。娶る。陥る。蒙る。

ākāśa-dhātu-samaṃ < ākāśa-dhātu-sama-：*adj.* 虚空の元素に等しい。*m. sg. Acc.*

ākāśa-dhātu-：*m.* 虚空の元素。「虚空界」「空界」「空種」と漢訳。

sama-：*adj.* 平らな。滑らかな。水平の。～（具格、属格）と等しい。平等の。

ṣaḍ-āyatanânutpannaṃ < ṣaḍ-āyatanânutpanna- < ṣaḍ-āyatana-anutpanna-：*adj.* 六つの感覚器官（六処）から生じていない。*m. sg. Acc.*

ṣaḍ-āyatana-：*n.* 六つの感覚の領域。六つの感覚器官（六処）。「六処」「六入」と漢訳。「六処」「六入」と漢訳。

āyatana- < ā-yatana- < ā-√yat- (1) + -ana：*n.* 入ること。処。住所。領域。聖域。感覚の領域。感官。「処」「入」と漢訳。

anutpanna- < an-utpanna-：*pp.* ～（処格）から生まれていない。生じていない。

utpanna- < ud-√pad- (4) + -na：*pp.* ～（処格）から生まれた。生じた。「已生」「出現」「生起」と漢訳。

cakṣuḥ-patha-samatikrāntaṃ < cakṣuḥ-patha-samatikrānta-：*adj.* 眼の〔行く〕道を超えている。*m. sg. Acc.*

cakṣuḥ- < cakṣus- + (ś) < √cakṣ- (2) + -us：*n.* 眼。視界。視力。

patha-：*m.* ～の路。小路。道。「道路」「経路」と漢訳。

samatikrānta- < sam-ati-√kram- (1) + -ta：*pp.* 「出」「超」「過」「超過」「超越」と漢訳。

śrotra-patha-samatikrāntaṃ < śrotra-patha-samatikrānta-：*adj.* 耳の〔行く〕道を超えている。*m. sg. Acc.*

śrotra- < √śru- (5) + -tra：*n.* 耳。聞くこと。

ghrāṇa-patha-samatikrāntaṃ < ghrāṇa-patha-samatikrānta-：*adj.* 鼻の〔行く〕道を超えている。*m. sg. Acc.*

ghrāṇa- < √ghrā- (1) + -ana：*n.* 嗅ぐこと。鼻。

jihvā-patha-samatikrāntaṃ < jihvā-patha-samatikrānta-：*adj.* 舌の〔行く〕道を超えている。*m. sg. Acc.*

jihvā-：*f.* 舌。

kāya-patha-samatikrāntam < kāya-patha-samatikrānta-：*adj.* 身の〔行く〕道を超えている。*m. sg. Acc.*

kāya-：*m.* 身体。集団。多数。集合。「身」「体」「軀」「聚」「衆」と漢訳。

manaḥ-patha-samatikrāntaṃ < manaḥ-patha-samatikrānta-：*adj.* 意の〔行く〕道を超えている。*m. sg. Acc.*

manaḥ- < manas- + (p) < √man- (1) + -as：*n.* 心。理解力。知力。精神。心情。思考。

trai-dhātukâsaṃsṛṣṭam < trai-dhātukâsaṃsṛṣṭa- < trai-dhātuka-asaṃsṛṣṭa-：*adj.* 〔欲界・色界・無色界の〕三界と結ばれていない。*m. sg. Acc.*

trai-dhātuka- (< tri-dhātu-)：*adj.* 三界の。三界に属する。三界に存在する。

asaṃsṛṣṭa- < a-saṃsṛṣṭa-：*pp.* 結ばれていない。混ぜられていない。

saṃsṛṣṭa- < sam-√sṛj- (6) + -ta：*pp.* 結ばれた。結合された。～（具格）と混合した。混ぜられた。

tri-malâpagataṃ < tri-malâpagata- < tri-mala-apagata-：*adj.* 〔貪欲・瞋恚・愚癡の〕三つの汚れを離れている。*m. sg. Acc.*

tri-：*基数詞,* 三。

mala-：*n.* 汚物。埃。不浄。

apagata- < apa-gata- < apa-√gam- (1) + -ta：*pp.* 去った。消滅した。「離」「遠離」「除」「滅」と漢訳。

tri-vimokṣânugataṃ < tri-vimokṣânugata- < tri-vimokṣa-anugata-：*adj.* 〔空・無相・無願の〕三つの解脱に随順している。*m. sg. Acc.*

tri-：*基数詞,* 三。

vimokṣa-：*m.* 緩むこと。～からの解放。救済。「解脱」と漢訳。

anugata- < anu-√gam- (1) + -ta：*pp.* ～に一致した。～に従った。模倣した。～に支配された。「随」「随順」と漢訳。

anu-√gam- (1)：従う。伴う。追う。近づく。達する。

tri-vidyânuprāptam < tri-vidyânuprāpta- < tri-vidyā-anuprāpta-：*adj.* 〔宿命通・天眼通・漏尽通の〕三つの明知を獲得している。*m. sg. Acc.*

vidyā- < √vid- (2) + -yā：*f.* 知識。学識。学問。「明」と漢訳。

anuprāpta- < anu-pra-√āp- (5) + -ta：*pp.* 到達した。来たれる。「至」「到」「到達」「獲得」と漢訳。

aprāptaṃ < aprāpta- < a-prāpta-：*pp.* 到達せられていない。獲得せられていない。*m. sg. Acc.*

prāpta- < pra-√āp- (5) + -ta：*pp.* 到達せられたる。獲得せられたる。～の心になった。

saṃprāptaṃ < saṃprāpta- < sam-pra-√āp- (5) + -ta：*pp.* 到達された。到着された。獲得された。陥った。*m. sg. Acc.*

sarva-dharmeṣv < sarva-dharmeṣu + 母音 < sarva-dharma-：*m.* あらゆる存在。あらゆるものごと。「一切法」「諸法」と漢訳。*pl. Loc.*

asaṅga-koṭī-gataṃ < asaṅga-koṭī-gata-：*adj.* 無執着の究極に達している。*m. sg. Acc.*

asaṅga- < a-saṅga-：*adj.* ～に執著しない。～に抵抗を受けない。束縛のない。「無著」「無礙」「無障礙」「無滞」と漢訳。

saṅga- < √sañj- (1) + -a：*m.* ～への粘着。～（処格）に執着すること。「著」「愛著」「計著」「染著」と漢訳。

√sañj- (1)：付着する。～（処格）に愛着する。～に執着する。

koṭī-gata-：*adj.* 究極に達した。「究竟」と漢訳。

koṭī- = koṭi-：*m.* 尖端。極端。最高度。優秀。千萬。億。「際」「実際」と漢訳。

～-gata-：*adj.* ～に行った／来た。～に陥った。～に於ける。～の中にある。～に含まれた。～に関する。～に出立した。～より造られた。～に到達した。～を得た。

bhūta-koṭy-akoṭikaṃ < bhūta-koṭy-akoṭika-：*adj.* 真実という究極を究極としていない。*m. sg. Acc.*

bhūta-koṭy- < bhūta-koṭi- + 母音：*f.* 存在の極点。真実という究極。「実際」「真実際」「本際」と漢訳。

bhūta- < √bhū- (1) + -ta：*pp.* ～となった。あった。過去の。存在する。～である。真実の。*n.* 事実。現実。「真」「真実」「誠諦」と漢訳。

koṭi-：*f.* 尖端。極端。「際」「実際」

akoṭika- < a-koṭika-：*adj.* 究極としない。

koṭika- < koṭi-ka-：*adj.* 「極」「際」と漢訳。

tathatā-pratiṣṭhitaṃ < tathatā-pratiṣṭhita-：*adj.* あるがままの真理に住している。*m. sg. Acc.*

tathatā- < tathā- + -tā：*f.* あるがままの真理。「如」「真如」「如如」「如実」「如是」「真理」「実際」「如実法」「真如性」と漢訳。

pratiṣṭhita- < prati-√sthā- (1) + -ita：*pp.* 有名な。著名な。～（処格）に熟達した。～に立った。位置した。留まった。～に置かれた。確立した。

tad-anyonya-visaṃyuktaṃ < tad-anyonya-visaṃyukta-：*adj.* それとは互いに遠ざかっている。*m. sg. Acc.*

tad-：それ。

anyonya- < anyo'nya：*adj.* 互いの。「相互」「各各」「異」と漢訳。

visaṃyukta- < vi-sam-√yuj- (7) + -ta：*pp.* ～分離された。～に欠乏した。～を欠いた。～（具格）から遠ざかった。～を無視した。

na：*ind.* ～でない。～にあらず。

hetu-janitaṃ < hetu-janita-：*adj.* 因より生まれた。*m. sg. Acc.*

hetu-：*m.* 理由。原因。因。

janita- < janaya- + -ta < √jan- (1) + -aya + -ta：*Caus. pp.* 生まれたる。産出された。起こった。「生」「所生」「起」「所起」「従…生」と漢訳。

janaya- < √jan- (1) + -aya：*Caus.* 生む。

na：*ind.* ～でない。～にあらず。

pratyayâdhīnaṃ < pratyayâdhīna- < pratyaya-adhīna-：*adj.* 縁に従う。縁に頼る。*m. sg. Acc.*

pratyaya- < prati-√i- (2) + -a：*m.* ～に行くこと。頼ること。確定。原因。「因」「縁」「因縁」「縁起」と漢訳。

adhīna- < adhi-īna-：*adj.* ～に横たわる。～に従う。～に頼る。

na：*ind.* ～でない。～にあらず。

vilakṣaṇaṃ < vilakṣaṇa- < vi-lakṣaṇa- = vigata-lakṣaṇa-：*adj.* 性格の異なった。さまざの。～（奪格）と異なった。多用な。特徴（相）のない。「異」「無相」と漢訳。*m. sg. Acc.*

vigata- < vi-gata- < vi-√gam- (1) + -ta：*pp.* 散った。去った。消滅した。「離」「除」「棄」「遠離」「断除」と漢訳。

vi-：*suf.* 分離・欠如・分散を意味する接頭辞。別々に離れて。隔たって。遠くに。～なしに。

lakṣaṇa- < √lakṣ- (1) + -ana：*n.* 標章。しるし。記号。特徴。属性。「相」「色相」「相貌」と漢訳。

na：*ind.* ～でない。～にあらず。

salakṣaṇaṃ < salakṣaṇa- < sa-lakṣaṇa-：*adj.* 特徴（相）を有する。相似した。「有相」と漢訳。*m. sg. Acc.*

nâika-lakṣaṇaṃ < na + eka-lakṣaṇaṃ

eka-lakṣaṇaṃ < eka-lakṣaṇa-：*adj.* 同一の特徴（相）を有する。「一相」と漢訳。

eka-：*基数詞,* 一。*adj.* 同一の。共通の。

na：*ind.* ～でない。～にあらず。

nānā-lakṣanam < nānā-lakṣana-：*adj.* 種々の特徴（相）を持つ。「異相」と漢訳。*m. sg. Acc.*

nānā-：*adv.* さまざまに。種々に。

na lakṣyate na saṃlakṣyate na vilakṣyate nârvāṅ[7] na pāre na madhye nêha na tatra nêto nânyato na jñāna-vijñeyo na vijñāna-pratiṣṭhito 'tamo 'prakāśo 'nāmânimittaṃ na durbalo na balavān na deśa-stho na pradeśa-stho[8] na śubho nâśubho na saṃskṛto nâsaṃskṛtaḥ /

（梵漢和維摩経 *p.* 534, *ll.* 5–8）

「考えられることもなく、認識されることもなく、識別されることもありません。こちら側にあるのでもなく、あちら側にあるのでもなく、〔その〕中間にあるのでもありません。ここでもなく、そこでもありません。ここにもなく、他にもありません。知によって知ることもできないし、分別して知ることの中にあるのでもありません。闇でもなく、光でもありません。名前もなく、特徴もありません。力が弱いのでもなく、力が強いのでもありません。ある場所に位置しているのでもなく、ある地点に住しているのでもありません。善でもなく、悪でもありません。有為なのでもなく、無為なのでもありません。

【「相無きに非ず、相を取るに非ず、此岸にあらず、彼岸にあらず、中流にあらず、而も衆生を化す。寂滅を観ずるも、亦永く滅せず。此れにあらず、彼にあらず、此れを以てせず、彼を以てせず。智を以て知る可からず、識を以て識る可からず。晦無く、明無く、名無く、相無し。強無く、弱無く、浄に非ず、穢に非ず。方に在らず、方を離れず。有為に非ず、無為に非ず。】

（大正蔵、巻一四、五五五頁上）

……………………………………………………………

na：*ind.* ～でない。～にあらず。

lakṣyate < lakṣya- < lakṣaya- + -ya < √lakṣaya- (名動詞) + -ya：*Pass.* 意味される。～と称される。～のように見える。印をつけられた。特性づけられた。*3, sg. A.*

√lakṣaya-（名動詞）：印をつける。特性づける。定義する。意味する。考える。見なす。想定する。観察する。認める。

na：*ind.* ～でない。～にあらず。

saṃlakṣyate < saṃlakṣya- < saṃlakṣaya- + -ya < sam-√lakṣaya-（名動詞）+ -ya：*Pass.* 認められる。観察される。学ばれる。見える。*3, sg. A.*

sam-√lakṣaya-（名動詞）：認める。観察する。学ぶ。見る。

na：*ind.* ～でない。～にあらず。

vilakṣyate < vilakṣya- < vilakṣaya- + -ya < vi-√lakṣaya-（名動詞）+ -ya：*Pass.* 識別される。認識される。観察される。*Pres. 3, sg. A.*

名動詞、X類動詞、使役動詞の受動語幹は、-ayaをはずして -yaをつける。cf.「基礎」*p.* 415.

vi-√lakṣaya-（名動詞）：識別する。認識する。観察する。

nârvāṅ < na + arvāṅ

arvāṅ < arvāk- + (n)：*adv.* こちらに。

この連声の規則については、cf.「基礎」p. 55.

arvāk- < arvāñc-：*adj.* ～に向かえる。こちらに向けられた。こちら側の。*n. sg. Acc.* 格変化は、cf.「基礎」*p.* 172.

na：*ind.* ～でない。～にあらず。

pāre < pāra- < √pṛ- + -a：*adj.* 向こうへ渡る。渡過する。*m.n.* 反対側。対岸。境界。岸。極限。終末。目的地。*sg. Loc.*

na：*ind.* ～でない。～にあらず。

madhye < madhya-：*adj.* 中の。中央の。中ぐらいの。中間の。*n.* 中間。中央。内側。内部。*sg. Loc.*

nêha < na + iha

iha：*adv.* ここに。今。この世に。地上に。

na：*ind.* ～でない。～にあらず。

tatra：*adv.*（ta の処格）。そこに。そこへ。ここに。此の機会に。そのために。その場合に。その時に。

nêto < na + ito

ito < itas + 有声子音：*adv.* これより。ここから。この世から。ここに。地上に。この故に。（idam-の *n. sg. Abl.*）

nânyato < na + anyato

anyato < anyataḥ + 有声子音 < anyatas < anya-tas：*adv.* 他より。他処において。（anya-の *n. sg. Abl.Loc*）

na：*ind.* ～でない。～にあらず。

jñāna-vijñeyo < jñāna-vijñeyaḥ + 有声子音 < jñāna-vijñeya-：*adj.* 知によって知られるべき。*m. sg. Nom.*

jñāna- < √jñā- (9) + -ana：*n.* 知。智慧。知ること。

vijñeya- < vi-√jñā- (9) + -ya：*未受分,* 知られるべき。知ることのできる。知るべきである。

na：*ind.* ～でない。～にあらず。

vijñāna-pratiṣṭhito 'tamo 'prakāśo 'nāmânimittaṃ < vijñāna-pratiṣṭhitaḥ + atamaḥ + aprakāśaḥ + anāmânimittaṃ

vijñāna-pratiṣṭhitaḥ < vijñāna-pratiṣṭhita-：*adj.* 分別して知ることの中にある。*m. sg. Nom.*

vijñāna- < vi-√jñā- (9) + -ana：*n.* 識別。〔自他彼此などと相対的に〕区別して識ること。「了別」と漢訳。

pratiṣṭhita- < prati-√sthā- (1) + -ita：*pp.* ～（処格）に熟達した。～に立った。位置した。留まった。～に置かれた。確立した。

atamaḥ < atamas- < a-tamas-：*adj.* 闇でない。*n. sg. Nom.*

tamas-：*n.* 暗黒。地獄の闇冥。蝕。誤謬。無知。迷妄。

aprakāśaḥ < aprakāśa- < a-prakāśa-：*adj.* 光でない。*m. sg. Nom.*

prakāśa- < pra-√kāś- (1) + -a：*adj.* 輝く。照らす。*m.* 光沢。壮麗。光。「明」「光明」と漢訳。

anāmânimittaṃ < anāmânimitta- < anāma-animitta-：*adj.* 名前もなく、特徴もない。*n. sg. Nom.*

anāma- < a-nāma-：*adj.* 名前のない。

animitta- < a-nimitta-：*adj.* 特徴のない。

na：*ind.* ～でない。～にあらず。

durbalo < durbalaḥ + 有声子音 < durbala- < dur-bala-：*adj.* 力ない。弱い。繊細な。薄弱な。虚弱な。不安定な。*m. sg. Nom.*

na：*ind.* ～でない。～にあらず。

balavān < balavat- < bala-vat-：*adj.* 強い。力のある。*m. sg. Nom.*

na：*ind.* ～でない。～にあらず。

deśa-stho < deśa-sthaḥ + 有声子音 < deśa-stha-：*adj.* ある地方に住している。ある地方に位置している。*m. sg. Nom.*

deśa-：*m.* 地点。地域。場所。地方。

stha- < √sthā- (1) + -a：*adj.* ～に立っている。坐っている。とどまる。住する。

na：*ind.* ～でない。～にあらず。

pradeśa-stho < pradeśa-sthaḥ + 有声子音 < pradeśa-stha-：*adj.* ある地点に住している。ある地点に位置している。*m. sg. Nom.*

pradeśa-：*m.* 言及。明示。例。地点。場所。

na：*ind.* ～でない。～にあらず。

śubho < śubhaḥ + 有声子音 < śubha-：*adj.* 美麗な。美しい。立派な。吉祥な。有徳の。*n.* 魅力。安寧。繁栄。善行。有徳の行為。*m. sg. Nom.*

nâśubho < na + aśubho

aśubho < aśubhaḥ + 有声子音 < aśubha- < a-śubha-：*adj.* 醜い。厭うべき。悪しき。不快の。不正なる。不純の。「悪」「不善」「不浄」と漢訳。*m. sg. Nom.*

na：*ind.* ～でない。～にあらず。

saṃskṛto < saṃskṛtaḥ + 有声子音 < saṃskṛta- < sam-s-√kṛ- (8) + -ta : *pp.* 準備された。飾られた。*n.* 「有為」と漢訳。*m. sg. Nom.*

nâsaṃskṛtaḥ < na + asaṃskṛtaḥ

asaṃskṛtaḥ < asaṃskṛta- < a-saṃskṛta-：*adj.* 装備されない。装飾されていない。「無為」と漢訳。*m. sg. Nom.*

nâpi kena-cid arthena vacanīyo na dānato na mātsaryato na śīlato na dauḥśīlyato na kṣāntito na vyāpādato na vīryato na kauśīdyato na dhyānato na vikṣepato na prajñāto na dauḥprajñyato na vacanīyo nâvacanīyo na satyato na mṛṣāto na nairyāṇikato nânairyāṇikataḥ /

(梵漢和維摩経 *p.* 534, *ll.* 9–12)

「また、〔如来は〕決していかなる意味によっても語られるべきものではありません。布施の面からも、もの惜しみの面からも、持戒の面からも、破戒の面からも、忍耐の面からも、悪意の面からも、努力精進の面からも、怠惰の面からも、禅定の面からも、〔心の〕散乱の面からも、智慧の面からも、悪しき智慧の面からも〔語られるべきではありません〕。真理の面からも、虚偽の面からも、出離することの面からも、出離しないことの面からも、語られるべきでもなく、語られざるべきでもありません。

【「示すことも無く、説くことも無く、施さず、慳しまず、戒めず、犯さず、忍ばず、恚らず、進まず、怠らず、定まらず、乱れず。智らず、愚かならず、誠ならず、欺かず。来たらず、去らず、出でず、入らず。】

（大正蔵、巻一四、五五五頁上）

……………………………………………………………………

nâpi < na + api

na：*ind.* 〜でない。〜にあらず。

api：*adv.* また。さえも。されど。なお。

kenacid < kena-cit + 母音 < kiṃ-cit-：*不定代名詞,* だれかある人。何かあるもの。*m. sg. Ins.*

na + kiṃ-cit-：決して誰も〜ない。

arthena < artha-：*m.* 目的。利益。義。意味。*sg. Ins.*

vacanīyaḥ < vacanīya- < √vac- (2) + -anīya-：*未受分,* 言われるべき。話されるべき。*m. sg. Nom.*

√vac- (2)：言う。話す。告げる。

na：*ind.* 〜でない。〜にあらず。

dānato < dānatas < dāna- + -tas：*adv.* 布施の面から。

dāna- < √dā- (3) + -ana：*n.* 与えること。施物。供物。「布施」と漢訳。

-tas は、すべての語幹から単数・奪格を作る接尾辞で、-tas 語尾の奪格が副詞として用いられ、「〜の側に」「〜から」「〜の面で」という意味を表わす。

na：*ind.* 〜でない。〜にあらず。

mātsaryato < mātsaryataḥ + 有声子音 < mātsaryatas < mātsarya- + -tas：*adv.* もの惜しみの面から。

mātsarya-：*n.* 嫉妬。悪意。不満。「慳貪」「慳」「慳吝」「慳嫉」と漢訳。

na：*ind.* 〜でない。〜にあらず。

śīlato < śīlatas + 有声子音 < śīla- + -tas：*adv.* 持戒の面から。

śīla-：*n.* 習慣。気質。性向。性格。よい行状。よい習慣。高尚な品性。道徳性。「戒」と漢訳。

na：*ind.* 〜でない。〜にあらず。

dauḥśīlyato < dauḥśīlyataḥ + 有声子音 < dauḥśīlyatas < dauḥśīlya- + -tas：*adv.* 破戒の面から。

dauḥśīlya- < duḥ-śīla- + -ya：*n.* 品性の悪いこと。悪意。「犯」「破戒」「毀戒」と漢訳。

duḥ-śīla-：*adj.* 悪しき習慣／性質を有する。邪悪の。悪い行状の。破戒の。「破戒」「毀戒」「破戒者」と漢訳。

na：*ind.* 〜でない。〜にあらず。

kṣāntito < kṣāntitas + 有声子音 < kṣānti- + -tas：*adv.* 忍耐の面から。

kṣānti- < √kṣam- (1) + -ti：*f.* 堪えること。認めること。「忍」「忍辱」「堪忍」と漢訳。

na：*ind.* 〜でない。〜にあらず。

vyāpādato < vyāpādataḥ + 有声子音 < vyāpādatas < vyāpāda- + -tas：*adv.* 悪意の面から。

vyāpāda- < vi-ā-√pad- (4) + -a：*m.* 零落。破壊。死。悪意。「恚」「瞋」「害」「瞋恚」と漢訳。

na：*ind.* 〜でない。〜にあらず。

vīryato < vīryatas + 有声子音 < vīrya- + -tas：*adv.* 努力精進の面から。

vīrya-：*n.* 男らしさ。勇気。力。能力。英雄的な行為。「勤」「精進」「勇健」「勇猛」「強健」と漢訳。

na：*ind.* 〜でない。〜にあらず。

kauśīdyato < kauśīdyataḥ + 有声子音 < kauśīdyatas < kauśīdya- + -tas：*adv.* 怠惰の面から。

kauśīdya- = kausīdya-：*n.* 怠惰。弛緩。「懈怠」と漢訳。

na：*ind.* 〜でない。〜にあらず。

dhyānato < dhyānatas + 有声子音 < dhyāna- + -tas：*adv.* 禅定の面から。

dhyāna- < √dhyai- (1) + -ana：*n.* 静慮。「定」と漢訳。「禅」「禅定」と音写。

na：*ind.* 〜でない。〜にあらず。

vikṣepato < vikṣepataḥ + 有声子音 < vikṣepatas < vikṣepa- + -tas：*adv.* 〔心の〕散乱の面から。

vikṣepa- < vi-√kṣip- (4) + -a：*m.* 撒布すること。投げること。投擲。動揺。波動。投げ上げること。不注意。散心。

vi-√kṣip- (4)：投げ散らす。ここかしこに投げる。散乱させる。惑乱させる。

√kṣip- (4)：投げる。擲つ。派遣する。放出する。（言葉を）発する。放擲する。罵詈する。辱しめる。罵る。「誹謗」「毀謗」と漢訳。

na：*ind.* 〜でない。〜にあらず。

prajñāto < prajñāas + 有声子音 < prajñā- + -tas：*adv.* 智慧の面から。

　prajñā-：*f.* 智慧。

na：*ind.* 〜でない。〜にあらず。

dauḥprajñyato < dauḥprajñyataḥ + 有声子音 < dauḥprajñyatas < dauḥprajñya- + -tas：*adv.* 悪しき智慧の面から。

　dauḥprajñya- < duḥprajña- + -ya：*n.* 悪しき智慧。「悪慧」「愚癡」と漢訳。*sg. Nom.*

　duḥprajña- < duḥ-prajña-：*adj.* 愚かな。「悪慧」「劣慧」「咎」「無智」「愚癡之人」と漢訳。

na：*ind.* 〜でない。〜にあらず。

vacanīyo < vacanīyaḥ + 有声子音 < vacanīya- < √vac- (2) + -anīya-：*未受分,* 言われるべき。話されるべき。*m. sg. Nom.*

　vacanīya- < √vac- (2) + -anīya-：*未受分,* 言われるべき。話されるべき。

nâvacanīyo < na + avacanīyo

　avacanīyo < avacanīyaḥ + 有声子音 < avacanīya- < a-vacanīya-：*未受分,* 言われるべきでない。話されるべきでない。*m. sg. Nom.*

na：*ind.* 〜でない。〜にあらず。

satyato < satyatas + 有声子音 < satya- + -tas：*adv.* 真理の面から。

　satya-：*adj.* 実際の。真実の。誠実な。*n.* 真実。「真」「実」「諦」「真諦」と漢訳。

na：*ind.* 〜でない。〜にあらず。

mṛṣāto < mṛṣātaḥ + 有声子音 < mṛṣā- + -tas：*adv.* 虚偽の面から。

　mṛṣā：*adv.* むなしく。無益に。不正確に。誤って。不真実に。偽って。「虚」「虚妄」「虚偽」と漢訳。

na：*ind.* 〜でない。〜にあらず。

nairyāṇikato < nairyāṇikatas + 有声子音 < nairyāṇika- + -tas：*adv.* 出離することの面から。

　nairyāṇika- < nir-yāṇa- + -ika：*adj.* 出離に関する。「出」「出離」と漢訳。

　nir-yāṇa- < nir-√yā- (2) + -ana：*n.* 出発。出て行くこと。「出」「出離」と漢訳。

　nir-√yā- (2)：出て行く。進み出る。〜（奪格）から現われ出る。離れる。「出」「出離」と漢訳。

nânairyāṇikataḥ < na + anairyāṇikataḥ

　anairyāṇikataḥ < anairyāṇikatas < anairyāṇika- + -tas：*adv.* 出離しないことの面から。

　anairyāṇika- < a-nairyāṇika-：*adj.* 不出離に関する。「不出」「不出離」と漢訳。

> na gamanīyo nâgamanīyaḥ sarva-ruta-vyāhāra-samucchinno na kṣetra-bhūto nâkṣetra-bhūto na dakṣiṇârho nâdakṣiṇârho[9] ’grāhyo[10] ’parāmṛṣṭo ’niketo ’saṃskṛtaḥ saṃkhyâpagataḥ samatayā samo dharmatayā tulyo ’tulya-vīryas tulanā-samatikrānto[11] na krānto na câkrānto [na][12] samatikrānto na dṛṣṭa-śruta-[mata-]parijñātaḥ[13] sarva-granthi-vigataḥ sarva-[jña-]jñāna-samatā-prāptaḥ[14] sarva-sattva-samaḥ sarva-dharma-nirviśeṣa-prāptaḥ sarvato ’navadyo niṣkiṃcano niṣkaṣāyo[15] niṣkalpo[16] nirvikalpo ’kṛto[17] ’jāto ’nutpanno ’bhūto ’saṃbhūto na bhaviṣyati nirbhayo niṣkleśo[18] niḥśoko niṣprītiko nirūrmikaḥ[19] sarva-vyavahāra-nirdeśair avacanīyaḥ /
>
> (梵漢和維摩経 *p.* 534, *ll.* 13–14, *p.* 536, *ll.* 1–8)

「到達されるべきでもなく、到達されるべきでないのでもなく、すべての言葉による会話が根絶されています。真の国土〔である福田〕となるのでもなく、真の国土〔である福田〕とならないのでもありません。布施を受けるに値するのでもなく、布施を受けるに値しないのでもありません。把握されるべきでもありません。〔精神的に〕触れられるものでもありません。特徴もありません（無相）。作られるものでもありません（無為）。数えることを離れています。平等の本性に従って平等であり、ものごと（法）の本性に従って等しく、比類のない努力精進をもち、比較を超越しています。行くこともないし、行かないこともない、〔それらを〕超越しているのでもありません。見られ、聞かれ、〔覚られ、〕十分に知られることもありません。あらゆる縛りを解きほどいています。一切知者の智慧と平等であることを獲得しています。一切衆生が平等であり、あらゆるものごと（一切諸法）に差別がないことを達観しています。あらゆる面において非難されるべきところがなく、無一物[20] で、汚点がなく、想念もなく、分別もありません。作られたことがなく、生じられたこともありません。出現したこともなく、生起したこともなく、形成されたこともなく、〔未来にも〕生ずることはありません。恐れることもなく、煩悩もなく、憂うこともなく、喜ぶこともなく、〔人生に襲ってくる飢・渇・寒・暑・貧・迷の六つの苦悩の〕波もなく、あらゆる振る舞いや説示によっても告げることのできないものであります。

【「一切の言語の道を断たれ、福田に非ず、福田ならざるに非ず。供養に応ずるに非ず、供養に応ぜざるに非ず。取に非ず、捨に非ず。有相に非ず、無相に非ず。真際に同じ、法性に等し。称す可からず、量るべからず。諸の称量を過ぎ、大に非ず、小に非ず。見に非ず、聞に非ず、覚に非ず、知に非ず。衆の結縛を離る。諸智に等しく、衆生に同じ。諸法に於いて分別無し。一切に失無く、濁無く、悩無く、作無く、起無く、生無く、滅無く、畏無く、憂無く、喜無く、厭無く、著無し。已有無く、当有無く、今有無し。一切の言説を以て分別・顕示す可からず。】

（大正蔵、巻一四、五五五頁上）

……………………………………………………………………………

na：*ind.* ～でない。～にあらず。

gamanīyo < gamanīyaḥ + 有声子音 < gamanīya- < √gam- (1) + -anīya：*未受分*, 行かれるべき。～（属格）により接近／到達されるべき。～によって攻撃されるべき。*m. sg. Nom.*

nâgamanīyaḥ < na + agamanīyaḥ

agamanīyaḥ < agamanīya- < a-gamanīya-：*未受分*, 行かれるべきでない。～（属格）により接近／到達されるべきでない。～によって攻撃されるべきでない。*m. sg. Nom.*

sarva-ruta-vyāhāra-samucchinno < sarva-ruta-vyāhāra-samucchinnaḥ + 有声子音 < sarva-ruta-vyāhāra-samucchinna-：*adj.* すべての言葉による会話が根絶されている。*m. sg. Nom.*

sarva-：*adj.* 一切の。すべての。

ruta- < √ru- (2) + -ta：*n.* (*pp.*) 咆哮。金切り声。叫び。いななき。「音」「音声」「声」と漢訳。

vyāhāra- < vi-ā-√hṛ- (1) + -a：*m.* 発言。談話。会話。～について話すこと。

samucchinna- < sam-ud-√chid- (7) + -na：*pp.* ずたずたに引き裂かれた。根こそぎにされた。根絶された。失われた。

na：*ind.* ～でない。～にあらず。

kṣetra-bhūto < kṣetra-bhūtaḥ + 有声子音 < kṣetra-bhūta-：*adj.* 真の国土である。真の国土となった。*m. sg. Nom.*

kṣetra-：*n.* 国土。

bhūta- < √bhū- (1) + -ta：*pp.* ～となった。あった。～である。真実の。過去の。存在する。*n.* 「有情」「衆生」と漢訳。「真」「真実」「誠諦」と漢訳。

nâkṣetra-bhūto < nâkṣetra-bhūtaḥ + 有声子音 < na + akṣetra-bhūtaḥ

akṣetra-bhūtaḥ < akṣetra-bhūta- < a-kṣetra-bhūta-：*adj.* 真の国土でない。真の国土となっていない。*m. sg. Nom.*

na：*ind.* ～でない。～にあらず。

dakṣiṇârho < dakṣiṇârhaḥ + 有声子音 < dakṣiṇā-arha-：*adj.* 布施を受けるに値する。*m. sg. Nom.*

dakṣiṇā-：*f.* 〔go とともに〕良き牛（乳のよく出る牛）。祭儀の謝礼（元来、牛をもって之に当てた）。施物。「施」「布施」「所施」「福田」「福徳」と漢訳。

arha- < √arh- (1) + -a：*adj.* ～に相当する。権利を有する。当然～を受けるべき。適当な。～に適する。「可」「応可」「応」「価」と漢訳。

√arh- (1)：～に値する。～に相当する。

nâdakṣiṇârho 'grāhyo 'parāmṛṣṭo 'niketo 'saṃskṛtaḥ < na + adakṣiṇârhaḥ + agrāhyaḥ + aparāmṛṣṭaḥ

+ aniketaḥ + asaṃskṛtaḥ

na：*ind.* ～でない。～にあらず。

adakṣiṇârhaḥ < adakṣiṇârha- < a-dakṣiṇârha-：*adj.* 布施を受けるに値しない。*m. sg. Nom.*

貝葉写本と VKN. では dakṣiṇā-śodhayitā（< dakṣiṇā-śodhayita-）となっているが、śodhayita- は、次のように BHS. の形である。

śodhayita- ≒ śodhita- < śodhaya- + -ta < √śudh- (4) + -aya + -ta：*Caus. pp.* 清めさせられた。

その具体例は、次の通り。

anuvicintayitāḥ ≒ anuvicintitāḥ < anuvicintita- < anuvicintaya- + -ta < anu-vi-√cint- (10) + -aya + -ta：*Caus. pp.* ～記憶を喚び起こさせられた。～を熟考させられた。*m. pl. Nom.* BHS. gram. *p.* 212.

正規のサンスクリット文法では、X類の動詞や、使役動詞の過去受動分詞は、現在語幹末尾の aya を省いて -ita をつけて作る。cf.「基礎」*p.* 469.

agrāhyaḥ < agrāhya- < a-grāhya-：*未受分,* 把握されるべきでない。得られるべきでない。*m. sg. Nom.*

grāhya- < √grah- (9) + -ya：*未受分,* とらえられるべき。つかまれるべき。感知されるべき。得られるべき。受けられるべき。知覚されるべき。理解されるべき。把握されるべき。

aparāmṛṣṭaḥ < aparāmṛṣṭa- < a-parāmṛṣṭa-：*pp.* 触れられていない。（精神的に）つかまれていない。言及されていない。意味されていない。*m. sg. Nom.*

parāmṛṣṭa- < parā-mṛṣṭa- < parā-√mṛś- (6) + -ta：*pp.* 触れられた。（精神的に）つかまれた。言及された。意味された。「取」「触」「拭」「塗」と漢訳。

parā-√mṛś- (6)：触れる。～をつかむ。握る。言及する。意味する。

√mṛś- (6)：触れる。撫でる。（精神的に）つかむ。反省する。思考する。

aniketaḥ < aniketa- < a-niketa-：*adj.* 家のない。「無処」「無住」「無依処」「無著」「不執着」「無相」と漢訳。*m. sg. Nom.*

niketa- < ni-keta-：*m.* 標識。記号。家。住居。

asaṃskṛtaḥ < a-saṃskṛta-：*adj.* 装備されない。装飾されていない。*n.*「無為」と漢訳。*m. sg. Nom.*

saṃkhyâpagataḥ < saṃkhyâpagata- < saṃkhyā-apagata-：*adj.* 数えることを離れている。*m. sg. Nom.*

saṃkhyā- < saṃkhyā- < sam-√khyā- (2) + -ā：*f.* 数。数えること。計算。「数」「算数」と漢訳。「僧祇」と音写。

apagata- < apa-gata- < apa-√gam- (1) + -ta：*pp.* 去った。消滅した。「離」「遠離」「除」「滅」と漢訳。

samatayā < samatā- < sama-tā-：*f.* ～（具格、属格）との平等性・同一性。平等であること。公平であること。*sg. Ins.*

samo < samaḥ + 有声子音 < sama-：*adj.* 平らな。滑らかな。水平の。～（具格、属格）と等しい。平等の。*m. sg. Nom.*

dharmatayā < dharmatā- < dharma-tā-：*f.* 本質。根本の理法。法の本性。法を法たらしめるもの。「法性」「法体」「本性」「諸法実相」と漢訳。*sg. Ins.*

tulyo 'tulya-vīryas < tulyaḥ + atulya-vīryas

tulyaḥ < tulya- < √tul- (10) + -ya：*adj.* ～（具格、属格）と～（処格）において釣り合う。匹敵する。似ている。等しい。同価値の。「等」「等者」「平等」「同」「相似」と漢訳。*m. sg. Nom.*

√tul- (10)：揚げる。秤にかける。熟考する。精しく観る。疑う。～（具格）と比較する。～と同等にする。～（対格）と釣り合わせる。～に匹敵する。

atulya-vīryas < atulya-vīryaḥ + (t) < atulya-vīrya-：*n.* 無比の努力精進を持つ。*m. sg. Nom.*

atulya- < a-tulya-：*adj.* 無比の。「無比」「無等」「不等」「無倫匹」「無称」「無敵対」と漢訳。

vīrya-：*n.* 男らしさ。勇気。力。能力。英雄的な行為。「勤」「精進」「勇健」「勇猛」「強健」と漢訳。

tulanā-samatikrānto < tulanā-samatikrāntaḥ + 有声子音 < tulanā-samatikrānta-：*adj.* 比較を超越している。「過称量」と漢訳。*m. sg. Nom.*

tulanā- < √tul- (10) + -anā：*f.* ～（具格）と同等なること。比較。「称量」と漢訳。

samatikrānta- < sam-ati-√kram- (1) + -ta：*pp.* 「出」「超」「過」「超過」「超越」と漢訳。

na：*ind.* ～でない。～にあらず。

krānto < krāntaḥ + 有声子音 < krānta- < √kram- (1) + -ta：*pp.* 歩いた。行った。近づいた。*m. sg. Nom.*

√kram- (1)：歩く。行く。近づく。

na：*ind.* ～でない。～にあらず。

câkrānto < ca + akrānto

akrānto < akrāntaḥ + 有声子音 < akrānta- < a-krānta-：*adj.* 歩いてない。行ってない。近づいてない。*m. sg. Nom.*

na：*ind.* ～でない。～にあらず。

samatikrānto < samatikrāntaḥ + 有声子音 < sam-ati-√kram- (1) + -ta：*pp.* 「出」「超」「過」「超過」「超越」と漢訳。*m. sg. Nom.*

na：*ind.* ～でない。～にあらず。

dṛṣṭa-śruta-mata-parijñātaḥ < dṛṣṭa-śruta-mata-parijñāta-：見られ、聞かれ、覚られ、十分に知られた。*m. sg. Nom.*

dṛṣṭa- < √dṛś- (1) + -ta：*pp.* 見られた。

śruta- < √śru- (5) + -ta：*pp.* 聞かれた。

mata- < √man- (1) + -ta：*pp.* 考えられた。見なされた。思われた。知られた。「覚」と漢訳。

parijñāta- < pari-√jñā- (9) + -ta：*pp.* 十分に知られた。

pari-√jñā- (9)：注意深く観る。十分に知る。

以上の複合語は、チベット語訳と漢訳からすると dṛṣṭa-śruta-mata-jñātaḥ（< dṛṣṭa-śruta-mata-jñāta-, 見られ、聞かれ、覚られ、知られた）であったかもしれない。

mata- < √man- (1) + -ta：*pp.* 考えられた。見なされた。思われた。知られた。「覚」

sarva-granthi-vigataḥ < sarva-granthi-vigata-：*adj.* あらゆる縛りを解きほどいている。*m. sg. Nom.*

granthi- < √granth- (9) + -i：*m.* 節。結び目。関節。困難。疑惑。「結」「縛」「纏縛」「結縄」と漢訳。

√granth- (9) ＝ √grath- (9)：結ぶ。結合する。構成する。整理する。

vigata- < vi-√gam- (1) + -ta：*pp.* 「離」「除」「無」「已除」「除断」と漢訳。

sarva-jña-jñāna-samatā-prāptaḥ < sarva-jña-jñāna-samatā-prāpta-：*adj.* 一切知者の智慧と平等性に達した／を獲得した。*m. sg. Nom.*

sarva-jña-jñāna-：*n.* 一切知者の智慧。「一切智」「一切種智」「一切知者智」と漢訳。

samatā- < sama- + -tā：*f.* ～（具格、属格）との平等性・同一性。平等であること。公平であること。

prāpta- < pra-√āp- (5) + -ta：*pp.* 到達せられたる。獲得せられたる。～の心になった。

sarva-sattva-samaḥ < sarva-sattva-sama-：*adj.* 一切衆生が平等である。*m. sg. Nom.*

sarva-dharma-nirviśeṣa-prāptaḥ < sarva-dharma-nirviśeṣa-prāpta-：*adj.* あらゆるものごと（一切諸法）に差別がないことを達観している。

nirviśeṣa- < nir-vi-√śiṣ- (7,6) + -a：*adj.* 差別がない。～と異ならない。～と等しい。類似している。「無分」「無別」「無差別」「不異」と漢訳。

√śiṣ- (7,6)：残す。

vi-√śiṣ- (7,6)：区別する。特殊化する。

prāpta- < pra-√āp- (5) + -ta：*pp.* 到達せられたる。獲得せられたる。～の心になった。

sarvato 'navadyo < sarvataḥ + anavadyo

sarvataḥ：*adv.* すべての面から。各方向に。至る所に。全く。完全に。*m. sg. Nom.*

anavadyo < anavadyaḥ + 有声子音 < anavadya- < an-avadya-：*未受分,*（称讃に値せざるに非ざる）。無難な。申し分のない。「無罪」「無過」「無呵責」「無諸過失」と漢訳。*m. sg. Nom.*

avadya- < a-vadya- < a- + √vad- (1) + -ya：*未受分,* 非難されるべき。悪しき。*n.* 過失。罵詈。非難。不名誉。恥辱。「罪」「過悪」「罪悪」と漢訳。

niṣkiṃcano < niṣkiṃcanaḥ + 有声子音 < niṣkiṃcana- < niṣ-kiṃcana-：*adj.* 何ものをも持たない。無一物の。無一文の。「無染著者」と漢訳。*m. sg. Nom.*

kiṃcana- < kiṃ-cana-：*不定代名詞,* 誰か。何か。*n. sg. Nom.*

niṣkaṣāyo < niṣkaṣāyaḥ + 有声子音 < niṣkaṣāya- < niṣ-kaṣāya-：*adj.* 汚点のない。「無穢濁」と漢訳。*m. sg. Nom.*

kaṣāya-：*m.* 黄赤色。汚染。道徳的頽廃。「濁」「濁悪」と漢訳。

niṣkalpo < niṣkalpaḥ + 有声子音 < niṣkalpa- < niṣ-kalpa-：*adj.* 想念のない。*m. sg. Nom.*

kalpa-：*m.* 教誡。宇宙論的時間（劫）。探求。決心。「想」「念」「想念」「妄想」「分別」「妄心」「妄想分別」と漢訳。

nirvikalpo 'kṛto 'jāto 'nutpanno 'bhūto 'saṃbhūto < nirvikalpaḥ + akṛtaḥ + ajātaḥ + anutpannaḥ + abhūtaḥ + asaṃbhūto

nirvikalpaḥ < nirvikalpa- < nir-vikalpa-：*adj.* 二者択一のない。空想のない。分別のない。「無分別」「離分別」「無妄想」「離妄想」と漢訳。*m. sg. Nom.*

vikalpa- < vi-√kḷp- (1) + -a：*m.* 二者択一。空想。「思惟」「分別」「妄想」「虚妄分別」と漢訳。

akṛtaḥ < akṛta- < a-kṛta-：*pp.* なされざる。作られざる。準備されざる。「不作」「無作」「未作」と漢訳。*m. sg. Nom.*

ajātaḥ < ajāta < a-jāta-：*pp.* 不生の。いまだ生まれざる。生じられない。「未来」「不生」「無生」と漢訳。*m. sg. Nom.*

anutpannaḥ < anutpanna- < an-utpanna-：*pp.* 〜（処格）から生まれていない。生ぜざる。「不生」「未生」「無生」「非生」「未起」と漢訳。*m. sg. Nom.*

utpanna- < ud-√pad- (4) + -na：*pp.* 〜（処格）から生まれた。生じた。「已生」「出現」「生起」と漢訳。

abhūtaḥ < abhūta- < a-bhūta-：*pp.* あらざりし。起こらざりし。存在せざる。*m. sg. Nom.*

asaṃbhūto < asaṃbhūtaḥ + 有声子音 < asaṃbhūta- < a-saṃbhūta-：*pp.* 〜（奪格）から生じていない／起こっていない。〜で形成されない。造られていない。集合していない。*m. sg. Nom.*

saṃbhūta- < sam-√bhū- (1) + -ta：*pp.* 〜（奪格）から生じた／起こった。〜で形成された。造られた。集合した。〜から出た。

sam-√bhū- (1)：出会う。集合する。起こる。生まれる。「生」「生長」「起」「出」と漢訳。

na：*ind.* 〜でない。〜にあらず。

bhaviṣyati < bhaviṣya- < √bhū- (1) + -iṣya：生ずる、〜になる。*Fut. 3, sg. P.*

nirbhayo < nirbhayaḥ + 有声子音 < nirbhayaḥ < nirbhaya- < nir-bhaya-：*adj.* 恐れることがない。*m. sg. Nom.*

bhaya- < √bhī- (1) + -a：*n.* 〜（奪格、属格）についての恐れ。驚き。恐怖。心配。

√bhī- (1)：〜（奪格、属格）を恐れる。

niṣkleśo < niṣkleśaḥ + 有声子音 < niṣkleśa- < niṣ-kleśa-：*adj.* 「無惑」「離煩悩」「無煩悩」と漢訳。*m. sg. Nom.*

niṣ- < nis-：*adv.* 外へ。前へ。*pref.* 非〜。〜を欠いた。〜のない。（次に来る語を強める）全く。

kleśa- < √kliś- (4) + -a：*m.* 苦痛。苦悩。心痛。「煩悩」「惑」「根本煩悩」と漢訳。

√kliś- (4)：悩ませる。困らせる。悩む。困る。

niḥśoko < niḥśokaḥ + 有声子音 < niḥśoka- < niḥ-śoka-：*adj.* 憂うことがない。*m. sg. Nom.*

　　śoka- < √śuc- (1) + -a：*m.* 悲しみ。悲哀。憂い。悲愁。憂悲。

niṣprītiko < niṣprītika- < niṣ-prītika-：*adj.* 喜ぶことがない。*m. sg. Nom.*

　　prītika- < prīti-ka- = prīti-：*f.* ～（処格）においての満足／喜悦／歓喜。親切な感情。好意。友情。～に対する愛情。

nirūrmikaḥ < nirūrmika- < nir-ūrmika-：*adj.* 〔人生に襲ってくる飢・渇・寒・暑・貧・迷の六つの苦悩の〕波がない。*m. sg. Nom.*

　　ūrmika- = ūrmi-：*m. f.* 波。大濤。（荒い）海。人生に襲ってくる〔飢・渇・寒・暑・貧・迷の六つの苦悩の〕波。「波浪」「水浪」「湧波」「流」と漢訳。

　　このūrmi-は、第三章§6にも出てきた。

sarva-vyavahāra-nirdeśair < sarva-vyavahāra-nirdeśaiḥ + 有声音 < sarva-vyavahāra-nirdeśa-：*m.* あらゆる振る舞いと説示。*pl. Ins.*

　　vyavahāra- < vi-ava-√hṛ- (1) + -a：*m.* 振る舞い。行動。業務。仕事。交易。取引。「事業」と漢訳。

　　vi-ava-√hṛ- (1)：交換する。～（具格、処格）と交際する。～（具格）と戦う。～（処格）に対して行動する。振る舞う。自己の職業に従事する。～（具格、属格、処格）を商う。取り扱う。利用する。

　　nirdeśa- < nir-√diś- (6) + -a：*m.* 命令。指示。記述。「説」「所説」「説法」と漢訳。

avacanīyaḥ < avacanīya- < a-vacanīya-：*未受分,* 言われるべきでない。話されるべきでない。告げられるべきでない。*m. sg. Nom.*

　　vacanīya- < √vac- (2) + -anīya：*未受分,* 言われるべき。話されるべき。告げられるべき。

　　未来受動分詞には必然・必要・可能・義務・適合を表わす。cf.「基礎」*p.* 104.

　　√vac- (2)：言う。話す。告げる。

> īdṛśo bhagavaṃs tathāgatasya kāyaḥ sa tathâiva draṣṭavyaḥ /
>
> （梵漢和維摩経 *p.* 536, *l.* 9）

「世尊よ、如来の身体はこのようなものであります。それは、まさにそのように見られるべきです。

【「世尊よ、如来の身は此くの若しと為す。】　（大正蔵、巻一四、五五五頁上）

……………………………………………………………………

īdṛśo < īdṛśaḥ + 有声子音 < īdṛśa- = īdṛś-：*adj.* このような状態の。このような場合の。*m. sg. Nom.*

bhagavaṃs < bhagavan + (t) < bhagavat-：*m.* 尊い（人）。「世尊」と漢訳。「婆伽婆」「薄伽梵」と音写。*sg. Voc.*

tathāgatasya < tathāgata-：*m.* 「如来」と漢訳。*sg. Gen.*

kāyaḥ < kāya-：*m.* 身体。集団。多数。集合。*sg. Nom.*

sa < saḥ < tad-：それ。*m. sg. Nom.*

tathâiva < tathā + eva

　　tathā：*adv.* そのように。同様な方法で。同様に。

　　eva：*adv.* さように。このように。まさに。実に。ただ。全くこのように。

draṣṭavyaḥ < draṣṭavya- < √dṛś- (1) + -tavya：*未受分,* 見られるべき。見なされるべき。*m. sg. Nom.*

> ya evaṃ paśyanti te samyak paśyanti /
>
> （梵漢和維摩経 *p.* 536, *ll.* 9–10）

「〔如来を〕このように見るところの人たち、それらの人たちは正しく見ているのです。

【「是くの如きの観を作さば、斯の観を以てする者を、名づけて正観と為す。】

（大正蔵、巻一四、五五五頁上）

……………………………………………………………………

ya < ye + a以外の母音 < yad-：*関係代名詞, m. pl. Nom.*

evaṃ：*adv.* このように。「是」「如是」と漢訳。
paśyanti < paśya- < √paś- (4)：見る。*Pres. 3, pl. P.*
te < tad-：それ。*m. pl. Nom.*
samyak：*adv.* 正しく。正確に。真に。適当に。完全に。
paśyanti < paśya- < √paś- (4)：見る。*Pres. 3, pl. P.*

ye tv anyathā paśyanti te mithyā paśyanti / (梵漢和維摩経 *p.* 536, *ll.* 10–11)

「しかるに、〔如来を〕他の方法で見るところの人たち、それらの人たちは誤って見ているのです」
【「若し他の観をなす者は、名づけて邪観と為す」】　　　　（大正蔵、巻一四、五五五頁上）
……………………………………………………………………

ye < yad-：*関係代名詞, m. pl. Nom.*
tv < tu + 母音：*ind.* しかし。しこうして。しかるに。しかも。
anyathā：*adv.* 他の方法を以て。異なって。悪しく。
paśyanti < paśya- < √paś- (4)：見る。*Pres. 3, pl. P.*
te < tad-：それ。*m. pl. Nom.*
mithyā：*adv.* 不法に。不正に。偽って。不正直に。欺いて。真実ではなく。外見のみで。
paśyanti < paśya- < √paś- (4)：見る。*Pres. 3, pl. P.*

§2　athâyuṣmāñ śāriputro bhagavantam etad avocat /　katamād[21] bhagavan buddha-kṣetrāc cyutau vimalakīrtiḥ kula-putra idaṃ buddha-kṣetram āgataḥ / (梵漢和維摩経 *p.* 536, *ll.* 12–14)

§2　すると、尊者シャーリプトラが世尊にこのように申し上げた。
「世尊よ、良家の息子であるヴィマラキールティは、どのブッダの国土から死して後、〔生まれ変わって〕このブッダの国土にやって来たのでしょうか」
【漢訳相当箇所なし】
……………………………………………………………………

athâyuṣmāñ < atha + āyuṣmāñ
　atha：*adv.* その時。その場合。さて。それ故。しかれば。しかしながら。
　āyuṣmāñ < āyuṣmān + (ś) < āyuṣmat- < āyus- + -mat：*m.* 長寿の。健康の。「尊者」「長老」「具寿」と漢訳。*sg. Nom.*
　āyus-：*n.* 生命。寿命。寿。命。
śāriputro < śāriputraḥ + 有声子音 < śāriputra- < śāri-putra-：*m.* シャーリプトラ（シャーリーの息子）。「身子」と漢訳。「舎利弗」と音写。*sg. Nom.*
bhagavantam < bhagavat-：*m.* 尊い（人）。「世尊」と漢訳。「婆伽婆」「薄伽梵」と音写。*sg. Acc.*
etad < etat + 母音 < etad-：これ。*n. sg. Acc.* 対格の副詞的用法で「このように」の意味。
avocat < avoca- < a- + va-+ uc- + -a < √vac- (2)：言う。話す。告げる。*重複 Aor. 3, sg. P.*
……………………………………………………………………

katamād < katamāt + 有声子音 < katama-：*疑問代名詞,*（多くの中の）だれか。何か。いずれか。*m. sg. Abl.*
bhagavan < bhagavat-：*m.* 尊い（人）。「世尊」と漢訳。「婆伽婆」「薄伽梵」と音写。*sg. Voc.*
buddha-kṣetrāc < buddha-kṣetrāt + (c) < buddha-kṣetra-：*n.* 仏の国土。「仏国土」と漢訳。*sg. Abl.*
cyutau < cyuti- < √cyu- (1) + -ti：*f.* ～より出発すること。～から出ること。死。「命終」と漢訳。*sg. Loc.*
　絶対節の述部は分詞でなく名詞や形容詞になることもある。cf.「シンタックス」*p.* 101.
　絶対節の主部は省略されることがある。cf.「シンタックス」*p.* 103.
　√cyu- (1)：揺れ動く。～（奪格）より去る。喪失する。滅ぶ。死ぬ。

vimalakīrtiḥ < vimalakīrti- < vimala-kīrti-：*m.* ヴィマラキールティ。汚れのない名声を持つ（もの）。「維摩詰」「維摩」と音写。「浄名」「無垢称」と漢訳。*sg. Nom.*
kula-putra < kula-putraḥ + a 以外の母音 < kula-putra-：*m.* 良家の息子。「善男子」と漢訳。*sg. Nom.*
idaṃ < idam-：これ。*n. sg. Acc.*
buddha-kṣetram < buddha-kṣetra-：*n.* 仏の国土。「仏国土」と漢訳。*sg. Acc.*
āgataḥ < ā-√gam- (1) + -ta：*pp.* 来た。*m. sg. Nom.*

bhagavān āha / etam eva tvaṃ śāriputra sat-puruṣaṃ paripṛccha kutas tvaṃ cyutvêhôpapanna iti /

（梵漢和維摩経 *p.* 536, *ll.* 15–16）

世尊がおっしゃられた。
「シャーリプトラよ、まさにこの善き人（善士）に、『あなたは、死して後に、どこからここに生まれ〔変わっ〕てきたのか』と、あなたが〔自分で〕尋ねるがよい[22]」
【漢訳相当箇所なし】

…………………………………………

bhagavān < bhagavat-：*m.* 尊い（人）。「世尊」と漢訳。「婆伽婆」「薄伽梵」と音写。*sg. Nom.*
āha < √ah-：言う。*Perf. 3, sg. P.*

…………………………………………

etam < etad-：これ。*m. sg. Acc.*
eva：*adv.* さように。このように。まさに。実に。ただ。全くこのように。
tvaṃ < tvad-：あなた。*2, sg. Nom.*
śāriputra < śāriputra- < śāri-putra-：*m.* シャーリプトラ（シャーリーの息子）。「身子」と漢訳。「舎利弗」と音写。*sg. Voc.*
sat-puruṣaṃ < sat-puruṣa-：*m.* 善き人。「善士」と漢訳。*sg. Acc.*
paripṛccha < paripṛccha- < pari-√prach- (6)：問う。尋ねる。*Impv. 2, sg. P.*
kutas：*adv.* だれより。どこより。いずこへ。何ゆえに。
tvaṃ < tvad-：あなた。*2, sg. Nom.*
cyutvêhôpapanna < cyutvā + iha + upapanna
　cyutvā < √cyu- (1) + -tvā：揺れ動く。～（奪格）より去る。喪失する。滅ぶ。死ぬ。*Ger.*
　iha：*adv.* ここに。今。この世に。地上に。
　upapanna < upapannaḥ + a 以外の母音 < upapanna- < upa-√pad- (4) + -na：*pp.* ～（対格、処格）に来た。～に到達する。生ずる。現われる。「生」「往生」「受生」と漢訳。*m. sg. Nom.*
iti：*adv.* ～と。～ということを。以上のように。～と考えて。「如是」と漢訳。

athâyuṣmāñ śāriputro vimalakīrtiṃ licchaviṃ etad avocat / kutas tvaṃ kula-putra cyutvêhôpapannaḥ[23] /

（梵漢和維摩経 *p.* 536, *l.* 17, *p.* 538, *l.* 1）

そこで、尊者シャーリプトラは、リッチャヴィ族のヴィマラキールティにこのように言った。
「良家の息子よ、あなたは死して後に、どこからここに生まれ〔変わっ〕てきたのか」
【§2 爾の時、舎利弗は維摩詰に問えり。「汝、何くに於いてか没して、来たりて此に生まるるや」】

（大正蔵、巻一四、五五五頁上）

…………………………………………

athâyuṣmāñ < atha + āyuṣmāñ
　atha：*adv.* その時。その場合。さて。それ故。しかれば。しかしながら。
　āyuṣmāñ < āyuṣmān + (ś) < āyuṣmat- < āyus- + -mat：*m.* 長寿の。健康の。「尊者」「長老」「具寿」と漢訳。*sg. Nom.*
śāriputro < śāriputraḥ + 有声子音 < śāriputra- < śāri-putra-：*m.* シャーリプトラ（シャーリーの息

子)。「身子」と漢訳。「舎利弗」と音写。*sg. Nom.*
vimalakīrtiṃ < vimalakīrti- < vimala-kīrti-：*m.* ヴィマラキールティ。汚れのない名声を持つ(もの)。「維摩詰」「維摩」と音写。「浄名」「無垢称」と漢訳。*sg. Acc.*
licchavim < licchavi-：*m.* リッチャヴィ。「離車子」「栗姑毘」と音写。*sg. Acc.*
etad < etat + 母音 < etad-：これ。*n. sg. Acc.* 対格の副詞的用法で「このように」の意味。
avocat < avoca- < a- + va-+ uc- + -a < √vac- (2)：言う。話す。告げる。*重複 Aor. 3, sg. P.*
……………………………………………………………………

kutas：*adv.* だれより。どこより。いずこへ。何ゆえに。
tvaṃ < tvad-：あなた。*2, sg. Nom.*
kula-putra < kula-putra-：*m.* 良家の息子。「善男子」と漢訳。*sg. Voc.*
cyutvêhôpapannaḥ < cyutvā + iha + upapannaḥ
　cyutvā < √cyu- (1) + -tvā：揺れ動く。～(奪格)より去る。喪失する。滅ぶ。死ぬ。*Ger.*
　iha：*adv.* ここに。今。この世に。地上に。
　upapannaḥ < upapanna- < upa-√pad- (4) + -na：*pp.* ～(対格、処格)に来た。～に到達する。生ずる。現われる。「生」「往生」「受生」と漢訳。*m. sg. Nom.*

> vimalakīrtir āha / yaḥ sthavireṇa dharmaḥ sākṣāt-kṛtaḥ kac-cit tasya dharmasya cyutir upapattir vā /
> (梵漢和維摩経 *p.* 538, *ll.* 2–3)

ヴィマラキールティが言った。
「大徳が覚られたところの法、その法には死ぬこと、あるいは生まれることが具わっているのか」
【維摩詰(ゆいまきつ)の言わく、「汝(なんじ)の所得の法には没(もつ)と生(しょう)と有るか」】　(大正蔵、巻一四、五五五頁上)
……………………………………………………………………

vimalakīrtir < vimalakīrtiḥ + 有声音 < vimalakīrti- < vimala-kīrti-：*m.* ヴィマラキールティ。汚れのない名声を持つ(もの)。「維摩詰」「維摩」と音写。「浄名」「無垢称」と漢訳。*sg. Nom.*
āha < √ah-：言う。*Perf. 3, sg. P.*
……………………………………………………………………

yaḥ < yad-：*関係代名詞, m. sg. Nom.*
sthavireṇa < sthavira-：*adj.* 広い。厚い。頑丈な。威力ある。老いた。尊敬すべき。「大徳」「尊者」と漢訳。*m. sg. Ins.*
dharmaḥ < dharmaḥ + (s) < dharma-：*m.* 確定した秩序。慣例。習慣。法則。規則。義務。宗教。教説。性質。本質。属性。特質。事物。「法」と漢訳。*sg. Nom.*
sākṣāt-kṛtaḥ < sākṣāt-kṛta- < sākṣāt-√kṛ- (8) + -ta：*pp.* (自身の)眼で見られた。覚られた。目の当たりにされた。*m. sg. Nom.*
　sākṣāt-√kṛ- (8)：(自身の)眼で見る。覚る。目の当たりにする。
　sākṣāt < sa-akṣāt：*adv.* (自身の)眼をもって。眼前で。明瞭に。実際に。明らかに。
kac-cit < kad- + cit-：*ind.* ～かどうか。望むらくは。cf.「パーリ語辞典」*p.* 81.
　kad- は Veda においてのみ用いられた kim- の古形。cf.「基礎」*p.* 208.
tasya < tad-：それ。*m. sg. Gen.*
dharmasya < dharma-：*m.* 確定した秩序。慣例。習慣。法則。規則。義務。宗教。教説。性質。本質。属性。特質。事物。「法」と漢訳。*sg. Gen.*
cyutir < cyutiḥ + 有声音 < cyuti- < √cyu- (1) + -ti：*f.* ～より出発すること。～から出ること。死。「命終」と漢訳。*sg. Nom.*
upapattir < upapattiḥ + 有声音 < upapatti- < upa-√pad- (4) + -ti：*f.* 出現。成功。結果。確立。起源。誕生。*sg. Nom.*
vā：*ind.* ～か。または。たとえ～であっても。

> āha / na tasya dharmasya[24] kā-cic cyutir upapattir vā /
>
> (梵漢和維摩経 *p.* 538, *l.* 4)

〔シャーリプトラが〕言った。

「その法には、死ぬことも、生まれることも、決して何も具わっていません」

【舎利弗の言わく、「没も生も無きなり」】　（大正蔵、巻一四、五五五頁上）

……………………………………………………………………………

āha < √ah-：言う。*Perf. 3, sg. P.*

na：*ind.* 〜でない。〜にあらず。

tasya < tad-：それ。*m. sg. Gen.*

dharmasya < dharma-：*m.* 確定した秩序。慣例。習慣。法則。規則。義務。宗教。教説。性質。本質。属性。特質。事物。法。*sg. Gen.*

kā-cic < kā-cit + (c) < kiṃ-cit-：*不定代名詞,* だれかある人。何かあるもの。*f. sg. Nom.*

na + kiṃ-cit-：決して誰／何も〜ない。

cyutir < cyutiḥ + 有声音 < cyuti- < √cyu- (1) + -ti：*f.* 〜より出発すること。〜から出ること。死。「命終」と漢訳。*sg. Nom.*

upapattir < upapattiḥ + 有声音 < upapatti- < upa-√pad- (4) + -ti：*f.* 出現。成功。結果。確立。起源。誕生。*sg. Nom.*

vā：*ind.* 〜か。または。たとえ〜であっても。

> āha / evam acyutikānām anutpattikānāṃ bhadanta-śāriputra sarva-dharmāṇāṃ kutas tavâivaṃ bhavati kutas tvaṃ cyutvêhôpapanna iti /
>
> (梵漢和維摩経 *p.* 538, *ll.* 5–6)

〔ヴィマラキールティが〕言った。

「尊者シャーリプトラよ、このように死ぬこともなく、生まれることもないあらゆる諸法について、『あなたは死して後に、どこからここに生まれ〔変わっ〕てきたのか』というこのような〔思いが〕どうしてあなたに生ずるのか。

【「若し諸法に没と生の相無くんば、云何が問わん。『汝、何くに於いて没して、来たりて此に生まるると言いしや』と。】　（大正蔵、巻一四、五五五頁上）

……………………………………………………………………………

āha < √ah-：言う。*Perf. 3, sg. P.*

evam：*adv.* このように。「是」「如是」と漢訳。

acyutikānām < acyutika- < a-cyutika-：*adj.* 死ぬことのない。*m. pl. Gen.*

cyutika- < cyutika- cyuti-ka-：*adj.* 死ぬ。

cyuti- < √cyu- (1) + -ti：*f.* 〜より出発すること。〜から出ること。喪失。死。落下。「命終」と漢訳。

√cyu- (1)：揺れ動く。動く。〜（奪格）から去る。喪失する。消失する。滅ぶ。死ぬ。

anutpattikānāṃ < anutpattika- < an-utpattika-：*adj.* 生ずることのない。*m. pl. Gen.*

utpattika- < utpatti-ka-：*adj.* 生じる。

utpatti- < ud-√pad- (4) + -ti：*f.* 発生。出生。起原。

bhadanta-śāriputra < bhadanta-śāriputra-：*m.* 尊者シャーリプトラ。*sg. Voc.*

bhadanta-：*m.* （仏教、またはジャイナ教の出家者の敬称）。「大徳」「尊」「尊者」「世尊」「真正」と漢訳。

sarva-dharmāṇāṃ < sarva-dharma-：*m.* あらゆるものごと。「一切法」と漢訳。*pl. Gen.*

kutas：*adv.* だれより。どこより。いずこへ。何ゆえに。

tavâivaṃ < tava + evaṃ

tava < tvad-：あなた。*2, sg. Gen.*

evaṃ：*adv.* このように。「是」「如是」と漢訳。

bhavati < bhava- < √bhū- (1)：なる。*Pres. 3, sg. P.*
　「A（属格）～bhavati」（Aに〔思いが〕生じる）。
kutas：*adv.* だれより。どこより。いずこへ。何ゆえに。
tvaṃ < tvad-：あなた。*2, sg. Nom.*
cyutvêhôpapanna < cyutvā + iha + upapanna
　cyutvā < √cyu- (1) + -tvā：揺れ動く。～（奪格）より去る。喪失する。滅ぶ。死ぬ。*Ger.*
　iha：*adv.* ここに。今。この世に。地上に。
　upapanna < upapannaḥ + a 以外の母音 < upapanna- < upa-√pad- (4) + -na：*pp.* ～（対格、処格）に来た。～に到達する。生ずる。現われる。「生」「往生」「受生」と漢訳。*m. sg. Nom.*
iti：*adv.* ～と。～ということを。以上のように。～と考えて。「如是」と漢訳。

yaṃ[25] bhadanta-śāriputra nirmitāṃ[26] striyaṃ puruṣaṃ vā pṛccheḥ kutas tvaṃ cyutvêhôpapanna iti sa kiṃ vyākuryāt /
（梵漢和維摩経 *p.* 538, *ll.* 7–8）

「尊者シャーリプトラよ、もしもあなたが、化作された女か男に、『あなたは死して後に、どこからここに生まれ〔変わっ〕てきたのか』と尋ねるとしたら、〔化作された〕その人は何と説明するであろうか」
【「意に於いて云何。譬えば幻師の、男女を幻作するが如し。寧んぞ没生せんや」】
（大正蔵、巻一四、五五五頁上）

……………………………………………………………………

yaṃ < yad-：*関係代名詞, m. sg. Acc.*
bhadanta-śāriputra < bhadanta-śāriputra-：*m.* 尊者シャーリプトラ。*sg. Voc.*
nirmitāṃ < nirmitā- < nirmita- < nir-√mā- (2,3) + -ta：*pp.* ～から作られた。～（具・属格）から産出された。形成された。「化作」「現化現」「化生」と漢訳。*f. sg. Acc.*
striyaṃ < strī-：*f.* 女。*sg. Acc.*
puruṣaṃ < puruṣa-：*m.* 人。人間。侍者。「男子」「男」「丈夫」と漢訳。*sg. Acc.*
vā：*ind.* ～か。または。たとえ～であっても。
pṛccheḥ < pṛccheḥ + (k) < pṛccha- < √prach- (6)：問う。尋ねる。問い合わせる。求める。探す。*Opt. 2, sg. P.*
kutas：*adv.* だれより。どこより。いずこへ。何ゆえに。
tvaṃ < tvad-：あなた。*2, sg. Nom.*
cyutvêhôpapanna < cyutvā + iha + upapanna
　cyutvā < √cyu- (1) + -tvā：揺れ動く。～（奪格）より去る。喪失する。滅ぶ。死ぬ。*Ger.*
　iha：*adv.* ここに。今。この世に。地上に。
　upapanna < upapannaḥ + a 以外の母音 < upapanna- < upa-√pad- (4) + -na：*pp.* ～（対格、処格）に来た。～に到達する。生ずる。現われる。「生」「往生」「受生」と漢訳。*m. sg. Nom.*
iti：*adv.* ～と。以上のように。「如是」と漢訳。
sa < saḥ < tad-：それ。*m. sg. Nom.*
kiṃ < kim-：*疑問代名詞,* 何か。なぜか。*n. sg. Nom.*
vyākuryāt < vyākuru- < vi-ā-√kṛ- (8)：分かつ。区別する。説明する。～（対格）に決定的な予言をなす。*Opt. 3, sg. P.*
　√kṛ- (8) の現在弱語幹は kuru- だが、m, v, y で始まる語尾の時は、kur- となる。

āha / na kula-putra nirmitasya cyutir nôpapattiḥ sa kiṃ vyākariṣyati /
（梵漢和維摩経 *p.* 538, *l.* 9）

〔シャーリプトラが〕言った。
「良家の息子よ、化作されたものには、死ぬこともなければ、生まれることもありません。〔化作された〕その人が、どうして説明することがありましょうか」
【舎利弗の言わく、「没生無きなり」】　　　　　　　　　　　　　　　（大正蔵、巻一四、五五五頁上）

āha < √ah-：言う。*Perf. 3, sg. P.*
na：*ind.* 〜でない。〜にあらず。
kula-putra < kula-putra-：*m.* 良家の息子。「善男子」と漢訳。*sg. Voc.*
nirmitasya < nirmita- < nir-√mā- (2,3) + -ta：*pp.* 〜から作られた。〜（具・属格）から産出された。形成された。「化作」「現化現」「化生」と漢訳。*m. sg. Gen.*
cyutir < cyutiḥ + 有声音 < cyuti- < √cyu- (1) + -ti：*f.* 〜より出発すること。〜から出ること。死。「命終」と漢訳。*sg. Nom.*
nôpapattiḥ < na + upapattiḥ
　upapattiḥ < upapattiḥ + (s) < upapatti- < upa-√pad- (4) + -ti：*f.* 出現。成功。結果。確立。起源。誕生。*sg. Nom.*
sa < saḥ < tad-：それ。*m. sg. Nom.*
kiṃ < kim-：*疑問代名詞,* 何か。なぜか。*n. sg. Nom.*
vyākariṣyati < vyākariṣya- < vi-ā-√kṛ- (8) + -iṣya：分かつ。区別する。説明する。〜（対格）に決定的な予言をなす。*Fut. 3, sg. P.*

> āha /　nanu bhadanta-śāriputra nirmita-svabhāvāḥ sarva-dharmās tathāgatena nirdiṣṭāḥ /
> （梵漢和維摩経 *p.* 538, *ll.* 10–11）

〔ヴィマラキールティが〕言った。
「尊者シャーリプトラよ、あらゆるものごと（一切諸法）は、化作されたものという固有の本性をもつものだと、如来は、説かれたのではないか」
【「汝、豈、仏の、諸法は幻の如き相なりと説きたまえるを聞かざるや」】
（大正蔵、巻一四、五五五頁上）

āha < √ah-：言う。*Perf. 3, sg. P.*
nanu < na-nu：*adv.* 〜でない。〜しない。〜ではないか。
bhadanta-śāriputra < bhadanta-śāriputra-：*m.* 尊者シャーリプトラ。*sg. Voc.*
nirmita-svabhāvāḥ < nirmita-svabhāvāḥ + (s) < nirmita-svabhāva-：*adj.* 化作されたものに固有の本性を持つ。*m. pl. Nom.*
　nirmita- < nir-√mā- (2,3) + -ta：*pp.* 〜から作られた。〜（具・属格）から産出された。形成された。「化作」「現化現」「化生」と漢訳。
　svabhāva- < sva-bhāva-：*m.* 固有の在り方。生まれつきの性質。本性。「自性」と漢訳。
sarva-dharmās < sarva-dharmāḥ + (t) < sarva-dharma-：*m.* あらゆる存在。あらゆるものごと。「一切法」「諸法」と漢訳。*pl. Nom.*
tathāgatena < tathāgata-：*m.* 「如来」「如去」と漢訳。「多陀阿伽度」と音写。*sg. Ins.*
nirdiṣṭāḥ < nirdiṣṭa- < nirdiṣṭa- < nis-√diś- (6) + -ta：*pp.* 指示された。宣言された。予言された。*m. pl. Nom.*

> āha /　evam etat kula-putra /
> （梵漢和維摩経 *p.* 538, *l.* 12）

〔シャーリプトラが〕言った。
「良家の息子よ、それはその通りです」
【答えて曰く、「是くの如し」】　　　　　　　　　　　　　　　（大正蔵、巻一四、五五五頁中）

āha < √ah-：言う。*Perf. 3, sg. P.*

evam：*adv.* このように。「是」「如是」と漢訳。
etat < etad-：これ。*n. sg. Nom.*
kula-putra < kula-putra-：*m.* 良家の息子。「善男子」と漢訳。*sg. Voc.*

> āha / nirmita-svabhāveṣu bhadanta-śāriputra sarva-dharmeṣu kutas tvaṃ cyutvêhôpapanna iti /
> (梵漢和維摩経 *p.* 538, *ll.* 13–14)

〔ヴィマラキールティが〕言った。
「尊者シャーリプトラよ、あらゆるものごと（一切諸法）は、化作されたものという固有の本性をもつものであるのに、『あなたは死して後に、どこからここに生まれ〔変わっ〕てきたのか』〔など〕と〔どうして尋ねるのか〕。
【「若し一切法は如幻の相ならば、云何が問いて言うや。『汝、何くに於いて没して、来たりて此に生まるるや』と。】 （大正蔵、巻一四、五五五頁中）

āha < √ah-：言う。*Perf. 3, sg. P.*
nirmita-svabhāveṣu < nirmita-svabhāva-：*adj.* 化作されたものに固有の本性を持つ。*m. pl. Loc.*
bhadanta-śāriputra < bhadanta-śāriputra-：*m.* 尊者シャーリプトラ。*sg. Voc.*
sarva-dharmeṣu < sarva-dharma-：*m.* あらゆる存在。あらゆるものごと。「一切法」「諸法」と漢訳。*pl. Loc.*
　以上の処格は絶対節をなしている。
kutas：*adv.* だれより。どこより。いずこへ。何ゆえに。
tvaṃ < tvad-：あなた。*2, sg. Nom.*
cyutvêhôpapanna < cyutvā + iha + upapanna
　cyutvā < √cyu- (1) + -tvā：揺れ動く。～（奪格）より去る。喪失する。滅ぶ。死ぬ。*Ger.*
　iha：*adv.* ここに。今。この世に。地上に。
　upapanna < upapannaḥ + a 以外の母音 < upapanna- < upa-√pad- (4) + -na：*pp.* ～（対格、処格）に来た。～に到達する。生ずる。現われる。「生」「往生」「受生」と漢訳。*m. sg. Nom.*
iti：*adv.* ～と。～ということを。以上のように。～と考えて。「如是」と漢訳。

> cyutir iti bhadanta-śāriputrâbhisaṃskāra-[kṣapaṇa-]lakṣaṇa-padam[27] etat /
> (梵漢和維摩経 *p.* 538, *ll.* 14–15)

「尊者シャーリプトラよ、死ということ、それは、形成された個人存在の〔破壊という〕属性に陥ることである。
【「舎利弗よ、没とは虚誑の法の敗壊の相と為す。】 （大正蔵、巻一四、五五五頁中）

cyutir < cyutiḥ + 有声音 < cyuti- < √cyu- (1) + -ti：*f.* ～より出発すること。～から出ること。死。「命終」と漢訳。*sg. Nom.*
iti：*adv.* ～と。～ということを。以上のように。～と考えて。「如是」と漢訳。
bhadanta-śāriputrâbhisaṃskāra-kṣapaṇa-lakṣaṇa-padam < bhadanta-śāriputra + abhisaṃskāra-kṣapaṇa-lakṣaṇa-padam
　bhadanta-śāriputra < bhadanta-śāriputra-：*m.* 尊者シャーリプトラ。*sg. Voc.*
　abhisaṃskāra-kṣapaṇa-lakṣaṇa-padam < abhisaṃskāra-kṣapaṇa-lakṣaṇa-pada-：*n.* 形成された個人存在の破壊という属性に陥ること。*sg. Nom.*
　abhisaṃskāra- < abhi-sam-s-√kṛ- (8) + -a：*m.* 作り出す働き。製作。用意。形成。発生。概念。思想。観念。心作用。「作」「造作」「作行」「作成」「所作」「行」「所行」「諸行」と漢訳。
　abhisaṃskāra-には、「形成された個人存在」という意味もある。cf. 中村元編『仏教語大辞典』*p.* 688.

abhi-sam-s-√kṛ- (8)：整頓する。形成する。～（対格）を～（対格）となす。献ずる。「作」「造」「造作」「能作」「発」「積集」と漢訳。

kṣapaṇa- < kṣapaya- + -ana < √kṣi- (9) + -paya + -ana：*n.* 破壊。

kṣapaya- < √kṣi- (9) + -paya：*Caus.* 破壊する。滅ぼす。

√kṣi- (9)：破壊する。滅ぼす。

lakṣaṇa-：*adj.* 指示する。標章の。しるしのある。特徴のある。属性のある。*n.* 標章。しるし。記号。特徴。属性。

pada- < √pad- (4) + -a：*n.* 一歩。足取り。足跡。足。語。「歩」「跡」「句」と漢訳。

√pad- (4)：落ちる。堕落する。墜落する。倒れる。退く。落伍する。滅びる。～（対格）へ行く。

etat < etad-：これ。*n. sg. Nom.*

> upapattir ity abhisaṃskāra-prabandha eṣaḥ /
>
> （梵漢和維摩経 *p.* 538, *l.* 15）

「生まれるということ、それは、形成された個人存在の存続である。

【「生(しょう)とは虚誑(こおう)の法の相続(そうぞく)の相と為(な)す。】　（大正蔵、巻一四、五五五頁中）

……………………………………………………………………

upapattir < upapattiḥ + 有声音 < upapatti- < upa-√pad- (4) + -ti：*f.* 出現。成功。結果。確立。起源。誕生。*sg. Nom.*

ity < iti + 母音：*adv.* ～と。以上のように。「如是」と漢訳。

abhisaṃskāra-prabandha < abhisaṃskāra-prabandhaḥ + a 以外の母音 < abhisaṃskāra-prabandha-：*m.* 形成された個人存在の存続。*m. sg. Nom.*

prabandha- < pra-√bandh- (9) + -a：*m.* ひも。靭帯。中断のない連結。間断のない系列。「続」「相続」と漢訳。

pra-√bandh- (9)：縛る。締める。結ぶ。

eṣaḥ < etad-：これ。*m. sg. Nom.*

> tatra bodhi-sattvaś cyavate na kuśala-[28]mūlâbhisaṃskāraṃ kṣapayati /
>
> （梵漢和維摩経 *p.* 540, *l.* 1）

「その場合に、菩薩は死ぬが、善根の形成を滅ぼすことはないのだ。

【「菩薩は没(もつ)すと雖(いえど)も、善本を尽くさず。】　（大正蔵、巻一四、五五五頁中）

……………………………………………………………………

tatra：*adv.* そこに。そこへ。かしこに。その時に。その場合に。

bodhi-sattvaś < bodhi-sattvaḥ + (c) < bodhi-sattva-：*m.* 覚りを求める人。「菩薩」と音写。*sg. Nom.*

cyavate < cyava- < √cyu- (1)：揺れ動く。動く。～（奪格）より去る。逸れる。～（奪格）を奪取させられる。喪失する。消失する。滅ぶ。死す。不足する。～（奪格）より落ちる。破滅させられる。堕落する。活動を開始させる。動かす。「死」「没」「命終」「命尽」「退」と漢訳。*Pres. 3, sg. A.*

na：*ind.* ～でない。～にあらず。

kuśala-mūlâbhisaṃskāraṃ < kuśala-mūlâbhisaṃskāra- < kuśala-mūla-abhisaṃskāra-：*m.* 善根の形成。

kuśala-mūla-：*n.* 「善根」と漢訳。

abhisaṃskāra- < abhi-sam-s-√kṛ- (8) + -a：*m.* 製作。形成。発生。「作」「造作」「作行」「所作」「功力」と漢訳。

kṣapayati < kṣapaya- < √kṣi- (9) + -paya-：*Caus.* 破壊する。滅ぼす。～（対格）を終わらせる。移す。消散させる。やせ衰えさせる。弱める。（時を）過ごす。*3, sg. P.*

√kṣi- (9)：破壊する。滅ぼす。～（対格）を終わらせる。傷つける。殺す。圧迫する。

upapadyate ca na câkuśalaṃ prabadhnāti / (梵漢和維摩経 *p.* 540, *ll.* 1–2)

「〔菩薩は〕生まれても、不善（悪）と結びつくことはない」
【「生(しょう)ずと雖(いえど)も、諸悪を長ぜず」】　（大正蔵、巻一四、五五五頁中）
……………………………………………………………………

upapadyate < upapadya- < upa-√pad- (4)：～に来る。～の許へ行く。～に弟子入りする。～に到達する。起こる。生ずる。現われる。「受生」「下生入」と漢訳。*Pres. 3, sg. A.*

ca：*conj.* および。また。しかしながら。そして。～と。なお。

na：*ind.* ～でない。～にあらず。

câkuśalaṃ < ca + akuśalaṃ

akuśalaṃ < akuśala- < a-kuśala-：*adj.* 有害の。不幸の。不吉な。未熟練の。*n.*「悪」「不善」と漢訳。*n. sg. Acc.*

prabadhnāti < prabadhnā- < pra-√bandh- (9)：縛る。締める。結ぶ。*Pres. 3, sg. P.*

§3　tatra bhagavān āyuṣmantaṃ śāriputram āmantrayate sma /　akṣobhyasya śāriputra tathāga=tasya sakāśād āgata eṣa kula-putro 'bhiratyā loka-dhātoḥ / (梵漢和維摩経 *p.* 540, *ll.* 3–5)

§3　そこで、世尊は、尊者シャーリプトラにおっしゃられた。

「シャーリプトラよ、この良家の息子は、"極めて楽しいところ"（妙喜）という世界の"不動であるもの"（阿閦）という如来のもとから〔生まれ変わって〕やって来たのだ」

【§3　是の時、仏は舎利弗に告げたまわく、「国有り。妙喜(みょうき)と名づく。仏を無動と号す。是の維摩詰(ゆいまきつ)は彼(か)の国に於いて没(もっ)して、来たりて此(ここ)に生まる」】　（大正蔵、巻一四、五五五頁中）
……………………………………………………………………

tatra：*adv.* そこに。そこへ。かしこに。その時に。その場合に。

bhagavān < bhagavat-：*m.* 尊い（人）。「世尊」と漢訳。「婆伽婆」「薄伽梵」と音写。*sg. Nom.*

āyuṣmantaṃ < āyuṣmat- < āyuṣ-mat-：*m.*「尊者」「長老」と漢訳。*sg. Acc.*

śāriputram < śāriputra- < śāri-putra-：*m.* シャーリプトラ（シャーリーの息子）。「身子」と漢訳。「舎利弗」と音写。*sg. Acc.*

āmantrayate < ā-mantraya- < ā-√mantraya- (名動詞)：語りかける。*Pres. 3, sg. A.*

sma：*ind.* 実に。現在形の動詞とともに用いて、過去の意味を表わす（歴史的現在）。
……………………………………………………………………

akṣobhyasya < akṣobhya-：*m.* アクショービヤ。不動であるもの。「阿閦」「阿閦仏」と音写。*sg. Gen.*

śāriputra < śāriputra- < śāri-putra-：*m.* シャーリプトラ（シャーリーの息子）。「身子」と漢訳。「舎利弗」と音写。*sg. Voc.*

tathāgatasya < tathāgata-：*m.*「如来」と漢訳。*sg. Gen.*

sakāśād < sakāśāt + 母音 < sakāśa- < sa-kāśa-：*m.*（肉眼で見うること）。面前。付近。*sg. Abl.* 奪格の副詞的用法で、「～（属格）から」を意味する。

kāśa- < √kāś- (1) + -a：*m.* 顕現。見えること。現われること。

√kāś- (1)：見える。現われる。輝く。姿を現わす。

āgata < āgataḥ + a 以外の母音 < āgata- < ā-√gam- (1) + -ta：*pp.* 来た。*m. sg. Nom.*

eṣa < eṣaḥ < etad-：これ。*m. sg. Nom.*

kula-putro 'bhiratyā < kula-putraḥ + abhiratyā

kula-putraḥ < kula-putra-：*m.* 良家の息子。「善男子」と漢訳。*sg. Nom.*

abhiratyā < abhiratyāḥ + 有声音 < abhirati- < abhi-rati-：*f.* 快楽。～（処格）の歓喜。極めて楽しいところ。「妙喜」「愛楽」「妙楽」「喜悦」と漢訳。*sg. Abl.*

loka-dhātoḥ < loka-dhātu-：*m.* 世界。*sg. Abl.*

> āha / āścaryaṃ bhagavan yad eṣa sat-puruṣas tāvat-pariśuddhād buddha-kṣetrād āgatyêhâi=vaṃ bahu-doṣa-duṣṭe buddha-kṣetre 'bhiramate /
>
> （梵漢和維摩経 *p.* 540, *ll.* 6–7）

〔シャーリプトラが〕言った。

「世尊よ、この善き人（善士）が、それほどに完全に清められたブッダの国土から〔生まれ変わって〕やって来て、このように多くの欠点で汚されているこのブッダの国土を喜んでいるということは、希有なことです」

【舎利弗の言わく、「未曾有なり。世尊よ、是の人乃ち能く清浄の土を捨てて、来たりて此の怒害多き処を楽しむ[29]とは」】（大正蔵、巻一四、五五五頁中）

………………………………………………………………………

āha < √ah-：言う。*Perf. 3, sg. P.*

āścaryaṃ < āścarya-：*adj.* 奇異なる。不思議なる。*n.* 希有の現象。奇事。驚愕。「未曾有事」「驚異」「希有」と漢訳。*n. sg. Nom.*

bhagavan < bhagavat-：*m.* 尊い（人）。「世尊」と漢訳。「婆伽婆」「薄伽梵」と音写。*sg. Voc.*

yad < yat + 母音 < yad-：*関係代名詞,* ～ということ（＝that）。*n. sg. Nom.*

eṣa < eṣaḥ < etad-：これ。*m. sg. Nom.*

sat-puruṣas < sat-puruṣaḥ + (t) < sat-puruṣa-：*m.* 善き人。「善士」と漢訳。*sg. Nom.*

tāvat-pariśuddhād < tāvat-pariśuddhāt + 有声子音 < tāvat-pariśuddha-：*pp.* それほど完全に清められた。*n. sg. Abl.*

buddha-kṣetrād < buddha-kṣetrāt + 母音 < buddha-kṣetra-：*n.* 仏の国土。「仏国土」と漢訳。*sg. Abl.*

āgatyêhâivaṃ < āgatya + iha + evaṃ

　āgatya < ā-√gam- (1) + -tya：来る。*Ger.*

　ā-√gam- (1) の絶対分詞は、āgamya の形も取りうる。

　iha：*adv.* ここに。今。この世に。地上に。

　evaṃ：*adv.* このように。「是」「如是」と漢訳。

bahu-doṣa-duṣṭe < bahu-doṣa-duṣṭa-：*adj.* 多くの欠点で汚されている。*n. sg. Loc.*

　bahu-：*adj.* 多くの。

　doṣa- < √duṣ- (4) + -a：*m.* 欠陥。欠点。短所。悪い状態。罪業。罪悪。

　duṣṭa- < √duṣ- (4) + -ta：*pp.* 穢された。悪くされた。腐敗した。堕落した。欠点のある。虚偽の。悪意ある。悪しき。邪悪の。罪のある。～（属格）に対して悪意をいだいた。

buddha-kṣetre 'bhiramate < buddha-kṣetre + abhiramate

　buddha-kṣetre < buddha-kṣetra-：*n.* ブッダの国土。「仏国土」と漢訳。*sg. Loc.*

　abhiramate < abhirama- < abhi-√ram- (1)：うれしく思う。満足に感ずる。～（具格、処格）を喜ぶ／楽しむ。*Pres. 3, sg. A.*

> vimalakīrtir āha / tat kiṃ manyase bhadanta-śāriputrâpi nu sūrya-raśmayo 'ndha-kāreṇa sārdhaṃ ramante /
>
> （梵漢和維摩経 *p.* 540, *ll.* 8–9）

ヴィマラキールティが言った。

「そこで、尊者シャーリプトラよ、あなたは、それをどう考えるか？　太陽の光が、暗黒と一緒にあることを好むであろうか」

【維摩詰は舎利弗に語れり。「意に於いて云何。日光出づる時、冥と合するや」】（大正蔵、巻一四、五五五頁中）

………………………………………………………………………

vimalakīrtir < vimalakīrtiḥ + 有声音 < vimalakīrti- < vimala-kīrti-：*m.* ヴィマラキールティ。汚

れのない名声を持つ（もの）。「維摩詰」「維摩」と音写。「浄名」「無垢称」と漢訳。*sg. Nom.*
āha < √ah-：言う。*Perf. 3, sg. P.*

……………………………………………………………………………

tat < tad-：それ。*n. sg. Acc.*
kiṃ < kim-：*疑問代名詞,* 何か。なぜか。*n. sg. Acc.*
manyase < manya- < √man- (4)：考える。信ずる。～であると思う。考慮する。*Pres. 2, sg. A.*
bhadanta-śāriputrâpi < bhadanta-śāriputra + api
　　bhadanta-śāriputra < bhadanta-śāriputra-：*m.* 尊者シャーリプトラ。*sg. Voc.*
　　api：*adv.* また。さえも。されど。なお。
nu：*ind.* 今。なお。～すら。すでに。そこで。
sūrya-raśmayo 'ndha-kāreṇa < sūrya-raśmayaḥ + andha-kāreṇa
　　sūrya-raśmayaḥ < sūrya-raśmi-：*m.* 太陽の光。*pl. Nom.*
　　sūrya-：*m.* 太陽。
　　raśmi-：*m.* ひも。手綱。光線。光輝。光。
　　これは、普通、男性名詞であるが、モニエルの辞典 *p.* 869 に「exceptionally f.」とあり、『法華経』序品では女性名詞として用いられている。
　　andha-kāreṇa < andha-kāra-：：*adj.* 暗い。*n.* 暗黒。*n. sg. Ins.*
　　andha-：*adj.* 盲目の。朦朧とした。真っ暗の。
　　kāra- < √kṛ- (8) + -a：*adj.* 作る。なす。生ずる。*m.* なすこと。作者。
sārdhaṃ < sa-ardha-：*adj.* 半分を伴った。*n. sg. Acc.*
　　対格の副詞的用法で、「～（具格）と共同で」「～と一緒に」「～とともに」。
ramante < rama- < √ram- (1)：とどめる。休息させる。～（対格）を喜ばせる。休息する。とどまることを好む。喜ぶ。満足する。～（不定詞）を喜ぶ。～を楽しむ。*Pres. 3, pl. A.*

> āha /　no hîdaṃ kula-putra na tayor yogo 'sti /
>
> （梵漢和維摩経 *p.* 540, *l.* 10）

〔シャーリプトラが〕言った。
「良家の息子よ、これは実にそうではありません。その二つには、結合することはありません。
【答えて曰(いわ)く、「不(いな)なり。】　（大正蔵、巻一四、五五五頁中）

……………………………………………………………………………

āha < √ah-：言う。*Perf. 3, sg. P.*
no < na-u：*ind.* ～もまたない。
hîdaṃ < hi + idaṃ
　　hi：*ind.* 真に。確かに。実に。
　　idaṃ < idam-：これ。*n. sg. Nom.*
kula-putra < kula-putra-：*m.* 良家の息子。「善男子」と漢訳。*sg. Voc.*
na：*ind.* ～でない。～にあらず。
tayor < tayoḥ + 有声音 < tad-：それ。*n. du. Gen.*
yogo 'sti < yogaḥ + asti
　　yogaḥ < yoga- < √yuj- (7) + -a：*m.* 軛をつけること。結合。連結。関係。瞑想。*sg. Nom.*
　　asti < as- < √as- (2)：ある。*Pres. 3, sg. P.*

> sahôdgate hi sūrya-maṇḍale sarvaṃ tamo 'payāti[30] /
>
> （梵漢和維摩経 *p.* 540, *ll.* 10–11）

「実に日輪が昇った後、即座にあらゆる闇が消え去ります」
【「日光出づる時、即ち衆(もろもろ)の冥(くらやみ)無し」】　（大正蔵、巻一四、五五五頁中）

……………………………………………………………………………

sahôdgate < saha + udgate

saha：*adv.* 共通に。共同で。一緒に。同時に。「倶」「兼」「与…共」「与…倶」「即時」「同時」と漢訳。

udgate < udgata- < ud-√gam- (1) + -ta：*pp.* 上った。登った。起こった。発せられた。現われた。去った。出発した。*n. sg. Loc.*

hi：*ind.* 真に。確かに。実に。

sūrya-maṇḍale < sūrya-maṇḍala-：*n.* 「日輪」と漢訳。*sg. Loc.*

以上の処格は絶対節をなしている。

sūrya-：*m.* 太陽。

maṇḍala-：*adj.* 丸い。円形の。*n.* （特に太陽や月の）円盤。球形のもの。円。環。円周。車輪。*m.n* 団体。集合。群衆。群れ。地域。領域。国土。

sarvaṃ < sarva-：*adj.* すべての。*n. sg. Nom.*

tamo 'payāti < tamaḥ + apayāti

tamaḥ < tamas-：*n.* 暗黒。地獄の闇冥。蝕。誤謬。無知。迷妄。*sg. Nom.*

apayāti < apayā- < apa-√yā- (2)：去る。離れる。退く。逃避する。〜（奪格）から去る。〜を中止する。*Pres. 3, sg. P.*

> āha / kiṃ kāraṇaṃ punaḥ sūryo jambū-dvīpa udayate /
>
> （梵漢和維摩経 *p.* 540, *l.* 12）

〔ヴィマラキールティが〕言った。

「では、太陽は、どういう理由でジャンブー州（閻浮提）の上に昇るのか」

【維摩詰の言わく、「夫れ日は何故に閻浮提に行くや」】　（大正蔵、巻一四、五五五頁中）

āha < √ah-：言う。*Perf. 3, sg. P.*

kiṃ < kim-：*疑問代名詞,* 何か。なぜか。*n. sg. Acc.*

kāraṇaṃ < kāraṇa-：*n.* 原因。機会。動機。第一原因。「因」「作因」「能作」「因縁」と漢訳。*sg. Acc.*

punaḥ < punaḥ + (s) < punar：*adv.* 再び。新たに。さらに。なお。しかしながら。

sūryo < sūryaḥ + 有声子音 < sūrya-：*m.* 太陽。*sg. Nom.*

jambū-dvīpa < jambū-dvīpe + a 以外の母音 < jambū-dvīpa-：*m.* ジャンブー樹の生える島。インドを含む亜大陸の名前。「閻浮提」「贍部州」と音写。*sg. Loc.*

udayate < udaya- < ud-√i- (1)：登る。（太陽や月が）昇る。起こる。増す。〜（奪格）より出る。現われる。*Pres. 3, sg. A.*

ayati < aya- < √i- (1)：行く。来る。赴く。*Pres. 3, sg. P.*

eti < e- < √i- (2)：行く。来る。赴く。*Pres. 3, sg. P.*

> āha / yāvad evâvabhāsa-karaṇāya tamo'paghātāya ca /
>
> （梵漢和維摩経 *p.* 540, *l.* 13）

〔シャーリプトラが〕言った。

「光を生じるためであり、闇を駆逐するためです」

【答えて曰く、「明照を以て之を為し、冥を除かんと欲するなり」】（大正蔵、巻一四、五五五頁中）

āha < √ah-：言う。*Perf. 3, sg. P.*

yāvad < yāvat + 母音：*adv.* 〜ほど大きく／多く／長く。〜するほどに。〜する間。〜する限り。〜まで。

これの用法が不明。

evâvabhāsa-karaṇāya < eva + avabhāsa-karaṇāya

eva：*adv.* さように。このように。まさに。実に。ただ。全くこのように。

avabhāsa-karaṇāya < avabhāsa-karaṇa-：*n.* 光を生ずること。*sg. Dat.*

avabhāsa- < ava-√bhās- (1) + -a：*m.* 光輝。出現。顕示。

karaṇa- < √kṛ- (8) + -ana：*adj.* ～を作る。生ずる。なす。*n.* 作為。行為。成就。産出。動作。実行。

tamo'paghātāya < tamo'paghāta- < tamas- + apaghāta-：*m.* 闇の駆逐。*sg. Dat.*

tamas-：*n.* 暗黒。地獄の闇冥。蝕。誤謬。無知。迷妄。

apaghāta- < apa-ghāta-：*m.* 防護。駆逐。

ghāta-：*adv.* ～を殺害する。強打。殺害。掠奪。傷害。破壊。

√ghātaya- (名動詞) < ghāta- + -ya：殺す。破壊する。殺させる。「殺害」と漢訳。

ca：*conj.* および。また。しかしながら。そして。～と。なお。

> āha / evam eva śāriputra saṃcintya bodhi-sattvā apariśuddheṣu buddha-kṣetreṣûpapadya=nte sattvānāṃ pariśodhanāya / na ca kleśaiḥ sārdhaṃ saṃvasanti kleśândhakāraṃ ca vidhama=nti sarva-sattvānām /
>
> (梵漢和維摩経 *p.* 540, *ll.* 14–16)

〔ヴィマラキールティが〕言った。

「シャーリプトラよ、〔日輪が闇を除く〕まさにそのように、菩薩たちは、衆生たちを完全に清めるために、意のままに〔敢えて〕汚れたブッダの国土に生まれるのだ。けれども、煩悩と一緒にあることはなく、あらゆる衆生たちの煩悩の闇を吹き払うのだ」

【維摩詰の言わく、「菩薩も是くの如し。不浄の仏土に生まると雖も、衆生を化せんが為の故にして、愚闇と共に合するにはあらざるなり。但、衆生の煩悩の闇を滅せんのみ」】

（大正蔵、巻一四、五五五頁中）

……………………………………………………………………

āha < √ah-：言う。*Perf. 3, sg. P.*

evam：*adv.* このように。「是」「如是」と漢訳。

eva：*adv.* さように。このように。まさに。実に。ただ。全くこのように。

śāriputra < śāriputra- < śāri-putra-：*m.* シャーリプトラ（シャーリーの息子）。「身子」と漢訳。「舎利弗」と音写。*sg. Voc.*

saṃcintya < sam-√cint- (10) + -ya：*Ger.* 意のままに。「故思」「如思」「以自在心」と漢訳。

saṃcintya- < sam-√cint- (10) + -ya：*未受分,* 考慮されるべき。～と見なされるべき。

sam-√cint- (10)：熟慮する。思量する。～（対格）を正当に考える。考慮する。

bodhi-sattvā < bodhi-sattvāḥ + 有声音 < bodhi-sattva-：*m.* 覚りを求める人。「菩薩」と音写。*pl. Nom.*

apariśuddheṣu < apariśuddha- < a-pariśuddha-：*adj.* 完全に浄化されていない。清められていない。*n. pl. Loc.*

pariśuddha- < pari-√śudh- (4) + -ta：*pp.* 完全に浄化された。清められた。

buddha-kṣetreṣûpapadyante < buddha-kṣetreṣu + upapadyante

buddha-kṣetreṣu < buddha-kṣetra-：*n.* 仏の国土。「仏国土」と漢訳。*pl. Loc.*

upapadyante < upapadya- < upa-√padya- < upa-√pad- (4)：～に来る。～の許へ行く。～に弟子入りする。～に到達する。起こる。生ずる。現われる。「受生」「下生入」と漢訳。*Pres. 3, pl. A.*

sattvānāṃ < sattva-：*m.* 「衆生」「有情」と漢訳。*pl. Gen.*

pariśodhanāya < pariśodhana- < pari-√śudh- (4) + -ana：*n.* 完全に浄化すること。浄化。*sg. Dat.*

……………………………………………………………………

na：*ind.* ～でない。～にあらず。

ca：*conj.* および。また。しかしながら。そして。～と。なお。

kleśaiḥ < kleśaiḥ + (s) < kleśa- < √kliś- (4) + -a：*m.* 苦痛。苦悩。心痛。「煩悩」「惑」「根本煩悩」

と漢訳。*pl. Ins.*

√kliś- (4,9)：悩ます。苦しませる。困らせる。煩わす。

sārdhaṃ < sa-ardha-：*adj.* 半分を伴った。*n. sg. Acc.*

対格の副詞的用法で、「～（具格）と共同で」「～と一緒に」「～とともに」。

saṃvasanti < saṃvasa- < sam-√vas- (1)：一緒に住む。～（具格）と暮らす。同居する。*Pres. 3, pl. P.*

kleśândhakāraṃ < kleśândhakāra- < kleśa-andhakāra-：*n.* 煩悩の暗黒。*sg. Acc.*

kleśa- < √kliś- (4) + -a：*m.* 苦痛。苦悩。心痛。「煩悩」「惑」「根本煩悩」と漢訳。

andhakāra < andha-kāra-：*adj.* 暗い。*n.* 暗黒。

andha-：*adj.* 盲目の。朦朧とした。真っ暗の。

kāra- < √kṛ- (8) + -a：*adj.* 作る。なす。生ずる。*m.* なすこと。作者。

ca：*conj.* および。また。しかしながら。そして。～と。なお。

vidhamanti < vidhama- < vi-√dhmā- (1)：吹き散らす。消散させる。「除」「滅」「除滅」「逐」「能滅」「壊」「破壊」「能壊」と漢訳。*Pres. 3, pl. P.*

√dhmā- (1)：（法螺貝を）吹く。～の上に吹き付ける。（火を）点ずる。吹き込む。

sarva-sattvānām < sarva-sattva-：*m.* 「一切衆生」と漢訳。*pl. Gen.*

> §4 atha sā sarvā parṣat paritṛṣitâbhūt / paśyema vayaṃ tām abhiratiṃ loka-dhātuṃ taṃ câkṣobhyaṃ tathāgataṃ tāṃś ca bodhi-sattvāṃs tāṃś ca mahā-śrāvakān /
>
> （梵漢和維摩経 *p.* 540, *ll.* 17–19）

§4 その時、そのすべての聴衆は、渇望した。

「私たちは、その"極めて楽しいところ"（妙喜）という世界や、その"不動であるもの"（阿閦）という如来、それらの菩薩たち、それらの偉大なる声聞たちにお会いしたいものだ」と。

【§4 是の時、大衆は渇仰して、妙喜世界、無動如来、及び其の菩薩、声聞の衆を見んと欲す。】

（大正蔵、巻一四、五五五頁中）

……………………………………………………………………

atha：*adv.* その時。その場合。さて。それ故。しかれば。しかしながら。

sā < tad-：それ。*f. sg. Nom.*

sarvā < sarva-：*adj.* すべての。あらゆる。*f. sg. Nom.*

parṣat < parṣat- = pari-ṣad-：*f.* 集会。聴衆。会議。「衆」「大衆」「衆会」「諸大衆」と漢訳。*sg. Nom.*

格変化は、cf.「基礎」*p.* 119.

paritṛṣitâbhūt < paritṛṣitā + abhūt

paritṛṣitā < paritṛṣita- < pari-√tṛṣ- (4) + -ita：*pp.* 渇望した。*f. sg. Nom.*

pari：*adv.* 十分に。全く。専ら。非常に。

tṛṣita- < √tṛṣ- (4) + -ita：*pp.* 渇いた。貪欲な。

abhūt < √bhū- (1)：なる。*root-Aor. 3, sg. P.*

……………………………………………………………………

paśyema < paśya- < √paś- (4)：見る。見なす。考察する。思量する。*Opt. 1, pl. P.*

vayaṃ < asmad-：われわれ。*1, pl. Nom.*

tām < tad-：それ。*f. sg. Acc.*

abhiratiṃ < abhirati- < abhi-rati-：*f.* 快楽。～（処格）の歓喜。極めて楽しいところ。「妙喜」「愛楽」「妙楽」「喜悦」と漢訳。*sg. Acc.*

loka-dhātuṃ < loka-dhātu-：*m.* 世界。*sg. Acc.*

taṃ < tad-：それ。*m. sg. Acc.*

câkṣobhyaṃ < ca + akṣobhyaṃ

akṣobhyaṃ < akṣobhya-：*m.* アクショービヤ。不動であるもの。「阿閦」「阿閦仏」と音写。*sg. Acc.*

tathāgataṃ < tathāgata-：*m.* 「如来」と漢訳。*sg. Acc.*
tāṃś < tān + (c) < tad-：それ。*m. pl. Acc.*
ca：*conj.* および。また。しかしながら。そして。～と。なお。
bodhi-sattvāṃs < bodhi-sattvān + (t) < bodhi-sattva-：*m.* 覚りを求める人。「菩薩」と音写。*pl. Acc.*
tāṃś < tān + (c) < tad-：それ。*m. pl. Acc.*
ca：*conj.* および。また。しかしながら。そして。～と。なお。
mahā-śrāvakān < mahā-śrāvaka-：*m.* 偉大なる声聞。*pl. Acc.*

> atha bhagavāṃs tasyāḥ sarvasyāḥ parṣadaś cetasā cetaḥ-parivitarkam ājñāya vimalakīrtiṃ licchavim etad avocat / darśaya kula-putrâsyāḥ parṣadas tām abhiratiṃ loka-dhātuṃ taṃ câkṣobhyaṃ tathāgatam /
>
> (梵漢和維摩経 *p.* 542, *ll.* 1–3)

すると、世尊は、その聴衆のすべての心の思いを心で知って、リッチャヴィ族のヴィマラキールティにこのようにおっしゃられた。

「良家の息子よ、この聴衆に、その“極めて楽しいところ”（妙喜）という世界と、その“不動であるもの”（阿閦）という如来を見せてやるがよい。

【仏は一切衆会の念う所を知りたまい、維摩詰に告げて言わく、「善男子よ、此の衆会の為に妙喜国、無動如来、及び諸の菩薩・声聞の衆を現ぜよ。】　（大正蔵、巻一四、五五五頁中）

………………………………………………………………………

atha：*adv.* その時。その場合。さて。それ故。しかれば。しかしながら。
bhagavāṃs < bhagavān + (t) < bhagavat-：*m.* 尊い（人）。「世尊」と漢訳。「婆伽婆」「薄伽梵」と音写。*sg. Nom.*
tasyāḥ < tasyāḥ + (s) < tad-：それ。*f. sg. Gen.*
sarvasyāḥ < sarvasyāḥ + (p) < sarva-：*adj.* すべての。*f. sg. Gen.*
parṣadaś < parṣadaḥ + (c) < parṣad- < parṣat- = pari-ṣad-：*f.* 集会。聴衆。会議。「衆」「大衆」「衆会」「諸大衆」と漢訳。*sg. Gen.* 格変化は、cf.「基礎」*p.* 119.
cetasā < cetas-：*n.* 自覚。感官。心。精神。意志。*sg. Ins.*
cetaḥ-parivitarkam < cetaḥ-parivitarka-：*m.* 心の思い。「念」「心所念」「心所黙念」と漢訳。*sg. Acc.*
　cetaḥ- < cetas-：*n.* 自覚。感官。心。精神。意志。
　parivitarka-：*m.* 反省。静思。思想。思考。「思惟」「所念」と漢訳。
ājñāya < ā-√jñā- (9) + -ya：知る。*Ger.*
vimalakīrtiṃ < vimalakīrti- < vimala-kīrti-：*m.* ヴィマラキールティ。汚れのない名声を持つ（もの）。「維摩詰」「維摩」と音写。「浄名」「無垢称」と漢訳。*sg. Acc.*
licchavim < licchavi-：*m.* リッチャヴィ。「離車子」「栗姑毘」と音写。*sg. Acc.*
etad < etat + 母音 < etad-：これ。*n. sg. Acc.* 対格の副詞的用法で「このように」の意味。
avocat < avoca- < a- + va-+ uc- + -a < √vac- (2)：言う。話す。告げる。*重複 Aor. 3, sg. P.*

………………………………………………………………………

darśaya < darśaya- < √dṛś- (1) + -aya：*Caus.* 示す。説明する。解説する。*Impv. 2, sg. P.*
kula-putrâsyāḥ < kula-putra + asyāḥ
　kula-putra < kula-putra-：*m.* 良家の息子。「善男子」と漢訳。*sg. Voc.*
　asyāḥ < asyāḥ + (p) < idam-：これ。*f. sg. Gen.* 属格の為格的用法。
parṣadas < parṣadaḥ + (t) < parṣad- < parṣat- = pari-ṣad-：*f.* 集会。聴衆。会議。「衆」「大衆」「衆会」「諸大衆」と漢訳。*sg. Gen.* 格変化は、cf.「基礎」*p.* 119.
tām < tad-：それ。*f. sg. Acc.*
abhiratiṃ < abhirati- < abhi-rati-：*f.* 快楽。～（処格）の歓喜。極めて楽しいところ。「妙喜」「愛楽」「妙楽」「喜悦」と漢訳。*sg. Acc.*
loka-dhātuṃ < loka-dhātu-：*m.* 世界。*sg. Acc.*

taṃ < tad-：それ。*m. sg. Acc.*
câkṣobhyaṃ < ca + akṣobhyaṃ
　　akṣobhyaṃ < akṣobhya-：*m.* アクショービヤ。不動であるもの。「阿閦」「阿閦仏」と音写。*sg. Acc.*
tathāgatam < tathāgata-：*m.* 「如来」と漢訳。*sg. Acc.*

draṣṭu-kāmêyaṃ parṣat /
（梵漢和維摩経 *p.* 542, *ll.* 3–4）

「この聴衆は、〔それらを〕見たいと思っている」
【「衆（しゅ）は皆、見んと欲す」】　　（大正蔵、巻一四、五五五頁中）
……………………………………………………………………

draṣṭu-kāmêyaṃ < draṣṭu-kāmā + iyaṃ
　　draṣṭu-kāmā < draṣṭu-kāmā- < draṣṭu-kāma-：*adj.* 見ることを欲する。見たいと思う。*f. sg. Nom.*
　　draṣṭu- < draṣṭum- < √dṛś- (1) + -tum：*不定詞,* 見ること。
　　kāma-：*m.* ～に対する願望。欲望。愛。愛着。愛欲。淫欲。
　　kāma-は、不定詞との複合語の後分となって、「～することを欲する」「～しようと思う」を意味する。cf.「基礎」*p.* 551.
　　iyaṃ < idam-：これ。*f. sg. Nom.*
parṣat < parṣat- ＝ pari-ṣad-：*f.* 集会。聴衆。会議。「衆」「大衆」「衆会」「諸大衆」と漢訳。*sg. Nom.*
　　格変化は、cf.「基礎」*p.* 119.

atha vimalakīrter licchaver etad abhavat /　yan nv aham itaś câsanān nôttiṣṭheyam[31] /
（梵漢和維摩経 *p.* 542, *ll.* 5–6）

　すると、リッチャヴィ族のヴィマラキールティにこの〔思い〕が生じた。
　「そういうわけで、今、私は、この座席から立ち上がることなく、
【是（ここ）に於（お）いて維摩詰（ゆいまきつ）は心に念（おも）えらく、「吾当（われまさ）に座より起たずして、】　（大正蔵、巻一四、五五五頁中）
……………………………………………………………………

atha：*adv.* その時。その場合。さて。それ故。しかれば。しかしながら。
vimalakīrter < vimalakīrteḥ + 有声音 < vimalakīrti- < vimala-kīrti-：*m.* ヴィマラキールティ。汚れのない名声を持つ（もの）。「維摩詰」「維摩」と音写。「浄名」「無垢称」と漢訳。*sg. Gen.*
licchaver < licchaveḥ + 有声音 < licchavi-：*m.* リッチャヴィ。「離車子」「栗姑毘」と音写。*sg. Gen.*
etad < etat + 母音 < etad-：これ。*n. sg. Nom.*
abhavat < bhava- < √bhū- (1)：なる。生ずる。出現する。～（属格）の分担となる。～（属格）のものとなる。*Impf. 3, sg. P.*
……………………………………………………………………
yan < yat + (n) < yad-：*conj.* そういうわけで。
nv < nu + 母音：*ind.* 今。なお。～すら。すでに。そこで。
aham < mad-：私。*1, sg. Nom.*
itaś < itaḥ + (c) < itas：*adv.* （idam- の奪格）。ここから。これより。この世から。この点から。ここに。地上に。この故に。
câsanān < ca + āsanān
　　āsanān < āsanāt + (n) < āsana- < √ās- (2) + -ana：*n.* 坐すること。端座の姿勢、休止すること。居住すること。「座」「席」「位置」と漢訳。*sg. Abl.*
nôttiṣṭheyam < na + uttiṣṭheyam
　　uttiṣṭheyam < uttiṣṭha- < ud-√sthā- (1)：立ち上がる。起き上がる。起きる。（太陽、月が）昇る。出現する。現われる。生ずる。*Opt. 1, sg. P.*

tāṃ câbhiratiṃ loka-dhātum aneka-bodhi-sattva-śata-sahasrāṃ deva-nāga-yakṣa-gandharvâsurâ=
dhyuṣitāṃ[32] sa-cakravāḍa-parikhāṃ sa-nadī-taḍāgôtsa-saraḥ-samudra-parikhāṃ sa-sumeru-giri-
kūṭa-parvatāṃ sa-candra-sūrya-jyotiṣāṃ sa-deva-nāga-yakṣa-gandharva-bhavanāṃ sa-brahma-
bhavana-pāriṣadyāṃ sa-grāma-nagara-nigama-janapada-rāṣṭra-manuṣyāṃ sa-stry-āgārāṃ sa-bo=
dhi-sattva-śrāvaka-parṣadam[33] akṣobhyasya tathāgatasya bodhi-vṛkṣam akṣobhyaṃ ca tathāgat=
aṃ sāgarôpamāyāṃ mahā-parṣadi niṣaṇṇaṃ dharmaṃ deśayamānam api tāni padmāni yāni daśasu
dikṣu buddha-kṛtyaṃ kurvanti sattvānām api tāni trīṇi ratna-mayāni sopānāni yāni jambū-dvīpam
upādāya trayastriṃśad-bhavanam abhyudgatāni yaiḥ sopānair devās trayastriṃśato jambū-dvīp=
am avataranty akṣobhyaṃ tathāgataṃ darśanāya vandanāyai paryupāsanāya dharma-śravaṇāya
jāmbū-dvīpakāś ca manuṣyās trayastriṃśad-bhavanam abhirohanti devāṃs trayastriṃśato
darśanāya /[34]

(梵漢和維摩経 *p.* 542, *ll.* 6–19)

「その“極めて楽しいところ”（妙喜）という世界〔を持ってくることにしよう。その世界には〕幾百・千もの多くの菩薩たちがいて、神々・龍・ヤクシャ（夜叉）・ガンダルヴァ（乾闥婆）・アスラ（阿修羅）が居住し、チャクラヴァーダ山（鉄囲山）の堀に伴われ、河・池・泉・湖・海などの堀に伴われ、スメール山（須弥山）などの山岳・峰・山に伴われ、月・太陽・星辰に伴われ、神々・龍・ヤクシャ（夜叉）・ガンダルヴァの宮殿に伴われ、ブラフマー神の宮殿と〔その〕参列者に伴われ、村や、町、城市、国、王国、男性に伴われ、女性と住居に伴われ、菩薩と声聞からなる聴衆に伴われていて、“不動であるもの”（阿閦）という如来の菩提樹があり、さらに“不動であるもの”（阿閦）という如来が大海のような大いなる聴衆の中に坐って、法（真理の教え）を説いておられ、十方において衆生たちのためにブッダのなすべきことをなすところのそれらの紅蓮華があり、ジャンブー州（閻浮提）から三十三天（忉利天）の宮殿に昇るところのそれらの宝石でできた三つの階段があって、その階段によって、三十三天の神々が、“不動であるもの”（阿閦）という如来に会って、敬礼し、親近し、真理の教え（法）を聞くためにジャンブー州に下りてくるし、またジャンブー州に住む人々が三十三天の神々に会うために三十三天の宮殿に昇っていく。

【「妙喜国を接すべし。鉄囲の山川・渓谷・江河・大海・泉源・須弥の諸山、及び日月・星宿・天・龍・鬼神・梵天等の宮、並びに諸菩薩・声聞の衆、城邑・聚落・男女の大小、乃至、無動如来、及び菩提樹、諸の妙蓮華の能く十方に於いて仏事を作す者、三道の宝階は、閻浮提より忉利天に至り、此の宝階を以て諸天は来下して、悉く無動如来に礼敬を為して経法を聴受す。閻浮提の人も亦、其の階を登りて忉利に上昇して、彼の諸天に見ゆ。】　（大正蔵、巻一四、五五五頁中）

……………………………………………………………………

tāṃ < tad-：それ。*f. sg. Acc.*

câbhiratiṃ < ca+ abhiratiṃ

　　abhiratiṃ < abhirati- < abhi-rati-：*f.* 快楽。～（処格）の歓喜。極めて楽しいところ。「妙喜」「愛楽」「妙楽」「喜悦」と漢訳。*sg. Acc.*

loka-dhātum < loka-dhātu-：*m.* 世界。*sg. Acc.*

aneka-bodhi-sattva-śata-sahasrāṃ < aneka-bodhi-sattva-śata-sahasra-：*adj.* 幾百・千もの多くの菩薩たちの。*f. sg. Acc.*

deva-nāga-yakṣa-gandharvâsurâdhyuṣitāṃ < deva-nāga-yakṣa-gandharva-asura-adhyuṣita-：*adj.* 神々や、龍、ヤクシャ（夜叉）、ガンダルヴァ、アスラによって占められた／居住された。*f. sg. Acc.*

　　adhyuṣita- < adhi-uṣita- < adhi-√vas- (1) + -ta：*pp.* 占められた。居住された。～（処格）に住んでいる。「置」「住」「先住」「住処」「位」と漢訳。

　　uṣita- < √vas- (1) + -ita：*pp.* 過ごされた。過ぎ去った（時）。留まった。滞在した。

sa-cakravāḍa-parikhāṃ < sa-cakravāḍa-parikhā- < sa-cakravāḍa-parikha-：*adj.* チャクラヴァーダ山（鉄囲山）の堀と一緒の。*f. sg. Acc.*

sa-：結合・共有・類似を表わす接頭辞。
cakravāḍa- < cakra-vāḍa-：*m.* チャクラヴァーダ山（鉄囲山）。
parikhā- < pari-khā-：*f.* 塹壕。堀。溝梁。「塹」「溝」「坑」「坑塹」「池塹」と漢訳。
sa-nadī-taḍāgôtsa-saraḥ-samudra-parikhāṃ < sa-nadī-taḍāgôtsa-saraḥ-samudra-parikhā- < sa-nadī-taḍāga-utsa-saraḥ-samudra-parikhā-：*adj.* 河・池・泉・湖・海の堀と一緒の。*f. sg. Acc.*
nadī-：*f.* 河。流水。
taḍāga-：*n.* 池。湖。
utsa-：*m.* 泉。井。根源。
saraḥ- < saras-：*n.* 水桶。手桶。池。湖。
samudra- < sam-udra-：*m.* 水の集まり。海。大洋。
parikhā- < pari-khā-：*f.* 塹壕。堀。溝梁。「塹」「溝」「坑」「坑塹」「池塹」と漢訳。
sa-sumeru-giri-kūṭa-parvatāṃ < sa-sumeru-giri-kūṭa-parvatā- < sa-sumeru-giri-kūṭa-parvata-：*adj.* スメール山（須弥山）などの山岳・峰・山と一緒の。*f. sg. Acc.*
sumeru-：*m.* スメール山。「須弥山」と音写。
giri-：*m.* 重きもの。山。岳。岩。山岳。
kūṭa-：*m.n.* 峯。頂。堆積。群集。「積」「聚」「集」「積集」と漢訳。
parvata-：*m.* 山。
sa-candra-sūrya-jyotiṣāṃ < sa-candra-sūrya-jyotis-：*adj.* 月・太陽・星辰と一緒の。*f. sg. Acc.*
jyotis-：*n.* 光明。光輝。火。眼光。眼。月光。（複数で）星辰。
sa-deva-nāga-yakṣa-gandharva-bhavanāṃ < sa-deva-nāga-yakṣa-gandharva-bhavanā- < sa-deva-nāga-yakṣa-gandharva-bhavana-：*adj.* 神々・龍・ヤクシャ（夜叉）・ガンダルヴァの宮殿と一緒の。*f. sg. Acc.*
deva- < $\sqrt{}$div- (4) + -a：*m.* 神。「天」と漢訳。
nāga-：*m.* 龍。象。
yakṣa-：*m.* ヤクシャ。「夜叉」「薬叉」と音写。
gandharva-：*m.* ガンダルヴァ。（Indra 神の天に住する）天上の音楽師。「楽師」「楽人」と漢訳。「乾闥婆」と音写。
bhavana-：*n.* 家。住所。邸宅。宮殿。神殿。（生誕時の）星位。生誕の運勢。生まれてくること。生産。成長する場所。「所住」「処」「住処」「宮」「宮殿」「天宮」と漢訳。
sa-brahma-bhavana-pāriṣadyāṃ < sa-brahma-bhavana-pāriṣadyā- < sa-brahma-bhavana-pāriṣa=dya-：*adj.* ブラフマー神の宮殿と〔その〕参列者と一緒の。*f. sg. Acc.*
brahma-bhavana-：*n.* ブラフマー神の宮殿。
pāriṣadya- < pariṣad- + -ya：*m.* 会員。集会に参与する人。観覧人。「衆」「眷属」「臣」と漢訳。
sa-grāma-nagara-nigama-janapada-rāṣṭra-manuṣyāṃ < sa-grāma-nagara-nigama-janapada-rāṣṭ=ra-manuṣyā- < sa-grāma-nagara-nigama-janapada-rāṣṭra-manuṣya-：*adj.* 村や、町、城市、国、王国、男性と一緒の。*f. sg. Acc.*
grāma-：*m.* 居住地。村落。「里」「村」「村落」「村邑」と漢訳。
nagara-：*n.* 町。市。都市。都城。「城」「城邑」「城郭」「国」「国城」と漢訳。
nigama-：*m.* 隊商。町。市場。「邑」「府」「城」と漢訳。
janapada-：*m.* 地方。国土。王国。
rāṣṭra-：*n.* 王国。領域。領地。地域。国土。人民。
manuṣya-：*m.* 人間。男。
sa-stry-āgārāṃ < sa-stry-āgārā- < sa-stry-āgāra-：*adj.* 女性と住居と一緒の。*f. sg. Acc.*
stry- < strī-：*f.* 婦人。女。妻。
āgāra-：*n.* 室。住居。家。
sa-bodhi-sattva-śrāvaka-parṣadam < sa-bodhi-sattva-śrāvaka-parṣad-：*adj.* 菩薩と声聞からなる聴

衆と一緒の。*f. sg. Acc.*

parṣad- < parṣat- = pari-ṣad-：*f.* 集会。聴衆。会議。「衆」「大衆」「衆会」「諸大衆」と漢訳。格変化は、cf.「基礎」*p.* 119.

akṣobhyasya < akṣobhya-：*m.* アクショービヤ。不動であるもの。「阿閦」「阿閦仏」と音写。*sg. Gen.*

tathāgatasya < tathāgata-：*m.* 「如来」と漢訳。*sg. Gen.*

bodhi-vṛkṣam < bodhi-vṛkṣa-：*m.* 菩提樹。*sg. Acc.*

bodhi-：*f.m.* 覚り。「覚」「得道」「道」と漢訳。「菩提」と音写。

vṛkṣa-：*m.* 木。「樹」と漢訳。

akṣobhyaṃ < akṣobhya-：*m.* アクショービヤ。不動であるもの。「阿閦」「阿閦仏」と音写。*sg. Acc.*

ca：*conj.* および。また。しかしながら。そして。〜と。なお。

tathāgataṃ < tathāgata-：*m.* 「如来」と漢訳。*sg. Acc.*

sāgarôpamāyāṃ < sāgarôpamā- < sāgarôpama- < sāgara-upama-：*adj.* 大海に等しい。*f. sg. Loc.*

sāgara-：*m.* 大海。海。「娑揭羅」「娑伽羅」と音写。

upamā- < upa-√mā- (2,3) + -ā：*f.* 比較。類似。等しいこと。譬喩。*adj.* 等しい。類似の。似ている。

upa-√mā- (2,3)：〜（具格）と比較する。

mahā-parṣadi < mahā-parṣad-：*f.* 大いなる聴衆。*sg. Loc.*

niṣaṇṇaṃ < niṣaṇṇa- < ni-√sad- (1) + -na：*pp.* 〜（処格）の上に坐っている。横たわっている。*m. sg. Acc.*

dharmaṃ < dharma-：*m.* 法則。規則。教説。本質。事物。「法」と漢訳。*sg. Acc.*

deśayamānam < deśayamāna- < deśaya- + -māna < √diś- (6) + -aya + -māna：*Caus.* 示す。説明する。教示する。*A. 現在分詞, m. sg. Acc.*

api：*adv.* また。さえも。されど。なお。

tāni < tad-：それ。*n. pl. Acc.*

padmāni < padma-：*n.* 紅蓮華。「波頭摩」「鉢特摩」「鉢頭摩」と音写。*pl. Acc.*

yāni < yad-：*関係代名詞, n. pl. Acc.*

daśasu < daśan-：*基数詞,* 十。*f. pl. Loc.*

dikṣu < diś-：*f.* 方角。方向。*pl. Loc.* 格変化は、cf.「基礎」*p.*127.

buddha-kṛtyaṃ < buddha-kṛtya-：*n* ブッダによってなされること。*sg. Acc.*

kurvanti < kuru- < √kṛ- (8)：作る。なす。*Pres. 3, pl. P.*

sattvānām < sattva-：*m.* 「衆生」「有情」と漢訳。*pl. Gen.*

api：*adv.* また。さえも。されど。なお。

tāni < tad-：それ。*n. pl. Acc.*

trīṇi < tri-：*基数詞,* 三。*n. pl. Acc.*

ratna-mayāni < ratna-maya-：*adj.* 宝石からなる。「宝」「宝所成」「以宝所作」と漢訳。*n. pl. Acc.*

sopānāni < sopāna-：*n.* 〜（属格）へのステップ。階段。梯子 *pl. Acc.*

yāni < yad-：*関係代名詞, n. pl. Acc.*

jambū-dvīpam < jambū-dvīpa-：*m.* ジャンブー樹の生える島。インドを含む亜大陸の名前。「閻浮提」「瞻部州」と音写。*sg. Acc.*

upādāya < up-ā-√dā- (3) + -ya：受ける。得る。獲得する。取る。専有する。取り去る。握る。感じる。〜（不定詞）し始める。含む。適用する。使用する。身をゆだねる。成し遂げる。*Ger.*

upādāya：*ind.* 含んで。〜の外に。〜より。〜に依って。

trayastriṃśad-bhavanam < trayastriṃśad-bhavana-：*m.* 三十三〔天〕の宮殿。*sg. Acc.*

trayastriṃśad- < trayastriṃśat- + 有声子音：*f.* 三十三。

bhavana-：*n.* 家。住所。邸宅。宮殿。神殿。（生誕時の）星位。生誕の運勢。生まれてくること。生産。成長する場所。「所住」「処」「住処」「宮」「宮殿」「天宮」と漢訳。

abhyudgatāni < abhyudgata- < abhi-ud-√gam- (1) + -ta：*pp.* 昇った。*n. pl. Acc.*

abhi-ud-√gam- (1)：昇る。～（対格）に会いに行く。～（対格）に同意する。「昇」「上昇」「騰」「飛騰」「涌」「出」「涌出」と漢訳。

yaiḥ < yaiḥ + (s) < yad-：*関係代名詞, m. pl. Ins.*

sopānair < sopānaiḥ + 有声音 < sopāna-：*n.* ～（属格）へのステップ。階段。梯子 *pl. Ins.*

devās < devāḥ + (t) < deva-：*m.* 神。「天」と漢訳。*pl. Nom.*

trayastriṃśato < trayastriṃśataḥ + 有声子音 < trayastriṃśat-：*f.* 三十三。*sg. Gen.*

jambū-dvīpam < jambū-dvīpa-：*m.* ジャンブー樹の生える島。インドを含む亜大陸の名前。「閻浮提」「贍部州」と音写。*sg. Acc.*

avataranty < avataranti + 母音 < avatara- < ava-√tṝ- (1)：～へ下る。化現する。顕現する。赴く。達する。「下来」「入」「能入」「趣入」「悟入」「通達」と漢訳。*Pres. 3, pl. P.*

akṣobhyaṃ < akṣobhya-：*m.* アクショービヤ。不動であるもの。「阿閦」「阿閦仏」と音写。*sg. Acc.*

tathāgataṃ < tathāgata-：*m.* 「如来」と漢訳。*sg. Acc.*

darśanāya < darśana- < √dṛś- (1) + -ana-：*n.* 凝視すること。見ること。知覚。悟性。内観。意見。認識。哲学的体系。～との会合。*sg. Dat.*

vandanāyai < vandanā- < √vand- (1) + -anā：*f.* 敬礼。*sg. Dat.*

「梵和大辞典」にも、モニエルの辞典にも女性名詞の vandanā- はなく、中性名詞の vandana- しか出ていない。

vandana- < √vand- (1) + -ana：*n.* 恭しいあいさつ。敬礼。尊敬。「礼拝」「礼」「拝」「供養」と漢訳。

√vand- (1)：恭しく挨拶する。～に敬意を表する。

paryupāsanāya < paryupāsana- < pari-upa-√ās- (2) + -ana：*n.* 取り囲んで坐ること。慇懃な態度。尊敬すること。「親近」「恭敬」と漢訳。*sg. Dat.*

pari-upa-√ās- (2)：周囲に坐す。囲む。尊敬する。仕える。

dharma-śravaṇāya < dharma-śravaṇa-：*n.* 法の聴聞。*sg. Dat.*

jāmbū-dvīpakāś < jāmbū-dvīpakāḥ + (c) < jāmbū-dvīpaka- < jāmbū-dvīpa-ka-：*adj.* ジャンブー州に住む。*m. pl. Nom.*

ca：*conj.* および。また。しかしながら。そして。～と。なお。

manuṣyās < manuṣyāḥ + (t) < manuṣya-：*m.* 人間。男。*pl. Nom.*

trayastriṃśad-bhavanam < trayastriṃśad-bhavana-：*m.* 三十三〔天〕の宮殿。*sg. Acc.*

abhirohanti < abhiroha- < abhi-√ruh- (1)：上る。登る。*Pres. 3, pl. P.*

devāṃs < devān + (t) < deva- < √div- (4) + -a：*m.* 神。「天」と漢訳。*pl. Acc.*

trayastriṃśato < trayastriṃśataḥ + 有声子音 < trayastriṃśat-：*f.* 三十三。*sg. Gen.*

darśanāya < darśana- < √dṛś- (1) + -ana-：*n.* 凝視すること。見ること。知覚。悟性。内観。意見。認識。哲学的体系。～との会合。*sg. Dat.*

evam apramāṇa-guṇa-samuditāṃ tām abhiratiṃ loka-dhātum ap-skandham upādāya yāvad akaniṣṭha-bhavanaṃ bhārgava-cakram iva paricchidya dakṣiṇena pāṇinā puṣpa-dāmam ivâdāyêmāṃ loka-dhātuṃ praveśayeyam /

(梵漢和維摩経 *p.* 542, *ll.* 19–22)

「以上のように無量の徳を具えているその“極めて楽しいところ”（妙喜）という世界を、〔下は、大地を支える〕水の領域〔である水輪際〕[35] から、〔上は〕アカニシュタ天（色究竟天）の宮殿に至るまで、陶工のろくろのように切り取った後、〔それが〕花環（華鬘）であるかのように〔軽々と〕右の手で抱えて、この〔サハー（娑婆）〕世界に持ってくることにしよう。

【「妙喜世界は、是くの如き無量の功徳を成就せり。上は阿迦膩吒天に至り、下は水際に至るまで、右手を以て断取すること、陶家の輪の如く、此の世界に入ること、猶、華鬘を持するがごとくして、**】**

（大正蔵、巻一四、五五五頁中）

evam：*adv.* このように。「是」「如是」と漢訳。

apramāṇa-guṇa-samuditāṃ < apramāṇa-guṇa-samuditā- < apramāṇa-guṇa-samudita-：*adj.* 無量の徳を具えている。*f. sg. Acc.*

　apramāṇa- < apramāṇa- < a-pra-√mā- (2,3) + -ana：*adj.* 評価できない。「不可度量」と漢訳。

　guṇa-：*m.* 種類。構成。従属的要素。固有性。属性。善性。徳。

　samudita- < sam-ud-√i- (2) + -ta：*pp.* 昇った。高い。結合した。～（具格）を具えた。～を所有した。集められた。結合された。

tām < tad-：それ。*f. sg. Acc.*

abhiratiṃ < abhirati- < abhi-rati-：*f.* 快楽。～（処格）の歓喜。極めて楽しいところ。「妙喜」「愛楽」「妙楽」「喜悦」と漢訳。*sg. Acc.*

loka-dhātum < loka-dhātu-：*m.* 世界。*sg. Acc.*

ap-skandham < ap-skandha-：*m.* 水の領域〔である水輪際〕。*sg. Acc.*

　ap-：*f.* 水。

　skandha-：*m.* 区分。部分。領域。集合。集合体。

upādāya：*ind.* 含んで。～の外に。～より。～に依って。

　upādāya　～　yāvat　…：～から…まで。「従～至…」と漢訳。

yāvad < yāvat + 母音：*adv.* ～ほど大きく／多く／長く。～するほどに。～する間。～する限り。～まで。

akaniṣṭha-bhavanaṃ < akaniṣṭha-bhavana-：*n.* アカニシュタ天（色究竟天）の宮殿。*sg. Acc.*

　akaniṣṭha-：*m.* 「色究竟天」と漢訳。「阿迦膩吒天」と音写。

　bhavana-：*n.* 家。住所。邸宅。宮殿。神殿。（生誕時の）星位。生誕の運勢。生まれてくること。生産。成長する場所。「所住」「処」「住処」「宮」「宮殿」「天宮」と漢訳。

bhārgava-cakram < bhārgava-cakra-：*n.* 陶工のろくろ。*sg. Acc.*

　bhārgava-：*m.* 陶器工。「瓦師」と漢訳。

　cakra-：*n.* 車輪。ろくろ。円盤。「輪」

iva：*adv.* ～のように。～のごとく。いわば。あたかも。

paricchidya < pari-√chid- (7) + -ya：両側を断ち切る。切り刻む。切断する。正確に定める。決定する。決心する。分離する。「分別」「能了別」「覚」「知」と漢訳。*Ger.*

dakṣiṇena < dakṣiṇa-：*adj.* 南の。右の。*m. sg. Ins.*

pāṇinā < pāṇi-：*m.* 手。「手」「掌」と漢訳。*sg. Ins.*

puṣpa-dāmam < puṣpa-dāma-：*n.* 花環。「華鬘」と漢訳。*sg. Acc.*

　puṣpa-：*n.* 花。

　dāma-：*n.* 紐。帯。花環。

ivâdāyêmāṃ < iva + ādāya + imāṃ

　iva：*adv.* ～のように。～のごとく。いわば。あたかも。

　ādāya < ā-√dā- (3) + -ya：取る。受け取る。獲得する。専有する。～（奪格）から奪取する。～より取り去る。捉える。握る。つかむ。（肩に）載せる。（腕の中に）抱く。*Ger.*

　imāṃ < idam-：これ。*f. sg. Acc.*

loka-dhātuṃ < loka-dhātu-：*m.* 世界。*sg. Acc.*

praveśayeyam < praveśaya- < pra-√viś- (6) + -aya：*Caus.* ～（対格、処格）に入らせる。連れてくる。～に導く。案内する。～（対格、処格）に置く。～の中に入れる。*Opt. 1, sg. P.*

　pra-√viś- (6)：～（対格、処格）に入る。～に達する。始める。着手する。受け取る。

praveśya câsyāḥ sarvasyāḥ parṣado darśayeyam /

（梵漢和維摩経 *p.* 542, *ll.* 22–23）

「持ってきてから、このすべての聴衆に見せてやろう」

【「一切衆（いっさいしゅ）に示さん」】　（大正蔵、巻一四、五五五頁中）

……………………………………………………………………………

praveśya < praveśaya- + -ya < pra-√viś- (6) + -aya + -ya：*Caus.* ～（対格、処格）に入らせる。連れてくる。～に導く。案内する。～（対格、処格）に置く。～の中に入れる。*Ger.*

câsyāḥ < ca + asyāḥ

asyāḥ < asyāḥ + (p) < idam-：これ。*f. sg. Gen.* 属格の為格的用法。

sarvasyāḥ < sarvasyāḥ + (p) < sarva-：*adj.* すべての。*f. sg. Gen.*

parṣado < parṣadaḥ + 有声子音 < parṣad- < parṣat- = pari-ṣad-：*f.* 集会。聴衆。会議。「衆」「大衆」「衆会」「諸大衆」と漢訳。*sg. Gen.* 格変化は、cf.「基礎」*p.* 119.

darśayeyam < darśaya- < √dṛś- (1) + -aya：*Caus.* 示す。説明する。解説する。*Opt. 1, sg. P.*

§5 atha vimalakīrtir licchavis tasyāṃ velāyāṃ tathā-rūpaṃ samādhiṃ samāpannas tādṛśaṃ ca ṛddhy-abhisaṃskāram abhisaṃskṛtavān saha[36] tām[37] abhiratiṃ loka-dhātuṃ paricchidya[38] dakṣiṇena pāṇinā gṛhitvêmaṃ sahaṃ loka-dhātuṃ praveśayati sma /

（梵漢和維摩経 *p.* 544, *ll.* 1–4）

§5 すると、その時、リッチャヴィ族のヴィマラキールティは、そのような三昧に入り、そのような神通力の発現をなして、即座にその“極めて楽しいところ”（妙喜）という世界を切り取り、右の手でつかんで、このサハー世界に持ってきた。

【§5 是の念を作（な）し已（おわ）りて三昧（さんまい）に入り、神通力を現じて、其（そ）の右手を以（もっ）て妙喜（みょうき）世界を断取して、此の土に置けり。】（大正蔵、巻一四、五五五頁中）

……………………………………………………………………………

atha：*adv.* その時。その場合。さて。それ故。しかれば。しかしながら。

vimalakīrtir < vimalakīrtiḥ + 有声音 < vimalakīrti- < vimala-kīrti-：*m.* ヴィマラキールティ。汚れのない名声を持つ（もの）。「維摩詰」「維摩」と音写。「浄名」「無垢称」と漢訳。*sg. Nom.*

licchavis < licchaviḥ + (t) < licchavi-：*m.* リッチャヴィ。「離車子」「栗姑毘」と音写。*sg. Nom.*

tasyāṃ < tad-：それ。*f. sg. Loc.*

velāyāṃ < velā-：*f.* 機会。（日中の）時間。*sg. Loc.*

tathā-rūpaṃ < tathā-rūpa-：*adj.* そのように形成された。そのような外観の。「如是」と漢訳。*m. sg. Acc.*

samādhiṃ < samādhi- < sam-ādhi-：*m.* 組み合わせること。結合。～に熱中していること。最高我への深い瞑想。「定」「等持」と漢訳。「三昧」と音写。*sg. Acc.*

samāpannas < samāpannaḥ + (t) < samāpanna- < sam-ā-√pad- (4) + -na：*pp.* 到達した。来た。「入」「生」「得」「住」と漢訳。*m. sg. Nom.*

sam-ā-√pad- (4)：襲う。～（状態）に陥る。生ずる。起こる。

tādṛśaṃ < tādṛśa-：*adj.* このような。「如是」と漢訳。*m. sg. Acc.*

ca ṛddhy-abhisaṃskāram < ca + ṛddhy-abhisaṃskāram

ca：*conj.* および。また。しかしながら。そして。～と。なお。

ṛddhy-abhisaṃskāram < ṛddhy-abhisaṃskāra-：*m.* 神通力の発現。*sg. Acc.*

ṛddhy- < ṛddhi- + 母音 < √ṛdh- (4, 5) + -ti：*f.* 繁栄。安寧。好運。超自然力。「神通」「神力」「神変」と漢訳。

abhisaṃskāra- < abhi-sam-s-√kṛ- (8) + -a：*m.* 製作。形成。発生。「作」「造作」「作行」「所作」「功力」と漢訳。

abhisaṃskṛtavān < abhisaṃskṛtavat- < abhisaṃskṛta- + -vat < abhi-sam-s-√kṛ- (8) + -ta + -vat：*過能分*, 整頓した。形成した。～（対格）を～（対格）となした。*m. sg. Nom.*

abhi-sam-s-√kṛ- (8)：整頓する。形成する。～（対格）を～（対格）となす。「作」「造」「造作」「能作」「発」と漢訳。

saha：*adv.* 共通に。共同で。一緒に。同時に。「倶」「兼」「与…共」「与…倶」「即時」「同時」と漢訳。

tām < tad-：それ。*f. sg. Acc.*
abhiratiṃ < abhirati- < abhi-rati-：*f.* 快楽。～（処格）の歓喜。極めて楽しいところ。「妙喜」「愛楽」「妙楽」「喜悦」と漢訳。*sg. Acc.*
loka-dhātuṃ < loka-dhātu-：*m.* 世界。*sg. Acc.*
paricchidya < pari-√chid- (7) + -ya：両側を断ち切る。切り刻む。切断する。正確に定める。決定する。決心する。分離する。「分別」「能了別」「覚」「知」と漢訳。*Ger.*
dakṣiṇena < dakṣiṇa-：*adj.* 南の。右の。*m. sg. Ins.*
pāṇinā < pāṇi-：*m.* 手。「手」「掌」と漢訳。*sg. Ins.*
gṛhitvêmaṃ < gṛhitvā + imaṃ
　gṛhitvā < √grah- (9) + -itvā：つかむ。取る。*Ger.*
　imaṃ < idam-：これ。*m. sg. Acc.*
sahaṃ < saha-：*adj.* ～をこらえる。耐える。「忍」と漢訳。「娑婆」と音写。*m. sg. Acc.*
loka-dhātuṃ < loka-dhātu-：*m.* 世界。*sg. Acc.*
praveśayati < pra-√viś- (6) + -aya：*Caus.* ～（対格、処格）に入らせる。連れてくる。～に導く。案内する。～（対格、処格）に置く。～の中に入れる。*3, sg. P.*
sma：*ind.* 実に。現在形の動詞とともに用いて、過去の意味を表わす（歴史的現在）。

§6　tatra ye divya-cakṣuṣo 'bhijñā-pratilabdhāḥ śrāvakā bodhi-sattvā deva-manuṣyāś ca te mahāntam utkrośam utkrośanti sma /　kriyāmahe bhagavan kriyāmahe sugata trāya[39] ca tathāgatêti /

(梵漢和維摩経 *p.* 544, *ll.* 5–7)

§6　神のごとき眼（天眼）を持ち、神通を獲得しているところのそこにいた声聞たちや、菩薩たち、神々と人間たち、それらは大きな叫び声を上げた。
「世尊よ、私たちは〔連れ去ることが〕なされています[40]。人格を完成された人（善逝）よ、私たちは〔連れ去ることが〕なされています。如来よ、助けてください」と。
【§6　彼(か)の神通を得たる菩薩、及び声聞衆、並びに余の天人は、倶(とも)に声を発して言わく、「唯(いい)、然(しか)り。世尊よ、誰か我(われ)を取りて去るや。願わくは救護(くご)せられんことを」と。】

（大正蔵、巻一四、五五五頁下）

……………………………………………………………………

tatra：*adv.* そこに。そこへ。かしこに。その時に。その場合に。
ye < yad-：*関係代名詞, m. pl. Nom.*
divya-cakṣuṣo 'bhijñā-pratilabdhāḥ < divya-cakṣuṣaḥ + abhijñā-pratilabdhāḥ
　divya-cakṣuṣaḥ < divya-cakṣus-：*adj.* 神のごとき眼（天眼）を持つ。*m. pl. Nom.*
　abhijñā-pratilabdhāḥ < abhijñā-pratilabdha-：*adj.* 神通を獲得している。*m. pl. Nom.*
　abhijñā- < abhi-√jñā- (9) + -ā：*f.* 記憶。思い出。「通」「神通」「慧」「神力」と漢訳。
　pratilabdha- < prati-√labh- (1) + -ta：*pp.* 回復された。取り戻した。達した。得た。「獲得」「成就」と漢訳。
śrāvakā < śrāvakāḥ + 有声音 < śrāvaka-：*m.* 「声聞」と漢訳。*pl. Nom.*
bodhi-sattvā < bodhi-sattvāḥ + 有声音 < bodhi-sattva-：*m.* 覚りを求める人。「菩薩」と音写。*pl. Nom.*
deva-manuṣyāś < deva-manuṣyāḥ + (c) < deva-manuṣya-：*m.* 神々と人間。*pl. Nom.*
　manuṣya-：*m.* 人間。男。
ca：*conj.* および。また。しかしながら。そして。～と。なお。
te < tad-：それ。*m. pl. Nom.*
mahāntam < mahat-：*adj.* 大きな。偉大な。豊富な。たくさんの。重要な。卓越した。*m. sg. Acc.*
utkrośam < utkrośa- < ud-√kruś- (1) + -a：*m.* 声高に叫ぶこと。叫び声。*sg. Acc.*
　krośa- < √kruś- (1) + -a：*m.* 叫喚。叫び声。（牛の鳴き声が）聞こえる範囲の距離の単位。

utkrośanti < utkrośa- < ud-√kruś- (1)：声高に叫ぶ。呼び掛ける。叫ぶ。*Pres. 3, pl. P.*
sma：*ind.* 実に。現在形の動詞とともに用いて、過去の意味を表わす（歴史的現在）。

……………………………………………………………………………

kriyāmahe < kriya- < √kṛ- (8) + -ya：*Pass.* 作られる。なされる。形成される。構成される。実行される。履行される。生じられる。施行される。～（対格）に暴行を加えられる。*1, pl. A.*
bhagavan < bhagavat-：*m.* 尊い（人）。「世尊」と漢訳。「婆伽婆」「薄伽梵」と音写。*sg. Voc.*
kriyāmahe < kriya- < √kṛ- (8) + -ya：*Pass.* 作られる。なされる。形成される。構成される。実行される。履行される。生じられる。施行される。～（対格）に暴行を加えられる。*1, pl. A.*
sugata < su-gata-：*m.* 人格を完成した（人）。「善逝」（仏の別称）と漢訳。*sg. Voc.*
trāya < trāya- < √trā- (4)：～（奪格、属格）より保護する。救助する。「救度」「済抜」と漢訳。*Impv. 2. sg. P.*
ca：*conj.* および。また。しかしながら。そして。～と。なお。
tathāgatêti < tathāgata + iti
　tathāgata < tathāgata-：*m.* 「如来」「如去」と漢訳。「多陀阿伽度」と音写。*sg. Voc.*
　iti：*adv.* ～と。～ということを。以上のように。～と考えて。「如是」と漢訳。

> tān bhagavān vinayanârtham evam āha / na mamâtra vṛṣabhitā vimalakīrtinā bodhi-sattvena kriyamāṇā[41] /
>
> （梵漢和維摩経 *p.* 544, *ll.* 8–9）

〔"不動であるもの"という〕世尊は、教化のためにそれらの人たちにこのようにおっしゃられた。
「この場合、私の〔威神力〕ではなく、ヴィマラキールティ菩薩によってなされている威神力である[42]」
【無動仏の言わく、「我が為す所に非ず。是れ維摩詰の神力の作す所なり」】
（大正蔵、巻一四、五五五頁下）

……………………………………………………………………………

tān < tad-：それ。*m. pl. Acc.*
bhagavān < bhagavat-：*m.* 尊い（人）。「世尊」と漢訳。「婆伽婆」「薄伽梵」と音写。*sg. Nom.*
vinayanârtham < vinayanârtha- < vinayana-artha-：*adj.* 教化のための。*n. sg. Acc.* 対格の副詞的用法。
　vinayana- < vi-nayana- < vi-√nī- (1) + -ana：*adj.* 除去する。追い払う。*n.* ～（処格）に対する教育。教授。「調伏」「化導」と漢訳。
　vi-√nī- (1)：取り去る。追い払う。案内する。しつける。教育する。
　artha-：*m.* 目的。意味。利益。～のため。
evam：*adv.* このように。「是」「如是」と漢訳。
āha < √ah-：言う。*Perf. 3, sg. P.*

……………………………………………………………………………

na：*ind.* ～でない。～にあらず。
mamâtra < mama + atra
　mama < mad-：私。*1, sg. Gen.*
　atra：*adv.* ここ。この場合に。ここにおいて。その際。
vṛṣabhitā < vṛṣabhitā-：*f.* 「威力」「威神」と漢訳。*sg. Nom.*
　vṛṣabhita-：*adj.* 「威猛」「自在神力」「牛王」と漢訳。
vimalakīrtinā < vimalakīrti- < vimala-kīrti-：*m.* ヴィマラキールティ。汚れのない名声を持つ（もの）。「維摩詰」「維摩」と音写。「浄名」「無垢称」と漢訳。*sg. Ins.*
bodhi-sattvena < bodhi-sattva-：*m.* 覚りを求める人。「菩薩」と音写。*sg. Ins.*
kriyamāṇā < kriyamāṇā- < kriyamāṇa- < kriya- + -māna < √kṛ- (8) + -ya + -māna：*Pass.* 作られる。なされる。形成される。構成される。実行される。履行される。生じられる。施行される。～

（対格）に暴行を加えられる。*A.* *現在分詞, f. sg. Nom.*

tatra ye punar anye deva-manuṣyās te na jānanti na paśyanti kuto vayaṃ kriyāmaha iti /
（梵漢和維摩経 *p.* 544, *ll.* 10–11）

しかしながら、そこにいた〔神通を獲得していない〕ところのそのほかの神々と人間たち、それらのものたちは、「われわれは、どこへ〔連れ去ることが〕なされるのか」ということを知ることもなく、考えることもなかった。
【其の余の未だ神通を得ざる者は、己の往く所を覚えず、知らず。】（大正蔵、巻一四、五五五頁下）

……………………………………………………………………

tatra：*adv.* そこに。そこへ。かしこに。その時に。その場合に。
これは処格的な働きをして、以下の主格と名詞文をなしている。
ye < yad-：*関係代名詞, m. pl. Nom.*
punar：*adv.* 再び。新たに。さらに。なお。しかしながら。
anye < anya-：*adj.* 他の。「余」と漢訳。*m. pl. Nom.*
deva-manuṣyās < deva-manuṣyāḥ + (t) < deva-manuṣya-：*m.* 神々と人間。*pl. Nom.*
te < tad-：それ。*m. pl. Nom.*
na：*ind.* ～でない。～にあらず。
jānanti < jānā- < √jñā- (9)：知る。*Pres. 3, pl. P.*
na：*ind.* ～でない。～にあらず。
paśyanti < paśya- < √paś- (4)：見る。考える。*Pres. 3, pl. P.*
kuto < kutas + 有声子音：*adv.* だれより。どこより。いずこへ。何ゆえに。
vayaṃ < asmad-：われわれ。*1, pl. Nom.*
kriyāmaha < kriyāmahe + a 以外の母音 < kriya- < √kṛ- (8) + -ya：作られる。なされる。形成される。構成される。実行される。履行される。生じられる。施行される。～（対格）に暴行を加えられる。*1, pl. A.*
iti：*adv.* ～と。～ということを。以上のように。～と考えて。「如是」と漢訳。

na hy abhiratyā loka-dhātor imaṃ sahaṃ loka-dhātuṃ praveśitāyā ūnatvaṃ[43] na pūrṇatvam abhūt /
（梵漢和維摩経 *p.* 544, *ll.* 11–12）

“極めて楽しいところ”（妙喜）という世界がこのサハー（娑婆）世界に置かれても、〔サハー世界は〕不足することもなく、満ち足りることもなかった。
【妙喜世界は此の土に入ると雖も、増減せず。】（大正蔵、巻一四、五五五頁下）

……………………………………………………………………

na：*ind.* ～でない。～にあらず。
hy < hi + 母音：*ind.* 真に。確かに。実に。
abhiratyā < abhiratyāḥ + 有声音 < abhirati- < abhi-rati-：*f.* 快楽。～（処格）の歓喜。極めて楽しいところ。「妙喜」「愛楽」「妙楽」「喜悦」と漢訳。*sg. Gen.*
loka-dhātor < loka-dhātoḥ 有声音 < loka-dhātu-：*f.* 世界。*sg. Gen.*
imaṃ < idam-：これ。*m. sg. Acc.*
sahaṃ < saha-：*adj.* ～をこらえる。耐える。「忍」と漢訳。「娑婆」と音写。*m. sg. Acc.*
loka-dhātuṃ < loka-dhātu-：*m.* 世界。*sg. Acc.*
praveśitāyā < praveśitāyāḥ + 有声音 < praveśita- < praveśaya- + -ta < pra-√viś- (6) + -aya + -ta：*Caus. pp.* ～（対格、処格）に入らせられた。～（対格、処格）に置かれた。*f. sg. Gen.*
以上の属格は絶対節をなしている。
praveśaya- < pra-√viś- (6) + -aya：*Caus.* ～（対格、処格）に入らせる。連れてくる。～に導く。案内する。～（対格、処格）に置く。～の中に入れる。

pra-√viś- (6)：～（対格、処格）に入る。～に達する。始める。着手する。受け取る。

ūnatvaṃ < ūnatva- < ūna-tva-：*n.* 不足していること。*sg. Nom.*

ūna- < √av- (1) + -na：*pp.* 不足した。不完全な。～（奪格）より少ない。～（具格）だけ少ない。

na：*ind.* ～でない。～にあらず。

pūrṇatvam < pūrṇatva- < pūrṇa-tva-：*n.* 満たされていること。*sg. Nom.*

pūrṇa- < √pṛ- (3, 6) + -na：*pp.* 満たされた。満ちた。成就した。充足された。完全な。

abhūt < √bhū- (1)：なる。*root-Aor. 3, sg. P.*

na câsya loka-dhātor utpīḍo na[44] saṃbādhaḥ /
（梵漢和維摩経 *p.* 544, *ll.* 12–13）

けれども、この〔サハー〕世界には、圧迫されることもなく、窮屈であることもない。

【是の世界に於いても亦、迫隘せず、】（大正蔵、巻一四、五五五頁下）

…………………………………………………………………………

na：*ind.* ～でない。～にあらず。

câsya < ca + asya

ca：*conj.* および。また。しかしながら。そして。～と。なお。

asya < idam-：これ。*m. sg. Gen.*

loka-dhātor < loka-dhātoḥ 有声音 < loka-dhātu-：*m.* 世界。*sg. Gen.*

utpīḍo < utpīḍaḥ + 有声子音 < utpīḍa- < ud-√pīḍ- + -a：*m.* 圧搾。圧力。圧迫。*sg. Nom.*

現在語幹はなく使役語幹として用いられる。

utpīḍaya- < ud-√pīḍ- + -aya：*m.* 上方へ圧する。押し上げる。

na：*ind.* ～でない。～にあらず。

saṃbādhaḥ < saṃbādha- < sam-√bādh- (1) + -a：*m.* 群衆。雑踏。窮屈な場所。圧力。苦悩。*sg. Nom.*

sam-√bādh- (1)：圧し下げる。～の上に重圧を加える。苦しめる。*sg. Nom.*

√bādh- (1)：撃退する。追い出す。追い払う。烈しく圧迫する。

以上は、属格と主格の名詞文をなしている。

nâpy abhiratyā loka-dhātor ūna-bhāvaḥ /　yathā pūrvaṃ tathā paścāt saṃdṛśyate /
（梵漢和維摩経 *p.* 544, *ll.* 13–14）

さらに、“極めて楽しいところ”（妙喜）という世界には、小さくなることもない。かつてのように、そのようにその後も観察された。

【本の如く異なること無し。】（大正蔵、巻一四、五五五頁下）

…………………………………………………………………………

nâpy < na + apy

apy < api + 母音：*adv.* また。さえも。されど。同様に。

abhiratyā < abhiratyāḥ + 有声音 < abhirati- < abhi-rati-：*f.* 快楽。～（処格）の歓喜。極めて楽しいところ。「妙喜」「愛楽」「妙楽」「喜悦」と漢訳。*sg. Gen.*

loka-dhātor < loka-dhātoḥ 有声音 < loka-dhātu-：*m.* 世界。*sg. Gen.*

ūna-bhāvaḥ < ūna-bhāva-：*m.* 小さくなること。*sg. Nom.*

ūna- < √av- (1) + -na：*pp.* 不足した。不完全な。～（奪格）より少ない。～（具格）だけ少ない。

bhāva- < √bhū- (1) + -a：*m.* 生成すること。在ること。存在。真実。在り方。性質。実在。

…………………………………………………………………………

yathā：*関係副詞, 接続詞,* ～のように。あたかも～のように。～であるように。

pūrvaṃ < pūrva-：*adj.* 前に。以前に。昔。*n. sg. Acc.*

tathā：*adv.* そのように。同様な方法で。同様に。

paścāt：*adv.* 背後に。後方に。後に。後方へ。西方から。西方へ。今後。その後。奪格の副詞的用法。
　paścāt < paśca-：*adj.* 後の。*n. sg. Abl.*
saṃdṛśyate < saṃdṛśya- < sam-√dṛś- (1) + -ya：*Pass.* ～（具格）とともに現われる。観察される。*3, sg. A.*

> §7　atha bhagavāñ śākyamunis tāṃ sarvāṃ parṣadam āmantrayate sma /　paśyata mārṣā abhiratiṃ loka-dhātum akṣobhyaṃ ca tathāgatam etāṃś ca kṣetra-vyūhāñ śrāvaka-vyūhān bodhisattva-vyūhāṃś ca /
>
> （梵漢和維摩経 *p.* 544, *ll.* 15–17）

§7　その時、シャーキャムニ世尊は、そのすべての聴衆におっしゃられた。
「友たちよ、“極めて楽しいところ”（妙喜）という世界や、“不動であるもの”（阿閦）という如来、そしてこれらの国土の荘厳、声聞たちの荘厳、菩薩たちの荘厳を見るがよい」
【§7　爾の時、釈迦牟尼仏は諸の大衆に告げたまわく、「汝等、且く妙喜世界、無動如来と、其の国の厳飾にして菩薩は行ない浄く、弟子は清白なるを観しや」】　（大正蔵、巻一四、五五五頁下）

…………………………………………………………………………

atha：*adv.* その時。その場合。さて。それ故。しかれば。しかしながら。
bhagavāñ < bhagavān + (ś) < bhagavat-：*m.* 尊い（人）。世尊。「婆伽婆」「薄伽梵」と音写。*sg. Nom.*
śākyamunis < śākyamuniḥ + (t) < śākyamuni- < śākya-muni-：*m.* シャーキャムニ。シャーキャ族出身の聖者。「釈迦牟尼」と音写。*sg. Nom.*
tāṃ < tad-：それ。*f. sg. Acc.*
sarvāṃ < sarvā- < sarva-：*adj.* すべての。*f. sg. Acc.*
parṣadam < parṣad- < parṣat- ＝ pari-ṣad-：*f.* 集会。聴衆。会議。「衆」「大衆」「衆会」「諸大衆」と漢訳。*sg. Acc.* 格変化は、cf.「基礎」*p.* 119.
āmantrayate < ā-mantraya- < ā-√mantraya- (名動詞)：語りかける。*Pres. 3, sg. A.*
sma：*ind.* 実に。現在形の動詞とともに用いて、過去の意味を表わす（歴史的現在）。

…………………………………………………………………………

paśyata < paśya- < √paś- (4)：見る。*Impv. 2, pl. P.*
mārṣā < mārṣāḥ + 有声音 < mārṣa-：*m.* 立派な人。「仁者」「賢者」「友」と漢訳。*pl. Voc.* 呼びかけの言葉として用いられ、「皆さん」（「諸友」「諸子」と漢訳）を意味する。
abhiratiṃ < abhirati- < abhi-rati-：*f.* 快楽。～（処格）の歓喜。極めて楽しいところ。「妙喜」「愛楽」「妙楽」「喜悦」と漢訳。*sg. Acc.*
loka-dhātum < loka-dhātu-：*m.* 世界。*sg. Acc.*
akṣobhyaṃ < akṣobhya-：*m.* アクショービヤ。不動であるもの。「阿閦」「阿閦仏」と音写。*sg. Acc.*
ca：*conj.* および。また。しかしながら。そして。～と。なお。
tathāgatam < tathāgata-：*m.* 「如来」と漢訳。*sg. Acc.*
etāṃś < etān + (c) < etad-：これ。*m. pl. Acc.*
ca：*conj.* および。また。しかしながら。そして。～と。なお。
kṣetra-vyūhāñ < kṣetra-vyūhān + (ś) < kṣetra-vyūha-：*m.* 国土の荘厳。*pl. Acc.*
　vyūha- < vi-√ūh- (1) + -a：*m.* 交替。置き換え。分配。配置。「荘厳」「厳飾」と漢訳。
śrāvaka-vyūhān < śrāvaka-vyūha-：*m.* 声聞たちの荘厳。*pl. Acc.*
bodhi-sattva-vyūhāṃś < bodhi-sattva-vyūhān + (c) < bodhi-sattva-vyūha-：*m.* 菩薩たちの荘厳。*pl. Acc.*
ca：*conj.* および。また。しかしながら。そして。～と。なお。

> ta āhuḥ /　paśyāmo bhagavann iti /
>
> （梵漢和維摩経 *p.* 544, *l.* 18）

それらの人たちが言った。

「世尊よ、私たちは見ております」
【皆、曰く、「唯、然り。已に見たり」】　　　　　　　　　　　　　　（大正蔵、巻一四、五五五頁下）

ta < te + a 以外の母音：それ。*m. pl. Nom.*
āhuḥ < √ah-：言う。*Perf. 3, pl. P.*

paśyāmo < paśyāmaḥ + 有声子音 < paśya- < √paś- (4)：見る。*Pres. 1, pl. P.*
bhagavann < bhagavan + 母音 < bhagavat-：*m.* 尊い（人）。「世尊」と漢訳。「婆伽婆」「薄伽梵」と音写。*sg. Voc.*
iti：*adv.* ～と。以上のように。「如是」と漢訳。

āha / īdṛśaṃ mārṣā buddha-kṣetraṃ parigrahītu-kāmena bodhi-sattvenâkṣobhyasya tathāgatasya bodhi-sattva-caryā anuśikṣitavyā[45] /
(梵漢和維摩経 *p.* 544, *l.* 19, *p.* 546, *l.* 1)

〔シャーキャムニ世尊が〕おっしゃられた。
「友たちよ、このようなブッダの国土を得たいと思う菩薩は、“不動であるもの”（阿閦）という如来の〔かつての〕菩薩としての修行（菩薩行）を学ぶべきである」
【仏の言わく、「若し菩薩にして是くの如き清浄なる仏土を得んと欲すれば、当に無動如来の所行の道を学すべし」】　　　　　　　　　　　　　　（大正蔵、巻一四、五五五頁下）

āha < √ah-：言う。*Perf. 3, sg. P.*
īdṛśaṃ < īdṛśa- = īdṛś-：*adj.* このような状態の。このような場合の。*n. sg. Acc.*
mārṣā < mārṣāḥ + 有声音 < mārṣa-：*m.* 立派な人。「仁者」「賢者」「友」と漢訳。*pl. Voc.*
　呼びかけの言葉として用いられ、「皆さん」（「諸友」「諸子」と漢訳）を意味する。
buddha-kṣetraṃ < buddha-kṣetra-：*n.* ブッダの国土。「仏国土」と漢訳。*sg. Acc.*
parigrahītu-kāmena < parigrahītu-kāma-：*adj.* 得たいと思う。*m. sg. Ins.*
　parigrahītu- < parigrahītum < pari-√grah- (9) + -itum：*不定詞*, つかむこと。捕らえること。保つこと。得ること。確保すること。
　pari-√grah- (9)：抱く。囲む。包む。つかむ。捕らえる。保つ。得る。確保する。
　kāma-：*m.* ～に対する願望。欲望。愛。愛着。愛欲。淫欲。
　kāma-は、不定詞との複合語の後分となって、「～することを欲する」「～しようと思う」を意味する。cf.「基礎」*p.* 551.
bodhi-sattvenâkṣobhyasya < bodhi-sattvena + akṣobhyasya
　bodhi-sattvena < bodhi-sattva-：*m.* 覚りを求める人。「菩提薩埵」「菩薩」と音写。*sg. Ins.*
　以上の具格は、未来受動分詞 anuśikṣitavyam の動作主となっている。
　akṣobhyasya < akṣobhya-：*m.* アクショービヤ。不動であるもの。「阿閦」「阿閦仏」と音写。*sg. Gen.*
tathāgatasya < tathāgata-：*m.* 「如来」と漢訳。*sg. Gen.*
bodhi-sattva-caryā < bodhi-sattva-caryā-：*f.* 菩薩としての修行。「菩薩行」「菩薩道」と漢訳。*sg. Nom.*
anuśikṣitavyā < anuśikṣitavyā- < anuśikṣitavya- < anu-√śikṣ- (1) + -itavya：*未受分*, 学ばれるべき。*f. sg. Nom.*
　anu-√śikṣ- (1)：～（事物＝対格）を～（人＝奪格、属格）から学ぶ。

asmin punar abhirati-loka-dhātu-saṃdarśana-rddhi-prātihārye[46] 'kṣobhyasya ca tathāgatasya saṃdarśane 'smin sahe loka-dhātau caturdaśānām ayutānāṃ deva-mānuṣikāyāḥ prajāyā anuttarāyāṃ samyak-saṃbodhau cittāny utpannāni /
(梵漢和維摩経 *p.* 546, *ll.* 2–5)

しかしながら、この“極めて楽しいところ”（妙喜）という世界の示現という神通による神変において、また“不動であるもの”（阿閦）という如来の示現において、このサハー世界における十四・アユタ[47] もの神々や人間、生きとし生けるものたちが、この上ない正しく完全な覚りに向けて心を発した。

【此の妙喜国の現われし時、娑婆世界の十四那由他の人は阿耨多羅三藐三菩提に心を発して、】

（大正蔵、巻一四、五五五頁下）

………………………………………………………………………

asmin < idam-：これ。*m. sg. Loc.*

punar：*adv.* 再び。新たに。さらに。なお。しかしながら。

abhirati-loka-dhātu-saṃdarśana-rddhi-prātihārye 'kṣobhyasya < abhirati-loka-dhātu-saṃdarśana-rddhi-prātihārye + akṣobhyasya

abhirati-loka-dhātu-saṃdarśana-rddhi-prātihārye < abhirati-loka-dhātu-saṃdarśana-rddhi-prātihārya-：*n.* “極めて楽しいところ”（妙喜）という世界を見せる神通による神変。*sg. Loc.*

saṃdarśana- < saṃdarśaya- + -ana：*n.* 示すこと。明示すること。

saṃdarśaya- < sam-√dṛś- (1) + -aya：*Caus.* 示す。顕わす。明示する。

rddhi- < 母音 + ṛddhi-：*f.* 繁栄。安寧。好運。超自然力。「神通」「神力」「神変」と漢訳。

prātihārya-：*n.* 奇蹟。「変化」「神変」「神通」「神力」と漢訳。

akṣobhyasya < akṣobhya-：*m.* アクショービヤ。不動であるもの。「阿閦」「阿閦仏」と音写。*sg. Gen.*

ca：*conj.* および。また。しかしながら。そして。～と。なお。

tathāgatasya < tathāgata-：*m.* 「如来」と漢訳。*sg. Gen.*

saṃdarśane 'smin < saṃdarśane + asmin

saṃdarśane < saṃdarśana- < saṃdarśaya- + -ana：*n.* 示すこと。明示すること。*sg. Loc.*

asmin < idam-：これ。*m. sg. Loc.*

sahe < saha-：*adj.* ～をこらえる。耐える。「忍」と漢訳。「娑婆」と音写。*m. sg. Loc.*

loka-dhātau < loka-dhātu-：*m.* 世界。*sg. Loc.*

caturdaśānām < caturdaśan-：*基数詞,* 十四。*m. pl. Gen.*

ayutānāṃ < ayuta-：*pp.* 限られない。*n.* 一万。「万」「億」「垓」と漢訳。「阿由他」と音写。*pl. Gen.*

deva-mānuṣikāyāḥ < deva-mānuṣikāyāḥ + (p) < deva-mānuṣikā-：*f.* 神々と人間。*sg. Gen.*

deva- < √div- (4) + -a：*m.* 神。「天」と漢訳。

mānuṣikā-：*f.* 人間。

この語は mānuṣaka- の女性形で、「梵和大辞典」には出ていないが、BHS. dic. *p.* 429 に形容詞として human（人間の）、名詞として human being（人間）を挙げている。

prajāyā < prajāyāḥ + 有声音 < prajā- < pra-√jan- (1) + -ā：*f.* 生殖。繁殖。生誕。子孫。子女。後裔。創造物。生きとし生けるもの。人々。民。衆生。有情。群生。世間。*sg. Gen.*

以上の属格は、過去受動分詞 utpannāni の動作主となっている。

anuttarāyāṃ < anuttarā- < anuttara- < an-ud-tara-：*比較級,* この上ない。「無上」と漢訳。「阿耨多羅」と音写。*f. sg. Loc.*

samyak-saṃbodhau < samyak-saṃbodhi-：*f.* 正しく完全な覚り。*sg. Loc.*

cittāny < cittāni + 母音 < citta-：*n.* 心。思考。意思。知性。理性。「質多」と音写。*pl. Nom.*

utpannāni < utpanna- < ud-√pad- (4) + -na：*pp.* ～（処格）から生まれた。生じた。「已生」「出現」「生起」と漢訳。*n. pl. Nom.*

sarvaiś câbhiratyāṃ loka-dhātau praṇidhānam utpāditam upapattaye /

（梵漢和維摩経 *p.* 546, *ll.* 5–6）

そして、すべてのものたちは、“極めて楽しいところ”（妙喜）という世界に誕生するための誓願を発した。

【皆、妙喜仏土に生まれんことを願えり。】　（大正蔵、巻一四、五五五頁下）

…………………………………………………………………………

sarvaiś < sarvaiḥ + (c) < sarva-：*adj.* 一切の。すべての。*m. pl. Ins.*

câbhiratyāṃ < ca + abhiratyāṃ

　ca：*conj.* および。また。しかしながら。そして。〜と。なお。

　abhiratyāṃ = abhiratau < abhirati- < abhi-rati-：*f.* 快楽。〜（処格）の歓喜。極めて楽しいところ。「妙喜」「愛楽」「妙楽」「喜悦」と漢訳。*sg. Loc.*

loka-dhātau < loka-dhātu-：*m.* 世界。*sg. Loc.*

praṇidhānam < praṇidhāna- < pra-ṇi-√dhā- (3) + -ana：*n.* 適用。使用。勉強。勤勉。「熱望」「誓願」と漢訳。*sg. Nom.*

utpāditam < utpādita- < utpādaya- + -ta < ud-√pad- (4) + -aya + -ta：*Caus. pp.* 起こされた。産まれた。生じられた。生じさせられた。*n. sg. Nom.*

upapattaye < upapatti- < upa-√pad- (4) + -ti：*f.* 出現。成功。結果。確立。起源。誕生。*sg. Dat.*

te sarve bhagavatā vyākṛtā abhiratyāṃ loka-dhātāv upapattaye /
（梵漢和維摩経 *p.* 546, *ll.* 6–7）

世尊は、それらのすべてのものたちに“極めて楽しいところ”（妙喜）という世界に誕生するための予言（授記）をなされた。

【釈迦牟尼仏は即ち之に記して曰わく、「当に彼の国に生まるべし」と。】
（大正蔵、巻一四、五五五頁下）

…………………………………………………………………………

te < tad-：それ。*m. pl. Nom.*

sarve < sarva-：*adj.* 一切の。すべての。*m. pl. Nom.*

bhagavatā < bhagavat-：*m.* 尊い（人）。「世尊」と漢訳。「婆伽婆」「薄伽梵」と音写。*sg. Ins.*

vyākṛtā < vyākṛtāḥ + 有声音 < vyākṛta- < vi-ā-√kṛ- (8) +-ta：*pp.* 分かたれた。区別された。説明された。〜（対格）に決定的な予言がなされた。「授記」と漢訳。*m. pl. Nom.*

abhiratyāṃ = abhiratau < abhirati- < abhi-rati-：*f.* 快楽。〜（処格）の歓喜。極めて楽しいところ。「妙喜」「愛楽」「妙楽」「喜悦」と漢訳。*sg. Loc.*

loka-dhātāv < loka-dhātau + 母音 < loka-dhātu-：*m.* 世界。*sg. Loc.*

upapattaye < upapatti- < upa-√pad- (4) + -ti：*f.* 出現。成功。結果。確立。起源。誕生。*sg. Dat.*

iti hi vimalakīrter licchaver[48] yāvān iha sahe loka-dhātau sattva-paripākaḥ kartavyas taṃ sarvaṃ kṛtvā punar eva tām abhiratiṃ loka-dhātuṃ yathā-sthāne sthāpayāmāsa /
（梵漢和維摩経 *p.* 546, *ll.* 7–9）

まさに以上のように、リッチャヴィ族のヴィマラキールティが、このサハー（娑婆）世界においてなすべきところの衆生を成熟させること[49]、そのすべてをなし終わって後、さらにその“極めて楽しいところ”（妙喜）という世界を〔元の〕適切な場所に据えた。

【時に妙喜世界は、此の国土に於いて応に饒益すべき所は、其の事を訖已りて、還りて本処に復せり。衆を挙げて皆、見たり。】　（大正蔵、巻一四、五五五頁下）

…………………………………………………………………………

iti：*adv.* 〜と。〜ということを。以上のように。〜と考えて。「如是」と漢訳。

hi：*ind.* 真に。確かに。実に。

vimalakīrter < vimalakīrteḥ + 有声音 < vimalakīrti- < vimala-kīrti-：*m.* ヴィマラキールティ。汚れのない名声を持つ（もの）。「維摩詰」「維摩」と音写。「浄名」「無垢称」と漢訳。*sg. Gen.*

licchaver < licchaveḥ + 有声音 < licchavi-：*m.* リッチャヴィ。「離車子」「栗姑毘」と音写。*sg. Gen.*

yāvān < yāvat-：*関係代名詞, m. sg. Nom.*

iha：*adv.* ここに。今。この世に。地上に。
sahe < saha-：*adj.* ～をこらえる。耐える。「忍」と漢訳。「娑婆」と音写。*m. sg. Loc.*
loka-dhātau < loka-dhātu-：*m.* 世界。*sg. Loc.*
sattva-paripākaḥ < sattva-paripāka-：*m.* 衆生の成熟。衆生を〔覚りへ向けて〕成熟させること。*sg. Nom.*
　paripāka- < pari-√pac- (1) + -a：*m.* 十分に煮られること。消化。熟すること。成熟。完全。
kartavyas < kartavyaḥ + (t) < kartavya- < √kṛ- (8) + -tavya：*未受分,* なされるべき。作られるべき。～（主格）が…（主格）になされるべき。*m. sg. Nom.*
taṃ < tad-：それ。*m. sg. Acc.*
sarvaṃ < sarva-：*adj.* すべての。*m. sg. Acc.*
kṛtvā < √kṛ- (8) + -tvā：作る。なす。*Ger.*
punar：*adv.* 再び。新たに。さらに。なお。しかしながら。
eva：*adv.* さように。このように。まさに。実に。ただ。全くこのように。
tām < tad-：それ。*f. sg. Acc.*
abhiratiṃ < abhirati- < abhi-rati-：*f.* 快楽。～（処格）の歓喜。極めて楽しいところ。「妙喜」「愛楽」「妙楽」「喜悦」と漢訳。*sg. Acc.*
loka-dhātuṃ < loka-dhātu-：*m.* 世界。*sg. Acc.*
yathā-sthāne < yathā-sthāna-：*n.* 適当な場所。*adj.* 適当な場所に存する。*sg. Loc.*
　yathā：*関係副詞, 接続詞,* ～のように。あたかも～のように。～であるように。
　sthāna- < √sthā- (1) + -ana：*n.* 立つこと。状態。地位。論題。身分。住居。地点。
sthāpayāmāsa < sthāpayām + -āsa < sthāpaya- + ām + -āsa < √sthā (1) + -paya + -ām + -āsa：*Caus.* 立たせる。静止させる。配置する。据える。～（処格）に任命する。確立する。*複合完了, 3, sg. P.* 複合完了については、cf.「基礎」*p.* 380.
　āsa < ās- < √as-：ある。*重複完了, 3, sg. P.* cf.「基礎」*p.* 375.

§8　tatra bhagavān āyuṣmantaṃ śāriputram āmantrayate sma /　dṛṣṭā te śāriputrâbhiratir loka-dhātuḥ sa câkṣobhyas tathāgataḥ /
（梵漢和維摩経 *p.* 546, *ll.* 10–11）

§8　その時、世尊は、尊者シャーリプトラにおっしゃられた。
「シャーリプトラよ、あなたは"極めて楽しいところ"（妙喜）という世界と、その"不動であるもの"（阿閦）という如来を見たであろう」
【§8　仏は舎利弗に告げたまわく、「汝、此の妙喜世界、及び無動仏を見しや不や」】
（大正蔵、巻一四、五五五頁下）

…………………………………………………………………………

tatra：*adv.* そこに。そこへ。かしこに。その時に。その場合に。
bhagavān < bhagavat-：*m.* 尊い（人）。「世尊」と漢訳。「婆伽婆」「薄伽梵」と音写。*sg. Nom.*
āyuṣmantaṃ < āyuṣmat- < āyuṣ-mat-：*m.* 「尊者」「長老」と漢訳。*sg. Acc.*
śāriputram < śāriputra- < śāri-putra-：*m.* シャーリプトラ（シャーリーの息子）。「身子」と漢訳。「舎利弗」と音写。*sg. Acc.*
āmantrayate < ā-mantraya- < ā-√mantraya- (名動詞)：語りかける。*Pres. 3, sg. A.*
sma：*ind.* 実に。現在形の動詞とともに用いて、過去の意味を表わす（歴史的現在）。

…………………………………………………………………………

dṛṣṭā < dṛṣṭā- < dṛṣṭa- < √dṛś- (1) + -ta：*pp.* 見られた。*f. sg. Nom.*
te < tvam-：あなた。*2, sg. Gen.*
śāriputrâbhiratir < śāriputra + abhiratir
　śāriputra < śāriputra- < śāri-putra-：*m.* シャーリプトラ（シャーリーの息子）。「身子」と漢訳。「舎利弗」と音写。*sg. Voc.*

abhiratir < abhirati- < abhi-rati-：*f.* 快楽。～（処格）の歓喜。極めて楽しいところ。「妙喜」「愛楽」「妙楽」「喜悦」と漢訳。*sg. Nom.*

loka-dhātuḥ < loka-dhātuḥ + (s) < loka-dhātu-：*m.* 世界。*sg. Nom.*

sa < saḥ < tad-：それ。*m. sg. Nom.*

câkṣobhyas < ca + akṣobhyas

ca：*conj.* および。また。しかしながら。そして。～と。なお。

akṣobhyas < akṣobhyaḥ + (t) < akṣobhya-：*m.* アクショービヤ。不動であるもの。「阿閦」「阿閦仏」と音写。*sg. Nom.*

tathāgataḥ < tathāgata-：*m.* 「如来」「如去」と漢訳。「多陀阿伽度」と音写。*sg. Nom.*

āha / dṛṣṭā me bhagavan /

（梵漢和維摩経 *p.* 546, *l.* 12）

〔シャーリプトラが〕言った。

「世尊よ、私は見ました。

【「唯、然り。已に見たり。】（大正蔵、巻一四、五五五頁下）

………………………………………………………………………

āha < √ah-：言う。*Perf. 3, sg. P.*

dṛṣṭā < dṛṣṭā- < dṛṣṭa- < √dṛś- (1) + -ta：*pp.* 見られた。*f. sg. Nom.*

me < mad-：私。*1, sg. Gen.*

bhagavan < bhagavat-：*m.* 尊い（人）。「世尊」と漢訳。「婆伽婆」「薄伽梵」と音写。*sg. Voc.*

sarva-sattvānāṃ tādṛśā buddha-kṣetra-guṇa-vyūhā bhavantu /

（梵漢和維摩経 *p.* 546, *ll.* 12–13）

「一切衆生に、このようなブッダの国土に具わる徳による荘厳があることになりますように[50]。

【「世尊、願わくは一切衆生をして清浄の土を得ること無動仏の如く、】

（大正蔵、巻一四、五五五頁下）

………………………………………………………………………

sarva-sattvānāṃ < sarva-sattva-：*m.* 一切衆生。*pl. Gen.*

tādṛśā < tādṛśāḥ + 有声音 < tādṛśa-：*adj.* このような。「如是」と漢訳。*m. pl. Nom.*

buddha-kṣetra-guṇa-vyūhā < buddha-kṣetra-guṇa-vyūhāḥ + 有声音 < buddha-kṣetra-guṇa-vyūha-：*m.* ブッダの国土の徳による荘厳。*pl. Nom.*

bhavantu < bhava- < √bhū- (1)：なる。*Impv. 3, pl. P.*

sarva-sattvāś cêdṛśyā ṛddhyā samanvāgatā bhavantāṃ yādṛśyā vimalakīrtir licchaviḥ kula-putraḥ /

（梵漢和維摩経 *p.* 546, *ll.* 13–14）

「一切衆生が、良家の息子であるリッチャヴィ族のヴィマラキールティの〔具えている〕ような、そのような神力を具えることになりますように。

【「神通力を得ること、維摩詰の如くならしめたまわんことを。】（大正蔵、巻一四、五五五頁下）

………………………………………………………………………

sarva-sattvāś < sarva-sattvāḥ + (c) < sarva-sattva-：*m.* 一切衆生。*pl. Nom.*

cêdṛśyā ṛddhyā < ca + īdṛśyā + ṛddhyā

īdṛśyā < īdṛśī- < īdṛśa- = īdṛś-：*adj.* このような状態の。このような場合の。*f. sg. Ins.*

ṛddhyā < ṛddhi-：*f.* 繁栄。安寧。好運。超自然力。「神通」「神力」「神変」と漢訳。*sg. Ins.*

samanvāgatā < samanvāgatāḥ + 有声音 < samanvāgata- < sam-anu-ā-√gam- (1) + -ta：*pp.* ～（具格）を伴った。～を具えた。*m. pl. Nom.*

bhavantāṃ < bhava- < √bhū- (1)：なる。*Impv. 3, pl. A.*

yādṛśyā < yādṛśī- < yādṛśa- < yad- + dṛśa-：*adj.* このような種類・性質の。*f. sg. Ins.*
vimalakīrtir < vimalakīrtiḥ + 有声音 < vimalakīrti- < vimala-kīrti-：*m.* ヴィマラキールティ。汚れのない名声を持つ（もの）。「維摩詰」「維摩」と音写。「浄名」「無垢称」と漢訳。*sg. Nom.*
licchaviḥ < licchavi-：*m.* リッチャヴィ。「離車子」「栗姑毘」と音写。*sg. Nom.*
kula-putraḥ < kula-putra-：*m.* 良家の息子。「善男子」と漢訳。*sg. Nom.*

asmābhir[51] api ca su-labdhā lābhā ye vayam īdṛśaṃ sat-puruṣaṃ[52] labhāmahe darśanāya /
(梵漢和維摩経 *p.* 546, *ll.* 14–15)

「私たちもまた、大いに利益を得ました。その私たちは、このような善き人（善士）に崇敬のために遭遇しました。
【「世尊よ、我等快(よ)く善利を得たり。是の人を見ることを得て、親近(しんごん)・供養せり。】
（大正蔵、巻一四、五五五頁下）

……………………………………………………………………

asmābhir < asmābhiḥ + 有声音 < asmad-：われわれ。*1, pl. Ins.*
api：*adv.* また。さえも。されど。なお。
ca：*conj.* および。また。しかしながら。そして。～と。なお。
su-labdhā < su-labdhāḥ + 有声音 < su-labdha-：*adj.* よく得られた。「善得」「善利」「大利」「得大利益」と漢訳。*m. pl. Nom.*
su：*adv.* よく。うまく。実に。非常に。
labdha- < √labh- (1) + -ta：*pp.* 達せられた。得られた。発見された。「已得」「既得」と漢訳。
√labh- (1)：遭遇する。獲得する。回復する。認識する。
lābhā < lābhāḥ + 有声音 < lābha- < √labh- (1) + -a：*m.* 発見。会合。～（属格）の獲得。取得。所得。利益。得られたもの。獲得物。捕獲。理解。*pl. Nom.*
labdha- と lābha- は、それぞれ √labh- (1) から作られた過去受動分詞と名詞であり、「歌を歌う」のように同族の動詞と目的語をなしている。
ye < yad-：*関係代名詞, m. pl. Nom.*
vayam < asmad-：われわれ。*1, pl. Nom.*
īdṛśaṃ < īdṛśa- = īdṛś-：*adj.* このような状態の。このような場合の。*m. sg. Acc.*
sat-puruṣaṃ < sat-puruṣa-：*m.* 善き人。「善士」と漢訳。*sg. Acc.*
labhāmahe < labha- < √labh- (1)：遭遇する。獲得する。回復する。認識する。*Pres. 1, pl. A.*
darśanāya < darśana- < √dṛś- (1) + -ana-：*n.* 凝視すること。見ること。崇敬。知覚。悟性。内観。意見。認識。哲学的体系。～との会合。*sg. Dat.*

teṣām api sattvānāṃ su-labdhā lābhā bhaviṣyanti ya etarhi tathāgatasya tiṣṭhato vā parinirvṛtasya vêmaṃ dharma-paryāyam antaśaḥ śroṣyanti /
(梵漢和維摩経 *p.* 546, *ll.* 15–17)

「今、如来がいらっしゃる時であれ、完全なる滅度（涅槃）に入られた後であれ、この法門でさえも聞くであろうところの人たち、それらの衆生たちもまた大いに利益を得るでありましょう。
【「其(そ)れ諸の衆生にして、若(も)しくは今、現在、若(も)しくは仏の滅後に、此の経を聞く者も亦(また)、善利を得ん。】
（大正蔵、巻一四、五五五頁下）

……………………………………………………………………

teṣām < tad-：それ。*m. pl. Gen.*
api：*adv.* また。さえも。されど。なお。
sattvānāṃ < sattva-：*m.* 「衆生」「有情」と漢訳。*pl. Gen.*
su-labdhā < su-labdhāḥ + 有声音 < su-labdha-：*adj.* よく得られた。「善得」「善利」「大利」「得大利益」と漢訳。*m. pl. Nom.*
lābhā < lābhāḥ + 有声音 < lābha- < √labh- (1) + -a：*m.* 発見。会合。～（属格）の獲得。取得。所

得。利益。得られたもの。獲得物。捕獲。理解。*pl. Nom.*
bhaviṣyanti < bhaviṣya- < √bhū- (1) + -iṣya：～である。なる。*Fut. 3, pl. P.*
ya < ye + a 以外の母音 < yad-：*関係代名詞, m. pl. Nom.*
etarhi：*adv.* 今。当節。その際。「而今」「今時」「如今」「今世」と漢訳。
tathāgatasya < tathāgata-：*m.* 「如来」と漢訳。*sg. Gen.*
tiṣṭhato < tiṣṭhataḥ + 有声子音 < tiṣṭhat- < tiṣṭha- + -t < √sthā- (1) + -t：～に立つ。坐る。ある。住する。とどまる。*P.* *現在分詞, m. sg. Gen.*
vā：*ind.* ～か。または。たとえ～であっても。
parinirvṛtasya < parinirvṛta- < pari-nir-√vṛ- (1) + -ta：*pp.* 完全なる滅度に入った。完全に消滅した。「般涅槃」と音写。*m. sg. Gen.*
以上の属格は絶対節をなしている。
vêmaṃ < vā + imaṃ
vā：*ind.* ～か。または。たとえ～であっても。
imaṃ < idam-：これ。*m. sg. Acc.*
dharma-paryāyam < dharma-paryāya-：*m.* 法門。*sg. Acc.*
antaśaḥ < antaśas + (ś)：*adv.* ～さえも。「乃至」「下至」と漢訳。
śroṣyanti < śroṣya- < √śru- (5) + -sya：聞く。*Fut. 3, pl. P.*

kaḥ punar vādo ye śrutvâdhimokṣyante pratyeṣyanty udgrahīṣyanti dhārayiṣyanti vācayiṣyanti paryavāpsyanty adhimokṣyanti[53] pravartayiṣyanti parebhyaś ca vistareṇa saṃprakāśayiṣyanti bhāvanā-yogaṃ ca anuyuktā bhaviṣyanti [54] /
（梵漢和維摩経 *p.* 546, *ll.* 17–21）

「ましてや、〔それを〕聞いて後、〔自分のために〕信順の志を抱き、信受し、会得し、受持し、読誦し、完全に理解し、〔他者のために〕信順の志を抱き、人に勧め、そして他者に詳細に説き明かし、また観想の修行に専念するであろうところの人たち〔が、大いに利益を得ること〕はなおさらのことであります。
【「況(いわん)や復(また)、聞き已(おわ)りて信解(しんげ)し、受持(じゅじ)・読誦(どくじゅ)・解説(げせつ)して、如法(にょほう)に修行せんにおいてをや。】
（大正蔵、巻一四、五五五頁下）

……………………………………………………………………

kaḥ < kim-：*疑問代名詞,* だれ。何。どんな。どの。*m. sg. Nom.*
punar：*adv.* 再び。新たに。さらに。なお。しかしながら。
vādo < vādaḥ + 半母音 < vāda-：*adj.* ～を語る。*m.* 談話。発言。～に関して話すこと。*m. sg. Nom.*
kaḥ punar vādaḥ：まして。いわんや。なおさら。「況」「何況」と漢訳。
ye < yad-：*関係代名詞, m. pl. Nom.*
śrutvâdhimokṣyante < śrutvā + adhimokṣyante
śrutvā < √śru- (5) + -tvā：～（具格、奪格、属格）から聞く。*Ger.*
adhimokṣyante < adhimokṣya- < adhi-√muc- (6) + -sya：「信」「生信」「深信」「浄信」「信解」「深信解」「発生信解」と漢訳。*Fut. 3, pl. A.*
pratyeṣyanty < pratyeṣyanti + 母音 < pratyeṣya- < prati-√i- (2) + -sya：～へ行く。帰る。面会に行く。～に向かっていく。受け入れる。許す。～（属格）を信ずる。「信受」と漢訳。*Fut. 3, pl. P.*
udgrahīṣyanti < udgrahīṣya- < ud-√grah- (9) + -iṣya：起こす。上げる。上がる。取り去る。取り残す。保存する。許す。是認する。会得する。「受持」と漢訳。*Fut. 3, pl. P.*
dhārayiṣyanti < dhārayiṣya- < dhāraya- + -iṣya < √dhṛ- (4) + -aya + -iṣya：*Caus.* 把持する。支える。担う。運ぶ。固持する。支持する。「受持」と漢訳。*Fut. 3, pl. P.*
vācayiṣyanti < vācayiṣya- < vācaya- + -iṣya < √vac- (3,2) + -aya + -iṣya：*Caus.* 言わせる。話させる。読む（書物にものを言わせる）。「読誦」と漢訳。*Fut. 3, pl. P.*

paryavāpsyanty < paryavāpsya- < pari-ava-√āp- (5) + -sya：回復する。暗記する。熟達する。完全に理解する。「領受」「受持」と漢訳。*Fut. 3, pl. P.*

adhimokṣyanti < adhimokṣya- < adhi-√muc- (6) + -sya：「信」「生信」「深信」「浄信」「信解」「深信解」「発生信解」と漢訳。*Fut. 3, pl. P.*

pravartayiṣyanti < pravartayiṣya- < pravartaya- + -iṣya < pra-√vṛt- (1) + -aya + -iṣya：*Caus.* 向けさせる。転がす。動かす。普及させる。（物語を）語る。発揮する。企てる。～（処格）を人に勧めて行なわせる。「修」「発」「転」と漢訳。*Fut. 3, pl. P.*

parebhyaś < parebhyaḥ + (c) < para-：*m.* 他人。*pl. Dat.*

ca：*conj.* および。また。しかしながら。そして。～と。なお。

vistareṇa < vistara- < vi-stara-：*adj.* 広大な。広範な。*m.* 広さ。多数。大勢の仲間。詳細。微細な事項。詳細な記述。敷衍。*n. sg. Ins.*

saṃprakāśayiṣyanti < saṃprakāśayiṣya- < saṃprakāśaya- + -iṣya < sam-pra-√kāś- (1) + -aya + -iṣya：*Caus.* 輝かせる。覆いを除く。発表する。「顕」「開示」「顕示」「開顕」「演説」と漢訳。*Fut. 3, pl. P.*

bhāvanā-yogaṃ < bhāvanā-yoga- < bhāvanā-yoga-：*m.* 観想に没入すること。「観行」と漢訳。*sg. Acc.*

bhāvanā-：*f.* 定めること。決定すること。証明。静慮。瞑想。正しい観念／概念。

yoga- < √yuj- (7) + -a：*m.* 適用。治療。結合。精神集中。～との関連。

ca：*conj.* および。また。しかしながら。そして。～と。なお。

anuyuktā < anuyuktāḥ + 有声音 < anuyukta- < anu-√yuj- (7) + -ta：*pp.* 教えられた。～に伴われた。～（対格）に専心した。熱中した。*m. pl. Nom.*

anu-√yuj- (7)：追求する。追跡する。～（対格）を尋ねる。問う。教える。～に奉仕する。

bhaviṣyanti < bhaviṣya- < √bhū- (1) + -iṣya：～である。なる。*Fut. 3, pl. P.*

§9　te dharma-ratna-nidhāna-prāptā bhaviṣyanti yeṣām ayaṃ dharma-paryāyo hasta-gato bhaviṣyati /

（梵漢和維摩経 *p.* 548, *ll.* 1–2)

§9　「この法門を手中にするならば、それらの人たちは、法の宝の蔵を獲得するでありましょう。

【§9　「若し手に是の経典を得る者有らば、便ち已に法の宝の蔵を得たりと為す。】

（大正蔵、巻一四、五五五頁下）

………………………………………………………………

te < tad-：それ。*m. pl. Nom.*

dharma-ratna-nidhāna-prāptā < dharma-ratna-nidhāna-prāptāḥ + 有声音 < dharma-ratna-nidhāna-prāpta-：*adj.* 法の宝の蔵を獲得している。*m. pl. Nom.*

nidhāna- < ni-√dhā- (3) + -ana：*n.* 下に置くこと。保存。貯蔵。容器。貯蔵所。「蔵」「宝蔵」と漢訳。*sg. Nom.*

ni-√dhā- (3)：～（処格）の上に横たえる。置く。

prāpta- < pra-√āp- (5) + -ta：*pp.* 到達せられたる。獲得せられたる。～の心になった。

bhaviṣyanti < bhaviṣya- < √bhū- (1) + -iṣya：～である。なる。*Fut. 3, pl. P.*

yeṣām < yad-：*関係代名詞, m. pl. Gen.*

ayaṃ < idam-：これ。この。*m. sg. Nom.*

dharma-paryāyo < dharma-paryāyaḥ + 有声子音 < dharma-paryāya-：*m.* 法門。*sg. Nom.*

hasta-gato < hasta-gataḥ + 有声子音 < hasta-gata-：*adj.* 手に陥った。手の中にある。*m. sg. Nom.*

hasta-：*m.* 手。

～-gata-：*adj.* ～に行った／来た。～に陥った。～に於ける。～の中にある。～に含まれた。～に関する。～に出立した。～より造られた。～に到達した。～を得た。

gata- < √gam- (1) + -ta：*pp.* 行った。

bhaviṣyati < bhaviṣya- < √bhū- (1) + -iṣya：生ずる、～になる。*Fut. 3, sg. P.*

tathāgata-sahāyās te bhaviṣyanti ya imaṃ dharma-paryāyaṃ svādhyāsyante[55] /
(梵漢和維摩経 *p.* 548, *ll.* 2–3)

「この法門を独りで暗誦するところの人たち、それらの人たちは如来の同伴者となるでありましょう[56]。
【「若し、読誦して其の義を解釈し、説の如くに修行するもの有らば、即ち諸仏の護念したまう所と為る。】
（大正蔵、巻一四、五五五頁下）

……………………………………………………………………………

tathāgata-sahāyās < tathāgata-sahāyāḥ + (t) < tathāgata-sahāya-：*m.* 如来の同伴者。*pl. Nom.*
sahāya- < saha-√i- (2) + -a：*m.* ～の仲間。同僚。補助。「伴侶」「親友」「同伴」と漢訳。
te < tad-：それ。*m. pl. Nom.*
bhaviṣyanti < bhaviṣya- < √bhū- (1) + -iṣya：～である。なる。*Fut. 3, pl. P.*
ya < ye + a 以外の母音 < yad-：*関係代名詞, m. pl. Nom.*
imaṃ < idam-：これ。*m. sg. Acc.*
dharma-paryāyaṃ < dharma-paryāya-：*m.* 法門。*sg. Acc.*
svādhyāsyante < svādhyāsya- < √svādhyā- (名動詞) + -sya：独りで学ぶ。独習する。独りで暗誦する。*Fut. 3, pl. A.* BHS. dic. *p.* 616.
BHS. dic. には、√svādhyā- (名動詞) とともに √svādhyāya- (名動詞)も挙げている。
svādhyāya- < sva-adhy-āya- < sva-adhi-√i- (2) + -a：*m.* 独りで復唱すること。(Veda 聖典の) 学習。声高に暗誦すること。「誦」「読誦」と漢訳。
adhi-√i- (2)：認める。了解する。学ぶ。習う。暗誦する。「詠」と漢訳。
受動活用の語幹は、adhīya-（< adhi-īya- < adhi-√i- (2) + -ya）となることに注意を。cf.「基礎」*p.* 400.
√i- (2) は P. 動詞であるが、adhi- が付くと A. 動詞の活用をする。cf.「基礎」*p.* 288.

dharma-saṃrakṣakās te bhaviṣyanti ya etad-dharmâdhimuktānām upasthāna-paricaryāṃ kariṣyanti /
(梵漢和維摩経 *p.* 548, *ll.* 3–5)

「この法に対して信順の志を抱いている人に親近し、恭敬をなすであろうところの人たち、それらの人たちは法を守護するものとなるでありましょう。
【「其の是くの如き人を供養する者有らば、当に知るべし、即ち仏を供養すると為す。】
（大正蔵、巻一四、五五五頁下）

……………………………………………………………………………

dharma-saṃrakṣakās < dharma-saṃrakṣakāḥ + (t) < dharma-saṃrakṣaka-：*m.* 法を守護するもの。*pl. Nom.*
saṃrakṣaka- < sam-√rakṣ- (1) + -aka：*m.* 保護者。防護者。救護者。
sam-√rakṣ- (1)：～（奪格）から防護する。保護する。保存する。救護する。
te < tad-：それ。*m. pl. Nom.*
bhaviṣyanti < bhaviṣya- < √bhū- (1) + -iṣya：～である。なる。*Fut. 3, pl. P.*
ya < ye + a 以外の母音 < yad-：*関係代名詞, m. pl. Nom.*
etad-dharmâdhimuktānām < etad-dharmâdhimukta- < etad-dharma-adhimukta-：*adj.* この法に対して信順の志を抱いいている。*m. pl. Gen.*
etad-：これ。
adhimukta- < adhi-√muc- (6) + -ta：*pp.* 信用せる。確信せる。熱中した。献身した。意向を持った。〔信順の〕志を抱いた。
upasthāna-paricaryāṃ < upasthāna-paricaryā-：*f.* 親近と恭敬。*sg. Acc.*
upasthāna- < upa-√sthā- (1) + -ana：*m.* 出席。接近。参列。奉仕。敬礼。集会。「供養」「供

事」「給侍」「給使」「奉給」「侍従」「親近」と漢訳。

paricaryā-：*f.* 付き添い。奉仕。献身。帰服。「侍」「給侍」「供給」「供養」「恭敬」と漢訳。

kariṣyanti < kariṣya- < √kṛ- (8) + -iṣya：作る。なす。*Fut. 3, pl. P.*

gṛha-gatas[57] teṣāṃ tathāgato bhaviṣyati ya imaṃ dharma-paryāyaṃ su-likhitaṃ kṛtvā dhārayiṣyanti sat-kariṣyanti /

(梵漢和維摩経 *p.* 548, *ll.* 5–6)

「この法門を上手に書写して後、受持し、崇敬するであろうところの人たち、それらの人たちの家の中には如来がいるようになるでありましょう。

【「其れ此の経巻を書持する者有らば、当に知るべし、其の室には即ち如来有り。】

（大正蔵、巻一四、五五五頁下）

…………………………………………………………………………

gṛha-gatas < gṛha-gataḥ + (t) < gṛha-gata-：*adj.* 家の中にいる。家に来た。「在家物」と漢訳。*m. sg. Nom.*

gṛha-：*n.* 家。住居。「舎」「宅」「舎宅」と漢訳。

〜-gata-：*adj.* 〜に行った／来た。〜に陥った。〜に於ける。〜の中にある。〜に含まれた。〜に関する。〜に出立した。〜より造られた。〜に到達した。〜を得た。

teṣāṃ < tad-：それ。*m. pl. Gen.*

tathāgato < tathāgataḥ + 有声子音 < tathāgata-：*m.* 「如来」「如去」と漢訳。「多陀阿伽度」と音写。*sg. Nom.*

bhaviṣyati < bhaviṣya- < √bhū- (1) + -iṣya：生ずる、〜になる。*Fut. 3, sg. P.*

ya < ye < yad-：*関係代名詞, m. pl. Nom.*

imaṃ < idam-：これ。*m. sg. Acc.*

dharma-paryāyaṃ < dharma-paryāya-：*m.* 法門。*sg. Acc.*

su-likhitaṃ < su-likhita-：*pp.* よく描かれた。上手に書写された。*m. sg. Acc.*

likhita- < √likh- (6) + -ita：*pp.* 描かれた。描写された。写生された。書写された。

√likh- (6)：描く。描写する。写生する。「書写」「書」「写」と漢訳。

kṛtvā < √kṛ- (8) + -tvā：作る。なす。*Ger.*

dhārayiṣyanti < dhārayiṣya- < dhāraya- + -iṣya < √dhṛ- (4) + -aya + -iṣya：*Caus.* 把持する。支える。担う。運ぶ。固持する。支持する。「受持」と漢訳。*Fut. 3, pl. P.*

sat-kariṣyanti < sat-kariṣya- < sat-√kṛ- (8) + -iṣya：整理する。飾る。尊重する。尊敬する。優遇する。*Fut. 3, pl. P.*

sarva-puṇya-parigṛhītās te bhaviṣyanti ya imaṃ dharma-paryāyam anumodiṣyante /

(梵漢和維摩経 *p.* 548, *ll.* 6–7)

「この法門を喜ぶであろうところの人たち、それらの人たちはあらゆる福徳に包まれたものとなるでありましょう[58]。

【「若し是の経を聞いて能く随喜する者あらば、斯の人を即ち一切智を取ると為す。】

（大正蔵、巻一四、五五五頁下）

…………………………………………………………………………

sarva-puṇya-parigṛhītās < sarva-puṇya-parigṛhītāḥ + (t) < sarva-puṇya-parigṛhīta-：*adj.* あらゆる福徳に包まれた。*m. pl. Nom.*

puṇya-：*adj.* 吉兆の。幸先のよい。幸運な。美しい。快い。有徳の。*n.* 善。徳。善行。「福」「福徳」「福行」「功徳」と漢訳。

parigṛhīta- < pari-√grah- (9) + -ita ：*pp.* 〜と結合された。従われた。囲まれた。捕らえられた。包まれた。供給された。

te < tad-：それ。*m. pl. Nom.*

bhaviṣyanti < bhaviṣya- < √bhū- (1) + -iṣya：～である。なる。*Fut. 3, pl. P.*
ya < ye + a 以外の母音 < yad-：*関係代名詞, m. pl. Nom.*
imaṃ < idam-：これ。*m. sg. Acc.*
dharma-paryāyam < dharma-paryāya-：*m.* 法門。*sg. Acc.*
anumodiṣyante < anumodiṣya- < anu-√mud- (1) + -iṣya：～（対格）とともに喜ぶ。鼓舞する。よしとする。認可する。許す。「随喜」「歓喜」「欣慶」*Fut. 3, pl. A.*

mahā-dharma-yajñaṃ te yajiṣyanti[59] ya ito dharma-paryāyād antaśaś catuṣ-padikām api gāthāṃ saṃvaram api[60] parebhyo vistareṇa deśayiṣyanti / tad eva teṣāṃ bhagavan vyākaraṇaṃ yeṣām[61] iha dharma-paryāye kṣāntī rucir matiḥ[62] prekṣā dṛṣṭir adhimuktir muktiś ca bhaviṣyati //
(梵漢和維摩経 *p.* 548, *ll.* 7–11)

「この法門の中から、四句からなる詩句（偈）の一つでさえも、〔悪を防ぎ善に導く行ないを定めた〕律儀戒の一つでさえも、他の人たちのために詳細に示すであろうところの人たち、それらの人たちは大いなる法の施会[63] を執り行ったことになります。まさにそれ故に、世尊よ、この法門において、忍耐、願望、知性、理解、〔正しく〕見ること、信順の志、〔束縛からの〕解放を持つであろうところの人たち、それらの人たちには〔未来における成仏の〕予言が具わるでありましょう」
【「若し能く此の経の乃至一の四句偈を信解して、他の為に説く者あらば、当に知るべし、此の人は即ち是れ阿耨多羅三藐三菩提の記を受く、と」】　（大正蔵、巻一四、五五五頁下）

……………………………………………………………………………

mahā-dharma-yajñaṃ < mahā-dharma-yajña-：*m.* 大いなる法の施会。*sg. Acc.*
　dharma-yajña-：*m.* 法の施会。
　yajña-：*m.* 崇拝。祭式の儀礼。祭式。
te < tad-：それ。*m. pl. Nom.*
yajiṣyanti < yajiṣya- < √yaj- (1) + -iṣya：崇拝する。供物をもって祭る。供物を捧げる。*Fut. 3, pl. P.*
ya < ye + a 以外の母音 < yad-：*関係代名詞。m. pl. Nom.*
ito < itas + 有声子音：*adv.* これより。ここから。この世から。ここに。地上に。この故に。(idam-の *n. sg. Abl.*)
dharma-paryāyād < dharma-paryāyāt + 母音 < dharma-paryāya-：*m.* 法門。*sg. Abl.*
antaśaś < antaśas + (c)：*adv.* ～さえも。「乃至」「下至」と漢訳。
catuṣ-padikām < catuṣ-padika- < catuṣ-pada- + -ika：*adj.* 四句からなる。*f. sg. Acc.*
　catuṣ-pada-：*adj.* 四足の。四行（句）を有する。
api：*adv.* また。さえも。されど。なお。
gāthāṃ < gāthā-：*f.* 讃歌。詩句。「頌」と漢訳。「伽他」「偈」と音写。*sg. Acc.*
saṃvaram < saṃvara- < sam-√vṛ- (1) + -a：*m.* 〔悪行を防止する〕律儀戒。抑制。制御。「律儀」と漢訳。*sg. Acc.*
　sam-√vṛ- (1)：覆いつくす。隠す。（戸を）閉じる。拒絶する。避ける。阻む。
　BHS. dic. *p.* 539 には restraint（自制、抑制、制止）, control（支配、統制、管理、制御）とある。
api：*adv.* また。さえも。されど。なお。
parebhyo < parebhyaḥ + 有声子音 < para-：*m.* 他人。*pl. Dat.*
vistareṇa < vistara- < vi-stara-：*adj.* 広大な。広範な。*m.* 広さ。多数。大勢の仲間。詳細。微細な事項。詳細な記述。敷衍。*n. sg. Ins.*
deśayiṣyanti < deśayiṣya- < deśaya- + -iṣya- < √diś- (6) + -aya + -iṣya：*Caus.* 示す。教える。「説」「宣説」「演説」と漢訳。*Fut. 3, pl. P.*

……………………………………………………………………………

tad < tat + 母音 < tad-：それ。*n. sg. Acc.*
　代名詞の中性・単数の対格（tat）、奪格（tasmāt）、具格（tena）は、「そこで」「従って」「それ故」などの意味となり、文の連結助詞として用いられる。cf.「シンタックス」*p.* 125.

eva：*adv.* さように。このように。まさに。実に。ただ。全くこのように。

teṣāṃ < tad-：それ。*m. pl. Gen.*

bhagavan < bhagavat-：*m.* 尊い（人）。「世尊」と漢訳。「婆伽婆」「薄伽梵」と音写。*sg. Voc.*

vyākaraṇaṃ < vyākaraṇa- < vi-ā-√kṛ- (8) + -ana：*n.* 分離。区別。展開。創造。文法。予言。「授記」「記」「記別」と漢訳。*sg. Nom.*

vi-ā-√kṛ- (8)：分かつ。区別する。説明する。～（対格）に決定的な予言をなす。「授記」と漢訳。

teṣāṃ 以下は、属格と主格の名詞文をなしている。

yeṣām < yad-：*関係代名詞, m. pl. Gen.*

iha：*adv.* ここに。今。この世に。地上に。

dharma-paryāye < dharma-paryāya-：*m.* 法門。*sg. Loc.*

kṣāntī < kṣāntiḥ + (r) < kṣānti- < √kṣam- (1) + -ti：*f.* 堪えること。認めること。「忍」「忍辱」「堪忍」と漢訳。*sg. Nom.*

この場合の連声は、cf.「基礎」*p.* 60.

√kṣam- (1)：忍耐する。堪える。忍ぶ。

rucir < ruciḥ + 有声音 < ruci- < √ruc- (1) + -i：*f.* 光沢。光。華麗。～に対する好み。趣味。*sg. Nom.*

√ruc- (1)：輝く。まばゆく光る。美しく見える。～の気に入る。～を好む。「欲」「愛」「願」と漢訳。

matiḥ < matiḥ + (p) < mati-：*f.* 思考。意見。信念。思想。理解。知性。機知。*sg. Nom.*

prekṣā < prekṣā- < pra-√īkṣ- (1) + -ā：*f.* 見ること。観察。外貌。美貌。反省。熟慮。理解。*sg. Nom.*

dṛṣṭir < dṛṣṭiḥ + 有声音 < dṛṣṭi- < √dṛś- (1) + -ti：*f.* 見ること。視力。視覚。眼。一瞥。*sg. Nom.*

adhimuktir < adhimuktiḥ + 有声音 < adhimukti- < adhi-√muc- (6) + -ti：*f.* 信順の志。傾向。嗜好。信頼。確信。「信」「信解」「解」「信受」と漢訳。*sg. Nom.*

muktiś < muktiḥ + (c) < mukti- < √muc- (6) + -ti：*f.* ～の解放。救済。繋縛からの解脱。*sg. Nom.*

ca：*conj.* および。また。しかしながら。そして。～と。なお。

bhaviṣyati < bhaviṣya- < √bhū- (1) + -iṣya：生ずる、～になる。*Fut. 3, sg. P.*

Abhirati-Loka-Dhātv-ĀnayanÂkṣobhya-Tathāgata-Darśana-Parivarta Ekādaśaḥ //
(梵漢和維摩経 *p.* 548, *ll.* 12–13)

〔以上が〕「“極めて楽しいところ”（妙喜）という世界の請来と“不動であるもの”（阿閦）という如来との会見」の章の第十一である。

【漢訳相当箇所なし】

………………………………………………………………………

abhirati-loka-dhātv-ānayanâkṣobhya-tathāgata-darśana-parivarta < abhirati-loka-～-parivartaḥ + a 以外の母音 < abhirati-loka-dhātv-ānayanâkṣobhya-tathāgata-darśana-parivarta-：*m.* 「“極めて楽しいところ”（妙喜）という世界の請来と“不動であるもの”（阿閦）という如来との会見」の章。*sg. Nom.*

ekādaśaḥ < ekādaśa-：*序数詞,* 第十一。*m. sg. Nom.*

第11章　訳注

1 pūrvântato 'jātam（< pūrvântataḥ + ajātam）は、貝葉写本では pūrvântato 'ajātam となっている。「～aḥ + a～」の連声は「～o '～」となるが、a を消し忘れたのであろう。

2 asaṃjñāṃは、貝葉写本では asajñam となっているが、VKN. はそれを asaṃjñam と改めている。ところが、ここは、直前の複合語の冒頭にある女性名詞 saṃjñā- に対応するもので、それに否定の接頭辞をつけた対格であるべきなので、筆者は改めた。

3 aprāptaṃ saṃprāptaṃ（獲得することなく、獲得している）は、貝葉写本では asaṃprāptam（獲得していない）となっているが、チベット語訳、およびその現代語訳である中公版と漢訳（鳩摩羅什訳なし）に従って改めた。

　ma thob pa yang dag par thob pa（獲得していなくてよく獲得している）
　「得ないままで、正しく得るのです」（中公版、*p.* 159）
　「至る所無くして一切法に至ると為す」（支謙訳）
　「至るに非ずして、而も至る」（玄奘訳）

4 筆者が、「〔地・水・火・風の〕四大元素の集まったものではなく」と訳した箇所の原文は、catur-dhātv-asaṃ=prāptam となっている。これは、catur-（四）、dhātv-（< dhātu-, 元素、界）、asaṃprāpta-（集まっていない）の複合語の男性・単数・対格である。

チベット語訳、およびその現代語訳である中公版、そして漢訳は次の通り。

　khams bzhi ni mi gnas pa ste（四界は住しておらず）
　「（地・水・火・風の）四界のなかにはなく」（中公版、*p.* 159）
　「四大より起こるに非ず」（鳩摩羅什訳）
　「四界に住まらず」（玄奘訳）

貝葉写本は鳩摩羅什訳に近く、チベット語訳はいずれとも異なっている。チベット語訳には、処格の助詞が用いられていないので、中公版のように「四界のなかに」と訳すことはできない。もしも、kham bzhi ni の ni が処格の助詞 na であれば、中公版のように「四界のなかに」となる。玄奘訳を考慮すると、ni は na であったのかもしれない。VKN. は、チベット語訳と玄奘訳からすると、catur-dhātv-asaṃsthitam であった可能性があると指摘している。

5 「三明」は、tri-vidyā- の訳で、もとは『リグ・ヴェーダ』『サーマ・ヴェーダ』『ヤジュル・ヴェーダ』の三ヴェーダのことで、その三つを体得することがバラモン教における覚りを意味していた。釈尊は、「覚りに到った」ということを表現するのに、その表現を借りて「三つの明知を得た」と表現していた。その際、「三つの明知」の具体的内容は問題外であった。ところが、後世になり、その「三つ」の中身が問われるようになり、①宿命明（自他の身の宿世の因縁を知る智慧）、②天眼明（自他の身の未来の果報を知る智慧）、③漏尽明（煩悩が尽きて得た智慧）とこじつけられた。

6 「無明と等し」に相当する箇所は、貝葉写本にもチベット語訳にも見られない。

7 nârvāṅ は、貝葉写本では nāvāṅ となっている。鳩摩羅什訳に「此岸にあらず、彼岸にあらず」とあるので、na pāre（彼岸にあらず）に対応して nârvāṅ（< na + arvāṅ, 此岸にあらず）に改めた。

8 na deśa-stho na pradeśa-stho（ある場所に位置しているのでもなく、ある地点に住しているのでもありません）は、貝葉写本では na deśa-stho na pradeśa-sthaḥ となっている。チベット語訳、およびその現代語訳である中公版、そして漢訳では次のようになっている。

　yul la mi gnas shing phyogs la mi gnas pa（ある地域に住しているのでもなく、ある方面に住しているのでもなく）
　「どこかの場所にあるのでもなく、どちらかの方角にあるのでもなく」（中公版、*p.* 160）
　「教うること無く、教えざること無し」（支謙訳）
　「方に在らず方を離れず」（鳩摩羅什訳）
　「方分に住らず、方分を離れず」（玄奘訳）

貝葉写本とチベット語訳は、ほぼ同趣旨である。支謙訳のみが他とまったく異なっているが、VKN. は、鳩摩羅什訳と玄奘訳から na deśastho nādeśasthaḥ（ある場所に位置しているのでもなく、ある場所に位置していないのでもない）であったかもしれないと指摘しているが、第3章§52に、覚り（bodhi-）について na deśa-sthā na pradeśa-sthā（ある場所に位置しているのでもなく、ある地点に住しているのでもない）と論じたところがあり、男性形と女性形の相違はあっても、言っている内容は全く同じである。従って、このままで何ら問題ないのではないか。

9 nâdakṣiṇârho は、貝葉写本と VKN. では na dakṣiṇā-śodhayitā となっているが、dakṣiṇā-śodhayitā（<

dakṣiṇā-śodhayita-）は、dakṣiṇā-（布施）と śodhayita- の複合語である。śodhayita- は「清める」という意味の動詞 √śudh- (4) の使役・過去受動分詞 śodhita- の BHS. の形である。従って、dakṣiṇā-śodhayita- は「布施によって清められた」という意味になる。ところが、この文章の前後で、「Aでもなく、Aでないのでもない」という表現が多用されていて、VKN. のままではその構文に反する。ここは、直前の na dakṣiṇârho（布施を受けるに値しない）という語と対句になるべきなので、筆者は nâdakṣiṇârho（< na + adakṣiṇârho, 布施を受けるに値しないのでもない）に改めた。

チベット語訳、およびその現代語訳である中公版、そして漢訳（支謙訳はなし）は次の通り。

sbyin par ’os pa yang ma lags pa / sbyin pa mi spyod pa’ng ma lags so /（布施に値するのでもなく、布施を享受しないのでもない）

「布施に値するのでもなく、布施を受けないのでもありません」（中公版、*p.* 160）

「供養に応ずるに非ず、供養に応ぜざるに非ず」（鳩摩羅什訳）

「供に応ずるに非ず、供に応ぜざるに非ず」（玄奘訳）

[10] ’grāhyo は、貝葉写本では ’grāhyaḥ となっているが、これは貝葉写本の次頁冒頭になった aparāmṛṣṭo と連声して、’grāhyo ’parāmṛṣṭo となるべきである。頁が変わったために、連声の必要性に気づかなかったのであろう。

[11] tulanā-samatikrānto（< tulanā-samatikrāntaḥ + 有声子音）は、貝葉写本では tulyanā-samatikrāntaḥ となっているが、tulyanā- は意味不明。鳩摩羅什訳に「過諸称量」、玄奘訳に「超諸量性」とあるので、「称量」と漢訳される tulanā- と「超」「過」「超過」「超越」と漢訳される samatikrānta- との複合語に改めた。

[12] [ ] 内の na は、貝葉写本では欠落しているが、この前後は na による否定の節が羅列されているところなので、ここにも補った。

[13] na dṛṣṭa-śruta-**[mata-]**parijñātaḥ（見られ、聞かれ、**覚られ**、十分に知られることもありません）は、貝葉写本と VKN. では na dṛṣṭa-śruta-parijñātaḥ（見られ、聞かれ、十分に知られることもありません）となっているが、筆者は、次のチベット語訳、および漢訳を参考に改めた。

mthong ba dang thos pa dang/ bye brag phyed pa dang / rnam par rig pa'ng ma lags pa /（見ることや、聞くこと、**識別すること**、理解することでもなく）

「見・聞・**覚**・知のいずれでもなく」（中公版、*p.* 161）

「見に非ず、聞に非ず」（支謙訳）

「見に非ず、聞に非ず、**覚**に非ず、知に非ず」（鳩摩羅什訳）

「見ること無く、聞くこと無く、**覚ること**無く、知ること無し」（玄奘訳）

[14] sarva-**[jña-]**jñāna-samatā-prāptaḥ（< sarva-**[jña-]**jñāna-samatā-prāpta-, 一切知者の智慧と平等であることを獲得している）は、貝葉写本では sarva-jñāna-samatā-prāptaḥ（< sarva-jñāna-samatā-prāpta-）となっている。チベット語訳、およびその現代語訳である中公版と、漢訳（支謙訳と鳩摩羅什訳は存在しない）は次のように jña- に相当する語が入っている。

thams cad mkhyen pa’i ye shes dang mtshung pa thob pa（一切知者の智慧と等しいことを獲得しており）

「すべてを知るという知をそなえ」（中公版、*p.* 161）

「一切智智の平等を証会す」（玄奘訳）

従って、jña- を [ ] 内に補った。

[15] niṣkaṣāyo は、貝葉写本では triḥ-kaṣāyaḥ となっている。triḥ- が意味不明だが、鳩摩羅什訳に「無濁」、玄奘訳に「無穢」とあり、niṣkaṣāyo（< niṣ-kaṣāyaḥ + 有声子音）に改めた。

[16] niṣkalpo（< niṣkalpaḥ + 有声子音）は、貝葉写本と VKN. では niṣkalo（< niṣkalaḥ < niṣkala-）となっているが、これは「部分のない」「分けにくい」「減少した」「衰退した」「もろい」という意味であり、如来の特徴を述べる言葉としては、この文章ではそぐわないものばかりである。ラモット博士は、英語の conception（思考、想念）に相当するサンスクリット語の kalpa を予測し、「kalpa のない」(without conception) としている（*Teaching of Vimalakīrti*, *p.* 241）。その見解に従って、筆者は niṣkalpo（< niṣkalpaḥ + 有声子音）と改めた。

チベット語訳、およびその現代語訳である中公版は次の通り。漢訳相当箇所はない。

mi rtog pa（思考なく）

「思考せず」（中公版、*p.* 161）

rtog pa は、サンスクリットの kalpa に対応する言葉である。

[17] nirvikalpo ’kṛto（< nirvikalpaḥ + akṛto）は、貝葉写本では nirvikalpaḥ akṣato となっている。nirvikalpaḥ は「分別のない」でいいが、akṣato（< akṣata-）は「傷つけられない」という意味だが、ここにはそぐわない。鳩摩羅什訳に「分別無し……作無く」、玄奘訳に「諸の分別を離れ、作無く」とあるので、akṣato と類似した akṛto

(akṛtaḥ < a-kṛta-, なされざる）に改めた。これは「不作」「無作」と漢訳される語である。

18 niṣkleśo（< niṣkleśaḥ < nis-kleśa-）は、貝葉写本では niḥkleśaḥ となっているが、連声を考慮して改めた。「〜のない」という意味の接頭辞 nis- と kleśa-（煩悩）の複合語で、「煩悩のない」という意味である。ところが、チベット語訳、およびその現代語訳である中公版では次の訳になっている。

kun gzhi ma mchis pa（基盤なく）

「アーラヤ（の愛着）でなく」（中公版、*p.* 161）

niṣkleśo に対応する箇所は、確かに ālaya のチベット語訳である kun gzhi になっている。

19 nirūrmikaḥ（< nir-ūrmika-）は、貝葉写本と VKN. では nīrūrmikaḥ となっているが、意味が通じないので、筆者は改めた。nir-（< nis-）は「〜がない」「〜を欠いた」を意味する接頭辞で、ūrmika- は ūrmi- に特別の意味のない虚辞としての接尾辞 -ka をつけたものである。ūrmi- は既に第 3 章§6 でも出てきた。「波」「大濤」という意味だが、「〔人生に襲ってくる飢・渇・寒・暑・貧・迷の六つの苦悩の〕波」という意味を持つ。従って、nirūrmikaḥ は「〔人生に襲ってくる飢・渇・寒・暑・貧・迷の六つの苦悩の〕波がない」という意味になる。

20 筆者が「無一物」と訳した語は、貝葉写本では niṣkiṃcano（< niṣkiṃcanaḥ）となっている。これに相当する語は、漢訳には見られないが、チベット語訳、およびその現代語訳である中公版では次のようになっている。

ci yang ma mchis pa /（無一物であり）

「あやまちがなく」（中公版、*p.* 161）

チベット語訳は、英語の There isn't any thing. に当たるが、「何一つない」というその内容は具体的には触れられていない。中公版の訳では、「何一つない」ものを「過ち」とされたようだが、そうすべき理由は見当たらないのではないか。

21 katamād は、貝葉写本と VKN. では katamasmād となっているが、意味が通じないので筆者は改めた。

22 §2の冒頭からここまでのシャーリプトラと世尊との会話は、チベット語訳、支謙訳、玄奘訳には存在するが、鳩摩羅什訳のみに欠落している。

23 cyutvêhôpapannaḥ（< cyutvā + iha + upapannaḥ）は、貝葉写本では cyuta ihôpapannaḥ となっているが、この前後に頻出する cyutvêhôpapannaḥ に合わせて改めた。

24 dharmasya は、貝葉写本では dharmasya dharmasya と繰り返されているが、必要ないので一つ削除した。

25 yaṃ は、貝葉写本では yo（< yaḥ）となっているが、nirmitāṃ striyaṃ puruṣaṃ vā（化作された女か男）を先行詞とする関係代名詞として男性・単数・対格に改めた（男性名詞と女性名詞が共存する時、性は男性が優先する）。

26 nirmitāṃ（< nirmita-, 化作された）は、女性名詞の striyaṃ（< strī-, 女）と男性名詞の puruṣaṃ（< puruṣa-, 男）の両方にかかっていて、性の一致の規則からすれば、この語は女性よりも男性の性が優先するので、男性形の nirmitaṃ とするべきところだが、「述語としての分詞は、隣接する述語名詞の性をとることがある」（cf.「シンタックス」*p.* 12）という規則に従って、ここは女性になっている。

27 〜-abhisaṃskāra-[**kṣapaṇa**-]lakṣaṇa-padam（形成された個人存在の〔**破壊という**〕属性に陥ること）は、貝葉写本では〜-abhisaṃskāra-lakṣaṇa-padam（形成された個人存在の属性に陥ること）となっている。VKN. は、これに kṣaṇa- を補って、〜-abhisaṃskāra-**kṣaṇa**-lakṣaṇa-padam と改めている。その理由として、VKN. は、次のチベット語訳、およびその現代語訳である中公版と漢訳が次のようになっていることを挙げている。

mngon par 'du byed pa'i mtshan nyid do//（形成された性質のものである）

「作用の（断滅した）姿」（中公版、*p.* 162）

「行の尽澌と為（な）す」（支謙訳）

「虚誑（こおう）の法の敗壊（はいえ）の相と為す」（鳩摩羅什訳）

「即ち是れ諸行の断相なり」（玄奘訳）

チベット語訳には「断滅」に対応する語は存在しない。中公版で「断滅した」という語を（　）内に補ったのは、漢訳を参考にしたからであろう。VKN. は、すべての漢訳に「尽澌」「敗壊」「断」という文字があることや、後の文章に kṣapayati が出てくるので、それに対応する語として kṣaṇa- を挿入したとしている。ところが、kṣaṇa- は「刹那」と音写され、「瞬間」という意味であり、ここに kṣaṇa- は適切ではない。

kṣapayati は「断」「尽」などと漢訳され、「破壊する」という意味の動詞 √kṣi- (9) の使役語幹 kṣapaya-（< √kṣi- (9) + -paya）から作られた現在・三人称・単数形である。これに対応するのは、使役語幹 kṣapaya- から作られた中性名詞 kṣapaṇa-（< kṣapaya- + -ana）である。意味だけを見れば、語根の √kṣi- (9) から作られた男性名詞 kṣaya-（< √kṣi- (9) + -a）も考えられないことはない。いずれも「破壊」という意味では同じである。けれども、筆者は、後に出てくる kṣapayati との対応を考慮して kṣapaṇa- を採用した。

---

28 kuśala- は、貝葉写本では行末に kula とあり、その右側の欄外に śa- と書き足されている。

29 筆者が、ここで「楽しむ」と書き下した「楽」という漢字は、「ぎょう」と読んで「願う」、「らく」と読んで「楽しむ」、「がく」と読んで「音楽」を意味する。『国訳一切経』では「楽ひしことよ」、高崎校註『維摩経』では「楽うとは」と書き下してあるが、梵文写本では「満足に思う」「～（具格、処格）を喜ぶ／楽しむ」という意味の動詞 abhi-√ram- (1) の現在・三人称・単数 abhiramate が用いられているので、筆者は「楽しむ」と書き下した。支謙訳と玄奘訳のいずれも、ここは「楽」と訳している。

30 'payāti（< apayāti）は、貝葉写本と VKN. では現在・三人称・複数の 'payānti（< apayānti）となっているが、主語の sarvaṃ tamo（すべての闇）が単数なので、筆者は現在・三人称・単数の形に改めた。

31 nôttiṣṭheyam（< na + uttiṣṭheyam）は、貝葉写本では nontiṣṭheyam となっている。貝葉写本でしばしば見られる n と t の間の誤記であろう。

32 ～-gandharvâsurâdhyuṣitāṃ は、貝葉写本では～-gandharvâsurâvyuṣitāṃ となっている。貝葉写本でしばしば見られる v と dh の間の誤記であろう。

33 sa-bodhi-sattva-śrāvaka-parṣadam は、貝葉写本と VKN. では sa-bodhi-sattva-sa-śrāvaka-parṣadam となっているが、結合・共有・類似を表わす接頭辞 sa は複合語の冒頭だけでいいと考えて、筆者は改めた。

34 この長い文章は、単純に、

①「"極めて楽しいところ"（妙喜）という世界を持ってくることにしよう」

と言おうとしたところだが、途中にその世界の特徴をたくさん並べ立てたために、複雑極まりない文章となっている。「持ってくる」の目的語となっているため、「世界」も、その特徴を述べた言葉もすべて対格になっているが、筆者は、①に続く文章を、「世界」も、その特徴を述べた語も主格であるようにみなして、それぞれを主語と補語の関係として、世界の特徴を叙述する文章の形に改めて訳した。

35 水輪際は、大地の下にあるとされる三つの層（三輪）の第二の層である水輪の底のこと。下から風輪、水輪、金輪があり、その上に世界の大地や山々や江海があると考えられていた。風輪の下に空輪を考える四輪の説もある。

36 saha は、貝葉写本と VKN. では男性・単数・主格の関係代名詞 yas となっているが、ここに関係代名詞が来る理由が分からない。玄奘訳が「**速やかに疾く**妙喜世界を断取して」となっていることから、筆者は副詞の saha（即座に）に改めた。この語の前後のチベット語訳は、次のようになっている。

rdzu 'phrul mngon par'du bya ba mngon par byas te / 'jig rten gyi khams mngon par dga' ba de（神通力を発現させることを発現させて、かの妙喜世界を）

チベット語訳には「即座に」に類した副詞は、存在しない。中公版は、チベット語訳にないこの箇所を「またたくまに」（中公版、*p.* 165）としたのは、やはり玄奘訳を参考にして挿入したのであろう。

37 tām は、貝葉写本と VKN. では男性／中性・単数・対格の tam となっているが、これは女性名詞 abhiratiṃ にかかっているので、筆者は女性・単数・対格に改めた。本章の他の箇所（§4、§7 など）ではすべて tām abhiratiṃ となっている。

38 paricchidya は、貝葉写本では paricchindya となっているが、鳩摩羅什訳と玄奘訳に「断取する」とあるので、「切断する」という意味の動詞 pari-√chid- (7) の絶対分詞に改めた。

39 trāya は、貝葉写本では trāyaś となっているが、鳩摩羅什訳と玄奘訳に「願わくは救護せられんことを」とあるので、√trā- (4) の命令・二人称・単数とした。

40 筆者が「私たちは〔連れ去ることが〕なされています」と訳した箇所は、貝葉写本では kriyāmahe となっている。これは、動詞 √kṛ- (8) の受動・一人称・複数形である。√kṛ- (8) には「作る」「なす」「形成する」といった意味があるが、いずれもここにはそぐわない。「梵和大辞典」には「～（対格）に暴行を加える」という意味も見られ、これが最も適切な意味に思える。そのニュアンスも考慮し、この場面の状況をかみ合わせて、筆者の訳となった。

チベット語訳、およびその現代語訳である中公版、そして漢訳は次の通り。

bcom ldan 'das bdag cag 'tshal to（世尊、私たちは望んでいます）

「われわれはここにいます」（中公版、*p.* 165）

「我を取ることを哀れむ」（支謙訳）

「誰か我を取り去るや」（鳩摩羅什訳）

「誰か将に我を去らんとす」（玄奘訳）

チベット語訳と中公版は、貝葉写本とも漢訳とも異なっていて、チベット語訳と中公版の間でも異なっている。チベット語の 'tshal (ba) は「求める」「探す」「必要とする」「許されている」といった意味を持ち、中公版の「ここにいます」に対応する語はチベット語訳には見当たらない。

41 kriyamāṇā は、貝葉写本と VKN. では kriyamāṇānām となっているが、次の注 42 で述べる理由によって筆者は改めた。

42 筆者が、「この場合、私の〔威神力〕ではなく、ヴィマラキールティ菩薩によってなされている威神力である」と訳した箇所は、貝葉写本と VKN. では次のようになっている（適宜、ハイフンを施した）。

①na mamâtra（この場合、私の〔威神力〕ではなく、）

②vṛṣabhitā（威神力である）

③vimalakīrtinā bodhi-sattvena（ヴィマラキールティ菩薩によって）

④kriyamāṇānām

①は、「この場合（atra）、私のもの（mama）ではない（na）」を意味している。次の②③④は、

「A（主格）＋ B（具格）＋ C（受動の現在分詞）」

の構文をなしていて、「AはBによってCされている」、あるいは「BによってCされているA」という意味になる。その場合に、AとCは性・数・格が一致しなければならないが、②が女性・単数・主格であるのに対して、④は男性／中性・複数・属格であり、性·数·格のすべてが一致していない。筆者は、④が誤っていると考えて、女性・単数・主格の kriyamāṇā に改めた。

⑤kriyamāṇā（なされている）

こうして筆者の訳となった。

これは、チベット語訳、およびその現代語訳である中公版、そして漢訳では次のようになっている。

byang chub sems dpa' dri ma med par grags pas khyer ba de ni nga'i yul ma yin no /（ヴィマラキールティ菩薩によって運ばれているのであって、そのことは、私にとって〔可能な〕領域ではないのである）

「ヴィマラキールティ菩薩が運んでいるので、私にはどうにもできない」（中公版、*p.* 165）

「我が所為に非ず。是れ維摩詰の接する所なり」（支謙訳）

「我が所為に非ず。是れ維摩詰の神力の作す所なり」（鳩摩羅什訳）

「是れ無垢称の神力の所引にして、我が能（あた）う所に非ず」（玄奘訳）

チベット語訳と漢訳は、いずれも筆者の訳と同趣旨である。チベット語訳からの中公版の訳し方には、勘違いが見られる。すなわち、チベット語訳が、他の訳と同様、「ヴィマラキールティがやっていることであって、私にそんなことはできない」と言っているのに、中公版は、「ヴィマラキールティがやっているようなことだから、私にはどうにも対処できない」という意味にしている。

43 ūnatvaṃ は、貝葉写本では nônatvaṃ（< na＋ūnatvaṃ）となっている。この文章の冒頭に否定の na があり、貝葉写本のままでは、否定の na が一つ多いことになる。従って、nônatvaṃ は ūnatvaṃ に改められた。その結果は、次の通り。

na... ūnatvaṃ na pūrṇatvam abhūt（不足することもなく、満ち足りることもなかった）

チベット語訳、およびその現代語訳である中公版、そして漢訳は次のようになっている。

'jig rten gyi kham 'di gang ba'm/ bri bar yang mi mngon te（この世界は増えたり、減ったりするのが見えない）

「いっぱいになったり、減ったりしたとは見えないし」（中公版、*p.* 165）

「不増不減」（支謙訳）

「不増減」（鳩摩羅什訳）

「無減無増」（玄奘訳）

貝葉写本とは、「増」「減」の順番が逆になっているものもあるが、その両者を否定している点では一致している。

44 utpīḍo na は、貝葉写本では utpīḍa ne となっているが、鳩摩羅什訳に「迫隘せず」、玄奘訳に「迫迮せず」とあるので、utpīḍa を utpīḍo（< utpīḍaḥ＋ 有声子音）、否定の意味をくんで ne を na に改めた。

45 bodhi-sattva-caryā anuśikṣitavyā は、貝葉写本と VKN. では bodhi-satva-caryāyām anuśikṣitavyam となっている。bodhi-sattva-caryāyām は女性・単数・処格、anuśikṣitavyam は男性・単数・対格、あるいは中性・単数・主格／対格であり、性と格が不一致になっていて意味が通じない。ここは、いずれも女性・単数・主格であるべきなので、筆者は改めた。意味は「菩薩としての修行（菩薩行）が学ばれるべきである」となる。能動的な表現に改めると「菩薩としての修行（菩薩行）を学ぶべきである」となる。

46 ～-saṃdarśana-rddhi-prātihārye は、貝葉写本では～-sandana-rddhi-prātihāryai となっている。rddhi-（< ṛddhi-）は「神通」、prātihāryai（< prātihārya-）は「神変」「奇跡」だが、sandana- は意味不明である。鳩摩羅什訳に「現われし時」、玄奘訳に「神通力を以て示現せし時」とあるので、「現われ」「示現せし」に合わせて sandana-

を saṃdarśana- に改めた。

47 筆者が「十四・アユタ」と訳した箇所は、原文では caturdaśānām ayutānāṃ となっている。ayutānāṃ（< ayuta-）は、「万」「億」「垓」と漢訳され、「阿由他」と音写されている。ところが、チベット語訳、およびその現代語訳である中公版、そして漢訳では次のようになっている。

khri phrag bcu bzhi（一万の十四）
「十四ニユタ」（中公版、*p.* 166）
「十四姟」（支謙訳）
「十四那由他」（鳩摩羅什訳）
「八十四那庾多」（玄奘訳）

支謙訳が、貝葉写本と同じで、鳩摩羅什訳と玄奘訳は「那由他」と「那庾多」で発音が同じである。ただし、他のすべてが「十四」であるのに対して、玄奘訳だけが「八十四」と異なっている。

チベット語訳の khri phrag が 10,000、bcu が 10、bzhi が 4 であるが、辞書には、khri がサンスクリットの prabheda の訳で、数字で表せば 100000000 のこと、などとあり、今ひとつ数の大きさが確定しない。従って、中公版の訳は鳩摩羅什の訳を参考にしたものであろう。いずれにしても、ここは、あまり正確な数にとらわれず、「多数」を意味しているだけであろう。

48 vimalakīrter licchaver は、貝葉写本と VKN. では主格の vimalakīrttir licchavir となっているが、次の注 49 で述べる理由により筆者は属格に改めた。

49 筆者が「リッチャヴィ族のヴィマラキールティが、このサハー（娑婆）世界においてなすべきところの衆生を成熟させること」と訳した箇所は、貝葉写本と VKN. では次のようになっている（但し、⑤は貝葉写本では karttavyaṃs となっている）。

①vimalakīrtir licchavir（リッチャヴィ族のヴィマラキールティが、）
②yāvān（…ところの）
③iha sahe loka-dhātau（このサハー（娑婆）世界において）
④sattva-paripākaḥ（衆生を成熟させること）
⑤kartavyas（なされるべき）

④が男性名詞の単数・主格で、⑤が未来受動分詞 kartavya-（なされるべき）の男性・単数・主格であり、この構文には未来受動分詞⑤の動作主（具格、あるいは属格）が必要である。ところが、①は男性・単数・主格であり、②は関係代名詞 yāvat- の男性・単数・主格であり、③は処格である。従って、動作主となる具格、あるいは属格は見当たらない。考えられる解決策は、主格からなる①の vimalakīrtir licchavir を、属格の誤りとして次のように改めることである。

①' vimalakīrter licchaver（リッチャヴィ族のヴィマラキールティによって、）

そうすると、①'、②、③、④、⑤は、次のように訳される。

「リッチャヴィ族のヴィマラキールティによって、このサハー（娑婆）世界においてなされるべきところの衆生を成熟させること」

この受動的表現を能動的表現に変えれば、筆者の訳となる。

50 この文章の原文は、三つの要素からなっている。

①sarva-sattvānāṃ（一切衆生に……ある）
②tādṛśā buddha-kṣetra-guṇa-vyūhā（このようなブッダの国土に具わる徳による荘厳が）
③bhavantu（……ことになりますように）

①は男性名詞 sarva-sattva-（一切衆生）の複数・属格で、主格の②に対する所有の主体を示している。③は「～となる」「～である」という意味の動詞 √bhū- (1) の命令・三人称・複数で、願望を意味していて、「～になりますように」を意味している。ただ、前後のつながり具合から「～ことになりますように」と訳した。

チベット語訳、およびその現代語訳、そして漢訳は次の通り（支謙訳はなし）。

sems can thams cad kyang sangs rgyas kyi zhing gi yon tan bkod pa de 'dra bar gyur cig（〔願わくば〕一切衆生もまた、その仏国土の功徳荘厳と同じになりますように）

「願わくは、すべての人々がこのように徳に輝く仏土に住むとよいのですが」（中公版、*p.* 166）

「世尊よ、願わくは一切衆生をして清浄の土を得ること無動仏の如く……ならしめたまわんことを」（鳩摩羅什訳）

「願わくは諸の有情、皆、是くの如き荘厳の仏土に住せんことを」（玄奘訳）

チベット語の sangs rgyas kyi zhing（仏国土）と yon tan bkod pa（功徳荘厳）は属格助詞で結ばれており、

上記のように訳される。ただし、「住む」に相当する語はチベット語訳には見られない。それなのに、中公版が「住むとよいのですが」と訳したのは、玄奘訳を参考にされたのであろう。

玄奘訳では、国土を移動して妙喜国に住することが願望されている。それに対して、貝葉写本とチベット語訳と鳩摩羅什訳では、国土の移動については何も言っておらず、一切衆生の荘厳された姿の比較の対象として仏国土が用いられているだけである。

51 asmābhir（< asmad-, 我々）は、貝葉写本では abhir となっているが、VKN. によって ebhir（< idam-, これ）と改められた。けれども、チベット語訳と漢訳のすべてが「我等」となっているので、筆者は改めた。

52 īdṛśaṃ sat-puruṣaṃ（この善き人に）は、貝葉写本では īdṛśāt saspuruṣān となっているが、VKN. によって īdṛśān satpuruṣān（これらの善き人たちに）と改められた。これは、男性・複数・対格であるが、ここは阿閦仏のことを論じたところであり、チベット語訳、およびその現代語訳である中公版と漢訳でも次のように単数になっていることから、筆者は単数に改めた。

skyes bu dam pa（最勝の人に）
「このような高貴な人に」（中公版、*p.* 167）
「是の人を」（鳩摩羅什訳）
「是くの如き大士」（玄奘訳）

チベット語の skyes bu は puruṣa-（人）の訳であり、dam pa は「最高の」「最上の」を意味する語だが、saddharma-（< sat-dharma-, 正しい教え、正法）が dam pa'i chos とチベット語訳されているように、dam pa は sat- に対応する語である。従って、チベット語訳は sat-puruṣa- の訳語が用いられている。しかも、それは単数である。

53 paryavāpsyanty adhimokṣyanti（< paryavāpsyanti + adhimokṣyanti）は、貝葉写本では paryavāpsyanti 'dhimokṣyanti となっている。'dhimokṣyanti は adhimokṣyanti のことである。六つ前の語に adhimokṣyante が既にあり、いずれも「信順の意向を抱く」という意味であることから、VKN. は、重複であることを指摘して、チベット語訳 mos nas ston pa（信順する）から adhimucya であった可能性を指摘している。ただし、本文の訂正にまでは至っていない。しかし、adhimucya は、adhi-$\sqrt{}$muc-（4）の命令・二人称・単数・為他言、あるいは絶対分詞のいずれかであり、前後に羅列された未来・三人称・複数・為他言の形とそろわないことになるのが気になる。VKN. の考え方を尊重したとしても、前後の動詞の時制・人称・数、すなわち未来・三人称・複数に合わせた受動態の adhimucyiṣyante（熱中する、献身する、「信解」）の誤りではないのか？　という疑問が残る。

筆者は、次のように考える。動詞の語尾の -ante と -anti は、いずれも現在・三人称・複数だが、それぞれ「自分のために」行なう動作を表わす為自言（ātmanepada）の形と、「他者のために」行なう動作を表わす為他言（parasmaipada）の形である。従って、adhimokṣyante は、「自分のために」行なう動作を意味しており、その後に続く「信受し、会得し、受持し、読誦し、完全に理解し」が、自己の範囲内での行為を意味する動詞であることと符合している。それに対して adhimokṣyanti は「他者のために」行なう動作を意味しており、その後に続く「人に勧め、そして他人に詳細に説き明かし」が、他者への働きかけを意味する動詞であることと符合している。ここは、為自言と為他言の使い分けが明確であり、筆者はこのままでいいと考えた。従って、筆者は、為自言の adhimokṣyante を「〔自分のために〕信順の意向を抱き」、為他言の adhimokṣyanti を「〔他者のために〕信順の意向を抱き」と訳し分けた。

この考えに対して、佐々木一憲氏は、チベット語訳の mos (pa) は、サンスクリット語の adhimokṣa に対応し、その直後にある ston pa は、他人に対して行なう行為を表わす語だと解説してくれた。筆者の考えに裏づけを得た思いである。

54 bhāvanā-yogaṃ ca anuyuktā bhaviṣyanti（また観想の修行に専念するであろう）は、貝葉写本と VKN. では bhāvanā-yogam anuyuktāś ca bhaviṣyanti という語順になっているが、これらの語は一まとまりの文章をなしていて、接続詞の ca は文章の二番目にくるという原則から筆者は改めた。

55 svādhyāsyante（< $\sqrt{}$svādhyā-（名動詞）, 独りで暗誦する）は、貝葉写本では sradhyeṣante となっているが、チベット語訳と漢訳を参考にして改めた。チベット語訳、およびその現代語訳である中公版と漢訳は次の通り。

kha ton du bgyid pa（読誦するもの）
「口に唱える」（中公版、*p.* 167）
「読誦」（鳩摩羅什訳、玄奘訳）

56 筆者が「それらの人たちは如来の同伴者となるでありましょう」と訳した箇所は原文では次のようになっている。

①tathāgata-sahāyās te bhaviṣyanti

これは、tathāgata-（如来）と sahāyās（< sahāyāḥ, 同伴者たち）の複合語に、代名詞 te（それらの人たち）、

「～になる」という意味の動詞 √bhū- (1) の未来・三人称・複数 bhaviṣyanti からなる。

チベット語訳、およびその現代語訳と漢訳は次の通り。

de dag kyang de bzhin gshegs pa'i grogs su gyur pa lags so /（彼らもまた、如来の同伴者となります）

「如来の伴侶となるのであります」（中公版、*p.* 167）

「即ち諸仏の護念したまう所と為る」（鳩摩羅什訳）

「便ち菩薩と仏とに成って伴と為る」（玄奘訳）

grogs の訳である「伴侶」と「伴」は同義と見られるので、貝葉写本とチベット語訳、玄奘訳は同趣旨であるが、鳩摩羅什訳のみが「諸仏所護念」と異なっている。これは鳩摩羅什訳の『法華経』の序品（植木訳『梵漢和対照・現代語訳　法華経』上巻、*p.* 34）などにしばしば出てくる「仏所護念」を思わせる。それは、『法華経』の貝葉写本では sarva-buddha-parigrahaṃ（すべてのブッダが把握／所有している）となっていて、①とは全く異なっている。

57 gṛha-gatas は、貝葉写本では gṛha-gagatas となっている。貝葉写本では gṛhaga と書いたところで頁が変わっている。次の頁に変わったところで、再び ga から書き出したのであろう。

58 筆者が「それらの人たちはあらゆる福徳に包まれたものとなるでありましょう」と訳した箇所は、原文では次のようになっている。

①sarva-puṇya-parigṛhītās（あらゆる福徳に包まれたもの）

②te bhaviṣyanti（それらの人たちは……となるでありましょう）

①は、sarva-（あらゆる）と、puṇya-（福徳）、parigṛhītās（< parigṛhīta-, 包まれた）の複合語である。②の te（それらの人たちは）が主語で、bhaviṣyanti は「なる」という意味の動詞 √bhū- (1) の未来・三人称・複数で、その補語が①である。

チベット語訳、およびその現代語訳である中公版、そして漢訳は次の通りである。

de dag ni bsod nams thams cad yongs su bzung ba lags so /（彼らはあらゆる福徳を獲得しているのです）

「彼らはあらゆる徳を守護する者なのです」（中公版、*p.* 167）

「斯の人を即ち一切智を取ると為す」（鳩摩羅什訳）

「便ち一切の福徳と一切智智を摂受すると為す」（玄奘訳）

チベット語の yongs su がサンスクリットの pari- に相当し、bzung ba が √grah- (9)に相当する 'dzing の過去形であるので、yongs su bzung ba は、pari-gṛhīta- の直訳といえる。'dzing は √grah- (9) と同様、「獲得する」「つかみ取る」といった意味の言葉であり、中公版の「守護する」という訳は出てこない。

また、貝葉写本とチベット語訳が、「福徳」「徳」となっているのに対して、鳩摩羅什訳は「一切智」となっている点が異なっている。玄奘訳は、ここでも両者を折衷した「一切の福徳と一切智智」となっている。

59 yajiṣyanti は、貝葉写本では jajiṣyanti となっている。インドでは y と j の音は、しばしば取って代わられる。マハーヤーナ（mahāyāna）をカルカッタの人はマハジャンと発音する。デリーを流れるヤムナー川は、ジャムナー川とも呼ばれている。

60 api は、貝葉写本では api と書いた後で pi をキャンセルしているが、その必要はないので pi を生かした。

61 yeṣām は、貝葉写本では yeṣāṃm となっている。ṃ と書いて、次に母音がくるので m でよかったことに気づき m と書き足したが、ṃ を消し忘れたのであろう。

62 matiḥ は、貝葉写本では mabhiḥ となっている。貝葉写本で t と bh の書体が似ていることによる書写段階の誤りか？

63 「法の施会」（dharma-yajña-）は、第 3 章の後半で詳しく論じられている。

निगमनपरीन्दनापरिवर्तो नाम द्वादशः

12

Nigamana-Parīndanā-Parivarto Nāma Dvādaśaḥ

第 12 章

結論と付嘱

【法供養品第十三】

12：Nigamana-Parīndanā-Parivarto Nāma Dvādaśaḥ

第 12 章：結論と付嘱

【法供養品第十三】

………………………………………………………………………

nigamana-parīndanā-parivarto < nigamana-parīndanā-parivartaḥ + 有声子音 < nigamana-parīn=danā-parivarta-：*m.* 「結論と付嘱」の章。*sg. Nom.*

nigamana- < nigamaya- + -ana < ni-√gam- (1) + -aya + -ana：*n.* 結論。

nigamaya- < ni-√gam- (1) + -aya：*Caus.* 結論する。中に入らせる。

parīndanā- < √parīnd- (名動詞) + -anā：*f.* 施物。「付嘱」「嘱累」と漢訳。

parivarta-：*m.* 章。

nāma：*adv.* ～という名前の。実に。確かに。もちろん。おそらく。そもそも。

dvādaśaḥ < dvādaśa-：*序数詞,* 第十二の。*m. sg. Nom.*

§1 atha khalu śakro devānām indro bhagavantam etad avocat / bahūni me bhagavaṃs tathā=gatasyântikān mañjuśriyaś ca kumārabhūtasyântikād dharma-paryāya-śata-sahasrāṇi śrutāni /
(梵漢和維摩経 *p.* 566, *ll.* 1–3)

§1 その時、神々の帝王であるシャクラ（帝釈天）は、世尊にこのように申し上げた。

「世尊よ、私は、如来のそばで、またマンジュシリー法王子のそばで、幾百・千もの多くの法門を聞きました。

【§1 爾の時、釈提桓因は大衆の中に於いて仏に白して言さく、「世尊よ、我は仏、及び文殊師利に従いて、百千の経を聞くと雖も、】 （大正蔵、巻一四、五五六頁上）

………………………………………………………………………

atha：*adv.* その時。その場合。さて。それ故。しかれば。しかしながら。

khalu：*ind.* 実に。確かに。しかも。さて。そこで。

śakro < śakraḥ + 有声子音 < śakra-：*m.* シャクラ。「帝釈」と漢訳。*sg. Nom.*

devānām < deva- < √div- (4) + -a：*m.* 神。「天」と漢訳。*pl. Gen.*

indro < indraḥ + 有声子音 < indra-：*m* インドラ神。～の王。「帝釈天」「王」「主」「帝」「帝王」と漢訳。*sg. Nom.*

bhagavantam < bhagavat-：*m.* 尊い（人）。「世尊」と漢訳。「婆伽婆」「薄伽梵」と音写。*sg. Acc.*

etad < etat + 母音 < etad-：これ。*n. sg. Acc.* 対格の副詞的用法で「このように」の意味。

avocat < avoca- < a- + va-+ uc- + -a < √vac- (2)：言う。話す。告げる。*重複 Aor. 3, sg. P.*

………………………………………………………………………

bahūni < bahu-：*adj.* 多くの。*n. pl. Nom.*

me < mad-：私。*2. sg. Gen.* 過去受動分詞の動作主としての属格。

bhagavaṃs < bhagavan + (t) < bhagavat-：*m.* 尊い（人）。「世尊」と漢訳。「婆伽婆」「薄伽梵」と音写。*sg. Voc.*

tathāgatasyântikān < tathāgatasya + antikān

tathāgatasya < tathāgata-：*m.* 「如来」と漢訳。*sg. Gen.*

antikān < antikāt + (m)：*adv.* ～（属格）の近隣で。現前で。そばで。

antika-の中性・単数・奪格の副詞的用法。属格を受けることに注意。

mañjuśriyaś < mañjuśriyaḥ + (c) < mañjuśrī-：*m.* マンジュシリー。「文殊」「文殊師利」と音写。*sg. Gen.*

ī で終わる語根を後分とする複合語の格変化は、cf.「基礎」*p.* 109.

ca：*conj.* および。また。しかしながら。そして。～と。なお。

kumāra-bhūtasyântikād < kumāra-bhūtasya + antikād

kumāra-bhūtasya < kumāra-bhūta-：*adj.* 王子であった。「童子」「童真」「法王子」と漢訳。*m. sg. Gen.*

antikād < antikāt + 有声子音：*adv.* ～（属格）の近隣で。現前で。そばで。

dharma-paryāya-śata-sahasrāṇi < dharma-paryāya-śata-sahasra-：*n.* 幾百・千もの法門。*pl. Nom.*

dharma-paryāya-：*m.* 法門。

śrutāni < śruta- < √śru- (5) + -ta：*pp.* 聞かれた。学ばれた。*n. pl. Nom.*

> na ca me jātv evam acintya-vimokṣa-vikurvita-dharma-naya-praveśa-śruta-pūrvo yādṛśa iha dharma-paryāye nirdiṣṭaḥ /
>
> (梵漢和維摩経 *p.* 566, *ll.* 3–5)

「けれども、私は、この法門において説かれたような、このように考えも及ばないという解脱による神通の法の導きに入ることについてかつて聞いたことは、決してありません。

【「未だ曾て此の不可思議にして自在の神通の決定せる実相経典を聞かず。】

（大正蔵、巻一四、五五六頁上）

....

na：*ind.* ～でない。～にあらず。

ca：*conj.* および。また。しかしながら。そして。～と。なお。

me < mad-：私。*2. sg. Gen.*

jātv < jātu + 母音：*adv.* 全然。確かに。少なくとも。

na jātu ～：少なくとも～ない。決して～ない。

evam：*adv.* このように。「是」「如是」と漢訳。

acintya-vimokṣa-vikurvita-dharma-naya-praveśa-śruta-pūrvo < acintya-vimokṣa-vikurvita-dharma-naya-praveśa-śruta-pūrvaḥ + 半母音 < acintya-vimokṣa-vikurvita-dharma-naya-praveśa-śruta-pūrva-：*adj.* 考えも及ばないという解脱による神通の法の導きに入ることについてかつて聞いた。*m. sg. Nom.*

acintya-vimokṣa-：*m.* 考えも及ばないという解脱。「不可思議解脱」と漢訳。

vikurvita- < vi-kurvita-：*n.* 種々の形をとること。「神通」「神力」「神変」「自在」「変化」「変現」「化行」「神通力」「自在力」「威神力」「遊戯神通」「自在神力」「神力変化」と漢訳。

dharma-naya-：*m.* 法への導き。「法通」「法門」と漢訳。

naya- < √nī- (1) + -a：*m.* ～（処格）に導くこと。思慮。分別。世間智。

praveśa- < pra-√viś- (6) + -a：*m.* ～に入ること。出過ぎたこと。「能入」「悟入」と漢訳。

śruta-pūrva-：*adj.* かつて聞かれた。

yādṛśa < yādṛśaḥ + a 以外の母音 < yādṛśa- < yad- + dṛśa-：*adj.* このような種類・性質の。*m. sg. Nom.*

yādṛśa- ～ evam …：～のような、そのような…。

iha：*adv.* ここに。今。この世に。地上に。

dharma-paryāye < dharma-paryāya-：*m.* 法門。*sg. Loc.*

nirdiṣṭaḥ < nirdiṣṭa- < nir-√diś- (6) + -ta：*pp.* 指示された。決定された。宣言された。予言された。命じられた。*m. sg. Nom.*

> §2 niḥsaṃśayaṃ te sattvā evaṃ dharma-bhājanā bhaviṣyanti ya imaṃ dharma-paryāyam udgrahīṣyanti dhārayiṣyanti vācayiṣyanti paryavāpsyanti /
>
> (梵漢和維摩経 *p.* 566, *ll.* 6–8)

§2 「この法門を会得し、受持し、読誦し、完全に理解するであろうところの〔衆生たち、〕それらの衆生たちは、このように確実に法を受ける器となるでありましょう。

【§2 「我が仏の所説の義趣を解するが如くんば、若し衆生にして是の経法を聞き、信解して受持・読誦する者有らば、必ず是の法を得ること疑わじ。】 （大正蔵、巻一四、五五六頁上）

………………………………………………………………

niḥsaṃśayam < niḥsaṃśaya- < niḥ-saṃśaya-：*adj.* 疑いのない。確実な。疑わない。信ずべき。「無疑」「離疑惑」「離諸疑」と漢訳。*n. sg. Acc.* 対格の副詞的用法。

saṃśaya- < saṃ-√śī- + -a：*m.* ～に関する疑い。不確実さ。懸念。「疑惑」「狐疑」「疑心」「疑網」と漢訳。

te < tad-：それ。*m. pl. Nom.*

sattvā < sattvāḥ + 有声音 < sattva-：*m.* 「衆生」「有情」と漢訳。*pl. Nom.*

evaṃ：*adv.* このように。「是」「如是」と漢訳。

dharma-bhājanā < dharma-bhājanāḥ + 有声音 < dharma-bhājana-：*adj.* 法を受ける器である。*m. pl. Nom.*

bhājana- < √bhaj- (1) + -ana：*n.* ～を代表すること。～と等しいこと。容器。皿。壺。～(属格)を容れるもの。～（属格）の貯蔵所。～（属格）を受けるに値する人／もの。

bhaviṣyanti < bhaviṣya- < √bhū- (1) + -iṣya：～である。なる。*Fut. 3, pl. P.*

ya < ye + a 以外の母音 < yad-：*関係代名詞, m. pl. Nom.*

imaṃ < idam-：これ。*m. sg. Acc.*

dharma-paryāyam < dharma-paryāya-：*m.* 法門。*sg. Acc.*

udgrahīṣyanti < udgrahīṣya- < ud-√grah- (9) + -iṣya：起こす。上げる。保存する。許す。是認する。会得する。「受持」「摂受」「領受」と漢訳。*Fut. 3, pl. P.*

dhārayiṣyanti < dhāraya- + -iṣya < √dhṛ- (4) + -aya + -iṣya：*Caus.* 把持する。支える。担う。保持する。「受持」「憶持」「奉持」「憶持不忘」と漢訳。*Fut. 3, pl. P.*

vācayiṣyanti < vācayiṣya- < vācaya- + -iṣya < √vac- (2) + -aya + -iṣya：*Caus.* 言わせる。読む（書物に言わせる）。「読誦」と漢訳。*Fut. 3, pl. P.*

paryavāpsyanti < paryavāpsya- < pari-ava-√āp- (5) + -sya：回復する。暗記する。熟達する。完全に理解する。*Fut. 3, pl. P.*

kaḥ punar vādo ye bhāvanā-yogam anuyuktā bhaviṣyanti pithitās teṣāṃ sarvâpāyā[1] anāvṛtās teṣāṃ sarve sugati-pathā dṛṣṭās te sarva-buddhair nihatās taiḥ sarva-para-pravādinaḥ parājitās taiḥ sarva-mārā viśodhitās tair bodhi-mārgāḥ pratiṣṭhitās te bodhi-maṇḍe tathāgata-gati-samavasaraṇ=ās[2] te bhaviṣyanti /

（梵漢和維摩経 *p.* 566, *ll.* 8–12）

「ましてや、瞑想の修行に専念するであろうところの人たち、それらの人たちのすべての悪道は閉ざされ、それらの人たちのすべての安寧への道が開かれ、それらの人たちはすべてのブッダたちによって承認され、それらの人たちはあらゆる反対論者たちを打ち負かし、それらの人たちはすべての悪魔を打ち破り、それらの人たちは覚りへの道を清め[3]、それらの人たちは覚り（菩提）の座に坐し、それらの人たちは如来の赴くところに入るでありましょう。

【「何に況や、説の如く修行せんをや。斯の人は即ち、衆の悪趣を閉ざし、諸の善門を開くと為す。常に諸仏の護念する所と為り、外学を降伏し、魔怨を摧滅し、菩提を修治し、道場に安処して、如来の所行の跡を履践せん。】（大正蔵、巻一四、五五六頁上）

………………………………………………………………

kaḥ < kim-：*疑問代名詞,* だれ。何。どんな。どの。*m. sg. Nom.*

punar：*adv.* 再び。新たに。さらに。なお。しかしながら。

vādo < vādaḥ + 半母音 < vāda-：*adj.* ～を語る。*m.* 談話。発言。～に関して話すこと。*m. sg. Nom.*

kaḥ punar vādaḥ：まして。いわんや。なおさら。「況」「何況」と漢訳。

ye < yad-：*関係代名詞, m. pl. Nom.*

bhāvanā-yogam < bhāvanā-yoga-：*m.* 観想に没入すること。「観行」と漢訳。*sg. Acc.*

bhāvanā-：*f.* 定めること。決定すること。証明。静慮。瞑想。正しい観念／概念。「修」「修習」「修行」「修道」「修定」「勤修」「正修」「観」「観想」と漢訳。

bhāvana- < bhāvaya- + -ana < √bhū- (1) + -aya + -ana：*adj.* 結果する。生ずる。増進する。*n.* 生ずること。～の結果を生ずること。「修」「修習」「勤修」と漢訳。

yoga- < √yuj- (7) + -a：*m.* 軛をつけること。結合。合一。心の統一。瞑想。奮励。

anuyuktā < anuyuktāḥ + 有声子音 < anuyukta- < anu-√yuj- (7) + -ta：*pp.* ～（対格）に専心した。熱中した。*m. pl. Nom.*

anu-√yuj- (7)：追求する。追跡する。～（対格）に従属する。～に奉仕する。

bhaviṣyanti < bhaviṣya- < √bhū- (1) + -iṣya：～である。なる。*Fut. 3, pl. P.*

pithitās < pithitāḥ + (t) < pithita- ≒ pihita- < pi-√dhā- (3) + -ta：*pp.* 「閉」「杜塞」「断塞」「滅除」と漢訳。*m. pl. Nom.*

pi-√dhā- (3) = api-√dhā- (3)：～（処格）の中に入れる。蔽う。閉じる。隠す。

teṣāṃ < tad-：それ。*m. pl. Gen.*

sarvâpāyā < sarvâpāyāḥ + 有声音 < sarvâpāya- < sarva-apāya-：*m.* すべての悪道。*pl. Nom.*

apāya- < apa-aya- < apa-√i- (2) + -a：*m.* 出発。遠ざかること。結末。終末。頽廃。傷害。損失。危険。縮小。犯罪。「険」「罪」「罪悪」「悪道」「悪趣」「悪処」と漢訳。

anāvṛtās < anāvṛtāḥ + (t) < anāvṛta- < an-āvṛta-：*pp.* 閉ざされない。開いた。開け放しの。（柵などで）囲われない。護られない。衣服を着けない。*m. pl. Nom.*

āvṛta- < ā-√vṛ- (3) + -ta：*pp.* 囲繞せられた。覆われた。広げられた。「所蔽」「所覆」「有覆」「覆蔽」「礙」「障」「覆障」と漢訳。

teṣāṃ < tad-：それ。*m. pl. Gen.*

sarve < sarva-：*adj.* 一切の。すべての。*m. pl. Nom.*

sugati-pathā < sugati-pathāḥ + 有声音 < sugati-patha-：*m.* 安寧への道。*m. pl. Nom.*

sugati- < su-gati-：*f.* 安寧。幸福。至福。安全な避難所。「善趣」「善処」「善道」と漢訳。

su：*adv.* よく。うまく。実に。正しく。非常に。十分に。

gati- < √gam- (1) + -ti：*f.* 行くこと。道。進路。手段。方法。可能性。状態。「趣」「所帰趣」と漢訳。

patha-：*m.* ～の路。小路。道。「道路」「経路」と漢訳。

dṛṣṭās < dṛṣṭāḥ + (t) < dṛṣṭa- < √dṛś- (1) + -ta：*pp.* 見られた。観察された。認められた。考えられた。現れた。承認された。認容された。*m. pl. Nom.*

te < tad-：それ。*m. pl. Nom.*

sarva-buddhair < sarva-buddhaiḥ + 有声音 < sarva-buddha-：*m.* 一切のブッダ。すべてのブッダ。. *pl. Ins.*

nihatās < nihatāḥ + (t) < nihata- < ni-√han- (2) + -ta：*pp.* 投げつけられた。打ち落とされた。打倒された。殺害された。破壊された。失われた。「伏」「降伏」「破壊」「除滅」と漢訳。*m. pl. Nom.*

ni-√han- (2)：～（処格）の中に打つ。～に投げつける。襲う。攻撃する。打倒する。殺害する。征服する。破壊する。挫折させる。除去する。

taiḥ < taiḥ + (s) < tad-：それ。*m. pl. Ins.*

sarva-para-pravādinaḥ < sarva-para-pravādin-：*m.* あらゆる反対論者。*pl. Nom.*

sarva-：*adj.* 一切の。すべての。

para-pravādin-：*m.* 邪教の師。反対の論争者。「外道」「異道」「異学」「異論」と漢訳。

para-：*adj.* ～（奪格）より遥かな。遠隔の。向かい側の。過去の。以前の。未来の。以後の。最高の。*m.* 他人。反対者。敵。仇敵。

pravādin- < pra-√vad- (1) + -in：*adj.* 声を出す。叫ぶ。～について述べる。語る。「論」「（異）論」と漢訳。

pra-√vad- (1)：話し出す。発言する。語る。公言する。宣言する。断言する。肯定する。

parājitās < parājitāḥ + (t) < parājita- < para-ā-√ji- (1) + -ta：*pp.* 負かされた。破られた。打ち勝たれた。征服された。訴訟に敗れた。*m. pl. Nom.*

para-ā-√ji- (1)：打ち勝つ。征服する。打ち負かす。失う。敗る。「破」「降」「摧伏」と漢訳。

taiḥ < taiḥ + (s) < tad-：それ。*m. pl. Ins.*
sarva-mārā < sarva-mārāḥ + 有声音 < sarva-māra-：*m.* すべての悪魔。*pl. Nom.*
　māra- < √mṛ- (1) + -a：*m.* 死。殺害。誘惑者。悪魔。「障」「悪者」と漢訳。「悪魔」「邪魔」「魔」「摩羅」と音写。
viśodhitās < viśodhitāḥ + (t) < viśodhita- < viśodhaya- + -ta < vi-√śudh- (4) + -aya + -ta：*Caus. pp.* 清浄にされた。*m. pl. Nom.*
　viśodhaya- < vi-√śudh- (4) + -aya：*Caus.* 清浄にする。無罪を証明する。正当化する。明らかに決定する。
　vi-√śudh- (4)：全く清浄となる。
　√śudh- (1)：清める。自らを清める。清浄になる。
　√śudh- (4)：清浄になる。明瞭になる。疑いが除かれる。
tair < taiḥ + 有声音 < tad-：それ。*m. pl. Ins.*
bodhi-mārgāḥ < bodhi-mārga-：*m.* 覚りにに到る道。*pl. Nom.*
　bodhi- < √budh- (1) + -i：*f.* 覚り。「菩提」と音写。
　mārga-：*m.* 小道。道。道路。〜に到る道。
pratiṣṭhitās < pratiṣṭhitāḥ + (t) < pratiṣṭhita- < prati-√sthā- (1) + -ita：*pp.* 〜（処格）に熟達した。〜に立った。位置した。留まった。〜に置かれた。確立した。*m. pl. Nom.*
te < tad-：それ。*m. pl. Nom.*
bodhi-maṇḍe < bodhi-maṇḍa-：*m.n.* 覚り（菩提）の座。開悟の座。覚りの場。「道場」「菩提座」「菩提場」と漢訳。*sg. Loc.*
tathāgata-gati-samavasaraṇās < tathāgata-gati-samavasaraṇāḥ + (t) < tathāgata-gati-samavasa=raṇa-：*adj.* 如来の赴くところに入る。*m. pl. Nom.*
　tathāgata-gati-：*f.* 如来の赴くところ。
　gati- < √gam- (1) + -ti：*f.* 行くこと。道。進路。手段。方法。可能性。状態。「趣」「所帰趣」と漢訳。
　samavasaraṇa- < sam-ava-√sṛ- (1) + -ana：*n.* 入ること。会うこと。集合すること。集会。
　sam-ava-√sṛ- (1)：「入」「普入」「悉入」「入中」「趣入」「遍入」「普遍趣入」と漢訳。
te < tad-：それ。*m. pl. Nom.*
bhaviṣyanti < bhaviṣya- < √bhū- (1) + -iṣya：〜である。なる。*Fut. 3, pl. P.*

> §3　ya imaṃ dharma-paryāyaṃ dhārayiṣyanty aham api bhagavaṃs teṣāṃ kula-putrāṇām upasthāna-paricaryāṃ kariṣyāmi sārdhaṃ sarva-parivāreṇa /
>
> （梵漢和維摩経 *p.* 566, *ll.* 13–15）

§3　「この法門を受持するであろうところの人たち、それらの良家の息子たちのために、世尊よ、私もまたすべての侍者と一緒に親近し、給仕をなしましょう。
【§3　「世尊よ、若し受持・読誦して説の如く修行する者有らば、我、当に諸の眷属とともに供養・給事すべし。】　（大正蔵、巻一四、五五六頁上）
………………………………………………………………

ya < ye + a 以外の母音 < yad-：*関係代名詞, m. pl. Nom.*
imaṃ < idam-：これ。*m. sg. Acc.*
dharma-paryāyaṃ < dharma-paryāya-：*m.* 法門。*sg. Acc.*
dhārayiṣyanty < dhārayiṣyanti + 母音 < dhāraya- + -iṣya < √dhṛ- (4) + -aya + -iṣya：*Caus.* 把持する。支える。担う。保持する。「受持」「憶持」「奉持」「憶持不忘」と漢訳。*Fut. 3, pl. P.*
aham < mad-：私。*1, sg. Nom.*
api：*adv.* また。さえも。されど。なお。
bhagavaṃs < bhagavan + (t) < bhagavat-：*m.* 尊い（人）。「世尊」と漢訳。「婆伽婆」「薄伽梵」と音写。*sg. Voc.*

teṣāṃ < tad-：それ。*m. pl. Gen.*

kula-putrāṇām < kula-putra-：*m.* 良家の息子。「善男子」と漢訳。*pl. Gen.*

upasthāna-paricaryāṃ < upasthāna-paricaryā-：*f.* 親近と恭敬。*sg. Acc.*

upasthāna- < upa-√sthā- (1) + -ana：*n.* ～に立つこと。出席。接近。参列。奉仕。敬礼。

upa-√sthā- (1)：近くに立つ。近くに身を置く。～のもとに立つ。かしずく。～に仕える。

paricaryā-：*f.* 付き添い。奉仕。献身。帰服。「侍」「給侍」「供給」「供養」「恭敬」と漢訳。

kariṣyāmi < kariṣya- < √kṛ- (8) + -iṣya：なす。作る。*Fut. 1, sg. P.*

sārdhaṃ < sa-ardha-：*adj.* 半分を伴った。*n. sg. Acc.*

対格の副詞的用法で、「～（具格）と共同で」「～と一緒に」「～とともに」。

sarva-parivāreṇa < sarva-parivāra-：*m.* すべての侍者。*sg. Ins.*

parivāra- < pari-√vṛ- (1) + -a：*adj.* ～に取り囲まれた。*m.* 侍者。随行者。従者。「眷属」「伴」と漢訳。

pari-√vṛ- (1)：覆う。取り囲む。包囲する。

√vṛ- (1)：覆う。隠す。包む。囲む。包囲する。

yatra ca grāma-nagara-nigama-janapada-rāṣṭra-rājadhānīṣv ayaṃ dharma-paryāyaḥ pracaryiṣya=
te deśyiṣyate saṃprakāśyiṣyate[4] tatrâhaṃ saparivāro dharma-śravaṇāyôpasaṃkrāmiṣyāmi /
(梵漢和維摩経 *p.* 566, *ll.* 15–17)

「村や、町、城市、王国、王城のどこであれ、〔未来に〕この法門が行なわれ、説かれ、示されるならば[5]、私はそこに侍者たちを伴って法を聴聞するために近づくでありましょう。

【「所在の聚落・城邑・山林・曠野に是の経の有る処には、我も亦、諸の眷属と、法を聴受するが故に、共に其の所に到らん。】（大正蔵、巻一四、五五六頁上）

………………………………………………………………………

yatra：*adv.* そこに。その場所に。その場合に。もし～ならば。その時。

ca：*conj.* および。また。しかしながら。そして。～と。なお。

grāma-nagara-nigama-janapada-rāṣṭra-rājadhānīṣv < grāma-nagara-nigama-rāṣṭra-rājadhānīṣu + 母音 < grāma-nagara-nigama-rāṣṭra-rājadhānī-：*f.* 村や、町、城市、王国、王城。*pl. Loc.*

grāma-：*m.* 居住地。村落。社会。群集。集団。「里」「村」と漢訳。

nagara-：*n.* 町。市。都市。都城。「城」「城邑」「邑」「城郭」「聚落」「国」と漢訳。

nigama-：*m.* 町。市場。「邑」「城」「聚落」と漢訳。

rāṣṭra-：*n.* 王国。領域。国土。国民。人民。

rājadhānī- < rāja-dhānī-：*f.* 王の居所。首府。「王都」「王京都」「王城」「城」「王処」と漢訳。

ayaṃ < idam-：これ。この。*m. sg. Nom.*

dharma-paryāyaḥ < dharma-paryāyaḥ + (p) < dharma-paryāya-：*m.* 法門。*sg. Nom.*

pracaryiṣyate < pracaryiṣya- < pracarya- + -iṣya < pra-√car- (1) + -ya + -iṣya：*Pass.* ～（対格）に到達される。遂行される。進まれる。行なわれる。*Fut. 3, sg. A.*

pra-√car- (1)：出る。起こる。現われる。彷徨する。～（対格）に到達する。遂行する。進む。行なう。「行」「修行」「流布」「広行流布」「広宣流布」と漢訳。

deśyiṣyate < deśyiṣya- < deśya- + -iṣya < deśaya- + -ya + -iṣya < √diś- (6) + -aya + -ya + -iṣya：*Caus. Pass.* 示される。導かれる。説明される。教えられる。宣説される。*Fut. 3, sg. A.*

deśaya- < √diś- (6) + -aya：*Caus.* 示す。導く。説明する。教える。宣説する。

saṃprakāśyiṣyate < saṃprakāśyiṣya- < saṃprakāśya- + -iṣya < saṃprakāśaya- + -ya + -iṣya < sam-pra-√kāś- (1) + -aya + -ya + -iṣya：*Caus. Pass.* 輝かせられる。覆いを除かれる。発表される。*Fut. 3, pl. A.*

saṃprakāśaya- < sam-pra-√kāś- (1) + -aya：*Caus.* 輝かせる。覆いを除く。発表する。「顕」「開示」「顕示」「開顕」「宣説」「解説」「演説」と漢訳。

prakāśaya- < pra-√kāś- (1) + -aya：*Caus.* 見えさせる。示す。顕わす。宣言する。輝かせる。

tatrâhaṃ < tatra + ahaṃ

tatra：*adv.*（ta の処格）。そこに。そこへ。ここに。此の機会に。そのために。その場合に。その時に。

ahaṃ < mad-：私。*1, sg. Nom.*

saparivāro < saparivāraḥ + 有声子音 < sa-parivāra-：*adj.* 従者を伴った。「与眷属」と漢訳。*m. sg. Nom.*

parivāra- < pari-√vṛ- (1) + -a：*adj.* ～に取り囲まれた。*m.* 侍者。随行者。従者。「眷属」「伴」と漢訳。

parivṛta- < pari-√vṛ- (1) + -ta：*pp.* 覆われた。取り囲まれた。包囲された。

pari-√vṛ- (1)：覆う。取り囲む。包囲する。

dharma-śravaṇāyôpasaṃkrāmiṣyāmi < dharma-śravaṇāya + upasaṃkrāmiṣyāmi

dharma-śravaṇāya < dharma-śravaṇa-：*n.* 法の名声。法の聴聞。「聴法」と漢訳。*sg. Dat.*

śravaṇa- < √śru- (5) + -ana：*n.* 聞くこと。学ぶこと。名声。「聞」「聴」「聴受」「聴聞」と漢訳。

upasaṃkrāmiṣyāmi < upasaṃkrāmiṣya- < upa-sam-√kram- (1) + -iṣya：近づく。*Fut. 1, sg. P.*

aprasannānāṃ ca kula-putrāṇāṃ prasādam utpādayiṣyāmi prasannānāṃ ca dharminā[6] rakṣâvaraṇa-guptiṃ kariṣyāmi / (梵漢和維摩経 *p.* 568, *ll.* 1–2)

「〔未だ〕信を生じていない良家の息子たちのためには、〔私は〕浄信を生じさせ、〔既に〕信を生じている〔良家の息子〕たちのためには、法に従って守護と保護と防護をなしましょう」

【「其の未だ信ぜざる者は、当に信を生ぜしむべく、其の已に信ずる者は、当に為に護ることを作すべし」】（大正蔵、巻一四、五五六頁上）

……………………………………………………………………

aprasannānāṃ < aprasanna- < a-prasanna-：*pp.* 明瞭でない。静かでない。濁った。宥められない。融和されない。不快な。～（処格）に対して怒っている。「未浄信者」と漢訳。*m. pl. Gen.*

prasanna- < pra-√sad- (1) + -na：*pp.* 明瞭な。輝く。明晰な。「浄」「清浄」「澄浄」「浄信」と漢訳。

pra-√sad- (1)：輝く。（心が）静まる。明瞭になる。

√sad- (1)：坐る。

ca：*conj.* および。また。しかしながら。そして。～と。なお。

kula-putrāṇāṃ < kula-putra-：*m.* 良家の息子。「善男子」と漢訳。*pl. Gen.*

prasādam < pra-sāda- < pra-√sad- (1) + -a：*m.* 清澄であること。輝かしいこと。明瞭。光輝。「浄」「清浄」「澄浄」「浄信」「正信」と漢訳。*sg. Acc.*

pra-√sad- (1)：～（対格）の掌中に陥る。（心が）静まる。（意味などが）明瞭になる。満足する。「清」「楽」「浄」「信」「浄信」「安住」と漢訳。

utpādayiṣyāmi < utpādayiṣya- < utpādaya- + -iṣya < ud-√pad- (4) + -aya + -iṣya：*Caus.* 起こす。産む。生じる。生じさせる。構成する。獲得する。*Fut. 1, sg. P.*

ud-√pad- (4)：飛び上がる。上る。生ずる。得られる。～（奪格）から生まれる。～となる。起こる。現われる。始まる。

prasannānāṃ < prasanna- < pra-√sad- (1) + -na：*pp.* 明瞭な。輝く。明晰な。「浄」「清浄」「澄浄」「浄信」と漢訳。*m. pl. Gen.*

ca：*conj.* および。また。しかしながら。そして。～と。なお。

dharminā < dharmin- < dharma- + -in：*adj.* 法に従った。有徳な。特性を持つ。「有法」と漢訳。*n. sg. Ins.*

rakṣâvaraṇa-guptiṃ < rakṣā-āvaraṇa-gupti-：*f.* 守護と保護と防護。*sg. Acc.*

rakṣā- < √rakṣ- (1) + -ā：*f.* 保護。救助。護符。「守護」「擁護」「護持」と漢訳。
√rakṣ- (1)：防護する。保護する。世話をする。救護する。遵奉する。
āvaraṇa- < ā-varaṇa- < ā-√vṛ- (1) + -ana：*n.* 遮断。壁。障。保護。被覆。
ā-√vṛ- (1)：覆う。隠す。包囲する。
gupti- < √gup- (1) + -ti：*f.* 保存。隠蔽。保護。防御。要塞。「護」「蔵」と漢訳。
√gup- (1)：～（奪格）より護る。～より保護する。保存する。秘密を守る。隠す。
kariṣyāmi < kariṣya- < √kṛ- (8) + -iṣya：なす。作る。*Fut. 1, sg. P.*

§4 evam ukte bhagavāñ śakraṃ devānām indram etad avocat / sādhu sādhu devānām indra subhāṣitaṃ te 'numodate tathāgataḥ /
（梵漢和維摩経 *p.* 568, *ll.* 3–4）

§4 〔シャクラ（帝釈天）から〕このように言われて、世尊は、神々の帝王であるシャクラに対して、このようにおっしゃられた。
「素晴らしいことである。素晴らしいことである。神々の帝王よ、あなたは、巧みに語った。如来〔の私〕は喜んでいる。
【§4 仏の言（のたま）わく、「善（よ）きかな、善きかな。天帝よ、汝（なんじ）の所説の如し。吾（わ）れ爾（なんじ）の喜びを助けん。】
（大正蔵、巻一四、五五六頁上）

……………………………………………………………………

evam：*adv.* このように。
ukte < ukta- < √vac- (2) + -ta：*pp.* 言われた。*n. sg. Loc.*
過去（または未来）受動分詞が非人称的に用いられる時や、evam、tathā などの不変化辞を伴うときは、絶対処格の主語は省略されることがある。cf.「シンタックス」*p.* 102.
bhagavāñ < bhagavān + (ś) < bhagavat-：*m.* 尊い（人）。世尊。「婆伽婆」「薄伽梵」と音写。*sg. Nom.*
śakraṃ < śakra-：*m.* シャクラ。「帝釈」と漢訳。*sg. Acc.*
devānām < deva- < √div- (4) + -a：*m.* 神。「天」と漢訳。*pl. Gen.*
indram < indra-：*m* インドラ神。～の王。「帝釈天」「王」「主」「帝」「帝王」と漢訳。*sg. Acc.*
etad < etat + 母音 < etad-：これ。*n. sg. Acc.* 対格の副詞的用法で「このように」の意味。
avocat < avoca- < a- + va-+ uc- + -a < √vac- (2)：言う。話す。告げる。*重複 Aor. 3, sg. P.*

……………………………………………………………………

sādhu sādhu：*感嘆詞,* よくやった。でかした。よろしい。「善哉」と漢訳。
sādhu sādhu と感嘆詞として繰り返して使われる。
sādhu- < √sādh- (1) + -u ：*adj.* まっすぐな。気だてのよい。高貴な有徳な。善良な。*m.* 有徳の人。尊敬すべき人。聖人。聖仙。
√sādh- (1)：目標に達する。目的を達成する。真っ直ぐに導く。完了する。
devānām < deva- < √div- (4) + -a：*m.* 神。「天」と漢訳。*pl. Gen.*
indra < indra-：*m* インドラ神。～の王。「帝釈天」「王」「主」「帝」「帝王」と漢訳。*sg. Voc.*
subhāṣitaṃ < su-bhāṣita-：*adj.* 巧みに語られた。*n. sg. Nom.*
su：*adv.* よく。うまく。実に。正しく。非常に。充分に。
bhāṣita- < √bhāṣ- (1) + -ita：*pp.* 語られた（こと）。「所説」「言説」漢訳。
te 'numodate < te + anumodate
te < tvad-：あなた。*2, sg. Gen.*
anumodate < anumoda- < anu-√mud- (1)：喜ぶ。*Pres. 3, sg. A.*
tathāgataḥ < tathāgata-：*m.* 「如来」と漢訳。*sg. Nom.*

yā devānām indrâtītânāgata-pratyutpannānāṃ buddhānāṃ bhagavatāṃ bodhir iha dharma-paryāya uddiṣṭā /
（梵漢和維摩経 *p.* 568, *ll.* 4–6）

「神々の帝王よ、過去・未来・現在の世尊であるブッダたちに具わるところの覚りは、この法門の中に説かれているのだ。
【「此の経は、広く過去・未来・現在の諸仏の不可思議なる阿耨多羅三藐三菩提を説く。】
（大正蔵、巻一四、五五六頁上）

……………………………………………………………………

yā < yad-：*関係代名詞, f. sg. Nom.*
devānām < deva- < √div- (4) + -a：*m.* 神。「天」と漢訳。*pl. Gen.*
indrâtītânāgata-pratyutpannānāṃ < indra + atītânāgata-pratyutpannānāṃ
　　indra < indra-：*m* インドラ神。〜の王。「帝釈天」「王」「主」「帝」「帝王」と漢訳。*sg. Voc.*
　　atītânāgata-pratyutpannānāṃ < atītânāgata-pratyutpanna- < atīta-anāgata-pratyutpanna-：*adj.* 過去・未来・現在の。*m. pl. Gen.*
　　atīta- < ati-ita- < ati-√i- (2)　+ -ta：*pp.* 過ぎ去った。過去の。
　　anāgata- < an-āgata-：*pp.* 達せざる。来たらんとする。未来の。
　　pratyutpanna- < prati-ud-√pad- (4) + -na：*pp.* 迅速な。現在する。現在の。
buddhānāṃ < buddha- < √budh (1) + -ta：*pp.* 目覚めた（人）。「覚者」と漢訳。「仏」「仏陀」と音写。*m. pl. Gen.*
bhagavatāṃ < bhagavat-：*m.* 尊い（人）。「世尊」と漢訳。「婆伽婆」「薄伽梵」と音写。*pl. Gen.*
bodhir < bodhiḥ + 有声音 < bodhi- < √budh- (1) + -i：*f.* 覚り。「菩提」と音写。*sg. Nom.*
　　以上は、属格と主格の名詞文をなしている。
iha：*adv.* ここに。今。この世に。地上に。
dharma-paryāya < dharma-paryāye + a 以外の母音 < dharma-paryāya-：*m.* 法門。*sg. Loc.*
uddiṣṭā < uddiṣṭa- < ud-√diś- (6) + -ta：*pp.* 〜（処格）を意味された。説かれた。*f. sg. Nom.*
　　ud-√diś- (6)：指摘する。指示する。決定する。（証拠を）挙げる。意味する。教える。説明する。「説」「解説」「演説」と漢訳。

tasmād iha devêndrâtītânāgata-pratyutpannās tena kula-putreṇa vā kula-duhitrā vā buddhā bha=gavantaḥ pūjitā bhaviṣyanti ya imaṃ dharma-paryāyam udgra-hīṣyaty[7] antaśaḥ pustaka-likhit=am api kariṣyati vācayiṣyati likhiṣyati paryavāpsyati[8] /
（梵漢和維摩経 *p.* 568, *ll.* 6–9）

「それ故に、神々の帝王よ、この法門を会得し、さらに写本として書写することでさえもなし、読誦し、書写し、完全に理解するであろうところの〔良家の息子、あるいは良家の娘、〕その良家の息子、あるいは良家の娘は、この世において過去・未来・現在の世尊であるブッダたちに供養をなしたことになるであろう。
【「是の故に、天帝よ、若し善男子・善女人にして、是の経を受持・読誦・供養する者は、即ち去・来・今の仏を供養すると為さん。】　（大正蔵、巻一四、五五六頁上）

……………………………………………………………………

tasmād < tasmāt + 母音 < tad-：それ。*n. sg. Abl.*
　　代名詞の中性・単数の対格（tat）、奪格（tasmāt）、具格（tena）は、「そこで」「従って」「それ故」などの意味となり、文の連結助詞として用いられる。cf.「シンタックス」*p.* 125.
iha：*adv.* ここに。今。この世に。地上に。
devêndrâtītânāgata-pratyutpannās < devêndra + atītânāgata-pratyutpannās
　　devêndra < devêndra- < deva-indra-：*m.* 神々の主。インドラ神。「天帝」「天主」と漢訳。*sg. Voc.*
　　atītânāgata-pratyutpannās < atītânāgata-pratyutpannāḥ + (t) < atītânāgata-pratyutpanna- < atīta-anāgata-pratyutpanna-：*adj.* 過去・未来・現在の。*m. pl. Nom.*
tena < tad-：それ。*n. sg. Ins.*
kula-putreṇa < kula-putra-：*m.* 良家の息子。「善男子」と漢訳。*sg. Ins.*

vā：*ind.* ～か。または。たとえ～であっても。
kula-duhitrā < kula-duhitṛ-：*f.* 良家の娘。「善女人」と漢訳。*sg. Ins.*
vā：*ind.* ～か。または。たとえ～であっても。
buddhā < buddhāḥ + 有声音 < buddha- < √budh (1) + -ta：*pp.* 目覚めた（人）。「覚者」と漢訳。「仏」「仏陀」と音写。*m. pl. Nom.*
bhagavantaḥ < bhagavat-：*m.* 尊い（人）。「世尊」と漢訳。「婆伽婆」「薄伽梵」と音写。*pl. Nom.*
pūjitā < pūjitāḥ + 有声音 < pūjita- < pūjaya- + -ta < √pūj- (10) + -ta：*pp.* 貴ばれた。崇敬された。尊敬をもって迎えられた。ねんごろにもてなされた。「供養」と漢訳。*m. pl. Nom.*
bhaviṣyanti < bhaviṣya- < √bhū- (1) + -iṣya：～である。なる。*Fut. 3, pl. P.*
過去受動分詞を定動詞のように用いる時、√as や √bhū の変化形を添えて時制・態を示す。cf.「シンタックス」*p.* 95.
ya < yaḥ + a 以外の母音 < yad-：*関係代名詞, m. sg. Nom.*
imaṃ < idam-：これ。*m. sg. Acc.*
dharma-paryāyam < dharma-paryāya-：*m.* 法門。*sg. Acc.*
udgra-hīṣyaty < udgra-hīṣyati + 母音 < udgrahīṣya- < ud-√grah- (9) + -iṣya：起こす。上げる。保存する。許す。是認する。会得する。「受持」「摂受」「領受」と漢訳。*Fut. 3, sg. P.*
antaśaḥ < antaśas + (ś)：*adv.* ～さえも。「乃至」「下至」と漢訳。
pustaka-likhitam < pustaka-likhita-：*adj.* 写本として書写された。*m. sg. Acc.*
pustaka-：*m.* 写本。書物。小冊子。「経」「経典」と漢訳。
likhita- < √likh- (6) + -ita：*pp.* 描かれた。描写された。写生された。書写された。
api：*adv.* また。さえも。されど。なお。
kariṣyati < kariṣya- < √kṛ- (8) + -iṣya：なす。作る。*Fut. 3, sg. P.*
vācayiṣyati < vācaya- + -iṣya < √vac- (2) + -aya + -iṣya：*Caus.* 言わせる。読む（書物に言わせる）。「読誦」と漢訳。*Fut. 3, sg. P.*
likhiṣyati < likhiṣya- < √likh- (6) + -iṣya：描く。描写する。写生する。「書写」「書」「写」と漢訳。*Fut. 3, sg. P.*
paryavāpsyati < paryavāpsya- < pari-ava-√āp- (5) + -sya：回復すること。暗記すること。熟達すること。完全に理解すること。*Fut. 3, sg. P.*

§5　yaś ca punar devêndra kula-putro vā kula-duhitā vâyaṃ tri-sāhasra-mahā-sāhasro loka-dhā=tus tathāgata-pūrṇas[9] tad yathâpi nāmêkṣu-vanaṃ vā naḍa-vanaṃ vā veṇu-vanaṃ vā tila-vanaṃ vâivaṃ śāli-vanaṃ vā pratipūrṇaṃ kalpaṃ vā kalpâvaśeṣaṃ vā sat-kuryād guru-kuryān mānayet pūjayet tāṃs tathāgatān sarva-pūjābhiḥ sarva-sukhôpadhānaiḥ parinirvṛtānāṃ ca teṣāṃ tathāgatā=nām ekâikasya tathāgatasya pūjā-karmaṇa eka-ghanasyâvikopitasya[10] śarīrasya sarva-ratna-mayaṃ stūpaṃ pratiṣṭhāpayec catur-mahā-dvīpika-loka-dhātu-pramāṇaṃ yāvad brahma-lokam uccaistvena yaṣṭi-cchatra-patākābhir udviddhôpaśobhitam evaṃ sarva-tathāgatānāṃ pratyekaṃ stūpaṃ kārayet sa ca tatra kalpaṃ vā kalpâvaśeṣaṃ vā pūjāṃ kuryāt sarva-puṣpaiḥ sarva-gan=dhaiḥ sarva-dhvaja-patākābhiḥ sarva-tūrya-tāḍâvacara-saṃpravāditena pūjāṃ kuryāt tat kiṃ manyase devānām indrâpi nu sa kula-putro vā kula-duhitā vā tato nidānaṃ bahu puṇyaṃ prasunuyāt /

（梵漢和維摩経 *p.* 568, *ll.* 10–23）

§5　「しかしながら、神々の帝王よ、あたかも甘蔗の繁み、あるいは葦の繁み、あるいは竹の林、あるいは胡麻の繁み、あるいは稲の繁みが〔それぞれ甘蔗や竹、胡麻、稲で〕満たされているように、この三千大千世界が如来によって満たされていて[11]、それらの如来たちに対して、良家の息子、あるいは良家の娘が、あらゆる供養〔の品々〕や、あらゆる快適な生活用具をもって一劫、あるいは一劫以上にわたって尊重をなし、恭敬をなし、讃歎をなし、供養をなすならば、また、それらの如来たちが完全なる滅度（涅槃）に入られた後に、一人ひとりの如来への供養をなすために、あらゆる宝石で造られていて、四つの大陸に属する世界の広さを持ち、高さがブラフマー神の世界にまで至り、旗ざお・日傘（傘蓋）・のぼりによって高く飾り立てられた、壊れることなく一揃いの全体をなす〔如来の〕身体[12] のストゥーパを建てるとしよう。このようにすべての如来たちのために各々一つのストゥーパを造らせ、それに対してその〔良家の息子、あるいは良家の娘〕は、一劫、あるいは一劫以上にわたって供養をなし、あらゆる花によって、あらゆる香によって、あらゆる旗とのぼりによって、あらゆる楽器や打楽器の合奏によって供養をなすならば、神々の帝王よ、あなたはそれをどう考えるか？　その良家の息子、あるいは良家の娘は、今、そこにおいて多くの福徳の原因を生み出すであろうか」

【§5　「天帝よ、正使三千大千世界に如来、中に満つること、譬えば甘蔗・竹・葦・稲・麻・叢林の如くなりとも、若し善男子・善女人有りて、或いは一劫、或いは一劫を減じて、恭敬・尊重・讃歎・供養して、諸の安んずる所を奉りて、諸仏の滅後に至り、一一の全身の舎利を以て、七宝の塔の、縦広は一の四天下、高さは梵天に至り、表刹荘厳せるを起て、一切の華・香・瓔珞・幢・幡・伎楽の微妙第一なるを以て、若しは一劫、若しは一劫を減じて、之を供養せば、天帝の意に於いて云何。其の人の福を植うること、寧ろ多きと為すや不や」**】**　（大正蔵、巻一四、五五六頁上）

……………………………………………………………………………

yaś < yaḥ + (c) < yad-：*関係代名詞, m. sg. Nom.*

ca：*conj.* および。また。しかしながら。そして。～と。なお。

punar：*adv.* 再び。新たに。さらに。なお。しかしながら。

devêndra < devêndra- < deva-indra-：*m.* 神々の主。インドラ神。「天帝」「天主」と漢訳。*sg. Voc.*

kula-putro < kula-putraḥ + 有声子音 < kula-putra-：*m.* 良家の息子。「善男子」と漢訳。*sg. Nom.*

vā：*ind.* ～か。または。たとえ～であっても。

kula-duhitā < kula-duhitṛ-：*f.* 良家の娘。「善女人」と漢訳。*sg. Nom.*

vâyaṃ < vā + ayaṃ

　　vā：*ind.* ～か。または。たとえ～であっても。

　　ayaṃ < idam-：これ。*m. sg. Nom.*

tri-sāhasra-mahā-sāhasro < tri-sāhasra-mahā-sāhasraḥ + 有声子音 < tri-sāhasra-mahā-sāhasra-：*adj.* 「三千大千」と漢訳。*m. sg. Nom.*

loka-dhātus < loka-dhātuḥ + (t) < loka-dhātu-：*m.* 世界。世間。国。国土。*sg. Nom.*

tathāgata-pūrṇas < tathāgata-pūrṇaḥ + (t) < tathāgata-pūrṇa-：*adj.* 如来によって満たされている。*m. sg. Nom.*

　　pūrṇa- < $\sqrt{}$pṛ- (3, 6) + -na：*pp.* ～（属格、具格）で満たされた。満ちた。成就した。充足された。完全な。

tad yathâpi nāmêkṣu-vanaṃ < tad yathâpi nāma + ikṣu-vanaṃ

　　tad yathâpi nāma < tad yathā + api nāma：あたかも～であるかのように。それは、あたかも～のようなものである。

　　ikṣu-vanaṃ < ikṣu-vana-：*n.* 甘蔗の繁み。「甘蔗森」と漢訳。*sg. Nom.*

　　ikṣu-：*m.* 甘蔗。

　　vana-：*n.* 森。（葦などの）繁み。叢。集まり。群れ。

vā：*ind.* ～か。または。たとえ～であっても。

naḍa-vanaṃ < naḍa-vana-：*n.* 葦の繁み。*sg. Nom.*

　　naḍa-：*m.* 葦の一種。「葦」「蘆」「竹」と漢訳。

vā：*ind.* ～か。または。たとえ～であっても。

veṇu-vanaṃ < veṇu-vana-：*n.* 竹林。*sg. Nom.*

　　veṇu-：*m.* 葦。篠。竹。笛。横笛。管。

　　法華経方便品では vana-veṇu-：*m.* 「竹林」と漢訳。

vā：*ind.* ～か。または。たとえ～であっても。

tila-vanaṃ < tila-vana-：*n.* 胡麻の繁み。*sg. Nom.*

tila-：*m.* 胡麻。粒。原子。ほくろ。
vâivaṃ < vā + evaṃ
vā：*ind.* ～か。または。たとえ～であっても。
evaṃ：*adv.* このように。「是」「如是」と漢訳。
śāli-vanaṃ < śāli-vana-：*n.* 稲の繁み。*sg. Nom.*
śāli-：*m.* 米。「舎利」と音写。「稲」と漢訳。
vā：*ind.* ～か。または。たとえ～であっても。
pratipūrṇaṃ < pratipūrṇa- < prati-√pṛ- (3, 6) + -na：*pp.* 満ちた。「円満」「満足」「成満」「遍満」「具足」と漢訳。*n. sg. Nom.*
kalpaṃ < kalpa-：*m.* 宇宙論的時間。「劫」と音写。*sg. Acc.*
vā：*ind.* ～か。または。たとえ～であっても。
kalpâvaśeṣaṃ < kalpâvaśeṣa- < kalpa-avaśeṣa-：*m.* 一劫余。*sg. Acc.*
avaśeṣa- < ava-√śiṣ- (7) + -a：*m.* 残余。残り物。
√śiṣ- (7)：残す。
vā：*ind.* ～か。または。たとえ～であっても。
sat-kuryād < sat-kuryāt + 有声子音 < sat-kuru- < sat-√kṛ- (8)：整理する。飾る。尊重する。尊敬する。優遇する。*Opt. 3, sg. P.*
√kṛ- (8) の現在弱語幹は kuru- だが、m, v, y で始まる語尾の時は、kur- となる。
guru-kuryān < guru-kuryāt + (m) < guru-kuru- < guru-√kṛ- (8)：重んじる。称讃する。「尊重」「恭敬」と漢訳。*Opt. 3, sg. P.*
mānayet < mānaya- < √man- (1) + -aya：*Caus.* 尊敬する。敬意を払う。重んじる。「尊重」「讃歎」「恭敬」と漢訳。*Opt. 3, sg. P.*
pūjayet < pūjaya- < √pūj- (10)：尊敬をもって扱う。貴ぶ。ねんごろに迎える。もてなす。敬意を表する。尊敬を払う。「供養」と漢訳。*Opt. 3, sg. P.*
tāṃs < tān + (t) < tad-：それ。*m. pl. Acc.*
tathāgatān < tathāgata-：*m.* 「如来」と漢訳。*pl. Acc.*
sarva-pūjābhiḥ < sarva-pūjā-：*f.* あらゆる供養〔の品々〕。*pl. Ins.*
pūjā-：*f.* 尊敬。敬意。崇拝。供養。
sarva-sukhôpadhānaiḥ < sarva-sukhôpadhāna- < sarva-sukha-upadhāna-：*n.* あらゆる快適な生活用具。*pl. Ins.*
sukha-upadhāna-：*n.* 「楽具」と漢訳。
sukha-：*adj.* 幸福な。安楽な。*n.* 快楽。安楽。幸福。
upadhāna- < upa-√dhā- (3) + -ana：*adj.* 置かれた。*n.* 乗せること。クッション。座布団。枕。供給。調達。「具」「用物」「什物」と漢訳。
parinirvṛtānāṃ < parinirvṛta- < pari-nir-√vṛ- (1) + -ta：*pp.* 完全なる滅度に入った。完全に消滅した。「滅」「滅度」「入滅」「寂滅」と漢訳。「入涅槃」「已般涅槃」と音写。*m. pl. Gen.*
ca：*conj.* および。また。しかしながら。そして。～と。なお。
teṣāṃ < tad-：それ。*m. pl. Gen.*
tathāgatānām < tathāgata-：*m.* 「如来」と漢訳。*pl. Gen.*
以上の属格の三語は絶対節をなしている。
ekâikasya < ekâika- < eka-eka-：*adj.* 一つ一つの。各々の。*m. sg. Gen.*
tathāgatasya < tathāgata-：*m.* 「如来」と漢訳。*sg. Gen.*
pūjā-karmaṇa < pūjā-karmaṇe + a 以外の母音 < pūjā-karman-：*adj.* 尊敬の行為を表わす。「尊敬」を意味する。*n.* 「供養」「為供養」「供養事業」と漢訳。*m. sg. Dat.*
pūjā-：*f.* 尊敬。敬意。崇拝。供養。
karman-：*n.* 行為。作業。作用。職業。儀式。結果。
eka-ghanasyâvikopitasya < eka-ghanasya + avikopitasya

eka-ghanasya < eka-ghana-：*adj.* 一揃いの全体をなす。「同一」「純一」「全身」と漢訳。*n. sg. Gen.*

ghana-：*adj.* 堅い。密なる。間断なき。全体の。*m.* 塊。「深」「厚」「深厚」「厚重」

avikopitasya < avikopita- < a-vikopita-：*pp.* 「不失」「不退」「不壊」「不可壊」「未敗」「無損」と漢訳。

vikopita- < vikopaya- + -ta < vi-√kup- (4) + -aya + -ta：*Caus. pp.* 擾された。みだされた。「動乱」と漢訳。

vikopaya- < vi-√kup- (4) + -aya：乱す。「怒」「壊」と漢訳。

śarīrasya < śarīra-：*n.* 身体。骨組み。（複数で）骨。「舎利」と音写。*sg. Gen.*

sarva-ratna-mayaṃ < sarva-ratna-maya-：*adj.* あらゆる宝石で造られた。*m. sg. Acc.*

ratna-：*n.* 宝石。

maya-：*adj.* 形成された。造られた。

stūpaṃ < stūpa-：*m.* 仏塔。「塔婆」「卒塔婆」と漢訳。「塔」と漢訳。*sg. Acc.*

pratiṣṭhāpayec < pratiṣṭhāpayet + (c) < pratiṣṭhāpaya- < prati-√sthā- (1) + -paya：*Caus.* 立たせる。住まわせる。しっかりと立たせる。〜（処格）に基礎を置かせる。*Opt. 3, sg. P.*

catur-mahā-dvīpika-loka-dhātu-pramāṇaṃ < catur-mahā-dvīpika-loka-dhātu-pramāṇa-：*adj.* 四つの大陸に属する世界の広さを持つ。*m. sg. Acc.*

catur-mahā-dvīpika- < catur-mahā-dvīpa- + -ika <：*adj.* 四つの大陸に属する。cf. BHS. dic. *p.* 275）

catur-mahā-dvīpa-：*m.* 四大陸。「四洲」と漢訳。

dvīpa-：*m.* （川の中の）砂州。島。大陸。（dvi-apa、両側に水のある）。

loka-dhātu-：*m.* 世界。世間。国。国土。

pramāṇa- < pra-√mā- (2,3) + -ana：*n.* 量。尺度。標準。広さ。大きさ。長さ。距離。重さ。容量。

yāvad < yāvat + 有声子音：*adv.* 〜ほど大きく／多く／長く。〜するほどに。〜する間。〜する限り。〜まで。

brahma-lokam < brahma-loka-：*m.* ブラフマー神の世界。*sg. Acc.*

brahma- < brahman-：*m.* ブラフマー神。

loka-：*m.* 空間。余地。場所。国。世界。世間。

uccaistvena < uccaistva- < uccais-tva：*n.* 高さ。*sg. Ins.*

これは、「〜の点で」（判断の基準）を示す具格。cf.「シンタックス」*p.* 46.

uccais：*adv.* 高く。上に。上方に。

yaṣṭi-cchatra-patākābhir < yaṣṭi-cchatra-patākābhiḥ + 有声音 < yaṣṭi-cchatra-patākā-：*f.* 旗ざお、日傘（傘蓋）、のぼり。*pl. Ins.*

yaṣṭi-：*f.* 杖。棒。棍棒。太い棒。旗ざお。止まり木。幹。小枝。

cchatra- < 母音 + chatra- < √chad- (1) + -tra：*n.* 覆うもの。日傘（王位の標章の一つ）。「傘」「蓋」「傘蓋」と漢訳。

patākā-：*f.* 旗。のぼり。「幡」と漢訳。

udviddhôpaśobhitam < udviddhôpaśobhita- < udviddha-upaśobhita-：*pp.* 高く飾り立てらた。*m. sg. Acc.*

udviddha- < ud-√vyadh- (4) + -ta：*pp.* 揚げられた。高められた。高い。「高」「高顕」「寛博」と漢訳。

√vyadh- (4)：貫く。孔をうがつ。打つ。傷つける。貫通する。圧倒する。〜（対格）に〜（具格）を与える。〜（対格）に〜（具格）によって影響を与える。

upaśobhita- < upaśobhaya- + -ta < upa-√śubh- (1) + -aya + -ta：*Caus. pp.* 〜（具格）で飾られた。

upaśobhaya- < upa-√śubh- (1) + -aya：*Caus.* 飾る。

√śubh- (1)：飾る。飾り立てる。美化する。
evaṃ：*adv.* このように。「是」「如是」と漢訳。
sarva-tathāgatānāṃ < sarva-tathāgata-：*m.* すべての如来。*pl. Gen.*
pratyekaṃ < pratyeka- < prati-eka-：*adj.* 各個の。単独の。各個の。各々の。「別」「別別」「各々差別」と漢訳。*m. sg. Acc.*
stūpaṃ < stūpa-：*m.* 仏塔。「塔」「塔婆」「卒塔婆」と音写。*sg. Acc.*
kārayet < kāraya- < √kṛ- (8) + -aya：*Caus.* 作らせる。*Opt. 3, sg. P.*
sa < saḥ < tad-：それ。*m. sg. Nom.*
ca：*conj.* および。また。しかしながら。そして。～と。なお。
tatra：*adv.* （ta の処格）。そこに。そこへ。ここに。此の機会に。そのために。その場合に。その時に。
kalpaṃ < kalpa-：*m.* 宇宙論的時間。「劫」と音写。*sg. Acc.*
vā：*ind.* ～か。または。たとえ～であっても。
kalpâvaśeṣaṃ < kalpâvaśeṣa- < kalpa-avaśeṣa-：*m.* 一劫余。*sg. Acc.*
vā：*ind.* ～か。または。たとえ～であっても。
pūjāṃ < pūjā-：*f.* 尊敬。敬意。崇拝。供養。*sg. Acc.*
kuryāt < kuru- < √kṛ- (8)：なす。作る。*Opt. 3, sg. P.*
√kṛ- (8) の現在弱語幹は kuru- だが、m, v, y で始まる語尾の時は、kur- となる。
sarva-puṣpaiḥ < sarva-puṣpaiḥ + (s) < sarva-puṣpa-：*n.* あらゆる花。*pl. Ins.*
sarva-gandhaiḥ < sarva-gandha-：*m.n.* あらゆる香。*pl. Ins.*
gandha-：*m.n.* 香。芳香。香気。薫香。
sarva-dhvaja-patākābhiḥ < sarva-dhvaja-patākā-：*f.* あらゆる旗とのぼり。*pl. Ins.*
dhvaja-：*m.* 幢。旗。記号。標識。象徴。「幡」「幢幡」「幢」と漢訳。
patākā-：*f.* 旗。のぼり。「幡」と漢訳。
sarva-tūrya-tāḍâvacara-saṃpravāditena < sarva-tūrya-tāḍâvacara-saṃpravādita-：*n.* あらゆる楽器や打楽器の合奏。*sg. Ins.*
tūrya-：*n.* 楽器。
tāḍâvacara- < tāḍa-avacara-：*n.* 打楽器の一種。「鈸」「拍板」と漢訳。
saṃpravādita- < saṃpravādaya- + -ta < saṃ-pra-√vad- (1) + -aya + -ta：*Caus. pp.* 一緒に演奏された。*n.* 合奏。「奏」と漢訳。
pravādaya- < pra-√vad- (1) + -aya：*Caus.* （楽器を）鳴らす。演奏する。
pra-√vad- (1)：話し出す。発言する。語る。宣言する。（鳥獣が）声を上げる。
pūjāṃ < pūjā-：*f.* 尊敬。敬意。崇拝。供養。*sg. Acc.*
kuryāt < kuru- < √kṛ- (8)：なす。作る。*Opt. 3, sg. P.*
tat < tad-：それ。*n. sg. Acc.*
kiṃ < kim-：*疑問代名詞,* だれ。何。どんな。どれ。*n. sg. Acc.* 対格の副詞的用法。
manyase < manya- < √man- (4)：考える。信ずる。～であると思う。考慮する。*Pres. 2, sg. A.*
√man- はⅠ類動詞の変化もするが、ここではⅣ類動詞。
devānām < deva- < √div- (4) + -a：*m.* 神。「天」と漢訳。*pl. Gen.*
indrâpi < indra + api
indra < indra-：*m.* インドラ神。～の王。「帝釈天」「王」「主」「帝」「帝王」と漢訳。*sg. Voc.*
api：*adv.* また。さえも。されど。なお。
nu：*ind.* 今。なお。～すら。すでに。そこで。
sa < saḥ < tad-：それ。*m. sg. Nom.*
kula-putro < kula-putraḥ + 有声子音 < kula-putra-：*m.* 良家の息子。「善男子」と漢訳。*sg. Nom.*
vā：*ind.* ～か。または。たとえ～であっても。
kula-duhitā < kula-duhitṛ-：*f.* 良家の娘。「善女人」と漢訳。*sg. Nom.*

vā：*ind.* 〜か。または。たとえ〜であっても。
tato < tatas + 有声子音：*adv.* それより。そこに。そこにおいて。ゆえに。
nidānaṃ < nidāna-：*n.* 索。（馬の）綱。原因。動機。目的。起源。病原。理由を述べる序文。十二部経の一つ（因縁経）。「縁起」「発起」「因縁」「序」と漢訳。「尼陀那」と音写。*sg. Acc.*
bahu < bahu-：*adj.* 多くの。*n. sg. Acc.*
puṇyaṃ < puṇya-：*adj.* 吉兆の。幸先のよい。幸運な。美しい。快い。有徳の。*n.* 善。徳。善行。「福」「福徳」「福行」「功徳」と漢訳。*n. sg. Acc.*
prasunuyāt < prasunu- < pra-√su- (5)：絶え間なくしぼり出す。絶え間なく圧し出す。*Opt. 3, sg. P.*
√su- (5)：圧し出す。しぼり出す。

āha / bahu bhagavan bahu sugata nâsya puṇya-skandhasya śakyaḥ paryanto 'dhigantum[13] kalpa-koṭī-śata-sahasrair api /

（梵漢和維摩経 *p.* 570, *ll.* 1–2）

〔神々の帝王であるシャクラ神が〕言った。
「世尊よ、〔それは〕多いでしょう。人格を完成された人（善逝）よ、〔それは〕多いでしょう。〔だから〕幾百・千・コーティ劫かかっても、この福徳の集まりの終極に達することは、できないでありましょう」
【釈提桓因の言わく、「多し。世尊よ。彼の福徳は若し百千億劫を以て説くも、尽くすこと能わざるなり」】（大正蔵、巻一四、五五六頁上）

……………………………………………………………

āha < √ah-：言う。*Perf. 3, sg. P.*
bahu < bahu-：*adj.* 多くの。*n. sg. Nom.*
bhagavan < bhagavat-：*m.* 尊い（人）。「世尊」と漢訳。「婆伽婆」「薄伽梵」と音写。*sg. Voc.*
bahu < bahu-：*adj.* 多くの。*n. sg. Nom.*
sugata < sugata-：*m.* 人格を完成した（人）。「善逝」（仏の別称）と漢訳。*sg. Voc.*
nâsya < na + asya
na：*ind.* 〜でない。〜にあらず。
asya < idam-：これ。*m. sg. Gen.*
puṇya-skandhasya < puṇya-skandha-：*m.* 福徳の集合。*sg. Gen.*
puṇya-：*adj.* 吉兆の。幸先のよい。幸運な。美しい。快い。有徳の。*n.* 善。徳。善行。「福」「福徳」「福行」「功徳」と漢訳。
skandha-：*m.* （木の）幹。区分。部分。集合。
śakyaḥ < śakyaḥ + (p) < śakya- < √śak- (5) + -ya：*未受分,* 可能な。実行できる。*m. sg. Nom.*
未来受動分詞 śakya- は、主語と性・数・格を一致させるか、中性（不変化）の śakyam として主格または具格の行為者名詞とともに用いられる。cf.「シンタックス」*p.* 112.
未来受動分詞の行為者は、具格、または属格で示される。cf.「シンタックス」*p.* 104.
paryanto 'dhigantuṃ < paryantaḥ + adhigantuṃ
paryantaḥ < paryanta-：*m.* 境。境界。限界。端。終わり。「辺」「際」「辺際」「究竟」と漢訳。*sg. Nom.*
adhigantuṃ < adhi-√gam- (1) + -tum：*不定詞,* 得ること。達すること。過ぎること。
kalpa-koṭī-śata-sahasrair < kalpa-koṭī-śata-sahasraiḥ + 有声音 < kalpa-koṭī-śata-sahasra-：*n.* 幾百・千・コーティ劫。*pl. Ins.*
api：*adv.* また。さえも。されど。なお。

§6 bhagavān āha / ārocayāmi te devānām indra prativedaya /

（梵漢和維摩経 *p.* 570, *l.* 3）

§6 世尊がおっしゃられた。

「神々の帝王よ、私は、あなたに告げよう。あなたは理解するがよい[14]。

【§6　仏は天帝に告げたまわく、「当に知るべし。】　（大正蔵、巻一四、五五六頁上）

………………………………………………………………

bhagavān < bhagavat-：*m.* 尊い（人）。「世尊」と漢訳。「婆伽婆」「薄伽梵」と音写。*sg. Nom.*

āha < √ah-：言う。*Perf. 3, sg. P.*

………………………………………………………………

ārocayāmi < ārocaya- < ā-√ruc- (1) + -aya：*Caus.* 語る。話す。告げる。*1, sg. P.*

√ruc- (1)：輝く。光る。～を好む。美しく見える。

te < tvad-：あなた。*2, sg. Dat.*

devānām < deva- < √div- (4) + -a：*m.* 神。「天」と漢訳。*pl. Gen.*

indra < indra-：*m.* インドラ神。～の王。「帝釈天」「王」「主」「帝」「帝王」と漢訳。*sg. Voc.*

prativedaya < prativedaya- < prati-√vid- (2) + -aya：*Caus.* ～（対格）であると知らせる。通告する。告げる。「告」「啓」「覚」「覚知」「開覚」「開悟」「得解」「令解了」「令得解」「令得解了」と漢訳。*Impv. 2, sg. P.*

> ataḥ sa kula-putro vā kula-duhitā vā bahutaraṃ puṇyaṃ prasunuyād ya imam acintya-vimokṣa-nirdeśaṃ dharma-paryāyam udgṛhṇīyād dhārayed vācayet paryavāpnuyāt /
>
> （梵漢和維摩経 *p.* 570, *ll.* 3–6）

「考えも及ばないという解脱（不可思議解脱）を説くこの法門を是認し、受持し、読誦し、完全に理解するところの〔良家の息子、あるいは良家の娘、〕その良家の息子、あるいは良家の娘は、それよりもっと多くの福徳を生ずるであろう。

【「是の善男子・善女人、是の不可思議解脱の経典を聞きて、信解・受持・読誦・修行せば、福は、彼より多からん。】　（大正蔵、巻一四、五五六頁上）

………………………………………………………………

ataḥ < atas + (s)：*adv.* これより。ここより。この後。次に。それ故。「故」「是故」「由此」「次後」と漢訳。比較の対象は奪格で示される。cf.「シンタックス」*p.* 29.

sa < saḥ < tad-：それ。*m. sg. Nom.*

kula-putro < kula-putraḥ + 有声子音 < kula-putra-：*m.* 良家の息子。「善男子」と漢訳。*sg. Nom.*

vā：*ind.* ～か。または。たとえ～であっても。

kula-duhitā < kula-duhitṛ-：*f.* 良家の娘。「善女人」と漢訳。*sg. Nom.*

vā：*ind.* ～か。または。たとえ～であっても。

bahutaraṃ < bahutara- < bahu-tara-：*比較級,* より多くの。*n. sg. Acc.*

puṇyaṃ < puṇya-：*adj.* 吉兆の。幸先のよい。幸運な。美しい。快い。有徳の。*n.* 善。徳。善行。「福」「福徳」「福行」「功徳」と漢訳。*n. sg. Acc.*

prasunuyād < prasunuyāt + 半母音 < prasunu- < pra-√su- (5)：絶え間なくしぼり出す。絶え間なく圧し出す。*Opt. 3, sg. P.*

ya < yaḥ + a 以外の母音 < yad-：*関係代名詞, m. sg. Nom.*

imam < idam-：これ。*m. sg. Acc.*

acintya-vimokṣa-nirdeśaṃ < acintya-vimokṣa-nirdeśa-：*m.* 考えも及ばないという解脱（不可思議解脱）の表明。*m. sg. Acc.*

acintya-vimokṣa-：*m.* 考えも及ばないという解脱。「不可思議解脱」と漢訳。

acintya- < a- + √cint- (10) + -ya：*未受分,* 思議すべからざる。考えるべきでない。「不可思議」と漢訳。

vimokṣa-：*m.* 緩むこと。～からの解放。救済。「解脱」と漢訳。

nirdeśa- < nir-√diś- (6) + -a：*m.* 命令。指示。記述。表明。詳述。「説」「所説」「説法」「釈」「釈説」「広釈」「分別演説」と漢訳。

dharma-paryāyam < dharma-paryāya-：*m.* 法門。*sg. Acc.*

udgṛhṇīyād < udgṛhṇīyāt + 有声子音 < udgṛhṇī- < ud-√grah- (9) ：起こす。上げる。保存する。許す。是認する。会得する。「受持」「摂受」「領受」と漢訳。*Opt. 3, sg. P.*

dhārayed < dhārayet + 有声子音 < dhāraya- < √dhṛ- (4) + -aya：*Caus.* 把持する。支える。担う。保持する。「受持」「憶持」「奉持」「憶持不忘」と漢訳。*Opt. 3, sg. P.*

vācayet < vācaya- < √vac- (2) + -aya：*Caus.* 言わせる。読む（書物に言わせる)。「読誦」と漢訳。*Opt. 3, sg. P.*

paryavāpnuyāt < paryavāpnu- < pari-ava-√āp- (5)：回復すること。暗記すること。熟達すること。完全に理解すること。*Opt. 3, sg. P.*

> tat kasmād dhetoḥ /
>
> (梵漢和維摩経 *p.* 570, *l.* 6)

「それは、どんな理由からか。

【「所以は何んとなれば、」】 （大正蔵、巻一四、五五六頁上）

………………………………………………………………………

tat < tad-：それ。*n. sg. Nom.*

kasmād dhetoḥ < kasmāt + hetoḥ

連声法は、cf.「基礎」*p.* 63.

kasmāt < kim-：*疑問詞,* だれ。何。どんな。どの。*m. sg. Abl.*

hetoḥ < hetu-：*m.* 理由。原因。因。*sg. Abl.*

奪格は、動機、原因、理由を表わす。cf.「シンタックス」*p.* 58.

> dharma-nirjātā hi devêndra buddhānāṃ bhagavatāṃ bodhiḥ sā dharmeṇâiva śakyā pūjayituṃ nâmiṣeṇa /
>
> (梵漢和維摩経 *p.* 570, *ll.* 6–7)

「神々の帝王よ、世尊であるブッダたちの覚りは、実に法から生じたものであり、その〔覚り〕を供養するのは法によってこそできるのであり、財物によってではないのだ[15]。

【「諸仏の菩提は皆、是れより生ぜり。菩提の相は量を限る可からず。是の因縁を以て、福も量る可からざるなり」】 （大正蔵、巻一四、五五六頁上）

………………………………………………………………………

dharma-nirjātā < dharma-nirjātā- < dharma-nirjāta-：*adj.* 法から生じた。*f. sg. Nom.*

nirjāta- < nir-√jan- (1) + -ta：*pp.* ～（処格）から生じた。～（処格）に出現した。

hi：*ind.* 真に。確かに。実に。

devêndra < devêndra- < deva-indra-：*m.* 神々の主。インドラ神。「天帝」「天主」と漢訳。*sg. Voc.*

buddhānāṃ < buddha- < √budh- (1) + -ta：*pp.* 目覚めた。*m.* ブッダ。「覚者」と漢訳。「仏陀」と音写。*m. pl. Gen.*

bhagavatāṃ < bhagavat-：*m.* 尊い（人)。「世尊」と漢訳。「婆伽婆」「薄伽梵」と音写。*pl. Gen.*

bodhiḥ < bodhiḥ + (s) < bodhi- < √budh- (1) + -i：*f.* 覚り。「菩提」と音写。*sg. Nom.*

sā < tad-：それ。*f. sg. Nom.*

dharmeṇâiva < dharmeṇa + eva

dharmeṇa < dharma-：*m.* 確定した秩序。慣例。習慣。法則。規則。義務。宗教。教説。性質。本質。属性。特質。事物。法。*sg. Ins.*

eva：*adv.* さように。このように。まさに。実に。ただ。全くこのように。

śakyā < śakyā- < śakya- < √śak- (5) + -ya：*未受分,* 可能な。実行できる。*f. sg. Nom.*

pūjayituṃ < pūjaya- + -itum < √pūj- (10) + -itum：*不定詞,* 貴ぶこと。懇ろに迎えること。もてなすこと。敬意を表すること。「供養」「敬愛」と漢訳。

nâmiṣeṇa < na + āmiṣeṇa

na：*ind.* ～でない。～にあらず。

āmiṣeṇa < āmiṣa-：*n.* 肉。餌物。美味。快楽の対象。希望。欲望。貪欲。「飲食」「食」と漢訳。*sg. Ins.*

tad anenâpi te devêndra paryāyeṇâivaṃ veditavyam / (梵漢和維摩経 *p.* 570, *ll.* 7–8)

「従って、神々の帝王よ、この道理によって、あなたは次のように知るべきである。
【漢訳相当箇所なし】

……………………………………………………………………………

tad < tat + 母音 < tad-：それ。*n. sg. Acc.*
代名詞の中性・対格／具格／奪格は、連結助詞として用いられ、「そこで」「従って」「このため」を意味する。
anenâpi < anena + api
anena < idam-：これ。*m. sg. Ins.*
anena paryāyeṇa：このようにして。この繰り返しによって。「是故」「由此」「由此因縁」「由此道理」と漢訳。具格の副詞的用法。
api：*adv.* また。さえも。されど。同様に。
te < tvad-：あなた。*2, sg. Gen.*
devêndra < devêndra- < deva-indra-：*m.* 神々の主。インドラ神。「天帝」「天主」と漢訳。*sg. Voc.*
paryāyeṇâivaṃ < paryāyeṇa + evaṃ
paryāyeṇa < paryāya-：*m.* 文章。回転。反復。規則的連続。*sg. Ins.*
evaṃ：*adv.* このように。
veditavyam < veditavya- < $\sqrt{}$vid- (1) + -itavya：*未受分,* 知られるべき。感受されるべき。*n. sg. Nom.*

§7 bhūta-pūrvaṃ devānām indrâtīte 'dhvany asaṃkhyeye kalpe 'saṃkhyeyatare vipule 'pramā=ṇe 'cintye yad' āsīt[16] tena kālena tena samayena bhaiṣajya-rājo nāma tathāgato 'rhan samyak-saṃbuddho vidyā-caraṇa-saṃpannaḥ[17] sugato lokavid anuttaraḥ puruṣa-damya-sārathiḥ śāstā deva-manuṣyāṇāṃ buddho bhagavān mahā-vyūhe loka-dhātau viśodhane kalpe / (梵漢和維摩経 *p.* 570, *ll.* 9–13)

§7 「神々の帝王よ、〔それは〕昔、数えることのできない、さらに数えることのできない、広大で、無量の、考えることもできない劫ほどの過去の世における時のことであった。その時、その情況で、"薬の王"（薬王）という名前の正しく完全に覚られた如来で、尊敬されるべき人（阿羅漢）で、学識と行ないを完成された人（明行足）で、人格を完成された人（善逝）で、世間をよく知る人（世間解）で、人間として最高の人（無上士）で、調練されるべき人の御者（調御丈夫）で、神々と人間の教師（天人師）で、目覚めた人（仏陀）で、世に尊敬されるべき人（世尊）が、"大いなる荘厳"という世界に、"清めること"という劫にいらっしゃった。
【§7 仏は天帝に告げたまわく、「過去、無量阿僧祇劫の時、世に仏有り。号して薬王如来・応供・正遍知・明行足・善逝・世間解・無上士・調御丈夫・天人師・仏・世尊と曰う。世界を大荘厳と名づけ、劫を荘厳と曰えり。】 （大正蔵、巻一四、五五六頁中）

……………………………………………………………………………

bhūta-pūrvaṃ < bhūta-pūrva-：*adj.* 前にあった。以前の。「曾有」「昔曾有」と漢訳。*n. sg. Acc.* 対格の副詞的用法で「前に」「以前に」を意味する。
devānām < deva- < $\sqrt{}$div- (4) + -a：*m.* 神。「天」と漢訳。*pl. Gen.*
indrâtīte 'dhvany < indra + atīte + adhvany
indra < indra-：*m* インドラ神。〜の王。「帝釈天」「王」「主」「帝」「帝王」と漢訳。*sg. Voc.*
atīte < atīta- < ati-$\sqrt{}$i- (2) + -ta：*pp.* 過ぎ去れる。過去の。*m. sg. Loc.*
adhvany < adhvani + 母音 < adhvan-：*m.* 距離。路。時。*sg. Loc.*
asaṃkhyeye < a-saṃkhyeya- < a- + saṃ-$\sqrt{}$khyā- (2) + -ya：*未受分,* 無数の。数えることのできない。

量り知れない。*m. sg. Loc.*

kalpe 'saṃkhyeyatare < kalpe + asaṃkhyeyatare

kalpe < kalpa-：*m.* 宇宙論的時間。「劫」「劫波」と音写。*sg. Loc.*

asaṃkhyeyatare < a-saṃkhyeyatara- < a-saṃ-khyeya- + -tara：*比較級,* さらに無数の。もっと数えることのできない。さらに量り知れない。*m. sg. Loc.*

vipule 'pramāṇe 'cintye < vipule + apramāṇe + acintye

vipule < vi-pula-：*adj.* 大きな。広大な。莫大な。（時間の）長い。*m. sg. Loc.*

apramāṇe < apramāṇa- < a-pramāṇa-：*adj.* 評価できない。「不可度量」と漢訳。*m. sg. Loc.*

pramāṇa- < pra-√mā- (2,3) + -ana：*n.* 量。尺度。標準。広さ。大きさ。長さ。距離。重さ。容量。

acintye < a-cintya- < a- + √cint- (10) + -ya：*未受分,* 考えられない。「難思」「不可思議」「不可思量」と漢訳。*m. sg. Loc.*

yad' āsīt < yadā + āsīt

yadā：*conj.* ～である時に。

āsīt < as- < √as- (2)：ある。存在する。起こる。*Impf. 3, sg. P.*

「asti」で「それは、かくあり」。

tena kālena：その時に。「爾時」と漢訳。

tena < tad-：それ。*m. sg. Ins.*

kālena < kāla-：*m.* 正しい時。時。機会。時間。 *sg. Ins.*

tena samayena：その情況で。「其会」「爾時」と漢訳。

samayena < samaya-：*m.* 場合。時間。機会。好機。情況。*sg. Ins.*

bhaiṣajya-rājo < bhaiṣajya-rājaḥ + 有声子音 < bhaiṣajya-rāja-：*m.* 薬の王。「薬王」「薬師」と漢訳。*sg. Nom.*

nāma：*adv.* ～という名前の。実に。確かに。もちろん。おそらく。そもそも。

tathāgato 'rhan < tathāgataḥ + arhan

tathāgataḥ < tathāgata-：*m.* 「如来」と漢訳。「多陀阿伽度」と音写。*sg. Nom.*

arhan < arhat-：*m.* 尊敬さるべき人。供養を受けるに値する人。価値ある人。「応供」と漢訳。「阿羅漢」と音写。*sg. Nom.*

samyak-saṃbuddho < samyak-saṃbuddhaḥ + 有声子音 < samyak-saṃbuddha-：*adj.* 正しく完全に覚った（人）。「正等覚」「正等正覚」などと漢訳。「三藐三仏陀」と音写。*m. sg. Nom.*

vidyā-caraṇa-saṃpannaḥ < vidyā-caraṇa-saṃpannaḥ + (s) < vidyā-caraṇa-saṃpanna-：*adj.* 学識と行ないを完成した（人）。「明行足」と漢訳されている。*m. sg. Nom.*

vidyā- < √vid- (2) + -yā：*f.* 知識。学識。学問。「明」と漢訳。

caraṇa- < √car- (1) + -ana：*n.* 彷徨すること。（善い）行為。実行。遂行。

saṃpanna- < sam-√pad- (4) + -na：*pp.* 成就する。完成する。～に達する。～になる。～を結合する。～を得る。完全にそなわった。「成就」「成立」「円満」「具足」「遂行」「達成」と漢訳。

sugato < sugataḥ + 有声子音 < su-gata-：*m.* 人格を完成した（人）。「善逝」（仏の別称）と漢訳。*sg. Nom.*

lokavid < loka-vit + 母音 < loka-vid-：*adj.* 諸世界を知る（人）。世間をよく知る（人）。「世間解」と漢訳。「路伽備」と音写。*m. sg. Nom.* 格変化は、cf.「基礎」*p.* 118.

anuttaraḥ < anuttaraḥ + (p) < anuttara- < an-ud-tara-：*m.* 仏の十号の一つで「無上士」「無上丈夫」と漢訳。*sg. Nom.*

puruṣa-damya-sārathiḥ < puruṣa-damya-sārathiḥ + (ś) < puruṣa-damya-sārathi-：*m.* 調練されるべき人の御者。「調御士」「調御者」「調御丈夫」と漢訳。*sg. Nom.*

puruṣa-：*m.* 人。人間。侍者。「男子」「男」「丈夫」と漢訳。

damya- < √dam- (4) + -ya：*未受分,* 馴らされるべき。「調御」と漢訳。

sārathi-：*m.* 御者。
śāstā < śāstṛ- < √śās- (2) + -tṛ：*m.* 罰する人。教師。教訓者。天人師（仏の別称）。*sg. Nom.*
deva-manuṣyāṇāṃ < deva-manuṣya-：*m.* 神々と人間。*pl. Gen.*
deva- < √div- (4) + -a：*m.* 神。「天」と漢訳。
manuṣya-：*m.* 人間。男。Veda では人類の祖先。
śāstā devānāṃ manuṣyāṇāṃ：神々と人間の教師。「天人師」と漢訳。
buddho < buddhaḥ ＋有声子音 < buddha- < √budh- (1) + -ta：*pp.* 目覚めた（人）。「覚者」と漢訳。「仏陀」「仏」と音写。*m. sg. Nom.*
bhagavān < bhagavat-：*m.* 尊い（人）。「世尊」と漢訳。「婆伽婆」「薄伽梵」と音写。*sg. Nom.*
mahā-vyūhe < mahā-vyūha-：*m.* 大いなる荘厳。*sg. Loc.*
mahā- < mahat-：*adj.* 大きな。偉大な。豊富な。たくさんの。重要な。卓越した。
vyūha- < √vyūh- + -a：*m.* 分配。配置。戦陣。集合。群集。集団。「荘厳」「厳」と漢訳。
loka-dhātau < loka-dhātu-：*m.* 世界。*sg. Loc.*
viśodhane < viśodhana- < viśodhaya- + -ana < vi-√śudh- (4) + -aya + -ana：*n.* 清めること。「清浄」「悉清浄」「令清浄」と漢訳。*sg. Loc.*
viśodhaya- < vi-√śudh- (4) + -aya：*Caus.* 清浄にする。
kalpe < kalpa-：*m.* 宇宙論的時間。「劫」「劫波」と音写。*sg. Loc.*

tasya khalu punar devānām indra bhaiṣajya-rājasya tathāgatasyârhataḥ samyak-saṃbuddhasya viṃśatir antara-kalpa āyuḥ-pramāṇam abhūt /
（梵漢和維摩経 *p.* 570, *ll.* 13–15）

「しかもなお、神々の帝王よ、その“薬の王”という正しく完全に覚った尊敬されるべき如来には、二十中劫の寿命があった。
【「仏寿は二十小劫なり。】（大正蔵、巻一四、五五六頁中）

tasya < tad-：それ。*m. sg. Gen.*
khalu：*ind.* 実に。確かに。しかも。さて。そこで。
punar：*adv.* 再び。新たに。さらに。なお。しかしながら。
devānām < deva- < √div- (4) + -a：*m.* 神。「天」と漢訳。*pl. Gen.*
indra < indra-：*m* インドラ神。〜の王。「帝釈天」「王」「主」「帝」「帝王」と漢訳。*sg. Voc.*
bhaiṣajya-rājasya < bhaiṣajya-rāja-：*m.* 薬の王。「薬王」「薬師」と漢訳。*sg. Gen.*
tathāgatasyârhataḥ < tathāgatasya + arhataḥ
tathāgatasya < tathāgata-：*m.* 「如来」と漢訳。*sg. Gen.*
arhataḥ < arhat-：*m.* 尊敬されるべき（人）。*m.* 「応供」と漢訳。「阿羅漢」と音写。*sg. Gen.*
samyak-saṃbuddhasya < samyak-saṃ-buddha- < samyak-sam-√budh- (4) + -ta ：*pp.* 正しく完全に覚った（人）。「正等覚」「正等正覚」などと漢訳。「三藐三仏陀」と音写。*m. sg. Gen.*
viṃśatir < viṃśatiḥ ＋ 有声音 < viṃśati-：*基数詞,* 二十。*f. sg. Nom.*
antara-kalpa < antara-kalpaḥ + a 以外の母音 < antara-kalpa-：*m.* 中劫。*sg. Nom.*
āyuḥ-pramāṇam < āyuḥ-pramāṇa-：*n.* 寿命の長さ。「寿量」と漢訳。*sg. Nom.*
āyuḥ- < āyus-：*n.* 生命。寿命。寿。命。
pramāṇa- < pra-√mā- (2,3) + -ana：*n.* 量。尺度。標準。広さ。大きさ。長さ。距離。重さ。容量。
abhūt < √bhū- (1)：なる。*root-Aor. 3, sg. P.*

ṣaṭtriṃśac câsya koṭī-niyutāni śrāvakāṇāṃ saṃgho 'bhūt /
（梵漢和維摩経 *p.* 570, *ll.* 15–16）

「その〔“薬の王”という如来〕には、声聞たちの集団（声聞僧伽）が三十六コーティ・ニユタあった。

【「其の声聞僧は三十六億那由他にして、】　（大正蔵、巻一四、五五六頁中）

…………………………………………………………………………

ṣaṭtriṃśac < ṣaṭtriṃśat + (c) < ṣaṭtriṃśat-：*基数詞,* 三十六。*f. sg. Nom.*
câsya < ca + asya

ca：*conj.* および。また。しかしながら。そして。〜と。なお。

asya < idam-：これ。*m. sg. Gen.*

koṭī-niyutāni < koṭī-niyuta-：*n.* コーティ・ニユタ。*pl. Nom.*

niyuta- < ni-√yu- (6) + -ta：*n.* 百万。「万」「百万」「兆」と漢訳。「尼由多」「那由多」と音写。

śrāvakāṇāṃ < śrāvaka- < √śru- (5) + -aka-：*m.* 声を聞く人。弟子。「声聞」と漢訳。*m. pl. Gen.*
saṃgho 'bhūt < saṃghaḥ + abhūt

saṃghaḥ < saṃgha- < saṃ-gha-：*m.* 群れ。集団。僧団。「衆」「衆会」と漢訳。「僧伽」と音写。*sg. Nom.*

abhūt < √bhū- (1)：なる。*root-Aor. 3, sg. P.*

dvādaśa-koṭayo bodhi-sattvānāṃ saṃgho 'bhūt[18] /
（梵漢和維摩経 *p.* 570, *ll.* 16–17）

「菩薩たちの集団（菩薩僧伽）は、十二・コーティあった。
【「菩薩僧は十二億有り。】　（大正蔵、巻一四、五五六頁中）

…………………………………………………………………………

dvādaśa-koṭayo < dvādaśa-koṭayaḥ + 有声子音 < dvādaśa-koṭi-：*f.* 十二・コーティ。*pl. Nom.*

koṭi- は一般的に単数の変化をするが、両数、複数で用いられることもある。貝葉写本では koṭyo となっているが、koṭayo に改めた。

bodhi-sattvānāṃ < bodhi-sattva-：*m.* 覚りを求める人。「菩薩」と漢訳。*pl. Gen.*
saṃgho 'bhūt < saṃghaḥ + abhūt

saṃghaḥ < saṃgha- < saṃ-gha-：*m.* 群れ。集団。僧団。「衆」「衆会」と漢訳。「僧伽」と音写。*sg. Nom.*

abhūt < √bhū- (1)：なる。*root-Aor. 3, sg. P.*

tena ca devānām indra kālena tena samayena ratna-cchatro nāma rājâbhūc cakra-vartī sapta-ratna-samanvāgataś catur-dvīpêśvaraḥ /
（梵漢和維摩経 *p.* 570, *ll.* 17–19）

「神々の帝王よ、その時、その情況で、〔金輪・白象・白馬・宝珠・大臣・妃・将軍からなる〕七つの宝を具え、四つの大陸（四大洲）を支配する“宝石作りの傘蓋”（宝蓋）という名前の転輪聖王がいた。
【「天帝よ、是の時、転輪聖王有り、名づけて宝蓋と曰う。七宝具足し、四天下に主たり。】
（大正蔵、巻一四、五五六頁中）

…………………………………………………………………………

tena < tad-：それ。*n. sg. Ins.*
ca：*conj.* および。また。しかしながら。そして。〜と。なお。
devānām < deva- < √div- (4) + -a：*m.* 神。「天」と漢訳。*pl. Gen.*
indra < indra-：*m* インドラ神。〜の王。「帝釈天」「王」「主」「帝」「帝王」と漢訳。*sg. Voc.*
kālena < kāla-：*m.* 正しい時。時。機会。時間。 *sg. Ins.*
tena < tad-：それ。*n. sg. Ins.*
samayena < samaya-：*m.* 場合。時間。機会。好機。情況。*sg. Ins.*
ratna-cchatro < ratna-cchatraḥ + 有声子音 < ratna-cchatra- < ratna- + chatra-：*m.* 宝石作りの日傘（傘蓋）。*sg. Nom.*

chatra- は中性名詞だが、複合語として人の名前になって男性名詞となった。

ratna-：*n.* 宝石。

nāma：*adv.* ～という名前の。実に。確かに。もちろん。おそらく。そもそも。
rājâbhūc < rājā + abhūc
　rājā < rājan-：*m.* 王。*sg. Nom.*
　abhūc < abhūt + (c) < √bhū- (1)：なる。*root-Aor. 3, sg. P.*
cakra-vartī < cakra-vartin-：*adj.* 車輪を回転する。*m.* 主権の車輪の主。「転輪」「輪王」「転輪王」「転輪聖王」と漢訳。*m. sg. Nom.*
　cakra-：*n.* 車輪。ろくろ。円盤。
　vartin- < √vṛt- (1) + -in：*adj.* ～に滞在している。～に留まる。～を実行する。～に従事する。「転」「起」と漢訳。
　√vṛt- (1)：転ずる。
sapta-ratna-samanvāgataś < sapta-ratna-samanvāgataḥ + (c) < sapta-ratna-samanvāgata-：*pp.* 七宝を具えた。*m. sg. Nom.*
　sapta-ratna-：*n.* 「七宝」と漢訳。
　samanvāgata- < sam-anu-ā-√gam- (1) + -ta：*pp.* ～（具格）を伴った。～を具えた。
catur-dvīpêśvaraḥ < catur-dvīpêśvara- < catur-dvīpa-īśvara-：*adj.* 四つの大陸を支配する。*m. sg. Nom.*
　catur-dvīpa-：*m.n.* 四つの大陸。「四大洲」と漢訳。
　īśvara-：*adj.* ～（処格）し得る。～する能力がある。～が自在である。*m.* ～（属格、処格）の所有者。支配者。主。王。「自在」「主宰」「自在天」と漢訳。

> paripūrṇaṃ câsya putra-sahasram abhūc chūrāṇāṃ varâṅga-rūpiṇāṃ para-sainya-pramardakānām /
>
> (梵漢和維摩経 *p.* 572, *ll.* 1–2)

「そして、この〔転輪聖王〕には、勇敢で最も勝れた身体を持ち、敵の軍隊を粉砕するまるまる千人の息子がいた。
【「王に千子有り。端正・勇健にして能く怨敵を伏す。】　　（大正蔵、巻一四、五五六頁中）
…………………………………………………………………………

paripūrṇaṃ < paripūrṇa- < pari-√pṛ- (3, 6) + -na：*pp.* ～（具格、属格）で満たされた。*n. sg. Nom.*
câsya < ca + asya
　ca：*conj.* および。また。しかしながら。そして。～と。なお。
　asya < idam-：これ。*m. sg. Gen.*
putra-sahasram < putra-sahasra-：*n.* 千人の息子。*sg. Nom.*
abhūc chūrāṇāṃ < abhūt + śūrāṇāṃ
　abhūt < √bhū- (1)：なる。*root-Aor. 3, sg. P.*
　śūrāṇāṃ < śūra-：*adj.* 英雄的な。勇気ある。勇敢な。*m.* 英雄。「勇猛」「勇健」と漢訳。*m. pl. Gen.*
varâṅga-rūpiṇāṃ < varâṅga-rūpin- < varâṅga-rūpin-：*adj.* 「端正」「最上色相」「具勝色支」と漢訳。*m. pl. Gen.*
　varâṅga- < vara-aṅga-：*n.* 最も勝れた部分。頭。主な部分。「勝肢」と漢訳。
　rūpin- < rūpa- + -in：*adj.* 形ある。形をとった。具現された。有形の。美しい。～の形をした。
para-sainya-pramardakānām < para-sainya-pramardaka-：*adj.* 敵の軍隊を粉砕する。*m. pl. Gen.*
　para-：*adj.* ～（奪格）より遥かな。遠隔の。向かい側の。過去の。以前の。未来の。以後の。最高の。*m.* 他人。反対者。敵。仇敵。
　sainya- < senā- + -ya：*adj.* 軍隊に属する。軍隊に関する。*m.* 兵士。*n.* 軍隊。
　senā-：*f.* 軍隊。
　pramardaka- < pra-√mṛd- (9) + -aka：*adj.* 粉砕する。破壊する。
　pra-√mṛd- (9)：踏みつける。粉砕する。非常に苦しめる。荒廃させる。破壊する。

§8　tena khalu punaḥ samayena rājñā ratna-cchatreṇa sa bhagavān bhaiṣajya-rājas tathāgataḥ pañcântara-kalpān sat-kṛtaḥ saparivāraḥ sarva-sukhôpadhānena /
（梵漢和維摩経 *p.* 572, *ll.* 3–5）

§8　「しかも、その時、“宝石作りの傘蓋”（宝蓋）という王は、侍者たちに取り囲まれたその“薬の王”という世尊である如来を、五中劫にわたって、あらゆる快適な生活用具をもって尊重した。

【§8　「爾の時、宝蓋は其の眷属と、薬王如来を供養し、諸の安んずる所を施して、五劫を満ずるに至る。】　（大正蔵、巻一四、五五六頁中）

…………………………………………………………………

tena < tad-：それ。*n. sg. Ins.*

khalu：*ind.* 実に。確かに。しかも。さて。そこで。

punaḥ < punaḥ + (s) < punar：*adv.* 再び。新たに。さらに。なお。しかしながら。

samayena < samaya-：*m.* 場合。時間。機会。好機。情況。*sg. Ins.*

rājñā < rājan-：*m.* 王。*sg. Ins.*

ratna-cchatreṇa < ratna-cchatra < ratna- + chatra-：*m.* 宝石作りの日傘（傘蓋）。*sg. Ins.*

　ratna-：*n.* 宝石。

sa < saḥ < tad-：それ。*m. sg. Nom.*

bhagavān < bhagavat-：*m.* 尊い（人）。「世尊」と漢訳。「婆伽婆」「薄伽梵」と音写。*sg. Nom.*

bhaiṣajya-rājas < bhaiṣajya-rājaḥ + (t) < bhaiṣajya-rāja-：*m.* 薬の王。「薬王」「薬師」と漢訳。*sg. Nom.*

tathāgataḥ < tathāgataḥ + (p) < tathāgata-：*m.* 「如来」「如去」と漢訳。「多陀阿伽度」と音写。*sg. Nom.*

pañcântara-kalpān < pañcântara-kalpa- < pañca-antara-kalpa-：*m.* 五中劫。「劫」「劫波」と音写。*pl. Acc.*

　時間を意味する語は、格によって次のような意味を持つ。

　①対格：「～の間」（期間）

　②具格：「～の時間のうちに」「～の時間で」「～経った時に」

　③奪格：「～の時間の後に」（経過）

　④属格：「　　〃　　」（〃）

　⑤処格：「～の時に」（時点）

sat-kṛtaḥ < sat-√kṛ- (8) + -ta：*pp.* 尊敬された。優遇された。*n.* 名誉ある歓待。*m. sg. Nom.*

　sat-√kṛ- (8)：整理する。準備する。飾る。装飾する。尊重する。優遇を受ける。優遇する。

saparivāraḥ < saparivāraḥ + (s) < saparivāra- < sa-parivāra-：*adj.* 侍者に取り囲まれた。*m. sg. Nom.*

sarva-sukhôpadhānena < sarva-sukhôpadhāna- < sarva-sukha-upadhāna-：*n.* あらゆる快適な生活用具。*sg. Ins.*

　sukhôpadhāna- < sukha-upadhāna-：*n.* 「楽具」と漢訳。

　sukha-：*adj.* 幸福な。安楽な。*n.* 快楽。安楽。幸福。

　upadhāna- < upa-√dhā- (3) + -ana：*adj.* 置かれた。*n.* 乗せること。クッション。座布団。枕。供給。調達。「具」「用物」「什物」と漢訳。

iti hi devānām indra teṣāṃ pañcānām[19] antara-kalpānām atyayena sa rājā ratna-cchatras tat putra-sahasram āmantrayate sma /　yat khalu mārṣā jānīta kṛtā mayā tathāgatasya pūjā yūyam idānīṃ tathāgatasya pūjāṃ kuruta /
（梵漢和維摩経 *p.* 572, *ll.* 5–8）

「まさに以上のように、神々の帝王よ、その五中劫の経過の後、その“宝石作りの傘蓋”（宝蓋）という王は、その千人の息子たちに言った。

『息子たちよ、何とか知るがよい。私は如来に供養をなした。今度は、あなたたちが如来に供養をなすがよい』
【「五劫を過ぎ已りて、其の千子に告げたまわく、『汝等亦、当に我が如く、深心を以て仏を供養すべし』】
（大正蔵、巻一四、五五六頁中）

…………………………………………………………

iti：*adv.* ～と。～ということを。以上のように。～と考えて。「如是」と漢訳。
hi：*ind.* 真に。確かに。実に。
devānām < deva- < √div- (4) + -a：*m.* 神。「天」と漢訳。*pl. Gen.*
indra < indra-：*m* インドラ神。～の王。「帝釈天」「王」「主」「帝」「帝王」と漢訳。*sg. Voc.*
teṣāṃ < tad-：それ。*m. pl. Gen.*
pañcānām < pañcan-：*基数詞,* 五。*m. pl. Gen.*
antara-kalpānām < antara-kalpa-：*m.* 「中劫」と漢訳。*m. pl. Gen.* 時間を意味する語の属格は「～の時間の後に」（経過）を意味する。
atyayena < atyaya- < ati-√i- (1) + -a：*m.* 過ぎ去ること。経過。終末。危険。*sg. Ins.* 具格の副詞的用法。
　ati-√i- (1)：過ぎる。横切る。経過する。（時を）過ごさせる。入る。追い越す。優越する。征服する。避ける。～（奪格）より離れる。
　eti < e- < √i- (2)：行く。*Pres. 3, sg. P.*
　ayati < aya- < √i- (1)：行く。*Pres. 3, sg. P.*
sa < saḥ < tad-：それ。*m. sg. Nom.*
rājā < rājan-：*m.* 王。*sg. Nom.*
ratna-cchatras < ratna-cchatraḥ + (t) < ratna-cchatra < ratna- + chatra-：*m.* 宝石作りの日傘（傘蓋）。*sg. Nom.*
　chatra- < √chad- (1) + -tra：*n.* 覆うもの。日傘（王位の標章の一つ）。「傘」「蓋」「傘蓋」と漢訳。
tat < tad-：それ。*n. sg. Acc.*
putra-sahasram < putra-sahasra-：*n.* 千人の息子。*sg. Acc.*
āmantrayate < ā-mantraya- < ā-√mantraya- (名動詞)：語りかける。*Pres. 3, sg. A.*
sma：*ind.* 実に。現在形の動詞とともに用いて、過去の意味を表わす（歴史的現在）。

…………………………………………………………

yat khalu：なにとぞ（知られたし）。
　yat：*conj.* ～と。～するように。そういうわけで。もし～ならば。～の故に。
　khalu：*ind.* 実に。確かに。しかも。さて。そこで。
mārṣā < mārṣāḥ + 有声音 < mārṣa-：*m.* 立派な人。「仁者」「賢者」「友」と漢訳。*pl. Voc.* 呼びかけの言葉として用いられ、「皆さん」（「諸友」「諸子」と漢訳）を意味する。
jānīta < jānī- < √jñā- (9)：知る。*Impv. 2, sg. P.*
kṛtā < kṛtā- < kṛta- < √kṛ- (8) + -ta:：*pp.* なされた。作られた。行なわれた。成就された。得られた。*f. sg. Nom.*
mayā < mad-：私。*1, sg. Ins.*
tathāgatasya < tathāgata-：*m.* 「如来」と漢訳。*sg. Gen.*
pūjā < pūjā-：*f.* 尊敬。敬意。崇拝。供養。*sg. Nom.*
yūyam < yuṣmad-：あなたたち。*2, pl. Nom.*
idānīṃ = idā：*adv.* 「今」「今次」「今時」「於今日」と漢訳。
tathāgatasya < tathāgata-：*m.* 「如来」と漢訳。*sg. Gen.*
pūjāṃ < pūjā-：*f.* 尊敬。敬意。崇拝。供養。*sg. Acc.*
kuruta < kuru- < √kṛ- (8)：なす。作る。*Impv. 2, pl. P.*

iti hi devānām indra te rāja-kumārāḥ pitū rājño ratna-cchatrasya sādhv iti pratiśrutya sarve sahitāḥ samagrā aparān pañcântara-kalpāṃs taṃ bhagavantaṃ bhaiṣajya-rājaṃ tathāgataṃ sat-kurvanti sarva-sukhôpadhānaiḥ /

（梵漢和維摩経 *p.* 572, *ll.* 8–11）

「まさに以上のように、神々の帝王よ、父である“宝石作りの傘蓋”という王のそれらの王子たちは、『かしこまりました』と〔言って、父王の言葉に〕耳を傾け、すべて〔の王子たち〕が全く一丸となって、次の五中劫にわたってあらゆる快適な生活用具をもって、その世尊である“薬の王”という如来に対して尊重した。

【「是に於いて、千子は父王の命を受けて、薬王如来を供養すること、復、五劫を満じて、一切に安きを施せり。】（大正蔵、巻一四、五五六頁中）

………………………………………………………………………

iti：*adv.* ～と。～ということを。以上のように。～と考えて。「如是」と漢訳。

hi：*ind.* 真に。確かに。実に。

devānām < deva- < √div- (4) + -a：*m.* 神。「天」と漢訳。*pl. Gen.*

indra < indra-：*m.* インドラ神。～の王。「帝釈天」「王」「主」「帝」「帝王」と漢訳。*sg. Voc.*

te < tad-：それ。*m. pl. Nom.*

rāja-kumārāḥ < rāja-kumārāḥ + (p) < rāja-kumāra-：*m.* 王の息子。王子。*pl. Nom.*

　rāja- < rājan-：*m.* 王。

　kumāra-：*m.* （初生）児。少年。青年。瞳。

pitū < pituḥ + (r) < pitṛ-：*m.* 父。*sg. Gen.*

　この場合の連声の規則は、「(a, ā 以外の母音)-ḥ + r > (長母音) + r」。cf.「基礎」*p.* 60.

rājño < rājñaḥ + 有声子音 < rājan-：*m.* 王。*sg. Gen.*

ratna-cchatrasya < ratna-cchatra- < ratna- + chatra-：*m.* 宝石作りの日傘（傘蓋）。*sg. Gen.*

　chatra- < √chad- (1) + -tra：*n.* 覆うもの。日傘（王位の標章の一つ）。「傘」「蓋」「傘蓋」と漢訳。

sādhv < sādhu + 母音 < √sādh- (1) + -u ：*adj.* まっすぐな。気だてのよい。高貴な有徳な。善良な。*m.* 有徳の人。尊敬すべき人。聖人。聖仙。*n. sg. Nom.*

　√sādh- (1)：目標に達する。目的を達成する。真っ直ぐに導く。完了する。

iti：*adv.* ～と。～ということを。以上のように。～と考えて。「如是」と漢訳。

pratiśrutya < prati-√śru- (5) + -tya：傾聴する。耳を傾ける。*Ger.*

　動詞の語根が短母音の時には、絶対分詞を作る接尾辞は ya の代わりに tya をつける。cf.「基礎」*p.* 488.

sarve < sarva-：*adj.* 一切の。すべての。*m. pl. Nom.*

sahitāḥ < sahitāḥ + (s) < sahita- < sa- + √dhā- (3) + -ta：*pp.* 一緒に置かれた。結合された。一緒になった。「共」「倶」と漢訳。*m. pl. Nom.*

samagrā < samagrāḥ + 有声音 < samagra- < sam-agra-：*adj.* 全き。完全な。全体の。すべての。*m. pl. Nom.*

aparān < apara- < a-para-：*adj.* 後方の。遥かなる。後の。次の。西方の。劣れる。他の。卑しい。反対の。奇異の。異常の。*m. pl. Acc.*

　para-：*adj.* 遥かな。遠い。以前の。次の。勝れた。他の。

pañcântara-kalpāṃs < pañcântara-kalpān + (t) < pañcântara-kalpa- < pañcântara-kalpa-：*m.* 五中劫。*pl. Acc.*

taṃ < tad-：それ。*m. sg. Acc.*

bhagavantaṃ < bhagavat-：*m.* 尊い（人）。「世尊」と漢訳。「婆伽婆」「薄伽梵」と音写。*sg. Acc.*

bhaiṣajya-rājaṃ < bhaiṣajya-rāja-：*m.* 薬の王。「薬王」「薬師」と漢訳。*sg. Acc.*

tathāgataṃ < tathāgata-：*m.* 「如来」と漢訳。*sg. Acc.*

sat-kurvanti < sat-kuru- < sat-√kṛ- (8)：整理された。飾られた。尊重された。尊敬された。優遇された。*Pres. 3, pl. P.*

sarva-sukhôpadhānaiḥ < sarva-sukhôpadhāna- < sarva-sukha-upadhāna-：*n.* あらゆる快適な生活用具。*pl. Ins.*

§9　tataś câiko rāja-kumāraḥ soma-cchatro nāma /
(梵漢和維摩経 *p.* 572, *l.* 12)

§9　「その中に、“月の傘蓋”（月蓋）[20] という名前の一人の王子がいた。
【§9　「其の王の一子を名づけて月蓋と曰う。】　（大正蔵、巻一四、五五六頁中）

………………………………………………………………

tataś < tatas + (c)：*adv.*（ta の奪格）。それより。そこに。かなたに。そのうえ。

câiko < ca + eko

eko < ekaḥ + 有声子音 < eka-：*基数詞*, 一。*m. sg. Nom.*

rāja-kumāraḥ < rāja-kumāraḥ + (s) < rāja-kumāra-：*m.* 王の息子。王子。*sg. Nom.*

soma-cchatro < soma-cchatraḥ + 有声子音 < soma-cchatra- < soma- + chatra-：*m.* 月の傘蓋。「月蓋」と漢訳。*m. sg. Nom.*

soma-：*m.* 絞られた汁。（空中の滴）月。月神。

chatra- < √chad- (1) + -tra：*n.* 覆うもの。日傘（王位の標章の一つ）。「傘」「蓋」「傘蓋」と漢訳。

nāma：*adv.* ～という名前の。実に。確かに。もちろん。おそらく。そもそも。

tasyâikākino raho-gatasyâitad abhūt /　asti tv asyāḥ pūjāyā anyôdāratā viśiṣṭatarā pūjêti /
(梵漢和維摩経 *p.* 572, *ll.* 12–13)

「ただ一人、静かなところへ行くと、その〔“月の傘蓋”（月蓋）という王子〕に、この〔思い〕が生じた。

『しかしながら、〔私たちがなしている〕この供養よりも、もっと勝れている広大な供養が他にあるのだろうか』と。

【「独坐して思惟すらく、『寧ぞ、供養の殊に此れに過ぐる者有らんや』と。】
（大正蔵、巻一四、五五六頁中）

………………………………………………………………

tasyâikākino < tasya + ekākino

tasya < tad-：それ。*m. sg. Gen.*

ekākino < ekākinaḥ + 有声子音 < ekākin-：*adj.* 単独の。孤独の。全く唯一の。「独」「独一」「独坐」「独処」「独静処」「独無伴侶」「単己」と漢訳。*m. sg. Gen.*

raho-gatasyâitad < raho-gatasya + etad

raho-gatasya < raho-gata-：*adj.* 静かなところに行った。*m. sg. Gen.*

以上の属格は絶対節をなしている。

raho- < rahas- + 有声子音：*n.* 隠退。孤独。淋しい場所。秘密。「静処」「閑静」「独処」「寂静処」「空閑処」

gata-：*adj.* ～（対格、処格）に行った。～に陥った。経過した。～に到達した。～を得た。

etad < etat + 母音 < etad-：これ。*n. sg. Nom.*

abhūt < √bhū- (1)：なる。*root-Aor. 3, sg. P.*

………………………………………………………………

asti < as- < √as- (2)：ある。*Pres. 3, sg. P.*

tv < tu + 母音：*ind.* しかし。しこうして。しかるに。しかも。

asyāḥ < idam-：これ。*f. sg. Abl.*

pūjāyā < pūjāyāḥ + 有声音 < pūjā-：*f.* 尊敬。敬意。崇拝。供養。*sg. Abl.*

anyôdāratā < anyôdāratā- < anya-udāratā-：*f.* 他の広大さ。*sg. Nom.*

anya-：*adj.* 他の。

udāratā- < udāra-tā-：*f.* 寛大。高貴。雄弁。「広大」「上妙」と漢訳。
udāra-：鼓舞する。高揚した。高い。多量の。名高い。勝れた。
viśiṣṭatarā < viśiṣṭatarā- < viśiṣṭatara- < viśiṣṭa-tara-：*比較級,* ～（奪格）よりも勝れた。～よりも卓越した。*f.* 他の広大さ。*sg. Nom.*
viśiṣṭa- < vi-√śiṣ- (7) + -ta：*pp.* 区別された。異なった。特殊な。勝れた。卓越した。「別」「異」「最殊勝」「第一」「勝妙」と漢訳。
√śiṣ- (7)：残す。残る。
pūjêti < pūjā + iti
pūjā < pūjā-：*f.* 尊敬。敬意。崇拝。供養。*sg. Nom.*
iti：*adv.* ～と。以上のように。「如是」と漢訳。

> tasyântarīkṣād devatā buddhâdhiṣṭhānenâivam āha / dharma-pūjā sat-puruṣa sarva-pūjā=bhyo viśiṣyate /
> (梵漢和維摩経 *p.* 572, *ll.* 14–15)

「そのことについて、ブッダの神力によって空中から天（神）[21] がこのように言った。
『善き人（善士）よ、法の供養は、あらゆる供養よりも秀でています』
【「仏の神力を以て、空中に天有りて曰く、『善男子よ、法の供養は諸の供養に勝れり』】
（大正蔵、巻一四、五五六頁中）

…………………………………………………………………………

tasyântarīkṣād < tasya + antarīkṣād
tasya < tad-：それ。*m. sg. Gen.*
「～のことを話す／言う」という表現は、動詞が属格を取る。cf.「シンタックス」*p.* 65.
antarīkṣād < antarīkṣāt + 有声子音 < antarīkṣa-：*n.* 「空中」「虚空」と漢訳。*sg. Abl.*
devatā < devatā- < deva- + -tā：*f.* 天女。神性。神格者。「天」「諸天」「天神」と漢訳。*sg. Nom.*
buddhâdhiṣṭhānenâivam < buddhâdhiṣṭhānena + evam
buddhâdhiṣṭhānena < buddhâdhiṣṭhāna- < buddha-adhiṣṭhāna-：*n.* ブッダの神力。*sg. Ins.*
adhiṣṭhāna- < adhi-√sthā- (1) + -ana：*n.* 立脚点。立場。場所。住所。主権。権力。「神力」「神通」「威神力」「願力」「加護」「護念」「加持」「守護」「建立」と漢訳。
adhi-√sthā- (1)：～（対格、処格）の上に立つ。足で踏む。住む。克服する。凌駕する。優位に立つ。導く。支配する。「加持」「示現」「守護」と漢訳。
evam：*adv.* このように。
āha < √ah-：言う。*Perf. 3, sg. P.*

…………………………………………………………………………

dharma-pūjā < dharma-pūjā-：*f.* 法による供養。*sg. Nom.*
sat-puruṣa < sat-puruṣa-：*m.* 善き人。「善士」と漢訳。*sg. Voc.*
sarva-pūjābhyo < sarva-pūjābhyaḥ + 有声子音 < sarva-pūjā-：*f.* あらゆる供養〔の品々〕。*pl. Abl.*
viśiṣyate < viśiṣya- < vi-√śiṣ- (7,6) + -ya：*Pass.* 区別される。*3, sg. A.*
vi-√śiṣ- (7,6)：区別する。特殊化する。
√śiṣ- (7)：残す。残る。

> sa evam āha / katamā punaḥ sā dharma-pūjêti /
> (梵漢和維摩経 *p.* 572, *l.* 16)

「その〔王子〕がこのように言った。
『では、その法の供養とは、何でしょうか』
【「即ち問う。『何をか法の供養と謂うや』】　（大正蔵、巻一四、五五六頁中）

…………………………………………………………………………

sa < saḥ < tad-：それ。*m. sg. Nom.*

evam：*adv.* このように。「是」「如是」と漢訳。
āha < √ah-：言う。*Perf. 3, sg. P.*

katamā < katamā- < katama-：*疑問代名詞,* （多くの中の）だれか。何か。いずれか。*f. sg. Nom.*
punaḥ < punaḥ + (s) < punar：*adv.* 再び。新たに。さらに。なお。しかしながら。
sā < tad-：それ。*f. sg. Nom.*
dharma-pūjêti < dharma-pūjā + iti
　　dharma-pūjā < dharma-pūjā-：*f.* 法による供養。*sg. Nom.*
　　iti：*adv.* ～と。以上のように。「如是」と漢訳。

> devatâha / etam eva tvaṃ sat-puruṣa tathāgataṃ bhaiṣajya-rājam upasaṃkramya paripṛccha katamā sā dharma-pūjêti /
>
> （梵漢和維摩経 *p.* 572, *ll.* 17–18）

「天（神）が言った。
『善き人（善士）よ、あなたは、まさにこの“薬の王”という如来に近づいてから、質問するがよい。〈その法の供養とは、何でしょうか〉と。
【「天の曰く、『汝、往きて薬王如来に問う可し。】　（大正蔵、巻一四、五五六頁中）

devatâha < devatā + āha
　　devatā < devatā- < deva- + -tā：*f.* 天女。神性。神格者。「天」「諸天」「天神」と漢訳。*sg. Nom.*
　　āha < √ah-：言う。*Perf. 3, sg. P.*

etam < etad-：これ。*m. sg. Acc.*
eva：*adv.* さように。このように。まさに。実に。ただ。全くこのように。
tvaṃ < tvad-：あなた。*2, sg. Nom.*
sat-puruṣa < sat-puruṣa-：*m.* 善き人。「善士」と漢訳。*sg. Voc.*
tathāgataṃ < tathāgata-：*m.* 「如来」と漢訳。*sg. Acc.*
bhaiṣajya-rājam < bhaiṣajya-rāja-：*m.* 薬の王。「薬王」「薬師」と漢訳。*sg. Acc.*
upasaṃkramya < upa-sam-√kram- (1) + -ya：(1)：近づく。*Ger.*
paripṛccha < paripṛccha- < pari-√prach- (6)：問う。尋ねる。*Impv. 2, sg. P.*
katamā < katamā- < katama-：*疑問代名詞,* （多くの中の）だれか。何か。いずれか。*f. sg. Nom.*
sā < tad-：それ。*f. sg. Nom.*
dharma-pūjêti < dharma-pūjā + iti
　　dharma-pūjā < dharma-pūjā-：*f.* 法による供養。*sg. Nom.*
　　iti：*adv.* ～と。以上のように。「如是」と漢訳。

> sa te bhagavān vyākariṣyati /
>
> （梵漢和維摩経 *p.* 572, *ll.* 18–19）

「『その世尊は、あなたのために説明してくださるでしょう』
【「『当に広く汝が為に法の供養を説くべし』】　（大正蔵、巻一四、五五六頁中）

sa < saḥ < tad-：それ。*m. sg. Nom.*
te < tvad-：あなた。*2, sg. Gen.*
bhagavān < bhagavat-：*m.* 尊い（人）。「世尊」と漢訳。「婆伽婆」「薄伽梵」と音写。*sg. Nom.*
vyākariṣyati < vyākariṣya- < vi-ā-√kṛ- (8) + -iṣya：分かつ。区別する。説明する。予言する。*Fut. 1, sg. P.*

atha devānām indra sa soma-cchatro rāja-kumāro yena bhagavān bhaiṣajya-rājas tathāga-to 'rhan samyak-saṃbuddhas tenôpasaṃkrāmat[22] /

(梵漢和維摩経 *p.* 572, *ll.* 20–21)

「そこで、神々の帝王よ、その"月の傘蓋"（月蓋）という王子は、世尊であり"薬の王"（薬王）という正しく完全に覚られた尊敬されるべき如来のおられるところ、そこへと近づいた。

【「即時に月蓋(がつがい)王子は薬王如来に行詣(ぎょうけい)して、】　（大正蔵、巻一四、五五六頁中）

……………………………………………………………………………

atha：*adv.* その時。その場合。さて。それ故。しかれば。しかしながら。

devānām < deva- < √div- (4) + -a：*m.* 神。「天」と漢訳。*pl. Gen.*

indra < indra-：*m.* インドラ神。〜の王。「帝釈天」「王」「主」「帝」「帝王」と漢訳。*sg. Voc.*

sa < saḥ < tad-：それ。*m. sg. Nom.*

soma-cchatro < soma-cchatraḥ + 有声子音 < soma-cchatra- < soma- + chatra-：*m.* 月の傘蓋。「月蓋」と漢訳。*m. sg. Nom.*

rāja-kumāro < rāja-kumāraḥ + 半母音 < rāja-kumāra-：*m.* 王の息子。王子。*sg. Nom.*

yena < yad-：*関係代名詞, n. sg. Ins.*

yena 〜 tena … = yatra 〜 tatra …：〜であるところ、そこで…。

bhagavān < bhagavat-：*m.* 尊い（人）。「世尊」と漢訳。「婆伽婆」「薄伽梵」と音写。*sg. Nom.*

bhaiṣajya-rājas < bhaiṣajya-rājaḥ + (t) < bhaiṣajya-rāja-：*m.* 薬の王。「薬王」「薬師」と漢訳。*sg. Nom.*

bhaiṣajya-：*n.* 薬物。

tathāgato 'rhan < tathāgataḥ + arhan

tathāgataḥ < tathāgata-：*m.* 「如来」と漢訳。「多陀阿伽度」と音写。*sg. Nom.*

arhan < arhat-：*m.* 尊敬さるべき人。供養を受けるに値する人。価値ある人。「応供」と漢訳。「阿羅漢」と音写。*sg. Nom.*

samyak-saṃbuddhas < samyak-saṃbuddhaḥ + (t) < samyak-saṃbuddha-：*adj.* 正しく完全に覚った（人）。「正等覚」「正等正覚」などと漢訳。「三藐三仏陀」と音写。*m. sg. Nom.*

tenôpasaṃkrāmat < tena + upasaṃkrāmat

tena < tad-：それ。*n. sg. Ins.*

upasaṃkrāmat ≒ upasamakrāmat < upasam-akrāmat < upasam-krāma- < upa-sam-√kram- (1)：近づく。*Impf. 3, sg. P.* BHS. gram. 32-3.

upasaṃkramya tasya bhagavataḥ pādau śirasā vanditvâikânte 'sthāt[23] /

(梵漢和維摩経 *p.* 572, *l.* 22)

「近づいてから、その世尊の両足を頭〔におしいただくこと〕によって敬意を表して後、一隅に立った。

【「仏足に稽首(けいしゅ)し、却(しりぞ)きて一面に住し、】　（大正蔵、巻一四、五五六頁中）

……………………………………………………………………………

upasaṃkramya < upa-sam-√kram- (1) + -ya：(1)：近づく。*Ger.*

tasya < tad-：それ。*m. sg. Gen.*

bhagavataḥ < bhagavataḥ + (p) < bhagavat-：*m.* 尊い（人）。「世尊」と漢訳。「婆伽婆」「薄伽梵」と音写。*sg. Gen.*

pādau < pāda-：*m.* 足。*du. Acc.*

śirasā < śiras-：*n.* 頭。頂上。峰。*sg. Ins.*

vanditvâikânte 'sthāt < vanditvā + ekânte + asthāt

vanditvā < √vand- (1) + -itvā：称賛する。讃歎する。恭しく挨拶する。〜に敬意を表する。尊ぶ。「礼」「礼拝」「礼敬」と漢訳。*Ger.*

ekânte < ekânta- < eka-anta-：*m.* 寂静処。人里離れたところ。「一処」「一面」と漢訳。*sg. Loc.*

asthāt < asthā- < √sthā- (1)：立つ。*root-Aor. 3, sg. P.*

ekânta-sthitaś ca soma-cchatro rāja-kumāras taṃ bhagavantaṃ bhaiṣajya-rājaṃ tathāgatam etad avocat / dharma-pūjā dharma-pūjêti bhagavann[24] ucyate /

(梵漢和維摩経 *p.* 574, *ll.* 1–3)

「"月の傘蓋"（月蓋）という王子は、一隅に立って、その世尊であり"薬の王"（薬王）という如来にこのように申し上げた。

「世尊よ、法の供養、法の供養と言われます。

【「仏に白して言さく、『世尊よ、諸の供養の中に、法の供養勝ると。】

（大正蔵、巻一四、五五六頁中）

……………………………………………………………………

ekânta-sthitaś < ekânta-sthitaḥ + (c) < ekânta-sthita-：*adj.* 一隅に立っている。*m. sg. Nom.*

ekânta- < eka-anta-：*m.* 寂静処。人里離れたところ。「一処」「一面」と漢訳。

sthita- < √sthā- (1) + -ita：*pp.* 立った。

ca：*conj.* および。また。しかしながら。そして。〜と。なお。

soma-cchatro < soma-cchatraḥ + 有声子音 < soma-cchatra- < soma- + chatra-：*m.* 月の傘蓋。「月蓋」と漢訳。*m. sg. Nom.*

rāja-kumāras < rāja-kumāraḥ + (t) < rāja-kumāra-：*m.* 王の息子。王子。*sg. Nom.*

taṃ < tad-：それ。*m. sg. Acc.*

bhagavantaṃ < bhagavat-：*m.* 尊い（人）。「世尊」と漢訳。「婆伽婆」「薄伽梵」と音写。*sg. Acc.*

bhaiṣajya-rājaṃ < bhaiṣajya-rāja-：*m.* 薬の王。「薬王」「薬師」と漢訳。*sg. Acc.*

tathāgatam < tathāgata-：*m.* 「如来」と漢訳。*sg. Acc.*

etad < etat + 母音 < etad-：これ。*n. sg. Acc.* 対格の副詞的用法で「このように」の意味。

avocat < avoca- < a- + va-+ uc- + -a < √vac- (2)：言う。話す。告げる。*重複 Aor. 3, sg. P.*

……………………………………………………………………

dharma-pūjā < dharma-pūjā-：*f.* 法による供養。*sg. Nom.*

dharma-pūjêti < dharma-pūjā + iti

dharma-pūjā < dharma-pūjā-：*f.* 法による供養。*sg. Nom.*

iti：*adv.* 〜と。以上のように。「如是」と漢訳。

bhagavann < bhagavan + 母音 < bhagavat-：*m.* 尊い（人）。「世尊」と漢訳。「婆伽婆」「薄伽梵」と音写。*sg. Voc.*

ucyate < ucya- < √vac- (2) + -ya：*Pass.* 〜と言われる。〜と呼ばれる。*3, sg. A.*

katamā sā dharma-pūjêti /

(梵漢和維摩経 *p.* 574, *l.* 3)

「『その法の供養とはいかなるものでしょうか』

【「『云何が法の供養と為すや』】　（大正蔵、巻一四、五五六頁中）

……………………………………………………………………

katamā < katamā- < katama-：*疑問代名詞,* （多くの中の）だれか。何か。いずれか。*f. sg. Nom.*

sā < tad-：それ。*f. sg. Nom.*

dharma-pūjêti < dharma-pūjā + iti

dharma-pūjā < dharma-pūjā-：*f.* 法による供養。*sg. Nom.*

iti：*adv.* 〜と。以上のように。「如是」と漢訳。

§10 sa bhagavān āha / dharma-pūjā kula-putra yā tathāgata-bhāṣitānāṃ sūtrântānāṃ gambhīrāṇāṃ gambhīrâvabhāsānāṃ sarva-loka-pratyanīkānāṃ duravagāhānāṃ durdṛśānāṃ duranubodhānāṃ sūkṣmāṇāṃ nipuṇānāṃ nirupalambhānāṃ bodhi-sattva-piṭakântar-gatānāṃ dhāraṇī-sūtrânta-rāja-mudrā-mudritānām avivarta-cakra-sūcakānāṃ ṣaṭ-pāramitā-nirjātānāṃ saṃgṛhīta-grahāṇāṃ[25]

bodhi-pakṣya-dharmânugatānāṃ bodhy-aṅgâhārāṇāṃ sattva-mahā-karuṇâvatārāṇāṃ mahā-maitrī-nirdeśānāṃ māra-dṛṣṭi-gata-vigatānāṃ pratītya-samutpāda-nirdiṣṭānāṃ
(梵漢和維摩経 *p.* 574, *ll.* 4–11)

§10 「その世尊がおっしゃられた。

『良家の息子よ、法の供養とは、如来によって語られた深遠な経の極致〔を教示し、開示し、受持し、観察するところのものであり、正しい教え（正法）を保護すること〕である。〔その経の極致は〕深遠さを顕示し、あらゆる世間〔の考え方〕とは逆行するもので、了解しがたく、見がたく、難解で、微妙で、完全であり、到達することがなく、菩薩蔵に含まれていて、ダーラニー（陀羅尼）と経の極致の王であるという刻印が押されていて、不退転の〔法の〕車輪（法輪）を教示し、〔布施・持戒・忍辱・精進・禅定・智慧の〕六つの完成（六波羅蜜）から生じ、執着を抑制し、覚りを助ける〔三十七の修行〕法（三十七助道法）に従っていて、覚りに導く〔七つの〕要素（七覚支）を得させ、衆生を大いなる憐れみの心に入らせ、大いなる慈しみの心を説くものであり、悪魔の誤った考えを離れていて、縁によって生ずること（縁起）が説かれている[26]。

【§10 「仏の言わく、『善男子よ、法の供養とは、諸仏の所説の深経――一切世間に信じ難く、受け難し。微妙にして見難く、清浄にして染無し。但分別・思惟の能く得る所に非ず。菩薩の法蔵の所摂たり。陀羅尼の印、之に印し、不退転に至り、六度を成就し、善く義を分別して、菩提の法に順ず。衆経の上にして大慈悲に入り、衆の魔事及び諸の邪見を離れ、因縁の法に順う。】

（大正蔵、巻一四、五五六頁中）

……………………………………………………………………

sa < saḥ < tad-：それ。*m. sg. Nom.*

bhagavān < bhagavat-：*m.* 尊い（人）。「世尊」と漢訳。「婆伽婆」「薄伽梵」と音写。*sg. Nom.*

āha < √ah-：言う。*Perf. 3, sg. P.*

……………………………………………………………………

dharma-pūjā < dharma-pūjā-：*f.* 法による供養。*sg. Nom.*

kula-putra < kula-putra-：*m.* 良家の息子。「善男子」と漢訳。*sg. Voc.*

yā < yad-：*関係代名詞, f. sg. Nom.*

tathāgata-bhāṣitānāṃ < tathāgata-bhāṣita-：*pp.* 如来によって語られた〔こと〕。*m. pl. Gen.*

　bhāṣita- < √bhāṣ- (1) + -ita：*pp.* 語られた〔こと〕。「所説」「言説」漢訳。

sūtrântānāṃ < sūtrânta- < sūtra-anta-：*m.* 経。経の極致。「経典」「教」「経」と漢訳。*pl. Gen.*

gambhīrāṇāṃ < gambhīra- = gabhīra-：*adj.* 深い。「甚深」「深遠」と漢訳。*m. pl. Gen.*

gambhīrâvabhāsānāṃ < gambhīrâvabhāsa- < gambhīra-avabhāsa-：*adj.* 深遠さの顕示を持つ。深遠さを顕示する *m. pl. Gen.*

　avabhāsa- < ava-√bhās- (1) + -a：*m.* 光輝。出現。顕示。

sarva-loka-pratyanīkānāṃ < sarva-loka-pratyanīka-：*adj.* あらゆる世間とは逆行する。*m. pl. Gen.*

　pratyanīka- < prati-anīka-：*adj.* （顔を反対にむける）。〜（属格）に敵対する。〜に反対の。抵抗する。反抗する。侵害する。害する。

　anīka-：*n.* 顔。前。中央。縁（へり）。尖端。隊。隊伍。軍隊。

duravagāhānāṃ < duravagāha- < dur-avagāha-：*adj.* 貫き難い。了解し難い。測り難い。見いだし難い。入り難い。近づき難い。「難入」「難解」「難知」と漢訳。*m. pl. Gen.*

　avagāha- < ava-√gāh- (1) + -a：*m.* 侵入。洗濯。沐浴。

　ava-√gāh- (1)：〜（対格）に潜る。跳び込む。しみ込む。赴く。

durdṛśānāṃ < durdṛśa- < dur-dṛśa- < dur-√dṛś- (1) + -a：*adj.* 見難い。見苦しい。忌まわしい。「難見」「難可得見」「難解」と漢訳。*m. pl. Gen.*

　dṛśa- < √dṛś- (1) + -a：*m.* 〜の眺め。〜の見かけ。〜の様子。

duranubodhānāṃ < duranubodha- < dur-anu-√budh- (4) + -a：*adj.* 知り難い。「難解」「難入」「難悟」「難知」と漢訳。*m. pl. Gen.*

　anu-√budh- (4)：気づく。学ぶ。考慮する。留意する。「知」「覚知」と漢訳。

sūkṣmāṇāṃ < sūkṣma-：*adj.* 微妙な。微細な。小さい。鋭敏な。*m. pl. Gen.*

nipuṇānāṃ < nipuṇa-：*adj.* ～（処格、不定詞）に巧妙な。熟達している。～に器用な。～に賢明な。～を熟知した。完全な。～に適当な。～の能力のある。*m. pl. Gen.*

nirupalambhānāṃ < nirupalambha- < nir-upalambha-：*adj.* 到達することのない。*m. pl. Gen.*

upalambha- < upa-√labh- (1) + -a：*m.* 達せしむること。経験させること。取得。観察。知覚。

upa-√labh- (1)：捕らえる。見出す。達する。得る。知覚する。経験する。学び知る。了解する。

bodhi-sattva-piṭakântar-gatānāṃ < bodhi-sattva-piṭakântar-gata- < bodhi-sattva-piṭaka-antar-gata-：*adj.* 菩薩蔵に入った。菩薩蔵に含まれている。*m. pl. Gen.*

piṭaka-：*m.n.* 籠。水泡。「蔵」「篋蔵」「箱」と漢訳。

antar-gata-：*adj.* 中に行った。入った。内部の。隠れた。秘密の。消滅した。～に含まれた。～の中にある。

antar：*adv.* 内に。内部に。

gata-：*adj.* ～に行った／来た。～に陥った。～に於ける。～の中にある。～に含まれた。～に関する。～に出立した。～より造られた。～に到達した。～を得た。

dhāraṇī-sūtrânta-rāja-mudrā-mudritānām < dhāraṇī-sūtrânta-rāja-mudrā-mudrita-：*adj.* ダーラニー（陀羅尼）と経の極致の王であるという刻印の押された。*m. pl. Gen.*

dhāraṇī-　：*f.* （大乗仏教において）法を心に留めて忘れさせない能力。修行者を守護する能力がある章句のこと。「総持」と漢訳。「陀羅尼」と音写。

sūtrânta- < sūtra-anta-：*m.* 経。経の極致。「経典」「教」「経」と漢訳。

rāja- < rājan-：*m.* 王。rājan-は複合語の後分になると、rāja-となる。cf.「基礎」*p.* 522.

mudrā-：*f.* 刻印つきの指環。封印。活字。印章。押した跡形。

mudrita- < mudraya- + -ta < √mudraya- (名動詞) + -ta：*pp.* 押印された。「所印」と漢訳。*n.* 捺印すること。

√mudraya- (名動詞)：印を押す。封じる。印刷する。

avivarta-cakra-sūcakānāṃ < avivarta-cakra-sūcaka-：*adj.* 不退転の〔法の〕車輪（法輪）を教示する。*m. pl. Gen.*

avivarta- < a-vivarta-：*adj.* 退転することのない。「無変異」「無回転」と漢訳。

vivarta- < vi-√vṛt- (1) + -a：*m.* （回転する）天空。渦巻き。変形。「成立」「成相」「生成」「退転」と漢訳。

vi-√vṛt- (1)：転ずる。転がる。退く。

√vṛt- (1)：転ずる。回転する。

cakra-：*n.* 車輪。ろくろ。円盤。

sūcaka- < √sūcaya- (名動詞) + -aka：*adj.* ～を指示する。見せる。*m.* 教示者。

√sūcaya- (名動詞)：指し示す。指摘する。示す。見せる。あらわす。

ṣaṭ-pāramitā-nirjātānāṃ < ṣaṭ-pāramitā-nirjāta-：*adj.* 〔布施・持戒・忍辱・精進・禅定・智慧の〕六つの完成（六波羅蜜）から生じた。*m. pl. Gen.*

ṣaṭ-pāramitā-：*f.* 〔布施・持戒・忍辱・精進・禅定・智慧の〕六つの完成（六波羅蜜）。

nirjāta- < nir-√jan- (1) + -ta：*pp.* ～（処格）から生じた。～（処格）に出現した。

saṃgṛhīta-grahāṇāṃ < saṃgṛhīta-graha-：*adj.* 抑制された執着を持つ。執着を抑制する。*m. pl. Gen.*

saṃgṛhīta- < sam-√grah- (9) + -ita：*pp.* 捕らえられた。掴まれた。取られた。受け取られた。受け入れられた。集められた。歓迎された。「摂」「摂受」「摂取」「所摂」と漢訳。

sam-√grah- (9)：集める。つかむ。取り上げる。含む。支持する。激励する。保護する。抑制する。支配する。親切に遇する。会得する。理解する。

graha- < √grah- (9) + -a：*adj.* つかむ。得る。知覚する。認める。「執」「執著」「染著」「取著」*m.* 捕捉者。捕捉。把握。受領。歓迎。認知。理解。「得」「執」「取」「受」「摂受」と漢

訳。

bodhi-pakṣya-dharmânugatānāṃ < bodhi-pakṣya-dharmânugata- < bodhi-pakṣya-dharma-anu=
gata-：*adj.* 覚りを助ける〔三十七の修行〕法（菩提分法）に従った。*m. pl. Gen.*

bodhi-pakṣya-dharma-：*m.* 覚りを助ける〔三十七の修行〕法。「菩提分法」と漢訳。

bodhi-pakṣya-：*adj.* 覚りを助ける〔三十七の修行法〕（三十七道品）。「道分」「覚分」「助道」「助道品法」「道品」と漢訳。「菩提分」と音写。

bodhi-：*f.* 覚り。「菩提」と音写。

pakṣya-：*adj.* ～に味方する。「品」「分」と漢訳。

anugata- < anu-√gam- (1) + -ta：*pp.* ～に一致した。～に従った。模倣した。～に支配された。「随」「随順」と漢訳。

bodhy-aṅgâhārāṇāṃ < bodhy-aṅgâhāra- < bodhy-aṅga-āhāra-：*adj.* 覚りに導く〔七つの〕要素（七覚支）を得させる。*m. pl. Gen.*

bodhy-aṅga-：*n.* 覚りに導く〔七つの〕要素（七覚支）。

āhāra- < ā-hāra- < ā-√hṛ- (1) + -a：*adj.* もたらす。得せしめる。*m.* もたらすこと。得せしめること。（複合語の前分となって）食物。糧。

ā-√hṛ- (1)：持ってくる。取ってくる。授与する。受け取る。摂取する。食べる。

sattva-mahā-karuṇâvatārāṇāṃ < sattva-mahā-karuṇâvatāra- < sattva-mahā-karuṇā-avatāra-：*adj.* 衆生を大いなる憐れみの心に入らせる。*m. pl. Gen.*

sattva-：*m.* 衆生。

mahā- < mahat-：*adj.* 偉大な。高貴な。

karuṇā-：*f.* 哀憐。同情。「悲」「大悲」「慈悲」「悲心」「慈心」と漢訳。

avatāra- < ava-√tṝ- (1) + -a：*m.* 権化。顕示。（諸神の地上への）降下。欠点。「入」「令入」「趣入」と漢訳。

ava-√tṝ- (1)：下る。化現する。赴く。達する。到る。「入」と漢訳。

mahā-maitrī-nirdeśānāṃ < mahā-maitrī-nirdeśa-：*adj.* 大いなる慈しみの心を説くもの。*m. pl. Gen.*

mahā-maitrī-：*m.* 大いなる慈しみ。「大慈」と漢訳。

nirdeśa- < nir-√diś- (6) + -a：*m.* 命令。指示。記述。表明。詳述。「説」「所説」「説法」「釈」「釈説」「広釈」「分別演説」と漢訳。

māra-dṛṣṭi-gata-vigatānāṃ < māra-dṛṣṭi-gata-vigata-：*adj.* 悪魔の誤った考えを離れている。*m. pl. Gen.*

māra- < √mṛ- (1) + -a：*m.* 死。殺害。誘惑者。悪魔。「障」「悪者」と漢訳。「悪魔」「邪魔」「魔」「摩羅」と音写。

dṛṣṭi-gata-：*adj.* 「見相」「見成」「成見」「見趣」「邪見」「悪見」「邪心」と漢訳。

vigata- < vi-√gam- (1) + -ta：*pp.* 「離」「除」「無」「已除」「除断」と漢訳。

pratītya-samutpāda-nirdiṣṭānāṃ < pratītya-samutpāda-nirdiṣṭa-：*pp.* 縁によって生ずること（縁起）が説かれた。*m. pl. Gen.*

pratītya-samutpāda-：*m.* 縁によって生ずること。「縁起」と漢訳。

pratītya- < prati-√i- (2) + -tya：*ind.* (*Ger.*) ～に縁って。～の理由によって。～に関して。～の故に。

samutpāda- < sam-ud-√pad- (4) + -a：*m.* 生起。生ずること。起こること。現われること。

nirdiṣṭa- < nir-√diś- (6) + -ta：*pp.* 指示された。決定された。宣言された。予言された。命じられた。

nir-√diś- (6)：指示する。決定する。宣言する。「説」「作説」と漢訳。

§11 nirātma-niḥsattva-nirjīva-niṣpudgalānāṃ śūnyatânimittâpraṇihitânabhisaṃskārāṇāṃ bo=
dhi-maṇḍâhārakāṇāṃ dharma-cakra-pravartakānāṃ deva-nāga-yakṣa-gandharva-saṃstuta-praśa=
stānāṃ saddharma-vaṃśânupacchettṝṇāṃ dharma-gañja-saṃdhārakāṇāṃ dharmâgra-pūjâvatīrṇ=

ānāṃ sarvârya-jana-parigṛhītānāṃ sarva-bodhi-sattva-caryā-praśāsakānāṃ[27] bhūtârtha-dharma-pratisaṃvidâvatārāṇāṃ[28] dharmôddānânitya-duḥkhânātma-śānta-nirjātānāṃ duḥśīlâujo-ghātakānāṃ[29] sarva-para-pravādi-kudṛṣṭy-upalambhâbhiniviṣṭa-trāsa-karāṇāṃ sarva-buddha-praśastānāṃ saṃsāra-vipakṣāṇāṃ nirvāṇa-sukha-saṃdarśakānām /

(梵漢和維摩経 *p.* 574, *ll.* 12–20)

§11　「『〔その経の極致は、〕我もなく、衆生もなく、生命もなく、〔輪廻の主体としての〕個我もない[30]。空性、無相、無願、無作であり、覚り（菩提）の座をもたらし、真理の車輪（法輪）を転じている。神々や、龍、ヤクシャ（夜叉）、ガンダルヴァ（乾闥婆）たちによって称讃され、讃嘆される。正しい教え（正法）の系譜を絶やすことのないもので、法の宝蔵を保持し、〔人々を〕最高の法の供養に入らせる。すべての聖者によって把握されていて、あらゆる菩薩の修行を教授するもので、〔人々を〕真実の法の完全な理解に入らせる。法の梗概である無常・苦・非我・寂静から生まれたものである。破戒の力を打ち破り、あらゆる反対論者や、誤った考え方、感覚に執着している人に恐怖を生じさせる。すべてのブッダに称讃されていて、生存領域の循環（輪廻）を否定する陳述であり、涅槃の楽しみを教示するものである。

【§11　「『我無く、人無く、衆生無く、寿命無し。空・無相・無作・無起にして、能く衆生をして道場に坐し、法輪を転ぜしむ。諸の天・龍神・乾闥婆等の共に歎誉する所なり。能く衆生をして仏の法蔵に入らしめ、諸の賢聖の一切の智慧を摂し、衆の菩薩の所行の道を説く。諸法実相の義に依りて、明らかに無常・苦・空・無我・寂滅の法を宣べ、能く一切の毀禁の衆生を救いて、諸の魔・外道、及び貪著の者をして能く怖畏せしめ、諸仏・諸聖の共に称歎する所なり。生死の苦に背きて涅槃の楽を示す、十方三世の諸仏の所説なり。**】**

（大正蔵、巻一四、五五六頁中）

………………………………………………………………………

nirātma-niḥsattva-nirjīva-niṣpudgalānāṃ < nirātma-niḥsattva-nirjīva-niṣpudgala-：*adj.* 我もなく、衆生もなく、生命もなく、〔輪廻の主体としての〕個我もない。*m. pl. Gen.*

nirātma- < nirātman- < nir-ātman- = nir-ātmaka-：*adj.* 魂のない。個性のない。「無我」「無我性」「無主」と漢訳。

ātman-：*m.* 気息。霊魂。生命。自身。本質。本性。特色。身体。知性。悟性。我。最高我。

niḥsattva- < niḥ-sattva-：*adj.* 真実を欠いた。勇気／確実さを欠いた。実体のない。生物のいない。「無有情」「無衆生」「無有衆生」「衆生無」「遠離衆生」と漢訳。

niḥ- = nir- = nis- = niṣ- = niś-：*suff.* 非～。～を欠いた。～のない。無～。「無」「無有」「離」「不」と漢訳。

sattva-：*n.* 有。存在。実在。本質。性質。精神。生気。生命。実体。

nirjīva- < nir-jīva-：*adj.* 生命のない。死んだ。「無寿」「無命者」「無有命者」と漢訳。

jīva- < √jīv- (1) + -a：*adj.* 存在する。生活する。生きている。*m.* 生命の本源。生命の息。「命」「命者」「存命」「活命」「寿」「寿命」と漢訳。

niṣpudgala- < niṣ-pudgala-：*adj.* 精神のない。人格のない。「無丈夫」と漢訳。

pudgala-：*adj.* 美しい。*m.* 身体。物質。我。霊魂。個人。

śūnyatânimittâpraṇihitânabhisaṃskārāṇāṃ < śūnyatânimittâpraṇihitânabhisaṃskāra- < śūnyatā-animitta-apraṇihita-anabhisaṃskāra-：*m.* 空性、無相、無願、無作。*m. pl. Gen.*

śūnyatā- < śūnya- + -tā：*f.* 空虚。孤独。実体がないこと。うつろなこと。～の欠如。「空」「空性」「虚空」「空義」「空相」と漢訳。

animitta- < a-nimitta-：*n.* 特徴がないこと。不確実。無根拠。無原因。「無相」と漢訳。*adj.* 不確実な。根底なき。

nimitta-：*n.* 目的。記号。象徴。前兆。理由。手段。「瑞相」と漢訳。

apraṇihita- < a-praṇihita-：*adj.* 欲望を離脱した。「無願」と漢訳。

anabhisaṃskāra- < an-abhisaṃskāra-：*m.* 「無造」「不作」「無作」「無造作」「無所作」「無行」「無為」と漢訳。

abhisaṃskāra- < abhi-sam-s-√kṛ- (8) + -a：*m.* 作り出す働き。製作。用意。形成。発生。概

念。思想。観念。心作用。「作」「造作」「作行」「作成」「所作」「行」「所行」「諸行」と漢訳。
abhi-sam-s-√kṛ- (8)：整頓する。形成する。～（対格）を～（対格）となす。献ずる。「作」「造」「造作」「能作」「発」「積集」と漢訳。

bodhi-maṇḍâhārakāṇāṃ < bodhi-maṇḍa-āhārakāṇāṃ < bodhi-maṇḍa-āhāraka-：*adj.* 覚り（菩提）の座をもたらす。*m. pl. Gen.*
bodhi-maṇḍa-：*m.n.* 開悟の座。覚り（菩提）の座。「道場」「菩提座」「菩提場」と漢訳。
āhāraka- < ā-√hṛ- (1) + -aka：*adj.* もたらす。得させる。
ā-√hṛ- (1)：持ってくる。取ってくる。提供する。贈り物を与える。授与する。与える。獲得する。受け取る。

dharma-cakra-pravartakānāṃ < dharma-cakra-pravartaka-：*adj.* 法輪を転じている。*m. pl. Gen.*
dharma-cakra-：*n.* 法輪。
pravartaka- < pra-√vṛt- (1) + -aka：*adj.* 前方へ転じさせる。動かす。
pra-√vṛt- (1)：動かされる。出発する。～（処格）に従事する。～（奪格）から生ずる。起こる。「流転」「随転」「運転」と漢訳。
√vṛt- (1)：転ずる。進む。

deva-nāga-yakṣa-gandharva-saṃstuta-praśastānāṃ < deva-nāga-yakṣa-gandharva-saṃstuta-praśasta-：*adj.* 神々や、龍、ヤクシャ（夜叉）、ガンダルヴァ（乾闥婆）たちによって称讃され、讃嘆される。*m. pl. Gen.*
deva-：*m.* 天上の者。神格者。神。神聖な者。「天」と漢訳。
nāga-：*m.* 龍。
yakṣa-：*m.* ヤクシャ。「夜叉」「薬叉」と音写。
gandharva-：*m.* ガンダルヴァ。（Indra 神の天に住する）天上の音楽師。「楽師」「楽人」と漢訳。「乾闥婆」と音写。
saṃstuta- < sam-√stu- (1) + -ta：*pp.* 一緒に賞賛された。誉める。祝う。「熟」「称揚」「称歎」「所歎」「識」「知識」「慣習」と漢訳。
√stu- (1)：賞讃する。讃美する。ほめたたえる。
praśasta- < pra-√śaṃs- (1) + -ta：*pp.* ～（処格）のために称讃された。激賞された。推奨された。認められた。尊重された。「讃」「賛嘆」「所歎」「所讃」「讃美」「称讃」と漢訳。
√śaṃs- (1)：（神々に対して讃歌や詩句を）読誦する。歌う。称讃する。激賞する。通告する。

saddharma-vaṃśânupacchettṝṇāṃ < saddharma-vaṃśânupacchettṛ- < saddharma-vaṃśa-anupa=cchettṛ-：*m.* 正しい教え（正法）の系譜を絶やすことのない人。*m. pl. Gen.*
saddharma- < sad-dharma-：*m.* 正しい教え。「正法」と漢訳。
sad- < sat- + 有声子音 < sa- + -t < √as- (2) + -t：*P. 現在分詞,* 存在している。現存している。持続している。永続している。正しい。
vaṃśa-：*m.* 竹の茎。横梁。系譜（世代を竹の節に譬えた）。血統。種族。家族。
anupacchettṛ- < an-upacchettṛ-：*m.* 絶やすことのない人。
upacchettṛ- < upa-√chid- (7) + -tṛ-：*m.* 切断する人。断ち切る人。絶やす人。
chettṛ- < √chid- (7) + -tṛ-：*m.* 樵夫。破壊者。（疑いを）除く人。追放者。「断」「能断」「能除」と漢訳。
√chid- (7)：切る。切り落とす。引き離す。断つ。破壊する。

dharma-gañja-saṃdhārakāṇāṃ < dharma-gañja-saṃdhāraka-：*adj.* 法の宝蔵を保持する。*m. pl. Gen.*
dharma-：*m.* 法則。規則。教説。本質。事物。「法」と漢訳。
gañja-：*m.n.* 宝庫。
saṃdhāraka- < saṃdhāraya- + -ka < sam-√dhṛ- (4) + -aya + -ka：*adj.* 「受持」「護持」と漢訳。
saṃdhāraya- < sam-√dhṛ- (4) + -aya：*Caus.* 把持する。支える。になう。守る。保持する。

記憶に保持する。「任持」「執持」「受持」と漢訳。

dharmâgra-pūjâvatīrṇānāṃ < dharmâgra-pūjâvatīrṇa- < dharma-agra-pūjā-avatīrṇa-：*adj.* 最高の法の供養に入った。*m. pl. Gen.*

dharma-：*m.* 法則。規則。教説。本質。事物。「法」と漢訳。

agra-：*adj.* 尖端の。頂点の。*n.* 前部。始め。点。尖端。頂点。「最上」「最極」「最勝」「高」と漢訳。

pūjā-：*f.* 尊敬。敬意。崇拝。供養。

avatīrṇa- < ava-√tṝ- (1) + -na：*pp.* 〜（奪格）より〜（対格）に来た。化現した。「入」「趣入」「深入」「已入」「悟入」と漢訳。

ava-√tṝ- (1)：〜（対格、処格）へ下る。〜（奪格）より下る。（地へ）降る。化現する。顕現する。自身を示す。赴く。達する。到る。

sarvârya-jana-parigṛhītānāṃ < sarvârya-jana-parigṛhīta- < sarva-ārya-jana-parigṛhīta-：*pp.* すべての聖者によって把握されている。*m. pl. Gen.*

ārya-：*adj.* 高貴な。聖なる。

jana- < √jan- (1) + -a：*m.* 生物。人。個人。「人」「仁」「男女」「衆」「衆生」「有情」と漢訳。

parigṛhīta- < pari-√grah- (9) + -ita ：*pp.* 〜と結合された。従われた。囲まれた。捕らえられた。つかまれた。

sarva-bodhi-sattva-caryā-praśāsakānāṃ < sarva-bodhi-sattva-caryā-praśāsaka-：*m.* あらゆる菩薩の修行を教授するもの。*m. pl. Gen.*

bodhi-sattva-caryā-：*f.* 菩薩としての修行。「菩薩行」「菩薩道」と漢訳。

caryā- < √car- (1) + -yā：*f.* 徘徊すること。行為。所行。行。

praśāsaka- < pra-√śās- (2) + -aka：*m.* 精神上の指導者。教授する人。

pra-√śās- (2)：指示する。教授する。指示を与える。

√śās- (2)：矯正する。懲らす。罰する。統制する。（法を）執行する。支配する。統治する。教訓する。教える。

bhūtârtha-dharma-pratisaṃvidâvatārāṇāṃ < bhūtârtha-dharma-pratisaṃvidâvatāra- < bhūta-artha-dharma-pratisaṃvida-avatāra-：*adj.* 真実の法の完全な理解に入らせる。*m. pl. Gen.*

bhūtârtha- < bhūta-artha-：*m.* 真実の意味。（実際に）起こったこと。実際の事実。真実。

bhūta- < √bhū- (1) + -ta：*pp.* 〜となった。あった。過去の。存在する。〜である。真実の。*n.* 過去。事実。現実。「真」「真実」「誠諦」と漢訳。

artha-：*m.* 仕事。目的。意味。利益。利得。財産。「義」「義理」「道理」「利」と漢訳。

dharma-：*m.* 法則。規則。教説。本質。事物。「法」と漢訳。

pratisaṃvida- < prati-sam-√vid- (4) + -a：*adj.* 完全に理解している。

prati-sam-√vid- (4)：完全に理解する。

prati-√vid- (4)：さらに見いだす。〜に精通する。知る。

sam-√vid- (4)：見いだす。得る。獲得する。〜を是認する。

avatāra- < ava-√tṝ- (1) + -a：*m.* 権化。顕示。（諸神の地上への）降下。欠点。「入」「令入」「趣入」と漢訳。

ava-√tṝ- (1)：下る。化現する。赴く。達する。到る。「入」と漢訳。

dharmôddānânitya-duḥkhânātma-śānta-nirjātānāṃ < dharmôddānânitya-duḥkhânātma-śānta-nir=jāta- < dharma-uddāna-anitya-duḥkha-anātma-śānta-nirjāta-：*adj.* 法の梗概である無常・苦・非我・寂静から生まれた。*m. pl. Gen.*

dharma-：*m.* 法則。規則。教説。本質。事物。「法」と漢訳。

uddāna- < ud-√dā- (4) + -ana：*n.* 縛ること。結ぶこと。梗概。「摂頌」と漢訳。「優陀那」と音写。

√dā- (4)：縛る。結ぶ。

√dā- (3)：与える。贈る。交付する。

anitya- < a-nitya-：*ajd.* 無常な。一時的な。常恒でない。

nitya-：*adj.* 生得の。永久の。不易の。常の。

duḥkha- < duḥ-kha-：*adj.* 不愉快な。艱難に満ちた。憐れな。*n.* 苦痛。艱難。悲惨。受苦。「苦」「苦」「苦悩」「憂苦」と漢訳。

anātma- < anātman- < an-ātman-：*m.* 「無我」「非我」と漢訳。

śānta- < √śam-(4) + -ta：*pp.* なだめられた。平静にされた。静穏な。和らいだ。

nirjāta- < nir-√jan- (1) + -ta：*pp.* ～（処格）から生じた。～（処格）に出現した。

duḥśīlâujo-ghātakānāṃ < duḥśīlâujo-ghātaka- < duḥśīla-ojo-ghātaka-：*adj.* 破戒の力を打ち破る。*m. pl. Gen.*

duḥśīla- < duḥ-śīla-：*adj.* 悪しき習慣／性質を有する。邪悪の。悪い行状の。破戒の。「破戒」「毀戒」「破戒者」と漢訳。

duḥ- < dus-：*pref.* 悪い。誤った。～しにくい。悪く。かろうじて。

śīla-：*n.* 習慣。気質。性向。性格。よい行状。よい習慣。高尚な品性。道徳性。「戒」と漢訳。

ojo- < ojas- < √vaj- (1) + -as：*n.* 力。能力。権。威。勢。「精気」「気力」「光沢」「光色」と漢訳。

√vaj- (1)：強力である。

ghātaka- < √ghātaya- (名動詞) + -aka：*adj.* 殺害する。破壊する。

√ghātaya- (名動詞)：殺す。破壊する。

sarva-para-pravādi-kudṛṣṭy-upalambhâbhiniviṣṭa-trāsa-karāṇāṃ < sarva-para-pravādi-kudṛṣṭy-upalambha-abhiniviṣṭa-trāsa-kara-：*adj.* あらゆる反対論者や、誤った考え方、感覚に執着している人に恐怖を生じる。*m. pl. Gen.*

para-pravādi- < para-pravādin-：*m.* 邪教の師。反対の論争者。「外道」「異道」「外道異論」と漢訳。

para-：*adj.* 過去の。以前の。未来の。*m.* 他人。反対者。敵。仇敵。

pravādin- < pra-√vad- (1) + -in：*adj.* 声を出す。叫ぶ。～について学ぶ／述べる。「論」と漢訳。

kudṛṣṭy- < kudṛṣṭi- + 母音 < ku-dṛṣṭi-：*f.* 弱視。欠陥のある考察。誤った思想体系。異端の教義。「悪見」「邪見」「見悪」と漢訳。*adj.* 異端の。悪しき眼の。

upalambha- < upa-√labh- (1) + -a：*m.* 達せしむること。経験させること。取得。観察。知覚。

upa-√labh- (1)：捕らえる。見出す。達する。得る。知覚する。経験する。学び知る。了解する。

abhiniviṣṭa- < abhi-ni-√viś- (6) + -ta：*pp.* 「著」「取著」「楽著」「執著」「生執著已」と漢訳。

trāsa- < √tras- (1) + -a：*m.* 恐怖。驚愕。威嚇。「怖」「畏」「怖畏」「驚」「驚怖」と漢訳。

kara- < √kṛ- (8) + -a：*adj.* 行なう。なす。惹起する。生ずる。「発」「作」「能作」「所作」と漢訳。*m.* なすこと。作ること。

sarva-buddha-praśastānāṃ < sarva-buddha-praśasta-：*adj.* すべてのブッダに称讃された。*m. pl. Gen.*

sarva-：*adj.* すべての。あらゆる。

buddha- < √budh- (1) + -ta：*pp.* 目覚めた（人）。*m.* ブッダ。「覚者」と漢訳。「仏陀」「仏」と音写。

praśasta- < pra-√śaṃs- (1) + -ta：*pp.* ～（処格）のために称讃された。激賞された。推奨された。認められた。尊重された。「讃」「賛嘆」「所歎」「所讃」「讃美」「称讃」と漢訳。

saṃsāra-vipakṣāṇāṃ < saṃsāra-vipakṣa-：*m.* 生存領域の循環（輪廻）を否定する陳述。*m. pl. Gen.*

saṃsāra- < sam-√sṛ- (1) + -a：*m.* 生存領域の循環。（生の）不断の連続。現世の生存。「輪廻」と漢訳。

sam-√sṛ- (1)：歩き回る。徘徊する。

√sṛ- (1)：速く走る。流れる。

vipakṣa- < vi-pakṣa-：*m.* 反対者。敵手。恋敵。反対者側の陳述。「惑」「逆」「違」「対」「治」「除障」「対治」と漢訳。

nirvāṇa-sukha-saṃdarśakānām < nirvāṇa-sukha-saṃdarśaka-：*adj.* 涅槃の楽しみを教示する。

nirvāṇa- < nir-√vā- (2, 4) + -na：*pp.* 吹き消された。生命の光の消えた。絶対の至福を享受した。*n.* 消滅。生の焔の消滅すること。絶対との一致。完全な満足。寂滅。安穏。「滅」「滅度」「寂滅」「安穏」と漢訳。「涅槃」「泥洹」と音写。

sukha-：*adj.* 快い。楽しい。

saṃdarśaka- < sam-√dṛś- (1) + -aka：*adj.* 示す。教示する。「示」「示現」「開示」「演説」と漢訳。

evaṃ-rūpāṇāṃ sūtrântānāṃ yā deśanā saṃprakāśanā dhāraṇā pratyavekṣaṇā saddharma-saṃgra=
haḥ iyam ucyate dharma-pūjêti /

(梵漢和維摩経 *p.* 576, *ll.* 1–2)

「『このような経の極致を教示し、開示し、受持し、観察すること、そして正しい教え（正法）を保護すること——これが法の供養と言われるのだ。

【「『若し是くの如き等の経を聞きて、信解・受持・読誦し、方便力を以て諸の衆生の為に分別・解説し、顕示すること分明ならば、法を守護するが故に、是れを法の供養と名づく。】

（大正蔵、巻一四、五五六頁下）

…………………………………………………………………………

evaṃ-rūpāṇāṃ < evaṃ-rūpa-：*adj.* このような形の。*n. sg. Acc.*

sūtrântānāṃ < sūtrânta- < sūtra-anta-：*m.* 経。経の極致。「経典」「教」「経」と漢訳。*pl. Gen.*

yā < yad-：*関係代名詞, f. sg. Nom.*

deśanā < deśanā- < √diś- (6) + -anā：*f.* 教え。指示。教授。教義。*sg. Nom.*

saṃprakāśanā < saṃprakāśanā- < saṃ-pra-√kāś- (1) + -anā：*f.* 輝かせること。覆いを除くこと。発表。露見。顕示。「説」「開示」「顕示」「示現」と漢訳。*sg. Nom.*

saṃprakāśana- < saṃ-pra-√kāś- (1) + -ana：*n.* 輝かせること。覆いを除くこと。発表。露見。顕示。「説」「開示」「顕示」「示現」と漢訳。

dhāraṇā < dhāraṇā- < √dhṛ- (4) + -anā-：*f.* （衣を）着用すること。支持すること。補佐。鎮圧。精神的把持。記憶。「持」「受持」「総持」と漢訳。*sg. Nom.*

pratyavekṣaṇā < prati-ava-√īkṣ- (1) + -anā：*f.* 調査すること。検査すること。尋ねること。「観察」と漢訳。*sg. Nom.*

saddharma-saṃgrahaḥ < saddharma-saṃgraha-：*m.* 正しい教え（正法）を保護すること。*sg. Nom.*

saddharma- < sad-dharma-：*m.* 正しい教え。「正法」と漢訳。

saṃgraha- < sam-√grah- (9) + -a：*m.* 捕獲。つかむこと。保護。包含。

iyam < idam-：それ。*f. sg. Nom.*

ucyate < ucya- < √vac- (2) + -ya：*Pass.* ～と言われる。～と呼ばれる。*3, sg. A.*

dharma-pūjêti < dharma-pūjā + iti

dharma-pūjā < dharma-pūjā-：*f.* 法による供養。*sg. Nom.*

iti：*adv.* ～と。以上のように。「如是」と漢訳。

§12 punar aparaṃ kula-putra dharma-pūjā yā dharmeṣu[31] dharma-nidhyaptir dharma-pratipa=
ttiḥ pratītya-samutpādânulomatā sarvânta-dṛṣṭi-vigamo 'jātânutpāda-kṣāntir nairātmya-niḥsatt=
vatâvatāro hetu-pratyayâvirodho 'vigraho 'vivādo 'mamatvaṃ mama-kāra-vigamo[32] 'rtha-pratiśa=
raṇatā na vyañjana-pratiśaraṇatā jñāna-pratiśaraṇatā na vijñāna-pratiśaraṇatā nītârtha-sūtrânta-
pratiśaraṇatā na neyârtha-saṃvṛty-abhiniveśo dharmatā-pratiśaraṇatā na pudgala-dṛṣṭy-upalam=
bho na grāhyâbhiniviṣṭatā[33] yathāvad-dharmânugamo 'nālaya-praveśa ālaya-samudghāto 'vidyā-

vyupaśamo yāvaj jarā-maraṇa-śoka-parideva-duḥkha-daurmanasyôpāyāsa-vyupaśamaḥ /
(梵漢和維摩経 *p.* 576, *ll.* 3–12)

§12　「『そのほか、さらに、良家の息子よ、法の供養とは、法において法を洞察すること、〔法において〕法を会得すること、縁起〔の理法に〕随順していること。あらゆる両極端の考えを離れている。〔何ものも〕生ずることもなく、生起することもないという〔真理を〕認めること（無生法忍）であり、我もなく、衆生もないことに入らせる。因と縁〔の関係〕に反しない。争うことがなく、論争することもない。我がものもなく、我がものとなすことも離れている。①意味（義）を拠りどころとして、象徴的表現〔である文字〕を拠りどころとすることがない（依義不依文）。②智慧を拠りどころとして、分析的に識ることを拠りどころとすることがない（依智不依識）。③意味が明確にされた経を拠りどころとして、意味が明確にされていない世俗〔のこと〕に執着することがない。④法の本性を拠りどころとして、実体として個人が存在するという見解にとらわれることがない[34]。感知されるものに執着することもない。あるがままの法（真理の教え）に随順し、〔自己の根底に執着すべき〕拠り所（アーラヤ）がないことに悟入していて、〔自己の根底の執着すべき〕拠り所（アーラヤ）を根絶している。無知（無明）の断滅から、老いること・死ぬこと・憂い・悲嘆・苦しみ・悲哀・憂悩の断滅に至るまで、

【§12　「『又、諸法に於いて、説の如く修行し、十二因縁に随順して、諸の邪見を離れ、無生忍を得、決定して我無く、衆生有ることなく、而も因・縁・果・報に於いて違無く、諍無く、諸の我所を離れ、義に依りて語に依らず、智に依りて識に依らず、了義経に依りて不了義経に依らず、法に依りて人に依らず、法相に随順して、所入無く、所帰無く、無明の畢竟じて滅するが故に、諸行も亦畢竟じて滅し、乃至、生の畢竟じて滅するが故に、老死も亦畢竟じて滅す。是くの如き観を作して、十二因縁は尽相有ること無し。】　（大正蔵、巻一四、五五六頁下）

………………………………………………………………………

punar：*adv.* 再び。新たに。さらに。なお。しかしながら。

aparaṃ < apara-：*adj.* 他の。別の。後方の。後の。西方の。*n. sg. Acc.* 対格の副詞的用法。

kula-putra < kula-putra-：*m.* 良家の息子。「善男子」と漢訳。*sg. Voc.*

dharma-pūjā < dharma-pūjā-：*f.* 法による供養。*sg. Nom.*

yā < yad-：*関係代名詞, f. sg. Nom.*

dharmeṣu < dharma-：*m.* 「法」と漢訳。*pl. Loc.*

dharma-nidhyaptir < dharma-nidhyaptiḥ + 有声音 < dharma-nidhyapti-：*f.* 法を洞察すること。*sg. Nom.*

　nidhyapti- < ni-dhyapti：*f.* 洞察すること。「観」「能観」「観察」「思惟」と漢訳。

dharma-pratipattiḥ < dharma-pratipatti-：*f.* 法を会得すること。*sg. Nom.*

　pratipatti- < prati-√pad- (4) + -ti：*f.* 獲得。取得。知覚。会得。理解。観察。認識。引き起こすこと。～（属格、処格）における計画。手続き。行動。行為。「行」「修行」「所作」「善行」と漢訳。*sg. Nom.*

　prati-√pad- (4)：入る。行く。通う。～（の状態、対格）に陥る。得る。獲得する。受け容れる。実行する。成就する。知覚する。

pratītya-samutpādânulomatā < pratītya-samutpādânulomatā- < pratītya-samutpāda-anulomatā-：*f.* 縁起〔の理法に〕随順していること。*sg. Nom.*

　pratītya-samutpāda-：*m.* 縁によって生ずること。「縁起」と漢訳。

　pratītya- < prati-√i- (2) + -tya：*ind.* (*Ger.*) ～に縁って。～の理由によって。～に関して。～の故に。

　samutpāda- < sam-ud-√pad- (4) + -a：*m.* 生起。生ずること。起こること。現われること。

　anulomatā- < anuloma-tā-：*f.* 順当であること。

　anuloma- < anu-loma-：*adj.* 毛並みに従う。順当な方向にある。「随」「順」「随順」と漢訳。

　anu：*adv.* 後に。しかる時に。また。～の方へ。越えて。～の後に。従って。～のために。～に関して。

loma- < loman-：*n.* （roman-の後世の形）。人、または動物の身体の毛（一般に頭髪、鬚、たてがみ、尾を除く）。

sarvânta-dṛṣṭi-vigamo 'jātânutpāda-kṣāntir < sarvânta-dṛṣṭi-vigamaḥ + ajātânutpāda-kṣāntir

sarvânta-dṛṣṭi-vigamaḥ < sarvânta-dṛṣṭi-vigama- < sarva-anta-dṛṣṭi-vigama-：*adj.* あらゆる両極端の考えを離れている。*m. sg. Nom.*

anta-：*m.* 端。縁辺。限界。終局。死。「至」「末」「終」「尽」「辺」「辺際」と漢訳。

dṛṣṭi- < √dṛś- (1) + -ti：*f.* 見ること。視力。視覚。眼。一瞥。

vigama- < vi-√gam- (1) + -a：*m.* 出発。消滅。休止。不在。欠乏。回避。「離」「断」「分散」「除去」と漢訳。

vi-√gam- (1)：追い散らす。去る。出発する。消える。過ぎ去る。分裂する。

ajātânutpāda-kṣāntir < ajātânutpāda-kṣāntiḥ + 有声音 < ajātânutpāda-kṣānti- < ajāta-an-utpāda-kṣānti-：*f.* 〔何ものも〕生ずることもなく、生起することもないという〔真理を〕認めること（無生法忍）。*sg. Nom.*

ajāta- < a-jāta-：*pp.* 生まれなかった。

jāta- < √jan- (1) + -ta：*pp.* 生まれた。

anutpāda- < an-utpāda-：*m.* 生じないこと。出現しないこと。

utpāda- < utpāda- < ud-√pad- (4) + -a：*m.* 生ずること。生み出すこと。産出。出生。「出」「生起」「出現」と漢訳。

ud-√pad- (4)：飛び上がる。上る。生ずる。得られる。～（奪格）から生まれる。～となる。起こる。現われる。始まる。

kṣānti- < √kṣam- (1) + -ti：*f.* 堪えること。認めること。「忍」「忍辱」「堪忍」と漢訳。

nairātmya-niḥsattvatâvatāro < nairātmya-niḥsattvatâvatāraḥ + 有声子音 < nairātmya-niḥ-sattvatâvatāra- < nairātmya-niḥsattvatā-avatāra-：*m.* 我もなく、衆生もないことに入らせる。*sg. Nom.*

nairātmya-：*adj.* 無我の。

niḥsattvatā- < niḥsattva-tā-：*f.* 無力。不確実。悲惨。

niḥsattva-：*adj.* 真実／勇気/確実さを欠いた。弱い。惨めな。生物のいない。「無有情」「無衆生」「無有衆生」「衆生無」「遠離衆生」「非衆生」と漢訳。

avatāra- < ava-√tṝ- (1) + -a：*m.* 権化。顕示。（諸神の地上への）降下。欠点。「入」「令入」「趣入」と漢訳。

hetu-pratyayâvirodho 'vigraho 'vivādo 'mamatvam < hetu-pratyayâvirodhaḥ + avigrahaḥ + avivādaḥ + amamatvam

hetu-pratyayâvirodhaḥ < hetu-pratyayâvirodha- < hetu-pratyaya-avirodha-：*m.* 因と縁〔の関係〕に反しないこと。*sg. Nom.*

hetu-pratyaya-：*m.* 「因縁」と漢訳。

hetu-：*m.* 理由。原因。因。

pratyaya- < prati-aya- < prati-√i- (2) + -a：*m.* ～に行く／向かう／頼ること。～への信頼。信念。信仰。確信。説明。概念。想念。原因。「因縁」「信」と漢訳。

avirodha- < a-virodha-：*m.* 敵対関係のない。～に抵触しないこと。～に不利にならないこと。調和。一致。「不相違」と漢訳。

virodha-：*m.* ～（具格）と…（具格、属格）との間の敵対関係。いさかい。争い。～（具格）との衝突。

avigrahaḥ < avigraha- < a-vigraha-：*adj.* 争いのない。*m. sg. Nom.*

vigraha- < vi-√grah- + -a：*m.* 分離。分割。（語の）独立。（複合語の）分解。～（属格、処格）との不和。喧嘩。闘争。戦争。

avivādaḥ < avivāda- < a-vivāda-：*adj.* 論議すべからざる。*m.* 無論争。一致。*sg. Nom.*

vivāda- < vi-√vad- (1) + -a：*m.* 論争。論戦。議論。訴訟。

amamatvam < amamatva- < a-mamatva-：*adj.* 我がものがない。*n. sg. Nom.*
mamatva- < mama-tva-：*n.* 私欲。～（処格）に対する関心。執着。
mama-：mad- の *1, sg. Gen.* 我がもの。「我」「我所」と漢訳。
mama-kāra-vigamo 'rtha-pratiśaraṇatā < mama-kāra-vigamaḥ + artha-pratiśaraṇatā
mama-kāra-vigamaḥ < mama-kāra-vigama-：*adj.* 我がものとなすことを離れている。*m. sg. Nom.*
mama-kāra-：*m.* （私のものとする）。～（処格）に対する執着。関心。「我所」「執我」「於我執」と漢訳。
kāra- < √kṛ- (8) + -a：*adj.* 作る。なす。生ずる。*m.* 作者。なすこと。動作。
vigama- < vi-√gam- (1) + -a：*m.* 出発。消滅。休止。不在。欠乏。回避。「不」「離」「断」「除」「遠離」と漢訳。
artha-pratiśaraṇatā < artha-pratiśaraṇatā- = artha-pratisaraṇa-tā-：*f.* 意味（義）に頼っていること。「依義」と漢訳。*sg. Nom.*
artha-pratisaraṇa-：*adj.* 義に頼っている。「依義」と漢訳。
artha-：*m.* 目的。利益。義。意味。
pratisaraṇa- < prati-√sṛ- (1) + -ana：*adj.* ～に頼っている。～に準拠している。「依」「依止」「所依止処」「所帰」「随」「随順」「信」と漢訳。
prati-√sṛ- (1)：戻る。「随」「依」「依止」と漢訳。
na：*ind.* ～でない。～にあらず。
vyañjana-pratiśaraṇatā < vyañjana-pratiśaraṇatā- < vyañjana-pratiśaraṇa-tā- = vyañjana-pratisaraṇa-tā-：*f.* 象徴的表現〔である文字〕に頼っていること。「依文」と漢訳。*sg. Nom.*
vyañjana-pratisaraṇa-：*adj.* 象徴的表現に頼っている。「依文」と漢訳。
vyañjana- < vi-añjana- < vi-√añj- (7) + -ana：*n.* 現わすこと。指示すること。象徴的表現。マーク。しるし。
vi-√añj- (7)：美しくする、顕示する。
√añj- (7)：～（対格）をもって身を飾る。表示する。
jñāna-pratiśaraṇatā < jñāna-pratiśaraṇatā- < jñāna-pratiśaraṇa-tā- = jñāna-pratisaraṇa-tā-：*f.* 智慧に頼っていること。「依智」と漢訳。*sg. Nom.*
jñāna- < √jñā- (9) + -ana：*n.* 知ること。知識。智慧。「闍那」と音写。
na：*ind.* ～でない。～にあらず。
vijñāna-pratiśaraṇatā < vijñāna-pratiśaraṇatā- < vijñāna-pratiśaraṇa-tā- = vijñāna-pratisaraṇa-tā-：*f.* 分析的に知ることに頼っていること。「依識」と漢訳。*sg. Nom.*
vijñāna-pratisaraṇa-：*adj.* 分析的に知ることに頼っている。「依識」と漢訳。
vijñāna- < vi-√jñā- (9) + -ana：*n.* 識別。〔自他彼此などと相対的に〕区別して識ること。分析的に知ること。「了別」と漢訳。
nītârtha-sūtrânta-pratiśaraṇatā < nītârtha-sūtrânta-pratiśaraṇatā < nītârtha-sūtrânta-pratiśaraṇa-tā- = nīta-artha-sūtrânta-pratisaraṇa-tā-：*f.* 意味が明確にされた経（了義経）に頼っていること。*sg. Nom.*
nīta-artha-sūtra-anta-pratisaraṇa-：*adj.* 意味が明確にされた経に頼っている。「依了義経」と漢訳。
nītârtha-sūtrânta-：*m.* 意味が明確にされた経。「了義経」と漢訳。
nītârtha- < nīta-artha-：*adj.* 理解しやすい。意味の明瞭な。獲得された意味を持つ。明確にされた意味を持つ。意味が明確にされた。「了義」と漢訳。
nīta- < √nī- (1) + -ta：*pp.* 導かれた。連れてきた。連れ去られた。もたらされた。獲得された。
√nī- (1)：指導する。案内する。導く。～（為格・処格）へ導く
artha-：*m.* 目的。利益。義。意味。

sūtrânta- < sūtra-anta-：*m.* 経。経の極致。「経典」「教」「経」と漢訳。

na：*ind.* ～でない。～にあらず。

neyârtha-saṃvṛty-abhiniveśo < neyârtha-saṃvṛty-abhiniveśaḥ + 有声子音 < neyârtha-saṃvṛty-abhiniveśa- < neya-artha-saṃvṛty-abhiniveśa-：*m.* 意味が明確にされていない世俗に執着すること。*sg. Nom.*

neyârtha- < neya-artha-：*adj.* 導かれる意味を持つ。明確にされるべき意味を持つ。「不了義」と漢訳。

neya- < √nī- (1) + -ya：*未受分.* ～（処格）へ導かれるべき。案内されるべき。服従すべき。（ある状態に）もたらされるべき。陥らされるべき。

artha-：*m.* 意味。仕事。利。利得。利益。財産。「義」「道理」と漢訳。

saṃvṛty- < saṃvṛti- + 母音 < sam-√vṛ- (1) + -ti：*f.* 閉鎖。隠すこと。秘密を守ること。隠蔽。偽善。

saṃvṛti- = saṃvṛtti- < sam-√vṛt- (1) + -ti：*f.* 共同の仕事。「世俗」と漢訳。

sam-√vṛ- (1)：覆いつくす。隠す。（戸を）閉じる。顔を背ける。拒絶する。避ける。阻む。

sam-√vṛt- (1)：～（奪格）から作られる。起こる。発生する。生ずる。ある。存在する。

abhiniveśa- < abhi-ni-√viś- (6) + -a：*m.* ～（処格）の性癖。～（処格）に対する執着。固執。専心なること。頑固。生命への愛着。帰依。

abhi-ni-√viś- (6)：～（対格）の中に入る。～（対格）に献身する。適用されうる。

dharmatā-pratiśaraṇatā < dharmatā-pratiśaraṇatā- < dharmatā-pratiśaraṇa-tā- = dharmatā-pratisaraṇa-tā-：*f.* 法の本性に頼っていること。*sg. Nom.*

dharmatā-pratisaraṇa-：*adj.* 法の本性に頼っている。

dharmatā- < dharma-tā-：*f.* 法の本性。「法性」「実相」「実性」「諸法実相」と漢訳。

na：*ind.* ～でない。～にあらず。

pudgala-dṛṣṭy-upalambho < pudgala-dṛṣṭy-upalambhaḥ + 有声子音 < pudgala-dṛṣṭy-upalambha-：*m.* 実体として個人が存在するという見解にとらわれること。

pudgala-dṛṣṭy- < pudgala-dṛṣṭi- + 母音：*f.* 実体として個人が存在するという見解。「人見」「我見」と漢訳。

pudgala-：*adj.* 美しい。*m.* 身体。物質。我。霊魂。個人。

dṛṣṭi- < √dṛś- (1) + -ti：*f.* 見ること。視力。見なすこと。意見。（誤った）見解。「見」「閲」「邪見」「妄見」と漢訳。

upalambha- < upa-√labh- (1) + -a：*m.* 達せしむること。経験させること。取得。観察。知覚。とらわれの心をもって取捨選択すること。

upa-√labh- (1)：捕らえる。見出す。達する。得る。知覚する。経験する。学び知る。了解する。

na：*ind.* ～でない。～にあらず。

grāhyâbhiniviṣṭatā < grāhyâbhiniviṣṭatā- < grāhya-abhiniviṣṭa-tā-：*f.* 感知されるものに執着していること。*sg. Nom.*

grāhya-abhiniviṣṭa-：*adj.* 感知されるものに執着した。

grāhya- < √grah- (9) + -ya：*未受分,* とらえられるべき。つかまえられるべき。感知されるべき。得られるべき。受けられるべき。了解されるべき。認められるべき。

abhiniviṣṭa- < abhi-ni-√viś- (6) + -ta：*pp.* ～（具格）によって貫かれた。豊富にそなえた。～（処格）に集中した。専心した。没頭した。「著」「取著」「楽著」「耽著」「執着」

abhi-ni-√viś- (6)：～（対格）の中に入る。～（対格）に献身する。適用されうる。

yathāvad-dharmânugamo 'nālaya-praveśa < yathāvad-dharmânugamaḥ + anālaya-praveśa

yathāvad-dharmânugamaḥ < yathāvad-dharmânugama- < yathāvad-dharma-anugama-：*m.* あるがままの法（真理の教え）に随順すること。*sg. Nom.*

yathāvad < yathāvat + 有声子音：*adv.* まさにあるように。あるべきように。慣習に従って。

正しい順序で。適切に。正しく。「如実」「随宜」「如理」と漢訳。

dharma-：*m.* 法則。規則。教説。本質。事物。「法」と漢訳。

anugama- < anu-√gam- (1) +-a：*m.* 随うこと。「随」「順」「随順」「随知」「解知」「了知」「解了」「随順悟解」と漢訳。

anu-√gam- (1)：従う。追う。伴う。近づく。達する。

anālaya-praveśa < anālaya-praveśaḥ + a 以外の母音 < anālaya-praveśa-：*m.* 〔自己の根底に執着すべき〕拠り所（アーラヤ）がないことへの悟入。*sg. Nom.*

anālaya- < an-ālaya-：*adj.* 〔自己の根底に執着すべき〕拠り所（アーラヤ）がない。「無依」「無所依」「無依処」「無帰処」「無住所」と漢訳。

ālaya- < ā-√lī- (4) + -a：*m.* 住居。家宅。座。〔自己の根底に執着すべき〕拠り所（アーラヤ）。

praveśa- < pra-√viś- (6) + -a：*m.* 〜に入ること。出過ぎたこと。「能入」「悟入」と漢訳。

pra-√viś- (6)：入る。近づく。誘い込む。導入する。

ālaya-samudghāto 'vidyā-vyupaśamo < ālaya-samudghātaḥ + avidyā-vyupaśamo

ālaya-samudghātaḥ < ālaya-samudghāta-：*m.* 〔自己の根底に執着すべき〕拠り所（アーラヤ）の根絶。*sg. Nom.*

ālaya- < ā-√lī- (4) + -a：*m.* 住居。家宅。座。〔自己の根底に執着すべき〕拠り所（アーラヤ）。

samudghāta- < sam-udghāta-：*m.* 除去。破壊。根絶。

√ghātaya- (名動)：殺す。破壊する。殺させる。

avidyā-vyupaśamo < avidyā-vyupaśamaḥ + 有声子音 < avidyā-vyupaśama- < avidyā-vy=upaśama-：*m.* 無知（無明）の断滅。*sg. Nom.*

avidyā- < a-vidyā- < a- + √vid- (2) + -yā：*f.* 無知。「癡」「愚癡」「無明」と漢訳。

vyupaśama- < vi-upa-√śam- (4) + -a：*m.* 休止。「除」「滅」「息」「清浄」「寂滅」「寂静」「能除」「断滅」「鎮静」「能令…断」「能令…離」と漢訳。

vi-upa-√śam- (4)：静穏になる。和らぐ。やむ。

yāvaj < yāvat + (j)：*関係副詞,* 〜ほど大きく／多く／長く。〜に至るまでの。

jarā-maraṇa-śoka-parideva-duḥkha-daurmanasyôpāyāsa-vyupaśamaḥ < jarā-maraṇa-śoka-paride=va-duḥkha-daurmanasya-upāyāsa-vyupaśama-：*m.* 老いること・死ぬこと・憂い・悲嘆・苦しみ・悲哀・憂悩の断滅。*sg. Nom.*

jarā- < √jṝ- (1) + -ā：*f.* 消耗すること。年老いること。老齢。

maraṇa- < √mṛ- (1) + -ana：*n.* 死ぬこと。死。命終。

śoka- < √śuc- (1) + -a：*m.* 悲しみ。悲哀。憂い。悲愁。憂悲。

parideva- < ：*m.* 泣き言。愚痴。悲嘆。「悲」「歎」「悲歎」「憂」「不安」と漢訳。

duḥkha- < duḥ-kha-：*adj.* 不愉快な。艱難に満ちた。憐れな。*n.* 苦痛。艱難。悲惨。受苦。「苦」「苦」「苦悩」「憂苦」と漢訳。

daurmanasya- < dur-manas- + -ya：*n.* 落胆。悲哀。憂い。憂苦。憂患。苦悩。

durmanas- < dur-manas-：*n.* 心の邪悪なること。妄想。「憂感」「愁憂」と漢訳。

upāyāsa- < upa-āyāsa-：*m.* 悩み。困難。憂悩。

vyupaśama- < vi-upa-√śam- (4) + -a：*m.* 休止。「除」「滅」「息」「清浄」「寂滅」「寂静」「能除」「断滅」「鎮静」「能令…断」「能令…離」と漢訳。

evaṃ ca dvādaśâṅga-pratītya-samutpādam avekṣate[35] 'kṣayâbhinirhāreṇa câbhinirharati sattvâ=vekṣayā ca dṛṣṭi-nirapekṣaḥ /

(梵漢和維摩経 *p.* 576, *ll.* 12–13)

「『このように、十二項目からなる縁起（十二支縁起）を観察する[36]。〔想念は〕尽きることなき生起をもって生起するけれども、衆生を観察することによって〔誤った〕見解を志すことがない。

【「『復見を起こさず。】 （大正蔵、巻一四、五五六頁下）

………………………………………………………………

evaṃ：*adv.* このように。「是」「如是」と漢訳。
ca：*conj.* および。また。しかしながら。そして。～と。なお。
dvādaśâṅga-pratītya-samutpādam < dvādaśâṅga-pratītya-samutpāda-：*m.* 十二項目からなる縁起。「十二支縁起」と漢訳。*sg. Acc.*
　dvādaśâṅga- < dvādaśa-aṅga-：*n.* 十二の部分。「十二支」「十二分」と漢訳。
　dvādaśa- < dvādaśan-：*基数詞,* 十二。
　aṅga-：*n.* 肢。支分。部分。身体。要素。
　pratītya-samutpāda-：*m.* 縁によって生ずること。「縁起」と漢訳。
　pratītya- < prati-√i- (2) + -tya：*ind.* (*Ger.*) ～に縁って。～の理由によって。～に関して。～の故に。
　samutpāda- < sam-ud-√pad- (4) + -a：*m.* 生起。生ずること。起こること。現われること。
avekṣate 'kṣayâbhinirhāreṇa < avekṣate + akṣayâbhinirhāreṇa
　avekṣate < avekṣa- < ava-√īkṣ- (1)：視る。観察する。熟慮する。考える。期待する。望む。*Pres. 3, sg. A.*
　akṣayâbhinirhāreṇa < akṣayâbhinirhāra- < akṣaya-abhinirhāra-：*m.* 尽きることのない生起。*sg. Ins.*
　akṣaya- < a-kṣaya-：*adj.* 不滅の。「不盡」「無盡」と漢訳。
　kṣaya- < √kṣi- (5,9) + -a：*m.* 減少。価値低減。衰微。喪失。破戒。終末。
　abhinirhāra- < abhi-nir-√hṛ- (1) + -a：*m.* 「出生」「出離」「起」「成就」「作」「行」「示」「修」と漢訳。
　abhi-nir-√hṛ- (1)：「生」「得」「獲」「出生」「出現」「起」「発起」と漢訳。
　nir-√hṛ- (1)：～（奪格）から取り出す。取り去る。取り除く。～から免れる。破壊する。
　√hṛ- (1)：運ぶ。もたらす。持ってくる。贈る。提供する。持ち去る。連れ去る。捉える。強奪する。
câbhinirharati < ca + abhinirharati
　abhinirharati < abhinirhara- < abhi-nir-√hṛ- (1)：「生」「得」「獲」「出生」「出」「起」「発起」と漢訳。*Pres. 3, sg. P.*
sattvâvekṣayā < sattvâvekṣā- < sattva-avekṣā-：*f.* 衆生に対する配慮。衆生についての観察。*sg. Ins.*
　sattva-：*m.* 「衆生」「有情」と漢訳。
　avekṣā- < ava-√īkṣ- (1) + -ā：*f.* 注意。配慮。観察。～（処格）における顧慮。
　ava-√īkṣ- (1)：視る。観察する。熟慮する。考える。期待する。望む。
ca：*conj.* および。また。しかしながら。そして。～と。なお。
dṛṣṭi-nirapekṣaḥ < dṛṣṭi-nirapekṣa-：*adj.* 〔誤った〕見解を期待しない。*m. sg. Nom.*
　dṛṣṭi- < √dṛś- (1) + -ti：*f.* 見ること。視力。見なすこと。意見。（誤った）見解。「見」「閲」「邪見」「妄見」と漢訳。
　nirapekṣa- < nir-apekṣa-：*adj.* ～（処格）を顧慮しない。無関心な。期待しない。
　apekṣā- < apa-√īkṣ- (1) + -ā：*f.* 見回すこと。注意。思考。顧慮。期待。
　apa-√īkṣ- (1)：看過する。～（対格）を志す。～を顧慮する。～を期待する。～を重視する。～を待つ。

iyam api kula-putrôcyate 'nuttarā dharma-pūjêti /
(梵漢和維摩経 *p.* 576, *l.* 14)

「『良家の息子よ、これがまた、この上ない法の供養と言われるのだ』と」
【「『是れを最上の法の供養と名づく』と」】　（大正蔵、巻一四、五五六頁下）

……………………………………………………………………

iyam < idam-：それ。*f. sg. Nom.*
api：*adv.* また。さえも。されど。なお。

kula-putrôcyate 'nuttarā < kula-putra + ucyate + anuttarā

　　kula-putra < kula-putra-：*m.* 良家の息子。「善男子」と漢訳。*sg. Voc.*

　　ucyate < ucya- < √vac- (2) + -ya：*Pass.* ～と言われる。～と呼ばれる。*3, sg. A.*

　　anuttarā < anuttarā- < anuttara- < an-ud-tara-：*比較級,* この上ない。「無上」と漢訳。*f. sg. Nom.*

dharma-pūjêti < dharma-pūjā + iti

　　dharma-pūjā < dharma-pūjā-：*f.* 法による供養。*sg. Nom.*

　　iti：*adv.* ～と。～ということを。以上のように。～と考えて。「如是」と漢訳。

> §13　iti hi devānām indra sa soma-cchatro rāja-kumāras tasya bhagavato bhaiṣajya-rājasya tathāgatasyântikād imāṃ dharma-pūjāṃ śrutvânulomikīṃ dharma-kṣāntiṃ pratilabhate sma /
>
> （梵漢和維摩経 *p.* 576, *ll.* 15–17）

§13　「実に以上のように、神々の帝王よ、その"月の傘蓋"（月蓋）という王子は、その世尊である"薬の王"という如来のそばから、この法の供養について〔の教えを〕聞いて、随順して真理を認める知（随順忍）[37] を得た。

【§13　仏は天帝に告げたまわく、「王子月蓋(がつがい)は薬王仏より是くの如き法を聞きて、柔順忍(にゅうじゅんにん)を得たり。】

（大正蔵、巻一四、五五六頁下）

………………………………………………………………………

iti：*adv.* ～と。～ということを。以上のように。～と考えて。「如是」と漢訳。

hi：*ind.* 真に。確かに。実に。

devānām < deva- < √div- (4) + -a：*m.* 神。「天」と漢訳。*pl. Gen.*

indra < indra-：*m.* インドラ神。～の王。「帝釈天」「王」「主」「帝」「帝王」と漢訳。*sg. Voc.*

sa < saḥ < tad-：それ。*m. sg. Nom.*

soma-cchatro < soma-cchatraḥ + 有声子音 < soma-cchatra- < soma- + chatra-：*m.* 月の傘蓋。「月蓋」と漢訳。*m. sg. Nom.*

rāja-kumāras < rāja-kumāraḥ + (t) < rāja-kumāra-：*m.* 王の息子。王子。*sg. Nom.*

tasya < tad-：それ。*m. sg. Gen.*

bhagavato < bhagavataḥ + 有声子音 < bhagavat-：*m.* 尊い（人）。「世尊」と漢訳。「婆伽婆」「薄伽梵」と音写。*sg. Gen.*

bhaiṣajya-rājasya < bhaiṣajya-rāja-：*m.* 薬の王。「薬王」「薬師」と漢訳。*sg. Gen.*

tathāgatasyântikād < tathāgatasya + antikād

　　tathāgatasya < tathāgata-：*m.* このように行った（人）。このように来た（人）。「如来」「如去」と漢訳。「多陀阿伽度」と音写。*sg. Gen.*

　　antikād < antikāt + 有声子音：*adv.* ～（属格）の近隣で。現前で。そばで。

imāṃ < idam-：これ。*f. sg. Acc.*

dharma-pūjāṃ < dharma-pūjā-：*f.* 法による供養。*sg. Acc.*

śrutvânulomikīṃ < śrutvā + ānulomikīṃ

　　śrutvā < √śru- (5) + -tvā：～（具格、奪格、属格）から聞く。*Ger.*

　　ānulomikīṃ < ānulomikī- < ānulomika- < anuloma- + -ika：*adj.* 毛並みに従った。自然の。規則的な。順当な。一致した。「隋」「随順」「柔順」と漢訳。*f. sg. Acc.*

　　anuloma- < anu-loma-：*adj.* 毛並みに従う。順当な方向にある。「随」「順」「随順」と漢訳。

　　anu：*adv.* 後に。しかる時に。また。～の方へ。越えて。～の後に。従って。～のために。～に関して。

　　loma- < loman-：*n.* （roman-の後世の形）。人、または動物の身体の毛（一般に頭髪、鬚、たてがみ、尾を除く）。

dharma-kṣāntiṃ < dharma-kṣānti-：*f.* 真理を認めること。「法忍」と漢訳。*sg. Acc.*

　　kṣānti- < √kṣam- (1) + -ti：*f.* 堪えること。認めること。「忍」「忍辱」「堪忍」と漢訳。

pratilabhate < pratilabha- < prati-√labh- (1)：回復する。取り戻す。達する。得る。*Pres. 3, sg. A.*
sma：*ind.* 実に。現在形の動詞とともに用いて、過去の意味を表わす（歴史的現在）。

> yathā-prāvṛtaiś[38] ca vastrâbharaṇais taṃ bhagavantaṃ chandayaty[39] evaṃ vācam abhāṣat / ahaṃ bhagavann utsahe tathāgatasya saddharma-parigrahāya saddharma-pūjā-karaṇatāyai saddharmaṃ parirakṣitum /
>
> （梵漢和維摩経 *p.* 576, *ll.* 17–20）

「そして、身に着けたままの衣服と装身具をその世尊に捧げ[40]、このような言葉を告げた。
『世尊よ、如来の正しい教え（正法）を把握するために、正しい教えへの供養をなすために、私は、正しい教えを保護することに耐えましょう。
【「即ち宝衣（ほうえ）・厳身（ごんじん）の具を解きて、以（もっ）て仏を供養したてまつり、仏に白（もう）して言（もう）さく、『世尊よ、如来の滅後に、我は当（まさ）に法の供養を行ないて、正法を守護すべし。】　（大正蔵、巻一四、五五六頁下）
………………………………………………………………………

yathā-prāvṛtaiś < yathā-prāvṛtaiḥ + (c) < yathā-prāvṛta-：*adj.* 身に着けたままの。*n. pl. Ins.*
　yathā：*conj.* ～するや否や。
　prāvṛta- < pra-ā-√vṛ- (1) + -ta：*pp.* ～（具格）で覆われれた。（衣服を）着けた。「著」と漢訳。*n.* 外套。上衣。覆うこと。包むこと。
　ここは、yathā と prāvṛtaiś を区切って、yathā の「～するや否や」で訳そうとしたが、その場合、文の二番目に来るべき接続詞の ca が三語目に来ることになってしまう。
ca：*conj.* および。また。しかしながら。そして。～と。なお。
vastrâbharaṇais < vastrâbharaṇaiḥ + (t) < vastrâbharaṇa- < vastra-ābharaṇa-：*n.* 衣服と装身具。*pl. Ins.*
　vastra-：*n.* 着物。衣服。布。
　ābharaṇa- < ā-bharaṇa-：*n.* 装飾。装身具。「厳」「荘厳」と漢訳。
taṃ < tad-：それ。*m. sg. Acc.*
bhagavantaṃ < bhagavat-：*m.* 尊い（人）。「世尊」と漢訳。「婆伽婆」「薄伽梵」と音写。*sg. Acc.*
chandayaty < chandayati + 母音 < chandaya- < √chad- (10) + -aya：*Caus.* ～（具格）を～（対格、属格）に提供する。
　chādayati < chādaya- < √chad- (1) + -aya：*Caus.* 覆う。（覆いのように）広げる。隠す。護る。*3, sg. P.*
evaṃ：*adv.* このように。「是」「如是」と漢訳。
vācam < vāc-：*f.* 言葉。*sg. Acc.* 格変化は、cf.「基礎」*p.* 121.
abhāṣat < bhāṣa- < √bhāṣ- (1)：話し掛ける。言う。告げる。*Impf. 3, sg. P.*
………………………………………………………………………

ahaṃ < mad-：私。*1, sg. Nom.*
bhagavann < bhagavan + 母音 < bhagavat-：*m.* 尊い（人）。「世尊」と漢訳。「婆伽婆」「薄伽梵」と音写。*sg. Voc.*
utsahe < utsaha- < ud-√sah- (1)：こらえる。耐える。～（不定詞）することができる。～する能力がある。*Pres. 1, sg. A.*
tathāgatasya < tathāgata-：*m.* 「如来」と漢訳。*sg. Gen.*
saddharma-parigrahāya < saddharma-parigraha-：*m.* 正しい教えの把握。*sg. Dat.*
　saddharma- < sat-dharma-：*m.* 正しい教え。「正法」と漢訳。
　parigraha- < pari-√grah- (9) + -a：*m.* 包容。包含。取得。把握。受納。獲得。所有。
saddharma-pūjā-karaṇatāyai < saddharma-pūjā-karaṇatā-：*f.* 正しい教えへの供養をなすこと。*sg. Dat.*
　pūjā-：*f.* 尊敬。敬意。崇拝。供養。
　karaṇatā- < karaṇa-tā-：*f.* 作ること。なすこと。

karaṇa- < √kṛ- (8) + -ana：*adj.* ～を作る。生ずる。なす。*n.* 作為。行為。成就。産出。動作。実行。

saddharmaṃ < saddharma- < sat-dharma-：*m.* 正しい教え。「正法」と漢訳。*sg. Acc.*

parirakṣitum < pari-√rakṣ- (1) + -itum：*不定詞,* 保護すること。

pari-√rakṣ- (1)：～（奪格）から防護する。保護する。保存する。救護する。保守する。遵守する。

tasya me bhagavāṃs tathâdhiṣṭhānaṃ karotu yathâhaṃ nihata-māra-pratyarthiko bhagavataḥ saddharmaṃ parigṛhṇīyām /

（梵漢和維摩経 *p.* 578, *ll.* 1–2）

「『世尊は、私が魔という怨敵を打ち破り、世尊の正しい教えを把握することができるように、その私にご加護をなしてください』

【「『願わくは威神を以て哀を加え、建立し、我をして魔怨を降し、菩薩行を修することを得しめたまわんことを』】（大正蔵、巻一四、五五六頁下）

………………………………………………………………………

tasya < tad-：それ。*m. sg. Gen.*

me < mad-：私。*2. sg. Gen.*

bhagavāṃs < bhagavān + (t) < bhagavat-：*m.* 尊い（人）。「世尊」と漢訳。「婆伽婆」「薄伽梵」と音写。*sg. Nom.*

tathâdhiṣṭhānaṃ < tathā + adhiṣṭhānaṃ

tathā：*adv.* そのように。また。同様に。

adhiṣṭhānaṃ < adhiṣṭhāna- < adhi-√sthā- (1) + -ana：*n.* 立脚点。立場。場所。住所。主権。権力。「神力」「神通」「威神力」「願力」「加護」「護念」「加持」「守護」「建立」と漢訳。*sg. Acc.*

adhi-√sthā- (1)：～の上に立つ。足で踏む。登る。居住する。占める。克服する。凌駕する。先頭に立つ。導く。案内する。支配する。保つ。使用する。

karotu < karo- < √kṛ- (8)：なす。作る。*Impv. 3, sg. P.*

yathâhaṃ < yathā + ahaṃ

yathā：*関係副詞, 接続詞,* ～のように。あたかも～のように。～であるように。～の限りでは。

yathā ～ tathā …：～〔できる〕ように、そのように…。

ahaṃ < mad-：私。*1, sg. Nom.*

nihata-māra-pratyarthiko < nihata-māra-pratyarthikaḥ + 有声子音 < nihata-māra-pratyarthika-：*adj.* 魔という怨敵を打ち破った。「降伏魔怨」と漢訳。*m. sg. Nom.*

nihata- < ni-√han- (2) + -ta：*pp.* 投げつけられた。打ち落とされた。打倒された。「伏」「降伏」「破壊」「除滅」と漢訳。

māra- < √mṛ- (1) + -a：*m.* 死。殺害。誘惑者。悪魔。「障」「悪者」と漢訳。「悪魔」「邪魔」「魔」「摩羅」と音写。

pratyarthika- < prati-arthika-：*m.* 競争者。対抗者。敵。「怨」「怨対」「怨害」「怨憎」「怨敵」と漢訳。

bhagavataḥ < bhagavataḥ + (s) < bhagavat-：*m.* 尊い（人）。「世尊」と漢訳。「婆伽婆」「薄伽梵」と音写。*sg. Gen.*

saddharmaṃ < saddharma- < sat-dharma-：*m.* 正しい教え。「正法」と漢訳。*sg. Acc.*

parigṛhṇīyām < parigṛhṇī- < pari-√grah- (9)：獲得する。抱く。つかむ。得る。確保する。*Opt. 1, sg. P.*

tasya sa tathāgato 'dhyāśayaṃ viditvā vyākṛtavān paścime kāle sad-dharma-nagara-pāla=rakṣāyai /

（梵漢和維摩経 *p.* 578, *ll.* 3–4）

「その如来は、その〔“月の傘蓋”という王子〕の高潔なる心を知って、〔恐るべき〕後の時代において、〔その“月の傘蓋”という王子が〕正しい教えという都城の守護者としての保護をなすための予言（授記）をなされた。
【「仏は其の深心の所念を知ろしめして、之に記して曰く、『汝、末後に於いて法城を守護せん』と。】
（大正蔵、巻一四、五五六頁下）

………………………………………………………………………

tasya < tad-：それ。*m. sg. Gen.*
sa < saḥ < tad-：それ。*m. sg. Nom.*
tathāgato 'dhyāśayaṃ < tathāgataḥ + adhyāśayaṃ
　　tathāgataḥ < tathāgata-：*m.*「如来」と漢訳。*sg. Nom.*
　　adhyāśayaṃ < adhyāśaya- < adhy-āśaya-：*m.* 意向。欲望。願望。傾向。高潔なる心。「所楽」「欲楽」「意楽」「至心」と漢訳。*sg. Acc.*
　　āśaya- < ā-√śī- (2) + -a-：*m.* 休息所。場所。考え。意向。思想。「意楽」「楽欲」と漢訳。
viditvā < √vid- (1,2) + -itvā：知る。*Ger.*
vyākṛtavān < vyākṛtavat- < vyākṛta- + -vat < vi-ā-√kṛ- (8) + -ta + -vat：*過能分*, 分かった。区別した。説明した。予言した。*m. sg. Nom.*
　　vi-ā-√kṛ- (8)：分かつ。区別する。説明する。予言する。
paścime < paścima-：*adj.* 後の。西の。最後の。*m. sg. Loc.*
kāle < kāla-：*m.* 適当なる季節。正しい時。機会。年代。「時」「世」と漢訳。*sg. Loc.*
saddharma-nagara-pāla-rakṣāyai < saddharma-nagara-pāla-rakṣā-：*f.* 正しい教えという都城の守護者としての保護。*sg. Dat.*
　　saddharma- < sat-dharma-：*m.* 正しい教え。「正法」と漢訳。
　　nagara-：*n.* 町。市。都市。都城。「城」「城邑」「城郭」「国」「国城」と漢訳。
　　pāla-：*m.* 監視人。保護者。牧者。大地の守護者。王。主。
　　rakṣā- < √rakṣ- (1) + -ā：*f.* 保護。救助。護符。「守護」「擁護」「護持」と漢訳。
　　√rakṣ- (1)：防護する。保護する。世話をする。救護する。遵奉する。

§14　sa khalu punar devānām indra soma-cchatro rāja-kumāras tasya tathāgatasya tiṣṭhata eva śraddhayâgārād anagārikāṃ pravrajitaḥ sann ārabdha-vīryo viharati sma kuśaleṣu dharmeṣu /
（梵漢和維摩経 *p.* 578, *ll.* 5–7）

§14　「すると、神々の帝王よ、まさにその如来が存在し続けている間、その“月の傘蓋”（月蓋）という王子は、浄信によって家から〔出て〕家なき状態に入っていて、努力精進に専念していて、善き法において住している。
【§14　「天帝よ、時に王子月蓋は法の清浄なるを見、仏の授記を聞きて、信を以て出家せり。】
（大正蔵、巻一四、五五六頁下）

………………………………………………………………………

sa < saḥ < tad-：それ。*m. sg. Nom.*
khalu：*ind.* 実に。確かに。しかも。さて。そこで。
punar：*adv.* 再び。新たに。さらに。なお。しかしながら。
devānām < deva- < √div- (4) + -a：*m.* 神。「天」と漢訳。*pl. Gen.*
indra < indra-：*m* インドラ神。～の王。「帝釈天」「王」「主」「帝」「帝王」と漢訳。*sg. Voc.*
soma-cchatro < soma-cchatraḥ + 有声子音 < soma-cchatra- < soma- + chatra-：*m.* 月の傘蓋。「月蓋」と漢訳。*m. sg. Nom.*
rāja-kumāras < rāja-kumāraḥ + (t) < rāja-kumāra-：*m.* 王の息子。王子。*sg. Nom.*
tasya < tad-：それ。*m. sg. Gen.*
tathāgatasya < tathāgata-：*m.*「如来」と漢訳。*sg. Gen.*
tiṣṭhata < tiṣṭhataḥ + a 以外の母音 < tiṣṭhat- < tiṣṭha- + -t < √sthā- (1) + -t：立つ。住する。とどま

る。存在し続ける。*P. 現在分詞, m. sg. Gen.*
以上の属格は絶対節をなしている。

eva：*adv.* さように。このように。まさに。実に。ただ。全くこのように。

śraddhayâgārād < śraddhayā + agārād
śraddhayā < śraddhā- < śrat-√dhā- (3) + -ā：*f.* 信用。信頼。信仰。信念。真摯。「信」「敬信」「信受」「信敬」「浄信」と漢訳。*sg. Ins.*
agārād < agārāt + 母音 < agāra-：*m.n.* 家。「宅」「舎」「舎宅」と漢訳。*sg. Abl.*

anagārikāṃ < anagārikā- < an-agārikā-：*f.* 家のない生活。「非家」と漢訳。*sg. Acc.*
an-agārikā- < an-agārika- *adj.* 家のない。「非家」と漢訳。*f.*
agārika- < agāra- + -ika：*adj.* 家のある。「在家」と漢訳。
agāra- = āgāra-：*m.n.* 家。

pravrajitaḥ < pravrajitaḥ + (s) < pravrajita- < pra-√vraj- (1) + -ita：*pp.* 去った。～（対格）へ出立した。出家した。（第四生活期の遊行、または第三生活期の林棲のために）家を出た。*m. sg. Nom.*
pra-√vraj- (1)：去る。～（対格）へ出立する。出家する。

sann < san + 母音 < sat- < sa- + -t < √as- (2) + -t：*P. 現在分詞,* 存在している。現存している。持続している。永続している。正しい。*m. sg. Nom.*

ārabdha-vīryo < ārabdha-vīryaḥ + 有声子音 < ārabdha-vīrya-：*m.* 努力精進に専念する。*sg. Nom.*
ārabdha- < ā-√rabh- (1) + -ta：*pp.* つかまえられた。占有された。達した。着手された。～を企てた。行動した。
vīrya-：*n.* 男らしさ。勇気。力。能力。英雄的な行為。「勤」「精進」「勇健」「勇猛」「強健」と漢訳。

viharati < vihara- < vi-√hṛ- (1)：愉快に過ごす。享受する。楽しみのためにぶらぶら歩く。散歩する。「在」「住」「安住」と漢訳。*Pres. 3, sg. P.*

sma：*ind.* 実に。現在形の動詞とともに用いて、過去の意味を表わす（歴史的現在）。

kuśaleṣu < kuśala-：*adj.* 善き。正しき。有益な。～に熟練した。老練なる。経験ある。*n.* 好条件。幸福。繁栄。有益。*m. pl. Loc.*

dharmeṣu < dharma-：*m.* 「法」と漢訳。*pl. Loc.*

tenârabdha-vīryeṇa kuśala-dharma-pratiṣṭhitena na cirāt pañcâbhijñā utpāditāḥ / （梵漢和維摩経 *p.* 578, *ll.* 7–8）

「努力精進に専念し、善き法に立っていたその〔王子は〕、久しからずして五つの神通力（五通）を生じた。

【「善法を修集(しゅじゅう)して精進(しょうじん)すること久しからずして、五神通を得、】　（大正蔵、巻一四、五五六頁下）

…………………………………………………………………………

tenârabdha-vīryeṇa < tena + ārabdha-vīryeṇa
tena < tad-：それ。*m. sg. Ins.*
ārabdha-vīryeṇa < ārabdha-vīrya-：*m.* 努力精進に専念する。*sg. Ins.*

kuśala-dharma-pratiṣṭhitena < kuśala-dharma-pratiṣṭhita-：*adj.* 善き法に立った。*m. sg. Ins.*
kuśala-dharma-：*m.* 「善法」と漢訳。
pratiṣṭhita- < prati-√sthā- (1) + -ita：*pp.* ～（処格）に熟達した。～に立った。位置した。留まった。～に置かれた。確立した。

na：*ind.* ～でない。～にあらず。

cirāt < cira-：*adj.* 長い（時）。長く存在する。昔の。「久」「久遠」と漢訳。*n. sg. Abl.*
奪格の副詞的用法で「久しくして」。
na cirāt：久しからずして。「非久」「不久」と漢訳。

pañcâbhijñā < pañcâbhijñāḥ + 有声音 < pañcâbhijñā- < pañca-abhijñā-：*adj.* 五つの神通の。「五通」

と漢訳。*f. pl. Nom.*

pañca- < pañcan-：*基数詞,* 五。

abhijña- < abhijñā- < abhi-√jñā- (9) + -ā：*f.* 記憶。思い出。「通」「神通」「慧」「神力」と漢訳。複合語の後分となって短母音となった。

utpāditāḥ < utpāditā- < utpādita- < utpādaya- + -ta < ud-√pad- (4) + -aya + -ta：*Caus. pp.* 起こされた。生じられた。生じさせられた。引き起こされた。*f. pl. Nom.*

ud-√pad- (4)：飛び上がる。上る。生ずる。得られる。～（奪格）から生まれる。～となる。起こる。現われる。始まる。

gatiṃ-gataś ca dhāraṇīnām abhūd anācchedya-pratibhānaḥ /
(梵漢和維摩経 *p.* 578, *ll.* 8–9)

「諸のダーラニー（陀羅尼）に通達したもの〔となり〕、絶えることのない弁舌を持つものとなった。

【「菩薩道を逮して、陀羅尼・無断の弁才を得、】 （大正蔵、巻一四、五五六頁下）

……………………………………………………………………

gatiṃ-gataś < gatiṃ-gataḥ + (c) < gatiṃ-gata-：*adj.* 理解した。了解した。「通達」「通暁」と漢訳。*m. sg. Nom.*

ca：*conj.* および。また。しかしながら。そして。～と。なお。

dhāraṇīnām < dhāraṇī-：*f.* （大乗仏教において）法を心に留めて忘れさせない能力。修行者を守護する能力がある章句のこと。「総持」と漢訳。「陀羅尼」と音写。*pl. Gen.*

abhūd < abhūt + 母音 < √bhū- (1)：なる。*root-Aor. 3, sg. P.*

anācchedya-pratibhānaḥ < anācchedya-pratibhāna-：*adj.* 断たれるべきでない能弁を持つ。絶えることのない弁舌を持つ。*m. sg. Nom.*

anācchedya- < an-ācchedya-：*未受分.* 「無断」「不断」「不断絶」「不能断絶」「不壊」「不能壊」と

ācchedya- < ā-√chid- (7) + -ya：*未受分.* 「能断滅」と漢訳。

ā-√chid- (7)：切る。断つ。砕く。～（奪格）より除く。取り去る。

pratibhāna- < prati-√bhā- (2) + -ana：*n.* 明白なこと。理解。能弁であること。「弁」「弁才」「巧弁」「弁説」「楽説」と漢訳。

sa tasya bhagavataḥ parinirvṛtasyâbhijñā-dhāraṇī-balena paripūrṇān daśântara-kalpāṃs tasya bhagavato bhaiṣajya-rājasya tathāgatasya pravṛttaṃ dharma-cakram anuvartayati sma /
(梵漢和維摩経 *p.* 578, *ll.* 9–12)

「その世尊が完全なる滅度（涅槃）に入られた後、その〔王子は〕神力とダーラニーの力で満たされた十中劫の間、その世尊である"薬の王"という如来によって転じられた真理の車輪（法輪）を転じた。

【「仏の滅後に於いて、其の所得の神通・総持・弁才の力を以て十小劫を満じ、薬王如来所転の法輪を随いて分布せり。】 （大正蔵、巻一四、五五六頁下）

……………………………………………………………………

sa < saḥ < tad-：それ。*m. sg. Nom.*

tasya < tad-：それ。*m. sg. Gen.*

bhagavataḥ < bhagavataḥ + (p) < bhagavat-：*m.* 尊い（人）。「世尊」と漢訳。「婆伽婆」「薄伽梵」と音写。*sg. Gen.*

parinirvṛtasyâbhijñā-dhāraṇī-balena < parinirvṛtasya + abhijñā-dhāraṇī-balena

parinirvṛtasya < parinirvṛta- < pari-nir-√vṛ- (1) + -ta：*pp.* 完全なる滅度に入った。完全に消滅した。「般涅槃」と音写。*m. sg. Gen.*

以上の属格は絶対節をなしている。

abhijñā-dhāraṇī-balena < abhijñā-dhāraṇī-bala-：*n.* 神力とダーラニーの力。*sg. Ins.*

abhijñā- < abhi-√jñā- (9) + -ā：*f.* 記憶。思い出。「通」「神通」「神力」と漢訳。

dhāraṇī-：*f.*（大乗仏教において）法を心に留めて忘れさせない能力。修行者を守護する能力がある章句のこと。「総持」と漢訳。「陀羅尼」と音写。

bala-：*n.* 力。能力。体力。活力。軍隊。

paripūrṇān < paripūrṇa- < pari-√pṛ- (3, 6) + -na：*pp.* ～（具格、属格）で満たされた。*m. pl. Acc.* pūrṇa-は属格や具格とともに用いられる。cf.「シンタックス」*pp.* 68–69.

daśântara-kalpāṃs < daśântara-kalpān + (t) < daśântara-kalpa- < daśa-antara-kalpa-：*m.* 十中劫。*pl. Acc.* 時間を意味する語の対格は、「～の間」（期間）を意味する。

daśa- < daśan-：*基数詞,* 十。

antara-kalpa-：*m.*「中劫」と漢訳。

tasya < tad-：それ。*m. sg. Gen.*

bhagavato < bhagavataḥ + 有声子音 < bhagavat-：*m.* 尊い（人）。「世尊」と漢訳。「婆伽婆」「薄伽梵」と音写。*sg. Gen.*

bhaiṣajya-rājasya < bhaiṣajya-rāja-：*m.* 薬の王。「薬王」「薬師」と漢訳。*sg. Gen.*

tathāgatasya < tathāgata-：*m.*「如来」と漢訳。*sg. Gen.*

pravṛttaṃ < pravṛtta- < pra-√vṛt- (1) + -ta：*pp.* 転じられた。産出された。生じた。起こった。*n. sg. Acc.*

pra-√vṛt- (1)：動かされる。行かされる。出発する。去る。行く。～（奪格）から生じる。発する。起こる。～（処格）に従事する。「流転」「随転」「運転」と漢訳。

√vṛt- (1)：転ずる。進む。

dharma-cakram < dharma-cakra-：*n.* 法輪。*sg. Acc.*

anuvartayati < anuvartaya- < anu-√vṛt- (1) + -aya：*Caus.* 回転を続ける。先行するものから補う。使用する。暗誦する。繰り返す。～（対格）を模倣する。*3, sg. P.*

anu-√vṛt- (1)：～のあとを転がる。～に沿って転がる。従う。追う。満足させる。従う。認める。一致する。～に献身する。～の後ろに従う。続く。～（処格）に向かって行動する。

sma：*ind.* 実に。現在形の動詞とともに用いて、過去の意味を表わす（歴史的現在）。

> tena khalu punar devānām indra soma-cchatreṇa bhikṣuṇā saddharma-parigrahâbhiyuktena daśa-koṭī-śatāni sattvānām avaivartikāni kṛtāny abhūvann anuttarāyāṃ samyak-saṃbodhau caturdaśa ca prāṇi-niyutāni śrāvaka-pratyeka-buddha-yānikāny apramāṇāś ca sattvāḥ svargôpagāḥ kṛtāḥ /
>
> （梵漢和維摩経 *p.* 578, *ll.* 12–16）

「しかも、神々の帝王よ、その“月の傘蓋”という男性出家者（比丘）は、正しい教えの把握に専心することによって、幾千・コーティもの衆生たちをこの上ない正しく完全な覚り（阿耨多羅三藐三菩提）に向けて不退転のものたちになし、四十・ニユタもの生命あるものたちを声聞〔の乗り物〕と、独覚の乗り物に属するもの〔となし〕、無量の衆生たちを天上に属するものとなした。

【「月蓋比丘は、法を守護し、勤行・精進するを以て即ち此の身に於いて百万億人を化し、阿耨多羅三藐三菩提に於いて、不退転に立てり。十四那由他の人は深く声聞・辟支仏の心を発し、無量の衆生は天上に生まるることを得たり。】　（大正蔵、巻一四、五五六頁下）

……………………………………………………………………

tena < tad-：それ。*m. sg. Ins.*

ここは、具格の somacchatreṇa bhikṣuṇā にかかってもいる。

khalu：*ind.* 実に。確かに。しかも。さて。そこで。

punar：*adv.* 再び。新たに。さらに。なお。しかしながら。

devānām < deva- < √div- (4) + -a：*m.* 神。「天」と漢訳。*pl. Gen.*

indra < indra-：*m* インドラ神。～の王。「帝釈天」「王」「主」「帝」「帝王」と漢訳。*sg. Voc.*

soma-cchatreṇa < soma-cchatra- < soma- + chatra-：*m.* 月の傘蓋。「月蓋」と漢訳。*m. sg. Ins.*

bhikṣuṇā < bhikṣu- < √bhikṣ- (1) + -u：*m.* 乞食者。男性出家者。「比丘」と音写。*sg. Ins.*

saddharma-parigrahâbhiyuktena < saddharma-parigraha-abhiyukta-：*adj.* 正しい教えの把握に専心した。*m. sg. Ins.*

これは、kṛtāny（なされた）の動作主であることを示す具格の somacchatreṇa bhikṣuṇā を修飾していると考えることもできるが、ここは、文字通りに具格の手段の意味で訳した。

saddharma- < sad-dharma-：*m.* 正しい教え。「正法」と漢訳。

parigraha- < pari-√grah- (9) + -a：*m.* 包容。包含。取得。把握。受納。獲得。所有。

abhiyukta- < abhi-√yuj- (7) + -ta：*pp.* 集中した。専心した。熱中した。～に通暁した。通達した。

daśa-koṭī-śatāni < daśa-koṭī-śata-：*n.* 幾千・コーティ。*pl. Nom.*

daśa- < daśan-：*基数詞,* 十。

koṭī- = koṭi-：*f.* 億。兆。京。

śata-：*基数詞,* 百。*n.*

sattvānām < sattva-：*m.* 「衆生」「有情」と漢訳。*pl. Gen.*

数えられるものは、基数詞と同格、または属格となる。cf.「シンタックス」*p.* 34.

avaivartikāni < avaivartika- < a-vaivartika-：*adj.* 後退することのない。退転しない。「不退転」「不退」と漢訳。*n. pl. Nom.*

kṛtāny < kṛtāni + 母音 < kṛta- < √kṛ- (8) + -ta：*pp.* なされた。作られた。行なわれた。成就された。得られた。*n. pl. Nom.*

abhūvann < abhūvan + 母音 < √bhū- (1)：出現する。なる。生ずる。*root-Aor. 3, pl. P.*

anuttarāyāṃ < anuttarā- < anuttara- < an-ud-tara-：*比較級,* この上ない。「無上」と漢訳。*f. sg. Loc.*

samyak-saṃbodhau < samyak-saṃbodhi-：*f.* 正しく完全な覚り。*sg. Loc.*

caturdaśa < caturdaśan-：*基数詞,* 四十。*n. pl. Nom.*

ca：*conj.* および。また。しかしながら。そして。～と。なお。

prāṇi-niyutāni < prāṇi-niyuta-：*n.* 幾ニユタもの生命あるもの。*pl. Nom.*

prāṇi- < prāṇin- < prāṇa- + -in：*m.* 生物。動物。人間。*adj.* 呼吸している。生きている。

niyuta-：*基数詞, n.* 百万。「万」「百万」「兆」と漢訳。「尼由多」と漢訳。

śrāvaka-pratyeka-buddha-yānikāni < śrāvaka-pratyeka-buddha-yānika-：*adj.* 声聞〔の乗り物〕と、独覚の乗り物に属するもの。*n. pl. Nom.*

śrāvaka- < √śru- (5) + -aka：*m.* 声を聞く人。弟子。「声聞」「学士」「賢聖」「小乗人」と漢訳。

pratyeka-buddha-：*m.* 「独覚」「縁覚」と漢訳。「辟支仏」「辟支迦仏」と音写。

yānika- < yāna- + -ika：*adj.* 乗り物に属する人。「乗」と漢訳。

-ika は、①所属、関係、産物、②乗る人、信ずる人、関係する人、③所有、④一群のもの——などの意味を表わす Taddhita 接尾辞。cf.「基礎」*p.* 588.

apramāṇāś < apramāṇāḥ + (c) < apramāṇa- < a-pra-√mā- (2,3) + -ana：*adj.* 評価できない。「不可度量」と漢訳。*n.* 「無量」と漢訳。*m. pl. Nom.*

ca：*conj.* および。また。しかしながら。そして。～と。なお。

sattvāḥ < sattvāḥ + (s) < sattva-：*m.* 「衆生」「有情」と漢訳。*pl. Nom.*

svargôpagāḥ < svargôpagāḥ + (k) < svargôpaga- < svarga-upaga-：*adj.* 天上に属する。*m. pl. Nom.*

svarga- < svar-ga-：*adj.* 光に行く。天に行く／導く。天の。*m.* 光明世界。天界。

svar-：太陽。日光。光輝。明るい空間。天空。

ga- < √gam- (1) + -a：*adj.* 行く。

upaga- < upa-√gam- (1) + -a：*adj.* ～に近寄る。～に位置する。～に属する。～に従う。～を提供する。

kṛtāḥ < kṛta- < √kṛ- (8) + -ta:：*pp.* なされた。作られた。行なわれた。成就された。得られた。*m. pl. Nom.*

§15　syāt khalu punas te devānām indrânyaḥ sa tena kālena tena samayena ratna-cchatro nāma rājâbhūc cakra-vartī na khalu punas te devānām indrâivaṃ draṣṭavyam / （梵漢和維摩経 *p.* 578, *ll.* 17–19）

§15　「さて、神々の帝王よ、おそらく、その時、その情況で、その"宝石作りの傘蓋"（宝蓋）という名前の転輪聖王は〔だれか〕他の人であったという〔思いが〕あなたに生じたかもしれない。しかしながら、神々の帝王よ、あなたはそのように見なすべきではない。

【§15　「天帝よ、時の王宝蓋（ほうがい）は豈異人（あにことひと）ならんや。】　（大正蔵、巻一四、五五六頁下）

………………………………………………………………………

syāt < s- < √as- (2)：～である。*Opt. 3, sg. P.*

この一語で「それは、おそらく～であるかもしれない」「おそらく、それは」「ある観点から見れば」を意味する。

khalu：*ind.* 実に。確かに。しかも。さて。そこで。

punas：*adv.* 再び。新たに。さらに。なお。しかしながら。

te < tvad-：あなた。*2, sg. Gen.*

devānām < deva- < √div- (4) + -a：*m.* 神。「天」と漢訳。*pl. Gen.*

indrânyaḥ < indra + anyaḥ

indra < indra-：*m* インドラ神。～の王。「帝釈天」「王」「主」「帝」「帝王」と漢訳。*sg. Voc.*

anyaḥ < anyaḥ + (s) < anya-：*adj.* 他の。「余」と漢訳。*m. sg. Nom.*

sa < saḥ < tad-：それ。*m. sg. Nom.*

tena < tad-：それ。*n. sg. Ins.*

kālena < kāla-：*m.* 正しい時。時。機会。時間。 *sg. Ins.*

tena < tad-：それ。*n. sg. Ins.*

samayena < samaya-：*m.* 場合。時間。機会。好機。情況。*sg. Ins.*

ratna-cchatro < ratna-cchatraḥ + 有声子音 < ratna-cchatra- < ratna- + chatra-：*m.* 宝石作りの日傘（傘蓋）。*sg. Nom.*

nāma：*adv.* ～という名前の。実に。確かに。もちろん。おそらく。そもそも。

rājâbhūc < rājā + abhūc

rājā < rājan-：*m.* 王。*sg. Nom.*

abhūc < abhūt + (c) < √bhū- (1)：なる。生ずる。～（属格）の分担になる。～（属格）の所有となる。*root-Aor. 3, sg. P.*

cakra-vartī < cakra-vartin-：*adj.* 車輪を回転する。*m.* 主権の車輪の主。「転輪」「輪王」「転輪王」「転輪聖王」と漢訳。*m. sg. Nom.*

na：*ind.* ～でない。～にあらず。

khalu：*ind.* 実に。確かに。しかも。さて。そこで。

punas：*adv.* 再び。新たに。さらに。なお。しかしながら。

te < tvad-：あなた。*2, sg. Gen.*

devānām < deva- < √div- (4) + -a：*m.* 神。「天」と漢訳。*pl. Gen.*

indrâivaṃ < indra + evaṃ

indra < indra-：*m* インドラ神。～の王。「帝釈天」「王」「主」「帝」「帝王」と漢訳。*sg. Voc.*

evaṃ：*adv.* このように。「是」「如是」と漢訳。

draṣṭavyam < draṣṭavya- < √dṛś- (1) + -tavya：*未受分,* 見られるべき。見なされるべき。*n. sg. Nom.*

tat kasmād dhetoḥ / （梵漢和維摩経 *p.* 578, *l.* 19）

「それは、どんな理由からか。

【漢訳相当箇所なし】

………………………………………………………………………

tat < tad-：それ。*n. sg. Nom.*
kasmād dhetoḥ < kasmāt + hetoḥ
　　連声法は、cf.「基礎」*p.* 63.
　　kasmāt < kim-：*疑問詞,* だれ。何。どんな。どの。*m. sg. Abl.*
　　hetoḥ < hetu-：*m.* 理由。原因。因。*sg. Abl.*
　　奪格は、動機、原因、理由を表わす。cf.「シンタックス」*p.* 58.

> ratnârciḥ sa tathāgatas tena kālena tena samayena ratna-cchatro nāma rājâbhūc cakra-vartī /
> (梵漢和維摩経 *p.* 578, *ll.* 19–21)

「その"宝石の輝き"（宝炎）という如来〔こそ〕が、その時、その情況で"宝石作りの傘蓋"（宝蓋）という名前の転輪聖王であったのだ。
【「今、現に仏たるを得て、宝炎如来と号したまう。】　（大正蔵、巻一四、五五六頁下）
……………………………………………………………………………

ratnârciḥ < ratnârciḥ + (s) < ratnârci- < ratna-arci-：*m.* 宝石の輝き。*sg. Nom.*
　　ratna-：*n.* 宝石。
　　arci- < √ṛc- (1) + -i：*m.* 光線。炎。輝き。「焔」と漢訳。
　　√ṛc- (1)：（光を）放つ。輝く。
sa < saḥ < tad-：それ。*m. sg. Nom.*
tathāgatas < tathāgataḥ + (t) < tathāgata-：*m.* 「如来」と漢訳。*sg. Nom.*
tena < tad-：それ。*n. sg. Ins.*
kālena < kāla-：*m.* 正しい時。時。機会。時間。 *sg. Ins.*
tena < tad-：それ。*n. sg. Ins.*
samayena < samaya-：*m.* 場合。時間。機会。好機。情況。*sg. Ins.*
ratna-cchatro < ratna-cchatraḥ + 有声子音 < ratna-cchatra- < ratna- + chatra-：*m.* 宝石作りの日傘（傘蓋）。*sg. Nom.*
nāma：*adv.* 〜という名前の。実に。確かに。もちろん。おそらく。そもそも。
rājâbhūc < rājā + abhūc
　　rājā < rājan-：*m.* 王。*sg. Nom.*
　　abhūc < abhūt + (c) < √bhū- (1)：なる。*root-Aor. 3, sg. P.*
cakra-vartī < cakra-vartin-：*adj.* 車輪を回転する。*m.* 主権の車輪の主。「転輪」「輪王」「転輪王」「転輪聖王」と漢訳。*m. sg. Nom.*

> yat punas tad rājño ratna-cchatrasya[41] putra-sahasram abhūt /　ime te bhādra-kalpikā bodhisattvā abhūvan /
> (梵漢和維摩経 *p.* 578, *ll.* 21–22)

「しかも、"宝石作りの傘蓋"（宝蓋）という王にいたところのその千人の息子たち、それら〔の千人に息子たち〕は、〔今後、順を追って仏として出現することになる、現在の〕バドラ劫（賢劫）[42] に属する菩薩たち[43] であったのだ。
【「其の王の千子は即ち賢劫中の千仏、是れなり。】　（大正蔵、巻一四、五五七頁上）
……………………………………………………………………………

yat < yad-：*関係代名詞, n. sg. Nom.*
punas：*adv.* 再び。新たに。さらに。なお。しかしながら。
tad < tad-：それ。*n. sg. Nom.*
rājño < rājñaḥ + 有声子音 < rājan-：*m.* 王。*sg. Gen.*
ratna-cchatrasya < ratna-cchatra- < ratna- + chatra-：*m.* 宝石作りの日傘（傘蓋）。*sg. Gen.*
　　ratna-：*n.* 宝石。
　　chatra- < √chad- (1) + -tra：*n.* 覆うもの。日傘（王位の標章の一つ）。「傘」「蓋」「傘蓋」と

漢訳。
putra-sahasram < putra-sahasra-：*n.* 千人の息子。*sg. Nom.*
abhūt < √bhū- (1)：出現する。なる。生ずる。*root-Aor. 3, sg. P.*
……………………………………………………………………
ime < idam-：これ。*m. pl. Nom.*
te < tad-：それ。*m. pl. Nom.*
bhādra-kalpikā < bhādra-kalpikāḥ + 有声音 < bhādra-kalpika- < bhadra-kalpa- + -ika：*adj.* バドラ劫（賢劫）に住する／属する。*m. pl. Nom.*
bhadra-kalpa-：*m.* バドラ劫。「賢劫」と漢訳。
bhadra-：*adj.* 祝福された。吉兆の。麗しい。美しい。幸福な。「賢」「賢善」と漢訳。
kalpa-：*m.* 宇宙論的時間。「劫」「劫波」と音写。
bodhi-sattvā < bodhi-sattvāḥ + 有声音 < bodhi-sattva-：*m.* 覚りを求める人。「菩薩」と音写。*pl. Nom.*
abhūvan < √bhū- (1)：出現する。なる。生ずる。*root-Aor. 3, pl. P.*

yad iha bhadra-kalpe paripūrṇaṃ buddha-sahasram utpatsyante[44] yataś catvāra utpannāḥ śeṣā utpatsyante[45] krakucchanda-pramukhā yāvad roca-paryavasānā roco nāma tathāgataḥ paścima=ko bhaviṣyati /
（梵漢和維摩経 *p.* 580, *ll.* 1–3）

「〔現在の〕このバドラ劫において、出現するであろうところのまるまる千人のブッダたち、そのうちの四人は〔既に〕出現しているが、〔その〕残り〔の九百九十六人〕も〔未来に〕出現するであろう。〔すなわち〕クラクッチャンダ（迦羅鳩孫駄）を最初として、ローチャ（楼至）を最後とするまで〔の千人で〕、ローチャという名前の如来が最後に出現するであろう[46]。
【「迦羅鳩孫駄（からくそんだ）を始めと為（な）して仏を得てより、最後の如来を号して楼至（るし）と曰（い）う。】
（大正蔵、巻一四、五五七頁上）
……………………………………………………………………
yad < yat + 母音 < yad-：*関係代名詞, n. sg. Nom.*
iha：*adv.* ここに。今。この世に。地上に。
bhadra-kalpe < bhadra-kalpa-：*m.* バドラ劫。「賢劫」と漢訳。*sg. Loc.*
bhadra-：*adj.* 祝福された。吉兆の。麗しい。美しい。幸福な。「賢」「賢善」と漢訳。
kalpa-：*m.* 宇宙論的時間。「劫」「劫波」と音写。
paripūrṇaṃ < paripūrṇa- < pari-√pṛ- (3, 6) + -na：*pp.* 〜（具格、属格）で満たされた。*n. sg. Nom.*
pūrṇa- は属格や具格とともに用いられる。cf.「シンタックス」*pp.* 68–69.
buddha-sahasram < buddha-sahasra-：*n.* 千人のブッダ。*sg. Nom.*
utpatsyante < utpatsya- < ud-√pad- (4) + -sya：飛び上がる。上る。生ずる。得られる。〜（奪格）から生まれる。〜となる。起こる。現われる。始まる。*Fut. 3, pl. A.*
yataś < yatas：*関係副詞,* そこから。そこに。そこへ。
catvāra < catvāraḥ + a 以外の母音 < catur-：*基数詞,* 四。*m. pl. Nom.*
utpannāḥ < utpannāḥ + (ś) < utpanna- < ud-√pad- (4) + -na：*pp.* 〜（処格）から生まれた。生じた。「已生」「出現」「生起」と漢訳。*m. pl. Nom.*
ud-√pad- (4)：飛び上がる。上る。生ずる。得られる。〜（奪格）から生まれる。〜となる。起こる。現われる。始まる。
śeṣā < śeṣāḥ + 有声音 < śeṣa- < √śiṣ- (7) + -a：*m.* 〜（属格）の残留物。残余。残り物。*pl. Nom.*
√śiṣ- (7)：残す。
utpatsyante < utpatsya- < ud-√pad- (4) + -sya：飛び上がる。上る。生ずる。得られる。〜（奪格）から生まれる。〜となる。起こる。現われる。始まる。*Fut. 3, pl. A.*
krakucchanda-pramukhā < krakucchanda-pramukhāḥ + 有声音 < krakucchanda-pramukha-：*adj.*

クラクッチャンダ（迦羅鳩孫駄）をはじめとする。*m. pl. Nom.*

krakucchanda-：*m.* クラクッチャンダ。「迦羅鳩孫駄」「拘留孫」と音写。

pramukha- < pra-mukha-：*adj.* ～に続いた。～等の。～（対格）の方に顔を向けた。最も前の。最初の。主要な。卓越した。「首」「上首」と漢訳。

yāvad < yāvat + 有声子音：*adv.* ～ほど大きく／多く／長く。～するほどに。～する間。～する限り。～まで。

roca-paryavasānā < roca-paryavasānāḥ + 有声音 < roca-paryavasāna-：*adj.* ローチャ（楼至）を最後とする。*m. sg. Nom.*

roca-：*m.* ローチャ。「楼至」と漢訳。

paryavasāna- < pari-ava-√sā- (4) + -ana：*n.* 完結。結末。～（処格）に達すること。「終」「後」「最後」「究竟」と漢訳。

pari-ava-√sā- (4)：最終的結果となる。～（処格）に終わる。～に帰する。

roco < rocaḥ + 有声子音 < roca-：*m.* ローチャ。「楼至」と漢訳。*sg. Nom.*

nāma：*adv.* ～という名前の。実に。確かに。もちろん。おそらく。そもそも。

tathāgataḥ < tathāgataḥ + (p) < tathāgata-：*m.* 「如来」と漢訳。*sg. Nom.*

paścimako < paścimakaḥ + 有声子音 < paścimaka- < paścima-ka-：*adj.* 「後」「最後」「最後末」と漢訳。*m. sg. Nom.*

paścima-：*adj.* 後の。西の。最後の。

bhaviṣyati < bhaviṣya- < √bhū- (1) + -iṣya：生ずる、～になる。*Fut. 3, sg. P.*

> syāt khalu punas te devānām indrâivam anyaḥ sa tena kālena tena samayena soma-cchatro nāma rāja-kumāro 'bhūd yena tasya bhagavato bhaiṣajya-rājasya tathāgatasya saddharmaḥ parigṛhīta iti /
>
> (梵漢和維摩経 *p.* 580, *ll.* 4–6)

「さて、神々の帝王よ、おそらく、その時、その情況で、その世尊である“薬の王”（薬王）という如来の正しい教え（正法）を把握したところのその“月の傘蓋”（月蓋）という名前の王子は、このように〔だれか〕他の人であったという〔思いが〕あなたに生じたかもしれない。

【漢訳相当箇所なし】

……………………………………………………………………

syāt < s- < √as- (2)：～である。*Opt. 3, sg. P.*

この一語で「それは、おそらく～であるかもしれない」「おそらく、それは」「ある観点から見れば」を意味する。

khalu：*ind.* 実に。確かに。しかも。さて。そこで。

punas：*adv.* 再び。新たに。さらに。なお。しかしながら。

te < tvad-：あなた。*2, sg. Gen.*

devānām < deva- < √div- (4) + -a：*m.* 神。「天」と漢訳。*pl. Gen.*

indrâivam < indra + evam

indra < indra-：*m* インドラ神。～の王。「帝釈天」「王」「主」「帝」「帝王」と漢訳。*sg. Voc.*

evam：*adv.* このように。「是」「如是」と漢訳。

anyaḥ < anyaḥ + (s) < anya-：*adj.* 他の。「余」と漢訳。*m. sg. Nom.*

sa < saḥ < tad-：それ。*m. sg. Nom.*

tena < tad-：それ。*n. sg. Ins.*

kālena < kāla-：*m.* 正しい時。時。機会。時間。 *sg. Ins.*

tena < tad-：それ。*n. sg. Ins.*

samayena < samaya-：*m.* 場合。時間。機会。好機。情況。*sg. Ins.*

soma-cchatro < soma-cchatraḥ + 有声子音 < soma-cchatra- < soma- + chatra-：*m.* 月の傘蓋。「月蓋」と漢訳。*m. sg. Nom.*

nāma：*adv.* ～という名前の。実に。確かに。もちろん。おそらく。そもそも。
rāja-kumāro 'bhūd < rāja-kumāraḥ + abhūd
　　rāja-kumāraḥ < rāja-kumāra-：*m.* 王の息子。王子。*sg. Nom.*
　　abhūd < abhūt + 半母音 < √bhū- (1)：なる。*root-Aor. 3, sg. P.*
yena < yad-：関係代名詞, *m. sg. Ins.*
tasya < tad-：それ。*m. sg. Gen.*
bhagavato < bhagavataḥ + 有声子音 < bhagavat-：*m.* 尊い（人）。「世尊」と漢訳。「婆伽婆」「薄伽梵」と音写。*sg. Gen.*
bhaiṣajya-rājasya < bhaiṣajya-rāja-：*m.* 薬の王。「薬王」「薬師」と漢訳。*sg. Gen.*
tathāgatasya < tathāgata-：*m.* 「如来」と漢訳。*sg. Gen.*
saddharmaḥ < saddharma- < sat-dharma-：*m.* 正しい教え。「正法」と漢訳。*sg. Nom.*
parigṛhīta < parigṛhītaḥ + a 以外の母音 < parigṛhīta- < pari-√grah- (9) + -ita ：*pp.* ～と結合された。従われた。囲まれた。捕らえられた。つかまれた。*m. sg. Nom.*
iti：*adv.* ～と。～ということを。以上のように。～と考えて。「如是」と漢訳。

na khalu punas ta evaṃ draṣṭavyam / (梵漢和維摩経 *p.* 580, *ll.* 6–7)

「しかしながら、あなたはそのように見るべきではない。
【漢訳相当箇所なし】
……………………………………………………………

na：*ind.* ～でない。～にあらず。
khalu：*ind.* 実に。確かに。しかも。さて。そこで。
punas：*adv.* 再び。新たに。さらに。なお。しかしながら。
ta < te + a 以外の母音 < tvad-：あなた。*2, sg. Gen.*
evaṃ：*adv.* このように。「是」「如是」と漢訳。
draṣṭavyam < draṣṭavya- < √dṛś- (1) + -tavya：*未受分,* 見られるべき。見なされるべき。*n. sg. Nom.*
　　未来受動分詞が非人称的に用いられるときは、未来受動分詞は中性となる。cf.「シンタックス」*p.* 104.

tat kasmād dhetoḥ / (梵漢和維摩経 *p.* 580, *l.* 7)

「それは、どんな理由からか。
【漢訳相当箇所なし】
……………………………………………………………

tat < tad-：それ。*n. sg. Nom.*
kasmād dhetoḥ < kasmāt + hetoḥ
　　連声法は、cf.「基礎」*p.* 63.
　　kasmāt < kim-：*疑問詞,* だれ。何。どんな。どの。*m. sg. Abl.*
　　hetoḥ < hetu-：*m.* 理由。原因。因。*sg. Abl.*
　　奪格は、動機、原因、理由を表わす。cf.「シンタックス」*p.* 58.

ahaṃ sa tena kālena tena samayena soma-cchatro nāma rāja-kumāro 'bhūvam / (梵漢和維摩経 *p.* 580, *ll.* 7–8)

「私は、その時、その情況でその“月の傘蓋”（月蓋）という名前の王子であったのだ。
【「月蓋(がつがい)比丘は即ち我が身是れなり。】　（大正蔵、巻一四、五五七頁上）
……………………………………………………………

ahaṃ < mad-：私。*1, sg. Nom.*
sa < saḥ < tad-：それ。*m. sg. Nom.*
tena < tad-：それ。*n. sg. Ins.*
kālena < kāla-：*m.* 正しい時。時。機会。時間。 *sg. Ins.*
tena < tad-：それ。*n. sg. Ins.*
samayena < samaya-：*m.* 場合。時間。機会。好機。情況。*sg. Ins.*
soma-cchatro < soma-cchatraḥ + 有声子音 < soma-cchatra- < soma- + chatra-：*m.* 月の傘蓋。「月蓋」と漢訳。*m. sg. Nom.*
nāma：*adv.* ～という名前の。実に。確かに。もちろん。おそらく。そもそも。
rāja-kumāro 'bhūvam < rāja-kumāraḥ + abhūvam
　rāja-kumāraḥ < rāja-kumāra-：*m.* 王の息子。王子。*sg. Nom.*
　abhūvam < √bhū- (1)：出現する。なる。生ずる。*root-Aor. 1, sg. P.*

> tad anenâpi te devêndra paryāyeṇâivaṃ[47] veditavyam /
> (梵漢和維摩経 *p.* 580, *ll.* 8–9)

「従って、神々の帝王よ、この道理によって、あなたは次のように知るべきである。
【「是くの如く、天帝よ、当に此の要を知るべし、】 （大正蔵、巻一四、五五七頁上）

……………………………………………………………………

tad < tat + 母音 < tad-：それ。*n. sg. Acc.*
　代名詞の中性・対格／具格／奪格は、連結助詞として用いられ、「そこで」「従って」「このため」を意味する。
anenâpi < anena + api
　anena < idam-：これ。*m. sg. Ins.*
　anena paryāyeṇa：このようにして。この繰り返しによって。「是故」「由此」「由此因縁」「由此道理」と漢訳。具格の副詞的用法。
　api：*adv.* また。さえも。されど。同様に。
te < tvad-：あなた。*2, sg. Gen.*
devêndra < devêndra- < deva-indra-：*m.* 神々の主。インドラ神。「天帝」「天主」と漢訳。*sg. Voc.*
paryāyeṇâivaṃ < paryāyeṇa + evaṃ
　paryāyeṇa < paryāya-：*m.* 文章。回転。反復。規則的連続。*sg. Ins.*
　evaṃ：*adv.* このように。
veditavyam < veditavya- < √vid- (1) + -itavya：*未受分,* 知られるべき。感受されるべき。*n. sg. Nom.*

> yāvatyas tathāgatānāṃ pūjā dharma-pūjā tāsām agryâkhyāyate jyeṣṭhā śreṣṭhā varā pravarā praṇītôttarā niruttarâkhyāyata iti[48] /
> (梵漢和維摩経 *p.* 580, *ll.* 9–11)

「如来に対するところの諸の供養、それらの〔供養の〕中で最善なるものは法の供養であると言われる。第一であり、最高であり、最勝であり、最妙であり、卓越しており、より勝れていて、この上ないものと言われていると。
【「法の供養を以て、諸の供養に於いて上と為し、最第一、無比と為す。】
（大正蔵、巻一四、五五七頁上）

……………………………………………………………………

yāvatyas < yāvatyaḥ + (t) < yāvatī- < yāvat-：*関係形容詞,* ～ほど大きい／多くの／長い。*f. pl. Nom.*
tathāgatānāṃ < tathāgata-：*m.* 「如来」と漢訳。*pl. Gen.*
pūjā < pūjāḥ + 有声音 < pūjā-：*f.* 尊敬。敬意。崇拝。供養。*pl. Nom.*
dharma-pūjā < dharma-pūjā-：*f.* 法による供養。*sg. Nom.*
tāsām < tad-：それ。*f. pl. Gen.*

agryâkhyāyate < agryā + ākhyāyate

agryā < agryā- < agrya- < agra- + -ya：*adj.* 先頭の。～（属格）の中の最善なる。～（処格）に秀でている。「尊」「勝」「最勝」「第一」「最第一」「最上」「最上妙」と漢訳。*f. sg. Nom.*

agra-：*adj.* 尖端の。頂点の。*n.* 尖端。頂点。「最上」「最勝」「第一」と漢訳。

ākhyāyate < ākhyāya- < ā-√khyā- (2) + -ya：*Pass.* 名づけられる。列挙される。呼ばれる。*3, sg. A.*

ā-√khyā- (2)：視る。枚挙する。列挙する。語る。告知する。報告する。示す。呼ぶ。名づける。称する。

jyeṣṭhā < jyeṣṭhā- < jyeṣṭha-：*最上級,* 最も卓越した。最大の。最高の。第一の。最年長の。*f. sg. Nom.*

śreṣṭhā < śreṣṭhā- < śreṣṭha- < śrīmat- + -iṣṭha-：*最上級。*～（属格、処格）の中でもっとも美しい／最良の／もっとも勝れた／最高の。「上」「妙」「勝」「殊勝」「殊妙」「最上」「最勝」「最妙」「最尊」と漢訳。*f. sg. Nom.*

所有を表わす接尾辞 -mat, -vat, -vin, 行為者を表わす接尾辞 -tṛ は、-īyas, -iṣṭha の前では消失する。cf.「基礎」*p.* 185.

śrīmat- < śrī-mat-：*adj.* 輝かしい。美しい。著名な。

śrī-：*f.* 光輝。美。繁栄。幸運。「吉祥」「妙徳」「福徳」「功徳」と漢訳。

varā < varā- < vara-：*adj.* 最善の。最も精選された。最も勝れた。最も美しい。「妙」「上妙」「最妙」「第一」「最上」「最勝」などと漢訳。*f. sg. Nom.*

pravarā < pravarā- < pravara < pra-vara-：*adj.* 卓越した。高貴な。～（属格）の中において主な。最善の。最も勝れた。「最勝」「最妙」「妙」「第一」と漢訳。*f. sg. Nom.*

praṇītôttarā < praṇītā + uttarā

praṇītā < praṇītā- < praṇīta- < pra-√ṇī- (1) + -ta：*pp.* 卓越した。優秀な。「妙」「最妙」「上妙」「美妙」「勝妙」と漢訳。*f. sg. Nom.*

pra-√ṇī- (1)：前へ導く。

√ṇī- (1)：導く。案内する。

uttarā < uttarā- < uttara- < ud-tara-：*比較級,* より上の。より高い。左の。北の。*f. sg. Nom.*

niruttarâkhyāyata < niruttarā + ākhyāyata

niruttarā < niruttarā- < niruttara- < nir-uttara-：*adj.* より勝れたもののない。「無上」「無有上」「最上」と漢訳。*f. sg. Nom.*

ākhyāyata < ākhyāyate + a 以外の母音 < ākhyāya- < ā-√khyā- (2) + -ya：*Pass.* 名づけられる。列挙される。呼ばれる。*3, sg. A.*

iti：*adv.* ～と。～ということを。以上のように。～と考えて。「如是」と漢訳。

> tasmād iha devānām indra dharma-pūjayā māṃ pūjayata mâmiṣa-pūjayā /
> （梵漢和維摩経 *p.* 580, *ll.* 11–12）

「その故に、神々の帝王よ、あなたたちは今、法の供養によって私に供養をするがよい。財物の供養によって〔なすべき〕ではない。

【「是の故に、天帝よ、当(まさ)に法の供養を以(もっ)て、仏を供養すべし」】　（大正蔵、巻一四、五五七頁上）

……………………………………………………………………

tasmād < tasmāt + 母音 < tad-：それ。*n. sg. Abl.*

代名詞の中性・単数の対格（tat）、奪格（tasmāt）、具格（tena）は、「そこで」「従って」「それ故」などの意味となり、文の連結助詞として用いられる。cf.「シンタックス」*p.* 125.

iha：*adv.* ここに。今。この世に。地上に。

devānām < deva- < √div- (4) + -a：*m.* 神。「天」と漢訳。*pl. Gen.*

indra < indra-：*m* インドラ神。～の王。「帝釈天」「王」「主」「帝」「帝王」と漢訳。*sg. Voc.*

dharma-pūjayā < dharma-pūjā-：*f.* 法による供養。*sg. Ins.*

māṃ < mad-：私。*1, sg. Acc.*

pūjayata < pūjaya- < √pūj- (10)：貴ぶ。懇ろに迎える。もてなす。敬意を表する。「供養」「敬愛」と漢訳。*Impv. 2, pl. P.*

mâmiṣa-pūjayā < mā + āmiṣa-pūjayā

mā：*adv.* ～なかれ。～なからんことを。～しないように。願わくは～ないように。

mā は、オーグメントを欠いた過去形や、アオリストとともに用いられて"禁止"を意味するが、このほか願望法や命令法、さらには未来形や現在形とさえ用いられることもある。cf.「辻文法」*pp.* 256, 294–296.

āmiṣa-pūjayā < āmiṣa-pūjā-：*f.* 食べ物の供養。*sg. Ins.*

āmiṣa-：*n.* 肉。餌物。美味。快楽の対象。希望。欲望。貪欲。「飲食」「食」と漢訳。

pūjā-：*f.* 尊敬。敬意。崇拝。供養。

dharma-sat-kāreṇa māṃ sat-kuruta mâmiṣa-sat-kāreṇa /

(梵漢和維摩経 *p.* 580, *ll.* 12–13)

「法による恭敬によって私を恭敬すべきであって、財物による恭敬によって〔なすべき〕ではないのだ」

【漢訳相当箇所なし】

…………………………………………………………………………

dharma-sat-kāreṇa < dharma-sat-kāra-：*m* 法による恭敬。*sg. Ins.*

dharma-：*m.* 確定した秩序。慣例。習慣。法則。規則。義務。宗教。教説。性質。本質。属性。特質。事物。法。

sat-kāra- < sat-√kṛ- (8) + -a：*m* 親切な待遇。優遇。称讃。「敬」「恭敬」「供養」「尊重」と漢訳。

māṃ < mad-：私。*1, sg. Acc.*

sat-kuruta < sat-kuru- < sat-√kṛ- (8)：整理する。準備する。飾る。装飾する。尊重する。優遇する。尊敬する。*Impv. 2, pl. P.*

mâmiṣa-sat-kāreṇa < mā + āmiṣa-sat-kāreṇa

mā：*adv.* ～なかれ。～なからんことを。～しないように。願わくは～ないように。

āmiṣa-sat-kāreṇa < āmiṣa-sat-kāra-：*m* 財物による恭敬。*sg. Ins.*

āmiṣa-：*n.* 肉。餌物。美味。快楽の対象。希望。欲望。貪欲。「飲食」「食」と漢訳。

sat-kāra- < sat-√kṛ- (8) + -a：*m* 親切な待遇。優遇。称讃。「敬」「恭敬」「供養」「尊重」と漢訳。

第 12 章　訳注

[1] sarvâpāyā（< sarva-apāyāḥ ＋ 有声音; すべての悪道）は、貝葉写本ではいったん samapāyāḥ と書いた後で、ma を抹消して sapāyāḥ としているが、意味不明。チベット語訳は ngan song thams cad（あらゆる悪趣）、鳩摩羅什訳と玄奘訳はそれぞれ「衆の悪趣」「一切の悪趣」となっているので、頭書のように改めた。

[2] samavasaraṇās は、貝葉写本では samavaraṇās となっているが、チベット語訳では samavasaraṇa-（入ること）に対応する yang dag par 'jug pa となっている。

[3] 筆者が「それらの人たちは覚りへの道を清め」と訳した箇所の原文は、次の通りである。

　　viśodhitās tair bodhi-mārgāḥ

　これは、次の構文をなしている。

　　過去受動分詞Ａ（主格）＋ Ｂ（具格）＋ Ｃ（主格）

意味は、「Ｂによって、Ｃは、Ａされた」と直訳されるが、能動的な表現に改めると「Ｂは、ＣをＡした」となる。ここで、Ａは viśodhitās（< viśodhitāḥ）で、これは「全く清浄となる」という意味の動詞 vi-√śudh- (4) の使役の過去受動分詞の男性・複数・主格で「清浄にされた」という意味である。Ｂは、代名詞 tad-（それ）の男性・複数・具格 tair（< taiḥ）であり、Ｃは、bodhi-mārgāḥ（< bodhi-mārga-）であり、これは bodhi-（覚り）と mārga-（道）の複合語の男性・複数・主格で「覚りへの道」という意味である。従って、「それらの人たちによって覚りへの道は清められた」と直訳されるが、能動的な表現に改めて筆者の訳となった。

　チベット語訳、およびその現代語訳である中公版、および漢訳は次の通り。

　　byang chub sems dpa'i lam（菩薩道）

　　「菩薩道を浄める者であり」（中公版、*p.* 168）

　　「菩提を修治（しゅうち）し」（鳩摩羅什訳）

　　「菩提への道を浄め」（玄奘訳）

　鳩摩羅什訳のみに「道」という文字が欠けているが、鳩摩羅什は注釈で「梵本は、菩提の下に道の字あり。道すなわち菩提に赴くなり」と断っている。従って、鳩摩羅什訳の底本は「菩提への道」（< bodhi-mārga-）となっていたことになる。玄奘訳の底本も bodhi-mārga- となっていたことが分かる。チベット語訳の底本のみが、bodhi-sattva-mārga-（菩薩道）となっていたのであろう。

[4] pracaryiṣyate deśyiṣyate saṃprakāśyiṣyate は、貝葉写本と VKN. では pracariṣyati deśayiṣyati saṃprakāśayiṣyati となっているが、次の注 5 に述べる理由によって筆者は改めた。

[5] 筆者が「〔未来に〕この法門が行なわれ、説かれ、示されるならば」と訳した箇所は、貝葉写本と VKN. では次のように二つの要素からなっている。

　　①ayaṃ dharma-paryāyaḥ（この法門が）

　　②pracariṣyati deśayiṣyati saṃprakāśayiṣyati

　①は、代名詞 idam-（これ）の男性・単数・主格 ayaṃ と、男性名詞 dharma-paryāya-（法門）の単数・主格 dharma-paryāyaḥ で、両者が主語になっている。それに対する動詞は②の三語である。pracariṣyati は、「行なう」という意味の動詞 pra-√car- (1) の未来・三人称・単数で、deśayiṣyati は「示す」という意味の動詞 √diś- (6) から作られた使役語幹 deśaya-（説く）の未来・三人称・単数で、saṃprakāśayiṣyati は、「明らかになる」という意味の動詞 sam-pra-√kāś- (1) から作られた使役語幹 saṃprakāśaya-（示す）の未来・三人称・単数である。

　従って、①と②で、次のような訳になる。

　　「この法門が、行ない、説き、示すであろう」

　これは、不自然である。ここは、dharma-paryāyaḥ（法門）が主語であるので、②の動詞はすべて受動態になるべきであり、受動態の動詞は為他言（parasmaipada）ではなく、為自言（ātmanepada）の活用をすることも考慮して、筆者はそれぞれを次のように改めた。

　　③pracaryiṣyate deśyiṣyate saṃprakāśyiṣyate

　それぞれ、次のような変化を経ている。

　　pracaryiṣyate < pracaryiṣya- < pracarya- + -iṣya < pra-√car- (1) + -ya + -iṣya（行なわれるであろう＝受動・未来・三人称・単数・為自言）

　　deśyiṣyate < deśyiṣya- < deśya- + -iṣya < deśyaya- + -ya + -iṣya < √diś- (6) + -aya + -ya + -iṣya（説かれるであろう＝使役・受動・未来・三人称・単数・為自言）

　　saṃprakāśyiṣyate < saṃprakāśyiṣya- < saṃprakāśya- + -iṣya < saṃprakāśaya- + -ya + -iṣya < sam-pra-√kāś- (1) + -aya + -ya + -iṣya（示されるであろう＝使役・受動・未来・三人称・単数・為自言）

　これによって筆者の訳となった。

チベット語訳、およびその現代語訳である中公版、そして漢訳は次の通りである。

gang na chos kyi rnam grangs 'di spyod pa dang / 'chad pa dang / rab tu ston pa der...（この法門を行ずる者と、説く者と、説示する者がある所、そこに……）

「この法門が行なわれ、説明され、解釈されるところがあれば」（中公版、*p.* 168）

「是くの如く深き経法を行ずる者有らば」（支謙訳）

「是の経の有る処には」（鳩摩羅什訳）

「此の法門を受持・読誦・開解・流通する処有らば」（玄奘訳）

これらの訳から、「この法門」は説明されたり、行じられたり、受持されたりするものであるので、やはり、受動態に改めるべきである。ただし、鳩摩羅什訳だけが、系統が異なっている。ところが、本章の§22では以下のように鳩摩羅什訳も、チベット語訳、支謙訳・玄奘訳と同趣旨の訳し方になっている。

chos kyi rnam grangs 'di lta bu spyod pa dang / 'chad pa dang / yang dag par ston pa（このような法門が行ぜられ、説かれ、正しく教示されるならば）

「この法門が行なわれ、説かれ、解釈されるならば」（中公版、*p.* 179）

「是くの如く深き経法を行ずる者有らば」（支謙訳）

「経巻の読誦・解説者有らば」（鳩摩羅什訳）

「是くの如き法門の流行される処有らば」（玄奘訳）

ただし§22では、同様の表現が複数形となって出てくる。

dharma-paryāyāḥ pracariṣyanti deśayiṣyanti prakāśayiṣyanti

これも、同様な理由によって筆者は、次のように為他言を為自言の活用に改めた。

dharma-paryāyāḥ pracaryiṣyante deśyiṣyante prakāśyiṣyante（この法門が行なわれ、説かれ、示されるであろうならば）

6 dharminā は、貝葉写本では dhārmī となっているが、VKN. によって女性・単数・対格の dhārmikīṃ と改められた。その際、VKN. はチベット語訳と玄奘訳「如法」を参考にされたようだが、この文章で対格がここにあることの意味がよく分からない。そこで、筆者はチベット語訳を次のように再検討して dharminā と改めた。

チベット語訳は、次のようになっている。

chos dang ldan pas

これは、chos（法）と、「～を備える」「～を携える」という意味の慣用句 dang ldan pa の具格になっていて、「法を備えていることによって」と直訳される。これは、サンスクリットの dharma-（法）に所有の意味を表わす名詞・形容詞を作る接尾辞 -in をつけた dharmin-（法に従った、法にかなった）に還元され、その具格形 dharminā が推測される。これは、具格の副詞的用法で「法に従って」「法にかなって」といった意味になる。

BHS. では、dharmin- の具格形 dharminā は貝葉写本のように dhārmī と書かれることがある（BHS. gram. 10-66）ということも筆者の考えを裏付けてくれよう。

7 udgra-hīṣyaty は、貝葉写本では udgra-hīṣyanty となっているが、ここは、未来・三人称・単数であるべきなので改めた。

8 kariṣyati vācayiṣyati likhiṣyati paryavāpsyati は、貝葉写本では未来・三人称・複数の kariṣyanti vācayiṣyanti likhiṣyanti paryavāpsyanti となっているが、ここは、未来・三人称・単数の動詞であるべきなので改めた。

9 vâyaṃ tri-sāhasra-mahā-sāhasro loka-dhātus tathāgata-pūrṇas は、貝葉写本と VKN. では、それぞれ次のようになっている（適宜、ハイフンを入れた）。

vā imaṃ tri-sāhasra-mahā-sāhasraṃ loka-dhātum tathāgata-pūrṇṇaṃ（貝葉写本）

vêmaṃ tri-sāhasra-mahā-sāhasraṃ loka-dhātuṃ tathāgata-pūrṇaṃ（VKN.）

筆者は、二つ後の注 11 に述べる理由から頭書のように改めた。

10 eka-ghanasyâvikopitasya は、貝葉写本では eka-ghanasyâdhikopitasya となっている。貝葉写本でしばしば見られる v と dh の間の誤記であろう。

11 筆者が「あたかも甘蔗の繁み、あるいは葦の繁み、あるいは竹の林、あるいは胡麻の繁み、あるいは稲の繁みが〔それぞれ甘蔗や竹、胡麻、稲で〕満たされているように、この三千大千世界が如来によって満たされていて」と訳した箇所は、VKN. では次のようになっている（貝葉写本は多少の誤植があるが、性・数・格など基本的には変わらない）。

①imaṃ tri-sāhasra-mahā-sāhasraṃ loka-dhātuṃ

②tathāgata-pūrṇaṃ

③tad yathâpi nāma

④ikṣu-vanaṃ vā naḍa-vanaṃ vā veṇu-vanaṃ vā tila-vanaṃ vâivaṃ śāli-vanaṃ vā

⑤pratipūrṇaṃ

これは、①の「この三千大千世界」（tri-sāhasra-mahā-sāhasraṃ loka-dhātuṃ）と、②の「如来によって満たされている」（tathāgata-pūrṇaṃ）の関係が、③の「あたかも～であるかのように」（tad yathâpi nāma...）という言葉で、④の「甘蔗の繁み、葦の繁み、竹の林、胡麻の繁み、稲の繁み」と、⑤の「満たされている」との関係に譬えられているといえよう。ただし、④は、①の「三千大千世界」のほうを譬えているのか、あるいは②の中の「如来」のほうを譬えているのか――言い換えれば、満たすほうを譬えているのか、満たされるほうを譬えているのか、ということが問題である。

漢訳は、次のようになっている。

「正使（たとい）、天帝よ、三千世界に如来が中に満つること、譬えば甘蔗・竹・蘆・稲・麻・叢林の如くなりとも」（支謙訳）

「天帝よ、正使三千大千世界に如来が中に満つること、譬えば甘蔗・竹・葦・稲・麻・叢林の如くなりとも」（鳩摩羅什訳）

「仮使、三千大千世界に中に満つる如来は、譬えば甘蔗、及び竹・葦・麻・稲・山林等の如くなりとも」（玄奘訳）

この漢訳では、いずれも「甘蔗・竹・葦」などが、「如来」に譬えられている。

類似した表現が『法華経』方便品（植木訳『梵漢和対照・現代語訳　法華経』上巻、*pp.* 80–81）にもあるので、見てみよう。

⑥pratyekabuddhāna anāsravāṇāṃ tīkṣṇêndriyāṇântima-deha-dhāriṇām /（煩悩〔漏〕がなく、感官が鋭く、最後の身体をたもつ独覚たちが、）

⑦diśo daśa sarva bhaveyu pūrṇā yathā naḍānāṃ vana-veṇunāṃ vā //12//（あたかも葦や竹林のように十方のすべてを満たしているとしよう）

⑥の pratyekabuddhāna（≒ pratyekabuddhānām < praty-eka-buddha-, 独覚）も、anāsravāṇāṃ（< an-āsrava-, 煩悩のない）も、tīkṣṇa-indriyāṇa（≒ tīkṣṇa-indriyāṇām < tīkṣṇa-indriya-, 鋭い感覚器官を持つ）も、antima-deha-dhāriṇām（< antima-deha-dhārin-, 最後の身体をたもつ）も、すべて男性・複数・属格で、⑦の中の女性・複数・主格の過去受動分詞 pūrṇā（< pūrṇāḥ + 有声音 < pūrṇā- < pūrṇa-, ～で満たされた）の動作主になっている。満たされる所は、女性・複数・主格の diśo daśa（十方）であり、譬喩として挙げられている「葦」（naḍa-）と「竹林」（vana-veṇu-）は、それぞれ男性・複数・属格の naḍānāṃ と vana-veṇunāṃ が用いられており、この場合は「葦」と「竹林」は性・数・格が同じ「独覚」に譬えられていることが分かる。

ところが、④に挙げられたものは、いずれも「森」や「繁み」を意味する vana- という語が語尾についていて、植物自体ではなく植物の集まった“場所”を意味している。従って、④はすべて、「満たされる」場所として中性・単数・主格になっている。⑤の過去受動分詞 pratipūrṇaṃ（満たされた）の動作主としての属格にはなっていない。その動作主は「甘蔗の繁み」「葦の繁み」などを構成している「甘蔗」や「葦」などであろうが、ここでそれは省略されていると考えるべきであろう。従って、③④⑤は次のように訳される。

「あたかも甘蔗の繁み、あるいは葦の繁み、あるいは竹の林、あるいは胡麻の繁み、あるいは稲の繁みが〔それぞれ甘蔗や竹、胡麻、稲で〕満たされているように、」

この「甘蔗の繁み」「葦の繁み」などに対する「甘蔗」「葦」の関係が、「三千大千世界」に対する「如来」の関係に対応しているのである。

そうなると、一つ問題が出てくる。①と②がどうして、男性・単数・対格になっているのかということである。これは明らかに誤りであろう。これは主格でなければならない。従って、筆者は次のように改めた。

①' ayaṃ tri-sāhasra-mahā-sāhasro loka-dhātus

②' tathāgata-pūrṇas

冒頭の ayaṃ は、直前の vā と連声して vâyaṃ となる。

12 筆者が「壊れることなく一揃いの全体をなす〔如来の〕身体」と訳した箇所の原文は次のようになっている。

①eka-ghanasyâvikopitasya śarīrasya

この中の eka-ghanasya... śarīrasya は、『法華経』法師品の eka-ghanam... tathāgata-śarīram（植木訳『梵漢和対照・現代語訳　法華経』下巻、*p.* 14）に対応している。tathāgata-śarīram は tathāgata-（如来）と中性名詞 śarīra-（身体）の複合語の単数・主格であり、主語になっている。その補語が eka-ghanam であり、これは eka-（一つ）と ghana-（全体の）の複合語の中性・単数・主格である。鳩摩羅什は「如来全身」と漢訳しているが、筆者は、「如来の身体が……一揃いの全体をなして」（同、*p.* 15）と訳した。

この『維摩経』では、avikopitasya（< a-vikopita-, 壊れない）が追加され、tathāgata- という語が省略され、属格になっているだけで、eka-ghana- と śarīra- という語が用いられている点は同じである。従って、筆者は①を『法華経』の場合に合わせて、「壊れることなく一揃いの全体をなす〔如来の〕身体」と訳した。

チベット語訳、およびその現代語訳である中公版、そして漢訳では次のようになっている。

gcig tu mkhregs pa ma zhig pa'i sku gdung（一つであり、硬く、不壊なる遺体）

「仏陀の遺骨（舎利）」（中公版、*p.* 169）

「全身の舎利」（鳩摩羅什訳、玄奘訳）

13 'dhigantuṃ（< adhigantuṃ）は、貝葉写本では dhigaṃntaṃとなっている。ここは、śakyaḥ に対応して不定詞であるべきなので改めた。

14 筆者が「世尊がおっしゃられた。『神々の帝王よ、私は、あなたに告げよう。あなたは理解するがよい』」と訳した箇所の貝葉写本は、次の通り。

①bhagavān āha（「世尊がおっしゃられた。）

②ārocayāmi te（私は、あなたに告げよう。）

③devānām indra（神々の帝王よ、）

④prativedaya（あなたは理解するがよい」）

①の bhagavān は、男性名詞 bhagavat-（世尊）の単数・主格で、āha は「言う」という意味の動詞 √ah- の完了・三人称・単数である。②の ārocayāmi は、ā-√ruc- (1) の使役語幹 ārocaya-（告げる）の現在・一人称・単数である。te は二人称・単数の代名詞 tvad- の為格で、「告げる」対象を示している。③の devānām は男性名詞 deva-（神）の複数・属格で、indra は、男性名詞 indra-（神）の単数・呼格である。④は prati-√vid- (2) の使役語幹 prativedaya-（理解する）の命令・二人称・単数である。以上のことにより、筆者の訳となった。

ところが、チベット語訳、およびその現代語訳である中公版、そして漢訳は次のようになっている。

bcom ldan 'das kyis mka' stshal pa / lha'i dbang po khyod mos par bya'o / khyod kyis khong du chod par bya'o /（世尊がおっしゃった。「天〔のインドラ〕よ、汝は信受せよ。汝によって理解されるべきである」）

「世尊が仰せられる。『インドラよ、おまえ信じるがよい。よく理解せねばならぬ』」（中公版、*p.* 170）

「仏は天帝に告げたまえり。『当に知るべし』」（鳩摩羅什訳）

「仏は天帝に告げたまえり。『是くの如し。是くの如し。吾れ今復誠言を以て汝に語らん』」（玄奘訳）

チベット語訳には、lha'i（天／神）とあるのみで、インドラの名前はない。従って、〔　〕内に補った。

チベット語は②に対応する箇所が「信受せよ／信じよ」となっているし、鳩摩羅什訳に②がなく、玄奘訳には②があって③④がない。

15 筆者が「その〔覚り〕を供養するのは法によってこそできるのであり、財物によってではないのだ」と訳した箇所は、原文では次のようになっている。

①sā dharmeṇâiva śakyā pūjayitum,（その〔覚り〕を供養するのは法によってこそできるのであり、）

②nâmiṣeṇa（財物によってではないのだ）

①の女性・単数・主格の代名詞 sā（< tad-, それ）は、この文章の前に出てくる女性名詞 bodhiḥ（< bodhi-, 覚り）を指している。その述語が、未来受動分詞 śakya-（～されることができる）の女性・単数・主格 śakyā であり、これは不定詞を受けるが、それが pūjayitum（供養すること）である。その供養の仕方が、具格の dharmeṇa（< dharma-, 法）で示され、さらにそれを強調するために eva がついている。従って、

「その〔覚り〕は、法によってこそ供養されることができるのであり、」

と直訳することができるが、受動を能動的な表現に改めると、①のように訳すことができよう。

②は、否定の na（～でない）と具格の āmiṣeṇa（< āmiṣa-, 財物、食べ物）の連声したものである。

ところが、チベット語訳、およびその現代語訳である中公版、そして漢訳は次のように微妙な違いを見せている。

de chos kyis mchod par nus kyi zang zing gyis ni ma yin pa'i phyir ro（それは、法によって供養することができるのであり、供物によってではないからである）

「その（仏陀への）供養は法への供養によって可能なのであって、財物によってではないからである」（中公版、*p.* 170）

「其れ能く此の正法を供養する者は、思欲もて施す輩に非ず」（支謙訳）

「菩提の相は量を限る可からず。是の因縁を以て、福も量る可からず」（鳩摩羅什訳）

「唯だ法の供養は乃ち能く是くの如き法門を供養す。財物を以てに非ず。天帝よ、当に知るべし。無上の菩提は功徳多き故に、此の法を供養する其の福甚だ多し」（玄奘訳）

筆者が「その〔覚り〕を」と訳したのは、女性・単数・主格の sā であったが、チベット語訳では de（それは）としていて、その具体的内容を明示していない。中公版は「それは」を「その（仏陀への）供養は」と意訳している。この点の違いを除けば、貝葉写本とチベット語訳は類似している。支謙訳はその両者に近く、鳩摩羅什訳は以上の三つとは全く異なっている。玄奘訳は、前半を貝葉写本、チベット語訳、支謙訳に合わせ、後半に鳩摩羅什訳の趣旨を反映したものとなっている。玄奘訳では、他で異なる訳がなされている時は、どっちにも取れるような訳し方をするということがしばしば見られるが、ここもその例に漏れない。

16 yad' āsīt（< yadā + āsīt）は、貝葉写本では yed āsīn となっているが、VKN. によって yad āsīt と改められた。筆者は、さらに『法華経』序品（植木訳『梵漢和対照・現代語訳　法華経』上巻、*p.* 30）にこの文章と類似した表現があることから、それを参考に yad' āsīt（< yadā + āsīt）と改めた。

この文章と、『法華経』序品の一説を並べると次のようになる。

atīte 'dhvany asaṃkhyeye kalpe 'saṃkhyeyatare vipule 'pramāṇe 'cintye **yad' āsīt** tena kālena tena samayena bhaiṣajya-rājo nāma tathāgato 'rhan samyak-saṃbuddho vidyā-caraṇa-saṃpannaḥ sugato lokavid anuttaraḥ puruṣa-damya-sārathiḥ śāstā deva-manuṣyāṇāṃ buddho bhagavān

（数えることのできない、さらに数えることのできない、広大で、無量の、考えることもできない劫ほどの過去の世における時のことであった。その時、その情況で、"薬の王"〔薬王〕という名前の正しく完全に覚られた如来で、尊敬されるべき人〔阿羅漢〕で、学識と行ないを完成された人〔明行足〕で、人格を完成された人〔善逝〕で、世間をよく知る人〔世間解〕で、人間として最高の人〔無上士〕で、調練されるべき人の御者〔調御丈夫〕で、神々と人間の教師〔天人師〕で、目覚めた人〔仏陀〕で、世に尊敬されるべき人〔世尊〕がいらっしゃった）

atīte 'dhvany asaṃkhyeyaiḥ kalpair asaṃkhyeyatarair vipulair aprameyair acintyair aparimitair apramāṇais tataḥ pareṇa parataraṃ **yad' āsīt** tena kālena tena samayena candrasūryapradīpo nāma tathāgato 'rhan samyak-saṃbuddho... vidyā-caraṇa-saṃpannaḥ sugato loka-vid anuttaraḥ puruṣa-damya-sārathiḥ śāstā devānāṃ ca manuṣyāṇāṃ ca buddho bhagavān

（数えることのできない、さらに数えることのできない、広大で、無量の、考えることもできない、全く測量することもできない、量り知れない劫ほどの、それより以前のさらに遠い過去の世における時のことであった。その時、その情況で"月と太陽からなる燈明"〔日月燈明〕という名前の正しく完全に覚られた如来で、尊敬されるべき人〔阿羅漢〕で、学識と行ないを完成された人〔明行足〕で、人格を完成された人〔善逝〕で、世間をよく知る人〔世間解〕で、人間として最高の人〔無上士〕で、調練されるべき人の御者〔調御丈夫〕で、神々と人間の教師〔天人師〕で、目覚めた人〔仏陀〕で、世に尊敬されるべき人〔世尊〕が……）

17 vidyā-caraṇa-saṃpannaḥ は、貝葉写本では vidyā-caraṇa-sannaḥ となっているが、如来の十号の一つであり、一つ前の注 16 に引用した『法華経』の一節との比較からも明らかである。

18 saṃgho 'bhūt（< saṃghaḥ + abhūt）は、貝葉写本では saṃghonaṃ bhūt と書いた後に na をキャンセルして saṃghoṃ bhūt としている。

19 pañcānām は、貝葉写本では paṃcānām となっている。それも paṃcānā の次に ṃ と書いた後、次に母音が来ることに気づいたのか ṃ を抹消して m を書き足している。

20 筆者が「"月の傘蓋"（月蓋）」と訳した箇所の原文は、soma-cchatro（< soma-cchatra-）となっている。これは、第 9 章 § 10 においてリッチャヴィ族の首長の名前として出てきた。両者は別人なので、そこでは、翻訳しないで「ソーマチャットラ」としておいた。『維摩経』のサンスクリット写本が発見される前にラモット博士は、第 9 章 § 10 と同様、ここでもチベット語訳からサンスクリットの名前を Candracchattra と推測されている（cf. *Teaching of Vimalakīrti*, *p.* 258）。第 9 章の注 22 を参照。

21 筆者が「天（神）」と訳した箇所は、devatā（< devatā-）となっている。devatā は、動詞に完了・三人称・単数の āha が用いられていることから、女性・単数・主格である。この語は、天女が登場した第 6 章にも出てきたもので、そこでは中公版も、鳩摩羅什訳と玄奘訳も「天女」と訳していた（支謙訳のみ「天」）。ところが、この箇所に相当するチベット語訳、およびその現代語訳である中公版、そして漢訳を見ても、次のようになっている。

lha dag（天たちが）

「神々」（中公版、*p.* 171）

「天」（支謙訳、鳩摩羅什訳、玄奘訳）

チベット語訳は、「天」「神」を意味する lha に、複数（もしくは両数）表わす dag がついていて、「天たち」になっている。中公版も必然的に複数形の「神々」となっている。漢訳はすべて「天」となっていて、単数と受け取ることができよう。単数、複数の違いは別としても、これらは、貝葉写本と VKN. とは違い、「天女」でないことは共通している。しかも、この文脈でここは「天女」である必要性は全くない。ここで、deva- に女性の抽象名詞を作る接尾辞 -tā をつけた devatā- は、「天女」という意味よりも「神性」「神格」という意味であろう。devatā- について、中村元博士は、その名著「東洋人の思惟方法Ｉ」の『インド人の思惟方法』（決定版中村元選集第１巻、春秋社）において次のように記している。

「ラテン語の deus, ギリシア語の theos に相当する語は、サンスクリット語においては deva である。それらは語源的にも意義的にも一致している。しかしインド人はそのほかにも特別の神に関する種々の呼称をもっている。仏典では、やや低い地位の神々を devatā と称する。これをインド学者は通常『神格』と訳している」（*p.* 338）

22 tenôpasaṃkrāmat（< tena + upasaṃkrāmat）の upasaṃkrāmat は、BHS. でしばしば見られる形で、upa-samakrāmat（< upasam-akrāmat）のことであり、「近づく」を意味する upa-sam-√kram- (1) の過去・三人称・単数・為他言である。cf. BHS. gram. 32-3.

23 'sthāt（< asthāt）は、貝葉写本では sthāta となっている。ここは、「立つ」という意味の動詞 √sthā- (1) の語根アオリスト・三人称・単数・為他言 asthāt に改めた。

24 bhagavann は、貝葉写本では bhagavānn となっている。ここには受動態の動詞 ucyate（言われる）が用いられているので、主格の bhagavānn（世尊は）を、呼格の bhagavann（世尊よ）に改めた。

25 saṃgṛhīta-grahāṇāṃ（< saṃgṛhīta-graha-、執着を抑制している）は、貝葉写本では asaṃgṛhīta-grahāṇāṃ と語頭に否定の a がついているが、チベット語訳と漢訳に従って改めた。チベット語訳、およびその現代語訳である中公版は、次のようになっている。

'dzin pa rnams yong su bzung ba（もろもろの受け入れられたものをよく受持しており）

「（人々の）受持すべきことを内容とし」（中公版、*p.* 172）

これは、サンスクリットの √grah- (9) に対応する語の現在形と過去形、すなわち bzung ba と 'dzin pa が用いられていて、否定を意味する語は存在しない。従って、語頭に否定の接頭辞 a のない saṃgṛhīta-（受け入れられた） と graha-（受持する）の複合語であるべきである。中公版が「内容とし」と訳した理由が理解できない。

漢訳は次の通り。貝葉写本とチベット語訳に最も近いのは玄奘訳である。

「善く取るべし」（支謙訳）

「善く義を分別して」（鳩摩羅什訳）

「善く一切の応に摂受すべき所を摂し」（玄奘訳）

漢訳にも否定を意味する語は存在しない。

26 世尊の発言内容は、§10 だけでは文章の構造が不明である。これは §11 と合わせて一つの文章をなしていて、それは次のような構造になっている。

①dharma-pūjā kula-putra yā tathāgata-bhāṣitānāṃ sūtrântānāṃ gambhīrāṇāṃ（良家の息子よ、法の供養とは、如来によって語られた深遠な経の極致〔を**教示し、開示し、受持し、観察する**ところのものであり、**正しい教え（正法）を保護すること**〕である）

②gambhīrâvabhāsānāṃ 以下、§10 と §11 の 37 個の男性・複数・属格の複合語。

③evaṃ-rūpāṇāṃ sūtrântānāṃ yā **deśanā saṃprakāśanā dhāraṇā pratyavekṣaṇā saddharma-saṃgrahaḥ**（このような経の極致を**教示し、開示し、受持し、観察すること、そして正しい教え〔正法〕を保護すること**）

④iyam ucyate dharma-pūjêti（これが法の供養と言われるのだ）

この文章の構造は次のように簡略化できよう。

A（主格）+ B_1（属格）+ B_2（属格）+ …… + B_{37}（属格）+ B_{38}（属格）+ B_{39}（属格）+ C（主格）

①がAで、②がB_1からB_{37}で、③がB_{38}とB_{39}とC（主格）である。①が主語で、③が述語であり、B_1からB_{37}は、B_{38}とB_{39}を修飾している。従って、次のように直訳される。

Aは、〔B_1+ …… +B_{37}〕である〔B_{38}+B_{39}〕のCである。

しかし、Cに対する修飾語が三十九個も並んでいるので、これは極めて読みづらい文章になっている。ここで、〔B_1+ …… +B_{37}〕と〔B_{38}+B_{39}〕は修飾・被修飾の関係にあり、〔B_{38}+B_{39}〕を主語、〔B_1+ …… +B_{37}〕を述語の文章に置き換えて、次のように二つの文章に区切ることができよう。

⑤Aは、〔B_{38}+B_{39}〕のCである。

⑥〔B_{38}+B_{39}〕は〔B_1+ …… +B_{37}〕である。

すなわち、全体の主語は①の dharma-pūjā（法の供養は）で、その述語は③である。③は、属格からなる evaṃ-rūpāṇāṃ sūtrântānāṃ（このような経の極致の）と女性・単数・主格の四語 deśanā saṃprakāśanā dhāraṇā pratyavekṣaṇā（**教示と、開示、受持、観察、**）と関係代名詞 yā からなり、以上は「このような経の極致の**教示、開示、受持、観察であるところのもの**」となる。そして、それに saddharma-saṃgrahaḥ（**正しい教えの保護**）を並列してあげている。従って、③は次のように直訳される。

「このような経の極致の**教示、開示、受持、観察であるところのもの、そして正しい教え〔正法〕の保護**」

この中の「属格と名詞（主格）」の表現を「対格と動詞」の表現に変えると次のようになる。

「このような経の極致を**教示し、開示し、受持し、観察すること、そして正しい教え〔正法〕を保護すること**」

以上の考察を踏まえて、①について考えると、①と③に sūtrântānāṃ が共通し、それを修飾する evaṃ-rūpāṇāṃ（このような）に対応するのが、tathāgata-bhāṣitānāṃ... gambhīrāṇāṃ（如来によって語られた深遠な）である。両者に関係代名詞 yā が共通しているが、このままでは、①は、全く意味をなさない構造である。その解決策は、①は、③の deśanā saṃprakāśanā dhāraṇā pratyavekṣaṇā saddharma-saṃgrahaḥ にかかっていると言ってもいいし、それらが省略されていると考えてもいいであろう。

②は、37個の男性・複数・属格が tathāgata-bhāṣitānāṃ... gambhīrāṇāṃ や、evaṃ-rūpāṇāṃ と同様、sūtrântānāṃ を修飾している。ところが、そのまま訳すと、修飾語が異常に長い変な文章になる。従って、筆者は、いったん①で文章を区切り、②の部分については、被修飾語である「経の極致」を主語として〔　〕内に立て、37個の修飾語を述語として表現を改めた。

27 〜-praśāsakānāṃ（< 〜-praśāsaka-）は、貝葉写本では〜-praśāśakānāṃとなっているが、praśāśakānāṃでは意味不明であり、チベット語訳が次のようになっていることから改められた。

yang dag par ston pa（教示する）

praśāsaka- は「教授する」という意味の動詞 pra-√śās-（2）から作られた形容詞である。

28 〜-pratisaṃvidâvatārāṇāṃ（< 〜-pratisaṃvida-avatāra-, 〜完全な理解に入らせる）は、貝葉写本では〜-pratisaṃcitâvatārāṇāṃ（< 〜-pratisaṃcita-avatāra-, 集積されたものに入らせる）となっている。VKN. は、チベット語訳から、〜-pratisaṃvidâvatārāṇāṃ であった可能性を指摘しているが、本文を訂正するまでには至っていない。

チベット語訳の対応する箇所は、次のようになっている。

so sor yang dag par rig pa la 'jug pa（個別に完全な理解に入らせる）

so sor が prati- に、yang dag par が sam- に、rig pa が √vid-（2）に対応するので、チベット語訳の底本は「無礙解（むげげ）」と漢訳された pratisaṃvida-（完全な理解）だったものと思われる。これと、avatāra- との複合語にして格変化をそろえると、〜-pratisaṃvidâvatārāṇāṃ（完全な理解に入らせる）となる。筆者は、こちらを採用して、改めた。

29 ghātakānāṃ は、貝葉写本と VKN. では ghaṭṭakānāṃ（< ghaṭṭaka-）となっているが、ghaṭṭaka- は、モニエルの辞典にも、「梵和大辞典」にも出ていない。BHS. dic. *p.* 220 の ghaṭṭa の項に ghaṭṭaka- の中期インド語（middle Indic）と断って、「おそらく polishing-stone（研磨石）」としている。これでは、意味をなさない。筆者は、ghātakānāṃ（< ghātaka-, 破壊する）に改めた。

30 筆者が、「〔その経の極致は、〕我もなく、衆生もなく、生命もなく、〔輪廻の主体としての〕個我もない」と訳した箇所は、VKN. では次のようになっている。

①nirātma-niḥsattva-nirjīva-niṣpudgalānāṃ

ここに列挙された四語、nirātma-（< nirātman-, 我がない）、niḥsattva-（衆生がない）、nirjīva-（生命がない）、niṣpudgalānāṃ（< niṣpudgala-, 個我がない）に対応する語が、第3章の§6に出てくる。それは次の一節である。

②dharmo hi... **asattvaḥ** sattva-rajo-vigato **nairātmyo** rāga-rajo-vigato **nirjīvo** jāti-cyuti-vigato **niṣpudgalaḥ** pūrvântâparânta-paricchinnaḥ（法は、**衆生でないもの**であり、衆生の塵芥を除き去ったものである。〔法は〕**我のないもの**であり、愛欲の塵芥を除き去ったものである。**生命のないもの**であり、生まれたり死んだりすることを離れている。〔生存の循環（輪廻）の主体としての〕**個我がなく**、過去の際と未来の際とも分断されている）

ここには、多少表現は異なっているが、意味は次のように同じである。asattvaḥ（< a-sattva-, 衆生でない）、nairātmyo（< nairātmya-, 我のない）、nirjīvo（< nirjīva-,生命のない）、niṣpudgalaḥ（< niṣpudgala-, 個我のない）の四つである。

従って、筆者は①を、②の訳に準じて訳した。

チベット語訳、およびその現代語訳である中公版、そして漢訳は次の通りである。

bdag med pa / sems can med pa / srog med pa / gang zag med pa /（我もなく、衆生もなく、寿命もなく、

プドガラもない）

「それは無我（を説き）、衆生も、生命あるものも、個我もない（と説く）」（中公版、*p.* 173）

「人に非ず、命に非ず、女に非ず、男に非ず」（支謙訳）

「我無く、人無く、衆生無く、寿命無く」（鳩摩羅什訳）

「弁じて内に我無く、外に有情無く、二つの中間に於いて寿命者無く、養育者無く、畢竟して補特伽羅性無く」（玄奘訳）

貝葉写本は、チベット語訳と玄奘訳に近く、支謙訳のみが他と大きく異なっている。

31 dharmeṣu は、貝葉写本と VKN. では形容詞の dhārmeṣu となっているが、その必要性がないので改めた。

32 mama-kāra-vigamo (< mama-kāra-vigamaḥ < mama-kāra-vigama-, 我がものとなすことを離れている）は、貝葉写本では mama-kāra-vigamaḥ / となっているが、チベット語訳では、次のようになっている。

ngar 'dzin pa dang bral ba（我執を離れており）

ngar 'dzin は、通常 ātma-grāha（我執）の訳語として用いられるので、チベット語訳の底本は ātma-grāha-vigamo (< ātma-grāha-vigamaḥ < ātma-grāha-vigama-) となっていたかもしれない。一方、VKN. は ahaṃkāravigamaḥ (< ahaṃ-kāra-vigama-, 我となすことを離れている）であった可能性を指摘している。

33 na pudgala-dṛṣṭy-upalambho na grāhyâbhiniviṣṭatā（実体として個人が存在するという見解にとらわれることがないし、感知されるものに執着することもない）は、チベット語訳では次のようになっている。

gang zag tu lta ba dmigs par 'dzin pa la mngon par ma zhen pa（プドガラ〔実体としての個人存在〕と見る認識に執着することなく）

冒頭から順に、gang zag がサンスクリットの pudgala（実体としての個人存在）に、lta ba が dṛṣṭi（見ること、見解）に、 dmigs par 'dzin pa が upalambha（取得。観察。知覚）に、mngon par ma zhen pa が an-abhiniviṣṭa（執着していない）にそれぞれ対応している。こうした対応関係から、VKN. はこの箇所は次の形であった可能性を指摘している。

na pudgala-dṛṣṭy-upalambhâbhiniviṣṭatā（実体として個人が存在するという見解にとらわれることに執着することもない）

ただし、'dzin pa は √grah- (9) であるから、チベット語訳の底本に grāhya があった可能性は一概に否定できない。

34 ここに挙げられた四項目は、次の通り。

①**artha**-pratiśaraṇatā na **vyañjana**-pratiśaraṇatā（**意味**〔**義**〕を拠りどころとして、**象徴的表現**〔**である文字**〕を拠りどころとすることがない）

②**jñāna**-pratiśaraṇatā na **vijñāna**-pratiśaraṇatā（**智慧**を拠りどころとして、**分析的に識ること**を拠りどころとすることがない）

③**nītârtha-sūtrânta**-pratiśaraṇatā na **neyârtha-saṃvṛty**-abhiniveśaḥ（**意味が明確にされた経**を拠りどころとして、**意味が明確にされていない世俗**〔**のこと**〕に執着することがない）

④**dharmatā**-pratiśaraṇatā na **pudgala-dṛṣṭy**-upalambho（**法の本性**を拠りどころとして、**実体として個人が存在するという見解**にとらわれることがない）

①②③④のそれぞれに対応させてチベット語訳を引用すると、次のようになる。

①' don la rton gyi tshig 'bru la mi rton pa /（意味に依拠して、文字に依拠せず）

②' ye shes la rton gyi rnam par shes pa la mi rton pa（智慧に依拠して、認識に依拠せず）

③' nges pa'i don gyi mdo sde la rton gyi drang ba'i don kun rdzob la mngon par ma zhen pa /（了義の経典に依拠して、未了義である世俗に執着することなく）

④' chos nyid la rton gyi gang zag tu lta ba dmigs par 'dzin pa la mngon par ma zhen pa（法性に依拠して、プドガラ見を所縁とするような理解に執着することなく）

チベット語からの現代語訳である中公版（*p.* 174）は次の通り。

①"「意味（義）を最終的なよりどころとするが、文字をよりどころとするのではない」

②"「知恵をよりどころとし、識知をよりどころとはしない」

③"「了義経をよりどころとし、未了義の世俗に執着しない」

④"「法そのものをよりどころとし、個人的なものに権威を認める考え方に執着しない」

以上を比較すると、貝葉写本とチベット語訳の四項目は、内容が一致していることが分かる。

ところが、これらの四項目は、一般的には次の表現になっている（pratiśaraṇa- は pratisaraṇa- とも書かれる）。

⑤**artha**-pratisaraṇena bhavitavyaṃ na **vyañjana**-pratisaraṇena（依**義**不依**文**＝**義**に依りて**文**に依らず）

⑥**jñāna**-pratisaraṇena bhavitavyaṃ na **vijñāna**-pratisaraṇena（依智不依識＝**智**に依りて**識**に依らず）

⑦**nītârtha-sūtra**-pratisaraṇena bhavitavyaṃ na **neyârtha-sūtra**-pratisaraṇena（依了義経不依不了義経＝**了義経**に依りて**不了義経**に依らず）

⑧**dharma**-pratisaraṇena bhavitavyaṃ na **pudgala**-pratisaraṇena（依法不依人＝**法**に依りて**人**に依らず）

①と⑤、②と⑥はよく対応しているが、③と⑦、④と⑧ではうまく対応していない。③と④では、前半の依るべきものと、後半の依るべからざるものの対応がよろしくない。③の「意味が明確にされた経」に対しては、「意味が明確にされていない世俗〔のこと〕」ではなく、「意味が明確にされていない経」であるべきで、それは⑦の表現である。④の「法の本性」と「実体として個人が存在するという見解」の関係よりも、⑧の「法」と「人」の関係のほうが、一般的に重視されてきた視点である。

さらに、この箇所の漢訳は次の通りである。

「而も**義**に依りて**厳好**を以てせず、以て**聖典**に隋い、而も**慧**に依りて**文飾**を為さず、処処に**義**を入る、而も**経**に依りて**非義**を習わず、以て懐戢せらる、而も**法**に依りて**人の所見**を用いず」（支謙訳）

「**義**に依りて**語**に依らず、**智**に依りて**識**に依らず、**了義経**に依りて**不了義経**に依らず、**法**に依りて**人**に依らず」（鳩摩羅什）

「**義**に依趣して**文**に依らず、**智**に依趣して**識**に依らず、**了義**の所説の契経に依趣して終に**不了義の説**にして**世俗の経典**に依りて執著を生じず、**法性**に依趣して終に**補特伽羅の見**に依りて得る所有らず」（玄奘訳）

以上を比較すると、貝葉写本は、チベット語訳と玄奘訳に近く、支謙訳と鳩摩羅什訳のほうが一般的な内容になっている

35 dvādaśâṅga-pratītya-samutpādam avekṣate は、貝葉写本と VKN. では dvādaśâṅgaṃ pratītya-samutpādam avekṣyate となっているが、次の注 35 に述べる理由で筆者は改めた。

36 筆者が「十二項目からなる縁起（十二支縁起）を観察する」と訳した箇所の原文は、貝葉写本と VKN. では次のようになっている。

①dvādaśâṅgaṃ（十二の部分を）

②pratītya-samutpādam（縁起を）

③avekṣyate（観察される）

①は、中性名詞 dvādaśâṅga-（< dvādaśa-aṅga-, 十二の部分）の単数・主格／対格で、②は、男性名詞 pratītya-samutpāda- の単数・対格である。ここは、両者に共通の対格と取るべきであろう。ところが、③は、「観察する」「視る」という意味の動詞 ava-√īkṣ-（1）の受動・三人称・単数で、「観察される」を意味しており、対格の①、②とは組み合わせがよろしくない。①と②が対格であれば、③は受動ではなく能動の avekṣate であるべきである。

また、①と②は、一般に複合語になっているので、筆者は、次のように改めた。

①dvādaśâṅga-pratītya-samutpādam（十二の部分からなる縁起を）

②avekṣate（観察する）

37 筆者が、「随順して真理を認める知」と訳した箇所は、貝葉写本では ānulomikīṃ dharma-kṣāntiṃ となっている。これと類似した ānulomikyāḥ kṣānteḥ という表現が第 1 章 § 19 などにあり、それとの比較は、第 1 章の注 74 を参照。

38 yathā-prāvṛtaiś は、貝葉写本と VKN. では yathāprāvṛtaiś となっているが、yathā と aprāvṛtaiś の連声したものと取られる可能性も出てくる。ここは prāvṛtaiś（< prāvṛta-, 覆われた）の否定形 aprāvṛtaiś と取られるべきではないので、筆者はハイフンで区切った。

39 chandayaty は、貝葉写本では cchādayaty、VKN. では chādayaty となっているが、次の注 39 に述べる理由によって筆者は改めた。

40 筆者が「その世尊に捧げ」と訳した箇所の原文は、貝葉写本と VKN. では次のようになっている。

taṃ bhagavantaṃ chādayaty（その世尊を覆い）

ところが、チベット語訳、およびその現代語訳である中公版、そして漢訳は次のようになっている。

bcom ldan 'das de la phul nas（かの世尊に〔供物を〕献じて）

「その世尊にたてまつって」（中公版、*p.* 174）

「仏の上に覆い」（支謙訳）

「仏を供養したてまつり」（鳩摩羅什訳）

「薬王如来に奉施・供養し」（玄奘訳）

以上を比較すると、貝葉写本と、支謙訳が √chad-（1）の使役・三人称・単数の chādayati（覆う）となってい

る。それに対して、チベット語訳、鳩摩羅什訳、玄奘訳からすると、その底本は √chad- (10) の使役・三人称・単数 chandayati（提供する）となっていたのではないかと思われる。チベット語の phul は英語で offer（提供する）の意味である。ここは、そのどちらでもよいが、鳩摩羅什訳、玄奘訳、チベット語訳にならって筆者は chandayaty（< chandayati）に改めた。

41 rājño ratna-cchatrasya は、貝葉写本では rājño na-cchatrasya となっている。ここは、"宝石作りの傘蓋"（ratna-cchatra-, 宝蓋）という名前の王について語られていて、その名前に脱字が生じている。

42 バドラ劫（賢劫）は、現在の四劫（成・住・壊・空）のうちの住劫のこと。その間には千仏が出現して衆生を救うとされ、多くの賢人が出現する劫ということで、賢劫と言われる。

43 貝葉写本の「〔……現在の〕バドラ劫（賢劫）に住する**菩薩**たち」（bhādra-kalpikā bodhi-sattvā）に相当する箇所は、チベット語訳の現代語訳である中公版でも次のような訳になっている。

「現在の賢劫のこれらの**菩薩**」（中公版、*p.* 175）

ところが、支謙訳と鳩摩羅什訳は、次のように「菩薩」ではなく「仏」になっている。

「此の賢劫中の千**仏**」（支謙訳）

「賢劫中の千**仏**」（鳩摩羅什訳）

この食い違いを解決してくれるかのように、玄奘は次のように訳している。

「賢劫中に千の**菩薩有りて、次第に成仏す**」（玄奘訳）

これは、仏になった後を見るのか、仏になる前の菩薩を見るのかという違いのみで、玄奘にならって、筆者は〔　〕内に「今後、順を追って仏として出現することになる」という一節を補った。

44 utpatsyate は、「千仏」を主語としているので複数形の utpatsyante としたくなるが、「千仏」が buddha-sahasram（中性・単数・主格）となっているので、このままでよい。

45 utpatsyante は、貝葉写本では utpatsyate となっているが、ここは千仏から四仏を差し引いた残り（九百九十六仏）を主語としているので複数形の動詞を取るべきである。

46 過去の千仏の世を荘厳劫、現在の千仏の世を賢劫（バドラ劫）、未来の千仏の世を星宿劫という。過去七仏のうちの初めの三人、すなわち①毘婆尸仏（vipaśyin）、②尸棄仏（śikhin）、③毘舎浮仏（viśvabhū）は過去荘厳劫の千仏の最後の三人であり、残りの四人、④迦羅鳩孫駄（または倶留孫仏、krakhuccanda）、⑤倶那含牟尼仏（kanaka muni）、⑥迦葉仏（kāśyapa）、⑦釈迦牟尼仏（śākyamuni）が、現在賢劫（バドラ劫）の最初の四人であり、未来仏の弥勒仏（maitreya）が五人目に当たる。最後の千人目が楼至仏（roca）である。

中公版では、「『クラクッチャンダ』（またはカクトサンダ）」（中公版、*p.* 392）と注記しているが、「カクトサンダ」は、パーリ語の「カクサンダ」の誤りではないか。

それは置くとしても、中公版の訳の本文では、両者が同一人物を指すものだと断ることなく、次のように訳している。

「**クラクッチャンダ**などの四仏は、すでに出現した。その他の者は未来に出現するであろう。すなわち、**カクトサンダ**をはじめとし、ローチャにいたるまでで……」（中公版、*p.* 175）

これでは、クラクッチャンダとカクトサンダとは別人のようになってしまい、既に出現した「クラクッチャンダなどの四仏」の後に「カクトサンダをはじめとし、ローチャにいたる」ものたちが未来に出現するかのように受け取られてしまう。

47 paryāyeṇâivaṃ は、貝葉写本と VKN. では paryāyenâivaṃ となっているが、内連声の規則に反しているので筆者は改めた。

48 niruttarâkhyāyata iti (< niruttarā + ākhyāyate + iti) は、貝葉写本では niruttarā ākhyāyatêti となっている。niruttarâkhyāyata は、niruttarâkhyāyate の次に a 以外の母音 i が来たことで、末尾の e が a となるという連声の結果である。ところが、貝葉写本の表記は、さらに語末の a と語頭の i を連声させて ê とするという二重の連声がなされたもので、それはサンスクリット文法では禁じられたダブル・サンディである。

niruttarâkhyāyate + iti > niruttarâkhyāyata iti > niruttarâkhyāyatêti

निगमनपरीन्दनापरिवर्तो नाम द्वादशः

12

Nigamana-Parīndanā-Parivarto Nāma Dvādaśaḥ
（続き）

第 12 章

結論と付嘱＝続き

【嘱累品第十四】

12：Nigamana-Parīndanā-Parivarto Nāma Dvādaśaḥ（続き）

第 12 章：結論と付嘱＝続き

【嘱累品第十四】

………………………………………………………………………

§16　tatra bhagavān maitreyaṃ bodhi-sattvam āmantrayate sma /　imāṃ te ’haṃ maitreyâsaṃ= khyeya-kalpa-koṭī-samudānītām anuttarāṃ samyak-saṃbodhim anuparīndāmi[1] yathêma evaṃ-rūpā dharma-paryāyā yuṣmad-adhiṣṭhānena parigraheṇa tathāgatasya parinirvṛtasya paścime[2] kāle paścime samaye jambū-dvīpe vaistārikā bhaveyur nântar-dhīyeran /

（梵漢和維摩経 *p.* 602, *ll.* 1–5）

§16　そこで、世尊はマイトレーヤ菩薩におっしゃられた。

「マイトレーヤよ、幾コーティもの数え切れない劫をかけて達成したこの上ない正しく完全なこの覚り（阿耨多羅三藐三菩提）を、私はあなたに付嘱しよう。如来が完全なる滅度（涅槃）に入られた後、〔恐るべき〕後の時代、後の状況において、あなたたちが神力で把握することによって、これらのこのような法門が、ジャンブー（閻浮提）洲に〔広宣〕流布して、消滅することがないように。

【§16　是に於いて、仏は弥勒菩薩に告げて言わく、「弥勒よ、我、今、是の無量億阿僧祇劫に集むる所の阿耨多羅三藐三菩提の法[3] を以て、汝に付嘱す。是くの如き輩の経を、仏の滅後、末世の中に於いて、汝等は当に神力を以て、閻浮提に広宣流布して断絶せしむること無かれ。】

（大正蔵、巻一四、五五七頁上）

………………………………………………………………………

tatra：*adv.*（ta の処格）。そこに。そこへ。ここに。此の機会に。そのために。その場合に。その時に。

bhagavān < bhagavat-：*m.* 尊い（人）。「世尊」と漢訳。「婆伽婆」「薄伽梵」と音写。*sg. Nom.*

maitreyaṃ < maitreya-：*m.* マイトレーヤ。「慈氏」と漢訳。「弥勒」と音写。*sg. Acc.*

bodhi-sattvam < bodhi-sattva-：*m.* 覚りを求める人。「菩提薩埵」「菩薩」と音写。*sg. Acc.*

āmantrayate < ā-mantraya- < ā-√mantraya-（名動詞）：語りかける。*Pres. 3, sg. A.*

sma：*ind.* 実に。現在形の動詞とともに用いて、過去の意味を表わす（歴史的現在）。

………………………………………………………………………

imāṃ < idam-：これ。*f. sg. Acc.*

te ’haṃ < te + ahaṃ

　　te < tvad-：あなた。*2, sg. Gen.*

　　ahaṃ < mad-：私。*1, sg. Nom.*

maitreyâsaṃkhyeya-kalpa-koṭī-samudānītām < maitreya + asaṃkhyeya-kalpa-koṭī-samudānītām

　　maitreya < maitreya-：*m.* マイトレーヤ。「慈氏」と漢訳。「弥勒」と音写。*sg. Voc.*

　　asaṃkhyeya-kalpa-koṭī-samudānītām < asaṃkhyeya-kalpa-koṭī-samudānītā- < asaṃkhye= ya-kalpa-koṭī-samudānīta-：*adj.* 幾コーティもの数え切れない劫をかけて達成した。*f. sg. Acc.*

　　asaṃkhyeya- < a- + sam-√khyā- (2) + -ya：*未受分,* 計算すべきでない。無数の。数えがたい。「阿僧祇」と音写。

　　kalpa-：*m.* 宇宙論的時間。「劫」「劫波」と音写。

　　koṭī- = koṭi-：*f.* 億。兆。京。

　　samudānīta- < sam-ud-ā-√nī- (1) + -ta：*pp.* 集められた。得られた。達せられた。成し遂げられた。完成させられた。完成された。完全に到達された。

　　sam-ud-ā-√nī- (1)：集める。得る。達する。成し遂げる。完成させる。「集」「積集」と漢訳。

anuttarāṃ < anuttarā- < anuttara- < an-ud-tara-：*比較級,* この上ない。「無上」と漢訳。*f. sg. Acc.*

samyak-saṃbodhim < samyak-saṃbodhi-：*f.* 正しく完全な覚り。「正覚」「正等正覚」「正等菩提」と漢訳。「三藐三菩提」と音写。*sg. Acc.*

anuparīndāmi < anuparīnda- < anu-√parīnd- (名動詞)：「付嘱」「嘱累」と漢訳。*Pres. 1, sg. P.*

√parīnd- (名動詞)：「付嘱」「嘱累」と漢訳。

yathêma < yathā + ima

yathā：*conj.* ～のように。あたかも～のように。～と（that）。その結果。

ima < ime + a 以外の母音 < idam-：これ。*m. pl. Nom.*

evaṃ-rūpā < evaṃ-rūpāḥ + 有声音 < evaṃ-rūpa-：*adj.* このような形の。*m. pl. Nom.*

dharma-paryāyā < dharma-paryāyāḥ + 有声音 < dharma-paryāya-：*m.* 法門。*pl. Nom.*

yuṣmad-adhiṣṭhānena < yuṣmad-adhiṣṭhāna-：*n.* あなたたちの神力。*sg. Ins.*

yuṣmad-：あなたたち。*2, pl.*

adhiṣṭhāna- < adhi-√sthā- (1) + -ana：*n.* 立脚点。立場。場所。住所。主権。権力。「神力」「神通」「威神力」「願力」「加護」「護念」「加持」「守護」「建立」と漢訳。

adhi-√sthā- (1)：～（対格、処格）の上に立つ。足で踏む。住む。克服する。凌駕する。優位に立つ。導く。支配する。「加持」「示現」「守護」と漢訳。

parigraheṇa < parigraha- < pari-√grah- (9) + -a：*m.* 包容。包含。取得。把握。受納。獲得。所有。*sg. Ins.*

tathāgatasya < tathāgata-：*m.* 「如来」と漢訳。*sg. Gen.*

parinirvṛtasya < parinirvṛta- < pari-nir-√vṛ- (1) + -ta：*pp.* 完全なる滅度に入った。完全に消滅した。「般涅槃」と音写。*m. sg. Gen.*

以上の属格は絶対節をなしている。

paścime < paścima-：*adj.* 後の。西の。最後の。*m. sg. Loc.*

kāle < kāla-：*m.* 適当なる季節。正しい時。機会。年代。「時」「世」と漢訳。*sg. Loc.*

paścime < paścima-：*adj.* 後の。西の。最後の。*m. sg. Loc.*

samaye < samaya-：*m.* 会合の場所。時間。好機。機会。*sg. Loc.*

jambū-dvīpe < jambū-dvīpa-：*m.* ジャンブー州（閻浮提）。ジャンブー樹の生える島。インドを含む亜大陸の名前。「閻浮提」「瞻部州」と音写。*sg. Loc.*

vaistārikā < vaistārikāḥ + 有声音 < vaistārika- < vistāra- + -ika：*adj.* 「広」「（深）広」「増広」「流布」と漢訳。*m. pl. Nom.*

vistāra- < vi-√stṛ- (5) + -a：拡張。拡大。広さ。詳細。

vaistārikī √bhū- (1)：（～が）流布する。「流布」と漢訳。

vaistārikīṃ √kṛ- (8)：（～を）流布する。「広流布」と漢訳。

bhaveyur < bhaveyuḥ + 有声音 < bhava- < √bhū- (1)：～である。なる。*Opt. 3, pl. P.*

nântar-dhīyeran < na + antar-dhīyeran

antar-dhīyeran < antar-dhīya- < antar-√dhā- (3) + -ya：*Pass.* ～の内に置かれる。覆われる。隠される。消失させられる。*Opt. 3, pl. A.*

tat kasmād dhetoḥ /

（梵漢和維摩経 *p.* 602, *ll.* 5–6）

「それは、どんな理由からか。

【「所以は何んとなれば、】　（大正蔵、巻一四、五五七頁上）

……………………………………………………………………

tat < tad-：それ。*n. sg. Nom.*

kasmād dhetoḥ < kasmāt + hetoḥ

連声法は、cf.「基礎」*p.* 63.

kasmāt < kim-：*疑問詞,* だれ。何。どんな。どの。*m. sg. Abl.*

hetoḥ < hetu-：*m.* 理由。原因。因。*sg. Abl.*

奪格は、動機、原因、理由を表わす。cf.「シンタックス」*p.* 58.

bhaviṣyanti maitreyânāgate 'dhvani kula-putrāḥ kula-duhitaraś ca deva-nāga-yakṣa-gandharvāś câvaropita-kuśalā anuttarāṃ samyak-saṃbodhiṃ saṃprasthitāḥ /
(梵漢和維摩経 *p.* 602, *ll.* 6–8)

「マイトレーヤよ、未来において、良家の息子たちと良家の娘たち、および神々・龍・ヤクシャ（夜叉）・ガンダルヴァ（乾闥婆）たち、そして善〔根〕を植えているものたちが、この上ない正しく完全な覚りに向かって出で立つであろう。
【「未来世中に当に善男子・善女人、及び天・龍・鬼神・乾闥婆・羅刹等有りて、阿耨多羅三藐三菩提に心を発し、大法を楽うべし。】（大正蔵、巻一四、五五七頁上）
……………………………………………………………………

bhaviṣyanti < bhaviṣya- < √bhū- (1) + -iṣya：〜である。なる。*Fut. 3, pl. P.*
過去受動分詞の時制･人称を示すために用いられる。

maitreyânāgate 'dhvani < maitreya + anāgate + adhvani
maitreya < maitreya-：*m.* マイトレーヤ。「慈氏」と漢訳。「弥勒」と音写。*sg. Voc.*
anāgate < anāgata- < an-ā-√gam- (1) + -ta：*pp.* 達せざる。未来の。*m. sg. Loc.*
adhvani < adhvan-：*m.* 路。時。世。*sg. Loc.*
進むべき「道」を時間の概念でとらえて「時」という意味が出てきた。

kula-putrāḥ < kula-putraḥ + (k) < kula-putra-：*m.* 良家の息子。「善男子」と漢訳。*pl. Nom.*
kula-duhitaraś < kula-duhitaraḥ + (c) < kula-duhitṛ-：*f.* 良家の娘。「善女人」と漢訳。*pl. Nom.*
ca：*conj.* および。また。しかしながら。そして。〜と。なお。
deva-nāga-yakṣa-gandharvāś < deva-nāga-yakṣa-gandharvāḥ + (c) < deva-nāga-yakṣa-gandharva-：*m.* 神々・龍・ヤクシャ・ガンダルヴァ。*pl. Nom.*
câvaropita-kuśalā < ca + avaropita-kuśalā
avaropita-kuśalā < avaropita-kuśalāḥ + 有声音 < avaropita-kuśala-：*adj.* 植えられた善〔根〕を持つ。善〔根〕を植えられている。*m. pl. Nom.*
avaropita- < avaropaya- + -ta- < ava-√ruh- (1) + -aya + -ta：*Caus. pp.* 下ろされた。植えられた。「種」「所種」「置」と漢訳。
kuśala-：*adj.* 善き。正しき。〜に熟練した。老練なる。経験ある。
anuttarāṃ < anuttarā- < anuttara- < an-ud-tara-：*比較級,* この上ない。「無上」と漢訳。*f. sg. Acc.*
samyak-saṃbodhiṃ < samyak-saṃbodhi-：*f.* 正しく完全な覚り。「正覚」「正等正覚」「正等菩提」と漢訳。「三藐三菩提」と音写。*sg. Acc.*
saṃprasthitāḥ < saṃprasthita- < sam-pra-√sthā- (1) + -ita：*pp.* 〜に向かって出かけた。出発した。*m. pl. Nom.*

te 'śravaṇād asya dharma-paryāyasya mā parihāsyanta iti /
(梵漢和維摩経 *p.* 602, *ll.* 8–9)

「この法門を聞かないことで、それらのものたちが損をすることがないように。
【「若し是くの如き等の経を聞かざらしむれば、則ち善利を失わん。】（大正蔵、巻一四、五五七頁上）
……………………………………………………………………

te 'śravaṇād < te + aśravaṇād
te < tad-：それ。*m. pl. Nom.*
aśravaṇād < aśravaṇāt + 母音 < aśravaṇa- < a-śravaṇa-：*n.* 聞かないこと。学ばないこと。*sg. Abl.*
śravaṇa- < √śru- (5) + -ana：*n.* 聞くこと。学ぶこと。
√śru- (5)：聞く。
asya < idam-：これ。*m. sg. Gen.*

dharma-paryāyasya < dharma-paryāya-：*m.* 法門。*sg. Gen.*
mā：*adv.* ～なかれ。～なからんことを。～しないように。願わくは～ないように。
　mā は、オーグメントを欠いた過去形や、アオリストとともに用いられて“禁止”を意味するが、このほか願望法や命令法、さらには未来形や現在形とさえ用いられることもある。cf.「辻文法」*pp.* 256, 294–296.
parihāsyanta < parihāsyante + a 以外の母音 < parihāsya- < pari-√hā- (3) + -sya：(人を) 見捨てる。あきらめる。捨てる。無視する。「滅」「損」「損減」「減少」「棄捨」と漢訳。*Pres. 3, pl. A.*
iti：*adv.* ～と。以上のように。「如是」と漢訳。

> imān evaṃrūpān sūtrântāñ śrutvâtīva prema ca prasādaṃ ca pratilapsyante mūrdhnā ca pratigrahīṣyanti /
>
> (梵漢和維摩経 *p.* 602, *ll.* 9–10)

「〔それらのものたちは、〕これらのこのような経の極致を聞いて後、甚だしく好意と浄信を獲得して、〔これらの経の極致を〕頭〔におしいただくこと〕によって受けるであろう。
【「此の輩の如き人は、是れ等の経を聞かば、必ずや信楽多くして、希有の心を発さん。当に頂を以て受け、】　(大正蔵、巻一四、五五七頁上)
…………………………………………………………………………

imān < idam-：これ。*m. pl. Acc.*
evaṃrūpān < evaṃ-rūpa-：*adj.* このような形の。*m. pl. Acc.*
sūtrântāñ < sūtrântān + (ś) < sūtrânta- < sūtra-anta-：*m.* 経。経の極致。「経典」「教」「経」と漢訳。*pl. Acc.*
śrutvâtīva < śrutvā + atīva
　śrutvā < √śru- (5) + -tvā：～（具格、奪格、属格）から聞く。*Ger.*
　atīva：*adv.* 過度に。「甚」「極大」と漢訳。
prema < preman-：*n.* 愛。愛情。やさしさ。親切。好意。～に対する愛好。「愛楽」「愛敬」「楽著」「愍念」「憐愍」と漢訳。*sg. Acc.*
ca：*conj.* および。また。しかしながら。そして。～と。なお。
prasādaṃ < prasāda- < pra-√sad- (1) + -a：*m.* （水や声の）清澄であること。（言葉や文が）明瞭であること。（心の）平静・晴朗。親切。援助。助力。「浄」「清浄」「澄浄」「浄心」「心清浄」「信」「信心」「浄信」と漢訳。*sg. Acc.*
ca：*conj.* および。また。しかしながら。そして。～と。なお。
pratilapsyante < pratilapsya- < prati-√labh- (1) + -sya：回復する。取り戻す。達する。得る。「獲得」「成就」と漢訳。*Fut. 3, pl. A.*
mūrdhnā < mūrdhan-：*m.* 額。頭蓋。頭。頭頂。*sg. Ins.*
ca：*conj.* および。また。しかしながら。そして。～と。なお。
pratigrahīṣyanti < pratigrahīṣya- < prati-√grah- (9) + -iṣya：つかむ。摂取する。取り戻す。受ける。嘉納する。*Fut. 3, pl. P.*

> teṣāṃ tvaṃ maitreya tathā-rūpāṇāṃ kula-putrāṇāṃ kula-duhitṝṇāṃ cânurakṣāyā imān evaṃrūpān sūtrântāṃs tasmin kāle vaistārikān kuryāḥ /
>
> (梵漢和維摩経 *p.* 602, *ll.* 10–12)

「マイトレーヤよ、あなたは、その時、そのようなそれらの良家の息子たちや良家の娘たちの守護のために、このようなこれらの経の極致を流布するがよい。
【「諸の衆生の応に利を得べき所に随いて、為に広く説くべし。】　(大正蔵、巻一四、五五七頁上)
…………………………………………………………………………

teṣāṃ < tad-：それ。*m. pl. Gen.*
tvaṃ < tvad-：あなた。*2, sg. Nom.*

maitreya < maitreya-：*m.* マイトレーヤ。「慈氏」と漢訳。「弥勒」と音写。*sg. Voc.*
tathā-rūpāṇāṃ < tathā-rūpa-：*adj.* そのように形成された。そのような外観の。「如是」と漢訳。*m. pl. Gen.*
kula-putrāṇāṃ < kula-putra-：*m.* 良家の息子。「善男子」と漢訳。*pl. Gen.*
kula-duhitṝṇāṃ < kula-duhitṛ-：*f.* 良家の娘。「善女人」と漢訳。*pl. Gen.*
cânurakṣāyā < ca + anurakṣāyā
　　ca：*conj.* および。また。しかしながら。そして。〜と。なお。
　　anurakṣāyā < anurakṣāyai + 母音 < anurakṣā- < anu-√rakṣ- (1) + -ā：*f.* 「護」「防慮」と漢訳。*sg. Dat.*
　　この連声の規則については、cf.「基礎」*p.* 49.
　　anu-√rakṣ- (1)：保護しつつ随行する。守護する。防護する。
　　√rakṣ- (1)：防護する。保護する。見張る。救護する。
imān < idam-：これ。*m. pl. Acc.*
evaṃ-rūpān < evaṃ-rūpa-：*adj.* このような形の。*m. pl. Acc.*
sūtrântāṃs < sūtrântān + (t) < sūtrânta- < sūtra-anta-：*m.* 経。経の極致。「経典」「教」「経」と漢訳。*pl. Acc.*
　　sūtra-：*n.* 経典。
　　anta-：*m.* 端。縁辺。限界。終局。死。極致。
tasmin < tad-：それ。*n. sg. Loc.*
kāle < kāla-：*m.* 適当なる季節。正しい時。機会。年代。「時」「世」と漢訳。*sg. Loc.*
vaistārikān < vaistārika- < vistāra- + -ika：*adj.* 「広」「（深）広」「増広」「流布」と漢訳。*m. pl. Acc.*
　　vaistārikī √bhū- (1)：（〜が）流布する。「流布」と漢訳。
　　vaistārikīṃ √kṛ- (8)：（〜を）流布する。「広流布」と漢訳。
kuryāḥ < kuru- < √kṛ- (8)：なす。作る。*Impv. 2, sg. P.*

> §17　dve ime maitreya bodhi-sattvānāṃ mudre /
> （梵漢和維摩経 *p.* 602, *l.* 13）

§17　「マイトレーヤよ、菩薩たちにはこれらの二つの表徴があるのだ。
【§17　「弥勒(みろく)よ、当(まさ)に知るべし。菩薩に二相有り。】　（大正蔵、巻一四、五五七頁上）

dve < dvi-：*基数詞*, 二。*f. du. Nom.*
ime < idam-：これ。*f. du. Nom.*
maitreya < maitreya-：*m.* マイトレーヤ。「慈氏」と漢訳。「弥勒」と音写。*sg. Voc.*
bodhi-sattvānāṃ < bodhi-sattva-：*m.* 覚りを求める人。「菩薩」と漢訳。*pl. Gen.*
mudre < mudrā-：*f.* 刻印付きの指環。封印。印章。表徴。*du. Nom.*
　　以上は、属格と主格の名詞文をなしている。

> katame dve /
> （梵漢和維摩経 *p.* 602, *l.* 13）

「二つとは何か。
【「何をか謂(い)いて二と為(な)すや。】　（大正蔵、巻一四、五五七頁上）

katame < katama-：*疑問代名詞*, （多くの中の）だれか。何か。「何」「如何」「何者」「何等」と漢訳。*f. du. Nom.*
dve < dvi-：*基数詞*, 二。*f. du. Nom.*

> vicitra-pada-vyañjana-prasāda-mudrā ca gambhīra-dharma-nayânuttrāsa-yathā-bhūtâvatāra-pra=

veśa-mudrā ca /

(梵漢和維摩経 *p.* 602, *ll.* 13–15)

「〔第一に、〕種々の語句や象徴的表現が明瞭であるという表徴と、〔第二に、〕深遠な法への導きを恐れることなく、真実あるがままに成就し悟入するという表徴〔の二つ〕である。

【「一には雑句・文飾の事を好む。二には深義を畏れずして、如実に能く入る。】

（大正蔵、巻一四、五五七頁上）

……………………………………………………………………

vicitra-pada-vyañjana-prasāda-mudrā < vicitra-pada-vyañjana-prasāda-mudrā-：*f.* 種々の語句や象徴的表現が明瞭であるという表徴。*sg. Nom.*

vicitra- < vi-citra-：*adj.* 雑色の。多彩な。光彩ある。種々の。多様な。美しい。

pada-：*n.* 一歩。足跡。足。語。「歩」「跡」「句」と漢訳。

vyañjana- < vi-añjana- < vi-√añj- (7) + -ana：*n.* 現わすこと。指示すること。象徴的表現。マーク。しるし。

prasāda- < pra-√sad- (1) + -a：*m.* （水や声の）清澄であること。（言葉や文が）明瞭であること。（心の）平静・晴朗。親切。援助。助力。「浄」「清浄」「澄浄」「浄心」「心清浄」「信」「信心」「浄信」と漢訳。

pra-√sad- (1)：（意味が）明瞭になる。心が静まる。～（属格）に対して明るくなる。満足する。

√sad- (1)：坐る。

mudrā-：*f.* 刻印付きの指環。封印。印章。表徴。

ca：*conj.* および。また。しかしながら。そして。～と。なお。

gambhīra-dharma-nayânuttrāsa-yathā-bhūtâvatāra-praveśa-mudrā < gambhīra-dharma-naya-anuttrāsa-yathā-bhūta-avatāra-praveśa-mudrā-：*f.* 深遠な法への導きを恐れることなく、真実あるがままに成就し悟入するこという表徴。*sg. Nom.*

gambhīra- = gabhīra-：*adj.* 深い。「甚深」「深遠」と漢訳。

dharma-：*m.* 確定した秩序。慣例。習慣。法則。規則。義務。宗教。教説。性質。本質。属性。特質。事物。法。

naya- < √nī- (1) + -a：*m.* ～（処格）に導くこと。行状。態度。行為。思慮。思慮ある行為。企図。計画。教義。

anuttrāsa- < an-uttrāsa-：*m.* 恐怖のないこと。

uttrāsa- < ud-√tras- (1) + -a：*m.* 恐怖。「怖畏」と漢訳。

ud-√tras- (1)：驚く。驚かす。

yathā-bhūta-：*adj.* あるがままの。真実の。「如実」

avatāra- < ava-√tṝ- (1) + -a：*m.* 権化。顕示。（諸神の地上への）降下。欠点。「入」「令入」「趣入」と漢訳。

ava-√tṝ- (1)：～（対格、処格）へ下る。～（奪格）より下る。降りる。化現する。顕現する。赴く。達する。至る。

praveśa- < pra-√viś- (6) + -a：*m.* ～に入ること。出過ぎたこと。「能入」「悟入」と漢訳。

pra-√viś- (6)：入る。近づく。誘い込む。導入する。

mudrā-：*f.* 刻印付きの指環。封印。印章。表徴。

ca：*conj.* および。また。しかしながら。そして。～と。なお。

ime maitreya bodhi-sattvānāṃ dve mudre /

(梵漢和維摩経 *p.* 602, *ll.* 15–16)

「マイトレーヤよ、これらが菩薩たちの二つの表徴である。

【漢訳相当箇所なし】

……………………………………………………………………

ime < idam-：これ。*f. du. Nom.*
maitreya < maitreya-：*m.* マイトレーヤ。「慈氏」と漢訳。「弥勒」と音写。*sg. Voc.*
bodhi-sattvānāṃ < bodhi-sattva-：*m.* 覚りを求める人。「菩薩」と漢訳。*pl. Gen.*
dve < dvi-：*基数詞,* 二。*f. du. Nom.*
mudre < mudrā-：*f.* 刻印付きの指環。封印。印章。表徴。*du. Nom.*
　以上は、属格と主格の名詞文と考えることもできる。

> tatra maitreya ye bodhi-sattvā vicitra-pada-vyañjana-prasāda-gurukās ta ādikarmikā bodhi-sa=ttvā veditavyāḥ /
>
> （梵漢和維摩経 *p.* 602, *ll.* 16–17）

「マイトレーヤよ、そこにおいて種々の語句や象徴的表現が明瞭であることを尊重するところの菩薩たち、それら〔の菩薩たち〕は新学の菩薩たちであると知られるべきである。
【「若し雑句・文飾の事を好む者は、当に知るべし、是れを新学の菩薩と為す。】
（大正蔵、巻一四、五五七頁上）
……………………………………………………………………

tatra：*adv.*（ta の処格）。そこに。そこへ。ここに。此の機会に。そのために。その場合に。その時に。
maitreya < maitreya-：*m.* マイトレーヤ。「慈氏」と漢訳。「弥勒」と音写。*sg. Voc.*
ye < yad-：*関係代名詞, m. pl. Nom.*
bodhi-sattvā < bodhi-sattvāḥ ＋ 有声音 < bodhi-sattva-：*m.* 覚りを求める人。「菩薩」と音写。*pl. Nom.*
vicitra-pada-vyañjana-prasāda-gurukās < vicitra-pada-vyañjana-prasāda-gurukāḥ ＋ (t) < vicitra-pada-vyañjana-prasāda-guruka-：*adj.* 種々の語句や象徴的表現が明瞭であることを尊重する。*m. pl. Nom.*
　vicitra- < vi-citra-：*adj.* 雑色の。多彩な。光彩ある。種々の。多様な。美しい。
　pada-：*n.* 一歩。足跡。足。語。「歩」「跡」「句」と漢訳。
　vyañjana- < vi-añjana- < vi-√añj- (7) + -ana：*n.* 現わすこと。指示すること。象徴的表現。マーク。しるし。
　prasāda- < pra-√sad- (1) + -a：*m.*（水や声の）清澄であること。（言葉や文が）明瞭であること。（心の）平静・晴朗。親切。援助。助力。「浄」「清浄」「澄浄」「浄心」「心清浄」「信」「信心」「浄信」と漢訳。
　guruka- < guru-ka-：*adj.* いよいよ重い。〜を尊重する。
　guru-：*adj.* 重い。大なる。重大な。重要な。大切な。*m.* 尊敬すべき人。師。「尊」「尊者」と漢訳。
ta < te ＋ a 以外の母音 < tad-：それ。*m. pl. Nom.*
ādikarmikā < ādikarmikāḥ ＋ 有声音 < ādi-karmika-：*m.* 初心者。「初学」「初学者」「初発心」「新発意」と漢訳。*pl. Nom.*
bodhi-sattvā < bodhi-sattvāḥ ＋ 有声音 < bodhi-sattva-：*m.* 覚りを求める人。「菩薩」と音写。*pl. Nom.*
veditavyāḥ < veditavya- < √vid- (1) + -itavya：*未受分,* 知られるべき。感受されるべき。*m. pl. Nom.*

> ye punar imaṃ maitreya gambhīraṃ sūtrântam arūpa-lepaṃ[4] yamaka-vyatyasta-nihāra-pada-puṭa-prabhedaṃ pravartayiṣyanti śroṣyanty adhimokṣyante vedayiṣyantîme bodhi-sattvāś cira-carita-brahma-caryā veditavyāḥ /
>
> （梵漢和維摩経 *p.* 604, *ll.* 1–4）

「さらに、マイトレーヤよ、汚れがなく、〔対立する語を並べた〕対句や、〔顚倒した〕逆説的なことを提示する章句の分析からなる[5] この深遠なる経の極致を語り、聞き、信順し、説くところの〔菩薩たち〕、これらの菩薩たちは、長い間、純潔の行ない（梵行）を実践しているものたちであると知られるべきである。
【「若し是くの如き無染・無著なる甚深の経典に於いて、恐畏有ること無く、能く其の中に入り、聞き已りて、心浄く受持・読誦し、説の如くに修行せば、当に知るべし、是れを久しく道行を修すると為す。】　（大正蔵、巻一四、五五七頁上）

ye < yad-：*関係代名詞, m. pl. Nom.*
punar：*adv.* 再び。新たに。さらに。なお。しかしながら。
imaṃ < idam-：これ。*m. sg. Acc.*
maitreya < maitreya-：*m.* マイトレーヤ。「慈氏」と漢訳。「弥勒」と音写。*sg. Voc.*
gambhīraṃ < gambhīra- = gabhīra-：*adj.* 深い。「甚深」「深遠」と漢訳。*sg. Acc.*
sūtrântam < sūtrânta- < sūtra-anta-：*m.* 経。経の極致。「経典」「教」「経」と漢訳。*sg. Acc.*
arūpa-lepaṃ < arūpa-lepa- < a-rūpa-lepa-：*adj.* 姿に汚れのない。*m. sg. Acc.*
　rūpa-lepa-：*adj.* 形態に汚れを持つ。形態の汚れた。
　rūpa-：*n.* 形態。外観。色。形。美しい形。見目よいこと。
　lepa- < √lip- (6) + -a：*m.* 塗ること。油を塗ること。染めること。よごすこと。膏薬。軟膏。漆喰。斑点。汚点。不潔物。
　√lip- (6)：油を塗る。汚す。潰す。不潔にする。よごす。染める。
yamaka-vyatyasta-nihāra-pada-puṭa-prabhedaṃ < yamaka-vyatyasta-nihāra-pada-puṭa-prabheda-：*adj.* 〔対立する語を並べた〕対句や、〔顛倒した〕逆説的なことを提示する語句や章句の分析からなる。*m. sg. Acc.*
　yamaka-：*adj.* 二様の。二重の。異義同音の綴りを反復させること。
　vyatyasta- < vi-ati-√as- (2) + -ta：*pp.* 転置された。顛倒された。辻褄の合わない（話）。「転換」「乱住」「覆」「覆住」と漢訳。
　vi-ati-√as- (4)：顛倒する。
　第4章には、類義語として「顛倒する」「逆にする」「覆す」という意味の vi-pari-√as- (4) から作られた viparyāsa-（顛倒。逆の考え）が用いられている。
　nihāra- < ni-√hṛ- (1) + -a：*m.* 贈与。提供。提示。与えること。
　ni-√hṛ- (1)：（贈り物や賞を）与える。提供する。to offer (as a gift or reward).
　pada-puṭa-：*n.* 語という部分／箇所。章句。
　pada-：*n.* 一歩。足跡。足。語。「歩」「跡」「句」と漢訳。
　puṭa-< √puṭ- (6) + -a：*m. n.* 襞。袋。穴。裂け目。器。箱。pada-puṭa-（章句）の略か。
　√puṭ- (6)：～（具格）に包む。～（具格）によって摩擦する。
　prabheda- < pra-√bhid- (1) + -a：*m.* 断ち割ること。貫通すること。区分。分離。差別。差異。種。類。「差別」「分別」「解釈」と漢訳。BHS. dic. には analysis, solution (of questions).
pravartayiṣyanti < pravartayiṣya- < pravartaya- + -iṣya < pra-√vṛt- (1) + -aya + -iṣya：*Caus.* 向かせる。転がす。動かす。普及させる。（物語を）語る。～を勧めて行なわせる。*Fut. 3, pl. P.*
śroṣyanty < śroṣyanti + 母音 < śroṣya- < √śru- (5) + -sya：～（具格、奪格、属格）から聞く。*Fut. 3, pl. P.*
adhimokṣyante < adhimokṣya- < adhi-√muc- (4,6) + -ṣya：信用する。確信する。熱中する。献身する。「信」「解」「信解」と漢訳。*Fut. 3, pl. A.*
vedayiṣyantîme < vedayiṣyanti + ime
　vedayiṣyanti < vedayiṣya- < vedaya- + -iṣya < √vid- (2) + -aya + -iṣya：*Caus.* 知らせる。伝える。宣言する。通知する。告げる。教える。説く。*Fut. 3, pl. P.*
　ime < idam-：これ。*m. pl. Nom.*
bodhi-sattvāś < bodhi-sattvāḥ + (c) < bodhi-sattva-：*m.* 覚りを求める人。「菩薩」と音写。*pl. Nom.*
cira-carita-brahma-caryā < cira-carita-brahma-caryāḥ + 有声音 < cira-carita-brahma-carya-：*adj.*

長い間、行なった純潔な行ない（梵行）を持つ。長い間、純潔な行ない（梵行）を実践した。*m. pl. Nom.*

cira-：*adj.* 長い（時）。長く存在する。昔の。「久」「久遠」と漢訳。

carita- < √car- (1) + -ita：*pp.* 行った。行なわれた。*n.* 行為。動作。歩むこと。「行」「遊行」「修行」「奉行」と漢訳。

brahma-caryā-：*n.* 純潔な行ない。禁欲。浄行。「梵行」「浄行」と漢訳。

veditavyāḥ < veditavya- < √vid- (1) + -itavya：*未受分,* 知られるべき。感受されるべき。*m. pl. Nom.*

§18 tatra maitreya dvābhyāṃ kāraṇābhyām ādikarmikā bodhi-sattvā ātmānaṃ kṣiṇvanti / na ca gambhīreṣu dharmeṣu nidhyaptiṃ gacchanti /
（梵漢和維摩経 *p.* 604, *ll.* 5–6）

§18 「その場合に、マイトレーヤよ、新学の菩薩たちは二つの原因によって自らを傷つけるのである。そして、深遠な法に対する洞察を得ることがないのだ。

【§18 「弥勒よ、復、二法有りて、新学の者と名づく。甚深の法に決定すること能わず。】

（大正蔵、巻一四、五五七頁上）

……………………………………………………………………

tatra：*adv.* （ta の処格）。そこに。そこへ。ここに。此の機会に。そのために。その場合に。その時に。

maitreya < maitreya-：*m.* マイトレーヤ。「慈氏」と漢訳。「弥勒」と音写。*sg. Voc.*

dvābhyāṃ < dvi-：*基数詞,* 二。*n. du. Ins.*

kāraṇābhyām < kāraṇa-：*n.* 原因。機会。動機。第一原因。「因」「作因」「能作」「因縁」と漢訳。*du. Ins.*

ādikarmikā < ādikarmikāḥ + 有声音 < ādi-karmika-：*m.* 初心者。「初学」「初学者」「初発心」「新発意」と漢訳。*pl. Nom.*

bodhi-sattvā < bodhi-sattvāḥ + 有声音 < bodhi-sattva-：*m.* 覚りを求める人。「菩薩」と音写。*pl. Nom.*

ātmānaṃ < ātman-：*m.* 自我。自分。*sg. Acc.*

kṣiṇvanti < kṣiṇu- < √kṣi- (5)：破壊する。滅ぼす。～（対格）を終わらせる。傷つける。殺す。圧迫する。「滅尽」と漢訳。*Pres. 3, pl. P.*

……………………………………………………………………

na：*ind.* ～でない。～にあらず。

ca：*conj.* および。また。しかしながら。そして。～と。なお。

gambhīreṣu < gambhīra- = gabhīra-：*adj.* 深い。「甚深」「深遠」と漢訳。*m. pl. Loc.*

dharmeṣu < dharma-：*m.* 「法」と漢訳。*pl. Loc.*

nidhyaptiṃ < nidhyapti- < ni-dhyapti-：*f.* 洞察。「観」「能観」「観察」「思惟」「正思惟」「実想」「諦察」「善分別」と漢訳。*sg. Acc.*

gacchanti < gaccha- < √gam- (1)：行く。～（対格、為格、処格）に赴く。近づく、達する。得る。～（対格）に陥る。*Pres. 3, pl. P.*

katamābhyāṃ[6] dvābhyām /
（梵漢和維摩経 *p.* 604, *l.* 7）

「二つによってとは、何によってか。

【「何等をか二と為す。】 （大正蔵、巻一四、五五七頁上）

……………………………………………………………………

katamābhyāṃ < katama-：*疑問代名詞,* （多くの中の）だれか。何か。「何」「如何」「何者」「何等」と漢訳。*n. du. Ins.*

dvābhyām < dvi-：*基数詞,* 二。*n. du. Ins.*

aśruta-pūrvāṃś ca gambhīrān sūtrântāñ śrutvôttrasyanti /
(梵漢和維摩経 *p.* 604, *ll.* 7–8)

「〔第一に、〕いまだ聞いたことのない深遠な経の極致を聞いて後に、恐怖を抱くであろう。
【「一には未だ聞かざる所の深経、之を聞きて驚怖し、】　(大正蔵、巻一四、五五七頁上)

……………………………………………………………………

aśruta-pūrvāṃś < aśruta-pūrvān + (c) < aśruta-pūrva- < a-śruta-pūrva-：*adj.* いまだ聞かざる。*m. pl. Acc.*
　śruta- < √śru- (5) + -ta：*pp.* 聞かれた。学ばれた。
　pūrva-：*adj.* 前の。東の。前にある。先の。以前の。格変化は、cf.「基礎」*p.* 223.
ca：*conj.* および。また。しかしながら。そして。～と。なお。
gambhīrān < gambhīra- ＝ gabhīra-：*adj.* 深い。「甚深」「深遠」と漢訳。*m. pl. Acc.*
sūtrântāñ < sūtrântān + (ś) < sūtrânta- < sūtra-anta-：*m.* 経。経の極致。「経典」「教」「経」と漢訳。*pl. Acc.*
śrutvôttrasyanti < śrutvā + uttrasyanti
　śrutvā < √śru- (5) + -tvā：～（具格、奪格、属格）から聞く。*Ger.*
　uttrasyanti < uttrasya- < ud-√tras- (4)：～（具格、奪格、属格）に対して慄う。～を恐れる。驚愕する。*Pres. 3, pl. P.*
　本書で動詞の √tras- は、Ⅰ類とⅣ類の両方が用いられている。

saṃśaya-prāptāś ca bhavanti nânumodanti[7] /
(梵漢和維摩経 *p.* 604, *l.* 8)

「疑いを抱いて、歓喜することがない。
【「疑いを生じて、随順すること能わず。】　(大正蔵、巻一四、五五七頁上)

……………………………………………………………………

saṃśaya-prāptāś < saṃśaya-prāptāḥ + (c) < saṃśaya-prāpta-：*adj.* 疑惑を抱いている。*m. pl. Nom.*
　saṃśaya- < saṃ-√śī- (1) + -a：*m.* 疑わしさ。「疑惑」「疑心」と漢訳。
　prāpta- < pra-√āp- (5) + -ta：*pp.* 達せられた。獲得された。
ca：*conj.* および。また。しかしながら。そして。～と。なお。
bhavanti < bhava- < √bhū- (1)：なる。*Pres. 3, pl. P.*
nânumodanti < na + anumodanti
　anumodanti < anumoda- < anu-√mud- (1)：～（対格）とともに喜ぶ。～（対格）を喜ぶ。*Pres. 3, pl. P.*
　√mud- (1)：喜ぶ。楽しむ。「喜」「受快楽」「受喜楽」と漢訳。

uttari ca pratikṣipante[8] /　ya ete 'smābhiḥ pūrvaṃ na śruta-pūrvāḥ kuta ime 'dhunâgatāḥ /
(梵漢和維摩経 *p.* 604, *ll.* 8–10)

「さらにまた、『私たちがかつて聞いたことのないところのこれら〔の経の極致〕、これら〔の経の極致〕は今、どこから来たのであろうか』と〔言って〕あざけるのだ。
【「毀謗し、信ぜずして、而も是の言を作す。『我れ初より聞かず。何れの所より来たれるや』と。】
(大正蔵、巻一四、五五七頁上)

……………………………………………………………………

uttari：*adv.*「上」「上昇」「過」「已後」「更」と漢訳。
ca：*conj.* および。また。しかしながら。そして。～と。なお。
pratikṣipante < pratikṣipa- < prati-√kṣip- (6)：～（処格）に投げる。害う。傷つける。抵抗する。却下する。拒絶する。とがめる。賤しむ。嘲る。*Pres. 3, pl. A.*

ya < ye + a 以外の母音 < yad-：*関係代名詞, m. pl. Nom.*
ete 'smābhiḥ < ete + asmābhiḥ
ete < etad-：これ。*m. pl. Nom.*
asmābhiḥ < asmābhiḥ + (p) < asmad-：われわれ。*1, pl. Ins.*
pūrvaṃ < pūrva-：*adj.* 前に。以前に。昔。*n. sg. Acc.* 対格の副詞的用法。
na：*ind.* 〜でない。〜にあらず。
śruta-pūrvāḥ < śruta-pūrvāḥ + (k) < śruta-pūrva-：*adj.* かつて聞かれた。*m. pl. Nom.*
śruta- < √śru- (5) + -ta：*pp.* 聞かれた。学ばれた。
pūrva-：*adj.* 前の。東の。前にある。先の。以前の。格変化は、cf.「基礎」*p.* 223.
kuta < kutaḥ + a 以外の母音 < kutas：*adv.* だれより。どこより。いずこへ。何ゆえに。
ime 'dhunâgatāḥ < ime + adhunā + āgatāḥ
ime < idam-：これ。*m. pl. Nom.*
adhunā：*adv.* 今。「今時」「現」「現在」と漢訳。
āgatāḥ < āgata- < ā-√gam- (1) + -ta：*pp.* 来た。やって来た。*m. pl. Nom.*

ye ca te kula-putrā gambhīra-dharma-sūtrânta-dhārakā gambhīra-dharma-bhājanā gambhīra-dharma-deśayitāras tān na sevante na bhajante na paryupāsante 'gauravāś ca teṣu bhavanty antarântarā ca teṣām avarṇam api niścārayanti /

（梵漢和維摩経 *p.* 604, *ll.* 10–13）

「〔第二に、〕深遠な法を説く経の極致の受持者たちであり、深遠な法を受ける器であり、深遠な法を説く人たちであるところのそれらの良家の息子たち、それら〔の良家の息子たち〕に対して奉仕することもなく、尊敬することもなく、仕えることもなく、さらにはそれら〔の良家の息子たち〕を恭敬しないでいる。しかも、時々、それら〔の良家の息子たち〕に対して罵り〔の言葉〕さえも言い放つのだ。

【「二には若し是くの如き深経を護持し、解説する者有らば、親近・供養・恭敬することを肯んぜず、或る時は中に於いて其の過悪を説く。】　（大正蔵、巻一四、五五七頁上）

………………………………………………………………………

ye < yad-：*関係代名詞, m. pl. Nom.*
ca：*conj.* および。また。しかしながら。そして。〜と。なお。
te < tad-：それ。*m. pl. Nom.*
kula-putrā < kula-putrāḥ + 有声音 < kula-putra-：*m.* 良家の息子。「善男子」と漢訳。*pl. Nom.*
gambhīra-dharma-sūtrânta-dhārakā < gambhīra-dharma-sūtrânta-dhārakāḥ + 有声音 < gambhīra-dharma-sūtrânta-dhāraka-：*m.* 深遠な法を説く経の極致の受持者。*pl. Nom.*
gambhīra- = gabhīra-：*adj.* 深い。「甚深」「深遠」と漢訳。
dharma-：*m.* 確定した秩序。慣例。習慣。法則。規則。義務。宗教。教説。性質。本質。属性。特質。事物。法。
sūtrânta- < sūtra-anta-：*m.* 経。経の極致。「経典」「教」「経」と漢訳。
dhāraka- < √dhṛ- (6) + -aka：*m.* 受持者。
gambhīra-dharma-bhājanā < gambhīra-dharma-bhājanāḥ + 有声音 < gambhīra-dharma-bhājana-：*adj.* 深遠な法を受ける器である。*m. pl. Nom.*
bhājana- < √bhaj- (1) + -ana：*n.* 〜を代表すること。〜と等しいこと。容器。皿。壺。〜(属格)を容れるもの。〜（属格）の貯蔵所。〜（属格）を受けるに値する人／もの。
gambhīra-dharma-deśayitāras < gambhīra-dharma-deśayitāraḥ + (t) < gambhīra-dharma-deśayitṛ-：*m.* 深遠な法を説く人。*pl. Nom.*
deśayitṛ- < deśaya- + -itṛ：*m.* 説く人。「説者」と漢訳。
deśaya- < √diś- (6) + -aya：*Caus.* 示す。導く。説明する。教える。「宣説」「開示」「教示」と漢訳。

tān < tad-：それ。*m. pl. Acc.*
na：*ind.* ～でない。～にあらず。
sevante < seva- < √sev- (1)：～（処格）近くにいる。～（対格）に留まる。立つ。滞在する。住む。居住する。～（対格）に仕える。世話する。奉仕する。喜ばせる。尊敬する。崇拝する。実践する。*Pres. 3, pl. A.*
na：*ind.* ～でない。～にあらず。
bhajante < bhaja- < √bhaj- (1)：分配する。分かつ。～（為・属格）に配分する。～（具格）と分け合う。授与する。贈与する。分け前を受け取る。尊敬する。崇め尊ぶ。*Pres. 3, pl. A.*
na：*ind.* ～でない。～にあらず。
paryupāsante 'gauravāś < paryupāsante + agauravāś
　　paryupāsante < paryupāsa- < pari-upa-√ās- (2)：周囲に座す。囲む。尊敬する。仕える。*Pres. 3, pl. A.*
　　agauravāś < agauravāḥ + (c) < agaurava- < a-gaurava-：*adj.* 「不敬」「不孝」「不恭敬」「無恭敬心」「不生崇重」「不起尊重」「不生恭敬心」と漢訳。*m. pl. Acc.*
　　gaurava- < guru- + -a：*adj.* 師（guru）に関する。*n.* 重さ。重要性。～（処格）に対する尊敬。「尊敬」「畏敬」と漢訳。
ca：*conj.* および。また。しかしながら。そして。～と。なお。
teṣu < tad-：それ。*m. pl. Loc.*
bhavanty < bhavanti + 母音 < bhava- < √bhū- (1)：～である。なる。*Pres. 3, pl. P.*
antarântarā < antarā-antarā：*adv.* 時々。あちらこちらに。～（対格、処格）の中間に。～（対格）の間。
ca：*conj.* および。また。しかしながら。そして。～と。なお。
teṣām < tad-：それ。*m. pl. Gen.* 属格の為格的用法。
avarṇam < avarṇa- < a-varṇa-：*m.* 譴責。非難。「誹謗」「毀謗」「毀罵」「軽蔑」「不美称」と漢訳。*sg. Acc.*
api：*adv.* また。さえも。されど。なお。
niścārayanti < niścāraya- < nis-√car- (1) + -aya：*Caus.* 出でしむ。放出させる。「放」「発」「出」「演出」「流布」と漢訳。*Pres. 3, pl. P.*
　　nis-√car- (1)：出る。現われる。進む。「放」「発」「出」と漢訳。

ābhyāṃ maitreya dvābhyāṃ kāraṇābhyām ādikarmikā bodhi-sattvā ātmānaṃ kṣiṇvanti /
（梵漢和維摩経 *p.* 604, *ll.* 13–14）

「マイトレーヤよ、これらの二つの原因によって新学の菩薩たちは自らを傷つけるのである。
【「此の二法有らば、当に知るべし。是れを新学の菩薩と為す。自ら毀傷を為して、】
（大正蔵、巻一四、五五七頁上）

……………………………………………………………………

ābhyāṃ < idam-：これ。*n. du. Ins.*
maitreya < maitreya-：*m.* マイトレーヤ。「慈氏」と漢訳。「弥勒」と音写。*sg. Voc.*
dvābhyāṃ < dvi-：*基数詞,* 二。*n. du. Ins.*
kāraṇābhyām < kāraṇa-：*n.* 原因。機会。動機。第一原因。「因」「作因」「能作」「因縁」と漢訳。*du. Ins.*
ādikarmikā < ādikarmikāḥ + 有声音 < ādi-karmika-：*m.* 初心者。「初学」「初学者」「初発心」「新発意」と漢訳。*pl. Nom.*
bodhi-sattvā < bodhi-sattvāḥ + 有声音 < bodhi-sattva-：*m.* 覚りを求める人。「菩薩」と音写。*pl. Nom.*
ātmānaṃ < ātman-：*m.* 自我。自分。*sg. Acc.*
　　ātman- が再帰代名詞として用いられる時は、主語が両数でも、複数でも、男性でなくても、常に男性・単数で用いられる。cf.「シンタックス」*p.* 31.

kṣiṇvanti < kṣiṇu- < √kṣi- (5)：破壊する。滅ぼす。～（対格）を終わらせる。傷つける。殺す。圧迫する。「滅尽」と漢訳。*Pres. 3, pl. P.*

Ⅴ類動詞は、語根に-no（-ṇo）を付して強語幹を、-nu（-ṇu）を付して弱語幹を作る。

na ca gambhīreṣu dharmeṣu nidhyaptiṃ gacchanti /

（梵漢和維摩経 *p.* 604, *ll.* 14–15）

「また、深遠な法に対する洞察を得ることがないのだ。

【「深法中に於いて、其の心を調伏すること能わざるなり。】　（大正蔵、巻一四、五五七頁上）

……………………………………………………………………

na：*ind.* ～でない。～にあらず。

ca：*conj.* および。また。しかしながら。そして。～と。なお。

gambhīreṣu < gambhīra- ＝ gabhīra-：*adj.* 深い。「甚深」「深遠」と漢訳。*m. pl. Loc.*

dharmeṣu < dharma-：*m.* 「法」と漢訳。*pl. Loc.*

nidhyaptiṃ < nidhyapti- < ni-dhyapti-：*f.* 洞察。「観」「能観」「観察」「思惟」「正思惟」「実想」「諦察」「善分別」と漢訳。*sg. Acc.*

gacchanti < gaccha- < √gam- (1)：行く。～（対格、為格、処格）に赴く。近づく、達する。得る。～（対格）に陥る。*Pres. 3, pl. P.*

§19　dvābhyāṃ maitreya kāraṇābhyāṃ gambhīrâdhimuktiko bodhi-sattva ātmānaṃ kṣiṇoti /

（梵漢和維摩経 *p.* 604, *ll.* 16–17）

§19　「マイトレーヤよ、二つの原因によって、深遠な信順の志を持つ菩薩は、自らを傷つけるのである。

【§19　「弥勒よ、復、二法有らば、菩薩は深法を信解すと雖も、猶自ら毀傷して、】

（大正蔵、巻一四、五五七頁上）

……………………………………………………………………

dvābhyāṃ < dvi-：*基数詞,* 二。*n. du. Ins.*

maitreya < maitreya-：*m.* マイトレーヤ。「慈氏」と漢訳。「弥勒」と音写。*sg. Voc.*

kāraṇābhyāṃ < kāraṇa-：*n.* 原因。機会。動機。第一原因。「因」「作因」「能作」「因縁」と漢訳。*du. Ins.*

gambhīrâdhimuktiko < gambhīrâdhimuktikaḥ ＋ 有声子音 < gambhīrâdhimuktika- < gambhīrâ=dhimukti-ka-：*adj.* 深遠な信順の志を持つ。*m. sg. Nom.*

gambhīrâdhimukti- < gambhīra-adhimukti-：*f.* 深遠な信順の志。

gambhīra- ＝ gabhīra-：*adj.* 深い。「甚深」「深遠」と漢訳。

adhimukti- < adhi-√muc- (6) + -ti：*f.* 信順の志。傾向。嗜好。信頼。確信。「信」「信解」「解」「信受」と漢訳。

bodhi-sattva < bodhi-sattvaḥ + a 以外の母音 < bodhi-sattva-：*m.* 覚りを求める人。「菩薩」と音写。*sg. Nom.*

ātmānaṃ < ātman-：*m.* 自我。自分。*sg. Acc.*

kṣiṇoti < kṣiṇo- < √kṣi- (5)：破壊する。滅ぼす。～（対格）を終わらせる。傷つける。殺す。圧迫する。「滅尽」と漢訳。*Pres. 3, sg. P.*

Ⅴ類動詞は、語根に-no（-ṇo）を付して強語幹を、-nu（-ṇu）を付して弱語幹を作る。

na cânutpattikeṣu dharmeṣu kṣāntiṃ pratilabhate /

（梵漢和維摩経 *p.* 604, *l.* 17）

「そして、〔何ものも〕生ずることはないという真理を認める〔知〕（無生法忍）に達することはない。

【「無生法忍を得ること能わず。】　　　　　　　　（大正蔵、巻一四、五五七頁中）

………………………………………………………………………

na：*ind.* ～でない。～にあらず。

cânutpattikeṣu < ca + anutpattikeṣu

anutpattikeṣu < anutpattika- < anutpatti-ka-：*adj.* 生ずることのない。「不生」「無生」と漢訳。*pl. Loc.*

anutpatti- < an-utpatti-：*adj.* 生じない。*f.* 生じないこと。不生産。失敗。「不生」「無生」「不得生」と漢訳。

utpatti- < ud-√pad- (4) + -ti：*f.* 発生。出生。起原。富源。新生。再生。生産物。生産力。出づること。

ud-√pad- (4)：飛び上がる。生ずる。得られる。

dharmeṣu < dharma-：*m.* 「法」と漢訳。*pl. Loc.*

kṣāntiṃ < kṣānti- < √kṣam- (1) + -ti：*f.* 堪えること。認めること。「忍」「忍辱」「堪忍」と漢訳。*sg. Acc.*

pratilabhate < pratilabha- < prati-√labh- (1)：回復する。取り戻す。達する。得る。*Pres. 3, sg. A.*

> katamābhyāṃ dvābhyām /
>
> （梵漢和維摩経 *p.* 604, *l.* 18）

「二つによってとは、何によってか。

【「何等をか二と為す。】　　　　　　　　（大正蔵、巻一四、五五七頁中）

………………………………………………………………………

katamābhyāṃ < katama-：*疑問代名詞,* （多くの中の）だれか。何か。「何」「如何」「何者」「何等」と漢訳。*n. du. Ins.*

dvābhyām < dvi-：*基数詞,* 二。*n. du. Ins.*

> tāṃś câdikarmikān acira-caritān bodhi-sattvān avamanyate paribhavati na grāhayati na vivecayati nânuśāsti /
>
> （梵漢和維摩経 *p.* 604, *ll.* 18–19）

「〔第一に〕修行して間もないそれらの新学の菩薩を見下し、軽蔑し、受け入れることもなく、熟慮することもなく、教え導くこともない。

【「一には新学の菩薩を軽慢して、教誨せず。】　　　　　　（大正蔵、巻一四、五五七頁中）

………………………………………………………………………

tāṃś < tān + (c) < tad-：それ。*m. pl. Acc.*

câdikarmikān < ca + ādikarmikān

ādikarmikān < ādi-karmika-：*m.* 初心者。「初学」「初学者」「初発心」「新発意」と漢訳。*pl. Acc.*

acira-caritān < acira-carita- < a-cira-carita-：*adj.* 長い間、修行をしていない。*m. pl. Acc.*

cira-：*adj.* 長い（時）。長く存在する。昔の。「久」「久遠」と漢訳。

carita- < √car- (1) + -ita：*pp.* 行った。行なわれた。*n.* 行為。動作。歩むこと。「行」「遊行」「修行」「奉行」と漢訳。

bodhi-sattvān < bodhi-sattva-：*m.* 覚りを求める人。「菩薩」と音写。*pl. Acc.*

avamanyate < avamanya- < ava-√man- (4)：～を見下す。軽く考える。無視する。軽蔑する。軽視する。*Pres. 3, sg. A.*

paribhavati < paribhava- < pari-√bhū- (1)：辱める。蔑視する。軽慢する。軽んじる。*Pres. 3, sg. P.*

na：*ind.* ～でない。～にあらず。

grāhayati < grāhaya- < √grah- (9) + -aya：*Caus.* つかませる。取らせる。捉えさせる。略奪させる。受けさせる。渡す。教える。熟知させる。「摂受」「摂」「摂取」「令受」「令了知」と漢訳。*Pres.*

3, sg. P.
na：*ind.* ～でない。～にあらず。
vivecayati < vivecaya- < vi-√vic- (7) + -aya：離す。研究する。熟慮する。識別する。
nânuśāsti < na + anuśāsti
　anuśāsti < anuśās- < anu-√śās- (2)：～を導く。教える。～に道を示す。（目下のものに）指図する。指令する。命ずる。～（対格）を教える。支配する。統治する。「教」「教授」「教示」「訓導」と漢訳。*Pres. 3, sg. P.*
　√śās- (2)：矯正する。懲らす。罰する。統制する。（法を）執行する。支配する。統治する。教訓する。教える。

tayâiva ca gambhīrâdhimuktyā śikṣāyām agauravo bhavati /
（梵漢和維摩経 *p.* 604, *ll.* 19–20）

「また、〔第二に〕〔菩薩の持つ〕まさにその深遠な信順の志によっても、学問を尊重することがない。
【「二には深法を解すと雖も、相を取りて分別す。是れを二法と為す」】
（大正蔵、巻一四、五五七頁中）
……………………………………………………………………

tayâiva < tayā + eva
　tayā < tad-：それ。*f. sg. Ins.*
　eva：*adv.* さように。このように。まさに。実に。ただ。全くこのように。
ca：*conj.* および。また。しかしながら。そして。～と。なお。
gambhīrâdhimuktyā < gambhīrâdhimukti- < gambhīra-adhimukti-：*f.* 深遠な信順の志。*sg. Ins.*
　gambhīra- ＝ gabhīra-：*adj.* 深い。「甚深」「深遠」と漢訳。
　adhimukti- < adhi-√muc- (6) + -ti：*f.* 信順の志。傾向。嗜好。信頼。確信。「信」「信解」「解」「信受」と漢訳。
śikṣāyām < śikṣā- < śikṣ- (1) + -ā：*f.* ～の知識。技術。熟達。教授。教課。教訓。「法」「教」「学」「所学」「習学」「学処」「修学」と漢訳。「式叉」と音写。*sg. Loc.*
agauravo < agauravaḥ + 有声子音 < agaurava- < a-gaurava-：*adj.* 「不敬」「不孝」「不恭敬」「無恭敬心」「不生崇重」「不起尊重」「不生恭敬心」と漢訳。*m. sg. Nom.*
bhavati < bhava- < √bhū- (1)：なる。生ずる。*Pres. 3, sg. P.*

lokâmiṣa-dānena ca sattvān anugṛhṇāti[9] na dharma-dānena /
（梵漢和維摩経 *p.* 604, *ll.* 20–21）

「世間における財物の布施によって衆生たちに丁重に遇するけれども、〔私欲を超越した〕法の布施によってではない[10]。
【漢訳相当箇所なし】
……………………………………………………………………

lokâmiṣa-dānena < lokâmiṣa-dāna- < loka-āmiṣa-dāna-：*n.* 世間における財物の布施。*sg. Ins.*
　lokâmiṣa- < loka-āmiṣa-：*n.* 「世財」「世財利」「世間財利」「世財食」と漢訳。
　loka-：*m.* 空間。余地。場所。国。世界。世間。
　āmiṣa-dāna-：食べ物の布施。財物の布施。
　āmiṣa-：*n.* 肉。餌物。美味。快楽の対象。希望。欲望。貪欲。「飲食」「食」と漢訳。
　dāna- < √dā- (3) + -ana：*n.* 与えること。施物。供物。
ca：*conj.* および。また。しかしながら。そして。～と。なお。
sattvān < sattva-：*m.* 「衆生」「有情」と漢訳。*pl. Acc.*
anugṛhṇāti < anugṛhṇā- < anu-√grah- (9)：追随して掠奪する。支持する。嘉する。～（具格）によって丁重に待遇する。慈しむ。「受」「摂受」「利益」「饒益」「護」と漢訳。*Pres. 3, sg. P.*
na：*ind.* ～でない。～にあらず。

dharma-dānena < dharma-dāna-：*n.* 私欲を超越した施物。〔私欲を超越した〕法の布施。「法施」と漢訳。*sg. Ins.*

ābhyāṃ maitreya dvābhyāṃ kāraṇābhyāṃ gambhīrâdhimuktiko bodhi-sattva ātmānaṃ kṣiṇoti / (梵漢和維摩経 *p.* 606, *ll.* 1–2)

「マイトレーヤよ、深遠な信順の志を持つ菩薩は、これらの二つの原因によって自らを傷つけるのである。

【漢訳相当箇所なし】

……………………………………………………………………………

ābhyāṃ < idam-：これ。*n. du. Ins.*
maitreya < maitreya-：*m.* マイトレーヤ。「慈氏」と漢訳。「弥勒」と音写。*sg. Voc.*
dvābhyāṃ < dvi-：*基数詞,* 二。*n. du. Ins.*
kāraṇābhyāṃ < kāraṇa-：*n.* 原因。機会。動機。第一原因。「因」「作因」「能作」「因縁」と漢訳。*du. Ins.*
gambhīrâdhimuktiko < gambhīrâdhimuktikaḥ + 有声子音 < gambhīrâdhimuktika- < gambhīrâ=dhimukti-ka-：*adj.* 深遠な信順の志を持つ。*m. sg. Nom.*
gambhīrâdhimukti- < gambhīra-adhimukti-：*f.* 深遠な信順の志。
gambhīra- = gabhīra-：*adj.* 深い。「甚深」「深遠」と漢訳。
adhimukti- < adhi-√muc- (6) + -ti：*f.* 信順の志。傾向。嗜好。信頼。確信。「信」「信解」「解」「信受」と漢訳。
bodhi-sattva < bodhi-sattvaḥ + a 以外の母音 < bodhisattva-：*m.* 覚りを求める人。「菩薩」と音写。*sg. Nom.*
ātmānaṃ < ātman-：*m.* 自我。自分。*sg. Acc.*
kṣiṇoti < kṣiṇo- < √kṣi- (5)：破壊する。滅ぼす。～（対格）を終わらせる。傷つける。殺す。圧迫する。「滅尽」と漢訳。*Pres. 3, sg. P.*

na ca kṣipram anutpattikeṣu dharmeṣu kṣāntiṃ pratilabhate / (梵漢和維摩経 *p.* 606, *ll.* 2–3)

「そして、〔何ものも〕生ずることはないという真理を認める〔知〕（無生法忍）に速やかに達することはない」

【漢訳相当箇所なし】

……………………………………………………………………………

na：*ind.* ～でない。～にあらず。
ca：*conj.* および。また。しかしながら。そして。～と。なお。
kṣipram < kṣipra-：*adj.* 弾力のある。敏捷な。急速な。速い。直接の。*n. sg. Acc.* 対格の副詞的用法。
anutpattikeṣu < anutpattika- < anutpatti-ka-：*adj.* 「不生」「無生」と漢訳。*m. pl. Loc.*
dharmeṣu < dharma-：*m.* 「法」と漢訳。*pl. Loc.*
kṣāntiṃ < kṣānti- < √kṣam- (1) + -ti：*f.* 堪えること。認めること。「忍」「忍辱」「堪忍」と漢訳。*sg. Acc.*
anutpattika-dharma-kṣānti-：*f.* 〔何ものも〕生ずることはないという真理を認める知。「無生法忍」と漢訳。
pratilabhate < pratilabha- < prati-√labh- (1)：回復する。取り戻す。達する。得る。*Pres. 3, sg. A.*

§20 evam ukte maitreyo bodhi-sattvo bhagavantam etad avocat / āścaryaṃ bhagavan yāvat su-bhāṣitaṃ bhagavataḥ /

（梵漢和維摩経 *p.* 606, *ll.* 4–5）

§20　このように言われて、マイトレーヤ菩薩は世尊にこのように申し上げた。
「世尊よ、世尊が巧みに語られたことは、驚嘆すべきことです。
【§20　弥勒菩薩は、是れを説くを聞き已りて、仏に白して言さく、「世尊よ、未曾有なり。】
（大正蔵、巻一四、五五七頁中）

……………………………………………………………………

evam：*adv.* このように。
ukte < ukta- < √vac- (2) + -ta：*pp.* 言われた。*n. sg. Loc.*
過去（または未来）受動分詞が非人称的に用いられる時や、evam、tathā などの不変化辞を伴うときは、絶対処格の主語は省略されることがある。cf.「シンタックス」*p.* 102.
maitreyo < maitreyaḥ + 有声子音 < maitreya-：*m.* マイトレーヤ。「慈氏」と漢訳。「弥勒」と音写。*sg. Nom.*
bodhi-sattvo < bodhi-sattvaḥ + 有声子音 < bodhi-sattva-：*m.* 覚りを求める人。「菩薩」と音写。*sg. Nom.*
bhagavantam < bhagavat-：*m.* 尊い（人）。「世尊」と漢訳。「婆伽婆」「薄伽梵」と音写。*sg. Acc.*
etad < etat + 母音 < etad-：これ。*n. sg. Acc.* 対格の副詞的用法で「このように」の意味。
avocat < avoca- < a- + va-+ uc- + -a < √vac- (2)：言う。話す。告げる。*重複 Aor. 3, sg. P.*

……………………………………………………………………

āścaryaṃ < āścarya-：*adj.* 奇異なる。不思議なる。*n. sg. Nom.*
bhagavan < bhagavat-：*m.* 尊い（人）。「世尊」と漢訳。「婆伽婆」「薄伽梵」と音写。*sg. Voc.*
yāvat：*関係副詞,* ～ほど大きく／多く／長く。～に至るまでの。～するほどに。～する間。～する限り。
yāvat は主文に先行して「～する限り」「～する間」「～する時に」「～すると」「～するや否や」の意を示す。cf.「シンタックス」*p.* 135.
su-bhāṣitaṃ < su-bhāṣita-：*adj.* 巧みに語られた。*n. sg. Nom.*
su：*adv.* よく。うまく。実に。正しく。非常に。充分に。
bhāṣita- < √bhāṣ- (1) + -ita：*pp.* 語られた（こと）。「所説」「言説」漢訳。
bhagavataḥ < bhagavat-：*m.* 尊い（人）。「世尊」と漢訳。「婆伽婆」「薄伽梵」と音写。*sg. Gen.*

vayaṃ bhagavann etāṃś ca doṣān vivarjayiṣyāmaḥ /
（梵漢和維摩経 *p.* 606, *ll.* 5–6）

「世尊よ、私たちはこれらの欠点を取り除くでありましょう。
【「仏の所説の如く、我、当に斯くの如きの悪を遠離し、】　（大正蔵、巻一四、五五七頁中）

……………………………………………………………………

vayaṃ < asmad-：われわれ。*1, pl. Nom.*
bhagavann < bhagavan + 母音 < bhagavat-：*m.* 尊い（人）。「世尊」と漢訳。「婆伽婆」「薄伽梵」と音写。*sg. Voc.*
etāṃś < etān + (c) < etad-：これ。*m. pl. Acc.*
ca：*conj.* および。また。しかしながら。そして。～と。なお。
doṣān < doṣa- < √duṣ- (4) + -a：*m.* 欠陥。欠点。短所。汚点。過失。*m. pl. Acc.*
vivarjayiṣyāmaḥ < vivarjayiṣya- < vivarjaya- + -iṣya < vi-√vṛj- (1) + -aya + -iṣya：*Caus.* 避ける。よける。放棄する。「離」「捨」「除」「返」「遠離」「捨離」「棄捨」「退散」と漢訳。*Fut. 1, pl. P.*

imāṃ ca tathāgatasyâsaṃkhyeya-kalpa-koṭī-niyuta-śata-sahasra-samudānītām anuttarāṃ samyak-saṃbodhiṃ parirakṣiṣyāmo dhārayiṣyāmaḥ /
（梵漢和維摩経 *p.* 606, *ll.* 6–8）

「如来が幾百・千・コーティ・ニユタもの数え切れない劫をかけて達成されたこの上ない正しく完全なこの覚りを、私たちは守護し、受持することにいたしましょう。
【「如来の無数阿僧祇劫に集むる所の阿耨多羅三藐三菩提の法を奉持すべし。】
（大正蔵、巻一四、五五七頁中）

………………………………………………………………………

imāṃ < idam-：これ。*f. sg. Acc.*
ca：*conj.* および。また。しかしながら。そして。～と。なお。
tathāgatasyâsaṃkhyeya-kalpa-koṭī-niyuta-śata-sahasra-samudānītām < tathāgatasya + asaṃ=khyeya-kalpa-koṭī-niyuta-śata-sahasra-samudānītām
　tathāgatasya < tathāgata-：*m.* 「如来」と漢訳。*sg. Gen.*
　asaṃkhyeya-kalpa-koṭī-niyuta-śata-sahasra-samudānītām < asaṃkhyeya-kalpa-koṭī-niyu=ta-śata-sahasra-samudānīta-：*adj.* 幾百・千・コーティ・ニユタもの数え切れない劫をかけて達成した。*f. sg. Acc.*
　asaṃkhyeya- < a- + sam-√khyā- (2) + -ya：*未受分*, 計算すべきでない。無数の。数えがたい。「阿僧祇」と音写。
　kalpa-：*m.* 宇宙論的時間。「劫」「劫波」と音写。
　koṭī- ＝ koṭi-：*f.* 億。兆。京。
　niyuta- < ni-√yu- (6) + -ta：*n.* 百万。「万」「百万」「兆」と漢訳。「尼由多」「那由多」と音写。
　śata-：*基数詞, n.* 百。
　sahasra-：*基数詞, n.* 千。
　samudānīta- < sam-ud-ā-√nī- (1) + -ta：*pp.* 集められた。得られた。成し遂げられた。
anuttarāṃ < anuttarā- < anuttara- < an-ud-tara-：*比較級,* この上ない。「無上」と漢訳。*f. sg. Acc.*
samyak-saṃbodhiṃ < samyak-saṃbodhi-：*f.* 正しく完全な覚り。「正覚」「正等正覚」「正等菩提」と漢訳。「三藐三菩提」と音写。*sg. Acc.*
parirakṣiṣyāmo < parirakṣiṣyāmaḥ + 有声子音 < parirakṣiṣya- < pari-√rakṣ- (1) + -iṣya：防護する。保護する。保存する。救護する。～（奪格）から防護する。保守する。遵守する。*Fut. 1, pl. P.*
dhārayiṣyāmaḥ < dhārayiṣya- < dhāraya- + -iṣya < √dhṛ- (4) + -aya + -iṣya：*Caus.* 把持する。支える。担う。保持する。「受持」「憶持」「奉持」「憶持不忘」と漢訳。*Fut. 1, pl. P.*

teṣāṃ cânāgatānāṃ kula-putrāṇāṃ kula-duhitṝṇāṃ bhājanī-bhūtānām imān evaṃ-rūpān sūtrântān hasta-gatān kariṣyāmaḥ /
（梵漢和維摩経 *p.* 606, *ll.* 8–9）

「未来のそれらの良家の息子たちや良家の娘たちが〔深遠な法を受ける〕器となるならば、このようなこれらの経の極致を手中にするものに、私たちはなすでありましょう。
【「若し未来世の善男子・善女人にして大乗を求むる者あらば、当に手に是くの如き等の経を得さしめ、】
（大正蔵、巻一四、五五七頁中）

………………………………………………………………………

teṣāṃ < tad-：それ。*m. pl. Gen.*
cânāgatānāṃ < ca + anāgatānāṃ
　anāgatānāṃ < anāgata- < an-āgata- < an-ā-√gam- (1) + -ta：*pp.* 達せざる。未来の。*m. pl. Gen.*
kula-putrāṇāṃ < kula-putra-：*m.* 良家の息子。「善男子」と漢訳。*pl. Gen.*
kula-duhitṝṇāṃ < kula-duhitṛ-：*f.* 良家の娘。「善女人」と漢訳。*pl. Gen.*
bhājanī-bhūtānām < bhājanī-bhūta-：*adj.* 容器となった。容器である。*m. pl. Gen.*
　以上の属格は、絶対節をなしている。
　bhājanī- < bhājana- < √bhaj- (1) + -ana：*n.* ～を代表すること。～と等しいこと。容器。皿。壺。～(属格)を容れるもの。～（属格）の貯蔵所。～（属格）を受けるに値する人／もの。

動詞 √bhū- (1), √as- (2), √kṛ- (8) の前分に名詞、形容詞がくる複合語では名詞、形容詞の末尾の a, ā, an は īとなり、i, u は ī, ūとなり、ṛ は rī、それ以外はそのままとなる。cf.「基礎」*p.* 566.

bhūta- < √bhū- (1) + -ta：*pp.* ～となった。存在する。～である。*m.*「有情」「衆生」と漢訳。*n.* 過去。事実。現実。「真」「真実」「誠諦」と漢訳。

bhūta-は名詞と複合語となって、形容詞を作る。

imān < idam-：これ。*m. pl. Acc.*

evaṃ-rūpān < evaṃ-rūpa-：*adj.* このような形の。*m. pl. Acc.*

sūtrântān < sūtrânta- < sūtra-anta-：*m.* 経。経の極致。「経典」「教」「経」と漢訳。*pl. Acc.*

hasta-gatān < hasta-gata-：*adj.* 手に陥った。手の中にある。*m. pl. Acc.*

hasta-：*m.* 手。

～-gata-：*adj.* ～に行った／来た。～に陥った。～に於ける。～の中にある。～に含まれた。～に関する。～に出立した。～より造られた。～に到達した。～を得た。

gata- < √gam- (1) + -ta：*pp.* 行った。

kariṣyāmaḥ < kariṣya- < √kṛ- (8) + -iṣya：なす。作る。*Fut. 1, pl. P.*

smṛtiṃ câiṣāṃ upasaṃhariṣyāmo yayā smṛtyêmān evaṃ-rūpān sūtrântān rocayiṣyanty udgrahīṣyanti paryavāpsyanti dhārayiṣyanti pravartayiṣyanti likhiṣyanti pareṣāṃ ca vistareṇa deśayiṣyanti /

(梵漢和維摩経 *p.* 606, *ll.* 9–12)

「そして、私たちは、これらの人たちに記憶〔力〕を与えるでありましょう。〔これらの人たちは〕その記憶〔力〕によって、このようなこれらの経の極致を正しいと考え、会得し、完全に理解し、受持し、語り、書写し、さらに他者のために、詳しく説き示すでありましょう。

【「其(そ)れに念力を与えて、受持(じゅじ)・読誦(どくじゅ)して、他の為に広く説かしむべし。】

（大正蔵、巻一四、五五七頁中）

…………………………………………………………………

smṛtiṃ < smṛti- < √smṛ- (1) + -ti：*f.* 記憶。想念。*sg. Acc.*

câiṣām < ca + eṣām

ca：*conj.* および。また。しかしながら。そして。～と。なお。

eṣām < idam-：これ。*m. pl. Gen.*

upasaṃhariṣyāmo < upasaṃhariṣyāmaḥ + 有声子音 < upasaṃhariṣya- < upa-sam-√hṛ- (1) + -iṣya：簡潔にまとめる。要約する。（武器を）収める。抑止する。停止する。抑制する。撤収・破壊する。「与」「授与」「施与」「饒益」*Fut. 1, pl. P.*

yayā < yad-：*関係代名詞, f. sg. Ins.*

smṛtyêmān < smṛtyā + imān

smṛtyā < smṛti- < √smṛ- (1) + -ti：*f.* 記憶。想念。*sg. Ins.*

imān < idam-：これ。*m. pl. Acc.*

evaṃ-rūpān < evaṃ-rūpa-：*adj.* このような形の。*m. pl. Acc.*

sūtrântān < sūtrânta- < sūtra-anta-：*m.* 経。経の極致。「経典」「教」「経」と漢訳。*pl. Acc.*

rocayiṣyanty < rocayiṣyanti + 母音 < rocayiṣya- < rocaya- + -iṣya：*Caus.* 輝かせる。照らす。気に入らせる。欲望を感じさせる。～を正しいと考える。*Pres. 3, pl. P.*

√ruc- (1)：輝く。光る。～を好む。美しく見える。

udgrahīṣyanti < udgrahīṣya- < ud-√grah- (9) + -iṣya：起こす。上げる。保存する。許す。是認する。会得する。「受持」「摂受」「領受」と漢訳。*Fut. 3, pl. P.*

paryavāpsyanti < paryavāpsya- < pari-ava-√āp- (5) + -sya：回復する。暗記する。熟達する。完全に理解する。*Fut. 3, pl. P.*

dhārayiṣyanti < dhāraya- + -iṣya < √dhṛ- (4) + -aya + -iṣya：*Caus.* 把持する。支える。担う。保持

する。「受持」「憶持」「奉持」「憶持不忘」と漢訳。*Fut. 3, pl. P.*

pravartayiṣyanti < pravartayiṣya- < pravartaya- + -iṣya < pra-√vṛt- (1) + -aya + -iṣya：*Caus.* 向かせる。転がす。動かす。普及させる。(物語を) 語る。～を勧めて行なわせる。*Fut. 3, pl. P.*

likhiṣyanti < likhiṣya- < √likh- (6) + -iṣya：描く。描写する。写生する。「書写」「書」「写」と漢訳。*Fut. 3, pl. P.*

pareṣāṃ < para-：*adj.* 他の。*m. pl. Gen.*

ca：*conj.* および。また。しかしながら。そして。～と。なお。

vistareṇa < vistara- < vi-stara-：*adj.* 広大な。広範な。*m.* 広さ。多数。大勢の仲間。詳細。微細な事項。詳細な記述。敷衍。*n. sg. Ins.*

deśayiṣyanti < deśayiṣya- < deśaya- + -iṣya < √diś- (6) + -aya + -iṣya：*Caus.* 示す。導く。説明する。教える。宣説する。*Fut. 3, pl. P.*

teṣāṃ ca vayaṃ bhagavann upastambhaṃ kariṣyāmaḥ /

(梵漢和維摩経 *p.* 606, *ll.* 12–13)

「世尊よ、私たちは、それらの人たちにとっての支えになりましょう。

【漢訳相当箇所なし】

……………………………………………………………………

teṣāṃ < tad-：それ。*m. pl. Gen.*

ca：*conj.* および。また。しかしながら。そして。～と。なお。

vayaṃ < asmad-：われわれ。*1, pl. Nom.*

bhagavann < bhagavan + 母音 < bhagavat-：*m.* 尊い (人)。「世尊」と漢訳。「婆伽婆」「薄伽梵」と音写。*sg. Voc.*

upastambhaṃ < upastambha- < upa-√stambh- (9) + -a：*m.* 支持。基礎。補強。方策。刺激。生活の資 (衣食など)。「助」「扶助」「持」「住持」「成」「長養」「増長」と漢訳。*sg. Acc.*

upa-√stambh- (9)：支持する。支える。

√stambh- (9) = √stabh- (9)：固定する。確立する。支える。支持する。～ (対格) にまで達する。阻止する。食い止める。～ (処格) に留まる。よりかかる。硬くなる。

kariṣyāmaḥ < kariṣya- < √kṛ- (8) + -iṣya：なす。作る。*Fut. 1, pl. P.*

ye ca khalu punar bhagavaṃs tasmin kāla imān evaṃ-rūpān sūtrântān rocayiṣyanti pravartayiṣyanti[11] veditavyam etad bhagavan maitreyasya bodhi-sattvasyâdhiṣṭhānam iti /

(梵漢和維摩経 *p.* 606, *ll.* 13–15)

「しかもなお世尊よ、その時、〔それらの人たちが〕このようなこれらの経の極致を正しいと考え、〔他者に対して〕語るならば、世尊よ、それは、マイトレーヤ菩薩の威神力〔によるもの〕であると知られるべきであります」と。

【「世尊よ、若し後の末世に、能く受持・読誦して、他の為に説く者有らば、当に知るべし、皆、是れ弥勒の神力の建立する所なり」と。】　(大正蔵、巻一四、五五七頁中)

……………………………………………………………………

ye < yad-：*関係代名詞, m. pl. Nom.*

ca：*conj.* および。また。しかしながら。そして。～と。なお。

khalu：*ind.* 実に。確かに。しかも。さて。そこで。

punar：*adv.* 再び。新たに。さらに。なお。しかしながら。

bhagavaṃs < bhagavan + (t) < bhagavat-：*m.* 尊い (人)。「世尊」と漢訳。「婆伽婆」「薄伽梵」と音写。*sg. Voc.*

tasmin < tad-：それ。*n. sg. Loc.*

kāla < kāle + a 以外の母音 < kāla-：*m.* 適当なる季節。正しい時。機会。年代。「時」「世」と漢訳。*sg. Loc.*

imān < idam-：これ。*m. pl. Acc.*

evaṃ-rūpān < evaṃ-rūpa-：*adj.* このような形の。*m. pl. Acc.*

sūtrântān < sūtrânta- < sūtra-anta-：*m.* 経。経の極致。「経典」「教」「経」と漢訳。*pl. Acc.*

rocayiṣyanti < rocayiṣya- < rocaya- + -iṣya：*Caus.* 輝かせる。照らす。気に入らせる。欲望を感じさせる。～を正しいと考える。*Pres. 3, pl. P.*

pravartayiṣyanti < pravartayiṣya- < pravartaya- + -iṣya < pra-√vṛt- (1) + -aya + -iṣya：*Caus.* 向かせる。転がす。動かす。普及させる。（物語を）語る。～を勧めて行なわせる。*Fut. 3, pl. P.*

veditavyam < veditavya- < √vid- (1) + -itavya：*未受分,* 知られるべき。感受されるべき。*n. sg. Nom.*

etad < etat ＋ 母音 < etad-：これ。*n. sg. Nom.*

bhagavan < bhagavat-：*m.* 尊い（人）。「世尊」と漢訳。「婆伽婆」「薄伽梵」と音写。*sg. Voc.*

maitreyasya < maitreya-：*m.* マイトレーヤ。「慈氏」と漢訳。「弥勒」と音写。*sg. Gen.*

bodhi-sattvasyâdhiṣṭhānam < bodhi-sattvasya + adhiṣṭhānam

bodhi-sattvasya < bodhi-sattva-：*m.* 覚りを求める人。「菩薩」と音写。*sg. Gen.*

adhiṣṭhānam < adhiṣṭhāna < adhi-√sthā- (1) + -ana：*n.* 立脚点。立場。場所。住所。主権。権力。「神力」「神通」「威神力」「願力」「加護」「護念」「加持」「守護」「建立」と漢訳。*sg. Nom.*

adhi-√sthā- (1)：～の上に立つ。足で踏む。登る。居住する。占める。克服する。凌駕する。先頭に立つ。導く。案内する。支配する。保つ。使用する。

iti：*adv.* ～と。以上のように。「如是」と漢訳。

> atha bhagavān maitreyasya bodhi-sattvasya sādhu-kāram adāt / sādhu sādhu maitreya subhāṣitā ta iyaṃ vāk /
>
> （梵漢和維摩経 *p.* 606, *ll.* 16–17）

すると、世尊は、マイトレーヤ菩薩に賛嘆の言葉を発せられた。

「素晴らしいことである。素晴らしいことである。マイトレーヤよ、あなたはこの言葉を巧みに語った。

【仏の言(のたま)わく、「善きかな、善きかな。弥勒(みろく)よ、汝(なんじ)の説く所の如し。】

（大正蔵、巻一四、五五七頁中）

……………………………………………………………………

atha：*adv.* その時。その場合。さて。それ故。しかれば。しかしながら。

bhagavān < bhagavat-：*m.* 尊い（人）。「世尊」と漢訳。「婆伽婆」「薄伽梵」と音写。*sg. Nom.*

maitreyasya < maitreya-：*m.* マイトレーヤ。「慈氏」と漢訳。「弥勒」と音写。*sg. Gen.*

bodhi-sattvasya < bodhi-sattva-：*m.* 覚りを求める人。「菩薩」と音写。*sg. Gen.*

sādhu-kāram < sādhu-kāra-：*m.n.* sādhu（素晴らしい）という感嘆詞。「讃」「讃嘆」「讃言」「唱善哉」「讃善哉」と漢訳。*sg. Acc.*

adāt < adā- < √dā- (3)：与える。贈る。告げる。（祝福を）述べる。（真理を）語る。（言葉を）発する。*root-Aor. 3, sg. P.*

……………………………………………………………………

sādhu sādhu：*感嘆詞,* よくやった。でかした。よろしい。「善哉」と漢訳。

感嘆詞として sādhu sādhu と繰り返して使われる。

sādhu- < √sādh- (1) + -u：*adj.* まっすぐな。気だてのよい。高貴な有徳な。善良な。*m.* 有徳の人。尊敬すべき人。聖人。聖仙。

√sādh- (1)：目標に達する。目的を達成する。真っ直ぐに導く。完了する。

maitreya < maitreya-：*m.* マイトレーヤ。「慈氏」と漢訳。「弥勒」と音写。*sg. Voc.*

su-bhāṣitā < su-bhāṣitā- < su-bhāṣita-：*adj.* 巧みに語られた。*f. sg. Nom.*

ta < te + a 以外の母音 < tvad-：あなた。*2, sg. Gen.*

iyaṃ < idam-：これ。*f. sg. Nom.*

vāk < vāc-：*f.* 言葉。*sg. Nom.*

anumodate tathāgato 'nujānāti ca subhāṣitam / (梵漢和維摩経 *p.* 606, *ll.* 17–18)

「如来は、〔あなたが〕巧みに語ったことを喜び、認可するのである[12]」
【「仏は爾(なんじ)の喜ぶを助けん」】　　（大正蔵、巻一四、五五七頁中）
……………………………………………………………………

anumodate < anumoda- < anu-√mud- (1)：喜ぶ。*Pres. 3, sg. A.*
tathāgato 'nujānāti < tathāgataḥ + anujānāti
　tathāgataḥ < tathāgata-：*m.* 「如来」と漢訳。*sg. Nom.*
　anujānāti < anujānā- < anu-√jñā- (9)：承諾する。約束する。認可する。許す。従う。～（人＝属格）を宥す。～（対格）を正しいとする。*Pres. 3, sg. P.*
ca：*conj.* および。また。しかしながら。そして。～と。なお。
subhāṣitam < subhāṣita- < su-bhāṣita-：*adj.* 巧みに語られた。*n. sg. Acc.*

§21　atha te bodhi-sattvā eka-svareṇa vācam abhāṣanta /　vayam api bhagavaṃs tathāgatasya parinirvṛtasyânyonyebhyo buddha-kṣetrebhya āgatyêmāṃ tathāgata-buddha-bodhiṃ vaistārikīṃ kariṣyāmaḥ / (梵漢和維摩経 *p.* 606, *ll.* 19–21)

§21　すると、それらの菩薩たちは、声を一つにして言葉を告げた。
「世尊よ、如来が完全なる滅度（涅槃）に入られた後、私たちもまた、お互いのブッダの国土からやって来て、如来であるブッダのこの覚りを〔広宣〕流布するでありましょう。
【§21　是(ここ)に於(お)いて、一切の菩薩は合掌して仏に白(もう)さく、「我等も亦(また)、如来の滅後に於いて、十方の国土に阿耨多羅三藐三菩提(あのくたらさんみゃくさんぼだい)の法を広宣流布(こうせんるふ)せん。】　　（大正蔵、巻一四、五五七頁中）
……………………………………………………………………

atha：*adv.* その時。その場合。さて。それ故。しかれば。しかしながら。
te < tad-：それ。*m. pl. Nom.*
bodhi-sattvā < bodhi-sattvāḥ + 有声音 < bodhi-sattva-：*m.* 覚りを求める人。「菩薩」と音写。*pl. Nom.*
eka-svareṇa < eka-svara-：*m.* 一つの声。「一音」と漢訳。*sg. Ins.*
　『法華経』嘱累品に次の語が用いられている。
　eka-svara-nirghoṣa-：*m.* 「異口同音」と漢訳。
　eka-svara-：*m.* 「一音」と漢訳。
　nirghoṣa- < nir-ghoṣa-：*m.* 音。音響。騒音。
vācam < vāc-：*f.* 言葉。*sg. Acc.* 格変化は、cf.「基礎」*p.* 121.
abhāṣanta < bhāṣa- < √bhāṣ- (1)：話し掛ける。言う。告げる。*Impf. 3, pl. A.*
……………………………………………………………………

vayam < asmad-：われわれ。*1, pl. Nom.*
api：*adv.* また。さえも。されど。なお。
bhagavaṃs < bhagavan + (t) < bhagavat-：*m.* 尊い（人）。「世尊」と漢訳。「婆伽婆」「薄伽梵」と音写。*sg. Voc.*
tathāgatasya < tathāgata-：*m.* 「如来」と漢訳。*sg. Gen.*
parinirvṛtasyânyonyebhyo < parinirvṛtasya + anyonyebhyo
　parinirvṛtasya < parinirvṛta- < pari-nir-√vṛ- (1) + -ta：*pp.* 完全なる滅度に入った。完全に消滅した。「般涅槃」と音写。*m. sg. Gen.*
　以上の属格は絶対節をなしている。
　anyonyebhyo < anyonyebhyaḥ + 有声子音 < anyonya- < anyo'nya：*adj.* 互いの。「相互」「各各」「異」と漢訳。*m.n. pl. Abl.*

buddha-kṣetrebhya < buddha-kṣetrebhyaḥ + a 以外の母音 < buddha-kṣetra-：*n.* ブッダの国土。「仏国土」と漢訳。*pl. Abl.*
āgatyêmāṃ < āgatya + imāṃ
　āgatya < ā-√gam + -tya：来る。*Ger.*
　imāṃ < idam-：これ。*f. sg. Acc.*
tathāgata-buddha-bodhiṃ < tathāgata-buddha-bodhi-：*f.* 如来であるブッダの覚り。*sg. Acc.*
vaistārikīṃ < vaistārikī- < vaistārika- < vistāra- + -ika：*adj.* 「広」「（深）広」「増広」「流布」と漢訳。*f. sg. Acc.*
　vistāra- < vi-√stṛ- (5) + -a：拡張。拡大。広さ。詳細。
　vaistārikaṃ √kṛ- (8)：流布する。「広流布」と漢訳。
　vaistārikīṃ √kṛ- (8)：流布する。「広流布」と漢訳。
kariṣyāmaḥ < kariṣya- < √kṛ- (8) + -iṣya：なす。作る。*Fut. 1, pl. P.*

> teṣāṃ ca kula-putrāṇām ārocayiṣyāmaḥ /
> (梵漢和維摩経 *p.* 606, *ll.* 21–22)

「それらの良家の息子たちのために、私たちは語るでありましょう[13]」
【「復、当に諸の説法者を開導して、是の経を得しむべし」】　（大正蔵、巻一四、五五七頁中）

……………………………………………………………………

teṣāṃ < tad-：それ。*m. pl. Gen.*
ca：*conj.* および。また。しかしながら。そして。～と。なお。
kula-putrāṇām < kula-putra-：*m.* 良家の息子。「善男子」と漢訳。*pl. Gen.*
ārocayiṣyāmaḥ < ārocayiṣya- < ārocaya- + -iṣya < ā-√ruc- (1) + -aya + -iṣya：*Caus.* 語る。話す。告げる。*Fut. 1, pl. P.*

> §22　atha catvāro mahā-rājā[14] bhagavantam etad avocan /　yatra yatra bhagavan grāma-nagara-nigama-rāṣṭra-rājadhānīṣv ima evaṃ-rūpā dharma-paryāyāḥ pracaryiṣyante deśyiṣyante prakāśyiṣyante[15] tatra tatra vayaṃ bhagavaṃś catvāro mahā-rājāḥ sa-balāḥ sa-vāhanāḥ sa-parivārā dharma-śravaṇāyôpasaṃkramiṣyāmaḥ /
> (梵漢和維摩経 *p.* 608, *ll.* 1–5)

§22　その時、四天王たちは世尊にこのように申し上げた。
「世尊よ、村や、町、城市、王国、王城のどこであれ、このようなこれらの法門が〔未来に〕行なわれ、説かれ、示される[16]ならば、世尊よ、私たち四天王はそこに力強い軍勢と侍者たちを伴って[17]法を聴聞するために近づくでありましょう。
【§22　爾の時、四天王は仏に白して言さく、「世尊よ、在在処処の城邑・聚落・山林・曠野に是の経巻もて読誦・解説する者有らば、我、当に諸の官属を率いて、聴法の為の故に、其の所に往詣し、其の人を擁護せん。】　（大正蔵、巻一四、五五七頁中）

……………………………………………………………………

atha：*adv.* その時。その場合。さて。それ故。しかれば。しかしながら。
catvāro < catvāraḥ + 有声子音 < catur-：*基数詞*, 四。*m. pl. Nom.*
mahā-rājā < mahā-rājāḥ + 有声音 < mahā-rāja-；*m.* 大王。*pl. Nom.*
bhagavantam < bhagavat-：*m.* 尊い（人）。「世尊」と漢訳。「婆伽婆」「薄伽梵」と音写。*sg. Acc.*
etad < etat + 母音 < etad-：これ。*n. sg. Acc.* 対格の副詞的用法で「このように」の意味。
avocan < avoca- < a- + va-+ uc- + -a < √vac- (2)：言う。話す。告げる。*重複 Aor. 3, pl. P.*
　重複アオリストについては、cf.「基礎」*p.* 334.

……………………………………………………………………

yatra：*adv.* そこに。その場所に。その場合に。もし～ならば。その時。
　yatra yatra ～ tatra tatra …：～であるところ、それはどこでも…。

bhagavan < bhagavat-：*m.* 尊い（人)。「世尊」と漢訳。「婆伽婆」「薄伽梵」と音写。*sg. Voc.*
grāma-nagara-nigama-rāṣṭra-rājadhānīṣv < grāma-nagara-nigama-rāṣṭra-rājadhānīṣu + 母音 < grāma-nagara-nigama-rāṣṭra-rājadhānī-：*f.* 村や、町、城市、王国、王城。*pl. Loc.*
grāma-：*m.* 居住地。村落。社会。群集。集団。「里」「村」と漢訳。
nagara-：*n.* 町。市。都市。都城。「城」「城邑」「邑」「城郭」「聚落」「国」と漢訳。
nigama-：*m.* 町。市場。「邑」「城」「聚落」と漢訳。
rāṣṭra-：*n.* 王国。領域。国土。国民。人民。
rājadhānī- < rāja-dhānī-：*f.* 王の居所。首府。「王都」「王京都」「王城」「城」「王処」と漢訳。
ima < ime + a 以外の母音 < idam-：これ。*m. pl. Nom.*
evaṃ-rūpā < evaṃ-rūpāḥ + 有声音 < evaṃ-rūpa-：*adj.* このような形の。*m. pl. Nom.*
dharma-paryāyāḥ < dharma-paryāyāḥ + (p) < dharma-paryāya-：*m.* 法門。*pl. Nom.*
pracaryiṣyante < pracaryiṣya- < pracarya- + -iṣya < pra-√car- (1) + -ya + -iṣya：*Pass.* ～（対格）に到達される。遂行される。進まれる。行なわれる。*Fut. 3, pl. A.*
pra-√car- (1)：出る。起こる。現われる。彷徨する。～（対格）に到達する。遂行する。進む。行なう。「行」「修行」「流布」「広行流布」「広宣流布」と漢訳。
deśyiṣyante < deśyiṣya- < deśya- + -iṣya < deśyaya- + -ya + -iṣya < √diś- (6) + -aya + -ya + -iṣya：*Caus. Pass.* 示される。導かれる。説明される。教えられる。宣説される。*Fut. 3, pl. A.*
deśaya- < √diś- (6) + -aya：*Caus.* 示す。導く。説明する。教える。宣説する。
prakāśyiṣyante < prakāśyiṣya- < prakāśya- + -iṣya < prakāśaya- + -ya + -iṣya < pra-√kāś- (1) + -aya + -ya + -iṣya：*Caus. Pass.* 示される。顕わされる。宣言される。*Fut. 3, pl. A.*
prakāśaya- < pra-√kāś- (1) + -aya：*Caus.* 見えさせる。示す。顕わす。宣言する。輝かせる。
pra-√kāś- (1)：現われる。明らかになる。輝く。
tatra：*adv.* (ta の処格)。そこに。そこへ。ここに。此の機会に。そのために。その場合に。その時に。
vayaṃ < asmad-：われわれ。*1, pl. Nom.*
bhagavaṃś < bhagavan + (c) < bhagavat-：*m.* 尊い（人)。「世尊」と漢訳。「婆伽婆」「薄伽梵」と音写。*sg. Voc.*
catvāro < catvāraḥ + 有声子音 < catur-：*基数詞,* 四。*m. pl. Nom.*
mahā-rājāḥ < mahā-rājāḥ + (s) < mahā-rāja-；*m.* 大王。*pl. Nom.*
sa-balāḥ < sa-balāḥ + (s) < sa-bala-：*adj.* 力のある。勢力のある。「大力」と漢訳。*m. pl. Nom.*
bala-：*n.* 力。権力。体力。活力。暴力。軍隊。軍勢。
sa-vāhanāḥ < sa-vāhanāḥ + (s) < sa-vāhana-：*adj.* 軍隊を伴った。*m. pl. Nom.*
vāhanā-：*f.* 軍隊。
sa-parivārā < sa-parivārāḥ + 有声音 < sa-parivāra-：*adj.* 従者を伴った。「与眷属」と漢訳。*m. pl. Nom.*
parivāra- < pari-√vṛ- (1) + -a：*adj.* ～に取り囲まれた。*m.* 侍者。随行者。従者。「眷属」「伴」と漢訳。
parivṛta- < pari-√vṛ- (1) + -ta：*pp.* 覆われた。取り囲まれた。包囲された。
pari-√vṛ- (1)：覆う。取り囲む。包囲する。
dharma-śravaṇāyôpasaṃkramiṣyāmaḥ < dharma-śravaṇāya + upasaṃkramiṣyāmaḥ
dharma-śravaṇāya < dharma-śravaṇa-：*n.* 法の名声。法の聴聞。「聴法」と漢訳。*sg. Dat.*
śravaṇa- < √śru- (5) + -ana：*n.* 聞くこと。学ぶこと。名声。「聞」「聴」「聴受」「聴聞」と漢訳。
upasaṃkramiṣyāmaḥ < upasaṃkramiṣya- < upa-sam-√kram- (1) + -iṣya：近づく。*Pres. 1, pl. P.*

tasya ca dharma-bhāṇakasya samantato yojana-śataṃ rakṣāṃ saṃvidhāṣyāmo yathā tasya

dharma-bhāṇakasya na kaścid avatāra-preksy avatāra-gavesy avatāraṃ lapsyate /
(梵漢和維摩経 *p.* 608, *ll.* 5–7)

「その説法者（法師）の欠点を探し、欠点を求めている何ものも、決してつけ入る機会を得ることがないように[18]、その説法者の幾百ヨージャナ（由旬）にわたるあらゆる方向から守護を与えるでありましょう」
【「面り、百由旬に伺求して、其の便りを得る者を無からしめん」】（大正蔵、巻一四、五五七頁中）
……………………………………………………………………………

tasya < tad-：それ。*m. sg. Gen.*
ca：*conj.* および。また。しかしながら。そして。〜と。なお。
dharma-bhāṇakasya < dharma-bhāṇaka-：*m.* 法の告示者。説法者。「法師」と漢訳。*sg. Gen.*
　dharma-：*m.* 教え。真理。「法」と漢訳。
　bhāṇaka- < √bhaṇ- (1) + -aka：*m.* 「説」「讃歎」と漢訳。
　√bhaṇ- (1)：話す。宣言する。
samantato < samantataḥ + 半母音 < samantatas：*adv.* すべての方面に。すべての方面から。すべての方向に。「普」「普遍」「周遍」と漢訳。
yojana-śataṃ < yojana-śata-：*n.* 百ヨージャナ（由旬）。*sg. Acc.* この対格は、時間の長さ、あるいは空間の広がりを示す。
rakṣāṃ < rakṣā- < √rakṣ- (1) + -ā：*f.* 保護。救助。護符。「守護」「擁護」「護持」と漢訳。*sg. Acc.*
　√rakṣ- (1)：防護する。保護する。世話をする。救護する。遵奉する。
saṃvidhāṣyāmo < saṃvidhāṣyāmaḥ + 半母音 < saṃvidhāṣya- < sam-vi-√dhā- (3) + -sya：与える。*Fut. 1, pl. P.*
　sam-√dhā- (3)：〜（具格）と結合する。合併する。結合する。構成する。集める。共に置く。〜（処格）に与える。（助力を）提供する。
　vi-√dhā- (3)：分与する。得る。許す。与える。決する。規定する。（生計を）安全にする。実行する。成し遂げる。〜するように（yathā 〜 tathā）処理する。
yathā：*関係副詞, 接続詞,* 〜のように。あたかも〜のように。〜であるように。
tasya < tad-：それ。*m. sg. Gen.*
dharma-bhāṇakasya < dharma-bhāṇaka-：*m.* 法の告示者。説法者。「法師」と漢訳。*sg. Gen.*
na：*ind.* 〜でない。〜にあらず。
kaścid < kaś-cit + 母音 < kiṃ-cit-：*不定代名詞,* *だれかある人。*何かあるもの。*m. sg. Nom.*
　na + kiṃ-cit-：決して誰も〜ない。
avatāra-preksy < avatāra-prekṣī + 母音 < avatāra-prekṣin-：*adj.* 欠点を探し出す。「伺過悪」「伺其短」「伺得其便」と漢訳。*m. sg. Nom.*
　avatāra- < ava-tāra- < ava-√tṝ- (1) + -a：*m.* 権化。顕示。（諸神の地上への）降下。欠点。「入」「令入」「趣入」と漢訳。
　ava-√tṝ- (1)：〜（対格、処格）へ下る。〜（奪格）へ下る。化現する。顕現する。
　prekṣin- < pra-√īkṣ- (1) + -in：*adj.* 見る。眺める。〜を見張る。伺う。
　pra-√īkṣ- (1)：見る。眺める。認める。認知する。
　√īkṣ- (1)：見る。眺める。注視する。看取する。
avatāra-gavesy < avatāra-gaveṣī + 母音 < avatāra-gaveṣin-：*adj.* 欠点を求める。「欲求其短」「伺求其便」と漢訳。*m. sg. Nom.*
　gaveṣin- < √gaveṣ- (1) + -in：*adj.* 〜を捜す。「察」「尋」「求」「伺求」と漢訳。
　√gaveṣ- (1)：（牛を望む）。〜（対格）を捜す。〜を探る。
avatāraṃ < avatāra- < ava-tāra- < ava-√tṝ- (1) + -a：*m.* 権化。顕示。（諸神の地上への）降下。欠点。「入」「令入」「趣入」と漢訳。*sg. Acc.*
　avatāram √labh- (1)：機会をとらえる。「得便」「得其便」と漢訳。
lapsyate < lapsya- < √labh- (1) + -sya：捕らえる。遭遇する。発見する。看取する。獲得する。機

会を得る。*Fut. 3, sg. A.*

§23　tatra bhagavān āyuṣmantam ānandam āmantrayate sma /　udgṛhāṇa tvam ānandêmaṃ dharma-paryāyaṃ dhāraya vācaya pareṣāṃ ca vistareṇa saṃprakāśaya /

(梵漢和維摩経 *p.* 608, *ll.* 8–10)

§23　そこで、世尊は、尊者アーナンダにおっしゃられた。

「アーナンダよ、あなたは、この法門を是認し、受持し、読誦し、さらに他者たちのために詳細に説き明かすがよい」

【§23　是の時、仏は阿難に告げたまわく、「是の経を受持して、広宣流布せよ」】

（大正蔵、巻一四、五五七頁中）

……………………………………………………………………

tatra：*adv.*（ta の処格）。そこに。そこへ。ここに。此の機会に。そのために。その場合に。その時に。

bhagavān < bhagavat-：*m.* 尊い（人）。「世尊」と漢訳。「婆伽婆」「薄伽梵」と音写。*sg. Nom.*

āyuṣmantam < āyuṣmat- < āyuṣ-mat-：*m.*「尊者」「長老」と漢訳。*sg. Acc.*

ānandam < ānanda-：*m.* アーナンダ。「阿難」と音写。*sg. Acc.*

āmantrayate < ā-mantraya- < ā-√mantraya-（名動詞）：語りかける。*Pres. 3, sg. A.*

sma：*ind.* 実に。現在形の動詞とともに用いて、過去の意味を表わす（歴史的現在）。

……………………………………………………………………

udgṛhāṇa < udgṛhṇā- < ud-√grah- (9)：起こす。上げる。上がる。取り去る。取り残す。保存する。中止する。許す。是認する。会得する。「取」「持」「受持」「摂受」「受」「領受」と漢訳。*Impv. 2, sg. P.*

tvam < tvad-：あなた。*2, sg. Nom.*

ānandêmaṃ < ānanda + imaṃ

ānanda < ānanda-：*m.* アーナンダ。「阿難」と音写。*sg. Voc.*

imaṃ < idam-：これ。*m. sg. Acc.*

dharma-paryāyaṃ < dharma-paryāya-：*m.* 法門。*sg. Acc.*

dhāraya < dhāraya- < √dhṛ- (4) + -aya：*Caus.* 把持する。支える。担う。保持する。「受持」「憶持」「奉持」「憶持不忘」と漢訳。*Impv. 2, sg. P.*

vācaya < vācaya- < √vac- (2) + -aya：*Caus.* 言わせる。読む（書物に言わせる）。「読誦」と漢訳。*Impv. 2, sg. P.*

pareṣāṃ < para-：*adj.* 他の。*m.n. pl. Gen.*

ca：*conj.* および。また。しかしながら。そして。～と。なお。

vistareṇa < vistara- < vi-stara-：*adj.* 広大な。広範な。*m.* 広さ。多数。大勢の仲間。詳細。微細な事項。詳細な記述。敷衍。*n. sg. Ins.*

saṃprakāśaya < saṃprakāśaya- < sam-pra-√kāś- (1) + -aya：*Caus.* 輝かせる。覆いを除く。発表する。「顕」「開示」「顕示」「開顕」「演説」と漢訳。*Impv. 2, sg. P.*

āha /　udgṛhīto me bhagavann ayaṃ dharma-paryāyaḥ /

(梵漢和維摩経 *p.* 608, *l.* 11)

〔アーナンダが〕申し上げた。

「世尊よ、私はこの法門を是認いたしました。

【阿難の言わく、「唯、然り。我、已に要を受持したれば、】　（大正蔵、巻一四、五五七頁中）

……………………………………………………………………

āha < √ah-：言う。*Perf. 3, sg. P.*

udgṛhīto < udgṛhītaḥ + 有声子音 < udgṛhīta- < ud-√grah- (9) + -ta：*pp.* 高められた。取り上げられた。会得された。是認された。*m. sg. Nom.*

ud-√grah- (9)：起こす。上げる。上がる。取り去る。取り残す。保存する。中止する。許す。是認する。会得する。「取」「持」「受持」「摂受」「受」「領受」と漢訳。

me < mad-：私。*2. sg. Gen.*

bhagavann < bhagavan ＋ 母音 < bhagavat-：*m.* 尊い（人）。「世尊」と漢訳。「婆伽婆」「薄伽梵」と音写。*sg. Voc.*

ayaṃ < idam-：これ。この。*m. sg. Nom.*

dharma-paryāyaḥ < dharma-paryāyaḥ ＋ 母音 < dharma-paryāya-：*m.* 法門。*sg. Nom.*

> kiṃ bhagavann asya dharma-paryāyasya nāma-dheyam /
> (梵漢和維摩経 *p.* 608, *ll.* 11–12)

「世尊よ、この法門の名前は何というのでしょうか。

【「世尊よ、当に何に斯の経を名づくべきや」】（大正蔵、巻一四、五五七頁中）

……………………………………………………………………

kiṃ < kim-：*疑問代名詞,* 何か。なぜか。*n. sg. Nom.*

bhagavann < bhagavan ＋ 母音 < bhagavat-：*m.* 尊い（人）。「世尊」と漢訳。「婆伽婆」「薄伽梵」と音写。*sg. Voc.*

asya < idam-：これ。*m. sg. Gen.*

dharma-paryāyasya < dharma-paryāya-：*m.* 法門。*sg. Gen.*

nāma-dheyam < nāma-dheya-：*n.* 命名。名称。名。「名号」「名字」と漢訳。*sg. Nom.*

dheya- < √dhā- (3) + -ya：*未受分,* 創造されるべき。置かれるべき。保持されるべき。なされるべき。*n.* 〜の譲渡。

> kathaṃ câinaṃ dhārayāmi /
> (梵漢和維摩経 *p.* 608, *ll.* 12–13)

「また、私はこの〔法門〕をどのように受持したらいいでしょうか」

【漢訳相当箇所なし】

……………………………………………………………………

kathaṃ：*adv.* いかにして。いずこより。何故に。

câinaṃ < ca + enaṃ

ca：*conj.* および。また。しかしながら。そして。〜と。なお。

enaṃ < enad-：これ。*m. sg. Acc.*

dhārayāmi < dhāraya- < √dhṛ- (4) + -aya：*Caus.* 把持する。支える。担う。保持する。「受持」「憶持」「奉持」「憶持不忘」と漢訳。*Pres. 1, sg. P.*

> bhagavān āha / tasmāt tarhi tvam ānandêmaṃ[19] dharma-paryāyaṃ vimalakīrti-nirdeśaṃ yamaka-puṭa-vyatyasta-nihāram acintya-vimokṣa-parivartam[20] ity api dhārayêmaṃ dharma-paryāyam //
> (梵漢和維摩経 *p.* 608, *ll.* 14–16)

世尊がおっしゃられた。

「それ故に、アーナンダよ、あなたは今、この法門を『ヴィマラキールティの所説』であり、『〔対立する語を並べた〕対をなす章句や、〔顚倒した〕逆説的なことの提示[21]』『考えも及ばないという解脱の章』と〔考えて、〕この法門を受持するがよい」

【仏の言わく、「阿難よ、是の経を名づけて『維摩詰の所説』と為す。亦、『不可思議解脱の法門』とも名づく。是くの如く受持せよ」】（大正蔵、巻一四、五五七頁中）

……………………………………………………………………

bhagavān < bhagavat-：*m.* 尊い（人）。「世尊」と漢訳。「婆伽婆」「薄伽梵」と音写。*sg. Nom.*

āha < √ah-：言う。*Perf. 3, sg. P.*

………………………………………………………………………

tasmāt < tad-：それ。*m.n. sg. Abl.*

代名詞の中性・単数の対格（tat）、奪格（tasmāt）、具格（tena）は、「そこで」「従って」「それ故」などの意味となり、文の連結助詞として用いられる。cf.「シンタックス」*p.* 125.

tarhi：*adv.* その時において。然る時に。そこで。その場合に。

tvam < tvad-：あなた。*2, sg. Nom.*

ānandêmaṃ < ānanda + imaṃ

ānanda < ānanda-：*m.* アーナンダ。「阿難」と音写。*sg. Voc.*

imaṃ < idam-：これ。*m. sg. Acc.*

dharma-paryāyaṃ < dharma-paryāya-：*m.* 法門。*sg. Acc.*

vimalakīrti-nirdeśaṃ < vimalakīrti-nirdeśa-：*m.* ヴィマラキールティの所説。*sg. Acc.*

vimalakīrti- < vimala-kīrti-：*m.* ヴィマラキールティ。汚れのない名声を持つ（もの）。「維摩詰」「維摩」と音写。「浄名」「無垢称」と漢訳。

nirdeśa- < nir-√diś- (6) + -a：*m.* 命令。指示。記述。表明。詳述。「説」「所説」「説法」「釈」「釈説」「広釈」「分別演説」と漢訳。

yamaka-puṭa-vyatyasta-nihāram < yamaka-pāṭha-vyatyasta-nihāra-：*adj.*〔対立する語を並べた〕対をなす章句や、〔顚倒した〕逆説的なことを提示する。*m. sg. Acc.*

yamaka-：*adj.* 二様の。二重の。異義同音の綴りを反復させること。

puṭa- < √puṭ- (6) + -a：m. n. 襞。袋。穴。裂け目。器。箱。pada-puṭa-（章句）の略か。

√puṭ- (6)：～（具格）に包む。～（具格）によって摩擦する。

vyatyasta- < vi-ati-√as- (2) + -ta：*pp.* 転置された。顚倒された。辻褄の合わない（話）。「転換」「乱住」「覆」「覆住」と漢訳。

nihāra- < ni-√hṛ- (1) + -a：*m.* 贈与。提供。提示。与えること。

ni-√hṛ- (1)：（贈り物や賞を）与える。提供する。to offer (as a gift or reward).

acintya-vimokṣa-parivartam < acintya-vimokṣa-parivarta-：*m.* 考えも及ばないという解脱の章。「不可思議解脱法門」と漢訳。*sg. Acc.*

acintya- vimokṣa-：*m.* 考えも及ばないという解脱。「不可思議解脱」と漢訳。

acintya- < a- + √cint- (10) + -ya：*未受分,* 思議すべからざる。考えるべきでない。「不可思議」と漢訳。

vimokṣa-：*m.* 緩むこと。～からの解放。救済。「解脱」と漢訳。

parivarta-：*m.* 章。

ity < iti + 母音：*adv.* ～と。以上のように。「如是」と漢訳。

api：*adv.* また。さえも。されど。なお。

dhārayêmaṃ < dhāraya + imaṃ

dhāraya < dhāraya- < √dhṛ- (4) + -aya：*Caus.* 把持する。支える。担う。保持する。「受持」「憶持」「奉持」「憶持不忘」と漢訳。*Impv. 2, sg. P.*

imaṃ < idam-：これ。*m. sg. Acc.*

dharma-paryāyam < dharma-paryāya-：*m.* 法門。*sg. Acc.*

idam avocad bhagavān / （梵漢和維摩経 *p.* 608, *l.* 17）

世尊は、以上のようにおっしゃられた。

【仏の是の経を説き已（おわ）るや、】（大正蔵、巻一四、五五七頁中）

………………………………………………………………………

idam < idam-：これ。*n. sg. Acc.*

対格の副詞的用法で「ここに」「こちらに」「今」「さて」「これをもって」「ちょうど」「こうし

て」を意味する。

avocad < avocat + 有声子音 < avoca- < a- + va-+ uc- + -a < √vac- (2)：言う。話す。告げる。*重複アオリスト, 3, sg. P.* 重複アオリストについては、cf.「基礎」*p.* 334.

bhagavān < bhagavat-：*m.* 尊い（人）。「世尊」と漢訳。「婆伽婆」「薄伽梵」と音写。*sg. Nom.*

> āttamanā vimalakīrtir licchavir mañjuśrīś ca kumāra-bhūta āyuṣmāṃś cânandas te ca mahā-śrāvakāḥ sā ca sarvāvatī parṣat sa-deva-mānuṣâsura-gandharvaś ca loko bhagavato bhāṣitam abhyanandan //
>
> （梵漢和維摩経 *p.* 608, *ll.* 17–20）

リッチャヴィ族のヴィマラキールティと、マンジュシリー法王子、尊者アーナンダ、それらの偉大なる声聞たち、さらにはそのすべての聴衆、神々や人間、アスラ、ガンダルヴァたちに伴われた世間〔の人々〕は、世尊が語られたことに狂喜し、満足した。

【長者維摩詰・文殊師利・舎利弗・阿難等、及び諸の天・人・阿修羅と一切の大衆は仏の所説を聞きて、皆、大いに歓喜せり。】（大正蔵、巻一四、五五七頁中）

……………………………………………………………………

āttamanā < āttamanāḥ + 有声音 < āttamana- < ātta-manas- ≒ āpta-manas-：*adj.* 狂喜せしめられたる。満たされた心を持つ。*m. pl. Nom.* 格変化は、cf.「基礎」*p.* 143.
パーリ語では、pt の音は tt と綴られる。cf.「パーリ語文法」*p.* 49.

vimalakīrtir < vimalakīrtiḥ + 有声音 < vimalakīrti- < vimala-kīrti-：*m.* ヴィマラキールティ。汚れのない名声を持つ（もの）。「維摩詰」「維摩」と音写。「浄名」「無垢称」と漢訳。*sg. Nom.*

licchavir < licchaviḥ + 有声音 < licchavi-：*m.* リッチャヴィ。「離車子」「栗姑毘」と音写。*sg. Nom.*

mañjuśrīś < mañjuśrīḥ + (c) < mañjuśrī- < mañju-śrī-：*m.* マンジュシリー。「妙徳」「妙吉祥」と漢訳。「文殊」「文殊師利」と音写。*sg. Nom.*

ca：*conj.* および。また。しかしながら。そして。～と。なお。

kumāra-bhūta < kumāra-bhūtaḥ + a 以外の母音 < kumāra-bhūta-：*adj.* 王子であった。「童子」「童真」「法王子」と漢訳。*m. sg. Nom.*

āyuṣmāṃś < āyuṣmān + (c) < āyuṣmat-：尊者。*adj.* 「長老」と漢訳。*m. sg. Nom.*

cânandas < ca + ānandas
ānandas < ānandaḥ + (t) < ānanda-：*m.* アーナンダ。「阿難」と音写。*sg. Nom.*

te < tad-：それ。*m. pl. Nom.*

ca：*conj.* および。また。しかしながら。そして。～と。なお。

mahā-śrāvakāḥ < mahā-śrāvakāḥ + (s) < mahā-śrāvaka-：*m.* 偉大なる声聞。「大声聞」と漢訳。*pl. Nom.*

sā < tad-：それ。*f. sg. Nom.*

ca：*conj.* および。また。しかしながら。そして。～と。なお。

sarvāvatī < sarvāvatī- < sarvāvat-：*adj.* 「普」「一切」「一切悉」と漢訳。*f. sg. Nom.*

parṣat < parṣat- ＝ pari-ṣad-：*f.* 集会。聴衆。会議。「衆」「大衆」「衆会」「諸大衆」と漢訳。*sg. Nom.*
格変化は、cf.「基礎」*p.* 119.

sa-deva-mānuṣâsura-gandharvaś < sa-deva-mānuṣâsura-gandharvaḥ + (c) < sa-deva-mānuṣâsura-gandharva-：*adj.* 神々や、人間、アスラ、ガンダルヴァたちに伴われた。*m. sg. Nom.*

ca：*conj.* および。また。しかしながら。そして。～と。なお。

loko < lokaḥ + 有声子音 < loka-：*m.* 空間。余地。場所。国。世界。世間。*sg. Nom.*

bhagavato < bhagavataḥ + 有声子音 < bhagavat-：*m.* 尊い（人）。「世尊」と漢訳。「婆伽婆」「薄伽梵」と音写。*sg. Gen.*

bhāṣitam < bhāṣita- < √bhāṣ- (1) + -ita：*pp.* 語られた（こと）。「所説」「言説」漢訳。*n. sg. Acc.*

abhyanandan < abhi-nanda- < abhi-√nand- (1)：～に満足を覚える。～を喜ぶ。楽しむ。歓喜する。*Impf. 3, pl. P.*

iti[22] Nigamana-Parīndanā-Parivarto Nma dvādaśaḥ // (梵漢和維摩経 *p.* 608, *l.* 21)

以上が「結論と付嘱」の章という名前の第十二である。
【維摩詰所説経巻下】

……………………………………………………………………

iti：*adv.* ～と。以上のように。「如是」と漢訳。
nigamana-parīndanā-parivarto < nigamana-parīndanā-parivartaḥ + 有声子音 < nigamana-parīndanā-parivarta-：*m.* 「結論と付嘱」の章。*sg. Nom.*
　nigamana- < nigamaya- + -ana < ni-√gam- (1) + -aya + -ana：*n.* 結論。
　nigamaya- < ni-√gam- (1) + -aya：*Caus.* 結論する。中に入らせる。
　parīndanā- < √parīnd- (名動詞) + -anā：*f.* 施物。「付嘱」「嘱累」と漢訳。
　parivarta-：*m.* 章。
nāma：*adv.* ～という名前の。実に。確かに。もちろん。おそらく。そもそも。
dvādaśaḥ < dvādaśa-：*序数詞,* 第十二の。*m. sg. Nom.*

ye dharmā hetu-prabhavā hetuṃ teṣāṃ tathāgato hy avadat / teṣāṃ ca yo nirodha[23] evaṃ-vādī mahā-śramaṇaḥ //[24] (梵漢和維摩経 *p.* 608, *ll.* 22–23)

原因によって生じたところの〔あらゆる〕ものごと、それら〔のあらゆるものごと〕の原因をまさに如来は説かれました。それら〔のあらゆるものごと〕には寂滅であるところのものが具わっています。偉大なる沙門は、このように説かれる方であります。
【漢訳相当箇所なし】

……………………………………………………………………

ye < yad-：*関係代名詞, m. pl. Nom.*
dharmā < dharmāḥ + 有声音 < dharma-：*m.* ものごと。(複数形で「諸法」と漢訳)。*pl. Nom.*
hetu-prabhavā < hetu-prabhavāḥ + 有声音 < hetu-prabhava-：*adj.* 原因によって生じた。「因果」と漢訳。*m. pl. Nom.*
　hetu-：*m.* 原因。理由。動機。
　prabhava- < pra-√bhū- (1) + -a：*adj.* 卓越した。～から起こった。生じた。～をもって始まる。～の中／上にある。「生」「所生」「従所起」と漢訳。*m.* 起源。根源。存在の原因。
hetuṃ < hetu-：*m.* 原因。理由。動機。*sg. Acc.*
teṣāṃ < tad-：それ。*m. pl. Gen.*
tathāgato < tathāgataḥ + 有声子音 < tathāgata-：*m.* 「如来」「如去」と漢訳。「多陀阿伽度」と音写。*sg. Nom.*
hy < hi + 母音：*ind.* 真に。確かに。実に。
avadat < avada- < √vad- (1)：説く。話す。*a-Aor. 3, sg. Nom.*
　これは、√vad- (1) の *P.* 現在分詞 vadat- の *n. sg. Nom.Acc.* に否定の接頭辞 a をつけたものと同じ形であるが、ここには否定の意味がくるべきではない。
teṣāṃ < tad-：それ。*m. pl. Gen.*
ca：*conj.* および。また。しかしながら。そして。～と。なお。
yo < yaḥ + 有声子音 < yad-：*関係代名詞, m. sg. Nom.*
nirodha < nirodhaḥ + a 以外の母音 < nirodha-：*m.* 抑圧。征服。破壊。「滅」「滅度」「寂滅」と漢訳。*sg. Nom.*
evaṃ-vādī < evaṃ-vādin-：*adj.* このように語る。*m. sg. Nom.*
　vādin- < √vad- (1) + -in：*adj.* 言う。話す。談論する。述べる。*m.* 話者。学説の提唱者。信奉者。論争者。「論者」「説者」「論師」と漢訳。
mahā-śramaṇaḥ < mahā-śramaṇa-：*m.* 偉大なる沙門。*sg. Nom.*

śramaṇa-：*m.*「沙門」と漢訳。

deya-dharmo 'yaṃ pravara-mahā-yāna-yāyino bhikṣu-śīla-dhvajasya yad atra puṇyaṃ tad bhavatv ācāryôpādhyāya-mātā-pitṛ-pūrvaṃ-gamaṃ kṛtvā sakala-sattva-rāśer anuttara-jñāna-phalâvāptaya iti //

(梵漢和維摩経 *p.* 610, *ll.* 1–3)

これが、最も勝れた大いなる乗り物（大乗）に乗り、男性出家者（比丘）の戒律という旗を掲げている人のために施されるべき法であります。すべての衆生たちの集団をこの上ない知（無上智）という結果に到達させるために、師や教師、母と父に熱心に仕えることをなして後に、ここにあるところの福徳、それを生ずるべきであります。

【漢訳相当箇所なし】

………………………………………………………………………

deya-dharmo 'yaṃ < deya-dharmaḥ + ayaṃ

deya-dharmaḥ < deya-dharma-：*m.* 慈善。施されるべき法。「可施物」「堪所施物」「可施財物」「可施財法」と漢訳。*sg. Nom.*

deya- < √dā- (3) + -ya：*未受分,* 与えられるべき。贈られるべき。贈り物に適した。交付されるべき。解放されるべき。返還されるべき。払われるべき。置かれるべき。「所施」「施（食）」「施与」「供養」と漢訳。

ayaṃ < idam-：これ。この。*m. sg. Nom.*

pravara-mahā-yāna-yāyino < pravara-mahā-yāna-yāyinaḥ + 有声子音 < pravara-mahā-yāna-yāyin-：*adj.* 卓越した大いなる乗り物（大乗）に乗っている。*m. sg. Gen.*

pravara- < pra-vara-：*adj.* 卓越した。高貴の。～（属格）の中において主な。最善の。最も勝れた。最年長の。「勝」「最勝」「殊勝」「妙」「最妙」「微妙」「第一」「最第一」と漢訳。

vara-：*adj.* 最善の。最も精選された。最も勝れた。最も美しい。「妙」「上妙」「最妙」「第一」「最上」「最勝」などと漢訳。

mahā-yāna-：*n.* 大いなる乗り物。「大乗」と漢訳。「摩訶衍」と音写。

yāyin- < √yā- (2) + -in：*adj.* ～へ行く。動く。乗っていく。走る。飛ぶ。旅する。

bhikṣu-śīla-dhvajasya < bhikṣu-śīla-dhvaja-：*m.* 男性出家者（比丘）の戒律という旗を掲げる。*m. sg. Gen.*

bhikṣu- < √bhikṣ- (1) + -u：*m.* 乞食者。男性出家者。「比丘」と音写。

śīla-：*n.* 習慣。気質。性向。性格。よい行状。よい習慣。高尚な品性。道徳性。「戒」と漢訳。

dhvaja-：*m.* 幡。旗。記号。標識。象徴。

yad < yat < yad-：*関係代名詞, n. sg. Nom.*

atra：*adv.* ここ。かしこ。この場合は。この際。（idam-の処格）。

puṇyaṃ < puṇya-：*adj.* 吉兆の。幸先のよい。幸運な。美しい。快い。有徳の。*n.* 善。徳。善行。「福」「福徳」「福行」「功徳」と漢訳。*n. sg. Nom.*

yad 以下は処格と主格の名詞文。

tad < tat < tad-：それ。*n. sg. Acc.*

bhavatv < bhavatu + 母音 < bhava- < √bhū- (1)：～となる。生ずる。～の状態にある。～である。*Impv. 3, sg. P.*

ācāryôpādhyāya-mātā-pitṛ-pūrvaṃ-gamaṃ < ācāryôpādhyāya-mātā-pitṛ-pūrvaṃ-gama- < ācārya-upādhyāya-mātā-pitṛ-pūrvaṃ-gama-：*m.* 師や教師、母と父に熱心に仕えること。*sg. Acc.*

ācārya- < ā-√car- (1) + -ya：*未受分,* 行かれるべき。*m.* 師。

ā-√car- (1)：～（対格）に近づく。往来する。振る舞う。行なう。

upādhyāya-：*m.* 教師。師匠。「師」と漢訳。「和尚」「和上」「和闍」と音写。

これは、次のように作られた派生語か？

upādhyāya- < upa-adhi-ā-aya- < upa-adhi-ā-√i- (2) + -a

mātā-pitṛ-：*m.* 母と父。「父母」と漢訳。

pūrvaṃ-gama-：*adj.* 先行する。〜を先行させる。熱心に仕える。〜を首とする。〜に支配された。〜に指揮された。「先」「為先」「最先」「前」「在前」「前行」「為上首」

pūrvaṃ- < pūrva-：*adj.* 前に。以前に。昔。*n. sg. Acc.* 対格の副詞的用法。

gama- < √gam- (1) + -a：*adj.* 〜に行く。〜に動く。*m.* 行くこと。進軍。道路。

kṛtvā < √kṛ- (8) + -tvā：作る。なす。*Ger.*

sakala-sattva-rāśer < sakala-sattva-rāśeḥ + 有声音 < sakala-sattva-rāśi-：*m.* すべての衆生たちの集団。*sg. Gen.*

sakala- < sa-kala-：*adj.* 部分（kalā）をすべて持っている。完全な。全部の。「一切所有」と漢訳。

sattva-：*m.* 「衆生」「有情」と漢訳。

rāśi-：*m.* 堆積。積み重ね。集団。多量。

anuttara-jñāna-phalâvāptaya < anuttara-jñāna-phalâvāptaye + a 以外の母音 < anuttara-jñāna-phalâvāpti- < anuttara-jñāna-phala-avāpti-：*f.* この上ない知（無上智）の結果への到達。*sg. Dat.*

anuttara-jñāna-：*n.* 「無上智」と漢訳。

anuttara- < an-ud-tara-：*比較級,* この上ない。「無上」と漢訳。

jñāna- < √jñā- (9) + -ana：*n.* 知。智慧。

phala-：*n.* 果。果実。結果。報い。報酬。利益。享受。

avāpti- < ava-√āp- (5) + -ti：*f.* 獲得。到達。

iti：*adv.* 〜と。以上のように。「如是」と漢訳。

śrīmad-gopāla-deva-rājye saṃvat 12 bhādra-dine 29 likhitêyam upasthāyaka-cāṇḍokasyêti // （梵漢和維摩経 *p.* 610, *ll.* 4–5）

偉大なゴーパーラ王[25]の王国において、治世12年（761年）のバードラ・パダ月（6月）29日、侍者であるチャーンドーカによってこれは書写された。

【漢訳相当箇所なし】

……………………………………………………………………

śrīmad-gopāla-deva-rājye < śrīmad-gopāla-deva-rājya-：*n.* 偉大な／輝かしいゴーパーラ王の王国。*sg. Loc.*

śrīmad- < śrīmat- + 有声子音 < śrī-mat-：*adj.* 輝かしい。美しい。著名な。高名な。高位の。高貴な威厳を持つ。*m.* 偉大な人。著名な人。

śrī-：*f.* 光輝。美。繁栄。幸運。富。「吉祥」「妙相」と漢訳。

gopāla- < go-pāla-：*m.* ゴーパーラ。牧牛者。（大地の保護者の）国王。

deva-：*m.* 天上の者。神格者。神。神聖な者。「天」と漢訳。

rājya- < √rāj- (1) + -ya：*adj.* 王室の。*n.* 〜（処格）に対する主権。〜の主権。統治国。王国。領土。

saṃvat：*ind.* （saṃvatsare の省略で）〜年に。〜の治世に。

bhādra-dine < bhādra-dina-：*m.n.* バードラ・パダ月（六月）の日。

bhādra-：*m.* 暦月の bhādra-pada-（六月）。

dina-：*m.n.* 日。一日。

likhitêyam < likhitā + iyam

likhitā < likhitā- < likhita- < √likh- (6) + -ita：*pp.* 描かれた。描写された。写生された。書写された。*f. sg. Nom.*

√likh- (6)：描く。描写する。写生する。「書写」「書」「写」と漢訳。*Opt. 3, sg. P.*

iyam < idam-：これ。*f. sg. Nom.*

upasthāyaka-cāṇḍokasyêti < upasthāyaka-cāṇḍokasya + iti

upasthāyaka-cāṇḍokasya < upasthāyaka-cāṇḍoka-：*m.* 侍者のチャーンドーカ。*sg. Gen.*
upasthāyaka- < upa-√sthā- (1) + -aka：*m.* 召使い。従者。「侍者」「侍従」と漢訳。
upa-√sthā- (1)：近くに立つ。近くに身を置く。かしずく。～に仕える。
cāṇḍoka-：*m.* チャーンドーカ。
iti：*adv.* ～と。以上のように。「如是」と漢訳。

第12章＝続き　訳注

---

[1] anuparīndāmi（< anu-√parīnd-（名動詞），付嘱する）は、貝葉写本では anuparīkṣāmi（< anu-pari-√īkṣ-（1），求める）となっているが、チベット語訳が gtad［pa］（委嘱する）、鳩摩羅什訳と玄奘訳が「付嘱」となっていることから改めた。

[2] paścime は、貝葉写本では意味不明の varame となっている。その貝葉写本とチベット語訳を並べると次の通りである。

varame kāle **paścime** samaye

phyi ma'i dus **phyi ma'i** tshe（**後の**時に、**後の**機会に）

チベット語訳で phyi ma'i（後の）が前半と、後半にあることから、貝葉写本も「後の」を意味する paścime（< paścima-）が前半と後半にあるべきである。こうして、貝葉写本は、次の決まり文句に改められる。

paścime kāle paścime samaye（後の時代、後の状況において）

[3] 鳩摩羅什が「無量阿僧祇劫に**集むる**所の阿耨多羅三藐三菩提の法」と訳した箇所は、原文では次のようになっている。

asaṃkhyeya-kalpa-koṭī-**samudānītām** anuttarāṃ samyak-saṃbodhim

ところが、『法華経』嘱累品（植木訳『梵漢和対照・現代語訳　法華経』下巻、*p.* 578）に出てくる次の類似の文章の鳩摩羅什の訳し方に微妙な違いが見られる。

asaṃkhyeya-kalpa-koṭī-nayuta-śata-sahasra-**samudānītām** anuttarāṃ samyak-saṃbodhiṃ（無量百千万億阿僧祇劫に於いて、是の得難き阿耨多羅三藐三菩提の法を**修習せり**）

同じ samudānītām（samudānīta-）の訳し方が、前者は「集められた」、後者は「修習された」となっている。samudānīta- は、「集める」「成し遂げる」という意味の動詞 sam-ud-ā-√nī-（1）の過去受動分詞であり、両方の意味が出てくるのは事実だが、一貫性を持たせるために、筆者は「達成した／された」という意味で統一した。

支謙は「習える」と漢訳し、玄奘は「集むる所の」と鳩摩羅什訳を踏襲している。チベット語訳、およびその現代語訳である中公版は、次の通り。

bsgrubs pa（成就された）

「集成した」（中公版、*p.* 176）

中公版は、鳩摩羅什訳の「**集**」とチベット語訳の「**成**就」の両方を生かして「**集成**」としたのであろう。

[4] arūpa-lepaṃ（< a-rūpa-lepa-，姿に汚れのない）は、貝葉写本では rūpa-lepaṃ（< rūpa-lepa-，姿に汚れのある）となっているが、鳩摩羅什訳と玄奘訳に「無染・無著なる」とあるのに従って改めた。

[5] 筆者が「〔対立する語を並べた〕対句や、〔顛倒した〕逆説的なことを提示する章句の分析からなる」と訳した箇所は、貝葉写本では次のようになっている。

yamaka-vyatyasta-nihāra-pada-puṭa-prabhedaṃ

これは、yamaka-（〔対立する語を並べた〕対句）、vyatyasta-（〔顛倒した〕逆説的なこと）、nihāra-（提示）、pada-（語句）、puṭa-（袋、穴、裂け目）、prabheda（分析）の六語からなる複合語である。この中で puṭa- という語をどう理解すればいいのか苦労したが、puṭa- に「部分」という意味があり、pada-puṭa- で「語という部分／箇所」という意味になるという立川武蔵博士の教示に従って、「章句」と意訳することにした。

この箇所は、すべての漢訳に欠落しているが、チベット語訳では次のようになっている。

snrel zhi'i rgyud kyi tshig dang / rim pa rab tu dbye ba 'di（次第錯綜の連続する句の部分の分析）

この一節の冒頭の snrel zhi は、チベット語で「横断」を意味するが、これでは意味が通じない。ところが、『格西典礼事典』に「次第錯綜」とあるとの立川博士の教示に従った。そのほか、rgyud は「流れ／連続」、tshig が「句」、rim pa が「部分」を意味し、さらに rab tu dbye ba は動詞で「分析する／区別する」、名詞で「分析」であるので、上記の訳となった。

そのチベット語訳からの現代語訳である中公版は、次のようになっている。

「対句や逆の表現の語句や章句のある」（中公版、*p.* 177）

これは§23の類似した表現 yamaka-puṭa-vyatyasta-nihāram（〔対立する語を並べた〕対をなす章句や、〔顛倒した〕逆説的なことの提示）を参考にした意訳であろう。

ラモット博士の仏訳からの英訳（*Teaching of Vimalakīrti*, *p.* 269）は次の通りである。

Production of paired and inverted (sounds)" (Yamakavyatyastāhāra)

[6] katamābhyāṃ は、貝葉写本では kamābhyāṃ となっている。鳩摩羅什訳に「何等をか二と……」とあり、dvābhyām（< dvi-，二）に合わせて疑問代名詞 katama- の中性・両数・具格に改めた。

[7] nânumodanti は、貝葉写本の表記だが、VKN. では何の断りもなく nânumodante に改めている。前者が為他

言で後者が為自言というだけで、実質はそれほど変わりない。従って、筆者は貝葉写本のままにしておく。

8 pratikṣipante は、貝葉写本では pratikṣiyante となっている。貝葉写本でしばしば見られる y と p の間の誤記であろう。

9 anugṛhṇāti は、貝葉写本では nānugṛhṇāti（< na + anugṛhṇāti）となっているが、チベット語訳では phan 'dogs（利益する）となっていて、na に相当する否定辞は入っていない。

10 この文章の原文は、次の二つの要素からなっている。

①lokâmiṣa-dānena ca sattvān anugṛhṇāti（世間における財物の布施によって衆生たちに丁重に遇するけれども、）

②na dharma-dānena（〔私欲を超越した〕法の布施によってではない）

①の中の anugṛhṇāti は、「～（具格）によって丁重に待遇する」という意味の動詞 anu-√grah- (9) の現在・三人称・単数である。「～によって」を意味する具格の形になっているのは、lokâmiṣa-dānena（< lokâmiṣa-dāna-）であり、これは loka-（世間）、āmiṣa-（食べ物、財物）、dāna-（布施）の複合語であり、「世間における財物の布施」という意味である。

②は「～でない」を意味する否定の na と、dharma-（法）と dāna-（布施）の複合語 dharma-dāna-（〔私欲を超越した〕法の布施）の単数・具格 dharma-dānena であり、①の sattvān anugṛhṇāti が省略されている。これによって、筆者の訳となった。

チベット語訳、およびその現代語訳である中公版、そして漢訳は次の通り（鳩摩羅什訳に対応箇所なし）。

'jig rten gyi zang zing sbyin pas ni sems can la phan 'dogs shing chos kyi sbyin pas ma yin te/（世間の財施によって衆生を利益しながらも、法施によってではなく、）

「世間的な財物の布施によって人々に利益を与えるが、それは法の布施によってではない」（中公版、*p.* 178）

「貪・濁・懐・嫉は人を納むること能わず、亦法施ならず」（支謙訳）

「四には世間の財施を以て諸の有情を摂することを楽って、出世の清浄の法施を楽わず」（玄奘訳）

11 VKN. では、ここで文章を区切っているが、これは関係代名詞に導かれた条件文であり、後続の帰結文と切り離すべきではないと考えて、筆者はつなげた。

12 この文章の原文は、次の三つの要素からなっている。

①tathāgato（如来は）

②anumodate...'nujānāti ca（喜び、認可するのである）

③su-bhāṣitam（〔あなたが〕巧みに語ったことを）

これは、①の tathāgato（< tathāgataḥ < tathāgata-, 如来）、②の anumodate（< anu-√mud- (1), 喜ぶ）と 'nujānāti（< anujānāti < anu-√jñā- (9), 認可する）、③su-bhāṣitam（< su-bhāṣita-：*adj.* 巧みに語られた〔こと〕）がそれぞれ、主語、動詞、目的語になっている。以上の分析から、筆者の訳となった。

チベット語訳、およびその現代語訳である中公版、そして漢訳は次のとおり。

de bzhin gshegs pa'ng khyod kyis legs par smras pa de la rjes su yi rang ba gnang bar mdzad do //（如来もまた、汝によって見事に語られたその事を随喜し、承認するのである）

「如来もまた、おまえの言ったことを喜ぶだろう」（中公版、*p.* 178）

「如来は代わりて喜び、是の言を善説せん」（支謙訳）

「仏は爾の喜ぶを助けん」（鳩摩羅什訳）

「汝は極善を為して乃ち能く如来の善説を随喜せん」（玄奘訳）

貝葉写本と、チベット語訳、支謙訳では、「喜ぶ」のは如来（仏）だが、鳩摩羅什訳と玄奘訳では、喜ぶのは如来（仏）ではなく「なんじ」、すなわち弥勒菩薩になっている。

13 この文章は、次の二つの要素からなっている。

①teṣāṃ ca kula-putrāṇām（それらの良家の息子たちのために、）

②ārocayiṣyāmaḥ（私たちは語るでありましょう）

①の teṣāṃ は、代名詞 tad-（それ）の男性・複数・属格であり、kula-putra-（良家の息子）の男性・複数・属格 kula-putrāṇām を修飾している。これらが属格であるのは、為格的な用法であるからだ。

②は、ā-√ruc- (1) の使役語幹 ārocaya-（語る）の未来・一人称・複数形であり、①と②は、菩薩である「私たち」を主語とする文章になっている。

ところが、チベット語訳、およびその現代語訳である中公版では次のようになっている。

rigs kyi bu de dag kyang mos par bgyi'o //（〔我々は〕彼ら善男子をも信受せしめるでしょう）

この文章は、「善男子が信受するように〔我々が〕なす」という使役的な構文になっている。ところが、中公版は、これを次のように訳している。

「これら良家の子らは、それに信をいだくでありましょう」(中公版、*p.* 179)

この中公版の訳では、「我々」の役割が全く表出されていない。しかも、teṣāṃ (< tad, それ) にあたる de dag (それら) が「良家の息子」にかかっているにもかかわらず、「信」の目的語のように解され、チベット語訳にない「これら」が加えられているかと思うと、kyang (〜もまた) が訳出されていない。

漢訳では、いずれも「我等」、あるいは「我」が主語になっている。

「〔**我等**〕諸の同学に其の楽う所を示さん」(支謙訳)

「〔**我等**〕復、当に諸の説法者を開導して、是の経を得しむべし」(鳩摩羅什訳)

「若し善男子、或いは善女人、能く是の経を聴聞して信解し、受持し、読誦し、究竟して通利し、修行を倒すこと無く広く他の為に説くならば、**我**、当に護持して其れに念力を与えて障難無からしめん」(玄奘訳)

14 mahā-rājā は、貝葉写本と VKN. では mahā-rājāno (< mahā-rājānaḥ) となっているが、これは、mahā-rājan- の複数・主格の形である。ところが、rājan- は複合語の後半に来ると、n が脱落する。従って、筆者は、男性名詞 mahā-rāja- の複数・主格 mahā-rājā (< mahā-rājāḥ + 有声音) に改めた。

15 pracaryiṣyante deśyiṣyante prakāśyiṣyante は、貝葉写本と VKN. では pracariṣyanti deśayiṣyanti prakāśayiṣyanti となっているが、次の注 16 で述べる理由により筆者は改めた。

16 筆者が「これらの法門が〔未来に〕行なわれ、説かれ、示される」と訳した箇所は、貝葉写本と VKN. では次のように二つの要素からなっている。

①ima... dharma-paryāyāḥ

②pracariṣyanti deśayiṣyanti prakāśayiṣyanti

①は、男性名詞 dharma-paryāya- (法門) の複数・主格で、主語になっている。それに対する動詞は②の三語である。pracariṣyanti は、「行なう」という意味の動詞 pra-√car- (1) の未来・三人称・複数で、deśayiṣyanti は「示す」という意味の動詞√diś- (6) から作られた使役語幹 deśaya- (説く) の未来・三人称・複数で、prakāśayiṣyanti は、「明らかになる」という意味の動詞 pra-√kāś- (1) から作られた使役語幹 prakāśaya- (示す) の未来・三人称・複数である。

従って、①と②は、次のような訳になる。

「諸の法門が、行ない、説き、示すであろう」

これは、不自然である。ここは、dharma-paryāyāḥ (法門) が主語であるので、②の動詞はすべて受動態になるべきである。受動態が為自言 (Ātmanepada) の活用をすることも考慮して、筆者はそれぞれを次のように改めた。

③pracaryiṣyante deśyiṣyante prakāśyiṣyante

それぞれ、次のような変化を経ている。

pracaryiṣyante < pracaryiṣya- < pracarya- + -iṣya < pra-√car- (1) + -ya + -iṣya (行なわれるであろう＝受動・未来・三人称・複数・為自言)

deśyiṣyante < deśyiṣya- < deśya- + -iṣya < deśaya- + -ya + -iṣya < √diś- (6) + -aya + -ya + -iṣya (説かれるであろう＝使役・受動・未来・三人称・複数・為自言)

prakāśyiṣyante < prakāśyiṣya- < prakāśya- + -iṣya < prakāśaya- + -ya + -iṣya < pra-√kāś- (1) + -aya + -ya + -iṣya (示されるであろう＝使役・受動・未来・三人称・複数・為自言)

これによって筆者の訳となった。

チベット語訳、およびその現代語訳である中公版、そして漢訳は次の通りである。

chos kyi rnam grangs 'di lta bu spyod pa dang / 'chad pa dang / yang dag par ston pa (このような法門が行ぜられ、説かれ、正しく教示されるならば)

「この法門が行なわれ、説かれ、解釈されるならば」(中公版、*p.* 179)

「是くの如く深き経法を行ずる者有らば」(支謙訳)

「経巻の読誦・解説者有らば」(鳩摩羅什訳)

「是くの如き法門の流行される処有らば」(玄奘訳)

チベット語訳と玄奘訳は受動態になっている。支謙訳と鳩摩羅什訳や能動態になっているが、「経法」あるいは「経巻」が目的語になっているので、趣旨は同じである。従って、②はすべて受動態に改めるべきである。

単数と複数の違いはあるが、全く同じことが§3にも出てきた (第 12 章前半の注 5 を参照)。

17 筆者が、「力強い軍勢と侍者たちを伴って」と訳した箇所の原文は次の通りである。

①sa-balāḥ sa-vāhanāḥ sa-parivārā

sa-balāḥ は、「～を伴った」を意味する接頭辞 sa- と bala-（力）の複合語 sa-bala-（力強い）の男性・複数・主格で、sa-vāhanāḥ を修飾している。これは、sa- と vāhanā-（軍勢）が複合してできた形容詞 sa-vāhana-（軍勢に伴われた）の男性・複数・主格である。sa-parivārā は、sa- と parivāra-（侍者）の複合語 sa-parivāra-（侍者たちに伴われた）の男性・複数・主格である。以上の分析から、筆者の訳となった。

チベット語訳、およびその現代語訳である中公版は次の通りである。

dpung dang bcas pa dang / bzhon pa dang bcas pa 'khor dang bcas te（大軍を引き連れ、乗り物を引き連れ、取り巻きを引き連れ）

「軍隊や若者や従者をつれて」（中公版、*p.* 179）

チベット語訳と中公版を比較すると、「乗り物」と「若者」という違いがある。チベット語の bzhon pa という綴りが正しいならば、この語は車であれ、動物であれ、戦車であれ、「乗り物」一般を意味するもので、「若者」という意味はない。綴りの似ている gzhon nu（若者）との混同があるのではないか。

漢訳は次の通りである。

「諸官属を率いて」（支謙訳、鳩摩羅什訳）

「其の眷属、並びに大力の将と、諸の軍衆を率いて」（玄奘訳）

支謙訳と、それを踏襲した鳩摩羅什訳では①との対応関係は見られないが、①の sa-balāḥ（力強い）に対して、中公版が「若者」、玄奘訳が「大力の将」となっている。玄奘訳は、sa-bala- を「力（bala-）を持った（sa-）人」と考えて「大力の将」と訳したのであろう。チベット語訳に用いられた底本では sa-**bālāḥ**（**若者たち**に伴われた）となっていたのであろうか。

18 この文章と類似の表現が『法華経』陀羅尼品（植木訳、『梵漢和対照・現代語訳　法華経』下巻、*pp.* 408, 410）、および普賢菩薩勧発品（同、*p.* 558）にも次のように見られる。

yat teṣām evaṃ-rūpāṇāṃ dharma-bhāṇakānāṃ na kaś-cid avatāra-prekṣy avatāra-gaveṣy avatāraṃ lapsyate（このような説法者たちの欠点を探し、欠点を求めている何ものも、決してつけ入る機会を得ることがないように）

yathā teṣāṃ dharma-bhāṇakānāṃ na kaś-cid avatāra-prekṣy avatāra-gaveṣy avatāraṃ lapsyatîti（それらの説法者たちの欠点を探し、欠点を求めている何ものも、決してつけ入る機会を得ることがないように）

yathā na kaś-cit teṣāṃ dharma-bhāṇakānām avatāra-prekṣy avatāra-gaveṣy avatāraṃ lapsyate（それらの説法者たちの欠点を探し、欠点を求めている何ものも、決してつけ入る機会を得ることがないように）

19 ānandêmaṃ（< ānanda + imaṃ）は、貝葉写本では ānandêṃman と書いた後で、na と ṃ を消して、āndeman となっている。ところが、na は消す必用がなかった。ṃ だけ削除した ānandêman は、この写本では ṃ を n と書くことがしばしば見られるので、ānandêmaṃ のことになるからだ。

20 acintya-vimokṣa-parivartam は、貝葉写本と VKN. では acintya-**dharma**-vimokṣa-parivartam となっている（ただし貝葉写本では parivarttam）。これは、acintya-（考えも及ばない）、dharma-（法）、vimokṣa-（解脱）、parivarta-（章）の複合語だが、第5章で dharma- のない acintya-vimokṣa-（考えも及ばないという解脱）が何度も用いられていることや、次のチベット語訳、およびその現代語訳である中公版や鳩摩羅什訳と玄奘訳でも、次のように「不可思議」と「解脱」の間に法（dharma-）に相当する語が見当たらないので、筆者は削除した。

bsam gyis mi khyab pa'i rnam par thar pa'i le'u zhes（不可思議解脱という章）

「不可思議解脱章」（中公版、*p.* 180）

「不可思議法門」（支謙訳）

「不可思議解脱の法門」（鳩摩羅什訳）

「不可思議自在神変解脱法門」（玄奘訳）

21 筆者が、「〔対立する語を並べた〕対をなす章句や、〔顚倒した〕逆説的なことの提示」と訳した箇所の原文は、貝葉写本では次のようになっている。

①yamaka-puṭa-vyatyasta-nihāram

これを§17の次の一節と比較してみよう。

②yamaka-vyatyasta-nihāra-pada-puṭa-prabhedaṃ

②を yamaka-vyatyasta-nihāra-（〔対立する語を並べた〕対句や、〔顚倒した〕逆説的なことの提示）と、pada-puṭa-prabhedaṃ（章句の分析）の二つに分けると、その前半部が①と共通している。ただし、①には、②の後半部に入っていた puṭa- が yamaka-（〔対立する語を並べた〕対句）の次に入っている。これは、pada-puṭa-（章句）の略であろう。従って、yamaka-puṭa-を「〔対立する語を並べた〕対をなす章句」と訳した。こうして筆者の訳となった。

①に対応する箇所は、②の場合と同様にすべての漢訳に欠落しているが、チベット語訳では次のようになっている。

phrugs su sbyar ba snrel zhi mngon par bsgrub pa

これを高崎直道博士は次のように訳している。

「対句と逆説（あるいは、対句の逆倒）の示現」（高崎校註『維摩経』、*p.* 4）

中公版は、次の通りである。

「対句のむすびつきと逆倒の完成」（中公版、*p.* 180）

ラモット博士の仏訳からの英訳（*Teaching of Vimalakīrti*, *p.* 272）は次のようになっている。

Production of paired and inverted (sounds) (*Yamaka-vyatyasâbhinirhāra*)

[22] iti は、貝葉写本と VKN. では一つ前の文章の末尾に入っているが、前の文章は会話ではないので、ここに移した。

[23] nirodha（< nirodhaḥ + a 以外の母音）は、貝葉写本の表記だが、VKN. ではわざわざそのことを脚注に断って nirodho と改めている。しかし、ここは、nirodhaḥ の次に a 以外の母音が来て、aḥ が a となるという連声の規則が適用されるところであり、貝葉写本の表記が正しい。

[24] この詩は、サンジャヤの弟子であった頃の舎利弗が、道行く馬勝（aśvajit）の高貴な姿に打たれて声をかけ、馬勝が諳んじて聞かせたものとされ、舎利弗はこの詩を聞いて釈尊の弟子となることを決意したという。ケルン・南条本の『法華経』（植木訳『梵漢和対照・現代語訳　法華経』下巻、*p.* 582）にもこの詩が末尾に置かれている。

[25] ゴーパーラ王は、8 世紀から 13 世紀に東インドを統治したパーラ王朝の初代の王で在位は 750 年～770 年である。

あとがき

『維摩経』のサンスクリット写本は、もはや存在しないだろうと長年、語り継がれてきた。従って、筆者が2001年にお茶の水女子大学に提出した博士論文の執筆では、サンスクリット語やパーリ語の原典が残っているものは、すべて自分で翻訳して引用するということを貫いていたが、『維摩経』については、漢訳（鳩摩羅什訳）とチベット語訳からの現代語訳（長尾雅人・丹治昭義訳『維摩経・首楞厳三昧経』中央公論社）を引用するしかなかった。

ところが、論文を提出して審査が始まっていた2001年12月15日付の『毎日新聞』の社会面を開いて、「維摩経の原典写本」「チベットのポタラ宮で」「漢訳と異なる記述も」「大正大学」という見出しに私の目が釘付けになった。何と、1999年7月にチベットのポタラ宮殿で『維摩経』の写本が発見されていたというのだ。それは、ターラ樹（棕櫚科）の葉（貝多羅葉、略して貝葉）79枚に墨で書かれていた。

『チベット旅行記』で知られる河口慧海以来の伝統を継承する大正大学綜合佛教研究所（所長＝高橋尚夫教授、当時）の学術調査団による、仏教学史上20世紀最大とも言うべき快挙である。

そのターラ樹の葉に書き留められた貝葉写本が影印版（写真撮影による複製）として出版（中国で60部、日本で40部限定）されたのが、2003年12月のことであった。その箱には、次のように記されている。

①『維摩経』『智光明荘厳経』梵文写本影印版

それがローマナイズされて出版されたのは、私の博士論文が『仏教のなかの男女観』（岩波書店）として出版されたのと同じ、2004年3月のことだった。その表紙には、次のように記されていた。

②梵蔵漢対照『維摩経』、大正大学綜合佛教研究所梵語佛典研究会編、大正大学出版会；*VIMALAKĪRTINIRDEŚA*, Translated Sanskrit Text Collated with Tibetan and Chinese Translations

これは、①の貝葉写本の誤字・脱字などに全く手を加えず原形をそのまま保存した、いわゆる「ママ」とルビをふるような形でローマナイズされていた。

その書を手にしたのは、サンスクリットの『法華経』を自分なりに現代語訳することに取り組んでいる最中であったが、いつかは『維摩経』も訳してみたいと心の片隅で思っていた。

②に続いて2006年3月に出版されたのが、次の書である。

③『梵文維摩経――ポタラ宮所蔵写本に基づく校訂』、大正大学綜合佛教研究所梵語佛典研究会編、大正大学出版会；*VIMALAKĪRTINIRDEŚA*, A Sanskrit Edition Based upon the Manuscript Newly Found at the Potala Palace

③は、①、あるいは②の写本に校訂を加えてローマナイズしたものである（以下、①を貝葉写本、③をVKN. と略記する）。

『維摩経』の翻訳に当たって、筆者は、①の貝葉写本をもとにした。東京大学名誉教授の中村元先生が、東方学院の講義で常々、「サンスクリット原典が現存するものは、漢訳だけではなく必ずサンスクリット原典も合わせて読むように。資料は、二次的、三次的資料ではなく、第一次的資料を参考にするように」と話されていたからだ。

貝葉写本では、sattva（衆生）のように子音が重複すべきところを satva と一つですませていたり、逆に vimalakīrti のように子音一つでいいところを vimalakīrtti と重複させたりしているが、単純な誤りはいちいち注記することなく訂正してローマ字表記した。また、mañjuśrī を maṃjuśrī、gaṅgā を gaṃgā というように ñ や ṅ を ṃ で代用させたりしているところも頻繁に見られるが、それらも注記することなく訂正した。

サンスクリット文献の特徴の一つとして、多くの単語を結合した複合語が用いられることを挙げることができよう。ところが、貝葉写本は当然のことだが、VKN. は、複合語を構成する各単語の切れ目をハイフンで区切っていない。筆者は、複合語を解釈する上でも、読者の便を考えた上でも必要と考えて、すべてハイフンを施した。

また、サンスクリットのもう一つの特徴として、連声、すなわち単語の末尾と次の語の頭の音の間で起こる音変化も挙げられる。VKN. では、もともと長母音であるところも、連声して長母音になった箇所も一様に ā, ī, ū, e, ai, o, au と表記されているが、筆者は、連声した結果、長母音になったところを明確にするために â, î, û, ê, âi, ô, âu と表記した。それによって、連声前の単語の組み合わせが分かりやすくなったと思う。

『法華経』では掛詞が多く用いられていて、それによって重要な思想を表現するということが行なわれていた（詳細は、拙著「『法華経』に用いられた掛詞」、三友健容博士古稀記念論文集『智慧のともしび　アビダルマ佛教の展開』山喜房佛書林所収）。それに対して、『維摩経』では掛詞は数えるほどしか用いられておらず、その代わり頻繁に用いられているのは、中村先生の名著『インド人の思惟方法』（春秋社）で「古代インド語には……比較的に多く用いられている」（*p.* 40）と指摘されていた同族目的語（cognate object）であった。それは、日本語の「寝を寝」「歌を歌う」「覚りを覚る」、英語の dream a dream（夢を見る）のようなものだが、『法華経』ではまったくと言っていいほどその用法は見られなかった。『維摩経』では頻繁に用いられていて、次のような例を挙げることができる。

pratisaṃlayanaṃ pratisaṃlīyante

初めの pratisaṃlayanaṃ は、「独居して沈思黙考する」という動詞 prati-sam-√lī- (4) に中性の抽象名詞を作る接尾辞 -ana をつけた pratisaṃlayana- の単数・対格である。2 番目の pratisaṃlīyante は動詞 prati-sam-√lī- (4) の現在・三人称・複数形である。従って、これは次のように直訳される。

「独居して沈思黙考することを沈思黙考する」

さらに、①の貝葉写本からローマナイズする際に、VKN. のローマナイズの仕方と異なるところも出てきた。その相違点は適宜、注に記しておいた。例えば、第 5 章 §5 の一節は VKN. では次のようになっているが、前後の関係が矛盾するし、『維摩経』の主張することにそぐわないものになっている（ハイフンは筆者による）。

④dharmârthikena te（あなたは、法を求める〔べきであり〕、）

⑤bhavitu-kāmena（生存することを欲する〔べきであり〕、）

⑥sarva-dharmânarthikena bhavitavyam（いかなる法も求めるべきでない）

この文章は、一方で「法を求めるべきである」と言っているかと思えば、他方で「いかなる法も求めるべきでない」と言っていて、矛盾した内容になっている。また、「生存することを欲するべきである」というのも、逆説的表現に満ちた『維摩経』の主張にそぐわない内容である。

この二つの問題を解決するために、筆者は、④、⑤の区切り方を、次のように改めた。

④' dharmârthike（法を求めるならば）

⑤' **na te** bhavitu-kāmena（あなたは、生存することを欲する〔べきで〕はない）

その結果、④'、⑤'、⑥は次のように訳される。

「法を求めるならば、あなたは、生存することを欲する〔べきで〕はないし、いかなる法も求めるべきではない」

dharmârthikena を「dharmârthike + na」というように、処格絶対節（英語の分詞構文のような用法）の dharmârthike と英語の not に当たる否定辞 na に区切っただけで、すべてが解決し、幾何学の補助線一本を思いついたような感動を覚えた（詳細は第5章の注7を参照）。

あるいは、『法華経』を先に現代語訳していた経験が役立ったところもある。『維摩経』の中に『法華経』と類似した表現が認められたからだ。例えば、貝葉写本と VKN. に次のような一節がある（ハイフンは筆者による）。

ujjaṅgaleṣu pṛthivī-**praveśeṣu**

pṛthivī-praveśeṣu（< pṛthivī-praveśa-）は、pṛthivī-（大地）と praveśa-（入ること）の複合語だが、ここでは意味をなさない。これは、訂正を必要とする。そこで参考になったのが、『法華経』法師品（植木訳『梵漢和対照・現代語訳　法華経』下巻、*pp.* 16, 17）の次の一節であった。

sa udakârtham **ujjaṅgale pṛthivī-pradeśa** udapānaṃ khānayet

（その人が、水の〔獲得の〕ために**地上の堅い不毛の地〔砂漠〕において**井戸を掘らせるとしよう）

ここには ujjaṅgala-（堅い不毛の地）と、pṛthivī-praveśa- に類似した pṛthivī-pradeśa（< pṛthivī-pradeśe + a 以外の母音 < pṛthivī-pradeśa-、地上のある地点）という語が出てくる。筆者は、『法華経』の文章に合わせて、貝葉写本の pṛthivī-praveśeṣu を pṛthivī-pra**d**eśeṣu に改めた。pṛthivī-pra**d**eśeṣu は、pṛthivī-pradeśe（単数・処格）の複数形である（詳細は、第7章の注26を参照）。

このほか、貝葉写本のローマナイズ、および翻訳では、難題も待ち構えていた。例えば、辞書にも載っていない単語が出てくるところがあり、大正大学のローマナイズ③（VKN.）でも、貝葉写本のままで表記されていて、これでは意味が通じないというので、そのたびに作業が足踏み状態になった。

その難題の一つを解決してくれたのは、1991 年にインドを訪れ、アグラからデリーに向かう列車の中で出会った白髪の老人が、右の手首に着けていたラクシャー（お守り）であった。

その日（8月25日）は、ラクシャー・バンダンのお祭りの日だった。ラクシャー・バンダンとは、神妃が夫の手首にお守りを意味するラクシャーという飾りを結び付けて、夫が悪魔を退治するのを助けたという神話に基づくお祭りである。7月から8月の間の満月の日に、姉が弟の手首に、妹が兄の手首にラクシャーという飾りを着けてやる。それは、色の着いた輪ゴムに金色（きんいろ）など色とりどりの丸い花のようなヒラヒラとした飾りが付いているものだ。それに対して兄と弟は、お礼に金品を渡す。姉と妹は、弟と兄に「いつまでも悪魔から、私を守って下さい」という願いを込めてラクシャーを着けてやると聞いた。

それから 25 年余経って、貝葉写本をローマナイズしていると、ātma-parākṣaṇyanatayā（<

ātma-para-akṣaṇyanatayā）となっているところに出くわした。ātma-para は「自他」と訳すことができるが、akṣaṇyanatayā の意味が不明であった。大正大学がローマナイズした③の本（VKN.）も、そのままになっている。この箇所に相当する漢訳は、「彼我皆護」（支謙訳）、「護彼我」（鳩摩羅什訳）、「護自他」（玄奘訳）というように、いずれも「護」となっていた。

ここで困っていると、あの老人が着けていたラクシャーの飾り紐のことが思い浮かんだ。ラクシャー（rakṣā）は、「護る」という意味の動詞√rakṣ に女性名詞を作る接尾辞 ā を付けたものだ。ここは、√rakṣ の派生語に違いないと気付き、経典を書写する際に rakṣaṇatā の単数・具格 rakṣaṇatayā を写し間違えたのだと考えて、ātma-parākṣaṇyanatayā を ātma-para-rakṣaṇatayā と改めた。意味は「自他ともに護ることによって」となる。これによって、すべての漢訳とも一致して、問題解決できた（第 6 章の注 27 参照）。

あのラクシャー・バンダンの祭りの日に、ラクシャーを手首に着けたあの老人と同じ列車に乗り合わせていなければ、この問題を解決することはできなかった。そう思うと不思議な出会いであった。

また、鳩摩羅什訳『維摩経』を書き下す際に、サンスクリット原典に立ち返ることによって、従来からなされてきた書き下しの仕方に修正を加えざるを得なくなることが生じた。例えば、鳩摩羅什が、

「如**前際後際**空故**中際**亦空」

と漢訳したところは、これまで次のように書き下されてきた。

「**前際・後際の**空なるが如く、故に**中際も**亦空なり」

これは、前際・後際・中際を主語として書き下したものである。ところが、サンスクリット原典を参照すると、「前際」「後際」「中際」は、いずれも主語ではなく、副詞であり、筆者は、次のように改めた（詳細は第 8 章の注 35 を参照）。

「**前際・後際に**空なるが如く、故に**中際にも**亦空なり」

また、

「若菩薩**行**於非道。是為通達仏道」

は、これまで、

若し菩薩にして非道を**行ずれば**、是れを仏道に通達すと為す。

（高崎直道・河村孝照訳『維摩経・思益梵天所問経・首楞厳三昧経』、*p.* 100）

と書き下されてきた。ところが、「行」（gacchati）、「非道」（agati-gamanaṃ）、「通達」（gatiṃ-gato）のすべてが、「行く」という意味の動詞（√gam）の派生語であり、私は次のように改めた（詳細は第 7 章の注 2 を参照）。

若し菩薩にして非道を**行かば**、是れを仏道に通達すと為す。

私が訂正すべきだと指摘した漢訳からの国訳、すなわち書き下しをなさったのは高崎直道先生であった。それも、サンスクリット原典がもはや存在しないとされていた時になされたものだから、仕方のないことだ。でも、その高崎先生が、拙訳を読まれてすぐにハガキを下さった。そこには、次のようにしたためてあった。

早速に手にして「はしがき」から読み始め、「解説」を読み、また索引を頼りに、小生の「国訳」への言及箇所を拾ってチェック致しました。「国訳」を訂正していただいたほか、納得、採用して下さった箇所もあり、感謝申し上げます。

高崎先生は、私の指摘を謙虚に認めて下さった。それとともに、ベルギーのルーヴァン大学名誉教

授、É・ラモット博士と高崎先生の間で見解の相違があったが、高崎先生の考え方が正しいことを私が論証していることについては、感謝して下さった。そのハガキを拝見して、高崎先生の学者としての高潔な人格を目の当たりにした思いであった。

高崎先生は、私と妻の眞紀子を「うちにいらっしゃい」と招いてくださり、奥様の宏子さんとともに歓迎し、歓談してくださった。

2013 年になって、拙訳『梵漢和対照・現代語訳　維摩経』が、王子製紙の関係者が設立された関記念財団の主催するパピルス賞に選ばれたという連絡を受けた。『梵漢和対照・現代語訳　法華経』の毎日出版文化賞受賞（2008 年）は、中村元先生が『佛教語大辞典』で受賞されていたのと同じ賞であることを喜んだ。それに対して、パピルス賞は、「大学、研究所などのアカデミズムの外で達成された学問的業績におくられる賞」だそうで、偏狭なアカデミズムを最も嫌っておられた中村先生が最も喜んで下さる賞だと思い、喜んで受賞させていただいた。

選考委員長である東京大学と東北大学の名誉教授・樋口陽一先生（日本学士院会員）は、比較憲法学の第一人者で、ラテン語、フランス語、ドイツ語、英語に堪能で、比較文化論的視点を持っておられた。その樋口先生が、授賞式で、『梵漢和対照・現代語訳　法華経』と合わせて、「訳者にとって全く妥協を許されない対照訳になっている」「注釈が充実していて、想像もつかないほどの仏教学や、インド思想史、東洋学、比較文明論等々にわたる非常に膨大な射程を持った本である」と評価された上で、「アカデミズムの外で達成された本格的な研究を対象として選考に取り組んでまいりましたが、毎回、それにぴったりする受賞作があったかどうかというと、必ずしも 100 パーセントではございません。しかし、今度こそまさに当初の私どもの願いに 150 パーセント、200 パーセント的中するお仕事にパピルス賞を差し上げることができたと、心から喜んでいます」と話された。何よりも有り難い言葉であった。

中国で、2 世紀中ごろから始まった仏典の漢訳は、時代に応じて古訳（こやく）、旧訳（くやく）、新訳（しんやく）の三段階に分けられる。『維摩経』はその三段階の訳がすべてそろっていることで注目される。それぞれ、支謙訳（222～229 年）、鳩摩羅什訳（406 年）、玄奘訳（649～650 年）である。

注釈では随時、チベット語訳とともに、この三つの漢訳を併記して論じた。それぞれの漢訳を比較することによって、訳語の時代変化を見ることができる。sattva を支謙と鳩摩羅什が「衆生」と漢訳し、玄奘は「有情」としている。upāya を支謙が「権（ごん）」、鳩摩羅什が「方便（ほうべん）」、玄奘が「方便善巧（ぜんぎょう）」と漢訳している。文章としても、先訳を参考にしたと思われる個所が見られるが、玄奘訳に鳩摩羅什訳を踏襲したところが多いように見受けられる。支謙訳と鳩摩羅什訳で、訳し方の違いではなく、底本の元の言葉自体が食い違っていると思われるところでは、玄奘は折衷案で訳すことが多いようだ。

本書は、サンスクリット写本の文章に用いられたすべての単語についての文法的分析を網羅したのに加えて、綿密な注釈を施したものである。本書が『維摩経』研究のさらなる発展にわずかでも役立てば幸いである。

2019 年 6 月 12 日
中村元先生から博士号を取るようにと言われて 21 年目の日に

植 木 雅 俊

植木雅俊（うえき・まさとし）

1951（昭和26）年、長崎県島原市生まれ。仏教思想研究家。九州大学大学院理学研究科修士課程修了（理学修士）、東洋大学大学院文学研究科博士後期課程中退（文学修士）、91年から東方学院で中村元氏からインド思想・仏教思想論、水野善文氏からサンスクリット語を学ぶ。2002年、お茶の水女子大学で人文科学博士号を取得（男性初）。東京工業大学世界文明センター非常勤講師を歴任。日本ペンクラブ会員、日本印度学仏教学会会員、比較思想学会会員。

著書『仏教のなかの男女観』（岩波書店、2004年＝お茶の水女子大学提出博士論文）
『仏教、本当の教え』（中公新書、2011年）
『思想としての法華経』（岩波書店、2012年）
『仏教学者　中村元――求道のことばと思想』（角川選書、2014年）
『ほんとうの法華経』（橋爪大三郎との共著、ちくま新書、2015年）
『人間主義者、ブッダに学ぶ――インド探訪』（学芸みらい社、2016年）
『100分de名著　法華経　あなたもブッダになれる』（NHK出版、2018年4月号）
『科学と宗教――対立と融和のゆくえ』（中央公論新社、金子務監修・日本科学協会編、2018年）
『差別の超克――原始仏教と法華経の人間観』（講談社学術文庫、2018年）
『江戸の大詩人 元政上人――京都深草で育んだ詩心と仏教』（中公叢書、2018年）

訳書『梵漢和対照・現代語訳　法華経』上・下巻（岩波書店、2008年、毎日出版文化賞受賞）
『梵漢和対照・現代語訳　維摩経』（岩波書店、2011年、パピルス賞受賞）
『サンスクリット原典現代語訳　法華経』上・下巻（岩波書店、2015年）
『テーリー・ガーター――尼僧たちのいのちの讃歌』（角川選書、2017年）
『サンスクリット版縮訳　法華経　現代語訳』（角川ソフィア文庫、2018年）
『サンスクリット版全訳　維摩経　現代語訳』（角川ソフィア文庫、2019年）

英文 *Gender Equality in Buddhism*（Peter Lang Publ. Inc., 2001）
Images of Women in Chinese Thought and Culture（Hackett Publ. Inc., 2003, Robin Wang博士、植木眞紀子らとの共著）

梵文（ぼんぶん）『維摩経（ゆいまきょう）』翻訳語彙典（ほんやくごいてん）

2019年9月3日　初版第1刷発行

著者　植木雅俊
発行者　西村明高
発行所　株式会社 法藏館
〒600-8153
京都市下京区正面通烏丸東入
電話　075(343)0030(編集)
075(343)5656(営業)

装幀　森　華

印刷・製本　中村印刷株式会社

ISBN 978-4-8318-7023-0　C3515　*Printed in Japan*